# 国家图书馆藏
# 民国时期抗战图书
# 书目提要 上

国家图书馆典藏阅览部 编著

国家圖書館出版社

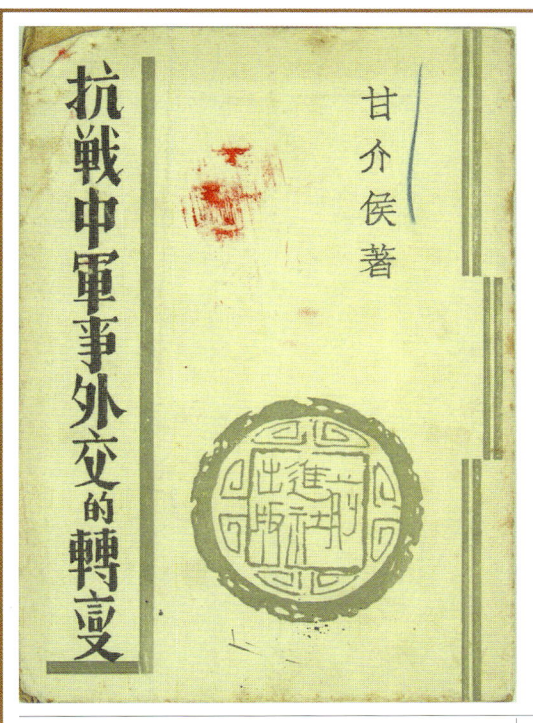

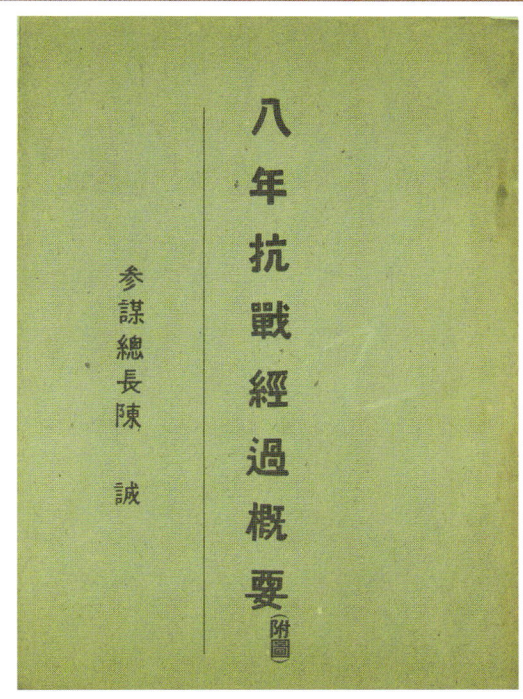

1　《抗战中军事外交的转变》，甘介侯著，
　　前进社，1938年1月再版
2　《八年抗战经过概要（附图）》，陈诚
　　著，国防部史料局编，国防部印制厂［印
　　行］
3　《抗日特刊》，武昌中华大学抗日救国会
　　编刊，1941年12月

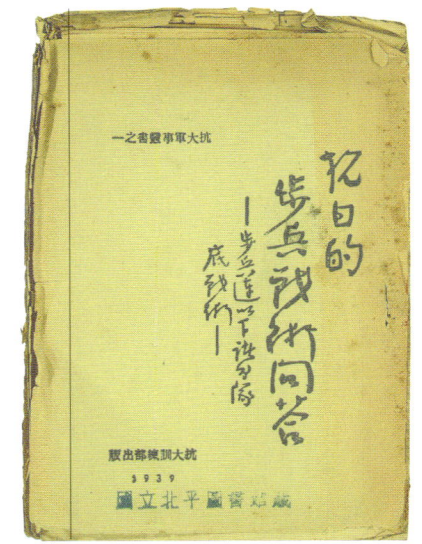

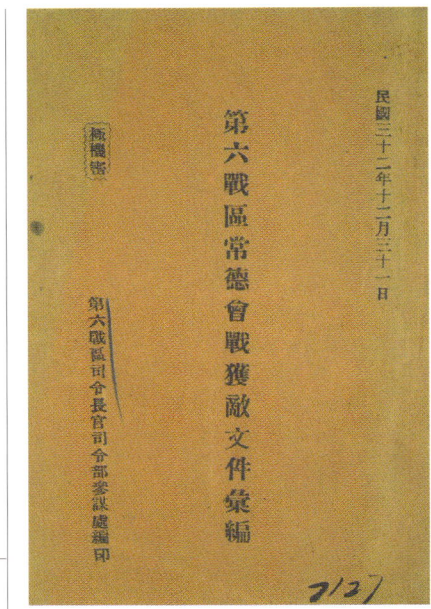

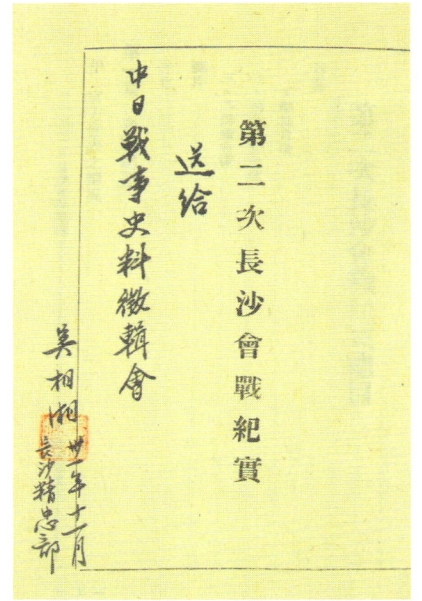

1《抗日的步兵战术问答》，郭化若著，抗大训练部，1939年2月初版

2《第六战区常德会战获敌文件汇编》，第六战区司令长官司令部参谋处编刊，1943年12月

3《第二次长沙会战纪实》封面

4《第二次长沙会战纪实》扉页

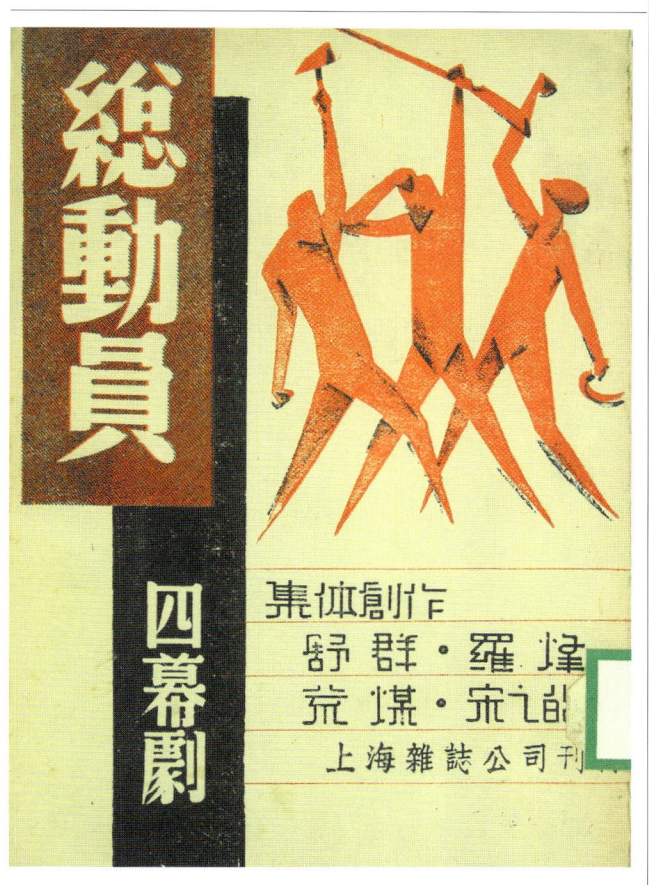

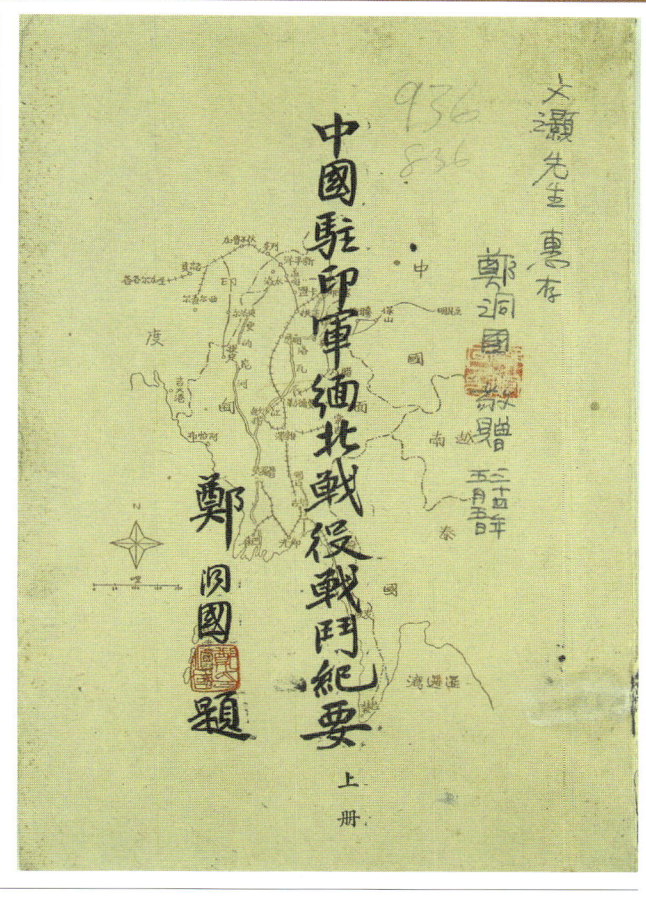

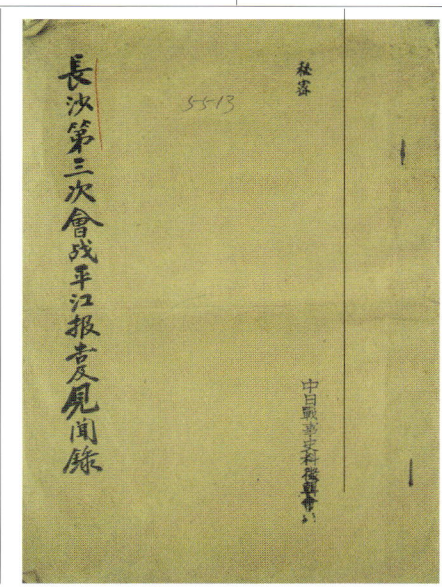

1 《总动员（四幕剧）》，舒群、罗烽、荒煤、宋之的著，上海杂志公司，1938年7月初版

2 《中国驻印军缅北战役战斗纪要》（上册），中国驻印军副总指挥办公室编刊，1945年4月初版

3 《长沙第三次会战平江报告及见闻录》，稿本

4 《募寒衣》，老向著，教育部民众读物编审委员会编刊

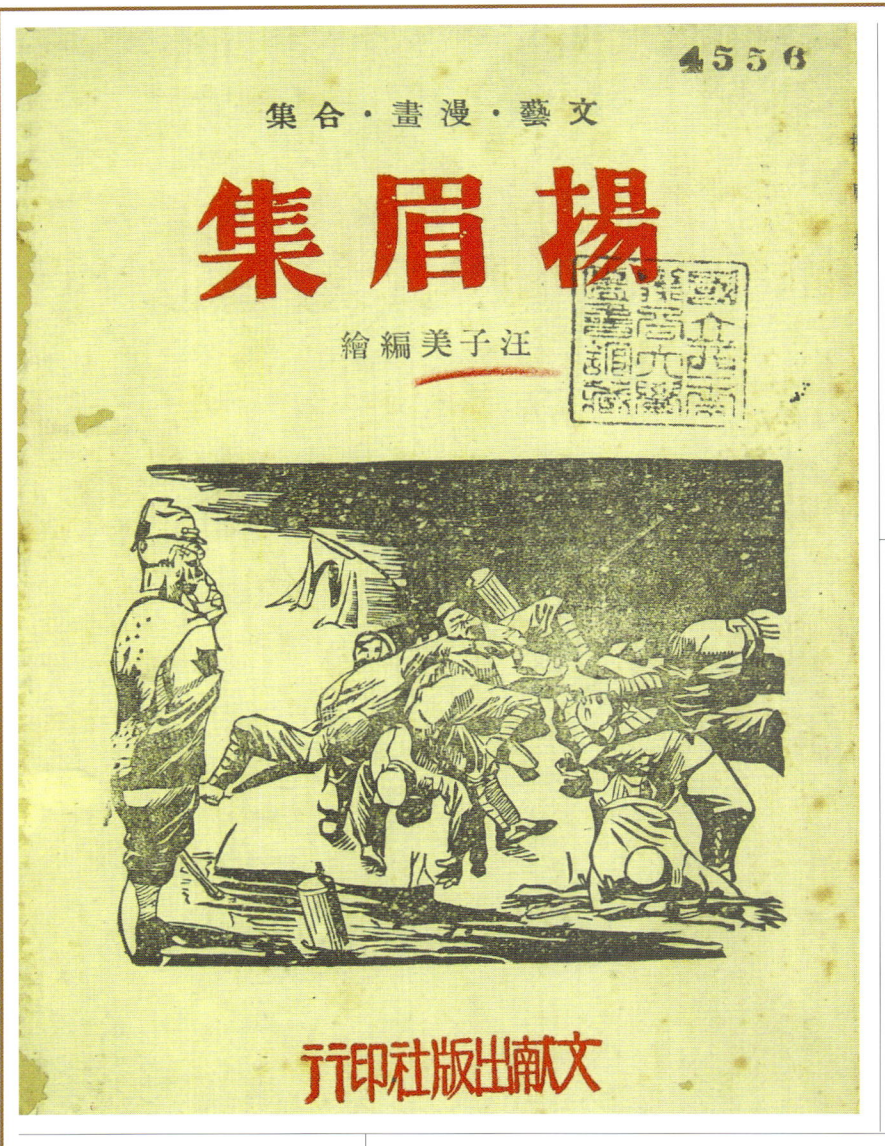

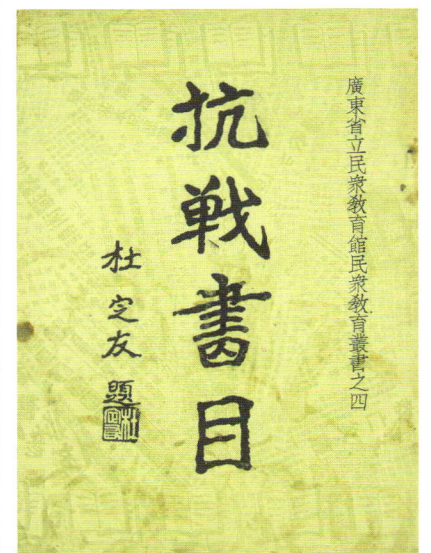

1《扬眉集》，汪子美编绘，文献出版社，1942年3月再版

2《抗战书目》，广东省立民教馆辅导组编，广东省立民众教育馆，1938年8月初版

3《兄弟投军》，军委会政治部编刊

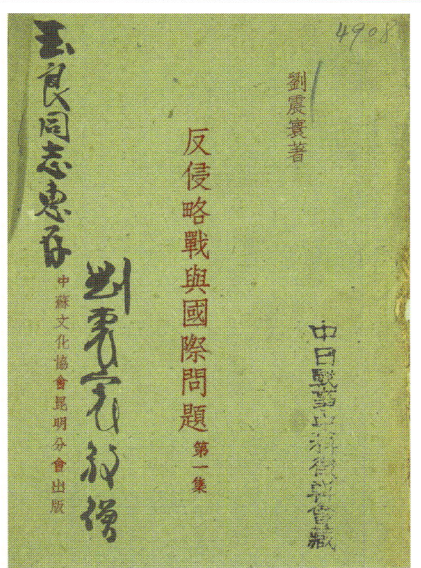

1 │ 2 │ 3
─────
　　4

1 《民族之血》，军事委员会政治部编
　刊，1938年
2 《反侵略战与国际问题》（第一
　集），刘震寰著，中苏文化协会昆
　明分会出版委员会，1942年7月
3 《国际视线下的中日战争》，国际
　时事研究会编，一般书店[总经售]，
　1937年10月初版
4 《战时常识》，广州二天堂大药行
　编，1938年4月

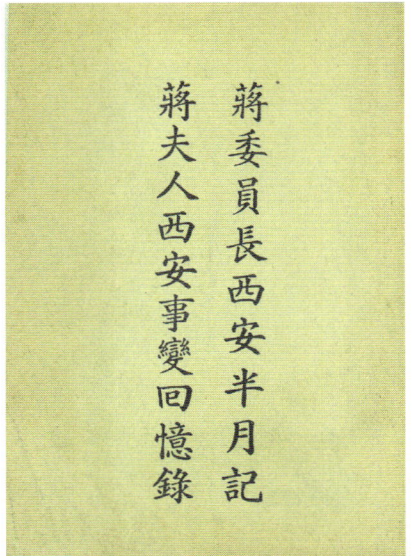

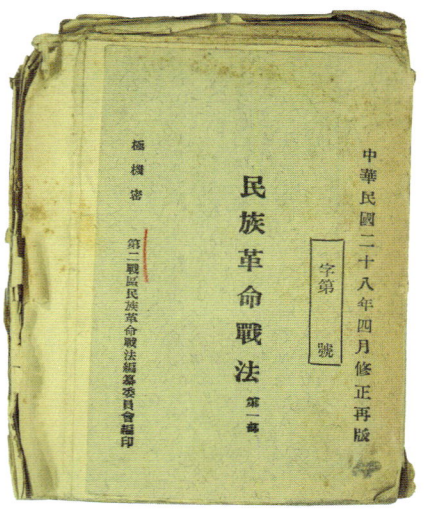

1《战时经济建设》，姚均编辑，国民
出版社，1940年8月初版

2《蒋委员长西安半月记　蒋夫人西
安事变回忆录》，蒋中正、宋美龄
著，正中书局，1937年6月初版

3《民族革命战法》（第一部），第
二战区民族革命战法编纂委员会编
刊，1939年4月修正再版

4《城市陷落对于民族经济的影响》，
公论社编辑，译报图书部，1939年7
月

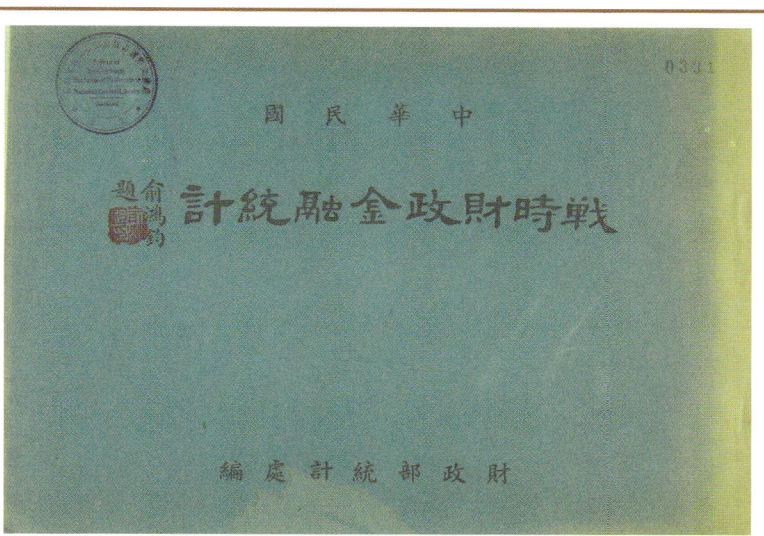

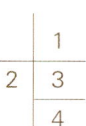

| | 1 |
|---|---|
| 2 | 3 |
| | 4 |

1 《中华民国战时财政金融统计》，财政部统计处编，1946年9月
2 《抗战与青年》，贝叶著，光明书局，1938年1月再版
3 《救亡言论集》，丁石民编，1938年1月再版
4 《敌情汇志》，南岳干训班编刊，1939年5月

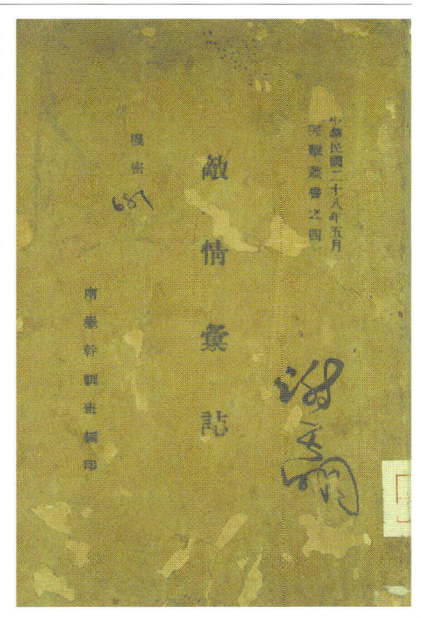

《陕甘宁边区政府工作报告（廿八年——三十年）》，陕甘宁边区政府委员会编，边区政府秘书处，1941年7月

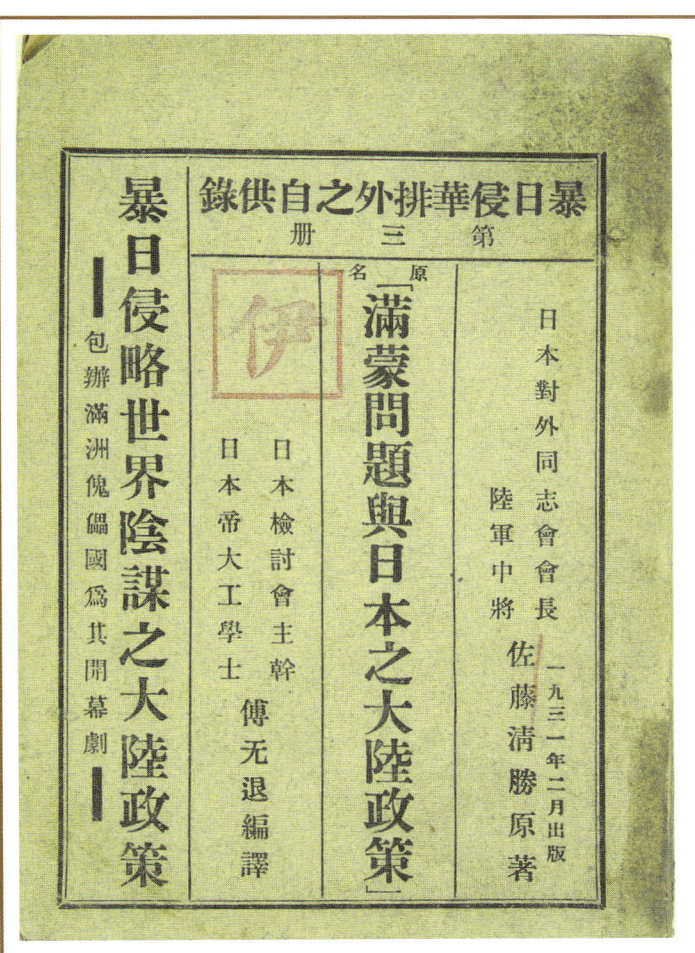

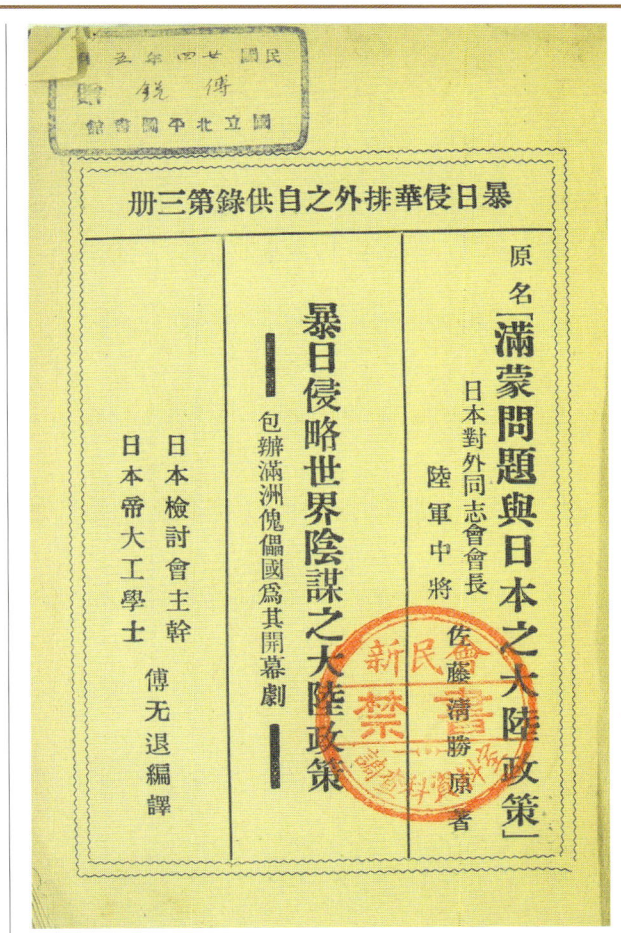

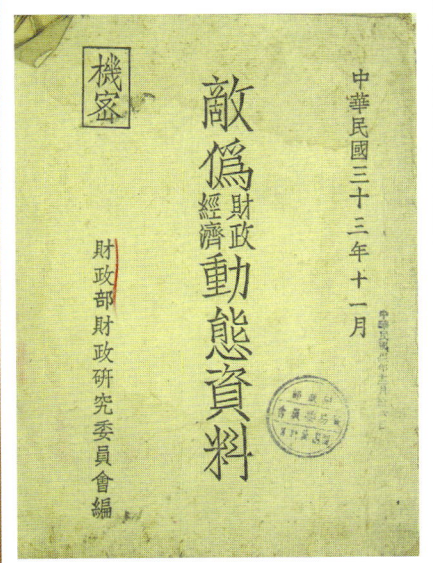

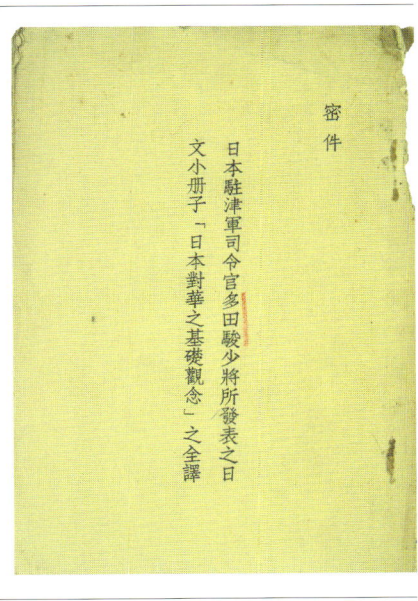

1、2《暴日侵略世界阴谋之大陆政策——包办满洲傀儡国为其开幕剧》，（日）佐藤清胜著、傅无退编译，日本检讨会，1932年11月

3《敌伪财政经济动态资料》，财政部财政研究委员会编，1944年11月，油印

4《参与国际联合会调查委员会中国代表处说帖》，上海商务印书馆，1932年

5《日本驻津军司令官多田骏少将所发表之日文小册子"日本对华之基础观念"之全译》

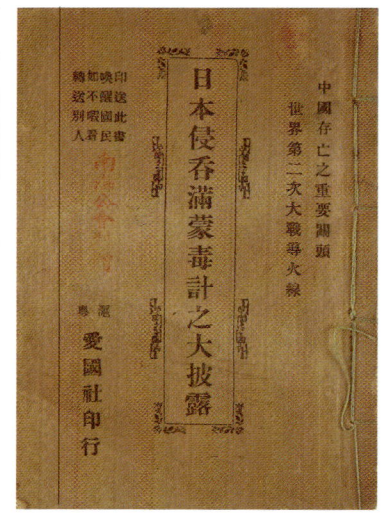

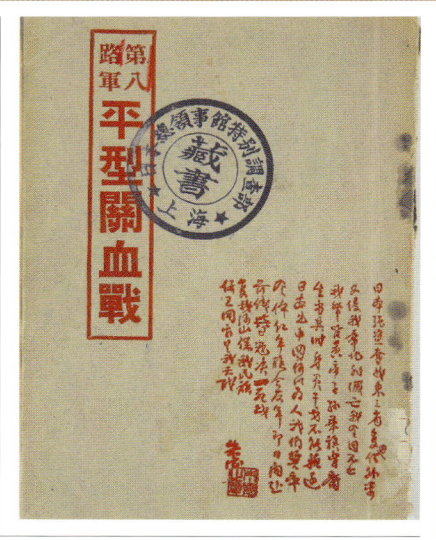

1 | 2
3

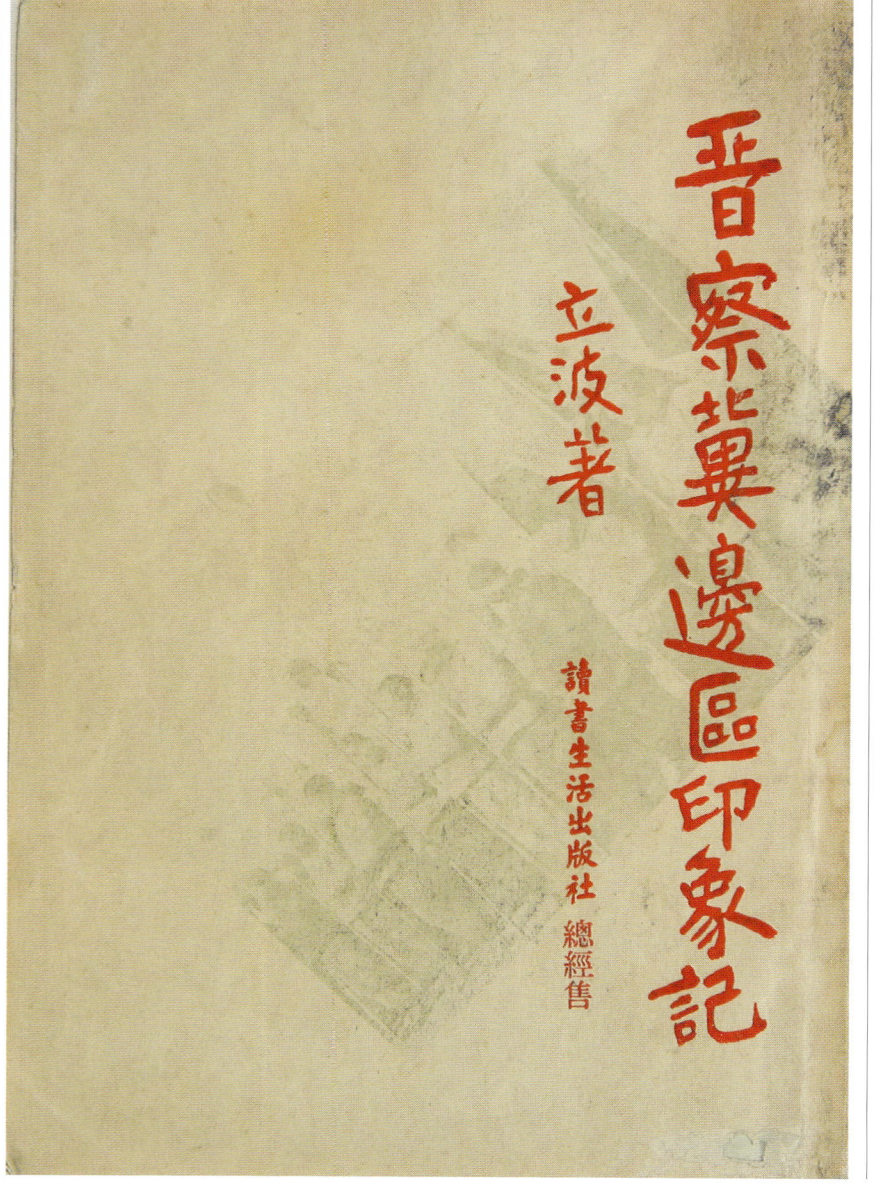

1 《日本侵吞满蒙毒计之大披露》，沪粤
爱国社，1931年1月

2 《第八路军平型关血战》，朱德等
著，上海抗战丛书出版社，1937年
10月

3 《晋察冀边区印象记》，周立波著，
读书生活出版社[总经售]，1939年6
月再版

《陕北集影》，李葳编，播种社，1938年5月增订再版

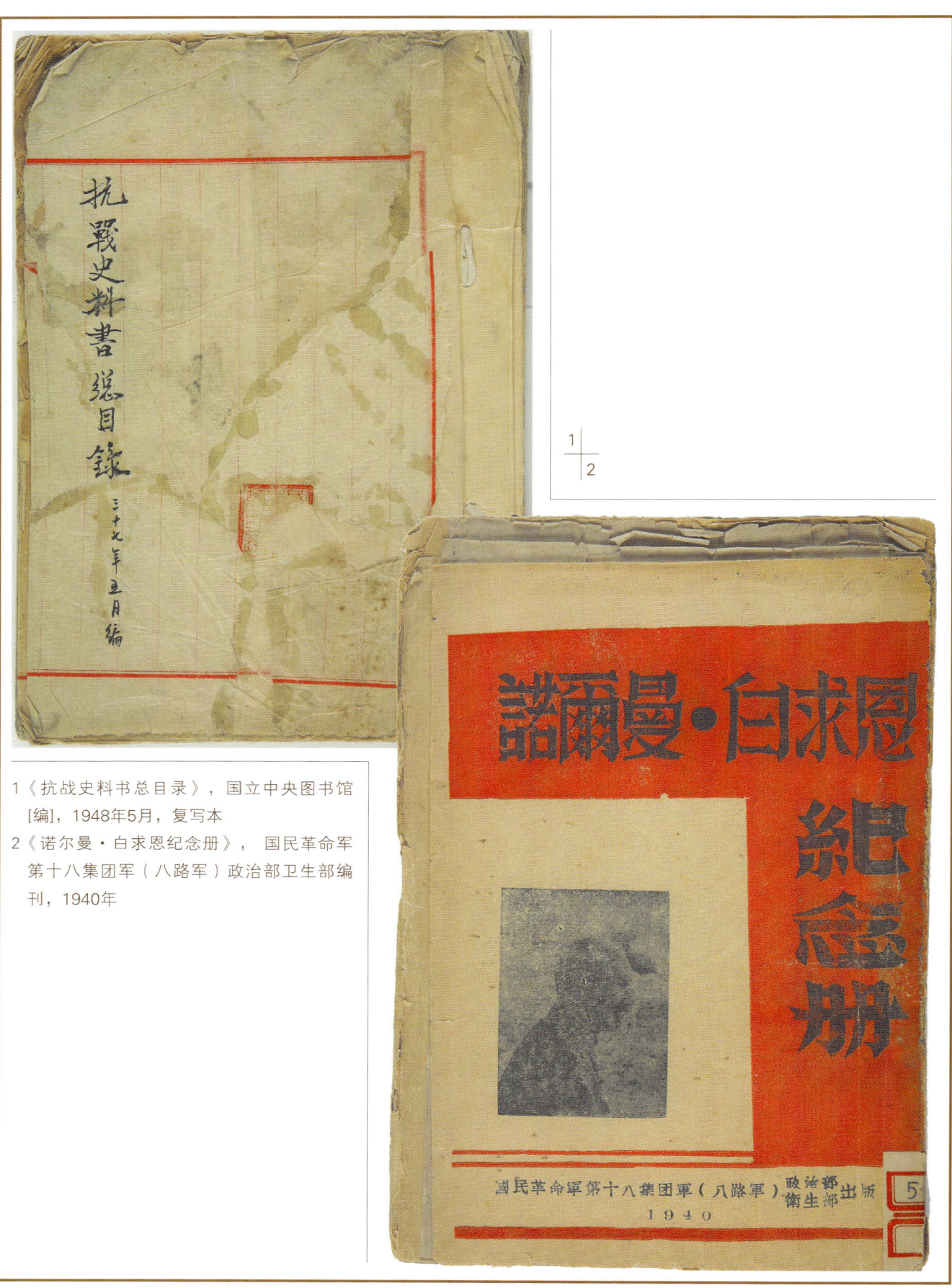

1《抗战史料书总目录》，国立中央图书馆
　[编]，1948年5月，复写本

2《诺尔曼·白求恩纪念册》，国民革命军
　第十八集团军（八路军）政治部卫生部编
　刊，1940年

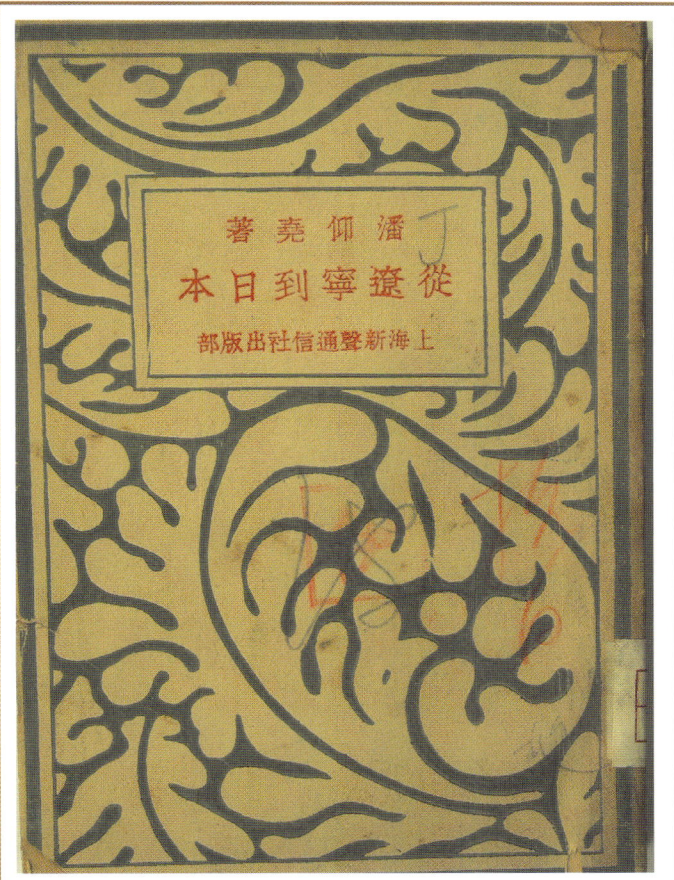

1《从辽宁到日本》，潘仰尧著、陆思红校阅，上海新声通信社出版

　部，1931年11月3版

2《新民会唐山市指导部工作概况》

3 日本"军用手票"，1937年—1945年

下页图：日本"军用手票"，1937年—1945年

1 | 2
3

# 编 委 会

主　编：李晓明

副主编：刘　瑛　荣　杰

编　委：（按姓氏笔划排序）

　　　　韦　伟　申庆月　任　震　刘　杨　刘　瑛　刘　赟　向　辉　安　若

　　　　张　莉　张　峰　张　煜　李小文　李均照　李　娟　李晓明　赵　星

　　　　赵洁敏　荣　杰　耿　浩　黄　霞　葛　良　靳鲁黔　裴春来

# 目　录

## 上　册

# 下　册

# 序

步　平

　　抗日战争胜利到今天已经 60 多年了。对于中国来说，这一场战争具有重要的意义，因为它不仅证明了正义战胜邪恶的军事力量的较量结果，更重要的是标志了中华民族从分裂走向团结，从衰弱走向强盛，从而孕育中国社会巨大变化的历史阶段。抗日战争是实现中华民族的复兴和国家近代化的必不可少的历史过程。60 年后的今天，我们对抗日战争历史的研究，最重要的就是要将其作为中国近代社会复兴的枢纽来进行多角度、多维度的全方位的考察。

　　考核和记录事实是历史的方法，而历史资料是记录历史和进行史学研究最基本的凭据。研究历史要从资料入手，是世所公认的常识。"有一分材料说一分话"的观点从认识论的角度看也许被认为有些过于绝对，但是从强调史料的价值与意义的角度，还是对人们有所提醒。没有或缺乏史料的历史研究，确实是无源之水，无本之木，不可能反映历史的本来面目。抗日战争胜利以来，人们重视对这一段历史的研究，所以在图书资料和文献、档案资料的整理方面，已经做了相当多的工作，取得了比较大的成就。特别是以部门和地区为系统进行的资料整理，成果更为显著。如党史研究部门对敌后根据地史料的整理，有关研究机构对八路军、新四军抗战资料的整理，中国第二历史档案馆对国民政府抗战史料的整理，各地史志研究部门对日本侵华罪行资料的整理，东北地区对伪满洲国史料的整理，华东地区对汪伪资料的整理，最近，还有南京大学等单位对南京大屠杀历史资料的搜集与整理，等等。通过扎实的基础性的资料搜集整理工作，目前形成的成果虽然已经是"汗牛充栋"了，但是，与抗日战争时期全民被动员起来进行的轰轰隆隆、有声有色的历史过程相比，相关资料的整理可以说仍然有巨大的空间。对于把抗日战争的历史作为中国复兴枢纽的全方位的研究来说，我们还需要做大量的工作。应当承认，迄今为止，在关于这一历史阶段的研究方面，我们过去还缺乏从政治、军事、经济、文化、外交、社会生活、战时建设等诸方面作综合的或全景式的研讨。

　　中华民族在近代面临着两个迫切的任务，一是民族的独立，二是社会的近代化。抗日战争虽然是近代历史中特殊的阶段，但中华民族即使在遭受外来力量暴虐入侵的时候，也从来没有中断为完成这两项任务的奋斗。这一时期的历史资料，就是中华民族奋斗的证明，是中华民族宝贵的文化遗产。中国国家图书馆，则是保存这一文化遗产的主要的场所。

　　呈现在读者面前的《国家图书馆藏民国时期抗战图书书目提要》，是从国家图书馆所藏数十万册民国时期图书中爬梳、遴选出的，从 1931 年到 1949 年期间有关抗日战争的文献目录及提要，包括各出版机构的正式出版物、各级国民政府的政府出版物，还包括日伪机构的出版物共九千余种。此外，还有近千种现藏善本库中的抗日根据地出版物。编者将这些资料区分政治、军事、经济、外交与国际关系、法律、社会、教育与体育、日本研究、抗战史、文学艺术文化事业等领域，分门别类地进行系统整理，无疑是向读者提供了一个巨大的资料库的钥匙。通过这本《提要》，人们可以大致地了解国家图书馆关于抗日战争时期庞大文献资料的基本馆藏情况，而通过这本书的引导，足以让人们从更广阔的角度，深入地研究抗日战争的历史，从而描绘出更生动的历史过程、总结出更科学的历史发展的规律。

　　刘大年先生在抗日战争胜利 50 周年的时候曾说过："人们认识历史，有如旅行者观览名山大岳。往往要走出山脚回头望去，方能见出其逶迤势态，灵气所在"。大年先生是抗日战争的亲历者，能够将自己的体会与时代的发展、国家的命运紧密地联系在一起进行深入的思考。而在战争已经结束 60 多年后，在当年的亲历者逐渐远离我们的时候，认真地搜集整理当年的历史资料以尽量再现当年的历史的工作就显得更加重要，这本《提要》则为我们提供了这样的条件。科学地运用这些文化遗产，深入研究历史，认识过去与现在，预见将来，对建设我们的祖国将是极有意义的事情。

2009 年 12 月

# 序

詹福瑞

  我馆典藏阅览部同仁编制的《国家图书馆藏民国时期抗战图书书目提要》历经三年终于告竣。在付梓之际，嘱我以序。我认为，编辑这样一部民国文献专题书目，有着多重意义。

  首先，在抗战史料的揭示与整理方面，国家图书馆责无旁贷。抗日战争是中国现代史上的重大事件。八年抗战，中国人民团结一致，付出巨大的民族牺牲，进行了艰苦卓绝的斗争。自鸦片战争以来，首次取得反侵略战争的伟大胜利，不仅拯救了中华民族，而且为人类的正义与和平事业做出了不可磨灭的贡献，展示了中国人民伟大的爱国主义精神和中华民族大无畏的英雄气概。正因如此，抗日战争研究一直是备受关注的领域，各种史料的揭示与整理也从未间断。国家图书馆拥有六十余万册件民国文献，这其中就包括了数量可观的抗战文献。这些文献产生于炮火硝烟之中，是那个时代的真实记录，其历史价值不言而喻。作为国内民国文献重要收藏单位，我们有义务将这些文献加以整理揭示，提供读者利用。

  其次，这也是我们接续并完成的前辈馆员未尽的事业。抗日战争爆发后，我馆的前身国立北平图书馆奉命南迁。时任国立北平图书馆副馆长的袁同礼先生以深远的史家眼光意识到了搜集保存抗战史料的重要性，联合众多知名学者大声疾呼对这些文献加以搜集整理。1938 年，平馆刚刚迁到昆明，在人员奇缺、居无定所的情况下，就安排专人着手搜集抗战文献。1939 年 1 月，平馆更与西南联合大学合组建立了"中日战事史料征辑会"，全面搜集、整理战时各种文献资料：在国统区，与社会各界广泛合作，大量征集战时文献；在根据地，通过中国共产党驻渝代表机关以及延安解放社、延安新中华报社、新华书店等渠道，广泛征集革命文献；在沦陷区，以本馆驻上海办事处为依托，通过各种方式搜集敌伪出版物。抗日战争结束后，我馆仍然将抗战文献作为入藏的重点之一。可以说，抗战文献能够成为馆藏民国文献的重要组成部分，离不开前辈馆员的辛劳搜集。正是他们的努力，为我们今天编辑这样一部书目奠定了坚实的文献基础；而我们所做的工作，则实现了他们未了的心愿。

  此外，编辑这样一部专题书目，对于我们来说还有一个重要的目的——对馆藏抗战时期文献的保存状况进行一个初步的摸底调查，这也是国家图书馆民国文献保护工作的一部分。民国文献虽然距今不过百年，但是其老化破损的程度用"触目惊心"加以形容丝毫不为过。以我馆为例，馆藏的民国文献中度以上破损的比例超过 90%，相当一部分民国文献失去机械强度，有些文献稍加触碰，纸张就破损脱落，已经丧失了文献的基本功能，非常令人痛心。造成这一局面的主要原因，是民国时期用于印刷的纸张大多含有酸性化学添加剂，这大大加快了纸张老化的进程，缩短了文献的保存期限。应当说这是民国文献普遍存在的问题，需要引起特别的关注。虽然与古籍文献相比，民国文献面世的时间不算太长，但是对其加以抢救、保护的迫切程度丝毫不亚于善本古籍。如果再不加以抢救，很多珍贵的历史文献可能就在我们毫不知情的状态下消失了。所以，在此，我也再次呼吁社会各界更加关注民国文献的保存与保护。

  我们认为，保护不能片面的将文献"封存了事"，而是要将保存保护、整理揭示与研究利用有机地结合起来。本着这样的思路，国家图书馆在民国文献的保存保护方面，开展了一系列尝试性的探索。我们着手改善民国文献的保存环境，将所有民国文献逐步移入恒温恒湿的专门库房保存；加快民国文献的编目整理；进一步加快民国文献缩微拍摄与数字化进程；启动国家图书馆馆藏民国文献整理出版计划；开始对民国文献纸张老化的机理和防治措施进行研究。编制这本书目也是这些工作的组成部分。

当然，我们清楚，民国文献的保存保护不是国家图书馆一家的事情，这需要政府、文献收藏单位、学术界、民间收藏者等各个方面共同努力。我们愿意联合社会各界在民国文献的保存保护与研究上展开深入的合作，做出切实的努力，共同保护这笔珍贵的文化遗产。

是为序。

2010 年 2 月

# 出版说明

　　中国人民的抗日战争是中国近代史上反对外来侵略第一次取得完全胜利的民族解放战争。中国人民抗日战争和世界反法西斯战争的胜利，是 20 世纪人类历史上的重大事件，对于中华民族和世界文明进步都具有重大而深远的意义。

　　对抗日战争史料的搜集、整理，自抗战伊始便已展开。70 多年来，各界整理出版了大量档案、日记、报告等资料，同时，还编制了一批索引、书目等专题工具书。这些整理工作为学术研究奠定了坚实的史料基础。

　　国家图书馆自 1909 年建馆以来，一直重视收集、整理各种历史文献。抗战爆发后，国家图书馆的前身国立北平图书馆与西南联合大学合组成立了"中日战事史料征辑会"，全面搜集、整理战时各种文献资料：在国统区，与社会各界广泛合作，大量征集战时文献；在根据地，通过中国共产党驻渝代表机关以及延安解放社、延安新中华报社、延安新华书店、重庆新华书店等渠道，广泛征集革命文献；在沦陷区，以本馆驻上海办事处为依托，通过各种方式搜集敌伪文献。抗日战争结束后，我馆仍然将抗战文献作为入藏的重点之一。经过几十年的不断积累，抗战文献已经成为国家图书馆馆藏民国文献的重要组成部分。可以说，正是前辈馆员的艰辛努力，才使我们有充足的文献基础编辑这样一部书目。

　　本书收录了 1931 年"九·一八"事变前后至 1949 年 10 月间出版的反映抗日战争的各类文献八千余种。这其中，既包括统计资料、调查报告、年鉴、人名录、索引等工具类资料，又包括笔记、日记、回忆录、访问记等纪录性材料；既包括正式出版物，亦包括当时涉密的内参资料；既收录全国性的综合文献，亦收录区域性的地方文献；既收录国民政府出版物，亦包括抗日根据地的珍贵历史文献，还包括伪政权、伪组织出版物；既收录本国著作，亦收录国外译著。

　　本书依据所收文献的内容，共分政治、军事、经济、外交与国际关系、法律等 11 大类，每类之下，再分设若干子类。各类目中，政治类共 3453 条，军事类共 1324 条，经济类共 1361 条，外交与国际关系类共 389 条，法律类共 328 条，社会类共 174 条，教育与体育类共 123 条，日本研究类共 397 条，抗战史、传记资料类共 720 条，文学、艺术、文化事业类共 1355 条，资料汇编类共 187 条，总计 9811 条书目数据。

　　在编辑本书的过程中，我们得到了我馆古籍馆的热情协助；国家图书馆出版社也对此书的出版给予了大力支持。在此，我们谨向他们表示衷心的感谢。

　　编制书目是一项貌似简单、实则要求很高的专业性工作。对于这项工作，我们无疑是初学者，因此本书一定存在着诸多不足和错误。在此书出版之际，我们恳切希望各界读者对这些不足和错误给予批评指正，以便我们不断提高业务水平，更好地为各界读者服务。此外，由于我馆民国文献数量庞大，整理工作还在进行当中，还可能有部分抗战文献未及收录入本书，待条件许可，我们将再行增补。

　　2010 年是抗日战争胜利 65 周年。在此，我们谨以此书表达对抗战先烈的深切缅怀以及在硝烟战火中竭力搜集、保护抗战史料的前辈馆员的崇高敬意！

编　者

2010 年 3 月

# 凡　例

　　一、本书收录国家图书馆所藏 1931—1949 年间出版的有关抗日战争的中文图书（包括中文与其他语言文字对译图书和中文资料）。不含期刊、报纸。

　　二、本书分类体系以《中国图书馆图书分类法》、《民国时期总书目》为基础，根据所收文献的具体情况与实际内容编制。

　　三、本书目著录内容分为版本形态描述和内容提要两部分，包括流水号、书名、著者、出版、形态、丛书、提要附注七个项目。版本形态描述的各项著录内容一般从书名页提取，无书名页时从版权页提取，无版权页时从封面提取。如出现书名页、版权页、封面不相符合的情况，在内容提要项目中加以说明。

　　（一）流水号：本书收录条目的顺序编号，全书连续排序。

　　（二）书名：包括书名、附书名，以及说明书名的文字。两种以上著作合并成一册出版而又没有共同书名者，依次著录各书名，中间加圆点"·"隔开。书名为多文种的，首先著录中文题名，其他文种题名著录于中文书名之后，加圆括号"（　）"以示区别。多个非中文书名，在括号中依次著录，各文种书名间用圆点"·"隔开。

　　（三）著者：包括著者、译者以及点校、编辑等责任者。合著、合译的，原则上全部著录。同一著、译者，或用笔名、别号署名的，按原发表的名称著录，未作统一。某些著、译者互有差异或外国著者未注明国籍的，按原样著录，未作改动。外国国籍作者其姓名为外文的，一律以外文著录，不译成中文。姓名前加注国籍，加圆括号"（　）"以示区别。著者为日伪统治区机构的，在该名称前加"（伪）"字。

　　（四）出版：包括出版者、出版地、出版年月和版次、印刷方式等。

　　1. 出版者的著录以出版机构为准，无出版机构则著录发行机构，加方括号"［　］"以示区别；无发行机构则著录"总经销"或"经销"或"总代售"机构，加方括号"［　］"以示区别。个人或机构印行的非正式出版物、由编著人（机构）自己出版发行的，出版者项著录"著者刊"或者"编者刊"。

　　2. 出版地为旧地名的，原样著录，不作修改。出版地不能明确的，该项不予著录。

　　3. 图书出版时间及版次按照所见实物著录。

　　出版时间均换算为公元纪年著录。出版时间原则上只著录至月；同月多版次者著录到日；部分连续刊印的内部资料著录到日。

　　多版次图书只著录馆藏版次，各版次间用逗号"，"隔开。原书只注明出版时间未说明版次者，只著录出版时间。版权页出版时间中有其他字样，著录时按原书著录，作为参考。

　　（五）形态：包括页数、插图说明、开本、装帧。

　　1. 图书的序言、目次、附录、跋文等部分页码同正文页码不相连的，分正文前和正文后单独计算页数，与正文页数用加号相连。线装或包背装形式的图书，无页码或者页码标注于书口的，均以整页计页数，在数字之后注明"环筒叶"，加方括号"［　］"以示区别。

2. 插图说明包括照片、插图、题词、表格四项标识，按原书实际情况著录。

3. 开本符合标准开本尺寸的按标准著录，非标准开本者分别著录该书实际的长宽尺寸（厘米）。

4. 装帧只著录平装以外的精装、线装等特殊形式。

（六）丛书：包括丛书名、副丛书名、丛书编号、丛书编者等。

1. 丛书编者的著录，原书注明丛书主编者的，著录主编者；原书注明编辑人员、无主编的，著录编辑者。主编或编辑者为两人以上的，只著录前两人姓名，后加"等"字。

2. 同时列入两种以上丛书者，丛书名之间加分号。

（七）提要附注：包括内容提要和必要的说明。

四、原书著录项目漏缺，由本书编者考证添加的著录内容，加方括号"〔　〕"以示区别。

五、同种多卷（册）图书原则上分卷（册）著录。

六、本书目除书名及习惯使用的汉字数字之外，所有著录项目中的数字，在不影响语义和表达的情况下，一般使用阿拉伯数字。

七、本书各级类目标题选用不同的字体、字号排印，以方便区分。

八、本书附书名索引，索引按书名首字拼音字母音序排列，书名后对应的四位数码即该书的流水顺序号。

# 政　治

## 中国政治、政党

### 国民政府组织

**0001. 国民政府年鉴**　行政院编纂　编者刊　1943 年 7 月初版，1943 年 11 月再版　重庆　［966］ 16 开　精装　有照片、有插图、有图表

　　本书分两部分：中央之部包括 5 编，收录行政、立法、司法、考试、监察各部门的组织机构和工作概况；地方之部介绍重庆市和全国各省的施政情况。再版本封面题："中华民国三十三年三月再版。"

**0002. 国民政府年鉴**（第 2 回）　行政院编纂　编者刊　1944 年 10 月初版　重庆　［820］　32 开　有照片、有图表

　　本书分中央之部、地方之部两部分，介绍国民政府各院部会及重庆市和全国各省的施政情况。

**0003. 国民政府年鉴**（第 3 回）（上册）　行政院编纂　编者刊　1946 年 8 月初版　重庆　［565］ 32 开　有图表

　　本书分中央之部、地方之部两部分，上册为中央之部。

**0004. 国民政府年鉴**（第 3 回）（下册）　行政院编纂　编者刊　1946 年 8 月初版　重庆　［565］ 32 开　有图表

　　本书分中央之部、地方之部两部分，下册为地方之部。

**0005. 国民政府委员会第二次会议记录**　［国民政府委员会编］　1945 年 2 月　15 ［环筒叶］　16 开　油印

**0006. 国民政府委员会第二次会议日程**　［国民政府委员会编］　［编者刊］　1945 年 2 月　14 ［环筒叶］　16 开　油印

**0007. 国民政府委员会第三次会议日程**　［国民政府委员会编］　［编者刊］　1946 年 1 月　26 ［环筒叶］　16 开

**0008. 中央政务机关三十年度工作成绩考察报告**（上、中）　党政工作考核委员会编　编者刊 ［1941 年］　306 ［环筒叶］　16 开　有图表

　　上册收国民政府主计处、内政部、外交部、财政部、粮食部、经济部考察报告；中册收交通部、教育部、社会部、农林部、铨叙部、审计部、蒙藏委员会、侨务委员会、赈济委员会、水利委员会、卫生署考察报告。

### 行政院

**0009. 第二届国民参政会第一次大会行政院报告书**（二十九年四月至十二月）　［行政院］编　编

者刊　1941 年 1 月　6 + 86　16 开　有图表

本书分 8 部分："内政、禁烟、蒙藏"、"外交、侨务"、"军政"、"财政"、"经济、农林、粮食"、"交通"、"教育"、"赈济、卫生"。

**0010. 第三届国民参政会第三次大会行政院工作报告（三十二年七月至三十三年四月）**　行政院编

编者刊　［1944 年］　2 +［240］　16 开　有图表

辑 1943 年 7 月至 1944 年 4 月行政院重要工作报告，内容包括内政、外交、军政、财政、经济、教育、交通、司法行政等 18 项。

**0011. 第五届八中全会决议案行政院办理情形报告表**　行政院秘书处编　编者刊　1941 年 10 月

88［环筒叶］　16 开　油印　有图表

本书所收报告表由案由、已办事项、未办事项及原因、如何继续办理等内容组成。

**0012. 第五届九中全会决议案行政院办理情形报告表**　行政院秘书处编　编者刊　1942 年 10 月

84［环筒叶］　16 开　油印　有图表

本书所收报告表由案由、已办事项、未办事项及原因、如何继续办理等内容组成。

**0013. 第五届七中全会行政院工作报告**　［行政院编］　编者刊　1940 年 6 月　66［环筒叶］　16

开　油印

分 4 章：内政及关于赈济、卫生、蒙藏事项、财政经济及交通、外交及侨务、教育。

**0014. 第五届中央执行委员会第十一次全体会议决议案行政院办理情形报告表**　行政院秘书处编

编者刊　1944 年 5 月　［52］　16 开　有图表

本书所收报告表由案由、五届十一中全会决议、已办事项、未办事项及原因、如何继续办理等内容组成。有 6 个附件。

**0015. 第五届中央执行委员会第十二次全体会议决议案行政院办理情形报告表**　行政院秘书处编

编者刊　1945 年 5 月　［45］　16 开　有图表

本书所收报告表由案由、五届十二中全会决议、已办事项、未办事项及原因、如何继续办理等内容组成。有 7 个附件。

**0016. 全国行政会议出席人员通讯录**　全国行政会议秘书处编　编者刊　1944 年 5 月　9［环筒叶］

32 开　油印　有图表

**0017. 全国行政会议第二次大会议事日程**　1944 年 5 月　27［环筒叶］　16 开　油印　有图表

出版时间依据封面推论。

**0018. 全国行政会议纪录**　行政院编　编者刊　1944 年 6 月　10 + 300　16 开　有照片、有插图、有图表

本书分 6 部分：会议经过、会议开幕、会议记录、会议闭幕、提案原文、议案索引。

**0019. 行政参考统计资料**　行政院编　编者刊　1944 年 5 月，1944 年 10 月　［36］　32 开　有图表　国民政府年鉴资料 1

本书收图表 36 张：全国人口、全国行政区划、历年全国专科以上学校学生数及毕业生数、历年全国中等学校学生数及毕业生数、全国产稻量、全国产棉量等。

**0020. 行政院第贰贰次会议讨论事项**　［行政院］编　编者刊　［9］［环筒叶］　16 开　油印

有图表

本书收录行政院第22次会议讨论事项第1案附件以及第2案附件。

**0021. 行政院第二七次会议讨论事项**　　［行政院］编　编者刊　　［31］［环筒叶］　16开　油印
有图表

　　本书收录行政院第27次会议讨论事项第1案附件、第2案附件、第3案附件以及4案附件。

**0022. 行政院第二十八次会议讨论事项**　　［行政院］编　编者刊　　［18］［环筒叶］　16开　油印
有图表

　　本书收录行政院第28次会议讨论事项第1案附件、第2案附件以及第3案附件。

**0023. 行政院第卅二次会议讨论事项**　　［行政院］编　编者刊　　［16］［环筒叶］　16开　油印
有图表

　　本书收录行政院第32次会议讨论事项第1案附件以及第2案附件。

**0024. 行政院第叁伍次会议讨论事项附件**　　［行政院］编　编者刊　　［11］［环筒叶］　16开　油
印　有图表

　　本书收录行政院第35次会议讨论事项附件以及行政院第35次会议讨论事项第1案、第2案
附件。

**0025. 行政院第叁柒次会议讨论事项**　　［行政院］编　编者刊　　［29］［环筒叶］　16开　油印
　　本书收录行政院第37次会议讨论事项第2案附件以及第4案附件。

**0026. 行政院二十五年七月份工作报告**　　［行政院］编　编者刊　　［1936年］　23［环筒叶］
21cm×28cm　线装　有图表

　　本书分5部分：关于法令事项、关于主管事务之进行事项、关于主管事务之计划事项、关于与
主管事务有关事项、附表。

**0027. 行政院二十五年八月份工作报告**　　［行政院］编　编者刊　　［1936年］　17［环筒叶］
21cm×28cm　线装　有图表

　　本书分5部分：关于法令事项、关于主管事务之进行事项、关于主管事务之计划事项、关于与
主管事务有关事项、附表。

**0028. 行政院二十五年九月份工作报告**　　［行政院］编　编者刊　　［1936年］　15［环筒叶］
21cm×28cm　线装　有图表

　　本书分5部分：关于法令事项、关于主管事务之进行事项、关于主管事务之计划事项、关于与
主管事务有关事项、附表。

**0029. 行政院工作报告**　　［行政院编］　1938年7月　　［106］　16开　有图表

　　分内政、外交、军政、财政、经济、教育、交通、蒙藏等10部分，其中军政、财政另印。

**0030. 行政院工作报告**　行政院秘书处编　编者刊　1939年9月　106［环筒叶］　16开　油印
有图表

　　分内政、外交、财政、经济、教育、交通、蒙藏、侨务、赈济等9部分内容。

**0031. 行政院工作报告**　1945年4月　　［166］　16开　有图表

　　本书分7篇：内务、外务、财政及粮食、经济建设、教育、司法行政、物价管制及善后救济。
有序。

**0032. 行政院工作报告补编**　[行政院]编　编者刊　1941年12月　52[环筒叶]　16开　油印　有图表

分内政、财政、经济、教育、交通、农林、社会等11部分内容。

**0033. 行政院工作报告（廿八年一月至十月）**　[行政院]编　编者刊　[1939年]　[190]　16开　有图表

本书分9部分：内政、外交、财政、经济、教育、交通、蒙藏、侨务、振济。

**0034. 行政院工作报告（中华民国二十八年九月）**　行政院秘书处编　编者刊　1939年9月　[96][环筒叶]　16开　油印　有图表

本书分内政、外交、财政、经济（另印）、教育、交通、蒙藏、侨务、赈济9部分。

**0035. 行政院工作报告（三十年一月至九月）**　[行政院编]　编者刊　1941年10月　[重庆]　[168]　32开　有图表

分内政、外交、军政、财政、经济、教育、交通、农林等14项内容。

**0036. 行政院工作报告（三十年十月至三十一年八月）**　[行政院编]　编者刊　1942年9月　[重庆]　[203]　32开　有图表

分内政、外交、军政、财政、经济、教育、交通、农林等16项内容。

**0037. 行政院工作报告（三十一年九月至三十二年六月）**　[行政院]编　[编者刊]　1943年7月　[重庆]　[242]　16开　有图表

分内政、外交、军政、财政、经济、教育、交通、农林等17项内容。

**0038. 行政院工作报告（三十二年七月至三十三年三月）**　[行政院]编　编者刊　1944年4月　[130]　16开　有图表

分内政、外交、军政、财政、经济、教育、交通、农林等18部分。

**0039. 行政院关于国民参政会第二次大会决议各案办理情形报告表**　[行政院]编　编者刊　1939年2月　[22]　16开　有图表

分案由、国民参政会决议、国防最高委员会决议、本院办理情形等内容，有13个附件。

**0040. 行政院关于国民参政会第三次大会决议各案办理情形报告表**　[行政院]编　编者刊　1939年8月　[25]　16开　有图表

本书收10张图表：内政、外交、军政、财政、经济、教育、交通、蒙藏、侨务、赈济。每张图表由案由、参政会决议、国防最高委员会决议、办理情形等内容组成。有15个附件。

**0041. 行政院及所属各部会组织法汇编**　行政院秘书处编　编者刊　1940年10月　2+154　32开　精装　有图表

本书收19部组织法：《行政院组织法》、《内政部组织法》、《外交部组织法》、《财政部组织法》、《军政部组织法》、《海军部组织法》、《教育部组织法》、《司法行政部组织法》等。附录：《中央政治委员会组织条例》、《国民政府组织法》（附修正国民政府组织系统表）。

**0042. 行政院召集第二次省市会议议决案**　[1939年8月]　12+84　16开　有图表

本书收提案81篇：《内政部提议县市行政官吏应依法任免案》、《内政部提议各县知事应实行遵章赴部报到案》、《浙江省政府提议拟请中央修订县行政人员任用条例迅予颁行以资遵循案》、《浙江省政府提议省长应兼行监察职权以肃吏治案》等。

**0043. 行政院所属各部会署局科长以上职员录**　行政院秘书处编　编者刊　1942 年 2 月　51 ［环筒叶］　16 开　油印　有图表

本书收行政院所属各部会署局科长以上职员的职别、姓名、别号等内容。

**0044. 行政院所属各部会署科长以上职员录**　行政院人事室编　编者刊　1943 年 12 月　［81］［环筒叶］　15.4cm×24.4cm　有图表

本书收行政院所属各部会署科长以上职员的姓名、别号、职别等内容。

**0045. 行政院职员录**　1944 年 6 月　14 ［环筒叶］　32 开　油印　有图表

收录行政院职员的职别、姓名、别号、年龄、籍贯等内容。

**0046. 中国国民党第六届全国代表大会行政院工作报告**　［行政院］编　编者刊　1945 年 4 月　［167］　16 开　有图表

本书分 7 篇：内务、外务、财政及粮食、经济建设、教育、司法行政、物价管制及善后救济。有序。

**0047. 第五届中央执行委员会第十次全体会议决议案行政院办理情形报告表**　行政院秘书处编　编者刊　1943 年 8 月　50　16 开　有图表

本书所收报告表由案由、已办事项、未办事项及原因、如何继续办理等内容组成。

**0048. 第二届国民参政会第一次大会决议案行政院办理情形报告表**　行政院秘书处编　编者刊　1941 年 10 月　［152］　16 开　有图表

分案由、参政会决议、国防最高委员会决议、本院处置办法、主管机关办理情形等内容。有 31 个附件。

**0049. 第二届国民参政会第二次大会决议案行政院办理情形报告表**　［行政院］编　编者刊　1942 年 10 月　［108］［环筒叶］　16 开　油印　有图表

分案由、参政会决议、国防最高委员会决议、本院处置办法、主管机关办理情形等内容。有 33 个附件。

**0050. 第三届国民参政会第一次大会决议案行政院办理情形报告书**　行政院秘书处编　编者刊　1943 年 8 月　［158］　16 开　有图表

分案由、参政会决议、国防最高委员会决议、本院处置办法、主管机关办理情形等内容。有 16 个附件。

**0051. 第三届国民参政会第二次大会决议案行政院办理情形报告表**　行政院秘书处编　编者刊　1944 年 8 月　117　16 开　有图表

分案由、参政会决议、国防最高委员会决议、本院处置办法、主管机关办理情形等内容。有 20 个附件。

**0052. 第三届国民参政会第三次大会行政院工作报告补编（三十三年五月至七月）**　［行政院编］　编者刊　1944 年 8 月　2+44　16 开　有图表

本书分 6 部分：全国行政会议之召集、内政地政及关于社会赈济卫生事项、军政与外交、经济与动员业务、财政粮食农林交通及水利、教育与司法行政之设施。

**0053. 国民参政会第三届第三次大会决议案行政院办理情形报告表**　行政院秘书处编　编者刊　1945 年 6 月　［68］　16 开　有图表

包括：案由、国民参政会决议、国防最高委员会决议、本院办理情形、备考等内容。

**0054. 第一届国民参政会第五次大会决议案行政院办理情形一览表** 行政院编　52　16开　有图表

**0055. 国民参政会第四次大会决议案行政院办理情形一览表** 行政院秘书处编　编者刊　1940年3月　70　16开　有图表

分案由、参政会决议、国防最高委员会决议、本院处置办法、主管机关办理情形、未办原因等内容。有18个附件。

**0056. 国民参政会第四届第一次大会行政院工作报告（三十三年八月至三十四年五月）** ［编者刊］　1945年6月　［行政院编］　［204］　16开　有图表

分内政、外交、军政、财政、经济、教育、交通、农林、战时生产等20项内容。

**0057. 国民参政会第五次大会行政院报告书** 行政院秘书处编　编者刊　1940年3月　6+232　16开　有图表

本书分内政、外交、军政、财政、经济、教育、交通、蒙藏、侨务、赈济10部分。有弁言。

### 立法院

**0058. 第六次全国代表大会立法院工作报告** ［立法院编］　编者刊　2+34　16开　有图表

本书为立法院自1937年11月18日起截至1945年3月15日止的791件决议案目录表，包括法律案、预算案、宣战案和条约案。

**0059. 立法院工作报告** ［2+14］　16开

自1938年7月起至1938年10月止，内容包括：总述、法律案、预算案及财政案、结论。

**0060. 立法院工作报告** ［16］　16开

自1938年10月起至1939年1月止，包括：引言、法律案、预算案及财政案、条约案、结论。

**0061. 立法院工作报告** 12　16开

时间自1939年1月至1939年8月止，包括：引言、法律案、预算案及财政案、条约案、结论。

**0062. 立法院工作报告** 16　16开

自1939年1月至1939年10月止，包括：引言、法律案、预算案及财政案、条约案、结论。

**0063. 立法院工作报告** ［18］　16开

自1939年8月至1940年3月止，包括：引言、法律案、预算案及财政案、条约案、结论。

**0064. 立法院工作报告** ［81］　16开

本报告自1940年3月起至1941年2月止，内容包括6个方面：引言、法律案、预算案及财政案、条约案、关于宪法草案之宣传、结论。

**0065. 立法院工作报告** 立法院秘书处编　编者刊　1940年　1+16　16开

本书收录时间自1940年4月起至1940年10月止，分6部分：综述、法律案、预算案、大赦案、条约案、结论。

**0066. 立法院三十一年度考察团第一团考察报告书** 6+326　32开

本书分6部分，包括：立法院三十一年度考察团第一团考察报告、行政机关谈话、司法机关谈话、其他法令适用困难及应改善之意见、关于西康民刑事特别法草案之意见、西康概况及康保两族之特点。

**0067. 立法院三十一年度考察团第二团考察报告书**　6+166　32 开

本书分 9 章，包括各省新县制实施情形、各省兵役法实施情形、各省工役法实施情形、各省粮政推行情形、各省人民团体及社会福利事业之推行情形、各省人民负担税捐之情形、各省临时参议会之运用情形、各省司法实施情形等。

**0068. 立法院职员录**　1944 年 8 月　43 ［环筒叶］　32 开　有图表

**0069. 立法院川康考察团报告（各机关谈话意见摘录）**　立法院川康考察团编　中央秘书处　1942 年 11 月　30　16 开

本书为立法院川康考察团考察川、康两省时，与各机关谈话的意见摘录，共 8 个方面内容：法令、机构、待遇、兵役、粮政、财政、县制、司法。

## 司法院

**0070. 司法行政部在部服务职员录**　［司法行政部］编　编者刊　1938 年 3 月　南京　15　大 32 开　有图表

司法行政部及直辖各机关职员名录。包括职别、姓名、别号、年龄、籍贯、住址及电话、永久通讯处。另附：本部直辖各机关长官姓名录。

**0071. 司法院工作报告（中华民国二十八年十一月）**　司法院编　编者刊　1939 年 11 月　南京　2+16+［14］　16 开　有照片、有图表

本书为司法院 1939 年 1 月至 9 月的工作报告择要，包括法院事项、监所事项、司法人员事项、司法审判事项、特载小组会议事项、国民月会事项。附录收《各省法院及新监狱看守所设置数目表》等 14 件表格。

**0072. 司法院工作报告（中华民国三十年二月）**　司法院编　编者刊　1941 年 2 月　重庆　2+10　16 开　有照片、有图表

本书为司法院 1940 年 3 月至 12 月的工作报告择要，包括法院事项、监所事项、司法人员事项、民刑事项。附录收《各省法院及新监狱看守所设置数目表》等 10 件表格。

**0073. 司法院工作报告（中华民国三十年一月至九月）**　司法院编　编者刊　［1941 年 9 月］　［重庆］　28　16 开　有照片、有图表

本书为司法院 1941 年 1 月至 9 月的工作报告择要，包括法规事项、司法机关事项、审判案件之收结事项、行政诉讼事项、中央公务员惩戒事项、司法人员事项、监所事项。附录收《各省法院及新监狱看守所设置数目表》等 12 件表格。

**0074. 司法院工作报告（中华民国三十年三月至九月）**　司法院编　编者刊　［1941 年 9 月］　［重庆］　26　16 开　有照片、有图表

本书为司法院 1941 年 3 月至 9 月的工作报告择要，包括法规事项、监所事项、司法机关事项、司法人员事项、司法审判事项。附录收《各省法院及新监狱看守所设置数目表》等 12 件表格。

**0075. 司法院工作报告（中华民国三十年十月至三十一年八月）**　司法院编　编者刊　［1942 年 8 月］　［重庆］　4+44　16 开　有照片、有图表

本书为司法院 1941 年 10 月至 1942 年 8 月的工作报告择要，包括法规事项、司法机关事项、司法人员事项、司法审判事项、案件收结、监所、司法会计、司法统计、编译等事项。附录收《司法

院解释法令件数》等 14 件表格。

**0076.** 司法院工作报告（中华民国三十一年九月至三十二年六月）　司法院编　编者刊　［1943 年 6 月］　［重庆］　2＋14＋8　16 开　有照片、有图表

　　本书为司法院 1942 年 9 月至 1943 年 6 月的工作报告择要，包括法规事项、机关事项、人事机构事项、特赦减刑事项、案件收结、司法刊物、监督法律学校事项。附录收《解释法令件数表》等 5 件表格。

**0077.** 司法院工作报告（中华民国三十四年五月）　司法院编　编者刊　1945 年 5 月　［重庆］　4＋37　16 开　有图表

　　本书为司法院 1938 年 3 月至 1945 年 2 月的工作报告择要，包括法规、机构、案件收结、教育、刊物出版、其他等 6 部分内容。

**0078.** 司法院战时工作概况　司法院编　编者刊　1938 年 7 月　12　16 开

　　本书介绍了司法院战时的工作情况，包括 4 部分：关于法院事项、关于法官事项、关于审判事项、关于监所事项。

**0079.** 司法院最近工作概况（中华民国二十七年十月）　司法院编　编者刊　1938 年 10 月　2＋15　16 开　有照片、有图表

　　本书分 7 个部分：司法法规之修订与解释、司法人员之训练与分发任用、战区司法事务之指示、西康司法之筹备调查、监狱建设与人犯之处置等。附录有《最高法院民事收案数目表》、《最高法院民事结案数目表》、《最高法院刑事结案数目表》等 7 幅表格。书前有引言。

**0080.** 司法院最近工作概况（中华民国二十八年二月）　司法院编　编者刊　1939 年 2 月　1＋3　16 开　有照片、有图表

　　本书分 12 个部分：各省法院及新监狱看守所设置数目表、战区司法人员登记任用表、各省监所人犯疏通人数表、最高法院二十七年刑事案件收结总表、惩戒案件分类统计表等。

**0081.** 司法院最近工作概况（中华民国二十八年八月）　司法院编　编者刊　1939 年 8 月　2＋10　16 开　有照片、有图表

　　本书分 8 个部分：战区巡回审判之推进、各省法院战时管辖区域之变更、监犯之调服军役与移垦等。另附表 10 件：《战区司法人员登记任用表》、《惩戒案件收结统计表》等。

**0082.** 司法院最近工作概况（中华民国二十九年三月）　司法院编　编者刊　1940 年 3 月　12　16 开　有照片、有图表

　　本书分 4 个部分：关于法院事项、关于司法人员事项、关于民、刑事项、关于监所事项。附录收《各省法院及新监狱看守所设置数目表》、《战区各省第二审巡回审判管辖区域表》、《战区退出司法人员登记任用表》等 13 幅表。

## 考试院

**0083.** 第二届国民参政会第一次大会考试院施政报告书　28　16 开　有图表

　　分 3 部分：关于统筹全局者、关于考选部分者、关于铨叙部分者。其中第 2 部分附表 4 种，第 3 部分附表 7 种。书前有绪论，书后有结论。

**0084.** 第二届国民参政会第二次大会考试院施政报告书　1941 年 11 月　5＋30　16 开　有图表

　　本书分 3 个部分：工作之检讨、今后之计划、意见之陈述。

**0085.** 第三届国民参政会第三次大会考试院工作报告书　考试院秘书处编　编者刊　1944 年 8 月　18　16 开

　　本书分 4 个部分：组织法、法规、重要设施经过、三十三年度考铨行政重要工作概述。

**0086.** 第三届国民参政会第一次大会考试院报告书　［考试院编］　编者刊　1942 年 10 月　42　16 开　有图表

　　分 3 部分：序言、工作之概况、今后之计划。

**0087.** 第四届国民参政会第一次大会考试院工作报告书　［考试院秘书处］编　编者刊　1945 年 6 月　12　16 开

　　分 7 部分：绪言、法规之制订与修正、考选行政之重要设施、铨叙行政之重要设施、工作检讨、三十四年度工作计划纲要、结论。

**0088.** 第五届中央执行委员会第九次全体会议决议案实施状况表　［国民党中央执行委员会编］　编者刊　4 + 48　16 开

　　本书分 4 类：党务、政治、经济、教育。封面有"密"字样。

**0089.** 第五届中央执行委员会第十次全体会议考试院报告书　［考试院秘书处］编　编者刊　1942 年 10 月　54　16 开　有图表

　　本书分 3 个部分：绪言、工作之概况、今后之计划。

**0090.** 国民参政会第三届第二次大会考试院报告书　1943 年 9 月　64　16 开　有图表

　　本书分 4 个部分：总述、考选、铨叙、结论。

**0091.** 国民政府考试院职员录　1942 年 11 月　11　［环筒叶］　32 开　油印　有图表

**0092.** 考试院工作报告书（编送国民参政会第五次会议）　考试院编　编者刊　1940 年 3 月　18　16 开　有图表

　　本书分考选、铨叙两部分。书前有绪言，书后有结论。

**0093.** 考试院工作报告书（编送中央人事行政会议）　考试院编　编者刊　1940 年 3 月　34　16 开　有图表

　　本书分考选、铨叙两部分。书前有绪言，书后有结论。

**0094.** 考试院工作报告书（一）　［1938 年］　8　16 开

　　本书分两个部分：考选法规、考选行政。书前有绪言。

**0095.** 考试院工作报告书（二）　［1938 年］　2 + 28　16 开

　　本书分两个部分：本院之组织及建置、考选工作。书前有绪言，书后有结论。

**0096.** 考试院工作报告书（国民参政会第二次会议）　考试院编　编者刊　1938 年 10 月　12　16 开

　　本书分考选、铨叙两部分。

**0097.** 考试院工作报告书（送国民参政会第四次会议）　考试院编　编者刊　1939 年 9 月　27　16 开　有图表

　　本书分考选、铨叙两部分。书前有绪言，书后有结论，并附相关表格 6 种。

**0098.** 考试院考选委员会职员录　1943 年 5 月　15　［环筒叶］　18cm×26cm　线装　有图表

**0099.** 考试院施政编年录（初稿第四编）　1945 年 12 月　308　32 开　有图表

　　本书收录 1937 年 1 月至 1939 年 12 月年间内容。

**0100.** 考试院施政编年录（初稿第五编）　1945 年 12 月　286　32 开

　　收录 1940 年 1 月至 12 月间内容。

**0101.** 考试院施政编年录（初稿第六编）　1945 年 12 月　426　32 开

　　收录 1941 年 1 月至 12 月间内容。

**0102.** 考试院施政编年录（原稿第四编）　陈天锡编　1945 年 12 月　426　大 32 开　精装　有图表

　　本书记载 1937 年 1 月至 1941 年 12 月考试院职掌事项，按年编录。

**0103.** 考选委员会职员录　1942 年 4 月　4 ［环筒叶］　16 开　油印、线装　有图表

**0104.** 送第五届中央执行委员会第六次全体会议考试院工作报告书　考试院编　编者刊　1939 年 11 月　26　16 开　有图表

　　本书分两个部分：考选、铨叙。有绪言、结论。

**0105.** 第五届中央执行委员会第八次全体会议考试院报告书　戴传贤著　考试院　1941 年 3 月　重庆　10＋44　16 开

　　本书分 5 章：绪言、属于有关全局者、属于考选行政者、属于铨叙行政者、结论。目录页题名为："考铨工作之检讨与制度之确立"。

**0106.** 第五届中央执行委员会第九次全体会议考试院工作报告书　［考试院秘书处编］　编者刊　1941 年 11 月　5＋30　16 开　有图表

　　本书分 3 个部分：工作之检讨、今后之计划、意见之陈述。

**0107.** 第五届中央执行委员会第十一次全体会议考试院报告书　［考试院秘书处编］　编者刊　1943 年 9 月　64　16 开　有图表

　　本书分 4 个部分：总述、考选、铨叙、结论。

**0108.** 第五届中央执行委员会第十二次全体会议考试院工作报告书　考试院秘书处编　编者刊　1944 年 5 月　20　16 开

　　本书包括 4 章：组织法、法规、重要设施经过、三十二年度考铨行政重要工作概述。

**0109.** 中国国民党第六次全国代表大会考试院工作报告书　考试院编　编者刊　1945 年 5 月　34　16 开　有图表

　　本书包括 6 章：总述、机关组织之演变、法规之制定与修正、考选行政之推进、铨叙行政之推进、结论。

## 监察院

**0110.** 监察院工作报告　监察院编　编者刊　1939 年 11 月　2＋32　16 开　有图表

　　本书分 3 个部分：总述、检察职权之行使、视察工作之展开。

**0111.** 监察院工作报告（一）　1945 年 4 月　2＋42　16 开　有图表

　　本书分 6 个部分：总述、监察机构之充实、监察法规之增订及整理、巡察工作之实施、视察调查、监察职权之行使。

**0112.** 监察院工作报告（二） ［监察院编］ ［编者刊］ 1945 年 4 月 26 16 开 有图表
　　分为一般行政、事前审计、事后审计、稽查、就地审计、巡回审计、结论 7 部分。

**0113.** 监察院工作报告（上册） 1941 年 11 月 17 ［环筒叶］ 16 开 线装 有图表
　　本书分 11 个部分：引言、工作计划、视察、巡察、调查、弹劾、建议、有关监察事项等。

**0114.** 监察院工作报告（上册） 1943 年 9 月 1＋16 ［环筒叶］ 16 开 油印、线装 有图表
　　本书分 4 个部分：引言、工作计划、工作实施、工作检讨。

**0115.** 监察院工作报告（下册） 1942 年 10 月 72 ［环筒叶］ 16 开 油印、线装 有图表

**0116.** 监察院施政概要 监察院编 编者刊 1938 年 10 月 1＋11 16 开
　　本书收录 1938 年 7 月至 9 月底的施政工作概况，分监察与审计两部分。

**0117.** 监察院施政概要 监察院编 编者刊 1938 年 7 月 1＋24 16 开 有图表
　　本书分两个部分：监察院、审计部。封面有题赠。

**0118.** 监察院施政概要 监察院编 编者刊 1938 年 8 月 1＋24 16 开 有图表
　　本书分两个部分：监察院、审计部。

**0119.** 监察院施政概要 监察院编 编者刊 1939 年 2 月 1＋7 16 开
　　本书收录 1938 年 10 月至 1939 年 1 月间的工作概况，分 3 个部分：监察职权之实施、视察工作之进行、监察制度之充实。

**0120.** 监察院施政概要 监察院编 编者刊 1939 年 9 月 1＋6 ［环筒叶］ 16 开 油印 有图表
　　本书分 3 个部分：概述、监察职权之行使、视察工作之展开。

**0121.** 监察院施政概要 监察院编 编者刊 1940 年 4 月 2＋16 16 开 有图表
　　本书分 8 个部分：工作计划、视察、调查、弹劾、纠举、建议、监试、监振。

**0122.** 监察院施政概要 1941 年 11 月 1＋16 ［环筒叶］ 16 开 油印 有图表
　　本书分 10 个部分：总述、工作计划、视察、巡察、调查、弹劾、纠举、建议、监试、有关监察事项。

**0123.** 监察院施政概要 监察院编 编者刊 1941 年 2 月 1＋12 16 开 有图表
　　本书分 9 个部分：工作计划、视察、巡察、调查、弹劾、纠举、建议、监试、有关监察事项。

**0124.** 监察院施政概要（上册） 1942 年 9 月 19 ［环筒叶］ 16 开 油印、线装 有图表

**0125.** 监察院施政概要（下册） 1942 年 10 月 72 ［环筒叶］ 16 开 油印、线装 有图表

**0126.** 监察院施政概要（上册） 1944 年 9 月 17 ［环筒叶］ 19cm×27cm 油印、线装 有图表

**0127.** 监察院施政概要（下册） 1944 年 8 月 12 ［环筒叶］ 19cm×27cm 油印、线装 有图表

**0128.** 监察院施政概要（一） 1945 年 6 月 39 ［环筒叶］ 19cm×27cm 油印、线装 有图表
　　本书分 3 部分：工作计划、工作实施、关于国民参政会决议案办理情形。

# 国民参政会

**0129. 国民参政会**　行政院新闻局编　编者刊　1937 年 8 月　2＋34　32 开　有照片

本书分 4 部分：前言、历届国民参政会的成就、结论、附录。

**0130. 国民参政会**　童蒙圣、范予遂、陈盛清、萨师炯、刘伟森、潘应昌执笔　独立出版社　1938 年 12 月初版，1939 年 8 月 5 版　重庆　5＋58　32 开　战时综合丛书第 3 辑 3

该书分 5 章：国民参政会的使命与工作、论国民参政的地位与其任务、国民参政会组织条例研究、国民参政会与战时政治机构、领袖集权下的国民参政会。书前有编前记。书后有附录和讨论大纲。

**0131. 国民参政会**　范予遂著　独立出版社　1940 年 6 月初版　重庆　22＋129　32 开　抗战建国纲领丛书

本书分 5 章：国民参政会之诞生使命及其性质、国民参政会与政府、国民参政会与宪政运动、国民参政会之将来、国民参政会之成就。附录收《国民参政会法规》、《参政员及历届驻会委员》、《重要演词及宣传》3 篇文章。书前有凡例、序言。

**0132. 第二届参政会特辑**　新华日报馆编辑　新华日报馆　1938 年 12 月　2＋90　32 开　新群丛书第 23 种

本书收 18 篇文章：《蒋委员长训词》、《拥护蒋委员长和国民政府加紧全民族团结坚持持久抗战争取最后胜利案》（陈绍禹等提）、《关于克服困难渡过难关持久抗战争取胜利问题案》（陈绍禹等提）、《严惩汉奸傀儡民族叛徒以打击日寇以华制华之诡计而促进抗战胜利案》（林祖涵等提）等。

**0133. 第一届国民参政会第三四次大会决议案继续办理情形报告表**　行政院秘书处编　编者刊　1941 年 2 月　34　16 开　有图表

分案由、参政会决议、国防最高委员会决议、本院处置办法、主管机关办理情形等内容。有 8 个附件。

**0134. 国民参政会第二届第二次大会纪录**　国民参政会秘书处编　编者刊　1942 年 9 月　2＋146　16 开　有图表

包括大会开会经过、重要法规、主席团及参政员名单、大会议事记录、演词、提案原文。

**0135. 国民参政会第二届第一次大会记录**　国民参政会秘书处编　编者刊　1941 年 10 月　4＋270　16 开

包括大会开会经过、重要法规、主席团及参政员名单、大会议事记录、大会宣言、重要函电、演词、提案原文、休会期间驻会委员会名单、川康建设期成会职员名单、大会秘书处职员名单。

**0136. 国民参政会第二届第一次大会决议案实施情形一览**　国民参政会秘书处编　编者刊　1941 年 11 月　64　16 开　有图表

本书分 6 部分：关于一般者、关于军事及国防者、关于外交及国际事项者、关于内政事项者、关于财政经济事项者、关于教育及文化事项者。

**0137. 国民参政会第二届第一次大会提案原文（五）**　[参政会]编　编者刊　[4＋80]环筒叶　16 开　油印　有图表

本书为参政会第二届第一次大会 114 号—149 号提案原文。

**0138.** **国民参政会第三届第二次大会记录**　国民参政会秘书处编　编者刊　1944 年 8 月　2 + 292　32 开

　　包括 6 章：会议经过、重要法规、主席团及参政员名单、议事记录、演词、提案原文。

**0139.** **国民参政会第三届第三次大会提案原文（下册）**　〔国民参政会秘书处编〕　〔编者刊〕　重庆　〔230〕　16 开

　　收录第 99 号至 201 号提案原文。

**0140.** **国民参政会第三届第一次大会纪录**　国民参政会秘书处编　编者刊　1943 年 8 月　2 + 302　16 开

**0141.** **国民参政会第三届第一次大会提案原文（第四册）**　〔国民参政会编〕　编者刊　5 + 70　16 开

　　本书收录了国民参政会第三届第一次大会第 146 号至第 205 号提案原文。

**0142.** **国民参政会第一次大会记录**　国民参政会秘书处编　编者刊　1938 年 9 月　4 + 346　16 开　有照片

　　本书分 12 章：国民参政会之召集、第一次大会之筹备及开会经过、重要法规、国民参政会正、副议长及参政员名单、第一次大会议事记录、第一次大会宣言、演词、提案原文及决议案、参政员对于政府报告之询问及各主管机关长官之答复、第一次大会休会期间驻会委员会委员名单、第一次大会秘书处职员名单。

**0143.** **国民参政会第一次大会纪要**　抗战文献刊行社编辑　编者刊　1938 年 7 月初版　成都　4 + 34　32 开　抗战文献特辑

　　正文分 5 章：国民参政会第一次大会简述、大会宣言、开会词、会议十日志、重要决议案。附录分 5 部分：国民参政会重要法规、参政会题名录、舆论、会场别记、参政会小统计。书前有《国民参政会慰劳蒋委员长电》、《国民参政会慰劳前方将士电》。

**0144.** **国民参政会第一次大会提案原文第四册（第一四六号至第二零五号）**　〔134〕　16 开

**0145.** **国民参政会第二次大会记录**　国民参政会秘书处编　编者刊　1938 年 12 月　4 + 140　16 开　有照片

　　本书分 11 章：国民参政会第二次大会开会经过、法规、国民参政会正、副议长及参政员名单、国民参政会第二次大会议事记录、重要函电、演词、提案原文、参政员对于政府报告之询问及各主管机关长官之答复、政府对于本会议第一次大会决议案之办理情形、第二次大会休会期间驻会委员会委员名单、第二次大会秘书处职员名单。

**0146.** **国民参政会第三次大会记录**　国民参政会秘书处编　编者刊　1939 年 4 月　2 + 150　16 开　有照片

　　本书分 11 章：国民参政会第三次大会开会经过、法规、国民参政会政府议长及参政员名单、国民参政会第三次大会议事记录、重要文电、演词、提案原文、参政员对于政府报告之询问及各主管机关长官之答复、政府对于本会议第二次大会决议案之办理情形、第三次大会休会期间驻会委员会委员名单、第三次大会秘书处职员名单。

**0147.** **国民参政会第三次大会蒋议长开会词及休会词**　〔蒋介石著〕，〔中央组织部编〕　编者刊　1939 年 4 月　〔60〕　32 开　有照片汉蒙对译本。

**0148. 国民参政会第四次大会记录**　国民参政会秘书处编　编者刊　1939 年 11 月　2 + 160　16 开　有照片

本书分 10 章：国民参政会第四次大会开会经过、法规、国民参政会正、副议长及参政员名单、国民参政会第四次大会议事记录、重要函电、演词、提案原文、参政员对于政府报告之询问及各主管机关长官之答复、第四次大会休会期间驻会委员会委员名单、第四次大会秘书处职员名单。书中夹有呈交书单。

**0149. 国民参政会第四次大会议事日程第九次会议**　［国民参政会］　编者刊　1939 年 9 月　18　［环筒叶］　16 开

**0150. 国民参政会第四届参政员略历**　国民参政会编　编者刊　1945 年 8 月　56　32 开

**0151. 国民参政会第四届第一次大会纪录**　国民参政会秘书处编　编者刊　1946 年 1 月　2 + 500　16 开　有图表

**0152. 国民参政会第五次大会纪录**　国民参政会秘书处编　编者刊　1940 年 8 月　2 + 141　16 开　有图表

**0153. 国民参政会决议案实施情形一览**　国民参政秘书处编　编者刊　1939 年 8 月　210　16 开

本书收录国民参政会第一、二、三次会议的会议记录及政府文件，分类汇编。

**0154. 国民参政会文献汇编**　蒋卉辑　民团周刊社　1939 年 8 月初版　南宁　40　32 开　建国丛刊第一辑之九

分 5 部分：大会开幕演词、大会通过决议案录要、大会电文录要、大会宣言书全文、大会休会演词。

**0155. 国民参政会宣言**　中央组织部　编者刊　1938 年 12 月　16　32 开　有照片

本书为中文和维文合订本。

**0156. 国民参政会宣言**　世界书局　1939 年 5 月　29　32 开　有图表　中学各学科补充教材之一

封面注"中学各科补充教材，揭橥全篇主旨参证段落提要"。

**0157. 国民大会代表选举总事务所工作报告**　国民大会代表选举总事务所编　编者刊　1941 年 10 月　2 + 19　32 开　有图表

包括总述、选举事务经办完成部分、选举事务经办未完部分。附各项选举代表之总额、各项选举已产生之代表、各项选举候遴选之代表、各种选举代表当选候补人递补注销状况表。

**0158. 国民代表大会**　全体乾著　国民图书出版社　1945 年 9 月初版　重庆　6 + 166　32 开

本书分 10 章：中国国民党建设民主政治之理论、中国国民党建设民主政治之制度与经过、民主政治制度中之国民代表大会之组织与职权、国民代表大会与五权政府、五五宪法草案关于国民大会制度之议定、结论等。卷首有前言以及作者自序。

**0159. 蒋委员长在第二届国民参政会在二次大会致开幕词**　［蒋介石著］，［中央组织部编］　编者刊　1941 年 11 月　［41］［环筒叶］　12.2cm×17.2cm　线装　蒙译中枢重要文告之五十二

汉藏对译本。

**0160. 论国民参政会**　志刚等著　求知出版社　1941 年 3 月　［94］　32 开　有图表　求知文丛

本书收 6 篇文章：《论二届国民参政会第一次大会》（志刚）、《从明末党争说到今日国事》（青之）、《中国的政治危机》（正凤译）、《希特勒的春季之歌》（寿吉）、《苏联的国防》（朱进）、《论孔夫子》（水若）。封三有《本辑介绍》一文。

**0161. 译中枢重要文告之林主席二届参政会训词** ［林森著］ 中央组织部 1941 年 3 月 16 ［环筒叶］ 32 开 油印

汉蒙对译本。

# 国家行政管理

**0162. 第二期战时行政计划及其纲要** ［1939 年］ ［220］［环筒叶］ 16 开 油印

本书分 10 个部分：内政、外交、军政、财政、经济、教育、交通、蒙藏、侨务、赈济。出版时间依据内容推断。

**0163. 普通行政实务新编** 崔德化编著 秦岭出版公司 1940 年 5 月初版 西安 14＋292＋4 32 开 有题词、图表

本书分上、下两篇：上篇"平时"，下篇"战时"，分别收录 4 章：概说、准则、人事、事务。书前有著者序，附录收本书参考书目。

**0164. 现行行政制度（中央训练团党政训练班讲演录）** ［中央训练团党政训练班编］ ［编者刊］ 1939 年 3 月 2＋44 32 开

本书分 5 个部分：绪论、中央制度、省政府及行政督察专员制度略论、问题的检讨、结论。

**0165. 行政概论** 雷殷讲演 1939 年 4 月 3 版 6＋276 32 开 有图表

本书分 7 章：总论、行政机关、公务人员、行政设施事项、行政管理、行政行为、行政救济。书前有作者所写卷首语。

**0166. 行政概论** 雷殷讲述 1938 年 5 月 6＋270 32 开 有图表

本书分 7 章：总论、行政机关、公务人员、行政设施事项、行政管理、行政行为、行政救济。书前有作者所写卷首语。

**0167. 行政论丛（第一辑）** 崔宗埙著 福建省研究员社会科学研究室 1941 年 9 月初版 福建 1＋78 32 开 福建省研究院社会科学丛刊之一

本书分 10 章：清代行政制度的几个优点、行政学研究法、公务人员之服务精神、政务官与事务官、职位分类问题等。书前有著者序。封面有题赠。

**0168. 行政权责划分论** 刘佐人著 民族文化出版社 1944 年 5 月初版 韶关 6＋70 32 开 民族文化丛书学术丛书第 8 种

本书分 9 章：导论、行政三联制的要领、首长制度与行政分工、分层负责及办事细则拟定的要点、各级政府权责划分问题、各级机构的调整问题、地方自治与县及乡保权责划分、各级行政计划的编订、分级考核制度。书前有自序。

**0169. 行政述要（县各级干部人员训练材料）** 雷殷编著 中央训练委员会内政部 1941 年 12 月 8＋128 32 开 有图表

本书分 8 章：总论、行政机关、公务人员、公务人员之管理、行政事项、行政管理、行政救济、结论。书前有例言、序言、绪论。

**0170. 行政要领（中央训练团党政训练班演讲录）**　陈仪讲　1942 年 9 月　48　32 开

本书分 4 部分：导言、用人、做事、宪政建设。

**0171. 业务管理总论**　卢作孚讲　中央训练团党政高级训练班　1944 年 4 月　14　32 开　编教 37

本书分 9 个部分：概论、工作人员的志趣及兴趣、组织、计划、预算、管理上几个主要的对象、几种必要的记录、稽核与考核、管理者的使命。

**0172. 中央与地方之行政组织（中央训练团讲演录）**　张群讲　1939 年 6 月　4＋68　32 开　有图表

本书分 4 章：吾国现行政治制度理论的基础、中央行政组织、战时体制的建立、地方制度（省政府）。

## 国家机关工作及人事制度

### 国家机关工作

**0173. 各级政府组织**　倪文穆编　财政部川康场务人员训练班　1943 年 9 月　6＋86　32 开　有图表　训练教材之十六

本书分两编 11 章。第 1 编"中央政府组织"：党与政府之关系、国民政府、军事委员会、立法、司法、考试、监察各院、行政院及各部会；第 2 编"地方政府组织"：省政府之地委与组织、蒙藏行政组织、行政监察专员公署、市政府、县政府、乡镇自治机关。有附录及作者的题记。

**0174. 机关管理**　行政院水利委员会编　编者刊　1943 年 8 月　［25］　32 开

本书分 6 部分：健全组织、分层负责、分级考核、实行财政公开、注重员工福利、励行公务管理。附录收《本会同仁工作标准》、《本会同仁自励纲领》、《本会同仁服务守则》等 12 篇。

**0175. 机关管理方法**　吴胜己编著　中国行政研究社　1941 年 7 月初版　西安　2＋42　32 开　有图表　行政研究丛书　周焕主编

本书分 7 章：导论、机关组织、人事管理、物料管理、办公厅管理、文书处理、科学管理。卷首有周焕所作《行政研究丛书编辑例言》。

**0176. 机关管理述要**　中央国民党中央执行委员会训练委员会编　编者刊　1942 年 5 月　3＋166＋4　32 开　训练丛书之十九

本书分 6 章：绪论、事务管理、人事管理、文书管理、事务管理、财务管理。书前有编辑例言。

**0177. 机关组织**　陈果夫讲　中央训练团党政高级训练班　4＋36　32 开

包括机关组织与国家建设、机关组织的原理与运用两部分。

**0178. 机关组织**　陈果夫、欧阳翥、周亚卫讲　中央训练团党政高级训练班　1943 年 6 月　2＋70　32 开　有图表

全书分 4 部分：总论（陈果夫）、生理组织（欧阳翥）、机械组织（顾毓琭）、军事组织（周亚卫）。

**0179. 监察院实施行政三联制报告**　［监察院］编　编者刊　1943 年 5 月　12［环筒叶］　18cm × 25cm　油印、线装

本报告分两部分：监察院分层负责办事细则、监察院分级考核实施细则。

**0180. 蒋委员长讲行政三联制大纲**　[蒋介石讲]，国民政府行政院编　编者刊　1941 年 2 月　21　32 开　闽政月刊附刊之六

大纲分 25 个部分：行政三联制就是行政道理的主要部分、过去行政上对三联制毫不注意的缺憾、政务考核的方法等。

**0181. 行政经验集**（民政经验第 1 集）　中央政治学校毕业生指导部　1940 年 1 月　重庆　2＋155　32 开　服务丛书　萨孟武、张金鉴、罗志渊主编

本书收录 13 篇文章，包括《苏政四年之回忆》（陈果夫）、《谈用人——专谈我民政厅长任内的经验》（余井塘）、《我在河南民政厅长任内几种特别办法》（李敬齐）、《我如何做专员》（王德溥）、《行政督察工作追忆》（许孝炎）等。书前有弁言。

**0182. 行政三联制大纲**　中国国民党中央执行委员会宣传部　编者刊　1943 年 12 月初版　重庆　52＋3　64 开　总裁著述及各种训词之五

本书收录行政三联制的体系、内容及其实施。

**0183. 行政三联制的含义与运用**　刘佐人著　广东省地方行政干部训练团、广东省地方行政干部训练委员会　广东　112　32 开　有图表　训练丛书之四

本书共 8 章：行政三联制的理论根据、行政三联制的时代背景、行政三联制的本质、行政计划与其编配办法、幕僚长制及分层分级负责制的实施问题、行政考核与其运用、行政三联制推行的机构与人事行政问题、行政三联制在广东。有凡例。

**0184. 行政三联制发凡**　刘佐人著　民族文化出版社　1942 年 12 月初版　曲江　5＋140　32 开　有图表　民族文化丛书　学术丛书　第 5 种

本书分绪论、行政三联制思想的渊源、行政计划与编造、行政执行与实施、行政考核及其运用、行政三联制机构的改进问题。书前有自序。附录收《中央设计局组织大纲》、《党政工作考核委员会组织大纲》、《各机构三十一年度计划编造办法》等文章。

**0185. 行政三联制检讨会议辑要**　国防最高委员会秘书厅编　编者刊　1943 年　6＋232　32 开

分 7 章。包括演词、会议概述、各机关报告摘要、决议各案处理一览表、重要决议案 19 件、备供参考资料之议案 12 件、法规。书前有序言。

**0186. 行政三联制浅说**　广东省政府秘书处编译室编　广东省政府秘书处第二科　1942 年 12 月　2＋36　32 开　政治常识小丛书之四（第一辑）

全书从绪论、设计、执行、考核、行政三联制与计划政治 5 个方面对行政三联制进行分析阐述。

**0187. 行政三联制文告法令辑要**　国防最高委员会党政工作考核委员会编著　正中书局　1943 年 7 月初版　2＋106　32 开　有图表

本书分文告和法令两部分。文告包括《行政三联制大纲表解》、《行政三联制大纲》、《中央设计局之使命及其工作要领》等 8 篇；法令包括《中央设计局组织大纲》、《中央设计局预算委员会组织规程》等 14 篇。

**0188. 行政三联制文告法令辑要**（增订本）　国防最高委员会党政工作考核委员会编著　正中书局　1945 年 10 月初版，1946 年 3 月沪 1 版　重庆、上海　2＋113　32 开　有图表

本书分文告和法令两部分。文告包括《行政三联制大纲表解》、《行政三联制大纲》、《中央设计局之使命及其工作要领》等 8 篇；法令包括《中央设计局组织大纲》、《中央设计局预算委员会

组织规程》等 16 篇。

**0189. 行政三联制研究**　中国行政研究社编辑　编者刊　1941 年 6 月初版　西安　7＋74　32 开
行政研究丛书　周焕主编

本书分上、下两编。书前有周焕所作《行政研究丛书编辑例言》以及代序。

**0190. 行政三联制与行政权的运用**　孙澄方著　国民图书出版社　1941 年 1 月初版　重庆　1＋60
32 开

本书分 4 章：行政三联制的理论与建立、行政权在行政三联制中的地位、行政权的运用、结论。

**0191. 怎样才能使机关学校化**　郑彦棻著　青年书店　1943 年 9 月初版　重庆　5＋63　32 开

本书分 5 个部分：怎样才能使机关学校化、机关学校化运动实施方案、推行机关学校化运动的首次报告、机关学校化与朝会、机关学校化与小组会议。书前有自序。附录为《建立青年团的作风》。

**0192. 怎样才能使机关学校化**　郑彦棻著　青年书店　1943 年 11 月再版　重庆　7＋97　32 开

本书分 6 个部分：怎样才能使机关学校化、机关学校化运动实施方案、推行机关学校化运动的首次报告、机关学校化与朝会、机关学校化与小组会议、怎样克服机关学校化运动的困难。书前有自序、再版小记。附录收《建立青年团的作风》。

**0193. 中央各机关服务队队员手册**　1939 年 7 月　2＋142　64 开　有插图、有图表

本书分 22 章：警报须知、中国国民党党员守则、中央各机关服务队组织大纲、消防机关一览、防疫队驻地一览、难民调查登记及安置办法摘要、被炸死伤民众予恤表、包扎救护防毒简要方法（附图）等。

**0194. 主管机关与推行政令之要领（领袖言论）**　蒋介石著　中国文化服务社北平分社　［1939
年］　30　64 开

本书为蒋介石 1939 年 5 月的讲话，出版时间依据此内容推断。

## 人事制度、人事管理、考铨制度、职官任免

**0195. 备用人员登记条例·登记条例施行细则·登记保证办法**　［铨叙部编］　［编者刊］　1942
年 12 月　6［环筒叶］　32 开

**0196. 地方高级行政人员会议议题及参考资料**　行政院秘书处编　编者刊　1936 年 5 月　［348］　16
开　有插图、有图表

本书分 5 部分：议题、建议案及报告案、关于改善地方行政之各项条陈及意见、出席会员分组名单、附录。

**0197. 干部训练问题（中央训练团党政训练班第六期演讲录）**　王东原讲　1940 年 1 月　30　32 开

分 5 个部分：问题的提出与把握、过去干部训练的史实与教训、当前干部训练实施概况及其特征、今后干部训练应行改进的地方、最后的话。

**0198. 干部训练问题（中央训练团党政训练班第五期演讲录）**　王东原讲　1939 年 12 月　30
32 开

分 5 个部分：问题的提出与把握、过去干部训练的史实与教训、当前干部训练实施概况及其特

征、今后干部训练应行改进的地方、最后的话。

**0199. 干部训练问题**（中央训练团党政训练班演讲录）　王东原讲　1940年5月　32　32开

分5个部分：问题的提出与把握、过去干部训练的史实与教训、当前干部训练实施概况及其特征、今后干部训练应行改进的地方、最后的话。

**0200. 干部训练问题**（中央训练团党政训练班演讲录）　王东原讲　1943年11月　24　32开

分5个部分：问题的提出与把握、过去干部训练的史实与教训、当前干部训练实施概况及其特征、今后干部训练应行改进的地方、最后的话。

**0201. 干部政策**　黄旭初著　文化供应社　1940年12月初版，1941年3月再版，1941年10月3版　桂林　6+167　32开

本书分8章：过去干部训练工作、干部训练、干部选用（任用）、干部考核（考绩）、干部培养和提拔、干部领导、对于新政应有的认识、工作作风问题。书前有著者序。

**0202. 干部政策**　黄旭初著　中国行政研究所　1942年3月　12+133　32开

本书分8章：过去干部训练工作、干部训练、干部选用（任用）、干部考核（考绩）、干部培养和提拔、干部领导、对于新政应有的认识、工作作风问题。

**0203. 公务员进修必读**　诸暨县动员委员会编　编者刊　1939年9月　诸暨　58　32开　政治训练参考资料之八

本书收10篇文章：《总理遗著》、《中国国民党党员守则》（附释义）、《海陆空军军人读训》、《新生活须知》、《国民公约》、《国民精神总动员纲领》、《简约运动大纲》、《礼运大同》等。

**0204. 建国与铨叙制度的关系及其工作的要领**（委员长训词）　湖北省政府编　编者刊　38　32开　有图表　人事管理丛刊之三

本书为蒋介石1943年2月1日在中央政治学校的讲话。附录收《非常时期公务员考绩条例》等4项。书前有"行政院卅二年三月四日仁字五五零六号训令"字样。

**0205. 建立人事制度计划草案**　1943年6月　2+50　32开

本书分总说、制度、机构之调整3部分。

**0206. 考铨法规**（上）　[327]　18.6cm×26.3cm　线装

收录了1938年至1941年间颁布的89部考铨法规。书内夹有《现任军用文职人员登记条例》。全书大部分为油印，少部分为手抄件。

**0207. 考铨法规**（下）　[188]　18.6cm×26.3cm　线装

收录了1938年至1941年间颁布的89部考铨法规。书内夹有《现任军用文职人员登记条例》。全书大部分为油印，少部分为手抄件。

**0208. 考铨法规集**　考试院参事处编辑　考试院秘书处　1944年5月初版　250　32开　有图表

本书为考铨法规集第2辑第4部分：铨叙。

**0209. 良二千石论**　胡鸣龙著　正中书局　1938年7月　杭州　4+20　32开

包括"绪言"、"吏治何以腐败？官吏何以贪污？"、"两年来吏治生活之壁观"、"如何有良好的县长？如何有良好的吏治？"、"今后促成良好吏治之途径"5部分。有作者序言。

**0210. 铨叙制度概要**　马洪焕讲　中央训练团　1943年9月　57　32开　中央训练团党政军人事管

理人员训练班讲演录

　　本书分9章：总说、分发、登记、任用、俸给、考绩、奖励、抚恤、公务员补习教育及公益事项。

**0211. 人事行政问题**　周焕著　中国文化服务社陕西分社［总经售］　1941年6月　陕西　2＋52　32开　有图表

　　本书分4个部分：我国人事行政改进问题、新县制实施下的人事行政问题、各省政府设置人事处之建议、广西人事行政之检讨。

**0212. 人事行政与组织**　杨礼恭著　青年书店　1941年5月再版　重庆　4＋76　32开

　　共8章：绪说、公务员之任用、公务员之训练、考核与赏罚、保障与升调、生活之改善、组织系统与联系、分工合作。

**0213. 人事行政之原理与实施**　吴胜己著　广西省政府编译委员会　1940年3月再版　［广西］　8＋134　32开　有图表

　　本书分7章：通论、职位分类、登庸、考绩、升迁降免、人事行政组织、人事行政法规。附录收《广西省政府人事行政刊物》。有作者序。

**0214. 人事制度案业位篇（中央训练团党政训练班第八期讲演录）**　周亚卫讲　中央训练团　1940年5月　1＋80　32开　有图表

　　书前有弁言。

**0215. 文官考选铨叙制度讲义**　中央训练团党政军人事管理人员训练班（军事组）编　［编者刊］　1943年9月　2＋64　32开　有图表

　　本书分5个部分：绪论、考选的机构、考试种类、考试方法、结论。附件收《考选统计表》、《考选主要法规目录》两篇文章。

**0216. 现行考选制度概要**　中央政治学校　1943年3月　2＋32　32开

　　本书分10个部分：绪论、考选法规、考试种类、考试方法、应考资格、分试及免试、典试与监试、命题阅卷与及格、各种考试及格资格之沟通、战前及战时考选行政之比较与检讨。

**0217. 战时公务员须知**　广东省政府秘书处编译室编　编者刊　1940年7月　19＋638　32开　有插图、有图表

　　全书共分10个部分，包括：建国大纲与抗战建国纲领、蒋总裁训词、李主席言论、中外古今名人政治格言、中国各级政府之组织、广东省行政计划章则表格、服务法令辑要、战时防卫常识、新生活运动和国民精神总动员之理论与实际。卷首有李汉魂所作序。书前有凡例。

**0218. 战时人事制度述要**　沈松林编　国民出版社　1941年8月初版　金华　6＋72　32开

　　本书分11章：绪论、考试、任用、铨叙、服务、考绩、奖惩、训练、进修、待遇、抚恤。有前言。

**0219. 战时社会事业人才调剂协会工作汇报（一）**　［1940年］　4＋66　32开　有插图、有图表

　　本书分5部分：专载、本会成立之经过、工作计划纲要、工作志要、章则。附录分4部分：理监事会议纪录、理监事题名、会员题名、各处站会负责人员一览。书前有弁言。出版时间据内容推断。

**0220. 战时社会事业人才调剂协会工作简报**　1942年6月　［48］［环筒叶］　17.9cm×25.5cm

油印、线装　有图表

　　本书分 4 部分：供应工作、内移工作、业务宣传工作、训练工作（附计划及办法）。附业务须知。

**0221. 战时社会事业人才调剂协会三十一年度工作总报告**　[1942 年]　　[133]　[环筒叶]
18.1cm×25.5cm　油印、线装　有图表

　　本书分 6 部分：叙言、总论、业务报告、会务报告、经费报告、附录。出版时间据内容推断。

**0222. 中国人事行政学会会员录**　理事会组织组编　1942 年 8 月　10＋52［环筒叶]　32 开　有图表

　　本书收录《中国人事行政学会会员录》。卷首有熊英所写编辑小言、编辑凡例、发起人名单、中国人事行政学会职员一览、研究委员会召集人名单、编辑委员会召集人名单、各省分会筹备召集人名单。

**0223. 中华民国二十九年高等文官考试同年录**　6　16 开　有照片

**0224. 中外人事行政制度表解**　湖北省政府编　编者刊　1942 年 11 月　10＋34　32 开　有图表
人事管理丛刊之二

　　本书分 6 篇：中国历代人事行政组织及职掌表解、中国历代考绩制度表解、清代人事行政制度表解、中国现行铨叙制度表解、英美日三国人事行政组织及职掌表解、英美法德意日苏联瑞士诸国人事行政制度表解。

**0225. 中央人事行政会议汇编**　考试院编　编者刊　1941 年 5 月　4＋186　16 开　有照片

　　本书 9 部分：法规、图表、开会词、闭会词、议事日程、议事录、总决议案、议案、重要文件。附录收《中央人事行政会议秘书处第一次谈话会记录》、《中央人事行政会议秘书处第二次谈话会记录》、《中央人事行政会议秘书处第三次谈话会记录》。

**0226. 总裁对于人事管理之训示**　湖北省政府秘书处编　编者刊　[1941 年]　　3＋70＋68　32 开
有图表　人事管理丛刊之一

　　本书分 5 章：总论、铨选、训练、服务、考核。附录收《中央人事行政会议总决议案》和《中央颁行之重要人事法规》。卷首有编辑例言，出版时间据此推断。有题赠。

## 内政工作

**0227. 第二期战时行政计画实施方案内政部分第三四期（二十八年七月至十二月）工作报告表**
[1939 年]　　89［环筒叶]　19.2cm×26.7cm　油印、线装　有图表

**0228. 第三次全国内政会议报告书**　第三次全国内政会议秘书处编纂组编　内政部　1941 年 12 月
11＋344　16 开　有照片、有图表

**0229. 近年中央对于内政之设施**　陶履谦　庐山暑期训练团　1937 年 7 月　30　32 开　有图表

**0230. 抗战六年来之内政**　中国国民党中央执行委员会宣传部编　编者刊　1943 年 7 月初版　重庆
26　32 开　抗战建国六周年纪念丛刊

　　本书分 7 节，论述全面抗战以来关于民政者、户政者、警政者、礼俗者、营建者、禁烟者的情况。

**0231. 内政部第二期战时行政计划**　内政部编　编者刊　[1939 年]　　12　16 开

本书分 8 个部分：调整地方行政机构、训练地方行政人员、户口调查、警政、地政、礼俗、卫生、禁烟。出版时间据文中推断。

**0232.** 内政部二十六年度行政计划书　内政部编　编者刊　［1937 年］　106　16 开　有图表

**0233.** 内政部二十九年度行政计划书　内政部编　编者刊　55［环筒叶］　19.2cm×26.4cm　油印、线装　有图表

**0234.** 内政部工作报告　内政部编　编者刊　1939 年　40　16 开　有图表
本书为 1938 年 11 月至 1939 年 1 月内政部工作报告。

**0235.** 内政部工作日记（乙种）　秘书室记　编者刊　1944 年 6 月　15［环筒叶］　18.5cm×27cm　油印、线装　有图表
本册收录了 1944 年 8 月 1 日至 31 日内政部的工作记录。

**0236.** 内政部工作日记（乙种）　秘书室记　编者刊　1944 年 7 月　14［环筒叶］　19.8cm×26.7cm　油印、线装　有图表
本册收录了 1944 年 7 月 1 日至 31 日内政部的工作记录。

**0237.** 内政部工作日记（乙种）　秘书室记　编者刊　1944 年 9 月　15［环筒叶］　18.1cm×26.9cm　油印、线装　有图表
本册收录了 1944 年 9 月 1 日至 30 日内政部的工作记录。

**0238.** 内政部工作日记（乙种）　秘书室记　编者刊　1944 年 10 月　14［环筒叶］　18cm×26.7cm　油印、线装　有图表
本册收 1944 年 10 月 2 日至 31 日内政部的工作记录。

**0239.** 内政部工作日记（乙种）　秘书室记　编者刊　1944 年 11 月　14［环筒叶］　18cm×26.8cm　油印、线装　有图表
本册收录了 1944 年 11 月 1 日至 30 日内政部的工作记录。

**0240.** 内政部工作日记（乙种）　秘书处记　编者刊　1944 年 12 月　19［环筒叶］　17.1cm×24.1cm　油印、线装　有图表
本册收录了 1945 年 10 月 1 日至 31 日内政部的工作记录。

**0241.** 内政部工作日记（乙种）　秘书室记　编者刊　1945 年 1 月　15［环筒叶］　19.7cm×27.8cm　油印、线装
本册收录了 1945 年 1 月 1 日到 31 日内政部的工作记录。

**0242.** 内政部荐任以上人员名册　［1945 年］　4［环筒叶］　32 开　油印　有图表
出版时间根据内容推定。

**0243.** 内政部三个月来重要工作报告　内政部编　编者刊　［1939 年］　79［环筒叶］　19.1cm×26.8cm　油印、线装　有图表
本书出版时间根据文中内容推断。

**0244.** 内政部三十年度政务设施简报　［内政部编］　编者刊　［1941 年］　6［环筒叶］　17.2cm×26.5cm　油印、线装
出版时间根据内容推断。

**0245.** 内政部职员录　总务司编　编者刊　1940 年 1 月　44 ［环筒叶］　32 开

**0246.** 内政部职员录　总务司编　编者刊　1941 年 4 月　20 ［环筒叶］　64 开　油印

**0247.** 内政部总务司章则书表汇览目录（自成立起至廿八年底止）　内政部总务司编制　编者刊
1939 年 12 月　4＋150　16 开　有照片、有图表

　　本书分 6 章：引言、工作经过之综述、本司分科办事之系统、各科工作之分述、司务会议记录、附录。

**0248.** 内政统计（第一期）　国民政府行政院内政部统计处编　编者刊　1941 年　293　横 16 开
有图表

　　分民政、卫生、地政、礼俗及附录 5 部分，均以图表形式表示。

**0249.** 内政统计手册　内政部编　编者刊　1944 年 1 月　4＋97　横 16 开　油印　有图表

　　本书分 8 个部分：组织与行政系统、民政、户政、警政、礼俗、营建、禁烟、附录。

**0250.** 内政统计提要　内政部统计处编　编者刊　1945 年 12 月　1＋49　横 8 开　油印　有图表

　　本书分 7 个部分：政治组织、民政、户政、警政、礼俗、营建、禁政。书前有勘误表。

**0251.** 全国内务行政人员简历册　内政部民政司编　编者刊　1944 年　4＋192　32 开　线装

**0252.** 四年来的内政　中国国民党中央执行委员会宣传部编　编者刊　1941 年 7 月　2＋38　32 开
抗战第四周年纪念小丛书

　　分民政、警政、地政、礼俗、禁烟 5 部分。

**0253.** 战时内政要务与办事精神（蒋院长训词）　蒋介石著　第三次全国内政会议秘书处　［1942
年］　34　64 开

　　本书为蒋介石 1941 年 12 月 9 日出席全国内政会议的训词。出版时间依据内容推断。

**0254.** 最近之内政　周钟岳讲　［中央训练团党政训练班］　1944 年 1 月　10　32 开　中央训练团
党政训练班讲演录

　　本书分 3 部分：内政之范围、最近内政之几种重要工作、内政与抗战建国之关系。

**0255.** 最近之内政　周钟岳讲　［中央训练团党政训练班］　1943 年 4 月　8　32 开　中央训练团
党政训练班讲演录

　　全书分 3 部分：内政之范围、最近内政之几种重要工作、内政与抗战建国之关系。

## 警　察

**0256.** 保安警察（县各级干部人员训练教材）　李承谋编著　中央训练委员会　1942 年 3 月　6＋
164＋8　32 开　有插图

　　全书分 5 章：保安警察之意义性质与分类、保安警察之系统与编制、保安警察之训练、保安警察业务、保安警察与自治自卫力量之联系。卷首有本书编辑大意。书后附《本会及中央各机关编印书刊择要介绍》一文。

**0257.** 发扬警校精神　［李士珍］　中央警官学校　1938 年 2 月　［3＋68］　64 开　有照片、有
图表

　　本书包括两部分：领袖之德治精神、发扬本校精神。

**0258. 非常时期之警察**　徐增明著　中华书局　1937 年 7 月再版　上海　12＋78　32 开　有图表　中国新论社非常时期丛书　雷震、马宗荣、徐逸樵、罗鸿诏主编

　　包括警察之一般的意义、共同生活与警察、警察平素应有之心得、欧美各国警察之现状等 16 章。书前有总序、引言。

**0259. 警察行政研究**　李士珍著　商务印书馆　1942 年 9 月初版　重庆　167　32 开　有图表　行政效率丛书　萧文哲主编

　　本书共 11 章：概论、中国警察制度之沿革、中央警察机构之调整、地方警察机构之调整、警察教育之展望、确立警察人事制度、确立警察勤务制度、警察与户口调查、警察经费、警察福利事业之兴办、结论。附录收警察基本方法的运用、重庆市警察局警保联系办法。有自序。

**0260. 警政统计**　内政部统计处编　编者刊　1938 年 10 月　8＋288　16 开　有图表　战时内务行政应用统计专刊　第 6 种

　　本书分 7 个部分：总论、地方警察组织、保安消防组织、水上及特务警察组织、中央警察教育、地方警察教育、附录。何键、黄厚端作序。有编辑例言。

**0261. 抗战建国期间整理全国警政意见**　李士珍拟定　1939 年 3 月　5＋20　64 开　有图表

　　本书共 5 部分：整理战区警政、整理接近战区警政、整理后方警政、加强警察机构、战后义勇军游击队之编遣。有著者前言。

**0262. 四川省警政概况**　惠晋编述　四川省政府　1940 年 12 月　6＋32　32 开　有图表　四川省民政厅民政丛刊　民二之一　四川省政府民政厅主编

　　本书共 6 部分：叙言、组织、经费、人事、训练、附表《四川省设局与未设局县份一览表》等 17 件。

**0263. 外事警察**　中央警官学校编著　中央训练委员会内政部　1942 年 1 月　9＋348＋6　32 开　有图表

　　共 4 编：绪论、外事行政警察、外事司法警察、外事战时警察。书前有编辑大意。县各级干部人员训练教材。

**0264. 我国警政问题之检讨与改进**　李士珍讲，中央训练团党政高级训练班编　编者刊　4＋32　32 开

　　本书共 8 章：建警方针、警察机构、警察人事、警察教育、警察经费、警察装备、警察勤务、结论。

**0265. 刑事警察**　毛文佐著　商务印书馆　1944 年 3 月初版　重庆　11＋198　32 开　有插图、有图表

　　本书分 9 章，包括：刑事警察之概念、刑事警察之组织、刑事警察之设备、刑事警察之训练、刑事警察之人事等。书前有自序及李士珍序。

**0266. 义务警察教本**　[内政部]　编者刊　[1939 年 12 月]　6＋124　32 开　有照片、有插图

　　本书共 5 章：义务警察要则、政治常识、情报常识、侦探常识、法令摘要。书前有周钟岳序。

**0267. 义务警察教本**　[内政部]　湖南省地方行政训练团 [翻印]　1941 年 2 月　湖南　4＋88　32 开

　　本书共 5 章：义务警察要则、政治常识、情报常识、侦探常识、法令摘要。

**0268. 怎样办理警卫** 李士珍编著 正中书局 1941年12月初版 6+70 32开 有图表 宪政小丛书

本书共7章：警卫之意义、过去警卫之检讨、目前警卫失效之客观分析、未来警卫之改善、警卫工作实施主要的对象、警卫力量之强化与扩大、结论。有自序。

**0269. 战时警察业务** 李士珍著 商务印书馆 1938年7月初版 长沙 20+421 32开 有图表

本书共5篇：《战时警察之组织与训练》、《战时警察之一般业务》、《战时警察之警卫与警备》、《战时警察之清查与统制》、《战时警察之防间与除奸》。附录收《中华民国战时法规》。有著者自序及蒋作宾作序。

**0270. 战时警察业务附录（中华民国战时法规）** 4+128 大32开

本书所辑之战时警察业务法规分12类：党员信约、军人奖惩、防间除奸、防空、兵役、征用、经济及粮食、服务、警察奖恤及警察教育、民众之组织与训练、敌人及敌产、其他。

**0271. 中华警察学术研究社第一届年会** 1941年4月 66 32开 有图表

本书包括《总裁兼名誉总社长训词》、题字、《训词》（周钟岳）、《检讨过去策励未来——告全体社员》（陈诚）、《祝词》（贺衷寒）、《本社成立周年纪念》（李士珍）、社务报告、本社举办第一届全国警察学术考课概况、附录。

**0272. 中华警察学术研究社第二届年会特刊** 中华警察学术研究社编辑股编辑 ［编者刊］ 1942年4月 4+88 32开 有图表

本书包括训词5篇、宣言1篇、特载10篇、报告2篇。附录包括《本社组织系统表》等12篇。

**0273. 中华警察学术研究社第三届年会特刊** 中华警察学术研究社编辑股编辑 1943年4月 4+136 32开 有图表

本书训词7篇、宣言1篇、特载10篇、报告2篇。附录包括《本社组织系统表》等15篇。

**0274. 中华警察学术研究社第四届年会特刊** 中华警察学术研究社编辑股编辑 1944年4月 2+96 32开 有图表

本书训词7篇、宣言1篇、特载5篇、报告2篇。附录包括《社会部嘉奖本社训令》等9篇。

**0275. 中华民国二十六年十二月唐山警务局教练所第一期毕业专刊** ［1937年］ ［40］ 16开 有照片、有题词、有图表

本书收录唐山警务局教练所教官、学员的照片。附录中收录同学录。书前有序。

**0276. 中央警官学校一周年纪念特刊（中华民国二十五年九月至二十六年八月）** 中央警官学校编译室编 中央警官学校 1937年9月 4+452 大32开 有照片、有图表

本书共5部分：插图、训词、校史、专载、工作报告。包括《做事与做人的道理》、《西安事变的经过与我们的认识》、《民族气节之重要性》、《一年来实际工作的检讨》等。

**0277. 中央警官学校成立二三四周年纪念特刊** 中央警官学校编译股编 中央警官学校 1941年3月 4+130 16开 有照片、有图表

本书包括7部分：插图、训词、专载、特载、工作概况、附载和统计图表。

**0278. 重庆市警察局工作报告** ［1940］ 50 ［环筒叶］ 18.3cm×25.1cm 油印、线装 有图表

本书为1939年9月至1940年2月的工作报告。

## 特务、情报工作

**0279. 大众谍报知识**　明凡著　抗战知识社　1938 年 2 月初版　上海　5＋105　32 开　战时大众知识丛书　白桃主编

含全面抗战中大众要间谍化、间谍知识要大众化、间谍之定义、种类、运用、修养、活动之意义以及民众的间谍活动之认识等内容。

**0280. 国民党之谍报教材**　晋冀鲁豫军区司令部　1945 年 10 月　3＋146　32 开

内容包括 3 篇：概论（略）、谍报技术、谍报工作。附录《破坏军需生产的简便方法》。封面有"参考材料"、"缴获文件"字样。复制本。

**0281. 国民防奸常识**　国民政府教育部主编　中国国民党江西省党部　1940 年 4 月　江西　2＋24　32 开　国民月会讲材丛书

本书共分 5 部分：绪言、敌探汉奸、防御实施、防御侦察网、结论。

**0282. 机密防护（中央训练团党政训练班讲演录）**　郑介民讲　1944 年 2 月　4＋44　32 开

本书介绍了机密防护的意义、分类、结论，包括：国家之机密防护、军事之机密防护、机关学校工厂之机密防护、个人之机密防护。

**0283. 间谍常识**　夫棠著　华中图书公司　1940 年 4 月初版　重庆　3＋120　32 开

全书共 7 个部分：间谍的定义及类别、间谍工作者的必要条件、怎样到敌后方、怎样工作、关于女间谍等。书前有作者所写序言。附录收《倭寇间谍侵华简史》和《我们为什么要做间谍》两篇文章。

**0284. 间谍三部曲**　啸谷著　新的书店　1942 年 12 月初版　120　32 开

全书分 8 章，包括：间谍是什么、民族革命中间谍工作的重要性、间谍制度的演进、间谍的训练等。

**0285. 抗战与间谍**　黄敬斋著　商务印书馆　1937 年 12 月初版，1938 年 2 月再版，1938 年 2 月 3 版，1938 年 3 月 4 版　长沙　4＋57　32 开　有插图、有图表　抗战小丛书　中国文化建设协会主编

本书分 6 章：概况、间谍制度与反间谍制度、威胁世界的日本间谍网、日本在华的特殊活动、可杀的汉奸及民众组织与军事配合。

**0286. 秘密工作须知**　中央组织部编　编者刊　1943 年 1 月初版　6＋34　32 开　组训丛书

本书 11 部分：秘密工作之意义、秘密工作之要求、秘密工作者应具备之条件、潜入敌区工作时应注意之事项、敌区内秘密机关之建立与运用、敌区内会议之举行、敌区内秘密文件之处理、敌区之通讯联络、敌区内秘密生活应注意之点、敌区内发生事件应注意之事项、结论。封面题"极机密"。

**0287. 民众组织与谍报工作**　刘祖澄著　黎明书局　1938 年 5 月再版　4＋44　32 开　战时民众丛书

本书分 3 部分：间谍制度的功能及史的发展、怎样从事间谍活动、抗战与间谍。书前有作者序言。

**0288. 情报业务之研究**　陈震东编　1939 年 5 月　6＋36［环筒叶］　32 开　有图表

全书分9章，包括国际存亡与情报工作的关系、情报的来源、情报组织的原则、情报员应具备的特殊条件、情报人员社会化、交通员应具备的条件等问题。封面有题赠。

**0289. 日本的间谍** 范士白自述，尊闻翻译 1939年1月初版，1939年4月3版，1939年4月4版 12＋315 32开 有照片

本书叙述了著者在满洲国被日本特务机关雇用的经历，分14章。有收场语，有田伯烈序言。

**0290. 日本的间谍** 范士伯著，民华译 成都大众出版社 1939年2月初版 成都 10＋300 32开 有照片

本书叙述了著者在满洲国被日本特务机关雇用的经历，包括为什么要入中国籍、哈尔滨的白奴贩卖者、张作霖被害的阴谋、沈阳被占以后等。有田伯烈序言。书后有收场语。

**0291. 日本的间谍（又名"神明的子孙"在中国）** （意）Amleto Vespa（樊思伯）著，邵宗汉译 国民出版社 1939年4月，1941年4月 重庆 5＋286 32开

本书叙述著者在满洲日本特务机关内的工作情况，共15章。田伯烈作序，有译后记。

**0292. 战时间谍问题** 袁哲编著 正中书局 1938年4月初版，1939年5月3版 4＋74 32开 战时民众训练小丛书

分10章：绪论、间谍人员的罗致与训练、间谍人员的组织与种类、间谍人员的工作、间谍人员的活动、间谍与情报、反间谍组织、日本在华的间谍网、汉奸问题。书后附《重要参考书目》。

**0293. 战争与间谍** （英）路咸著，胡愈之译 生活书店 1939年4月4版 8＋155 32开 世界知识丛书之八

本书分14章：现代战争与间谍、现代间谍制度的发展、间谍工作的基本原则、间谍与情报工作、女间谍、反间谍制度、秘密警察、书信检查、历史上的间谍等。卷首有译者序。

**0294. 政治情报工作纲要** 闵泽著 1941年12月初版 10＋168 32开 有插图

全书分10章，包括：概述、情报之组织、情报网之布置、交通网之布置、情报工作之要点、情报员之侦察术等。附录收《各种军事情报任务》、《谍报整个组织图》、《日本在华间谍工作之检讨》。

**0295. 政治侦探** 中央陆军军官学校 1939年10月 4＋151 32开 有插图、有图表 黄埔丛书24

本书分8章：各国政治侦探概况、政治侦探与国民革命、政治侦探之对象、政治侦探之修养、政治侦探之铁的纪律等。卷首有导言——政治侦探之意义及任务。

## 民政工作

**0296. 社会部重庆游民训练所三年工作概况** 1942年 62〔环筒叶〕 16开 油印 有图表

**0297. 二十九年度秋季民政视导手册** 四川省政府民政厅视察室编 四川省政府 1940年12月 成都 6＋126 32开 有图表 四川省政府民政厅民政丛刊民视之一 四川省政府民政厅主编

本书收31幅图表：《四川省政府二十九年度秋季民政视导计划》、《视导前应参考之法令》、《视导前应参观之处所》、《县政府人事管理调查表》、《关于新生活及精神总动员之谈话记录表》、《四川省政府民政厅视察人员服务规则》等。书前有勘误表。

**0298. 二十七年至三十一年五年来河南省民政统计** 河南省政府民政厅编 编者刊 〔1943年〕

河南 7+148 横 16 开 油印 有图表

分厅务、县政、区乡镇保甲、警政、禁政、地政、社会行政、军事征用、其他等 9 类图表。

**0299. 三十二年度河南省民政统计目录** 5+132 横 16 开 油印 有插图、有图表

本书分 10 个部分：厅务类、县政类、区乡镇保甲类、警政类、禁政类、礼俗类、社会行政类、地政类、军事征用类、其他。

**0300. 陕西民政概况** 1940 年 9 月 22+［566］ 32 开 有插图、有图表

本书共 8 章：吏治概况、保甲概况、禁烟概况、警察概况、地政概况、救济概况、卫生概况、礼俗概况。附录收《名胜古迹古物保存条例》、《陕西省利用墓地植树暂行办法》等 14 篇。书前有弁言、总裁训词三则、年来陕西民政设施的一般。

**0301. 陕西民政统计** 陕西省民政厅编 编者刊 1939 年 5 月 陕西 3+99 16 开 有照片、有图表

本统计为 1938 年陕西民政统计，分 10 编，包括人口、吏治、保甲、警卫、禁烟、土地、积谷、食粮、总务等。书前有《蒋委员长抗战语录》和《编辑例言》。

**0302. 民政厅施政报告** 阮毅成讲 浙江省民政厅 ［1939 年］ 24 32 开

本书为 1939 年 5 月 1 日阮毅成在浙江省临时参议会所作报告。

**0303. 二十八年度四川民政年报** 四川省政府民政厅秘书室 编者刊 1940 年 8 月 ［成都］ 6+154 32 开 有图表 四川省民政厅民政丛刊 民总之六 四川省政府民政厅主编

分为 10 章，包括厅务行政、行政机构、行政人员、保甲行政、警察行政、禁烟行政、社会行政等。书前有弁言。

**0304. 四川省二十九年度民政统计** 四川省政府民政厅编 编者刊 1941 年 1 月 6+134 16 开 有图表

系 1940 年四川省厅务、县政、警政、仓储、卫生、赈济、抚恤、地方民政经费 8 部分民政统计。有弁言和例言。

**0305. 四川省民政厅人事文书财务档案管理办法** 四川省政府民政厅秘书室编 四川省政府 1940 年 10 月初版 成都 2+90 32 开 有图表 四川省民政厅民政丛刊 民政之十一

本书分 6 个部分：四川省政府民政厅人事管理规则、四川省政府民政厅财物管理办法、四川省民政厅现金出纳及保管办法、四川省民政厅公文处理办法、四川省民政厅公文处理分层联系负责办法、四川省民政厅档案管理办法。书前有弁言。

**0306. 四川省民政统计** 四川省政府民政厅编 编者刊 1939 年 12 月 3+95 16 开 有图表

系 1939 年四川省厅务、县政、警政、仓储、卫生、保甲、禁政、救济、工役 9 部分民政统计。有弁言。

**0307. 四川省各县民政概况** 四川省政府民政厅编 ［编者刊］ 1939 年 9 月 2+135+2 16 开 油印 有图表

本书分别介绍四川省 16 个行政督察区下辖各县民政概况。附《四川省万县警察局组织概况表》、《四川省宜宾县警察局组织概况表》、《四川省泸县警察局组织概况表》。

**0308. 浙江省战时民政** 浙江省民政厅编纂 编者刊 1939 年 9 月初版 6+128 32 开 有图表 薪胆丛书 第 2 种 浙江省动员委员会战时教育文化事业委员会征编组主编

本书分 10 章：行政机构、警政、兵役、户籍、仓储、救灾恤贫、难民救济、卫生、地政、二五减租。

**0309. 总裁兼理川政一年来之民政工作纪要** 四川省政府民政厅秘书室编 编者刊 1940 年 12 月初版 成都 8＋72 32 开 有图表 四川省民政厅民政丛刊民总之十四 四川省政府民政厅主编

本书系 1939 年 10 月至 1940 年 10 月四川省一年来民政工作报告，共 9 部分：实施新县制、行政区划、吏治、乡镇、保甲户口、警政、卫生、仓储、边务。附录收《四川省各县实施新县制改组县政府日期及设置科别一览表》等 12 件表格。

**0310. 办理抚恤须知** 曾鸿铸、汤铁宗编 四川省政府民政厅 1939 年 9 月 4＋38 32 开 有图表

本书分 4 章：请恤事实、请恤手续、办理抚恤手续、恤金规定。卷首有弁言，书后有勘误表。

**0311. 抚恤法规（附事例）** 1940 年 12 月初版 12＋284 32 开 有图表

本书分 3 编：陆军抚恤法规、海军抚恤法规、空军抚恤法规、战地守土官吏及人民抚恤法规、附录。

**0312. 后方各界如何尊敬与优待抗战将士及其家属** 全国慰劳总会编 编者刊 6＋210 32 开 有图表

本书分 7 个部分：政府颁布优待抗战军人法令、荣誉军人职业协导工作、军政部荣誉军人生产事业管理局工作、伤兵之友社的工作、荣誉军人招待所工作、中国妇女慰劳总会工作、全国慰劳总会工作。

**0313. 军事委员会抚恤委员会成立三周年纪念册** 军事委员会抚恤委员会编 编者刊 1941 年 8 月 8＋192＋5 大 32 开 有照片、有题词、有图表

包括：《委座训词》、《委座二十八年七月八日慰问阵亡将士家属通电》、《两年来经办恤政经过及感想》（何键）等。本书封面题名：《国民政府军事委员会抚恤委员会成立三周年纪念册》。

**0314. 军事委员会抗战军人及其家属抚恤救助计划** 军政部编，军事委员会核转 编者刊 ［1935 年 8 月］ 12＋9 16 开 有图表

本计划分 3 部分：一般情况之调查、复原前准备事项、复员时实施事项。附：《抗战伤亡官兵人数表》等 9 张。

**0315. 陆军抚恤暂行条例** ［1941 年］ 14 32 开 有图表

**0316. 抗属子女之教养** 朱孟乐、张景峰编著 中华慈幼协会 1944 年 4 月初版 12＋154 32 开 有照片、有插图、有图表

本书包括院史、组织大纲、组织系统、教职员表、办事细则、院行政历、经费支配、院舍修理等 21 个部分。书前有序。

**0317. 请恤须知** ［1940 年］ 12＋9 页 32 开 有图表

本书为战场伤亡将士抚恤须知。附录收《陆军师、旅官佐（士兵）家属调查清册》等。

**0318. 荣誉军人职业介绍** 喻兆明著 军事委员会后方勤务部政治部 1944 年 2 月初版 4＋68＋6 32 开 有图表 荣军问题丛书第 19 种

本书分 3 章：理论、实施、机构。卷首有荣誉问题丛书总序。附录收《荣誉军人职业介绍条例草案》和《荣军问题丛书总目录》。有著者题赠。

**0319. 荣誉军人问题与意见**　第七战区荣誉军人管理处编　广东伤兵之友社　1941 年 2 月　广东　6＋134　32 开　有图表　荣誉军人丛书之三

本书分 5 个部分：管理问题、教育问题、给养问题、医药问题、一般有关荣誉军人问题。书前有序（辛淼）、编辑例话。

**0320. 伤兵问题与难民问题**　叶溯中、卞镐田、谢承炳、李兆时、吴椿年、田湘藩、石志澄、林达珊、管雪斋、李嘉禾、梁子青、魏建猷执笔　独立出版社　1938 年 11 月初版　重庆　6＋68　32 开　战时综合丛书　第 2 辑第 17 种

本书分 3 编：绪论、伤兵问题、难民问题。书前有《战时综合丛书》第 2 辑例言。书后附讨论大纲。

**0321. 伤亡将士抚慰问题**　方秋苇编著　独立出版社　1941 年 8 月初版　重庆　2＋86　32　抗战建国纲领丛书

本书分为 6 章：导言、优待出征军人家属颁发之商榷、伤兵抚慰问题、残废军人之安顿和救济、阵亡将士抚恤问题、军人遗族之安顿和救济。

**0322. 优待出征军人家属手册**　广西省政府民政厅编　编者刊　1940 年 9 月　4＋97　32 开　有图表

本书分 8 节，包括：守则、法则、出征军人家属优待之给予及撤销、得享受优待之出征军人家属、救济、优遇、协助、其他。附录收《优待出征抗敌军人家属条例》、《抗战人员家属保障办法》、《战时士兵与家属通讯办法》等 6 个法规条例。书前有序言。

**0323. 优待出征抗敌军人家属法规浅释**　章任堪编著　正中书局　1941 年 11 月初版　重庆　2＋36 页　32 开　中华民国法学会小丛书

书分 4 章，包括：序论、办理优待事宜之机构、出征抗敌军人及家属之界说、优待之范围。附录收《抗战人员家属保障办法》、《抗战功勋子女就学免费条例》等。

**0324. 优待出征抗敌军人家属条例**　［军政部兵役署役政司宣查科编］　［编者刊］　1942 年 3 月　12　32 开　有图表

本书分 7 章 57 例，于 1941 年 12 月 20 日由国民政府修正公布。

**0325. 优待征人家属在广西**　邱昌渭编著　广西省政府民政厅　1941 年 1 月　4＋45　32 开　有图表

本书为优待抗属公约，分 5 个部分：优待征人家属的重要性、优待征人家属史略、优待征人家属状况、优待征人家属的检讨与展望。书前有黄旭初所作序。附录收《民廿七年冬季核发救济谷款统计表》、《民廿九年诱奸征人妻室人犯统计表》、《广西优待出征军人家属暂行办法》等 8 篇。

**0326. 北平事变临时救济报告（自七月八日起至九月三十日止）**　世界红十字会中华总会编　1937 年 9 月　8＋［98］　32 开　有照片、有插图、有图表

本书分两个部分：工作报告、征信录。书前有凡例、序言、工作摄影。

**0327. 华北农赈报告书**　华北战区救济委员会农赈组编　编者刊　1934 年 7 月　4＋72　16 开　有照片、有插图、有图表

本书包括华北战区农赈工作区域图、缘起、救济委员会成立经过、农赈组成立经过、农赈区域及各分所之沿革、总务股工作之一般、视察股工作之一般等内容。附录收《战区农赈办法纲要》、《农赈实施计划》等。

**0328.** **救济教养难童章则汇编** 赈济委员会编 编者刊 1940 年 4 月 4＋122 16 开 有插图、有图表

本书收录救济教养难童方案、办法、标准及相关表格等共 31 种。

**0329.** **抗战与救济事业** 张秉辉著 商务印书馆 1937 年 12 月初版 长沙 49 32 开 抗战小丛书 中国文化建设协会主编

本书分 10 章：绪论、从抗战说到救济、抗战与救济事业之关系、抗战期中应办之救济现象、抗战中上海市之救济事业、抗战中救济机关之组织与职务、抗战中救济经费之筹备、结论、附录。

**0330.** **民国三十一年赈济统计图表** 赈济委员会统计室编制 编者刊 ［1943 年］ 1＋42 37.2cm×26.5cm 线装 有插图、有图表

本书分 3 部分：内容提要、图、表。图收录组织系统图、救济区域图、难民人数图等图共 11 种；表分 9 类：行政、财政、难民救济及组训、空袭救济、社会救济、难民生产、难童教养、小本贷款、其他灾害救济。出版时间据内容推断。

**0331.** **难民生养法** 大路社专门委员会编辑 国防常识出版社 1936 年 8 月初版 上海 2＋88 9.5cm×17cm 有照片 国防常识丛书

本书分 10 个部分：难民的组织、难民生的工作、难民养的工作、避难所、避毒所、儿童训练、妇女训练、老年人的训练、难民的农业、难民的工业。

**0332.** **宁夏省难民垦荒调查概述** 宁夏省政府地政局编 编者刊 1939 年 1 月 6 32 开

**0333.** **陪都救济事业经费筹募委员会征信录及三十二年度冬令救济工作报告** ［陪都救济事业经费筹募委员会］ ［1944 年］ 54 32 开 有图表

出版时间据内容推断。

**0334.** **社会救济** 柯象峰编著 正中书局 1944 年 10 月渝初版，1946 年 4 月沪 1 版 5＋220 32 开 社会行政丛书 社会福利类 社会部研究室主编

本书分两篇：总论、分论。其中总论分 4 章：绪言、我国过去社会救济事业之回顾、各国社会救济事业之发展、我国社会救济事业之现状及问题；分论分 8 章：老年赡养、儿童救济、不幸妇女之救济、疾病残废之救济等。附录收《纽约之老年救济》、《垫江育婴堂章程》。书前有自叙及丛书例言。

**0335.** **四川省救济概况** 刘笃庵编述 四川省政府 1941 年 2 月初版 四川 4＋36 32 开 有图表 四川省民政厅民政丛刊 民二之二 四川省政府民政厅主编

本书共 9 部分：叙言、赈灾救济、改组成立各县市赈济会、推行救灾筹备金、义民救济、空袭救济、儿童救济、各县救济院、办理贫病医疗。附表 9 件，包括《四川省二十九年度合订各县救济院经费一览表》等。

**0336.** **苏北难民救济会议工作报告** 苏北难民救济会议、江苏省政府会编 编者刊 1946 年 12 月 ［180］ 16 开 有照片、有插图、有图表

本书分 5 部分：苏北难民流离状况、苏北难民救济会议之成立、苏北难民救济工作之推进、苏北难民救济之成果、特载。书前有序言并收录《苏北难民分布图》，书后有附录。

**0337.** **太行区四二、四三两年的救灾总结** 晋冀鲁豫边区政府 ［1944 年］ 1＋34 32 开

本书收《四二年的灾荒情况及我们的救济办法：从四二年十月到四三年六月》、《四三年的灾荒

情况及我们的救济办法：从四三年七月到四四年六月》、《总的经验与教训》。

**0338. 战时难民的救济和安插**　夏锦涛编著，吕金录校订　商务印书馆　1938 年 5 月初版　长沙　29　64 开　民众战时常识丛书

本书分 5 章：为什么有难民、怎样救济难民、怎样安插难民、结论、附录。

**0339. 战时难民救济问题**　王龙章编著　独立出版社　1940 年 8 月初版　重庆　4＋174　32 开　抗战建国纲领丛书

本书分 8 章：现阶段救济政策、难民问题在战时的严重性特殊性和繁复性、空前的战时难民救济运动、难民救济过程中的几个实际问题、民运史上的新纪录——难民组训、紧急救济与特种救济、难民生产史根本救济的工作、关于难民的孩子们——难童问题。

**0340. 战时社会救济**　陈凌云著　商务印书馆　1942 年 4 月初版　重庆　2＋33　32 开

该书分 6 章：难民救济、军人救济、教育救济、农业救济、工业救济和商业救济。书前有导言，书后有结论。

**0341. 赈济统计提要（截至二十九年十二月止）**　赈济委员会统计室编制　编者刊　[1941 年]　[40]　横 8 开　油印　有图表

出版时间据内容推断。有题赠。

**0342. 赈济统计图表**　赈济委员会统计室编制　编者刊　1942 年 5 月　[63]　37.2cm×26.5cm　线装　有插图、有图表

本书分 3 部分：内容提要、图、表。收录组织系统图、经费收支图、难民人数图等图共 20 种；行政、财政、难民救济及组训、空袭救济、社会救济、难民生产、难童教养、小本贷款、其他灾害救济等表格共 9 种。

**0343. 赈济委员会二十九年度行政计划实施方案**　18＋2　16 开　油印

书后附录《振济委员会二十九年度行政计划说明》。

**0344. 赈济委员会工作报告**　[1939 年 2 月]　13 [环筒叶]　16 开　油印　有图表

本书为自 1938 年 10 月 16 日至 1939 年 1 月 31 日止赈济委员会工作报告。出版时间据内容推断。

**0345. 赈济委员会工作简报（自卅年一月起至十月止）**　1941 年 10 月　27 [环筒叶]　16 开　油印　有图表

本书分 7 章：积极救济难民灾民并加以组训、难童教养、灾民难民生产事业之推进、积极推行贷济事业救济流离失业之灾难人民、战时卫生医药救济、全国各省之灾害调查统计、经管之救济费及捐款收支情形。附《陪都空袭损害及救济统计表》。

**0346. 赈济委员会三十年度行政计划及分期进度表**　[1941 年]　18＋9　16 开　油印　有图表

本书分两个部分：振济委员会三十年度工作计划、振济委员会三十年度工作计划分期进度表。

**0347. 赈济委员会三十年度政绩比较表**　1941 年　30＋10　17cm×25.5cm　油印、线装　有图表

本书分 6 部分：救济难民灾民并加以组训、扶助难民灾民从事生产事业、推进难民灾民卫生医疗、调整改进灾难儿童收容教养、防灾备荒、推行工作竞赛。书后有附表、说明。

**0348. 赈务汇刊**　1941 年 4 月　16＋292　16 开　有照片、有插图、有图表

本书分 10 部分：弁言、专载、摄影、特著、法规汇辑、会议纪录、本会事务方面之概况、救

济事业实施概况、各省市灾情调查、各省市赈务情形。

**0349. 赈济** 陈爱奎编著 浙江省地方行政干部人员讲习所 1939年12月初版 浙江 14+268 大32开 有图表 地方行政丛书之十四

　　该书分4章：绪论、灾赈缘因及事实、赈济研究与商榷、结论。

**0350. 边区的移民工作** 1943年 32 32开 陕甘宁边区生产运动丛书

　　内容包括3个部分：边区移民工作的重要性、三年来移民工作的概述、移民工作中的三个问题。

**0351. 东北移民问题** 钟悌之编 日本研究社 1931年11月初版 上海 2+69 64开 有插图

　　本书分5章：急待开发的东北、东北移民的重大意义、东北移民之史的考察、近代的东北移民、东北移民的实际问题。

**0352. 抗战与垦荒移民** 教育部民众读物编审委员会编著 正中书局 1938年8月初版 重庆 18 64开 有插图 非常时期民众丛书 第4集第4册 教育部民众读物编审委员会编

　　本书分4章：垦荒移民的重要、垦荒移民的区域、以前垦殖事业的失败、敬告今后垦荒的同胞。

**0353. 改进教养院院务计划** ［许正直著］ ［1939年1月］ 5 ［环筒叶］ 大16开 油印

　　本书分3部分：组织之划一、人事之调整、经费之确定。著者、出版时间据本书落款推断。

**0354. 各教养院生产事业述要** 教养组编 编者刊 1939年1月 ［3］［环筒叶］ 大16开 油印 有图表

　　本书分3部分：浦市教养院、万县教养院、乾城及东安教养院。

**0355. 关中农村人口问题（关中一二七三农家灾荒与人口之调查研究）** 蒋杰著 国立西北农林专科学校出版委员会 1938年8月 14+234 大32开 有插图、有图表

　　本书共7章：绪言、人口数量、人口结构、人口组合、人口消长、灾荒与人口、结论。书后附录、附表收调查表格式样。书前有"关中农村人口之危机"图解及自序。

## 边 政

**0356. 边疆问题与国防** 西尊著 广东省地方行政干部训练委员会 1942年6月 广东 4+114 32开 地方行政丛刊之三

　　本书共分7章：绪论、所谓边疆民族问题、边疆国际关系之剖视、边疆之特殊政治组织、边疆教育问题、边疆经济开发之研究、移民实边与组训民众。书前有著者自序。

**0357. 非常时期之边务** 方秋苇著 中华书局 1937年8月再版 上海 6+78 32开 有图表 中国新论社非常时期丛书 雷震等主编

　　本书分为5部分，包括：中国民族对边疆的观念、破碎的中国边疆、非常时期的中国边疆、掌握执政之机关、非常时期的救边方策。书前有总序。

**0358. 告敌人铁蹄下的蒙古同胞** ［蒙藏委员会编译室编］ 编者刊 1938年5月 ［20］ 大32开 抗战小丛刊之四

　　汉蒙对译本。

**0359. 抗战以来之边疆** 黄奋生著 史学书局 12+220 32开 有图表 中国边疆学会丛刊

本书分 12 个部分：引言、七七抗战前后的察绥盟旗、日寇宰制伪蒙全貌、抗日的伊克昭盟、苏日共同宣言中之满蒙、班禅圆寂与达赖转世、中央总裁关于边疆之重要昭示、西北西南边政述要、五年来之边疆教育文化发展、五年来之边疆大事记等。书前有中国边疆学会丛刊总序、贺耀组所写序言、著者自序。

**0360. 蒙藏委员会第二期战时行政计划**　4＋16　16 开

本书分 3 部分：团结蒙古、安定西藏、其他，共 20 小节：派员宣慰视察蒙古各盟旗、救济并安置沦陷区域内各盟旗逃来难民、会商经济部统制蒙古各旗皮毛贸易、注意西藏政治联系、会商军政部筹设青康制服厂、加强边地抗战建国宣传等。

**0361. 蒙藏委员会三十三年度工作成绩考察报告**　［1944 年］　3 ［环筒叶］　17.5cm×25.4cm
油印、线装　有图表

本书包括《蒙藏委员会三十三年度工作成绩考察报告》和《蒙藏委员会三十三年度工作成绩考察报告表》两部分。

**0362. 蒙藏委员会职员录**　1934 年 12 月　18 ［环筒叶］　13cm×19cm　线装　有图表

**0363. 蒙藏委员会职员录**　蒙藏委员会编　编者刊　1943 年 5 月　32　32 开

**0364. 蒙藏委员会职员录**　蒙藏委员会编　编者刊　1945 年 8 月　28　32 开

**0365. 中国边疆问题讲话**　思慕著　生活书店　1937 年 3 月初版　上海　8＋174　32 开　有插图、有图表　青年自学丛书第 2 辑

本书分 7 章：中国边疆问题的本质、满洲事变的前因后果、在歧途上的内蒙、外蒙的新局势、新疆问题之谜、英国支配下的西藏。书前有编者的话。

**0366. 中国边疆问题十讲**　方秋苇著　引擎出版社　1937 年 1 月　上海　4＋101　32 开　有图表

本书分 10 章：中国边疆在何处、东北的现在和未来、蒙古问题的多角关系、华北命运的诊断、新疆往那里去、西藏已经不匿名了、列强环攻下的四川、英法关系交错的云南、太平洋局势与福建、孤悬中国海的海南岛。

**0367. 中国国民党边疆政策**　朱子爽编著　国民图书出版社　1944 年 7 月初版　重庆　8＋80　32开　有图表　中国国民党政策丛书

本书分 6 章：绪言、中国边疆问题概述、中国国民党边疆政策指导原则、中国国民党边疆政策的方针和纲领、中国国民党边疆政策的实施、结语。书前有编者所作丛书序。

**0368. 中国今日之边疆问题**　凌纯声等著　正中书局　1934 年 10 月初版　南京　6＋156　32 开外交丛书　外交评论社主编

本书分 4 部分：新疆问题、西藏问题、云南问题、南海诸岛问题。收录了相关文章 10 篇，包括：《新疆之民族问题及国际关系》（凌纯声）、《日人论西藏独立运动之内幕》（福崎峰太郎著，彭国辛译）、《法日觊觎中之南海诸岛》等。书前有吾行健"编者序言"。

**国家总动员**

**0369. 动员计划**　许公武编　军用图书社　1937 年 8 月再版　2＋110　32 开　有图表

本书分 29 个部分：动员研究法、动员之定义、动员之分类、动员与作战之关系、动员业务之方针、动员年度等。增补部分包括动员计划令及细则之记载法及其记载事项、动员传达系统、马匹

征发等 5 部分。书前有作者所作绪言。

**0370. 动员学**　薛敏泉讲授　1938 年　6＋150　14.5cm×25cm

本书分概论与各级机关之动员业务两章。

**0371. 各国国家总动员概观**　邝松光编著　国民图书出版社　1944 年 3 月初版　重庆　10＋176
32 开　有图表

本书介绍美、英、德、意、日等国第一次世界大战期间及二战爆发后总动员概况。分 5 章：美国总动员体制、英国总动员体制、德国总动员体制、意国总动员体制、日本总动员体制。书前有作者自序。

**0372. 各国总动员概况**　张公辉著　大东书局　1942 年 3 月初版　重庆　8＋218　32 开　有题词、有图表　国防经济丛书　国防学术编译会主编

本书分 10 章：英国全国总动员法制概况、美国全国总动员法制概况、德国全国总动员法制概况、日本全国总动员法制述评、第一次大战时意国总动员概况等。书前有《国防丛书编纂旨趣》以及陈立夫所作序言和自序。书后有《加强全国总动员实施纲领》、《国家总动员》、《国家总动员法解说》等 7 个附录以及《全国总动员纲领表》附表。

**0373. 国防总动员**　章乃器等著　读书生活出版社　1936 年 10 月初版　上海　2＋108　32 开　角半小丛书　艾思奇主编

本书收 10 篇文章：《政治的国防动员》（李公朴）、《国防外交的基本原则》（胡愈之）、《经济的国防动员》（章乃器）、《军事的国防动员》（刘群）、《教育的国防动员》（汉夫）、《哲学的国防动员》（陈伯达）、《科学的国防动员》（艾思奇）等。

**0374. 国家总动员**　中央训练团编　广西省地方行政干部训练团翻印　[1942 年]　广西　2＋63
32 开

收录《团长为实施〈国家总动员法〉告全国同胞书》、《国家总动员法》、《〈国家总动员法〉实施纲要》、《妨害国家总动员惩罚暂行条例》、《行政院解释〈国家总动员法〉第二十四条疑义三点》、《〈国家总动员法〉浅释》、《〈总动员法〉之演进内容与实施》及《加强国家总动员实施纲领案》8 篇文献。

**0375. 国家总动员**　李元凯著　李元凯[发行]　1933 年 1 月　2＋40　大 32 开　有图表

本书包括甲、乙两部分：国家总动员之设施、世界列强之国家总动员准备。附世界大战交战各国国家总动员主要法规机关一览表。

**0376. 国家总动员**　[国民政府军事委员会政治部]编　编者刊　1938 年 6 月　8＋197　64 开

本书共 5 章：政治动员之准备、军事动员之准备、经济动员之准备、防卫方法、各大陆军国之准备。附录收《参谋部之编制》、《谍报员》、《兵役义务》、《服装经理》、《财政专门之动员准备》。

**0377. 国家总动员**　马季廉著　军事委员会政治部　1938 年 6 月　6＋94　32 开　抗战建国丛书
军事委员会战时工作干部训练团第一团政治部主编

本书分 5 篇：现代战争与国家总动员、政治动员之准备、人力动员之准备、物力动员之准备、全国总动员之实施。书前有著者序。

**0378. 国家总动员**　马季廉著　青年书店　1940 年 1 月再版　6＋94　32 开　抗战建国丛书

本书分 5 篇：现代战争与国家总动员、政治动员之准备、人力动员之准备、物力动员之准备、

全国总动员之实施。书前有著者序。

**0379. 国家总动员**　三民主义青年团中央团部编　编者刊　1942 年 11 月　2＋52　32 开

本书分 5 章：国家总动员的意义、国家总动员的内容、国家总动员的分析、青年学生的动员、农工商界的动员。附录收《总裁为实施〈国家总动员法〉告全国同胞书》、《国家总动员法》、《国家总动员宣传大纲》等 6 篇文章。

**0380. 国家总动员**　湖南省立第一民众教育馆编　编者刊　1942 年 6 月　［湖南］　8［环筒叶］
32 开　油印　民众丛书新 1 号

本书收录：《国家总动员法》、《蒋委员长为实施〈国家总动员法〉告全国同胞》、《〈国家总动员法〉书后》。

**0381. 国家总动员**　中国国民党中央执行委员会训练委员会编　编者刊　1943 年 1 月　6＋206＋4
32 开　训练教程之十三

本书分 6 章：国家总动员的意义、国家总动员的内容及其准备、国家总动员的实施、中国《国家总动员法》释义、总结、别录——各国总动员法制及设施简述。卷首有编辑例言。

**0382. 国家总动员的前锋**　蒙藏委员会编译室编译　编者刊　1942 年 4 月　［32］　32 开　抗战小丛刊之三十二

本书是吴铁城的广播演讲词。汉蒙藏维对译本。

**0383. 国家总动员的实际问题**　朱敦春编著　国民图书出版社　1942 年 4 月初版　重庆　4＋202
32 开

本书分 11 章：绪论、过去国家总动员的三阶段、政治动员的实际问题、军事动员的实际问题、经济财政动员的实际问题、土地动员的实际问题、工业动员的实际问题、交通动员的实际问题、教育动员的实际问题、妇女动员的实际问题、结论。卷首有序。

**0384. 国家总动员会议工作报告书**　编者刊　1943 年 9 月　4＋20　16 开　有图表

本报告为 1942 年国家总动员会议工作报告，包括一般动员、实施限价、经济检察、其他 4 部分。有前言。

**0385. 国家总动员讲话**　杨杰讲　中央训练团党政训练班　1942 年 5 月　28　32 开　中央训练团党政训练班演讲录

分为国家总动员意义、国家总动员的范围和内容、国家总动员的准备、各种动员 4 部分。

**0386. 国家总动员讲义**　［陆军大学校编］　编者刊　2＋94　32 开

本书分 3 章：总说、欧战交战诸国国家总动员之实施概说、将来国家总动员策划实施之要领。

**0387. 国家总动员论**　罗敦伟著　青年出版社　1940 年 12 月初版　18＋230　32 开　国防科学丛书

本书分 8 章：总论、军事总动员、政治总动员、经济总动员（上）、经济总动员（中）、经济总动员（下）、社会总动员、精神总动员。书前有自序。

**0388. 国家总动员手册**　王仲文编　总动员出版社　1942 年 12 月　南平　2＋100　32 开　动员丛书之一

本书分 3 个部分：法规、训示、概论。

**0389. 国家总动员要义**　中国国民党中央执行委员会宣传部　1942 年 5 月　2＋46　32 开

本书分 6 个部分：国家总动员的意义、国家总动员法的认识、国家总动员法与一般法、人人必须参加国家总动员、党与政府怎样推进国家总动员、各国国家总动员实施的一般。

**0390. 抗战人力动员论**　蓝渭滨著　新村出版社　1937年12月　2＋76　32开

本书分14部分：总论、民族战争对于人力的基本认识、对于当前运用人力之批评、运用人力的几个方法、动员人力的方略、善用军事方面的人力等。书前有两篇自序。书后有跋。

**0391. 抗战总动员**　邹韬奋等著　战时出版社　166　32开　战时小丛刊之二十二

分7部分：政治动员、经济动员、外交动员、文化动员、教育动员、新闻动员、艺术动员，分别收录《从当前的政治说到政治动员》（邓初民）、《怎样使有钱者出钱有力者出力》（陈独秀）、《请政府速定外交国策》（胡愈之）、《文化工作与国民动员》（邹韬奋）、《非常时期的儿童教育》（陈鹤琴）、《新闻抗战论》（沈志远）、《抗战中的文艺运动》（王统照）等文章共27篇。

**0392. 实施国家总动员法与粮食动员**　詹显哲编著　国民图书出版社　1943年11月初版　重庆　3＋85　32开　有图表

分3部分：为什么要实施国家总动员法、粮食动员的意义、粮食动员的各方面。

**0393. 总动员计划本部主管事项办理情形清册**　1937年10月　［40］［环筒叶］　16开　油印

**0394. 总动员之理论与实施**　游如龙编著　独立出版社　1939年4月初版　重庆　4＋66　32开有图表

本书分上、下两篇共8章：国家总动员之意义、各项动员方法之一般原则、总动员与各项调查及其实施、当前中国各项动员之理论与实施方案、我国当前总动员应有之机关等。有编者序。

# 地方政治

## 地方行政

**0395. 党政军工作要诀**　李宗黄著　国民图书出版社　1942年9月初版，1944年8月再版　重庆4＋144　32开　有图表

本书分5个部分：导言、三原则、六纲领、八条目、结语。书前有序。附录收《三化之县政计划委员会图解》、《三化之县政计划委员会图解说明》。

**0396. 地方参政制度**　邵力子、陈之迈、陶百川、萨师炯、张九如、徐义生、陈石泉、王晋伯执笔独立出版社　1939年11月初版　6＋58　32开　战时综合丛书　第5辑　独立出版社编辑

本书分8章：论中国现阶段的民主政治、论地方政府之民主问题、战时地方民意机关应如何设立、地方民意机关问题平议、地方行政与地方参政、地方民意机关的建立、省县参议会的工作、论地方民意机关问题。书前有代序。书后附录有设置省县参议会、省市临时参议会组织条例、省临时参议会议事规则、讨论大纲。

**0397. 地方团队讲稿**　李士珍讲　1939年5月　20＋32　32开　有图表　中央训练团党政训练班讲演录

本书为李士珍1939年5月4日讲稿。附录收13部法规：省防军组织暂行条例、县保卫团法、省警务处组织法、县警察机关组织暂行规程等。

**0398. 地方团队与警政**　周亚卫讲　1940年12月　2＋10　32开

本书为中央训练团党政训练班讲演录，包括6部分：现有之地方团队、现在之警政、建整意

见、建警、民兵、壮丁队等。

**0399. 地方行政论**　黄伦编著　正中书局　1942 年 9 月初版　重庆　10 + 206　大 32 开　有图表　社会科学丛刊

本书共 11 篇：绪论、中央与地方行政职权关系、现代地方行政区划、中国地方行政制度的沿革、省行政机构的调整与缩小省区、行政督察专员制度的改善问题、新县制的理论与实施、分区设署的法源与存废问题、乡镇组织的检讨与展望、战时保甲制度和结论。陈立夫、雷殷作序。有弁言。

**0400. 地方政府公务统计方案纲要**　国民政府主计处统计局编　编者刊　1941 年 4 月　2 + 82　横 16 开

本书从历象、土地、人口、政治组织、省务、侨务、边务、农业等方面反映地方公务的情况。

**0401. 地方政府总论**　陈柏心著　广西建设研究会　1940 年 5 月初版　广西　15 + 261　32 开　广西建设研究会丛书之二

本书共 8 章：绪论、地方政府的区划、地方政府的组织、地方政府的权限、地方政府的控制、地方公民团体、地方政府的财政、地方政府的趋向。书前有本丛书编辑例言、编者弁言、萨孟武作序、自序。

**0402. 地方制度改进专刊（上下卷全）**　中山文化教育馆编　中华书局　1943 年 11 月渝初版　重庆　2 + 128　16 开　民权政治集刊　第 1 辑　中山文化教育馆编

本书共上、下两卷。上卷共 9 部分：今后地方制度改进之理论与实际、均权主义的省制地位、中央与省县事权划分的论据及其实际等；下卷共两部分：各地行政首长意见、各地方行政推行概况，共 16 篇文章。

**0403. 地方自治与保甲制度**　阮毅成、牟震西、陈高佣、黄永伟、刘沛然执笔　独立出版社　1939 年 6 月初版，1939 年 8 月 7 版　重庆　4 + 48　32 开　战时综合丛书　第 3 辑　独立出版社编辑

本书共分 7 章：地方自治之观念、地方自治在今日中国之重要、抗战建国与地方自治、保甲制度之发展、保甲之流弊及其补救方法、地方自治与保甲制度、结论。书前有编前记。附录收《最近公布修正保甲条例》、《讨论大纲》。

**0404. 非常时期地方治安**　郑肇著　汗血书店　1937 年 2 月　上海　2 + 114　32 开　有图表　国防实用丛书之十六　刘百川主编

本书共分 12 章：导言、清查户口、编组保甲、组织壮丁队、训练团队、严密警队等。

**0405. 非常时期之地方行政**　尚传道著　中华书局　1937 年 3 月　上海　6 + 102　32 开　有图表　中国新论社非常时期丛书　雷震等主编

本书共分 5 章：非常时期的意义、非常时期地方行政的重要性、非常时期地方行政的组织、非常时期地方行政的任务、非常时期地方行政的人员。书前有丛书总序、弁言。

**0406. 非常时期之县政**　胡鸣龙著　中华书局　1937 年 3 月　上海　4 + 58　32 开　有图表　非常时期丛书　雷震、马宗荣等主编

本书共 7 章：非常时期之县政工作纲领、非常时期之县行政组织、非常时期之县地方自治与自卫、非常时期之县地方财政及经济、非常时期之县地方教育、非常时期之县地方建设事业、非常时期之县地方交通事业。

**0407. 复兴途上之县政建设** 林葭蕃著 林葭蕃〔发行〕 1934 年 6 月 126 32 开 有插图、有题词

本书共 4 章：中国国难与复兴方策、县政建设运动之发生经过、县政建设之几个典型、结论——县政建设之认识与推行。附录收《国难之由来与趋势浅说》。书前有夏勤、刘通、梅思平、胡次威作序及小引。

**0408. 改进行政督察专员制度刍议** 周必璋著 中央政治学校研究部 1941 年 2 月初版 重庆 4 + 104 32 开 有图表 新政丛书 刘振东主编

本书分 7 个部分：中国行政督察专员制度在历史上之考证、行政督察专员制度产生之经过、各省行政督察专员公署组织之现况、行政督察专员制度对县政之影响、抗战后专员兼任职务之嬗递、改进意见、结语。卷首有引言。

**0409. 改进行政基层组织刍议** 李洁之著 救亡日报社丛书部 1938 年 5 月初版 广州 1 + 34 32 开

本书分 6 个部分：行政基层组织的意义、行政基层组织的史的发展、行政基层组织的现况、改进行政基层组织的方策、乡村政治工作纲领、结论。

**0410. 各省实施县各级组织纲要成绩总报告提要** 内政部编 编者刊 1943 年 9 月 24 横 16 开 油印 有图表

本书包括《各省实施县各级组织纲要成绩利弊总检讨》和《各省实施县各级组织纲要成绩一览表》两部分。有编辑凡例。

**0411. 各省实施新县制推行地方自治成绩总检讨（附表）** 内政部编 编者刊 1942 年 5 月 10 〔环筒叶〕 16 开 油印 有图表

**0412. 各省实施新县制之检讨与改进** 李宗黄讲 1943 年 4 月 2 + 30 32 开 有图表 中央训练团党政训练班讲演录

本书共 7 部分：绪论、新县制之产生及其历史意义、新县制理论之检讨、新县制本身之检讨、新县制实施之检讨、新县制之改进、结论。附录收《县各级组织关系图》、《重要参考书目录》等。

**0413. 各省新县制实施计划汇编** 杨君励编述 中国政治建设学会 1940 年 12 月 重庆 6 + 180 32 开 有图表 政治建设资料汇编第 1 种

本书又名《各省县各级组织纲要实施计划汇编》。共 6 部分：县各级组织纲要实施办法三原则、各省县各级组织纲要实施计划核定之经过、各省县各级组织纲要实施计划提要、各省县各级组织纲要实施计划及审查意见、县各级组织纲要实施后所发生疑难问题之解释、附录收《县各级组织纲要》、《湖南省实行计划大纲草案》等。有弁言。

**0414. 各县实施新县制现阶段特应注意事项** 四川省政府民政厅秘书室编 四川省政府 1940 年 12 月 四川 22 32 开 四川省民政厅民政丛刊 民总之十六 四川省政府民政厅主编

本书分 4 部分：前言、县区部分、乡镇部分和保甲户籍部分。

**0415. 国防与县政革新运动** 蒍任远编著 金汤书店 1936 年 7 月初版 上海 14 + 434 16 开 有图表 当代问题丛书第 2 种

本书共 4 章：引言、国防与县政革新运动的连锁性、国防声中县政革新之原则、国防声中县政革新之实施。有著者自序。

**0416. 基层干部与基层工作**　梁家齐著　民团周刊社　1938年8月初版　广西　28　32开　丙种丛刊第二种　基层建设丛刊第五辑之一

本书分3个部分：基层人员的地位与责任、基层人员怎样去从事基层工作、田西西隆西林的现状与基层人员应注意的事。

**0417. 基层工作短评集**　亢真化、梁上燕、蒋卉等著　民团周刊社　1938年7月初版　广西　30　32开　丙种丛刊第二种　基层建设丛刊第二辑之九

本书收录关于基层工作的评论文章共18篇，包括《难与易》、《演讲与谈天》、《面子关系》、《阻力与助力》、《敷衍塞责》等。

**0418. 基层建设实际问题汇编**　蒋卉辑　民团周刊社　1938年8月初版　南宁　58　32开　基层建设丛刊

本书分4部分：关于政治的、关于经济的、关于教育的、关于民团的。

**0419. 基层政治**　陈仪讲　[中央训练团党政训练班]　1944年1月　4+40　32开　中央训练团党政训练班讲演录

全书分6部分：总论、机构、事业、人员、经费、结论。

**0420. 抗战建国与基层政治**　李树棠著　中国地方政治学会　1943年夏初版　16+76　32开　有照片　地方政治丛书之一

本书共8部分：基层政治是抗战建国的动脉、怎样改善基层政治、抗战建国纲领中列举的县政改善、调整战时县政机构、怎样才是贤能的战时县长、战时区长和区督导员的选用、严密战时保甲组织、结论。书前有备忘录、李协和序、张矫尘序、初版序、关尊卷首语、原序。书后收附录、特辑。有题赠。

**0421. 抗战时期的下层政治机构**　河会源著　中山文化教育馆　1938年6月渝版　重庆　2+40　32开　抗战丛刊第36种中山文化教育馆编

本书论述了抗战时期完善地方政治机构与建全地方政治组织的问题。书前有抗战丛刊缘起。

**0422. 内地工作的经验**　柳乃夫著　黑白丛书社、上海书店　1937年12月初版，1937年12月再版　上海、武汉　1+32　32开　黑白丛书战时特刊之十六　钱俊瑞主编

全书分5部分：踏上了征程、什么是主要的对象、怎样开展工作、几个应该注意的要点、最后的补充。

**0423. 区署之职责及其督导作用**　富伯平编著　四川省政府印　1940年9月初版　2+30　32开　四川省民政厅民政丛刊（民一之一）　四川省政府民政厅主编

本书分8部分：前言、区署职务之演变、督导作用之涵义及其重要性、发挥督导作用之先决条件、县政府与区署督导作用、区署为实施督导所应有之准备工作、区署为实施督导所应采取之视察办法方式与工具、区署为实施督导所应采取之督促或指导办法方式与工具。卷首有胡次威所作弁言。

**0424. 确定县各级组织问题（总裁订定）**　蒋介石著　中央训练团　1939年12月　44　64开

本书共3部分：县各级党政关系调整办法、行政组织方面、民意机关方面。书后有说明。

**0425. 三自三寓政策**　[国民革命军第四集团军总政训处编]　编者刊　58　32开　有照片　白副总司令演讲录之一

本书根据白崇禧演讲稿整理，介绍了三自政策和三寓政策的情况。

**0426. 三自政策的理论与实践**　全面战周刊社编辑　编者刊　1938 年 4 月初版　4＋110　32 开　有图表　白崇禧言论集之五

本书分 7 个部分：三自政策、三自政策在广西之检讨、办理地方自治的五要点、三寓政策、三寓政策在广西之检讨、三民主义在广西之检讨、自给政策的现阶段。书前有引言，书后附录《三自政策理论体系表解图》。

**0427. 三自政策的理论与实践**　广西绥靖主任公署政治部编　编者刊　1939 年 5 月再版　4＋112　32 开　有图表　白崇禧言论集之五

本书分 7 个部分：三自政策、三自政策在广西之检讨、办理地方自治的五要点、三寓政策、三寓政策在广西之检讨、三民主义在广西之检讨、自给政策的现阶段。书前有引言，书后附录为《三自政策理论体系表解图》。

**0428. 三自政策在广西**　白崇禧著　民团周刊社　1938 年 6 月初版　广西　30　32 开　丙种丛刊第四种　民团丛刊第一辑之七

本书分 4 个部分：三民主义与三自政策、自卫政策在广西的检讨、自治政策在广西的检讨、自给政策在广西的检讨。

**0429. 省县公职候选人考试办理经过概况**　考选院考选委员会编　编者刊　1945 年 4 月　1＋9 ［环筒叶］　16 开　油印

本书分 4 个部分：公职候选人考试要义、省县公职候选人考试法制述要、省县公职候选人考试办理概况、现行检核办法之检讨。

**0430. 省政问题**　胡次威讲　中央训练团党政高级训练班　1943 年 6 月　2＋68　32 开

包括导言、省区划问题、省地位问题、省组织问题、省职权问题、省民意机关问题、行政督察示范制问题 7 部分。

**0431. 师范学校高级中学地方自治**　王鸿俊编　国定中小学教科书七家联合供应处　1944 年 7 月成都嘉乐纸本第一版　5＋204　32 开　有图表

本书共 10 章：地方自治之意义、三民主义地方自治、我国地方组织之沿革、地方自治执行机关之组织及职权、地方自治民意机关之组织及职权、地方组织各级干部人员、地方自治之实际工作（上、下）、地方自治之经费、地方自治之监督。有编辑要旨。

**0432. 推行政令的基本认识**　亢真化著　民团周刊社　1938 年 3 月初版，1938 年 8 月再版　广西　28　32 开　丙种丛刊　第二种　基层建设丛刊第一辑之一　亢真化主编

本书包括 4 部分：先解决一个难题、推行政令怎样才算完满、怎样认识我们自己、认识广西建设的国防性。

**0433. 我的县政经验报告**　杨适生著　1935 年 10 月　2＋22　16 开

本书共 10 章：我为什么做县长、办事方法之经验、计划县政之经验、整理县民政之经验、整理县财政之经验、整理县教育之经验、整理县建设之经验、办理司法之经验、县政府事务管理之经验、我个人对于县政之感想。

**0434. 我之工作说明**　彭渊著　［1938 年］　19 ［环筒叶］　32 开　油印　有图表

本书共 6 部分：我之工作说明、呈中央党部原文、招贤新村建设章程、我的严师、民间情况调

查表、民间情况调查旬报表。

**0435. 县长手册**　刘树鹏著述　1942 年 2 月初版　14 + 147　32 开　有图表　县政建设丛书　第 1 种

　　本书共 6 讲：观人要则、用人要则、对事要则、对人要则、机关学校化要领、行政科学化要领。转载名著 6 篇：包括《总裁：主管机关与推行政令之要领》、《薛主席：县政应该怎样做》等。附刊作者作 6 篇文章：包括《从全民教育到全民政治》、《从政心得语十则》等。书前有《滁县巴叙》、《三民主义的县政建设（代自序）》。

**0436. 县各级民意机关**　陈念中编著　正中书局　1944 年 6 月初版　重庆　4 + 246　32 开　有图表　宪政丛书　潘公展主编

　　本书共 7 章：自治团体表示意思的机构、县民意机关的构成分子、表示意思的方式、保民意机关、乡镇民意机关、县民意机关、县民意机关建立的经过及其将来。书前有卷头语。书后有参考书目。

**0437. 县各级组织纲要及其实施注意事项**　四川省政府民政厅编　编者刊　1940 年 3 月　成都　2 + 118 + 2　32 开　有插图、有图表

　　本书共 5 部分：县各级组织纲要、县各级组织纲要实施办法三原则、四川省县各级组织纲要实施上应注意事项、行政院颁发县各级组织纲要实施办法三原则应注意事项、四川省县各级组织纲要实施上补充注意事项。附件收《四川省各县县等一览表》、《四川省各县县政府员额表》、《县预算岁入来源别科目表》等。

**0438. 县各级组织纲要释义**　田镐编著　商务印书馆　1943 年 6 月初版　重庆　2 + 134　32 开

　　本书共 10 部分：总则、县政府、县参议会、县财政、区、乡镇、乡（镇）民代表会、乡（镇）财政、保甲、附则。胡次威作弁言。

**0439. 县各级组织纲要义**　李宗黄著　正中书局　1941 年 5 月初版，1944 年 1 月 5 版　6 + 108　32 开　宪政小丛书

　　本书两编，第 1 编通论共 5 章：县各级组织纲要之产生及其时代性、县各级组织纲要与三民主义、县各级组织纲要与抗战建国、县各级组织纲要与宪政、县各级组织纲要与管教养卫；第 2 编各论共 6 章：县各级组织纲要之特点、县、乡镇、保甲、县各级组织纲要之实施、结论。附录：县各级组织纲要。有自叙。

**0440. 县各级组织及地方自治参考材料**　中央训练团　1939 年 12 月　74　32 开　有图表

　　本书包括《县各级组织纲要》、《地方自治实施方案》、《四川省县各级组织纲要实施上应注意事项》、《行政院颁发县各级组织纲要实施办法三原则应注意事项》。附录收《四川省实施地方自治各县县政府员额比较表》等。

**0441. 县基能的村本政治廿讲**　刘杰讲　第二战区干部暑期进步讨论会　[1941 年]　8 + 244　32 开　有图表

　　本书共 20 讲：几个根本认识的介绍、村本政治的实践、村本政治之目的、县基能的村本政治释义、村本政治的行政组织及群众组织（附《抗战时期山西省编村组织规程》）、村本政治的革命组织与效用、村本政治的机能等。有序言。

**0442. 县政工作程序表解**　李楚狂编纂　李楚狂 [发行]　1943 年 2 月初版　4 + 140　横 16 开　有题词、有图表

本书共8部分：行政管理、民政、财政、计政、教育文化、经济建设、兵役、军事。书前有黄绍竑作序及著者自序。

**0443. 县政及警卫问题参考材料**　李士珍编　1943年5月　2+46　32开　中央训练团党政训练班参考教材

本书共21部分：整理警政原则、各级警察机关编制纲要、战区警察处理大纲、战时人民武装团体设置与运用实施办法摘录、警察定义等。

**0444. 县政建设计划纲要**　四川省训练团研究部　四川　2+50　32开

本书共12部分：基本方针、组训民众完成地方基层组织、运用地方基层组织发挥管教养卫合一之效能、运用地方经济组织满足食衣住行之需要、运用地方各级组织充裕社会生活、运用地方各级组织发扬民族文化、健全县政府确立全县领导中心等。

**0445. 县政建设实施概论**　陈柏心著　文化供应社　1943年10月　桂林　6+125　32开

本书共5章：县政建设的范围、县政建设的实施、县政建设的实例、县政建设与征工服役、县政建设与工作竞赛。书前有自序。

**0446. 县政建设之理论与实际**　马仁波著　改进出版社　1943年4月初版　8+203　32开　建设丛刊3

本书分10章：县政建设的涵义、县政建设的准绳、县政建设的实际、新县制下之人事问题、新县制下之财政问题、新县制下之政治建设、新县制下之经济建设、新县制下之文化建设、新县制下之军事建设、新县制下之社会建设。书中有郑祖荫、林天兰分别所作序、著者前言及尾语。

**0447. 县政实际问题研究**　沈鹏主编，陈一、陈幼丹、李震川、陆鼎升编辑　正中书局　1944年4月初版　重庆　4+164　32开　有图表

本书共5部分：民政部分、财政部分、教育部分、建设部分、社会部分。附录收《三十二年度春季行政会议开幕词》、《四川省第三行政区各县新县制第二期中心工作实施办法》、《四川省第三行政区各县（局）三十二年度县政中心工作大纲》等7篇。书前有前言，书后有编后记。

**0448. 县政问题（新县制之检讨与改进）**　李宗黄讲，中央训练团党政高级训练班编　编者刊　1943年7月　1+76　32开　有图表

本书共6部分：总论、新县制理论之检讨、新县制本身之检讨、新县制实施之检讨、新县制之改进、总结。附：县各级组织关系图。

**0449. 县政制度研究**　萧文哲著　独立出版社　1942年11月初版　重庆　6+211　32开　有图表　行政院行政效率促进会丛书

本书共7章：总论、县组织、县财政、区公所与区署制度、乡镇制度、保甲制度、结论——改订县组织法试拟案。附录县政制度重要关系法规17部。有前言。

**0450. 乡镇保处理警察业务须知**　蒋天擎编　商务印书馆　1944年12月初版　重庆　9+69　32开　有图表　内政丛书　地方自治业务参考丛刊之六　内政部编纂

本书共4篇：乡镇保与警察的关系、警察行为的手段、违警案件的处理、刑事案件的处理。书前有前言和地方自治业务参考丛刊目录、例言。

**0451. 乡镇保维持地方治安须知**　李承谟编　商务印书馆　1944年12月初版　重庆　7+81　32开　内政丛书　地方自治业务参考丛刊之七　内政部编纂

本书分 15 个方面："乡镇公所保办公处理维持治安的责任"、"'管'、'教'、'养'三事和地方治安的关系"、"乡镇保人员本身应注意的事情"、"盗匪的分析和处理的方法"、"怎样防止汉奸间谍"等。书前有前言、例言、地方自治业务参考丛刊目录。

**0452. 乡镇村街长应有的修养**　蒋卉辑　民团周刊社　1938 年 7 月初版　广西　44　32 开　丙种丛刊第二种　基层建设丛刊第二辑之一　亢真化主编

本书收文章 5 篇:《民团干校青年怎样负起革命之使命》(白崇禧)、《我们要怎样修养》(蒋卉)、《乡村长的专业问题》(白枚)、《乡村长的修养问题》(日进)、《乡村长进修工作的研究》(克非)。

**0453. 乡镇村街长在战时**　蒋卉著　民团周刊社　1938 年 3 月初版　广西　30　32 开　丙种丛刊第二种　基层建设丛刊第二辑之一　亢真化主编

本书共 4 部分:"乡镇村街长的地位"、"在全民抗战中的使命"、"目前后方的重要工作"、"加强'穷干'、'苦干'的精神"。

**0454. 乡镇自治**　胡次威著　1942 年 7 月　6 + 140　32 开　有图表

本书共 6 章:绪论、乡镇之构成要素、乡镇之自治机构、乡镇之自治事务、乡镇之自治财政、结论。有弁言。

**0455. 乡镇自治**　杨道任编　浙江省民政厅　1944 年 5 月初版　浙江　2 + 60　32 开　乡镇自治指导读物第 2 种　浙江省地方行政学会主编

本书共 5 章:乡镇自治概念、乡镇自治沿革、现行乡镇自治制度、乡镇自治专业和结论。

**0456. 新县政之管理**　萧明新编著　正中书局　1943 年 2 月初版　重庆　7 + 233　32 开　有图表　社会科学丛刊

分 7 章:绪论、人事管理、财务管理、工作管理、文书管理、事务管理、结论。书前有自序。书后有参考书目举要。

**0457. 新县制**　国民出版社编辑　编者刊　1940 年 6 月初版　金华　4 + 144　32 开　有图表　国民知识丛书　第 2 辑

本书收文章 14 篇:《新县制理论与实际》(李宗黄)、《新县制立法精神及其实施》(张鸿钧)、《新县制实际问题之研究》(黄启平)、《县各级组织纲要释论》(楼桐孙)等。附录收《县各级组织纲要》、《浙江省实施新县制计划大纲》。书前有总理遗教恭录。

**0458. 新县制概论**　胡昭华著　商务印书馆　1942 年 6 月初版　重庆　254　32 开　有图表

本书共 5 章:绪论、新县制颁行前我国县制与地方自治之概况、新县制之理论与实际、新县制实施后各种有关实际问题之研究、结论。附录收《县各级组织纲要》等 6 篇文献。书前有张群、王德溥、胡绍轩序。

**0459. 新县制纲要浅说（又名地方自治概要）**　刘迺诚著　国民图书出版社　1942 年 5 月初版　重庆　10 + 250　32 开

本书共 11 章,包括导言、地方自治之意义与目的、总则、保甲、实验政治等。附录一收《国府公布县各级组织纲要》;附录二共 7 篇,包括《行政改进问题》、《县政改进问题》、《对于合署办公问题之管见》等。书前有序言。

**0460. 新县制及地方自治法规汇编**　内政部民政司编辑　编者刊　1944 年 5 月　四川　13 + 210

16 开　有图表

本书共 18 目：基本法规、户口、组织、土地、教育、警卫、交通、财政、合作、卫生、组训、选举、考试检核、造产营建、救济福利、农林水利、会议规则、其他。附录收《新县制及地方自治有关法令之解释》。有编辑例言。

**0461.** 新县制讲演集　行政院县政计划委员会编　编者刊　1939 年 12 月　2＋124＋46　32 开　有图表　县政丛书　第 5 种

本书分 10 个部分：新县制之理论、新县制之实际、新县制之特性、新县制之实施、新县制与宪政、新县制与三民主义等。附录收《三化之县政计划委员会》、《我们的标语》、《我们的做法》、《新县制之计划》4 篇文章。

**0462.** 新县制研究　马绍中著　中国文化服务社陕西分社　［1941 年］　17＋390　32 开　有题词、有图表

本书分 3 章：绪论、本论、结论。书前有王德溥、作者的序及凡例，书后有附录。

**0463.** 新县制之理论与实际　李宗黄著　中华书局　1944 年 5 月初版　江西　4＋262　大 32 开　有图表

本书分总论、分论和结论 3 部分，收《新县制之理论》、《新县制之实际》、《新县制之实施与改进》等 39 篇文献。有自序。

**0464.** 新县制之理论与实际（增订本）　李宗黄著　中华书局　1944 年 4 月再版　重庆　5＋292　大 32 开　有图表

本书分总论、分论和结论 3 部分，收文章 39 篇：《新县制之理论》、《新县制之实际》、《新县制之实施与改进》、《行政院县政计划委员会完成工作一览表》等。有自序。

**0465.** 新政与新人　梁上燕著　民团周刊社　1938 年 8 月初版　南宁　34　32 开　丙种丛刊　第四种　民团丛刊第一辑之六　梁上燕主编

本书分 5 个部分：高瞻远瞩的政治主张、三自政策实施下的新政、行新政用新人的基本理论、干部人材与基层建设、行新政用新人的效力。

**0466.** 行新政用新人　桂林全面战周刊社　桂林　2＋79　32 开　白崇禧言论集之四

本书分 7 个部分：行新政用新人、怎样巩固我们的政治基层组织、乡村街甲长的责任、干校青年怎样负起我们革命的使命、青年出路与民族出路、立志、知人善任。卷首有引言。

**0467.** 行新政用新人　广西绥靖主任公署政治部编　1939 年 5 月再版　2＋80　32 开　白崇禧言论集之四

本书分 7 个部分：行新政用新人、怎样巩固我们的政治基层组织、乡村街甲长的责任、干校青年怎样负起我们革命的使命、青年出路与民族出路、立志、知人善任。卷首有引言。

**0468.** 行政督察专员制度研究　萧文哲著　独立出版社　1940 年 7 月初版　6＋147　16 开　有图表　行政院行政效率促进会丛书

本书分 5 章：行政督察专员制度之渊源、行政督察专员制度之建立与演进、行政督察专员制度之现状、行政督察专员制度推行于各省之实况、行政督察专员制度之利弊与改革。书前有绪言及丛书缘起。附录收《关于专员制度的现行法规》、《几种重要的参考法规》。

**0469.** 怎样办理战时乡村政务　亢真化著　民团周刊社　1938 年 7 月再版　广西　40　32 开　丙种

丛刊第二种　基层建设丛刊第一辑之三

本书分 3 部分：办理战时乡村政务的先决条件——强化乡村机构的领导能力、怎样使基层建设配合战争、"战时乡村政务应特别注意之事项"的研究。附录收《战时乡村政务应特别注意之事项》。

**0470. 怎样组织县各级民意机关**　陈念中编著　正中书局　1940 年 12 月初版　2＋110　32 开　有图表　宪政小丛书

本书共 6 章：自治团体表示意思的机构、县民意机关的构成分子、表示意思的方式、保民意机关、乡镇民意机关、县民意机关。

**0471. 战时的乡村社区政治**　蒋旨昂著　商务印书馆　1944 年 11 月初版，1946 年 9 月上海初版　重庆、上海　5＋126　32 开　有图表

本书分上、下编共 7 章：乡是一种社区、物境可能发展、人口近似饱和、生活程度有待提高、人事之变迁、组织之变迁、工作之变迁。书前有翟菊农序。

**0472. 战时地方行政**　何炳著　中山文化教育馆　1938 年 11 月渝版　重庆　2＋38　32 开　有图表　抗战丛刊第 64 种

分 5 部分：泛论、地方行政机构的改革、地方行政人事的调整、战时地方行政事业的推行、结论。

**0473. 战时地方行政工作**　汪精卫、马伯援、阮毅成、张宝荣、李乡朴、甫水、陈长卫、杨俊东、赵冕、徐泳平执笔　独立出版社　1938 年 11 月初版，1940 年 1 月 6 版　重庆　6＋72　32 开　有图表　战时综合丛书第 2 辑　独立出版社编

书共分 10 章：地方行政与抗战建国、论地方行政改革、战时地方行政的改进、战时县政工作、战时的地方工作、调整保甲组织与动员农民抗争、长期抗争中地方财政应有之改进、如何推进兵役、实行战时民众紧急训练之设计、战时地方警察行政工作。书后有编者编后记及讨论大纲。

**0474. 战时各省政治**　李紫池编　西北出版社　1＋42　32 开

本书共 7 部分：陕西省战时施政纲领、四川省战时施政纲领、安徽省战时施政纲领、江西省战时施政纲领、湖南省战时施政纲领、广东省战时施政纲领、浙江省战时政治纲领。附录收《战地政治纲领》。

**0475. 战时基层政治建设**　亢真化著　民团周刊社　1938 年 10 月初版　广西　28　32 开　丙种丛刊第二种　基层建设丛刊第四辑之四

本书共分 4 个部分：战时基层政治建设的任务、基层政治建设与基层干部、基层政治组织与战时基层政治建设、战时基层政治建设的中心工作。

**0476. 战时县政方案**　刘靖清著　2＋54　32 开　有图表

本书包括战时县政方案，附评论 3 篇：《评湖北省各级地方政府非常时期办事纲要》、《湘省甄审长之评议》、《评兰溪实验县二十五年度之行政计划》。有序言。

**0477. 战时县政之改造**　阮华国著　中山文化教育馆　1938 年 5 月渝版　重庆　10＋30　32 开　抗战丛刊　第 29 种　中山文化教育馆编

本书分两章：县是争取抗战胜利的基础、战时县政改造之理论和实施。书前有中山文化教育馆研究部所作抗战丛刊缘起、作者序言。

**0478. 战时乡村建设论**　农山著　战地图书出版社　1942年4月初版　上饶　6＋134　32开　有图表

全书共9章：抗战三年来之乡村建设运动、战时乡村政治建设、战时乡村社会建设、战时乡村教育建设、战时乡村青年之领导训练等。书前有张石樵所写序言。

**0479. 战时乡村问题**　薛暮桥著　新知书店　1938年4月初版　汉口　2＋48　32开　战时问题丛书

包括怎样建立乡村统一战线、战时乡村政治问题、战时农村经济问题、战时农民教育问题、战时乡村自治问题等内容。附录收《三民主义与乡村改革》。

**0480. 战时乡村政制之改善问题**　何会源著　中山文化教育馆　1938年8月渝版　重庆　6＋62　32开　抗战丛刊第53种

分6章：乡村政治与乡村政治制度、层级方面之制度问题、组织方面之制度问题（上）、组织方面之制度问题（下）、监督权行使方面之制度问题、乡村政制改革与地方政制之前途。书前有"抗战丛刊缘起"及序言。

**0481. 政治生活录（第一集）**　刘锡五著　［1942年］　6＋62　32开

本书分4类：序志、告谕、书札、年表。记录作者在第7区行政督察专员公署任专员时的相关事宜。有题赠。

**0482. 中国的地方制度及其改革**　陈柏心编著　广西建设研究会　1939年2月出版　9＋375　32开　有图表　广西建设研究会丛书之一

本书共3章：绪论、中国地方制度的沿革、中国地方制度的现状、中国地方制度的改革。附录收《战时的地方政府》、《现行地方制度重要法规一览》、《现行地方制度重要法规选录》、重要参考书目。书前有本丛书编辑例言、编者弁言、序言。

**0483. 中国地方行政制度**　罗志渊著　独立出版社　1943年1月初版　重庆　8＋348　32开　有图表

本书共3篇：上篇地方政制之史的发展；中篇地方行政之权限问题；下篇现行地方行政制度。共14章：秦代郡县之形成、汉初之郡国制及后汉之州郡县、南北朝郡县制之演变及回复、唐代之州县制、宋代中央集权下之地方制度、中央地方权限之划分、省县行政区域问题、省制、行政督察专员制度、县制、市制等。有自序。

**0484. 中国地方行政制度讨论集（第一集）**　中央政治学校毕业生指导部　1944年3月　重庆　6＋176　32开　有图表　服务丛书　周异斌、王一麟、张溥生主编

本书共14章：《现行省制之检讨》（周异斌）、《论省性质和地位的演变》（王硕如）、《省制问题之研究》（王蔚佐）、《省区缩小问题》（张溥生）、《保甲编组方法论》（闻钧天）等。有弁言。

**0485. 中国县制改造**　陈柏心著　国民图书出版社　1942年5月初版　重庆　532　32开　有图表

本书共12章：县各级区域的整理与划分、县等的划分、县各级组织的设置（上）、县各级组织的设置（下）、县各级议事机关的建立、新农村制度的建立、地方公民权的运用、各级政府间事权的划分、县财政的整理、县地方人事的革新（上）、县地方人事的革新（下）。书前有序言。

**0486. 中国县制史与新县制**　陈再厉编著　中国文化服务社陕西分社　1942年6月初版　西安　5＋138　32开　有图表

全书分4章：绪论、民元前的县制与自治、民国以来的县制与自治、新县制的认识。附录收

《县各级组织纲要》、《县各级组织纲要关系图》、《县政府分区设署规程》等10篇文章。

## 地方自治

**0487. 比较地方自治论**　吕复著　商务印书馆　1943年5月初版　重庆　6+192　16开

本书共4编：总论、论高级地方自治机关、论下级地方自治、论特别地方自治。邹鲁、孙科作序，有自序。

**0488. 比较地方自治论（增订本）**　吕复著　商务印书馆　1944年3月再版　重庆　9+222+1　16开

本书共5编：总论、论高级地方自治机关、论下级地方自治、论特别地方自治、补论中国地方制度及自治问题。邹鲁、孙科作序，有自序和再版自序。书后有勘误表。

**0489. 地方自治**　中国国民党中央执行委员会训练委员会编　编者刊　1945年10月　4+58+4　32开　乡镇干部教程之二

本书共7章：概说、地方自治团体的构成要素、地方自治机关（一）、地方自治机关（二）、地方自治事务、地方自治财政、地方自治监督。有乡镇干部教程编辑例言。

**0490. 地方自治工作人员手册**　李宗黄著　青年出版社　1944年12月初版，1946年8月再版　6+184　32开　有图表　五项建设手册第2种

本书共11章：绪论、地方自治的意义、中国历代地方自治、世界各国地方自治、地方自治机构、推行地方自治的途径、地方自治的中心工作、地方自治与民众团体、地方自治推行的方法、地方自治人员的修养、地方自治与中国青年。附录收《地方自治有关法规》、《复兴县四权行使办法》。

**0491. 地方自治管教养卫建设问题**　陈立夫讲，成都新新新闻报馆、成都文化服务部编　编者刊　1940年3月　成都　2+14　32开

本书为陈立夫在党政训练班的讲演词。

**0492. 地方自治简述**　陈念中著　商务印书馆　1942年4月初版，1943年10月3版　重庆　3+110　32开　有图表

本书共包括8部分：地方自治与宪政实施、地方自治的意义、地方自治的演进、地方自治的程度、地方自治的要素、我国地方自治理论、各国地方自治制度、我国现行地方自治制度。书前有编者例言。书后有参考书目、地方自治法规目录、地方自治法规附录4种。

**0493. 地方自治简述**　陈念中著　商务印书馆　1946年9月上海初版　上海　3+110　32开　有图表

本书共包括8部分：地方自治与宪政实施、地方自治的意义、地方自治的演进、地方自治的程度、地方自治的要素、我国地方自治理论、各国地方自治制度、我国现行地方自治制度。书后有参考书目、地方自治法规目录、地方自治法规附录4种。

**0494. 地方自治开始实行法**　中央组织部党员训练处选辑　中央秘书处文化驿站总管理处　48　64开　有图表　总裁言论选辑之六

本书包括地方自治开始实行法、确定县各级组织问题、县各级组织关系图等内容。

**0495. 地方自治与教育**　杨济锋编　广东省地方行政干部训练团　1940年5月　广东　2+54　32开　有图表

本书共6章：地方自治释义、地方自治的内容、过去地方自治失败的原因、新县制与地方教育、地方自治的成功在教育、教育与地方自治之关系。有题赠。

**0496. 地方自治与新县制**　陈柏心著　商务印书馆　1942年9月赣县初版　重庆　4＋105　32开

本书共10章：地方自治的意义、地方自治的效用、地方自治的实施、地方自治实施的回顾、新县制的创制、新县制的分析、新县制的特点、新县制实施的准备、新县制实施的原则、新县制实施的监督。

**0497. 地方自治与自卫**　薛伯康、竺允迪著　独立出版社　2＋96　32开　有图表　抗战建国纲领丛书

本书共6章：地方自治的意义与目的、地方自治与自卫的关系、我国地方自卫制度的沿革、我国现行地方自卫制度的组织、我国现行地方自卫制度的运用、我国地方自卫制度的将来。书后附本书参考资料举要。

**0498. 地方自治之理论与实际**　李宗黄著　行政院县政计划委员会　1939年12月再版　2＋53＋2　32开　有图表　县政丛书第4种

本书共4章：总述、理论、纲领、结论。附录收《地方自治开始实行法表解》、《建国大纲中关于县自治部分表解》。

**0499. 地方自治之理论与实际**　李宗黄著　行政院县政计划委员会　1940年1月3版　4＋50　32开　有图表　县政丛书第4种

本书共4章：总述、理论、纲领、结论。附录收《地方自治开始实行法表解》、《建国大纲中关于县自治部分表解》。有序言。

**0500. 地方自治之理论与实际**　行政院县政计划委员会编著　正中书局　1941年2月初版，1944年1月6版　4＋78　32开　有图表　县政丛书第4种　行政院县政计划委员会主编

本书共4章：概说、理论、实际、结论。附录收《地方自治开始实行法表解》、《建国大纲中关于地方自治部分表解》。有序言。

**0501. 地方自治之研究**　刘骞编著　青年书店　1941年7月初版　重庆　22＋420　32开　有图表

本书共3篇：总论、地方自治理论体系、地方自治工作的实施，共分13章。附录20篇，包括《有关县各级组织及地方自治之各种重要参考材料目次》、《甲民会议规则草案》等。书前有题词、序文《总裁对地方自治施行的训词》及刘峙、李士珍、戴颂仪序、周钟岳弁言和编者自序。

**0502. 广西省县乡村自治法规汇编**　广西省政府民政厅编　编者刊　1938年12月　广西　2＋66　32开　有图表

本书收法规15部，包括《省临时参议会组织条例》、《广西省临时参议会章程》、《广西省总临时参议会参议员选举章程》等。附录收法规5部：《省临时参议会议事规则》、《省临时参议会秘书处组织规则》等。

**0503. 中国地方自治问题（上、下册）**　董修甲编著　商务印书馆　1937年3月初版　上海　8＋545　32开　有图表　现代问题丛书

本书共12章：绪论、地方自治之本质、地方自治团体之构成、地方自治团体之组织、地方自治团体的任务、地方自治团体的监督、地方自治与地方财政、地方自治与教育、中国地方自治与中国农村问题、发展中国地方自治之方式、地方自治与三民主义的政治等。附录收《国民政府现行地方自治法规》、《广州非常会议时代的地方自治条例》。有序言。

**0504. 中国地方自治小史**　周必璋编著　四川省政府　1940 年 9 月　四川　2 + 18　32 开　四川省民政厅民政丛刊　民总之六　四川省政府民政厅主编

　　本书共 6 部分：引言、过去地方自治之检讨、地方自治之中止、地方自治之复活、地方自治之条件、结语。胡次威作弁言。

**0505. 中央关于地方自治之决议案及文告**　杨镇江编著　四川省政府　1940 年 9 月初版　四川　4 + 48　32 开　四川省民政厅民政丛刊　民三之五　四川省政府民政厅主编

　　本书收录 23 篇文献：《中国国民党政纲》、《训政纲领》、《地方自治与建设》、《确定训政时期党政府人民行使政权治权之分际及方略案》、《定期召开国民大会与加紧促成县政建设》等。有弁言。

**0506. 总裁地方自治言论**　[蒋介石著]，行政院县政计划委员会编著　编者刊　1939 年 8 月　10 + 168 + 6　32 开　有图表　县政丛书第 2 种

　　本书分 3 编：整编部分、节录部分、中心工作部分，共 26 篇：《确定县各级组织问题》、《复兴民族之基本要务》、《要恢复民族的自治力》、《地方自治的基本要务》、《国民精神总动员纲领及其实施办法》等。附录《备考目录》。有弁言。

**0507. 总裁地方自治言论**　蒋介石著　中央训练团　1940 年 4 月　4 + 82　32 开

　　本书共 19 部分：地方自治为政治建设之要务、建国大纲中关于地方自治之解释、地方自治开始实行法之解释、现代政治建设必须教养兼施、复兴民族之基本要务等。

**0508. 总裁对地方自治训示辑要**　[蒋介石著]，柯琴辑　商务印书馆　1944 年 12 月初版　重庆　6 + 82　32 开　内政丛书　地方自治业务参考丛刊之二　内政部编纂

　　本书分 3 部分：理论部分、对于总理遗教之解释、实行之方法。书前有前言和地方自治业务参考丛刊目录。

## 保甲制度

**0509. 保甲长之任务**　高亨庸编著　正中书局　1941 年 5 月初版，1944 年 1 月 3 版正中纸本　重庆　4 + 84　32 开　有图表　宪政小丛书

　　本书分 7 章：先从保甲说起、保甲长应该晓得什么、怎样对付社会环境、怎样推行职务等。有作者序。

**0510. 保甲条例、户口调查规则、保甲自卫团训练纲要、保甲模范制大纲、保甲人员奖恤办法**　1942 年 10 月　[北平]　34　32 开　有图表

　　本书收 5 篇：《保甲条例》、《户口调查规则》、《保甲自卫团训练纲要》、《保甲模范制大纲》、《保甲人员奖恤办法》。封面印"北京特别市公署警察局印制"。

**0511. 保甲与治安**　朱元懋编著　正中书局　1938 年 5 月初版　1 + 35　64 开　有插图　抗战常识讲话　应用军事常识

　　该书包括开场白、捉汉奸、查户口、具结、订规约、巡逻 6 部分。

**0512. 保甲与壮丁**　广东第五区战时民众训练委员会干部训练所　1937 年 10 月　[190]　32 开　有图表

　　本书主要概述了非常时期保甲制度的重要性，包括 16 部分：非常时期的广东保甲问题、修正广东省编办保甲章、自治法规等。

**0513. 编整保甲须知**　周中一编　商务印书馆　1944 年 12 月初版　重庆　8 + 72　32 开　有插图、有图表　内政丛书　地方自治业务参考丛刊之五　内政部编纂

本书共 5 章：整编的意义、整编前的准备、整编的步骤、整编后的工作、结论（整编人员必要的条件）。附录县保甲户口编查办法。书前有前言和地方自治业务参考丛刊目录、编者的话。

**0514. 抗战与保甲运动**　陈高佣著　商务印书馆　1937 年 12 月初版，1938 年 2 月 3 版，1938 年 3 月 4 版　长沙　82　32 开　抗战小丛书　中国文化建设协会主编

本书分 8 章：全民抗战与民众组织、民众组织与保甲、保甲的意义及其作用、抗战期中的保甲、组织民众训练民众与指导民众、民众战时服务团、保甲与卫兵、近年来保甲的缺点与流弊及其补救方法。附《最近公布修正保甲条例》。

**0515. 陕西省整理保甲总报告**　陕西省民政厅编　1940 年 12 月　陕西　252　16 开　有图表

本书共分 11 章：绪言、筹备经过、讲习及动员情形、整理工作、确定保甲经费、户口异动查报、保甲奖惩、推动保甲运用工作、整理保甲后之实际效能、整理保甲发生之困难及补救之有效方法。附录收修正本省各县编查保甲户口暂行办法、法令解释。书前有《主席为整理保甲告各专员县长书》（蒋鼎文）、《王厅长叙言》（王德溥）。书后有编后。

## 地方政治概况

### 华北地区

**0516. 冀察战区写真**　刘钟澍著　1940 年　4 + 32　32 开

本书共 5 部分：河北现状、共党内容、敌人态势、察省危机、中共与太行山之关系。

**0517. 冀察政务委员会考询县长训话纪录**　冀察政务委员会政务处编　编者刊　1936 年 3 月　178　16 开　精装　有照片、有图表

书中收讲话记录 44 篇及《委员长告冀察各县长书》。书前有杨兆庚序。

**0518. 进步山西**　太原绥靖公署驻渝办事处、第二战区司令长官司令部驻渝办事处、山西省政府驻渝办事处编辑　方闻［发行］　1945 年 1 月初版　9 + 208　32 开　有照片、有图表

本书共 3 部分：阎司令长官兼主席所发表的文章 5 篇、实施的设计与规定 12 篇、外界观察的记述 22 篇。书前有方闻作序。

### 西北地区

### 陕　西

**0519. 三年来的陕西政治**　中国文化服务社编辑　编者刊　1941 年 7 月　3 + 72　32 开　有图表

本书共 13 部分：绪言、实施计划政治、调整行政机构、剿匪与整理保安团队、禁烟、整理保甲、推行地政、实施新县制、整理财政、调剂金融、经济建设、教育设施、结语。有编者弁言。

**0520. 陕西省临时参议会第一次大会记录**　陕西省临时参议会秘书处编　编者刊　1939 年 12 月　陕西　2 + 186　16 开　有照片、有图表

本书共 10 部分：第一次大会之筹备及开会经过、重要法规、本省临时参议会正副议长及参议员姓名简历表、第一次大会记录、第一次大会宣言、重要文电、演词、提案原文及决议案、第一次大会休会期间驻会委员会委员名单。

**0521.** **陕西省临时参议会第二次大会记录**　陕西省临时参议会秘书处编　编者刊　1940 年 4 月　陕西　2 + 146　16 开

　　本书共 9 部分：第二次大会开会经过、重要规则、第二次大会记录、重要电文、演讲词、提案原文及决议案、视察团报告、第二次大会休会期间驻会委员会委员名单、第二次大会休会期间视察团员姓名及视察区域分配表。

**0522.** **陕西省临时参议会第三次大会记录**　陕西省临时参议会秘书处编　编者刊　1940 年 12 月　陕西　4 + 108　16 开　有照片、有图表

　　本书共 10 部分：第三次大会开会经过、第三次大会记录、询问案、重要电文、演讲词、重要报告、提案原文及决议案、第三次大会休会期间驻会委员会委员名单、省政府对本会第一次大会移送各案办理情形登记表、省政府对本会第二次大会移送各案办理情形登记表。

**0523.** **陕西省临时参议会第四次大会记录**　陕西省临时参议会秘书处编　编者刊　1941 年 7 月　陕西　4 + 122　16 开　有照片、有图表

　　本书共 9 部分：第四次大会开会经过、第四次大会记录、询问案、重要电文、演讲词、重要报告、提案原文及决议案、第四次大会休会期间驻会委员会委员名单、省政府对本会第三次大会移送各案办理情形登记表。

**0524.** **陕西省临时参议会第五次大会记录**　陕西省临时参议会秘书处编　编者刊　1942 年 1 月　陕西　4 + 132　16 开　有照片、有图表

　　本书共 9 部分：第五次大会开会经过、第五次大会记录、询问案、重要电文、演讲词、重要报告、提案原文及决议案、第五次大会休会期间驻会委员会委员名单、省政府对本会第四次大会移送各案办理情形登记表。

**0525.** **陕西省临时参议会第六次大会记录**　陕西省临时参议会秘书处编　编者刊　1942 年 1 月　陕西　8 + 212　16 开　有插图、有图表

　　本书共 11 部分：第六次大会开会经过、第六次大会记录、重要文电、演词、各机关施政报告、询问案、一般询问、复议案、本会报告、提案原文及决议案、附录法令及章则和各项一览表两部分。

**0526.** **陕西省临时参议会第二届第一次大会会议记录**　1943 年 7 月　10 + 366　16 开　有照片、有图表

　　本书包括：第二届第一次大会开会经过、第二届第一次大会记录、重要文电、演词、各机关施政报告、本会报告、提案原文及决议案、附录。

**0527.** **陕西省临时参议会第二届第三次大会会议记录**　1944 年 10 月　6 + 146　16 开　有图表

　　本书包括：第二届第三次大会开会经过、第二届第三次大会记录、重要文电、演词、各机关施政报告、一般询问、本会报告、提案原文及决议案、附录。

**0528.** **陕西省临时参议会第二届第四次大会会议记录**　1945 年 6 月　8 + 186　16 开　有照片、有图表

　　本书包括：本会第二届第四次大会开会经过、第二届第四次大会记录、重要文电、演词、各机关施政报告、一般询问、本会报告、提案原文及决议案、附录。

**0529.** **陕西省临时参议会第二届第五次大会会议记录**　1945 年 12 月　6 + 230　16 开　有照片、有图表

本书包括：第二届第五次大会开会经过、第二届第五次大会记录、重要文电、演词、各机关施政报告、一般询问、本会报告、提案原文及决议案、附录。

**0530.** 陕西省政府二十九年度行政计划　［1940 年］　1＋16［环筒叶］　16 开　油印

本书为陕西省 1940 年的建设计划，包括公路、电话、农林、工业、矿冶、水利、合作、其他。有前言。

**0531.** 陕西省政府二十九年工作进度预定表　［1940 年］　30［环筒叶］　16 开　油印　有图表

本书为陕西省 1940 年工作进度预定表。附《不能预定分月进度表》。

**0532.** 陕西省三十二年度政务考察报告　［1943 年］　16［环筒叶］　16 开　油印

本书包括 3 部分：陕西省三十二年度政务考察总评、陕西省三十二年度政务考察简报、考察意见。

**0533.** 陕西省政府工作报告（中华民国二十六年九月份）　陕西省政府秘书处汇编　编者刊
［1937 年］　35［环筒叶］　16 开　有图表

**0534.** 陕西省政府工作报告（中华民国二十六年十月份）　陕西省政府秘书处汇编　编者刊
［1937 年］　33［环筒叶］　16 开　有图表

**0535.** 陕西省政府工作报告（中华民国二十八年七月份）　陕西省政府秘书处编译室编　编者刊
［1939 年］　陕西　2＋106　16 开　有图表

**0536.** 陕西省政府工作报告（中华民国二十八年八月份）　陕西省政府秘书处编译室编　编者刊
［1939 年］　陕西　4＋88　16 开　有图表

**0537.** 陕西省政府工作报告（中华民国二十八年九月份）　陕西省政府秘书处编译室编　编者刊
［1939 年］　陕西　4＋96　16 开　有图表

**0538.** 陕西省政府工作报告（中华民国二十八年十月份）　陕西省政府秘书处编译室编　编者刊
［1939 年］　陕西　4＋78　16 开　有图表

**0539.** 陕西省政府工作报告（中华民国二十八年十一月份）　陕西省政府秘书处编译室编　编者刊
［1939 年］　陕西　4＋105　16 开　有图表

**0540.** 陕西省政府工作报告（中华民国二十八年十二月份）　陕西省政府秘书处编译室编　编者刊
［1939 年］　陕西　4＋110　16 开　有图表

**0541.** 陕西省政府工作报告（中华民国二十九年一月份）　陕西省政府秘书处编译室编　编者刊
［1940 年］　陕西　4＋88　16 开　有图表

**0542.** 陕西省政府工作报告（中华民国二十九年九月份）　陕西省政府秘书处编译室编　编者刊
［1940 年］　陕西　4＋72　16 开　有图表

**0543.** 陕西省政府工作报告（中华民国三十年一月份）　陕西省政府秘书处编译室编　编者刊
［1941 年］　陕西　6＋74　16 开　有图表

**0544.** 陕西省政府工作报告（中华民国三十年二月份）　陕西省政府秘书处编译室编　编者刊
［1941 年］　陕西　6＋74　16 开　有图表

**0545.** 陕西省政府工作报告（中华民国三十年三月份）　陕西省政府秘书处编译室编　编者刊

［1941 年］　　陕西　6＋90　16 开　有图表

**0546.** 陕西省政府工作报告（中华民国三十年四月份）　　陕西省政府秘书处编译室编　编者刊
［1941 年］　　陕西　4＋76　16 开　有图表

**0547.** 陕西省政府工作报告（中华民国三十年五月份）　　陕西省政府秘书处编译室编　编者刊
［1941 年］　　陕西　4＋80　16 开　有图表

**0548.** 陕西省政府工作报告（中华民国三十年六月份）　　陕西省政府秘书处编译室编　编者刊
［1941 年］　　陕西　4＋76　16 开　有图表

**0549.** 陕西省政府工作报告（中华民国三十一年一月份）　　陕西省政府秘书处编译室编　编者刊
［1942 年］　　陕西　2＋58　16 开　有图表

**0550.** 陕西省政府工作报告（中华民国三十一年二月份）　　陕西省政府秘书处编译室编　编者刊
［1942 年］　　陕西　2＋60　16 开　有图表

**0551.** 陕西省政府工作报告（中华民国三十一年三月份）　　陕西省政府秘书处编译室编　编者刊
［1942 年］　　陕西　4＋76　16 开　有图表

**0552.** 陕西省政府工作报告（中华民国三十一年四月份）　　陕西省政府秘书处编译室编　编者刊
［1942 年］　　陕西　4＋64　16 开　有图表

**0553.** 陕西省政府工作报告（中华民国三十一年五月份）　　陕西省政府秘书处编译室编　编者刊
［1942 年］　　陕西　4＋78　16 开　有图表

**0554.** 陕西省政府工作报告（中华民国三十一年六月份）　　陕西省政府秘书处编译室编　编者刊
［1942 年］　　陕西　4＋77　16 开　有图表

**0555.** 陕西省政府工作报告（中华民国三十一年七至九月份）　　陕西省政府秘书处编译室编　编者
刊　［1942 年］　　陕西　4＋134　16 开　有图表

**0556.** 陕西省政府工作报告（中华民国三十二年四至六月份）　　陕西省政府秘书处编译室编　编者
刊　［1943 年］　　陕西　4＋206　16 开　有图表

**0557.** 陕西省政府工作报告（中华民国三十二年七至九月份）　　陕西省政府秘书处编译室编　编者
刊　［1943 年］　　陕西　4＋144　16 开　有图表
　　有缺页。

**0558.** 陕西省政府工作报告（中华民国三十二年十至十二月份）　　陕西省政府秘书处编译室编　编
者刊　［1943 年］　　陕西　4＋170　16 开　有图表

**0559.** 陕西省政府工作报告（中华民国三十三年一至三月份）　　陕西省政府秘书处编译室编　编者
刊　［1944 年］　　陕西　4＋206　16 开　有图表

**0560.** 陕西省政府工作报告（中华民国三十四年上半年）　　陕西省政府秘书处编译室编　编者刊
［1945 年］　　陕西　6＋274　16 开　有图表

**0561.** 陕西省政府施政成绩报告（中华民国二十六年三月份）　　陕西省政府秘书处统计股汇编　编
者刊　［1937 年 3 月］　　4＋56　16 开　有照片、有图表
　　本书包括 10 部分：法令、会议、民政、财政、教育、建设、水利、司法。

**0562.** 陕西省政府施政成绩报告（中华民国二十六年四月份）　陕西省政府秘书处汇编　编者刊
［1937年］　4+62　16开　有照片、有图表

本书包括民政、财政、法令、会议、教育、建设、水利、司法等施政成绩报告。

**0563.** 陕西省政府施政成绩报告（中华民国二十六年五月份）　陕西省政府秘书处汇编　编者刊
［1937年］　6+75　16开　有照片、有图表

本书包括民政、财政、法令、会议、教育、建设、水利、司法等施政成绩报告。

**0564.** 陕西省政府施政成绩报告（中华民国二十六年九月份）　陕西省政府秘书处统计股汇编　编
者刊　［1937年9月］　4+90　16开　有插图、有图表

本书包括10部分：法令、会议、民政、财政、教育、建设、合作事业、水利、保安、司法。

**0565.** 陕西省政府施政成绩报告（中华民国二十六年一二月份）　陕西省政府秘书处汇编　编者刊
［1937年］　6+56　16开　有照片、有图表

本书包括民政、财政、法令、会议、教育、建设、水利、司法等施政成绩报告。

**0566.** 陕西省政府施政成绩报告（中华民国二十九年一月份）　陕西省政府秘书处统计股汇编　编
者刊　［1940年1月］　陕西　6+54　16开　有图表

本书包括11部分：法令、会议、民政、财政、教育、建设、水利、保安、会计、卫生、赈济。

**0567.** 陕西省动员会议工作概况（三十一年七月至三十二年八月）　陕西省政府动员会议编　编者
刊　［1943年］　陕西　17　32开

本书共9部分：关于研究法令者、关于宣传及调查者、关于促进效率者、关于管制物资者、关
于平抑物价者、关于维持生产及运输者、关于节约消费者、关于救济征发者、关于表扬忠烈者关于
督饬各县者。

**0568.** 陕西省三十三年度行政会议专辑　［1944年］　104　16开　有图表

本书包括长官训词、来宾致词及专题讲述、业务提示、决议案、附表、舆论选辑。行政会议秘
书长林树恩作弁言。

**0569.** 陕西省三十四年度行政会议专辑　陕西省政府秘书处编译室编　编者刊　［1945年］　陕西
6+72　16开　有图表

本书包括长官训词、来宾致词及专题讲演、业务讲习、决议案、附表、舆论选辑。行政会议秘
书长林树恩作弁言。

**0570.** 陕西省政府统计委员会会刊（第二次）　陕西省政府统计委员会编　编者刊　1937年6月
陕西　4+46　16开　有照片、有图表

本书共4部分：法令，收《主计人员任用法》；公牍，收公文23篇，包括《函各机关协同办理
省政调查表文》、《呈省政府具统计材料月刊登记证并检查遗失旧登记证登报启事二份文》等；会
务，收《陕西省政府统计委员会全体委员会暨职员姓名表》、《陕西省政府统计委员会议案摘要
表》；特载，收《西安批发物价指数及生活费指数大纲》。

**0571.** 陕西省第八区行政督察专员公署·保安司令部区政检阅报告书　［1940年］　106　16开
有图表

本书为1940年春季陕西省第八区专署区政检阅报告书，分4部分：各县政情、区政总评、区
政建议、结论。熊正平作序言。

**0572. 陕西省第八区行政督察专员公署·保安司令部区政检阅报告书**　　［1941 年］　　200　16 开　有图表

本书为 1941 年春季陕西省第八区专署区政检阅报告书，分 4 部分：各县政情、区政总评、区政建议、结论。熊正平作序言。

**0573. 陕西省第十区行政督察专员公署·保安司令部二十八年十一月——三十年六月施政报告书**　3 + 54［环筒叶］　16 开　油印　有图表

本书为 1939 年 11 月至 1941 年 6 月的施政报告书，分民政、财政、经济、建设、教育、保安、兵役、军参、军运、防空、节约储金、航空募捐、国民月会、新县制、奖惩。

**0574. 陕西省定边县概况**　1943 年 3 月　13　16 开　有插图、有图表

本书包括概略、政治、军队、教育、交通、产业、经济、民族、法团、宗教。稿本。

**甘　肃**

**0575. 甘肃省三十三年度重要行政工作竞赛实施办法考核标准**　　［甘肃省政府秘书处编］　　编者刊 1944 年 8 月　甘肃　26［环筒叶］　　32 开　有图表

本书分 3 个部分：实施工作竞赛完成中心工作、甘肃省三十三年度重要行政工作竞赛实施办法、甘肃省三十三年度重要行政工作竞赛考核标准。

**0576. 甘肃省新县制实施概况**　甘肃省政府编　编者刊　1942 年 2 月　甘肃　44　32 开　有图表

本书共 5 部分：本省之县政环境、本省实行新县制之要义、本省实行新县制之内容、本省实行新县制之特点、结论。

**0577. 甘肃省临时参议会第二届第一次大会记录**　甘肃省临时参议会秘书处编　编者刊　1943 年 9 月　甘肃　4 + 143［环筒叶］　　16 开

本书共 9 部分：编辑凡例、纪事、法规、会议、议案、文电、演词、报告、附录。

**0578. 甘肃省临时参议会第二届第二次大会记录**　甘肃省临时参议会秘书处编　编者刊　1944 年 3 月　甘肃　4 + 144［环筒叶］　　16 开　有图表

本书共 9 部分：编辑凡例、开会经过、本会正副议长暨参议员名单、会议、议案、文电、演词、报告、附录。

**0579. 甘肃省临时参议会第二届第三次大会记录**　甘肃省临时参议会秘书处编　编者刊　1945 年 3 月　甘肃　4 + 134［环筒叶］　　16 开　有图表

本书共 8 部分：编辑凡例、开会经过、本会正副议长暨参议员名单、会议、议案、文电、演词、报告。

**0580. 甘肃省临时参议会第三次大会记录**　甘肃省临时参议会秘书处编　编者刊　1941 年 3 月　甘肃　6 + 176［环筒叶］　　16 开　有图表

本书共 8 部分：本会第三次大会开会经过、法规、本会正副议长及参议员名单、会议记录、议案、重要文电、演词、报告。有编辑例言。

**0581. 甘肃省临时参议会第四次大会记录**　甘肃省临时参议会秘书处编　编者刊　1941 年 9 月　甘肃　4 + 158［环筒叶］　　16 开　有图表

本书共 8 部分：本会第四次大会开会经过、法规、本会正副议长及参议员名单、会议记录、议案、重要文电、演词、报告。有编辑凡例。

**0582. 甘肃省临时参议会第五次大会记录**　甘肃省临时参议会秘书处编　编者刊　1942 年 3 月　甘肃　6＋118［环筒叶］　16 开　有图表

本书共 8 部分：开会经过、法规、本会议长副议长暨参议员名单、会议、议案、文电、演词、报告。有编辑例言。

**0583. 甘肃省第一届行政会议总报告**　甘肃省政府编　编者刊　1939 年 5 月　甘肃　17＋146　16 开　有照片、有图表

本书包括法规、训词、报告、会议经过、决议案汇编。有序言。

**0584. 甘肃省政府工作报告（中华民国二十七年二月份）**　甘肃省政府秘书处编　编者刊　［1938 年］　甘肃　49［环筒叶］　17cm×27cm　线装　有图表

本书分 8 部分：奉行中央法令事项、颁行本省单行法规事项、省政府委员会、民政、财政、教育、建设、行政计划与工作对照表。

**0585. 甘肃省政府工作报告（中华民国二十七年四月份）**　甘肃省政府秘书处编　编者刊　［1938 年］　甘肃　80［环筒叶］　17cm×27cm　线装　有图表

本书分 10 部分：奉行中央法令事项、颁行本省单行法规事项、省政府委员会、民政、财政、教育、建设、保安、农贷、行政计划与工作对照表。

**0586. 甘肃省政府工作报告（中华民国二十七年六月份）**　甘肃省政府秘书处编　编者刊　［1938 年］　甘肃　57［环筒叶］　17cm×27cm　线装　有图表

本书分 10 部分：奉行中央法令事项、颁行本省单行法规事项、省政府委员会、民政、财政、教育、建设、保安、农贷、行政计划与工作对照表。

**0587. 甘肃省政府工作报告（中华民国二十七年七月份）**　甘肃省政府秘书处编　编者刊　［1938 年］　甘肃　62［环筒叶］　17cm×27cm　线装　有图表

本书分 10 部分：奉行中央法令事项、颁行本省单行法规事项、省政府委员会、民政、财政、教育、建设、保安、农贷、行政计划与工作对照表。

**0588. 甘肃省政府工作报告（中华民国二十七年八月份）**　甘肃省政府秘书处编　编者刊　［1938 年］　甘肃　98［环筒叶］　17cm×27cm　线装　有图表

本书分 10 部分：奉行中央法令事项、颁行本省单行法规事项、省政府委员会、民政、财政、教育、建设、保安、农贷、行政计划与工作对照表。

**0589. 甘肃省政府工作报告（中华民国二十七年九月份）**　甘肃省政府秘书处编　编者刊　［1938 年］　甘肃　74［环筒叶］　17cm×27cm　线装　有图表

本书分 10 部分：奉行中央法令事项、颁行本省单行法规事项、省政府委员会、民政、财政、教育、建设、保安、农贷、行政计划与工作对照表。

**0590. 甘肃省政府工作报告（中华民国二十七年十月份）**　甘肃省政府秘书处编　编者刊　［1938 年］　甘肃　58［环筒叶］　17cm×27cm　线装　有图表

本书分 10 部分：奉行中央法令事项、颁行本省单行法规事项、省政府委员会、民政、财政、教育、建设、保安、农贷、行政计划与工作对照表。

**0591. 甘肃省政府工作报告（中华民国二十七年十一月份）**　甘肃省政府秘书处编　编者刊　［1938 年］　甘肃　102［环筒叶］　17cm×27cm　线装　有图表

本书分 10 部分：奉行中央法令事项、颁行本省单行法规事项、省政府委员会、民政、财政、教育、建设、保安、农贷、行政计划与工作对照表。

**0592. 甘肃省政府工作报告（中华民国二十七年十二月份）**　　甘肃省政府秘书处编　编者刊 ［1938 年］　甘肃　64 ［环筒叶］　17cm×27cm　线装　有图表

本书分 10 部分：奉行中央法令事项、颁行本省单行法规事项、省政府委员会、民政、财政、教育、建设、保安、合作、行政计划与工作对照表。

**0593. 甘肃省政府工作报告（中华民国二十八年元月份）**　甘肃省政府秘书处编　编者刊　［1939 年］　甘肃　56 ［环筒叶］　18.9cm×27.5cm　线装　有图表

本书分 9 部分：奉行中央法令事项、颁行本省单行法规事项、省政府委员会决议事项摘要、民政、财政、教育、建设、农贷、行政计划与工作进度对照表。

**0594. 甘肃省政府工作报告（中华民国二十八年二月份）**　甘肃省政府秘书处编　编者刊　［1939 年］　甘肃　52 ［环筒叶］　18.9cm×27.5cm　线装　有图表

本书分 9 部分：奉行中央法令事项、颁行本省单行法规事项、省政府委员会决议事项摘要、民政、财政、教育、建设、农贷、行政计划与工作进度对照表。

**0595. 甘肃省政府工作报告（中华民国二十八年三月份）**　甘肃省政府秘书处编　编者刊　［1939 年］　甘肃　52 ［环筒叶］　18.9cm×27.5cm　线装　有图表

本书分 9 部分：奉行中央法令事项、颁行本省单行法规事项、省政府委员会决议事项摘要、民政、财政、教育、建设、农贷、行政计划与工作进度对照表。

**0596. 甘肃省政府工作报告（中华民国二十八年四月份）**　甘肃省政府秘书处编　编者刊　［1939 年］　甘肃　52 ［环筒叶］　18.9cm×27.5cm　线装　有图表

本书分 9 部分：奉行中央法令事项、颁行本省单行法规事项、省政府委员会决议事项摘要、民政、财政、教育、建设、农贷、行政计划与工作进度对照表。

**0597. 甘肃省政府工作报告（中华民国二十八年五月份）**　甘肃省政府秘书处编　编者刊　［1939 年］　甘肃　62 ［环筒叶］　18.9cm×27.5cm　线装　有图表

本书分 9 部分：奉行中央法令事项、颁行本省单行法规事项、省政府委员会会议事项择要、民政、财政、教育、建设、农贷、行政计划与工作进度对照表。

**0598. 甘肃省政府工作报告（中华民国二十八年六月份）**　甘肃省政府秘书处编　编者刊　［1939 年］　甘肃　58 ［环筒叶］　18.9cm×27.5cm　线装　有图表

本书分 9 部分：奉行中央法令事项、颁行本省单行法规事项、省政府委员会决议事项摘要、民政、财政、教育、建设、合作、行政计划与工作进度对照表。

**0599. 甘肃省政府工作报告（中华民国二十八年七月份）**　甘肃省政府秘书处编　编者刊　［1939 年］　甘肃　60 ［环筒叶］　18.9cm×27.5cm　线装　有图表

本书分 9 部分：奉行中央法令事项、颁行本省单行法规事项、省政府委员会决议事项摘要、民政、财政、教育、建设、农贷、行政计划与工作进度对照表。

**0600. 甘肃省政府工作报告（中华民国二十八年八月份）**　甘肃省政府秘书处编　编者刊　［1939 年］　甘肃　52 ［环筒叶］　18.9cm×27.5cm　线装　有图表

本书分 9 部分：奉行中央法令事项、颁行本省单行法规事项、省政府委员会决议事项摘要、民政、财政、教育、建设、合作、行政计划与工作进度对照表。

**0601.** **甘肃省政府工作报告（中华民国二十八年十月份）**   甘肃省政府秘书处编   编者刊   ［1939年］   甘肃   63［环筒叶］   18.9cm×27.5cm   线装   有图表

　　本书分9部分：奉行中央法令事项、颁行本省单行法规事项、省政府委员会决议事项摘要、民政、财政、教育、建设、合作、行政计划与工作对照表。

**0602.** **甘肃省政府工作报告（中华民国二十八年十一月份）**   甘肃省政府秘书处编   编者刊   ［1939年］   甘肃   66［环筒叶］   18.9cm×27.5cm   线装   有图表

　　本书分9部分：奉行中央法令事项、颁行本省单行法规事项、省政府委员会、民政、财政、教育、建设、合作、行政计划与工作对照表。

**0603.** **甘肃省政府工作报告（中华民国二十八年十二月份）**   甘肃省政府秘书处编   编者刊   ［1939年］   甘肃   54［环筒叶］   18.9cm×27.5cm   线装   有图表

　　本书分9部分：奉行中央法令事项、省政府委员会会议事项摘要、民政、财政、教育、建设、合作、行政计划与工作进度比较表。

**0604.** **甘肃省政府工作报告（中华民国二十九年一月份）**   甘肃省政府秘书处编   编者刊   ［1940年］   甘肃   92［环筒叶］   18.9cm×27.5cm   线装   有插图、有图表

　　本书共10部分：奉行中央法令事项、颁行本省单行法规事项、省政府委员会决议事项摘要、民政、财政、会计、教育、建设、保安、行政计划与工作进度对照表。

**0605.** **甘肃省政府工作报告（中华民国二十九年二月份）**   甘肃省政府秘书处编   编者刊   ［1940年］   甘肃   66［环筒叶］   18.9cm×27.5cm   线装   有图表

　　本书共10部分：奉行中央法令事项、颁行本省单行法规事项、省政府委员会决议事项摘要、民政、财政、会计、教育、建设、保安、行政计划与工作进度比较对照表。

**0606.** **甘肃省政府工作报告（中华民国二十九年三月份）**   甘肃省政府秘书处编   编者刊   ［1940年］   甘肃   72［环筒叶］   18.9cm×27.5cm   线装   有图表

　　本书共12部分：奉行中央法令事项、颁行本省单行法规事项、省政府委员会决议事项摘要、民政、财政、会计、教育、建设、保安、合作、附录、附篇。

**0607.** **甘肃省政府工作报告（中华民国二十九年四月份）**   甘肃省政府秘书处编   编者刊   ［1940年］   甘肃   80［环筒叶］   18.9cm×27.5cm   线装   有图表

　　本书共12部分：奉行中央法令事项、颁行本省单行法规事项、省政府委员会决议事项摘要、民政、财政、会计、教育、建设、保安、合作、附录、附篇。

**0608.** **甘肃省政府工作报告（中华民国二十九年五月份）**   甘肃省政府秘书处编   编者刊   ［1940年］   甘肃   88［环筒叶］   18.9cm×27.5cm   线装   有图表

　　本书共12部分：奉行中央法令事项、颁行本省单行法规事项、省政府委员会决议事项摘要、民政、财政、会计、教育、建设、保安、合作、附录、附篇。

**0609.** **甘肃省政府工作报告（中华民国二十九年六月份）**   甘肃省政府秘书处编   编者刊   ［1940年］   甘肃   58［环筒叶］   18.9cm×27.5cm   线装   有图表

　　本书共12部分：奉行中央法令事项、颁行本省单行法规事项、省政府委员会决议事项摘要、民政、财政、教育、建设、保安、会计、合作、附录、附篇。

**0610.** 甘肃省政府工作报告（中华民国二十九年七月份） 甘肃省政府秘书处编 编者刊 ［1940年］ 甘肃 66［环筒叶］ 18.9cm×27.5cm 线装 有图表

本书共12部分：奉行中央法令事项、颁行本省单行法规事项、省政府委员会决议事项摘要、民政、财政、教育、建设、保安、会计、合作、附录、附篇。

**0611.** 甘肃省政府工作报告（中华民国二十九年八月份） 甘肃省政府秘书处编 编者刊 ［1940年］ 甘肃 66［环筒叶］ 18.9cm×27.5cm 线装 有图表

本书共12部分：奉行中央法令事项、颁行本省单行法规事项、省政府委员会决议事项摘要、民政、财政、教育、建设、保安、会计、合作、附录、附篇。

**0612.** 甘肃省政府工作报告（中华民国二十九年九月份） 甘肃省政府秘书处编 编者刊 ［1940年］ 甘肃 52［环筒叶］ 18.9cm×27.5cm 线装 有图表

本书共12部分：奉行中央法令事项、颁行本省单行法规事项、省政府委员会决议事项摘要、民政、财政、教育、建设、保安、会计、合作、附录、附篇。

**0613.** 甘肃省政府工作报告（中华民国二十九年十月份） 甘肃省政府秘书处编 编者刊 ［1940年］ 甘肃 54［环筒叶］ 18.9cm×27.5cm 线装 有图表

本书共13部分：奉行中央法令事项、颁行本省单行法规事项、省政府委员会决议事项摘要、民政、财政、教育、建设、保安、会计、兰州市区建设、合作、附录、附篇。

**0614.** 甘肃省政府工作报告（中华民国二十九年十一月份） 甘肃省政府秘书处编 编者刊 ［1940年］ 甘肃 2＋46［环筒叶］ 18.9cm×27.5cm 线装 有图表

本书共13部分：奉行中央法令事项、颁行本省单行法规事项、省政府委员会决议事项摘要、民政、财政、教育、建设、保安、会计、兰州市区建设、合作、附录、附篇。

**0615.** 甘肃省政府工作报告（中华民国二十九年十二月份） 甘肃省政府秘书处编 编者刊 ［1940年］ 甘肃 2＋54［环筒叶］ 18.9cm×27.5cm 线装 有图表

本书共11部分：奉行中央法令事项、颁行本省单行法规事项、省政府委员会决议事项摘要、民政、财政、教育、建设、保安、会计、合作、附录。

**0616.** 甘肃省政府工作报告（中华民国三十年一月份） 甘肃省政府秘书处编 编者刊 ［1941年］ 甘肃 2＋52［环筒叶］ 18.9cm×27.5cm 线装 有图表

本书分11部分：奉行中央法令事项、颁行本省单行法规事项、省政府委员会决议事项摘要、民政、财政、教育、建设、保安、会计、合作、附录。

**0617.** 甘肃省政府工作报告（中华民国三十年二月份） 甘肃省政府秘书处编 编者刊 ［1941年］ 甘肃 2＋50［环筒叶］ 18.9cm×27.5cm 线装 有图表

本书分11部分：奉行中央法令事项、颁行本省单行法规事项、省政府委员会决议事项摘要、民政、财政、教育、建设、保安、会计、合作、附录。

**0618.** 甘肃省政府工作报告（中华民国三十年三月份） 甘肃省政府秘书处编 编者刊 ［1941年］ 甘肃 2＋54［环筒叶］ 18.9cm×27.5cm 线装 有图表

本书分11部分：奉行中央法令事项、颁行本省单行法规事项、省政府委员会决议事项摘要、民政、财政、教育、建设、保安、会计、合作、附录。

**0619.** 甘肃省政府工作报告（中华民国三十年四月份） 甘肃省政府秘书处编 编者刊 ［1941

年］　　甘肃　2 + 78［环筒叶］　　18.9cm×27.5cm　　线装　　有图表

　　本书分12部分：奉行中央法令事项、颁行本省单行法规事项、省政府委员会决议事项摘要、民政、财政、教育、建设、保安、会计、合作、卫生、附录。

**0620.** **甘肃省政府工作报告（中华民国三十年五月份）**　　甘肃省政府秘书处编　　编者刊　　［1941年］　　甘肃　66［环筒叶］　　18.9cm×27.5cm　　线装　　有图表

　　本书分13部分：奉行中央法令事项、颁行本省单行法规事项、省政府委员会决议摘要事项、民政、财政、教育、建设、保安、会计、合作、卫生、粮食管理、附录。

**0621.** **甘肃省政府工作报告（中华民国三十年六月份）**　　甘肃省政府秘书处编　　编者刊　　［1941年］　　甘肃　2 + 108［环筒叶］　　18.9cm×27.5cm　　线装　　有图表

　　本书分12部分：奉行中央法令事项、颁行本省单行法规事项、省政府委员会决议事项摘要、民政、财政、教育、建设、保安、会计、卫生、粮食管理、附录。

**0622.** **甘肃省政府工作报告（中华民国三十年七月份）**　　甘肃省政府秘书处编　　编者刊　　［1941年］　　甘肃　2 + 122［环筒叶］　　18.9cm×27.5cm　　线装　　有图表

　　本书分12部分：奉行中央法令事项、颁行本省单行法规事项、省政府委员会决议事项摘要、民政、财政、教育、建设、保安、会计、卫生、粮食管理、附录。

**0623.** **甘肃省政府工作报告（中华民国三十年八月份）**　　甘肃省政府秘书处编　　编者刊　　［1941年］　　甘肃　2 + 88［环筒叶］　　18.9cm×27.5cm　　线装　　有图表

　　本书分12部分：奉行中央法令事项、颁行本省单行法规事项、省政府委员会决议事项摘要、民政、财政、教育、建设、保安、会计、卫生、粮食管理、附录。

**0624.** **甘肃省政府工作报告（中华民国三十年九月份）**　　甘肃省政府秘书处编　　编者刊　　［1941年］　　甘肃　2 + 62［环筒叶］　　18.9cm×27.5cm　　线装　　有图表

　　本书分12部分：奉行中央法令事项、颁行本省单行法规事项、省政府委员会决议事项摘要、民政、财政、教育、建设、保安、会计、卫生、粮食管理、附录。

**0625.** **甘肃省政府工作报告（中华民国三十年十月份）**　　甘肃省政府秘书处编　　编者刊　　［1941年］　　甘肃　68［环筒叶］　　18.9cm×27.5cm　　线装　　有图表

　　本书分13部分：奉行中央法令事项、颁行本省单行法规事项、省政府委员会决议事项摘要、民政、财政、教育、建设、保安、计政、卫生、粮政、社会、附录。

**0626.** **甘肃省政府工作报告（中华民国三十年十一月份）**　　甘肃省政府秘书处编　　编者刊　　［1941年］　　甘肃　76［环筒叶］　　18.9cm×27.5cm　　线装　　有图表

　　本书分13部分：奉行中央法令事项、颁行本省单行法规事项、省政府委员会决议事项摘要、民政、财政、教育、建设、保安、计政、卫生、粮政、社会、附录。

**0627.** **甘肃省政府工作报告（中华民国三十年十二月份）**　　甘肃省政府秘书处编　　编者刊　　［1941年］　　甘肃　68［环筒叶］　　18.9cm×27.5cm　　线装　　有图表

　　本书分13部分：奉行中央法令事项、颁行本省单行法规事项、省政府委员会决议事项摘要、民政、财政、教育、建设、保安、计政、卫生、粮政、社会、附录。

**0628.** **甘肃省政府工作报告（中华民国三十一年一月份）**　　甘肃省政府秘书处编　　编者刊　　［1942年］　　甘肃　52［环筒叶］　　18.9cm×27.5cm　　线装　　有图表

本书分 11 部分：奉行中央法令事项、颁行本省单行法规事项、省政府委员会决议事项摘要、民政、财政、教育、建设、保安、计政、卫生、粮政。

**0629.** 甘肃省政府工作报告（中华民国三十一年二月份）　甘肃省政府秘书处编　编者刊　［1942年］　甘肃　46［环筒叶］　18.9cm×27.5cm　线装　有图表

本书分 11 部分：奉行中央法令事项、颁行本省单行法规事项、省政府委员会决议事项摘要、民政、财政、教育、建设、保安、计政、卫生、粮政。

**0630.** 甘肃省政府工作报告（中华民国三十一年三月份）　甘肃省政府秘书处编　编者刊　［1942年］　甘肃　66［环筒叶］　18.9cm×27.5cm　线装　有图表

本书分 12 部分：奉行中央法令事项、省政府委员会决议事项摘要、民政、财政、教育、建设、保安、计政、卫生、社会、粮政、附录。

**0631.** 甘肃省政府工作报告（中华民国三十一年四月份）　甘肃省政府秘书处编　编者刊　［1942年］　甘肃　70［环筒叶］　18.9cm×27.5cm　线装　有图表

本书分 13 部分：奉行中央法令事项、颁行本省单行法规事项、省政府委员会决议事项摘要、民政、财政、教育、建设、保安、计政、卫生、社会、粮政、附录。

**0632.** 甘肃省政府工作报告（中华民国三十一年五月份）　甘肃省政府秘书处编　编者刊　［1942年］　甘肃　2＋60＋13［环筒叶］　18.9cm×27.5cm　线装　有图表

本书分 13 部分：奉行中央法令事项、颁行本省单行法规事项、省政府委员会决议事项摘要、民政、财政、教育、建设、保安、计政、卫生、社会、粮政、附录。

**0633.** 甘肃省政府工作报告（中华民国三十一年六月份）　甘肃省政府秘书处编　编者刊　［1942年］　甘肃　72＋7　18.9cm×27.5cm　线装　有图表

本书分 14 部分：奉行中央法令事项、颁行本省单行法规事项、省政府委员会决议事项摘要、民政、财政、教育、建设、保安、计政、卫生、社会、粮政、统计、附录。

**0634.** 甘肃省政府工作报告（中华民国三十一年七八九月份）　甘肃省政府秘书处编　编者刊　［1942年］　甘肃　2＋172［环筒叶］　18.5cm×26.4cm　线装　有图表

本书共 14 部分：奉行中央法令事项、颁行本省单行法规事项、省政府委员会决议事项摘要、民政、财政、教育、建设、保安、计政、卫生、粮政、社会、统计、附录。

**0635.** 甘肃省政府工作报告（中华民国三十二年一二三月份）　甘肃省政府秘书处编　编者刊　［1943年］　甘肃　4＋156＋54［环筒叶］　18cm×25.5cm　线装　有图表

本书共 15 部分：奉行中央法令事项、颁行本省单行法规事项、省政府委员会议决议事项摘要、民政、财政、教育、建设、保安、计政、卫生、社会、粮政、地政、统计、附录。

**0636.** 甘肃省政府工作报告（中华民国三十二年七至九月份）　甘肃省政府秘书处编　编者刊　［1943年］　甘肃　2＋［204］［环筒叶］　18cm×25.5cm　线装　有图表

本书共 17 部分：奉行中央法令事项、颁行本省单行法规事项、省政府委员会议决议事项摘要、民政、财政、教育、建设、保安、计政、卫生、社会、地政、田粮、合作、物价管制、统计、附录。

**0637.** 甘肃省政府工作报告（中华民国三十三年一至三月份）　甘肃省政府秘书处编　编者刊　［1945年］　甘肃　4＋214［环筒叶］　18cm×25.5cm　线装　有图表

本书共17部分：奉行中央法令事项、颁行本省单行法规事项、省政府委员会议决议事项摘要、民政、财政、教育、建设、保安、计政、卫生、社会、合作、地政、田粮、物价管制、统计、附录。

**0638. 甘肃省政府工作报告（中华民国三十四年一至六月份）**　甘肃省政府秘书处编　编者刊　［1945年］　甘肃　4＋240　［环筒叶］　18cm×25.5cm　线装　有图表

本书共17部分：奉行中央法令事项、颁行本省单行法规事项、省政府委员会议决议事项摘要、民政、财政、教育、建设、保安、会计、卫生、社会、合作、地政、田粮、物价管制、统计、附录。

**0639. 甘肃省政府三十二年度施政计划**　［1943年］　16＋174　16开　有图表

本书共11部分：民政部门、财政部门、教育部门、建设部门、保安部门、会计部门、卫生部门、社会部门、粮政部门、地政部门、统计部门。

**0640. 甘肃省政府三十四年度政绩比较表**　甘肃省政府秘书处编　编者刊　［1945年］　甘肃　6＋120　16开　有图表

本书共12部分：民政、财政、教育、建设、保安、会计、卫生、社会、田粮、地政、合作、统计。

**0641. 甘肃省政府职员录**　甘肃省政府秘书处编　编者刊　1940年4月　甘肃　66　32开

本书包括职别、姓名、别号、年龄、籍贯、通讯处、备考等项目。

**0642. 甘肃省三十一年全省行政会议汇刊**　甘肃省政府秘书处编　编者刊　［1942年］　甘肃　1＋261　16开　有照片

本书共10部分：法规、文电、训词、特约讲演、工作报告、施政纲领、卅一年度征收征购统一处理暂行办法、议案、会员及秘书处职员名单等。

**0643. 兰州市政府三十年七八九三月工作报告**　［兰州市政府编］　编者刊　［1941年］　兰州　13＋54　32开　有图表

本书分6个部分：工务方面、财政方面、社会方面、警察方面、卫生方面、合作方面。书前有兰州市政府施政纲领、兰州市区界线图、兰州市道路系统图、兰州市政府组织系统图、前言。

**0644. 兰州市政二周年（三十年七月——三十二年六月）**　兰州市政府编　编者刊　兰州　1＋92　32开　有图表

本书共6部分：《两年来之兰州市政》（蔡孟坚）、《两年来之兰州工务》（蔡膊）、《两年来之兰州财政》（孙汝楠）、《两年来之兰州社会》（郭西园）、《两年来之兰州警察》（沈观康）、《两年来之兰州卫生》（齐连星）。

**青　海**

**0645. 青海省政府工作报告（中华民国二十七年四月份）**　青海省政府秘书处编　编者刊　［1938年］　青海　2＋24　16开　有图表

**0646. 青海省政府工作报告（中华民国二十七年五月份）**　青海省政府秘书处编　编者刊　［1938年］　青海　2＋28　16开　有图表

**0647. 青海省政府工作报告（中华民国二十七年七月份）**　青海省政府秘书处编　编者刊　［1938年］　青海　2＋26　16开　有图表

**0648.** 青海省政府工作报告（中华民国二十七年八月份） 青海省政府秘书处编 编者刊 ［1938年］ 青海 2＋32 16开 有图表

**0649.** 青海省政府工作报告（中华民国二十七年九月份） 青海省政府秘书处编 编者刊 ［1938年］ 青海 2＋32 16开 有图表

**0650.** 青海省政府工作报告（中华民国二十七年十月份） 青海省政府秘书处编 编者刊 ［1938年］ 青海 2＋28 16开 有图表

**0651.** 青海省政府工作报告（中华民国二十七年十一月份） 青海省政府秘书处编 编者刊 ［1938年］ 青海 2＋24 16开 有图表

**0652.** 青海省政府工作报告（中华民国二十七年十二月份） 青海省政府秘书处编 编者刊 ［1938年］ 青海 2＋24 16开 有图表

**0653.** 青海省政府工作报告（中华民国二十八年元月份） 青海省政府秘书处编 编者刊 ［1939年］ 青海 2＋36 16开 有图表

**0654.** 青海省政府工作报告（中华民国二十八年二月份） 青海省政府秘书处编 编者刊 ［1939年］ 青海 2＋42 16开 有图表

**0655.** 青海省政府工作报告（中华民国二十八年三月份） 青海省政府秘书处编 编者刊 ［1939年］ 青海 2＋36 16开 有图表

**0656.** 青海省政府工作报告（中华民国二十八年四月份） 青海省政府秘书处编 编者刊 ［1939年］ 青海 2＋34 16开 有图表

**0657.** 青海省政府工作报告（中华民国二十八年五月份） 青海省政府秘书处编 编者刊 ［1939年］ 青海 2＋54 16开 有图表

**0658.** 青海省政府工作报告（中华民国二十八年六月份） 青海省政府秘书处编 编者刊 ［1939年］ 青海 2＋50 16开 有图表

**0659.** 青海省政府工作总报告（中华民国二十八年七月份起至二十九年十二月份止） 青海省政府秘书处编 编者刊 ［1941年］ 青海 6＋118 16开 有插图、有图表

本书共7部分：民政工作概况、财政工作概况、教育工作概况、建设工作概况、保安工作概况、其他工作概况、附录重要单行法规和关系图表。有叙言。

**0660.** 青海省政府工作报告（中华民国三十一年一月份起至六月份底止） 青海省政府秘书处编 编者刊 ［1942年］ 青海 8＋116 16开 有图表

**0661.** 青海省政府工作报告（中华民国三十三年五月） 青海省政府秘书处编 编者刊 ［1944年］ 青海 2＋116 16开 有插图、有图表

## 华东地区

## 江 苏

**0662. 南京市自治工作概况** 南京市政府自治事务处编辑 编者刊 1937年2月 ［299］ 16开 有图表

本书为南京1937年的工作概况。书前有缺页。

## 安　徽

**0663. 李宗仁将军主皖以后**　枕画辑　民团周刊社　1938年7月初版　南宁　36　32开　丙种丛刊第三种焦土丛刊第四辑之二

本书分舆论一般与施政方针两部分，具体内容有：安徽整治在好转中、在六安访李宗仁将军、安徽省施政方针、致安徽全省各机关勖以三事电、告安徽全省民众书等。

**0664. 新安徽之建设**　李品仙著　安徽省政府秘书处编译室　1941年12月初版　安徽　3＋208　32开　新安徽建设丛书之一　安徽省政府秘书处编译室编

本书收23篇著者的讲话和训词：《建设新安徽》、《抗战建国——其各部门任务与对于工作干部之要求》、《为民族行大孝为国家尽至忠》、《我们做需要的教育》、《健全基层行政与抗战救国》等。有编辑例言。

**0665. 安徽省政府二十八年度行政计划时政部分**　〔安徽省政府编〕　〔编者刊〕　〔1938年〕　〔28〕〔环筒叶〕　19.9cm×27.3cm　油印、线装　有图表

本书分14章，包括：设立各县祝务局、确立超然会计制度、充实战时金库网、整理县地方财政、训练财政会计干部人材等。书前有绪言。出版时间据内容推断。

**0666. 报告书（民国三十一年十一月十二日）**　李品仙著　1942年11月　〔安徽〕　6＋20　16开

本报告书共两部分。党务部门分4节：组织、宣传、训练、民运；政治部门分12节：民政、财政、教育、建设、保安、粮政、田赋征实与土地陈报、计政、行政干部训练、军事与役政、党政重建工作、结语。

**0667. 一年来之青阳行政**　〔莫寒竹著〕　〔1940年8月〕　4＋〔94〕　〔环筒叶〕　18cm×26.2cm　油印、线装　有插图、有图表

本书共6编：概况、民政、财政、教育、建设、军事。莫寒竹作绪言。有题赠。

## 浙　江

**0668. 浙江省临时参议会第二届第一次大会会刊**　1943年5月　4＋178　16开　有题词

书前有编辑例言。本书分11个部分：开会词、文电、报告、会议纪录、本届第一次大会决议案目录、决议案、询问书、休会词、大会宣言、附录、第一届第六次大会会议辑要附刊。

**0669. 浙江省三十一年全省行政会议汇刊**　浙江省政府秘书处编　编者刊　1942年　8＋350　16开　有照片、有图表

**0670. 浙西对敌战斗机构与干部**　刘广惠、孙庆会合编　浙西民族文化馆　1940年12月　8＋196　32开　有插图、有图表　浙西对敌斗争丛书之八

本书分3编：上编浙西之战斗机构，共4章，包括浙西行政之总指挥部、政治进攻之组织网、经济斗争之战斗面、政权武装之布置圈；中编浙西之人事管理，共4章：人事与机构、罗致与任用、考绩与奖惩、生活与进修；下编浙西之干部名录。黄绍竑、贺扬灵作序。

**0671. 浙西三十年度对敌行政总检讨**　贺扬灵著　浙江省政府浙西行署秘书处　1941年9月　浙江　6＋78　32开

本书共6部分：引言、军事、政治、经济·财政、教育·文化、结语。

**0672. 二十九年之海北政治**　李粹稣、徐樾、程梓彬合编　浙西民族文化馆　1942年1月　4＋153　32开　有插图、有图表　浙西对敌斗争丛书之十三

本书分 10 章：海北环境的剖析、敌伪阴谋的透视、主观力量的检查、对敌军事战、对敌政治战、对敌经济战、对敌财政战、对敌教育战、各县施政得失、海北当前的问题。卷首有黄绍竑、贺扬灵分别所作序言。书后有"半年来海北敌后视察纪略"和"编后记"。

**0673. 天北政治得失评判**　贺扬灵讲述　浙西民族文化馆　1942 年 1 月　6 + 122　大 32 开　浙西抗建丛刊之二十五

本书包括 8 部分：反"清乡"的战术、最后决斗与最后牺牲、浙西新斗争形势与新工作规范、二区督导成绩与今后期望、孝丰政治的得失评判、吴兴政治的得失评判、武康政治的得失评判、安吉政治的新趋向。附录长兴政治的批判与建议等 4 篇。黄绍竑作序。

**0674. 镇海县战时政治工作队成立周年纪念特刊**　镇海县战时政治工作队编　编者刊　33　16 开

本书分 17 篇文章：《本队成立周年纪念告同志》（江志航）、《检讨政工对过去一年的工作》（盛礼简）、《政工人员当前应有的认识和努力》（江子扬）、《第二期抗战中我们的责任》（沈雨苍）、《吴排长》（何峰）、《献词》（寒影）等。书前有卷首语。

**0675. 二十九年之天南政治**　陆宗英、李熊瑞、罗贤晋合编　浙西民族文化馆　1941 年 3 月　12 + 200　32 开　有插图、有图表　浙西对敌斗争丛书之十一　刘广惠编

本书共 5 章：各县工作环境的分析、各县工作的检查、各县工作的批判、几个重要问题的研讨、结语。书前有黄绍竑、贺扬灵作序。

## 江　西

**0676. 三年计划**　新赣南出版社编　编者刊　1940 年 11 月初版　3 + 86　32 开　有图表　新赣南丛书之三

本书包括农业、林业、工业、商业、矿业、交通、教育、文化、卫生、救济、政治、附表等 12 部分。收录《吃苦、冒险、创造、建设新赣南》（蒋经国）、《奋斗、牺牲、实现三年计划》（蒋经国）及《建设新赣南第一次三年计划》。封底有题赠。

**0677. 新赣南五年建设计划草案**　蒋经国拟订　中华正气出版社　［1944 年］　18　32 开　有图表

本书分 7 部分：建设的目标、人民的义务与权利、建设的纲领、五年内所须完成之各项工作表、实行计划五年内所需各级干部人才、实行计划五年内所需之经费、实行计划五年内所需出产品。出版时间根据内容推断。

**0678. 新事业**　蒋经国著　中华正气出版社　1943 年 6 月　江西　6 + 210　32 开

本书共 15 篇：《吃苦·冒险·创造·建设新赣南》、《万众一心建设新赣县》、《完成历史大业》、《发动民力促进地方自治》、《新赣南三十年度工作总检讨》、《我们的人生观》等。附录收《纵谈赣南建设》（对新闻记者谈话）。书前有编者的话。

**0679. 南康县精神建设手册**　高清岳著　1943 年 8 月　54　32 开　有图表

本书收文献 22 篇：《为开展精神建设完成地方自治告工作干部》、《南康县推行精神建设完成地方自治各乡（镇）应办事项》、《南康县推行精神建设完成地方自治实施方案》、《南康县组织新赣南精神建设支会办法》、《南康县优待出征军人家属办法》等。附录收 4 幅图表：《南康县精神建设工作进展表》等。

**0680. 南康县政**　［1942 年］　8 + 226　32 开　有插图、有图表

本书为南康县政府三十一年度三月至十月的工作报告，分地方概述、施政概况两编。附录收

《巡视南康县各乡镇工作纪要》、《南康县干部讲习工作纪要》、《南康县政府人事文书档案财物四大管理制度》、《南康政府视导制度》、《南康县建保运动法令辑要》。

**0681. 南通县政概况**　南通县公署编辑　编者刊　1939 年 4 月　南通　［160］　16 开　有插图、有图表

　　本书共 7 部分：弁言、论著、公牍、章程法规、统计图表、职员录、专载。

**0682. 新南康县政建设**　［1943 年］　8＋224　32 开　有图表

　　本书为南康县政府推行三年计划总报告。共 3 章：县政概况、业务概况、改进意见。

**0683. 星子县政府筹备处成立一周年工作概况**　周刊编辑室秘书科编辑　1941 年 2 月　2＋65　［环筒叶］　16 开　有插图、有图表

　　本书共 6 部分：叙言、县政机构、职员题名、特载、会议录、工作报告，包括关于秘书科事项、内政科事项和财政科事项。

福　建

**0684. 福建省政府施政报告**　［刘建绪］　1945 年 4 月　1＋16　16 开　有图表

　　本书共 7 部分：简化政务、地方自治、财政粮政、经济、教育、卫生和军事。

**0685. 福建省政府施政报告**　刘建绪著　［福建省政府］　1944 年 4 月　［福建］　4＋59　16 开　有插图、有图表

　　本书分为 6 部分：概述、政治、经济、文化、军事、战后建设展望。封面印有"密"字样。

**0686. 福建省县政概况**　10＋94　32 开　有图表　闽政丛刊

　　本书介绍福建省县政，共 10 章：概述、县组织经费及其他行政、县政人员之任用独立、县政人员之待遇与保障、县政人员之奖惩与升迁、县长及巡视其他县政人员下乡工作、厦门市、行政督察专员制度、特种区署。书前有引言。

## 中南地区

### 湖　南

**0687. 湖南省统计提要**　湖南省政府秘书处编　编者刊　1940 年 2 月　湖南　14＋［416］　横 16 开　有插图、有图表

　　本统计共收图表 250 项，分 14 类：总类、民政、财政、教育、建设、会计、防空、禁烟、赈济、水利、金融、干训、征训、司法。有序及编辑例言。

**0688. 湖南省战时施政纲领**　［湖南省政府秘书处编］　编者刊　1939 年 8 月　湖南　12　32 开

　　本书共 5 部分：民政、财政、文化、军事、经济。

**0689. 张主席言论第一集**　［张治中著］　［湖南省政府秘书处编］　编者刊　1938 年 6 月　2＋58　64 开

　　本书分 3 个部分：非常时期之湖南省施政方针、廉正勇勤的意义和精诚团结的要求、非常时期县市以下各级自治人员的重要使命。附录为《办事的方法》。

**0690. 张主席言论第四集（施政纲要七讲）**　［张治中著］　［湖南省政府秘书处］编　编者刊　1938 年 10 月　2＋164　64 开

　　本书分 6 个部分：总论、军事、民政、财政、经济、文化（附结论）。

**0691. 湖南省政府二十九年度行政计划**　湖南省政府编　编者刊　1940 年　湖南　4＋204　16 开
有图表

本书分 5 部分：民政、财政、教育、建设、保安。附防空司令部二十九年度行政计划。

**0692. 湖南省政府工作报告（中华民国二十六年一月至七月）**　湖南省政府秘书处编　编者刊
1937 年　湖南　［160］［环筒叶］　19.5cm×27cm　线装　有图表

本书为湖南省政府 1937 年 1－7 月工作报告，包括奉行中央法令事项、颁行本省单行法规事
项、省政府委员会、民政、财政、教育、建设、保安、禁烟、附表等项。

**0693. 湖南省政府工作报告（中华民国二十九年三月份）**　湖南省政府秘书处编　编者刊　1940 年
湖南　4＋40　16 开　有图表

本书分 11 个部分：奉行中央法令事项、颁行本省单行法规事项、省政府委员会决议事项摘要、
民政、财政、教育、建设、赈济、防空等。

**0694. 湖南省政府工作报告（中华民国二十九年四月份）**　湖南省政府秘书处编　编者刊　1940 年
湖南　4＋42　16 开　有图表

本书分 11 个部分：奉行中央法令事项、颁行本省单行法规事项、省政府委员会决议事项摘要、
民政、财政、教育、建设、赈济、防空等。

**0695. 湖南省政府工作报告（中华民国二十九年五月份）**　湖南省政府秘书处编　编者刊　1940 年
湖南　4＋46　16 开　有图表

本书分 11 个部分：奉行中央法令事项、颁行本省单行法规事项、省政府委员会决议事项摘要、
民政、财政、教育、建设、赈济、防空等。

**0696. 湖南省政府工作报告（中华民国二十九年六月份）**　湖南省政府秘书处编　编者刊　1940 年
湖南　4＋82　16 开　有图表

本书分 12 个部分：奉行中央法令事项、颁行本省单行法规事项、省政府委员会决议事项摘要、
民政、财政、教育、建设、赈济、防空等。

**0697. 湖南省政府工作报告（中华民国二十九年七月份）**　湖南省政府秘书处编　编者刊　1940 年
湖南　4＋96　16 开　有图表

本书分 11 个部分：奉行中央法令事项、颁行本省单行法规事项、省政府委员会决议事项摘要、
民政、财政、教育、建设、赈济、防空等。

**0698. 湖南省政府工作报告（中华民国二十九年八月份）**　湖南省政府秘书处编　编者刊　1940 年
湖南　4＋68　16 开　有图表

本书分 11 个部分：奉行中央法令事项、颁行本省单行法规事项、省政府委员会决议事项摘要、
民政、财政、教育、建设、赈济、防空等。

**0699. 湖南省政府工作报告（中华民国二十九年九月份）**　湖南省政府秘书处编　编者刊　1940 年
湖南　4＋50　16 开　有图表

本书分 11 个部分：奉行中央法令事项、颁行本省单行法规事项、省政府委员会决议事项摘要、
民政、财政、教育、建设、赈济、防空等。

**0700. 湖南省政府工作报告（中华民国二十九年十月份）**　湖南省政府秘书处编　编者刊　1940 年
湖南　4＋56　16 开　有图表

本书分 11 个部分：奉行中央法令事项、颁行本省单行法规事项、省政府委员会决议事项摘要、民政、财政、教育、建设、赈济、防空等。

**0701. 湖南省政府工作报告（中华民国二十九年十一月份）**　湖南省政府秘书处编　编者刊　1940年　湖南　4+64　16开　有图表

本书分 11 个部分：奉行中央法令事项、颁行本省单行法规事项、省政府委员会决议事项摘要、民政、财政、教育、建设、赈济、防空等。

**0702. 湖南省政府工作报告（中华民国二十九年十二月份）**　湖南省政府秘书处编　编者刊　1940年　湖南　4+64　16开　有图表

本书分 11 个部分：奉行中央法令事项、颁行本省单行法规事项、省政府委员会决议事项摘要、民政、财政、教育、建设、赈济、防空等。

**0703. 湖南省政府工作实施报告（二十九年份）**　湖南省政府秘书处编　编者刊　1940年　湖南　4+190　16开　有图表

本书分 6 部分：民政、财政、教育、建设、保安、干训。书后有勘误表。

**0704. 湖南省政府一月份工作报告（中华民国三十年度）**　湖南省政府秘书处编　编者刊　1941年　湖南　4+76　16开　有图表

本书分 13 个部分：奉行中央法令事项、颁行本省单行法规事项、省政府委员会决议事项摘要、民政、财政、教育、建设、赈济、防空等。

**0705. 湖南省政府二月份工作报告（中华民国三十年度）**　湖南省政府秘书处编　编者刊　1941年　湖南　4+68　16开　有图表

本书分 12 个部分：奉行中央法令事项、颁行本省单行法规事项、省政府委员会决议事项摘要、民政、财政、教育、建设、赈济、防空等。

**0706. 湖南省政府三月份工作报告（中华民国三十年度）**　湖南省政府秘书处编　编者刊　1941年　湖南　4+72　16开　有图表

本书分 12 个部分：奉行中央法令事项、颁行本省单行法规事项、省政府委员会决议事项摘要、民政、财政、教育、建设、赈济、防空等。

**0707. 湖南省政府四月份工作报告（中华民国三十年度）**　湖南省政府秘书处编　编者刊　1941年　湖南　4+64　16开　有图表

本书分 12 个部分：奉行中央法令事项、颁行本省单行法规事项、省政府委员会决议事项摘要、民政、财政、教育、建设、赈济、防空等。

**0708. 湖南省政府五月份工作报告（中华民国三十年度）**　湖南省政府秘书处编　编者刊　1941年　湖南　4+62　16开　有图表

本书分 12 个部分：奉行中央法令事项、颁行本省单行法规事项、省政府委员会决议事项摘要、民政、财政、教育、建设、赈济、防空等。

**0709. 湖南省政府六月份工作报告（中华民国三十年度）**　湖南省政府秘书处编　编者刊　1941年　湖南　4+66　16开　有图表

本书分 12 个部分：奉行中央法令事项、颁行本省单行法规事项、省政府委员会决议事项摘要、民政、财政、教育、建设、赈济、防空等。

**0710. 湖南省政府七月份工作报告（中华民国三十年度）**　　湖南省政府秘书处编　编者刊　1941 年　湖南　4 + 58　16 开　有图表

本书分 12 个部分：奉行中央法令事项、颁行本省单行法规事项、省政府委员会决议事项摘要、民政、财政、教育、建设、赈济、防空等。

**0711. 湖南省政府八月份工作报告（中华民国三十年度）**　　湖南省政府秘书处编　编者刊　1941 年　湖南　4 + 54　16 开　有图表

本书分 12 个部分：奉行中央法令事项、颁行本省单行法规事项、省政府委员会决议事项摘要、民政、财政、教育、建设、赈济、防空等。

**0712. 湖南省政府九月份工作报告（中华民国三十年度）**　　湖南省政府秘书处编　编者刊　1941 年　湖南　4 + 58　16 开　有图表

本书分 12 个部分：奉行中央法令事项、颁行本省单行法规事项、省政府委员会决议事项摘要、民政、财政、教育、建设、赈济、防空等。

**0713. 湖南省政府十月份工作报告（中华民国三十年度）**　　湖南省政府秘书处编　编者刊　1941 年　湖南　4 + 46　16 开　有图表

本书分 12 个部分：奉行中央法令事项、颁行本省单行法规事项、省政府委员会决议事项摘要、民政、财政、教育、建设、赈济、防空等。

**0714. 湖南省政府十一月份工作报告（中华民国三十年度）**　　湖南省政府秘书处编　编者刊　1941 年　湖南　4 + 48　16 开　有图表

本书分 13 个部分：奉行中央法令事项、颁行本省单行法规事项、省政府委员会决议事项摘要、民政、财政、教育、建设、赈济、防空等。

**0715. 湖南省政府十二月份工作报告（中华民国三十年度）**　　湖南省政府秘书处编　编者刊　1941 年　湖南　4 + 52　16 开　有图表

本书分 12 个部分：奉行中央法令事项、颁行本省单行法规事项、省政府委员会决议事项摘要、民政、财政、教育、建设、赈济、防空等。

**0716. 湖南省政府工作报告（中华民国三十一年一月份）**　　湖南省政府秘书处编　编者刊　1942 年　湖南　4 + 64　16 开　有图表

本书分 14 个部分：奉行中央法令事项、颁行本省单行法规事项、省政府委员会决议事项摘要、调整省县行政机构、民政、财政、教育、建设、计政、赈济、防空等。

**0717. 湖南省政府工作报告（中华民国三十一年二月份）**　　湖南省政府秘书处编　编者刊　1942 年　湖南　4 + 62　16 开　有图表

本书分 14 个部分：奉行中央法令事项、颁行本省单行法规事项、省政府委员会决议事项摘要、调整省县行政机构、民政、财政、教育、建设、计政、赈济、防空等。

**0718. 湖南省政府工作报告（中华民国三十一年三月份）**　　湖南省政府秘书处编　编者刊　1942 年　湖南　4 + 56　16 开　有图表

本书分 14 个部分：奉行中央法令事项、颁行本省单行法规事项、省政府委员会决议事项摘要、调整省县行政机构、民政、财政、教育、建设、计政、赈济、防空等。

**0719. 湖南省政府工作报告（中华民国三十一年四、五、六月份）**　　湖南省政府秘书处编　编者刊

1942 年　湖南　4＋102　16 开　有图表

　　本书分 16 个部分：奉行中央法令事项、颁行本省单行法规事项、省政府委员会决议事项摘要、调整省县行政机构、民政、财政、教育、建设、计政、社会、防空等。

**0720.** 湖南省政府工作报告（中华民国三十一年七、八、九月份）　湖南省政府秘书处编　编者刊
1942 年　湖南　4＋80　16 开　有图表

　　本书分 16 个部分：奉行中央法令事项、颁行本省单行法规事项、省政府委员会决议事项摘要、调整省县行政机构、民政、财政、教育、建设、计政、社会、防空等。

**0721.** 湖南省政府工作报告（中华民国三十一年十、十一、十二月份）　湖南省政府秘书处编　编者刊　1942 年　湖南　4＋74　16 开　有图表

　　本书分 16 个部分：奉行中央法令事项、颁行本省单行法规事项、省政府委员会决议事项摘要、调整省县行政机构、民政、财政、教育、建设、计政、社会、防空等。

**0722.** 湖南省政府工作报告（中华民国三十二年一至三月份）　湖南省政府秘书处编　编者刊
1943 年　湖南　4＋80　16 开　有图表

　　本书为湖南省政府 1943 年 1－3 月工作报告，分 16 个部分：奉行中央法令事项、颁行本省单行法规事项、省政府委员会决议事项摘要、调整省县行政机构、民政、财政、教育、建设、计政、警务、防空等。

**0723.** 湖南省政府工作报告（中华民国三十二年四至六月份）　湖南省政府秘书处编　编者刊
1943 年　湖南　4＋74　16 开　有图表

　　本书为湖南省政府 1943 年 4－6 月工作报告，分 11 个部分：奉行中央法令事项、颁行本省单行法规事项、省政府委员会决议事项摘要、民政、财政、教育、建设、计政、警务、防空等。

**0724.** 湖南省政府工作报告（三十二年七月至九月份）　湖南省政府秘书处编　编者刊　［1943
年］　4＋70　16 开　有图表

　　本书为湖南省政府 1943 年 7 月至 9 月工作报告，包括奉行中央法令事项、颁行本省单行法规事项、省政府委员会决议事项摘要、民政、财政、教育、建设、计政、警务、防空、附录。

**0725.** 湖南省政府三十四年度工作报告　湖南省政府秘书处编　编者刊　［1945 年］　［湖南］
2＋50　16 开　有图表

　　分民政、财政、教育、建设、警卫、军法、卫生、地政、田赋粮食管理、会计、统计等 10 部分内容。

**0726.** 湖南省政府湘南行署重要文电汇刊　湖南省政府湘南行署编　编者刊　1945 年 10 月　湖南
11＋100　32 开

　　所收文电分 7 类，包括总类、民政类、财政类、教育类、建设类、警保类、主计类。有序言。

**0727.** 常德县庶政概况　李祖楸著　1937 年 4 月　2＋52　16 开　有照片、有图表

　　本书共分 32 部分，介绍常德庶政：党务、县政、户口、保甲、地政、仓储、警卫、救济、禁烟、社训、社会经济、商业、道路桥梁、农林、修防等。

## 湖　北

**0728.** 鄂政纪要　刘千俊纂　正中书局［总经售］　1945 年 10 月初版　312　大 32 开

　　本书共 3 部分：甲部分为陈先生重要计划与言论，分计划和言论两部分，包括湖北省政府施政要旨、抗战期中之民生主义经济等；乙部分为湖北省重要单行法令，包括经济、政治、文化 3 部

分；丙部分为陪都各报有关鄂政记载，包括三十一年分各报记载、三十二年各报记载两部分。

**0729. 新湖北建设计划大纲**　〔陈诚著〕　湖北省政府秘书处　1941 年 6 月　湖北　4 + 44　16 开
有图表

本书共 3 部分：建设之任务、建设之方针、建设实施之纲要。书前有前言。附录收《新湖北建设计划旨趣之说明》。

## 广　东

**0730. 八个月来广东省政之设施**　李汉魂撰述　广东省政府秘书处编译室　1939 年 9 月　广东　15 +
30　32 开　有照片、有图表

本书介绍 1939 年 1 月至 8 月广东省政之设施情况。附录收《广东省战时施政纲要》、《"维护侨胞"办法》。

**0731. 广东政治新阶段**　中国国民党广东省执行委员会编　编者刊　〔1940 年〕　广东　126　32
开　有图表

本书收 14 篇文章：《广东政治新阶段》（李汉魂）、《展开广东政治新阶段》（李汉魂）、《造成复兴气象与精神之改造》（郑彦棻）、《复兴气象的政治观》（陈鲁慎）、《展开广东政治新阶段的实施》（任颖辉）等。

**0732. 广东政治新阶段**　李汉魂等　中心出版社　〔1940 年〕　126　32 开　有图表

本书收 14 篇文章：《广东政治新阶段》（李汉魂）、《展开广东政治新阶段》（李汉魂）、《造成复兴气象与精神之改造》（郑彦棻）、《复兴气象的政治观》（陈鲁慎）、《展开广东政治新阶段的实施》（任颖辉）等。

**0733. 李主席在本省参议会第三次大会中致词与报告**　〔李汉魂讲〕　广东省政府秘书处编译室
1940 年 8 月　广东　1 + 44　64 开　有图表

本书收李汉魂在广东省参议会第三次大会中的开幕、闭幕典礼致词和大会报告 3 篇。

**0734. 李主席在本省临时参议会第二届第一次大会致词及报告**　〔李汉魂讲〕　广东省政府秘书处
编译室编　编者刊　1943 年 10 月　广东　1 + 32　64 开

本书收 3 篇：《广东省临时参议会第二届第一次大会开幕致词》、《本省政务在抗战期中所受影响及最近状况和今后设施》、《广东省临时参议会第二届第一次大会闭幕致词》。

**0735. 李主席在广东省卅二年行政会议暨第三次兵役会议训词及提示**　〔李汉魂讲〕　广东省政府
秘书处编译室编　编者刊　1943 年 8 月　广东　1 + 84　64 开

本书共 4 部分：《广东省三十二年行政会议第三次兵役会议开幕训词》、《工作提示·精神与工作两方面应注意的要点》、《广东省三十二年行政会议第三次兵役会议闭幕训词》、《朝会及纪念周训词》。

**0736. 广东省政府二十九年七月份工作报告**　〔广东省政府〕编　编者刊　1940 年　广东　1 + 93
〔环筒叶〕　20.2cm × 28.5cm　油印、线装　有图表

本书共 10 部分：奉行中央法令事项、颁行本省单行法规事项、省政府委员会议决议事项摘要、民政、财政、教育、建设、保安、附录、附篇。

**0737. 广东省政府二十九年八月份工作报告**　〔广东省政府〕编　编者刊　1940 年　广东　1 + 68
〔环筒叶〕　20.5cm × 28.8cm　油印、线装　有图表

本书共 10 部分：奉行中央法令事项、颁行本省单行法规事项、省政府委员会议决议事项摘要、

民政、财政、教育、建设、保安、附录、附篇。

**0738.** 巡视东北江的检讨（李主席训词）　　[李汉魂著]　　广东省政府秘书处编译室编　编者刊
1942 年 4 月　28　64 开

本书为李汉魂 1942 年 3 月 16 日在省政府联合纪念周训词。

**0739.** 广东省博罗县卅二年度行政会议纪念册　博罗县三十二年度行政会议秘书室编　编者刊
1943 年 11 月　广东　1 + 79　32 开

本书收录本县三十二年度施政方针、县联图解、本会宣言、演讲词、工作报告、决议案等内
容。附录收参加行政会议人名录、献旗。有题赠。

**0740.** 中山县政府工作报告书（五月号）　中山县政府宣传委员会编　编者刊　1940 年 6 月　中山
19　16 开

广　西

**0741.** 白健生先生论三自政策与广西建设　　[白崇禧著]，钱实甫编　建设书店　1938 年 12 月初版
南宁　4 + 148　32 开　民团周刊社乙种丛书第二种　广西建设丛书之二　民团周刊社主编

本书分 8 章：广西建设纲领、三民主义与三自政策、三自政策概说、三自政策的实施、三自政
策与民团运动、三自政策与广西建设、三自政策在广西的检讨、结论。

**0742.** 二十八年度广西建设的主要工作　黄旭初著　[1939 年]　10　32 开

本书分 4 部分介绍广西 1939 年的建设：军事、经济、政治、文化建设。

**0743.** 广西的基层干部　梁上燕著　民团周刊社　1938 年 3 月初版　28　32 开　民团丛刊　丙种丛
刊第四种　第一辑之五

本书分 6 个部分：干生历史第一页、在刻苦锻炼期中、广大民众的导师、铁的意志和律纪、在
艰苦奋斗期中、肩起伟大的使命。

**0744.** 广西的三位一体制　亢真化著　民团周刊社　1938 年 5 月初版，1938 年 9 月再版　南宁　34
32 开　丙种丛刊第四种　民团丛刊第一辑之四

全书共 4 个部分，包括：广西三位一体制的产生与办法、意义和效能、三位一体制下的干部、
答复怀疑论者。

**0745.** 广西建设施政纲要　陈雄讲述　8 + 68　32 开　有图表

本书系广西县政公务员政治训练班讲义，共分 6 章：总论、农林建设、农林经济建设、工商建
设、矿业建设、交通建设。

**0746.** 广西建设与抗战　亢真化著　民团周刊社　1938 年 6 月初版　广西　28　32 开　丙种丛刊第
一种　基本认识丛刊第一辑之七

本书分 4 个部分：真理的显露、从广西建设的最高原则说起、广西建设在抗战中的力量、广西
建设与保证抗战胜利的两个基本条件的解决。

**0747.** 广西县政　邱昌渭著　文化供应社　1941 年 10 月　桂林　320　32 开　有插图、有图表

本书共 11 章：概论、县制的改革、县各级的组织、人事制度的树立、县财政的整理、县教育
的改造、县经济的建设、卫生事业的建设、民团制度的创立、地方自治的开始、结论。附表 8 件，
包括《广西分区分县乡镇村街甲户人口统计》、《广西省府州厅县名称表》、《二十九年度广西各县
区公所一览》等。书前有自序。

**0748. 广西政治建设**　邱昌渭、刘文学演讲，中华民国国民革命抗日救国军第四集团军干部政治训练班编　[编者刊]　[1936年]　56　32开

本书系中华民国国民革命抗日救国军第四集团军干部政治训练班讲义，内容包括2部分：《广西政治建设（上编）》（邱昌渭讲），分为上、下两部分；《广西政治建设（下编）》（刘文学编），内容包括政治建设的意义、目标、中心政策、基本推动力。

**0749. 广西之建设**　李宗仁等著　广西建设研究会　1939年10月初版　广西　7+861　大32开　有图表　广西建设研究会丛书之二

本书收李宗仁、白崇禧、黄旭初、雷殷等人言论46篇，共分5辑：总论、政治建设、经济建设、文化建设、广西建设研究会概览。马君武作序，有丛书编辑例言和编者弁言。

**0750. 抗战建国纲领与广西建设纲领**　孙治公著　民团周刊社　1939年6月初版　南宁　50　32开　丙种丛刊第一种　基本认识丛刊　第二辑之七

本书分7部分：抗战建国只有一个基本主义、政治纲领、经济纲领、文化纲领、军事纲领、外交纲领。

**0751. 桂林市统计提要（三十一年辑）**　桂林市政府统计室编　编者刊　1943年5月　桂林　4+65　16开　油印　有图表

本书共18个部分，包括概说、本府各部门职掌分配表、气象统计、土地统计、人口统计、牲畜统计、工商统计、合作统计、财政统计、建筑统计、教育统计、卫生统计、社会统计、警政统计、府务统计、本府职雇员学历、本府职雇员籍贯分布、本府各月份经费支出分类统计。附录收桂林市政府统计室职雇员进退表。书前有苏新民作序和编制说明。

## 西南地区

**0752. 湘桂粤赣四省限政会议录**　国家总动员会议编　编者刊　[1943年5月]　4+166　32开　有图表

本书分22个部分：参加机关及出席人员表、主席团姓名表、议事日程表、会场表、沈秘书长致开会词、李主任致词、黄主席致词、林主任致词等。书后附《在第二次大会讨论审查意见前林参政员虎声明三点》。

**0753. 去新疆后**　朱家骅讲　1943年8月　18　9cm×12cm

本书为朱家骅在"第二次赴新疆工作同志茶会"上的讲话。

## 四　川

**0754. 四川省临时参议会第一届实录**　罗文谟主编，萧文若、熊子骏等编辑　四川省临时参议会秘书处　1943年10月　18+272+5　32开　有图表

包括弁言、成立经过、组织与人事、会议、提案摘要、政府施政计划暨施政报告审查意见之检讨、接受人民请愿案件、历次大会宣言、重要文电和协助政府工作10部分。附录收《省临时参议会组织条例》、《省临时参议会议事规则》、《省临时参议会秘书处组织规则》。有例言。

**0755. 四川省临时参议会第一次大会议事记录**　[1939年]　3+190+3[环筒叶]　27.9cm×19.9cm　线装　有照片、有图表

本书共12部分：本会筹备及成立经过、关于本会各种法规、正副议长及参议员名单、第一次大会议事记录、提案及决议案、参议员询问案及政府主管机关之答复、第一次大会宣言、贺电选录、本会发出之重要文电、演词、参议员姓名籍贯年龄及通讯一览表、本会秘书处职员表。书前有

凡例。

**0756.** **四川省临时参议会第二次大会决议案录** 1940 年 8 月 6 + 67 + 1 ［环筒叶］ 28.1cm × 19.3cm 线装 有图表

　　本书共 4 部分：第二次大会开会经过、提案及决议案、省府交覆议案及决议案、本会对政府施政报告之审查意见。附录收第二次大会宣言、本会发出之重要文电、参议员询问案及政府主管机关之答复、参议员暨第二届驻会委员会委员名单、本会秘书处工作报告概要。书前有编辑例言。

**0757.** **四川省临时参议会第三次大会暨第一次临时大会决议案录** 1941 年 3 月 3 + 64 + 1 ［环筒叶］ 28.1cm × 19.3cm 线装 有图表

　　本书共两部分：第 1 部分为第三次大会，包括第三次大会开会经过、提案及决议案、本会对政府施政报告审查意见、本会发出之重要文电，附录收第三次大会宣言等 4 篇；第 2 部分为第一次临时大会，包括临时大会开会经过、省政府交议案报告案及决议案、参议员提案及决议案、临时大会宣言、演词。书前有凡例。

**0758.** **四川省临时参议会第四次大会记录** 1941 年 7 月 6 + 90 + 2 ［环筒叶］ 28.1cm × 19.3cm 线装 有图表

　　本书共 11 部分：第四次大会开会经过、正副议长暨参议员名单、第四次大会议事记录、省府交议案原文、参议员提案、省府交复议案原文、本会对政府施政报告审查意见、参议员询问案及政府主管机关之答复、大会宣言、本会发出之重要文电、演词。书前有凡例。

**0759.** **四川省临时参议会第五次大会会议录** 1942 年 3 月 5 + 85 + 2 ［环筒叶］ 28.1cm × 19.3cm 线装 有图表

　　本书共 10 部分：第五次大会开会经过、正副议长暨参议员名单、第五次大会议事记录、参议员提案、省府交议案及交复议案原文、本会对政府施政报告审查意见、参议员询问案及政府主管机关之答复、大会宣言、大会发出之重要文电、演词。

**0760.** **四川省临时参议会第六次大会记录** 1942 年 9 月 5 + 57 + 5 ［环筒叶］ 28.1cm × 19.3cm 线装

　　本书分 5 部分：第六次大会开会经过、正副议长暨参议员名单、第六次大会议事记录、省府交议案及决议案文、参议员提案。书前有凡例。

**0761.** **四川省临时参议会第二届第一次大会记录** 7 + 70 + 2 ［环筒叶］ 28.1cm × 19.3cm 线装

　　本书共 8 部分：第二届第二次大会开会经过、正副议长暨参议员名单、政府交议案暨决议案文、参议员提案、本会对政府施政报告审查意见、大会宣言、大会发出之重要文电、演词。书前有凡例。

**0762.** **四川省临时参议会第二届第二次大会记录** 1944 年 2 月 6 + 66 + 2 ［环筒叶］ 28.1cm × 19.3cm 线装 有图表

　　本书共 7 部分：开会经过、政府交议案暨决议案文、参议员提案、本会对政府施政报告审查意见、大会宣言、大会发出之重要文电、演词。书前有凡例。

**0763.** **四川省临时参议会第二届第三次大会记录** 5 + 52 + 2 ［环筒叶］ 28.1cm × 19.3cm 线装 有图表

　　本书共 8 部分：开会经过、政府交议案暨决议案文、参议员提案、省府交覆议案、本会对政府施政计划及暨施政报告审查意见、大会宣言、大会发出之重要文电、演词。书前有凡例。

**0764. 四川省临时参议会第二届第四次大会记录**　1945 年 6 月　3 + 46 ［环筒叶］　28.1cm ×
19.3cm　线装

　　本书包括 7 部分：开会经过、政府交议案暨决议案文、参议员提案、本会对政府施政报告暨施
政计划审查意见、大会宣言、大会发出之重要文电、演词。书前有凡例。

**0765. 四川省临时参议会临时大会宣言**　四川省临时参议会秘书厅　1941 年 1 月　四川　8　32 开

**0766. 四川省政府三十一年度施政计划**　［四川省政府编］　［编者刊］　［1942 年］　2 + 88
16 开

　　本书共 10 部分：民政、财政、教育、建设、保安、地政、会计、统计、禁政、粮政、总类。

**0767. 四川省政府三十三年度工作计划**　［1944 年］　2 + ［275］　16 开　有图表

　　本书分 17 部分：计划撮要、民政、财政、教育、建设、保安、社会、地政、粮政、卫生、禁
烟、会计、统计、组训民众、管制物价、总类。附录内容为田赋。

**0768. 四川省政府三十四年一至六月工作报告**　［1945 年］　243 ［环筒叶］　16 开　有图表

**0769. 四川省政府委员会会议记录（第四辑）**　四川省政府秘书处秘书室记录股编纂　四川省政府
编译室　1938 年 9 月　四川　12 + 518　16 开　有图表

　　本辑所载委员会会议记录自第 151 次至 200 次，分总类、民政、财政、教育、建设、保安 6 部
分。书前有编例。

**0770. 四川省政府委员会会议记录（第五辑）**　四川省政府秘书处秘书室记录股编纂　四川省政府
编译室　1938 年 12 月　四川　6 + 122　16 开　有图表

　　本辑所载委员会会议记录自第 201 次至 212 次，分总类、民政、财政、教育、建设、保安 6 部
分。书前有编例。

**0771. 四川省政府委员会会议记录（第六辑）**　四川省政府秘书处秘书室记录股编纂　四川省政府
编译室　1939 年 4 月　四川　8 + 172　16 开　有插图、有图表

　　本辑所载委员会会议记录自第 213 次至 230 次，分总类、民政、财政、教育、建设、保安 6 部
分。书前有编例。

**0772. 四川省政府委员会会议记录（第八辑）**　四川省政府秘书处秘书室记录股编纂　四川省政府
编译室　1940 年 10 月　四川　10 + 558　16 开　有图表

　　本辑所载委员会会议记录自第 271 次至 292 次，分总类、民政、附地政、财政、建设、保安 6
部分。书前有编例。

**0773. 四川省政府一年来六项施政概略**　1939 年 8 月　27 ［环筒叶］　22.9cm × 13.2cm

　　本书共 6 部分：民政、财政、教育、建设、保安、兵役。书前附《致四川省党部执行委员会
函》。

**0774. 四川省三十三年度工作计划（建设部分）**　四川省政府建设厅　［1944 年］　四川　24 + 20
16 开　有图表

　　本书包括农林垦殖、水利、工业、矿业、交通、合作、度政、经济调查八方面的工作计划。附
《四川省政府三十三年度工作计划简明表》。

**0775. 四川省各县县政府经收处组织规程**　1941 年 8 月　9 ［环筒叶］　16 开　有图表

　　附办事细则。

**0776. 四川省三十三年度政务考察报告**　　［1944 年］　　10 ［环筒叶］　　26cm × 17.9cm　　油印、线装

本书共 6 部分：概述、一般行政、财政、民政、教育、建设。

**0777. 四川省实施县各级组织纲要三年计划大纲・四川省实施县各级组织纲要第二期中心工作计划・四川省政府实施县各级组织纲要辅导会议规程**　　四川省政府民政厅编　　编者刊　　1942 年 2 月　　成都　　32　　32 开　　四川省民政厅民政丛刊　　民总之十九　　四川省政府民政厅主编

**0778. 县各级组织纲要・县各级组织纲要实施办法三原则・四川省县各级组织纲要实施计划・审查意见**　　四川省政府民政厅秘书室编　　四川省政府　　1940 年 8 月　　成都　　2 + 28　　32 开　　有图表　　四川省民政厅民政丛刊　　民总之五　　四川省政府民政厅主编

**0779. 四川省三十年度编查保甲户口纪要**　　李廷樑编辑　　四川省政府民政厅　　1941 年 4 月　　四川　　4 + 108　　32 开　　有图表　　四川省民政厅民政丛刊　　民三之九　　四川省政府民政厅主编

本书共 7 章：绪言、筹备经过、实施概况、厉行奖惩、办理户口异动登记、整编结果、结论。胡次威作弁言。封面有题赠。

**0780. 四川省第七区二十九年度新县制实施概况**　　四川省第七区行政督察专员公署秘书室编　　1941 年 7 月　　2 + 162　　32 开　　有图表

本书共 6 部分：对于县各级组织纲要基本精神之认识、对于县各级组织纲要特点之认识、确定实施县各级组织纲要之中心工作、实施县各级组织纲要前之准备并拟定各项章则、实施新县制之经过（即实施新县制之重要工作之顺序）、实施新县制三十年度计划。附《本区各县实施新县制卅年度重要工作进度表》。

**0781. 成都市市政统计**　　成都市政府秘书处编　　［编者刊］　　1940 年 7 月　　8 + ［240］　　16 开　　有插图、有图表

本书包括行政组织、保甲户口、财政、地政、工商业、物价与金融、教育与文化、工务、公用、卫生、救济、禁政、役政、度政、社会。书前有市区图。

**0782. 成都县临时参议会第一届首次大会会议记录**　　［1942 年］　　17 ［环筒叶］　　27.5cm × 18.3cm　　油印、线装　　有图表

**0783. 成都县临时参议会第一届第二次大会会议记录**　　［1943 年］　　14 ［环筒叶］　　27.5cm × 18.3cm　　油印、线装　　有图表

**0784. 成都县临时参议会第一届第三次大会会议记录**　　［1943 年］　　20 ［环筒叶］　　27.5cm × 18.3cm　　油印、线装　　有图表

**0785. 成都县临时参议会第一届第四次大会会议记录**　　［1944 年］　　25 ［环筒叶］　　27.5cm × 18.3cm　　油印、线装　　有图表

**0786. 成都县临时参议会第一届第五次大会会议记录**　　［1945 年］　　25 ［环筒叶］　　27.5cm × 18.3cm　　油印、线装

**0787. 成都县临时参议会三十三年秋季临时大会记录**　　［1944 年］　　4 ［环筒叶］　　27.5cm × 18.3cm　　油印、线装

**0788. 成都县临时参议会三十一年秋季临时大会会议记录**　　［1942 年］　　7 ［环筒叶］　　27.5cm ×

18.3cm　油印、线装　有图表

**0789. 邓主任论川康建设**　邓锡侯讲、吴文栋辑录　新新新闻文化服务部　　［1941 年］　　成都　6 +
62　32 开

　　选录邓锡侯 1938 年至 1941 年的讲演、论著 28 篇。分 8 部分：安定后防与建设川康、川康的地
位与建设的时机、建设川康的态度和主张、川康建设资源举例、川康建设事业举例、勿放松未来的
三年、川康建设重要讲著提要、川康建设与中国前途。另有余论两篇。附著者言论要点。

**0790. 峨嵋县政实录（三十年五月——三十一年终）**　　［1942 年］　　37 ［环筒叶］　　大 32 开　　油
印　有图表

　　本书包括《峨嵋县县政建设纲领》、《峨嵋县政府三十一年度施政纲要》、《峨嵋县三十年五月
至三十一年十一月施政概况》、《峨嵋县三十一年度调整乡镇保经界办法》、《峨嵋县三十一年实施
国民教育概况表》。叶青作序。有题赠。

**0791. 广西民众救国委员会章程**　广西民众救国委员会郁林分会编　编者刊　　［1935 年］　　广西
20　32 开

　　收录《广西民众救国委员会总章》、《广西民众救国委员会各分支组织简章》、《广西各市县救
国会检查仇货条例》、《偷运仇货惩罚规则》4 篇。

**0792. 井研县临时参议会第三次大会会议记录**　　［1943 年］　　2 + 56　16 开

　　本书共 10 部分：本会第三次大会经过、正副议长暨参议员名单、第三次大会闭幕典礼记录、
第三次大会议事记录、第三次大会闭幕典礼记录、提案案由及决议案文、第三次大会宣言、本会发
出之重要文电、演词、县长田管处长及县府各科室施政报告。

**0793. 井研县临时参议会第四次大会会议记录**　　［1944 年］　　2 + 58　16 开　有图表

　　本书共 6 部分：本会第四次大会开会经过、正副议长暨参议员名单、第四次大会开会典礼记
录、第四次大会议事记录、第四次大会闭幕典礼记录、提案原文及审查意见决议案文。

**0794. 南部县临时参议会第一次大会记录**　1942 年 10 月　38 ［环筒叶］　　18cm×25.5cm　油印、
线装　有图表

　　收决议案、大会宣言、参议会询问案、参议会重要文电、县各科室施政报告、施政计划等。

**0795. 南部县临时参议会第一届第二、三次大会记录合刊**　46 ［环筒叶］　　18.5cm×26.5cm　油
印、线装

　　包括开会经过、参议员提议案、县政府交议案、县政府报告案、参议员讯问案和临时动议案等
内容。

**0796. 南部县临时参议会第一届第四、五次大会记录**　1944 年 10 月　27 ［环筒叶］　　19cm×26cm
油印、线装

　　包括开会经过、参议员提议案、县政府交议案、大会宣言、大会发出重要文电等内容。

**0797. 蒲江县临时参议会第三次大会记录**　1943 年 9 月　19 ［环筒叶］　　14cm×23.7cm　油印、
线装

　　本记录包括大会经过、参议员名单、大会记录、议案等。

**0798. 蒲江县临时参议会第一次全体大会记录**　　［1942 年］　　［2 + 29］　［环筒叶］　　21cm×
25.5cm　油印、线装

本书共 11 部分：大会经过、正副议长暨参议员名单、开幕式记录事项、预备会议记录事项、第一次到第六次会议记录事项、闭幕式记录事项。

**0799. 视察四川省各县新县制及重庆市地方自治报告书**    1+114［环筒叶］    16 开    油印

本书共 3 篇：视察经过及各县概况、各县新县制实施情形、重庆市地方自治实施情形。

**0800. 四川省德阳县临时参议会第二次大会会议记录**    1943 年 6 月    1+21［环筒叶］    26cm×21.8cm    油印、线装

本书共 8 部分：第一届第二次大会开会经过、正副议长暨参议员名单、第二次大会议事记录、参议员提案、政府交议案、其他案件、大会宣言、大会发出之重要电文。

**0801. 新委县长应注意事项**    四川省政府民政厅第一科编    四川省政府    1940 年 11 月    四川    2+70    32 开    有图表    四川省民政厅民政丛刊    民一之二    四川省政府民政厅主编

本书收法令等 19 部，包括《四川全省行政组织系统图》、《四川省县长履任须知》、《四川省县长区长赴任日程表》、《公务员交代条例》、《四川省公务员交代条例施行规则》、《公务员服务法》等。

**0802. 新委县佐治人员应注意事项**    四川省政府民政厅第一科编    四川省政府    1940 年 11 月    四川    2+58    32 开    有图表    四川省民政厅民政丛刊    民一之三    四川省政府民政厅主编

本书收法令等 16 部，包括《四川省区长履任须知》、《四川省县长区长赴任日程表》、《公务员交代条例》、《四川省公务员交代条例施行规则》、《公务员服务法》等。

**0803. 重庆市动员委员会工作报告**    ［1940］    14［环筒叶］    18.3cm×25.1cm    油印、线装    有图表

收录 1939 年 9 月至 1940 年 2 月的工作报告。

**0804. 重庆市工务局工作报告**    ［1940］    57［环筒叶］    18.3cm×25.1cm    油印、线装    有图表

本书为 1939 年 9 月至 1940 年 2 月的工作报告。

**0805. 重庆市临时参议会第二次大会记录**    重庆市临时参议会秘书处编    编者刊    1940 年 4 月    重庆    5+100    16 开    有图表

本书分 15 部分，包括第二次大会筹备及开会经过、会议记录、重要文电、演讲词等内容。附录收《正副议长及参议员候补参议员履历表》、《秘书处职员履历表》、《秘书处组织系统表》。

**0806. 重庆市临时参议会第二届第一次大会记录**    ［1943 年 4 月］    8+210    16 开    有照片

本书分 14 部分：第二届第一次大会开会经过、法规、正副议长及参议员候补参议员名单、第二届第一次大会议事记录、演词及颂词、本会第一届经过概要等。卷首有编辑例言。

**0807. 重庆市临时参议会第二届第二次大会记录**    1943 年 11 月    7+126    16 开    有照片

本书分 16 个部分：第二届第二次大会开会经过、法规、正副议长参议员候补参议员名单、第二届第二次大会议事记录、重要文电、演词等。卷首有编辑例言。

**0808. 重庆市临时参议会第二届第四次大会记录**    1944 年 12 月    6+74    16 开    有照片

本书分 10 个部分：第二界第四次大会开会经过、法规、正副议长第三次大会议事记录、第二届第三次会议事记录、重要文电等。书前有编辑例言。

**0809. 重庆市临时参议会第一次大会记录**    重庆市临时参议会秘书处编    编者刊    1939 年 10 月    5+80    16 开    有照片、有图表

本书有 15 个部分：重庆市临时参议会之召集、第一次大会之筹备及开会经过、法规、正副议长及参议院候补参议员名单、第一次大会议事记录等。书前有编辑例言。附录收《正副议长及参议员候补参议员履历表》、《秘书处职员履历表》、《秘书处组织系统表》。

**0810. 重庆市临时参议会第三次大会记录**　重庆市临时参议会秘书处编　编者刊　1940 年 11 月　重庆　4＋85　16 开　有照片、有图表

本书分 15 部分，包括第三次大会筹备及开会经过、会议记录、重要文电、演讲词、提案原文等内容。

**0811. 重庆市临时参议会第四次大会记录**　重庆市临时参议会秘书处编　编者刊　1941 年 5 月　重庆　4＋73　16 开　有照片、有图表

本书分 15 部分，包括第四次大会开会经过、会议记录、重要文电、演讲词、提案原文等内容。

**0812. 重庆市临时参议会第五次大会记录**　1941 年 12 月　4＋70　16 开　有照片、有图表

本书分 16 个部分：第五次大会开会经过、法规、正副议长及参议员候补参议员名单、第五次大会议事记录、重要文电等。卷首有编辑例言。

**0813. 重庆市临时参议会第六次大会记录**　4＋105　16 开　有照片、有图表

本书分 16 个部分：第六次大会开会经过、法规、正副议长及参议员候补参议员名单、第六次大会议事记录、重要文电、演词及宣言等。卷首有编辑例言。附录收《本会第一次大会至第六次大会提案及执行情形汇编》。

**0814. 重庆市社会局工作报告**　［1940］　85［环筒叶］　18.3cm×25.1cm　油印、线装　有图表

收录 1939 年 9 月至 1940 年 2 月的工作报告。

**0815. 重庆市卫生局工作报告**　［1940］　16［环筒叶］　18.3cm×25.1cm　油印、线装　有图表

本书为 1939 年 9 月至 1940 年 2 月的工作报告。

**0816. 重庆市政府工作报告（1945 年 1 月至 6 月）**　［1945］　2＋40　32 开

本书分行政、事业两部分。卷首有《奉行中央法令事项》、《颁行本市单行法规事项》、《工作进度》3 个表格。

**0817. 重庆市政府工作概况**　［1940］　24［环筒叶］　18.3cm×25.1cm　油印、线装　有图表

收录 1939 年 9 月至 1940 年 2 月的工作报告。

**0818. 自贡市政府工作报告**　［1944 年］　1＋52　16 开　有图表

本报告为自贡市政府 1943 年 7 月 1 日至 1944 年 6 月 30 日工作概况。刘仁庵作序。

**西　康**

**0819. 刘自乾先生建设新西康十讲**　刘自乾讲　建康书局　1943 年 11 月　4＋648　大 32 开

本书包括总论，共 10 讲：建设新西康的基本认识、建设新西康的理论体系、建设新西康的三化政策、建设新西康的三进原则、建设新西康的四力政纲、建设新西康的六项任务、建设新西康的干部政策、建设新西康应有的努力、建设新西康的心理建设、建设新西康与复兴民族。

**0820. 西康省临时参议会第一届第三次大会汇编**　［1944 年 6 月］　144［环筒叶］　16 开　线装　有图表

本书根据第三次大会经过分类编辑而成，共 10 部分：编辑例言、第三次大会筹备经过、名单图表、会议记录、议案、报告、演词、第三次大会宣言、文电选录、本会秘书处职员一览表。书后

附录《西康省临时参议会题名记》。出版时间据书内公函推断。

## 贵　州

**0821. 贵州省概况统计图**　贵州省政府制　1941 年 10 月　2 + [49]　39cm × 26cm　有插图、有图表

　　本书收图表 38 件，包括《贵州省各县县城经纬度及拔海高度一览表》、《贵州省省会暨各县配征兵额及已征兵额统计表》、《抗战以来敌机袭黔损失统计表》、《抗战以来贵阳警报次数统计表》等。有弁言。

**0822. 贵州省三十三年度政务考察报告**　[1944 年]　15 [环筒叶]　25.7cm × 18cm　线装

　　本书包括概述、一般行政、机构、经费、人事、民政、地政、卫生、社会、保安、会计。

**0823. 两年来贵州行政（一）**　[94]　25cm × 18cm　油印、线装　有图表

　　本书为 1938、1939 年两年来贵州行政，包括总目、弁言、概述、民政篇。

**0824. 两年来贵州行政（二）**　[128]　25cm × 18cm　油印、线装　有图表

　　本书为 1938、1939 年两年来贵州行政财政建设篇。

**0825. 两年来贵州行政（三）**　[135]　25cm × 18cm　油印、线装　有图表

　　本书为 1938、1939 两年来贵州教育、保安、卫生篇。

**0826. 两年来贵州行政（四）**　[151]　25cm × 18cm　油印、线装　有图表

　　本书为 1938、1939 两年来贵州合作、动员、兵役、附录篇。

**0827. 黔政概况**　贵州省政府秘书处编　编者刊　1945 年 5 月　贵州　8 + 108　32 开　有图表

　　本书共 16 部分：绪言、民政、财政、教育、建设、保安、粮政、兵役、社会行政、地政、计政、卫生、合作、训练、视察、贵阳市政。

**0828. 新贵州之建设**　贵州省地方自治月刊社编　1943 年 10 月　贵州　4 + 184　32 开　有图表
地方自治甲刊丛书　第 1 种

　　本书收文章 19 篇：总裁训词两篇、《建设新贵州的三项中心工作》（吴鼎禹）、《新贵州之党务》（傅启学）、《新贵州建设与行政三联制之推行》（郑道儒）、《新贵州建设与新生活运动之推行》（周其辰）等。附录收《本省三十二年度各县重要施政方针及各县（市）施政总则》、《本省各县县与乡镇权责割分方案》。有前记。

**0829. 整理贵州省县行政区域草案**　[内政部] 编　编者刊　[1939 年]　[186] [环筒叶]
19.7cm × 25.5cm　油印　有图表

　　附录收《调整第一区各县行政区域拨入拨出地名提要表》、《省市县勘界条例》、《县行政区域整理办法大纲》。

**0830. 贵州省概况统计图**　贵州省政府秘书处统计室制　1939 年 8 月　贵州　2 + 17　41cm × 29.5cm　有插图、有图表

　　本书收图表 19 件，包括《贵州省已训及未训壮丁数比较图》、《贵州省二十八年度代管国家普通概算比较图》、《贵州省自卫枪弹比较图》等。有弁言。

**0831. 贵州省统计年鉴**　1945 年 12 月　7 + 588　16 开　有图表

　　本书共 23 类，包括历象、地理、人口、党务、政治组织、省务、农林、矿产、工业、商业、合作、财政、金融、粮政、交通、教育、训练、卫生、社会、司法、警卫、军事、其他。有序言 3

篇及凡例。

**0832. 贵州省统计资料汇编** 国民政府主计处统计局编 ［编者刊］ 1942 年 1 月 10 + 227 16 开 有图表

本书共 13 类：历象、土地、人口、政治组织、农林、工商、合作事业、财政、交通、教育、卫生、救济、警卫。有编辑凡例和序言。

**0833. 贵州省政府工作报告（民国二十七年九月份）** 贵州省政府秘书处编 编者刊 ［1938 年］ 贵州 40 ［环筒叶］ 16 开 有图表

**0834. 贵州省政府工作报告（民国二十七年十月份）** 贵州省政府秘书处编 编者刊 ［1938 年］ 贵州 22 ［环筒叶］ 16 开 有图表

**0835. 贵州省政府工作报告（民国二十七年十一月份）** 贵州省政府秘书处编 编者刊 ［1938 年］ 贵州 24 ［环筒叶］ 16 开 有图表

**0836. 贵州省政府工作报告（民国二十七年十二月份）** 贵州省政府秘书处编 编者刊 ［1938 年］ 贵州 24 ［环筒叶］ 16 开 有图表

**0837. 贵州省政府工作报告（中华民国二十九年七月份）** 贵州省政府秘书处编 编者刊 ［1940 年］ 贵州 6 + 40 27.7cm × 20cm 线装 有图表

**0838. 贵州省政府工作报告（中华民国二十九年八月份）** 贵州省政府秘书处编 编者刊 ［1940 年］ 贵州 6 + 38 27.7cm × 20cm 线装 有图表

**0839. 贵州省政府工作报告（中华民国二十九年九月份）** 贵州省政府秘书处编 编者刊 ［1940 年］ 贵州 6 + 46 27.7cm × 20cm 线装 有图表

**0840. 贵州省政府工作报告（中华民国二十九年十月份）** 贵州省政府秘书处编 编者刊 ［1940 年］ 贵州 6 + 34 27.7cm × 20cm 线装 有图表

**0841. 贵州省政府工作报告（中华民国二十九年十一月份）** 贵州省政府秘书处编 编者刊 ［1940 年］ 贵州 6 + 34 27.7cm × 20cm 线装 有图表

**0842. 贵州省政府工作报告（中华民国二十九年十二月份）** 贵州省政府秘书处编 编者刊 ［1940 年］ 贵州 44 27.7cm × 20cm 线装 有图表

**0843. 贵州省政府工作报告（中华民国三十一年一二月份）** 贵州省政府秘书处编 编者刊 ［1942 年］ 贵州 12 + 52 28.3cm × 19.6cm 线装 有图表

**0844. 贵州省政府工作报告（中华民国三十一年三四月份）** 贵州省政府秘书处编 编者刊 ［1942 年］ 贵州 14 + 68 16 开 有图表

**0845. 贵州省行政会议纪要** 1945 年 10 月 5 + ［114］ 16 开 有图表

本书共 11 部分：序言、闭幕词、法规、文电、杨主席训词摘要、各厅处会局室中心工作提示要点、省府各厅处会局长演词及专题讲演、各区专员及各县长与会心得选录、会议记录、闭会词、附录。

**0846. 敌伪阴谋** 贵州省第一区行政督察专员兼保安司令公署编 ［编者刊］ 1942 年 12 月 5 + 45 ［环筒叶］ 32 开 油印

本书包括 7 部分：各地匪伪暴动情形、背景、匪伪暴动之方法与目的、匪伪在黔东暴动情形、处理办法、建议、附录。

**0847. 贵阳市统计概要**　贵阳市政府编　编者刊　1941 年 9 月　贵阳　1 + 49　横 16 开　有图表

本书收图表 32 件，包括《贵阳市政府组织系统图》、《贵阳市历年征拨壮丁及优待征属统计表》、《贵阳市最近三年各月份食米销售概况表》、《贵阳市最近三年各月份麦子销售概况表》等。有弁言。

**0848. 贵州省黄平县行政参考资料草案（第一辑）**　贵州省黄平县政府编　［编者刊］　［1942年］　8 + 44　横 16 开　有图表

本书共 10 部分：概说、沿革、总务之部、民政之部、财政之部、教育之部、建设之部、军事之部、粮政之部、合作之部。出版时间据内容推断。

### 云　南

**0849. 云南省临时参议会第五次大会会议记录**　云南省临时参议会秘书处编　编者刊　1941 年 10月　云南　2 + 46　16 开　有图表

内容包括文电、演词、会议记录、议决各案提案原文、云南省政府施政报告、省府对本会第四次大会建议案咨复办理情形一览表、第五次大会休会期间驻会委员名录。附第四次大会休会期驻会委员会会议纪录。题名页有题赠。

**0850. 民国廿九年份昆明市政府中心工作计划书**　秘书室编　编者刊　1940 年 7 月　昆明　20　25.6cm×19cm

**0851. 昆明市市政统计（中华民国二十八年份）**　［1939 年］　17 + 171　横 16 开　有照片、有图表

本书共 7 部分：总务类、社会类、财政类、工务类、教育类、地政类、气象类。书前有编辑例言、市长裴存藩、主任秘书庆汝廉作序言。

**0852. 昆明市政府中心工作报告（民国廿八年份下半年）**　秘书室编　编者刊　1940 年 7 月　昆明　22　16 开

本书共 5 部分：财政、社会、工务、教育、地政。

**0853. 作吏缤纷录**　郎德沛著　1945 年 10 月　6 + 118　32 开

作者在广顺、元谋等地任职进撰写的为政纪要。分 5 个部分：广顺时期、元谋时期、祥云时期、邓川时期、殿语。书前有自序。

# 中国国民党（附三民主义青年团）

## 著作、言论

### 蒋介石著作、言论

**0854. "八一三"周年纪念日告沦陷区民众书**　蒋介石著　中国国民党浙江省党部　1938 年 10 月　15　64 开

本文为 1938 年蒋介石为纪念"八·一三"周年所作告沦陷区民众书。

**0855.** 敌国必败我国必胜（揭穿暴日整个灭华阴谋）　蒋介石讲　中国国民党浙江省党部　1939 年
3 月　41　32 开

**0856.** 抵御外侮与复兴民族　蒋介石讲述　青年书店　1940 年 1 月再版　重庆　80　32 开　抗战建
国丛书
　　　本书系 1934 年 7 月蒋介石对庐山军官训练团精神训话，分上、中、下 3 部分。

**0857.** 抵御外侮与复兴民族　蒋介石演讲　铁流书店　1945 年 9 月初版　1＋65　64 开
　　　本书分 23 部分：敌人的情形、我们的情形、中日问题是太平洋问题、日本对中国的错误观念、
敌人对中国的充足准备、过去日本的救亡口号、安内攘外忠党爱国等。

**0858.** 抵御外侮与复兴民族　蒋介石讲　［1934 年］　85　32 开
　　　本书系 1934 年 7 月蒋介石对庐山军官训练团精神训话，分上、中、下 3 部分。

**0859.** 抵御外侮与复兴民族　蒋介石著　国民政府军事委员会政治部　［1934 年］　80　32 开
抗战建国丛书
　　　本书系 1934 年 7 月蒋介石对庐山军官训练团精神训话，分上、中、下 3 部分。

**0860.** 抵御外侮与复兴民族　蒋介石讲　［1936 年 6 月］　100　32 开
　　　本书系 1934 年 7 月蒋介石对庐山军官训练团精神训话，分 47 部分：日本的教育精神、日本与
全世界为敌、自信的必要、"支那"的意义、日本敌情判断的错误等内容等。书前有记者谨识。

**0861.** 抵御外侮与复兴民族　蒋介石讲述，黄埔出版社编辑　中央陆军军官学校　1938 年 10 月
40　32 开　黄埔丛书之十
　　　本书系 1934 年 7 月蒋介石对庐山军官训练团精神训话，分上、中、下 3 部分。

**0862.** 抵御外侮与复兴民族　蒋介石讲　1938 年 2 月　70　32 开
　　　本书系 1934 年 7 月蒋介石对庐山军官训练团精神训话，分 3 个部分。书前有记者谨识。

**0863.** 抵御外侮与复兴民族　蒋介石著　双鹅书店　1938 年 2 月初版　68　32 开
　　　本书分 24 部分：导言、敌人的情形、我们的情形、中日问题是太平洋问题、日本军事准备的
目标、日本对中国的错误观念、敌人对中国的充足准备、中国军人处境的困难、我们克服国难的方
法等。

**0864.** 抵御外侮与复兴民族　蒋介石讲　湖南省学生集中训练总队政训委员会　1938 年 8 月　68
32 开
　　　本书系 1934 年 7 月蒋介石对庐山军官训练团精神训话，分上、中、下 3 部分。

**0865.** 抵御外侮与复兴民族（领袖言论）　蒋介石著　中国文化服务社北平分社　1946 年 6 月　北
平　29　64 开
　　　本书共 18 部分：日本的教育精神、日本与全世界为敌、自信的必要、"支那"的意义、日本敌
情判断的错误、救国的决心、最后一战成功等。

**0866.** 第二期抗战领袖言论集　国民政府军事委员会政治部编　编者刊　［1940 年］　6＋362
32 开
　　　本书收录蒋介石抗战言论 29 篇：《告全国同胞书》、《告川省同胞书》、《刷新川省政治之要
点》、《四川施政纲要》、《促成宪政与实施训政》、《加紧实行国民精神总动员》、《四川施政纲要》、
《促成宪政与实施训政》、《加紧实行国民精神总动员》、《为汪倭密约告全国军民书》等。

**0867. 第二期抗战领袖言论集（第一辑）**　国民政府军事委员会政治部编　编者刊　［1939 年］
10 + 738　32 开

本书收录蒋介石抗战言论 44 篇：《第二期抗战开端告全国军民书》、《南岳会议训词》、《痛斥近卫狂妄声明》、《以事实证明敌国必败及我国必胜》、《改进政训工作的要务》、《抗战国策始终一贯》等。

**0868. 第三届国民参政会第一次大会总裁致闭幕词全文**　［蒋介石著］，蒙藏委员会编译室编译
蒙藏委员会编译室　1942 年 11 月　［49］　32 开　抗战小丛刊之三十七

汉蒙藏对译本。

**0869. 第一期抗战领袖言论集**　国民政府军事委员会政治部编　青年书店　1939 年 1 月初版　重庆
10 + 532　32 开

本书收蒋介石抗战言论 51 篇：《庐山谈话会讲辞》、《对新闻记者谈话》、《告抗战全军将士书》、《对路透社记者谈话》、《二十六年国庆日广播演辞》、《抗倭战术之研究与改进部队之要务》等。

**0870. 二期抗战中总裁言论（第二集）**　［蒋介石著］，大刚报社编　编者刊　1939 年 8 月　衡阳
2 + 138　32 开　大刚丛书之五

本书收录蒋介石言论 16 篇：《新生活运动五周年纪念讲词》、《参政会三次大会开会词》、《参政会三次大会休会词》、《三次全国教育会议训词》、《通电全国宣布实行精神动员》等。

**0871. 负起抗战建国的使命**　蒋中正著　民团周刊社　1938 年 8 月初版　广西　28　32 开　丙种丛刊第八种　建国丛刊第一辑之二

本书分 5 节：说明卢沟桥事变为最后关头、最勉抗战将士书、中华民族的儿女们必须永世抗日雪耻、负起抗战建国的使命、决心抗战到底消灭敌人。

**0872. 复兴民族与抵御外辱**　蒋中正著　文献丛刊社　1938 年 11 月　63　32 开　文献丛书第 1 种
本书为蒋介石于 1934 年 7 月对庐山军官训练团精神训话稿。

**0873. 复兴民族之要道**　蒋中正著　军事委员会政治部　1938 年 6 月　2 + 172　32 开　抗战建国丛书　军事委员会战时工作干部训练部第一政治部主编

本书包括 10 部分：复兴民族之要道、教育立国之前例、教育救国与救国教育、救国教育的要点、要造成救国的学风、惟教育与经济可以救中国、教育界的责任与今后教育的方针、进德修业与革命之途径等。

**0874. 告全国青年书**　蒋介石讲述，民团周刊社编辑　民团周刊社　1939 年 5 月再版　南宁　28
32 开　丙种丛刊第八种　建国丛刊第一辑之三　蒋卉主编

本书分 4 篇：告全国青年书、国庆日勖勉国民、告全国国民书、日本军阀的孤注一掷。

**0875. 和平　奋斗　救中国**　蒋介石讲述　一心书店　1938 年 1 月　上海　1 + 67　32 开　抗战丛刊之一

本书共收蒋介石言论 7 篇：《和平奋斗救中国》、《为保卫国土实行神圣抗战》、《抗战是中国唯一的出路》、《抗战时期的国民》、《全国一致抗日》、《日本是必然要崩溃的》、《中国把握着最后胜利》。

**0876. 纪念"九一八"十周年告全国国民书**　蒋介石等著　［1941 年］　32　16 开　油印　有

插图

　　书中另收《东北沦亡与统一》（短评）、《纪念"九一八"十周年》（潘访仙）、《纪念"九一八"应有的认识与努力》（田曼青）等文章。

**0877.** 建立自由平等的新世界（蒋委员长在美国报纸发表论文）　蒋介石著　中央组织部边疆语文编译委员会译　译者印　1942 年 12 月　［18］　32 开　藏译中枢重要文告之四十

　　1942 年 11 月蒋介石为美国《前锋论坛报》举行的实时问题讨论会所撰写的论文。藏汉对译本。

**0878.** 蒋介石先生嘉言类钞　［蒋介石著］，彭国栋编　商务印书馆　1940 年 6 月 7 版　长沙　6 + 548　32 开

　　包括哲学、修养、党务、政治、军事、教育 6 大类。书前有编者序。

**0879.** 蒋介石先生抗战建国名言钞　陈福华辑　商务印书馆　1945 年 10 月初版，1945 年 11 月再版，1946 年 12 月 4 版　上海　3 + 51　32 开

　　全书分 5 节：立国要素、抗战意义、抗战精神、战时生活、建国要道。附录收《对从军学生训词》。有编者叙言。

**0880.** 蒋介石最近的抗战主张　［蒋介石著］，向愚编　战时出版社　1938 年 6 月初版　9 + 98　32 开

　　本书分上、下两编：上编为抵御外侮与复兴；下编分"到了最后关头"、"中国最后一定战胜日本"、"完成二期革命的任务"等 14 个部分。附录收《告全军将士书》、《告全国国民书》、《为我军退出南京宣言》等 7 篇文章。书前有"编者的话"。

**0881.** 蒋委员长驳斥近卫声明　蒋介石著　河南民国日报社　河南　18　32 开

**0882.** 蒋委员长驳斥近卫之声明　蒋介石著　32　32 开

**0883.** 蒋委员长的书告和国际的舆论（抗战两周年纪念日）　福建省抗敌后援会编　编者刊　1939 年 7 月　52　32 开

　　本书收录 8 篇文章：《蒋委员长告日本国民书》、《蒋委员长告全国军民书》、《蒋委员长对战地同胞广播讲演》、《蒋委员长告各友邦书》、《英舆论咸认敌国必归失败》、《美各报对我抗战均表乐观》、《苏联各报热烈表示纪念》、《国际反侵略大会向领袖献旗》。附录收《敌俘热烈参加抗战纪念》。

**0884.** 蒋委员长告全国国民书　［蒋介石著］　军事委员会政治部　16　32 开

　　附录收《军委会发言人谈话》、《前方将领之意见》。

**0885.** 蒋委员长讲总理遗教　蒋介石著　青年书店　1939 年 3 月　重庆　218　32 开　有图表

　　本书分 6 个部分：总理遗教概要、政治建设之要义、物质建设之要义、心理建设之要义、社会建设与民生哲学之要义、总理遗教之结论。

**0886.** 蒋委员长抗战论文集（第一辑　民国廿六年——民国廿七年）　龚文达编　文化出版社　1945 年 10 月　64　32 开

　　本书收录蒋介石 12 篇抗战讲话，包括：《对卢沟桥事变之谈话》、《廿六年国庆日对全国民众演说词》、《为国军退出南京告全国民众书》、《组织三民主义青年团告全国青年书》、《抗战周年纪念日告全国军民书》等。

**0887. 蒋委员长抗战书告辑要**　正中书局　1939 年 2 月初版渝本　3＋182　64 开

本书正编 15 篇：《对卢沟桥事件之严正表示》、《抗战建国周年纪念日告全国军民书》、《以事实证明敌国必败与我国必胜》等；别录 15 篇：《集中力量挽救危亡》、《抗战军事与外交》、《与外国记者畅论抗战前途》等。

**0888. 蒋委员长抗战问答**　[蒋介石著]，抗战教育研究会编　新生出版社　1938 年 4 月初版　汉口　7＋99　32 开

全书分 8 卷：怎样完成统一、怎样认识国策、怎样估计敌情、怎样推动各国、怎样运用战术、怎样培养斗志、怎样训练民众、怎样争取胜利。

**0889. 蒋委员长抗战言论**　[蒋介石著]，储子润编　江西省政府教育厅　1938 年 2 月　江西　4＋56　32 开　抗战丛刊　第 5 辑

本书分 6 节：我们为何要抗战、我们只有一条生路——抗战到底、我们的外交方针、我们只有一个努力的方向、我们怎样争取最后胜利、国人应有之努力。书前有代序：《我们只有一个领袖——蒋委员长》。附录：本书参考文件。

**0890. 蒋委员长抗战言论集**　[蒋介石著]，也芙编　民族解放社　1938 年 2 月初版　4＋53　32 开

收录蒋介石抗战言论 13 篇：《在庐山第二次谈话会上的讲演》、《答新闻记者问》、《为我军退出南京宣言》等。附录收《电令守土长官不得畏避》。

**0891. 蒋委员长抗战言论集**　[蒋介石著]，伊兰编　抗敌救亡出版社　1938 年 3 月　4＋48　32 开

收录蒋介石 1937 年、1938 年两年内抗战言论 15 篇：《告抗战全军将士书》、《自信自立与自强》、《集中力量抵抗暴敌》、《争取最后胜利》、《推行新运与抗战》等。

**0892. 蒋委员长抗战言论集**　蒋介石著，新生活运动促进总会编　编者刊　1938 年 7 月　8＋214　32 开　新运丛书第 18 种

收录蒋介石抗战言论共 32 篇：《一贯的方针和立场》、《政府对日方针》、《驱除倭寇复兴民族》、《为自卫生存而抗战》等。附录收宋美龄抗战言论 11 篇：《中国决心自救》、《为条约之尊严而战》、《战时妇女》、《中国无所畏惧》等。书前有黄仁霖弁言，书后有章楚跋。

**0893. 蒋委员长抗战言论集**　[蒋介石著]，程契生编　生活书店　1939 年 8 月 4 版　4＋295　32 开　有图表

收录蒋介石抗战言论 34 篇：《告抗战全军将士书》、《中国抗战与各国态度》、《抗战到底》、《为中共宣言谈话》、《持久战与三民主义》等。附录收《国民政府为实行自卫宣言》、《中国共产党为国共合作宣言》、《抗战建国纲领》等 9 篇。

**0894. 蒋委员长抗战周年纪念日告全国军民**　蒋介石著　蒙藏委员会编译室　1938 年 8 月　[60]　大 32 开　抗战小丛刊之七

汉蒙对译本。

**0895. 蒋委员长庐山训话**　蒋介石著，众语编辑　每周出版社　1938 年 9 月　4＋60　32 开　抗建丛书之一

本书分 3 讲，第 1 讲 18 章：日本的教育精神、日本与全世界为敌、自信的必要、支那的意义、日本敌情判断的错误、到处有敌探、时然后战、日本人皆侦探等；第 2 讲 11 章：利用万物、利用废物、勤劳、将来的战况、新与旧、运用之妙、抗日战术、组粗并训练民众、经济抵抗、训练之要点、步兵操典纲领之重要；第 3 讲 19 章：身体力行并传授部下、大公无私尽忠报国、抗日必胜之

理、基本战术基本武器、精神克敌、自强自立、日本军人之骄妄愚昧等。书前有序。书后有勘误表。

**0896. 蒋委员长论抗战必胜训词释义**　蒋介石著，国民政治军事委员会政治部编　编者刊　[1939年3月]　1+82　32开

本书原文采自蒋介石1939年1月26日在五中全会上的训词。书前有序及凡例。

**0897. 蒋委员长民国三十年国庆纪念日告全国军民书**　[蒋介石著]，蒙藏委员会编译室编译　编者刊　1941年11月　[31]　32开　抗战小丛刊之二十六

汉蒙藏维对译本。

**0898. 蒋委员长为持久抗战告全国国民书**　蒙藏委员会编译室　蒙藏委员会总务处第四科　1938年11月　[60]　32开　抗战小丛刊之十

汉蒙藏维对译本。

**0899. 蒋委员长为日汪密约告全国军民书**　蒙藏委员会编译室编译　编者刊　1940年4月　[178]　32开　抗战小丛刊之十六

汉蒙藏维对译本。

**0900. 蒋委员长最近抗战文选**　[蒋介石著]，程伟编辑　民团出版社　1942年5月初版　2+128　32开

本书收35篇文章：《第三届全国教育会议训词》、《军事化的教育》、《为实行国民军事总动员告全国国民书》、《发挥全民族精神力量完成抗建使命》、《国际演变决不影响我抗战方针》、《民国三十年国庆日告全国军民书》等。

**0901. 蒋院长训词**　蒋介石讲　[1937年]　8　32开

蒋介石1937年1月30日为专科以上学校毕业生就业训导班第一期学员受训期满所发表的训词。出版时间根据内容推断。

**0902. 蒋中正全集（第二编党义与党务）**　[蒋介石著]，金成编　国际书局　1945年12月初版　上海　2+74　32开

分为4部分，收录了《国民党与三民主义》、《国民党的出路》、《团结内部抵制外侮》、《党与政府的关系》、《党员的责任和地位》、《党员应有的努力》等17篇蒋介石在各个场合的讲话、训话、演讲等。

**0903. 蒋主席如何领导抗战**　中国国民党河北省党部编　编者刊　2+46　32开　河北党务丛刊之十一

分3部分：蒋主席小传、主席抗战言论辑要、抗战军事纪要。

**0904. 揭穿暴日整个灭华阴谋（蒋委员长讲）**　[蒋介石讲]，中国国民党浙江省党部编　编者刊　1939年1月　29　64开

收录蒋介石1938年12月26日在重庆总理纪念周的讲话。

**0905. "九一八"以来领袖抗战建国文献（第一编）**　蒋介石讲，大公报西安分馆编　大公报西安分馆　1941年3月4版　西安　6+211　32开

本书收录自1931年至1938年12月蒋介石关于抗战建国的文献共46篇：《"九一八"事变发生时对日本侵略行为之严正指示》、《能发扬民族精神必能抗日》、《所谓中日亲善当以道义为出发

点》、《五十生日感言》、《卢沟桥事件报告》等。有编辑大意。

**0906.** "九一八"以来领袖抗战建国文献（第二编）　蒋介石讲，大公报西安分馆编　大公报西安分馆　1941年3月再版　西安　6+229　32开

本书收录自1939年至1940年1月蒋介石关于抗战建国文献的共43篇：《告全国士绅教育界书》、《五中全会开幕致词》、《太平洋上之'九一八'》、《痛斥投降理论》、《抗战到底反对投降》等。有编辑大意。

**0907.** "九一八"以来领袖抗战建国文献（第三编）　蒋介石讲，大公报西安分馆编　大公报西安分馆　1941年3月再版　西安　4+156　32开

本书收录1941年2月至1941年10月蒋介石关于抗战建国的文献共26篇：《新生活运动六周年纪念日广播词》、《抗战三周年纪念日告全国国民书》、《抗战三周年纪念日告友邦人士书》、《"七七"纪念日对美国广播词》等。有编辑大意。

**0908.** "九一八"以来——一九三一年至一九三九年领袖抗战建国文献全集　蒋介石讲，大公报西安分馆编　大公报西安分馆　1939年3月初版　西安　4+234　32开

本书收录自"九·一八"事变发生至1939年蒋介石关于抗战建国的文献共31篇：《"九一八"事变发生时对日本侵略行为之严正指示》、《抵御外侮与复兴民族》、《五全大会外交报告》、《对最后关头的解释》、《电慰抗战阵亡将士家属》等。附录收对国内外新闻记者之谈话18篇、致国内外之重要电令10篇。

**0909.** 抗日与胜利　蒋介石讲，程鸥选辑　正义书店　1947年3月初版　4+122　32开　主席文献之一

收录抗战期间蒋介石的部分言论。

**0910.** 抗战到底　蒋介石讲　生活书店　1937年12月初版，1938年1月再版　上海　2+91　32开　救亡文丛之一

本书收11篇：《卢沟桥事件的意义》、《政府对日的方针》、《告抗战全军将士书》、《抗战到底》、《中国抗战与各国态度》、《为自卫生存而抗战》、《为罗斯福总统演说谈话》、《争取最后胜利》、《继续奋斗》等。附录收《国民政府为实行自卫宣言》、《中国决心自救》（宋庆龄）、《中国共产党为国共合作宣言》等。

**0911.** 抗战二周年总裁文告　中国国民党中央执行委员会宣传部编　编者刊　1939年7月　1+83　64开

本书收录文告5种：《抗战第二周年纪念日告全国军民书》、《抗战第二周年纪念日告友邦书》、《抗战第二周年纪念日告日本民众书》、《抗战第二周年纪念日对战地民众广播词》、《抗战第二周年纪念日慰问阵亡将士家属电》。

**0912.** 抗战以来蒋委员长言论集　蒋介石著，程鹏编辑　芷江出版社　［1945年］　上海　4+127　32开

本书分3部分辑录蒋介石抗战言论：抗战的意义和目的、确立统一的抗日战线、一致奋起为国努力。书前有编者序，出版时间据此内容推断。

**0913.** 抗战以来领袖的宣示与训词　军事委员会政治部编辑　青年书店　1939年2月再版　重庆　4+98　32开

本书共收录蒋介石宣示与训词18篇：《庐山谈话会》、《对新闻记者谈话》、《告抗战全军将士

书》、《告国民书》、《对外报记者谈话》、《新生活运动四周纪念广播演词》、《对国际反侵略运动大会电》等。有编辑例言。

**0914. 抗战与革命**　蒋介石著，贝华主编　文化编译馆　1938 年 12 月初版，1939 年 10 月 4 版 ［428］　32 开　有照片

本书分 3 编收录蒋介石抗战言论："七·七事变"以来的重要言论、革命哲学、抵御外侮与复兴民族。附录收《蒋委员长传略》、《蒋委员长的人格与修养》。书前有编辑弁言。

**0915. 抗战最高指导原则**　蒋介石著，福建省政府秘书处公报室编　编者刊　1938 年 7 月初版　36 ＋ 12　16 开

本书收蒋介石言论 8 篇：《卢沟桥事件之性质与意义》、《对中国共产党共赴国难宣言告国人书》、《赞同美总统罗斯福维护条约尊严之主张》、《为南京失陷告全国国民书》、《新生活运动与御侮图强》等。书后附《抵御外侮与复兴民族》演讲 1 篇。封面有"蒋委员长在抗战后所发表之言论"字样。

**0916. 立志为学与服务（领袖对青年之教训）**　蒋介石著，青年出版社编　编者刊　1938 年 8 月，1939 年 3 月再版，4 ＋290　32 开　青年丛书

本书收录蒋介石文章、讲词等共 24 篇，包括：《为组织三民主义青年团告青年书》、《学生是学校的主人》、《学生运动与青年的责任》、《青年的地位及其前途》、《学生要劳作要听父母教师的话》、《求学先要立定志向》等。

**0917. 领袖抗战言论集**　［蒋介石著］，军官训练团编　编者刊　1938 年 3 月　［210］　32 开 精装　有照片　军事委员会军官训练团训练丛书　第 1 种

本书辑录蒋介石抗战言论，分抗战国策与战略战术两编。

**0918. 领袖抗战言论集**　［蒋介石著］，独立出版社编　编者刊　1938 年 8 月再版，1938 年 12 月 11 版　重庆　8 ＋78　32 开　战时综合丛书　第 1 辑　第 1 种

本书收录蒋介石 1934 年 7 月至 1938 年 2 月所发表的抗战言论，包括：《抵御外侮与复兴民族》、《对日一贯的方针和立场》、《政府对日决定的方针》、《驱除倭寇复兴民族》、《中国为自卫生存而抗战》等。书前有《战时综合丛书例言》。书后附《电令守土长官不得畏避》、编后记和讨论大纲。

**0919. 领袖抗战言论集**　［蒋介石著］，中国国民党中央执行委员会宣传部编　编者刊　1939 年 2 月　8 ＋164　32 开

本书收 51 篇文章：《抵御外侮与复兴民族》、《对日一贯的方针和立场》、《政府对日决定的方针》、《驱除倭寇复兴民族》、《我国自卫抗战方针》、《上海撤退乃为长期抗战》、《中国抗战基础极稳固》、《畅论抗战前途》等。

**0920. 领袖抗战言论续集**　［蒋介石著］，独立出版社编　编者刊　1938 年 12 月初版，1939 年 8 月 11 版　重庆　4 ＋58　32 开　战时综合丛书第 3 辑

本书收录了 25 篇文章，包括：《中国抗战基础极稳固》、《我军效率有显著进步》、《坚毅沉着奋斗到底》、《为什么要信仰耶稣》、《日本已无获胜把握》、《致各级党部函激励全国父老士绅》等。书后有编后记和讨论大纲。

**0921. 领袖抗战言论续集**　［蒋介石著］，中国国民党中央执行委员会宣传部编　编者刊　1939 年 12 月　4 ＋176　32 开

收录 29 篇文章：《国民参政会第三次大会开会词》、《新生活运动五周年纪念训词》、《海南岛日军登陆问题》、《国民参政会第三次大会休会词》、《第三次全国教育会议训词》、《告四川同胞书》等。

**0922. 领袖抗战言论集（三）** ［蒋介石著］，中国国民党中央执行委员会宣传部编　编者刊　1941 年 5 月　5＋320　32 开

本书收 46 篇文章：《五届六中全会开会词》、《实施宪政应具之确切认识》、《二十九年元旦对全国国民广播词》、《川政建设之检讨与今后应有之努力》、《推进地方自治之基本义务》、《第二届国民参政会第一次大会闭会词》等。

**0923. 领袖抗战言论三集**　蒋介石著　独立出版社　1939 年 4 月初版，1939 年 8 月 7 版　重庆　4＋61　32 开　有图表　战时综合丛书第 4 辑第 1 种

本书辑录了蒋介石在 1937 年 7 月至 1939 年 1 月的言论。书前有《战时综合丛书》第 4 辑例言，书后有编后记以及讨论大纲。

**0924. 领袖抗战言论四集**　蒋介石著　独立出版社　1940 年 2 月初版　重庆　2＋86　32 开　战时综合丛书　第 4 辑

本书集录了蒋介石在 1939 年 2 月至 6 月期间的言论。书后有编后记以及讨论大纲。

**0925. 领袖抗战言论五集**　［蒋介石著］，独立出版社编　编者刊　1940 年 4 月 9 版　重庆　104　32 开　战时综合丛书　第 5 辑

本书收录 18 篇讲话，包括：《抗战二周年纪念日告全国军民书》、《抗战二周年纪念告友邦书》、《再告士绅教育界书》等。书前有编者序，书后有讨论大纲。

**0926. 领袖十年来抗战言论集**　［蒋介石著］，军事委员会政治部编辑　青年书店　1939 年 1 月初版　重庆　4＋324　32 开

本书分 19 部分：誓雪五三国耻、拥护公理与抗御强权、团结内部抵御外侮、研究中华民族致弱之由来与日本立国精神之所在、要抵抗日本帝国主义先要抵抗日本武士道的精神、怎样复兴中华民族、能发扬民族精神必能抗日、抗日救国在乎自立自强、御侮救国的路、知耻诚意与决心、御侮图存之要诀、民族战争取胜的要诀、抵御外侮与复兴民族、现代国家的生命力、对外关系、国民自救救国之要道、统一救亡、卢沟桥事变后的庐山谈话。书前有编辑例言。

**0927. 领袖言行（第二册）**　南岳干训班编　编者刊　1939 年 4 月　4＋［409］　32 开　突击丛书之十三

本书为第四、五、六编，分军事、政治和外交。包括：说"军纪"、以必死之心操必胜之权、军纪与战斗心理、抗战检讨与必胜要诀、统一救亡、为痛斥近卫狂妄声明训词等。封面有题赠。

**0928. 领袖最近训词**　蒋介石讲　教育部　200　32 开

本书共 7 篇：《第五届中央执行委员会第五次全体会议开会词（以事实证明敌国必败及我国必胜）》、《总裁揭发敌国阴谋与阐明抗战国策之训示》、《蒋委员长南岳军事会议开会训词》、《蒋委员长南岳军事会议训词》等。

**0929. 领袖最近训词七种**　［蒋介石讲］，军事委员会政治部编辑　编者刊　1939 年 8 月初版　2＋［210］　32 开　有图表

本书分 7 个部分：三民主义之体系及其实行程序、行的道理（行的哲学）、政治的道理、认识时代——何谓"科学的群众时代"、军事基本常识——（军事训练之要领）、军事训练基本动作的

意义与效用、训练的目的与训练实施纲要。书前有陈诚所作序言。

**0930. 领袖最近训词七种**　　［蒋介石讲］，国民政府军事委员会政治部编　编者刊　1939 年 11 月再版　4+280　32 开　有图表

本书分 7 个部分：三民主义之体系及其实行程序、行的道理（行的哲学）、政治的道理、认识时代——何谓"科学的群众时代"、军事基本常识——（军事训练之要领）、军事训练基本动作的意义与效用、训练的目的与训练实施纲要。书前有陈诚所作序言。

**0931. 领袖最近训词七种**　　［蒋介石讲］，国民政府军事委员会政治部编　中央秘书处文化驿站总管理处　1940 年 3 月　4+280　32 开　有图表

本书分 7 个部分：三民主义之体系及其实行程序、行的道理（行的哲学）、政治的道理、认识时代——何谓"科学的群众时代"、军事基本常识——（军事训练之要领）、军事训练基本动作的意义与效用、训练的目的与训练实施纲要。书前有陈诚所作序言。

**0932. 庐山军训至抗战胜利总裁抗战言论类编（庐山军训至抗战胜利　第一编军事编）**　蒋介石著，康丹校订　经纬出版社　1945 年 12 月初版　2+140　32 开

本书分 36 个部分：我们要为何抵抗敌人、卢沟桥事变报告、致世界和平大会电、揭破日本全部阴谋、日军进攻海南岛答问、国民精神总动员一周年纪念训词、对日意德宣战告海外侨胞书、抗战五周年纪念日训词、抗战胜利广播词等。卷首有编辑大意。

**0933. 认识时代——何谓"科学的群众时代"（总裁训词）**　蒋介石著　［1939 年 4 月］　58　64 开

蒋介石于 1939 年 4 月 22 日对党政训练班第二期学员的训词。

**0934. 三民主义之体系及其实行程序**　蒋介石讲　新中国文化出版社　［1939 年 5 月］　38　64 开　有图表

本书为蒋介石于 1939 年 5 月 7 日在中央训练团发表的演讲稿。

**0935. 胜败分明**　军事委员会政治部编　编者刊　10　64 开　抗战小丛书　第 1 集

内容为蒋介石五中全会训词大意。分两节：日本必败、中国必胜。

**0936. 新中国——要从我们的手里创造出来（蒋委员长讲）**　　［蒋介石讲］　上海热血出版社　1938 年　2+92　32 开

收录蒋介石抗战言论 16 篇：《政府对日的方针》、《为自卫生存而抗战》、《继续奋斗》、《怎样挽救国家危亡》、《青年之责任》等。

**0937. 要抵抗日本帝国主义先要抵抗日本武士道的精神（总裁训词）**　蒋介石著　［1939 年 5 月］　64　64 开

本文系蒋介石于 1932 年 6 月发表的讲演词，1939 年 5 月校正。附录收《日本武士道述略》。

**0938. 以事实证明敌国必败我国必胜**　蒋介石讲述　民团周刊社　1939 年 6 月初版　52　32 开　丙种丛刊第一种　基本认识丛刊第二辑之一　钱实甫主编

本书为蒋介石在中国国民党第五届五中全会上所致开会词。附：五中全会宣言全文。

**0939. 政治建设言论集**　　［蒋介石著］，中央宣传部编　正中书局　1938 年 9 月初版，1940 年 6 月 7 版国纸本　重庆　4+288　32 开　有图表　蒋委员长言论类编之一

本书收录蒋介石关于政治建设的言论，分 39 个部分：对时局之意见、北伐完成后最紧要的工

作、十八年元旦敬告国民、招待美记者团、今后之军事政治与外交、政治人才的重要、目前最切要之五项工作、守秩序有条理是任何方面都不可少的两个要素、以整齐严肃的治军精神治政等。

**0940. 中国国民党告全国同胞书·蒋委员长告东北同胞书（九一八专刊）** 军事委员会政治部 ［1938年］ ［47］ 32开 有照片

本书收两篇：《中国国民党告全国同胞书》、《蒋委员长告东北同胞书》。汉蒙对译本。

**0941. 中国国民党告全国同胞书·蒋委员长告东北同胞书（九一八专刊）** 中央组织部 1938年11月 ［45］ 32开 有照片

本书收两篇：《中国国民党告全国同胞书》、《蒋委员长告东北同胞书》。汉蒙对译本。

**0942. 中国如何战胜日本** 蒋介石讲述 言行出版社 1938年11月初版 4+86 32开

本书分上、下两编，共7个部分：战端一开抵抗到底、踏着先烈的血迹完成国民革命、欲求生存惟有抗战、以大无畏精神争取最后胜利、知己知彼百战百胜、我们的战略与战术、取胜的方法。俞遥作序文。

**0943. 中国之命运** 蒋介石 九星出版社 2+100 32开 有照片

**0944. 中国之命运** 蒋介石著 北平青年夏令营 2+158 32开

**0945. 中国之命运** 蒋介石著 前锋出版社 2+88 32开

**0946. 中国之命运** 蒋介石著 正中书局 1943年3月 重庆 4+214 32开 有插图

**0947. 中国之命运** 蒋介石著 正中书局 1944年1月增订版 重庆 3+223 32开 有插图

**0948. 中国之命运** 蒋介石著 正中书局发行，国民图书出版社翻印 1943年5月 重庆 4+124 32开 有插图

**0949. 中国之命运** 蒋中正著 文华出版社 1945年8月 上海 2+138 32开

**0950. 中国之命运** 蒋介石 寰澄出版社 1945年8月 4+100 32开

**0951. 中国之命运** 蒋介石 胜利出版社 1945年8月 2+100 32开

**0952. 中国之命运** 蒋介石著 上海中国书店 1945年8月 上海 2+133 32开

**0953. 中国之命运** 蒋介石著 明报社 1945年8月初版 3+128 32开 有照片

**0954. 中国之命运** 蒋介石 大公出版社 1945年9月增订初版 上海 106 32开

**0955. 中国之命运（普及本）** 蒋中正著 正中书局 1943年3月10版 重庆 3+213 32开 有插图

书前有中国形势图。

**0956. 总裁对三民主义之诠释** ［蒋介石著］ 南路抗建半月刊社 1941年5月 茂名 26 32开 有插图

本书为蒋介石1939年5月7日的讲话，题目为《三民主义之体系及其实行程序》。

**0957. 总裁关于总理遗教之言论** 中国国民党宣传部 1941年10月出版 3+216 64开 有图表

本书分6个部分：总理遗教概要、政治建设之要义、物质建设之要义、心理建设之要义、社会建设与民生哲学之要义、研究总理遗教之结论。卷首有编辑例言。

**0958. 总裁建国言论选辑（上卷）**　蒋介石讲述　黄埔出版社　1940年4月初版　6＋244　32开
黄埔丛书第2辑第8种

　　分3个部分：总论、抗战与建国、政治建设。

**0959. 总裁建国言论选辑（下卷）**　蒋介石讲述　黄埔出版社　1940年5月初版　8＋314　32开
黄埔丛书　第2辑第9种

　　分4个部分：教育建设、新生活运动、民国经济建设运动、劳动服务运动。书后收附录：新生
活运动纲要、新生活须知、国民精神总动员纲领及其实施办法、国民精神总动员实施办法、国民
公约。

**0960. 总裁抗战言论概要**　中央组织部编著　中央秘书处文化驿站总管理处　1941年4月　6＋134
32开　组训丛书

　　全书共11部分："总裁抗战的决心和步骤"、"最后关头的决定和战略的指示"、"精神团结与
抗战建国"、"抗战必胜的理由"，以及国民、军人、战地民众、青年、本党同志与公务人员、日本
国民和各友邦对中国抗战应有的认识和努力。附录收《总裁驳斥敌相近卫荒谬声明演词》等5篇
文章。

**0961. 总裁抗战言论集（第一辑）**　［蒋介石著］，中国国民党浙江省党部编　编者刊　6＋134
32开　有图表

　　本书分4部分，辑录蒋介石抗战言论：演词、谈话、文告、命令函电。附录收《覆中国国家社
会党代表张君劢函》、《覆中国青年党代表左舜生函》。有引言。

**0962. 总裁抗战言论集（第二辑）**　［蒋介石著］，中国国民党浙江省党部编　编者刊　1938年10
月　6＋106　32开

　　本书分4部分，辑录蒋介石抗战言论：文告、演词、谈话、命令函电。附录收《抗战建国周年
纪念本党中央告国民书》、《抗战建国周年纪念本党中央告同志书》、《"九一八"七周年纪念本党中
央告全国同胞书》、《二十七年国庆日本党中央告同胞书》、《领袖夫妇战时生活》。有引言。

**0963. 总裁抗战言论集（第一辑）**　［蒋介石著］，顾祝同手辑　战地图书出版社　1940年6月初
版　上饶　12＋608　32开　有照片、有图表

　　本书辑录蒋介石抗战言论20类：抗战之认识、抗战与复兴民族、抗战与建国、抗战与统一团
结、抗战与外交等。附录收言论索引3种。书前有顾祝同序。

**0964. 总裁抗战言论集（第二辑）**　［蒋介石著］，顾祝同手辑　战地图书出版社　1940年6月
上饶　660　32开　有插图、有图表

　　本书辑录蒋介石抗战言论9类：哲学、党务、政治、政训、军训、讲词、文告、电文、谈话。
附录收言论索引。

**0965. 总裁抗战言论提要（第一辑）**　蒋介石著，浙江省战时教育文化事业委员会征编组摘录　浙
江省战时教育文化事业委员会书刊发行部　1940年5月初版　浙江　3＋102　32开　有照片

　　本书收蒋介石抗战言论16篇：《抗战之认识》、《抗战与建国》、《抗战与统一团结》、《抗战与
外交》、《抗战与敌伪阴谋》等。有前言。

**0966. 总裁抗战言论选辑**　蒋介石著　黄埔出版社　1940年4月初版　6＋259　32开　黄埔丛书第
二辑之七　黄埔出版社编

　　本书收录蒋介石1937年7月17日至1940年1月23日有关抗战言论29篇。

**0967. 总裁抗战演讲集**　蒋介石讲　正中书局　1940 年 5 月　杭州　2＋120　32 开

　　本书收蒋介石抗战言论 18 篇：《对日的一贯方针与立场》、《争取最后胜利》、《抗战前途无限光明》、《揭穿暴日整个灭华阴谋》、《领导全国精神总动员》等。有前言。

**0968. 总裁两年来重要言论集**　中国国民党浙江省党部编　编者刊　1939 年 7 月　浙江　6＋208　32 开

　　本书分 4 部分，收录蒋介石言论 57 篇：《对日的一贯方针与立场》、《新生活运动与抗战》、《一面抗战一面禁烟》、《驱逐倭寇复兴民族》、《我为自卫生存而抗战》、《决策不变戮力驱寇》、《推行兵役开发经济》、《实行国民精神总动员》等。

**0969. 总裁思想（第一册哲学）**　吴曼君编著　中国文化出版社　1940 年 4 月初版　重庆　68　32 开

　　本书分 5 章：宇宙哲学、人生哲学、认识哲学、伦理哲学、政治哲学。书前有"写在卷头"。

**0970. 总裁思想（第二册党义）**　吴曼君编著　中国文化服务社　1940 年 4 月初版　重庆　66　32 开　有图表

　　本书分 5 章：三民主义总论、民族主义、民权主义、民生主义、三民主义总结。书前有"写在卷头"。

**0971. 总裁思想（第三册党务）**　吴曼君编著　中国文化服务社　1940 年 10 月初版　重庆　120　32 开

　　分 9 章：党的意义、党的作用、党的主义、党的策略、党的组成、党的训练、党的工作、党的改进、党的发展、团的产生。书前有"写在卷头"。

**0972. 总裁思想（第四册民族）**　吴曼君编著　中国文化服务社　1940 年 4 月初版　重庆　122　32 开

　　本书分 5 章：中国民族的伟大、中国民族的危机、复兴民族的要道、国民精神总动员、抗战建国必成功。书前有"写在卷头"。

**0973. 总裁思想（第五册政治）**　吴曼君编著　中国文化服务社　1940 年 3 月初版，1941 年 1 月再版　重庆　8＋70　32 开

　　本书分 5 章：国家至上论、国家有机论、国家统一论、国家建设论、国家行政论。

**0974. 总裁思想（第六册经济）**　吴曼君编著　中国文化服务社　1940 年 4 月初版　重庆　6＋58　32 开

　　本书分 6 章：引论、经济建设的要图、经济建设的内容、经济建设的途径、经济建设的原则、结论。

**0975. 总裁思想（第八册军事）**　吴曼君编著　中国文化服务社　1942 年 4 月初版　重庆　4＋194　32 开

　　本书分 10 章：绪论、军人、组织、军纪、教育、经理、卫生、指挥、作战、结论。

**0976. 总裁思想（第九册教育）**　吴曼君编著　中国文化服务社　1942 年 11 月初版　重庆　6＋152　32 开

　　本书分为 9 章：教育意义论、教育重要论、教育宣传论、教育改进论、教育内容论、教育目的论、教育方法论、训练教育论、战时教育论。

**0977. 总裁为双十节告全国军民书**　蒋介石讲　中央秘书处文化驿站总管理处　1940 年 10 月　22　64 开

收录《纪念建国双十节应消灭侵略政策》、《总裁告将士同胞》。

**0978. 总裁训词特辑（第二集）**　蒋介石著　中央执行委员会秘书处文化驿站总管理处　1941 年 12 月　2＋242　32 开

本书收辑蒋介石 1941 年 3 月 24 日起至 12 月 20 日的文告和演词 24 篇，包括《在八中全会对于党政工作之指示》、《在八中全会对于党政工作之指示》、《抗战与国际形势的展进》等。附录收《中国国民党第五届中央执行委员会第八次全体会议宣言》。

**0979. 总裁训词特辑（第三集）**　蒋介石著　［中央执行委员会秘书处文化驿站总管理处］　1942 年 11 月　重庆　2＋214＋8　32 开

本书收蒋介石抗战言论 21 篇：《加强抗战力量与确立建国基础》、《敌有必败，我须自强》、《战时生活与总动员》、《对于粮政的期望与感想》、《告全国青年书》等。附录收《第五届中央执行委员会第九次全体会议宣言》。

**0980. 总裁训词选读（第一册）**　［蒋介石著］，中国国民党中央执行委员会训练委员会编　编者刊　1940 年 4 月，1941 年 5 月　4＋202　32 开　有图表　训练教程之四（精神讲话）

本书分 18 篇：救国的基础、本团的使命与个人的责任、自信心与气节之重要、国旗与军乐之意义、清洁检查讲评、复兴中华、国民自救救国之要道、全国实施精神总动员、研究中华民族致弱之由来与日本立国精神之所在、自述研究革命哲学经过的阶段、革命哲学的重要等内容。1941 年 5 月再版本增加了第 19 篇：行政三联制大纲。

**0981. 总裁训词选读（第二册）**　［蒋介石著］，中国国民党中央执行委员会训练委员会编　编者刊　1940 年 4 月　2＋292　32 开　有图表　训练教程之四（精神讲话）

收录蒋介石讲话 12 篇：《三民主义之体系及其实行程序》、《行的道理》、《政治的道理》、《主管机关与推行政令之要领》、《科学的道理》等。

**0982. 总裁训示（三十二年度）**　［蒋介石著］，军事委员会政治部编　编者刊　1944 年　4＋212　32 开

本书分：党务及团务 23、军事、政治、经济、社会、外交 5 部分，收录文章 23 篇。

**0983. 总裁训示（三十一年度）**　［蒋介石著］，军事委员会政治部编　编者刊　1944 年　4＋250　32 开

本书分：党务、军事、政治、经济、社会、外交 5 部分内容，收录文章 21 篇。

**0984. 总裁严斥近卫声明**　蒋介石著　中央组织部　1939 年 7 月　81　32 开　有照片

汉藏对译本。

**0985. 总裁言论**　蒋介石讲，张练俺编稿　西康省地方行政干部训练团　1942 年 8 月　5＋168＋2　32 开　有图表

本书共 4 讲：根底之部、哲学之部、策略之部、殷期之部。书前有前言和思想体系表，书后有后语。

**0986. 总裁言论（一）**　中国国民党中央宣传部编辑　编者刊　1940 年 8 月　530　64 开　有图表

分 8 卷，本册收第 1 卷关于总理遗教之言论、第 2 卷关于哲之言论。书前有编辑例言。

**0987. 总裁言论（二）**　中国国民党中央宣传部编辑　编者刊　1940 年 8 月　423　64 开　有图表

分 8 卷，本册收第 3 卷关于军事之言论、第 4 卷关于教育之言论。

**0988. 总裁言论（三）**　中国国民党中央宣传部编辑　编者刊　1940 年 8 月　516　64 开　有图表

分 8 卷，本册收第 5 卷关于党务政治经济之言论、第 6 卷新生活运动之要义。

**0989. 总裁言论（四）**　中国国民党中央宣传部编辑　编者刊　1940 年 8 月　441　64 开　有图表

分 8 卷，本册收第 7 卷关于抗战建国之言论、第 8 卷杂著

**0990. 总裁言论（四）**　［蒋介石著］，中央宣传部编辑　军事委员会委员长侍从室第三处　1940
年 12 月　［445］　64 开

收录第 7 卷、第 8 卷：关于抗战建国之言论、杂著。

**0991. 总裁言论集（抗战第三年）**　［蒋介石著］，谌震编　改进出版社　1943 年 12 月初版　福建
永安　4＋250　32 开

本书分 10 类辑录蒋介石言论：国际形势与抗战形势、政治、地方自治、川政、经济等。有编
辑凡例。

**0992. 总裁言论集（抗战第五年）**　［蒋介石著］，谌震编　改进出版社　1943 年 6 月初版　福建
永安　4＋164　32 开

本书分 9 类辑录蒋介石言论：世界战争与抗战形势、国家总动员、内政、外交等。有编辑
凡例。

**0993. 总裁言论集（抗战第六年）**　［蒋介石著］，谌震编　改进出版社　1943 年 11 月初版　福建
永安　4＋208　32 开

本书分 9 类辑录蒋介石言论：中国经济学说、政治、经济、开发西北与建设西南等。有编辑
凡例。

**0994. 总裁言论辑要**　［蒋介石著］，财政部全国财务人员训练所编　编者刊　［1941 年］　254
32 开

内收《总理遗教第六讲——研究总理遗教之结论》、《三民主义之体系及其实行程序》、《主管
机关与推行政令之要领》、《科学的道理》、《抗战建国中交通财政经济金融各界人员之职责》、《为
学办事与做人的基本要道》、《训练的目的与训练实施纲要》、《行政三联制大纲》、《认识时代——
何谓"科学的群众时代"》9 篇言论训话等。

**0995. 总裁言论辑要（上册、下册）**　［蒋介石著］，中国国民党中央执行委员会训练委员会编
编者刊　1942 年 7 月　18＋952＋4　32 开　训练丛书之二十

本书分上、下两册，共 10 卷：主义、哲学、修养、党务、政治、经济、军事、外交、教育与
训练、新生活运动与精神总动员。

**0996. 总裁言论教本**　［蒋介石著］，中国国民党中央执行委员训练委员会编　编者刊　1945 年 10
月　4＋54　32 开　县各级干部人员训练教材

本书分 9 章：建国的原则与程序、建国的基本工作、心理建设、伦理建设、社会建设等。每章
后附参考资料。书后附录《本会历年出版重要书刊一览》、《勘误表》。

**0997. 总裁言论选集（第一卷　遗教类）**　［蒋介石著］中国国民党中央执行委员会宣传部编　编
者刊　［1942 年］　2＋200　32 开　有图表

收 8 篇文章：《三民主义之体系及其实行程序》、《三民主义与五权宪法概要》、《总理遗教六讲——总理遗教概要》、《政治建设之要义》、《物质建设之要义》、《心理建设之要义》、《社会建设与民生哲学之要义》、《研究总理遗教之结论》等。有编辑例言。

**0998. 总裁言论选集（共 4 册）**　　［蒋介石著］，中国国民党中央执行委员会训练委员会编　中国国民党中央执行委员会宣传部　　［1942 年］　　18＋2536＋4　32 开

本书收录蒋介石言论共 11 卷：主义、哲学、修养、党务、政治、经济、军事、外交、教育与训练、新生活运动与精神总动员、杂著。附录为参考书目和增补 4 篇。

**0999. 总裁言论选集（六卷　经济）**　　［蒋介石著］，中国国民党中央执行委员会宣传部编　编者刊　　［1942 年］　　2＋194　32 开

本书为选集第六卷经济类，收 21 篇言论：经济抗战之精神和要务、抗战建国中财政经济交通人员之责任和成功之要道、土地政策战时实施纲要、为战时公债劝募运动告全国同胞书、中国工业建设之途径等。

**1000. 总裁言论选集（四）**　　［蒋介石著］，中国国民党中央执行委员会训练委员会编　中国国民党中央执行委员会宣传部　　［1942 年］　　［725］　32 开　有图表

本书收录卷八到卷十一的内容，分 4 个部分：外交、教育与训练、新生活运动与精神总动员、杂著。书后附有参考书目以及增补篇。

**1001. 总裁言论选集（增编一）**　　［蒋介石著］，中国国民党中央执行委员会训练委员会编　编者刊　1944 年 1 月　4＋524　32 开　训练丛书之二十一

本书分为 8 部分：哲学、修养、党务、政治、军事、外交、教育与训练、新生活运动与精神总动员。

**1002. 总裁言论选集（增编二）**　　［蒋介石著］，中国国民党中央执行委员会训练委员会编　编者刊　1944 年 1 月　4＋379＋4　32 开　训练丛书之二十一

本书分为 8 部分：修养、党务、政治、经济、军事、外交、教育与训练、新生活运动与精神总动员。

**1003. 总裁一年来言论选辑**　　［蒋介石著］，第二战区战地党政委员会分会编　编者刊　1941 年 3 月　4＋184　32 开

收录蒋介石言论 16 篇：《国民精神总动员周年纪念训词》、《国民参政会五次大会开幕词》、《国民参政会五次大会闭幕词》等。

**1004. 总裁语录（第二集）**　　［蒋介石著］，孙天民编　四达书局　1942 年 10 月蓉版　成都　22＋79　32 开

本书分 3 编：行动的哲学、社会军事化、兵略。书前有综绪、凡例。

**1005. 总裁语录（第一集）**　　［蒋介石著］，孙天民编　四达书局　1942 年 10 月蓉版　成都　34＋286　32 开

本书分 13 编：党义、带兵须知、练兵要旨、军纪要义、精神训话、革命人生观、军人德行、军人修养、作战纲要、剿匪方略、军事和国防、政见、办事要诀。卷首有综绪、自序、凡例。

**1006. 总裁指示我们：怎样实行三民主义**　　大刚报　1939 年 10 月　2＋26　32 开　有图表　大刚丛书之六

本书分 4 个部分：三民主义之体系与其实行程序、行的哲学、政治的哲学、科学精神与科学方法。

**1007. 总裁最近言论集** ［蒋介石著］，尼丹编 上海书店 1940 年 2 月初版 重庆 2+116 32 开 建国丛书之二

本书收 17 篇文章：《抗战二周年纪念告全国军民书》、《抗战二周年纪念日告友邦书》、《抗战二周年纪念日告日本民众书》、《抗战形势更趋巩固》、《最近国际形势与抗战》、《二十八年国庆纪念日告国民书》等。

**1008. 总理遗教** 蒋介石讲述 中央陆军军官学校 1938 年 10 月初版 重庆 113 32 开 有图表 黄埔丛书之一 黄埔出版社编辑

本书分 6 讲：总理遗教概要、政治建设之要义、物质建设之要义、心理建设之要义、社会建设与民生哲学之要义、研究总理遗教之结论。

**1009. 总理遗教** 蒋介石讲述 中国国民党浙江省党部 1938 年 12 月 2+154 32 开 有插图、有图表

本书为蒋介石在峨眉军训团上的讲演，分 6 讲：概要、政治建设之要义、物质建设之要义、心理建设之要义、社会建设与民生哲学之要义、研究总理遗教之结论。

**1010. 总理遗教六讲** 蒋介石讲述 中国国民党河北省党部 河北 136 32 开 有图表 河北党务丛刊之十四

本书分 6 讲：总理遗教概要、政治建设之要义、物质建设之要义、心理建设之要义、社会建设与民生哲学之要义、研究总理遗教之结论。

**1011. 总理遗教六讲** 蒋介石讲述 国民政府军事委员会政治部 1938 年 6 月 162 32 开 有图表 抗战建国丛书 军事委员会战时工作干部训练团第一团政治部主编

本书分 6 讲：总理遗教概要、政治建设之要义、物质建设之要义、心理建设之要义、社会建设与民生哲学之要义、研究总理遗教之结论。

**1012. 总理遗教六讲** 蒋介石讲述 青年书店 1940 年 3 月 3 版，1940 年 9 月 4 版 重庆 218 32 开 有图表

本书分 6 讲：总理遗教概要、政治建设之要义、物质建设之要义、心理建设之要义、社会建设与民生哲学之要义、研究总理遗教之结论。

**1013. 总理遗教六讲** 蒋中正讲述 黄埔出版社 1940 年 5 月初版 2+208 32 开 有图表 黄埔丛书第 1 辑第 7 种

本书分 6 个部分：总理遗教概要、政治建设之要义、物质建设之要义、心理建设之要义、社会建设与民生哲学之要义、研究总理遗教之结论。

**1014. 总理遗教六讲** 蒋介石讲述 四川省学生集训总队训练组 1940 年 6 月 218 32 开 有图表

本书分 6 讲：总理遗教概要、政治建设之要义、物质建设之要义、心理建设之要义、社会建设与民生哲学之要义、研究总理遗教之结论。

**1015. 总理遗教六讲** 蒋介石讲述 广东省地方行政干部训练委员会 1941 年 5 月出版 1+148 32 开 有图表 训练丛书之一

本书分 6 个部分：总理遗教概要、政治建设之要义、物质建设之要义、心理建设之要义、社会建设与民生哲学之要义、研究总理遗教之结论。

**1016. 总理遗教六讲**　蒋介石讲述　尖兵书店　1943 年 6 月　江西泰和　1 + 218　32 开　有图表

本书分 6 讲：总理遗教概要、政治建设之要义、物质建设之要义、心理建设之要义、社会建设与民生哲学之要义、研究总理遗教之结论。

**1017. 总理遗教六讲**　将介石讲述　中国文化服务社　1944 年 5 月再版　174　大 64 开　中国国民党丛书

本书分 6 讲：总理遗教概要、政治建设之要义、物质建设之要义、心理建设之要义、社会建设与民生哲学之要义、研究总理遗教之结论。

**1018. 总理遗教六种**　蒋介石讲述　南岳干训班刊印　1939 年 4 月　2 + 180　32 开　有图表　突击丛书之四

收录蒋介石 1935 年 9 月 14 日至 19 日在峨嵋军训团的演讲，包括：总理遗教概要、政治建设之要义、物质建设之要义、心理建设之要义、社会建设与民生哲学之要义、研究总理遗教之结论。

**1019. 总裁对青年的教训**　蒋介石著，青年出版社编　编者刊　1941 年 5 月初版　重庆　6 + 344　32 开

本书收录自 1925 年至本书出版前蒋介石在各大中学及青年团体之重要训词 27 篇，包括：《告全国青年书》、《中国青年之责任》、《今日青年的地位及其前途》、《革命哲学的重要》、《革命和不革命》、《如何达到革命目的》等。附录收《学生的劳作与服从父母教师的必要》、《中小学生的读书与教行》、《学生是学做好人》。书前有编辑例言。

## 其他著作、言论

**1020. 白部长最近抗战言论选**　白崇禧讲　92　32 开

本书根据白崇禧"国际形势与抗战形势"演讲内容整理。

**1021. 白崇禧先生最近言论选集**　[白崇禧讲]　2 + 127　32 开　有照片

本书分 10 个部分：卢沟桥事变是牺牲的最后关头、军事抗战与政治抗战、全面战争与全面战术、最近党务政治军事的总报告、二十八年元旦的展望、二十八年元旦告军民书、抗战的新形势等。

**1022. 白崇禧先生最近之演讲**　白崇禧讲　中国回民救国协会　[1938 年]　28　32 开

收演讲两篇：《最近党务政治军事的总报告——廿七年十二月廿七日出席广西各界民众大会演讲》、《全面战争与全面战术——在武昌珞珈山对三民主义青年团干训班演讲》。

**1023. 白健生先生言论集**　[白崇禧讲]，广西建设研究会编　编者刊　1941 年 7 月初版　桂林　6 + 305　大 32 开　广西建设研究会丛书

本书收 47 篇文章：《抗战以来党政军之检讨》、《二十八年元旦的新展望》、《二十八年元旦告军民书》、《抗战中党的问题与外交问题》、《抗战的新形势》、《如何支持长期抗战》、《敌人为什么撤退南宁》等。卷首有"本丛书编辑例言"和"本丛书编者弁言"。

**1024. 不忘国仇问答**　冯玉祥著　三户图书社　1938 年 3 月初版　汉口　2 + 42　32 开

共 100 问。前有著者自序。

**1025. 不忘国仇问答** 冯玉祥著 三户图书社 1938年6月3版 汉口 2+56 32开

共100问。前有著者自序、再版序言。补充了1938年2月至4月之间日军的种种暴行,共160问。

**1026. 陈部长最近言论选集** 陈诚著,国民政府军事委员会政治部编 编者刊 1940年1月 6+522 32开

本书收陈诚关于军事、政治、政训、训练、青年与教育等5方面言论50篇。包括《建国与建军》、《抗战方略》、《抗战建国纲领的要旨》、《对汪逆广播之驳斥》、《训练的要旨》、《对于教育的感想与希望》、《抗战建国与妇女的责任》等。

**1027. 陈主席抗战言论集** [陈仪著],福建省政府秘书处公报室编辑 编者刊 1938年12月 4+162 32开

本书收59篇文章:《全民族战争的准备》、《镇定与牺牲》、《怎样应对自卫的战争》、《救国公债是人民爱国心的试金石》、《战地服务必须注意的几件事》、《抗战宣传工作团的使命》、《抗战建国的心理条件和敌情的揭露》等。

**1028. 陈主席言论集** [陈仪著],福建省政府秘书处公报室编述 编者刊 1938年1月 福建 4+244 32开

本书收95篇文章:《牺牲自己是人类最高尚最优美的道德》、《新生活运动下的国民经济建设运动》、《对福建民众的期望》、《完成禁吸鸦片的工作》、《抗战中的反省》、《当兵的意义》等。书前有例言。有题赠。

**1029. 陈主席言论选集** [陈仪著],福建省政府秘书处公报室编辑 编者刊 1939年12月 福建 3+258 32开

本书收75篇文章:《革命成功的愉快与道德牺牲的悲痛》、《改善政治须先从改善官吏做起》、《统一的团结的教育》、《于抗战中纪念"九一八"》、《建立警察制度与信用青年》、《对于受训人员的三点希望》、《本省临时参政会闭幕致词》等。书前有编例。

**1030. 打回南京去** 林森著 民团周刊社 1938年7月初版 南宁 30 32开 丙种丛刊第八种 建国丛刊第一辑之一

本书收录林森的演讲7篇,包括《国府移驻重庆后的感想》、《长期抗战必能获得最后胜利》、《调整中央行政机构的重要意义》、《我为保障和平抵抗到底》、《国际对我抗战情形与我人应有的自觉》、《国际援助与自力更生》及《打回南京去》。

**1031. 邓主任言论集(第一辑)** 邓锡侯讲、川康绥靖主任公署秘书处编 编者刊 1940年8月 成都 12+376 32开 有照片

本书内收邓锡侯于1937年至1940年言论80篇,有《我们的决心与态度》、《返川抵蓉答记者问》、《自前线奉命返川在汉口对记者谈话》、《抗战与防空》、《建设航空与抗战建国》、《如何战胜日本》等。

**1032. 敌人动态与国际情势之剖视** 李宗仁讲 广西绥靖主任公署政治部 [1939年7月] 广西 24 32开

本书为李宗仁于1939年7月6日在第五战区二届政工会议中对全体政工人员训词。

**1033. 抵御外侮与复兴民族** 陈诚讲述 青年书店 1939年3月再版 重庆 37+124 32开

本书分10部分:外侮的由来、敌人的确定、日本侵华的特质、日本本身的情况、我国本身的

情况、御侮的根本方针、御侮的要诀、御侮的方法、御侮必胜的条件、总结。附录收：中日战争之始末与教训。书前有原序、重印题记。

**1034. 抵御外侮与复兴民族**　陈诚讲述　黄埔出版社　1940年6月　34＋186　32开　黄埔丛书第四辑之六

　　本书共10部分：外侮的由来、敌人的确定、日本侵华的特质、日本本身的情况、我们本身的情况、御侮的根本方针、御侮的要诀、御侮的方法、御侮必胜的条件、总结。附录收《中日战争之始末与教训和抗战方略》。书前有原序、重印题记。

**1035. 抵御外侮与复兴民族**　陈诚讲述　［1936年6月］　3＋［147］　大32开

　　本书分10部分：外侮的由来、敌人的确定、日本侵华的特质、日本本身的情况、我国本身的情况、御侮的根本方针、御侮的要诀、御侮的方法、御侮必胜的条件、总论。本文前有提要及讲述者谨识。附录收《中日战争之始末与教训》。

**1036. 第二次世界大战前夜**　宋庆龄等著　战时出版社　1938年2月　上海　2＋128　32开　战时小丛刊之三十三

　　本书收录25篇文章：《一九三七不是一九一四》（史东）、《中日大战与集体安全的威胁》（李蒙建）、《中国抗战发动后的国际形势》（张弼）、《国际阵线的演变与中国抗战》（张志让）、《从中日战争到太平洋战争》（胡愈之）、《中日战争给予英国的影响》（张明养）等。卷首有前言。

**1037. 对汪精卫《举一个例》的进一解**　吴敬恒著　国民政府军事委员会政治部　32　64开

**1038. 冯玉祥先生名著集**（上册）　冯玉祥著　23＋426　32开　有照片、有题词、有图表

　　本书为冯玉祥演讲、宣言、通电、建议电、呈报及呈请电、杂电、贺电及训令的合集。书前有编者序言。

**1039. 革命的道理**　陈辞修讲述　新湖北书店［总经售］　1941年6月3版　12＋68＋12［环衬叶］　32开

　　本书为陈诚1940年10月2日在湖北省干训团教育班毕业典礼上的讲话。附《总理国防十年计划书》。

**1040. 革命之路**　李宗仁讲，广西绥靖主任公署政治部编　1939年5月再版　2＋76　32开　李宗仁言论集之二

　　本书收李宗仁言论10篇：《振作精神努力救国》、《革命军人的责任》、《努力求知，走向革命之路》、《复兴中华民族是我们唯一的任务》、《努力朝着复兴中国的大道迈进》、《广西建设的总目标》、《检点自己努力前进》、《统一意志分工合作》、《教育界的责任》、《从怎样做个革命军人说到我的奋斗小史》。有引言。

**1041. 国际现势·欧战的最近发展·日寇侵略越南对远东国际局势及我国抗战的影响**　［陈辞修讲］　浙江省地方行政干部训练团　1940年10月　浙江　［64］　32开　浙江省地方行政干部训练团讲演录

　　演讲辞。

**1042. 国以民为本**　林森著　民团周刊社　1938年7月初版　南宁　28　32开　丙种丛刊第八种建国丛刊第一辑之四

　　本书收录林森的演讲8篇，包括《信赖政府竭尽职责》、《保卫国土是全国军民应尽的天职》、

《提倡募集抗日将士慰劳金及伤兵难民棉衣运动》、《纪念总理诞辰应该继续抗战到底》、《公务员要摒除恶习尽忠职务》、《国以民为本》、《植树造林要义》及《改良地方金融机构之重大意义》。

**1043. 何总长应钦言论选集** 476 32开 有图表

全书收80篇文章:《敌人的末路和战区同胞应有的努力》、《抗战时期的生活与娱乐》、《驳斥汪逆精卫的投降谬论》、《国民兵建设之前途》等。书后有勘误表。

**1044. 贺衷寒先生讲述选录** 贺衷寒讲 拔提书店 1933年4月 南京 6+248+22 32开

本书共选辑22篇文章,包括《蒋委员长对于我们深切的教训——礼义廉耻的意义》、《亲爱精诚的意义》、《军队政治工作之回顾与展望》、《中国革命前途之估量》、《军队政治工作的意义》、《九一八事变之回顾与感想》、《远东民族应有之觉悟》、《怎样才能打倒日本帝国主义》等。附录收《致前方宣传工作同志书》、《怎样欢迎剿匪救民的蒋总司令》、《欢迎蒋总司令我们应有的认识》、《劝告徐向前蔡申熙来归书》。有序言。

**1045. 黑云暴雨到明霞** 罗家伦著 商务印书馆 1943年7月初版,1946年6月上海初版 5+96 大32开

收《五四运动宣言》、《国防中心论》、《国庆前夕的愧汗》、《告绥远将士书》、《百灵庙战争前夕的绥远》、《建国在作战的时候》、《新民族的前奏曲》、《中华儿女应当目光四射》等45篇文章。

**1046. 坚定抗战必胜建国必成的信念** 蒙藏委员会编译室编译 蒙藏委员会总务处第四科 1939年6月 8+20+17+24 32开 抗战小丛刊之十三

本书是何应钦在中央纪念周的报告,汉蒙满维对译本。

**1047. 蒋百里抗战论集** 蒋百里著 1939年 [264] 32开 有照片、有题词、有图表

本书收录蒋百里论文10篇、讲谈6篇、蒋百里随员日记。书后有附录19篇。

**1048. 蒋百里抗战论集** 蒋百里著 新阵地图书社 1939年4月初版 金华 4+76 32开 有图表

本书收录论文10篇、讲谈6篇、蒋百里随员日记。书后有附录19篇。

**1049. 蒋夫人言论集** [宋美玲著],国民出版社编译 编者刊 1939年2月初版 12+444 大32开

本书分两个部分:战时言论、战前言论。书前有弁言。

**1050. 焦土抗战(李宗仁将军言论)** 李宗仁原著,周焕编辑 一星书店 1938年4月 汉口 1+71 32开

本书收李宗仁言论9篇:《我对于中日问题的观察和主张》(李宗仁)、《民族复兴与焦土抗战》(李宗仁)、《焦土抗战的主张与实践》(李宗仁)、《如何使用民力》(汪精卫)、《对于焦土抗战与游击战之感想》(朱家骅)、《为实现焦土抗战的主张而奋斗》(粟豁蒙)、《论焦土抗战》(劢之)、《焦土抗战运用之商榷》(周焕)、《焦土抗战中的建设》(王宜昌)。

**1051. 焦土抗战的理论与实践(李宗仁言论集)** [李宗仁]言论 全面战周刊社 1938年4月初版 [广西] 4+66 32开 有图表

本书分7个部分:我的主张——焦土抗战、民族复兴与焦土抗战、焦土抗战的主张与实践、在艰苦中解救垂危的祖国、辟唯武器论与机会主义者论、大家负起焦土抗战的责任、从抗战中建设新中国。附录收《在前线上的李宗仁将军》(北鸥)、《李宗仁将军访问记》(逸凡)、《李宗仁将军对

于抗战前途的乐观》（国际社讯通）。

**1052. 今后的战局** 李宗仁著 民团周刊社 1938 年 9 月再版 广西 26 32 开 丙种丛刊第三种 焦土丛刊第一辑之二

本书分 4 个部分：对日抗战问题、今后的战局、在艰苦中解救垂危的祖国、抗战胜利的必然性。

**1053. 救国必读** 冯玉祥著 1937 年 10 月 4 + 292 32 开 精装 有题词

本书分 3 篇：军人读训讲释、党员守则讲释、"十不"标语讲释。书前有作者序。

**1054. 抗建和平之我见** 邹鲁著 商务印书馆 1944 年 4 月初版 重庆 4 + 106 32 开

本书收 26 篇文章：《对抗战建国应有之自觉与努力》、《中大员生应有之认识与责任》、《以本党史实证明抗战必胜》、《抗战中的青年》、《我国人口问题与长期抗战》、《〈四国宣言〉的实践》等。书前有自序。

**1055. 抗建七讲** 孙哲生讲 ［中山文化教育馆］ 1 + 124 32 开 中山文化教育馆抗战特刊

本书收录了 1940 年至 1941 年间关于抗战建国方面的论文。分 7 讲：抗战建国的基本认识、抗战期间的经济政策、粮食问题与抗战建国、民生主义之实行、抗战现阶段的国内外形势、中国的前途、抗战中的建国工作。有梁寒操跋。

**1056. 抗战建国与发扬革命精神** 冯玉祥著 民团周刊社 1938 年 8 月初版 南宁 32 32 开 丙种丛刊第八种 建国丛刊第一辑之八 亢真化主编

本书收录 3 篇文章：《抗战建国与发扬革命精神》、《我们如何抗敌救国》、《争取抗日战争最后胜利与责任问题》。

**1057. 抗战与革命（抗战过程中几个实际问题的检讨）** 陈辞修讲 ［湖北省干部训练团］ 1941 年 2 月 24 32 开

包括民族主义与阶级斗争、民权主义与民主政治、民生主义与共产主义、国民革命的步骤、以党救国与以党建国、国民革命的目的与对象、抗战的铁证与和平的谣诼、抗战到底与必胜的信心、抗战中青年努力的途径等部分。

**1058. 抗战哲学** 冯玉祥著 三户图书社 1941 年 11 月初版 桂林 9 + 134 32 开

分 12 章：抗战哲学是什么、为什么抗战、怎样抗战、抗战已经有了什么成绩、抗战有困难但不怕困难、怎样克服困难、抗战胜利以后、汉奸替自己掘了坟墓、为抗战我该作什么、为抗战不该做什么、服从最高导帅的领统一致努力、读完了《抗战哲学》怎么办。书前有作者自序。

**1059. 抗战最高峰（阎司令长官讲）** 阎锡山讲，孟明编 抗战复兴出版社 1939 年 10 月渝版 重庆 20 32 开

本书为阎锡山在抗战时期的讲话，分 5 讲：我国抗战的形势、抗战最高峰、如何实现全民全面的战争、由抗战到复兴、结语。

**1060. 科学世界与建国前途** 朱家骅著 1943 年 7 月 25 64 开

本书系作者于 1943 年 4 月 8 日在青年团第一次全国代表大会的演讲词。

**1061. 孔院长国庆纪念日告全国民众书** ［孔祥熙著］，［蒙藏委员会编译室］编 编者刊 1938 年 10 月 ［112］ 32 开 抗战小丛刊之九

汉蒙藏维对译本。

**1062. 李德邻先生言论集**　李德邻原著，广西建设研究会编辑　编者刊　1941 年 7 月初版　桂林　6＋229　大 32 开　广西建设研究会丛书

本书收 47 篇文章：《今后的战局》、《对日抗战问题》、《在艰苦中解救垂危的祖国》、《抗战胜利的必然性》、《我们必须有的认识和信念》、《充实主观条件完成抗战伟业》等。

**1063. 李副司令长官兼主席言论集（第一集）**　［李品仙著］，安徽省政府秘书处编　编者刊　1941 年 3 月　8＋217　32 开　有照片

本书分 7 个部分：总类、政治类、经济类、文化类、军事类、党务动员妇运类、其他。书前有编者所写"编例"。

**1064. 李副司令长官兼主席言论集（第二集）**　［李品仙著］，安徽省政府秘书处编　编者刊　1941 年 3 月　7＋245　32 开　有照片

本书分 7 个部分：总类、政治类、经济类、文化类、军事类、党务、其他。书前有编者所写"编例"。

**1065. 李副司令长官兼主席言论集（中华民国二十九年一月至八月）**　［李品仙著］，安徽省政府秘书处编　编者刊　［1940 年］　9＋492　32 开　有插图

本书分 7 个部分：总类、政治类、文化类、军事类、党务动员类、其他、附录。书前有"编例"。

**1066. 李团主任汉魂政治言论选集**　李汉魂著　［广西省地方行政干部训练团］　1941 年 8 月　2＋110　32 开　长官言论集之一

本书收 8 篇言论：告粤同胞书、勖勉调集讲习的乡、镇保甲长书、广东政治新阶段、展开广东省政治新阶段、检讨过去与计划将来、从"行政三联制"说到本省勤政计划、行政人员工作上亟应注意的几个要点、行政人员对于军事训练应有的认识。有编辑例言。

**1067. 李主席言论集（第一辑第三册）**　李宗仁著　中国文化服务社广东分社　1942 年 4 月　广东　4＋304　32 开

本书系李宗仁言论集第 4 至 7 部分：军事方面、保安方面、兵役方面、动员方面。包括防空救国、从游击战说到游击队的整理、如何开展兵役改进工作、国民精神总动员的基本认识、怎样做一个健全的动员干部等。

**1068. 李主席言论集（第一辑第四册）**　李宗仁著　中国文化服务社广东分社　1942 年 4 月　广东　4＋222　32 开

本书系李宗仁言论集第 8 至 11 部分：赈济方面、青年方面、其他方面、特载：党务言论。包括敬告被日寇侵略而落难的同胞、粤北胜利与广东青年、抗战两周年、"七七"抗战建国第三周年我们应有的认识和责任、告全省党员书、本省一年来党务之检讨与今后工作方针等。

**1069. 李宗黄先生讲演录**　李宗黄编著　河南省党部　1938 年 3 月　河南　4＋230　32 开　河南省党部丛书　第 1 种

本书收李宗黄讲演 22 篇：《豫省党务之原则及其约法》、《中日战争胜负之预测》、《各国应援助中国制裁暴日》、《新生活运动与本党》、《抗战中纪念总理逝世十三周年》等。

**1070. 林主席抗战言论集**　［林森著］，独立出版社编　编者刊　1939 年 5 月初版　重庆　6＋56　32 开　战时综合丛书第 2 辑

本书收录林森的演讲 21 篇，包括：《日传统的侵华政策》、《国以民为本》、《中华民族的正

气》、《国际间同情我抗战的情形》、《国际援助与自力更生》等。书后有编后记和讨论大纲。

**1071. 林主席中华民国三十二年元旦广播词**　　［林森著］，蒙藏委员会编译室编译　蒙藏委员会编译室　1943 年 2 月　［36］　32 开　抗战小丛刊之四十

汉蒙藏对译本。

**1072. 马相伯先生国难言论集**　徐景贤编录笔记　文华美术图书公司　1933 年 4 月初版　上海　256　大 32 开　精装　有照片、有题词

辑录马相伯的言论及各报记者采访编写的马相伯印象记。分 5 部分：为日祸敬告国会、中国民治促成会发起宣言、华封老人言善录、乐善堂纪闻序言、乐善堂纪闻附编。

**1073. 梅景周先生抗战言论集**　梅景周著　太平洋类编社　1938 年 10 月　香港　6＋103　32 开　有题词　太平洋丛书之一

内收《驳日本关于华北战事宣言》、《驳日本外交协会关于华北事变宣言》、《中美亲善与日阀暴行》、《抗战一年的过程与前途》等 14 篇文章。附录收《九一八事件谈话》、《驳日本财政宣言》、《驳日本全国新闻协会之英文宣言》、《驳本山彦之谬论》、《驳高柳论中国杯葛》等文章 11 篇。陈彬龢、黄炎培作序。

**1074. 民族复兴与焦土抗战**　李宗仁著　民团周刊社　1938 年 3 月初版，1938 年 8 月再版　广西　40　32 开　丙种丛刊第三种焦土丛刊第一辑之一

内收《民族复兴与焦土抗战》、《焦土抗战的主张与实践》两篇文章。

**1075. 青年必读文选**（第一辑）　教育部训育委员会编　正中书局　1942 年 3 月初版　重庆　4＋70　32 开

本辑收录《世界新道德之潮流》（孙中山）、《宣传要以至诚为本》（孙中山）、《为学做人与复兴民族之要道》（孙中山）、《军事化的教育》（蒋介石）、《致四弟书》（朱执信）、《今后雪耻的两条路》（胡汉民）等文章。

**1076. 青年必读文选**（第二辑）　教育部训育委员会编　正中书局　1942 年 4 月初版　重庆　4＋122　32 开

本辑收录《要立志做大事不可立志做大官》（孙中山）、《青年为学与立业之道》（蒋介石）、《革命的教育》（蒋介石）、《科学的道理》（蒋介石）、《革命与青年》（胡汉民）、《人格之养成》（陈立夫）等文章。

**1077. 青年必读文选**（第三辑）　教育部训育委员会编　正中书局　1942 年 5 月初版　重庆　4＋144　32 开　有图表

本辑收录《心理建设自序》（孙中山）、《三民主义之体系及其实行程序》（蒋介石）、《革命哲学的重要》（蒋介石）、《救国教育》（蒋介石）、《求学与办事》（朱执信）、《三民主义之教育价值》（胡汉民）、《新生命发刊词》（陈布雷）等文章。

**1078. 青年救国之路**　中国国民党中央执行委员会训练委员会编　编者刊　1939 年 8 月　2＋124　32 开　训练丛书 6

收录《学生要立志做大事不可做大官》（孙中山）、《为学之目的与教育之要义》（蒋介石）、《为组织三民主义青年团告青年书》（蒋介石）、《三民主义青年团团员应有的认识与修养》（陈诚）、《第一期抗战之检讨与对青年之企望》（陈诚）、《现代青年应具备的条件》（陈立夫）、《战时青年报国应有之义务》（陈立夫）、《青年必须做生聚教训的工作》（翁文灏）等 13 篇。

**1079. 日本的兴亡与中国**　　[邓晋康]讲　川康绥靖主任公署秘书处　1946年1月　[成都]　34　32开　邓晋康先生讲演辑录4　川康绥靖主任公署秘书处编

收讲演录3篇：《美日谈判与中国前途》（1941年11月22日在四川省训练团）、《日本的兴亡与中国》（1941年12月15日在本署纪念周）、《我国抗战形势》（1942年7月27日在三民主义青年团夏令营）。

**1080. 三民主义论丛**　　胡汉民著，吴曼君编选　江西省三民主义文化运动委员会　1941年10月初版　江西　5+264　32开

本书共分5编：概论、民族主义、民权主义、民生主义、哲学。书前有编者序，书后有编后记。

**1081. 三民主义新中国**　　孙科著　商务印书馆　1945年11月重庆上海初版，1946年12月再版　重庆　2+146　32开

全书收录17篇文章，包括《民主世界中的民主中国》、《三民主义的新中国》、《三民主义的社会政策》、《三民主义的新文化》、《中国政治和经济的前途》、《论战后第一期经建原则》、《怎样促进民主》、《说左右》、《论三种自由》、《有关宪政诸问题》、《五五宪草检讨之收获》等文，附录收《国民政府建国大纲》、《中华民国宪法草案》、《第一期经济建设原则》。

**1082. 三民主义之认识**　　胡汉民著述　黄埔出版社　1939年11月初版　2+158　32开　黄埔丛书　第1辑第8种

本书分4部分：三民主义之认识、三民主义的连环性、怎样才能继承总理之志业、国民党的真解。

**1083. 三民主义之认识**　　胡汉民著　中国文化服务社　1940年2月初版　重庆　2+110　32开　中国国民党丛刊

本书分两部分：三民主义之认识、三民主义的连环性。

**1084. 三民主义之认识**　　胡汉民著　中国文化服务社　1943年12月重版，1946年7月沪再版　上海　4+110　32开　中国国民党丛书

本书分两部分：三民主义之认识、三民主义的连环性。书前有叶楚伧作《中国国民党丛书叙言》。

**1085. 世界战局与中国抗战**　　朱家骅著　[1942年9月]　26　64开

本书为作者于1942年9月6日在中央军校特别训练班上的讲话。

**1086. 宋庆龄抗战意见**　　宋庆龄著　上海明明书局　上海　41　32开

包括我们当前的急务、我们为什么抗战、中国是不能屈服的、国共合作运动感言、中国走向民主途中、十月革命给我们的希望。

**1087. 孙哲生先生言论集**　　孙科著，耿文田选辑　中华书局　1933年12月　上海　10+270　32开　有图表

本书收录著者1926年至1933年间言论46篇，分作党政类及建设类。包括：《怎样去完成本党的使命》《我们为什么要有党》、《抗日救国纲领草案》、《由亡国的路转到救国的路》等。有选辑者言，马超俊、吴尚鹰作序。

**1088. 孙哲生先生言论集（第三册）**　　[孙科著]，中苏文化协会编　编者刊　2+192　32开

本书分 4 个部分，收录《迎划时代之新》、《我们的国，我们的家，我们革命的将来》、《从抗战建国说到世界改造》、《要以坚持抗战国策来纪念国庆》、《扩大辉煌的战绩争取共同的胜利》、《日寇独霸东亚阴谋之扩大》、《屈原与高尔基所给我们的教训》等 23 篇文章。

**1089. 孙哲生先生最近讲演集**　　［孙科著］，中苏文化协会　1940 年 4 月　1＋81　32 开

本书收 4 篇：国际现势与中国、欧战与中国抗战、制宪经过及宪法中几个重要问题、关于宪草制订之经过及内容之说明。

**1090. 孙哲生先生最近言论集 2**　　［孙科著］，中苏文化协会编　编者刊　1940 年 12 月　2＋162　32 开

本书收 18 篇：《廿七年痛苦经验中的教训》、《三民主义与其他主义》、《纪念七七三周年与我们应有的努力》、《今后三年的展望》、《纪念五五与中华民国的宪法》、《团结努力对世界负大责任》、《宪政问题》等。

**1091. 陶希圣先生论文集**　　陶希圣　28　32 开　中华日报丛书之五

本书收录了 5 篇文章：《和平与诚意》、《一百八十度的转变》、《国是与党见》、《再论中日经济关系之新趋向》、《和平运动之目的与手段》。

**1092. 汪副总裁莅湘四讲**　　［湖南省政府编］　编者刊　1938 年 5 月　1＋124　32 开　有题词

本书分 5 个部分：副总裁莅湘手续、地方行政与抗战建国、国际形势与对外方针、抗战建国同时进行、抗战建国要有共同信仰。

**1093. 汪精卫先生抗战言论集**　　汪精卫著，独立出版社编　编者刊　1938 年 6 月初版，1938 年 8 月再版　汉口，重庆　5＋77　32 开　战时综合丛书第 2 辑

本书分 21 个部分：庐山第一次谈话会之引论、庐山谈话会午餐席上致词、庐山第二次谈话会致词、最后关头、大家要说老实话大家要负责任、救国公债、以必死的决心取得民族的生存等。卷首有"战时综合丛书第 2 辑例言"。

**1094. 汪精卫先生最近言论集**　　汪精卫著，林柏生编　中华日报馆　1937 年 7 月初版　上海　8＋96　大 32 开　有照片　中华日报馆丛书第 1 种

本书分上、下两篇，收录自 1932 年至 1937 年间汪精卫的言论，有《一面抵抗一面交涉》、《抵抗要有决心还要有力量》、《抗日与剿共》、《归国途中之谈话》、《绥远抗战的意义》、《关于最近时局之谈话》等 45 篇文章。书前有编辑大意。

**1095. 汪精卫先生最近言论集续编**　　汪精卫著，林柏生编　香港南华日报社　1938 年 6 月再版　香港　2＋138　32 开　有照片　南华日报社丛书之一

本书收录自 1936 年至 1938 年间汪精卫言论 16 篇：《关于救亡图存的几句话》、《救国公债》、《怎样才能持久》、《怎样巩固后方》、《抗战期间我们要注意的三要点》、《抗战期间的新生活运动》等。卷首有编辑大意。

**1096. 卫司令长官抗战言论集（第一、二合集）**　　［卫立煌著］　抗战言论编纂社　1940 年 10 月 3 版　西安　［310］　32 开

本书为合集。第一集分 16 部分：行政人员在抗战中的责任、敌人崩溃的必然性和我们应有的努力、抗战中自强之途、后方勤务与抗战、新运与军民合作、心理革命在抗战中的重要性、青年军人的精神、军人的武器、干训团的意义与教职员的责任等；第二集分 40 部分：创办干训团的意义及其方针、发扬黄埔精神、干部训练与抗战前途、我们怎样打退敌人、前后方打成一片、军人与

党等。

**1097. 我们的力量与敌人的力量**　李品仙著　民团周刊社　1938年3月初版、1938年9月再版　南宁　42　32　丙种丛刊第三种　焦土丛刊第一辑之七　亢真化主编

收录对战时政工人员训练班讲稿两篇：《中日战争之比较》和《本军动员计划及今后军事建设》。

**1098. 我们唯一的路线**（孙院长最近言论集）　孙科著　1944年7月　1+101　32开

本书分9个部分：政治民主化、经济计划化、怎样应付当前的困难问题、一得之见、自由与组织、说左右等。附录收《孙科先生的最近主张》。

**1099. 我们应该怎样为持久抗战而奋斗**　冯玉祥著　三户图书社　1938年11月　桂林　18　32开

本文为冯玉祥在长沙广播电台的抗日演讲。

**1100. 武装保卫华南**　余汉谋等著　战时出版社　117　32开　战时小丛刊之三十九

本书分为上、下两卷，上卷有《保卫华南》、《武装保卫华南》等16篇；下卷包括《救亡工作在香港》、《危机日迫的海南岛》等19篇。

**1101. 现代政治与中国**　贺衷寒讲述　黄埔出版社　1940年8月初版　2+136　32开　有图表　黄埔丛书　第4辑第10种　黄埔出版社编

本书分9个部分：现代政治与中国、人类统治思想之演进与三民主义的使命、统治思想与统治行动形成的条件、自由与约束、主义的认识、领袖的认识、革命与统一、礼义廉耻之社会学的认识、三民主义与合作事业。

**1102. 阎伯川先生政治思想之体系**　李江编著　民族革命出版社　1939年6月　11+272　32开　民族革命丛书之一

包括4章：绪论、政治理论与实践、民族革命与社会革命、为中的哲学基础之探究。

**1103. 曾扩情在川讲演集**　曾扩情讲演　中国国民党四川省党务特派员办事处　1934年1月　4+114　32开　有照片　宣传丛书之六

包括：望共奋起团结救国、国难中新闻记者的责任、开诚布公团结奋斗。

**1104. 张发奎将军抗战言论集**（第一集）　张发奎著，左洪涛、何家槐编集　救亡日报社　1940年1月再版　桂林　2+156　32开　有照片

本书收27篇文章：《应认清胜利之道》、《中日人民应该和兄弟似的联合起来》、《思想与行动应求一致》、《抗战中公务人员应以身作则》、《怎样开展今后抗建工作的基本方针》、《学习两年来抗战的经验与教训》等。书前有勘误表。

**1105. 张发奎将军抗战言论集**（第二集）　[张发奎著]　救亡日报社　4+314　32开　有照片

本书收56篇文章：《广东青年干部的中心任务》、《对本战区第二次政工会议之期望》、《八一三的回顾与抗战前途的瞻望》、《为声讨汪逆敬告吾粤同胞》、《为汪逆精卫出卖乡邦背叛党国告广东同胞》、《抗战三年来的总结及对侨胞的期望》等。

**1106. 张主席言论第三集**　[张治中著]　[湖南省政府秘书处]编　编者刊　1938年5月　4+326　64开

本书收录14篇言论：《抗战时期的努力和现代政府的精神》、《今年的希望和一月来的十项要政》、《树立良好风气的重要》、《出巡湘东南各县经过及观感》、《两大方案中重要说明》、《勇敢地

担当第二期国民革命的进程》等。

**1107. 张主席言论选集**　　［张治中］著　湖南省学生集中训练总队政训委员会　1938 年 8 月　湖南　2＋158　32 开

收录其 1937 年 11 月至 1938 年 6 月所作的报告词、演讲词等 8 篇。附录:《非常时期之湖南省施政方针》、《对实施两大方案之公告》、《对实施改进基层政治机构之公告》3 篇。

**1108. 争论中的几个问题**　　陶百川著　血路出版社　1938 年 3 月　2＋68　32 开

本书包括《略论舆论界对于三民主义的态度和见解》、《与〈解放周刊〉论目前救亡运动中的几个迫切问题》、《我们对于党派问题的意见》、《再论党派问题》、《一个改造党部健全党员刷新党务的方案》、《我们对于民主政权的意见》、《三个口号》、《论〈最后一课〉》等 10 篇文章。有自序。

**1109. 中国不亡论**　　宋庆龄著　上海生活书店　1938 年 1 月再版　上海　58　32 开　救亡文丛之二

该书包括 6 部分:中国不亡论、两个"十月"、致英国工党书、中国走向民主的途中、国共统一运动感言、中国应当干什么。

**1110. 中国不亡论**　　宋庆龄著　生活书店　1937 年 12 月初版,1938 年 1 月,1938 年 3 月 3 版　上海　1＋58　32 开　救亡文丛之二

本书收录 6 篇文章:《中国不亡论》、《两个"十月"》、《致英国工党书》、《中国走向民主的途中》、《国共统一运动感言》及《中国应当干什么》。

**1111. 中国的前途**　　孙科著　商务印书馆　1942 年 11 月初版,1943 年 1 月渝第 2 版,1945 年 11 月上海初版　重庆　2＋224　32 开

本书收 22 篇文章:《怎样完成总理遗志》、《三民主义与其他主义》、《三民主义与世界改造》、《三民主义的世界性》、《抗战建国的基本认识》、《粮食问题与抗战建国》、《中国的前途》、《抗战中的建国工作》等。附录收《抗日救国纲领草案》、《集中国力挽救危亡案》。书后有吴经熊跋《孙哲生先生之人生哲学》。

**1112. 中国与二次大战**　　冯玉祥著　时事出版社　1935 年 5 月初版,1935 年 10 月再版　天津　8＋234　32 开

内容包括:上篇"二次大战的分析";下篇"中国即刻应有的准备"。书前有作者自序。

**1113. 中国之民族精神**　　张厉生著　中国国民党中央执行委员会组织部　1936 年 2 月　112　32 开　训练丛书

**1114. 中国之民族精神**　　张厉生编述　青年书店　1939 年 6 月 3 版　118　32 开

**1115. 最近抗战形势与全民动员**　　［陈诚讲］,蒙藏委员会编译室编译　编者刊　1938 年 12 月　［24］　32 开　抗战小丛刊之十一

军委会政治部陈诚在招待中央各部院长、重庆各界代表晚会上的报告。汉维对译本。

**1116. 最近抗战形势与全民动员**　　陈诚讲,蒙藏委员会编译室编译　编译者刊　1938 年 12 月　［48］　32 开　抗战小丛刊之十一

军委会政治部陈诚在招待中央各部院长、重庆各界代表晚会上的报告。汉维蒙藏对译本。

## 会议、文件

**1117. 第五届中央执行委员会第二次全体会议中央组织部工作报告**　　［中央组织部］编　编者刊

1936 年 7 月　2 + 24 + 14　16 开　有图表

本书分 7 章：本部组织及工作概要、组织工作之指导、党员训练之实施、党员之征求与党籍之整理、党务调查之推进、军队党务之改革、下级党部之考核与视察。附表收《各省市党部铁路海员特别党部及各直属党部委员一览表》等 6 项。

**1118.** **五中全会宣言**　中央组织部边区语文编译委员会编　编者刊　1939 年 4 月　［65］　32 开　有照片

汉维对译本。

**1119.** **中国国民党第五届中央监察委员会报告书**　中央监察委员会秘书处编　编者刊　1945 年 5 月　2 + 26　16 开　有图表

本书分两个部分：总述、工作概况。

**1120.** **中国国民党第五届中央执行委员会常务委员会第八十次会议记录**　84 ［环筒叶］　20.5cm ×27.3cm　油印、线装　有图表

**1121.** **中国国民党第五届中央执行委员会常务委员会第八十一次会议记录**　26 ［环筒叶］　20.4cm ×27.3cm　油印、线装

**1122.** **中国国民党第五届中央执行委员会常务委员会第八十三次会议记录**　15 ［环筒叶］　20.4cm ×27.3cm　油印、线装

**1123.** **中国国民党第五届中央执行委员会常务委员会第一二二次会议记录**　24 ［环筒叶］　20.6cm ×27.5cm　油印、线装

封面有"秘密"字样。

**1124.** **中国国民党第五届中央执行委员会常务委员会第一二三次会议记录**　29 ［环筒叶］　20.6cm ×27.5cm　油印、线装　有图表

封面有"秘密"字样。

**1125.** **中国国民党第五届中央执行委员会常务委员会第一二四次会议记录**　47 ［环筒叶］　20.7cm ×27.3cm　油印、线装　有图表

封面有"秘密"字样。

**1126.** **中国国民党第五届中央执行委员会常务委员会第一二五次会议记录**　17 ［环筒叶］　20.6cm ×27.5cm　油印、线装

封面有"秘密"字样。

**1127.** **中国国民党第五届中央执行委员会第三次全体会议记录**　中央执行委员会秘书处编　编者刊　1937 年 2 月　南京　237　16 开　有照片、有图表

**1128.** **中国国民党第五届中央执行委员会第五次全体会议开会词及宣言**　中国国民党中央执行委员会宣传部编　编者刊　1939 年 2 月　58　64 开

开会词系蒋介石讲。

**1129.** **中国国民党第五届中央执行委员会第五次全体会议宣言及重要决议案**　中央执行委员会秘书处辑　编者刊　1939 年 2 月　2 + 129　32 开

本书收 12 篇文献：《第五届中央执行委员会第五次全体会议宣言》、《对于党务报告之决议

案》、《对于政治报告之决议案》、《对于财政、经济、交通报告之决议案》、《对于军事报告之决议案》、《对于教育报告之决议案》等。附录收《国民精神总动员纲领》、《国民公约及誓词》、《国民精神总动员实施办法》。

**1130.** **中国国民党第五届中央执行委员会第八次全体会议记录**　中央执行委员会秘书处编　编者刊
［1941 年］　8＋356　16 开　有照片、有图表
　　本书收录：会议经过、会议记录、提案原文、议案索引。

**1131.** **中国国民党第五届中央执行委员会第八次全体会议宣言**　蒙藏委员会编译室编　编者刊
1941 年 8 月出版　84　32 开　抗战小丛刊之二十二
　　蒙藏维汉对译本。

**1132.** **中国国民党第五届中央执行委员会第八次全体会议宣言及重要决议案**　中央执行委员会秘书处编　编者刊　1945 年 4 月　2＋78　32 开
　　本书收 18 篇文献：《第五届中央执行委员会第八次全体会议宣言》、《对于党务报告之决议案》、《对于政治报告之决议案》、《对于财政、经济、交通、农林报告之决议案》、《对于军事报告之决议案》等。

**1133.** **中国国民党第五届中央执行委员会第九次全体会议记录**　中央执行委员会秘书处编　编者刊
1941 年 12 月　12＋250　32 开　有照片、有图表
　　本书收录：会议经过、会议记录、提案原文、总裁在全会开幕时训词、议案索引。

**1134.** **中国国民党第五届中央执行委员会第九次全体会议宣言**　蒙藏委员会编译室编　编者刊
1942 年 2 月出版　［82］　32 开　抗战小丛刊之三十一
　　蒙藏维汉对译本。

**1135.** **中国国民党第五届中央执行委员会第七次全体会议记录**　中央执行委员会秘书处编　编者刊
1940 年 7 月　6＋270　16 开　有照片、有图表
　　本书收录：会议经过、会议记录、提案原文。

**1136.** **中国国民党第五届中央执行委员会第十次全体会议纪录**　中央执行委员会秘书处编　编者刊
1942 年 12 月　10＋354　16 开　有照片、有图表
　　本书收录：会议经过、会议记录、提案原文、总裁在全会开幕时训词、议案索引。

**1137.** **中国国民党第五届中央执行委员会第十二次全体会议记录**　中央执行委员会秘书处编　编者刊　1944 年 5 月　6＋172　16 开　有照片、有图表
　　本书分 6 部分：会议经过、总裁训词、会议记录、提案原文、重要文电、议案索引。

**1138.** **中国国民党第五届中央执行委员会第十二次全体会议宣言及重要决议案**　中央执行委员会秘书处编　编者刊　1944 年 5 月　2＋28　32 开
　　本书分 11 部分：第五届中央执行委员会第十二次全体会议宣言、对于党务报告之决议案、对于政治报告之决议案、对于军事报告之决议案、对于教育报告之决议案等。

**1139.** **中国国民党第五届中央执行委员会第十一次全体会议纪录**　中央执行委员会秘书处编　编者刊　1943 年 9 月　6＋164　16 开　有照片、有图表
　　本书收录：会议经过、会议记录、提案原文、总裁在全会开幕时训词、议案索引。

**1140.** **第五届中央执行委员会第五次全体会议宣言**　［国民党中央执行委员会］编　青年书店

1939 年 2 月　重庆　24　64 开

宣言共分 6 部分：抗战以来局势敌愈蹙我越强、我为正义而战博得各国同情、熟察国际趋向已立必胜基础、击破敌人侵略务须实践三事、提高民族精神整饬革命纪律、同志同胞共勉完成抗战大业。

**1141. 第五届中央执行委员会第八次全体会议决议案实施状况表**　　［国民党中央执行委员会］编
编者刊　48　16 开

本书分为党务、政治、军事、经济、教育 5 部分。

**1142. 中国国民党第五届中央执行委员会十中全会宣言**　中央组织部边疆语文编译委员会编译　编者刊　1942 年 12 月　［47］　32 开　蒙译中枢重要文告之七十五

汉蒙对译本。

**1143. 拟向五届三中全会建议案草案**　刘冕执、刘子亚合拟　1937 年 2 月　2 + 46　16 开

**1144. 六中全会开会词及宣言（附五全大会宣言）**　中国国民党中央执行委员会宣传部　1939 年 11 月　68　64 开

**1145. 本党政纲政策及六全大会宣言**　中央组织部译　1945 年 7 月　55　32 开　藏译中枢重要文告之七七

汉藏对译本。

**1146. 中国国民党第六次全国代表大会代表名册**　第六次全国代表大会秘书处编　编者刊　［1945 年］　80 + 3　32 开

**1147. 中国国民党第六次全国代表大会法规汇刊**　中央执行委员会秘书处编　编者刊　1945 年 5 月　2 + 76　32 开　有图表

收录法规 6 种：《第六次全国代表大会组织法》、《第六次全国代表大会代表选举法》（附代表名额分配表）、《三民主义青年团出席本党第六次全国代表大会代表选举法》（附代表名额分配表）、《第六次全国代表大会代表资格审查委员会组织规程》、《第六次全国代表大会秘书处组织规程》、《第六次全国代表大会议事规则》。附录：《民权初步》。

**1148. 中国国民党第六次全国代表大会国防最高委员会党政工作考核委员会工作报告**　［国民党国防最高委员会编］　［编者刊］　1945 年 5 月　2 + 34　32 开　有图表

包括总述、考核工作实施概况、总结 3 章。附《中央党务机关五年来（廿九年至卅三年）工作经费人事考核结果比较表》。

**1149. 中国国民党第六次全国代表大会会议记录**　［中国国民党第六次全国代表大会编］　编者刊　［1945 年］　［重庆］　151［环筒叶］　16 开　油印　有图表

收录预备会议、第 1 – 14 次会议记录等内容。附录收《中国国民党总章》等。

**1150. 中国国民党第六次全国代表大会会议纪录**　162　16 开　油印　有图表

**1151. 中国国民党第六次全国代表大会纪录**　中央执行委员会秘书处编　编者刊　1945 年 5 月　5 + 323　16 开　有照片、有图表

本书收录：第六次全国代表大会会议经过、第六次全国代表大会法规、出席第六次全国代表大会代表及中央委员名单、特准列席第六次全国代表大会人员名单、会议记录、总裁训词。

**1152.** 中国国民党第六次全国代表大会提案原文（第一册）　［1945 年］　14 + 120　32 开
　　收录第 1 号至第 50 号提案。

**1153.** 中国国民党第六次全国代表大会提案原文（第二册）　［1945 年］　14 + ［147］　32 开
　　收录第 51 号至第 100 号提案。

**1154.** 中国国民党第六次全国代表大会提案原文（第三册）　20 + 544　32 开
　　收录第 101 号至第 250 号提案原文。

**1155.** 中国国民党第六次全国代表大会提案原文（第四册）　16 + 496　32 开　有图表
　　收录第 251 号至第 400 号提案。

**1156.** 中国国民党第六次全国代表大会提案原文（第五册）　［1945 年］　8 + 170　32 开
　　收录第 401 号至第 447 号提案。

**1157.** 中国国民党第六次全国代表大会文献（附六届一中全会重要文件）　中国国民党福建省军队特别党部　［1945 年］　3 + 68　32 开　宣传丛书之七
　　本书分 4 个部分：训词及宣言、政纲政策、各项施政报告决议案、其他重要决议案。附录收《本党总裁》、《第六届中央执监委员名单》、《第六届中央执行委员会常务委员名单》、《第六届中央监察委员会常务委员名单》。出版时间依书中内容推断。

**1158.** 中国国民党第六次全国代表大会宣言　中国国民党中央执行委员会宣传部编　编者刊　24　32 开
　　附：修订中国国民党政纲。

**1159.** 中国国民党第六次全国代表大会宣言　16　32 开
　　附：中国国民党政纲（六全代会修订）。

**1160.** 中国国民党第六次全国代表大会宣言　中华日报　上海　24　32 开
　　附：修订中国国民党政纲。

**1161.** 中国国民党第六次全国代表大会宣言及重要决议案　三民周刊社　26　32 开　有照片
　　收录《中国国民党第六次全国代表大会宣言》及《重要决议案——修订本党政纲案》。

**1162.** 中国国民党第六次全国代表大会宣言及重要决议案　中央执行委员会秘书处编　编者刊　1945 年 6 月　4 + 110　32 开
　　收录《第六次全国代表大会宣言》、《中国国民党总章》、《本党政纲政策案》、《关于国民大会召集日期案》、《关于宪法草案案》、《对于党务报告之决议案》等 31 种决议案。附：《中央执行委员会第一次全体会议重要决议案》等 5 种。

**1163.** 中国国民党第六次全国代表大会中央革命勋绩审查委员会工作报告　1945 年 5 月　20　16 开　有图表
　　本书有 7 章：本会之沿革、本会之职掌、申请案审查标准、申请案处理程序、本会工作状况、本会重要规程、本会委员职员录。封面标有"秘密"字样。

**1164.** 中国国民党第六次全国代表大会中央组织部工作报告　［中央组织部编］　编者刊　1945 年 5 月　4 + 16　16 开
　　本报告分 3 章：发展组织、健全组织、开展活动。

**1165.** 中国国民党第六次全国代表大会重要议题参考文件　中央执行委员会秘书处编　编者刊
1945 年 4 月　8 + 366　32 开

　　本书收录了 4 部分参考文件：关于国民大会者、关于宪法草案者、关于本党总章及各级党部组
织法规、关于政治纲领者。

**1166.** 中国国民党第六届全国代表大会政治总报告　国民政府编送　编者刊　1945 年 5 月　22
16 开

**1167.** 中国国民党第六届中央执行委员会第一次全体会议纪录　中央执行委员会秘书处编　编者刊
1945 年 5 月　3 + 60　16 开　有照片、有图表

　　本书收录：会议经过、总裁训词、会议记录、提案原文、议案索引。

**1168.** 中国国民党第六次代表大会中央设计局工作报告　1945 年 5 月　15　16 开　有图表

　　本书分 3 个部分：工作综述、工作概况、工作检讨。

**1169.** 第六次全国代表大会宣传部工作报告　［中国国民党中央执行委员会宣传部编］　编者刊
1945 年 4 月　12　16 开

　　工作报告分 12 个部分：总说、宣传制度、基层宣传、新闻宣传、印发书刊、艺术宣传、广播
宣传、文化运动、出版审检、国际宣传、对敌宣传、战地宣传。

**1170.** 第六届中央执行委员会第二次全体会议提案原文（第一册自一号至四十八号）　　［国民党中
央执行委员会］编　编者刊　118　32 开

　　本书收录了第六届中央执行委员会第二次全体会议第 1 号至 48 号提案原文。

**1171.** 第六届中央执行委员会第二次全体会议提案原文（第二册自四九号至一〇〇号）　　［国民党
中央执行委员会］编　编者刊　168　32 开

　　本书收录了第六届中央执行委员会第二次全体会议第 49 号至 100 号提案原文。

**1172.** 中国国民党中央常务委员会第九次会议记录　　［1940 年 5 月］　12［环筒叶］　16 开　油
印　有图表

**1173.** 中国国民党中央常务委员会第十一次会议记录　　［1940 年 6 月］　6［环筒叶］　16 开　油
印　有图表

**1174.** 中国国民党中央常务委员会第十三次会议记录　　［1940 年 7 月］　12［环筒叶］　16 开
油印　有图表

**1175.** 中国国民党中央常务委员会第十八次会议记录　　［1940 年 10 月］　7［环筒叶］　16 开
油印　有图表

**1176.** 中国国民党临全大会宣言　　［广东各界拥护中国国民党总裁及临全大会宣言暨抗战建国纲领
大会编］　编者刊　1938 年 4 月　［广州］　41　32 开

**1177.** 中国国民党临时全国代表大会纪录　中央执行委员会秘书处编　编者刊　1938 年 3 月　2 +
138　16 开　有照片

　　本书收录：大会之召集及会议经过、大会法规、议事纪录、演词、议案索引。

**1178.** 中国国民党临时全国代表大会宣言及抗战建国纲领　万象书店　1938 年 4 月初版　26　32 开

**1179.** 中国国民党临时全国代表大会宣言及抗战建国纲领　国民政府军事委员会政治部　1938 年 5

月　36　32 开　有照片

**1180. 中国国民党临时全国代表大会宣言及抗战建国纲领**　浙江省抗日自卫委员会战时教育文化事业委员会编　编者刊　1938 年 6 月　2 + 106　32 开　抗战建国小丛书第 1 种

本书分 5 个部分：中国国民党临时全国代表大会宣言、抗战建国纲领、本党召开临时全代大会之意义及吾人今后应有之努力、舆论一斑。

**1181. 中国国民党全体代表大会中央执行委员会全体会议宣言集**　四川省政府　1940 年 4 月　四川　4 + 132　32 开

本书收宣言 22 篇：《中国国民党第一次全国代表大会宣言》、《中国国民党第二次全国代表大会宣言》、《中国国民党第二届中央执行委员会第二次全体会议对于整理党务案宣言》、《中国国民党第二届中央执行委员会第四次全体会议宣言》等。

**1182. 中国国民党政纲政策**　中国国民党中央执行委员会训练委员会编　编者刊　1943 年 3 月　4 + 236 + 4　32 开　有插图　训练教程之十五

本书分 8 章：导言、民国十三年以前本党政纲政策的演进、建国大纲——本党的基本政纲、北伐时代本党的政纲、全国统一时代本党的政纲、抗战建国时代本党的政纲、本党政纲政策的实施、结论。卷首有编辑例言，书后有附录。

**1183. 中国国民党中央执行委员会第六次全体会议中央社会部工作报告**　1939 年 11 月　64 ［环筒叶］　16 开　有图表

**1184. 中国国民党中央执行委员会海外部职员录**　［1945 年 4 月］　40 ［环筒叶］　12.3cm × 17.8cm　线装

出版时间依封面推断。

**1185. 重要统计参考资料**　中国国民党中央执行委员会训练委员会编　编者刊　1944 年 7 月　［53］　16 开　有图表　训练专刊之十一

本书收 53 幅图表，分土地与人口、党务、政治、经济、交通、财政、教育、卫生、社会 9 个方面。书前有说明。

**1186. 总裁六中全会致开幕词·六中全会宣言**　［（伪）中央组织部编］　编者刊　1940 年 2 月　［135］　32 开　有照片

本书收录了 1939 年 11 月 12 日召开的中国国民党第五届中央执行委员会第六次全体会议开幕辞和大会宣言。汉蒙对译本。

**1187. 最近本党历次大会宣言及重要决议案**　中央执行委员会秘书处编辑　编者刊　1940 年 11 月　4 + 244　32 开　有图表

本书收录会议宣言、决议案及演说词，分 5 部分：临时全国代表大会、第五届中央执行委员会第四次全体会议、第五届中央执行委员会第五次全体会议、第五届中央执行委员会第六次全体会议、第五届中央执行委员会第七次全体会议。

**1188. 最近中央重要文告**　中央训练团编　编者刊　1943 年 1 月　2 + 52　32 开

本书分 8 个部分：第五届十中全会宣言、第五届十中全会关于党务改进之决议案、第五届十中全会关于国家总动员工作之检讨与实施加强官制物价方案之决议案、第三届国民参政会第一次大会关于拥护加强管制物价方案报告之决议等。

**1189. 最近中央重要文告**　中央训练团编　编者刊　1943 年 11 月　2 + 67　32 开

本书收录 13 条文告：《蒋委员长颁发"设计考核委员会组织通则"通电》、《蒋委员长颁发"党政各机关工作计划及概算配合编造通则"通电》、《蒋委员长为指示各机关编造工作计划代电》、《蒋兼院长为规定加强管制物价方案实施办法通电》等。附录：《大西洋宪章》、《中美平等条约》、《中英平等条约》、《联合国宣言》、《中美英苏四国关于普遍安全之联合宣言》。

**1190. 党员须知**　安新县委会翻印　1940 年 10 月　河北　14［环筒叶］　64 开　油印

内容包括 7 个部分：序言、党、党员、党的组织、党的纪律、支部、秘密工作。

**1191. 蒋委员长九中全会开幕词**　蒙藏委员会编译室编译　蒙藏委员会编译室　1942 年 1 月　［40］　32 开　抗战小丛刊之三十

汉蒙藏维对译本。

**1192. 励志录**　［中国国民党安徽省执行委员会编］　编者刊　1939 年 8 月　1 + 47　64 开

本书分 6 个部分：中国国民党党员守则、军人读训、新生活纲要、新生活须知、节约运动大纲、国民公约。

**1193. 三十三年度专案考核报告**　党政工作考核委员会编　［编者刊］　50［环筒叶］　18cm × 25cm　油印、线装　有图表

本书分 6 个部分：中央及各省市政务机关三十三年度推行行政三联制情形考核简报、三十三年度各机关经费支出考核简报、三十三年度四川等 6 省市推行地方自治专案报告、三十三年度江巴两县地方自治考核报告、三十三年度四川等 5 省办理禁烟报告、甘肃水利工程考核报告。

### 党务工作

**1194. 党部组织工作演习示范（组训教材）**　中央组织部　1944 年 3 月　26　32 开

**1195. 党的组织与训练问题**　张强讲，中央训练团党政高级训练班编　编者刊　1943 年 6 月　8 + 44　32 开

本书分 3 部分：绪论、组织问题、训练问题。

**1196. 党务法规辑要**　中央执行委员会秘书处编　编者刊　［1942 年］　20 + 634　32 开　有图表

本书辑录了截至 1942 年 3 月之国民党党务法规，分为 10 编：党政纲领、中央各机关组织、各级党部组织、党籍及党费、宣传与出版、民众团体与社会运动、教育与训练、监察与人事、典章印信、财务。书前有凡例。

**1197. 党务法规辑要**　中央执行委员会秘书处编　编者刊　1941 年 1 月　16 + 546　32 开　有图表

本书辑录了截至 1940 年 12 月底之国民党党务法规，分为 10 编：党政纲领、中央各机关组织、各级党部组织、党籍及党费、宣传与出版、民众团体与社会运动、教育与训练、监察与人事、典章印信、财务。书前有凡例。

**1198. 党员手册**　蒋介石著，中国国民党中央执行委员会训练委员会编　编者刊　1940 年 1 月再版　4 + 268 + 4　32 开　有照片、有插图、有图表

本书分 41 部分，包括：中国国民党总章、中国国民党抗战建国纲领、中国国民党党员守则、陆海空军军人读训、党谊党德之标准等。附录收《党政军机关人员小组会议与公私生活行为辅导办法》、《党政机关之区分部小组可融合于机关小组之两项办法》。书前有国民党党歌谱词、总裁肖像、总理遗像遗嘱、总裁训词——唤醒党魂发扬党德与巩固党基。

**1199. 党政工作考核委员会职员录**　1943 年 12 月　19［环筒页］　32 开　油印　有图表

**1200. 改进党务政治经济之要点（总裁训词）**　蒋介石著　［1939 年］　4 + 24　64 开

本书内容为蒋介石在 1939 年 11 月 15 日出席六中全会第三次大会的讲话。出版时间依据内容推断。有题赠。

**1201. 海外党务工作人员须知**　［中国国民党中央执行委员会海外部编］　［编者刊］　1939 年 3 月　52　32 开　有图表

分两部分：事务处理、工作程序。

**1202. 海外党务统计辑要（三十三年度）**　中央海外部统计室编　编者刊　1945 年 3 月　8 + 98　32 开　有图表

本书分 6 部分：组训、宣传、侨运、海外党员之分析、本部工作人员概况、其他。书前有编辑例言。

**1203. 抗战六年来之党务**　中国国民党中央执行委员会宣传部编　编者刊　1943 年 7 月初版　重庆　2 + 36　32 开　抗战建国六周年纪念丛刊

本书分为绪论、本论、结论 3 部分，其中本论部分包括：关于人事与会计及各种综合的工作方面、关于组织与党员工作方面、关于宣传与文化运动方面、关于海外党务与海外宣慰方面、关于各种训练工作方面、关于青年团的组织与工作方面。

**1204. 县以下各级党部组织法规汇编（一）**　［中国国民党四川省执行委员会编］　［编者刊］　1940 年 3 月　4 + 100　32 开　有图表

收录《县代表大会代表选举法大纲》、《县代表大会组织法大纲》、《四川省县（市）代表大会代表选举法》等 40 项法规。附录收《县（市）党务计划委员会组织规程》。

**1205. 现行党务人事制度**　宋宣山讲　1944 年 6 月　4 + 114　32 开　有图表

本书分 10 章：概论、党政工作人员之选举与任用、职等与薪等、考绩、奖惩及抚恤、人事管理、转官、进修、人事机构之统一管理、党政互调。

**1206. 征求党员须知**　中央组织部编　编者刊　1942 年 4 月第 1 次修正版　4 + 38　32 开　组训丛书

本书分 4 章：征求党员的标准、征求党员的比例、征求党员的方法、征求党员的手续。书前有绪言、例言。

**1207. 征求党员须知**　中央组织部编　编者刊　1945 年 1 月　4 + 38 + 10　32 开　有图表　组训丛书

本书分 4 章：征求党员的标准、征求党员的比例、征求党员的方法、征求党员的手续。书前有绪言、例言。附录收《中国国民党申请入党办法》、《征求党员办法》。

**1208. 整理党务的理论（第一集）**　［中国国民党浙江省党务指导委员会宣传部编］　编者刊　6 + 78　32 开

本书收录 11 篇文章：《以党的民主化制止党的官僚化》（徐文台）、《党的改组与党的整理》（王漱芳）、《总登记是党员的总检查总考试总训练》（于右任）、《所谓中国国民党的再造运动》（何安国）、《改组中央党部之建议》（陈果夫、丁惟汾、蒋中正）、《整理党务计划》（丁惟汾、陈果夫、蒋中正）、《本党之理论组织宣传》（蒋中正）、《本党理论纲领》（整理党务根本计划案审查委员会）、《整理特别党部》（蒋中正、戴季陶）、《驳斥许崇智邹鲁等"留别西美同志书"》、《中国国民党党员总登记的意义》。书前有徐文台所作弁言。

**1209. 中国国民党法规辑要**　中央训练团编　编者刊　1944 年 3 月　13＋438　32 开　有图表

本书选编 1938 年至 1943 年间的国民党法规，分党政纲领、组织、党籍、宣传与出版、训练、监察与人事、财务 7 类。书前有凡例。附录收非常时期本党党员信约等 4 篇文件。

**1210. 中国国民党各级党部组织**　中央政治学校编　编者刊　1943 年 3 月　2＋34　32 开

本书分 4 部分：概论、党部组织、本党组织之运用方式、结论。

**1211. 中国国民党中央党务训练团报告**　1940 年 12 月　104　16 开　有照片、有题词、有图表

本书主要分 5 部分：主席训词、报告、章则、学员成绩表、统计图表。

**1212. 中央党部党务统计手册**　中央秘书处人事处编　编者刊　1942 年 11 月　5＋25　横 32 开　有图表

分 3 部分：中央委员、各部处会、秘书处。附：经费及党员月捐。

**1213. 中央党部三十二年上半年度人事统计辑要**　中央秘书处编制　编者刊　[1943 年]　21　横 16 开　油印　有图表

收录国民党中央党部人事统计相关表格 16 种。书前有编辑大意。

**1214. 中央党务机关三十年度工作成绩考察报告**　[1941]　78 [环筒叶]　16 开　油印　有图表

本书分上、下两篇：一般报告、各个报告。附录收《中央党务机关二十九年度、三十年度工作成绩数量比较表》、《中央党务机关三十年度工作成绩考察报告总述》等。

**1215. 朱部长对于组织工作之指示**　中央组织部编　编者刊　1943 年 7 月初版　1＋158　32 开

本书辑录中央组织部长（朱家骅）自 1940 年 3 月至 1943 年 4 月间的工作会报、警务会报、部务会议之指示等 45 篇。附录收《军队党工人员应有的认识》、《论学校党务》等 9 篇文章。封面题"机密"字样。

**1216. 总裁对于党务工作之指示（第五届中央执行委员会第八次全体会议）**　中央执行委员会秘书处　14　32 开

本书分两部分：对于党务工作之指示、党政机关在行政方面应注意之要点。

**1217. 总裁对于组训工作之指示**　中央组织部编　编者刊　1942 年 11 月　2＋50　32 开　组训丛书

包括导言、组织、训练、结论 4 部分。

## 地方党务

**1218. 安徽省党务工作报告**　中国国民党安徽省执行委员会编　编者刊　1945 年 3 月　28　16 开

**1219. 福建省党务设施之回顾与前瞻**　陈肇英编述　1939 年 10 月　46　32 开　有图表

本书包括绪言、混乱割据时期、统一发展时期、抗战发生以后之设施。附各种不定期一览表。

**1220. 江西省党部部务管理**　中国国民党江西省党部编　编者刊　1937 年 11 月　22　32 开　有图表

本书分 5 个部分：人事管理、文书处理、档案管理、物品管理、职员退职规则。

**1221. 三十二年度四川省执行委员会组训工作总报告**　四川省党部组训处编　编者刊　[1943 年]

四川　52　16 开　有图表

本书共 3 部分：组织部门、训练部门、党部指导部门。附录收《组训工作各项数字统计报告表》、《四川省各县区党部分部分布状况表》等。

**1222. 一年来之天柱党务**　［1943 年］　15［环筒叶］　16 开

本书为天柱县自 1942 年 8 月起至 1943 年 8 月止一年来之党务工作专刊。出版时间据内容推断。

**1223. 中国国民党福建省执行委员会三十年度工作计划**　2 + 52　32 开　有图表

本书分计划提要与工作计划内容两部分。

**1224. 中国国民党福建省执行委员会三十年七月份工作报告**　［1941 年］　16［环筒叶］　16 开　油印　有图表

本书共 8 部分：委员及区党务督导员动态、征求党员、发展下级组织、训练党员、党团活动及党员工作情形、指示下级重要工作及改进计划、协助军事及推行政令或其他重要事项、一个月来之工作检讨。

**1225. 中国国民党湖南省第三届全省党务工作会议汇编**　中国国民党湖南省执行委员会编　编者刊 1942 年 12 月　5 + 94　16 开　有照片、有图表

本书分 7 部分：插图、法规、训词及讲评、工作报告、会议记录、文电、附录。书前有例言。

**1226. 中国国民党江西省执行委员会三十年七月份工作报告**　［1941 年］　107［环筒叶］ 26.7cm×18.7cm　油印、线装　有图表

**1227. 中国国民党新疆省执行委员会工作报告（三十二年度一至八月份）**　中国国民党新疆省执行委员会编　编者刊　［1943 年］　4 + 24　16 开　有图表

**1228. 中国国民党浙江省执行委员会三十年一月至九月工作报告**　［1941 年］　45［环筒叶］ 25.4cm×17.6cm　油印、线装　有图表

**1229. 中国国民党中央直属重庆市执行委员会工作报告（民国二十九年八月至十月）**　［53］［环筒叶］　18.5cm×26.2cm　油印、线装　有插图、有图表

本书分 5 部分：组织工作、宣传工作、社会工作、总务工作、人事工作。

**1230. 中国国民党驻港澳总支部工作报告书**　1941 年 10 月　9［环筒叶］　32 开　油印

封面印有"密件"字样。

**1231. 重庆市党部工作报告**　［1945 年］　［50］［环筒叶］　16 开　有图表

本书分两部分：执行委员会、监察委员会。其中执行委员会包括 3 部分：一般工作、组训工作、宣传工作；监察委员会分 3 部分：一般工作、审查工作、稽核工作。出版时间据内容推断。

**1232. 重庆市党部工作报告**　1945 年 4 月　2 + 22　16 开　有图表

本书分 3 章：概述、工作、检讨与建议。

**1233. 重庆市党部工作报告（民国三十年元月份）**　1941 年 1 月　［24］　17.5cm×26.2cm　油印、线装　有图表

本书分 5 部分：组织工作、宣传工作、社会工作、总务工作、人事方面。

**1234. 重庆市党部工作报告（民国三十年四月份）**　1941 年 4 月　［26］　17.5cm×26.2cm　油印、线装　有图表

本书分4部分：组织工作、宣传工作、社会工作、总务工作。

**1235. 重庆市党部工作报告（民国三十年五月份）**　　1941年5月　　[22]　　17.5cm×26.2cm　　油印、线装　有图表

本书分4部分：组织工作、宣传工作、社会工作、总务工作。

**1236. 重庆市党部三十年度工作总报告**　　[1942年]　　[61]　[环筒叶]　　17.5cm×26.2cm　　油印、线装　有图表

本书分5部分：概况、组织工作、社会工作、宣传工作、总务工作。出版时间据内容推断。

## 三民主义青年团

**1237. 青年的使命**　　[1940年]　　16　64开

本书收录：《三青团成立两周年纪念——蒋团长发告青年书》。有题赠。出版时间根据内容推断。

**1238. 三民主义青年团第一届中央干事监察会工作报告（1944年4月至1945年3月）**　　中央团部编　编者刊　2+180　32开　有图表

本书分3章：第一届第二次全体干事会议暨干事监察联席会议决议案执行情形、发展团务十年计划第一期进度实施经过、一年来工作概况。

**1239. 三民主义青年团团史资料第一辑初稿（上编）**　　三民主义青年团中央团部编　编者刊　1946年8月　10+450+2　32开　有照片、有插图、有题词、有图表

本书辑录三民主义青年团自1938年成立至1945年年底的团史资料。分5章：本团之诞生、机构暨人事之变迁、重要法令、重要会议、本团第一次全国代表大会。附录：《三民主义青年团组织系统表》、《中央团部各时期各单位历任主管人员一览表》。书前有凡例，书后有编后记。

**1240. 三民主义之组织及其精神**　　罗敦伟编著　七七书局　1938年7月初版　重庆　4+50　32开　青年向导社丛书之一

本书分8章：青年团与兴党建国、青年团与统一信仰、青年团与党派问题、青年团与政治斗争、青年团与抗战精神力、青年团与民众动员、青年团与强化物力、青年团与青年出路。书前有弁言。附录收《蒋团长告全国青年》、《三民主义青年团团章》。封面题名为《三民主义青年团之组织及其精神》。

**1241. 三项运动（团员入团训练教材）**　　三民主义青年团中央团部编　编者刊　1942年6月　2+60　32开

本书分5章：总论、新生活运动、国民经济建设运动、国民精神总动员、结语。

**1242. 四川支团部干事会成立后半年工作报告（自三十二年十月三日至三十三年三月二十九日）**　　[1944年]　　2+73　32开

本书包括8部分：概述、组织、训练、宣传与服务、散发蓉市贫民购米证、协助办理特种军事工程、庆祝第一届青年节、女青年。

**1243. 团长对青年的教训**　　青年出版社　1943年3月　6+486　32开　青年丛书之九

本书收录了蒋介石在各大、中学及青年团体的训词39篇。附录收《学生的劳作与服从父母教师的必要》、《中小学生的读书与敦行》、《学生是学做好人》。书前有编辑例言。

**1244. 团长训词汇辑（三民主义青年团第一次全国代表大会暨第一届中央干事监察第一次联席会议）**　中央团部　1943 年 5 月　2＋150　64 开

本书共收 7 部分：本团第一次全国代表大会开会词、青年团之职责与当前急务、青年团工作的要领、本团第一次全国代表大会闭会词、青年团工作之重心与态度、本团第一届中心干事监察第一次联席会议、本团第一届中央干事监察第一次联席会议、闭会词。

**1245. 团长训示**　［蒋介石讲］　1942 年 6 月　186　32 开

本书收录 1938 年 6 月至 1941 年 8 月蒋介石在三民主义青年团训词 11 篇，包括：《告全国青年书》（1938 年 6 月 16 日）、《告全国青年书》（1940 年 7 月）、《团员入团宣誓训词》、《青年团员办事的精神和方法》、《今后发展团务的途径》、《对于青年组训的指示》、《青年团的工作方针与要务》等。

**1246. 一年特刊**　甘肃青年出版社印刷所编　编者刊　1945 年 7 月　48　32 开　有插图

本书为三民主义青年团甘肃支团部干事会所属甘肃青年出版社印刷所一周年纪念特刊，分 4 部分：特载、论著、文艺、工人园地。书后有编后的几句话，附《本所一年来员工阵容》。

# 中国共产党

## 著作、言论

### 毛泽东著作、言论

**1247. 第二次帝国主义战争与中国抗战**　毛泽东著　时论编译社　1939 年 10 月　香港　30　32 开

该书包括 3 部分：目前国际形势与中国抗战、第二次帝国主义战争、国际新形势与中国抗战（新华社社论）。封面有毛泽东照片。

**1248. 改造我们的学习**　毛泽东著　1941 年 5 月　8　32 开

毛泽东著《改造我们的学习》一文。

**1249. 改造我们的学习**　毛泽东著　新华书店　1942 年　7　32 开

毛泽东著《改造我们的学习》一文。

**1250. 基础战术（抗日军政大学讲义）**　毛泽东著　自强出版社　1938 年 3 月　汉口　100　32 开

该书共分 10 讲：什么是工人阶级、中国工人阶级、职工抗日联合会、无产阶级的历史任务、工人阶级的政党——共产党、中国工人运动、中国工人阶级与中华民族解放、中华民族解放与世界无产阶级革命、中国工人运动的当前任务、山东的职工运动。

**1251. 接见中外记者参观团毛泽东论中国需要民主兼论第二战场的意义和影响**　［毛泽东讲］，新华日报资料室编　1944 年 6 月　1 张　18.2cm×37.8cm

内容分为 3 个部分：毛泽东同志致辞、各记者的问题、毛泽东同志答。

**1252. 抗日战争的新阶段**　毛泽东等著　上海明明书局　上海　63　32 开

收录：《抗日战争的现势及其教训与胜利的关键》（毛泽东）、《日寇侵略的新阶段与中国人民斗争的新时期》（王明）。

**1253. 抗日战争胜利后的时局和我们的方针**　毛泽东著　16　32 开

内容为毛泽东 1945 年 8 月 13 日著《抗日战争胜利后的时局和我们的方针》一文。

**1254. 抗战到底** 朱德著　上海救亡出版社　1937 年 11 月　上海　32　32 开　有照片

附录收《朱彭的印象》、《谈到平型关之战》、《抗战的前途》、《八路军实质的考察》。

**1255. 论持久战** 毛泽东著，抗日战争研究会编辑　解放社　1938 年 7 月初版　103　32 开　抗日战争丛书第 2 种

包括"问题的提起"、"问题的根据"、"驳亡国论"、"妥协还是抗战？腐败还是进步？"、"亡国论是不对的，速胜论也是不对的"、"为什么是持久战？"、"持久战的三个阶段"、"犬牙交错的战争"、"为永久和平而战"、"能动性在战争中"、"战争与政治"、"抗战的政治动员"、"防御中的进攻，持久中的速决，内线中的外线"、"主动性，灵活性，计划性"、"运动战，游击战，阵地战"、"消耗战，歼灭战"、"乘敌人之隙之可能性"、"抗日战争中的决战问题"、"兵民是胜利之本"、"结论"。书后附油印《论持久战的问题讨论大纲》一页。

**1256. 论持久战** 毛泽东著，抗日战争研究会编辑　解放社　1942 年 4 月再版　103　32 开

包括"问题的提起"、"问题的根据"、"驳亡国论"、"妥协还是抗战？腐败还是进步？"、"亡国论是不对的，速胜论也是不对的"、"为什么是持久战？"、"持久战的三个阶段"、"犬牙交错的战争"、"为永久和平而战"、"能动性在战争中"、"战争与政治"、"抗战的政治动员"、"防御中的进攻，持久中的速决，内线中的外线"、"主动性，灵活性，计划性"、"运动战，游击战，阵地战"、"消耗战，歼灭战"、"乘敌人之隙之可能性"、"抗日战争中的决战问题"、"兵民是胜利之本"、"结论"。书后附油印《论持久战的问题讨论大纲》一页。

**1257. 论持久战** 毛泽东著　101　32 开

包括："问题的提起"、"问题的根据"、"驳亡国论"、"妥协还是抗战？腐败还是进步？"、"亡国论是不对的，速胜论也是不对的"、"为什么是持久战？"、"持久战的三个阶段"、"犬牙交错的战争"、"为永久和平而战"、"能动性在战争中"、"战争与政治"、"抗战的政治动员"、"防御中的进攻，持久中的速决，内线中的外线"、"主动性，灵活性，计划性"、"运动战，游击战，阵地战"、"消耗战，歼灭战"、"乘敌人之隙可能性"、"抗日战争中的决战问题"、"兵民是胜利之本"、"结论"。

**1258. 论持久战** 毛泽东著　40　12.3cm×17.5cm　线装

包括："问题的提起"、"问题的根据"、"驳亡国论"、"妥协还是抗战？腐败还是进步？"、"亡国论是不对的，速胜论也是不对的"、"为什么是持久战？"、"持久战的三个阶段"、"犬牙交错的战争"、"为永久和平而战"、"能动性在战争中"、"战争与政治"、"抗战的政治动员"、"防御中的进攻，持久中的速决，内线中的外线"、"主动性，灵活性，计划性"、"运动战，游击战，阵地战"、"消耗战，歼灭战"、"乘敌人之隙可能性"、"抗日战争中的决战问题"、"兵民是胜利之本"、"结论"。本书系敌占区地下出版物，封面伪装题名为"文史通义，上海广益书局印行"，书口印"文史通义内篇之一"。

**1259. 论持久战** 毛泽东著　90　32 开

包括："问题的提起"、"问题的根据"、"驳亡国论"、"妥协还是抗战？腐败还是进步？"、"亡国论是不对的，速胜论也是不对的"、"为什么是持久战？"、"持久战的三个阶段"、"犬牙交错的战争"、"为永久和平而战"、"能动性在战争中"、"战争与政治"、"抗战的政治动员"、"防御中的进攻，持久中的速决，内线中的外线"、"主动性，灵活性，计划性"、"运动战，游击战，阵地战"、

"消耗战，歼灭战"、"乘敌人之隙可能性"、"抗日战争中的决战问题"、"兵民是胜利之本"、"结论"。后附：《论持久战》问题研究一百条

**1260. 论持久战**　毛泽东著　辽东建国书社　1+79　32 开　建国丛书之五

**1261. 论持久战**　毛泽东著　辽东建国书社　［1945 年］　74　32 开

　　包括："问题的提起"、"问题的根据"、"驳亡国论"、"妥协还是抗战？腐败还是进步？"、"亡国论是不对的，速胜论也是不对的"、"为什么是持久战？"、"持久战的三个阶段"、"犬牙交错的战争"、"为永久和平而战"、"能动性在战争中"、"战争与政治"、"抗战的政治动员"、"防御中的进攻，持久中的速决，内线中的外线"、"主动性，灵活性，计划性"、"运动战，游击战，阵地战"、"消耗战，歼灭战"、"乘敌人之隙可能性"、"抗日战争中的决战问题"、"兵民是胜利之本"、"结论"。

**1262. 论持久战**　毛泽东著　上海每日译报社　1938 年 10 月 21 日 3 版　上海　88　32 开　英商每日译报专论丛刊

　　包括："问题的提起"、"问题的根据"、"驳亡国论"、"妥协还是抗战？腐败还是进步？"、"亡国论是不对的，速胜论也是不对的"、"为什么是持久战？"、"持久战的三个阶段"、"犬牙交错的战争"、"为永久和平而战"、"能动性在战争中"、"战争与政治"、"抗战的政治动员"、"防御中的进攻，持久中的速决，内线中的外线"、"主动性，灵活性，计划性"、"运动战，游击战，阵地战"、"消耗战，歼灭战"、"乘敌人之隙可能性"、"抗日战争中的决战问题"、"兵民是胜利之本"。

**1263. 论持久战**　毛泽东著　新华日报馆　1938 年 12 月再版　汉口　107　32 开　新群丛书第 15 种

　　包括："问题的提起"、"问题的根据"、"驳亡国论"、"妥协还是抗战？腐败还是进步？"、"亡国论是不对的，速胜论也是不对的"、"为什么是持久战？"、"持久战的三个阶段"、"犬牙交错的战争"、"为永久和平而战"、"能动性在战争中"、"战争与政治"、"抗战的政治动员"、"防御中的进攻，持久中的速决，内线中的外线"、"主动性，灵活性，计划性"、"运动战，游击战，阵地战"、"消耗战，歼灭战"、"乘敌人之隙可能性"、"抗日战争中的决战问题"、"兵民是胜利之本"、"结论"。

**1264. 论持久战**　毛泽东著　解放社　1938 年 7 月　95　32 开　有题词

　　包括："问题的提起"、"问题的根据"、"驳亡国论"、"妥协还是抗战？腐败还是进步？"、"亡国论是不对的，速胜论也是不对的"、"为什么是持久战？"、"持久战的三个阶段"、"犬牙交错的战争"、"为永久和平而战"、"能动性在战争中"、"战争与政治"、"抗战的政治动员"、"防御中的进攻，持久中的速决，内线中的外线"、"主动性，灵活性，计划性"、"运动战，游击战，阵地战"、"消耗战，歼灭战"、"乘敌人之隙可能性"、"抗日战争中的决战问题"、"兵民是胜利之本"、"结论"。扉页印有毛泽东题字。

**1265. 论持久战**　毛泽东著　解放社　1938 年 7 月初版，1946 年 6 月 3 版　172　32 开

　　包括："问题的提起"、"问题的根据"、"驳亡国论"、"妥协还是抗战？腐败还是进步？"、"亡国论是不对的，速胜论也是不对的"、"为什么是持久战？"、"持久战的三个阶段"、"犬牙交错的战争"、"为永久和平而战"、"能动性在战争中"、"战争与政治"、"抗战的政治动员"、"防御中的进攻，持久中的速决，内线中的外线"、"主动性，灵活性，计划性"、"运动战，游击战，阵地战"、"消耗战，歼灭战"、"乘敌人之隙可能性"、"抗日战争中的决战问题"、"兵民是胜利之本"、"结

论"。本书与《抗日游击战争的战略问题》合印。

**1266. 论持久战** 毛泽东著 上海译报图书部 1938 年 9 月 4 日 上海 88 32 开 英商每日译报时论丛刊第 1 种

包括："问题的提起"、"问题的根据"、"驳亡国论"、"妥协还是抗战？腐败还是进步？"、"亡国论是不对的，速胜论也是不对的"、"为什么是持久战？"、"持久战的三个阶段"、"犬牙交错的战争"、"为永久和平而战"、"能动性在战争中"、"战争与政治"、"抗战的政治动员"、"防御中的进攻，持久中的速决，内线中的外线"、"主动性，灵活性，计划性"、"运动战，游击战，阵地战"、"消耗战，歼灭战"、"乘敌人之隙可能性"、"抗日战争中的决战问题"、"兵民是胜利之本"。

**1267. 论持久战** 毛泽东著 新华日报馆 1939 年 1 月 1 日订正本 重庆 89 32 开 新群丛书之十五

包括："问题的提起"、"问题的根据"、"驳亡国论"、"妥协还是抗战？腐败还是进步？"、"亡国论是不对的，速胜论也是不对的"、"为什么是持久战？"、"持久战的三个阶段"、"犬牙交错的战争"、"为永久和平而战"、"能动性在战争中"、"战争与政治"、"抗战的政治动员"、"防御中的进攻，持久中的速决，内线中的外线"、"主动性，灵活性，计划性"、"运动战，游击战，阵地战"、"消耗战，歼灭战"、"乘敌人之隙可能性"、"抗日战争中的决战问题"、"兵民是胜利之本"、"结论"。

**1268. 论持久战** 毛泽东著 新华日报馆 1939 年 1 月 25 日再版 重庆 107 32 开 新群丛书第 15 种

包括："问题的提起"、"问题的根据"、"驳亡国论"、"妥协还是抗战？腐败还是进步？"、"亡国论是不对的，速胜论也是不对的"、"为什么是持久战？"、"持久战的三个阶段"、"犬牙交错的战争"、"为永久和平而战"、"能动性在战争中"、"战争与政治"、"抗战的政治动员"、"防御中的进攻，持久中的速决，内线中的外线"、"主动性，灵活性，计划性"、"运动战，游击战，阵地战"、"消耗战，歼灭战"、"乘敌人之隙可能性"、"抗日战争中的决战问题"、"兵民是胜利之本"、"结论"。

**1269. 论持久战** 毛泽东著 新华日报馆 1939 年 1 月 4 版 重庆 80 32 开 新群丛书第 15 种

包括："问题的提起"、"问题的根据"、"驳亡国论"、"妥协还是抗战？腐败还是进步？"、"亡国论是不对的，速胜论也是不对的"、"为什么是持久战？"、"持久战的三个阶段"、"犬牙交错的战争"、"为永久和平而战"、"能动性在战争中"、"战争与政治"、"抗战的政治动员"、"防御中的进攻，持久中的速决，内线中的外线"、"主动性；灵活性，计划性"、"运动战，游击战，阵地战"、"消耗战，歼灭战"、"乘敌人之隙可能性"、"抗日战争中的决战问题"、"兵民是胜利之本"、"结论"。

**1270. 论持久战** 毛泽东著 新华日报馆 1939 年 1 月 4 版 重庆 108 32 开 新群丛书第 15 种

包括："问题的提起"、"问题的根据"、"驳亡国论"、"妥协还是抗战？腐败还是进步？"、"亡国论是不对的，速胜论也是不对的"、"为什么是持久战？"、"持久战的三个阶段"、"犬牙交错的战争"、"为永久和平而战"、"能动性在战争中"、"战争与政治"、"抗战的政治动员"、"防御中的进攻，持久中的速决，内线中的外线"、"主动性，灵活性，计划性"、"运动战，游击战，阵地战"、"消耗战，歼灭战"、"乘敌人之隙可能性"、"抗日战争中的决战问题"、"兵民是胜利之本"、"结论"。

**1271. 论持久战**　毛泽东著　华社　1939 年 1 月初版　126　32 开　有照片

　　包括："问题的提起"、"问题的根据"、"驳亡国论"、"妥协还是抗战？腐败还是进步？"、"亡国论是不对的，速胜论也是不对的"、"为什么是持久战？"、"持久战的三个阶段"、"犬牙交错的战争"、"为永久和平而战"、"能动性在战争中"、"战争与政治"、"抗战的政治动员"、"防御中的进攻，持久中的速决，内线中的外线"、"主动性，灵活性，计划性"、"运动战，游击战，阵地战"、"消耗战，歼灭战"、"乘敌人之隙可能性"、"抗日战争中的决战问题"、"兵民是胜利之本"、"结论"。后附录：《争取持久抗战胜利的先决问题》（彭德怀）、《怎样进行持久抗战》（周恩来）。

**1272. 论持久战**　毛泽东著　中国出版社　1939 年 1 月再版　68　32 开

　　包括："问题的提起"、"问题的根据"、"驳亡国论"、"妥协还是抗战？腐败还是进步？"、"亡国论是不对的，速胜论也是不对的"、"为什么是持久战？"、"持久战的三个阶段"、"犬牙交错的战争"、"为永久和平而战"、"能动性在战争中"、"战争与政治"、"抗战的政治动员"、"防御中的进攻，持久中的速决，内线中的外线"、"主动性，灵活性，计划性"、"运动战，游击战，阵地战"、"消耗战，歼灭战"、"乘敌人之隙可能性"、"抗日战争中的决战问题"、"兵民是胜利之本"、"结论"。校正本。

**1273. 论持久战**　毛泽东著　大众出版社　1939 年 1 月再版　大连　90　32 开

　　包括："问题的提起"、"问题的根据"、"驳亡国论"、"妥协还是抗战？腐败还是进步？"、"亡国论是不对的，速胜论也是不对的"、"为什么是持久战？"、"持久战的三个阶段"、"犬牙交错的战争"、"为永久和平而战"、"能动性在战争中"、"战争与政治"、"抗战的政治动员"、"防御中的进攻，持久中的速决，内线中的外线"、"主动性，灵活性，计划性"、"运动战，游击战，阵地战"、"消耗战，歼灭战"、"乘敌人之隙可能性"、"抗日战争中的决战问题"、"兵民是胜利之本"。内附问题研究一百条。

**1274. 论持久战**　毛泽东著　新华书店　1942 年 1 月再版　64［环筒叶］　32 开　前线丛书之一

　　包括："问题的提起"、"问题的根据"、"驳亡国论"、"妥协还是抗战？腐败还是进步？"、"亡国论是不对的，速胜论也是不对的"、"为什么是持久战？"、"持久战的三个阶段"、"犬牙交错的战争"、"为永久和平而战"、"能动性在战争中"、"战争与政治"、"抗战的政治动员"、"防御中的进攻，持久中的速决，内线中的外线"、"主动性，灵活性，计划性"、"运动战，游击战，阵地战"、"消耗战，歼灭战"、"乘敌人之隙可能性"、"抗日战争中的决战问题"、"兵民是胜利之本"、"结论"。书后附油印"论持久战底问题讨论大纲"一页。

**1275. 论持久战**　毛泽东著　胶东联合社　1942 年 4 月　66［环筒叶］　32 开

　　包括："问题的提起"、"问题的根据"、"驳亡国论"、"妥协还是抗战？腐败还是进步？"、"亡国论是不对的，速胜论也是不对的"、"为什么是持久战？"、"持久战的三个阶段"、"犬牙交错的战争"、"为永久和平而战"、"能动性在战争中"、"战争与政治"、"抗战的政治动员"、"防御中的进攻，持久中的速决，内线中的外线"、"主动性，灵活性，计划性"、"运动战，游击战，阵地战"、"消耗战，歼灭战"、"乘敌人之隙可能性"、"抗日战争中的决战问题"、"兵民是胜利之本"、"结论"。

**1276. 论持久战**　毛泽东著　东北书店　1946 年 11 月　东安　101　32 开

　　包括："问题的提起"、"问题的根据"、"驳亡国论"、"妥协还是抗战？腐败还是进步？"、"亡国论是不对的，速胜论也是不对的"、"为什么是持久战？"、"持久战的三个阶段"、"犬牙交错的战争"、"为永久和平而战"、"能动性在战争中"、"战争与政治"、"抗战的政治动员"、"防御中的进攻，持久中的速决，内线中的外线"、"主动性，灵活性，计划性"、"运动战，游击战，阵地战"、"消耗战，歼灭战"、"乘敌人之隙可能性"、"抗日战争中的决战问题"、"兵民是胜利之本"、"结论"。本书与《抗日游击战争的战略问题》合印。

**1277. 论持久战** 毛泽东著 东北书店 1947 年 6 月再版 东安 101 32 开

包括："问题的提起"、"问题的根据"、"驳亡国论"、"妥协还是抗战？腐败还是进步？"、"亡国论是不对的，速胜论也是不对的"、"为什么是持久战？"、"持久战的三个阶段"、"犬牙交错的战争"、"为永久和平而战"、"能动性在战争中"、"战争与政治"、"抗战的政治动员"、"防御中的进攻，持久中的速决，内线中的外线"、"主动性，灵活性，计划性"、"运动战，游击战，阵地战"、"消耗战，歼灭战"、"乘敌人之隙可能性"、"抗日战争中的决战问题"、"兵民是胜利之本"、"结论"。本书与《抗日游击战争的战略问题》合印。

**1278. 论持久战** 毛泽东著 新民主出版社 1948 年 1 月 香港 78 32 开 有照片 中国革命战争指导理论之三

包括："问题的提起"、"问题的根据"、"驳亡国论"、"妥协还是抗战？腐败还是进步？"、"亡国论是不对的，速胜论也是不对的"、"为什么是持久战？"、"持久战的三个阶段"、"犬牙交错的战争"、"为永久和平而战"、"能动性在战争中"、"战争与政治"、"抗战的政治动员"、"防御中的进攻，持久中的速决，内线中的外线"、"主动性，灵活性，计划性"、"运动战，游击战，阵地战"、"消耗战，歼灭战"、"乘敌人之隙可能性"、"抗日战争中的决战问题"、"兵民是胜利之本"、"结论"。毛泽东选集本

**1279. 论持久战** 毛泽东著 华北大学 1949 年 5 月 88 32 开

包括："问题的提起"、"问题的根据"、"驳亡国论"、"妥协还是抗战？腐败还是进步？"、"亡国论是不对的，速胜论也是不对的"、"为什么是持久战？"、"持久战的三个阶段"、"犬牙交错的战争"、"为永久和平而战"、"能动性在战争中"、"战争与政治"、"抗战的政治动员"、"防御中的进攻，持久中的速决，内线中的外线"、"主动性，灵活性，计划性"、"运动战，游击战，阵地战"、"消耗战，歼灭战"、"乘敌人之隙可能性"、"抗日战争中的决战问题"、"兵民是胜利之本"、"结论"。本书根据民国廿七年七月解放社版《论持久战》翻印。

**1280. 论持久战** 毛泽东著 苏北新华书店 1949 年 7 月 71 32 开

包括："问题的提起"、"问题的根据"、"驳亡国论"、"妥协还是抗战？腐败还是进步？"、"亡国论是不对的，速胜论也是不对的"、"为什么是持久战？"、"持久战的三个阶段"、"犬牙交错的战争"、"为永久和平而战"、"能动性在战争中"、"战争与政治"、"抗战的政治动员"、"防御中的进攻，持久中的速决，内线中的外线"、"主动性，灵活性，计划性"、"运动战，游击战，阵地战"、"消耗战，歼灭战"、"乘敌人之隙可能性"、"抗日战争中的决战问题"、"兵民是胜利之本"、"结论"。

**1281. 论抗日战争的现势及其教训与胜利的关键** 毛泽东著 高原出版社 1937 年 12 月 35 32 开

内容为毛泽东与英《每日呼声》特派记者 J·堡脱兰在延安谈话，内容包括：共产党与抗日战争、中国的外交政策与国际和平阵线、抗日战争的现势及其教训、在抗日前线的八路军、抗日阵线的投降主义、民主与抗战、其他问题。封面题名为："论中日战争"。

**1282. 论联合政府** 毛泽东著 大连新知识书社出版 大连 87 32 开

书前有编者序言。

**1283. 论联合政府**　毛泽东著　淮南日报社　1945 年　62　32 开

1945 年 4 月 24 日在中国共产党第七次全国代表大会上之政治报告。内容有：中国人民的基本要求、国际形势与国内形势、抗日战争中的两条路线、中国共产党的政策、全党团结起来、为实现党的任务而斗争。附：解放日报社论《中国人民胜利的指南》。

**1284. 论联合政府**　毛泽东著　新风出版社　1945 年　香港　62　32 开

1945 年 4 月 24 日在中国共产党第七次全国代表大会上之政治报告。内容有：中国人民的基本要求、国际形势与国内形势、抗日战争中的两条路线、中国共产党的政策、全党团结起来、为实现党的任务而斗争。书前有《中国共产党第七次全国代表大会开幕》、《毛泽东同志开幕词》及朱德、刘少奇、周恩来、林伯渠、冈野进等同志演词。后附解放日报社论《中国人民胜利的指南——读毛泽东同志的＜论联合政府＞》、《中国共产党第七次全国代表大会胜利闭幕》。

**1285. 论联合政府**　毛泽东著　新知识书社　1945 年　大连　87　32 开

1945 年 4 月 24 日在中国共产党第七次全国代表大会上之政治报告。内容有：中国人民的基本要求、国际形势与国内形势、抗日战争中的两条路线、中国共产党的政策、全党团结起来、为实现党的任务而斗争。

**1286. 论联合政府**　毛泽东著　救国报社　1945 年 5 月　91　大 32 开　油印　七大文献之三

1945 年 4 月 24 日在中国共产党第七次全国代表大会上之政治报告。内容有：中国人民的基本要求、国际形势与国内形势、抗日战争中的两条路线、中国共产党的政策、全党团结起来、为实现党的任务而斗争。

**1287. 论联合政府**　毛泽东著　太岳新华书店　1945 年 5 月　67　32 开　有插图

1945 年 4 月 24 日在中国共产党第七次全国代表大会上之政治报告。内容有：中国人民的基本要求、国际形势与国内形势、抗日战争中的两条路线、中国共产党的政策、全党团结起来、为实现党的任务而斗争。扉页有毛泽东头像，首有区党委通知。附录收《中国人民胜利的指南——读毛泽东同志的＜论联合政府＞》（解放日报社论）。

**1288. 论联合政府**　毛泽东著　渤海新华书店　1945 年 5 月初版　88　32 开

1945 年 4 月 24 日在中国共产党第七次全国代表大会上之政治报告。内容有：中国人民的基本要求、国际形势与国内形势、抗日战争中的两条路线、中国共产党的政策、全党团结起来、为实现党的任务而斗争。

**1289. 论联合政府**　毛泽东著　新华书店　1945 年 5 月初版　61　32 开　有插图

1945 年 4 月 24 日在中国共产党第七次全国代表大会上之政治报告。内容有：中国人民的基本要求、国际形势与国内形势、抗日战争中的两条路线、中国共产党的政策、全党团结起来、为实现党的任务而斗争。扉页有毛泽东同志木刻像。

**1290. 论联合政府**　毛泽东著　新华书店　1945 年 5 月初版　涉县　61　32 开

1945 年 4 月 24 日在中国共产党第七次全国代表大会上之政治报告。内容有：中国人民的基本要求、国际形势与国内形势、抗日战争中的两条路线、中国共产党的政策、全党团结起来、为实现党的任务而斗争。后附《论联合政府》摘要。

**1291. 论联合政府**　毛泽东著　解放社　1945 年 6 月　86　32 开

1945 年 4 月 24 日在中国共产党第七次全国代表大会上之政治报告。内容有：中国人民的基本要求、国际形势与国内形势、抗日战争中的两条路线、中国共产党的政策、全党团结起来、为实现党的任务而斗争。

**1292. 论联合政府** 毛泽东著 晋察冀日报社 1945 年 6 月 90 32 开 中国共产党第七次全国代表大会文献之一

1945 年 4 月 24 日在中国共产党第七次全国代表大会上之政治报告。内容有：中国人民的基本要求、国际形势与国内形势、抗日战争中的两条路线、中国共产党的政策、全党团结起来、为实现党的任务而斗争。

**1293. 论联合政府** 毛泽东著 拂晓社 1945 年 6 月 62 32 开

1945 年 4 月 24 日在中国共产党第七次全国代表大会上之政治报告。内容有：中国人民的基本要求、国际形势与国内形势、抗日战争中的两条路线、中国共产党的政策、全党团结起来、为实现党的任务而斗争。后附解放日报社论《中国人民胜利的指南——读毛泽东同志的＜论联合政府＞》。

**1294. 论联合政府** 毛泽东著 太岳新华书店 1945 年 6 月 56 32 开 有插图

1945 年 4 月 24 日在中国共产党第七次全国代表大会上之政治报告。内容有：中国人民的基本要求、国际形势与国内形势、抗日战争中的两条路线、中国共产党的政策、全党团结起来、为实现党的任务而斗争。扉页有毛泽东头像，首有区党委通知。出版时间封面题作"1945 年 6 月"，书名页题作"1945 年 5 月"。

**1295. 论联合政府** 毛泽东著 解放社 1945 年 6 月初版 61 32 开

内容为中国共产党第七次全国代表大会文献，包括：《中国共产党第七次全国代表大会开幕》、毛泽东同志开幕词、朱德、刘少奇、周恩来、林伯渠、冈野进等同志演词、毛泽东同志的政治报告：《论联合政府》、朱德同志抗战军事报告：《论解放区战场》、《中国共产党第七次全国代表大会胜利闭幕》。

**1296. 论联合政府** 毛泽东著 印刷局职工总会 1945 年 7 月 63 32 开 油印

1945 年 4 月 24 日在中国共产党第七次全国代表大会上之政治报告。内容有：中国人民的基本要求、国际形势与国内形势、抗日战争中的两条路线、中国共产党的政策、全党团结起来、为实现党的任务而斗争。首有《毛主席政治报告摘要》。

**1297. 论联合政府** 毛泽东著 胶东大众报社 1945 年 7 月再版 67 32 开 中国共产党第七次全国代表大会文献之一

1945 年 4 月 24 日在中国共产党第七次全国代表大会上之政治报告。内容有：中国人民的基本要求、国际形势与国内形势、抗日战争中的两条路线、中国共产党的政策、全党团结起来、为实现党的任务而斗争。

**1298. 论联合政府** 毛泽东著 抗大印刷厂 1945 年 8 月 98 32 开 有插图

1945 年 4 月 24 日在中国共产党第七次全国代表大会上之政治报告。内容有：中国人民的基本要求、国际形势与国内形势、抗日战争中的两条路线、中国共产党的政策、全党团结起来、为实现党的任务而斗争。扉页有毛泽东同志木刻像。复制本。

**1299. 论联合政府** 毛泽东著 胶东大众报社 1945 年 8 月 3 版 67 32 开 七大文献之一

1945 年 4 月 24 日在中国共产党第七次全国代表大会上之政治报告。内容有：中国人民的基本要求、国际形势与国内形势、抗日战争中的两条路线、中国共产党的政策、全党团结起来、为实现党的任务而斗争。附：《中国人民胜利的指南》（解放日报社论）。

**1300. 论联合政府**　毛泽东著　新华书店晋察冀分店　1945 年 9 月 3 版　张家口　2＋88　32 开　有照片　中共七大文献之一

书前有毛泽东照片。

**1301. 论联合政府**（一九四五年四月二十四日毛泽东同志在中国共产党第七次全国代表大会上的报告）　毛泽东著　华北新华书店　1949 年 2 月再版　邯郸　2＋114　32 开

**1302. 论目前国际形势与中国抗战**　毛泽东著　新华日报馆　1939 年 12 月　58　32 开　新群丛书第 37 种

收录《当前时局的最大危机》、《用国法制裁反动份子》、《论目前国际形势与中国抗战》、《与中央社记者刘先生〈扫荡报〉记者耿先生〈新民报〉记者张先生的谈话》、《第二次帝国主义战争讲演提纲》、《苏联利益与人类利益的一致》6 篇。

**1303. 论新阶段**　新民主出版社　[1939 年]　香港　93　32 开　有照片　中国革命战争指导理论之四

内容为 1938 年 10 月 12 至 14 日毛泽东同志在中共扩大的六中全会的报告——抗日民族战争与抗日民族统一战线发展的新阶段。分：五中全会到六中全会、抗战十五个月的总结、抗日民族战争与抗日民族统一战线发展的新阶段、全民族的当前紧急任务、长期战争与长期合作、中国的反侵略战争与世界的反法西斯战争、中国共产党在民族战争中的地位、召集党的七次代表大会。扉页有毛泽东头像。

**1304. 论新阶段**　毛泽东著　新华书店晋西分店　[1940 年]　170　64 开

内容为 1938 年 10 月 12 至 14 日毛泽东同志在中共扩大的六中全会的报告——抗日民族战争与抗日民族统一战线发展的新阶段。分：五中全会到六中全会、抗战十五个月的总结、抗日民族战争与抗日民族统一战线发展的新阶段、全民族的当前紧急任务、长期战争与长期合作、中国的反侵略战争与世界的反法西斯战争、中国共产党在民族战争中的地位、召集党的七次代表大会。附录收《中国共产党扩大的六中全会告全国同胞、全体将士和国共两党同志书》等。复制本。

**1305. 论新阶段**　毛泽东著　中心出版社　1938 年 12 月　香港　118　32 开

内容为 1938 年 10 月 12 至 14 日毛泽东同志在中共扩大的六中全会的报告——抗日民族战争与抗日民族统一战线发展的新阶段。分：五中全会到六中全会、抗战十五个月的总结、抗日民族战争与抗日民族统一战线发展的新阶段、全民族的当前紧急任务、长期战争与长期合作、中国的反侵略战争与世界的反法西斯战争、中国共产党在民族战争中的地位、召集党的七次代表大会。附录收《中国共产党扩大的六中全会决议》、《中国共产党扩大的六中全会》（新华日报社论）。

**1306. 论新阶段**　毛泽东著　新华日报馆印行　1938 年 12 月　重庆　104　32 开　有题词　新群丛书第 22 种

**1307. 论新阶段**　毛泽东著，中国出版社编辑　编者刊　1938 年 12 月　108　32 开

内容为 1938 年 10 月 12 至 14 日毛泽东在中共扩大的六中全会的报告——抗日民族战争与抗日民族统一战线发展的新阶段。后附《中共六中全会决议》。

**1308. 论新阶段**　毛泽东著　新华日报馆　1938 年 12 月初版　重庆　96　32 开　新群丛书第 22 种

内容为 1938 年 10 月 12 至 14 日毛泽东在中共扩大的六中全会的报告——抗日民族战争与抗日

民族统一战线发展的新阶段。分：五中全会到六中全会、抗战十五个月的总结、抗日民族战争与抗日民族统一战线发展的新阶段、全民族的当前紧急任务、长期战争与长期合作、中国的反侵略战争与世界的反法西斯战争、中国共产党在民族战争中的地位、召集党的七次代表大会。

**1309. 论新阶段**　毛泽东著　解放社　1938 年 12 月初版　128　32 开

　　内容为 1938 年 10 月 12 至 14 日毛泽东在中共扩大的六中全会的报告——抗日民族战争与抗日民族统一战线发展的新阶段。分：五中全会到六中全会、抗战十五个月的总结、抗日民族战争与抗日民族统一战线发展的新阶段、全民族的当前紧急任务、长期战争与长期合作、中国的反侵略战争与世界的反法西斯战争、中国共产党在民族战争中的地位、召集党的七次代表大会。附录收《中国共产党扩大的六中全会告全国同胞、全体将士和国共两党同志书》等。

**1310. 论新阶段**　毛泽东著　大众出版社　1939 年　128　32 开

　　内容为 1938 年 10 月 12 至 14 日毛泽东在中共扩大的六中全会的报告。分：五中全会到六中全会、抗战十五个月的总结、抗日民族战争与抗日民族统一战线发展的新阶段、全民族的当前紧急任务、长期战争与长期合作、中国的反侵略战争与世界的反法西斯战争、中国共产党在民族战争中的地位、召集党的七次代表大会。附录收《中国共产党六中全会议决案全文及六中全会电文》。

**1311. 论新阶段**　毛泽东著　大众出版社　1939 年　106　32 开

　　内容为 1938 年 10 月 12 至 14 日毛泽东在中共扩大的六中全会的报告。分：五中全会到六中全会、抗战十五个月的总结、抗日民族战争与抗日民族统一战线发展的新阶段、全民族的当前紧急任务、长期战争与长期合作、中国的反侵略战争与世界的反法西斯战争、中国共产党在民族战争中的地位、召集党的七次代表大会。附录收《论新阶段研究题目及参考书》。

**1312. 论新阶段**　毛泽东著　合浦一中抗日先锋队出版部　1939 年 1 月　125　32 开　油印

　　内容为 1938 年 10 月 12 至 14 日毛泽东在中共扩大的六中全会的报告——抗日民族战争与抗日民族统一战线发展的新阶段。分：五中全会到六中全会、抗战十五个月的总结、抗日民族战争与抗日民族统一战线发展的新阶段、全民族的当前紧急任务、长期战争与长期合作、中国的反侵略战争与世界的反法西斯战争、中国共产党在民族战争中的地位、召集党的七次代表大会。附录收《扩大六中全会议决案》、《致东北义勇军及民众》、《致日本共产党书》等。有合浦一中抗日先锋队《印完后的几句话》。

**1313. 论新阶段**　毛泽东著　新华日报馆　1939 年 1 月　重庆　2＋142　32 开

　　书中除收录《论新阶段》全文外，还收录《六中全会会议决案》及六中全会电文 6 篇。

**1314. 论新阶段**　毛泽东著　上海译报图书部　1939 年 1 月 8 日初版　上海　103　32 开　（英商）
每日译报时论丛刊

　　内容为 1938 年 10 月 12 至 14 日毛泽东在中共扩大的六中全会的报告。分：五中全会到六中全会、抗战十五个月的总结、抗日民族战争与抗日民族统一战线发展的新阶段、全民族的当前紧急任务、长期战争与长期合作、中国的反侵略战争与世界的反法西斯战争、中国共产党在民族战争中的地位、召集党的七次代表大会。后附《关于中国目前抗战形势及当前紧急任务之决议》。

**1315. 论新阶段**　毛泽东著　新公论出版社　1939 年 1 月初版　122　32 开

　　内容为 1938 年 10 月 12 至 14 日毛泽东在中共扩大的六中全会的报告——抗日民族战争与抗日民族统一战线发展的新阶段。分：五中全会到六中全会、抗战十五个月的总结、抗日民族战争与抗日民族统一战线发展的新阶段、全民族的当前紧急任务、长期战争与长期合作、中国的反侵略战争与世界的反法西斯战争、中国共产党在民族战争中的地位、召集党的七次代表大会。

**1316. 论新阶段**　毛泽东著　新华日报华北分馆　1939 年 2 月　80　32 开　前线丛书之一

内容为 1938 年 10 月 12 至 14 日毛泽东在中共扩大的六中全会的报告——抗日民族战争与抗日民族统一战线发展的新阶段。分：五中全会到六中全会、抗战十五个月的总结、抗日民族战争与抗日民族统一战线发展的新阶段、全民族的当前紧急任务、长期战争与长期合作、中国的反侵略战争与世界的反法西斯战争、中国共产党在民族战争中的地位、召集党的七次代表大会。

**1317. 论新阶段**　毛泽东著　华社　1939 年 2 月初版　140　32 开

内容为 1938 年 10 月 12 至 14 日毛泽东在中共扩大的六中全会的报告——抗日民族战争与抗日民族统一战线发展的新阶段。分：五中全会到六中全会、抗战十五个月的总结、抗日民族战争与抗日民族统一战线发展的新阶段、全民族的当前紧急任务、长期战争与长期合作、中国的反侵略战争与世界的反法西斯战争、中国共产党在民族战争中的地位、召集党的七次代表大会。后附《中共六中全会决议》、《中共扩大的六中全会关于召集七次全国代表大会的决议》等。

**1318. 论新阶段**　毛泽东著　胶东联合社　1942 年 5 月　107　32 开　有插图

内容为 1938 年 10 月 12 至 14 日毛泽东在中共扩大的六中全会的报告——抗日民族战争与抗日民族统一战线发展的新阶段。分：五中全会到六中全会、抗战十五个月的总结、抗日民族战争与抗日民族统一战线发展的新阶段、全民族的当前紧急任务、长期战争与长期合作、中国的反侵略战争与世界的反法西斯战争、中国共产党在民族战争中的地位、召集党的七次代表大会。附录收《中国共产党扩大的六中全会告全国同胞、全体将士和国共两党同志书》、《中国共产党扩大的六中全会关于召集七次全国代表大会的决议》等。扉页有毛泽东木刻头像及手书。

**1319. 论新阶段**　毛泽东著　华北新华书店　1943 年 1 月 4 版　74　32 开

内容为 1938 年 10 月 12 至 14 日毛泽东在中共扩大的六中全会的报告——抗日民族战争与抗日民族统一战线发展的新阶段。分：五中全会到六中全会、抗战十五个月的总结、抗日民族战争与抗日民族统一战线发展的新阶段、全民族的当前紧急任务、长期战争与长期合作、中国的反侵略战争与世界的反法西斯战争、中国共产党在民族战争中的地位、召集党的七次代表大会。本书系《新华日报》华北版四周年纪念版。

**1320. 论新阶段**　毛泽东著　山东新华书店　1946 年 4 月　100　32 开

内容为 1938 年 10 月 12 至 14 日毛泽东在中共扩大的六中全会的报告。分：五中全会到六中全会、抗战十五个月的总结、抗日民族战争与抗日民族统一战线发展的新阶段、全民族的当前紧急任务、长期战争与长期合作、中国的反侵略战争与世界的反法西斯战争、中国共产党在民族战争中的地位、召集党的七次代表大会。后附《中国共产党扩大的六中全会告全国同胞、全体将士和国共两党同志书》、《抗日民族战争与抗日民族统一战线发展的新阶段》。

**1321. 毛泽东对蒋介石二十六日宣言之谈话**　毛泽东著　中国人民红军总政治部　1936 年 12 月　1 张　234cm×33cm　油印

**1322. 毛泽东救国言论选集**　毛泽东著　新华日报馆　1939 年 5 月　重庆　317　32 开　有照片　新群丛书第 26 种

分"报告和论文"及"谈话和演说"两部分。收录《中国抗日民族统一战线在目前阶段的任务》、《反对日本帝国主义进攻的方针办法与前途》、《国共两党统一战线成立后中国革命的迫切任务》、《抗日游击战争的战略问题》、《论持久战》、《论新阶段》等文献。扉页有毛泽东照片。

**1323. 毛泽东论文集** 毛泽东著 上海大众出版社 1937年12月 上海 157 32开

收录《国共两党统一战线成立后中国革命的迫切任务》、《中国抗日民族统一战线在目前阶段的任务》、《为争取千百万群众进入抗日民族统一战线而斗争》、《论反对日本帝国主义进攻的方针办法和前途》、《抗日战争中的我们的主张》、《论中国抗日战争》、《论日本帝国主义及国内问题》、《论关于联合战线》、《论抗战必胜》、《论抗日民主与北方青年》、《致西班牙人民书》、《致美国共产党总书记白劳德的信》等12篇文献。书前有《毛泽东小传》。

**1324. 毛泽东论中国需要民主兼论第二战场的意义和影响** 毛泽东著 新华日报资料室 1943年6月 1张 38cm×18cm

1943年6月12日毛泽东接见中外记者参观团答记者问时的讲话。

**1325. 毛泽东论中日战争** 毛泽东著,袁西樵辑 陕西人民出版社 西安 34 32开

该书收录4篇文献:《毛泽东论中日战争》、《抗日民主与北方青年》、《中国共产党宣言》、《中国共产党抗日救国十大纲领》。

**1326. 毛泽东论中日战争** 毛泽东著 人民书店 1938年3月 汉口 50 32开

收录7篇文章:《论中日战争》、《抗日民主与北方青年》、《论反对日本帝国主义进攻前途的办法与方针》、《关于联合战线》、《关于停战抗日之重要谈话》、《中国共产党宣言》、《中国共产党抗日救国十大纲领》。封面题名"毛泽东与论中日战争"。

**1327. 毛泽东三大名著** 毛泽东著 新华书店 1945年3月 涉县 225 32开

书中收入毛泽东3部著作:《论持久战》、《论新阶段》、《新民主主义论》。

**1328. 毛泽东同志在延安文艺座谈会上的讲话** 毛泽东著 大众日报社 1943年10月 52 64开
整风必修文件

书前有分局宣传部《通知》及《中共中央宣传部关于执行党的文艺政策的决定》。

**1329. 毛泽东同志在延安文艺座谈会上的讲话** 毛泽东著 解放日报 1943年10月 42 32开

**1330. 毛泽东先生与延安新中华报记者其光先生的谈话** 毛泽东著 辽东出版社 1938年2月 26 32开

**1331. 毛泽东选集** 毛泽东著,晋察冀日报社编 编者刊 1册 32开

该书共分5卷,第1卷收录《新民主主义论》、《中国革命与中国共产党》、《新民主主义的宪政》等29篇文献;第2卷收录《中国抗日民族统一战线在目前阶段的任务》、《为争取千百万群众进入抗日民族统一战线而斗争》、《论反对日本帝国主义进攻的方针办法与前途》等11篇文献;第3卷仅收录《论持久战》1篇著作;第4卷收录《经济问题与财政问题》、《论合作社》、《组织起来》;第5卷收录《中国共产党在民族战争中的地位》、《反对自由主义》、《<农村调查>序言》等7篇文献。本书似为个人搜辑装订。

**1332. 毛泽东选集**(第1卷) 毛泽东著,晋察冀日报社编 编者刊 1944年5月初版,1945年3月再版 10+128 32开 有照片

本卷收录《新民主主义论》、《中国革命与中国共产党》、《新民主主义的宪政》、《在陕甘宁边区参议会的演说》。附录《湖南农民运动考察报告》。扉页有毛泽东照片。

**1333. 毛泽东选集**(第2卷) 毛泽东著,晋察冀日报社编 编者刊 1944年5月初版,1945年3月再版 2+146 32开 有照片

本卷收录《中国抗日民族统一战线在目前阶段的任务》、《为争取千百万群众进入抗日民族统一战线而斗争》、《论反对日本帝国主义进攻的方针办法与前途》等11篇文献。扉页有毛泽东照片。

**1334. 毛泽东选集（第3卷）**　毛泽东著，晋察冀日报社编　编者刊　1944年5月初版，1945年3月再版　5+183　32开　有照片

本卷收录《论持久战》、《抗日游击战争的战略问题》。附录《中国共产党红军第四军第九次代表大会决议案》。扉页有毛泽东照片。

**1335. 毛泽东选集（第4卷）**　毛泽东著，晋察冀日报社编　编者刊　1944年5月初版，1945年3月再版　3+221　32开　有照片

本卷收录《经济问题与财政问题》、《论合作社》、《组织起来》、《两三年内完全学会经济工作》。扉页有毛泽东照片。

**1336. 毛泽东选集（第5卷）**　毛泽东著，晋察冀日报社编　编者刊　1944年5月初版，1945年3月再版　1+129　32开　有照片

本卷收录《中国共产党在民族战争中的地位》、《反对自由主义》、《<农村调查>序言》等7篇文献。扉页有毛泽东照片。

**1337. 毛泽东选集（第1卷）**　毛泽东著　苏中出版社　1945年7月　124　32开

收录10篇文章：《中国抗日民族统一战线在目前阶段的任务》、《反对日本帝国主义进攻的方针办法与前途》、《国共两党统一战线成立后中国革命的迫切任务》、《关于共产党与抗战及民主政治问题》、《关于"一党专政"问题》、《在延安纪念孙中山逝世13周年及追悼抗敌阵亡将士大会的演讲》、《在延安各界国民精神总动员及"五一"劳动节大会的演讲》、《五四运动》、《抗日游击战争的战略问题》、《与世界学联代表团的谈话》。书前有《论毛泽东思想》（集录代序）。

**1338. 毛泽东言论集**　毛泽东著，史天行编　芒种书屋　1938年1月　汉口　87　32开

该书包括7篇文章：《国共两党统一战线成立后中国革命迫切的任务》、《中国抗日民族统一战线在现阶段的任务》、《为争取千百万群众进入抗日民族统一战线》、《论反对日本帝国主义进攻的方针办法与前途》、《中日抗战必胜论》、《抗日及联合战线》、《毛泽东与英国记者谈话》。附载《与毛泽东一夕话》、《毛泽东谈抗战前途》、《记毛泽东》、《毛泽东会见记》。封面有毛泽东头像。

**1339. 毛主席三大名著**　毛泽东著　中共晋绥分局　1943年10月　196　32开

收录《论持久战》、《论新阶段》、《新民主主义》三部著作。封面有毛泽东像。

**1340. 三民主义与共产主义**　毛泽东等著　自修出版社　[1943年]　1+85　32开

书中收录8篇文章：《拥护真三民主义反对假三民主义》、《关于三民主义与共产主义》、《旧三民主义与三民主义》、《叶青的假三民主义就是取消三民主义》、《论共产主义者对于三民主义关系的几个问题》、《关于三民主义的认识》、《加强三民主义的研讨》、《三民主义研究提纲》。

**1341. 相持阶段的形势与任务**　毛泽东等著　1940年2月　51　32开

收录《中共中央关于目前时局与党的任务的决定》、《相持阶段中的形势与任务》（毛泽东）、《论抗战相持阶段的形势与任务》（洛甫）、《力争时局好转克服时局逆转》（王明）、《抗战中的两条军事路线与反对投降派反共派的斗争》（王稼祥）。附录《延安民众讨汪拥蒋大会通电》。

**1342. 相持阶段中的形势和任务**　毛泽东等著　进步出版社　1940年3月　2+130　32开

书中收入：《中共中央关于目前时局与党的任务的决定》、《相持阶段中的形势与任务》（毛泽

东)、《力争时局好转克服时局逆转》（王明）、《克服目前政局主要危险坚持华北抗战》（彭德怀）、《抗战中的两条军事路线与反对投降派反共派的斗争》（王稼祥）、《延安民众讨汪拥蒋大会通电》、《八路军将领上中央电》、《朱彭致陈诚电》等20篇政论文章。

**1343. 新民主主义的政治与新民主主义的文化** 毛泽东 新民书店 1940年1月 42 32开

　　即《新民主主义论》，个别词句与《毛泽东选集》中的《新民主主义论》不同。

**1344. 新民主主义论** 毛泽东著 辽东建国书社 1945年12月初版，1946年8月再版 安东 45 32开

**1345. 一九四五年的任务** 毛泽东著 11 32开

**1346. 一九四五年的任务** 毛泽东著 ［1945年］ 8 32开

　　本件系伪装本，封面伪装题名"新金刚经"，伪托"开封三教圣会出版。"出版时间据书中内容判断。

**1347. 一九四五年的任务** 毛泽东著 1944年12月 1张 54cm×25cm

**1348. 一九四五年的任务** 毛泽东著 晋察冀日报社 1944年12月 9 32开

**1349. 一九四五年的任务** 毛泽东著 1944年12月 15 32开

**1350. 一九四五年的任务** 毛泽东著 七七出版社 1945年 24 32开

　　书中收录3篇文章：《一九四五年的任务》（毛泽东）、《一九四五年华中敌后的任务》（饶漱石）、《两三年内完全学会经济工作》（毛泽东）。

**1351. 在延安文艺座谈会上的讲话** 毛泽东著 华中新华书店 1949年2月 24 32开

**1352. 在延安文艺座谈会上的讲话** 毛泽东著 解放社 1949年5月 北京 46 32开

**1353. 怎样争取最后胜利** 毛泽东等著 战时出版社 1938年2月 1+151 32开 战时小丛刊之三一

　　本书收29篇文章：《中国最后胜利的关键在那里》、《中国胜利的条件》、《保证最后胜利的条件》、《中国怎样取得胜利》、《持久抗战的必要条件》、《怎样进行游击战争》等。附录收《为团结御辱宣言》、《对共产党宣言谈话》。

**1354. 怎样争取最后胜利** 毛泽东等著 战时出版社 1938年2月 上海 1+151 32开 战时小丛刊之三十一

　　收录《中国最后胜利的关键在那里》、《中国胜利的条件》、《保证最后胜利的条件》、《争取最后胜利的根本问题》、《争取最后胜利的战略与战术》、《中国怎样取得胜利》、《如何确保抗战的全部胜利》、《如何保持抗战的胜利》、《怎样争取最后胜利》等29篇文章。并附录《为团结御侮宣言》等两篇文章。

**1355. 中国共产党的主张** 冀鲁豫军区政治部辑 战友报社 ［1945年］ 7 64开

　　该书内容摘自毛泽东《论联合政府》的报告。

### 其他著作、言论

**1356. 陈绍禹（王明）救国言论选集** 王明著 中国出版社 1938年7月 汉口 4+364 32开

　　书中收录《论反帝统一战线问题》、《新形势与新政策》、《新中国论》、《日寇侵略的新阶段与

中国人民斗争的新时期》、《团结救国论》、《苏联社会革命二十周年与中国人民的对日抗战》、《抗战中的几个问题》、《挽救时局的关键》等 14 篇文章。并附录《东北情形与抗日统一战线策略》等 3 篇文章。

**1357. 陈绍禹（王明）抗战言论集**　叶晴编　民族解放社　1938 年 2 月　2 + 100　32 开

收录 8 篇文章：《日寇侵略的新阶段与中国人民斗争的新时期》、《苏联社会革命二十周年与中国人民的对日抗战》、《中国共产党现阶段的政策及对抗战的各种主张：与美国合众社记者白得恩先生的谈话》、《挽救时局的关键》、《目前抗战形势及任务》、《抗战中的几个问题》、《论抗日民族统一阵线》、《中国抗战与世界和平》。书后有《编后记》。

**1358. 革命救国的三民主义**　陈伯达著　中国文化社　1938 年 12 月　重庆　68　32 开

内容分为 5 个部分：三民主义的革命完整性、民族主义、民权主义、民生主义、关于革命救国三民主义的总结。

**1359. 国际形势与中国抗战**　周恩来著　新华日报馆　1940 年 10 月　重庆　1 + 21　32 开

包括 9 部分："世界向哪个方向走？"、"中国向哪个方向走？"、"欧战向哪个方向发展？"、"日本、美国关系向哪个方向发展？"、"苏联保持怎样的立场？"、"中国采取怎样的立场？"、"日本强盗能不能结束中国事件？"、"中国是否无空前困难投降危机？"、"怎样才能使抗战进步？"。

**1360. 坚持河北抗战与巩固团结（彭德怀副总司令对《新华日报》记者克寒的谈话）**　彭德怀著　新华日报馆　1939 年 7 月　重庆　33　32 开　新群丛书第 30 种

该书是第十八集团军副总司令彭德怀答《新华日报》记者问，对抗战前途、国共双方摩擦等问题发表自己的看法。

**1361. 救中国人民的关键**　王明著　解放社　1938 年 3 月　延安　43　32 开

**1362. 抗日救国政策**　陈绍禹著　陕西人民出版社　1937 年 10 月初版　60　32 开

内容有：《新形势与新政策》、《中共底新政策——建立抗日救国的统一战线》、《中共新政策产生的根据》、《驳复反日统一战线底反对者》、《论苏维埃政府与国防政府之间》、《红军与抗日联军之间的相互关系》、《必须在工作各方面都起转变》、《中国共产党底新政策能战胜日本帝国主义底"新"政策》7 篇。前有"小引"（《论两种统一战线》），附录收《中国共产党抗日救国十大纲领》。封面著者题王明著。

**1363. 抗日救国政策**　陈绍禹（王明）著　生活书店　1938 年 3 月初版（汉）　汉口　4 + 120　32 开　救亡文丛之七

本书分 3 个部分：新形势与新政策、日寇侵略的新阶段与中国人民斗争的新时期、挽救时局的关键。卷首有张仲实所作序言。

**1364. 抗日民族革命战争论**　洛甫著　解放同志社　1938 年　陕西　80　32 开

本书分 5 章：全民族抗战的前夜、我们对于民族统一纲领的意见、论抗日民族革命战争的持久性、转变中的时局、北方游击战中的战略支点。

**1365. 抗战必胜论**　朱德等著　战时出版社　52　32 开

辑录：《日本并不足畏》（朱德）、《抗战胜利的必要性》（李宗仁）、《中国是不会被征服的》（宋庆龄）、《中国抗战必胜论》（毛泽东）、《抗战必胜之条件何在》（李立中）、《抗战必胜的理论根据》（宋斐如）、《从持久战争中争取胜利》（彭德怀）、《长期抗战必然胜利》（吴稚晖）、《长期抗战何以必胜》（冯震）、《长期抗战何以胜利属于我》（郭世珍）、《精神动员与最后胜利》（成舍我）、《不屈服即胜利》（吴其昌）、《最后胜利属于我们》（林语堂）等 13 篇文章。

**1366.** **抗战到底** 朱德著 上海国难研究社 1937 年 11 月再版 上海 47 32 开

附录收《中国共产党为日军进攻卢沟桥通电》、《红军将领为日寇进攻华北致宋哲元等电》、《红军将领为日寇进攻华北致蒋委员长电》、《中国共产党为实现三民主义奋斗宣言》、《上前线去》、《今日的朱彭》、《朱彭的印象》、《谈到平型关之战》、《抗战的前途》、《八路军实质的考察》。

**1367.** **抗战胜利的先决问题** 彭德怀著 焦土出版社 1938 年 1 月 31 32 开 焦土丛刊之一

分 6 部分：引言、持久抗战的胜利、战略与战术、游击战争、民众动员与全民抗战、几句结语。书名据封面题，卷端题名：《争取持久抗战胜利的先决问题》。

**1368.** **抗战胜利的先决问题** 彭德怀著 焦土出版社 1937 年 30 32 开

分 6 部分：引言、持久抗战的胜利、战略与战术、游击战争、民众动员与全民抗战、几句结语。书名据封面题，卷端题名：《争取持久抗战胜利的先决问题》。

**1369.** **抗战中的政治问题（徐特立先生论文集）** 徐特立著 播种社 1938 年 5 月初版 汉口 2 + 130 32 开

本书分 12 个部分：政党与政府、目前政治形势与今后抗战的任务、抗战到底与自力更生、国共合作与抗战前途、淞沪抗战的教训与国共合作、怎样训练战时工作的干部、加紧农村工作是战胜之最大保证、关于武装农民问题、游击战争在持久抗战中的各种基本政策等。书前有自序"抗战给我的机会"。

**1370.** **抗战中新人生观的创造** 陈伯达著 上海晨光书店 1939 年 3 月初版，1939 年 11 月再版 上海 66 32 开

分 5 章：续论、中国民族的本体、中国民族的历史运动、近代中国人应有的哲学观念与道德观念、结论。

**1371.** **论目前抗战形势** 周恩来著 汉口新华日报馆 1938 年 10 月再版 汉口 16 32 开 新群丛书第 17 种

**1372.** **目前国内外形势与参政会第四次大会的成绩** 陈绍禹著 香港时论编译社 1939 年 10 月 香港 46 32 开

该文系陈绍禹 1939 年 9 月 20 日在《新华日报》工作人员会上的报告，包括 3 部分：参政会第四次大会的政治环境和政治任务、参政会第四次大会的成绩和意义、全国人民今后应有的努力。

**1373.** **目前抗战中的几个主要问题** 叶剑英著 统一出版社 1938 年 5 月 广州 34 32 开 抗战大学丛书之一

该书系叶剑英 5 月 2 日在广州国立中山大学礼堂的演讲词，曾在《抗战大学》半月刊第八期登载。内容包括 6 部分："我离开广东十年后的感想"、"日寇会不会来进攻广东呢？"、"这次中日的战争局面将怎样进展下去？"、"国共两党最近的关系究竟怎样"、"苏联会不会出兵帮助中国？"、"八路军的近况怎样？"

**1374.** **抢救失足者** 康生著 苏中出版社 ［1943］ 16 32 开

著者 1943 年 7 月 15 日在中央直属大会上的报告。

**1375.** **抢救失足者** 康生著 解放社 ［1943 年］ 31 32 开

著者 1943 年 7 月 15 日在中央直属大会的报告。

**1376. 全国总抗战和保证抗战的胜利**　王明著　上海南华出版社　1938 年 1 月初版　上海　45　32 开

内收：《日寇侵略的新阶段与中国人民斗争的新时期》一文。

**1377. 全国总抗战和保证抗战的胜利**　王明著　南华出版社　1938 年 1 月初版　上海　45　32 开

本书包括 4 部分：日寇对中国新进攻的原因何在呢、中国武装抗日能否得到胜利呢、如何组织对日全国总抗战和保证抗战的胜利呢、中国共产党在现时环境中的任务。正文标题为"日寇侵略的新阶段与中国人民斗争的新时期"。

**1378. 全面抗战论**　潘汉年著　生活书店　1937 年 12 月初版，1938 年 1 月再版　上海　4＋142　32 开　救亡文丛之三

分上、下两编：上编包括《全面抗战释》、《全面抗战中政治动员的基点》、《如何确保抗战的全部胜利》、《群众动员的基本问题》、《恢复北伐时代民众运动的前提》等 14 篇；下编包括《上海中立区问题》、《承认上海中立区的外交意义》、《中苏不侵犯条约的展望》等 8 篇。附录收《"九一八"六周年纪念》、《从辛亥以来的抗日运动到今年的全民抗战》、《今年国庆纪念的历史任务》。

**1379. 日寇侵略的新阶段与中国人民斗争的新时期**　王明著　解放出版社　1937 年 10 月　42　32 开

内容包括 4 章："日寇对中国新进攻的原因何在呢？"、"中国武装抗日能否得到胜利呢？"、"如何组织对日全国总抗战和保证抗战的胜利呢？"、"中国共产党在现在环境中的任务"。

**1380. 日寇侵略的新阶段与中国人民斗争的新时期**　王明著　上海文粮书店　1938 年 1 月　上海　50　32 开　文粮小丛书

内容分为 4 个部分："日寇对中国新进攻的原因何在呢？"、"中国武装抗日能否得到胜利呢？"、"如何组织对日全国总抗战和保证抗战的胜利呢？"、"中国共产党在现在环境中的任务"。附录收《论目前救亡运动中的几个迫切问题》（凯丰）。

**1381. 如何解决**　周恩来著　1944 年 10 月　1 张　4 开

周恩来同志在延安各界纪念国庆节三十三周年大会的讲演。

**1382. 三民主义概论**　陈伯达著　中国文化社　1938 年 12 月初版　重庆　139　32 开

本书分 6 部分：导言、三民主义的历史根源、三民主义之历史的发展、革命的三民主义、三民主义与三大政策、马克思列宁主义与三民主义。附录收《孙中山先生关于民族革命统一战线思想的发展》。

**1383. 三民主义概论（增订版）**　陈伯达著　新华书店　1941 年 6 月再版　142　32 开

本书分 5 部分：论孙中山先生及其学说、三民主义的历史根源、三民主义、三民主义与三大政策、马克思列宁主义与三民主义。书前有"增订版自记"。

**1384. 吴玉章抗战言论选集**　吴玉章著　中国出版社　1938 年 6 月初版　汉口　2＋43　32 开　有照片

本书分 3 个部分：纪念中国辛亥革命廿五周年的一个回忆、中国能战胜日本、中国抗日战争的新阶段。

**1385. 项英将军言论集**　［项英著］，集纳出版社编　编者刊　1939 年 5 月初版　4＋92　32 开　有

照片、有题词、有图表　集纳丛书第 2 种

本书分 4 个部分：新阶段中我们在江南抗战的任务、新四军一年来抗战的经验与教训、论目前国内外情势、保持和发扬新四军的优良传统。

**1386. 阎锡山批判**　陈伯达　苏中出版社　1944 年 11 月　34　32 开

分 3 部分：阎锡山的出发点、阎锡山的经济计划、阎锡山的政治计划。

**1387. 叶剑英抗战言论集**　叶剑英著　新华日报馆　1940 年 3 月　重庆　200　32 开　新群丛书第 40 种

该书共有 7 部分：论战局、论抗战中的几个主要问题、论战略、论敌后抗战、八路军抗战的经验、纪念和悼文、其他。书后附录《叶剑英将军访问记》。

**1388. 怎样进行持久战**　周恩来、彭德怀合著　建社　1938 年 12 月　上海　2＋49　32 开

分两编，上编包括：引言、为什么要持久抗战、战略与战术、游击战争、民众动员与全民抗战、结论；下编包括：前言、过去的经验和教训、持久战的具体方法。封面题名为：怎样进行持久抗战。

**1389. 争取持久抗战胜利的先决问题**　彭德怀著　山西战时问题研究会　1937 年 10 月　40　32 开

为彭德怀著《争取持久抗战胜利的先决问题》一文。

**1390. 中国革命运动史提纲·论待人接物问题·通俗经济学讲话**　洛甫著，［晋察冀边区教育总队第三大队编］　教导三大队文教处，晋察冀边区教育总队第三大队翻印，教导总队第三大队翻印 1940 年　34＋14＋26［环筒叶］　32 开　油印

该书为合订本。《中国革命运动史提纲》包括 8 讲：鸦片战争——中国近代史的起点、太平天国——资产阶级民主革命的序幕、甲午战争、戊戌变法、辛亥革命——第一次资产阶级民主革命、五四运动与中国共产党的产生、中国国民党的改组与第一次国共合作、一九二五——一九二七年大革命。《论待人接物问题》是洛甫 1938 年 7 月 26 日对延安抗日军政大学第三期毕业同学的讲演。《通俗经济学讲话》，共 6 讲 25 节。

**1391. 中国共产党与革命战争（为八路军军政杂志一周年而作）**　王稼祥著　新华日报华北分馆 1940 年 6 月　61　64 开　前线丛书之十

该书内容分 3 部分：中国共产党与国内革命战争、中国共产党与抗日战争、中国共产党与今后武装斗争的任务。

**1392. 周恩来、邓颖超最近言论集**　周恩来、邓颖超著　离骚出版社　1938 年 2 月初版，1938 年 4 月再版　1＋70　32 开

书中收录 6 篇文章：《目前抗战形势与坚持长期抗战的任务》（周恩来）、《目前抗战形势与坚持华北抗战的任务》（周恩来）、《敌人进攻的形势》（周恩来）、《怎样进行持久抗战》（周恩来）、《现阶段青年运动的性质与任务》（周恩来）、《对于现阶段妇女运动的意见》（邓颖超）。附录《周恩来的生平》、《周恩来夫人访问记》。

**1393. 周恩来同志答复记者国共谈判迄今无结果**　周恩来谈　1944 年 8 月　1 张　8 开

周恩来答新华社记者问所发表的谈话。

## 党的组织、会议、文献

**1394. 党的政策选集**　毛泽东等著　晋察冀日报社　1945 年 5 月解放社订正再版，1946 年 3 月翻印

270　32 开

　　该书收录《共产党人发刊词》（毛泽东）、《毛泽东同志在苏区党代表大会上政治报告及结论》、《中央关于目前形势与党的任务的决定》、《陕甘宁边区施政纲领》、《中央关于抗日根据地土地政策的决定》等文献。附：《湖南农民运动考察报告》（毛泽东）、《两三年内完全学会经济工作》、《一九四五年的任务》等文献。

**1395. 党建论文集（第一集）**　毛泽东等著　党建论文集编辑委员会编　编者刊　1940 年 11 月　500　32 开

　　辑有《中国革命与中国共产党》（毛泽东）、《共产党人发刊词》（毛泽东）、《中国共产党和军队》（朱德）、《怎样做一个共产党员》（陈云）、《共产党员的权利与义务》（洛甫）、《论共产党员的修养》（刘少奇）、《为什么要开除刘力功的党籍》（陈云）、《共产党员被捕时的处理与气节问题》（杨清）等 29 篇文章。附录：《中央政治局关于巩固党的决定》、《扩大的中共中央第六次全会关于各级党部工作规则与纪律的决定》等 10 篇文献。

**1396. 二十年来之中共**　李广平著　正义出版社　1944 年 8 月初版　4+108　32 开

　　本书分 9 章：中共之革命理论、中共之民族政策、中共之外交政策、中共之经济政策、中共之战略与策略等。有自序。

**1397. 告抗日根据地全体党员和八路军新四军将士书**　中国共产党中央委员会发布　1942 年 7 月 7 日　14 张　31cm×22.6cm

　　中国共产党中央委员会 1942 年 7 月 7 日抗战六周年之际给抗日根据地全体党员和八路军、新四军将士的一封信。墨笔抄写，复制品。

**1398. 共产主义在中国**　新认识月刊社编著　胜利出版社　1941 年 12 月再版　重庆　2+68　32 开　真理丛书

　　本书分 4 章：共产主义是怎样产生的、共产主义理论的批判、中国能够实行共产主义吗、共产主义在中国的没落。

**1399. 关于党章报告**　刘少奇著　中共中央华中分局　1945 年 7 月　69　32 开

　　刘少奇在中共七大上所作《关于修改党章的报告》。书前有邓子恢的"附注"。

**1400. 关于反奸斗争的发展情形与当前任务**　康生著　1944 年 4 月　22　32 开

　　康生一九四四年三月二十九日在西北局高干会上的讲演。包括：巩固发扬一年来反奸斗争的成绩、彻底纠正逼供信的错误、正确执行新的反奸政策、怎样进行甄别工作。

**1401. 关于马列主义中国化的问题**　冀鲁豫边区文化出版社　1942 年 1 月　31　48 开　木刻　新民主丛书之一

　　论述马列主义中国化的意义、马列主义中国化的历史发展、马列主义中国化的成绩和严重缺点、马列主义中国化的当前具体任务。附录收《在毛泽东旗帜下前进——延安新华社广播稿》。

**1402. 关于修改党章的报告**　刘少奇著　真理社　[1945 年]　103　32 开

　　1945 年 5 月 14 日在中国共产党第七次全国代表大会上刘少奇同志所作的报告。包括：引言、关于党章的总纲、关于党员、关于党员的义务与权利、关于党内民主的集中制、关于干部问题、关于党的基础组织、关于奖励与处分、党的严肃性与灵活性。

**1403. 抗战丛刊（第一集）**　抗战丛刊社编辑　编者刊　1940 年　21　32 开　油印

内收《中共中央关于目前形势与党的任务的决议》、《精诚团结与开放民主：1940 年元旦徐向前与大众报社记者煤渣谈话》、《相持阶段与统一战线：朱瑞同志 1939 年 12 月在欢迎中央抗演六队的政治座谈会上的报告》。

**1404. 论党** 刘少奇著 大众日报社 1943 年 4 月 177 32 开

包括人的阶级性、作一个好的党员、建设一个好的党、论共产党员的修养、论党内斗争、反对党内各种不良倾向、民主精神与官僚主义、答宋亮同志。附：《宋亮同志给少奇同志的信》。复制本。

**1405. 论革命家的修养** 刘少奇著 大众书店 1946 年 6 月初版，1948 年 6 月 4 版 大连 2 + 68 32 开

即《论共产党员的修养》。

**1406. 论共产党员的修养** 刘少奇著 播种社 1938 年 12 月 104 32 开

包括绪论、党员思想意识的修养、组织上的和纪律上的修养。此书为播种社伪装版，封面题："论青年修养"。

**1407. 论共产党员的修养** 刘少奇著 华中新华书店 1949 年 2 月 3 版 96 32 开

1939 年 7 月 8 日在延安马列学院的演讲。包括绪论、党员思想意识的修养、组织上的和纪律上的修养。

**1408. 七大文献** 华中军区政治部 1946 年 8 月 390 32 开

该书收录《论联合政府》、《论解放区战场》、《关于若干历史问题的决议》、《中国共产党党章》4 篇文献。附录收学习七大文献参考资料 24 篇。

**1409. 七代大会参考文件** 32 32 开

该书收录：《中国人民胜利的指南——读毛泽东同志的论联合政府》（解放日报社论）、《七代大会开幕词及演说》、《"论联合政府"摘要》、《关于中国抗战的军事报告》4 篇文献。

**1410. 三月政治局会议的总结** 陈绍禹著 中国出版社 1938 年 5 月 汉口 47 32 开

本书分为 4 个部分："目前抗战形势的估计"、"如何继续抗战和争取抗战胜利？"、"关于中华民主共和国口号问题"、"党的七次全国代表大会具体准备"。

**1411. 陕甘宁边区的共产党**（中国共产党陕甘宁边区第二次代表大会文件汇辑） 解放社 1940 年 1 月 52 32 开

书中收入 7 篇文献：《抗战新阶段中陕甘宁边区的任务》、《中共陕甘宁边区第二次代表大会告边区全体党员书》、《中共陕甘宁边区第二次代表大会告边区民众书》、《致中共中央贺电》、《致斯大林同志六十大寿电》、《致八路军新四军电》、《大会决议》。

**1412. 十年来的中国共产党** 平凡编辑 上海南华出版社 1938 年 1 月 上海 180 32 开

该书共 11 章：关于十年来的中国共产党、中国红军的组织及其策略、中国红军的战斗力、中国苏维埃政府的建立、苏区的财政、苏区的文化事业与经济组织、苏区的工业、苏区社会实现的分析、由苏维埃到民主共和制度、国共两党统一战线成立后中国革命的迫切任务、中国共产党在现时环境中的任务。附录收《中国共产党抗日救国十大纲领》、《中国共产党为公布国共合作宣言》、《中国共产党对时局重要宣言》3 篇文献。

**1413. 十年来的中国共产党** 洛甫等著 解放社 1938 年 1 月 70 32 开 真理小丛书之五

书中收录《关于十年来的中国共产党》（洛甫）、《中国共产党十五周年纪念》（季米特洛夫）、《中共中央关于目前政治形势与党的任务的决议》、《中共中央关于抗日救亡运动的新形势与民主共和国的决议》、《中共中央告全党同志书》5 篇文献。书前有《编者引言》及《真理小丛书序》。

**1414. 十年来中共重要宣言集**　中国共产党中央委员会发布　二分区新华书店　2＋89　32 开

本书收 17 篇宣言:《为抗日救国告全国同胞书》（八一宣言）、《中共中央赴国难宣言》、《中共中央对时局宣言》、《中共中央为纪念抗战二周年对时局宣言》、《中央中央七七九周年纪念宣言》等。书后有编后语。

**1415. 时事讨论总结报告:整风参考材料**　邓子恢著　22　32 开　油印

包括:第一个问题蒋介石主义、孙中山主义与毛泽东思想的区别;第二个问题大地主大资产阶级及其代表国民党反动派是否还有革命性。

**1416. 团结的大会胜利的大会**　晋察冀日报社　1945 年 6 月　43　32 开

系中国共产党第七次全国代表大会文献之四。包括:《中国共产党举行第七次全国代表大会》、《大会闭幕日负责同志致辞》、《大会胜利闭幕》、《中共第七届中央委员会名单》、《团结的大会胜利的大会》、《七大代表及延安各界代表举行中国革命死难烈士追悼大会》（附祭文）。

**1417. 为中共更加布尔什维克化而斗争**　陈绍禹著　新华日报华北分馆　1941 年 5 月　4＋218　32 开

内容包括 5 个部分:引言、李立三路线底理论与实际、结论、再版书后、附录。书前有《三版序言》及《写在前面的几点声明》、《编辑部底话》、《几点必要的声明》。

**1418. 五大文件**　新华书店　1943 年 7 月　66　32 开

书中收录 5 篇文章:《评中国之命运》（陈伯达）、《中国共产党中央委员会为抗战六周年纪念宣言》、《中国共产党与中国民族解放的道路》（王稼祥）、《清算党内的孟塞维主义思想》（刘少奇）、《延安民众通电全国呼吁团结反对内战》。

**1419. 五年来对敌斗争的概略总结及今后对敌斗争的方针（一九四三年一月二十六日邓小平同志在太行分局高干会议上的报告）**　邓小平讲　中共山东分局胶东第三区党委宣传部　1943 年 1 月　125　64 开

内容包括 5 个部分:五年对敌斗争的概略总结、新的形势与新的任务、敌战区的组织工作与政策运用、反扫荡与反蚕食、一元化的斗争。复制本。

**1420. 一九四五年太行党的文件选辑**　中共太行区党委编　中共太行区党委〔印〕　1947 年 4 月　2＋173　32 开

书中收入:《区党委关于一九四五年工作方针的决定》、《武力劳力结合加紧保卫春耕》、《组织起来开展春耕运动》、《打通思想总结经验开展大规模生产运动》、《开展春耕检查和剿蝗运动》、《紧急动员起来坚决和旱虫灾作斗争》、《今年生产运动中的几个问题》、《一九四五年的大生产运动》等 37 篇文章。

**1421. 整顿三风（二十二个文件）**　文风出版社编辑　文风出版社　1946 年 4 月　香港　3＋203　32 开

书中收入:《整顿学风党风文风》、《反对党八股》、《康生的传达和说明》、《中央关于增强党性的决定》、《中央关于调查研究的决定》、《中央关于延安干部学校的决定》、《中共中央关于在职干部教育的决定》等 22 篇文章。书前以《解放日报社论》作代序。

**1422. 整顿三风参考材料（第二册）**　冀中军区教导团编　冀中军区教导团　44＋6＋3＋8＋19　32 开　油印

　　书中收入《思想方法上的革命》、《主观主义之来源》、《主观主义的根源和克服的办法》、《主观主义在前方部队中的表现形式》、《肃清计划、检查、总结工作中的主观主义》、《为什么整顿三风是党的思想革命》、《什么叫做"从实际出发"》等 10 篇文献。

**1423. 整顿三风文件廿二种**　华北新华书店编辑　华北新华书店　1942 年　2＋158　32 开

　　书中收录：《整顿学风党风文风》、《中共中央关于增强党性的决定》、《中共中央关于调查研究的决定》、《中共中央关于延安干部学校的决定》、《中共中央关于在职干部教育的决定》、《毛泽东同志在陕甘宁边区参议会上的演说》、《改造我们的学习》、《反对自由主义》等 22 篇文献。附录收《中央北方局宣传部关于研究讨论二十二种文件的通知》等 5 篇文献。

**1424. 整风文献**　解放社编　东北书店　1949 年 2 月　佳木斯　2＋277　32 开

　　书中收录：《中共中央宣传部关于在延安讨论中央决定及毛泽东同志整顿三风报告的决定》、《整顿学风党风文风》、《反对党八股》、《"农村调查"序言》、《改造我们的学习》、《中央关于调查研究的决定》、《中共中央关于延安干部学校的决定》、《中共中央关于在职干部教育的决定》等 31 篇文章。本书为初中三年级政治课参考书。

**1425. 整风文献（订正本）**　解放社编　新华书店晋察冀分店　1946 年 3 月　张家口　297　32 开

　　书中收入：《中共中央宣传部关于在延安讨论中央决定及毛泽东同志整顿三风报告的决定》、《整顿学风党风文风》、《反对党八股》、《"农村调查"序言》、《改造我们的学习》、《中央关于调查研究的决定》、《中共中央关于延安干部学校的决定》、《中共中央关于在职干部教育的决定》等 31 篇文献。

**1426. 整风文献（订正本）**　解放社编　山东新华书店　1948 年 1 月　2＋284　12.5cm×15.7cm

　　书中收入：《中共中央宣传部关于在延安讨论中央决定及毛泽东同志整顿三风报告的决定》、《整顿学风党风文风》、《反对党八股》、《"农村调查"序言二》、《改造我们的学习》、《中央关于调查研究的决定》、《中共中央关于延安干部学校的决定》等 30 篇文献。

**1427. 整风文献（订正本）**　解放社编　新华书店　1949 年 4 月 3 版　天津　320　32 开

　　书中收入：《中共中央宣传部关于在延安讨论中央决定及毛泽东同志整顿三风报告的决定》、《整顿学风党风文风》、《反对党八股》、《"农村调查"序言》、《改造我们的学习》、《中央关于调查研究的决定》、《中共中央关于延安干部学校的决定》、《中共中央关于在职干部教育的决定》等 31 篇文章。

**1428. 整风文献（订正本）**　解放社编　新华书店晋察冀分店　1946 年 3 月　张家口　2＋297　32 开

　　书中收录：《中共中央宣传部关于在延安讨论中央决定及毛泽东同志整顿三风报告的决定》、《整顿学风党风文风》、《反对党八股》、《"农村调查"序言二》、《改造我们的学习》、《中央关于调查研究的决定》、《中共中央关于延安干部学校的决定》等 32 个文献。

**1429. 支部工作**　江淮出版社编辑　编者刊　1942 年 5 月　96＋1　32 开　党报文选之一

　　收录 8 篇文章：《我们怎样开展了支部工作》、《怎样做边区的支部工作》、《加强与改进各个抗日根据地中党的支部教育工作》、《介绍几种关于支部流动训练班的方式》、《延川县禹居区三乡支部的特点、党员和干部》、《介绍新四军的一个支部》、《十六个月没有发生逃亡的模范支部》、《中央宣传部关于各抗日根据地内党支部教育的指示》。

**1430.** 中共反法西斯国际统一战线政策及苏联援助中国抗战文选　晋察冀日报社编　编者刊　1945年 7 月　112　64 开

内容包括：《毛泽东同志关于目前国际形势与中国抗战的谈话》、《苏联利益与人类利益的一致》（毛泽东）、《中国共产党对苏日中立条约发表意见》、《中共中央关于反法西斯国际统一战线的决定》、《中共中央关于最近国际事件的声明》、《中共中央关于太平洋反日统一战线的指示》、《苏联自动废除帝俄时代对华不平等条约简史》、《中苏互不侵犯协定》等 13 篇文献。

**1431.** 中共六中全会决议和宣言　新华日报馆辑　编者刊　1938 年 12 月　重庆　41　32 开　新群丛书第 20 种

收录 9 篇文章：《抗日民族自卫战争与抗日民族统一战线发展的新阶段》、《告全国同胞、全体将士和国共两党同志书》、《关于召集七次全国代表大会的决议》、《致蒋委员长电》、《致东北义勇军及全体同胞电》、《致八路军、新四军电》、《致日本共产党电》、《致西班牙共产党中央电》、《致各国共产党电》。

**1432.** 中共中央晋察冀分局关于党报工作的指示　1944 年 2 月　2 + 127　32 开

书中收入：《中共中央晋察冀分局关于党报工作的指示》、《贯彻全党办报方针》、《进一步加强党报通讯工作》、《把新闻通讯报道工作提高一步》、《新华通讯总社关于通讯工作致各地分社与党委电》、《中共中央晋察冀分局宣传部关于执行新华社三月四日来电的决定》、《中共中央晋察冀分局关于贯彻全党办报方针第二次指示》、《关于全党办报》等 23 篇文章。

**1433.** 中共中央宣传部关于在延安讨论中央决议及毛泽东同志整顿三风报告的决定　167　32 开

收录《中共中央宣传部关于在延安讨论中央决议及毛泽东同志整顿三风报告的决定》、《整顿学风党风文风》（毛泽东）、《反对党八股》（毛泽东）、《"农村调查"序》（毛泽东）、《改造我们的学习》（毛泽东）、《中共中央关于调查研究的决定》、《中共中央关于延安干部学习的决定》、《中共中央关于在职干部教育的决定》等 10 多篇文献。

**1434.** 中共资料　毛泽东等著　136　32 开

书中收入：《团结到底》（毛泽东）、《为争取抗战最后胜利而奋斗》（朱德）、《为彻底实现抗战建国纲领而斗争》（任弼时）、《克服困难争取抗战最后胜利》（康生）、《坚持团结克服困难争取抗战最后胜利》、《读蒋介石先生"告国民党全体党员书"感言》、《谁未执行诺言》、《论抗战中的民生问题》（邓发）等多篇文献。

**1435.** 中国革命与中国共产党　毛泽东著　中外出版社　34　32 开

**1436.** 中国革命与中国共产党　毛泽东著　新生书店　1 + 24　32 开　改造丛书第 1 辑

**1437.** 中国革命与中国共产党　毛泽东著　晋察冀新华书店　1947 年 10 月再版　34　32 开

**1438.** 中国革命与中国共产党　毛泽东著　华北新华书店　1948 年 12 月再版　2 + 39　32 开

**1439.** 中国共产党的六中全会文件　新华日报馆辑　编者刊　1939 年 1 月　重庆　136　32 开

书中收录 3 篇文献：《论新阶段》、《中共六中全会议决案全文》、《六中全会电文》。

**1440.** 中国共产党第七次全国代表大会文献　天南书店　12 + 58　32 开

该书内容包括 4 个部分："中国共产党第七次全国代表大会开幕"、"毛泽东同志开幕词"、"朱德、刘少奇、周恩来、林伯渠、冈野进等同志演词"、"毛泽东同志政治报告—论联合政府"。封面题名"论联合政府"。翻印本。

**1441.** 中国共产党第七次全国代表大会文献　161　32 开

该书内容包括 6 个部分："中国共产党第七次全国代表大会开幕"、"毛泽东同志开幕词"、"朱德、刘少奇、周恩来、林伯渠、冈野进等同志演词"、"毛泽东同志政治报告—论联合政府"、"朱德同志抗战军事报告—论解放区战场"、"胜利闭幕"。封面题名"七大文献"。

**1442.** 中国共产党第七次全国代表大会文献　毛泽东等著　解放社　1945 年 6 月　177　32 开

该书包括 6 个部分："中国共产党第七次全国代表大会开幕"、"毛泽东同志开幕词"、"朱德、刘少奇、周恩来、林伯渠、冈野进等同志演词"、"毛泽东同志政治报告—论联合政府"、"朱德同志抗战军事报告—论解放区战场"、"胜利闭幕"。封面封底题名为"论联合政府"。

**1443.** 中国共产党第七次全国代表大会文献　解放社　1945 年 6 月　177　32 开

该书内容包括 6 个部分："中国共产党第七次全国代表大会开幕"、"毛泽东同志开幕词"、"朱德、刘少奇、周恩来、林伯渠、冈野进等同志演词"、"毛泽东同志政治报告—论联合政府"、"朱德同志抗战军事报告—论解放区战场"、"胜利闭幕"。封面及版权页题名分别为"论联合政府"、"七大文献"。

**1444.** 中国共产党第七次全国代表大会文献　解放社　1945 年 6 月　162　32 开

该书包括 6 个部分："中国共产党第七次全国代表大会开幕"、"毛泽东同志开幕词"、"朱德、刘少奇、周恩来、林伯渠、冈野进等同志演词"、"毛泽东同志政治报告—论联合政府"、"朱德同志抗战军事报告—论解放区战场"、"胜利闭幕"。封面题名"七大文献"。

**1445.** 中国共产党举行第七次全国代表大会　1945 年 4 月　1 张　4 开

收录《论联合政府》（毛泽东）及刘少奇、周恩来等的演说。

**1446.** 中国共产党举行第七次全国代表大会　1945 年 5 月　1 张　4 开

收录《论联合政府》（毛泽东）及刘少奇、周恩来等的演说。增刊本。

**1447.** 中国共产党抗日救国十大纲领　中共闽赣省委会宣传部编　编者刊　1 张　28.3cm×63.5cm

包括 10 个部分："打倒日本帝国主义"、"全国军事总动员"、"全国人民总动员"、"改革政治机构"、"抗日的外交政策"、"战时的财政经济政策"、"改良人民生活"、"抗日的教育政策"、"肃清汉奸、卖国贼、亲日派、巩固后方"、"抗日的民族团结"。复制本。

**1448.** 中国问题指南　1937 年 6 月　167　32 开　革命历史丛书之一

该书收录《共产国际第七次扩大会议决议》、《第八次扩大会议决议》、《第九次扩大会议决议》、《共产国际执行委员会与中国共产党书》、《共产国际执委致中共中央委员会的信》、《中国问题决议案》等文献。

**1449.** 作一个好的党员建设一个好的党　刘少奇著　藁城县人民书店　藁城　16　32 开　石印

1940 年 7 月刘少奇于中国共产党成立 19 周年之际，应《抗敌报》、《前锋报》、《迈进报》请求所作。封二有毛泽东木刻画像。

# 根据地概况

**1450.** 北岳区群运发展和当前任务　晋察冀北岳区各界抗日救国联合会　编者刊　1943 年 5 月　80

32 开　油印

　　该书系北岳区抗联第一届代表大会报告。报告内容共 4 部分：北岳区群众运动概略总结、目前北岳区群众运动的特点和任务、当前的三个问题、大会结论。书后附《晋察冀北岳区各界抗日救国联合会组织章程》。

**1451. 边区的移民工作**　中共西北中央局调查研究室编　编者刊　1944 年　32　32 开　有图表　陕甘宁边区生产运动丛书

　　本书包括边区移民工作的重要性、1940 年至 1944 年间移民工作的概述、以及移民工作中的 3 个问题。

**1452. 边区民主政治的新阶段**　林伯渠著　新华书店　12　32 开

　　1944 年 12 月 5 日边区政府林祖涵（即林伯渠）在边区参议会的报告。

**1453. 边区政府简政总结**　李鼎铭著　1944 年　14　32 开

　　该文系 1944 年 1 月 7 日李鼎铭在边区政府委员会第四次会议上的报告。

**1454. 从战斗中壮大的晋察冀边区**　大风、汉章、小波合著　民族革命出版社　1939 年 6 月　山西　7＋302　32 开　有插图、有图表　西线丛书之一

　　介绍晋察冀边区的政治、经济、文化教育等方面情况。秋林作序。

**1455. 敌后各抗日民主根据地介绍**　抗战日报社编　编者刊　2＋120　32 开　有插图　时论丛刊之六

　　本书分 8 个部分：八路军新四军的抗战成绩与敌后抗日根据地的概况、百炼成钢的晋察冀边区、新四军和华中抗日根据地、战斗中成长的晋绥边区、新山东的成长、屹立在南海上的东江与琼崖抗日根据地、一二九师与晋冀鲁豫边区、冀中平原上的民兵斗争。书后附敌后战场形势图。

**1456. 敌后抗日根据地介绍**　旅顺民众书店　1946 年 6 月　旅顺　105　32 开

　　该书包括 7 个部分：八路军新四军的抗战成绩与敌后抗日根据地概况、百炼成钢的晋察冀边区、新四军和华中抗日根据地、战斗中成长的晋绥边区、新山东的成长、屹立在南海上的东江与琼崖抗日根据地、一二九师与晋冀鲁豫边区。

**1457. 敌后抗日民主根据地介绍**　新长城社编　扶余解放社［翻印］　1＋112　32 开

　　本书分 7 个部分：八路军新四军的抗战成绩与敌后抗日根据地概况、百炼成钢的晋察冀边区、战斗中成长的晋绥边区、一二九师与晋冀鲁豫边区、新山东的成长、新四军和华中抗日根据地、屹立在南海上的东江与琼崖抗日根据地。

**1458. 巩固抗日根据地及其各种政策**　杨尚昆著　1941 年　84　32 开

　　本书分 5 部分，包括：建立根据地与巩固根据地、决定抗日根据地各种基本政策的原则、华北的经济状况与各阶级的关系、抗日民主政权及其各种基本政策、领导问题。

**1459. 关于五月政治攻势的指示**　八专区抗联辑　编者刊　1943 年 3 月 26 日　3　32 开　油印

　　八专区抗联传达上级指示的秘密本。包括进行五月政治攻势的意义、五月政治攻势的中心内容与具体工作。

**1460. 冀南行政主任公署周年纪念汇刊（卷 1—2）**　冀南行政主任公署编　编者刊　1939 年 8 月　186　32 开　有画像　有地图　有表格　石印

　　该书为合订本。卷一《冀南缩影》收入《一年来冀南抗日政权之发展》（孙文淑）、《本署成立

之经过及内部组织之变迁》、《纪念冀南行政主任公署一周年》（宋任穷）等24篇文章。卷二《工作报告》包括8个部分：关于普通政务、关于战争动员、关于实行民主、关于改善民生、关于财经工作、关于文教、关于司法、关于视察工作。扉页有冀南行政主任公署主任杨秀峰、副主任宋任穷、秘书长孙文淑的木刻画像。

**1461. 冀南行政主任公署周年纪念汇刊（卷3）** 冀南行政主任公署编 编者刊 1939年8月 414 32开 石印

该书内容为《政令辑要》，包括8个部分：一般性质的、关于战争动员工作、关于实行民主、关于改善民生、关于财经工作、关于文教、关于司法锄奸及奖惩、章则法规。附录收《公布呈中央两电文》。书后有"编辑后记"。

**1462. 冀太联办第一次专员县长会议特刊** 冀南太行太岳行政联合办事处编 编者刊 1940年12月 204 32开

包括10部分：写在特刊的前边、杨主任开幕词、戎副主任总结报告（择要）、从开展民主运动中完成民国三十年建设计划、民国三十年生产建设计划、民国三十年财政工作计划、二十九年度粮食工作计划、民国三十年教育工作计划、关于司法工作的报告、关于公安工作的报告闭幕词。

**1463. 加紧准备今冬举行的三个大会** 陕甘宁边区政府办公厅编 编者刊 1944年10月 53 32开 边政读物之五

书中收录《进一步准备反攻，进一步建设边区》（李鼎铭1944年7月10日在边区参政会常驻议会第11次与边区政府委员会第五次联席会议上的报告）、《关于召开边区第二届参议会第二次大会的决定》、《关于召开劳动英雄模范工作者大会及生产展览大会的决定》等文章。

**1464. 晋察冀边区第一届参议会大会汇刊** 1943年1月 119 16开 有照片、有插图、有题词

书中收录《边区参议会的精神与成就》、《记边区第一届参议会》、《边区行政委员会工作报告》等18篇文献。附：晋察冀边区敌我形势图。有成仿吾等题词。

**1465. 晋察冀边区青年运动在巩固组织工作中的主要经验教训** 陆平著 太行文化教育出版社 1940年4月 1+60 64开

本书分10部分。书前有序言。

**1466. 晋察冀边区行政委员会成立二周年纪念大会特刊** 晋察冀边区成立二周年纪念大会筹备会编印股辑 1940年1月 86 16开 石印 有图表

该书分8部分：演讲词、贺电、旗词、献词、贺函、祝词、贺诗、为庆祝边区政府成立二周年纪念宣言、慰问信之一部。

**1467. 晋察冀边区行政委员会工作报告（1938年——1942年）** 宋劭文著，晋察冀边区行政委员会编 编者刊 1943年 131 32开

该书内容分3部分：从战斗中壮大的晋察冀边区、五年来的政权建设、简短的总结。

**1468. 晋察冀边区印象记** 周立波著 读书生活出版社 1938年6月 汉口 205 32开 有照片、有插图

该书收入作者《从河北归来》、《劫后的东冶头》、《娘子关前》、《北冶里夜谈》、《洪子店的劫火余烟》、《泸沱河畔》、《徐海东将军》、《田守尧》等26篇文章。书前有《序言》。附录收《游击的母亲》、《师生游击队》、《华北——世界大战的起点》等6篇文章。附《晋察冀边区形势略图》。

**1469. 晋察冀边区自然科学界协会第一次代表大会会议录**　晋察冀边区自然科学界协会编　编者刊
1943 年 7 月　23　32 开　油印

该书分 7 部分：本届大会的中心任务、关于来宾讲演部分、关于各学会工作报告部分、关于专门学术报告部分、关于专门审查委员会部分、结言、大会选举。附录收《第二届理事会第一次会议记录》。

**1470. 晋冀鲁豫边区攻府向边区临时参议会二次大会太行太岳会议的工作报告**　1942 年 9 月　73
32 开

内容分为 4 个部分：《一年来边区形势及太行太岳行政中心工作》、《简政工作的初步总结报告》、《一年来教育工作的初步总结》、《高等法院工作报告》。

**1471. 晋冀豫区的工人运动**　杨珏著　新华日报华北分馆　1941 年 4 月　53［环筒叶］　64 开　太行群众丛书之一

内容分为 6 个部分："绪论"、"抗战开始工人武装参战热潮配合开辟根据地"、"产业工人与农村工人的结合，工会组织的普遍发展，总工会的成立"、"农村工人武装参战，合作社普遍建立，反投降斗争猛烈开展"、"工会工作开始深入，作风转变，基点的建立，工人生活要求纲领的提出，工厂工会的开展与农会组织的确定"、"十二月干部会议的召开，今后工运方向的提出，二次代表会筹备会成立，华北工运统一的发起"。

**1472. 晋绥边区第四届群英大会重要文献集**　晋绥边区行政公署编　编者刊　1945 年 1 月　92　32
开　晋绥边区第四届群英大会丛书之一

该书分 3 辑。第 1 辑包括：《武副主席致开幕词》、《张主任关于对敌斗争与练兵运动的报告》、《谭局长关于防奸工作的报告》等；第 2 辑包括：《关于拥军优抗的决议》、《关于拥政爱民的决议》、《关于拥护农钞的决议》、《民兵战时拥军公论》；第 3 辑包括：《致毛主席电》、《致朱德司令并转八路军新四军全体指战员电》等。

**1473. 抗日根据地晋察冀边区视察记**　陈克寒著　10＋128　32 开

介绍晋察冀边区的地域、社会情况、产生背景、抗日民主政权和各项事业。包括晋察冀边区产生的时代背景及其开端、五台的重伤兵医院、边区的新闻事业、民族统一战线在边区等 20 个部分。前有薛暮桥《晋察冀边区给我们的教训》（代序）。后附《中共冀热边委员会电蒋委员长致敬》。

**1474. 抗日根据地鲁西北区**　姜克夫著　生活书店　1939 年 4 月初版，1939 年 7 月再版　105　32
开　有照片、有插图

收录《鲁西北的一般情况》、《抗日根据地的产生》、《逐渐走上轨道的鲁西北的政治》、《游击队的军火和给养》、《游击队的战斗》、《在经济困难中奋斗》、《鲁西北的国防教育》、《鲁西北的的文化工作》、《戏剧运动》、《鲁西北民众的自卫武装》、《肃奸工作》、《两个训练干部的学校》、《鲁西北与各方面的关系等 17 篇文章。书前有《鲁西北抗战殉国的范筑先司令及鲁西北区地图》、《鲁西北抗战殉国的范筑先司令（代序）》。附录收《聊城战役给我们的教训》、《敬悼张郁光先生及鲁西北殉难诸烈士》（于毅夫）。

**1475. 抗日模范根据地晋冀察边区**　聂荣臻著　八路军军政杂志社　1939 年 5 月　112　32 开　有
插图　抗日战争丛书之六

分 4 部分：在战斗中生长的晋冀察边区、一年来我们在敌后战斗的收获、日寇的新围攻和我们反围攻的斗争、边区抗战的经验对于全国抗战的教训。书前有毛泽东序、朱德序、王稼祥序和作者自序，并附晋察冀边区形势图 5 幅。

**1476. 黎主任委员在山东行政工作会议上的总结报告** 黎玉著 山东新华书店 1945 年 4 月 120 32 开

包括 3 部分：关于政权干部思想建设问题、各项政策与今后任务、今后领导问题与作风问题。书前有《山东省战时行政委员会通知》、《写在报告的前面》。封面题："民主思想民主政策民主作用"。

**1477. 两年来边区大事记** 晋察冀边区行政委员会秘书处编辑室 编者刊 1940 年 1 月 2 + 108 32 开

本书为纪念边区成立两周年的纪念册。

**1478. 模范抗日根据地的晋察冀边区** ［陈克寒著］ 黑蚁出版社 128 32 开

分 10 部分：疆域与社会概况、晋察冀边区产生的时代背景及其开端、巩固与扩大晋察冀边区、成长中的抗日民主政权、他们怎样解决财政困难、货币斗争与边区银行、边区的经济贸易政策、崭新的边区教育、创造游击队干部的军政干部学校、边区的新闻事业。书前有薛暮桥的代序"晋察冀边区给我们的教训"。

**1479. 努力完成效用工作** 晋绥军政民各级干部训练委员会编审 民族革命出版社 1939 年 10 月 初版 1 + 24 32 开 民族革命政治丛书之二

本书分 6 个部分：抗战需要的效用工作高于一切、对效用工作基础工作及基本工作的分别认识、第一期抗战工作中的两种病根与两种病象、现在流行的几种错误主张、抗战效用工作与基础工作的关联性、怎样在完成抗战效用工作中培植基础工作。

**1480. 陕北集影** 李蒻编 播种社 1938 年 2 月初版，1938 年 5 月增订再版 77 64 开 有照片

书中收入毛泽东、周恩来、朱德及彭德怀、萧克、贺龙、徐特立、林伯渠、杨尚昆等多位八路军著名将领的照片。

**1481. 陕甘宁边区第二届参议会第二次大会撮录** 陕甘宁边区第二届参议会常驻会编 编者刊 1945 年 7 月 107 32 开

内容包括 7 个部分：大会经过、大会文献、通过条例、通过提案汇录、大会主席团名单、候补参议员经大会通过为正式参议员的名单、大会出席参议员题名录。

**1482. 陕甘宁边区第二届参议会文件** 1942 年 5 月 253 32 开

内容包括 7 部分：大会经过及当选人员、大会文献、边区政府工作报告、决议、条例、提案、题名录。附录收《边区、县参议会常驻委员会的工作》等 6 篇文献。书前收谢觉哉所作"写在卷首"。

**1483. 陕甘宁边区第二届参议会重要文献** 陕甘宁边区政府办公厅编 编者刊 1944 年 7 月 2 + 99 32 开 有插图

包括：《陕甘宁边区施政纲领》、《高岗同志致开幕词》、《林主席致词》、《毛泽东同志的演说》、《林主席报告边区政府工作》、《边区政府工作报告的总决议》等 14 篇文献。书前有《陕甘宁边区形势图》。

**1484. 陕甘宁边区第一次工人代表大会宣言、报告、决议及工作纲领** 陕甘宁边区总工会编 编者刊 1938 年 5 月 153 64 开

　　包括 8 部分：宣言、通电及贺电、报告、结论、决议、工作纲领、章程、第一届执行委员会名单。

**1485. 陕甘宁边区第一届参议会实录**　边区政府编　编者刊　1939 年 6 月　2 + 104　32 开

　　包括 5 篇文献：《陕甘宁边区政府对边区第一届参议会的工作报告》（林伯渠）、《陕甘宁边区第一届参议会对陕甘宁边区政府工作报告的决议》、《陕甘宁边区抗战时期施政纲领》、《陕甘宁边区第一届参议会所通过的十二件重要提案》、《条例五件》。附录收《陕甘宁边区参议会第一届大会告边区同胞书》等两篇文献。

**1486. 陕甘宁边区简政总结**　太行新华日报　1944 年 3 月　10　32 开

　　该文是 1944 年 1 月 7 日李鼎铭在边区政府委员会第四次会议上的报告，内容包括 5 个部分："精简问题"、"统一领导问题"、"反官僚主义问题，在反官僚主义中改善我们的领导作风问题"、"提高效能问题"、"节约问题"。

**1487. 陕甘宁边区简政总结**　大竹新华日报　1944 年 3 月　1 + 10　32 开

**1488. 陕甘宁边区施政纲领**（**中华民国三十年五月一日中共边区中央局提出，中共中央政治局批准**）　大众读物社报纸科编　1941 年 5 月　36　64 开　边区群众报增刊第 1 种

**1489. 陕甘宁边区施政纲领**（**中华民国三十年五月一日中共边区中央局提出，中共中央政治局批准**）　中共陕甘宁边区中央局　1941 年 5 月　1 张　28cm×31.9cm

　　全部纲领为 21 条，内容包括政治、经济、军事、法律、民族、教育等各方面的政策。

**1490. 陕甘宁边区实录**　齐礼总编　解放社　1939 年 12 月　162　32 开

　　简称《边区实录》，包括 6 章内容："陕甘宁边区是怎样一个地方？"、"陕甘宁边区的政制和组织"、"边区政府做了些什么？"、"陕甘宁边区的统一战线"、"陕甘宁边区的抗战动员"、"陕甘宁边区的群众团体"。

**1491. 陕甘宁边区选举须知**　1937 年　62　32 开　有图表

　　内容包括 6 个部分："由苏维埃到民主共和制度"、"陕甘宁边区议会及行政组织纲要"、"陕甘宁边区选举条例"、"陕甘宁边区选举委员会工作细则"、"今年的选举运动"、"怎样在陕甘宁边区建立民主共和制度？"。附《陕甘宁边区议会和行政组织系统表》。

**1492. 陕甘宁边区选举须知**　1941 年　80　32 开　边政丛书之一

　　内容包括 6 个部分：当做序子、陕甘宁边区政府为改选及选举各级参议会的指示信、陕甘宁边区各级参议会组织条例、陕甘宁边区各级参议会选举条例、选举条例的解释及其实施、陕甘宁边区各级选举委员会组织规程。

**1493. 陕甘宁边区政策条例汇集**（**续编**）　陕甘宁边区政府办公厅编　编者刊　1944 年 8 月再版　7 + 273　32 开

　　分总纲、政制、民政、建设、财政、教育、保安、司法等方面。

**1494. 陕甘宁边区政府工作报告**（**廿八年——三十年**）　陕甘宁边区政府委员会编　边区政府秘书处　1941 年 7 月　2 + 134　32 开　有照片、有插图、有图表　边政丛书之二

　　分 5 部分：写在前面、献给全边区的人民、地区管辖、三年来之政权建设、几句总结。附录收《中共边区中央局关于发布施政纲领的决定》、《陕甘宁边区施政纲领》、《把握统一战线的政策》、《乡政府怎样向居民报告工作》、《边区政权工作经验的点滴》。

**1495.** 陕甘宁边区政府工作报告（廿八——三十年）　陕甘宁边区政府委员会编　边区政府秘书处 1941 年 7 月　2＋128　32 开　有照片、有插图　边政丛书之二

内容包括 5 个部分：写在前面、献给全边区的人民、地区管辖、三年来之政权建设、几句总结。附录《中共边区中央局关于发布施政纲领的决定》、《陕某宁边区施政纲领》、《把握统一战线的政策》、《乡政府怎样向居民报告工作》、《边区政权工作经验的点滴》等 5 个文件。书前有林伯渠照片及陕甘宁边区简图。

**1496.** 陕甘宁边区政府公布保障人权财权条例　陕甘宁边区政府公布　编者刊　〔1942 年 1 月〕 1 张　26.8cm×26.2cm

该条例由陕甘宁边区政府公布，共 22 条。

**1497.** 陕甘宁边区政府一年工作总结　1944 年 1 月　44　32 开

书中收入林伯渠《边区政府一年工作总结》及李鼎铭《边区政府简政总结》。

**1498.** 陕甘宁边区政府一年工作总结　林伯渠著　太行新华日报　1944 年 2 月　23　32 开

系 1944 年 1 月 6 日林伯渠在陕甘宁边区政府委员会第四次会议上的报告。内容包括两个部分："去年，大进步的一年"、"今年要为备荒、为准备反攻创造更充实的条件"。

**1499.** 陕甘宁边区政府一年工作总结　〔林伯渠著〕　太行新华日报　1944 年 2 月　23　32 开

本书系 1944 年 1 月 6 日林伯渠在边区政府委员会第四次会议上的报告，分两部分："去年，大进步的一年"、"今年要为备荒、为准备反攻创造更充实的条件"。

**1500.** 陕甘宁边区组织劳动互助的经验　华北书店　1944 年 10 月　50　64 开　毛装

内容包括 3 个部分：边区组织劳动互助的主要经验和今后工作、各地互助运动介绍、论集体劳动。

**1501.** 太行区三年来的建设和发展（三十四年三月八日戎副主席在晋冀鲁豫边区第一届参议会太行区会议报告）　1945 年 3 月　32　32 开

收录《太行区三年来的建设和发展：三十四年三月八日戎副主席在晋冀鲁豫边区第一届参议会太行区会议报告》一文。附录收《一九四五年太行区生产方针和计划：一九四四年十二月五日戎副主席在劳动英雄大会上的报告》。

**1502.** 太岳区一九四五年政府工作报告　太岳行署编　编者刊　〔1945 年〕　66＋5　32 开　有图表

内容包括 9 个部分：前言、对敌斗争与自卫作战、发动群众与社会救济、生产建设、财政工作、教育工作、司法与公安工作、通讯建设（即邮政建设）、检讨。

**1503.** 西北的新社会（第八路军的根据地）　史诺等著　战时出版社　〔1937 年〕　120　32 开 战时小丛刊之二十五

本书收录 11 篇文章，包括：《陕北目前的实况》、《陕北新社会》、《陕北的生活》、《陕北的红军》、《陕北的法庭》、《陕北的文艺》、《陕北的剧社》等。出版时间据内容推断。

**1504.** 西北特区抗敌战动员记　舒群编著　解放出版社　1938 年 3 月初版　1＋47　32 开　民族解放丛书

本书分 12 个部分：抗战动员的工作、归队工作、整理少年先锋队、中区抗战动员的形态、锄奸运动、征收救国公粮、秋收工作、妇女青年和儿童、民主政府之选举、合作社运动的发展等。附

录为《特区政府颁布抗日军人优待条例》和《抗日自卫军组织条例》。

**1505. 新中国之路**　江心著　先声书店　1941 年 6 月　1 + 26　32 开

　　本书分 5 部分：前言、陕甘宁边区施政纲领、把握统一战线的政策、实行"三三制"选举运动宣传大纲、津浦路东各县人民财产保障条例。

**1506. 延安民众抗战六周年纪念大会关于呼吁团结反对内战通电**　延安民众抗战六周年纪念大会通电　1943 年 7 月 9 日　1 张　37cm×20cm

**1507. 一九四四年大生产运动总结及一九四五年的任务**（宋主任在边区第二届群英大会上的报告）晋察冀边区行政委员会　1945 年 2 月　99　32 开　油印

　　本书分为 5 个部分：一九四四年大生产运动估计、组织起来、精耕细作、部队机关学校生产、一九四五年大生产运动的任务。

**1508. 一九四一年陕甘宁边区乡选总结**　陕甘宁边区民政厅编　编者刊　1941 年　118　32 开

　　本书包括 8 个部分：序言、选举环境、乡市选举的重要意义和任务、乡市选举经过、在选举过程中民主与反民主的斗争、乡举的显著收获和缺点、这次乡市选举中的一些经验教训、结语。

**1509. 一年来劳武结合的新发展**　晋绥边区行政公署编　编者刊　1945 年　35　32 开　晋绥边区第四届群英大会丛书之二

　　内容包括《在劳武结合方面》、《在武劳结合方面》。

**1510. 怎样开展劳模运动**　晋察冀新华书店编　晋察冀新华书店　1945 年 5 月　41　32 开

　　收录《劳动英雄模范工作者的三种作用》（毛泽东）、《关于劳动英雄模范工作者问题》（李富春）、《采用新的组织形式与工作方式》（解放日报社论）、《防止骄傲自满》（解放日报社论）、《贯彻实事求是的精神》（解放日报社论）、《群英大选中应注意的几个问题》（晋察冀日报社论）。

**1511. 展开反对巫神的斗争**　陕甘宁边区政府办公厅编　编者刊　1944 年 10 月　86　32 开　边政读物之六

　　该书包括 4 个部分：展开反对巫神的斗争、巫神的罪恶种种、各地反巫神斗争介绍、几个转变好了的巫神。

**1512. 中共晋察冀边区之各种政策**　［1942 年］　6 + 64　32 开

　　本书分 7 篇：具体政策、党的建设、土地问题、经济政策、财政政策、金融政策、锄奸工作。书前有引言，出版时间依书内引言推论。

**1513. 中共"晋察冀边区"之各种政策**　1942 年 1 月　6 + 64　32 开

　　内容包括 7 篇：具体政策、党的建设、土地问题、经济政策、财政政策、金融政策、锄奸工作。

**1514. 中国的新西北**　张剑萍编　战时读物编译社　1937 年 12 月初版　上海　1 + 60　32 开

　　本书分 6 部分：特区政府之过去与现在（第一部）、特区的社会和政治组织（第二部）、改编前之第八路军（第三部）、新西北的工业、延安印象记、新西北的学校生活实况。附录收《新西北各项新政策的实施》。

**1515. 中国敌后解放区概况**　新华书店　1944 年 10 月　82　32 开　有插图

　　内容包括 7 个部分：绪论、晋察冀边区、晋冀鲁豫边区、山东区、晋绥边区、华中抗日根据地、华南（东江与琼崖）抗日根据地。附：《八路军新四军抗战形势图》一幅。

**1516. 中国敌后解放区概况**　　[1944 年]　　4 +97 页　32 开　有插图

本书概述了抗日战争后期敌后解放区的概况，包括：晋察冀边区、晋冀鲁豫边区、山东区、晋绥边区、华中抗日根据地、华南（东江与琼崖）抗日根据地。书前有《八路军新四军抗战形势图》。

**1517. 中国共产党对于中华民族的贡献**　112　32 开

内容包括 7 个部分：八路军新四军的抗战成绩与敌后抗日根据地概况、百炼成钢的晋察冀边区、战斗中成长的晋绥边区、一二九师与晋冀鲁豫边区、新山东的成长、新四军和华中抗日根据地、屹立在南海上的东江与琼崖抗日根据地。伪装本，封面伪装题名"新山海经"，伪托"崇文斋藏板"、"江山风雨楼丛书之二"。封底题署"甲申十月初版"。

**1518. 中国共产党对中华民族的贡献**　　辽东建国书社　110　32 开

该书包括 7 个部分：八路军新四军的抗战成绩与敌后抗日根据地的概况、百炼成钢的晋察冀边区、一二九师与晋冀鲁豫边区、新山东的成长、战斗中生长的晋绥边区、新四军和华中抗日根据地、屹立在南海上的东江与琼崖抗日根据地。封面有图。

**1519. 中国共产党对中华民族的贡献**　　山东新华书店　109　32 开　抗战文献之二

该书内容包括 7 个部分：八路军新四军的抗战成绩与敌后抗日根据地的概况、百炼成钢的晋察冀边区、一二九师与晋冀鲁豫边区、新山东的成长、战斗中生长的晋绥边区、新四军和华中抗日根据地、屹立在南海上的东江与琼崖抗日根据地。封面有图。

**1520. 中国共产党与抗日根据地之民主建设**　　新华书店　64　32 开

该书共收录 9 篇文献：《代序——抗战与民主不可分离》、《祝第二届联合国日》、《毛泽东同志在陕甘宁边区参议会上的演说》、《中共中央北方局对于晋冀鲁豫边区目前建设的主张》、《冀太联办杨主任秀峰向晋冀鲁豫边区临时参议会的工作报告（摘要)》、《彭副总司令在晋冀鲁豫边区临参会上的讲演》、《晋冀鲁豫边区政府施政纲领》、《晋冀鲁豫边区政府关于切实执行临参会的决议及尊重参议员问题对各级政府的指示》、《晋冀鲁豫边区民国三十二年度行政工作方针》。附录收《晋冀鲁豫边区临时参议会组织条例》、《晋冀鲁豫边区临时参议会大会闭幕后参议员之权利与义务》。

**1521. 中国内幕**　　新中国报社　28　64 开

该书包括 4 部分：中共中央关于抗日根据地土地政策的决定、陕甘宁边区施政纲领、抗日根据地苏中区施政纲要、苏中区人权财权保障条例。袖珍本。

**1522. 中共割据下之政治**　　李一删著　光明出版社　1943 年 6 月初版　重庆　4 +96　32 开

本书分 4 章：中共割据政权经过、中共割据下之政权内幕、中共割据下之政治真相、中共应有之觉悟。

## 政治工作

**1523. 爱惜骡马公物**　　狄克著　编者刊　[1939 年 6 月]　24　32 开　抗战小丛书　第 13 集　军事委员会政治部编

政治宣传小册子。出版时间据书后落款推断。

**1524. 动员全体人民参加抗战**　　凯丰著　汉口新华日报馆　1938 年 11 月　汉口　19　32 开　新群丛书第 19 种

**1525. 告时代青年**　　柳湜等编著　怒吼出版社　1938 年 3 月　1 +78　32 开

本书收录 11 篇文章，包括：《致青年》（胡秋原）、《现阶段青年运动的性质与任务》（周恩来）、《抗战中的青年学生》（徐冰）、《今日的青年运动》（柳湜）、《战时的女学生》（姜平）、《青年同学往何处去》（王翰）等。

**1526. 抗战政治工作纲领**　周恩来著　明明书局　1938 年 1 月　上海　34　32 开

收录 3 篇文章：《抗战军队的政治工作》、《抗战政治工作纲领》、《应该优待俘虏》。

**1527. 论领导方法**　滨海区党委、滨海军区政治部编　渤海新华书店　1945 年 7 月再版　4 + 67　32 开　石印

书中收入 3 篇文章：《中央关于领导方法的决定》、《论领导方法》、《关于工作作风》（高岗）。附录收《我们的动员方式》等 6 篇文章。

**1528. 马克思、恩格斯、列宁、斯大林思想方法论（上册）**　马克思、恩格斯、列宁、斯大林著　解放社出版，江淮出版社翻印　1944 年 9 月　3 + 122　32 开

内容包括两章："绪论——马克思主义的历史特点"、"理论与实际"。书前以毛泽东《改造我们的学习》一文代序。

**1529. 政治工作论丛（第一册）**　国民革命军十八集团军（八路军）政治部编　八路军军政杂志社　1941 年 2 月　2 + 221　32 开

书中收入：《中国共产党与革命战争》（王稼祥）、《论八路军政治工作的传统与作风》（谭政）、《论目前政治工作的几个基本问题》（傅钟）、《政治工作建设之当前任务》（陆定一）、《八路军中共产党的工作》（王首道）、《八路军部队政治教育上的几个问题》（萧向荣）、《八路军新四军的干部政策》（谭政）、《新老干部更紧密的团结起来》（罗瑞卿）等 21 篇文章。

**1530. 政治课本（第二编）**　大众教育社　1 + 28　小 64 开　石印

包括：国民党特务是人民死对头、国民党特务是怎样活动的、怎样对特务提高警觉、怎样防止特务、八路军战绩（武乡秧歌）、八路军爱护老百姓、八路军生产救灾、拥护八路军等 13 课内容。

## 干部工作

**1531. 改造我们的学习**　解放社　1942 年 2 月　84　32 开　学习丛书第 3 种

收录《改造我们的学习》（毛泽东）、《到什么地方学习》（陈云）、《我们要学习什么？怎样学习？》（罗迈）、《我们怎样学习》（徐特立）、《做什么？学什么？》（叶剑英）、《反对主观主义》（艾思奇）、《为什么要向主观主义宣布无情的斗争》（乔木）。附录：《中共中央关于干部教育的决定》、《农村调查序言二》（毛泽东）、《农村调查跋》（毛泽东）。

**1532. 干部学习补充材料**　1945 年 3 月　22〔环筒叶〕　32 开　石印

书中收入 4 篇文章：《雪峰同志在招待劳动英雄会上的讲话》、《关于劳动英雄工作者问题》（李富春）、《两三年内完全学会经济工作》（毛泽东）、《关于工作作风问题》（高岗）。

**1533. 关于学习问题给淮北区党委的信**　刘子久著　16　32 开

分 6 部分："从'走夏陶然的路'说起"、"正确的口号，错误的方法"、"我们缺乏追根究底的钻研精神"、"我们怎样去发挥干部的积极性与创造性？"、"为了谁？对谁负责？"、"我的声明与希望"。该文原文发表于 1944 年 7 月 27 日《解放日报》。

**1534. 关于学习问题给淮北区党委的信**　刘子久著　解放社　1944 年 8 月　28　32 开

作者 1944 年 7 月 5 日写给淮北区党委的信。书前有"出版者的话"。

**1535. 开会的方法**　黄照等编著　新华书店　1940 年 7 月再版　延安　63　64 开　青救丛书 7

本书分 4 部分：包括怎样开小组会、怎样开代表大会和执委会、怎样开群众大会、怎样开其他的群众集会。书后有附记。

**1536. 青年修养**　华北青年社编辑　华北新华书店　1942 年 4 月初版，1943 年再版　114　32 开

书中收入：《学习毛泽东》（王明）、《论青年修养》（洛甫）、《谈谈青年的埋头苦干》（陈昌浩）、《思想方法上的革命》（吴黎平）、《主观主义之来源》（艾思奇）、《反对自由主义》（毛泽东）、《知识分子的危险倾向》（郑代巩）等 17 篇文章。

**1537. 青年修养**　新华书店编辑部重编　编者刊　1945 年 10 月　114　32 开

收入：《学习毛泽东》（王明）、《青年修养》（洛甫）、《谈谈青年的埋头苦干》（陈昌浩）、《反对自由主义》（毛泽东）、《知识分子的危险倾向》（郑代巩）、《提倡朴素与切实的工作作风》（洛甫）、《青年学习问题》（凯丰）、《论共产主义青年团的任务》（列宁）等 15 篇文章。

**1538. 三风**　真理社　1945 年 11 月　1 + 187　32 开

该书为延安整风文献，书中收录《整顿学风·党风·文风》（毛泽东）、《党八股的八大罪状》（毛泽东）、《关于整顿党风、学风、文风问题的阐明》（康生）、《中共中央关于在职干部教育的决定》、《毛泽东在陕甘宁边区参议会的演说》、《共产党的布尔塞维克化的条件》（斯大林）、《论共产党员修养》（刘少奇）、《怎样做一个共产党员》（陈云）等 22 篇文章。

## 群众工作

**1539. 贯彻政策发动群众（典型材料报告之二）**　晋察冀边区各界抗日救国联合会编　编者刊　1945 年 8 月　1 + 16　32 开　油印

内容包括两个部分：定易涞游击区 12 个典型村贯彻减租政策的经验、雁北伴种地租佃形式的存在与演变。朱墨油印本。

**1540. 世界与中国青年运动之路**　民族解放青年出版社编　编者刊　1938 年 1 月初版　2 + 110　64 开　民族解放青年丛书之二

包括：共产国际第七次全世界代表大会总结、青年运动与反法西斯主义和反战争危险的斗争、青年统一战线的任务、中央关于青年工作的决定、使青年运动成为一个巨大的力量、中国共产主义青年团中央委员会为抗日救国告全国各校学生和各界青年同胞宣言等内容。

**1541. 怎样动员农民大众**　陈毅著　上海杂志公司　1937 年 11 月再版　上海　6 + 138　32 开　当代青年丛书　战时增刊本

作者本着对农村工作的认识和体验，从工作方法、工作内容等方面，详尽讲解了动员农民大众参加抗战的问题。书前有丛书编者序及著者序。

**1542. 中共与少数民族**　统一出版社编印　1942 年 11 月　4 + 49　奋斗丛书第 28 种

# 其它政治政党团体

**1543. 东北热河后援协会报告书**　1933 年 10 月　38　32 开　有图表

书前有序。本书分 4 部分：捐款人姓名数目清单、导言、会议记录节要、各组工作报告。附件收录《章程》、《理事及职员名单》、《开会细则》、《总务组组织规程》、《总务组庶务股经收捐款手

续》等。

**1544. 江亢虎对时局宣言**　上海民意社　1939 年 12 月　44　大 64 开

本书收录了江亢虎对时局宣言、江亢虎上国民政府电文、江亢虎敬告各方、中国社会党复党通告、民意社简章等内容。

**1545. 江亢虎先生演讲集**　［204］　32 开　有照片

本书分 22 篇文章：《中国兴亡的问题》、《女子教育的新趋势》、《中国的希望在广西广西的希望在民团》、《中国近年政象的回顾与当前问题的解答》、《最近国际形势与中国》、《广西之政治教育观感》等。有题赠。

**1546. 中国民主同盟对抗战最后阶段的政治主张**　1944 年 10 月　1 张　26.8cm×38.2cm

内容包括 5 个部分："贯彻抗战国策，切实整理军队，以期加强反攻，争取最后胜利"、"立即结束一党专政，建立各党派之联合政权，实行民主政治"、"确立亲睦之外交政策，加强对英美苏及其盟邦之联系，以期彻底合作并把握当前之胜利，奠定世界永久和平"、"确立战时经济，财政之合理机构与政策，以期对内对外树立政府与国家之信誉，并奠定和平建设之坚实基础"、"彻底革新目前之教育文化政策，保证思想、学术之自由发展，并迅速提高一般国民之文化水平"。

**1547. 中国民主同盟在抗战胜利声中的紧急呼吁**　1945 年 8 月　1 张　27.5cm×39cm

**1548. 中国民主同盟主席张表方在招待外籍记者席上的谈话**　张表方著　1945 年 8 月　1 张　8 开

**1549. 中国民主政团同盟对目前时局的看法与主张**　中国民主政团同盟编　编者刊　1944 年 5 月　12　32 开

**1550. 中国民主政团同盟对目前时局的看法与主张**　1944 年 5 月　12　32 开

# 方针政策

**1551. 关于三大政策**　叶溯中作　奋进社　14　64 开　战时三分小丛书

**1552. 国策准绳**　第四战区政治部编　编者刊　2+46　32 开　蒋委员长重要言论集 1

本书收蒋介石 1938 年至 1939 年间言论 4 篇：告全国国民书、中央纪念周训词、告全国士绅教育界、五中全会开会词。

**1553. 国民政府政纲释义**　张鲁山编著　1940 年 4 月初版　44　32 开

有题赠。

**1554. 建国要览**　江西省政府秘书处　1+48　32 开

本书收录：《国民政府建国大纲》、《中国国民党抗战建国纲领》、《战时三年建设计划大纲》、《县各级组织纲要》、《地方自治开始实行法》、《地方自治实施方案》。

**1555. 建国运动**　蒋介石著　国民政府军事委员会别动总部队　2+24　大 64 开　有照片、有题词、有图表　指导丛书　第 1 种

本书为蒋介石 1937 年 7 月 18 日在庐山训练团的讲话，分 4 部分：建国目的、建设之首要在民生、建国三要素、建国入手方法和建国原动力。

**1556. 建国运动**　蒋介石著　现代文化出版社　1939 年 11 月初版　上海　26　32 开　有图表　现

代文化小丛书

本书为蒋介石 1937 年 7 月 18 日在庐山训练团的讲话，内容涉及建国目的、步骤和方法以及建国的原动力等。

**1557. 建国运动** 蒋静一编著 独立出版社 1942 年 4 月初版 重庆 8＋151 32 开 有图表

分 7 章："概论"、"建国目的——要实现民族独立、民权平等、民生自由"、"建设之首要"、"建国要素"、"建国入手的方法"、"建设的原动力"、"建国完成"。书前有"编著旨趣"。附录收《蒋总裁建国运动论论著书目一览表》。

**1558. 建国之路** 汪精卫、楼桐荪、叶溯中、张道行、潘公展、童蒙圣、周鲠生、匡文炳、茹春浦、黄香山、黄卓、静之执笔 独立出版社 1938 年 9 月初版 4＋60 32 开 战时综合丛书第 2 辑 4

该书分 7 章：抗战与建国、外交、军事、经济、政治、民众运动、教育。书前有代序《复兴民族之枢纽》。书后有编后记和讨论大纲。

**1559. 救国南针** 黔阳县民众动员委员会、湘西绥署抗敌宣传团黔阳区队部编 编者刊 1393 年 黔阳 1＋68 32 开 有题词

收蒋介石有关抗战言论及《抗战建国纲领》、《二期抗战标语》、《中国国民党党员守则》、《非常时期党员信约》。

**1560. 抗战方略述要** 中国国民党中央执行委员会训练委员会编 编者刊 1940 年 3 月 2＋4＋102 32 开 训练教程之三

本书分 10 章：绪言、抗战的根本方略、第一期抗战的检讨、第二期抗战的要旨、第二期抗战的军事阵容、第二期抗战的政治阵容、第二期抗战的经济阵容、第二期抗战的文化阵容、第二期抗战的敌后阵容、抗战必胜的分析与证明。书前有编辑例言。

**1561. 抗战方略述要** 中国国民党中央执行委员会训练委员会编 编者刊 1941 年 3 月增订再版 6＋104＋8 32 开 训练教程之三

本书分 10 章：绪言、抗战的根本方略、第一期抗战的检讨、第二期抗战的要旨、第二期抗战的军事阵容、第二期抗战的政治阵容、第二期抗战的经济阵容、第二期抗战的文化阵容、第二期抗战的敌后阵容、抗战必胜的分析与证明。书前有编辑例言，对本书内容作了详细介绍。

**1562. 抗战方针** 蒋介石讲 战争丛刊社 1937 年 11 月再版 南京 44 32 开 有照片 抗战丛刊 第 1 种 战争丛刊社编

本书分 9 章：一贯的方针和立场、我国政府对日方针、驱除倭寇复兴民族、为自卫生存而抗战、我国自卫抗战方针、全民族抗战之意义、日本企图与吾人决心、争取最后胜利等。

**1563. 抗战建国的根本方针** 蒋介石讲述 民团周刊社 1939 年 6 月初版 广西 46 32 开 丙种丛刊第一种 基本认识丛刊第二辑之二 钱实甫主编

本书分 3 个部分：告全国国民书、勖勉全国士绅及教育界同胞、日本阴谋与抗战方针。

**1564. 五大建设述要** 中国国民党中央执行委员会训练委员会编 编者刊 1941 年 3 月 8＋342＋8 32 开 有插图 训练教程之九

本书分 7 个部分：总论、心理建设、伦理建设、社会建设、政治建设、经济建设、结论。书前有编辑例言。

**1565. 五大建设述要** 中国国民党中央执行委员会训练委员会编 编者刊 1942 年 12 月修订再版

6＋194　32开　训练教程之九

本书分7篇：总论、心理建设、伦理建设、社会建设、政治建设、经济建设、结论。书前有编辑例言。

**1566. 现阶段的建国论**　杨幼炯著　商务印书馆　1945年6月重庆初版，1945年6月上海初版　重庆、上海　7＋183　32开

本书共5编：绪论、民族建国与思想文化、政治建设真诠、经济建设途径、国防政治与战时体制。有著者自序。

**1567. 战时政治建设**　蒋焕文编著　国民图书出版社　1942年3月初版　重庆　14＋252　32开　有图表

本书分上、下编，共12章：政治建设的意义、政治建设的目标与起点、政治制度的建设、政治习惯的建设、政治人才的建设、战时政治建设的原则与指导纲领、健全各级政治机构、国民参政会的成立、宪政运动的再起、地方自治的促进、人事行政的改进、行政上的革命——三联制的创立。书前有弁言、潘公展所作序言，书后有附录。

**1568. 战时政治之改进**　萧文哲编著　独立出版社　1941年10月初版　重庆　3＋124　32开　抗战建国纲领丛书

本书分7章：绪言、整理政治区域、改善各级政治机构（上）、改善各级政治机构（中）、改善各级政治机构（下）、设立各级国民参政机关、整饬吏治。

**1569. 政治建设**　国民党政府军事委员会政治部　164　32开　有插图

本书收录《国民政府建国大纲》、《五权宪法》、《地方自治开始实行法》。附录收《蒋委员长讲建国的行政》、《蒋总裁讲改进党务与调整党政关系》。

**1570. 政治建设**　黄埔出版社编　中央陆军军官学校　1938年1月初版　52　有插图　黄埔丛书之五

本书收录《国民政府建国大纲》、《地方自治开始实行法》等内容。附录收《建国的行政》（蒋介石）。

**1571. 政治建设**　黄埔出版社编　编者刊　1940年6月初版　104　有插图　黄埔丛书第一辑之五

本书收录《国民政府建国大纲》、《地方自治开始实行法》等内容。附录收《建国的行政》（蒋介石）。

**1572. 政治建设（附建国的行政）**　国民政府军事委员会政治部　86　有插图　抗战建国丛书上部

本书收录《国民政府建国大纲》、《地方自治开始实行法》等内容。附录收《建国的行政》（蒋介石）。

**1573. 政治建设（附建国的行政）**　青年书店　1939年12月再版　86　有插图　抗战建国丛书

本书收录《国民政府建国大纲》、《地方自治开始实行法》等内容。附录收《建国的行政》（蒋介石）。

**1574. 政治建设（附建国的行政）**　中国国民党江西省党部　1940年4月　84　有插图　抗战建国丛书

本书收录《国民政府建国大纲》、《地方自治开始实行法》等内容。附录收《建国的行政》（蒋

介石）。

**1575.** 中国国民党抗战建国纲领·临时全国代表大会宣言　［中国国民党抗战建国纲领、临时全国代表大会编］　广西省政府　1938年　广西　33　32开

收《中国国民党抗战建国纲领》及《中国国民党临时全国代表大会宣言》。

**1576.** 中国国民党抗战建国纲领及临全代会宣言　姜立诚编　1938年5月初版　2+86　32开

本书分两个部分：中国国民党抗战建国纲领、中国国民党临时全国代表大会宣言。附录收9篇文章：《拥护抗战建国纲领，实行抗战到底》（宋庆龄、何香凝）、《全代会之决议及宣言》（《大公报》）、《国民党临时代表大会的成就》（《新华日报》）、《论抗战建国纲领》（《文化日报》）、《实施第一》（《救亡周刊》）等。

**1577.** 中国国民党临时代表大会宣言·抗战建国纲领宣传指导大纲　中国国民党广西省党部编　编者刊　1938年7月　广西　66　32开

**1578.** 中国国民党与抗战建国　朱子爽编　中国文化服务社　1939年2月初版　重庆　4+104　32开　有图表

本书7章：绪言、日本侵略中国的由来、中华民族的特性和民族主义的精神、国民革命过程与抗战决策、抗战期中本党重要的发展、两年来抗战建国的重要设施、结论。

**1579.** 中国政治之建设问题　傅瑞华著　东方书社［经售］　1943年9月　成都　4+76　32开

本书分5章：绪论、作为政治领导机关的中国国民党之建设、作为政治权力机关的民意机关之建设、作为政治执行机关的政府之建设、结论。书前有著者序。附录收《一字之差》、《抗战与正气》、《"自立""外援"丛论》、《自信与自尊》。

**1580.** 总理遗教与抗战建国（上册、中册、下册）　张九如编著　独立出版社　1941年7月初版，1941年11月初版　重庆　［1500］　32开

共分8篇：遗教与前文、遗教与总则、遗教与外交、遗教与军事、遗教与政治、遗教与经济、遗教与民众运动、遗教与教育。每篇均分"纲领前文"和"遗教撮辑"两部分。上册前有作者自序。

## 抗战建国纲领

**1581.** 建国大纲浅释　中国国民党中央执行委员会宣传部　编者刊　1940年1月　17+38　32开

本书分5部分：以党建国的意义、建国的根据、建国的目标、建设的程序和建国的具体工作。附录收《制定建国大纲宣言》。书后有勘误表。

**1582.** 建国大纲浅释　中央宣传部编　中央训练团　1942年5月　32　32开

本书分5部分：以党建国的意义、建国的根据、建国的目标、建国的程序、建国的具体工作。附录收《制定建国大纲宣言》。

**1583.** 建国大纲浅说　民团周刊社编　编者刊　1938年9月初版　南宁　1+32　32开　常识丛刊第一辑之九丙种丛刊第六种

本书5部分："以党建国"与"以党治国"、建国的根据、建国的目标、建国的程序、建国的具体工作。

**1584.** 建国大纲浅说　冯放民编　国民图书出版社　1942年1月初版　1+71　32开　党义丛书

包括制定建国大纲宣言、国民政府建国大纲、为什么要建国、建国的推动力、建国的根据、目标、程序和具体工作等 6 部分。

**1585. 建国图表揽要**　中国国民党中央执行委员会宣传部编　编者刊　1937 年 7 月　2 + ［65］16 开　有图表

包括建设原理、政治建设、经济建设、文化建设等各项图表。附录收《总理年表》、《中国国民党大事简表》、《中国国民党全国代表大会一览表》、《革命纪念日一览表》。

**1586. 抗战建国纲领**　国民政府军事委员会政治部印　1 + 82　32 开　有图表　抗战建国丛书上部

本书分 5 个部分：中国国民党全国临时代表大会宣言、中国国民党抗战建国纲领、国民政府建国大纲、建国运动、抗战建国同时进行。

**1587. 抗战建国纲领**　中央组织部边区语文编译委员会　1938 年 10 月　14　32 开　有照片

汉藏对译本。

**1588. 抗战建国纲领**　中央组织部边区语文编译委员会　1938 年 10 月　17　32 开　有照片

汉藏对译本。

**1589. 抗战建国纲领**　中央组织部　1938 年 11 月　14　32 开　有照片

汉藏对译本。

**1590. 抗战建国纲领**　［新化县小学教师寒假讲习班］　1939 年 1 月　［湖南］　43　32 开

书后附《国民参政会组织条例》。

**1591. 抗战建国纲领**　青年书店　1940 年 1 月再版　2 + 82　32 开　有图表　抗战建国丛书

本书收 5 篇：《中国国民党全国临时代表大会宣言》、《中国国民党抗战建国纲领》、《国民政府建国大纲》、《建国运动》、《抗战建国同时进行》。

**1592. 抗战建国纲领的认识**　钱实甫著　民团周刊社　1938 年 6 月初版　南宁　40　32 开　丙种丛刊第一种　基本认识丛刊第一辑之十

本书分为 5 部分：中国革命的发展和停顿、国民革命的现阶段、中国国民党临时全国代表大会的意义、抗战救亡与复兴建国、一个主义一个领袖一个政府。

**1593. 抗战建国纲领概论**　中国国民党中央执行委员会宣传部编　编者刊　2 + 70　32 开　抗战建国小丛书

收 6 篇：《抗战建国的两个要点》（周佛海）、《抗战建国纲领的精神与性质》（陶希圣）、《今后宣传方针与态度》（周佛海）、《抗战建国纲领概述》（阮炳藜）、《拥护实行抗战建国纲领》（《大公报》）、《抗战必胜，建国必成》（《申报》）。附录《中国国民党抗战建国纲领》。

**1594. 抗战建国纲领及中央宣言**　军事委员会政治部　1939 年 4 月　2 + 50　64 开

本书收录《中国国民党抗战建国纲领》、《中国国民党临时全国代表大会宣言》、《中国国民党五中全会宣言》。

**1595. 抗战建国纲领讲义纲要**　军事委员会战时工作干部训练团第一团政治部编　编者刊　1939 年 11 月　50　32 开

本书分 8 章：绪论、总则、外交、军事、政治、经济、民众运动、教育。书前有例言。

**1596. 抗战建国纲领浅说**　中国国民党中央执行委员会宣传部编　正中书局　1938 年 10 月初版、

1939 年 6 月 8 版　5 + 171　32 开

　　分总则篇（陶希圣）、外交篇（周鲠生）、军事篇（徐培根）、政治篇（陈博生）、经济篇（陈豹隐）、民众运动篇（陶百川）、教育篇（叶溯中）。书前有周佛海作序，书末附《中国国民党抗战建国纲领》。

**1597. 抗战建国纲领浅说**　中央宣传部编　中国国民党浙江党部　1939 年 4 月　浙江　14 + 149　32 开

　　分总则篇（陶希圣）、外交篇（周鲠生）、军事篇（徐培根）、政治篇（陈博生）、经济篇（陈豹隐）、民众运动篇（陶百川）、教育篇（叶溯中）。书前有谷正纲作序《对抗战建国纲领应有的认识》、《中国国民党抗战建国纲领》、《中国国民党抗战建国纲领浅说》。

**1598. 抗战建国纲领释义**　黄埔出版社编　编者刊　1940 年 8 月初版　6 + 296　大 64 开　有图表　黄埔丛书第四辑之八

　　本书共分 7 篇：总则篇（陶希圣）、外交篇（周鲠生）、军事篇（徐培根）、政治篇（陈博生）、经济篇（陈豹隐）、民众运动篇（陶百川）、教育篇（叶溯中）。附录收《抗战建国纲领之实施》（张群）、《中国国民党抗战建国纲领》。

**1599. 抗战建国纲领释义**　乔光鉴著　文化供应社　1941 年 2 月　桂林　2 + 53　64 开　青年新知识丛刊

　　本书分 12 节：抗战建国纲领是什么、抗战建国纲领的总目的、外交（上）、外交（下）、军事、政治（上）、政治（下）、经济（上）、经济（下）、民众运动、教育、要努力完成抗战建国纲领的任务。附录《抗战建国纲领原文》。

**1600. 抗战建国纲领问答**　史枚、曹荻秋、胡绳、曹伯韩、小潇合著　生活书店　1938 年 9 月初版（渝）　重庆　2 + 150　32 开　战时社会科学丛书之五　柳湜主编

　　本书分 3 个部分：中国国民党抗战建国纲领、抗战建国纲领问答、抗战建国基本问题的讨论大纲。

**1601. 抗战建国纲领研究—总则篇**　陶希圣编著　艺文研究会　1938 年 6 月初版　汉口　4 + 60　32 开　抗战建国纲领研究　周佛海、陶希圣主编

　　本书分 3 章：建国的历史教训、国民革命军、抗战与建国。书前有中国国民党抗战建国纲领，书后有讨论大纲。

**1602. 抗战建国纲领研究—总则篇**　叶溯中编著　独立出版社　1940 年 1 月初版　重庆　4 + 85　32 开

　　共 4 章：抗战与建国、抗战建国的史例、抗战建国与国民革命、抗战建国的最高准绳及领导者。书前有中国国民党抗战建国纲领。书后有讨论大纲。

**1603. 抗战建国纲领之实施（中央训练团党政训练班讲演录）**　张群讲　1939 年 11 月　2 + 24　32 开

　　本书分 6 个部分：三民主义与抗战建国纲领、抗战建国纲领之背景、抗战建国纲领之中心工作（内容检讨）、抗战建国必须同时并进（综合说明）、抗战建国纲领与国民精神总动员、实施抗战建国纲领与时地人事之运用。

**1604. 抗战建国纲领之实施（中央训练团党政训练班讲演录）**　张群讲　1940 年 6 月　2 + 28　32 开

本书分 6 个部分：三民主义与抗战建国纲领、抗战建国纲领之背景、抗战建国纲领之中心工作（内容检讨）、抗战建国必须同时并进（综合说明）、抗战建国纲领与国民精神总动员、实施抗战建国纲领与时地人事之运用。

**1605. 抗战建国纲领及其实施（中央训练团党政训练班讲演录）**　　张群讲　1939 年 9 月，1940 年 9 月　2 + 24　32 开

本书分 6 章：三民主义与抗战建国纲领、抗战建国纲领之背景、抗战建国纲领之中心工作、抗战建国必须同时并进、抗战建国纲领与国民精神总动员、实施抗战建国纲领与时地人事之动用。有题赠。

**1606. 抗战建国纲领之实施（中央训练团党政训练班讲演录）**　　1939 年 3 月　2 + 43　32 开

本书分 3 个部分：总论、分论、结论。

**1607. 抗战建国纲领之实施（中央训练团党政训练班讲演录）**　　张群　1939 年 5 月　2 + 48　32 开

本书分 3 个部分：总论、分论、结论。

**1608. 抗战建国论**　侯外庐著　生活书店　1938 年 9 月初版（渝）　重庆　3 + 98　32 开

本书分 6 部分：抗战建国与民主问题、中山先生的民权论与民主建国、抗战建国中民族问题的民主号召、关于抗战建国纲领中的经济建设问题、目前欧洲形势的认识及我们的外交政策、青年对于抗战建国的任务。

**1609. 抗战建国论**　蒋介石　现代文化出版社　1939 年 3 月初版　130　32 开　有照片　建国丛书第 1 种

本书共 6 篇，分别为《驳斥日前相近卫声明训话》、《五中全会闭幕词》、《第三届国民参政会闭幕词》等。附录收《国民精神总动员纲领及其实施办法》。

**1610. 抗战建国时期之精神与训练（中央训练团党政训练班讲演录）**　　于右任讲　1940 年 2 月，1940 年 6 月　18　32 开

有题赠。

**1611. 抗战建国手册**　文化供应社编辑部编著　广西省政府秘书处编译室　1940 年 11 月初版　桂林　787　大 64 开　有插图

本书分 8 编：总纲、外交、军事、政治、经济、民众运动、教育、敌情。附录收《重要纪念节日表》、《抗战以来大事表》、《度量衡制表》、《度量衡比较表》4 种。书前有"全国抗战形势图"。

**1612. 抗战建国文献辑要**　蒋卉辑　民团周刊社　1938 年 7 月初版　南宁　54　32 开　丙种丛刊第八种　建国丛刊第一辑之十

本书收 12 篇文献：《国民政府对中日局势向友邦声明》、《国民政府明令勉励前方将士》、《国民政府向国联提声明书》、《外交部对外宣言》、《国民政府移驻重庆宣言》、《蒋委员长致世界和平大会电》等。

**1613. 抗战建国新生命之开始**　蒙藏委员会编译室编译　蒙藏委员会编译室　1939 年 1 月　［42］　32 开　抗战小丛刊之十二

汉蒙藏维对译本。

**1614. 抗战建国与政治路线**　文涛作　奋进社　11　10cm × 16cm　战时三分小丛书

**1615. 抗战建国之根本问题**　胡秋原著　时代日报社［总代售］　1938 年 1 月　汉口　69　32 开

祖国社战时丛书之一

本书分 4 个部分：中倭不两立论、对于抗战时期革新政治之意见、论战与和、紧急的局势与两湖的任务。附录收《抗战时期政治问题》（节录）、《答问未明》。书前有作者自序，封面有作者题赠。

**1616. 抗战建国之理论与实施**　中央陆军军官学校编　编者刊　［1939 年］　2 + 326　32 开　黄埔丛书　第 4 辑第 9 种

收录了《抗战建国纲领》（张群）、《研究的意义与要旨》（陈诚）、《青年问题之研究提要》（陈诚）、《党务实施上之问题》（叶楚伧）、《新生活运动推进办法讲演大纲》（张厉生）、《战时教育方针》（陈立夫）、《内政问题》（周钟岳）、《地方财政》（庞松舟）等 15 篇文章。

**1617. 抗战与建国**　蒋介石著，民尉主编　香港民社　1939 年 4 月初版，1939 年 4 月再版　香港　［611］　32 开　有照片、有插图、有题词

本书分 6 编：总论、经济建设、交通建设、教育建设、国防建设、附录。文前由主编者作序。

**1618. 领袖抗战建国文献全集**（三编全一册）　蒋介石讲，大公报西安分馆编　大公报西安分馆　1940 年 11 月初版　西安　2 + 161　32 开

本书收录 1940 年 2 月至 1940 年 10 月蒋介石关于抗战建国的文献共 27 篇：《新生活运动六周年纪念日广播词》、《抗战三周年纪念日告全国国民书》、《抗战三周年纪念日告友邦人士书》、《国庆纪念日通电全国努力节储运动》等。附录收本书正、补两编内容概要。

**1619. 领袖抗战建国文献全集**（增订本）　蒋介石讲，大公报西安分馆编　大公报西安分馆　1939 年 7 月再版　西安　8 + 402　32 开

本书收录自"九一八"事变发生至 1939 年蒋介石关于抗战建国的文献共 8 部分：抗战前夜对日外交之措施、抗倭战争之准备时期、抗战建国文献、关于新生活运动者、关于党务者、国民参政会历次开会致词、关于教育者、对国内外新闻记者之谈话、对国际间同情我抗战者之酬答、告诫全国官吏军民之电令。

**1620. 如何实践抗战建国纲领**　徐益编著　天马书店［总经售］　［1938 年 5 月］　汉口　4 + 104　32 开

本书分 14 部分：中国国民党临时全国代表大会宣言、中国国民党抗战建国纲领、国民党临时全国代表大会成就、拥护抗战建国纲领实行抗战到底、抗战中的民权主义、抗战与改善民生等。书前有编者序言，出版时间据此。

**1621. 三民主义与抗战建国**　吴曼君著　时代思潮社　1931 年 5 月初版　［江西］　4 + 98　32 开

共 6 章：绪论、民族主义与抗战建国、民权主义与抗战建国、民生主义与抗战建国、统一原则与抗战建国、结论。附录收民族主义与国际主义、抗日战争与阶级斗争、论民主与自由、论统一与抗战。

# 政　论

**专　著**

**1622. "大时代"的干部问题**　小潇著　上海杂志公司　1938 年 4 月初版　［汉口］　2 + 92　32

开　大时代丛书之十八　金则人主编

本书分 10 部分，包括：问题的提出、"大时代"是干部产生的源泉、"大时代"需要大批的干部、干部决定一切、干部是什么人、"大时代"的干部政策、干部教育训练的方针等。

**1623. "九一八"以来蒋介石诺言一斑**　中共晋绥分局辑　编者刊　[1943 年]　32　32 开

分为两个部分："九一八"以来蒋介石诺言一斑、"九一八"以来蒋介石的自我批评一斑。出版时间据书中内容推断。

**1624. "一致对外"——驱逐日本帝国主义出中国**　中国共产党中央局宣传部颁发　编者刊　1934 年 8 月　1 张　21cm×27.9cm

中共中央宣传部为中国工农红军抗日先遣队北上抗日向全国工农群众及一切海陆空军士兵发出的抗战号召。传单。复制本。

**1625. "以不变应万变"的抗战原理**　潘公展著　独立出版社　1940 年 2 月初版　重庆　54　32 开

本书为关于国际形势的论文。书前有著者序言。

**1626. 黯澹的一页**　梅洛萍著　胜利出版社总社　1941 年 11 月再版　重庆　2＋84　32 开　故事新编

介绍陕甘边区和"抗大"情况。

**1627. 把中国变成焦土？**　钱实甫著　民团周刊社　1938 年 9 月再版　广西　40　32 开　丙种丛刊第三种　焦土丛刊第二辑之二　亢真化主编

本书分 4 节：日本是一个神经病者、中国在揉眼睛了、日本供献给中国的"膺惩"、当中国变成焦土以后。

**1628. 白人在亚洲之将来**　彭剑岑编译，朱钰校订　（伪）国立编译馆　1941 年 6 月　南京　2＋92　32 开

本书分 12 章：白人在南支那海之权益（其一）、美国在亚细亚的法定地位、中美关系、日美关系、日本势力的膨胀、南支那海的防卫等。卷首有赵正平所作序言及引言。

**1629. 保卫我们的锦绣河山（上）**　教育部民众读物编审委员会编著　正中书局　1939 年 3 月初版　重庆　4＋39　64 开　有插图　非常时期民众丛书　第 5 集　第 4 册

上册收录中华领域、中华富源两章。书前有张伯勤序言。

**1630. 保卫我们的锦绣河山（下）**　教育部民众读物编审委员会编著　正中书局　1939 年 3 月初版　重庆　2＋38　64 开　有插图　非常时期民众丛书　第 5 集　第 5 册

下册收录 3 章：中华的交通和都会、民族的分布、最后胜利与民族解放。

**1631. 本人在新主政概况并斥驳所谓"盛世才祸新纪略之一"的反宣传**　盛世才著　1945 年 5 月　5＋94　32 开

本书共 7 部分：前言、四一二革命前后的新疆情形、由八大宣言经过六大政策到实行三民主义、新疆阴谋暴动案的发生、在新主政十二年差堪告慰于国人者、对反宣传品的驳斥、结论。附录《电朱长官吴主席询问刘锷等捏控事》等 4 篇。

**1632. 长期抗战的收获是什么**　张君俊著　上海杂志公司［总经销］　1938 年 3 月渝版　6＋50　32 开　抗战丛刊第 21 种　中山文化教育馆编

本书分 5 个部分：导言、日本的压迫与中国民族意识之消长、日本之侵略与中国之自力更生、

长期抗战与日本之影响、结论。卷首有"抗战丛刊缘起"。

**1633. 长期抗战所必须的条件**　欧伯著　亚东图书馆　1938年3月　广州　4+74　32开

本书分5个部分：长期抗战是民族解放的唯一出路、日帝国主义最不利于长期战争、中国能否支持长期抗战、长期抗战所必须的条件、结论。书前有序。

**1634. 陈友仁对时局意见告国人书**　陈友仁著　［1942年7月］　上海　31　32开

本书为作者被日本人由香港遣送至上海后所发表的言论。

**1635. 持久抗战敬告国民**　张君俊著　上海杂志公司［总经销］　1938年2月粤版　武汉　4+28　32开　抗战丛刊第14种

分10部分：导言、国际声援之活用、公债之推行、壮丁之训练、难民之安插、民众之组织、伤亡残废之救济、战时生产之提高、汉奸之剪除、结论。

**1636. 持久战与国民生活**　刘孤帆著　上海杂志公司　1937年12月汉版　汉口　2+56　32开　大时代丛书之四

本书包括5部分：我们为什么要做持久战？持久抗战几个必要的条件、战争对于国民生活的影响、怎样解决国民生活问题、结论。

**1637. 从百年来对外战争论证中国抗战必然胜利**　鹰隼著　文献丛刊社　1939年2月　97　32开　有照片、有插图　文献丛书　第3种

附录收《从丰臣秀吉说到现代的日本军阀——再看三百年前的一个实例》一文。

**1638. 从国史上所得的民族宝训**　缪风林著　新中国文化出版社　1940年1月初版　西安　2+25　32开　新中国文化丛刊第2种

本书分12个部分："民族主义至上"、"国家至上"、"吾民族自力之表现为民族庚续生存发达之基础"、"颓废浪漫之思想与行为足致民族国家于危亡西晋之往事可证"、"地方自治为吾华立国政治之基础今后政治之改革应自健全的地方自治始"等。

**1639. 从战争的历史保证中国必胜**　吴源兴编著　岭南出版社　1940年1月　2+17　32开

本书分7个部分：绪言、欧美各国战争史略、中国楚汉战争史略、欧美各国战争的成败因素、中国楚汉战争的教训、中外历次战争与此次抗战的比较、结论。

**1640. 大众抗战讲话**　适夷编著　三一出版社　1937年12月初版　长沙　6+80　32开

收录了《胜利的第一步》、《日本我们的敌人》、《九一八到东北的沦亡》、《无恶不作的日本》、《民族的转机》、《抗战的炮火》、《消灭的汉奸》、《抗战的前途》等37篇文章。

**1641. 大众抗战政治教育入门**　吴小甫著　湘芬书局　1938年4月出版　4+76　32开

分7章：绪论、近年来我国大众痛苦的原因在哪里、抗战对于大众的利害关系、最可靠的抗战力量在那里、如何才能获得抗战的最后胜利、大众参加抗战的方法、结论。

**1642. 敌人的阴谋**　中央宣传部、国民精神总动员会秘书处合编　国民精神总动员会　1+51　32开　国民月会讲材丛书之一

全书共6个部分：敌人中心阴谋的所谓经济提携、企图建立所谓东亚新秩序、制造伪组织、怀柔沦陷区域民众、破坏法币、以长期抗战的国策来粉碎敌人一切的阴谋。附录收《总裁驳斥敌相近卫荒谬声明演辞》、《中央处分汪逆兆铭决议文》、《汪逆兆铭艳电原文》3篇文章。

**1643. 敌人会打到绍兴来吗**　柴绍武著　绍兴抗战建国社　2+30　32开

本书分 9 个部分：浙江在战略上的地位、敌人谋取浙东的策划、敌人的战略与其弱点、敌人会到绍兴来吗等。附录收《我们应有的准备》、《怎样保卫大绍兴》、《怎样应付未来的巨变》3 篇文章。

**1644. 敌人快要完了**　教育部民众读物编审委员会编　正中书局　1938 年 12 月初版　重庆　34
64 开　非常时期民众丛书　第 5 集第 3 册

战时民众宣传读物。

**1645. 抵抗主义**　丁作韶讲　中日问题研究会　1931 年 12 月　21　32 开　有图表

本书系国立中山大学反日救国大会演讲词之一。

**1646. 对日之战**　莫里逊原著　王学政译述　商务印书馆　1944 年 10 月初版，1945 年 9 月再版
重庆　3 + 122　32 开

本书分 3 篇：远东战争的发生及是真正性质、如何战败日本、战后盟国对日本与远东问题的态度。书前有译者序。

**1647. 对于战争应有的认识**　刘为章著　民团周刊社　1938 年 8 月初版　广西　40　32 开　焦土丛刊第四辑之四　亢真化主编

本书分 4 个部分：绪言、战争之起因、战争与人类生活的影响、如何去把握战争。

**1648. 反内战反法西斯读本（战士教材·干部读物）**　五师政治部编　七七出版社　1943 年 10 月
4 + 67　32 开

本书共分 18 课，包括：法西斯的末日、日寇的危机、日寇对华新政策、陕甘宁事件、国民党的两面政策、国民党部队的生活、我们当前的任务、我们一定要胜利等。文前有师长兼政委李先念、副政委任质斌、副主任王翰的通令。

**1649. 反侵略战争的理论与实际**　闵佛九著　南方日报社　1938 年 2 月　福州　8 + 192　32 开

收录作者于"七·七事变"之后在《南方日报》所发表的文章共 54 篇。

**1650. 反日运动之理论之实际**　人民周报社编　编者刊　1932 年 7 月　上海　2 + 112　32 开

全书分 11 个部分，包括：日本—中华民族的生死敌人、满洲是中华民族的生命线、反日运动与中国革命、扩大全国的反日运动、结论—努力去争取最后的胜利等。

**1651. 泛美主义集团会巩固吗**　陈虞孙著　浙江省抗日自卫委员会战时教育文化事业委员会　1939
年 6 月初版　浙江　22　64 开　有插图　国际问题小丛书之八　杜绍文主编

本书围绕"泛美主义集团会巩固吗"这一问题，以问答的形式对泛美主义的定义、起源、目的、影响等方面进行简单介绍。书前有"发刊旨趣"。

**1652. 复兴中国的几个根本问题**　Victor Prene Ph. D. 著　王国华译述　南华出版社　1938 年 4 月初
版　广州　1 + 74　32 开

本书分 8 章：认识今日的中国、中国值得保存吗、怎样保存中国、中国人的行为法则的改良、心理建设、自然力的开发、行动的力之科学动员、中国必然复兴。分析中国的弱点和蕴藏的潜力，指出任何侵略者都不可能征服中国。

**1653. 巩固统一与服从领袖**　中央宣传部、国民精神总动员会秘书处合编　国民精神动员会
［1939 年］　1 + 30　32 开　国民月会讲材丛书之一

包括统一的意义、巩固统一的必要、总裁是民族领袖、巩固统一须服从领袖 4 部分内容。特载

《抗战二周年纪念日蒋委员长告全国军民书》、《抗战二周年纪念日蒋委员长广播告战地同胞》。出版时间根据内容推断。

**1654. 巩固统一与服从领袖** 蒙藏委员会编译室编译，编译者刊 1940 年 5 月 ［192］ 32 开 抗战小丛刊之十七

包括统一的意义、巩固统一的必要、总裁是民族领袖、巩固统一须服从领袖 4 部分内容。汉蒙藏对译本。

**1655. 共党与西北** A. 史乐著，庸夫编译 上海大众出版社 1938 年 1 月 上海 48 32 开

外国人看中国共产主义运动。

**1656. 共同防共即是灭亡中国** 洛甫等著 统一出版社 1939 年 6 月 38 32 开

收有：《共同防共即是灭亡中国》（洛甫）、《回答破坏统一团结的阴谋》（王稼祥）。

**1657. 瓜豆集（上）** 陈希豪著 浙江省训练团 1943 年 5 月初版 2＋152 32 开 有图表 训练丛书之六

本册包括两辑：干部训练、公务员工作要领。书前有代序及编者的话。

**1658. 瓜豆集（下）** 陈希豪著 浙江省训练团 1943 年 5 月初版 2＋160 32 开 有图表 训练丛书之六

本册包括 5 辑：抗战建国、政治经济讲话、民族精神与社会风气、哲学与人生、组织与运用。

**1659. 观井庐战时论文（第一集）** 陈政均著 青年书店 1940 年 7 月初版 瑞金 2＋107 32 开

本书分 3 个部分：敌情研究、中国战时经济、国际政治与抗战前途。书后有勘误表。

**1660. 光明的前途** 潘梓年等著 战时出版社 136 32 开 战时小丛刊之五十一

收录《光明的前途》（潘梓年）、《为抗战到底告全国国民书》（蒋介石）、《目前抗战形势与坚持长期抗战的任务》（周恩来）、《争取抗日战争最后胜利与责任问题》（冯玉祥）、《饥饿就是力量》（郭沫若）等 26 篇文章。

**1661. 国际形势与全面抗战之发展及其前尘** 谭淦著 晨风社 1938 年 8 月 南宁 48 32 开

全书共 11 个部分，论述"七·七事变"和"八·一三"事变后至全面的全民族抗战的基本条件、抗战后的国际形势的变化、抗战的策略以及决战取得最后胜利等问题，并预言国际形势与抗战前途。书前有作者弁言。

**1662. 国家高于一切** 萧依明编 中山日报社 1938 年 1 月 广州 12＋82＋12 32 开 中山日报社抗战丛书 第 1 辑第 3 种 中山日报社图书出版委员会主编

本书共 5 章：生存自卫抗战之开端、展开生存自卫之全民抗战、伟大时代应有之认识、敌人之暴行、中华民族复兴之精神。有总序和弁言。

**1663. 国家总力战论** 张白衣著 商务印书馆 1944 年 8 月初版 重庆 5＋276 32 开 有图表

本书分国力论、机构论两部分，共 13 章：国力论、敌我国力之评价、日本军需资源论、日本兵力资源论、日本劳务资源论、中国兵力资源论等。

**1664. 海南岛与太平洋** 陈清晨著 亚东图书馆 1940 年 3 月 上海 6＋182 32 开

全书分 7 章，介绍海南岛的基本情况和海南附近各岛情形，评述西太平洋上的对立形势，海南岛的战略地位，以及太平洋的新局势及其将来。

**1665. 和平统一与全面抗战**　黄雨青著，吕金录校订　商务印书馆　1938 年 5 月初版　长沙　31+64 开　民众战时常识丛书

本书分 6 部分：统一的重要、和平统一、和平统一与抗战、全面抗战、和平统一与全面抗战、全面抗战中民众应负的责任。

**1666. 黄祸即日祸论**　周之鸿著　独立出版社　1944 年 2 月初版　重庆　14+118　32 开

本书分 9 章：绪论、德国的"黄祸"即"日祸"论、俄国的"黄祸"即"日祸"论、英国的"黄祸"即"日祸"论、美国的"黄祸"即"日祸"论、法国的"黄祸"即"日祸"论、天皇主义的大亚细亚主义与"黄祸"即"日祸"的无限扩大、三民主义的大亚洲主义与"黄祸"即"日祸"彻底消失、结论。书前有陶希圣所作序言以及编著者自序。

**1667. 黄旭初先生之广西建设论**　亢真化编著　南宁建设书店　1938 年 9 月初版　南宁　4+162　32 开　广西建设丛书之三　民团周刊社乙种丛书第 2 种　民团周刊社主编

本书共 9 章：广西建设纲领、广西建设之理论体系、广西建设之基本政策、广西建设的社会动力、推行新政须用新人、基层建设与基层干部、广西建设之实施、广西建设实施之检讨、结论。

**1668. 几种主权的丧失**　民团周刊社编　编者刊　1939 年 4 月初版　广西　20　32 开　丙种丛刊第五种　国难丛刊第一辑之三　钱实甫主编

本书分为 5 部分，包括：中国权利的丧失概说、政治方面权力的丧失、经济方面权力的丧失、文化方面权力的丧失、军事方面权力的丧失。

**1669. 纪念今年国庆节的意义（陕甘宁边区政府国庆纪念大会筹备人谈）**　陕甘宁边区政府国庆纪念大会筹备会著　编者刊　1944 年 10 月　1 张　8 开

该文主张立即召开紧急国事会议，成立联合政府与联合统帅部。后附：边区政府公布纪念今年国庆节的主要口号。

**1670. 纪念孙中山批判蒋介石**　解放日报辑　编者刊　1945 年 3 月　8　32 开

**1671. 寄阎锡山书**　［续范亭著］　山东新华书店　1+65　32 开

本书分 5 个部分：寄山西土皇帝阎锡山的一封五千言书、三年不言之言、薄一波同志揭露阎锡山丑恶内幕、韩钧同志谈晋西事变真象、阎锡山批判。

**1672. 甲申三百年祭**　郭沫若著　太行新华日报社　1944 年　23　32 开

**1673. 建国概论**　彭学沛著　商务印书馆　1944 年 3 月　重庆　2+124　32 开　有图表

本书分 20 章：地理形势、历史的发展、学术与思想、孔子之道、老子和道教、资源的估计、工业的建立、农业的改进、铁道、全国水运网、国民革命、建国的展望等。

**1674. 建国途径**　钱端升著　国民图书出版社　1942 年 3 月初版　重庆　4+61　32 开　有图表

本书分 7 个部分：我们的任务、政治制度、一党与多党、自由新论、经济政策、教育政策、世界政策。书前有作者自序。

**1675. 建国微言**　李铁夫主编　松口民锋报社　36　16 开　有题词

本书收 3 篇文章：《梁密庵革命实录》、《章太炎南游忆录》、《卅载马烦录》。卷首有《建国微言序》和《建国微言自序》。书后附作者三年来在松口公开发表的言论摘要以及关于《民锋报》百期纪念的几篇文字。有题赠。

**1676. 建国在作战的时候**　邵力子、叶溯中、罗家伦、陈礼江、吴其昌、彭信威、童蒙圣、阮齐、

胡秋原执笔　独立出版社　1938年5月初版，1938年8月再版　重庆　5＋64　32开　战时综合丛书　第1辑8

该书分9章：抗战与建国、建国在作战时的史例、建国之中心力量、抗战中怎样建国、抗战建国与建军、抗战建国与改善政治、抗战建国与经济建设、抗战建国与建立新的人生观、抗战建国与改革教育。书后有编后记和讨论大纲。

**1677. 蒋介石的花言巧语**　冀鲁豫书店　1945年　42　32开

该书包括4部分：小序、"九一八"以来蒋介石诺言一斑、"九一八"以来蒋介石的自我批评一斑、《解放日报》评国民党大会各文件。

**1678. 蒋介石的诺言与自白**　解放日报编著　大众书店　1945年10月初版　199　32开

本书分4部分：蒋介石的诺言、蒋介石的自白、从"九一八"到"七七"、抗战以来敌寇诱降与国民党反动派妥协投降活动的一笔总账。

**1679. 惊涛骇浪中的中国**　张云伏著　统一出版社　1938年6月初版　成都　8＋258　32开

本书由作者发表于《统一评论周报》上的政治论文编辑而成，分5章：惊涛骇浪的前夜、民族的生死关头、抗战中的政治问题、巩固复兴根据地、我们的外交及其环境。书前有作者所作序言。

**1680. 究竟有没有侵略阵线与和平阵线？**　董维健著　生活书店　1938年5月初版　武汉　23　64开　问题与答案丛刊之三

**1681. 抗日必胜论**　章乃器著　上海杂志公司　1937年12月再版　汉口　2＋39　32开

本书分6章：机械的失败论、机会主义的抗日论、科学的抗日必胜论、机械的定命论、帝国主义的战争论、结论。书前有作者自序。

**1682. 抗日救国方案（亦名：国民自救论）**　丁作韶著，张克那、盛山带、谢剑影、侯国光编　[1931年10月]　厦门　18＋76　32开　有照片

本书记述了著者在沈阳时所目睹的日本侵略行径。分4部分：沈阳被占后的写真、举国抗日之态度与办法、今后国民自救应当努力的两点、抗日救国方案。前有林文庆序和自序。出版时间根据"编后"推断。

**1683. 抗日前途的透视**　冯杰著　一心书店　1938年1月　上海　11＋41　32开

本书分8个部分：血的历史教训、全国上下一致的要求、日本逼上了死亡线、中国决心自救、内部团结解决了对外矛盾、抗战胜利的把握在那里、惨淡的肉搏声中的一道光明、从瓦砾中产生新中国。书前有前言和绪论。

**1684. 抗日外记**　章雅声著　编者刊　1937年11月　1＋64　32开　有照片、有插图

本书收11篇文章：《兴登堡之游击战术与中国抗日》、《南京首次空战目睹记》、《谈为民族生存的正义舍生观》、《日本是怕死的民族》、《日话》、《平汉路的前线》、《大轰炸中京沪线旅行记》、《日机轰炸玄武湖之经过》等。书前有作者的话。

**1685. 抗日战争两条路线**　天津市纪念"七七"筹备会宣传部编　编者刊　1949年7月　天津　19　32开

包括中国问题的关键、走着曲折道路的历史、人民战争、两个战场、中国解放区、国民党统治区、比较、"破坏抗战、危害国家"的是谁？、所谓"不服从政令、军令"、内战危险、谈判、两个前途等13个部分。首页题名为抗日战争中的两条路线。

**1686. 抗日罪言**　林庚白著　中山文化教育馆　1937 年 10 月初版, 1937 年 12 月再版　南京　6 +
23　32 开　抗战丛刊第 6 种　中山文化教育馆编

本书评述日本对中国错误的估计及其在政治、经济、外交上的失败。认为抗战持续一天, 中国
的力量就增强一天。

**1687. 抗战必读（甲级）**　四川省初中以上学生寒假在校战时训练委员会编　编者刊　［1937 年］
四川　［10 + 176］　32 开

内分 8 章：中国为什么会沦到半殖民地、百年来帝国主义在中国之角逐、日帝国主义对中国之
积极侵略、中国唯一的出路只有彻底抗战、中国彻底抗战必得到最后胜利、我们将如何争取最后胜
利、四川在抗战中之地位与责任、抗战胜利后之中国等。

**1688. 抗战必胜**　黄绍竑著　新力周刊社　1938 年 5 月初版　浙江　34　32 开　新力丛书之三　新
力周刊社编

本书收 3 篇文章：《中日战争中双方军略的对策》、《战局的乐观与国际的悲观》、《抗战必胜》。

**1689. 抗战必胜建国必成**　郝玲星著　军事委员会政治部　38　64 开　抗战小丛书　第 3 集

该书封面作者题为郝玲星, 正文首页作者题为何树萍。

**1690. 抗战必胜论**　李景禧著　中山文化教育馆　1937 年 12 月再版　南京　4 + 28　32 开　抗战丛
刊第 3 种　中山文化教育馆编

本书 4 部分, 包括：导言、中日实力的计较、侵略者的内部危机、结论——历史的论断。书前
有自序。

**1691. 抗战持久必胜论**　谭辅之著　亚东图书馆　1937 年 12 月初版, 1938 年 1 月 3 版　广州　4 +
88　32 开　训练丛书之十三

本书分 7 章：何处是最后关头、是一场神圣的民族革命战、从军事方面看、从经济方面看、从
政治方面看、最后胜利属于我们。书前有陈冠南序。

**1692. 抗战的出路**　丁洪范著　秀鹤书局　1938 年 2 月　重庆　4 + 110　32 开　有图表

本书分 10 章：抗战的出路在那里、作战的因素、作战的物力从何而来、我们作战的物力问题、
如何动员全国的物力、如何强化国防经济的组织、如何分配国防的负担、川滇黔三省在国防经济上
的地位等。

**1693. 抗战的根本问题**　叶青著　民族出版社　［1937 年 11 月］　6 + 54　32 开

本书分 8 章：中国历史之要求、日本的侵略政策、抗战必然发生、抗战中的教训、怎样争取胜
利、怎样动员民众、胜利归于我们、中国前途之估计。书前有引言, 书后有结论。出版时间根据本
书结论推断。

**1694. 抗战的基础工作**　黄旭初著　民团周刊社　1938 年 9 月再版　广西　30　32 开　丙种丛刊第
三种焦土丛刊第一辑之六　亢真化主编

本书包括两部分内容：充实从事抗战工作的能力、战时乡村长应做的工作。

**1695. 抗战的结果与政治的演变**　黄旭初著　民团周刊社　1938 年 3 月再版　南宁　42　32 开　有
插图　丙种丛刊第三种　焦土丛刊第一辑之五

本书收两篇：对日抗战与中国民族复兴之关系、抗战的结果与政治的演变。

**1696. 抗战的认识**　钱云阶著　华中图书公司　1938 年 1 月　汉口　6 + 113　32 开　武汉留日同学

会日本问题研究丛书第 4 辑

　　本书分 5 部分：绪言、抗战的意义、日本能持久战争吗、抗战后的内外情势、抗战期中值得注意的事项。

**1697. 抗战的认识**　唐筱蓂著　中国国民党军事委员会西南运输处特别党部　1940 年 7 月　20　64 开　西南党政丛书

**1698. 抗战建国的历史意义**　吴绳海编著　独立出版社　1939 年 8 月初版，1940 年 4 月 9 版　重庆　2 + 46　16 开　抗战建国小丛书　潘公展、叶溯中、杨公达、童蒙圣主编

　　共 3 部分：绪论、吾人对于抗战建国应有的认识、外国史中关于抗战建国的教训。

**1699. 抗战可以同时建国吗**　凌青著　生活书店　1938 年 5 月初版　20　64 开　问题与答案丛刊之五

**1700. 抗战前后**　萧隽英著　大众生路社　1939 年 11 月初版　3 + 83　32 开　大众生路丛书之一

　　本书分 6 个部分：立刻发动神圣的民族解放战争、争取民族解放战争的先决条件、争取民族生存的基本认识、民族统一战线的理论与实践、我们的战争与和平观、评临全大会宣言纲领并祝鲁南大捷。书前有秦元邦所作序言，书后有后记。

**1701. 抗战四要实施纲领浅释**　李扬敬讲　1941 年 12 月　148　32 开

　　本书分 4 章：提高士气、收揽民心、爱惜物力、抚养伤病。书前有著者序。

**1702. 抗战文选**（第一辑）　包清岑编　拔提书店　1938 年 5 月初版　2 + 138　32 开

　　本书分两个部分：抗战的根本意义、长期抗战与最后胜利，共收录《为自卫生存而抗战》、《对当前时局应有的认识》、《最后关头》、《争取最后胜利》、《长期抗战必然胜利》、《怎样才能持久》等 21 篇文章。

**1703. 抗战心理讲话**　杨叔荪著　华中图书公司　1938 年 3 月初版　汉口　4 + 46　32 开　抗战丛书第 4 辑

　　本书集录了作者在《抗战周刊》、《民众五日刊》上发表的 10 篇文章，包括《胜利是我们的》、《胜利靠我们自己》、《胜利的条件》、《快献出各人自己的力量》、《愈受挫愈要坚决》等。

**1704. 抗战言论集**　吴铁城著述　良友图书公司［总经售］　1937 年 9 月　上海　2 + 79　大 32 开　有插图

　　本书共收言论 14 篇：《为抗战救亡告广东全省民众书》、《神圣的民族自卫斗争的准备》、《中央御侮之步骤与方针》、《非常时期舆论界的责任》、《非常时期后方工作之责任》等。附：《关于救国公债谈话》、《对于日本封锁我海岸意见》等文章 4 篇。

**1705. 抗战与敌国之现势**　莫萱元著　商务印书馆　1937 年 12 月初版　长沙　4 + 55　32 开　有图表　抗战小丛书　中国文化建设协会主编

　　本书分 5 章：绪论、敌国政治的现势、敌国经济的现势、敌国军备的现势、我们抗战的方略。书前有"丛书发刊旨趣"。

**1706. 抗战与敌国之现势**　莫萱元著　商务印书馆　1938 年 2 月再版　长沙　2 + 55　32 开　有图表　抗战小丛书　中国文化建设协会主编

　　本书分 5 章：绪论、敌国政治的现势、敌国经济的现势、敌国军备的现势、我们抗战的方略。

**1707. 抗战与后援工作**　陶百川著　商务印书馆　1937 年 12 月初版，1938 年 2 月 3 版，1938 年 3

月4版　长沙　3 + 75　32开　抗战小丛书　中国文化建设协会主编

本书分10章：绪论、防护工作、救护工作、救济工作、慰劳工作、供应工作、科工工作、宣传工作、自卫工作、结论。书前有"本丛书发刊旨趣"（潘公展）。

**1708. 抗战与建国**　蒋星德著　中山文化教育馆　1938年4月渝版　南京　6 + 40　32开　抗战丛刊第24种

分10章：引言、对日抗战的意义、抗战是革命的一个阶段、抗战时期国力之培养、一面抗战一面建国、确立建国之中心信仰、抗战与建立新军、抗战与教育、破坏与建设、新中国的产生。书前有"抗战丛刊缘起"。

**1709. 抗战与建国**　黄旭初著　民团周刊社　1939年5月再版　广西　28　32开　丙种丛刊第一种基本认识丛刊第一辑之二　钱实甫主编

本书分5个部分：抗战与建国的关系、对于抗战应有的认识、对于建国应有的认识、广西公务人员在抗战与建国中的责任、乡镇村街长工作上应取的态度。

**1710. 会师东京**　陈孝威讲，国防周刊社编辑　国防书店　1942年5月初版　桂林　2 + 26　32开

本书分3个部分：哀香港（并序）、会师东京、击破轴心攻势。

**1711. 会师东京**　陈孝威著，黄兴中编注　明快斋　1943年8月第5版　广西　6 + 40　32开

本书分8个部分：中国抗战五年胜利之真义、全体性胜利之目标、日寇自吞炸弹非至灭亡不止、日寇今后半年中心工作等。书前有第5版自序、李菘圃所作《会师东京曲》、许高阳所作《会师东京序文》、刘源沂所作《会师东京印》。附录有《德意日三国同盟协定内对英对美对苏作战案之推测》和《德国对英美苏之预想战法民主国家应立干的几件事》两篇文章。

**1712. 抗战与建国**　陈安仁著　中国文化服务社广东分社　1941年11月初版　1 + 86　32开　有题词　安仁丛书　第58种

本书收录12篇文章：《论日本之独霸主义》、《日本统治下之东北》、《经济抗战之对策》等。书后有附录《我的革命生命之回忆》。书前有序。封面有题赠。

**1713. 抗战与太平洋问题**　程伯轩著　商务印书馆　1937年12月初版，1938年3月4版　长沙　47　32开　抗战小丛书　中国文化建设协会主编

包括7部分：什么是太平洋问题、太平洋上日英的关系、太平洋上日美的关系、太平洋上英美的关系、全面抗战与各国的动向、抗战与苏俄的动向、九国公约会议。

**1714. 抗战与乡村——我个人在抗战中的主张和努力的经过**　梁漱溟著　［1940年3月］　18［环筒叶］　32开　油印　师友通讯附册之一

**1715. 抗战与新启蒙运动**　陈唯实著　扬子江出版社　1938年1月初版　汉口　6 + 50　32开　光明丛书之三

本书分21章：战时新启蒙运动的意义及其实行、新启蒙运动是大时代的前哨、促成民族革命、促成民主自由、促成民生幸福、促成民众幸福、促成民众教育、提倡科学文化、提倡生活文化等。书前有序。

**1716. 抗战中的军事与外交**　金仲华著　生活书店　1938年5月初版　汉口　2 + 130　32开　救亡文丛之九

本书收9篇文章：《从假想的中日战争到真实的中日战争》、《中日战争的第一阶段》、《游击战

术与游击队》、《这样建立中国的新军》、《国际外交的三种趋向》、《怎样把握抗战期间的国际形势》、《我们的外交路线没有走错》、《国际联盟与中国外交》、《第三种国际助力及其运用》。

**1717. 抗战中的民生问题**　莫湮著　光明书局　1938年1月再版，1938年5月汉版　2+62　32开　民族解放丛书　平心主编

本书分4章：争取抗战胜利和改善民众生活、怎样才能改善民众生活、改善民生的先决问题、结论。

**1718. 抗战中的逆流**　陆军第六十九军政治部编　编者刊　1940年5月　11［环筒叶］　14cm×17.5cm　有图表

**1719. 抗战中的问题**　叶青著　抗战出版社　［1938年］　汉口　5+58　32开　有插图

本书共8部分：关于民主共和、政治机构、政治党派、统制政策、外交政策、民众力量、民众运动和游击战术。有弁言和余论。

**1720. 苦口集（救亡言论）**　吴涵真著　国讯港社　1939年5月初版　香港　2+52　32开　有照片、有图表

本书收18篇文章：《反对挂名》、《检讨过去民运的失败》、《小心宣传》、《事实证明敌人宣传的荒诞》、《救国十人团纲要》、《不愿作亡国奴的妇女同胞们起来》等。卷首有《苦口》一文。

**1721. 老百姓穷苦的原因**　陈逸园著　新知书店　1938年12月1日再版　汉口　1+37　32开　救中国通俗小丛书　胡绳主编

本书共6部分：一般人的见解、帝国主义粉碎了中国的工业、内战和兵与匪的来源、人祸助长了天灾、单靠教育也不是办法、一个简单的结论。

**1722. 领袖与抗战建国**　胡秋原、李建明合著　独立出版社　1940年3月初版　重庆　3+108　32开　抗战建国纲领丛书

该书分9章：绪论、民族革命运动中领袖之重要性、中国国民党是中国革命的领导者、蒋总裁——孙总理之伟大继承者、总裁的思想与言论、总裁的人格、外人对于总裁之评论、如何拥护领袖、结语。附参考书目。

**1723. 论党政关系**　黄钧达著　民团周刊社　1939年6月初版　南宁　26　32开　基本认识丛刊　钱实甫著主编

共10章：包括引言、以党建国的意义、以党治国的意义、军政时期的党政关系、训政时期的党政关系、宪政时期的党政关系、过去党政关系的检讨、现阶段的党政关系、推进地方自治中的广西党政关系、党务工作人员对于调整党政关系推进抗战建国事业应有的努力。

**1724. 论敌后斗争新阶段**　郑位三著　中共路西地委宣传部　1943年　92　32开

本书系作者关于敌后斗争新阶段问题所发表的三次谈话记录，编为6讲：最近的国际形势与日寇的战略动向、敌后斗争进入新阶段与我们当前的任务、华中敌后新阶段的敌我斗争、我们对敌寇"扫荡"的对策、对敌寇"扫荡"战术与我反扫荡战术的初步研究、敌后新阶段斗争中的民兵工作。为《建军》二卷一期。

**1725. 论救国正道**　熊今生著　8+104　32开

本书分17个部分：拥护中枢团结抗日、笃志博学用期救国、发展经济充实国力、主义治国借才党外、结束训政开行宪治、剿平共匪安定社会、对外关系权操自我、树立廉政征讨叛逆等。附录

收《因矫正方振武之错误而惹起溯源堂当事人之不满意的感想》、(《国民日报》记者)、《送熊今生先生归国序》(黄传琳)、《留别金门诸同志》(熊今生)等4篇文章。

**1726. 论民族民主革命**　吴黎平编著　新华日报华北分馆　1941年　462　32开

内容包括6章："绪论"、"论资产阶级性革命的社会经济内容"、"论资产阶级性革命的几种类型"、"论无产阶级在资产阶级性民主革命中的方针"、"论民主共和国"、"论革命转变：简短的结论"。

**1727. 论全民战**　周肇基著　好华图书公司　1939年3月初版，1939年4月再版　上海　75　32开

书分10题：《日本帝国主义者要灭亡整个的中国》、《资本主义的社会制度是迫令日敌来冒险的根本原因》、《起来！为反法西斯反封建而斗争，但我们必须建立抗日全民统一战线》、《向最主要的敌人作最强烈的斗争》、《全国同胞一致动员起来》、《发抒精诚做到钢铁一般坚固的团结》、《运用一切力量集中一切力量》、《全面斗争全面把握》、《持久斗争持久发展》、《论述抗日全民统一战线的斗争与发展》。前有"序言"，附录收"民族联合战线序言"。

**1728. 论中国在联合战争中的地位**　T·A·贝荪著　1943年7月14日　1张　19.4cm×54cm

内容包括12个部分：对于国民党政策的恐惧、联合国家政策之错误、军事援助的需要、中国用错了手段、向孤立主义者呼吁、在美国所引起的怀疑、两个中国、给予敌人死伤数目的比较、民主的中国、封建的中国、官僚主义的控制加紧、一个联合的战争——极其必要条件。

**1729. 论中日战争**　(苏)托洛斯基著　[1937年]　2+16　32开

分5部分：中国与日本、论远东局势、中日战争与国际现势、为中日战争问题答复极左派、和平主义与中国。

**1730. 民众文库**（第12集）　教育部民众读物编审委员会编　编者刊　[279]　64开　民众文库

本书是《国民精神总动员浅说》、《四件宝贝》、《三民主义与工厂》、《国耻史略》、《九一八》、《日暮途穷之日寇与汉奸》、《汪贼卖国密约》、《土地陈报问题解答》、《合作社大意》、《兵役制度》10本抗战宣传小册子的合订本。

**1731. 民主主义的斗争**　周鲸文著　时代批评社　1940年9月初版　香港　4+178　32开　时代丛书政治组　第3种　周鲸文主编

全书分抗战建国的理论、信念与阵容、战时国民的要求、机构与人事的调整和政治随战争开展5篇，阐述了中国的抗战前途、抗战建国的基本政治观念，以及战时言论自由的重要性及舆论界的责任等问题，指出政治发展是保卫祖国的基本条件。有序。

**1732. 民族革命战争论**　林克多著　光明书局　1937年12月初版，1938年1月再版　4+65　32开　民族解放丛书　平心主编

本书分4章：民族战争的本质、初期的民族革命战争、帝国主义和民族革命战争、民族革命战争的战略。书前有作者自序。

**1733. 民族解放运动的教训**　胡守直著　军事委员会政治部　1941年9月　2+50　32开　时事问题　第13辑

本书分7章：民族解放运动的意义、北美十三州的独立、意大利的统一与独立、德意志的统一、土耳其的复兴、波兰复国的昙花一现、民族解放运动的共同特征。有批校。

**1734. 民族抗战之意义及边区民众应有之努力与信念**　蒙藏委员会编译室　1938年4月　[84]

32 开　抗战小丛刊之三

汉蒙藏维对译本。

**1735. 民族战争的历史教训**　武仙卿编　政论社　1939 年 1 月初版　重庆　2＋49　32 开　政论丛书

本书分 7 部分，包括：编者序言、抗战必胜建国必成、外求独立必内求统一、莫为阶级忘了民族、在抗战中建国、汉奸的末路、新中国的前途。

**1736. 民族至上论**　罗家伦、宋文炳、林惠祥、张其昀、朱化雨、张君劢、陈衡哲、黄文山、方东美、王芸生、袁业裕执笔　独立出版社　1938 年 12 月 6 版　重庆　4＋66　32 开　战时综合丛书第 1 辑　独立出版社编

本书分 12 章：总论——民族与民族性、中华民族的起源、中华民族之构成及其分布状态、中华民族的精神、中华民族的内在发展、中华民族的海外发展、民族主义、爱国主义与战争、国难所奠定的复兴基石、复兴中华民族的基本原则。书前有"写在前面"，书后有讨论大纲。

**1737. 民族自决问题在中国**　易道玄著　求是出版社　1939 年 6 月初版　重庆　2＋55　32 开　朝社丛书

本书共 7 章：绪言、民族自决论的提出、民族自决论者的理论、中国民族自决论者理论的根源、对中国民族自决论者的批判、对中国民族问题应有的认识、结论。

**1738. 名人讲演选集**　中央训练团兵役干部训练班编辑　1942 年 10 月　2＋174　32 开

本书分 4 部分：党务、行政、军事、兵役。

**1739. 目前国内时局问题的症结（读中共中央发言人谈话后）**　丘引著　尖兵半月刊社　15　横 32 开

全书分 5 部分："如何诡辩？诡辩的错误"、"诬蔑与推诿"、"十中全会决议之被曲解"、"中共今后怎样"、"我们的要求与期望"。

**1740. 炮火下的活动**　大路社专门委员会编辑　国防常识出版社　1936 年 8 月初版　上海　2＋88 9.5cm×17cm　有照片　国防常识丛书

本书分 10 个部分：民众宣传、民众组织、民众协战、后方供给、后方防卫、炮火下的教育、炮火下的生产、炮火下的制造、处治奸细奸商、最后的抗战。

**1741. 平倭新书**　正气月刊社　1937 年 10 月　1＋20　32 开

本书分 12 章：概论、决策、审敌、选将、练兵、攻战等。书后有《救国壮志》、《梦中杀敌歌》、《救国箴言》3 篇文章。有题赠。

**1742. 评"国民党中宣部发言人的评论及蒋介石的命令"**　1945 年 8 月 15 日　1 张　19.2cm×29cm

1945 年 8 月 15 日中国共产党方面的一篇时事评论。

**1743. 评蒋介石在国民参政会之演说**　新华社编　编者刊　1944 年 10 月　延安　6　32 开

1944 年 9 月 6 日新华社电。附：《延安观察家评蒋介石双十节演说》。

**1744. 请看！蒋介石的花言巧语**　新华书店　1944 年 3 月再版　32　32 开

内容包括 3 个部分：小序、"九一八"以来蒋介石诺言一斑、"九一八"以来蒋介石的自我批评一斑。

**1745. 请看！倭人吞并中国计划书**　埃丁印赠　［1932 年 4 月］　28　32 开

出版时间据书前《印赠者说几句话》推论。

**1746. 全国将领抗日谈**　张云涛编　华光出版社　1938 年 1 月初版　2 + 114　32 开　有插图　抗战小丛书

本书分 6 个部分：蒋委员长卢案以来言论集成、统一战线上前进军人的抗战呼声、南战场上三大名将的战地英风、抗战期间的妇女们领袖的表示、南战场——东战线杀敌纪实、北战场——三战线的战略、战史。

**1747. 全面抗战的政治形势**　史步金著　上海杂志公司　1938 年 1 月汉口初版　汉口　5 + 66　32 开　大时代丛书之十　金则人主编

本书分 5 个部分：武装新进攻、平津失陷、上海的烽火、全面抗战的发展、为独立的民主共和国而奋斗。书前有《大时代丛书刊行缘起》一文。

**1748. 全面抗战方略**　李茂秋编著　编者刊　1938 年 3 月再版　南昌　7 + 243　32 开

本书共 11 章，包括全面抗战之精神、经济、政治、教育、军事、民众、外交、宣传、救护等。附录收《日本侵略中国年表》。

**1749. 全民抗战的理论基础**　孙冶方著　民众出版社　1937 年 11 月　3 + 43　32 开　战时民众丛书　冯和法主编

内容包括 4 个部分：引言、全民抗战的条件、全民抗战的意义、结论。

**1750. 全民抗战的理论基础**　孙冶方著　黎明出版社［经售］　1937 年 12 月再版　上海　2 + 43　32 开　时战民众丛书　冯和法主编

本书分为 4 章：引言、全民抗战的条件、全民抗战的意义和结论。

**1751. 全民抗战汇集（初集）**　谢汇东、田体仁编辑　上海民族书局　1937 年 10 月　上海　8 + 162　32 开

本书分 5 章：抗战概论、抗战呼声、抗战舆论、抗战文艺、抗战史料。卷首有海燕所作《我们为什么编印这本集子》以及谢汇东所作序言。

**1752. 日本是一只纸老虎**　教育部民众读物编审委员会编著　正中书局　1938 年 8 月初版　22　64 开　非常时期民众丛书　第 4 集第 10 册

本书分 5 部分：日本是一只纸老虎、敌人已到了草木皆兵的时候、不要怕敌人的飞机、不要怕敌人的坦克、四万万同胞一齐起来杀敌。

**1753. 日本在中国的赌博**　阿特丽著，罗稷南译　美商远东画报社　1938 年 11 月再版　上海　6 + 252　32 开　有照片

该书分 7 章："绪论：中日战争的缘由"、"日本在华北"、"战争前夜的中国"、"作为日本侵略借口的人口过剩"、"日本内部的冲突：她是一个法西斯国家么"、"英国·日本·中国和德国的远东政策"、"中日战争的前瞻"。附录收《一九三八年五月日本内阁的改组》、《备考》、《参考书目》。书前有弁言及序。

**1754. 如何保卫国家民族的独立与生存**　蒙藏委员会编译室编译　蒙藏委员会编译室　1938 年 7 月　［79］　32 开　抗战小丛刊之六

汉蒙藏维对译本。

**1755. 如何保卫国家民族的独立与生存**　蒙藏委员会编译室编译　编者刊　1938 年 7 月　［25］

32 开　抗战小丛刊之六

汉维对译本。

**1756. 如何抗日救国**　刘健群著　新粤刊社　1938 年 1 月　广州　3 + 84　32 开　有插图

本书包括 2 部分：抗战以前应有的认识、抗战以后应有的决心。附录收《蒋先生蒙难归来以来》。书前有序。

**1757. 如何增强抗战建国的基本力量**　豫温、段孟明编辑　编者刊　1939 年 12 月　20 ［环筒叶］23cm × 16.2cm　油印、线装

**1758. 三年后之中国**　挽沉、励之坚、靳心、陶奋君编著　中美出版公司　1939 年 5 月初版　2 + 484　32 开

包括战争与优生、战争的前因与后果、抗战期中的外交与各国人士的援华、国家的团结与统一、抗战中的文化运动、新生的都市与战时的重镇、从难民救济到移民垦荒、抗战必胜建国必成的三阶段等 22 章。

**1759. 三年来的中国**　苏明著　未明出版社　1940 年 8 月初版　6 + 94　32 开

本书分 4 部分：谁支持了这三年来的民族革命战争、现阶段民族革命战争的困难、特点和危机、怎样结束这远东的民族革命战争、民族革命战争的结局和前途与我们当前的任务。

**1760. 时代呼声**　徐文珊著　文信书局 ［总经售］　1944 年 7 月第 1 版　重庆　132　32 开

本书分为上、中、下 3 编，收录了《论大时代》、《我们要进步》、《轮到我们这一代了》、《公务员与抗战建国》、《赞助军中文化设备征募运动》等 39 篇政论文章。书前有作者自序。

**1761. 时局论丛**　王芃生著　1945 年 5 月初版　10 + 250　32 开

本书分 4 个部分：抗战理论、国际评论、敌情分析、美谈漫话。书前有卢广声所作编选者言以及赵乐平所作序言。

**1762. 时局与华北民众之出路**　1 + 10　32 开

本书分 6 部分：人民战线的本质、人民战线的来历、中国人民战线的发展状况、西安事变与人民战线的关系、民众对人民战线的舆论、结论。

**1763. 时事两面观**　邢肇棠著　［1943 年］　5 + 120　32 开

本书为邢肇棠所著随笔杂记，收录《真假三民主义与真假国民党之区分》、《呼吁团结》、《"七七"事变中的北平景象》、《日寇对华政策的新阴谋》等 48 篇文章。封面有"言论出版社翻印"字样。书前有编者前言，出版时间据此推断。

**1764. 时事两面观**　邢肇棠著　华北书店　1943 年　河南　4 + 80　32 开

本书为邢肇棠所著随笔杂记，收录《真假三民主义与真假国民党之区分》、《呼吁团结》、《"七七"事变中的北平景象》、《日寇对华政策的新阴谋》等 48 篇文章。

**1765. 时事两面观**　邢肇棠著　胶东新华书店　1945 年 10 月　82　32 开

辑有邢肇棠的时事评论：《创造与沿旧》、《理论与实践》、《空想与事实》、《妇女解放》、《言行录》、《看看如何》、《慈禧太后的功绩》、《革命的功绩》、《讨伐武汉政府》、《废除不平等条约》、《呼吁团结》等 48 篇文章。

**1766. 时事小评选粹**　吕振羽著　华北书店　1944 年　［山西］　2 + 72　32 开

本书共收《"七七"事变中的北平景象》、《革命与抗战之分野》、《国共两党和中国之命运》、

《质问国民党》等23篇文章。

**1767. 思想的国防**　王世昭著　国防书店　1941年4月初版　桂林　8＋305　32开　有图表、有题词　国防丛书

本书分8章：中华民族的起源与发展、伟大的民族精神、历代要政举隅、文化、兵制、人口与殖民事业、疆域沿革与交通现状、边疆问题与失地、论国防、总论。书前有黄旭初、夏威题词、作者自序。

**1768. 苏联革命与中国抗战**　胡愈之编　生活书店［总经售］　1937年11月，1937年12月（汉），1938年3月再版　6＋165　32开　有插图

本书辑录国内文化人士纪念苏联"十月革命"20周年的35篇文章，包括《从抗日战争说到十月革命二十周年纪念》（关露）、《俄国的革命与中国的抗战》（施复亮）、《因苏联建设的成功想到我们当前的任务》（孙冶方）、《苏联革命纪念与我们的斗争》（沙千里）、《两个十月》（宋庆龄）、《庆祝苏联十月革命中对于总理遗教的回想》（孙科）、《学习一个重要教训》（汉夫）等。有编者序。

**1769. 苏联眼中的中日战争**　徐褐夫编译　上海杂志公司［总经销］　1937年12月3版　上海　2＋38　32开　国际小丛书之一

本书内容译自苏联报纸有关文章，分4部分：日本侵略中国的各阶段、中国的进步、日本的泥脚、中日实力的估计。

**1770. 踏在复兴线上的中国**　韦永成著　民团周刊社　1938年3月初版，1938年9月再版　广西　34　32开　丙种丛刊第三种焦土丛刊第一辑之九　亢真化主编

本书共5部分："一九三八年"是中国复兴的新纪元、从敌国内部的危机证实日本国力的脆弱、从国际间的联系说明民族复兴的机运、从国内抗战的情势指出中国复兴的必然、在新岁的开端努力立国千秋的大业。

**1771. 太平洋战事之爆发与我国自力更生国策之确立**　陈辞修讲　湖北省政府秘书处　［1942年］湖北　［40］　32开

本书分5个部分：国内外的现势、自力更生国策之确立、战时民生经济之四大政策、推行新制的条件、政治上自力更生的起点。

**1772. 唐庆增抗日救国言论集**　唐庆增著　社会科学书店　1932年4月　上海　4＋58　32开

本书分12个部分：从经济方面剖析东北事件、论抵制日货、现今日本于经济上有对我宣战之能力否、宣战救国、如何应对严重之国难、举暴日作长期抵抗之必要办法、抗日声中之物价问题、对外战争与国难、汉奸辨等。书前有作者自序。有题赠。

**1773. 团结**　林洛著　军事委员会政治部　22　64开　抗战小丛书　第1集

本书以"团结"为主题，号召全国人民联合起来抵御外敌的侵略。

**1774. 外人心目中之中日战局**　国民出版社编辑　编者刊　1939年10月3版　金华　3＋60　32开国民知识丛书　第1辑

本书分9个部分：前言、中日战争展望、地理条件与中日战局、日本速战速决政策的失败、日本的军事胜利得到了些什么、日本战败的象征、中国在胜利途中迈进、为什么中国抗战必胜、中日战争如何结局。

**1775. 为号召全国民众保卫中国反对日本帝国主义侵略打倒卖国罪**［魁蒋介石］　贺龙、任弼时发布　中华苏维埃共和国中央革命军事委员会湘鄂川黔省分会　［1935 年 8 月］　1 张　38.2cm × 62.7cm　石印

该件为中华苏维埃共和国中央革命军事委员会湘鄂川黔省分会主席贺龙、委员任弼时、王震、关向应、萧克、张子意向全国民众发布的布告。复制本。

**1776. 为统一而战的中国**　毕林哥尔（J. M. D. Pringle）原著，莱契曼（Marthe Rajchman）绘图，王纪石、吴饮冰合译　香港众社　1939 年 12 月初版　香港　5 + 121　32 开　有插图　近代丛刊之一

本书分 7 章：土地与人民、共产主义者、南京政府、改造与建设、日本的阴影、侵略者的魔手、世界与中国。书前有作者译序及绪言。

**1777. 为宣传抗战致蒙藏同胞书**　喜饶嘉措著　25［环筒叶］　32 开　油印

汉藏对译本。

**1778. 伟大的民族战争**　史痕著　胜利出版社江西分社　1941 年 9 月初版　泰和　5 + 110　32 开

本书分 4 章：杜灭黑死病的蔓延、中国在抗战中成长、民族利益高于一切、伟大的民族战争。卷首有潘公展所写《诚挚的推荐》一文。

**1779. 未来之中日**　段旦公著　一星书店　1938 年 4 月再版　汉口　2 + 49　32 开　有图表

共 6 章：序论、从人力上观察、从物力上观察、从财力上观察、从战略上观察、结论。

**1780. 我们必定打胜仗**　方土人著　军事委员会政治部　20　64 开　抗战小丛书　第 1 集

论述抗日战争必定能取得胜利的"九层大道理"。

**1781. 我们必需要打个结果出来**　刘列夫著　中山文化教育馆　1938 年 3 月渝版　南京　6 + 40　32 开　抗战丛刊　第 9 种　中山文化教育馆编

本书分 5 个部分：总的说明、从国际上看去、从日本资本主义发展的特性方面看去、从日帝国主义对我的既定政策方面看去。书前有《抗战丛刊缘起》一文。

**1782. 我们的抗战领袖**　潘公展著　商务印书馆　1938 年 2 月初版，1938 年 4 版　长沙　3 + 43　32 开　抗战小丛书　中国文化建设协会主编

分 3 章：我们的领导者——领袖、领袖的认识、怎样领导我们抗战。书前有潘公展所作丛书发刊旨趣。

**1783. 我们的外蒙古**　独立出版社编辑　编者刊　1938 年 4 月初版　汉口　3 + 58　32 开　有图表　战时综合丛书

本书分 9 章：序论、外蒙古问题之史的检讨、外蒙二次独立与苏俄、外蒙古的政治现状、外蒙古的经济情形、外蒙古的教育、日本侵华与外蒙、抗战中的外蒙古问题检讨等。书后附讨论大纲。卷首有战时综合丛书例言。

**1784. 我们的战友**　张庆泰著　上海杂志公司　1938 年 5 月粤再版　汉口　4 + 128　32 开

本书分 6 章：我们不是孤立的、一个基本的战友、共同奋斗的战友、和平阵营里的战友、侵略阵营里的战友、要认清了敌与友。

**1785. 我们的政治建设**　张静华编著　中华平民教育促进会　1938 年 1 月初版　长沙　14　12.5cm × 15cm　农民抗战丛书

**1786. 我们的最高原则民族主义与科学思想**　三户社编　编者刊　4＋20　64开

全书从民主主义、科学思想两个方面向国人宣示民族战争的最高原则。

**1787. 我们要不要承认意大利吞并阿比西尼亚**　张铁生著，张仲实编　生活书店　1938年4月初版　汉口　26　64开　问题与答案丛刊之一

本书为问答形式，包括"意阿战争的经过、后果"、"对国际政局的影响"、"我们对于意大利吞并阿比西尼亚应采取的态度"。

**1788. 我们怎样为抗日复土而奋斗**　赵侗著　生活书店　1939年1月初版　7＋164　32开　有照片、有题词、有图表

本书分6章："认识与创行"、"学生团和抗日救国会"、"青年劲斗团、抗日同盟会、别动队"、"少年团、铁血军、同心会、辽南临时政府"、"如何坚实义勇军"、"日本之奴化东北"。书前有作者声明、序言。附录收《苗可秀烈士凤城殉难详记》、《苗可秀烈士遗书》、《读苗可秀烈士遗书感言》（黄炎培）、《民族英雄赵侗》、《外报论东北义勇军之活动》。书前有作者、苗可秀烈士、赵伟烈士的照片。

**1789. 我为中国人说话**　Carl Crow著　宗姬节译　新兴书店　1938年5月初版　5＋99　32开　时代知识丛书5

本书原名 *I Speak for the Chinese*。有著者序和年表。

**1790. 无条件的存在**　孟明编　抗战复兴出版社　1939年9月　3＋16　32开

本书分9个部分：我们的集体制裁、划分作战师管区的意义、军队存在的最低条件、干部与部署的区别、展开全民全面的战争粉碎敌人侵略的企图、劳动农民是中国革命的主力军、作战师管区与全民全面战等。书前有编者谨志。

**1791. 武汉退却后上蒋委员长书（乔一凡同志丛稿）**　中国民生教育学会　1938年7月　30　32开

**1792. 孝威抗战论文选集**　陈孝威著　天文台半周评论社　1938年10月　香港　6＋382　32开

本书分为4编，共73篇文章，大多为1937年芦沟桥事变至1938年间作者在《天文台半周评论》所发表的评论文章。

**1793. 新时期的路标**　人民书店编辑部集编　人民书店营业部　1945年11月初版　1＋53　32开

本书收录《中共中央目前对时局的宣言》、《新时期的路标》、《庆祝抗战最后胜利》、《汉奸国贼必须严惩》、《严惩战争罪犯》、《立即收缴在华日军全部武装》、《反对利用敌伪残害同胞的悖谬行为》、《前进或是后退》等15篇。附录收《延安庆祝抗战胜利大会讲话》、《民主同盟的紧急呼吁》、《千万双眼睛望着大家》、《江南新四军北移》。

**1794. 新政论**　蒋乃镛著　中国学术研究会　1943年1月初版　昆明　97　32开　有图表

本书分5个部分：教育文化类、社会行政类、经济财政类、人事行政类、国际政治类。书前有雷震所作序以及作者自序。附录收《著者重要建议提要及重要著作名称一览》。

**1795. 新中国印象记**　（美）E.A.麦雷著，梅蔼、步溪、哲非、满红合译　上海群社　1939年5月初版　上海　10＋172　32开　有照片　国际问题丛书之一

本书共13章：中国这水母翻动了、英国对华的门户——香港、日本改变了作战的目标、中国披上了戎装、新中国的出现等。有译者序。

**1796. 新中国在进展中**　新中国出版社编辑　编者刊　1937年11月初版　1＋52　32开　全民抗战

丛书之一

本书收 8 篇文章:《中国共产党宣言》、《对于中国共产党宣言谈话》、《国共统一运动感言》、《中国共产党救国十大纲领》、《日本决不可怕》、《抗日战略论》、《抗日必胜论》、《今日的红军》。

**1797. 宣传·组织·武装** 李实著 扬子江出版社 1938 年 1 月 2 + 94 32 开

本书分 3 篇:宣传、组织、武装。书后有后记。

**1798. 延安权威人士评国民党人事更动** 1944 年 延安 1 张 26.5 cm × 19.7 cm

**1799. 谣言与烟幕(分析时事的通俗小册子)** 公言著 金门出版社 1941 年 6 月改正再版 37 32 开

本书分 4 个部分:屈服投降就在目前、反共政策变本加厉、美国会不会调停中日战争、有法子挽救吗。

**1800. 要建立怎样的新中国** 陈钧著 新国民书店 1938 年 5 月再版 31 32 开

本书收《论国共合作与中国前途的根本问题》、《对于国民党的意见》两篇文章。

**1801. 一面抗战一面建国** 浦乃均编著 独立出版社 1939 年 2 月初版,1940 年 4 月 7 版 重庆 1 + 54 64 开 抗战建国小丛书 潘公展、叶溯中、杨公达、童蒙圣主编

本书分 5 个部分:一面抗战一面建国之意义、抗战建国之理论与史例、抗战建国之中心力量、抗战建国应特别重视精神建设、抗战建国与民族复兴。

**1802. 由苏日中立协定谈到日本南进** 公言著 时事研究会 〔1942 年〕 39 32 开

本书采问答形式说明苏日中立协定对中国的影响,苏联和日本订立条约的原因,最后分析日本会不会南进引起太平洋战争。

**1803. 有钱出钱,有力出力!** 国民精神动员会出版,国民政府军事委员会政治部翻印 2 + 42 32 开 国民月会讲材丛书之一

本书分 8 个部分:怎样取得最后胜利、前方抗战、后方生产、人人都有责任、有钱出钱、历史上输财救国的模范人物、节约救国、最后胜利的必然性。

**1804. 远东隐忧** (美)阿本德著,赵恩源译述 书林出版社 1944 年 5 月初版 重庆 5 + 232 32 开

全书收 19 篇,包括《为成见分辩》、《需要和平方案》、《剪掉日本的爪牙》、《中国与日本》、《中国及其盟邦》、《自由——仍待争取》、《关于菲律宾》、《法国在远东》等。有王芸生序。封面题:"原名太平洋宪章"。

**1805. 远东之危机** (美)史汀生著,曹明道译 正中书局 1936 年 11 月初版 南京 6 + 220 + 34 大 32 开 有照片、有图表

本书分 5 章:美国远东政策之背景、调解东三省危机之努力、中国诉诸国联大会裁决、责任之判定、结论。卷首有译者序,介绍本书成书背景以及编译过程,并对国际形势作出相关评价。书前有导言。

**1806. 远东之危机** (美)斯蒂生著,马季廉译 大公报馆出版部 1936 年 11 月初版 天津 5 + 219 32 开 有照片、有图表

本书分 5 章:危机的背景、调解之努力、中国诉诸国联大会裁判、责任的裁判、结论。卷首有译者序、导言。

**1807. 怎样保证抗战的胜利**　夏威著　民团周刊社　1938 年 3 月初版，1938 年 8 月再版　南宁　36
32 开　丙种丛刊　第三种　焦土丛刊　第一辑之八　亢真化主编

　　本书收 3 篇文章：《前方战况的分析与吾人应有的认识》、《由目前抗战说到青年学生应有的努力》、《修明县政以充实抗战能力把握最后的胜利》。

**1808. 怎样粉碎日寇的以战养战**　陈正谟著　中山文化教育馆　1939 年 11 月渝版　重庆　52　32
开　抗战丛刊第 95 种　中山文化教育馆编

　　本书包括 4 部分：日寇"以战养战"的毒计、日寇将要掠夺的资源、我们粉碎日寇计划的办法、结语。

**1809. 怎样争取最后的胜利**　张佐华著　上海杂志公司　1938 年 1 月汉初版　汉口　1＋110　32 开
当代青年丛书战时增刊本　金则人主编

　　本书分 8 个部分：对于这一次抗战应有的认识、接受从血的斗争中所得来的经验和教训、争取抗战胜利的民主政治、争取抗战胜利的军事策略、争取抗战胜利的外交政策、争取抗战胜利的经济政策、争取抗战胜利的教育政策、最后的胜利需要我们去争取。

**1810. 战时的工人**　教育部民众读物编审委员会编著　正中书局　1938 年 8 月初版　重庆　13　大
64 开　非常时期民众丛书　第 3 集第 3 册　教育部民众读物编审委员会编

**1811. 战时的农民**　教育部民众读物编审委员会编著　正中书局　1938 年 8 月初版　重庆　13　大
64 开　非常时期民众丛书　第 3 集第 1 册

　　从努力本业、团结自卫、侦察奸细、协助战事等 4 个方面指导抗日战争中的农民应当怎样做。

**1812. 战时的青年运动与青年工作**　平心著　光明书局　1938 年 4 月　汉口　5＋150　32 开

　　包括：青年运动与民族解放运动、青年统一战线与民族统一战线、在抗战中青年的任务和工作、救国工作方式问题、集团生活和私生活、战时的文化运动与文化生活等部分。

**1813. 战时的商人**　教育部民众读物编审委员会编著　正中书局　1938 年 8 月初版　重庆　15　大
64 开　非常时期民众丛书　第 3 集第 2 册

　　从誓死不卖日货、言论防范奸商、不要抬高物价、急宜输财救国 4 个方面指导抗日战争中的商人应当怎样做。

**1814. 战时后方工作**　程炎泉编著　世界书局　1936 年 12 月初版　上海　3＋62　64 开　战时常识丛书

　　本书分 9 章：概说、全国总动员、到前线去救护、怎样宣传国难、怎样鼓励士气、怎样供给粮和棉、怎样防治汉奸、怎样防止火灾、老弱如何避难。书前有《战时常识丛书发刊词》。

**1815. 战时后援工作**　童行白编著　正中书局　1938 年 3 月初版　重庆　2＋52　32 开　战时民众训练小丛书

　　分 10 章：总论、组织民众工作、宣传工作、征募工作、慰劳工作、救护工作、救济工作、防护工作、民食调剂工作、扑灭汉奸工作。

**1816. 战时政治**　吴绍先编著　浙江动员委员会战时教育文化事业委员会　1939 年 11 月初版　浙
江　1＋28　64 开　政治常识小丛书　浙江战时教育文化事业委员会征编组

　　共 8 部分：从政治说到战争、我们的抗战与政治、战时政治的原则、战时政治机构、民众组织与训练、整饬纲纪、厉行廉洁、法治与人治。

**1817. 战争乎和平乎** 姜君辰著 上海杂志公司 1937年3月 上海 3+123 32开 当代青年丛书第一辑之五 金则人主编

内容包括6个部分："绪论"、"战争是神圣的还是罪恶的?"、"和平是真的还是假的?"、"侵略者的雄姿"、"和平阵营巡礼"、"战争乎和平乎"。

**1818. 战争与和平之间** 简朴著 空军总司令部新闻处 12 32开 文化教育丛书之二十四 空军总司令部新闻处编

本书主要介绍当时的国际形势及宣传国民党政府的对内、对外政策。

**1819. 争取抗战胜利** 潘梓年著 读书生活出版社 1938年12月初版（渝） 重庆 1+96 32开

本书分10章："我们的力量"、"动员人力是动员财力物力的中心环节"、"抗日民族统一战线是动员民众的杠杆"、"民主自由是动员民众的基本条件"、"民众知识来不及提高吗"、"改善人民生活的必要与可能"、"让民众有充分的武装"、"在抗战中壮健起来"、"托派汉奸是全国人民的公敌，是团结抗战的蟊贼"、"国共长期合作争取抗战必胜、建国必成"。

**1820. 整饬纪纲** 王一士著 1943年1月 2+60 32开

本书分10个部分：问题的提出、如此诺言、事实告白、信仰问题——诚恳信仰三民主义、统一问题——政治团结军事统一、中共的前途、答中共发言人等。

**1821. 政府抗敌的准备** 沈思编 准备书局 1937年6月出版 上海 3+233 32开 有图表

本书分9个部分：绪论、政治刷新、军事准备、经济改革、外交自主、交通开发、事业建设、教育设施、结论。卷首有代序。书后有编者赘言。

**1822. 政治抗战论** 朱垣章编著 广西建设研究会 1940年11月 桂林 3+66 32开 广西建设研究会丛刊

本书分析了中国政治抗战的特质，分为6章：绪论、血的大陆政策、日本利用国际局势向我侵略的史实、争取最后胜利、政治抗战的运用、结论。书前有章乃器序。

**1823. 中共问题评议** 张铁君著 正论出版社 1943年1月初版 重庆 2+74 32开

本书分20部分：怎样解决党派问题、基本的原因仍是思想、两大导师的时代背景、苏俄革命与三民主义、新民主主义在蜕化中、内在的矛盾与外在的矛盾、清共的悲痛事件、土地革命的理论及其结果、边区政权与团结统一、教育文化政策的独立等。

**1824. 中国（日本）共产党为日本强占东三省宣言** 中国共产党中央委员会、日本共产党中央委员会编 1931年9月 1张 19.8cm×27.4cm 油印

中日两国共产党就日本侵占东三省向中日两国人民发出的抗议宣言。

**1825. 中国·日本·苏俄** 独立出版社编 编者刊 1938年7月初版 汉口 8+55 32开 战时综合丛书 第2辑

本书分4章：日苏对峙和中国、日本的危机、苏俄怎样对付中国战争、中国抗战前途的观察。书前有编者绪言，书后附讨论大纲。

**1826. 中国必胜** 中国国民党中央执行委员会宣传部编 编者刊 1942年11月 1+34 32开 有图表 抗敌手册之九

本书分5部分：导言、在固有条件上中国凭什么战胜日本、在现实环境下怎见得中国会战胜日本、在今后的努力中我们要如何才能战胜日本、结语。

**1827. 中国必胜论**　龚德柏著　战争丛刊社　1937 年 11 月初版　南京　4 + 66　32 开　有插图　战争丛刊第 2 种　战争丛刊社编辑

　　本书 4 部分：胜负之预测、直接促敌人战败之原因、敌人决策之经过与错误、中国制胜之道。有序言。

**1828. 中国不可征服论**　叶青著　时代思潮社　1939 年 11 月初版　重庆　6 + 58　32 开

　　本书从国际方面、军事方面、历史方面等 3 方面阐述中国不可征服。有序言和弁言。附录收《抗战必胜的因素与制胜的方法》。

**1829. 中国不可征服论**　叶青著　时代思潮社　1941 年 3 月再版　6 + 85　32 开

　　本书从国际方面、军事方面、历史方面等 3 方面阐述中国不可征服。有序言和弁言。附录收《抗战必胜的因素与制胜的方法》。

**1830. 中国不可征服论**　叶青著　时代思潮社　1941 年 10 月 3 版　重庆　6 + 72　32 开

　　本书从国际方面、军事方面、历史方面等 3 方面阐述中国不可征服。有序言和弁言。附录收《抗战必胜的因素与制胜的方法》。

**1831. 中国出兵缅甸之神圣使命**　中央宣传部编　编者刊　1942 年　8　17cm × 21.1cm

　　本书分 10 部分："全体东亚民族，已临生死关头"、"日阀的险毒政策"、"日军的残暴"、"中国出兵是履行神圣的义务"、"中国军队是英勇善战的军队"、"双方军民亲如兄弟"、"坚定胜利的信心"、"竭诚与中国军队合作"、"东亚民族要精诚团结"、"救东亚救自己要即时奋起"。

**1832. 中国的过去现在和未来**　何干之著　当代青年出版社　1937 年 2 月 10 月再版　上海　3 + 136　32 开　有图表　当代青年丛书　第一辑之一

　　本书分 7 章：农村公社与封建经济的停滞、专制主义与手工业、中国资本主义的发展过程、在歧路上的中国经济、中国革命的特质、革命动力与革命联合、民族危机与抗敌统一战线。书前有序论。

**1833. 中国的朋友**　何树萍著　军事委员会政治部　18　64 开　抗战小丛书第 1 集

　　分 3 部分："人要朋友，国家也要朋友"、"谁是敌人？谁是朋友？"、"我们的朋友如何帮助我们？"、"先靠自己，次求外援"。

**1834. 中国的现在过去和未来**　何干之著　上海杂志公司　1936 年 11 月　上海　3 + 136　32 开　当代青年丛书第一辑之一　金则人主编

　　内容分为 7 章：农村公社与封建经济的停滞、专制主义与手工业、中国资本主义的发展过程、在歧路上的中国经济、中国革命的特质、革命动力与革命联合、民族危机与抗敌统一战线。书前有序论"本书的界限与任务"。

**1835. 中国的政治改进**　王赣愚著　文史丛书编辑部　1941 年 1 月初版　4 + 207　32 开　文史丛书之二十八　文史丛书编辑部编辑

　　本书分 7 章：促进统一问题、宪政党治与自治、外交的新认识、论证风之培植、中央与地方、人事问题的核心、军人与智识阶段。书前有作者自序。

**1836. 中国的转机**　张今铎著　远东出版社　1945 年 8 月　昆明　5 + 98　32 开　张今铎论文集之一

　　本书分 7 个部分："中国的转机"、"论战局"、"论政局"、"正视战局，信任苏联"、"日苏战争之先决条件"、"美苏关系与世界战局"、"抗战的自力更生与外援"。书前有自序。有题赠。

**1837.** 中国革命的根本问题　丁逢白著　西北出版社　1938 年 10 月初版　62　32 开

本书分 5 个部分：绪言——历史的再认识、十年来中国共产党政策的检讨、所谓新政策、中国革命的领导问题、中国到何处去。书后另收《中国革命的性质与中共的前途》一文。

**1838.** 中国革命根本问题　胡秋原著　时代日报社［总经售］　1938 年 4 月，1939 年 11 月再版，1940 年 1 月 3 版　汉口、重庆　9＋72　32 开　祖国社战时丛书之二

该书分两部分："抗日就是一切，一切归于抗日！"、"抗战建国之中心问题"。书前有自序、再版前记。附录收《纯民族主义》、《民族中心与中心力量》、《军事·生产·教育》、《哲学与历史》。

**1839.** 中国革命问题　薛暮桥著　中国出版社　1941 年 3 月初版，1941 年 8 月 3 版　2＋71　64 开　中国问题小丛书之一

内容包括 4 个部分：中国社会与中国革命、中国革命与统一战线、中国民主革命的三个阶段、中国革命的前途。

**1840.** 中国革命与建国的途径　袁晴晖著　民族文化出版社　1943 年 1 月　5＋100　32 开　民族文化丛书学术丛书　第 6 种

本书共 9 章：革命的意义、中国革命爆发的原因、三民主义的产生、国民革命的成就、国民党成绩的进度、建国的途径、建国的方策、党务改进问题、我们的责任。附录收《中华民国临时约法》、《中华民国宪法草案》、《抗战建国纲领》。有自序。

**1841.** 中国共产党的教育与文化（当代史料）　王大中著　胜利出版社江西分社　1942 年 6 月　8＋52　32 开　有图表

本书分两章：中共的教育工作、中共的文化运动，攻击中共教育、文化工作。书首有作者序。

**1842.** 中国共产党闽粤赣省委员会为对日抗战保卫漳厦宣言　中国共产党闽粤赣边省委员会颁发　编者刊　1937 年 10 月　1 张　20.9cm×30.8cm

复制本。

**1843.** 中国共产党与抗战政治　朱立三编　胜利出版社江西分社　1941 年 11 月初版　江西泰和　4＋80　32 开　当代史料

包括 6 部分：前言、擅立"边区"破坏国家统一之行政权、妨碍抗战蓄意倾覆政府、所谓民主政治与教育政策、结语。附录收《陕北二十三县民众代表请愿书所述中共设施情形》。

**1844.** 中国共产党与抗战政治　朱立三编　胜利出版社　1942 年 5 月再版　重庆　4＋80　32 开　当代史料

包括 6 部分：前言、擅立"边区"破坏国家统一之行政权、妨碍抗战蓄意倾覆政府、所谓民主政治与教育政策、结语。附录收《陕北二十三县民众代表请愿书所述中共设施情形》。封面题有"中央图书杂志审查委员会赠"字样。

**1845.** 中国共产党与中华民族　解放日报社编　新华书店　35　32 开

内容分 6 个部分：中国共产党与中华民族、起来制止内战挽救危亡、全体人民动员起来把敢于向边区进攻的反动派打出去、再接再厉消灭内战危机、质问国民党、论时局。

**1846.** 中国共产党与中华民族　35　32 开

内容包括 5 个部分："中国共产党与中华民族——为中共二十二周年纪念而作"、"全体人民动

员起来，把敢于向边区进攻的反动派打出去"、"再接再厉消灭内战危险"、"质问国民党"、"论时局"。伪装本。伪装题名："高小论说精华"，伪托"汉口大达书局刊行"，"王景胜编"。

**1847. 中国共产党与中华民族**　73　32开

　　该书包括7部分：中国共产党与中华民族、朱德"七一"志感、陈伯达"评《中国之命运》"（摘录）、吕振羽"国共两党和'中国之命运'"、国共两党抗战成绩的比较、中国共产党抗击的全部伪军概况、没有共产党就没有中国。

**1848. 中国抗战必胜的分析**　［蒙藏委员会编译室编］　编者刊　1938年6月　［84］　32开
有插图　抗战小丛刊之五

　　汉蒙藏维对译本。

**1849. 中国抗战的前途**　陆印泉著　内外杂志出版社　1937年9月，1938年4月再版　武昌　4+120　32开　有图表

　　本书收10篇文章：《卢沟桥事件与民族抗战》、《平津失陷和全面抗战》、《抗战与民族战线》、《民族战线之本质的检讨》、《抗战中的经济动员问题》、《抗战中的资源供给问题》等。书前有序。

**1850. 中国抗战两年必胜**　时事新闻出版社　1942年7月　46　8cm×14cm　时事小丛书之一

　　本书分4部分：抗战接近了最后胜利、两年必胜的根据在那里、抗战胜利后中国局势展望、目前正处在破晓前的黑暗中全国同胞必须忍受与克服困难并努力争取胜利。

**1851. 中国论**　罗梦册著　商务印书馆　1943年9月初版　重庆　5+116　32开

　　本书分7个部分：中国之国之自我再认识、中国天下国与其他之帝国族国、中国之国之所以为中国之国、中国历史走到了西洋历史的前头、中国之国之急进性与迂缓性、中国天下国与西洋民族国之相遇、中国之国之现代化与三民主义新中国。书前有自序。有题赠。

**1852. 中国内部的危机**　胶东联合社编　编者刊　56　64开　国际舆论集之二

　　该书收录3篇文章：《中国内部的危机》、《中国为民主而奋斗和目前的政治危机》、《国际呼声一束》。附录收《重庆文化界要求言论出版自由的通电和请愿书》。

**1853. 中国青年与中国之命运**　周世辅著　胜利出版社福建分社　1944年6月初版　福建永安　6+73　32开

　　包括：青年与国运、青年如何认识国运、青年如何完成五大建设、青年如何穷理知言、青年对于国内党团应取之态度等6部分内容。

**1854. 中国青年之路**　杨玉清著　北斗书店　1943年3月初版　重庆　11+110　32开　有题词
三民主义半月刊社丛书　三民主义半月刊社主编

　　本书分15章，包括：时代与修养、士气与国运、青年与国难、青年与政治、文艺复兴与学行合一、论读书、献给大、中学毕业生等。书前有自序。

**1855. 中国生存论（中国策应远东巨变之经济政治军事的战略与战术）**　张克林著　张慕仪［发行人］　1936年8月初版　8+350　32开　有插图、有图表

　　本书分16章：绪言、国际现势的分析、中国环境的认识、中国经济危机及其解救策、中国战时财政与金融、中国战时农业与食粮、中国战时工业与贸易、中国战时交通问题的检讨等。书前有"几句话的序"。

**1856. 中国苏维埃临时政府及工农红军革命军事委员会宣言**　毛泽东、项英、朱德签发　中国苏维

埃中央临时政府、中国工农红军革命军事委员会印 1933 年 1 月 10 日 1 张 16.8cm×27.3cm

该宣言由中国苏维埃中央临时政府主席毛泽东、副主席项英、中国工农红军革命军事委员会主席朱德起草签发。宣言号召中国民众与中国工农红军一起共同进行反对日本帝国主义的武装斗争。传单复制本。

**1857. 中国往何处去** 陈哲民等著 联合出版社 1941 年 9 月 3 版 44 32 开

全书分 5 部分：中国往何处去、三条路线之斗争、中国切莫自毁保卫民族的长城、国内团结问题、怎样制止中国内战。附录收《宋柳何彭上蒋总裁呼吁团结书》、《国大五华侨代表对国内团结的意见》、《上海民众团体呼吁消弭内战通电》。有编者序。

**1858. 中国为什么要抗战** 欧阳樊著 中国国民党中央执行委员会宣传部 1943 年 7 月初版 重庆 2+26 32 开

本书分 3 个部分：为抵抗侵略而抗战、为雪耻复仇而抗战、为建设新中国而抗战。

**1859. 中国唯一之出路** 沈镘若著 竟园书店 1938 年 4 月初版，1938 年 5 月再版 长沙 10+181 32 开 竟园理普丛著 第 1 种

本书分总论、问题之部、正误之部、出路之部 4 部分。其中总论部分包括略说治标与治本、从抗日问题说到问题的转移等 4 段；问题之部包括抗日问题是否即内政问题、军事的崩溃是否即民族的失败等 4 节；正误之部包括国际的对立阵线之误认、论多头政治不是民主政治等 8 节；出路之部包括治标中之治本——史线政治论、治本中的治标——国线教育论等 4 节。书前有"竟园丛著二十种预告"、作者自序。

**1860. 中国新青年之路** 刘修如著 独立出版社 1939 年 2 月初版 重庆 4+132 32 开 有图表

本书共分 5 编：新的时代、人生观、修养论、认识论、青年训练与青年运动。有自序。

**1861. 中国新秩序** 武宜停著 [6+39] 32 开 有照片

本书包括缘起、中国新秩序、中华民国临时邦联约法、开始实行新秩序祝词和通香三谷四县请愿书 4 部分。

**1862. 中国在胜利中** 赵君辉编著 新生出版社 1938 年 2 月 6+88 32 开

本书分上、中、下三编：军事的胜利、政治的健全、国际的援助。书前有序言。

**1863. 中国在统一中** 刘群著 新生出版社 1937 年 3 月初版 5+203 32 开

本书分 5 部分：中日问题、内政问题、抗敌御侮问题、世界与中国、论抗敌战线。有著者序言。

**1864. 中国政府与政党** 建国文化服务社 60 32 开 建国杂志副刊文建丛书时事类第 3 号 仇兴主编

本书分 3 部分：国民政府的沿革、现行政治机构、政党。

**1865. 中国政治文化革新问题讲话** 黄道明著 北京新进杂志社 1943 年 4 月初版 北京 8+304 32 开 新进丛书第 2 种

共 10 讲：从何说起、中国政治出路的检讨、对新政权的估价与希望、我们的理想提供、我们的具体建议、文化思想的再建问题、关于青年参政的问题、中共的理念与策略是什么、我们的灭共对策与觉悟、我们的期待。有作者自序。

**1866. 中国政治问题** 叶青著 西北出版社 1938 年 4+118 32 开

包括"绪言"、"封建时代的中国"、"近代阶段及其问题"、"完成统一的重要"、"侵略和抵抗之必然"、"统一、抗战、民主的关系"、"强固证权及其方法"、"抗战中的收获"、"新中国之动向"、"和平转变的可能"、"结论"11章。有著者说明。

**1867. 中国政治问题**　叶青著　国民图书出版社　1944年2月初版　重庆　6+226　32开

本书分9章：引言、主义问题、民主问题、宪政问题、自由问题、统一问题、法治问题、政党问题、结论。书前有序言。

**1868. 中国政治之路**　杨玉清著　北斗书店　1944年7月　重庆　6+210　32开

本书辑录作者18篇文章：包括《论思想信仰及力量》、《三民主义之革命的对象》、《民族主义之认识》、《现代政治之特性》、《今后中国政治方策》、《今后中国政治制度》、《政治制度建设论》等。附录收《儒家的政治哲学》、《东西政治哲学的比较观》。

**1869. 中国之路**　汪少伦著　商务印书馆　1942年7月初版、1946年6月上海初版　重庆、上海　10+110　大32开

本书分上、下两编，上编"中国现代问题的分析"、下编"中国现代问题的解决"。有作者序言。

**1870. 中国之前途**　洪尊元著　时代书店　1940年6月初版　香港　14+438　32开

本书共4篇，第1篇分4章：抗战中之中国、民族、领土、国防；第2篇分3章：政治、经济、文化；第3篇分5章：国际联盟、九国公约、第三国际、日本问题、俄国问题；第4篇分2章：中国共产党问题、华侨问题。附录收《二十年来的世界政治》、《怎样建设未来中国新海军》。有自序。

**1871. 中国只有此一条生路**　晓庵著　民铎社　1932年3月　40　32开

本书为声请国民政府抗日救国言论。

**1872. 中华民族的危机与我们的任务**　中央军事政治学校第一分校　中央军事政治学校第一分校　1936年5月　2+26　32开

本书为中央军事政治学校第一分校第五次分组讨论会的讨论大纲。书后附《李总司令"中日问题谈话"》、《西南对外协会响应李总司令抗日主张通电》及南宁《民国日报》社社论《发动整个的民族解放战争》。

**1873. 中华民族新论**　臧渤鲸著　商务印书馆　1945年2月初版，1946年2月上海初版　重庆　6+138　32开

本书共10章，讨论民族的意义、民族性的形成、中华民族的形成和民族性、民族性的改造，特别阐述了中日战争与中华民族、中华民族与世界大战问题等。

**1874. 中日实力的对比**　凌青著　当代青年出版社［刊行］　1937年1月初版，1937年6月3版　上海　6+122　32开　有图表　当代青年丛书第一辑之八　金则人主编

本书分9部分，分析中国能否取得战争胜利，指出日本在军备和经济上的困难与危机，介绍中日战争面临的国际形势，对中国的战略与战争形势进行预测。

**1875. 中日问题**　曹葆章编著　四川省社会军训干部训练班　108　32开　有图表

本书为著者就中日问题的讲授大纲，共7讲：研究现阶段中日问题应有的基本认识、日本帝国主义为什么要侵略中国、日本帝国主义侵略中国的手段、日本帝国主义侵华的史的回顾、日本帝国

主义内部的解剖、中日战争的展望、如何作抗日宣传。附录收《日本松室少将最近对关东军的秘密报情》、《前关东司令本庄繁征服世界计划》、《节译田中义一昭和二年所上对满蒙积极奏章》。

**1876. 中日问题读本** 柳乃夫著 一般书店 1937 年 6 月初版 上海 5 + 207 32 开 新青年百科丛书 第 1 辑 6 册 夏征农主编

本书共分 10 课：中日问题从何说起、怎样研究中日问题、中日问题的史的考察、日本侵略中国的几大口实、日本侵略中国的策略、中日问题在日本、各国对中日问题的态度、中日问题与太平洋、现阶段的中日问题、中日问题的前途。有后记。

**1877. 中日宣战问题** 杨一夫著 中山文化教育馆 1938 年 9 月渝版 重庆 4 + 30 32 开 抗战丛刊 第 57 种

本书分 5 部分：宣战的性质、宣战是否必需、宣战对于两交战国的影响、宣战对于宣战国之效果、中日何以彼此均不愿宣战。书前有"抗战丛刊缘起"。

**1878. 中日战争与世界舆论** 中国国民党中央执行委员会宣传部编 编者刊 1939 年 2 月 4 + 61 32 开

全书共 4 章：世界各报之评论、各国政府之态度、各国时贤之论说、世界和平大会与国联同志联合会。

**1879. 中日战争与远东新形势** 贝叶著 一般书店 1938 年 4 月初版 上海 1 + 50 32 开 一般文库第 1 辑 卢豫冬主编

全书分 3 章，包括：中日战前远东冲突的发展、中日战起后太平洋形势的变化、太平洋风云和中国的抗战。

**1880. 中日战争预测** 汪馥泉编 文化出版社 1937 年 10 月 1 日初版，1937 年 10 月 14 日再版，1937 年 10 月 20 日 3 版 1 + 48 32 开 救亡小丛书

分 4 章：神圣民族抗战、中日实力的比较、我们的战略与战术、中日战争预测。系收录蒋介石、毛泽东及其他知名人士对中日战争前途的判断与分析文章多篇。

**1881. 转变期的中国** 何干之著 上海杂志公司 1936 年 11 月初版，1937 年 5 月 4 版 上海 3 + 3 + 144 32 开 当代青年丛书第一辑之一 金则人主编

包括 8 章内容：本书的界限与任务、农村公社与封建经济的停滞、专制主义与手工业、中国资本主义的发展过程、在歧路上的中国经济、中国解放运动的特质、实践的动力与实践的联合、国难与统一救亡运动。

**1882. 转变中的中国政治** 毛礼锐著 大刚报社 1938 年 2 月 6 + 58 32 开 大刚丛书之二

全书分 11 个部分：导言、陕甘事变与和平统一、三中全会与团结救亡、整理军队与巩固国防、人事调整与健全机能、国民大会与集中民意、庐山训练与精神动员、"芦案"发生与共赴国难、军事失利与实际教训、长期抗战与政治展望等。书前有自序。

**1883. 自卫与侵略** 史国纲著 商务印书馆 1937 年 12 月初版 上海 2 + 76 32 开 战时常识丛书

本书分 9 个部分：导言、什么是自卫、什么是侵略、侵略国的藉口、侵略国的弱点、侵略与武器、中日的地位、中国抗战的意义、结论。附录收《九国公约》、《国际联合会盟约》、《非战公约》3 篇文件。

**1884. 自由中国的写真**　狄安氏等著　求知出版社　1941 年 10 月　74　32 开

本书收录文章 5 篇：《中国的转机与危机》（晴光）、《自由中国的写真》（丁山译）、《中国民主政治的道路》（苏明）、《目前日本政治动态》（鸿九）、《在德国占领下的各国》（博知）。书前有本书介绍。

**1885. 最近的时局与我们的态度**　严军光著　兴建月刊社　1940 年 1 月初版　1 + 50　32 开　兴建丛书

本书分 7 部分：严肃冷静的看事实、目前时局的主要动态、统一战线濒于溃灭、苏联的阴谋与共产党的野心、中美与日美关系之演化、中苏现况与日苏角逐、我们的态度。

**1886. 中国之命运表解**　陆铿编　天地出版社　1944 年 7 月　重庆　24　32 开　有图表

**1887. 中国之命运表解**（增订本）　萧啸宜著　正光出版社　1944 年 1 月初版　1 + 21　32 开　有图表

本书分 15 章：中国之命运、中华民族的成长与发达、国耻之由来与革命之起源、不平等条约之影响与深刻化、北伐到抗战、平等互惠新约内容等。主要为图表，辅以文字说明。书前有"表解大意"。

**1888. 中国之命运教本**　蒋中正著，卢冠六编选　三民图书公司　上海　2 + 53　32 开

本教本共 20 课：中华民族之成长与发达、国民党的改组与国民革命、北伐的成功与教训、新生活运动、最后胜利与永久和平、今后我国内政建设方针等。书前有前言。

**1889. 中国之命运人名地理索引注释**　查介眉编著　建国书店　1944 年 4 月初版　重庆　3 + 150　32 开　有图表

本书分 5 部分：序例、人名之部、地名之部、检字表、参考图书目录。

**1890. 中国之命运研究**（再版增订）　刘伟森编　大道文化事业公司　1943 年 10 月再版　广东　158　32 开　中正丛书第 1 种

本书分 6 编：基本理论、一般论述、政治经济、文化教育、青年运动、参考资料。

**1891. 《中国之命运》的问答**　巩民著　华光书店　1943 年 12 月 1 版　桂林　2 + 80　32 开　有题词

本书分 8 章：中华民族的成长与发达、国耻的由来与革命的起源、不平等条约影响之深刻变化、由北伐到抗战、平等互惠新约的内容与今后建国工作之重心、革命建国的根本问题、中国革命建国的动脉及其命运决定的关头、中国的命运与世界的前途。每章均以问答形式讲解阐发蒋介石所著《中国之命运》一书内容。

**1892. 《中国之命运》的研究**　甘仲玉编　华光书店　1943 年 7 月 1 版　桂林　2 + 140　32 开　有题词

本书共 16 部分：代序、中国之命运与抗战建国、与民族前途、与现代青年、与教育内容、与力行哲学、与国民革命、与世界弱小民族、中国之命运之要旨、中国之命运研读纲要、中国之命运的时代精神、政治思想、教育价值、国策认识。附讨论提要、编后。

**1893. 《中国之命运》研究大纲、参考书目**　国立编译馆编著　正中书局　1943 年 6 月渝初版，1946 年 10 月沪一版　重庆、上海　1 + 60　32 开　有图表

本书包括《中国之命运》的基本概念与观点、《中国之命运》各章提要（两种）、《中国之命

运》研究大纲（两种）、《中国之命运》参考书目（两种）、《中国之命运》引用人名生卒表 5 部分。

**1894. 国共两党和《中国之命运》（驳蒋著《中国之命运》）**　吕振羽著　抗战日报社　14　32 开

本书是吕振羽对蒋介石所著《中国之命运》的剖析和批判。

**1895. 国共两党和《中国之命运》（驳蒋著《中国之命运》）**　吕振羽著　17　32 开　油印

**1896. 评《中国之命运》**　陈伯达著　新中国书局　1943 年　80　64 开

附录收：《谁革命？革谁的命？》（范文澜）、《国共两党和中国之命运》（吕振羽）。

**1897. 评《中国之命运》**　陈伯达著　晓光社　1946 年 3 月　香港　40　32 开

封面、封底题署出版者为"晓明出版社"。

**1898. 评《中国之命运》**　陈伯达　油印

**1899.《中国之命运》解剖**　吕振羽、范文澜、何思敬、艾思奇等著　新华书店　1944 年 10 月　2 ＋ 126　32 开

该书收录《评〈中国之命运〉》（陈伯达）、《中国共产党与中华民族》、《国共两党和中国之命运》（吕振羽）、《国民党与民族主义》、《〈中国之命运〉——极端唯心论的愚民哲学》（艾思奇）、《斥所谓中国文化的统一性》（范文澜）、《驳蒋介石的法律观》（何思敬）等文献。附《国共两党抗战成绩比较》、《中国共产党抗击的全部伪军概况》。

**1900.《中国之命运》参考手册**　王遽今编著　总动员出版社　1943 年 7 月　南平　2 ＋ 112　32 开　*动员丛书之四*

本书分 5 章：中华民族、国耻与革命、北伐与抗战、五大建设、革命建国的根本问题。

**1901. 读《中国之命运》**　樊蒂棠编　中国文化服务社陕西分社　1943 年 12 月再版　西安　6 ＋ 254　32 开

本书收录 25 篇文章：《〈中国之命运〉的哲学原理》（闻一博）、《〈中国之命运〉的重要指示》（戴季陶）、《〈中国之命运〉的青年伟大使命》（张治中）、《〈中国之命运〉的教育内容》（中央日报）、《〈中国之命运〉与世界的命运》（沈天冰）等。书前有编者小言。书后附《〈中国之命运〉研读纲要》。

### 论文集

**1902. 各院部长官广播讲演录（第二期抗战第一次扩大宣传周）**　2 ＋ 64　9cm×12cm

本书分 6 个部分：异哉日本的东亚新秩序、驳斥东亚新秩序谬说、日本人的字典要从反面去看、敌酋平沼的荒谬声明和日本军阀的失败的必然性、从军事观点上驳斥敌人所谓建立东亚新秩序、纪念总理要坚持抗战。

**1903. "大东亚共荣圈"的彻底毁灭**　晋察冀日报社编　编者刊　1944 年 12 月　31　32 开　*时事丛刊之七*

本书内容系第二次世界大战社论、时评的汇编，包括：《敌国的政变和小矶内阁的出现》、《敌寇小矶内阁的班子》、《从海上打到日本，从陆上打到东北：纪念"九一八"十三周年》、《英舰队前来远东》、《美军袭台湾之役》、《菲岛海面美舰队大捷》、《罗斯福连任第四届总统》、《太平洋战争三周年》。

**1904. "发展生产" "拥政爱民" 文献集**　八路联防政治部编辑　编者刊　1944 年 4 月　165　32 开

本书除辑录中央指示和决定外，并收录《论合作社》（毛泽东著）、《组织起来》（毛泽东著）、《建设革命家务》（朱德著）、《为完成十万石细粮而斗争》（贺龙著）等文章。

**1905. 保卫大广东**　熊复苏编　中山日报社　1938 年 1 月　广东　13 ＋ 106 ＋ 12　32 开　有题词抗战丛书第 1 辑第 2 种　陈淦、陈恩成等主编

辑录《中山日报》有关社论，分作 5 章：政治、经济、教育、法纪、抗战。书前有总序两篇、弁言 1 篇。附录《〈中山日报〉廿六年份社论》。

**1906. 暴日久蓄野心取满蒙**　川西北反日大会［印发］　24　32 开

**1907. 不受侵略论文集**　郭步陶著　新闻报馆收发处［总发行］　1944 年 9 月初版　上海　6 ＋ 112　32 开

本书分两个部分：不受侵略之意义、不受侵略之原则。书前有序言。

**1908. 拆穿日本纸老虎**　陈因编　全民出版社　1938 年 4 月初版　汉口　2 ＋ 99　32 开

本书收 13 篇文章：《拆穿日本纸老虎》（汪卫译）、《日本经济危机的检讨》（陈正飞译）、《日本国内矛盾与上海战争的关系》（高植译）、《走上绝路的日本》（白石译）、《侵略的代价》（吴清友译）、《揭穿敌人的政治阴谋》（李孟达译）、《粉碎敌人诱降的毒计》（许涤新译）、《制裁日本》（马思译）等。

**1909. 长期抗战论**　张云伏、李至刚、梁士炎、邬竟成、张赤父、余绍彰、税叔钧著　统一出版社　1937 年 12 月初版　成都　2 ＋ 86　32 开　统一小丛书第 9 种

共收 6 篇文章：《日本侵略我国痛史》（张云伏）、《我们的领土》（李至刚）、《日本对我的阴谋》（梁士炎）、《中日战时政治的比较》（张云伏）、《中日战时经济的比较》（邬竟成、张赤父）、《中日战时的国际形势》（余绍彰、税叔钧）。孙佷工作序。

**1910. 从国际形势观察中国抗战前途**　陈独秀著　亚东图书馆　1938 年 4 月　广州　2 ＋ 18　32 开

本书收 3 篇文章：《从国际形势观察中国抗战前途》、《抗战中的党派问题》、《各党派应如何巩固团结》。

**1911. 存亡的关键**　子强等　求知出版社　1941 年 2 月　上海　［130］　32 开　求知文丛　第 134 辑

本书收 7 篇文章：《存亡的关键》（子强）、《民族统一战线的新形势上》（青之）、《日人对于中国民族运动的新认识》（石滨知行）、《论中国化》（方舟）、《生命哲学小讨论》（孟坚）、《假如英国失去印度》（君萱）、《意大利故事》（高尔基）。

**1912. 打破敌人建设东亚新秩序的阴谋**　林森、孔祥熙、张群、陈诚、王宠惠、何应钦等著　中国国民党中央执行委员会宣传部　1939 年 3 月　2 ＋ 87　32 开

分党国先进言论和重要舆论两部分，前者收《总裁驳斥敌相近卫荒谬声明演词》、《第二期抗战中的设施和进展》（林森）、《异哉日本的东亚新秩序》（孔祥熙）、《日本人的字典要从反面去看》（张群）等 7 篇文章；后者收《敌人的败相》（《中央日报》）、《知己知彼》（《大公报》）、《无耻的呓语——斥平沼狂言》（《时事新报》）。附录《驳斥日本宣传》等文章 3 篇。

**1913. 大后方舆论**　抗战日报　［1944 年］　57　32 开　时论丛刊之四

本书收《反对专制独裁要求民主自由》、《要求正面战场停止挨打作风》、《反对官僚资本垄断独占》、《要求人民的基本权利》、《反对贪污要求整治机构》、《反对黑暗的保甲制，要求实行人民

的地方自治》、《要求改善广大民众痛苦不堪的生活》等 10 篇文章。

**1914. 大后方舆论十题** 新华书店 1945 年 3 月 56 32 开

本书收《反对专制独裁要求民主自由》、《要求正面战场停止挨打作风》、《反对官僚资本垄断独占》、《要求人民的基本权利》、《反对贪污要求整治机构》、《反对黑暗的保甲制，要求实行人民的地方自治》、《要求改善广大民众痛苦不堪的生活》等 10 篇文章。

**1915. 当代党国名人演讲集** 李剑翁审阅 军事新闻社 1934 年 7 月 2 版 ［10＋481］ 32 开 有题词

本书分为 9 篇：救国篇、民族篇、军事篇、政治篇、外交篇、教育篇、经济篇、农业篇、建设篇，共收录了 79 篇演讲稿，包括《艰难困苦缔造民国》（林森）、《以我们的血肉填平革命的大道》（汪精卫）、《日本对华政策之步骤》（蔡元培）、《怎样纪念"九一八"》（冯玉祥）、《中华民族复兴之前途》（居正）、《抗日与制宪问题》（张知本）、《日本对华侵略与美国关系》（陈友仁）等。

**1916. 当前时局论文选** 新华书店 1944 年 107 32 开

分："七一""七七"纪念论文、豫湘战局失利之分析、国际评国民党抗战舆论之一斑、民主政治是国内外一致的要求 4 个部分，收录相关文章 33 篇。

**1917. 党国先进抗战言论集** 中国国民党中央执行委员会宣传部 1939 年 2 月 2＋52 32 开

收录 18 篇文章：《自存与共存》（林森）、《保卫国土是全国军民应有的天职》（林森）、《抗敌救国的要点》（戴传贤）、《抗敌与耕垦》（居正）、《抗敌期间宣传方针》（邵力子）、《中日战争与中国财政》（孔祥熙）等。有题赠。

**1918. 党国先进抗战言论集** 林森、汪兆铭、丁维汾、戴传贤、陈果夫、居正、邵力子、于右任、冯玉祥、张继、孙科、吴敬恒、陈立夫、邹鲁、孔祥熙执笔 独立出版社 1938 年 8 月再版 重庆 4＋64 32 开 战时综合丛书第 1 辑第 2 种 独立出版社编

本书收录《自存与共存》（林森）、《保卫国土是全国军民应有的天职》（林森）、《寻求与国与团结民众》（汪兆铭）、《怎样才能持久？》（汪兆铭）、《怎样巩固后方？》（汪兆铭）、《抗敌救国的要点》（戴传贤）、《抗战与耕垦》（居正）、《精诚团结与民族生存自由》（于右任）、《抗战努力方向》（张继）、《长期抗抵必然胜利》（吴敬恒）、《为世界人类除蟊贼》（邹鲁）、《中日战争与中国财政》（孔祥熙）等 21 篇文章。书后有编后记和讨论大纲。

**1919. 党国先进抗战言论集** 林森、丁维汾、戴传贤、陈果夫、居正、邵力子、于右任、冯玉祥、张继、孙科、吴敬恒、陈立夫、邹鲁、孔祥熙执笔 独立出版社 1939 年 8 月 20 版 重庆 2＋64 32 开 战时综合丛书 第 1 辑第 2 种 独立出版社编

本书收录 20 篇文章。较之再版，撤去《寻求与国与团结民众》（汪兆铭）、《怎样才能持久？》（汪兆铭）、《怎样巩固后方？》（汪兆铭）三篇，增补《民族革命与抗战》（居正）、《抗战与三民主义》（于右任）两篇。书后有编后记和讨论大纲。

**1920. 党国先进抗战言论续集** 戴传贤、张继、陈果夫、叶楚伧、陈立夫、王宠惠、居正、邹鲁、邵力子、孙科、孔祥熙、冯玉祥执笔 独立出版社 1940 年 2 月初版 重庆 2＋56 32 开 战时综合丛书第 5 辑第 2 种 独立出版社编辑

本书收 13 篇文章：《我所切祷于参政会者》（戴传贤）、《如何争取最后的胜利》（居正）、《保护中苏路线和我们最后的生路》（张继）、《抗战与心理》（邹鲁）、《九一八与世界和平》（孙科）、《向最后胜利的目标前进》（冯玉祥）等。书后有编后记及讨论大纲。

**1921. 第二期抗战言论集（第一辑）**　　第五路军总司令部政治部编　2＋75　9cm×12cm

本书分 3 个部分：党的问题、政治问题、军事问题。

**1922. 对日抗战的前途**　中华民国国民革命抗日救国军第四集团军总司令部政训处编　编者刊 1936 年 7 月　23　32 开　抗日言论之五

节选有关抗日救国言论 5 篇：《对日抗战胜利的把握》、《救亡前途的估计》、《我们是有胜利之把握的》、《最后胜利必归我国》、《请看日本究竟有多少作战能力》。

**1923. 革命领导权**　叶溯中执笔　浙江省抗日自卫委员会战时教育文化事业委员会　1938 年 7 月初版　浙江　2＋100　32 开　抗战建国丛书　第 3 种　浙江省抗日自卫委员会战时教育文化事业委员会征编组

包括上、下两编，收录了 17 篇文章，包括：《建国责任之前瞻》（叶溯中）、《一个领袖一个主义》（茹春浦）、《一党政治与中国》（叶青）、《党派问题平议》（黄旭初）、《我们对于党派问题的意见》（陶百川）、《统一抗战与阶级问题》（罗敦伟）、《国家社会党与中国青年党公开以后》（周洪山）、《中国共产党宣言》、《中华民族革命同盟解放宣言》等。

**1924. 工专抗日特刊**　工专抗日救国会编　编者刊　1932 年 1 月　［95］［环筒叶］　32 开　有插图、有图表

本刊分论著、文艺、附录、编后 4 部分。收录了《抗日声中我们青年应有的认识》、《国难声中对于中日外交史的回顾》、《血的呐喊》、《心灵之声》等 18 篇文章。附录为《江西省立工业专科学校抗日救国会职员一览》。

**1925. 攻势政治（黄主席演讲集）**　　黄绍竑讲，新力周刊社编　编者刊　1938 年 10 月初版　浙江 1＋48　32 开　新力丛书之七

本书分 5 个部分：团结精进牺牲、地方武力与抗战之关系、浙省政工队的回顾与前瞻、政治进攻的新动向、自我训练与增进工作效能之要旨。

**1926. 郭沫若先生最近言论**　郭沫若著，熊琦编　离骚出版社　1938 年 4 月初版　广州　2＋92 32 开

本书分 12 个部分：国际形势与抗战前途、对于文化界人的希望、日寇之史的清算、我们为什么抗战、武装民众的必要、抗战与觉悟、忠告日本政治家、饥饿就是力量等。

**1927. 国际对华舆论（第一辑）**　李梅生编译　昆明护国出版社　1945 年 4 月初版　昆明　24 32 开

本书收录 5 篇文章：《政治的原因阻碍了军事的团结》（《泰晤士报》）、《对待中国要用尊敬和现实主义的态度》（爱金生）、《中国人还是要求团结》（爱金生）、《中国走哪条路》（费尔特）、《介绍史诺的〈和我们在一起的人民〉》。

**1928. 国际对华舆论（第二辑）**　李梅生编译　昆明护国出版社　1945 年 5 月初版　昆明　29 32 开

本书收录 4 篇文章：《关于目前中国情况的几个事实》（P·克拉伊诺夫）、《中国的国内政治情况》（P·克拉伊诺夫）、《史坦因眼中的延安和重庆》、《在赤色中国》（白修德）。

**1929. 国际对华舆论（第三辑）**　李梅生编译　昆明护国出版社　1945 年 7 月初版　昆明　28 32 开

本书收录 4 篇文章：《我们的对华政策》（沙利斯白莱）、《中国的政治变化》（贝苏）、《中国的

政治压力》（拉铁摩尔）、《中国二领袖在民主问题上分了家》（斯坦因）。

**1930. 国际对华舆论（第四辑）**　李梅生编译　昆明护国出版社　1945 年 8 月初版　昆明　36　32 开

本书收录 4 篇文章：《关于美国的"六人被捕案"和〈美亚〉杂志》、《中国的政治穷途》、《中国的两条道路》、《中国：亚洲胜利的钥锁》。

**1931. 国际舆论选**　苏中出版社　59　32 开　时论丛刊　第 5 辑

本书收《远东之混乱》、《河南战事失败的原因》、《关于新中国的近况》、《胜利须在中国争取》、《论中国形势》、《中国军队的实情》等 19 篇文章。

**1932. 国民党反动派祸国殃民的罪恶**　晋察冀日报社　1944 年 4 – 5 月　2 册　32 开

书中收入 5 篇文章：《评〈中国之命运〉》（陈伯达）、《谁革命？革谁的命？》（范文澜）、《〈中国之命运〉——极端唯心的愚民哲学》（艾思奇）、《斥所谓"中国文化统一性"》（范文澜）、《袁世凯再版》（范文澜）。

**1933. 国民党和共产党**　八路军留守兵团政治部编　八路军留守兵团政治部出版，中共中央晋察冀分局翻印　194? 年　35　32 开

本书收录《中国社会各阶级》、《国民党、三民主义是什么？蒋介石是什么样的人？》、《中国共产党是中华民族和中国人民的救星》。封面题名下方有"干部学习参考材料发到县级团级"字样。复制本。

**1934. 国民党役政弊端与部队生活·桂林柳州的混乱**　冀鲁豫书店　1945 年　23 + 38　64 开

合订本。《国民党役政弊端与部队生活》内容包括《有钱有势者不出壮丁》、《买卖壮丁到处盛行》、《打死绑来壮丁投河灭迹》、《差警下一次乡，人民便遭一次殃》、《抽一次丁，鸡鸣犬吠，鬼哭人号》、《兵役舞弊案每月两百件，每日六七件》等 14 个部分；《桂林柳州的混乱》包括：《湘战真相》、《桂林柳州的混乱》、《湘桂工业大部损失》、《中原战败原因》、《湘桂黔难胞惨状》5 个部分。

**1935. 国民党与民族主义·国民党在敌后的特务政策**　新中国书局　1943 年　62 + 70 + 46　64 开
时事丛刊之五

合订本。《国民党与民族主义》上册内容为：《国民党与民族主义》、《从"九一八"到"七七"》、《抗战以来敌寇诱降与国民党反动派妥协投降活动的一笔总账》；《国民党与民族主义》下册包括：《两年来国民党叛将录》、《国民党党政要员叛国录》、《汉奸吴开先投敌前后》等 8 篇文章。《国民党在敌后的特务政策》的内容包括：《要求国民党取消在敌后的特务政策》、《再论国民党在敌后的特务政策》、《三论国民党在敌后的特务政策》、《国民党内的反动派破坏敌后抗日根据地的罪行》、《蕲田公审特务汉奸》5 篇文章。

**1936. 国民党在敌后的特务政策**　冀鲁豫书店　1943 年　84　64 开　时事丛刊之十

书中收入：《要求国民党取消在敌后的特务政策》、《再论国民党在敌后的特务政策》、《三论国民党在敌后的特务政策》、《国民党内的反动派破坏敌后抗日根据地的罪行》、《蕲田公审特务汉奸》5 篇文章。书名页署"新中国书局"。

**1937. 国内团结与国外反响**　友社刊　1941 年 4 月　87　32 开

本书包含 4 篇文章：《青年的厄运》（和生）、《论言论自由》（李容）、《真的沛然与假的沛然》（和生）、《用不着叹息》（企民）。书后有"书局的危机"4 个特辑（特撰稿）。书前有引言。

**1938. 红区时论特辑**（1）　浩然编　生路出版社　1938 年 3 月　155　32 开

该书收录《朱德将军发表致西班牙人民宣言》、《中国民族自卫战争之前途》、《1938 年的抗战任务》、《中国人民的英勇斗争应得到全世界劳动者最广大的援助》、《彭德怀将军对于时局的谈话》、《新年抗战中的几件大事》、《山西山东游击战争蓬勃发展》、《消除一切汉奸傀儡》等文献。

**1939. 呼吁团结反对内战**（延安民众抗战六周年纪念大会报导）　1943 年 7 月　36　64 开

收录林伯渠、朱德、贺龙、高岗、刘少奇、吴玉章等人在延安民众抗战六周年纪念大会上的发言。

**1940. 祸国纪实**　新中国书局　1943 年　68　64 开

该书内容包括 5 部分：企之县国民党特务的卖国行为、汉奸国民党特务份子王正朝的滔天罪行、公审企之县汉奸特务巨案大会纪实、国民党特务份子王洪慈悔过书、国民党特务份子霍延堂悔过书。

**1941. 讲演集要**　行政院非常时期服务团委员会编　编者刊　1938 年 12 月　4 + 152　32 开

本书收 31 篇文章：《本团工作要项及注意要点》（蒋作宾）、《本团组织之意义及使命》（蒋作宾）、《团员出发前方之重要任务》（孔祥熙）、《抗战期间应有的认识》（甘乃光）、《健全社会组织发动国民能力》（张君劢）、《三民主义为思想行动之最高准则》（蒋作宾）、《最近中日战争调停谣言之真象》（蒋作宾）等。

**1942. 蒋记"宪法"的真面目**　华北新华书店编辑部编　编者刊　1937 年 4 月　1 + 66　32 开　时事学习文件之五

本书收文章 6 篇：《弄真成假》（《解放日报》社论）、《评蒋介石"宪草"演说》（《解放日报》社论）、《大独裁者的护身符》（燕凌）、《人民无权独夫卖国》（李维汉）、《这样的宪法人民怎样会承认》（周建人）、《论法统》（吴晗）。附《论五五宪草与政协决议宪草修改原则》（张伯秋）。

**1943. 焦土抗战**　珠江日报社丛书部编纂　珠江日报社　1937 年 10 月初版，1937 年 12 月再版　广西　6 + 137　32 开　有照片、有题词　珠江日报丛书之一

本书收录了：《对广州记者发表的中日问题谈话》（李宗仁）、《民族复兴与焦土抗战》（李宗仁）、《焦土抗战的主张与实践》（李宗仁）、《抗日救国》（白崇禧）、《贯彻焦土抗战的主张》（黄旭初）、《从广西焦土抗战主义说起》（章伯均）等 14 篇文章。书前有序。

**1944. 揭露坦白与控诉**　东北书店　1 + 55　32 开

内收《国民党反动派破坏敌后抗日根据地的罪行一斑》（《解放区日报》）、《谁是"武装间谍团"》（金肇星）、《中国法西斯勾结敌伪制造通化事件》（新华社电讯）、《一个失足的青年自白》（贺三麟）、《解放区日俘的坦白与改造》（美·富尔曼）、《国民党特务怎样陷害青年》（陈世民）、《蒋特罪恶的一麟半爪》（齐开章）7 篇文章。

**1945. 今日的团结问题**　2 + 63　32 开

本书分甲、乙两篇，收录《防制异党活动办法》（中国国民党中央党部通告成字第一号）、《共产党问题处置办法》、《天水行营十一月十一日发向边区摩擦密令》、《中共中央关于目前时局与党的任务的决定》、《八路军将领上中央电二则》、《新四军抗议皖北摩擦事件通电》等 13 篇文献。书前有编者所作前言。

**1946. 救国**（第九期）　林建中编　救国月刊出版社　1933 年 9 月　鄞县　76　32 开　有插图

内收《革命与军国民主义》（毓英）、《"九一八"的杂感》（屏非）、《中国民族的出路》（一

平)、《国难的教训》（谢鸣谦）、《四省沦亡之回顾》（林良章）、《日本仇华写实》（白诚）等文章
15 篇。有编者后记。

**1947. 救国的途径**　邹韬奋等著　救国出版社　1941 年 11 月　桂林　70　32 开　救国丛书第 1 种

收录 7 篇文章：《完成救国任务的途径》、《今日之民意机关与民权主义》、《战时经济政策的检讨》、《两个时代的思想运动》、《我们对于妇女运动的认识和态度》、《从莫斯科到东京》、《救国会海外同人对于中国民主政团同盟的意见》（特载）。

**1948. 救国言论集**　〔全国各界救国联合会〕编　编者刊　1937 年 5 月　〔上海〕　160　32 开
国难丛书　第 2 种

本书收录 11 篇文章：《全国各界救国联合会成立大会宣言》、《抗日救国初步政治纲领》、《全国各界救国联合会章程草案》、《全国各界救国联合会成立大会工作检讨》等。附：《上海文化界救国会对中宣部告国人书之辩正》、《团结御侮的几个基本条件与最低要求》、《西南事件所给予我们的教训》等 4 篇。

**1949. 救亡图存**　韩大风编　中国复兴协进会　1937 年 1 月　上海　4 + 336　32 开　有照片

本书收 12 篇文章，包括：《人格事大，生死是小》（蒋中正）、《新年感言》（孔祥熙）、《复兴民族的基本方策》（冯玉祥）、《今日之民族问题》（孙科）、《民族复兴与法律》（居正）、《民族复兴与焦土抗战》（李宗仁）等。书前有编者自序。

**1950. 救亡言论集**　丁石民编　1938 年 1 月再版　21 + 232　32 开

本书收 19 篇文章：《由爱国救国说到误国卖国》（章乃器）、《辟一套亡国论》（章乃器）、《我们要怎样自卫》（平心）、《民族解放运动的镜子》（艾思奇）、《儿童与民族解放运动》（张劲夫）、《文艺界的统一国防战线》（力生）等。卷首有沈钧儒、章乃器、王造时分别所作序。书后有编后记。

**1951. 抗日特刊**　上海法政学院抗日救国会宣传部编　上海法政学院抗日救国会　1931 年 10 月
上海　8 + 72　16 开

本刊分论坛、文艺、记事 3 部分，收录《侵略我东北唯一的机关》、《日本在满洲之投资状况》、《灭日救国之策略》、《今日之对日利在一战》、《抗日救国之我见》、《死里求生》等文章。刊前有抗日特刊序、发刊词等。封面印"快救空前未有触目惊心不共戴天莫大国耻　此而可忍何以为人此耻不雪何以立国"字样。

**1952. 抗日特刊**　武昌中华大学抗日救国会编辑　编者刊　1941 年 12 月　武昌　〔128〕　16 开
有照片、有插图、有图表

本书分 4 个部分：论著、文艺、杂俎、附载。论著收《日帝国主义对华侵略政策之背景及其发展》（胡继纯）、《国际形势之解剖和我国对日应采取之方针》（金良本）、《中日外交之研究》（汤汝梅）等 12 篇文章；文艺收《避世者流》（糟哉）、《赴敌的哀歌》（持苹）、《哀时八首》（钱明）等 11 篇文章；杂俎收《和平云乎哉》（掬怨）等 7 篇文章；附载收《宣传股计划大纲》、《检查日货委员会职员录》等 12 篇文章。书前有《发刊词》，书后有《编前编后及其他》。

**1953. 抗日战争之意义**　陈独秀著　亚东图书馆　1937 年 11 月再版　上海　18　32 开

本书为陈独秀在武昌华中大学上的讲稿。

**1954. 抗战必胜论**　何应钦、李宗仁、陈诚、白崇禧执笔　独立出版社　1939 年 8 月初版　重庆
2 + 47　32 开　战时综合丛书第 4 辑

本书分两编：对于"抗战必胜"的认识、争取最后胜利的途径。书后有编后记和讨论大纲。

**1955. 抗战的新阶段**　林语堂等著　战时出版社　108　32 开　战时小丛刊之二十一

本书收录 25 篇文章：《抗战的新阶段》（钱俊瑞）、《中国人的抗战精神》（黄嘉德）、《中日战争的结果怎样》（林语堂）、《我们的信心》（邵力子）、《艰苦的任务》（潘汉年）等。

**1956. 抗战建国编（上）**　胡春冰主编　现代出版社　1940 年 3 月初版　［114］　32 开　现代活页文选

收录抗战相关的名家著译（含详细注释），共 19 篇。书前有悼念蔡元培的语句，并有《活页文选》编辑大意。

**1957. 抗战建国编（下）**　胡春冰主编　现代出版社　1940 年 3 月初版　［149］　32 开　现代活页文选

收录抗战相关的名家著译（含详细注释），共 36 篇。书前有悼念蔡元培的语句，并有《活页文选编辑大意》。

**1958. 抗战建国与中国国民党**　中国国民党安徽省执行委员会编　编者刊　1939 年 6 月　［安徽］　2 + 162　32 开

本书收 23 篇文章，包括：《为什么一切抗战权力应属于国民党》（刘真如）、《抗战建国与三民主义》（梁寒操）、《现阶段建国运动的展望》（宋述樵）、《现代青年应有的觉悟和修养》（程元斠）、《如何拥护三民主义》（洪瑞剑）、《抗战过程中国人应有的认识》（宋振榘）等。

**1959. 抗战建国之理论与实施**　黄埔出版社编　编者刊　1940 年 3 月初版　［重庆］　2 + 202　32 开　黄埔丛书第四辑第九种

收录了 11 篇文章，包括：《抗战建国纲领》（张群）、《研究的意义与要旨》（陈诚）、《青年问题之研究提要》（陈诚）、《党务实施上之问题》（叶楚伧）、《新生活运动推进办法讲演大纲》（张厉生）、《战时教育方针》（陈立夫）、《内政问题》（周钟岳）、《地方财政》（庞松舟）、《警察法令》（李士珍）、《合作事业》（章元善）、《两年来敌寇伤亡统计与今后对敌工作》（徐永昌）。

**1960. 抗战名论集**　毛泽东等著　战时出版社　92　32 开

本书收：《中共中央关于目前形势与党的任务的决定》、《红军对民族统一纲领的意见》（张闻天）、《反对日本帝国主义进攻的方针办法与前途》（毛泽东）、《实行对日抗战》（朱德）、《争取持久抗战胜利的先决问题》（彭德怀）、《争取抗战伟大胜利反对民族失败主义》（吴黎平）、《论全面的全民族抗战》（凯丰）、《由苏维埃到民主共和制度》（林伯渠）、《给美国共产党书记白劳德的信》（毛泽东、朱德、周恩来）等 10 篇。

**1961. 抗战前途**　毛泽东等著，海燕、一平编译　中央图书公司　1938 年 1 月　108　32 开

收录《抗战到底之民族胜利》（蒋中正）、《抗战前途》（毛泽东）、《争取最后胜利的持久战》（彭德怀）、《彻底胜利的持久战》（李宗仁）、《持久抗战的必要条件》（汪精卫）、《革命抗战的最后胜利》（孙科）、《长期抗战的必然胜利》（吴稚晖）、《属于我们的最后胜利》（林语堂）、《抗战胜利的切实条件》（郭沫若）、《民族抗战的两大把握》（陶希圣）、《抗日民族革命战争的持久胜利》（洛甫）、《对战事前途应有的认识》（张季鸾）、《抗战胜利的必要条件》（朱德）共 16 篇文章。

**1962. 抗战文选**　周恩来、吴克坚著　［1938 年］　14　32 开　油印

系辛亥革命二十七周年纪念文集。收有《辛亥，北伐与抗战》（周恩来）、《辛亥革命的意义和

教训》（吴克坚）两篇文章。

**1963. 抗战文选**（一）　　毛泽东等著，向愚编　战时出版社　1937年10月初版，1938年4月5版　151　32开

本书包括论著、抗战文艺、战地通讯、抗战史料、杂品5类。收有：《我们为什么要抗战》（郭沫若）、《全面战争的展开》（张仲实）、《我们怎样抗日》（毛泽东）、《如何确保抗战的全部胜利》（潘汉年）、《从西班牙战争中学习抗战》（朱德）、《军事胜利的基础在政治》（钱俊瑞）、《民众组织的前提》（沙千里）、《文化在抗战中》（艾思奇）《抗战中的戏剧》（熊佛西）、《抗战与教育》（王洞若）等文章49篇。

**1964. 抗战总认识**　　黄心邨、张克伐编著　西北问题研究会　1937年10月初版　14＋96　32开
救亡言论名著第1辑

内收《四十三年来的新旧仇恨》、《打倒人道的刽子手》、《诉诸世界良心》、《东亚大时代的降临》、《起来！不愿做奴隶的人们》、《起来！被压迫的民族》等21篇文章。书前有中国边疆学会发起人黄新村序等。

**1965. 雷震论文集**　　1935年　2＋238　大32开

本书收22篇文章：《拥护民族领袖并正告日人》、《中国果不能与日本一战乎》、《养成斗士的精神建设新中国》、《日帝国主义侵略东三省之经济政策》、《"国联"何以屈服于日本》、《"国联"调查团报告书驳议》。

**1966. 立国之道**　　张君劢著　1939年2月再版，1938年4月3版　3＋400　32开

本书又名"国家社会主义"，分5编：国家民族本位、修正的民主政治、国家社会主义下之计划经济、文化政策、结论。书前有作者自序、凡例、绪论。再版本有题赠。

**1967. 立即发动抗日战争**　　中华民国国民革命抗日救国军第四集团军总司令部政训处编　编者刊　1936年7月　30　32开　抗日言论集之四

该书节录各报章所载文章《只有抗战中国才有出路》、《抵抗是唯一的出路》、《为领土完整与民族生存而斗争》、《我们还能再等待么》、《起来抗日的是同志不抗日的是敌人》等文章。

**1968. 领袖·政府·主义**　　汪兆铭、张长年、潘公展、武重光、陶希圣、俞季虞、田炯锦执笔　独立出版社　1938年7月初版　汉口　[4＋60]　32开　有图表　战时综合丛书　第2辑　独立出版社编

本书分8章：总论、中国国民党之过去及其新路向、三民主义与抗战建国、在三民主义的中心信仰之下团结起来、抗战建国纲领与国民政府等。书前有代序——汪副总裁：抗战建国要有共同信仰。书后有讨论大纲和编后记。

**1969. 论合法与不合法**　　解放社、王明、袁国平、何思敬、左健之、傅弭、G·季米特洛夫、关烽、关向应、项英著　128　32开　有图表

本书收10篇文章：《如何才能真正实行宪政》（解放社评）、《促进宪政运动的方向》（王明）、《论合法与不合法》（袁国平）、《评"五五宪草"》（何思敬）、《从物价高涨说到抗战中的民生问题》（左健之）、《日本的米荒》（傅弭）、《"五一"与反帝国主义战争的斗争》（G·季米特洛夫）、《论我后方的群众运动》（关烽）、《论坚持冀中平原游击战》（关向应）、《我们的女战士》（项英）。

**1970. 论目前时局**　　英夫等著　前进社　1941年　59　32开

辑有：《论目前时局》（解放）、《扩张百团大战的伟大胜利》（朱德）、《三年来的敌军》（英

夫）、《反帝国主义战争的斗争》（季米特洛夫）。

**1971. 论目前战局**　子强等著　求知出版社　1941 年 6 月　[77]　32 开　求知文丛　第 21 辑

本书收录了：《论目前战局与国内团结问题》（子强）、《美日妥协之趋向与中国抗战前途》（志刚）、《无产阶级与第二次世界大战》（葛列尔）、《重庆秘闻》（史特朗）、《意大利故事》（高尔基）。

**1972. 论时局**　苏中出版社　78　32 开　时论丛刊第 1 辑

《解放日报》社论集。收录《起来！制止内战，挽救危亡！》、《全体人民动员起来，把敢于进攻边区的反动派打出去》、《质问国民党》、《在毛泽东的旗帜下，为保卫中国共产党而战》、《根绝国内法西斯宣传》等 15 篇社论。另收《在延安欢迎会上的演说词》（周恩来）。

**1973. 论文选集（第五期）**　晋察冀军区政治部编　编者刊　1940 年 6 月　[54]　32 开

本书收录《评五五宪草》（何思敬）、《关于目前宪政运动基本问题的意见》（陈伯达）、《中国工人阶级与宪政》（邓发）、《吴玉章同志在延各界宪政促进会成立大会上的讲话》。

**1974. 论现阶段中国政治的退潮**　周鲸文著　时代批评社　1941 年 4 月初版　香港　7+50　32 开

本书收 5 篇文章：《论中国目前的政治危机》、《再论中国目前的政治危机》、《论现阶段中国政治的退潮》、《论现阶段我国政治应有的开展》、《展开大众新斗争的姿态》。书前有代序《我控诉于全国大众面前》。

**1975. 毛泽东与英国记者贝特兰之谈话、转变中的时局**　汉口改造社编　汉口改造社　1938 年　汉口　24　32 开

收《毛泽东与英国记者贝特兰之谈话》及《转变中的时局》（洛甫）。

**1976. 美国人看中国**　陈士英编译　昆明光明出版社　1944 年 9 月初版　昆明　13　32 开

收 8 篇文章：《重庆刮目记》（爱特铿生）、《中日战争的轮廓》（李普曼）、《中国目前的危机》（《民族杂志》）、《三千万损失了的同盟者》（·史诺）、《中国的忧虑之外》（《时代周刊》）、《广东游击队和同盟国在太平洋的战略》（《美亚杂志》）、《政治顾虑呢还是军事需要》（《美亚杂志》）、《广东游击队》（《美亚杂志》）。

**1977. 美国舆论**　张怀谷编　成都出版社　1944 年 4 月初版，1944 年 5 月初版　2+50　32 开

本书收 8 篇文章：《胜利须在中国争取》（M. 史蒂华）、《远东的混乱》（《新共和杂志》）、《中国的通货膨胀》（E. 塞伐莱特）、《中国的内争》（《纽约时报》）、《中国内部的危机》（F. V. 费尔特）、《中国为民主而奋斗和目前的政治危机》（《美亚杂志》）、《中国军队的实情》（L. K. 罗辛格）、《你以为如何》（R. S.）。书前有前言。

**1978. 盟邦人士的诤言**　新华日报　1944 年　53　32 开

本书收 17 篇文章：《盟邦人士的诤言》（《解放日报》时评）、《远东的混乱》（美国《新共和国杂志》）、《新中国的近况》（格尔德）、《在延安设美领事馆》（《大美晚报》纽约版）、《中国为民主而奋斗和目前的政治危机》（《美亚杂志》）、《红星报评论家论中国战局》等。

**1979. 民众如何抗战（战时成人教育读本）**　广西省政府教育厅编　编者刊　[桂林]　[3+27]　64 开　有插图

该小册子为教育民众如何抗战的普及读物，共 42 课、3 部分：后方民众如何抗战、前方民众如何抗战、战区民众如何抗战。册首有说明，书后有附录"国民公约及誓词"等。

**1980. 民主与团结**　张政明编　独立出版社　1945年4月初版　重庆　4+199　32开

全书分3个部分：第1部分"陪都各报舆论"，收录24篇文章，包括《中共问题之公开》（《大公报》）、《对于中共问题的意见》（《新蜀报》）、《一个基本的认识》（《国民公报》）等；第2部分"国际观感"，收录9篇文章，包括《蒋委员长实为盟国尽瘁》（《华盛顿邮报》）、《国共协商之合理基础》（《伦敦泰晤士报》）等；第3部分"社团意见"，收《陪都五工业团体宣言》、《教育文化界为争取胜利敬告国人》等3篇文章。附录收《蒋主席在宪政实施协进会演讲词》、《参政员梁实秋论中共问题》等4篇文章。

**1981. 民主与团结**　寿春园、黄瑜编辑　时事研究会　1939年12月初版　158　32开

本书收文章29篇：《论相持阶段·民主·团结诸问题》（毛泽东）、《团结与民主》（林伯渠）、《粉碎敌人虚伪的民族武断宣传》（袁国光）、《游击战线上目前军事问题》（叶剑英）、《新四军献给抗战一周年》（张鼎丞）《抗大成立二周年纪念大会》（叶澜）等。

**1982. 民族野心**　陈独秀著　亚东图书馆　1938年8月　广州　2+18　32开

本书为陈独秀《抗战文集》第6集，共5篇文章：《民族野心》、《资本主义在中国》、《抗战一年》、《论游击队》、《抗战中川军之责任》。有序言。

**1983. 民族主义与抗战**　万先法、茹焘之作　奋进社　18　10.2cm×16.3cm　战时三分小丛书

本书收两篇文章：《民族主义与抗战》（万先法）、《民族主义之抗战政治》（茹焘之）。

**1984. 欧美记者论中日战争**　邵芙主编　明明书局　1938年1月　上海　2+70　32开

本书收12篇文章：《中国军火的来源》（法《科学与生活月报》）、《苏州最后的夜》（英《东方事情杂志》）、《谈华北战事》（俄《柴拉晚报》）、《在紧张中的华南》（英《东方事情杂志》）、《去中国兵站的途中》（德《远东新闻报》）、《中国从失败中获得胜利》（美《密勒士评论报》）等。

**1985. 辟亡国理论**　中华民国国民革命抗日救国军第四集团军总司令部政训处编　编者刊　1936年7月　24　32开　抗日言论之四

节选有关抗日言论9篇，包括《辟一套亡国论》、《汉奸们还能拿出"物力对比"来做商标吗》、《彻底纠正亡国之政策》、《我们往哪里走?》、《唯武器论的可耻》、《由爱国救国说到误国卖国》、《最后关头到了怎么干》、《为人类的罪人是南京政府了》、《依赖的错误与不抵抗的可耻》。

**1986. 七七纪念专刊**　救国报社编辑　编者刊　1939年7月　31　32开　石印　有插图、有题词

该书收录《纪念"七七"二周年　踏着先烈的血迹前进》、《坚定正确的政治方针巩固抗日反汉奸的营垒》、《边区文化运动的展望》、《怎样检讨我们两年来的工作》、《纪念七七抗战二周年本报建立文艺通讯网》5篇文章。

**1987. 抢救华北**　柳乃夫、刘群、金则人合著　上海杂志公司［总经售］　1937年8月初版　上海　9+122　32开　当代青年丛书增刊本

本书共4篇文章：《卢沟桥事变前后的局势一般》（金则人）、《华北事件可能前途的估计》（柳乃夫）、《华北抗战计划》（刘群）、《当前全民救国工作大纲》（刘群）。

**1988. 青年之路**　凯丰等著，中国青年社编　编者刊　1943年10月　延安　51　32开

收入3篇文章：《中国青年的当前任务》（凯丰）、《中国青年运动中的历史传统，目前特征及其动向》（刘光）、《青年运动中的思想问题》（乔木）。

**1989. 青年之路**　中国青年社编　编者刊　1943年10月　延安　52　32开

收录《中国青年的当前任务》、《中国青年运动中的历史传统、目前特征及其动向》、《青年运动中的思想问题》3 篇文章。

**1990. 清算日本**　大公报文艺编辑部　大公报馆　1939 年 3 月初版　重庆　336　32 开　有图表　综合文艺丛刊　第 1 种

本书分为政治、经济、军事、战地、文化、社会 5 部分，共收录 43 篇文章。书前为金诚夫写的序。

**1991. 驱逐日本强盗出中国**　鲁杰编　汉口大时代书店　1938 年 2 月初版　汉口　4 + 204　32 开

本书分 4 章：新的形势和新的任务、最高领袖和军事领袖抗战前途、为争取最后胜利的坚决保障而奋斗、民族革命战争的战术和战略。分别收录了蒋介石、潘梓年、李宗仁、毛泽东、周恩来、朱德、彭德怀、林彪等人的相关文章 30 篇。

**1992. 全国起来制止当前严重危机**　新华日报华北分馆　1941 年 1 月　72　64 开

本书收 5 篇文献《全国起来制止当前的严重危机》（延安新中华报社论）、《目前时局的严重危机》（延安解放社）、《朱彭总副司令叶项正副军长致何白总长电》、《论目前时局的空前严重危机》（彭德怀）、《反对日汪伪约展开反汪运动》（延安《新中华报》）。

**1993. 全国青年团结起来**　[1939 年 3 月]　40　32 开　革命文库　第 2 种

本书收 12 篇文章：《青年要学会打仗》（朱德）、《组织广大青年参加生产运动》（刘光）、《怎样认识国际情势》（浩川）、《小学教师应当做些什么》（刘瑞龙）、《晋西北农救会是怎样建立的》（笑萍）、《成都青运检讨及今后动向》（王蕾）、《怎样写通讯》（罗威）、《给世界学联秘书柯乐满的信》（冯文彬）等。书前有大众合唱诗《全国青年团结起来》。

**1994. 全面抗战的认识**　郭沫若著　北新书局[经售]　1938 年 1 月初版　广州　2 + 102　32 开

收录了郭沫若论述全面抗战的文章，包括《我们为什么抗战》、《告国际友人书》、《理性与兽性之战》、《抗战与觉悟》、《全面抗战的再认识》、《持久抗战的必要条件》、《一位广东兵的诗》等 21 篇。

**1995. 全面战的新时期**　现代中国周刊社编　编者刊　1939 年 11 月初版　上海　1 + 51　32 开　现代中国丛书

本书收 6 篇文章：《纪念全面抗战的开展与我们当前的任务》（知止）、《淞沪战役与东战场局势的展望》（华子）、《全面抗战新时期的军事方针》（卢豫冬）、《全面抗战新时期的经济战争》（汤啸云）、《全面抗战期间的国际关系》（储玉坤）等。版权页题"美商现代中国周刊社出版"。

**1996. 全民抗战**　教育部社会教育司编著　正中书局　1938 年 5 月初版　2 + 138　32 开　教育部播音小丛书第 10 种　抗战讲演集第 1 辑

本书收 11 篇文章：《我们应如何应付非常时期》（周亚卫）、《国人对于长期抗战应有的认识》（李书田）、《抗战时期的青年》（黄润之）、《抗战时期的学生》（王文新）、《长期抗战的农村工作》（高践四）、《抗战与除奸》（云如）等。

**1997. 全民抗战论**　潘汉年等著　战时出版社　1 + 75　32 开　战时小丛刊之二十三

收录《全民抗战的历史任务》（潘汉年）、《从政府抗战到全民抗战》（柳湜）、《全面抗战要全国总动员》（姜君辰）、《总动员与国民道德》（蒋方震）、《怎样动员全中国的妇女》（胡子婴）等 12 篇文章。

**1998.** 日本军阀非坍台不可　曾克著，军事委员会政治部编　编者刊　14　64 开　抗战小丛书　第 3 集

　　抗战宣传小册子。

**1999.** 日寇燃犀录　独立出版社编辑　编者刊　1938 年 8 月再版，1939 年 4 月 8 版　重庆　6 + 78　32 开　有图表　战时综合丛书　第 1 辑

　　本书分 3 个部分：序言、倭寇万恶录、崩溃中的皇军内幕。卷首有战时综合丛书例言，附讨论问题。

**2000.** 如何抗敌　梁漱溟著　乡村书店　1938 年 1 月初版　武昌　22　32 开

　　本书收两篇文章：《如何抗敌?》、《怎样应付当前的大战?》。

**2001.** 三民主义与共产主义　冀鲁豫书店　1943 年　79　64 开

　　书中收录 4 篇文章：《驳顽固派》、《旧三民主义与三民主义》、《三民主义与共产主义》、《孙中山先生三大政策的三民主义》。

**2002.** 三民主义与共产主义　洛甫等著　新华书店　1943 年　1 + 76　64 开

　　书中收录 4 篇文章：《只有新民主主义才能救中国》（《解放日报》）、《关于三民主义与共产主义》（王稼祥）、《拥护真三民主义，反对假三民主义》（洛甫）、《论共产主义者对三民主义关系的几个问题》（陈伯达）。

**2003.** 三民主义与共产主义　洛甫等著　新华书店　1944 年　76　64 开

　　书中收录 4 篇文章：《只有新民主主义才能救中国》（《解放日报》）、《关于三民主义与共产主义》（王稼祥）、《拥护真三民主义，反对假三民主义》（洛甫）、《论共产主义者对三民主义关系的几个问题》（陈伯达）。

**2004.** 生死关头（救亡言论）　剑锋编辑　大时代书店　1938 年 1 月初版　汉口　[306]　32 开　抗战文丛之一

　　本书分 8 个部分：总论、国际外交、政治、经济、军事、文化教育、民众运动、重要文件。

**2005.** 时代文选（第一集）　史仁编　新华书局　1937 年 7 月　109　32 开

　　收录《日本议会解散和其政治趋势》（思锦）、《迎接对日直接抗战伟大时期的到来》（洛甫）、《中国抗日民族统一战线在目前阶段的任务》（泽东）、《我们对于民族统一纲领的意见》（洛甫）、《我们对修改国民大会法规的意见》（恩来）、《肃清托洛茨基主义——日寇侵略的别动队》（高烈）、《我们所望于北方青年者》（凯丰）、《论西班牙内战》（朱德）、《文艺在苏区》（丁玲）等人文章。前有史仁《时代文选的开场白》。

**2006.** 时论丛刊（第一辑）　时论丛刊社编辑　时论丛刊社　1939 年 4 月　2 + 147　32 开

　　本书收 28 篇文章：《完成我们的神圣使命》（孙科）、《一年来抗战的感想》（孔祥熙）、《论目前抗战形势》（周恩来）、《共产主义者与道德》（艾思奇）、《在轰炸中的延安》（方绥）、《目前妇女运动的方针和任务》（妇委）等。

**2007.** 时论丛刊（第二辑）　时论丛刊社编辑　编者刊　1939 年 4 月　上海　1 + 148　32 开

　　本书收 18 篇文章：《对日抗战与本党前途》（蒋中正）、《两个全会的共鸣》（凯丰）、《共同防共即是灭亡中国》（洛甫）、《迎接一九三九年》（朱德）、《抗战以来的陕甘宁边区》（林伯渠）、《致贺伟大苏联的英勇红军》（张西曼）等。

**2008. 时论丛刊（第四辑）**　　时论丛刊社编辑　编者刊　1939 年 7 月　151　15cm×20.5cm

本书收 18 篇文章：《国际无产阶级和人民反对法西斯的统一战线》（季米特洛夫）、《全国总动员与精神总动员》（凯丰）、《实施精神总动员与抗战到底》（邓颖超）、《巩固百万民众组织，奠定游击根据地的群众基础》（阎锡山）、《研究中国历史的意识》（吴玉章）、《剧本创作问题》（张庚）、《召集全国代表大会的决议》等。

**2009. 时论丛刊（第五辑）**　　时论丛刊社编辑　时论丛刊社　1939 年 8 月　150　32 开

本书收 23 篇文章：《加紧生产，坚持抗战》（李富春）、《巩固团结与准备反攻》（胡愈之）、《论妇女解放运动》（陈绍禹）、《中国抗战与国际反法西斯斗争》（梓年）、《当前时局的最大危机》（毛泽东）、《敌寇的阴谋》（新中社评）等。

**2010. 时论丛刊（第六辑）**　　时论丛刊社编辑　时论丛刊社　1939 年 9 月　6＋151　32 开

本书收 15 篇文章：《告全国军民书》（蒋中正）、《二期抗战的重心》（周恩来）、《目前国际形势与中国抗战》（凯丰）、《在敌后的两年》（叶剑英）、《论坚持华北抗战》（左权）、《论自力更生与争取外援》（汉夫）等。其中毛泽东《关于目前国际形势与中国抗战的谈话》为特稿。

**2011. 时论文选**　　太岳新华书店　1944 年 6 月　35　32 开

收录《反希特勒联盟的巩固·法西斯集团的瓦解》（斯大林）、《苏美英三国领袖德黑兰会议宣言》、《评国民党十一中全会及三届二次国民参政会》（十月五日解放日报社论）、《关于宪政与团结问题》（周恩来）、《对于中国政府之批评》（罗果夫）、《论中国在联合战争中的地位》（T·A·毕生）等文章。

**2012. 时论指针**　　第四战区政治部编　编者刊　45　32 开　第二期抗战重要言论集之一

收《第二期抗战之要旨》（附治军四要实施纲领）（蒋介石）、《怎样为持久抗战而奋斗》（冯玉祥）、《中苏关系与我国抗战前途》（孙科）、《政治部今后工作之讨论与决议》（陈诚）、《加强团结与敌国阁潮》（白崇禧）、《开展今后抗战建国工作的基本方针》（张发奎）6 篇文章。

**2013. 时事参考资料（第一期）**　　延安时事资料社编　晋察冀日报社　1944 年 6 月　78　32 开

书中收入 4 篇文章：《最近国内时事述评》、《国民党征粮政策下的人民负担与粮食损耗》、《当前大后方民营工业的危机》、《物价与农工生活》（转载）。复制本。

**2014. 时事简报汇编**　　中国国民党江西省执行委员会宣传科编　编者刊　［1940 年］　江西　4＋162　32 开

本书收录 1940 年 5 月 3 日至 10 月 31 日的时事简报，以每周一篇的形式编辑，共收录 25 周的内容。

**2015. 世界大战与中国抗战**　　公论社编辑　译报图书部　1938 年 10 月　上海　190　32 开　有插图 公论丛书第 2 辑

收 19 篇文章：《世界大战与中国抗战》（座谈纪录）（易卓等）、《持久战的理论与实际》（纯）、《持久战与民众运动》（匹夫）、《抗战中之中美银协定》（章榴）、《略谈抗战时期的土地——农民问题》（白芒）等。

**2016. 素昂集**　　1932 年　［223］　32 开　有图表

本书分上、中两篇，上篇介绍韩国现状及其革命趋势；中篇收《对日本占据东省者致函中国当局》、《通电中国各界》、《上海周刊社说》、《敬告中国各界书》、《东三省韩侨问题》等文章。

**2017. 孙中山先生论地方自治** ［1945 年］ 2＋97 32 开 毛装

本书系伪装本，伪托出版者为"正申书局"。书中收入《苏联对日宣战后毛主席发表声明》、《中国共产党中央委员会对于目前时局的宣言》、《新时期中路标》、《对日战争结束后的远东大局》、《严惩战争罪犯》、《向东北同胞致敬——纪念"九一八"十四周年》、《聂荣臻同志报告目前时局与任务》、《用国法制裁汉奸特务和战犯》等 24 篇文章。其中最后 1 篇为《孙中山先生论地方自治》。

**2018. 所谓"东亚新秩序"** 蒋中正、徐咏平、邵毓麟、李迪俊、杜若君、杨云竹执笔 独立出版社 1939 年 4 月初版 重庆 2＋42 32 开 战时综合丛书第 4 辑

本书分 7 章：斥"东亚新秩序"谬论、国际舆论对"东亚新秩序"之指摘、"东亚新秩序"是灭华阴谋、"东序"谬论下激变中的远东局势、"门户开放"与"东亚新秩序"、日本计划的"东亚新秩序"、"东亚新秩序"之真面目及其途径。书前有前言《所谓〈东亚新秩序〉之原文》。书后附有讨论大纲。

**2019. 太平洋战争与世界战局** 重庆新华日报馆编 新华日报馆 1941 年 12 月 重庆 31 32 开

书中收录 6 篇文章：《中国共产党为太平洋战争宣言》、《中共中央关于太平洋反日统一战线的指示》、《太平洋战争与世界战局》、《世界政治的新转变》、《太平洋大战爆发》、《太平洋战争与华侨工作》。

**2020. 坦白集** 韬奋著 1936 年 9 月初版 7＋234 32 开

全书共收作者言论 6 部分：关于团结御侮、关于国难、关于文化、关于苏联新宪法、关于生活日报、杂感。附录收《团结御侮的几个基本条件与最低要求》。有弁言。

**2021. 韬奋时事论文集** 韬奋著 中流书店 1938 年 11 月初版 上海 9＋200 32 开

本书分 4 个部分：言论、漫笔、笔谈、附录。书前有《韬奋略传》。

**2022. 天神之国** 公论社编 译报图书部 1939 年 3 月 1＋149 32 开 有插图、有图表 公论丛书 第 7 辑

本书收录 18 篇文章：《伪军的反正与日军的反战》（方曙）、《确立民主法治制度》（易云）、《抗战以来的国内政治》（杨东莼）、《论今后的中日战争》（谭屏）、《现阶段的游击战与正规战》（叶剑英）、《日本经济进攻的阴谋与我们的对策》（巴克）、《我的饶舌》（巴金）等。卷首有社语。

**2023. 统一与抗战** 刘广惠编著 未名社 1941 年 3 月初版 ［浙江］ 2＋114 32 开 政治丛刊之二

收 10 篇文章：《统一的意义及其与联合或联盟的区别》、《统一是历史的必然发展与社会的一致要求》、《中国统一抗战运动之历史过程的演进》、《统一的内容与反统一的特征》、《统一与抗战的作用及其相关》等。附录收《中国国民党三中全会根绝赤祸案的决议》、《中国共产党共赴国难宣言》等 12 篇。

**2024. 托洛斯基派在中国** 晨光出版社 1938 年 4 月初版 广州 1＋106 32 开

本书收 6 篇：《托洛斯基派在中国》（季融译）、《铲除日寇侦探民族公敌的托洛茨基匪徒》（康生）、《托洛斯基派是什么》（《新华日报》访员慧淋）、《彻底肃清托洛茨基匪徒》（普丁）、《论广西肃清托王匪徒事件》（西明）、《托匪汉奸张慕陶就缚前后》。

**2025. 为何而战** 孙科、陈独秀著 上海时事研究社 1938 年 2 月，1938 年 4 月再版 1＋36 32 开

本书收两篇文章：《抗日战争之意义》（陈独秀）、《为何而战》（孙科）。

**2026. 伟大的新中国**　中华编译馆　中华编译馆出版部　1939 年 6 月初版　重庆　1 + 368　有照片

本书收录蒋介石所著《中国抗战必然胜利》、《国民精神总动员》、《精神总动员与国民责任》、《"二六纪念周"训话》、朱德所著《抗战游击战争》、《抗战与华北》、毛泽东所著《抗日持久战争》、白崇禧所著《全面战争与全面战术》、林森所著《怎样实行国民精神总动员》、《政治重于军事》、孙科所著《中国抗战的前途》、《完成我们的圣神使命》、孔祥熙所著《一年来抗战的感想》、张群所著《新时期与新奋斗》、陈诚所著《关于政治部禁受工作之讨论与决议》、周恩来《目前抗战形势论》、彭德怀《华北抗战概况与今后形势》、林彪《华北正规战与游击战》、宋美龄《抗战中的妇女工作》、《告国际妇女》、何香凝《我要说的话》。

**2027. 我们的信念**　品之辑　民团周刊社　1938 年 10 月初版　广西　44　32 开　焦土丛刊　第四辑之十　亢真化主编

本书收录 5 篇文章:《廿七年元旦告全省乡镇村街长书》(李宗仁、白崇禧)、《我们要争取最后的胜利》(黄旭初)、《"八一三"抗战一周年告广西青年书》(李宗仁、白崇禧)、《青年思想问题》(黄旭初)、《从保卫大武汉说到兵役问题与为学做人方法》(夏威)。

**2028. 五四运动与现阶段青年运动**　陈立夫、叶楚伧、谭平山、潘公展、郭沫若、杨公达著　青年出版社　1939 年 11 月,1939 年 12 月　10 + 74　32 开　青年丛书

全书分 3 部分:五四运动的意义与教训、五四运动与三民主义青年团、现阶段的青年运动。收录了《五四运动时之青年精神》(陈立夫)、《总理鉴临下之五四运动》(叶楚伧)、《三民主义之笃行者》(潘公展)、《青年组织与五四精神》(康泽)、《国家需要劳动与服务的青年》(林骥材)、《青年怎样推进兵役运动》(赞中)等有关五四运动与青年运动的文章 21 篇。补白收录《在辛苦中获成功》(胡叔农)。

**2029. 现时代的意义**　罗梦册、林同济、柳凝杰、茅盾、冬生著,罗梦册编　新评论社　1941 年 11 月初版　重庆　6 + 102　32 开　新评论丛书　第 4 种

本书收录 7 篇文章:《战国时代的重演》(林同济)、《不是"战国时代的重演",而是人类解放时代之来临》(罗梦册)、《时代错误》(茅盾)、《欧亚两个战场》(冬生)等。有前记。

**2030. 现阶段的青年运动**　晨光出版社　1938 年 4 月初版　广州　66　32 开

本书共收 7 篇文章:《献给伟大时代的青年》(陈铭枢)、《所望于今日青年的两三点》(张申府)、《现阶段的青年运动的性质与任务》(周恩来)、《青年训练问题》(钱俊瑞)、《青年武装问题》(新华)、《今日之中国青年》(徐冰)、《青年统一战线的任务》。

**2031. 新时期的路标**　冀鲁豫书店　1945 年 9 月　21　32 开

该书收录 5 篇文献:《毛主席宣布战争进入新阶段》、《当前紧急任务》、《中共中央对于目前时局的宣言》、《新时期的路标》、《远东持久和平的基石》。附录收《中苏友好同盟条约要点》、《延安总部命令》、《朱德将军致冈村宁次急令》、《朱德将军致美英苏三国政府说帖》。

**2032. 续和战问题之讨论**　南华日报社编辑部编　南华日报社营业部　1939 年 4 月出版　香港　80　32 开　南华日报社丛书之四　南华日报评论集第二辑

收 14 篇文章:《答问》、《答问的几点解释》、《和议与统一》、《国民党切勿自暴自弃》、《评五中全会宣言》、《和议的时机与和议的作用》、《结束中日战争与常识》、《一个总检讨》、《动摇之害》、《论宁可亡国不可丢脸》、《五中全会陈词》、《中央将接纳和议乎》、《外交当局的和平谈话》。

**2033. 一九三八年的中国抗战前途新展望**　大时代出版社编　编者刊　1938 年 2 月初版　1 + 67

32 开　大时代丛书 1

　　本书收录 6 篇文章:《中华伟大的年轮诞生了》(陈中佐)、《国家民族新生命之开始》(林森)、《抗日军事外交的转变》(甘介侯)、《从中华民族意识之演进观察抗战的前途》(陈绍贤)、《巩固国共两党精诚团结贯彻抗战到底争取最后胜利》(中共中央)、《改造军队和武装民众问题之商榷》(史达)。

**2034. 一篇痛心的帐**　教育部民众读物编审委员会编著　正中书局　1938 年 4 月初版　26　64 开　有插图　非常时期民众丛书　第 2 集　近事　第 4 册

**2035. 英美之声**　赛珍珠、霍西尔、阿德丽、赫巴特等著,王汉民编　独立出版社　1945 年 3 月初版　2 + 65　32 开

　　收 12 篇文章:《美国在华的最后机会》(赛珍珠)、《中国需要好意的鼓励》(霍西尔)、《为什么要对中国吹毛求疵》(阿德丽)、《中国七年的抗日对于联合国的贡献》(《泰晤士报》)、《中国的七年抗战》(赫巴特)等。出版时间根据内容推断。

**2036. 英美之声**　李其诚编　昆明幸福出版公司　1944 年 7 月初版　昆明　32　32 开

　　收 13 篇文章:《中国近况如何?》(新闻纪事报·格尔德)、《〈每日邮报〉论"中国的悲剧"》、《中国的未来》(坎德伯雷大主教)、《〈每日邮报〉论中国局势》、《中共领导下的军队是强大的》、《美国无线电评论家史温四月六日论中国问题广播摘录》(史温)、《一个孔教徒的狼狈》(《时代周报》)、《烦恼的中国》(《纽约时报》·爱金生)、《中国若干人士极力主张民主》(《纽约时报》·爱金生)等。

**2037. 再续和战问题之讨论**　南华日报社编辑部编辑　编者刊　1939 年 5 月　香港　2 + 71　32 开　南华日报社丛书　第 5 种　南华日报评论集　第 3 辑

　　内收 13 篇文章:《和平,奋斗,救中国》(静)、《战难,和亦不易》(流沙)、《和议的方式与条件》(仲丹)、《以直接交涉引致国际调停》(流沙)、《论抗战八股》(温犀)等。

**2038. 在饥饿线上**　[大众呼声社编辑室]编　大众呼声社　1940 年 3 月　35　32 开　大众呼声集 NO. 1

　　本书收 11 篇文章:《奴隶的吼声》(代发刊词)、《战时繁荣和生活恐慌下我们应有的认识》(涛)、《上海职工运动的环境和方针》(列达)、《宪政运动与工人阶级》(鲁渊)、《承继"三·一八"的革命传统》(方兴)、《三一八——两个血的纪念》(丁一)、《公共汽车工潮的始末》(定胜)、《我们不要这种国民大会的代表》(铿)、《永安纱厂工人来信》(张根弟)。特载收《毛泽东论相持阶段的形势与任务》、《陕甘宁边区文协第一次代表大会宣言》。

**2039. 在民主与团结的基础上加强抗战争取最后胜利**　解放社编　编者刊　1944 年 11 月　68　32 开

　　解放日报社论汇集,收录:《第二战场开辟与中国抗战》、《纪念联合国日保卫西安与西北》、《延安各界庆祝联合国日及保卫西安与西北动员大会通电》、《苏联爱国战争三周年》、《欢迎华莱士先生》、《长沙失陷后的危机》、《盟邦人士的诤言》、《在民主与团结的基础上加强抗战争取最后胜利》、《豫湘战役为什么失败》。

**2040. 在团结的旗帜下**　朱进等著　求知出版社　1941 年 10 月　70　32 开

　　本书收录文章 6 篇:《在团结的旗帜下》(朱进)、《东线与西线》(施中)、《欧洲被占领各国现况》(瓦尔加)、《关于冯友兰的新理学》(柳郫)、《分割实际和真际之谬误》(杨舍)、《意大利故

事（游客）》（高尔基）。

**2041. 在相持阶段上**　穷社　1940 年 1 月　158　32 开

收录：《论最近国际局势》（白劳德作）、《拥护真三民主义反对假三民主义》（洛甫）、《用国法制裁反动份子》（毛泽东）、《粉碎日寇的诱降政策》（陈昌浩）、《在相持阶段上》（王梓木）、《论敌我战略战术的演变》（华西关）、《茅山一年》（陈毅）、《论江南伪军工作》（袁国平）、《敌军的厌战反战情绪与目前对敌军的宣传工作》（蔡前）等 12 篇文章。

**2042. 怎样进行持久抗战**　周恩来等著　抗战知识社　1938 年 3 月　汉口　3＋74　32 开

书中收入 7 篇文章：《目前抗战危机与坚持华北抗战的任务》、《论北方战局》、《目前抗战形势与今后任务》、《目前战局与保卫武汉》、《怎样进行持久抗战》、《挽救时局的关键》、《抗战形势与抗战前途》。附录收《关于准备召集党第七次全国代表大会的决议》、《中国共产党对时局宣言》。

**2043. 怎样开会**　钱实甫著　民团周刊社　1938 年 8 月初版　广西　34　32 开　丙种丛刊　第二种　基层建设丛刊　第四辑之三

本书分 5 部分：为什么要开会、开会前的准备、会议主席的任务、会场中应注意的事项、关于参考材料。

**2044. 怎样争取最后的胜利**　刘天囚编　星星出版社　1938 年 1 月初版，1938 年 2 月再版　2＋151　32 开　抗战报告丛书之三

共 14 篇：《怎样争取全国抗战的胜利》（李富春）、《一切为着争取抗日战争的胜利》（凯丰）、《怎样争取最后胜利》（施复亮）、《怎样争取最后胜利》（董必武）、《怎样争取抗战的最后胜利》（马哲民）、《争取对日全面抗战的胜利》（赵康）、《争取抗战伟大胜利反对民族失败主义》（黎平）、《怎样才能维持抗战到底》（陈冠南）、《军事胜利的基础在政治》（钱后瑞）、《民主政治——是决定胜利的主要因素》（阳光）、《迅速确定胜利的外交路线》（潘汉年）、《保证抗战胜利的经济条件》（姜君辰）等。

**2045. 怎样争取最后胜利**　秋阳编辑　大众出版社　1937 年 12 月初版　上海　1＋84　32 开

收 10 篇文章：《我们为什么抗战》（郭沫若）、《抗战胜利的把握在那里》（孙冶方）、《怎样才能维持抗战到底》（陈冠南）、《保证全面抗战胜利的必要条件》（贝叶）、《从当前的政治形势说到政治的动员》（邓初民）、《动员民众保障抗战的胜利》（潘汉年）、《保证抗战胜利的经济条件》（姜君辰）、《军事胜利的基础在政治》（钱俊瑞）、《文化的抗战与抗战的文化》（沈志远）、《怎样争取最后胜利》（施复亮）。

**2046. 曾琦战时言论集**　曾琦著　国魂书店　1941 年 4 月再版　2＋152　32 开

本书收 19 篇文章：《祝三十而立之中华民国》、《抗战三年之后顾与前瞻》、《国民参政会之性质及朝野应取之态度》、《慰劳前线将士书》、《东北沦陷七周年之痛语》、《为倭寇进攻华南敬告英勇的广东人》、《抗日必胜论》、《自贡民报二周年献词》等。

**2047. 战时名人英文演说选**（*Famous English Orations of the War*）　沈同洽编注　兴中印书馆　1943 年 7 月初版　湖南　3＋144　32 开

本书收录 10 篇演说：《蒋委员长向英国国会访华团致欢迎词》、《艾尔文勋爵答词》、《劳森先生答词》、《罗斯福总统对法国人民之呼唤》、《威尔基对渝市报界谈话》、《邱吉尔向美国国会第二次演说词》等。卷首有序言。

**2048. 战时通俗演讲集**　姜存松编　浙江省教育厅　6＋150　32 开　战时民众教育丛书之五　钟伯

庸主编

本书收录了 28 篇文章，包括：《抗战建国的意义》（何敬煌）、《拥护抗战建国纲领》（王宁适）、《参加国民精神总动员》（李一飞）、《奉行国民公约》（郑彤华）、《我们要信仰三民主义》（戴廷俊）、《我们要拥护政府》（徐浩）等。书前有钟伯庸所作前言《关于今后通俗讲演之作风的商讨》。附录收《总理遗教摘要》、《七项运动宣传摘要》等 6 篇文章和编后。

**2049. 正义与和平**　中华各大学公教教授学会编　武昌益华报　1938 年 3 月　武昌　32　32 开　益华丛书之一

本书收录了有关宗教的文章 7 篇，包括《圣诞节献辞》（蔡宁总主教）、《耶稣精神的昭示》（张茂先）、《到白冷去》（牛若望）、《抗战期间的圣诞节》（阎宗琳）、《圣诞前夜的三部蒙曲》（灵芬）等。书前有《益华丛书的旨趣》。附录：《敬谢全世界同情中国的宗教家》。

**2050. 政治问题论辑（第一辑）**　周焕著　中国文化服务社陕西分社 ［总经售］　1940 年 6 月出版　1 + 64　32 开　有图表　政治问题论辑　第 1 辑

全书收录 10 篇，包括：《论中央行政之改善》（1939 年 5 月刊《欧亚文化》第 3 期）、《论省政机构之调整》（1939 年 1 月刊《血路》第 45 期）、《再论省政机构之调整》（1939 年 5 月刊《民意》第 76 期）、《论行政督察专员制度之调整》（1938 年 11 月刊《血路》第 39 期）、《战时县政府之改进》（1939 年 5 月刊《血路》第 58 期）、《论县各级组织纲要之实施》（1940 年 1 月刊《欧亚文化》第 2 卷第 3 期）、《抗战期间之人事行政问题》（1938 年 9 月刊《中国留法比瑞同学会会刊》第 4 期）、《广西人事行政之检讨》（1939 年 4 月刊《欧亚文化》第 3 期）等。

**2051. 政治总动员之原则与条件**　徐以扬著　抗战杂志图书出版社　1938 年 7 月初版　4 + 148　32 开　抗战丛书之一

本书分 12 个部分：政治总动员之原则与条件、《英意协定》与中国抗战、现阶段的中国民族革命运动、我们需要集体安全、从日本经济上论日本军阀塌台之必然性、英国将走哪条路、中苏合作抗日必要论等。卷首有抗战杂志图书出版社所写说明及邹鲁所作序言。

**2052. 争取民族抗日战争的胜利**　赵康著　黎明书局　1938 年 4 月初版　4 + 114　32 开

本书收录 13 篇文章：《争取对日全面抗战的胜利》、《对日抗战的战略问题》、《论游击战》、《游击战的基本原则》、《评关于游击战的几种错误认识》、《怎样建立和巩固新的国防军》、《怎样动员补充持久抗战中的兵役》、《抗战中的军队政治工作》等。书前有序言。

**2053. 质问国民党·评国民党十一中全会三届二次国民参政会·外国人眼中的中国**　新中国书局编辑　编者刊　1943 年　34 + 28 + 43　64 开

本书系《质问国民党》、《评国民党十一中全会三届二次国民参政会》、《外国人眼中的中国》三本合订。第一册内容包括：《延安民众抗战六周年纪念大会通电》、《质问国民党》、《延安纪念国际青年节大会为大后方青年呼吁》。该书封面题名为：呐喊。第二册为《评国民党十一中全会三届二次国民参政会》；第三册《外国人眼中的中国》，内容包括：《中国在联合战争中的地位》（O·A·毕生）、《关于中国的一个警告》（赛珍珠）、《对中国形式的印象》（罗果夫）、《中国以伟大的孙中山精神向它的历史目标迈进》等文章。

**2054. 中共与中华民族**　苏中出版社　92　32 开　时论丛刊第 2 辑

收录《中国思想界现在的中心任务》、《抗战与民主不可分离》、《论共产国际的解散》等 7 篇《解放日报》社论。同时收录范文澜、续范亭等人发表的文章，包括《感言》、《谁革命？革谁的命?》等 7 篇。

**2055. 中国必胜**　柴绍武、朱允坚合著　抗日自卫委员会文化委员会　［1938 年 8 月］　8＋48　32 开　有照片　抗战建国丛书之一

　　本书辑录蒋介石、宋子文、冯玉祥、李宗仁等国民政府军政要员的抗日言论，包括"蒋委员长的话"、"中国要胜，只有长期抗战"、"中国大国，不怕小日本"、"我国有无穷的兵力"、"中国军火极充足"、"战略我比敌人好"等 37 部分。书前有序及抗战建国丛书例言。出版时间据序言落款时间推定。

**2056. 中国的光明前途**　韬奋等著　大众出版社　1941 年 6 月　香港　90　32 开　大众文萃第 1 辑　韬奋主编

　　本书包括专论、大众笔谈、青年修养、文艺阵线 4 部分，收录《中国的光明前途》（韬奋）、《新中国研究》（茅盾）、《我们怎样看世界战争》（金仲华）、《发财与救国》（烟波）等文章 21 篇。

**2057. 中国的抗战**　梁士纯著　英商每日译报社编辑部编译　英商每日译报社　1938 年 6 月　2＋58　32 开　每日译报丛书第 7 种

　　内容包括：《小引》（鲍惠尔）、《复兴的中国的代言人》（斯诺）及《序》（郑振铎）。

**2058. 中国共产党与中华民族**　山东新华书店　1943 年　36　32 开　抗战文献之一

　　书中收录 3 篇文章：《中国共产党与中华民族》（《解放日报》）、《中国共产党与中华民族解放的道路》（王稼祥）、《没有共产党就没有中国》（《解放日报》）。附录《国共两党抗战成绩的比较》、《中国共产党抗击的全部伪军概况》两个文献。

**2059. 中国民族运动之现在与将来**　李麦麦、林一新著　真理出版社　1937 年 5 月　上海　3＋60　36 开　中国近代社会文化运动丛书

　　包括卷首语、《目前中国的民族运动》（李麦麦）、《中国民族之将来》（林一新）、《论民族之发展与中国目前的历史任务》（林一新）。

**2060. 中国民族之伟大**　叶青著　抗战出版社　1938 年 11 月初版　1＋31　32 开

　　包括必须认识中国民族、他在过去的伟大、他在现在的伟大、他在将来的伟大、怎样复兴中国民族 5 部分。附录世界革命的领导问题。再版本有作者序言。

**2061. 中国民族之伟大**　叶青著　时代思潮社　1941 年 6 月初版　2＋40　32 开

　　包括必须认识中国民族、他在过去的伟大、他在现在的伟大、他在将来的伟大、怎样复兴中国民族 5 部分。附录世界革命的领导问题。再版本有作者序言。

**2062. 中国目前几个重要问题**　张卫滨著　知行书店　1937 年 8 月初版　北平　14＋218　32 开　有图表

　　本书分 8 个部分：中国现阶段所需要之政治形态、自由主义没落中之中小学教育、青年思想问题、自杀问题、从国际妇女现状谈到中国妇女问题、中国农业经济衰败之症结与对策、北平市之救贫问题等。书前有陶希圣、崔敬伯分别所作两篇序言及作者所作引言。书后附录为《失陷前之热河政治调查》。有勘误表。

**2063. 中国前瞻与后顾**　金仲华著　十日文摘社　1938 年 2 月初版　118　32 开　瞭望丛书之一

　　本书收录 19 篇文章：《调整中枢行政机构增加全面抗战力量》（林森）、《政治机构改革的原则》（梅思平）、《望国民望前迈进》（邵力子）、《从一九三七到一九三八》（余仲华）、《抗战后吾

们已经得到的胜利》（楼桐孙）、《非常时期的财政》（孔祥熙）、《抗战中的地方戏战》（蔚青）等。封面题名："一九三八年的中国前瞻与后顾"。

**2064. 中华民族在一切民族革命斗争中的领导地位**　周鲸文著　时代批评社　1939 年 5 月初版　香港　4 + 108　32 开　有图表　时代丛书政治组第 1 种　周鲸文主编

　　本书分 5 个部分：什么是民族及民族性养成的因素、伟大的中华民族是如何的形成、民族主义正确的范围、民族主义在什么地方走入了歧途、中华民族怎样作人类解放的先导。书前有作者所作序文。

**2065. 中日战争的过去现在和未来**　诸暨县动员委员会编　编者刊　1939 年 10 月出版　114　32 开　政治训练参考资料之五

　　本书共收录了 13 篇，包括：《抗战两年的回顾与前瞻》（白崇禧）、《敌人战略的演变与我们的对策》（白崇禧）、《学习两年来抗战的经验教训》（张发奎）、《抗战两年来几个根本问题的检讨》（陈诚）、《日本侵华战略的动向》（王纪元）、《两年来敌人政治阴谋的总清算》（虞起）、《抗战两年来之财政设施》（张森）、《两年来国际援华运动》（郑森禹）、《中日战争的过去现在和未来》（巴菲丽）等。

**2066. 中日战争与世界舆论**　独立出版社编　编者刊　1938 年 12 月 6 版　重庆　6 + 65　32 开　战时综合丛书　第 1 辑

　　收录各国关于中日战争的通讯、评论，以及各国政府和知名人士关于中日战争的言论。包括《卢沟桥事件后之反响》、《上海事件发生后之反响》、《暴日拒绝上海中立化建议后》、《美国国务卿赫尔二十六年七月十六日文告及八月二十三日之演说》、《二十六年十月五日罗斯福芝加哥之演说》、《二十六年十月六日美国国务部宣言》、《拆穿日本纸老虎》、《正义的呼声》等。

**2067. 中日战争预测**　蒋中正、毛泽东等著，大华编　救亡出版社　1937 年 12 月　50　32 开　有图表　救亡小丛书

　　本书分 4 章：神圣的民族抗战、中日实力的比较、我们的战略与战术、中日战争预测。

**2068. 中枢重要文告**（蒙译合订本之三）　中央组织部　1939 年 10 月　［253］　32 开　有照片

　　收录《陈立夫先生抗战言论专刊》、《国民参政会第三次大会蒋议长开会词及休会词》、《何部长中央纪念周报告词要坚定抗战必胜建国必成的信念》。

**2069. 诛暴同声**　中国国民党中央陆军军官学校昆明分校特别党部编　编者刊　1937 年 9 月　昆明　54　64 开　丛书之二

　　本书收录了《抗敌声明》（外交部）、《救国公债》（汪精卫）、《中国被迫唯有抗战》（孔祥熙）、《尽责保护外侨》（张治中）、《大家要努力准备抗战》（褚民谊）等 20 篇文章。

**2070. 自由之路**　潘光旦著　商务印书馆　1946 年 9 月初版　上海　5 + 400　32 开

　　本书收录潘光旦抗战八年期间在《今日评论》、《自由论坛》、《民主周刊》等刊物上发表的 43 篇稿件，内容分自由导论、思想各论、告语青年、教育刍议、民主理论的导演 5 部分。书前有作者 1946 年所作弁言。

**2071. 最后的胜利**（第三、四期合刊）　抗战图书社编　编者刊　1938 年 4 月　长沙　2 + 84　32 开

　　包括：《我们为什么抗战》（郭沫若）、《抗战胜利的把握在那里?》（孙冶方）、《怎样才能维持抗战到底》（陈冠南）、《全面抗战胜利必要条件的保证》（贝叶）、《从当前的政治形势说到政治动

员》（邓初民）、《动员民众保障抗战胜利》（潘汉年）、《保证抗战胜利的经济条件》（姜君辰）、《军事胜利的基础在政治》（钱俊瑞）、《抗战的文化与文化的抗战》（沈志远）、《最后胜利的争取》（施复亮）。封二有题赠。

**2072. 最后胜利必属中国（现代伟人预言全集）**　［中国国民党宣传部编］　汉口现代书局　1938年8月　汉口　12＋263　32开　有照片、有图表

本书分4部分：第1部分言论集，收蒋介石、汪精卫、冯玉祥、戴传贤、陈诚等言论8篇；第2部分介绍抗敌方法、注意事项等；第3部分介绍防空、防毒、防火、急救等知识及操作方法；第4部分为征集国民兵宣传大纲。附录收《抵御外侮与复兴民族》（蒋介石）、《评论世界各国在外战时政府权力的比较》（MT）等7篇文章。

**2073. 最后胜利的把握**　赵实编　浙江省抗日自卫委员会战时教育文化事业委员会　1938年6月初版　4＋90　32开　抗战建国丛书　第2种　浙江省抗日自卫委员会战时教育文化事业委员会征编组主编

本书分7章：最后胜利因素的检讨、速战速决与长期抗战、敌我政治情形的对比、抗战后敌国经济的衰落、敌我军事上的比较、抗战后的国际情势、最后胜利必属于我。书前有《我抗战前途极乐观》一文。

**2074. 最后胜利论**　李时森著　最后胜利社　1938年12月重版　宁波　9＋182＋4　32开

本书原名为《无限抵抗力与侵略》，分9部分：战之定义、战斗力、武器、战略与战术、经济、人民、土地、政治、外交。书前有负责之言、三序、绪言，书后有六跋。有题赠。

## 报刊社论

**2075. 北平晨报社论集**　赵雨时撰　王家瑞［印行］　1933年9月　北平　12＋242　16开

收录了《国难罪言》、《欢迎国难调查团》、《时局展望》、《中日事件之史的教训》、《日军强占西比利亚之一页》、《国难会议与国本问题》、《东北叛逆集团之人畜分野》、《东北邮权岂容忽视》等83篇文章。书前有著者序和弁言。附录收《代张于凤至夫人拟妇女协会宣言》、《祭堂兄雨华文》、《代拟故延庆殉难县长陈君伯思捐启》、《兴城留平同学录序》和《挽联四则》5篇。封面有著者亲笔题赠。

**2076. 大后方通讯**　冀鲁豫日报社编　冀鲁豫书店　48　64开　时事丛书之二

收录《中国民主同盟云南支部对时局宣言》、《昆明文化界三百四十二人联名宣言》、《昆明妇女界三百余人对时局宣言》、《国立浙江大学全体学生"为促进民主宪政宣言"》、《从军青年入营以后》、《大后方棉织的厄运》等文章。

**2077. 福建中央日报评论集（下册）**　张志智主编，社论委员会编辑　12＋112　32开

本书收录了《福建中央日报》自1941年4月21日至1942年4月21日刊载的评论文章。分作5类：经济类12篇、政治类14篇、教育类7篇、国际类8篇、其它类5篇。所收评论多为邵介、马兆奎所作。书前3篇代序，分别为张志智、马兆奎、邵介所写。

**2078. 解放日报评国民党十一中全会及三届二次国民参政会**　晋察冀日报社　1943年10月　22　64开

解放日报社社论。

**2079. 解放文选（第1集）**　解放社编辑　1938年1月　309　32开

该书收录《日寇大规模进犯中国的近因及其前途》、《毛泽东论中日战争》、《毛泽东与英国记者贝特兰之谈话》、《论抗日民族革命战争的持久性》、《论全面的全民族抗战》、《为动员一切力量争取抗战胜利而斗争》（十大救国纲领）、《怎样争取全国抗战的胜利》、《答复若干反对民主运动者的驳难》、《争取抗战伟大胜利反对民族失败主义》等19篇文章。书前有编者作"前言"。

**2080. 抗日军声社论选刊**　三十八军特别党部编　编者刊　1932年11月　　［云南］　64　16开
有照片、有题词

分社论、讲演两部分，社论收《日本能遵国联决议撤兵吗》、《国难与和平》、《宣而不战与战而不宣》、《终须一战》、《马占山可以愧死不抵抗日寇者》等73篇；讲演收《日本强占东三省与苏俄态度之推测》（陈复光）、《暴日侵占辽吉的前因后果和我们应取的对策》（邓屏洲）、《中国国民党与国难》（李仁辅）等10篇。

**2081. 老百姓社论集**　李敷仁编　老百姓编刊社　1940年1月初版　10＋136　32开　有插图、有题词　老百姓丛书第15种　李敷仁主编

本书收录31篇《老百姓报》社论，包括：《收麦运动》、《李宗仁泣别徐州府》、《总理拒毒遗训》、《代表老百姓的国民参政会成立了》、《破打鬼计》等。书前有"编前"。封面有题赠。

**2082. 时论文选（二）**　太岳新华书店　1944年7月　29　32开

收录《中共中央招待中外记者参观团毛主席致欢迎辞与答问》、《第二战场开辟与中国抗战》（解放日报社论）、《纪念联合国日，保卫西安与西北》（解放日报社论）、《苏联〈战争与工人阶级〉论河南战争》、《长沙失陷后的危机》（解放日报社论）、《苏联爱国战争三年来的军事政治成果》（苏联情报局）、《苏联爱国战争三周年》（解放日报社论）、《延安各界庆祝联合国日及保卫西北动员大会上各位国际友人的讲话》、《延安各界欢宴中外记者团席上爱卜斯坦先生的讲话》。

**2083. 时论文选（第一集）**　晋察冀日报社编　编者刊　1944年7月　63　64开

本集收录《日寇最近的动态》、《第二战场开辟与中国抗战》（解放日报社论）、《纪念联合国日保卫西安与西北》（解放日报社论）、《苏联爱国战争三周年》（解放日报社论）、《中国共产党成立二十三周年》、《在民主与团结的基础上加强抗战争取最后胜利！》等10篇文章。

**2084. 时论文选（第二集）**　晋察冀日报社编　编者刊　1944年7月　100　64开

本集辑录英美等国报章杂志上所发表的讨论中国问题的文章10篇，包括《盟邦人士的诤言》、《关于中国的近况》、《胜利须在中国争取》、《中国军队的实情》、《论中国形势》等。

**2085. 时论文选（第三集）**　晋察冀日报社编　编者刊　1944年7月　55　64开

本集书中收录4篇文章：《八路军新四军的英雄主义》（朱德）、《八路军新四军的抗战成绩与敌后抗日根据地的概况》（新华社）、《活跃于敌后战场的民兵》（总政宣传部）、《豫湘战役为什么失败？》（解放日报社论）。

**2086. 时事新报社评集**　第一集第一册　潘公弼辑　四社出版部　1934年6月初版　上海　13＋338　32开　四社文库　甲部第9种A

包括时事新报社1934年1月至3月社评共计151篇，其中星期评坛81篇。首篇为潘公弼所作《展望一年》。

**2087. 时事指导要点（第一期至第百期）**　郑仁编　184　［环筒叶］　25.8cm×17.8cm　油印、线装　有插图

**2088. 时事指导要点**（自第一〇一期至一三二期）　郑仁编　122［环筒叶］　25.8cm×17.8cm　油印、线装　有插图

**2089. 世界论坛**（中华民国三十二年八、九月合刊）　李仲才编辑　中国文化服务社　1943年　广东　50　32开

本书收录社论4编、论著10篇、读者世界两篇：联合战略、十一中全会、进攻日寇、倭寇军阀必须击溃、中国人的恋爱观、中国历史的片段、黑暗会要消逝的、反攻日寇的艰巨、长恨歌等。中英文对译本。

**2090. 外报舆论一斑**　中国国民党中央执行委员会宣传部编　编者刊　1941年7月　2+38　32开　抗战第四周年纪念小丛书

本书收录海外及香港地区报纸上刊登的关于纪念抗战4周年的文章共11篇：《卢沟桥事件四周年纪念感言》（《纽约时报》）、《中日两国内部的情形》（《泰晤士新闻周刊》）、《四年来的中日之战》（《新加坡自由报》）、《最后胜利是属于中国的》（《大陆报》）、《中国就要抬头了》（《香港电讯报》）等。

**2091. 小铁锥选集**（第一辑）　樊凤林主编　新新新闻报馆　1944年5月初版　成都　4+120　32开

本书由《新新新闻报》每日短评《小铁锥选集》辑成，起1937年9月迄1941年11月，内收《痛切的回忆，痛切的反省》、《我们和国联》、《列强果竟甘心日寇霸占中国吗？》、《国府移渝四川应该怎么样？》、《跳出倭寇反间的圈圈》、《颓废》、《原谅我们不出钱的苦衷吧》等。陈斯孝作序。

**2092. 新华日报论评集**（第一辑）　顽强社编　编者刊　1938年6月初版　9+260　32开　有插图

本书分9部分：为建设新中国而奋斗、强化统一战线、抗战的局势和战略战术、学习革命的经验和教训、国际动态与中国、反对法西斯蒂及托派、动员一切抗战力量、青年·文化·教育、儿童·难民·伤病·失业。

**2093. 新华日报社论**（第一集）　新华日报馆编辑　编者刊　1938年4月初版，1938年5月再版　汉口　125　32开　新群丛书第2种

本书收《团结救国》、《怎样保卫大武汉》、《西班牙人民的新胜利》、《巩固前线》、《保卫河南》、《追悼大典》、《给敌人的声明以坚强的答复》、《提高抗战军队纪律》、《中日人民团结起来打倒公敌》、《"一二八"纪念六周年》、《国际反侵略的统一战线》等29篇社论。卷首有《发刊词》。

**2094. 新华日报社论**（第二集）　新华日报馆编辑　编者刊　1938年5月初版　汉口　116　32开　新群丛书第3种

本书收《中国抗战与国联前途》、《展开世界援华运动》、《刷新庶政与抗战》、《论津浦战局》、《纪念"二七"要争取抗战胜利》、《反对诱降巩固团结》、《宗教民族解放》、《团结中国妇女的力量打击侵略者》等28篇社论。

**2095. 新华日报社论**（第3集）　新华日报馆编　编者刊　1938年8月再版　汉口　3+122　32开　新群丛书之四

本书收录《论最近的欧洲局势》、《加强和扩大空军》、《严防敌人的造谣中伤和挑拨离间》、《怎样展开农村救亡工作》、《扩大春耕运动》、《论苏联对叛国案的审判》、《欢迎工人抗敌总会的筹备组织》、《"三八"国际妇女日与中国妇女》等31篇文章。

**2096. 新华日报社论**（第三集）　新华日报馆编辑　编者刊　1938年5月初版　汉口　122　32开

新群丛书第 4 种

本书收《论最近的欧洲局势》、《加强和扩大空军》、《严防敌人的造谣中伤和挑拨离间》、《怎样展开农村救亡工作》、《立波纠纷与东欧局势》、《总动员法案所能给与日本的是什么》、《祝中国学生代表大会》等 25 篇社论。

**2097. 新华日报社论（第四集）** 新华日报馆编辑 编者刊 1938 年 6 月初版 汉口 131 32 开
新群丛书第 9 种

本书收《救亡干部训练问题》、《肃清汉奸与巩固团结》、《国民党临时代表大会的成就》、《抗战与改善民生》、《第二期抗战扩大宣传周》、《关于所谓〈中国共产党的策略路线〉一书问题的公开信》、《陈绍禹周恩来秦博古三先生答复子健先生的一封公开信》等 33 篇社论。

**2098. 新华社记者评蒋介石七七演说** 新华社编 编者刊 1945 年 延安 1 张 8 开
后附《赫尔利蒋介石的双簧似将破产》。

**2099. 雪耻与兵役（时代日报社论第六集）** 胡秋原编著 汉口时代日报社 1938 年 汉口 6 + 106 32 开 时代日报丛刊

收录了 1938 年 5 月 1 日到 5 月 30 日的社论 35 篇，包括《迅速推行抗战建国纲领雪耻复仇》、《论推行兵役》、《狗急跳墙的日寇》、《寇侵厦门》、《论晋绥之胜利》等。附录收"短评选辑"、《论周作人的诗》和时代日报社启事。书前有胡秋原序。

**2100. 在困难中前进（新华日报言论集）** 离骚出版社 1938 年 2 月初版 广州 2 + 106 32 开
全书分 4 个部分，第 1 部分收录《团结救国》、《在国难中前进》等 3 篇文章；第 2 部分收录《怎样保卫大武汉》、《巩固前线》、《保卫河南》等 9 篇文章；第 3 部分收录《中日人民团结起来打倒公敌》、《西班牙人民的新胜利》、《国际反侵略统一战线》等 5 篇文章；第 4 部分收录《追悼大典》、《最可纪念的一日》等 3 篇文章。卷首有发刊词。

**2101. 中国国民党党报社论集（一）** 中央执行委员会宣传部编 编者刊 1938 年 10 月 2 + 58 32 开
收录 1938 年 9 月 8 日至 1938 年 10 月 20 日的国民党党报社论，内有《英美与世界和平》、《"九一八"七周年》、《三月来的战局》、《战时行政实务之改进》、《日寇侵扰华南》、《寄前方将士》等 21 篇。

**2102. 中国国民党党报社论集（二）** 中央执行委员会宣传部编 编者刊 1938 年 12 月 4 + 98 32 开
收录 1938 年 10 月 22 日至 1938 年 12 月 31 日的国民党党报社论 35 篇。内有《苏联在远东的重要阶段》、《中国前途只有抗战》、《后方的经济建设》、《战时出版物的预防和追征》、《战时对外贸易的要义》等。

**2103. 中国国民党党报社论集（三）** 中央执行委员会宣传部编 编者刊 1939 年 5 月 4 + 158 32 开
收录了 1939 年 1 月 1 日至 1939 年 3 月 30 日的国民党党报社论 59 篇。包括：《待从头收拾旧山河》、《美国致日本照会》、《敌人盗用三民主义》、《战况》、《战地的抗敌工作》、《敌人的败象》等。

**2104. 中国国民党党报社论集（四）** 中央执行委员会宣传部编 编者刊 1939 年 7 月 3 + 100 32 开

收录了 1939 年 4 月 2 日至 1939 年 6 月 29 日的国民党党报社论 39 篇。包括：《战时人民团体的组织》、《抗战建国的大路》、《暴敌与各国租界》、《敌人的末日快来了》、《抗战必胜之另一证明》、《侨胞与抗战》、《战时公务员服务纪律》等。

**2105. 中国国民党党报社论集（五）**　　中央执行委员会宣传部编　编者刊　1939 年 10 月　4 + 156　32 开

本书收录了 1939 年 7 月 1 日至 1939 年 10 月 31 日的国民党党报社论 61 篇。包括：《抗战两周年》、《我们所切望于日本国民的》、《倭寇快到白宫屈膝了》、《敌人政治的动摇》、《经济抗战中应有之信念》、《湘鄂战况》、《敌人找不着出路》等。

**2106. 中国国民党党报社论集（六）**　　中央执行委员会宣传部编　编者刊　1939 年 12 月　86 + 16　32 开

收 1938 年 11 月 2 日至 1939 年 12 月 30 日的国民党党报社论 27 篇。包括《加深对法币的正确认识》、《敌与美苏的关系》、《无限完成禁政》、《战时生活程度问题》、《美国的远东政策》、《欧战与敌人的苦闷》、《欧洲战局》、《节约何以能建国》、《抗战时期的宪政》、《前方的民众》、《宪政的步骤与准备》、《日本分化美国内部的骗术》、《战时经济财政第三年的回顾》等。书后有专论《美国中立法的鸟瞰》（张忠绂）。

**2107. 中国国民党党报社论集（七）**　　中央执行委员会宣传部编　编者刊　1940 年 2 月　［82］　32 开

收 1940 年 1 月至 2 月国民党党报社论 29 篇。分 6 部分：政治、军事、外交、经济财政、教育文化、日本。包括《祝望今年》、《消灭汉奸的主子——敌国军阀》、《粤北大捷》、《该死的汪精卫》、《本年度对外贸易的方针》、《战时生产与战时消费的关系》、《保障作家生活》、《敌政治危机的警报》、《走上绝路的敌国外交》等文章。

**2108. 中国国民党党报社论类编（第一集）**　　中央执行委员会宣传部编　编者刊　［1940 年］　7 + 246　32 开

分类收录 1938 年 10 月至 1940 年 2 月期间的国民党党报社论，分军事、内政、外交、财政经济、青年与教育文化、社会、英美苏法与远东、日本与伪组织、欧洲问题等 9 类，内有《中国前途只有抗战》、《第二期抗战》、《今日之宪政》、《论政制》、《谈行政效率》、《加强外交活动》、《中苏邦交的光明》、《省经济建设的动向》等 81 篇。

**2109. 中国国民党党报社论类编（第二集）**　　中央执行委员会宣传部编　编者刊　1941 年 10 月　4 + 102　32 开

分类收录 1940 年 3 月至 1940 年 9 月的国民党党报社论，分军事、内政、外交、财政经济、青年与教育文化、英美苏法与远东、日本与伪组织、欧洲问题等 8 类，内有《教育上两个迫切问题》（潘公展）、《美国的远东政策》（张忠绂）、《敌人经济的贫血症》（陈博生）、《威尔斯与欧洲和平》、《英阁改组》、《欧战扩展与集体安全》等 32 篇。

**2110. 中国国民党党报社论类编（第三集）**　　中央执行委员会宣传部编　编者刊　1942 年　4 + 134　32 开

分类收录了 1940 年 8 月至 1940 年 12 月的国民党党报社论，分内政、财政经济、青年与教育文化、英美苏法与远东、英美与反侵略、三国同盟与国际局势、日本与伪组织、欧洲问题等 8 类。内有《如何纠正战时物价心理的错误》（陈豹隐）、《中国计划经济的途径》（甘乃光）、《开放滇缅路》、《美国大选揭晓》、《艾登重任外相》、《今后日本的动向》等39篇。

**2111. 中国国民党党报社论类编（第四集）** 中央执行委员会宣传部编 编者刊 ［1941年］ 4 + 132 32开

收录1940年1月1日至1940年4月30日的国民党党报社论，分内政、外交、经济、军事、国防、教育文化、太平洋问题、美国、苏联、日本等10类，内有《八中全会的伟大成就》、《日本南进问题的我见》、《三年计划的拟定与执行》、《中英美进一步合作》、《太平洋上不动之威》、《南太平洋挂红球了》等34篇。

**2112. 中国如何才能战胜日本** 邵芙编 明明书局 1938年1月 上海 2 + 74 32开

本书收录了美、英、苏、日、法、德等国报刊所载关于中日战争问题译文13篇。包括：《中国如何才能战胜日本》（美《新群众杂志》）、《论保卫南京之战》（法《上海日报》）、《南京陷落以后》（俄《斯罗沃报》）、《东战场战略综观》（俄《柴拉早报》）、《第二抗战阶段的序幕》（德《远东新闻报》）、《在新的环境中》（俄《俄文日报》）、《华南的危机》（英《泰晤士报》）、《英日大战的展望》（日本，石丸藤太）等。

**2113. 重庆各报撷要** 1944年10月 117 ［环筒叶］ 16开

收录了1944年10月份《中央日报》、《大公报》、《新华日报》、《扫荡报》、《时事新报》、《商务日报》、《新民报》、《国民公报》、《新蜀报》等报所载新闻、特稿、社论等。稿本，间有剪报。

**2114. 重庆各报撷要** 1945年2月 152 ［环筒叶］ 16开

收录了1945年2月份《中央日报》、《大公报》、《新华日报》、《扫荡报》、《时事新报》、《商务日报》、《新民报》、《国民公报》、《新蜀报》等报所载新闻、特稿、社论等。稿本，间有剪报。

# 政治制度

**2115. 党政制度及其关系** 吴铁城著 独立出版社 1944年4月初版 重庆 44 32开 有图表

本书分3部分：引论——党治、本论、结论。

**2116. 我们的政府** 余汉华、杨正宇编著 正中书局 1939年2月初版 重庆 13 + 196 32开 有图表 中国青年丛书 周佛海主编

本书分6章：绪论、我国中央政府演变略史、我国地方政府演变略史、我们的地方政府等。卷首有《中国青年丛书》绪言以及《中国青年丛书》第一集目录。

**2117. 五院制度讲话** 陈烈生著 宪政常识丛书社 1937年6月初版 上海 5 + 71 32开 宪政常识丛书之八 金则人主编

本书分5章：五院制度总说、行政院、立法院、司法院、监察院、考试院。书前有编者序言。

**2118. 选举知识读本** 凌青著 宪政常识丛书社 1937年6月初版 上海 6 + 77 32开 有图表 宪政常识丛书之四 金则人主编

本书分3章：选举权和被选举权、选举的方法、选举的运动和取缔。附录收《国民大会代表选举法》。书前有编者序言。

**2119. 战后建都论丛** 唐国栋编 人文书店 1944年6月初版 重庆 5 + 334 32开

全书收录有关建都论文共27篇，包括：《论建都》（丘良任）、《战后国都问题》（张君俊）、《国都位置与地确中心》（陈尔寿）、《武汉与西安孰适于建都》（龚德柏）、《定都之我见》（柯璜）、

《建都济南议》（翁文灏）、《战后国都问题》（雷海宗）、《战后新首都问题》（钱穆）等。书前有我国历代帝王建都年表。卷首有编者所著绪言。附录中收录重要论文9篇。

**2120. 战时政治机构**　萨师炯编著　独立出版社　1938年10月初版　重庆　47　64开　有图表　抗战建国小丛书　潘公展、叶溯中等主编

分6节：引言、战争与政治机构的关联、两个战时政府的先例、中国战时政治机构的特质、现行中央政制与国民参政会、战时地方政府之改造。

**2121. 战时政治制度**　潘公展编著　正中书局　1938年4月初版　3+54　32开　战时民众训练小丛书

本书分6章：绪言、战时政治制度之特点、战时政治制度之实例、战时中央政治制度、战时地方政治制度、结论。书后附主要参考资料。

**2122. 政权与治权**　孟锦华编　浙江动员委员会战时教育文化事业委员会　1939年11月初版　30　64开　政治常识小丛弓

全书分6个部分：《政权和治权的定义》、《天赋人权和革命民权》、《间接民权和直接民权》、《权和能的区分》、《三权宪法和五权宪法》、《政权和治权的运用》。书前有"政治常识小丛书缘起"。

**2123. 政治建设**　孙中山、蒋介石著，黄埔出版社编　中央陆军军官学校　1938年10月初版　重庆　1+52　32开　黄埔丛书第5种

本书共3篇：《国民政府建国大纲》、《五权宪法》、《地方自治开始实行法》。附录收《蒋委员长讲建国的行政》和《蒋委员长建国运动》两篇文章。

**2124. 政治建设论**　杨幼炯著　独立出版社　1942年8月初版　重庆　4+218　32开　建国丛书

本书分上、中、下3篇：政治建设之思想的基础、政治制度之理论与机构、政治建设与吏治制度。

**2125. 政治学教程**　杜久、张又新　中央陆军军官学校　1940年12月初版　22+248　32开　有图表　黄埔丛书　第10辑第4种

全书分8章：绪论、国家、人民的权利与义务、各国政治制度、我国中央政治制度、我国地方政治制度与地方自治等。卷首有邓文仪与沈遵晦分别所作序言。书前有政治教程及教授纲要编纂例言以及孙中山、蒋介石语录。附录收《中国国民党政纲》、《国民政府建国大纲》、《中华民国训政时期约法》、《中华民国宪法草案》、《中国国民党抗战建国纲领》、《国民参政会组织条例》、《县各级组织纲要》及80本参考书书目。

**2126. 直接民权大纲**　金鸣盛著　国民图书出版社　1943年5月初版　重庆　23+170　32开　党义丛书

本书分6部分：导言、选举权、罢免权、创制权、复决权、结论。

**2127. 中国的政制概况**　民团周刊社编　编者刊　1938年10月初版　广西　20　32开　常识丛刊第1辑10

本书共5部分：中国政治制度的特点、党治和训政、中国国民党和国民政府的关系、现时的中央政府、五权宪法的新中央政制。

**2128. 中国政府大纲**　谢瀛洲著　大光报营业部　1942年12月初版　韶关　14+168　32开

本书分理论与实施两编内容。书前有作者序，书后有勘误表。

**2129. 中国政治建设（青年军教程）** 青年军出版社 ［1945 年 2 月］ 9 + 332 32 开 青年军教程

全书分上、下两编：我国政治思想之研究、我国政治建设之理论与实际，共 11 章。书前有张治中所作的序言。

**2130. 中国政治制度论** 林家瑞著 商务印书馆 1940 年 1 月初版 长沙 14 + 194 32 开 中山文化教育馆研究丛书

本书分 11 章：国家最高权力机关、国民大会之组织、国民大会之职权、政府之制度、总统及行政院、立法院、司法院、考试制度等。书前有吴尚鸯所作序言以及自序。

# 宪政与民主问题

**2131. 从民主到宪政** 叶青著 时代思潮社 1941 年 5 月初版，1941 年 10 月再版 11 + 148 32 开

本书分 6 个部分：民主政治问题、与陈绍禹论民主问题、与毛泽东论民主问题、答民意的宪政六问、宪政的根本问题、宪政与训政。书前有序言。

**2132. 促成宪政与实施训政（总裁训词）** 中央训练团 1940 年 8 月 2 + 54 32 开

附录收《中华民国宪法草案》、《国民大会组织法》、《国民大会代表选举法》3 篇宪政参考资料。

**2133. 到民主政治之路** 萨孟武、叶青、吴曼君、谢天培、潘大逵、徐咏平执笔 独立出版社 1938 年 5 月初版 汉口 6 + 78 32 开 有图表 战时综合丛书 第 1 辑

本书共 11 章：民主政治的意义及其起源、民主政治的特点、民主政治的缺点、民主政治的转变、战时军事高于一切、抗战与民主、论民族解放战争中之民主问题等。书前有《战时综合丛书》例言。有编后记。附录收《国民参政会组织条例》及《讨论大纲》。

**2134. 到民主政治之路** 萨孟武、叶青、吴曼君、谢天培、潘大逵、徐咏平执笔 独立出版社 1939 年 5 月 9 版 重庆 6 + 76 32 开 有图表 战时综合丛书第 1 辑

本书分 11 章：民主政治的意义及其起源、民主政治的特点、民主政治的缺点、民主政治的转变、战时军事高于一切、抗战与民主上、抗战与民主下、论民族解放战争中之民主问题、战时民主政治的批判、民主政治与一党治国、到民主政治之路。书前有《战时综合丛书》第一辑例言。书后有编后记、附录、讨论大纲。

**2135. 到民主政治之路** 萨孟武、叶青、吴曼君、谢天培、潘大逵、徐咏平执笔 独立出版社 1938 年 12 月 6 版 汉口 6 + 76 32 开 战时综合丛书第 1 辑

本书共 11 章：民主政治的意义及其起源、民主政治的特点、民主政治的缺点、民主政治的转变、战时军事高于一切、抗战与民主、论民族解放战争中民主问题等。书前有战时综合丛书例言。有编后记。附录为《国民参政会组织条例》。

**2136. 独裁政治的理论与实际** 王嗣鸿编，张云伏校 统一评论社 1936 年 7 月初版 成都 8 + 110 32 开 统一小丛书 第 4 种

全书分 6 章：独裁政治的意义及其性质、独裁政治的种类、独裁政治之史的检讨、现代的独裁政治、法西斯独裁、独裁与民主。有序言和结语。

**2137. 独裁政治与民主政治何者适宜于中国**　中央航空学校　4+48　32开　政治问题讨论集之三

本书分为5部分：独裁政治之认识、民主政治之认识、主张中国宜行独裁政治的理由、主张中国宜行民主政治的理由、我们的主张。

**2138. 独立与民主**　张申府著　文献出版社　1945年12月　北平　4+171　32开

本书收录了著者1943年以来有关民主的文章21篇，包括《现代学人的责任》（尤里安·赫胥黎原作）、《独立与民主》、《友声与民主》、《民主原则》、《民主大纲》、《民主的三个类型》、《民主与科学》等。附录收：《二三算术谜题》（何登）、《言语·意谓·知识·真理·世界结构》。有前记。

**2139. 关于宪政与团结问题**　周恩来著　1944年3月12日　1张　26.2cm×38.7cm

此件为周恩来1944年3月12日在延安各界纪念孙中山先生逝世十九周年大会演说词。

**2140. 关于宪政诸问题**　毛泽东等著　新华日报馆　1940年6月　54　32开

本书收录《新民主主义的宪政》（毛泽东）、《促进宪政运动努力的方向》（王明）、《中国宪政运动之史的发展》（史乃展）、《四十年来中国宪政运动》（关吉罡）、《孙中山先生的宪政观》（吴克坚）、《中山先生与宪政》（石西民）及《延安各界宪政促进会宣言》、《国民大会选举法》。

**2141. 国民大会与宪政手册**（现实新年号别册附录）　吕家瑞编　现实出版社　1940年1月　上海　4+203　32开

本书分8个部分，收录《中国宪政运动的回顾与展望》（沙千里）、《实施宪政应具的认识》（蒋中正）、《召集国民大会与实施宪政的先决条件》（《新华日报》）、《宪政的重要性》（沈钧儒）、《宪政与工人阶级》（冯炳南）、《论人民的自由权利》（沈于田）、《记第一次座谈会》（长江）、《第四次参政会议决实行宪政案》等42篇文章。

**2142. 蒋委员长阐述实施宪政真义**　蒋介石著，蒙藏委员会编译室译　蒙藏委员会编译室　1940年3月　90　32开　抗战小丛刊之十五

本书系蒋介石在参政会第四次大会上的演讲词。汉蒙藏维对译本。

**2143. 蒋主席为宪政实施协进会成立大会致词**　[蒋介石著]，蒙藏委员会编译室编译　编者刊　1943年11月　[45]　32开　抗战小丛刊之四十九

汉蒙藏对译本。

**2144. 抗战建国中的宪政问题**　潘公展、陈之迈、楼桐孙、范予遂、茹春浦、陈光虞、郑大纶、高庆丰执笔　独立出版社　1940年7月初版　重庆　1+74　32开　战时综合丛书第5辑

本书收录了8部分：序论、中国近现代宪政运动、抗战建国中的宪政问题、宪政党治愈抗战、宪政与地方自治、宪政与自由、宪法草案的要义、对于国民大会的意见。书前有引言。

**2145. 抗战胜利中的民主呼声**　冀南书店　1946年2月　20　32开

收录《抗战胜利中的紧急呼吁》（民主同盟）、《实现和平、团结、民主》、《不许汉奸卖国贼逍遥法外》、《成都文化界对时局呼吁》、《象怒潮一样的拒检运动》、《争取发表自由》、《不要内战》、《大后方工业界的请愿运动》、《文化人的呼声》、《处理中央的与地方的联合政府》共12篇文章。

**2146. 抗战中的中国政治**　[时事问题研究会编]　29+536　32开　有图表

本书分6编：目前政治机构的弊端与变更、国民参政会的召集和经过、抗战中的民主运动、抗战中的民众运动、亢日民主政治的模范地区、抗战中各党派团体及武装部队所颁布的抗战纲领及

主张。

**2147. 抗战中民主自由问题** 谷旸著 求是出版社 1940年4月初版 重庆 4+40 32开 朝社丛书

　　本书分绪论、民主自由论者的主张和企图、对民主自由论者的批判、结论4部分。

**2148. 抗战中之民权建设** 周再鑫编著 独立出版社 1939年8月初版 重庆 2+40 64开 抗战建国小丛书 潘公展、叶溯中、杨公达、童蒙圣主编

　　全书分3部分：第1部分抗战与民权建设，包括民主政治的争论、抗战时期为什么需要民主政治等问题；第2部分民权建设之具体表现，包括国民参政会的设置、推进自治改善的保甲制度等；第3部分为民权建设之前途。

**2149. 论民主政治** 邓初民 学术出版社 1941年3月再版 重庆 216 理论与现实丛书之一

　　收录《论民主政治》（邓初民）、《宪政与民主》（韬奋）、《五四运动与民主主义》（胡绳）、《中国宪政运动的几个阶段》（柳湜）、《论当时宪政之意义》（邓初民）、《民族运动的时代性及中国民族解放运动的意义》（华岗）、《法国民主政治的没落》（张友渔）。所收文章均曾发表于《理论与现实》杂志，书前有编者沈志远序。

**2150. 论目前时局与宪政问题** 董家辉、陈遗编 宪政问题研究会 1939年11月 192 32开 有图表

　　本书收20篇文章：《答中外记者问》（蒋中正）、《对于过去参政会工作和目前时局的意见》（毛泽东等）、《召集国民大会与实施宪政的先决条件》（新华社论）、《东北抗日联军中的青年》（李延禄）、《战斗的故事》（范敏等）等。

**2151. 民意机关** 朱吉民编 浙江动员委员会战时教育文化事业委员会 1939年12月初版 浙江 1+38 64开 政治常识小丛书 浙江战时教育文化事业委员会征编组

　　共6部分：民意机关的意义和起源、世界各国民意机关现状、代议政治的弊害、五权宪法和代议制度、《五五宪草》中的国民大会、参政会及省临时参议会。

**2152. 民主·宪政问题总检讨** 郑钟仁编著 满地红社 1940年4月 韶关 5+66 32开 满地红丛书之一

　　本书分5个部分：关于目前政治的中心问题、战时民主的新检讨、宪政诸问题、民主·宪政与党治、民主·宪政需要些什么。书前有序言。附录收《中华民国宪法草案》和《国民大会组织法》。封面有题赠。

**2153. 民主的理论与实践** 邓初民 文治出版社 1945年7月渝初版 重庆 9+415 32开

　　本书收录了著者自抗战爆发以后，尤其是南京、武汉失陷以后，陆续发表的关于民主问题的论文，共计19篇。包括《怎样研究政治与政治学》、《怎样研究民主政治》、《民主政治的新趋势》、《论政治与民主——以苏联的政治为例》等。附录收《论古代宗教及其他意识形态之政治作用》、《论古代天道观念之政治作用》等共计9篇。书前有自序，书名页有题赠。

**2154. 民主的理论与实践** 邓初民著 文治出版社 1946年3月上海第1版 上海 6+366 32开

　　本书收录了著者自抗战爆发以后，尤其是南京、武汉失陷以后，陆续发表的关于论民主的论文，共计19篇。包括《怎样研究政治与政治学》、《怎样研究民主政治》、《民主政治的新趋势》、《论政治与民主——以苏联的政治为例》等。附录：《论古代宗教及其他意识形态之政治作用》、《论古代天道观念之政治作用》等共计9篇。书前有自序。

**2155. 民主共和国与宪政前途**　朱木铎著　求是出版社　1940 年 3 月初版　重庆　4 + 20　32 开
朝社丛书

共 5 章：民主共和国的基础、民主共和国的实现方法、民主共和国的使命、共产党是民主的么、民主共和国与宪政前途。

**2156. 民主浅说**　曹伯韩著　北门出版社　［1945 年 8 月］　58　64 开　本门小丛书

本书分 17 节：民主是什么、民主运动的发展、民族问题上的民主、政治上民主第一步、抗战中的民主运动、到民主之路等。

**2157. 民主问题讲话**　曹伯韩著　北门出版社　1946 年 5 月　2 + 81　32 开　北门小丛书

本书是《民主浅说》一书的重订版，共分 17 节：民主是什么、民主运动的发展、民族问题上的民主、政治上民主第一步、抗战中的民主运动、到民主之路等。书前有李公仆所写序言。

**2158. 民主宪政论**　陈启天著　商务印书馆　1944 年 10 月初版　重庆　3 + 168　32 开

本书分 9 个部分：民主宪政与政治建设、民主宪政的实施问题、民主宪政的原则问题、民主宪政的风度问题、民主政治与非民主政治、民主宪政的规模问题等。书前有自序。

**2159. 民主与独裁**　梅养天译著，宋式一编校　中国度量衡学会四川分会第六区支会　1938 年秋季初版　四川宜宾　［480］　32 开　有题词、有图表

本书分 15 章：民主主义欤独裁主义欤、民主主义之界限、议会主义之本质及其现状、民主与法治、民主与动员、民主与妇女、民主与外交、现代民主主义论等。书后附录收编译以后、参考书目。

**2160. 民主与宪政**　张申府　峨嵋出版社　1944 年 1 月　重庆　76　32 开　抗战建国丛刊　第 2 辑

本书收 6 篇文章：《民主原则》（张申府）、《民主主义的死敌——法西斯主义》（张友渔）、《三民主义的民主政治》（张志让）、《民主运动与经济建设》（沈志远）、《近代中国民主运动中的妇女》（刘清扬）、《清末立宪小史》（邓初民）。书前引言为"展开民主与宪政的讨论"。

**2161. 民主政治问题在中国**　徐詠平著　求是出版社　1940 年 4 月初版　重庆　4 + 68　32 开　有图表

本书共分 8 章，依次为序论、民主政治的特质、民主政治的最近趋势、中国到民主政治之路、我国民主运动的进程、抗战建国与民主政治、实施宪政的实际问题、结论。

**2162. 民主政治与救亡运动**　傅于琛著　光明书局　1938 年 1 月再版，1938 年 2 月汉版　汉口　6 + 62　32 开　民族解放丛书　平心主编

本书分 4 章：民主政治的基本理论、保卫国家与民主主义、民主政治的新曙光、救亡运动的胜利——到民主政治之路。书前有著者自序。

**2163. 评所谓修正的民主政治并论当前的宪政问题**　林桂圃著　重庆商务日报　1939 年 12 月再版，1940 年 1 月 4 版　北碚　56　32 开

本书分上、下两编：评所谓修正的民主政治、论当前的宪政问题。

**2164. 全民政治与议会政治**　崔淑琴编著　正中书局　1944 年 7 月初版　重庆　3 + 45　32 开　宪政丛书　潘公展主编

本书分 10 章：名词的解释、议会政治的历史、议会政治理论、议会政治的种类、全民政治的历史、全民政治的方法等。

**2165. 人民权利义务浅说**   福建省政府民政厅第三科编   编者刊   1941 年 1 月初版   16   32 开   自治读物   第 14 种

全书共 5 部分，分别从权利义务的意义、人民权利和人民义务 3 个方面阐述人民权利义务，得出"敬爱国家，团结一致，尊重公益和遵守法律，是人民应有的道德和应尽责任"的结论。

**2166. 人民之权利义务**   章渊若编著   正中书局   1944 年 6 月初版   重庆   78   32 开   宪政丛书 潘公展主编

本书分上、下两编共 7 章：现代宪政革新之原则、人民权利与国家观念、人民权利与自由改造、关于人民权利义务的基本原则、宪草关于人民基本权利之规定、宪草关于人民基本义务之规定、宪草关于人民其他权利之规定。

**2167. 三民主义宪法论**   茹春浦著   中央周刊社   1940 年 1 月   重庆   4＋60   32 开

本书共 6 章：宪政是革命的事实问题、三民主义宪法的根本要义、三民主义的国家观、宪政与领袖、宪法草案要义、促成宪政的根本信念。附录为 1936 年 5 月 5 日《中华民国宪法草案》。有绪言。

**2168. 三民主义宪法论**   茹春浦编   1940 年 6 月   8＋108   32 开

本书共 6 章：宪政是革命的事实问题、三民主义宪法的根本要义、三民主义的国家观、宪政与领袖、宪法草案要义、促成宪政的根本信念。附录为 1936 年 5 月 5 日《中华民国宪法草案》。有绪言。

**2169. 三民主义宪法与民主政治**   袁晴晖著   1939 年 6 月   212   32 开

本书共 10 部分：宪法与民主政治、宪法与地方自治、主义与宪法、五权宪法与集权主义、民族道德与宪法、宪法与民生、宪法与文化、宪草中的国民委员会、中国宪法史的研究、教育在宪法上的规定。附录收《吴经雄拟宪法草案初稿》等。有序言。

**2170. 实施宪政与还政于民**   军事委员会政治部编   编者刊   1945 年 3 月   2＋39   32 开   特种丛书   第 1 种

本书分 3 个部分：实施宪政与还政于民、中外舆论、英美报纸，收录讲话、新闻报道等共计 9 篇：《民国三十四年三月一日蒋主席在宪政实施协进会第五次会议席上讲演词》、《为胜利民主而集中力量》（《中央日报》）、《向民主宪政之路阔步迈进》（《扫荡报》）、《实施宪政还政于民》（《时事新报》）、《政治前进之路》（《大公报》）、《民主前的准备》（《国民公报》）、《美各方赞誉蒋主席演词》（《扫荡报》）、《英美各报纷纷刊载蒋主席重要演说》（《中央日报》）、《美报著论赞扬蒋主席声明》（《扫荡报》）。

**2171. 实现总理的民主政治**   蒋介石讲述   民团周刊社   1939 年 6 月初版   广西   30   32 开   基本认识丛刊   钱实甫主编

本书分两个部分：完成抗战建国的伟大使命（开会词）、实现总理的民主政治（休会词）。

**2172. 实行宪政与国民党之任务**   石燕著   青年书店   1940 年 10 月初版   14   32 开   宪政丛书之一

本书分 5 个部分：引论、国民党与宪政运动、训政与宪政的关系、宪政与党治、党政、党治及各党派。

**2173. 我国为何要实现民主政治**   一鸥著   成都大学印书局   1944 年 12 月初版   成都   2＋70   32 开   民主主义百科全书   马哲民主编

本书分 20 个部分：绪说、就我国之求划时代的进步说、就我国之完成真正统一团结说、就我国之实现法治说、就我国之发挥政治的权与能说、就我国之改善民生说、就我国之提高国民文化说、就我国之争取外援与完成抗战胜利说、结语等。

**2174. 五权宪法要论**　江海潮编著　军事委员会政治部　1945 年 4 月初版　4＋102　32 开　抗战建国小丛书政治建设类第 3 种

本书共 8 章：宪法的根本意义、权和能的根本意义、权和能的分离、中央与地方的治权的划分、国民大会和代议制度的区别、民生和宪法、中华民国宪法草案（《五五宪草》）概观、国家元首在五权宪法政制下的法律地位。附录收《中华民国宪法草案》（1937 年修正）。封面有著者题赠。

**2175. 五权宪政论集**　金鸣盛著　中华书局　1936 年 5 月　上海　5＋522　大 32 开　有图表

收录《促进宪政之意义及其施行问题》、《国宪问题的探讨》、《宪法初稿与五权宪法之特性》、《县市自治组织问题》、《自治法四草案平议》等 34 篇文章。有自序。

**2176. 宪法论初步**　潘念之著　生活书店　1940 年 7 月初版　2＋82　32 开　社会科学初步丛刊

共 3 部分：什么是宪法、宪法与宪政、中国的宪法。

**2177. 宪法新论**　萨孟武著　［江观纶发行］　1944 年 1 月 3 版　重庆　4＋135　大 32 开　有图表

本书共 4 章：民主政治的转变、五权宪法的特质、政权的组织及其运用、治权的组织及其运用。有例言和校正表。

**2178. 宪政参考资料**　魏克前编　明耻半月刊社　1940 年 6 月初版　10＋756　32 开　中央军校特训班学术研究会丛书

全书共 5 编：总理关于宪政之遗教、总裁关于宪政之训示、中国国民党宪政建设决议案及宣言、新旧宪草及有关文件、世界各国宪法条文。书前有著者自序。

**2179. 宪政的故事**　曹伯韩著　文化供应社　1940 年 5 月　桂林　44　64 开

本书为宣传宪政的通俗小册子。

**2180. 宪政基础知识**　陈北鸥著　国讯书店　1944 年 2 月初版，1944 年 8 月再版　重庆　85　32 开　国讯丛书　陈北鸥主编

本书分 7 章：宪政和宪法、宪法的概念、英美苏宪法的比较、人民基本权利和义务、国父的宪政观、宪政的基础和中国宪政运动史。

**2181. 宪政建设程序**　中国国民党中央宣传部编　中国文化服务社　1939 年 12 月初版　重庆　2＋56　32 开　宪政小丛书　中央执行委员会宣传部主编

本书分 8 部分：中国同盟会宣言、能知必能行、革命之方略、国民政府建国大纲、制定建国大纲宣言、建国大纲解说、第三次参政会闭会词、第四次参政会演词等。封面有题赠。

**2182. 宪政建设法规**　中国国民党中央执行委员会宣传部编　中国文化服务社　1939 年 12 月　重庆　72　32 开　宪政小丛书

本书分 9 部分：《中国国民党政纲》、《国民政府建国大纲》、《训政纲领》、《中华民国训政时期约法》、《中华民国宪法草案》、《国民大会组织法》、《国民大会代表选举法》、《中国国民党抗战建国纲领》及《国民公约与誓词》。附《中华民国临时约法》、《天坛宪法草案》。

**2183. 宪政建设决议案**　中国国民党中央宣传部编　编者刊　1940 年 2 月　2＋37　32 开　宪政小

丛书

　　包括《训政纲领》、《确定训政时期党政府人民行使政权治权之分际及方略案》、《集中国力挽救危亡案》、《中华民国宪法草案案》、《召集国民大会日期及宣布宪法草案办法》等24项决议案。

**2184. 宪政建设原理与程序**　中国国民党中央执行委员会宣传部编　编者刊　1943年12月　重庆　[147]　32开　有插图　宪政小丛书

　　分两集：宪政建设原理、宪政建设程序，收录《民权主义》（孙中山）、《政治建设之要义》（蒋介石）等11篇文章。

**2185. 宪政建设之真谛**　王清彬著　国民图书出版社　1940年9月初版　2+46　32开

　　本书分5章：绪言、宪政建设的基本精神、宪政建设的基本工作、宪政建设的必要条件、结论——宪政建设必须以三民主义为最高指导原则。

**2186. 宪政建设重要文献汇编**　[中国国民党中央执行委员会宣传部]编　编者刊　1943年12月　4+156　32开　有图表

　　内收41篇文献：《中国国民党政纲》、《训政纲领》、《中华民国训政时期约法》、《治权行使之规律案》、《中华民国宪法草案》、《国民大会组织法》、《五五宪草草议的经过及其内容的说明》等。附录收《中华民国临时约法》和《天坛宪法草案》。

**2187. 宪政实施的认识**　汪建琴编　政论编译社　1940年1月初版　1+87　32开

　　共12篇文章：《实施宪政的认识》（蒋中正）、《宪政实施及其步骤》（张君劢）、《中国宪政的重要性》（沈钧儒）、《我们怎样维护宪政的实施》（陈友琴）、《孙总理的宪政观》（吴克坚）、《对参政工作和目前时局的意见》（毛泽东、陈绍禹）、《实施宪政的先决条件》（《新华日报》）、《我们需要的一种宪法》（启明）、《抗战时期的宪政运动》（《国民日报》）、《对于宪政的基本认识》（李加勉）、《从宪政实施到民主政治》（戈岛）、《中国宪政在扩展中》（莫艾）、《敬为宪政呼吁》（潘公展）。

**2188. 宪政文献**　国民出版社　编者刊　1940年3月初版　金华　2+102　32开　国民知识丛书第2辑

　　本书分为15章，包括：制定建国大纲宣言、国民政府建国大纲、五权宪法、民权主义第六讲摘要、地方自治开始实行法、中国革命史——革命之方略等。书前有前言。

**2189. 宪政问题**（初级读本）　艾生著　太行文化教育出版社　1940年4月　2+111　64开　太行文化丛书

　　分12节：中国宪政运动新局势、中国宪政运动的回溯、关于《五五宪章》、为什么要促进宪政的实施、促进宪政要注意哪些问题、制定宪法问题等。附录收《延安宪政促进会对于修改国民大会选举法及组织法的提案全文》等3篇。

**2190. 宪政问题参考材料辑要**　中央组织部编　中央秘书处文化驿站总管理处　1940年5月　2+134　64开　组训小丛书

　　本书辑录《五权宪法》、《建国大纲》、《国民参政会第四次大会休会词》、《实施宪政应具之确切认识》、《青年对宪政应有的努力和认识》、《五届六中全会宣言》、《中央对宪政问题之指示》、《县各级组织纲要》、《中华民国训政时期约法》、《中华民国宪法草案》。

**2191. 宪政问题参考资料**　中国国民党安徽省执行委员会编　编者刊　1940年9月　安徽　2+107　32开

本书收 8 篇文章：《第三次参政会闭会词》（蒋介石）、《第四次参政会演词》（蒋介石）、《宪政宪法与党治》（潘公展）、《加紧训政准备实行宪政时期应有的认识》（潘公展）、《加紧促成县政建设与宪政》（中宣部）、《对实施宪政问题之指示》（中宣部）、《关于宪政问题的几个根本观念》、《对于实行宪政应有的认识》（中宣部）。附录收《中国国民党政纲》、《国民政府建国大纲》、《训政纲领》等 10 件。

**2192. 宪政问题参考资料**　黄图出版社编　编者刊　1944 年 4 月　柳州　5 + 428　32 开

全书共 5 编：有关宪政之中国国民党政纲宣言与议案、总理对于宪政之遗教、总裁关于宪政之训示、四十年来历届宪法草案及其他、各国宪法条文。附录收《中央对实施宪政问题之指示》、《五五宪草草议的经过及其内容的说明》等。书前有 1943 年《十一中全会关于实施宪政总报告之决议案》。封面注 "分类编辑"。

**2193. 宪政问题初级读本**　艾生著　太行文化教育出版社　1940 年 4 月　111　64 开　太行文化丛书

内容包括 12 个部分：中国宪政运动新局势、中国宪政运动的回溯、关于 "五五宪章"、为什么要促进宪政的实施、促进宪政要注意那些问题、召集国民大会问题（一）、召集国民大会问题（二）、制定宪法问题、实行宪政问题、目前的宪政运动、华北怎样促进宪政的实施（一）、华北怎样促进宪政的实施（二）。附录收《延安宪政促进会对于修改国民大会选举法及组织法的提案全文》等 3 个法令。

**2194. 宪政问题读本**　巴人、邵翰齐、白芒合著　无名出版社　1940 年 2 月初版　香港　2 + 234　32 开

共 5 章：总论、两个世界的民主政治、中国宪政运动的回顾、中山先生的民主宪政观及其发展、对于现阶段民主宪政的意见。有编者后记。

**2195. 宪政问题研究集**　肖天石编辑　宪政研究社　1940 年 3 月　9 + 350　32 开
本书分 4 个部分：专载、论著、文献、附录。书前有弁言。

**2196. 宪政问题资料辑要**　独立出版社编　独立出版社　1940 年 1 月再版　重庆　2 + 110　32 开

本书收 16 篇文章：《中华民国临时政府组织大纲》、《中华民国临时约法》、《国民政府建国大纲》、《国民大会组织法》、《县各级组织纲要》、《蒋委员长论宪政问题》等。书前有弁言。

**2197. 宪政言论选集**　中国国民党中央宣传部编　中国文化服务社　1940 年 7 月初版　重庆　2 + 98　32 开　宪政小丛书

内收《国民参政会第五次大会休会词》（蒋介石）、《五五宪草草议的经过及其内容的说明》（孙科）、《实施宪政问题》（孙科）、《中国国民党与宪政》（许孝炎）、《讨论五五宪草应有的认识》（楼桐孙）、《宪政与法治自由》（潘公展）等 13 篇言论。

**2198. 宪政研究**　郑钟仁著　革兴出版社　1940 年 9 月初版　广东　9 + 256　32 开　有图表

本书包括 5 章：宪政之本质的研究、世界各国宪政的事实和制度（上）、世界各国宪政的事实和制度（下）、中国宪政运动之史的探讨、中国宪政的特点等。书后有附录，包括：《世界各国宪政大事表》、《世界各国现行宪法制定年期表》。

**2199. 宪政研究参考资料**　福建省军队特别党部编辑　编者刊　1944 年 2 月　3 + 77　32 开　有图表　宣政丛书之四

本书分 13 个部分：总裁在国民参政会第三次大会训词、总裁在国民参政会第四次大会训词、

本党实施宪政工作进程总报告、制定建国大纲宣言、五权宪法、中华民国宪法草案、国民大会代表选举法等。书前有弁言。

**2200. 宪政要义** 孙科讲 ［中央训练团党政训练班］ 1943 年 12 月 2 + 24 32 开 中央训练团党政训练班讲演录

本书分 8 章：有关宪政促进的重要资料、实施宪政就是实行民权主义、国民党在宪政时期肩负特殊义务的真义、实施宪政与党派问题、自由的界限、宪法草案的重要内容、国民大会职权问题、结论。

**2201. 宪政要义** 孙科著 商务印书馆 1944 年 2 月初版，1945 年 9 月上海初版、1946 年 12 月四版 重庆、上海 4 + 138 32 开

本书收关于宪政的演讲报告 12 篇：《宪政要义》、《实行宪政之意义与国民应有之认识》、《我们需要何种宪法》、《宪法与三民主义》、《中国宪法的几个问题》、《再论中国宪法的几个根本问题》、《最近宪法草案讨论情形》、《宪法草案最后一次修正之经过情形》等。有自序。

**2202. 宪政与地方自治** 李宗黄著 正中书局 1941 年 1 月初版，1944 年 3 月 4 版 1 + 99 32 开 宪政小丛书

本书共 4 章：绪论、宪政、地方自治、结论。

**2203. 宪政与宪法** 金鸣盛著 国民出版社 1940 年 4 月初版 金华 4 + 172 32 开 有图表

本书分 16 个部分：当前宪政运动的认识、苏联新宪法与吾国宪政问题、复式的分权观、我国宪草的分权观、修正宪法草案之管见、宪草中之总统与行政院、行省性质之研究、省参议会之性质与职能等。有自序。

**2204. 宪政运动** 国民出版社编 国民出版社 1940 年 5 月初版 金华 6 + 132 32 开 国民知识丛书

本书共分 12 章：宪政之实质、宪政之精神、宪政之作用、宪政之环境与实施、宪政与抗战、宪政与训政、宪政与党治及党派问题、宪政与民权自由、宪法问题、国民大会与国民代表问题等。书前有前言。

**2205. 宪政运动** 宗鲁著 文化供应社 1941 年 1 月 桂林 58 64 开 青年新知识丛刊

本书分 13 节，讲述什么叫宪法、宪法的内容、种类、产生和修改及宪政的类型、中国宪政运动小史及怎样推动宪政运动等。

**2206. 宪政运动参考材料（第一辑）** 生活书店编 编者刊 1943 年 1 月初版 56 32 开

本书收 8 篇文章：《北上宣言》、《号召国民会议之演讲》、《国民大会组织法》、《国民大会选举法》、《国民党政纲》、《国民政府建国大纲》、《中国国民党抗战建国纲领》、《中华民国宪法草案》。有弁言和编前。

**2207. 宪政运动参考资料（第一辑）** 全民抗战社编 生活书店 1944 年 5 月 6 版 1 + 56 32 开

本书分国民大会之部和政纲与宪草两个部分。前者包括北上宣言、号召国民会议之演讲、国民大会组织法和国民大会代表选举法；后者包括国民党政纲、国民政府建国大纲、中国国民党抗战建国纲领和中华民国宪法草案。有弁言和编前。

**2208. 宪政运动参考资料（第二辑）** 全民抗战社编 生活书店 1940 年 4 月再版 2 + 160 32 开

包括导言、修正国民政府组织法、中华民国训政时期约法、吴经雄氏之宪法初稿、张知本氏之

宪法草案、国民政府立法院公表之宪法草案初稿、国民政府立法院公表之宪法草案初稿审查修正案、国民政府立法院三读通过之宪法草案。附录收《中华民国临时约法》和《中华民国宪法草案》。

**2209. 宪政运动参考资料**（全民抗战周刊别册第一辑）　全民抗战社编　生活书店　1939 年 12 月 4 版，1940 年 4 月 5 版　6 + 63　32 开

本书收 8 篇文章：北上宣言、号召国民会议之演讲、国民大会组织法、国民大会代表选举法、国民党政纲、国民政府建国大纲、中国国民党抗战建国纲领和中华民国宪法草案。有弁言和编前。

**2210. 宪政运动论文选集**　韬奋、潘梓年、张志让、沙千里等著，全民抗战社编　生活书店　1940 年 2 月初版，1940 年 5 月再版　4 + 323　32 开

分总论、宪政运动史、国民大会、宪法、宪政与妇女、附录 6 部分，共收潘梓年、韬奋、于毅夫、张友渔、吴克坚等人著 31 篇文章。有弁言和韬奋作序。

**2211. 宪政之路**　黎枬编　宪政问题研究会　1940 年 6 月　香港　3 + 176　32 开

本书分 4 辑，收 34 篇文章：《实施宪政应有的认识》（蒋介石）、《制宪的基本要件》（蒋介石）、《中国国民党与宪政》（洪兰友）、《中国战时宪政的实施及其步骤》（张君劢）、《国民大会有设立议政会之必要性》（桂林《扫荡报》）等。封面有题赠。

**2212. 训政纲要**　温钮南拟　［中国国民党中央执行委员会宣传部］　6 + 180　32 开

本书分 4 章：训政的意义及其重要、训政的具体方略、训政方略的实施纲要、训政方略的实施程序。书后有 12 个附录。

**2213. 云南宪政讨论会对于"五五宪草"之意见**　13　［环筒叶］　15cm × 26.5cm

**2214. 在抗战时期能否实行民主**　曹伯韩著　生活书店　1938 年 6 月初版　汉口　26　64 开　问题与答案丛刊之七

本书以问答体形式讨论了"在抗战时期能否实行民主"。

**2215. 制宪与抗日**　李宗吾著　［李宗吾发行］　1937 年 9 月　2 + 126　32 开　有图表

本书分两部分：制宪私议、抗日计划之商榷。有著者自序。

**2216. 中国宪政建设**　饶国钧著　青年出版社　1944 年 3 月初版　陕西　14 + 154　32 开　法学丛书　第 1 种

本书分 5 章：宪政之原理、中国制宪之经过、五五宪法草案、宪政建设之先决条件、中国宪政之展望。书前有王治焘所作序言以及自序。有题赠。

**2217. 中国宪政论**　张友渔著　生生出版社　1944 年 6 月初版　158　32 开

本书分 6 章："绪论"、"宪政、宪法、宪政运动总论"、"中国宪政运动史论"、"国民大会论"、"地方制度论"、"保障人民自由权利论"。书前有序言。附录收《关于宪法的施行、保障、解释与修正》一文。

**2218. 中国宪政问题**（第一册）　林桂圃著　现实出版社　1942 年 5 月初版　重庆　8 + 148　32 开

本书分 8 个部分：中国宪政的前途、我们需要怎样的宪政、论国民大会延期、论当前的宪政问题、论当前的宪政实施问题、对于中国新宪法原则的几个意见、民元以来的联邦论及其失败、中国应否实行联邦制。书前有作者自序。附录收《关于联邦制问题的讨论》（陈茹玄先生的一封信）、《再论联邦制问题并答陈茹玄先生》两篇文章。

**2219. 中国宪政问题研究**　周鲸文著　时代批评社　1940 年 5 月初版　香港　4＋106　32 开　时代丛书政治组　第 2 种　周鲸文主编

本书分 3 章：抗战期中为何需要宪政、中国宪政的政治及经济背景、中国需要怎样的宪法。书前有周鲸文所作序言。

**2220. 中国宪政原理**　刘静文著　正中书局　1942 年 12 月初版　2＋106　大 32 开　社会科学丛刊

共 4 章：宪法本质、立国精神、宪政基础、宪政机构。

**2221. 中国宪政运动史纲及五五宪草之研究**　吴人初著　地方自治导报社　1945 年 7 月初版　6＋174　32 开

本书分宪政运动史纲、五五宪草研究两篇，共 20 章：立宪政治的认识、民初之立宪、制宪史的总检讨、宪法之发展性、人民之权利与义务等。附录《立法院宪法草案说明书》。书前有自序。封面有题赠。

**2222. 中国新宪法论**　刘静文著　独立出版社　1939 年 7 月初版　重庆　2＋83　32 开

本书共 4 章：导论、总统制与内阁制、五权制度、个人对于新宪之建议。

**2223. 总裁对于宪政问题之指示**　［蒋介石著］，中央秘书处文化驿站总管理处编　编者刊　4＋96　32 开　有图表　宪政丛书之二

本书收 9 篇文章：《努力完成训政之大业》、《政治建设之要义》（节录）、《国民参政会开幕词》、《促成宪政与实施训政》、《宪政实施协进会第一次全体会开会词》等。书前有编辑例言。

**2224. 走向民主宪法与宪政**　韩幽桐著　生生出版社　1944 年 4 月初版　2＋131　32 开

本书分 4 个部分：总论、宪法论、世界宪政运动史论、妇女与宪政。书前有弁言，书后附《关于研究宪法》。

# 政治宣传、教育

## 宣传工作

**2225. 标语类编**　包文同编著　青年出版社　1941 年 1 月初版　4＋74　32 开

本书分 15 个部分：关于三民主义青年团之标语、关于阐扬三民主义之标语、纪念国父标语、服从领袖标语、关于三民主义青年团团员信守之标语、抗战建国标语、国民精神总动员标语、实行新生活标语、兵役运动标语等。

**2226. 敌我在宣传战线上**　文化教育研究会编　编者刊　1941 年 3 月　7＋297　32 开　文化教育丛书之三

分上、下两篇：敌伪灭华宣传政策及其活动、我党我军反敌伪的宣传鼓励工作。其中上篇包括敌伪反共防共宣传、日寇争取我国军民的宣传、敌伪灭华的"文化政策"及其实施等 10 章；下篇包括我党我军反敌伪宣传工作的建立经过、我党我军反敌伪宣传工作的组织结构、我党我军对敌军的宣传鼓励工作等 6 章。

**2227. 第二期抗战标语集**　国民政府军事委员会政治部制　编者刊　1939 年 8 月　5＋75　32 开

本书分 9 类标语：抗战建国标语、民众宣传标语、士兵宣传标语、兵役宣传标语、战地宣传标语、边疆地方宣传标语、东北民众宣传标语、各种集会标语、国民月会标语（附"新生活运动"及

国民公约标语）。书前有例言。

**2228. 第二期抗战对敌宣传述要**　〔国民政府军事委员会政治部编〕　编者刊　1939 年 4 月　4 + 25　32 开

本书分 3 个部分：对敌宣传的主要内容（敌国危机的分析）、对敌宣传的主要工作、对敌宣传的技术方法和其他。

**2229. 第二期抗战宣传**　福建省军管区国民军训处编　编者刊　1939 年 5 月初版　2 + 50　32 开
军训丛书之四

分两部分：第二期抗战宣传纲要、战地宣传纲要。附录收第二期抗战标语。

**2230. 第二期抗战宣传纲要**　〔国民政府军事委员会政治部编〕　编者刊　1939 年 2 月　12　32 开

本书分 6 章：抗战的时期与任务、第一期抗战的总收获、第二期抗战开始后的目前局势、坚定"抗战必胜"的信心肃清妥协的企图、当前的三大任务、当前的宣传方针和方式。附录收第二期抗战标语。

**2231. 第二期抗战宣传纲要**　〔军事委员会政治部编〕　航委会政治部　1939 年 3 月　16　32 开

本书分 6 章："抗战的时期与任务"、"第一期抗战的总收获"、"第二期抗战开始后的目前局势"、"坚定'抗战必胜'的信心，肃清妥协的企图"、"当前的三大任务"、"当前的宣传方针和方式"。附录收第二期抗战标语。

**2232. 第二期抗战宣传纲要**　军委会政治部订　民团周刊社　1939 年 6 月初版　广西　24　32 开
丙种丛刊第一辑　基本认识丛刊第二辑之五　钱宝甫主编

本书分 6 章：抗战的时期与任务、第一期抗战的总收获、第二期抗战开始后的目前局势、坚定"抗战必胜"的信心肃清妥协的企图、当前的三大任务、当前的宣传方针和方式。附录收第二期抗战标语。

**2233. 防止沦陷区民众参加伪组织宣传办法**　国民政府军事委员会政治部制发　1940 年 11 月　12　32 开

封面有"机密"二字。

**2234. 粉碎"敌伪反宣传"宣传要领与对策**　〔国民政府军事委员会政治部编〕　编者刊　1939 年 9 月　1 + 16　32 开

本书分 7 个部分：敌伪反宣传的用意、敌伪反宣传的内容与方式、要从理论上粉碎敌伪的反宣传、要从事实上粉碎敌伪的反宣传、要从消极防御性的宣传转为积极进攻性的宣传、要实行政治工作的总动员完成宣传重于作战的任务、积极防止敌伪反宣传品的散播。

**2235. 加拿大温哥华中华民国精神总动员委员会第三期征信录**　8　35.5cm×21.5cm　有图表

**2236. 江西省乡村抗战宣传巡回工作团概况**　江西省乡村抗战宣传巡回工作团编　编者刊　1938 年 10 月　40　32 开　有图表

本书分本团缘起、招考经过、训练时期、出发各区、工作步骤、工作方式、团员名单等 12 章节。书前有序言。

**2237. 抗日御侮挽救危亡宣传大纲**　中国国民党江苏省执行委员会编　编者刊　江苏　34　64 开

本书分 5 部分：日本大陆政策之急进、中村事件之导火线、日兵侵占东北各地之经过、日本帝国主义者罪恶之暴露、国难中吾人应有之认识与努力。

**2238. 抗战建国纲领宣传指导大纲** 中国国民党中央执行委员会宣传部编 编者刊 1938 年 6 月 42 32 开

**2239. 抗战六年来之宣传战** 中国国民党中央执行委员会宣传部编著 编者刊 1943 年 7 月初版 16 32 开 抗战建国六周年纪念丛刊 中国国民党中央执行委员会宣传部编

分 6 章：前言、敌人对我的宣传战略与战术、我国宣传战的特点、我国宣传战的对象及其任务、我们的困难及其克服、今后的展望。

**2240. 抗战与国际宣传** 陈原著 中山文化教育馆 1938 年 7 月渝版 重庆 4+40 32 开 抗战丛刊 第 48 种 中山文化教育馆编

本书共 7 章，分别为国际宣传的意义、平时和战时的国际宣传、国际宣传的工具、国际宣传的基本原则、国际宣传的材料、实际工作的技术知识、最后的几句话。卷首有"抗战丛刊缘起"。

**2241. 抗战与宣传** 邵力子、刘经旺、周佛海、童仲赓、方治、施家相、郭沫若、文涛、叶溯中、吕希曾、熊佛西、艾毓英、周厚钧、陈岱础、赵澍、罗慕班、幼生、鲁芳衡执笔 独立出版社 1938 年 7 月初版 汉口 8+78 32 开 战时综合丛书第 2 辑

本书分 4 编：宣传内容、宣传工具、宣传对象、宣传战。书前有代序"提高战时宣传纪律"，书后有编后记。附录收《抗敌救国宣传大纲》及《讨论大纲》。

**2242. 民众宣传与青年训练** 教育部社会教育司编著 正中书局 1938 年 12 月初版 重庆 1+82 32 开 教育部教育播音小丛书第 14 种 抗战讲演集第 5 辑

本书收录 7 篇文章：《抗战的心理》（兰）、《怎样改进民众宣传》（王文新）、《教育心理在国防上的应用》（萧孝嵘）、《战时的戏剧》（余上沅）、《各国青年训练现况》（罗廷光）、《抗战前途与青年应有的责任》（胡庶华）。

**2243. 全国民众宣传大纲** 军事委员会政治部编 1938 年 7 月 26 32 开

本书收《全国民众宣传大纲》、《全国民众宣传大纲实施办法》，以及《全国民众宣传大纲标语》、抗战歌曲等。

**2244. 乡村抗战宣传资料** ［新生活运动促进会编］ 编者刊 66 32 开 新运丛书 第 17 号

本书共 5 章：中国国民党抗战建国纲领、中国国民党临时全国代表大会宣言、对全国民众宣传大纲、抗战周年纪念宣传大纲、乡村抗战标语口号制用准则。

**2245. 宣传方略**（中央政治学校公务员训练部高等科讲义） 许孝炎编 4+120 15cm×24cm

本书分 6 章：导言、抗战后之宣传方针、宣传机构之树立、宣传工作之运用、宣传技术之研究、宣传之统制。

**2246. 宣传工作要领** 潘公展讲 1940 年 10 月 4+64 32 开 中央训练团党政训练班讲演录

本书分 7 章：导言、抗战后的宣传方针、宣传机构的树立、宣传工具的运用、宣传技术的研究、宣传的推广、宣传的统制。

**2247. 宣传工作要领** 潘公展讲 中央训练团党政训练班 1942 年 9 月 ［重庆］ 4+63 32 开

本书为中央训练团党政训练班讲演录，含抗战后的宣传方针、宣传机构的树立、宣传工具的运用、宣传技术的研究等部分。

**2248. 宣传通讯**（第 1 期） 中央宣传部编 编者刊 1939 年 3 月 10 日 36 32 开

封面印有"密件"字样。

**2249.** 宣传通讯（第 2 期）　俞仲萱编　编者刊　1939 年 3 月 20 日　4 + 48　32 开
　　封面印有"密件"字样。

**2250.** 宣传通讯（第 3 期）　中央宣传部编　编者刊　1939 年 4 月 1 日　2 + 22　32 开
　　封面印有"密件"字样。

**2251.** 宣传通讯（第 11 期）　俞仲萱编　编者刊　1939 年 6 月 21 日　2 + 34　32 开
　　封面印有"密件"字样。

**2252.** 宣传通讯（第 14、15 期）　俞仲萱编　编者刊　1939 年 8 月 1 日　2 + 40　32 开
　　封面印有"密件"字样。

**2253.** 宣传通讯（第 20 期）　俞仲萱编　编者刊　1939 年 9 月　2 + 46　32 开　有图表
　　封面印有"密件"字样。

**2254.** 宣传通讯（第 28 期）　俞仲萱编　编者刊　1939 年 12 月 1 日　2 + 40　32 开
　　封面印有"密件"字样。

**2255.** 宣传通讯（第 31 期宣传工作指导专号）　俞仲萱编　编者刊　1940 年 1 月 11 日　4 + 70
32 开
　　封面印有"密件"字样。

**2256.** 宣传通讯（第 37 期　抗战时期工人宣传纲要专号）　俞仲萱编　编者刊　1940 年 3 月 11 日
4 + 22　32 开
　　封面印有"密件"字样。

**2257.** 宣传通讯（第 46 期）　俞仲萱编　编者刊　1940 年 7 月 15 日　2 + 28　32 开
　　封面印有"密件"字样。

**2258.** 宣传通讯（第 47 期）　俞仲萱编　编者刊　1940 年 8 月 1 日　2 + 30　32 开
　　封面印有"密件"字样。

**2259.** 宣传通讯（第 57 期）　俞仲萱编　编者刊　1941 年 1 月 1 日　2 + 32　32 开
　　封面印有"密件"字样。

**2260.** 宣传通讯（第 65 期）　俞仲萱编　编者刊　1941 年 5 月 15 日　2 + 36　32 开
　　封面印有"密件"字样。

**2261.** 宣传通讯（第 68 期）　俞仲萱编　编者刊　1941 年 6 月 15 日　2 + 30　32 开
　　封面印有"密件"字样。

**2262.** 宣传通讯（第 69 期）　俞仲萱编　编者刊　1941 年 7 月 1 日　1 + 25　32 开
　　封面印有"密件"字样。

**2263.** 宣传通讯（第 78 期）　俞仲萱编　编者刊　1942 年 1 月 15 日　2 + 60　32 开
　　封面印有"密件"字样。

**2264.** 宣传通讯（第 80 期）　俞仲萱编　编者刊　1942 年 1 月 15 日　2 + 78　32 开
　　封面印有"密件"字样。

**2265.** 宣传通讯（第 81 期）　俞仲萱编　编者刊　1942 年 2 月 1 日　2 + 64　32 开

封面印有"密件"字样。

**2266. 宣传通讯（第86期）**　俞仲萱编　编者刊　1942年4月15日　2+68　32开
封面印有"密件"字样。

**2267. 宣传通讯（第88期）**　俞仲萱编　编者刊　1942年5月15日　2+46　32开
封面印有"密件"字样。

**2268. 宣传通讯（第98期）**　俞仲萱编　编者刊　1942年10月15日　2+34　32开
封面印有"密件"字样。

**2269. 宣传通讯（第99期）**　俞仲萱编　编者刊　1942年11月1日　2+60　32开
封面印有"密件"字样。

**2270. 宣传通讯（第104期）**　俞仲萱编　编者刊　1943年1月15日　2+40　32开
封面印有"密件"字样。

**2271. 宣传通讯（第106期）**　俞仲萱编　编者刊　1943年2月15日　2+44　32开
封面印有"密件"字样。

**2272. 宣传通讯（第112、113期）**　俞仲萱编　编者刊　1943年5月15日　2+48　32开
封面印有"密件"字样。

**2273. 宣传要点汇编（第四辑）**　（伪）宣传部编　编者刊　1943年3月　+84　大32开
本书收录：南洋解放、东亚联盟一周年纪念、日本交还天津广州英国租界行政权、还都二周年纪念、满洲国答礼使节来京、"七七"五周年、中日签约二周年、大东亚战争周年纪念等宣传要点。附"统一口号标语"。

**2274. 宣传要点使用法**　中国国民党中央执行委员会宣传部编　编者刊　1938年6月　8　32开

**2275. 宣传指南**　解放社编　编者刊　1942年2月　延安　1+22　32开
内容包括两个部分：宣传指南、怎样办党报。

**2276. 一二·一二抗日救亡运动宣传大纲（对一般民众）**　1936年12月　1张　26.8cm×36.1cm
该大纲是针对"西安事变"提出的12点宣传纲领。复制本。

**2277. 一九四四年边区各界庆祝国庆节筹备会传单**　边区各界庆祝国庆节筹备会编　［编者刊］
1944年10月　5张
本件为5张传单，大小不一。包括：《大后方苛捐杂税压死人，必须改组国民党政府人民才得活》、《国民党军队丧师失地，日失一城有余！》、《实行真民主，反对假民主！》、《国民党军队士兵真是苦！》、《国共两党军队抗击敌伪兵力对比》。

**2278. 怎样做宣传工作**　孙刚毅编著　观察日报　1939年3月　邵阳　1+22　32开　观察丛书（甲）第2种
本书分两个部分：论目前的宣传工作、农村宣传工作的经验。

**2279. 战地宣传日语**　7［环筒叶］　32开　油印
收录战地宣传日语口号、标语、歌曲等。

**2280. 战时的宣传工作**　刘群著　黑白丛书社　1938年1月再版　上海　33　32开　黑白丛书非常

时期特刊之六

收当前宣传工作的任务和要点、做宣传工作者应有的认识、各种宣传技术的修养与运用等4部分。

**2281. 战时各国宣传方策**　独立出版社编　独立出版社　1938年12月初版，1939年2月5版　重庆　2+86　32开

本书分5篇，包括：战争与宣传、欧战各国的宣传战、现代独裁国家的宣传统制、日本的侵华宣传、怎样展开我们的国际宣传。书后附有后记。

**2282. 战时宣传纲要集（一）**　中国国民党中央执行委员会宣传部编　编者刊　1942年10月　4+228　32开

本书分6部分，阐述战时关于动员者、经济者、交通者、兵役及工人者、县、市宣传者、国际者等。

**2283. 战时宣传工作**　郭沫若著　中央陆军军官学校　1938年10月初版　重庆　6+82　32开　黄埔丛书23　黄埔出版社编

本书分总论、分论两部分。总论"理论与方法"包括：绪言、抗战建国纲领之阐扬、宣传工作者之修养、言论的宣传、艺术的宣传、其他特种宣传方式；分论"应用与实习"包括：对民众的宣传、对士兵的宣传、对敌人的宣传、对国际的宣传、结语。

**2284. 战时宣传工作**　郭沫若著　青年书店　1939年3月再版　重庆　8+156　32开

本书分总论、分论两部分。总论"理论与方法"包括：绪言、抗战建国纲领之阐扬、宣传工作者之修养、言论的宣传、艺术的宣传、其他特种宣传方式；分论"应用与实习"包括：对民众的宣传、对士兵的宣传、对敌人的宣传、对国际的宣传、结语。

**2285. 战时宣传工作（军事学校战时政治教程）**　郭沫若著　国民政府军事委员会政治部　1938年7月初版　重庆　8+156　32开

本书分总论、分论两部分。总论"理论与方法"包括：绪言、抗战建国纲领之阐扬、宣传工作者之修养、言论的宣传、艺术的宣传、其他特种宣传方式；分论"应用与实习"包括：对民众的宣传、对士兵的宣传、对敌人的宣传、对国际的宣传、结语。书前有编辑例言。

**2286. 战时宣传术**　阎哲吾编著　正中书局　1940年7月初版　重庆　2+54　32开　特教丛刊第18种

本书分4章：战时宣传概说、基本宣传技术、特种宣传技术、宣传的组织及实施。附录收参考资料。

**2287. 战时宣传资料（第四辑）**　中国农村经济研究会编　新知书店　1939年1月　2+40　32开

本书收录20篇文章，包括《要宣传些什么?》、《五中全会的成功》、《游击队的母亲——赵老太太》、《广西士兵勇敢作战爱百姓》、《梁团长设计焚毁敌人的飞机场》等。

## 公民教育、民众训练

**2288. 非常时期之民众训练**　胡祥麟著　中华书局　1937年4月，1937年7月再版　上海　66　32开　非常时期丛书　雷震、马宗荣、徐逸樵、罗鸿诏主编

本书分4章：非常时期民众训练之意义、我国民众军训之史的演变、民众军训之本体、尾论。书前有总序。

**2289. 国民公约图解**　豫鄂皖苏区党政分会战地宣传委员会编　编者刊　12　横64开　有插图　战地小丛书第1集

以图文并茂的形式，宣传抗战期间制定的《国民公约》。

**2290. 国民手册**　李健民编，任健侯校阅　中国书店　1941年8月　香港　3＋116　32开　有插图、有图表

本书收录32篇文章：《个人与社会的关系》、《国家是什么》、《政党是什么》、《什么叫做革命》、《国民革命》、《不平等条约》、《帝国主义》、《中国国民党党史》、《抗战的意义和怎样抗战》等。有序和导言。

**2291. 抗战与民众训练**　陈端志著　商务印书馆　1937年12月初版，1938年3月4版　上海　5＋66　32开　抗战小丛书　中国文化建设协会主编

本书分7章：序论、民众训练的意义与本质、民众训练的目标、民众训练的实施、实施民众训练的准备工作、实施民众训练的具体办法、结论。书前有"本丛书发刊旨趣"（潘公展）。

**2292. 抗战与民众训练**　陈端志著　商务印书馆　1937年12月初版，1938年6月5版　长沙　5＋66　32开　抗战小丛书　中国文化建设协会主编

内容包括7章：序论、民众训练的意义与本质、民众训练的目标、民众训练的实施、实施民众训练的准备工作、实施民众训练的具体办法、结论。

**2293. 抗战中之民众组织与训练**　王少祥著　中央陆军军官学校特别训练班　1937年11月　2＋113　32开　有图表

本书分4编：战时民众组织与训练、失陷区域民众组织与训练、保甲户口之编查、附录。

**2294. 民众训练纲要**　雷逸民编著　政治训练部政治训练班　[1940年]　4＋56　大32开　有插图、有图表

分两编：概论、实施方法，论述战时民众训练问题。附录为《社会运动法规目录》。出版时间参照《民国时期总书目》。

**2295. 民众训练实施法概论**　李桐冈编著　正中书局　1941年8月初版　6＋80　32开　有插图、有图表

分8章：民众训练的意义和认识、民众训练的时代需要、民众训练的宗旨和目标、民众训练的对象、民众训练的内容、民众训练的方法、民众训练的区域、民众训练与干部。书前有序以及凡例。

**2296. 民众组织与训练**　陈立森著　福建省军管区国民军训处　1938年11月初版　福建　10＋156　32开　军训丛书之二

本书共5章：民众组织与训练的意义、民众组织与训练的目的、民众组织与训练的方式、民众组织与训练干部的养成、民众组织与训练的运用。附录收《保甲条例》、《中华民国合作社法》、《福建省普设战时民校办法大纲》、《福建省战时民众训练实施办法》、《中华民国人民团体组织方案》。书前有自序、杨华作序。

**2297. 人民自卫须知**　北平人民自卫指导委员会辑录　编者刊　1933年1月　66页　32开　有插图

本书旨在普及战争常识，分6部分：绪言、防空——民众防避飞机之常识、防毒、救急、防火、附录。附录收《人民自卫办法方案》。

**2298. 陕西省第七区祁县民众组训工作总报告**　1944年3月　2+112+3 [环筒叶]　26.4cm×18.3cm　油印、线装　有插图、有图表

　　本书共8章：概述、筹备经过、调查情形、编组情形、组训情形、督导情形、其他、结论。附录收有关法规、县乡级工作人员通讯录。韦德懋作前言。封面有题赠。

**2299. 释国民公约**　老向著　军事委员会政治部　16　64开　抗战小丛书第11集

　　本书解释了12条《国民公约》的具体内容。

**2300. 为实践总裁"实看实做实验实教"给本区政治工作人员**　陕西省第三区行政督察专员公署编　编者刊　1940年8月　陕西　4+30 [环筒叶]　32开　有插图、有图表

　　本书分19节：踏进农村、揭开工作序幕、掀动了狂潮、建立发动政治力量的水准机构、实行自治实验、扎下推行民众教育的根子、生产问题、农村经济概况、民众的负担等。有余正东作序。

**2301. 西北青年救国联合会与战时青年训练班**　西北青年救国联合会编著　编者刊　1938年8月　104　32开　青救丛书之五

　　辑有：《一年来的西北青年救国联合会》（韩进）、《我们怎样创办战时青年训练班的》（冯文彬、乔木）、《青训班的教务工作》（瑞龙）、《青训班军事教育的实施》（东潮）、《生活指导处是怎样工作着的》（张琴秋）、《职工大队概括》（陈希文）、《青训班的女同胞》（夏青）、《青训班的农民连》（耕野）、《青训班的地方工作》（叶方）等12篇文章。卷首有冯文彬、乔木的小引。封面题名为：西青救与青训班。

**2302. 协助民间战时工作指示录**　中国国民党中央执行委员会宣传部编　编者刊　1938年4月　5+111　32开

　　包括应付人事之指示、深入民间之指示、因势利导之指示、实事求是之指示等4部分。有弁言。

**2303. 御侮救国**　教育部民众读物编审委员会编著　正中书局　1938年4月初版　10　64开　有插图　非常时期民众丛书　第2集　近事　第9册

　　通俗抗战宣传册。

**2304. 战时的民众训练**　沈斐成编　商务印书馆　1938年7月初版　长沙　34　32开　有照片　小学生战时常识丛书

　　本书分8节，包括战时的民众训练是是什么、民众训练和战争的关系以及壮丁、青年、妇女、学生训练等。

**2305. 战时后方民众训练**　骆耕漠著　黎明书局　1937年12月再版　武汉　4+67　32开　战时民众丛书

　　分5部分：训练后方民众是当前的急务、训练不能从民众运动之中孤立出来、怎样训练后方的民众、集体主义的自我教育及其实施、从事训练工作的一点经验。附录收《上海市文化界救亡协会训练委员会训练工作大纲》、《战时问题讨论大纲十则》。

**2306. 战时民众组织与训练**　何适编　广州大学　1938年4月　广州　38　32开　有图表　战时小丛书

　　本书分上、下篇和结论3部分。包括组织民众之主要原则、程序、战时团体之类别及其工作、训练民众应有之认识与准备、方式等。

**2307. 战时民众组织与训练** 成文秀著　中央陆军军官学校　1939年3月初版　贵州　150　32开　黄埔丛书32

本书分6章：战时民众组织与训练的意义及其重要性、宣传——唤醒民众、组织——领导民众、训练——教育民众、武装——动员民众、指导战时民众组训工作人员的资格与修养。附录包括《战时民众之组织与训练实施要项》、《战时社会军事训练整备纲领》等8种。书前有绪言。

**2308. 战时青年训练** 左舜生等著　国魂书店　1940年4月　成都　70　32开　国论丛书

本书收录7篇文章：《关于青年训练》（左舜生）、《抗战建国与青年训练》（左舜生）、《青年训练须知》（余家菊）、《从青年苦闷说到青年训练》（黄欣周）、《战时青年训练刍议》（黄欣周）、《铜筋铁骨论》（易君左）、《人才或奴才》（胡哲敷）。书前有序。

**2309. 战时青年训练** 罗伽著　大时代书店　1938年4月初版　汉口　5+72　32开

本书分上、中、下3编：战时青年应有的训练、战时青年应有的实际工作、我们的借鉴——各国青年训练状况。

**2310. 战时青年组织和训练** 超人编著　前进出版社　1938年3月　汉口　1+42　32开

本书介绍抗战中怎样组织和训练青年通信队、交通队、防空队、警卫队、救护队、消防队的工作。书前有编者序言。

**2311. 张主席言论第二集（民训七讲）** ［张治中著］　［湖南省政府秘书处编］　编者刊　1938年6月　2+154　64开

本书分7个部分：民训干部班组织的经过和重要的任务、革命青年应皈依三宝、对于诸般问题的解答、发动民众运动的真意义与真精神、民训工作人员的态度与精神应该怎样等。书前有代序《举国皆兵必能抗敌自卫》。附录收《为民训运动告各县县长及各级行政人员书》。

**2312. 浙江省战时政治工作队之使命** 黄季宽讲，浙江省政府政工室编　编者刊　1939年11月　浙江　2+110　32开　战时工作手册第6种

本书共10部分：本省战时政治工作人员训练团战时青年训练团及各县政治工作队的使命、政工人员集训的目的与应注意的要点、浙省政工队的回顾与前瞻、抗战现阶段的认识等。有前言。

**2313. 政治讲话** 福建省政府建设厅合作事业管理局编　编者刊　1939年7月　22　32开　福建省合作训练小丛书

本书分22部分：中华民族、三民主义、国民党、党国旗、中山先生、蒋委员长、我们的国土、国家行政系统、国家与人民、日本侵华史略、敌人的野心、顺民的痛苦、汉奸的结局、抗战两年经过、国民精神总动员等。

**2314. 中国国民党第五届中央执行委员会第二次全体会议中央民众训练部工作概况报告** ［中央民众训练部编］　［编者刊］　1936年7月　1+102　16开　有图表

包括总述、法规方案之拟定、人民团体之组织、民训工作之策进、纠纷事件之调处、法规疑义之解释、民训刊物之编审和结论。

**2315. 壮丁训练（抗战常识讲话）** 卢怀白、周锡保编著　正中书局　1938年5月初版　4+34　64开　有照片、有图表

本书分8节：壮丁的训练、编制和组织、训练方法、壮丁的奖惩、如何防止壮丁的腐化等。

### 政训工作

**2316.** 中央训练委员会工作报告　1939年4月　3 [环筒叶]　16开

**2317.** 中央训练委员会工作报告　1939年5月　3 [环筒叶]　16开

**2318.** 中央训练委员会训练团三年调训计画　中央训练委员会编　编者刊　1939年8月　2+28　32开　有图表

　　本书分6章：三年调训计画纲要、三年调训人数总表、第一年调训实施详表、第二年调训实施简表、第三年调训实施简表、奉批特别另设之调训事项。

**2319.** 中央训练委员会重要工作报告（二十八年二月至十月）　1+28　16开　有图表

**2320.** 中央训练委员会重要工作周报　[1939年]　4 [环筒叶]　16开　有图表
　　本书为1939年10月6日至11月12日间第八次工作报告。

**2321.** 中央训练委员会重要工作周报　[1939年]　2 [环筒叶]　16开　有图表
　　本书为1939年12月18日至12月24日间第十四次工作报告。

**2322.** 中央训练委员会重要工作周报　[1939年]　2 [环筒叶]　16开　有图表
　　本书为1939年12月25日至12月31日间第十五次工作报告。

**2323.** 中央训练委员会重要工作周报　[1939年]　3 [环筒叶]　16开　有图表
　　本书为1939年12月11日至12月17日间第十三次工作报告。

**2324.** 中央训练委员会重要工作周报　[1939年]　2 [环筒叶]　16开　有图表
　　本书为1939年11月13日至11月19日间第九次工作报告。

**2325.** 中央战时工作干部训练团四周年纪念特刊　[中央战时工作干部训练团] 编　编者刊　1942年7月　2+168+15　16开　有照片、有图表

　　本书分3部分：特载、团务、附录。

**2326.** 总裁对于训练工作之指示　[蒋介石著]，中国国民党中央执行委员会训练委员会编　编者刊　1942年10月修订再版　6+252+4　32开　训练丛书之三

　　本书分3部分：训练要义、训练工作要领、训练语录。卷首有编辑例言。

**2327.** 总裁干部训练训词选集　[蒋介石著]，浙江省地方行政干部训练团编　浙江省地方行政干部训练团　1940年9月　1+145　32开　训练丛书之一

　　收录蒋介石《训练的目的与训练实施纲要》、《党政训练班创办之意义与党政人员当前的急务》、《党政训练的要旨》、《推进地方自治之基本要务》、《地方行政干部应有之修养》、《军事基本常识——军事训练之要领》、《军事训练基本动作的意义与效用》。书前有浙江省地方行政干部训练团训练丛书编辑例言。

**2328.** 安徽训练概况　安徽省地方行政干部训练团编　编者刊　[1946年]　安徽　14+ [814] 大32开　有照片、有插图、有图表

　　本书共9篇：组织、一般行政、教务、训导、军训、区县训练指导、辅导、经费和示范乡。李品仙、黄绍耿作序。

**2329.** 党政训练班第一年训练实纪　中央训练团编　编者刊　[1940年]　28+276　32开　有

图表

　　本书分 4 篇：总论、教务实施、训育实施、设备。书前有代序及编辑例言，书后有大事记。出版时间依编辑例言推论。

**2330. 第二期抗战关于政训工作之指示**　陈辞修讲，国民政府军事委员会政治部编　编者刊
[1938 年]　2 + 238　32 开　有图表

　　本书分 20 个部分：抗战局势之新发展与我们应有的认识与决心、关于政治部今后工作之讨论与决议、第二期抗战与军队训政工作的改进、促进军民合作是抗战胜利的最大保证、救灾与抗敌、战时工作干部训练及其他、从国际局势谈到自力更生等。出版时间依据书内内容推论。

**2331. 广东干部训练之回顾与前瞻**　陆冠莹编著　广东省地方行政干部训练团、广东省地方行政干部训练委员会　1942 年 5 月　广东　92　32 开　有图表　训练丛书之五

　　本书共 4 部分：引言、过去训练概况、现在实施情形、将来训练计划。

**2332. 国民守则释证**　刘继宣著　正中书局　1945 年 4 月初版　2 + 43　32 开

　　本书分 12 个部分：忠勇为爱国之本、孝顺为齐家之本、仁爱为接物之本、信义为立业之本、和平为处世之本、礼节为治事之本、服从为负责之本、勤俭为服务之本等。书前有序。

**2333. 国民政治教本**（保训合一干部训练适用）　中央军学图书馆　1938 年 8 月　成都　[210]
32 开　有照片、有插图、有图表

　　本书共 6 编：精神教育、政治训育、军训概要、卫生训练、辅助教育、保甲实际问题讲义。

**2334. 黄团主任干部训练言论选集**　[黄绍竑著]，浙江省地方行政干部训练团编　编者刊　1940
年 11 月　3 + 168　32 开　训练丛书之二

　　本书收 18 篇言论：《训练要旨和本省干训团的使命》、《纪念九一八的重要意义和受训期中应有的认识》、《受训人员应有的自省》、《抗战斗士们应有之修养》、《健全本身与开展工作》、《训练青年的要求及其意义》等。书前有《浙江省地方行政干部训练团训练丛书编辑例言》。

**2335. 江西省战时民众组训干部训练班政治训练教材便览**　江西省战时民众组训委员会编　编者刊
1939 年 12 月　6 + 120　32 开　有图表

　　本书分 10 篇：精神教育、抗战建国纲领、国民精神总动员、国际现势、战时民众组训、乐歌等。乐歌中有《全民抗战歌》、《义勇军进行曲》等 10 余首歌的词曲。

**2336. 教育长陈希豪先生干部训练言论选集**　[陈希豪撰]，浙江省地方行政干部训练团编　编者
刊　1940 年 11 月　2 + 77　32 开　训练丛书之三

　　本书分 8 个部分：本团的创办及其使命、第一期训练的检讨、培养新干部建设新浙江、干部训练的重要性、公务员的三从四德、干部训练与抗战建国等。书前有编辑例言。附录为《怎样去训练青年》。

**2337. 七年来之训练工作**　中国国民党中央执行委员会训练委员会编　编者刊　1945 年 10 月　4 +
22　32 开　有图表　训练专刊之十三

　　本书分 5 个部分：训练工作之缘起、七年来训练工作之进展情形、训练书刊之编审、各级机关之训练实施、结论。附录收《全国各级训练机关分类训练人数》、《全国各级训练机关训练人数》、《历年全国各级训练机关办理数》等 9 个统计表。

**2338. 全国各训练机关受训人员类别及其阶层**　中国国民党中央执行委员会训练委员会　1940 年 5

月　12　32 开

本书包括中央训练、地方训练两个方面的内容。

**2339. 全国各训练机关训练领要**　中央训练团　1940 年 1 月　36　32 开

本书分 4 个部分：全国各训练机关训练纲领、统一各地训练机关办法、中央训练团调训办法、县各级干部人员训练大纲。

**2340. 全国训练统计简编（民国三十年辑　训练实施部分）**　中国国民党中央执行委员会训练委员会编　中国国民党中央执行委员会训练委员会　1942 年 5 月　47　横 16 开　有图表　训练专刊之四

收录福建、浙江、江西、安徽、河南、山西、江苏、山东、河北、绥远等省的训练机关、各年训练人数及其类别。封面有"机密"字样。

**2341. 三十二年度上半年各省训练工作总检讨**　中国国民党中央执行委员会编　编者刊　1943 年 12 月　2 + 94　32 开　有图表　训练专刊之七

本书分 7 节：前言、计划经费及训练、调训与招训部分、教务实施部分、训导实施部分、军事训练部分、县训练所计划经费与训练实施部分。

**2342. 受训心声录**　初予编纂　人文书店　1943 年 12 月，1944 年 2 月渝初版　重庆　4 + 124　32 开

本书分 13 部分：辑例、复兴关的训练、中央训练团巡礼、中央受训记、中训团观感录、我在党政班受训的心得、复兴关下一个新兵的杂记、复兴关札记、复兴关回忆篇、矗立复兴大县、关山依旧、复兴关下的一天、同乐会在党政班。1943 年 12 月版封面印有"第一辑"字样。

**2343. 县单位的政治教育**　张鉴虞著　成城出版社　1943 年 3 月　成都　2 + 126　32 开

包括：国民教育中的政治教育、乡村社会中的政治教育、民众组织中的政治教育、职业团体中的政治教育、民权训练中的政治教育等。书前有作者及作者夫人序。封二有题赠。

**2344. 血的经验（第二辑）**　南岳干训班编　南岳干训班　1939 年 5 月　4 + 76　32 开　突击丛书之十一

本书收录南岳干训班学员的作品，共计 25 篇。有题赠。书前有"突击丛书编例"。

**2345. 训练的理论与实施**　青年出版社　1942 年 12 月　2 + 328　32 开　有图表

本书分 12 章，包括：训练的目的与训练实施纲要、党政训练的要旨、军事训练之要领、政工训练纲领释义、三民主义青年团的训练问题等。附录收《中央训练团党政训练班训育工作要领》、《中央训练委员会订定各种干训班课程大纲》、《庐山暑期训练团训条》。

**2346. 业务研究集**　广东省战时政治工作总队部教育处编　编者刊　1940 年 6 月初版　曲江　[495]　32 开　有题词、有图表　战时政治工作丛书　第 1 种

全书共 33 章，包括：领袖关于青年问题训词简编、怎样做一个政工人员、出发前的话、怎样推行新政、怎样推行民政、怎样去协助财政工作、怎样去协助战时教育等。书前有广东省战时政治工作总队队歌、队训和工作信条。

**2347. 政治警觉性**　赵梅生编　抗战复兴出版社　1939 年 8 月　16　32 开　民族革命教材之二

本书共 6 部分：提高政治警觉性的意义、不失机地取得人心、不吃亏地维护政权、政治立场不放松、组织责任心不放松、严防恶意宣传与误解。书后有《阎司令长官最近语录》。

**2348. 政治训练部政训工作之宣传训育纲领** 政治训练部编 编者刊 1941 年 2 月 134 32 开

本书分 4 部分：政治工作人员之基本信条、宣传训育工作之目的、宣传训育纲领、宣传训育方法。附录收《艳电》（汪精卫）、《罪己的精神》（汪精卫）、《对政训班训词》（陈公博）、《怎样才可使中日永久和平》（陈公博）等 23 篇文章。书后附有勘误表。

## 中央训练团

**2349. 党政训练班教务训育之方针及其实施（中央训练团党政训练班讲演录）** 段锡朋讲 1943 年 11 月，1944 年 1 月 20 32 开

本书为对党政训练班训练实施计划中的教育与训育部分的讲解。

**2350. 督导手册** 中央训练团编 编者刊 1940 年 2 月 2+70 32 开 有图表

本书分 14 部分，包括：团长手令、党政训练班督导准则、督导区略图、督导员工作总报告要目、各类学员督导报告表等。

**2351. 考核要旨（党政工作考核之要领与方法）** 陈仪讲 1943 年 11 月 8 32 开

本书为中央训练团党政训练班讲演录。

**2352. 课程问答（第一辑）** 中央训练团编 编者刊 1940 年 5 月 6+32 32 开

本书将课程问答分 3 类辑录：党务类、抗战建国工作类、专门问题类。

**2353. 团长对于青年团团务之指示** 中央训练团编 编者刊 1941 年 12 月 2+280 64 开

本书收录 10 篇文章，包括《为组织三民主义青年团告青年书》、《青年团团员办事的精神和办法》、《对三民主义青年团团员宣誓训词》、《党与团的关系》等。附录收《周子太极图说》、《张子西铭》。

**2354. 团长训词汇辑（一）** ［蒋介石讲］，中央训练团编 编者刊 1940 年 4 月 2+216 64 开 有图表

**2355. 团长训词汇辑（二）** ［蒋介石讲］，中央训练团编 编者刊 1940 年 4 月 2+264 64 开

本书收训词 6 篇：党政训练班第一期开学训词、党政训练班第二期开学训词、党政训练班第四期开学训词、训练的目的与训练实施纲要、军事基本常识——军事训练之要领、军事训练基本动作的意义与效用。

**2356. 团长训词选读（一）（主义、训练、教育）** ［蒋介石讲］，中央训练团编 编者刊 1943 年 6 月，1944 年 7 月 ［427］ 64 开 有图表

收录关于三民主义、训练、教育的训词 13 篇。书前有编辑例言。

**2357. 团长训词选读（二）（哲学、修养）** ［蒋介石讲］，中央训练团编 编者刊 1943 年 6 月，1944 年 6 月 ［430］ 64 开 有图表

收录关于哲学、修养的训词 12 篇。

**2358. 团长训词选读（三）（党务、政治）** ［蒋介石讲］，中央训练团编 编者刊 1943 年 6 月，1944 年 4 月 ［430］ 64 开 有图表

收录关于党务、政治的训词 13 篇。

**2359. 团长训词选读（四）（经济、军事）** ［蒋介石讲］，中央训练团编 编者刊 1943 年 7 月 ［450］ 64 开 有图表

收录关于经济、军事的训词 12 篇。

**2360. 团长最近对于政治之指示**　蒋介石著，中央训练团编　编者刊　1940 年 5 月　2 + 226　64 开
有图表

本书收 17 篇：庐山谈话会讲辞、对战区地方长官电令、国民参政会开幕词、致各省省政府主席各战区司令长官电、致国民参政会电、痛斥近卫狂妄声明等。

**2361. 团长最近训词补编（一）**　　［蒋介石著］，中央训练团编　编者刊　2 + 128 + 16　64 开

本书收录蒋介石训词 7 篇：《三十年元旦告全国军民书》、《新生活运动七周年纪念日广播讲词》、《第二届国民参政会开幕词》、《第二届国民参政会第六次会议讲演词》、《第二届国民参政会闭幕词》、《为战时公债劝募运动告全国同胞书》、《精神总动员二周年纪念日广播讲词》。附录收《革命成败的关键》。

**2362. 新中国前途的展望**　张文白讲　扫荡报总社　1944 年 3 月　39　64 开

本书分 6 个部分：前言、新中国的态观、怎样才是新中国、怎样实现新中国、新中国前途的展望、结论。该书为 1943 年 11 月 26 日在中央训练团党政训练班对受训学员的讲词。

**2363. 战地政治与经济**　顾翊群讲　1942 年 3 月　10 + 61　32 开　有图表

本书为中央训练团党政训练班讲演录，分 6 章：绪论——战地问题之重要性、敌寇之传统的对华侵略政策、敌伪对战地政治经济侵略之措施、我方在战地之各种设施及对策、敌伪政治与经济侵略之结果、结论——今后应加紧努力之工作。

**2364. 中央训练团党政训练班工作讨论资料选录增编**　中国国民党中央执行委员会训练委员会编
编者刊　1943 年 12 月　7 + 122 + 4　32 开　训练丛书之二十六

本书共三编。第 1 编党务类，共 2 章：目前党务工作之困难及其改进办法、军队党务；第 2 编县行政问题，共 4 章：县行政问题、地方军事建设问题、目前地方行政工作的困难及其改进意见、如何推展社会工作；第 3 编训练类，共 4 章：训练之性质问题、训练机构之组织与编制问题、训练之实施问题、目前工作的困难及其改进意见。

**2365. 中央训练团台湾行政干部训练班第一期教职学员通讯录**　1945 年 4 月　2 + 36　32 开　有照片、有题词

**2366. 中央训练团小组讨论资料选录**　中国国民党中央执行委员会训练委员会编　编者刊　1941 年
3 月　4 + 274 + 6　32 开　训练丛书之十三

本书分 9 个部分：三民主义之哲学基础、如何实行三民主义、如何实施三民主义的教育、如何加强国民精神总动员及促进新生活运动、如何促进国民经济建设运动等。书前有编辑例言。

**2367. 中央训练团业务演习选录**　中国国民党中央执行委员会训练委员会编　1941 年 12 月　8 +
186　32 开　训练丛书之十七

本书分 5 章：总论、调查、设计、人事、经理。有编辑例言。

**2368. 中央训练团重庆分团地方行政人员训练班学员名录**　　［84］［环筒叶］　20.5cm × 28.7cm
线装

稿本。

# 政治运动

**2369. 非常时期之精神训练**　朱兆萃著　中华书局　1937 年 4 月　上海　4 + 42　32 开　中国新论社非常时期丛书　雷震、马宗荣、徐逸樵、罗鸿诏主编

分 6 部分：国人对于精神与物质的错觉、非常时期精神训练的重要性、非常时期精神训练的实例、青年精神训练的目标、世界各国青年的精神训练、青年精神训练之鹄的。书前有总序。

**2370. 建国四大运动纲领**　1940 年 6 月　268　64 开　有图表

分 5 部分：建国运动、新生活运动纲要、国民经济建设运动之意义及其实施、劳动服务办法通令辑要、国民精神总动员纲领。附录收《国民公约》、《誓词》、《国民精神总动员实施办法》3 篇文章。

**2371. 三大运动**　1942 年 12 月　4 + 496　32 开　有图表　训练丛书之四

本书分 3 个部分：新生活运动、国民经济建设及节约运动、国民精神总动员。

**2372. 三大运动实施纲要**　中央训练团　6 + 274　64 开

本书汇集有关新生活运动、国民经济建设运动、国民精神总动员的讲词、大纲、通令辑要等。书前有"团长（蒋介石）训词"。附录收《党政军机关人员小组会议与公私生活行为辅导办法》、《党政机关区分部之小组可融合于机关小组之两相顶办法》。

**2373. 三大运动与实施纲要**　中央训练团编　编者刊　1940 年 5 月　3 + 274　64 开

本书分 3 个部分：新生活运动与劳动服务运动、国民经济建设运动、国民精神总动员。书前有团长（蒋介石）训词。

**2374. 三项运动**　中国国民党中央执行委员会训练委员会编　1941 年 1 月　6 + 68　32 开　训练教程之六

本书分 5 章：总论、新生活运动、国民经济建设运动、国民精神总动员、结语。有编辑例言、代序。

**2375. 三项运动**　中国国民党中央执行委员会训练委员会编　正中书局　1941 年 6 月初版、1944 年 11 月 5 版　3 + 65　32 开

本书分 5 章，内容为：总论、新生活运动、国民经济建设运动、国民精神总动员、结语。有编辑例言、代序。

**2376. 新生活运动促进总会伤兵之友社总社工作报告（二十九年度）**　新生活运动促进总会伤兵之友社总社编　编者刊　1940 年 12 月　4 + 28 页　32 开　有图表

包括该社的组织概况、总务概况、训练概况、推行概况等。

**2377. 新生活运动促进总会伤兵之友社总社工作简报（自二十九年二月至三十五年十二月三十一日）**　新生活运动促进总会伤兵之友社总社编　编者刊　[1947 年 1 月]　20 + 54 页　大 32 开　有照片、有图表

介绍了该社的沿革、组织概况及自 1940 年 – 1947 年 12 月以来的工作概况。

**2378. 职工读本（工人运动十讲）**　大众印书馆编　编者刊　1941 年　61　64 开　抗日基本群众读物第 4 种

共分10讲：什么是工人阶级、中国工人阶级、职工抗日联合会、无产阶级的历史任务、工人阶级的政党——共产党、中国工人运动、中国工人阶级与中华民族解放、中华民族解放与世界无产阶级革命、中国工人运动的当前任务、山东的职工运动。

## 国民精神总动员运动

**2379. 第二期抗战最高指导原则**　福建省政府秘书处公报室编　编者刊　1938年8月　福建　100　16开　闽政月刊附刊之一

本书分4个部分：总裁训词、国民精神总动员、宣言、附载。

**2380. 国民精神教条**　吴真我编著　浙江省战时教育文化事业委员会　1940年4月初版　1＋32　64开　政治常识小丛书　浙江省战时教育文化事业委员会征编组主编

分两章：青年守则、国民公约。包括4部分：国民精神教条的重要性、青年十二守则的说明、国民动员抗敌的基本信条、国民十二誓约的浅释。

**2381. 国民精神总动员**　平凡书社　1939年3月　3＋27　32开

本书收录《蒋委员长通电实行国民精神总动员》、《国民精神总动员纲领》。

**2382. 国民精神总动员**　叶溯中、张群、吴铁城、陈启天、沈苑明、童蒙圣、吴开先、刘季洪执笔　独立出版社　1939年7月初版　[重庆]　8＋52　32开　战时综合丛书第5辑

本书分7章：绪论、国民精神总动员之共同目标、国民精神总动员与道德建设问题、国民精神总动员要确立建国信仰、国民精神总动员要改造国民精神、国民精神总动员的动员领袖、国民精神总动员的实施。书前有代序《实行国民精神总动员要从"行"的方面下功夫》。书后有编后记和讨论大纲。

**2383. 国民精神总动员的实施**　钟荣苍编著　独立出版社　1939年12月初版　重庆　36　32开　抗战建国小丛书　潘公展等主编　独立出版社编

收录国民精神总动员实施的背景、国民精神总动员实施的原则、国民精神总动员实施的办法。附录收《国民公约》、《誓词》、《重庆市国民精神总动员协会组织规程》。

**2384. 国民精神总动员纲领**　航委会政治部　1939年3月　30　32开

卷首有领袖通电。书后附《国民精神总动员实施办法》、《国民公约》、《国民精神总动员及国民公约标语》3篇文章。

**2385. 国民精神总动员纲领及实施办法**　军事委员会政治部印　6＋50　64开

收录《国民精神总动员纲领》，并国民公约及誓词。

**2386. 国民精神总动员纲领及实施办法**　蒙藏委员会编译室编译　编者刊　1940年8月　[262]　32开　中央文献

本书共8部分：绪论、共同目标、救国之道德、建国之信仰、精神之改造、动员领导、动员实施、结论。汉蒙藏维对译本。

**2387. 国民精神总动员纲领及实施办法**　蒋介石著述　中国国民党中央执行委员会宣传部　1943年12月初版　6＋41　64开　总裁著述及各种训词之七

本书共8部分：绪论、共同目标、救国之道德、建国之信仰、精神之改造、动员领导、动员实施、结论。

**2388. 国民精神总动员浅释** 许宝驹编 青年书店 1939 年 11 月初版 重庆 4＋102 32 开 三民主义丛书通俗读物 第 1 种

本书分 9 个部分：何谓国民精神总动员、国民精神总动员两个基本精神、三个共同目标的真谛、救国之道德、建国之真谛、精神之改造、动员领导与实施、国民公约与国民月会、国民精神总动员与新生活运动。附录收《国民精神总动员纲目》、《国民精神总动员纲领全文》、《领袖通电》等 6 篇文件。

**2389. 国民精神总动员要义** 中国国民党中央执行委员会训练委员会编 编者刊 1940 年 12 月 10＋194＋6 32 开 训练丛书之十

本书分 7 章：总论、精神总动员的要旨、精神总动员与心理建设、精神动员在新运工作与生产建设上的运用、精神总动员与战地工作、精神总动员与抗战建国、附录。卷首有编辑例言以及代序《精神的要义》。书后收《精神总动员歌》、《领袖歌》、《共同目标》等 5 首歌曲和《本会及各机关编印书刊择要介绍》。

**2390. 国民精神总动员与新生活要义** 李辉编著 同人读书会 1941 年 3 月再版 湖南 2＋〔60〕 32 开 有插图、有图表

本书分两部分，收 38 篇文章：《精神总动员和历史教训》、《精神总动员与民族精神》、《精神总动员与新生活运动》、《精神总动员与抗战建国纲领》、《中国抗战力量形式图》、《新运与地方自治》、《新运兵役乃保甲编训》、《新运与征工及劳动服务》、《新生活运动讨论大纲》等。李文喜作弁言。

**2391. 国民精神总动员运动** 三民主义青年团中央团部编 编者刊 1941 年 7 月再版 4＋236＋38 32 开 有图表 训练丛书之九

本书收 26 篇文章：《团长为实行国民精神总动员告全国国民书》、《团长关于国民精神总动员的训示》、《精神总动员的意义》（陈立夫）、《精神总动员与民族精神》（叶楚伧）、《军事第一胜利第一》（张九如）、《国民精神总动员三个共同目标之历史的例证》（梁乙真）等。附录为《国民精神总动员纲领及其实施办法》、《国民公约》、《国民精神总动员纲领简明表》。

**2392. 国民精神总动员之理论与实施** 中国国民党中央执行委员会宣传部 1941 年 1 月 2＋90 32 开

本书分 3 个部分：总裁对于国民精神总动员之训示、国民精神总动员纲领及其实施办法、国民精神总动员法规。

**2393. 国民精神总动员之要义与四维之阐扬** 孔祥熙著 蒙藏委员会编译室编译 译者刊 1940 年 7 月 45 32 开 抗战小丛刊之十八

本书系孔祥熙于 1940 年 6 月 1 日在重庆银行界国民月会席上的演讲词。汉蒙藏维对译本。

**2394. 三大目标** 国民精神总动员会 编者刊 7＋53 32 开 国民月会讲材丛书

本书分 5 章："国民精神总动员的意义与目的"、"国家至上民族至上"、"军事第一、胜利第一"、"意志集中、力量集中"、"三大目标与精神改造"。

**2395. 怎样实行国民精神总动员** 中国国民党中央执行委员会宣传部编 编者刊 1940 年 2 月 2＋20 32 开

本书分 4 个部分：绪言、认清目标、基本条件、动员实施。

**2396. 总理遗教是精神动员的兵法** 张九如编著，魏中雄校对 独立出版社 1940 年 12 月初版，

1941 年 2 月再版　重庆　2 + 90　32 开　国民精神总动员会丛书

　　本书分 15 个部分：绪论、精神意义篇第一、国民天职篇第二、齐一目标篇第三、坚定信仰篇第四、发扬精神篇第五、改造精神篇第六等。

## 民众运动与民众工作

**2397. 持久抗战与组织民众**　郭沫若等著，何秋萍编　救亡出版社　1938 年 1 月初版　广州　77　32 开　救亡小丛书之一

　　收录 10 篇文章：《持久战的必要条件》（郭沫若）、《对于持久战应有的认识》（陈诚）、《目前抗战形势及其任务》（陈绍禹）、《游击战与持久战》（李公仆）、《游击战与民众运动》（张云逸）、《把敌人后方变作前方》（叶剑英）、《开展游击战与武装民众》（任淘）、《到敌人后方组织民众》（刘真如）、《持久战与乡村工作》（黄松龄）、《怎样武装民众》（陈钧）。

**2398. 敌人占领区域的救亡工作**　赵康著　大众出版社　1938 年 2 月初版，1938 年 4 月再版　汉口　2 + 65　32 开　有图表　民族革命战争丛书

　　本书分 9 部分：敌人占领区域开展救亡工作的重要、目前敌人占领区域的一般形势、敌人占领区域救亡工作的总任务、怎样展开具体的救亡工作、怎样发动游击战、武装暴动的准备与组织、怎样建立抗日的民族政权、秘密工作要领、结语。

**2399. 第一战区民运工作文献**（1937 – 1938）　中原出版社编辑　编者刊　1938 年 12 月初版　10 + 241　32 开　有图表

　　本书分 7 类收录第一战区民运工作相关法令、条例、纲要等共 56 种。书前有凡例、李世璋序言及《开封民运会议程司令长官训词》。

**2400. 对日抗战全国人力动员论**　蓝渭滨著　1937 年 11 月　2 + 44　64 开

　　全书共 13 部分：总论、民族战争对于人力的基本认识、对于当前运用人力之批评、善用民众方面的人力、由抗战而发生之四个特别问题、结论等。本书又名“全面抗战人力总动员意见书”。

**2401. 给民族解放的青年战士**　倪亚夫编著　潮锋出版社　1936 年 10 月　上海　6 + 233　32 开

　　收录《关于学生救亡运动的报告》、《北平第二次大示威运动》、《警棍、打靶和联手臂》、《文化城里所见》、《中国人打中国人的狠毒》、《妇女大众的救亡运动》、《民族的真正态度》等 37 篇关于青年救亡运动的报导文章。

**2402. 告青年**　李仪祉著　奋进社　7　9.8cm × 17.4cm　战时三分小丛书

**2403. 国民抗敌须知**　中国国民党中央执行委员会宣传部云南省党务指导委员会编　编者刊　1937 年 8 月，1937 年 10 月　4 + 46　64 开　抗敌手册之二

　　本书分 6 章：迅速组织自卫武力、运输储备地方粮食、维持秩序严防反动、慰劳救护前线将士、厉行对日经营绝交、努力宣传唤起民众。前有弁言。

**2404. 后方民众运动概论**　潘念之著　汉口大众出版社　1938 年 4 月初版　汉口　2 + 60　32 开　民族革命战争丛书

　　分 4 部分：战时民众运动的一般原则、后方民运工作应注意各点、后方民运的统一战线工作、后方民运工作的具体内容。

**2405. 后方民众怎么干**　章汉夫著　上海杂志公司　1938 年 1 月汉版　汉口　5 + 66　32 开　大时代丛书之七　金则人主编

本书分5个部分：人人要参加抗敌工作、后方民众做什么、后方民众怎么干、各界应该怎么干、结论。卷首有《大时代丛书刊行缘起》一文。

**2406. 救亡的基本认识**　柳湜著　读书生活出版社　1936年10月初版　上海　2+104　32开　角半小丛书　艾思奇主编

本书收录8篇文章：《把千万颗子弹打在一个靶子上》、《民族联合战线发展过程的私见》、《联合战线下的理论斗争》、《联合战线在文化界》、《再论联合战线在文化界》、《当前文化运动的工作方式的问题》、《一个特殊环境的救亡运动》、《暑期中的工作问题》。目录页题名《救亡的基本认识》——又名《论民族联合战线》。

**2407. 救亡的理论与实践**　蔡馥生著　抗战知识社　1938年4月初版　汉口　1+80　32开

本书分10章：为民族生存世界和平而奋斗的对日抗战、论民族统一战线、从全面抗战谈到游击战术、抗战必胜论的理论根据在那里、抗战与民主政治、抗战与民众生活、从国际形势分析谈到抗战的外交政策、抗战中之财政经济政策、抗战中之教育政策、结论。

**2408. 救亡的中心理论与青年的实践问题**　韦永成著　民团周刊社　1939年3月初版　南宁　42　32开　丙种丛刊第三种　焦土丛刊第四辑之五

全书分4部分：现阶段的中国、救亡的中心理论、青年的实践责任、从艰贞卓绝的奋斗中完成建国大业。

**2409. 救亡工作的技术问题**　孟繁编　文化出版社　1937年12月再版　3+50　32开

本书分8个部分："导言"（理论和实践）、"怎样认识政治形势"、"怎样做宣传工作"、"怎样组织和推动团体"、"怎样领导"、"怎样培养干部"、"怎样找工作、布置工作"、"如何对待不同意我们主张的人"。

**2410. 救亡工作中的干部问题**　石础著　黑白丛书社　1937年12月再版　汉口　1+29　32开　黑白丛书战时特刊之十三　钱君瑞主编

本书分6章：严重的干部荒、干部决定一切、干部的源泉与发现、干部的培养与训练、怎样才算一个良好的干部、为创造千千万万的新干部而斗争。

**2411. 救亡手册**　钱俊瑞、姜君辰等编　生活书店　1938年1月　225　32开　精装　有插图

该书共分4编：救亡理论、救亡史实、救亡实践、附录。书前有作者序言。

**2412. 抗日救国须知**　铁血抗日团编　编者刊　8+78　32开

本书分两部分，第1部分为抗日救国的工作，内容包括："安定地方，严防汉奸"、"慰劳、救护前线将士"、"维持金融储备粮食"、"厉行经济绝交，宣传日寇暴行"、"战区同胞的抗敌方法"；第2部分为战时应有的常识，内容包括：防避飞机轰炸常识、防避毒气浅说、预防及救护火灾法、战时救急的常识、各种救急的方法。有弁言。

**2413. 抗日民众运动的实际问题**　徐端著　黄河出版社　1939年5月　山西　5+86　32开　黄河丛书　第3种

本书分15章：民运工作的意义与任务、抗日民运工作路线及实际应用、民众团体与抗日政权的关系、民运工作与改善民生问题、民运工作与武装问题、动员民众参战史、民运工作的中心环节、开展敌区民运工作、怎样开展农村妇女工作等。

**2414. 抗战常识**　江西省妇女生活改进会　编者刊　1939年8月初版　遂川　2+166　32开　有插

图、有图表　妇女组训丛书之六

包括：祖国的认识、敌人的认识、中日关系史略、九一八事变与一二八抗战、七七卢沟桥事变与八一三全民抗战等 11 讲。附录收《抗战建国纲领》及战时法令 5 部。

**2415. 抗战民众组织**　徐则骧著　商务印书馆　1937 年 12 月初版　上海　6＋59　32 开　抗战小丛书　中国文化建设协会主编

本书分 7 章：前言、抗战与民众组织的意义、战时民众组织的基础、战时各地民众组织的方案、各地民众组织的组织方案、战时民众组织的类别、战时民众组织的运用、结论。

**2416. 抗战时期的民众运动**　匡文炳著　奋进社　10　64 开　战时三分小丛书

本书分 3 部分，主要论述抗战时期民众运动的原则、保障、组织及训练等问题。

**2417. 抗战小丛刊（第二种）**　江西省政府教育厅编　编者刊　1938 年 2 月　江西　22　64 开

收录冯玉祥著《民众训练问答》。

**2418. 抗战与救亡工作**　钱俊瑞著　生活书店　1938 年 1 月　4＋86　32 开　救亡文丛之六

本书收录作者 1937 年 8 月至 11 月间关于抗战形势和救亡工作的文章 10 篇，包括《军事整理的基础在政治》、《目前的时局》、《抗战进入新阶段》、《九国公约会议我们有利么？》、《铲除汉奸决不是技术问题》、《"准汉奸"论》、《写给要求救亡工作的朋友们》、《救亡工作理论与实践的脱节》、《还乡工作运动》、《开展内地的救亡工作》。

**2419. 抗战与民众运动**　沙千里著　生活书店　1938 年 6 月初版　武汉　2＋78　32 开　救亡文丛之十四

收录 8 篇文章：《抗战与民众运动》、《民众组织的前题》、《组织民众的先决问题》、《两个问题》、《职业青年组织起来》、《抗战中的职业界》、《职业团体应如何展开战时教育》、《展开组织生活》。

**2420. 抗战与民众组织**　徐则骧著　商务印书馆　1938 年 2 月 3 版　长沙　6＋59　32 开　抗战小丛书　中国文化建设协会主编

本书分 7 个部分：前言、抗战与民众组织的意义、战时民众组织的基础、战时各地民众组织的方案、战时民众组织的类别、战时民众组织的运用、结论。卷首有《本丛书发刊旨趣》。

**2421. 抗战与青年训练**　张志让等著　生活书店　1938 年 6 月初版　武汉　2＋112　32 开　救亡文丛之十二

全书收 11 篇文章：《论目前中国青年运动的任务》（凯丰）、《抗战中的青年学生》（徐冰）、《抗战中青年的作用与任务》（潘梓年）、《青年训练问题》（钱俊瑞）、《战区青年训练问题》（杜若君）、《青年武装问题》（《新华日报》）、《迅速举办大规模的青年训练》（张志让）、《对于干部训练的意见》（孙晓村）、《怎样办战时青年训练班》（张宗麟）、《训练与青年的苦闷》（太初）、《批判救亡青年的一个大缺点》（陶清）。附录收录《关于民族革命大学》、《民族革命大学创立纲领》及《信阳师范战时特种训练方案》。

**2422. 抗战与乡村工作**　薛暮桥等著　生活书店　1938 年 5 月初版　汉口　2＋128　32 开　救亡文丛之十

全书收录文章 11 篇：《从汉奸之多谈到乡村工作》（孙冶方）、《动员千百万农民参加抗战》（沙扬）、《怎样展开农村救亡工作》（《新华日报》）、《怎样发动农民参加抗战》（姚克夫）、《乡村运动与农民政纲》（薛暮桥）、《抗战中的乡村政治问题》（薛暮桥）、《保甲制度与民众运动》（武者)、《组织农民的主要问题》(恽逸群)、《农村服务应有精神》(陈洪进)、《农民组织工作的几个问题》(陈洪进)、《农村工作之实践与教训》(张若达)。附录收《非常时期乡村工作大纲草案》(中国农村经济研究会)、《战时农村服务草案》(中山文化教育馆)。

**2423. 抗战中的军队与民众** 俞希平著 全民出版社 1938 年 4 月初版 汉口 1+45 11.7cm×16.8cm

全书收录动员民众抗战的文章 10 篇:包括《抗战中的军队与民众》(俞希平)、《关于民众力量》(叶青)、《群众的怒吼》(章乃器)、《官办的民众组织》(章乃器)、《论抗战时期的民众运动》和《更广大地把民众组织起来》(潘念之)等。

**2424. 民众动员论** 李公朴著 上海生活书店 1937 年 12 月 上海 146 32 开 救亡文丛之五

本书收录 10 篇文章:《为全民动员告国人书》、《全民抗战的必然过程》、《怎样挽回华北危局》、《大同失手的前后》、《我所认识的牺盟》、《山东老百姓起来保卫山东》、《加紧上海战区的民众工作》、《上海战区的教育问题》、《战区民众教育计划大纲》、《救济难民工作计划大纲》。书前有代序《战地两月》。附录收《民众革命战争战地动员委员会工作纲领》等内容。

**2425. 民众动员论** 李公仆著 生活书店 1938 年 1 月再版 上海 2+146 32 开 救亡文丛之五

本书收录 10 篇文章:《为全民动员告国人书》、《全民抗战的必然过程》、《怎样挽回华北危局》、《大同失守的前后》、《我所认识的牺盟》、《山东老百姓起来保卫山东》、《加紧上海战区的民众工作》、《上海战区的教育问题》、《战区民众教育计划大纲》、《救济难民工作计划大纲》。书前有代序《战地两月》。附录收《民族革命战争战地总动员委员会工作纲领》、《民族革命战争各县区总动员委员会组织条例》等 6 种文件。

**2426. 民众动员问题** 冯玉祥、张治中、阮毅成、叶溯中、童蒙圣、高凤、潘应昌、赵冕执笔 独立出版社 1938 年 4 月初版,1938 年 12 月 6 版 重庆 4+72 32 开 有图表 战时综合丛书第 1辑 独立出版社编辑

本书共 8 章,包括:动员运动与煽动、组织民众与训练民众、动员民众与民主政治、民众动员与保甲制度、一个民众动员的具体方案、一个组训民众改进政治加强抗战自卫力量的方案等。书前有"写在前面",书后有讨论大纲。

**2427. 民众动员与民众武装** 黄寿朋编著 独立出版社 1939 年 8 月初版 1+40 64 开 抗战建国小丛书 潘公展、叶溯中、杨公达、童蒙圣主编

本书分 6 部分:基本的认识、原则的决定、内容的分析、工作的对象、工作的准备、工作的开展。

**2428. 民众如何抗战** 中国国民党中央执行委员会宣传部编 编者刊 2+69 32 开

分 4 部分:前方民众如何抗战、沦陷区域内的民众如何抗战、后方的民众如何抗战、结论。

**2429. 民众与抗战** 漆淇生等著 战时出版社 110 32 开 战时小丛刊 52

本书收录 19 篇文章:《民众运动与抗战》(胡绳)、《现阶段的民众运动》(李洁之)、《发动民众运动的基本条件》(陈振祺)、《提高国民战斗精神》(辛人)、《改造军队和武装民众问题》(史达)、《怎样使军队与人民结合起来》(黄操良)、《农村工作之实践与教训》(张若达)、《全面抗战中工人动员问题》(汪德彰)等。

**2430. 民众运动入门** 石辟澜著 群力出版社 1938 年 5 月初版 汉口 3+40 32 开

介绍怎样组织民众运动方面的内容。

**2431. 农民抗战讲话**　布谷著　国立中山大学战地服务团驻香港办事处　1939 年 7 月初版　香港　56　32 开　有照片　国立中山大学战地服务团丛书　第 4 种

全书分 7 讲：耕田是谁发明的呢、过"免钱番"是怎样的、佃农的历史、屈蛇客的由来、朱洪武的故事、三点会和长发乱、抗战建国与农民。

**2432. 农民抗战与农村建设**　晏阳初著　中华平民教育促进会　1938 年 5 月初版　长沙　4＋150　32 开　民众组训丛书　第 1 种

本书为作者言论集，分 10 章：农民抗战的发动、我们为何发起农民抗战教育、农民抗战教育运动溯源、非常时代中国青年应有的精神、保卫国家必须教育民众、误教与无教、中国农村教育问题、国防工作中更迫切的三桩基本建设、农村建设要义、农村运动的使命及其实现的方法与步骤。书前有编者序。

**2433. 青救文献**　中国青年出版社　1939 年 8 月　延安　7＋219　48 开　毛装　有插图　青救丛书之二

本书为西北青年救国联合会 1937 年 4 月至 1939 年 5 月对外发表的主要文件。包括：《第一次代表大会》、《响应民族抗战的号炮》、《为争取青运的合法与统一而奋斗》、《第二次代表大会》、《迎接第一个"中国青年节"纪念本会两周年》、《与世界青年携起手来》、《中国青年干部训练班章则》。书后附儿童团团旗、臂章、袖章图样。

**2434. 如何促进民间抗日意识**　胡翼成著　中山文化教育馆　1938 年 3 月渝版　南京　6＋42　32 开　抗战丛刊第 17 种　中山文化教育馆编

该书包括 5 部分：抗日意识的意义及其在民间产生的原因、日寇的暴行可以激怒民众、我们军队的英雄抗日可以鼓舞民心、知己知彼可以坚定抗日的态度、结论。书前有《抗战专刊缘起》，书后有结论。

**2435. 如何动员民众**　范文治编著　浙江省抗日自卫委员会战时教育文化事业委员会　1938 年 11 月初版　浙江　6＋84　32 开　抗战建国丛书　第 8 种

分 5 章：总论、民众宣传问题、民众组织问题、民众训练问题、武装民众有关问题。书前有前言。

**2436. 如何使人民坚定抗战建国的信念**　中国国民党中央执行委员会宣传部编　编者刊　1940 年 1 月　2＋18　32 开

本书分 8 部分：向人民讲述抗战的意义、从理论上证明我抗战必胜、从历史上证明我抗战必胜、从已获的战果证明我抗战必胜、向人民讲述抗战建国之相互的关系、从两年来各种建设的成绩证明我建国必成、其他宣传资料、宣传人员应注意事项。

**2437. 三个月的救亡工作**　浙江江山县抗日自卫委员会宣传工作队编　编者刊　［1938 年］　［江山］　［56］　32 开

本书分 9 个部分：写在卷头、队员名录、队员公约、流动服务团组织大纲、工作进行计划大纲、宣传工作队组织规程、工作概况、尾语等。

**2438. 陕甘宁边区的民众运动**　鲁芒著　汉口大众出版社　1938 年 3 月　汉口　75　32 开　抗战动员丛刊

内容包括 7 个部分：绪论、抗战阶段边区民运的具体任务、边区民众组织及其作用、边区的民主选举运动、政府与群众团体的关系、怎样领导群众、边区民运统一起来了。

**2439. 输财救国** 教育部民众读物编审委员会编著 正中书局 1938年5月初版 重庆 28 64开
有插图 非常时期民众丛书 第1集 第1册

结合历史上的事例，对民众宣传输财救国。分8节："对外抗战时国民应该怎样"、"有钱的出钱，不肯出钱也要出"、"不输出来，就是你的钱吗"、"输财救国第一例"、"输财救国第二例"、"输财救国第三例"、"现在是我们输财救国的时候了"。

**2440. 统一战线民众总动员纲领** 汪馥泉编 文化出版社 1937年11月 上海 27 64开 救亡小丛书 汪馥泉编

本书收录民族革命战争战地总动员委员会成立宣言、工作纲领和组织条例。

**2441. 新路线** 田嘉谷著 明日出版社 1938年2月初版 汉口 2+30 32开 明日小丛书之一

本书分5章：力的杠杆、事实就是宣传、民众需要的是什么、过去民众运动的错误、确定我们的新路线。

**2442. 怎样才能彻底动员民众** 磷石著 中山文化教育馆 1938年4月渝版 南京 8+42 32开 抗战丛刊第25种 中山文化教育馆编

本书分4个部分：总论、三位一体的民众工作、余论、总结。书前有"抗战丛刊缘起"和序。书后附《论工人苦力和城市学徒的组织和训练》。

**2443. 怎样才能发动民众** 徐行编 长江出版社 1938年4月初版 6+94 32开

收录13篇文章：《抗战胜利的把握在那里》、《动员民众保障抗战胜利》、《立即发动民众的政治总动员》、《怎样组织妇女》、《非常时期乡村工作大纲草案》、《到敌人后方组织民众》等。有编者序言。

**2444. 怎样动员千百万农民** 韦健夫编 自强出版社 1938年4月 汉口 4+126 32开

本书分8章：动员千百万农民参加抗战、组织训练与武装农民、怎样展开农村救亡工作、抗战期中农村工作的途径、动员乡村力量的基本做法、加强农民抗战力量的几个问题、动员农民与耕者有其田、农村工作之实践与教训。

**2445. 怎样动员渔民大众** 刘铭基著 中山文化教育馆 1938年7月渝版 重庆 4+52 32开
抗战丛刊 第43种 中山文化教育馆编

分5部分：全民抗战与动员渔民、渔村的认识与工作的开展、怎样做渔村的宣传调查工作、训练组织渔民的工作方式、结论—动员渔民与渔民生计及渔盐问题的改善。书前有《抗战丛刊缘起》。

**2446. 怎样组织民众** 沙千里、史良等著 救亡文化出版社 1938年1月 48 32开

书中收入8篇文章：《怎样组织民众》（予倩）、《如何组织民众》（史良）、《组织民众的先决问题》（沙千里）、《如何组织民众》（金仲华）、《如何组织民众》（周寒梅）、《首先是干部问题》（茅盾）、《民众组织的几个要点》（施复亮）、《如何组织民众》（虚白）。

**2447. 怎样组织民众** 张佐华著 上海杂志公司 1938年5月粤再版 1+84 32开 大时代丛书之十六 金则人主编

全书共6部分：组织民众与争取抗战的最后胜利、组织民众的两个先决条件、怎样进行广泛而深入的宣传工作、怎样把广大民众组织起来、在抗战的实践中训练民众、实行全民总武装与总动员。

**2448. 怎样组织中国的全面抗战和胜利** 余迈进编 抗战必胜社 1938年3月初版 汉口 45

32 开

本书分 6 个部分：全国总动员（歌曲）、怎样组织中国的全面抗战和胜利、关于敌人侵略中国的原因、八路军是怎样战胜敌人呢、中国武装抗日能否得到胜利呢、如何确保抗战的全部胜利。

**2449. 怎样做救亡工作**　何曙春编　国难资料出版社　1937 年 9 月　上海　62　32 开　救国运动丛书

包括怎样叫做工作的技术和理论、怎样认识政治形势、怎样做宣传工作、怎样领导、怎样组织和推动团体等内容。

**2450. 怎样做民众运动**　刘准著　文化供应社　1941 年 3 月再版　桂林　2+61　32 开　有图表青年新知识丛刊

本书包括 10 个部分：为什么要做民众运动、抗战以来民众运动的检讨、民众运动的基本原则、民运工作人员应有的修养、怎样做宣传工作、怎样做组织工作、怎样做训练工作、怎样做后方工作、怎样做前方工作、怎样做敌后工作。附录收《民众团体筹备组织规程》。

**2451. 怎样做内地工作**　石础著　生活书店［总经售］　1937 年 10 月初版　上海　1+27　32 开黑白丛书战时特刊　钱俊瑞主编

本书分 5 个部分：全民抗战与内地工作、内地工作的基本原则、内地工作的内容、内地工作展开之路、怎样做一个内地工作者。

**2452. 战地民众组织**　朱元懋编著　正中书局　1937 年 7 月初版，1940 年 6 月 6 版国纸本　南京　2+62　32 开　有图表　战时民众训练小丛书

该书分 3 章：怎样组织战地的民众、战地民众的基本组织、战地民众的特殊组织。

**2453. 战区民众组织与地方行政**　杨洪普著　4+54　32 开

本书分 7 个部分：组织战区民众是当前急务、组织战区民众要把握住组织的重心、组织战区民众的前奏曲、怎样组织战区内的民众、战区内民众组织的分类、战区内组织民众的功用、战区内的地方行政。书后有附录。

**2454. 战时的乡村社区政治**　蒋旨昂著　乡村建设研究所　1941 年 9 月　四川　6+60　16 开　有插图、有图表　乡村建设研究丛书之一

分上、下两编，分别为社区政治之实质条件、社区政治之变迁。上编包括自然环境、人为环境、人口、劳力等方面，下编包含士绅与训练（政治上的人事变迁）、义务与养廉（行政上的人事变迁）、组织之变迁等内容。书前有瞿菊农所作之序。

**2455. 战时民众心理及战地民运工作**　柯鸣皋著　汗血书店　1937 年 1 月　上海　2+116　32 开国防实用丛书之十二　刘百川主编

本书分两章：战时民众心理检讨、战地民运工作纲要。

**2456. 战时民众运动**　刘信芳编著　游击干训班　1939 年 9 月　6+214　32 开　有图表

本书分上、下两篇。上篇总论，共两讲：绪论、宣传组织与训练；下篇分论，共两讲：各种民众运动、敌后（游击区）工作专题讨论。

**2457. 战时民众运动**　刘信芳编著　西南游击干部训练班　1940 年 1 月　6+214+14　32 开　有图表

本书分上、下两篇。上篇总论，共两讲：绪论、宣传组织与训练；下篇分论，共两讲：各种民

众运动、敌后（游击区）工作专题讨论。后附勘误表。封面有题赠。

**2458. 战时乡村工作**　薛暮桥著　新知书店　1938 年 2 月　汉口　2＋52　32 开

内容分为 6 个部分：怎样开展乡村救亡运动、抗战中的动员农民问题、怎样充实乡村民众组织、怎样武装农民协助抗战、乡村工作中的几个技术问题、乡村工作中的民主与独裁。书后有《编后记》。

**2459. 组织工作**　抗战复兴协会编　抗战复兴出版社　1939 年 9 月　1＋30　32 开

共 10 部分：组织工作的意义及重要性、组织原则、组织系统、发展组织与巩固组织、训练问题、领导问题、纪律问题、反倾向斗争、秘密工作和干部问题。

**2460. 组织民众与训练民众**　阮毅成等著　战时出版社　1＋177　32 开　有图表　战时小丛刊之六十七

本书收 27 篇文章：《蒋委员长论全民动员》、《组织民众与训练民众》（阮毅成）、《怎样下乡工作》（任毕明）、《怎样进行武装壮丁政治训练》（布奥）、《怎样训练战时工作的干部》（徐特立）、《民众训练问答》（冯玉祥）等。

# 统一战线问题

**2461. 对日抗战的基本问题**　邓初民著　大众出版社　1938 年 2 月初版，1938 年 4 月再版　汉口　52　32 开　民族革命战争丛书

本书分析了中日战争的当前形势，号召全国人民总动员，建立抗日民族统一战线。

**2462. 关于国共谈判问题**　林祖涵著　1944 年 8 月 30 日　1 张　27.8cm×39cm

此件为 1944 年 8 月 30 日林祖涵（林伯渠）致王世杰、张治中的信。

**2463. 关于中共问题商谈经过（三十三年九月十五日报告）**　［张治中著］　［1944 年］　18　16 开

本书系张治中根据国民参政会要求所提交的报告。标题中有"三十三年九月十五日报告"，据此推断出版年为 1944 年。

**2464. 国共合作的前途**　蒋介石等著　战时出版社　1＋181　32 开　战时小丛刊之六十二

本书收录文章 26 篇：《中国共产党为公布国共统一抗日宣言》（中共中央）、《为中国共产党宣言谈话》（蒋介石）、《国共统一运动感言》（宋庆龄）、《为争取千百万群众进入抗日民族统一战线而斗争》（毛泽东）、《怎样统一抗战理论》（施复亮）等。附录收《抗日民族统一战线研究纲领》（柳湜）。有前言。

**2465. 国共合作的未来**　冯杰著　今日问题研究社　1937 年 11 月　上海　3＋41　32 开

本书分 8 个部分：血的历史教训、全国上下一致的要求、日本逼上了死亡线、中国决心自救、内部团结解决了对外矛盾、抗战胜利的把握在那里、惨淡的肉搏声中的一道光明、从瓦砾堆中产生新中国。书前有引言。

**2466. 国共合作后怎样发展统一战线（史沫特来女士和毛泽东的谈话录）**　史沫特来著，宋景桐译　汉口图书社［总经售］　1937 年 12 月　汉口　4＋20　32 开

本书分 3 个部分：国共合作后实行统一战线政策诸问题、中日战争与世界和平、从西安事变到国共合作。书前有译者序。

**2467. 国共合作抗日文献**　谭莶编　天马书店［总经售］　1938 年 1 月初版　汉口　4＋132　32 开

本书有 29 篇文章：《中国共产党为抗日救国告全体同胞书》、《中国共产党关于目前政治形势与党的任务决议》、《中华苏维埃政府召集全国抗日救国代表大会通电》、《中华苏维埃政府停战议和一致抗日通电》、《中国共产党致中国国民党书》等。有序言。

**2468. 国共两党统一战线成立后中国革命的迫切任务**　毛泽东著　1944 年　1 张　77cm×27cm

毛泽东在 1937 年 9 月 29 日作，发表于《解放周刊》第十八期。

**2469. 国共谈判真相**　2＋114　32 开　时事丛刊之七

书中收入：《国共谈判双方来往文件》、《林伯渠同志再答张王的信》、《周恩来：关于宪政与团结问题》、《周恩来同志与新华社记者谈话》、《评蒋介石在国民参政会之演说》、《林祖涵同志关于国共谈判在国民参政会报告》、《延安有资格人士评论盟国援助物资分配问题》、《延安权威人士评国共谈判》等多篇文献。林祖涵即林伯渠。"张、王"即国共谈判国民党方面的谈判代表张治中与王世杰。

**2470. 国共团结与中国前途**　傅于琛著　群力书店　1938 年 2 月初版　汉口　3＋169　32 开

本书分 9 章："绪论——国共团结救国与团结建国"、"国共团结救国的客观条件与主观的要求"、"抗日救国的历史人物"、"国共团结救国理论基础——革命三民主义的实践"、"实行三民主义从抗战中创造新中国"、"民族主义与救国外交路线"、"民族统一战线与中国前途"、"到'民有、民治、民享'的新中国"。书前有导言——中国前途一定是光明的。

**2471. 抗日方法与前途**　毛泽东著　上海一心书店　1938 年 1 月　上海　75　32 开　抗战丛刊之三

包括抗日方法与前途、抗日统一战线未成立之任务、抗日统一战线成立后之迫切任务、抗日宣传大纲。附录收《民主政治与抗日前途》、《民主问题与革命前途问题》。

**2472. 抗日民运的原则**　洛甫等著　天马书店　［1938 年］　98　32 开

包括抗日民族统一战线与民众运动的任务、领导民众的艺术、抗日民族统一战线的农民运动 3 章。附录收《战时民运工作的八个基本原则》、《宣传与组织训练纲目》。

**2473. 抗日民族统一战线**　124　32 开　有图表

全书共 4 章：民族危机下之中国、抗日民族统一战线的产生发展和形成、抗日民族统一战线的意义内容和前途、争取中国抗日战争的胜利。

**2474. 抗日民族统一战线的新发展**　陈绍禹等著　扬子江出版社　1938 年　汉口　48　32 开　真理文库之一

本书辑有：《挽救时局的关键》（陈绍禹）、《抗战形势与抗战前途》（秦邦宪）、《怎样进行持久抗战》（周恩来）、《互相帮助共同发展争取抗战胜利》（潘梓年）、《陈绍禹（王明）先生与美国合众社记者白得恩先生的谈话》。书前有编者序。

**2475. 抗日民族统一战线教程**　1938 年　156　32 开　民族解放青年丛书之六

包括民族危机下之中国、抗日民族统一战线的产生、发展和形成、抗日民族统一战线的意义、内容和前途、争取中国抗日战争的胜利 4 章。

**2476. 抗日民族统一战线教程**　解放社编　编者刊　1938 年 5 月　延安　136　32 开

包括民族危机下之中国、抗日民族统一战线的产生、发展和形成、抗日民族统一战线的意义、内容和前途、争取中国抗日战争的胜利 4 章。

**2477.** 抗日民族统一战线教程 凯丰著 汉口中国文化社 1938 年 6 月初版 汉口 160 32 开
中国文化丛书第 1 种 成仿吾等主编

包括民族危机下之中国、抗日民族统一战线的产生、发展和形成、抗日民族统一战线的意义、内容和前途、争取中国抗日战争的胜利 4 章。

**2478.** 抗日民族统一战线论 侯外庐著 生活书店 1938 年 7 月初版 武汉 3 + 87 32 开

内收《抗日民族统一战线与现实的运动把握》、《中国统一战线的历史认识及其前途》、《统一战线中的党派问题》、《和平阵线、人民阵线、抗日民族统一战线》、《统一战线的政治路线与反统一战线的政治阴谋》、《统一战线中动员的本质问题》6 篇文章。

**2479.** 抗日民族统一战线下的中国共产党十大政策 抗大一分校训练部编 编者刊 1941 年 6 月 16 32 开 油印

分 3 讲：阶级、抗日民族统一战线、中国共产党十大政策。

**2480.** 抗日民族统一战线指南 火线出版社 1938 年 1 + 198 大 64 开

本书收录了 13 篇文献：《为抗日救国告全体同胞书》、《目前政治形势与党的任务的决议》、《关于召集全国抗日救国代表大会通电》、《停战议和一致抗日通电》、《中国共产党致中国国民党》、《关于抗日运动的新形势与民主共和国的决议》、《对西安事变通电》、《中国共产党中央告全体同志书》、《中国共产党为日军进攻卢沟桥通电》、《中国共产党为日本帝国主义进攻华北第二次宣言》等。另附季米特洛夫、王明、毛泽东、洛甫等人著论文共 8 篇。

**2481.** 抗日民族统一战线指南（第二册） 解放社 1938 年 4 月初版 2 + 190 32 开

分上下篇。上篇收《中国共产党为日军进攻芦沟桥通电》、《中国共产党为日本帝国主义进攻华北第二次宣言》、《中共中央关于目前形势与党的任务的决定》等 8 篇文献；下篇收《日寇侵略的新阶段与中国人民斗争的新时期》（王明）、《论平津失守后的形势》（洛甫）、《国共两党统一战线成立后中国革命的迫切任务》（毛泽东）等 13 篇文献。

**2482.** 抗日民族统一战线指南：挽救时局的关键（第三册） 解放社 1938 年 5 月初版 2 + 142 32 开

本书收入 13 篇文献：《中国共产党对时局宣言》、《巩固国共合作争取抗战胜利》（洛甫）、《陈绍禹（王明）先生与美国合众社记者白得恩先生的谈话》、《毛泽东先生与延安新中华报记者其光先生谈话》等。

**2483.** 抗日民族统一战线指南（第四册） 解放出版社 1939 年 4 月初版 1 + 166 32 开

本书收录了 10 篇文献：《毛泽东在纪念孙总理逝世十三周年及追悼抗敌阵亡将士大会上的演说词》、《今年的五一节与中国工人》（陈绍禹）、《马克思与中国》（凯丰）、《国际主义与革命的民族主义》（博古）、《抗日游击战争的战略问题》（毛泽东）等。

**2484.** 抗日民族统一战线指南（第五册） 解放社 1939 年 4 月初版 1 + 130 32 开 有图表

本书收 8 篇文献：《读了〈张国焘敬告国人书〉之后》（洛甫）、《抗战中的宣传工作》（凯丰）、《八路军抗战的一周年》（朱德）、《坚持华北抗战中的武装部队》（刘少奇）、《论华北正规战的基本教训与游击战争的发展条件》（林彪）、《中国共产党十七周年纪念》（洛甫）、《毛泽东同志与世界学联代表团之谈话》、《我们对于保卫武器与第三期抗战问题的意见》。

**2485.** 抗日民族统一战线指南（第六册） 解放社 1939 年 4 月初版 1 + 175 32 开

本书收 14 篇文献：《论保卫武汉及其发展前途》（周恩来）、《国民参政会之观感》（林祖涵）、

《保卫武汉中动员民众的几个问题》（凯丰）、《一年余以来的华北抗战》（朱德）、《全力援助中国人民反对日本侵略者的斗争》、《论目前抗战形势》（周恩来）、《论抗日民族统一战线的发展、困难及其前途》（博古）等。

**2486. 抗日民族统一战线指南（第七册）**　　解放社　1940 年 7 月初版　2＋169　32 开

本书收 17 篇文献：《中国共产党中央委员会为开展国民精神总动员运动告全党同志书》、《中国共产党中央委员会为抗战两周年纪念对时局宣言》、《新四军抗战一年来的经验与教训》（项英）等。附录《八路烟全体将士为抗战两周年纪念通电》、《拥护蒋委员长与中共中央的宣言》。

**2487. 抗日民族统一战线指南（第八册）**　　解放社　1940 年 7 月初版　1＋148　32 开

本书收 7 篇文献：《在民族自卫战最前线的岗位上》（洛甫）、《论共产党的阶级立场与民族立场的一致》（洛甫）、《用国法制裁反动份子》（毛泽东）、《周恩来同志关于平江惨案的谈话》、《拥护真三民主义反对假三民主义》（洛甫）、《为完成中华民国的真统一而奋斗》（洛甫）、《论共产党员的修养》（刘少奇）。书后附录：粉碎敌人"扫荡"计划，坚持华北抗战。

**2488. 抗日民族统一战线指南（第九册）**　　解放社　1940 年 7 月初版　1＋160　32 开

本书收 12 篇文献：《中共中央关于目前形势与党的任务的决定》、《毛泽东先生关于目前国际形势与中国抗战的谈话》、《第二次帝国主义战争讲演提纲》等。

**2489. 抗日民族统一战线指南（第十册）**　　解放社　1940 年 8 月初版　1＋172　32 开

本书收入 5 篇文献：《中共中央关于目前时局与党的任务的决定》、《促进宪政运动努力的方向》（王明）、《克服目前政局主要危险坚持华北抗战》（彭德怀）等 9 篇文献。附录《朱彭总副司令等通电全国反对枪口对内进攻边区》等。

**2490. 抗日统一战线的崩溃**　李蒙政著　兴建月刊社　1940 年 6 月初版　1＋27　32 开　兴建丛书

本书分 6 个部分：抗日统一战线的形成、国共两个不同的路线、全面化军事化的发展、向公开化的途径进行、延长时间的调解工作、抗战基础与抗战前途。

**2491. 抗日战线与国民革命**　钱实甫著　民团周刊社　1938 年 3 月初版，1938 年 9 月再版　广西　40　32 开　丙种丛刊　第一种　基本认识丛刊　第一辑之四

本书分 5 个部分：一个绝大的危机、统一和分化、一个原则的三个要点、中国为什么而战、统一的抗日战线是什么。

**2492. 抗战论文集**　　〔1940 年〕　66　32 开

收录《中国共产党关于解决两党纠纷之六月提案》、《中国国民党七月提示案》、《周恩来同志关于调整作战区域及游击部队办法之提议三项》、《何参谋总长白副参谋总长致十八集团军朱总司令彭副总司令新四军叶军长皓代电》、《朱总司令彭副总司令新四军叶军长项副军长覆何参谋总长白副参谋总长佳电》。附件收《关于苏北事件》（附电 12 件）、《关于第五十七军军长缪澂流通敌事件》（附电 4 件）、《关于石友三通敌事件》（附电 2 件）、《关于沈鸿烈通敌事件》（附电 3 件）、《几种反共文件》、《最近期间十八集团军新四军抗敌战况》（附电 3 件）。前有导言。

**2493. 联合战线论**　谢汉夫、吴敏著　读书生活出版社　1936 年 10 月初版　上海　70　32 开　角半小丛书

本书分 8 个部分：联合战线的基础条件、联合战线的意义、联合战线的领导和内部的争论、联合战线和劳苦群众、联合战线和劳资争议等。书后收录《怎样在中国建立救亡联合战线》一文。

**2494. 林祖涵同志关于国共谈判问题的报告**　林祖涵著　1944 年 8 月　1 张　25cm×49cm

中共代表林伯渠关于国共谈判问题的报告。

**2495. 论国共合作**　马健著　北社　1941 年 5 月　115　32 开

包括：转变期的中国、第一次国共合作、从北伐到大革命的逆流、一个答复：展开苏维埃的旗帜、自相残杀的"围剿"时期、抗日民族统一战线的根据、"中国人不打中国人"、中国历史断续的转折点——"西安事变"、"三中全会"——"安内"国策的结束、第二次国共合作、抗战第一阶段、抗战第二阶段、"抗战的第四周年将是最困难的一年"、一个光明的前途——建立新中国、后记。

**2496. 论抗日民族统一战线的发展、困难及其前途**　秦博古著　新华日报馆　1938 年 10 月　汉口　15　32 开　新群丛书第 18 种

秦博古在《新华日报》10 月 17 日、18 两日刊载的社论。

**2497. 论目前抗战形势与抗日民族统一战线的发展、困难及其前途**　博古等著　中心出版社　1938 年　44　32 开

收录《论目前抗战形势》、《论抗日民族统一战线的发展》、《困难及其前途》（博古）、《动员全体人民参加抗战》（凯丰）。

**2498. 论统一战线**　子强等著　求知出版社　1941 年 3 月　[94]　32 开　求知文丛

本书收录了：《统一战线内分歧磨擦的根源》（子强）、《民族统一战线的新形式（中）》（青之）、《地中海与不列颠帝国经济政治及战略的关系》（P. Lisovsky）、《意大利故事》（长篇连载）（高尔基）。

**2499. 民族出路问题论丛**　章乃器等著　青年文化协会　1937 年 4 月初版　3＋82　32 开

全书收录 8 篇文章，有《民族解放斗争中的几个最低要求》（乃器）、《关于民族革命统一战线的几个问题》（洪源）、《学生救亡运动与民族解放联合战线》（韬奋）、《人民抗战统一战线与民族解放运动的展望》（干之）、《论联合战线》（翰齐）、《抗日联合战线的新开展》（日青）、《抗日联合战线呼声中几个问题》（弃才）、《抗日统一战线与阶级斗争的相互关系》（邦式）。书前有韵馩晓蘋所作前言。

**2500. 民族革命论**　天囚编　[1939 年]　3＋187　32 开

本书分编著及史料两个部分。编著收《国共两党统一战线成立后中国革命的迫切任务》、《为独立自由幸福的中国而奋斗》、《救中国人民的关键》等 10 篇文章；史料部分收《停战议和一致抗日通电》、《中国共产党致中国国民党书》、《关于绥远抗战通电》等 13 篇文章。出版时间据封面推论。

**2501. 民族民主革命与统一战线**　新长城社编辑　晋察冀日报社　1941 年 5 月　143　32 开

书中收入 9 篇文献：《新民主主义论》、《论共产党的阶级立场与民族立场的一致》、《拥护真三民主义反对假三民主义》、《关于三民主义与共产主义》、《为抗战两周年纪念宣言》、《为抗战三周年纪念宣言》、《统一战线的几个问题》、《论抗日根据地的各种政策》、《中国共产党与革命战争》。书前有《引言》。

**2502. 民族统一战线教程**　凯丰著　大众出版社　1938 年 11 月　2＋151　32 开　有图表

本书分 4 章：民族危机下之中国、抗日民族统一战线的产生发展和形成、抗日民族统一战线的意义内容和前途、争取中国抗日战争的胜利。

**2503. 民族统一战线论**　平心作　战时出版社　1938 年 5 月初版　1 + 58　10.2cm × 17.6cm　战时小丛书之十二

本书分 3 章：抗日民族统一战线的内容和特点、关于民族统一战线中各社会层的关系问题、论国共合作。

**2504. 摩擦从何而来**　国民革命军第十八集团军政治部编　编者刊　1940 年 4 月　1 + 51　32 开

本书分 7 个部分：引言、共党问题处置办法、沦陷区防范共党活动办法、第八路军在华北陕北之自由行动应如何处置、异党问题处置办法、陕甘两省防止异党活动联络办法、运用保甲组织防止异党活动办法。

**2505. 什么是统一战线**　施有为著　东方出版社　1940 年 2 月再版　27　32 开　东方大众丛书

本书分 9 课，涉及各国侵略中国的历史和日本侵略中国的历史、抗日民族统一战线的萌芽、结成、内容和意义以及抗日民族统一战线的前途等问题。

**2506. 统一问题论战**　张君劢、叶溯中、洪传经、杨明炜、何肇基、林北丽、叶青、张绚中等执笔独立出版社　1939 年 9 月初版　重庆　2 + 52　32 开　战时综合丛书第 5 辑

该书分 4 章：中国统一运动的过程、统一问题论战的发生、文化界第一次对于统一问题的论战、文化界第二次对于统一问题的论战。书后有编后余话和讨论大纲。

**2507. 统一与抗战**　潘公展、萨孟武、陈铭枢、陶希圣、叶溯中、王芸生、阮毅成、童蒙圣、叶青、陈国新、茹春浦执笔　独立出版社　1938 年 5 月初版，1938 年 12 月 6 版　汉口、重庆　2 + 60　32 开　战时综合丛书第 1 辑

本书分 12 章：序论、中国统一运动的社会基础、中国统一运动之史的进展、从统一到抗战、巩固统一抗战到底、内求统一外求独立、真正统一的意义、统一抗战与三民主义、统一抗战与中共宣言、一党专政与抗战、一个主义一个党、一个领袖一个主义。书后附讨论大纲。

**2508. 统一战线下党派问题**　毛泽东等著　时事新闻编译社　1938 年 3 月　广州　1 + 82　32 开

书中收入 7 篇文章：《强固统一》（《扫荡报》）、《复兴国民党》（《时代日报》）、《论"一党专政"问题》（毛泽东）、《挽救时局的关键》（陈绍禹）、《抗战中的党派问题》（长江）、《关于政治党派》（叶青）、《我们对于党派问题的意见》（陶百川）。

**2509. 统一战线与抗战前途**　毛泽东著，唐风编　自强出版社　1938 年 2 月　汉口　4 + 103　32 开

分 5 章：中国革命的新阶段、中国革命的迫切任务、抗日战争与外交政策、抗日战争的现阶段、反对日本强盗进攻的方针办法与前途。

**2510. 团结抗战！反对内战！**　　［1940 年］　5 + 64　32 开

本书分 7 个部分：中国共产党关于解决两党纠纷之六月提案、中国国民党关于解决两党纠纷之第一覆案、中国国民党七月提示案、中国国民党八月覆案、周恩来同志关于调整作战区域及游击部队办法之提议三项、何参谋总长白副参谋总长致十八集团军朱总司令彭副总司令新四军叶军长皓代电、朱总司令彭副总司令叶军长项副军长覆何参谋总长白副参谋总长佳电。书前有导言，书后有《关于苏北事件》、《关于石友三通敌事件》、《几种反共文件》等 6 个附件。出版时间依据本书内容推论。

**2511. 一九四四年国共谈判重要文献**　周恩来等著　1944 年　59　32 开

书中收录《关于宪政与团结问题》（周恩来同志三月十二日在孙中山先生逝世纪念会上的讲话）、《六月四日中共中央所提出十二条意见书与委托林祖涵同志口头要求的八条》、《六月十一日

中共中央代表林祖涵同志为国民政府代表张文伯王雪艇两先生拒绝接受我党意见书转报该党中央事致张王的抗议信》、《国共谈判迄今无结果》（八月十二日周恩来同志答复记者）等8篇文献，并附录《六月五日国民政府交中共代表的提示案》等4份文件。

**2512. 中共对于抗日民族统一战线的主张**　解放出版社　1938年1月　6+48　32开　真理小丛书之六

　　收录12篇，包括《为抗日救国告全体同胞书》、《关于召集全国抗日救国代表大会通电》、《停战议和一致抗日通电》、《中国共产党致中国国民党书》、《关于绥远抗战通电》、《对西安事变通电》、《给国民党三中全会通电》、《中国共产党抗日救国十大纲领》等。卷首有《真理小丛书序》及《编者引言》。

**2513. 中共中央代表林祖涵再致国府代表张治中、王世杰两先生的信**　林祖涵著　1944年10月　1张　26.6cm×44cm

**2514. 中共中央论目前抗战形势及抗日民族统一战线**　周恩来、博古著　1938年　26　32开

　　书中收入两篇文章：《中共中央论目前抗战形势及抗日民族统一战线》（周恩来）、《抗日民族统一战线的发展困难及其前途》（博古）。

**2515. 中国共产党为公布国共合作宣言**　中国共产党中央委员会公布　1张　27cm×32.5cm

　　这是抗日战争爆发后，中共中央为国共合作抗日发表的宣言。复制本。

**2516. 中国人民阵线的检讨和批评**　罗纲秩、朱永龄选辑　陆军第四十四军第一四九师政训处　1937年6月　2+70　32开

　　本书分8节：人民阵线的本质、人民阵线与中国、中国人民阵线运动批判等。前有罗纲秩跋。

**2517. 最后胜利与统一战线**　无瑕编　人民出版社　1938年4月初版　汉口　2+69　32开

　　本书收7篇文章：《民族统一战线之基本原则及其巩固方法》（黄础增）、《统一战线的根本问题》（若川）、《建立三民主义的民族统一战线》（义生）、《中国国民党怎样才能确实领导统一战线》（林乾祐）、《强化统一战线的理论》（钟鸣）、《统一战线与组织民众》（周梅生）、《民族意识与统一战线》（刘绍劳）。

# 华侨问题

**2518.（日寇之祸）华侨殉难义烈史（新山高踏合编部）**　许唯心编　柔佛新山区中华工会　1947年7月　新加坡　126　32开　有照片、有题词

　　分为甲、乙、丙3部分：甲部为新山之部，收《寇军入柔前后杂记》（刘润之）、《日寇摧残下的新山区华侨教育》（叶晚香）、《日寇统治三年来的士乃》（韩江）等11篇文章，并附《敌寇入境被害华侨调查表》；乙部为高打之部，收录《高打屠城记》，后附万灵墓图四幅；丙部为附录，收《华侨及新山区筹赈会概略》、《日寇在柔佛暴行》等8篇。卷首有黄树芬序及编者序。

**2519.（石本）仑华侨救国宣传会结束报告录**　1938年11月　7［环筒叶］　18cm×21.5cm　油印　有插图、有图表

**2520. 动员华侨问题**　林云谷　中山文化教育馆　1938年10月渝版　重庆　6+34　32开　抗战丛刊　第62种

　　全书共4个部分：抗战建国与动员海外华侨、抗战以来动员华侨的检讨、今后动员华侨的技术

问题、今后动员华侨的宣传问题。卷首有前言。

**2521. 飞枝华侨救亡剧社纪念册**　余晓彐、李子鹑编　飞枝华侨救亡剧社　1945 年 11 月　23　16 开　有照片

收录飞枝华侨救亡剧社成立 4 年来的工作、历次演戏筹款进支数目报告、本社社章、社员论文、历届职员名录、全体社员名录等内容。

**2522. 菲律宾华侨工团东庆堂救国常月捐征信录第一号**　菲律宾华侨工团东庆堂执行委员会编　编者刊　1939 年 3 月　[24]　16 开　有图表

本书分 4 部分：《廿七年二月起至十月止工友常月捐款细数表》、《各工友近来救国常月捐捐款由二月起至十月止上任理财者进支结束总报告》、《支出总数》、《国民政府财政部拨回本堂之收据缩影》。书后有编后话。

**2523. 菲律宾华侨回国考察团特刊**　菲律宾中华励强社编著　编者刊　1936 年 4 月　菲律宾　[25]　16 开　有照片、有题词

全书收论文 6 篇，包括《菲律宾考察团之使命》（王泉笙）、《对回国考察团进数言》（杨启泰）、《我所希望于祖国青年同胞者》（陈温良）、《对回国考察团之刍言》（颜文初）、《普及体育与国民健康》（林珠光）、《挽救国难与救侨运动》（陈慕华）。有王泉笙、苏必辉、陈温良、郑汉荣等考察团团员的略历和照片。有李浩驹序。

**2524. 菲律宾粤侨各团体联合会第二周年纪念特刊**　菲律宾粤侨各团体联合会宣传股编　菲律宾粤侨各团体联合会常务处　1939 年 10 月　[142]　16 开　有照片、有题词、有图表

本书分 18 部分，包括：两年来本会所收到的重要收据、本会属会会员及职员表、抗战论著、两年来本会收到的重要函件、特载等。书前有刊前语，书后有编后话。

**2525. 菲律宾粤侨各团体联合会第三周年纪念特刊**　菲律宾粤侨各团体联合会编辑委员会编　菲律宾粤侨各团体联合会常务处　1940 年 10 月　[94]　16 开　有照片、有题词、有图表

本书分 14 部分，包括：蒋委员长像及致侨胞亲笔函、本会会员及第四届职员表、抗建论著、本会三周年纪念会中之纪实、本会一年来的征信录等。书前有刊前语，书后有编后话。

**2526. 工作报告**　[汉口市日德侨民管理处编]　[编者刊]　1946 年 6 月　8 + 74　32 开　有图表

本书介绍日、德侨民在华情况，分 3 部分：本处组织人事及经费、配备机关、业务全部。

**2527. 广东省的华侨汇款**　姚会荫编著　商务印书馆　1943 年 4 月初版　重庆　3 + 49　32 开　有图表　国立中央研究院社会科学研究所丛刊第 18 种

本书共 3 部分：广东省华侨汇款的机构、广东省华侨汇款的数额、结论。书前有序言，书后附前社会调查所中文出版物目录。

**2528. 广东省紧急救侨委员会惠阳办事处第一二期工作概况**　[18]　18cm×30cm　油印　有图表

全书分甲、乙、丙、丁、戊 5 个部分：甲部为引言，介绍紧急救侨委员会成立的背景与大致活动；乙编介绍分处战所设置情形；丙编介绍救侨情形；丁编为结语；戊编附录各项须知表式。

**2529. 归侨须知**　大众出版社　1942 年 6 月初版　遂溪　44　32 开　有照片、有插图

全书共 4 章：从西营到赤坎、踏进祖国的境界、归侨应有知识和回祖国旅程。附录收《由赤坎到桂林路线图》、《广州湾赤坎市全图》、《由赤坎赴西江路线图》。

**2530. 国难特刊** 中华民国驻雪梨总领事馆主编 澳洲及南太平洋国难后援会总会 1938 年 2 月 93 32 开 有照片

该书收录林森、蒋介石等国民政府首脑讲话若干篇，以及《外患与民族复兴》（曹文彦）、《本馆倡导本洲侨民救国运动概况》、《本馆工作概况》。附录收《本馆经收侨捐征信录》、《澳洲国难后援会总会收支总报告书》。卷首有发刊辞，书后有本特刊启事。

**2531. 海外风云**（闻所未闻的侨胞遭际） 郑用著 金门出版社 1941 年 11 月初版 45 32 开

全书分 8 个部分，包括：前言、爱国老人陈嘉庚、摧残华侨与纠纷根源、震惊海外的非法绑架、撕毁报纸与诬蔑书店、华侨集中营的真相等。

**2532. 海外问题言论选辑**（第一集） 周启刚著 海外月刊社 1935 年 6 月 132 32 开 有照片 海外丛书 第 3 种

本书收录《华侨问题与侨务行政》、《海外同志的固有精神和党的真诚结合》、《我国侨务的探讨》、《侨务前途之两个难关》、《一周年的侨务检讨和将来的展望》、《由过去的经验想到今后的方针和步骤》、《我国新闻政策与华侨》、《三年来之中国侨民教育》、《华侨前途与国家统一》、《海外党务之基本工作和处理方针》等 15 篇文章。

**2533. 华侨对祖国的贡献** 黄警顽编 棠棣出版社 1940 年 8 月初版 42＋339＋2 32 开 有插图 大时代丛书 8

全书共 12 章：侨胞移殖国外的鸟瞰、海外华侨分布的现势、海外华侨经营的事业、华侨与祖国的政治关系、华侨与祖国的经济关系、海外华侨的动态、海外华侨的贡献、各国对于华侨的政策、华侨与祖国的经济关系、海外华侨的国籍、"八一三"以来南洋华侨的爱国活动、中日战争与南洋的关系。卷首有吴蕴斋、周雍能、卢锡荣、吴铁成、李平心、颜文初、李长傅、沈厥成、赵慎一、黄特、周野苏、罗桑益西、陈咏声等人分别所作序言、曼卿意所译荣增堪布所作藏文题序和王瑜、许仲铭、陈鹤琴所作英文、马来文序言共 15 篇。书前有作者自序。

**2534. 华侨问题研究资料** 中央宣传团编 编者刊 1942 年 1 月 36 32 开

本书收录 11 篇文章：《华侨人口之分布及统计》（白丁）、《南洋华侨的民族性》（君平译）、《南洋华侨全貌》（洛川）、《檀岛之华侨》（桥客）等。

**2535. 华侨与建设** ［中国国民党中央执行委员会宣传委员会］编 编者刊 1934 年 10 月 2＋80 32 开

全书有 10 个部分：由社会问题说到华侨问题、由政治问题说到华侨问题、政府对于华侨建设事业之奖励和保障、建设华侨的新社会、结论等。卷首有绪论。附录收《华侨对于废除不平等条约之认识》（蒋介石）、《华侨对于祖国建设事业之责任》（孙科）、《对于华侨教育前途之希望》（戴传贤）等。

**2536. 华侨与中国革命** 华侨互济社 1934 年 11 月 南京 44 64 开 华侨互济社小丛书

本书分别介绍华侨在中国革命史上的地位、华侨对现阶段中国革命应有的认识，认为在这危机四伏的国际危机局势下，华侨应该团结起来，共同致力于中国革命的复兴，解救中国的困厄。

**2537. 华侨与祖国** 胡养真、田烈、古越、雪非、后亮著 铎声出版社 1939 年 12 月初版 1＋64 32 开

全书收 5 篇文章：《侨胞对于国事应有的根本认识》（胡养真）、《中国对日军事的现势》（田烈）、《国际现势与中国》（古越）、《华侨与中国抗战》（雪非）、《中日战争与南洋》（后亮）。

**2538. 会务简报（第2期）**　编者刊　南洋华侨协会秘书处　1943年10月　35　32开

本书收录社会部颁发立案证书、研究与设计、职业介绍、联络慰唁、会议纪录等内容。

**2539. 会务简报（第3期）**　编者刊　南洋华侨协会秘书处　1944年3月　27　32开　有图表

本书收录七、八、九、十、十一、十二月份工作概况等。

**2540. 加拿大沙市加寸埠华侨拒日救国会征信录**　华侨拒日救国会编　编者刊　［1940年］　50　32开

收录了1939年和1940年加拿大沙市加寸埠华侨拒日救国会职员表和抗战以来侨胞捐款收支清册。

**2541. 加拿大云高华华侨救国筹饷总局征信录**　雷卓平、胡英三、朱光耀、黄敬三、陈宜显编印校对　1938年4月　112　大32开

书前有序言。

**2542. 金山二埠华侨救国筹饷会征信录**　［金山二埠华侨救国筹饷会编］　编者刊　［1947年］　167　大16开　有照片

本书收录了金山二埠华侨救国筹饷会在抗日战争中的活动情况，包括该会成立和筹饷的经过、总章、历次议案摘要、历届职员表、捐款人名单及所筹款项使用记录等。封面题赠为"国民政府蒋介石大总统惠存"。出版时间据序言推定。

**2543. 救国公债劝募委员会香港分会征信录（购债捐款由民国廿六年八月起至廿七年五月底止）**　［救国公债劝募委员会香港分会编］　［编者刊］　［1938年7月］　210　16开　有照片、有图表

本书分5部分：本分会全体委员玉照、本分会职员表、捐款栏、购债栏、报效栏。附录收《救国公债条例》、《购募救债分等奖励办法》。著者、出版者、出版时间据序言推断。

**2544. 抗战期中之福建华侨**　福建省经济建设计划委员会宣传处编　编者刊　1941年6月　永安　6+108　32开　有图表

本书分5章：乱动中之南洋华侨环境、闽侨对祖国之贡献、抗战中之闽省侨汇、海岸封锁时之闽侨出入国状况、进行中之闽省侨务。附录收《福建省矿产概况表》。

**2545. 抗战与华侨**　中山文化教育馆编　编者刊　1938年7月渝版　重庆　6+52　32开　抗战丛刊　第45种

本书分4个部分：华侨的分布及其经营的事业、华侨移植史略及其与祖国的关系、抗战以来华侨爱国运动的情形、华侨援助祖国抗战的障碍及其对策。书前有前言、抗战丛刊缘起。

**2546. 抗战与华侨**　谢作民、陈春圃、潘澄石、陈树人、曾建平、刘翼凌、蔡云、许侠夫、陈伊美、刘清斋、郭威白执笔　独立出版社　1939年1月初版，1939年3月5版　重庆　6+56　32开　战时综合丛书　第3辑第6种

本书分8章：总论——华侨对抗战的责任、华侨抗战的力量、华侨救国运动的一斑、如何扩大华侨的救国运动、战时海外党务与侨务的改进、战时华侨在经济上的任务、战时华侨教育实施的商榷、结论——华侨与争取最后胜利。书后有讨论大纲。

**2547. 抗战中的华侨动员**　教育部民众读物编审委员会编　正中书局　1938年8月初版　14　大64开　非常时期民众丛书　第4集第6册

全书分经济动员、外交动员、示威动员、精神动员 4 部分。

**2548. 抗战中的祖国与华侨** 陈拔群著 侨南文化事业公司 1940 年 3 月初版 3 + 94 32 开 侨南文化丛书 第 1 种 侨南文化丛书编辑委员会

全书分抗战检讨、政治评论、文化批判、调查报告 4 部分。收录作者归国一年来所著之论文，包括《抗战以来的军事检讨》、《政治上的飞跃》、《抗战中的祖国》、《献给民族革命的血祭日》、《第二次揭露的秘密阴谋》、《论抗战建国中的妇女运动》、《论抗战的农民运动》等。有自序。

**2549. 留日华侨概况** 刘百闵编辑 正中书局 1933 年 9 月 南京 1 + 26 32 开 日本研究会小丛书第 26 种

本书分 6 个部分：华侨渡日之历史、华侨商业之今昔、留日学生状况、华侨公共事业、华侨居留区域一瞥、华侨人口统计。

**2550. 旅越华侨缩食救国会特刊** 旅越华侨缩食救国会 1933 年 30 + 153 16 开 有照片、有插图、有题词、有图表

全书收录《美军死力挣扎中民众应有之义举》（李轶伦）、《关于缩食救国之期望》（邓学如）、《长期国难与缩食救国》（连学史）、《告爱国同胞》（张长）、《如何充实义军援后》（黎岳南）、《缩食救国与长期抗战》（杨荻洲）、《节衣缩食共同救国去》（潘小珊）7 篇论文和《本会创办人及街坊代表职员题名录》、《本会组织成立的经过》。卷首有潘云超与徐苏中分别所作的两篇序言。书前有林森、蒋光鼐等人所作题词和何尚平所作的发刊词。书后有编后絮言。

**2551. 麻属华侨救济祖国难民委员会第一期征信录** 刘正温编 1939 年 8 月 528 + 10 16 开 有照片、有图表

本书包括征信录、各分会、开支账项、附刊全麻属各团体私人自汇义捐征信录、附刊麻属劝募自由公债征信录。第一期指 1937 年 8 月 1 日起至 1938 年 12 月底止。书前有林彬卿作序、编者刘正温作附言。

**2552. 马来亚森美兰华侨筹赈祖国难民委员会征信录（第三十六期）** 1940 年 8 月初版 9 + 30 + 54 16 开 有照片、有图表

**2553. 美国市作顿埠中华会馆救国委员会九年抗战纪念录** ［黄俊杰编］ ［1946 年］ 1 + 118 + 3 大 16 开 精装 有照片、有插图、有题词

收录第一期救国公债录、第二期救国公债录、美金义捐录、航空救国捐录、将士棉衣捐录、七七献金录、救济款进支录等。书前有序言。编者及出版时间分别根据编后话、序言推断。

**2554. 孟买华侨概况** 8［环筒叶］ 16 开

本书为孟买华侨概况的调查大纲，共 6 部分：当地之一般情形、华侨之概况、侨民教育、侨民商业、抗战后侨民之动态、改进之意见。抄本。

**2555. 棉兰中华商会第廿一届报告** 棉兰中华商会秘书处编 编者刊 1939 年 5 月 ［150］ 16 开 有照片、有图表

**2556. 南洋风雨** 马宁著 椰风出版社 1943 年 3 月初版 桂林 6 + 150 32 开

又名"谁能绕着圆桌走到天堂？"，该书根据作者的亲身经历，记述了九一八前半年到太平洋战争爆发前夕的南洋动态，以及南洋殖民地人民，尤其是华侨的生活状态。收录了《谁能绕着圆桌走到天堂》、《上帝的力量》、《这是资本主义世界》、《不会打算盘的人》、《优秀的子孙》、《我们的教

育岗位》、《教室是家庭社会是学校》、《九一八》、《有伤风化的故事》、《东方弱小民族联合起来》
等 27 篇文章。书前有著者前记。

**2557. 南洋各属筹赈会代表大会缅甸华侨救运工作报告书** 缅甸华侨救灾总会编 编者刊 ［1938
年］ ［6］［环筒叶］ 16 开 有图表

本报告书分 8 部分：缅甸华侨救灾总会工作概况、公债劝募委员会组织经过及汇回债款报告概
况、缅甸华侨抵制日货总委员会工作经过概况、缅甸华侨红十字会工作经过概况、中国航空建设协
会直属仰光支会工作经过概况、缅甸华侨救灾特别委员会工作经过概况、缅甸华侨各途商筹赈会工
作经过概况、缅甸华侨兴商总会联合闽侨各属筹赈工作经过概况。书后附《缅甸华侨救运机关汇款
一览表》。出版时间据本表所署时间推断。

**2558. 南洋华侨与闽粤社会** 陈达著 商务印书馆 1938 年 5 月初版，1939 年 2 月再版 31 + 305 大
32 开 有图表

本书分两编："华侨社区：传统的生活方式及其变迁"、"社会变迁的一个原素：移民的影响"。
书前有引言，附录相关表格 11 种。1939 年 2 月再版开本为正 32 开。

**2559. 霹雳华侨欢迎吴专使纪念刊** 吕家伟编辑 南强公司 ［1941 年 8 月］ ［马来亚］ 2 +
94 16 开 有照片

全书共分 12 个部分：新时代与新认识、吡叻华侨欢迎吴专使盛况、欢迎吴专使大会职员一览、
吴专使在霹行程、欢迎吴专使献金一览、侨领介绍、欢迎吴专使文选、吴专使请侨胞切勿设宴招
待、吾专使告别马来西亚侨胞书、三十年元旦吴专使致南洋侨胞书、吴专使的生平、小新闻。书前
有作者所写序言。封面印有蒋介石致马来亚本党全体同志书。有题赠。

**2560. 日本南进政策与华侨** 马扬生著 华侨生活出版社 1941 年 4 月初版 昆明 44 + 1 32 开 华
侨丛书 1

全书分 6 部分，评述日本的南进政策及对华侨的危害，介绍华侨的抗日活动，以及华侨对日本
南进应采取的态度和行动。

**2561. 檀香山华侨美金捐款征信录** 驻火奴鲁鲁领事馆 编者刊 1940 年 7 月 （美）夏威夷 98
16 开 有照片、有图表

本书分 9 部分：例言、征信录序、捐款诸君玉照、美金捐款结束总数表、劝捐人玉照、捐款芳
名、美金捐款进支计算表、附抗战画片、梅总领事景周播音演辞。书前有何文炯序言。

**2562. 檀香山华侨推销救国公债征信录** 驻火奴鲁鲁总领事馆编 编者刊 1938 年 12 月 （美）
夏威夷 118 16 开 有照片

包括认购公债者照片、名单、认购公债统计等内容。书前有郑君烈序言。

**2563. 武汉警备司令部九一八后保护日侨专案摘要** ［武汉警备司令部编］ ［编者刊］ 1932
年 3 月 ［武汉］ 12 + 106 32 开 有插图、有图表

本书编辑了自"九一八事变"后武汉警备司令部为保护日侨方面所发布的部分公函、咨文、会
报摘录等。有编者弁言、正误表。书后附《日方情况摘要》、《日侨企业所在地及住户分布图和调查
表》、《日本租界防御配备略图》。

**2564. 夏威夷之华侨** H. L. Shapiro 原著 中国太平洋国际学会译 译者刊 1932 年 8 月 42 16
开 中国太平洋国际学会丛书

全书分 6 个部分：绪论、人口统计、华侨身体各部的变迁、华侨之变异程度、对于华侨其他特

性之一般观察、结论。

**2565. 暹京广肇会馆七十周年纪念特刊** ［1947 年］ ［124］ 16 开 有照片、有图表

本刊分题词、祝贺文章、图片等几个方面，其中有记叙收容被日俘虏同胞的情况。

**2566. 暹罗华侨** 马杨生著 教育部民众读物编审委员会 20 大 64 开 民众文库

全书分 6 部分，介绍华侨的概念、暹罗概况、暹罗华侨、暹罗与日本的关系以及抗战中的暹罗华侨等内容。通俗国语注音读本。

**2567. 星华义勇军战斗史（一九四二年保卫星洲）** 胡铁军编著 新中华出版社 1945 年 12 月 新加坡 6 + 26 32 开

收录了《星华义勇军怎样诞生》、《星华义勇军血战经过》、《三年半来抗敌工作》、《日寇法西斯酷刑》、《义勇军》、《逃难》、《新嘉坡保卫战的回忆》、《追悼阵亡及被难烈士大会记》（特写）等 17 篇文章，记录了马来亚华侨在新加坡抗战的情况。书前有白克登和胡伟夫所作序。

**2568. 血碑** 星洲出狱抗日同志联谊会编 新加坡新民主文化服务社 1945 年 2 月 新加坡 61 32 开 有照片

收录《忆张克夫同志》（慧芹）、《悼叶金钟同志》（志坚）、《悼翁仕贤同志》（叶金钟遗作）、《忆巴生名将林义平》（若书）、《怀念萧扬》（费尼）、《珍珠山上》（萧扬遗作）、《无题》（萧扬遗作）、《揭叛徒歌》（黄诚遗作）、《忆林江右同志》（李菲）、《同志，我歌颂你》（林夫）、《少年战士老弟弟》（若鲁）等 18 篇。书前有陈如旧的代序《这是一面镜子》及秋平、立夫遗作《悼同志歌》。后有附录 9 篇及编后记。

**2569. 越南南圻华侨救国总会七七一日捐征信录** 越南南圻华侨救国总会编 编者刊 192 16 开 有照片、有插图

收录了《越南南圻华侨救国总会第一届理事会名单》、《理事馆经手捐款名单》、《团体工会经手捐款名单》、《财务处派员沿门劝捐一览表》、《各界交来捐款一览表》、《七夕盂兰节节省烧衣费用捐款表》和《八一三纪念捐款表》。

**2570. 战后侨政之理论与实施** 张立夫著 谭瑞云［发行人］ 1943 年 12 月初版 6 + 98 32 开 有图表

本书主要介绍了战后有关华侨的事宜，共 5 章，依次为中国与南洋的关系、华侨在海外的地位、华侨与祖国的关系、中国的侨政、战后侨政之实施。有著者自序。封面有题赠。

**2571. 驻美柯利近省华侨救国统一会第二期进支总报告及捐款芳名征信录** 1939 年 12 月 ［49］ 36cm×21.5cm 油印 有照片、有图表

**2572. 驻美柯利近省华侨救国统一会第一期进支总报告及捐款芳名征信录** 秘书处编 编者刊 1939 年 3 月 34 36cm×21.5cm 油印

**2573. 祖国伤兵难民救济会刊送七七纪念特刊** 檀山祖国伤兵难民救济会编 编者刊 1939 年 7 月 28 16 开 有照片、有插图、有图表

本书收 5 篇文章：《努力救济祖国伤兵难民》、《哀悼阵亡将士与死难同胞》、《吃苦精神的习惯化》、《救国靠自己》、《两年来本会之概况》。卷首有刊首语。书后有《本会职员表》、《进支书目一览表》、《宣传标语》、《报效印费社团表诗》4 首。

# 伪政权政治

## 伪政权概况

**2574. 调查专报（生字第一号）** 　［1939 年 4 月］ 　　［162］ 　32 开 　有图表

全书分 4 编：伪中华民国临时政府、伪中华民国维新政府、南北两伪政府合流问题、伪蒙疆政府联合委员会及所属伪组织。有总目、序言、凡例。书前有勘误表。

**2575. 调查专报（生字第二号）** 　［1939 年 4 月］ 　4 +251 　32 开

本书为汉奸姓名录，收各地汉奸的姓名、伪职务等内容。有说明。

**2576. 调查专报（生字第六号）** 　［1939 年 8 月］ 　4 +74 　32 开 　有图表

本书分 4 篇，介绍河北省伪组织、河南省伪组织、山东省伪组织、山西省伪组织。书前有概说，书后有勘误表。

**2577. 调查专报（生字第八号）** 　［1939 年 11 月］ 　2 +110 　32 开 　有图表

本书分两篇：第 1 篇介绍伪新民会的机构、主张、工作计划、青年训练、宣传工作、社会活动等内容；第 2 篇介绍伪大民会的机构、纲领、活动。

**2578. 调查专报（生字第十号）** 　［1940 年 4 月］ 　2 +100 　32 开 　有插图、有图表

本书分两篇：江苏省伪组织、安徽省伪组织，内容为两伪组织的成立、施政措施及各县伪组织概况等内容。

**2579. 关于组织中央政府** 　周佛海 　上海中华日报馆 　25 　32 开

**2580. 伪组织一览** 　军事委员会军令部第二厅第三处编 　编者刊 　2 +130 　32 开 　有图表

本书分 11 部分：参加伪"中央政治会议"汉奸姓名一览、伪"中央政治委员会"组织概况及汉奸姓名一览、伪"国民政府"组织概况及汉奸姓名一览、伪"华北政务委员会"组织概况及汉奸姓名一览、伪"中央政治会议"组织条例、伪"中央政治委员会"组织条例、南京伪组织之所谓政纲、南京伪组织系统表、伪"华北政务委员会"组织条例、伪"中央银行筹备委员会"章程、汪逆与敌所签订卖国条约。附录收《东北伪组织概况及敌奸姓名一览》、《前伪"临时政府"组织概况及汉奸姓名一览》、《前伪"维新政府"组织概况及汉奸姓名一览》。

**2581. 伪组织专刊** 　第九战区司令长官司令部参谋处编 　编者刊 　1939 年 10 月 　4 +71 +9 　32 开 　有图表

本书分两部分：伪组织法规摘要、伪组织训令指令报告及各种表册。附录分两部分：我军对策、伪组织反正书信及宣言。卷首有例言。

**2582. 伪组织专刊（第二期）** 　第九战区司令长官司令部参谋处编 　编者刊 　1940 年 4 月 　8 +98 　32 开 　有图表

本书分 5 个部分：在敌军卵翼下的伪组织、伪组织人员概见表、伪军调查表、伪组织的狂妄宣传、敌伪宣抚班的全貌。卷首有例言。附录分两部分：我军对策、伪组织心理转变之一般。

**2583. 一个反间谍对于伪寇的分析** 　奇丕彰、徐昔编 　正中书局 　杭州 　2 +18 　大 64 开

本书分 6 部分：引言、敌军员兵补充之困难、敌国财政经济之穷窘、敌国内部政治之纠纷、敌

国民众思想之恶化、敌兵胁制蹂躏之内蒙。书前有编者序。

**2584. 战地政治与经济** 李超英讲 1943年1月 6+96 32开 有图表

本书为中央训练团党政训练班讲演录，分4章：绪论、敌伪政治、敌伪经济、敌伪金融。

**2585. 政治方案汇编** （日）木下一郎编 1937年9月 1+29 32开 有图表

本书为"七·七事变"后，日伪组织编写的各种说明、方案及大纲，共计12篇：《政治方案序言》、《中日问题之鸟瞰》、《媾和方式之研究》、《设立冀察临时政权方案》、《光复共和政制及政府施政大纲（甲种）》（附说明）、《新政府政策大纲》、《光复共和政制及政府施政大纲（乙种）》（附说明）、《临时政府组织统系表》（附说明）等。

**2586. 中国参战以来大事写真专辑（时事通信临时号）** （伪）中央电讯社出版委员会 编者刊 ［1943年1月］ 南京 8+110 32开 有照片

本书分116个部分：国府宣战布告、国府庆祝元旦、首都民众争看号外、广州市民争看参战布告、五国交换广播、战时中国之海军勇士的旗语、日交还专管租界签订实施细目、日经济使节团来华、文化协会代表座谈会、美航舰被击沉、日本学生的劳动服务等。有卷首语。

**2587. 德王与内蒙自治** 内外通讯社编，吴宿光译 上海现代书局、南京拔提书局 1934年6月再版 8+89 大64开 有照片 内外类编 第6册

本册共9部分：绪论、绥省蒙旗现状、自治运动之国际背景、德王对自治运动之准备、自治会议情形、自治政府之分析、各方对自治运动之态度、中央对内蒙自治之处理、处理蒙事之刍议。附录《锡、乌、伊三盟联合发出召集自治会议之通告》等5件。"锡盟"为锡林郭勒盟。"乌盟"为乌兰察布盟。"伊盟"为伊克昭盟。

## 伪满洲国

**2588. 大东亚建设博览会（满洲建国十周年纪念）** （伪）满洲建国十周年纪念大东亚建设博览会编纂 编者刊 1942年3月 新京 4+23 32开 有插图、有图表

本书收录了：满洲建国十周年纪念大东亚建设博览会趣意旨、开催要领、满洲建国十周年纪念大东亚建设博览会规则、出品规程、广告物设置规程、特设物设置规程、卖点使用规程。书后附"满洲建国十周年纪念大东亚建设博览会预定图"。

**2589. 大满洲帝国年鉴** （伪）满洲国通信社编 编者刊 1944年3月 新京 14+752+1 32开 有照片、有插图

本书分20章：帝室、国本奠定、满洲建国与国势、土地·人口·气象、政治、协和会、在满日本机关、省势一斑、财政、经济产业、外交、交通·通信、司法、教育、宗教、文化、厚生·锻炼、关东州概观、大东亚战争史、开拓、会社、团体。书前有松方义三郎、大西秀治序。

**2590. 第一次满洲帝国年报** （伪）国务院统计处编纂 编者刊 1933年11月 1+1045+48 大16开 有照片、有插图、有题词、有图表

本书分20章，详细介绍满洲国的历史、地理、行政、财政、外交、军事、教育及宗教、社会事业、司法、警察及卫生、土木、农林畜产业、水产业、矿业、工业商业及物价、贸易、度量衡、通货及金融、交通及通信的具体情况。附录收录《北满水灾并救济状况》、《北满水灾赈济彩票》和《满洲国协和会》3篇文章。书前有凡例，介绍本书的编辑体例、内容和原则以及收录范围。

**2591. 第二次满洲帝国年报** （伪）国务院统计处编纂 编者刊 1935年 1373 大16开 有照

片、有插图、有图表

全书有 7 编：总论、政治·军事·外交、财政、产业、商业·金融、交通·通信·土木、教育·宗教·社会事业。书前有帝制实施、凡例。附录为重要日志。

**2592. 发展途上之满洲帝国**　（伪）中央宣抚小委员会编　［编者刊］　2 + 52　32 开　有照片、有图表

本书收 8 篇文章：《治安与内治的确保》（赵鹏第）、《满洲帝国的国际地位》（朱之正）、《文教之确立》（许汝棻）、《满洲国司法制度之整备》（王允卿）、《满洲国之财政》（洪维国）、《满洲国产业施政大观》（张子焻）、《建国以来电政事业成绩大要》（邵先周）、《满洲国现状与国民之觉悟》（罗福葆）。书前有凡例。

**2593. 改革政治行政机构**　（伪）国务院总务厅情报处　编者刊　1937 年 5 月　1 + 24　32 开　有图表　满洲帝国国民读本　第 2 辑

本书包括行政机构改革之旨趣、国务总理大臣声明、总务厅长谈。有凡例。

**2594. 回銮训民诏书衍义**　（日）佐藤知恭著　（伪）国务院总务处情报处　1936 年 5 月 1 日　3 + 43　大 32 开

为溥仪访日后所颁诏书之衍义。

**2595. 康德二年施政概要**　［1936 年］　7 + 62　32 开　有图表

本书有 4 部分：内政之整顿充实与治安之确保、日满关系、厚生工作、文化工作。书前有凡例、建国宣言、回銮训民诏。书后有附录。

**2596. 满华职员录**　（伪）满蒙资料协会　1942 年　东京　［1487］　32 开

本书分 14 个部分：官厅会社团体别索引、满洲国官厅、满洲帝国协和会、在满日本国官厅、满洲国会社、中华民国官厅、中华民国新民会、蒙古政府官厅、在华日本国官厅、人名索引等。卷首有日文所写序以及凡例。

**2597. 满洲帝国现住户口统计（康德二年末）**　（伪）国务院总务厅统计处编　编者刊　1936 年 11 月　新京　4 + 25　16 开　有插图、图表

本书分 3 部分：统计图表、概说、统计表。附录收《关东州及南满洲铁道附属地》。

**2598. 满洲国官吏录**　（伪）国务院总务厅　1933 年 12 月　8 + 187　大 32 开　有图表

本书分两部分：第 1 部分包括政府组织法、国务顾问、官公署一览表、暂行文官官等俸给令、执政府官吏俸给令、侍卫官津贴 6 部分，中日文对照；第 2 部分为执政府、参议府、立法院、国务院、民政部、外交部、军政部等 18 机构官吏名录。卷首有正误表和中、日文对照的凡例。

**2599. 满洲国官吏录**　（伪）满洲国总务厅人事处编　明文社　1935 年 10 月　大连　9 + 97　32 开　有图表

**2600. 满洲国官吏录**　（伪）国务院总务厅编纂　满洲国总务厅人事处　1935 年 5 月　7 + 239　大 32 开　精装　有图表

本书分两部分：第 1 部分包括组织法、职官表、官公署一览表 3 部分，中日文对照；第 2 部分为尚书府、宫内府、参议府、立法院、国务院、监察院等机构官吏名录。卷首有凡例（中日文对照）。

**2601. 满洲国官吏录**　（伪）国务院总务厅人事处编纂　1939 年 10 月　10 + 791　16 开　有图表

本书分组织法、政府组织法、尚书府、宫内府、参议府、立法院、国务院、最高法院、最高检察厅等部分。卷首有凡例（中日文对照）。

**2602.** 满洲国修聘记　（伪）宣传部编　编者刊　1941 年 3 月　2＋28　32 开　有照片、有图表　时事丛书

包括修聘使节之任命、赴满途中、抵达新京、皇宫致敬并访问满日当局、迎接委员会设宴招待、总理官邸之盛宴、满洲国都之巡礼、梅津大使之欢宴、觐见满皇呈递国书、欢宴各界及各国使团、离新京返国。附录收《中华民国国民政府满洲国修聘使节团滞留新京日程表》。

**2603.** 满洲伪国　陈彬和编　日本研究社　1933 年 3 月　24＋96　32 开　有插图、有题词、有图表

全书分上、中、下 3 编。上编"日本劫夺东北政权之经过"，记述"九一八事变"的经过和伪满洲国的建立过程；中编"'和制'满洲伪国傀儡戏之揭幕"，记述日本对伪满洲国的统治情况以及我国政府对此所作的表态，包括傀儡溥仪就任执政、伪国组织法、伪国日本官吏之派别与内讧、伪政党协和会之内容等问题；下编为附录，包括《满洲国建设之历史的使命》、《承认满洲国与国际联盟》、《欢迎满洲国使节谈话会》等 10 篇文章。有马相伯序和自序。

**2604.** 伪满的真象　青年书店　1938 年 12 月再版　重庆　2＋56　32 开　有图表

本书分 12 章：绪论、政治、军事、财政、金融、工业、农业、贸易、交通、教育文化、革命运动、结论。

**2605.** 伪满的真象　国民政府军事委员会政治部编　编者刊　1938 年 6 月　2＋48　32 开　有图表

共 12 部分，介绍"九一八"以来，伪满政权的政治、军事、财经、文教、金融、工业、农业、贸易、交通、革命运动等方面的情况。有题赠。

**2606.** 伪满内政总论（上、下册）　1945 年 7 月　3＋321［环筒叶］　16 开　油印　有图表

本书为上、下两册，分 14 个部分：绪论、行政区划、行政系统、人口、土地、移民、警察、伪满人事制度、卫生、满洲帝国协和会、宗教、十九省分论、二十二市概况、结论。

**2607.** 倭制满洲国　张余生著　东北问题研究会　1932 年 10 月　北平　10＋212＋182　大 32 开　有照片、有图表　东北问题研究会丛书

本书主要介绍日本建立伪满洲国的事实和经过，共 10 章。包括暴日并吞东北之阴谋、武力占领之前后、攫取政权之伪组织、三省伪省府之制造等。附录收《国民政府否认伪国宣言集录》等 7 件。书前有序言、作者绪言。封面有题赠。

**2608.** 新编满洲职员录　（日）芝田研三著　（伪）满洲日日新闻社　1939 年 11 月　大连　4＋68　32 开　有图表

分 7 部分：满洲国机关、驻满各国公馆、日本侧机关、南满洲铁路株式会社、会社·银行、商工会馆、学校·医院。

**2609.** 新政治行政机构之全貌　（伪）国务院总务厅弘报处　编者刊　1937 年 7 月　2＋29　32 开　有图表　满洲帝国国民读本　第 8 辑

本书共 4 部分：实施新政治行政机构、中央行政机构之现状、地方行政机构之现状和结论。有凡例。

**2610.** 跃进满洲　［30］　32 开　有照片、有插图

摄影集。伪满宣传品。

**2611. 地方·都市**　（伪）国务院总务厅情报处辑　1934 年 1 月　1 + 28　32 开　满洲国大系　第 7 辑

本书收 4 篇：《大同元年度吉林省之政情》（三浦碌郎）、《关于新京特别市政》（金壁东）、《大新京国都与都市计划》（阮振铎）、《进展中之哈尔滨特别市》（吕荣寰）。

## 伪中华民国临时政府、伪中华民国维新政府

**2612. 维新政府概况**　（伪）大民会宣传部编　编者刊　1939 年 3 月初版　12　32 开　有图表

本书分 4 个部分：政府之组织、过去一年之政绩、二十八年度之施政方针、结论。

**2613. 维新政府内政部暨附属各机关职员录**　（伪）内政部总务司编　编者刊　1940 年 3 月　2 + 190　32 开　有图表

**2614. 维新政府司法行政部司法纪实**　1939 年　[145]　16 开　有插图、有图表

本书收《维新政府司法行政部组织系统表》、《维新政府司法行政部人员员数图》、《维新政府司法行政部人员教育程度及年龄百分比较图》等图表百余幅。

**2615. 维新政府与新中国**　刘希平著　（伪）大民会宣传部　1939 年 3 月初版　12　32 开　有插图

本书分 4 个部分：绪论、维新政府在新中国之地位、维新政府对于建设新中国的使命、维新政府与将来的中央政权。

**2616. 维新政府职员录**　1940 年 3 月　[734]　32 开

**2617. 维新政府周年纪念集**　（伪）大民会总本部宣传部编　编者刊　1939 年 3 月　2 + 42　32 开　有照片、有插图、有题词

本书收 21 篇论文：《维新政府与大民会》（温宗尧）、《维新政府成立一周纪念之感言》（孙棣三）、《维新政府成立一周纪念刍言》（陈璧）、《何谓拥护维新政府》（灌翁）、《为政刍言》（志澹）、《维新政府成立一周纪念感言》（鱼苍）、《天下兴亡匹夫有责》（孤云）、《维新政府一周纪念感言》（王采南）、《从事东亚新秩序联想到孔子的哲学》（力木）等。书前有堂脇中佐庆祝函，并有题字、颂词。书后有诗歌。

**2618. 维新政府初周纪念册**　（伪）行政院宣传局编　编者刊　1939 年 3 月　9 + 344　大 16 开　精装　有照片、有插图、有图表

本书分 9 部分：政纲、宣言、写真、论文、祝辞、维新政府各院部各省市施政概况及未来计划、谈话记载、华中社会状况、文艺。收录《中华民国维新政府政纲》、《中华民国维新政府宣言》、《对维新政府成立一周年之感想》、《维新政府成立一周年纪念祝辞》等。

**2619. 维新政府初周纪念庆祝大会报告书**　（伪）维新政府初周纪念庆祝大会编纂委员会　（伪）维新政府初周纪念庆祝大会总务组　1939 年 5 月　南京　6 + 106　16 开　精装　有照片、有图表

**2620. 行政院会议议事日程**　（伪）行政院编　编者刊　[112]　[环筒叶]　16 开　油印　有图表

本书为合订本，收录第 164 次、175 次、216 次、217 次、223 次、228 次、230 次会议相关记录。

**2621. 中华民国维新政府立法院院长温宗尧详论此次中日事变各要点**　温宗尧　1939 年 5 月　34　32 开

本书分 15 部分：抗日各派与亲日各派之辨别、治匪之道、中日战事的起因及以后节节失败、汉奸与卖国爱民与救国之解释、焦土政策之批评、第一次对日本新闻记者发表意见、第二次对日本新闻记者发表意见、反共救国的广播词、诚与权、敬告国人、战争和平别有道乎、对于近卫首相之宣言发表意见、驳收复失地之谬说、经济合作之讨论、中央政府组织之先决问题。

**2622. 郅治先声**　（伪）临时政府行政委员会情报处　1939 年 5 月出版　2 + 30　32 开

全书分 7 部分：临时政府努力前进的缩影、临时政府成立的动机意义和目的、临时政府一般设施的现状、将来之计划、本政府与维新政府之关系、本政府与日满两国之关系、华北民众之觉悟。

## 汪伪中华民国国民政府

**2623. 国民政府现况**　（伪）宣传部编　编者刊　1942 年 9 月　2 + 44　32 开

包括绪言、举办清乡、推行新国民运动、调整金融与整理币制、管理物资与增加生产、调整外交、发扬文化与展开宣传、建立军队等 7 部分。

**2624. 中华民国国民政府概览（民国三十年十月）**　（伪）［国际宣传局编译处编］　编者刊　1941 年　［60］　横 16 开　有照片、有图表

收录《中央政治委员会组织条例》、《中华民国国民政府组织法》、《国民政府政纲》、《行政院组织法》、《行政改革机构方案》、《立法院组织法》、《司法院组织法》、《考试院组织法》、《监察院组织法》、《清乡委员会临时组织大纲》、《宪政实施委员会组织大纲》、《华北政务委员会组织条例》等 12 则条文。中英对译本。

**2625. 国府还都第二年国民政府施政概况**　（伪）宣传部编　编者刊　1942 年 3 月　4 + 250　大 32 开　有照片

本书为 1941 年行政院、立法院、司法院、监察院、考试院、军事委员会施政概况。附录收一年来国内政治之回顾、政治建设、粮食问题等 10 项。封面题"国民政府还都二周年纪念"。

**2626. 国民政府还都第四年画报**　（伪）宣传部编　编者刊　1944 年 3 月　110　32 开　有照片、有题词

收录国府宣战布告、中日签订课税条约、中国将士的再教育、日移交合作社、兴亚大会、主席巡视镇江清乡区、国府赈救华北灾民等图片新闻。

**2627. 中央政治委员会第二十一次会议议事日程**　（伪）中央政治委员会秘书厅编　编者刊　1940 年 9 月　17［环筒叶］　21.6cm×35.7cm　油印　有图表

附：讨论事项第 1 - 6 案。封面盖有"极机密"印。

**2628. 中央政治委员会第五十六次会议议事日程**　（伪）中央政治委员会秘书厅编　编者刊　1941 年 7 月　26［环筒叶］　21.6cm×35.7cm　油印　有图表

附：报告事项第 2 - 4 案；讨论事项第 1 - 5 案。封面盖有"极机密"印。

**2629. 中央政治委员会第八十二次会议议事日程**　（伪）中央政治委员会秘书厅编　编者刊　1942 年 2 月　22［环筒叶］　21.6cm×35.7cm　油印　有图表

附：讨论事项第 1 - 3 案。封面盖有"极机密"印。

**2630. 中央政治委员会第八十三次会议议事日程**　（伪）中央政治委员会秘书厅编　编者刊　1942 年 2 月　36［环筒叶］　21.6cm×35.7cm　油印　有图表

附：报告事项第 2 - 4 案；讨论事项第 1 - 9 案。封面盖有"极机密"印。

**2631.** 中央政治委员会第八十四次会议议事日程　　（伪）中央政治委员会秘书厅编　编者刊　1942年3月　22［环筒叶］　21.6cm×35.7cm　油印　有图表
　　　　附：报告事项第2－6案；讨论事项第1－4案。封面盖有"机机密"印。

**2632.** 中央政治委员会第八十六次会议议事日程　　（伪）中央政治委员会秘书厅编　编者刊　1942年3月　13［环筒叶］　21.6cm×35.7cm　油印　有图表
　　　　附：报告事项第2－5案；讨论事项第1－4案。封面盖有"机机密"印。

**2633.** 中央政治委员会第八十六次会议议事日程　　（伪）中央政治委员会秘书厅编　编者刊　1942年4月　26［环筒叶］　21.6cm×35.7cm　油印　有图表
　　　　附：报告事项第2－8案；讨论事项第1－4案。封面盖有"机机密"印。

**2634.** 中央政治委员会第九十八次会议记录　　（伪）中央政治委员会秘书厅编　编者刊　1942年6月　3［环筒叶］　21.6cm×35.7cm　油印
　　　　封面钤有"中央政治委员会秘书厅印"、"极机密"红章及"陈委员璧君"章。

**2635.** 中央政治委员会第九十八次会议议事日程　　（伪）中央政治委员会秘书厅编　编者刊　1942年6月　29［环筒叶］　21.6cm×35.7cm　油印　有图表
　　　　附：报告事项第2－6案；讨论事项第1－6案。封面盖有"极机密"印。

**2636.** 中央政治委员会第九十次会议议事日程　　（伪）中央政治委员会秘书厅编　编者刊　1942年4月　36［环筒叶］　21.6cm×35.7cm　油印　有图表
　　　　附：报告事项第7案；讨论事项第1－4案。封面盖有"极机密"印。

**2637.** 中央政治委员会第一零二次会议议事日程　　（伪）中央政治委员会秘书厅编　编者刊　1942年7月　10［环筒叶］　21.6cm×35.7cm　油印　有图表
　　　　附：报告事项第2－4案；讨论事项第2－3案。封面盖有"极机密"印。

**2638.** 中央政治委员会第三次至第一零七次会议记录　　（伪）中央政治委员会秘书厅编　编者刊　1940年4月至1942年8月　272［环筒叶］　21.6cm×35.7cm　油印
　　　　本书为汪伪政府中央政治委员会1940年4月至1942年8月会议纪录汇编，按会议次序编辑。共105册，缺第5、8、13、22、23、26、67、84、85、86、91、93、103、104次会议记录。封面钤有"中央政治委员会秘书厅印"、"极机密"红章及"陈委员璧君"章。

**2639.** 中央政治委员会第一零八次会议议事日程　　（伪）中央政治委员会秘书厅编　编者刊　1942年9月　13［环筒叶］　21.6cm×35.7cm　油印　有图表
　　　　附：报告事项第2－7案；讨论事项第1－5案。封面盖"极机密"印。

**2640.** 中央政治委员会第一零八次会议记录　　（伪）中央政治委员会秘书厅编　编者刊　1942年9月　5［环筒叶］　21.6cm×35.7cm　油印
　　　　封面钤有"中央政治委员会秘书厅印"、"极机密"红章及"陈委员璧君"章。

**2641.** 中央政治委员会第一一零次会议记录　　（伪）中央政治委员会秘书厅编　编者刊　1942年9月　3［环筒叶］　21.6cm×35.7cm　油印
　　　　封面钤有"中央政治委员会秘书厅印"、"极机密"红章及"陈委员璧君"章。

**2642.** 中央政治委员会第一一一次会议记录　　（伪）中央政治委员会秘书厅编　编者刊　1942年9月　3［环筒叶］　21.6cm×35.7cm　油印

封面钤有"中央政治委员会秘书厅印"、"极机密"红章及"陈委员璧君"章。

**2643.** 中央政治委员会第一一二次会议记录 （伪）中央政治委员会秘书厅编 编者刊 1942 年 10 月 3 ［环筒叶］ 21.6cm×35.7cm 油印

封面钤有"中央政治委员会秘书厅印"、"极机密"红章及"陈委员璧君"章。

**2644.** 中央政治委员会第一一三次会议记录 （伪）中央政治委员会秘书厅编 编者刊 1942 年 10 月 3 ［环筒叶］ 21.6cm×35.7cm 油印

封面钤有"中央政治委员会秘书厅印"、"极机密"红章及"陈委员璧君"章。

**2645.** 中央政治委员会第一一四次会议记录 （伪）中央政治委员会秘书厅编 编者刊 1942 年 10 月 3 ［环筒叶］ 21.6cm×35.7cm 油印

封面钤有"中央政治委员会秘书厅印"、"极机密"红章及"陈委员璧君"章。

**2646.** 中央政治委员会第一一五次会议记录 （伪）中央政治委员会秘书厅编 编者刊 1942 年 11 月 4 ［环筒叶］ 21.6cm×35.7cm 油印

封面钤有"中央政治委员会秘书厅印"、"极机密"红章及"陈委员璧君"章。

**2647.** 中央政治委员会第一一六次会议记录 （伪）中央政治委员会秘书厅编 编者刊 1942 年 11 月 3 ［环筒叶］ 21.6cm×35.7cm 油印

封面钤有"中央政治委员会秘书厅印"、"极机密"红章及"陈委员璧君"章。

**2648.** 中央政治委员会第一一八次会议记录 （伪）中央政治委员会秘书厅编 编者刊 1942 年 12 月 4 ［环筒叶］ 21.6cm×35.7cm 油印

封面钤有"中央政治委员会秘书厅印"、"极机密"红章及"陈委员璧君"章。

**2649.** 中央政治委员会第一一九次会议记录 （伪）中央政治委员会秘书厅编 编者刊 1942 年 12 月 6 ［环筒叶］ 21.6cm×35.7cm 油印

封面钤有"中央政治委员会秘书厅印"、"极机密"红章及"陈委员璧君"章。

**2650.** 中央政治委员会第一二零次会议记录 （伪）中央政治委员会秘书厅编 编者刊 1942 年 12 月 5 ［环筒叶］ 21.6cm×35.7cm 油印

封面钤有"中央政治委员会秘书厅印"、"极机密"红章及"陈委员璧君"章。

**2651.** 中央政治委员会第一二三次会议记录 （伪）中央政治委员会秘书厅编 编者刊 1943 年 5 月 3 ［环筒叶］ 21.6cm×35.7cm 油印

封面钤有"中央政治委员会秘书厅印"、"极机密"红章及"陈委员璧君"章。

**2652.** 中央政治委员会第一二四次会议记录 （伪）中央政治委员会秘书厅编 编者刊 1943 年 6 月 3 ［环筒叶］ 21.6cm×35.7cm 油印

封面钤有"中央政治委员会秘书厅印"、"极机密"红章及"陈委员璧君"章。

**2653.** 中央政治委员会第一二五次会议记录 （伪）中央政治委员会秘书厅编 编者刊 1943 年 7 月 3 ［环筒叶］ 21.6cm×35.7cm 油印

封面钤有"中央政治委员会秘书厅印"、"极机密"红章及"陈委员璧君"章。

**2654.** 中央政治委员会第一二六次会议记录 （伪）中央政治委员会秘书厅编 编者刊 1943 年 7 月 2 ［环筒叶］ 21.6cm×35.7cm 油印

封面钤有"中央政治委员会秘书厅印"、"极机密"红章及"陈委员璧君"章。

**2655. 中央政治委员会第一三零次会议记录** （伪）中央政治委员会秘书厅编 编者刊 1943 年 12 月 2 [环筒叶] 21.6cm×35.7cm 油印

封面钤有"中央政治委员会秘书厅印"、"极机密"红章及"陈委员璧君"章。

**2656. 中央政治委员会第一三二次会议记录** （伪）中央政治委员会秘书厅编 编者刊 1944 年 2 月 2 [环筒叶] 21.6cm×35.7cm 油印

封面钤有"中央政治委员会秘书厅印"、"极机密"红章及"陈委员璧君"章。

**2657. 中央政治委员会第一三三次会议记录** （伪）中央政治委员会秘书厅编 编者刊 1944 年 3 月 3 [环筒叶] 21.6cm×35.7cm 油印

封面钤有"中央政治委员会秘书厅印"、"极机密"红章及"陈委员璧君"章。

**2658. 中央政治委员会第一四二次会议记录** （伪）中央政治委员会秘书厅编 编者刊 1944 年 11 月 2 [环筒叶] 21.6cm×35.7cm 油印

封面钤有"中央政治委员会秘书厅印"、"极机密"红章及"陈委员璧君"章。

**2659. 中央政治委员会第一四三次会议记录** （伪）中央政治委员会秘书厅编 编者刊 1945 年 1 月 2 [环筒叶] 21.6cm×35.7cm 油印

封面钤有"中央政治委员会秘书厅印"、"极机密"红章及"陈委员璧君"章。

**2660. 中央政治委员会政治报告** （伪）中央政治委员会秘书厅编 编者刊 1940 年 南京 14 + 262 16 开 有照片、有图表

系汪伪政权自 1940 年 4 月 1 日至 10 月 10 日止中央各部院政治报告，包括国民政府文参两处、行政院各部、立法院、考试院、监察院、军事委员会等工作报告。

**2661. 立法院院会关系文书第三十二次至三十六次（民国三十年一月至三月）** （伪）立法院秘书处编 编者刊 1941 年 224 16 开 油印

本书为汪伪政府立法院 1941 年 1 月至 3 月院会会议议事日程暨关系文书汇编本，按会议次序编辑 5 本合订。

**2662. 立法院院会关系文书第三十七次至四十一次（民国三十年三月至六月）** （伪）立法院秘书处编 编者刊 1941 年 200 16 开

本书为汪伪政府立法院 1941 年 3 月至 6 月院会会议议事日程暨关系文书汇编本，按会议次序编辑 5 本合订。

**2663. 立法院院会关系文书第四十二次至四十五次（民国三十年六月至七月）** （伪）立法院秘书处编 编者刊 1941 年 193 16 开

本书为汪伪政府立法院 1941 年 6 月至 7 月院会会议议事日程暨关系文书汇编本，按会议次序编辑 4 本合订。

**2664. 立法院院会关系文书第四十六次至四十八次（民国三十年九月五日至九月廿三日）** （伪）立法院秘书处编 编者刊 1941 年 343 16 开 油印

本书为汪伪政府立法院 1941 年 9 月院会会议议事日程暨关系文书汇编本，按会议次序编辑 3 本合订。

**2665. 立法院院会关系文书第五十五次至五十七次（民国三十一年一月十七日至二月九日）**

（伪）立法院秘书处编 编者刊 1943 年 185 16 开 油印

　　本书为汪伪政府立法院1942 年 1 月至 2 月院会会议议事日程暨关系文书汇编本，按会议次序编辑 3 本合订。

**2666.** 立法院院会关系文书第五十八次至六十一次（民国三十二年一月至四月） （伪）立法院秘书处编 编者刊 1943 年 282 16 开 油印

　　本书为汪伪政府立法院1942 年 2 月至 3 月院会会议议事日程暨关系文书汇编本，按会议次序编辑 4 本合订。

**2667.** 立法院院会关系文书第六十二次至六十七次（民国三十一年四月十五日至五月廿九日）

（伪）立法院编译处著 编者刊 1942 年 南京 262［环筒叶］ 16 开 油印 有图表

　　本书为汪伪政府立法院1942 年 4 月 15 日至 5 月 29 日院会会议议事日程暨关系文书汇编本，按会议次序编辑 6 本合订。

**2668.** 立法院院会关系文书第六十八次至七十二次（民国三十一年六月廿二日至九月十五日）

（伪）立法院秘书处著 编者刊 1942 年 南京 274［环筒叶］ 16 开 油印 有插图、有图表

　　本书为汪伪政府立法院1942 年 6 月至 9 月院会会议议事日程暨关系文书汇编本，按会议次序编辑 5 本合订。

**2669.** 立法院院会关系文书第七十三次至七十四次（民国三十一年十月十三日至十一月三日）

（伪）立法院秘书处编 编者刊 1942 年 188 16 开 油印

　　本书为汪伪政府立法院1942 年 10 月至 11 月院会会议议事日程暨关系文书汇编本，按会议次序编辑两本合订。

**2670.** 立法院院会关系文书第七十五次至七十七次（民国三十一年十一月廿四日至十二月廿九日）

（伪）立法院秘书处编 编者刊 1941 年 256 16 开 油印

　　本书为汪伪政府立法院1942 年 11 月院会会议议事日程暨关系文书汇编本，按会议次序编辑 3 本合订。

**2671.** 立法院院会关系文书第七十八次至八十二次（民国三十二年一月至四月） （伪）立法院秘书处编 编者刊 1943 年 270 16 开 油印

　　本书为汪伪政府立法院1943 年 1 月至 4 月院会会议议事日程暨关系文书汇编本，按会议次序编辑 5 本合订。

**2672.** 立法院专刊（第 1 辑） （伪）立法院编译处编 编者刊 1939 年 3 月 南京 ［14 + 430］ 16 开 有图表

　　本书为（伪）维新政府立法院专刊，共 4 部分：法规、专载、图表、议事录。有发刊词及**廖廉能**等作序 3 篇。

**2673.** 立法院专刊（第 2 辑） （伪）立法院编译处编 编者刊 1939 年 10 月 ［6 + 434］ 16 开 有图表

　　本书为（伪）维新政府立法院专刊，共 4 部分：法规、专载、图表、议事录。

**2674.** 立法院第一周年工作概况 （伪）立法院秘书处编 编者刊 1941 年 5 月 8 + 94 16 开 有照片、有图表

　　本刊内容包括（伪）立法院自 1940 年至 1941 年 3 月立法审议概况、立法工作统计图表及事务

处理概况。有编者弁言和编辑例言。

**2675. 国府还都周年纪念实录**　（伪）宣传部编　编者刊　1941 年 5 月　6＋288　大 32 开　有照片　时事丛书

包括汪主席言论、各长官广播演词、各长官对首都集训学生训词、纪念论文、国民政府还都一年来之治绩 5 部分。附录收日方贺电、舆论一斑、首都庆祝实录、史料等 5 部分。

**2676. 民政会议汇编**　（伪）内政部民政会议秘书处编　（伪）内政部总务司　1941 年 3 月　18＋344　16 开　有照片、有图表

本书分 16 个部分：叙言、摄影、例言、上国民政府汪主席致敬电、内政部民政会议会务纪要、开会词、闭会词、播音词、法规、图表、仪式及议程、议事录、议案及审查报告与决议、临时动议、文电、附录。书后有勘误表。

**2677. 中国国民党第六届中央执行委员会第三次全体会议宣言**　（伪）宣传部编　编者刊　1941 年 1 月　18　32 开

收录伪中国国民党第六届中央执行委员会第三次全体会议宣言。附录收《汪精卫会议致词》、《中国国民党第六届中央执行委员会宣传部告党员及民众书》。

**2678. 中国国民党第六届中央执行委员会第五次全体会议记录**（伪）　中国国民党中央执行委员会秘书厅编　编者刊　1943 年 1 月　58　16 开　有照片

本书收录了会议经过、会议记录、全会宣言、报告决议、中委名单。

**2679. 中国国民党四川省党员通讯处初周纪念特刊**　（伪）四川省党员通讯处编　编者刊　1941 年 7 月　2＋72　16 开　有照片

本书分 4 部分：专载、报告、论文、杂俎。其中专载部分收录 7 篇文章：《党务训练实施纲要》（汪精卫）、《宣传工作人员训条》（汪精卫）、《一年来的自我检讨》（陈公博）、《我对于日本国民的期望》（陈公博）、《国府还都纪念》（广播演词，周佛海）、《干部如何做领导工作》（丁默邨）、《东亚存亡问题》（林柏生）。

**2680. 中华民国参加满洲国建国十周年纪念典礼及祝贺会代表团团员名录**　12　32 开　有图表

**2681. 复兴第一年**　政治月刊社编辑　编者刊　1941 年 4 月　上海　3＋170　32 开　政治丛刊第 2 种

本书收 11 篇文章：《国民政府还都一年》（汪精卫）、《国府还都周年纪念》（周佛海）、《东亚存亡问题》（林柏生）、《一年来之教育》（赵正平）、《国府还都一年来施政概况》（中央社）、《迎接危急的局势》（袁殊）等。书前有编序及《告青年书》。

**2682. 关于组织中央政府**　周佛海　16　32 开

论述建立南京伪政权的目的、保障、作用等问题。

**2683. 国府还都后的政治情势（特稿辑第一集）**　（伪）中央社调查处编　（伪）中央电讯社　1941 年 1 月　南京　5＋234　32 开　有照片　中央电讯社丛书之三

本书评述了汪伪政府还都南京后中国及世界各国形势。分 9 部分，包括：和平文献、日本研究、国际问题、人物传记、租界史实、经济商场、地方特写、世界珍闻、关于欧战。

**2684. 国府战时体制**　（伪）中央电讯社出版委员会编　编者刊　1944 年 5 月　南京　8＋442　32 开　有图表　时局丛书　第 1 辑

本书分 6 个部分：卷首语、政治、军事、经济、新国民运动、文化与教育。书前有郭秀峰所作发刊词。

**2685. 国民党政府使节团赴日答礼记**　周雨人　（伪）宣传部　1940 年 10 月出版　6 + 172　32 开　有插图　时事丛书

这本书分为：出发之前、东渡轮中、神户登陆、东京行踪、箱根畅游、京阪访问、返抵首都、附录等。

**2686. 国民政府还都四周年画报**　（伪）宣传部编　编者刊　1944 年 3 月　南京　110　32 开　有照片、有题词

以照片和文字介绍汪伪政府对英美宣战一年来的大事。书前有"卷头语"和"国府宣战布告"。封面题名为《还都第四年画报》。

**2687. 国民政府还都以后的使命**　刘希平著　新中国出版社　1940 年 9 月　14　32 开　大众丛书

**2688. 国民政府政纲之理论与实施**　伍澄宇著　政治月刊社　1942 年 1 月　上海　7 + 103　32 开　有题词　政治丛刊第 4 种

本书分绪论、本论两编，包括国民政府迁都之起源、国民政府还都之史实、睦邻、互友、民治等 14 章内容。卷首有陈群所作弁言及作者自序。

**2689. 内政部档案总目录（第一二期合订本）**　（伪）内政部总务司档案室编　编者刊　1939 年 12 月　[148]　16 开　有图表

目录页题名为：《维新政府内政部档案总目录》。

**2690. 内政部县政训练所一览**　（伪）内政部县政训练所编制　编者刊　1939 年 10 月　14 + 116　16 开　有照片、有图表

本书收录（伪）内政部训练所第一期和第二期师生员工的合影、创办经过、章程规则、职员讲师学员的情况等。书前有陈群弁言。

**2691. 全国第一届警政会议纪念刊**　（伪）警政部编　编者刊　1940 年 9 月　6 + 226　16 开　有照片、有插图、有图表

本书包括训词、致词、会员答词、告全国警察人员书、章则、提案、会议、审查、文件等内容。

**2692. 汪逆清乡阴谋之分析**　贺扬灵编述　浙西民族文化馆　1942 年 1 月　6 + 78　32 开　浙西抗建丛刊之十六

分 9 章，包括汪逆伪组织的政治性格及其清乡阴谋之由来、汪逆发动清乡的用意、汪逆清乡的基本战术、汪逆清乡军事的性质和特征、汪逆清乡中的经济财政阴谋、汪逆清乡的政治阴谋及所谓"特种教育"、汪逆在浙西的清乡等。附录收《伪治安肃清要纲案》、《伪清乡地区物价统制及运销管理暂行办法》、《伪浙省会郊区治安办事处整理治安计划及其人事一览》。书前有黄绍竑序。

**2693. 汪逆伪组织的真面目**　张南轩编纂　时先出版社　1940 年 3 月　九龙　2 + 61　32 开

本书收录以下 5 篇文章：《汪逆伪组织的估价》（张南轩）、《一条错误的路线》（李文中）、《"新政权"是什么》（陶希圣）、《"傀儡政府"的意义》（Franz Michael 原著，高山译）、《喜怒由人的傀儡戏》（陶希圣）。书前有代序。

**2694. 汪伪逆组织解剖**　唐戊中著　总动员出版社　1943 年 11 月　南平　3 + 106　32 开

全书共 10 个部分，包括汪逆组织在日寇眼中的地位、建立与强化、与其他汉奸间的矛盾、卖国阴谋的演变过程、各项阴谋分析、太平洋战争爆发后的汪伪新阴谋、迫害下的民众生活情况、发展前途以及日寇在汪伪统治区内的"以战养战"的活动。书前有自序，介绍本书写作目的与特别声明，封面有作者题赠。

**2695. 宣传部第二届全国宣传概况**　（伪）宣传部编　编者刊　1943 年 11 月　12＋228　16 开　有照片、有图表

本书分 4 篇：宣传行政、一般宣传事业、特种宣传事业、华北宣传概况。附录收战时文化宣传政策基本纲要、现行重要宣传法规。书前有《宣传工作人员训条》。

**2696. 宣传部第一届全国宣传会议报告汇编**　（伪）宣传部编　编者刊　1941 年 6 月　1＋420　32 开　有插图、有图表

本书分 5 个部分：宣传部报告、宣传部直属机关报告、各省市报告、报社杂志社报告、特种报告。

**2697. 宣传部第一届全国宣传会议实录**　（伪）宣传部编　编者刊　1941 年 6 月　2＋141　大 32 开　有照片　时事丛书

本书包括 4 部分：汪主席训词、会议演词、会议经过及附录。附录收法规汇编、各方贺电、舆论选辑、大会侧记。书前有《宣传工作人员训条》。

**2698. 宣传干部训练**（增订本）　（伪）国民政府宣传部编　（伪）中央宣传讲习所　1941 年 2 月　［179］　大 32 开　有照片、有插图、有题词、有图表

全书分 5 编：本所办理情形概述、教务概况、教育概况、学员生活、旅行参观。卷首有序、中央宣传讲习所的组织系统图和各种统计表、林柏生等人演词汇辑。

**2699. 宣传要点汇编**　（伪）宣传部编　编者刊　1941 年 3 月　5＋86　大 32 开

本书共两辑：第 1 辑包括汪主席艳电、青岛会谈、和平方案之说明、国际情势之分析、汪主席和平宣言与米内声明、关于中日和平问题及曾仲鸣先生之殉国等 10 条宣传要点；第 2 辑包括关于庆祝国府还都、关于法德单独媾和、九一八事变纪念、中日邦交交涉结果、中日满问题等 24 条宣传要点。

**2700. 中央宣传团概况**　（伪）中央宣传团编　编者刊　1942 年 1 月　2＋26　32 开　有图表

本书分 4 部分：组织概况、工作计划、工作经过、本团全体团员名单。

**2701. 最近汪逆伪组织的内政与外交**　三民主义青年团中央团部编　编者刊　1943 年 5 月　6　32 开

**伪华北政务委员会**

**2702. 华北政务委员会三周年施政纪要**　（伪）华北政务委员会编　编者刊　1943 年　6＋［366］　16 开　有图表

本书记载事项起自 1942 年 2 月 1 日迄于 1943 年 1 月 31 日。附录收《中日合办各公司暨协会公会等业务概况》。有凡例、弁言。

**2703. 华北政务委员会五周年施政纪要**　（伪）华北政务委员会编　编者刊　1945 年 3 月　10＋278＋46　16 开　有图表

本书记载事项起自 1944 年 2 月 1 日迄于 1945 年 1 月 31 日，附录收《中日合办各公司暨协会公会等业务概况》。有凡例。王荫泰作弁言。

**2704.** 国府还都华北政委会成立四周年　（伪）华北政务委员会总务厅情报局编　编者刊　1944 年
3 月　4 + 48　32 开　时局丛书之二十九

本书分 4 部分：国府还都之经过、还都以来之政绩、华北建设之进展、国府还都以来重要文献。书前有编辑凡例。

**2705.** 国府还都华北政委会成立五周年　（伪）华北政务委员会总务厅情报局编　编者刊　1945 年
3 月　60　32 开　时局丛书之六十七

本书分 5 个部分：国府还都之经纬、还都五年来之政绩、汪主席逝世后之国府、华北建设之进展、国府还都以来重要文献。书前有编辑凡例。附录收《近卫首相声明》、《汪主席艳电》。

**2706.** 华北政务委员会暨各总署施政概况　（伪）中华民国新民会中央总会　1942 年　1 + 70　大
32 开　有图表

本书共 7 部分：华北政务委员会施政概况、内务总署施政概况、财务总署施政概况、治安总署施政概况、教育总署施政概况、实业总署施政概况、建设总署施政概况。

**2707.** 华北政务委员会印刷局职员录　（伪）华北政务委员会编　编者刊　1942 年 10 月　84　32
开　有图表

本书系印刷局职员名录，包括职别、姓名、别号、年龄、籍贯、住址和电话等项目。

**2708.** 检阅须知　（伪）华北政务委员会总务厅情报局编　编者刊　1944 年 8 月　66　32 开　有图
表　时局丛书之四十

书前凡例，印有"本书为华北各省市检阅人员参考之用"字样。

**2709.** 情报局工作概况　（伪）华北政务委员会总务厅情报局编　编者刊　1944 年 1 月　8 + 316
32 开　有图表

本书分 7 部分：第一科、第二科、第三科、第四科、编译室、出版物检阅室、电影检阅所。

**2710.** 情报局工作概况　（伪）华北政务委员会总务厅情报局编　编者刊　1944 年 9 月　4 + 84
32 开　有图表

本书编述事项时限为 1944 年 1 月初至 6 月底，分 7 部分：第一科、第二科、第三科、第四科、编译室、检阅室、电影检阅所。书前有凡例。

**2711.** 情报局工作概况　（伪）华北政务委员会总务厅情报局编　编者刊　1945 年 2 月　6 + 131
32 开　有图表　时局丛书之六十五

本书分 8 部分：第一科、第二科、第三科、第四科、编译室、检阅室、电影检阅所、欧文检阅室。

**2712.** 施政方针说明书　1940 年 12 月　22　大 32 开

本书共 6 部分：内务总署三十年度内务施政计划大纲、实业总署施政方针、教育总署施政方针、治安总署施政方针、建设总署施政方针、财务总署施政方针。

**2713.** 十月纪念日　（伪）华北政务委员会总务厅情报局编　编者刊　1944 年 10 月　30　32 开
时局丛书之四十九

本书包括 4 部分：前言、国庆纪念、中日同盟、结论。

**2714.** 王揖唐在静县驿备受欢迎　6　横 16 开

**2715.** 为政忠告（第一卷）　（元）张文忠著，（伪）华北政务委员会总务厅情报局编　编者刊

1944 年 8 月 34 32 开 时局丛书之四十四

本书又名"三事忠告",分 3 卷,即《牧民忠告》、《庙堂忠告》、《风宪忠告》。

**2716. 为政忠告（第二卷）** （元）张文忠著,（伪）华北政务委员会总务厅情报局编 编者刊
1944 年 8 月 20 32 开 时局丛书之四十五

本书又名"三事忠告",分 3 卷,即《牧民忠告》、《庙堂忠告》、《风宪忠告》。

**2717. 为政忠告（第三卷）** （元）张文忠著,（伪）华北政务委员会总务厅情报局编 编者刊
1944 年 8 月 12 32 开 时局丛书之四十六

本书又名"三事忠告",分 3 卷,即《牧民忠告》、《庙堂忠告》、《风宪忠告》。

**2718. 现在的宣传工作和今后应注意事项（管局长在民国三十三年夏季宣传会议会议讲演稿）**
（伪）华北政务委员会总务厅情报局编 编者刊 1944 年 8 月 16 32 开 时局丛书之四十一

本书分 4 部分:情报局本年度上半期宣传工作、地方宣传工作概况、今后应注意的事、结语。

**2719. 宣传技术（第一卷）** （伪）华北政务委员会总务厅情报局编 编者刊 1944 年 7 月 6 +
80 32 开 时局丛书 (36)

本书根据日本报道技术研究会出版的《宣传技术》编译而成,分为 3 卷,包括 9 部分内容:报
道技术的本质、报道技术构成体、宣传机关的配置问题、编辑技术、宣传美术、印刷报道的各种问
题、报道照相与宣传、报道文章、漫画宣传。

**2720. 宣传技术（第二卷）** （伪）华北政务委员会总务厅情报局编 编者刊 1944 年 7 月 4 +
66 32 开 时局丛书 (37)

本书根据日本报道技术研究会出版的《宣传技术》编译而成,分为 3 卷,包括 9 部分内容:报
道技术的本质、报道技术构成体、宣传机关的配置问题、编辑技术、宣传美术、印刷报道的各种问
题、报道照相与宣传、报道文章、漫画宣传。

**2721. 宣传技术（第三卷）** （伪）华北政务委员会总务厅情报局编 编者刊 1944 年 7 月 2 +
54 32 开 时局丛书 (38)

本书根据日本报道技术研究会出版的《宣传技术》编译而成,分为 3 卷,包括 9 部分内容:报
道技术的本质、报道技术构成体、宣传机关的配置问题、编辑技术、宣传美术、印刷报道的各种问
题、报道照相与宣传、报道文章、漫画宣传。

## 各类伪组织

**2722. 大东亚会议** （伪）中华日报社编纂室 （伪）中华日报社 1943 年 11 月 上海 3 + 77
32 开 中华日报社时局小丛书 第 2 种

本书收 32 篇文章:《大东亚会议筹备之经过》、《大东亚会议之揭幕》、《日本代表东条首相在
会演说》、《我国代表汪院长在会演说》、《满洲国代表张国务总理在会演说》、《大东亚会议最大成
果》、《日本代表东条首相致闭幕词》等。书后附《国父诞辰祭告典礼》一文。

**2723. 东亚协进会** 24 32 开 有照片、有插图

本书分 4 部分:东亚协进会宣言、东亚协进会会章、东亚协进会会议及办事规则、东亚协进会
发起人姓名略历表。

**2724. 东亚新闻记者大会特辑** （伪）中央电讯社调查处编 （伪）中央电讯社 1942 年 5 月初版
南京 100 32 开 有照片 中央电讯社丛书八

收《东亚新闻记者划时代之责任》(陈耀祖)、《展开文艺复兴运动》(周化人)、《东亚新闻记者大会与沟通中日满文化关系》(关仲义)、《六万万人心的结合》(高汉)等9篇文章。书前有《大会议事日程》和《开幕辞》及参会人员名单。

**2725. 怎样对付伪组织** 由黎著 中山文化教育馆 1938年4月渝版 南京 6+30 32开 抗战丛刊第23种 中山文化教育馆编

本书分4部分:敌人为何要制造伪组织、伪组织有什么作用、我们的对策、结语。

**2726. 政工报告(清乡周年纪念)** (伪)中国国民党政治工作团编 编者刊 1942年6月 4+44 32开 有照片、有插图、有图表

本书分4部分:本团成立经过及在清乡工作中的任务和意义、本团工作及工作策略的决定、一年来的工作实况、一年来本团工作的总结。

**2727. 中国大民会的过去及将来** 赵如珩述 (伪)中国大民会 1940年7月 12 32开

本书分3部分:沿革、改组的意义、今后的工作方针。

**2728. 总理逝世十五周年纪念日拥护中央政府改组还都特刊** (伪)大民会浦东支部编 编者刊 1940年 3+16 32开 有照片

本书分11部分:大民会浦东支部拥护中央政府改组还都大会摄影、大民会浦东支部拥护中央政府改组还都大会宣言、大民会浦东支部更新宣言、大民会浦东支部举行拥护中央政府改组还都大会工作日程表等。

**2729. 事业概况** (伪)东方文化编译馆编 编者刊 1944年10月 [28] 16开

本书分5部分:设立趣意书、章程、设立经过概略、事业体系、事业进展情况。附录收役员及职员、校阅监修者、编译者、编译进行中书目。中日对译本。

**2730. 中国青少年团第一次总检阅特刊(国民政府还都三周年纪念)** (伪)中国青少年团第一次总检阅筹备委员会编 编者刊 1943年3月 1+23 32开 有照片

本书收录6篇文章:《领袖的启示》、《敬告中国青少年同志并欢迎日满青少年同志》(林柏生)、《国府还都三周年与青少年训练》(戴英夫)、《全国青少年在领袖革命精神的感召下团结起来》(蒋先启)、《一个领袖》(华汉光)、《东亚青少年之前进》(李绍忠)。

**2731. 蓝衣社内幕** 陈恭澍著述 国民新闻图书印刷公司 1943年9月5版 2+126 32开 有照片、有插图、有图表 国民新闻丛书之六

本书分10部分:代序:炸弹屠杀和重庆政权、重庆"军事委员会调查统计局"的前身及其沿革、"重庆军事委员会调查统计局"的现行组织及其一般人事、对戴笠今后工作的观测、蓝衣社主持下之重要案件的内幕与实施经过纪详、蓝衣社上海区重要文件案卷破获揭露等。

**2732. 华中东亚青年联盟总会成立专刊** 1941年 5+76 32开 有照片、有图表

本书分11部分:东亚青年进行曲、前武汉青年协会宣传部长谢希平之谈话、华中东亚青年联盟总会成立大会详纪、华中东亚青年联盟总会成立宣言、成立通电暨呈汪主席电、广播词、行动纲领、规程汇编、会议纪录、民国三十年度支出概算书、全体职员一览表。书前有弁言。出版时间据弁言推断。

**2733. 中日文化协会开幕典礼特刊** 1940年12月 41 32开 有照片、有插图、有图表

本书分11部分:照片、发刊词、中日文化协会与中日文化合作、中日文化协会成立之经过、

缘起、成立典礼纪事、第一届理事名单、会章、办事通则暨各组规程、会议纪录、各组工作纪录。出版时间据内容推断。

**2734. 中日文化协会武汉分会二周年纪念特刊**　　（伪）中日文化协会武汉分会编　编者刊　1943 年 3 月　汉口　2 + 124　16 开　有照片、有题词、有图表

本书分 3 部分：祝词、论文、会务动态。

**2735. 中日文化协会武汉分会周年纪念特刊**　　（伪）中日文化协会武汉分会编　编者刊　1942 年 4 月　汉口　88　16 开　有照片、有题词、有图表

本书收录《对于中日文化协会武汉分会之期望》（何佩瑢）、《中日文化交流合龙之前奏》（石星川）、《弁言》（张仁蠡）、《中日文化协会武汉分会章程》、《中日文化协会武汉分会办事细则》、《会务动态》、《委员姓名一览表》等。

**2736. 东亚联盟的理论基础**　巩固著　东亚联盟中国总会北京东亚联盟月刊社　1943 年 12 月　北京　6 + 134　32 开　有图表　东亚联盟丛书　3

本书分 5 章：论东亚联盟建设要纲、论世界最终战、论日本之昭和维新运动与中国之革新运动、论东亚联盟之四要纲、东亚联盟运动在中国的发展史。书前有丛书弁言、作者自序。

**2737. 东亚联盟会员的责任与工作**　刘善才著，中华东亚联盟协会汕头分会编　中华东亚联盟协会汕头分会　1941 年 8 月　汕头　10　32 开

本书包括 6 部分：东亚联盟运动、和平运动与东亚联盟运动、会员责任与工作、扩大会员工作之整备、如何扩大会员工作、结论。

**2738. 东亚联盟建设纲领**　（日）杉浦晴男著，赵春霖译　新民印书馆　1939 年 12 月　北京　6 + 82　32 开　有题词

本书分 3 章：东亚联盟之必然性、东亚联盟之概念、东亚联盟之各国。书前有缪斌所作序言以及例言。

**2739. 东亚联盟建设纲领（中册）**　东亚联盟广州分会译　东亚联盟广州分会　1941 年 7 月　广州　30　32 开

本册为第 3 章"东亚联盟各国"中"日本皇国"、"满洲帝国"部分。书前有译者附志。

**2740. 东亚联盟建设纲领（下册）**　东亚联盟广州分会译　东亚联盟广州分会　1941 年 12 月　广州　30　32 开

本册为第 3 章"东亚联盟各国"中"中华民国"一节，以及附录《王道果非皇道么》。书前有译者附志。

**2741. 东亚联盟特刊**　东亚联盟中国总会湖北分会编辑　编者刊　1942 年 12 月　汉口　5 + 109　16 开　有照片、有插图、有图表

本书分 2 部分：第 1 部分收录 32 篇文章，包括：《迎大东亚战争第二年要展开东亚联盟运动》（杨揆）、《东亚联盟与大东亚战争之连锁性》（石星川）、《东亚联盟之展望》（陈承纶）、《周年的感奋》（孙迪堂）等；第 2 部分为举行大东亚战争阵亡将士慰灵祭专页，收录 6 篇文章，包括：《举行大东亚战争阵亡将士慰灵祭之意义与经过》、《本分会书记长祭文》、《日本方面长官祭文》等；附录收《本分会成立宣言》、《本分会组织规程》、《军人同志会简章草案》等文章。

**2742. 东亚联盟真谛**　朱友棠　江西东亚联盟协会　1941 年 6 月　南昌　16　32 开　东亚联盟丛书

第 1 编

内收《江西东亚联盟协会的宣言书》、《江西东亚联盟协会成立之意义》及《江西东亚联盟协会关系之重大》。

**2743. 东亚联盟中国总会广州分会一年来之工作** 1941 年 1 + 24 32 开 有照片

本书分 11 节：弁言、组织各地分会、征求会员、开设青年团干部训练班、设立县市青年训练班、设立区乡事务所、宣传方面之活跃、会员训练、推进海外会务、组织广东学生联盟、结论。出版时间据内容推断。

**2744. 庆祝东亚联盟中国总会成立二周年纪念特刊** 东亚联盟中国总会广州分会编 编者刊 1943 年 2 月 2 + 17 16 开 有照片

本书收录 9 篇文章，包括：《为庆祝东亚联盟中国总会成立二周年纪念告会员书》（东亚联盟中国总会广州分会）、《现阶段的东亚联盟》（林汝珩）、《庆祝东联中国总会成立二周年》（林朝晖）、《东亚联盟运动的合理性》（陈璞）、《东联总会成立纪念与参战》（郭佛舟）等。书前有《东亚联盟中国总会会章》、《东亚联盟歌》。

**2745. 现阶段的中国东亚联盟运动** 东亚联盟中国总会编 东亚联盟中国总会北京东亚联盟月刊社 1943 年 8 月 北京 26 32 开

本书包括"由创始初衷到再接再厉"和"中国东亚联盟运动概况"两个部分。

**2746. 东亚文化协议会第三次评议员会议事录** 1939 年 9 月 1 + 221 + 10 32 开 有照片

本书分 7 部分：出席者、日程、总会、部会、专门部连络会议、总会、决议。附录收《东亚文化协议会规程》、《东亚文化协议会评议员名簿》。中日对译本。

**2747. 东亚文化协议会概况** 东亚文化协议会总务部调查科编 编者刊 1940 年 11 月 1 + 28 大 32 开

本书分 4 章：东亚文化协议会创立宣言、东亚文化协议会评议员会及专门部会议决案、东亚文化协议会规程、东亚文化协议会评议员名簿。

**2748. 东亚文化协议会概况** 东亚文化协议会编 编者刊 1943 年 12 月 1 + 43 + 18 32 开

本书分 4 章：东亚文化协议会创立宣言、东亚文化协议会评议员会及专门部会议决案、东亚文化协议会规程、东亚文化协议会评议员名簿。附录收《东亚文化协议会职员录》。

## 协和会

**2749. 会长训词（满文）** 张景惠 1941 年 10 月 2 32 开

本文为满洲帝国协和会会长张景惠的训词。

**2750. 建国精神资料汇集** （伪）满洲帝国协和会编 编者刊 3 + 55 32 开

本书共收录资料文献 28 篇：《日本军司令官布告》、《自治指导部布告》、《满蒙新国家独立宣言》、《满洲建国宣言》、《满洲帝国执政宣言》、《组织法》、《时局诏书》等。

**2751. 康德八年度全国联合协议会提出议案文书说明书（满文）** （伪）满洲帝国协和会 1941 年 74 32 开

本书分 4 部，包括：关于建国精神显扬事项、关于民族协和实现事项、关于国民运动之完成事项、关于国民生活向上事项。

**2752. 康德七年度全国联合协议会要纲（满文）** （伪）满洲敌国协和会 10+49 32开 有图表

本书分6部分：纲领、执政训词、题与协和会之敕语、满洲帝国协和会之根本精神、谕旨、敕语。

**2753. 康德八年度全国联合协议会要纲（满文）** （伪）满洲帝国协和会 9+51 32开 有图表

本书分6个部分：纲领、执政训词、赐予协和会之敕语、满洲帝国协和会之根本精神、谕旨、敕语。附录收《康德七年度全联闭会式之中央本部长致词》、《康德八年度全联处理委员干事会运营要领》、《康德八年度全联事务分担表》等5篇文献。

**2754. 康德八年度全国联合协议会议案（满文）** （伪）满洲帝国协和会 2+92 32开 有图表

本书分4部分：关于建国精神之显扬事项（第一部）、关于民族协和之实现事项（第二部）、关于国民动员之完成事项（第三部）、关于国民生活之向上事项（第四部）。书中附《字句插入表》。

**2755. 康德九年度全国联合协议会议案（满文）** ［（伪）满洲帝国协和会编］ ［编者刊］ 1942年 2+127 32开 有图表

本书分5个部分：关于建国精神显扬事项、关于民族协和之实现事项、关于国民生活之向上事项、咨问议案等。出版时间依封面推论。

**2756. 康德九年度全国联合协议会运营要领（满文）** （伪）满洲帝国协和会 9+64 32开

本书分6个部分：纲领、执政训词、赐予协和会之敕语、满洲帝国协和会之根本精神、谕旨、敕语。附录收《康德八年度全国联合协议会议案倾向》、《康德九年度全国联合协议会处理委员干事名簿》、《中央本部役员名簿》等4篇文献。

**2757. 康德三年度全国联合协议会提出议案之政府各部说明书（满文）** （伪）满洲帝国协和会 1936年 1+64 32开 有插图、有图表

本书分8个部分：民政部关系说明书、军政部关系说明书、财政部关系说明书、实业部关系说明书、交通部关系说明书、司法部关系说明书、文教部关系说明书、中央银行关系说明书。

**2758. 康德三年度全国联合协议会议案（满文）** （伪）满洲帝国协和会编 编者刊 1936年 ［153］ 32开 有插图、有图表

本书分两个部分：康德三年度全国联合协议会代表名簿、议案。

**2759. 康德十年度全国联合协议会提出议案文书说明书（满文）** （伪）满洲帝国协和会 1+93 32开 有图表

本书分11部分：关于思想战体制确立之件、关于排共对策强化之件、关于国民意识昂扬并战时生活体制确立之件、关于妊产妇及乳幼儿养护对策强化之件、关于制定大东亚历之件、关于青少年教育训练之件、关于在满鲜系教育制度刷新之件等。

**2760. 康德十年度全国联合协议会协议员名簿** （伪）满洲帝国协和会 44 32开 有图表

**2761. 康德四年度全国联合协议会议决事项处理经过报告（满文）** （伪）满洲帝国协和会编 编者刊 1937年 88 大32开 有图表

收议案48件，包括各议案之处理报告。

**2762. 康德五年度全国联合协议会政府施政方针并特殊会社事业方针（满文）** （伪）满洲帝国协和会编 编者刊 1938年 2+80 大32开 有图表

共 16 部分，包括总务厅、内务局、外务局、地籍整理局、治安部、民生部、产业部、经济部、交通部、司法部各部施政方针以及满洲中央银行、满洲兴业银行、满洲拓植公社、满鲜拓植股份有限公司、满洲劳工协会、满洲重工业开发株式会社等各特殊会社事业方针。

**2763. 恳谈会记录（满文）**　　（伪）满洲帝国协和会　1942 年　133　大 32 开

本书为 1942 年 10 月 2 日至 10 月 7 日的会议记录，包括《关于民族共荣策树立之件（三江）》、《关于建国十周年纪念协和议事堂建设之件（兴东）》、《关于民族问题研究所设立之件（奉天）》等。

**2764. 首都协和会机构现势表**　　（伪）满洲帝国协和会首都本部编　编者刊　1939 年 3 月　　［230］横 32 开　有图表

该书为图表，分 3 部分："首都协和会分会现势"、"首都协和义勇奉公队现势"、"首都协和青年团、少年团现势"。

**2765. 我们的协和会**　　（伪）满洲帝国协和会编纂　编者刊　1940 年 9 月　新京　8＋67　32 开有照片、有图表

分 7 部分：协和会的本质、组织和工作、重点工作和重点区域、联合协议会、国民训练和青少年运动、国民勤劳奉仕运动、协和会小史。正文前有协和行进歌、执政训词、敕语、满洲帝国协和会之根本精神、纲领。

**2766. 协和青少年团（满洲国的青少年运动）**　　（伪）协和会中央本部著　著者刊　1943 年 7 月6＋51　32 开　有图表

本书分 10 章，包括：前进的圣焰旗、运动据点的青年训练所、运动推进力的青年行动队、团活动据点的青年塾、青年工作员的活跃、团活动的发展等。

## 新民会

**2767. 第一届全体联合协议会会议录**　　（伪）中华民国新民会中央总会　1940 年　10＋302　32 开有图表

全书分 5 个部分：第一日记录、第二日记录、第三日记录、第四日记录、第五日记录。附录收《第一分科委员会记录》、《第二第四分科委员会记录》、《第三分科委员会记录》、《第一届全体联合协议会代表名簿》等 6 篇文章。

**2768. 第二届全体联合协议会会议录**　　（伪）中华民国新民会中央总会　1941 年　8＋250　32 开　有图表

全书分 5 个部分：第一日记录、第二日记录、第三日记录、第四日记录、第五日记录。附录收《第一分科委员会记录》、《第二分科委员会记录》、《第三分科委员会记录》、《第二届全体联合协议会代表名簿》等 4 篇文章。

**2769. 民国二十九年中华民国新民会各省市总会工作概况**　中华民国新民会中央总会　1940 年　2＋57　32 开　有图表

本书分 8 个部分：河北省总会二十九年工作概况、河南省总会二十九年工作概况、山东省总会二十九年工作概况、山西省总会二十九年工作概况、北京特别市总会二十九年工作概况等。出版时间据封面推论。封面注：第一届全体联合协议会报告专用。

**2770. 民国二十九年中华民国新民会各省市总会工作概况**　　（伪）中华民国新民会中央总会　2＋

57　32 开　有图表

分别收录（伪）中华民国新民会河北省、河南省、山东省、山西省、北京特别市、天津特别市、青岛特别市及苏北总会 1940 年工作概况。

**2771. 全体联合协议会代表名簿**　（伪）中华民国新民会中央总会　1943 年　12　32 开　有图表

**2772. 全体联合协议会会议录**　（伪）中华民国新民会中央总会　1942 年　10 + 300　32 开　有图表

全书分 5 个部分：第一日记录、第二日记录、第三日记录、第四日记录、第五日记录。附录收《第一分科委员会记录》、《咨询事项答案审议委员会记录》、《民国三十一年度全体联合协议会代表名簿》等 4 篇文章。

**2773. 全体联合协议会会议录**　（伪）中华民国新民会中央总会　1943 年　12 + 376　32 开　有图表

本书分 5 个部分：第一日记录、第二日记录、第三日记录、第四日记录、第五日记录。附录收《第一分科委员会记录》、《咨询事项答案审议委员会记录》、《民国三十二年度全体联合协议会代表名簿》等 4 篇文章。

**2774. 全体联合协议会文书问答议案**　（伪）中华民国新民会中央总会　1943 年　2 + 30　32 开　有插图

本书分 4 个部分：民生关系、行政关系、文教关系、其他关系。出版时间据封面推论。

**2775. 新民会的性格**　（伪）新民会天津特别市总会　8　32 开

**2776. 新民会的指导精神**　新民会天津特别市总会印发　10　32 开

**2777. 新民会调查实施纲要**　（伪）中华民国新民会中央指导部编　编者刊　1938 年 8 月　2 + 22　大 32 开　工作资料第 6 号

含各县事情调查、农村实态调查、各县地方各种团体调查、学校教育机关调查等部分。中日文对译本。

**2778. 新民会调查实施要纲**　（伪）中华民国新民会中央指导部　1938 年 8 月　2 + 22　32 开　工作资料第 6 号

本书分 6 个部分：各县事情调查、农村实态调查、各县地方各种团体调查、学校教育机关调查、地方舆论关系实况调查、医疗机关调查。中日文对译本。

**2779. 新民会会务须知**　（伪）中华民国新民会中央指导部　1939 年 6 月改订再版　1 + 110　32 开　有图表　工作资料第一号

本书分 16 个部分：新民会创立宣言、新民会纲领、新民会会旗、会旗之意义、新民会歌、中华民国新民会章程、新民会会员规则、新民会分会规则等。中日文对译。

**2780. 新民会良乡实验县指导部工作概况（华文）**　（伪）中华民国新民会中央指导部　1938 年 7 月　2 + 158　大 32 开　有图表

本书共 13 部分：良乡实验县工作要领、工作状况、关于新民分会设置之必要与分会之使命、良乡县农村复兴策、经济工作具体案、良乡县合作社组织要领、新民医院设立计划书等。有绪言。

**2781. 新民会年报（民国廿七年版）**　（伪）新民会中央指导部　编者刊　1939 年 7 月　北京　19 + 550　32 开　有照片、有图表本书分6章：新民会之历史、新民会之机构章程及规则、新民会民国二十七年度工作方针、新民会之现势、新民会工作概况、新民便览。

**2782. 新民会首都指导部工作概况** 4+258 32开 有图表

本书分3个部分：总务事项、指导事项、厚生事项。书前有序言。书前有凡例。

**2783. 新民会唐山市指导部工作概况** 2+225 32开 有照片、有图表

本书分3个部分：总务事项、指导事项、厚生事项。书前有序言。

**2784. 新民会与新国民运动** （伪）中央电讯出版委员会 编者刊 1944年 南京 4+30 32开 中央电讯社《时事通信》第27期

本书分4个部分：新民会之历史及其性格、新民会新纲领与新会旗、新民会之组织、新民会与新国民运动。书前有吕一峰所作序言。

**2785. 新民会与新国民运动** （伪）中央电讯社出版委员会编辑 编者刊 1944年5月 南京 4+30 32开 中央电讯社时事通信第27期

本书分4个部分：新民会之历史及其性格、新民会新纲领与新会旗、新民会之组织、新民会与新国民运动。书前有序。出版时间依封面推论。

**2786. 中华民国三十年临时全体联合协议会会议录** （伪）中华民国新民会中央总会 1941年 4+57 32开

本书分3个部分：日程、经过概况、附录。

**2787. 中华民国新民会新民青年运动实施委员会半年工作报告书（第1辑）** 1938年10月 2+100 16开 有照片、有图表

本书分4章：新民青年运动实施委员会之组织、新民青年运动实施委员会之成立、新民青年运动实施委员会之工作实施状况、结论。

## 各类言论

**2788. ABCD阵线总崩溃** 北京新闻协会 1942年4月 北京 46 32开 有插图 时局小丛书之十七

分8章，包括：ABCD阵线的形成到大东亚战争、摧毁ABCD阵线完成大东亚共荣圈、ABCD阵线实力的分析、ABCD阵线崩溃的实况、美国国防的脆弱性、东亚共荣圈经济基础奠定、ABCD阵线与重庆、三月来大东亚战果的总检讨。书名页题"ABCD阵线崩溃形势图"。

**2789. 鲍观澄建国讲演辑录** 1933 [178] 32开 有照片

本书分16篇文章：《东北新政权问题的重要性》、《我们对于新国家应有的基础认识》、《满洲建国系为世界和平》、《满洲国国际地位之奠定》、《独立外交与日满合作》、《进一步的日满合作》等。书前有弁言。中英日对译本。

**2790. 本大学成立一周年纪念新国民运动特刊（大学之道第六期）** （伪）国立上海大学校刊编辑委员会编辑 编者刊 1942年9月 上海 2+60 16开 有照片、有题词

本书收录新国民运动总动员令、特载——铲除自己缺点革命斗争方期成功、专载、附录等内容。

**2791. 必胜** （伪）华北政务委员会总务厅情报局编 编者刊 1944年3月 2+20 32开 时局

丛书之三十

本书分4个部分：前言、指导者之必胜言论、必胜体制之确立、大东亚战争之战果。

**2792. 参观大东亚战争博览会记**　徐实之、方麠、王伯原记录　1942年12月　18　32开

本书为参观日记。书前有前言。附录收徐实之讲词两篇：《中日文化协会座谈讲词》、《中央军校茶会答词》。

**2793. 操舻者集**　李光源著　（伪）中央书报发行所　1941年6月　南京　[12+142]　32开
有照片、有题词、有图表

分4部分：时政意见、青年问题、新闻研究、三次东渡。书前有序文和作者介绍。

**2794. 陈公博先生三十、卅一年文存**　（伪）地方行政出版社编辑　编者刊　1944年6月初版　上海　5+278　32开　有照片

本书收录49篇文章：《划时代的责任》、《我对于日本国民的期望》、《和平运动的理想与几种卑劣的心理》、《中日合作和教育方针》、《东亚联盟的使命》等。

**2795. 褚民谊先生论文集**　褚民谊　30　32开　中华日报丛书之三

本书收录两篇论文：《世界大势之后头与前瞻》、《波兰瓦解之我观》。

**2796. 大东亚文化之建设**　长江编　兴亚社　1939年3月　3+36　32开　东亚新秩序丛书第5种

本书收3篇，包括：《华中之文化复兴》（长江）、《东亚主义与东亚文化》（玉葛）、《对华文化工作论》（浅野晃）。书前有编者序。

**2797. 大东亚宣言**　（伪）华北政务委员会总务厅情报局编　编者刊　1943年11月　[河北]　6+51　32开　时局丛书之十九

本书分为6部分："大东亚宣言"、"中、日同盟"、"缅甸独立"、"菲律宾独立"、"日、泰交欢"、"印度解放"。

**2798. 大东亚宣言发表一年来**　（伪）华北政务委员会总务厅情报局编　编者刊　1944年8月　65　32开　有照片　时局丛书之四十二

包括6部分：大东亚会议的性格、大东亚会议的经过、大东亚宣言的真谛、大东亚宣言对于世界的影响、大东亚宣言发表一年来的共荣圈建设、大东亚宣言的历史的使命。

**2799. 大东亚战争的胜利**　新中国报社编译　编者刊　1942年4月　上海　3+145　32开　新中国丛书第7种

本书收19篇：《在缅甸前线》、《新几内亚登陆记》、《伞兵袭击巨港》、《南海前线》、《夏威夷海战密录》、《日泰外交阵容》等。

**2800. 大东亚战争新闻集**　（伪）北京特别公署宣传处编　编者刊　1942年6月　北京　102　32开

收录日军侵占亚洲各国时的新闻报道。

**2801. 大东亚总进军（大东亚战争二周年纪念）**　（伪）中央电讯社出版委员会　中央电讯社　1943年12月　南京　6+90　32开　有照片　时事通信特辑第10期

本书共14篇：大东亚民族的怒吼、十亿民族的大宪章、东亚民族的大团结、历史的盛会、大东亚会议的盛况、大东亚民族的心声、大东亚共同宣言的重心、大东亚会议的意义等。书前有卷头语、前言。

**2802. 大民会播音演讲集（第一辑）** （伪）大民会宣传部编 编者刊 1939年4月再版 南京 4+66 32开 有插图

本书收演讲词24篇：自私祸国的蒋介石、我们需要和平、九一八东北更生纪念日大民会告全国同胞书、国人对日本认识的错误及应有的改正、大战后中日工业上之合作、怎样救国等。张桐作序。

**2803. 大民会播音演讲集（第二辑）** （伪）大民会宣传部编 编者刊 1939年4月初版 南京 2+68+6 32开 有插图

本书收演讲词23篇：建立中央统一政府、汪精卫主和运动的分析、和平救国运动的进展、"一二八"的感想、东亚新秩序的建设、特别放送·*The Wicked British Politicians* 等。

**2804. 大民会播音演讲集（第三辑）** （伪）大民会宣传部编 编者刊 1939年6月初版 南京 2+84 32开 有插图

本书收演讲词26篇：华侨是建设东亚新秩序的先锋、我对汪精卫第三次和平声明的感想、东亚新秩序是国际关系发展的必然结果、租界问题、人格教育的实施方法、天津英租界的面面观等。

**2805. 大民会播音演讲集（第四辑）** （伪）大民会宣传部编 编者刊 1939年9月初版 南京 4+164 32开 有插图

本书收演讲词55篇：纪念上海陷落一周年、国共能真诚合作吗、焦土抗战就是害民政策、从汪精卫离渝说到中日永久和平的开始、汪先生的演讲是我们努力于东亚和平的正确的指示、解决上海租界问题等。

**2806. 大民会播音演讲集（第五辑）** （伪）大民会宣传部编 编者刊 1939年10月初版 南京 4+96 32开

本书收演讲词28篇：理想中的新书院制度和讲学制度、七七事变为促成东亚新秩序之近因、东亚人的新使命、东亚民族团结起来、拥护汪精卫先生的和平反共救国主张、特别放送·"八一三"更生纪念告全国同胞等。

**2807. 大民会播音演讲集（第六辑）** （伪）大民会宣传部编 编者刊 1939年10月初版 南京 2+86 32开

本书收演讲词27篇：解决抗战之道、战争与和平、我们应一致拥护新中央政权、拥护和平救国的中央新政权、对于抢米问题的认识、开放扬子江的意义等。

**2808. 大民会播音演讲集（第七辑）** （伪）大民会宣传部编 编者刊 1940年4月 南京 2+66 32开

本书收演讲词25篇：给予现代的新中国青年、抗战必败之趋势、中日军民亲善的意义、中日军民应表现亲爱精诚、改组还都与和平建国、对于国民政府改组还都的认识等。

**2809. 大侠魂救国论** 安若定著 铸魂书局 1943年6月初版 南京 2+12 32开 教育小丛书

本书分12个部分：引言、何谓大侠魂、真情以立、热肠以行、无畏以志、平其所不平、怒观、美观等。

**2810. 大亚细亚主义的真谛** 陆起著 正言报社 1941年3月 上海 2+48 32开 正言报丛书 第1种

本书共5部分：大亚细亚主义之由来、大亚细亚主义理论的基础、民族主义、大亚细亚主义、大同主义，大亚细亚足以曲解的纠正、总理遗教原文。书前有本报发行丛书旨趣。

**2811. 大亚洲主义纲要**    周化人著    大亚洲主义月刊社    1940 年 10 月初版    10 + 168    32 开    有题词    大亚洲主义月刊社丛书    第 2 种

全书分概论、大亚洲主义之历史背景、大亚洲主义中心思想、实现大亚洲主义之时机、结论 6 章。书前有汪精卫题词和林柏生序。封面有题赠。

**2812. 大亚洲主义论集**    （伪）中国国民党中央宣传部    编者刊    1940 年 3 月初版    1 + 135    32 开    有照片    中央宣传部丛书

书中收录《中国与东亚》（汪精卫）、《大亚洲主义的哲学基础》（周纪人）、《大亚洲主义之史的发展》（子遗）等 11 篇。书名页有杨鸿烈题赠。

**2813. 大英帝国之衰落**    （伪）华北政务委员会总务厅情报局编    编者刊    1944 年 8 月初版    40    32 开    时局丛书之四十七

本书分 8 章：彻底的海贼主义之因果、缺乏理想、空论亡国、殖民地之土崩瓦解、英国之君主制、元帅之个人主义等。

**2814. 导报言论集**（第一辑）    导报丛书编辑部编辑    导报馆    1938 年 9 月初版    上海    12 + 410    大 32 开    导报丛书之一

本书收录 88 篇文章：《中国战时经济的好现象》、《胡佛的主张》、《从军事上来探讨中日战争过去现在与将来》、《台儿庄之大战》、《日本的改组内阁政潮》、《中国民族抗战的瞻望》、《蒋委员长的基础》等。

**2815. 到中日全面和平之路**    （伪）译丛编辑委员会编    编者刊    1942 年 2 月初版    南京    2 + 142    32 开    译丛丛书之一

收录日本方面鼓吹"中日合作"等言论的文章 18 篇。

**2816. 东亚解放新国民运动之理论与实践**    新民会天津特别市总会印发    1 + 22    32 开    有图表

本书分 10 个部分："东亚解放新国民运动"之创设、"东亚解放新国民运动"之本质、"推行东亚解放新国民运动"之意义、"推行东亚解放新国民运动"之原则、"东亚解放新国民运动"之基本要领等。

**2817. 东亚精神**（乙）    天津东亚毛呢纺织公司编    1945 年 4 月    天津    1 + 41    32 开

本书分 4 个部分：工友训练之组织、工友训练之班长、工友训练之讲授、工友训练之纲要。

**2818. 东亚民族之光**    （伪）苏北行政专员公署情报宣传本部编    编者刊    1941 年 3 月    4 + 32    32 开

本书分 13 章：英俄列强侵略中国之始末、日俄战争确保东亚权利、共产党在中国的活跃、七七事件与东亚和平、日本国势一瞥、日本国的国民性、事变后的中国等。书前有卷首语。

**2819. 东亚文艺复兴运动特刊**    中日文化协会编    编者刊    60    16 开

收《东亚文艺复兴的先决问题》（褚民谊）、《东亚文艺复兴运动国人应有的自觉》（高见思）、《东亚文艺复兴概论》（何海鸣）、《如何复兴东方文化》（棲霞山人）、《怎样复兴东亚本位文化的自我检讨》（蒋山）、《东亚文艺复兴的面面观》（堃侯）、《论东亚文艺复兴与如何复兴文艺》（朱右白）、《兴亚建国和复兴中国文化》（魏定）8 篇文章。

**2820. 东亚协同体之理论**    赵觉民编    中国同盟会    1939 年 2 月    4 + 48    32 开

本书分两章：东亚协同体之基础理论、东亚协同体之民族的基础构造。书前有中国同盟会所作序。

**2821. 东游杂感** 朱华 1938 年 6+43 32 开

1938 年 7 月作者作为新民学院第二期毕业生赴日。本书记述其在日期间的见闻感受。

**2822. 都市人口疏散问题** （伪）华北政务委员会总务厅情报局编 编者刊 1944 年 12 月 24 32 开 时局丛书之五十六

本书分 12 章：前言——何以要疏散都市的人口、战时人口集中都市的原因、战时下都市疏散人口与防空的关系、决战日本都市疏散人口的方案、战时都市疏散人口与社会治安的关系等。

**2823. 督办言论集（第一册）** （伪）工务总署秘书室辑 ［编者刊］ ［40］ ［环筒叶］ 16 开 油印

本书收 19 篇文章：《朝会训话》、《华北之自给自足》、《业务会议训示》、《庆祝国府还都政会成立四周年感言》、《第二次促进华北新建设成果座谈会》、《华北防水工作之进行》等。附录收《薰风新年号题辞》、《三唐辑要序》。

**2824. 读近卫首相之宣言·经济合作之讨论** 温宗尧著 （伪）大民会总本部 1939 年 12 月 南京 16 大 64 开 有照片 大民会小丛书 第 4 辑

本书收两篇文章：《读近卫首相之宣言》、《经济合作之讨论》。

**2825. 独立解放在此一战** （伪）国民政府行政院宣传部编 编者刊 1943 年 6 月 2+79 32 开

本书收 23 篇文章：《独立解放在此一战》（陈公博）、《关于中国参战问题的释疑》（周佛海）、《实现世界正义和平》（褚民谊）、《交换租界的意义》（陈君慧）、《参战与东洋道义精神》（萧叔宣）、《参战的意义》（周化人）等。

**2826. 对于大东亚战争应有的认识** （伪）社会运动指导委员会 10 32 开 有插图

全书共 5 个部分：大东亚战争所以发动之原因、大东亚战争之意义、关于英美阴谋对我之检讨、和日本协力以促大东亚战争之早日完成。原书发行人为"社会运动指导委员会黄佐乡"。

**2827. 二周年还都特刊** （伪）中国国民党津浦铁路特别党部暨职工会合编 1942 年 3 月 1+26 16 开 有照片

本书收 10 篇文章：《纪念国府还都二周年献辞》、《国府还都二周年的回顾》、《庆祝国府还都我人应有之努力》、《国府还都二周年感言》、《友军占领新嘉坡浦口区民众庆祝大会追述》、《宣传工作技术上之研讨》等。

**2828. 法制** （伪）国务院总务厅情报处辑 编者刊 1934 年 1 月 3+44 32 开 满洲国大系第 9 辑

本书包括 5 章：国法之概念、国土之特征、现行之法制、将来之法制、法外治权及国际关系 5 章。书前有小引。

**2829. 访日感想** 周学昌著 （伪）南京特别市政府宣传处 1943 年 2 月出版 南京 24 32 开 有照片

作者 1942 年 8 月赴日考察回国后所发表的广播讲话。中日对译本。

**2830. 改建新中华民国意见书** 1937 年 2+56 13cm×21cm 有插图

本书分 4 个部分：树立新政权之意见、纠正民众思想之意见、整理国家及社会经济之意见、改善地方事业之意见。书前有引言，出版时间依引言推论。有题签。

**2831. 告中国民众书**　28　横 64 开　有插图

宣扬东亚和平，消灭共产党。

**2832. 给海外华侨一封公开的信**　李超　广东东洋文化研究所　1939 年 4 月　28　32 开

后附《汪精卫先生艳电》、《汪精卫先生对时局发表之第三次重要言论》。出版时间据《公开信》落款时间推定。

**2833. 关于日本苏生要道与满华问题解决**　吉井青春著　亚细亚和平研究会　2 + 48　32 开

本书分 4 个部分："先要认识日本精神"、"扫去满华人的误会而使之认识日本精神之所在"、"符合满洲国的民情政治日本要加以援助善道"、"要养成理解中华和满洲国情的人物"。附《皇道王道与共产主义之比较及中日提携之必要》、《中国问题对策如何解决》。

**2834. 灌翁言论集**　（伪）镇江联合支部宣传科编辑　（伪）中国大民会镇江联合支部　1940 年 10 月　镇江　10 + 142　大 32 开　有照片

本书分为 4 部分：论说、演词、杂俎、诗歌。书前有编者弁言、灌翁自序。

**2835. 国民党与国民政府祸国殃民之罪恶**　新民会出版部编辑　编者刊　1938 年 9 月初版　18　32 开　新民小丛书　第 4 种

**2836. 国民勤劳奉公制度问答**　（伪）国民勤劳奉公局编　编者刊　1943 年 2 月　3 + 28　32 开

内收 40 条问答，分 13 部分：勤劳奉公制度实施的理由、勤劳观、奉公义务者、奉公义务的内容、勤劳奉公的对象事业、编队、运营、队员的待遇、终了后的优遇、效果、和家乡的关系、队员的觉悟。附国民勤劳奉公队歌、勤劳训。

**2837. 国人应有的新认识与新行动**　鄢克定著　1940 年 8 月　22　32 开

本书著者认为抗战使中国消耗了巨大的人力、物力，继续坚持抗战将会使国家遭受更大的损失，主张停止抗战，与日本"和解"。著者在全书最后注明"执笔于参加和运后一周，时为二九年八月八日"，据此推断出版时间为 1940 年 8 月。

**2838. 海洋国之日本**　（伪）华北政务委员会政务厅情报局编　编者刊　1943 年 7 月　8 + 24　32 开　时局丛书之二

本书分绪言、对谈两部分，其中"对谈"部分包括：高桥三吉大将与同盟社记者对谈、小林济造大将与同盟社大平编辑局长对谈、山本大将与大平局长对谈、末次大将与大平局长对谈。

**2839. 何谓东亚新秩序**　江南编　兴亚社　1939 年 3 月　4 + 55　32 开　东亚新秩序丛书第 1 辑

本书分 5 部分：建设东亚新秩序的必要性、处理事变新阶段的根本方针、一个历史意义的声明、汪精卫的和平主张、东亚协同体之理论。有序文。

**2840. 和建理论与实践**　（伪）中央陆军将校训练团编　编者刊　1942 年 6 月　4 + 40　14cm×21cm

本书分 6 章：序论、和建理论的根据、和建理论的实践、两种怀疑心理的解释、新国民运动与和平运动、新中国的展望。附录收《汪主席艳电》、《近卫首相声明》、《和平宣言》、《还都宣言》。

**2841. 和平丛刊**　（伪）青岛和平统一委员会编　编者刊　1940 年　7 + 162　16 开　有照片、有插图

本书介绍了伪青岛和平委员会及各地"和平运动"的情况。书中同时收录汪精卫、周佛海、林柏生等人的言论。

**2842. 和平风**　1 + 10　32 开

分11部分：中国值得和日本开战吗、驱蒋弭战、重见天日、为什么要反战、永享和平之福、今后救国之途径等。

**2843. 和平论丛** 汤良礼著 （伪）国民外交讨论会 62 32开

本书分7部分：和平运动之源流、国民政府还都感言、和平——现实主义的教训、中日条约之透视、论日本动机之真伪、沦陷区之民政、致迷途国人之一封公开信。

**2844. 和平要义讲义** （伪）清乡委员会上海分会政治工作团编 编者刊 1942年12月 2+26 32开 新国民训练讲义

全书共5章，包括：和平的意义、中日关系、如何调整中日关系、大亚洲主义和中日和平和大东亚战争。

**2845. 和平与撤兵问题** （伪）中国国民党中央执行委员会宣传部编 编者刊 1940年1月 1+34 9cm×15.8cm 中央宣传部丛书

收《答问（一）》、《敬告海外侨胞》（汪精卫）、《撤兵问题》（林柏生）、《撤兵问题》（《中华日报》）、《中日和平必经的步骤》（马千里）。书前有引言。

**2846. 和平运动及其反响** 何之编，上海编译社主编 上海杂志社 1938年11月 1+136 32开

本书收《汪先生对海通社记者之谈话》、《汪先生第一次谈话之舆论》、《无条件的和平》、《读了汪先生的谈话以后》、《中日与德捷》、《汪先生对路透社记者之谈话》等37篇文章。书前有代序。书后附录为《和平风》。

**2847. 和平运动与建国原理** 朱竹君著 新中国出版社 1940年9月 14 32开 大众丛书

本书分4个部分：前言、善邻友好与民族自决、建设东亚新秩序与民族主义、中日经济提携与民生主义。

**2848. 和平运动之理论与实际** 沈绂著 1940年 2+142 大32开

本书分12个部分：和平运动的发轫、中日合作的可能与必要、反共问题、怎样方能建国、大亚洲主义与亚东联盟、论中日文化沟通、论中日经济合作、新中国各种问题等。

**2849. 和平战争与今日中国** 曾芝生著 三民周刊社 1939年10月 1+65 32开 三民丛书

本书分7个部分：和平战争与中国经济、和平与民族主义、和平战争与中国统一、和平防共与复国救党、战由国民党战和由国民党和之事实与理论、从抗战建国到和平建国、中国今日之民主与科学运动。

**2850. 和平主张与和平运动** （伪）中国国民党中央执行委员会宣传部编 编者刊 1940年1月 2+108 9cm×15.7cm 中央宣传部丛书

收录《艳电》、《艳电后书》、《我对于中日关系之根本观念及前进目标》、《怎样实现和平》（汪精卫）、《中日和平的基础》（褚民谊）、《怎样获得和平》、《和平运动之目的与手段》（陶希圣）、《中日和平与亚洲前途》（胡兰成）及中华日报社、中国公论社社论等共14篇。书前有卷头语。

**2851. 和议与组府** （伪）中国国民党中央执行委员会宣传部编 编者刊 1940年1月 1+53 9cm×15.5cm 中央宣传部丛书

内收周佛海文章《关于组织中央政府》。另收中华日报社评7篇：《和平运动的熬炼》、《组府问题》、《和议之实现与国民政府之重建》、《和议与政权》、《阿部首相的谈话》、《我们的态度》、

《问题与结论》。有卷头语。

**2852. 和与战**　（伪）中国国民党中央执行委员会宣传部　编者刊　1940 年 1 月　1 + 59　9cm ×
15.8cm　中央宣传部丛书

收录《答问》（汪精卫）、《和与战》（胡兰成）、《和平战争与中国的统一》（曾资深）、《从抗
战到主和》（金效骞）、《关于和战问题的言行心理》、《从抗战建国到和平建国》（《中华日报》）、
《论和战》（《中国公论》）。

**2853. 和运史话**　崔玲等译　新中国报社　1941 年 2 月、1942 年 6 月再版、1943 年 7 月再版　上海
2 + 62　32 开　新中国丛书第 1 种

内收 8 篇文章：《汪先生河内脱险记》（译自东京《日日新闻》）、《汪先生苦难回忆录》（译自
东京《朝日新闻》）、《林柏生先生香港遇险记》（译自东京《朝日新闻》）、《和平运动的长成》（译
自东京《朝日新闻》）、《中日交涉秘史的插曲》（译自上海《每日新闻》）、《汪精卫先生：举一个
例》（汪精卫）、《周佛海先生：回忆与前瞻》（周佛海）、《李圣五先生：挥泪辞"商务"》（李圣
五）等。有编序。

**2854. 华北防共委员会主办防共讲演大会纪录**　（伪）华北防共委员会编辑　编者刊　1942 年 6 月
2 + 44　32 开　有照片　防共丛书之一

本书分 7 个部分：摄影、大会记详、开会词、训词一、训词二、讲演、会场花絮。

**2855. 华北民众与剿共**　（伪）中华民国新民会　10　64 开

本书为宣传剿共的小册子。

**2856. 击灭英美读本**　黄兴亚　新春出版部　1943 年 2 月再版　北京　56　32 开　有插图

本书专为"中学以下、高小以上学生及其同等程度"的读者编写，分 4 篇：大东亚战争的起源
及经过、中华民国参战、华北的任务、击灭英美。书中配有大量插图及漫画。封底有《大东亚共荣
圈形势图》。

**2857. 激动的世界情势**　武德报社编撰　武德报社　1940 年 9 月　北京　2 + 53　32 开　有照片

鼓吹建立以"中日满协同体"为基本的"东亚新秩序"。分 4 部分：欧局的透视、欧局与远
东、兴亚形势之突进、结论。文前有"我们的话"。

**2858. 简说由新民主义批判三民主义**　新民会出版部编辑　编者刊　1938 年 11 月初版　北京　10　32
开　新民小丛书　第 6 种

卷首有《新民会大纲》。

**2859. 建设大东亚读本**　6 + 94　32 开　有照片、有插图

本书共 4 编：中国参加世界防共协定、《中日基本条约》、《中日满共同宣言》、大东亚战争。
书前有编者序。封面注有"大东亚战争第二年"。有题赠。

**2860. 建设东亚新秩序运动汇刊**　（伪）大民会宣传部编　编者刊　1939 年 4 月　2 + 52　32 开
有照片

本书分 4 个部分：南京市东亚新秩序建设运动之实施、东亚新秩序之建设等。

**2861. 讲和与汉奸**　孑遗著　23　32 开

本书为汪精卫投靠日本，建立伪政权进行辩解。

**2862. 解决中日事变之途径**　温宗尧著　1939 年 11 月　56　32 开

本书分 10 部分,包括:读阿部首相车中谈及新政纲之感想、敬告国民政府诸公及西南北当局西南北父老兄弟书、中日事变之症结及其解决之最当途径、读前平沼首相苦乐相共四字之感想、新秩序之解释、敬告立法院同人、中国人之性、尽言即精神合作、名词不可不慎、救国在恕。

**2863. 解决中日问题新方案** (伪)中国青年党总部宣传部 1941 年 1 月再版 18 + 24 32 开 中原新潮社丛书之十 耀华主编

中日对译本。

**2864. 救星** (伪)大民会宣传部编 编者刊 1939 年 7 月 10 64 开 有插图

**2865. 举一个例**(汪先生最近重要论文) 上海中华日报馆 1939 年 16 32 开

本书收汪精卫论文 1 篇。出版时间据文末注明日期。

**2866. 决战阶段** 新中国编译社编纂 新中国报社 1944 年 11 月 上海 3 + 157 32 开 新中国丛书第 19 种

本书分为政治篇和军事篇。收录了 35 篇文章:《论亚细亚第三维新》、《决战第三年之日本国力》、《太平洋现局及美国战力》、《九州空袭目击记》等。

**2867. 孔局长最近言论集** (伪)维新政府行政院宣传局 编者刊 1939 年 10 月 2 + 86 32 开 行政院宣传局丛刊第 6 辑

内收孔宪铿言论 11 篇:《一年来之维新政府》、《维新政府之建国精神》、《树立中央政权的必要》、《我对于和平救国的信念》、《如何纪念双十节》、《何谓大亚细亚主义》、《建设东亚新秩序的检讨》、《"八一三"扩大兴亚纪念之意义》、《对于"八一三"纪念日的感想》、《如何造成健全的舆论》、《〈新东亚〉发刊词》。

**2868. 满洲国国家总动员之释义** (日)织田五郎编辑 (伪)满洲国通信社出版部 1939 年 4 月初版 新京 4 + 46 32 开 有插图

本书分 6 个部分:序、何谓国家总动员、国家总动员法总说、关于国家总动员法、结言、满洲国国家总动员法。

**2869. 民德主义浅说** 刘希平编 (伪)大民会总本部 1939 年 2 月初版 1 + 20 32 开

本书共 4 章:民德主义是什么、民德主义可以促进东亚民族的团结、民德主义是建设新中国的根本原理、民德主义实践的初步。

**2870. 民国三十一年元旦特刊** (伪)中国合作学会编 编者刊 1942 年 1 月 100 32 开 有照片、有图表

收录 21 篇文章:《合作运动之前途》(朱朴)、《合作救国论》(张娟声)、《合作与经济建设》(孙育才)、《推行信用合作复兴农村》(周树望)、《对于今年合作事业之希望》(施伯衍)等。

**2871. 民主与独裁** (伪)中国国民党中央执行委员会宣传部编 编者刊 1 + 48 32 开 中央宣传部丛书

本书收录 7 篇文章:《政治建设》(褚民谊)、《容忍独裁便是容忍亡国》(《中华日报》社评)、《民主政治之本质》(刘重道)、《民主政治与统一国家》、《独裁政治下的思想之没落》(曾芝生)、《独裁政治与民主运动》(宁礼)、《中国政治及其改革》(曾寒冰)。书前有引言。

**2872. 缪斌先生新民主义讲演集** (伪)中华民国新民会出版部编 编者刊 1938 年 10 月再版,1939 年 9 月 4 版 1 + 86 32 开 有照片、有插图 新民丛编 第 2 辑

本书分 12 个部分：新民主义表解、新民主义浅说、新民主义的生产主义、明哲保群、新民主义的德治主义、新民主义的礼治主义、新民主义的平天下等。书前刊"讲演者近照"。

**2873. 能觉悟了这个才是现代的好国民**　（日）星野讲述，姚任编辑　（伪）满洲国通信社　1937 年 12 月　新京　40　32 开　有照片、有插图

**2874. 欧美之东亚侵略与兴亚运动**　（日）林铣十郎著　（伪）中日文化协会　22　32 开　日本文化小丛刊之四

**2875. 欧美殖民地化的中国——中国人要再认识中国**　高平、民章、春田、九韶著　华北问题研究会　1936 年 5 月　天津　11　32 开

本书共收录 4 篇文章：《欧美殖民地化的中国——中国人要再认识中国》（高平）、《英国与香港》（春田）、《不承认满洲国谁受其损》（民章）、《苏联政策》（九韶）。

**2876. 欧战与东亚**　（伪）宣传部编　编者刊　1940 年 8 月　2+114　32 开　时事丛书

本书收特载 1 篇：《再呼吁于同胞之前》（汪精卫）；专论 13 篇：《欧战与东亚》（林柏生）、《欧战前途与中国》（樊仲云）、《欧战的展开与远东的危机》（胡兰成）、《国际共管中国之新阴谋》（汤良礼）等；另收译著 5 篇：《二次欧洲大战的特殊性》（横田喜三郎）、《欧战与日本外交》（马场恒吾）等。前有引言。

**2877. 七七纪念欧战风云**　漫画文字编　（伪）浙江省宣传委员会　20　32 开　有插图

本书收两篇文章：《七七纪念我们的感想》、《敬告亲爱的同胞们欧战紧迫中的世界新情势》。另有日文原文附后。

**2878. 亲日乎？亲苏乎？**　姚任编辑　（伪）满洲国通信社　1938 年 4 月　奉天　5+49　32 开　有插图

本书收录 10 篇文章：《中华民国新政府成立宣言》、《日首相对中国事变之伟大声明》、《脱离祖国向慕日本之中国人》、《转向亲日的中国抗日村》等。卷首有绪言。

**2879. 全国儿童和平征文选集**　（伪）中国儿童教育协会编　编者刊　1942 年 1 月　南京　10+123　32 开　有题词

本书收录 92 篇征文，包括：《我的生活》（林令基）、《和平声中小学生应有之准备》（谢平实）、《为什么要和平》（季洁璋）、《写给日本小学生的信》（许士钧）、《蚂蚁合群的感想》（沈德培）、《和平使者》（朱家珍）、《新中国的救星》（吴淑珍）等。书前有"全国儿童和平征文选集发端"。

**2880. 全面和平与中日关系**　新民声社　1944 年 12 月初版　2+38　32 开　新民声社丛书之一

本书收 5 篇文章：《全面和平与中日关系》（张枫琭）、《日本的反省》（吉田东祐）、《我的重庆阵营观》（吉田东祐）、《再论重庆阵营》（吉田东祐）、《我的重庆阵营观读后感》（周幼海）。

**2881. 日满一德一心**　（伪）国务院总务厅情报处编　编者刊　1937 年 5 月　23　32 开　有照片满洲帝国国民读本　第 1 辑

全书分 4 个部分：绪言、日满不可分关系、日满经济同盟结语。卷首有《发行的趣意》一文。

**2882. 日蒙藏全佛教徒提携亲善宣言书**　（日）寺本婉雅著译　全日本佛教青年会学生联盟　1939 年 9 月　日本　47　32 开　有照片

收录《日蒙藏全佛教徒提携亲善宣言书》、《与日华满洲蒙古西藏之佛教徒书》、《推古天皇宪

法十七条》及《圣德太子奉赞歌》。书后有跋。汉藏对译本。

**2883. 融和之道**　（日）萱原信雄著，施学习译　东亚联盟汕头支会　1943 年 9 月初版　汕头　29
32 开　东联翻译丛书　第 7 种

本书共 4 节：绪言、没有私的心、顺从的心和大和的心、消怨的心。

**2884. 三民主义与和平运动**　（伪）中国国民党中央执行委员会宣传部编　编者刊　1939 年 12 月
2 + 22　32 开　中央宣传部丛书　第 1 种

分 7 章：三民主义是什么、民族主义与对外对内政策、民权主义与一党专政、民生主义的实
质、中国国民党的本质与中心、和平运动的经过、青天白日旗。

**2885. 三十三年新岁特辑**　中华日报社编纂室编辑　中华日报社　1944 年 2 月　上海　3 + 89　32
开　中华日报社时局小丛书　第 5 种

本书收 40 篇文章：《主席元旦训辞》、《日本东条首相新岁献辞》、《满洲国张国务总理对大东
亚各国发表新春广播辞》、《汪行政院长（周副院长代）对大东亚各国发表新春广播辞》、《梅内政
部长发表新岁感想》、《中央党部褚秘书长岁首献辞》、《元旦的期望》（《申报》社评）、《迎民国三
十三年》（《新中国报》评论）等。书前有序言。

**2886. 社论集**（一）　国民新闻社撰述部　国民新闻图书印刷公司　1941 年 12 月初版　上海　5 +
212　32 开　国民新闻丛书之一

本书收录国民新闻社 1941 年 2 月至 1941 年 6 月期间发表的社论，并附汪精卫、平原藏等人的
若干言论摘录。

**2887. 社论集**（二）　国民新闻社撰述部　国民新闻图书印刷公司　1941 年 12 月初版　上海　5 +
[199]　32 开　国民新闻丛书之一

本书收录 1941 年 6 月至 1941 年 9 月期间国民新闻社的社论 87 篇：《两重权力》、《美国要参战
吗》、《怎样努力》、《史太林何处去》、《东亚的关键》、《徘徊要不得》、《美德关系》等文章。内附
周佛海、李士群等人的言论摘录。

**2888. 社评集**（第一辑）　明庚、华严、学文等著　中华日报馆　上海　118　32 开　中华日报丛
书之一

本书收 37 篇社论文章，包括：《如何打破循环论》、《中日合作的基点》、《当前的急务复兴中
国国民党》、《国民党的决心与行动》、《阵线论者之悲哀》、《在沦陷区工作的意义》、《歧视沦陷区
人民的错误》、《远东外交的酝酿》。

**2889. 时论集锦**　织情斋主编　兴亚社　1939 年 3 月　4 + 53　32 开　东亚新秩序丛书　第 3 辑

本书收 4 篇文章：《关于东亚新秩序之建设》（温宗尧）、《论亚细亚之明日》（王子惠）、《东亚
新秩序建设之期待》（苏锡文）、《东亚新秩序高潮下中国民众对于日本之希望》（张超人）。有
序言。

**2890. 时事论文**　武德报社　编者刊　1939 年 11 月　北京　5 + 184　32 开　有照片、有插图　民
众丛书

本书收 100 篇文章：《建设东亚新秩序》、《建设东亚与中日满合作》、《兴亚运动与反共灭党》、
《俄对日本实力屈服》、《欧洲和平困难》、《建军主义与设立军校目的》等。卷首有《时事论文的
话》等。

**2891. 树立中央政权的意义与展望**　（伪）临时政府行政委员会情报处编　编者刊　1940 年 3 月
2＋28　32 开

全书分两部分：树立中央政权的意义、对于中央政权的展望。

**2892. 苏北访日团张兆义访日经过及感想演说录**　王锡之、赵万邦等速记，李文皎、赵万邦校对
（伪）苏北行政专员公署情报宣传本部　1940 年 6 月　2＋44　32 开　有图表

本书分访日团之结成及意义、访日见学经过、感想和今后之苏北 4 部分。书前有伪苏北行政专员刘以琳作序言。

**2893. 苏北民众起来罢！**　（伪）苏北行政专员公署情报宣传本部编　编者刊　1941 年 9 月　44
32 开

本书收录《苏北地方时局对处官民恳谈会训词》（郝鹏）。书前有卷首语。

**2894. 完成大东亚战争**　（伪）华北政务委员会情报局编　编者刊　32　16 开　有插图

以漫画形式宣传所谓"大东亚战争"。

**2895. 汪精卫先生关于和平运动之重要言论**　（伪）临时政府行政委员会情报处　1939 年 8 月　2＋
70　32 开

本书收录汪精卫 1938 年 12 月至 1939 年 7 月间的部分言论，包括《致中央常务委员会及国防最高会议书》、《致中央党部电》、《答问》、《举一个例》、《复华侨某君书》、《重要声明》、《我对于中日之根本观念及前进目标》、《敬告海外侨胞》、《两种疑虑心理的解释》等 9 篇。附录收《宁不主义》、《如何打破循环论》、《回忆与前瞻》（周佛海）。

**2896. 汪精卫先生集（双照楼诗词汇）**　（伪）汪主席遗训编纂委员会　1945 年 5 月初版　172
大 32 开

本书分 4 个部分：《小休集》（卷上）、《小休集》（卷下）、《扫叶集》、《三十年以后作》。

**2897. 汪精卫先生重要建议**　南华日报社编辑部编　南华日报社营业部　1939 年 1 月　香港　2＋
86　32 开　南华日报社丛书第 3 种

本书收录 13 篇文章：《汪副总裁致中央艳电重要建议》、《汪副总裁致中央常务委员会国防最高会议书》、《我们的郑重抗议》（胡兰成）、《我们的立场》（林柏生）、《评中宣部之声明》（古泳今①）、《二十八年的新局势》（林柏生）等。附录收《近卫宣言全文》。附《南华日报论评集》第 1 辑《和战问题之讨论》。

**2898. 汪精卫先生重要声明**　香港南华日报社　20　32 开

本书收录汪精卫 1939 年 4 月 9 日发表于《南华日报》上的重要声明。附录收《汪先生覆华侨某君书》。

**2899. 汪主席和平建国言论集**　（伪）宣传部编　编者刊　1940 年 10 月初版　6＋326　大 32 开
有照片

本书分上、下两卷，收录《艳电》、《两种怀疑心理之解释》、《怎样实现和平》、《在青岛会谈各次谈话》、《和平宣言》、《中日文化协会成立大会训词》等 61 篇文章。附录收《近卫声明》。书后有勘误表。

---

① 《评中宣部之声明》一文作者目录页著录为古泳今，书内该文作者著录为古孔昭。

**2900. 汪主席和平建国言论集（由艳电到现在）** （伪）中国国民党中央宣传部编 编者刊 1939 年 12 月初版 2＋126 32 开

本书收 25 篇文章：《艳电》、《答客问》、《重要声明》、《我对于中日关系之根本观念及前进目标》、《对沈次高先生殉难在沪谈话》、《中华民国之新生命》。附录收《近卫声明》。

**2901. 汪主席和平建国言论集续集** （伪）宣传部编 编者刊 1942 年 12 月初版 6＋390 32 开 有照片

本书收 94 篇文章：《革命军人的心理建设》、《民族主义与大亚洲主义》、《致蒋介石感电》、《对日本本多大使呈递国书后答词》、《对东京中日记者谈话》、《国府还都二周年纪念日对日满交换广播词》等。

**2902. 汪主席和平建国言论选集** （伪）中央电讯社出版委员会编辑 编者刊 1944 年 9 月 南京 10＋454 32 开 有照片 时局丛书第 3 辑

本书分 6 个部分，共收录《艳电》、《国民政府还都对日广播词》、《中日国交调整条约签署后对记者谈话》、《对大东亚战争之声明》、《为独立自主而战》、《本平等互惠立场共建东亚》等 152 篇文章。

**2903. 王孟群先生言论集** 赵大同编辑 新少年杂志社 1945 年 7 月初版 26 ［环筒叶］ 15cm×25cm

本书收录 22 篇文章：《从贺新民声之复刊起说到更生的民声》、《就任华北政务委员会委员长宣言》、《告中国青年书》、《陆军宪兵学校毕业典礼之训词》、《华北行政学院毕业典礼之训词》、《北京大学毕业典礼之训词》等。书前有序言。

**2904. 王委员长言论集** （伪）华北政务委员会政务厅情报局编 编者刊 1943 年 9 月 2＋38 32 开 有照片 时局丛书之十二

本书分 6 个部分：宣言、广播讲演、祝词、声明、训词、讲话。

**2905. 为建设东亚新秩序运动告市民书** （伪）新民会首都指导部 10 32 开

**2906. 为中国前途敬告全国军民（附录新民会临时联合协议会讲演词）** ［殷同］ （伪）建设总署总务局 1942 年 2 月 6＋80 32 开

本书收 43 篇文章：《谋求国家的健全发达须以合理的方法循正当的途径》、《中国以抵制货物贸易为排外手段始自美国不平等之移民律》、《自古无不和之战局》、《中日事变以来日本国家意识的表示》、《中日合作则无论在军备的质的方面同量的方面都有了胜算》、《日本现在的政略上战略上都不是以中国为敌》等。书前有殷同序。

**2907. 为中国前途敬告全国军民（中华民国三十一年二月二十四日于华北新闻记者大会为大东亚战争克复新加坡举行庆祝大讲演会之讲演录）** 殷同 6＋57 32 开

本书分 45 个部分：谋国家的健全发达须以合理的方法循正当的途径、日本能不失国家的统制力所以能完成明治维新、英国为促成甲午战役宣言上海中立是为中日两国间受人翻弄之始、日俄战争是中日两民族合作御侮的开始、国策错误及庸愚误国之所由来、以为中国抗战五年是得力于军备的力量之观念是错误的等。卷首有殷同所作绪言。

**2908. 维新播音演讲第二集** （伪）维新政府行政院宣传局编辑 编者刊 1939 年 9 月 4＋40 32 开 行政院宣传局丛刊 第 5 辑

本书收录《维新政府之建国精神》、《我们为什么要和平》、《希望英国彻底觉悟》、《东京日英会议的展望》、《反对苏俄积极援助蒋政权》、《纪念维新政府成立初周赴日观察之意义》、《中国租界问题的检讨》等 12 篇文章。书前有序言。

**2909. 维新播音演讲第一集**　　（伪）维新政府行政院宣传局编辑　编者刊　1939 年 6 月　4 + 72
32 开　行政院宣传局丛刊　第 3 辑

本书收录 11 篇文章：《希望民众彻底觉悟对日本友好对政府拥护》（梁鸿志）、《治匪之道》
（温宗尧）、《希望在迷梦中之民众快醒来》（陈群）、《反共救国为国民当前责任》（任援道）等。
特载部分有《告国人书》（梁鸿志）、《抗日派与亲日派之辨别》（温宗尧）、《亚细亚之理想》（王
子惠）等 6 篇文章。书前有序言。

**2910. 维新政纲原论**　伍澄宇著　阳明学会　1939 年 2 月初版　18 + 308　32 开　有图表

本书分 12 章：绪论、体制、弭乱、保民、厚生等。书前有陈群、江海帆、廖廉能分别所作 3
篇序言以及自序。有题赠。

**2911. 我对于中日关系之根本观念及前进目标**　汪精卫讲　上海中华日报　上海　19　32 开

本书为汪精卫的广播演词。附录收《敬告海外侨胞》。

**2912. 我们的期待**　赵如珩著　中国知行学社　1942 年 6 月　南京　18 + 297　32 开　有题词、有
图表　知行丛书之一　郑诚学、王伯庸合编

本书系作者论文集，收录作者自 1937 年至 1942 年发表的文章或讲演词 28 篇。分 5 部分：时局
问题、教育改造问题、日本介绍、地方行政问题、我们的期待。林伯生、罗君强作序。有编者序和
题词。

**2913. 我们为什么要参战**　　（伪）广东省宣传处编　编者刊　1943 年 1 月　[30]　64 开

收录汪精卫、陈公博署名的《国民政府对英美宣战布告》（1943 年 1 月 9 日）、《中日共同宣
言》（1943 年 1 月 9 日）、《广东民众示威大会宣言》、《汪主席在首都国民精神总动员大会训词》、
《汪民政厅长在拥护参战广东民众示威大会致词》等 13 篇文章。

**2914. 戊庚言论偶存（第一集）**　陈焰著　1941 年　1 + 74　大 32 开

本书共收 11 篇文章：《发扬东方文化的面面观》、《发扬东方文化问题之检讨》、《根据多田司
令"对华基础观念"一论中日提携》、《如何实践东亚联盟》、《再建国民精神意义之引申》等。有
作者自序。有著者题赠。

**2915. 新编新中国公民读本**　郭克夫·姬野德一合编　日华问题研究会 [刊行]　东京　1939 年 1
月　32 开　有照片、有题词

本书分 6 章：新中国的诞生、新中国政府、新民会、新中国公民、新中国与日本帝国、中日事
变的意义。书前有作者自序。

**2916. 新春**　北京新闻协会　1942 年 2 月　北京　1 + 62　32 开　有插图　时局小丛书之八

本书分 26 个部分：新年与和平建国、剿灭共产党、大东亚战争的意义、打到英美、太平洋与
世界的关系、大东亚战争趣闻、中日历史上的亲善、日本的新年、东亚进行曲、新年歌谣等。

**2917. 新国民运动论文选**　柳雨生编　太平书局　1942 年 12 月初版　上海　2 + 209　32 开

本书收录 26 篇文章：《新国民训练纲要》（汪精卫）、《新国民运动与精神总动员》（汪精卫）、
《我国国民之优点与缺点》（陈公博）、《新国民运动与东亚解放》（褚民谊）、《迎东亚解放年》（林
柏生）、《新国民运动与内政》（陈群）等。

**2918. 新民精神**　缪斌著　　（伪）新民会中央指导部　1938 年 8 月 4 版　北京　6 + 366　32 开

本书原名《武德论》，分 13 篇，包括新民史观、文武合一之武德、孔子之真精神、王道霸道之真义、刚柔大道、易道与政治家之动静出处、仁之真义、义之真义、礼乐之治等。书前有作者自序。

**2919. 新民青年读本**（一卷）　　（伪）新民会中央总会　新民会中央总会弘报室［发行］　　1941年 9 月　北京　2 + 118　64 开　有图表　新民丛书 5

本书收 24 篇文章：《摆脱白人侵占》（宋介）、《中国建筑艺术的研究》（冯贯一）、《为创造新文化而战争》（土肥原贤二）、《人类起源在百万年前》（纳尔逊）、《东方精神》（晓鸟敏）、《佛学与科学》（吴宝谦）等。

**2920. 新民言论集**　　（伪）新民会天津特别市总会编　编者刊　2 + 34　32 开

本书收录《为节约自肃致亲友书》（温世珍）、《市民对于本届联协应有之认识与态度》（张世炎）、《第四次治运之回顾与前瞻》（张世炎）、《新民运动与革新运动》（张世炎）、《拒毒之意义》（谷馨山）等 12 篇文章。书前有弁言。

**2921. 新政治论丛**（上册）　　政治月刊社编辑　编者刊　1941 年 4 月　上海　2 + 110　32 开　政治丛刊　第 1 种

本书收《民权主义前途之展望》（汪精卫）、《中国革命现阶段与宪政问题》（袁殊）、《政治新论》（孟祺）、《中国的新政治体制》（岩井英一）、《中国新体制的进展》（杨大荒）等 13 篇文章。书前有《新政治运动》。

**2922. 新中国报评论集**　　新中国报评论委员会编著　新中国报社　1943 年 4 月　上海　21 + 248　32 开　新中国丛书第 9 种

分 7 部分："和平建国之实践"、"新中国的经济建设"、"新国民运动与青年运动"、"新中国的教育建设"、"文化·思想与舆论"、"重庆问题"、"渝共问题"。收《新中国论》、《关于中日全面和平》、《中央储备银行成立》、《物资统制的调整》、《中国国民运动》、《东亚联盟与国民运动》、《打破教育的矛盾》、《对全国教育行政会议的几点贡献》、《统制舆论思想问题》、《和平文化的前途》、《正告重庆》、《重庆和仰光》、《国共摩擦的新展开》、《国共的正面冲突》等文章。卷首有代序《本位工作两年》（袁殊）和《创刊献词》。

**2923. 兴国论**　缪斌著　　（伪）中华民国新民会出版部　1939 年 1 月初版　北京　16 + 2　大 64 开　新民小丛书　第 10 种　（伪）中华民国新民会出版部编

内收两篇文章《兴国论》、《做亡国的民族英雄易，做兴国的民族英雄难》。附录收《明哲保群》。

**2924. 兴建运动**　兴亚建国运动本部结束委员会编　街灯书报社　1941 年 6 月　上海　6 + 613　32 开　有图表

本书分 7 辑，收录《我们的信念》、《中日合作论》、《中国革命现阶段与宪政问题》、《反共问题》、《兴亚建国与日德意同盟之立场》、《兴亚建国运动之理论与实践》、《兴建第一年》等 82 篇文章。书前有严军光所作序言以及编者所作《兴亚建国运动之经过》一文。

**2925. 兴建运动的革命性**　上海记者联谊社著　兴建月刊社　1940 年 11 月初版　1 + 30　32 开　上海记者联谊社播音演讲集之一

本书分 5 个部分：敬告全国记者、如何推进兴亚建国运动、日美关系调整与新中央政府树立、兴亚建国运动的革命性、关于新中央政府。附录收《上海记者联谊社成立宣言》。

**2926. 兴亚论丛**　　（伪）华北政务委员会政务厅情报局编　编者刊　1943 年 8 月　4＋28　32 开　时局丛书之五

包括东亚新秩序之建设原理、大东亚战争之原因与吾人之觉悟、大东亚指导者日本之使命、大东亚共荣圈 4 部分。有序言。

**2927. 兴亚资料**　58　32 开

本书收 13 篇文章：《大亚洲主义》（孙中山）、《与日本协力保卫东亚》（汪精卫）、《兴亚的晓钟》（德富苏峰）、《略谈香港》（鲁迅）、《五月三十日》（郭沫若）、《忆仲鸣》（方君璧）等。

**2928. 宣传宣抚参考手册**　杉山部队报道课编纂　编者刊　1939 年 2 月　4＋152　32 开

本书分 10 章：讲演、传单、布告、时事问答、短片宣传材料、声明、标语、集会办法、反共救民十纲要、欧美侵略中国经过。书前有例言。

**2929. 一个产业工人十年来革命的回忆**　柳宁著　1938 年　24　大 64 开

个人回忆录。出版时间以书中内容推断。

**2930. 拥护中日基本条约特刊**　（伪）广州市社会局　1940 年 12 月　2＋30　32 开

宣传日、汪签订的《中日基本关系条约》，有潘芸阁、冯启韶、王启昌等人所写的说明、评论和感想等 13 篇文章。书前有潘芸阁所作弁言。

**2931. 由和平运动到总力参战（林宣传部长参战演讲词）**　（伪）宣传部编　编者刊　1943 年 6 月　2＋49　32

本书收录参战演讲词共 15 篇：《心血与铁血》、《以共死求同生》、《由和平运动到总力参战》、《发挥清乡精神打倒英美》、《总力参战之意义》、《东亚联盟与大东亚战争》、《实现全面和平与打倒英美》、《摆脱百年锁链踏上生存独立大路》等。"林宣传部长"即林柏生。

**2932. 由新民主义批判三民主义**　缪斌著　（伪）中华民国新民会出版部　1938 年 9 月初版　北京　2＋31　32 开　新民丛编第 1 编

本书分 4 部分：绪言、民族主义的批判、民权主义的批判、民生主义的批判。书前收《新民会大纲》

**2933. 再寄中国青年**　（日）大原洋三著　东方文化编译馆译述　东方书局　1945 年 3 月　上海　1＋110　32 开

本书分 7 章：绪言、大东亚之道义及其实践性、中国不平等关系之清算、中国国内行政整备、中国国内统一之可能性、大东亚建设与英美之战争目的、结论。后附追记。

**2934. 怎样确立东亚和平**　（伪）新民会中央指导部宣传科编　编者刊　1938 年 7 月初版　8　大 64 开　新民小丛书　第 3 种

**2935. 展开了解日本运动座谈会记录**　中华日报社编纂室编辑　中华日报社　1944 年 12 月　上海　76　32 开

**2936. 战难和亦不易**　胡兰成著　1940 年 1 月　4＋236　32 开　中华日报丛书之七

全书收主张对日求和，支持汪精卫反共政策的文章 105 篇。包括《我们的郑重声明》、《和与战》、《当前的选择》、《和议与统一》、《国民党切勿自暴自弃》、《评五中全会宣言》、《和议的时机与和议的运用》、《一个总检讨》等。出版时间根据序言推断。

**2937. 战时各国国民动员**　（伪）华北政务委员会总务厅情报局编　编者刊　1945 年 3 月　28　32

开　时局丛书之六十六

　　本书分7章：中国、日本、满洲国、德国、英国、美国、苏联。书前有绪言。

**2938. 浙江省党部广播专刊**　（伪）中国国民党浙江省党部宣传科　（伪）中国国民党浙江省执行委员会　1942年4月　6＋102　32开　有照片

　　本书收录广播词32篇，包括：《东亚联盟运动的意义》（时维镛）、《和平建国与大东亚战争之关系》（时维镛）、《女子对于东亚联盟的认识》（徐季敦）、《新中国建设的途径》（卜愈）等。附和平言论16篇，包括：《大东亚战争与远东经济演变》（史崇尧）、《中日签订基本条约告民众书》（宣传科）、《仰光陷落之远瞻近顾》（宣传科）等。书前有时维镛所作绪言。

**2939. 争取解放**　胡兰成著　国民新闻图书印刷公司　1942年9月　上海　6＋222　32开

　　本书分上、下编。上编为和平运动诤言，内收《田中之言》、《我们的抗议与决心》、《东亚的关键》、《纪念八一三》等67篇文章；下编为国际战局的检讨，内收《苏俄的地位》、《日本新阁的外交》、《日阁改组》、《西方战局的推移》等29篇文章。附录收《文化的厄运》、《寿颜文樑先生》。

**2940. 中国革新问题**（第一集）　杨大荒著　中国公论社　1941年10月初版　北京　2＋64　32开　有图表

　　本书分4个部分：中国革新体制问题的认识、中国革新体制问题的再认识、从强化治安说到革新体制、新体制的进展。

**2941. 中国共产党发达史**　（伪）国立新民学院　1942年　36　16.2cm×24.8cm

　　本书为（伪）新民学院三十一年度思想政策讲义资料，包括中国共产党发达史、中国共产党年表两部分。出版时间据封面推定。

**2942. 中国人的声音**　胡兰成著　大楚报社　1945年5月　汉口　4＋158　32开　新评论丛刊

　　本书收录31篇文章，包括：《华莱斯之言》、《蒋介石与其〈中国之命运〉》、《中国的弥赛亚》、《中国和美国》、《蒋介石元旦演说》、《文明保证战果》、《日美胜败对于中国》等。

**2943. 中国与东亚**　陈方中著　大亚洲主义与东亚联盟月刊社　1943年6月　南京　2＋90　32开　大亚洲主义与东亚联盟月刊社丛书之二

　　全书分7部分：东亚联盟的基调、大东亚战争与中国、现代国家的性质和目的、中国文化发展的途径、战时经济的指导原理、中国经济的特质、经济自足论。

**2944. 中国与日本**　顾仲韬讲述　（伪）中央陆军军官训练团政训处　1940年1月　98　32开　有图表

　　本书为顾仲韬《中国与日本》讲授大纲，分10章：日本的开国史、日本的国家机构、日本的政治、日本的外交、日本的军事、日本的社会、日本的经济、中日关系、如何调整中日关系、大亚洲主义。

**2945. 中国与日本为友是自然的为敌是不自然的**　汤良礼编　（伪）国民外交讨论会　1941年3月再版　6＋129　32开　精装　有题词

　　本书分7个部分：总理致日本首相大隈伯书、中国存亡问题、论如何调和中日两国感情、论中日合作问题、日本应助吾废除不平等条约、大亚洲主义、日本应助中国。书前有汪精卫序、编者导言，书后有代跋和附录。封面题名为："中日两国为友是自然的为敌是不自然的"。

**2946. 中国之反省**　唐震著　政治月刊社　1944年2月　上海　2＋86　32开　政治丛刊　第9种

全书共分5个部分，包括：四年前我们对时局的主张、三年以来世界·东亚·中国时局的演变、汪主席的苦斗、日本道义政治的确立和和平统一建国——兴隆东亚之道。附录中收录吉田东佑所写《日本之反省》一文。

**2947. 中华帝国之崩溃与再建**　　（日）神川彦松著　东亚同文会研究编纂部　1935年10月　东京　30　32开

**2948. 中日国交善化经济提携策**　　武宜停著　1937年7月　北平　8＋31　大32开　有图表

本书分6个部分：中日国交善化策、上策、中策、下策、中日经济提携策、理由法则说理则明自跋。书前有自序。

**2949. 中日国民联合论**　32　32开　新世界丛书　第四辑之三

本书分9个部分：序、同盟会党纲第五条、亚细亚的先觉者、保卫亚细亚与日本、桂太郎与孙中山的经验、中华思想、中日何以不能联合、中日联合果可能耶、结论。

**2950. 中日合作论**　陈孚木等著　兴建月刊社　1940年2月初版　50　32开　兴建丛书3

全书收5篇文章。包括：《中日合作论》（陈孚木）、《论中日和平运动》（陈孚木）、《中日关系改善论》（彭羲明）、《论今日中国教育上急待解决之三大问题》（张星海）、《论中日文化合作》（李光黄）。

**2951. 中日和平合作的基础**　曾芝生编著　三民周刊社　1939年10月　81　32开　三民丛书

本书收录了8篇文章，包括：《我对于中日关系之根本观念及前进目标》（汪精卫）、《怎样获得和平》（陶希圣）、《中日合作的基础》（曾芝生）、《中国的立场与日本的责任》（胡兰成）、《民族平等与中日民族合作》（曾寒冰）等。附录收《近卫声明与日本对华外交》、《汪先生艳电全文》。

**2952. 中日基本条约及其意义续编**　　（伪）宣传部编　编者刊　1941年3月　4＋212　32开　时事丛书

收15篇，包括《汪主席训词》、《中日和约及中日满共同宣言签订后的展望》（褚民谊）、《复交与承认》（褚民谊）、《中日条约之透视》（汤良礼）、《中日签约后之中国与国际》（戴策）、《中日条约之诠释》（江亢虎）、《庆祝中日国交调整完成》（江亢虎）、《庆祝中日条约成立意义》（赵正平）等。书后附录分为4部分，包括两国调整国交经过、中日基本条约签订经过、全国庆祝盛况、汪主席谒陵阿部离京及其他，分别收录有关文稿、报道等。

**2953. 中日事变解决的根本途径**　中国公论社编辑　中国公论社　1943年4月初版　北京　2＋158　32开　中国公论丛书之一

本书收26篇文章：《论思想战》、《我们对于建设东亚新秩序的意见》、《论和战》、《欧洲战事与中日问题》、《和平问题》、《所望于中央政权者》、《中日基本关系条约周年纪念感言》等。书前有张域宁所作序言。

**2954. 中日事变之处理与东亚联盟**　东亚联盟协会编　中日文化协会　20　32开　日本文化小丛刊之五

**2955. 中日同盟条约成立之经过**　　（伪）河南省公署宣传处编　编者刊　1943年　4＋38　32开

本书分11部分：中华民国日本国间同盟条约全文、中日同盟条约与基本关系条约之比较、日东条首相谈话、主席训话全文等。有序言。

**2956. 中日文化讲话**　周化人著　中日文化协会上海分会　1944年3月　上海　2＋85　32开　中

日文化丛书第 2 种　　中日文化协会上海分会出版股编

本书收 10 篇文章：《中日文化与东亚文艺复兴》、《如何建设东亚新文化》、《东亚文艺复兴》、《东亚文学者大会的感想》、《确立战事文化体制》、《国民党的文化政策》、《中国文化之史的发展》、《广东在近代文化上的地位》、《论文化沟通》、《东亚新文化运动的展开》。附录收《战时文化宣传政策基本纲要》。

**2957. 中日文化结合论**　杨鸿烈著　兴建月刊社　1940 年 5 月初版　80　32 开　兴建丛书

收 3 篇文章：《中日文化交流的回顾与前瞻》、《中日文化结合论》、《从民族性谈到中日合作》。

**2958. 中心势力论**　（伪）中央导报社编　编者刊　1941 年 2 月初版　南京　98　32 开　有插图　中央导报社小丛书第 1 种

本书收录了 10 篇文章：《民权主义前途之展望》（汪精卫）、《政治的离心力与向心力——在中央党务训练团演讲辞》（丁默邨）、《"中心"与向心力》（冯杰）、《民主政治与政党》（刘希平）、《中心势力论》（华汉光）、《一党中心论》（华汉光）、《今后中国国民党的生和死》（华汉光）等。

**2959. 中央政府组织之先决问题**（读阿部首相车中谈及新政纲之感想）　温宗尧著　（伪）大民会总本部　1939 年 12 月　南京　18　64 开　有照片　大民会小丛书第 5 辑

**2960. 重庆政权的分析**　（日）吉田东祐著　（伪）中国建设青年队　1944 年 12 月初版　上海　108　32 开　有照片、有题词　吉田东祐政治论文集　新生命月刊社编辑

本书共 8 部分：我的重庆政权观、再论重庆政权、中日问题全面解决的可能性、日本对华文化政策与中国知识阶级、重庆之命运、国共关系的重新估计、日本的反省、国民党改组与国共合作。书前有陈友仁、张一鹏序文、陈彬龢《介绍"重庆政权的分析"》一文，另有作者自序《文化人的任务》。书后有周幼海作《"重庆政权的分析"读后感》。

## 沦陷区地方政治

### 东北地区

**2961. 吉林省篇（满文）**　（伪）国务院总务厅情报处编　编者刊　1935 年 12 月　9＋274　大 32 开　有照片、有插图、有图表　省政汇览　第 1 辑

本书共 12 章：序说、地志、行政、财政·金融、产业·经济、交通·通信、文教、社会·卫生、司法·检察、军事·警察·治安、都市·邑镇、结论。书前有凡例。

**2962. 滨江省篇（满文）**　（伪）国务院总务厅情报处编　编者刊　1936 年 8 月　11＋444　大 32 开　有照片、有插图、有图表　省政汇览　第 5 辑

本书共 12 章："序说"、"地志"、"行政"、"财政·金融"、"产业·经济"、"交通·通信·土木"、"文教"、"社会·卫生"、"司法·检察"、"都市·邑镇"、"结论"。书前有凡例。

**2963. 哈尔滨市势年鉴（第八次）**　（伪）哈尔滨市长官房文书科编纂股编　哈尔滨市公署　1942 年 12 月　哈尔滨　10＋80　16 开　有图表

本书共 16 编：哈尔滨概观、人口、教育及文化、卫生及保健、社会事业、宗教团体、消防、商工业、金融、交通运输、通信等。有凡例。

**2964. 海城县公署要览**　（伪）海城县公署总务科文书股编纂　1937 年　5＋62　32 开　有照片、有图表

本书共 9 部分：总说、行政、财政、警察治安、产业、交通、教育宗教、社会事业、古迹名胜。

**2965. 锦州省朝阳县概况**　（伪）朝阳县公署总务科　编者刊　1936 年 5 月　2 + 43［环筒叶］16 开　有插图、有图表

本书共 23 部分：沿革概要、面积及土地、区划、地势及山川、民族及户口、风俗及娱乐、物产、气候及雨量、教育、警察与治安、交通与电报、宗教、行政组织、财政、烟政、商业、县城及要镇、蒙旗情形、承审处及监狱、保甲概况、金融、公共团体、驻在日满各机关。

**2966. 松江县行政概况**　（伪）松江县公署编　编者刊　1939 年 7 月　松江　2 + 96　16 开　有照片、有插图、有图表

本书包括 5 部分：论著、计划、章程法规、统计图表、大事记。书前有弁言。

**2967. 台安县政概览**（1939 年 1 月 1 日至现在）　　（伪）台安县公署庶务科文书股编辑　1939 年　121　大 32 开　有照片、有插图、有图表

本书共 15 章："总论"、"地志"、"行政"、"财政"、"土地行政"、"警察治安"、"文教"、"产业"、"金融商业"、"交通通信土木"、"社会卫生"、"农事合作社"、"协和会"、"都邑、名胜、旧址、战绩"、"结论"。

## 华北地区

**2968. 北京第一监狱报告**　周占元编　1941 年 4 月　北京　3 + 72　16 开　有照片、有插图、有图表

本书分 14 个部分：沿革、面积构造与容额、事务之分配及职员额数与其资历、监犯定额统计调查及管理、囚衣卧具及囚粮饮料、沐浴理发、清洁运动、医药、疾病及死亡、教诲、教育、作业、接见及书信之发受、常年经费。有题词、编者序和例言。

**2969. 北京特别市防空警报灯火管制交通管制规定**　（伪）北京防卫司令部　1942 年 9 月　8　32 开　有图表　北京特别市防空规定别册第二

**2970. 北京特别市公署第四次治强运动广播讲演集**　（伪）北京特别市公署宣传处　1941 年 7 月　2 + 62　32 开　有插图　时局丛书之十六

本书分 20 个部分：第四次治强运动敬告市民书、庆祝缅甸全部戡定意义、民众应认识大东亚战争意义、北京市警察局防火工作进展报告、日本的政治、宣传工作在治运中的重要性、食肉检查的意义等。

**2971. 北京特别市公署防谍运动纪实**　（伪）北京特别市公署　（伪）北京特别市公署宣传处　1942 年 7 月　北京　36　32 开　有照片　时局丛书之十四

包括市署举行防谍讲演大会、于晋稣市长发表为防谍敬告市民书、市宣传处编印防谍浅说、警察官吏应为民作则领导民众完成防谍阵等。

**2972. 市政一览**　（伪）北京特别市公署　编者刊　1939 年 10 月　北京　1　12.5cm×18.5cm　有图表

本书为 1938 年北京市政一览，包括面积、财政、警察、卫生、组织系统及职员人数、建设、工业、交通、商业、救济、公用、教育、户口等 13 个统计图表。

**2973. 市政一览**　（伪）北京特别市公署　编者刊　1942 年 8 月　北京　1　折页　有图表

为 1939 年至 1941 年北京市政一览，包括面积、财政、警察、卫生、组织系统及职员人数、建设、经济、观光、工业、交通、商业、救济、公用、教育、户口等 15 种统计图表。

**2974. 察哈尔省敌奸伪概况**　察哈尔省政府秘书处编　编者刊　1944 年 4 月　92 ［环筒叶］　开　线装　有图表

全书从军事、政治、经济、教育、社会 5 个方面介绍察哈尔省敌奸伪的整体情况。封面印有"机密"字样。

**2975. 河北省昌黎县事情**　陈佩编　中华民国新民会中央总会　1940 年 3 月　10 + 164 + 5　32 开　有插图、有图表　地方事情调查资料第 9 号

本书分 11 章：总说、地志风俗、地方制度、财政、治安警察、产业、商业金融、交通等。

**2976. 河北省定兴县事情**　卞乾孙编　（伪）新民会中央指导部出版部　1939 年 4 月　7 + 126　32 开　有插图　地方事情调查资料第 5 号

内容包括 12 章：总说、地志风俗、地方制度、财政、治安警察、产业、工业、交通、商务与金融、教育及宗教、社会事情、卫生。书前附录定兴县地图。

**2977. 河北省定兴县事情**　卞乾孙编　新民会中央指导部出版部　1939 年 4 月　2 + 126　32 开　有插图、有图表　地方事情调查资料第 5 号

本书分 12 章：总说、地志风俗、地方制度、财政、治安警察、产业、工业、交通等。书前有松尾清秀所作前言。

**2978. 河北省公署成立三周年纪念刊**　（伪）河北省公署编　编者刊　1941 年　河北　4 + 40　32 开　有照片

收《河北省公署成立三周年回顾与展望》，以及各厅长之感想，介绍了（伪）河北省公署的政务概况，公署组织经过，接收冀东经过及省署移驻保定经过。附《省治变迁考略》。

**2979. 河北省怀柔县事情**　中华民国新民会中央总会　1940 年 4 月　8 + 134 + 2　32 开　有插图、有图表　地方事情调查资料第 16 号

本书分 12 章：总说、地志风俗、地方制度、财政、治安警察、产业、商业金融等。书后附《怀柔县事情资料一览表索引》。

**2980. 河北省冀东道区政务概况**　冀东道公署编　编者刊　1939 年 3 月　12 + ［367］　16 开　精装　有照片、有插图、有图表

本书收录河北省冀东道区 1938 年政务报告，分 5 部分：总务、警务、财政、教育、建设。韩则信作弁言。

**2981. 河北省乐亭县事情**　陈佩编　新民会中央指导部出版部　1939 年 7 月　6 + 166 + 5　32 开　有插图、有图表　地方事情调查资料第 7 号

本书分 11 章：总论、地志风俗、地方制度、财政、治安警察、产业、商业及金融、交通等。

**2982. 河北省良乡县事情**　卞乾孙编　新民会中央指导部出版部　1939 年 4 月　8 + 310　32 开　有插图、有图表　地方事情调查资料第 4 号

本书分 12 章：总说、地志风俗、地方制度、财政、治安警察、农业、工业、交通等。书后附录该县农村经济实态统计表。

**2983. 河北省滦县事情**　陈佩编　新民会中央指导部出版部　1940 年 1 月　10 + 104 + 1　32 开　有

**插图、有图表　地方事情调查资料第 12 号**

　　本书分 11 章：总论、地志·风俗、地方制度、财政、治安警察、产业、商业及金融等。书后附《唐山市事情资料一览表索引》。

**2984. 河北省清苑县事情**　卞乾孙编　新民会中央指导部出版部　1938 年 12 月　10+178　32 开　有插图、有图表　地方事情调查资料第 2 号

　　本书分 12 章：总说、地志风俗、地方制度、财政、治安警察、产业、工业、交通等。书前有松尾清秀所作前言。

**2985. 河北省顺义县事情**　中华民国新民会中央总会　1940 年 4 月　4+150+2　32 开　有插图、有图表　地方事情调查资料第 14 号

　　本书分 11 章：总论、地志风俗、地方制度、财政、治安警察、产业、商业金融等。书后附《顺义县事情资料一览表索引》。

**2986. 河北省宛平县事情**　卞乾孙编　新民会中央指导部出版部　1939 年 4 月　8+320　32 开　有插图、有图表　地方事情调查资料第 3 号

　　本书分 12 章：总说、地志风俗、地方制度、财政、治安警察、产业、工业、交通等。

**2987. 河北省望都县事情**　陈佩编　新民会中央指导部出版部　1939 年 10 月　10+178+5　32 开　有插图、有图表　地方事情调查资料第 11 号

　　本书分 11 章：总说、地志风俗、地方制度、财政、治安警察、产业、商业及金融等。书后附《望都县事情资料一览表索引》。

**2988. 河北省武清县事情**　陈佩编　新民会中央指导部出版部　1940 年 4 月　10+136+4　32 开　有插图、有图表　地方事情调查资料第 18 号

　　本书分 11 章：总说、地志风俗、地方制度、财政、治安、产业、商业金融等。书后附《武清县事情资料一览表索引》。

**2989. 河北省徐水县事情**　卞乾孙编　新民会中央指导部　1938 年 11 月　10+132　32 开　有插图、有图表　徐水县调查第 1 号

　　本书分 12 章：总说、地志风俗、地方制度、财政、治安警察、产业、交通、商业及金融、社会事业等。书前有作者所写前言。

**2990. 河北省正定县事情**　陈佩编　新民会中央指导部出版部　1939 年 6 月　2+224+6　32 开　有插图、有图表　地方事情调查资料第 6 号

　　本书分 11 章：总说、风俗、地方制度、财政、治安警察、产业、交通、商业及金融等。书后附《正定县事情资料一览表索引》。

**2991. 华北司法概况**　（伪）华北政务委员会临时处理法务委员会编辑　编者刊　1940 年 10 月　北京　7+82　16 开　有图表

　　本书分两编：甲编为"述要"，分为 10 部分：临时处理法务委员会成立之经过及组织、华北司法行政管辖区域、各省市法院之状况、律师制度之改良情形等；乙编为"统计"，分为 4 部分：行政、民事、刑事、监所。王揖唐作序。有编辑例言。

**2992. 华北宣传概况**　（伪）华北政务委员会政务厅情报局编　编者刊　1943 年 10 月　4+42　32 开　时局丛书之十六

本书共 2 节：第 1 节宣传机关，分别介绍宣传行政机关、华北宣传联盟、文化团体；第 2 节宣传工作，介绍宣传企划、宣传实况、检阅工作、宣传联盟宣传工作、文化工作和出版事业。

**2993. 华北宣传纲要汇编** （伪）华北政务委员会总务厅情报局编 （伪）华北政务委员会总务厅情报局 1944 年 8 月 86 32 开 时局丛书之四十八

本书收录了华北各省市的宣传计划及宣传纲要等，分为"情报局编制之部"和"各省市政府宣传处编印之部"两部分，起止时间为 1944 年 2 月到 9 月。

**2994. 华北宣传机关组织概要** （伪）华北政务委员会总务厅情报局编 编者刊 1945 年 2 月 58 32 开 有图表 时局丛书之五十九

本书分 10 部分，包括：华北政务委员会总务厅情报局组织概要、河北省政府宣传处及管下各机关组织概要、山东省政府宣传处及管下各机关组织概要、山西省政府宣传处及管下各机关组织概要、河南省政府宣传处及管下各机关组织概要等。书前有前识。

**2995. 晋省敌伪之政治动态** 战地党政委员会机要组编 1941 年 6 月 4 日 3 [环筒叶] 16 开 油印 有图表 政治参考资料第 3 号

**2996. 喀喇沁右旗政务年报**（康德四年十二月末日现在） （伪）总务科总务股制 7 + 86 [环筒叶] 16 开 油印 有插图、有图表

本书共 26 章：地积、风俗、组织、行政区划、主要都市、制度、户口、财政、金融、警察治安、司法、教育、宗教、卫生、交通、义仓、土地、烟政、农业、林业、畜产业、商工业、矿业、度量衡、社会专业、其他在旗各机关。书前有序言。

**2997. 蒙古各盟部旗长官录** ［中国国民党中央组织部编］ 编者刊 1942 年 16 32 开 有图表

本书共分 14 各地区，记录各盟、部、旗长官名录。另收《蒙古各盟旗代表联合驻京办事处高级职员录》。

**2998. 天津特别市政府三十三年一月至六月份工作报告** （伪）天津特别市政府编 编者刊 1944 年 14 + 78 32 开 有图表

本书分 9 个部分：总务之部、社会之部、警察之部、财政之部、教育之部、工务之部、卫生之部、经济之部、宣传之部。书后附《七八两月份重要工作报告目录》。

**2999. 蔚县县事情** （伪）蔚县县公署编 编者刊 1938 年 9 月 蔚县 4 + 61 [环筒叶] 16 开 油印 有图表

本书共 12 章：总说、地志风俗、地方制度、财政、警察治安、原始产业、工业、交通、商业及金融、教育及宗教、社会事业、卫生。

## 华东地区

**3000. 青岛监狱报告** 邱炳煊编 1942 年 4 月 青岛 4 + 78 16 开 有照片、有题词、有图表

1939 年 11 月至 1940 年 12 月青岛监狱报告，内容包括沿革、面积构造与容颜、事物之分配及职员额数与其资力、监犯定额统计调查及管理、囚衣卧具及囚粮饮料、沐浴理发、清洁运动、医药卫生、疾病及死亡、教诲、教育、作业、接见及书信之发受和常年经费。

**3001. 青岛特别市公署行政年鉴**（民国二十八年度） （伪）青岛特别市公署总务局编 编者刊 1939 年 青岛 ［128］ 16 开 精装 有照片、有图表

本书共 9 章：总务、社会、警察、财政、教育、建设、卫生、海务、乡政。有序言和例言。

**3002.** 青岛特别市公署工作报告（二十八年三月份）　　〔（伪）青岛特别市公署编〕　　〔编者刊〕
1939 年　2 +〔58〕　28cm×19.1cm　线装

**3003.** 青岛特别市公署工作报告（二十八年四月份）　　〔（伪）青岛特别市公署编〕　　〔编者刊〕
1939 年　2 +〔56〕　28cm×19.1cm　线装　有图表

**3004.** 青岛特别市公署工作报告（二十八年五月份）　　〔（伪）青岛特别市公署编〕　　〔编者刊〕
1939 年　2 +〔52〕　28cm×19.1cm　线装　有图表

**3005.** 青岛特别市公署工作报告（二十八年六月份）　　〔（伪）青岛特别市公署编〕　　〔编者刊〕
1939 年　2 +〔60〕　28cm×19.1cm　线装　有图表

**3006.** 青岛特别市公署工作报告（二十八年七月份）　　〔（伪）青岛特别市公署编〕　　〔编者刊〕
1939 年　2 +〔86〕　28cm×19.1cm　线装　有图表

**3007.** 青岛特别市公署工作报告（二十八年八月份）　　〔（伪）青岛特别市公署编〕　　〔编者刊〕
1939 年　2 +〔76〕　28cm×19.1cm　线装　有图表

**3008.** 青岛特别市公署工作报告（二十八年九月份）　　〔（伪）青岛特别市公署编〕　　〔编者刊〕
1939 年　2 +〔74〕　28cm×19.1cm　线装　有图表

**3009.** 青岛特别市公署工作报告（二十八年十月份）　　〔（伪）青岛特别市公署编〕　　〔编者刊〕
1939 年　2 +〔72〕　28cm×19.1cm　线装　有图表

**3010.** 青岛特别市公署工作报告（二十八年十一月份）　　〔（伪）青岛特别市公署编〕　　〔编者
刊〕　1939 年　2 +〔80〕　28cm×19.1cm　线装　有图表

**3011.** 青岛特别市公署工作报告（二十八年十二月份）　　〔（伪）青岛特别市公署编〕　　〔编者
刊〕　1939 年　2 +〔56〕　28cm×19.1cm　线装　有图表

**3012.** 青岛特别市公署行政年鉴（民国二十九年度）　　（伪）青岛特别市公署总务局编辑　编者刊
1940 年　青岛　〔147〕　16 开　有照片、有图表

本书共 11 章：总务、社会、警察、财政、教育、建设、卫生、海务、乡政、警备、农事合作
事业。有弁言和例言。

**3013.** 青岛特别市公署工作报告（二十九年一月份）　　〔（伪）青岛特别市公署编〕　　〔编者刊〕
1940 年　2 +〔68〕　28cm×19.1cm　线装　有图表

**3014.** 青岛特别市公署工作报告（二十九年二月份）　　〔（伪）青岛特别市公署编〕　　〔编者刊〕
1940 年　2 +〔78〕　28cm×19.1cm　线装　有图表

**3015.** 青岛特别市公署工作报告（二十九年三月份）　　〔（伪）青岛特别市公署编〕　　〔编者刊〕
1940 年　2 +〔70〕　28cm×19.1cm　线装　有图表

**3016.** 青岛特别市公署工作报告（二十九年四月份）　　〔（伪）青岛特别市公署编〕　　〔编者刊〕
1940 年　2 +〔68〕　28cm×19.1cm　线装　有图表

**3017.** 青岛特别市公署工作报告（二十九年五月份）　　〔（伪）青岛特别市公署编〕　　〔编者刊〕
1940 年　2 +〔72〕　28cm×19.1cm　线装　有图表

**3018.** 青岛特别市公署工作报告（二十九年六月份）　［（伪）青岛特别市公署编］　［编者刊］
1940 年　2 +［60］　28cm×19.1cm　线装　有图表

**3019.** 青岛特别市公署工作报告（二十九年七月份）　［（伪）青岛特别市公署编］　［编者刊］
1940 年　2 +［58］　28cm×19.1cm　线装　有图表

**3020.** 青岛特别市公署工作报告（二十九年八月份）　［（伪）青岛特别市公署编］　［编者刊］
1940 年　2 +［54］　28cm×19.1cm　线装　有图表

**3021.** 青岛特别市公署工作报告（二十九年九月份）　［（伪）青岛特别市公署编］　［编者刊］
1940 年　2 +［56］　28cm×19.1cm　线装　有图表

**3022.** 青岛特别市公署工作报告（二十九年十月份）　［（伪）青岛特别市公署编］　［编者刊］
1940 年　2 +［56］　28cm×19.1cm　线装　有图表

**3023.** 青岛特别市公署工作报告（二十九年十一月份）　［（伪）青岛特别市公署编］　　［编者
刊］　1940 年　2 +［52］　28cm×19.1cm　线装　有图表

**3024.** 青岛特别市公署工作报告（二十九年十二月份）　［（伪）青岛特别市公署编］　　［编者
刊］　1940 年　2 +［52］　28cm×19.1cm　线装　有图表

**3025.** 青岛特别市公署工作报告（三十年一月份）　［（伪）青岛特别市公署编］　［编者刊］
1941 年　2 +［54］　28cm×19.1cm　线装　有图表

**3026.** 青岛特别市公署工作报告（三十年二月份）　［（伪）青岛特别市公署编］　［编者刊］
1941 年　2 +［50］　28cm×19.1cm　线装　有图表

**3027.** 青岛特别市公署工作报告（三十年三月份）　［（伪）青岛特别市公署编］　［编者刊］
1941 年　2 +［48］　28cm×19.1cm　线装　有图表

**3028.** 青岛特别市公署工作报告（三十年四月份）　［（伪）青岛特别市公署编］　［编者刊］
1941 年　2 +［56］　28cm×19.1cm　线装·有图表

**3029.** 青岛特别市公署工作报告（三十年五月份）　［（伪）青岛特别市公署编］　［编者刊］
1941 年　2 +［44］　28cm×19.1cm　线装　有图表

**3030.** 青岛特别市公署工作报告（三十年六月份）　［（伪）青岛特别市公署编］　［编者刊］
1941 年　2 +［54］　28cm×19.1cm　线装　有图表

**3031.** 青岛特别市公署工作报告（三十年七月份）　［（伪）青岛特别市公署编］　［编者刊］
1941 年　2 +［52］　28cm×19.1cm　线装

**3032.** 青岛特别市公署工作报告（三十年八月份）　［（伪）青岛特别市公署编］　［编者刊］
1941 年　2 +［46］　28cm×19.1cm　线装

**3033.** 青岛特别市公署工作报告（三十年九月份）　［（伪）青岛特别市公署编］　［编者刊］
1941 年　2 +［52］　28cm×19.1cm　线装　有图表

**3034.** 青岛特别市公署工作报告（三十年十月份）　［（伪）青岛特别市公署编］　［编者刊］
1941 年　2 +［46］　28cm×19.1cm　线装　有图表

**3035.** 青岛特别市公署工作报告（三十年十一月份）　　［（伪）青岛特别市公署编］　　［编者刊］

1941 年　2 + ［50］　　28cm×19.1cm　线装　有图表

**3036.** 青岛特别市公署工作报告（三十一年一月份）　［（伪）青岛特别市公署编］　　［编者刊］
1942 年　2 + ［50］　　28cm×19.1cm　线装　有图表

**3037.** 青岛特别市公署工作报告（三十一年二月份）　［（伪）青岛特别市公署编］　　［编者刊］
1942 年　2 + ［44］　　28cm×19.1cm　有图表

**3038.** 青岛特别市公署工作报告（三十一年三月份）　［（伪）青岛特别市公署编］　　［编者刊］
1942 年　2 + ［54］　　28cm×19.1cm　线装　有图表

**3039.** 青岛特别市公署工作报告（三十一年四月份）　［（伪）青岛特别市公署编］　　［编者刊］
1942 年　2 + ［50］　　28cm×9.1cm　线装　有图表

**3040.** 青岛特别市公署工作报告（三十一年五月份）　［（伪）青岛特别市公署编］　　［编者刊］
1942 年　2 + ［56］　　28cm×19.1cm　线装　有图表

**3041.** 青岛特别市公署工作报告（三十一年六月份）　［（伪）青岛特别市公署编］　　［编者刊］
1942 年　2 + ［50］　　28cm×19.1cm　线装　有图表

**3042.** 青岛特别市公署工作报告（三十一年七月份）　［（伪）青岛特别市公署编］　　［编者刊］
1942 年　2 + ［50］　　28cm×19.1cm　线装　有图表

**3043.** 青岛特别市公署工作报告（三十一年八月份）　［（伪）青岛特别市公署编］　　［编者刊］
1942 年　2 + ［58］　　28cm×19.1cm　有图表

**3044.** 青岛特别市公署工作报告（三十一年九月份）　［（伪）青岛特别市公署编］　　［编者刊］
1942 年　2 + ［54］　　28cm×19.1cm

**3045.** 青岛特别市公署工作报告（三十一年十月份）　［（伪）青岛特别市公署编］　　［编者刊］
1942 年　2 + ［60］　　16 开

**3046.** 一年大事记（青岛特别市公署成立周年纪念）　　2 + 55　大 32 开　有照片、有题词、有图表
　　本书共 9 章：总务、社会、警察、财政、教育、建设、卫生、海务、乡区行政。书前有青岛特别市公署全景、市长肖像、顾问题词、序言。

**3047.** 双周纪要（青岛特别市市公署成立二周年纪念）　1941 年 1 月　青岛　6 + 98　大 32 开　有照片、有图表
　　本书共 11 章：总务、社会、警察、财政、教育、建设、卫生、海务、警备、乡区行政、其他。有序言。

**3048.** 三周纪要（青岛特别市市公署成立三周年纪念）　1942 年 1 月　青岛　8 + 104　大 32 开有照片、有图表
　　本书共 11 章：总务、社会、警察、财政、教育、建设、卫生、海务、乡区行政、警备、农事合作社。有弁言和例言。

**3049.** 四周纪要　（伪）青岛特别市公署编制　编者刊　1943 年 1 月　青岛　11 + 120　大 32 开有照片
　　本书共 10 章：总务、社会、警察、财政、教育、建设、海务、宣传、警备、乡区行政。有弁言和编例。

**3050. 青岛特别市公署施政述要**　30　大32开　有照片

本书共15部分：绪言、机关之设置改革、机关长官之更迭、训勉僚属及肃正纪纲、统制经济、治安工作、整理财政、振兴教育、工程建设、救灾与赈济、防疫与禁烟、船舶与航路、宣传讲演、查覆案件、参战体制。

**3051. 青岛特别市市长就任周年施政述要**　2+55　32开

本书共4部分：感言、各项施策及计划进行事项22篇、各项重要文告10篇、各项重要谈话5篇。

**3052. 青岛特别市市势调查实施报告（中华民国二十九年）**　（伪）青岛特别市公署临时市势调查委员会　1940年　青岛　5+82　16开　有插图、有图表

本书共12部分：市势调查之计划、调查机关之组织、调查区域之分析、审定调查事项、确定调查日期及调查之方法、积极筹备进行调查、实施预备调查、总动员实施开始正式调查、各种统计之完成、结论、各种表票式样、各区组界限图。有赵琪、多田武雄所作序言。

**3053. 青岛特别市赵市长对僚属训话汇编**　（伪）青岛特别市公署　1941年12月　2+107　32开　有照片

有序言。附广播演词及读者感言。

**3054. 青岛特别市赵市长勉励僚属训话**　（伪）青岛特别市公署秘书股　1939年3月　2+28　32开

中日对译本。有序言。

**3055. 青岛治安维持会行政纪要汇编**　1939年1月　10+［694］　32开　有插图、有图表

本书共两编。第1编本会经办事项，共8章：总务行政、社会行政、警察行政、财务行政、工务行政、教育行政、卫生行政、农林行政；第2编代管中央各机关事项，共4章，青岛监务管理司、山东区统税局、青岛商品检验局、司法事项。有序言和编辑大旨。

**3056. 曲阜县县政报告书**　1941年6月　44［环筒叶］　16开　有插图、有图表

本书包括6部分：民政、财政、建设、教育、警务、宣传。封面钤有"曲阜县印"。

**3057. 促进苏北吏治之我见（第二期）**　（伪）苏北行政专员公署民政科编　编者刊　1940年　2+24　16开

本书分4章：时势（续前）、应有之觉悟、行政之意义、行政方针。

**3058. 促进苏北吏治之我见（第三期）**　（伪）苏北行政专员公署民政科编　编者刊　1940年　2+32　16开

本书分6章：应有之觉悟（续前）、行政之意义（续前）、行政之方针、行政标准、行政常识、修养。

**3059. 敌伪研究专题报告（第一辑）**　浙西民族文化馆编　编者刊　1941年3月　12+86　32开　有图表　浙西敌伪研究丛刊　第2种

全书分上、下两编，报告抗战以来浙西地区的敌伪状况。包括：论现阶段的敌伪政治、汪逆伪组织的强化及其一党中心势力的确立、敌国新预算的解剖、目前伪组织的财政问题、伪组织的食粮管理、浙西敌伪统制下之柴炭恐慌等。黄绍竑、贺扬灵作序。

**3060. 东海县公署工作概况（民国二十八年度）**　1939年　10+142　16开　有插图、有图表

本书包括格言、章程、总务科工作概况、行政科工作概况、财务科工作概况、建设科工作概况、承审科工作概况、警务科工作概况、附录。

**3061. 二十九年之浙西敌情**　卢文迪著　浙西民族文化馆　1940 年 10 月　10＋162　32 开　有图表
浙西对敌斗争丛书之五

本书分 7 章：序言、本年敌人在浙西的军事行动及其特征、敌伪在浙西的政治力量及其攻势、本年敌人在浙西的经济进攻及资源掠夺与恐慌、本年浙西敌伪奴化怀柔政策的执行、本年浙西伪党团、帮会的演变及其活动、结论。卷首有贺扬灵所作序。附录收《稳定和囚笼》、《敌国言论摘译第一辑》、《敌国言论摘译第二辑》。

**3062. 国民政府赈务委员会浙江省分会总报告书**　［（伪）国民政府赈务委员会浙江省分会编］
［编者刊］　1941 年 9 月　浙江　8＋186＋1　16 开　有照片、有图表

本书分 8 部分：法规、赈务委员会浙江省分会委员一览表、赈务委员会浙江省分会职员一览表、平粜、施麦、急赈、会议记录。书前图片若干张，并收有王敏中、舒适所作序言。附录收录相关文件、表格等共 12 种。

**3063. 海门县公署初周纪念刊**　（伪）海门县公署秘书处编　（伪）海门县公署会计庶务室　1940 年 4 月　海门　1＋［101］　16 开　精装　有照片、有插图、有图表

本书包括海门县全图、弁言、题词、摄影、论著、陈才福部叛变纪实、章则、民政、财政、教育与建设、图表、职员录、特载。

**3064. 海州地方计划大纲**　（伪）建设总署都市局编　1940 年 8 月　1＋6　16 开

本书分绪言、方针、要领 3 部分，包括地方计划区域、街市计划区域与计划人口、都市防护设施、保留地等内容。中日对译本。

**3065. 杭州市政纪念特刊**　（伪）杭州市政府秘书处编　编者刊　1939 年 6 月　杭州　2＋［365］　16 开　有照片、有插图、有题词、有图表

本书共 9 部分：刊例、题词、纪念图画、纪念刊言、工作报告、调查统计、公牍、章则法规、附载。书前有（伪）市长何希甫先生遗像。

**3066. 济南禁烟分局公务员考绩表（三十年总考）**　1942 年 1 月　21［环筒叶］　大 16 开　油印　有图表

**3067. 江苏省苏北清乡地区政治工作团工作报告**　（伪）江苏省苏北清乡地区政治工作团编　编者刊　1943 年 12 月　135　16 开　有图表

包括总说、行政概况、工作计划、工作概况以及若干社会调查统计资料。

**3068. 江浙皖实态调查汇集（中华民国二十八年一月）**　维新学院编　编者刊　1939 年 3 月　8＋178　16 开　有插图、有图表

该书为维新学院第一期学员在江苏省、浙江省、安徽省进行的实地调查报告汇集，包括该地的治安、经济、历史、文化、风俗、地理等调查。有序文和附录。

**3069. 进展一年之苏北地区行政概况**　（伪）苏北行政专员公署情报宣传本部编　编者刊　1939 年　4＋130　32 开　有照片、有题词、有图表

本书共 18 部分：国歌、新民歌、弁言、本署民政科进展概要、本署财政科进展概况、本署建设科二十七、二十八两年实施工作提要、兴亚工作概况、兴亚言论等。

**3070. 苏北民众（民众代表大会专号）** （伪）苏北行政专员公署情报宣传本部第二科编撰股编
（伪）苏北行政专员公署情报宣传本部第二科宣政股 1941年12月 3+58 32开

本书收录22篇文章，包括：《畅达民意是民代会的使命》（卷头语）、《苏北地区民众代表大会报告书》、《民众代表大会宣言》、《民众代表大会感谢电文》、《完成兴亚大业的途径》、《我们的期待》、《大会口号》等。书前有本刊启事，书后有编后话。

**3071. 苏淮特别区各市县三十一年度工作报告** （伪）苏淮特别区行政公署汇编 1943年2月
[1+67]［环筒叶］ 18.8cm×28.9cm 油印 有图表

本书共21部分，为徐州市、铜山县、东海县、宿县、亳县、泗县、砀山县、睢宁县、沛县、邳县、宿迁县、萧县、淮阴县、灌云县、沭阳县、灵璧县、丰县、淮安县、赣榆县、涟水县、泗阳县各县的工作报告。

**3072. 苏浙皖各地施政概况（第一辑）** （伪）内政部中华青年团指导部编 1939年12月 110
64开 有图表

本书分别介绍江苏、浙江、安徽、上海各地区的施政情况。陈明德作引言，出版时间根据引言落款。

**3073. 一年来的浙省训练团** （伪）浙江省地方行政干部训练团编 编者刊 1941年5月 浙江
4+298 32开 有题词、有图表

本书共5部分：转载、训练实施、训教经验、生活记载、活动报道。收录了《非常之事变为训练之最好机会》、《一年来的教务》、《我的教学经验》、《我的受训生活》等文章。书后有附录。有弁言，有题赠。

**3074. 浙江省杭县县公署成立初周纪念特刊** （伪）杭县县公署编辑 编者刊 1939年9月 浙江
10+204 16开 有照片、有插图、有题词、有图表

本特刊分12类：摄影、题词、奖状、弁言、特载、论著、法规、章则、公牍、图表、工作报告、附录收《杭县县公署初周纪念会议录》和《职员表》。有编辑例言。

**3075. 浙西三十年度敌伪阴谋总分析** 贺扬灵讲述 1941年9月 68 16开 有插图、有图表

本书包括6部分：敌伪特质、敌伪军事、敌伪政治、敌伪经济、敌伪文化、敌伪末路——结论。

**3076. 内政部南京区治安督察专员办事处工作报告** （伪）内政部编 编者刊 1941年3月 [14]+
242 16开 有照片、有图表

本书为1939年3月至1941年3月间的工作报告，分15部分：内政部南京区治安督察专员办事处组织系统表、本处二周年收文统计表、派员视察事项、谈话会事项等。有编者弁言和例言。

**3077. 南京市政概况（中华民国二十七年度）** （伪）督办南京市政公署秘书处编辑 编者刊
1939年3月 19+184 16开 有照片、有插图、有图表

本书分10章：史地、行政组织、社会、财政、工务、教育、实业、卫生、警政、赈务。书前有高冠吾、孙叔荣作序言。

**3078. 南京市政概况（中华民国二十八年度）** （伪）南京特别市政府秘书处编辑 编者刊 1939
年 3+226 16开 有照片、有插图、有图表

本书分8章：总说、财政、工务、教育、卫生、社会、土地、园林管理。另有高冠吾作序言。

**3079. 南京市政概况（民国二十九年七月至十二月）** （伪）南京市政府秘书处编辑 编者刊

1941 年　3＋145　16 开　有照片、有插图、有图表

　　本书分 7 部分：财政、工务、教育、卫生、地政、社会、特种。各部分均附统计表。书前有蔡培作绪言、南京市市区图、南京特别市政府组织系统表。书后附勘误表。

**3080. 南京市政概况（中华民国卅一年七月至卅二年六月）**　　（伪）南京特别市政府秘书处编辑
编者刊　1943 年　128　16 开　有照片、有图表

　　本书分 11 部分：经济、财政、工务、教育、卫生、地政、宣传、粮食、社会福利、保甲、特种。除粮食部分外均附统计表。书前有《南京特别市政府强化组织梗概》、《南京特别市政府组织系统表》及《市长演词》。

**3081. 南京市政概况（中华民国卅一年上半年度）**　　（伪）南京特别市政府秘书处编辑　编者刊
1942 年　114　16 开　有照片、有图表

　　本书分 9 部分：社会、财政、工务、教育、卫生、地政、宣传、社运、特种，均附统计表。书前有南京特别市政府组织系统表及市长演词。

**3082. 南京警察概况（中华民国二十七、八年度）**　　（伪）南京政府警察厅编　编者刊　1940 年 2月　10＋390　16 开　精装　有照片、有插图、有图表

　　本书分 4 编：警务、教育、行政、司法。书前有徐仲仁作序言、编辑例言、管辖区域略图、计划建筑厅舍正面展开图、统计图。

**3083. 蒲台县公署成立二周年纪念刊**　　（伪）蒲台县公署秘书处编　编者刊　1941 年　4＋146　16开　有照片、有插图、有图表

　　本书包括照片、纪念感言、序言、工作报告、论著、公牍、图表、杂俎等方面的内容。

**3084. 清乡委员会工作报告**　1943 年 1 月　6＋100［环筒叶］　17.5cm×27.6cm　线装　有图表

　　本书共 3 部分：《本会总务事项》、《清乡地区政务事项》、《清乡地区军务事项》。附录收《汪委员长巡视江苏省第三期清乡地区纪详》、《汪委员长巡视太湖东南第一期及上海市清乡地区纪详》。书前有绪言，书后附《上海分会工作报告》。

**3085. 如城特别区公署四月来工作概况（1944 年 9 月至 12 月）**　1944 年　48［环筒叶］　18.9cm×29.1cm　油印、线装　有插图、有图表

　　本书共 10 个部分：本特署管辖区域略图、本特署组织系统表、附属机关一览表、前言、民政、财政、建设、封锁、宣传、教育、警察、保安、军法和司法。

**3086. 上海特别市公用局三十年下半年业务报告**　　（伪）上海特别市公用局秘书室编　编者刊
1942 年 1 月　上海　4＋192＋32　16 开　有照片、有图表

　　本书分 3 个部分：行政组织、工作检讨、法规。卷首有弁言及本局一年来大事记。附录收《本局暨所属各处职员名录》（三十年十二月份）。

**3087. 上海特别市公用局中华民国三十一年业务报告**　　（伪）上海特别市公用局秘书室编　编者刊
1943 年 1 月　上海　［332］　16 开　有照片、有图表

　　本书分 4 部分：行政组织、工作检讨、法规、附录。封面有题赠。

**3088. 上海特别市政府初周纪念特刊**　　（伪）上海特别市政府秘书处编　1940 年 1 月　10＋542
16 开　精装　有照片、有题词

　　本书分 20 个部分：市政府、社会局、财政局、警察局、公用局、教育局、土地局、青年团、

川沙区、南汇区、南市区、沪北区、宝山区、沪西区、浦东南区、浦东北区、北桥区、嘉定区、崇明区、市中心区。卷首有傅宗耀所作弁言。

**3089. 一年来东联运动在汕头** 东亚联盟汕头支会编纂 [编者刊] 1941年11月 12 32开

本书分7节：东亚联盟汕头支会成立经过、实施训练会员及扩大会员工作、儿童及青年思想之训练与指导、宣传工作之活跃、策动岭东各县组织支会及展开海外工作事业、开设青年干部训练班及组织学生联盟、出席东亚联盟广东第一次全省代表大会经过。

**3090. 九江县政府筹备处周年纪念特刊** （伪）九江县政府筹备处秘书科编辑 （伪）九江县政府筹备处 1940年12月 九江 4+348 16开 有照片、有题词、有图表

本书分17部分：题词、照片、平面图、系统表、发刊词、论文、周年大事记、法规、公牍、内政、财政、司法、警察、社团、杂俎、特载、编后小启。附勘误表。

## 中南地区

**3091. 河南省第三四届县知事会议实录** [（伪）河南省公署编] 编者刊 1941年7月 河南 8+550+190 16开 精装 有照片、有图表

本书收录两次会议的摄影图片、序文、题词、公牍、开会程序、训词及致词、各厅处咨询及指示事项、各厅政情报告、各道市县报告施政概况，以及提案、议决案和会议经过等。有陈静斋序、赵岫春作弁言。

**3092. 洛阳实验区事业实验记** 陈大白编著 洛阳实验区 1941年8月 洛阳 4+166 32开 有题词、有图表

全书分6部分：洛阳实验区之教育实验、洛阳实验区之政治实验、洛阳实验区之经济实验、洛阳实验区之动员实验、洛阳实验区之碎锦录等。

**3093. 武汉司法工作报告书（民国二十八年度）** （伪）武汉司法部秘书室编 编者刊 1940年3月 汉口 [16+336] 16开 有照片、有题词、有图表

本书为伪政权武汉治安维持会的司法部1939年度的工作报告书。包括组织、行政、法令、计划和统计5章。附录收《最高法院及检察厅之成立》、《考取司法官之入所训练》等11件。有序言4篇和跋。

**3094. 武汉特别市政府周年纪念特刊** 1940年4月 40+[488] 16开 精装 有插图、有图表

本书共9章：总纲、一年来之府政、一年来之警务、一年来之财政、一年来之教育、一年来之社会事业、一年来之建设、一年来之卫生事业、一年来之宣传。书前有张仁蠡作弁言。

**3095. 武汉伪组织现状调查** 战地党政委员会机要组编 3 [环筒叶] 16开 油印 参考资料1号

**3096. 潮汕沦陷区报告** 中国国民党中央执行委员会粤闽区宣传专员办事处编 1940年11月 13+86 32开 有图表 调查资料第2辑（续稿）

本书共上、下两篇。上篇汕头市部分，共11章：敌军动态、伪军动态、伪组织动态、税收与商业情形、加紧经济侵略、金融及粮食情形、教育状况、宣传状况、交通状况、市面概况、民生与民情；下篇潮阳县部分，共10章：敌军动态、伪军动态、伪组织之改组与行政、敌人之物资统制与经济侵略、为虎作伥之伪民众团体、顺民教育、愚民宣传、交通、我游击队之战绩、民生与民情。

**3097. 汾南敌伪设施与动态** 战地党政委员会机要组编 3［环筒叶］ 16 开 油印 有插图 参考资料第 2 号

**3098. 广东省伪机关人员调查录** 广东省党部宣传处编 编者刊 1945 年 11 月 46 32 开

卷首有《处理汉奸案件条例草案》。书前有例言。

**3099. 华南沦陷区真况特辑** 陈质文编著 重庆求实出版社 1939 年 7 月初版 重庆 4 + 128 32 开

本书内收短文 16 篇，介绍华南沦陷后广州、佛山、江门、新会、海口、潮汕等地的敌伪组织概况及敌特活动，如广州失陷后的回忆、佛山伪南海县行政专员公署、前厦门伪维持会长洪月楷的自白等。书前有著者自序。版权页题名为"华南沦陷区真况特辑一册"。

**3100. 获嘉县政要览** 1942 年 12 月 8 + 40 16 开 有插图、有图表

本书共 15 章：沿革、地志及风俗、财政、行政、警察及卫生、教育及宗教、社会事业、产业、金融、交通及通信、人物及古迹、警备、司法、新民会、合作社。书前有王成雷、杜景唐序及县图、城关图。

**3101. 江会游击区报告** 中国国民党中央执行委员会粤闽区宣传专员办事处编 1941 年 8 月 10 + 68 32 开 有图表 调查资料第 6 辑

本书共 5 部分：引言、江会游击区一般情况、伪行政组织、伪军事组织、敌军。

## 资料汇编

**3102. 政治情报（中华民国三十年四月份月报）** 战地党政委员会机要组 1941 年 4 月 2［环筒叶］ 16 开 油印 有图表

**3103. 政治情报（第 153 期）** 战地党政委员会机要组 1942 年 1 月 4 日 5［环筒叶］ 16 开 油印

**3104. 政治情报（第 154 期）** 战地党政委员会机要组 1942 年 1 月 11 日 6［环筒叶］ 16 开 油印

**3105. 政治情报（第 155 期）** 战地党政委员会机要组 1942 年 1 月 18 日 8［环筒叶］ 16 开 油印 有图表

**3106. 政治情报（第 156 期）** 战地党政委员会机要组 1942 年 1 月 25 日 7［环筒叶］ 16 开 油印

**3107. 政治情报（第 157 期）** 战地党政委员会机要组 1942 年 2 月 3 日 7［环筒叶］ 16 开 油印

**3108. 政治情报（第 158 期）** 战地党政委员会机要组 1942 年 2 月 10 日 7［环筒叶］ 16 开 油印

**3109. 政治情报（第 159 期）** 战地党政委员会机要组 1942 年 2 月 17 日 7［环筒叶］ 16 开 油印 有图表

**3110. 政治情报（第 160 期）** 战地党政委员会机要组 1942 年 2 月 24 日 6［环筒叶］ 16 开 油印

**3111.** 政治情报（第 161 期）　战地党政委员会机要组　1942 年 3 月 3 日　6 ［环筒叶］　16 开
油印

**3112.** 政治情报（第 162 期）　战地党政委员会机要组　1942 年 3 月 10 日　6 ［环筒叶］　16 开
油印

**3113.** 政治情报（第 163 期）　战地党政委员会机要组　1942 年 3 月 17 日　5 ［环筒叶］　16 开
油印

**3114.** 政治情报（第 164 期）　战地党政委员会机要组　1942 年 3 月 24 日　5 ［环筒叶］　16 开
油印

# 国际政治

**3115.** 白浪滔天的太平洋问题　钱亦石著　生活书店　1937 年 11 月 3 版 ［汉］　上海　5 + 208
32 开

　　全书收录 23 篇文章，包括：《日本与太平洋政治问题》、《日苏备战与美苏复交》、《溥仪称帝》、《广田对华封锁》、《美国经济调查团来华》、《日本积极侵华声中的英国态度》和《以中国问题为中心的太平洋现势》等。书前有序言。

**3116.** 暴风雨的前夜　张友渔等著　生活书店　1943 年 10 月　重庆　2 + 72　32 开

　　收录 6 篇文章，包括《暴风雨的前夜》、《罗邱第五次会谈》、《自由复活了——法兰西走上团结的大道》、《希特勒德国的危机》、《从敌阁局改组到召集临时会议》、《日本对华"新政策"》。附录收《苏联对波兰政府绝交照会》、《史大林"五一"文告》等 7 篇。

**3117.** 必胜的信念　新中国报社　1943 年 9 月出版　1 + 124　32 开　新中国丛书　第 15 种

　　本书包括 13 篇：《太平洋击灭战》、《准备明日的决战》、《大东亚战与太平洋战略》、《美国的对日战略》、《新几内亚血战记》、《太平洋上的海鹫》、《库拉湾夜战目击记》、《缅甸阿恰布攻守战》、《缅印国境新形势》、《英美驻印空军实况》、《日军强韧的原因》。

**3118.** 驳斥日本反对九国公约之论点　曹树铭著　国民图书出版社　1940 年 9 月初版　72　32 开

　　全书共 3 章：驳斥日本从九国公约精神上反对该约者、驳斥日本以情势变更为理由者、九国公约之将来。书前有绪论。

**3119.** 从北欧打到西欧　杨承芳著　文化供应社　1940 年 5 月　桂林　4 + 148　32 开　有照片　时事问题丛刊之二

　　全书介绍第二次世界大战期间北欧战场局势，分 9 个部分：北欧国际角逐的形势、丹麦——帝国主义战争的牺牲者、挪威、瑞典、西欧的闪电战、比利时——欧陆的斗鸡场、荷兰——低洼之国、卢森堡、由西欧到南洋。

**3120.** 大战前夕（上、下）（1933 - 1939）　林希谦著　改进出版社　1943 年 8 月初版　永安　7 +
312　32 开　改进文库　20

　　本书共 11 章，包括德国国社党执政、刀俎下的奥大利、凯旋与丧钟，约束重重、非洲恺撒、莱茵河上、西班牙的幕后、下多瑙河、外交王座的外交、和平的代价、满目疮痕。

**3121.** 大战前夜的国际间谍活动实况　龚小洛编译　大声出版社　1938 年 2 月　汉口　6 + 118 页

32 开

分 5 章：间谍概要、法西斯日本的间谍、希特勒的侦探、赤色国家的 D. P. U、世界女间谍。

**3122. 地中海为什么常有风波**　赵镜元著　浙江省抗日自卫委员会战时教育文化事业委员会　1939 年 6 月初版　2＋35　64 开　有插图　国际问题小丛书之七　杜绍文主编

**3123. 第二次大战与中国**　章乃器等讲述　青年协会书局　1939 年 6 月 3 版　上海　6＋139 页　大 32 开

本书为 1935 年上海青年会智育系统演讲录，旨在探讨第二次大战爆发时的形势以及我国应对的方法。内收文章 10 篇：《由第一次到第二次大战》（章乃器）、《第二次大战的预测》（李公朴）、《第二次大战构成的因素》（樊仲云）、《我们如何应付第二次大战》（沈体阑）等。书前有张仕章序。

**3124. 对华门户开放主义**　陶汇曾著　商务印书馆　1935 年 1 月国难后第 2 版　上海　3＋72　32 开　百科小丛书　王云五主编

本书分 3 章：门户开放主义之起源、门户开放主义之发达、门户开放主义之内容。

**3125. 二次大战与中东形势**　陈钟浩著　军事委员会政治部　1942 年 1 月　22　32 开　战时宣传丛刊　第 2 种（1）　军事委员会政治部编

本书分 6 章：引论、英伊之战、伊朗事件、阿富汗地位、中东的北方门户——外高加索、国际风云中的土耳其。

**3126. 二次欧战鸟瞰**　浦乃钧编　独立出版社　1940 年 1 月初版　重庆　10＋136　32 开

本书分 5 章：欧战的国际背景、最近列强的实力、德波战争、战争爆发后的欧洲局势、我们对欧战应有的认识。书后附欧战重要文献。

**3127. 二次世界大战战场在中国**　N. Peter，原著　铄渥译　中美出版公司　1939 年 5 月初版　2＋212　32 开　精装

本书分 13 章：远东的问题、日本之崛兴、中国为机器时代之牺牲者、远东的世界战争、日本乘机而起、日本显露手段、萨阀在工厂界的势力、日本的商业出路等。

**3128. 法律对于参战军人及其遗族保留之职位**　军事委员会抚恤委员会编　军事委员会办公厅顾问事务处译　编者刊　112　32 开

本书摘译自《法国抚恤部法令》。书前有编辑弁言。

**3129. 法西斯的走狗托洛茨基匪徒**　向愚编　战时出版社　1938 年 5 月出版　西安　6＋118　32 开

该书为批判托洛茨基派的论文汇编，收录共产国际以及斯大林、陈绍禹、康生、汉夫、徐特立等人的文章。

**3130. 反间谍与反战争**　长征著　上海前进书店　1938 年 5 月初版　4＋104　32 开

全书分 7 章。包括间谍制度的产生和发展、间谍工作的基本原则、反间谍制度的历史、反间谍的双重法宝以及秘密警察等内容。分述日本、德国、苏联的间谍活动。有序言。

**3131. 反战反法西斯斗争的当前问题**　（保）季米特洛夫著　中国出版社　1938 年 4 月　汉口　194　32 开

本书主要收录《法西斯主义底进攻与共产国际为工人阶级底反法西斯主义的统一而斗争的任务》、《为工人阶级底反对法西斯主义的统一而斗争》、《动员广大群众去抵抗法西斯主义和战争的

一次代表大会》等文献。

**3132. 反战反法西斯主义** （保）季米特洛夫著 东方出版社 1938 年 11 月 217 32 开 有照片

内容系季米特洛夫在 1935 年 8 月共产国际第七次全世界代表大会上的报告、结论和闭幕词。包括《法西斯主义和工人阶级》、《工人阶级的反法西斯统一战线》、《巩固共产党和为无产阶级的政治统一而斗争》等文献。

**3133. 烽火中的澳洲** 郑飞著 远方书店、文化供应社［总经销］ 1942 年 7 月 桂林 40 32 开 国际问题丛刊四 国际问题丛刊社

全书分 5 章，介绍了澳洲的历史、工业、政治、人物、政党、军事以及美国、英国、日本、中国与澳洲的关系。

**3134. 烽火中的南太平洋** 许维汉著 建国编译出版社 1942 年 1 月初版 西京 2＋86 32 开 有图表 国际问题丛书 周焕主编

全书共 8 章：绪言、美国卵翼下的菲律宾、美日竞逐中的荷属东印度、悲惨的越南、附敌的泰国、中英亲善下的缅甸、英日争夺中的马来亚、结论。

**3135. 烽火中的印度** 东方明著 三友书店 1942 年 6 月初版 2＋38 32 开

全书分 13 个部分：战争已临印度之门、印度初步谈、丰富的资源、英国统治印度的现势、日寇觊觎着印度等。

**3136. 告全世界妇女** 莫斯科外国文书籍出版局 1942 年 莫斯科 60 大 32 开

**3137. 告全世界青年（在莫斯科举行的青年反法西斯蒂大会）** 外国文书籍出版局 1942 年 莫斯科 60 32 开 有照片

本书分 17 部分，包括绪言、告全世界青年书、苏联英雄费多洛夫的演说词、潜水艇艇长顾里巴庆的演说词、冶钢工人奇尔科夫的演说词、苏联英雄普罗胜的演说词、全世界各青年团体致大会贺电题名录等。

**3138. 革命的四大主潮** 考尔登著，马鸿纲节译 青年协会书局 1937 年 6 月初版 上海 4＋179 32 开 有图表 青年丛书第 2 集第 1 种

本书分 4 章：共产主义的苏联、法西斯主义的意大利、国社主义的德意志、经济复兴的美利坚。书前有原序。

**3139. 各国青年训练述要** 罗廷光著 商务印书馆 1943 年 6 月渝 1 版 重庆 2＋209 32 开

本书分 10 章：德国青年训练、意大利青年训练、苏俄青年训练、英国青年训练、日本青年训练等。书前有绪言。书后有专载及附录，其中专载收《蒋委员长告全国青年书》、《三民主义青年团团章》、《青年训练大纲》；附录收《罗马尼亚的青年运动》。

**3140. 各国现行政制鸟瞰** 倪文宙、王渔邨、钱亦石、武育干、沈志远、杜若著 中华书局 1936 年 3 月，1936 年 5 月再版，1940 年 1 月 3 版 上海 10＋220 32 开 新中华丛书社会科学汇刊之一

本书分 11 章：大战前后各国政治制度的总轮廓、英国的政治制度、法国的政治制度、美国的政治制度、日本的政治制度、意大利的政治制度、德国的政治制度、土耳其的政治制度、印度的政治制度、苏联的政治制度、今后各国政治制度发展的趋势。

**3141. 共产国际第七次全世界代表大会的决议案** 解放社 1938 年 115 64 开 有图表

本书分 3 个部分：关于共产国际执行委员会工作、共产国际第七次全世界代表大会根据国际监察委员会报告通过的决议案、法西斯主义的进攻和共产国际为造成工人阶级反对法西斯主义的统一而斗争的任务。

**3142. 国际的动乱相**　叶高著　正中书局　1940 年 10 月初版　杭州　7＋185　32 开　有图表

本书分上、下两编共 14 章内容。上编共 7 章：不太平的太平洋、列强角逐下之地中海、火药库的巴尔干、也不能逃出侵略圈外的北欧、有六十余年历史的中日问题、与世界和平有关的殖民地问题、和平主义者所疾首的世界军备竞争；下编共 7 章：世界视线所集注的小数民族问题、被侵略者摧毁了的国际联盟会、厄运的犹太人、国际魔手煽动下的一幕西班牙内战、清算欧洲政局的二次欧战、被摧毁了的条约、扰攘欧局中的不幸国家。

**3143. 国际情势与中国**　金仲华等著　一心书店　1938 年 1 月出版　上海　1＋80　32 开　抗战丛刊之四

本书分为 4 部分：国际情势与中国、苏联会帮助中国吗、美国会帮助中国吗、英国会帮助中国吗。附录收《致国际友人书》、《法国共产党主助中国》、《英国共产党主助中国》、《美国共产党主助中国》。

**3144. 国际时事讲义**　中国国民党广西省党部编　编者刊　1942 年 6 月　广西　12　32 开　广西省各县党务基层干部训练班教材

全书共 5 个部分：国际两大阵线、轴心国欧洲攻势的三阶段、美国参战与日本、国际情势的转折点、几个问题。书前有序论。

**3145. 国际视线下的中日战争**　国际时事研究会编　一般书店［总经售］　1937 年 10 月初版　上海　2＋72　32 开　国际时事小丛书一

本书分 5 部分：绪论、中日战争在国际上的反响、日本侵华的透视、中日战况的考察、结论。

**3146. 国际问题讲话**　张琴抚、姜君辰著　生活书店　1936 年 7 月初版　上海　8＋260　32 开　有图表

本书共 5 编：第 1 编概论，介绍了国际政治的研究法、第一次大战前夜的国际形势等；第 2 编战后国际形势，包括凡尔赛系统、华盛顿会议等；第 3 编国际政治关系的稳定；第 4 编国际政治关系的现阶段；第 5 编国际侵略阵线与和平阵线的对立。

**3147. 国际问题讲话**　张琴抚、张健甫著　生活书店　1937 年 5 月 2 版　上海　11＋363　32 开　有图表

本书共 5 编：第 1 编概论，介绍了国际政治的研究法、第一次大战前夜的国际形势等；第 2 编战后国际形势，包括凡尔赛系统、华盛顿会议等；第 3 编国际政治关系的稳定；第 4 编国际政治关系的现阶段；第 5 编国际侵略阵线与和平阵线的对立。

**3148. 国际问题论文选辑**　诸暨县动员委员会编　编者刊　1939 年 10 月　114　32 开　政治训练参考资料之六

全书收录 13 篇文章：《两个阵线与中国抗战》（宾符）、《欧洲时局与中国抗战》（倩之）、《对于第二次世界大战的看法》（莫高芳）、《中苏关系之过去、现在与将来》（盛岳）、《二年来的日本国际关系》（王纪元）、《希特拉征服欧洲计划》（起森译）、《在第二次世界大战中美国将采取什么行动》（冯明章译）和《苏联是否站在世界的外面》（岂深译）等文。书后有勘误表。

**3149. 国际问题讨论集**　陈君泽著　国际评论社　1940 年 9 月　7＋212　32 开

收录作者在抗战期间发表于各报刊的文章 68 篇，包括《英日果协调乎？》、《民主阵线与西班牙》、《俄日战争？》、《如何维护九国公约》、《援引盟约制裁侵略》、《日封锁我沿岸与国际法之冲突》、《日本之外交活动费》、《对日施行经济封锁》等。

**3150. 国际问题纵横面**　刘光炎编著　独立出版社　1943 年 6 月初版　重庆　6 + 204　32 开

全书收录有关国际问题的文章 26 篇，包括《从国际形势产生出的乐观条件》、《现势的分析与针贬》、《时间到底是谁的朋友》、《太平洋战局的三个预测》、《战争将延长到几时》、《第二战场何时开辟》、《国际问题的纵横面》、《全盘战局机运的转折点》等。封面题名《国际问题的纵横面》。

**3151. 国际无产阶级和人民反对法西斯的统一战线（慕尼黑会谈后）**　（保）季米特洛夫著，凯丰、宝权合译　新华日报馆　1939 年 3 月　重庆　32　32 开

该文系作者根据 1938 年 11 月 7 日为纪念"十月革命" 21 周年在《真理报》上所发表的《反法西斯主义的统一战线》一文扩充而成。

**3152. 国际舞台上的人物**　沈鉴、徐咏平、杨历樵、张慎修、史铎、楚客、鲁伊、铮铮、逸君执笔　独立出版社　1939 年 11 月初版　重庆　4 + 59　32 开　有插图　战时综合丛书　第 5 辑　独立出版社编

本书分 20 个部分：白宫主人罗斯福、反侵略的呼啸者赫尔、和事老人张伯伦、青年外交家艾登、铁人史太林、宣传大家贝奈斯、魔王希特勒、黑衫怪杰墨索里尼、娃娃将军佛朗哥、狂夫板垣征四郎等。卷首有《战时综合丛书第五辑例言》及弁言。

**3153. 国际现势**　史迈班著　第九战区干部训练团　1940 年 9 月　2 + 52　32 开　党政主要教材之六

本书为第九战区干部训练团的教材，共 4 章：现代国际政治潮流及其消长、七七事变后国际局势之激变、第二次欧战之发生及其前途之展望、我国战时外交。书前有编选例言。

**3154. 国际现势**　袁道丰著　正中书局　1936 年 2 月初版，1937 年 10 月 3 版，1939 年 3 月 4 版　6 + 144　32 开　有插图　国防教育丛书

本书分 10 章：战云弥漫的意阿冲突、太平洋果能太平乎、日俄关系的鸟瞰、英法协定后西欧形式的展开、法俄互助协定与东欧公约、多瑙河问题、法意协定的前因后果、波兰往何处去、英德海军协定、国际现势的纵观。

**3155. 国际现势**　蔡振扬、蔡力行著　总动员出版社　1942 年 12 月　福建南平　1 + 86　32 开　战时智识丛书之一

分 8 部分：太平洋战争论、烽火中的澳大利亚、日寇必然攻鲜、德苏战争与高加索、非洲战争与欧局、意大利在泥沼中、战争中的大英帝国、印度问题新论。

**3156. 国际现势**　印永法著　远东问题月刊社　1944 年 6 月初版　成都　9 + 228　32 开

全书分两篇，介绍欧洲和远东国际局势。欧洲篇包括巴黎和会、希特勒执政、德国整军、慕尼黑会议、德国并吞捷克等内容；远东篇介绍中美关系的建立、中英关系的发展、"九一八"事变的发生及国际动态、"七七"事变的发生及国际动态等内容。有作者序言。附录《赫尔国务卿播讲美国外交政策原文》。

**3157. 国际现势（译论选辑）**　陈先泽等译著　新力周刊社　1938 年 9 月初版　浙江　54　32 开　新力丛书之六

全书收 11 篇。包括《最近的德意关系》、《意国的前途》、《捷克如何挣扎》、《欧洲危机消弭了

吗》、《邱吉尔论欧洲》、《欧洲和战问题》、《英法合作论》、《美国外交政策之改变》等。

**3158. 国际现势大纲**　贾书法编著　南岳游击干部训练班　1939 年　南岳　6＋124　12cm×18cm

　　本书共 5 讲：大战后的国际大势、火药库在欧洲、太平洋的不太平、各国最近外交政策、各国对华态度和中国抗战前途。附录为两部分，甲：欧战后国际重要条约及最近重要文件；乙：主要参考图书。

**3159. 国际现势的演变与太平洋争霸战的趋向**　刘芦隐著　广州先导社　1934 年 8 月　广州　1＋130　32 开

　　全书分 9 部分，包括"太平洋上的日、美、俄对立"、"罗斯福的复兴计划"、"希特勒的外交政策"、"裁军会议的崩溃"、"经济会议的失败"、"欧洲的争夺与太平洋的角逐"等。

**3160. 国际现势读本**　张仲实著　生活书店　1938 年 6 月初版（汉），1939 年 2 月再版，1939 年 4 月 3 版　7＋258　32 开　战时社会科学丛书之二　柳湜主编

　　本书阐述了 1938 年 4 月之前的国际形势，分 12 课，包括：在抗战期间研究国际问题的必要和研究的方法、资本主义世界的全貌、资本主义的总危机、和平阵线与侵略阵线的对立、现阶段帝国主义矛盾的焦点、日寇的侵略与我们的抗战等。有著者序言。

**3161. 国际现势教程**　税叔钧编著　中央陆军军官学校　1940 年 10 月初版　22＋240　32 开　有图表　黄埔丛书　第 10 辑第 7 种

　　全书分 5 章，包括：第一次欧战后的国际问题、德国复兴与欧局演变、演进中的第二次欧战、太平洋问题与华盛顿会议、"九一八"事变后远东局势的锐变。卷首有邓文仪、沈遵晦分别所作序言。书前有"政治教程辑教授纲要编纂例言"。附录收《中国国民党政纲》、《国民政府建国大纲》、《中华民国训政时期约法》等 7 篇文章。书后有参考书目目录。

**3162. 国际现势抉微**　徐天虹编译　改进出版社　1942 年 7 月初版　4＋160　32 开　改进文库之十五

　　全书共收录 24 篇文章，包括《希特勒的战略》、《惊人的德国间谍》、《美国的生命线——巴拿马运河》、《法国的国民性》、《日人在库页岛的活动》、《日本的劳苦大众》和《战时的民主与独裁》等文，大多已在《进步》等刊物上发表过。书前有作者所著前记，记述本书编译的目的与经过。

**3163. 国际现势与抗战前途**　陶希圣等著　时事新闻编译社　1938 年 3 月初版　2＋120　32 开　时事问题专刊

　　本书分为 3 部分：国际新均势，收《国际的又一幻想》（陶希圣）、《国际形势的变与不变》（陶希圣）、《国际新均势的构成》（陶希圣）、《国际和局的发展》（何兹全）；新均势论批评，收《"国际新均势"论》（胡绳）、《论远东形势》（吴敏）、《论"国际新均势"》（史枚）；国际现势分析，收《对国际局势应有的认识》（韬奋）、《国际动向的把握和推进》（思慕）、《世界危机与反侵略运动》（韬奋）、《对国际局势不要悲观》（金仲华）、《清算抗战期间的国际变化》（张志让）、《国际现势及其将来》（《时代日报》）、《德国政潮的意义》（思慕）、《国际形势与抗战前途》（郭沫若）。

**3164. 国际现势与中国抗战**　蒋介石著　1940 年 7 月　24　64 开

　　本书为蒋介石于 1940 年 6 月 17 日在中央纪念周演讲的全文。有题赠。

**3165. 国际现象学讲话**　杜绍文著　抗日自卫委员会战时教育文化事业委员会　1939 年 7 月初版

浙江　7＋118　32 开　有照片　新青年丛书之一　新青年半月刊社主编

　　本书由发表在报纸上的《国际新闻论》等文改编而成，主要解释国际现象，并预测未来变化。全书收录《国际现象是什么东西》、《推究现象的方法》、《原生论的法则》、《国际现象的六种性格》、《现象的尺度和仓库》等 16 篇文章。书前有写在前面的话，介绍本书写作的目的、经过与内容。

**3166. 国际新形势与远东危机**　鸿九等著　求知出版社　1941 年 11 月　74　32 开

　　本书收 5 篇文章：《世界反法西斯斗争的形势与今日的任务》（文岸）、《十月革命后的苏联与中国》（铁生）、《日阁更迭的分析》（鸿九）、《在德国统治下的各国》（博知）、《饥饿和压制——中国的经济问题》（狄安）。附录收《农民是中国的锁链》。

**3167. 国际形势**　二战反战动总会宣传部编　编者刊　31　32 开　油印　战动小丛书　第 6 辑第 6 种

　　本书共 3 部分：为什么要了解国际形势、最近国际形势、我们的态度。

**3168. 国际形势与反法西斯运动**　（德）曼怒意斯基著　新华日报馆　1939 年 7 月　重庆　1＋62　32 开　新群丛书第 28 种

　　内容包括 4 个部分：国际形势的变化、共产党为统一战线和人民战线而战、资本主义国家的共产主义运动、共产国际二十年来按着列宁—斯大林道路行进。

**3169. 国际政局的动向**　国民出版社编辑　编者刊　1940 年 3 月初版　金华　4＋82　32 开　国民知识丛书

　　全书收录 15 篇文章：《欧战外交纵横谈》（谢贻征）、《欧洲的外交战》（雨君）、《美国对东西侵略者的制裁》（陈堃）、《苏日关系》（《大公报》社评）等。卷首有作者所写弁言。

**3170. 国际政治讲话**　张明养著　开明书店　1937 年 1 月再版　上海　5＋177　32 开　有图表　开明青年丛书

　　本书分 10 讲，包括：国际学与国际政治、战前国际政治的演进、大战所造成的新世界、国际联盟的性质与机构、大战前夜的国际裁军问题、战债问题、少数民族问题与边境政治学、太平洋问题的解剖、军火国际与战争、国际政治的现势与各国的外交政策。有作者小言。

**3171. 国际政治论文集**　张忠绂编著　正中书局　1943 年 1 月初版　重庆　4＋158　32 开　时代丛书

　　本书收录了作者自 1939 至 1942 年间有关国际政治问题的文章、讲演和谈话，共 20 篇。内容包括：《太平洋上国际政治的演进》、《美国的中立与孤立而转变到正式参战的过程》、《英美两国合作的进展》、《德意日三国同盟的原因与三国现时的处境》、《太平洋战争与世界战争的展望》以及《此次战后的种种问题》。书前有自序。

**3172. 国际政治内幕**　本杰明编，蒋学楷译　时代书局　1941 年 7 月初版，1943 年 7 月再版　重庆　2＋249　32 开　国际时事丛书第 1 种　许性初、罗吟圃主编

　　本书收录《蒋委员长拒和记》、《谁出卖了法国》、《日本往何处去》、《二月法西斯》和《蜜月十六年》等 20 篇文章。

**3173. 国际政治情势图解**　J. F. Horrabin　卢文迪译　中华书局　1936 年 12 月，1938 年 10 月再版　上海　8＋145　32 开　有插图

　　全书采取图表的形式，介绍欧洲、地中海及近东、日本与远东、苏联、印度与印度洋、非洲、

美洲各国的政治情况。书前有译者的话。

**3174. 国际政治上两条洪流**　田嘉谷著　明日出版社　1938 年 3 月再版　汉口　8 + 108　32 开　通俗的政治读物

本书分 6 章：总论、X 光下的法西斯、社会主义的轮廓、社会主义是不能征服的、贼骨头的晚餐与我们的任务、光明的坦途。

**3175. 国际政治中的宣传工作**　E. H. Carr 著　中央宣传部　1941 年 11 月　2 + 26　32 开

本书分 9 部分：指挥民意的力量、现代的宣传法、舆论的统制、宣传是战争的一种工具、宣传是国家的还是国际的、国际协定限制宣传、宣传的组织、国际宣传中的真理与道德。

**3176. 国际纵横谭（上、下）**　杜绍文编　国民出版社　1940 年 7 月初版　金华　2 + 312　32 开

本书包括一般问题、特殊现象、地方写真、各国介绍 4 编，共收录 36 篇文章。原名"国际一周"，发表于《东南日报》。

**3177. 国外情报选编（政治第 26 号·总第 153 期）**　外交部情报司编　编者刊　1936 年 9 月　1 + 56　14. 7cm × 21. 8cm

分 13 部分，包括：越南海防起源之考略、奥国颁布联邦服役义务宪法条例、智利人口之统计、秘鲁国会修改宪法、埃及政府添设卫生部、苏联最近勃兴之妇女运动、越南总督之地位职权及其责任、台湾中心日本南进策之回顾与检讨等。

**3178. 和平的前奏**　（英）罗郎·艾文思著，蕴文译　独立出版社　1944 年 9 月初版　重庆　22 + 270 + 6　32 开　有图表

全书分 16 章。分析战争给国际形势造成的影响，介绍德国、日本、意大利等国的局势，评述英国与美、苏、中三国的关系。提出防止战争、保卫和平的有关建议。有著者序、译者序和勘误表。

**3179. 和平之条件**（Conditions of Peace）　Edward Hallett Carr 著　王之珍译　商务印书馆　1944 年 11 月重庆初版、1945 年 3 月重庆再版、1946 年 5 月上海初版　重庆、上海　1 + 185　32 开

本书分两编：第 1 编根本问题，论述战争与革命、民主政治、民族自决、经济和道德的危机；第 2 编英国政策提要，阐述英国的内政外交政策。

**3180. 集体安全与国际新均势**　陶希圣著　战时文化出版社　1938 年 2 月初版　汉口　4 + 54　32 开　战时文化丛书之五

本书分 12 部分，包括：抗战的国际环境、民族独立与世界和平、孤立与国际联系、宣战问题、国际情势与九国公约会议、对苏俄的热望与失望、艰苦支持的定命、我们把握着什么、集体安全的破坏、国际形势的变与不变、国际的又一幻想、国际新均势的构成。书前有自序。封面题名作："集体安全与国际新均势抗战半年中的国际形势"。

**3181. 集体安全运动与远东**　陶希圣撰译　国际出版社　1939 年 9 月初版　2 + 64　32 开

本书从 11 方面对日本及国际形势作了概述，分析了抗战中欧洲的形势以及日本对华和欧洲的外交及战术策略。

**3182. 假使日苏作战**　刘唯实编译　日曜社　1938 年 4 月初版　2 + 163　32 开　日曜文库 3

本书分 6 章：日苏必战论、日本的泥脚、苏联的力量、日苏国力对比、日苏作战计划、日苏未来大战假想。

**3183. 今日的太平洋** 拓荒编 英商今日书局 1938 年 6 月 上海 4 + 67 32 开

本书共 4 部分：太平洋暴风雨的由来、太平洋局势的演变、中日战争现阶段的太平洋、太平洋前途的预测。编者作序。

**3184. 今日之美国** 堵述初编著 中华平民教育促进会 1937 年 11 月初版 长沙 21 12cm × 15cm 农民抗战丛书

**3185. 今日之印度** 第七战区司令长官司令部编纂委员会编 新建设出版社 1942 年 8 月 曲江 3 + 104 32 开 Ⅶ时事小丛书 6

本书收 18 篇文章：《觉醒中的印度》（宜闲）、《印度的政治机构》（剑涯）、《印度国民大会》（汉夫）、《印度反侵略的军事力量》（张维冷）、《印度的战时工业》（恩源）、《国民大会决议案全文》等。卷首有《蒋委员长告印度民众书》、《时事小丛书序》。

**3186. 紧急时期的世界与中国** 钱亦石著 生活书店 1937 年 2 月初版 上海 5 + 383 32 开 世界知识丛书之十一

本书分上、中、下 3 篇，分别为：世界政治的演变、世界经济与中国经济、世界与中国的前途。书前有代序——世界现势与中国。附录为民主政治论。

**3187. 近东有什么问题** 杜绍文著 浙江省抗日自卫委员会战时教育文化事业委员会 1939 年 6 月初版 32 64 开 有照片 国际问题小丛书之九

**3188. 近中东各国论** 刘独峰著 立达书店［总经售］ 1941 年 8 月 15 日初版 永安 2 + 132 32 开

本书分 12 章：绪论、土耳其、埃及、伊朗、伊拉克、叙利亚、阿富汗、结论等。

**3189. 抗战以来之外交与国际形势** 邓公玄著 中山文化教育馆 1938 年 8 月渝版 重庆 4 + 38 32 开 抗战丛刊 第 15 种 中山文化教育馆

共 7 节："七七事变"以前外交形态之追溯、"七七事变"至"八一三"事变之交涉、淞沪大战起至南京失陷之外交动态、南京失陷至现在之外交情况、国际现势之检讨、今后之外交途径。有抗战丛刊缘起。

**3190. 抗战与国际形势** 樊仲云著 商务印书馆 1938 年 2 月 3 版 长沙 4 + 48 32 开 抗战小丛书

本书分 5 章：日本的大陆政策、美国的门户开放主义、英国的实力均衡主义、苏俄的和平外交、中国的立场。

**3191. 抗战与太平洋问题** 程伯轩著 商务印书馆 1937 年 12 月初版，1938 年 2 月再版，1938 年 2 月 3 版 长沙 2 + 47 32 开 有图表 抗战小丛书 中国文化建设委员会主编

本书分 7 个部分：什么是太平洋问题、太平洋上日英的关系、太平洋日美的关系、全面抗战与各国的动向、抗战与苏俄的动向、九国公约会议。卷首有本丛书发刊旨趣。书前有作者自序。

**3192. 抗战中的世界大势** 史枚著 新知书店 1939 年 2 月再版 2 + 58 32 开 救中国通俗小丛书 胡绳主编

本书分十二个部分：小日本胆大妄为、强苏联助我抗战、斥日本比京会议、三大盗罗马订约、希特勒代日劝降、反侵略抵制日货等。书前有姜君辰前记。

**3193. 克里米亚会议的成就** 解放日报社 1945 年 2 月 17 日 1 张 19.5cm × 26.3cm

为《解放日报》1945 年 2 月 17 日社论。

**3194. 另外一种世界（又名苏联常识）**　陆洛著　全民出版社　1938 年 4 月初版　汉口　2 + 34　32 开　民众抗战知识丛书　陆洛主编

本书分 6 个部分：另外一种世界、另外一种国家、另外一种工厂、另外一种军队、另外一种生活、另外一种主张。

**3195. 论反帝统一战线问题**　王明著　1938 年 1 月　86　32 开

此书系作者在共产国际第七次世界大会上的发言。内容包括 4 个部分："帝国主义的加紧进攻与殖民地革命力量的日益发展"、"建立、扩大和巩固反帝统一战线，是殖民地和半殖民地国家中共产党员的最重要任务"、"殖民地和半殖民地国家内的法西斯主义问题"、"殖民地革命在革命与战争新周期中的意义和作用"。

**3196. 论国际新形势**　张铁生著　文化供应社　1940 年 4 月初版　桂林　1 + 53　32 开　世界大战丛刊之五

本书共 6 章：苏德互不侵犯条约与国际局势、第二次世界大战的展开与趋向、第二次世界大战与中国、第二次世界大战与殖民地、我们对于国际新形势应有的认识、大英帝国反苏活动的失败。

**3197. 论国际形势**　瓦而加等　求知出版社　1941 年 4 月　山东　26　32 开　有图表　求知文丛第 17 辑

本书收录了《世界大战的新阶段》（瓦而加）、《论国际形势》（瓦而加）、《战争与欧洲各国的饥荒》（葛赖士）、《战国与现代》（水若）、《国内时局恶化的内幕》（青之）。

**3198. 论太平洋新形势**　君萱、鸿九、季裔、方生著　求知出版社　1940 年 9 月　14　32 开　有图表　求知文丛　第 4 辑

本书收录了 4 篇文章，包括《论太平洋新形势》（君萱）、《最近日本军需财阀的危机》（鸿九）、《谈文学的任务及其他》（季裔）、《超然先生列传》（方生）。书前有本辑介绍。封面题为"太平洋新形势"。

**3199. 论远东时局**　朱进等著　求知出版社　1941 年 8 月　75　32 开　有图表

本书收录 6 篇文章：《略论远东时局》（朱进）、《从日本舆论观察远东局势》（鸿九）、《美国资本家的资敌贸易》（丁山译）、《澳洲·新西兰和印度的军力与军事生产》（瓦列夫）、《论目前的土地政策》（苏明）、《意大利故事（裁判）》（高尔基）。

**3200. 罗斯福斯大林丘吉尔二战时言论集**　（美）罗斯福、（苏）斯大林、（英）丘吉尔著，史明编　新华日报图书课　1944 年 2 月初版（渝）　重庆　4 + 212　32 开　有插图

全书共 5 个部分，收录 1941 年至 1943 年期间罗斯福、斯大林、丘吉尔发表的 42 篇公开演说和言论。附录收 2091 至 1943 年间，英、美、苏、中等国发表的 23 篇战时重要外交文件。卷首有罗、斯、丘《德黑兰宣言》的摘录。

**3201. 马来半岛与欧洲之政治关系**　（荷兰）Henorik P. N. Muller 原著，范文涛译，张礼千校　商务印书馆　1943 年 4 月初版　重庆　14 + 43　32 开

全书分 4 部分：马来半岛与欧洲政治关系的开端、荷兰与葡萄牙之间的争霸、荷兰之经营马来半岛、英国之获得统治权。有姚枬序、张礼千序、译例和著者原序。

**3202. 美国备战全貌**　杨卓膺著　新文化出版社　1941 年 12 月初版　成都　6 + 154　32 开

本书分 12 章：绪论、美国为何要备战、民主主义的维护者——罗斯福、维护海洋自由的海军、海军根据地武装的强化、攻守自如的陆军、准备抗德的空军、美国经济动员的分析等。介绍美国在军备、海外根据地、经济、财政、外交各方面的作战准备。附录收《美国备战四巨头》、《美国租借法案全文》。有作者自序。

**3203. 美国大总统罗斯福见到全球战局广播词**　蒙藏委员会编译室编译　编译者刊　1943 年 10 月　54　32 开　抗战小丛刊之四十八

汉蒙藏文对译本。

**3204. 美国操纵世界大战**　（美）亚尔培·盖茨等著，刘少严译　亚东图书馆　1938 年 11 月　上海　5＋60　32 开

收录 3 篇文章：《孤立主义的神话》（亚尔培·盖茨）、《罗斯福——战争的制造家》（哈尔·特来伯）和《第二次世界大战怎样进行》（B. J. 维德克）。有译者序。

**3205. 美国总动员计划**　训练总监部译　军用图书社　1935 年 10 月　南京　10＋268　大 32 开　有图表

本书分 4 章：美国产业动员计划、美国总动员计划、排除战时获利、战时方案委员会文书。书前有序言。

**3206. 每周国际情势（参考资料）**　外交部情报司研究室编　编者刊　1943 年 10 月　7〔环筒叶〕16 开　油印

全书分军事、政治两部分。军事部分对太平洋战场和苏德战场的形势进行了分析；政治部分介绍了德国对于战争的态度所产生的分歧，日本对于战争形势的认识以及英国首相邱吉尔就战争形势向英国众议院所作的报告。封面有"极机密第四期"字样。

**3207. 民治国的危机**　国民新闻社译述　国民新闻图书印刷公司　1942 年 7 月　上海　2＋177　32 开　有照片、有图表　国民新闻丛书之十四

收《民主阵线的危机》（萧郎）、《英美的难题》（朱式之）、《夏威夷马来海战中英美海军惨败内幕》（华陀奇）、《太平洋上美国攻势的假想》（陈士民）、《美国的援英政策以及限度》（朱式之节译）、《罗斯福十大罪状》（石华译）等文章 25 篇。

**3208. 民主与专政**　子强等著　求知出版社　1941 年 11 月　上海　71　32 开

本书收录 6 篇文章，《民主与专政》、《德国闪电战的破产》、《在德国统治下的各国》、《东条新闻的外交动向》、《关于孝》、《西班牙在战斗中》。

**3209. 民族战争的经验与教训**　（苏）列宁等著　全民出版社　1938 年 2 月　汉口　92　32 开

书中收入 6 篇文献：《论民族战争》（列宁）、《1812 年俄国怎样击败了拿破仑》（伊凡诺夫）、《鲍罗丁诺一役的军略状况》（列威茨基）、《为保护祖国而战的游击队》（达维朵夫）、《壮烈的斯巴斯克血战》（潘米可夫）、《阿比西尼亚的失败和西班牙的胜利与中国抗战》（于苇）。

**3210. 慕尼黑会议后的世界**　世界知识社编辑　生活书店　1940 年 1 月再版　重庆　2＋172　32 开　世界知识丛书之二十四

全书分 3 部分：慕尼黑协定签订的经过、慕尼黑协定的反响、慕尼黑会议后的世界。收录《英法出卖捷克的内幕》（美·R. Dell 著，张弼译）、《法国为什么出卖了捷克》（美·F. C. Hanighon 著，叶启芳译）、《慕尼黑协定在经济上的影响》（英·C. R. Attlee 著，雷生译）、《危机的开始！不是终结！》（意·C. Sforza 著，雷生译）、《慕尼黑协定对中国的影响》（美·W. Lockwood 著，慨忧

译)、《慕尼黑以后的反法西斯联合阵线》(苏联·G. Dimitrov 著，无住译) 等 20 篇文章。有附录。

**3211. 慕尼黑会议与欧洲局势**　程天放、周鲠生、杨公达、陈钟浩、张道行、刘光炎、厉德寅、朱全性执笔　独立出版社　1939 年 5 月初版　重庆　8+56　32 开　战时综合丛书第 4 辑

全书分 10 章：包括德捷纠纷的检讨、德捷纠纷的演变、慕尼黑会议后的国际动向、慕尼黑会议后的东欧情势、慕尼黑会议与远东、法德关系的调整、意法关系的分析、英意会谈透视、欧洲局势观察等问题。附讨论大纲。有弁言。

**3212. 欧美间谍战术史实**　穆超译　军学编译社　1942 年 1 月　重庆　12+162　32 开　有图表

本书共 14 章：间谍的由来、由道德上及法律上所见的间谍、间谍的适当人才、间谍的种类、珍奇的间谍战术等。卷首有作者原序及译者序。书后有参考书籍。附录收《坦能堡大会战》一文。

**3213. 欧战与地中海形势**　陈钟浩编著　军事委员会政治部　1941 年 3 月　58　32 开　时事问题第 6 辑

本书分 6 章：地中海的一般形势、英法意在地中海的争逐、英意与东北非、意希与巴尔干、苏联与地中海北口、法西与西地中海。书前有著者引言。

**3214. 欧战与远东**　朱进等著　求知出版社　1941 年 4 月　92　32 开　有图表　求知文丛第 18 辑

本书收文章 5 篇：《欧战与远东》(朱进)、《印度和第二次帝战》(A·贾可夫、V·希雪维赤)、《略论统一战线现阶段》(子强)、《抗战·民主与团结》(浦足)、《意大利故事》(长篇连载)(高尔基)。

**3215. 欧战与远东**　魏中雄编　独立出版社　1940 年 2 月初版　81　32 开

全书共 5 章：欧战爆发的原因、交战国的国情比较、欧战与远东形势、欧战与敌国、欧战与我国抗战前途。卷首有作者所写卷首语。

**3216. 欧洲的二十年**　抗战日报社编　编者刊　1944 年　38　32 开　时论丛刊之九

分 3 部分：自《凡尔赛和约》至《罗加诺协定》、自罗加诺至慕尼黑、自慕尼黑至第二次世界大战开始。

**3217. 欧洲反法西斯的民主运动**　石啸冲著　文聿出版社　1944 年 10 月初版　重庆　4+178　32 开

全书分 7 章：欧洲新形势、法西斯主义与其产生的造因、法西斯政权的建立、反法西斯运动序曲、反法西斯运动新时期、反法西斯运动的新阶段、反法西斯运动展望。附录收《欧洲反法西斯运动大事年表》。

**3218. 欧洲局势与东亚问题**　国际反侵略运动大会中国分会编　编者刊　1939 年 5 月　[重庆]　20　32 开　国际反侵略运动大会中国分会国际问题座谈会纪录　第 1 种

本书内容为国际反侵略运动大会中国分会国际问题座谈会纪录，发言者有尹葆宇、崔唯吾、徐彦之、王昆仑、杜若君、曹树铭、程希孟，记录者为余惠霖。

**3219. 欧洲局势与中日战争**　陶希圣、陈钟浩、樊仲云、刘宗白、易君左、陆印泉、王龙章、郭长禄、周子亚执笔　独立出版社　1938 年 7 月初版，1938 年 12 月 6 版　重庆　6+52　32 开　战时综合丛书第 2 辑

本书分 10 部分：抗战声中之列国心理与国际环境、论国际新形势与抗战、欧洲局势的演进与远东、德奥合并和远东问题、张伯伦外交与欧洲新形势、《英意协定》与中国、《英意协定》签订

以后的日本、远东局势的新动态、有利抗战的国际动向。书前有引论，书后有讨论大纲。

**3220. 欧洲均势与太平洋问题（第二期抗战之国际环境）** 陶希圣著 艺文研究会 1938 年 6 月初版 长沙 6+63 32 开 艺文丛书之三 艺文研究会编

本书分 17 章：抗战半年中的国际形势、集体安全的破坏、国际形势的变与不变、国际的又一幻想、国际新均势的构成、日本的歧路、中国人在国际和平圈外、欧洲政局的变动、英意协定签定以后、日本外交的烦闷等。书前有艺文丛书总序和著者自序（中国人对国际形势的看法）。

**3221. 欧洲强者谁？** （德）Max Werner 著，时兴潮社编，梁纯夫译 编者刊 1940 年 8 月 72 32 开

本书摘译自德国军事专家 Max Werner 所著《列强的军事实力》一书。分 4 节：论德国的总体战与闪电战、苏德两国军事力量对比、英德空军的比较观、意大利军事实力总检阅。书前有序言。封面有题赠和"增刊第 8 号"字样。

**3222. 欧洲外交战线痉挛·欧美外交对于远东局势之影响** 洪涛著 内外通讯社 1934 年 1 月 南昌 14 32 开 内外类编 第 18 册

本册收录两篇文章：《欧洲外交战线痉挛》、《欧美外交对于远东局势之影响》。

**3223. 欧局危机与德意轴心之透视** 国魂书店编译部编著 国魂书店 1939 年 8 月初版 10 32 开 战局解剖丛书

**3224. 欧战论** 胡秋原著 建国印书馆 1939 年 12 月初版 重庆 6+44 32 开 祖国社战时丛书之一

本书分 5 部分：欧战之原因、欧战之性质、欧战之趋势、欧战之利害、欧战之对策。书前有前记。书后附录收欧战与中国、总理与上次欧战、解决太平洋问题十五点。

**3225. 迫近的世界大战** 胡秋原译 中华书局 1937 年 12 月 上海 6+154 32 开 国际丛书

本书分 11 章，分别对英国、日本在军事、外交、政治政策上作出分析，包括技术与战斗、有空而来的战争、成吉思汗之地——满蒙西比利亚、日苏战争之观测、戈林的轰炸机等。

**3226. 全世界被压迫民族问题** 戈明著 文化供应社 1941 年 12 月 桂林 52 64 开 青年新知识丛刊

本书共 12 讲，分析了世界各地被压迫民族的概况，包括世界被压迫民族的类型，帝国主义对被压迫民族的榨取以及被压迫民族的解放运动，对远东、近东、非洲、美洲、犹太被压迫民族作个别讨论，特别讨论到"二战"和中国抗战与全世界被压迫民族的关系。

**3227. 日本能否独霸远东** （美）佩甫尔著，许庸译 亚东图书馆 1938 年 3 月 广州 3+72 32 开

本书分 5 个部分：远东冲突的症结、日本的经济进攻、苏联、英国与日本、美国与日本、中日战争前途的预测。有译者序。

**3228. 三大独裁政治制度** 张国安编著 正中书局 1940 年 3 月初版 8+407 32 开 有图表 社会科学丛刊

本书分 3 编：苏联政治制度大纲、德意志政治制度大纲、意大利政治制度大纲。书前有自序。书后有赘言。

**3229. 什么叫做法西斯与纳粹？** 王遂今著 浙江省抗日自卫委员会战时教育文化事业委员会

1939年6月初版　30　64开　国际问题小丛书之一　杜绍文主编

本书采用问答的形式介绍了法西斯的含义、法西斯运动的历史背景、发展过程以及由法西斯运动演变到法西斯理论的过程、纳粹的含义及政纲，同时还介绍了纳粹在德国掌权后所进行的各种政治活动。

**3230. 世界大势**　吕明著，吕金录校订　商务印书馆　1939年3月初版　长沙　1＋36　32开　民众战时常识丛书

全书分3个部分：近代世界的大变、大战以后的局面、中国抗战与世界大势。

**3231. 世界大战的战略形势**　君萱等　求知出版社　1941年1月　［127］　32开　求知文丛　第11辑

本书收录了5篇有关国际形势的文章，包括：《三论中国往哪里去》（子强）、《关于民族文化问题》（庄师宗）、《世界大战的形势》（君萱）、《民族主义者与国际主义者的鲁迅》（邵翰齐）、《超然先生列传》（方生）。封底页有"本辑介绍"。封面题名为"世界大战形势"。

**3232. 世界大战新形势研究**　宗诚著　远方书店［总经售］　1942年4月　桂林　42　32开　国际问题丛刊1　国际问题丛刊社编

本书分8部分：太平洋大战后的国际形势、英美初期失败的原因、战局发展的动向、如何准备总反攻、英美如何领导反侵略阵线、苏联在欧洲的地位、中国在亚洲的地位、各殖民地国家在战争中的地位及将来。有前言。

**3233. 世界的激变**　史汀生等原著，杜铎编　世界问题研究会　1938年5月初版　2＋126　32开

本书收录了有关反侵略的国际政论，共16篇论文：《无法无天的世界》、《"局部"战争与世界战争》、《援助中国运动在英国》、《国际联盟和法国失败主义者》、《欧洲的棋局》等。

**3234. 世界法西运动**　祝百英编　中华书局　1936年3月再版　上海　2＋104　32开　国际丛书

全书分4章，阐述了法西斯主义的含义、国家观念、政策、法西斯主义与法西斯运动之间的关系。介绍了意大利、德意志、日本、美国等国的法西斯运动发展。

**3235. 世界历史改变方向的一年**　第七战区司令长官司令部编纂委员会　新建设出版社　1942年2月　曲江　68　32开　时事小丛书之三

本书分3个部分：世界历史改变方向的一年、一九四一年国际政治总结（提纲）、一九四一年国际大事记。卷首有编者所写《时事小丛书》序。

**3236. 世界现势的基本认识**　张叶舟编著　国际出版社　1939年5月初版　6＋296　32开

本书包括前记——要认识世界现势不难、新中国在复兴的途中跃进、总崩溃前夜的日本阴暗面、法西斯的处女作——西班牙内乱的追记、保障和平的领导者——苏联的不坏长城等。后记为《第二次世界大战与中国》。

**3237. 世界新形势与中日问题**　陶希圣著　南方印书馆　1942年11月初版　重庆　2＋124　32开　有图表

本书分6部分，包括：世界形势的变化、欧局与日本、第二次大战的战术与战略、中日问题——经济战、中日问题——政治战、日本对中国的总要求。收录20篇文章。

**3238. 世界形势手册**　李侠文、梁宽合编　香港大公报馆［代售］　1940年6月初版　香港　4＋119　32开　有图表

本书收录世界大事记及列国形势。另附《各国主要通讯社及各国报纸举要》。有例言。

**3239. 世界形势新讲** 陈原著 正光书局 1944年4月 曲江 3+158 32开

分8部分：序言、后台人物的秘密、小丑和英雄、历史的车轮、专制·利润·战争·法西斯、仅仅半年一切都变了、新时代的新命题、世界的明天。

**3240. 世界政治（新约特号）** 戴克光编 世界政治社 1943年4月 重庆 88 16开

本书共收9篇文章：《新约内容之一般的分析》（王铁崖）、《新约与移民法》（李浩培）、《新约与中英关系》（王绳祖）、《从中英中美新约研究英美宪法上的缔约权》（杜光埙）、《新约之法律观》（何襄明）、《中美英新约与中国经济开发之展望》（钟兆璇）、《辛丑条约的回溯》（朱庆永）、《不平等条约的废止》（邵循恪）、《不列颠帝国的缔约权》（楼邦彦）。

**3241. 世界政治的改造** 陈暑木著 公益书店 1941年9月再版 广东乐昌 4+95 32开

全书包括6部分：世界政治改造的原则、现实世界改造的阶段、世界改造的哲学基础、世界改造的经济体系、世界改造的政治体系和世界改造的实践纲领。书前有自序。

**3242. 世界之危境** （美）艾迪原著，姚克译 良友图书印刷公司 1933年1月 上海 4+184 32开 精装 有题词

本书分10个部分：从沈阳到上海、满州——远东的危境、日本方面的案情、中国方面的案情、此次冲突的结果、中国的混乱、中国的新共产共和国、日本的危机等。书前有序，书后有附录。

**3243. 世界知识十讲** 梁彦著 博文书店 1939年6月初版 上海 4+203 32开 有图表

本书共分10讲：帝国主义、法西斯蒂、议会政治和社会主义国家、国际军缩问题、战争与军火国际等。书前有著者序及参考书目。

**3244. 谁先干涉日本的侵略** 陈清晨著 战时出版社 1938年5月初版 广州 1+104 10.1cm×16.5cm 战时小丛书4

全书分6部分，阐述中日战争的特性、谁先接受日本的挑战、英国的远东地位、美国与中日战争、苏联是否会援助中国等问题。

**3245. 思想战与宣传战** 神田孝一编著，余仲瑶译 中华图书公司 1937年11月初版，1938年2月再版 汉口 4+90 32开 武汉留日同学会日本问题研究丛书第2辑

本书分两部分：思想战篇和宣传战篇。思想战篇收3章：思想战之概念及其重要性、欧洲大战中思想战之概况、近代之思想战；宣传战篇收6章：宣传之利用与误用、对敌宣传部之组织与人物、对奥匈国之工作、对德国之工作、对布加利亚之工作及其它、联合国宣传战线之统一。书前有钱云阶序。

**3246. 斯大林与中国的苏维埃** 240 32开 有图表

本书收12篇文章，包括：《斯大林在苏联第八次全国苏维埃非常代表大会上关于苏联宪法草案的报告》、《斯大哈诺夫运动的历史意义及其今后的任务》、《论党的工作缺点和消灭托派及其他两面派份子的办法》、《史达林同志在联共中央全会上的结论》、《七年来的中国苏维埃》、《红军对民族统一纲领的意见》、《抗日民族统一战线阶段上的农村革命纲领》等。

**3247. 苏联与中日战争** 胡愈之等著 战时出版社 1938年2月 1+80 32开 战时小丛刊之三十二

本书收14篇文章：《苏联与中日关系的分析》（蒋学楷）、《苏联日本与外蒙》（李万居）、《忆

北方的友人》（胡愈之）、《日本就要进攻苏联》（佚名）、《苏联国防力的增强》（羊枣）、《苏联与太平洋集体安全》（王纪元）等。

**3248. 所谓国际二大阵线**　陈独秀、樊仲云、李圣五、张道行、朱全性、郑学稼、何兹全、沈巨尘、郑瀚、叶青执笔　独立出版社　1938 年 10 月初版　重庆　4＋48　32 开　战时综合丛书　第 2 辑

全书分 3 部分：阵线外交的幻想，包括阵线外交的分析、论所谓和平阵线、论和平与侵略两大集团等内容；阵线外交与国际现势，包括国际形势的幻想、争论中的德意轴心和集体安全、罗马会谈后的欧洲形势、不完整的国际和平等；我们的外交路线，包括我国外交的基本原则、阵线外交与民族外交、国际情势的看法等内容。附讨论大纲。

**3249. 太平洋大战与中国**　柳屋编著　西部印务公司　1942 年 1 月　成都　2＋148　32 开　有插图

本书收 20 篇文章：《太平洋大战与中国》（常燕生）、《太平洋大战蠡测》（李璜）、《太平洋大战与吾人应有之努力》（周谦冲）、《太平洋大战展望》（张希为）、《苏联态度与太平洋战争》（宋涟波）、《日本的切腹行为》（姜蕴刚）、《太平洋新形势与中德宣战》（郑寿麟）、《中英美苏合作愿望完成》（孙科）等。书后包括 6 个附录：《蒋委员长对太平洋大战告军民书》、《日本天皇对英美之宣战令》、《中国对日德意宣战布告》、《美国参众两院对日宣战决议书》、《十二月八日英国宣布对日作战》、《十二月十一日美国宣布对德意作战》。

**3250. 太平洋的暗流与中国**　田勾、铁寒著　欧亚图书馆公司　1941 年 6 月　2＋96　32 开　有插图、有图表

本书分国际之部、国内之部、后记以及讨论大纲 4 个部分。国际之部从欧战的新阶段以及太平洋新形势两个方面进行阐述。国内之部主要讲解新形势下的国内局势。

**3251. 太平洋的新形势怎么样**　赵镜元著　浙江省抗日自卫委员会战时教育文化事业委员会　1939 年 6 月初版　2＋32　64 开　有插图　国际问题小丛书之十　杜绍文主编

**3252. 太平洋上的争霸战**　何伟译　亚东图书馆　1937 年 4 月　上海　25＋112　32 开　太平洋问题丛书

本书共收录 3 篇文章：《海军协定与太平洋问题》（柏拉宾斯基）、《美国对华"门户开放"主义的根据及其将来》（契列恩特夫）、《法兰西在太平洋上的地位》（依文恩）。书前有序言。

**3253. 太平洋上的争霸战**　梅剑父著　中华书局　1937 年 2 月　上海　8＋202　32 开　有图表　国际丛书

本书分 7 章：太平洋争霸之历史轮廓、帝国主义者的太平洋政策、太平洋上的经济斗争、太平洋上的政治角逐、太平洋上的军备竞争、苏俄与太平洋争霸战、中国与太平洋争霸战。卷首有编者序言。

**3254. 太平洋问题**　中央电讯社调查处编著　中央电讯社　1941 年 5 月　4＋62　32 开　有插图　中央电讯社丛书之六

本书阐述了关于太平洋之外交、军事、经济等一般问题，以及日本、美国、苏联等国的形势。有卷首语。

**3255. 太平洋问题十讲**　世界知识社编辑　生活书店　1935 年 11 月初版，1937 年 1 月 3 版，1938 年 1 月 4 版　上海　4＋197　32 开　有插图、有图表　世界知识丛书之一

本书收录关于太平洋问题的 10 篇文章，包括《太平洋问题之史的展开》（章乃器）、《关于太平洋的政治原则和发展的阶段》（于育才）、《太平洋问题从人口分布上的考察》（孙怀仁）、《太平

洋市场争霸战》（钱泽夫）、《太平洋投资竞争的尖锐化》（姜君辰）、《太平洋上原料的争夺战》（陈宏道）、《太平洋上的航业交通》（沈志远）、《太平洋上的军备战争》（张弼）、《太平洋上的航空斗争》（金仲华）、《太平洋民族解放的展望》（钱亦石）。有编者序。

**3256. 太平洋现势手册**　沈志远、石啸冲著　读书出版社　1944 年 10 月初版　重庆　8 + 226　32 开　有插图、有图表

本书分 12 章，包括：太平洋形势概述、太平洋的地理形势、太平洋上的战略据点、太平洋的经济资源、太平洋的民族与民族问题、太平洋的民族革命运动史等。书前有编者序。附录收《太平洋大事年表》。

**3257. 太平洋形势鸟瞰**　赵兰坪、凌纯声、梁鋆立等著　正中书局　1939 年 5 月 3 版　4 + 164　32 开　有插图、有图表　外交丛书　外交评论社主编

本书收 8 篇：《太平洋上之国际经济冲突》（赵兰坪）、《太平洋上列强殖民地概观》（凌纯声）、《美国在太平洋的地位》（梁鋆立）、《日美军备竞争及海军实力之比较》（翁率平）、《加拿大澳大利纽丝兰在太平洋上之地位》（程经远）、《美国与太平洋》（Raymond Leslie Buell 著，李琴译）、《太平洋上的海军外交战》（H. Th. de Booy 著，黄俊升译）、《第六届太平洋学会议程之检讨》（郭斌佳）。书前有凡例、有引言。

**3258. 太平洋战争爆发后的国际形势**　朱家骅著　1942 年 2 月　14　64 开

本书为作者 1942 年 2 月 9 日在国民党中央组织部总理纪念周年会上就太平洋战争爆发后的国际形势问题所作的讲演词。

**3259. 太平洋战争爆发以后**　第七战区司令长官司令部编纂委员会编　新建设出版社　1942 年 1 月　60　32 开　Ⅶ 时事小丛书之一

本书收 16 篇文章：《太平洋战争爆发后的国际形势与中国》（梁杰夫）、《为什么太平洋战争是持久战》（宋平）、《太平洋战争之苏联》（邓初民）、《我向日德义宣战》（《中央日报》）、《陪都文化界太平洋战争问题座谈会特写》（沛）、《太平洋大战与世界战局讨论提纲》等。卷首有编者所作《时事小丛书》序。

**3260. 桃色国际**　H. W. Stanton 等著，吴铁声编译　国际问题研究社　1942 年 10 月 3 版　上海　135　32 开　国际间丛书第 1 种

全书收录 7 篇文章：《我与德国女间谍》（李淑芸译）、《希特勒处决女间谍案》（刘龙光译）、《莱诺的情妇》（俞亢咏译）、《罗马尼亚王卡洛尔恋爱秘史》（成斐然译）、《我与墨索里尼恋爱史》（徐蕙风译）、《希特勒为什么不结婚》（吴铁声译）和《史太林的太太们》（陈治平译）。

**3261. 外交与国际政治**　罗家伦著　独立出版社　1939 年 11 月初版　重庆　2 + 78　32 开　新民族小丛书

全书收 10 篇，包括《最近外交形势》、《炸药库中的火星——捷克问题》、《客座中的敌情》、《日苏冲突的冷静观察》、《日寇在华南新冒险与英国的关系》、《亡国的记录与欧洲的命运》、《纵谈世界和战局势》、《再谈世界和战局势》等。

**3262. 为统一战线而斗争**　曼努意斯基著　延安前进出版社　1938 年 3 月再版　2 + 228　32 开　有照片

本书分 3 个部分：苏联社会主义建设的总结、为革命的马克思主义而斗争的恩格斯、共产国际第七次大会的总结。

**3263.** **希特勒意在消灭日本**（Hitler Means to Destroy Japan）　　Antonton Pettenkofer 著，贾午译　时与潮社　1942 年 3 月初版　重庆　4＋47　32 开　时与潮译丛　第 7 种

　　本书分两个部分：希特勒意在消灭日本、威廉第二痛恶日本觊觎中国。卷首有时与潮社编辑部所写译序。

**3264.** **希特勒阴谋并奥之经过**　M. W. Fodor 原著，周新节译　新兴书店　1938 年 6 月初版　［广州］　2＋121　32 开　时代知识丛书 6

　　本书分 11 章：楔子、维也纳社会民主党之经营、奥国法西斯党之崛起、国家社会主义党之崛起、墨索里尼承继小陶尔斐斯等。介绍奥地利法西斯政党与德国的关系和希特勒阴谋吞并奥地利的活动。

**3265.** **希特勒运动一瞥**　　（英）Oscar 编，王民峰译　民族书局　1935 年 2 月初版　上海　2＋91　32 开

　　本书分 12 个方面收录了希特勒、戈林、戈贝尔等人的言论：和平与战争、军国主义的精神、国家社会主义、迭克推多、反动的镇压、犹太人、国家、民族与文化等。

**3266.** **现代国际政治**　杜若君著　中华书局　1935 年 1 月初版，1936 年 8 月再版　上海　8＋246　32 开　国际丛书

　　本书原名《今日之世界政治》，全书分 5 章：绪论、世界霸权的争夺、暗云飘荡之欧洲、苏联与世界政治、从德谟克拉西到法西斯蒂独裁。卷首有张默生所作序言以及作者自序。

**3267.** **现代国际政治**　陈钟浩著　中央陆军军官学校　1938 年 10 月初版　重庆　4＋72　32 开　黄埔丛书之二十一　黄埔出版社编

　　本书分 8 章：第一次世界大战前的国际形势、巴黎和会、华盛顿会议、和平机构与和平公约、国际裁兵问题、各国外交政策、太平洋问题、中国抗战与国际。

**3268.** **现代七强论**　赵镜元著　浙江省战时教育文化事业委员会书刊发行部　1940 年 6 月初版　浙江　93　32 开　新青年丛书　浙江省战时教育文化事业委员会主编

　　本书分 8 章：世界的轮廓、我们的敌国——日本、跃进中的苏联、黩武主义的德国、法西斯主义的意大利、法兰西之现势、不列颠帝国、雄视世界的美国。主要评述第二次世界大战结束前的英、美、苏、德、法、意、日七国的政治、经济、外交概况。书后有后记。

**3269.** **现阶段的世界民族解放运动**　吴清友著　当代青年出版社　1937 年 3 月初版　上海　5＋146　32 开　当代青年丛书　第 1 辑第 4 种　金则人主编

　　全书分 5 章：现阶段帝国主义殖民政策的动态、亚洲民族解放运动的现势、拉丁美洲民族解放运动的现势、非洲民族解放运动的现势、弱小民族的出路——民族自决。书前有作者自序。

**3270.** **现阶段的世界民族解放运动**　吴清友著　上海杂志公司　1937 年 3 月初版，1937 年 4 月再版　上海　5＋146　32 开　当代青年丛书第一辑之四　金则人主编

　　内容包括 5 个部分：现阶段帝国主义殖民政策的动态、亚洲民族解放运动的现势、拉丁美洲民族解放运动的现势、非洲民族解放运动的现势、弱小民族的出路——民族自决。

**3271.** **新东方**（The New Eastern Journal）（二周年纪念特刊）　　东方问题研究会第一支部编辑　新亚洲书局　1932 年 6 月　北平　372　32 开　有照片、有插图、有图表

　　本书收录包括《世界经济恐慌与东方民族运动之开展》（次叔）、《日本侵略下之东省农业生产》（蕉农）在内的 12 篇文章。另含时事述评、通讯、新书介绍、国际短评、漫画等。封面有

"东方革命最近之结算"字样。

**3272. 新秩序的原形态**　马鹤天著　1939年4月　54　32开

本书收两篇文章：《辟中日同盟说》、《告藉口泰东一家高唱东亚门罗主义之日本各要人》。

**3273. 形势比人还强**　于怀著　新华日报　1943年11月　重庆　7+134　32开

本书分6个部分："这里没有怀疑，这里没有畏惧"、"大胆，大胆，大胆！"、"只有血的纽带"、"胜利必须在地上争取"、"形势比人还强"、"漂浮终不是办法"。附录收《自由德意志民族委员会宣言》、《英首相报告意国政变》、《美总统检讨战局》、《希特勒退让演词》、《东条"严重"广播》。书前有序言。

**3274. 演变中的远东国际政治**　张忠绂著　文通书局　1942年9月初版　贵阳　6+188　大32开

收录作者1939年至1942年间撰写的有关远东国际政治变动的文章34篇。包括《英美商约在国际政治上的意义》、《美国政府的远东外交政策》、《论英日东京谈判与远东外交》、《论美政府废止美日商约》、《美国中立法的鸟瞰》等。

**3275. 一个革命者的诞生**　吴克坚、潘梓年、陈驰、列宁著，剑涯、焦敏之、戈平、傅大庆译　创造文粹社　1941年9月　上海　64　32开　创造文粹第1辑

全书共收录8篇文章：《苏联的成败与中国抗战》（吴克坚）、《把法西斯侵略者的鹰犬打出去》（潘梓年）、《一个革命者的诞生》（剑涯译）、《论经济与政治》（陈驰）、《论数量变化到质量变化的转变及发展中的飞跃》（戈平译）、《日美矛盾发展的研究》（傅大庆译）、《论在帝国主义时代民族解放战争的可能和卢森堡的错误》（列宁）、《列宁——社会主义国家的创始者》（焦敏之译）。

**3276. 一九三二年之国际政治经济**　樊仲云著　新生命书局　1933年9月再版　上海　6+344　32开　有插图、有图表

本书共10章：最近之国际政治、世界经济恐慌、战债赔偿与世界经济、最近德国政治之动向、最近国际政局与法帝国主义、苏联之五年计划及其后、最近国际政治中心的日本帝国主义、最近中国之政治经济、太平洋风云紧急、岁暮纵观。

**3277. 印度内幕**　陈培光、郑庭椿等编译　改进出版社　2+145　32开　改进文库之十三

本书收录11篇文章：《印度独立运动》（敬亭）、《印度与战争》（印度　A·辛克作，白瑛译）、《危机在印度》（印度　A·辛克作，籁人译）等。附录收《告印度民众书》（蒋介石）、《蒋委员长访问印度的历史意义》（李由农）。

**3278. 英美苏联战时妇女动态**　王德箴、陈庭珍著　青年出版社　1944年5月初版　重庆　118　32开　女青年丛书

本书分3章：英国、美国、苏联，记述英、美、苏联三国妇女在二次大战中的英勇事略以为中国妇女借鉴学习。

**3279. 犹太问题与中日事变**　（日）米良静夫著，施学习译　东亚联盟汕头支会　1943年6月初版　汕头　2+35　32开　有题词　东联翻译丛书　第5号

本书收3篇：《犹太问题与中日事变》、《犹太和战争目的》、《犹太人的阴谋》。书前有序。

**3280. 犹太与日本之战**　斯特斯著，胥国瑞译　（伪）新民会中央指导部　1939年3月　10+116　32开

本书分7章：日本与犹太世界经济之战、日本之世界的地位、国际犹太帝国之侵略远东、一八

九五年以降之国际犹太帝国之对华侵略、一八九五年以降国际犹太帝国对日之侵略、苏联之侵略远东、结论。书前有序。

**3281. 远东的危机**〔The Far Eastern Crisis〕　（美）斯蒂生著，马季廉译　天津大公报馆　1936 年 11 月初版　天津　5 + 219　32 开

本书共分 5 章：危机的背景、调解之努力、中国诉诸国联大会裁判、责任的裁判、结论。有译者序、导言。

**3282. 远东和平的先决条件**　（美）裴斐著，中央宣传部国际宣传处编译　正中书局　1941 年 10 月初版　8 + 78　32 开　国际问题小丛书之四

本书主要讨论远东永久和平的基础，分 6 章：绪言、远东冲突的前因后果、西方国家远东权益的命运、远东永久和平的基本条件、日本的正当需要、中国的内部需要。书前代序为重庆大公报社社论《独立强盛之中国》。

**3283. 远东之和平基础**　（美）N. peffer 著，姚曾廙译　独立出版社　1943 年 10 月初版　重庆　9 + 56　32 开　战后世界建设研究丛书　中山文化教育馆战后世界建设研究丛书编译委员会编

本书分 10 章：远东之将来、战争之促成、美国与远东、和解之原则、未来之中国、日本之合法需要等。书前有总序和译者序。

**3284. 远东之和平基础**　（美）N. peffor 著，姚曾廙译　独立出版社　1943 年 12 月初版　重庆　5 + 72　32 开　战后世界建设研究丛书　中山文化教育馆战后世界建设研究会编

本书分 10 章：远东之将来、战争之促成、美国与远东、和解之原则、未来之中国、日本之合法需要等。书前有总序和译者序。

**3285. 远东之危机**　（美）斯汀生原著　樊仲云摘译　文化建设月刊社　1936 年 11 月　上海　2 + 104　32 开　有照片、有插图

本书分 5 个部分：著者小传、译者绪言、全书提要、上海战争纪实、《九国公约》全文。

**3286. 越南问题**　中央电讯社调查处编　中央电讯社　1940 年 12 月　南京　4 + 96　32 开　有照片、有图表　中央电讯社丛书之四

本书分 9 个部分：越南全貌、越南史、法国在越南的殖民地政策、日本南进之目标、日法交涉经过、泰国面目、泰国纠纷旧帐、法泰领土纠纷。书前有卷首语。特载中收录《日本南进与华侨》、《越民族解放运动》、《越泰边境的军事地理与战略形势》3 篇文章。

**3287. 在德国统治下**　博知等著　求知出版社　1941 年 9 月　〔89〕　32 开

本书收 6 篇文章：《惟中国能决定远东大局》（伯成）、《在德国统治下的各国》（博知）、《日本的法西斯政权及其政策》（商年）、《关于战争性质的转变问题》（志刚）、《法西斯蒂的没落》（徐进）、《意大利故事》（高尔基）。

**3288. 战场在中国**　N. Peffer 原著，铄渥译　中美出版公司　1940 年 4 月　2 + 212　32 开

本书分 13 章：远东的问题、日本之崛兴、中国为机器时代之牺牲者、远东的世界战争、日本趁机而起、日本显露手段、日本的商业侵略、俄国对日本、美国对日本、中国的出路等。

**3289. 战略与策略**　中国出版社编译　编者刊　1939 年 12 月　3 + 100　32 开

分 5 部分：列宁主义怎样提出战略与策略的问题、布尔塞维主义的战略和策略、布尔塞维主义的战略的与策略的指导、革命的与改良的指导、共产国际战略与策略的主要任务。

**3290. 战略与策略** 解放社编译 新华日报馆 1939 年 1 月 重庆 3 + 116 32 开

内容包括 5 个部分：列宁主义怎样提出战略与策略的问题、布尔塞维主义的战略和策略、布尔塞维主义的战略的与策略的指导、革命的与改良的指导、共产国际战略与策略的主要任务。

**3291. 战略与策略** 解放社编译 新华日报馆 1939 年 1 月 重庆 3 + 104 32 开

内容包括 5 个部分：列宁主义怎样提出战略与策略的问题、布尔塞维主义的战略和策略、布尔塞维主义的战略的与策略的指导、革命的与改良的指导、共产国际战略与策略的主要任务。

**3292. 战略与策略** 解放社编译 编者刊 1939 年 4 月再版 3 + 104 32 开

内容包括 5 个部分：列宁主义怎样提出战略与策略的问题、布尔塞维主义的战略和策略、布尔塞维主义的战略的与策略的指导、革命的与改良的指导、共产国际战略与策略的主要任务。

**3293. 战时美国的民主** 上官清编译 1 + 90 13cm × 17cm 有照片

本书共 10 个部分：美国的大选、民主党史略、共和党史略、民主党新政纲、共和党新政纲、民主党总统副总统候选人小传、美国宪法全文、美国历任总统一览、美国历任副总统一览等。卷首有编者所作前言。

**3294. 战争何时结束？** 新华书店 1945 年 2 月 42 32 开

全书收 10 篇。包括《论盟军在菲岛登陆和太平洋战略形势的变化》（朱科夫）、《论史迪威的去职》（爱金生）、《匈牙利之战》（威尔纳）、《战争何时结束》（战争与工人阶级杂志）、《英国透露了外交政策的目的》（拉蒙德·顿尼尔）、《意大利的进步》（麦克艾文）、《法国的内情》（新华社）、《目前的印度问题》（约希）等。附录《日本军需工业地理》。

**3295. 张鼓峰事件鸟瞰** 王中枢编 商务印书馆 1938 年 7 月初版 长沙 4 + 192 32 开 现代史料丛刊

本书收《日苏冲突的背景》、《日本的作战资源》、《日本的兵力》、《苏俄陆海空军实力》、《红军实质的检视》、《日苏力量比较》、《苏联为什么还未参战》、《从张鼓峰事件说到日苏边境形势》等 13 篇文章。

**3296. 珍珠港事件后之国际政治** 徐菱著 商务印书馆 1944 年 9 月初版 3 + 66 32 开

全书分 15 部分：珍珠港被袭前之一瞥（附《大西洋宪章》）、反侵略阵线之鲜明表示——《二十六国共同宣言》、泛美洲会议之前因后果、英美与苏联之联系、罗斯福邱吉尔三度会晤、英美撤废在华特权、卡撒布兰卡会议、英外相艾登之访问美京等。有著者自序。

**3297. 争民主的浪潮——一九三九年的国际** 乔木著 新人出版社 1940 年 5 月初版 上海 18 + 553 32 开

本书大部分文章是著者于 1939 年 3 月至 9 月在香港《时事晚报》上发表的社论。全书共分 3 部分，包括：争民主的浪潮、英日同盟的残梦、抗战的军事问题。附录收英苏谈判的历史意义。有前记、代序。

**3298. 中日战争与世界舆论** 独立出版社编辑 编者刊 1938 年 4 月初版 汉口 8 + 65 32 开 战时综合丛书 第 1 辑第 14 种

全书共 4 章：世界各报之评论、各国政府之态度、各国时贤之论说、世界和平大会与国联同志联合会。卷首有《战时综合丛书例言》。书后有论讨大纲。

**3299. 中日战争与太平洋问题** 陈钟浩、曹永杨、汤吉禾、蒋学楷、龙大均、余维炳、黄浩然执笔独立出版社　1939 年 2 月再版，1939 年 2 月 3 版　重庆　5 + 62　32 开　战时综合丛书　第 3 辑

全书分 8 章。阐述中日战争与太平洋局势，美、英、法与太平洋之关系，苏联与中日战争，英美协调与太平洋前途，远东问题之趋势等问题。附讨论大纲，有弁言。

**3300. 自由世界之使命**（The Price of Free World Victory）　　（美）华莱士（Henry A. Wallace）讲
自由世界协会中国分会　1944 年 6 月　22　32 开

美国副总统华莱士于 1942 年 5 月 8 日在自由世界大会上发表的演说。中英对译本。

**3301. 最近国际动态**　第四战区政治部编　曲江青年书店［经售］　14　32 开　抗战问答集　第 5 辑

采用问答形式讲解当时国际动态。

**3302. 最近国际形势**（中央训练团党政训练班第五期讲演录）　王世杰讲　1939 年 12 月　22　32 开

共 3 节："七七事变"时的国际情势、"七七事变"以来的国际情势、前途的展望。

**3303. 最近国际形势**（中央训练团党政训练班讲演录）　王世杰著　1939 年 3 月　1 + 13　32 开

共 4 节：自力更生和国际环境、七七事变时的国际情势、七七事变以来的国际情势、前途的展望。

**3304. 最近国际形势观察**　朱家骅著　1943 年 6 月　18　64 开

本书为作者于 1939 年 8 月 15 日在重庆青年夏令营就国际局势所作的讲演词。

**3305. 最近国际政治之趋势**　史国纲著　商务印书馆　1944 年 2 月初版　重庆　3 + 63　32 开

全书分 12 个部分：前言、战前国际政治上的重要错误、维持世界和平的基本方案、联合国的作战目的、中美英苏的合作问题等。卷首有作者所作引言。

**3306. 最近太平洋问题**（太平洋国际学会第四届大会报告书）　刘驭万编辑　中国太平洋国际学会
1932 年 10 月　5 + 604　16 开　精装　有照片、有插图、有题词、有图表

记载在上海举行的太平洋国际学会第四届大会的经过。上卷介绍太平洋国际间的政治、经济和文化关系；下卷收录大会资料论文译要，包括《中国经济建设中之财政》、《中国的财政改良与公债整理》、《银价问题与远东》、《外人在华矿业之投资》、《东三省之内地移民研究》、《日本对华投资》、《东省问题》等。有陈立廷序。

**3307. 最近中国与世界政治**　（英）胡特生著　樊仲云译　群力书店　1938 年 5 月初版　汉口　2 + 278　32 开　有照片、有插图

本书分 13 部分：远东贸易的发展、门户的开放、维新运动、横贯亚洲的大铁路、满洲国等。有著者序和译者序。

**3308. 最新国际形势图说**　钱慕韩、许念慈编著　棠棣社　1939 年 9 月初版　上海　2 + 160　32 开
有插图

本书以图文结合的形式介绍国际大势，全书从欧洲、苏联、亚洲、南太平洋、美洲、非洲以及航空线 7 个部分展开，共收录 80 篇文章。书前有开场白，介绍本书的编辑情况及成书背景。

# 其他

**3309. 参考资料**（选辑）　时事资料社辑　1945 年 7 - 8 月　3 册　32 开

每辑收录有关国际局势的文章若干篇。第 1 辑收录《第二次世界大战中英美的矛盾》、《介绍美国商会会长约翰斯顿的言论》、《国际货币金融会议述评》等 6 篇文章；第 2 辑收录《国民党十二中全会》、《三届三次国民参政会摘记》、《大后方民主运动消息》等 6 篇文章；第 3 辑收录《国民党专卖政策述评》、《当前大后方民营工业的危机》、《国民党征粮政策下的人民负担与食粮损耗》等 5 篇文章。

**3310. 从军乐** 昆明中央日报社编 编者刊 1944 年 12 月 昆明 48 32 开 有题词

辑录了蒋介石《蒋委员长告知识青年从军书》、郑洞国《从军乐》词一首、陈果夫《从军回忆》、顾一樵词、刘雪庵作曲《青年从军歌》、梁寒操《从军之乐乐何如》等诗词、文章及歌曲，号召青年踊跃从军。

**3311. 铲除贪污问题** 李思桢著 编者刊 1942 年 3 月初版 成都 2 + 24 32 开 杂说丛书 杂说月刊社编

本书分 3 章：引言、贪污之来源、铲除贪污之原则与方案。书后有后记。

**3312. 帝国主义** 伯韩编著 读书生活出版社 ［总经售］ 1939 年 6 月 9 版 重庆 72 32 开 社会常识读本 李公朴主编

本书分 24 课，包括：工业革命、蛆变苍蝇、半殖民地、经济侵略、政治侵略、文化侵略、殖民地分割史、世界大战等内容。

**3313. 第二次支那文杂志内容索引目录** （日）大塚令三著 中支建设资料整备事务所 1942 年 3 月 上海 274 16 开

本书为中支建设资料整备事务所收集的当时中国期刊杂志所登载杂文的目录索引。书前有编者编写凡例（日文）。

**3314. 冬学识字课本** 晋绥边区行政公署编 编者刊 1944 年 ［62］ 32 开

该书为晋绥边区普及教育的识字课本。书前有教学注意事项。

**3315. 二次大战与中外学生运动史** 包遵彭著 文声书局 1945 年 1 月 重庆 25 32 开 中国青年运动史丛之三 胡弗主编

本书分 7 节：世界政治黑暗的十年（绪论）、世界学生反战及法西斯大会（1934 年）、国际青年和平大会（1936 年 2 月）、世界学生援助中国学生斗争会议（1936 年 3 月）、世界学联访华团（1938 年 5 月）、世界青年大会（1936 年 9 月、1938 年 8 月）、国际学生大会（1942 年 9 月）。

**3316. 法西斯蒂主义运动论** （日）今中次麿著，查士骥译 华通书局 1932 年 10 月初版 上海 1 + 159 32 开 有图表 独裁政治论丛书第 3 卷

本书分 5 章：世界现象的法西斯主义、革命者法西斯主义、战斗者法西斯主义、政党法西斯主义及法西斯主义的本质。

**3317. 法西斯运动问题** 吴友三编著，孙锡麒校订 商务印书馆 1937 年 1 月初版 上海 6 + 241 32 开 有图表 现代问题丛书

本书阐述了法西斯主义的意义、法西斯运动的产生、法西斯党的组织和发展、法西斯政治制度和法西斯经济结构等，介绍了德意志、日本和其他国家的法西斯运动情况。书前有编者序。附参考书籍。

**3318. 法西斯运动问题** 吴友三编著，孙锡麒校订 商务印书馆 1938 年 5 月再版 上海 7 + 241

32 开　有图表　现代问题丛书

　　本书阐述了法西斯主义的意义、法西斯运动的产生、法西斯党的组织和发展、法西斯政治制度和法西斯经济结构等，介绍了德意志、日本和其他国家的法西斯运动情况。书前有编者序。附参考书籍。本版前有"陈之迈先生对于本书之介绍"。

**3319. 法西斯主义的理论基础**　周毓英编　民族书局　1934 年 11 月初版　上海　7 + 697　32 开

　　全书分 5 辑，总论、政治理论、国家改造理论、经济理论、组织与运动。包括法西斯主义的哲学基础、精神史观和理论体系、法西斯的政治理论、法西斯主义的理论基础等章节。

**3320. 法西斯主义之组织理论**　河野密著，天囚译　华通书局　1933 年 4 月初版　上海　2 + 105　32 开　有图表　独裁政治论丛书　第 5 卷

　　本书分 3 章：法西斯主义与组织问题、法西斯主义组织之生成过程、结论。附录《日本法西斯团体系统表》。

**3321. 法西主义**　董之学著　生活书店　1937 年 5 月再版　上海　4 + 70　32 开

　　全书分 7 部分：导言、法西斯主义的概观、法西斯主义的先决条件、法西斯主义的前途、意大利的法西斯运动、德国的法西斯运动、日本的法西斯运动。

**3322. 告少年**　李昂著　胜利出版社江西分社　1943 年 4 月初版　江西　5 + 178　32 开

　　本书分 9 章：一个革命青年的基本修养、革命政治家的基本条件、革命斗争中的武器与战术、怎样读书和读些什么书、怎样去认识中国社会——行万里路的意义、怎样写作和怎样演说、给有志文艺者的建议、怎样处理恋爱、一个严肃而切要的意见。书前有自序。

**3323. 共产主义与法西斯主义**　萨师炯著　商务印书馆　1939 年 1 月初版　长沙　1 + 67　32 开　国际时事问题丛书　国际编译社编

　　本书分 4 章：现代资本主义社会的成立及其发展、共产主义、法西斯主义、共产主义与法西斯主义之政策上的比较。

**3324. 关于总理遗嘱**　民团周刊社编　编者刊　1938 年 7 月初版　广西　26　32 开　常识丛刊第一辑之二

　　本书分 4 部分，包括：总理北上和遗嘱成立的经过、总理遗嘱的内容、总理遗嘱的读法和写法、关于俯首默念三分钟。

**3325. 国父遗教**　王晓云著　改进出版社　1942 年 1 月初版　1 + 56　9cm × 12cm　战时民众丛刊精神读物第 1 种

　　本书分 5 个部分：国父的一生和国父遗教、国父遗教的第一部分——三民主义、国父遗教的第二部分——建国方略、国父遗教的第三部分——建国大纲、在抗战中实行国父遗教。

**3326. 国父遗教三民主义**　中国国民党中央宣传部　8 + 268　有照片

　　本书为三民主义的宣讲课本。全书分民族主义、民权主义和民生主义 3 个部分。书前有孙文在民国十三年三月三十日所作的自序。书后附有正误表。

**3327. 国父遗教三民主义**　中国国民党中央宣传部　中国国民党中央宣传部　1941 年 12 月　8 + 268　有照片

　　本书是有关三民主义的讲义教材，包括《民族主义》、《民权主义》、《民生主义》3 个部分。前两个部分各有 6 讲，最后一部分有 4 讲。

**3328. 国际问题研究法**　平心著　生活书店　1937 年 11 月再版（汉）　上海　8＋183　32 开　世界知识丛书之六

本书介绍了研究国际问题的方法，包括国际问题的基本概念、研究国际问题的基本方法论、国际现象的观察分析与估量、研究材料的处理和利用、国际经济、政治研究法等，共 12 讲。有附录和作者前记。

**3329. 国家与主义**　沈咸恒编述　胜利出版社江西分社　1943 年 9 月 3 版　泰和　8＋36　32 开有图表

分 21 节：人类生存的意义、人类对国家的责任、信仰中国先哲政治主张者、信仰民主政治者、信仰欧西宗教政治思想者、国民革命的进展、党的中心工作为教、政的中心工作为养、军的中心工作为卫、国民应一致笃信奉行主义、抗战建国之必备条件、完成新中国建设等。阐述了"主义"的含义、内容、作用，以及信仰"主义"与抗战建国之间的关系。有自序、再版自序和国家与主义图解。

**3330. 国民革命与社会革命**　钱实甫著　民团周刊社　1939 年 6 月初版　广西　40　32 开　丙种丛刊第一种　基本认识丛刊第二辑之一

本书分 6 章：社会进化的原因和社会问题的发生、社会问题的解决和革命的意义、国民革命和社会革命的不同、革命理论的发生、社会革命是怎样发生的、唯有国民革命才可以救中国。

**3331. 国难期间民族主义的检讨**　陈子彰　1936 年　20　32 开

本书阐释三民主义中的民族主义学说，主张抗战期间，国民发扬民族主义精神，团结一致，共赴国难。出版时间依内容推测。

**3332. 国旗**　沈鉴著　独立出版社　1941 年 10 月初版　重庆　3＋44　32 开　公民知识丛书

全书分 6 部分：一件革命的产物、多种不同的意义、制造的标准、使用方法、敬爱我们国家的代表、几件永难遗忘的故事。正文前有《国旗歌》歌词、歌谱。

**3333. 何谓法西斯主义**　（日）藤井悌著，龚积芝译　改进出版者　1940 年 4 月初版　2＋86　32 开　改进文库 5

全书分 7 章：反动思想、反动运动之社会的意义、意大利法西斯蒂的成立、意大利的社会党、法西斯蒂之反动的革命、法西斯蒂的独裁政治、法西斯主义的教理、法西斯主义衰灭的诸条件。

**3334. 华文杂志·公报目录（中支建设资料整备事务所南京图书部）**　（日）福崎峰太郎著　中支建设资料整备事务所图书部　1940 年 6 月　［南京］　101＋72　16 开

本书为中支建设资料整备事务所南京图书部 1940 年 3 月末到 6 月收藏的华文杂志及公报的目录。书前有及川源七、清水董三所作的日文序言。

**3335. 机要组档案目录（第一册）**　1944 年　104［环筒叶］　19cm×27.7cm　线装　有图表

手稿。封面钤有"国民政府军事委员会委员长侍从室机要组"印章。

**3336. 间谍工作**　曹中岳著　青年书店　1940 年 1 月初版，1941 年 5 月再版　重庆　6＋198　32 开有图表

本书介绍了间谍的概念、组织、运用、类别、训练、通讯、选派、要素、技术、反间谍和女间谍。

**3337. 近代国家统一过程的研究**　刘平著　黑白丛书社　1937 年 4 月　上海　3＋89　32 开　黑白

丛书之九　钱俊瑞主编

本书6个部分：我们为什么要研究近代国家统一建国的过程、美利坚统一建国的过程、意大利统一建国的过程、德意志统一建国的过程、土耳其统一建国的过程、结论。

**3338. 抗日三字经**　老向著　新亚书店［经售］　1938年5月初版　16　32开

民众普及读本。

**3339. 抗战建国实用百科辞典（增订本）**　文化供应社编著　编者刊　1942年7月　桂林　58＋369　32开

本书收录包括与抗战相关的名词、战时一般文化工作者及日常生活所应用的名词，共约4000条，按笔画排列。卷首有《序》、《增订实用百科辞典序》和《编例及检查法》。后附《四角号码索引》、《分类索引抗战建国大事年表》、《中外度量衡比较表》。

**3340. 抗战下支那杂志资料目录（第二辑）**　上海日本总领事馆特别调查班调查室编　编者刊　1941年12月　上海　233　16开

本书收录了17类书目，社会、文化、经济、农业、矿业、工业、商业、贸易、交通、财政、金融、华侨及南洋、劳动、法律、政治、外交等17类书目。

**3341. 抗战中的政党和派别**　张执一编　读书生活出版社　1938年5月初版　1＋83　32开

本书分9个部分：写在前面、中国国民党、中国共产党、中华民族解放大同盟、中华民族解放委员会（第三党）、国家社会党、全国救国联合会、中国共产主义同盟（布尔塞维克列宁反对派）。

**3342. 抗战中的中国民族问题**　陈廉贞、黄操良著　黎明书局　1938年4月初版　2＋65　32开

本书共8部分：对日抗战与民族问题的关连、中国少数民族的构成及其现状、中国历史上的民族政策、所谓民族自决的真意、外蒙古出兵问题、革命的民族政策之内容、加紧少数民族中的救亡工作、结论。

**3343. 抗战中的西南民族问题**　江应樑著　中山文化教育馆　1938年10渝版　重庆　4＋44　32开

抗战丛刊　第59种

本书分4章：西南民族的过去与现状、西南民族与抗战前途的关系、调整西南民族的具体方案、结语。书前有"抗战丛刊缘起"。

**3344. 科学管理与现代行政**　黄寿朋著　军政部陆军经理杂志社　1942年7月初版　10＋314　32开　有图表

本书分上、下两篇：科学管理、行政管理，收录绪论、科学管理的基本原则、科学管理的演进及其趋势、人事管理、事务管理等8章内容。书前有凡例、甘乃光所作序言和作者自序。

**3345. 六大政策教程（第一分册）**　盛世才著　新疆民众反帝联合会　1942年1月　［新疆］　5＋91　大32开　有照片、有图表

包括第1篇第1章：六大政策产生的时代背景之世界形势，共4节。附录收录《讲演词及题词》、《反帝总会制发会员研究六大政策教程（第一分册）课题》。书前有《反帝总会秘书处的话》。

**3346. 六大政策教程（第二分册）**　盛世才著　新疆民众反帝联合会　1942年4月　7＋176　32开　有照片、有插图、有图表

包括第1篇第2章：、中国形势。附录收录《托匪破坏抗战的阴谋活动》、《反帝总会制发会员研究"六大政策"教程（第二分册）课题》。书后有正误表。

**3347. 论三民主义与中国问题**　陈钧著　7＋351　32 开　有图表

本书分 4 个部分：绪论、论民族主义与民族革命、论民权主义与革命性质、论民生主义与建国前途。书前有作者声明。

**3348. 没有共产党就没有中国**　冀鲁豫书店编　编者刊　1943 年　66　64 开　时事丛刊之三

本书收录《中共中央为抗战六周年纪念宣言》、《国共两党抗战成绩的比较》、《中国共产党抗击的全部伪军概况》、《八路军新四军抗战第六年战果》、《没有共产党就没有中国》。

**3349. 美国国家动员计划**　Tobin & Bidwell 著，吴泽炎编译　国防建设研究院　1945 年初版　4＋213　32 开　有图表　国防研究院丛书第 3 种

本书两编 11 章：民主国家的动员、计划时期、今日的计划、宣传与检查、军队的动员、物价与利润的统制、计划的执行等。

**3350. 美国抗战建国史**　刘振东编著　正中书局　1939 年 1 月初版　重庆　2＋34　32 开　战时问题丛刊　中央政治学校主编

本书分 4 个部分：英法两国美洲殖民之竞争、美国独立革命的原因、独立战争之经过、革命之结果与建国历程之艰难。卷首有序言。

**3351. 民国卅年实用国民年鉴**　文化供应社编　编者刊　1941 年 4 月　桂林　12＋563　32 开　精装　有图表

全书分 5 编：抗战建国的中国、敌情、国际现势、一年来国内外大事综述、日用便览。卷首有《中国国民党抗战建国纲领》、《新生活运动纲要摘要》、《国民公约》等文。附录收《国内外大事记》、《重要纪念日一览表》、《中外度量衡比较表》。书后有补遗。

**3352. 民权初步浅说**　中央宣传部编　中国国民党浙江省党部　1938 年 12 月　6＋30　32 开

本书共 9 章：结会、动议、讨论、停止讨论的动议、表决、表决的复议、修正案、附属动议、权宜及秩序问题。

**3353. 民权主义浅说**　宗亮寰编纂　商务印书馆　1936 年 5 月初版　上海　2＋34　大 64 开　有插图　民众基本丛书　第 1 集　公民修养类　吕金录主编

本书分 3 章：民权主义、中国实施民权的新办法、中国实行民权的组织。全书文字有注音。

**3354. 民生主义的彻底实现**　赵芝田笔述，许秀岩校订　抗战复兴出版社　1940 年 7 月初版　6＋34　32 开　理论丛书之八　民族革命理论及实施研究院编

本书分 7 部分，包括：民生主义的提出、民生主义目的、民生史观、民生主义的社会制度、民生主义的两个办法、民生主义的彻底实现、民生主义按劳分配的大同社会。

**3355. 民生主义的真义**　祝世康著　中山文化教育馆　1940 年 7 月渝版　重庆　4＋76　32 开　有图表　抗战特刊　第 4 种

本书分 8 章：绪言、民生主义的理论基础、民生主义与资本主义、民生主义与社会主义、民生主义的经济思想、民生主义的经济制度、民生主义对于中国的适应性、结论。

**3356. 民生主义的真义**　祝世康著　民族文化出版社　1941 年 12 月初版　曲江　4＋76　32 开　民族文化丛书学术丛书第 4 种

本书分 8 章：绪言、民生主义的理论基础、民生主义与资本主义、民生主义与社会主义、民生主义的经济思想、民生主义的经济制度、民生主义对于中国的适应性、结论。

**3357. 民生主义理论之研究**　罗时实编著　正中书局　1943 年 9 月初版　重庆　4 + 63　32 开　总
理学说研究丛书

全书分 6 部分：绪论、民生主义与民族经济革命、民生主义与产业革命、民生主义与社会革
命、民生主义与民生史观、结论。书前有序。

**3358. 民生主义论战的总清算**　张铁君著　国民图书出版社　1941 年 2 月初版　重庆　7 + 142　32
开　有插图

本书分 9 章：前言、中山先生的进化思想、创建原理与质量律、发展中国工业与资本主义、所
谓革命民主主义的高涨与补充、社会主义与加减法、青白旗下战线的检阅等。卷首有自序以及潘公
展所作跋。

**3359. 民生主义论战的总清算**　张铁君著　国民图书出版社　1942 年 10 月初版　重庆　6 + 438
32 开　有插图

本书分 9 章：前言、中山先生的进化思想、创建原理与质量律、发展中国工业与资本主义、所
谓革命民主主义的高涨与补充、社会主义与加减法、青白旗下战线的检阅等。

**3360. 民生主义之综合研究**　陈长蘅编著　正中书局　1940 年 4 月初版　重庆　1 + 90　32 开　总
理学说研究丛书

全书分 7 章，阐明及宣传三民主义为抗战建国之切要工作，介绍了民生主义的定义及理论，民
生主义的实行办法，物质建设的具体计划以及其他有关事项，对三民主义的实行进行了展望。

**3361. 民治独裁与战争**　王赣愚著　正中书局　1941 年 11 月初版　重庆　3 + 70　32 开　中国人文
科学社丛刊

全书分 8 章：欧战的思想背景、自由主义的危机、独裁政治与战争、独裁政治的特征、民治制
度与外交、经济自给与战争、民治理想与和平。有序言。

**3362. 民族保育政策纲领**　蒙藏委员会编译室编译　编者刊　1945 年　[21]　32 开　抗建丛刊
汉蒙藏维对译本。

**3363. 民族革命论**　俞希平著　天马书店　1938 年 3 月　汉口　5 + 71　32 开　救亡建国理论丛书　潘
念之主编

本书分 5 章：绪论、民族问题的含义及其史的发展、帝国主义对殖民地的压迫、批评几种对于
解决民族问题的错误思想、中国民族革命应取的政策。

**3364. 民族之路**　萧一山著　编者刊　1940 年 2 月初版　4 + 116　32 开　黄埔丛书　第 3 辑第 1 种
黄埔出版社编

本书分 3 个部分：导言、史实的分析、理论的阐明。卷首收录萧一山所作序言。

**3365. 民族主义与国际主义**　张铁君著　国民图书出版社　1941 年 1 月初版　重庆　4 + 84　32 开
本书主要阐述民族主义与国际主义，共 8 章：民族问题解决的基点就是民族至上、民族革命与
无产阶级革命、为民族独立解放而保护祖国、国内少数民族的自决自治、中华民族原来就是一个民
族、民族道德的本质和形式、所谓抗日民族统一战线、结论。

**3366. 民族主义与国际主义**　张铁君著　国民图书出版社　1942 年 10 月初版　重庆　[4 + 84]
32 开

本书主要阐述民族主义与国际主义，共 8 章：民族问题解决的基点就是民族至上、民族革命与

无产阶级革命、为民族独立解放而保护祖国、国内少数民族的自决自治、中华民族原来就是一个民族、民族道德的本质和形式、所谓抗日民族统一战线、结论。目录页题作"第二编　民族主义与国际主义"。

**3367. 民族自决问题**　胡继纯、谢德风编著　商务印书馆　1938 年 4 月初版　长沙　9＋91　32 开　有图表　现代问题丛书

　　本书分 6 章：名词的确定、民族形成的因素及其本质、民族自决的意义和历史、民族自决运动之背景和理由、民族自决的方式、民族自决的限制。有著者自序。

**3368. 陪都党政军各机关联谊社人员姓名录**　［总务组编］　编者刊　1945 年 1 月　23 ［环筒叶］　32 开　有图表

　　本书为陪都中央党部、国防最高委员会、国民政府、军事委员会等党政军各机关联谊社的人员姓名录。

**3369. 青年学生学术常识讲话**　惠迪人著　中国文化服务社　1941 年 4 月初版　重庆　2＋55　32 开　青年丛书

　　本书分 11 章：开场白、学术的意义及其特性、学术分类、谈艺术、谈哲学、谈科学、求学之道、我们为什么要求学、关于学校、关于课程、关于生活。

**3370. 三民主义**　中山文化书局　2＋286

　　本书为三民主义的宣讲课本。全书分民族主义、民权主义和民生主义 3 个部分，民族主义部分共有 6 讲，民权主义部分有 6 讲，民生主义部分有 4 讲。书前有孙文在民国十三年（1924）三月三十日所作的自序。

**3371. 三民主义**　孙文　正中书局　1938 年 6 月初版　3＋222

　　本书为三民主义的宣讲课本。全书分民族主义、民权主义和民生主义 3 个部分，民族主义部分共有 6 讲，民权主义部分有 6 讲，民生主义部分有 4 讲。书前有孙文在民国十三年（1924）三月三十日所作的自序。

**3372. 三民主义**　孙文　生活书店　1945 年 10 月胜利后第一版　重庆　上海　336

　　本书为三民主义的宣讲课本。全书分民族主义、民权主义和民生主义 3 个部分，民族主义部分共有 6 讲，民权主义部分有 6 讲，民生主义部分有 4 讲。

**3373. 三民主义表解**　民团周刊社编　编者刊　1938 年 7 月初版　广西　52　32 开　丙种丛刊　第六种　常识丛刊第一辑之五

　　本书分 4 部分，包括：三民主义概论、民族主义、民权主义、民生主义。

**3374. 三民主义的基本认识**　陶国铸编著　国民图书出版社　1943 年 8 月初版　重庆　8＋146　32 开　党义丛书

　　全书分总论、三民主义的历史根源、三民主义的形成与发展、三民主义的特征 4 章，阐述了三民主义的含义、性质、基础、历史根源，介绍了三民主义的发展演进过程及特征。

**3375. 三民主义的体系与原理**　罗刚著　东方出版社　1943 年 3 月初版，1943 年 4 月再版，1944 年 5 月 3 版　重庆　14＋446　32 开　有图表

　　本书分 15 章：导言、民生释义与三民主义的体系、三民主义之理论的基础——一人性进化论、三民主义之理论的基础——二民生史观、民生哲学的时代背景、人类生存的地位等。有自序，有著

者题赠。

**3376. 三民主义的研究**　张彝鼎　［第八战区副长官政治部］　3＋36　32开　第八战区副长官部政治部战时宣传丛书第1种

本书为作者在第八战区所作的演讲。

**3377. 三民主义的再检讨**　张榆芳著　大楚报社出版部　1939年7月　武汉　4＋33　32开　新生丛书2

分三民主义的再检讨、联共和三民主义的没落两部分。书前有《新生丛书发刊词》。

**3378. 三民主义概述**　宋垣忠著　国民图书出版社　1941年9月　3＋68　32开

本书为作者在第一战区干训团的演讲。

**3379. 三民主义概要**　钱实甫编　文化供应社　1942年12月　桂林　179　32开

本书从绪言、总论、民族主义、民权主义、民生主义等5部分内容对三民主义进行论述。

**3380. 三民主义概要**　萨师炯著　独立出版社　1943年8月初版　重庆　2＋90　32开

本书分4个部分：绪论三民主义的特质、民族主义、民权主义、民生主义。

**3381. 三民主义革命论**　刘修如编著　正中书局　1942年11月初版　重庆　10＋230　32开

本书分6篇：民族主义、民权主义、民生主义、唯生哲学、知行析论、中国国民党之使命。书前有序言。

**3382. 三民主义国际问题研究法表解·图解·例解（中国国民党五十周年庆典纪念刊）**　王芃生著　军事委员会国际问题研究所区党部　1944年11月、1945年2月再版　6　16开　有图表

**3383. 三民主义理论的研究·发凡**　石冲白编著　国民图书出版社　1944年9月初版　6＋102　32开　党义丛书

本书分10章：三民主义之本质、三民主义理论的基地、三民主义社会理想之最高原理、三民主义之理想社会、三民主义之三分法、民族主义之特质及其引申等。卷首有代序、自序及绪论。

**3384. 三民主义理论之探讨**　梁寒操讲，肖次尹记　广东省政府秘书处编译室　1939年10月　2＋119　32开　有图表

本书为作者1939年6月在第四战区党、政、军干部训练团的演讲，分引论、三民主义思想之来源、三民主义是理想与现实之统一、结论。有作者题赠。

**3385. 三民主义理论之探讨**　梁寒操讲，肖次尹记　南岳干训班　1939年5月　2＋84　32开

全书为作者在南岳游击干部训练班的演讲词，分4部分：引论、三民主义思想之来源、三民主义乃理想与现实之合一、余论，并附《南岳课暇得句》。封面题有"冯友兰先生赠，二十八年八月卅日"。

**3386. 三民主义理论之探讨**　梁寒操讲，肖次尹记　青年书店　1941年1月再版　桂林　3＋114　32开　有图表

本书为作者在1939年6月在第四战区党政军干部训练团的演讲，包括引论、三民主义思想之来源、三民主义是理想与现实之统一、结论。附录收《三民主义表解》、《必胜必成之三民主义》。

**3387. 三民主义论丛**　张铁君著　独立出版社　1942年12月初版　重庆　4＋149　32开

本书收录著者研究三民主义的文章，包括已发表在中央日报副刊上的，包括《诚的理则研究》、

《谈民生的定义》、《中国革命与辩证法的资量律》、《精神总动员在哲学上的意义》、《论人性》等共计19篇。有自序。

**3388. 三民主义论文集** 中央周刊社编 中央周刊社 1940年1月 重庆 6+254 32开

本书分6部分：关于社会科学者、关于哲学者、关于政治者、关于经济者、关于总理遗教及总裁言论者、其他，收录了25篇文章，包括叶楚伧、刘炳藜、余卓坚、易长青、陈希豪等人的论文。有绪言。

**3389. 三民主义浅说** 杜若之编撰 三民出版社 1939年10月初版 7+40 32开

全书共4章：总论、民族主义、民权主义、民生主义。有前言。

**3390. 三民主义思想论丛** 陆曼炎著，黄士华校对 独立出版社 1943年1月初版 重庆 2+104 32开

全书分11部分：民权演进史观、民权主义特征的分析和研究、五权宪法在近代公法学上的地位、权能划分论、三民主义的法律精神、中华民族的特性、儒家的政治思想管窥等。

**3391. 三民主义提要** 中央宣传部编 中国国民党浙江省党部 1938年12月 10+94 32开 有图表

本书分3节：民族主义、民权主义、民生主义。另收：《中央宣传部对重庆市党部等请求制裁曲解民生主义批文》、《三民主义、总理遗教不许曲解》。周佛海作序。

**3392. 三民主义研究** 张绚中著 时代思潮社 1941年10月再版 泰和 164 32开

本书收录了著者1940年以前发表于杂志报章上的有关三民主义的文章，包括《三民主义的物质基础》、《论"一劳永逸"的三民主义》、《三民主义的革命论》、《三民主义与马克思社会主义》、《三民主义的历史观》等，共计11篇。

**3393. 三民主义研究集** 国立中正大学三民主义研究会编 江西省三民主义文化运动委员会 1942年6月初版 江西 4+242 32开 有图表

本书收录14篇文章：《三民主义与中国革命理论》（魏竞江）、《论三民主义新中国的建设》（雷谦）、《怎样完成三民主义新中国的建设》（乐寿松）、《论三民主义的一次革命》（陈资舫）、《三民主义的政治思想》（毕兆龙）等。有编者序言，封面有题赠。

**3394. 三民主义要义** 陈翊周翻译，白凤兆校订 教育部 1945年7月 201 32开 有图表

本书分4章：民族主义总论、民族主义、民权主义、民生主义。蒙汉对译本。

**3395. 三民主义与共产主义** 陶百川著 中央周刊社 1941年4月3版 重庆 10+147 32开

全书分11章，阐述了中国革命的特性、时代需要三民主义、关于三民主义的辩证、三民主义的彻底性、民生主义与共产主义、中国需要马列主义么、苏联曲线革命的评价和苏维埃制度与三民主义等问题。

**3396. 三民主义与共产主义** 陶百川著 中央周刊社 1942年12月6版 重庆 11+170 32开

全书分11章，阐述了中国革命的特性、时代需要三民主义、关于三民主义的辩证、三民主义的彻底性、民生主义与共产主义、中国需要马列主义么、苏联曲线革命的评价和苏维埃制度与三民主义等问题。

**3397. 三民主义与共产主义** 陶百川著 中央周刊社 1942年5月5版 重庆 11+170 32开

全书分11章，阐述了中国革命的特性、时代需要三民主义、关于三民主义的辩证、三民主义

的彻底性、民生主义与共产主义、中国需要马列主义么、苏联曲线革命的评价和苏维埃制度与三民主义等问题。

**3398. 三民主义与农工**　教育部民众读物编审委员会　2+40　64开　民众文库

本书共分4章：绪论——提出三民主义的产生是要救中国、农民工人与国民革命、三民主义和农工的利益、农民工人对实现三民主义的责任。书后附《仿印教育部民众读物及播音小丛书办法》。

**3399. 三民主义与社会主义**　叶青著　时代思潮社　1941年12月再版　江西　6+114　32开

全书共5章：弁言、民族主义与社会主义、民权主义与社会主义、民生主义与社会主义、结论。卷首有作者自序。附录为《孙中山在学术思想上的贡献》。

**3400. 三民主义与中国革命**　刘炳藜著　中央周刊社　1940年6月　重庆　4+182　32开

本书收26篇文章：《三民主义理论之任务》、《如何建立三民主义社会科学的体系》、《革命战争与民主》、《我国抗战与世界新时代之启示》、《第二期革命与第二期抗战》等。书前有自序。

**3401. 三民主义与中国人民**　任一黎著　时代思潮社印行　1940年6月　4+42　32开

本书分6部分，包括三民主义与中国民族、三民主义与中国工商业者、三民主义与中国工人、三民主义与中国农民、三民主义与中国妇女、三民主义与中国青年等。

**3402. 三民主义在广西**　李宗仁、白崇禧、黄旭初合著　民团周刊社　1938年9月再版　南宁　42　32开　丙种丛刊第一种　基本认识丛刊第一辑之一　亢真化编辑

本书收4篇文章：《负起本党艰难伟大的使命》（李宗仁）、《广西建设的总目标》（李宗仁）、《三民主义在广西的检讨》（白崇禧）、《奉行三民主义的经验》（黄旭初）。附录收《广西建设纲领》。

**3403. 三民主义政治浅说**　马璧著　国民图书出版社　1942年3月初版　重庆　4+118　32开　党义丛书

全书分4章：三民主义的政治原理、三民主义国家的要素、三民主义的政治组织、三民主义的政治法规。有自序。

**3404. 三民主义之理论与应用**　王贻非著　时代思潮社印　1942年12月初版　江西　4+136　32开

本书12讲：三民主义的体系论、三民主义与中国革命、三民主义与抗战建国、三民主义与教育宗旨、三民主义与青年思想、三民主义与党派问题、三民主义与自由问题、三民主义与国防文化、三民主义与国防计划、三民主义与一次革命、三民主义与世界革命、三民主义的方法论。

**3405. 三民主义之全面的体系**　陈知行著　启蒙出版社　1939年7月初版　2+172+9　32开　有图表

全书分4章：绪言、三民主义的哲学基础、三民主义的政治任务、结论。阐述了三民主义的中心思想、对三民主义的重新估价、哲学的任务和态度、哲学的根本问题、中国革命的任务、中国革命的推进以及三民主义的全面体系等问题。有"作者的话"和"本书的参考书"。

**3406. 三民主义之体系及其实行程序**　［蒋介石讲］　中央训练团　1939年9月　62　64开　有图表

**3407. 三民主义之体系及其实行程序**　中央组织部宣传部编　编者刊　1941年5月　［117］　32开　有图表　总裁言论蒙译之十六

本书为蒋介石 1939 年 5 月 7 日在中训团党政班上的演讲词。蒙汉对译本。

**3408. 三民主义之体系及其实行程序** 中国国民党中央执行委员会宣传部 1943 年 12 月初版 44 + 3 64 开 有图表 总裁著述及各种训词之四

为蒋介石于 1939 年 5 月 7 日在中训团党政班上的演讲词。

**3409. 三民主义之要义** 三民主义青年团中央团部编 编者刊 1943 年 12 月 30 64 开

**3410. 少年时事读本**（第一集第四册） 时代读物社编 英商导报馆 1938 年 10 月 上海 22 32 开 有插图 导报小丛书

本书为辅助少年自学之供给补充教材，包括中国与世界、时论选读、时代知识、少年文艺等方面的内容。

**3411. 世界资源与未来战争** 徐卓英译述 中山文化教育馆 1937 年 8 月初版 上海 10 + 200 32 开 有图表 国际时事丛书

分 12 章：野心国的要求之检讨、世界原料品之生产分配与管理、军用化学原料品、对华侵略之意义、墨索里尼与战神、希特勒的野心等。

**3412. 社会科战时补充教材**（中学适用） 平韦卿编 商务印书馆 1938 年 3 月 3 版，1938 年 3 月 4 版，1938 年 9 月 6 版 长沙 18 + 46 32 开 有插图、有图表

本书共分 3 编：公民、历史、地理，论述了战时青年应有的态度、战时经济、民众组织与训练、中日交涉、太平洋形势、日本的作战力等。

**3413. 实用国民年鉴** 文化供应社 1941 年 4 月 桂林 563 32 开 有图表

本书分 5 编：抗战建国的中国、敌情、国际现势、一年来国内外大事综述、日用便览。书前有卷首语。

**3414. 世界青年运动与中国抗战** 陈斐琴著 大众出版社 1938 年 5 月初版 汉口 2 + 68 32 开 抗战建国丛书 汪馥泉主编

本书收录《世界青年统一战线运动》、《世界学生反战反法西斯大会》、《国际青年和平大会》、《世界学生援助中国学生斗争会议》等 8 篇文章。附录收《世界学生大会援助中国学生斗争告全世界学生宣言》、《世界学生大会援助中国学生斗争决议》、《世界学联给中国青年的信》、《广州各团体致世界青年代表团欢迎书》。书前有姜君辰序。

**3415. 世界知识十讲** 梁彦著 国民出版社 1939 年 11 月初版 上海 8 + 172 32 开 有图表

本书共分 10 讲：帝国主义、法西斯蒂、议会政治和社会主义国家、国际军缩问题、战争与军火国际等。书前有著者序及参考书目。

**3416. 文治中学抗日特集** 北平文治中学抗日救国会宣传股编 编者刊 1932 年 1 月 北平 40 大 32 开 有题词

本集收录了《国难期中国人还不觉悟吗?》、《抗日救国声中我要说的几句话》、《东北事件与帝国主义将来的战争》、《宣战是我们唯一的出路》、《救国问题》等 10 篇文章，表达了该校师生抗日的呼声。集首有"抗日特刊小题记"。

**3417. 我为什么信仰三民主义** 林桂圃著 现实出版社 1943 年 1 月出版 重庆 6 + 66 32 开 现实丛书之一

本书分上、中、下 3 篇，内容为作者思想信仰变化之经过。

**3418. 行政统计（县各级干部人员训练教材）**　内政部统计处编　中央训练委员会内政部　1942 年 5 月　7＋146＋6　32 开　有插图、有图表

本书分 6 章：统计之功用、调查登记、整理及制表、绘图、行政机关应办之统计及其运用、重要统计法令之说明。收《户口普查表》、《户籍登记表》、《人口年龄分配划计表》等 19 幅表格以及《四川省第三行政督察区各县户数比较图》、《福建省三年来教育经费比较图》、《各省人口比较图》等 13 幅图。书前有编辑大意以及凡例。

**3419. 延安新文字狱记详**　白扬采编　尖兵半月刊社　1943 年 5 月　江西　2＋38　32 开

通讯。本书分 4 个部分：先从整风运动说起、一片苦闷的呼声、一个新型的文字狱、客观的分析。书前有"编者序"。

**3420. 怎样实行三民主义肃清贪污团结救国（我的革命信念）**　李钟汉著　南宁建设书店［总代售］　1938 年 12 月出版　南宁　4＋132　32 开　有照片

全书分 4 个部分："对于统一中国、实行三民主义的信念"、"对于消灭贪污澄清吏治、团结救国的信念"、"对于国家社会的观感与对立身处世的主张"、"附录《对于总理与先父的哀思》"。有卷首语、孙右铮序和自序。有题赠。

**3421. 战时常识参考书（高年级教员用）**　王养吾编辑　商务印书馆　1938 年 5 月初版，1938 年 7 月再版　长沙　4＋320　32 开　小学补充教材

该书为战时常识参考书，分 7 个单元：抗战意义的认识、现代战争的大概、防空、防毒、后方工作、最后胜利的把握、我们的工作。有 4 个附录：非常时期的儿童组织与训练、小学救亡教育的环境布置等。封二有例言，书后有参考书目录。

**3422. 战时的青年知识**　陈健夫编著　新知识书店　1938 年 6 月再版　3＋247　32 开

本书包括新的世界观、新的世界的诞生、新的世界和旧的世界、新的时代与新的青年、新的民族领袖、新的战争的艺术、新的财政问题、新的外交原则、新的政治训练、新的军事训练、新的文学研究、新的人生观、新的思想训练法等 32 方面的内容。

**3423. 战时读本（第一册）**　太行文化教育出版社编辑部编辑　编者刊　1940 年 1 月 4 版　15［环筒叶］　13cm×21.5cm　石印

抗日小学民众训练及武装部队用。该书为抗日根据地小学常识课本。

**3424. 战时读本（第二册）**　太行文化教育出版社辑部编辑　编者刊　1940 年 1 月 4 版　15［环筒叶］　13cm×21.5cm　石印

抗日小学民众训练及武装部队用。该书为抗日根据地小学常识课本。

**3425. 战时民众学校补充读本**　姜存松编著　浙江省教育厅　1938 年 12 月初版　浙江丽水　40　32 开　有插图　战时民众教育丛书之一

本书分 30 课，主要宣传抗战知识，启发民众抗战意识。包括赶走日本人、几个国耻纪念日、团结一致、救国工作、最后一定胜利、新中国的光荣等。

**3426. 战时手册**　黄龙、郑光昭编　商务印书馆　1937 年 10 月初版，1937 年 12 月 7 版，1938 年 5 月 8 版　上海　4＋210　大 64 开　有插图、有图表

分为党政概要、外交常识、军事常识、战时法规、避难知识、医药卫生、地理图表、交通要览、民众组织及后援工作、国歌和军歌 10 部分。附录：《纪念日表》、《度量衡币表》、《度量衡比较表》、《出入款目表》和《亲友住址表》。

**3427. 战时手册** 黄龙、郑光昭编 商务印书馆 1940 年 6 月第 2 次增订第 1 版 上海 4＋247 大 64 开 有插图、有图表

分为党政概要、外交常识、军事常识、战时法规、避难知识、医药卫生、地理图表、交通要览、国民精神总动员纲领及其实施、国歌和军歌 10 部分。附录:《纪念日表》、《度量衡币表》、《度量衡比较表》、《出入款目表》和《亲友住址表》。

**3428. 战时小学常识课本（第一册）** 山东省教育处审定,大众日报社编 大众日报社 1942 年 8 月 41 32 开

内容包括:我的生活、小明的肚子痛了、我的消化器、怎样使牙齿不痛、眼耳鼻要怎样保护、学校的卫生、小先生等 36 个部分。

**3429. 战时新课本** 晋冀鲁豫边区政府教育厅编审委员会审定 韬奋书店 1945 年 7 月初版 ［黎城］ 2 册 32 开

初级小学国语常识合编本,第四册、第六册。

**3430. 战时新课本（初级小学国语常识合编第二、四、六册）** 晋冀鲁豫边区教育厅编审委员会审定 韬奋书店 1945 年 3 册 32 开 石印

该书为抗日根据地小学国语课本。

**3431. 政党与政府之关系:多党、两党、一党与无党（六十三个政府分析表之说明）** 浦薛凤 10 16 开 有图表

本书分 4 个部分:动机、定义、统计、归束。有题赠。

**3432. 政治常识（讲授提纲）** 徐懋庸主编 新华书店 1943 年 6 月 6＋64 32 开

内容包括 6 讲:人类社会与政治、历史上的五种社会制度、阶级与政党、国家政权、战争与革命、国际现势。

**3433. 政治常识读本** 民族革命战争战地总动员委员会宣传部编 编者刊 15＋4 ［环筒叶］ 16cm×19.2cm 油印 有插图

本书分 3 篇:"世界篇"包括资本主义与社会主义、和平阵线与侵略阵线、二次世界大战等部分;"日本与中国篇"包括日本、日本帝国主义、日本帝国与中国、"九一八"以来等部分;"中国篇"包括沦亡的东北、抗日统一战线与民族革命战争、战争的前途等部分。

**3434. 政治常识讲授提纲** 抗大文化教育科研究室编辑 抗日军政大学 1942 年 6＋66 32 开 抗大政治文化教育丛书之一

内容包括 6 讲:人类社会与政治、历史上的五种社会制度、阶级与政党、国家政权、战争与革命、国际现势。封面题名为"政治常识"。

**3435. 政治学** 柳克述著 青年书店 1938 年 12 月 重庆 8＋84 32 开 军事学校战时政治教程

本书共分 7 章:导言、国家的概念、国家的起源、国体分类、宪法、国家与个人的关系、政府概论。

**3436. 政治学** 陈之迈编著 正中书局 1940 年 12 月初版,1945 年 4 月 16 版,1947 年 3 月沪 8 版 上海 3＋186＋12 32 开 青年基本知识丛书 中国国民党中央宣传部青年知识丛书编审委员会主编

本书分 16 章:国家的性质、国家的要素、现代国家的沿革、民族与国家、自由主义的国家、苏维埃共产主义的国家、法西斯主义的国家、三民主义的国家、民主政治的根本等。附录收《如何

研究政治学》、《张云先生来函》、《政治学的致用——答张云先生》。有自序。

**3437. 政治学教程**　陈颐庆编著　黄埔出版社　1939 年 2 月初版　10＋176　32 开　黄埔丛书之二十九

　　本书为讲学所用教程，分 8 章：国家、国家与人民的关系、宪法、五权宪法、政府、大战后的新政体、国民政府、中央政府机关。卷首有孙文、蒋介石语录。语录后有例言，例言中交代本书的篇章结构以及使用方法。附录收《国民政府建国大纲》、《中华民国训政时期约法》、《中华民国宪法草案》、《中国国民党抗战建国纲领》、《国民参政会组织条例》及参考书书目。

**3438. 支那官厅行政报告类目录**（昭和十五年十二月）　中支建设资料整备委员会编　编者刊　1940 年 12 月　上海　13　16 开　资料通报第 13 辑

　　本书由行政院各部报告、建设委员会关系报告、中央统计处作成报告、军事委员会关系报告、中央机关报告、各省市法规类、各省行政报告纪要、各市行政工作报告等报告的目录索引组成。日文文字。

**3439. 支那社会·法律关系资料目录**　（日）大塚令三　中支建设资料整备事务所编译部　1940 年 12 月　上海　11　16 开　资料通报　第 12 辑

　　本书分 6 部分：教育、国民党·共产党、人口统计、杂项、法律、外交关系。

**3440. 殖民地与半殖民地**　陈洪进著　黑白丛书社　1938 年 5 月再版　上海　5＋83　32 开　黑白丛书之十五　钱俊瑞主编

　　本书共分 3 章：殖民地与帝国主义、殖民地半殖民地的政治和经济、殖民地半殖民地的民族运动。书前有作者自序。

**3441. 中国大势**　杨纪编　大公报馆［总经售］　1939 年版　5＋71　64 开　有图表

　　本书收录抗战建国纲领、1939 年 2 月以来以抗战建国为中心的各方统计数据。包括革命纪念日、土地、人口、中国国民党、共产党、青年党的有关工作、以及国民政府、国民参政会、各省主席、国防与抗战、教育、交通和经济各方面资料。有编者序。

**3442. 中国大势**　杨纪编　1940 年　5＋81　64 开　有图表

　　本书收录抗战建国纲领、1940 年 3 月以来的以抗战建国为中心的各方统计数据。包括革命纪念日、土地、人口、中国国民党、共产党、青年党的有关工作，以及国民政府、国民参政会、各省主席、国防与抗战、教育、交通和经济各方面资料。有编者序。

**3443. 中国革命与三民主义**　刘子健著　时代思潮社　1941 年 11 月初版　江西　3＋80　32 开

　　全书分 10 部分：前言、中国社会的性质、中国革命的任务、领导革命的阶级、建设国家的形式、三民主义的真释、完成革命的途径等。书前有自序，书后有附录、编后记。

**3444. 中国革命之理论与现实**　刘修如著　国立师范学院出版组　1940 年 5 月试版　5＋180　16 开

　　本书分 3 编：中国革命之最高原则、革命之哲学基础、中国国民党之使命。有题赠，有批校。

**3445. 中国工人抗敌总会筹备委员会工作报告**　1938 年 5 月　64　32 开　有照片、有图表

　　本书分 4 部分：绪言、发起经过、工作概况、文献资料。其中文献资料部分收录相关草案、规则、图表、通告、贺电、批文等共 21 种。出版时间据内容推断。

**3446. 中国政治建设学会第二届年会会务报告**　［中国政治建设学会］编　编者刊　1944 年 3 月　4＋98　32 开　有插图、有图表

本书分 4 部分：会员、组织与人事、财务状况、会所。附录收《收本会章程》、《各专门研究委员会组织办法》、《会员录》等。

**3447. 中学国语（再版增订本）** 江西省政府教育厅编 编者刊 1937 年 12 月再版 江西 2 + 106 32 开 抗战丛刊 第 1 辑

本书收录了 24 篇文章：《坚守我们的战场》（蒋介石）、《复兴民族的基本方策》（冯玉祥）、《民族复兴与焦土抗战》（李宗仁）、《为民众的前锋作政府的后盾》（程时煃）、《战神在叹息》（茅盾）、《冯将军歌》（黄遵宪）、《马赛革命歌》（刘复）等。

**3448. 专家在公共行政机构内所占的地位** 麦利安讲演 张澍霖译 1936 年 27 32 开

本书是麦利安氏讲演集其中一篇，对我国自抗战以来各公私机关用人行政之设施有一定的参考之处。

**3449. 自由与组织** 吴之椿著 国民图书出版社 1940 年 11 月初版 重庆 2 + 69 32 开

本书分 4 个部分：问题的背景、自由与组织的功用、自由的来源与组织的条件、历史的教训。

**3450. 总理对青年之遗教** 杨赞中编 青年出版社 1940 年 3 月再版 3 + 61 32 开

本书分上、下两编。上编包括：行易知难、要立志做大事不可立志做大官等；下编包括：非学问无以建设、负起振兴中国的责任等。

**3451. 总理遗教表解** 中国国民党中央执行委员会宣传部编 编者刊 1941 年 1 月 2 + 34 16 开 有图表

全书分 10 个部分，分别为：三民主义之体系及其实行程序表、三民主义表解、三民主义分讲表解、心理建设表解、物质建设表解、社会建设表解、国民政府建国大纲表解、军人精神教育表解、地方自治开始实行法表解、钱币革命表解共计 10 篇。附录为总裁重要言论表解。封面提有"中华民国驻印度专员办事处惠存"。

**3452. 总理遗教论文集** 黄埔出版社编 编者刊 1940 年 4 月初版 重庆 2 + 226 32 开 有图表 黄埔丛书 第 1 辑第 10 种

本书收录 14 篇文章：《三民主义之哲学的基础》（戴季陶）、《怎样完成总理的遗志》（孙科）、《学术动员与研究三民主义社会学科》（叶楚伧）、《知难行易学说的科学基础》（罗家伦）、《三民主义的形成及内容》（张历生）、《如何建立三民主义社会科学的体系》（刘炳藜）、《三民主义方法论发凡》（刘炳藜）、《三民主义的哲学基础与其真谛》（陈希豪）等。

**3453. 总理遗教研究七讲** 梁寒操讲 社会部社会工作人员训练班 1941 年 8 月 ［重庆］ 12 + 154 32 开 有图表

本书为作者 1940 年 7 月在社会部社会工作人员训练班上的演讲。

# 中国军事

## 普及读物

**3454. 大众军事知识**　陶晓光编　战时大众知识社　1937 年 12 月再版（汉）　1＋90　32 开　有插图、有图表　战时大众知识丛书　白桃主编

　　本书分 10 章：现代的战争、一般的军事常识、陆军的兵器、军队的机械化、军事侦探、军事通讯、筑城、海军常识、空军、国家总动员。

**3455. 防护常识**　军事委员会战时工作干部训练团第一团政治部　国民政府军事委员会政治部 1938 年 6 月，1940 年 2 月再版　8＋104　32 开　抗战建国丛书

　　本书分 4 篇：防空、防毒、救护、防护训练与组织。

**3456. 防空防毒防火常识**　四川省防空协会合江县支会编　编者刊　1937 年　四川　12　16 开　有图表

　　本书分 3 章：防空、防毒、防火。书前有引言。封面有"抗战必备"字样。

**3457. 非常时期之军事知识**　陈沐编　中华书局　1937 年 5 月，1937 年 8 月再版　上海　2＋174 32 开　有照片、有插图、有图表　中国新论社非常时期丛书　雷震、马宗荣、徐逸樵、罗鸿诏主编

　　本书分 14 章：现代战争的形态、我国的国防机关、陆军的组织、陆军的兵种性能和任务、陆军的武器、海军的组织、海军的舰种性能和任务、海军的武器、空军的组织、空军的几种性能和任务、空军的武器等。卷首有中国新论社所作总序。

**3458. 军人救国问答**　［滇黔绥靖公署政治训练处编］　［编者刊］　1938 年　18　32 开

　　本书分 3 节：抗日救国的认识、抗战中军人的责任和修养、军民合作。

**3459. 军事知识**　武德报社编辑　编者刊　1939 年 11 月　北京　4＋160　32 开　有照片、有插图、有图表　民众丛书

　　本书收录 132 篇文章：《气球是航空的基础》、《军用飞机种类与用途》、《日本空军发达史》、《战时贮藏》、《日本军事的常识》、《日本很早就有甲胄》等。

**3460. 抗战与军事常识**　杨虎著　商务印书馆　1938 年 2 月 3 版　长沙　2＋42　32 开　抗战小丛书　中国文化建设协会主编

　　本书分 4 章：抗战的意义、国军、战斗、兵器。书前有丛书发刊旨趣。

**3461. 空军常识**　刘维宜、孙惠道编著，吕金录校订　商务印书馆　1938 年 8 月再版　长沙　26 64 开　有图表　民众战时常识丛书

　　本书介绍战时空军常识。

**3462. 民族解放战争基本军事讲话**　李鸿琼编著　上海杂志公司　1938 年 3 月汉初版　汉口　10＋

172 32 开 有插图 新军事学丛书之五

本书分 4 章:民族解放战争的基本认识、民族解放战争的大众基本兵器、大众基本兵器的使用法、民族战斗员的各个战斗要领。

**3463. 青年海军常识** 王锡纶编译 商务印书馆 1936 年 1 月初版,1936 年 7 月 3 版,1938 年 6 月 4 版 上海 4+60 32 开 有照片、有插图、有图表

本书旨在抗战时期向广大青年普及海军常识,分 4 部分:我国海军的组织、海军舰艇的种类和任务、海军的兵器、世界列国海军现状。书前有各国舰艇、鱼雷等图片 30 余张。1938 年 6 月 4 版封面书名前有"战时常识丛书"字样。

**3464. 青年军事常识** 林朝岚、胡希明著 上海杂志公司 1938 年 1 月汉版 汉口 5+80 32 开 大时代丛书之六 金则人主编

本书分 4 章:绪引、陆军常识、海军常识、空军常识。书前有大时代丛书刊行缘起。

**3465. 青年陆军常识** 王锡纶编译 商务印书馆 1935 年 2 月初版,1938 年 6 月 7 版 上海 6+67 32 开 有照片、有插图、有图表

本书分 6 部分,介绍国防机关、我国陆军的编制、兵种和任务、新兵器,以及世界列国陆军的现状。1938 年 6 月 7 版封面书名前有"战时常识丛书"字样。

**3466. 我们的小战士** 宁墨公著 文风书局 1944 年 4 月初版 重庆 5+59 32 开 有插图、有图表 新少年文库 第 2 集 王平陵主编

本书向少年儿童介绍了战争与兵器,分为 9 章,包括:概说、现代战争的要素、发展儿童的战略天才、谈谈小战术、战争与兵器、初步的射击术、火药的种类及功用、兵器小常识、战斗车辆。书前有萧同兹序。

**3467. 现代国防常识** 刘为章著 青年出版社 1942 年 5 月 10+302 32 开 有插图、有图表 国防科学丛书

本书分 12 章:现代战争的一般特质、构成国防的基本条件、国家总动员、武装战争、经济战争、思想战与宣传战、政治战与外交战、中国的国防建设等。

**3468. 现代战争** 教育部社会教育司编 正中书局 1938 年 6 月初版 1+161 32 开 有图表 教育部播音小丛书第 11 种 抗战讲演集第 2 辑

本书收 6 篇文章:《现代战争》(杨杰)、《化学战剂》(汪浏)、《征兵与募兵的利弊》(王文宣)、《防空常识》(黄镇球)、《都市防空》(黄镇球)、《防毒常识》(汪浏)。

**3469. 怎样组织义勇队** 张桂著 战时大众知识社 1938 年 3 月再版 [上海] 3+56 32 开 战时大众知识丛书 白桃主编

本书分 5 章:总纲、组织、训练、动作、地方工作。书前有绪言,书后有赘语。

**3470. 战时常识** 吕绍虞编 世界书局 1936 年 12 月初版 上海 1+30 64 开 有插图

本书分 7 个部分:战争的必要性、战时常识的需要、国家总动员的意义及其内容、防空常识、防毒常识、战时大众对于国家的义务等。卷首有陆高谊所作《战时常识丛书发刊词》一文。

**3471. 战时常识** 广州二天堂大药行编 编者刊 1938 年 4 月 广州 2+50 页 32 开 有插图

此书为抗战时期普及读物,从防空、防毒、消防、避难、救护 5 个方面介绍战时常识。书前有前言。

**3472. 战时防护常识**　中国国民党中央执行委员会宣传部编　编者刊　1937 年 8 月　44　64 开　有图表　抗敌手册之三　中国国民党中央执行委员会宣传部编

　　从防空、防毒、防火、急救 4 方面讲解战时防护常识。

**3473. 战时国民军事常识**　广东国民军事训练委员会编　编者刊　1938 年 1 月初版　广东　30 + 104　32 开　有插图、有图表　广东国民军事训练委员会丛书之四

　　本书分 13 节：国家总动员、抗日战术、空袭绪论、防空警报、积极防空、如何欺骗敌机、灯火管制的方法、交通管制的方法、防毒须知、消防须知、救护须知、避难所须知、防奸须知。书前有抗战插图、抗战歌曲和旨趣。附录收《惩治汉奸条例》、《兵役法》、《军事征用法》、《战时粮食管理条例》、《军语释要摘要》、《工役法》。

**3474. 战时人民常识**　林智清著　汗血书店　1937 年 3 月　上海　4 + 150　32 开　国防实用丛书之十九　刘百川主编

　　本书分 8 部分：日德防空与组织宣传、防空、防毒、救护指导、战地救护、战地伤兵搬运法、战时消防、难民教养。书前有引言，书后有结语。

**3475. 战时人民须知**　中国国民党中央执行委员会民众运动指导委员会编　编者刊　1933 年 4 月　4 + 106　32 开　有插图、有图表

　　本书分 6 章：绪言、防空——民众防避飞机之常识、防毒——防毒浅说、救急、防火、国难期中的金融粮食问题。附录《南京市人民自卫指导委员会组织大纲》。

**3476. 战时特种任务常识**　国民政府军事委员会政治部编　编者刊　6 + 170　32 开　有照片、有插图　国民军训教材之一

　　本书分 5 章：防空及救护常识、交通常识、运输常识、工事常识、警备常识。

**3477. 战事知识**　金泽华编译　大中国出版社　1938 年 2 月　6 + 204　32 开　有照片、有图表　青年知识丛书之一

　　本书分 4 编：陆军之部、海军之部、空军之部、化学战争之部。

**3478. 中国历史上的民族战争**　中山文化教育馆编　编者刊　1940 年 3 月渝版　重庆　2 + 34　32 开　抗战丛刊第 101 种

　　本书分 10 个部分：引言、黄帝征蚩尤、化成时代的民族战争、汉征匈奴、淝水之战、唐平突厥、中倭第一次战争、南宋抗金、明倭朝鲜之役、结论。

**3479. 中央广播电台国民军事常识演讲录（建军之部）**　吴光杰著　编者刊　1935 年 3 月初版　南京　10 + 440 + 8　32 开　有照片、有插图、有题词

　　本书分 18 讲：由国际情态说到我国国防的严重和国民应有的决心、根据立国要素的基础来讨论我国国防的建设、国民军事教育之必要及具体的计划、我国陆军的整理和改革兵役制度的研究、我国海军建设的研究、我国空军建设的研究、步兵常识、骑兵常识等。有周亚卫序和吴光杰卷头语。封面有“军国民教育适用”字样。

**3480. 作战概说**　苏民编著　商务印书馆　1938 年 7 月初版　长沙　38　64 开　民众战时常识丛书

　　本书分 8 部分：惨烈的现代战争、陆海空军各种战斗在战争中的地位、陆军怎样作战、陆空军怎么联合作战、陆海空军怎样联合作战、机械化部队和化学兵队怎样作战、一般陆军战术简释、尾声。

# 军事理论

**3481. 论战争**　钱俊瑞著　新知书店　1940 年 3 月　桂林　2 + 92　32 开

本书分 3 节：怎样确定战争的性质、第一次帝国主义战争及战后的基本局势、第二次帝国主义战争的新阶段。附录收《谁停止了第一次世界大战》、《欧局与远东诸问题》、《美国在远东的问题》等 4 篇文章。

**3482. 论战争的性质**　钱俊瑞著　民族革命出版社　1940 年　120　32 开　战地文化丛书之六　梦回主编

包括：怎样确定战争的性质、第一次帝国主义战争及战后的基本局势、第二次帝国主义战争的新阶段。附录：谁停止了第一次世界大战、论欧局与远东诸问题、世界大战中美国的动向、苏联进兵芬兰的剖视、目前国际形势的讨论要点。

**3483. 全民战争**　General Ludendorff 原著，董问樵译述　商务印书馆　1937 年 11 月再版　上海　12 + 164　32 开

本书分 7 个部分：全民战争之本质、民族之精神统一是全民战争之基础、经济与全民战争、防御军之强度和实质、防御军之成分及其出动、全民战争之实行、将帅。书前有张梁任、董问樵分别所作序言。

**3484. 全民族战争论**　张君劢译述　中央陆军军官学校　1938 年 10 月初版　24 + 92　32 开　黄埔丛书之二十　黄埔出版社编辑

共分 7 章：全体性战争之本质、民族之精神的一致团结即全体性战争之基础、经济与全体性战争、国防军之实力、国防力之成分及其使用、全体性战争之实施、主帅。书前有熊式辉序、蒋方震序、汤住心序、译者序、鲁屯道夫小传及译例。

**3485. 全民族战争论**（*Der Totale Krieg*）　（德）Von General Ludendorf 著，张君劢译　中国国民经济研究所　1937 年 3 月再版　上海　32 + 114　大 32 开　中国国民经济研究所丛书

本书分 7 章：全体性战争之本质、民族之精神的一致团结即全体性战争之基础、经济与全体性战争、国防军之实力、国防力之成分及其使用、全体性战争之实施、主帅。书前有编者序、熊式辉序、蒋方震序、汤住心序、译者序及鲁道夫小传。

**3486. 现代战争论**　国际时事研究会编辑　编者刊　1938 年 2 月初版　2 + 108　32 开　时事问题小丛书 6

本书分 3 部分：绪论、现代战争的基本认识、战术与战略。

**3487. 现代战争论初步**　华少峰著　生活书店　1940 年 5 月初版　重庆　1 + 71　32 开　社会科学初步丛刊

本书分 8 部分：这本小册子里讨论些什么、现代战争的原因、现代战争的本质、正义战争和非正义战争、现代战争的形态、现代战争的战略和战术、第二次世界大战的特点、战争的前途与争取永久和平的方法。

**3488. 马克思列宁主义论战争与军队**　八路军抗日战争研究会编译处编　新华日报华北分馆　1941 年　8 + 405 ［环筒叶］　32 开　抗日战争参考丛书

本书分 3 个部分：解说导言、马克思列宁主义论战争与军队的学说基础、帝国主义与无产阶级

革命时代的战争。出版日期依封面推测。

**3489. 马克思列宁主义论战争与军队**　八路军抗日战争研究会编译处编辑　八路军军政杂志社
1939 年 10 月　6＋234＋6　32 开　精装　抗日战争参考丛书第 3 种

该书分为 3 个部分：马克思列宁主义论战争与军队的学说基础、帝国主义与无产阶级革命时代的战争、帝国主义与无产阶级革命时代的军队。书前有《解说的导言》。

**3490. 马列主义论战争与军队**　焦敏之编译，八路军抗日战争研究会编　苏南新华书店　1949 年 9
月　8＋362　32 开　抗日战争参考丛书

该书分为 3 个部分：马克思列宁主义论战争与军队的学说基础、帝国主义与无产阶级革命时代的战争、帝国主义与无产阶级革命时代的军队。前有《解说的导言》。

**3491. 抗战建国纲领研究—军事篇**　方秋苇编著　艺文研究会　1938 年 7 月初版，1938 年 12 月再版　汉口　4＋94　32 开　有插图　抗战建国纲领研究　周佛海、陶希圣主编

本书分 6 章：绪论、抗敌战略论、建国与建军、军队政治工作论、抗敌战术论、抗战军事胜利之道。附：抗日战术简语等。

**3492. 抗战建国纲领研究——军事篇**　方秋苇编著　独立出版社　1939 年 7 月 11 版　重庆　4＋94
页　32 开　有插图

本书分 6 章：绪论、抗敌战略论、建国与建军、军队政治工作论、抗敌战术论、抗战军事胜利之道。附：抗日战术简语等。

**3493. 战争与文化**　陈安仁著　商务印书馆　1938 年 7 月初版　长沙　1＋46　32 开　有图表　战时常识丛书

本书有 8 个部分：绪论、战争之意义与文化之意义、战争之基本原因、战争对于文化之贡献、侵略战对于世界文化之影响、反侵略战对于世界文化之贡献、中国之抗战与中国之文化、结论。

**3494. 中山战争论（增订本）**　李浴日著　世界兵学编译社　1943 年 12 月再版　桂林　7＋196
32 开　有图表　兵学丛书第 1 种

本书分 12 个部分：绪言、战争思想、国防计划、军政兴革、决胜精神力、战争与政治、战争与经济、战争与宣传、铁的纪律、战略战术、纵横战论、结语。卷首有《一个伟大的昭示》、《一个正确的阐明》两篇摘录文章。书前有著者自序以及再版自序。

# 军队建设

**3495. 陈次长训词**　陈诚著　军事委员会战时将校研究班　1938 年 3 月　16　64 开

本书分 5 个部分：培养青年将校之德性与锻炼其技术之必要、德性与技术之界限、德性与技术之关系、部队长官对于部下青年将校德性培养与技术锻炼之责任和方法、结论。

**3496. 陈教育长抗战言论集**　陈诚著，军官训练团编　编者刊　1938 年 3 月　2＋120　32 开　有图表　军事委员会军官训练团训练丛书　第 2 种

收录讲话 11 篇：《〈干部与全民对于国家总动员之认识及任务〉讲评》、《当前四个疑问的解答》、《国防建设计划》、《对六十七师全体官兵训话》、《告十五集团军各官兵同志书》等。封面有"机密"字样。

**3497. 戴安澜遗集**　安澜遗集编委会编著　编者刊　1943 年 3 月初版　桂林　7＋284　32 开　有插

图、有题词、有图表

本书分 11 个部分：遗像、题词、序言、遗墨、遗文、遗书、日记、军事论述、磨砺集、自讼、附录。书后附《戴安澜遗集优待券集》。

**3498. 第二阶段抗战开始应建立新的军队论** 林岑南编 怒吼出版社 1938 年 3 月 上海 93 32 开

本书分 8 部分：关于建立新的军队、改进全国军队政治工作、今天军队中的政治工作是怎样的、华北民众抗日武装的发展经过、保甲制度与民众动员、关于民众武装的两种误解、惊破敌胆的淮上民众武装、如何动员工人群众积极参加抗战。

**3499. 今年怎样练兵**（林彪同志在边区部队高干会上的讲话） 林彪著 八路军留守兵团司令部 1944 年 12 月 19 32 开 练兵小丛书之三

**3500. 李德邻先生抗战言论选集** 李宗仁著，黄雪邨编 前线出版社 1941 年 2 月 2+246 32 开

本书收录了 32 篇言论：《今后的战局》、《在艰苦中解救垂危的祖国》、《对日抗战问题》、《抗战胜利的必然性》、《我们必须有的认识和信念》、《党政军工作人员新精神新生命之创造》、《反侵略与持久战》、《抗战周年的回顾与前瞻》、《当前我们应有的努力》、《汪逆去国与抗战前途》、《干部训练的意义》、《军人要养成研究和学习的风气》、《救国是大家的责任》、《怎样争取最后胜利》等。

**3501. 论为将之道**（Generals and Generalship） 阿杰波尔·华维尔著 欧战文摘社 1941 年 32 32 开 战时常识小丛书第 1 种

本书分 3 个部分：论良将、将帅与其部队、军人与政治家。卷首有序言。

**3502. 如何建设新军** 刘峙、蒋方震、何应钦、陈继承、孙蔚起、黄杰、谢承熏、曹立瀛、钱大钧、邓文仪执笔 独立出版社 1939 年 12 月初版 重庆 4+50 32 开 战时综合丛书第 5 辑

本书分 8 章：论建国与建军、国民对建军应有的认识、建军的基本条件、建设新军的程序、新军的教育问题、新兵政治训练问题、建设新军与干部问题、建设空军问题。书前有战时综合丛书第 5 辑例言，书后有编后记、附录、讨论大纲。

**3503. 唐副司令长官抗战言论集**（第三辑） 唐式遵著述，张葆恩编辑 胜利出版社 1941 年 1 月初版 皖歙 176 32 开 有照片、有题词、有图表

收录其言论 44 篇，包括：《展开新生命》、《抗战与戏剧》、《抗战建国之动力》、《禁烟与抗战》、《抗战三年的回顾与前瞻》、《团结与互助》、《协力为国》等。书前有编者序言。

**3504. 卫司令长官抗战言论集**（第一集） 卫立煌著，王绍龙编辑 抗战言论编纂社 1939 年 7 月再版 西安 2+108 页 32 开 有照片、有题词

本书为卫立煌将军言论集，收 16 篇：《行政人员在抗战中的责任》、《抗战中自强之途》、《心理革命在抗战中的重要性》、《军人的武德》、《如何发挥国民公约的效力》、《走向生存的道路》等。附：《记卫将军》等 4 条。

**3505. 薛伯陵将军实际统帅法之概述** 吴逸志编著 编者刊 1939 年 8 月初版 2+70 32 开 有照片

本书分 10 部分记述了薛岳的治军之道：立身、治事、治兵、赏罚、用人、计虑、态度、负责、判断与处置、果断与坚忍。附录收《薛长官对陆大研究员讲话》。书有绪言。

**3506. 薛伯陵将军实际统帅法之概述**　吴逸志编著　1941 年 7 月 3 版　10＋136　32 开　有照片、有插图

　　本书分 10 部分记述了薛岳的治军之道：立身、治事、治兵、赏罚、用人、计虑、态度、负责、判断与处置、果断与坚忍。附录：《薛长官对陆大研究员讲话》。有出版自序、再版自序、三版自序。

**3507. 薛伯陵将军实际统帅法之概述**　吴逸志编著　编者刊　1940 年 11 月再版　6＋118　32 开　有照片

　　本书分 10 部分记述了薛岳的治军之道：立身、治事、治兵、赏罚、用人、计虑、态度、负责、判断与处置、果断与坚忍。附录收《薛长官对陆大研究员讲话》。书有绪言、再版序言。

**3508. 薛伯陵将军治军片录**　陈阵编，李桦木刻　中兴书局　1940 年 10 月初版　8＋82　32 开　有插图、有图表

　　本书分 4 篇记述了薛岳的治军之道：人物的了解、行军、作战、训练。书前有吴逸志、王光海、方学芬、赵一峰分别所作序文。书后有编后记。

**3509. 长途行军（薛伯陵将军治军纪实）**　陈阵编　1939 年　4＋46　32 开　有插图、有图表

　　本书分 4 篇介绍了薛岳的治军之道：人物的了解、出发以前、行进途中、宿营前后。书前有吴逸志、王光海分别所作序言。书后有编后记。

**3510. 阎司令长官对于组织工作的指示**　第二战区司令长官司令部政治部编　黄河书店　1940 年 3 月再版　5＋50　32 开

　　本书分 5 章：组织的意义及其重要性、组织的基本要素、组织的领导、如何巩固组织与扩大组织、组织的突击工作。卷首有前言。附录收《民族革命与社会革命讲话提纲》、《中国抗战前途与农民问题》两篇文章。

**3511. 阎司令长官建军的理论与实施**　第二战区司令长官司令部政治部编　黄河书店　1940 年 2 月再版　7＋123　32 开　有图表

　　本书分 8 章介绍了阎锡山的建军思想与实践：上新路、如何做一个新战士、如何做一个新军官、什么是新军队、四新主张、建设新军分三时期、建立组织领导、实现军政民化合的武力。书前有《阎司令长官训词》及前言。

**3512. 增订再版蒋百里抗战论集（上辑）**　蒋百里著，张禾草编　友声编译社　金华　12＋150　32 开　有照片、有插图、有题词、有图表

　　本书分 4 个部分：图版、论文、讲谈、蒋百里随员日记。

**3513. 广西的军事建设**　白崇禧著，全面战周刊社编　编者刊　1938 年 4 月初版　2＋84　32 开　白崇禧言论之三

　　本书收录白崇禧 1935 年到 1936 年之间的有关言论 11 篇，包括《广西的军事建设》、《训练民团与辎重兵的意义》、《军用无线电人员应有之修养》、《交通兵团成立的意义及各人应有的认识》、《军官应具备的性能》等。书前有引言。

**3514. 广西的军事建设**　白崇禧著，广西绥靖主任公署政治部编　1939 年 5 月再版　1＋86　32 开　白崇禧言论之三

　　本书收录白崇禧 1935 年到 1936 年之间的有关言论 11 篇，包括《广西的军事建设》、《训练民团与辎重兵的意义》、《军用无线电人员应有之修养》、《交通兵团成立的意义及各人应有的认识》、

《军官应具备的性能》等。

# 军事机关、军事会议

**3515. 中国国民党第五届中央执行委员会十二次全体会议国防最高委员会工作报告** 24［环筒叶］
16 开 油印 有图表

    包括本会重要决议及处理事项、行政三联制推进事项、设计事项、考核事项 4 部分。附录收《第五届中央执行委员会第十一次全体会议决议案》、《关于国防最高委员会主办各案办理经过报告表》、《国防最高委员会常务会议决议（及处理）要案分类报告表》。

**3516. 第二次参谋长会议要录（上）** 军事委员会军令部编 编者刊 1940 年 3 月 262 32 开
有图表

    上部包括：主官训词及参谋长报告、各部会业务报告。封面有"最机密二参第 38 号"字样。

**3517. 第二次参谋长会议要录（下）** 军事委员会军令部编 编者刊 1940 年 3 月 234 32 开
有图表

    下部包括：后勤组提案、军训组提案、政治组提案、军法铨叙组提案。附：《会议日程实施经过表》、《参谋长会议出席人员名册》。封面有"最机密二参第 38 号"字样。

**3518. 第二次参谋长会议要录（中）** 军事委员会军令部编 编者刊 1940 年 3 月 374 32 开
有图表

    中部包括：军令组提案（共 288 案，计分 3 类）和军政组提案（共 636 案）。封面有"最机密二参第 38 号"字样。

**3519. 军事委员会廿九年度最高幕僚会议汇编** 军事委员会办公厅军事处编 编者刊 1940 年
152 16 开 有图表

    本书包括 5 部分：法规、最高幕僚会议议事纪录、重要提案原文、附录一、附录二。

**3520. 军事委员会三十一年度最高幕僚会议汇编** 军事委员会办公厅军事处编 编者刊 1942 年
［262］ 16 开 有图表

    本书分 5 章：法规、最高幕僚会议议事纪录、重要提案原文、附录一、附录二。封面有"最机密"字样。出版时间根据会议时间推断。

**3521. 军政部第一分区第二次军事计政会议记录** ［军政部编］ ［编者刊］ ［60］［环筒叶］
16 开 油印 有图表

    本书为军政部第一分区第二次军事计政会议记录，分 6 部分：会议纪要、训话、第一分区第二次军事计政会议出席人员一览表、决议案等。

**3522. 各部队主官姓名表** 军事委员会铨叙厅调制 ［中央宣传部］ 1944 年 7 月 ［190］［环筒叶］ 19.1cm×26.2cm 线装 有图表

    本书收《各战区司令长官及远征军司令长官姓名表》、《各集团军及战区总司令驻印总指挥等姓名表》等。封面有"秘密第二十一次第 134 号"、"注意：接到此表请将二十次各部队主官姓名表检出焚毁"字样。

**3523. 国民参政会第二届第一次大会军事委员会军事报告之一部** 军事委员会办公厅印 1941 年 3 月 20 32 开 有图表

本书为第 11、12 部分，包括规定十八集团军、新四军作战区域及处理新四军事件之经过、结论两部分。

**3524. 南岳军事会议开会训词**　1938 年 11 月　36　32 开

本书分 6 个部分："对于抗战时期的说明"、"第一期抗战的战略及战略上各种胜利条件准备之完成"、"第二期抗战的特质在转守为攻，转败为胜"、"对于敌我现势的说明和此次会议的任务"、"研究会胡中兴的史迹和吾人转败为胜的要道"、"希望大家尽量贡献所得的经验和教训，殚精竭虑，研究改进，以达到此次会议的任务，完成抗战建国的使命！"

**3525. 南岳军事会议训词（四）**　蒋介石讲　1938 年 11 月　28　64 开

本书为蒋介石 1938 年 11 月 28 日出席第五次会议时的讲话。

**3526. 南岳军事会议训词（一）**　蒋介石讲　1938 年 11 月　30　64 开

本书为蒋介石 1938 年 11 月 26 日出席第二次南岳军事会议时的讲话。

**3527. 西安军事会议议决案报告表**　[西安军事会议] 编　[编者刊]　西安　80　16 开　有图表

本书收西安军事会议议决案报告表，分 5 项：议题或报告事项、提要、审查意见、拟办、委座批示。封面印有"机密　西会第 352 号"字样。

**3528. 国民政府参军处职员录**　[国民政府参军处编]　[编者刊]　1943 年 1 月　重庆　10　32 开

**3529. 国民政府参军处职员录**　[国民政府参军处编]　[编者刊]　1945 年 5 月　重庆　11　32 开

**3530. 军政部军需署职员题名录（下部）**　[军政部军需署编]　[编者刊]　1942 年 2 月　193（390 - 197）[环筒叶]　18.7cm×27.3cm　线装　有图表

包括该署职员的职别、姓名、性别、年龄、籍贯、学历、经历、亲属信息。封面有"极机密"字样。

**3531. 通讯录（四川省集训第二总队）**　1938 年　8＋408　32 开

本书分两部分：官长通讯录、同学通讯录。书前有序言。出版时间据序言推断。

# 军队政治工作

**3532. 从军救国**　茹春浦编　战争丛刊社　1937 年 11 月初版　南京　2＋54　32 开　战争丛刊第 4 种

本书分 8 章：我国古代是兵民不分、世界各列强国都是征兵制、我国现行征兵制的要义、当兵的权利、我民族史上对异族抗战的精神、蒋委员长对于人民要当兵的训词、事实逼着我们非当兵不可、大家齐唱从军歌。

**3533. 改造军队政治工作诸问题**　张昔方著　群力书店　1938 年 5 月初版　汉口　8＋38 页　32 开

本书分 4 章：改造军队政治工作的基本问题、怎样实施军队中政治教育、革命的教育军纪的建立问题、军民打成一片的问题。书前有自序。

**3534. 革命军人必读十四种书**　第三战区司令长官司令部政治部编　第三战区司令长官司令部政治部阵中出版社　2＋376　32 开　有图表

本书介绍《军人精神教育》、《三民主义之体系与其实行程序》、《三民主义之哲学的基础》、《抗战建国纲领》、《国民精神总动员》、《抗战手本》、《后方部队整训之要务》等14种书籍。

**3535. 革命军人千字课（第二册）** 新四军第五师政治部编 编者刊 192 32开 石印

该书为军人常识课本，编者将革命军人应知、应会的一些常识写入书中，使士兵在识字的过程中学习到其他的知识。

**3536. 革命军人十诫** 叶逸凡编 铁风出版社 1941年1月初版 成都 4+94 32开

**3537. 给保卫鄂西的军人（军用本）** 段公爽著 武汉日报宜昌社 1939年3月初版 武汉 3+32 32开 有照片 武汉日报战地丛刊之一

本书分3个部分：幸运、认识、关陵。卷首有《战地丛刊缘起》一文。

**3538. 鼓励士气与民气** 陈诚整理 第六战区司令长官司令部 1940年11月 16 32开

1940年8月，第6战区召开各部队长官会议，期间就如何鼓励战斗士气与民气进行了讨论。本书即由讨论意见汇编而成。

**3539. 关于军队政治工作** 谭政著 太行军区政治部 1944年 34 32开

本书系1944年4月谭政同志在西北局高干会上的报告。包括：关于边区军队一年经验的总结、关于发扬政治工作中的成绩与纠正政治工作中的缺点、关于组织形式与工作制度中的一些规定。书前有1944年4月20日中央宣传部、总政治部通知。复制本。

**3540. 关于军队政治工作问题** ［谭政著］ 30 12.9cm×18cm

本书为八路军政治部副主任谭政在西北局高干会议上关于八路军政工问题的报告。

**3541. 关于军队政治工作问题** 谭政著 广东人民抗日游击队东江纵队政治部 1945年3月 广东 32 32开 石印

内容包括3个部分：关于边区军队意念经验的总结、关于发扬政治工作中的成绩与纠正政治工作中的缺点、关于组织形式与工作制度中的一些规定。复制本。

**3542. 官兵关系** 总政治部宣传部编 编者刊 1945年5月 8+102 32开 联防军政治工作材料之二

内容包括5个部分：前言、开展尊干爱兵运动、密切党与非党联系、争取与改造落后战士、改善对几种战士的领导方法。附录收《警一旅马仁义排的官兵关系》等3篇文章。

**3543. 将校修养论（一名：儒将修养论）** 康选宜著 拔提书店 1943年5月 重庆 12+200 32开 有题词

本书分绪论和本论。绪论包括：领袖与干部、学养与儒术、军人与政治等；本论包括：养器、养识、养德、养志、养性、养才、养仪、养身、养恒。书首有陈序和自序。

**3544. 精神教育讲话材料** 贾赫著 军学编译社 1941年2月 重庆 8+176 32开 有图表

该书共分8章，包括：中国为什么会沦到半殖民地、日寇之积极侵略、日本陆海空军的状况、中国唯一的出路只有彻底抗战、中国彻底抗战必得到最后胜利、我们将如何争取最后胜利、抗战胜利后之中国、日寇暴行"。书前有"军人读训10条"等。

**3545. 军队里的政治工作** 汪仑著 黑白丛书社 1938年2月初版 上海 1+57 32开 黑白丛书战时特刊之十九 钱俊瑞主编

分8节：军事服从政治、怎样建立良好的军风纪、日常的政治文化教育工作、行动前的宣传鼓励工作、军队的地方工作、使用宣传的武器、怎样做俘虏兵的工作、对于政治工作者的几点意见。

**3546. 军队政治工作** 磷石著 中山文化教育馆 1938年10月渝版 重庆 4+48 32开 抗战丛刊 第58种 中山文化教育馆编

本书分7章：历史的教训、军队政治工作的任务、军队政治工作的基础——连队政治工作、对民众的工作、对敌伪军的工作、机构的运用与干部训练问题、一点小建议。

**3547. 军队政治工作** 丁云亭、赵辛、何容、董文渊、史生、赵铁寒执笔 独立出版社 1939年2月再版，1939年2月3版，1939年4月6版 重庆 2+56 32开 战时综合丛书第3辑11

该书分6章：战斗精神与军队政治工作、军队政治工作的意义和目的、军队政治工作的范围和内容、军队政治工作的精神原则和态度、军队政治工作的革新、军队政治工作人员须知。书前有前言，书后附讨论大纲。

**3548. 军队政治工作** 第三战区干部训练团 1943年2月 8+78 32开

本书分6篇：绪论、组织、训练、宣传、特务、调查。

**3549. 军队中党的支部工作** 岳中红星社编 编者刊 1945年7月 17 32开 油印 党内教材之四

论及军队中党的支部的基本任务、支部负责人怎样进行工作、小组怎样进行工作、党的巩固问题。

**3550. 军人精神教育** 恩平县立初级中学校 1940年9月 33 32开 战时教育科讲义之九

本书分5课：精神教育、智、仁、勇、决心。

**3551. 军人精神教育（总理遗教 武力建设）** 青年书店 1940年2月4版，1940年9月5版 55 32开

总理遗教。分5课：精神教育、智、仁、勇、决心。

**3552. 军人精神教育释要** 空军总司令部新闻处编 编者刊 19 32开 文化教育丛书之二十二（特六） 空军总司令部新闻处编

收军官团训词一篇，与书名同题。

**3553. 军人应确立革命的人生观** 空军总司令部新闻处编 编者刊 32 32开 文化教育丛书之二十一（特五） 空军总司令部新闻处编

收录训词3篇：《军人应确立革命的人生观》、《做人的根本大道》、《军队教育的要旨》。

**3554. 军特第十二区党部二周年纪念特刊** 90 16cm×23cm 有图表

本书分6部分：专载、论文、工作概况、杂俎、讲演词、附录。各部分之前有《总裁训词节录》。其中专载部分收3篇：《特派员何（应钦）训词》、《本会第十二区党部成立及集团宣誓入党典礼》、《第二次集团宣誓中央代表训词》（朱绵）；论文部分收13篇，包括：《第十二区党部成立二周年纪念》（梁寒操）、《刷新党务与抗战建国》（高传珠）、《愿与各同志做一次公私生活行为上的检讨》（朱古朋）等。

**3555. 军政部第六临教院荣军生活画集** ［军政部第六临教院编］ ［编者刊］ 1946年7月 26 16开 有照片、有插图、有图表

本书收录了荣军事业照片、荣军技术训练、荣军子弟教育、工作总报告等部分内容。书前有陈挹寰"写在前面（代序）"，书后有曾涤非"写在后面（编后）"。封面有"八年来实施荣军教育及

荣军生产事业工作总报告"字样。

**3556. 抗日军队中的政治工作**　罗瑞卿著，抗日战争研究会编　解放社　1938 年 11 月初版　399
32 开　抗日战争丛书第 4 种

全书包括政治工作的任务、动员时的政治工作、政治教育与文化教育、巩固部队的政治工作、
战时政治工作、对居民的政治工作、对敌军的政治工作、政治工作的组织问题共 8 章。书前有作者
"写在前面"。

**3557. 抗日军队中的政治工作**　罗瑞卿著　中国出版社　1939 年 1 月再版　汉口　388　32 开

全书包括政治工作的任务、动员时的政治工作、政治教育与文化教育、巩固部队的政治工作、
战时政治工作、对居民的政治工作、对敌军的政治工作、政治工作的组织问题共 8 章。书前有作者
"写在前面"。

**3558. 抗日军队中的政治工作**　罗瑞卿著　中国文化社　1939 年 4 月初版，1939 年 5 月再版　379　32
开　中国文化社丛书第 6 种　成仿吾等主编

全书包括政治工作的任务、动员时的政治工作、政治教育与文化教育、巩固部队的政治工作、
战时政治工作、对居民的政治工作、对敌军的政治工作、政治工作的组织问题共 8 章。书前有作者
"写在前面"。

**3559. 抗战史页**　中国国民党军事委员会特别党部政治部编印　编者刊　1945 年 8 月　2＋55　16
开　有照片、有图表

本书分 10 部分：前言、驻地一览、组织工作、训练工作、宣传工作、视导与考核、劝募救济
与慰劳、五大运动、附录、结语。封面有 "八年来工作概况" 字样。

**3560. 抗战检讨与必胜要诀**　蒋介石讲　1938 年 1 月　67＋76　64 开

本书为蒋介石 1938 年 1 月 11 日、12 日对第一、五战区团以上军官的演讲，分上、下两部分。
封面有 "秘密" 字样。出版时间根据演讲时间推断。

**3561. 抗战检讨与必胜要诀（上）**　蒋介石讲，国民政府军事委员会政治部编　编者刊　1938 年 12
月　［86］　32 开

本书为蒋介石在 1938 年 1 月 11 日的训词。

**3562. 抗战军队中的政治工作**　张佐华著　上海杂志公司　1938 年 1 月汉初版、1938 年 3 月粤再版
4＋68 页　32 开　大时代丛书　金则人主编

本书分 8 章：改造军队与争取抗战的最后胜利、建立民族革命的军队政治工作制度、军队政治
机关的组织系统、军政工作人员应有的认识与修养、对于本军的政治工作、对于民众的政治工作、
对于敌军的政治工作、在抗战过程中创造人民的、铁的民族革命军。

**3563. 抗战期中的政治设施**　第四战区政治部编　编者刊　8　32 开　抗战问答集　第 2 辑
问答体。

**3564. 抗战手本**　蒋介石手订　第三十一集团军干部训练班　1935 年　［138］　64 开　有插图、
有题词

本书分 8 部分：救国家、救人民、重气节、守纪律、明责任、重智勇、习勤劳、精研究。书前
有总理训词、党员守则、军人读训、岳武穆《满江红》词、文天祥《正气歌》。卷首有《军人魂》
释义、《阵中必读》释义、《阵中反省录》释义、《国民革命军人 "四要"》释义。

**3565. 抗战手本**　蒋介石手订　四川省学生集训总队翻印　1940年6月　4+96　10.5cm×14.5cm　有插图、有题词

　　本书分8部分：救国家、救人民、重气节、守纪律、明责任、重智勇、习勤劳、精研究。书前有总理训词、党员守则、军人读训、岳武穆《满江红》词、文天祥《正气歌》。卷首有《军人魂》释义、《阵中必读》释义、《阵中反省录》释义、《国民革命军人"四要"》释义。

**3566. 抗战手本**　蒋介石手订　1942年3月　4+122　64开　有插图、有题词

　　本书分8部分：救国家、救人民、重气节、守纪律、明责任、重智勇、习勤劳、精研究。书前有总理训词、党员守则、军人读训、岳武穆《满江红》词、文天祥《正气歌》。卷首有《军人魂》释义、《阵中必读》释义、《阵中反省录》释义、国民革命军人"四要"释义。

**3567. 抗战与军队工作**　罗瑞卿著　中国出版社　1938年5月初版　汉口　72　32开

　　收录《从过去八路军政治工作经验说到今天抗战军队中的政治工作》、《动员时的政治工作》两篇文章。

**3568. 抗战与军队政治工作**　李富春等著　生活书店　1938年4月初版　汉口　150　32开　救亡文丛之八

　　本书辑有：《抗日军队与人民》（际春）、《对抗战军队政治工作的商榷》（李富春）、《战时军队政治工作概要》（莫文骅）、《从过去八路军政治工作的经验说到今天抗战军队中的政治工作》（罗瑞卿）、《抗战军队中的连队政治工作》（亚楼）、《动员新兵及新兵政治工作》（邓小平）、《谈军队中政治部的机构》（曹聚仁）。附录收《改造军队和武装民众》（史达）。

**3569. 抗战与政工**　军事委员会政治部编　编者刊　1946年10月　10+236　16开　有照片、有图表

　　本书分10章：工作基础与指导方针、抗战初期的工作、追求一个最有效的制度、健全身体、三民主义的教师、照应弟兄们的生活、活跃在战场上等。前有序言，后有结论。附录收《本部组织沿革》。

**3570. 连队工作**　八路军总政宣传部编　编者刊　1944年9月　［延安］　1+91　32开

　　本书分3篇，介绍770团2连、警7团7连、770团5连的军事管理和政治工作情况。其中，前两个连为好的工作典型，第3个连为差的工作典型。

**3571. 连队政治工作纲要**　琼崖公学政治部编　编者刊　琼崖　58　32开　油印

　　分3编：绪论、巩固连队的政治工作、连队政治文化教育工作。

**3572. 连队政治工作暂行条例**　一二九师政治部颁布　68　32开

　　收录政治指导员工作暂行条例、连（队）支部组织与工作暂行条例、救亡室工作暂行条例、连（队）青年组织与工作暂行条例。

**3573. 两年来日本吃了多少亏**　郝玲星著　军事委员会政治部　25　64开　抗战小丛书　第3集

　　通过问答形式介绍日本侵华战争中的恶果。

**3574. 沦陷区政治工作要领**　浙江省政府编　编者刊　1938年10月　2+31　64开　战时工作手册第1种

　　本书分3个部分：确定中日战之长期性、确定沦陷区之重要性、工作要领。

**3575. 马仁义排的官兵关系**　新四军第三师苏北军区政治部编　编者刊　1945年4月　31　64开

连队班干部学习材料

收录《学习马仁义把我们的军队团结得像钢铁一样》、《警一旅马仁义排的官兵关系》两篇文章。

**3576. 青年将校之德性与技术**　陈继承演讲，黄埔出版社编辑　中央陆军军官学校　1939年4月初版　2+72　32开　黄埔丛书之十四

本书分10个部分：养成奉公守法的精神、本校教育方针、青年将校之德性与技术、努力奋斗雪耻复仇、政治训育的意义和要点、国军青年干部之责任、国民封建军应有之认识等。书后有勘误表。

**3577. 认识抗战真谛与建立必胜基础**　蒋介石著　1938年1月　4+58　64开

本书为蒋介石1938年1月17日在洛阳对第二战区团长以上官长训词。

**3578. 士兵党员识字课本合订本**　中国国民党广东全省保安司令部特别党部编　编者刊　1942年1月　28　64开

本书专供士兵识字之用。

**3579. 士兵读本**（第一册）　军事委员会政治部编　编者刊　1938年7月初版　汉口　64　64开　有插图

包括50课，介绍了国父、领袖、中华民国、中国国民党、党旗、国旗、三民主义、爱国、日本、作战要领等内容。

**3580. 提高尚武精神**　中央宣传部　国民精神总动员秘书处合编　国民精神总动员会　26　32开　国民月会讲材丛书之一

本书分5章：军国民教育与尚武精神、尚武精神是国家图发达民族图生存的宝贝、怎样恢复尚武精神、提高尚武精神报仇雪耻、提高尚武精神的具体办法。附录：提高革命军人的正气。

**3581. 伪军及伪军反正调查月报**　战地党政委员会机要组编　编者刊　1941年2月　5［环筒叶］　16开　油印　有图表

**3582. 伪军及伪军反正调查月报**　战地党政委员会机要组编　编者刊　1941年3月　4［环筒叶］　16开　油印　有图表

出版时间据封面推论。

**3583. 我们的胜利**　第四战区政治部编　编者刊　10　32开　抗战问答集第1辑

问答体。

**3584. 我怎样做团指导员**　第七战区政治部编　编者刊　1941年　4+80　32开　军队政工业书之二

本书执笔者为何素凡、吴达、胡季华、王勤书、胡丽根、何介夫、罗赐安、麦子汉、许观、林俊宏、王德秀、凌宏岳、古蒒、胡远山、杨辉、陈成、胡牧、梁元汉、刘虹儿、李冠炎、崔锦沛、张济国、曾炬、叶文超、关悟生、陈精仪。卷首有序及说明。

**3585. 武装工作队工作手册**　关甘编著　1942年5月　5张　23cm×16.5cm

内容包括：组织武工队的意义、武工队组织与领导、武工队工作任务、工作步骤与实施办法、武工队应有的训练、在宣传工作上应有的准备、武工队与各军分区政治部的关系、武工队等上筹款征粮与代替政府工作。复制本。

**3586. 新兵精神教育问答**　黄埔出版社　中央陆军军官学校　1938 年 10 月初版　重庆　33　64 开　黄埔小丛书 4　黄埔出版社主编

以问答体形式向新兵介绍军事知识。

**3587. 新军言论集**　袁国平、邓子恢、陈毅等著　集纳出版社　1939 年 5 月　88　32 开　有照片、有题词　集纳丛书第 3 种

该书收录 4 篇文章：《江南敌后游击战争中的军队政治工作》（袁国平）、《新四军怎样做政治工作》（邓子恢）、《坚持江南抗战的诸问题》（陈毅）、《游击战之几个问题》（俞作柏）。有邓子恢题词。

**3588. 优待俘虏政策**　武执戈著　国民图书出版社　1941 年 4 月初版　重庆　4 + 80　32 开

本书分 9 章：优待俘虏政策的重要性、政策的根据、政策的效果、仇杀俘虏的错误以及怎样推行优待俘虏的政策等。目次页著有本书另一题名：《优待俘虏的理论与实际》。

**3589. 游击部队政治工作教程**　浙江省战区政治部干部训练团编　编者刊　1939 年 10 月　浙江　2 + 70　32 开　浙江省战区政治部干部训练团丛书之八

本书分 6 章：总论、游击队政治工作概说、对本部队的政治工作、对地方居民的政治工作、对敌伪的政治工作、政治工作的组织问题。书前有领袖手谕、领袖手订抗战四要实施纲领、陈诚前言。

**3590. 游击队的政治工作**　曾霞著　上海杂志公司　1938 年 4 月再版　上海　2 + 60　32 开　游击队小丛书　金则人主编

本书分 6 章：政治工作与游击队、游击队政治工作的基本内容、游击队政治工作的组织系统、游击队政治部与政治指导员的工作任务、游击大队的政治工作的实际作业、战时的政治工作。

**3591. 游击队政治工作概论**　彭雪枫著　读书生活出版社　1938 年 3 月订正版　汉口　27　32 开

该书共 7 部分：政治工作的基本任务、政治工作的一般任务、对本部队的政治工作、对民众的政治工作、对敌军的政治工作、政治工作的一般原则、游击队政治机关的组织及工作人员的条件。

**3592. 游击队政治工作概论**　彭雪枫著　读者生活出版社　1939 年 4 月再版（桂）　重庆　27　32 开

本书分 7 章：政治工作的基本任务、政治工作的一般任务、对本部队的政治工作、对民众的政治工作、对敌军的政治工作、政治工作的一般原则及游击队政治机关的组织及工作人员的条件。

**3593. 游击队政治工作概论（修订版）**　彭雪枫著　编者刊　1938 年 3 月初版　2 + 27　32 开

本书分 7 个部分：政治工作的基本任务、政治工作的一般任务、对本部队的政治工作、对民众的政治工作、对敌军的政治工作、政治工作的一般原则、游击队政治机关的组织及工作人员的条件。有前言。

**3594. 游击队中的政治工作**　铁人、罗瑞卿合著　建社　1938 年 12 月　上海　37　32 开　新知识丛书

该书收入《抗战游击队中的政治工作》（铁人）及《抗战军队中的政治工作》（罗瑞卿）两篇文章。

**3595. 游击政工教程**　西南游击干部训练班编　编者刊　1941 年 1 月　104 页　32 开

本书分 7 讲，概述游击队政治工作，包括游击（连）队的政治工作、游击队的战时政治工作、

游击队对地方居民的政治工作、游击队对敌伪的政治工作、政治工作组织中的几个重要问题等。附《慰问出征军人家属办法》等4条。有题跋。

**3596. 怎样进行敌人后方工作** 王一青著 中山文化教育馆 1939年3月渝版 重庆 46 32开 抗战丛刊 第18种 中山文化教育馆编

本书分5章：敌人后方工作与持久战、敌人后方的具体情况、进行敌人后方工作的基本任务、怎样进行具体的工作及知识青年到敌人后方去。

**3597. 怎样做瓦解敌军的工作** 蔡前著 生活书店 1938年4月初版 2+33 32开

本书分10部分：瓦解敌军工作的重要性、瓦解敌军的可能性、敌军士兵的顽强性与我们的方针、对敌工作的基本内容、怎样做瓦解敌军的宣传工作、部队中的日语教育、对俘虏政策及其处理、关于对伪军及蒙军的工作、把瓦解敌军的工作变成一种群众运动、瓦解敌军工作的经验与教训。

**3598. 怎样做一个部队的文化教员** 谢有法著 太行文化教育出版社 9［环筒叶］ 32开

**3599. 怎样做战地工作** 何家槐编 南方出版社 1940年1月初版 4+275 32开 有照片 战地工作丛书之一

收录第8集团军总司令部战地服务队成员于1938年10月至1939年4月间所撰写的有关战地工作的文章15篇。附录收《我们的战地生活》（郭弼昌）。书前有张发奎序，书后有何家槐所写后记。

**3600. 战地党政第二年** 第九战区战地党政委员会分会编 编者刊 1941年12月 8+138 16开 有插图、有图表

本书为第九战区战地委员会分会所编1941年1月至12月战地党政工作纪要。全书共分7编，包括机要、党务、战地宣传、政务、军务、专员视导及特种任务队组训、总务。末编收录各种调查统计表及《第九战区经济游击区区分图》。封面印有"机密"字样，并有"接受者号次"。

**3601. 战地服务** 教育部民众读物编审委员会编著 正中书局 1938年8月初版 20 64开 有插图 非常时期民众丛书第3集第6册

本书分6部分：人生以服务为目的、到战地去、战地服务团、分组工作、工作的趣味、救急的方法。

**3602. 战区政治工作** 陈希豪、吴大钧、王仙舟、王健民、萧明新、冯震、黄甫、阮润生、孙炳炎执笔 独立出版社 1939年10月初版 重庆 4+54 32开 战时综合丛书第5辑第6种

该书分为7章：战区中我国现有的政治权力、战区政治进攻的展开、巩固战区的抗日革命政权、如何实施战区的民众动员、如何加强战区对付敌伪的斗争、建立战区的抗敌后援工作、结论——战区县政治工作的一般设计。附录收《浙江省失失陷地区施政纲要》。书前有序，书后有讨论大纲。

**3603. 战区政治工作** 独立出版社编 国民出版社、独立出版社 1940年3月初版 重庆 2+54 32开

本书分7章，包括：战区中我国现有的政治权力、战区政治进攻的展开、巩固战区的抗日革命政权、如何实施战区的民众动员、如何加强战区对付敌伪的斗争、建立战区的抗敌后援工作、结论——战区县政治工作的一般设计。书前有弁言。附录收浙江省失失陷地区施政纲要。

**3604. 争取伪军**　郝玲星著　编者刊　军事委员会政治部编　22　64 开　抗战小丛书第 3 集

本书介绍争取伪军的意义及方法。

**3605. 政工必携**　侯畅主编　军政部第三补充兵训练处政治部　1941 年 5 月出版　18＋234　32 开　有照片、有题词、有图表　补训政工丛书之一

本书分 10 部分：绪论、工作原理、政训、党务、民运、宣传、自我训练、调查考核与统计、法令规章、其他 10 部分，介绍了部队的政工工作。书中附有《政工人员守则》、《政训要旨》。附录收侯畅讲《对补练部队政治工作之体认与实施》。

**3606. 政工典范草案**　［国民政府军事委员会］颁布　［国防部新闻局］　1942 年 11 月　6＋82　大 64 开

本书分两篇，第 1 篇平时工作分 6 章：党的组织与活动、各级工作、部队训练、干部训练、民众工作、宣传；第 2 篇战时工作分 4 章：战斗前、战斗间、战斗后、国境外作战时。书前有《军事委员会政治部训令》。

**3607. 政工概况**　军事委员会全国知识青年志愿从军编练总监部编　编者刊　1945 年 6 月　6＋152　32 开　青年军人丛书第 8 种

本书分 6 章：绪言、成立经过、工作概述、工作检讨、改进意见、结论。书后附有 17 篇法规摘要。

**3608. 政训讲义**　国民革命军第廿六路干部训练所编　编者刊　1938 年 8 月　［188］　32 开　有插图

收讲义 8 种：中文电码旗语、史地概要、实业计划、政治学概要、经济学概要、党义讲义、五权宪法、消毒，以及 1938 年 8 月国民党军委会政治部发表的对士兵宣传大纲。

**3609. 当前的几个实际工作问题**　柳乃夫著　抗敌救国丛书社　1938 年 10 月再版　［广州］　3＋107　32 开　抗敌救国丛书　潘梓年、张申府主编

本书内收：《那些是当前最重要的实际工作》、《军队里政治工作的困难在那里》、《怎样才能使军民打成一片》、《谈谈处理伤兵与散兵的有效方法》、《怎样去实现兵役制度》、《怎样才能开展乡村工作》、《救济农村经济的要点》、《训练青年应从什么地方下手》、《对目前文化工作者的希望》、《最后几句话》10 篇文章。有弁言。

**3610. 中华民国陆海空军军人读训浅释**　赵季良编　青年书店　1939 年 11 月初版，1940 年 12 月再版　重庆　68　32 开　三民主义丛书通俗读物第 2 种

本书分 9 条：施行三民主义捍卫国家不容有违背怠忽之行为、拥护国民政府服从长官不容有虚伪背离之行为、敬爱袍泽保护人民不容有倨傲粗暴之行为、尽忠职守奉行命令不容有延误怯懦之行为、严守纪律勇敢果决不容有废弛敷衍之行为、团结精神协同一致不容有散漫推诿之行为、负责知耻崇尚武德不容有污辱贪鄙之行为、刻苦耐劳节俭朴实不容有奢侈浮滑之行为、注重礼节整肃仪容不容有亵荡浪漫之行为。

**3611. 第二期抗战军队党员训练纲要**　军事委员会政治部第一厅编　编者刊　6＋66　32 开

分 5 部分：前言、方针、原则、训练、实施办法。附录包括《军队党员小组讨论题目》、《军校党员小组讨论题目》、《医院党员小组讨论题目》、《军队党员小组会议办法草案》。封面有"附军队军校军医院小组讨论题目军队党员小组会议办法草案"字样。

**3612. 第二期抗战前方部队政治工作实施纲领**　军事委员会政治部第一厅编　编者刊　1939 年 3 月

66 32 开

共分 3 节：工作目的、工作方针、工作纲要。书前有蒋介石的《委员长手订抗战四要实施纲领》等。封面有"机密"字样。

**3613. 第八战区政治部卅二年度工作纪要** 第八战区政治部秘书处编 编者刊 67 32 开 有图表

本书分 7 个部分：军训、民运、宣传、人事、经理、察考、其他。卷首有前言。

**3614. 第二期抗战补充兵政治工作实施纲领** 军事委员会政治部第一厅编 编者刊 1939 年 10 月 2 + 70 32 开

本纲领分 9 节：总则、要旨、特性、工作原则、训练方法、工作考核等。

**3615. 第二期抗战后方整训部队政治工作实施纲领** 军事委员会政治部第一厅编 编者刊 1939 年 3 月 64 32 开

本书分 3 章：过去之缺点、今后之计划、执行之程序。书前有《委员长手订抗战四要实施纲领》、《部长对政工会议训词集前言》。书后有《第二期抗战后方整训部队政治工作实施纲领》。

**3616. 第二战区政治部一年来工作指示** 第二战区司令长官司令部政治部编 编者刊 1940 年 2 月 2 + 61 16 开

本书分 4 个部分：写在前面、纪念日工作指示、一般问题指示、其他指示。

**3617. 第三集团军总政治训练部工作汇刊** 4 + 62 + 8 16 开 有照片、有图表

本书分 4 个部分：绪言、工作概况、条规、表式。附录收《本部组织系统图》、《本部编制一览表》、《各师政治训练处编制表》、《独立旅政治训练员办公处编制表》、《本部职员一览表》等 7 幅表。

**3618. 国民革命军第十八集团军（第八路军）政治工作条例（草案）** 国民革命军第十八集团军政治部编 胶东新华书店出版，八路军山东胶东军区政治部翻印 1940 年 6 月 37 32 开

该条例全文载于 1940 年出版的《八路军军政杂志》第二卷第四期上。

**3619. 蒋委员长对政工人员之教训** 国民政府军事委员会政治部编 编者刊 40 + 356 32 开 有照片、有题词、有图表 政训丛书

本书分 26 个部分：军队政治工作对革命失败与复兴的关系、军队政治工作复兴中的基本工作、军队政治工作方法的改善、今后军队的政治工作、政治的基础在日常生活、推进政治之先务、政工人员应有的修养等。

**3620. 蒋委员长讲怎样战胜敌人** 蒋介石讲，群力书店 1938 年 2 月初版 汉口 6 + 82 32 开

本书分 8 章：敌人必败——抓住成功的良机、从精神上战胜敌人、从组织上战胜敌人、从军队教育上战胜敌人、从战术上战胜敌人、从政治工作上战胜敌人、从指挥统一上战胜敌人、结论——三个口号。书后附录：政府的方针和立场、申言中国的态度、驱除暴敌复兴民族、告国民书、怎样才能得到最后的胜利。

**3621. 军事委员会伤兵慰问组工作报告** ［军事委员会伤兵慰问组编］ ［编者刊］ 1941 年 80 ［环筒叶］ 19cm × 27cm 油印、线装 有图表

本书为国民政府军事委员会伤兵慰问组 1937 年 9 月至 1941 年 5 月间的工作报告，分 6 节：组织、总务、犒赏、视察、慰劳、章则。书前有编者绪言。出版时间根据报告时间推断。

**3622. 军医院、招待所政训工作指导通讯（十六期）** 军事委员会后方勤务部政治部编 编者刊

1940 年 5 月　4＋178　32 开　有插图、有图表

　　分 8 部分：工作公报、工作指示（九则）、长官训示、业务研讨、工作意见、工作报导、工作参考资料、法令。书前有卷首语、编者的话。书后印有歌曲《我们要报仇》乐谱。

**3623. 留守兵团模范学习者代表大会特辑**　八路军联防政治部编　编者刊　1944 年 12 月　113　32 开

　　该书收录《模范学习者代表题名录》、《各部队代表的阵容》、《祝边区部队模范学习者代表会议》、《模范学习者代表会议开幕》、《中共中央欢宴全体代表，毛主席朱德总司令亲临训话》等文章。附《去年冬训全军受奖之单位与个人及其成绩概况》。

**3624. 龙司令长官告诫出征将士书**　龙云讲　1937 年 9 月　6＋28　64 开　有照片、有题词

　　共分 6 节：日本侵略我国的痛史、云南的光荣和现状、中日战争关系国家民族存亡等。

**3625. 模范连队政治工作介绍（警三旅八团二连）**　太行军区政治部　1945 年 5 月　14　32 开

　　该书主要收录《领导正确工作有办法》、《官兵关系真正做到了亲密团结》、《政治教育充分做到了思想改造》等文章。

**3626. 全国青年会军人服务部民国廿七年度工作概要**　全国青年军人服务部编　编者刊　1938 年　20　32 开　有图表

　　本书分 8 个部分：前言、工作组织、工作区域、工作人员、工作方式、各支部分论、各方面之协助、结论。

**3627. 全国慰劳抗战将士委员会总会八年工作总报告**　6＋146　16 开　有照片

　　本书共 4 部分，甲篇首，包括会长陈诚作序、代会长谷正纲作序、副会长马超俊作序、撰文与工作活动照片；乙、组织沿革，包括本会之发轫、历年组织之变迁、本会组织章程等 5 篇；丙、收工作报告 8 篇；丁、收捐款报告 14 篇。封面题名为："全国慰劳抗战将士委员会总会慰劳工作总报告"。

**3628. 谭政同志在西北局高干会上关于军队政治工作问题的报告**　谭政著　解放社　1944 年 4 月　延安　42　32 开

　　该书内容分为 3 个部分：关于边区军队一年经验的总结、关于发扬政治工作中的成绩与纠正政治工作中的缺点、关于组织形式与工作制度中的一些规定。

**3629. 谭政同志在西北局高干会上关于军队政治工作问题的报告**　谭政著　东北民主联军总政治部印　1947 年 3 月　44　32 开　政治工作丛书之二

　　内容包括 3 个部分：关于边区军队意念经验的总结、关于发扬政治工作中的成绩与纠正政治工作中的缺点、关于组织形式与工作制度中的一些规定。

**3630. 阎司令长官对军队政治工作之指示**　[阎锡山著]，第二战区司令长官司令部政治部编　黄河书店　1940 年 2 月再版　3＋28　32 开

　　本书分 5 章：政治的力量与领导、军队政治工作的重要、对政工人员工作的具体指示、军政人员须知、效用工作与基础工作。书前有《阎司令长官训词》以及《编辑例言》。附录有《民族革命十大纲领》、《抗战必要条件》、《必做必戒》、《必作必守》4 篇文章。

**3631. 战地党政会议汇编**　军事委员会战地党政委员会编　编者刊　1941 年 4 月　6＋116　16 开　有照片、有图表

分 5 部分：会议经过、训词、报告、决议案、附录。书前有国民政府军事委员会战地党政委员会战地党政会议开幕典礼照片。

**3632. 重庆训练集选辑** 中央陆军军官学校 2+402 32 开 有插图、有图表 黄埔丛书第 2 辑第 1 种

本书分 10 个部分：党政人员的职责、党政训练的要旨、认识时代、三民主义之体系与其实行程序、确定县各级组织问题、主管机关与推行政令之要领、军事化的教育、训练的目的与训练实施纲要、军事训练基本动作的意义与效用、军事基本常识。附录收《中庸之要旨与军事之基本原理》、《科学精神与科学方法》等 5 篇文章。

**3633. 主任训词汇编（第一辑）** ［梁华盛著］ 第四战区政治部编 编者刊 1941 年 1 月 1+34 64 开 有照片、有题词

本书分 9 个部分：主任肖像、口号、政治工作应以军队与民众为中心、刻苦耐劳简单朴素是政工人员应守的信条、怎样做一个健全的政工干部、政工人员应有的几个基本条件、今后政工人员应有之努力等。

**3634. 民族革命战法（第二部）** 第二战区民族革命战法编纂委员会编 编者刊 1939 年 6 月 3 版 4+102 64 开

本书为第 2 编政治工作，分 4 个部分：政治之意义、军队政治工作、政治工作之方式、结论。

**3635. 民族革命战法（第一部）** 第二战区民族革命战法编辑委员会编 编者刊 1939 年 4 月修正再版 14+254 64 开

本书分 14 个部分：指挥、通信及联络、搜索、警戒、行军、攻击、防支、追击、特种地形之战斗、宿营、防空、防毒、防战车、交通阻绝及破坏、空室清野、补给。书前有《阎司令长官手谕》、《阎司令长官对民族革命战法编纂委员会训话》、《纲领》、《战略》、《战术》5 篇文章，书后附战争名称系统对照表。有正误表。封面有"极机密"字样。

## 宣传工作

**3636. 部队宣教工作问题** 八路军联防政治部编 编者刊 1944 年 10 月 36 32 开

分 8 部分：关于 1943 年度战士政治教育的决定、实行战士政治教育的改革、部队教育工作者的任务、部队政治教育问题、关于部队文化教育的意见、关于《部队生活》报通讯工作的指示、大家努力把报办好、从去年的拥爱和生产两大运动中来看我们的通讯工作。

**3637. 对敌宣传须知** 国民政府军事委员会政治部编 编者刊 38 32 开

本书包括 4 章：对敌宣传的根本意义、对敌宣传之战略、对敌宣传之战术、宣传工作者须知。书后附录《日文字母及符号翻译对照表》。

**3638. 关于连队通讯工作** 总政宣传部编 火线报社 25 32 开

本书分两部分：通讯工作的作用、怎样开展通讯工作。

**3639. 抗战必胜计划** 李浴日著 韬略出版社 1942 年 1 月初版 上海 4+32 32 开 有图表 必胜丛书之一

本书分抗战必胜计划与对敌宣传计划两个部分，收 10 篇文章：《几个抗战基本原则的认识》、《今日应怎样抗战》、《日军怎样进攻我国》、《宣传的重要》、《宣传的组织》等。

**3640. 论对敌工作** 梦廻著 民族革命出版社 1939 年 9 月初版 5+98 32 开 有插图、有图表 战

地文化丛书之一

本书分 7 章：序论、实施对敌工作之诸问题（上）、实施对敌工作之诸问题（下）、俘虏处置问题、对伪蒙军的工作、在敌区的对敌工作、怎样设立对敌工作科。卷首有前记。

**3641. 日本官兵对我方对敌宣传影响座谈会**　政治部文化工作委员会编　编者刊　1943 年 12 月　18　32 开　敌情参考资料　第 27 期

本文系日本官兵对我国自抗战以来所作对敌宣传效果的座谈会纪录。

**3642. 陕甘宁边区部队宣教工作介绍**　太行军区政治部编　编者刊　1944 年　51　32 开　政治干部业务手册

本书收录《通知》、《关于一九四三年度战士政治教育的决定》、《部队教育工作者的任务》、《张友池和三连的文化学习》、《警三旅八团二连的文化学习》、《改造部队的文化学习》、《关于部队文化教育的意见》、《关于〈部队生活报〉通讯工作的指示》等 10 篇文章。

**3643. 瓦解敌伪军工作概论**　李友邦著　新力周刊社　1938 年 11 月初版　浙江　1 + 32　32 开　新力丛书之八

本书分 3 个部分：引言、对敌工作的客观条件、对敌工作主要内容及进行步骤。附录收《中国抗战与台湾革命》、《舆正报记者马疎先生谈话》两篇文章。

**3644. 无线电宣传战**　[中国国民党中央宣传部] 编　编者刊　1942 年 1 月　26　32 开

本书分 3 章：无线电宣传——战争的工具、对敌宣传战、争取美国援助的无线电宣传战。

**3645. "日本人反战同盟"在这样斗争着**　日本人民解放联盟华北地方协议会宣传部编　新华书店　1945 年 1 月　110　64 开

内容包括 4 个部分：用电话和日本士兵谈话、谢谢你的慰问袋、宣传工作座谈会、和日本士兵信件的来往。

**3646. 对朝鲜民众士兵宣传标语及传单集**　[军事委员会政治部编]　[编者刊]　1940 年 2 月　2 + 22　32 开

本书分 4 部分：对沦陷区内朝鲜民众宣传标语、对敌军内朝鲜士兵标语、对被占区朝鲜民众宣传用之传单、对敌军内朝鲜士兵宣传用之传单。中朝文对照。封面有"秘密"字样。

**3647. 反对日本出兵满洲**　反对日本出兵行动委员会编　编者刊　10　32 开

本书分 3 部分：我们为什么要继续做反对日本出兵满洲的运动、日本进兵满洲之经过及其意义、我们应怎样进行反对日本出兵满洲的工作。

**3648. 日语口号捷径**　国民政府军事委员会政治部编　编者刊　14　64 开

本书为抗战时期对敌宣传参考资料。

**3649. 宣传要点集（第一辑）**　军事委员会政治部编　编者刊　26　32 开

本书收录 24 次宣传要点电稿。书后附《总理诞辰扩大宣传办法》。封面有"秘密"字样。

## 军民关系

**3650. 军事委员会华北战地督导民众服务团二十九年度工作计划大纲**　军事委员会华北战地督导民众服务团训政处编订　编者刊　1940 年 1 月　116　32 开　油印　有插图

本书概述了华北战地督导民众服务团二十九年度工作计划大纲，分 4 章：宣传、组训、文化、其它。封面有"密"字样。

**3651. 军事委员会华北战地督导民众服务团服务纲领**　军事委员会华北战地督导民众服务团书记处编　编者刊　3［环筒叶］　32开　油印

本纲领分总则、团员、兵夫、工作4部分。

**3652. 军事委员会华北战地督导民众服务团工作计划大纲**　军事委员会华北战地督导服务团编　编者刊　1944年1月　72　32开

本书分7章：绪言、调查工作、宣传工作、组织工作、训练与教育、救济与卫生、军民合作。封面有"机密"字样。

**3653. 全国基督教青年会军人服务部三周年总报告**　1940年12月　6+59　32开　有照片、有插图、有图表

本书分3编：总论、分论、附论。书前有《蒋委员长对于全国青年会总干事大会的训词》、编之凡例及萧奉元所作序言。书后有编后。出版时间据蒋介石训词日期及编后推断。

**3654. 全国青年会军人服务工作**　中华基督教青年会全国协会　1938年3月　12　16开　有照片、有插图

本书以图文形式介绍了全国青年会的军人服务工作。中英对译本。

**3655. 上海民众慰劳前敌将士大会报告书**　［上海民众慰劳前敌将士大会］编　编者刊　1932年　上海　2+34　16开　有照片、有图表

本书介绍了上海民众为19路军募捐及慰问情况。分为7部分：插图、缘起、组织、工作（慰劳工作、救护工作、看护工作）、会务纪要、特载、募捐报告。

**3656. 四川省慰劳抗战将士委员会工作总报告**　1945年2月　1+46　16开　有图表

本书分7部分：组织沿革、工作人员、工作概况、各种劳军献金总报告、各种劳军献金收支总报告、各种统计图表、附载。出版时间据内容推断。

**3657. 告民众书**　重庆防空司令部设备委员会编辑　编者刊　1939年2月　重庆　26　32开　有图表

本书为重庆防空司令部设备委员会为奉令续筹防空捐款告民众书。附《本市一年来防空设备概况及本会收支报告》。

**3658. 关于拥政爱民运动**　第十八集团军野政前线编委编　编者刊　1943年12月　26　64开　部队工作参考材料之一

辑有《拥军运动和拥政爱民运动的经验》（《解放日报》社论）、《开展拥政爱民运动》（贺龙）、《拥政爱民的基本关键》（黎玉）、《留守兵团直属队拥爱工作半年总结》（苏启胜）4篇。前有前线编委"说明"。

**3659. 国防部人民服务总队第二总队一年来的工作**　国防部人民服务总队第二总队编　编者刊　78　16开　有照片、有图表

本书分9章：本总队成立经过概述、工作区域及部署、社会环境概况、工作实施概况、协助清剿、土地粮食金融救济及调处纠纷、宣传教育文化、人事经历医务、结论。书前有前言，书后有编后。

**3660. 军民合作在广西**　邱昌渭编著　广西省政府民政厅　1940年12月　2+27　32开

本书分 5 个部分：前言、广西省军民合作站小史、广西省军民合作站之编制及经费、广西省军民合作一斑、广西省军民合作之成果。书前有黄旭初所作序言。附录收《广西省军民合作工作纲要》、《军民合作公约》。

**3661. 军民之间**　李辉英著　上海杂志公司　1938 年 6 月初版　汉口　82　32 开　战地报告丛刊

本书共 7 章，包括：属于自己的课程、调查——访问、戏剧宣传、露天大会、掘防空壕、训练班的建立、宣慰士兵等。

**3662. 战时的军人服务**　刘良模著　新知书店　1938 年 5 月初版　汉口　61　32 开

本书分 6 个部分：一段小小的经历、服务军人的几个原则、大家来服务军人、怎样服务驻军和过路军人、怎样服务伤兵、干部的自我教育和训练。书前有作者序。

# 军事制度

**3663. 加紧整饬军风军纪的意义与目的**　　［第三战区战地党政委员会分会战地宣传委员会编］
［编者刊］　18　32 开　有照片

本书分 4 个部分：此次加紧整饬军风军纪的实施办法、此次加紧整饬军风军纪的意义、此次加紧整饬军风军纪的目的、本部工作同志应切实努力之点。封面有"司令长官训词"字样。

**3664. 军队组织与管理**　余程万编　　［游击队干部训练班］　1939 年 5 月　30［环筒叶］　32 开

本书从游击队的角度概述了军队组织与管理，分 3 章：概论、组织、管理。有题赠。

**3665. 抗战军纪论**　高萍编　战地图书出版社　1941 年 3 月初版　2＋98　32 开　战地文化综合小丛书

本书收 23 篇文章：《整饬军纪与争取胜利》（蒋介石）、《军纪根源论》（潘公展）、《抗战的纪律》（《中央日报》）、《政治团结与军事统一》（《大公报》）、《加强统一与争取胜利》（《商务日报》）、《纪律高于一切》（《国民公报》）、《中央解决新编第四军》（《中山日报》）、《对于新四军事件之认识》（《中山日报》）、《论团结统一与精神》（徐庆平）等。书后附《军事委员会撤销新四军番号通令》、《军事委员会发言人宣布制裁新四军经过》。有编者所作《抗战军纪论》代跋。

**3666. 陆海空军惩罚法**　［军事委员会政治部］编　　［编者刊］　1938 年 6 月　22＋8　64 开　有图表

本书收录《修正陆海空军惩罚法》和《革命军连坐法》。

**3667. 陆海空军人事制度述要**　4＋24　32 开　有图表

本书分 5 个部分：人事行政概说、官制、人事机构、人事业务中重要事项、结论。附录收《陆海空军军官各阶之停年》、《军官佐晋任在官组范围内其资绩遴选方法之规定》、《陆海空军官佐服役限龄表》。

**3668. 论军纪**　真实出版社　1941 年 3 月　1＋87　32 开　有插图

本书收 11 篇文章：《论军纪》（弈文）、《泛论军纪事件》（全军）、《军纪辩微》（素黎）、《略论军纪》（江渡楫）、《论军纪史观》（宋亮）、《军纪之余三章》（刘子达）等。附录收《蒋委员长发表解散新四军之经过》、《新四军皖南部队惨被围歼真相》、《中共中央革命军事委员会发表关于皖变谈话》。

**3669. 特约演讲录**　中央训练团军法人员训练班　1944 年 6 月　2＋80　32 开　有图表

本书收辑演讲词7篇：《从军法之治说到宪法之治》（张知本）、《中华民国宪法草案中的司法权》（林彬）、《国际私法之新趋势》（章任堪）、《漫谈现行军法》（贾焕臣）、《站在法家立场上观察儒道墨名阴阳诸家的学说》（刘亚平）、《最近军法机构之演变与改进意见》（袁济安）、《军事机关人事法令述要》（袁济安）。附表7件。

**3670. 整饬军纪与加强抗战**　军事委员会政治部编　编者刊　1941年2月　2+52　32开　宣传资料　第3辑

收录8篇文章：《蒋委员长训词："整饬军纪与加强抗战"》、《解散新四军之经过》、《军纪根源论》、《整饬军纪准备反攻》、《抗战的纪律》、《革命精神在纪律》、《严肃军纪》、《再论严肃纪律》。

**3671. 整军与建军**　饶荣春著，中山文化教育馆编　中山文化教育馆　1938年12月渝版　重庆　2+36　32开　抗战丛刊第70种

本书分4个部分：绪言、军队整理、新军建设、结语。

## 兵役制度、兵役法

**3672. 军政部兵役署成立三周年纪念特刊（兵役月刊第四卷第一、二期合刊）**　军政部兵役署兵役月刊社编　军政部兵役署　1942年2月　重庆　4+58　16开　有图表

本刊分3部分：特载、论著、业务报告。特载部分收录《新兵接收与管理应予改善》（蒋介石）、《兵役座谈会致词》。论著部分收录《对于兵役之希冀》（朱为鉁）、《兵役感言》（陈凤韶）、《抗战以来的征募业务》（吴剑秋）等。业务报告部分收《兵役署成立三年来之业务报告》。

**3673. 军政部兵役署成立四周年纪念特刊（兵役月刊第五卷第一、二期合刊）**　军政部兵役署兵役月刊社编　军政部兵役署　1943年2月　重庆　4+73　16开　有插图、有图表

本书包括特载、论著、专载、业务报告4部分。特载部分收录《告全国荣誉军人书》（蒋介石）等。论著部分收《为本署四周年敬告役政同人》（程泽润）、《推行役政之前瞻与后顾》（陈启之）等。专载收《国民兵役讲话》（何志浩）。业务报告部分收《兵役署成立四年来之业务报告》（程泽润）。

**3674. 军政部兵役署成立五周年纪念特刊（兵役月刊第六卷一、二期合刊）**　军政部兵役署役政司编审科编　军政部兵役署　1944年2月　重庆　12+58　16开　有题词、有图表

本书包括特载、论著、工作检讨、资料、业务报告5部分。论著部分收《兵员复员问题之研究》（何志浩）、《女子服役问题》（罗天亚）等。工作检讨部分收《一年来之兵役》（程泽润）、《壮丁调查工作实施总检讨》（金稼黄）、《五年来之回顾》（熊顾桓）。业务报告部分收录《兵役署成立五周年来业务报告》（程泽润）。

**3675. 抗战八年来兵役行政工作总报告**　兵役部役政月刊社编　编者刊　1945年11月　7+114　16开　有图表

本书分11章：行政工作概况、征补工作概况、国民兵工作概况、总务工作概况、人事工作概况、经理工作概况、军医工作概况、督察工作概况、会计工作概况、军法工作概况、党务工作概况。书前有编辑凡例。

**3676. 襄郧师管区第一届征兵专刊**　襄郧师管区司令部编　编者刊　1936年12月　42+144　16开　有照片、有题词

本刊分7部分：发刊词、照片、题词、专载、法规、论著、附载。内收《国民政府征兵令》、

《兵役法》、《军事委员会蒋委员长题词》等。封面题名为：《襄郧师管区第一届入营征兵专刊》。

**3677. 甘肃兵役概况**　甘肃省政府编　编者刊　1942年3月　14　32开

介绍甘肃兵役的沿革及现行机构概况等。

**3678. 修正兵役法广西施行条例疑义解释汇编**　陶鸿千辑　民团周刊社　1938年10月初版　广西　58　32开　有图表　丙种丛刊第二种　基层建设丛刊第四辑之七　亢真化主编

本书分13个部分：修改兵役法广西施行条例、现役兵征编办法、关于公务员者、关于学生者、关于搬迁者、关于免役者、关于年龄者、关于惩处者等。

**3679. 战时编余官兵安置办法**　军政部编　编者刊　1945年3月　2+20+2　32开　有图表

收3篇：《军事委员会训令》、《战时编余官兵安置办法》、《战时编余官兵安置办法实施细则》。附：《军用文职人员退职办法》等3条。

**3680. 战时人民服务军役方案**　曾梦玖著　汗血书店　1936年12月　上海　2+112　32开　国防实用丛书之五　刘百川主编

本书分4章，介绍欧战时各国的兵役制度，以及中国的征兵制度和国民军训方案。

**3681. 战时征补兵员实施办法**　［军事委员会］编　编者刊　1942年12月　30　32开　有图表

本办法于1942年12月修正颁布。共21条。附：《中华民国省市县征壮丁名册》等7条。有题赠。出版时间根据国民政府军事委员会训令颁布时间推断。

**3682. 征兵制度的理论与实施**　张佐华著　生活书店　1938年4月初版　4+66页　32开

本书分7节：战斗员的补充与抗战前途、为什么要实施征兵制度、中国历史上的征兵制度、现在征兵进行中的严重问题等。附：《国民政府征兵令》等6条。

**3683. 兵役法规摘要·兵役须知·兵役问答**　军政部兵役署役政司宣查科编　编者刊　14　64开　兵役宣传丛书　第6集

包括兵役法规、兵役知识等内容。

**3684. 兵役法和征兵制**　吕一舟编　商务印书馆　1938年6月初版　长沙　1+36　32开　有照片　小学生战时常识丛书

本书分5部分：从目前举办的兵役说起、关于兵役的法规（一）、关于兵役的法规（二）、兵役法和征兵制、结言。书后附内容撮要和问题。

**3685. 兵役法令表解**（1）　军政部兵役署役政司宣查科编　编者刊　1942年3月　101　32开　有图表

以图表形式解读兵役法。包括《三十一年度征兵调查办法表解》、《三十一年度抽签办法表解》、《优待出征抗敌军人家属办法表解》等表格10幅。

**3686. 兵役法令表解**（2）　军政部兵役署役政司宣查科编　编者刊　1942年4月　10+8　32开　有图表

以图表形式解读兵役法。包括《兵役宣传机构表解》、《征兵宣传具体实施纲要表解》、《兵役制度三平原则表解》等表格10幅，附录收《委员长告士绅教界同胞书》、《发起士绅公务员子弟当兵运动电》、《管区司令县长应每月举行兵役座谈会电》、《国民月会应讲述兵役法规电》、《国民月会由乡镇长召集电》。

**3687. 兵役法令表解**（3）　军政部兵役署役政司宣查科编　编者刊　1942年4月　10　32开　有

图表

以图表形式解读兵役法。包括《兵役法表解》、《兵役法实施条例表解》、《中国陆军兵役年限区分表解》等表格 10 幅。

**3688. 兵役法令表解**（4） 军政部兵役署役政司宣查科编 编者刊 1942 年 4 月 11 32 开 有图表

以图表形式解读兵役法。包括《陆军新兵入伍宣誓规则表解》、《改善新兵待遇办法表解》等 10 幅。

**3689. 国民兵役法规** 军政部兵役署编 编者刊 1940 年 2 月 88 + 6 16 开 有图表

收录《国民兵组织管理教育实施纲要》、《国民兵役实行规则》等兵役法规 25 条。附《国民兵常备队教育要目表》、《视察省县市国民兵团报告表》等 5 张。前有弁言，出版时间根据弁言时间推断。

**3690. 国民兵役法规** 1940 年 3 月 2 + 60 16 开 有图表

收录《国民兵组织管理教育实施纲要》、《国民兵役实行规则》、《国民兵团组织暂行条例》、《兵役训练班简则》等兵役法规 14 条。本书由中国国民党安徽省执行委员会翻印。

**3691. 军政部扩大兵役宣传周特刊** 军政部兵役署役政司宣查科 军政部兵役署 1942 年 7 月 94 16 开 有照片、有题词、有图表 军政部兵役署宣传刊物之一

本刊分 6 部分：特载、文告、广播词、专著、资料、附录、编后。资料中收录：《兵役制度之三平原则》、《国民兵团之成立与调整》、《抗战六年来之国民兵役》。

**3692. 抗战建国二周年纪念日兵役宣传大纲** 国民政府军事委员会政治部编 编者刊 7 32 开

分 4 部分："兵役运动之回顾"、"今后兵役运动的重要"、"怎样进一步展开兵役运动"、"纪念'七七'，兵役运动的号召"。

**3693. 兵役宣传** 福建省军管区国民军训处编 编者刊 1938 年 12 月初版 4 + 82 32 开 政训丛书之一

分 6 部分：刊前、征兵宣传纲要、兵役宣传大纲、征集国民兵宣传大纲、兵役问答、兵役宣传标语。出版日期据版权页载录，封面为 1938 年 11 月。

**3694. 兵役宣传、考察、优待法令辑要** 军政部兵役署役政司宣查科编 编者刊 1942 年 1 月 5 + 141 32 开 有图表

本书分：法规、命令、附录 3 部分。收录：《抗战人员家属保障办法》、《通令严禁藉势欺凌征属》、《陆军兵役惩罚条例》等。

**3695. 兵役标语汇集** 军政部兵役署役政司宣查科编 编者刊 1942 年 1 月 28 32 开

本书收录了 18 类兵役标语，包括：对于民众、对于新兵、对于征属、对于学生、国父纪念日用、国耻纪念日用等。书前有标语制贴办法、总裁语录和检讨十问。

**3696. 兵役宣传大纲** 江西省政府教育厅编 编者刊 1938 年 1 月 34 64 开 抗战小丛刊 第 1 种

宣传兵役的小册子。

**3697. 兵役宣传暨优待征属法令汇编** 军政部兵役署役政司宣查科编 编者刊 1943 年 10 月 8 + 232 + 2 32 开 有插图、有图表 兵役宣传丛书 第 7 集

本书分8篇：兵役法、文告、兵役宣传、优待征属、改善新兵待遇、士兵通信、田地义务代耕、专载。

**3698. 兵役宣传特刊**　宝永师管区编　编者刊　56　32开　有题词

本书收特载10篇：《国民政府征兵令》、《对征兵入营训词》（蒋介石）、《征兵告谕》（何应钦）、《国难严重与国民应服兵役的需要》（何健）等；论著6篇：《征兵与募兵之利害》（刘济人）、《中国目前之危机与征兵之重要性》（卿国魁）、《实施兵役是救亡图存之唯一途径》（董璋）等；附记5篇：《为检查身体告壮丁书》、《征兵山歌》等。

**3699. 兵役宣传特刊**　云南国民军事训练处编　编者刊　1939年10月　22+36页　16开　有题词、有图表

本刊分3部分：训词及题词、论说、专载。论说中收文13篇：《兵役和精神力量的总结果》、《抗战与兵役》（张有谷）《好男要当兵》（张兴仁）等。专载：《陆军兵役惩罚条例》等5条。

**3700. 兵役宣传资料特辑**　国民政府军事委员会政治部编　编者刊　1940年6月出版　26　32开　十日宣传资料第12号

本书包括4部分：兵役宣传的原则、方法、方式提要、鼓励国民服兵役的宣传要点、服兵役的好榜样、现行兵役法撮要。

**3701. 第二期抗战兵役宣传纲要**　国民政府军事委员会政治部制　编者刊　1939年7月　28　32开

本书分8章：兵役运动在抗战建国中的重要、兵役制度的区分与利弊、我国现行兵役制度、兵役法的执行与监督、优待出征抗敌军人家属、鼓励国民兵役制度等。附：《兵役制度概述》、《兵役法规目录》。

**3702. 西安各界兵役宣传周宣传大纲**　西安各界兵役宣传周筹备委员会编　编者刊　1939年　10〔环筒叶〕　32开

本书为兵役制度宣传册。

**3703. 征集国民兵宣传大纲**　中国国民党中央执行委员会宣传部编　编者刊　1937年9月　36　64开　抗敌手册之四　中国国民党中央执行委员会宣传部编

共分7章：导言、从我国历史上说明征兵之必要、从世界现势上说明征兵之必要、从国家环境上说明征兵之必要、从人民责任上说明征兵之必要、我国现行之兵役制、附录。

**3704. 兵役**　徐百齐、吴鹏飞编著　商务印书馆　1937年12月初版，1938年3月再版　长沙　13+190　32开　有图表　战时常识丛书

本书分27部分：国民服兵役之义务、征兵制与募兵制、兵役法制定经过、兵役之种类、兵役之期限、禁役、免役、缓役等。介绍兵役及兵役法的有关内容。初版书前有编者序言。

**3705. 兵役的免缓役须知**　戴高翔讲述，孙天民笔记　四川省军管区司令部兵役月刊社　1940年12月　四川　2+70　32开　有图表　兵役小丛书之四

本书分6章：免缓役之原则和原理、从上古说到现在之免缓役、从本国说到世界各国之免缓役、现行免缓役法规及其释义、兵役应有改进的几点、结论。附录收《现役及龄呈报书》、《现役及龄壮丁名簿附表》、《现役及役壮丁名簿》、《现役及龄壮丁统计表》、《免缓役声请书》、《疾病检定书》、《禁役呈报书》、《缓役原因消减呈报书》。

**3706. 兵役法规**　训练总监部国民军事教育处编　编者刊　1936年10月　〔143〕　32开　有图表

本书收兵役法及相关法规、条例、纲领等10篇：《兵役法》、《兵役法实施条例》、《国民军事教育纲领》、《国民兵役施行规则》、《国民兵役名簿暂行规则》、《兵役及龄男子调查规则草案》、《修正各省市国民军事训练委员会暂行规程》等。

**3707. 兵役概论**　中国国民党中央执行委员会训练委员会编　编者刊　1941年1月　8+138+6　32开　有图表　训练教程之五

本书分12章：绪言、征兵制与募兵制、各国征兵制之概况、我国兵役制度之沿革、我国兵役制度之三平原则、国民兵役、常备兵役、免役与缓役、兵役机构、兵役征补程序、兵役之奖惩、党政人员对于推行兵役之协助。

**3708. 兵役概要**（高级小学补充教材）　广东教育厅中小学教师服务团编　编者刊　1941年1月　2+16　32开

本书分20课讲述，包括兵役概说、兵役的意义、兵役的沿革、国民兵役、国民兵役之服役区分等，概述了国民兵役的重要性。

**3709. 兵役理论与宣传读本**　周智编著　新进出版社　1940年10月再版　4+102　32开

本书分上、下两篇：兵役理论与兵役宣传。书前有例言。书后有附录，收《兵役法》、《兵役法施行暂行条例》、《兵役法广西施行条例修正草案》3篇文章。

**3710. 兵役浅说**　高荫祖编著　独立出版社　1939年2月初版　重庆　4+30　32开　有图表

分8节：兵役的意义、种类、期限、制度、实行兵役法的必要性、推进兵役制度与抗战前途等。附：《兵役法》、《违反兵役法治罪条例》等4篇。

**3711. 兵役浅说**　王星棋编著　国民图书出版社　1942年5月初版　重庆　56页　32开

本书分12章，从当兵的种类、哪些人应该当兵、当兵的好处、该受优待的人、逃役和逃兵的害处、国民的编组等方面概述了兵役常识。书前有程泽润、王时谨、王星棋序。

**3712. 兵役浅说**（第一辑）　广东省政府秘书处编译室编　广东省政府秘书处第二科　1942年12月　广东　2+90页　32开　有图表　政治常识小丛书之八

包括：我国征兵制由来、兵役之种类役期与服役、兵役之年龄调查、我国兵役制度之三平原则等8个部分。附录收《兵役法》和《修正兵役法施行暂行条例》。

**3713. 兵役行政概论**　王德渊著　VII编纂委员会　1942年6月　8+96页　大32开　有图表

本书概述了兵役行政，包括：兵役之任务、制度概要、行政机构、实施、宣传等。前有黄铮序和作者自序。附《优待出征抗战军人家属条例》等。出版时间根据序言推断。

**3714. 兵役与工役**　国民政府军事委员会政治部　编者刊　11+160　32开　有图表　抗战建国丛书

本书分3篇：兵役、工役、战时兵役与工役之关系。其中，兵役篇包括6章：兵役制之区分及其利害、各国兵役制度概要、我国征兵制度之由来、我国现行兵役制度、征兵注意事项、我国兵役实行经过；工役篇包括4章：工役概况、德国工役概况、我国现行工役法、非常时期难民服役法；战时兵役与工役之关系篇包括5章：兵役与劳役之分配、扩充兵员与补充劳力、开战后失业者之处置、强制劳役之制度、我国战时国民劳役法。附录收《兵役区分表》等表格及条例9部分。

**3715. 兵役与工役**　黄埔出版社编辑　中央陆军军官学校　1938年10月初版　8+113　32开　有插图、有图表　黄埔丛书之二十二全书分 3 篇：兵役、工役、战时兵役与工役之关系。其中兵役篇分 6 章：兵役制之区分及其利害、各国兵役制度概要、我国征兵制度之由来、我国现行兵役制度、征兵注意事项、我国兵役施行经过；工役篇分 4 章：工役概说、德国工役概况、我国现行工役法、非常时期难民服役法；战时兵役与工役之关系篇分 5 章：兵役与劳役之分配、扩充兵员与补充劳力、开战后失业者之处置、强制劳役之制度、我国战时国民劳役法。附录收《兵役区分表》等表格表格及条例 9 部分。

**3716. 兵役与工役** 何志浩著 青年书店 1940 年 1 月再版 10 + 162 32 开 有图表 抗战建国丛书

全书分 3 篇：兵役、工役、战时兵役与工役之关系。其中兵役篇分 6 章：兵役制度之区分及其利害、各国兵役制度概要、我国征兵制度之由来、我国现行兵役制度、征兵注意事项、我国兵役施行经过；工役篇分 4 章：工役概说、德国工役概况、我国现行工役法、非常时期难民服役法；战时兵役与工役之关系篇分 5 章：兵役与劳役之分配、扩充兵员与补充劳力、开战后失业者之处置、强制劳役之制度、我国战时国民劳役法。附录收《兵役区分表》等表格及条例 9 部分。

**3717. 兵役月刊**（第五卷 第 3、4 期合刊） 军政部兵役署兵役月刊社编 军政部兵役署 1943 年 4 月 重庆 94 16 开 有插图、有题词、有图表

本刊内分 7 部分：题词、专载、论著、专题撰述、法案、附录、文艺。内载文章：《国民总动员与国民民兵献机》（何应钦）、《全国国民兵献机运动与国防建设》（张道藩）、《青年与军训》（白崇禧）等。该书封面题名为：《全国国民兵团献机特刊》。

**3718. 兵役制度** ［教育部民众读物编审委员会编］ 编者刊 1 + 25 + 2 64 开 民众文库

本书分 6 个部分：兵役的意义、征兵和募兵、我国古时的兵役制度、世界各国的兵役状况、我国现行兵役法的内容、结语。

**3719. 防止逃兵办法** ［军政部编］ ［编者刊］ 1939 年 16 64 开

共 25 条，系国民党军政部 1939 年 10 月颁发的防止逃兵办法。

**3720. 服兵役** 韩德溥编著 正中书局 1938 年 9 月初版 2 + 31 64 开 有插图 抗战常识讲话 战时国民义务

本书分 7 个部分：国家为什么要实行征兵、当兵是最光荣的事、惟有当兵才有生路、征兵制的好处、我国的兵役法、服兵役的优待、收尾的话。卷首有《抗战常识讲话的总说明》。

**3721. 各国兵役行政概论** 陈炳元编著 中国文化服务社 1940 年 3 月初版 重庆 21 + 183 32 开 有图表

本书分 7 篇：法国、德国、意国、英国、美国、苏联、日本。书前有程泽润、朱为珍、何志浩分别所作序言以及自序与编辑大意。书后附《瑞士民兵制度》、《土耳其征兵制度》两文以及《法国兵役年限历次更选一览表》、《德国出生证式样》、《日本兵役区分年限表》、《中国陆军兵役年限表》等 26 幅图表。

**3722. 国民兵役的法令和实施** 刘列夫著 上海杂志公司 1937 年 12 月初版 广州 4 + 128 32 开 大时代丛书之一

本书分 7 个部分：什么叫做国民兵役、为什么一定要采用国民兵役制、我国需要国民兵役的客观性、我国国民兵役的法律根据、我国历史上的国民兵役制、国民兵役实施的准备工作和军训、对军训工作贡献一点意见。书前有序言。

**3723. 国民兵役的法令和实施** 刘列夫著 上海杂志公司 1938 年 3 月再版 汉口 5 + 130 32 开

大时代丛书之十二

本书分7个部分：什么叫做国民兵役、为什么一定要采用国民兵役制、我国需要国民兵役的客观性、我国国民兵役的法律根据、我国历史上的国民兵役制、国民兵役实施的准备工作和军训、对军训工作贡献一点意见。书前有序言。

**3724. 国民兵役在广西** 卢显能著　民团周刊社　1939 年 6 月初版　广西　22　32 开　丙种丛刊第四种　民团丛刊第二辑之八　梁上燕主编

本书分3个部分：广西国民兵役的施行条例、广西国民兵役与民团制度、广西国民兵役的实施。封面著者为黄万贵。

**3725. 好男儿要当兵（兵役浅说）** 军委会政治部、国民精神总动员会秘书处合编　军事委员会政治部　1939 年　2＋34　32 开　国民月会讲材丛书之一

本书分7章：抗战建国要武力、兵制的变革和利弊、我国现行兵役法概要、兵役法的执行与监督、优待抗敌军人家属法令、好男都应当兵、如何扩大兵役。附录收《蒋委员长告全国士绅、教育界皓电》、《蒋委员长手定阵亡将士抚恤法规补充办法》。

**3726. 抗战与兵役** 张群、周伯棣、彭雨新、王成城、姚承三、方秋苇执笔　独立出版社　1939 年 3 月初版　重庆　8＋56　32 开　战时综合丛书第 3 辑第 10 种

本书分9章：人民服兵役的意义、抗战中兵役问题之重要性、兵役法之研究、现行兵役法面面观、兵役法与兵役税、论兵役法之推行、征兵制实施方法之商榷、怎样使人民乐于当兵、怎样做兵役宣传工作。书前有编者序言，书后有讨论大纲。

**3727. 抗战中的征兵问题** 唐崇慈著　中山文化教育馆　1938 年 4 月渝版　重庆　8＋40　32 开　抗战丛书第 22 种

本书分8部分：抗战中征兵的重要、列强的兵制、我国历代的兵制、我国现行的兵役法、关于征兵的困难问题、纠正上述困难的几点建议、征兵与民众武装的联系、我国惟一的出路。有著者自序。

**3728. 视察役政纪实** 鹿钟麟著　1945 年 9 月　4＋118　大 32 开　有图表

本书收录了作者4篇文章：《视察璧山经过》、《视察永荣、隆富、泸水、师区》、《视察成都军管区》、《滇、湘、黔之行》。出版年据作者序推断。

**3729. 苏联国民兵役法** 军事委员会办公厅顾问事务处译　中国文化服务社　1940 年 3 月初版　重庆　21　32 开　有图表

本书为抗战时期兵役制度之参考读物，共7章79条。

**3730. 吾人对于征兵应有之认识与努力** 浙江省军管区司令部　1938 年 10 月　16　32 开

本书分6节：争取最后胜利的条件、抗战与人力动员、征兵的必要性、征兵在浙省、天下兴亡匹夫有责等。

**3731. 现阶段之征兵问题** 崔昌政著　中山文化教育馆　1939 年 12 月渝版　重庆　4＋38　32 开　抗战丛刊　第 98 种

本书分5部分：征兵中之症结问题、防止舞弊问题、鼓励人民应征服役问题、其他有关兵役实施问题、尾语。书前有作者弁言。

**3732. 现行兵役要览** 杨振编著　浙江省战时教育文化事业委员会书刊发行部　1940 年 6 月初版

浙江　4+94　32 开　有图表　薪胆丛书第 7 种　浙江省动员委员会战时教育文化事业委员会征编组主编

　　本书分 14 部分："中国历代兵制概述"、"世界列强兵制概述"、"世界现行三种兵制比较"、"中国现行征兵制实施要略"、"兵役名辞浅释"、"常备兵与国民兵"、"征兵之四大阶段"、"免、缓、禁、停役条文之解释与申请"、"在乡军人之管理与召集"、"办理征兵之机构及其职权"、"兵役宣传与监督"、"推行兵役得奖与惩"、"战时征兵法令研究"、"浙江征兵单行法简述"。书前有编辑例言。

**3733. 新兵制与新兵法**　蒋方震编译　商务印书馆　1943 年 9 月渝初版　重庆　4+155　32 开　有图表

　　本书分 3 部分：国民皆兵新论、现代空军力之基础、最近法国之战见。第 1 部分附录：《总动员纲要（报告第一号与第二号）》、《总动员之意义及其实施办法纲要之说明》、《与全国总动员关联之作战部队的辎重组织纲要》；第 3 部分附录：《机动兵团之组织》、《某外国轻快师之组织大纲》。有著者自序。

**3734. 役政讲话**　鹿钟麟著　1945 年 6 月　4+68 页　大 32 开

　　本书为 1945 年 6 月作者在国民党中央训练团兵役班上的讲话，分 4 讲：我国兵役问题的特征、战时兵役政策的检讨、当前役政的要务、我们的办事精神。附：《时局与人心》、《与某友人书》等文章。有作者序。

# 国防建设

**3735. 长期抗战中的国防计划**　葛扶南编译　南华出版社　1938 年 1 月初版　上海　10+120　32 开　有图表

　　本书分 12 章：中国的国防、国防中心区、陆军的国防计划、海军的国防计划、空军的建设及其计划、铁道国防计划、国防资源的诸问题、国防工业的建设、国防财政、食粮政策、广义国防计划等。

**3736. 抵抗的国防论**　唐子长著　战地图书出版社　1941 年 2 月合订本初版　上饶　[14+388]　大 32 开　有图表

　　本书分 4 卷，卷一为国防学理，包括：国防意义、国防要素、国防动向；卷二为国防战略，包括：抵抗原则、抵抗种类；卷三为国防制度，包括：全国动员、动员原则等；卷四为国防政策，包括：政治政策、军事政策、经济政策、文化政策。卷首有国防最高委员会张秘书长致作者函。

**3737. 非常时期之国防建设**　程清舫著　中华书局　1937 年 3 月　上海　4+92　32 开　中国新论社非常时期丛书　雷震、马宗荣、徐逸樵、罗鸿诏主编

　　本书分 7 部分：中外大势与非常时期、现代国防的定性分析、欧美日各国国防新姿态的检视、我国国防的现状、中国"静的国防"之建设（国防中心区的选定）、中国"动的国防"之建设、结论。

**3738. 国防本义与其强化之提倡**　日本陆军部编　[编者刊]　1934 年　2+22　16 开　有图表

　　本书分 5 部分：国防观念之再检讨、国防力构成之要素、目下国际情势与我国防、国防及国策强化之提倡、国民之觉悟。

**3739. 国防建设之真谛** 林惟古编 众志书局 1941年5月初版 5+66 32开 抗建丛刊第三辑 军事建设丛刊之一

本书分5个部分：国父十年计划书、总裁在二届国参会首次大会开幕日致词、总裁在二届国参会首次大会休会词、二届国参会首次大会宣言、舆论拔萃。卷首有序言。

**3740. 国防教育讲授大纲** 陈立夫讲，中央训练团党政高级训练班编 编者刊 1943年7月 6 32开 有插图

本书包括中心、目的、张本、实施、要点5部分。

**3741. 国防教育与各科教学** 汪懋祖等编著 正中书局 1937年3月再版，1937年10月3版，1939年6月5版 南京 8+177 32开 国防教育丛书

本书分14章：公民训练与国防、体育军事化的教学刍议、国防教育与童子军训练、国防与医药卫生、国防教育与国文教育等。书前有陆殿扬序。

**3742. 国防教育之实施** 徐阶平、杨汝熊著 汗血书店 1937年2月 上海 2+128 32开 国防实用丛书之十三 刘百川主编

本书分4部分，介绍国防教育理论、战时各国的国防教育、民教机关国防教育实施方案、各级学校国防教育实施方案。

**3743. 国防科学** 应用科学编译社编 文信书局［总经售］ 1944年3月 重庆 2+168 32开 有图表 应用科学专辑之二

本书分5部分：论著、译述、书评、通讯、转载。共收录11篇，包括：《论"国防科学"》、《无线电与近代战争》、《从北非之役看"近代战争"》、《全民战对权力战》、《国防经济实例之检讨》、《武力经济论》、《闪电战》等。

**3744. 国防科学原理** 余拯编著 军事委员会政治部 1945年5月初版 2+98 32开 抗战建国小丛书 国防建设类 第2种

本书分8个部分：前言、国防科学的释义、国防科学之史的发展、国防问题的研究方法、国防建设的理论根据、国防建设的步骤、现阶段的我国国防运动、结论。附录《从教育训练学习研究谈到国防科学的产生》。

**3745. 国防新论** 杨杰著 军事委员会政治部 1942年12月 10+556 32开 抗战建国丛书第1集第9种

包括3篇：战争与国防、近代国防的形势及其组织、如何建设中国国防。附录收《呈蒋委员长工业根本建设之计划》。

**3746. 国防与军需工业** 张白衣著 汗血书店 1936年12月 上海 6+126 32开 国防实用丛书之六 刘百川主编

本书分9章：军需工业的定义、国防与军需工业、军需工业平时的设施、军需工业战时的动员、中国军需工业建设方案、中国军需金属资源及其工业现状、军需化学工业资源与工业、中国军需服装资源与军需食粮资源及其工业、中国动力热力资源及其工业的概况。有著者的序。

**3747. 国防与农业统制** 徐钧达著 汗血书店 1937年1月 上海 2+144 32开 国防实用丛书之十 刘百川主编

共分4章：国防与农业统制问题、各国农业统制之国防化、国防农业统制方案、农业生产技术之统制。

**3748. 国防原则之战争指导**　林薰南著　天文台半周评论社　1939年6月初版　香港　11＋45　32开

本书分4章：释义、战争胜利之意义及其原因、战争之指导、各国战争指导之梗概。书前有校印国防原则之战争指导序。封面有著者题赠。

**3749. 国防制度（抵抗的国防论卷三）**　唐子长著　2＋92　大32开　有图表

本书系合订本《抵抗的国防论》的单行本，分3篇：全国动员、动员原则、动员制度。

**3750. 国防中心论**　陈启天等著　大光书局　1937年3月初版　上海　4＋254　32开　国防丛书

本书收16篇文章：《国防中心论》（陈启天）、《国防与文化》（李璜）、《国防与教育》（秋椿）、《从近代战争说到我国国防问题》（谢云龙）、《国防与外交》（谢承平）、《从"五四"谈到国难》（左舜生）等。书前有编者所作序。

**3751. 军事与国防**　杨杰著　商务印书馆　1944年6月初版，1945年5月再版，1945年12月上海初版，1948年4月上海3版　重庆　3＋190　32开　复兴丛书

本书分8章：绪论、现代的国防、国防建设的方法、国防政策的决定、列强的国防政策、军事建设与其它建设的关系、军事建设的实际问题、结论。

**3752. 抗日战争中人民武装建设文件**　太行区武委会　1947年4月　317　32开　丛书之一：下册

收录晋冀豫区武委会发布的各项指示、决定、文件、通报、条例、总结等69篇。后附正误表。

**3753. 抗战中的军事动员**　任淘著　抗敌救国丛书社　1938年8月初版　3＋60　32开　抗敌救国丛书　潘梓年、张申府主编

本书分8章，包括抗战与动员、军事动员的重要、现阶段的抗战与军事的动员等。书后有作者后记。书名据版权页提取，封面书名为《抗战中的军事动员》。

**3754. 科学与国防**　胡先骕、汪敬煦、任鸿隽、漆琪生、简贯三、沈锐、翁文灏执笔，谢克欧编　国防书店　1941年10月初版　桂林　6＋70页　32开

本书收录8篇文章：《国防建设与科学》（胡先骕）、《科学与战争》（任鸿隽）、《科学建国》（胡先骕）、《科学与人类进步》（翁文灏）等。书前有蒋中正序。

**3755. 民族精神国防**　李行笃等著　汗血书店　1937年3月初版　上海　3＋118　32开　国防实用丛书之二十　刘百川主编

收文章5篇：《民族精神的总动员》、《国防声中的中国文化的检讨和出路》、《论中华民族衰落第一期文化和国防》、《国防文化之重要与实施》等。

**3756. 陕甘宁战勤动员材料**　8　16开

包括4部分：八个月以来人力畜力的动员、财劳共负的方针未能贯彻、人力畜力的使用上存在着巨大的浪费现象、改进意见。抄本。

**3757. 社会部拟定战时三年国防社会建设计划大纲草案**　[200]　[环筒叶]　18.2cm×26.1cm　油印、线装　有图表

**3758. 西北特区的战时总动员**　韩涛编辑　时代史料保存社　1938年3月　上海　4＋64　32开

本书分两个部分：西北特区的战时动员工作、西北特区的群众工作。书后附录收《陕甘宁特区抗日军人优待条例》、《陕甘宁特区抗日自卫军组织条例》。书前有序。

**3759. 新军与新战略**　国民出版社编辑　编者刊　1939年10月初版　金华　4＋70　32开　国民知

识丛书 第2辑

本书分15部分：逐步增强的中国抗战兵力、中国的空军、中国的海军、我国的机械化部队、南岳游击练训班、十二集团军的军政干部训练所、广西的学生军、江南义勇军教导队、吕梁山的秘密军工厂、第九战区的军民合作战、叶剑英谈敌我战略、陈部长论敌我实力、卫立煌谈抗战前途、从微妙到动荡的新战局、外人之观察。书前有前言。

**3760. 新战士课本** 国民革命军第十八集团军野战政治部编 编者刊 1941年2月 34 32开 有插图

该书共分27课："第八路军"、"我们的责任"、"三大纪律八项注意"、"军纪的重要"、"服从命令，作战勇敢，刻苦耐劳"、"团结友爱"、"努力学习"、"俱乐部"、"什么叫做自由平等"、"共产党"、"模范军人"（1－4）、"政治委员制度"、"政治机关"、"反对贪污腐化"、"肃清封建残余"、"破除迷信"、"长期抗战"、"国共合作"、"争取二百万友军"、"爱护抗日根据地"（24－25）、"巩固抗日根据地的政策"（1－2）、"世界到哪里去"、"共产主义"。

**3761. 战区人民与国防** 蔡文玄著 战区人民问题研究会 1938年8月 30 32开

本书分12部分：假如实行了焦土抗战、流民回乡问题、不要忽视了点和线的征服力、疏散了人口不是一句话、为什么使战斗员成了难民呢、怎么实践九世复仇的使命、需要一个合理的计划、移殖区的建设、劳力资力的综合运用、二面战略、控制了江河的上游、使时代意识流到华西。书后附录《救济战区人民方案》。书前有卷头语。封面有题赠。

**3762. 战时安全设备** 唐凌阁著 商务印书馆 1937年11月初版，1938年3月再版 长沙 4＋123 32开 有照片、有插图、有图表 战时常识丛书

本书分12章，包括战时后方所受灾害种类、飞机对于地上目标及民众行动、空袭时火灾消防问题、地下避弹室的建筑、毒气的侦察、救护及治疗等内容。有作者弁言。

**3763. 战时的地方自卫** 何炳著 中山文化教育馆 1939年11月渝版 重庆 2＋24 32开 有图表 抗战丛刊 第94种 中山文化教育馆编

本文分泛论、组织、训练、任务、结论5部分。

**3764. 战时国防知识** 蔡劲军编著 正中书局 1938年5月初版 2＋66 32开 有图表 战时民众训练小丛书

本书分5章：绪论、战时国防与军事、战时国防与民众、战时国防与国民经济、结论。

**3765. 中国国防问题** 郭甄泰著 大光书局 1936年12月初版 上海 4＋213 32开 有图表 国论丛书

全书分6章：总论、中国国防上之弱点、中国国防上应有之准备、中国国防上应有之政策、发展基本工业开发资源、结论。

**3766. 中国国防政策** 郭甄泰著 1934年 6＋238 16开 有图表

本书分7章：总论、列强之国防方针及国防政策、国防原论、国防与原料资源、中国国防上之弱点等。书前有序。封面有题赠。

**3767. 中国之国防**（中央训练团党政训练班第五期讲演录） 周亚卫讲 ［中央训练团党政训练处］ 1939年12月 10 32开

本书分8个部分：总理遗教、总裁教训、引言、自卫、独立、全面、大中至正而恒久经常、致胜敌人的特点。

**3768. 中国之国防（中央训练团党政训练班第五期讲演录）**　周亚卫讲　　［中央训练团党政训练处］　1940 年 1 月　28　32 开

本书分 8 个部分：总理遗教、总裁教训、引言、自卫、独立、全面、大中至正而恒久经常、致胜敌人的特点。本版书前有目录，书后另附《树人建业论》一文。

## 边防、海防、空防

**3769. 松理茂懋靖汶边务鸟瞰**　四川省政府民政厅主编　编者刊　1940 年 12 月初版　成都　4 + 46　32 开　四川省民政厅民政丛刊民总之十五

含地理概况、边民之概况、边民之分布、历代治夷方略、本区目前危机等内容。

**3770. 封锁海岸与对策**　李景禧著　中山文化教育馆　1938 年 3 月初版　南京　6 + 37　32 开　抗战丛刊　第 16 种　中山文化教育馆编

本书分 4 个部分：导言、封锁海岸之问题、突破封锁的对策、结论。书前有《抗战丛刊缘起》以及自序。

**3771. 封锁海岸与对策**　李景禧著　中山文化教育馆　1938 年 3 月渝版　重庆　5 + 40　32 开　抗战丛刊　第 10 种　中山文化教育馆编

本书分 4 个部分：导言、封锁海岸之问题、突破封锁的对策、结论。书前有《抗战丛刊缘起》以及自序。

**3772. 世界大战对于海岸防御与海岸筑城之教训**　军事委员会办公厅第四处编译　军用图书社　1937 年 5 月　南京　2 + 56　32 开　有插图

本书分上、下两篇：海岸战之主要战场、实战经验之探讨，概述了第一次世界大战对于海岸防御与海岸筑城的教训。

**3773. 城市防空**　　（英）J. Thorburn Muirhead 著，黄立之译　中国科学图书仪器公司　1942 年 5 月桂 1 版　桂林　5 + 70　32 开　有插图、有图表　中国科学社科学画报丛书　杨孝述主编

本书分 14 章：防空问题的检讨、飞机炸弹的种类及其威力、化学战争、烈性爆炸弹的威力、烈性爆炸弹防御法、高层建筑防御爆风的建筑原理、破坏处的修理等。

**3774. 第二届防空节纪念特刊**　航委会防空总监部编　编者刊　1941 年 11 月　［300］　16 开　有照片、有插图、有题词

本书分 6 部分：题词、论著、业务检讨、特载、附录、编后琐记。收录的文章有：《建立空军与巩固防空》（张发奎）、《防空与建国》（邓锡侯）、《建设永久性全面性的防空》（谷正伦）、《防空与警察》（李士珍）等。

**3775. 第三届防空节特刊**　贵州全省防空司令部防空协导委员会编　编者刊　1942 年 12 月　贵阳　21　16 开　有题词

本书分 3 个部分：专载、论著、记事。收录《一年来贵州防空业务之回顾与前瞻》、《对于贵阳市消极防空之意见》、《如何纪念防空节》、《防空座谈会纪》等 15 篇文章。

**3776. 第九届防空节纪念特刊**　空军总司令部防空处编　编者刊　1938 年 11 月　28 + 56　16 开　有照片、有题词

本刊收录 26 篇文章：《第九届防空节感言》（周至柔）、《从科学的发展来谈今后防空》（黄镇球）、《防空在今后戡建上之重要性》（汤恩伯）、《戡乱与防空》（孙连仲）等。

**3777. 儿童防空演讲** 航空委员会防空总监部民防处编著 正中书局 1942 年 6 月初版 4 + 62 大 64 开

本书分 15 讲：怎样完成我国的防空建设、深入民间的防空建设、儿童与防空等。书前有"写在前面"。

**3778. 防护团组织与训练** 赵俊生编译 浙江省教育厅 1937 年 9 月初版 浙江 18 + 360 32 开 有插图、有图表 民众教育辅导丛书 黄式陵主编

本书分 10 个部分：通论、警备班、警报班、消防班、防毒班、救护班、交通官制班、避难指导班、配给班、工务班。书前有张彭年所作《民众教育辅导丛书发刊旨趣》。

**3779. 防空** 李士珍主编，中央警官学校编译室译 拔提书店 1937 年 4 月初版 南京 2 + 108 32 开 中央警官学校丛书

本书分 4 编：空袭救伤勤务之组织、消毒勤务之组织、救济队之组织与残物清理工作、几种重要毒气之研究与急救。卷首有序。

**3780. 防空常识** 训练总监部国民军事教育处 1936 年 5 月 2 + 64 页 32 开 有插图 国民军事教育教材

本书从防空要论、防空情报、都市防空、军队防空 4 方面介绍了防空常识。书末有题赠。书内有批注。

**3781. 防空常识** 程炎泉编 世界书局 1937 年 1 月初版 上海 3 + 75 大 64 开 有照片、有插图、有图表 战时常识丛书

本书分 8 章：概说、航空器的史话、飞机的认识、防空用的器具、防空的方法、空袭的到来、日本的防空、我们的防空建设。书前有《战时常识丛书发刊词》（陆高谊）。

**3782. 防空常识** 黄镇球编纂 教育部社会教育司 1937 年 6 月初版 2 + 20 32 开 有图表 教育部教育播音小丛书第 8 种 教育部社会教育司主编

本书分 4 章：防空之重要、防空的方法、人民应有之防空常识、人民应有的防空设备与心理防空。

**3783. 防空常识** ［国民政府军事委员会政治部编］ ［编者刊］ 1938 年 6 月 4 + 42 32 开 有插图、有图表

本书分 3 部分：总论、都市防空、军队防空。书前有凡例。

**3784. 防空常识** 教育部民众读物编审委员会编著 正中书局 1938 年 8 月初版 24 64 开 有插图、有图表 非常时期民众丛书第 3 集第 10 册

本书分 9 部分：防空的方法、警报、灯火管制、掩护、避难、交通管制、消防、防毒和消毒、救护。

**3785. 防空广播**（第一辑） 重庆市防空司令部宣传委员会编 编者刊 1938 年 4 月 重庆 2 + 46 32 开

1937 年重庆举行第一次防空演习，本书收录当时的广播演讲共 15 篇：《市民对于防空应有之认识》（贺国光）、《市民对于防空应有之注意》（夏斗寅）、《都市防空的重要与特应注意各点》（周浑元）、《灯火管制问题的检讨》（龙文治）、《防空与治安》（王秉璋）、《市民与防空之关系》（吴右瑜）等。

**3786. 防空壕和地下室**　韩德溥编著　正中书局　1938 年 5 月初版　1 + 30　64 开　有插图、有图表　抗战常识讲话　应用军事常识

本书分 6 个部分：我们为什么要建筑防空壕、建筑防空壕应注意的几点、怎样才是一个完备的防空壕、建筑防空壕要多少材料用费、几种防空壕的设计、末了几句话。

**3787. 防空建筑学**　赵启田编著　军事委员会防空处　1936 年 12 月初版　南京　9 + 152　32 开　有插图、有题词、有图表　军事委员会防空处丛书之一

本书分 14 章：概论、地下室（亦称避难所）、避难所之检查、其他各种避难所之检查、窗洞之防护工事、避难所内部之间隔及防护层、毒气之集团防护法、公物保护等。卷首有编辑例言。附录收《选用避难所材料应注意之点》、《通风滤毒器价目表》。

**3788. 防空讲话**　黄振球讲　中央训练团　1940 年 4 月　38　64 开　有图表

本书分 7 部分：关于疏散与避难及将来都市之建筑、敌机投弹后防护团员出动工作之时机、防护业务之须预为筹备、对于消防业务之意见、战时防空演习应加以注意处、对于毒气之预防、对于未爆炸弹之处置。书前有前言，书后有结语。

**3789. 防空节纪念特刊**　西康省防空协导委员会编　编者刊　42 页　16 开　有照片、有插图、有题词

本书分论著、业务、文艺、杂俎 4 部分。论著中收录《防空与消防》（陈仲光）、《漫谈防空与国防》（余毅）等文章。书前有木刻、发刊词、题词等。目次页题名为《防空纪念特刊》。

**3790. 防空篇**（中等学校特种教材）　高行健编　正中书局　1938 年 3 月国难本初版　24 + 237 + 10　32 开　有照片、有插图、有图表

内分 12 章：航空器、军用机、空军兵器、防空兵器、防空监视、防空警报、灯火管制、毒气防护等。旨在抗战期间普及防空知识。书末有《中西名词对照表》。

**3791. 防空袭**　教育部民众读物编审委员会编　国民图书出版社　1942 年 1 月初版　重庆　2 + 28　64 开　有插图　国民常识通俗小丛书

本书分 11 个部分：有备无患、三种警报、多方注意，救火防火、防毒方法、救护、防空洞的建造、伪装、灯火管制、防护团等。

**3792. 防空训练**　春江书局编　编者刊　1936 年 5 月　上海　4 + 79　32 开　有插图　民众必读丛书　战时常识课本

本书分 5 部分，介绍防空、防毒、急救、防火、避难的常识。有卷头语。

**3793. 防空训练**　大路社专门委员会编辑　国防常识出版社　1937 年 6 月 4 版　上海　2 + 84　9.5cm×17cm　有照片、有插图、有图表

本书分 10 个部分：空军的力量、民众的防空、军事的防空、积极的防空、消极防空、难民保护法、防空宣传法、中国的防空法、海上防空法、日本的防空方法。

**3794. 防空要领**　（德）Seydel 著，王光祈译　中华书局　1932 年　16 + 124　32 开　有照片、有插图、有图表　国防丛书　第 4 种

分 12 章，包括：导言、防空十诀、空中兵器、炸弹、欧战期间飞机攻击及防空设备之功效、防空兵器等。书前有译者序言、作者自序。出版时间据译者序言推断。

**3795. 防空与防毒**　我之出版社　香港　1 + 32　32 开　战时知识丛书

本书收 21 篇文章：《我们要深切认识防空与防毒》、《敌机的空袭讲话》、《炸弹的种类与其威力》、《战斗机的作战方式》、《民众须知防空组成》、《战时民众的消防知识》、《救伤时必需的用品》等。

**3796. 防空与救护** 张曼羽著 战争丛刊社 1937 年 11 月初版 南京 44 32 开 有插图、有图表 战争丛刊第 5 种 战争丛刊社编辑

介绍防空与救护常识。

**3797. 防空与疏散** 胡去非著 中山文化教育馆 1939 年 12 月渝版 重庆 2＋38 32 开 抗战丛刊第 96 种

本书分 15 部分：引言、防空概述、防空警报、防空管制、避免炸弹、消防火灾、毒气躲避与防御、防空建设之展望、疏散之认识、抗战建国声中疏散都市人口之优点、疏散人口与建设农村、疏散人口与抗战关系、迟缓疏散心理之推想与省悟、从血肉教训中谈疏散、附录。

**3798. 高小防空读本** 航空委员会防空总监部民防处编 正中书局 1942 年 8 月初版 80 大 64 开 有插图

本书分 48 节，包括：防空的意义、空中防空、地上防空等。书前有编辑大意。

**3799. 国防与航空** 周至柔著 正中书局 1936 年 4 月初版，1937 年 10 月 3 版 上海 4＋171＋4 32 开 有照片、有图表 国防教育丛书

本书分 6 章：总论、军事航空的演讲、军用机的种类及其诸条件、军用航空与现代国防、列强军事航空的现势、民用航空。书前有编辑大意，书后附航空常用术语中英对照表。封面有著者题赠。

**3800. 国民防空必读（青年儿童大众适用）** 江晓因、周会吾编校 商务印书馆 1938 年 2 月再版，1938 年 4 月 3 版，1939 年 6 月 5 版 长沙 14＋123 32 开 有插图、有图表

本书共 20 个部分，包括：万事只有防空急、近代空袭的种类和目的、各种飞机的性质和能力、各国空军的现状、防空的目的和方法等。书前附编辑大要。

**3801. 国民防空必读简编（小学民众学校及壮丁训练班适用）** 江晓因、周会吾编校 商务印书馆 1938 年 8 月初版 长沙 64 32 开 有插图、有图表

本书旨在抗战时期向国民普及防空知识，分 20 个部分：万事只有防空急、近代空袭的种类和目的、各种飞机的性质和能力、各国空军的现状、防空的目的和方法等。

**3802. 国民防空常识** 林禹平编 枕戈书店 1937 年 6 月初版 上海 8＋92 64 开 有插图、有图表 枕戈丛书之一

本书分 17 章：防空之意义、防空概说、空袭之危害、国民应组织防空协会、市民防空训练之必要、飞机之种类及识别、投下炸弹之种类及其威力、防空建筑及工程、防空监视、灯火管制、警报、消防、毒瓦斯之种类及其测知法、防毒、避难与救护、警备及交通整理、伪装及遮蔽。书前有序及前言。附录收《防空勤务纲要》、《都市防空问题》、《现在列强空军之概况》。

**3803. 国民防空常识图说** 傅德雍编绘 军用图书社 1935 年 4 月 38＋120 32 开 有插图、有题词、有图表

本书为图解防空常识，旨在普及防空常识。分 4 部分：图画、文字、名人讲述、附录。附防空兵器之运用。

**3804. 国民防空读本**　航空委员会防空总监部民防处编　正中书局　1942 年 6 月初版　4 + 55　大 64 开　有插图、有图表

本书为防空知识普及读物。分 11 部分：防空的意义、飞机和炸弹、怎样防空、防空警报、伪装和遮蔽等。后附《防空歌》。

**3805. 国民与航空**　蒋中正讲述，黄埔出版社编辑　中央陆军军官学校　1939 年 4 月初版　成都　6 + 66 + 6　32 开　黄埔丛书（16）

本书分 6 章：航空史略、航空与现代文化、航空与现代军事、各国空军现势及其国防、航空与中国、航空国防建设的急图。书前有序。

**3806. 航空救国的意义**　中国航空协会宣传组编　1933 年 3 月　10　64 开　有照片

书前有小引。出版时间据文中内容推测。

**3807. 湖北省境内敌机空袭统计（二十八年三月份至六月份）**　湖北省政府秘书处统计室编　编者刊　1939 年　19　横 16 开　油印　有图表

本书为 1939 年 3 月至 6 月间湖北省境内敌机空袭统计。

**3808. 简易防空法**　华襄治编　中华书局　1937 年 10 月　上海　2 + 15　64 开　学校训练民众训练非常时期补充读物

本书分 9 个部分：简易的防空、防空侦察、防空警报、灯火管制、伪装与遮蔽、燃烧弹与消防、防毒、避难、其他。

**3809. 江西防空纪事**　江西省防空司令部编　编者刊　1940 年 7 月　22 + 38 + 64　大 16 开　有照片、有插图、有题词、有图表

该纪事分 4 章：防空机关的组织沿革、抗战前之防空设施、抗战期间防空之充实与改进、战斗经过。附录收《江西省防空协会及县支会编制表》等 64 张表格。

**3810. 抗战与防空**　张裕良著　商务印书馆　1938 年 2 月再版，1938 年 2 月 3 版　长沙　6 + 73 页　32 开　有图表　抗战小丛书　中国文化建设协会主编

本书分 11 章：防空的基本概念、防空机关与防空设施、防空监视、警报、灯火管制、防护勤务、消防计划、防毒等。

**3811. 空防概论**　高乐文等著，欧阳阙、徐同邺译述　航空委员会军政厅编译处　1941 年 5 月初版　4 + 54　32 开　有插图、有图表

本书为上、下两编。上编为空防述评，收录空战为战略防御之手段、地面观测、空中观测及巡逻、驱逐机与拦截机之联合动作 4 部分内容；下编为战斗机与轰炸机之比较观，收录通用式及复用式飞机、改进独立空军之机式、结论 3 部分内容。书前有序言。封面有"中华民国三十年四月初版"字样。

**3812. 空防概论**　欧阳阙、徐同鄴译述，徐同鄴校正，航空委员会军政厅编译处编　编者刊　1941 年 5 月初版　4 + 54　32 开　有插图、有图表　航空委员会参考书类编字第 85 号

本书分两个部分：空防述评、战斗机与轰炸机之比较观。书前有绪言。

**3813. 空防声中国民应有的准备**　伍少武编　1933 年 12 月初版　10 + 119　大 32 开　有照片、有插图、有题词、有图表

本书分 12 节：防空的要领、防空监视、灯火管制、消防、防毒、避难与救护等。

**3814. 空袭与防空** 李浴日著 上海杂志公司 1938 年 1 月汉版 汉口 11 + 85 32 开 有插图 大时代丛书之八 金则人主编

本书分 3 个部分：空袭之部、防空之部、结论。卷首有《大时代丛书刊行缘起》和自序。附录收《千机毁灭日本论》（李浴日）、《都市防空问题》（黄镇球）两篇文章。

**3815. 民众防空论** 朱晨著 上海杂志公司［总经销］ 1938 年 5 月渝版 6 + 36 32 开 抗战丛刊第 28 种

全书包括 5 部分："民众防空与抗战"、"民众防空的新认识"、"怎样达成民众防空的任务，他的本质又是什么"、"民众防空的困难问题"、"民众防空的新展望"。书前有《抗战丛刊缘起》。

**3816. 南京防空计划草案（第一期）** 防空研究会拟 编者刊 1934 年 5 月 10 + 136 32 开 有插图、有图表

本书分 4 部分：假想敌情、防护方针、实施要领、勤务机关。卷首有附言。

**3817. 青年军事航空常识** 王锡纶编译 商务印书馆 1936 年 3 月再版、1938 年 6 月 5 版 4 + 67 32 开 有照片、有插图、有图表 战时常识丛书

本书是对各种战斗机、轰炸机、教练机、运输机、侦察机性能、种类、特征的介绍。最后还介绍了防御空袭及世界列国空军现状。书前有 60 余张各国飞机图片及军用机标志等。

**3818. 人间天上（防空浅说）** 林佛慈编著，马宗荣校订 正中书局 1935 年 4 月初版 南京 1 + 51 32 开 有插图 国民说部第八集之六

本书以章回体形式浅说战时防空知识。

**3819. 铁道防空之研究** 廖安邦著 军事委员会防空处 1936 年 9 月初版 16 + 54 + 6 32 开 有插图、有题词、有图表

内分 9 章：铁道与军事上的关系、铁道防空之必要、铁道破坏点之判断及防空区分、防空武器之种类及性能。第 9 章附图表，包括：《中国铁道一览图》、《各国飞机识图》等。封面有题赠。

**3820. 游击干部训练班防空常识** 游击干部训练班编 编者刊 33［环筒叶］ 32 开 有插图、有图表

本书分 9 章，概述了防空常识。封面有题赠。

**3821. 云南的国防价值** 普梅夫著 天野社 1945 年 8 月初版 4 + 82 32 开 有图表

本书分 10 章：导论、云南内向的国防形势、边疆问题诸特性的国防观、边疆的社会经济、边疆的政治教育、国防建设的政治文化军事问题、国防建设的经济问题、国防交通建设的云南铁路计划（附图）、结论。有题赠。

**3822. 战时民众防空** 刘叔扬编著 正中书局 1939 年 4 月初版 20 + 75 32 开 有插图 战时民众训练小丛书

本书分 5 章：防空的意义、军用飞机、空中袭击、防御空袭、结论。

**3823. 战时民众防空常识** 福建省抗敌后援会宣传部编 编者刊 1939 年 9 月 6 + 30 32 开 有插图、有图表 抗建宣传丛书 第 1 种

共分 12 节：防空的意义、军用飞机的种类、敌机的认识、炸弹的种类与效能、敌机使用的炸弹、敌机轰炸的时机、射击敌机的时机、防空警报的识别、防避空袭的方法、防空地下室、空袭时防火工作、空袭时救护工作。附录收《交通管制常识表解》、《灯火管制常识表解》、《防空警报表

解》、《防空常识说明及图解》、《防空设备说明及图解》、《飞机国籍之符号》。书前有引言，书后有编后记。

**3824. 中学防空读本**　防空委员会防空总监部民防处编著　正中书局　1942 年 6 月初版　8 + 118　32 开

本书旨在抗战期间在中等学校学生中普及防空知识。书前有编辑大意。

**3825. 重庆防空演习纪事**　重庆防空司令部编　编者刊　1938 年　[68 + 120 + 40]　16 开　精装　有照片、有插图、有题词、有图表

本书包括：图训、题词、纪述、章则、演习计划、演习时之视察报告、讲评等。书前有弁言。书后有编后记。

**3826. 重庆陪都第一届防空节纪念特刊**　重庆陪都第一届防空节纪念大会筹备委员会编　编者刊　1940 年 12 月　60 + 163　32 开　有照片、有插图、有题词、有图表

本书分：题词、图表、训词、专著、论述、社论、文艺、漫画 8 部分。收录《防空节献词》（周至柔）、《中国防空事业的昨今明》（刘峙）、《以散制攻以攻为守》（陈立夫）等。附录收《致前方将士电》等 7 条。书后有编辑后记。

## 军事教育与军事训练

**3827. 刺杀教练**　高孚、田牧合编，梁坤生制图　一二九师军事研究会　1941 年 6 月　3 + 39 + 23　32 开　有插图　技术教材之一

该书为八路军一二九师军事研究会出版的军事教学刺杀教材，图文并茂。书前有刘伯承所作序言。

**3828. 刺杀教练**　高孚、田牧合编，梁坤生制图　晋冀鲁豫军区司令部印行　1941 年 6 月初版，1946 年 1 月再版　3 + 38 + 23　32 开　有插图

内容包括 4 个部分：总则、基本教育、应用教育、裁判。书前绪言为刘伯承 1941 年 6 月 13 日所作。

**3829. 非常时期教材**　河南省政府教育厅特种教育股编　编者刊　122　32 开　有插图、有图表

本书旨在普及战争常识，分 7 章：战争概要、自卫战争、防空常识、防毒常识、侦察常识及防止法等。书前有"写在篇首"，书末有附录。

**3830. 公务人员军训在广西**　白崇禧、黄旭初合著　民团周刊社　1939 年 4 月初版　南宁　18　32 开　丙种丛刊第四种　民团丛刊第二辑之十

本书收录《公务人员为甚么要受军训》（白崇禧）和《公务员军训注意的六件事》（黄旭初）两篇文章。

**3831. 国民军训**　王觉源、屠义方合著　独立出版社　1941 年 9 月初版　重庆　1 + 101　32 开　抗战建国纲领丛书

本书共分 9 章：绪言、实施国民军训的理论、各国国民军训的比较、我国国民军训的沿革、我国国民军训的教育原理、我国国民军训的教育主旨、我国国民军训的应有项目、我国国民军训的实施、结论。作者名据封面、版权页推断。书名页作者名写作：王兴源、屠义方。

**3832. 军国民日课**　刘晓桑编著　中央军校第二分校战斗丛书社　1940 年 10 月初版　48　32 开　有图表　战斗丛书第 2 种

本书以普及全国识字教育及军国常识为宗旨。按 1 年计划，分为 12 期，每期 30 课，计得生字 2340 余个。包括党义、军事政治、经济、历史、地理、兵役、国家总动员、军队内务规则、步兵操典、射击教范等基本常识。

**3833. 军事教育之要旨**　蒋介石著　青年书店　1939 年 12 月再版　2 + 142　32 开　抗战建国丛书

本书分 9 篇：《军人魂》、《军事教育之四大要旨》、《礼》、《作之君作之亲作之师》、《军人应确定三民主义之中心信仰》、《武力与道德》、《利用天然》、《民族战争取胜之要诀》、《结论》。

**3834. 军事教育之要旨**　蒋中正著　军事委员会政治部　1938 年 6 月　2 + 142　32 开　抗战建国丛书　军事委员会战时工作干部训练团第一团政治部主编

本书收蒋介石讲话 9 篇，包括：《军人魂》、《军事教育之四大要旨》、《礼》、《作之君作之亲作之师》、《军人应确定三民主义之中心信仰》、《利用天然》、《民族战争取胜之要诀》、《结论》。

**3835. 军事委员会滇西战时工作干部训练团特刊**　军事委员会滇西战时工作干部训练团编　编者刊　133　16 开

本刊收文 22 篇：《本团产生的意义》（宋希濂）、《护国革命回忆录》（杨杰）、《远征军的使命》（陈诚）、《武器与现代战争》（曾昭抡）、《战后农村建设问题》（范师武）、《云南农村经济结构》（费孝通）等。

**3836. 军事委员会战地失学青年就学辅导处一年概况**　军事委员会战地失学青年就学辅导处编　编者刊　1944 年 6 月　130 ［环筒叶］　16 开　有图表

本书内容有：组织大纲、教育大纲、训练要领、教务、训育、军训、党团活动情形、一年来学生人数及升学转学情形等。

**3837. 军事训练基本动作的意义与效用（团长训词）**　三民主义青年团中央团部编　编者刊　1944 年 8 月　33　64 开　训练小丛书

本书分 5 部分：军事训练的效用与价值、军事基本动作及其起点、基本动作的基本动作——立正注目、军事基本动作的应用、结论。

**3838. 军事训练与管理**　中国国民党中央执行委员会训练委员会编　1939 年 9 月　4 + 100　32 开　训练丛书第 7

本书包括 10 章：军事训练、军事管理、确实的检讨、迅速的检讨、静肃的检讨、秘密的检讨、力行要旨、秩序浅译、军纪、军法。书前有前言。

**3839. 抗战十问演述法**　福建省军管区国民军训练处编　编者刊　1939 年 7 月　福建　1 + 18　32 开　军训丛书之八

本书针对入伍新兵及普通民众所编，包括演述要则、演述方法、练习方式、考查时间、时间分配 5 部分。书前有编辑大意及教者须知。

**3840. 庐山训练集**　［蒋介石著］　60 + 646 + 2 页　大 32 开　精装　有照片、有插图、有题词、有图表　精神教育　第 2 集

本书收蒋介石言论：《庐山军官团与黄埔军校之前后两大使命》、《庐山训练之意义与革命前途》、《现代军人的要紧》、《励志力行救国雪耻》等 27 篇。附录收《剿匪手本》和《剿匪部队训练要旨》。

**3841. 庐山训练集（上）**　蒋介石著　3 + 471　大 64 开　有图表

收录蒋介石在庐山训练团的言论 59 篇。

**3842. 庐山训练集（下）**　蒋介石著　3 + 419　大 64 开　有图表

收录蒋介石在庐山训练团的言论 59 篇。

**3843. 庐山训练纪实（上册）**　庐山军官训练团编　编者刊　1933 年 9 月　886　大 32 开　精装　有照片、有插图、有题词、有图表

本书收录了蒋介石训词、陈诚演讲录、团务纪事等。书前有蒋介石代序《庐山军官团与黄埔军校之前后两大使命》一文。出版时间根据代序推断。

**3844. 庐山训练纪实（下册）**　庐山军官训练团编　编者刊　1933 年 9 月　631　大 32 开　精装　有插图

本书收录了蒋介石训词、陈诚演讲录。

**3845. 社会军事训练实施纲要**　[庐山暑期训练团军训组]　1937 年 6 月　6 + 180 页　32 开　有插图、有图表

分 6 章：总则、壮丁队训练、少年团训练、妇女队训练、补助教育等。附《县军训教官遴选办法》等。

**3846. 小部队战斗教练审判勤务之概念**　[陆军步兵学校编]　编者刊　1941 年 12 月　[26]　64 开

本书分 6 个部分：要旨、审判官之任务、审判勤务之普通规则、关于审判处置上之规则、部队对审判官之态度、关于审判时应详细注意之事项。

**3847. 新编步兵夜间教育**　齐廉编　军学编译社　1944 年 3 月 8 版　[300]　64 开　有插图、有图表

分 3 章：各个教练、部队教练、教育之方法。书首有编辑大意。

**3848. 夜战教程**　八路军军政杂志社编　编者刊　1942 年 7 月　2 + 200　32 开　毛装　抗日战争参考丛书 24

本书包括 4 章：步兵的夜间行军战斗与休息、训练、实地教练、夜间作业的检查。

**3849. 乙级军事学教程**　四川省初中以上学生寒假在校战时训练委员会编　编者刊　1937 年 12 月初版　[四川]　8 + 123　32 开　有照片、有插图、有图表

本书分陆军、海军和空军 3 编，包括我国军队编制、兵种和性能、兵器常识等 16 章内容。

**3850. 游击队的射击训练与爆破技术**　李念慈编著　上海杂志社　1938 年 4 月汉初版　汉口　4 + 78　32 开　有插图　游击队小丛书　金则人主编

本书分 3 个部分：游击队的射击训练、游击队的爆破技术、结论。

**3851. 战时国民军事组训整备纲领（即社会军事训练）**　国民政府军事委员会政治部编　编者刊　1938 年 6 月　16 + 10　32 开　有插图、有图表

本书分 9 章：总则、组织与任务、训练、干部、经费、准备、整备与动员、奖惩、附则。附：《战时国民军事系统表》等 10 张。出版时间根据该纲领公布时间推断。

**3852. 战时教育令**　[安徽省兵役人员训练班]　1938 年 7 月　76　9cm×12cm

本书为军事委员会军训部战时教育训令（第 1 号），分 3 节：纲领、战地教育、各兵种教育上应注意事项。

**3853. 战时陆军教育令草案**　1944 年 9 月　8 + 293　32 开　有图表　军训部审定军事学校教科书

本书分 3 篇：军队教育、军事学校教育、国民军事教育。书前有纲领和总则。

**3854. 中国陆军教育概况·日本军队教育现况**　王俊、刘士毅著　军训部步兵监中山室出版组
1943 年 12 月　重庆　52　32 开　有插图　教育参考丛书之二

本书分两部分：中国陆军教育概况和日本军队教育现况。前者收录：军训部之职掌及其组织（附系统表）、陆军现行教育机构之状态及其调整经过之内容、陆军教育上历来之缺点、结论。附录收专题研究；后者收录：日本军队教育与国民教育之关系、日本军队教育的主眼、日本军队教育制度、日本军队教育之特色、最近日本军队教育之缺憾。

**3855. 总裁对于训练工作之指示（上册）**　中国国民党中央执行委员会训练委员会编　编者刊
1939 年 8 月　4 + 90　32 开　有图表　训练丛书之三

本书分 10 个部分：团体训练的重要、军队教育的要点、对军官团各期学员精神讲话之要点、国民精神建设之要旨、庐山训练团训条、救国教育等。书内有勘误表。

**3856. 总裁对于训练工作之指示（中册）**　中国国民党中央执行委员会训练委员会编　编者刊
1939 年 8 月　2 + 186　32 开　有图表　训练丛书之三

本书分 9 个部分：本团的使命与各人的责任、军官训练团之教育要点、治军要务和办事要领、革命的教育、学校机关与部队教育之重点、训练的目的与训练实施纲要、军事训练基本动作的意义与效用等。书后有勘误表。

# 军事后勤

## 军需勤务

**3857. 兵站勤务**　谭家骏编　陆军大学校　1938 年　14 + 144 + 10　32 开　有插图、有图表

本书分 13 章：概说、兵站诸机关、开战前后兵站业务之一般、兵站线路之选定与主要各点及输送、地方输送机关之整备、兵站线之变换、补给、通信、卫生、警备、地方行政、兵站事务有关诸书式。书后有附表 11 幅、附录、特录、附图 10 幅。

**3858. 敌军运输之参考**　军令部第二厅第一处编　编者刊　1941 年 4 月　2 + 14　32 开　有图表
敌军后方勤务第 4 种

分 4 部分：绪言、船舶运输、火车运输、徒步行军。各部分以图表为主，辅以文字。书后附《敌军船舶运输之实例》、《敌军铁道运输之实例》两表，封面有"机密第陆号"字样。

**3859. 第六战区厉行军需独立手册**　第六战区司令长官司令部编　编者刊　1942 年 3 月　38　32 开
有图表

本书分 5 节：委员长手令、总长训词、司令长官致词、第六战区厉行军需独立誓言、第六战区实施军需独立部队经理守则。

**3860. 各部队实施军需独立经理手册**　军政部军需署编　编者刊　1942 年 4 月　25　32 开　有图表

本书分 3 部分：委员长手令、总长训词、各部队实施军需独立经理守则。封二有军需独立之理由，封三为厉行军需独立誓词。

**3861. 后方勤务**　刘席儒编　［游击干部训练班］　1939 年 5 月　32 + 1［环筒叶］　32 开　有

插图

　　本书分5章：概论、辎重勤务、兵站勤务之概况、敌军后方勤务之概况、游击队与补充之方案。有题赠。

**3862. 后方勤务工作与后勤政治工作**　彭德怀、左权等著　第十八集团军野战政治部　1941年5月177　32开　前线丛书之一

　　包括：《建军的三大任务之一——加强后勤工作》（彭德怀）、《论我军之后勤工作建设》（左权）、《各种情况下的后勤工作》（左权）、《后勤工作报告提纲》（杨立三）、《关于后勤工作诸问题》（罗瑞卿）、《后勤诸部门的政治工作》（罗瑞卿）、《野战后勤部政治工作报告提纲》（谢朝文）、《军工部政治工作报告提纲》（孙开楚）。

**3863. 后方勤务摘要**　〔军事委员会政治部编〕　〔编者刊〕　1938年6月　2+32　32开

　　本书分5节：总说、行李、辎重、兵站、结言。

**3864. 后援工作**　教育部民众读物编审委员会编　正中书局　1938年8月初版　重庆　19　大64开非常时期民众丛书　第3集　第5册

　　本书分7章：后援工作的重要、后援工作团体的组织、后援工作的事项、救护伤兵、救济难民、组织义勇军、组织除奸团。

**3865. 军粮管理之组织与实施**　杨礼恭编　青年书店　1940年11月　重庆　8+86　32开　有插图

　　本书共6章，分别为：导论、军粮管理之组织、军粮之给与、军粮之筹办、军粮之检验与保管、军粮之运输。书后附录收《粮饷划分初步实施办法》、《暂行军粮经理大纲》、《军粮采办规则》。书前有编者序。出版时间依据书前序中所记。

**3866. 军事征用**　刘兆升编著　中华平民教育促进会　1938年6月初版　长沙　28　64开　农民抗战丛书

　　该书包括什么叫军事征用、军事征用的目的和方法、军事征用的范围和限度、军事征用在战时的重要性等8部分。

**3867. 军需征用**　周莹编著　正中书局　1938年3月初版　1+28　64开　抗战常识讲话　战时国民义务

　　本书分6个部分：有力出力有钱出钱、怎样叫做军需征用、征用些什么军需品、征用的手续是怎样、赔偿和处罚是怎样、我们要组织征用队。

**3868. 空运物资接转处第六次会议纪录**　〔1944年2月26日〕　4〔环筒叶〕　16.5cm×29.3cm油印

　　出版时间取会议召开时间。

**3869. 空运物资接转处第七次会议纪录**　〔1944年4月8日〕　5〔环筒叶〕　16.5cm×29.3cm油印

　　出版时间取会议召开时间。

**3870. 缅北战区战车部队后方勤务**　赵振宇编　1944年5月　3+26　32开　有图表

　　本书分两章：缅北战区盟军后方勤务与设施概述、战车营后方勤务。书前有前言。

**3871. 一九四三年留守兵团生产建设**　八路军留守兵团政治部编　编者刊　1944年3月　99　32开

　　该书分为6个部分：农业（附种菜）、工业、畜牧业、运输业、商业和军人合作社、结束语。

**3872. 战时国民义务军需征用（抗战常识讲话）**    周荧编著    正中书局    1938 年 3 月初版    1 + 28    64 开

    本书分 6 个部分：有力出力有钱出钱、怎样叫做军需征用、征用些什么军需品、征用的手续是怎样、赔偿和处罚是怎样、我们要组织征用队。

**3873. 战时之军需蔬菜**    段抡第编著    正中书局    1944 年 2 月 7 版    2 + 35    32 开    有插图、有图表    特教丛刊第 13 种

    本书分 6 个部分：绪言、军需蔬菜之重要、军需蔬菜供给之困难、军需蔬菜之制造、结论。

**3874. 辎重讲话**    军事委员会军训部辎重兵监编    编者刊    1939 年 7 月 2 版    28    64 开

    本书简述了军需品的运输问题。

## 战时救护

**3875. 救护**    白动生编著    正中书局    1938 年 5 月初版    2 + 40    64 开    有插图    抗战常识讲话第 3 集第 2 种

    本书分 7 部分：怎样做救护工作、应该备些什么急救用品、怎样救护伤口、怎样急救骨折、怎样搬运伤者等。书前有《抗战常识讲话的总说明》。

**3876. 救护**    张查理编著    正中书局    1941 年 7 月初版    重庆    6 + 118    32 开    有插图、有图表    特教丛刊    第 4 种    教育部特种教育委员会主编

    共分 12 章，包括救护对于抗战的关系、救护的组织和训练、创伤的绷扎、创伤的急救等。

**3877. 救护常识**    大路社专门委员会编辑    国防常识出版社    1937 年 6 月 4 版    上海    2 + 81    9.5 cm × 17 cm    有插图    国防常识丛书

    本书分 10 个部分：救护团体组织法、战时救护法、普通救护法、消毒与绷带、止血方法、毒气预防法、中毒救护法、除毒和消毒等。

**3878. 救护常识**    周健孟编著    商务印书馆    1938 年 3 月再版    长沙    2 + 82    32 开    有插图    战时常识丛书

    本书分 12 章：伤兵的搜索、搬运伤兵的方法、创伤、急救、消毒、绷带、人工呼吸、防空大要、一般救护法、传染病及预防、普通的药品、公共卫生。

**3879. 救护常识**    教育部民众读物编审委员会编著    正中书局    1938 年 8 月初版    27    64 开    有插图    非常时期民众丛书第 3 集第 8 册

    本书分 7 部分：救护的重要、止血法、消毒法、人工呼吸法、骨折急救法、烫伤救护法、中毒救护法。

**3880. 救护常识**    江西省妇女生活改进会编    编者刊    1939 年 2 月    4 + 78    32 开    有插图    妇女组训丛书之八

    分绪言与教学方法两部分。其中教学方法分 9 章：绷带法、消毒法、止血法、骨折、人工呼吸法、搬运、急救法、防空防毒、救护应用敷料药品及其他。

**3881. 抗日战争中的救护队工作**    [59] [环筒叶]    大 16 开    油印    有插图、有图表

    内容包括战事演进、救护队及医护队工作表等。

**3882. 抗战与救护工作**    庞京周著    商务印书馆    1938 年 3 月 4 版    长沙    4 + 47    32 开    抗战小

丛书　中国文化建设协会主编

本书分4章：救护与抗战的关系、抗战中民众应有的救护准备、动员实施救护时的管理、抗战大众对救护的责任。

**3883. 战地服务工作与经验（献给工作中的青年朋友们）**　柳乃夫著　生活书店　1938年7月初版　汉口　51　32开

本书分4部分：需要做的工作太多了、几个典型的例子、怎样健全自己、守住自己的岗位。

**3884. 战地及一般救护学**　黄裕纶编　商务印书馆　1939年2月初版　长沙　8＋97　32开　有插图

本书分37章：绪论、患者运搬法、绷带法、伤害救护法、止血法、吐血之救急法、骨折之救急法、晕船之救护法、窒息之救护法、消毒法等。卷首有张建所作序言以及作者自序。

**3885. 战地救护常识**　[中国国民党中央宣传委员会编]　编者刊　1933年5月　8＋88　64开　有插图、有图表

本书分8章：总论、战地救护大纲、伤者搬运法、伤者舁负法、救护法述要、毒气预防法、救急用品、我国战时救护机关之组织概况。卷首有弁言。

**3886. 战地救护常识**　郭培青著　中华书局　1934年10月　上海　8＋96　大64开　有插图、有题词、有图表

本书分8章：总论、战地救护大纲、伤者搬运法、伤者舁负法、救护法述要、毒气预防法、救急用品、我国战时救护机关之组织概况。有金宝善、褚民谊作序。

**3887. 战地救护常识**　郭培青编　中华书局　1936年11月再版　上海　6＋59　32开　有插图、有图表　初中学生文库

全书分7章，分别为：战地救护大纲、伤者搬运法、伤者舁负法、救护法述要、毒气预防法、救急用品、我国战时救护机关的组织概况。书前有褚民谊序及金宝善序。

**3888. 战地救护工作**　顾玉祺编著　正中书局　1937年10月初版　南京　3＋55　32开　有插图　战时民众训练小丛书

该书介绍了急救、运送、包扎和看护的一些常识。

**3889. 战地救护学**　训练总监部国民军事教育处　1936年4月　14＋188页　32开　有插图　国民军事教育教材丛书

本书分6章介绍了绷带使用法、出血及其急救法、药物常识等战地救护知识。

**3890. 战伤疗法**　宫乃泉译著　医务生活社出版，新四军山东军区卫生部发行　1946年10月再版　5＋196　32开

包括：救护所的组织和工作、创伤治疗原则、怎样使清洁伤口不受传染、软组织创伤的延期缝合、创伤休克、破伤风、气性坏疽、头部的战伤等30章，并附录4章内容。出版者封面题：医务生活社。

**3891. 战时简易急救法**　鞠孝铭、骆文琴著　中山文化教育馆　1938年10月渝版　重庆　4＋38　32开　抗战丛刊第61种

本书分13部分：急救常识的重要、施行急救时应有的注意、施行急救时两件最重要的事、急救用品、创伤急救法、止血法、骨折急救法、烫伤急救法、电伤急救法、冻死溺死急救法、人工呼

吸法、绷带包缠法、受伤者搬运法。书前有序言。

**3892. 战时救护**　索非编著　文化生活出版社　1938 年 4 月广州初版　广州　5 + 69　32 开　有插图、有图表　战时常识小丛书　第 1 种

　　本书分 3 部分：导言、急救编、护病编。

**3893. 战时救护**　索非编著　开明书店　1939 年 10 月初版，1940 年 4 月桂 1 版　上海　4 + 103　32 开　有插图、有图表

　　本书分 3 个部分：导言、急救编、护病编。书前有"改版赘言"及编者的"几句歉词"。

**3894. 战时救护常识**　陈柏青编　〔中央警官学校〕　1940 年　〔重庆〕　8 + 94　32 开　有插图、有图表

　　本书分 3 个部分：动员、救护工作的技术训练、战时救护应有的认识。书前有弁言、凡例、编者附言。

**3895. 战时救护概要**　郭应槐著，刘予生校订　中国科学化运动协会北平分会　1937 年　北平　2 + 70　64 开　有照片、有插图　通俗科学小丛书　丙类第 2 种

　　全书 4 章：绪言、外伤救护法、伤者搬运法、毒气之预防及救护。

**3896. 战时救护工作**　黄震著　新中国文化出版社　1940 年 8 月初版　西安　2 + 76　32 开　有插图、有图表　新中国文化丛刊第 9 组

　　本书分 10 部分：总论、止血法、消毒法、包扎法（绷带术）、搬运法（担架术）、骨折救护法、虚脱和中暑救护法、中毒气救护法、防疫要项、看护要项。

# 各种武装力量（各军、兵种）

## 陆海空军

**3897. 陆军初级军官必携**　1943 年 7 月　27 + 307　32 开　有插图、有图表

　　本书分 12 篇：编制及装备、阵中勤务、战斗、飞机、气球毒气战车汽车探照灯、交通、筑城、爆破、调制要图及各种要图范例等。书前有凡例。

**3898. 陆军人事摘要**　〔庐山暑期训练团〕　1937 年 7 月　2 + 30 页　12.8cm × 18.5cm　线装　有图表

　　本书分 8 个部分：概说、服役、任官、任职、考绩与年资、待遇、在乡军人之管理、军用文职人员之任用及登记转任。

**3899. 三十年陆军暂行给予规则**　军政部军需署会计处编　编者刊　1940 年　2 + 46　64 开　有图表

　　本书分 17 章："总则"、"俸薪、饷项、零费"、"加薪、加给"、"特别办公费"、"粮食"、"被服"、"教育费、演习费"等。

**3900. 海军建设（中央训练团党政训练班讲演录）**　陈绍宽讲　〔中央训练团党政训练班〕　1943 年 11 月　14　32 开

　　陈绍宽在中央训练团党政训练班的讲演录。

**3901. 海军抗战事迹**　海军总司令部编译处　编者刊　1941 年 12 月　8 + 418　16 开　有照片、有图表

本书分 6 部分：海军抗战纪事、论述、舰队战绩、炮队战绩、雷队战绩、附表。收录《海军抗战纪事》（陈绍宽）、《抗战期中封锁长江水道和水雷防御的价值》（高戴）、《抗战与海军建军》（张泽善）、《海军光荣战史的一页》（务实）、《长门要塞又一次怒吼》（济）等。附表：《海军现有及抗战损失舰艇吨位一览表》。

**3902. 海军战史**　海军总司令部编　编者刊　1941 年 10 月　73　16 开

记述海军在 1937 年 7 月至 1941 年 10 月间的抗战史。全书分 7 篇，分别介绍第一、二、三阶段的战斗、沿海各地战役，以及其他任务等。

**3903. 海军常识**　刘维宜、孙惠道编著，吕金录校订　商务印书馆　1938 年 7 月初版　长沙　26　64 开　民众战时常识丛书

本书介绍战时海军常识。

**3904. 新海军知识**　李冠礼著　商务印书馆　1937 年 4 月初版　上海　11 + 292 + 11　32 开　有照片、有图表

本书分 7 章：海洋论、太平洋上的兵势、我国海军论、现代的军舰、海军的兵器、银翼的守护——海军航空队、世界海军。评述海洋和国家的关系，英、美、日、苏等国海军在太平洋上的势力，介绍中国海军的历史、现有实力及海军建设问题。附录收《海军的术语》。

**3905. 广西空军**　冯璜著　民团周刊社　1938 年 11 月初版　南宁　48　32 开　丙种丛刊第三种焦土丛刊第四辑之一

本书分为 9 部分：开始一个声明、广西空军苦干精神的回忆、广西空军对器材的爱惜、广西空军的纪律、广西空军的牺牲精神等。

**3906. 抗战中的海军问题**　翁仁元著　黎明书局　1938 年 5 月初版　4 + 57　32 开　有图表

本书分 10 个部分：最近列强海军的动态、中国海军未能扩充的原因、对于海军各个问题的剖析、抗战期内海军的战绩、拥护海军领袖、确定海军政策与海军建设方案、必须研究新的战略与战术、整理海军内的机构、加紧政治工作、结言。

**3907. 航空委员会第二届空军节告全国同胞书**　蒙藏委员会编译室编译　编者刊　1941 年 9 月　[26]　32 开　抗战小丛刊之二十四

汉蒙藏维对译本。

**3908. 航空与国防**　陶叙渊著　中华书局　1935 年 5 月　4 + 136　32 开　有照片、有插图、有图表　国防丛书第 7 种

本书分 10 章：绪论、空军在国防上的价值与地位、航空器的种类及其用途、军用飞机的种类及其性能、航空兵器的种类及其效用、空军对于海军的关系、列强空军的现状等。书前有例言，书后附《防护毒气的要领》一文。

**3909. 空军抗战纪略**　张曼羽著　战争丛刊社　1937 年 11 月初版　南京　4 + 72　32 开　有照片、有图表　战争丛刊　第 7 种　战争丛刊社编

本书分 37 节：吴淞口之激烈空战、罗店江湾间之空战、敌机飞袭广德之役、我空军夜袭敌阵、敌机 70 余架两度袭京、敌机损失百架以上等。附《敌海军航空兵在我境内伤亡姓名表》等 6 条。该书封面作者：吴亮夫。

**3910. 空军一年记** 克明编著 正中书局 1939 年 11 月初版，1941 年 6 月版，1945 年 11 月沪 1 版 重庆，上海 106 32 开 空军丛书

作者记述其作为空军政训人员，在空军服务一年的经验。

**3911. 空中战斗史** 梁鸿编 自强出版社 1945 年 9 月初版 2 + 41 32 开

本书分 3 节：江南战场的上空、淞沪上空回忆录、西北战场的空中。

**3912. 远东第一次空中大战记** 大公等 战时读物编行社 1937 年 9 月初版，1937 年 10 月 3 版 上海 2 + 48 32 开

本书记录了抗战初期的几次空战经过，包括《空战前奏》（大公）、《外滩战云》（大公）、《我怎样炸出云舰》（次霄）、《在笕桥》（陈竹平）、《空军的处女战》（黄源）、《我空军炸敌目击记》（郑振铎）、《杭州湾空战追述》（迪民）、《飞将军访问记》（辛人）、《奇伟的夜袭》（景江）、《松浦久夫访问记》（佛舟）10 篇文章。

**3913. 中国空军抗战史画** 梁又铭编绘 正气出版社 1947 年 1 月初版 上海 ［13］+ 24 横 8 开 有插图

作者用图画记述了抗战期间空军的历次重要战役。书前有序言、蒋介石、宋美龄及空军高级将领画像。中英文对照说明。

**3914. 降落伞部队之研究** 金铁男编译 防空总监部民防处 ［印行］ 1942 年 4 月初版 4 + 76 32 开 防空参考丛书第 12 种

本书分 8 个部分：关于降落伞的常识、降落伞部队的活跃及其将来、降落训练与降落伞塔、德国降落伞部队之训练状况、德国降落伞部队占领北欧那维克经过谈、德国降落伞兵应募规则等。

**3915. 降落伞下** 叶之安、张元林编译 国民图书编译社 62 32 开 有照片 战事知识丛书之一

本书分 7 章：伞兵的起始、伞兵的配备、伞兵的训练、伞兵的任务与工作、德国伞兵的内幕、克里特岛作战摘录、在荷兰上空。

**3916. 空军称霸时代** 中央宣传部国际宣传处编译 文通书局 1942 年 2 月初版 贵阳 4 + 38 32 开 国际时事丛刊第 1 辑第 6 种

本书分 3 个部分：空军称霸时代、海军的没落、驳林白的谬论。书前有弁言。

**3917. 空军陆战队一般作战之参考** 军事委员会军令部编 编者刊 1940 年 7 月 4 + 28 32 开 抗战参考丛书第 25 种

分 4 章：空军陆战队之史实、空军陆战队之作战要领、空军三战队之对策、对于敌军使用空军陆战队之判断。封面有"机密"字样。

**3918. 空军与国防** 蒋星德著 中山文化教育馆 1938 年 5 月渝版 上海 42 32 开 抗战丛刊第 33 种

本书分 8 部分：无空军即无国防、航空史话、空军发达史、空军之威力、少年的中国空军、一年来之中日空战、中国空军之精神、建设大空军的新中国。书前有"抗战丛刊缘起"。

**3919. 跳伞部队** 杨利华编 商务印书馆 1941 年 5 月初版 长沙 4 + 56 32 开 有照片、有插图 战时常识丛书

本书分 8 部分，介绍跳伞部队的起源、编制、配备、战略战术、训练、防御、优缺点，以及德国跳伞部队的概况。附录收《跳伞纪实》。

**3920. 英勇的空军** 丁布夫、朱惠之、萧德清、高适明、王平陵执笔 独立出版社 1939 年 7 月初版 重庆 2＋50 32 开 战时综合丛书第 4 辑

本书分 7 章：三次光荣的空军歼灭战、捍卫西南的铁翼、敌舰的毁灭、敌阵上空的神鹰、震慑敌胆的空军远征、为国受伤的英雄、空军逸话。书后有编后记。

## 军事政治警察

**3921. 湖北省保安团第五团团本部民国三十年度元月份官佐花名清册** 湖北省保安团第五团团本部编 1941 年 ［200］［环筒叶］ 19.7cm×27.8cm 线装 有图表

该书为湖北省保安团第五团团本部 1941 年 1 月官佐花名清册。出版时间根据题名推断。抄本。

**3922. 宪兵司令部法令汇集（第五册　中）** 宪兵司令部编纂 编者刊 1940 年 8＋330 大 32 开 有插图、有图表

本法令汇集系第 7 类警务。包括：军事、外事、政治、普通、司法、其他等 94 条法令。

**3923. 宪兵司令部法令汇集（第五册　下）** 宪兵司令部编纂 编者刊 1940 年 8＋312 大 32 开 有图表

本书汇集第 8 类至第 14 类法令，包括：军械、军需、卫生、计政、党务、政训等 70 余条。

**3924. 宪兵司令部各级主官及重要职员录** 宪兵司令部总务处编 编者刊 1943 年 7 月 27 ［环筒叶］ 32 开 油印 有图表

封面有"机密"字样。

**3925. 宪兵司令部暨驻渝团队宪兵学校各级主官及重要职员录** 1944 年 3 月 34 大 64 开 有图表

封面印："立法院秘书处存用，总人字号第 026 号"。

**3926. 战时军事警察行政** 范扬著，国民政府军事委员会政治部编 青年书店 1940 年 2 月再版 8＋122 32 开

本书分战时军事行政、战时警察行政两章共 11 节，包括：概说、军事机关、军队编制、军人及军属、兵役行政、军事负担、警察机关、警察行为、保安警察、其他战时警察业务。有编辑例言。

**3927. 拉卜楞保安司令部成立第十六周年纪念特刊** ［拉卜楞保安司令部参谋室编］ 编者刊 1944 年 10 月 5＋40［环筒叶］ 16 开 有插图

本书收文章 15 篇：《本部成立第十六周年纪念告全体官兵书》（黄正清）、《庆祝拉卜楞保安司令部成立十六周年纪念》（李永瑞）、《安定地方与抗战建国》（阴天良）、《辅国安民》（丁云锦）、《建边与建军》（常后）等。书前有训词。

## 民兵、民团

**3928. 广东民众抗日自卫团战时军事工作纲要** 广东民众抗日自卫团平远县统率委员会编 编者刊 ［广东］ 12 32 开

本书分 9 节：战时军纪之注意、战时赏罚之严格与执行、自卫团协助国军作战之原则、自卫团作战时兵力之使用、自卫团战时之联络、战时化整为零化零为整应注意之事项、侦探网之组织及运动、死伤之处置及医理、战时给养与补充。

**3929. 广东自卫团抗战纪要** 广东省政府秘书处编译室编 编者刊 1940 年 广东 10＋116 64

开 有图表 民族正气小丛书之一

本书分 25 个部分：南海县、番禺县、东莞县、中山县、新会县、台山县、增城县、三水县、保安县、花县、从化县、清远县、鹤山县等。卷首有凡例。附录收《前第×游击区抗战经过》、《第××游击区作战经过》、《第××游击区自卫团作战经过》等 4 篇文章。

**3930. 国民兵训练计划** 何会源著 中山文化教育馆 1940 年 2 月渝版 重庆 26 32 开 有图表
抗战丛刊第 100 种

**3931. 冀中平原上的民兵斗争** 程子华著 战线社 1942 年初版，1944 年 8 月再版 78 32 开
该书包括 6 部分：序言、第一时期（自七七事变至 1938 年冬）、第二时期（自 1939 年春至 1940 年）、第三时期（自 1940 年秋至 1942 年夏）、几个问题、结尾。

**3932. 军训与民团** 白崇禧著 桂林全面战周刊社 桂林 4+80 32 开 白崇禧言论集之一
收《学校军训的重要》、《寓兵于团寓将于学是国家总动员的准备》、《民团是军事政治经济教育四位一体的组织》、《军训与民团》、《广西民团最近改革概述》、《广西为什么要编民团》等 8 篇。书前有引言。

**3933. 军训与民团** ［白崇禧著］，广西绥靖主任公署政治部编 1939 年 5 月再版 4+80 32 开
白崇禧言论集之一
收《学校军训的重要》、《寓兵于团寓将于学是国家总动员的准备》、《民团是军事政治经济教育四位一体的组织》、《军训与民团》、《广西民团最近改革概述》、《广西为什么要编民团》等 8 篇。书前有引言。

**3934. 民兵训练** 大路社专门委员会编辑 国防常识出版社 1937 年 6 月 4 版 上海 2+94
9.5cm×17cm 有插图 国防常识丛书
本书分 10 个部分：民兵组织法、民兵的基础训练、射击训练、守望训练、阵地练习、军人战斗法、成对战斗法、尖兵与夜战、兵器的使用、战斗的实现。

**3935. 民团的训练问题** 陆镇亚著 民团周刊社 1938 年 5 月初版，1939 年 5 月再版 南宁 34
32 开 基层建设丛刊第二辑之七 亢真化主编
本书分 6 个部分：民团训练与抗战、抗战中的教训、今后民团训练的方针、训练的内容、怎样拟定演习计划、训练上应注意的事项。

**3936. 民团与军训** 李宗仁、白崇禧合著 民团周刊社 1939 年 3 月初版 广西 36 32 开 丙种
丛刊第四种 民团丛刊第二辑之四
本书收两篇文章：《寓兵于团寓将于学以养成民众武力》（李宗仁）、《军训与民团》（白崇禧）。

**3937. 民团政策与民族革命** 白崇禧著 民团周刊社 1938 年 3 月初版，1938 年 9 月再版 南宁
24 32 开 丙种丛刊第三种焦土丛刊第一辑之四
本书分 4 部分，包括民团政策的创立、广西民团的演进、民族革命运动开展的必然、运用民团政策完成民族革命。

**3938. 民团制度与国民革命** 钱实甫著 民团周刊社 1939 年 4 月初版 广西 30 32 开 丙种丛刊第四种 民团丛刊第二辑之一 梁上燕主编
本书分 5 个部分：国民革命的意义、民团制度的产生、民团制度的特点、民团的任务、完成国民革命的民团制度。有题赠。

**3939. 民团制度与抗战**　卢显能著　民团周刊社　1938 年 11 月初版　南宁　26　32 开　丙种丛刊第三种　民团丛刊第二辑之三　亢真化主编

　　本书分 4 章：民团制度的特质、为抗战的民团制度、民团制度的抗战动员、怎样争取抗战的胜利。

**3940. 民团制度与自给**　卢显能著　民团周刊社　1939 年 6 月初版　广西南宁　22　32 开　丙种丛刊第四种　民团丛刊第二辑之七　梁上燕主编

　　分 3 章：自给政策的重要性、民团组织与自给政策的关系、自给政策在广西。

**3941. 民团制度与自治**　梁上燕著　民团周刊社　1939 年 6 月初版　广西　18　32 开　丙种丛刊第四种　民团丛刊第二辑之六

　　本书分 3 节：民团演进与自治政策、民团推动下的自治工作、自治政策在广西的检讨。

**3942. 民众武装论**　李华卿著　广州启蒙书店　1937 年 10 月初版，1937 年 11 月再版　广州　4 + 74　32 开　民族解放小丛书

　　分 7 部分：导论——民众武装的基本在政治总动员、现代战争究竟是什么、我们抗战的性质——防御战、我们抗战的战略——从运动战到阵地战、民众武装各方面的考察——从它的功效说到它的条件与注意、组织民众武装的态度和方法、结论。书前有作者自序，再版有再版序。

**3943. 十年来之广西民团**　许高阳编著　西南导报社　1940 年 1 月　8 + 115 页　32 开　有图表

　　本书分 3 章：广西民团之特效、广西民团之沿革、广西民团之效力。概述了广西省自 1930 年以来将全省壮丁一律施以民团训练，寓兵于团的状况。书前有编者自序。

**3944. 盐阜区第一次民兵代表大会特刊**　盐阜区民兵指挥部政治部编　盐阜社　1945 年 4 月　盐阜　60　32 开　有题词

　　收入 6 篇文章：《民兵战术问题》（洪参谋在大会上的讲话）、《大会闭幕词》（向明）、《冬季民兵发展工作总结》（李凌）、《河湾乡民兵的对敌斗争和巩固工作》（金华彬）、《陈良乡的民兵与纺织》（顾群）、《民兵英雄小传》。

**3945. 战时民团的运用**　刘自强著　民团周刊社　1938 年 8 月初版　南宁　46　32 开　丙种丛刊第四种　民团丛刊　第一辑之九　亢真化编

　　本书共 4 部分：绪言、国家总动员的基础——民团、唤起民众组织民众训练民众运用民众的具体办法、后方勤务的几件事——战时各种勤务班之编组与训练实施办法。

**3946. 重庆市国民兵团团本部工作报告**　[1940]　8 [环筒叶]　18.3cm×25.1cm　油印、线装　有图表

　　收录 1939 年 9 月至 1940 年 2 月的工作报告。

# 军事史

**3947. 第二期抗战的新形势**　蒋君章编著　正中书局　1939 年 7 月初版　重庆　5 + 52　32 开　时代丛书

　　本书分 4 部分：武汉失守以后、国防新重心的选择、适应国防新趋势的运输网、结论。书前有弁言。

**3948. 第二期抗战歼寇录**　独立出版社编　编者刊　1938 年 7 月初版，1938 年 12 月 6 版　重庆　4 +

66 32 开 战时综合丛书第 2 辑

本书分 5 辑：东战场、北战场、西站场、南战场、游击队歼敌记。书前有《战时综合丛书》第 2 辑例言，书后附讨论大纲。

**3949. 第五年度抗战经过概要** 65［环筒叶］ 16 开 油印 有图表

本书分 5 个部分：前言、中战场、东战场、南战场、北战场、国外。部分内容为手写。

**3950. 国军第五年作战经过概要** 何应钦著，蒙藏委员会编译室编译 编者刊 1942 年 6 月 ［52］ 32 开 抗战小丛刊之三十四

汉藏对译本。

**3951. 何上将抗战期间军事报告（上）** 何应钦著 1948 年 12 月 2＋354＋32 大 32 开 有照片、有图表

本书收录 11 份军事报告。上册收录《对五届三中全会军事报告》、《对五届五中全会军事报告》、《对五届六中全会军事报告》、《对五届七中全会军事报告》及《对临时全国代表大会军事报告》。书前有何应钦序言。

**3952. 何上将抗战期间军事报告（下）** 何应钦著 1948 年 12 月 334＋31 大 32 开 有照片、有图表

本书收录 11 份军事报告。下册收录《对五届八中全会军事报告》、《对五届九中全会军事报告》《对五届十中全会军事报告》、《对五届十一中全会军事报告》、《对五届十二中全会军事报告》及《对第六届全国代表大会军事报告》。书后附"日军投降"，并附降书照片。

**3953. 何总长应钦讲抗战第六年之军事** ［何应钦讲］，蒙藏委员会编译室编译 编译者刊 1943 年 7 月 ［140］ 32 开 抗战小丛刊之四十五

汉蒙藏对译本。

**3954. 甲午以来中日军事外交大事纪要** 杨家骆著 商务印书馆 1941 年 9 月初版 长沙 4＋165 11.5cm×17.3cm

记述了自 1894 年至 1937 年 7 月，中、日双方在军事和外交领域的重大事件。

**3955. 近三年来抗战之检讨及今后敌伪之阴谋与我之对策** 陈诚讲 国民政府军事委员会政治部 1940 年 4 月，1940 年 5 月 8＋70 32 开

本书为陈诚对陆军大学学员的讲词。另附录《柳州会议》、《总裁训词之研究》两文。

**3956. 抗战八年军事概况（军事参考资料）** 白崇禧著 1947 年 12 月 2＋28 32 开

本书分 6 节：前言、十五年来军事政策之概述、抗战八年所得与国防有关之教训、目前军政之概况、今后国防建设之主旨、结论。

**3957. 抗战第一年（上、下）** 王叔明编 商务印书馆 1941 年 1 月初版 长沙 802 32 开 有图表

本书分上、下两册，全面概述了抗战第一年各战场状况。内分 12 篇，包括：北战场第一期、西战场第一期、东战场第一期、中原战场、津浦线、台儿庄、鲁南、武汉战场等。书前有前言和凡例，书后附《抗战周年纪念日告世界友邦书》等。

**3958. 抗战方略（第一期抗战经验与教训之总结及第二期抗战之要旨）** 陈诚讲 军事委员会政治部 1939 年 6＋114 32 开 有图表

本书分6章：引言、日寇侵华政策之由来、国民革命过程与抗战决策、第一期抗战的总结、第二期抗战方略、结论。附辑收《国防建设计划》、《〈干部与全民对于国家总动员之认识及任务〉讲评》两篇文章。出版时间依封面推论。

**3959. 抗战方略（第一期抗战经验与教训之总结及第二期抗战之要旨）**　陈诚讲　南岳干训班
1939年4月　6+110　32开　有图表　突击丛书之二

本书分6章：引言、日寇侵华政策之由来、国民革命过程与抗战决策、第一期抗战的总结、第二期抗战方略、结论。附辑收《国防建设计划》、《〈干部与全民对于国家总动员之认识及任务〉讲评》两篇文章。出版时间依封面推断。

**3960. 抗战回忆录**　薛岳著　50　16开　精装

本书分15部分：淞沪会战（南翔罗店地区之战）、吴福及锡澄线之战、苏浙皖边区游击战、兰封会战、南浔会战、第一次长沙会战、上高会战、第二次长沙会战、第三次长沙会战、赣东会战、常德会战、湘北湘南阻击战、湘赣边区阻击战、赣江追击战、南浔区受降。

**3961. 抗战纪实（第1册）**　赵曾俦等编　商务印书馆　上海　6+219　32开　有照片、有插图、有图表

本书分3卷：东战场（淞沪会战吴福锡澄广芜之战及苏皖浙边区游击战）、兰封会战、南浔会战（第一二期）。卷首有序言以及总目。

**3962. 抗战纪实（第2册）**　赵曾俦等编　商务印书馆　1947年11月初版　上海　6+203　大32开　有插图、有图表

本书分3卷：第九战区1937年春夏季扫荡战、第一次长沙会战、第九战区1939年冬季扫荡战。

**3963. 抗战纪实（第3册）**　赵曾俦等编　商务印书馆　1947年11月初版　上海　10+228　大32开　有插图、有图表

本书分5卷：第九战区策应第五战区1940年夏季扫荡战、第九战区1940年秋冬季扫荡战、上高会战、第二次长沙会战、第三次长沙会战。

**3964. 抗战纪实（第4册）**　赵曾俦等编　商务印书馆　1947年11月初版　上海　16+176　大32开　有插图

本书分7卷：赣东会战、第九战区策应第六战区鄂西会战鄂南湘北之战、援救常德作战、湘北湘南阻击战、湘赣边区阻击战、赣江追击战及第九战区南浔区受降。

**3965. 抗战前途与游击战争**　郭化若等著　生活书店　1938年6月初版　2+168　32开　救亡文丛之十三

本书收录12篇关于游击战争的文章，包括《全面抗战中的战略问题》（《救国日报》）、《关于游击战争》（《新华日报》）、《游击战术与游击队》（金仲华）、《抗日游击战争战术上的基本方针》（郭化若）、《论抗日游击战争的基本战术——袭击》（陈伯钧）、《南方三年游击战争经验对于当前抗战的教训》（项英）、《开展游击战与武装民众》（任洮）、《华北游击战争的展开》（若飞）、《山西抗战的回忆》（任弼时）、《八路军半年来抗战的经验教训》（朱德）、《我们怎样打退了正太路南进的敌人》（刘伯承）、《游击县长与游击队》（尤灵）。

**3966. 抗战四年来国军作战经验教训汇编**　军事委员会军令部编　编者刊　1942年3月　274+7　32开　有插图　抗战参考丛书　第33种

本书分7篇：作战、情报、后方勤务、编制及装备、训练及整补、军队政治及民众组训、其

他。附《武汉会战经过要图》等。书前有绪言。

**3967.** 抗战四年来之军事　蒙藏委员会编译室编译　编者刊　1941年9月　　[40]　　32开　　抗战小丛刊之二十三

汉蒙藏维对译本。

**3968.** 抗战形势发展图解　金仲华编著　生活书店　1938年12月再版　1+63　横16开　有插图

本书分5个部分：总类、华北战场图、东战场图、华南战场图、附录。书前有引言。

**3969.** 论解放区战场　朱德著　1+58　32开

朱德同志1945年4月25日在中国共产党第七次全国代表大会上的军事报告。分5部分：抗战八年、论解放区战场、中国人民抗战的军事路线、今后的军事任务、结束语。本书未注明出版者和版次。

**3970.** 论解放区战场　朱德著　41　32开

朱德同志1945年4月25日在中国共产党第七次全国代表大会上的军事报告。分5部分：抗战八年、论解放区战场、中国人民抗战的军事路线、今后的军事任务、结束语。本书未注明出版者和版次。

**3971.** 论解放区战场　朱德著　辽东建国书社　1945年　48　32开

朱德同志1945年4月25日在中国共产党第七次全国代表大会上的军事报告。分5部分：抗战八年、论解放区战场、中国人民抗战的军事路线、今后的军事任务、结束语。

**3972.** 论解放区战场　朱德著　大连新知识书社　1945年12月　　[大连]　　1+56　32开

朱德同志1945年4月25日在中国共产党第七次全国代表大会上的军事报告。分5部分：抗战八年、论解放区战场、中国人民抗战的军事路线、今后的军事任务、结束语。

**3973.** 论解放区战场　朱德著　解放社　1945年5月　2+65　32开

朱德同志1945年4月25日在中国共产党第七次全国代表大会上的军事报告。分5部分：抗战八年、论解放区战场、中国人民抗战的军事路线、今后的军事任务、结束语。

**3974.** 论解放区战场　朱德著　华北军政大学政治部　1945年6月　62　32开

朱德同志1945年4月25日在中国共产党第七次全国代表大会上所作的抗战军事报告，分：抗战八年、论解放区战场、中国人民抗战的军事路线、今后的军事任务、结束语。

**3975.** 论解放区战场　朱德著　晋察冀日报社　1945年6月　62　32开　有照片

朱德同志1945年4月25日在中国共产党第七次全国代表大会上所作的抗战军事报告，分：抗战八年、论解放区战场、中国人民抗战的军事路线、今后的军事任务、结束语。

**3976.** 论解放区战场　朱德著　新华书店　1945年6月　涉县　40　32开

朱德同志1945年4月25日在中国共产党第七次全国代表大会上所作的抗战军事报告，分：抗战八年、论解放区战场、中国人民抗战的军事路线、今后的军事任务、结束语。

**3977.** 论解放区战场　朱德著　苏南出版社　1945年7月　34　32开

朱德同志1945年4月25日在中国共产党第七次全国代表大会上所作的抗战军事报告，分：抗战八年、论解放区战场、中国人民抗战的军事路线、今后的军事任务、结束语。

**3978.** 论解放区战场　朱德著　华北新华书店　1945年8月再版　2+65[环筒叶]　　32开

　　朱德同志 1945 年 4 月 25 日在中国共产党第七次全国代表大会上的军事报告。分 5 部分：抗战八年、论解放区战场、中国人民抗战的军事路线、今后的军事任务、结束语。

**3979. 论解放区战场**　朱德著　冀中导报社　1945 年 9 月　62　大 32 开

　　朱德同志 1945 年 4 月 25 日在中国共产党第七次全国代表大会上所作的抗战军事报告，分：抗战八年、论解放区战场、中国人民抗战的军事路线、今后的军事任务、结束语。

**3980. 论解放区战场**　朱德著　十专区黎明报社　1945 年 9 月　57　32 开　石印

　　朱德同志 1945 年 4 月 25 日在中国共产党第七次全国代表大会上所作的抗战军事报告，分：抗战八年、论解放区战场、中国人民抗战的军事路线、今后的军事任务、结束语。本书系中国共产党第七次全国代表大会文献之二。

**3981. 论解放区战场**　朱德著　东北书店　1947 年 9 月　东安　2＋64　32 开　有照片

　　朱德同志 1945 年 4 月 25 日在中国共产党第七次全国代表大会上的军事报告。分 5 部分：抗战八年、论解放区战场、中国人民抗战的军事路线、今后的军事任务、结束语。

**3982. 论解放区战场（一九四五年四月二十五日在中国共产党第七次全国代表大会上的报告）**　朱德著　解放社　1949 年 7 月　北平　54　32 开

　　内容包括 5 个部分：抗战八年、论解放区战场、中国人民抗战的军事路线、今后的军事任务、结束语。

**3983. 论解放区战场（在中国共产党第七届全国代表大会上的报告）**　朱德著　1945 年 4 月　64　32 开　有照片

　　本书为朱德在中国共产党第七届全国代表大会上的报告，分 5 节：抗战八年、论解放区战场、中国人民抗战的军事路线、今后的军事任务、结束语。

**3984. 论解放区战场（中共七代大会军事报告）**　朱德著　冀鲁豫书店　1945 年 4 月　35　32 开

　　本书为朱德在中国共产党第七届全国代表大会上的报告，分 5 节：抗战八年、论解放区战场、中国人民抗战的军事路线、今后的军事任务、结束语。

**3985. 论解放区战场——1945 年 4 月 25 日在中国共产党第七次全国代表大会上所作的抗战军事报告**　朱德著　中共晋绥分局　1945 年　46　32 开

　　朱德同志 1945 年 4 月 25 日在中国共产党第七次全国代表大会上所作的抗战军事报告，分：抗战八年、论解放区战场、中国人民抗战的军事路线、今后的军事任务、结束语。

**3986. 目前抗战军事形势**　第四战区政治部编　曲江青年书店［经售］　曲江　14　32 开　抗战问答集　第 3 辑

　　本书分 4 个部分：关于敌我战略的检讨、关于最近各战场反攻的情势和收获、建立现代化的新军、游击队配合正规军作战。

**3987. 南岳军事会议蒋委员长手订各项要则及第一期抗战之总评**　1938 年 11 月　52　64 开

　　本书分 5 部分：抗战四要实施纲领、第二期抗战工作整军作战应特别注重各点、第二期抗战之要旨、学校机关与部队的教育之重点、第一期（战略）第三阶段（战役）抗战经过中所得血的教训与今后的改进。

**3988. 三年抗战之经过**　何应钦手撰　1940 年 8 月　4＋44　32 开　中央日报丛书

　　本书共分 4 篇：战争之起因、第一期抗战经过概要、第二期抗战经过概要、结论。

**3989. 三年来抗战经过** 何应钦著 新新新闻报馆文化服务部 1940年8月 成都 3+46 32开

本书分4篇：战争之起因、第一期抗战经过概要、第二期抗战经过概要、结论。书前有前言和陈斯孝序言。封面题名："三年来抗战之经过"。

**3990. 三年来之抗战经过** 何应钦著 1940年 4+44 32开

本书分4篇：战争之起因、第一期抗战经过概要、第二期抗战经过概要、结论。

**3991. 三年来之抗战经过** 何应钦著 中央训练团印 1941年 6+48+24 32开

本书分4篇：战争之起因、第一期抗战经过概要、第二期抗战经过概要、结论。书后附录《第四年抗战经过》。

**3992. 三年来之抗战经过** 何应钦著 1940年10月 6+60 32开

本书分4篇：战争之起因、第一期抗战经过概要、第二期抗战经过概要、结论。封面有题赠。

**3993. 三年来之抗战经过** 何应钦著 战地图书出版社 1940年10月初版 6+68 32开 有插图

本书分4篇：战争之起因、第一期抗战经过概要、第二期抗战经过概要、结论。

**3994. 三年来之抗战经过** 何应钦编著 国民出版社 1940年7月初版 金华 8+48 32开

本书分4篇：战争之起因、第一期抗战经过概要、第二期抗战经过概要、结论。有前言。

**3995. 三年来之抗战经过** 何应钦著述 新新新闻报馆文化服务部 1940年8月 成都 3+46 32开

本书分4篇：战争之起因、第一期抗战经过概要、第二期抗战经过概要、结论。

**3996. 四年来的战事经过** [何应钦著]，中国国民党中央执行委员会宣传部编 编者刊 1941年7月 10+90 32开 抗战第四年纪念小丛书

本书收录两篇文章：《第四年抗战经过》、《三年来之抗战经过》。

**3997. 游击线上** 韦白洪编 星星出版社 1938年3月初版 汉口 3+131 32开

分5部分：中国抗日游击战的展开、平汉线的游击战、平郊抗日游击战的经过、八路军怎样战斗着、战斗中的东北抗日联军。附录收《华北人民抗日军政委员会重要文件》及《民众扫日正义军总司令杨博民小传》。

**3998. 战地零叶** 海萍、迪敏、石燕、刘尊棋、炎川、马淑清执笔 独立出版社 1939年4月初版 重庆 4+50 32开 战时综合丛书第3辑

本书分两辑：空军的战绩、陆军的奋勇作战。书前有"写在编前"。

**3999. 中国全面抗战记（第一集）** 黄河清、杨通贤编著 战情汇编社 1938年 广州 2+222 32开 抗战丛书

记"七七"抗战以来的战斗。分5编：北线的血战、西线的血战、东线的血战、空中大战、战地的火花。另收《全面抗战的展开与四十年来的血账！》。

**4000. 中日战史小战例辑（第一集）** 黄天驹编 战史编纂委员会 6+68 32开 有插图

本书分21部分：忠勇卫国奋起抗战之例、以劣势兵力施行夜袭克复据点成功之例、伪军反正奇袭敌军大获战果之例、用步机枪击落敌机并搜获文件得到有价值情报之例、用步兵机关炮击落敌机得以鼓舞友军士气之例、利用夜间攻击解决敌伪成功之一、利用夜间攻击敌伪成功之二等。书前有"中日战史小战例辑初稿编辑大意"。

## 各战场、战区、部队

### 战区、战场

**4001. 白副总长在潢川**　程山辑　民团周刊社　1938 年 6 月初版　广西　32　32 开　丙种丛刊第三种　焦土丛刊第三辑之七　亢真化主编

本书分 5 个部分：白副总长在潢川、白崇禧将军印象记、鲁南胜利是怎样得来的、第五战区的抗战青年军团、记抗敌青年军团的女生队。

**4002. 保卫华北的游击战**　刘清扬、陈北鸥合著　生活书店　1938 年 7 月初版　汉口　1 + 123　32 开

本书分 13 个部分：活跃的华北游击队、山东展开的游击战、成为抗日根据地的晋察冀边区、我们保卫陕甘宁边区、豫北的游击战、平津四郊的游击战争等。书前有序言。附录收《华北游击战士的宝贵经验》一文。

**4003. 北战场上（从卢沟桥事变到鲁南二次大会战）**　许欣五编著　战时文化出版社　1938 年 6 月初版　汉口　6 + 100　32 开　战时文化丛书之三

本书分 18 个部分：卢沟桥炮声响了、保定抗战、沧州之战、石家庄一战、黄河、泰山间的烽火、血战淮河、喋血鲁南、大兵团的运动战、鲁南二次大会战等。卷首有战时文化出版社所作"书前"以及弁言。

**4004. 北战场上的游击队报告**　朱文央编　怒吼出版社　1938 年 4 月　2 + 52　32 开

收录 10 篇文章：《晋南线的游击队报告》、《津浦线上的游击队报告》、《津浦前线游击司令部干部训练班访问记》、《津浦南段的游击队报告》、《津浦南段视察记》、《山东的游击队报告》、《豫东的游击队报告》、《山西的游击队报告》、《如火如荼的山西游击队》、《华北游击队在艰苦斗争中》。附录收《组织抗战游击队的一点经验》（洛哥）。

**4005. 长城察北的抗战**　辛质著，钱俊瑞主编　黑白丛书社　1937 年 4 月初版，1937 年 5 月再版　64　32 开　黑白丛书之十一

本书包括 7 个部分：用血换来的宝贵经验、从"九一八"到热河失守、长城各口的抗战、《塘沽协定》与张垣民众抗日同盟军的树立、察北抗敌的经过、民众抗日同盟军的结束、胜利之后要紧跟着胜利。

**4006. 第八路军在山西**　高克甫编　上海南华出版社　1938 年 2 月　上海　281　32 开

该书分为 6 编：红军与第八路军的交替、东进途中歼敌的伟绩、游击战的展开、第八路军将领的风貌、战地工作团的行踪、战地动员与工作的实践。

**4007. 第二期抗战后西线战迹**　秋江、侬非、陆诒、季云合著　汉口大时代书店　1938 年 5 月初版　汉口　2 + 134　32 开

本书分 4 个部分内容：回忆与前瞻、民众动员、地方印象、战迹及其他。收录了《山西抗战的回忆》（任弼时）、《华北抗战前途与民众动员》（周恩来）、《晋西人民是怎样动员起来的》（奚如）、《返回汾阳途中》（秋江）、《保卫绥西的重要性》（陆诒）等 18 篇文章。

**4008. 第二战区二年来抗战工作报告与检讨**　阎锡山讲　第二战区军政民高级干部会议秘书处　1939 年 4 月　46　32 开　有照片

本书为阎锡山 1939 年 3 月 25 日在军政民高级干部会议上的开会词。书前有《阎司令长官手谕》。封面有机密二字。

**4009. 第二战区司令长官司令部、山西省政府布告（会省字第三号）** 第二战区司令长官司令部、山西省政府颁布 1939 年 3 月 山西 1 张 78cm×52.6cm

该命令系 1939 年 3 月国民党第二战区司令长官司令部、山西省政府共同颁布的布告，由第二战区司令长官司令部，山西省政府主席阎锡山签发。

**4010. 第六战区常德会战概述** 第六战区司令长官司令部参谋处编 编者刊 1943 年 12 月 4+14 32 开 有图表

本书分 6 个部分：敌寇企图、会战前我敌之态势、会战经过、敌参战兵力番号判明及伤亡统计、俘虏统计、附件。

**4011. 第六战区荆宜攻势战役忠勇事迹（第一集）** 第六战区司令长官司令部政治部编 编者刊 1941 年 11 月 4+138 32 开 有图表

本书分上、中、下三编，分别介绍了部队官兵、政工人员、战地民众的抗战忠勇事迹。书前有柳克述所作序。

**4012. 第十战区政治部三十四年年刊** 第十战区政治部编 编者刊 1946 年 1 月 104 32 开 有照片、有插图、有题词、有图表

本书分 9 个部分：发刊词、专载、艺文、诗词、本部大事记、第十战区受降概要、附载、编后记等。收录《本部编制表》、《各纪念日本部告军民书合辑》、《本部三十四年度对所属各单位工作考绩表》等 10 幅表。

**4013. 第四战区司令长官司令部政治部梁主任就职典礼专刊** 阵中日报社编 1940 年 11 16 开 有照片

本书分 11 个部分：总裁训示（政工人员负责尽职之要道）、监督员司令长官训词、国民政府军事委员会任职令、梁主任答词、誓词、梁主任告本战区政工同志书、梁主任就职通电、梁主任略历、梁主任手著之剧本介绍、颂诗、最近时局动态。出版时间根据内容推断。

**4014. 第一游击区之作战经验及教训与今后之对策** ［第三战区第一游击区指挥部编］ ［编者刊］ 1940 年 12 月 2+20 32 开

本书分 5 个部分：前言、倭寇对我游击军之战法、游击作战之经验及教训、今后游击作战之对策、结论。

**4015. 东战场大捷** 李之高编 抗战建国社 1940 年 11 月 绍兴 2+29 32 开 抗战建国丛书

分上、下两编：上编东战场大捷，包括东战场流窜战的产生、得失与动机、我战场大捷的意义等 9 部分；下编浙东歼灭战，包括浙东大捷经过、场口之战等 5 部分。有自序。

**4016. 二十二年抗日经过讲演稿** 门炳岳讲 国民政府军事委员会陆军军官训练团 1934 年 9 月 12+82 32 开 有插图

本讲稿分 6 章：榆关及热河战斗、长城各口之战斗、冷口·撒河桥·南天门·及滦东·察东各战斗、敌人总攻击与我军最后之抗战、我军总退却及怀柔最后之激战并停战、结论。有前言。

**4017. 古北口回忆**（*Memories of Kupeikow*） 俞佑世摄编 良友图书公司 1933 年 上海 92 8 开 有照片、有插图、有题词

本书为中国红十字会华北救护委员会 1933 年 1 月起参加长城抗战及古北口战役救护工作的摄影集。书前有王培元序和编者自序，书后有救护委员会人员照片。英汉对照。

**4018. 广东游击战**　李东华著　新新出版社　1938 年 5 月初版　上海　8＋140　32 开　有图表

本书分 11 章：总纲、组织、广东是游击战的好场所、游击战的发动、游击战的扩大、行军驻军、战术原则、战斗方式、对优势敌人的战斗法则、训练、政治工作。书前有小言。

**4019. 华北前线**　（英）James M. Bertram 著，林淙、蒯斯埙、蒋天佐、光灵、林淡秋、黄峰译　文缘出版社　1935 年 5 月初版　上海　7＋352＋35　32 开

本书全面介绍了华北前线战事情况。共 11 章：序幕"战争的前夜"、华北事变、到延安去、战时的边区、到山西去、八路军、北上途中、跟贺龙在一起、在前线、游击队、统一战线、尾声"盲目的侵略家"。书后有"校后"。

**4020. 江淮间的运动战**　长江等著　战时出版社　1＋146　32 开　战时小丛刊之八十四

本书分 6 编：战局论、江淮间的运动战、淮河大血战、运河前线、我们的战士、江淮流域新局面。

**4021. 津浦线战绩**　珠江日报社丛书部编纂　珠江日报社　1938 年 6 月再版　珠江　28＋299　32 开　有照片

本书分上、下两篇。上篇：战区的鸟瞰、临沂歼敌、滕县血战、台儿庄空前胜利、鲁南再度大会战；下篇：个人观感、国内舆论、国际批评。

**4022. 晋北游击战争纪实**（第八路军英勇的战绩）　林彪等著，刘雯编　战时出版社　1938 年 1 月初版，1938 年 3 月再版　126　32 开

包括出动中的八路军、誓师出发上前线、开到了晋北、晋北复活了、在晋北民运活动写真之一、在晋北民运活动写真之二、大战平型关纪实之一至之四、平型关战斗的经验等 24 个部分。

**4023. 看了东战场判断北战场**　甘介侯著　热血出版社　1938 年 3 月初版　1＋20　32 开

本书分 6 部分：军事重心、主将的沉着、敌人军事计划的检讨、布好了天罗地网、徐州点将、北战场的判断。

**4024. 抗战中地上防空部队之战迹**（第一辑）　防空学校编　编者刊　1940 年 3 月　6＋140　15cm×24cm　有插图、有图表

本书收 18 篇文章：《保护首都我们来试第一炮》（铁魂）、《东线作战》（炮四一团第四连）、《高射炮在兰封》（王治绥）、《在武汉最后之撤离》（徐咏黎）、《行都历次战斗剪影》、《轰炸之王蓉城火葬》（李波平）等。书前有序言。

**4025. 空战实录**　黄震遐等著　新力周刊社　1938 年 5 月初版　浙江　38　32 开　新力丛书之一

本书分 7 部分：卷首、空军壮士阎海文、副队长沈崇诲、十二分钟内的收获、远征、再来一千个加藤、佐世保第十二航空大队全军覆没。

**4026. 鲁甫战区战情电讯**（二十七年四月份）　1938 年 4 月　[310]　[环筒叶]　32 开

本书为手稿，以时间为序收录了 1938 年 4 月鲁甫战区的电讯。

**4027. 满洲之战**　（苏）安东诺夫等著，新人辑译　大众书店　1948 年 8 月初版　大连　4＋53　32 开

本书收录文章 12 篇：《突破东北防线》、《牡丹江之战》、《强越大兴安岭》、《在满洲的山坡

上》、《日军投降记》等。本书作者之一安东诺夫为当时苏联出兵东北时的随军记者。

**4028. 民族之血（华北抗日纪念册）** 军事委员会北平分会政治训练处编 编者刊 68 16开 有照片、有插图、有题词、有图表

本书收录有关华北抗日时期内的照片、地图以及《榆关战斗经过》、《喜峰口战斗经过》、《古北口九松山间战斗经过》3篇文章。书后有编后记。

**4029. 内乡抗战纪实** 内乡临时警备司令部编 编者刊 1946年12月 18＋19＋18 32开 精装 有照片、有图表

本书分11章：敌我胜败之关键、重要战役、所获战果、我方伤亡及损耗、忠义特写、供给情报、防制奸匪等。附录收《内乡县各乡镇抗敌肃奸宣传要点》等4篇文章。

**4030. 南战场之旅** 杨纪著 商务印书馆 1941年8月初版 长沙 8＋116 32开

本书分17部分：粤北之旅、游击学校、广东新女性、儿童乐园、两粤群英会、赣北之旅、湘赣大捷记、长沙会战实录、湘行回忆录、桂北之旅、贵州纵走记、四川横断记、领袖战时生活、战场诗话等。书前有金诚夫所作序。

**4031. 前线近影** 国民出版社编 编者刊 1939年10月初版 金华 4＋33 32开 国民知识丛书第2辑

本书分10部分：中条山之战、冀中反扫荡、绥西的狂飚、鄂北会战、汉水三个月的相持、鄂湘赣战云、东线战局面面观、岭南战局剖视、潮汕战局、粤北大反攻。书前有前言。

**4032. 琼崖抗战概况** 王毅著 ［琼崖守备军司令部驻韶办事处］ 1945年4月 16页 64开

本书介绍琼崖县自1939年2月日军入侵后的抗战概况。

**4033. 山东前线** 剑心等著 战时出版社 1＋118 32开 有插图 战时小丛刊之八十一

本书分4编：战局论、津浦前线、山东的西北角、军民合作新局面。

**4034. 山东省第十三战区抗战纪实** 山东省第十三战区抗战史料征集委员会编 编者刊 1941年12月再版 38＋48＋52 32开 有插图、有题词、有图表

本书汇集了山东省第十三战区1937年—1939年两年来的历次战况，分4章：鲁东战情形、历次抗日战役（含37个战役）、历次剿匪战役（含13个战役）、鲁东展望。书后附《山东省第十三战区历次战役阵亡将士名录》。书前有4序。

**4035. 收复山西** 黄心邨、张克伐编辑 西北问题研究会 1937年11月 70 32开 西北问题研究会国防知识丛书之一

本书分23部分：前言、保卫山西的重要性、山西高原鸟瞰、山西在全面抗战中的地位、西战场的形势等。

**4036. 收复邕龙钦防的观感（张司令长官讲）** 张发奎著 第四战区司令长官司令部编纂委员会 1941年3月 4＋23页 64开 有照片

本书为张发奎于1941年1月3日从前线视察归来在扩大纪念周上的报告。出版时间根据报告时间推断。

**4037. 宋哲元部二十九军长城血战记** 中国艺术公司编辑 编者刊 1933年4月初版 北平 ［7＋80］ 16开 精装 有照片、有插图、有题词

本书记录了宋哲元部二十九军喜峰口大捷的有关情况。收《朱庆澜将军为宋哲元部二十九军报

捷并乞助三电》、《宋总指挥招待报界报告克敌详情演词》、《宋总指挥及二十九军小史》、《我军夜袭大成功》、《血战尾声》、《宋军捷运之影响》等篇。书中附写真照片百余幅。

**4038. 天目山南北的战斗面**　贺扬灵讲述，周味辛编录　浙西民族文化馆　1940年8月　5+156　32开　浙西对敌斗争丛书之四

本书分上、下两编：天目山以南的战斗面、天目山以北的战斗面。附录收《敌我战斗之策应》、《江南忠救军的游战经验》、《江南游战之经验与教训》等5篇文章。

**4039. 我们对于第三期抗战中保卫陕西与保卫西北的意见**　关烽等著　西北社　1938年8月　西安　43　64开　西北丛书之一

收入7篇文章：《关于军事问题的一般意见》、《关于政治问题的意见》、《关于财政经济问题的意见》、《关于民众运动的意见》、《关于西北回蒙少数民族问题的意见》、《关于加强团结与巩固统一的意见》、《对干部问题的意见》。书前有《前言》。附《中共陕西省委为保卫陕西宣言》。

**4040. 西北浴血记**　竹影轩主编　大公广告社　1936年12月初版　68　32开　有照片

本书收25篇文章：《浴血记》、《忆绥远》、《察北匪伪内部崩溃之一斑》、《阎锡山奉母命捐款助绥远将士》、《百灵庙战役之经过及其教训》、《关于绥远问题之评论》、《绥远劳军一瞥》、《上海各界踊跃捐款之一斑》等。书前有卷首语。

**4041. 西线战事**　剑北等著　西安文化日报　1938年2月初版　西安　4+197　32开

本书分3个部分：战场形势、人物访问、杂记。书前有序言。

**4042. 血战在晋冀鲁豫边区**　山东新华书店编　编者刊　山东　40　32开

记述抗战时期八路军一二九师在晋冀鲁豫边区的战斗历程。收录《陈锡联率团夜袭阳明堡敌机场》、《百团大战》等战役的报道。书前有编者所作声明。

**4043. 夜轰淞沪漫忆**　高深著　中国的空军出版社　1940年3月初版　成都　2+73　32开　空战史话丛书　第1种　丁布夫主编

记叙了"八一三"事变后，中国空军夜袭敌占区日军的经过。包括《夜轰志愿队的组成》、《开我空军战史的新纪元》、《消灭敌人的新阴谋》等13篇文章。

**4044. 游击战在河北**　杨博民、刘清扬等著　全民出版社　1938年2月初版　汉口　2+86　32开

本书收4篇文章：《平郊抗日游击战的经过》（杨博民）、《华北陷落与游击战的发动》（刘清扬）、《磁邯民众抗日游击队的经验与教训》（吴建东）、《冀南游击队的产生与作战的经过》（李素岩）。

**4045. 在抗战中跃进的第二战区（上）**　张宪堂编著　民族革命出版社　1939年10月初版　4+200　32开　战地文化丛书之二　梦回主编

本书分5部分：第二战区在全面抗战中的重要性——代序、抗战的计划、抗战的准备、抗战的实践、第二战区军政民高级干部联席会议。

**4046. 在抗战中跃进的第二战区（下）**　张宪堂编著　民族革命出版社　1939年10月初版　6+304　32开　战地文化丛书之二　梦回主编

本书分5部分：第二战区在全面抗战中的重要性——代序、抗战的计划、抗战的准备、抗战的实践、第二战区军政民高级干部联席会议。

**4047. 战斗详报**　新四军司令部编　编者刊　1940年5月18日　云岭　8+156+22　32开　有

插图

　　该书汇集新四军抗战初期 37 个战役的战报，分为 10 个类别：反"扫荡"的连续战斗、对村落据点的进攻战斗、河川攻击、阵地战、对抗分进合击、伏击、袭击、夜袭、抗击骑兵、反"扫荡"的连续战斗。附录收《本军集中概况图》等战图及图表多幅。

**4048. 浙西天北的反流窜战**　郦时言编述　浙西民族文化馆　1942 年 1 月初版　8＋164　大 32 开　有插图、有图表　浙西抗建丛刊之十五

　　本书分 8 章：天北环境、春季流窜、秋季流窜、重要战役、军民战斗、政府应变、善后事宜、结论。书前有黄绍竑序、贺扬灵序。书后附录《敌二十二师团命令通报缀》、《敌二十二师团十四号作战指导纲要》、《来翰命令通报缀》、《敌十五师团命令通报缀》、《敌十七师团命令通报缀》、《敌十七师团十四号作战指导要纲》。

**4049. 镇海荡寇志**　第三战区政治部编　编者刊　26　64 开　抗敌丛书

　　分为 6 部分：镇海的形势、敌进犯镇海的目的、战幕之揭开、战斗经过、我敌胜败原因、满目疮痍话镇海。

## 部　队

**4050. 察哈尔抗日同盟军四周纪念册**　察哈尔抗日同盟军四周纪念会编　编者刊　1937 年 5 月　17＋44　32 开　有照片、有插图、有题词

　　本书记录察哈尔抗日同盟军成立 4 周年以来的抗战情况：崛起前的形势、成立及组织设施、收复失地的经过、当前的任务等。书前有《察哈尔抗日同盟军四周纪念感想》。

**4051. 朝鲜义勇队**　1940 年 10 月　重庆　30　16 开　有插图　朝鲜义勇队第 37 期两周年纪念特刊

　　本书收录 10 篇文章：《一切反日力量团结起来》（金若山）、《两年来本队工作的总结》（朴孝三）、《两年来的教训与今后工作》（韩志成）、《两周岁的朝鲜义勇队》（矫汉治）、《祝朝鲜义勇队两周年》（刘启光）、《两年的认识》（文治）、《论朝鲜义勇队在朝鲜革命中的地位》（如松）、《本队成立二周年纪念感言》（石正）、《民族解放的先锋队》（王辉之）、《为巩固和扩大远东反帝统一战线而斗争》（马义）。书前有"周年献词"。

**4052. 第七集团军战斗详报**　中国文化服务社陕西分社　1942 年 6 月　104　32 开　有插图、有图表

　　本书收录第七集团军战斗详报。

**4053. 第十八集团军在河北活动纪实（自二十七年九月至二十八年十月）**　冀察战区总司令部政治部编　编者刊　1939 年 10 月　44　64 开

　　本书系国民党记叙八路军活动的出版物。出版时间根据本书内容推断。

**4054. 第十九路军第六十师抗日战争纪**　4＋50　32 开　有照片、有图表

　　本书分 8 个部分：抗日战争之意义、战斗前敌我之形势、战斗地之状况、动员及集中之经过、战斗经过、撤退经过、伤亡数量、战后之我见。书后附有《抗日战役动员人员马匹统计表》、《抗日战役人员马匹死伤表》、《参加抗日战役阵亡士兵花名册》等 8 幅统计表及《六十师集中南翔及推进大场真茹一带位置要图》、《六十师闸北一带战斗经过要图》、《六十师闸北八字桥一带战斗经过要图》等 9 幅图。

**4055. 二十九军血战长城辑略**　终南山人著　北平东方学社　1934 年 5 月初版　北平　［8＋128］

32 开　精装　有照片

　　本书分为 16 章：宋哲元将军略史、二十九军源流考、宋将军练兵提要、由晋察移防平东、宋将军战前训话、喜峰口血战序幕、大刀夜砍老婆山、孩儿山设伏杀敌、两路夜袭歼倭寇、喜峰口杀退日军。书前有著者"写在前面"。

**4056. 广西军远征记**　陆铿著　新生出版社　1938 年 5 月　汉口　6＋94　32 开

　　本书分 8 章：出征之前、李白二将军及其幕中人物、胜任愉快的广西军、广西军的来历、学生军与妇女队、从第五战区说到广西全省的抗战政治工作、人人准备上前线、不许日寇通过我军防区。书前有作者所作短序。

**4057. 建军特刊**　阵中简报社编辑　山东挺进军第一军区政工大队　1945 年 11 月　山东　2＋46　32 开　有照片、有题词

　　本书为陆军暂编第十二师建军七周年纪念特刊。分 10 个部分：大会摄影、献旗摄影、题词、发刊词、建军大会纪要、训词、抗战实纪、论著、文艺、专载。

**4058. 抗战中的第五路军**　冯菊培编著　建国书店　1938 年 4 月　8＋128　32 开　有照片

　　本书分 10 章："第五路军与全面抗战"、"光荣的历史"、"第五路军是怎样改编成的"、"第五路军的组织与训练"、"为什么第五路军常打胜仗"、"青年学生在军队中"、"李、白的传记及其访问"、"李白两将军对于抗敌的意见"等。

**4059. 陆军第六十八军抗战纪实**　战史编纂委员会编　编者刊　1946 年 9 月　12＋82　32 开　有图表

　　本书分 6 个部分：历次参加战役经过概要、敌人投降后之行动概要、忠烈事迹、附表、附图、编后。书前有序。

**4060. 民族战争川军战绩史料存要（初篇一卷）**　傅双无编著　成都民族学会　1941 年 3 月　成都　100　32 开　今是公论社丛书

　　本书分 7 篇：滕县王师之殉国、鄂皖刘饶之尽瘁、刘王饶等之生平、战绩全貌之合记、各地战役之拾零、无名英雄之举隅、海内各方之赞颂。刘、玉、饶即刘湘、王铭章、饶国华。

**4061. 生长在孤岛上的八十九军**　陆军第八十九军特别党部编　编者刊　2＋56　32 开

　　本书分 7 个部分：前言、沿革、战役述要、阵亡将士姓名录（附阵亡将士传略）、孤岛政工、自力更生的点滴、编后。

**4062. 十九路军抗日血战史**　朱伯康、华振中编　神州国光社　1947 年 3 月再版　上海　29＋744＋2　32 开　精装　有照片

　　全书分 10 章，记述了一二八抗日战争中十九路军的英勇事迹。包括：十九路军史略、抗日血战之原因、抗日血战之酝酿与爆发、抗日血战经过、国民义勇军之奋起及其参战经过、国民后方救济与慰劳、国际形势的转变与中国外交、国内外对我军作战之舆论视察及批评、日军之残暴与我国物资损失之统计、抗日战争所得的教训和我中华民族今应有的觉悟。书前有重版自序、陈铭枢序、蒋光鼐序、蔡廷锴序、戴戟序。书后有编后追记。

**4063. 十九路军抗日血战史料**　华振中、朱伯康合编　神州国光社　1933 年 4 月初版　上海　18＋768　32 开　精装　有照片、有题词、有图表

　　本书分 11 章：十九路军史略、抗日血战之原因、抗日血战之酝酿与爆发、抗日血战经过、国民义勇军之奋起及其参战经过、国民后方救济与慰劳、国际形势的转变与中国外交、国内外对我军

作战之舆论视察及批评、日军之残暴与我国物资损失之统计、抗日战争所得的教训和我中华民族今应有的觉悟、世界第二次大战和我们的准备。书前有陈铭枢、蒋光鼐、蔡廷锴、戴戟、陶希圣、王礼锡、樊仲云、胡秋原等8人作序，书后有编辑追记。

**4064. 十九路军抗日战史**（第一集）　战地新闻社编　编者刊　1932年5月5版　上海　4+142　32开　有照片、有插图

本书记述了十九路军"一·二八"淞沪抗战事迹。分24章：上海事变由来、中日交涉经过、日军战事准备、日军续到援军、日军夜袭闸北、日军初次失利、日舰炮轰吴淞、日军二次总攻、真茹空军大战、我军三路歼敌。

**4065. 十九路军杀贼记**　梦蝶编　世界日报　1932年4月　美国三藩市　108　32开　有照片、有插图

本书包括5部分：战事之起因、战事之关系、战事中之舆论、十九路军之历史人物、战区之变化。

**4066. 十九路军血战抗日之真相**　抗日急进会编　编者刊　1932年2月　10+42　32开　有照片

本书分5个部分：序言、十九路军抗日血战之经过、前线将领之救国精神、十九路军抗日血战意义之伟大、全民一致奋起救亡。

**4067. 宋哲元血战杀敌记**　2+158　32开　精装　有照片、有插图

本书分6编：中日大战近况、二十九军战史、华北各军战史、义勇军抗敌记、热河失陷痛记、各界重要文电。

**4068. 西线上的新军**　民族革命通讯社编著　民族革命出版社　1939年4月初版　2+92　32开　民族革命通讯社创立一周年纪念丛刊之四

本书收录10篇文章：《血洒沁水城》（张瑜）、《西线上的两支铁流》（张鱼）、《民族革命战争中的一支生力军》（凌云）、《绥远民众抗日自卫军》（高鲁）等。

**4069. 中国战场上的朝鲜义勇队**　王继贤编著　朝鲜义勇队　1940年3月　12+50页　32开　有照片

本书记叙了一支活跃在我国抗日战场上的朝鲜义勇队的战斗经历，包括：朝鲜义勇队成立宣言、金总队长若山略历、朝鲜义勇队产生的意义、朝鲜义勇队的任务和工作等。书前有金总队长若山序及作者序。书后附朝鲜旅渝妇女会等5篇。

**4070. 壮志千秋**（陆军第五十八军抗日战史）　黄声远著　汉文正楷印书局　1948年1月初版　上海　8+195　16开　精装　有照片、有插图

本书介绍陆军第五十八军抗日战史，分35部分：烽烟起芦沟、赣北转战、长沙会战、敌后交通破坏、九岭反扫荡战、湘北前线、常德会战、湘赣粤边区会战、光荣的最后胜利、南昌受降、青山埋忠骨、北上整编、人物志、参战人员等。

## 东北义勇军

**4071. 东北抗日联军的过去·现在和未来**　杨震编著　大众出版社　1938年4月初版　汉口　2+64　32开　有图表　抗战动员丛刊

本书分15个部分：东北抗日义勇军产生的社会基础、东北抗日义勇军的成立、东北抗日义勇军发展、东北抗日联军的成立、东北抗日联军的现状、东北抗日联军的组织、日军眼中的东北抗日

军、东北抗日联军的前途等。

**4072. 东北抗日联军第四军**　孙杰著　救国出版社　1936年8月　巴黎　122　32开　有照片

　　该书共分11个部分：四军成立经过及其发展、四军组织概况、四军抗日战绩、四军政治工作之一斑、最困难的是给养问题、四军与地方人民的关系、四军与各党派团体的关系、四军与东北其他各抗日部队的关系、日寇的毒辣、几件可歌可泣的事、最后的几句话。附录收《四军军长兼司令李延禄小史》、《四军干部表》。

**4073. 东北抗日联军十四年奋斗简史**　［冯仲云著］　辽东建国书社　1946年5月　［安东］　83　32开　有插图

　　本书分6个部分：东北抗日联军十四年奋斗简史、周保中将军阐述东北抗联奋斗简史、日寇口中的东北抗日联军、李兆麟将军斗争简史、周保中将军略传、东北问题的历史真相。书前有序言。

**4074. 东北抗日联军十四年奋斗简史**　冯仲云著　冀中新华书店　1947年11月　饶阳　2+82　32开

　　本书分7个部分：东北抗日联军十四年奋斗简史、周保中将军阐述东北抗联奋斗简史、日寇口中的东北抗日联军、杨靖宇将军和抗日联军第一军斗争简史、李兆麟将军斗争简史、周保中将军略传、东北问题的历史真相。书前有序言。

**4075. 东北抗日联军十四年苦斗简史**　冯仲云记述　［东北人民自卫军黑龙江警卫第一旅政治部］　1946年　黑龙江　1+44　32开

　　本书分6个部分：九一八事变后群众自发的反日运动最高潮及东北抗日联军的诞生、东北抗联各军的组织变迁和活动的情形、抗日联军的三个路军之形成及其活动情形、抗联活动的具体情形、几个使我在脑海里永远不能忘掉的人、结束语。书前有正误表。

**4076. 东北抗日联军十四年苦斗简史**　冯仲云著　东北书店　1946年4月　2+75　32开　东北问题第2集

　　本书分3个部分：东北抗日联军十四年苦斗简史、东北抗日联军领导者之一张寿箋（李兆麟）、东北抗日联军领导者之一于天放。附录收《东北抗联十四年苦斗简史后记》。

**4077. 东北抗日联军十四年苦斗史**　冯仲云、李兆麟等合编　新嫩江报社　嫩江　64　32开

　　该书分为5部分：卷头语、纪念东北抗日联军、露营之歌、东北抗日联军十四年苦斗简史、结束语。

**4078. 东北抗日联军游击实录**　松五等著，夏行编辑　上海杂志公司　1937年12月　上海　92　32开

　　本书包括5个部分：东北抗日联军第一军奋斗史、东北抗日联军第二军奋斗史、东北抗日联军第三军奋斗史、东北抗日联军第四军奋斗史、东北抗日联军第五军奋斗史。附录收《东北抗日联军第五军第一师特派队》、《东北抗日联军第七军奋斗史》、《东北抗日联军第八军奋斗史》、《战斗中的东北抗日联军》、《东北抗日烈士传略》。封面有"义勇军进行曲"。

**4079. 东北抗日联军致关内军政领袖及各法团电**　杨靖宇等发布　1935年10月印，1936年2月翻印　1张　26cm×38.2cm　油印

　　此电文由东北抗日联军军长杨靖宇等人于1935年10月11日发布。原件题署：杨靖宗。

**4080. 东北抗日义勇军**　于友等著　战时出版社　83　32开　战时小丛刊之十四

该书收录《战斗中的东北抗日联军》、《东北三十万抗日义勇军》、《东北义勇军最近的杀敌工作》、《东北抗日联军第一军》、《东北抗日联军第二军》、《东北抗日联军第三军》、《东北抗日联军第四军》、《东北抗日联军第八军》等 16 篇文章。

**4081. 东北民众救国军**　东北民众救国军委会编辑部　编者刊　1932 年 9 月　北平　118　32 开有照片、有插图、有题词

本书为《血染白山黑水记》的续集，收《九一八与救国军》（韩清沦）、《抗倭方策》（徐士达）、《冯占海攻吉林情形》（天雄）、《救国军实况》（栗天雄）、《东北民众救国军》（干）、《东北民众救国军委会组织大纲》、《本军九月份逐日捷报》等 15 篇文章。补白 10 篇。目录页书名："九一八与东北民众救国军"。

**4082. 东北义勇军**　赵侗著　1937 年 6 月　6 + 164　32 开　有照片

本书记述"九一八"事变以后，东北爱国知识青年积极参加抗日救亡运动的情形。共 6 章：认识与创行、学生团和抗日救国会、青年劲斗团、抗日同盟会、别动队、少年团、铁血军、同心会、辽南临时政府、如何坚实义勇军、日本之奴化东北。附录收苗可秀烈士凤城殉难详记、苗可秀烈士遗书。书后有黄炎培所作《读苗可秀烈士遗书感言》及金一著《民族英雄赵侗》两文。书前有声明、序言。

**4083. 东北义勇军的活跃**　马占山编　明明书局　上海　2 + 94　32 开

本书分 12 个部分：组织统一的卅万铁骑、他们的活动、人民抗日军的实力、黑夜游击战、告日本士兵大众书、人民帮助义勇军、六年苦斗经验、最近的杀敌工作、一个日本士兵谈等。附录收《溥仪在囚牢中》、《到处充满恐怖气氛》、《文化侵略的魔手》、《协和会》等 5 篇文章。

**4084. 东北义勇军抗日血战记**　东北义勇军总司令部宣传处编　编者刊　1934 年 9 月　12　16 开有照片

本书记述东北义勇军在 1933 年 1 月至 1934 年 9 月的战绩。封底题署：于九一八国难纪念日出版。

**4085. 东北义勇军运动史话**　雷丁著　天马书店　1932 年 11 月　上海　181　32 开

该书共分 7 章：东北义勇军崛起的造因、东北义勇军蜂起与英勇血战、东北义勇军蓬勃扩大与衰微、东北义勇军运动的新阶段、东北义勇军运动的新形势、东北义勇军运动的现势、东北义勇军的战斗生活。书前有《总说》，书后有《结论》。

**4086. 归来的检讨**　2 + 102　32 开　有照片、有题词

本书收 23 篇文章：《东北民众救国义勇军军政委员会成立宣言》、《血战归来痛述吉黑两省民众救国军实况》、《血染白山黑水记跋》、《东北民众救国军编辑者言》、《逐日讨逆口号》、《致非常时期工作指导员书》、《白山黑水联谊社缘起》等。书前有自序。

**4087. 国民救国军抗日血战史**　东北义勇军总司令部宣传处编　编者刊　1933 年 11 月　5 + 111　32 开　有照片、有插图、有题词

本书分为 10 章：缘起、敦化之战、集中镜泊湖、五虎林会议、占领宁安、总指挥部移驻东宁县、收编部队扩充兵额、攻取吉林、规复宁安未果、日方筹划消灭义勇军之步骤。附录收《救国军电文宣言一束》、《中国国民救国军总部人员一览表》、《中国国民救国军全军官员一览表》、《中国国民救国军殉难官长简明表》。

**4088. 活跃着的东北抗日义勇军**　1937 年 1 月　302　32 开　有插图

内容包括 3 个部分："日本强盗在东北无版权页"、"义勇军的游击战争"、"抗日战士·民族英雄及他们的光荣战史"。书前有序、插歌、插图。

**4089. 抗日必需的义勇军**　陈正谟著　中山文化教育馆　1937 年 12 月初版，1938 年 2 月粤版　4 + 28　32 开　抗战丛刊　第 13 种　中山文化教育馆编

本书分 4 个部分：义勇军的兴起、义勇军游击队的组织、义勇军的战术、义勇军贡献的胜利。书前有《抗战丛刊缘起》一文。

**4090. 统一战线后的东北义勇军**　柳仁编　时事新闻刊行社　1937 年 6 月　5 + 40 + 3　32 开　有插图

分 8 部分：东北义勇军的发生、义勇军的再建（一九三二——一九三三）、东北义勇军抗日战线之结成、铁与血交流中的生活、东北义勇军的战绩、朝鲜和日本的兄弟们、几件可歌可泣的故事、最近之东北义勇军。

**4091. 血染白山黑水记**　吉黑救国义勇军军事委员会编印　吉黑救国义勇军军事委员会驻平办事处编　1932 年 8 月　北平　88　32 开　有照片、有题词

本书包括哭梁文洲同志、组织吉黑救国义勇军之经过、吉黑救国义勇军军事委员会之宣言与通电、吉林同志殉难纪实、马占山抗日经过纪略、王德林刘万魁抗日救国之经过等。书前有题词、烈士遗像及其遗族照片及序。附录收《马占山二次抗日之通电》、《李杜电告退哈经过》、《王德林之通电》、《救国军之布告》、《吉林各法团通电》。书后有跋。

**4092. 义勇军**　泳吉作　现实出版社　1937 年 5 月再版　上海　6 + 131 + 1　32 开　有插图

内容分为 3 个部分：义勇军的过去和现在、东北的民族英雄、义勇军战绩。书前有东北四省图。

**4093. 义勇军（抗战常识讲话抗敌事迹）**　来敏树编著　正中书局　1938 年 9 月初版　2 + 34　64 开　有插图

本书分 6 个部分：暴日淫威下的东北同胞、马占山血战嫩江桥、自卫军扼守哈尔滨、救国军围攻沈阳城、最近义勇军活动情形（上）、最近义勇军活动情形（下）。

## 八路军、新四军情况

**4094. 八路军半年来抗战的经验与教训**　毛泽东等著　上海中外编译社　1938 年 3 月　上海　66　32 开

书中收录 3 篇文章：《八路军半年来抗战的经验与教训》（朱德）、《巩固国共合作的理论与实际》（毛泽东）、《怎样渡过抗战的困难时期》（任弼时）。

**4095. 八路军的战斗经验**　杨实编　扬子江出版社　1938 年 1 月初版　武汉　4 + 74　32 开　实践文库之一

收 8 篇文章：《毛泽东谈八路军在抗日战争中》（毛泽东）、《抗日战争的经验》（林彪）、《第八路军是怎样战斗的》（傅钟）、《我们的群众工作》（洪水）、《华北游击战争的展开》（若飞）、《平型关战斗的经验》（林彪）、《战场片段》（萧向荣）、《八路军光荣的胜利》。另收《八路军出师抗日誓词》、《八路军抗日三大纪律》及《八路军抗日八项注意》。

**4096. 八路军的战斗力**　程万里编著　新中国出版社　1938 年 2 月　上海　7 + 87　32 开

本书分 9 章：平型关血战以来的大捷报、胜利的前进代替了无望的后退、急剧发展的红军主

力、核心的扩张、中国数一数二的实力派——红军、革命战斗力及其地域分布、敌人所见的八路军实力、八路军的战斗与中国的前途、八路军抗日的军政力量。书前有小序。

**4097. 八路军的战略与战绩**　彭德怀等著　战时出版社　2+124　32开　战时小丛刊之五十九

本书收录6篇文章：《游击队的基本原则》（彭德怀）、《游击战争》（朱德）、《把山西成为北方游击战争的战略支点》（洛甫）、《八路军半年来抗战的经验与教训》（朱德）、《平型关战斗的经验》（林彪）、《南方三年游击战争经验对于当前抗战的教训》（项英）。

**4098. 八路军的战略与战绩**　林彪等著　战时出版社　124　32开　战时小丛刊之五十九

本书收20篇文章：《游击队的基本原则》（彭德怀）、《游击战争》（朱德）、《把山西成为北方游击战争的战略支点》（洛甫）、《八路军半年来抗战的经验与教训》（朱德）、《平型关战斗的经验》（林彪）、《南方三年游击战争的经验对当前抗战的教训》（项英）、《抗日战争的经验》（林彪）、《彭德怀谈西线战事》（陆诒）、《贺龙谈八路军与游击战》（晓朗）、《八路军的作战技术》（文宙）、《我们怎样打退了正太路南进的敌人》（刘伯承）等。

**4099. 八路军新四军的抗战成绩与敌后根据地概况**　新华社　102　32开

书中收录6篇文章：《八路军新四军的抗战成绩与敌后根据地概况》、《百炼成钢的晋察冀边区》、《战斗中成长的晋绥边区》、《一二九师与晋冀鲁豫边区》、《新山东的成长》、《新四军和华中抗日根据地》。

**4100. 八路军怎样作战**　毛泽东等著，贺明慧编　上海新生出版社　1938年1月　上海　4+90　32开

内容分为4个部分：毛泽东谈八路军怎样作战、朱德谈八路军怎样作战、彭德怀谈八路军怎样作战、八路军人物谈抗战胜利的原因。

**4101. 八年抗战中的八路军与新四军**　东北书店　1946年　37　32开

本书分5个部分：前言、华北敌后战场、华中敌后战场、华南敌后战场、敌后战场大反攻。

**4102. 赤胆忠心录**　［时事研究会编］　编者刊　1946年2月　大连　2+57　32开

本件为第十八集团军参谋长叶剑英1944年8月22日与中外记者参观团的谈话。内容包括3个部分：中共抗战一般情况的介绍、敌人口中的八路军新四军与中国共产党、活跃于敌后战场的民兵。

**4103. 敌人口中的八路军新四军与中国共产党**　新华书店　44　32开　有图表　时事丛刊之四

本书分6部分："敌人口中的八路军战绩"、"敌人口中的八路军新四军兵力及作战地区"、"敌人口中的八路军新四军的素质及其与群众的关系"、"敌人口中的中国共产党"、"灭共乎？为共灭乎？"。

**4104. 敌人口中的八路军新四军与中国共产党**　太行新华日报编　新华书店　1944年　1+35　32开　有插图　时事丛刊之四

本书分6个部分："敌人口中的八路军战绩"、"敌人口中的八路军新四军兵力及作战地区"、"敌人口中的八路军新四军的素质及其与群众的关系"、"敌人口中的中国共产党"、"灭共乎？为共灭乎？"。

**4105. 敌人口中的八路军新四军与中国共产党**　新华书店　1944年　35　32开　有插图　时事丛刊之四

本书辑录敌方报刊及文件中攻击中国共产党和八路军、新四军的材料若干种。扉页冠八路军、新四军抗战形势图一幅。

**4106. 敌人口中的八路军新四军与中国共产党**　太行新华日报编　编者刊　1944 年 9 月　24　32 开
本书辑录敌方报刊及文件中攻击中国共产党和八路军、新四军的材料若干种。

**4107. 敌人口中的八路军新四军与中国共产党**　太岳新华书店　1945 年 1 月　24［环筒叶］　32 开
本书辑录敌方报刊及文件中攻击中国共产党和八路军、新四军的材料若干种。

**4108. 敌人口中的八路军新四军与中国共产党**　渤海日报社　1945 年翻印　68　64 开　石印
本书辑录敌方投刊及文件中攻击中国共产党和八路军、新四军的材料若干种。

**4109. 第八路军的过去与现在最活跃的抗战游击队**　毛泽东等著　战时出版社　96　32 开　战时小丛刊之二十六
该书包括 15 个部分：红军小史、红军的诞生、从围剿到长征、二万五千里长征记、抗战情绪高涨中的红区、红军改编第八路军的经过、第八路军出动抗日、第八路军上前线去、第八路军大战平型关、第八路军的胜利与抗战的光明前途、第八路军的几个重要人物、史沫特莱谈八路军游击战绩、华北游击战争的展开、第八路军是怎样战斗着的、史沫特莱再谈八路军游击战绩。

**4110. 第八路军将领抗战回忆录**　朱德等著，陈卓呆编　怒吼出版社　1938 年 3 月　4＋68　32 开
本书收录了八路军将领抗战回忆文章 5 篇：《八路军半年来抗战的经验与教训》（朱德）、《抗日战争的经验》（林彪）、《南方三年游击战争的经验对于当前抗战的教训》（项英）、《山西抗战的回忆》（任弼时）、《我们怎样打退了正太路南进的敌人》（刘伯承）。

**4111. 第八路军抗战的经验与教训**　陆克编　战时读物编译社　1938 年 3 月初版　2＋98　32 开
本书收录 9 篇文章：《八路军半年来抗战的经验与教训》（朱德）、《八路军在抗日战争中》（毛泽东）、《我们怎样打退了正太路南进的敌人》（刘伯承）、《抗日战争的经验》（林彪）、《八路军如何应付机械化战争》（史沫特莱）、《抗战胜利的教训》等。附录收《八路军出师抗日誓词》、《八路军抗日三大纪律》、《八路军抗日八大注意》3 篇文章。

**4112. 第八路军是怎样战胜敌人的**　林岑南编　怒吼出版社　1938 年 2 月　50　32 开
该书收录 7 篇文章：《八路军是怎样战胜敌人的》（林彪）、《从目前抗战形势谈到八路军的作战》（周恩来）、《八路军怎样游击敌人的后方》（全民）、《最近八路军的战况》（彭德怀）、《八路军在山西的游击队》（洛甫）、《把敌人的后方变为前线》（叶剑英）、《平型关战斗的经验》（肖向荣）。封面有漫画。

**4113. 第八路军行军记（2，抗战时代）**　黄峰编　光明书局　1938 年 1 月再版　208　32 开
该书记录了八路军 1937 年 7 月－9 月的战绩。内容包括 14 部分：前奏曲（推向新阶段的两年间）、延安的一日、上前线去、大战平型关、西战场的一角、西战场的又一角、两度过太原、朱彭二将领和第八路军、朱德将军在前线、在晋北抗战的一群、战地服务团在工作中、女战士在前方和后方、军中生活的一断片、全国军民热望着的一个大胜仗。

**4114. 第七七二团在太行山一带（一年半战斗小史）**　卞之琳著　明日社出版部　1940 年　昆明　183　32 开　有照片、有插图
本书记录了八路军陈赓旅长率领的七七二团于 1937 年 10 月至 1939 年 3 月间在太行山一带抗击日军的情况。全书共分 18 章，包括阳泉下火车、击退六路围攻、长生口第二次夜袭等。书末附录

了缴获日军书信文件的有关记述 3 篇。

**4115. 何总长白副总长致十八集团军总司令朱德副总司令彭德怀新四军军长叶挺皓代电** ［军事委员会办公厅编］ 编者刊 1940 年 10 月 12 32 开

书后附《1940 年 7 月 16 日中央提示案》、《周副主任委员恩来所提调整游击区域》、《游击部队办法》。

**4116. 红军十年** 赵君辉编 新生出版社 1938 年 1 月 上海 120 32 开

该书记述了红军 1927 年至 1937 年间的发展历程。内容包括：红军突起、上井岗山、西安事变、和平统一、芦桥事件、红军改编、誓师出发、东进杀敌、平型大捷等 37 部分。

**4117. 晋察冀边区怎样粉碎了敌人的围攻** 左权、陆定一合著 新华日报华北分馆 1939 年 3 月 1＋84 32 开 有插图 前线丛书之二

本书收两篇文章：《论敌人大举围攻晋察冀边区及晋察冀边区反对敌人大举围攻斗争中之经验教训》（左权）、《晋察冀边区粉碎敌人进攻中的几个重要经验》（陆定一）。

**4118. 抗日的第八路军** 张国平编著 抗战出版社 1937 年 10 月 上海 6＋90 32 开 有照片 抗战丛书第 1 种

收录《红军是怎样改编为第八路军的》、《军中生活一瞥》、《中国人民抗日军政大学》、《第八路军的精神》、《抗日领袖的一群》、《第八路军要人别志》、《抗日史上的两次大会》、《二万五千里的长征》、《西安事变前后》、《大战平型关》10 篇。特载毛泽东《论抗战必胜》、朱德《论日本决不可怕》等 5 篇文章。

**4119. 抗日的第八路军** 张哲龙编 救亡出版社 1937 年 12 月 3 版 上海 86 32 开 有照片 抗战丛书 1

收录八路军为什么放弃瑞金、二万五千里的长征、三十个英勇妇女、从陕北到山西、西安事变野乘、八路军中的人物、抗日军政大学、士兵生活、统一战线区、两个大会、国共合作与红军改编、朱德彭德怀就职通电、八路军将领题名录、中国共产党宣言、八路军要人谈话、在西战场活跃之第八路军。书前有毛泽东、周恩来等人照片。后附录《蒋委员长对中国共产党宣言重要谈话》、《国共统一运动感言。》（孙宋庆龄）。

**4120. 抗日的第八路军** 张国平编著 抗战出版社 1938 年 1 月增订版 上海 106 32 开 抗战丛书第 1 种（封面题：抗战报告丛书）

收录《红军是怎样改编为第八路军的》、《军中生活一瞥》、《中国人民抗日军政大学》、《第八路军的精神》、《抗日领袖的一群》、《第八路军要人别志》、《抗日史上的两次大会》、《二万五千里的长征》、《西安事变前后》、《大战平型关》10 篇。书前有毛泽东、朱德照片。后有特载一：《论抗战必胜》（毛泽东）、《论日本决不可怕》（朱德）、《争取持久战胜利的先决条件》（彭德怀）、《关于十年来的中国共产党》（洛甫）。特载二：《中国共产党国共合作宣言》、《蒋委员长对中国共产党宣言重要谈话》、《国共统一运动感言》（孙宋庆龄）。

**4121. 抗日的第八路军** 张国平编著 抗战出版社 1937 年 12 月再版 上海 73 32 开 有照片 抗战丛书第 1 种

收录《红军是怎样改编为第八路军的》、《军中生活一瞥》、《中国人民抗日军政大学》、《第八路军的精神》、《抗日领袖的一群》、《第八路军要人别志》、《抗日史上的两次大会》、《二万五千里的长征》、《西安事变前后》、《大战平型关》10 篇。书前有毛泽东、朱德照片。后有特载一：《毛

泽东论抗战必胜》、《朱德论日本决不可怕》。特载二：《中国共产党：为公布国共合作宣言》、《蒋委员长对中国共产党宣言重要谈话》、《孙宋庆龄对国共统一运动感言》。

**4122. 抗战八年来的八路军与新四军**　第十八集团军总政治部宣传部编　编者刊　1945 年 3 月　8 + 226　32 开

本书分 6 章：回顾、出师抗战到保卫大武汉、武汉失守到百团大战、百团大战到抗战五周年、抗战五周年到现在、简单的总结和展望。

**4123. 抗战八年来的八路军与新四军（下）**　第十八集团军总政治部宣传部编　华北新华书店 1946 年 7 月　［武安］　2 + 115　32 开

收录第 4 至第 6 章的内容：百团大战到抗战五周年、抗战五周年到现在、简单的总结和展望。

**4124. 三年抗战与八路军**　彭德怀著　新华日报华北分馆　1940 年 8 月　72 + 2 + 52　32 开　前线丛书之十一

该书收录彭德怀《三年抗战与八路军》一文，文章分为两个部分：抗战三年的国内环境、三年抗战中的八路军。附录收《摩擦从何而来？》，分为 7 个部分：引言、共党问题处置办法、沦陷区防范共党活动办法、第八路军在华北陕北之自由行动应如何处置、异党问题处理办法、陕甘两省防止异党活动联络办法、运用保甲组织防止异党活动办法。

**4125. 三五八旅冬训总结**　张宗逊著　八路军留守兵团司令部　1944 年 7 月　2 + 60　32 开

本书分为 3 个部分：基本经验教训的总结、三大技术的教育、政治教育工作。

**4126. 陕北红军全貌**　余后编译　大众出版社　1938 年 1 月　上海　58　32 开

该书收录《统一战线区——三原》、《到云阳去会老彭》、《特殊的营房》、《三十个女将》、《上延安去》、《抗日大学》6 篇报道。并附：《西安里面》、《途中所见》、《肤施人物》3 篇文章。

**4127. 苏北问题之真相**　抗敌社编　编者刊　1940 年 11 月　20　32 开

包括：新四军被迫渡江、"郭村之役"至"黄桥之役"、张少华附逆通敌、新四军营溪应战与进入姜堰与保卫黄桥、黄桥战后省方及新四军之态度、附录。书后补遗收《苏北问题何以善后》。书前有前言。

**4128. 讨伐李逆长江命令**　新四军军部颁发　新四军军部　1941 年 2 月 18 日　江苏盐城　1 张 35.4cm×25.6cm

该件为 1941 年 2 月 18 日新四军讨伐叛国投敌的李长江部的作战命令，由代军长陈毅、政委刘少奇签发。

**4129. 我们怎样打退敌人**　朱德等著　新华日报馆　1938 年 3 月 5 日初版，1938 年 3 月 20 日再版　汉口　2 + 44　32 开　新群丛书第 1 种

书中收入 5 篇文章：《八路军半年来的抗战经验与教训》（朱德）、《山西抗战的回忆》（任弼时）、《平型关战斗的经验》（林彪）、《我们怎样打退正太路南进的敌人》（刘伯承）、《南方三年游击战争的经验对于当前抗战的教训》（项英）。

**4130. 血战八年的胶东子弟兵**　胶东军区编辑　胶东新华书店　1945 年 10 月　211　32 开　有照片、有插图

记录胶东八路军八年来的战史战绩，包括：《燃起胶东抗战第一把烽火——雷神庙之战》（姜克）、《大青阳》（许萍）、《胜利在猛烈地开展着》（江流）、《粉碎敌人的乌龟壳》（江流）、《血洒

青陵》（蒲英）、《郭家店战役》（赵工）、《东上战役攻势简记》（鲁萍）、《十勇士》（少波）、《让敌人的"胶东第一大碉堡"毁灭》（落群）等。书前有仲曦东的代序《八路军胶东部队抗战简史》。

**4131. 中共抗战一般情况的介绍**　叶剑英著　解放社　1944 年 7 月　38　32 开　有图表

该文是十八集团军参谋长叶剑英于 1944 年 8 月 12 日与中外记者参观团的谈话。

**4132. 中共抗战一般情况的介绍**　叶剑英著　太行新华日报　1944 年 9 月　21 + 1　32 开

该文是十八集团军参谋长叶剑英于 1944 年 8 月 12 日与中外记者参观团的谈话。

**4133. 中国的游击队**　每日译报社编译　英美每日译报图书部　1939 年 4 月再版　2 + 79　32 开　每日译报丛书　第 6 种

本书分 10 个部分：中国的农民红军、八路军在西北前线、满洲的游击运动、满洲的游击队、山西的游击运动、河北省的游击队、平郊的中国人民讨日正义军、鲁北的游击队、郑州的游击训练、中国的学生游击队。附录为朱德所写《八路军半年来抗战的经验与教训》。

**4134. 中国的游击队**　每日译报社编辑部编译　英商每日译报社图书部　1938 年 9 月　上海　4 + 80　32 开　每日译报丛书 6

书中收入：《中国的农民红军》、《八路军在西北前线》、《满洲的游击运动》、《满洲的游击队》、《山西的游击运动》、《河北省的游击队》、《平郊的中国人民讨日争议军》、《鲁北的游击队》等 10 篇文章。附录收《八路军半年来抗战的经验与教训》（朱德）一文。

**4135. 最活跃的抗敌游击队（第八路军的过去和现在）**　毛泽东等著　战时出版社　96　32 开　战时小丛刊之二十六

包括《红军小史》、《红军的诞生》、《从围剿到长征》、《二万五千里长征记》、《抗战情绪高涨中的红区》、《红军改编第八路军的经过》等 15 篇文章。

## 历次战役

**4136. 八百孤军抗日记**　上海复兴出版社编辑　编者刊　上海　10 + 57　32 开　有照片、有插图、有题词　战时小丛书之一

本书纪录淞沪抗战期间，88 师 524 团团附谢晋元率领 800 壮士孤军英勇抗战的事迹。书前有谢晋元及其家人的合影照片等。

**4137. 八百英雄抗敌记**　救亡出版社编著　编者刊　1937 年 11 月初版　上海　6 + 70　32 开　有照片、有插图、有题词

本书分 11 部分：赞闸北勇士、在火海中死斗的孤军、孤军八百誓死奋斗到底、崇楼堡垒敌军无可如何、万千市民争相慰劳、向八百壮士热烈致敬、忠勇杀敌永垂不朽、中外人士劝请撤退、谢团长函师誓与倭寇奋斗、国际舆论一致揄扬我军、我忠勇壮士奉令忍痛撤退。

**4138. "八一三"上海抗战光荣史（第一集）**　董铁魂著　青年出版社　1937 年 10 月　上海　2 + 61　32 开　有照片、有插图

本书分 32 个部分：八字的命运、有名无实与名副其实、八一三之前、谁先撕毁停战协定、十字街头的混乱等。书前附有 8 张照片与淞沪战区地图。

**4139. 八一三全面抗战**　吴相湘编著　大成出版公司　1938 年 9 月初版　上海　2 + 29　32 开　中华民国历史小丛书　钱歌川主编

本书分 6 个部分：日本侵略的开始与我国抗战的决心、战事重心由华北移至上海·八一三全面

抗战爆发、华北战事的展开敌陷被动地位、远东国际舞台上反侵略集团的形成、淞沪战事西移敌图会攻南京、我迁都重庆作持久的全面抗战。卷首有钱歌川所作《中华民国历史小丛书发刊旨趣》一文。

**4140. 东战场京沪战役的检讨** 顾祝同讲 ［军事委员会军官训练团］ 1938 年 4 月 32 64 开

本文为顾祝同对军官团将官班的讲话。分 5 部分：京沪作战经过概要、在政略上所得的价值、在战略上和战术上所得的教训、我军之优点。

**4141. 沪战秘话** 杨纪著 黎明书局 1938 年 4 月初版 4 + 66 32 开

本书分 11 部分："沪战的爆发"、"三个战线"、"空军处女战"、"寒热病"、"沪战影响谈"、"张将军去思录"、"沪战新形势"、"日本实力的检讨"、"蕴藻浜闸北激战记"、"退守第二道防线"、"沪战的昨·今·明"。书前有小序。

**4142. 沪战实录** 杨纪编著 商务印书馆 1938 年 7 月初版 长沙 10 + 138 32 开

包括"一·二八之役"和"八·一三之役"两部分。其中"一·二八之役"包括 8 篇：战区鸟瞰、军事回忆、壕堑之话、台兵闲谈、标语诠释、停战协定、救济问题、八月预言；"八·一三之役"包括 24 篇：沪战揭幕、沪战形势、西线战事、战区远足、沪战一月记、第一道防线、闸北退却记、孤军将领题名录等。书前有张治中、胡政之序。

**4143. 挥戈录（上海战事记载）** 民声出版社编 编者刊 1932 年 上海 4 + 152 32 开 有图表

本书记载中日淞沪战役中之事件，收《今次战争与甲午战争之对比》、《从沪变迁都说到迁都史例》、《政府援沪与各军请缨》、《孙科险些吃炸弹》、《沪战中县长自杀》、《汉奸谣》、《北平—老翁—少女》等约 120 余篇短文。后附《上海国际调查团报告书》、《中日停战协定》。

**4144. 陆军第七十八军第三十六师京沪抗日战斗详报** ［陆军第七十八军第三十六师编］ ［编者刊］ 1937 年 12 月 2 + 197 页 大 32 开 有插图、有图表

本书分 9 节：动员及输送、第九集团军中央军杨树浦之继续攻围战斗等。每次战斗均附经过要图和伤亡表等。内附作战图若干。

**4145. 上海之战（一·二八——八·一三）** 杨纪著 大公报代办部 ［总经售］ 1937 年 10 月初版 上海 56 32 开 有题词

本书分一·二八之部和八·一三之部两部分，其中一·二八之部包括：战区鸟瞰、军事回忆、壕堑之话、台兵闲谈、标语诠释、停战协定、救济问题、八月预言；八·一三之部包括：沪战揭幕、司令部中、前线将帅、沪战形势、苏州河畔、上海治安、隔岸观火、西线战事、浦东情报、夜行散记、罗店之战、突贯攻击、战区远足、别张将军、跋文。

**4146. 淞沪会战史** ［陆军大学编］ 编者刊 45 ［环筒叶］ 16 开 精装、油印 有插图

本书分概说与局部战斗上下两编。书前有凡例，另收《第三战区战斗序列》、《淞沪区一览图》、《中日两军长江沿岸战斗经过要图》等 12 幅附图。

**4147. 淞沪抗日战役第五军战斗要报** 蒋光鼐等著 1932 年 72 32 开 有插图、有图表
本书为 1931 年 2 月 14 日淞沪抗日战役第五军战斗要报内容。

**4148. 淞沪抗日战役高级将领（摄影集）** 14 8 开 有照片
收陈铭枢、蒋光鼐、蔡廷锴、张治中、黄强、沈光汉等人的 22 幅照片。

**4149. 淞沪血战初集** 爱华编 聚珍印务书楼 ［香港］ 12 + 90 32 开 有照片、有插图

本书记录了淞沪战役的经过。书前有编者弁言，书后有编后痛言、编后拾零和要件附录。

**4150. 绥南战役战斗详报** 中国文化服务社陕西分社 1942年6月 60 32开 有插图、有图表
本书收录北路军绥南战役战斗详报、北路军偏关战役战斗详报两方面内容。

**4151. 绥西血战三月** ［第八战区副长官部西北通讯社］ 1940年 8［环筒叶］ 32开 油印 有插图
本书收录包头战役、绥西战役、五原战役3部分内容。书后附战役概势图。

**4152. 绥西战役战斗详报** 中国文化服务社陕西分社 1942年6月 94 32开 有插图、有图表
本书收录第八战区绥西战役战斗详报。

**4153. 文交战役战斗详报** 中国文化服务社陕西分社 1942年6月 102 32开 有插图、有图表
包括左翼军文水交城战役战斗详报、第三十五军大武镇战役战斗详报、第三十军离石战役战斗详报3部分内容。

**4154. 五原战役战斗详报** 中国文化服务社陕西分社 1942年6月 89 32开 有插图、有图表
本书收录第八战区五原战役战斗详报。

**4155. 民国廿五年绥战记事（军事之部）** 陈炳谦、张濯清报告 1936年 88 大32开
本书分4部分：察绥交界之三保沟及绥边土木尔台红格尔图各处开始挺战之概略、第二次红格尔图战纪、收复百林庙战纪、敌反攻百林庙及解决王英伪军全部战纪。

**4156. 悲壮的滕县之役** 方秋苇编 建国出版社 2+78 32开 有照片、有题词
本书收录了11篇关于记录滕县之役的报道文章。包括：《悼王铭章师长暨殉国将士》（胡秋原）、《川军在山东前线》（长江）、《论鲁南大会战》（方秋苇）、《滕县悲壮血战别记》（曹聚仁）、《敬慰滕县的英灵》（刘大元）等。书前有蒋介石、汪兆铭、李宗仁、邵力子、陈立夫和陈诚题词以及将士照片。书后有方秋苇的编辑后记。扉页有"谨以此书敬献：前线抗战将士之前"红字。

**4157. 鲁南会战记** 徐公达、张子健、冯秀山、赵君平编著 中国战史出版社 1939年1月再版 2+44 32开 中国抗战史料丛书之一
分18章，包括鲁南形势鸟瞰、滕临风云、在韩庄稳定了战局、守住了临沂、胜利的遭遇战等。

**4158. 台儿庄大会战** 王德昭编著 三一出版社 1942年1月初版 ［河南］ 6+46 32开 有插图 第三十一集团军抗战史话之二 朱兆萃主编
本书分8章：热血重洒古战场、敌军进犯徐州的企图、整训中的第二十军团、从抢援临城到转进侧翼、机动的军团·机动的部署、台儿庄围歼大胜利的造成、胜利后的追击、光荣·血仇·和奋斗。书前有主编所作抗战史话编纂序言、编者附言。书后附图《台儿庄会战战场形势略图》。

**4159. 台儿庄血战史** 万迪生编 新时代出版社 1938年4月初版 上海 4+90 32开
共两编：第1编津浦北段的血战，包括皖北与鲁南、川军保卫了徐州、滕县血战、临沂歼敌在军事上的价值等8部分；第2编台儿庄的空前大胜利，包括台儿庄的地形、敌方兵力配置、台儿庄血战经过、台儿庄歼灭战的反响等8部分。

**4160. 台儿庄血战史** 汪精卫、郭沫若、白崇禧、陈诚、冯玉祥、杜仲远等撰述 大时代出版社 1938年5月 ［上海］ 2+68 32开
本书分19个部分：《蒋委员长勖全国将士民众闻胜勿骄》、《台儿庄歼敌经过》（陈诚）、《鲁南胜利之外因》（郭沫若）、《对鲁南大捷应有的认识》（方振武）、《台儿庄空前胜利种种》（编者）、

《我军新战术成功之初步》（长江）等。有题赠。

**4161. 台儿庄之捷**　徐咏平编　独立出版社　1938 年 4 月初版　汉口　8 + 76　32 开

本书分 4 辑：台儿庄会战之前夕、台儿庄会战经过、战后的台儿庄、台儿庄捷讯声中。书前有蒋介石通电《坚毅沉着奋战到底》及代序《光芒万丈的台儿庄》。书后有编后记，并附讨论大纲。

**4162. 忻口会战**　陆军大学校　1943 年　64　32 开　有插图

本书分两个部分：会战前之状况、晋北之战斗。附大量作战图。

**4163. 徐州会战间国军作战经验**　242 + 50 + 80 + 26 + 76　32 开　抗战参考丛书合订本第 3 集

这本书收录了：作战类、情报类、后方勤务类、编制装备类、军队作战及整补类、军队政治及民众组训类。

**4164. 血战台儿庄**　胡颂之编　新民出版社　1938 年 4 月初版　［汉口］　98　32 开

收录了《闻胜勿骄奋斗到底》（蒋介石）、《台儿庄》（冯玉祥）、《胜利前夜的台儿庄》（陆诒）、《台儿庄血战》（长江）、《台儿庄血战速写》（宇文济民）、《台儿庄的大歼灭战》（方秋苇）、《台儿庄歼灭暴敌血战的一幕》（惜梦）等 21 篇文章。

**4165. 中条山会战**　军事委员会司令部编　编者刊　1940 年　2 + 24　32 开　有插图　抗战参考丛书第 34 种

本书分 6 个部分：中条山战斗经过概要、敌我优点与缺点、我军失败之素因、敌惯用之战法、所得之经验教训、我军今后特应注意之事项。书后附中条山战斗经过要图。

**4166. 高苗地战斗**　鲁南军区司令部编　编者刊　1943 年 6 月　山东　16　64 开　石印

内容包括 7 个部分：总则、高苗地运动及通讯联络、高苗地侦察警戒注意事项、高苗地战斗一般要领、高苗地的遭遇战斗、对占领高苗地防御敌人的进攻、高苗地附近的御防。书后附《锯齿型、网状型扫射清界法图示说明》。

**4167. 桂林血战实录**　重野编　1945 年 10 月初版　8 + 88　32 开　有照片、有插图、有题词

本书收录了有关桂林战役的 13 篇文章：《桂林会战概述》（戈衍棣）、《向柳州前进》（黄立文）、《桂北烽火线上》（杨魁）、《火线下的闹市》（黄立文）、《长蛇岭半月战斗记》（饶启尧团长）等。书前有徐铸成序。

**4168. 李宗仁将军指挥下淮河大战**　程山辑　民团周刊社　1938 年 4 月初版　广西　24　32 开　丙种丛刊第三种焦土丛刊第三辑之八

收录《淮上观战记》（长江）、《淮河血战》（海萍）。

**4169. 马占山龙江血战记**　梦蝶编　世界日报　1931 年 12 月　美国三藩市　6 + 64　32 开　有照片、有插图

本书分 6 个部分：马占山将军龙江血战记、轰轰烈烈之马占山、江桥之役、马占山将军歌、敬告国民党驻美总支部诸君、敬告捐款侨胞勿受国民党所愚。书前有题词、序言。

**4170. 怒江战役述要**　美国新闻处编译　编者刊　1945 年 6 月　重庆　30　32 开　有插图

本书分 5 个部分：开路的战争、怒江战场的地形、参战的部落、战斗要旨、战斗的经过。

**4171. 三个战斗**　晋绥军区司令部政治部编　编者刊　1940 年　22　32 开　战例丛刊之三

收录《米峪镇战斗：四〇年夏季反扫荡战役中最光荣的一个歼灭战》、《康家会战斗：百团大战中晋西北的一个战斗》、《袭占杨方口》3 篇文章。出版时间据书中内容推断。

**4172. 沙头角孤军奋斗记** 任宇寰编著，游育德校阅 大时代图书供应社 ［1939 年 5 月初版］ 香港 12 + 88 32 开 有照片、有插图、有题词

本书记叙了沙头角一役，包括：惠阳烽火、孤军组合、沙头歼敌、反攻横港、夜袭盐田等。书前有沙头角形势图。书后附全面战争与全面战术。封面有题赠。

**4173. 榆关抗日战史** 中国国际宣传社 1934 年初版 10 + 294 + 223 16 开 精装 有插图、有图表

本书分 11 章：榆关血战爆发的必然性、榆关陷落以后、榆关血战所唤起之新的形势、榆关血战之反应、举起民族革命的烽火等。附《榆关抗战中阵亡官兵姓名录》等。

**4174. 第八路军平型关血战** 朱德等著 上海抗战丛书出版社 1937 年 10 月 上海 46 32 开 抗战小丛书第 1 种

该书包括 3 部分：实行对日抗战、八路军在陕北誓师出发、平型关展开血战、朱德毛泽东谈平型关歼敌经过。封面印有朱德题词。

**4175. 包头歼敌战** 第八战区副长官部西北通讯社 1940 年 8 ［环筒叶］ 32 开 油印 有图表

本书分 9 个部分：决计进攻包头——掏心战法、秘密的急行军、冲入包头城、胜利的脱离战斗、光荣的战绩、看看我们的民心和士气、敌寇真不行了、两个有价值的敌军反战文件、从包头传来的消息。

**4176. 我们对于保卫武汉与第三期抗战底意见** 王明、周恩来、秦博古合著 新华日报馆 1938 年 6 月初版 汉口 36 32 开 新群丛书第 10 种

内容包括 5 个部分：对于武汉及武汉卫戍区须要采取的主要办法、对于第三期抗战的军事问题底一般意见、对于第三期抗战的政治问题底意见、对于第三期抗战中的经济政策和社会生活问题底意见、解决一切问题的中心枢纽。

**4177. "二一八"武汉光荣的空战** 中国的空军出版社 51 32 开 有照片、有插图

本书收录纪念"二一八"武汉空战的文章。包括《我们的胜利，我们的英雄》、《"二一八"武汉空战大胜记》、《武汉第一次空战》、《空军受伤将士访问记》、《兴奋的"二一八"》、《空战勇士访问记》等。

**4178. 中原大战的序幕** 陆诒等著 战时出版社 1 + 138 32 开 有插图 战时小丛刊之八十二

本书分 4 编：战局论、北线战影、活跃的游击队、前方的后方。

**4179. 南昌会战** ［陆军大学编］ 编者刊 1945 年 4 + 242 32 开 有插图、有图表

本书分 4 节：会战前之情形、会战之经过、会战后之状况、经验与教训。书后附《第九战区指挥系统表》、《南昌会战敌军指挥系统表》以及《第九战区南昌会战经过要图》。

**4180. 桂南会战** 杜永龄编 陆军大学 1945 年 130 32 开 有插图、有图表

本书分 9 节：概述、南宁战斗、宾阳战斗、灵山战斗、第二次进犯龙州之战斗、兵站设施概况、全战役中所得之经验与教训。书后收《桂南会战作战经过概要一览表》、《南宁战斗敌我参战部队一览表》、《桂南方面敌军兵力番号及主官姓名表》等 12 幅附表以及《中村支队上陆作战命令及附件全文》、《第五军攻击命令及附件全文》、《兵站仍应采用部队制但宜稍加补救》3 篇附录文章。

**4181. 桂南会战之检讨** 沈静著 1940 年 ［196］ 14.4cm×24.2cm 线装 有插图、有图表

本书为陆军大学少将兵学教官沈静对桂南会战的分析和检讨，分 8 节：桂南地势、敌情纪要、

会战经过、经验与教训、桂南会战敌使用战法之概述、今后改进之希望等。附柳州会议委座重要训词等两篇。书后有 10 余张作战图。

**4182. 昆仑关战役纪要**　第五军参谋处编　1940 年 9 月　　[186]　　32 开　有插图、有图表　教育丛书之五

本书分 9 个部分：战斗前之敌我态势、敌我兵力概况、战场地形及影响于战斗之天候气象、攻击部署、战斗经过概要、作战经验与教训、附图、附表、附录。书前有序。

**4183. 粤北会战记**　淮冰、朱江、凌飞、李浴日、王造时、陈宝仓、公怀、曼凝、吴菊芳、张发奎、余汉谋、李汉魂　大刚印书馆　6＋152　32 开　大刚丛书之八

本书分 7 章：总的分析、光辉的战绩、会战中的将士、会战中的民众、伟大的收获、学习胜利经验、一般评论。其中"一般评论"收录《大刚报》社评 3 篇、《中央日报》社评 1 篇、《扫荡报》社评 1 篇。

**4184. 鄂北会战**　梁纯夫著　前线出版社　1939 年 10 月初版　8＋84＋2　32 开　有插图

本书记叙了鄂北会战，分 8 节：五十米距离的对峙、两个活跃在火线上的青年集团、敌人新的作战计划、随县正面的血战、脱围、反包围等。附录收《鄂中的反围战》（白克）、《鄂北的歼灭战》（霍冠南）等 5 篇。

**4185. 鄂北前线**　鄂北前线社编著　编者刊　1940 年 1 月　10＋208　32 开　有照片、有题词

本书记录了鄂北战场中随枣战役的情况，作者均为鄂北前线的中下级军官。收录了《大洪山战役》（刘宣）、《随枣会战后的感想》（柳俊豪）、《大洪山战役中的对敌宣传》（涂增宇）、《伏击》（李访贤）、《战场鳞爪》（节公）、《敌人的惯技与其暴行》（黄其泰）、《值得我们回忆的事》（雷白刚）、《唐白河畔的烽火》（何少桓）、《血战七姑店三日》（洪湘）等报道 36 篇。书前有老舍、姚蓬子、孙幕迦所作的序。

**4186. 随枣会战纪要**　李品仙编著　前线出版社总社　1940 年 4 月再版　桂林　1＋56　32 开　有插图

本书分 8 章：第五战区左翼集团军随枣会战经过简略说明、大洪山游击粉碎敌西进企图、蒋家河沿岸之血战、郝家店关帝庙之歼灭战、半年来淅河西岸之战壕生活、谈谈随枣会战、随枣会战之重要性、编后。

**4187. 长沙会战记**　第九战区司令长官司令部参谋处编　编者刊　1939 年 11 月　2＋20　32 开　有题词、有图表

本书分两个部分，收录《作战经过概要》、《敌我得失之点》、《所得之经验与教训》3 篇文章。另有各种战法、民众组织、交通通信及城垣之破坏、物质疏散及藏匿 4 章内容。附录收《敌吕集团作战命令》一文以及《九月十四日敌我态势图》、《十月一日敌我态势图》、《诱敌歼灭战部署要图》等 4 幅图。

**4188. 长沙会战纪实**　第九战区司令长官司令部编纂组编　1940 年 4 月　12＋405　32 开　有照片、有插图、有题词

本书分 3 篇：会战纪要、各方之观察与评论、慰劳与祝贺。书前有编者所著前言。书后附《长沙会战敌军部署番号兵力分析表》、《长沙会战参加作战各师团编成素质及经过战役一览表》、《敌军伤亡概见表》3 幅表。

**4189. 长沙会战纪实**　第九战区司令长官司令部编纂组编　中兴书店　1940 年 6 月再版　12＋405　32

开 有照片、有插图、有题词

本书分3篇：会战纪要、各方之观察与评论、慰劳与祝贺。书前有编者所著前言。书后附《长沙会战敌军部署番号兵力分析表》、《长沙会战参加作战各师团编成素质及经过战役一览表》、《敌军伤亡概见表》3幅表。

**4190. 上高会战** 军事委员会军令部编 编者刊 1941年10月 4+12 32开 有插图 抗战参考丛书第30种

分6章：前言、敌之集中及企图、我军兵力及会战指导要领、战斗经过、会战检讨、经验教训。附图8幅，包括赣北地形要图、上高会战前敌我态势要图、上高会战对北路敌人作战经过要图、上高会战经过要图等。封面有"机密"字样。

**4191. 湘北大捷** 胡定芬、范式之、高元礼、彭河清、俞创硕编著 中国抗战史料社 1939年12月初版，1940年2月再版 长沙 9+148 32开 有照片、有插图 中国抗战史料丛书之一

本书分21节：绪言、湘北战场轮廓、会战前的湘北、敌之进犯方略、我之对策及实施概见、大战序幕在新墙九岭之线展开、汨水线我对敌之打击、我军之伏击侧击与敌寇溃败、神勇的追击、敌军溃败原因、会战中我军特色、紧张中在长沙来去等。

**4192. 湘北大捷纪实** 杨先凯编 独立出版社 1940年1月初版 重庆 5+60 32开 有插图

本书分6部分：湘北会战概述、湘北会战地理形势、湘北会战经过、湘北战果、湘北大捷的意义、结论。书前有"大洞庭歌"。书后附录：湘北血战别记、湘北会战名将录、"皇军"在湘北的丑态。

**4193. 湘北胜利记** 黄国英原著 李建明编译 中国国民外交协会 1941年1月 重庆 2+86 32开 有照片

收录12篇文章：《陈诚将军论湘北胜利》、《薛岳将军谈湘省概况》、《从湘北前线归来》（蒋宋美龄）、《新闻界意见》等。附录包括：《从湘北胜利说到今后应有的努力》（白崇禧）、《论湘北胜利》（徐培根）、《湘北大捷之意义》（重庆《大公报》刊载）、《长沙会战中之鳞爪》（范式之）、《慰劳杂记》（唐国桢）5篇文章。书前有《重译英文湘北胜利记序》和《湘北会战经过及我方制胜原因》。书后有译后记。

**4194. 湘北之战** 陈和坤编著 青年出版社 1939年11月初版 2+76 32开 有照片、有插图

本书分6个部分：纵谈湘北战场、敌人没落的弧形线、"板垣战线"与汪逆阴谋之破产、湘北之战、领袖无任嘉慰。附录收《陈司令长官答记者问》、《举国腾欢祝大捷》、《论湘北之胜利》等5篇文章。

**4195. 第二次长沙会战纪实** 15+594 32开 有照片、有插图

本书分6个部分：弁言、会战纪要、各方之观察与批评、俘虏敌文件之整理、战地特写、慰劳与祝贺。附录收《第二次长沙会战全国各界慰劳金征信录》。有题赠。

**4196. 湘北二次大捷** 独立出版社编著，汪琮琇校 独立出版社 1941年10月初版 重庆 3+77 32开

本书分5章：会战爆发之原因、会战的地形与战略、会战经过、策应会战的远势棋、结论。附录收《记空军出击洞庭敌阵》、《空军救援长沙的出击》、《敌军在湘暴行鳞爪》。

**4197. 第三次长沙会战纪实** 17+684 32开 有照片、有插图

本书分4个部分：会战纪要、中外舆论汇辑、俘获文件之整理、慰劳与祝贺。书前有序。附录

收《祝捷诗歌》和《第九战区司令长官司令部收到第三次长沙会战国内外捐赠慰劳金征信录》。有题赠。

**4198. 第三次长沙会战经过概述**　5［环筒叶］　16开　油印

本书分4个部分：敌军作战目的及兵力、我军作战目的及兵力、战斗经过、实得战果。

**4199. 第三次长沙会战中党政战斗纪实**　精忠党政战斗指挥部编　编者刊　［长沙］　38　32开　有图表

本书分两部分：组织概况和工作概况。附录收《精忠党政战斗指挥部组织规程》和《精忠党政战斗指挥部办事细则》。

**4200. 长沙第三次会战平江报告及见闻录**　8［环筒叶］　16开

稿本。封面有"秘密"二字。

**4201. 宪兵第十八团参加第三次长沙会战报告书**　宪兵第十八团编　编者刊　1942年2月　2＋20＋4［环筒叶］　16开　油印　有图表

本书为第九战区宪兵第十八团参加第三次长沙会战报告书。附《宪兵第十八团参加长沙会战兵力配备表》等。

**4202. 把敌人挤出了蒲阁寨**　晋绥军区司令部、政治部编　编者刊　［1944］　1＋27　32开　有图表　战例丛刊之一

记述蒲阁寨争夺战经过。书前有前记，出版时间据前记落款推断。

**4203. 滇西作战回忆录**　黄杰撰　［编者刊］　10　32开　有照片、有插图

本书分7节：作战地之概况、反攻之起因、怒江东岸之防守及加强团之战斗、松山及龙陵之战、芒遮之战、畹町之战、木遮及芒友之会师。记述滇西战役的情况。

**4204. 滇西作战实录（抗战史料）**　吴致皋编著　编者刊　［8＋169］　32开　有照片、有插图、有图表

本书记述抗战最后一年国民党远征军在滇西作战的经过，分9章：总论、作战地之状况、敌人防御设施之概要、怒江东岸之防守、龙陵之战、遮芒之战、畹町之战、战役中之检讨、结论。黄杰作序。

**4205. 龙陵会战**　钟彬著　陆军大学　1945年　108　32开　有插图、有图表

本书分3编：关于龙陵会战各种因素说明、龙陵会战经过、附录。有题赠。

**4206. 缅北行——缅战是怎样打胜的?**　（美）Graham Peck著，金端苓制图，陈翰伯译　美国新闻处　1945年3月　重庆　2＋22＋11页　32开　有照片、有插图

全书分10节：当前的情景、成功的因素、空论不如实证、缅北与中国未来的反攻等。书后附各次重要战役略图。作者为美国新闻处特派员。

**4207. 浙赣战役之检讨**　军事委员会军令部编　编者刊　1943年5月　4＋94　32开　有插图　抗战参考丛书第43种

分8章：绪言、浙赣战役经过概况、敌我优劣之检讨、本战役所见特殊之点、敌军惯用战法及我军应采对策、作战经验与教训、对敌渗透战法之对策、山洪暴发时期之战斗。书后收附图5张，包括《浙赣战役战前敌我态势暨金兰会战经过要图》、《浙赣战役衢州会战经过要图》、《浙赣战役浙东方面追击作战经过要图》、《浙赣战役赣东方面追击作战经过要图》、《第二战区浙赣战役作战

全经过要图》。封面有"机密"字样。

**4208. 五月战情（浙赣战役浙境部分　初集）**　浙江省情报处编　编者刊　1942 年 10 月　　［260］
［环筒叶］　16 开　油印　有插图、有图表

本书记叙 1942 年 5 月间浙江境内战事，包括敌寇流窜路线图、各县县城沦陷及收复日期一览、此次流窜浙境敌伪军一览、敌机轰炸表述、民众奋勇杀敌志略等。本书多为图表，封面有"密"字。

**4209. 喋血常德（当代史料）**　刘自勤编　万象周刊社　1944 年 2 月　重庆　89　32 开

本书分 14 个部分：序幕、会战的经过与意义、倭军八个师围攻常德、空军战功、常德战记、民族英雄、战地英雄与日月争光辉、会战中之敌军和伪军、劫后常德、建设新常德、湘潭车站访问敌俘、中外舆论、大战中的插曲、归自常德犹有感奋。

**4210. 衡阳突围**　方先觉述，战时文化供应社编　战时文化供应社　1945 年 6 月再版　福建　2 +
46　32 开

本书收录 10 篇文章：《保卫衡阳的前夕》、《衡阳保卫战》、《方先觉将军的最后会晤》、《在衡阳上空》、《苦斗的神鹰》、《死守衡阳名将录》等。

**4211. 四十七天衡阳保卫战（抗战史料丛刊）**　蔡汝霖撰述　中华书局　1946 年 7 月初版　上海
6 + 44　32 开　新中华丛书

本书分 5 个部分：衡阳战斗前的兵力配备、敌我战法、一般状况、最后关头、失望的尾声。卷首有两篇序言。

**4212. 反攻缅甸**　乐恕人、丁懋德著　天地出版社　1944 年 12 月初版　4 + 112　32 开　有照片

本书分 7 章：古骠国的波澜、旭日旗下的呻吟、伊洛瓦底江、攻缅战略地带轮廓画、中南半岛新生命的跳跃、祝望中缅前途等。前有《蒋委员长告入缅将士书》。附录收《缅甸地理》、《缅甸风土》等。封面有题赠。

**4213. 陆军第八军松山围攻战斗经过概要报告书**　陆军大学　1945 年 1 月　100　32 开　有插图、
有图表

本书分 16 个部分：战斗前本军之行动及敌我态势、战场之地势地形、战斗所获之情报、天气及气象、第一次攻略至第九次攻略等。另收《松山大哑口敌堡垒之攻击材料》、《松山敌军伤亡统计表》、《军俘获统计表》等 10 个附件。附录为《敌松山阵地之状态》。

**4214. 国军远征缅甸**　李鋆培编　大成出版公司　1948 年 9 月初版　上海　2 + 24　32 开　中华民
国历史小丛书　钱歌川主编

本书分 8 个部分：国军入缅前夜的战事局势、新三十八师与仁安羌大捷、我军入驻印度、与自然斗争、血染胡康河谷、史迪威公路的通车、辉煌的战果等。卷首有钱歌川所写《中华民国小丛书发刊旨趣》。有题赠。

**4215. 我们怎样打进缅甸（随孙立人将军远征纪实）**　戴广德著　贵阳中央日报　1945 年 8 月　贵
阳　4 + 145　32 开　有照片　贵阳中央日报丛书

本书分 26 个部分：远征缅甸、保卫曼德勒、掩护撤退中的战斗、转进途中、英皇授勋、孟阳河与太柏冢之捷、日本的命运——日本人坦白的口供、将校群剪影等。卷首有作者所作序。附录收《奋战缅北的新三十八师》、《忆齐学启将军》、《驻印军将星群》3 篇文章。

**4216. 印缅远征画史**（*Chinese Army in india-burma camprign：active participation by The New First Army*）**（新一军战斗写真）**　何铁华、孙克刚编著　时代书局　1947 年 6 月初版，1947 年 9 月再版　上海　153　16 开　有照片

本书系反映国民党新一军于抗战期间在缅甸作战史实的图文录，内容包括：军容、蓝伽整训、军中生活、由列多出发反攻缅甸、血战胡康河谷、孟拱河谷之战、救护工作、袭击密支那等 17 个部分。中英文对照。书前序言由金诚夫作。

**4217. 印缅之征战**　罗古著　读者之友社　1945 年 11 月初版　南京　2 + 134　32 开　有照片、有插图、有题词

本书分 7 部分：序言、缅南的苦斗、野人山历险记、缅北的胜利、十个忠勇弟兄的自述、阵中珍闻集锦、写后记。

**4218. 中国驻印军缅北战役战斗纪要（上册）**　中国驻印军副总指挥办公室编辑　编者刊　1945 年 4 月初版　5 + 124　16 开　有照片、有插图、有图表

本书分 3 部分：胡康河谷战役、猛拱河谷战役、密支那战役。书前有郑洞国作序，有凡例。封面有题赠。

**4219. 缅甸随军纪实**　乐恕人著　胜利出版社　1942 年 9 月初版　6 + 182　32 开

本书为作者随中国远征军入缅作战一个多月的见闻，分 21 节：蒋委员长访印归来、访问宋希廉将军、AVG 在昆明、英军联络处等。前有作者序。

## 知识青年从军运动

**4220. 本师的成长**　张正权、钱玉偶、曾翼璋、李肇新、高治法、翁心槎、王锦林、陈运刚、郑衍贤、沈庭寿、王满纪、杨礼制、陈培根编纂　二零一师军中导报社　1945 年 4 月　3 + 40　32 开　青年远征军第二零一师丛书　第 2 种

本书分两章：本师之成长、本师高级长官之介绍。

**4221. 本师的教育**　张正权、钱玉偶、曾翼璋、李肇新、高治法、翁心槎、王锦林、陈运刚、郑衍贤、沈庭寿、王满纪、杨礼制、陈培根编纂　二零一师军中导报社　1945 年 4 月　6 + 68　32 开　青年远征军第二零一师丛书　第 3 种

本书分 6 章：本师教育方针、本师教育计划、我们的教育、本师教育之特色——重检查与审判、士兵之衣食住行、士兵活动概况。附录收本师士兵之生活报导。

**4222. 编练概况**　军事委员会全国知识青年志愿从军编练总监部　编者刊　1945 年 6 月　4 + 76　32 开　有照片、有插图、有图表　青年军人丛书第 6 种

本书收录了 4 部分：本部成立经过、工作概况、编练成果、工作检讨。附录收 24 篇，包括：《全国知识青年志愿从军编练计划纲要》、《女青年服务总队不合从军标准青年甄别办法》、《青年远征军各师编组计划表》等。

**4223. 从军乐**　军事委员会全国知识青年志愿从军编练总监部编　编者刊　1945 年 6 月　4 + 98　32 开　青年军人丛书第 2 种

本书收 10 篇：《从军乐》、《伟大的志愿与伟大的战场》、《勉知识青年从军》、《从军回忆》、《心理学在军事上的应用》、《学习先贤建树事功》。附录收《对记者谈青年军编练方针》等 6 篇文章。

**4224. 从军手册**　中央文化运动委员会编纂　编者刊　1945年5月初版　重庆　7+138　32开

本书分6部分：主席训词、论著、从军佳话、从军诗歌、从军书简、从军生活。附录收录《智识青年从军征集办法》、《教育部规定优待从军学生办法》、《征集管理女青年详细办法》。书前有张道藩所作序言。

**4225. 东南分团工作概况**　军事委员会全国知识青年志愿从军编练总监部编　编者刊　1945年6月　6+126　32开　青年军人丛书第7种

本书包括8部分：前言、成立与编组、召训经过、教育概况、训导概况、人事概况、学员兵之分派、后记。附录收青年从军的意义、青年军的管训问题等9篇。

**4226. 何总长应钦于第一届青年节讲青年从军运动**　蒙藏委员会编译室编译　编者刊　1944年1月　26　32开　抗战小丛刊之五十一

蒙藏汉对译本。

**4227. 活跃的青年军**　罗时旸编著　青年出版社　1944年8月再版　10+190　32开　青年模范丛书　远征军青年军生活纪实第4辑

本书分3个部分：蒋主席告全国知识青年书、生活与训练、慰劳与访问。卷首有柳克述所写《青年模范丛书编辑旨趣》一文。

**4228. 女青年服务总队训练与生活**　军事委员会全国知识青年志愿从军编练总监部编　编者刊　1945年6月　4+112　32开　有照片、有图表　青年军人丛书　第9种

本书分8章：委员长蒋对从军女青年入营典礼训词、总监罗对女青年服务总队结业典礼训词、陈总队长训示女青年从军的时代意义、业务概况、训练概况、生活概况、营中写作、服务概况。书后有附录《女青年服务总队编组大纲》等9篇。

**4229. 青年军的诞生**　军事委员会政治部第三厅编　军事委员会政治部　1945年2月　11+452　32开　青年军丛书　第1种

本书分6部分：伟大的号召、热情的策动、舆论的拥护、青年的回响、慷慨的歌声、英勇的行动。收录号召知识青年从军抗日的文章136篇，包括：《慰问全国将士期勉知识青年》（何应钦）、《知识青年踊跃从军反攻日本》（鹿钟麟）、《知识青年快起来完成时代的使命》（谷正纲）、《留学生应回国从军》（《中央日报》）、《青年！国家需要你》（《中央日报》）、《抗战、整军、建军、建国》（《大公报》）、《女青年到军中服务去》（陆庭珍）等。附录收《全国知识青年之员从军征集办法》等6篇。

**4230. 青年远征军的诞生**　曾翼璋、钱玉倜、李肇新、高冶法、翁新槎、王锦林、陈运刚、郑衍贤、沈庭寿、王满纪、杨礼制、张正权、陈培根编纂　军中导报社　1945年5月　36　32开　青年远征军第二〇一师丛书　第1种

本书收录《蒋委员长告知识青年从军书》、《从军知识青年第一期入伍训词》、《伟大的号召》、《知识青年的新动向》、《国家需要十万青年军》、《青年们，国家需要你们》、《奋起吧，知识青年们》等7篇文章。

**4231. 青年远征军第二零三师校阅特刊**　校阅特刊编辑委员会编辑　青年远征军第二零三师政治部　1945年12月　48　16开　有照片、有图表

本书分4部分：训词、纪事、心声、附录。书前有序言，共收72幅照片。

**4232. 青年远征军剪影**　军事委员会全国知识青年志愿从军编练总监部编　编者刊　1945年6月

8＋198　32 开　有照片　青年军人丛书　第 10 种

本书分 5 部分：号召、入营、编练、生活、慰劳。附录收《编练总监罗卓英将军》等 6 篇。

**4233. 青年远征军之成长**　军事委员会全国知识青年志愿从军编练总监部　编者刊　1945 年 6 月

4＋58　32 开　有图表　青年军人丛书第 13 种

本书记录了青年远征军第二零一师、第二零二师、第二零三师、第二零四师、第二零五师、第二零九师之成立概况、编组概况、驻地概况、人事概况、训练概况和装备概况。

**4234. 全国知识青年志愿从军委员会征集概况**　全国知识青年志愿从军指挥委员会　军事委员会全国知识青年志愿从军编练总监部　1945 年 6 月　6＋108　32 开　有图表　青年军人丛书第 4 种

本书包括 4 部分：发动经过、工作概况、征集效果、工作检讨。

**4235. 委员长蒋训词**　蒋介石著，［军事委员会全国知识青年志愿从军编练总监部编］　编者刊

1945 年 6 月　4＋98　32 开　有照片、有图表　青年军人丛书第 1 种

本书收 12 篇训词：《告知识青年从军书》、《青年远征军干部之使命》、《从军知识青年第一期入伍训词》、《青年远征军编辑之特质与教育要领》、《青年远征军应有的决心和认识》、《革命军人之意义与基本武器之性能》等。卷首有《青年军人丛书编辑大意》。附录为《委员长蒋训词表解四种》。

**4236. 我们的远征军（一）**　罗时旸编　青年出版社　4＋174　32 开　有插图　青年丛书

收录 33 篇文章：《印缅战场国军生活素描》（永炎）、《中国远征军在印度》（美国新闻处）、《军中日记》（李兴茂）、《印度受训生活报告》（磊石）、《中美友情的交流》（乐恕人）、《远征军的福利工作》（乐恕人）等。卷首有前言。

**4237. 我们的远征军〔二〕**　罗时旸编　青年出版社　1944 年 12 月初版　8＋674　32 开　青年丛书

收录 80 篇文章：《LD 速写》（永炎）、《丽都路上》（美国新闻处）、《印缅丛莽中》（沈家驹）、《我远征军胜利的因果》（蒋蕴青）、《滇北敌后视察记》（乐恕人）、《中印公路开辟经过》（美国新闻处）等。

**4238. 远征军在前线**　罗时旸编著　青年出版社　1946 年 8 月再版　10＋314　32 开　青年模范丛书　远征军青年军生活纪实第 4 辑

本书分 9 个部分：远征大事记要、越过野人山、进军胡康河谷、由胡康到孟拱、强渡怒江、扫荡滇西战场、会师苗斯等。卷首有柳克述所写《青年模范丛书编辑旨趣》以及编者的话。

# 战略、战术

**4239. 敌我战略战术之研究**　刘为章著　胜利出版社　1942 年 10 月初版　重庆　4＋90　32 开　抗建丛书第 1 辑　潘公展主编

本书分 7 章：前言、战略与战术、敌战略的特质及实况、我抗敌战略的特质与实况、敌寇战术的研究、我抗敌战术的研究、结论。

**4240. 读孙子十三篇阵中笺释**　朱怀冰著　青年书店　1939 年 12 月初版　重庆　8＋172　32 开

作者在抗日战场作战之余，研读《孙子兵法》，本书即其以笺注的形式反映作者研读心得。书前有作者前言。

**4241. 对敌作战的经验**　C. A. 著　汉口大众出版社　1938 年 3 月初版　汉口　2 + 114　32 开

本书分 3 章：对敌作战一般之所见、对敌作战应注意事项、敌我优劣之比较。

**4242. 国军攻略据点经验教训**　军事委员会军令部编　编者刊　1941 年 6 月　2 + 46　32 开　有插图　抗战参考丛书　第 28 种

本书分 16 节：敌守备据点之特性、攻击据点之要领、封锁及监视、步炮协同、扫荡及守备等。附录收《通城鼓鸣山敌据点阵地构筑要图》、《南宁附近乌石岭敌军据点阵地局部放大图》。封面有"机密"字样。

**4243. 蒋委员长的战略与战术**　抗战军事学研究社编　胜利出版社　1938 年 5 月　广州　3 + 44　32 开　有照片　抗战军事学丛书第 1 辑

本书分 12 个部分：战略与战术、运由游击战、要有冒险的精神、精究敌情、行军与阵地常识、持久必胜、要绝对遵守时间、士气振作、指挥官之修养等。封面著者为抗战军事学研究会。

**4244. 抗战的战术与战略**　刘志坚著　大时代出版社　1937 年 11 月初版　上海　1 + 56　32 开　有图表　抗战文库之一　夏衍主编

本书分 5 个部分：序论、敌我实力的分析、日对我之战术与战略、我对日之战术与战略、抗敌前途的展望。

**4245. 民族革命战争的战略问题**　杜任之编　民族革命出版社　1939 年 7 月初版　9 + 127　32 开　民大丛书之一

本书分 9 个部分：中国抗日战争的战略问题、民族革命战争的持久战、持久战的过程、防御战与进攻战、运动战与阵地战、歼灭战与消耗战、外线战与内线战、游击战与正规战、结论。卷首有作者所写《献给民族革命的斗士门》一文。

**4246. 民族革命战争的战略之研究**　C. A 著　大众出版社　1938 年 2 月初版　汉口　1 + 32　32 开

本书分 6 个部分：绪论、运动战与阵地战、外线战与内线战、进攻战与防御战、歼灭战与消耗战、结论。书前有序言。

**4247. 民族解放战争的战略和战术**　凌青著　上海杂志公司［总经售］　1937 年 9 月初版，1937 年 12 月 3 版，1938 年 2 月（汉）5 版　上海，汉口　6 + 202　32 开　新军事学丛书之一

本书分 4 章：全国总动员论、民族解放战争战略战术的研究、游击战争、抗敌战争经验录。

**4248. 孙子兵法之综合研究**　李浴日译著　商务印书馆　1943 年 9 月渝第 1 版　9 + 270　32 开　有图表

本书分 13 部分：始计第一、作战第二、谋攻第三、军形第四、兵势第五、虚实第六、军争第七、九变第八、行军第九、地形第十、九地第十一、火攻第十二、用间第十三。书前有自序以及"写在本书之前"、日人山鹿素行的话、俄人郭泰纳夫的话。书后有后记。

**4249. 武汉会战期间国军作战之经验教训**　军事委员会军令部第一厅第四处编　编者刊　1940 年 2 月　8 + 80　32 开　抗战参考丛书第 19 种

收录各有关将领、部队对武汉会战所作的总结性言论，包括敌我之优点与缺点、敌惯用战法及我应取之对策、攻击、防御、追击及退却、特种地形之战斗等 16 章。封面有"机密"字样。

**4250. 新的战略与新的战术**　汉夫编著　新兴出版社　1938 年 4 月初版　2 + 79　32 开

全书分 6 章：新战术的展开、光荣的会议、经验谈、战地视察记、战略与战术。

**4251. 血的抗战经验**　南岳干训班编　编者刊　1939 年 5 月　2+48　32 开　突击丛书之八

本书包括：敌我一般的比较、各种作战经验、敌惯用战法与对策、我军今后作战上的着眼点、抗战中的军队教育。书前有绪论。

**4252. 以孙子兵法证明日本必败**　李则芬著　生活书店　1939 年 7 月首版，1939 年 9 月 3 版　重庆　4+85　32 开

本书分 5 章："孙子的概念"、"日军违背了孙子最高原则"、"日本失败的根本原因——未战而庙算不胜者得算少也"、"日军是致于人，不是致人——是被动不是主动"、"结论"。附录：《孙子兵法》。

**4253. 中日战争的战略与战术**　金则人著　黎明书局　1937 年 11 月　上海　2+48　32 开

本书分 8 个部分：说在前面的几句话、中日战争的特征、敌军死不放弃的战略、我们要击中敌人的要害、速战速决的真面目是穷凶极恶、持久战需要沉着坚定、歼灭战与消耗战在上海、游击战是我们主要的战术。附录收《我空军战斗力不差》、《稳扎稳打步步为营》等文。

**4254. 中日战争之政略与战略问题报告大纲**　周恩来著　抗战编译社　1939 年　22　32 开　抗日小丛书之三

内容分为"敌人方面"和"我们方面"两个部分。"敌人方面"内容包括："敌人侵华政策的历史阶段"、"敌人侵华的军事政策"、"敌人侵华战争之战略方针"、"敌人侵华的新政策——全面侵略之展开"、"敌人的国际政策——分化重于对立"、"敌人的新进攻——这表现他的政策的变动性，投机性与矛盾性"、"敌人侵华政策之前途"；"我们方面"内容包括："中华民族解放运动的三个阶段"、"我们抗战的政略与战略"、"我们三期抗战的战略重心、展开各方面的斗争——展开全面战争与重视敌后"。附：《二期作战之敌我新战略》。封面作者为：朱恩来。

**4255. 中日战争之政略与战略问题报告大纲**　周恩来著　游击干部训练班　1939 年 5 月　16　32 开

内容分为"敌人方面"和"我们方面"两个部分。"敌人方面"内容包括："敌人侵华政策的历史阶段"、"敌人侵华的军事政策"、"敌人侵华战争之战略方针"、"敌人侵华的新政策——全面侵略之展开"、"敌人的国际政策——分化重于对立"、"敌人的新进攻——这表现他的政策的变动性，投机性与矛盾性"、"敌人侵华政策之前途"；"我们方面"内容包括："中华民族解放运动的三个阶段"、"我们抗战的政略与战略"、"我们三期抗战的战略重心、展开各方面的斗争——展开全面战争与重视敌后"。

## 战　略

**4256. 持久战研究提纲**　抗战编译社　1939 年　28　32 开　抗日小丛书（2）

内容包括 4 个部分：为什么是持久战、持久战与政治问题、持久战的军事问题、结论。

**4257. 从历史和军事观点评论日寇侵华战略**　杨杰著　三民主义青年团灌县青年夏令营、空军参谋学校〔翻印〕　30　32 开

本书评论了日寇侵华的 16 个战略："从蚕食式战略到函数式战略"、"日本大陆政策，意在灭亡中国"、"唯恐中国不乱，冀图趁火打劫"、"三次出兵山东阻止北伐大业"、"荒木式的梯次跃进"、"以诱降为中心的假鲸吞式战略"、"诱降之术失败，制造傀儡组织"、"平沼的置藩式战略"、"无法曲解主义日寇命运悲惨"、"日阀严重危机在于经济贫乏"、"阿部米内合演的傀儡战"、"敌图利用汉奸迷惑无知愚民"、"中国抗战意志益形坚强"、"近卫的新战略"、"到处碰壁黔驴技穷"。

**4258. 抵抗的国防战略** 唐子长著 武学书局、正中书局、共和书局［代售］ 1936 年 4 月初版
南京 18＋86＋18 大 32 开

本书分 3 章：抵抗战略的意义、抵抗战略的原则、抵抗战略的方式。论述国防战略的意义、原则、方式。前有作者弁言。

**4259. 对日作战方略** 梁心著 日心舆地学社 1933 年 12 月初版 上海 32＋378＋4 大 32 开
有题词、有图表 梁氏丛书之四

本书分 8 篇：唯战论、敌人之情况、我国之情况、东三省被占后之敌利我厄情形、世界之情况、作战之准备等。前有自序，后有跋文。

**4260. 机动防御战略** 赫德原著，蒋学模译 大时代书局 1941 年 11 月初版 重庆 2＋71 32 开
二次大战小丛书之九 蒋学楷主编

本书分 4 章：战争的一年、战争的几个教训、被浪费的脑筋、一个新战策。书后附录《1940 年 5 月德军攻势的一个历史侧影》、《德军战略的分析》。

**4261. 抗敌战略论（第一辑）** 平心著 光明书局 1938 年 1 月再版 汉口 10＋125 页 32 开
民族解放丛书 平心主编

本书分 4 章：战略的意义和条件、两种基本战斗形态、运动战和阵地战的配合、攻势的防御战。前有作者序。

**4262. 抗日游击战争的战略问题** 毛泽东著 解放社 1938 年 58 64 开 毛装 抗日战争丛书第 1 种

本书共 10 章："为什么提起游击战争的战略问题"、"那么为什么不将抗日战争的一般战略问题中的东西用之于游击战争呢？"、"战争的基本原则是保存自己消灭敌人"、"抗日游击战争具体战略问题共有六个"、"第一个问题——主动地灵活地有计划地执行防御战中的进攻战、持久战中的速决战、内线作战中的外线作战"、"第二个问题——与正规战争相配合"、"第三个问题——建立根据地"、"第四个问题——游击战争的战略防御与战略进攻"、"第五个问题——向运动战发展"、"第六个问题——指挥关系"。

**4263. 抗日战略论** 平心著 光明书局 1938 年 1 月 汉口 7＋125 32 开 有图表 民族解放丛书 第 1 辑 平心主编

本书共分 4 章：战略的意义和条件、两种基本战斗形态、运动战和阵地战的配合、攻势的防御战。书前有作者自序。

**4264. 论"持久战"研究提纲** 抗战大学编 抗战大学 14 32 开 油印

摘自抗战文艺，系抗战大学油印本。

**4265. 现代军略论** 林普斯、福尔斯原著，方炎译 南方印书馆 1942 年 10 月 重庆 1＋40 32 开 国际问题小丛书 1 陶希圣、杜衡主编

全书共分 3 个部分：战略的与战术的攻击、机械化部队的进攻、防御战术。书后有编辑后记。

**4266. 游击战争的战略问题** 毛泽东著 美商远东画报社 1938 年 11 月 上海 58 32 开

本书共 6 章："游击战争的战略问题"、"战争的基本原则与具体战略"、"第一个问题——主动地灵活地有计划地执行防御战中的进攻战、持久战中的速决战、内线作战中的外线作战"、"第二个问题——与战略战役相配合"、"第三个问题——建立根据地"、"第四个问题——游击战争的战略防御与战略进攻"。

**4267. 战略与策略**　解放社编译　新华日报馆　1939 年 1 月　重庆　2＋104　32 开

本书分 5 部分：列宁主义怎样提出战略与策略的问题、布尔塞维主义的战略和策略、布尔塞维主义的战略的与策略的指导、革命的与改良的指导、共产国际战略与策略的主要任务。

**4268. 最近敌人战略攻略之检讨**　国魂书店编译部编著　国魂书店　1939 年 8 月初版　8　32 开
时局解剖丛书

## 战　术

**4269. 兵团战术概则**　（苏）齐列穆尼耶、阿夫罗斯莫夫、史库利铁茨合著，编译局译　十八集团军总司令部　1945 年　10＋353　16 开　抗日战争参考丛书第 38 种

内容分为 10 章："联合兵种战斗"、"各个兵种及其在联合兵种战斗中的协同动作"、"攻击战斗"、"攻击战斗的组织与实施"、"遭遇战斗"、"防御战斗"、"防御战斗的组织与实施"、"冬季战斗特点"、"山地、森林、广漠地、居民地等战斗特点"、"行军与宿营"。书前有前言。

**4270. 步兵战例选集（上册）**　八路军军政杂志社　1942 年　161　32 开　有插图　抗日战争参考丛书

本书分 15 章：情况不明、简单明了、墨守成规、出敌不意、敏捷的行动、地形、"奇迹"、决心、乐观与顽强、命令等。书前有出版部的几句话、俄文版序言、序言、结论。

**4271. 步兵战术讲授提纲**　中国人民抗日军政大学总校教材编审委员会编　编者刊　1941 年 3 月　59　32 开　油印

包括班的战斗、排的战斗、连的战斗、营的战斗四章，共 20 节。前有校长林彪、副校长滕代远的命令。后有滕代远《关于几个战术问题的解答》。

**4272. 打胜仗的方法**　冯玉祥著　三户图书社　1941 年 4 月初版，1942 年 4 月再版　桂林　8＋128　32 开

本书介绍了在抗战中战胜敌人的方法，分 6 章：导言、埋伏上——诱伏、埋伏下——待伏、冲其腰、抄其背、出其不意。

**4273. 大军战术参考（下卷）**　陆军大学校　1943 年　［392］　32 开　有插图

本书分 4 章：会战、局地战、陆海军之协同作战、兵站。

**4274. 短期军官补习教育适用最新战术学及其参考（战斗之部）**　陈守常编辑　军用图书社　1937 年 4 月初版　南京　22＋240　32 开　有插图、有图表

本书分两篇：战斗指挥、诸兵种联合之战斗。另有《决心及各种判断》、《战斗正面之研究》、《遭遇战命令》、《持久防御之一例》等 60 篇战术参考文章。书前有凡例以及作者自序。

**4275. 对敌装甲部队战斗要领**　军事委员会军令部编　编者刊　1944 年 6 月　2＋42　32 开　有插图、有图表　作战教令第 26 号

分 7 部分：装甲部队之定义、装甲车辆之性能、装甲部队之战斗特性、对装甲部队战斗之一般要领、防御时对敌装甲部队之战斗、攻击时对敌装甲部队之战斗、追击及退却时对敌装甲部队之战斗。封面有"机密"字样。

**4276. 对空军陆战队（即降落伞部队）之对策**　黄镇球著　防空总监部民防处　1942 年 1 月 3 版　4＋42　32 开　有插图　防空参考丛书第 2 种

本书分 5 个部分：空军陆战队之沿革、空军陆战队之作战特征、对付空军陆战队之方法、结

语、附录。

**4277. 法国摩托化与机械化骑兵部队使用原则草案** 苏伟编译，傅嘉仁、孙信璋校正 陆大季刊社 1941 年 11 月初版 重庆 17 + 202 32 开 有图表 陆大丛书

本书收录《摩托化骑兵在作战上所负之使命》、《摩托化与机械化部队之性能及使用原则》、《骑兵摩托化部队之行军及驻军》等 8 篇。书前有特志及序文。

**4278. 国民自卫战术研究** 杨文琏著 军政部兵役署 1941 年 5 月初版 2 + 42 32 开 兵役月刊丛刊

本书分 3 章：导言、防匪、抗御日寇。

**4279. 海军战术讲义** ［陆军大学编］ 编者刊 137 ［环筒叶］ 16 开 精装、油印 有插图、有图表

本书分 5 篇：海战之概念、兵术之理论、海军战术之要素、海军战术、陆海空军联合作战。

**4280. 基本应用战术详解（师阵地攻击之部）** 马渊编著 军学编译社 1943 年 8 月 重庆 24 + 242 32 开 有插图

本书分两部分：关于攻击原则及问题之答解要领与着眼、师阵地攻击想定。卷首有凡例。有题赠。

**4281. 基础战术（红军抗日军政大学讲义）** 红军抗日军政大学编 少年先锋社 西安 98 32 开

本书分 15 章：绪论、战术、战争的目的、组织、任务、动作、袭击、侦察、埋伏、对敌征发队实行袭击、袭击敌人运输队等。

**4282. 歼寇新战术** 金瓦文编著 独立出版社 1939 年 9 月初版 重庆 2 + 47 32 开

本书分 4 章：正规军作战部分、游击队作战部分、游击区域的斗争部分、结论。书前有序言。

**4283. 歼寇新战术** 金瓦文编著 独立出版社 1940 年 5 月初版 重庆 78 32 开

本书分 4 章：正规军作战部分、游击队作战部分、游击区域的斗争部分、结论。书前有序言。

**4284. 抗日的步兵战术问答** 郭化若著 抗大训练部出版 1939 年 2 月初版 5 + 114 32 开 有题词 抗大军事丛书之一

本书通过问答的形式介绍了战争中对敌防御、对敌进攻等方面的问题。

**4285. 抗日战术经验谈** 关麟征演讲 拔提书店 1948 年 1 月初版 成都 6 + 60 32 开 有插图

本书分 8 章：前言、日军作战最高原则、日军前期战法、日军后期战法、国军制胜方策、善战者因其势而利导之、战场注意事项、附论。书前有王旭夫所作序言。

**4286. 抗日战争的战术问题** 陈漫远著 抗战日报社 1945 年 10 月 73 32 开 有插图

本书分 4 章：战术思想问题、反扫荡战役与我攻势战役的特点、我们的基本战术——伏击战、袭击战、地雷战、游击战与机动战。

**4287. 抗倭战术摘要** 唐宪尧、王学臣编，杨庆杰、谭显墀校 26 32 开 有插图

本书介绍了抗日战术，分 4 节：敌人惯用战法、我军所用对策、我军应取对策、结论。

**4288. 抗倭战术之研究与改进部队之要务（蒋委员长训词）** 蒋介石讲 1938 年 1 月 4 + 38 64 开

本书为蒋介石在 1938 年 1 月 29 日出席参谋会议时的训词。

**4289. 抗战期间步兵各种特业班之研究**　沈庄宇编　陆军步兵学校　1940 年 9 月初版　84　64 开　有插图、有图表

本书供教场及战场之参考之用，分 7 部分：战车攻击班、发烟班、掩护作业班、障碍物破坏班等。

**4290. 抗战中敌我战法的演变（中央训练团党政训练班演讲录）**　白崇禧讲　［中央训练团］1942 年 4 月　2＋16＋4　32 开　有插图

本书分 17 节介绍了抗战中的多种战法。封面有"机密"字样。

**4291. 空军战术讲义**　沙坡夫讲授，周开歧校正，空军第十二中队译述　航空委员会军政厅编译处 1941 年 5 月　68　32 开　有插图

本书分 9 部分：空战、日本轰炸机之战术、驱逐机与轰炸机之协同、空军在精神上物质上予陆军之威胁、最近驱逐机轰炸机与侦察机之性能及其使用、空军在山地战之效能、空军之威力、防空、侦察。附录收《廿九年七月廿日敌机袭川要图》、《廿九年七月卅一日敌机袭川要图》、《廿九年八月二日敌机袭川要图》、《廿九年八月九日敌机袭渝要图》。

**4292. 空中搜索**　（德）格尔兹著，黄培华译　陆军大学校　1941 年 11 月初版　重庆　5＋116 32 开　有图表　陆大丛书

本书分 3 个部分：上次大战之发展、当前之问题、结论。卷首有序言及引言。

**4293. 马瀛顾问讲演集**　马瀛讲演，李粲、何方理译录，林馥生、胡伯琴整理，傅瑞珲、朱嘉勋、姜广仁、石隐、黄褚彪审定　航空委员会训练监编译科　1940 年 1 月初版　1＋96＋2　32 开　有插图、有图表

本书分 4 个部分：空军轰炸、空军驱逐、空军侦察、陆空联络。书后有正误表。

**4294. 炮兵干部必携**　1942 年　8＋242　32 开　有插图、有题词、有图表

本书为观测上部，分两篇：第 1 篇绪论，分 4 章：观测之意义及目的、观测教育之原则、观测术语之解释、观测用单位之说明；第 2 篇器材之操作与说明，分 25 章：野战炮兵方向盘、德式两用方向盘、日式方向盘、炮队镜、望远镜等。有李卿雯序。正文、书眉题名："炮兵观测笔记"。

**4295. 骑兵阵中要务令问答**　军事委员会军训部骑兵监编　编者刊　1939 年 5 月初版　8＋232 64 开

本书分 12 篇："战斗序列、军队区分"、"命令、通报、报告"、"搜索"、"谍报"、"警戒"、"行军"、"宿营"、"通信"、"给养补充及卫生"、"战场扫除"、"铁道及船舶输送"、"宪兵"。附录收《飞机与地上部队之联络规定》、《桥梁哨勤务》。

**4296. 图上战术**　军事委员会军官训练团编　编者刊　1938 年 4 月　149　32 开　有插图

收第一想定，即新编第一师在瑞昌一带对日作战的战术想定。

**4297. 新战术讲授录（改订增补最近秘本　第一册）**　谭家骏译著、胡之杰校　兵学新书社　1937 年 4 月 3 版　南京　28＋334＋3　大 32 开　有照片、有插图、有题词、有图表

本书根据日本士官学校战术教官的教授蓝本译述，内容包括：步兵团营之攻击、步兵团营之防御、战车之用法、航空队之用法。卷首杨杰、鲁涤平、陈调元序及唐生智题词。

**4298. 新战术讲授录（改订增补最近秘本　第二册）**　谭家骏译著、胡之杰校　兵学新书社　1937 年 4 月 3 版　南京　14＋204＋1　大 32 开　有照片、有插图、有图表

本书根据日本士官学校战术教官的教授蓝本译述，内容包括：攻击之炮兵、防御之炮兵、攻击时配属与第一线工兵之用法、骑兵旅之战斗。

**4299. 新战术讲授录（改订增补最近秘本　第三册）**　谭家骏译著、胡之杰校　兵学新书社　1937年4月3版　南京　12+224　大32开　有照片、有插图、有图表

本书根据日本士官学校战术教官的教授蓝本译述，内容包括：骑兵旅之搜索、阵地攻击及决战防御。

**4300. 新战术讲授录（改订增补最近秘本　第四册）**　谭家骏译著、戴藩国校　兵学新书社　1937年4月3版　南京　18+238　大32开　有照片、有插图、有图表

本书根据日本士官学校战术教官的教授蓝本译述，内容包括：遭遇战（统一加入）、逐次战斗加入、拂晓攻击、夜间攻击、追击、退却。

**4301. 新战术讲授录（改订增补最近秘本　第五册）**　谭家骏译著、戴藩国校　兵学新书社　1937年4月3版　南京　16+216　大32开　有照片、有插图、有图表

本书根据日本士官学校战术教官的教授蓝本译述，内容包括：师内通信诸机关之用法、战备行军、旅次行军、夜行军、前哨、宿营、日用行军辎重之行动。

**4302. 新战术讲授录（改订增补最近秘本　第六册）**　谭家骏译著、戴藩国校　兵学新书社　1935年12月再版　南京　8+212　大32开　有照片、有插图、有图表

本书根据日本士官学校战术教官的教授蓝本译述，内容包括：山地防御、河川攻击、河川防御、持久战、阵地战。

**4303. 研究战术的几个基本要点**　张正权、钱玉偁、曾翼璋、李肇新、高治法、翁心槎、王锦林、陈运刚、郑衍贤、沈庭寿、王满纪、杨礼制、陈培根编纂　二零一师军中导报社　1945年5月　2+20　32开　有插图、有图表　青年远征军第二零一师丛书　第4种

本书为战术讲话，分战争是人类的本能、战术的基础以战斗力大小而决定、打仗要紧的方法——"攻防"、"奇正"、"虚实"、"分合"等8部分。

**4304. 战术讲话**　吴石讲　[编者刊]　1938年4月　[军事委员会军官训练团]编　14　32开

本书分两节：战术之概念、作战一般之要领。

**4305. 战术讲话（基本战术、应用战术、游击战术）**　刘为章讲　[中央训练团]　1939年12月，1940年1月，1940年5月　2+28　32开　中央训练团党政训练班讲演录

本书分4个部分：战术之一般原则、基本战术、应用战术、游击战术。

**4306. 战术讲话（游击战术）**　刘为章讲　[中央训练团]　1939年3月　1+9　32开　中央训练团党政训练班讲演录

本书分两个部分：游击战之涵义、游击战之原则与实施。

**4307. 战术讲话（正规战术、革命战术、游击战术之体系）**　刘为章讲　[中央训练团]　1941年4月　2+28　32开　中央训练团党政训练班讲演录

本书分7个部分：概论、游击战术与正规战术之分野及其必要、游击战之性质及采用之程度、革命战术之理想、革命战术与游击战术之分野、游击战之现代趋势及在战斗各时期之任务、结论。附录收《游击战之原则与实施》一文。

**4308. 战术讲授录**　[第三战区干部训练团编]　[编者刊]　1941年2月　134　32开　有图表

本书分 3 个部分：原则、精神、作战指导。书前有前言以及《本想定研究员研究时注意》一文。

**4309. 最新战术研究之着眼及原则问题之答解要领（战斗之部后篇）**　谭家骏、王昌烈译述　兵学新书社　1941 年 1 月 4 版　长沙　34 + 312 页　大 32 开　有插图、有图表

分 3 篇（续战斗之部前篇，分 4、5、6 篇），包括：防御、原则问题之研究、原则问题分析之研究。书内有批注。

**4310. 最新战术研究之着眼及原则问题之答解要领（战斗之部前篇）**　谭家骏、王昌烈译述　1941 年 1 月 4 版　30 + 340 页　大 32 开　有插图、有图表

本书分 3 篇：纲领、战斗指挥及单兵种之战斗、攻击。篇前有 "研究战术一般之注意及着眼"、"战斗纲要与战斗原则之关系" 两段开篇词。有批注。

## 游击战

**4311. 北方游击战争的战略**　张闻天著　南华出版社　1938 年 1 月　上海　32　32 开

正文题名为 "把山西成为北方游击战争的战略支点"。

**4312. 村庄连环堡垒自卫战**　方振武著　生活书店　1938 年 7 月　汉口　4 + 48　32 开

村庄连环堡垒自卫战是阻塞战术的一种。本书介绍了村庄连环堡垒自卫战的组织、战术、与谍报网和通讯网的关系以及与运动战、阵地战、游击战的关系等。书末有题赠。

**4313. 对倭交通阻塞战**　柳际明著　1943 年 4 月 3 版　11 + 121　32 开　油印　有插图、有图表

本书分 8 章，阐述对于战争和敌寇战法的认识，以及抗战期间所获教训，介绍对倭交通阻塞战的定义、运用，评述交通阻塞战与民众总动员之间的关系。有陈诚序、薛岳序、王东原序、作者自序。附录收《阻塞区内使用简易手旗通信术》、《手旗通信文之例》、《破路歌》。封二有题赠。

**4314. 交通破坏战**　[第九战区干部训练团编]　[编者刊]　1940 年 9 月　2 + 14　32 开　有图表

本书分 5 章：绪言、破坏之目的、交通破坏、河川阻塞、交通破坏点之修复。

**4315. 抗敌战术论集**　方希武编　山西文化出版社　[太原]　2 + 78　32 开

本书收 4 篇文章：《论革命的战术——游击战》、《被压迫民族与游击队》、《游击战的基本原则》、《抗敌战术之理论与实际》。

**4316. 抗日游击战术**　周静园著　上海杂志公司　1938 年 3 月粤初版　广州　6 + 88　32 开　新军事学丛书之四

本书分 10 章：什么是游击战术、它研究些什么、游击队开始怎样活动、游击队怎样组织法、游击战术的一般原则、游击队怎样行动、游击队的宿营地和根据地在哪里、游击队的纪律和要求、游击战争的几个重要论点、游击战斗的特殊经验、晋北游击战争的谈话。书前有 "写在卷头"。

**4317. 抗日游击战术问答**　冯玉祥著　生活书店　1938 年 2 月初版（汉），1938 年 3 月再版（粤），1938 年 5 月再版（汉）　60　32 开

本书收录 101 个关于抗日游击战术的问题及答案。书前有著者序，再版有再版序言。

**4318. 抗日游击战争**　朱德著　新华日报馆　1938 年 7 月初版　1 + 33　32 开　新群丛书　第 12 种

本书收录两篇文章：《游击战争在抗日自卫战争中的重要意义》、《抗日游击战争的要素》。

**4319. 抗日游击战争** 朱德著 新华日报馆 1938 年 170 32 开 新群丛书之十二

分 17 部分：游击战争在抗日自卫战争中的重要意义、抗日游击战争的要素、组织方法、抗日游击组织的诸问题、抗日游击队与各方的关系、抗日游击队的战术总则、抗日游击的活动方针、进攻战术、防御战术、追击战术、退却战术、破坏战术、侦察、通讯联络、行军、宿营、抗日根据地。后有附录两篇。

**4320. 抗日游击战争** 朱德著 新华日报馆 1938 年 11 月再版 汉口 128 32 开 新群丛书第 12 种

分 17 部分：游击战争在抗日自卫战争中的重要意义、抗日游击战争的要素、组织的方法、抗日游击队组织的诸问题、抗日游击队与各方面的关系、抗日游击队的战术总则、抗日游击队的活动方针、进攻战术、防御战术、追击战术、退却战术、破坏战术、侦察、通讯联络、行军、宿营、抗日根据地。后有附录 1 篇。

**4321. 抗日游击战争** 朱德著 新华日报馆 1938 年 7 月初版 9 + 170 32 开 新群丛书 第 12 种

本书收录 17 篇文章：《游击战争在抗日自卫战争中的重要意义》、《抗日游击战争的要素》、《组织方法》、《抗日游击组织的诸问题》、《抗日游击队与各方面的关系》、《抗日游击队的战术总则》、《抗日游击队的活动方针》等。

**4322. 抗日游击战争的理论与经验** 张冰之编 中外编译社 1938 年 10 月 上海 4 + 192 页 32 开

本书分上、下两编，包括 17 篇：什么是抗日游击战、抗日游击队的组织与任务、抗日游击队的基本原则、华北陷落与游击战的发动、平郊抗日游击战的经过、游击战争在山西、北战场的游击战等。

**4323. 抗日游击战争的一般问题** 毛泽东等著 上海建社 1938 年 11 月初版 上海 93 32 开 有图表 新知丛书之二

包括：什么是游击战争、游击战争与正规战争的关系、历史上的游击战争、抗日游击战争能否胜利、抗日游击战争的组织问题、抗日游击战争的政治问题、抗日游击战争的战略问题共 7 章。前有编者的"编者弁言"，提到"这本书是集体写的，有毛泽东、陈昌浩、刘亚楼、萧劲光、郭化若诸先生执笔"。

**4324. 抗日游击战争的一般问题** 毛泽东等著 抗战学社 1938 年 12 月初版 83 32 开 有图表

包括：什么是游击战争、游击战争与正规战争的关系、历史上的游击战争、抗日游击战争能否胜利、抗日游击战争的组织问题、抗日游击战争的政治问题、抗日游击战争的战略问题共 7 章。前有编者的"编者弁言"，提到"这本书是集体写的，有毛泽东、陈昌浩、刘亚楼、萧劲光、郭化若诸先生执笔"。

**4325. 抗日游击战争的一般问题** 毛泽东、陈昌浩、刘亚楼、萧劲光、郭化若著，抗日战争研究会编辑 解放社 1938 年 7 月初版，1939 年 2 月再版 98 32 开 抗日战争丛书第 1 种

包括：什么是游击战争、游击战争与正规战争的关系、历史上的游击战争、抗日游击战争能否胜利、抗日游击战争的组织问题、抗日游击战争的政治问题、抗日游击战争的战略问题共 7 章。前有编者弁言。

**4326. 抗日游击战争的一般问题** 毛泽东等著 新华日报馆 1939 年 3 月再版 50 32 开 有图表

包括：什么是游击战争、游击战争与正规战争的关系、历史上的游击战争、抗日游击战争能否胜利、抗日游击战争的组织问题、抗日游击战争的政治问题、抗日游击战争的战略问题共7章。前有编者的"编者弁言"，提到"这本书是集体写的，有毛泽东、陈昌浩、刘亚楼、萧劲光、郭化若诸先生执笔"。

**4327.** **抗日游击战争的一般问题**　毛泽东等著　中国文化社　1939年4月初版　98　32开　有图表中国文化社丛书第2种

包括：什么是游击战争、游击战争与正规战争的关系、历史上的游击战争、抗日游击战争能否胜利、抗日游击战争的组织问题、抗日游击战争的政治问题、抗日游击战争的战略问题共7章。前有编者的"编者弁言"，提到"这本书是集体写的，有毛泽东、陈昌浩、刘亚楼、萧劲光、郭化若诸先生执笔"。后附正误表。

**4328.** **抗日游击战争的一般问题**　抗日战争研究会编　东北书店　1947年10月初版　佳木斯　2+68　32开　有图表　抗日战争丛书第1种

本书分7章：什么是游击战争、游击战争与正规战争的关系、历史上的游击战争、抗日游击战争能否胜利、抗日游击战争的组织问题、抗日游击战争的政治问题、抗日游击战争的战略问题。书前有编者弁言。

**4329.** **抗日游击战争的战略问题**　毛泽东著　新华日报馆　1938年6月初版　汉口　1+42　32开　新群丛书第11种

本书共10章："为什么提起游击战争的战略问题"、"那么为什么不将抗日战争的一般战略问题中的东西用之于游击战争呢?"、"战争的基本原则是保存自己消灭敌人"、"抗日游击战争的具体战略问题共有六个"、"第一个问题——主动地灵活地有计划地执行防御战中的进攻战、持久战中的速决战、内线作战中的外线作战"、"第二个问题——与正规战争相配合"、"第三个问题——建立根据地"、"第四个问题——游击战争的战略防御与战略进攻"、"第五个问题——向运动战发展"、"第六个问题——指挥关系"。

**4330.** **抗日游击战争的战略问题**　毛泽东著　新华日报馆　1938年6月初版　汉口　2+35　32开　新群丛书第11种

本书共10章："为什么提起游击战争的战略问题"、"那么为什么不将抗日战争的一般战略问题中的东西用之于游击战争呢?"、"战争的基本原则是保存自己消灭敌人"、"抗日游击战争的具体战略问题共有六个"、"第一个问题——主动地灵活地有计划地执行防御战中的进攻战、持久战中的速决战、内线作战中的外线作战"、"第二个问题——与正规战争相配合"、"第三个问题——建立根据地"、"第四个问题——游击战争的战略防御与战略进攻"、"第五个问题——向运动战发展"、"第六个问题——指挥关系"。

**4331.** **抗日游击战争的战略问题·论持久战**　毛泽东著　太岳军区司令部　1938年5月　129　32开　有插图

收录《抗日游击战争的战略问题》与《论持久战》。书前有毛泽东木刻像。

**4332.** **抗日游击战争的战术问题**　郭化若、周纯全等著　中国文化社　1938年12月初版（渝），1939年4月再版　2+125　32开　中国文化社丛书第4种　成仿吾等主编

共分10章：游击战术的基本要求、侦察调查、袭击（袭击、伏击、急袭）、对敌人后方和交通的破坏、通信联络、行军宿营、供给卫生、地方戒严、坚壁清野、隐蔽休息。书前有编者弁言。

**4333. 抗日游击战争的战术问题** 抗日战争研究会编 解放社 1938 年月初版，1939 年 3 月再版 88 32 开 抗日战争丛书第 3 种

内容有：游击战术的基本要求、侦察调查、袭击、对敌人后方和交通的破坏、通讯联络、行军宿营、供给卫生、地方戒严、坚壁清野、隐蔽休息共 10 章。前有编者的"编者弁言"，提到参加写作的有：郭化若、周纯全、陈伯钧、李振远、谭家述、刘少卿等。

**4334. 抗日游击战争的战术问题** 抗日战争研究会编 解放社 1938 年 9 月初版 122 32 开 抗日战争丛书第 3 种

分 10 章：游击战术的基本要求、侦察调查、袭击、对敌人后方和交通的破坏、通讯联络、行军宿营、供给卫生、地方戒严、坚壁清野、隐蔽休息。前有编者的"编者弁言"，提到参加写作的有：郭化若、周纯全、陈伯钧、李振远、谭家述、刘少卿等。

**4335. 抗日游击战争的战术问题** 抗日战争研究会编 东北书店 1947 年 6 月初版 佳木斯 4 + 90 32 开 抗日战争丛书第 3 种

共分 10 章：游击战术的基本要求、侦察调查、袭击（袭击、伏击、急击）、对敌人后方和交通的破坏、通信联络、行军宿营、供给卫生、地方戒严、坚壁清野、隐蔽休息。书前有编者弁言。

**4336. 抗日游击战争中各种基本政策问题** 陶尚行著 解放出版社 1937 年 30 32 开 真理小丛书之三

本书分为 6 部分：游击战争是今后华北人民抗日的主要斗争方式、在华北发展游击战争的条件与胜利的可能、抗日武装部队的组织和改造、抗日游击战争根据地的建立与游击区域中抗日政府的组织、抗日政府的各种政策、结论。

**4337. 论抗日游击战争** 抗日战争研究会编 解放社 1938 年 11 月初版 ［延安］ 7 + 188 32 开 抗日战争丛书第 5 种

本书分 3 章：总论、抗日游击队的组织问题、抗日游击队的战术。附录收敌寇大本营歼灭游击对策秘本内容。

**4338. 论游击战** 汪精卫、陈西滢、朱家骅、谢承炳、陶希圣、林适存、毛泽东、周洪山、叶溯中、林翔、茹春浦、约克、殷允南、郝芳年、宣侠父、赵康、汪衡执笔 独立出版社 1938 年 4 月初版，1938 年 12 月 6 版 重庆 72 32 开 战时综合丛书第 1 辑

本书分 4 部分：导言、游击战概论、关于游击战的误解及其流弊、附录。书后附讨论大纲。

**4339. 论游击战** 朱德著 上海建社 1938 年 11 月再版 上海 56 32 开 新知识丛书

分上、下两编：游击战争在抗日自卫战争中的重要意义、抗日游击战争的诸要素。附编收《八路军抗战的一周年》。

**4340. 论游击战** 朱德等著 华社 1939 年 3 月初版 6 + 172 32 开 有图表

本书收录 5 篇文章：《论游击战》（朱德）、《抗日游击战争的一般问题》（毛泽东等）、《抗日游击战争战术上的基本方针》（郭化若）、《论抗日游击战争的基本战术》（陈伯钧）、《论平地游击战》（萧克）。封面题"朱德、毛泽东著"。

**4341. 民众怎样参加游击战** 丁三著 战时出版社 1938 年 5 月初版 1 + 140 32 开 战时小丛书之十二

本书分为 6 部分：中国民众抗日游击的血景、民众为什么要参加游击战、民众怎样组织游击队、游击队怎样实施政治工作、在军事上怎样运用新战术、实现全民的游击战才有出路。

**4342. 民族革命的游击战**　赵康著　国民书店　1937 年 10 月初版，1938 年 3 月 3 版　汉口　12 +
216　32 开　有插图、有图表

本书分 12 章：什么是游击战、游击战的基本原则、游击战的组织、游击战的侦察、游击战的
通信联络、游击战的战斗动作、游击战的行军与宿营、游击战的给养与卫生、游击战的防空与防
毒、游击战的政治工作、地方暴动与巷战、民族革命的游击战之前途。书前有序言。

**4343. 民族革命的游击战抗战经验谈**　项英等著，金则人编　自强出版社　1938 年 3 月　汉口　68
32 开

内容分为 5 个部分：朱彭两指挥谈平型关之役和胜利的经过、林彪谈抗日战争的经验、刘伯承
谈我们怎样打退正太路南进的敌人、任弼时作山西抗战的回忆、项英谈南方三年游击战争经验对于
当前抗战的教训。

**4344. 破坏交通与空室清野球状战术之关系**　王俊著　新建设出版社　1940 年 6 月初版　2 +22 页　32
开　政治·经济·社会·文化小丛书　第四战区司令长官司令部编纂委员会编

分 6 章：破坏交通在作战上的重要性、如何破坏交通才能使作战有利、破坏交通与空室清野之
关系、空室清野与球状战术的相互作用等。

**4345. 如何去发动游击战讨论大纲**　26 [环筒叶]　32 开　有图表

本书分 5 部分：未曾发动游击战之沦陷区应如何着手进行、已经发动游击战争之沦陷区应如何
去整理去扩大、游击队与各方面之连系、全国策动游击战争机关之设立、其他。

**4346. 实用游击战术读本**　少锋社编　上海杂志公司 [总经售]　1938 年 2 月初版　上海　4 +52
32 开

本书上、下两编，分游击队政治纲领与游击队战术纲领，收《抗战的形势和我们的任务》、《游
击队的三大工作》、《游击队的使命》、《对敌军政治工作》等 31 篇文章。

**4347. 游击队活动的新方针**　中国共产党南满党特委编　编者刊　1936 年 4 月　1 张　37.2cm ×
27.7cm　油印

游击队活动图形及图解。复制本。

**4348. 游击队基本动作**　（苏）尤基著　建社　1938 年 12 月初版　上海　46　32 开　新知识丛书
本书包括游击队是些什么人、我们为什么需要他、游击队怎样动作、怎样组织游击支队、游击
队动作的方针、游击队怎样进行侦察、通信联络、怎样实行袭击、游击队身遭敌人袭击怎样动作、
怎样破坏敌人的后方交通路等 17 节。版权页题名为"游击队的基本动作"。

**4349. 游击队基本动作教程**　（苏）尤击著　解放出版社　6 +44　32 开　真理小丛书之二
本书分 17 节：游击队是些什么人、我们为什么需要他、游击队怎样动作、怎样组织游击支队、
游击队动作的方针、游击队怎样进行侦察、通信联络、怎样实行袭击、游击队身遭敌人袭击怎样动
作、怎样散埋伏、怎样破坏敌人的后方交通路等。书前有丛书序和编者引言。

**4350. 游击队行动手册**　大风出版社　2 +26　64 开　浙江省第四区战时政治工作指导室丛书　第
1 种

本手册分 3 章：概说、游击战术、政治工作。书前有丛书缘起、王耘庄序。

**4351. 游击战**　顾前著　文化供应社　1940 年 11 月　桂林　1 +49　64 开　青年新知识丛刊
本书分 10 节，包括：什么是抗日游击战争、抗日游击战争与民族抗战、游击队的组织和给养、

抗日游击战术的一般原则等。

**4352. 游击战的真意义** 朱家骅、谢承炳、金仲华、宣侠父著，谭公辅编 全民出版社 1938 年 2 月初版 汉口 2 + 41 32 开

本书收录关于游击战的文章 5 篇，包括《游击战》（朱家骅）、《谈游击战》（谢承炳）、《关于游击战争》、《游击战术与游击队》（金仲华）、《关于游击战争问题的两种倾向及其真实意义》（宣侠父）。

**4353. 游击战纲要** 军事委员会军训部军学编译处编 编者刊 1939 年 10 月初版，1940 年 1 月版，1941 年 1 月版 16 + 240 32 开

本书分 14 篇：组织、根据地、政治工作、警戒、破坏、卫生、阵中日记等。前有部长白崇禧训令。本书由西南游击干部训练班翻印。1940 年版有题赠。

**4354. 游击战评价** 姚承三编著 独立出版社 1939 年 2 月初版，1940 年 7 月 6 版 重庆 1 + 62 64 开 抗战建国小丛书 潘公展等主编

本书分 5 部分：什么是游击战、一般对于游击战的误解及其批评、游击战的价值、游击战在我国战略战术上的地位、结论。

**4355. 游击战术** 陕西省战时行政人员训练所编 编者刊 ［西安］ 4 + 20 32 开 训育课程之一

本书介绍了游击战术的基本知识。分两章：游击战的基础知识和游击战术的实际运用。

**4356. 游击战术** 王志文编 青年评论社 1933 年 3 月再版 8 + 142 64 开 青年军事丛书之一

本书分 18 节，包括"游击队是些什么，我们为什么需要他"、"游击队怎样动作"、"怎样组织游击队"等。书前有序言，书后附录有军队的游击战术。

**4357. 游击战术** 抗日军政大学总校教材编审委员会编 编者刊 126 32 开 油印

该书共 11 个部分：绪论、抗日游击队的产生及组织与领导、抗日游击队的活动方针及任务、袭击与伏击、平原游击战争、侦察与地方戒严及空舍清野、行军宿营、破击战、供给与卫生、通信联络、抗日游击战争的战略问题。

**4358. 游击战术的实际应用** 张昔方著 生活书店 ［总经售］ 1938 年 1 月初版 汉口 2 + 45 32 开 有插图

本书分 19 章：目的、任务、生命、武装来源、攻击战、埋伏战、政治工作、游击战区等。

**4359. 游击战术的实际应用** 张昔方著 生活书店 ［总经售］ 1939 年 3 月再版 汉口 4 + 45 32 开 有插图

本书分 19 章：目的、任务、生命、武装来源、攻击战、埋伏战、政治工作、游击战区等。

**4360. 游击战术的实际运用** 胡天民著 光明书局 1938 年 1 月再版，1938 年 3 月 3 版 2 + 82 32 开

本书分 5 部分：实行游击战争的必要、游击队的编成、游击队与大众、游击队的基本领袖与指挥官、游击战术的执行。书后附录：《论中日战争》（毛泽东）、《论抗敌战略》（朱德）、《抗日战争的经验》（林彪）、《第八路军是怎样战斗着的》。

**4361. 游击战术的研究** 黎勉之著 ［中英印务局］ 1938 年 3 月 14 + 92 32 开 有照片

本书分 7 章：绪论、游击战术的意义、游击战术的研究、游击兵法的研究、游击战队的组织、

游击战队的训练、结论。

**4362. 游击战术的应用和组织**　沈远著　陕西延安书局　1937 年　延安　21　32 开　战事大众丛书之一

内容包括 3 部分：游击队的伟大作用、游击队的组织、游击支队战术。

**4363. 游击战术纲要**　陶剑青编著　战时知识社　1939 年 3 月初版　8 + 254　32 开　有插图、有图表

本书分两篇，共 19 章：总论、游击队的组织、游击动作方针、游击队的任务、游击队的侦查、游击队的警戒、敌后工作、几个注意的问题、游击队政治工作、防空与防毒等。卷首有自序。

**4364. 游击战术纲要**　陶剑青编著　读书生活出版社　1939 年 3 月　254　32 开

该书共分两篇：第 1 篇包括总论、游击队的组织、游击动作方针、游击队的任务、游击队的侦察、游击队的警戒、行军宿营等 15 章；第 2 篇包括 4 章：游击队政治工作、防空与防毒、对骑兵的战斗、教育训练。附录收"抗战经验"、"游击战争战术上的基本方针"、"我们在敌人后方的战术的应用"、"论平地游击战"。书前有作者自序。

**4365. 游击战术讲话**　王壬编述　中央陆军军官学校特别训练班　1936 年 1 月　南昌　3 + 86　64 开　有插图

本书分 8 章：游击队的重要性、游击队的组织、游击队任务及其动作方针、游击队的运动（行军）、游击队的宿营及其警戒、游击队的截夺、游击队的破坏。

**4366. 游击战术讲话**　张佐华著　生活书店　1937 年 10 月初版　上海　136 页　32 开

本书分 6 章：绪论、怎样发动游击战争、怎样组织游击战争、怎样实施游击战术、游击队的行军和驻军、结论——对日抗战的前途等。前有自序。

**4367. 游击战术讲话**　赵康著　黎明书局［经售］　1938 年 2 月 1 日初版，1938 年 2 月 20 日再版，1938 年 3 月再版　上海　4 + 64　32 开　战时民众丛书　冯和法主编

本书包括 10 部分：为什么要研究游击战术、什么是游击战术、游击战术发展的历史、游击战术的特点、怎样发动游击战、怎样组织游击队、游击战术的实施、游击队的政治工作、结论。书前有编者缘起。

**4368. 游击战术讲话**　张佐华著　黎明书局　1938 年 2 月再版　4 + 64　32 开　战时民众丛书　冯和法主编

本书分 9 个部分：为什么要研究游击战术、什么是游击战术、游击战术发展的历史、游击战术的特点、怎样发动游击战、怎样组织游击队、游击战术的实施、游击队的政治工作、结论。书前有冯和法所作的"缘起"。

**4369. 游击战术讲义**　冷克编　军学编译社　1938 年 1 月再版　［南京］　98 + 10　64 开

本书从游击队的组织、任务、动作、袭击、侦察、埋伏等方面概述了游击战术。书前有"写在前头的几句话"。书面页有"新战法之秘诀"字样。

**4370. 游击战术与游击队**　陈雅令著　汉口大时代书店　1938 年 2 月初版　汉口　8 + 78　32 开

本书分为上、下两编，其中上编为"游击战术"，分两章：概论、游击实施；下编为"游击运动"，分两章：怎样发动游击战争、抗日游击队。书前有著者序论。

**4371. 游击战术与游击队**　王之英著　生活出版社　1938 年 3 月　汉口　4 + 86　32 开　大时代小

丛书

本书分为上、下两编，其中上编为"游击战术"，分两章：概论、游击实施；下编为"游击运动"，分两章：怎样发动游击战争、抗日游击队。书前有著者序论。

**4372. 游击战术与游击活动** 彭德怀等著 战时出版社 166 32 开 战时小丛刊之五十七

该书分上、下部。上部收录《论游击战争》（彭德怀）、《游击战与持久战》（李公仆）、《游击战之实践要领》、《游击战与游击队》（任启珊）等 17 篇文章；下部收录《关于游击战争》（《新华日报》）、《东北抗日游击的史的检讨》（吴平）、《满洲的游击运动》（汤兴喜）等 13 篇文章。

**4373. 游击战术之研究** 军事委员会西北游击干部训练班编 编者刊 1940 年 1 月 ［120］ 32 开 有插图

本书概述了游击战的定义、游击战的特点、游击战的任务以及游击队的统率指挥、通讯、联络、特种地形之战斗等。书后附《根据地保卫划分略图》。有题跋。

**4374. 游击战争** 朱德、肖克、罗瑞卿等著 顽强社 1938 年 8 月 汉口 208 32 开

包括 4 部分：总论、政治工作、游击战术、经验与教训。书前代序《把江南游击战争胜利地开展起来》。

**4375. 游击战争的基本战术** 郭化若、陈伯钧、水侠合著 建社 1938 年 12 月初版 2 + 43 32 开 新知识丛书

收《抗日游击战争战术上的基本方针》（郭化若）、《论抗日游击战争的基本战术——袭击》（陈伯钧）、《论抗日游击战争的基本战术——破坏》（水侠）。

**4376. 游击战争的战术问题** 抗敌战争研究会编 编者刊 5 + 88 32 开

本书分 10 章：游击战术的基本要求、侦察调查、袭击（袭击·伏击·急袭）、对敌人后方和交通的破坏、通信联络、行军宿营、供给卫生、地方戒严、坚壁清野、隐蔽休息。卷首有编者弁言。

**4377. 游击战争论** 佚名编辑 华光出版社 1938 年 1 月初版 1 + 40 32 开 抗战小丛书

本书分 5 部分：游击战争是今后华北人民抗日的主要斗争方式、在华北发展游击战争的条件与胜利的可能、抗日武装部队的组织和改造、抗日游击战争根据地的建立与游击区域中抗日政府的组成、抗日政府的各种政策为了最高度地达成上述四项任务政府与各种具体政策应该如下。

**4378. 游击战之实施破坏工作** 梅元达著 ［编者刊］ 1939 年 5 月 ［游击干部训练班编］ 4 + 32 +1 32 开 有插图、有图表

本书分 3 篇：破坏概说、轰炸药物、破坏工作之实施。有题赠。

**4379. 游击战之运用** 唐子长编 战地图书出版社 1941 年 2 月初版 江西 20 + 258 +2 32 开 兵学丛书之二

本书分 7 篇，包括：意义任务与编组、指挥联络与通讯、侦察搜索与警戒、作战目的与原则、特种战斗之指挥等。前有弁言，后有作者序。

**4380. 怎样运用游击战** 伊宁编著 永华书店 ［总经售］ 1937 年 10 月初版 上海 72 32 开 民众组织之基本战术

本书分 7 章：什么叫做游击战术、游击战术之光荣史略、抗日战争与游击战术之适合性、民众组织与游击战术之关联性、怎样保证游击战术的胜利、怎样组织游击队、怎样运用游击战术。

**4381. 怎样在敌后打游击战** 雷丁著 军事委员会政治部 13 64 开 抗战小丛书 第 13 集

本书以问答形式介绍怎样在敌后打游击战。

## 其他战术

### 4382. 对敌坚固据点攻略要领　军事委员会军令部编　编者刊　1944 年 7 月　84 + 20　32 开　有插图

本书分 8 章：敌据点之认识、攻略据点之一般要领、攻击准备、攻击实施、教育训练、攻略据点之战略等。书后附《营据点攻击计划要图》等 20 张。封面有"作战教令第二十七号"字样。

### 4383. 反闪击战　（英）文德林哈姆著，周竞中、李秉钧合译　五十年代出版社　1941 年 4 月初版　重庆　2 + 146　32 开　有图表　五十年代翻译文库　第 1 种

本书分 7 章：闪击战的产生、肃清落伍的思想、打击德国坦克车和飞机的方法、如何训练人民的军队、人民战争的问题、使用武器的训练、战争是政治的延续。

### 4384. 广东团寨战术的发动与运用　陈暑木著　黎明书局　1938 年 8 月初版　［广东］　30　32 开

本书分 4 章：什么是团寨战术、怎样发动团寨战争、发动团寨战争前应有的布置、实施团寨战争的步骤。书前有绪言，书后有结语。

### 4385. 近战战术　八路军留守兵团司令部编辑　八路军军政杂志社　1940 年 4 月　2 + 37　32 开　抗日战争丛书第 7 种

内容包括 4 个部分：引言、八路军留守兵团关于近战教育的补充训令、发扬勇猛机动顽强的近战教育、步兵的近战。该书为绵纸制作。

### 4386. 山地战教范　［军学编译社］编　兵学书店　1943 年 1 月　重庆　20 + 170　64 开

本书分 9 编 16 章，分别为：指挥及指挥系统、作战手段、情报及警戒、运动·运输·宿营、战斗、会战中之大部队、冬季作战、各种勤务之机能、通信·筑城·毒气。

### 4387. 闪电战概论　刘为章著　国防书店　1941 年 4 月初版　桂林　4 + 54　32 开　现代战争丛书之一　黄焕文主编

本书分 3 个部分：序言、闪电战概论、附载。

### 4388. 闪电战论丛　李浴日编　第七战区编纂委员会　1941 年 4 月初版　［曲江］　10 + 140　32 开　有插图

本书收录了 11 篇关于闪电战的著作和译作，包括：《闪电战》（朱德依译）、《闪电战概论》（刘为章著）、《论闪击战》（和培元著）、《闪击战的理论与实际》（仲谋译）、《闪电战术的闪电战略》（华苏译）等。书前有张发奎、蒋光鼐、华振中、赵一肩序和编者序。附录收《闪电政治论》（李浴日著）。

### 4389. 水雷战　海讯社编　编者刊　1941 年 5 月初版　208　32 开　有照片、有插图　海讯社丛书　之一

本书分 3 辑：水雷概说、水雷战、战地实录（附木刻插图）。书前有陈绍宽代序《二十九年一年间海军战绩之检讨》。附《海军抗战事迹》等。

### 4390. 特种地形之战斗　军事委员会军令部编　编者刊　1941 年 12 月　6 + 62　32 开　抗战参考丛书第 32 种

收录《作战教令》第 6、9、10 号。分 3 章：山地战斗、湖沼地战斗、江防战斗。附录收《如何防守黄河》。封面有"机密"字样。

**4391. 野战防御阵地之研究** 郭汝瑰著 五四印务所 1940 年 2 + 46 32 开 有插图 五四教育丛书之三

该书分：战术及筑城上几个重要原则的说明、阵地选定、阵地编成、阵地构筑。书后收录《昌图西方附近日本军阵地防御工事要图》、《横店附近模范阵地编成要图》等地图。

**4392. 夜战要旨及其弊害之防止** ［军事委员会战时将校研究班编］ 编者刊 1938 年 3 月 16 64 开 有插图

本书分 4 个部分：夜战之趋势、夜战之特性、夜战要旨、我军过去夜战之检讨及今后夜战之所见。

**4393. 运动战与阵地战** 杨杰、伍振声、方秋苇、杜沄、周安国、范长江执笔 独立出版社 1938 年 10 月初版，1939 年 3 月 5 版 重庆 6 + 68 32 开 有插图、有图表 战时综合丛书第 2 辑

本书分 3 编：运动战、阵地战、我们的战略与战术。书后有编后记和讨论大纲。

**4394. 战术讲话（闪电战术）** 刘为章讲 ［中央训练团］ 1940 年 11 月 2 + 22 32 开 中央训练团党政训练班讲演录

本书分 3 个部分：闪电战之发生与德国、德国闪电作战运用的经纬、闪电战的检讨。

**4395. 战争中之奇袭** （德）埃尔佛特著，吴国宝译 陆大出版社 1944 年 1 月初版 重庆 2 + 122 32 开 有插图 陆大丛书

本书分两部分："以奇袭为战胜之手段，在新近过去之战争中所得教训为何"、"结论"。书前导言："歼灭战原理，乃战争之基本原则，恒与奇袭敌人密切连击"。书后附 9 幅草图。

**4396. 阵内战之研究与实施** 中央陆军军官学校教育处步兵科编审委员会编审订 编者刊 1940 年 11 月 60 32 开 有插图 军学丛书第 2 种

本书分 3 章：前言、冲锋及阵内攻击、逆袭与反攻。

## 军事情报工作与侦察勤务

**4397. 捕捉俘虏要领** 军事委员会军令部编 编者刊 1945 年 6 月 9 32 开 抗战参考丛书第 49 种

本书分 3 部分：前言、概说、实施要领。附录收游击队对沦陷区城镇之袭击法。

**4398. 反情报计划** ［国防部情报军官训练班编］ 编者刊 8 16 开 有图表

本书分 3 部分：反情报计划之重要性、作战部队（师以下）反情报工作之方法、反情报计划之作为。书后附反情报计划表。

**4399. 防谍保密** 国防部第二厅编 编者刊 4 + 68 32 开

本书分 4 章："防""保"概论、防谍实施、保密要领、"防""保"军官工作概要。

**4400. 非常时期之情报工作** 皮宗明著 上海汗血书店 1937 年 2 月 上海 2 + 110 32 开 国防实用丛书之十四 刘百川主编

本书分 5 个部分：绪言、非常时期之宣传政策、各国情报组织、非常时期情报组织方案、反间谍制度。

**4401. 审讯学** 张继悦著 军事委员会特别训练班 1938 年 5 月 48 32 开 技术丛书之五

本书分 7 章：概念、审讯前的准备方法、审讯的方法、审讯后的程序、军法会审、审讯人员应

有的常识、审讯政治犯与群众心理附编。

**4402. 什么是敌人的防谍工作**    社会问题研究会编著    编者刊    1943 年 3 月    104    32 开    "是什么"小丛书之三

本书分 6 章："防谍工作"的内容与范围、敌军"自身防谍"的组织、敌人"自身防谍"上注意的方向与办法、对第三国外交人员之防谍办法、敌人防谍教育、结束语。后附《敌人防谍工作文件选辑》。

**4403. 野战炮兵情报勤务**    韩云五著，谭家骏校    陆军大学校    1944 年 2 月初版    重庆    10＋148    32 开    有插图、有图表    陆大丛书

本书分 8 章：炮兵情报搜索诸机关之性能及其勤务、炮兵情报勤务实施、测地、声测、光测、空中观测及情报搜索、气象、通信。卷首有序言及绪论，书后有结论。

**4404. 一个排的威力搜索之研究**    军事委员会军令部编    编者刊    1940 年 6 月    22    32 开    有插图    抗战参考丛书第 24 种

本书分 5 个部分：本研究编述之目的、典令规定暨顾问所供意见之研究、步兵排威力搜索预备工作及其实施程序、战例、跋语。书前有弁言。

# 军事技术

**4405. 城塞纲要草案**    李青编述，何新文参校    ［城塞训练班］    1942 年 6 月    22 ［环筒叶］    14. cm×21.5cm    油印、线装    城塞丛书

本书分 5 章：城塞之功用、城塞（要塞区）之特性、城塞编成与配备、城塞之建筑与保管、城塞之运用。卷首有《城塞歌》、纲领、总则。

**4406. 传书鸽**    华汝成编    中华书局    1937 年 10 月    上海    2＋26    64 开    有插图    学校训练民众训练非常时期补充读物

本书分 5 个部分：传书鸽的来历、传书鸽的特性、传书鸽的用途、传书鸽的训练、传书鸽的品种。

**4407. 飞机识别与处理敌机手册**    宪兵司令部编    编者刊    4＋42    32 开    有照片、有插图、有图表    宪兵丛书之五

分 13 节：飞机种类及其任务、飞机一般常识、敌我飞机之识别、射击敌机与飞机击（降）落处置办法、我国飞机飞行规则等。书前有引言。插图《敌我飞机识别特征》标有"极机密"字样。封面页背面标有"机密"字样。

**4408. 飞行人员与飞行训练**    （美）费哲著，汤珙真、汤达明译    铁风出版社    1941 年 3 月初版（蓉）    成都    58    64 开    青年航空小丛书第 2 种    范德烈主编

本书分两部分：飞行人员、飞行训练。

**4409. 关于敌前渡河之研究**    唐天闲译著    军用图书社    1932 年 10 月    南京    66    32 开    有插图、有图表

本书译自日文，系一篇敌前渡河之战术研究。附《横曾根及蕨附近荒川侦察图》、《渡河实施计划要图》等。

**4410. 简易军事递讯法**    华襄治、华叔伦合编    中华书局    1937 年 10 月    上海    2＋16    64 开    有

插图 学校训练民众训练非常时期补充读物

本书分3个部分：递讯联络在军事上的重要、军用递讯机器的组织、军用递讯兵器的种类。

**4411. 军事航空** 新中国建设学会编译 新中国建设学会出版科 1932年12月初版，1933年2月再版 上海 10+102页 大32开 有图表

本书分7章：陆军用航空机、海军用航空机、航空母舰与射出机、炸空－空中轰炸、防空－空中防守、列国海军空军之现状等。

**4412. 军用电话** 华襄治、徐天游合编 中华书局 1937年10月 上海 2+13 64开 有插图 学校训练民众训练非常时期补充读物

本书分8个部分：军队中的通讯、电力通讯概说、军用有线电话、喉头电话机与唇头送话机、军用无线电话、有线电话的窃听与预防、秘密的无线电话、无线电的情报。

**4413. 抗日筑城要则** 训练总监部 1937年8月初版 22页 64开 有插图

分7节："分散"、"伪装"、"掩体掩蔽部及抢修"、"阻绝"、"对战车、高粱地之利用"、"城市之防御"等。书前有编辑大意。封面有"秘密"字样。

**4414. 抗战与天时** 宛书城著 中山文化教育馆 1939年3月渝版 重庆 2+48 32开 抗战丛刊 第82种 中山文化教育馆编

分5章：天时对于战争的影响、现代战争的重视天时、我国的气候和天气、战时国民对于天时应有的注意、由天时论我抗战必胜。

**4415. 科学与军事** 杜长明编著 独立出版社 1941年1月初版 重庆 2+106 32开 有图表 新民族小丛书

本书收14篇文章：《植物油代替柴油之商榷》（杜长明）、《军粮研究的重要及一点实验的结果》（郑集）、《怎样解决伤兵问题》（张查理）、《增进航空效率目前应该注意的问题》（吕炯）、《气象与军事之关系》（吕炯）等。

**4416. 民国廿九年度陆大第十七期应用野战筑城目录作业** 1940年 ［260］［环筒叶］ 16开 有插图、有图表

本文献为陆大学生作业报告，内分：防御筑城之阵地选定、主阵地线之决定、阵地编成、步兵阵地编成、阵地构筑、对战车障碍之设施等。手稿，有批校。附：作业参考资料。

**4417. 游击队的交通与通信** 希明著 上海杂志社 1938年4月汉初版 汉口 5+70 32开 有插图、有图表 游击队小丛书 金则人主编

本书分上、下两篇：游击队的交通、游击队的通信。书前有弁言，书后附录为《怎样预知天气》。

**4418. 游击队的警戒与侦察** 明凡著 上海杂志公司 1938年4月再版 汉口 2+70 32开 游击队小丛书 金则人主编

本书分5章：绪论、警戒、侦察、警戒与侦察的联合应用、结论。

**4419. 游击干部训练班筑城学讲义** 游击干部训练班技术组编 编者刊 24 32开 有插图

本书分7章：野战筑城之概要、抗战以来筑城之变迁、野战防御阵地之选定、野战防御阵地之编成、步兵抵抗地带之编成及火网构成之顺序、阵地之伪装、逆袭。有题赠。

**4420. 怎样构筑乡村防御工事** 韦时尊、陈楠藩合著 民团周刊社 1938年8月初版 广西 52

32 开　有插图　丙种丛刊第二种　基层建设丛刊第三辑之五　兀真化主编

本书分 4 个部分：乡村防御工事的重要性、农村防御工事与游击战的关系、乡村防御工事的种类及构筑法、结论。

**4421. 战地工程**　马地泰著　商务印书馆　1938 年 1 月初版，1938 年 7 月 3 版　长沙　12 + 154　32 开　有插图、有题词、有图表　战时常识丛书

本书分 8 章：测绘、道路、铁道、桥梁、筑营、筑城、河港、伪装。书前有序文及本书的参考书目。附录为《军事委员会委员长行营修正军工筑路暂行准则》。

**4422. 战时的伪装**　李绍和编　商务印书馆　1938 年 5 月初版　长沙　2 + 33　32 开　有照片　小学生战时常识丛书

本书分 4 部分：战时伪装的必要、军事上的伪装和动物的隐身色、伪装的种类、伪装的对头。

**4423. 战时工程备要**　（德）Zahn 著，沈怡译　中国科学图书仪器公司　1937 年 5 月初版　上海　6 + 160　大 64 开　有插图、图表

本书分 4 编：野战筑城、渡河法、爆炸、障碍物。有译者的弁言。

**4424. 战争与科学**　英国科学工作者集体合著，白明译　大时代书局　1942 年 7 月初版　重庆　3 + 156　32 开　二次大战小丛书之十　蒋学楷主编

本书分 8 章：绪论、几个科学成果、战争支配下的科学、伤兵问题、粮食、工业背景、说服与效率、结论。书前有原序。

## 武器、军用器材

**4425. 兵器图说**　刘维宜、孙惠道编著，吕金录校订　商务印书馆　1938 年 7 月初版　长沙　4 + 56　64 开　有插图　民众战时常识

本书分 5 个部分：陆军用兵器、海军用兵器、空军用兵器、化学兵器、可怕的新武器。

**4426. 大众射击与兵器知识**　钱石坚编著　生活书店　1939 年 10 月初版　1 + 94　32 开　有插图、有图表

本书分 10 个部分：学习射击与兵器、手中投掷兵器——手榴弹、步兵主要兵器——步枪、射击学理、射击技术和训练、自动火器、步兵炮常识、反坦克、对空射击、要求深造。

**4427. 国防基本兵器讲话**　李鸿琼著　上海杂志公司　1938 年 3 月粤初版　汉口　8 + 184　32 开　有照片、有插图、有图表　新军事学丛书之三

本书分 6 章：导言、白刃·枪·炮、战车·装甲汽车·装甲列车、军舰·水雷·海军观测器材、军用飞机·飞艇·飞船·气球、枪弹·炮弹·炸弹·军用火药、军用毒瓦斯·发烟剂·信号剂·烧夷剂·病菌。

**4428. 轰炸问题**　杨振先著　中山文化教育馆　1938 年 8 月渝版　重庆　4 + 28　32 开　抗战丛刊第 49 种

本书分 5 部分：轰炸的意义与性质、轰炸的类别、欧战时德国之非法轰炸、日本非轰炸之斥责、对于日本非法轰炸之对策。书前有"抗战丛刊缘起"。

**4429. 潜水艇**　叶之安、赵繁人编译　国民图书编译社　1940 年　68　32 开　有照片　战事知识丛书之二

本书分 5 章：潜水艇的构造式样和性能、海底战士的生活、潜水艇的管理和指挥、在第二次大

战中的战绩、潜水艇"海豹号"的投降。

**4430. 谈炮（散文）** 王守真 教育部民众读物编审委员会 24 64 开 民众文库

以散文体的形式介绍军事知识，主要介绍了火炮、炮兵等情况。

**4431. 坦克车** 华襄治编 中华书局 1937 年 11 月 上海 1+14 64 开 有插图 学校训练民众训练非常时期补充读物

本书分 5 个部分：坦克车的发现、坦克车的进步、坦克车的构造与特性、坦克车的种类、装甲汽车。

**4432. 新武器和新战略** 一得编 星星出版社 1938 年 1 月初版 汉口 127 32 开

本书系普及武器和战争常识的读物，分 14 节，包括：从飞机谈到炸弹、现代都市的防空措施、毒气是怎样的、什么是机械化部队、一位军事家的话、我们的战略等。

**4433. 新武器与未来大战** 林克多编译 中华书局 1935 年 5 月，1936 年 8 月再版 上海 3+168 32 开 有插图、有图表 国防丛书第 5 种

本书分 6 章：绪论——战争与经济、列强的军备及现代战争的工具、化学战争的化学兵器、空军战的恐怖、最可怕的新武器。

## 化学武器、生物武器、核武器

**4434. 部队防毒校阅须知** 军政部防毒处编 编者刊 1943 年 11 月 重庆 56 32 开 有图表军队防毒业务丛书 1

本书分 7 章：防毒校阅目的、防毒校阅课目、防毒校阅计划与程序、防毒校阅方法、防毒校阅讲评、防毒校阅报告及防毒校阅奖惩。后附《防毒校阅日期预定表》、《受校部队番号驻地表》、《校阅路线及受校部队驻地位置要图》等 19 篇。

**4435. 大众防毒知识** 钱乐华著 战时大众知识社 1938 年 4 月再版 汉口 3+80 32 开 有插图 战时大众知识丛书 白桃主编

本书分 6 部分，包括毒气的种类和功能、毒气的施放和识别、毒气的防御、中毒者的救活、食物和水的防毒等内容。

**4436. 大众化学战争知识** 钱保功著 战时大众知识社 1937 年 12 月再版 武汉 6+90 32 开 有照片、有插图 战时大众知识丛书 白桃主编

本书分 10 章：化学战争、毒气的化学和军用符号、化学战术、化学战斗的军用组织和气体军纪、烟雾、纵火物资、化学工业和化学战争、现代各国对于化学战争的准备及最近我国的军需工业。附录：军用炸药。书前有在报纸发表的电讯摘要。

**4437. 毒气的种种** 华汝成编 中华书局 1937 年 10 月 上海 2+28 64 开 有图表 学校训练民众训练非常时期补充读物

本书分 7 个部分：古代使用的毒气、毒气的分类、窒息性毒气、催泪性毒气、喷嚏性毒气、中毒性毒气、糜烂性毒气。

**4438. 毒气防御及治疗法** 顾学裘著 商务印书馆 1936 年 10 月初版 上海 2+67 32 开 有插图、有图表 医学小丛书

本书分 10 部分，介绍毒气的种类、各种毒气的效能、毒气的识别方法、毒气施放的条件、毒气战争的策略、防毒方法和中毒治疗等内容。

**4439. 毒气防御问答**    军政部学兵管理处编    编者刊    1938 年 6 月    32    64 开    有插图

本书收录士兵防毒问答 25 条，旨在士兵中普及防毒常识。封面有冯友兰先生题赠。

**4440. 毒气各个防御要则**    军政部学兵管理处编    编者刊    1938 年 5 月    8 + 6    64 开    有图表

内载防毒气要则 30 条。附《毒气分类识别急救及防御原理表》6 张。有冯友兰先生题赠。封面有"抗战官兵必携"字样。

**4441. 毒气与防毒**    张茂永编著，吕金录校订    商务印书馆    1938 年 7 月初版    长沙    1 + 35    64 开    有插图    民众战时常识丛书

共分 8 章：使用毒气的历史、毒气的特性和种类、外国军队使用的主要毒气、施放毒气的方法、施放毒气和天时的关系、受毒气攻击前的防御法、受毒气攻击时的防护法、受毒气攻击后的救护。

**4442. 毒气与防护**    陈柱一编著    正中书局    1937 年 2 月初版    南京    38    32 开

本书分两章：毒气与烟雾、防护方法。

**4443. 毒气之防御**    李尔康著    中山文化教育馆    1938 年 12 月渝版    重庆    4 + 50    32 开    有插图、有图表    抗战丛刊第 75 种

本书分 9 个部分：引言、军用毒气、毒气之施放、防御毒气应具之心理、单独防御毒气、集团防御毒气、毒气之消除、中毒后之急疗、组织与训练。

**4444. 防毒常识**    程炎泉编    世界书局    1936 年 12 月初版    上海    3 + 49    64 开    有图表    战时常识丛书

本书分 10 章，介绍毒气战争的历史、毒气的种类、使用、防毒方法、预防毒气须知、中毒症状和急救、防毒员常识等内容。附录收《欧战时所用毒气表》、《毒气弹的识别》。书前有《战时常识丛书发刊词》（陆高谊）。

**4445. 防毒常识**    汪浏编    教育部社会教育司    1937 年 6 月初版    3 + 48    32 开    有图表    教育部教育播音小丛书    第 9 种

分 5 章：绪论、各个防护、集团防护、毒气侦检与消毒、毒气创伤治疗。

**4446. 防毒常识**    教育部民众读物编审委员会编著    正中书局    1938 年 8 月初版    20    64 开    有插图    非常时期民众丛书第 3 集第 9 册

本书分 4 部分：毒气的种类、事前的防备、毒气来袭时的防御、消毒法。

**4447. 防毒方法**    白动生编著    正中书局    1938 年 9 月初版    34    64 开    抗战常识讲话

该书分 5 部分：毒气有哪几种、防毒的方法怎样、防毒有哪几种器具怎样使用、怎样消毒、怎样救护中毒的人。

**4448. 防毒概述（化学战之防御）**    汪逢粟讲    ［中央训练团党政训练班］    1943 年 9 月    22    32 开    有图表    中央训练团党政训练班讲演录

全书分 5 节：化学战沿革简述、化学战剂、天候、地形及地物对用毒的影响、用毒兵器、毒气防御。

**4449. 防毒概要**    裴宏达编著    正中书局    1936 年 9 月初版    南京    4 + 74    32 开    有照片、有插图、有图表    童子军小丛书    第一辑之三    陈立夫主编

本书分 7 章：毒气战争的略史、毒气总论、军用毒气的性能、毒气攻击的技术、毒气的防护、

防毒训练和组织、毒气中毒后的急救和疗法。卷首有作者所写序言。

**4450. 防毒教范草案** 兵工署编 编者刊 1936 年 3 月 120 32 开 有照片

本书分两部：第一部《战术之部》分引言、战用毒剂之性质、毒气战之方式、爆炸气及焚烧气、毒气防具和部队对军用毒剂之动作 6 章；第二部《技术之部》分总论、防毒面具、对于糜烂性毒气之防护、兵器之防毒、毒气对于食品及水平之作用、阵地上各处如战壕及掩蔽部等之驱气及消毒和防毒室之设立 7 章。书后附《意大利制防毒面具教练草案》。

**4451. 防毒教范草案（战术之部）** 军训部防毒处编 中央陆军军官学校教育处 1943 年 10 月 223 64 开 有插图

本书分 5 篇：总则、毒剂通论、毒剂战术、防毒技术和防毒器材。

**4452. 防毒军官必携草案** 军政部防毒处编 编者刊 1943 年 6 月 ［重庆］ 65 32 开 有图表 军队防毒丛书 10

本书分 12 节：要则、毒气之特性：天候及地形对于毒气之影响、敌用主要化学兵器之种类及性能、敌用主要毒气之种类及性能、各个防御、集团防御、物品防护、消毒、侦毒、步兵班排长对于防毒指挥上应行注意事项及中毒人马之救急法。

**4453. 防毒实施** 朱勉仙编 世界书局 1936 年 12 月初版 上海 1＋49 64 开 有插图、有图表 战时常识丛书

本书分 8 节：毒气沿革、毒气之性能与分类、毒气之运用、防毒器材、各个之防毒、军队之防毒、市民之防毒、防毒之训练。书前有《战时常识丛书发刊词》。

**4454. 防毒实施** 龚作人编译 军用图书社 1936 年 3 月再版 南京 10＋92 32 开 有照片、有插图、有题词

本书分 10 章：毒瓦斯战争之重要性、毒瓦斯之攻击方式、各个防护法、集团防护法、特种防护法、军用动物之防护法、瓦斯战实施之处置、氧化炭之危险性、防毒训练之方法。

**4455. 防毒训练** 大路社专门委员会编 生活书店 1936 年 8 月初版 上海 2＋84 9.5cm×17cm 有插图 国防常识丛书

本书分 10 章：什么是毒、什么是防毒、防毒的工作、防毒的器具、防毒器具使用法、个人防毒、集体防毒、消毒法、救急法及防毒的预测和警报。

**4456. 防毒训练** 大路社专门委员会编辑 国防常识出版社 1937 年 6 月 4 版 上海 2＋84 9.5cm×17cm 有照片、有插图 国防常识丛书

本书分 10 个部分：什么是毒、什么是防毒、防毒的工作、防毒的器具、防毒器具使用法、个人防毒、集体防毒、消毒法、救急法及防毒的预测和警报。

**4457. 防护常识** 刘晋喧著 青年书店 1940 年 2 月再版 重庆 8＋104 32 开 有插图、有图表 抗战建国丛书

本书分 4 篇：防空、防毒、救护、防护训练与组织。

**4458. 化学兵器** 孙锡洪编著 开明书店 1939 年 10 月初版 上海 343 32 开 有插图、有图表

本书分 5 章：总论、化学兵器、烟雾、化学兵器防护法、化学兵器救急法。附录收《参考书一览》、《毒性化合物性状一览》及《日本军用原料产量及其工业近况》。

**4459. 化学与国防（国防科学播讲录）** 高济宇讲 三民主义青年团中央团部国防科学技术运动委

员会　1944年1月　3　32开　科学与国防广播演讲集目录第2讲

论述了化学国防武器的重要作用。

**4460. 化学战防御**　方恩绶编　军事部学兵管理处　1937年10月　[244]　32开

本书分5篇：概论、各个防御、集团防御、消毒及毒伤救护。

**4461. 化学战讲话**　赵文、高宏基、张时中合编　西南游击干部训练班印　1939年8月　7+198
32开　有插图、有图表

本书分6篇，分别为：化学战通论、化学战剂概说及侦别法、化学战防御、消毒与救毒、日本
之化学战备、中国之防毒组织与今后之训练。书前有绪言，书后有附录。

**4462. 化学战争**　谭勤余编纂　商务印书馆　1937年11月初版，1938年3月再版　长沙　2+71
32开　有插图　战时常识丛书

本书分5章：绪言、毒气、烟幕、纵火及火药。

**4463. 军事化学**　常彦卿译　八路军杂志社　1942年　2+35　32开　有插图　抗日战争参考丛
书23

本书共7章：化学袭击的器材、怎样使用化学袭击的器材、防化学（防毒）器材、化学观察与
化学侦察、怎样防御空军的化学袭击、怎样克服被毒地段、怎样组织防化学（防毒）。

**4464. 抗战与防毒**　周尚著　商务印书馆　1938年3月3版　长沙　10+133+4　32开　有照片、
有插图、有图表　抗战小丛书　中国文化建设协会主编

本书分10章，介绍毒气的种类、特性、历史、各种毒气侵袭时的辨别、个人和集团防毒知识、
中毒救护、卫生消毒和防毒教育等内容。前有《本丛书发刊旨趣》（潘公展）和作者序。

**4465. 游击干部训练班防毒常识**　高宏基、赵文、张时中合编　[游击干部训练班]　1939年　4+
40+1[环筒叶]　32开　有插图、有图表

本书分7章，介绍了防毒常识。封面有题赠。出版时间根据题赠时间推断。

**4466. 战时毒气救护**　L. Tanon等著，刘贻德译述　开明书店　1940年4月初版　上海　1+97　32
开　有插图

本书分9个部分：绪论、毒气之分类与症状、毒气之病理解剖、毒气之治疗、腐烂毒气之治
疗、防空急救室、毒气之鉴别、消毒、化学战争中儿童之防御。

**4467. 战时防毒问题**　浦同烈著，苏庶校对　铁风出版社　1940年10月初版（蓉）　成都　2+30
64开　有图表　防空丛书　第4种　范德烈主编

分5章：惨痛的经验、遭遇毒气的必然性、防毒是确属有效的、如何加强防毒准备、结言。附
《欧战中用毒效率比较表》。

**4468. 战时民众防毒**　陈一均编著　正中书局　1937年8月初版　南京　4+67　32开　有照片、
有插图、有图表　战时民众训练小丛书

本书分3个部分：前言、毒气、防毒。

**4469. 战用毒气的防御与其救护方法**　李兆时编著　健康知识社　1936年2月初版　广州　56　32
开　有插图　健康知识丛书

本书分8章：人类与战争、将来的毒气战、毒气的种类、毒气的攻击、毒气的防御、毒气对于
身体各部伤害的作用、身体各部受伤害时的救护方法、救护前的准备与救护时的注意。

**4470. 战争毒气防御常识** 梁心著 日新舆地学社 1933 年 6 月 2 版 上海 9 + 95 大 64 开 有图表 梁氏丛书第 15 种

本书分上、下两篇。上篇介绍糜烂性毒气和窒息性毒气,下篇包括市民防御战争毒气的根本条件、军队防御战争毒气的根本条件、战争毒气中毒后的治疗、防毒面具的制作方法等内容。有温泰华序、万友竹弁言。

**4471. 细菌战** 陈飞莫著 商务印书馆 1942 年 6 月初版 重庆 4 + 30 32 开

本书分 10 个部分:绪言、什么叫细菌战、细菌战的可能性、细菌概说、细菌战之应用、几种可用毒菌性能及防御、前线遭遇细菌战时的一般防御法、后方遭遇细菌战时的一般防御法、今后细菌战的趋势等。书前有韩云风所作序言以及作者自序。

**4472. 原子弹对于军事之影响** 徐培根编述 军官训练团 1946 年 8 月再版 4 + 72 + 8 32 开 有插图 现代军事资料 第 2 种

本书概述了原子弹的定义、构造、放射性、制造、威力以及原子弹对军事之影响等。书前有引言。

# 军事地理

**4473. 地理与国防** 胡焕庸讲演,教育部社会教育司编 正中书局 1941 年 2 月初版,1942 年 10 月 5 版国纸本 81 32 开 教育部教育播音小丛书第 17 种 抗战讲演集第 8 辑

本书分 7 个部分:国界与国防、川滇黔三省在国防上之地位、西康建省的意义、西藏在国防上的地位、陕甘在国防上的地位、宁青二省在国防上的地位、新疆在国防上的地位。附录收《中国西部地理大势与公路交通建设问题》。

**4474. 地形学与简易测绘讲义** [游击干部训练班编] [编者刊] 1939 年 5 月 4 + 62 + 10 [环筒叶] 32 开 有插图、有图表

本书为游击战术之讲义,概述了如何在战争中识别地形、地物与利用地形、地物等。封面有题赠。

**4475. 国防地理** 王维屏著 中央政校印刷所 1941 年 6 月初版 2 + 135 页 15cm×24cm 线装

本书分 16 讲:中国抗战必胜之地理基础、中国战后之国防布置、中国战后之国都问题、中国之战略要地、中国之国界与边疆问题等。有批注。

**4476. 国防地理新论** 沙学浚著 商务印书馆 1944 年 12 月再版 重庆 2 + 201 + 4 32 开 有图表

本书分 19 章:地理价值、海洋国家、日本决不能以苏代美、工业化与中国前途、美日经济力量之比较、日本南进与美国等。

**4477. 军事地理学** 孙宕越、徐俊鸣合著 中山文化教育馆 1939 年 12 月再版 重庆 6 + 117 32 开 有插图 抗战特刊 第 2 种 中山文化教育馆编

本书分 4 章:地形与作战、河川湖沼与作战、地质与作战、天时与作战。

**4478. 抗战军事地理讲话** 蒋君章著 群力书店 1938 年 6 月初版 汉口 3 + 87 32 开 有插图

本书分 5 章:国防大势、东战场的军事地理、北战场的军事地理、西战场的军事地理、抗战必胜的地理原因。书前有编著大意,书后附图。

**4479. 抗战与地利**　宛书城著　中山文化教育馆　1939 年 11 月渝版　重庆　2＋48　32 开　抗战丛刊　第 93 种　中山文化教育馆编

分 5 章：地利在战争上的重要、台儿庄大捷的回忆、西部形势的险要、后方资源之雄厚、复兴根据地在我掌握中。

**4480. 中国抗战地理**　王维屏编著　正中书局　1940 年 4 月初版　重庆　6＋175＋1　32 开　史地丛刊

本书分为 6 编：总论、北战场、东战场、徐州大会战、武汉大会战和南战场。总论收 5 章，包括：中国之疆域、中国之地形、中国之富源、中国之人口、中国之交通；北战场部分收 3 章：北战场形势论、北战场战争之回忆、回顾与前瞻；东战场部分收 3 章：东战场形势论、东战场战争之回忆、回顾与前瞻；徐州大会战部分收 3 章：大徐州形式论、徐州会战之回忆、回顾与前瞻；武汉大会战部分收 3 章：大武汉形势论、武汉会战之回忆、回顾与前瞻；南战场部分收两章，包括：南战场形势论、广州失守之回忆。

**4481. 中国抗战地理**　许卓山著　光明书局　1938 年 2 月　汉口　2＋65　32 开　有插图　民族解放丛书　平心主编

本书分 5 章：概说、军需资源、内蒙与华北、东部海岸与长江流域、华南。

# 其　他

**4482. 兵学论丛**（第一辑）　林薰南、李浴日主编　世界兵学编译社　1943 年 11 月　韶关　4＋142　32 开　有插图、有图表

本书收录 15 篇文章：《怎样发展中国兵学》（林薰南）、《中山战争论再版序》（陈南平）、《搜索目标的真谛》（少华译）、《苏德战场中奥勒尔之战》（黄焕文译）、《世界各国之国家总动员》（梁子骏）、《现代战争与统帅》（杨杰）等。

**4483. 第二次世界大战军事参考资料**（三十一年度———三四号合订本）　军训部军学编译处编　编者刊　1943 年　9＋288　32 开　有照片、有插图、有图表

本书分 34 个部分：德军训练概况、德军装甲师之编制、德军战术概观、德军攻坚战术概说、法兰西战役之经过等。书前有白崇禧、刘士毅、王俊分别所作的三篇序言以及引言。有题赠。

**4484. 甲午战争的教训**　钱安毅编著　正中书局　1939 年 2 月初版　重庆　1＋47　32 开　战时问题丛刊　中央政治学校研究部刘镇东、程其保主编

本书分 7 个部分：绪言、战前的中国日本与朝鲜、大战的先兆、大战的前夕、战事之进行、和议、历史的教训。书后附：甲午战争有关大事年表、甲午战争重要关键人物表。

**4485. 军事心理**　萧孝嵘编著　国防部政工局　2＋166　32 开　有图表　心理战术丛书　第 1 种

本书分 8 章：军事心理的意义范围和发展、军事人员选择之条件、接见法、测验法、军事的训练、士气的培养、人格的发展失调和顺应、宣传战。

**4486. 军事心理**　萧孝嵘编著　正中书局　1941 年 4 月初版，1942 年 1 月再版，1943 年 10 月 4 版　正中纸本　4＋146　32 开　有图表　军事丛书

本书分 9 章：领袖之心理分析、领导工作之必要条件、领袖型之差异、军事工作之分析、军人之选择、军事训练之心理原则、军事管理之心理原则、军事宣传之心理原则、作战之心理原则。书

前有作者所作"缘起"。

**4487. 抗战参考丛书合订本（第二集　自第八种至第十六种）**　军事委员会军令部编　编者刊 1940 年　[293]　32 开　有插图、有图表

本书共收录 8 种：敌河曲支队作战命令与计划、高等司令部之参谋业务、保卫武汉之江防与陆防、何委员视察河南国防工事报告书、战车部队作战之经过及运用要领、南浔路战役所得之教训、炮兵作战之经过、对敌气球观测及炮击之应付方法。

**4488. 抗战参考丛书合订本（第三集）**　军事委员会军令部编　编者刊　1940 年　[2+491]　32 开　有图表

本书包括 5 种：徐州会战期间国军作战经验、敌对我作战参考资料、武汉会战期间国军作战之经验教训、防毒要领、司令部野战勤务讲话。

**4489. 抗战参考丛书合订本（上册　自第一种至第十六种）**　军事委员会军令部第一厅第四处编　编者刊　1939 年 5 月　2+216　32 开　有插图

分 16 部分，包括：德国军事现况、台儿庄歼灭战、国军作战经验节要、退出南京后之战斗经验、保卫武汉之江防与陆防、炮兵作战之经验等。

**4490. 滥炸问题讲稿**　徐淑希著　1939 年　16　16 开

本书根据作者 1939 年 4 月 18 日在香港大学所作关于滥炸问题的报告稿编辑而成。有附录。

**4491. 美国将校与中国抗战**　陈孝威著　香港天文台半周评论社　1940 年 1 月初版　68　32 开

本书分两个部分：美国驻菲陆军总司令格兰中将会见记、答美国驻菲军官座谈会三十五问。书前有端纳所作前言。此版用土纸印刷，推测为战时后方翻印本。

**4492. 美国将校与中国抗战**　陈孝威著　香港天文台半周评论社　1940 年 2 月初版　香港　68　32 开　有照片

本书分两个部分：美国驻菲陆军总司令格兰中将会见记、答美国驻菲军官座谈会三十五问。封面印有美国驻菲上校以上军官欢迎本书作者座谈会照片一张。

**4493. 普通军用天文学**　陈遵妫编　国立编译馆　1940 年 8 月初版，1945 年 6 月蓉版　6+170　32 开　有插图、有图表　中国天文学会丛书之一

本书分 8 章：总论、角度、时、地球、太阳、太阴、潮汐、恒星的利用。书前有编者序言，另附《民国二十七年至三十年金火木土四行星的位置》、《正切》、《世界标准时间》、《中国日本近海的潮汐常数》等 12 幅表。

**4494. 千机炸毁日本论**　邹旭之编　狮吼社　1937 年 11 月初版　上海　4+37　32 开

本书分 5 章：千机炸毁日本论、千机炸毁日本是可以的吗、中日空军之量的对比、中日空军之质的对比、千机炸毁日本的圈定红点在哪里。

**4495. 日陷沈吉后西康防务之我见**　刘重威著　北平大北印书局　1931 年 11 月　北平　13　10cm×17.8cm　有题词、有图表

**4496. 新编步兵野外勤务**　齐廉著　军学编译社　1939 年 5 月 9 版　重庆　28+446 页　9cm×12cm　有照片、有图表

分 10 篇："野外演习之准备"、"命令、通报、报告"、"文书之记述法"、"侦察"、"谍报勤务"、"警戒勤务"等。

**4497. 怎样轰炸日本**　非常出版社编　编者刊　1938年　2 + 43页　32开

本书收3篇文章：《怎样轰炸东京》（日·片冈念平则）、《中国空军毁灭日本论》（潘培元）、《第一步奏功记——飞炸台北目击记》。

**4498. 战地余言**　汤垚论著　碧湖文化运动委员会　1944年2月初版　浙江　8 + 100　32开　有题词

本书分8个部分：太平洋战争的过去与未来、国防概论、敌酋东条所谓彻底战之研究、人力物力之节约与生命之挣扎、歼灭战消耗战利害之比较与盟军战略之得失、地大物博与战争的关系、攻防论。书前有李默庵、罗霞天所写序言以及作者自序。封面有题赠。

**4499. 战时高等司令部幕僚勤务摘要**　18 + 210　14.5cm×23cm　有插图、有图表

本书分5章：高等司令部构成通则、军司令部、师司令部、参谋事务细则、文书。书前有蒋介石参谋会议训词及例言。

**4500. 阵中要务令**　训练总监部　1938年5月　[344]　64开　有插图

阵中勤务条令。分13篇：战斗序列、军队区分、命令、通报、报告、搜索、谍报、警戒、行军、宿营、阵中日记、留守日记等。

**4501. 中共领导下的军队是强大的**　新华日报资料室　1942年　1张　15.6cm×29.4cm

该篇报道系新华日报资料室转载1942年7月1日《纽约时报》的文章。

**4502. 中国魂**　空军总司令部新闻处编　编者刊　20　32开　文化教育丛书之二十（特四）　空军总司令部新闻处编

收军官团训词3篇：《中国魂》、《军人救国之道》、《革命军人的正气》。

**4503. 中国军人伟大**　杨昌溪著　金汤书店　1938年2月初版　上海　8 + 122　32开　战时丛书之一

本书分7章：中国人战争思想之检讨、中国军人的特质与精神、征兵与兵的素质之改造、抗战与中国军人素质之嬗变、中国军人的战斗性、中国空军的战绩、中国军人的改造及其将来。

**4504. 中国军人伟大**（增订再版）　杨昌溪著　金汤书店　1938年3月再版　上海　9 + 148　32开　战时丛书之一

本书分9章：中国人战争思想之检讨、中国军人的特质与精神、征兵与兵的素质之改造、抗战与中国军人素质之嬗变、中国军人的战斗性、中国空军的战绩、中国军人的改造及其将来、结论——军人在持久战中的责任、抗战后各方对军队改造的意见。书前有自序及再版自序。

# 国际军事

**4505. 必然爆发的第二次世界大战及其阵容**　K. Ernest Dupuy、George F. Fliot原著，因子编译　大声出版社　1938年2月　汉口　4 + 122　32开　世界知识丛书3

全书共4章：第二次世界大战之前夜、第二次世界大战的阵容与韬略、列强的作战计划、第二次世界大战的假想。

**4506. 第二次欧战西战场述评**　尹国祥著　军学编译社　1942年5月　重庆　46 + 100　32开　有插图、有题词

本书分两篇，共12章：德军之侵入荷比、巴黎会战、德国致胜的工具、德国侥幸成功的因素、

联军失败的原因、西战场的一个战术问题等。

**4507. 第二次世界大战参考地图** 金端苓编绘 文光书店 1943 年 11 月 桂林 6 + 80 ［环筒叶］
横 16 开 有插图

　　本书分 6 个部分：概说、远东与太平洋战场、印度与印度洋、中东非洲与地中海、欧战战场、
大西洋与美洲。卷首有金仲华所作序文"怎样读地图"以及作者自序。

**4508. 第二次世界大战东西两洋海战简史** 海军总司令部新闻处编 编者刊 2 + 44 32 开 海军
小丛书之四

　　本书分 4 章：前言、大西洋海战、太平洋海战、东西洋海战总检讨——结论。

**4509. 第二次世界大战实录** 汪隽译 国民图书编译社 76 32 开

　　记叙了波兰之战、挪威之战、法比荷之战、南斯拉夫及希腊之战、非洲之战、苏联之战等。

**4510. 第二次世界大战大事记（下卷）** 谢爱群、王诚伦编译，王云汉、陈树华、张公量、冯明德
审核，吴石、戴高翔审定 国防部史政局 1947 年 2 月初版 118 32 开 战史丛刊 第 2 种

　　记述自 1931 年 9 月 18 日起至 1945 年 9 月 2 日止与中国有关的大事记。

**4511. 太平洋开战后第二年内世界大事日记** 徐菱编 商务印书馆 1944 年 7 月初版，1946 年 11
月上海初版 重庆、上海 1 + 174 32 开

　　本书按时间顺序编辑，记述 1943 年 1 月 1 日至 12 月 31 日止有关国际政治、战事的发展情况。

**4512. 各国作家论析两年来的战争** 世界知识社编著 生活书店 1939 年 3 月再版 4 + 92 32 开 有
插图、有图表 世界知识丛书之二十三

　　本书收 12 篇文章：《中日战争谁占优势》（美·N. Peffer，期冰译）、《中日战争的两周年》（英·
F. Utley，许牧世译）、《在新阶段上的中国抗战》（苏·列霍夫，钟建鼎译）、《两年来中国抗战的总
结》（美·P. J. Jaffe，董之学译）、《苏联各报论中国抗战两年》（苏·Moscow News）等。共收图表、
漫画、补白 14 个：《抗战两年来军事情势发展图》（金瑞玲绘）、《看你逃到哪里去》（美·New Mas-
ses）、《两年来的战争日本占得中国多少土地?》（金端苓绘）、《无题》（美·New Masses）等。书前
有序。

**4513. 海军战纪（二次大战间的海战实录）** （英）塔佛累尔著，田其吉译 文摘出版社 1944
年 1 月初版 重庆 3 + 229 32 开

　　本书分 12 个部分：格拉夫斯比上将号的最后巡行、阿尔特马克号的巡行、挪威海湾的战斗、
海军在荷兰、驱逐舰在波隆、丹刻克的故事、护航舰队、海军的水雷战、拖网渔船海军、无处不有
的海军、斯开派湾、路锡坦尼亚号的悲剧。书前有前言。

**4514. 欧战实录（第一辑）** 申报馆编辑 编者刊 1941 年 1 月初版，1941 年 11 月桂 1 版 6 +
225 32 开 有插图

　　本书分 30 个部分：德国的新军事学、德军战略的图解、欧美的间谍恐慌、英空军战士自述、
法国溃败的原因、美国备战情况、欧战一周年大事记等。卷首有潘公弼所作序言。1941 年 1 月初版
内有照片。

**4515. 欧战实录（第二辑）** 申报馆 编者刊 1941 年 7 月初版，1941 年 11 月桂 1 版 2 + 242
32 开 有照片、有插图、有图表

　　本书分 45 个部分：美国外交上的秘闻、英国的新面目、英国苦战中的实况、战时德国的内幕、

沙漠战争的苦乐、战时伦敦的报纸、伦敦书业的浩劫、美国备战四巨头等。1941 年 7 月初版 书内有照片。

**4516. 世界战争研究会纪录（第一部）** 　［世界战争研究委员会编］　国防部史政局　1946 年　2 + 429　32 开　有图表　机密参考资料第 3 种

卷首有刘斐所作《世界战争研究委员会纪录序言》。封面有"极机密"字样。出版时间依序言推论。

**4517. 世界战争研究会纪录（第二部）** 　［世界战争研究委员会编］　国防部史政局　1946 年　24 + 408　32 开　有图表　机密参考资料第 3 种

封面有"极机密"字样。出版时间依序言推论。

**4518. 世界战争研究会纪录（第三部）** 　［世界战争研究委员会编］　国防部史政局　1946 年　22 + 446 + 4　32 开　有图表　机密参考资料第 3 种

封面有"极机密"字样。出版时间依序言推论。

**4519. 世界战争研究会纪录（第四部）** 　［世界战争研究委员会编］　国防部史政局　1946 年　26 + 685　32 开　机密参考资料第 3 种

封面有"极机密"字样。

**4520. 世界战争研究会纪录（第五部）** 　［世界战争研究委员会编］　国防部史政局　1946 年　14 + 278　32 开　有插图、有图表　机密参考资料第 3 种

封面有"极机密"字样。出版时间依序言推论。

**4521. 第二战场与太平洋** 　简柏邨、张廷铮、姜季辛、卢冠群执笔　太平洋问题研究会　1944 年 7 月初版　重庆　2 + 48　32 开　太平洋问题丛刊第 1 辑　太平洋问题研究会主编

本书收录 4 篇文章：《波澜壮阔的第二战场》（简柏邨）、《第二战场与日本的挣扎》（张廷铮）、《第二战场与"南阳共荣圈"》（姜季辛）、《第二战场与中国战场》（卢冠群）。书前有编者写在前面。

**4522. 太平洋军事地理** 　蒋震华著　大风出版社　1935 年 11 月　杭州　2 + 68　64 开　大风文库第 4 种

本书分 10 个部分：太平洋海军根据地一般的形势、巴拿马运河、菲律宾、关岛、夏威夷、日本南洋委托治理地、小笠原群岛、新加坡军港、南洋九小岛、计划中的尼加拉瓜运河。

**4523. 太平洋开战后第一季内世界大事日记** 　徐菱编　商务印书馆　1943 年 5 月初版　重庆　4 + 134　32 开

本书以日记的形式记叙了 1941 年 12 月 8 日珍珠港事件开始至 1942 年 12 月 31 日为止"以有关国际政治之发展或战事得失之关键"的世界大事。书前有本编说明。

**4524. 太平洋战略论** 　（日）伊藤正德、池崎忠孝等著，宋斐如译　五十年代出版社　1942 年 7 月初版　重庆　10 + 213　32 开　有图表

本书分 3 篇 18 章：海洋的大史剧、日本的地位、美日两国海军的比较、美国海军的力量、美国两洋舰队的建造、日本海军的建造能力等。附《最近日本海军舰队的编制》。前有编译者自序。

**4525. 太平洋战争第一年** 　中外出版社编译部编译　中外出版社　1943 年 4 月初版　重庆　2 + 172　32 开

本书分 21 个内容：珍珠港事变以来、太平洋战略的关键、日本海洋政略地理、夏威夷的英雄们、爪哇海上的战争、巴丹战役的总清算、杜立特将军怎样领导轰炸东京、战斗于空中的珊瑚海之役、中途岛战役、日本侵入阿拉斯加的战略、太平洋上、漫谈所罗门、瓜岛素描、所岛的五次战斗、瓜达康纳尔之战、马河战斗等。书后有后记。

**4526. 太平洋战争讲话**  王丙辰编  建国编译社  1942 年 4 月  62  32 开  有图表

本书共 5 讲，全面分析了太平洋战争的概况，包括太平洋战争的开端、现势、阵容、英美日海军的比较以及战争对中国和日本影响。

**4527. 太平洋战争速写**（第一集）  时与潮社编辑部编辑  时与潮社  1942 年 12 月初版  重庆  3 + 124  32 开

本书分 9 个部分：珍珠港被袭记、却敌号沉没亲历记、菲律宾战史、日本准备奇袭英美经过、中途岛海战记、鱼雷机第八中队等。卷首有编者序言。

**4528. 太平洋战争战略形势**  第七战区司令长官司令部编纂委员会编  新建设出版社  1942 年 2 月  曲江  1 + 64  32 开  有插图  Ⅶ编纂委员会时事小丛书之二

本书分 6 个部分：太平洋大战形势、太平洋大战的战略形势、美日在太平洋上的战略形势、战略要地、实力对比、特载。书前有编者所作时事小丛书序。

**4529. 太平洋作战概要**  陆军大学校  1944 年  ［142］  32 开  有插图

本书分 4 个部分：太平洋作战概要、菲律宾战斗、马来亚战斗、第二次大战太平洋战争。

**4530. 大战前夜的各国军备**  沙尼编  大路出版社  1938 年 5 月初版  上海  2 + 114  32 开

本书收 19 篇文章：《日本军备异态》（苏联 Pravda I. Silkov，什译）、《美国的国防实力》（Alexander R. George，叶英译）、《绵亘世界的英国防线》、《德国上下积极备战》、《意大利已有立即对外宣战的准备》、《战云笼罩中之欧洲》、《法英谈话商定军事合作》、《太平洋上的海军竞争》（苏联 Pravda Ermashev，仁译）等。

**4531. 国际联盟军备年鉴**（一九三三）  内外通讯社编译  中国文化学会［发行］  1934 年 6 月  1085  16 开  有插图、有图表

本书介绍法、比、德、奥、匈、葡、西、荷、意、土、英、苏、中、日、美等 64 国的陆、海、空军情况，包括组织编制机构、实力、征募服役制度、国防经费等。有蒋介石序及原序。

**4532. 世界各国军备现势**  陈汉达编译  中外编译社  1938 年 5 月初版  上海  2 + 97  32 开  有图表

本书分 11 个部分：1938 年的战争、美国军备的现况、大英帝国军力之发展、法国的军事自卫能力、苏联红军之作战实力、日本军队之摩托化及技术改进、德国军备的轮廓、小协约国之军力等。

**4533. 世界海军竞争的现势**  舒恬波著  珠林书店  1938 年 8 月初版  上海  4 + 100  32 开  世界现势丛书

本书分 6 章：关于海军会议的回顾、现行海军条约一瞥、伦敦会议后的质的造舰竞争、现阶段的重要各国海扩计划（量的造舰竞争）、海军根据地的重行调整与开拓、现代各种舰艇的能性。书后有后记。

**4534. 世界军备竞争现势**  吕茫著  中流书店  1939 年 3 月初版  上海  2 + 114  32 开

本书收录《日本军备异态》、《德国上下积极备战》、《战云笼罩中之欧洲》、《太平洋上的海军竞争》、《日苏空军实力比较》和《英国海军论》等19篇文章。

**4535. 世界军备与世界大战**　谭辅之著　辛垦书店　1936年10月初版　上海　2+244　32开　有图表　世界大战丛书　第4种

本书分为7章。绪论、世界军备与经济动员、军备之扩充、军事技术和战术之进步、军国主义教育与战争、国防线之布置与军事联盟、第二次世界大战的展望。

**4536. 世界列强战备比较论**　神田孝一著，训练总监部军学编译处译　军用图书社　1933年12月　南京　378页　32开　有图表

本书收录：日本国民不要忘记三国干涉时的惨痛、远东民族对于白祸应有相当的准备等，并介绍了中、美、英、法、德、意等国的海、陆、空军备状况。书前有原著者序。附列国新兵器整备一览表。

**4537. 现代列强之军势**　曹重三编　北平知彼社　1933年6月　北平　14+178　32开　有图表

本书分5篇，介绍列强军备的趋势、日本陆军的概况，以及苏、美、英、法、德、意等国的国防政策、兵役制度、国防设施、国民军事训练等内容。有著者卷头语。

**4538. 列强军备**　江文新编著　商务印书馆　1938年4月再版　长沙　8+362+10　大32开　有照片、有图表

本书分9章，介绍德、法、意、苏、波、美、日等国陆、海、空军情况。有编著者自序，书后有参考书目。

**4539. 列强军备比较论**　（日）神田孝一著，何济翔编译　申报　1934年4月初版　上海　8+213　32开　有图表　申报丛书第15种　上海文库主编

本书分5章，介绍苏、美、英、法、德、日、意等国的陆军、海军、陆军航空及海军航空情况。

**4540. 列强军备概要〔一〕**　徐祖诒讲述　庐山暑期训练团　1937年7月　34　32开　有插图、有图表

全书分3章：日本之国防方针、日本陆海军兵力及编制装备之大要、日本兵役制度。

**4541. 列强军备概要〔三〕**　徐祖诒讲述　1937年7月　49　32开　有插图、有图表

本书介绍英、美、法、意、德5国的军备概况。

**4542. 列强军力现势**　马克斯·温纳尔著，伍叔民译　棠棣社　1939年9月初版　上海　7+395　32开　大时代丛书4

本书分15章：军事准备中的欧洲、苏联的军事实力、红军的进攻力、红军的战略、德国的战斗力、国社主义德国的战争学说、德国和数面作战、法国的军事力量、军事因素中的意大利、红军和德国陆军、日本和苏联、美国欧洲和太平洋等。卷首有原译者序。

**4543. 列强新军器**　王蔚然编译　大中国出版社　1938年1月　81　32开　青年知识丛书之四

本书共分6部分：引言、海军方面、陆军方面、空军方面、其他方面、结论。

**4544. 列强战备比较论**　傅无退编　商务印书馆　1934年3月初版　上海　16+208　32开　有图表

本书分陆军、海军、陆军航空、海军航空、化学战准备5编，评述苏、美、英、法、德、日、

意等国陆军、海军、陆军航空、海军航空的政策及现状，同时介绍各国化学战准备情况。有编者序。

**4545. 各国军备年鉴** 参谋本部第一厅 1935 年 ［328］ 16 开 有图表

本书分 11 个部分，依次介绍法国、意大利、英国、德国、美国、苏联、日本、土耳其、阿富汗、暹罗、伊朗各国的陆军、空军、海军以及国防的情况。书前有序及引言。

**4546. 各国陆军之精锐** 内外通讯社编辑 周之鸣译 中国文化学会 1934 年 7 月 南昌 18 32 开 内外类编第 49 册

本书共 6 部分：自称世界之花之日本步兵、近代化之赤军骑兵、法国国境之要塞、卧薪尝胆之德国陆军、美国陆军主体之护国军、英国陆军之精锐坦克车。

**4547. 远东军备现势** 王千一、张翼声编译 一心书店 1938 年 2 月 ［上海］ 12＋96 页 32 开 有图表

本书介绍环绕太平洋的主要国家及与远东有利害关系国家的军备情况。书前有译者序。

**4548. 德国军备** 军令部第二厅第二处编 陆军大学校 1943 年 142 32 开 有插图、有图表

本书分 8 章：德意志概况、德国国防方针、德国国军之机构、德军序列、陆军编制与装备、德国当代著名将领、德意志海军、德意志空军。书前有凡例。封面印有"机密—中国军官外禁止阅读、密字第 457 号"。

**4549. 美日苏三国军备** 杨柏恺著 申报 1933 年 6 月 上海 2＋116 32 开 有图表 申报丛书第 26 种 上海文库主编

本书分 3 章，分别介绍美、日、苏三国的海、陆、空军情况。

**4550. 日本及列国陆军军备** （日）樋山光四郎著，叶筱泉译 大公报馆出版部 1935 年 8 月初版 天津 14＋154 32 开 有图表

本书分 3 篇：陆军军备之趋势、日本陆军之概观、列强陆军概观。介绍日、苏、美、波兰、英、法、德、意 8 国的国防方针、兵役制度、陆军预算、兵力及编制等内容。有译言和原书绪言。附表：《列国陆军军备一览》、《列国新兵器整备一览》。

**4551. 苏德战争之新战术** 军事委员会外事局第二处译 18 32 开 有插图 顾问讲演集 1

本书分 3 部分：苏德战争中之新战略、战车防御器材及其战术上之使用、攻击时之战车防御。

**4552. 苏德战争中的战略与战术** （苏）瓦图丁等著，任芳华译 生活书店 1943 年 6 月 重庆 8＋173 32 开

本书分 12 个部分：战役——各路前线、战役——概论、坦克、炮兵、步兵、骑兵、空军、防空、降落伞部、海军、宣传、其他。

**4553. 苏德战争中之新战术** 喀喀林讲 军事委员会军训部 1943 年 5 月 9 32 开 有插图

**4554. 苏联的红军及其新战术** 李守华辑 新民出版社 1938 年 1 月初版 83 32 开 国防新书之一

内容有：红军的形势、保卫世界和平的苏联空军、苏联红军新战术思想的要点，共 3 章。

**4555. 苏联的红军及其新战术** 李守华编 新民出版社 1938 年 3 月增订版 104 32 开 国防丛书之一

分 3 章：红军的形势、保卫世界和平的苏联空军、苏联红军新战术思想的要点。书前有编

者序。

**4556. 苏俄军备与日俄战争**　（日）佐佐木一雄著，北平晨报编辑处译述　北平晨报社［总发行］
1932 年 10 月初版　北平　14＋230　大 32 开　有照片、有图表　北晨丛书之一

本书分 23 章：潜行"苏联"现状、苏联之远东政策、立于思想战斗第一线者、战时宣传、苏联战时宣传及煽动、赤卫军队之精神教育、赤军军备之充实、赤卫军人及其家族享受特权等。有陈渊泉序。

**4557. 苏联红军新战术**　强伯玉著　大众出版社　1938 年 1 月　上海　4＋48　32 开

本书分 6 节：战术的唯物史观与新战术的思想产生、现代战斗特性的剖视和红军战术的一般趋向、各兵种的战斗运用等。附苏联国防军备、最现代的陆军等 4 篇。

**4558. 苏联工农红军的步兵战斗条令：第一部**　苏联国防人民委员会颁布，第十八集团军军事教材编审委员会编，左权、刘伯承合译　山东军区司令部　1939 年原文初版，1943 年 6 月再版　113
32 开

内容分：概则、单个战士、步兵班、掷弹枪班、机关枪班、四五公厘口径的平射炮、迫击炮、步兵排、机关枪排共 9 章。前有：《国民革命军第十八集团军命令》（朱德、彭德怀）、《译版序言》（刘伯承）、《苏联国防人民委员会命令》（伏罗希洛夫）。后有附录。复制本。

**4559. 苏联暂行野战参谋业务令**　苏联工农红军参谋本部原著，陆军大学校编译处编译　陆军大学校　1941 年 12 月再版　重庆　11＋208　32 开　有图表

本书分 11 章：参谋处之任务职权及责任、参谋处业务之组织、情况之搜集与研究、对指挥官之报告、作战命令之下达程序、命令执行之监督、报告及通报、通讯勤务、联络参谋之任务、值日勤务、参谋处之宿营及迁移。书前有苏联工农红军参谋本部命令。书后有附录。封面印"郭观伟译"。

**4560. 苏联的远东红军**　汪馥泉著　商务印书馆　1941 年 1 月再版　1＋54　32 开　有图表　国际时事问题丛书　国际编译社编辑

分 6 节：苏联一般的军容、苏联在远东的建设、远东陆军及战备、远东空军、远东海军、日苏的危机。

**4561. 全世界和平的堡垒——苏联红军**　黄操良编著　大众出版社　1938 年 5 月初版　汉口　120　32 开　中苏文化杂志社丛书

本书分 8 部分：苏联红军的产生及其成长、雄视全世界的苏联陆军、保卫世界和平的苏联空军、苏联强大的海军与太平洋舰队、在远东的苏联潜艇、苏联红军新战术的思想要点、红军与苏联人民、和平堡垒社会主义胜利的保卫者——红军。书前有序言。

**4562. 日俄风云中之苏联的战争准备**　内外通讯社编　内外通讯社　1934 年 2 月　［南昌］　62
32 开　有插图、有图表　内外类编第 25 册

本册共 3 部分：苏联要人的反日战争言论、苏联军备概况、苏联远东战略。有编者序。

**4563. 苏联对日本作战**　海燕等编译　中央图书公司　130　32 开

收录苏联的军备现状、苏联的惊人军备、苏联的远东国防、苏联的革命战略、苏联空军之概要、苏联眼中的日本空军之危机、苏联如何对日本作战、苏日军备比较观、苏联与中日关系之分析、苏联帮助中国抗日、中苏合作抗日论、苏日大战在外蒙、抗日前线的外蒙、苏蒙协定与中苏互助公约。后有特载：《中苏互不侵犯条约全文》、《苏联红军远东总指挥加伦将军传》。

**4564. 苏联红军是怎样长成的** 金仲华主编，叶文雄译 生活书店 1938 年 5 月初版（汉），1938 年 7 月再版（粤） 汉口 1 + 97 32 开 世界知识战时丛刊之五

本书收录 4 篇文章：《二十年来的苏联红军》（叶文雄译）、《苏联国防人民委员会长伏洛希罗夫的演说》（叶文雄译）、《关于红军的三个特点》（叶文雄译）、《苏联红军的特质》（张仲实译）。

**4565. 苏联在远东的军事建设** 鲁林编著 文化书局 1938 年 4 月初版 上海 10 + 125 32 开

本书分 6 章：苏联在远东的交通建设及其意义、准备时期的苏联远东建设、中日战争中的苏联远东军备、苏联在远东的潜艇等。书前有编著者序言。

**4566. 中日问题与苏俄军事动向** 徐咏平编著 新中国出版社 1938 年 2 月初版 4 + 66 32 开 有图表

本书分 7 章："日人眼中的苏联红军"、"苏联的空军"、"苏联远东的国防"、"苏联会帮助中国吗?"、"苏联出兵问题笔谈会"等。封面题名为"中日战争与苏俄军事动向"。卷首有"写在前面"，书后附讨论大纲。

**4567. 苏俄新军备** 何文藻编著 人民书店 1938 年 汉口 2 + 134 32 开 有图表 世界知识丛书

本书共分 4 篇：苏联的新军备、日苏实力的比较、日苏战争预测、红军的统帅。

**4568. 将来的列强海军情势** （日）关根郡平著，洪涛译 内外通讯社 1934 年 1 月 ［南昌］ 16 32 开 有图表 内外类编第 20 册

本册包括 8 部分：绪论、国策与海军的关系、日本的对外政策与海军、列强的建舰情况、中俄两国的海军及空军充实计划、日本的建舰事业、海军军备缩小问题与日本之立场、结论。

**4569. 考察欧美各国海军报告书** ［陈策著］ 1943 年 10 + 269 32 开 精装 有照片、有插图、有题词、有图表

本书分绪论以及正文两个部分。正文分 3 篇：第 1 篇为考察美、英、法、德、意、日、苏及各国海军的详细报告；第 2 篇分海洋与古代之海军、海权与中世之海军、海权之争夺与近世之海军、现代之海军 4 章内容；第 3 篇分导言、我国海军之沿革、我国海军与太平洋之现状、结论 3 个部分。著者及出版时间依序言推论。

**4570. 列强空军之比较** 林我将著 中国航空协会宣传组 1932 年 上海 28 32 开 有图表 中国航空协会丛书之一

本书用 11 幅表格对列强之间的空军进行比较，包括《列强各种战斗机之比较》、《空军之属于陆军或独立空军者》、《空军之属于海军者》、《航空母舰比较表》、《空军服务人员之比较》、《空军预备人员之比较》、《各国航空路线之比较》、《航空展之比较》、《列强民用机械之比较》、《列强民用机械驾驶员人数之比较》、《2091 至 1932 世界七大强国航空国防费比较表》。

**4571. 世界的海军** （英）AC 哈第著，李秉钧、郭森麟合译 中国书店 1942 年 5 月 重庆 2 + 86 32 开 有图表 世界大战文库第 1 种 王冠英主编

本书分 13 章：海军国家的因素与政策、军舰是什么、战舰的功能、主力舰、战斗巡洋舰、战时的军用商船等。书前有作者序。

**4572. 世界空军军备** 周至柔著 青年出版社 1940 年 12 月初版 重庆 16 + 186 32 开 有图表 国防科学丛书

本书分 7 章：绪论、德国、苏联、英国、法国、意大利、美国。书前有周至柔所著代序《青年

与航空》。附录收《日本空军悲惨的命运》、《欧战与空军》、《各国航空母舰一览表》等4篇文章。

**4573. 空军足以摧毁日本论**　龚德柏著　商务印书馆　1943年6月初版　重庆　6+54页　32开
有图表

本书分17节，包括：阿起列斯之脚跟、美政军领袖之预告、空军根据地、飞机性能、由人口
集中都市比较、由炸弹数量比较、由人民生活比较等。

**4574. 美国的海军**　中央宣传部国际宣传处编译　文通书局　1942年1月初版　贵阳　4+34　32
开　国际时事丛刊第1辑第3种

本书分两个部分：美国的海军政策与海军问题、美国的海防。卷首有弁言。

**4575. 美日两国海军实力之比较**　中央宣传部国际宣传处编译　文通书局　1942年1月初版　贵阳
4+60　32开　有图表　国际时事丛刊第1辑第2种

本书分两个部分：美日海军实力的分析比较、美日海军五种主要舰艇一览表，书前有弁言。

**4576. 美日陆海空军实力比较**　（美）普尔斯顿著，沈锜译述　商务印书馆　1942年11月，1944
年7月赣2版　重庆　10+165+26　32开　有图表

本书分7章：日本的兴起、日本的军事机构、美国的最高指挥部、美国在远东的地位、日美两
国的海军、战略与战术、结论。书前有颜露尔序、前言、译者赘言。书后有跋。

**4577. 英国空军**　史培德著　黄国英译　中国编译出版社　1941年12月初版　重庆　6+140　32
开　欧战文库第2种

本书分10章：英国之控制天空、七年中间、英帝国展翼欲飞、优良机器、空中之人、轰炸机
任务、海外之空军实力、过去与将来等。卷首有淮南所作序言及译者序。

**4578. 美日海军比较**　贞士编译　南方印书馆　1942年10月　重庆　1+34　32开　有图表　国际
问题小丛书4　陶希圣、杜衡主编

收录3篇文章：《美日海军比较》（日·伊藤正德）、《日本海军与美国》（美·达格辣斯）、《正
视美国海军》（日·伊藤正德）。书前有小引。

**4579. 日人心目中之美日未来战**　（日）福永恭助著，侯鄩译，西北出版社　1942年2月初版　西
京　108　32开

本书对未来的日美战争做了种种预测。

**4580. 一九三六年与日美海军**　日本评论社编辑　编者刊　1934年11月　南京　2+45　32开　有
图表　日本研究会小丛书　第73种

本书分10个部分：日本与太平洋、华盛顿海军军缩会议、伦敦海军军缩会议、美国的造舰热、
日本海军的第二次补充计划、美国向远东之发展与美俄携手、日本之海上生命线的南洋群岛、日本
海军的使命、日美海军实力的比较、想象中之未来的日美战争。

**4581. 英美日海军争霸战**　薛农山著　四社出版部　1934年4月初版　上海　3+122　32开　四社
文库　甲部第8种

全书共6章：导论——从地中海到太平洋、英美日太平洋的海军港、从大战到华盛顿会议、伦
敦海军会议的前因后果、最近英美日海军概况、结论——英美日往哪里去。书后有编后记。

**4582. 德波纠纷与二次大战**　郭我力编　中国图书编译馆　1939年9月　上海　6+180页　32开

本书分12章，包括：第一次大战后德国的准备及动向、希特勒对于资源及殖民地、英美的关

系与欧洲、波德纠纷的内在因素、波兰的国力与抵抗、英法参战后各国的态度、世界大战的危机与世界经济、欧洲各国的战略与军事力量等。书前有编者序言。

**4583. 德苏战事事实与杜撰** 李明译 德国情报处 1941年 上海 10+52 32开 有照片

书末有"读者公鉴"。

**4584. 德苏战争分析** 文岸等著 求知出版社 1941年9月 上海 109页 32开

收6篇文章：《二月来苏德战争的总结》、《论人权运动》、《人权运动在上海》、《意大利的故事》等。

**4585. 日本进攻苏联** 徐志凝编 战时读物编译社 1938年2月初版 上海 1+85 32开 有图表

本书分9节：日本就要进攻苏联、日本对苏联紧急备战、日本眼中的苏联军容、日苏实力的比较、日苏战争的战略等。

**4586. 日德军事同盟之真相** （俄）鲍利沙甫著，徐咏平译 东亚书社 1938年6月 汉口 2+44 32开 有图表

全书分4章：在柏林签订之日德军事协定、日本及德国之军备现状、日与德协定目的何在乎、日德集团之内在的矛盾。

**4587. 日美必战论** （日）佐藤清胜著，王知白译 大时代书局 1940年2月初版，1941年3月再版 重庆 10+81 32开

本书分7章：亡国的实例、日本的敌人、日本的立脚地、美国的对外政策、华府伦敦两会议、战争的觉悟、国家至上。有绪言和结论。

**4588. 日美太平洋大战**（*The Great Pacific War*） （美）Hector C. Bywater著，杨历樵、赵恩源、马全鳌译述 大公报社 1932年9月 天津 11+364 大32开 有插图

本书作者是英海军专家，分21章：日美战争的导线、日轮炸巴拿马、菲律宾海战、日军占领全菲、美日武备概观、远东风云的弥漫等。书前有出版者序文和作者序。附录收《日美太平洋形势图》。

**4589. 苏南之战与开辟第二战场问题** 第七战区司令长官司令部编纂委员会编 编者刊 1942年11月 广东 69 32开 有图表 时事小丛书之八

本书分上、下两部分，共收录23篇文章：《纳粹夏季攻势的内幕》（《真理报》）、《苏南走向决战阶段》（《新蜀报》）、《论苏南战局》（张定宗）、《对时间因素的新认识》（《真理报》）、《开辟新战场的先决问题》（《大公报》）、《邱史会谈以后的大战趋势》（李孟达）等。

**4590. 苏德战争纪要**（第三集） 68 ［环筒叶］ 17cm×26cm 油印、线装 有插图、有图表

本书为第5章，讲述1942年6月至12月德军夏季攻势迄高加索史达林格勒之攻守战。分两个部分：陆军方面之战斗、空军方面之战斗。

**4591. 苏德战争以来之纳粹** 第七战区司令长官司令部编纂委员会 1942年11月 广东 2+93 32开 有图表 Ⅶ时事小丛书之九

本书分29个部分：论德苏军队的变化、日见脆弱的德国军队、一年来德军的损失、劣势的纳粹人力后备军、论后备资源的战争、再论后备资源的战争、困难重重的德国经济、德国已无存粮、中立国的舆论界等。卷首有《时事小丛书》序以及前记。

**4592. 未来的美日战争**　中宣部国际宣传处编译　正中书局　1941 年 4 月初版　2 + 129　32 开　有图表　国际问题小丛书之三

　　本书分 8 个部分：太平洋上未来的海军大战、保全我们太平洋的权益、美国太平洋海军战略的检讨、美国之军事实力、飞跃进展的美国国防等。书前有弁言，介绍本书的中心以及编辑的目的。附录收《荷属东印度的安全问题》、《风雨飘摇的荷领东印度》、《荷属东印度的国际地位》3 篇文章。

**4593. 未来的苏日战争**　蔡力行、蔡振扬著　自然出版社　1942 年 10 月出版　福建永安　2 + 32　32 开　敌伪研究丛书之一

　　分 5 部分："日寇为什么要攻苏?"、"日寇攻苏的准备"、"苏联对日的防卫"、"双方的战略"、"结论"。

**4594. 未来日俄大战的展望**　谋公著　大众出版社　1938 年 2 月初版　2 + 38 页　32 开

　　本书从日本企图"独吞东亚大陆，称霸于太平洋"的侵略野心入手，论述了对未来日俄大战的展望。分 3 节：引言、日俄军国力量对比、结论。

**4595. 未来日苏战争的透视**　国际时事研究会编　国际时事研究会　1938 年 2 月初版　2 + 96　32 开　有图表　时事问题小丛书 5

　　全书收录英、法、苏、日各国报刊以及个人所著 14 篇文章。全书分 5 个部分：未来日苏战争概观，收录《未来日苏战争》、《日苏国力的比较》和《日苏海军实力比较》3 篇文章；日本对苏作战的实力，收录《日本的军备》、《日本战时准备的实况》、《日本怎样支持第一年的日苏战争》和《日本战时原料的苦闷》4 篇文章；苏联对日的防御战，收《苏联的军备》、《苏联远东的军事设施》、《苏联远东的战略铁路与未来战争》和《苏联远东空军对日的威胁》4 篇文章；第 4 部分，收录《日苏战争假想》和《苏联与未来的战争》两篇文章；结论部分为孙国辉所写《未来日苏战争论》。

**4596. 日本要进攻苏联吗**　战时生活社编辑　编者刊　1937 年 11 月　上海　70　32 开　有图表

　　本书分 7 个部分：日本就要进攻苏联、日本对苏联紧急备战、苏联如何对日防御、日本眼中的苏联军容、苏联眼中的日本作战力量、日苏实力的比较、日苏远东战局预测。

**4597. 日俄战争的战略问题**　贺佛编著　中国军事科学馆　1938 年 8 月　5 + 310　32 开　有插图、有图表　军事科学丛书之一

　　本书分 6 部分：日本的政略和战略、反苏联战争中红军之战略、日俄备战与战略问题、远东政略战略之检讨、第二次日俄战争的战略、日俄战争的危机。书前有序言。

**4598. 日苏必战论**　羊枣等著　战时出版社　1 + 138　32 开　有图表　战时小丛刊之四十五

　　本书收 24 篇文章：《苏联的军队》（佚名）、《苏联的军容》（日本陆军省）、《苏联国防力的增强》（羊枣）、《日本的空军》（包刚）、《日苏海军实力比较》（佚名）、《日本就要进攻苏联》（汉口《大公报》）、《日本军人目中的日苏战争》（伊藤）等。

**4599. 日苏战争预测**　华光出版社编译　编者刊　1938 年 1 月初版　2 + 105　32 开　有图表　抗战小丛书

　　本书分 4 篇：日苏战争预测、日苏实力的比较、苏联的新军备、红军的统帅。

**4600. 日军登陆作战**　王镇编译，田席珍、杨淙、申有楷、陈树华、王诚伦审核，吴石、戴高翔审定　国防部史政局　1947 年 2 月　南京　2 + 46　16 开　有插图　战史丛刊　第 4 种

本书分 6 章，分别介绍二战中日本军队登陆香港、菲律宾、马来西亚、西南太平洋等地作战的情况。

**4601. 玻根维尔吉尔贝特海空战**  中华日报社编纂室编辑  中华日报社  1944 年 1 月  上海  2 + 84  32 开  有插图  中华日报社时局小丛书

本书讲述 28 个内容：玻根维尔岛之鸟瞰、玻根维尔岛战争发生之原因、玻根维尔岛海空战始末、玻根维尔岛海空战敌方损失统计、日本军事专家谈太平洋战局、盐田大尉广播辞、松岛大佐发表太平洋战况、重光外相对关西经济界发表演说、广田情报部长发表谈话等。

**4602. 从防御到反攻**  张友渔等著  生活书店  1943 年 9 月（渝）  重庆  4 + 86  32 开  有插图

本书概述了二次世界大战后期苏联胜利反攻后的世界形势，分 9 章：从防御到反攻、斯大林格勒是地震的中心、希特勒的战略和政略、欧洲人民解放战争的新阶段、美国的租借法案、日本的"决战机会"、中英中美新约的内容及其意义等。

**4603. 德国的实力**  中央宣传部国际宣传处编译  正中书局  1941 年 3 月初版  重庆  1 + 82  32 开  国际问题小丛书之二

本书分 10 部分：革命性的战争、德国军事上的成功、德国的军事学新原理、希特勒的武备、希特勒的经济动员、第五纵队的组织和任务、希特勒如何利用机器工业及与美国的教训、德国的新海军、希特勒后面的陆军、希特勒之秘密武器。书前有弁言。

**4604. 德国空战论**  （德）罗登著，邹陆夫译  陆军大学校  1942 年 9 月初版  重庆  4 + 104  32 开  有插图、有图表  陆大丛书

本书分 11 章：空战之政治地理关系、空战之精神效力问题、独立空军之"法的根据"、空战之性质、用兵之天才、空战之武力、空军之编成及其兵力、空中战斗、结论等。书前有作者所著引言。

**4605. 德国作战计划**（*Raum Und Volk Im Weltkriege*）  （德）Ewald Banse 著，朱慰侬译  时代书局  1940 年 7 月初版，1940 年 10 月，1941 年 7 月 4 版  重庆  8 + 96  32 开

本书分 11 章：前奏曲、德人眼中的法国、德人眼中的英国、德人眼中的意大利、德人眼中的俄国、德人眼中的日本、闪电战、如何备战等。

**4606. 德意日军事同盟**  张中绥等著  战地图书出版社  1940 年 11 月初版  上饶  2 + 98  32  国际知识丛刊之一

本书分 4 章：三国同盟的背景与经过、三国同盟的评价、三国同盟的影响、三国同盟的展望。

**4607. 二次世界大战的军事技术与经济**  （苏）Varga，Perov 等著，祝百英译  文摘出版社  1940 年 2 月初版  重庆  68 页  32 开  有图表

本书深刻地回答了下列问题："闪电战争可能吗？"、"为什么欧战数月，还看不到大规模的前线接触？"、"日本侵华战争将在经济上开始崩溃，如何？为什么？"、"各国怎样准备大战？"等。

**4608. 动员（上集）**  （俄）布尔霖著，国防研究院译  译者刊  1943 年 5 月  8 + 172  32 开

上册分平时征集（兵役）、战时征集（动员）两卷。多取材于俄制，兼及德制。

**4609. 动员（下集）**  （俄）布尔霖著，国防研究院译  译者刊  1943 年 5 月  8 + 234  32 开  有图表

本书为下册，收录各种相关表格 70 幅。

**4610. 二次大战中英国之战略与战术** 赫德原著，文摘社译 复旦大学文摘出版社 1939 年 上海 22 32 开 文摘战时旬刊第 59 号附册

本书分 3 篇：联军战略的基本原理、陆海空军根据地的保卫、前哨阵地的防御战。

**4611. 二次欧战爆发之真相（英德政府白皮书全译）** 复旦大学文摘社翻译 文摘出版社 1939 年 12 月 24 32 开

该书为文摘《战时旬刊》第 59 号附册。卷首有文摘社所写编辑本书的原因背景。

**4612. 福龙芝选集（上册）** （苏）福龙芝著，焦敏之等译，曾涌泉校 八路军军政杂志社 1940 年 12 月初版 149 32 开 抗日战争参考丛书第 12 种

本书收福龙芝所撰写的 9 篇文章：《福龙芝自传》、《红军的改编》、《高级军事教育问题》、《欧洲的文明者与摩洛哥》、《列宁与红军》、《红军与苏联国防》、《我国的军事建设与军事科学学会的任务》、《军事工业是我们国防力量的基础》、《政治工作人员的目前任务》。

**4613. 歼灭胜利** （德）艾福特著，魏国斑译，谭家骏校 陆大出版社 1944 年 1 月初版 重庆 8＋142 32 开 有插图 陆大丛书

本书分 9 部分：绪言、裴德礼大王时代之问题、拿破仑时代之问题、拿破仑与毛奇中间时代之兵法、毛奇对于此问题之解答、十九世纪与二十世纪更迭时德国军事著作中关于拿破仑与毛奇作战方法之辩论以及高尔慈与石里昔亭两将军之意见、史蒂芬之教训、最近战争中之集中作战、结论。书前有译者序及著者原序。

**4614. 进展中的美国扩军计划** 中央宣传部国际宣传处编译 文通书局 1942 年 1 月初版 贵阳 4＋34 32 开 国际时事丛刊第 1 辑第 4 种

本书分 3 个部分：进入建造阶段的国防计划、美国军火生产的展望、美国国防扩充计划实行一年后的成绩。卷首有编者所写弁言，附录为《美德战争潜力的比较》。

**4615. 空权保障和平** （美）Allan A. Michie 著，庄泽宣译 中外出版社 1945 年 6 月初版 重庆 2＋107 32 开

本书分 10 章：空权——公理的卫士、德国已在准备第三次大战、我们的真正仇敌、德国怎样在上次和平中取得胜利、德国如何重整军备、我们必须以武力保障和平、空军是最好的武力、日本——东方的德国、空中警戒只是过渡的办法。书前有译者的引言。

**4616. 列强军缩外交战斗史** 张一凡著 世界书局 1935 年 2 月 上海 4＋290 32 开 有图表 内外政治经济编译社丛书

本书共 10 章，依次为导言、军缩问题之发生、欧战前之军缩问题与国际会议、欧战后关于军缩之国际会议、国际联盟下之军缩会议、现阶段之军缩会议、现阶段之海缩问题、军缩会议失败之症结等。有题赠。

**4617. 论第二战场**（*Attack Can Win In '43*） M·威尔纳著，于怀译 生生出版社 1944 年 2 月初版，1944 年 6 月再版 重庆 1＋167 32 开 有插图

本书分 9 章：决定的关头、苏联是怎样打胜仗的、红军是不能打败的、红军是能打胜的、德军是不能打胜的、德军是能打败的、大家一起来争取胜利、第二战场一定胜利等。另附《屹立十八个月的苏军战线图》、《苏军包围德军攻势图》、《苏德战场决战地区图》等 5 幅图。

**4618. 胜利的记录** 欧阳宗等著 （伪）新中国报社 1943 年 7 月 上海 3＋114 32 开 新中国丛书第 11 种

本书收 20 篇文章:《所罗门群岛从军记》、《南太平洋苦斗记》、《炮轰俄勒冈目击记》、《新加坡登陆实话》、《珍珠港末日记》、《大战前夜的华盛顿》等,书前有编序。

**4619. 世界战略地理论**　莫勒、赖奇曼合著,潘焕昆译　时与潮社　1944 年 10 月初版　重庆　5 + 132　32 开　国际军事丛书之一

本书分 4 篇:绪论、一九三九年的列强、世界交通、天然的侵征孔道、近代军事革命。书前有时与潮社所作译序。

**4620. 未来的世界大战**　T. H. Wintringham 著,林仁王译　青年协会书局　1939 年 7 月初版　上海　7 + 165　大 32 开　青年丛书第 2 集第 2 种

本书分 11 章:技术战斗、从空中来的战争、成吉思汗的国家、戈林的暴击机、对于战争的准备、他们在讲和平、如何防止战争、劳工和战争、战争的根源等。卷首有原著者序。

**4621. 我之世界大战经验(上、下)**　(美) J. J. Pershing 著,周济民译　商务印书馆　1938 年 1 月初版　长沙　28 + 652　大 32 开　有照片、有插图、有图表

本书记叙了美国远征军总司令潘兴大将(作者)远征欧洲参加第一次世界大战的经历。书前有译者序言、凡例、著者导言。该书英文题名:*My Experiense in the World War*。

**4622. 武装的欧洲**　Liddell Hart 原著,周新节译　新兴书店　1938 年 4 月初版　6 + 99　32 开　时代知识丛书 4

本书分 8 章:欧洲的空军、欧洲的陆军、法国的陆军、英国的陆军、第一次世界大战与未来之世界大战、阿比尼西亚战争——及其对于未来战争之意义、西班牙战争的教训、另一次世界大战会使文明毁灭吗。卷首有著者序。

**4623. 西班牙的新军队是怎样建立的**　金仲华译　生活书店　1938 年 4 月初版(汉),1938 年 5 月再版(粤)　3 + 42　32 开　世界知识战时丛刊之三

本书分 5 个部分:一个军队诞生了、第五联队的成立、第五联队的消灭、统一指挥的产生、尼格林政府的重要性。

**4624. 一九四〇年西战场德军作战概述**　丘兆琛著　中国抗战史料社　1941 年 1 月初版　长沙　6 + 74　32 开　有插图

本书收作者论文《西战场德军作战经过概述》及另外 5 篇军事论文《越南问题的研究资料》、《伞兵论》、《卡内兵法》、《浙西游击区几个重要问题》、《创练河川摩托化兵团意见书》。书前有卷首语。书后有于益钧所作《读丘兆琛将军新著书后》。

**4625. 英国的攻势**　1939 年　34　16 开　有插图

本书分 7 章:由海上进攻、一九四〇年夏、地中海之战、俾斯麦号的沉没、践约解放阿比西尼亚、英国的空中攻势、北非大捷。

**4626. 战祸溯源**　E. L. 武华德著　欧战文献社　23　32 开　国际问题小丛书　第 2 种

本书分 3 个部分分析第二次世界大战的详细情况。首先介绍战前的情况,其次叙述希特勒上台至慕尼黑会议时的交涉,最后分析战争的原因。书前有提要,介绍本书的框架结构与具体内容。

**4627. 战争·军火与利润**　(美)赛而特斯(G. Seldes)著　邵宗汉译　生活书店　1936 年 8 月初版,1937 年 1 月再版,1940 年 1 月 3 版　上海　203　32 开　世界知识丛书　5

本书分 14 章:从战争说起、战前的军火国际、大战中的阴谋事件、现在的军火国际、军火国

际的威势、军火商人的战争、军火商人收买舆论、军火巨头小史、怎样消灭军火商人等。

**4628. 战争与和平**　　（美）Quincy Wright 著，毛如升、金善增译述　　商务印书馆　1938 年 2 月初版
长沙　8＋138　32 开　有图表　社会科学小丛书

　　本书为著者在日内瓦国际研究院担任讲学时的讲演稿，阐述战争的原因和和平之条件。共 5 章：战争之原因与和平之条件、战争与和平之起伏、军备与均势、法律与组织、战争与舆论。有著者序和译者序。

**4629. 最后胜利是我们的（太平洋战争总结算）**　　美国新闻处编　编者刊　1945 年 8 月初版　重庆
1＋52　32 开　新闻资料特辑

　　本书为新闻资料特刊，分 11 个部分：从九一八事变到日本投降、四十八国对于最后胜利的贡献、《租界法案》是击败日寇的有力武器、原子弹和空中堡垒加速日本屈膝、日寇罪行备忘录之一、太平洋战争大事记等。

**4630. 最近欧洲之新战术**　　王典五著　1941 年 10 月再版　上海　28　32 开　有照片、有插图

　　本书分 4 节介绍了二战中的新战术等，包括：大西洋霸权之争战、德国之马匹与机械化军队、飞机为欧洲致胜之利器、德国青年习练飞行。

**4631. 战争论**　　荒畑寒村原著，沈兹九译　申报　1933 年 8 月初版　上海　2＋136　32 开　申报丛书　第 34 种　上海文库主编

　　本书分 8 个部分：日美两国在满洲的对立、军事产业及战争之必然到来、毒瓦斯战及细菌战之威胁、第二次世界大战之切迫及其意义、英美资本的争霸、无产阶级眼光中的太平洋军缩会议等。

# 日、伪军事情况

**4632. 大东亚战争**　　（伪）北京特别市公署宣传处　1942 年 1 月　北京　1＋64　32 开　有照片、有插图、有图表　时局丛书之一

　　本书分 5 个部分：太平洋形势鸟瞰、英美是太平洋战争的罪首、英美为害中国的史实、东亚民族解放与奸英灭美、华北人民今后应有的认识。附录收《大东亚战争日记》和《大东亚战争地图》。

**4633. 大东亚战争与日本海军**　　大本营海军报道部著　申报部译述　申报社　1943 年 5 月　上海
4＋139　32 开

　　本书 19 篇文章：《夏威夷大海战》、《特别攻击队》、《马莱附近大海战》、《海军降落伞部队之攻略战》、《使敌人心惊胆战的潜水艇》、《到新加坡之路》等。书前有陈彬和序。

**4634. 敌第十兵站自动车队专号**　　第九战区司令长官司令部参谋处编　编者刊　1939 年 10 月　4＋83　32 开　有插图、有图表　敌情汇编第九一四号

　　本书分两部分：第十兵站自动车队金泽队文件、第十兵站自动车队第六中队海老原队文件。附录为《本战区内敌军兵站位置图》。书前有编译者所作前言。

**4635. 敌国军事摘要研究**　　2＋22［环筒叶］　15.3cm×21.1cm　线装　有插图、有图表

　　本书分 4 章：总说、敌平时陆海军编组概况、敌自七七事变后对华作战经过情形、结论。内含日本陆、海军系统一览表等。有题赠。

**4636. 敌河曲支队作战命令与计划**　　（294）　32 开　有插图、有图表　抗战参考丛书第 8 种

收录河曲讨伐要领，河支作命第二号，黑田支队输送计划等作战计划。

**4637. 敌军战阵训**　中央训练团编　编者刊　1941 年　10　32 开

本书收《敌军战阵训》全文。书前有序，书后有结论。出版时间根据序文推断。

**4638. 敌寇编组伪军的阴谋**　国民政府军事委员会政治部编　编者刊　1941 年 8 月　2＋43　64 开

本书分 5 节：敌寇为什么要编组伪军、敌寇编组伪军概况、敌寇统率伪军的方法、伪军反正纪要、我们要彻底粉碎敌寇"以华制华"的阴谋。附：《反正官兵奖励法》。

**4639. 敌寇作战要务令（第一部）**　八路军留守兵团司令部编　编者刊　1943 年 12 月　140　32 开

该书内容除纲领、总则外，分为 7 篇：战斗序列及军队区分、指挥及联络、情报、警戒、行军、宿营、通信。书前有朱德、彭德怀共同签发的命令及刘伯承作的《译版序言》。正文题名为"日本军的作战要务令"。

**4640. 敌陆军人事公报**　第九战区司令长官司令部参谋处编　1939 年 7 月　2＋392＋6　32 开　有照片　敌情汇编　第九一三号

本书原名《陆军命课通报》，由战斗中所获日军文件编译而成，介绍日方大本营、陆军省、野战兵器长官部、教育总监部、陆军被服厂、联队司令部、陆军航空厂、各地陆军医院等 70 个部分的情况。书前有编译者所作前言。

**4641. 敌陆军战时编制装备之研究（其一）**　［陆军大学校编］　编者刊　1943 年　［15］　32 开　有图表

本书收《敌陆军师团之编制装备》、《敌步兵联队之编制装备》、《敌骑兵联队之编制装备》、《敌通信兵队之编制装备》、《敌兵站汽车中队之编制装备》等 15 幅图表。

**4642. 敌陆军战时编制装备之研究（其三）**　军令部第二厅第一处编　编者刊　1939 年 12 月　6＋39　32 开　有图表　敌国兵备丛书第 3 种

分 3 部分：敌陆军部队编制装备之趋势、敌陆军部队编制装备之调查统计、敌件附辑。主要为表格，辅以文字说明。封面有"极机密"字样。

**4643. 敌情汇志**　南岳干训班编　编者刊　1939 年 5 月　［204］　32 开　有插图、有图表　突击丛书之四

分 6 部分：敌兵力配置及编制、松浦师团、通信、毒气、敌军日记、敌歼灭游击战对策。敌指侵华日军。书前有茹莱突击丛书编例和前言。封面有"机密"字样。

**4644. 第二次长沙会战俘虏敌军机密文件译本**　精忠参谋处编译股编译　1941 年 11 月　2＋76　64 开　有插图、有图表　敌情汇编第九一九号

本书分 17 个部分：前言、吕集团作命第九六二号、关于 D 作战陆海军细部协定、机密水路启关部队命令第一号、上陆支援部队命令第六号、野炮兵第三联队作命第五〇六号、野炮兵第三联队作命第五〇七号、第三师团训示等。

**4645. 第二方面军防区视察记**　开封中国记者团著　1944 年 6 月　2＋14　32 开　有照片

本书分 6 个部分：概论、沿途记载、第五军干训班巡礼、文留集阅兵、东明朝会、结论。

**4646. 第三次长沙会战俘获敌第六师团作战命令**　精忠军编　编者刊　1942 年 1 月　12＋162　32 开　有插图、有图表　敌情汇编第九〇二号

卷首有编者所作引言。

**4647. 第三次长沙会战俘获敌三师团作战命令**　精忠军编　编者刊　1942 年 11 月　10 + 152　32 开
有插图、有图表　敌情汇编第九〇三号

本书分 5 个部分：第三师团作战命令、第三师团第六联队第二大队作战命令、第三师团第十八联队作战命令、第三师团第六联队留置部队编成等之指示、第三师团第六联队第二大队作战命令。书前有引言。

**4648. 对敌军制之检讨**　［第四战区司令长官司令部参谋处编］　［编者刊］　1940 年 6 月　8 +
70　32 开　有图表

本书分 8 篇：编制、军动员国家总动员军需工业动员青年学校及学校教练、兵役、补充及进级、马政、经理、兵器业务、褒赏及抚恤。书前有绪言。附录收《敌陆军下士官养成制度沿革之概要》、《敌国在乡军人会》，另收《陆军系统一览表》、《陆军常备团队配补图》等 11 幅图表。

**4649. 对敌扫荡战法之研究**　军事委员会军令部编　编者刊　1941 年 7 月　2 + 10　32 开　抗战参
考丛书　第 29 种

本书分 4 部分：概论、敌扫荡战之内容、对敌扫荡战之战法、结论。封面有"机密"字样。

**4650. 反"清乡"的战术**　贺扬灵著　浙江省政府浙西行署秘书处　1942 年 1 月　4 + 54　32 开

本书分 7 个部分：引言、敌伪清乡历史的发展、敌伪清乡原因的分析、敌伪清乡所采方案、敌伪清乡失败原因之解剖、目前敌伪在浙西所采清乡步骤、反清乡的对策。书后附录收《伪治安肃清要纲案》、《伪清乡地区物价统制及运销管理暂行办法》等 3 篇文章。

**4651. 防空常识**　（伪）华北政务委员会政务厅情报局编　编者刊　1943 年 9 月　1 + 62　32 开
有插图、有图表　时局丛书之十一

本书分 12 部分，介绍防空基本常识、空袭下的消火、防火和救护、灯火管制、空袭时民众注意事项、街头遇空袭应注意事项、瓦斯中毒急救办法等内容。

**4652. 防空读本**　（伪）华北政务委员会政务厅情报局编　编者刊　1943 年 10 月　3 + 57　32 开
有插图、有图表　时局丛书之十三

本书分 4 章，介绍近代战与防空、炸弹与烧夷弹、空袭下的防火、空袭下的救护等内容。

**4653. 赴日见学武官团记事及感想**　（伪）军政部　编者刊　1934 年 7 月　146　32 开　有题词、
有图表

本书分"记事"和"感想"两部分。记事部分记叙了 4 月 6 日到 5 月 8 日从伪满新京到日本广岛、江田岛、神户、甲子园、京都、东京等地的见闻；感想部分收录了该团团员的见学感想 24 篇。

**4654. 广东省阅兵纪念特刊**　（伪）广东省政府编　编者刊　1942 年　28 + 44 页　16 开　有照片、
有插图、有题词、有图表

内收：汪精卫训词、陈绥靖主任为阅兵典礼告本省将士书、广东阅兵典礼计划方案等。附图
6 张。

**4655. 广东阅兵纪念特刊**　（伪）广东军警阅兵筹备处编　编者刊　1940 年 11 月　30 + 58　16 开
有照片、有插图、有题词、有图表

本刊是 1940 年汪伪阅兵纪念特刊，内分：相片、图片、题词、训词、报告、论文等。论文收录《中日和平之我见》（李讴一）、《从抗战说到中日合作》（黄志达）、《和平为中日两大国之生命线》（李健良）等 13 篇文章。首有发刊词。

**4656. 决战下之菲律宾** （伪）华北政务委员会总务厅情报局编 编者刊 1945 年 2 月 128 32 开 时局丛书之五十八

本书分 12 个部分：前言、菲岛必胜、菲岛独立一周年、日本对菲供与二万万元借款、菲岛日军战果逐渐扩大、美军损失奇重、菲岛日军所向无敌、日神风特别攻击队之威力、舆论一般、结语等。

**4657. 军事委员会军事情报汇编** （伪）军事委员会军事情报报道室编 编者刊 86 32 开 有照片、有插图、有图表

本书收录文章 11 篇：《关于参战之所感》（齐燮元）、《充实国力奋起参战》（孙良诚）、《操纵重庆之美国空军》（《陆军画报》）、《德国山岳部队》（《陆军画报》）等。附：《大东亚战争经过日记表》等。本书目次页题名为《军事委员会军事报道室情报汇编》。

**4658. 军事研究资料** （伪）参谋本部编 编者刊 1941 年 3 月 南京 1＋70 32 开 有照片、有插图、有图表 军事研究资料第 2 期

本书收 10 篇文章：《德意志之新战争理论》、《美国国防计划之检讨》、《剿匪方略之建议》（续前）、《军人互相敬礼之商榷》、《日本废止后备兵役制》、《列国军用机标识一览表》、《日本民间航空》、《参加日本纪元二千六百年庆典代表赴东日记》等。

**4659. 军事研究资料** （伪）参谋本部编 编者刊 1941 年 5 月 南京 2＋64 32 开 有插图、有图表 军事研究资料第 3 期

本书收巴尔干半岛战势进展图 6 幅、文章 11 篇：《德意志之新战争理论》（续前）、《美国国防计划之检讨》（续前）、《大英帝国的致命伤——纳粹的潜艇政策》、《美陆军之优劣》、《美国航空科学现状》、《地中海的心脏马尔太岛》、《林白上校发言反对美国援英》、《巴尔干的尖端希腊》等。

**4660. 军事研究资料** （伪）参谋本部编 编者刊 1941 年 10 月 南京 2＋108 32 开 有照片、有插图 军事研究资料第 4 期

本书收苏德战争图 3 幅、12 篇文章：《德苏战争目标——乌克兰》、《欧亚的桥梁——土耳其》、《美国国防计划之检讨》（续前完）、《德国战胜后的美洲》、《德英空战的检讨》、《德国伞兵的组成与训练》、《空输步兵与落下伞兵之研究》、《战术研究》。

**4661. 军事研究资料** （伪）参谋本部编 编者刊 1941 年 12 月 南京 2＋144 32 开 有插图、有图表 军事研究资料第 5 期

本书收 4 幅图：《日本进攻新加坡采取路线之判断图》、《德英苏窥视高加索形势图》、《马来半岛英军配备略图》、《菲岛会议英美将在南太平洋采取战争形势图》。收录 12 篇文章：《第二次欧战》、《英美对日包围线的鸟瞰》、《千钧一发的太平洋》、《美国的援英战略》、《欧战与美国应采之方针》等。

**4662. 军事研究资料** （伪）参谋本部编 编者刊 1942 年 南京 2＋42 32 开 有插图、有图表

本书收 10 篇文章：《蒋介石的磁铁战》、《日俄战史之话关于军令机关之全能性》、《欧战前途预测》、《剿匪方略之建议》、《新加坡军港》、《特定外之现役军人不参加中核体》、《陆军废止兵科区分》、《指导的地位之意义》。

**4663. 军事研究资料** （伪）参谋本部编 编者刊 1942 年 5 月 南京 2＋118 32 开 有插图
军事研究资料第 6 期

本书收 14 篇文章：《ABCD 阵线反封锁》、《英国的危机就是美国的危机》、《美国空军的解剖》、《纳粹占领区处理密令》、《苏俄两大事件》、《太平洋之直布罗陀》、《德国之战时经济政策》、《德俄决战与整个局势》等。

**4664. 昆仑关歼敌卤获密件辑要（分遣队服务规定第十种）**　　（日）井上实著，陆军第五军译　译者刊　1940 年 2 月　2 + 18　64 开　有图表

本书分 9 章：总则、任务、编成、非常时之处置、情报通信连络及报告、交代、杂件等。附录收表 3 幅。

**4665. 陆军惩罚令**　　（伪）治安部制定　编者刊　1938 年 3 月　1 + 12　64 开　有图表

本书收陆军惩罚令 26 条。书前有 1938 年 3 月 21 日齐燮元签署的治安部令，据此推断出版时间。

**4666. 陆军军队符号**　　（伪）治安部制定　编者刊　1938 年 8 月　66　64 开　有插图

本书分 4 部分：通则、野战部、攻守城部、海军部。书前有 1938 年 8 月 10 日齐燮元签署的治安部令，据此推断出版时间。

**4667. 陆军军官学校学生遵守规则**　　（伪）治安部制定　编者刊　1938 年 4 月　2 + 30　64 开

本书分 10 章：总则、敬礼、各室规则、修学规则、请假外出会客、服装、物品保管及修理、卫生等共 50 条。书前有 1938 年 4 月 22 日齐燮元签署的治安部令，据此推断出版时间。

**4668. 马来血战记**　华北学会翻译　祝惺元　1942 年 8 月　北京　42　32 开

本书根据《朝日新闻》翻译。内容为日军作战主任参谋谈话。

**4669. 民国三十一年治安军步兵第一零二团官佐秋季履历册**　　（伪）治安军步兵第一零二团编　编者刊　1942 年 7 月　[220]　21.2cm×28.8cm　线装　有照片、有图表

本书系民国三十一年伪治安军步兵第一零二团官佐秋季履历册。抄本。

**4670. 日本兵役之研究**　[国防研究院编]　[编者刊]　1942 年 12 月　12 + 138　32 开　有插图、有图表

本书分 11 部分：绪言、日本制定征兵制度之动机、日本兵役法决定之条件、日本兵役制度改革之概要及研究、日本现行兵役法概说、日本兵役法令之运用、日本兵役法令及役政之优点、结论、附图、俘房、附表一览。

**4671. 日本的海军**　申报资料室编　编者刊　33　32 开　有图表

本书分 6 部分：绪言、日本海军发展简史、现有军备一览、组织与机构、海军的训练及其传统精神、结论。

**4672. 日本的海军**　孙公度著　申报　1933 年 5 月初版　上海　2 + 130　32 开　有图表　申报丛书第 4 种　上海文库主编

本书分 9 章，介绍日本海军的历史、地理、组织、人事行政、军舰、日本海军航空队、日本海军国防第二线、日本海军与华盛顿及伦敦会议等。

**4673. 日本的海军**　赵南柔、周伊武编辑　日本评论社　1934 年 2 月　南京　1 + 67　32 开　有图表　日本研究会小丛书　第 42 种

本书分 6 个部分：日本海军史概要、日本海军的组织、日本海军的舰队、日本海军的第二线、日本海军兵役法提要、日本海军武官俸给及其他。

**4674. 日本的航空** 徐渊若著 申报 1933 年 5 月初版 上海 8 + 90 32 开 申报丛书 第 5 种 上海文库主编

本书分 5 章：日本航空之过去现在及将来、日本之防空、横断太平洋问题、少年航空兵、杂录。有自序。

**4675. 日本的陆海空军** 包刚著 上海杂志公司［总经售］ 1937 年 11 月 汉口 2 + 62 32 开 有图表

本书分 5 部分：序言、日本的陆军、日本的海军、日本的空军、日本军力的总估计。介绍日本陆、海、空军的兵力、装备及战时动员等内容。

**4676. 日本的陆军** 章倬汉著 申报 1933 年 9 月 上海 6 + 162 32 开 有图表 申报丛书 第 2 种 上海文库主编

本书分 7 章，回顾日本陆军的发展历史，介绍日本陆军的特点、制度、实力、各兵科现状、兵器，以及东北与日本用兵的关系等内容。附录收《日本兵役各法规节要》、《在乡军人会章程节要》。

**4677. 日本的陆军** 冯次行著 商务印书馆 1938 年 7 月初版 长沙 5 + 139 32 开 有图表 日本知识丛刊 日本问题研究会编辑

共分 9 章：日本陆军的编制经过、日本陆军的指挥机关、日本陆军的组织系统、日本陆军的常备兵力、日本陆军的重要官署、日本陆军的教育机关、日本陆军的演习检阅、日本陆军的兵役等级、日本陆军的俸给与恤金。书前有日本问题研究会所作卷头语。

**4678. 日本飞机制造厂一九三三年之出品** 中央航空学校教育处编译 1934 年 44 64 开

收录 1933 年日本制造的飞机、军舰等目录。

**4679. 日本国防力的剖视** 一泯著 今日出版社 1938 年 4 月初版 3 + 54 32 开 有图表 日本研究丛书之三

该书分 5 章：总论、陆军、海军、国家总动员的准备、结论。

**4680. 日本海军** 谭文山编著 正中书局 1938 年 8 月初版 重庆 26 64 开 抗战常识讲话日本国情

本书从 3 个方面介绍了日本海军情况：日本海军的组织、日本海军的编制、日本海军的实力。

**4681. 日本军备的检讨** 庄心在著 南京书店 1932 年 3 月 南京 2 + 55 32 开

本书分 5 章：导论、日本军备的发展、日本的军事组织与军事设施、日本军备现势、结论。阐述帝国主义与战争、日本帝国主义的武力侵略、中日关系等问题。介绍日本陆、海、空三军的发展和现状，以及军事机关和军事设施等内容。

**4682. 日本军备论** （日）仓冈彦助著，张一梦译 白河社 1932 年 4 月再版 天津 6 + 50 32 开

本书分 4 章，分析东三省现状和苏、中、美三国的形势，介绍日本陆军的使命、日本军备的形式、现状以及日本陆军的兵力与设备等内容。书后附《救国歌》歌词。

**4683. 日本军部之国防论** 日本评论社编辑 编者刊 1934 年 11 月 南京 2 + 46 32 开 有图表 日本研究会小丛书 第 74 种

本书分 5 个部分：国防观念之再检讨、国防力构成要素、现在国际情势与日本国防、国防国策

强化的提倡、国民的觉悟。附录收《主要国家陆军兵力一览表》。

**4684. 日本军情**　俞浩编著　叶伟芳发行　1941 年 3 月增订再版　湖南　4 + 134　32 开　有图表　敌情研究之一

　　本书分 10 个部分：日本陆海军的历史、日本的军事机构、日本陆海军的编制、日本的兵役制度、日本军队的补充及其教育制度、日本军部的专横及其内部的矛盾、日本的兵力与军备、敌侵华兵力的判断、敌军在华作战的检讨、日本侵华军事的危机。卷首有序。书前有前言，书后有附录。

**4685. 日本军人**　张平君著　独立出版社　1941 年 1 月　重庆　6 + 53 页　32 开

　　本书分 20 节：所谓皇军、武士道精神、军人思想的变迁、军人服役与退休、陆海军的裂痕、在乡军人、军人眼中的中国兵、现在执权的军人等。

**4686. 日本军事政策**　（日）冈田铭太郎著，训练总监部军学编译处译　军用图书社　1934 年 11 月　南京　8 + 218　大 32 开　军事科学讲座　第 2 编

　　本书分 6 部分：战争、军备、国防、东洋和平、皇军之使命、吾人之觉悟。补说两部分：满洲事变、军缩会议。评述日本的军备、兵制、国防、日本军队的使命等内容，介绍日本在满洲的既得权益和当地的排日、抗日事件，以及日本对于军缩会议的立场。

**4687. 日本联队日记**　承季厚著　军用图书社　1932 年 6 月　南京　24 + 208 + 54　大 32 开　有照片、有插图、有题词、有图表

　　本书以日记的形式记载了作者在日本联队所经历的各种军事演习。前有 4 篇序。

**4688. 日本陆海空军国防观**　张孤山编著　正中书局　1937 年 11 月再版　南京　35 + 281　32 开　精装　有插图、有题词、有图表　国防知识丛书

　　本书分 3 部分：陆军之部、海军之部、空军之部。书前有蒋方震序、应成一序及作者自序。附录收《日本陆海空军今后七年所需之经费》。

**4689. 日本陆军**　白启荣编著　正中书局　1938 年 8 月初版　32　64 开　抗战常识讲话

　　该书分 5 部分：日本陆军的历史、日本陆军的组织、日本陆军的编制、日本陆军的兵役制度、日本陆军的派别。

**4690. 日本陆军兵员调查表**　训练总监部　1937 年 9 月　2 + 3 页　32 开　有图表

　　本书由 3 张图表组成：《日本现役军官阶级人数表》、《日本战时各种兵役人员推算表》、《推算日本战时组织战略单位兵员统计表》。

**4691. 日本陆军的统帅与编制**　刘百闵编辑　正中书局　1933 年 6 月　南京　2 + 48　32 开　有图表　日本研究会小丛书　第 11 种

　　本书分 3 个部分：绪言、日本陆军之统帅、日本陆军的编制。

**4692. 日本陆军动员计划令**　（日）陆军省调编　编者刊　1943 年 5 月　2 + 54［环筒叶］　15cm × 23cm　线装

　　本书分 7 章：总则、各官之职责及部队之隶属关系、动员准备、动员实施、复员及复员后之动员计划、杂则。书后有附则。本书印有"军事机密　连续番号第 1488 号　军令陆甲第四十六号"。

**4693. 日本陆军动员计划令细则（其二自第六章至第七章）**　（日）陆军省调编　编者刊　1932 年 5 月　14 + 102［环筒叶］　14.9cm × 22.9cm　线装　有插图、有图表

　　本书分 3 大部分，包括总则、人员之充用及充足、马匹之充足、装蹄、宿营及临时构筑物、战

用诸品、杂则等 14 章内容。本书印有"军事机密　连续番号第 4188 号"。

**4694.** 日本陆军动员计划令细则（其三自第八章至第十四章）　（日）陆军省调编　编者刊　1943 年 5 月　14+80［环筒叶］　15cm×23cm　线装　有图表

本书分 3 大部分，包括总则、人员之充用及充足、马匹之充足、装蹄、宿营及临时构筑物、战用诸品、杂则等 14 章内容。本书印有"军事机密　连续番号第 4188 号　陆机密 116 号别册"。

**4695.** 日本陆军动员计划令细则附录　（日）陆军省调编　编者刊　1943 年 5 月　16［环筒叶］　15cm×23cm　线装　有图表

本书收录《动员日课豫定表》、《物件授受一览表》、《在乡将校名簿》、《不能永久服役者之诊断书》、《复员名簿》、《动员用封筒》等 150 幅图表细则。本书印有"军事机密　第 4188 号　陆机密第 116 号别册"。

**4696.** 日本陆军士官学校丛谈　本村武助著，训练总监部军学编译处译　译者刊　1936 年 10 月　4+26 页　32 开

原载《中央公论》第 586 号［即昭和十一年（1936）九月号］，内分："士官学校小史"、"毕业生与逸才"、"士官学校出身之别流"、"中国船、酒、烟"、"百日祭与任官准备"等 7 部分。

**4697.** 日本在东北之驻军及其活动　外交学会　1937 年　2+40　16 开　有插图、有图表

本书分 9 个部分：日本攫取我东北国防、日本驻军之统率机关、驻军之各部队及其兵力、在乡军人之编制、旅顺要港部与驻满海军部、关东军之特务工作、关东军与冀东察北、关东军与华北驻屯军等。出版时间依据书中内容推论。

**4698.** 日本战术总论　［航委会参谋处第二科编］，田世英译　编者刊　1942 年 9 月　59［环筒叶］　16 开　油印　有插图　英国陆军部情报局情报丛书　第 16 种

本书分 10 章：序言、登陆战、陆军、空军、空军陆战队、通信、夜间战斗、伪装、补给、装备。书后附图：日步兵中队之接敌运动、日步兵小队通用包围队形、日步兵小队包围之又一队形、日战车联队编制、日空军陆战队大队编制。

**4699.** 日本战术总论　Washigton 编，田世英译述　商务印书馆　1944 年 2 月初版　重庆　8+75　32 开

本书分 10 章：序言、登陆战、陆军、空军、空军陆战队、通信、夜间战斗、伪装、补给、装备。书后附图：日战车连队编制、日空军陆战队大队编制。

**4700.** 日本阵中要务令详解（第 1 卷）　训练总监部译　军用图书社　1936 年 9 月　273　32 开

本卷收第 1 篇：战斗序列、军队区分；第 2 篇：命令、通报、报告。除详细解释条文外，并引战史例证，以说明条文产生经过。

**4701.** 日本阵中要务令详解（第 3 卷）　训练总监部译　军用图书社　1936 年 9 月　292　32 开

本卷收第 3 篇：搜索；第 4 篇：谍报；第 5 篇：警戒。除详细解释条文外，并引战史例证，以说明条文产生经过。

**4702.** 日本阵中要务令详解（第 4 卷）　训练总监部译　军用图书社　1936 年 9 月　266　32 开

本卷收第 5 篇：警戒。除详细解释条文外，并引战史例证，以说明条文产生经过。

**4703.** 日本阵中要务令详解（第 5 卷）　训练总监部译　军用图书社　1936 年 9 月　268　32 开

本卷收第 6 篇：行军；第 7 篇：宿营。除详细解释条文外，并引战史例证，以说明条文产生

经过。

**4704. 日本阵中要务令详解**（第7卷）　　训练总监部译　军用图书社　1936年9月　254　32开　有插图、有图表

本卷收第9篇：给养、补充及卫生；第10篇：战场扫除。除详细解释条文外，并引战史例证，以说明条文产生经过。

**4705. 日本之国防**　　（日）和田龟治著　杨言昌译　训练总监部军学编译处　1933年11月　南京　9+82　32开　有插图、有图表

本书分10部分，包括东亚的新形势与日本陆军的使命、国土防卫、陆军装备现状、国防设施永久性等问题。有作者自序。附录收《列国陆军军情一览表》。

**4706. 四海清明**（第二次御访日之盛）　　（伪）国务院总务厅弘报处监修　1940年9月　奉天　[80]　16开　有照片

介绍日本国内及伪满地区的军事状况。

**4707. 汪主席军校训词六篇草录**　　汪精卫讲，崇涛整理　1942年6月　70[环筒叶]　32开　精装

本书收录汪精卫1941年10月至1942年5月间在（伪）中央陆军军官学校的6篇演讲：《国父遗嘱（一）》、《国父遗嘱（二）》、《国父遗嘱（三）》、《以智仁勇严为立身行己之本》、《中央陆军军官学校校训——智深勇沉》、《第三次视察清乡工作报告》。书前有崇涛序言，落款时间为1942年6月，据此推定此书成书时间。抄本。

**4708. 伪军官兵调查**　　军事委员会战地党政委员会机要组调制　1940年12月31日　17[环筒叶]　16开　油印　有图表

**4709. 伪满军事概况**　　外交学会　1937年　2+22　16开　有图表

本书分10个部分：伪满之军政军令机关、各军管区及其兵力、海军江防舰队及其兵力、伪满之军事教育机关、日系军官之操纵大权、日人监视伪军之方法、日伪合办奉天造兵所等。出版时间依书内内容推论。

**4710. 倭陆军粮秣补给之研究**　　军令部第二厅第一处编　编者刊　1944年4月　2+24　32开　有图表　敌后方勤务第6种

本书根据1943年常德会战中所缴获的日军粮秣补给资料编辑而成。共编制24份表格，包括《倭军平时一人一日给养定量表》、《倭军平时一马一日饲养定量表》、《倭军战时战斗人员一人一日粮食定量表》、《倭军战时军马一马一日粮食定量表》等。书前有前言、倭军粮秣补给之研究提要。封面有"极机密第48号"字样。

**4711. 新加坡陷落**　　（伪）北京新闻协会　北京　1+38　32开　有照片、有插图　时局小丛书之十一

本书分18个部分：庆祝新加坡陷落、大东亚共荣圈确立、英美势力的崩溃、南洋的资源、日军攻陷新加坡的经过、华北民众的协力、南洋侨胞觉悟等。卷首有《太平洋英美势力总崩溃》和《新加坡英军降服之经过》两篇文章。

**4712. 薛兵团南浔线敌情纪实**　　第九战区司令长官司令部参谋处编　编者刊　1939年3月　11+328　32开　有照片、有插图、有题词、有图表

本书分13篇：南浔线各战役敌情概况、第一〇六师团（松浦部队）、第一〇一师团（伊东部

队)、第二七师团(本间部队即原山下兵团)、战时编制及编成、兵器、毒瓦斯之使用法及战例、战地教育、陆军刑法、俘虏审讯录要等。书前有序以及内容解说。

**4713. 译敌作战命令** 军事委员会军令部译 译者刊 1933 年 4 月 2＋130 32 开 有插图、有图表 抗战参考丛书 第 23 种

本书主要选译了日军十三师团之步兵作战命令。书前有前言。

**4714. 阵中勤务参考书** 日本教育总监部编纂，训练总监部军学编译处译 编者刊 1935 年 11 月 南京 206 32 开 有插图、有图表

本书分两篇。第 1 篇分 10 部分：作战命令、战斗要报及战斗详报、要图及写景图、座标之读法、行军间之警戒、行军等；第 2 篇分 15 部分：传令、斥候、对空监视哨、连络兵、排哨长、布板信号班、弹药补充等。

**4715. 治安军步兵第八团三十一年度官佐履历册** (伪)治安军步兵第八团编 编者刊 1942 年 〔400〕 20cm×28.8cm 线装 有照片、有图表

**4716. 治安军步兵第十三团三十二年度春季份军官佐属履历册** (伪)治安军步兵第十三团编 编者刊 1943 年 5 月 〔400〕 21cm×29cm 线装 有照片、有图表

**4717. 治安军第六集团三十一年秋季官佐履历册** 1942 年 35〔环筒叶〕 16 开 有照片、有图表

**4718. 治安军第六集团司令部官佐履历** (伪)治安军第六集团司令部编 编者刊 〔42〕 21.5cm×30cm 线装 有照片、有图表

本书系伪治安军第六集团司令部官佐履历。抄本。

**4719. 中日战争中的女间谍** 杨宝琛编 63 32 开

共收 5 篇文章：《迷人的女间谍鸽子姑娘》、《敌人杜撰的中日女间谍》、《日本女间谍川岛芳子》、《日本的世界间谍网》、《日本在华北的间谍工作》。

**4720. 中支派遣军山下部队宫崎部队佐藤强从军日记** (日)佐藤强，杨庆杰译 第三十集团军总司令部参谋处 1939 年 3 月 2＋89 32 开

第三十集团军新 13 师与日军交战过程中缴获日军佐藤强日记。并由该部中校参谋杨庆杰译出。书前有"第三十集团军总司令部参谋处志"。封面有题赠。

**4721. 周年纪念特刊** (伪)广东江防司令部编 编者刊 1941 年 5 月 36＋92 16 开 有照片、有插图、有题词、有图表

收录：发刊词、照片、题词、本部成立宣言、论文、转载、法规、一年来工作纪要、司令官精神讲话纪要、海军联欢社之组织等。

**4722. 最近敌人侵华军事形势** 方秋苇著 国民图书出版社 1941 年 4 月初版 重庆 3＋85 32 开 有图表

本书分 6 章：导言、敌我战略形势之观测、敌陆军作战兵力之判断、敌在华使用兵力的判断、三年来敌军几个重要变化、结论。

**4723. 最近日本之军备概况** 日本评论社编辑 正中书局 1933 年 4 月 南京 2＋54 32 开 有图表 日本研究会小丛书 第 6 种

本书分 9 个部分：引言、沿革、兵役制度、主要军衔、海陆军费趋势、陆军现状、海军现状、

空军现状、兵器制造厂。

**4724. 作战要务令（纲领、总则及第一部）**　　（伪）治安部制定　制定者刊　1939 年 8 月　252
64 开

第一部分 7 篇：战斗序列及军队区分、指挥及联络、情报、警戒、行军、宿营、通信。

# 资料汇编

**4725. "皇军"的悲哀（俘获文件中的敌情）**　　三一出版社编译　编译者刊　1940 年 5 月　62 页
32 开　有题词、有图表

本书根据 1940 年 1 月第二次鄂北大捷缴获日兵的信札、日记、手册、读物等编译。分 9 节：
"圣战"的苦果、敌兵的薪给、贫困的日本、敌人开拓满蒙的计划、俘虏铃本辛一郎的供词等。

**4726. 敌情汇编（第一辑）**　　第四战区司令长官司令部参谋处编　编者刊　1940 年 7 月　2 + 74
32 开　有插图、有图表

本书分 17 个部分：第四战区敌军兵力配备判断表（第一表）、桂南方面敌军番号兵力位置判断
表（第二表、附图）、敌惯用战法及今后战争指导战法之判断、敌南宁飞行队命令之研究、敌宪兵
队对占领区之暴行、敌军管区之划分及军师司令部令之一般等。封面有"极机密"字样。

**4727. 敌情研究（民国三十年度）**　　1941 年　2 + 116　32 开　有图表

全书共收录有关日军军情方面统计表及文章 23 篇：《敌军在华作战部队之战斗序列判断表》、
《南宁附近敌阵地编成设备分析研究》、《日军在华经济侵略设立重要会社之内容调查统计》、《倭企
划院改革概观》、《最近敌军使用战法之以研究》等。封面有题赠。

**4728. 第六战区常德会战获敌文件汇编**　　第六战区司令长官司令部参谋处编　编者刊　1943 年 12
月　［107］　32 开　有插图、有图表

本书分 4 个部分：作战类、情报类、后勤类、编制类。书前有第六战区参谋处所作前言。

**4729. 对倭作战资料（二十八年五月第二辑）**　　桂林行营参谋处编　编者刊　1939 年　140　32 开
有插图、有图表

本书分 3 部分：军事、政治、附录。

**4730. 对倭作战资料（二十八年六月第三辑）**　　桂林行营参谋处编　编者刊　1939 年　154　32 开
有插图、有图表

本书分 4 部分：军事、对敌作战战术技术上之参考、政治经济、附录。

**4731. 对倭作战资料（二十八年七月第四辑）**　　桂林行营参谋处编　编者刊　1939 年　236　32 开
有插图、有图表

本书 3 部分：军事、政治经济、附录。

**4732. 对倭作战资料（二十八年八月第五辑）**　　桂林行营参谋处编　编者刊　1939 年　256　32 开
有插图、有图表

本书分 3 部分：军事、政治经济、附录。其中军事分为兵力判断、战法、命令文件之研究、审
问俘虏纪录、敌伤亡之统计、编成装备 7 个方面。

**4733. 对倭作战资料（二十八年九月第六辑）**　　桂林行营参谋处编　编者刊　1939 年　210　32 开

有插图、有图表

　　本书分3部分：军事、政治经济、附录。其中军事部分包含兵力判断与战法两个方面。

**4734.** 对倭作战资料（二十八年十一月第八辑）　桂林行营参谋处编　编者刊　1939年　148　32开　有插图、有图表

　　本书分3部分：军事、长沙会战特辑、附录。其中军事部分包含兵力判断、敌命令文件之研究、编成装备、敌伤亡损失概况、审问俘虏纪录5个方面。

**4735.** 对倭作战资料（二十八年十二月第九辑、二十九年一月第十辑合本）　桂林行营参谋处编　编者刊　1940年　286　32开　有插图、有图表

　　本书分3部分：军事、政治经济、附录。其中军事部分包含兵力判断、敌命令文件之研究、敌战法及我所得之教训、兵器、通信联络、编成装备、审问俘虏纪录、敌伤亡损失之概要8个方面。

**4736.** 对倭作战资料（二十九年二三月第十一十二合辑）　桂林行营参谋处编　编者刊　1940年　280　32开　有插图、有图表

　　本书分3部分：军事、政治经济、附录。其中军事部分包含兵力判断、敌命令文件之研究、敌空军空地联络支部、编成装备、敌伤亡损失概况、审问俘虏纪录6个方面。

**4737.** 军事月报（第4期）　战地党政委员会机要组　1941年4月　6［环筒叶］　16开　油印　有图表

**4738.** 军事情报（第5期月报）　战地党政委员会机要组　1941年6月　8［环筒叶］　16开　油印　有图表

**4739.** 军事情报（第69期）　战地党政委员会机要组　1942年1月　5［环筒叶］　16开　油印

**4740.** 军事情报（第70期）　战地党政委员会机要组　1941年5月　5［环筒叶］　16开　油印　有图表

**4741.** 军事情报（第71期）　战地党政委员会机要组　1941年6月　3［环筒叶］　16开　油印

**4742.** 军事情报（第72期）　战地党政委员会机要组　1941年6月　5［环筒叶］　16开　油印

**4743.** 军事情报（第73期）　战地党政委员会机要组　1941年6月　18［环筒叶］　16开　油印　有插图、有图表

**4744.** 军事情报（第74期）　战地党政委员会机要组　1941年7月　14［环筒叶］　16开　油印　有图表

**4745.** 军事情报（第75期）　战地党政委员会机要组　1941年7月　21［环筒叶］　16开　油印　有图表

**4746.** 军事情报（第76期）　战地党政委员会机要组　1941年7月　11［环筒叶］　16开　油印

**4747.** 军事情报（第77期）　战地党政委员会机要组　1941年7月　13［环筒叶］　16开　油印　有图表

**4748.** 军事情报（第78期）　战地党政委员会机要组　1941年8月　15［环筒叶］　16开　油印　有图表

**4749.** 军事情报（第79期）　战地党政委员会机要组　1941年8月　6［环筒叶］　16开　油印　有

图表

**4750.** 军事情报（第80期）　　战地党政委员会机要组　1941年8月　13［环筒叶］　16开　油印

**4751.** 军事情报（第82期）　　战地党政委员会机要组　1941年9月　12［环筒叶］　16开　油印
有图表

**4752.** 军事情报（第83期）　　战地党政委员会机要组　1941年9月　17［环筒叶］　16开　油印
有图表

**4753.** 军事情报（第84期）　　战地党政委员会机要组　1941年10月　［11］［环筒叶］　16开
油印　有图表

**4754.** 军事情报（第85期）　　战地党政委员会机要组　1941年10月　11［环筒叶］　16开　油
印　有图表

**4755.** 军事情报（第86期）　　战地党政委员会机要组　1941年10月　11［环筒叶］　16开　油
印　有图表

**4756.** 军事情报（第87期）　　战地党政委员会机要组　1941年10月　13［环筒叶］　16开　油
印　有图表

**4757.** 军事情报（第88期）　　战地党政委员会机要组　1941年11月　11［环筒叶］　16开
油印

**4758.** 军事情报（第89期）　　战地党政委员会机要组　1941年11月　13［环筒叶］　16开　油
印　有图表

**4759.** 军事情报（第90期）　　战地党政委员会机要组　1941年11月　11［环筒叶］　16开
油印

**4760.** 军事情报（第91期）　　战地党政委员会机要组　1941年11月　10［环筒叶］　16开
油印

**4761.** 军事情报（第92期）　　战地党政委员会机要组　1941年12月　6［环筒叶］　16开　油印

**4762.** 军事情报（第93期）　　战地党政委员会机要组　1941年12月　8［环筒叶］　16开　油印
有图表

**4763.** 军事情报（第94期）　　战地党政委员会机要组　1941年12月　7［环筒叶］　16开　油印

**4764.** 军事情报（第95期）　　战地党政委员会机要组　1941年12月　7［环筒叶］　16开　油印

**4765.** 军事情报（第97期）　　战地党政委员会机要组　1942年1月　7［环筒叶］　16开　油印

**4766.** 军事情报（第98期）　　战地党政委员会机要组　1942年1月　7［环筒叶］　16开　油印

**4767.** 军事情报（第99期）　　战地党政委员会机要组　1942年1月　7［环筒叶］　16开　油印

**4768.** 军事情报（第100期）　　战地党政委员会机要组　1942年2月　6［环筒叶］　16开　油印

**4769.** 军事情报（第101期）　　战地党政委员会机要组　1942年2月　7［环筒叶］　16开　油印
有图表

**4770.** 军事情报（第102期）　　战地党政委员会机要组　1942年2月　6［环筒叶］　16开　油印

**4771. 军事情报**（第 103 期）　　战地党政委员会机要组　1942 年 2 月　7［环筒叶］　16 开　油印

**4772. 军事情报**（第 104 期）　　战地党政委员会机要组　1942 年 3 月　7［环筒叶］　16 开　油印
有图表

**4773. 军事情报**（第 105 期）　　战地党政委员会机要组　1942 年 3 月　6［环筒叶］　16 开　油印

**4774. 军事情报**（第 106 期）　　战地党政委员会机要组　1942 年 3 月　5［环筒叶］　16 开　油印

**4775. 军事情报**（第 107 期）　　战地党政委员会机要组　1942 年 3 月　5［环筒叶］　16 开　油印

**4776. 日伪军情况汇编**（第一号）　　［庐山暑期训练团编］　　［编者刊］　　1937 年 7 月　2 + 28
32 开　有图表

　　本书收表 9 种：《日本陆海军系统表》、《日本陆海军内部之派别》、《日本现役陆海军主要长官姓名表》、《日本陆军各师旅卫戍地及移动状况表》、《华北日本驻屯军概况表》、《伪满军调查表》、《伪满匪匪首姓名位置表》等。

**4777. 四月攻势敌情汇编**　第九战区前敌总司令部参谋处编译　1939 年 7 月　24 + 300　32 开　有照片、有插图、有题词、有图表

　　本书分 13 章：反攻南昌概要、第一〇一师团（斋藤部队）、第一〇六师团（松浦部队）、第十一军（吕集团）文件、第十兵站汽车队（金泽部队）、陆军省文件、昭和十四年春季定期异动、士兵日记、书信、俘虏审讯、战绩统计、防毒必摧、其他。卷首有序言、编纂大意。书后有编后记。

# 国家图书馆藏
# 民国时期抗战图书
# 书目提要 下

国家图书馆典藏阅览部 编著

国家圖書館出版社

# 中国经济

## 经济概况

**4778. 建设中的新中国**　中华出版社编　编者刊　1940 年 5 月　上海　2 + 190　32 开

本书分 6 章：中国之新姿态、中国金融之建设、进步中的农业、中国民族工业之新生与发展、工业合作运动的推进、交通建设概况及政策。概述战时中国在金融、农业、民族工业、工业合作运动、交通等方面的建设成果。封面印有"胜利书社出版"，书名页印有"上海胜利书社出版"，版权页出版者为中华出版社，总经售胜利书社。

**4779. 抗战以来的经济**　翁文灏著　胜利出版社　1942 年 11 月初版　重庆　84　32 开　有图表　抗建丛书　第 2 辑　潘公展主编

本书分 5 章：绪论、工矿业内迁运动、大后方的工矿业、物资管制、对敌经济战。

**4780. 抗战中的中国经济**　时事问题研究会编　抗战书店　1940 年　656　32 开　抗战的中国丛刊之二

分 8 编：抗战中的农村、抗战中的工业、抗战中的交通事业、抗战中的对外贸易、抗战中的金融与币制、抗战中的财政、抗战中的物价问题与人民生活、抗战中新经济生活之模范。书前有编者例言。

**4781. 战时经济鳞爪**　吴景超著　中国文化服务社　1944 年 2 月初版，1945 年 12 月沪 1 版　上海　2 + 152　32 开　青年文库　朱云影、程希孟、赵纪彬主编

本书分 3 章：抗战建国与经济政策、战时国内经济动态、国际战争与经济。

**4782. 中国战时经济**　关吉玉编著　国民政府军事委员会委员长行营　1936 年　重庆　28 + 658 + 4　32 开　有插图、有图表

本书分 7 编：中国战时财政、中国战时金融、中国战时粮食、中国战时贸易、中国战时公路运输、中国战时工业、中国战时统制机关之组织计划。书前有顾祝同、贺国光序。

**4783. 中国战时经济志**　陈禾章、沈雷春、张韵华编著　世界书店　1941 年 6 月初版　上海　[1146]　32 开　精装　有图表　中国金融年鉴丛书

全书共分 7 章，内容包括经济政策、财政、金融、产业、交通、贸易、社会生活诸方面。卷首有刘廷芳序及编著者序。附录收《中国战时法规》、《中国战时重要经济文献》、《中国战时重要经济统计》。

**4784. 实业介绍初编**　陈树人编　1940 年 10 月出版　188　大 32 开　有图表

本书分 8 个部分，介绍国内实业：金矿、锡矿、煤矿、钨矿等。附录收《广东省战时承荒地承垦条例》、《非常时期华侨投资国内经济事业奖助办法》等。

**4785.** 经济统计（初稿：民国二十七年至三十年）　　经济部统计处编　编者刊　1941 年　 ［8 + 244］　横 16 开　油印　有图表

全部为图表，收录了 1938－1941 年矿业、工业、电气事业、商业、物资管理、其他类各项统计表。其中包括：《经济部成立后核准设定之国营矿区（1941 年)》、《全国电气事业注册数目（1940 年)》、《商标注册（1940 年)》。

**4786.** 经济统计（民国三十二年）　　经济部统计处编　编者刊　1943 年　 ［131］　横 16 开　油印 有图表

全部为图表，收录了 1943 年矿业、工业、电业、商业、物资管理类等各项统计表。

**4787.** 经济统计（民国三十三年）　　经济部统制处编　编者刊　1944 年　 ［100］　横 16 开　油印 有图表

全部为图表，收录了 1944 年工业、矿业、电业、商业、物资管理类等各项统计表。

**4788.** 经济统计（民国三十四年）　　经济部统计处编　编者刊　1945 年　111　横 16 开　油印　有图表

全部为图表，收录了 1945 年工业、矿业、电业、商业、政治组织类、其他类各项统计表。

**4789.** 民国二十八年我国经济动态之回顾（初稿）　　1939 年　26　32 开　有图表

本书分 10 章：引言、金融、工业、贸易、农产、交通、地产、矿业、物价、结论。

**4790.** 三十年上半期国内经济概况　　中央银行经济研究处编　编者刊　1941 年　13 + 152　16 开 有图表

本书共 10 章：物价、外汇市况、上海金融、重庆金融、各地市况、节约储蓄、西南西北金融网敷设统计、对外贸易、生产建设和沦陷区经济。书前有孔祥熙、陈炳章题序。以封面题名推断出版时间。

**4791.** 三十年下半期国内经济概况　　中央银行经济研究处编　编者刊　1941 年　南京　18 + 236 16 开　有图表

本书分 12 章：物价动态、外汇市况、上海金融、重庆金融、各地市况、四行贴放、节约储蓄、华侨汇款、对外贸易、生产建设、劳工概况、沦陷区经济。书前有孔祥熙、陈炳章题序。以封面书名推断出版时间。

**4792.** 三十一年上半期国内经济概况　　中央银行经济研究处编　编者刊　1942 年　27 + 342　16 开 有图表

本书分财政、金融、物价动态、生产建设、各地市况及沦陷区消息等 7 章。书前有孔祥熙序言、陈炳章弁言。以封面题名推断出版时间。

**4793.** 三十一年下半期国内经济概况　　中央银行经济研究处编　编者刊　24 + 356　16 开　有图表

本书分 5 章，分别为：财政、金融、物价动态、生产建设、对外贸易。书前有孔祥熙序和陈炳章的弁言。书后附录：西北工业考察通讯（陕西省、宁夏省、青海省、甘肃省）。

**4794.** 三十二年上半期国内经济概况　　中央银行经济研究处编　编者刊　22 + 314　16 开　有图表

本书 6 章，分别为：财政、金融、物价动态、生产建设、对外贸易、各地市况。书前有孔祥熙序，书后附《三十二年上半期后方进出口总值比较表》、《三十二年上半期后方进口国别比较表》、《三十二年上半期后方出口国别比较表》、《三十二年上半期后方进口关别比较表》、《三十二年上半期后方出口关别比较表》、《三十二年上半期后方进口关别比较表》、《三十二年上半期后方出口货别比较表》。

**4795. 三十二年下半期国内经济概况** 中央银行经济研究处编 编者刊 1943 年 22 + 258 16 开 有图表

本书 6 章,分别为:财政、金融、物价动态、生产建设、对外贸易、各地市况。书前有孔祥熙和陈行序。

**4796. 三十三年上半期国内经济概况** 中央银行经济研究处编 编者刊 1944 年 30 + 290 16 开 有图表

本书 6 章,分别为:财政、金融、物价动态、生产建设、对外贸易、各地市况。书前有孔祥熙、陈行序。以题名推断出版时间。

**4797. 一年来我国之生产金融物价概况** 国民参政会经济建设策进会秘书处研究室编 编者刊 1944 年 8 月 41 16 开 有图表

该书为参政会秘书处为国民参政会第三届第三次大会而编。全书分 3 编:生产、金融、物价。概述 1943 年 7 月至 1944 年 6 月。书前有雷震序与夏道平弁言。

**4798. 中国经济地理** 胡焕庸编著 青年出版社 1941 年 2 月初版 4 + 220 32 开 青年史地丛书

本书从地形、气候、农业区域、人口、铁路、陆路、稻米、小麦、棉花、棉纺织、丝织、茶、桐油与大豆、畜产、苹果与纸烟、糖、盐、煤、铁、石油等各方面介绍中国经济地理状况,特别对抗战前后的对外贸易、经济抗战及经济建设等问题进行了讨论。

**4799. 战时支那经济统计汇编第 4 辑** 日本大使馆特别调查班编 编者刊 1942 年 上海 4 + 74 16 开 有图表

收录《1937 - 1942 年中国各重要城市小卖物价指数表》、《各项商品平均小卖指数表》、《物价指数表》、《日用品小卖物价统计表》等各类统计表。以内容及图表推断出版时间。

**4800. 半月来经济资料索引** 中央银行经销所研究处资料室编 油印

本资料索引为半月一期,共收集 1942 年 1 月 1 日至 15 日、1 月 16 日至 31 日、2 月 1 日至 15 日、2 月 16 日至 28 日、12 月 1 日至 15 日、12 月 16 日至 31 日,1943 年 3 月 1 日至 15 日、3 月 16 日至 31 日、4 月 1 日止 15 日、4 月 16 日至 30 日、5 月 1 日至 15 日、5 月 16 日至 31 日共 12 册。

# 经济管理机构

**4801. 财政部办理中央五届九中全会决议案情形报告表** 85［环筒叶］ 16 开

本书收录《财政部办理中央五届九中全会决议案情形报告表》1 种及附件 7 种。

**4802. 经济部答复案** 经济部编 编者刊 1940 年 15［环筒叶］ 16 开 油印

经济部答复参议员询问案的记录。内容有:经济区域及公家工厂技术工人案、矿产品出口成本问题、煤焦定价问题、酒精厂商不堪二重出厂税案等。出版时间从内容中推断。

**4803. 经济部答复案** 经济部编 编者刊 1945 年 24［环筒叶］ 16 开 油印

经济部答复参议员询问案的记录,收录有关物价管制、抗战建国与工业发展、地方经济问题等 21 个询问案的答复。出版时间以书中内容推断。

**4804.** **经济部第二期战时工作实施方案**　经济部编　编者刊　1940 年　12 + 66　16 开　有图表

本报告为 1939 年至 1940 年度工作实施方案。分总纲、农林、矿业、工业、商业、水利等部分择要叙述。封面有"密件第 65 号"字样。出版时间根据内容推断。

**4805.** **经济部二十八年上期工作进度报告**　[经济部编]　[编者刊]　1939 年　6 + 76　16 开　有图表

包括总纲、农林、矿业、工业、商业、水利 6 部分内容。封面印有"密件第 19 号"字样。

**4806.** **经济部二十八年下期工作进度报告**　[经济部编]　[编者刊]　1939 年　8 + 94　16 开　有图表

包括总纲、农林、矿业、工业、商业、水利 6 部分内容。封面印有"密件第 20 号"字样。

**4807.** **经济部工作报告**　[经济部编]　[编者刊]　1939 年 1 月　34　16 开　有图表

分农业、矿业、工业、商业、水利等几个方面。封面印有"密件第 96 号"。

**4808.** **经济部报告**　1941 年 10 月　2 + 30　32 开

本书分 6 部分：引言、国营事业之发展、民营事业之奖助、省营事之调整、物资及物价之管制、生产数量与困难情形。

**4809.** **经济部平价购销处工作报告**　经济部平价购销处编　编者刊　1940 年　5 [环筒叶]　16 开　油印　有图表

本书为该处在参政会所做报告。

**4810.** **经济部燃料管理处工作报告**　经济部燃料管理处编　编者刊　1943 年 7 月　8 [环筒叶]　16 开　有图表

分序言、增加生产、改进运输、供应状况、核定限价、盐场用煤和结论等部分。另附有《1943 年 1 – 7 月煤焦生产使用表》。封面有"密件"字样。

**4811.** **经济部日用必需品管理处工作报告**　经济部日用必需品管理处编　编者刊　1944 年　13 [环筒叶]　16 开　有图表

封面印有"密件"字样。

**4812.** **经济部中央工业实验所工作概要**　经济部中央工业实验所编　编者刊　1943 年 7 月　18　16 开　有题词、有图表

含工作指标、工作步骤、工作机关、工作图解等 4 个部分。

**4813.** **经济部中央工业实验所重要论文报告一览**　经济部中央工业实验所编　编者刊　1943 年 4 月　12　16 开

索引类书。含类别、论文或报告名称、研究人员或单位、发表刊物名称、备注等项。

**4814.** **经济部中央农业实验所二十九年一至六月份工作进度报告**　经济部中央农业实验所编　编者刊　1940 年　11 [环筒叶]　16 开　油印

包括增加食粮及棉花生产（包括稻作、小麦、棉花）、增进蚕丝及工艺作物生产、发展林业及保育家畜等内容。

**4815.** **经济部资源委员会工作报告**　经济部资源委员会编　编者刊　1941 年 11 月　32　32 开　有图表

本书分 4 部分：总述、关于政策方针之执行情形者、关于中心工作之实施进度与成效者、关于

工作过程中所感之缺点与困难者。另有附表 17 种。封面印有"密件"字样。

**4816. 经济部资源委员会卅三年度工作实施计划** 经济部资源委员会编 编者刊 1944 年 61 ［环筒叶］ 18cm×26cm 油印、线装 有图表

收录该会 1944 年度工作计划纲要。分工业部分、矿业部分、电业部分等。封面有"密件第 30 号"字样。

**4817. 国民政府主计处工作报告** 国民政府主计处编 编者刊 1945 年 5 月 16 16 开

本书分 10 章：制定与改进主计法规、设置并调整各机关会计统计机构、制定并审核各种会计制度、汇编国家总会计报告、制定并推进公务统计方案等。

**4818. 国民政府主计处职员录** 人事室编 ［编者刊］ 1942 年 8 月 7 ［环筒叶］ 16 开 油印 有图表

**4819. 全国经济委员会第二十七次会议议事日程** ［20］环筒叶 16 开 油印

包括报告事项和讨论事项，封面页有"机密"字样。

**4820. 全国经济委员会合作事业委员会章则汇编（第一集）** 全国经济委员会合作事业委员会编 编者刊 1936 年 3 月 46 16 开 有图表 全国经济委员会合作事业委员会刊物甲类第 1 种

含该会组织条例、服务规程、办事细则、行文程式等。附录为该会江西合作基金保管委员会章程。

**4821. 资源委员会三十一年度行政计划** 3＋69＋6［环筒叶］ 16 开 油印 有图表

本书分两个部分：普通政务计划、特别建设计划。附件收《计划进度及概算对照总表》、《经费估计总表》、《人员估计总表》、《物料估计总表》。出版时间据封面推论。

**4822. 战时生产局工作报告（三十三年十一月十六日至三十四年六月三十日）** 战时生产局编 编者刊 1945 年 6 月 20［环筒叶］ 32 开 油印 有图表

**4823. 战时生产局特辑** 中国工业经济研究所编 编者刊 1945 年 3 月 11［环筒叶］ 16 开 油印 工业问题丛刊 第 2 号

全书共分 5 节：战时生产局组织法、中国战时生产局美顾问及各种专家名单、中国战时生产局内部负责人及各种委员会名单、五工业团体对生产局之建议、战时生产局与工业动员。卷首有凡例，附录收《美国战时生产局组织概况》。封面有"密件"字样。

**4824. 经济部中央工业实验所一览** 经济部中央工业实验所 编者刊 1941 年 2 月 20 16 开

介绍经济部中央工业实验所概括，含沿革、工作之范围及工作态度、组织概述、各部分重要工作项目等。

**4825. 经济部管制物资及物价工作报告** 经济部 编者刊 1941 年 11 月 ［22］［环筒叶］ 16 开 油印 有图表

分为分配用途、增裕供给和稳定价格 3 个部分。封面有"密件"字样。

**4826. 中国经济建设协会三十一度临时会员大会纪录** 1942 年 10［环筒叶］ 16 开 油印

**4827. 实业计划之综合研究各论（八）（实业计划之工业建设一）** 杨继曾讲 中央训练团党政高级训练班 1944 年 3 月 6＋9 32 开 有图表

本书共分 3 节：研究实业计划关于工业建设之要点、实业计划之研究及其补充、吾人今后应取

之途径以达到工业建设之目的。附参考书籍。

**4828. 实业计划之综合研究总论（一）（政治方面的考察）**　陈立夫讲，中央训练团党政高级训练班编　编者刊　1944 年 3 月　2 + 32　32 开

　　本书分 5 部分：绪论、理论、内容——六大计划之剖析、问题、结论。

**4829. 实业计划之综合研究总论（二）（"技术方面之考察"参考资料）**　叶秀峰选　中央训练团党政高级训练班　1944 年 2 月　2 + 132　32 开　有图表

　　本书分 11 节：实施实业计划设计提要、化学工业计划书总论、化学工业基本数字、煤矿建设计划、矿山机械建设计划、农业建设数字初步计划等。

# 国民收入

**4830. 各重要县市工人生活费指数**（民国 33 年 1 月上半月　第 39 号）　社会部统计处编制　［编者刊］　1944 年　20［环筒叶］　16 开　油印　有图表

**4831. 各重要县市工人生活费指数**（民国 33 年 1 月下半月　第 40 号）　社会部统计处编制　［编者刊］　1944 年　20［环筒叶］　16 开　油印　有图表

**4832. 各重要县市工人生活费指数**（民国 33 年 2 月上半月　第 41 号）　社会部统计处编制　［编者刊］　1944 年　20［环筒叶］　16 开　油印　有图表

**4833. 各重要县市工人生活费指数**（民国 33 年 2 月下半月　第 42 号）　社会部统计处编制　［编者刊］　1944 年　20［环筒叶］　16 开　油印　有图表

**4834. 各重要县市工人生活费指数**（民国 33 年 3 月上半月　第 43 号）　社会部统计处编制　［编者刊］　1944 年　19［环筒叶］　16 开　油印　有图表

**4835. 各重要县市工人生活费指数**（民国 33 年 3 月下半月　第 44 号）　社会部统计处编制　［编者刊］　1944 年　19［环筒叶］　16 开　油印　有图表

**4836. 各重要县市工人生活费指数**（民国 33 年 4 月上半月　第 45 号）　社会部统计处编制　［编者刊］　1944 年　20［环筒叶］　16 开　油印　有图表

**4837. 各重要县市工人生活费指数**（民国 33 年 4 月下半月　第 46 号）　社会部统计处编制　［编者刊］　1944 年　20［环筒叶］　16 开　油印　有图表

**4838. 各重要县市工人生活费指数**（民国 33 年 5 月上半月　第 47 号）　社会部统计处编制　［编者刊］　1944 年　20［环筒叶］　16 开　油印　有图表

**4839. 各重要县市工人生活费指数**（民国 33 年 5 月下半月　第 48 号）　社会部统计处编制　［编者刊］　1944 年　19［环筒叶］　16 开　油印　有图表

**4840. 各重要县市工人生活费指数**（民国 33 年 6 月上半月　第 49 号）　社会部统计处编制　［编者刊］　1944 年　20［环筒叶］　16 开　油印　有图表

**4841. 各重要县市工人生活费指数**（民国 33 年 6 月下半月　第 50 号）　社会部统计处编制　［编者刊］　1944 年　4［环筒叶］　16 开　油印　有图表

**4842. 各重要县市工人生活费指数**（民国 33 年 7 月上半月　第 51 号）　社会部统计处编制　［编

者刊] 1944 年 5 [环筒叶] 16 开 油印 有图表

**4843.** 各重要县市工人生活费指数（民国 33 年 7 月下半月 第 52 号） 社会部统计处编制 ［编者刊] 1944 年 4 [环筒叶] 16 开 油印 有图表

**4844.** 各重要县市工人生活费指数（民国 33 年 8 月上半月 第 53 号） 社会部统计处编制 ［编者刊] 1944 年 5 [环筒叶] 16 开 油印 有图表

**4845.** 各重要县市工人生活费指数（民国 33 年 8 月下半月 第 54 号） 社会部统计处编制 ［编者刊] 1944 年 5 [环筒叶] 16 开 油印 有图表

**4846.** 各重要县市工人生活费指数（民国 33 年 9 月上半月 第 55 号） 社会部统计处编制 ［编者刊] 1944 年 5 [环筒叶] 16 开 油印 有图表

**4847.** 各重要县市工人生活费指数（民国 33 年 9 月下半月 第 56 号） 社会部统计处编制 ［编者刊] 1944 年 4 [环筒叶] 16 开 油印 有图表

**4848.** 各重要县市工人生活费指数（民国 33 年 10 月上半月 第 57 号） 社会部统计处编制 ［编者刊] 1944 年 4 [环筒叶] 16 开 油印 有图表

**4849.** 各重要县市工人生活费指数（民国 33 年 10 月下半月 第 58 号） 社会部统计处编制 ［编者刊] 1944 年 4 [环筒叶] 16 开 油印 有图表

**4850.** 各重要县市工人生活费指数（民国 33 年 11 月上半月 第 59 号） 社会部统计处编制 ［编者刊] 1944 年 4 [环筒叶] 16 开 油印 有图表

**4851.** 各重要县市工人生活费指数（民国 33 年 11 月下半月 第 60 号） 社会部统计处编制 ［编者刊] 1944 年 5 [环筒叶] 16 开 油印 有图表

**4852.** 各重要县市工人生活费指数（民国 33 年 12 月上半月 第 61 号） 社会部统计处编制 ［编者刊] 1944 年 4 [环筒叶] 16 开 油印 有图表

**4853.** 各重要县市工人生活费指数（民国 33 年 12 月下半月 第 62 号） 社会部统计处编制 ［编者刊] 1944 年 5 [环筒叶] 16 开 油印 有图表

**4854. 成都市生活费之研究** 杨蔚著 1940 年 4 + 84 [环筒叶] 大 32 开 有图表

内分概论、家庭人口与收入、家庭支出、成都市生活费指数之变迁（1937 年 1 月至 1939 年 7 月）4 部分，对抗战时期成都市各界市民生活费用的负担进行分析研究。后附英文摘要及勘误表。出版时间根据内容推断。

**4855. 甘肃省八县市公务员生活费指数（三十四年度）** 甘肃省政府统计室编 编者刊 （1945 年） 兰州 2 + 71 横 16 开 油印 有图表

该文献为表册形式，内收《甘肃省八县市公务员生活费指数》、《各分类指数》、《各分类消费值》、《兰州市公务员日用必需品零售价格》、《酒泉县公务员生活费总值》等。卷首有编辑说明。封面有"密"字样。以封面题名推断出版时间。

**4856. 甘肃省八县市三年来公务员生活费指数** 甘肃省政府统计室编 编者刊 1944 年 4 月 2 + 71 16 开 油印 有图表

本书收《甘肃省八县市公务员生活费指数比较图》、《各县市公务员生活费总指数比较》、《各县市公务员生活费总消费值比较》、《各县市公务员生活费分类指数比较》、《各县市公务员生活费分类消费值比较》等37份图表。书前有编制说明。八县市包括兰州市、酒泉、天水、临夏、岷县、武威、平凉、庆阳。

**4857.** 重庆市工人生活费指数（民国33年12月第3周　第172号）　社会部统计处编制　［编者刊］　1944年12月　2［环筒叶］　16开　油印　有图表

# 农业经济

## 概　况

**4858.** 非常时期之农民　吴铁峰编著　中华书局　1937年4月初版，1937年8月再版　上海　4+102　32开　有图表　非常时期丛书　雷震、马宗荣、徐逸樵、罗鸿诏主编

分4部分：绪言、中国农村复兴的根本问题、非常时期之农业统制政策、非常时期农民应负之使命。

**4859.** 抗战建国的农业政策　徐鼐著　青年书店　1940年1月初版　重庆　7+114　32开

分7章："绪论"、"实行农业政策的几个先决问题"、"怎样增加农业生产"、"农村工业化与工业农村化"、"造林，发展渔业，增殖牧畜"、"确立农业金融系统"、"农产品的统制问题"。

**4860.** 抗战建国中之农业经济政策　胡元民著　中山文化教育馆　1938年9月渝版　重庆　3+32　32开　抗战丛刊　第55种　中山文化教育馆编

分绪言、我国农业经济之危机、急应实施之农业经济政策、结论4个部分。卷首有中山文化教育馆研究部所启"抗战丛刊缘起"。

**4861.** 抗战四年来之农业　农林部编　编者刊　1941年10月　重庆　2+52　32开　有图表

全书分7个章节，包括引言、调整农业机构、增进农业生产、发展林垦渔牧、发展农村经济、其它农业改进事项和结论。

**4862.** 抗战以来各省地权变动概况　王光仁、林锡麟编　农产促进委员会　1942年2月　重庆　2+30　32开　有图表　研究专刊第2号　乔启明、蒋杰主编

内分6章，包括地权问题之重要、地权变动、地权分配、租佃押金及佃期、地租变动和结论。附各类统计表12张。

**4863.** 抗战与农产　李仪祉、张鸿欣、邹树文、孙之平、刘贻燕、张家良、田三立、曾济宽、周凤镜、熊伯蘅、汪呈因、欧阳涤尘执笔　独立出版社　1938年12月6版　重庆　2+82　32开　战时综合丛书　第2辑　独立出版社编

本书分13章：战时的农业建设、非常时期林业之建设、调整战时农业、战时中国农业生产政策、抗战期中之粮食生产、战时粮食如何自给、抗战期中之粮食储备、战时粮食价格统制问题、战时农村金融问题、抗战期间之合作、战时农业教育之改进、国民政府之治水事业、战时农村经济动员。书前有卷头语《农业与国家》（李仪祉），书后有编后记和讨论大纲。

**4864.** 抗战与农产　中国国民党中央执行委员会宣传部编　编者刊　1939年2月　2+79　32开

本书分13章：农业与国家、战时的农业建设、非常时期林业建设、调整战时农业、战时中国农业生产政策等。

**4865.** 抗战与农村复兴　教育部民众读物编审委员会编著　正中书局　1938年8月初版　重庆　22

64 开　非常时期民众丛书　第 4 集第 5 册

本书分 3 章：农村破产的原因、农村复兴的良机、怎样复兴农村。

**4866. 抗战与农村经济**　许性初著　商务印书馆　1938 年 2 月 3 版　长沙　4＋51　32 开　抗战小丛书　中国文化建设协会主编

本书分 5 章：绪论、现代战争之经济的基础、中国抗战之前途、中国农村衰落之救济、中国民族复兴之关键。书前有本书发刊旨趣。

**4867. 抗战中的中国农村动态**　中国农村经济研究会编　新知书店　1939 年 6 月　7＋238　32 开　有图表

全书分 4 部分：敌人铁蹄下的中国农村、斗争中的中国农村、生长中的中国农村和中国农村在抗战中的黑影。附录收《一年来农业经济素描》。

**4868. 农村改进概说**　姚惠泉、沈光烈编著　中华职业教育社　1937 年 5 月初版　上海　2＋36　32 开　有图表　农村教育丛书　第 10 辑

本书分上、下两篇。上篇主要包括农村改进的定义、农村改进与教育、农业改进的关系等，并介绍了农村改进的方针、成功标准、类别、程序、原则等内容；下篇收《本社办理农村改进史》、《历年所办的农村改进机关》、《现在所办的农村改进机关》、《人才训练》、《农具推行》、《复式组织的农村改进机关举例》、《单式组织的农村改进机关举例》。

**4869. 农村建造**　金轮海编著　商务印书馆　1937 年 6 月初版　上海　4＋163　32 开　有图表　百科小丛书

包括农村建设运动的发展及其动向、农村组织与农村建造、农村经济的特质及其建造、农业统制与农业经营等部分。

**4870. 农村经济论辑**　农村经济研究会编　东北书店　1943 年　涉县　135　32 开

包括社会经济的几个理论问题、战前中国农村经济诸问题、战时中国农村经济 3 章。书前有"编辑者言"。

**4871. 农村生产兵指示问答**　山西省经济管理局编　编者刊　1943 年 1 月　14　32 开

本书采用问答方式宣传生产兵，共 69 个问题。

**4872. 农林部二十九年度工作报告书**　农林部直隶行政院编　农林部直隶行政院　1940 年　1＋35　[环筒叶]　16 开　油印　有图表

报告分农事、农村经济、林业、渔牧、垦务 5 部分，内有《民国二十九年各省农村金融调查》、《各省主要冬季作物产量最后估计》、《四川省之农产概况》、《乡村物价指数》等附表。据题名及书中统计表格推断出版时间。

**4873. 农民与抗战建国**　蒋洁之著　独立出版社　1942 年 11 月初版　重庆　3＋98　32 开　有图表

本书从农民与抗战的角度，论述了农民与抗战的重要关系；从兵员、粮食、衣料、用品供给、国民工役 5 个方面介绍了当时的生产状况与存在问题，并结合农业发展给出了解决的方法。其中，在"粮食供给与农民"一章中附《各省 1937 年和 1940 年的农作物耕种面积及产量的统计表》。

**4874. 农业十篇**　汤佩松、巫宝三合著　独立出版社　1943 年 1 月初版　重庆　2＋98　大 32 开

本书分 10 个部分：天地人、战后土地利用问题、国人营养与战后农产品生产问题、论农村人口过剩及其对策、农业机械化的展望、平均地权与地尽其力的实行、论农产品运销政策、论农业金

融制度及其贷款政策、农村工业的过去、现在与未来、农业与经济变动。书前有陶孟和序。

**4875. 农业与国防**　汪洪法著　正中书局　1936 年 10 月再版，1940 年 5 月 5 版国纸本　南京　4 +
137　32 开　有图表　国防教育丛书

分 8 章：绪论、农业的性质、农业的要素、中国的农业、土地与动力问题、资本问题、农业经济上的自给问题、战时的农业生产与食粮问题。

**4876. 四年来的农业建设**　中国国民党中央执行委员会宣传部编　编者刊　1941 年 7 月　2 + 48
32 开　抗战第四周年纪念小丛书

分 5 部分：调整农业机构、增进农业生产、发展林垦渔牧、发展农村经济、其他农业改进事项。

**4877. 田赋征实之理论与实务**　关吉玉著　中国文化服务社　1944 年 3 月初版　重庆　14 + 240
32 开　有图表　中国财政学会丛书

本书分 14 章：绪论、我国历代田赋制度之演变、战时田赋改征实物之理由及其筹议经过、筹备期间之田赋征实、田赋改征实物之实施、征实过程中之改进、田赋征实与土地陈报、田赋征实之经费构机与人事、田赋征实之稽征、田赋征实之收储、田赋征实之督导、田赋征实之会计、田赋征实之统计、结论。书前有自序。

**4878. 战时农业经济之统制观**　陈安仁著　前进出版社　1938 年 4 月　汉口　37　32 开

本书分 5 部分：绪论、统制经济之意义与实质、中国须实行统制经济之理由与条件、各国对于农业经济统制实施之概况、对于安全省区实施农业经济统制之管见。

**4879. 战时农业生产**　茹焘之编　战争丛刊社　1937 年 12 月初版　武昌　2 + 54　32 开　战争丛刊第 8 种

本书共分 10 章，概述战时粮食及工业原料的生产状况。

**4880. 中国不能以农立国论争**　周宪文编　中华书局　1941 年 8 月　香港　12 + 182　32 开

全书收录《中国不能以农业立国》（周宪文）、《中国何以立国》（杨开道）、《再论中国不能以农业立国》（周宪文）、《再论中国何以立国》（杨开道）、《三论中国不能以农业立国》（周宪文）、《中国能以农业立国吗?》（杜沧白）、《一个陈旧问题的重新提起》（王亚南）等 12 篇文章。附录收录《论中国不宜工业化》（董时进）、《中国可以不工业化乎》（恽代英）、《中国能长为农国乎》（杨杏佛）、《农国辨》（章士钊）等 7 篇文章。有吴序和自序。

**4881. 水利建设**　沈百讲　中央训练团党政高级训练班　1945 年 5 月　2 + 26　32 开　有图表

本书分 8 章：水利建设概述水利政策之演进、水利建设之现状、水利建设之复员、实业计划之水利建设、总裁经济建设之指示等。

**4882. 四川省水利局贷款举办灌溉工程总报告**　［34］［环筒叶］　18.5cm × 27.5cm　油印、线装有图表

本书分 15 个部分：四川省水利局贷款举办自流渠概况表、四川省水利局分县分类贷款一览表、三台郑泽埝工程纪要、绵阳龙西渠工程纪要、绵阳天星埝工程纪要、乐山楠木埝工程纪要、雅安青衣渠工程纪要等。

**4883. 经济部农本局概况**　毕云程撰述　经济部农本局研究室　1942 年 12 月　2 + 59［环筒叶］
16 开　有图表

该书包括引言、筹创时期、创业时期、进展时期、转变时期、改组时期、结论和附录等部分。记述经济部局本局自 1936 年成立以来的概况。有正误表。

**4884. 中华民国二十七年农本局业务报告** 1939 年 1 月 4 + 90 16 开

本书分 6 章：引言——一年来农业经济素描、合作金库业务、农业仓库业务、农业生产贷款、农业运销、合作事业指导。

**4885. 中华民国二十八年农本局业务报告** 农本局研究室编 编者刊 1940 年 1 月 11 + 128 16 开 有插图、有图表

本书分 3 编：一年来之农业经济、一年来之业务概况、一年来之财务概况。

**4886. 三十年度农业促进委员会主办事业效果报告书** 1942 年 1 月 4 + 78 16 开 有图表

本书分 4 个部分：引言、经费、事业与效果、结语。书前有《农业促进委员会三十年度主办事业增加国民收益总表》、《农业促进委员会三十年度主办事业所在省别及各占经费一览表》。

**4887. 三年来农业促进委员会工作概况** 农业促进委员会印 1941 年 9 月 4 + 48 16 开 有图表

本书分 10 个部分：成立经过、组织、经费、推广机构、督导制度、人才训练、设计与材料供应、推广业务与小国、工作展望、附录。书前有弁言。

**4888. 廿八年度农产促进委员会主办事业效果报告书** 1940 年 1 月 42 16 开 有插图、有图表

出版时间据封面推论。

**4889. 农产促进委员会工作实施方案** 1938 年 4 月 1 + 14 16 开

本书分 5 个部分：引言、树立农业推广机构、训练推广人员及农民领袖、确定农业推广业务、健全农业推广督导制度。

**4890. 农产促进委员会各项章则及办法汇辑** 1941 年 1 月 1 + 101 14cm × 23cm 有图表

本书收录：《全国农业推广实施计划纲要》、《农业促进委员会工作实施方案》、《各级农业推广人员训练纲要》、《农业推广督导组织纲要》、《农产推广巡回辅导团实施计划纲要》、《农产促进委员会农业推广实验县组织通则》、《农产促进委员会派驻各省负责人员暂行服务须知》等 11 部规章。

## 土地问题

**4891. 川省田赋征实负担研究** 彭雨新、陈友三、陈思德著 商务印书馆 1943 年 11 月初版 重庆 4 + 144 32 开 有图表 国立中央研究院社会科学研究所丛刊 第 20 种

本书共 3 章：川省田赋税率轻重之沿革、征实前川省田赋正赋税之检讨、征实后田赋负担之分析。书后附表 8 个：《川省各县田赋正税与副税两额比较表》、《民国以来川省各县每两粮额折征银元数比较表》、《二十八年度川省各县田赋省县正附税合计每粮一两共征银元数表》、《二十九年度川省各县田赋省县正附税合计每粮一两共征银元数表》、《二十八年度川省各县田赋省县正附税合计每粮一两共征银元数与二十九年度元数比较表》、《三十年度川省各县按粮额两数或按额征银元数或按三十年度田赋省县正附税合计元数计算与按两元并计法所应征购稻谷总数比较表》、《二十六至三十年度川省各县秈稻糯稻产量表》、《三十年度川省各县夏季作物及冬季作物产量表》。目录中有统计表目次。

**4892. 甘肃省田赋整理与征实** 甘肃省政府编 编者刊 1942 年 2 月 2 + 30 32 开 有图表

本书分 5 个部分：田赋情况、近年来之整理、田赋征实经征情形、田赋征实经收情形、中央接管后整理计划。

**4893. 甘肃省之土地行政**　甘肃省政府编　编者刊　1942年2月　16　32开　有插图、有图表
本书分6个部分：前言、城市土地测量、城市土地登记、土地征用、地政人员训练、结论。

**4894. 广西柳江流域荒地调查报告**　吴文晖、冯朝辅、黄鸿辉调查编纂，农林部垦务总局编　编者刊　1942年12月初版　39　16开　有插图、有图表　农林部垦务总局调查报告第3号
本书分9章：荒地自然状况、荒区荒地现状及分布、各荒区附近农业、垦殖设备及垦荒方式、社会情形、经济状况、调查意见等。有沈鸿烈等序言。有题赠。

**4895. 贵州省农业改进所两年来工作概况报告**　1940年　[60]　[环筒叶]　17.6cm×25.3cm　油印、线装　有图表
本书分7个部分：关于农艺者、关于林业者、关于畜牧兽医者、关于柞蚕者、关于农业经济者、关于农业工程研究者、关于植物病虫害研究者。书前有弁言。

**4896. 贵州省试办贵阳县土地陈报报告书**　1938年1月　6+90　16开　有照片、有插图、有图表
本书分4个部分：插图、报告、章则、附录。书前有2篇序言。

**4897. 兰州市推行土地税纪要**　1941年10月　5+10　[环筒叶]　32开　油印　有题词、有图表
本书共14部分：兰州市政府开征三十年下半期土地税布告、兰州市政府为举办土地税告市民书、甘肃省各县市地价税征收规则、甘肃省各县市土地增值税征收规则、甘肃省各县市建筑改良物税征收规则、兰州市建筑改良物估价办法、兰州市推行土地税制标语、兰州市各区标准地价表等。附录收《西北日报社论》。

**4898. 民生主义的土地政策**　黄通编著　独立出版社　1939年4月初版　重庆　4+63　64开　抗战建国小丛书　潘公展、叶溯中、杨公达、童蒙圣主编
本书分4部分：土地政策之概念、现代土地问题之诸相、土地政策之变迁、民生主义的土地政策之理想与实践。

**4899. 民族革命战争中的土地政纲问题**　陈传纲著　民族革命出版社　1940年1月初版　78　32开　战地文化丛书之八
本书分6节：问题的提出与提法、土地问题在民族革命战争中的严重性之滋长、由民族危机深刻化掀起之各派土地政策在观念上与行动上的转变、中国现阶段土地改革的形式问题、土地政纲的具体规定与其实际保证。

**4900. 民族生存战争与土地政策**　肖铮著　中国地政学会　1938年1月　武昌　6+62　32开　中国地政学会战时地政丛书之一
本书分4个部分：从全面考察民族生存战争、民族生存战争中的土地问题、民族抗战中之土地政策、尾语。书前有作者小序。

**4901. 平均地权**　吴尚鹰讲　中央训练团党政训练班　1939年4月　20　32开　中央训练团党政训练班演讲录
作者1939年春受蒋介石邀请到中央训练团党政训练班所作平均地权问题的演讲稿。

**4902. 平均地权**　吴尚鹰讲　中山文化教育馆　1939年7月　1+30　16开
作者1939年春受蒋介石邀请到中央训练团党政训练班所作平均地权问题的演讲稿。

**4903. 平武县徒犯垦区会勘报告**　四川省政府建设厅建设丛书编辑委员会编辑　四川省政府建设厅[总发行]　1941年9月　成都　32　16开　有插图、有图表　建设丛书之四十六

本书分两个部分：荒区概说、行程纪要。书后附《平武荒地一览表》、《平武县南荒区地形图》、《平武县南荒区交通图》。

**4904. 全国土地调查报告纲要** 土地委员会编 全国经济委员会 1937年2月，1937年8月 4+74 16开 有图表

本书分8章：绪言、土地利用、土地分配、租佃制度、土地与农村金融、地价、地税、结论。附录收主要调查表7项：《农家普查表》、《县调查表》（一）（二）、《区调查表》（一）（二）、《农家过年出入调查表》、《地主田场过年出入调查表》。1937年8月版本为"中央政治委员会土地专门委员会审订重编"。

**4905. 陕西省土地制度调查研究** 熊伯蘅、王殿俊编 国立西北农学院农业经济系 1941年12月 陕西 4+32 32开 有图表 国立西北农学院农业经济丛刊之二

本书分5个部分：绪言、土地分配状况、土地使用状况、租佃制度、地价。书前有《陕西省土地制度调查研究附表目录》，包含图表28张。

**4906. 四川省土地分类调查报告**（第二号温江县） 四川省土地陈报办事处、金陵大学农学院农业经济系调查编纂 四川省土地陈报办事处［印行］ 1939年6月 5+37+10 16开 有插图、有图表

本书分8个部分：温江县之自然环境、温江县土地之分类及各区土地利用之现状、土地分类区内之地价与田赋、土地分类区内之作物产量、土地分类区内之农佃制度土地分类区内之农家经济现状、总结、附录。书前有弁言。

**4907. 四川省政府通南巴垦殖视察督导报告书** 四川省政府通南巴垦殖视察督导团编 四川省政府建设厅 1938年8月 2+35 16开

本书分5章：通南巴概论、通南巴农业生产概况、通南巴农村经济概况、通南巴农村社会概况、通南巴荒地概况。书前有绪言。

**4908. 四川松理懋茂汶屯殖督办署职员简表** 2［环筒叶］ 17.1cm×27cm

抄本。

**4909. 四川田赋概况** 任敏华编撰 四川省银行经济研究室 1941年8月 四川 6+42 13cm×18.7cm 线装 有图表 四川经济研究小丛书之二

本书共6章：田赋沿革、田额与亩法、粮额税率与县附加、征收制度、土地陈报与土地推收、今后的展望。书前有罗承烈、施复亮序。

**4910. 四川西北边区垦牧调查报告** 四川省政府建设厅 编者刊 1938年6月 4+162+24 16开 油印 有图表

本书分4个部分：由成都经灌县汶川而至茂县、由茂县沿岷江大路而至松潘、由松潘经上下包热尔盖夺骂墨凹而至下让口、由下让口至威州（附青城山）及全区社会概况。书后附《四川西北边区垦牧调查提要》、《开发四川西北边区之建议》。

**4911. 土地陈报概要** 吴致华编著 四川省训练团 1944年6月 4+48 32开

本书6章：绪论、土地陈报之实施与目的、编查业务、业户陈报、过册及发照、四川省办理土地陈报概况。有附录4种。

**4912. 土地分配问题** 陈太先著 新建设出版社 1940年10月初版 28 32开 广东施政常识小

丛书　第四战区司令长官司令部编纂委员会编

本书分5部分：土地与土地问题、土地分配问题之诸相、我国土地分配问题的具体内容、现阶段的土地分配问题、战时如何处理土地分配问题。

**4913. 土地问题**　吴尚鹰讲　中央训练团党政训练班　1939年5月　28　32开　中央训练团党政训练班演讲录

作者在中央训练团党政训练班所作的演讲稿。

**4914. 四川东南边区酉秀黔彭石五县垦殖调查报告**　2＋72　16开　有插图、有图表

本书分6章：五县自然概况、五县农村经济概况、五县农村社会概况、五县荒地概况、结论、附录。书前有引言。

**4915. 浙江地政概况**　浙江省民政厅编　编者刊　1943年4月　［浙江］　90　大32开　有图表

本书包括地政机构、地政业务、地政人员、地政经费、结论5个部分。书前有绪言。

**4916. 中国各重要市县地价调查报告**　中国农民银行土地金融处编　编者刊　1944年4月初版　重庆　5＋32　32开　有图表　中国农民银行土地金融处丛书

本书分5部分：绪言、本行举办地价调查经过、各市县最近地价之分布及其历年变动情形、十年来各市县地价变动之原因及其影响、结论。附录收《各省重要城市地价比较表》、《各省各县农地价格比较表》等20种统计图表。

**4917. 中国土地问题及其对策**　吴文晖著　商务印书馆　1944年12月重庆初版，1947年2月上海初版　5＋287　32开　有图表　大学丛书　国立浙江大学农业科学研究所农业经济学部丛书

本书分8章：绪论、人地比率、土地使用、土地利用的对策、地权分配、租佃制度、土地分配的对策、结论。有著者自序。

## 农业各部门经济

**4918. 宁夏省畜牧总场事业概况**　1941年5月　32［环筒叶］　19.8cm×26.6cm　油印　有图表

附录收《二十九年度决算总计表》。

**4919. 江西省东北及中部各县猪鬃调查报告**　47　大32开　有插图、有图表

本报告分引言、调查路线、产鬃区域之划分、自然环境概况、产量估计、农民畜猪调查、收购概况、拣制概况、鬃商概况、猪鬃市场、储运概况、捐税、走私概括共13个部分，介绍了1940年至1942年间江西省东北部及中部各县猪鬃市场情况。稿本。

### 粮食作物

**4920. 中国粮政概况**　59［环筒叶］　16开　油印　有图表

本书分11章：导言、粮食之重要性、中国平时之粮食情形、抗战初期之粮食状况（一九三七年秋——一九四〇年春）、粮食问题之发生、粮食之管制、粮食之征集、定价征购粮食、粮食之储运等。

**4921. 战时的粮食**　薛暮桥著，吕金录校订　商务印书馆　1938年6月　28　48开　民众战时常识丛书

内容包括4个部分：粮食问题与长期抗战、怎样扩充粮食生产、怎样改良生产技术、怎样调节粮食供求。

**4922. 非常时期之食粮**  徐颂周编  中华书局  1937 年 4 月初版，1937 年 7 月再版  上海  4+86  32 开  非常时期丛书  雷震、马宗荣、徐逸樵、罗鸿诏主编

分 5 部分：我国历代食粮政策概述、欧美诸国的农业关税及食粮统制、我国食粮自给的可能性的估计、非常时之食粮自给策、食粮统制政策。

**4923. 粮食管理篇**  杨礼恭编著  正中书局  1938 年 6 月国难本初版  重庆  2+132  32 开  有图表

本书为教育部颁行的中等学校课外特殊教材，共分 8 章：战时粮食管理概论、粮食调查与统计、粮食生产管理、粮食分配管理、战时粮食消费节约、粮食制造与储藏、各国战时粮食管理政策、中国战时粮食政策之检讨。书后附参考书目。

**4924. 粮食问题**  徐堪讲  中央训练团党政训练班  1942 年 2 月  18  32 开  中央训练团党政训练班讲演录

**4925. 农林部粮食增产委员会工作月报**（民国三十年十月份）  农林部粮食增产委员会编  ［编者刊］  1941 年  5+72［环筒叶］  16 开  油印  有图表

汇总 1941 年 10 月份的粮食增产统计情况，包括"各省增产面积之统计"、"各省增产数量之统计"、"各省工作月报摘要"、"各省小麦良种示范"、"制造杀虫防病药剂及机械"、"协导各省防除病虫害"等内容。出版者及出版时间以封面题名推断。

**4926. 农林部粮食增产委员会工作月报**（民国三十年十一月份）  农林部粮食增产委员会编  ［编者刊］  1941 年  5+73［环筒叶］  16 开  油印  有图表

汇总 1941 年 11 月份的粮食增产统计情况，包括"各省增产面积之统计"、"各省增产数量之统计"、"各省工作月报摘要"、"各省小麦良种示范"、"制造杀虫防病药剂及机械"、"协导各省防除病虫害"等内容。出版者及出版时间以封面题名推断。

**4927. 三十年度各省粮食增产总报告**  农林部编  农林部  28  16 开  有图表

内容分增产之机构、工作之鸟瞰、各省之进度 3 部分。附录为《三十年度各省粮食增产计划大纲》。前有绪言。

**4928. 战时粮价特辑**（粮情周报百期纪念号）  周凤镜、姚同樾、王泰管、王钟玫、夏宗绵编辑  粮食部调查处  1943 年 4 月  重庆  59  16 开  有图表  粮食部调查处丛书之一  濮孟九主编

本书分 3 部分：粮价问题、粮情调查、粮价资料，收录有关粮食的调查专论 13 篇：《抗战以来之粮价与物价》（濮孟九）、《抗战以来之粮食管制》（顾寿恩）、《货币与粮价》（赵兰坪）、《粮价与农民经济》（杨寿标）、《四川省粮食价格之研究》（夏宗绵）、《论粮情报告与粮价调节》（梁庆椿）、《粮食管制与粮情报导》（尹静夫）等。书前有濮孟九作前言。书后附各省市电报粮价整理表、各省市实施限价概况表、有关粮价问题论著索引等资料。

**4929. 战时粮食动员问题**  殷锡琪著  中山文化教育馆  1938 年 5 月渝版  重庆  6+54  32 开  抗战丛刊  第 30 种  中山文化教育馆编

本书分 4 章：动员粮食的问题、欧战期间各国粮食动员、吾国之粮食动员、结论。书前有抗战丛刊缘起和引言。

**4930. 战时粮食问题的解决方法**  陈政谟著  中山文化教育馆  1937 年 10 月初版  南京  4+32  32 开  抗战丛刊  第 5 种  中山文化教育馆编

本书分 5 章：国产粮食足以自给、粮食贸易入超的原因、粮食贸易入超的结果、充足粮食的方

法、统制粮食运销。书前有抗战丛刊缘起。

**4931. 战时田赋征实与战后粮食问题** 戴日镳著 独立出版社 1942年10月初版 重庆 158 32开 有图表 中央经济建设丛书

本书分5章：绪论、粮食自给之前途、战时后方粮价变动之经过及其影响、战时粮食管理、战后粮食问题。附录收有关各部长之指示、舆论等。书前有代序。

**4932. 中国战后之粮食问题** 18[环筒叶] 16开 油印 有图表

全书从5个方面论述战后之粮食问题，分别为：粮食生产、粮食消费、粮食进口及出口、副食品供需情形和战后措施。书后附表7张。以书中统计表计年推断出版时间。

**4933. 总裁关于粮食问题的训示** [蒋介石著]，中国国民党中央执行委员会宣传部编 编者刊 1941年9月 2+28 32开 粮食问题小丛书

收录蒋介石关于粮食问题的3次讲话，包括《为实施粮食管理告四川省民众书》、《粮食管理要点与县长的重大责任》、《建立国家财政经济的基础及推行粮食土地政策之决心》。

**4934. 战时粮食管理** 杨礼恭著 青年书店 1940年1月初版 重庆 4+180 32开 有图表

本书共8章，介绍战时粮食管理原则及英美等国战时粮食管理政策。

**4935. 战时粮食论集**（一） [梁庆椿著] 24[环筒叶] 16开 油印 国立浙江大学农学院农业经济丛刊

本书收4篇文章：《"田赋酌征实物"能救济军民吗?》（刊载于二十九年十二月二十二日《益世报》"星期评论"）、《粮食调节之三条路线》（二十九年四月十四日《中央日报》）、《从猪价之分析所见急应实施之粮食对策》（三十年五月二十二日《益世报》）、《从吾国农业经营之特质所见粮食调节之困难》（三十年四月六日浙大作物学会演讲词）。封面有题赠。

**4936. 战时粮食问题** 朱通九著 独立出版社 1939年10月初版 重庆 2+82 32开 有图表 国民经济研究所小丛书

本书分5章：战时粮食之重要性、我国在抗战以前粮食之生产、我国在抗战以前粮食之消费、抗战开始后之粮食问题、如何补充战时粮食不足之方法。

**4937. 战时粮食问题** 朱通九著 独立出版社 1940年5月初版 重庆 2+64 32开 有图表 国民经济研究所小丛书

本书分5章：战时粮食之重要性、我国在抗战以前粮食之生产、我国在抗战以前粮食之消费、抗战开始后之粮食问题、如何补充战时粮食不足之方法。

**4938. 战时粮食问题** 黄霖生、朱通九、陆国香、舒农非、伍家敏、张维光执笔 独立出版社 1939年4月初版 重庆 3+58 32开 有图表 战时综合丛书 第3辑

该书概述了战时粮食生产的重要性、抗战前我国粮食生产的消费情况及战时补充粮食生产的方法等。本书共分6章：战时粮食问题、抗战期中之土地使用管理与粮食生产统计、实行粮食征收制度的商榷、抗战中应有之粮食运销机构等。卷首有前言与该丛书例言。

**4939. 中国各重要城市粮食价格及指数专刊** 姚同樾、王泰管、郑鸿编 粮食部调查处 1945年4月 重庆 63 16开 有图表 粮食调查处丛书之二 濮孟九主编

本书分5部分：粮价变动说明、粮价指数图、粮食购买力指数图、粮食价格及指数、粮食购买力指数表。有前言。

**4940. 战时粮政** 徐堪讲 中央训练团党政高级训练班 1943年6月 2+19 32开

分4部分：绪言、战时粮食的供应、战时粮食的征集、战时粮食的管制。

**4941. 最近之粮政** 徐堪讲 中央训练团党政训练班 1942年11月 2+20 32开 中央训练团党政训练班讲演录

内容同《战时粮政》。

**4942. 粮食管理实施之商讨** 杨品吉 19［环筒叶］ 19.3cm×26.8cm 油印 线装

**4943. 粮食行政** 贵州省地方行政干部训练委员会印 1944年6月 8+346 32开 有插图

本书分7章：粮食征集、配发、储运及加工、管制、调查、粮政沿革、粮食会计。

**4944. 战时的农仓** 孟受曾编著 中华平民教育促进会 1938年6月初版 长沙 28 12.5cm×15cm 农民抗战丛书

介绍农仓在战时的重要性、怎样筹办农仓等。

**4945. 一年来之甘肃粮政** 甘肃省政府编 编者刊 1942年2月 兰州 22 32开 有图表

该书共分8节：前言、粮食产销之调查统计、粮食之管制、军粮之采购、粮食之储备等，叙述了1941年以来的甘肃粮政情况。

**4946. 安徽粮政** 苏民著 1943年 8+80 大64开 有图表

该书为安徽省掌管粮政者所作的报告。内容包括安徽省粮政情况的调查统计、粮食管制、征购军粮、统筹公粮、调剂民用粮、粮食运输、仓储、建仓积谷、调拨程序及财务行政等。据本书作者1943年8月作序推论出版时间。

**4947. 浙江兰溪县城稻米集散情形** 赵德民调查 国民经济研究所 1939年1月 1+7 16开 有图表 商业门米类第7号（总第106号）

本书共6部分，分别为：集中数量、主要来源及其供给数量、主要销路及其销售数量、运输方法及运费、本地市价、各主要来源稻产收获状况。

**4948. 浙西之粮荒与粮政** 徐萍渚编著 浙西民族文化馆 1941年2月 8+134 32开 浙西对敌斗争丛书之六

分5章：绪论、寇劫灾欠下的鱼米之乡、浙西粮食管制的双重任务、各县粮管工作评述、浙西粮食管理几个困难课题、结论。附录收《改变浙西生产观念及推行战时粮食政策》、《浙西粮价物价竞涨赛》、《推行浙西战地农贷提供一个经济本位的战斗意见》。

**4949. 福建省粮食管理行政之机构** 福建省粮食管理局研究室编 编者刊 1941年2月 1+12 32开 有图表 福建省粮食小丛书之二

本书分4章：本省粮食管理机构之沿革、本省现行之粮食管理机构、本省现行之军粮机构、本省粮食管理机构之要点。

**4950. 福建战时食粮问题研究** 徐天胎著 生力学社 1939年7月初版 福建 4+46 32开 有图表 生力丛书 乙种之一 生力丛书编纂委员会编辑

本书分6章：谜一样的问题——果能自给吗、粮食问题的彗星——洋米、增加生产只解决了问题之一半、运销机构的改革是第一着、"食粮运销省营制"之提倡、总括上面的话。附录收《食粮动员之研究》。

**4951. 福建之田粮** 福建省田赋粮食管理处编著 福建省政府秘书处 1944年5月初版 福建 11+

94　32 开　有插图、有图表　福建建设丛书之六　福建省政府秘书处主编

本书分上、下两篇，分别为：田赋、粮政。其中上篇分 5 章：货币税制下之福建田赋、福建创立田赋改征实物制之经过、福建田赋征实第一年、近两年来之福建田赋征实；下篇分 9 章：本省的粮食问题、本省粮食管理机构的演进、本省粮食管理政策的演进、粮食供应与运输等。书前有丛书序及编例。附录收《本省粮食管理单行法规》。

**4952. 福州粮食运销存储概况**　福建省政府秘书处统计室编　编者刊　1938 年 4 月　4+57　16 开　油印　有图表　非常时期统计资料丛刊　第 10 号

本书分上、下两篇：福州粮食的运出与运入、福州粮食市场的组织。附录收《福州粮食商号》、《福州碾米工厂》、《福州每月粮食输出入统计》、《福州粮食存储统计》。书前有丛刊刊行旨趣。

**4953. 为什么要查报余粮**　福建省粮食管理局研究室编　编者刊　1941 年 2 月　1+8　32 开　福建省粮食小丛书之四

本书分 6 节：查报余粮的重要性、查报余粮的办法、各级办理查报人员要认真从事、匿报短报的不可能、匿报短报应受的惩罚、据实填报的好处。

**4954. 米谷生产成本调查及川粮管理问题**　陈正谟著　中山文化教育馆　1940 年 12 月　四川　106　32 开　有图表　抗战丛刊第 5 种　中山文化教育馆

本书分 5 章：民国二十八九年北碚米谷生产成本、平抑粮价的问题、粮价高涨的原因及其影响、增加粮食生产的问题、节约粮食的问题。附录收《战时粮食问题的解决办法》、《米谷生产成本调查表》、《蒋委员长为实施粮食管理告全川同胞书》。书前有序，书后有跋。

**4955. 四川省粮食统计汇编**　行政院经济会议秘书处编　编者刊　1941 年 7 月　3+182　横 16 开　有图表

含生产、运输、仓储、消费、粮价、田赋、农佃等 35 个图表，汇总 1937 年至 1940 年的四川省粮食统计。

**4956. 四川省廿六市县粮食市况调查报告（报告第二号）**　四川省粮食调整委员会编辑　编者刊　1938 年 1 月　四川　14　16 开　有图表

本书分 4 个部分：前言、二十六年十月份粮食市况统计图表、二十六市县粮食市场之分述、总论。

**4957. 四川省廿六市县廿七粮食市况调查报告（报告第五号）**　四川省粮食管理委员会编　编者刊　1938 年 3 月　成都　17　16 开　有图表

本书包括 1938 年 1 月粮食市况统计表、27 市场粮食市况之分述等 2 个部分。书前有前言。

**4958. 四川省廿六市县廿七粮食市况调查报告（报告第六号）**　四川省粮食管理委员会编　编者刊　1938 年 3 月　成都　24　16 开　有图表

本书包括 1938 年 2 月粮食市况统计表、27 市场粮食市况之分述等 2 个部分。书前有前言。

**4959. 四川省廿六市县廿七粮食市况调查报告（报告第七号）**　四川省粮食管理委员会编　编者刊　1938 年 4 月　成都　22　16 开　有图表

本书包括 1938 年 3 月粮食市况统计表、27 市场粮食市况之分述等 2 个部分。书前有前言。

**4960. 四川省廿六市县廿七粮食市况调查报告（报告第八号）**　四川省粮食管理委员会编　编者刊　1938 年 5 月　成都　18　16 开　有图表

本书包括 1938 年 4 月粮食市况统计表、27 个市场粮食市况之分述、结论 3 个部分。书前有前言。

**4961. 四川省廿六市县廿七粮食市况调查报告（报告第九号）**　四川省粮食管理委员会编　编者刊 1938 年 6 月　成都　20　16 开　有图表

本书包括 1938 年 5 月粮食市况统计表、27 市场粮食市况之分述、结论等 3 个部分。书前有前言。

**4962. 四川省廿六市县廿七粮食市况调查报告（报告第十号）**　四川省粮食管理委员会编　编者刊 1938 年 7 月　成都　26　16 开　有图表

本书包括 1938 年 6 月粮食市况统计表、27 市场粮食市况之分述等 2 个部分。

**4963. 四川省卅六市县卅八粮食市况调查报告（报告第十四号）**　四川省粮食管理委员会编　编者刊　1938 年 10 月　成都　24　16 开　有图表

本书包括 1938 年 10 月粮食市况统计表、36 市县 38 市场粮食市况之分述、结论等 3 个部分。书前有前言。

**4964. 四川省卅六市县卅八粮食市况调查报告（报告第十五号）**　四川省粮食管理委员会编　编者刊　1938 年 12 月　成都　28　16 开　有图表

本书包括 1938 年 11 月粮食市况统计表、36 市县 38 市场粮食市况之分述、结论等 3 个部分。书前有前言。

**4965. 四川省卅六市县卅八粮食市况调查报告（报告第十八号）**　四川省粮食管理委员会编　编者刊　1939 年 3 月　成都　23　16 开　有图表

本书包括总述、1939 年 2 月粮食市况统计表、36 市县 38 市场粮食市况之分述、转载等 4 个部分。

**4966. 四川省市县（二十六年十一月份）粮食调查市况报告（报告第三号）**　四川省粮食调整委员会编辑　1938 年 2 月　14　16 开　有图表

本书分 4 个部分：前言、二十六年十一月份粮食市况统计图表、二十七市县粮食市场之分述、结论。

**4967. 四川食米调查报告**　国民经济研究所辑　编者刊　1940 年 2 月　1＋30［环筒叶］　16 开 油印　有图表　农业门食粮类总第 164 号

共 12 部分，分别为：序言、四川粮食产额及消费情形、调查地之水旱及农户比较、调查地之土壤及种植状况、调查地之粮食输出入及储存状况、调查市场概述、各县稻米运输状况、米之交易地点与集期、产品市价、调查地之农村及米业金融状况、结言。

**4968. 公沽局如何实行公买公卖**　福建省粮食管理局编　编者刊　1941 年 2 月　福建　1＋8　32 开 福建省粮食小丛书之三

本书分 4 部分：收购余粮、计口授粮、怎样评价、盈亏分配。

**4969. 重庆之米价**　中央银行经济研究处编　编者刊　1941 年 10 月　1＋13　16 开　有图表　经济情报丛刊　第 8 辑

本书分为 7 部分，分别为：近十五年来重庆上等河熟米之价格变动、米价之季节性、米之购买力、粮食生产量与米购买力、产地米价与重庆米价之关系、米价与杂粮价格之关系、米价统制。书后附9个表格：《重庆河熟米趸售价格》、《重庆米价之季节变动指数》、《重庆米之购买力指数》、《重庆米购买力指数与四川食粮生产量之关系》、《四川历年来主要食粮之生产数量估计》、《重庆米价与产地米价之比较》、《重庆米价与产地米价之关系》、《重庆米价变动与产地米价差额百分比之关系》、《重庆米小麦高粱及黄豆之价比》。

**4970. 成都市附近七县米谷生产与运销之调查**　四川省政府建设厅建设丛书编辑委员会编辑，金陵大学农业经济系潘鸿声编著　四川省政府建设厅［总发行］　成都　2＋82　16开　有图表　建设丛书之五十一

本书分5个部分：总论、产区概况、米谷之生产成本、米谷之运销、结论与建议。书前有附志。书后附录三件。

**4971. 成都市附近七县米谷生产与运销之研究（初步报告）**　金陵大学农学院农业经济系调查编制　编者刊　1941年4月　12　16开

本书分4个部分：引言、米谷生产成本、米谷运销、结论与建议。

**4972. 岷江流域米粮运销调查（彭山，眉山，仁寿，青神，乐山）**　四川省稻麦改进所编　四川省建设厅《建设周讯》印　2＋28　16开　有插图　调查报告第1号

本书分两个部分：五县概述、各县分述。书前有李贤坤所作前言。

**4973. 贵州粮政报告**　贵州省政府粮政局编　编者刊　1942年5月　16［环筒叶］　18.5cm×26.8cm　油印、线装

本书分8个部分：征购、仓储、加工、运输、调查、管制、财务及会计、训练粮政人员。

**4974. 贵州省食粮消费之研究**　熊良、宋鸿淳编　贵州省粮食增产督导团　1940年10月　4＋37　16开　有图表

本书共10章，分别为：食粮消费概论、消费者、消费单位之拟定、食粮消费之种类及数量、食品品质之检讨、食粮经济问题、食粮之其他用途、食粮自给问题、食粮之商品化程度、结论。书前有雷南、沅江皮、虞振镛作序，出版时间依据作序时间。封面有题赠。

**4975. 云南省米谷运销及价格之研究**　汤惠荪、杜修昌著　国立云南大学农学院　1940年6月　昆明　63　16开　有图表　国立云南大学丛刊第2号

本书分6章：绪言、米谷之供需、米谷运销之机能、米谷运销之成本、米谷价格之变动及差异、结论。

**4976. 云南个旧之米业**　赵德民调查　国民经济研究所　1940年3月　4［环筒叶］　16开　油印　农产门粮食类总第147号

分8部分，分别为：本县食米集中处所及集中数量、主要来源及供给数量、主要销路及销售数量、运输方法及运费、采办及销售米粮之商行、采办米粮时普通付款手续、米行之借款、本地米价。

**4977. 战时云南省宜良县米谷调查**　赵德民调查　国民经济研究所　1940年3月　1＋5［环筒叶］　16开　油印　有图表　农业门食品类总第159号

共9部分，分别为本县米谷集中处所及集中数量、主要来源及供给数量、主要销路及销售数量、运输方法及运费、采办及销售米粮之商行、采办及销售时付款收款手续、米谷在本地市价、本县最近三年收获状况、本县之机器碾米厂。

## 经济作物

**4978.** **江苏省、浙江省蚕业调查报告**　黎德昭著　东亚文化协议会　1940 年 10 月初版　北京　40　16 开　有图表

收录《江苏省蚕业调查报告》及《浙江省蚕业调查报告》。

**4979.** **茶**　戴龙孙编著　正中书局　1941 年 10 月初版　3 + 50　32 开　有插图、有图表　特教丛刊第 16 种　教育部特种教育委员会主编

本书共 5 部分：茶的概说、茶的生产、茶的焙制、茶的运销、参考资料。书前有编辑要旨。

**4980.** **中国茶叶公司二十九年度工作报告目录**　1941 年　53［环筒叶］　16 开　油印　有图表

报告分 4 章：一般行政、业务行政、技术研究、财务行政。出版时间根据题名及报告内容推断。

**4981.** **抗战与茶业改造**　吴觉农著　财政部贸易委员会（外销物资增产推销委员会）茶叶研究所　1945 年 3 月　4 + 118　32 开

本书收 16 篇文章：《为什么要统销茶叶》、《茶叶统销政策与湘茶前途》、《茶叶栽培与经营问题》、《国茶机械化的方针》、《中国茶叶贸易与茶叶金融》、《最近国茶运销状况与今后对策》、《中国茶业的发展与合作运动》、《我国茶叶研究改进史》等。书前有著者序。

**4982.** **战时茶业政策论**　冯和法著　农本书店　1939 年 8 月　上海　4 + 74　32 开

本书分 5 讲：战时茶业政策的目标、现行茶业体系的实况、当前茶业改造的原则、中央茶业行政的设施、地方茶业管理的内容。书后有后记。有题赠。

**4983.** **湖南之茶**　湖南省银行经济研究室编　编者刊　1942 年 4 月　耒阳　4 + 136　32 开　有插图、有图表　湖南省银行经济丛刊之四

本书是对湖南茶叶的介绍和研究，包括其沿革、产地、品类、产量、生产方法、交易及运销等方面的介绍，并对新化、浏阳、桃源、安化、郴县的茶叶进行了介绍。书中配地图、表格，书后附《中国茶叶大事记》、《饮茶风俗起源及其传播》、《中国茶叶出口统计提要》、《湖南茶业产销统计》。

**4984.** **我国西南新茶区之开发及其进展**　寿景伟著　［中国茶叶公司］　1938 年　18［环筒叶］　大 32 开　中国茶叶公司茶叶丛刊之一

本书共 4 部分：开发西南新茶区之目标及其重要性、川康滇黔桂五省新茶区之实地调查及设计、川滇黔三省茶厂茶场之设立及开发计划之实施、开发西南新茶区应有之准备及其前途之瞻望。出版时间根据书中内容推断。

**4985.** **重庆市茶叶内销调查报告·祁门毛茶山价调查报告**　吴仁润编著　财政部贸易委员会技术处编印　1942 年 8 月　重庆　［52］［环筒叶］　18.9cm×27cm　油印、线装　有图表

本书分 10 节：重庆市概况、重庆市茶叶内销史略、重庆市内销茶叶之种类及产地、重庆市之茶价等。附《祁门毛茶山价调查报告》。

**4986.** **中国棉业统计会民国二十五年中国棉产统计**　中国棉业统计会编　中国棉业统计会［发行］　1939 年 12 月　上海　98　32 开　有图表

本书全部为表格，原是上海中华棉业统计会出版的棉产统计的重要参考资料，现从中抽选了 1936 年、1937 年份的棉产统计加以翻印成此书。附二十六年中国棉产统计。

**4987. 抗战与棉丝业复兴**　教育部民众读物编审委员会编著　编者刊　1938 年 8 月初版　32　64 开　非常时期民众丛书　第 4 集第 2 册

本书分 4 章：棉丝浅说、几个实例、今后的觉悟、复兴之路。

**4988. 中国棉货总产销量之结算**　叶量述　［财政部国定税则委员会］　1934 年 2 月　20　16 开　有图表　财政部国定税则委员会经济统计丛刊　第 9 种

本书收录棉货输入、棉花输出、棉花产销量、棉纱产销量、棉织品产销量的具体统计数字及文字说明。以封面题名等信息推断出版者及出版时间。

**4989. 二十七年四川省棉产调查报告**　四川省农业改进所棉作实验场编　编者刊　1938 年　1 + 51　16 开　有图表

抗战建国时期棉布生产极为重要，四川省农业改进所棉作实验场自 1936 年春成立后即进行相关调查。此报告分为 8 节：绪言、调查经过、棉产概况、棉农副业、棉作病虫害、棉花捐税、各期棉花生长情形、棉花市价。出版时间根据题名及内容推断。

**4990. 四川棉业之希望**　四川省政府建设厅秘书室编审股编　编者刊　1943 年 6 月　1 + 20　16 开　有图表

本书分 3 部分：德字棉来历及其优点、栽培与管理之改进、结论。

**4991. 重庆棉货市场及市价之研究**　杨蔚、陈敬先编著　中央银行经济研究处　1944 年 2 月　重庆　10 + 150　32 开　有图表　中央银行经济研究处丛刊

该书从市场概况、供给来源、销路及用途、价格、购买力、统制等方面探讨重庆棉货市场和市价问题。书中大量表格论证来自 1932 年至 1942 年间的统计数据资料。书前有陈炳章所写弁言，书后有勘误表。

**4992. 湖南之蔗糖**　湖南省银行经济研究室编　编者刊　1942 年 12 月初版　耒阳　3 + 120　32 开　有图表　湖南省经济银行丛刊之六

本书分 13 章，对湖南道县、宁远、东安、新田等十多个地方蔗糖的产区产量、品类价格、种蔗制糖、榨厂与糖坊、交易与运销、制造成本与运销费用等问题进行了研究与说明。

**4993. 广西之甘蔗及糖业**　彭绍光著　1941 年 2 月　［14］　16 开　有图表

本书为《广西农业》第 2 卷第 1 期及第 2 期抽印。分 10 部分：引言、气候与土壤、糖量与植蔗面积、甘蔗品种、甘蔗栽培概况、制糖概况、经济概况、糖之运输概况、肉蔗栽培与经济概况、结论。有题赠。

**4994. 四川大麻调查（农业经济调查报告之二）**　四川省农业改进所编　编者刊　1941 年 8 月　成都　3 + 26　16 开　有图表　农业丛刊　第 23 号

本书分 6 章：绪论、生产、制造、运输、贸易、结论。书前有杨显东序。

**4995. 四川省之药材**　杨显东、谭炳杰，四川省农业改进所编　编者刊　1941 年 8 月　4 + 57　16 开　有图表　农业丛刊第 24 号　农业经济组调查报告之三

本书分 5 章：四川药材之重要、四川药材之生产、四川药材之运销、四川药材之进出口贸易、四川药业衰落之原因及改进意见。

**4996. 四川烟草调查**　莫钟骥编　四川省农业改进所　1940 年　4 + 44　16 开　有插图、有图表　农业经济丛刊第 1 号

本书分 6 章：绪论、生产、制造、运输、贸易、结论。书后附摘要。

**4997. 四川省富顺蔗糖业调查报告** 张平洲 2＋43 16 开 油印 有图表

本书分 8 章：总论、甘蔗种植、蔗农经济、制糖技术、制糖商经济、工会组织、糖之交易与运销、糖税概况。书后附录《敬答实施专卖之十大问题》。

**4998. 四川省之药材调查报告** 四川省农业改进所 1941 年 3＋58 16 开 有图表 农业经济丛刊第 3 号

即杨显东、潭炳杰所著《四川省之药材》。

**4999. 四川省大麻调查** 四川省农业改进所印 1940 年 3＋27 16 开 有插图、有图表 农业经济丛刊第 2 号

本书分 6 章：绪论、生产、制造、运输、贸易、结论。书前有杨显东所作序。

**5000. 四川省简阳县糖类调查报告** 2＋42［环筒叶］ 17.6cm×25.2cm 油印、线装

本书分 4 个部分：生产部分、制造部分、运输部分、销售部分。

**5001. 河南之烟叶** 貓菱编述 河南农工银行经济调查室 1939 年 1 月初版 河南 11＋132 32 开 有插图、有图表 河南农工银行经济丛刊第 1 种

本书分 7 个部分：绪论、河南烟叶生产概况、河南烟叶运销概况、河南烟叶交易概况、河南烟叶之改进、在许昌设立卷烟工厂之意见、结论。

**5002. 云南之蓖麻子油** 汤佩松、曹立瀛、王乃梁编 ［资源委员会经济研究室］ 1940 年 5 月 ［云南］ 2＋9［环筒叶］ 16 开 油印 有图表 云南经济研究报告之十八

本书为云南经济研究报告之一，分 5 个方面介绍云南地区蓖麻子生产及销售情况。

## 地方农业经济

**5003. 涿县农村调查报告（上、下册）** （伪）建设总署水利局编 1942 年 6 月 7＋135 38.2cm×26cm 有照片、有图表

全部为图表，含普通调查、水利调查、农事调查、特殊调查等部分。稿本。

**5004. 宁夏省农业概况调查** ［汤惠荪著］ 1936 年 6＋88［环筒叶］ 16 开 油印 有图表

全书分 3 部分：上编"总论"，介绍了地理、庶政、农业情况；下编"各论"，介绍了中卫县、中宁县、金积县等 9 个县的情况；结论。书前有著者序和前言，介绍了调查目的、区域、时间等情况。有题赠。

**5005. 陕西农业经济调查研究** 熊伯蘅、万建中编 国立西北农学院 1941 年 12 月，1942 年 5 月 陕西武功 4＋42 32 开 有图表 国立西北农学院农业经济丛刊之三

此书为陕西省临潼、兴平两县的调查材料，内容包括：农村人口、土地利用及分配、田场经营状况、农家生活程度等。书后有附表目录。封面有题赠。

**5006. 甘肃之特产** 甘肃省银行经济研究室编 甘肃省银行总行［发行］ 1944 年 4 月 14＋138 16 开 有图表

本书包括食盐、药材、水烟、蕨、羊产品、牛产品、猪产品、其他家畜产品等 11 章。书前有凡例及丁宜中、朱迈沧分别所作两篇序言。

**5007. 洛河下游的农村经济与纺织业** 中国工业合作协会晋豫区处经济研究室编 6＋118 32 开

战地经济调查报告之一

　　本书分两个部分：农业经济、农村纺织业。

**5008. 福建省各县区农业概况（上册）**　福建省农林处统计室编述　福建省政府统计处　1942年12月　福建　5＋268　大32开　有图表

　　本书共3章：第一行政区所属各县区农业概况、第二行政区所属各县区农业概况、第三行政区所属各县区农业概况。共33节。书前有福建调查统计丛书总序、福建省各县区农业概况序。

**5009. 湖南滨湖各县农产品概况**　湖南省银行经济研究室编　编者刊　1942年1月出版　耒阳　140　大32开　有图表　湖南省银行经济丛刊之一

　　本书系湖南省银行经济研究室对湖南滨湖各县农产品的调查报告。正文分两编：湖南滨湖区域农产概况、湖南滨湖各县农产品集散市场调查。表次分两编88表：《滨湖各县稻田面积及每亩产额比表》、《滨湖各县杂粮产量估计》、《滨湖各县棉花苎麻产量估计》、《滨湖各县稻谷消费量及盈余数估计》等。

**5010. 四川省农业统计资料索引（第五号）**　四川省农业改进所统计室编　编者刊　1943年1月　21［环筒叶］　16开　油印　有图表

　　分为自然环境、土地、人口、农产、农事、林垦、渔牧以及物价等22项统计资料的索引汇编。

**5011. 四川省农业统计资料索引（第七号）**　四川省农业改进所统计室编　编者刊　1934年12月　42［环筒叶］　16开　油印　有图表

　　分为自然环境、土地、人口、农产、农事、林垦、渔牧以及物价等22项统计资料的索引汇编。书后有残缺。

**5012. 四川省主要资源**　四川省政府建设厅秘书室编审股主编　1943年6月　1＋24　16开　有图表

　　本书分4个部分：粮食、特产、矿产、森林。

**5013. 川东农业调查（上编）**　叶懋、王嘉谟合编　四川省政府建设厅　1939年5月　101　16开　有图表

　　本册共6章，记录了调查缘起与经过、自然环境、田场经营、农佃制度、农家经济等内容，书前有序。

**5014. 川东农业调查（下编）**　叶懋、王嘉谟合编　四川省政府建设厅　1939年12月　190　16开　有图表

　　本册共18章，记录了荣昌县、大足县、永川县、武胜县、合川县、铜梁县、璧山县、江津县、綦江县、巴县、长寿县、忠县等的农业概况。

**5015. 贵州省农业概况调查**　经济部资源委员会、经济部中央农业实验所、贵州省农业改进所调查编纂　贵州农业改进所　1939年1月　4＋68　16开　有图表

　　该书以资源委员会农垦组1937年在贵州省的部分调查材料整理而成，包括绪言、地理概说、人口、土地、农产、农业经营、副业所得及财产所得、农家所得及农家盈余等部分。书前有雷男附志。

**5016. 贵州物产名称一览**　1942年10月　4＋102　32开　有图表

　　本书分两个部分："编辑凡例，资料来源，及各种图表"、"分县物产一览"。

**5017. 云南羊街坝垦区概况** 汤惠荪编 ［华西垦殖公司］ 1938 年 ［云南］ 2＋34 16 开 有照片、有图表 华西垦殖公司调查报告之一

本书介绍了羊街坝垦区的概况，包括土壤、水利、土地、人民、农业等方面。书前有著者引言，书后附《开垦羊街坝刍议》。有题赠。

**5018. 华北农业合作事业委员会报告书**（民国二十四年七月至二十五年六月止） 华北农业合作事业委员会编 编者刊 1936 年 7 月 13 16 开 有图表 华北农业合作事业委员会丛刊第 14 号

本书记载了民国 1935 年 7 月至 1936 年 6 月止华北农业合作事业委员会的工作报告。

# 工业经济

## 概 况

**5019. 工业建设计划会议简志** 经济部、教育部编 编者刊 1942 年 12 月 65 ［环筒叶］ 16 开 油印 有图表

含工业建设计划会议经过概要、训词及致词、战后工业建设纲要、战后工业建设计划总述、培养经济建设干部人才计划总述、技术员工训练计划总述等 6 个部分。另有附录 4 份。封面有"机密文件 请勿宣泄"字样。出版时间根据内容推断。

**5020. 工业统计资料提要**（供民营工业家赴外考察之用） 中国工业经济研究所编 编者刊 1945 年 7 月 15 日 2＋55 16 开 有图表 工业经济参考资料第 9 号

收录《战前工业厂数资本数及人工数统计》、《战时工业厂数资本数及人工数统计》、《后方工厂异动统计表》、《历年迁建厂矿家数机料吨数技工数及复工厂数表》、《公营民营主要工矿产品统计》等 22 份资料。书后有附录。

**5021. 工业问题座谈纪要合辑** 中国工业经济研究所编 编者刊 1944 年 4 月 15 日 1＋29 16 开 有图表 工业问题丛刊第 1 号

封面印有"密件"字样。

**5022. 国防工业建设之实施** 李孟麟著 汗血书店 1937 年 3 月 上海 2＋120 32 开 有图表 国防实用丛书之十七 刘百川主编

共 3 章：国防工业之意义、我国工业之概况、国防工业建设之实施。

**5023. 后方工业概况统计**（民国三十一年） 经济部统计处编 编者刊 1943 年 5 月 9 横 16 开 有图表

本书包括 4 类统计表：后方工业厂数资本工人及动力设备统计、后方工业开工年份统计、后方工业资本分组统计、后方工业重要工作机设备统计。

**5024. 后方工业概况统计**（民国三十一年） 经济部统计处编 编者刊 1943 年 5 月 177 横 16 开 有图表 经济统计丛刊第 3 种

本书分 12 部分：后方工业鸟瞰、后方工业概况总表、后方工业概况分表、杂项工业概况统计等。有刘半农作序。

**5025. 后方民营工厂产品一览表** 经济部工矿调整处编 编者刊 1941 年 10 月 56 ［环筒叶］ 16 开 油印 有图表

收录后方民营工厂之产品目录，共分8类，包括冶炼工业、机械工业、电器制造工业、化学工业、纺织工业、饮食品工业、教育用具工业和其他工业。

**5026. 军需工业论** 廖文毅著 商务印书馆 1939年2月初版 长沙 5+275 32开

本书分17章：军需工业之观念、军需工业之发达史观、国防与军需工业、军需工业总动员法、军需工业在平时的设施、世界军需工业的概况、欧美军需工厂的系统、世界大战前后军需品制造财阀的比较、航空机汽车及造船工业、一般机械器具工业、钢铁工业、铜铅等金属工业、煤炭及石油工业、电器工业、化学工业、纺织原料工业。有著者的序。

**5027. 抗战六年来我国工业技术之进步** 经济部编 编者刊 1943年10月 4+238 [环筒叶] 32开 有图表

前4章分别为：前言、仿造及代用品、发明及创作、结论，5至11章为各种附录。书前有翁文灏序言。

**5028. 抗战六年来我国工业技术之进步** 中国工业经济研究所编 编者刊 1943年12月 11 16开 工业经济参考资料 第2号

该书分3章：仿造及代用品、发明及创作、结论。书前有范例。

**5029. 抗战以来中央工业试验所工作报告** 顾毓瑔著 [经济部中央工业试验所] 1939年5月 23 16开 有图表

本书共4部分：引言、一般工作概要、离京前之工作概况、西迁后之工作概况。

**5030. 抗战与工业复兴** 教育部民众读物编审委员会编著 正中书局 1938年8月初版 重庆 32 64开 非常时期民众丛书 第4集第3册 教育部民众读物编审委员会编

本书分4章：工业的界说、我国的工业、复兴的道路、我们所能做的。

**5031. 抗战与民族工业** 杨智著 商务印书馆 1938年2月3版，1938年3月4版 长沙 4+89 32开 有图表 抗战小丛书 中国文化建设协会主编

分5章，从中国民族工业与帝国主义、民族工业不发达的根本原因、民族工业现状概观、抗战展开后民族工业的出路等方面论述抗战与民族工业的问题。卷首有潘公展所序"本丛书发刊旨趣"。

**5032. 生产战线上的抗大** 抗大编审委员会编 抗大政治部 1939年6月 182 32开 有题词 抗大丛书之四

内容共4章：伟大的号召热烈的动员、搏斗在生产线上、宝贵的经验与收获、劳动的歌声。附录《抗大生产运动总计划》。

**5033. 战后国防示范工业建设计划纲要** 经济部中央工业实验所拟 编者刊 1943年4月 [63] [环筒叶] 16开 油印 有图表

封面有"机密文件 请勿宣泄"字样。

**5034. 战后中国工业建设之路** 蒋乃镛著 中华书局 1944年4月 6+102 32开 有图表

本书著于抗战末期，旨在为战后中国的工业建设提供参考。书中论述了10余种工业的发展方向与标准，包括铁路、公路、航空、电力、电讯、衣服、食品、居室建设、器皿、文具、制药业等。

**5035. 战时工业管制检讨** 中国工业经济研究所编 编者刊 1945年8月 18 16开 工业问题丛刊 第5号

概括战时工业管制之意义、内容、性质、实施方法、缺点及前途。书前有凡例。

**5036. 战时工业问题** 刘大钧、顾毓瑔、沈嗣芳、许涤新、马寅初、吴半农、穆藕初、黄豪、刘阶平执笔 独立出版社 1938 年 12 月初版 重庆 3 + 62 32 开 有图表 战时综合丛书 第 3 辑

该书概述了抗战时期工业问题的重要性，共分 8 章：从抗战建国说到工业化、抗战时期工业建设概述、农业矿林各业之连锁、警告企业家、长期抗战中的几个工业问题等。卷首有序言与该丛书例言，卷末有附录和讨论大纲并有编后记。

**5037. 战时工业政策** 刘燕谷编著 独立出版社 1940 年 9 月初版 重庆 89 32 开 有图表 抗战建国纲领丛书

本书对抗战时期我国的工业化问题及其实施的具体问题进行论述，分 9 章：抗战建国与工业化、战事工业政策的几个根本问题、如何建设新的工业根据地、抗战时期的企业形态与经营规模等。

**5038. 战时民族工业** 李熙谋编著 正中书局 1938 年 3 月初版 2 + 55 32 开 战时民众训练小丛书

本书分 4 章：战时工业、我国工业的现状、现在应有的努力、过去错误的补救。

**5039. 战时中国工业建设概论** 刘阶平著 独立出版社 1941 年 9 月初版 重庆 2 + 39 32 开 有图表

本书分建设篇和研析篇，其中建设篇分：战前工业建设检讨、工业重心的转移、现阶段工业建设 3 部分；研析篇分：概论建设途径、概论建设问题、结论 3 部分。书前有著者自序。

**5040. 中国工业调查报告**（中册） 刘大均著 经济统计研究所 1937 年 2 月 673 16 开 有图表 军事委员会资源委员会参考资料第 20 号

本书收录《厂地及建筑物》、《资本组织资本额及平均存在年月》、《动力机》、《职工薪资》、《主要作业机》等表格。

**5041. 中国工业合作协会各社出品目录** 中国工业合作协会供销组编 编者刊 1942 年 3 月 153 横 16 开 有图表

该书为产品目录，内有：服装类、皮件类、纺织类、化学品类、油脂类、食品类、五金类、雨具类。

**5042. 中国工业化的途径** 吴景超著 商务印书馆 1938 年 7 月初版 长沙 7 + 55 32 开 艺文丛书之五 艺文研究会编

本书分 6 章：工业化的必要、工业化两个目标的权衡、工业化的资本、工业化的人材、工业化与政府组织、工业化与同业组织。书前有著者自序和丛书序。

**5043. 中国工业建设论文选辑** 中国国民党中央执行委员会训练委员会编 编者刊 1944 年 1 月 4 + 330 + 4 32 开 训练丛书之二十五

本书收 24 篇文章：《中国工业建设之途径》（蒋介石）、《工业化的指导原则——实业计划》（叶秀峰）、《中国经济建设之轮廓》（翁文灏）、《经济建设应有的准备》（伍启元）、《中国工业化之型式》（顾玉瑔）、《中国应当建设的工业区与工业》（吴景超）、《工业化的精神》（谷春帆）等。书后有附录。

## 工业各部门经济

**5044. 第一区机器工业同业公会周年纪念刊**　第一区机器工业同业公会编　编者刊　1940 年 2 月初版　114　16 开　有题词、有图表

该刊为纪念同业公会成立而作。

**5045. 第一区机器工业同业公会会员工厂出品一览**　第一区机器工业同业公会编　编者刊　1944 年 12 月　151　16 开　有图表

本册包括目录、正文及出品分类检索表。正文以厂名首字笔画排序。

**5046. 工业标准与度量衡（第七、八两卷合刊）**　经济部全国度量衡局编辑　编者刊　1942 年 6 月重庆　2 + 48 ［环筒叶］　16 开　有图表　经济部工业标准委员会合作刊物

本书共 7 部分，分别为：《大小数命名定位问题商榷》（郑礼明）、《万国公制与英寸制》（工业标准委员会译）、法规、度政工作报告、工业标准工作报告、统计、附录《本局郑局长呈经济部报告视察川省度政情形原文》。

**5047. 后方机器工业及其调整问题**　周茂柏著　3　16 开　有图表

本册为《西南实业通讯》第 6 卷第 1 期第 9 至第 12 页的抽印本。书后附《后方民营机器工业过去及现在概况报告》。

**5048. 战时动员中之机械工业**　周茂柏著　29 ［环筒叶］　16 开　油印

本书分 3 部分：后方机械工业现在实际情形、后方机械工业苦难之所在、解决后方机械工业苦难方案。

**5049. 战时的燃料**　王恩浩编著　中华平民教育促进会　1938 年 6 月　长沙　31　12.5cm × 15cm农民抗战丛书

本书主要论述战时煤、木炭、石油、天然气等燃料的使用以及怎样节约等问题。

**5050. 战时宜昌油煤之调查**　国民经济研究所编　编者刊　1938 年 7 月　宜昌　10　16 开　有图表商业门油煤类第 1 号

对宜昌地区油、煤的种类、来源、销售数量、市场价格、运销方法及交易时付款收款方法进行了调查。书后所列调查时间为 1938 年 3 月，发布时间 1938 年 7 月。

**5051. 重庆市之油业**　赵永余调查　国民经济研究所　1938 年 10 月　1 + 11　16 开　有图表　商业门植物油类第 1 号（总第 74 号）

本书共 5 部分，分别为来源、本地销售数量、市价、运销方法与机构、采办与运销时之付款与借款方式。

**5052. 西京市工业调查**　陕西省银行经济研究室编辑　编者刊　1940 年 12 月　西安　5 + 200　32开　有图表　陕西省银行经济研究室丛刊之一

本书分 23 节：机器业、电气事业、纺织业、化学工业、洗染业、玻璃业、制革业、造纸业、印刷业、服装业等。书前有编者序。书后附录：工业管理改进刍议。

**5053. 西南工业建设方案**　施建生著　中山文化教育馆　1939 年 7 月渝版　重庆　1 + 28　32 开有图表　抗战丛刊第 86 种

本书分 6 部分，介绍西南经济概况、经济建设的中心和方针、国防工业的建立、发展手工业

等，旨在建立西南抗战反攻根据地。

**5054. 云南个旧消耗之煤炭** 赵德民调查 国民经济研究所 1940年3月 1+2［环筒叶］ 16开 油印 商品门燃料类总第158号

共5部分，分别为煤炭之种类及用途、本地消费之总数量、来源及其数量、运输方法及运费、本地市价。

**5055. 钢铁汇报第一号（四川专号）** 经济部矿业研究所编 编者刊 1941年12月 四川 150 16开 有图表

本书为该所各项有关钢铁调查的报告汇编，含小型炼铁炉特辑、涪陵彭水铁矿调查简报、古兰仁怀二县铁矿调查简报等。封底为英文题名及目录。

**5056. 云南之电力** 曹立瀛、范金台拟具 1940年3月 3+39［环筒叶］ 17.3cm×24cm 油印、线装 有图表 云南经济研究报告之二

本书分7章：引言、耀龙电力公司、昆湖电厂、开远水电厂、其他电厂、云南省水力发电计划、结论。书前有"云南经济研究报告总目录"。

## 地质、矿产

**5057. 经济部工矿调整处管制工业器材报告（三十二年一月起至七月止）** 经济部工矿调整处编 编者刊 ［1943年］ 14［环筒叶］ 16开 有图表

本书概述了经济部工矿调整处所颁布的有关工业器材管制的各项规章制度，以及所管制器材的种类、管制方法等。共3部分，分别为：管制实施之演进、管制实施之办法、各项工业器材管制之实效。出版时间根据题名及内容推断。

**5058. 经济部矿业研究所概况** 经济部矿业研究所编 编者刊 1939年4月 14 16开 有图表

经济部矿业研究所成立于1938年3月3日，正值抗战紧急关头。该报告介绍其成立至1939年3月工作状况以及此后工作计划。

**5059. 抗战六年来之工矿** 中国国民党中央执行委员会宣传部编 编者刊 1943年7月 重庆 6+42 32开 抗战建国六周年纪念丛刊

内分4章，分别为导言、发展国营事业、奖助民营事业和管制企业物资。

**5060. 资源委员会矿产测勘处三十一年度年报** 资源委员会矿产测勘处编 编者刊 ［1942年］ 36 16开 有图表

含事务、测勘、1943年度工作计划等3部分。附有勘误表。

**5061. 资源委员会矿产测勘处三十二年度年报** 资源委员会矿产测勘处编 编者刊 ［1943］ 16 16开 有图表

含事务、测勘、室内工作、1944年度工作计划等4部分。附有勘误表。

**5062. 资源委员会矿产测勘处三十三年度年报** 资源委员会矿产测勘处编 编者刊 ［1944年］ 20 16开 有图表

含事务、测勘、室内工作、1945年度工作计划等4部分。附有勘误表。

**5063. 资源委员会矿产测勘处三十四年度年报** 资源委员会矿产测勘处编 编者刊 ［1945年］ 20 16开 有图表

含事务、测勘、室内工作等 3 部分。附有勘误表。

**5064. 经济部矿冶研究所纪念册论文节略**　经济部矿冶研究所编　编者刊　1939 年 3 月　2＋8　16 开

本书为纪念经济部矿冶研究所成立一周年而刊行，分燃料、钢铁、非铁金属、其他共 4 章，收录相关论文提要 24 篇。封面题名为"纪念册论文节略"，取目录页题名。

**5065. 采金述要**　经济部采金局编　编者刊　1942 年 12 月　2＋93　16 开　有图表　金矿丛刊

本册内容将有关开采金之地质理论、采治方法以及各项法令，做了简要介绍。书前有"例言"。

**5066. 川康专号**　经济部采金局编　编者刊　1942 年　112　16 开　有图表　金矿丛刊

介绍四川省嘉陵江、碚江、岷江、金沙江、长江流域，以及西康省的金矿和金砂矿，包括位置、交通、水系、地层、地质构造、沙金矿产等。出版时间根据内容推断。

**5067. 滇黔专号**　经济部采金局编　编者刊　1943 年　［84］　16 开　有插图　金矿丛刊

介绍滇、黔（含陕、甘、青省）的金矿和金砂矿，包括位置、交通、水系、地层、地质构造、沙金矿产等。出版时间根据内容推断。

**5068. 各种矿业呈请书式样**　经济部编　1938 年 8 月　［27］环筒叶　16 开　有插图　经济部刊物第 2 种第 2 类

收录各种矿业呈请书式样 20 余种。

**5069. 工矿产品展览会提要**　经济部资源委员会编　编者刊　1944 年 2 月　重庆　2＋64　32 开有图表

本书共分 10 部分，分别介绍展览会各展馆情况，包括：资源馆、煤馆、石油馆、钢铁馆、非铁金属馆、特种矿产馆、化工馆、电器馆、电力馆、机械馆。书前有引言，书后附录收《资源委员会主办及参加事业一览表》、《资源委员会产品种类表》、《资源委员会主要产品产量指数表》。封面有"密件第 0001027 号"字样。

**5070. 全国专门人才调查报告（第一号：矿冶）**　军事委员会资源委员会调查处编　编者刊　1937 年 6 月　［845］　16 开　有图表

含例言、索引、履历、专长、出路、来源等 6 个部分，每部分附统计表。

**5071. 河北省井陉矿物局改办第十四届年报（民国二十四年十月一日至二十五年九月三十日）**　河北省井陉矿物局会计处编　河北省井陉矿物局　1937 年 2 月　3＋8　21 cm×38 cm　精装　有图表

井陉矿物局从每年 10 月起至次年 9 月末日止为一个会计年度，本书为改办后第 14 个年度报告。正文分本局历史概要、本届业务发展概况、会计报告、业务统计 4 部分。书前有谷钟秀所作绪言及会计处主任孟泰庄所注凡例。

**5072. 资源委员会西南矿产测勘处三十年度年报**　资源委员会矿产测勘处编　编者刊　［2091］　32　16 开　有图表

含事务、测勘、1941 年度工作计划等 3 部分。附有勘误表。

**5073. 后方工矿资金研究**　经济部统计处编　编者刊　1943 年 11 月　18　16 开　有图表　经济统计丛刊第 4 种

本书分 7 节：绪论、资金之来源、资金之运用、固定资产与净值及长期负债之比较、流动资产与短期负债之比较、产业之利润、结论。后有附表：《一百二十一家厂矿资产统计》、《一百二十一家厂矿负债统计》。卷首有吴半农作序。

**5074. 后方民营厂矿一览**　经济部工矿调整处编　编者刊　1944年10月　　［北京］　95［环筒叶］
16开　油印　有图表

收录已在经济部工矿调整处登记的后方民营厂矿各种统计数据。

**5075. 后方重要工矿产品第二次统计（民国二十九年至三十二年）**　经济部统计处编　编者刊
1944年1月　4＋74　横16开　有图表　经济统计丛刊第5种

内分后方各省重要工矿产品总表及分表两部分。分表包括各省电气产量、煤产量、焦产量、汽
油产量、柴油产量等34个统计表。书前有吴半农作序。

**5076. 后方重要工矿产品统计（民国三十年及三十一年）**　经济部统计处编　编者刊　1943年1月
2＋135　横16开　有图表　经济统计丛刊　第1种

内分后方各省重要工矿产品总表及分表两部分。分表包括各省煤产量、焦量、精练铅产量、机
械工业产品、电器工业产量、水泥产量等14项统计数据。书前有吴半农作序。

**5077. 后方重要工矿产品统计总表（民国三十年及三十一年）**　经济部统计处编　编者刊　1943年
9月　6　横8开　油印　有图表

内有统计表5张，包括《矿及冶炼工业产品统计》、《机械工业产品统计》、《电器工业产品统
计》、《化学工业产品统计》、《纺织工业及饮食品工业产品统计》。

**5078. 湖南专号**　经济部采金局编　编者刊　1943年　61　16开　有图表　金矿丛刊

介绍湖南的金矿和金砂矿，包括概论、分论（含沅水流域、资水流域、湘水流域）和附言。出
版时间根据内容推断。

**5079. 湖南省临武香花岭矿局概况**　湖南省临武香花岭矿局编　编者刊　1943年7月　　［湖南］
10　32开　有图表　湖南实业特种股份有限公司矿业机关之九

本书分：沿革及组织、矿区位置及交通、工程设备述要、生产、最近3年盈亏情形、发展计
划、重要资产简目等7部分内容。

**5080. 湘西黔东之金矿（下册）**　吴京著　经济部　1940年6月　　［103］［环筒叶］　18.5cm×
26.3cm　油印、线装　有图表

本册收第5章至第9章：会靖区之金矿、黔东区之金矿、各区金矿之土法采选工程及初步改良
意见、湘西产金统计与收兑生金状况等。

**5081. 嘉陵江下游煤矿视察报告**　党刚著　经济部工矿调整处　1938年12月　10＋90　大32开
有插图、有图表

作者于1938年10月13日出发，沿嘉陵江北上，先后调查白庙子北川铁路沿线天府、三才生、
新华、中兴、泰来等矿，后转至合川、裕蜀煤矿，至北碚察草街子等，转至龙土洞，至10月31日
调查完毕，报告即反映他的调查情况。附《嘉陵江流域各矿位置图》。

**5082. 昆明县之煤矿业**　陈建棠调查　国民经济研究所　1940年　1＋5　16开　油印　矿业门非金
属类总第154号

共9部分，分别为：引言、产区、开采地点与煤层、煤之种类与品质、开采方法、生产概况、
运销概况、工人、结论。出版时间根据同类种数推断。

**5083. 四川工厂调查录**　中国西南实业协会编辑　编者刊　1942年4月初版　重庆　20＋136＋10

16 开

调查录取自于四川全省各工厂企业所填调查表及实地调查的材料，分为工厂名称、各厂资本、设备、职工人数、产量概括等项目。书前有张肖梅弁言。

**5084. 四川工矿业调查**　中国工业经济研究所编　编者刊　1944 年 5 月　1＋13　16 开　有图表　工业经济参考资料　第 6 号

此书为贵州企业公司四川区工矿参观团总报告之一部分，介绍了各厂矿经营特点及存在的困难。卷首有凡例，封面有"密件"字样。出版时间取自封面。

**5085. 四川省煤矿概况**　李陶著　四川省政府建设厅　1941 年 12 月　成都　8＋56　16 开　有图表　建设丛书之四十七　建设丛书编辑委员会编辑

本书主要记述四川省煤田概况，各煤矿区的范围、储量、煤质、产量、运输等情况。书前有李春昱的弁言。书后附《储量、产量、主要销场表》及参考资料。

**5086. 云南楚雄志成矿业公司筹备处现况**　赵德民调查　国民经济研究所　1940 年 8 月　5［环筒叶］　16 开　油印　矿产门金属类总第 174 号

共 7 部分，分别为：缘起、筹备处之组织、开采方法及矿藏情形、矿的成分、生产情形、工人问题、结论。

**5087. 云南迤西十三县之煤矿业简报·云南迤南之煤矿业简报**　范金台、曹立瀛、王乃樑　1940 年 10 月　3＋14＋7［环筒叶］　18.4cm×25.2cm　油印、线装　有图表　资源委员会经济研究室云南工矿调查报告之九、十七

本书为第 9 号报告与第 17 号报告合订本。《云南迤西十三县之煤矿业简报》分 3 章：绪言、宾川祥云弥渡三县之煤矿业、保山县羊邑街之褐炭田。《云南迤南之煤矿业简报》包括安宁平顶山草煤矿、安宁温泉笔架山煤矿等 5 部分。出版时间据封面推论。

**5088. 云南个旧锡业调查**　苏汝江编著　国立清华大学国情普查研究所　1942 年 6 月初版　6＋90　16 开　有图表　国立清华大学国情普查研究所调查报告之一

本书主要包括对云南个旧锡业厂区、矿产、组织经营、生产、运销、成本与价格，以及矿工的性质、工作与待遇、安全卫生福利及生活状况的调查，并给出了有关结论和建议。书前有陈达作序。

**5089. 云南之煤**　曹立瀛、范金台拟具　1940 年 3 月　4＋82［环筒叶］　16 开　油印、线装　有图表　云南经济研究报告之三

本书分 3 章：总论、生产、消费。书前有"云南经济研究报告总目录"。出版时间据封面推论。

**5090. 云南之铁**　曹立瀛、王乃梁拟具　1940 年 10 月　3＋43［环筒叶］　16 开　油印、线装　有图表　云南经济研究报告之四

本书分两章：铁矿、云南之土铁业。书前有"云南经济研究报告总目录"。出版时间据封面推论。

**5091. 矿业与矿工（云南省个旧锡业的一个分析）**　史国衡　4＋184　22cm×26.2cm　油印、线装　有插图、有图表

本书分 12 章："导言"、"锡矿的采炼"、"锡业经营的机构"、"个旧锡业的内在机运"、"个旧锡业的外来机运"、"经营锡业的传统"、"企业的调度"、"生产与成本""工作的负担和报酬"、"矿工的生活与生存"、"劳工的维持"、"社会，产业与劳工"。有批校。

**5092. 煤焦标准草案**（中国工业标准） 经济部全国度量衡局编 编者刊 1943年8月 四川北碚 [24] 16开 有插图、有图表

包括《煤样采取法草案》、《焦样采取法草案》、《煤焦检定法标准草案》（一般规则、粉煤细度之普通及精密检定法、煤之实用检定法、煤之特种检定法、焦之实用检定法、焦之特种检验法）等。附有详图。

## 轻工业

**5093. 云南昆明市之榨油业** 曹立瀛、汤佩松、王乃梁拟具 1940年3月 2+34 [环筒叶] 16开 油印 云南经济研究报告之十七

本书分5章：总论、生产、消费及价格、昆明市油坊分述、结论。书前有"云南经济研究报告总目录"。

**5094. 标准机制味粉厂**（第一厂落成开幕纪念集） 标准机制味粉厂股份两合公司推广科编 编者刊 1939年4月 上海 16横32开 有照片、有插图、有题词、有图表

本书为纪念标准机制味粉厂股份两合公司上海第一厂落成而集。书中有大量的题词和照片。

**5095. 中国植物油料厂股份有限公司二十七年度年报** 1939年 54 [环筒叶] 16开 油印 有图表 业务工务报告 补编2

内分两篇，包括中国植物油料厂股份有限公司1938年工务报告和业务报告两部分。

**5096. 糖业在后方之贡献** 中国联合炼糖公司 1+3 [环筒叶] 32开

本书分8个部分：糖与国民健康、糖与人生乐趣、糖与挽回利权、糖与维护粮政、糖与国库税收、土法制糖之缺点、新法制糖之优点。

**5097. 沱江流域蔗糖业调查报告** 四川省甘蔗试验场编 编者刊 1938年8月 四川 [231] 大32开 有图表

本书共8章，分别为：四川蔗糖业概述、甘蔗栽培、蔗糖产制成本、蔗农经济、红糖制造、白糖制造、糖业贸易、四川蔗糖业改进意见。书前有"调查统计工作概述"及陈让卿写的弁言，书后附录收《四川省甘蔗试验场职员表》、《四川糖业论文章索引》。

**5098. 四川省资阳县糖业调查报告** 苗厚基著 1941年 48 [环筒叶] 16开 油印 有图表

内分6章，包括引言、生产部分、制造部分、运销部分、蔗糖业金融和资阳蔗糖业之特点及糖专卖问题之解决。出版时间根据调查报表时间推断。

**5099. 战时重庆市之糖业** 国民经济研究所著 编者刊 1939年4月 31 16开 工业门糖类第2号

本书分12个部分：重庆市糖业之沿革及最近状况、糖之种类及其制造方法、重庆市糖商家数、资金融通问题、糖之市价等。书后所列调查时间为1938年5月，发出时间为1939年4月。

**5100. 云南之糖业** 曹立瀛、刘辰拟具 1940年3月 4+78 [环筒叶] 16开 油印 有图表 云南经济研究报告之十五

本书分6章：引言、甘蔗之生产、蔗糖之生产、销售、消费、结论。书前有"云南经济研究报告总目录"。

**5101. 中国战时盐务问题** 杨兴勤著 国民出版社 1943年6月初版 6+294 32开

论证抗战时期中国盐务的种种问题。分绪论、盐务机关人事管理章程摘要、盐专卖重要法规、

培养盐务干部、结论5章。书前有李济深序及作者自序，书后有附录《盐务总局暂行组织规程》、《盐训干部人员名录》。封面有作者题赠。

**5102. 川湘盐务联运处工作报告**　1943年　50［环筒叶］　19.5cm×29cm　油印、线装

分5部分：总务部分简述、运销部分简述、车务部分简述、会计部分简述、人事部分简述及统计部分简述。

**5103. 滇东盐务纪实**　董仙洲编著　云南川康盐务管理局［经售］　1945年7月初版　四川　52大32开　有插图、有图表

本书分9部分：引言、沿革、产制、盐运、配销、缉私、征榷、盐务机关组织、硝矿。书前有邓鹏霄序文。

**5104. 富荣盐场增产与抗建**　富荣盐场场商联合办事处编　编者刊　1941年7月　2+80　32开有图表

本书共6部分：概言、富荣盐场站前概况、抗战期中富荣增产之经过、宜沙陷后富荣之现状、富荣增产与抗建之关系、结论——国家应以充分力量设法运输与存储。附言——厂岸盐价加大之总因、附表23件。

**5105. 海州区盐务年报（民国三十年份）**　海州区盐务管理局编　编者刊　1943年1月　南京　6+302　16开　有照片、有插图、有图表

含法令、场产、运销、税收、经费、组织、税警等10个部分。

**5106. 盐业类**　福建省政府统计处编　编者刊　1942年　2+11　16开　有图表　福建省统计年鉴分类之四

本书收录福建省盐业统计表14种。

**5107. 战时宜昌食盐调查**　陈建棠调查　国民经济研究所　1938年7月　1+10　16开　有图表商业门食盐类第1号（总第39号）

本书共6部分，分别为：种类、来源、销售数量、市价、运销方法、采办运销时付款方法。

**5108. 四川盐业考察报告**　魏少申著　中央政治学校研究部　1939年7月初版　4+88　32开　有图表　中央政治学校研究部丛书　刘振东主编

本书7部分：序言、战时川盐增产加运之概略、川北之盐业等。刘振东作序言。

**5109. 云南剑川县乔后之盐矿业**　曹立瀛、范金台拟具　2+33［环筒叶］　16开　油印、线装有图表　资源委员会经济研究室　云南经济研究报告之十三

本书分7个部分：位置地形及交通、经营、开采、煎制、捐税、运销、结语。书后附录《乔后场食米合作委员会概况》、《乔后镇一般经济资料拾零》。书前有"云南经济研究报告总目录"。

**5110. 经济部中央工业试验所木材试验馆五年来工作概况及成效（二十九年至三十三年）**　经济部中央工业试验所编　编者看　1945年1月　4+64　16开　有插图、有图表　经济部中央工业试验所木材试验馆工作报告2

本书分上、下两篇：工作概况、论文择要。其中上篇包括成立经过、工作方案、工作实施、工作进度、工作检讨5部分内容；下篇包括论著、介绍、调查报告、研究报告4部分内容。附录收大事纪要、经费及人员、工作计划纲目及进度表、推广工作择要、标本统计。书前有弁言，封底有英文题名。

**5111. 皮革制造厂计划** 经济部中央工业试验所编 编者刊 1938 年 10 月 重庆 2 + 16 32 开 有图表 小规模工业计划丛刊

本书 5 部分：引言、原料及材料、轻革及重革之种类及其用途、制革制造厂之设计、重革制造厂之设计。

**5112. 橡胶工业报告书** 全国经济委员会编 编者刊 1935 年 8 月 4 + 95 16 开 有图表 全国经济委员会经济专刊第 1 种

概要介绍当时中国橡胶制造工业状况以及所遭遇的困难，并提出相应对策。

**5113. 长沙市印刷业战时状况** 赵德民调查 国民经济研究所 1938 年 7 月 2 + 16 16 开 油印 工业门印刷类第 1 号 （总第 68 号）

本书分 7 部分：印刷业概况、原料供给问题、产品销售问题、运输方法、采办及运销之商行、资金融通问题、原料及产品之市价。

**5114. 造纸工厂计划** 经济部中央工业实验所编 编者刊 1938 年 10 月 重庆 16 32 开 有图表 小规模工业计划丛书

书前有"小规模工业计划丛刊编辑旨趣"。

**5115. 战时我国火柴工业及火柴专卖概况·中国制磷工业史概要** 中国工业经济研究所编 编者刊 1945 年 2 月 10 [环筒叶] 16 开 有图表 工业经济参考资料 第 8 号

内分 5 部分，包括战前火柴工业鸟瞰、战时后方火柴工业之概况、沦陷区域敌伪统治下之火柴工业、火柴专卖之实施及其成就和附言。前有凡例和编者做卷首语，后有中国制磷工业史概要。

**5116. 诏场工作一得** 鲍志明著 诏浦场刊社 1942 年 5 月 诏浦 138 32 开 有插图

收录作者在诏浦盐场从事政治宣传工作期间所作的演讲和刊载于《诏浦盐场场刊》的文章 24 篇。书前有《诏浦场职员守则》和作者序言。

**5117. 长沙毛巾业概况** 赵德民调查 国民经济研究所 1938 年 5 月 1 + 5 16 开 工业门毛巾类第 1 号 （总第 23 号）

本书共 7 部分，分别为：毛巾业家数及其盛衰概况、运输方法、原料供给问题、产品销售问题、采办及运输之商行、资金融通问题、棉纱及毛巾市价。

**5118. 成都工业考察团报告** 成都工业考察团编 编者刊 1943 年 6 + 106 32 开 有照片、有图表

本书分 6 部分，主要内容有该考察团的筹备经过、考察经过、各业概况（电气业、机器业、电工器材业、化学工业、教育用品业、饮食品业等）、考察观感、考察意见。附录收《成都工业品展览会概况》。封面有"密件第 359 号"字样，封底有题赠。出版时间以书中内容推断。

**5119. 成都市小手工业调查概况** 冯若斯著 成都新新新闻报馆 1943 年 10 月初版 成都 6 + 32 32 开 有图表

本书共 5 章：成都市小手工业的调查计划述要、成都市手工业的种类与现状、已调查各种手工业的概况、成都市同业工会及公会、结论。附录收统计表 1 张。杨佑之作序，作者自序。

**5120. 湖南白蜡调查** 湖南省银行经济研究室编 编者刊 1942 年 3 月 耒阳 6 + 42 32 开 有插图、有图表 湖南省经济银行丛刊之三

本书介绍了湘西白蜡、新宁白蜡、临武白蜡之产地、产量、制作、成本、运销等情况。书内收

《产区及此次调查路线图》、《各产区产量比较图》。

**5121. 湖南之纸**　湖南银行经济研究室编　编者刊　1942 年　耒阳　4＋218　32 开　有插图、有图表　湖南省经济银行丛刊

本书分为上、下两篇，上篇为湖南纸产概况，下篇为湖南纸产之主要产区。书后附《调查经过》、《湖南改进纸业技术指导团章程》、《造纸工厂计划》。另有图表 7 项。

**5122. 昆明市火柴业**　张圣轩调查　国民经济研究所　1940 年 9 月　1＋7 ［环筒叶］　16 开　油印　工业门化学品类总第 177 号

共 10 部分，分别为沿革与发展经过、现状、原料之来源价值与购买方法、制造程序、厂内设备、燃料与动力、产品与市场、销售与运输、劳工状况、结论。

**5123. 昆明市之火柴业**　陈建棠调查　国民经济研究所　1939 年 12 月　1＋5　16 开　油印　工业门化学制品类（总第 156 号）

共 10 部分：序言、工厂概况、机械设备、原料、制造、产品与市价、销场与交易、运输与费用、职工状况、结论。

**5124. 棉纱业厂况**　刘阶平搜集、调查、复核、整理　1944 年 9 月　重庆　102　横 8 开　油印　有图表

本书为调查川、陕、滇、湘、桂、粤省区棉纱业厂矿情况的图表资料汇总。

**5125. 上海丝织厂业近况**　国民经济研究所辑　国民经济研究所　1940 年 3 月　12 ［环筒叶］　16 开　油印　工业门纺织类（总第 157 号）

共 5 部分，分别为引言、厂数及机数、工人及工资、原料、出品种类及销路。

**5126. 中国火柴工业两年来之战时专卖**　刘阶平编著　1944 年 5 月　2＋84 ［环筒叶］　16 开　油印　有图表

本书分 6 部分：导言、系统图表、会计报告、实务统计、调查统计、附录资料。

**5127. 浙江兰溪战时布业调查**　赵德民调查　1939 年 1 月　8　16 开　有图表　商业门疋头类第 2 号（总第 109 号）

从布的种类、来源、数量、销路、运输、市价及布业资金融通等方面，对浙江兰溪布业情况进行调查，每一章节按战前和战时对照写成。附录收集金华惠民布厂近况。

**5128. 湘东各县手工艺品调查**　湖南省银行经济研究室编　编者刊　1942 年 2 月　［湖南］　14＋298　32 开　有图表　湖南省银行经济丛刊之二

本书分 5 编，介绍湖南手工艺品的生产制作、销售情形：浏阳之鞭炮、浏澧之夏布、长沙之刺绣、长沙铜官之陶器、醴陵之瓷器。每编都附有统计表。书前有丘国维序及张人价、邱人镐弁言。

**5129. 战时宜昌林产品调查**　陈建裳调查　国民经济研究所　1938 年 6 月　2＋7　16 开　商业门林产品类第 1 号（总第 34 号）

本书共两部分，分别为：水果、木炭。其中每个部分都包括来源、销路、运输方法、采办销售状况、交易时付款收款方法、近年市价、收获状况等内容。

**5130. 四川白蜡之生产与运销**　杨显东主持　四川省农业改进所　1941 年 6 月　7＋28　16 开　有插图、有图表　农业经济丛刊第 4 号

记录白蜡之生产状况、制造方法、运销情况、等级划分、搀杂、价格等内容。书前有杨显东作

序。

**5131. 四川省之火柴业**　陈建棠调查　国民经济研究所　1939 年 11 月　1 + 18 ［环筒叶］　16 开　油印　有图表　工业门化学制品类（总第 146 号）

共 9 部分，分别为：引言、历史现况、资本组织、设备、原料、制造、成本、产品、劳工、结论。

**5132. 云南建水县织布业调查**　赵德民调查　国民经济研究所　1940 年 2 月　4 ［环筒叶］　16 开　油印　工业门纺织类总第 163 号

共 7 部分，分别为本业沿革及现状、织布机总数及制造能力、原料来源市价及消费量、本业产品产量市价及销售地点、本业工人总数及工资给法、本业工作时间及全年开工日数、本业应改进之点。

**5133. 重庆市川产丝织品业**　刘绍武调查　国民经济研究所　1938 年 11 月　1 + 12　16 开　有图表　工业门丝织品类第 1 号（总第 79 号）

本书共 8 部分，分别为：本省丝织品业之沿革概况、运输方法、原料供给问题、产品销售问题、采办运销之商行与手续、资金融通问题、工业原料及产品之市价、本地畅销之外来工业产品。

**5134. 重庆市袜业调查**　刘绍武调查　国民经济研究所　1938 年 12 月　1 + 18　16 开　有图表　工业门针织类第 2 号（总第 84 号）

本书共 8 部分，分别为：概况、运输方法、原料供给问题、产品销售问题、采办运销之商行与手续、资金融通问题、工业原料及产品之市价、本地畅销之外来工业产品。

**5135. 重庆市之药材业**　赵永余调查　国民经济研究所　1938 年 12 月　1 + 31　16 开　有图表　商业门药材类第 1 号（总第 83 号）

本书共 6 部分，分别为：药材在四川出口贸易中之地位、主要药材之来源及其销场、市场之交易、运输概况及战时所受之影响、政府之稳定外汇及鼓励出口、前途之展望。

**5136. 自贡市猪鬃概况调查**　技术处调查科编　1941 年 11 月　4 ［环筒叶］　16 开　油印

本书分 4 个部分：生产区域概况、生产概况、交易概况、包装及运输。

**5137. 荣昌县猪鬃概况调查**　技术处调查科编　1941 年 11 月　4 ［环筒叶］　16 开　油印　有图表

本书分 4 个部分：生产区域概况、生产概况、交易概况、包装及运输。

**5138. 南阳之丝绸**　貊菱、孝召南撰　河南农工银行经济调查室　1939 年 12 月初版　12 + 58 + 11　16 开　有插图、有图表

本书分 5 个部分：绪言、丝绸之生产、丝绸运销、丝绸之交易、丝绸之改进。书前有两篇序言。书后附录收《镇平县改良丝绸委员会改良丝绸章程》、《镇平县改良丝绸委员会检查股办事细则》、《机户领取执照及凭摺办法》、《镇平县商会修正改良丝绸条规附检查简则》、《镇平县商会修正改良丝绸条规附检查简则补充办法》。

**5139. 云南下关之织布业**　赵德民调查　国民经济研究所　1940 年　3 ［环筒叶］　16 开　油印　工业门纺织类总第 175 号

主要概述云南下关织布业的沿革、各厂组织、资本及铁木机数、原料、产品、工人等情况。

**5140. 云南鹤庆之造纸工业**　范金台　2 + 26 ［环筒叶］　18.1cm × 25.5cm　油印、线装　有插图、有图表　资源委员会经济研究室云南工矿调查报告之十八

本书分 4 章：引言、竹纸、白绵纸、结论。

**5141. 云南昆明市之皮革业**　曹立瀛、温文华拟具　1940 年 9 月　2 + 21 ［环筒叶］　16 开　油印　云南经济研究报告之十六

　　本书分 8 个部分：绪言、云南制革厂、小制革业、鞋业、皮鞍业、皮箱业、皮业、昆明市皮革业之产运销状况。书前有"云南经济研究报告总目录"。

**5142. 云南永胜之瓷业**　曹立瀛、范金台拟具　1 + 9 ［环筒叶］　16 开　油印、线装　有图表　资源委员会经济研究室　云南经济研究报告之十四

　　本书分 3 个部分：位置交通与矿区、土法生产之概况、新企业之萌芽。书前有"云南经济研究报告总目录"。

## 地方工业经济

**5143. 战时的地方工业**　魏济余编著　中华平民教育促进会　1938 年 6 月初版　长沙　24　12.5cm × 15cm　农民抗战丛书

**5144. 中国工业合作协会湘桂区二十九年度工作报告**　中国工业合作协会编　编者刊　1941 年 1 月　34 ［环筒叶］　16 开　油印　有图表

　　本书记录了该会 1940 年工作任务、目标、方式、计划、调查、人事、款项、机构以及推进等方面内容。内分前言、工作准备、事业实施、工作评述和结语 5 章。出版时间根据题名及内容推断。

**5145. 甘肃工业资源兰州市工厂调查**　经济部中央工业试验所兰州工作站、甘肃省银行经济研究室、兰州交通银行、甘肃省政府建设厅编　编者刊　1942 年 10 月　兰州　8 + 176　32 开　有图表

　　分上、下篇：甘肃省工业资源调查、甘肃兰州市工厂调查。调查甘肃省矿产、畜产、农产、林产与药材资源及兰州市工厂状况和现状分述。篇首有张心一、郑大勇序。

**5146. 福建省的工业建设（中心学校小学部高年级适用）**　林芝崖编　福建省政府教育厅　1943 年 11 月初版　福建　24　大 64 开　福建省地方教材　乙种之七　徐君梅、张阴春、林芝崖编辑

　　本书共分 5 部分，分别为：福建省工业建设的过去情形、福建省工业建设的现在状况、福建省工业建设的前途、福建省工业建设的动力、福建省具备的工业条件及与国防的关系。

**5147. 四川省度政季刊（民国二十七年九月）**　四川省度量衡检定所　1938 年 10 月　四川　4 + 88　16 开　有插图、有图表

　　本书共 14 部分：包括题词、弁言、论著、法令、本所及各区市县办理度政概况、本所及各市县制造新器概况、已划一各市县焚毁旧器改换用新器统计表等。

**5148. 参观重庆附近各工厂报告**　中央银行经济研究处编　编者刊　1943 年 5 月　2 + 22　16 开　经济情报丛刊　第 14 辑

　　内分 4 部分，包括：第一次参观各厂矿报告、第二次参观各厂矿报告、第三次参观各厂矿报告、第四次参观各厂矿报告。

**5149. 云南工业化刍议**　云南工业复兴计划委员会编辑　中国全国工业协会云南省分会　1946 年 4 月　14　16 开

　　本书分 4 章：经济环境、资源、云南工业化之步骤、云南工业化之重要性及其如何实现。

# 交通运输经济

**5150. 川桂水道查勘报告** 728 16 开 有图表 水道查勘报告汇编之六

收录《岷江航道查勘报告》（1941 年）、《大渡河青衣江查勘报告》（1939 年）、《查勘马边河水道报告》（1941 年）、《金沙江查勘试航报告》（1941 年）、《安宁河水道查勘报告》（1941 年）、《横江水道查勘报告》（1939 年）、《沱江水道查勘报告》（1941 年）、《赤水河水道查勘报告》（1939 年）、《桐梓河羊爪河水道查勘报告》、《清江水道查勘报告》（1939 年）、《酉水道查勘报告》（1941 年）、《都柳江水道查勘报告》（1939 年）、《柳州怀远间航道查勘报告》（1939 年）、《红水河水道查勘报告》（1939 年）、《大溶江水道查勘报告》（1939 年）、《桂柳联运水道查勘报告》（1939 年）、《桂江支流荔江及杨朔河水道查勘报告》（1939 年）、《桂江支流乐江水道查勘报告》（1939 年）、《红河水道查勘报告》（1939 年）。

**5151. 非常时期之交通** 胡祥麟、陈世材编 中华书局 1937 年 7 月再版 上海 4＋82 32 开 有图表 中国新论社非常时期丛书 雷震、马宗荣、徐逸樵、罗鸿诏主编

本书分 5 个部分：绪论、路政论、邮政论、电政论、航政论。书前有总序。

**5152. 国防与交通事业** 吴一鸣著 汗血书店 1937 年 1 月 上海 4＋130 32 开 国防实用丛书之十一刘百川主编

本书分 5 部分：交通与国防之关系、战时各国交通设施、国防交通建设方案、战时交通组织及其管理、结论。

**5153. 汉口转运报关业调查报告** 于锡猷调查 国民经济研究所 1938 5 月 1＋11 16 开 交通门转运类第 1 号（总第 22 号）

本书分别概述了转运公司的公司家数、营业范围、营业状况、付费方式、运费、手续费的情况及报关行的报关行家数、营业范围、营业状况、付费方式、运费手续费及回扣等情况。

**5154. 交通部三十年度工作成绩考察报告** 1941 年 ［153］［环筒叶］ 16 开 油印 有图表

本书分路政、电政、航政、驿运、邮政、人事、财务、材料、会计、统计、总评十一个部分。

**5155. 交通建设** 曾养甫讲 中央训练团党政高级训练班 1943 年 6 月 2＋28 32 开 有图表

本书介绍了交通建设的基本情况，分 3 章：交通种类及其配合、中国交通发展之过程及其现状、中国交通建设计划。

**5156. 抗战三年之江西公路** 江西公路处编 编者刊 1941 年 2 月 ［416］ 32 开 有图表

本书为合订本。收录工务、机务、车务、交通管理、会计、总务六类资料，书前有序及编例。

**5157. 抗战与交通** 张公权、沈百先、韦以黻、金家凤执笔 独立出版社 1940 年 5 月初版 重庆 4＋60 32 开 有图表 战时综合丛书第 5 辑

本书分 6 章：抗战期中交通建设之基本原则、抗战期中交通建设之实施计划、抗战二年来之交通设施、我国国际交通路线建设刍议、西北交通建设刍议、西南交通建设刍议。书前有编者序，书后附讨论大纲。

**5158. 抗战与运输** 万迪鹤著 中山文化教育馆 1938 年 12 月渝版 重庆 2＋32 32 开 有图表 抗战丛刊第 72 种

本书介绍了抗战期间的运输情况，分两部分：货物器材的运输情况和客运的情况。书前有前

言。

**5159. 论战争与交通**　林问樵著　青年书店［总经销］　1944 年 6 月再版　2 + 88　32 开　有题词、有图表

本书分 7 章：绪论、战争意义与交通意义的近似、战争与交通的关系、交通与战争的配合、交通战的研究、计算战斗力的研究、结论。书前有两篇序言。

**5160. 铁路业务解说（货物篇）**　许传荣、朱鸿旭编　华北交通株式会社总裁室人事局人事课　1940 年 5 月　北京　9 + 205　32 开　有图表

本书分 3 章：总论、货物之办理、运费杂费。

**5161. 战时的交通和运输**　王维祺编著　中华平民教育促进会　［1938 年 6 月初版］　长沙　24　13cm × 15cm　农民抗战丛书

介绍战时农民对于交通运输的重要性及义务等。

**5162. 战时的铁路**　孟广厚著　中华书局　1936 年 2 月　上海　4 + 222　32 开　国防丛书第 9 种

本书分 12 章：绪论、铁路之军事上的应用略史、美国南北战争中铁路之功用、战时铁路之破坏保护与修复、战时铁路管理之一般的困难、战时铁路惯例之平时准备的重要、战时铁路军事运输之调节与统制、结论等。书前有编者的话。

**5163. 战时公路交通**　李灵芝编著　国防书店　1938 年 6 月　桂林　23 + 194　32 开　有插图、有图表

本书分 11 章：战时公路、战时汽车、战时汽车统制、战时员工之登记训练、战时汽车队、战时汽车及员司之征调、战时公路之运输、战时汽车驾驶、战时交通设施、战时"简慢"交通工具、战时行路。书前有曾养甫序、曹寿昌序、欧阳新序、陈国机序和著者序。

**5164. 战时汉口运输状况**　于锡猷调查　国民经济研究所　1938 年　3 + 31　16 开　有图表　交通门转运类第 3 号（总第 33 号）

本书共 10 部分，分别为：轮船公司家数、各公司航线、各航线之船舶、各航线主要货运及价格、营业、运费交付方式、运费今昔之变动、输运货物与车运比较、借款方式、输运以外之运输状况。

**5165. 战时交通**　张嘉璈讲　1941 年 1 月　6 + 56　32 开

本书为中央训练团党政训练班讲演录。本书分 5 个部分：序论、战前交通之准备、战时交通第一期——原有交通线上作战时期、战时交通第二期——后方建设及打破封锁时期、结论。封面印有"密"字。

**5166. 战时交通问题（中央训练团党政训练班演讲录）**　张嘉璈讲　1939 年 10 月　4 + 74　32 开

本书分 6 部分：绪论、我国战前之交通准备、我国战时交通之措施与建设、目前交通工作之三种希望、战时交通措施与建设的困难之解除、希望地方政府社会团体对交通之协助。

**5167. 中国国民党交通政策**　朱子爽著　国民图书出版社　1943 年 11 月初版　重庆　8 + 136　32 开　有图表　中国国民党政策丛书

本书分 6 章：绪言、国民政府成立前我国新式交通事业发展概述、中国国民党交通政策的指导原则、中国国民党交通建设的方针和纲领、中国国民党交通政策的实施、结论。

**5168. 中国航空建设协会总会经收飞机捐款征信录**　1938 年 5 月　［378］　16 开　有图表

本书分 4 部分：公务员飞机捐本会经收部、公务员飞机捐中央银行代收部、航空建设协会总会经收各省市分会解缴会员费、蒋公寿辰各界献机捐款。书前有说明。

**5169. 中华民国三十年交通部统计年报** 交通部统计处编 编者刊 1943 年 3 月 重庆 348 16 开 有图表

本书收录了总务、铁路、航务、航空、驿运、电信、邮政及附录（战时各主要交通基本运价变动表、运价指数、驿运运价指数）等 8 方面的统计资料。

**5170. 最近之交通** 曾养甫讲 ［中央训练团党政训练班］ 1944 年 1 月 2 + 42 32 开 中央训练团党政训练班讲演录

全书分 14 章：交通与国防民生、中国交通发展过程、交通在抗战期间的任务和敌我交通战略抗衡、最近之国内运输、最近之联运等。

**5171. 最近之交通（中央训练团党政训练班讲演录）** 张嘉璈讲 ［中央训练团党政训练班］ 1942 年 10 月 2 + 76 32 开

本书介绍了抗战前以及抗战以来铁路、公路、航空等交通运输方面的情况。共分 9 章，包括：绪论、铁路、公路、航空、水运、驿运、电政、邮政、结语。

# 贸易经济

**5172. 财政部贸易委员会工作概况** 财政部贸易委员会编 编者刊 1938 年 9 月 ［重庆］ 10 16 开 有图表

报告该委员会 1937 年 10 月至 1938 年 9 月工作概况。

**5173. 财政部贸易委员会决算报告书（二六年十月至二九年十一月）** 财政部贸易委员会编 编者刊 1940 年 11 月 78［环筒叶］ 18.5cm×28cm 油印、线装 有图表

封面印有"极密"字样。

**5174. 财政部贸易委员会民国二十七年度工作报告** 财政部贸易委员会编 编者刊 1939 年 2 月 9 + 207 16 开 有图表

本书共分 9 章：绪论、茶叶、桐油、纤维、畜产品、国货运销、运输、仓储、出口外汇管理。书前有陈辉德序言。封面有"密件"字样。有题赠。

**5175. 财政部贸易委员会三十二年度工作报告** 财政部贸易委员会编 编者刊 1943 年 72［环筒叶］ 17.7cm×24.7cm 油印、线装 有图表

封面印有"极密务请密存万勿向外发表"字样。

**5176. 财政部贸易委员会调查处初步调查报告（出产品贸易概况）** 财政部贸易委员会编 编者刊 1939 年 447 横 16 开 油印 有图表

收录《四川省重庆出口产品贸易概况》（1939 年 7 月）、《四川省三台县出口产品贸易概况》（1939 年 7 月）、《云南省保山县牛羊皮之生产及贸易概况》（1939 年 7 月）、《四川省射洪县太和镇出口产品贸易概况》（1939 年 7 月）、《四川省乐山县外销产品贸易概况》（1939 年 8 月）、《宜宾外销产品贸易概况》、《昆明外销产品贸易概况》（1939 年 8 月）、《四川省泸县出口产品贸易概况》（1939 年 9 月）、《四川省南充县外销产物集中贸易概况》（1939 年 9 月）、《个旧锡矿生产及贸易概况》（1939 年 10 月）、《四川省万县外销产品贸易概况》（1939 年 11 月）、《四川省涪陵外销产品贸

易概况》（1939 年 12 月）、《广西龙州出口产品贸易概况》。

**5177. 财政部贸易委员会驻赣专员办事处吉安县外销物资商情静态调查报告**　财政部贸易委员会驻赣专员办事处编　编者刊　1942 年 11 月　23［环筒叶］　16 开　油印　有图表

本书收录《吉安县外销物资商情静态调查报告》、《吉安县各商业同业公会一览表》、《吉安县茶叶各商业同业公会概况表》、《吉安县各银行银号 30－31 年度分类放款及汇兑表》、《江西省各县评价委员会组织章程》、《财政部贸易委员会驻赣专员办事处外销物资商业静态分类调查表（茶叶）》等统计材料。

**5178. 抗战期中各地工商营业统计报告（一）**　财政部所得税事务处编　编者刊　18　32 开　有图表　财政评论社丛书

本书收录《四川成都区工商营利事业统计报告》。

**5179. 抗战期中各地工商营业统计报告（二）**　财政部所得税事务处编　编者刊　15　32 开　有图表　财政评论社丛书

本书收录《广西贺县区二十七年度工商营利事业统计报告》。

## 物　价

**5180. 战时物价讲话**　杜俊东著　改进出版社　1940 年 1 月初版　福建永安　4＋73　32 开　有插图、有图表　改进文库 2

本书分 6 节："物价腾涨的一般"、"物价坐电梯，工资爬楼梯"、"物价腾贵的缘因"、"物品评价的评价"、"消费者何以自保？"、"合理的物价政策"。主要叙述当时物价腾涨的原因、状况及制定合理的物价政策之必要性，评估了当地物价评定措施的效果。书前有著者前记。附录为自力更生的外汇政策。

**5181. 战时物价特辑**　物价组编　中央银行经济研究处　1942 年 2 月　重庆　6＋285　16 开　有图表　中央银行经济研究处丛书　杨蔚主编

本书分 4 章：本处编制之各重要城市基要商品趸售物价指数、我国战时物价问题之面面观、我国战时中央及陪都物价统制之概况、我国之物价统计。附录收《各地物价指数汇编》、《抗战四年来有关物价大事记》、《战时各重要中文杂志有关物价论文索引》。

**5182. 战时物价统制**　刘大钧、陶继侃、沈中临、余捷掠执笔　独立出版社　1939 年 4 月　重庆　3＋42　32 开　有图表　战时综合丛书　第 4 辑

该书概述了抗战时期物价统制问题，共分 7 章：总论、南京物价的今昔观、上海及其它各省的物价、当前物价的究竟、统制范围与评价标准等。卷首有弁言与该丛书例言。卷末有讨论大纲。

**5183. 战时物价统制问题**　国民出版社编辑　编者刊　1940 年 1 月初版　金华　3＋68　32 开　有图表　国民知识丛书　第 2 辑　国民出版社编

本书分 9 章：战时物价统制之理由、战时物价高涨的原因、统制的范围机构与方法、评价标准及稳定价格的办法、物价统制渝专卖、上海及其他各省市的物价、我国实施物价统制的建议、我国目前之物价问题、关于战时物价理论的研讨。书前有编者弁言。

**5184. 战时中国物价问题**　寿进文著　生生出版社　1944 年 12 月（渝）初版　重庆　2＋106　32 开

本书共 6 部分，分别为：商品价格运动的几个基本概念、战时物价变动的实况、物价上涨和失

调的原因、物价管制工作的检讨、物价变动对于社会财富再生产和重分配的影响、解决物价问题的途径。

**5185. 中国战时物价问题之探讨**　吴文建著　1945年3月　[79]　13.4cm×19.5cm　线装

本书4章：我国战时物价变动之综观、物价上涨与失调之症结、物价管制工作的检讨、解决物价问题的途径。稿本。

**5186. 物价论**　杨蔚著　文史丛书编辑部　1940年12月初版　重庆　6+156　32开　有图表　文史丛书之二十六

含研究物价之工具——指数、物品购买力与其变动、供给与物价、生产成本与物价、物价统制等部分。

**5187. 物价统制论**　刘长宁著　财政评论社　1943年7月初版　重庆　6+136　32开　有图表　财政评论社丛书之一

本书分4部分：绪论、论物价统制的方法、各国战时物价统制、各国平时物价统制。

**5188. 物价问题**　彭学沛讲　中央训练团党政训练班　1941年3月　[101]　32开　有图表　中央训练团党政训练班讲演录

作者从当时物价状况论及物价涨落的缘由并由此提出相关建议。附录收《取缔日用品囤积居奇办法》等。另有附刊：《我们各地物价指数及生活费指数汇编》。封面印有"密"字样。

**5189. 物价问题丛刊**　中央银行经济研究处编　编者刊　1941年7月　重庆　2+199+43　16开　有图表

本书收录物价问题相关论文35篇，书后有非常时期有关平价法规共7项作为附录。

**5190. 囤积居奇之末日**　军事委员会政治部编　编者刊　1941年2月　2+32　32开　宣传资料第2辑

本书分6部分：蒋委员长对来渝县长训话、川各县长粮政成绩首次揭晓、囤积之狱、行政院增裕米源平抑物价、粮物限期登记、渝市物价跌落。

**5191. 加强吾国战时物价统制刍议·物价暴涨与公务员薪给问题**　褚一飞著　18　16开　有图表

本书收作者文章两篇：《加强吾国战时物价统制刍议》、《物价暴涨与公务员薪给问题》。

**5192. 安定物价稳定经济案意见**　29　[环筒叶]　16开　油印

本书收《卫生署对于安定药价之意见》、《山西省政府对于安定物价案之意见》、《河南省政府对于安定物价案之意见》、《西康省政府对于安定物价之意见》、《江苏省政府对于安定物价案之意见》等11份意见。

**5193. 经济部答复案（经济部调整物价概要）**　经济部编　编者刊　1940年　8　[环筒叶]　16开　油印

此为经济部在国民参政会开会之时所做报告，包括抗战以来国民政府为避免物价过分上涨所采取的各项措施：评定物价（1939年2月20日开始）、取缔囤积居奇（1939年12月5日始）、物品管理（1938年10月6日始）、平价购销（1939年12月5日始）、增加生产等。出版时间以内容推断。

**5194. 管制物价简报**　国家总动员会议　8　[环筒叶]　16开　油印

本书为国家总动员会议秘书长沈鸿烈于1943年9月23日在第三届参政会第二次大会上所作的

口头报告。

**5195. 物价指数汇编**　国民政府主计划处统计局编　编者刊　1939 年　［19］　横 8 开　油印　有图表

　　主要概述 1937 年、1938 年、1939 年上海、重庆、西安、昆明、福州、桂林、南宁、梧州等各重要都市趸售物价指数以及上海、西安、成都及南宁的生活费指数、重庆、贵阳、福州等地的零售物价指数。出版时间根据内容推断。

**5196. 物价指数之理论与实际**　（日）森田优三著，许亦非译　商务印书馆　1939 年 11 月初版　长沙　9 + 478　32 开　有图表

　　本书共 3 编：指数方法之基础知识、物价指数之经济理论、物价指数之实际。书前有译者序、原书序、绪论。书后附录《中外重要物价指数表及索引》。

**5197. 南开指数年刊**（Nankai Index Numbers，1936）　天津南开大学经济研究所编　编者刊　1937 年 3 月　天津　48　16 开　有图表

　　本书包括《华北批发物价指数（按工业分类）》、《华北批发物价指数（按加工程度分类）》8 张表格、《天津工人生活费指数》、《中国进出口物量物价指数》等 6 幅图表。中英文对译本。

**5198. 中国各重要城市零售物价指数专刊**（民国二十六年七月至三十年六月）　中国农业银行经济研究处编　编者刊　1941 年　3 + 83　16 开　有图表

　　分编制说明、物价指数图、物价指数表、各地商品平均价格表 4 个部分，以图表形式为主。各重要城市为：重庆、成都、贵阳、雅安、西安、兰州、桂林、西宁、衡阳、洛阳、郧阳、上海、赣州、上海、福州、曲江。封二注主编者及调查者、编制者、绘图者、审核者名单。卷首有顾翊群所作序。中英文对译本。英文名为 Index Numbers of Retail Prices in Leading Cities of China（July 1937-June2091）。

**5199. 宪兵各团驻地物价调查**　宪兵司令部警务处编　编者刊　1942 年　128　［环筒叶］　18.5cm×26cm　油印　有图表

　　合订本。收录宪兵司令部所属各团驻地 1942 年下半年物价调查表，驻地包括四川、广西、湖南、福建、广东、河南等省。

**5200. 近七年我国十三省五十九处乡村物价调查**　杨铭崇编　农林部中央农业实验所　1941 年 1 月　四川荣昌　259 + 4　16 开　有图表　农林部中央农业实验所特刊第 26 号

　　内容为 1933 年至 1939 年间，对我国 13 省 59 处（四川、西康两省 10 处、青海、甘肃、陕西 3 省 13 处、湖南、湖北两省 9 处、江西、福建两省 9 处、广东、广西两省 10 处、云南、贵州两省 8 处）乡村物价指数、物品价格、农民购买力指数和所得物价指数等方面所作的调查统计。全部为图表形式。中英对译本。英文名为 Farm Price Studies in 59 Localities，13 Provinces，China，1933 – 1939。

**5201. 物价报告**（第一号——第二十号）　国家总动员会议物资处调查室编　编者刊　1943 年 12 月　重庆　［340］　横 16 开　油印　有图表

　　本报告约半月一期，共 20 期合订。内分物价变动概况和物价两章，物价变动概况包括重庆市和全国重要市县的情况；物价包括重庆市和全国重要市县的趸售物价、零售物价、基地指数、连环基期指数等统计数据。书内大部分为统计图表。

**5202. 物价报告**（第二十三号——第四十五号）　国家总动员会议调查室编　编者刊　1944 年 12

月 重庆 270 横16开 油印 有图表

本报告约半月一期，共28期合订本。内分物价变动概况和物价两章，物价变动概况包括重庆市和全国重要市县的情况；物价包括重庆市和全国重要市县的趸售物价、物价指数等统计数据。书内有大量图表。

**5203. 乡村物价汇报**（廿九年六月至卅年九月 合订本） 中央农业实验所农业经济系编 中央农业实验所 1940年6月—1941年7月 四川荣昌 407 大16开 油印 有图表

本书包括了第2号至第11号乡村物价汇报。包括物价指数及主要物品的乡村价格两部分。物价指数包括农民所得物价指数、农民所付物价指数、农民购买力指数三项。主要物品的乡村价格包括农民所得价格、农民所付价格两个方面。

**5204. 乡村物价汇报**（三十一年合订本） 中央农业实验所农业经济系编 中央农业实验所 1942年 四川荣昌 [240] 大16开 油印 有图表

本书包括了第12号至第17号乡村物价汇报。包括物价指数及主要物品的乡村价格两部分。其中物价指数包括农民所得物价指数、农民所付物价指数、农民购买力指数3项；主要物品的乡村价格包括农民所得价格、农民所付价格两个方面。

**5205. 抗战六年来西安物价专刊** 陕西省银行经济研究室编 编者刊 1943年 [陕西] 3+33 20cm×34cm 有图表 陕西省银行经济研究室丛刊之一

分序言、编制说明、物价与指数、变动分析、附录等5部分。其中物价与指数全部为1937年至1941年的数据。附录收重庆、兰州、洛阳、桂林、贵阳、西宁、西安等地的零售物价指数、公务员生活费指数、工人生活费指数等资料。出版时间根据序言推断。

**5206. 西京市物价指数**（民国二十六年七月至三十二年六月） 陕西省政府统计室编 编者刊 1943年8月 [陕西] 44 横8开 油印 有图表

本书统计1937年7月至1943年6月间的西京市物价指数。

**5207. 西京市物价指数年刊**（民国二十九年辑） 陕西省银行经济研究室编 编者刊 1940年 8+31+6 16开 有图表

正文分物价与指数、物价变动分析两部分。附录收《原编西安市批发物价指数》、《原编西安市生活费指数》、《陕西省政府统计委员会西安市批发物价指数》、《陕西省政府统计委员会西安市生活费指数》、《中国各重要都市批发物价指数》、《中国各重要都市零售物价指数》、《中国各重要都市生活费指数》。书文前有周良东序、编制说明。

**5208. 甘肃物价管制实施概况**（中华民国三十三年） 甘肃省政府编 1944年 14+7 16开 油印 有图表

书后附录收该省限价物品价格变动统计表等相关图表7种。封面有"密件"戳记。以封面题名推断出版时间。

**5209. 甘肃省兰州市七年来物价指数**（民国三十三年四月） 甘肃省政府统计室编 甘肃省政府统计室 1944年4月 兰州 8+98 16开 有图表

该文献为表册形式，各表册名称的题目分别为：指数图、指数、物品价格。卷首有兰州市物价指数之编制及物价变动说明。封面有"密"字样。

**5210. 兰州五年来之物价** 熊德元著 1939年 12 16开 有图表

本书主要叙述1935年—1939年兰州市的物价变动情况。内容中附有：《兰州五年来趸售物价指数及货币购买力表》、《兰州五年来趸售物价指数详表》、《兰州上海重庆昆明南宁桂林趸售物价指数比较表》、《兰州上海重庆昆明南宁桂林货币购买力及上海对外汇率总指数表》、《兰州人民职业分类统计表》、《兰州评定价格与市场实际价格比较表》。封面有题赠。

**5211. 上海物价年刊（民国二十七年）**　　国定税则委员会编　编者刊　1938 年　上海　2＋93　16 开　有图表

前部分为 1938 年上海物价概况综述，后部分按类统计上海趸售物价情况。附录收《各都市趸售物价指数表》、《日本物价指数表》、《各都市生活费指数表》、《上海趸售物价分类指数表》等统计表 10 张。中英文对照读本，英文书名：*An Annual Report of ShangHai Commodity Prices* 1938。

**5212. 抗战期间九江消费品市价调查**　　于锡猷调查　国民经济研究所　1938 年 9 月　1＋10　16 开　有图表　商业门杂项类第 2 号（总第 64 号）

共 8 部分，分别为主要食粮、烹调料、菜蔬、荤食、衣料、燃料、建筑材料、杂项。

**5213. 福建物价**　　福建省物价管制委员会编　编者刊　1944 年 4 月　8＋190＋3　16 开　有图表

本书收录均为福建物价统计图表。书前有刘建绪序、张开琏序及张直所作编辑说明。

**5214. 民国三十年河南各主要县镇物价指数年刊**　　河南农工银行经济调查室编　编者刊　1942 年 6 月　河南　3＋24　16 开　油印　有插图、有图表

书前有编制说明。

**5215. 民国三十一年河南各主要县镇物价指数年刊**　　河南农工银行经济调查室编　编者刊　1943 年 6 月　河南　3＋28　16 开　油印　有插图、有图表

书前有编制说明。

**5216. 河南省开封市二十五、二十九、三十年物价统计表**　　1941 年　9　横 8 开　有图表

含表格 4 幅。出版时间据内容推断。

**5217. 湘粤桂重要市场卅一年十一月卅日物价记录**　　湖南省民生物品购买销售处编　编者刊　1942 年 12 月　衡阳　2＋92　32 开　有照片、有图表

本书分 6 部分：编册用意、蒋兼院长卅一年十二月十七日电令原文、湖南省重要市场卅一年十一月卅日物价记录、广东省重要市场卅一年十一月卅日物价记录、广西省重要市场卅一年十一月卅日物价记录、湘粤桂 14 重要市场分类物价比较表。

**5218. 四川嘉定战时物价特刊**　　国立武汉大学经济学会编　武汉大学　1940 年 12 月　四川　21　16 开　有图表

内分调查及编制嘉定物价指数之经过、嘉定战时各项商品之零售价格、嘉定战时零售物价指数、物价问题、嘉定战时物价之动态、汛谈指数和编制嘉定物价指数之实务杂记等 8 章，前有刊前词及发刊语。

**5219. 四川省农村物价统计表**　　上海日本大使馆特别调查班编　上海日本大使馆特别调查班　1943 年 10 月　217　32 开　有图表　特别调查资料辑编第 13 篇（附录）

全部为统计图表。

**5220. 成都市趸售物价指数第二卷（三十年七月至十二月）**　　四川省物价调整委员会编　编者刊　1942 年 3 月　四川　158＋2　16 开　有图表

篇首分析了成都市半年来之物价情况，包括与以前各期之比较、物价变动数字上之差额和物价

变动物物间之差距 3 个方面。之后收录了成都市趸售物价指数表（1937 年至 1941 年）、成都市趸售物价表（1941 年 7 月至 12 月）、成都市趸售物价价比表（1941 年 7 月至 12 月）3 张统计表。最后大篇幅统计，列举了 1941 年 7 月至 12 月间的趸售物价指数变动情况。

**5221. 成都市实施限价后半年来工作之检讨**　中央银行经济研究处编　编者刊　1943 年 11 月　2 +
12　16 开　有图表　经济情报丛刊　第 18 辑

1943 年 1 月至 7 月，成都市当局实施全面限价方案，本书为实施限价方案半年以后对此项工作的检讨。包括各种物价之核定、限价实施后之影响、限价失败之原因及补救办法等 4 个部分。书后有附表：成都市各项商品之限价与市价比较。

**5222. 重庆市主要日用品价格周报**（**第 42 期至 63 期合订**）　中央调查统计局特种经济调查处编
编者刊　1943 年　107　16 开　油印　有图表

本书以周报形式通报重庆市 1942 年 8 月至 1943 年 1 月各项零售及趸售物价的情况。题名处印有"密件"字样。

**5223. 重庆零售物价指数**　中国农民银行经济研究处编　编者刊　1945 年　［17］　26cm ×
18.4cm　油印、线装　有图表

本书收录 1945 年 1 月至 12 月的重庆零售物价指数。

**5224. 四川三台物价特刊**（**第二集**）　国立东北大学编　编者刊　1943 年 1 月　4 ［环筒叶］　+
16　15.7cm×23.6cm　油印　有插图、有图表

本书分 7 个部分：三台零售物价指数编制说明、三台零售物价指数变动分析、三台零售物价指数分类比较图、三台零售物价指数、三台零售物价值环比指数、三台法币对日常消费品之购买力指数、三台零售物价（卅年十一月——卅一年十二月）

**5225. 贵阳零售物价指数**　贵州省政府秘书处统计室编　编者刊　1939 年 7 月　1 + 23　16 开　有
图表

内分 3 部分，包括指数编制之目的与经过、指数变动概况和附表。指数变动概况包括物价总指数、食品类、衣着类、燃料类、杂项类等指数变动情况统计；附表包括贵阳零售物价指数表、贵阳零售物价指数选用商品一览表和贵阳零售物价表等统计数据。

**5226. 昆明市战时物价指数表**　昆明市政府秘书室编　编者刊　1938 年　昆明　［5］　横 64 开
有图表　市政统计丛编　第 1 种

本书收录了 1937 年至 1939 年云南省昆明市物价指数表。

### 国内贸易

**5227. 民国三十一年一月份国内土货贸易统计**　重庆总税务司署审榷科统计股编造　编者刊　1942
年 1 月　31　32.5cm×21.5cm　油印　有图表

**5228. 民国三十一年三月份国内土货贸易统计**　重庆总税务司署审榷科统计股编造　编者刊　1942
年 3 月　23　31.9cm×20.2cm　油印　有图表

**5229. 中华民国卅四年一月份土货出口统计表**（**运往沦陷区**）　重庆海关总税务司署统计科编制
编者刊　1945 年 1 月　4　32.5cm×26.5cm　油印　有图表

**5230. 土货出口统计表**（**运往沦陷区**）**中华民国三十四年二月份**　重庆海关总税务司署统计科编制

编者刊　1945 年 2 月　6　33cm×26.5cm　油印　有图表

**5231. 土货出口统计表（运往沦陷区）中华民国三十四年三月份**　重庆海关总税务司署统计科编制
编者刊　1945 年 3 月　7　31.8cm×25.6cm　油印　有图表

**5232. 土货出口统计表（运往沦陷区）中华民国三十四年四月份**　重庆海关总税务司署统计科编制
编者刊　1945 年 4 月　8　32.5cm×26.5cm　油印　有图表

**5233. 土货出口统计表（运往沦陷区）中华民国三十四年五月份**　重庆海关总税务司署统计科编制
编者刊　1945 年 5 月　8　32cm×27cm　油印　有图表

**5234. 土货出口统计表（运往沦陷区）中华民国三十四年六月份**　重庆海关总税务司署统计科编制
编者刊　1945 年 6 月　9　31.8cm×26.8cm　油印　有图表

**5235. 土货出口统计表（运往沦陷区）中华民国三十四年七月份**　重庆海关总税务司署统计科编制
编者刊　1945 年 7 月　13　32.5cm×26.2cm　油印　有图表

**5236. 土货出口统计表（间接运往沦陷区）中华民国三十四年八月份**　重庆海关总税务司署统计科
编制　编者刊　1945 年 8 月　14　32.5cm×26.5cm　油印　有图表

**5237. 半年来之甘肃贸易公司**　甘肃省政府编　编者刊　1942 年 2 月　36　32 开　有图表
　　全书包括兰州的物价及其危机、政府对于物价的对策、甘肃贸易公司的创立、半年来之业务状况、贸易公司成立后对于物价之影响等 8 部分。附录收《本公司章程草案》、《三十一年度公司组织系统表》、《三十一年度业务计划》、《三十年度盈余分配表》。

**5238. 财政部贸易委员会中国茶叶公司砖茶督制报告书**　总技师驻安办公室编　编者刊　1944 年 9 月　62　16 开　有插图、有图表
　　全书 8 部分：产制机构、生产设备、原料收购、砖茶压制、砖茶交运、会计概况等。书前有《砖茶产制地图》和《砖茶厂址图》。封面有题赠。

**5239. 甘肃省贸易公司三周年纪念特刊**　甘肃省贸易公司技术室编　编者刊　1944 年 6 月　6＋164　16 开　有插图、有题词、有图表
　　本书分 6 个部分：论述、资料、法规、章则、纪录、大事记。书前有题字、图表、发刊词、编后语。

**5240. 甘肃省贸易股份有限公司三十年度下半年业务报告**　4［环筒叶］　17.6cm×26.9cm　油印

**5241. 陕西省企业公司三十年度业务报告书**　［陕西省企业公司］编　编者刊　1942 年 3 月　［陕西］　24［环筒叶］　16 开　油印　有图表
　　本书分 3 部分：生产业务进行概况、贸易业务概况、财务概况。书后有附言。

**5242. 川康盐务管理局盐业燃料材料统制委员会威煤统购处工作概况报告书（自二十八年六月一日起至十二月三十一日止）**　川康盐务管理局盐业燃料材料统制委员会编　编者刊　1939 年　2＋24［环筒叶］　32 开　有图表
　　本书分 4 部分：叙言、总务部分、采运部分、会计部分。有题赠。

## 对外贸易

**5243. 海关金单位及国币折合各国通行钱币数目表**　［12］　16 开　油印　有图表

**5244.** 海关金单位及国币折合各国通行钱币数目表 ［11］ 16 开 油印 有图表

**5245.** 民国三十一年二月份土货出口统计 重庆总税务司署审榷科统计股编造 编者刊 1942 年 2 月 8 31cm×20.5cm 油印 有图表

**5246.** 民国三十一年三月份土货出口统计 重庆总税务司署审榷科统计股编造 编者刊 1942 年 3 月 19 33.2cm×20.5cm 油印 有图表

**5247.** 民国三十一年四月份出口土货统计表 重庆总税务司署审榷科统计股编造 编者刊 1942 年 4 月 24 32.8cm×20.8cm 油印 有图表

**5248.** 民国三十一年六月份出口土货统计表 重庆总税务司署审榷科统计股编造 编者刊 1942 年 6 月 27 32.8cm×20.8cm 油印 有图表

**5249.** 民国三十一年七月份出口土货统计表 重庆总税务司署审榷科统计股编造 编者刊 1942 年 7 月 27 32.8cm×20.8cm 油印 有图表

**5250.** 民国三十一年八月份出口土货统计表 重庆总税务司署审榷科统计股编造 编者刊 1942 年 8 月 28 32.5cm×20.8cm 油印 有图表

**5251.** 民国三十一年九月份出口土货统计表 重庆海关总税务司署统计股编造 编者刊 1942 年 9 月 28 32.5cm×20.5cm 油印 有图表

**5252.** 民国三十一年十月份出口土货统计表 重庆海关总税务司署审榷科统计股编造 编者刊 1942 年 10 月 34 32.8cm×21cm 油印 有图表

**5253.** 民国三十一年十一月份出口土货统计表 重庆海关总税务司署审榷科统计股编造 编者刊 1942 年 11 月 31 32.5cm×20.5cm 油印 有图表

**5254.** 民国三十一年十二月份出口土货统计表 重庆海关总税务司署审榷科统计股编造 编者刊 1942 年 12 月 27 33cm×21cm 油印 有图表

**5255.** 民国三十一年二月份国内土货贸易统计 重庆海关总税务司署审榷科统计股编造 编者刊 1942 年 2 月 27 32.5cm×20.2cm 油印 有图表

**5256.** 民国三十二年一月份土货出口统计表 重庆海关总税务司署审榷科统计股编造 编者刊 1943 年 1 月 14 32.2cm×20.6cm 油印 有图表

**5257.** 民国三十二年二月份土货出口统计表 重庆海关总税务司署审榷科统计股编造 编者刊 1943 年 2 月 13 32cm×20.8cm 油印 有图表

**5258.** 民国三十二年三月份土货出口统计表 重庆海关总税务司署审榷科统计股编造 编者刊 1943 年 3 月 13 32.5cm×20.8cm 油印 有图表

**5259.** 民国三十二年四月份土货出口统计表 重庆海关总税务司署审榷科统计股编造 编者刊 1943 年 4 月 25 32.5cm×26cm 油印 有图表

**5260.** 民国三十二年五月份土货出口统计表 重庆海关总税务司署审榷科统计股编造 编者刊 1943 年 5 月 26 32.5cm×26cm 油印 有图表

**5261.** 民国三十二年六月份土货出口统计表 重庆海关总税务司署统计科编制 编者刊 1943 年 6 月 24 32.7cm×26.6cm 油印 有图表

**5262.** 民国三十二年七月份土货出口统计表　　重庆海关总税务司署统计科编制　　编者刊　　1943 年 7 月　　26　　31.8cm×26cm　　油印　　有图表

**5263.** 民国三十二年八月份土货出口统计表　　重庆海关总税务司署统计科编制　　编者刊　　1943 年 8 月　　32　　31.8cm×27cm　　油印　　有图表

**5264.** 民国三十二年九月份土货出口统计表　　重庆海关总税务司署统计科编制　　编者刊　　1943 年 9 月　　30　　31.8cm×26.6cm　　油印　　有图表

**5265.** 民国三十二年十月份土货出口统计表　　重庆海关总税务司署统计科编制　　编者刊　　1943 年 10 月　　30　　31.9cm×26.8cm　　油印　　有图表

**5266.** 民国三十二年十一月份土货出口统计表　　重庆海关总税务司署统计科编制　　编者刊　　1943 年 11 月　　33　　32cm×26.1cm　　油印　　有图表

**5267.** 民国三十二年十二月土货出口统计表　　重庆海关总税务司署统计科编制　　编者刊　　1943 年 1 月　　34　　31.8cm×26.2cm　　油印　　有图表

**5268.** 民国三十三年一月份土货出口统计表　　重庆海关总税务司署统计科编制　　编者刊　　1944 年 1 月　　18　　32cm×27cm　　油印　　有图表

**5269.** 民国三十三年二月份土货出口统计表　　重庆海关总税务司署统计科编制　　编者刊　　1944 年 2 月　　19　　31.7cm×27cm　　油印　　有图表

**5270.** 民国三十三年三月份土货出口统计表　　重庆海关总税务司署统计科编制　　编者刊　　1944 年 3 月　　19　　32.2cm×27cm　　油印　　有图表

**5271.** 民国三十三年四月份土货出口统计表　　重庆海关总税务司署统计科编制　　编者刊　　1944 年 4 月　　21　　31.5cm×26.5cm　　油印　　有图表

**5272.** 民国三十三年五月份土货出口统计表　　重庆海关总税务司署统计科编制　　编者刊　　1944 年 5 月　　18　　32.8cm×26.5cm　　油印　　有图表

**5273.** 民国三十三年六月份土货出口统计表　　重庆海关总税务司署统计科编制　　编者刊　　1944 年 6 月　　25　　31.5cm×26.5cm　　油印　　有图表

**5274.** 民国三十三年七月份土货出口统计表　　重庆海关总税务司署统计科编制　　编者刊　　1944 年 7 月　　43　　32.2cm×26cm　　油印　　有图表

**5275.** 民国三十三年八月份土货出口统计表　　重庆海关总税务司署统计科编制　　编者刊　　1944 年 8 月　　46　　32.5cm×26cm　　油印　　有图表

**5276.** 民国三十三年九月份土货出口统计表　　重庆海关总税务司署统计科编制　　编者刊　　1944 年 9 月　　44　　31.8cm×26cm　　油印　　有图表

**5277.** 民国三十三年十月份土货出口统计表　　重庆海关总税务司署统计科编制　　编者刊　　1944 年 10 月　　50　　32cm×26cm　　油印　　有图表

**5278.** 民国三十三年十一月份土货出口统计表　　重庆海关总税务司署统计科编制　　编者刊　　1944 年 11 月　　54　　32cm×27cm　　油印　　有图表

**5279.** 民国三十三年十二月份土货出口统计表　　重庆海关总税务司署统计科编制　　编者刊　　1944 年

12 月　55　32.5cm×26.4cm　油印　有图表

**5280.** 民国三十四年一月份土货出口统计表（直接出口往外洋）　重庆海关总税务司署统计科编制
编者刊　1945 年 1 月　3　32cm×25.5cm　油印　有图表

**5281.** 民国三十四年二月份土货出口统计表（直接出口往外洋）　重庆海关总税务司署统计科编制
编者刊　1945 年 2 月　6　32cm×26cm　油印　有图表

**5282.** 民国三十四年三月份土货出口统计表（直接出口往外洋）　重庆海关总税务司署统计科编制
编者刊　1945 年 3 月　14　33cm×26.5cm　油印　有图表

**5283.** 土货出口统计表（间接运往收复区）中华民国三十四年十月份　重庆海关总税务司署统计科
编制　编者刊　1945 年 10 月　34　32.5cm×26cm　油印　有图表

**5284.** 土货出口统计表（直接运往外洋）中华民国三十四年五月份　重庆海关总税务司署统计科编
制　编者刊　1945 年 5 月　26　32.6cm×26.6cm　油印　有图表

**5285.** 土货出口统计表（直接运往外洋）中华民国三十四年六月份　重庆海关总税务司署统计科编
制　编者刊　1945 年 6 月　24　31.5cm×26.8cm　油印　有图表

**5286.** 土货出口统计表（直接运往外洋）中华民国三十四年七月份　重庆海关总税务司署统计科编
制　编者刊　1945 年 7 月　29　32.5cm×25.8cm　油印　有图表

**5287.** 土货出口统计表（直接运往外洋）中华民国三十四年八月份　重庆海关总税务司署统计科编
制　编者刊　1945 年 8 月　29　32.5cm×27cm　油印　有图表

**5288.** 土货出口统计表（直接运往外洋）中华民国三十四年十月份　重庆海关总税务司署统计科编
制　编者刊　1945 年 10 月　44　32.5cm×26cm　油印　有图表

**5289.** 洋货进口统计表（间接由沦陷区进口）中华民国三十四年二月份　重庆海关总税务司署统计
科编制　编者刊　1945 年 2 月　112　30.8cm×25.5cm　油印　有图表

**5290.** 洋货进口统计表（间接由沦陷区进口）中华民国三十四年三月份　重庆海关总税务司署统计
科编制　编者刊　1945 年 3 月　131　31.5cm×25.5cm　油印　有图表

**5291.** 洋货进口统计表（间接由沦陷区进口）中华民国三十四年四月份　重庆海关总税务司署统计
科编制　编者刊　1945 年 4 月　157　30.8cm×25.2cm　油印　有图表

**5292.** 洋货进口统计表（间接由沦陷区进口）中华民国三十四年五月份　重庆海关总税务司署统计
科编制　编者刊　1945 年 5 月　160　30.8cm×25.2cm　油印　有图表

**5293.** 洋货进口统计表（间接由沦陷区进口）中华民国三十四年六月份　重庆海关总税务司署统计
科编制　编者刊　1945 年 6 月　176　31.1cm×24.8cm　油印　有图表

**5294.** 洋货进口统计表（间接由沦陷区进口）中华民国三十四年七月份　重庆海关总税务司署统计
科编制　编者刊　1945 年 7 月　173　31cm×25.5cm　油印　有图表

**5295.** 洋货进口统计表（间接由沦陷区进口）中华民国三十四年八月份　重庆海关总税务司署统计
科编制　编者刊　1945 年 8 月　186　30.8cm×25cm　油印　有图表

**5296.** 洋货进口统计表（间接由收复区进口）中华民国三十四年十月份　重庆海关总税务司署统计
科编制　编者刊　1945 年 10 月　213　31cm×25cm　油印　有图表

**5297.** 洋货进口统计表（直接由外洋进口）中华民国三十四年五月份　重庆海关总税务司署统计科
编制　编者刊　1945 年 5 月　148　31cm×25cm　油印　有图表

**5298.** 洋货进口统计表（直接由外洋进口）中华民国三十四年六月份　重庆海关总税务司署统计科
编制　编者刊　1945 年 6 月　163　31.2cm×25cm　油印　有图表

**5299.** 洋货进口统计表（直接由外洋进口）中华民国三十四年七月份　重庆海关总税务司署统计科
编制　编者刊　1945 年 7 月　173　31cm×25.5cm　油印　有图表

**5300.** 洋货进口统计表（直接由外洋进口）中华民国三十四年八月份　重庆海关总税务司署统计科
编制　编者刊　1945 年 8 月　186　31cm×25cm　油印　有图表

**5301.** 中华民国卅三年十一月份洋货进口统计表　重庆海关总税务司署统计科编制　编者刊　1944
年 11 月　486　31.8cm×25.7cm　油印　有图表

**5302.** 中华民国卅四年四月份洋货进口统计表（直接由外洋进口）　重庆海关总税务司署统计科编
制　编者刊　1945 年 4 月　133　32cm×25.5cm　油印　有图表

**5303.** 民国卅四年四月份土货出口统计表（直接往外洋）　重庆海关总税务司署统计科编制　编者
刊　1945 年 4 月　19　33cm×26.8cm　油印　有图表

**5304.** 中华民国卅四年一月份洋货进口统计表（间接由沦陷区进口）　重庆海关总税务司署统计科
编制　编者刊　1945 年 1 月　98　31.5cm×25.4cm　油印　有图表

**5305.** 中华民国三十二年一月份洋货进口统计表　重庆海关总税务司署统计科编制　编者刊　1943
年 1 月　67　33cm×21.5cm　油印　有图表

**5306.** 中华民国三十二年二月份洋货进口统计表　重庆海关总税务司署统计科编制　编者刊　1943
年 2 月　80　32.2cm×20.6cm　油印　有图表

**5307.** 中华民国三十二年三月份洋货进口统计表　重庆海关总税务司署统计科编制　编者刊　1943
年 3 月　86　32cm×20.5cm　油印　有图表

**5308.** 中华民国三十二年五月份洋货进口统计表　重庆海关总税务司署统计科编制　编者刊　1943
年 5 月　128　32cm×26cm　油印　有图表

**5309.** 中华民国三十二年六月份洋货进口统计表　重庆海关总税务司署统计科编制　编者刊　1943
年 6 月　154　32cm×26.3cm　油印　有图表

**5310.** 中华民国三十二年七月份洋货进口统计表　重庆海关总税务司署统计科编制　编者刊　1943
年 7 月　158　32cm×26.2cm　油印　有图表

**5311.** 中华民国三十二年八月份洋货进口统计表　重庆海关总税务司署统计科编制　编者刊　1943
年 8 月　165　31.8cm×26.5cm　油印　有图表

**5312.** 中华民国三十二年九月份洋货进口统计表　重庆海关总税务司署统计科编制　编者刊　1943
年 9 月　169　31.4cm×25.8cm　油印　有图表

**5313.** 中华民国三十二年十月份洋货进口统计表　重庆海关总税务司署统计科编制　编者刊　1943
年 10 月　177　32cm×26.2cm　油印　有图表

**5314.** 中华民国三十二年十一月份洋货进口统计表　重庆海关总税务司署统计科编制　编者刊

1943 年 11 月　184　32cm×26.5cm　油印　有图表

**5315.** 中华民国三十二年十二月份洋货进口统计表　重庆海关总税务司署统计科编制　编者刊
1943 年 12 月　187　32cm×26.5cm　油印　有图表

**5316.** 中华民国三十二年四月份洋货进口统计表　重庆海关总税务司署统计科编制　编者刊　1943
年 4 月　124　32cm×26cm　油印　有图表

**5317.** 中华民国三十三年一月份洋货进口统计表　重庆海关总税务司署统计科编制　编者刊　1944
年 1 月　96　32cm×26cm　油印　有图表

**5318.** 中华民国三十三年二月份洋货进口统计表　重庆海关总税务司署统计科编制　编者刊　1944
年 2 月　114　31.5cm×25.5cm　油印　有图表

**5319.** 中华民国三十三年三月份洋货进口统计表　重庆海关总税务司署统计科编制　编者刊　1944
年 3 月　125　31.7cm×26cm　油印　有图表

**5320.** 中华民国三十三年四月份洋货进口统计表　重庆海关总税务司署统计科编制　编者刊　1944
年 4 月　130　32cm×26cm　油印　有图表

**5321.** 中华民国三十三年五月份洋货进口统计表　重庆海关总税务司署统计科编制　编者刊　1944
年 5 月　137　32cm×26cm　油印　有图表

**5322.** 中华民国三十三年六月份洋货进口统计表　重庆海关总税务司署统计科编制　编者刊　1944
年 6 月　152　32cm×25.8cm　油印　有图表

**5323.** 中华民国三十三年七月份洋货进口统计表　重庆海关总税务司署统计科编制　编者刊　1944
年 7 月　347　32.5cm×26.2cm　油印　有图表

**5324.** 中华民国三十三年八月份洋货进口统计表　重庆海关总税务司署统计科编制　编者刊　1944
年 8 月　389　31.5cm×26cm　油印　有图表

**5325.** 中华民国三十三年九月份洋货进口统计表　重庆海关总税务司署统计科编制　编者刊　1944
年 1 月　486　32cm×26.5cm　油印　有图表

**5326.** 中华民国三十三年十月份洋货进口统计表　重庆海关总税务司署统计科编制　编者刊　1944
年 10 月　485　32cm×26cm　油印　有图表

**5327.** 中华民国三十三年十一月份洋货进口统计表　重庆海关总税务司署统计科编制　编者刊
1944 年 11 月　416　32cm×26cm　油印　有图表

**5328.** 中华民国三十三年十二月份洋货进口统计表　重庆海关总税务司署统计科编制　编者刊
1944 年 12 月　487　31cm×26cm　油印　有图表

**5329.** 中华民国三十四年一月份洋货进口统计表（直接由外洋进口）　重庆海关总税务司署统计科
编制　编者刊　1945 年 1 月　56　31.5cm×25.5cm　油印　有图表

**5330.** 中华民国卅四年二月份洋货进口统计表（直接由外洋进口）　重庆海关总税务司署统计科编
制　编者刊　1945 年 2 月　80　32.5cm×25.5cm　油印　有图表

**5331.** 中华民国三十四年三月份洋货进口统计表（直接由外洋进口）　重庆海关总税务司署统计科
编制　编者刊　1945 年 3 月　104　33cm×25.5cm　油印　有图表

**5332. 民国三十一年十二月份金银进出口总值国别关别表**　1942 年 12 月　　[9]　　横 16 开　　油印　有图表

**5333. 民国三十一年度海关关税及附加税收入月报表**　重庆总税务司署审権科统计股编造　编者刊　1942 年　5　33cm×23.5cm　油印　有图表

出版时间据封面推论。

**5334. 第二次美国工业战争会议提案及中美商会筹备会议记录**　中国工业经济研究所编　编者刊　1944 年 3 月 15 日　1＋10　16 开　工业经济参考资料第 5 号

封面印有"密件"字样。

**5335. 对外贸易问题**　邹琳讲　中央训练团党政高级训练班　1945 年 5 月　2＋12　32 开

本书分 5 章：我国对外贸易政策之检讨、当前几个对外贸易问题、战后我国国际收支平衡问题、战后重要外销商品输出之展望、结论。

**5336. 对外贸易与国际金融问题（中央训练团党政训练班讲演录）**　贝祖诒讲　1944 年 1 月　24　32 开

讲演录分 10 个部分讲述：国际贸易与国际金融、战前我国之对外贸易、抗战时期我国之对外贸易、战后我国之对外贸易、战前与战时国际金融之演变、英美两国稳定国际金融之建议、联合国救济善后会议与国际金融之关系、战后世界建设之目标、战后我国经济建设与国际金融以及结论。

**5337. 国际贸易论**　（美）F. W. Taussig 原著，沈光沛编译　正中书局　1943 年 3 月 5 版机纸本，1943 年 5 月 7 版机纸本　重庆　15＋406　32 开　有图表　社会科学丛书

本书分 3 部：理论篇、检证问题、不换纸币下之国际贸易，共包括 30 章。书前有原著者序及译者序。

**5338. 贸易的国防**　吴道针著　汗血书店　1936 年 11 月　上海　4＋124　32 开　有图表　实用国防丛书之二　刘百川主编

本书分 3 编：非常时期中国对外贸易之非常原因、欧美各国战时贸易、国防贸易方案。书前有绪言。书后有结论。

**5339. 新税率与日货**　日本评论社编辑　编者刊　1934 年 8 月　南京　2＋128　32 开　有图表　日本研究会小丛书第 67 种

本书分 4 个部分：中日关税协定废弃以后、新税则的内容、新税则对于日货之影响、舆论一斑。

**5340. 战时对外贸易**　朱义蒙、童蒙正、周凤镜、邹宗伊执笔　独立出版社　1939 年 4 月初版　重庆　2＋4＋50　32 开　有图表　战时综合丛书　第 4 辑

该书概述了战时对外贸易的重要性，共分 5 章：总论、战时对外贸易概况、我国现行的对外贸易统制、对外贸易概况、国营贸易的技术问题。卷首有弁言与该丛书例言。卷末有附录和讨论大纲。

**5341. 中国关内区对外贸易输出入物量物价分类指数**　袁丕济、蔡政性著　1937 年 4 月　10＋162　16 开　有图表　军事委员会资源委员会参考资料第 24 号

本书共分 6 章：导言、材料、方法、分析、量比与价比之次数分配、中国各种对外贸易指数之比较。其中第 6 章收录各种统计图表计 108 种。

**5342. 粤省对外贸易调查报告**　蔡谦著　商务印书馆　1939 年 1 月初版　上海　6 + 52　大 32 开　有图表　国立中央研究院社会科学研究所　广东省银行经济研究室　经济丛刊

本书共 5 章：粤省对外贸易之趋势性质、粤省对外贸易机构、输出入货品之运输、粤省走私货值之估计、对今后粤省贸易政策之拟议。书前有顾翊群于民国二十七年十月十五日所作弁言、著者序言。书后有附表。

## 其　他

**5343. 专卖通论**　吴立本编著　正中书局　1943 年 7 月初版　重庆　4 + 372　32 开　有图表　社会科学丛刊

本书分 6 章：总论、专卖政策与经营、各国专卖制度概述、中国专卖物品的选择、中国专卖制度的沿革、中国专卖问题。有著者自序。

**5344. 国货运动**　青岛各界国货运动委员会编　编者刊　1933 年 2 月　青岛　［130］　大 32 开　有照片、有图表

内分总务、宣传、调查、法规、论文辑要等章节。前有编者序，附录为《国货运动大事记》。

**5345. 国货日货调查录**　沪江大学中国教职员抗日救国会编　编者刊　16　32 开　有图表

封面有誓言："我誓对日经济绝交、我誓不用日货、我愿鉴督我的家族亲友不用日货、我愿他人鉴督我不用日货"。

**5346. 查禁敌货须知**　山西省政府建设厅编　编者刊　1940 年　4 + 60　32 开

本书分 12 个部分：敌货释义、敌货鉴认方法、敌货假冒牌号之例证、欧美各国货物之标志、特种物品购运执照、查禁敌货之执行、敌货一览表。书前有卷首语，书后有附录。

**5347. 抵制日货之考察**　刘百闵编辑　正中书局　1933 年 11 月　南京　1 + 30　32 开　有图表　日本研究会小丛书第 32 种

本书分 6 个部分：抵制日货之史述略、"九一八"以后抵制日货之概况、日货倾销问题、日货倾销与吾国产业、日货倾销之对策、抵制日货与收复东北。

**5348. 国货仇货对照表（下册）**　汉口市国货运动委员会调查股编　［编者刊］　1932 年 1 月　63　16 开　精装、油印　有插图、有图表

本书包括呢叽类、绒布类、缎绸纱葛类、进口日货类别及数值、日本棉织品之在华制造者、日本在华棉织工厂一览表、日本棉织品在华之地位等。

**5349. 全国注册商标索引（第一编：注册商标中文名称索引）**　经济部商标局编　经济部商标局　1942 年 1 月　重庆　1240　16 开　有图表

本书为第一编，分上、下两册。书前有马克强作序及"经济部商标局通告"。

**5350. 上海之工商业**　杨德惠、董文中著　中外出版社　1941 年 6 月　上海　7 + 298　32 开　有图表

列举当时上海的工商业目录，并对工商法规进行了说明。工商法规涉及工业、商业、税收、结汇、货运 5 个方面。书前有俞佐庭、许晓初等人的序。

**5351. 我国战时贸易概述（附自贡市猪鬃概况调查）**　1941 年 11 月　21 + 5　［环筒页］　16 开　油印

本书 5 部分，分别为导言、战时管理贸易机构、战后出口贸易之管制、战时进口贸易之管制、

战时贸易概况。书后附自贡市猪鬃概况调查（技术处调查科编）。出版时间据书后附录调查时间推断。

# 财政、金融

**5352. 抗战与财政金融**　贾士毅、卫挺生、马寅初、蔡铁郎、潘祖永、邓觉生、魏友棐、杨端六、沈果、谭秉文执笔　独立出版社　1938 年 12 月 6 版　重庆　4 + 60　32 开　有图表　战时综合丛书第 2 辑　独立出版社编

该书概述了抗战时期的财政金融问题。分两编：上编抗战与财政包括绪论、全国战时财政动员的估计、抗战后中央财政之动向；下编抗战与金融包括长期抗战的金融方针、现行金融政策之缺点与补救、法币汇价与外汇管理等。卷首有"写在编前"与该丛书例言。卷末有讨论大纲。

**5353. 抗战与财政金融**　周宪文、孙礼榆著　商务印书馆　1938 年 2 月再版，1938 年 3 月 4 版　长沙　4 + 48　32 开　有图表　抗战小丛书　中国文化建设协会主编

本书分为两部分：抗战与财政、抗战与金融。书前有周宪文序。

**5354. 物价与金融政策（第一册）**　杨湘年著　商务印书馆　1943 年 12 月初版　重庆　9 + 158　大 64 开　有图表

本书共分 7 章：物价波动之理论、回顾、战时物价暴涨之影响及其统制、金融政策之抉择等。卷首有序言。

**5355. 中国财政中的金融统制**　崔敬伯著　国立北平研究院经济研究会　1937 年　北平　26　16 开

本书分 6 节，论述财政与金融两者相异的概念及相互的关系等问题。出版时间据完稿时间推断。

**5356. 战时的财政和金融**　符灿炎著，吕金录校订　商务印书馆　1938 年 5 月初版　长沙　3 + 30　64 开　民众战时常识丛书

本书介绍了战时财政金融的基本知识。分 4 章：家庭家计与国家财政、个人预算与国家预算、战时我国财政与金融和结论。

**5357. 当前财政问题**　闵天培著　中山文化教育馆　1938 年 11 月渝版　重庆　2 + 54　32 开　有图表　抗战丛刊　第 65 种　中山文化教育馆编

本书分 15 部分：概论、调整汇率、统制贸易、奖励输出、巩固金融、集中华侨汇款、集中对外购买力、稳定币值、安定物价、改进税务、举办过分利得税、展还旧债、实行专卖、促进农业生产、结论。

**5358. 抗战三年之贵州财政与金融**　1940 年　50　16 开　油印　有图表

略述贵州自抗战 3 年以来，即 1938－1940 年间财政、金融两个方面的概况。以表格形式为主，内容包括：《贵州省地方普通岁入预算表》、《贵州省地方临时岁出统计表》、《贵州省合作事业概况表》、《贷放救济贷款统计表》等。出版时间依据书中内容及图表推断。

**5359. 抗战六年来之财政金融**　中国国民党中央执行委员会宣传部　国民图书出版社　1943 年 7 月初版　重庆　32　32 开　抗战建国六周年纪念丛刊

本书分 4 章：绪论、抗战以来之财政重要措施、抗战以来之金融重要措施、论结。

**5360. 四年来的财政金融**　［孔祥熙著］，中国国民党中央执行委员会宣传部编　编者刊　1941 年

7 月 38 32 开 抗战第四周年纪念小丛书

本书介绍了 1937 年以来中国财政金融的基本情况、财政金融政策等。

**5361. 中华民国战时财政金融统计** 财政部统计处编 编者刊 1946 年 9 月 6 + 111 横 16 开 有图表

本书收录 1937 年 1 月至 1945 年 12 月间财政金融统计，分作 6 部分：税收专卖及花纱布、田赋、公债、地方财政、关务及贸易、金融。书前有序言，依其时间推定本书出版时间。

## 财 政

**5362. 当前中国财政问题** 崔敬伯著 国立北平研究院经济研究会 1937 年 北平 21 16 开

本书收录作者刊于《北平晨报》及《实报》等报刊上的短文 5 篇：《军扩财政的新姿态》、《最近财界之传说与现实》、《螺线型财政的透视》、《财政部与中央银行》、《举债与增税》。出版时间据引言完稿时间。

**5363. 非常时财政论** 尹文敬著 商务印书馆 1936 年 3 月初版 上海 [24] + 276 大 32 开 精装 有图表

该书分析战时财政问题，含财政、非常时财政、非常财政的各种条件、战费筹集方法等 10 部分。

**5364. 舆论与财政公开** 崔敬伯著 国立北平研究院经济研究会 1937 年 北平 20 16 开

本书载作者刊于北平《世界日报》及《实报》新年增刊上的短文两篇：《国民意志与国家财政》、《实报与中国财政》。出版时间据作者书前引言完稿时间推断。

**5365. 战费论** （美）E. R. A. Seligman 著，吴克刚编译 文化生活出版社 1936 年 11 月初版 上海 5 + 109 32 开 有图表 战时经济丛书之一

本书分 5 章：绪论、战时支出、战时收入、战时捐税、战时公债。书前有序。附录收 6 个表：《各国国民收入与战费对照表》、《十九世纪各次大战作战日数死亡人数及战费表》、《世界大战各交战国战费表》、《世界大战直接间接损失表》、《世界大战人力损失表》、《世界大战各国伤亡人数表》。

**5366. 战时财政问题与整理田赋** 梅光复著 上海杂志公司 [经售] 1938 年 3 月初版 4 + 92 32 开 有图表 抗战建国丛书

本书分 6 章：战争与财政、我国战时财政现状、战时财政之治标方法、战时财政之基本方法、中日之战时财力、结论。

**5367. 战时财政新论** 陈豹隐等著 战地图书出版社 1941 年 8 月初版 上饶 2 + 112 32 开

本书分 10 章：战时财政的新概念、确立收支系统与财政建设、统筹田赋与财政建设、田赋酌征实物之理论与实践、粮食国营与财政建设、粮食政策的回顾与前瞻、战时粮食公卖的检讨、国父土地政策的诠释、专卖制与财政建设、直接税与财政建设。书前有蒋介石《财政建设与抗战建国》一文，附录收《第三届全国财政会议宣言》。

**5368. 战争与财政** H. Pantlen 著，杨树人译 商务印书馆 1938 年 3 月再版 长沙 6 + 99 32 开 战时经济丛书

全书共分 5 部分：从裴列大王时代、拿破仑战争、第一次世界大战前、第二次世界大战期间等几个历史侧面叙述了德、英、法、意、俄、日诸国准备战争、筹措军费、战时借款、战争期间发行

纸币与公债等情况。卷首有译者的"卷头附语"。

**5369. 中国财政的经济基础**　崔敬伯著　国立北平研究院经济会　1936 年　北平　16　16 开

本书分 5 节，讨论形成中国财政基础的经济结构问题。出版时间据完稿时间推断。

**5370. 中国财政的新阶段**　崔敬伯著　国立北平研究院经济研究会　1937 年　北平　1＋20　16 开

本书分 7 节，对中国财政进行回顾与展望。出版时间据书前"笔者谨言"写作的时间推断。

**5371. 非常时期之财政**　唐孝刚著　中华书局有限公司　1937 年 4 月　上海　8＋90　32 开　非常时期丛书　雷震、马宗荣、徐逸樵、罗鸿诏主编

本书分 4 部分：非常时财政、非常时各国筹集战费的方法、非常时的各国财政、非常时的中国财政。书前有总序。

**5372. 中国战时财政论**　闵天培编著　正中书局　1937 年 6 月初版，1940 年 5 月 4 版国纸本　重庆　216　32 开　有图表　国防知识丛书

本书分为 5 篇 13 章，讨论了战时财政问题，包括：总论、备战时期之财政、战争时期之财政、战后之财政、总结篇。书前有孙科、许世英、梁寒操、张嘉璈、赵棣华、王澄莹、陆崇仁、何浩若、贾玉璋、贾士毅、黄介民所作序言。

**5373. 最近之财政·战时财政**　尹文敬、卫挺生讲述　20〔环筒叶〕　17.4cm×24.8cm　油印、线装

收录《最近之财政》（尹文敬）与《战时财政》（卫挺生）。

## 概　况

**5374. 中华民国三十三年度国家岁入总预算书**　1944 年　19〔环筒叶〕　16 开　油印　有图表

封面印有"极密"字样。

**5375. 中华民国三十三年度国家岁入岁出总预算书**　1944 年　〔130〕〔环筒叶〕　18.7cm×25.8cm　油印、线装　有图表

本书分 7 个部分：岁入总表、岁入分表、岁入总表、普通岁出分表、建设岁出分表、特别岁出分表、附件。

**5376. 中华民国三十四年度国家总预算**　1945 年　〔117〕〔环筒叶〕　16 开　油印　有图表

本书分岁入部分与岁出部分两个部分。封面印有"极密"字样。

**5377. 财政部地方财政整理会议汇编**　地方财政整理会议汇编委员会编　（伪）财政部总务司　1940 年 11 月　南京　16＋310　16 开　有照片、有图表

本书分 4 部分：会议之经过、审查报告及原提要、报告及图表、附录。

**5378. 财政部第二期战时行政计划实施具体方案**　财政部编　编者刊　10＋142　16 开　有图表

本书包括：《财政部第二期战时行政计划实施具体方案》、《财政部第二期战时行政计划实施具体方案分期实施各级主办机构一览表》、《各级主办机关名称及负责人员姓名表》、《财政部第二期战时行政计划实施具体方案分期进度表》。封面印有"极密"字样，并有编号。

**5379. 财政部三十四年度工作计划**　〔财政部编〕　编者刊　1945 年　166〔环筒叶〕　32 开　油印　有图表

**5380. 财政部三十四年度工作计划（修订本）**　〔财政部编〕　〔编者刊〕　129〔环筒叶〕　32

开　油印　有图表

**5381. 第三次全国财政会议汇编**　第三次全国财政会议秘书处编　编者刊　1941 年 6 月　23 + 400
16 开　有照片、有图表

　　本书共分 3 编：会议之经过、议案及决案、杂俎。其中第 3 编中收录有电文、会员出席统计
表、新闻报道及职员录等。

**5382. 国民参政会三届二次大会财政部口头报告**　［财政部编］　编者刊　［51］［环筒叶］　16
开　油印

　　本书分 7 个部分：增加税收、管制物资、筹募公债、严稽收支、整理自治财政、管理金融、结
论。书前有绪论。

**5383. 国民政府财政概况论**　杨汝梅著　中华书局　1938 年 10 月初版　广州　512　32 开　有图表
中国计政学会丛书

　　本书共 4 章，分别为：导言、中央财政概况、国债概况、地方财政概况。书后附录 12 项内容，
分别为：岁计问题、整理国债与平衡国库收支、第三次全国代表大会之财政报告、整理地方财政简
要报告、所得税是现代国家最合理的税制、所得税问题、财政部甘末尔设计委员会税收政策意见书
等。封面有题赠。

**5384. 抗战期间中的财政问题**　杨一夫著　中山文化教育馆　1938 年 5 月　南京　6 + 34　32 开　抗
战丛书　第 26 种　中山文化教育馆编

　　本书分 4 章：引言、战时统制经济之意义及其实施、战时筹集款项之办法、结论。书前有抗战
丛刊缘起。

**5385. 抗战期中之财政**　83　［环筒叶］　19cm×26cm　油印、线装

　　全书分 6 章：财政行政、租税、物资、公债、金融、地方财政。

**5386. 战时财政调查要目表**　1937 年　27　16 开　有图表

　　分两部分。第 1 部分为调查提纲，包括财政机构调整情况、税收、战债募集、支出、地方财
政、金融物价等；第 2 部分为各类空白统计表格。表中统计时间截止于 1937 年。

**5387. 财政法规汇编**　贵州省政府财政厅编　3 + 54　［环筒叶］　16 开　有图表

　　分甲、乙、丙、丁、戊、己、庚、辛 8 个部分，分别汇总 1939 年至 1942 年间贵州政府颁行的
有关组织、纪政、收支、赋税、交代、生活补助、金融、盐务等方面的法规文本及表格样式。

**5388. 战时财政与中国**　崔敬伯著　国立北平研究院经济研究会　1936 年　北平　17　16 开

　　本书共 4 节，论述中国的财政与政治及军事的关系。出版时间根据完稿时间推断。

**5389. 中华民国三十三年度国家总预算普通岁出中央公务员生活辅助费公粮费附表**　1944 年　53
［环筒叶］　19cm×26cm　油印、线装　有图表

## 税　收

**5390. 战时捐税**　（美）Ernest L. Bogart 著，吴克刚编译　文化生活出版社　1936 年 11 月初版　上
海　8 + 115　32 开　有图表　战时经济丛书之二

　　本书分 8 章：英国战时捐税、法国战时捐税、俄国战时捐税、意大利战时捐税、德国战时捐
税、美国参战前的税制改革、美国参战后的加税政策。附录 13 件图表，包括《各国战前战后岁出

岁入比较表》、《大战时期英国财政状况表》等。有序言。

**5391. 战时租税制度** 侯厚吉著 汗血书店 1936 年 11 月初版 上海 2 + 82 32 开 国防实用丛书之三 刘百川主编

本书介绍了我国战时租税制度的理论与方法。分 4 章：绪论、中国税制的现况及其弱点、欧战时各国租税制度、我国战税政策。

**5392. 中国遗产税** 赵佩玺编著 财政部直接税署经济研究室 1944 年 5 月初版 重庆 4 + 186 大 32 开 有图表 中国直接税实务丛书之七

分 4 章，分别从课税范围、税率、遗产之评价、征收程序等方面论述中国遗产税。附录中收我国遗产税法之演变、遗产税法规、遗产税计算公式、遗产税条例参考资料。书前有高秉坊所作序言。

**5393. 中国战时税制** 朱偰著 财政评论社 1943 年 4 月初版 重庆 6 + 216 32 开 有图表 中国战时财政金融丛书

本书分 9 章：绪论、战时租税在筹措战费上之重要性、战时直接税体系之完成、战时田赋收归中央及改征实物、战时关税之调整、战时盐税之改进、战时统矿烟酒各税之改进、战时财政系统之改革与租税之划分、结论。

**5394. 税警战时读物** 鄂岸盐务办事处编 编者刊 1938 年 4 月 8 + 44 32 开

全书分为 4 章，包括敌情的认识、国际的一般情势、我们自己的检讨及应有的努力、抗战期中税警的重要工作。书前有编辑旨趣。

**5395. 施行非常时期过分利得税在社会经济上的意义** 财政部所得税事务处编 编者刊 1940 年 5 月 18 32 开 有图表

本书分 4 部分：抗战以来的变态国民经济及社会的不平鸣、非常时期过分利得税筹办实施的经过、非常时期过分利得税对纳税人负担之分析、非常时期过分利得税征课之意义。

**5396. 现行货物税** 陈清初著 独立出版社 1944 年 1 月初版 重庆 4 + 126 大 32 开 有图表

本书分 5 章：绪论、关税、盐税、统矿于酒税、货物税之重要与前途。附录收《非常时期禁止进口物品办法暨禁止进口物品表》、《土货转口免税品目表》等 5 项。有序言。

**5397. 兵役税论** 刘不同著 中山文化教育馆 1939 年 7 月渝版 重庆 1 + 40 32 开 抗战丛刊第 89 种

本书分 5 章：中国兵役税历史之研究、兵役税理论之根据、兵役税分配问题、兵役税之归宿与国民经济之影响、结论。

**5398. 关税讲义** 朱偰编讲 ［中央训练团财务人员训练班］ 2 + 22 16 开

本书分 6 章：战前关税制度之演进、战时关税政策之演变、现行进口税则之检讨、现行进口贸易暂行办法之检讨、现行关务行政制度概况及将来之展望、海关缉私概况及将来之趋势。

**5399. 非常时期过分利得税之理论与实际** 段逸珊著 独立出版社 1944 年初版 重庆 106 32 开 有图表

本书共 5 章：绪论、过分利得税之展视、过分利得税之实施、过分得利税改进之研究、结论。有赵棣华、高秉坊序言及作者自序。

**5400. 民国三十一年五月份战时消费税国货类别税收统计表** 重庆海关总税务司 1942 年 5 月

126　32.5cm×22.3cm　油印　有图表
出版时间据封面推论。

**5401.** 民国三十一年六月份战时消费税国货类别税收统计表　1942年6月　126　32.2cm×22.4cm
油印　有图表
出版时间据封面推论。

**5402.** 民国三十一年七月份战时消费税国货类别税收统计表　1942年7月　126　32.3cm×22.3cm
油印　有图表
出版时间据封面推论。

**5403.** 民国三十一年八月份战时消费税国货类别税收统计表　重庆海关总税务司署审榷科统计股编
造　编者刊　1942年8月　126　32.3cm×22.4cm　油印　有图表
出版时间据封面推论。

**5404.** 民国三十一年九月份战时消费税国货类别税收统计表　重庆海关总税务司署统计科编制　编
者刊　1942年9月　126　32cm×22cm　油印　有图表
出版时间据封面推论。

**5405.** 民国三十一年十月份战时消费税国货类别税收统计表　重庆海关总税务司署统计科编制　编
者刊　1942年10月　126　32cm×22.3cm　油印　有图表
出版时间据封面推论。

**5406.** 民国三十一年十一月份战时消费税国货类别税收统计表　重庆海关总税务司署统计科编制
编者刊　1942年11月　126　32cm×22cm　油印　有图表
出版时间据封面推论。

**5407.** 民国三十一年十二月份战时消费税国货类别税收统计表　重庆海关总税务司署统计科编制
编者刊　1942年12月　126　32.2cm×22cm　油印　有图表
出版时间据封面推论。

**5408.** 民国三十二年一月份战时消费税国货类别税收统计表　重庆海关总税务司署统计科编制　编
者刊　1943年1月　21　32.2cm×22.4cm　油印　有图表
出版时间据封面推论。

**5409.** 民国三十二年二月份战时消费税国货类别税收统计表　重庆海关总税务司署统计科编制　编
者刊　1943年2月　21　32.5cm×22.5cm　油印　有图表
出版时间据封面推论。

**5410.** 民国三十二年三月份战时消费税国货类别税收统计表　重庆海关总税务司署统计科编制　编
者刊　1943年3月　21　32.2cm×22cm　油印　有图表
出版时间据封面推论。

**5411.** 民国三十二年四月份战时消费税国货类别税收统计表　重庆海关总税务司署统计科编制　编
者刊　1943年4月　21　33cm×23cm　油印　有图表
出版时间据封面推论。

**5412.** 民国三十二年五月份战时消费税国货类别税收统计表　重庆海关总税务司署统计科编制　编

者刊　1943 年 5 月　119　31.5cm×21cm　油印　有图表
　　出版时间据封面推论。

**5413.** 民国三十二年六月份战时消费税国货类别税收统计表　重庆海关总税务司署统计科编制　编
者刊　1943 年 6 月　119　32cm×21.5cm　油印　有图表
　　出版时间据封面推论。

**5414.** 中华民国三十二年七月份战时消费税国货类别税收统计表　重庆海关总税务司署统计科编制
编者刊　1943 年 7 月　119　31.5cm×21.3cm　油印　有图表
　　出版时间据封面推论。

**5415.** 中华民国三十二年八月份战时消费税国货类别税收统计表　重庆海关总税务司署统计科编制
编者刊　1943 年 8 月　119　31cm×21.5cm　油印　有图表
　　出版时间据封面推论。

**5416.** 中华民国三十二年九月份战时消费税国货类别税收统计表　重庆海关总税务司署统计科编制
编者刊　1943 年 9 月　119　31cm×21.5cm　油印　有图表
　　出版时间据封面推论。

**5417.** 中华民国三十二年十月份战时消费税国货类别税收统计表　重庆海关总税务司署统计科编制
编者刊　1943 年 10 月　119　30.5cm×21.5cm　油印　有图表
　　出版时间据封面推论。

**5418.** 中华民国三十二年十一月份战时消费税国货类别税收统计表　重庆海关总税务司署统计科编
制　编者刊　1943 年 11 月　119　31.6cm×21.5cm　油印　有图表
　　出版时间据封面推论。

**5419.** 中华民国三十二年十二月份战时消费税国货类别税收统计表　重庆海关总税务司署统计科编
制　编者刊　1943 年 12 月　119　32cm×23.5cm　油印　有图表
　　出版时间据封面推论。

**5420.** 中华民国三十三年一月份战时消费税国货类别税收统计表　重庆海关总税务司署统计科编制
编者刊　1944 年 1 月　118　32cm×22.5cm　油印　有图表
　　出版时间据封面推论。

**5421.** 中华民国三十三年二月份战时消费税国货类别税收统计表　重庆海关总税务司署统计科编制
编者刊　1944 年 2 月　118　31.2cm×22.5cm　油印　有图表
　　出版时间据封面推论。

**5422.** 中华民国三十三年三月份战时消费税国货类别税收统计表　重庆海关总税务司署统计科编制
编者刊　1944 年 3 月　118　31.5cm×22.5cm　油印　有图表
　　出版时间据封面推论。

**5423.** 中华民国三十三年四月份战时消费税国货类别税收统计表　重庆海关总税务司署统计科编制
编者刊　1944 年 4 月　118　31.3cm×22.3cm　油印　有图表
　　出版时间据封面推论。

**5424.** 中华民国三十三年五月份战时消费税国货类别税收统计表　重庆海关总税务司署统计科编制

编者刊　1944 年 5 月　118　31.5cm×22.5cm　油印　有图表
出版时间据封面推论。

**5425. 中华民国三十三年六月份战时消费税国货类别税收统计表**　重庆海关总税务司署统计科编制
编者刊　1944 年 6 月　118　31.2cm×22.5cm　油印　有图表
出版时间据封面推论。

**5426. 中华民国三十三年七月份战时消费税国货类别税收统计表**　重庆海关总税务司署统计科编制
编者刊　1944 年 7 月　118　31.5cm×22.5cm　油印　有图表
出版时间据封面推论。

**5427. 中华民国三十三年八月份战时消费税国货类别税收统计表**　重庆海关总税务司署统计科编制
编者刊　1944 年 8 月　118　31.5cm×22.2cm　油印　有图表
出版时间据封面推论。

**5428. 中华民国三十三年九月份战时消费税国货类别税收统计表**　重庆海关总税务司署统计科编制
编者刊　1944 年 9 月　118　31.5cm×22.5cm　油印　有图表
出版时间据封面推论。

**5429. 中华民国三十三年十月份战时消费税国货类别税收统计表**　重庆海关总税务司署统计科编制
编者刊　1944 年 10 月　118　31.5cm×22.5cm　油印　有图表
出版时间据封面推论。

**5430. 中华民国三十三年十一月份战时消费税国货类别税收统计表**　重庆海关总税务司署统计科编制
编者刊　1944 年 11 月　118　31cm×22.5cm　油印　有图表
出版时间据封面推论。

**5431. 中华民国三十三年十二月份战时消费税国货类别税收统计表**　重庆海关总税务司署统计科编制
编者刊　1944 年 12 月　118　31.5cm×22.5cm　油印　有图表
出版时间据封面推论。

**5432. 河南省屠宰营业税征收暂行章程**　河南省公署财政厅编　编者刊　1940 年 9 月　2　16 开

**5433. 青岛统税局工作纪要**　张梦熊　1941 年　14+38　16 开　有照片、有插图、有图表
内分 7 章，包括关于总务事项、关于经理事项、关于统税事项、关于印花税烟酒税通行税事项、关于矿产税所得税事项、关于视察事项、各项图表。书前有编者序，后附图表91张。

**5434. 安徽省修正契税章程**　1939 年 6 月　9［环筒叶］　32 开　油印
出版时间据内容推断。

**5435. 湖北税务概要**　熊道瑞编　湖北财政厅事务股　1932 年 9 月　武昌　6+212　16 开　有图表
本书分契税、屠宰税、营业税、牙帖捐税、当税、汉口市税、武阳市税 7 部分，书前有编者序，书后附录《湖北国税概要》。出版时间以序中时间为依据。

**5436. 广东省地税概要**　林习经编　新建设出版社　1941 年 3 月初版　曲江　4+50　32 开　有图表　广东施政常识小丛书　第七站区编纂委员会编
本书主要讲述广东省田赋沿革、地税征收实况及整理方法。共 9 章，分别为：绪论、本省钱粮之沿革、钱粮之积弊、本省钱粮改征临时地税之经过、临时地税之征收、临时地税之整理、广州事

变后之动态、宅地税概况、征收地税与宣传问题。书前有著者自序。

**5437. 昆明特种消费税总局暨所属各分局所贰拾贰年份税收征信录**　昆明特种消费税总局编　编者刊　1943 年　昆明　［627］　横 8 开　有题词、有图表

本书全部为表，记录云南总局及地方的税收情况。书前有陆崇仁序。出版时间根据题名及内容推断。

## 债　券

**5438. 战时公债劝募手册**　战时公债劝募委员会编　编者刊　1941 年 2 月　2 + 50　32 开

本书收有关战时公债的讲话、文件、名录等 16 篇：《蒋委员长为战时公债劝募运动告全国同胞书》、《战时公债劝募委员会组织章程》、《战时公债劝募委员会常务委员名单》、《民国二十九年建设金公债条例》、《民国二十九年军需公债条例》等。

**5439. 战时公债劝募手册**　战时公债广东省劝募总队编　编者刊　1941 年 5 月　广东　2 + 58　32 开　有题词

本书共 12 部分，收录有关章则、条例、工作要点、宣传要领、认购须知等。附录收《勋章条例》、《战时公债广东省劝募总队负责人名表》。封面题"购买公债！功在国家，利在自己。"

**5440. 战时公债劝募运动文集（第二辑）**　战时公债劝募委员会编　编者刊　1941 年 3 月　81　32 开

全书收 20 篇文章：《战时公债之意义与作用》（陈立夫）、《对于战时公债应有的认识》（朱家骅）、《国民认购公债的意义》（翁文灏）、《劝募公债与抗战建国》（潘公展）、《劝大家赶快买战时公债》（梁寒操）等。

**5441. 战时公债劝募运动宣传要领**　战时公债劝募委员会编　编者刊　1941 年 2 月　11　32 开

全书分 7 部分：为什么发行战时公债、战时公债的性质和作用是什么、我国历来公债的信用怎样、这次战时公债对人民的好处是什么、认购战时公债是哪些人的事、对于战时公债是否只要自己尽力认购就算尽了国民的责任呢、"宣传是艺术"要讲究募债宣传的方法与技术。

**5442. 中国对日之债务问题**　王雨桐著　商务印书馆　1936 年 9 月初版　上海　15 + 93　大 32 开　有题词、有图表　新中国建设学会丛书

本书分 4 章：总论、对日债务之总结算、整理中之各项借款、结论。附录收《日本对于整理债务意见节要》、《善后借款本利分付表》、《财政部经营对日外债一览表》。有赵正平《会序》、钱永铭序、马寅初序、王克敏序、自序、《本书参考资料之来源》。

## 审　计

**5443. 审计部二十九年度施政报告**　［审计部编］　［编者刊］　1940 年　［110］［环筒叶］　18cm×25.7cm　油印、线装　有图表

**5444. 审计部工作报告**　［审计部编］　［编者刊］　1940 年 3 月　［33］［环筒叶］　18.3cm×26.8cm　油印、线装　有图表

本书为 1939 年 8 月起至 1940 年 2 月止审计部工作报告，分 3 部分：事前审计部分、事后审计部分、稽察部分。出版时间据内容推断。

**5445. 审计部工作报告**　［审计部编］　［编者刊］　1939 年 8 月　28　16 开　有图表

本书分 3 部分：事前审计部分、事后审计部分、稽察部分。

**5446. 审计部三十三年度工作成绩考察报告** ［审计部编］ ［编者刊］ 1945 年 ［6］［环筒叶］ 17.6cm×25.1cm 油印、线装 有图表

出版时间据内容推断。

**5447. 审计部三十一年度工作考察——总评、提要、对照简表、报告** ［审计部编］ ［编者刊］ 1942 年 10 ［环筒叶］ 16 开 油印 有图表

**5448. 审计部三十一年度审计报告书** ［审计部编］ ［编者刊］ 1943 年 ［127］［环筒叶］ 16.4cm×24.2cm 油印、线装 有图表

本书分 5 章：国家财政系统岁入审计概况、国家财政系统岁出审计概况、自治财政系统岁入岁出审计概况、审计结果之统计、建议改正之事项。出版时间据内容推断。

**5449. 审计部施政概要** ［审计部编］ ［编者刊］ 1939 年 1 月 40 16 开 有图表

本书分 3 部分：事前审计部分、事后审计部分、稽察部分。

**5450. 四川省政府审计委员会廿八年一月份工作报告书** 1939 年 1 月 38 32 开 有图表

本书分 3 个部分：文书、会议记录、统计表。

**5451. 训政时期审计年表** 1948 年 73 ［环筒叶］ 13.2cm×18.7cm 线装 有图表

本书为 1928 年至 1947 年国民政府审计年表。书前有序文。出版时间据内容推断。

**5452. 主计与审计** 闻亦有讲 中央训练团印刷所印 ［1941 年 11 月再版］ 6+54 32 开

本书为中央训练团党政训练班讲演录。分 4 个部分：绪言、主计、审计、结论。出版时间及版次据封面封底推定。

## 会 计

**5453. 兵工署第二工厂成本会计制度草案** ［军政部兵工署第二工厂编］ 编者刊 1940 年 1 月 126 32 开 有图表

本书分 9 章：普通成本会计账簿组织系统、会计报告、会计科目及编号、会计账簿及应用、记账凭证及说明、分录举例及结账分录、物料收发程序、财务管理规程、簿记规则。

**5454. 合作社会计规则准则甲种** 经济部农本局编 编者刊 1939 年 2 月 2+33 32 开 有图表

本书依照实业部颁布合作社会计规则准则第一版仿印，仿《合作社章程准则》，定名为《合作社会计规则准则》。于 1939 年 2 月 15 日经济部以农字第二二二一二号部令颁发各省主管机关转饬倡导推行。本书书内列各种合作社会计规则准则 3 种，每种准则之后附有应用簿记表格式及其说明。

**5455. 湖南省政府会计处成立周年工作概况** 湖南省政府会计处编 编者刊 1939 年 8 月 ［湖南］ 30 32 开 有图表

本书分：岁计事项、会计事项、调整会计机构、改进计划等 4 部分内容。

**5456. 经济部资源委员会民国二十八年度暨二十九年度上半年建设专款重工业事业费会计报告** 经济部资源委员会编 编者刊 1939 年 81 18.2cm×26cm 油印、线装 有图表

全部为图表，包括总说明、《二十八年十二月三十一日止建设专款重工业事业费收支对照表》、《二十八年度建设专款重工业营业机关合并资产负债表》、《二十八年度建设专款重工业营业机关合

并损益计算书》、《二十九年度上半年建设专款重工业合并资产负债表》、《统计图》等。封三有主任委员翁文灏、副主任委员钱昌照、主办会计张峻三人印章。

**5457. 经济部资源委员会重工业建设基金所属机关统一会计制度**　经济部资源委员会编　编者刊　1944 年　2＋288［环筒叶］　18cm×25cm　线装

　　1941 年该会曾有《资源委员会重工业建设基金所属机关统一会计制度》试行，两年后出版本制度为修订本。内容包括：总说明、簿记组织系统图、会计科目、会计凭证、会计簿籍、会计报告、会计事务程序以及附则等。书后有勘误表。出版时间根据内容推断。

**5458. 四川省各县县政府经收处征课会计制度**　四川省政府会计处编　编者刊　1941 年 12 月　［21］　35.6cm×24cm　有图表

　　本书分 9 个部分：总说明、簿记组织系统图、会计报告、会计科目说明表、会计簿记、分录举列、会计报告编送程序等。

**5459. 县（市）合作金库会计规程**　经济部农本局编　编者刊　1938 年 7 月　45　16 开　有图表

**5460. 现行公务会计制度**　彭树鑫等选辑　四川省政府　1941 年 3 月再版　成都　2＋316　16 开　有图表

　　本书 4 部分：中央各机关及所属普通公务单位会计制度之一致规定、中央各机关及所属普通公务单位会计制度之一致规定实施公库法之处理办法等。有序言。书名页有题赠。

**5461. 云南省政府会计处工作报告**　［1943］　8［环筒页］　19cm×24cm　油印

**5462. 浙江计政之过去现在与将来**　陈宝麟著　浙江省政府会计处　1940 年 10 月初版　浙江　4＋102　32 开　浙江计政丛刊之一

　　本书共 6 章：总论、预算、会计、决算、人事、组织及其他。

**5463. 重庆市政府会计室工作报告**　［1940］　23［环筒叶］　18.3cm×25.1cm　油印、线装　有图表

　　本书为 1939 年 9 月至 1940 年 2 月的工作报告。

## 地方财政

**5464. 非常时期之地方财政**　马存坤著　中华书局　1937 年 3 月　上海　6＋98　32 开　有图表　中国新论社非常时期丛书　雷震、马宗荣、徐逸樵、罗鸿诏主编

　　本书分 5 章：导言、非常时期地方财政之整理、非常时期之地方财源与充实问题、非常时期的地方财政权、非常时期地方财政上应有之措施。书前有总序。

**5465. 抗战时期之地方财政**　黄豪著　中山文化教育馆　1938 年 9 月渝版　重庆　4＋77　32 开　抗战丛刊　第 54 种　中山文化教育馆编

　　本书分两编：抗战时期之地方赋税、抗战时期之地方财政监督。有引言和结论。卷首的"抗战丛刊缘起"对办刊宗旨作了简要的介绍。书末有附注。

**5466. 县地方财政**　彭雨新著　商务印书馆　1945 年 11 月上海初版　重庆　6＋198　32 开　有图表　国立中央研究院社会科学研究所丛刊　第 22 种

　　本书共 8 章：县财政在各级收支系统中之演变、过去县地方经费分配概况、县支出论、县地方收入消长情形、县收入论、县与各级财政收支关系论、县财务行政沿革、县财务行政论。书中引用

图表多为 1935 年至 1942 年间的统计数据。封面有题赠。

**5467. 县地方财政（区训练班教材）** 四川省训练团编 编者刊 1940 年 5 月 4+94 32 开 有图表

本书分 6 章：县地方财政概况、省县财政收支之划分、县财政之收支、县财政之整理、县预算决算之编制及审核、结论。

**5468. 山西省公署三年来财政统计** 山西省公署财政厅出纳科编制 山西省公署财政厅 1941 年 6 月 82 16 开 有图表

本书由 4 类统计表组成：收支状况、现金、财政统计、事变前（1935 年）后（1940 年）比较。

**5469. 民国二十七年陕西财政统计（六月份）** 陕西省财政厅第三科统计股编辑 陕西省财政厅 西安 146 16 开 有照片、有插图、有图表

本书共 5 部分：1938 年 5 月份财政统计、6 月份财政统计、1937 年度陕西财政收支概述、财务行政统计、法规。书前有蒋介石抗战语录、编辑例言等。

**5470. 第二年之甘肃财政** （中华民国二十七年——二十八年） 甘肃省政府财政厅编 编者刊 1939 年 12 月初版 兰州 [294 页] 16 开 有图表

内分 3 编，着重叙述 1939 年度甘肃省财政、预算与计政、田赋、税政状况，对该省经济及金融方面均有介绍。卷首有编者自序。封面有梁敬錞的亲笔题赠。

**5471. 甘肃省三十年度省库收支及整理税捐概况** 甘肃省政府编 编者刊 1942 年 2 月 兰州 2+24 32 开 有图表

本概况共有 3 章分别为：前沿、三十年度省库收支概况、整理税捐情形。书末附收支预算、实收支款及捐税收支等比较表 13 种。

**5472. 宁夏省财政概要** ［宁夏省政府财政厅］ 编者刊 1940 年 575 16 开 有照片、有图表

分 7 章：总务、统计、经征、田赋、国税、支付、库务。附录收《宁夏省二十九年度各机构相关组织及经费数目表》、《宁夏省财政厅全体职员姓名略历表》。

**5473. 安徽财政一览** 安徽省财政厅编 编者刊 1942 年 7 月 74 16 开 有图表

分 7 部分：概述、章制、机构、税课、预算、收支、审计。附录收《本省发行公债一览表》、《本省历年借款一览表》、《三十年度清偿历年借债欠本息表》、《安徽地方银行三十年度资产负债表》等统计资料。

**5474. 江苏省财政厅二十九年度工作报告书** 董修甲撰 江苏省财政厅 1940 年 56 32 开 有图表

报告书为 1940 年 6 月起至 10 月底部分，主要由图表组成。

**5475. 进展中的江苏财政（各种赋税盈收统计、二十九年六月起迄三十年一月底止）** 董修甲编 1941 年 26 32 开 有图表

该书时限为 1940 年 6 月起至 1941 年 1 月底。分 10 节，内容包括田赋税收之统计、营业税盈收之统计、牙税营收之统计、筹办营业专税之统计等，并附有税收对照表 10 余张。前有弁言、后有余论。以封面题名推断出版时间。

**5476. 河南省地方财政** 曹仲植著 文威印刷所印 1941 年 9 月 6+200 16 开 有图表

本书分 8 个部分：河南田赋、河南营业税、创立督察制度、推行公库制度、县地方财政、河南

战时金融、河南战时物质、游击区财政。书前有序言。书后有附载。

**5477. 战时之湖北财政**　赵志垚著　1940 年　8 + 256　大 32 开　有图表

　　本书从 4 个章节介绍战时湖北财政状况，分别为：概论、战前财政之回溯、战时财政之设施、战后财政之展望。书前有作者自序。出版时间、著者以书前序为据。

**5478. 二十月来之湖南财政（二十八年十月至三十年五月）**　胡善恒编　1941 年　5 + 152　32 开　有图表

　　从施政要旨、财政进度、重要设施等几个方面记述 1939 年 10 月至 1941 年 5 月湖南的财政状况。书前有编者弁言。书后有附录《湖南省三十年度整理赋税计划》。封面有作者亲笔题赠。出版时间根据题名及内容推断。

**5479. 湖南全省第二次扩大行政会议财政厅工作报告**　胡善恒报告　湖南省财政厅　1940 年 11 月　8 + 38　16 开　有图表

　　共分 7 个部分，从编制和执行省地方概算情况、赋税组织和执行情况、各项债务的整理偿付情况等各方面对湖南省的财政情况进行报告。特别是关于战时经济的特殊问题，如盐务的处理、粮食及桐油的管理等作了重点报告。

**5480. 广东之县地方财政**　陈松光著　满地红半月刊社　1941 年 10 月初版　曲江　104　32 开　有图表

　　本书分前、后两篇：广东县地方财政演变状况、战时广东各县地方财政鸟瞰。附录收《1941 年度广东省各县地方概算岁出入统计表》。

**5481. 四川财政汇编第一集（下）**　1940 年　392 + 10 ［环筒叶］　16 开　线装　有图表

　　本书记录 1935 年度至 1940 年度四川省财政金融状况，对 1928 年至 1934 年四川省政府改组之前的数据也有报告。下册收录第 6 章至第 10 章，包括：审计、官业与官产、债务、金融、县市财政。后附 9 页勘误表。出版时间根据书中内容推断。

**5482. 四川省财政近年概况**　四川省训练团编　编者刊　1940 年 5 月　四川　6 + 114　32 开　有图表

　　分甲、乙两篇，甲篇为 1938 年 6 月至 1939 年 6 月的财政概况汇总，乙篇为 1939 年 7 月至 12 月的财政概况汇总。各篇包括财政行政之整饬、各项制度之改善、税务之整理、债务之整理、金融之调剂、预算之执行和县地方财政之整理等内容。

**5483. 四川省二十八年度各县地方岁入岁出预算之分析**　四川省政府财政厅秘书室统计股编　编者刊　1939 年　［310］　16 开　有图表

　　包括引言、各县预算总额比较、各县（共计 135 个县）岁入之来源、各县岁出之分配、近 5 年来之趋势、结语。收录《四川省 1939 年县地方岁入岁出预算统计》等大量图表。出版时间根据题名及内容推断。

**5484. 四川省二十七年度各县地方预算汇编**　四川省政府财政厅编　编者刊　1938 年　［340］　16 开　有图表

　　分两部分，《四川省 1938 年度县地方预算概要》（左起，横排版）、《四川省 1938 年度各县地方岁入岁出预算表》（右起，竖排版）。附录收相关文件。出版时间根据题名及内容推断。

**5485. 四川省民国二十九年度省地方总概算书**　四川省政府编　编者刊　1940 年　133　16 开　有

图表

包括《岁入岁出对照表》、《岁入经常门常时部分》、《岁入经常门临时部分》、《岁入特殊门》、《岁出经常门常时部分》、《岁出经常门临时部分》、《岁出特殊门》等等。出版时间根据题名及内容推断。

**5486. 四川省民国三十年度各县市地方总预算书汇编**　四川省政府会计处编　编者刊　1941 年 8 月
成都　[478]　16 开　有图表

本书大部分都为表，共 12 部分，分别为：《四川省三十年度与二十九年度各县市地方预算总额比较表》、《四川省三十年度各县市地方预算总额分级表》、《四川省三十年度各县市地方预算岁入岁出总对照表》、《四川省三十年度与二十九年度各县市地方预算岁入岁出总比较表》、《四川省三十年度各县市地方预算岁入岁出分析表》、《四川省三十年度各县市地方税课收入及行政支出预算明细表》、《四川省三十年度各县市地方预算田赋附加量额比率税率表》、《四川省三十年度各县市地方预算契税附加契价税率表》、《四川省三十年度各县市地方总预算表》、《岁入岁出预算科目内容说明》。附录收有关文件。书后附有关预算概算编审的文件 12 个。封二有题赠。

**5487. 四川省民国三十一年度各县市地方总预算书汇编**　四川省政府会计处编　编者刊　1942 年 5
月　成都　[578]　16 开　有图表

本书大部分为表，共 10 部分，分别为：《四川省三十一年度与三十年度各县市地方预算总额比较表》、《四川省三十一年度各县市地方预算总额分级表》、《四川省三十一年度各县市地方预算岁入岁出总对照表》、《四川省三十一年度与三十年度各县市地方预算岁入岁出总比较表》、《四川省三十一年度各县市地方预算岁入岁出分析表》、《四川省三十一年度各县市地方税课收入及行政支出预算明细表》、《四川省三十一年度各县市地方总预算表》、《岁入岁出预算科目内容说明》。附录收有关文件。有题赠。

**5488. 四川省政府财政厅历年各项财政统计表**　四川省政府财政厅秘书室统计股制　编者刊　1940
年 11 月　四川　1+21　24.8cm×35cm　有图表

本书共收录 20 幅统计表，包括《四川省历年度（自二十四年度至二十九年度）省地方预算岁入岁出对照表》、《四川省政府县市财政整理项目及办法》、《四川省各县市过去财政情形概况表》、《四川省整理县市财政已得及可得之效果》等。

**5489. 四川省政府财政厅施政报告（二十八年七月——十二月）**　甘绩镛报告　四川省政府财政厅
1940 年 2 月　成都　2+33　64 开　有图表

报告包括 7 部分：整饬财务行政部分、改善制度部分、整理税务部分、调整金融部分等。根据封面印"二十九年二月在省参议会报告后校订"推断出版时间。

**5490. 四川省政府财政厅施政报告（二十七年六月——二十八年六月）**　甘绩镛报告　四川省政府
财政厅　1939 年 7 月　成都　48 页　16 开　有图表

共分 7 节：整饬财务行政、整理税务、调剂金融等。书前有弁言，书后有结论。根据封面注"民国二十八年七月在省参议会报告后校订"推断出版时间。

**5491. 修正四川省整理县市财政方案（第一辑）**　四川省政府县市财政整理处编　编者刊　1941 年
6 月　成都　2+50　16 开　有图表

收录《修正四川省各县市公学产整理办法大纲》、《修正四川省各县市公学产投标竞佃办法》、《四川省各县筹备县银行注意事项》、《修正四川省各县市特许费自收规则》等财政修正方案共 17

项。

**5492. 重庆市财政局工作报告**　　［1940］　　57［环筒叶］　　18.3cm×25.1cm　　油印、线装　　有图表
本书收录 1939 年 9 月至 1940 年 2 月该局工作报告。

**5493. 贵州财政概况**　　1941 年　　［25］［环筒叶］　　16 开　　油印　　有图表
出版时间据书中内容推断。

## 货　币

**5494. 法币问题**　　魏友棐著　　美商现代中国周刊社　　1939 年 11 月初版　　2＋46　　32 开　　现代中国丛书
本书分 6 章：绪言、法币制度的确立、战时之法币政策、外汇黑市的演变、法币与日圆的战争、法币的前途。

**5495. 我国近十年来货币政策之演进**　　杨志鹏、王梅魁著　　青鸟书屋　　1941 年 9 月初版　　上海　　7＋75＋1　　32 开
书共 6 章：导言、废两改元之经过与成功、新货币政策之实施与进展、战事初期之稳定政策、外汇统制与平准基金、战时经济之展望。记录了自 1933 年废两改元、1935 年颁行"新货币政策"、1937 年战事爆发、1938 年以后外汇统制等政府的货币政策演进之过程。书前有殷明禄、陆徵麟序及作者自序。尾页有参考资料介绍。

**5496. 物价与币值**　　崔尚辛著　　充实社　　1940 年 12 月初版　　桂林　　4＋143　　32 开　　充实丛书之四
本书分 11 章：物价——一座无轨列车、物价的调节器——市场、纸币和币值、抗战时期的物价与法币等。

**5497. 现代货币思潮及世界币制趋势**　　姚庆三著　　国民经济研究所　　1938 年 9 月初版　　重庆　　15＋293　　32 开　　有图表　　国民经济研究所丛书之一
本书分别讨论了金本位制度、银本位制度、汇价政策、物价政策、资本主义与社会主义货币政策等。书前有刘大均序。

**5498. 战争与通货膨胀**　　魏友棐著　　珠林书店　　1938 年 8 月初版　　上海　　4＋72　　10.5cm×16.8cm
本书分 6 章：什么叫做通货膨胀、通货膨胀的各种方式、通货膨胀的机能、战时通货膨胀、战时通货膨胀史话、通货膨胀的最后估价。

**5499. 纸币与战争**　　刘炳炎编著　　正中书局　　1940 年 1 月初版　　重庆　　7＋103　　32 开　　有图表　　战时问题丛刊
本书分 7 章：绪言、美国独立战争时与南北战争时之纸币、英国拿破仑战争时之纸币、俄国世界大战时之纸币、在崩溃中之日钞、抗战建国之法币、结论。书前有图表目次。

**5500. 中国货币问题**　　华汉光著　　商务印书馆　　1938 年 7 月初版　　长沙　　76　　32 开　　有图表　　国际时事问题丛书
本书分为 4 章：绪论、中国货币制度问题、中国货币数量问题、中国货币价值问题。附录收《非常时期安定金融办法》、《办理外汇请核办法及购买外汇请核规则》、《出口贸易外汇管理办法》3 个文件。

**5501. 中日货币战**　　国民出版社编辑　　编者刊　　1939 年 10 月 4 版　　金华　　7＋82　　32 开　　国民知识

丛书 第1辑

本书分6章：绪论、"军用票"、"联银"与"华兴"、日圆价格为什么惨跌、日圆集团必趋失败、黑市骚动无损法币信用、法币必胜的凭证。书前有前言和《总裁关于金融政策的指示》。附录收《我国次征金融之过去与现在》（孔祥熙）。

**5502. 中日货币战** 马寅初、朱偰、高叔康、丁洪范、邹宗伊、潘应昌执笔 独立出版社 1939年10月初版 重庆 3+54 32开 战时综合丛书 第5辑

共分9章：论中日货币战、中日货币战之前瞻、敌人之金融进攻、货币抗战的现阶段、如何抵抗敌人的金融侵略、法币与日元在中国等。卷首有编前记与该丛书例言。卷末附讨论大纲。

**5503. 中日货币战问题座谈记录** 中国国民党云南省执行委员会著 1939年 20 32开

1939年6月24日国民党云南省党部召开"中日货币战"座谈会。刘大钧、谷春帆、丁佶、林维英、孙恭度、吴半农、邓友揆、周梅荪、伍纯武、姚曾荫、张永宽、蓝尧衢等人先后发言，朱通九作结论发言。此书即收录上述与会者的发言。出版时间依据书中内容推断。

## 金 融

## 概 况

**5504. 八年来之中央信托局** 36 大64开 有表格

本书分4个部分：绪言、创立及沿革之经过、八年来之业务概况、自励与前瞻

**5505. 金融** 戴铭礼讲 财政部全国财务人员训练所 1944年9月 34 32开

本书分上、下两编。上编为战前之金融建设，分两节：国民政府成立以前金融之紊乱、国民政府成立迄今至抗战以前金融之建设；下编为抗战以来之金融措施，分3节：抗战初期之紧急措施、货币制度之建设与外汇管理、银行之调整与管理。

**5506. 金融与民生** 刘芹堂讲 建国银行编 1943年5月 10 32开

本书为1943年5月5日为建国银行二周年纪念讲。出版时间据演讲时间。

**5507. 金融制度纲要** 戴铭礼讲 中央训练团党政高级训练班编 编者刊 1943年6月 2+12 32开

本书分3个部分：货币制度、银行制度、货币银行制度之展望。

**5508. 农贷工作讨论会纪念册** 农贷处编 1941年1月 [80] [环筒叶] 16开 有照片
复写本。

**5509. 十年来中国金融史略** 郭家麟、郭荣生、丁鹄、姜又廉、钟淦恩、赵兰坪、傅坚白编纂 中央银行经济研究研究处 1943年10月 重庆 8+306 32开 有图表

该书记录了1933年至1943年国统区的金融经济状况，并对白银问题、三行增资改组、法币政策、战时金融之紧急措施、战时外汇、地方金融调剂与后方金融网建设、战时节约储蓄与游资吸收、银行管理、中央金融机构之调整和中央银行的发展问题进行了探讨。书前有陈行、陈炳章题序。

**5510. 实物贷放与农村金融** 程炳华编著 农业促进委员会印行 1942年6月 2+46 14cm×24cm 有图表 研究专刊第6号 乔启明、蒋杰主编

本书分6个部分：实物贷放之意义及农村金融之关系、农村金融现状、从现金贷放制度改为实

物贷放制之需要、农民对实物贷放之意见、关于实物贷放问题之研讨、尾语。书后附录《农业生产要素价格指数》。

**5511. 太平洋战事发生后我国各地金融经济变动情形**（金融专报第十三号） 中中交农四行联合办事总处秘书处编 编者刊 1942 年 1 月 ［20］ 环筒叶 16 开 油印 有图表

分 3 个部分：战事发生之前我国金融经济状况、战事发生后各地金融经济变动情形（含对重庆、成都、昆明、韶关、赣县、桂林、贵阳等城市经济的分析）、我国金融与经济影响之研究。

**5512. 信用问题** 姚肖廉著 江西省政府统计室 1938 年 1 月 2＋76＋16 16 开 有图表 经济丛刊第 18 种

本书共 6 章：信用之意义、信用之种类、信用之形式、信用之要素、信用何以需要调查、信用之调查法。书前有著者例言。

**5513. 战区金融问题及其对策** 中央银行经济研究处编 编者刊 1943 年 6 月 2＋12 16 开 经济情报丛刊 第 15 辑

内容涉及战区金融的主要问题及解决对策，包括大小票问题、老版新版票差价问题、畅通前方商汇问题和对敌伪货币战战略等共 15 项。

**5514. 战时的金融问题** 骆耕漠著 黑白丛书社 1937 年 10 月初版 上海 1＋22 32 开 黑白丛书战时特刊之九 钱俊瑞主编

本书分 5 章：导论、建立新的金融中心、存放业务的合理调节、市场通货的膨胀问题、破坏敌人的金融力量。

**5515. 战时金融** 蒋舜年编 世界书局 1936 年 12 月初版 上海 4＋60 64 开

本书分 9 章：概说、战时政府的财政、战时民众的经济、战时的银行、战时的金融界、战时财政的筹措方法、战时财政计划的方法、战时金融的动员、结论。

**5516. 战时金融** 徐堪讲 中央训练团党政训练班 1940 年 6 月 44 32 开 中央训练团党政训练班讲演录

收录作者于 1940 年 5 月 28 日在第 8 期党政训练班的演讲。

**5517. 战时金融与币制** 吴克刚编译 文化生活出版社 1937 年 1 月初版 上海 14＋120 32 开 有图表 战时经济丛书之四

本书分 9 章：协约国战时金融与币制、德奥战时金融与币制、战时各国币制革命、美国联邦准备制度、英国战时金融问题、战时金银问题、通货膨胀与物价、通货膨胀的性质、战争与金钱。书前有序。附录收《交战各国人口国富与战后公债统计表》、《交战各国国富收入与公债每国民平均分配额》、《交战各国战前战后钞票发行额比较表》等 10 张表格。

**5518. 中国战后农业金融政策** 姚公振著 中华书局 1944 年 4 月渝初版，1946 年 1 月再版 重庆 5＋170 32 开 有插图、有图表

本书共 8 章：战后农业金融政策总论、农业金融机构之调整、农贷资金之需要与筹措、农地贷款之方针、农产运销贷款之方针、农村副业贷款之方针、农业负债之整理。书前有自序。

**5519. 中国战时财政金融政策** 罗敦伟著 财政评论出版社 1944 年 4 月初版 重庆 5＋296 32 开 有图表 中国战时财政金融丛书

作者通过检讨世界其它国家的财政金融政策来反思中国战时经济政策，认为战争胜利的关键在

于健全的财政金融政策。全书分 4 章：绪论、中国战时财政政策的实际、中国战时金融政策的实际、检讨与展望。

**5520. 中国战时金融管制** 邹宗伊著 财政评论社 1943 年 6 月初版 重庆 10＋376 32 开 中国战时财政金融丛书

本书分 15 章：战时金融管制之要务、战时金融恐慌之对策、战时金融机构之管制、战时货币筹码之管制、战时金银之管制、战时外汇之管制（上）、战时外汇之管制（下）、战时国内汇兑之管制、战时银行信用之管理、国家银行业务之管理等。

**5521. 中央信托局三十二年度业务报告摘要** 14［环筒叶］ 16 开

稿本。

**5522. 重庆市票据交换制度** 中央银行经济研究处编 编者刊 1942 年 5 月 3＋41 16 开 有图表 经济情报丛刊 第 12 辑

内分 4 章，内容包括：重庆市票据交换所办理经过、恢复重庆市票据交换制度之酝酿、中中交农四行轧现制度、中央银行筹备重庆票据交换制度之经过。书后有附录。

## 银 行

**5523. 如何统制外汇** 朱通九、马家印编著 独立出版社 1940 年 7 月 7 版 重庆 4＋55 64 开 抗战建国小丛书 潘公展、叶溯中、杨公达、童蒙圣主编

本书分 6 章：外国统制之发展、外汇统制之意义与目的、外汇操纵、外汇限制、统制外汇之间接方法、外汇清算。书前有著者序。

**5524. 外汇统制问题** 朱偰、赵兰坪、凌舒谟、朱通九、马家印、杨志信、赵葆全、周仁开执笔 独立出版社 1940 年 2 月初版 重庆 3＋68 32 开 有图表 战时综合丛书 第 4 辑

该书介绍了抗战时期的外汇统制情况，共分 4 章：外汇统制之意义与方法、外汇统制发展之史的考察、我国战时外汇统制中的几个问题、现阶段我国外汇统制问题及其展望。卷首有序。卷末有编后记与讨论大纲。

**5525. 中国战时外汇管理** 童蒙正著 财政评论社 1944 年 5 月初版 重庆 12＋502 32 开 有图表 中国战时财政金融丛书

本书分 10 章：抗战发生后关于外汇之措施、管理外汇之机构、进口外汇之管理、出口外汇之管理、华侨汇款之管理、黄金白银之管理、借款易货之处理、英美封存我资金、外汇黑市之取缔、中英美贸易付款新办法。书前有丛书序和作者自序。

**5526. 战后银行组织问题** 姚会荫著 国立中央研究院社会科学研究所 1940 年 7 月 昆明 2＋51 32 开 中国社会经济问题小丛书第 1 种

本书共 6 部分：战后中央储备银行的组织问题、中央储备银行与信用统制、中央储备银行与政府的关系、普通银行业务活动的监督问题、各类银行的业务划分问题、结语。书前有序言。书后有附注。

**5527. 战时中国的银行业** 寿进文著 1944 年 1 月初版 2＋165 32 开 有图表

本书共 7 章，分别为：银行业发展之史的回顾、中国银行资本的特征、战时银行业的变迁、敌伪的金融侵略、银行管制的实施及其演进、中国银行业的现状、余论。书前有前记。

**5528. 我国农业金融机关最近对于融通农业资金之鸟瞰** 朱通九著 中国合作学社附设中国合作通

讯社　1939 年 12 月　重庆　32　32 开　有图表

　　本书分 5 部分：导言、农业合作放款、农业仓库、农业贷款、尾音。收录《中国农民银行历年农村合作放款统计表》、《中国农民银行各省救济贷款贷放数额表》、《合作社放款用途分析比较表》等统计表。封面有题赠。

**5529. 中中交农四行联合办事总处三十年度农贷报告**　中中交农四行联合办事总处农业金融处编
编者刊　1941 年　[32]　16 开　有图表

　　全书分为三个部分：总述、各种农贷统计、各省农贷概要。附录收《三十一年度办理农贷方针》、《农贷办法纲要以及各种农贷准则》。书前附有勘误表。封面有题赠。出版时间以题名及内容推断。

**5530. 四联总处三十二年度工作报告**　中中交农四行联合办事总处秘书处编　编者刊　[115]
16 开　油印　有图表

　　共两章：重要工作、一般业务。

**5531. 四联总处三十一年度办理农业金融报告**　中中交农四行联合办事总处秘书处编　编者刊　4 +
92　16 开　有图表

　　本书共 5 章，分别为：总述、三十一年度农贷办理经过概略、三十一年度农贷数字之统计分析、三十一年度各省农贷办理情形、工业合作贷款。

**5532. 四联总处三十一年度办理农业金融报告目录**　中中交农四行联合办事总处秘书处编　编者刊
1942 年　4 +92　16 开　有图表

　　全书分为 5 章："总述：论述战时农村经济状况"、"三十一年度农贷办理经过概略"、"三十一年度农贷数字之统计分析"、"三十一年度各省农贷办理情形"、"工业合作贷款"。

**5533. 四联总处农业金融章则汇编**　中中交农四行联合办事总处秘书处　1943 年 7 月　33　16 开

　　本书收 15 份文件：《三十二年度农贷方针》、《农贷办法纲要》、《农贷准则》、《农贷协议书蓝本》、《战区及边区农贷暂行办法》、《推进收复地区农贷办法》、《省农业金融促进委员会组织通则》等。出版时间距封面推论。

**5534. 中国农民银行三十年度业务报告书**　[中国农民银行总管理处编]　编者刊　1941 年　1 +
37 [环筒叶]　16 开　油印　有图表

　　本书分 3 个部分：一年来之国内经济概况、本行业务概况、将来业务之展望。书前收录《中国农民银行全体资产负债表及全年损益计算书》、《中国农民银行储蓄部普通储蓄资产负债表及全年损益计算书》等报表。

**5535. 中国农民银行三十二年度业务报告书**　中国农民银行总管理处编　编者刊　1943 年　2 +24
16 开　有图表

　　本书分 3 个部分：表报、报告、三十二年度业务计划与执行进度比较表。

**5536. 中国农民银行卅二年下期通告函**　1943 年　14 +245　16 开　有图表

**5537. 中国农民银行三十三年度业务报告书**　中国农民银行总管理处编　编者刊　1944 年　2 +18
16 开　有图表

　　本书分 3 个部分：表报、报告、结论。书后有附录。

**5538. 中国农民银行卅三年上期通告函**　1944 年　12 +258　16 开　有图表

**5539. 中国农民银行三十四年上期通告函** 1945 年 9＋115 16 开 有图表

**5540. 中国农民银行各分支行业务统计分析（三十四年上期）** 会计处编 1945 年 2＋30 横 16 开 有图表

本书分 4 个部分：提要、统计、各项业务摊得费用比率、说明。

**5541. 中国农民银行通告通函汇编（二十七年一月一日起至十二月止）** 10＋170 16 开 有图表

本书分两个部分：通告、通函。

**5542. 中国农民银行农贷工作概况** 1941 年 3 月 8 16 开 有图表

出版时间据封面推论。

**5543. 中国农民银行之农贷** 中国农民银行总管理处编 编者刊 1943 年 4 月 44 32 开 有图表

本书分 3 个部分：十年来之演进、最近之设施及效果、今后之动向。附录为《农贷章则选辑》。

**5544. 中国银行贷借对照表及损益表中国银行储蓄部贷借对照表及损益表** 1938 年 ［6］ 32 开 有图表

中英文对照。出版时间据封面推论。

**5545. 中国银行贷借对照表及损益表中国银行储蓄部贷借对照表及损益表** 1937 年 ［6］ 32 开 有图表

中英文对照。出版时间据封面推论。

**5546. 甘肃省银行概况** 甘肃省政府编 甘肃省政府 1941 年 兰州 1＋34 32 开 有图表

本书概述了该行的沿革、组织、协助建设、损益、今后计划等。书后附有职员名录和勘误表。根据书中图表内容推断出版时间。

**5547. 甘肃省银行成立六周年纪念特刊** 甘肃省银行编 编者刊 1945 年 6 月 6＋33 16 开 有题词

本书除收录有关祝词、感言外，并收录民国二十八年六月至民国三十三年十二月间甘肃省银行大事记。

**5548. 甘肃省银行小史** 甘肃省银行经济研究室编 1944 年 6 月 72 32 开 有图表

本书分 4 个部分：发轫时期、建立整理时期、扩展改进时期、结语。附录收《甘肃省银行四年大事记》。

**5549. 甘肃省银行三十二年度业务报告书** 甘肃省银行编 编者刊 1944 年 6 月 兰州 2＋60 16 开 有插图

分 4 节：序言、业务、行务、结论。绪论中对当前抗战形势作了简要的分析。书末有附录：《本行现任重要职员一览表》。

**5550. 陕西省银行志** 陕西省银行经济研究室编 编者刊 1942 年 10 月 陕西 4＋360＋2 16 开 有图表 陕西省银行经济研究室特刊之一

本书分 5 章：本行组织扩展之经过、本行业务扩展之经过、本行发行省钞代理省库之经过、本行历年业务会议及营业报告、本行十年来大事记。附录收《本行各种人事业务章则》。书前有贾玉璋序和编者序。

**5551. 河南农工银行二十八年营业报告书** 2＋36 16 开 有插图、有图表本书分 8 个部分：引言、河南经济概况、营业情形、发行情形、代理省库概况、损益实况、二十八年度重要事项、二十九年业务计划。

**5552. 浙江实业银行附设储蓄处报告（中华民国二十七年份）** 4 32 开 有图表

包括《贷借对照表》及《损益计算表》，记录 1938 年 12 月 31 日前银行附设储蓄处营业情况报告。尾页有"右列各项表册均经监察人查核正确无讹"字样，并附有董事长、常务董事、董事、监察人的人名单。

**5553. 六年来的福建省银行** 福建省银行总管理处编 编者刊 1941 年 10 月 福建 4 + 40 32 开 有题词、有图表

本书分 3 章：银行的任务是什么、本行的诞生和成长、六年来的业务发展。附录收《福建省银行组织系统表》、《福建省银行分行处一览表》、《现任本行董事及监事人一览》。书前有严家淦序、丘汉平序。

**5554. 福建省银行民国三十一年份营业报告书** 1943 年 ［32］ 15.9cm×24.4cm 线装 有图表

本书分两章：资产负债表损益计算书纯利分配表、营业报告书。附录收《三十一年十二月底止本行董事及监察人一览》、《三十一年十二月底止本行各分支行处所在地一览》。出版时间据内容推断。

**5555. 福建省银行民国三十年份营业报告** 1942 年 22 + 4 15.9cm×24.4cm 线装 有图表

本书分两章：资产负债表损益计算书纯利分配表、营业报告书。附录收《三十年十二月底止本行董事及监察人一览》、《三十年十二月底止本行各分支行处所在地一览》。出版时间据内容推断。

**5556. 福建省银行五周年纪念册** 福建省银行编 1940 年 10 月 4 + 70 + 34 16 开 精装 有照片、有题词、有图表

包括本行简史、五年来本行之各项业务、参考资料、统计图、福建省经济提要等。另附有本行现任董监题名、中外度量衡制度表。卷首有林森、孔祥熙、孙科等多人题词。

**5557. 湖南省银行二十九年度中心工作** 1941 年 8 32 开

**5558. 川康平民商业银行储蓄部决算报告表** 川康平民商业银行储蓄部编 编者刊 1937 年 1 折 27.5cm×17.5cm 有图表

收录《川康平民商业银行储蓄部资产负债表》、《川康平民商业银行储蓄部损益表》（1937 年 9 月 21 日起至 12 月 31 日止）。

**5559. 川康平民商业银行决算报告表** 川康平民商业银行编 编者刊 1937 年 1 折 27.5cm×17.5cm 有图表

收录《川康平民商业银行资产负债表》、《川康平民商业银行损益表》（1937 年 9 月 21 日起至 12 月 31 日止）。

**5560. 四联总处四川省农贷视察团报告书（中华民国三十一年八月）** 中中交农四行联合办事总处秘书处编 编者刊 1942 年 8 月 7 + 74 16 开 有图表

1941 年度中、中、交、农 4 行发行农贷中有 32% 在四川，故此四行组织专人入川调查，本报告即为其书面材料。分为总述、合作贷款农田水利、农贷推广等部分，另有附件 11 件。

**5561. 重庆市银行业近况（一九三九年）** 四川省政府建设厅印行 1939 年 2 + 30 16 开

本书分6个部分：绪言、本省公私立银行概况、国立银行、外省省立银行、外省私立银行、赘语。

**5562. 办理赣省复区农贷报告**　中国农民银行赣州分行　1943年12月　1+25　32开　有图表

本书分6个部分：绪言、复区各县调查概况、贷款办理实况、贷款成效、对于办理此项贷款意见、附表。

**5563. 中华民国银行商业公会联合会第一届会员代表大会提案**　中华民国银行商业同业公会联合会秘书处印　14+152［环筒叶］　19.9cm×26.8cm　油印、线装

## 地方金融

**5564. 山西省主张公道团总团部为稳定金融告人民书**　山西省主张公道团总团部编　编者刊　1937年7月出版　14　32开

宣传小册子。

**5565. 浙江金华兰溪二县战时金融业及货币调查**　赵德民调查　国民经济研究所　1939年2月　2+6　16开　货币金融门概况类第4号（总第105号）

本书共两部分："金、兰两县战时金融业概况"部分包括中国及交通银行、中国农民银行、浙江地方银行、兰溪县农民银行；"金、兰两县通行之货币"部分包括纸币和硬辅币的情况。

**5566. 湖南省金融概况**　湖南省银行经济研究室编　编者刊　1942年1月　［湖南］　4+228　大32开　有图表　湖南省银行经济丛刊之八　邱人镐、周维梁主编

本书分8章：绪论、湖南之银行业、湖南银行业之中枢——湖南省银行、湖南之合作金融、湖南省取缔私钞状况、湖南各地利率及汇率、结论。书前有丘国维弁言。

**5567. 战时中之武汉钱业**　蒋滋福调查　国民经济研究所　1938年5月　6　16开　有图表　货币金融门钱业类第2号（总第19号）

**5568. 战时广东之银钱业**　中央银行经济研究所编　编者刊　1941年12月　14　16开　有图表　经济情报丛刊　第9辑

本书共6部分，分别为：银行业、各银行之业务概况、钱庄业、典当业、法币流通状况、结语。介绍广州沦陷后，广东省银钱业的状况。

**5569. 最近广东省之金融概况**　中央银行经济研究处编　编者刊　1941年7月　2+22　16开　有图表　经济情报丛刊　第6辑

本书共4部分，分别为：纸币之种类及流通状况、各行局钞卷之运济情形、华侨汇款概况、一年来广东汇兑与贴放。

**5570. 香港金融**　姚启勋著　1940年1月初版　22+218　32开　有照片、有题词、有图表

本书分3编：总论、香港金融市场组织、香港金融行情。书前有谢霖序、许性初序、朱博泉序、朱斯煌序、钱祖龄序、慎微之序及著者自序。书后附录7个。

**5571. 二十八年度四川省合作金融年鉴**　四川省合作金库编　编者刊　1940年1月　成都　2+84　32开　有图表

收录本库铺设县库概况、省县库之业务范围、省县库业务发展史略、贷款用途之分析、省县库之放贷业务等分析总结12项。附录包括1939年县库放款还款、存款付款、收入付款数量、支付汇

款数量等各种表 8 个。

**5572. 四川内地金融考察报告**　杨宗序著　独立出版社　重庆　111　32 开　有图表

本书介绍了对四川银行业、钱庄业、典当业、货币流通状况及合作金融的考察。附录收《西南经济资料索引》。

**5573. 重庆市票据交换制度**　杨承厚编著　中央银行经济研究部　1944 年 1 月　重庆　8＋140　32 开　有图表　中央银行经济研究处丛刊

本书分 4 章：渝市过去票据交换制度之沿革及其顿挫之原因、渝市恢复票据交换制度之酝酿及其理由、渝市票据交换之恢复及其制度之内容与特点、渝市票据交换制度推行之情形效果及其展望。书前有孔祥熙所作序及弁言。书后附录 5 份文件：《中央银行办理票据交换办法》、《中央银行附设票据交换行庄保证准备估价委员会办事规程》、《未实行票据交换区域之四行两局间票据收解办法》、《中央银行成都分行开办票据交换之始末》、《最近上海票据交换制度变动之重要资料》。

**5574. 重庆市资金分配情形**　经济部统计处编　编者刊　1943 年 2 月　15　16 开　有图表　经济统计丛刊　第 2 种

包括绪论、重庆市各业资本之分配情形、重庆市银钱业各类放款之分配情形、重庆市各工商行号借入资金之分配情形、重庆市银钱业各类投资之分配情形、结论。附录收《重庆市资本分布图表》。

# 合 作

**5575. 中国当前合作经济问题之研究**　寿勉成讲，中央训练团党政高级训练班编　编者刊　1944 年 5 月　2＋48　32 开

本书分 10 节：关于合作事业之终极目标、关于合作事业之计划建设、关于合作制度之宪法规定、关于合作组织之指导制度、关于合作经济之中心事业、关于合作事业之财政金融、关于合作事业之经营原则、关于合作经济之发展限度、关于合作组织之社会基础、关于合作组织之国际合作。

**5576. 中国合作建设**　蔡日秋著　建国出版社　1941 年 3 月　成都　6＋52　32 开　建国丛书　第 1 辑第 7 种

本书共 10 部分：各种合作社共同组织办法、生产合作、运销合作社、供给合作社、消费合作社、公用合作、信用合作社、保险合作社、战时合作、合作事业之前途。书前有著者序言。

**5577. 中国合作经济问题**　寿勉成著　正中书局　1938 年 6 月初版，1940 年 2 月 4 版国纸本，1944 年 2 月 6 版正中纸本　南京　5＋229　大 64 开　合作学院丛书　中央政治学校合作学院主编

本书共 17 章：合作运动与国家建设、心理建设与合作事业、合作运动的动因是什么、合作社制度与财富分配、关于中国合作事业的体系、合作事业与经济建设、如何推广我国的合作事业、我国合作社的组织问题、关于合作事业经营经济的几个原则、我国合作事业的金融问题、我国今日的合作教育及其问题、我国今日的合作行政及其问题、合作建设与经济冲突、合作组织的特殊机能、我国应积极推进合作事业以巩固战时经济及民众组织之基本机构议、明日中国的合作运动。书前有自序，书后附《中国合作运动纲领草案》。

**5578. 中国合作经济政策研究**　寿勉成著　中国合作事业协会　1944 年 5 月初版　7＋516　32 开　有图表

本书共 10 部分，分别为：合作理论与三民主义、合作事业与经济建设、合作金融与金融建设、合作行政与合作运动、合作教育、合作组织、合作业务、合作动员、其他、结语——中国当前合作问题之研究。书前有自序。

**5579. 中国合作经济政策研究** 寿勉成著 中国合作事业协会 1947 年 4 月增订再版 6 + 382 大 32 开 有图表

本书共 10 部分，分别为：合作理论与三民主义、合作事业与经济建设、合作金融与金融建设、合作行政与合作运动、合作教育、合作组织、合作业务、合作动员、其他、结语——中国当前合作问题之研究。书前有自序。

**5580. 中国合作新论** 尹树生著 合作评论社 1944 年 1 月初版 5 + 135 32 开 合作评论社丛书第 3 种

分 4 部分：总论包括对中国合作事业的认识、中国合作运动的特质和演进；合作机能包括《合作事业与县政建设》、《合作事业与战时经济》、《合作事业与难民垦殖》等 5 篇文章；合作义务包括《合作义务的出路》、《论我国的工业合作》等 4 篇文章；合作推进包括《合作行政与合作指导》、《如何推进县各级合作社》等 4 篇文章。附录收《县单位合作事业发展计划》、《合作工作人员的修养》、《合作问题漫谈》。有作者序。

**5581. 中国合作运动史** 寿勉成、郑厚博著 正中书局 1937 年 3 月初版，1940 年 3 月 4 版国纸本，1943 年 11 月 6 版正中纸本 南京 10 + 350 32 开 有图表 合作丛书 第 13 种 中央政治学校合作学院主编

本书共 10 章，分别为：绪论、初期合作运动、国民政府奠都南京后之合作运动、合作社状况、促进合作运动之机关团体、合作行政与合作指导、合作辅导制度、合作教育、金融机关与合作运动、现阶段中国合作运动之特质及其前途。其中 1937 年 3 月初版为精装本，有照片。

**5582. 中国之合作事业** 寿勉成著 独立出版社 1941 年 4 月初版 4 + 90 32 开 中央政治学校研究部新政丛书

本书共 5 章，分别为：绪论、合作事业与经济建设、中国合作事业之回顾、战时国内合作事业的演进、今后合作事业的进展与前途。

**5583. 组织合作社须知** 经济部农本局编 编者刊 1938 年 9 月 42 32 开 有图表

包括认识合作、发起筹备、召集创立会、理事监事就职、增加社员、呈请登记、接受调查及指导、领取证书、刊制图记、启用图记、呈报当地党部、业务经营、年度报告、合并登记、解散登记和清算登记等。附《合作社法》、《合作社法施行细则》、《划一合作社名称说明书》。封二为"合作社行政设施之十五原则"。封三为"仿印本书者注意"。封底为"国民政府令"。

**5584. 合作概要** 1940 年 11 月 56 32 开 四川省训练团讲义

本书分为 4 章：合作社的定义、合作社的组织与经营、合作事业的种类、保甲与合作之关系。附录收《合作社法》。

**5585. 合作社** 钮长耀编著 商务印书馆 1937 年 6 月初版 上海 3 + 71 32 开 社会教育小丛书

本书共 4 章：绪论、社务进行、业务经营和合作训练。

**5586. 合作社系统说明书** 经济部农本局编 编者刊 1938 年 9 月 11 32 开

封面注："本书简称'系统说明'本版简称'第一版'"。

**5587. 合作社章程准则六种**　经济部农本局编　编者刊　1938 年 9 月　2 + 48　32 开　有图表

本书于 1936 年 11 月 11 日前实业部以合字第五五七号部令颁发各省主管机关遵照办理。本书仿《工会章程准则》，定名为《合作社章程准则》，内列各种合作社章程准则 5 种，联合社章则 1 种，均系依照 1935 年 9 月 1 日施行之合作社法暨同法施行细则拟订。封面注："本书简称'章程准则'本版简称'第二版'"。

**5588. 合作社之理论与实际**　冯绍文著　佩文斋书店　1937 年 5 月初版　北平　13 + 254　32 开

共 7 章：合作社的性质、合作社的沿革、合作社的种类、合作社的要素、合作社的设立、解散、合并、清算及监督、合作社的联合机关、合作社的经营。书后附《合作社法及合作社法施行细则》、《标准章程》。

**5589. 合作社之理论与实际**　冯绍文著　佩文斋书店　1939 年 5 月再版　北平　14 + 340　32 开

共 7 章：合作社的性质、合作社的沿革、合作社的种类、合作社的要素、合作社的设立、解散、合并、清算及监督、合作社的联合机关、合作社的经营。书后附《合作社法及合作社法施行细则》、《标准章程》。

**5590. 合作事业（合作与国民经济建设）**　寿勉成著　中央训练团　1939 年 6 月　58　32 开

此书为中央训练团党政训练班演讲录。分 5 节，包括中国合作运动的发展史、合作与经济建设的理想、制度、实施情况以及如何完成中国的合作组织等内容。

**5591. 合作问题解答五十则**　经济部农本局合作指导室编　编者刊　1938 年 9 月　[13]　32 开　经济部农本局合作指导室刊物　第 2 种

本书根据前实业部合作司出版的《合作行政》中的相关章节编辑而成，供合作主管登记及指导人员参考。书前有编辑范例。

**5592. 合作行政**　张逸编著　中央训练委员会　1943 年 5 月　重庆　6 + 184 + 4　32 开

本书系县各级干部人员训练教材，共 10 章：绪论、合作政策、合作法规、合作行政机关、合作行政人事制度、合作行政与合作金融、合作行政三联制、合作行政之实务（上、中、下）。附录收《合作社法》、《合作社法规施行细则》、《县各级合作社组织大纲》、《中国合作化方案》。有编辑大意和寿勉成序。

**5593. 合作与国民经济建设（中央训练团党政训练班讲演录）**　寿勉成著　中央训练团　1939 年 12 月，1940 年 1 月，1940 年 5 月，1941 年 5 月，1943 年 4 月　56　32 开　有图表

记述中国合作运动史，并从经济建设的理想、制度及实施等方面论述合作政策的必要性，以及完成合作组织的方法。1940 年 5 月版、1941 年 5 月版、1943 年 4 月版增加附录，包括《总裁对全国合作会议训词》、《全国合作会议总决议案》、《合作运动之原理体系与目标》、《全国合作社及社会历年之增加概况表》等。

**5594. 合作运动发展史论**　尹树生著　合作评论社　1943 年 5 月初版　重庆　6 + 142　32 开　有图表　合作评论社丛书第 2 种

本书共 4 章：合作运动的起源、合作运动的类型、各国合作运动的形态、合作运动的演化。附录收《中国合作运动的特质》。

**5595. 合作指导**　寿勉成编著　正中书局　1941 年 9 月初版，1943 年 3 月 3 版机纸本　4 + 76　32 开　有图表　民众教育馆实施小丛书之六　教育部社会教育司主编

本书共 6 章，分别为：合作的概说、合作的机能、合作社的组织、合作社的经营、我国合作事

业的历史和现状、结论。书前有编辑凡例。书后附5个讨论问题和6个参考书目。封面有题赠。

**5596. 消费合作社的组织与经营** 陕西省合作供销业务代营局编 ［编者刊］ 1941年 50 32
开 有图表 陕西省合作供销业务代营局丛刊之一

本书分4部分：概说、消费合作社的组织、消费合作社的经营、怎样使消费社办成功。书后附
录收《责任保证某县某村消费合作社章程》、《消费合作社业务计划程式及说明》、《消费合作社应
用账簿表格一览表》、《陕西省合作供销业务代营局代办各合作社应用书表办法》。

**5597. 消费合作社经营论** 潘鼎元编著 中国合作学会 1941年10月 44 32开 有图表 中国
合作学会丛书之一

本书共10章，包括消费合作的意义、消费合作的起源、消费合作的组织、消费合作的资本、
消费合作的进货、消费合作的存货及漏货、消费合作的销售、消费合作的盈余分配问题、消费合作
的布置、消费合作的连带事业。

**5598. 消费合作社之组织和经营** 经济部合作事业管理局编 编者刊 1940年5月 28 32开 有
图表

**5599. 怎样办理消费合作社** 徐树焜著 民团周刊社 1939年5月初版 南宁 22 64开 有图表
丙种丛刊 第二种 基层建设丛刊 第四辑之五

分3部分：消费合作社的意义和效用、消费合作社的组织和经营、消费合作社的盈余和结算。

**5600. 怎样设立各种合作社** 寿勉成编著 正中书局 1942年10月初版，1943年11月3版 重庆
2+102 32开 宪政小丛书

本书分12章：合作的意义、合作的演进、怎样组织各种合作社、合作社的事业、合作金库是
什么等。附录收《合作社法及其施行细则》、《县各级合作社组织大纲》、《全国合作会议总决议
案》。书前有合作歌及全国合作会议总裁训词。

**5601. 战时的合作社** 李安民编著 中华平民教育促进会 1938年6月 长沙 28 12.5cm×
14.7cm 农民抗战丛书

本书分两部分：合作的组织和经费、合作社在战时的贡献。

**5602. 战时合作事业** 王武科编著 正中书局 1942年12月初版 重庆 4+86 32开 有题词
战时丛书

本书分6章：绪论、战时合作行政、战时合作金融、战时工业合作、战时农业合作、结论。书
前有作者自序。

**5603. 抗战以来之合作运动** 中国合作事业协会编 编者刊 1946年5月 2+74 32开 有插图、
有题词、有图表

本书分9个部分：前言、制度之建立、计划之厘定、组织之开展、业务之充实、金融之调查、
教育之推定、社团之活动、结语。书前有"献言"及说明书。

**5604. 今日之中国合作运动** 陈惠武编著 中央政治学校合作学院 1940年1月初版 重庆
[58]［环筒叶］ 15cm×24.2cm 线装 有图表 合作运动丛刊第1辑 中央政治学校合作学院
主编

本书分9章：引言、战前中国合作运动概述、抗战爆发后中央对合作事业的设施、工业合作事
业的兴起、最近我国的合作事业概况等。附录收《修正合作社法》。稿本。

**5605. 筹设合作新农村计划草案**　徐学禹著　28［环筒叶］　19.6cm×27.8cm　油印、线装

分10部分：引言、目的、地点、组织、进行步骤、新村制度、新村概算、贷款清还办法、全数贷款担保品、全村公款收支预计。

**5606. 指导制度及其实施办法**　经济部农本局合作指导室编　编者刊　1939年2月编刊　4+79　32开　有图表　经济部农本局前合作指导室刊物　第3种

包括前言、凡例、指导制度表解、说明指导制度、单位社之直接指导、登记后之指导、社员训练、单位社员讲习会等。附录收《农本局合作指导室职员外勤须知》、《合作行政设施之十五原则》。

**5607. 指导制度及其实施办法**　经济部农本局合作指导室编　编者刊　1939年8月仿印　4+74　32开　有图表　经济部农本局前合作指导室刊物　第3种

包括前言、凡例、指导制度表解、说明指导制度、单位社之直接指导、登记后之指导、社员训练、单位社员讲习会等。

**5608. 盐务合作问题**　景学铸著　独立出版社　1941年4月初版　重庆　10+143　32开　有图表　中央政治学校研究部新政丛书

全书分4章：先来一个个例、解决两大问题、盐务合作化、结语。另有附录。卷首有刘振东序及自序。

**5609. 农业国家合作问题与方法**　甘贝尔著，黄肇星译　商务印书馆　1940年11月　长沙　12+124　32开　南开大学经济研究所丛书

共12章：绪论、合作的需要及其推动的步骤、信用、无限责任信用合作社、政府的协助、银行放款、合作社的联合组织——联合社及合作银行、兼营合作社、运销合作社、薪工人员合作社、消费合作社、结论。书前有何廉、方显廷、瞿菊农序。

**5610. 组织农会与合作社**（1）　农业促进委员会印行　重庆　4　32开

本书内容为"农会与合作社是怎样的组织"，分4个部分：组织利益、组织原则、组织方法、成功的要素。

**5611. 组织农会与合作社**（2）　农业促进委员会印行　重庆　4　32开

本书内容为"农民为什么要组织农会与合作社"，分5个部分：什么是农会和合作社、为什么要组织农会和合作社、农会和合作社怎样组织、农会和合作社要举办的事业、农会和合作社如何才可以成功。

**5612. 工合社员课本**（第一册）　中国工业合作协会东南区办事处组织组编　编者刊　1939年4月　40　32开

**5613. 县（市）合作金库规范汇编**　经济部农本局编　编者刊　1938年7月，1940年10月再版　2+220　16开　有图表

本规范汇编含4类。合作金库类包括合作金库的意义和进行步骤、合作金库应用书表文件、会计规程等；合作社类包括信用合作社章程、办事细则及手续、应用报表文件；合作及有关法规章则类、合作组织指导及登记类。

**5614. 各省县市办理合作社登记须知**　经济部农本局著　编者刊　1938年9月　重庆　2+58　32开　有图表

本书分 8 部分：登记意义、关于登记之法规条文、书类、事前调查、审核手续等。附录收《各省市县局办理合作社登记分期办法》、《组织合作社须知》、《合作社法》、《合作社法施行细则》等 5 种。附《各省市县局办理合作社登记分期办法及组织合作社须知》。封面注有"本书简称'登记须知'，本版简称'第三版'"字样。

**5615. 三十一年度各省市合作事业工作报告** 社会部合作事业管理局编 编者刊 1942 年 2＋100 16 开 有图表

本书记述了 1942 年各省市合作工作总检讨及浙江省、安徽省、江西省、湖北省、湖南省、四川省、西康省、河南省、山西省、甘肃省、福建省、广东省、广西省、云南省、贵州省、绥远省、宁夏省、重庆市 1942 年合作事业工作报告。出版时间根据题名推断。

**5616. 社会部合作事业管理局工作概况** 社会部合作事业管理局编 编者刊 1943 年 3 月 6＋102 32 开

本书共 8 部分：加强合作行政、推进合作组织、充实合作业务、办理合作教育、改善合作金融、举办合作实验、推进合作竞赛、办理调查统计。附录收《本局组织系统图》、《本局组织条例》、《本局全国合作人员训练所组织规程》等 9 件。寿勉成作弁言。

**5617. 孔理事长对本会第二届工作会议全体代表训词** 孔祥熙讲，蔡兆漉速记 中国工业合作协会 1940 年 7 月 21 32 开

**5618. 工合运动在西北** 中国工业合作协会西北区办事处编辑 编者刊 1940 年 6 月初版 10＋214 32 开 有插图、有图表

本书分 7 章：绪言、西北区办事处概述、工作现状报导、辅助事业一般、承制军毯概要、工业合作社之联合组织、工合运动之展望。

**5619. 战时首都合作事业从业员名录** 刘崐水编 中国合作事业协会 1945 年 11 月 重庆 2＋90 32 开 有图表

**5620. 甘肃合作事业报告** 甘肃省合作事业管理处编 编者刊 1942 年 兰州 44 页 32 开 有图表

该书概述了甘肃省 1942 年的合作事业概况。以书中内容及图表推断出版时间。

**5621. 宁夏合作事业**（一） 宁夏省政府建设厅编 编者刊 1941 年 1 月 6＋18 32 开 有照片、有图表 建设丛书

收录《宁夏省政府建设厅二十九年度推行合作事业概况》及相关统计资料。

**5622. 宁夏合作事业**（二） 宁夏省政府建设厅编 编者刊 1942 年 1 月 2＋72 32 开 油印 有图表 建设丛书

收录《宁夏省政府建设厅三十年度推行合作事业概况》。附录收《本省合作视察员服务规则》、《本省合作视察员工作大纲》、《本省各县政府办理合作社登记事务暂行办法》等 22 种相关文件。

**5623. 宁夏合作事业**（三） 宁夏省政府建设厅编 编者刊 1943 年 1 月 72 32 开 油印 有图表 建设丛书

收录《三十一年度宁夏合作事业之工作总报告》、《对本省合作事业今后动向之检讨》。书前有编者前言及绪言。附录收《宁夏省政府建设厅三十一年度第一次合作事业工作讨论会纪录》、《宁夏省政府建设厅三十一年度举行第二次合作事业工作讨论会议案摘要》、《宁夏省县各级合作社组织大

纲实施办法》、《宁夏省专营垦殖生产合作社业务推进办法》、《三十一年度宁夏省各县保社储粮竞赛办法草案》。

**5624. 安徽省战时合作事业推进概况**　1941年2月　24　16开　有图表

本书分4部分：指导方面、社务方面、业务方面、金融方面。

**5625. 浙江省第九区战时物产调查事业概况**　浙江省战时物产调整处第九区分处编　编者刊　1938年12月　浙江　6+64　32开　有图表

本书分6部分：本区分处成立经过情形、本区分处督导合作事业情形、本区分处督导农仓事业情形、本区分处督导交易公店事业情形、本区分处办理其他物产调查事业情形、本区各县办理物产调整事业情形。附录分5部分，包括《浙江省战时物产调整处第九区分处组织规程》、《本区分处十个月来收发文件统计》等。书前有陈仲明、徐曰琨作序。封面有题赠。

**5626. 浙江省合作事业促进会合作服务团**　浙江省建设厅合作事业管理处、浙江省合作事业促进会合作服务团合编　1940年3月　21　32开　有照片、有图表　战时合作事业报告丛刊

本书包括浙江省合作事业促进会合作服务团概况、章程、第一期工作计划大纲、第二期工作计划大纲。书前有合作服务团团歌。

**5627. 浙江省战时合作工作队**　浙江省建设厅合作事业管理处、浙江省战时合作工作队合编　1940年3月　1+46　32开　战时合作事业报告丛刊

本书分6部分：成立经过、组社状况、事业进行之一般、困难问题之一般、今后动向、附录。

**5628. 浙江省战时合作工作队**　陆合丰著　江南出版社生产合作社　1941年4月初版　丽水　28　32开

本书分4部分：在抗战中成长了起来、做了些什么工作、工作的总检讨、今后动向。附录收《浙江省战时合作工作队组织规程》、《浙江省战时合作工作队办事细则》、《浙江省战时合作工作队计划大纲》、《战区合作工作队队员须知》、《浙江省战时合作工作队工作计划纲要草案》。书前有序和合作之歌。

**5629. 福建省合作事业五年计划**　福建省政府建设厅合作事业管理局编　编者刊　1940年11月　62　32开　有图表

本书分4部分：合作组织、合作业务、合作训练教育、合作金融。

**5630. 福建省战时合作事业纲领**　福建省合作事业管理处订　编者刊　1938年7月　26　32开

本书分5部分：合作行政、合作组织、合作训练、合作业务、合作金融。

**5631. 河南省合作事业管理处三十一年度工作简报**　1943年　4+16　32开　有图表

本书分6部分：工作准则、工作方式、调整机构、进度标准、指导原则、工作成绩。附相关表格9幅。出版时间据内容推断。

**5632. 河南省合作事业管理处施政报告**　1940年　1+18［环筒叶］　16开　油印　有图表

本书分7章：绪言、合作行政机构调整、合作工作设施之确定、合作教育之推进、合作组织之加强、合作业务之发展、合作协会组织之建立。附相关表格6幅。

**5633. 川康工合事业**　中国工业合作协会川康区办事处编　编者刊　1940年7月　62　16开　有插图、有图表

本书分3编：川康工合事业之鸟瞰、各事务所之工作、今后的川康工合事业。书前有前言。书

后附成都事务所教育股工作报告。有题赠。

**5634. 民国二十七年度四川省合作金融年鉴** 四川合作金库编 编者刊 1938 年 成都 4 + 759 32 开 有图表

收录《二十七年度之四川合作金融》、《农村工业化与抗战建国》、《长期抗战中推进合作事业之管见》、《改善地方金融机构与合作金库应负之新使命》、《合作建设纲领》5 篇论著，并以表格形式收录了四川合作金融概况、四川合作事业概况、四川各项社会调查、特产调查等资料。书后附录西南经济调查合作委员会四川经济考察经过报告。

**5635. 四川合作事业概览** 四川省合作事业管理处编 编者刊 1940 年 3 月 2 + 112 16 开 有图表

含合作行政、合作指导、合作组织、合作金融、合作业务、合作教育以及其它有关合作事项等7 个部分。书前有许昌龄之导言。

**5636. 卅一年度之重庆工合事业** 中国工业合作协会重庆事务所、重庆市工业生产合作社联合社编 编者刊 1943 年 4 月 4 + 58 16 开 有图表

本书分 3 个部分：一年来之重庆工合联合社、一年来之重庆工合单位社、附录。书前有卷首语。

**5637. 云南省合作年鉴** 中国合作事业协会云南省分会研究组编 云南省合作事业管理处 1941 年 2 + 38 32 开 有图表

本书分 12 章：概述、云南合作事业委员会、云南省建设厅合作事业管理处、中国工业合作协会滇黔区办事处、昆明县合作事业委员会、云南合作保健会等。书前有杨体仁所作序。

**5638. 罗虚戴尔先驱公平社概况** G. Holyoake 原著，Mme. Vve. Godin 法译，彭师勤汉译 全国合作社物品供销处 1944 年 12 月 2 + 101 32 开

本书共 16 章：先驱社的背景与目的、先驱社的开幕、照购买额分配盈余、先驱社初期的发展、先驱社的社章、小组的办法徒劳无功、反对派的社员、合作面粉制造厂的危机、合作运动之精神方面的成就、著名的二十八位、前途的暗礁——劳动分配盈余之权、四个危险的年头——棉产歉收、批发业务分店与中央货店、互济组织、先驱社的教育部门、结论。

**5639. 罗虚戴尔先驱公平社概况** G. Holyoake 原著，Mme. Vve. Godin 法译，彭师勤汉译 中国合作图书用品生产合作社 1947 年 2 月增订再版 南京 22 + 100 32 开 中国合作事业协会丛书 中国合作事业协会编辑

本书共 16 章：先驱社的背景与目的、先驱社的开幕、照购买额分配盈余、先驱社初期的发展、先驱社的社章、小组的办法徒劳无功、反对派的社员、合作面粉制造厂的危机、合作运动之精神方面的成就、著名的二十八位、前途的暗礁——劳动分配盈余之权、四个危险的年头——棉产歉收、批发业务分店与中央货店、互济组织、先驱社的教育部门、结论。书前有彭师勤《罗虚戴尔诸先驱的伟业》（代序之一）和季特讲《罗虚戴尔与莫斯科》（代序之二）。书后附《罗虚戴尔公平先驱社小史》。

**5640. 中国工业合作协会工作简报** 16 32 开 有照片

本书分 8 个部分：绪言、中国工业合作协会之成立、总办事处工作概况、中国工业合作协会之财政状况、西北区办事处概况、西南区办事处概况、东南区办事处概况、结论。封面题作"中国工业合作社报告书"。

**5641. 中国工业合作社**　1938 年 7 月　汉口　2 + 73　32 开　有照片、有插图

本书分两章：中国切迫需要建设经济国防、建设新经济国防之计划。书后有附录。

**5642. 中国工业合作社协会二周纪念特刊**　中国工业合作协会　1940 年 7 月　2 + 70　16 开

本书分 4 个部分：论著、调查报告、各地工作概况、转载。

**5643. 中国工业合作协会西南区办事处二十八年度工作报告书**　2 + 6　16 开　有插图、有图表

本书分 3 个部分：绪论、各所、其他。书后有附录。

**5644. 中国工业合作协会湘桂区一瞥**　中国工业合作协会湘桂区域办事处编　编者刊　1942 年 12 月　2 + 27　32 开　有图表

本书分 4 个部分：本会应运而生、本处的设立和演进、本区的工作种种、本区的新希望。

**5645. 中国工业合作协会西北区办事处工作报告（民国二十七年九、十两月份）**　［1938 年］　13　32 开　有插图

**5646. 中国工业合作协会工作概况**　1 + 18［环筒叶］　16 开　油印　有插图、有图表

本书分 9 个部分：缘起、组织、工作区域、组导概况、生产概况、供销概况、贷款概况、教育福利、其他工作。

**5647. 中国工业合作协会工作概况**　［1939 年 5 月］　1 + 114　16 开　有图表

本书分 8 个部分：工业合作运动之使命及其特点、本会工作概况、西北区办事处工作报告、西南区办事处工作报告、川康区办事处工作报告、云南省办事处工作报告、本会工作计划书二十八年七月至二十九年六月、本会各区工业合作社社名录。封面题有"民国二十八年五月在工业合作出品展览中印发"字样，据此推定刊印时间。

# 劳动经济

**5648. 非常时期之工人**　何汉文著　中华书局　1937 年 3 月　上海　4 + 74　32 开　非常时期丛书　雷震、马宗荣、徐逸樵、罗鸿诏主编

本书分 4 章：非常时期之工业与工人、非常时期之劳动供应问题、非常时期之劳动保护及非常时期工人之责任。书前有"总序"和"绪论"。

**5649. 劳动服务与工役宣传纲要**　中央宣传部编辑　国民政府军事委员会政治部　1939 年 6 月　36 + 1　32 开　有图表

**5650. 劳工政策与劳工问题**　史维焕讲　中央训练团党政高级训练班编　编者刊　1943 年 6 月　2 + 12　32 开

分 3 个部分：劳工政策与劳工问题大纲、我国战时及战后之劳动问题、劳工政策实施纲要。

**5651. 人力动员论**　朱敦春著　国民图书出版社　1943 年 9 月初版　重庆　2 + 44　32 开

本书论述了如何开发人力资源问题。分 6 部分：怎样完成人力动员的使命、兵役第一（论《国家总动员法》第九条）、支配人力的要点（论《国家总动员法》第十条）、根绝人力浮动的病因（论《国家总动员法》第十一条）、限制一切人力的浪费（论《国家总动员法》第十二条与十三条）、强化一切劳力管制（论《国家总动员法》第十四条）。

**5652. 一九三九年之中国劳工界**　程海峰著　国际劳工局中国分局　50　16 开

《国际劳工通讯》第 7 卷第 7 期抽印本。包括 9 部分：一般经济环境、就业与失业、移民、生活费与工资、劳资争议、劳工运动、劳工福利设施、劳工立法与行政、国际劳工组织与中国。

**5653. 战时工役制度** 黄嗣崇著 汗血书店 1936 年 12 月 上海 2＋106 64 开 有图表 国防实用丛书之八 刘百川主编

本书共 3 章，概述我国战时工役制度中关于组织、童工、女工利用、工作时间、工资、工役福利设施及劳资调协等问题，并介绍了德国、英国、法国等三国的战时工役制度与劳动管理。

**5654. 战时工资问题之检讨** 中央银行经济研究处编 编者刊 1941 年 5 月 1＋21 16 开 有图表 经济情报丛刊 第 4 辑

本书共 5 部分，分别为：工资变动及其原因、工资变动与物价涨落、实际工资、劳工调整、结论。书前有前言。

**5655. 战时劳动统制** 朱通九著 独立出版社 1940 年 4 月初版 重庆 9＋69 32 开 有图表

本书分 4 部分：引言、我国劳动概况、战时劳动统制之原则、战前劳动统制之准备。

**5656. 战时劳动政策** 周敦礼著 中央训练团义务劳动高级人员训练班 1944 年 10 月 8＋180 32 开 有图表

本书分 4 章：战时劳动政策之意义及其重要性、各国战时劳力动员概况、各国战时劳动政策内容之分析、中国战时劳动政策。书前有著者前言，出版时间据此。

**5657. 战时劳动政策** 周敦礼著 社会部劳动局 1945 年 2 月 重庆 8＋192 12.9cm×18.1cm 线装

本书分 4 章：战时劳动政策之意义及其重要性、各国战时劳力动员概况、各国战时劳动政策内容之分析、中国战时劳动政策。书前有前言。

**5658. 战时宜昌劳动状况调查** 陈建棠调查 国民经济研究所 1938 年 7 月 2＋7 16 开 劳动门一般状况类第 1 号（总第 42 号）

本书共 4 部分，分别为：工人总数、店员总数、失业人数、各业工资举例。

**5659. 中国惠工事业** 吴至信著 世界书局 1940 年 8 月初版 上海 28＋243 32 开 有图表

本书分上、下两编共 14 章：总论、惠工待遇、惠工设施等。前言题为《中国惠工事业调查与编制之旨趣及方法》。有陈达、程海峰序言。

**5660. 中国劳动协会第三届会务报告** 中国劳动协会编 编者刊 1943 年 1 月 54 16 开 有图表

本书分 5 个部分：本会简史、第三届年会、两年来会务概况、本会会员统计提要、朱理事长出席纽约国劳大会及伦敦海事会议经过。书前有弁言。书后有附录。

**5661. 中国劳动协会第四届年会报告书** 中国劳动协会编 编者刊 1943 年 4 月 66 16 开

本书分 3 个部分：筹备经过、大会盛况、大会决议。书前有弁言。书后有附录。

**5662. 组织劳动力的参考材料** 晋察冀边区各界抗日救国联合会 1944 年 1 月 37 32 开 油印

内容包括 6 个部分：从寨沟村"拨工"说起、云彪的"拨工"和"包工"、繁峙两种劳力互助的介绍、西王柳口的青年生产竞赛是怎样开展起来的、反扫荡时期青年生产竞赛的经验教训、阜平抢稻斗争总结。

# 地方经济

**5663. 地方经济建设**　中国国民党中央执行委员会训练委员会编　编者刊　1942 年 11 月　4 + 146 + 4　32 开　训练教程之十二

本书分 7 章：绪论——地方经济建设之基本理论、地方经济建设的初步工作、地方经济建设事业（一）、地方经济建设事业（二）、地方经济建设事业（三）、民生主义社会的创造、地方经济建设中的几个问题。

**5664. 山西建设工作汇刊**　山西省政府建设厅编　编者刊　1941 年 10 月　[14] + 610　16 开　有照片、有插图、有题词、有图表

本书分 13 部分：行政概况、治河概况、农事概况、合作概况、工商概况等。有苏体仁、张联魁序及编辑例言。附录收《山西省临时政府筹备委员会实业厅施政概况及章则计划》。

**5665. 山西省政府战时三年建设计划**　山西省政府编　编者刊　1944 年　46　16 开　有图表

本书含计划概要、计划分类两部分，其中计划分类包括含民政、教育、财政、建设、粮政等方面。出版时间据内容推断。

**5666. 经济建设在西战场**　陈适怀编著　民族革命出版社　1939 年 21 月初版　2 + 142　32 开　有图表　战地文化丛书之四　梦回主编

全书分 3 章：序论——抗战中经济建设的动向、经济建设在西战场、对目前经济建设应有的认识。附录收《山西省抗战期内县村负担办法》、《晋察冀边区行政委员会制定合理负担实施办法》。

**5667. 西北建设论**　徐旭著　中华书局　1944 年 3 月初版　重庆　6 + 128　32 开

收录作者有关西北经济建设的文章 9 篇，包括《论现阶段的西北建设》、《论西北工业建设》、《论河西建设》、《论甘肃工业化》、《论安多区社会的建设》、《论甘肃藏区畜牧社会的建设》、《论藏区上海——拉扑楞的经济建设》、《论甘肃基层经济建设》、《论西北经济建设的基本问题》。附录收《藏区漫游散记》和《西北妇女生活》。

**5668. 西北经济建设论**　陈岱孙、胡焕庸、傅绍霖、丘咸执笔　独立出版社　1939 年 4 月初版　重庆　3 + 54　32 开　战时综合丛书　第 4 辑

该书介绍了抗战时期西北各省的经济建设情况。共分 7 章：总论、新疆的经济建设、甘肃的经济建设、青海的经济建设、宁夏的经济建设、西北的交通建设、结论。卷首有编前记与该丛书例言，卷末有编后记与讨论大纲。

**5669. 西北生产现状及改进办法**　中央银行经济研究处编　编者刊　1943 年 6 月　2 + 12　16 开　经济情报丛刊　第 16 辑

内分 5 章，分别为：引言、西北之矿产、西北之农林畜产、西北工业之现状和今后建设西北应注意之点。

**5670. 陕西省统计资料汇刊（中华民国三十一年十二月二十五日第三期）**　陕西省政府统计室编　编者刊　1942 年　陕西　8 + 315 + 6　16 开　有插图、有图表

本书包括 12 部分：一般、民政、财政、教育、农业、水利、交通、社会行政、合作、地政、卫生、军事。有李秾作序言及编辑例言。

**5671. 陕西省统计资料汇刊（三十四年辑第五期）**　陕西省政府统计室编　编者刊　1945 年　陕西

9 +221　16 开　有图表

本书分 15 类：历象、土地、人口、政治组织、农林、水利、工况、商业、合作事业、财政金融、交通、教育、卫生、社会、警卫。陕西省政府统计主任范宝信作序言。

**5672. 甘肃建设年刊**　甘肃省政府建设厅编辑　编者刊　1940 年　甘肃　302　16 开　有插图、有图表

本书包括论著、工作、计划 3 部分。论著收 4 篇：《矿业建设的重要性如何在西北方面推动起来》（阎锡珍）、《西北制革建皂两工业之原料概述》（胡逸耕）等；工作部分包括交通、水利、农林、工业、矿业、电政、市政、度政、气象、合作；计划部分收 13 篇。附录收《甘肃省政府建设厅及所属各机关组织系统表》等 3 篇。

**5673. 甘肃省经济概况**　1944 年　4 +220　16 开　油印

本书分 6 章：绪论、矿业、农业、畜牧业、工业、商业。封面印有"密件"字样。

**5674. 甘肃省建设事业辑要（三十年度）**　甘肃省政府编　编者刊　1942 年 2 月　30　32 开

本辑要简述了甘肃省建设的方针与原则。共分 7 节，介绍该省的农田水利、农林畜牧、矿业、工业、合作、交通等。附"驿运"一则。封面有"机密"二字。

**5675. 安徽推行基层经济建设办法**　安徽省建设厅编　编者刊　1943 年 2 月初版　2 +66　32 开　有图表　经济丛刊　第 6 种

本书分 5 部分：序言（储应时）、确定基层经济建设基本方针分县制订三年实施计划案、安徽省各县基层经济建设三年实施计划编制办法、安徽省乡镇造产实施细则、安徽省乡镇造产委员会组织章程。

**5676. 浙江经济统计**　顾文渊、朱浩涛、徐世治编　浙江地方银行总行　1941 年 12 月　浙江　8 +222　16 开　有题词、有图表　浙江地方银行经济丛刊之二

本书分 17 部分：疆界与地势、气象、行政区域、面积与人口、农业、水利、林畜、渔业等。书前有徐桴序、唐观源序及编辑例言。有题赠。

**5677. 浙江省第九区战时合作事业概况**　浙江省战时物产调整处第九区分处合作事业股编　浙江省战时物产调整处第九区分处　1938 年 11 月　浙江　4 +45　32 开　有插图、有图表

本书分 5 部分：本区分处办理战时合作事业概况、本区各县合作事业室筹设经过、本区各县战时合作事业经费状况、本区各县战时合作事业推进概况、本区各县办理战时合作事业之其他情形。书前有序，封底有题赠。

**5678. 昌化经济**　程梓彬、马锡恩编著　浙西民族文化馆　1942 年 1 月初版　18 +150　大 32 开　有插图、有图表　浙西抗建丛刊之二十二

收录《昌化经济调查报告》（程梓彬）及《昌化农村特定调查报告》（马锡恩）。

**5679. 永安县经济调查**　福建省银行经济研究室编　编者刊　1940 年 12 月初版　福建　207　32 开　有图表　福建经济调查丛刊

本书分 7 章：概述、农业、工业、商业、主要物产、交通、金融。书前有丘汉平序、凡例。

**5680. 于潜经济调查目录**　邱长虹、沈逸民编辑　浙江民族文化馆　1942 年 6 月　浙江　11 +108　32 开　有图表　浙西抗建丛刊之四十二

本书分上、中、下 3 篇：一般调查报告、于潜县农村特定调查报告、于潜农村经济实验调查。

书前有黄序、贺序、林序。

**5681. 湘建十年**　湖南省建设厅编　编者刊　1943 年 2 月　［湖南］　18＋232　32 开　有插图、有图表

本书记录了 1933 年至 1942 年 10 年来湖南省建设实施概况，分述湖南省交通、电讯、工业、矿业、农业、水利、合作、商业等诸方面情形。

**5682. 江西省政府建设厅抗战中建设工作报告**　杨绰庵编　江西省政府财政厅　1940 年 12 月　南昌　118　32 开　有照片、有插图、有图表

全书共分 3 章：前提、根据、进展，述及该省矿业、工业、商业、运输、通讯、水利等方面的建设成就。书中第 77 页，插有《江西省抗战后各年修培圩堤工程图》。

**5683. 江西经建服务简报**　杨绰菴编　1943 年 12 月　21　16 开　有照片、有插图、有题词、有图表

本书分 5 个部分：建设之首要在民生、实现民生主义的工作方针、工作检讨（附照片及图表）、会计简报、体验与观感。封面有题赠。

**5684. 福建经济研究**（上册）　福建省政府秘书处统计室编辑　编者刊　1940 年 9 月　永安　4＋252　32 开　有图表　福建调查统计丛书之二

本书分 5 部分：一般经济、地理、人口、农业、工业。书前有杜俊东所作丛书总序。

**5685. 福建经济研究**（下册）　福建省政府秘书处统计室编辑　编者刊　1940 年 12 月　永安　2＋344　32 开　有图表　福建调查统计丛书之二

本书分 6 部分：贸易、财政、金融、特产、盐业、交通。

**5686. 福建省经济建设参考资料目录索引**（经建资料目录索引第 1 号）　私立协和大学农学院农业经济学系编　编者刊　1942 年 11 月　福建　38　16 开　有图表

本索引分 12 类：一般经济、工业、农业、林业、渔矿业、交通、商业、财政金融、地政、粮政、合作和有关经济。前有陈兴乐作《本系设立资料室之动机及其经过》。

**5687. 湖北省统计提要**　湖北省政府统计室编　编者刊　1941 年 12 月　［武汉］　4＋204　16 开　有图表

本书系统计表册，共分 12 类：党务、政务、土地与人口、财政金融、教育、资源与工业、交通、物价等。卷首有编辑例言。

**5688. 湖南省建设汇编**（一建设厅、二农林、三水利）　湖南省建设厅编　编者刊　1940 年　［湖南］　［294］　32 开　有题词、有图表

本册收第一至第三编：建设厅、农林、水利，每编分沿革、组织、经费等方面。书前有余籍传序言，出版时间据序言推断。有题赠。

**5689. 湖南省建设汇编**（四合作、五工业、六商业、七矿业）　湖南省建设厅编　编者刊　1940 年　［湖南］　［296］　32 开　有题词、有图表

本册收第四至第七编：合作、工业、商业、矿业，每编分沿革、组织、经费等方面。

**5690. 湖南省建设汇编**（八交通电讯、九度政、十合办事业、十一其他建设、十二生产展望）　湖南省建设厅编　编者刊　1940 年　［湖南］　［356］　32 开　有图表

本册收第八编至第十二编：交通电讯、度政、合办事业、其他建设、生产展望，每编分沿革、

组织、经费等方面。

**5691. 粤东区统计实务**　秦元华编　财政部粤东盐务管理局职员训练班　1940 年　2 + 56　32 开
有图表

本书共 4 章，分别为：目录总论、盐斤统计、税收统计、盐价统计。出版时间依据封面编印时间推断。

**5692. 开发西南与抗战建国**　陈正祥编著　独立出版社　1939 年 6 月初版　重庆　52　64 开　抗战建国小丛书

本书探讨了西南开发的问题与抗战建国之密切关系及西南开发中的教育、工业、农业等各项事业的发展问题。

**5693. 飞跃中的西南建设**　国民出版社编　编者刊　1939 年 9 月初版，1939 年 10 月 4 版　金华　6 + 105　32 开　国民知识丛书第 1 辑

本书共分 6 章，分述四川、西康、云南、贵州、广西等地建设情况。

**5694. 西南经济建设论**　方显廷、陈抱隐、张国瑞、韦以黻执笔　独立出版社　1939 年 4 月初版
重庆　3 + 46　32 开　有图表　战时综合丛书　第 4 辑

本书论述了西南地区战时经济建设。共分 7 章：总论、西南经济建设与工业化、西南战时移垦刍议等。卷首有例言。

**5695. 西南经济建设研究**　徐德瑞著　重庆京华印书馆　1940 年 1 月初版　重庆　2 + 34　32 开

分 5 章：绪论、发展西南交通运输、改良西南农产品、西南工业建设之建议、结论。书前有作者自序。

**5696. 西南战时经济检讨**　徐孤星、陈于逸主编　国际文化编译社　1941 年 4 月　香港　16　16 开
有图表

本书收短论及通讯 5 篇：《论西南物价资金及其经济建设的窘状》（于逸）、《西南经济贫乏的剖视》（何崇廉）、《民食艰难的危机》（黄夏峰）、《重庆战时经济的实况》（陆白虹）、《蜀中秘闻》（胡为）。

**5697. 战时西南经济问题**　蒋君章编著　正中书局　1943 年 7 月初版　重庆　4 + 202　大 32 开　有图表　社会科学丛刊

本书介绍抗战时期的西南经济问题，其内容涵盖粮食、棉业、茶叶、桐油、丝业、水运等。卷首有编辑大意。内附《长江船运流通里数表》。

**5698. 川康建设方案**　国民参政会川康建设期成会　重庆国民公报　1939 年 9 月　重庆　2 + 50
32 开

本书包括 3 部分：甲，总说明；乙，方案，包括行政组织部分、兵役部分、治安部分、财政民生部分、经济建设部分、禁烟禁毒部分、教育部分、夷务部分、边区司法部分；丙，决议。

**5699. 川康建设方案**　［国民参政会川康建设期成会编］　1939 年 9 月　22　16 开

本书包括 3 部分：甲，总说明；乙，方案，包括行政组织部分、兵役部分、治安部分、财政民生部分、经济建设部分、禁烟禁毒部分、教育部分、夷务部分、边区司法部分；丙，决议。

**5700. 川康建设问题**　崔昌政著　国民图书出版社　1941 年 4 月初版　7 + 134　32 开

本书分 11 部分：川康建设之重要性、川康建设之优越条件、川康建设之先决问题、川康建设

之准备工作、川康建设之指导原则、川康之农业建设问题、川康之工业建设问题、川康之财政建设问题、川康之民生建设问题、川康教育建设问题、其他有关川康建设问题。书前有弁言，书后有尾语。

**5701. 川康经济建设委员会成立会暨第一次全体委员会议训词演词及报告**　川康经济建设委员会编　编者刊　1940 年 11 月　成都　40＋258　16 开　有图表

本书分 14 部分：训词、贺词、开会演词、报告、四川省政府经济建设报告等。出版时间据会议时间推断。

**5702. 国民参政会川康建设视察团报告书**　国民参政会川康建设视察团编　编者刊　1939 年 8 月　496　16 开　有照片、有插图、有题词、有图表

本书分 7 篇：总论、东路组视察报告、南路组视察报告、西路组视察报告、北路组视察报告、西康组视察报告、附录。书前有编辑凡例。

**5703. 开发四川资源方案**　四川省动员委员会资源组编　编者刊　1938 年 6 月　［76］环筒叶　16 开　有图表

分为动力资源（包括煤矿、石油、水力）、金属资源（包括铁矿、铜矿、金矿、铅、锌、锑、镍）、化学资源（包括食盐）、服装资源（包括棉花、羊毛、麻、丝、皮革）等 4 个部分。

**5704. 四川省建设统计资料提要**　四川省政府建设厅　编者刊　1938 年 2 月　［663］横 16 开　有图表

本书主要内容为四川省经济概况以及农、林、水利、矿业、工业、商业、交通等各项统计。

**5705. 四川省经济建设三年计划草案（大纲）**　四川省生产计划委员会编　编者刊　1940 年 10 月　［120］　16 开　有图表

本书分 4 个部分：水电、农林、工矿、交通面。书前有编者叙言。封面印有"机密"字样。

**5706. 四川省经济建设三年计划草案**　四川省生产计划委员会编　编者刊　1940 年 10 月　［880］16 开　有图表

本书分 4 部分，主要内容包括四川省水电、农林、工矿、交通 4 个方面。书前有编者叙言。封面印有"机密"字样。

**5707. 四川省政府建设厅三十二年度施政计划**　1943 年　28　16 开

本书共 14 部分：建设行政、合作、工业、矿业、电业、驿运、公路、农林、垦殖、水利、度政、测候、地质、物价管制。

**5708. 重庆市各业概况调查二（国药商业）**　中央银行经济研究所编　编者刊　1943 年 10 月　2＋30　16 开　有图表　经济情报丛刊　第 17 辑

本书主要为统计表。内容包括重庆市国药商号名录、资本、雇用人数、工薪、组织、成立时间、营业额、进货额、开支额、驻店医生人数等。另有《1942 年度重庆市国药市价表和四川省药品出产地及产期表》。书前有《重庆市国药商业概况说明》一文。

**5709. 重庆市各业概况调查一（煤炭商业）**　中央银行经济研究处编　编者刊　1943 年 2 月　2＋44　16 开　有图表　经济情报丛刊　第 13 辑

书内以报表形式对煤炭商业进行汇总，包括《重庆市煤炭商号成立年度分期统计表》、《家数资本统计表》、《雇用人员支薪统计表》、《分区销量统计表》、《各区家数比较统计表和分区（37 区）

调查统计表》等。

**5710. 重庆市营建委员会工作报告**　［1940］　28［环筒叶］　18.3cm×25.1cm　油印、线装　有图表

收录 1939 年 9 月至 1940 年 2 月的工作报告。

**5711. 贵州建设概况**　1941 年 10 月　4 + 102　64 开　有图表

本书分 16 个部分：绪言、本省建设系统表、本省公路交通概况、本省公路营运概况、本省水道交通概况、本省城乡区间电话网设置概况、本省无线电总分台设置概况、本省农业改进所概况、本省矿业行政概况等。书前有贵州省政府建设厅所作"重要签注"。书后有编辑后记及附表另辑。

**5712. 赣省十年经济建设**　杨绰菴编　1941 年 12 月　1 + 48　16 开　有照片、有插图、有题词、有图表

本书分 16 个部分：前提、农业、矿业、工业、商业、市政、军事、社会福利、行政管理、战后城乡复兴准备等。

**5713. 贵州经济**　张肖梅编著　中国国民经济研究所　1939 年 7 月初版　［983］　16 开　精装　有插图、有图表　西南经济资料丛书之二

本书分 17 章：经济之自然赋予与利用、政治之行政区划及其机构、疆界与土地、人口之今昔及其民族之分布、交通建设之现状与今后计划、农村经济之实况与农业合作、农业之产销与推广及其改进计划等。书前有吴序、弁言、例言、贵州经济图解。

**5714. 赣政十年（赣省十年经济建设）**　杨绰庵编　1941 年 12 月　54　大 16 开　有照片、有插图、有图表

本书分 16 章，分工业、农业、矿业、水利、市政、社会福利等方面介绍江西经济建设情况。最后一篇为《战后城乡复兴准备》。封面有题赠。

**5715. 贵州企业股份有限公司章则汇编**　1942 年 4 月　26　16 开

**5716. 贵州企业公司成立三周年纪念特刊**　贵州企业公司成立三周年纪念会筹备委员会宣传组编辑　编者刊　1942 年 6 月　86　16 开　有插图、有题词、有图表

本书分 4 个部分：概论、专题讨论、各业动态、特载。

**5717. 贵州企业公司周年纪念特刊**　1940 年 6 月　2 + 58　16 开　有插图、有题词、有图表

本书收 12 篇文章：《贵州企业公司之诚恳希望》（何辑五）、《一年来之贵州企业公司》（彭湖）、《本公司之会计行政概述》（王复炎）、《企业公司是生产建设的最好方式》（静涛）、《建立贵州重工业问题》（王新元）、《贵州的几种矿产与矿业》（王祝九）、《利用黄果树瀑布筹建电石场》（葛正权）、《贵州之林业与造林计划》（杨汝南）等。书前有《本公司董监题名》。书后有编辑后记、补白及附录。

**5718. 贵州省合作业务代营局三十二年度业务报告书**　1943 年　1 + 33　16 开　有图表

本书分 5 个部分：引言、业务、辅导工作、其他、结论。书后附录收《本局三十二年度销货分类统计表》、《本局三十二年度进货分类统计表》、《本局三十二年度代理销货分类统计表》、《本局三十二年度代理购货分类统计表》、《本局三十二年度存仓总额分类统计表》等 23 幅图表。出版时间据封面推论。

**5719. 湘赣粤桂浙闽六省盐粮战时调节会议录**　中华民国国民政府军事委员会桂林办公厅编　编者

刊　1940 年 10 月　桂林　4＋92　32 开　有图表

　　收录参加机关及主席出席列席人员表、主席开会词、盐务报告、粮食报告、军粮报告、金融运输报告、提案审查审核决议表等内容。

**5720. 宁属调查报告汇编（上、下册）**　张群著　1939 年　　［376］　16 开　有插图、有题词、有图表

　　全书分矿产、工商、农牧、交通、军事、政俗 6 部分内容。书前有序。

# 抗日根据地经济

**5721. 边区的劳动互助**　新华书店编　编者刊　1945 年 6 月　山东　107　大 64 开　生产运动丛书之三十四

　　本书辑录《边区农村旧有的各种劳动互助形式》、《边区劳动互助的发展》、《劳动互助在发展农业生产上的作用》、《新的劳动互助的组织形式和它的性质》、《边区组织劳动互助的主要经验和今后工作》5 篇文章。书后附《路东劳动互助的机构初步经验》（张劲夫）、《晋绥边区变工互助几点经验》、《介绍陕甘宁边区做农户计划的经验》等 8 篇文章。

**5722. 边区的劳动互助（陕甘宁生产运动介绍）**　晋察冀新华书店　65　32 开

　　本书辑录《边区农村旧有的各种劳动互助形式》、《边区劳动互助的发展》、《劳动互助在发展农业生产上的作用》、《新的劳动互助的组织形式和它的性质》、《边区组织劳动的主要经验和今后工作》。

**5723. 边区的水利事业**　中共西北中央局调查研究室编　编者刊　1944 年　1＋33　32 开　陕甘宁边区生产运动丛书

　　内容包括 7 个部分：概述、水漫地、修捻地、流水灌溉、井水灌溉、水利建设中各类问题的解决、对今后发展水利事业的几点意见。

**5724. 边区改良农作问题**　中共西北中央局调查研究室编　编者刊　1944 年　18　32 开　陕甘宁边区生产运动丛书

　　内容包括 6 个部分：改良农作的方针、关于深耕、关于施肥和积粪、关于锄草、关于修改地形、应特别提出的几点。

**5725. 边区问题之理论与实际**　姜蕴刚著　西南边区协会　1940 年 1 月初版　成都　4＋96　32 开　有图表　边区丛书第 1 种

　　本书收 12 篇文章：《中国边区与国家经济》、《边区与抗战》、《屯殖之迫切性》、《宁属概况辑要》、《康藏人的生活与思想》、《开发边区问题》、《边区社会学引论》、《边区与国家单元》等。书前有著者序。

**5726. 关于太行区经济工作历史研究的总结**　王兴让著　1945 年 4 月　16　32 开

　　分 3 部分：文件的研究、关于太行区经济工作历史的研究、几个专门问题的总结。复制本。

**5727. 合作社必读**　刘建章等著　冀鲁豫书店　1944 年　33　64 开

　　本书收录《毛主席指示办合作社四要点》、《陕甘宁边区合作社联席会决议》、《中共中央西北局关于贯彻合作社联席会决议的决定》、《办合作社的几个经验》。

**5728. 减租减息（参考教材）**　晋察冀边区行政委员会北平办事处辑　编者刊　1943 年 2 月　北平

56 64 开 油印

该书收录《中共中央关于抗日根据地土地政策的决定》、《中共中央关于抗日根据地土地政策的决定的基本出发点》、《关于处理典地回赎问题希依指示办法切实遵照执行》、《晋察冀边区行政委员会关于执行处理典地回赎问题办法的指示》等文献。

**5729. 晋察冀边区银行二周年纪念册**　晋察冀边区银行二周年纪念大会筹备处编　编者刊　1940 年 3 月　24　16 开　有题词

该书内容包括 7 个部分：宋主任讲话、关经理业务报告并致答词、写在边区银行二周年纪念册上、巩固金融堡垒争取货币战争的彻底胜利、边行成立概要、伪联银币惨跌已成为一蹶不振之势、日寇经济困难的增加。有成仿吾、邓拓题词。

**5730. 晋冀鲁豫边区统一累进税暂行税则**　晋冀鲁豫边区政府颁布　编者刊　1945 年 7 月　18　32 开　石印

内容包括 7 章："总则"、"富力的折合"、"税等，税率和累进率"、"分数的计算与征收"、"调查评议和定分"、"罚则"、"附则"。书后附《统一累进税暂行税则施行细则》、《统一累进税分数计算公式》。

**5731. 晋绥边区行政公署关于机关生产节约的指示**　晋绥行署颁行　编者刊　1944 年　9 ［环筒叶］　32 开　油印

由行署主任续范亭、副主任武新宇、建设处长白如兵共同颁发。

**5732. 经济问题与财政问题**　毛泽东著　晋察冀日报社　68　32 开

收录《经济问题与财政问题》、《组织起来》两篇文章。

**5733. 经济问题与财政问题**　毛泽东著，中共晋绥分局编　中共晋绥分局　56　32 开

收录《组织起来》、《经济问题与财政问题》两篇文章。

**5734. 经济问题与财政问题**　毛泽东著　新民主报社　1943 年 12 月　64　32 开

收录《经济问题与财政问题》、《组织起来》两篇文章。

**5735. 经济问题与财政问题**　毛泽东著　新华书店　1944 年　60　32 开

收录《经济问题与财政问题》、《组织起来》两篇文章。

**5736. 经济问题与财政问题**　毛泽东著　解放社　1944 年 1 月订正再版　255　32 开

收录《经济问题与财政问题》一文。附录《论合作社》、《组织起来》两篇文章。

**5737. 经济问题与财政问题**　毛泽东著　胶东联合社　1943 年 12 月　56　32 开　毛装

毛泽东 1942 年 12 月在陕甘宁边区高级干部会议上的报告。

**5738. 经济问题与财政问题**　毛泽东著　晋察冀边区行政委员会　1943 年 12 月　62　32 开　油印

毛泽东 1942 年 12 月在陕甘宁边区高级干部会议上的报告。复制本。

**5739. 经济问题与财政问题**　毛泽东著　晋察冀边区行政委员会财政处印刷局　1944 年 2 月　44 ［环筒叶］　32 开　油印

毛泽东 1942 年 12 月在陕甘宁边区高级干部会议上的报告。复制本。

**5740. 经济问题与财政问题**　毛泽东著　冀鲁豫书店　1944 年 7 月　184　32 开

毛泽东 1942 年 12 月在陕甘宁边区高级干部会议上的报告。封面有"对敌秘密"字样。

**5741. 经济问题与财政问题**（一九四二年十二月在陕甘宁边区高干会上的报告）　毛泽东著　东北
书店　1946 年 11 月　2 + 175　32 开

收录《经济问题与财政问题》、《论合作社》、《组织起来》3 篇文章。

**5742. 抗日根据地政策条例汇集：陕甘宁之部（下）**　1942 年　延安　294　32 开

汇辑陕甘宁边区政策条例，分财政经济、金融贸易、交通运输、实业建设、劳动保护、农民土
地、文化教育、锄奸及人权保障等类汇编。

**5743. 抗日民主根据地的土地政策与法令**　华北新华书店　1943 年　30　32 开

收录《中央关于抗日根据地土地政策的决定》（含附件）、《晋冀鲁豫边区土地使用暂行条例》、
《陕甘宁边区租佃条例草案》（附说明）、《抗战中土地问题获得圆满解决》、《保障佃权是减租交租
的关键》（解放日报社论）。

**5744. 论合作社**　毛泽东著　北安新华书店　1944 年　北安　13　32 开

收录《论合作社》（1943 年 10 月在边区高干会上的讲话）、《组织起来》（1943 年 11 月 29 日
在招待陕甘宁边区劳动英雄会上的讲话）。

**5745. 南区合作社组织运输合作的经验**　中共西北中央局调查研究室编　　［编者刊］　1944 年　17
32 开　陕甘宁边区生产运动丛书

分 3 部分：第一时期（一九三七————九四〇年）、第二时期（一九四〇年————九四二年十
一月）、第三时期（一九四二年————九四三年十二月）。

**5746. 三十四年度太行区财政工作中几个问题的初步总结**　太行行署财政处辑　编者刊　1945 年
30　32 开

内容包括 5 个部分：征收工作的改进、仓库工作的发展、契税工作的改进、整理地方公产问
题、关于荣退军人工作。

**5747. 陕甘宁边区财政经济问题·文教工作的方向**　陈云、李鼎铭著　12　32 开

书中收录《陕甘宁边区财政经济问题》（陈云同志在边区二届二次参议会上的发言）、《文教工
作的方向》（陕甘宁边区政府李鼎铭副主席在边区二届二次参议会的发言）两篇文献。

**5748. 陕甘宁边区合作社联席会决议·西北局关于贯彻合作社联席会议决议的决定**　中共中央西北
局颁布　1944 年 7 月　8 + 5　32 开

本书为合订本，收录《陕甘宁边区合作社联席会决议》（1944 年 7 月 7 日通过）、《西北局关于
贯彻合作社联席会议决议的决定》（1944 年 7 月 9 日通过）两篇文献。

**5749. 太行分局高干会议上的报告：进一步加强财经建设开展对敌经济斗争**　1943 年 2 月　34　32
开

本书包括"对于财经建设的认识"、"财经政策的提出与执行过程的检查"、"在接近胜利的困
难面前，我们的财经建设方针" 3 部分。复制本。

**5750. 太行区经济建设工作的政策执行检查报告提纲**　晋冀鲁豫边区政府编　编者刊　1943 年 7 月
19　32 开

内容包括 4 个部分：总的检查、粮食斗争方面、对外贸易与货币斗争、通货管理与物价。复制
本。

**5751. 太行区一九四四年国民经济调查初步研究**　晋冀鲁豫边区政府调查研究室［翻印］　　韬奋书

局 1945 年 2 + 58 32 开 有图表

本书分 4 部分：太行区国民财富概况、太行区人民生活的消耗、太行区人民负担、人民财富的积累与如何实现耕三余。

**5752. 太行区银行工商工作参考资料（第五编：工商行政类第一集）** 冀南银行太行区行工商管理总局研究室编 冀南银行太行区行工商管理总局 1945 年 10 月 4 + 198 32 开 有图表

本册收录太行区税务工商工作历年来主要决定、指示、命令，包括对外贸易统制之部、内地工商管理之部、税务之部 4 个部分。另附《历年来税率表》。

**5753. 太行区银行工商工作参考资料（第一编：总类第四集）** 冀南银行太行区行工商管理总局研究室编 冀南银行总行工商管理总局 1946 年 3 月 19 + 202 ［环筒叶］ 32 开 有图表

第一编总类第 4 集包括金融货币、工业、手工业建设、合作事业。由大量图表记录太行区的银行及工商工作情形，如《1940 年至 1945 年上半年太行区冀南银行放款总额统计》、《历年来各类公营工厂数及资金变化情况》、《日军占领山西工厂统计》、《山西全省煤矿分布统计表》、《一九四二年八个县合作社社数统计》等。

**5754. 为工业品的全面自给而奋斗** 陕甘宁边区政府办公厅编 新华书店 1944 年 10 月 1 + 106 32 开 有图表 边政读物之七

共 7 部分：刘少奇同志在工厂代表大会上的讲话、为工业品的全面自给而奋斗、边区工业建设中的几个问题、关于公营工厂党和职工会工作、为工业品的全面自给奋斗、西北局关于争取工业品全部自给的决定和陕甘宁边区工厂职工代表大会宣言。

**5755. 西北盐业参考资料：第一辑** 1944 年 9 月 157 32 开

收录陕甘宁青食盐产销情况、陕西盐务管理局、盐务法规。附录收《陕西省全省人口统计表》、《陕甘宁青交通路线》。

**5756. 延安的南区合作社** 晋察冀新华书店 1945 年 44 32 开

介绍延安南区合作社的历史和经验。书前有毛泽东对南区合作社的评语。

**5757. 一九四三年的运盐工作** 中共西北中央局调查研究室编 ［编者刊］ 1944 年 48 32 开 陕甘宁边区生产运动丛书

本书分为 5 个部分：过去运盐简述、一九四三年运盐概况、一九四三年运盐中的各种互助合作组织、运盐事业的经营、去年运盐经验与今后应注意的几个问题。

**5758. 一九四五年边区贸易会议典型材料汇集** 晋察冀边区行政委员会 1945 年 3 月 31 ［环筒叶］ 32 开 油印、毛装

本书收录 6 篇文章：《采购工作》、《平西市场概况及蟒石口市场的建立与发展》、《三专区集市问题点滴》、《三专利民总店（所属济民药店）经营医药业务的几个问题》、《蔚阳商店在扩大解放区中与各种工作的结合的经验》、《三专区土布生产情况及整庄工作总结》。

**5759. 一九四五年大生产运动总结参考材料** 晋察冀边区行政委员会实业处编 1946 年 1 月 124 ［环筒叶］ 32 开 油印

本书包括 7 个部分：组织起来、精耕细作、扩大耕地面积、工业生产、合作社、克服灾荒、关于耕三余一问题。

**5760. 一九四一年财政工作计划** 冀南太行太岳行政联合办事处 1940 年 12 月 43 32 开

本书分为 4 个部分：财政工作检讨、关于预算决算制度、货币工作、一九四一年财政计划。复制本。

**5761. 一年来的妇女纺织运动及其经验教训**　晋绥边区行政公署编　编者刊　1945 年　19　32 开　晋绥边区第四届群英大会丛书之六

内容分为 5 个部分："一年来纺织发展的概况"、"纺织是怎样开展起来的？"、"一年来开展纺织中的缺点"、"组织妇女参加纺织变工运动"、"纺织的发展不仅解决了群众的穿衣问题，同时是广大妇女得到解放的途径"。

**5762. 游击区经济问题研究**　胡仁奎著　黄河出版社　1939 年 10 月　106　32 开　有图表　晋察冀边区丛书之一

本书分 7 部分：绪论、财政、金融、货币、贸易、生产、结论。论述敌后游击根据地的经济建设问题。附录收《从战斗中壮大的晋察冀边区的经济部分》、《山西省抗战期内县村合理负担办法》、《晋察冀边区行政委员会制定合理负担实施办法》。有阎锡山序、梁化之序、著者自序。

**5763. 组织起来**　毛泽东等著　太行新华日报　1944 年　44　32 开

收录《中共中央政治局关于减租生产拥政爱民及宣传十大政策的指示》、《组织起来》（毛泽东）、《高岗同志在西北局招待劳动英雄大会上的讲话》等 10 篇关于根据地经济政策的文章。

**5764. 组织起来**　毛泽东等著，淮南日报社编　编者刊　1944 年 7 月　121　64 开

收录 10 篇文章：《组织起来》（毛泽东）、《论合作社》（毛泽东）、《怎样组织起来》（高岗）、《更向前一步》（李富春）、《论集体劳动》（丁冬放）、《介绍陕甘宁边区组织集体劳动经验》（《解放日报》）、《边区劳动互助》（新华社）、《介绍陕甘宁边区做农户计划的经验》（《解放日报》）、《办合作社的几点经验》（刘建章）、《陕甘宁边区合作社联席会议决议书》。

**5765. 一九四三年生产运动中的经验**　中共西北中央局调查研究室　1944 年　388　32 开　有插图

本书分 10 个部分：边区的劳动互助、边区的移难民工作、边区的水利事业、边区的改良农作问题、怎样种棉花、怎样养羊、南区合作社组织运输合作的经验、介绍南区合作社、一九四三年运盐的工作、边区二流子的改造。

# 经济政策、经济时评

**5766. 财政的改革及经济的建设·中日战争的宿命·人才的出路·最后的胜利**　张元夫著　〔中华书局代售〕　1938 年 1 月初版　汉口　〔100〕　32 开　有图表　龙鸣丛刊

本书为《财政的改革及经济的建设》、《中日战争的宿命》、《人才的出路》、《最后的胜利》4 篇的合订本。有勘误表。

**5767. 参战与增产**　华北新报　1945 年 3 月　7　64 开　华北新报征文集（8）

本书为大后方报纸杂志文章的摘录。书前有编者出版前言。

**5768. 城市陷落对于民族经济的影响**　公论社编辑　译报图书部　1939 年 7 月　〔158〕　32 开　公论丛书　第 10 辑

本书收 16 篇文章：《纪念"七七"抗战二周年》（白石）、《城市陷落对于民族经济的影响》（竟曰）、《论现阶段的思想文化》（胡曲园）、《中日战争之政略与战略问题》（周恩来）、《第二期抗战与学校教育》（黄达三）、《日本破坏中国法币之面面观》（啸云）、《日本觊觎中之华南之资

源》（金瑜）等。

**5769. 从经济危机之杞忧建议战时财政三项原则·物价普遍不断上涨之研究与稳定当前物价之对策原则** 陈康文著 1942 年 12 月 44 32 开

本书分 3 部分：从经济危机之杞忧建议战时财政三项原因、物价普遍不断上涨之研究与稳定当前物价之对策原则、对稳定当前物价之具体办法原则中消极方面三项原则答读者。

**5770. 大众经济讲话** 黄芦木编著 天下书店 1939 年 10 月初版 15 + 172 + 3 32 开

本书共有 4 辑：大众经济的基本认识、中国经济动态、中国在货币上的抗战、上海市场的阴影。书前有"编前话"，书后有"编后话"。

**5771. 当前的粮政和役政** 白崇禧讲 ［中央训练团党政训练班］ 1942 年 11 月 12 32 开 中央训练团党政训练班讲演录

本书包括 5 部分："贯彻长期抗战，争取最后胜利，基本条件是要足食足兵"、"粮政问题"、"议政问题"、"树立法治基础，建设现代国家"、"抗战形势充分有利，应坚定必胜信念，充实战力，待机反攻，配合盟军作战，击溃敌人，争取最后胜利"。

**5772. 非常时期的经济建设** 陈希豪著 独立出版社 1939 年 6 月初版 重庆 4 + 90 32 开 有图表

本书分 8 章：总论、建设资金的筹集、建设的机关与建设的人才、农业建设、工矿建设、交通与运输、战区的经济建设、结论。

**5773. 非常时期的中国经济问题研究** 4 + 188 32 开 有图表

本书分两个部分。"非常时期经济问题"部分收录《非常时期的经济问题》（马寅初）、《战时经济》（杨荫溥）、《中国国防经济政策》（刘振东）等 6 篇文章；"非常时期中国金融问题研究"部分收录《非常时期中国的金融问题》（李炳焕）、《论战时的纸币发行》（余捷琼）等 4 篇文章。

**5774. 非常时期公用事业之统制** 李明锴著 汗血书店 1937 年 1 月 上海 2 + 102 32 开 国防实用丛书之九 刘百川主编

本书分 4 章：公用事业的制度、中国公用事业之现阶段、各国市营公用事业及其取缔与监督、公用事业统制方案。

**5775. 非常时期之经济** 王惠中编 中华书局 1937 年 3 月 上海 6 + 100 32 开 中国新社论非常时期丛书 雷震、马宗荣、徐逸樵主编

该书讨论战时经济问题，含非常时期之经济的意义与范围、如何充实军需、如何维持国民经济、国家总动员等 4 部分。

**5776. 非常时期中国经济问题研究** 中国经济研究社编 开文书局 1937 年 3 月初版 上海 4 + 188 32 开 有图表

本书分两部分：非常时期经济问题、非常时期中国金融问题研究。书前有编者前言。

**5777. 工业合作救国论** （英）艾黎著，黄雪楼译 商务印书馆 1940 年 11 月再版 上海 10 + 44 + 12 大 64 开 有照片

本书主要论述了中国新经济的建设问题。主要包括了中国新经济建立基础、新经济抗战计划、建设合作事业的程序，以及工业合作的人员、机构和可能的贡献等内容。书中附有作者的照片。书后附录收《中国后方国防论—应实施生产合作事业》（美国韦尔斯著，上海众生社译）、《上海妇女

界讨论生产合作运动》（亦啸著，转载自 1938 年 8 月 1 日《上海译报》）。

**5778. 国防经济的基本知识**　丁洪范著　中山文化教育馆　1938 年 11 月渝版　重庆　40　大 16 开
抗战丛刊　第 66 种

　　本书分国防经济的基本概念、物力来源、人力动员及组织的强化 4 部分。基本概念部分包括国防经济的要义、国防经济的两面、作战的三个要素及胜利决于三个要素的优势等内容。本书最后给出了强化组织的原则，并对中国国防经济应有的机构进行了设计。

**5779. 国民经济建设概要**　汪洪法编著　前途书局　1937 年 5 月 4 版　南京　4 + 162　32 开　国民经济建设丛书之一

　　分 3 篇：经济基本原则、中国国民经济衰落的现状及其原因、中国国民经济建设之途径。

**5780. 国民经济建设运动**　中国问题研究会编　编者刊　1937 年 1 月　上海　2 + 190　32 开　有图表　中国问题研究丛书之五

　　本书分 3 部分：国民经济建设运动的发动与进展、国民经济建设运动的重要理论、国民经济建设之意义，收录《国民经济建设运动之意义及其实施》、《国民经济建设问题》、《国民经济建设的任务和方法》、《国民经济建设运动的意义及工作》、《国民经济建设运动》、《国民经济建设实施方案之商榷》、《国民经济建设运动之意义》、《国民经济总危机与国民经济建设运动》、《谈经济建设》、《国民经济建设运动》、《国民经济建设运动的意见》、《从发展生产谈到充实国防》、《国民经济建设运动的估价》、《中国经济的救济问题之检讨》。附录收《国民经济建设运动委员会章程》。

**5781. 国民经济建设运动**　吴景超讲　［中央训练团党政训练班］　1942 年 11 月　12　32 开　中央训练团党政训练班讲演录

　　分 5 部分：工业化是中心的工作、农矿等部门如何与促进工业相配合、联系各生产部门的关键在交通、资本问题的解决、结论。

**5782. 国民经济建设之基础**　汪洪法著　商务印书馆　1937 年 3 月初版　上海　8 + 372　大 16 开
有图表

　　本书分 4 编，共 18 章。介绍中国的资源及其生产能力，分析妨碍我国国民经济发展的各种因素，并提出中国国民经济建设的意见与方案。附录收《蒋介石先生二十四年八月九日之成都通电》、《蒋介石先生之国民经济建设运动之意义及其实施》、《吴鼎昌先生之国民经济建设运动之意义》、《行政院批准公布之垦荒案全文》、《陈志远先生之国民经济建设运动之实施方案及其步骤之研究》。书后附参考书籍。

**5783. 国难期间经济之设计**　徐青甫著　1932 年　［浙江］　2 + 106　32 开

　　内分 3 篇，包括金融方面的对策（共 14 条）、物品方面的对策和进行程序。书前有序。出版时间根据著者写作时间推断。

**5784. 会务丛刊**　国民经济建设委员会总会编　编者刊　1937 年 1 月　4 + 90　32 开　国民经济建设委员会总会甲种丛刊第 1 种

　　分为章则、报告、论著、附录等 4 部分。其中论著 3 篇：《蒋委员长二十四年八月九日成都通电》、《国民经济建设运动之意义及其实施》以及《国民经济建设运动之意义》等。

**5785. 建国经济制度与合作运动**　彭师勤著　黎明书店　1940 年 2 月初版　重庆　2 + 66　32 开
有图表　合作运动丛刊　中央政治学校合作学校

　　本书共 5 章：我国的建国经济制度、建国经济制度企业形态、现代企业与合作化问题、建国经济制度中的合作运动（上）、建国经济制度中的合作运动（下）。书前有凡例。有题赠。

**5786. 节约建国储蓄运动**　朱炳南著　中国文化服务社　1940 年 11 月初版　重庆　2＋42　32 开

本书分 4 章：前言、节约储蓄的意义及其经济效果、战时节约的选择与奖励及强制储蓄的方法、我国战时节约建国储蓄运动。

**5787. 节约运动实施办法**　国民经济建设运动委员会总会和新生活运动促进总会节约运动联合办事处编　编者刊　1936 年 9 月　32　32 开　有图表

本书为国民经济建设运动委员会总会和新生活运动促进总会节约运动联合办事处发行的手册，由目的、时期、项目及方法、步骤、附则和附件等几部分组成。

**5788. 经济救国**　经济救国研究社编　编者刊　1931 年 11 月　2＋96　32 开　有插图、有图表

本书分 10 个部分：大声急呼、不买日货的利益、不买日货的方法、历次抵制日货方所受之损失、抗日后日货输出入今昔比较表等。书后附有日货一览表。

**5789. 经济抗战论**　汪德余编著　言行社　1940 年 1 月　上海　2＋74　32 开

本书分 4 章：中国经济抗战的急需、新经济抗战的计划、中国生产合作事业及其经营法、中国生产合作与妇女。

**5790. 经济统计**　（美）戴维斯（George R Davies）著，郭垣译　三友书店　1944 年 3 月初版　重庆　178　32 开　有图表

本书 6 章：制表、离中趋势的种种和测定、工资与物价指数、数量指数与其功用、时间数列、相关。有原著者序及译者序。

**5791. 经济游击战**　国民出版社编　国民出版社　1939 年 10 月 3 版　金华　4＋56　32 开　国民知识丛书第 1 辑

全书分 6 章：绪论、战区的经济政策与经济战略、战区的金融政策、战区的材质政策、战区的经济建设、经济游击队。

**5792. 经济战争与战争经济**　（德）海尔法里耶著，王光祈译　中华书局　1933 年 2 月　上海　10＋122　32 开　有图表

本书分上、下两编。上编"经济战争"，包括内务部、德国之围困、德国对付中立各国之手段；下编"战争经济"，包括战争经济中之科学效用、救国服役条例与兴登堡计划。

**5793. 就经济战斗力推论──中日战争胜负的关键**　林通经著　南华出版社　1938 年 10 月初版　上海　3＋58　32 开　有图表

本书共 5 节：经济战争在现代国际战争中的地位、经济战斗力与经济含蓄力、中日经济含蓄力的比较、中日经济战斗力的比较、中日战争全局胜负的关键。附录收对抗敌人的经济掠夺。书前有著者序言。

**5794. 就业引论**　［英］罗宾荪著，杨桂和译　中国农民银行经济研究处　1942 年 9 月　重庆　8＋98　32 开　中国农民银行经济研究处世界经济名著选译第三种

全书包括绪论、投资与储蓄、扩张倍数、投资的变动、节约的变动、一般认为救济失业的方法等 13 章。

**5795. 抗日经济战略**　寿进文著　中山文化教育馆　1938 年 5 月渝版　重庆　6＋36　32 开　抗战丛书　第 31 种　中山文化教育馆编

本书共6部分：炮火下的我国国民经济、敌人经济侵略的新阴谋、怎样展开我们的经济攻防战、在抗战中发展民族经济、战时一般经济对策述评、结论。书前有"抗战丛刊缘起"，说明编辑《抗战丛刊》之目的。

**5796. 抗战建国与计划经济**　韩祖德著　著者刊　1937年5月　[汉口]　32　32开

本书简述抗战期间的计划经济问题，包括：如何实行计划经济、军需独立之计划、如何发展农业经济、开发全国矿产、国营工业类别等。

**5797. 抗战经济政策论**　魏友棐著　大公报代办部　1938年8月再版　汉口　4+120　32开　有图表

本书分8章：总论、抗战期的财政、抗战期的金融、抗战期的国际收支、抗战期的工业、抗战期的农业、现行抗战经济的政策批判、结语。

**5798. 抗战与公用事业**　徐佩璜著　商务印书馆　1938年1月初版，1938年2月3版　长沙　4+50　32开　有图表　抗战小丛书　中国文化建设协会主编

本书总论公用事业及公用事业在抗战期间应有的作用，再分别介绍抗战期间自来水、电气、交通等公用事业情况。

**5799. 抗战与国防经济建设**　马哲民等著　生活书店　1938年6月初版　汉口　2+102　32开　救亡文丛之十一

全书收录13篇文章，分作5部分。第1部分"经济政策"包括《抗战中的经济政策》（马哲民）、《战时财政经济问题》（黎百强）、《抗战过程中的经济危机与解救》（陈长蘅）；第2部分"经济建设"包括《最后国防经济的建设》（罗敦伟）、《速建设西南》（董时进）；第3部分"工业问题"包括《战时工业问题》（孙怀仁）、《建立强大的国防工业》（《新华日报》）、《后方工厂应筹设研究所议》（吴世昌）；第4部分"财政问题"包括《战时金融政策之缺陷及补救方法》（卫挺生）、《战时财政与"合理负担"》（千家驹）、《论战时通货膨胀》（伍启元）；第5部分"农业生产"包括《抗战期中农业生产之建议》（汪呈因）、《征抽壮丁和生产问题》（汉夫）。

**5800. 抗战与基层建设**　陈良佐著　民团周刊社　1938年8月初版　南宁　34　32开　基层建设丛刊第五辑之二

本书分5部分：我们为什么抗战、我们生活穷困的原因、解除贫困的先决条件——团结自卫、目前亟应推行的基层建设、结论。

**5801. 抗战与经济**　马寅初、陈长蘅、卫挺生、叶秀峰、魏友棐、罗伟敦、寿勉成执笔　独立出版社　1938年5月初版，1938年12月6版　汉口　4+85　32开　战时综合丛书　第1辑

全书收录相关文章8篇，分作8章，包括绪论、最后国防经济的建设、非常时期之经济政策、我国现行战时经济施政与批评、战时经济行政的调整、抗战过程中的经济危机与解救、长期抗战后方经济财政应取之途径、中国战时国民经济建设计划。书后附《经济动态汇志》及"讨论大纲"。

**5802. 抗战与经济**　马寅初、陈长蘅、卫挺生、叶秀峰、魏友棐、罗伟敦、寿勉成执笔　中国国民党中央执行委员会宣传部　1939年2月　4+83　32开

全书收录相关文章8篇，分作8章，包括绪论、最后国防经济的建设、非常时期之经济政策、我国现行战时经济施政与批评、战时经济行政的调整、抗战过程中的经济危机与解救、长期抗战后方经济财政应取之途径、中国战时国民经济建设计划。书后附《经济动态汇志》及"讨论大纲"。

**5803. 抗战与经济统制**　张素民著　商务印书馆　1938年3月3版　长沙　2+45　32开　抗战小

丛书　中国文化建设协会主编

　　本书分6章：战时经济统制之必要、战时经济统制与平时经济统制、战时财政与战时经济、战时经济统制的类别、中国的战时经济统制、经济统制与全国计划委员会。书前有"本丛书发刊旨趣"。

**5804. 抗战与民生**　许涤新著　读书生活出版社　1938年3月初版　汉口　4＋69　32开　抗敌救国丛书潘梓年、张申府主编

　　分6章：怎样争取抗战的最后胜利、改善民生可使动员民众更顺利地进行、改善民生与民族团结、民众生活的现状及其改善的方法、改善人民生活的前提、改善民生如何着手进行。书前有弁言。

**5805. 抗战与生产**　教育部社会教育司　正中书局　1938年12月初版　重庆　1＋60　32开　教育部教育播音小丛书第15种　抗战讲演集第6辑

　　本书收5篇文章：《持久抗战的农业生产》（邹树文）、《抗战期中的垦殖问题》（邹树文）、《抗战期中农业生产问题》（曾济宽）、《抗战期中乡村手工业问题》（钱天鹤）、《战地应用小工艺》（周汝杰）。

**5806. 抗战与生产**　马寅初、杨瑞六、陈之迈、魏友棐、邓觉生、潘应昌、钱致平、沈伯乐、长诚、许庆圻、冯肇传执笔　独立出版社　1938年6月初版，1938年12月再版　重庆　4＋74　32开　有图表　战时综合丛书

　　该书概述了抗战时期的生产问题。共分11章：战时的国防生产、非常时期银行界的责任、如何调整我国对外贸易、如何调整战时学校、调整后方交通与抗战前途、抗战必须工业化等。卷首有该丛书例言，卷末有讨论大纲。

**5807. 抗战与消费统制**　董时进、徐宗仁、徐征、周凤镜、王光祈、刘尚一、陈敦富、曹贯一、童蒙正执笔　独立出版社　1938年12月初版，1939年2月6版　重庆　3＋64　32开　有图表　战时综合丛书　第2辑

　　该书概述了抗战时期的消费统制问题。共分13章：节约运动的真谛、抗战与节约、战时物力消费统制问题、长期抗战与消费紧缩、抗战期中的消费节约运动、长期抗战与物力消费统制、如何节约消费等。卷首有该丛书例言，卷末有讨论大纲和编后记。

**5808. 抗战与中国国民经济建设**　周金声著　谠论社　1938年9月初版　西安　11＋174　32开　有图表　谠论社丛书之六

　　本书分9章：战前国际资本帝国主义与中国经济的关系、战前的中国国民经济状态、战前的中国国民经济复兴运动、抗战与中国国民经济建设前途、抗战以来中国国民经济的动态、非常时期的中国国民经济建设的前提、非常时期的中国国民经济建设的动向、非常时期的各部门的经济政策、结论。书前有著者自序。

**5809. 抗战与自给自足**　教育部民众读物编审委员会编　正中书局　1938年8月初版　重庆　24　64开　有图表　非常时期民众丛书　第4集第1册　教育部民众读物编审委员会编

　　本书分4章：炮声响了、一篇旧帐、自给自足的问题、当前的办法。

**5810. 抗战中之经济建设**　潘应昌编著　独立出版社　1939年6月初版　重庆　2＋55　64开　抗战建国小丛书　潘公展、叶溯中、杨公达、童蒙圣主编

　　本书分9部分：绪言、经济行政机构之调整、抗战中之统制金融办法、充实外汇与发展对外贸

易、战时交通之维持与发展情形、工厂内迁与内地新工业基础之树立、发展农业生产、战时统制经济的实施、结论。

**5811. 劳力与武力结合起来**　苏中出版社　1945年4月　30　64开　生产运动小丛书

本书收集了《解放日报》有关战斗与生产相结合的社论、论著等，前有"本书介绍"。

**5812. 论经济战**　杨寿标、简贯三著　军事委员会政治部　1941年10月　2+66　32开　时事问题第18辑

分两篇：第1篇包括经济战的意义与重要性、经济战的几种方式、中日经济战的回顾、对于今后经济战的几个建议等；第2篇包括经济战的作用、经济战的策略、敌寇经济进攻的情势、敌寇最近的经济战略、我们的对策等。

**5813. 马寅初战时经济论文集**　马寅初著　作家书屋　1945年5月初版（渝）　重庆　6+320　32开

本书收录作者1935年1月至1940年11月所发表的文章计33篇：《经济两集中之途径与运用之范围》、《意大利之经济统制》、《我国预算法币与工业之连锁关系》、《中国之银行制度》等。有作者自序。

**5814. 马寅初战时经济论文集**　马寅初著　作家书屋　1945年11月沪1版　上海　6+330　32开

本书收录作者1935年1月至1940年11月所发表的文章计34篇：《经济两集中之途径与运用之范围》、《意大利之经济统制》、《我国预算法币与工业之连锁关系》、《黄金政策所表现之经济政策》一文等。本版另收有作者自序。书名页题作《马寅初经济论文集》，取封面及版权页题名。

**5815. 民生主义与经济改造**　陈奇宇编著　独立出版社　1939年8月初版，1940年7月8版　3+40　64开　抗战建国小丛书　潘公展、叶溯中、杨公达、童蒙圣主编

本书分5章：民生主义经济制度之特征、中国经济背景与民生主义、战时经济改造之原则与实施、民生主义前途之展望。

**5816. 农村工业救国论**　郑维著　中山文化教育馆　1938年11月渝版　重庆　4+60　32开　抗战丛刊第69种

本书分两编：农村工业与抗战建国概论、农村工业实施计划。书前有自序。

**5817. 青年节约献金运动**　陈诚、朱家骅、谭平山、李惟果等著　青年出版社　1939年　5+81　32开　战时工作丛书

本书分5章：青年节约献金的意义、青年节约献金的方法、战区青年的献金、节约献金的史实与佳话、附录。出版时间根据内容推断。

**5818. 日人榨取华北**　由黎著　中山文化教育馆　1938年10月渝版　重庆　2+40　64开　抗战丛刊　第63种　中山文化教育馆编

分8部分：绪论、资源之贫富悬殊、日本如果能榨取华北、日本榨取华北的计划、没收与独占、捉襟见肘的窘态、诈取华北中的障碍、尾声。

**5819. 如何筹措战费**　（英）凯恩斯著，殷锡琪、曾鲁译　中国农民银行经济研究处　1941年5月初版　重庆　110　32开　有图表　世界经济名著译述第1种

本书共10章：问题之性质、战费是否可由富裕阶级负担、实施延付收益与家族津贴及廉价定量分配之方案、延付额之偿还及资本税之征收、定量分配物品之价格及工资统制、自由节储与通货

膨胀等。附录收国民所得之估计、吾国海外资源之估计、家族津贴费估计等。书前有顾翊群序、作者自序和译者序。后附勘误表。

**5820. 如何促进农业及手工业生产** 穆藕初著 农业促进委员会印行 1939年3月 16 32开 有图表

**5821. 如何防止走私** 中国国民党中央执行委员会宣传部印行 1942年2月 2+46 32开

本书分3个部分：敌人经济掠夺的阴谋、各种各样的走私毒害、战胜走私的方法。书后有附录。

**5822. 如何节约消费与增加生产** 中国国民党中央执行委员会宣传部编 编者刊 1940年2月 2+12 32开

本书分两个部分：节约消费、增加生产。出版时间据封面推论。

**5823. 桑弘羊及其战时经济政策** 马元材著 中国文化服务社 1944年3月初版 4+106 32开 有图表 中国学会丛书

本书分为上篇"前论"和下篇"本论"。"前论"介绍桑弘羊的生平及汉武帝时征战匈奴的时代背景与作者对桑氏的评价；"本论"论述桑弘羊的经济思想、经济理论及治理财政的各项措施。

**5824. 设计要旨** 彭学沛讲 中央训练团党政训练班 1942年9月 2+26 32开 中央训练团党政训练班讲演录

该书从设计之重要性出发，检讨设计之方法、建国设计以及经济设计等。

**5825. 生产建设运动宣传纲要** 中国国民党中央执行委员会宣传部编 编者刊 1939年6月 2+68 32开

分3部分：生产建设运动之意义及其影响、生产建设运动之要点及其办法、结语及其他。

**5826. 十年来之财务统计** 财政部统计处编 中央信托局印制处 1943年11月 重庆 14 32开 有照片 孔兼部长就职十年纪念文集16

本书记述了1933年至1943年10年中，财务统计机构及其工作概况。孔兼部长即孔祥熙。

**5827. 实业介绍续编** 陈树人编 1943年1月 244 32开 有图表

本书分18节：千亩油桐油茶林场经营计划、设置锯木厂计划纲要、投资农林事业纲要、广东省赈济会难民垦殖计划等。附录收各项章则11篇：《奖助华侨投资国内目前拟办事项六款》、《农林部战时救济归国侨胞从垦办法》等。有序言及编辑例言，出版时间据序言落款日期。

**5828. 市政工程年刊**（民国三十二年度第一次） 中国市政工程学会编 编者刊 1944年 4+158 16开 有插图、有图表

本书收录《发刊词》、论著5篇、计划4篇、附录4篇。

**5829. 谁应负担战费？**（一个凯恩斯计划的批判） E. J. Richer著，王泰译 商务印书馆 1944年11月初版 重庆 2+46 32开

本书是对英国经济学家凯恩斯先生提出的"如何摊派战费"问题的分析、提举及简要讨论。其英文题名为：*Who Shall Pay For the War?（Ananalysis of the Keynes Plan）*。书前有弁言。

**5830. 西流** 学术丛刊社编 美商华盛顿出版印刷公司 1940年4月初版 上海 64 32开 学术丛刊第2辑

本书收录5篇文章：《马克思经济学的新评价》（L. T）、《中日战争与中国革命》（L. T）、《希

特勒与史大林》（译自美国《自由杂志》）、《论游击区的经济基础》（柯大章）、《抗战中的物价问题》（刘海生）。有卷头语。

**5831. 现代经济动态**　经世学艺社编　世界书局　1939 年 4 月初版　上海　4＋245　32 开　有图表

本书收录专论 17 篇：《抗战期中之我国金融》、《我国法币价值前途的预测》、《我国之战时金融政策》、《抗战前后我国之工业》、《抗战声中西南建设问题》、《广西省经济概况》、《抗战后之华北经济》、《战时日本军需关系工业之检讨》、《英国汇兑管理之技术问题》、《一九三八年度苏联财政之检讨》等。书前有编者序。

**5832. 新中国经济建设论**　陈城著　南华出版社　1938 年 8 月初版　上海　110　32 开　民族复兴丛书　杨立斋主编

本书分 5 章：绪论——全国经济总动员之提倡、新中国的经济建设之基本原则、我国经济之实况、新中国经济建设之途径、结论。

**5833. 怎样推行乡镇造产**　潘仰之编著　新赣南出版社　1942 年 6 月初版　江西　4＋18　大 64 开　乡镇建设小丛书之一　彭健华主编

本书分 6 部分：乡镇为什么要造产、乡镇造产的资源、乡镇造产的方法、乡镇造产的内容（上）、乡镇造产的内容（下）、造产设计与公产管理。

**5834. 战区经济工作**　朱偰、商叔康、陈希豪、于启民、具幼强执笔　独立出版社　1939 年 11 月初版　重庆　2＋54　32 开　战时综合丛书　第 5 辑

该书概述了抗战时期战区经济工作的重要性，共分 6 章：战区经济战略、树立战区之经济政策、战区的经济建设、展开战区的经济游击战、如何与敌人争取游击战区的资源、怎样树立游击战区的农业政策。卷首有编前记与该丛书例言。卷末有讨论大纲。

**5835. 战时的生产统制**　陈寿琦编著，吕金录校订　商务印书馆　1938 年 5 月初版　长沙　30　大 64 开　民众战时常识丛书

本书分 4 章：战时需要什么、为什么战时要实行生产统制、怎样实施生产统制、结论。

**5836. 战时基层经济建设**　梁明政著　民团周刊社　1938 年 9 月初版　南宁　32　32 开　丙种丛刊第二种　基层建设丛刊第四辑之二　亢真化主编

本书分 5 部分：战时基层经济建设的意义、战时基层经济建设的重要、从事战时基层经济建设应有的认识、本省经济建设的措施及当前应推行的基层经济建设工作、基层干部如何负起战时基层经济建设的责任。

**5837. 战时节约**　国民精神总动员会　8＋28　32 开　有照片　国民月会讲材丛书之一

本书共 6 部分：战时节约的意义、战时节约的实施原则、战时节约的实施项目、战时节约的资金运用、战时节约的推行办法、结论。此版为国民政府军事委员会政治部翻印。

**5838. 战时节约·有钱出钱，有力出力！**　军政部军需署　1939 年 8 月　［6＋50］　32 开　国民月会讲材丛书之一

本书收录了两部著作：《战时节约》和《有钱出钱，有力出力！》。《战时节约》分 6 部分：战时节约的意义、战时节约的实施原则、战时节约的实施项目、战时节约的资金运用、战时节约的推行办法、结论；《有钱出钱，有力出力！》分 8 部分：怎样取得最后胜利、前方抗战、后方生产、人人都有责任、有钱出钱、历史上输财救国的模范人物、节约救国、最后胜利的必然性。

**5839.** **战时节约储蓄** 刘涤源著 独立出版社 1942年2月初版 重庆 88 32开 公民知识丛书

本书分6章：导言、战时节约储蓄的意义、我国战时节约储蓄的特质、我国战时节约储蓄之目的和对象、我国战时节约储蓄之方法及结论。

**5840.** **战时经济** 吴克刚编 世界合作出版协会 1938年5月初版 ［上海］ 670 32开 精装 有图表

本书分17章：近代战争与战时经济、近代战争的经济背景、近代战争的经济特点、战时的生产与消费、各国战时工业组织、战时粮食问题、战时的商业与对外贸易、战时的物价、战时的交通等。附录收世界大战各国经济统计表54个。

**5841.** **战时经济丛论** John Ahlers著，蔡之华译 战地图书出版社 1940年4月初版 上饶 117 32开

本书3部分：中国之部、日本之部、欧美及其他。有前记。

**5842.** **战时经济建设** 高叔康著 商务印书馆 1939年6月初版 长沙 9+79 32开 艺文丛书之十六，文史丛书之十六

本书分8章：一面抗战与一面建国、为什么要实行计划经济、经济动员与政治动员、民生主义的经济建设、西南与西北的经济建设方针、军需工业的建立、中国工业化问题、发达工业的资本与技术问题。书前有著者小序。

**5843.** **战时经济建设** 高叔康著 商务印书馆 1941年1月再版 长沙 5+79 32开 艺文丛书之十六，文史丛书之十六

本书分8章：一面抗战与一面建国、为什么要实行计划经济、经济动员与政治动员、民生主义的经济建设、西南与西北的经济建设方针、军需工业的建立、中国工业化问题、发达工业的资本与技术问题。书前有著者小序。

**5844.** **战时经济建设** 姚均编辑 国民出版社 1940年8月初版 金华 2+26 32开 地方自治丛书 浙江省地方行政学会主编

本书分6章：抗战与经济建设、战时经济建设的任务、我国战时的经济建设、农村建设与合作组织、国民经济建设运动与节约运动、当前几个经济问题。书后有结论。

**5845.** **战时经济建设与新中国经济制度** 余醒民、周硕发等著 时代批评社 1940年8月初版 香港 3+86 32开 有插图 时代丛书经济组 第1种 周鲸文主编

本书收录发表在《时代批评》二周年纪念征文特大号上的5篇文章：《中国战时经济政策》（余醒民）、《战后的经济制度与经济建设》（周硕发）、《战后的经济建设及其体系》（史可京）、《新中国之经济制度与经济政策》（野鹤）、《新中国的经济建设与民生主义》（陈文炎）。文章主张采取以民生主义为建设中心的经济制度来建设新中国。书前有周鲸文所作序。

**5846.** **战时经济讲话** 吴钟第著 第三战区战地宣传委员会 1942年12月初版 8+92 32开 青年综合丛书之一

分10讲：战时经济的特质、战时生产体制、战时消费限制、战时农工问题、战时贸易统制、战时交通建设、战时物价管理、战时金融机构、战时财政计划、战时经济政策。书前有作者自序。

**5847.** **战时经济节约** 曹立瀛、丁洪范、唐启贤著 独立出版社 1939年9月初版 重庆 1+64 32开 有图表 国民经济研究所小丛书

本书收3篇文章：《战时经济节约》（曹立瀛）、《战时节约的理论与实施》（丁洪范）、《浪费对

于国民经济之影响》（唐启贤）。

**5848. 战时经济论**　森武夫著，曹贯一译述　商务印书馆　1935 年 11 月初版，1936 年 10 月再版
上海　9 + 305　32 开

本书共 6 章：战时经济的意义及范围、战争需要的满足、战时国民经济的维持、战时金融、经济战略、国家总动员。书前有译者序，书后附录《日本战时统制经济法规》。

**5849. 战时经济论**　王达夫著　黎明书局　1938 年 3 月　6 + 102　32 开

内容分为 4 章：敌我战时经济力量的估计、我国战时经济现状、怎样筹集战时财政、怎样建立战时国防经济。附录战时经济计划大纲、陕西省战时经济计划纲领。

**5850. 战时经济论**　林蔚人著　中央军校政治部　1944 年 3 月　8 + 211　32 开　有图表

本书分 10 章，前 3 章主要概述战时经济的性质、国防经济动员等问题；第 4 章至第 8 章分别阐述战时的人力、物力、物价、财力、经济等问题；后两章论述经济作战、经济复员及建设问题。书前有著者自序。附录收《中国工业现状》（翁文灏）、《中国粮食近况》（徐堪）、《中国当前交通概况》（曾养甫）、《中国战时财政概况》（林蔚人）、《中国财政政策中之金融措施》（祝百英）。

**5851. 战时经济思想**　K. Hesse 著，陈允文编译　商务印书馆　1937 年 10 月初版　上海　8 + 62
32 开　战时经济丛书

本书分 4 章：在欧战前关于战时经济问题之言论、在一九一四——一九一九年关于战时经济之言论、欧战后之一般、结论（战时经济问题及其界限之探讨）。书前有编者序言《关于〈战时静止之研究与训练丛书〉之刊行》和导言。

**5852. 战时经济问题**　朱通九著　世界书局　1940 年 10 月初版　　［上海］　4 + 378 + 2　32 开　有图表

本书分 3 部分：战时物价问题、战时金融问题和战时其它各种经济问题。附录收《调节劳资纠纷需用哪几种统计》。

**5853. 战时经济问题**　中国经济学社编　商务印书馆　1940 年 2 月初版　长沙　3 + 426　32 开　有图表

本书为中国经济学社第十四届年会论文集，论述了抗战时期的经济问题。共分 5 章：财政、金融、贸易、农业、经济建设。书内辑录了刘大均、马寅初、童蒙正、丁洪范等经济学家写的战时经济学论文 24 篇。书末有附录：《中国经济学社略史》。

**5854. 战时经济问题**（中国经济学社第十四届年会论文集）　中国经济学社年会论文委员会编　马寅初［发行］　1938 年 12 月　　［276］　16 开　有图表

本书为中国经济学社第十四届年会论文集，论述了抗战时期的经济问题。共分 6 章：财政、金融、贸易、农业、经济建设、提案。书内辑录了刘大均、马寅初、童蒙正、丁洪范等经济学家写的战时经济学论文 24 篇。卷首有《中国经济学社略史》一文。

**5855. 战时经济问题与经济政策**　王亚南著　光明书局　1938 年 1 月再版　汉口　3 + 65　32 开
民族解放丛书　平心主编

本书分 6 章：战时经济与中国经济的战时编制、战时金融财政问题及其对策、战时的内外贸易问题及其对策、战时的工业问题及其对策、战时的农业问题及其对策、中国战时经济的展望。封面题名作"战时的经济问题与经济政策"，提书名页及版权页题名著录。

**5856. 战时经济问题与经济政策**　王亚南著　光明书局　1938年2月汉版　汉口　3+65　32开
民族解放丛书　平心主编

全书共分6章：战时经济与中国经济的战时编制、战时金融财政问题及其对策、战时的内外贸易问题及其对策、战时的工业问题及其对策、战时的农业问题及其对策、中国战时经济的发展。

**5857. 战时经济学**（*Political Economy of War*）　（英）A. C. Pigou 著，徐宗士译　国立编译馆
1935年5月再版　上海　7+243　16开

共分18章，包括战争的影响、战争的经济原因、战争的资源、赋税与公债、物价统制、消费者的定量分配、通货与汇兑、内债的善后、战后的政府统制问题等。有杨端六所作序及原著者、译者序。

**5858. 战时经济学讲话**　崔尚辛著　上海杂志公司　1938年2月初版　武汉　2+58　32开　大时代丛书之十四

本书共12讲：什么叫做经济总动员、战时经济的特性、战时经济动员的前提、战时财政问题、战时金融问题、战时公债问题、战时租税问题、战时纸币政策、战时工业政策、战时商业政策、战时农业政策、中国在抗战中的民生问题。

**5859. 战时经济原理**　唐启贤著　生活书店［经售］　1938年1月初版　4+88　32开　有图表

本书分16章：军事之潜在力量、平时经济与战时经济之差别、人力物力及财力总动员、军民必需品之加紧生产、资源缺乏之弥补方法、劳动供给之调整、征发等。书前有序。书后有勘误表。

**5860. 战时经济之研究及其设施**　中国问题研究会编　编者刊　1936年11月初版　上海　2+190　32开　有图表　中国问题研究丛书之三

本书分3部分。其中"战时经济研究"部分包括战时经济之本质、战时经济问题、战争与经济、近代的经济防御战、战争与资本主义世界之经济等5节；"战时经济的设施"部分包括战时统制政策、战时纸币政策之两个典型、战时经费之筹划、战时汇总统制、战时财政之调度等5节。

**5861. 战时经济总动员论**　罗敦伟著　南方印书馆　1943年5月　重庆　6+390　32开

全书共11章：绪论、经济动员基础理论、农业动员、战时工业总动员、战时消费及分配统制、战时粮食统制、战时劳动总动员、战时交通总动员、战时财政金融总动员、战时物价统制、经济动员的机构。

**5862. 战时田园市计划**　张国瑞著　西南导报社　1940年1月　重庆　4+48　32开

作者阐述了战时背景下，疏散城市密集人口至乡村，建立"田园市"的意义，并介绍了具体原则与步骤。全书分7部分：绪言、田园市之性质和时代背景、田园市建立之必然性及其功效、建设田园市之六大原则、田园市之设计与经营步骤、田园市在战时经济上之价值、结论。

**5863. 战时统制经济论**　森武夫著，陈绶荪译　国立编译馆　1935年5月初版，1938年3月3版
上海、长沙　25+627　32开　有图表

本书共13章：战争之经济的原因、将来战争与经济、战争与统制经济之必然性、战时工业之统制、战时劳动之统制、战时农业之统制、战时消费及分配之统制、战时贸易与海运之统制、战时价格之统制、战时财政与金融、战时统制经济与政治经济机构、战时经济之指导原理（结论）、日俄战中之战时经济（补税）。书前有著者原序。

**5864. 战时消费品之分配统制**　王伯颜著　汗血书店　1936年11月　上海　4+132　32开　有插图、有题词　国防实用丛书之一　刘百川主编

本书分 7 章：绪言、战时消费品分配统制理论之探讨、战时消费品分配统制方案之计划、消费品分配统制中之价格统制、消费品分配统制中运输之管理、消费品分配统制与输入来源之扩张、战时消费品分配统制之机关。

**5865. 战时中国经济研究**　陈松光著　中心出版社　1942 年 6 月　曲江　272　32 开　有图表

本书分 9 章：近代战争与经济战、战时的金与贸易、战时的物价、战时的交通运输、战时的经济统制问题等。书前有顾诩群序及著者自序。附录收《第一次世界大战交战诸国的战费统计》。有题赠。

**5866. 战时资源统制**　沈雷渔编著　正中书局　1939 年 4 月初版　1 + 61　32 开　有图表　战时民众训练小丛书

本书分 10 章：战争和资源、战时的工业统制、战时的农业统制、战时的消费和分配统制、战时的劳动统制、战时的资源价格统制、战时的贸易和海运统制、战时的财政和金融统制、战时统制经济和政治经济机构、结论。

**5867. 战争经济学**　（苏）莎维茨基原著，谢木诚译述　华南图书社　1937 年 1 月　香港　2 + 182　32 开　有图表

该书为译者从日译本转译。含经济与战争之方法、帝国主义时代战争的性质与方法之变化、军事的需要之特征、潜在武力论批判等 4 部分。书中有"新民会禁书"印鉴。

**5868. 战争与经济**　张天泽著　商务印书馆　1941 年 8 月初版　长沙　4 + 178　32 开　有图表　战时常识丛书

本书分 8 章：战时经济统制的必要、工业动员、农业统制、对外贸易管理、金融和投资、外汇管理、财政政策、交通和运输。

**5869. 真理的辨正（《阎锡山先生学说的研究》之辨正）**　物产证券按劳分配学会原著，抗战复兴出版社编辑　编者刊　1940 年 5 月　2 + 90　32 开

本书收录两篇文章：《评王若飞先生的序言》和《评王思华先生的〈评阎伯川先生的物产证券与按劳分配的学说〉》。书前有"编者的话"。

**5870. 中国国民经济**　中国问题研究会编　编者刊　1937 年 1 月　上海　12 + 422　32 开　有图表　中国问题研究丛书之四

本书论述了国内经济状况、经济结构、存在问题、发展趋势等问题。内容包括中国经济之今后、中国工业恐慌现阶段之分析、棉纺织业的新趋势、煤业状况、石油状况、农业经济等 18 个方面。

**5871. 中国国民经济建设之理论与实施**　马灿荣著　军事委员会政治部　1940 年　266　16 开　有题词、有图表

本书分 4 章：国民经济的基础、国民经济与经济政策、核心建设与国民经济、抗战后经济复员之展望。有绪言、结语及林翼中、刘运寿所作序言。

**5872. 中国经济的现状与对策**　沈志远编著　峨嵋出版社　1944 年 3 月　重庆　2 + 92　32 开

本书收文章 6 篇：《论工业经济建设之途径》（沈志远）、《农村经济的现状与前瞻》（陈泽生）、《战时商业资本的分析》（镜升）、《论物价与财政》（千家驹）、《黄金·通货·物价》（寿进文）、《国际经济合作与利用外资》（陈仲道）。有前言。

**5873. 中国经济动员论** 韩亮仙编著 国际问题研究会 1939年1月初版 （重庆） 8+230 32开 有图表

本书共分为6章，包括抗战时期中国工业、农业、交通运输、财政金融等行业的动员问题。书前有著者自序。

**5874. 中国经济建设的前途** 沈巨尘编 政论社 1938年7月初版 重庆 4+69 32开 政论丛书

本书分3部分：经济建设与资本主义、经济建设与民生主义、经济建设的方针与民生主义的解释。共16篇文章，包括《资本主义在中国》（陈独秀）、《民生主义的性质及中国小资产阶级的历史使命》（何兹全）、《民生主义与经济建设》（汪精卫）等。有编者序。

**5875. 中国经济建设协会参考资料（一～五）** [61] 32开 有图表

本书收录曾于报刊发表的有关战时经济建设的文章5篇，包括《中国资源问题》（胡庶华）、《民生主义的经济建设之世界性》（范苑声）、《四川西南区工业化之现在及将来》（罗志如、邢必信、李陵）、《西南煤田之分布与工业中心》（黄汲清）、《区域计划经济》（罗志如、邢必信、李陵）。

**5876. 中国经济建设之路** 吴景超著 商务印书馆 1943年10月初版 重庆 4+205 32开

本书分3章：抗战前的经济建设、几个失败的教训、经济建设的展望。书前有著者自序。

**5877. 中国经济学说** 蒋介石著 中央训练团 1943年6月 8+46 32开

本书分5章：中国经济学的定义与范围、中西经济学说的分别、中国古来的经济规模、民生主义之经济原理、将来的经济理想。

**5878. 中国经济诸问题** 范子平著 文化前哨社 1936年12月 保定 8+250 32开 有图表 中国新文化丛书第1种

本书分6部分，阐述中国的农村经济问题、财政问题、货币金融问题、实业问题、日本对中国东北的经济侵略以及英、美、日在华经济势力比较等问题。

**5879. 中国战后经济问题研究** 方显廷著 商务印书馆 1945年11月初版 重庆 5+257 32开

本书分5编：国际经济与中国、经济政策、工业区位、币值外汇、对外贸易。书前有方显廷序。

**5880. 中国战时经济建设** 沈雷春、陈禾章编著 世界书局 1940年12月初版 上海 8+175 32开 有图表

本书分4部分，分别介绍了战时农业、工业、矿业、交通等方面的建设和进展情况。

**5881. 中国战时经济建设** 中国国民党中央执行委员会训练委员会编 正中书局 1940年10月 杭州 6+126 32开 有图表

本书分5章：农业建设问题、工业建设问题、财政金融建设问题、交通建设问题、战区经济问题。书前有绪言、代序，书后有结语。

**5882. 中国战时经济建设问题** 中国国民党中央执行委员会训练委员会编 编者刊 1940年3月 重庆 6+162 32开 有图表 训练教程之二

本书分5章：农业建设问题、工业建设问题、财政金融建设问题、交通建设问题、战区经济问题。书后有结语。

**5883.** **中国战时经济建设问题**　中央训练委员会编　国民出版社　1940年8月初版　金华　6＋100　32开　有图表

　　本书分5章：农业建设问题、工业建设问题、财政金融建设问题、交通建设问题、战区经济问题。书后有结语。附载收录《中国民国党第五届中央执行委员会第五次全体会议关于战时经济之重要决议》、《中国国民党第五届中央执行委员会第六次全体会议关于战时经济之重要决议》。

**5884.** **中国战时经济讲话**　千家驹著　开明书店　1939年12月初版　上海　5＋167　32开

　　本书分11讲：什么叫做战时经济、中国战时经济的特征、大都市的沦陷并没有改变我持久战的经济条件、抗战中的中国农村经济、抗战中的中国农业、抗战中的中国对外贸易等。书前有作者自序。

**5885.** **中国战时经济特辑**　叶笑山、董文中编辑　中外出版社　1939年1月　上海　10＋328　16开　有图表

　　本书共10章：一般经济、战时之农业、战时之矿业、战时之工业、战时之商业、战时之金融、战时之财政、战时之对外贸易、战时之交通、战时之资源问题。书前有虞洽卿、林康侯、袁履登、许晓初、俞佐廷5人作序。书后有132个广告索引。

**5886.** **中国战时经济特辑续编**　董文中编　中外出版社　1940年1月　上海　474　16开　有题词、有图表

　　本书共10章：一般经济、战时之农业、战时之矿业、战时之工业、战时之商业、战时之金融、战时之财政、战时之对外贸易、战时之交通、战时之资源问题。书前有虞洽卿、林康侯、张一凡、杨德惠、许晓初、俞佐廷5人作序。书后有广告索引。

**5887.** **中国战时经济问题**　中国问题研究会编　编者刊　1936年11月初版　上海　2＋372　32开　有图表　中国问题研究丛书之二

　　本书3部分：二次大战前夜之各国经济准备，包括：英下院通过重整军备预算案、加紧备战中的日本经济、日本法西斯主义势力与金融资本、德国的新经济政策、德国统制经济的全貌、资本主义列强的国债政策；战时经济问题在中国，包括：非常时期的中国财政问题、非常时期的管理经济、非常时期财政应否以通货税为出路、中国战时财政之出路、中国国防经济政策、国家之经济统制与中央银行、中国战时财政之弱点及其补救；欧战时各国之经济政策，包括：欧战时英国之战时财政、欧战时各国租税政策之回顾。

**5888.** **中国战时经济问题**　中国国民党中央执行委员会训练委员会编　编者刊　1943年12月　重庆　6＋126＋4　32开　有图表　训练教程之十七

　　本书分9章：绪论、战时工矿问题、战时农林问题、战时财政问题、战时金融问题、战时贸易问题、战时交通问题、战时物价问题、战地经济问题。

**5889.** **中国战时经济问题研究**　粟寄沧著　中新印务股份有限公司出版部　1942年11月　桂林　2＋276　32开　有图表　中国战时经济研究丛书之一

　　本书收18篇文章，包括：《今后的经济建设》（代序）、《国营实业与战时经济建设》、《战时中国工业建设的途径》、《吾国战时工业建设的回顾与前瞻》、《论战时粮食管理政策》、《论战时租税政策》、《论战时盐专卖制的实施》等。

**5890.** **中国战时经济政策**　曹贯一著　商务印书馆　1940年12月再版　长沙　4＋148　32开　有图表

　　内分13章，概括了战时经济政策的意义及必要性、原理与执行情况，分述战时我国的财政、

经济、商业、农业、交通、劳动、消费节约政策及难民救济与生产、沦陷区经济政策等问题。书前有序。

**5891. 中国战时资源问题**　胡庶华著　青年书店　1939 年 12 月再版　重庆　4 + 124　32 开　有图表

全书分 6 章。介绍中国的燃料、水力等动力资源概况及各主要煤矿的储量、开采、酸碱原料等化学资源的开发，废弃物质的利用及人造合成品的代用等。附录收《经济部资源委员会组织条例》（1938 年 2 月 28 日公布）。

**5892. 中国之专卖制度与日本之公营事业**　荆磐石著　中国编译出版社　1941 年 6 月初版　6 + 22　32 开

本书包括专卖制度与抗战建国、日本之公营事业。

**5893. 中日经济提携**　骆耕漠著　黑白丛书社　1937 年 3 月　上海　2 + 65　32 开　黑白丛书之二

本书分 4 节："中日经济提携"的诞生、日本怎样实现"提携"、"提携"的惨痛成绩、今后的展望。

**5894. 中日经济战**　刘耀燊著　新建设出版社　1941 年 3 月初版　曲江　4 + 114　32 开　有图表　政治经济社会文化丛书

本书分 5 章：中日的经济战争与经济战略、中日货币战、资源争夺战、其他方面的经济战、敌人经济战的失败与我们应有的对策。书前有序言。

**5895. 中日战争与中国经济**　伍启元著　商务印书馆　1940 年 1 月初版　长沙　5 + 153　32 开　有图表

论述中日战争对中国工农商业、财政、通货膨胀、外汇、银行的影响，以及战时失业、节约、与敌人争取沦陷区经济权等问题。

**5896. 总裁经济建设言论概要**　中央组织部编著　中央秘书处文化驿站总管理处　1941 年 4 月　重庆　4 + 60　32 开　组训丛书

全书共分 7 章，包括国民经济建设、战时经济建设、国家经济建设等。后附"总裁有关经济建设言论五篇"。

**5897. 总理实业计划之研究**　蒋静一著　国民图书出版社　1943 年 5 月出版　重庆　4 + 296　32 开　有图表　党义丛书

全书共分 7 章：总理实业计划之面面观、实业建设的重心、交通建设、农业建设、工业建设等。卷首有翁文灏、陈立夫序和作者自序。

# 沦陷区经济

## 概　况

**5898. 大东亚战争二周年中国经济建设进展概况**　（伪）大东亚战争二周年特刊编辑委员会编　编者刊　1943 年 12 月　4 + 109　32 开　有图表

本书分 5 部分：战争与经济、金融经济之建设、产业经济之复兴、国民经济之改造、共荣经济之完善。附录为重要史料及经济法规。

**5899. 敌伪在我沦陷区域经济统制动态**　国防最高委员会、对敌经济封锁委员会编　国防最高委员会、对敌经济封锁委员会　1941 年 5 月　3＋99　32 开　有图表　国防最高委员会、对敌经济封锁委员会调查专报之三

本书共 4 章，分别为：绪论、敌伪经济统制声中几项毒辣手段、敌伪经济统制机构与运用、敌伪经济统制近况。书后有结语，封面印有"密"字。

**5900. 第五年之倭寇经济侵略**（民国三十二年夏）　中央调查统计局特种经济调查处编　编者刊
1943 年　6＋112　16 开　有图表

本书分为总论、物资、财政与金融、交通 4 个部分，记录 1942 年日寇对我国经济侵略的事实、其经济体制、侵略政策的变化、物资的配给、封锁、对各地区的掠夺、实行的金融政策以及交通状况等。

**5901. 华中伪组织之财政与金融**　中央银行经济研究处编　编者刊　1942 年 1 月　2＋22　16 开
经济情报丛刊　第 10 期

分财政、金融两篇。财政包括导言、华中伪组织财政之过去与现在、华中伪组织财政上之各种"措施"、华中伪组织财政之前途 4 部分；金融包括伪中储银行成立前之华中金融概况及伪府设行之经过、伪府设立伪行之企图、伪中储行之业务及其政策、伪华兴银行之现状、敌军用票之现状等 10 部分。

**5902. 经济年报**（昭和十六年度版　第一卷）　南京日本商工会议所编　编者刊　1942 年 6 月　南京　125　16 开　有图表

本书共 15 部分：南京人口动态、南京物价指数表并百分比率表、南京营业许可统计表、昭和十六年度市况概况等。

**5903. 康德五年度统计年报**　　（伪）扶余县公署　1939 年 6 月　4＋137　16 开　有插图、有图表

本书分 16 编：气象、土地、产业、人口、财政、义仓、社会事业、卫生、道路、消防、人事、文书、杂项等。

**5904. 抗战以来敌寇对我经济侵略概况**　陈介生编　1940 年 5 月　6＋100　32 开　有图表

全书分 3 章：财政与金融、经济、交通。

**5905. 日本对华经济侵略之检讨**　赵毅民著　朝野书店　1932 年　北平　8＋80　32 开　有图表

本书分 7 章："绪论"、"交通侵略"、"工业上之侵略"、"商业上之侵略"、"金融上之侵略"、"农、植、林、渔之侵略"、"结论"。

**5906. 日寇在沦陷区的经济掠夺**　沈敬亭著　文化供应社　1940 年 8 月　桂林　4＋140　32 开　有图表　时事问题丛刊之三

本书共 8 章：绪论、掠夺方式与掠夺机构、资源的掠夺、工业的掠夺与经营、交通的控制与扩张、贸易的统制与垄断、捐税、结论。

**5907. 时局经济大讲演会讲演集**　东亚经济恳谈会华北本部编　编者刊　1943 年 9 月　2＋12　32 开

内容涉及战时经济之再认识、积极开发经济等内容，此讲演集为会议记录，包括开会词、致词、讲演和闭会词 4 部分。"讲演"部分有 3 篇：《对东亚经济恳谈会之感想与期望》、《华北经济之开发现状与将来》和《东亚共荣圈一员之蒙疆现状》。书前有序。中日对译本。

**5908. 实业部工作述略**　［（伪）实业部编］　　［编者刊］　1939 年 1 月　40　［环筒叶］　17.5cm×

27.5cm 线装 有图表

本书分9部分：奉行法令事项、颁布单行法规事项、总务事项、农林事项、工商事项、矿业事项、合作事项、农赈事项、技术事项。书前有王荫泰所作叙言。

**5909. 实业部合作人员养成所概览** （伪）实业部合作人员养成所 （伪）实业部合作人员养成所总务组 1943年6月 3+60 32开 有题词、有图表

本书分17部分：所训、引言、学员信条、本所组织系统、本所离任讲师一览、本所现任讲师一览、本所离任职员一览等。书前有童玉民所作引言。有题赠。

**5910. 实业部接收日军管理工厂委员会办理经过总报告** [（伪）实业部编] [编者刊] 1940年 2+34 32开 有图表

本书分11部分：本会之设立、本会之组织、设立本会驻沪驻粤两办事处、本会处理军管工厂申请发还之程序、华南已解除之军管理工厂、华北已解除之军管理工厂等。附录7种规则、表格、名录等，包括：本会组织规程、本会成立时委员姓名录、发还军管理工厂申请规则等。出版时间根据内容推断。

**5911. 事业报告书（自民国三十二年一月一日起至民国三十二年十二月三十一日止）** 薛郢生、（日）田畑光雄编 1943年 42［环筒叶］ 16开 有图表

包括6部分：财产目录、贷借对照表、事业报告书、剩余金处分案、役员名簿、职员名簿。根据封面题名推断出版时间。

**5912. 四年之倭寇经济侵略（民国三十年冬）** 中央调查统计局特种经济调查处编 编者刊 1941年 1+222 16开 有图表

本书分5篇：总论、财政金融、产业、贸易、交通。主要记录了日寇战时经济体制发展、日寇对华经济侵略政策、有关日寇在沦陷区进行经济侵略的调查统计资料等。

**5913. 伪组织政治经济概况** 李超英讲 商务印书馆 1943年10月初版、1944年1月赣县初版 重庆 5+158 32开 有图表

本书分4章：绪论、敌伪政治、敌伪经济、敌伪金融。附录收《敌寇之经济作战力》、《敌寇战时经济体制之发展》。

## 农业经济

**5914. 华南农事改良策** （日）岩田笃夫著，施学习译 在汕头日本领事馆政务课 1944年11月 汕头 2+29 32开 有图表 产业指导丛书第1种

本书包括两篇：农事经营的改良、农业技术的改良。卷首有著者序。

**5915. 满洲农业概况** （日）河村清编 （伪）满洲帝国政府特设满洲事情案内所 1939年9月 新京（长春） 2+34 大32开 有图表

共分总说、自然条件、农业资源、特殊农耕法、在国内及世界上所占之地位、农业行政及其设施等6部分。

**5916. 满洲食粮搜集机构与搜粮对策（为检讨满华北粮食事项之比较研究）** （伪）华北综合调查研究所紧急食粮对策调查委员会编 1943年12月 18 32开

本书包括搜集食粮统制机构之展开、交易场、粮栈、特约收买人、共同糶粮、搜粮对策之展开以及1942年度和1943年度搜粮对策。书前有序言，出版时间据序言推断。

**5917. 满洲食粮搜集机构与搜粮对策（为检讨满华北食粮事项之比较研究）**　（伪）华北综合调查研究所紧急食粮对策调查委员会　1943 年 12 月　1 + 18　32 开

出版时间据序言落款时间推定。

**5918. 满洲拓植公社章程**　16 开

本章程共 7 章 43 条。

**5919. 民国三十三年度河南省农业增产方案实施要领**　（伪）华北政务委员会农务总署编　编者刊　4 ［环筒叶］　16 开　油印　有图表

**5920. 努力增产**　（伪）华北政务委员会总务厅情报局编　编者刊　1944 年 3 月　1 + 16　9cm × 12cm

本书分 6 个部分：我们为什么必须要增产、应该注意的几件事情、怎样预防庄稼的病虫害、防止水旱灾、城市住民也要协力菜疏增产、丰收的预想。封面有"非卖品"字样。

**5921. 破坏华北敌伪水利建设意见书**　中央调查统计局特种经济调查处编　编者刊　1944 年 11 月　1 + 14 ［环筒叶］　16 开　油印

本书分两章：敌伪水利建设现况、破坏敌伪水利建设计划。书前有引言。

**5922. 前绥远各垦务机关沿革系统组织表**　（伪）蒙古联合自治政府地政总署土地制度调查室　1940 年 6 月　［189］　16 开　油印　有图表

本书分 3 个部分：前绥远垦务机关沿革表、前绥远垦务机关系统表、前绥远垦务机关成立呈准公文及组织表。书前有题言。

**5923. 日本铁蹄下之东北农民**　陈正谟著　中山文化教育馆　1938 年 2 月初版　南京　4 + 34　64 开　抗战丛刊第 17 种　中山文化教育馆编

本书分 6 节：东北的富厚与日本的强占、田地被强占、日本的武装移民、被日本强占作别种用途的土地及其附带的祸害、东北的征兵、我们怎么办。书前有"抗战丛刊缘起"。

**5924. 日本铁蹄下之东北农民**　陈正谟著　中山文化教育馆　1938 年 3 月渝版　南京　6 + 36　64 开　抗战丛刊第 16 种　中山文化教育馆编

本书分 6 节：东北的富厚与日本的强占、田地被强占、日本的武装移民、被日本强占作别种用途的土地及其附带的祸害、东北的征兵、我们怎么办。书前有"抗战丛刊缘起"。

**5925. 邢台县农村实态调查**　（伪）新民会中央指导部总务部编　中华民国新民会中央指导部总务部 ［发行］　1940 年 4 月　3 + 35　32 开　有图表

本书分 7 章：县概况、土地关系、租种关系、农业劳动及农业外劳动、金融关系、灌溉状况、村落共同体之遗制。书前有凡例、序言。书后有结论。

**5926. 修正北京特别市土地房屋评价规则**　（伪）北京特别市公署　1939 年 12 月 13 日　22　32 开　有图表

**5927. 战时食粮政策**　（伪）华北政务委员会总务厅情报局编　编者刊　1943 年 12 月 25 日　38　大 64 开　时局丛书之二十二

本书介绍德国、苏联、英国、美国在两次世界大战中所推行的粮食政策。书前有绪言。

## 财　政

**5928. 财政统计（民国三十年度）**　（伪）汉口特别市政府财政局编　1941 年　2 + 37　16 开　有

图表

本书收汉口 1941 年度财政统计表 31 件，包括《汉口特别市政府三十年收支比较表》、《汉口特别市政府三十年度各项收支比较图》、《汉口特别市府各机关三十年度收支比较表》等。

**5929. 财政统计（民国三十年度春季）** （伪）汉口特别市政府财政局编 1941 年 2 + 50 16 开 有图表

本书收汉口 1941 年 1 至 3 月份财政统计表 55 件，包括《汉口特别市政府三十年一至三月份各项收支比较表》、《汉口特别市政府各机关三十年一月份收支数目比较表》、《汉口特别市府各机关三十年二月份收支数目比较表》等。

**5930. 财政统计（民国三十年夏季）** （伪）汉口特别市政府财政局编 1941 年 2 + 43 16 开 有图表

本书收汉口 1941 年 4 至 6 月财政统计表 41 件，包括《汉口特别市政府各项收支比较表》、《汉口特别市政府各项收支比较图》、《汉口特别市政府各机关三十年四月份收支数目比较表》、《汉口特别市政府各机关三十年五月份收支数目比较表》等。

**5931. 财政统计（民国三十一年上半年度）** （伪）汉口特别市政府财政局编 1942 年 2 + 51 16 开 有图表

本书收汉口 1942 年上半年度财政统计表 48 件，包括《汉口特别市政府三十一年上半年各项收支比较表》、《汉口特别市政府三十一年一月份与三十年同月份收支比较表》、《汉口特别市政府三十一年二月份与三十年同月份收支比较表》等。

**5932. 华北政务委员会暂行决算办法** 4 ［环筒叶］ 32 开

**5933. 康德三年度一般会计岁入岁出预算各目明细书** （伪）国务院总务厅 1936 年 14 + 920 16 开 有图表

本书分两个部分：岁入、岁出。

**5934. 年度收支豫算说明书** （伪）华北化学制品统制协会 5 ［环筒叶］ 16 开 油印 有图表

**5935. 伪满财政总检讨** 中央设计局东北调查委员会编 编者刊 1945 年 7 月 76 ［环筒叶］ 17.5cm×25.7cm 油印 有图表

本书分 8 章：绪论、伪满财务行政、伪满岁出岁入、伪满关税、伪满内地税、伪满专卖、伪满公债、结论。封面印有"机密 0055"红色字迹。

**5936. 中国内外债详编** （伪）中国联合准备银行调查室编纂 编者刊 1940 年 6 月初版 北京 9 + 248 大 32 开 有图表 财政金融丛书 第 1 号

本书包括总述、内债、外债、庚子赔款、结论。附录收《内国债券近年来市价表》、《外债债券近年来市价表》、《中国内外债详编附表目录》36 件。有例言。

**5937. 中华民国临时政府二十八年度上半年度国库收支各款报告书** （伪）财政部编 编者刊 1939 年 2 + 40 横 8 开 有图表

本书分 3 个部分：收支报告、收入之部、支出之部。书前有说明。

**5938. 最近伪"满洲国"之财政概况** 中央银行经济研究处编 编者刊 1941 年 6 月 2 + 24 16 开 有图表 经济情报丛刊 第 5 辑

本书分为国家预算、地方经费、对外贸易、金融 4 章，概述伪满财政状况。附录收《"满洲"

中央银行法》、《"满洲"中央银行资产负债表》、《"全满"银行存款及贷款额表》。

**5939. 国税章则汇编** （伪）淮海省财政厅编 编者刊 1944年3月 2+58 32开 有图表

**5940. 华北统税总局统计年报（民国二十九年份）** （伪）华北统税总局编 编者刊 1940年 163 16开 有图表

本书收组织、总务、税收、产销、舶来进口、经征货品数量的统计表等。各年度卷末附载"办税政纪要"。

**5941. 华北统税总局统计年报（民国三十一年份）** （伪）华北统税总局编 编者刊 1942年 151 16开 有图表

本书收组织、总务、税收、产销、舶来进口、经征货品数量的统计表等。各年度卷末附载"办税政纪要"。

**5942. 华北统税总局统计年报（民国三十二年份）** （伪）华北统税总局编 编者刊 1943年 149 16开 有图表

本书收组织、总务、税收、产销、舶来进口、经征货品数量的统计表等。各年度卷末附载"办税政纪要"。

**5943. 华北现行所得税暂行条例解释（增订本）** （伪）中国联合准备银行调查室编纂 编者刊 1941年9月再版 北京 10+404 大32开 有图表 财政金融丛书 第2号

本书共4编：绪论——所得税之概念、本论——所得税暂行条例解释、有关所得税暂行条例之现行有效法令、结论——所得税暂行条例之研讨。附录18篇，包括各类所得额报告表及扣缴清单等格式、北京统税局广播演讲申报营利所得税方法等。有编辑例言。

**5944. 蒙古联合自治政府内国税制度便览** （伪）财政部国税科 1939年1月 2+282 32开 有图表

本书收录田赋、契税、禁烟特税、矿业税、斗捐、牲畜税、屠宰税、营业税等32类税种概要。书前收录《蒙古联合自治政府现行租税体系》。

**5945. 中华民国临时政府二十八年度上半年各项税款收支总附分表** （伪）财政部编制 编者刊 15 横8开 有图表

## 金 融

**5946. 东北的金融** 何孝怡编 中华书局 1932年4月 上海 8+103 32开 有插图、有图表 东北研究丛书

本书分6章：绪论、东北的货币制度、东北的金融机关、日本对我东北的金融侵略概况、欧美各国在我东北的金融势力、结论。书前有著者序。封面题名为"日本帝国主义侵略下东北的金融"。

**5947. 华北金融机关一览表（二十八年七月至二十九六月止）** （伪）中国联合准备银行 1943年 12月 6+57 16开 有图表

本书分4个部分：中国联合准备银行、中联辖下银行、一般商业银行、银号、华北主要都市金融机关存款放款统计表。

**5948. 特别圆浅说** （伪）中国联合准备银行外汇局调查室编 编者刊 1943年6月 2+42 32 开 财政金融丛书 第3号

本书分 12 章：特别圆之导源、华北统制贸易与特别圆汇兑集中制之嬗蜕、特别圆定义之设定、特别圆汇兑基准通货之设定、进出口比率规定之前后、信用状基准交易等。

**5949. 伪满金融总检讨（中华民国三十四年七月）** 中央设计局东北调查委员会编 编者刊 1945 年 7 月 74［环筒叶］ 16 开 油印 有图表

本书分 9 章，介绍伪满金融行政、通货、银行、金融市场、利率、资金统制与国民储备等情况。

**5950. 伪中央储备银行概况** 中央银行经济研究所编 编者刊 1941 年 2 月 29 16 开 经济情报丛刊 第 1 辑

本书分为 3 章，分别为：伪中央储备银行成立之经过、伪中央储备银行成立后各方之反响、伪中央储备银行成立与我方金融对策之检讨。附录收《伪中央银行筹备委员会章程》（1940 年 4 月 13 日公布）、《伪财政部长声明》（1940 年 12 月 19 日发表）、《伪中央储备银行法》（1940 年 12 月 19 日公布）、《伪整理货币暂行办法》（1940 年 12 月 19 日公布）、《伪财政部外汇基金管理委员会章程》（1940 年 12 月 19 日公布）、《伪财政部长声明》（1941 年 1 月 6 日发表）。

**5951. 邮政零存整付储金办事规程（附邮政零存整付储金要纲）** （伪）华北邮政总局 1943 年 4 月 7 + 14 32 开 有图表

**5952. 满洲国银行总览（康德四年十二月末现在）** （伪）经济部金融司编 编者刊 1937 年 12 月 171 32 开 有图表

含银行（中央银行、兴业银行、普通银行、外国银行）及其他金融机构（金融合作社、金融会、当铺等）之沿革、所在地及资产、负债等调查。中日对译本。

**5953. 满洲中央银行** 尚德纯编 （伪）满洲中央银行调查课 1937 年 11 月 新京 6 + 122 大 32 开 有照片、有图表

本书共 13 部分：迄至创立之经过、开业、使命与组织、币制之统一、通货之安定、日满通货统制之完成、本行业务概况、存款、放款、金利、汇兑、产金收买、国库金之办理。附录收《关系法令》、《参考诸表》、《分支行所在地、通汇地一览表》。

**5954. 浙西沦陷各县现况略述** 赵德民调查 国民经济研究所 1939 年 1 月 1 + 5 16 开 一般经济门概况类第 1 号（总第 108 号）

本书共 7 部分，分别为：浙西沦陷各县名称、各地食米及日用品供需情形、战时被轰炸情形、沦陷各地通行之法币、各地农工商民受害情形、敌军暴行一斑、其他。

**5955. 中国联合准备银行总行通函（管字类）** 1938 年 6 + 166 32 开 有图表

**5956. 中华民国三十年度中央储备银行报告** 1941 年 18 16 开 有图表

后附《银行的资产负债表》、《损益计算表及人员状况表》。

**5957. 中华民国三十一年度中央储备银行报告** 1942 年 20 16 开 有图表

此为中央储备银行出具的年度报告，其中大致介绍了日本、英国、美国的金融概况，以及上海、广州、武汉、华中各地、华北方面的经济情况，并介绍了中央储备银行统一币制金融事项、业务发行国库情形的情况。后附《银行的资产负债表》、《损益计算表及人员状况表》，出版时间根据题名及内容推断。

**5958. 中央储备银行第一次行务会议汇编** （伪）中央储备银行秘书处编 编者刊 1941 年 6 月

南京 10+126 16开 有照片、有表格

本书分4编：会议之经过、审查报告及原提案、工作报告、附录。书前有例言。

**5959. 中央储备银行总行暨分支行成立纪念特刊** （伪）中央储备银行秘书处编 编者刊 1941年8月 南京 10+160 16开 精装 有照片、有插图、有图表

本书分10个部分：摄影、弁言、特载、言论、祝辞、评述、记事、法规、图表、附录。

## 商业、贸易

**5960. （昭和六年）满洲贸易年报**（*Trade Return of Manchuria 1931*） （日）贵岛克己编辑 南满洲铁道株式会社 1932年9月 大连 9+135 16开 有图表

中英文对照本。年报按地域分别统计"贸易额比较"、"进出口数量及价额"、"海关收入"等项内容。书内全部为图表。

**5961. 北京典当业之概况** （伪）中国联合准备银行调查室编纂 编者刊 1940年7月初版 北京 3+106 32开 有照片、有图表 庶民金融丛书 第1号

本书分4章：典当业之起源及其历史、北京典当实务概述、北京典当业兴衰及现状、典当业与北京市庶民之关系。书前有例言，章后有结论。

**5962. 敌伪对华北物产与贸易之统制** 中央银行经济研究处编 编者刊 1941年9月16日 1+37 16开 油印 有图表 经济情报丛刊 第7辑

**5963. 东北的贸易** 魏铭编 中华书局 1932年6月 上海 6+144 32开 有插图、有图表 东北研究丛书

本书共7章：绪论、大连港的贸易、安东港的贸易、营口港的贸易、哈尔滨的贸易、延吉附近的贸易、结论。书前有著者写"编完以后"。封面题名为"日本帝国主义侵略下东北的贸易"。

**5964. 华北救灾会平粜事务处工作报告**（第一号 提售澳粉作赈事件） 1941年4月 8 32开 有图表

本书分4部分：各省市领请施赈、常委会决定方案、提售澳粉经过、拨发赈款。附《华商三十七家店铺购粉交款清单》。

**5965. 华北救灾会平粜事务处工作报告**（第二号 购进清水部队小米发交冀东道署办理平粜事件） 1941年4月 6 32开

本书分6部分：购米由来、定购与付款、处置决定——交冀东道署办理平粜、起运经过、交还清水部队麻袋、费用支付。

**5966. 华北救灾会平粜事务处工作报告**（第三号 平粜章则汇刊甲编） 1941年5月 2+30 32开

本书分11章，包括：华北救灾委员会平粜事务处暂行组织规则、华北救灾委员会平粜事务处办事细则、华北救灾委员会平粜事务处地方平粜暂行通则、华北救灾委员会平粜事务处处务会议规程、平粜事务处临时存款办法、平粜监察规则、平粜事务处统计查报章程等。

**5967. 华北救灾会平粜事务处工作报告**（第四号 平粜关系图表汇刊甲集） 1941年6月 4+12 32开 有插图、有图表

本书收录图表12种，分为两部分：本处关系图表、河南省被灾县分统计图表。书前有说明。

**5968.** 华北救灾会平粜事务处工作报告（第五号　政会周年纪念平粜事件）　1941 年 8 月　14　32
开　有图表

本书分 6 节：纪念平粜之意义、颁发粜则与拨粉、粜粉经过、余粉之续粜、面袋之汇缴及标
卖、粜款之解缴与存放。

**5969.** 华北救灾会平粜事务处工作报告（第六号　筹办文安宁河两县平粜事件）　1941 年 9 月　22
32 开　有图表

本书分 7 节：两县平粜由来、平粜会之成立、粜额规定、粜粮采放、文安呈报粜米到县搬运遇
劫及本处之措置、宁河自行开粜及本处之措置、令饬道署监督迅办。

**5970.** 华北救灾会平粜事务处工作报告（第七号　平粜章则汇刊乙编）　1941 年 10 月　2＋10　32
开

本书分 5 节：粜粮采放办法、发款自购粜粮县分平粜办法、会同购买粜粮办法、接管粜粮应行
注意事项、专载——办理救灾人员奖惩条例。

**5971.** 华北救灾会平粜事务处工作报告（第八号　冀东十县市办理前购清水部队小米平粜事件）
1941 年 10 月　16　32 开　有图表

本书分 8 节：成立平粜会所、分发粜米、核定粜价、特准购额、粜售经过、本处之视察、粜款
之解缴、此次粜粮之收获。

**5972.** 华北救灾会平粜事务处工作报告（第九号　平粜关系图表汇刊乙集）　1941 年 11 月　4＋18
32 开　有插图、有图表

本书收录图表 18 种，分两部分：山东省被灾县分统计图表、苏北特区被灾市县统计图表。

**5973.** 华北救灾会平粜事务处工作报告（第十号　筹办冀东四县续请平粜事件）　1941 年 12 月
12　32 开　有图表

本书分 6 节：特别平粜之收效、道署之续请、本会之核办、粜粮之代购与监交、粜米之起运与
分发、迁安之开粜。

**5974.** 华北救灾会平粜事务处工作报告（第十一号　一年来平粜工作概况——三十年度）　1942 年
1 月　4＋26　32 开

本书分 11 章：本处平粜的特殊性、接收澳粉与规定章则、提售澳粉作赈事件、政会周年纪念
平粜、冀东特别平粜、冀豫重灾八县平粜、冀东四县续请平粜等。

**5975.** 华北救灾会平粜事务处工作报告（第十三号　冀东十县市办理前购清水部队小米平粜总报告
事件）　1942 年 3 月　2＋18　32 开　有图表

本书收录图表 8 种：《各县市粜米配额及粜价核定一览表》、《各县市开粜粜结日期及粜售数量
一览表》、《各县市出粜损耗数量及与原发数量百分比较一览表》、《各县市粜款解缴一览表》、《各
县市解缴粜款与原发米价及应收粜款百分比较一览表》、《各县市粜款损耗数目及与原发米价暨应收
粜款百分比较一览表》、《各项费用结算一览表》、《总结计算平准表》。

**5976.** 华北救灾会平粜事务处工作报告（第十七号　文安宁河两县办理平粜事件）　1942 年 7 月
22　32 开　有图表

本书分 3 部分：文安县办理平粜经过、文安县粜粮被劫及责令补偿、宁河县办理平粜经过。

**5977.** 华北救灾会平粜事务处工作报告（第十八号　政会成立二周年纪念平粜事件）　1942 年 8 月

11 32 开 有插图、有图表

本书分 5 部分：办理纪念平粜之缘起、令发原则、拨发面粉、派员视察、办理纪念平粜之意义及效果。

**5978. 华北救灾会平粜事务处工作报告（第二十号 临城内黄蒙阴沂水改粜为赈事件）** 1942 年 10 月 23 32 开

本书分 4 部分：河北临城、河南内黄、山东蒙阴、山东沂水。附《修正沂水县办理贫民小本贷款暂行办法》。

**5979. 华北救灾会平粜事务处工作报告（第二十一号 山东省泗水临沂两县办理轮粜事件）** 1942 年 11 月 12 32 开 有图表

**5980. 华北救灾会平粜事务处工作报告（第二十二号 山东省莱芜日照两县办理轮粜事件）** 1942 年 12 月 11 32 开 有图表

本书分两部分：莱芜、日照。附《山东省日照县历办轮粜事务一览表》及《山东省莱芜县历办轮粜事务一览表及分区表》。

**5981. 华北救灾会平粜事务处工作报告（第二十三号 一年来平粜工作概况——三十一年度）** 1943 年 1 月 32 32 开 有图表

本书分 6 部分：政会成立二周年纪念平粜、冀东续办平粜、代购粜粮县分办理平粜经过、自购粜粮会购粜粮县分改办轮粜经过、发款自办轮粜县分办理平粜经过、公务员廉粜（特别配给）经过。

**5982. 华北救灾会平粜事务处工作报告（第二十四号 山东省掖县蒲台邱县办理轮粜事件）** 1943 年 2 月 17 32 开 有图表

**5983. 华北救灾会平粜事务处工作报告（第二十五号 紧急救济采购粜粮事件）** 1943 年 3 月 14 32 开 有图表

·本书分两部分：采购粜粮之缘起、通顺香三县采购粜粮经过。附《调查员姓名暨调查区域一览表》及信函 3 封。

**5984. 华北六港外国贸易统计月报（中华民国三十一年十月 昭和十七年十月）** 1942 年 10 月 6 + 331 24 cm × 25 cm 有图表

本书以表格形式收录被日寇侵占的秦皇岛、天津、烟台、龙口、威海卫、青岛 6 个港口 1940 年及 1941 年 1 月至 9 月的进出口贸易统计资料。封面有"密件"字样。出版时间根据封面推断。中英日对译本。

**5985. 商检统计专刊（一册）** （伪）实业部天津商品检验局秘书室编辑 （伪）实业部天津商品检验局 1939 年 1 月 天津 10 + 152 16 开 有照片、有图表

本书共统计 17 类：出入口商检总量值、棉花类、果类、豆类、毛皮类、肠衣类、肉类、油脂类、蛋类、蛋产品类、鬃毛类、绒羽类、植物油类、骨粉类、糖品类、肥料、酒精、麦粉。

**5986. 粤海关复关第二年工作概况会刊** 236 16 开 有照片、有图表

收录 1941 年及 1942 年相关统计，分工作概况、统计图表两部分。

**5987. 北京批发物价指数** （伪）中国联合准备银行编 编者刊 1945 年 北京 [85] 16 开 油印 有图表

收录 1941 年 12 月上旬至 1945 年 2 月上旬北京批发物价指数表。

**5988. 汉口物价**　　（伪）汉口特别市政府秘书处编制　　1942 年 6 月　14　16 开　有图表

本书收 1939 年到 1942 年 6 月的物价指数表 15 件，包括《汉口特别市生活费指数表》、《汉口特别市工人生活费指数表》、《汉口物价统制委员会生活必需品限价表》等。

**5989. 华北物价处理委员会各省市分会代表恳谈会天津特别市报告书**　　（伪）华北物价处理委员会天津特别市分会编　　编者刊　　1942 年 10 月　16　32 开　有图表

本书分两个部分：关于进行状况、物价情形。书后附 6 个图表：《自肃价格表》、《本市各商业号售货实行明码制程度比较表》、《天津市批发物价指数》、《天津市零售物价指数表》、《天津市批发物价指数升降比较图》（1942 年 1 月—8 月）、《天津市零售物价指数升降比较图》（1942 年 1 月—8 月）。

**5990. 满洲物价调（康德十年二月）**　　（日）窪田正直编　　满洲中央银行调查课　　1943 年 4 月　新京　31　16 开　有图表

**5991. 满洲物价调（康德十年三月）**　　（日）窪田正直编　　满洲中央银行调查课　　1943 年 5 月　新京　31　16 开　有图表

**5992. 满洲物价调（康德十年五月）**　　（日）窪田正直编　　满洲中央银行调查课　　1943 年 7 月　31　16 开　有图表

**5993. 满洲物价调（康德十年九月）**　　（日）窪田正直编　　满洲中央银行调查部　　1943 年 11 月　新京　31　大 16 开　有图表

**5994. 满洲物价调（康德十年十一月）**　　（日）窪田正直编　　满洲中央银行调查部　　1944 年 1 月　新京　31　16 开　有图表

**5995. 满洲物价调（康德十一年五、六月分）**　　（日）窪田正直编　　满洲中央银行调查部　　1944 年 8 月　新京　15　16 开　有图表

**5996. 满洲物价调查**　　1941 年 8 月　30　16 开　有图表

出版时间据内容推断。

**5997. 物价统制应急策（第 1 辑）**　　赫崇芳著　　北京清和阁南纸店　　1942 年 9 月　北京　4＋278＋44　32 开　有图表

共收 16 篇文章：《经济战是什么》、《怎样统制物资》、《什么叫适正价格》、《北京市物价统制问题》、《暴利取缔规则内容的分析》等。卷首有作者序，附录收《物价紧急对策参考资料》、《配给票各种式样》。

**5998. 战时支那经济统计汇编（各重要都市小卖物价指数）第 1 辑**　　日本总领事馆特别调查班编　　编者刊　　1941 年　上海　1＋81　16 开　有图表

全书为图表形式，收录重庆、成都、雅安、西安、兰州、桂林、衡阳、洛阳、郧阳、上海、赣州、福州、曲江等重要城市 1937 年 1–6 月期间小卖物价指数等数据资料，以及这些城市 1937 年至 1941 年 6 月期间各项商品平均小卖价格表。封面有红色"秘"字样。出版时间依据内容及图表推断。

## 沦陷区各地经济

**5999. 暴日最近之经济侵略与东北**　　柳亚之著　　东北研究室　　1935 年 1 月　上海　30＋206＋32　32

开　有题词、有图表

　　本书分析了"九一八"事变前日本的经济状况，揭露了"九一八"事变后日本对我国东北地区在财政、金融、工业、交通等方面的经济掠夺和殖民统治。书前有罗文干、钱达钧等10人序言及作者自序。附录收《日方所谓悬案之事实真相》。

**6000. 大东亚共荣圈与华北之经济地位**　森信美著　华北学会译述　新民印书馆　1942年8月　北京　28　32开　有图表

　　本书包括4章：绪论、大东亚共荣圈的构想、大东亚共荣圈与华北之经济地位、结论。

**6001. 敌伪对华北物产与贸易之统制**　中央银行经济研究处编　编者刊　1941年9月　2＋37　16开　有图表　经济情报丛刊　第7辑

　　本书共4章，分别为：敌伪统制华北物品之种类、敌伪统制华北物产之政策及机构、敌伪对华北贸易之统制、敌伪统制下之华北贸易动向。书前有小引。

**6002. 东三省经济实况概要**　连浚编著　华侨实业社　1931年11月次版　上海　6＋458　16开　有照片、有插图、有图表

　　本书分15章：地势、沿革、俄人之东侵及中东铁路之内容、日人之西进、南满铁路株式会社之解剖、东北之农业、东北之牲畜及畜产等。书前有周之贞序和编者自序。

**6003. 东三省物产资源与化学工业（下册）**　日本工业化学会满洲支部原编著，中山文化教育馆编辑，沈学源译　商务印书馆　1936年7月初版　上海　［384］　大32开　有图表　中山文库

　　本书为第7编到第12编：窑业、金属工业、燃料工业、其他化学工业、杂工业、新兴工业。附录收《东三省主要化学工场一览》、《参考统计》、《对照表》。

**6004. 奉天经济统计年报**　（日）加藤治雄编　奉天商工公会　1939年10月　奉天　2＋229　16开　有图表

　　全书以统计年报表格的形式，记录了1938年间沈阳市人口、通货、金融、贸易、物价、仓库、土建等统计数据。书前有沈阳市的经济概况。书后有农产物收获预想、铁西工业地区工场一览表等资料。

**6005. 华北开发事业之概观**　（日）富田幸左卫门著　北支那开发株式会社发行，交通部平津区特派员办公处翻印　1943年12月　北京　1＋50　大32开　有图表

　　本书共4部分：战力增强与华北、北支那开发株式会社、关系会社及其事业、华北开发事业之将来。附录开发华北产业之关系会社。书前有凡例。

**6006. 华北五省经济与英日**　周默秋著　现代国际社　1937年7月初版　上海　16＋272　32开　有照片、有图表　现代国际丛书之一

　　本书分9章：总论、农业、工业、矿业、交通、英日在华北之经济特权、华北之英日、我国关税制度、走私问题。书前有贾序和著者自序。

**6007. 临时华北经济恳谈会报告书（中文本）**　（伪）东亚经济恳谈会华北本部编辑委员会编辑　东亚经济恳谈会华北本部　1942年3月　2＋55　16开

　　本书收录：《临时华北经济恳谈会开会宗旨》、《临时华北经济恳谈会纲要》、《临时华北经济恳谈会中国官署出席人名单》、《临时华北经济恳谈会民间出席者名单》、《开会辞》、《关系官厅代表讲演》、《出席第三回大会报告》、《各地民间代表意见发表》、《特别讲演记录》、《宣言之议决发表》、《闭会辞》。

**6008. 满蒙铁路网**　（日）大岛与吉著，太平洋国际学会译　编者刊　1931 年 1 月　上海　16 + 186　32 开　有插图　太平洋国际学会丛书

本书介绍了该地区既成铁路、未成铁路之分布情况。书前有弁言。

**6009. 南京特别市政府工务局二十八年份工作年刊**　（伪）南京特别市工务局编　编者刊　1940 年 1 月　南京　6 + 84　16 开　有照片、有插图、有图表

本年刊为伪南京工务局 1939 年工作概况，共 10 项：工程设计及建筑、工程预算及决算、筹办市区江河内渡船码头业登记等。附录收《工务局大事记》、《工务局全体职员人数统计图》、《建设工程概况表》等 7 部分。书前有绪言、插图摄影、工务局组织系统表。

**6010. 清乡区经济概况调查报告**　清乡委员会经济设计委员会编辑　编者刊　1942 年 7 月　[江苏]　[4 + 614]　16 开　有插图、有题词、有图表

本书收录江苏省清乡经济设计委员会成立后所进行的第一期、第二期经济调查报告，包括吴县特别区、常熟特别区、昆山特别区、太仓特别区、无锡特别区、江阴特别区的经济概况。前有编者弁言。

**6011. 日本经济与中国东北问题**　（日）神原周平著，潘文安、殷师竹合译　文艺书局　1932 年 1 月　上海　14 + 100　32 开　有插图、有图表

本书分上、下两卷。上卷东北之地理与资源，包括东北问题之重要性、东北之地理境界、关东州及南满铁道附属地、北满与南满之区分、东北之地势和资源，并收《辽宁工厂之一瞥》等 4 件附录；下卷东北与日本之经济，包括日本民众与东三省之关系、关于东三省之中日交涉、日本在东北之投资、中日在东北之合办事业等 10 章，并收《日本人心目中之东北》等 4 篇附录。潘文安作序。

**6012. 日本开发华北企图**　王干一译　一心书店　1938 年 2 月　上海　4 + 66　32 开　日本动态之一

本书选译日刊《中央公论》"华北开发号"论文 4 篇：《华北的资源与其开发》（日·池田纯久）、《华北经济开发的基调》（日·乡城之助）、《华北建设的基础》（日·安达谦藏）、《华北明朗化与经济工作》（木村增太郎）。有译者引言。

**6013. 日本侵略东北矿产之野心**　梁宗鼎著　中国矿冶工程学会　1932 年 8 月　[33]　16 开　有图表

本文原载《矿冶》第 5 卷第 18 期。封面有著者题赠。

**6014. 日本统治下的台湾财政金融法规辑要　会计（下）**　台湾行政干部训练班　1945 年 3 月　2 + 94　32 开　中央训练团台湾行政干部训练班参考资料

本书收 8 部文件：《计算证明规程》、《日本银行处理国库金规程》、《政府所有有价证券处理规程》、《政府保管有价证券处理规程》、《交托有价证券处理规程》、《日本银行处理政府有价证券规程》、《台湾官有财产管理规则》、《官有财产处理手续》。

**6015. 日寇开发华北的阴谋**　刘仁著　黎明书局　1938 年 5 月初版　68　32 开　有图表

本书分 10 章，包括：开发华北的史话、新抢夺程序的开始、东京的决议、侵略者的工具——"华北国"、开发华北的尖兵——兴中公司、西进途中的满铁、资源开发案、所谓"三通政策"、日本需要什么、"到华北去"。附录收《日寇开发华北资源调查表》。

**6016. 上海之经济与商业（民国二十九年上半期）**　葛自振著　中国商报馆　1940 年 8 月 15 日初版　上海　10 + 210　32 开　有图表　经济丛书之一

本书分为 3 编，收录半年来上海之经济、半年来上海商业及半年来之物价与统计资料。书前有经济丛书序和弁言。

**6017. 伪满经济概况**　郑伯彬著，资源委员会经济研究室编　编者刊　1944 年 1 月　151［环筒叶］17cm×24cm　油印、线装　有图表

本书分总论与各论两编，共 9 章：东北的自然环境、日本宰制下的东北、现阶段的伪满经济、东北的农林牧渔资源、东北的矿产资源、东北的工业、东北的交通、东北的移民、总结。书后有附表。

**6018. 战时上海经济**（第一辑）　潘吟阁、朱斯煌、汤心仪、刘仲廉、李博达、陈禾章、王子嘉、陆廷芳、鲍文熙、单岩基、陆懋孙、王季深撰述，王季深编辑，唐庆增校阅　上海经济研究所1945 年 10 月初版　上海　2＋276　14cm×18.5cm　有图表　上海经济丛书之一

本书分上、下两编。上编收《上海之金融市场》（汤心仪）、《上海之贸易》（潘吟阁）、《上海之企业公司》（陈禾章）等 5 篇文章；下编收《上海之信托业》（朱斯煌）、《上海之房地产业》（王季深）、《上海之糖业》（陆廷芳）等 8 篇文章。书前有唐庆增序。

## 资料汇编

**6019. 敌伪财政经济动态资料**　财政部财政研究委员会编　1943 年 11 月　　［25］［环筒叶］　16开　油印

本书分两个部分：伪币现状、华北敌伪之物价管制。

**6020. 敌伪财政经济动态资料**　财政部财政研究委员会编　1944 年 7 月　1＋35　16 开　油印

本书分四个部分：天津市物价指数之分析、欧战四年来轴心国财政动向、日本最近的国家预算及增税计划、宁伪现行之农业增产运动。

**6021. 敌伪财政经济动态资料**　财政部财政研究委员会编　1944 年 1 月　1＋37　16 开　油印

本书分四个部分：南京伪组织之战时消费特税、最近日本伪满及华北敌伪物资管制动态、宁伪统治下之金融近闻、伪方棉花增产运动之剖视。

**6022. 敌伪经济情报**（第 13 期）　经济部秘书厅编辑　1940 年 9 月　1＋16［环筒叶］　16 开油印

包括最近上海金融市场之风潮、二十九年六月份上海金融动态等 5 部分。

**6023. 敌伪经济情报**（第 14 期）　经济部秘书厅编辑　1940 年 12 月　1＋24［环筒叶］　16 开油印　有图表

包括日人在沦陷区从事经济活动之新趋向、八月份上海金融报告、华北煤碳贩卖统制之纠纷、山西军管理工厂之改组等 10 部分。

**6024. 国际通商时报**（第 21 号）　（伪）满洲国外交部通商司　编者刊　1934 年 11 月　2＋4832 开　有照片、有图表

**6025. 国际通商时报**（第 22 号）　（伪）满洲国外交部通商司　编者刊　1934 年 12 月　4＋5232 开　有照片、有图表

**6026. 国际通商时报**（第 23 号）　（伪）满洲国外交部通商司　编者刊　1935 年 1 月　2＋49　32开　有照片、有图表

**6027. 国际通商时报**（第 24 号）　（伪）满洲国外交部通商司　编者刊　1935 年 2 月　2 + 33　32 开　有照片、有图表

**6028. 国际通商时报**（第 25 号）　（伪）满洲国外交部通商司　编者刊　1935 年 3 月　2 + 40　32 开　有照片、有图表

**6029. 国际通商时报**（第 26 号）　（伪）满洲国外交部通商司　编者刊　1935 年 4 月　2 + 44　32 开　有照片、有图表

**6030. 国际通商时报**（第 27 号）　（伪）满洲国外交部通商司　编者刊　1935 年 5 月　2 + 40　32 开　有照片

**6031. 国际通商时报**（第 28 号）　（伪）满洲国外交部通商司　编者刊　1935 年 6 月　2 + 46　32 开　有照片、有图表

**6032. 国际通商时报**（第 29 号）　（伪）满洲国外交部通商司　编者刊　1935 年 7 月　2 + 46　32 开　有照片

**6033. 国际通商时报**（第 30 号）　（伪）满洲国外交部通商司　编者刊　1935 年 8 月　2 + 43　32 开　有照片、有图表

**6034. 国际通商时报目录**　（伪）满洲国外交部通商司　编者刊　1935 年 3 月　6 + 25　32 开

**6035. 国外情报选编**（东北伪组织专号第 10 号·总第 192 期）　外交部情报司编　编者刊　1937 年 6 月　2 + 79　14.7cm × 21.8cm

分 14 部分，包括：本年度伪组织岁出入总预算、伪组织本年度预算概要、伪组织伪帝位继承法、五年来日伪之重要关系、伪组织改订邮政储金章程、上年度伪组织岁入决算、伪组织盐专卖法、伪组织之"民生振兴会议"等。

**6036. 国外情报选编**（东北伪组织专号第 8 号·总第 172 期）　外交部情报司编　编者刊　1937 年 1 月　1 + 71　14.7cm × 21.8cm

分 13 部分，包括：在伪满日本治外法权之撤废与朝鲜、伪国对外贸易之概观、民国廿四年度满铁收支决算及投资总额、东北毛皮事业之概况、伪组织之商租权整理法、近数年来日本在东北投资之激增、"九一八"以后日本投资吉黑企业之踊跃、东铁非法让渡协定物资支付状况等。

**6037. 国外情报选编**（东北伪组织专号第 9 号·总第 183 期）　外交部情报司编　编者刊　1937 年 4 月　1 + 62　14.7cm × 21.8cm

分 12 部分，包括：哈尔滨各外侨之商业团体、"九一八"事变后四年间日本对东北之投资额、德伪贸易近况、近十年来德国货物输入东北情形、吉黑面粉工业之现状、去年上半年东北对外贸易概况、伪组织食盐专卖价格、伪组织实验专卖制度等。

**6038. 经济参考资料**（第 2 卷第 3 期）　经济部秘书厅编　1942 年 1 月 15 日　2 ［环筒叶］　16 开　油印

收录《滇缅公路抢运商品办法》、《秦宝工业区》。

**6039. 经济情报**（第 1 期月报）　战地党政委员会机要组　1941 年 6 月 15 日　15 ［环筒叶］　16 开　油印

包括敌国战时经济之危机、伪满财政经济企业现状、敌侵占下广州经济动态、欧战中德国对远

东贸易关系。

**6040.** 经济情报（第 3 期）　战地党政委员会机要组　1941 年 10 月 15 日　21 ［环筒叶］　16 开　油印　有图表

包括敌国资本主义之透视、敌货走私状况、华北铁道交通概况等 6 部分。

**6041.** 经济情报（第 24 期）　战地党政委员会机要组编　1941 年 3 月 5 日　8 ［环筒叶］　16 开油印

包括 5 部分：倭寇经济窘态一束、伪钞的发行及其影响、武汉伪组织之财政收支近况、倭在我沦陷区开发计划多告失败、倭榨取我华北资源之一般。

**6042.** 经济情报（第 27 期）　战地党政委员会机要组　1941 年 5 月 15 日　11 ［环筒叶］　16 开油印

包括敌对我加紧货币战、敌蓄意破坏我法币阴谋、敌本年度纸币之最高发行额内容、上海经济之近态（二十九年）等 11 部分。

**6043.** 经济情报（第 31 期）　战地党政委员会机要组　1941 年 6 月 2 日　8 ［环筒叶］　16 开油印

包括敌振兴公司及所属子公司营业状况、敌在皖南经济侵略概述、沪工部局以屠场租与倭商、德"满"续订贸易协定等 9 部分。

**6044.** 经济情报（第 32 期）　战地党政委员会机要组　1941 年 6 月 18 日　7 ［环筒叶］　16 开油印

包括敌对华中棉业政策之透视、广州沦陷前后——对外贸易数额之比较及海关税收、岳阳敌伪统制食盐、华北敌伪积极办理开垦事业等 7 部分。

**6045.** 经济情报（第 33 期）　战地党政委员会机要组　1941 年 6 月 25 日　10 ［环筒叶］　16 开油印

包括苏倭缔结商务协定、敌纸输粤数量激增、伪满矿业状况、奸商土霸以矿产资敌、敌伪经济榨取与掠夺物资、敌利用我人力、敌伪在鲁苏皖鄂筑路调查。

**6046.** 经济情报（第 34 期）　战地党政委员会机要组　1941 年 7 月 1 日　8 ［环筒叶］　16 开油印　有插图

包括华北盐之增产计划与对敌输出、鲁敌计划开发新运河、伪府向敌贷款三亿元、敌垄断华北运输业、伪满输华北杂粮激增、敌在港组华南贸易公司等 10 部分。

**6047.** 经济情报（第 39 期）　战地党政委员会机要组　1941 年 8 月 7 日　8 ［环筒叶］　16 开油印

包括英美封存中日资金后之各方态度、倭泰成立借款协定、敌亟谋攫夺华中矿产、敌管理对越贸易、敌将在越南开发磷产等 7 部分。

**6048.** 经济情报（第 40 期）　战地党政委员会机要组　1941 年 8 月 15 日　7 ［环筒叶］　16 开油印

包括敌在青经济侵略之片段、敌伪统治下之汕头经济状况、敌国加强限制输出、敌国七月份零售物价指数、津市粮价暴涨、敌伪在沦陷区经济动态。

**6049.** 经济情报（第 41 期周报）　战地党政委员会机要组　1941 年 8 月 23 日　5 ［环筒叶］　16

开　油印

包括敌传与英成立"临时贸易制度"、广东敌伪搜购生丝掠夺外汇、广州湾走私猖獗、豫东敌伪经济设施、敌伪在沦陷区的动态 5 部分。

**6050. 经济情报**（第 42 期）　战地党政委员会机要组　1941 年 8 月 30 日　4［环筒叶］　16 开　油印

包括敌发表十五年度收支状况、粤茶外销激减、敌在越南搜括物资、伪满经济设施等 7 部分。

**6051. 经济情报**（第 43 期）　战地党政委员会机要组　1941 年 9 月 7 日　6［环筒叶］　16 开　油印

包括倭组帝国煤油公司、倭黄金输泰、伪华北棉业改进会状况、鄂境敌伪破坏金融、敌伪在沦陷区经济设施、奸伪经济动态。

**6052. 经济情报**（第 44 期周刊）　战地党政委员会机要组　1941 年 9 月 14 日　5［环筒叶］　16 开　油印

包括倭商相自承物资困难、倭阁通过运输动员计划、敌伪统制外汇物品与增发伪钞、倭传北平沈阳公路完成 4 部分。

**6053. 经济情报**（第 45 期周报）　战地党政委员会机要组　1941 年 10 月 7 日　8［环筒叶］　16 开　油印　有图表

包括沪敌伪劫持海关、敌国粮荒实施统制、敌榨取东北资源计划、华北敌伪修筑港湾等 8 部分。

**6054. 经济情报**（第 46 期周刊）　战地党政委员会机要组　1941 年 10 月 14 日　7［环筒叶］　16 开　油印　有图表

包括倭国民经提存款、倭储粮备空袭、汪伪在沪越设贸易处等 8 部分。

**6055. 经济情报**（第 47 期周刊）　战地党政委员会机要组　1941 年 10 月 21 日　6［环筒叶］　16 开　油印

包括汪伪向倭乞贷口惠而实不至、配给制度下津市京粮状况、汪伪垂涎哈同遗产等 8 部分。后有附录。

**6056. 经济情报**（第 48 期周刊）　战地党政委员会机要组　1941 年 10 月 28 日　7［环筒叶］　16 开　油印　有图表

包括倭追加预算增发公绩、倭粮食不足取给伪满、汪伪府苛征出口货物税等 6 部分。

**6057. 经济情报**（第 49 期周刊）　战地党政委员会机要组　1941 年 11 月 6 日　8［环筒叶］　16 开　油印

包括敌公布半年税收、敌与傀儡开经济会议、伪开发公司董事长易人等 7 部分。

**6058. 经济情报**（第 50 期）　战地党政委员会机要组　1941 年 11 月 30 日　8［环筒叶］　16 开　油印

包括倭阁将要求议会批准新预算、倭国物资极度缺乏、武汉伪组织财政近况等 6 部分。附载收《伪组织法规——伪财政部所得税处暂行组织规程》。

**6059. 经济情报**（第 51 期）　战地党政委员会机要组　1941 年 11 月 20 日　11［环筒叶］　16 开　油印

包括敌伪财政日就枯竭、敌拟修正伪华北开发社会组织法、河北敌寇之三种榨取方式、伪河北省合作社联合会计划、敌伪在沦陷区经济设施等 7 部分。

**6060. 经济情报**（第 52 期）　　战地党政委员会机要组　　1941 年 11 月 27 日　　7 ［环筒叶］　　16 开　油印

包括敌拟草《华北二次实业计划》、敌本月存米量、伪冀省"劝农场"计划、敌伪在沦陷区经济措施、华北伪增拨"社教"费。

**6061. 经济情报**（第 53 期）　　战地党政委员会机要组　　1941 年 12 月 5 日　　7 ［环筒叶］　　16 开　油印

包括日越秘密协定内容之经济协定条款、"中"日蒙工商联合会任务、武汉敌破坏法币阴谋、敌伪在沦陷区之经济封锁、敌伪之榨取一斑。

**6062. 经济情报**（第 54 期周刊）　　战地党政委员会机要组　　1941 年 12 月 12 日　　4 ［环筒叶］　　16 开　油印

本书分 6 个部分：华北敌将统制物资、敌拨武汉伪组织经费、武汉伪皇卫军薪饷来源、伪钞拟与法币脱离联系、敌伪在沦陷区榨取、奸伪经济建设之一斑。

**6063. 经济情报**（第 55 期）　　战地党政委员会机要组　　1941 年 12 月 19 日　　4 ［环筒叶］　　16 开　油印

包括粤南澳县敌伪经济动态、绥远敌伪经济剥削一斑、敌伪在沦陷区之榨取种种等 5 部分。

**6064. 经济情报**（第 56 期）　　战地党政委员会机要组　　1941 年 12 月 26 日　　5 ［环筒叶］　　16 开　油印　有图表

包括鲁敌伪加紧物资封锁、浙西敌伪"清乡"后封锁办法、晋敌开发矿产、敌伪在沦陷区之榨取、奸伪设立造票厂紊乱金融。

**6065. 经济情报**（第 57 期）　　战地党政委员会机要组　　1942 年 1 月 6 日　　5 ［环筒叶］　　16 开　油印

包括晋敌伪统制全省食盐纸张、绥包敌搜购物资、敌寇罢免沦陷区税务司、沦陷区经济近情、奸伪经济设施。

**6066. 经济情报**（第 58 期）　　战地党政委员会机要组　　1942 年 1 月 13 日　　6 ［环筒叶］　　16 开　油印

包括敌急谋控制南洋经济、太平洋战争爆发后倭民献金统计、伪中储银行发行伪钞统计、豫敌伪统制物资等六部分。

**6067. 经济情报**（第 59 期）　　战地党政委员会机要组　　1942 年 1 月 12 日　　6 ［环筒叶］　　16 开　油印

包括倭寇对英美宣战后之经济动态、倭伪在沦陷区之榨取、奸伪征民粮搜物资、奸伪在占领区之伪银行调查。

**6068. 经济情报**（第 60 期）　　战地党政委员会机要组　　1942 年 1 月 27 日　　7 ［环筒叶］　　16 开　油印

包括倭国战时财政金融粮食、粤顺德伪县民用食盐分配计划、敌伪在沦陷区经济措施。

**6069. 经济情报**（第 61 期）　　战地党政委员会机要组　　1942 年 2 月 7 日　　5 ［环筒叶］　　16 开

油印

包括倭谋劫南洋物资、倭国库空虚发行巨额公债、倭通货发行额超出一百万元、劫夺盘踞区物资、奸伪扰乱江苏经济体制。

**6070. 经济情报**（第 62 期）　　战地党政委员会机要组　1942 年 2 月 14 日　7［环筒叶］　16 开
油印

包括倭南方开发金库运营方针、倭本年度临时军事费、倭东亚粮食政策内容、苏伪最近经济措施、奸伪非法劫取民食。

**6071. 经济情报**（第 63 期）　　战地党政委员会机要组　1942 年 2 月 21 日　5［环筒叶］　16 开
油印

包括敌"经营南方"之方策、敌食粮自给政策内容、敌占领区汇兑政策、敌伪毒辣措施。

**6072. 经济情报**（第 64 期）　　战地党政委员会机要组　1942 年 2 月 28 日　6［环筒叶］　16 开
油印

包括倭称加强战时经济机构、沪敌提高关税、鄂敌掠夺资源、倭统制华中经济一斑、粤敌经济措施。

**6073. 经济情报**（第 65 期）　　战地党政委员会机要组　1942 年 3 月 7 日　5［环筒叶］　16 开
油印

包括敌国民储蓄状况、粤敌伪经济设施与剥夺、华北伪改良山东经济、苏皖奸伪强迫改契纳税。

**6074. 经济情报**（第 66 期）　　战地党政委员会机要组　1942 年 3 月 14 日　6［环筒叶］　16 开
油印

包括倭国情况、敌在伪满掠夺之一斑、沦陷区敌伪措施种种。

**6075. 经济情报**（第 67 期）　　战地党政委员会机要组　1942 年 3 月 21 日　5［环筒叶］　16 开
油印

敌派遣专家视察南洋企图开发、沦陷区敌伪措施种种、南北各地奸伪动态。

**6076. 经济情报**（第 68 期）　　战地党政委员会机要组　1942 年 3 月 28 日　5［环筒叶］　16 开
油印

包括敌在高丽新建铁路、敌利用星洲造船设备、沦陷区敌伪措施种种、华北奸伪动态。

**6077. 经济情报**（乡版第 16 期）　　战地党政委员会机要组编　6［环筒叶］　16 开　油印

包括"资本独占与国民贫穷化的尖锐对立"、"敌人的食粮恐慌反映在哪里？"、"伪满国关税锐减"、"敌伪经济点滴" 4 部分。

**6078. 经济情报**（乡版 22 期）　　战地党政委员会机要组编　4［环筒叶］　16 开　油印

包括敌伪极力推行敌伪钞、上海各界拒用伪储蓄银行、敌掠夺我食粮不遗余力、敌积极加强沦陷区经济侵略、经济短讯 5 部分。

**6079. 经济情报**（乡版第 25 期）　　战地党政委员会机要组　1941 年 4 月 7 日　7［环筒叶］　16 开　油印

包括"法币、日元与伪钞"、"倭加紧对我经济及劳力之榨取"、"敌加紧统制并搜括我沦陷区物资"、"伪满将设水力发电厂"等 7 部分。

**6080. 经济情报**（乡版第 26 期）　　战地党政委员会机要组　1941 年 4 月 9 日　9［环筒叶］　16

开　油印

包括倭国内经济恐慌情形之一般、伪组织增加租税榨取同胞、倭加紧封锁及统制我沦陷区等6部分。

**6081.** **经济情报**（乡版第53期）　　战地党政委员会机要组　1941年4月　8［环筒叶］　16开
油印

**6082.** **经济情报汇编**（乡版第13期）　　战地党政委员会机要组编　编者刊　12［环筒叶］　16开
油印

收录敌国经济动态、沦陷区敌伪经济计划及其设施两部分。

**6083.** **经济月报**（第2期参考资料）　　战地党政委员会机要组　1941年7月15日　20［环筒叶］　16
开　油印　有图表

包括敌我粮食之剖视、敌伪控制华中棉产之企图、现代战争与石油、敌寇经济势力在越南。书后有附录。

**6084.** **经济月报**（第4期）　　战地党政委员会机要组　1941年11月15日　1+18［环筒叶］　16
开　油印

包括上海棉纱市场概况、北平伪政会各机构施政方针、伪联合准备分行业务方针9部分，并收伪财政部税契条例。

**6085.** **经济月报**（第5期）　　战地党政委员会机要组　1942年3月　24［环筒叶］　16开　油印　有
图表

包括太平洋战前之上海金融界、倭国开拓煤油资源、倭国经济力脆弱之明证、倭寇在鄂东之榨取等6部分。

**6086.** **昭和十二年台湾贸易年表**　　（伪）台湾总督府财务局税务课编　编者刊　1938年12月
［台湾］　737　16开　有图表

本书全部为图表，包括：《总表》、《台湾外国间贸易》、《台湾对满洲国、关东州、中华民国、香港及澳门贸易仕向地及仕出地别表》、《台湾朝鲜贸易》。

**6087.** **昭和十四年台湾贸易年表**　　（伪）台湾总督府财务课编纂　编者刊　1940年12月　［台湾］
625　16开　有图表

本书全部为图表，包括：《总表》、《台湾外国间贸易》、《台湾对满洲国、关东州、中华民国、香港及澳门贸易仕向地及仕出地别表》、《台湾朝鲜贸易》。

## 其　他

**6088.** **哀哉热河**　　汤尔和编著　编者刊　1933年10月　4+40　32开　有图表

本书主要叙述热河的经济概况。书前有著者序言。

**6089.** **白契汇集**　　（伪）蒙古联合自治政府地政总署土地制度调查室　1939年　4+86　16开　油
印　调查资料　第7号

收录萨拉齐县劝业乡、厚和市义恒乡麻花板申村、厚和市姑子板申村、厚和市府新营子村、托克托县建昌乡哈拉板申村等地区自清代至1938年前后契约文书。书前有凡例。出版时间据封面推论。

**6090. 产业开发计划概要** （伪）国务院总务厅情报处 编者刊 1937 年 6 月 2+22 32 开 满洲帝国国民读本第 5 辑

本书分两个部分：必要积极的计划的各种情势、建设计划的大观。书前有"发行的趣意"及凡例。

**6091. 长江下游的日本经济独占组织（各种经济密约及密件）** 中央宣传部秘书处文化驿站总管理处编 编者刊 1940 年 5 月 4+91 32 开 有图表

分 6 部分：引言、经济的"既成事实"之事例（一）、经济的"既成事实"之事例（二）、上述事例的特点、无结果的汪日经济谈判、"支那新关系调整纲要"的经济原则。

**6092. 敌寇对于华北及华中河航运之经营** 中央调查统计局特种经济调查处编 编者刊 1944 年 3 月 2+31 16 开 油印 敌伪经济参考资料第 66 号

引言阐述交通航运对于经济之重要作用。正文从华北、华中两区域讨论航线分布、航业经营问题。

**6093. 敌寇战时经济统制** 中央调查统计局特种经济调查处编 编者刊 1941 年 12 月 81［环筒叶］ 16 开 油印 有图表

本书分 8 章：财政、金融、外汇、农业、企业、劳工、贸易、物价。题名页印有"密件"字样。

**6094. 第十一期业务报告书（华文）** （伪）蒙疆银行 1942 年 8 月 20 32 开 有图表

本书收录《第十一期股东总会宗像总裁演说》。书后附《第十一期末财产目录》、《第十一期末贷借对照表》、《第十一期营业报告书》、《第十一期诸科目计算书》、《第十一期损益计算书》、《第十一期利益处分》。

**6095. 东北铁路问题** 袁文彰编 中华书局 1932 年 1 月 上海 5+100+10 32 开 有插图、有图表 东北研究丛书

本书分 6 章：绪言、东北铁路一瞥、东北各铁路的竞争关系、列强东北铁路政策、我国东北铁路政策、结论。附录收《东北铁路一览表》、《葫芦岛驻港合同》。

**6096. 规定类纂电话编（华文）** （伪）华北电信电话股份有限公司 1940 年 11 月 北京 6+284 32 开 有图表

本书分 7 篇："一般电话"、"专用电话"、"临时电话"、"华日电话"、"警备电话"、"官厅应用及私设电信、电话、电铃及电池维持委托规程"、"杂件"。书前有凡例。

**6097. 华北蒙疆汽车时间表（3 月号）** 东亚旅行社 1942 年 3 月 3+89 32 开 有插图、有图表

**6098. 华中蚕丝股份有限公司第九回营业报告书** 华中蚕丝股份有限公司编 25+18 32 开 有图表

本书收录自 1943 年 4 月 4 日起至同年 9 月 30 日止 1943 年度上期业务报告书、贷借对照表、财产目录、损益计算书及利益金处分案等。中日文对译本。

**6099. 交战各国之国民生活** （伪）华北政务委员会总务厅情报局编 编者刊 1943 年 12 月 38 大 64 开 时局丛书之二十一

本书内容为第二次世界大战期间，德国、意大利、美国、英国、苏联等国的国民生活状况。

**6100. 经济合作问题**　（伪）中国国民党中央执行委员会宣传部　编者刊　1940 年 1 月　2 + 72　9cm×16cm　中央宣传部丛书

收录《所望于产业界诸君》（汪精卫）、《中日经济合作应有之认识》（褚民谊）、《论中日经济关系之新趋向》（陶希圣）、《中日经济合作与中国经济改造》（《中华日报》）、《中日合作的基点》（《中华日报》）等 10 篇文章。书前有卷首语。

**6101. 沦陷区粮食恐慌概况**　中央调查统计局特种经济调查处编　编者刊　1943 年 12 月　[15]　[环筒叶]　16 开　油印　敌伪经济参考资料　第 62 号

本书分 6 个部分：引言、沦陷区粮食恐慌原因、沦陷区各地粮荒情形、敌伪对各地粮荒救济之设施、沦陷区粮荒对我之影响、结论。附录收《伪省市粮食局组织条例》、《伪苏浙皖米谷运销暂行条例》、《伪华北各省市粮食采运社规则》。封面有 “密件” 字样。

**6102. 满洲国工厂名簿（康德七年末现在）**　（伪）经济部工务司工政科编　编者刊　1941 年 12 月　94　16 开　有图表

全部为图表形式。

**6103. 满洲铁路志**　千田万三编辑　1942 年 8 月　2 + 30　32 开　有照片、有插图

**6104. 民国三十一年度华北邮政人寿保险统计年报**　（伪）华北邮政总局　编者刊　1944 年 6 月　北京　2 + 36　16 开　有图表

本书分两个部分：沿革、制度之概要。书前有例言。书中收 4 幅图表及 9 幅事业统计表。

**6105. 日本对华煤铁资源之侵略**　吴世汉著　中国文化服务社　1941 年 4 月初版　重庆　2 + 48　32 开　有图表　国际小丛书之一　国际问题资料室编

本书分上、下两篇，上篇 “煤” 分为：华北煤矿资源开发计划、沦陷后华北煤之现状、沦陷后华中煤之现状；下篇 “铁” 分为：华北铁矿开发计划及现状、华中铁矿开发计划及现状。

**6106. 日华对译中华民国习惯调查录**　（伪）中华法令编译馆编译　编者刊　1943 年 5 月　北京　6 + 1459　32 开

本书分 4 编：民律总则习惯、物权习惯、亲属继承习惯、债权习惯。书前有凡例及《发刊之辞》。

**6107. 世界重工业资源与满洲国**　（伪）外交部调查司编辑　满洲事情案内所　1943 年 2 月　新京　2 + 29　32 开　有插图

本书分 21 章：满洲资源之观点、热源偏在于北方、满洲国之重工业资源为大东亚经济之根干等。

**6108. 铁路业务解说（旅客篇）**　王滋春等人编　（伪）华北交通株式会社总裁室人事局人事课　1940 年 5 月　北京　8 + 232　32 开　有插图、有图表

本书分 3 编：总论、旅客、行李包裹。

**6109. 支那经济关系资料目录**　中支建设资料整备委员会编　编者刊　1940 年 12 月　上海　16　16 开　资料通报第十四辑

**6110. 中国财政的破灭和满洲国的经济建设**　姚任编辑　满洲国通信社　1937 年 12 月　奉天　52　32 开

本书包括 3 部分：中国财政的破灭、华北经济的近况、满洲国的经济建设。

**6111. 中华民国·满洲国商工录**（*Trade Directory of China and Manchoukuo*） （日）森良治编纂

亚细亚年鉴发行所　1940 年 11 月　东京　[28＋568]　32 开　精装

　　收录 1940 年期间日本在中国重要城市中主要商工业的名录。中英对译本。

**6112. 中日合办各公司概况**　1943 年　[76]　32 开　有图表

　　本书包括实业部主管中日合办各公司和不属实业部主管中日合办各公司概况。

**6113. 中日经济提携论**　黄鹤著　兴亚社　1939 年 3 月　40　32 开　东亚新秩序丛书第 2 辑

　　本书概述东亚新秩序的概念、新秩序建设与中日经济提携论及新秩序下之中日经济提携的各种问题。收录 7 种参考资料：日本政府声明、近卫首相之播音演说、有田外相与英美大使之自由谈话、有田外相声明、近卫首相谈话、平沼首相在议会之演说、有田外相在议会之演说。书前有著者序言。

**6114. 中日铁路竞争问题之真象**　郭续润撰　3＋16　32 开　有图表

　　本书分 11 节：日本所谓竞争之由来、中日铁路之联运、满铁对我西四路竞争之方法、满铁对我东四路竞争之方法（附表）、中国铁路不能与满铁竞争之事实（附表）、满铁利用国际运输会社施行竞争方策、南满铁道派遣员把持路权之概况、海港之优劣、东北西四路东四路联运货物经由南满与北宁之比例、沈海吉海直接或间接与南满联运之经过、结论。本书内容曾刊载于《外交月报》第 3 期。

**6115. 重要产业统制法之谈话**　（伪）国务院总务厅情报处　编者刊　1937 年 6 月　1＋26　32 开　满洲帝国国民读本第 4 辑

　　本书分 5 个部分：绪言、统制法公布的旨趣、统制法的内容、统制法的适用、结语。书后附录《重要产业统制法》、《关于施行重要产业统制法之件》、《重要产业统制施行规则》。书前有"发行的趣意"。

# 世界经济概况

**6116. 从国际经济观察中日关系**　刘百闵编辑　正中书局　1933 年 5 月　南京　2＋48　32 开　日本研究会小丛书　第 9 种

　　本书分 6 个部分：绪言、贸易关系、企业投资关系、借债关系、赔款关系、结论。

**6117. 德意日三国最近之银行业**　中央银行经济研究处编　商务印书馆　1935 年 10 月初版，1938 年 3 月再版　长沙　4＋71　32 开　有图表　中央银行丛刊

　　本书将德、意、日三国当时之银行业概况集为一编，附录收《我国银行资产负债之分析》一文。

**6118. 非常时期乡村工业之建设**　陈启天著　汗血书店　1937 年 3 月　上海　2＋148　32 开　有图表　国防实用丛书之十八　刘百川主编

　　本书分 16 章，包括乡村工业的衰落过程、各国乡村工业在国民生活中的地位、日本乡村工业现况、德国乡村工业现况、乡村工业与农村经济、乡村工业与非常时期的关系等。

**6119. 工业原料抑军需原料？**　A. Plummer 著，郑太朴译　商务印书馆　1939 年 2 月初版　长沙　1＋176　32 开　有图表　社会科学小丛书 1　何炳文、刘炳麟主编

　　本书共分 11 章：不满意的诸国之要求、中国之被侵略、战争之警报等。介绍了世界资源及列

强相互争夺的情况，并分析了德、意法西斯的战争宣传和准备。

**6120. 列强军需资源论**　日本资源调查局编，陈配德译　世界书局　1937 年 4 月初版　上海　7 +
150　32 开　有插图、有图表　内外政治经济编译社丛书

　　本书 8 章：军需资源研究之对象、军需原料及食料资源之检讨、钢铁合金金属之资源等。卷头
表收《列强资源之战时可能性比较表》、《日本军需原料资源自给力判定表》。有原序及绪言。

**6121. 列强战争经济力**　国民出版社编　编者刊　1940 年 6 月初版　金华　2 +144　32 开　有图表
国际新知丛书

　　该书对二战交战双方之经济力进行分析，认为经济决定战争之胜败。分甲、乙两部：甲部总
论；乙部分论英、法、德、意、苏、美、日各国战时之经济力。

**6122. 列强支配中国的经济网**　何干之、李凡夫著　大众文化出版社　何干之、李凡夫著　4 +78
大 64 开　大众文化丛书第 1 辑第 23 种　杨东莼主编

　　本书分 4 章：帝国主义与中国、日本支配中国的经济网、英国支配中国的经济网、美国在中国
的经济地位。书前有著者序。

**6123. 美国之农业金融**　吴宝华撰述　商务印书馆　1938 年 7 月初版　长沙　4 +158　32 开　精装
有图表　社会经济调查所丛书　王志华主编

　　本书分 3 章：美国农业金融之发展及其概况、农业金融机关、结论。附录收美国农业金融管理
局之分区、重要参考书籍目录。

**6124. 美日经济关系之研究**　陈玉祥、郑德如编著　正中书局　1943 年 2 月初版　78　32 开　有图
表　时代丛书

　　本书分 5 章：美日对外贸易及工业构成的比较、美日通商关系的剖析、日本军需品的对美依存
性、日本侵略与美国、美日战前美国经济制日之进展。

**6125. 世界的资源**　张白衣著　商务印书馆　1939 年 2 月初版　长沙　6 +86　32 开　有图表　国
际时事问题丛书　国际编译社编

　　本书分 5 章：世界资源地理的分布与世界经济的构成、世界资源会议与世界殖民地再分割、世
界军需资源地理的分布与世界战争、世界资源的有限与未来资源饥饿的恐慌、解决世界资源问题诸
方法的提议。

**6126. 世界各国战时粮食管理之实施**　中国国民党中央执行委员会宣传部编　编者刊　1941 年 10
月　4 +42　32 开　粮食问题小丛书

　　本书分 9 章：前言、英国战时之粮食管理、德国战时之粮食管理、美国战时之粮食管理、日本
战时之粮食管理、苏联战时之粮食管理、意大利战时之粮食管理、法国战时之粮食管理、结论。

**6127. 世界经济之机构与景气变动（上）**　Ernst Wagemann 著，孙怀仁译　商务印书馆　1936 年 5
月初版　上海　22 +265　大 32 开　有插图、有图表　中山文库　中山文化教育馆编辑

　　本册包括世界经济之经济组织、经济组织与景气运动、国民经济中之景气系列之世界经济的依
存关系、国际交易之循环与景气变动等部分。书前有世界经济分布图、原著者序言。

**6128. 世界经济之机构与景气变动（下）**　Ernst Wagemann 著，孙怀仁译　商务印书馆　1936 年 5
月初版　上海　18 +247　大 32 开　有插图、有图表　中山文库　中山文化教育馆编辑

　　本册包括世界经济之发展与世界大战前之恐慌史、世界大战后之组织改造、大战后世界经济的

景气运动等部分。

**6129. 现代国家财政的社会经济机能·中日战争与太平洋各强国之关系** 杨汝梅著 中国计政学会
1938 年 10 月 2 + 58 32 开 有图表 中国计政学会丛刊

本书由两部分组成，第 1 部分为"现代国家财政的社会经济机能"，包括现代国家财政的模型、战时财政的社会经济机能、战后整理财政与国民经济的拘束、现代国家的统制经济的机能。附录收"播音讲演战时财政"。第 2 部分为"中日战争与太平洋各强国之关系"，介绍英、苏、美与中日战争的关系。书后附本会会员消息，封面有"铸陈先生惠正"题赠。

**6130. 战后国际投资问题** ［美］斯坦莱著，张德昌译 中华书局 1945 年 3 月渝初版 重庆
138 32 开

该书包括经济发展的国际投资所引起之影响、生产消费对国际投资之影响、新地域之经济发展问题等部分。书后附《英汉名词对照表》。

**6131. 战后南洋经济问题** 姚枬著 商务印书馆 1945 年 9 月重庆初版，1946 年 12 月上海初版
重庆、上海 8 + 110 32 开 有图表 中央银行经济研究处丛书

本书分 6 章：论战后中国与南洋经济合作之必要、战后南洋资源分配问题、战后南洋华侨经济问题、战后国货南销问题、战后吾国发展南洋金融事业问题、战前发展中南交通问题。书前有孔祥熙序。

**6132. 战后世界金融** P. Einzig 原著，彭子明编译 商务印书馆 1937 年 2 月初版，1937 年 4 月再版 上海 16 + 305 32 开 有图表 社会科学小丛书 何炳松、刘秉麟主编

本书 34 章：通货安定、由通货紧缩来求安定、由通货膨胀来求安定、国际合作、经济上的因素等。有作者自序及译者序。

**6133. 战时金融政策** 莫萱元编著 正中书局 1938 年 4 月初版 重庆 3 + 74 32 开 战时民众训练小丛书

本书主要介绍了欧战时各国的金融政策、准战体制下各国的金融政策、我国战时金融的初步建设以及对我国战时金融的商榷等，共计 5 章内容。

**6134. 战争与经济** 卢勋编 中华书局 1937 年 5 月 上海 4 + 142 32 开 有图表 中华学艺社学艺文库

含近代战争观、世界军备之现势、战时经济之本质、战时统制经济政策、列强国家动员计划等 5 部分。

**6135. 中国与国联技术合作** 沈立人著 生活书店 1933 年 10 月初版 上海 54 32 开 时事问题丛刊 11

本书从中国与国联技术合作之经过、日本之反对技术合作、技术合作与国联、技术合作与中国 4 个方面介绍了中国与国联合作的过程及日本对技术合作的态度。

**6136. 中外经济年报**（民国廿八／一九三九年版） 张肖梅主编 中国国民经济研究所 1939 年
12 + 242 + 24 16 开 精装 有图表 中外经济拔萃月刊丛书

该书分国内之部与国外之部以及附录。国内之部包括抗战建国概观、战时经济政策之胎动、战争的经济外交之展开、国地财政之战时设施、战时金融政策及其伟绩、破坏与建设之农业经济、破坏与建设之工业经济、抗战以来之交通设施、战时贸易之激变与新政、难民救济与参加生产等 10 章。国外之部分论英、美、苏、法、德、意、日等国经济状况。附录为《民国二十七年国内经济大

事日志》。

**6137. 印度经济建设计划纲要及提要**　中央训练团党政高级训练班编　编者刊　1944 年 6 月　1 +
70　32 开

　　本书分两个部分：印度经济建设计划纲要提要、印度经济建设计划纲要。

**6138. 日本觊觎中的东亚共荣圈**　中宣部国际宣传处编译　正中书局　1942 年 8 月初版　重庆　4 +
94　32 开　国际问题小丛书之五

　　本书分 8 章：越南的经济概况、泰国的经济概况、马来半岛的经济概况、荷印的经济概况、菲
律宾的经济概况、澳洲的经济概况、新西兰的经济概况、印度的经济概况。书前有编者引言，介绍
日本提出大东亚共荣圈的背景、内容以及危害。

# 外交与国际关系

**6139. 现代外交论**　陈钟浩著　独立出版社　1939 年 3 月初版　重庆　2＋66　32 开

本书所集论文多为阐明外交理论的著作，包括《现代外交的基础》、《现代外交的趋势》、《国际和战问题》、《外交的统一性》、《外交与政制》、《外交上的是非和利害》、《战时外交》及《多边外交与一元外交》等共计 12 篇。有弁言。

**6140. 同盟外交是什么意思**　杜绍文著　浙江省抗日自卫委员会战时教育文化事业委员会　1939 年 6 月初版　32　64 开　有插图　国际问题小丛书之四

通过问答形式解释同盟外交。

**6141. 外交战中通讯之威力**　天羽英二著，外交部情报司译　译者刊　18　32 开

本书介绍了通讯在各国外交中的情况和作用，共 10 章，包括：世界大战之教训、意阿纷争之宣传战、日本人所读的国际消息、外国消息之政策加工、国内消息之海外通讯、各国之国家的通讯社、我国通讯社之欧美依存等。

## 国际关系

**6142. 非常时期之国际关系**　林希谦编　中华书局　1937 年 3 月初版，1937 年 7 月再版　上海　4＋72　32 开　中国新论社非常时期丛书　雷震、马宗荣、徐逸樵、罗鸿诏主编

全书共 10 个部分：概说、同盟与协定外交的活跃、集体安全与区域公约的无力、军缩运动的失败、军备的急速扩张、国联规约及凡尔赛等和约之被撕、国联改造论与改造的困难、集团经济运动、资源再分割运动、结论。卷首有中国新论社所写总序，介绍本套丛书编辑的目的。

**6143. 国际关系（社会常识读本）**　曹伯韩编著　读书生活出版社　1937 年 8 月 5 版　上海　72　32 开

本书以授课形式编排，共 24 课，论述国际上的金融关系、凡尔赛和约和凡尔赛集团、英国苏联的外交政策、远东的和平阵线、国际联盟、裁军会议、殖民地问题、国际劳工运动、文化的国际关系以及国际两大阵营与中国的关系等。

**6144. 国际关系（增补版　社会常识读本）**　曹伯韩编著　读书生活出版社　1938 年 2 月 5 版（桂）　桂林　4＋108　32 开　有插图

本书共 36 课，包括国际问题的发生和消灭、凡尔赛和约与欧洲大势、资本主义各国的经济关系、国际上的金融关系、七大强国的政治制度、地中海形势及西班牙战争、美洲新形势与美国外交、中日关系、中苏关系、中日战争与国际形势、国际劳工运动等。

**6145. 国际现势及战后国际问题**　孙科讲，中央训练团党政高级训练班编　编者刊　1943 年 6 月　4＋42　32 开　教册九

本书分两讲，第 1 讲介绍国际现势，包括苏联英美对战局的看法、这次战争给予人们的教训等；第 2 讲介绍战后国际问题，包括战后对敌国军事制裁问题、战后世界组织问题、举行国际会议以解决战后国际问题等。

**6146. 国际与外交**　张志让等著　峨嵋出版社　1943 年 10 月　重庆　1＋82　32 开

本书收录 7 篇，包括：《国际演变趋势与我国对外关系》（张志让）、《美国租借法案及对华援助》（张弼）、《现阶段日寇的对华政策》（张友渔）、《墨索里尼法西斯政权的崩溃》（石啸冲）、《太平洋战略形势》（雷丁）、《泛论德苏战争》（王秉南）、《论战后国际组织》（韩幽桐）。

**6147. 建设战后新世界**　中央宣传部国际宣传处编，中央宣传部国际宣传处译　文通书局　1942 年 2 月初版　贵阳　4＋50　32 开　国际时事丛刊　第 1 辑第 5 种

本书收录 4 篇文章：《建设一个新的世界秩序》（Vera micheles Dean）、《以我的新史观论世界和平》（H. G. 卫而斯）、《永久和平草议》（Bertrand Russell）、《英国胜利后如何重建新世界》（拉斯基）。

**6148. 近来之国际关系与太平洋大战**　刘光炎著　军事委员会政治部　1942 年 2 月　10＋172　32 开　有图表　战时宣传丛刊　（2）

全书分 12 章，介绍 1941 年太平洋战场的形势与美、英、德、日等国的战略，对美、日在太平洋战场的陆、海、空三军实力进行对比，分析苏联参加对日作战的时间及远东苏联红军的实力和战略。

**6149. 欧洲战后改造计划**　中山文化教育馆战后世界建设研究丛书编译委员会编　独立出版社　1943 年 12 月初版　重庆　11＋226　32 开　有插图　战后世界建设研究丛书

本书分 20 章：和平条约铸成大错、和平条约的经济反响、生活恐惧、世界在危险中、经济计划的政治前提、计划经济与经济计划、工作权利赔款及国外负债、心理前提、柔性计划不是刚性法律等。书前有《计划内容》、《准备和平》两篇文章。卷首有总序。

**6150. 如何处置战败后的日本**　（美）阿朋德（H. Abend）等著，中央宣传部国际宣传处译　国际编译社　1944 年 7 月初版　重庆　3＋60　32 开　国际问题丛书

全书收 5 篇，包括《美国政府战后处置日本的计划》、《日本投降的条件》、《如何处置战败后的日本》、《战后的日本》、《不能作姑息的和平》。有弁言。

**6151. 世界新秩序与三民主义**　梁寒操　国际反侵略运动大会中国分会国际问题研究委员会　1941 年 3 月初版　重庆　8＋70　32 开　有图表　国际建设丛书

本书为作者 1940 年 11 月 18 日、25 日及 12 月 9 日在国际反侵略运动大会中国分会的演讲，分别为《世界旧秩序何以不能维持》、《各种世界新秩序论的批判》、《如何建设世界新秩序》。书前有《国际建设丛书》序和代序，附录收《要以三民主义建设世界新秩序》。

**6152. 太平洋国际关系的分析**　张耀华、胡秋原、樊仲云、王检著　商务印书馆　1933 年 12 月初版，1934 年 4 月再版　上海　1＋83　64 开　东方文库续编　王云五、李圣五主编

本书共收录 4 篇文章：《太平洋现势的分析》（张耀华）、《太平洋战争之新阶段的观察》（胡秋原）、《太平洋上国际关系的分析》（樊仲云）、《远东之法日关系》（王检）。封面有"东方杂志社三十周年纪念刊"字样。

**6153. 委任统治地问题**　马存坤著　拔提书店　1934 年 6 月　南京　22＋90　32 开　有插图

共 9 章：委任统治之性质及其沿革、委任统治地之种类、各国委任统治地现况、委任统治地之法的溯源、日本意图把持委任统治地与各国表示之经过、国联有权收回日本受任统治地、太平洋势力消长之键、委任统治制度之商榷、结论。有弁言、题词、作者自序、谢冠生序、刘师舜序。

**6154. 委任统治地问题**　马存坤著　正中书局　1936 年 5 月增订初版　南京　12＋161　32 开　有

插图　社会科学丛书

共 10 章：委任统治之性质及其沿革、委任统治地之种类、各国委任统治地现况、委任统治地之法的溯源、日本意图把持委任统治地与各国表示之经过、国联有权收回日本受任统治地、太平洋势力消长之键、委任统治制度之商榷、国联如何始可收回南洋委任统治地、委任统治制几个新问题。有弁言、作者自序、谢冠生序、刘师舜序。

**6155. 我国与世界和平**　史国纲著　商务印书馆　1944 年 4 月初版　重庆　8＋135　32 开

本书分 3 个部分：如何实现世界永久和平、战后建设方面时事问题的检讨、怎样争取反侵略战整个的胜利。卷首有作者所作序言，介绍本书编写缘由。

**6156. 现代外交与国际关系**　王亚南著　中华书局　1933 年 10 月　上海　10＋214　32 开　国际丛书

本书共 3 章 15 节，有著者序言。作者详细论述了现代外交的意义、性质、功能、经济基础等理论，然后分析了一战前后的国际关系，包括英、法、德、俄外交关系、《巴黎合约》、军备竞赛、国际经济、东北问题等。

**6157. 一九三三年之国际关系**　［国际周报社］编　编者刊　1933 年 10 月初版　南京　8＋416　32 开　国际周报社丛书　第 1 种

全书分 3 个部分："最近各国间相互之关系"收录《近年来日俄关系之内幕》、《日本对世界之蔑视》、《中俄复交之意义》等 19 篇文章；"美国最近之外交政策"收录《美国承认苏联问题》、《最近美国远东政策之转换》等 4 篇文章；"世界经济会议"收录《世界经济会议之动向》、《世界经济会议之展望》等 4 篇文章。卷首有邓季雨所作引言，介绍编辑《国际周报丛书》的目的及该丛书的编辑体例。

**6158. 有关战后和平安全文献**　中国国际联盟同志会编辑　史学书局　1944 年 11 月出版　2＋42　32 开　世界政治丛刊之一

收录《罗邱联合宣言——大西洋宪章》、《二十六国共同宣言》、《莫斯科四国普遍安全宣言》、《开罗会议宣言》、《德黑兰会议宣言》、《国际组织建议案——联合国宪章》。附录收战前世界和平文献 3 种、中国国际联盟同志会对未来国际和平组织发表的 4 种文件。封面题名作"有关战后世界和平安全文献"。

**6159. 怎样保障世界和平**　胡愈之等著　战时出版社　94　32 开　战时小丛刊之四十

收 12 篇文章：《和平不可分论》（胡愈之）、《战争国的神圣同盟和民主国的和平怠工》（F·白黎）、《战争威胁下的世界和平》（李维诺夫）、《国际安全保障问题》（李维诺夫）、《集体的反侵略与集体的保障和平》（李维诺夫）、《中日战争与世界和平》（毛泽东）等。

**6160. 战后世界和平问题**　张道行编著　国民图书出版社　1944 年 2 月初版　重庆　6＋140　32 开

本书共 7 章，包括：引论、国际联盟维护和平的方法、国际常设法庭解决争议的方法、战后世界和平的改造方案、战后国际经济秩序的建立问题、"新外交"的创立问题、结论（经久和平的条件）。附录收《三民主义的外交原则》、《我国战时外交的基本政策》等 5 篇。

**6161. 战后世界建设问题**　李次民编著　商务印书馆　1944 年 5 月初版　6＋72　32 开

全书分 5 章：第二次世界大战和平的新认识、惩罚战争祸首的建议、政治改造之途径、经济改造之途径、社会改造之途径。附录收英美学者讨论和平问题的言论、有关世界和平文献、世界名人的世界观等。有作者序。

**6162. 战后世界之改造**　中山文化教育馆战后世界建设研究丛书编译委员会编　独立出版社　1944年2月初版　重庆　6+132　32开　战后世界建设研究丛书

　　本书分11章：一个民主的和平、改造的阶段、经济合作之政治基础、社会安全的意义、农业过剩之处置、债务及复员、长远的目标、幻想与现实等。书前有总序。附表为《主要农产品存货及价格混合指数》与《欧洲小麦平均价格及入口量》。

**6163. 战后问题论文集（第一集）**　中山文化教育馆战后世界建设研究丛书编译委员会编　独立出版社　1943年9月初版　重庆　2+198　32开

　　本书收16篇文章：《新世界的设计者》、《战后的太平洋》、《持久和平问题》、《美国改组世界的计划》、《战后贸易管理问题》等。书前有代序及引言。

**6164. 战后问题论文集（第二集）**　中山文化教育馆战后世界建设研究丛书编译委员会编　独立出版社　1943年12月初版　重庆　32+368　32开

　　本书收21篇文章：《世界和平之初步》、《美国外交政策》、《美国对于战后世界责任的中庸主张》、《太平洋上还应掀起战争吗》、《战后的农业复兴》、《战后国际贸易与汇兑》等。书前有代序及编者引言。

**6165. 战后问题论文集（第三集）**　中山文化教育馆战后世界建设研究丛书编译委员会编　独立出版社　1944年9月初版　重庆　32+248　32开

　　本书收13篇文章：《缔造和平的新途径》、《实现和平的力量》、《对抗日本的政治战略》、《美国未来的外交政策》、《论亚洲购买力之提高》、《战后的国际航空交通》等。书前有代序及引言。

**6166. 战后问题论文集（第四集）**　中山文化教育馆战后世界建设研究丛书编译委员会编　独立出版社　1945年2月初版　重庆　29+245　32开

　　本书收8篇文章：《中国第一》、《联合国与世界和平机构》、《日本和平的代价》、《我们应如何对付日本》、《英国战后政策的展望》、《美国国际主张》、《苏联与战后欧洲》、《两个和平计划》等。书前有代序。

**6167. 战后远东国际关系**　张明养著　新中出版社　1945年6月初版　4+45　32开　国际知识小丛书　第2种

　　本书共7部分：世界大战与远东国际关系、远东国际关系的回顾、中国的新生与壮大、殖民地的独立解放、帝国主义日本的灭亡、各国势力比重的变化、中国的外交政策。

**6168. 战局与欧局（时代日报社论第四集）**　胡秋原编著　汉口时代报社　1938年　汉口　6+90　32开　时代日报丛刊

　　收录了1938年3月1日至28日的社论33篇，包括：《保卫山西与发挥抗战积极性》、《注意日寇攻河套》、《春耕生产运动与发展农村经济》、《难民垦殖》、《望卜式》、《维护和发展工商企业》、《肃清拜日病》、《论美国外交政策——并论应对美西水灾表示同情》等。书前有胡秋原序，书后附有短评选辑。

**6169. 重建世界和平**　周西伯编著　国际评论社　1942年1月　6+44　32开

　　本书分7部分，包括：世界再改造的呼声、世界和平思潮的渊源、国际联盟之组织及其失败的原因、国际联盟的性质、重建世界和平的原则、战后世界和平机构之商榷、中国应有的努力。有序和引言。

# 国际组织、会议

**6170. 国际联盟** （苏）V.浩尔瓦支基著 生活书店 1938年10月初版 汉口 2+120 32开 世界知识丛书之十二

本书分9章：什么是国际联盟、最初的提案、国际联盟是怎样成立的、国际联盟的章程、国际联盟的委任统治地、国际联盟与军缩、国际联盟与反战争危机的斗争、为和平而斗争的苏联。

**6171. 国际联盟研究** 卢瀛洲著 商务印书馆 1934年3月初版 上海 11+218 32开 社会科学小丛书 何炳松、刘秉麟主编

全书共3编，分别从法律、组织和历史3个方面对国联进行研究。卷首有王宠惠所写的序，书前有导言。附录中收录《国际联合会盟约》、《国际法庭规约》、《修正国际法庭规约议定书》、《国际劳工组织规约》、《国际联合会一览表》和《国际劳工组织一览表》。

**6172. 国际联盟之目的与组织** 蒋根源译述 大东书局 1931年3月 上海 6+128 32开 有图表

本书共分4编，包括国际联盟盟约、国际联盟之组织、独立组织、调和性继续性与发展性。附录收《国际联盟盟约全文》、《联盟之会员》、《国际联盟组织大纲表》、《国际劳工组织大纲表》。有译者引言。

**6173. 国联改造问题** 外交评论社主编 正中书局 1937年4月初版 南京 4+93 32开 外交丛书 外交评论社主编

全书收录7篇文章。包括：《修改国联盟约问题》（张彝鼎）、《所谓国联盟约第十六条》（梁敬钊）、《国联二届大会讨论第十六条之经过》（王德辉）、《国联盟约第十条之研究》（沈本强）、《国联行政院组织的剖视》（马星野）、《各国对于改造国联方案之检讨》（吕怀君）等。

**6174. 国联政制专家晏纳克政制建议书** （德）晏纳克著 6［环筒叶］ 16开 油印

**6175. 和平与国联** 谭辅之编 亚东图书馆 1937年12月 4+148 32开

全书共收录13篇文章：《论和平阵线与侵略阵线》（谭辅之）、《和平》（西流）、《国际联盟的再评价》（金则人）、《我们需要和平——驳谭辅之》（鲁夫）、《评谭辅之论国际联盟》（何赛威）、《国际联盟与中国外交》（金仲华）等文章。书前有编者序言。

**6176. 民众特刊（国际联盟浅说）** 天津市立民众教育馆 天津市立民众教育馆 1933年 24 32开

本书着重介绍了国际联盟，共5章：绪论、国联的意义、国际联盟盟约、国际联盟之组织及其职务、中国与国联行政院。

**6177. 一九一八至一九三五年国际联盟与法治** 斋门著，郭子雄译 商务印书馆 1937年5月初版 上海 17+428 大32开

全书共3编，从战前制度、国联盟约之构成要素和国联之实际工作3个方面，介绍1916~1935年的国际联盟的详细情况。书前有原著者为中译本序言、作者自序和导言。附录中收录《国际联合会盟约》。

**6178. 九国公约成立之经过** 管雪斋编述 华中图书公司 1937年11月 汉口 2+108 64开

本书分11部分：绪论、太平洋会议之召集、我国代表之出发与各方之态度、大会之开幕、远

东问题讨论会中之我国提案、提案之讨论、九国公约之成立、影响我国条约与中立权问题等。书前有王宠惠所作序。附录收《太平洋会议中之韩人复国运动》。补白收《复活吧！白鸽》一文。

**6179. 九国公约会议的认识**　国际时事研究会编　一般书店［总经销］　1937年11月　上海　2+47　32开　国际时事小丛书二

全书分4个部分：九国公约概观、九国公约会议的召集和目的、九国公约会议与各国的态度、我们的认识和态度。卷首收录施肇基所写《九国公约会议之祝望》以及国民政府外交部发布的《关于日本拒绝参加九国公约会议声明书》两篇文章。附录收《关于九国公约会议的宣传方案》等3篇文章。

**6180. 旧金山会议的纵观**　时事新报馆撰述委员会撰述　时事新报馆　1945年4月初版　重庆　5+95　32开　时事丛书　旧金山会议　1

全书分6部分，介绍巴黎和会、国际联合会成立、"九一八事变"、"卢沟桥事变"、"八一三事变"等内容。收《国民政府为实行自卫宣言》、《英法德意慕尼黑协定》、《苏日中立条约》、《苏德互不侵犯协定》、《中国对日本宣战文》、《中国对德意宣战文》等。

**6181. 旧金山会议内幕**　［星期快报社编］　［编者刊］　32　32开　有插图　星期快报丛书　第2辑

全书收5篇。包括《论旧金山会议》（金仲华）、《旧金山会议的暗潮》（研究者）、《他们眩惑了你的眼睛》（华飞）、《光辉四射的内幕人物》（吴淡春）、《时代的舞台——旧金山山水》（索宁）。

**6182. 旧金山会议实录（上卷）**　大公报馆编　编者刊　1945年6月　重庆　6+162　32开　大公报小丛书　第8辑

上卷收旧金山会议之前夕、旧金山会议日志两部分。

**6183. 旧金山会议实录（下卷）**　大公报馆编　编者刊　1945年7月　重庆　10+178　32开　大公报小丛书第10辑

下卷收续旧金山会议日志。

**6184. 旧金山会议与世界和平**　马哲民、沈志远、黄药眠、常燕生、周太玄、黄宪章等　新世纪丛刊社　1945年5月初版　成都　1+139　32开　新世纪丛刊　第1辑

全书收12篇。包括《旧金山会议与世界和平》（黄药眠）、《国际经济与国际和平》（马哲民）、《论永久和平的基本因素》（周太玄）、《中国与旧金山会议》（常燕生）、《旧金山会议与日本》（张友渔）、《国际舞台上的苏联》（沈志远）、《论战后处置德国问题》（唐致）、《欧战结束后的远东形势》（石效冲）等。

**6185. 胜利与和平——展望旧金山会议**　乔木、茹纯、舒翰、朱丹、方潜等著　读书出版社　1945年5月初版　重庆　4+162　32开

本书收录了5位著者的相关论著，包括《从战争到和平》（乔木）、《战争的团结保证了战争的胜利》（茹纯）、《胜利中奠定和平的基石》（舒翰）、《最后消灭法西斯》（朱丹）、《到和平之路》（方潜）。附录收《罗邱大西洋宣言》、《二十六国共同宣言》等8篇。

**6186. 开罗会议全貌**　刘自勤编　万象周刊社　34　32开　当代史料

介绍开罗会议的参会人员、会议内容、公报发表情况及各方对会议的评价等内容。收录《三大国共同目标》、《蒋主席首次晤罗邱》、《重要人物参加会议》等30篇。

**6187. 联合国概观** 中外出版社编译 中外出版社 1943 年 6 月（联合国日）初版 重庆 4 + 150 32 开

本书为美国战时情报局编辑的《十万万》一书的中译本，编辑时添加了有关美国的部分，共收录 34 篇文章，包括《大西洋宪章》、《联合国宣言》、《原序（十万万人民）》、《比利时》、《中国》等。卷首有译者之话，介绍本书的编辑体例及内容、经过。

**6188. 联合国日** 中国国民党中央执行委员会宣传部编 编者刊 1942 年 6 月 6 + 158 32 开

全书共 7 个部分：绪言、联合国家作战的共同目标、联合国家的重大使命、二十八个联合国鸟瞰、"联合国日"动态、"联合国日"陪都舆论一斑、"联合国日"的赞扬与祝贺。

**6189. 联合国日** 胡杰著 中国国民党中央执行委员会宣传部 1943 年 6 月初版 8 32 开

介绍了联合国及"联合国日"的含义、来历、意义等。

**6190. 联合国善后救济总署** 国际出版社编 编者刊 1945 年 11 月 上海 [20] 32 开 国际问题丛书 第 2 辑

本书收录 3 篇文章：《和平到来的时候》（李门）、《联合国善后救济总署及对中国救济计划》（纳喜）、《联合国善后救济总署中国事务局长季塞谈话》。中英文对译本。

**6191. 联合国透视** 于大千、朱葆光编著 中外出版社 1945 年 4 月初版 4 + 116 32 开

介绍联合国的性质、产生、成员国在战争中的合作和确保世界的和平，简要叙述美国、英国、苏联等 46 个国家在联合国的情况。

**6192. 美国人之国际和平机构论** 三民主义青年团中央团部编 编者刊 1 + 122 32 开 国际问题研究资料特辑 第 7 号

本书收录：《同盟与国际和平组织》（乙·费雪）、《世界机构论》（威尔基）、《国际组织与美国》（张伯伦、哈勃脱梅）、《美国与未来的国际团体》（美国《新共和报》刊载）、《国际组织与战后和平》（密悉斯）、《永久和平计划撮要》（赫曼）。附录为《介绍一个国际空军计划》。

# 中国外交

**6193. 近百年来中外关系** 胡秋原著 中国文化服务社 1943 年 12 月初版 12 + 294 32 开 青年文库 朱云影、程希孟、赵纪彬主编

全书分 15 章，评述自鸦片战争前夜至"七七事变"近百年来之中外关系。包括鸦片战争前夜之中外关系、戊戌政变与八国联军、第一次世界大战时期日本之侵略、国民革命初期之外交、九一八至七七之国际形势与对日方针，以及抗战以来中国外交与平等新约等内容。有自序。

**6194. 抗战以来中国外交重要文献** 祖国社编 编者刊 1943 年 94 32 开 "祖国"抗战六周年纪念特辑之一

本书选辑自 1937 年 7 月至 1943 年 5 月间有关外交方面的重要文件 33 件，包括《蒋委员长申述对日一贯方针和立场》、《抗战建国纲领》、《中苏不侵犯条约》、《外交部为日汪签订伪约声明》、《中美战后修改不平等条约换文》等。

**6195. 外交参考材料** 中央训练团 编者刊 1940 年 5 月 144 32 开

本书收录了外交参考材料，包括国际方面的文件、中国方面的文件、外国方面的文件。封面有题赠。

**6196. 一九四三年春季中外风云录**　钱亚新主编　兴中印书馆　1943 年 7 月　湖南蓝田　3 + 124 + 2　32 开

全书分上、下编。上编为重要文献，共 12 篇，包括：《林主席元旦日对全国同胞训词》、《蒋委员长为缔结新约对全国军民同胞播讲》、《蒋委员长兼团长为三民主义青年团第一次全国代表会开幕训词》、《蒋夫人向美国国会演说词》；下编为大事索引，有编者弁言及编例。有附录：《首字笔划检查表》。收补白：《泰国小志》、《罗斯福总统夫人眼中之蒋夫人》、《联合国题名录》等 6 篇。封面有题赠。

**6197. 中国国民党五十年来外交奋斗的成功**　彭文凯编　国民图书出版社　1943 年 2 月初版　重庆　6 + 110　32 开

收录《中国国民党五十年来外交奋斗的成功》一文。附录收有关文献分 6 部分：国民会议废除不平等条约宣言、中外法权交涉史略、条约文件、重要文告、中外函电、中外舆论。书前有弁言。

**6198. 中国外交年鉴（民国二十二年一月至十二月）**　中国外交年鉴社编，章进主编　生活书店　1934 年 3 月初版，1934 年 4 月再版　上海　50 + 290 + 172　32 开　精装　有照片、有插图、有题词、有图表

本书共 5 章：国民政府与外交、外交领事机关、中国外交史略、一年来之外交、一年来之外交行政。附录收外交行政法规 44 种和各类表格 41 种。有序言。

**6199. 中国外交年鉴（民国二十三年一月至十二月）**　中国外交年鉴社编，章进主编　世界书局　1935 年 3 月初版　上海　14 + 460　32 开　精装　有照片、有插图、有题词、有图表

本年鉴分上、下两编。上编分 5 章：国民政府与外交、外交及领事机关、中国外交史略、一年来之外交、一年来之外务行政；下编收：外交行政及其他涉外法规 51 条、各类与中国外交有关表格 26 幅，另增补参考资料。有序言。

**6200. 中国外交年鉴（民国二十四年一月至十二月）**　薛代强总编　正中书局　1936 年 3 月初版　南京　36 + 601　32 开　有照片、有图表

本书分 3 编。上编专述国民政府外交的基础，外交机关的组织与沿革和中国外交史略；中编详叙 1935 年外交经过以及外交行政；下编附载各项涉外法规及重要表册。前有主编薛代强弁言。

**6201. 中国外交年鉴（民国二十九年四月一日至三十年三月三十一日）**　（伪）外交部参事室编辑　三通书局　1941 年 8 月初版　13 + 302　32 开　有照片、有图表

全书分上编、下编、补编 3 编 21 章：包括国民政府还都后之外交政策与外交、中外交涉、外交法规、中外条约简表、中国参加之国际公约简表等。书前有凡例。

**6202. 抗战四年来之外交**　中国国民党中央执行委员会宣传部编　编者刊　1941 年 7 月　1 + 42　32 开　抗战第四周年纪念小丛书

回顾抗战四年来的外交情况，包括我国之外交方针、国联与九国公约会议、对英法美苏各国之外交、对敌之外交措施、我国外交前途之展望 5 部分。

**6203. 抗战六年来之外交**　中国国民党中央执行委员会宣传部编　编者刊　1943 年 7 月初版　24　32 开　抗战建国六周年纪念丛刊

回顾了抗战六年以来的外交情况，包括抗战以来我国外交方针、国联与九国公约、对英美苏法等国之外交、对敌之外交措施及对轴心国之绝交与宣战、换使复交承认新政府及友好条约之签订、大西洋宪章同盟国共同宣言及中英中美平等条约、结论 7 部分。

**6204. 抗战以来之外交**（中央训练团党政训练班第五期讲演录）　王宠惠讲　1939 年 6 月，1939 年 12 月　22　32 开

本书包括 5 节：导言、抗战前后之外交方针、各国对日行动之运用、国际形势之鸟瞰、结论。

# 方针、政策及其阐述

**6205. 抗战建国纲领研究——外交篇**　陈钟浩著，周佛海、陶希圣主编　艺文研究会　1938 年 7 月初版　汉口　3+41　32 开

本书分 5 章：抗战外交的重要性、抗战外交的精神、抗战外交的目的、抗战外交的策略、抗战外交的特征。书后附有讨论大纲。

**6206. 三民主义的国际外交论**　谭辅之著　时代思潮社　1942 年 4 月初版　江西　4+150　32 开

本书收录作者在国内刊物上发表的论文。分绪论、本论和结论 3 个部分，绪论介绍三民主义的中国性与世界性；本论包括三民主义的国际观、外交、国际政治观以及民族主义在国际等部分；结论为"我们只应有一个信仰"。书前有作者自序。

**6207. 抗战与外交**　孔祥熙、周子亚、洪钧培、张维城、张企泰、君殷、陆东亚执笔　独立出版社　1939 年 9 月初版　重庆　4+56　32 开　战时综合丛书　第 4 辑

全书分 7 章，包括绪论、外务行政与外交政策、行政院通过改进外务行政案、改进外务行政的几个具体意见、关于人事方面之改进、关于机构方面之改进、关于情报宣传之改进。附讨论大纲。有弁言。

**6208. 抗战中军事外交的转变**　甘介侯著　前进社　1938 年 1 月再版，1938 年 3 月 4 版　70　32 开

全书分 6 篇：日本为什么要侵略中国、卢沟桥事变何以突于七七发生、发动全面抗战、抗战中军事外交的进程、抗战中军事外交的转变、看了东战场判断北战场。附录收《郑州的惨炸》一文。封面有题赠。

**6209. 全面抗战与国民外交**　尹衍钧著　中山文化教育馆　1938 年 2 月渝版　重庆　4+47　32 开　抗战丛刊　第 19 种　中山文化教育馆编

分 7 个部分：引言、全面抗战的意义、国民外交的重要性、抗战期中我国国民外交的动态、各国民众对于中日战争的态度、我国今后国民外交应有的方策、结论。书前有《抗战丛刊缘起》及作者自序。

**6210. 独立外交**　蒋介石讲　内外通讯社　1933 年 10 月　南昌　8　32 开　内外类编第 1 册

本册为蒋介石于 1932 年 1 月 11 日在武岭学校的讲演。

**6211. 非常时期之外交**　周鲠生著　中华书局　1937 年 3 月　上海　6+66　32 开　中国新论社非常时期丛书　雷震、马宗荣、徐逸樵、罗鸿诏主编

本书共 9 章：非常时期之外交概况、中日事件与国际联盟、与英美政策、中日问题与远东政局、与日本的利益、与中国的立场、中国对日方略的转变、日德及日意协定后之新局势、中国今后应采之方针。有作者序和中国新论社序。

**6212. 国防与外交**　洪勋编著　正中书局　1937 年 3 月 2 版　南京　4+150　大 32 开　有照片　国防教育丛书

本书分 5 章：国际法之起源、战时国际公法、十九世纪中国外交失败史概论、民国成立后之外

交、我国国防上应注意之各点。附录："二十一条件"和参考书目。

**6213. 国际现势与抗战外交**　陈钟浩著　武汉日报社　1938 年 2 月初版　武汉　3 + 130　32 开　武汉日报丛书

本书分抗战前的国际背景、抗战中的国际动态、抗战外交的商榷 3 部分。书中有附录及作者的小序。

**6214. 目前紧急外交问题之简要说明**　1932 年　14　16 开

本书收录 1931 年 11 月至 12 月期间中国对日外交的有关答词、讲话、电文等。包括《顾部长在国府就职时之答辞》、《顾外长答法使谓日本锦州问题提案我政府不能接受》、《顾部长复朱之桥等电》、《关于锦州问题外交部致施代表之紧急训令》、《重光称顾外长态度强硬》等 13 篇。

**6215. 我国国际关系与抗战前途**　张彝鼎著　商务印书馆　1938 年 6 月初版　长沙　6 + 65　32 开　艺文丛书之一　艺文研究会编

本书分 3 章：研究战时国际关系的需要和方法、我国在国际间的地位及与各国关系、我国外交方针及抗战前途。附参考书籍。书前有艺文丛书总序、作者引言。

**6216. 战时外交**　吕朋著，吕金录校订　商务印书馆　1939 年 1 月初版　长沙　1 + 32　32 开　民众战时常识丛书

本书分 3 个部分，包括普通的外交常识、战时的外交常识以及抗战以来的外交。

**6217. 战时外交**（最近外交政策与措施）　郭泰祺讲　1941 年 9 月　1 + 22　32 开　中央训练团党政训练班讲演录

全书共甲、乙、丙 3 编：政策、措施、结论。

**6218. 芸生文存**（第一集）　王芸生著　大公报馆　1937 年 6 月再版　上海　17 + 351　32 开

本书收录作者于"九一八事变"后所著关于外交问题的 37 篇文章，如《中国的外交病》、《中日互惠税率满期》、《国民党与中日外交》、《〈日本的新满蒙狂〉序》、《邦交上一点常识》等。有作者序。

**6219. 战时外交问题**　周鲠生著　国民政府军事委员会政治部　1938 年 9 月初版　6 + 130　32 开

本书分 9 章，包括：现代国际政治潮流、中国外交的基本原则、九一八事变以后之中国外交、中国之外交路线、抗战以来之国际局势、中国与国际联盟、中日宣战问题、对日抗战中之几个公法问题、战时外交今后应特别注意之问题。

**6220. 战时外交问题**　周鲠生著　青年书店　1939 年 12 月再版　重庆　2 + 130　32 开

本书分 9 章，包括：现代国际政治潮流、中国外交的基本原则、九一八事变以后之中国外交、中国之外交路线、抗战以来之国际局势、中国与国际联盟、中日宣战问题、对日抗战中之几个公法问题、战时外交今后应特别注意之问题。

**6221. 中国外交与远东大势**　蒋介石讲，世界政治社编　中国国际联盟同志会　1939 年 11 月　重庆　30　32 开　世界政治社丛书　第 1 种　中国国际联盟同志会主办

本书收录了蒋介石在第四次国民参政会大会开会致词《自立自主知外交》和休会致词《中国对日作战目的及其使命》，在中国国民党第五届中央执行委员会第六次全体会议开幕时的致词《远东安定世界和平与中国独立之不可分性》。书前有发表于 1939 年 10 月 10 日国庆日的《国民政府宣言》。有杨公远引言。

**6222. 中国外交之路** 周子亚编著 国民图书出版社 1943 年 9 月初版 重庆 4＋64 32 开

本书分 5 节，包括：外交政策之基本原则、近百年来中国外交之演变、反日外交之原则与策略、国父外交思想、中国人之天下观。

**6223. 自主外交论** 陈钟浩编著 独立出版社 1941 年 12 月初版 重庆 2＋86 32 开 抗战建国纲领丛书

本书从自主外交的理论、中国外交的背景、抗战中的中国外交 3 方面介绍了外交的重要性及抗战中我国的外交政策。书中有附录及参考书目。

**6224. 总裁外交言论选辑** 蒋中正讲述，黄埔出版社编 编者刊 1940 年 3 月初版 6＋174 32 开 黄埔丛书 第 2 辑第 10 种

本书收录了蒋介石 1928 年至 1940 年间的外交言论，包括《北伐成功后最紧要的工作》、《外交为无形之战争》、《对外关系》、《非放弃和平不可的最低限度》、《卢沟桥事变与我们的立场》、《各国对中日战争应有之态度》、《列强有对日制裁的必要》、《为救中国危亡及伸张国际正义而抗战》等共计 28 篇文章。书前有《中国国民党对外政策》、《中国国民党抗战期中外交政策》。

**6225. 中国国民党外交政策** 朱子爽编著 国民图书出版社 1942 年 2 月初版 重庆 10＋142 32 开 有图表 中国国民党政策丛书

本书共 6 章：绪言、近百年来我国外交的回顾、中国国民党外交政策的指导原则、中国国民党外交政策的方针和纲领、中国国民党外交政策的实施、结语。有著者序和编纂要旨。

**6226. 外交政策与外交行政** 周子亚著 中央政治学校研究部新政治月刊社 1940 年 12 月初版 2＋66 32 开 新政丛书

本书分 6 部分，包括：外交沿革考、论中国外交政策、论中国外交行政、论中国条约行政、论中国领事行政、改进外交行政具体意见。

**6227. 我国对英美苏俄外交政策之检讨** 杨鸿烈著 新中国出版社 1941 年 3 月 110 32 开

全书分别讲解中国对英政策、对美政策、对俄政策。

**6228. 国民外交特刊** 国民外交协会国民外交杂志社编辑 编者刊 1932 年 9 月 南京 2＋176 16 开

本书收录 14 篇文章：《中国外交论》（周星槎）、《论国民外交》（高鲁）、《国际形势对日方针》（田云青）、《日本外交政策的烟幕》（黄右昌）、《九一八事变评议》（龙鸣）、《九一八之回顾》（寓公）等文。书前有刘芸若所写的发刊词，杂录中收《洛阳物产风俗之概况》一文。书后有勘误表。

**6229. 蒋委员长告联合国民众书** 蒙藏委员会编译室编译 编译者刊 1943 年 6 月 10＋18＋29 32 开 抗战小丛刊之四十四

汉蒙藏维文对译本。

**6230. 蒋委员长为订立中美中英新约告全国军民书** 中央组织部边疆语文编译委员会译 译者刊 1943 年 1 月 ［24］ 32 开 藏译中枢重要文告之四十一

内附国民政府令。汉藏文对译本。

**6231. 警告日本国民制裁军阀协定组织中日二国人民代表会议或法团会议书** 徐佛苏著 1932 年 2 月 1 张 10cm×25.5cm

为折叠装，共 10 折。

**6232. 苏德协定与抗战（总裁通电）**　福建省政府秘书处公报室编　编者刊　1939 年 8 月　8　64 开

本书为苏德协定以后，蒋介石发表的通电。

**6233. 中国与战后世界**　孙科著　商务印书馆　1944 年 2 月初版，1945 年 5 月再版，1946 年 6 月上海初版　重庆　2＋170＋2　32 开

本书作者选辑 1942 年至 1943 年讲稿 17 篇，针对中国与战后世界的关系和前途等问题展开论述。包括《抗战最后胜利中国内外同胞应有的努力》、《彻底毁灭日本寇国》、《战后世界建设之研究》、《太平洋战争与中国》、《不平等条约撤消后中美间之新关系》等。有司徒德跋。

**6234. 中日问题与世界问题**　胡兰成著　大楚报社　1945 年 3 月　汉口　4＋204　32 开　新评论丛刊

全书收 35 篇文章：《试谈国事》、《重新做起》、《了解的起点》、《抗议轰炸人民》、《首先认识中国》、《无益有害之请求》、《美国生产力的再估计》、《三周年的教训》、《告重庆》、《抗战现状的变动程度》等。

**6235. 欧战评价及未来预测（外交问题研究会座谈会纪录）**　陈石孚、徐养秋、张道行、徐志明主讲　中国文化服务社、华中图书公司［经售］　1940 年 8 月　26　32 开

**6236. 抗战与外交**　胡愈之著　生活书店　1937 年 12 月初版，1938 年 1 月再版，1938 年 3 月 3 版　2＋140　32 开　救亡文丛之四

全书收 11 篇文章：《论三种外交政策》、《"和平不可分"论》、《请政府速定外交国策》、《随着抗战展开的国际局势》、《从中日战争到太平洋战争》、《怎样运用日内瓦外交》、《苏联能不能帮助我们》、《九国公约会议之前》等。附录收《忆北方的敌人》、《到胜利的路》、《谨防疾病》。

# 外交行政

**6237. 外交部处务规程**　1939 年 10 月　18　16 开

本书为 1939 年 10 月 13 日修正和公布的外交部工作章程，包括：总则、职务分配、文书处理、会计及出纳、庶务、服务通则、请假规则、会议和附则等内容，共计 9 章 57 条。

**6238. 外交部组织法**　4　16 开

1939 年 9 月 7 日修正公布，共计 24 条，规定了外交部的工作职责、机构设置及各机构的具体职责范围等内容。

**6239. 外交部组织法草案（中央政治委员会第一次会议讨论事项第一案附件）**　6　32 开

共计 23 条，规定了外交部的工作职责、人员配备、机构设置及各机构的具体职责范围等内容。

**6240. 外交官衔名录（Liste Diplomatique）**　［中华民国外交部］　［中华民国外交部］　1944 年 10 月　重庆　63　32 开　有图表

**6241. 外交官衔名录（Liste Diplomatique）**　［中华民国外交部］　［中华民国外交部］　1945 年 5 月　重庆　61　32 开　有图表

**6242. 外交部留部职员名册**　1938 年 7 月　13 ［环筒叶］　15.3cm×25.3cm　有图表

外交部留部人员的姓名、别号、年龄和籍贯。

**6243.** 外交部使领人员研究班第一期训练实纪 ［1940 年 4＋104 32 开 有图表

记录了外交部使领人员研究班的成立及第 1 期训练情况，包括：成立经过、教务、训育、军训和考核 5 章，分别介绍了：教务、训育和军训的训练方针、训练方法、训练内容及考核情况。附录收：《使领人员研究班毕业典礼学员答词》、《外交部使领人员研究班职员录》、《外交部使领人员研究班讲师简历表》、《外交部使领人员研究班学员简历表》。出版时间据《民国时期总书目》确定。

**6244.** 外交部工作报告（十九年七月至二十年八月止） ［外交部编］ ［编者刊］ 1931 年 ［102］ 16 开 有图表

收录 1930 年 7 月至 1931 年 8 月的工作报告 6 份。

**6245.** 外交部二十五年一月份工作报告 1936 年 16 ［环筒叶］ 19.8cm×27.5cm 线装 有图表

包括：关于法令事项、关于交办事项、关于主管事务之进行事项、关于主管事务之计划事项、关于与主管事务有关事项、附表 6 个方面。

**6246.** 外交部二十五年二月份工作报告 1936 年 17 ［环筒叶］ 19.8cm×27.5cm 线装 有图表

包括：关于法令事项、关于交办事项、关于主管事务之进行事项、关于主管事务之计划事项、关于与主管事务有关事项、附表 6 个方面。

**6247.** 外交部二十五年三月份工作报告 1936 年 16 ［环筒叶］ 19.8cm×27.5cm 线装 有图表

包括：关于法令事项、关于交办事项、关于主管事务之进行事项、关于主管事务之计划事项、关于与主管事务有关事项、附表 6 个方面。

**6248.** 外交部二十五年四月份工作报告 1936 年 17 ［环筒叶］ 19.8cm×27.5cm 线装 有图表

包括：关于法令事项、关于交办事项、关于主管事务之进行事项、关于主管事务之计划事项、关于与主管事务有关事项、附表 6 个方面。

**6249.** 外交部二十五年五月份工作报告 1936 年 15 ［环筒叶］ 19.8cm×27.5cm 线装 有图表

包括：关于法令事项、关于交办事项、关于主管事务之进行事项、关于主管事务之计划事项、关于与主管事务有关事项、附表 6 个方面。

**6250.** 外交部二十五年六月份工作报告 1936 年 15 ［环筒叶］ 19.8cm×27.5cm 线装 有图表

包括：关于法令事项、关于交办事项、关于主管事务之进行事项、关于主管事务之计划事项、关于与主管事务有关事项、附表 6 个方面。

**6251.** 外交部二十五年十月份工作报告 1936 年 11 ［环筒叶］ 19.8cm×27.5cm 线装 有图表

包括：关于法令事项、关于主管事务之进行事项、关于主管事务之计划事项、关于与主管事务有关事项、附表 5 个方面。

**6252. 外交部工作报告（续编）**　　[1939]　6　16开　有图表

本报告收录1938年9月至1939年1月期间历届参政会决议有关外交的各案办理情形。封面有："密件第030号"字样。

**6253. 外交部三十一年度工作考察（总评、提要、对照简表、报告）**　1942年　7　[环筒叶]　16开

本书分总评、提要、对照简表与报告4个方面的内容。

**6254. 外交部三十三年度工作成绩考察报告**　1944年　7　[环筒叶]　16开　油印　有图表

本书分概述与工作成绩考察报告表两个部分。

**6255. 中国国民外交协会会务概要（1938年1月至1942年6月）**　　[中国国民外交协会编]　编者刊　1942年　72　32开

本书共4个部分：沿革、组织系统、财务状况、工作概况。

**6256. 中美文化协会会员名录**（Membership Dictionary Chinese-Amarican Institute of Cultual Ralations）[中美文化协会]编　[编者刊]　1942年8月　[重庆]　32 [环筒页]　16cm×26cm　线装

本书为中英文对照本，书内附9月份补充名录。

**6257. 驻外使领馆职员录**　1937年4月　46 [环筒叶]　15.4cm×26.2cm　有图表

全书介绍了中华民国驻100余个国家、地区及城市的使领馆人员的姓名、别号、外文名、年龄及籍贯等情况。

**6258. 外交部民国三十一年度二月份支出计划书附属表**　外交部编　编者刊　1942年2月　[65] [环筒叶]　16开　线装　有图表

全部为表格形式。稿本。

**6259. 冀察政务委员会外交委员会职员录（民国二十五年九月）**　1936年9月　13 [环筒叶] 15.5cm×23.3cm　线装　有图表

收录姓名、别号、性别、年龄、籍贯、略历等内容。

# 对外关系

## 中国与国际

**6260. "九一八"—"八一三"中日纠纷的国际形势**　恽逸群著　一般书店　1938年5月再版　上海　2+50　32开　抗战国际知识汇编　羊枣主编

本书回顾了"九一八"事变以来的国际关系。分4章，包括"九一八"以前的中国和日本、从"九一八"到塘沽协定、从塘沽协定到"八一三"、日本急迫侵华的原因。该书版权页题名作"中日纠纷的国际形势"、作者作"逸群"。

**6261. 国际现势与中国**　孙科著　东方出版社　1940年1月初版　2+28　32开

本书为作者在1939年12月23日在重庆三团体欢迎会上的讲话，共5部分："往来路线"、"苏联与英法关系的转变"、"欧战发动的起因与经过"、"苏、英、法、意对我国抗战之态度"、"苏芬问题的经过"。书前有《救亡日报》社论《苏联与帝国主义战争》代序。

**6262.** 国际现势与中国地位 娄壮行著 中国文化服务社 1936 年 4 月再版 上海 4＋138 32 开 基本知识丛书之一

全书共 6 章：世界大战、世界经济的动态、赔款和战绩、国际联盟和中国、和平条约与裁军问题、太平洋问题。附录收录《练习问题》、《参考书目》、《九国公约全文》和《国际联盟公约全文》。

**6263.** 国际形势演变与中国抗战 东人编 怒吼出版社 1938 年 3 月 上海 84 32 开

本书围绕中国抗战与国际形势演变收录 10 篇文章：《国际形势与中国抗战》、《国际阵线的演变与中国抗战的关系》、《德意英法四角下的欧洲现局》、《艾登辞职后的英国外交》、《西班牙战争和中国》、《战局形势的好转》、《英国对于远东的两种态度》、《德国毕竟不能同情我们的抗战》、《全世界抵制日货援助中国》、《德国又向世界挑衅》。

**6264.** 国际形势与抗战前途 郭沫若、金仲华著 自强出版社 1938 年 4 月 汉口 4＋110 32 开

全书共分 5 个部分：国际形势与抗战前途、两个阵线的激荡与中国抗战、和平阵线的三个支柱与我国抗战、世界援助中国抗战与国际反侵略运动、国际反侵略运动与中国抗战。附录收《世界和平运动大会联合》。

**6265.** 国际形势与中国抗战 李德邻著 前线出版社 1942 年 11 月 6＋50 32 开 李德邻先生言论选刊之一 黄雪邨编辑

本书收李宗仁（字德邻）言论 5 篇：《敌人动态与国际情势之剖视》、《对欧洲战争应有之认识》、《苏日协定与中国抗战》、《日本南进与中国抗战》、《新形势与新认识》。有编者引言。

**6266.** 列强远东政策与中国反侵略外交 谢康著 国际反侵略运动大会中国分会广西支会 1941 年 2 月初版 桂林 18 32 开 反侵略小丛书 第 5 种

全书共 4 个部分，包括抗战外交的原则、列强远东政策与中国反侵略外交之运动、第二次欧战与我国外交和今后我国外交的出路。

**6267.** 蒋罗邱在开罗 郭祖光编 大道文化事业公司 1944 年 2 月初版 4＋20 32 开

本书分 11 个部分：会前序幕、金字塔旁永葬敌阀野心、会议花絮、在归途中、国内舆情鼓舞、国外舆论感奋、蒋主席报告开罗会议感想、国内名人评论、国外名人评论等。书后附《德黑兰会议内幕》一书。

**6268.** 九国公约会议与我们应有的斗争 宋斐如著 中山文化教育馆 1937 年 12 月初版 南京 6＋33 32 开 抗战丛刊 第 12 种 中山文化教育馆编

本书分 3 个部分：召集九国公约会议的动机、会议前途的推测、我们应该怎样斗争。附录收：日本大陆政策与《九国公约》、《九国公约全文》。卷前有著者自序及抗战丛刊缘起。

**6269.** 抗战国际知识 恽逸群、邵宗汉、宾符、郑森禹、羊枣、周木斋、贝叶集体创作 一般书店 1938 年 10 月 上海 [328] 32 开 有图表

全书分 7 编：中日纠纷的国际形势（恽逸群）、中国抗战与英国（邵宗汉）、中国抗战与美国（宾符）、中国抗战与德意（郑森禹）、中国抗战与苏联（羊枣）、远东的民族解放运动（周木斋）、结论（贝叶）。

**6270.** 抗战中的国际环境 杨之春、陈学才编著 独立出版社 1939 年 2 月初版 重庆 1＋100 大 64 开 战时国际小丛书 陈石孚、张道行、童蒙圣主编

全书分 5 章：各国远东政策、影响中国的国际动乱、抗战以来各国对敌我之态度、世界的援华

反日运动、如何利用今日之国际环境。

**6271. 怒吼之中国（上、下）**　陈恩成编　中山日报社　1938 年 1 月　广州　17＋128＋12　32 开
中山日报社抗战丛书　第 1 辑第 1 种　中山日报社图书出版委员会主编

上册包括国际形势、中日纠纷、中美友谊 3 章，阐述自力更生与国际合作、世界各国对于东亚局势的新认识、日本积极开发满洲的用意及危害性，以及日趋严重的华北形势等问题；下册包括中英关系、中苏盟约、中意问题、中德辑睦和结论 5 章，阐述英日合作的矛盾性、中苏订立不侵犯条约的意义以及希特勒对外政策分析等问题。有李伯鸣序、陈淦序。有弁言。

**6272. 欧战与我国外交**　胡愈之著　文化供应社　1939 年 11 月初版　桂林　1＋47　32 开　世界大战丛刊之一

全书收 6 篇文章：《中立乎？参战乎？》、《反侵略与中立》、《对英法外交的再检讨》、《异哉所谓日苏不侵犯条约者》、《今后的中美关系》、《前途》。

**6273. 欧洲战争与中国（职业生活增刊）**　郭萤、宾符、白芒、寒森、非木、梅益、小方、云鹰、羿矢、怀璧著　职业生活社　1939 年 10 月　60＋1　32 开

本书共 10 章：写在前面、欧战前夜的国际形势、论目前欧战的性质问题、今后苏联在远东方面的外交政策、论欧洲战争的前途、欧洲战争与远东局势、欧洲战争与日本经济、欧洲大战与中国经济、欧洲战争与上海地位、欧洲战争与上海人民生活。

**6274. 苏日中立条约与我国抗战**　1941 年 4 月　24　64 开

本书收录了蒋介石于 1941 年 4 月 27 日出席党政训练班第十四期毕业典礼的讲话。

**6275. 太平洋问题与中国**　黄浩然著　军事委员会长行营政训处　［汉口］　6＋306　32 开

本书分 5 篇选辑 20 篇文章：《远东的前途》、《美俄复交的动向》、《苏俄对华的外交政策》、《日本外交之史的发展》、《抗日外交论》、《中日关系的前途》、《一年来的中国外交》等。有作者例言。

**6276. 一年来国际关系的回顾与前瞻**　刘光炎编著　军事委员会政治部　1941 年 3 月　14＋160　32 开　有图表　时事问题　第 1 辑

全书分 8 篇：《1940 年是近代史的分水岭》、《彷徨歧路的希特勒》、《苏联"不参战"是绝对的吗》、《世界新希望在中国》等。文前有凡例。有著者题赠。

**6277. 中国抗战与国际关系**　（苏联）列明著，孙冶方译　黎明书局　1938 年 3 月初版　1＋64　32 开　有图表

本书共 5 章：前言、日本侵略中国第一阶段的国际形势、日本侵略中国与列强利益的矛盾、列强应付日本侵略中国的政策、日本的孤立与中国抗战前途。

**6278. 中国抗战与国际联盟**　周子亚编著　独立出版社　1940 年 9 月初版　重庆　5＋79　32 开
抗战建国纲领丛书

本书分 6 章，国联盟约与侵略战争、七七卢沟桥事变前之中日争议与国联、八一三虹桥事变后之中日争议与国联、抗战初期国联处理中日争议之经过、国联通过对日适用盟约第十七条之经过、结论——中国抗战与国联前途。介绍了中国抗战与国际联盟之间的关系作用。

**6279. 中国抗战与国际情势**　征夫著　抗战研究社　1938 年 1 月　汉口　1＋62　32 开　解放小丛书

全书共 7 章，包括：抗战与外交、歧路上的英国、门户开放主义的美国、苏联与法国、从国联大会到九国公约会议、日意反共公约、怎样运用有利抗战的国际形势。

**6280. 中国抗战与国际情势** 宾符著 光明书局 1938 年 1 月再版，1938 年 3 月汉版 上海，汉口 1＋61 32 开 民主解放丛书 平心主编

全书分 7 章：抗战与外交、歧路上的英国、门户开放主义的美国、苏联与法国、从国联大会到九国公约会议、日意反共公约和怎样运用有利抗战的国际形势。

**6281. 中国抗战与国际条约** 张道行著 独立出版社 1940 年 2 月初版 重庆 3＋136 32 开 有图表 抗战建国纲领丛书

分 6 章：引论、日本侵华与国联盟约、中国抗战与九国公约、非战公约与中国纠纷、中日战争与战争法规论、结论。书前有自序。

**6282. 中国抗战与世界和平** 蒋子英编著 独立出版社 1940 年 3 月初版 2＋106 32 开 抗战建国纲领丛书

分 5 章：导论、中国抗战与国民革命、中国抗战的国际意义、中国抗战对世界和平的贡献、中国抗战与国际情势的展望。

**6283. 中国抗战之国际意义** 光白编著 独立出版社 1939 年 3 月初版 重庆 2＋87 大 64 开 战时国际小丛书 陈石孚、张道行、童蒙圣主编

这本书分为 6 章，分别为：我们为什么要阐明中国抗战的国际意义、怎样理解中国抗战的国际意义、中国抗战与世界和平、中国抗战的影响结局与未来世界、结论—唯有中国胜利可以避免第二次世界战祸。书后有附记。

**6284. 中日战争与国际关系** 柳乃夫、吴狄周著 上海杂志公司 1937 年 12 月汉版 汉口 2＋86 32 开 大时代丛书之五 金则人主编

全书分 5 部分：战争的意义、从国际法看中日战争、世界和平的第一号公敌、中日战争与国际关系的演化、怎样扑灭新海盗。

## 反侵略运动与国际援华

**6285. 亚洲殖民地反侵略运动** 山丁、史拱北、东山、张文等著 国际反侵略运动大会中国分会广西支会 1941 年 1 月初版 2＋18 32 开 反侵略小丛书之四

本书共收录 4 篇文章：《反侵略运动在印度》（山丁）、《朝鲜反侵略运动与中国抗战》（史拱北）、《越南反侵略运动的过去与现在》（东山）、《台湾反侵略运动的现阶段》（张文）。

**6286. 反侵略战与国际问题**（第一集） 刘震寰著 中苏文化协会昆明分会出版委员会 1942 年 7 月 昆明 2＋68 32 开

本书收录了作者的演讲稿、广播词及发表于各大报刊的文章等共 15 篇，其内容主要围绕以抗日战争为主的国际反侵略战争展开，包括《我们抗战的前途》、《侵略战争与日本资本主义的解体》、《抗战后的国际演变新形势》等。封面有题赠。

**6287. 反侵略战在世界** 徐获权、苏国夫、谭辅之著 国际反侵略运动大会中国分会广西支会 1941 年 1 月初版 桂林 2＋18 32 开 反侵略小丛书之三

分 3 部分：侵略与反侵略、反侵略战在世界、世界的将来。

**6288. 国际反战反侵略反法西运动** （苏）曼弩伊斯基著，孙冶方译 无名出版社 1939 年 11 月

1 + 78　32 开

全书共 3 个部分：国际形势的变化、各国共党为统一阵线和人民阵线而奋斗、各资本主义国度的共产主义运动。

**6289. 国际反侵略运动与中国抗战前途** 鲁亦英编　中外编译社　1938 年 3 月初版　上海　2 + 122　32 开

全书收录 10 篇文章：《反侵略运动的意义》、《对于反侵略运动的贡献》、《反侵略的世界和平运动与中国》、《救中国即救世界和平》、《国际反侵略运动在中国》、《国际反侵略运动与中国抗战》、《国际反侵略运动与中国抗战前途》、《怎样加强扩大国际反侵略运动》、《反侵略运动中的国联态度》、《与敌国内反战的人民团结起来》。

**6290. 中日战争与国际反侵略运动** 蒋君章编著　独立出版社　1938 年 11 月初版，1940 年 4 月 9 版　重庆　1 + 55　大 64 开　抗战建国小丛书　潘公展、叶溯中、杨公达、童蒙圣主编

分 6 部分：战争与侵略、侵略战争的反响、暴日侵华战争之影响、国际的反侵略运动、国际反侵略运动大会、世界青年大会及世界学联、反侵略运动之展望。

**6291. 国际反侵略运动大会简史** 张闿仁编译　国际反侵略运动大会中国分会　1939 年 9 月初版　22 + 136　32 开　有照片　反侵略运动丛书　第 3 种

介绍了国际反侵略运动大会的缘起、成立前的经验、方略和会议，及其成立后组织的重要活动和中国分会的情况。共 4 章，包括：导言、比京国际反侵略运动大会、本会正式成立后几项重要的活动、本会与中国分会。有序言和附录。

**6292. 国际反侵略运动伦敦大会各国代表讲演实录** 国际反侵略运动大会中国分会编译　编译者刊　1938 年 9 月初版　8 + 85　32 开　有照片、有插图、有题词　反侵略运动丛书第 2 种

本书分 4 个部分：国际反侵略运动大会之四项基本原则、制止日本的侵略（大会宣言）、大会之盛况、讲演实录。其中“讲演实录”部分收录《薛西尔爵士演辞》、《宋子文先生致大会书》、《顾维钧博士演辞》、《莫斯卡托夫先生致大会书》等 14 篇文章。卷首有邵力子所作序言。附录收录《本分会为伦敦援华制日大会宣言》以及《共同产出人类的公敌》（冯玉祥）、《为增进和平与抗战》（王宠惠）、《我们是为生存正义和平民主而战》（王造时）、《由反侵略到和平之路》（章伯钧）等 8 篇文章。书后有编后语，介绍本书作者。

**6293. 国际反侵略运动援华反日特别大会全部决议案** 中国国际联盟同志会编译　编译者刊　1938 年 3 月　武汉　26 + 21　32 开　世界政治丛刊之二

收录《国际反侵略运动援华反日特别大会决议案》。附录收《国联同志会世界总会决议案》。书前收《反侵略运动之四大纲领》。中英文对译本。

**6294. 两年来之国际反侵略运动中国分会** 国际反侵略运动中国分会编　编者刊　1940 年 1 月初版　9 + 115　32 开　有图表　反侵略运动专刊　第 2 种

全书共分 4 章：国际反侵略运动概述、中国分会之产生、中国分会之组织、工作概况。卷首有序言，介绍本书编辑的目的、国际反侵略运动中国分会的工作任务以及下一步的工作方向。附录收录《昆明支会半年来工作报告》、《曲江支会概况》、《在未满周岁中西安支会的概况》和《桂林支会工作报告》4 篇文章。

**6295. 反侵略运动地方组织须知** 国际反侵略运动大会中国分会编　编者刊　1938 年 8 月，1939 年　衡阳　22　32 开　反侵略运动小册 1

全书分 5 个部分，分别介绍反侵略运动大会的历史和组织上的分布、性质及工作、分会的组织、如何进行地方组织、地方组织对分会的关系。附录收录《国际反侵略运动大会中国分会简章》、《国际反侵略运动大会中国分会各地支会简章》、《国际反侵略运动大会中国分会各地区会简章》、《国际反侵略运动大会中国分会名誉主席团题名》、《国际反侵略运动大会中国分会理事题名》和《半年来中国分会的工作》。

**6296. 反侵略运动地方组织须知** 国际反侵略运动大会中国分会编 编者刊 1939 年 7 月增订再版 重庆 30 32 开 有图表 反侵略运动小册 1

全书分 5 个部分，分别介绍反侵略运动大会的历史和组织上的分布、性质及工作、组织、如何进行地方组织、地方组织对分会的关系。附录收录《本分会简章》、《本分会各地支会简章》、《本分会各地区会简章》、《本分会第二届名誉主席团题名》、《本分会第二届常务理事题名》、《本分会第二届理事题名》、《本分会执行部主任在第二次常年大会中之会务报告》、《各支区会名誉理事常务理事及理事题名和本分会团体会员一览表》9 篇。

**6297. 援助中国的世界反侵略运动** 于苇著 生活书店 1938 年 4 月初版，1938 年 4 月再版（粤）汉口 56 32 开 世界知识战时丛刊之一

本书分 10 章：世界和平力量的团结、国际重要人物一致抨击侵略者、宗教慈善家的热心援助、名流学者主持公义、弱小民族同情中国抗战、世界劳工阶级积极援助中国、世界热心人士的志愿捐输与服务、世界妇女青年对华热烈同情、日本人民反对侵略、援助中国抗战的世界反侵略大会。书前有"编前的话"。

**6298. 中国抗战与世界和平** 胡彬存编译 上海中外编译社 1938 年 10 月初版 上海 2 + 122 32 开

全书分 10 篇，包括《反侵略运动的意义》（张志让）、《对于反侵略运动的贡献》（陈铭枢）、《反侵略的世界和平运动与中国》（钱俊瑞）、《救中国即救世界和平》（国联反侵略运动大会秘书处编）、《国际反侵略运动在中国》（刘希宁）、《国际反侵略运动与中国抗战》（刘希宁）、《国际反侵略运动与中国抗战前途》（蔡馥生）、《怎样加强扩大国际反侵略运动》（张铁生）、《反侵略运动中的国联态度》（许涤新）、《与敌国内反战的人民团结起来》（石西民）等。

**6299. 在国际援华阵线上** 王礼锡著 生活书店 1939 年 3 月初版 重庆 6 + 150 32 开 有图表

本书 3 部分：国际援华组织与运动、国际援华通讯、国际同情之声。包括《国际援华运动与国民外交》、《全世界将为中国出席国联代表的后盾》、《国际同情与抗战》等文章。有作者序。

**6300. 国际援华运动** 邵力子、叶溯中、王礼锡、陈耀章、郑彦棻、李崇厚执笔 独立出版社 1939 年 4 月初版 重庆 9 + 58 32 开 战时综合丛书 第 4 辑

全书分 10 章，阐述了国际反侵略运动的意义、发展及其成果，介绍了敌国的反战运动，朝鲜反日运动，英、美、法、印及其他各国援华运动。附讨论大纲。有弁言。

**6301. 国际援华运动（民国二十七年至二十八年）** 杜呈详编著 青年出版社 1939 年 12 月初版 4 + 122 32 开

全书有 5 个部分：绪言、国际团体与国际会议正义的呼声、各国援华团体的积极活动、全世界爱好和平的人们在一条战线上、民治国家政界和舆论界的声援。封面有题赠。

**6302. 国际正义之声** 独立出版社编辑 独立出版社 1939 年 3 月初版 重庆 6 + 54 32 开 战时综合丛书 第 3 辑 第 14 种

全书共分 4 章：各国政府对于中日战争之态度、国联历届会议处理中日战争的情形、国际反侵略大会历次对中日战争的决议、一位名记者对中日战争的忠实观察。本书为《战时综合丛书》第 1 辑《中日战争与世界舆论》一书的续编。卷首有《战时综合丛书》第 3 辑例言。书前有作者所作序言，书后有讨论大纲。

**6303. 国际劳工组织与援华运动**　朱学范编著　中央社会部　1940 年 11 月初版　4＋76　32 开　有图表　社运丛书之九

本书分 3 章：国际劳工大会、国际工会联合会、国际运输总工会。书前有引言，书后有结论。

**6304. 国外民众怎样援助中国**　郑麦逸著　青年协会书局　1939 年 8 月初版　香港　4＋77　32 开　非常时丛书　第 1 类第 4 种

全书分 4 个部分：国际援华制日运动的广泛、国际反侵略运动领导援华制日、其他国际团体援华制日运动的热烈、各国援华制日运动的盛况。书前有《非常时丛书》编辑旨趣。

**6305. 世界学生怎样援助中国学生**　韩立生译　现世界社　1937 年 3 月再版　上海　104　32 开　现世界丛书

本书分两部分：代序——从中国学生运动说到世界学生运动（李凡夫）、世界学生援助中国学生斗争会议——一九三六年三月十四日至十五日于伦敦。附录分 12 部分，包括：《中国代表团会议纪录》、《中法学院学生会提议》、《美国学生联合会来信》、《世界学生协会致中国学联会信》、《英国学生团体致中国学生信》等。

**6306. 印度人民对我抗战同情**　谭云山著　独立出版社　1939 年 6 月初版　重庆　1＋44　32 开

全书共 5 个部分，包括印度对我抗战之同情、印度领袖给我们同情的使音、日本在印度之反我宣传、关于印度援华医药团、印度人民同情我国抗战事纪。书后收录本书作者其他中英文著作的书目。

**6307. 常务理事会会议录汇编**（第 1 辑）　国际反侵略运动大会中国分会编　编者刊　1939 年 5 月衡阳　34　32 开　国际反侵略运动大会中国分会反侵略小册 2

本书分上、下两编，上编为中国分会第一届常务理事会 8 次会议的纪录；下编附录，为总会各项重要会议决议案关于援华部分的选载。卷首有执行部所写本书说明。书前附有常务理事会会议决议案分类表。

**6308. 第二次常年大会特刊**　国际反侵略运动大会中国分会编　编者刊　1939 年 6 月　重庆　4＋66　32 开　反侵略运动专刊　第 1 种

全书分 6 个部分：开会前奏曲、反侵略之狮子吼、确定现阶段之反侵略工作方案、改选之进行、反侵略群一致的呼声、七次之播音战。卷首有弁言，介绍第二次大会的具体经过与详细情况。附录收《国际反侵略运动大会中国分会旧简章》和《中国分会简章修订草案》。

## 与各国关系

**6309. 对日俄外交问题**　中国国民党广东省党部执行委员会编　编者刊　广州　4＋148　32 开　有照片

本书收录两篇文章：《对日外交问题》和《对俄外交问题》，均为黄季陆所著。书前有《写在两篇文章的前面》。附录收《田中首相致宫内大臣一木喜德请代奏明积极政策函》。

**6310. 中日苏关系论**　阤东亚著　独立出版社　1941 年 1 月初版　重庆　8＋178　32 开　中央政治

学校研究部新政丛书

全书分7章，回顾中、日、俄三国关系，介绍日本的大陆政策和俄国的远东政策、日俄冲突对中国的影响，以及中苏合作的必要性及原则等问题，分析战后恢复中日邦交的前提和原则，展望中苏关系。封面有题赠。

**6311. 中国·日本·苏俄** 独立出版社编 独立出版社 1938年12月6版 重庆 8+55 32开
战时综合丛书 第2辑

全书共分4个部分：日苏对峙和中国、日本的危机、苏俄怎样对付中日战争、中国抗战前途的观察。书前有作者所写绪言。卷首有《战时综合丛书》第2辑例言。书后有讨论大纲。

**6312. 总动员前夜的中国、外蒙与苏联** 李慎行编著 新生出版社 1938年2月初版 7+67 32开 有图表

本书分3章，包括中国的军备、外蒙古的军备、苏联的军备。书前有编者序《中国、外蒙与苏联之联带关系》。

**6313. 中国抗战与德意** 郑森禹著 一般书店［总经售］ 1938年2月 1+40 32开 有图表
抗战国际知识汇编4 羊枣主编

本书共4章，分别为：德意在华的地位、德意日的勾结、德意对中国抗战的态度、结论。

**6314. 云南外交问题** 张凤岐著 商务印书馆 1937年4月初版 上海 8+345 大32开 有插图、有图表

本书分3编21章：中国西南藩属之丧失、滇缅外交问题、滇越外交问题，全面而系统地论述了云南对外关系。有张维翰序和作者自序。附录收《参考书目》、《清末与民国外交条约》、《滇缅界图》等6部分。

## 亚洲各国

**6315. 全面抗战中的外蒙** 谭勒等著 战时出版社 1939年 90 32开 战时小丛刊之三十八

包括：《蒙古人民共和国》（齐复礼）、《全面抗战中的外蒙》（谭勒）、《外蒙古与中国抗战》（傅于琛）、《外蒙古的新姿态》（周钢鸣）、《外蒙古的过去与现在》（王之新）、《外蒙古的政治经济现状》（平则）、《外蒙的经济轮廓》（布利秋）、《外蒙与华北战局》（苏民）、《外蒙古现状一瞥》（陈歧山）、《外蒙出兵问题》（何肇基）、《再论苏联外蒙出兵》（何肇基）等17篇文章。附录收《日本沾下的抗日呼声》。书名页题做"战时小丛刊之三十九"，封面题做"战时小丛刊之三十八"，书后附战时小丛刊目录，本书排第38位，故取封面。

**6316. 从外交谈判到民族战争** 郑学稼编著 抗战出版社 1938年11月再版 汉口 2+63 32开

本书分12部分：取满洲救日本、三分中国、由有吉到有田、由有田到川越、五月间的华北、北守南进与中国、日英与中国、中国换一副面孔等。书前有"写在卷前"。

**6317. 敌乎？友乎？** 徐道邻著 ［著者刊］ 1935年 1+35 32开

全书共8章：引言——中日间的僵局、就中国立场说明僵局延长之利害、为日本打算说明僵局延长之利害、中国方面之错误与失计、日本方面之错误（一）——直接的对中国认识之错误、日本方面之错误（二）——间接的举措上的错误、中日两国所应认识之要点及应采的途径、结论——解铃还须系铃人。

**6318. 对日和约问题** 亚洲世纪社编 亚东协会 1947年11月初版 上海 3+193 32开 日本

论丛　第 1 种

集录了有关对日和约问题的文章 31 篇，分作 7 部分：中国对日和约的态度、盟国对日和约的态度、对日和约的基本问题、对日和约的领土问题、对日和约的经济问题、对日和约的赔偿问题、对日和约的政治问题。

**6319. 近六十年来的中日关系**　张健甫著　生活书店　1937 年 8 月初版，1938 年 4 月再版，1938 年 5 月再版　上海，汉口　4＋232　32 开　青年自学丛书　第 3 辑

本书分 8 章：永远忘记不了的创伤、海盗打劫了满蒙、剩余资本的对华移植、经济提携的血账、从割让台鲜到占领南满、鲁案及二十一条、九一八事变的烙印、灭国军事协定的回忆。书前有著者序。后附《中日大事年表》。

**6320. 九一八后对日外交之经过**　中国国民党中央执行委员会宣传委员会　1933 年 1 月　4＋286　32 开

本书分 13 个部分：东省事变、排货抗议及撤兵决议、天津事件、黑省事件、锦州事件、上海事件等。附篇收《国际联盟处理中日纠纷之经过》、《国际联盟调查团之工作经过》、《九一八事变后中日外交大事记》。书前有引言。

**6321. 九一八以来之中日关系**　贺岳僧著　独立出版社　1943 年 8 月初版　重庆　6＋144　32 开

本书分 5 章：历代中日关系述略、九一八事变、九一八事变扩大与延长、九一八后之中日外交、五年来之抗战经过。有序言。

**6322. 抗战二周年蒋委员长告日本民众书**　蒋介石著　中央组织部　1939 年 8 月　［177］　32 开

汉蒙对译本。

**6323. 现阶段的中日问题**　周开庆著　拔提书店　1936 年 8 月　南京　4＋102　32 开　中心丛刊　第 3 种

本书分 7 个部分，包括：中国政府的对日政策、调整中日关系之展望、川越使华与今后中日关系之动向、论中日经济提携、论所谓共同防赤、华北走私问题和日本增兵华北之检讨。书前有作者自序。

**6324. 远东新形势**　蔼·夏逊卡斯著，仲持、宾符、梅益译　远东出版公司　1940 年 4 月初版　10＋343　32 开

本书论述了有关日本侵华战争的情况，共分 4 编：日本对华的侵略与反共公约、中国民族革命的抗战——抗日统一战线、经济的侵略与防御、结论。有著者自序。

**6325. 中日关系及其现状**　许德珩著　中山文化教育馆　1939 年 1 月渝版　重庆　20＋222　32 开　抗战特刊　第 1 种

本书回顾了从 1941 年中日正式缔结通商条约至抗战爆发后的两国的关系。共 6 章：绪论、甲午战争以前的中日关系及中日战争、甲午战后至欧战期间的中日关系、华盛顿会议后十年间的中日关系、从"九一八"到卢沟桥事变、中日战争现状。书前有著者序。

**6326. 中日关系简史**　张健甫著　黑白丛书社　1937 年 4 月，1937 年 11 月再版（汉）　上海，汉口　3＋103　32 开　有图表　黑白丛书之七　钱俊瑞主编

分 4 节：日本为什么侵略中国、从甲午战争到日俄战争时期的中日关系、从大战时期到五卅时期的中日关系、现阶段的中日关系。

**6327. 中日关系史（上册）** 林肇莆编著 福建省政府教育厅 1942年11月初版 6+243 32开 民众通俗说本之二 福建省政府教育厅编辑委员会

本书分30个部分：古代中日的关系、侵扰台湾、庚子事变、山东问题、各地事件、万宝山事件、九一八事变等。卷首有编写说明。

**6328. 中日关系小史（第四辑）** 祖澄著 一般书店 1938年6月再版 上海 2+53 32开 一般文库6 卢豫冬主编

本书分14章：中日关系的基调、中日关系的发生、日本流寇为患中国时期、自"九·一八"——"一·二八"到《塘沽停战协定》、发展中的中日战局等。

**6329. 中日时局横断面** 碧泉著 时事新闻刊行社 1937年5月 上海 2+140+6 32开 时事丛书

本书分析了自"九一八事变"以来的中日时局，包括：中日时局的横断面、从成都设领问题谈起、黄河防御工事、在东京看南京交涉、南京与东京的两大会、许大使的回顾谈、经济使节团来华的使命、大陆政策的再认识、日本对华的再认识论。有序言。有题赠。

**6330. 中日通商条约问题** 日本评论社编辑 编者刊 1934年9月 南京 2+40 32开 日本研究会小丛书 第68种

本书分6个部分：绪论、《中日通商条约》历史的背景、修订商约经过之真相、日本对华商约所得一般之权利、将来改订商约问题、结论。

**6331. 中日问题** 福建省保安团队特别党部中山室文化组编 编者刊 ［福建］ 1+78 32开 训练参考资料 第4辑

共收11篇文章：《抗战形势之回顾》（黄珍吾）、《抗战的前后》（黄珍吾）、《抗战史中光辉的第一页》（黄珍吾）、《日本必败观》（严不严）、《抗战四年之回顾与前瞻》（柯远芳）、《抗战的回顾》（邝积典）、《抗战形势与我们应有努力》（敬承诗）、《抗日战与世界战》（敬承诗）、《全面抗战的真义》（敬承诗）、《由日本的侵略说到我们的勇气》（卢政纲）、《日本崩溃的时候快到了》（曾汝玫）。

**6332. 中日问题** 邓昊明讲述 ［第五路军干部政治训练班］ 102 32开

本书为第五路军干部政治训练班讲义，共4讲：研究中日问题的初步认识、"九一八"前与后之中日问题、中日问题与远东局势、焦土抗战与民族前途。附录收《松室少将对关东军秘密情报书》。

**6333. 中日问题讲话** 世界知识社编辑 生活书店 1936年9月初版，1936年12月再版，1937年2月再版（汉）、1937年11月3版（汉） 上海 1+129 32开 有插图、有图表 世界知识丛书之七

共10讲：《研究现阶段中日问题的任务》（章乃器）、《中日关系之史的考察》（孙怀仁）、《日本对华政策的基调》（钱亦石）、《日本对华不平等条约的分析》（叶秋）、《日本的人口问题与中国》（钱俊瑞）、《日本的原料问题与中国》（姜君辰）、《日本的投资问题与中国》（姜君辰）、《日本的市场问题与中国》（柳乃夫）、《日本的军备扩张与中国》（金则人）、《中日关系的前途》（钱亦石）。

**6334. 中日问题与各家论见** 储安平编 新月书店 1931年11月初版 上海 4+281 32开 有图表

本书围绕日本侵略中国问题收录 20 篇文章，包括《近六十年中日关系的鸟瞰》（左舜生）、《日本帝国主义占领东省中国形势的解剖》（胡愈之）、《日本侵略东省的政治的背景》（俞颂华）、《救亡要义与青年责任》（汪精卫）、《此次抗日救国运动的康庄大路》（陈独秀）、《国民总动员令》（《时事新报》）等。

**6335. 中日问题之研究（预备将来决斗的知识）**　陈绍贤著　商务印书馆　1935 年 1 月初版，1935 年 3 月再版　上海　11＋344＋17　大 32 开

全书分 4 部分：绪言、九一八前之中日问题、九一八后之中日问题、结论。阐述中日问题的特征、东北铁路问题、满铁区域及其行政权问题、中日事件与国际联盟、中日纠纷与国际政治、对日问题的前途等内容。书后附参考资料。

**6336. 中日问题座谈会纪录**　外交评论社　正中书局　1936 年 9 月初版，1937 年 10 月再版　南京　3＋103　32 开　外交丛书　外交评论社主编

收录 1935 年至 1936 年间日本方面所召开的 3 次有关中国问题座谈会的会议记录，包括：《中日亲善问题座谈会纪录》、《中日问题之话》、《日本青年将校座谈会纪》。书前有引言。

**6337. 最近中日外交史略**　李季谷著　开明书店　1933 年 5 月初版　5＋114　32 开

本书分 12 章：日本驱除中国在韩势力、中日战争及《马关条约》、日本开始侵略东三省、《二十一条》苛约等。附录收《上海停战协定》全文。书前有作者自序。

**6338. 敌方谬论**　中央宣传部国际宣传处编，中央宣传部国际宣传处译　1940 年 1 月　14 ［环筒叶］　16 开　油印

内收《中日和平与新外交》（《中央公论》新年特大号）。

**6339. 日本的对华政策**　22　大 32 开　有插图

评论日本对华政策、策略及步骤。

**6340. 日本帝国主义的满蒙观与我们的驳议**　日本朝日新闻社著，李仲公译　南京印刷公司　1932 年 4 月初版　南京　12＋228　32 开　有图表

共 8 章：满蒙的地位与重大性、我国在满蒙的特殊地位、满蒙铁道、我国在满蒙的铁道利权、我满蒙经营的本体——满铁王国、满铁及满蒙政策的危机、中国满蒙铁道政策、结论。后附"译者驳议"部分分 5 节："帝国主义的日本"之肯定、架在血刃上的"法理"等，译自日本《朝日新闻》社编著《满蒙诸问题》。有译者序。

**6341. 日本对华外交政策**　霍维周著　东北民众抗日救国会　1932 年　8＋325　32 开　精装　救国丛书之五

本书共 9 章：总论、日本对华外交政策之原则、日本对华外交之手段、日本对华侵略之饰词、日本对华外交之目的、东北事变后日本在国际之阴谋、日本国际孤立之危机、中国对日外交政策之制定、结论。附录《日本违法悬案之一部》、《日方所谓悬案》、《本案事实之真相》。

**6342. 日本欺诈外交**　东北问题研究会编　编者刊　16　32 开

本书揭露了自 1894 年中日战争至上海事变期间日本外交的欺骗性，包括：一八九四年中日战争前骗中国向朝鲜出兵、中国革命时对两方面之欺骗、吞并韩国、占领东三省后再三欺骗国联、关于满洲"独立国"问题之欺骗、关于东三省驻兵数字之欺骗等问题。

**6343. 蒋委员长访问印度纪要**　独立出版社编　独立出版社　1942 年 3 月初版　重庆　10＋92　32

开　有照片

全书共 3 章：行程及各方之期待、访问的成果及影响、中国今后的伟大任务。卷首有张九如所作序言。附录收录《反侵略战争现阶段中之印度》一文。

**6344. 蒋委员长夫妇访印日纪**　江津日报编辑　大公书店　1942 年 4 月初版　35　32 开　有插图

附录收 4 篇文章：《蒋委员长告印度民众书》、《论印度之兴亡》、《中印两千年》、《英国与印度》。

**6345. 蒋委员长告印民书**　蒋介石讲，中央组织部印　1942 年 4 月　[20]　32 开　蒙译中枢重要文告之六十

本书为蒋介石于 1942 年 2 月 23 日发表的告印度民众书，蒙汉对译本。

**6346. 中印携手**（蒋委员长及夫人访印记）　34　13cm×17cm　线装　有照片

## 欧美各国

**6347. 十月革命的经验与中国抗战**　林祖涵、凯丰等著　新华日报馆　1938 年 12 月，1939 年 2 月再版　重庆　110　32 开　新群丛书　第 21 种

该书收录《庆祝十月革命二十一周年》、《在中华民族解放斗争严重阶段庆祝苏联十月革命二十一周年》（林祖涵）、《庆祝苏联建国二十一周年》（艾寒松）、《苏联人民战胜外国干涉和内部反革命所给予中国人民争取抗战的经验教训》（凯丰）、《中苏人民更亲密联合起来》（吴克坚）、《苏联和平政策的真意义》（华西园）、《今年苏联国民经济的发展》（许涤新）、《苏联肃清托洛斯基派——布哈林派匪徒的斗争》（吴敏）等 10 篇文章。附录收《驳复对十月革命历史的曲解》（吴克坚）。

**6348. 苏联出兵问题**　郑乐敷著　中山文化教育馆　1938 年 8 月渝版　重庆　3+30　32 开　抗战丛刊　第 52 种

本书分 4 个部分，包括：导言、苏联确有出兵的可能与必要、苏联何以尚不出兵、苏联便不出兵我们也能战胜日寇。卷首有中山文化教育馆研究部所写《抗战丛刊》缘起。

**6349. 苏联已开始助我抗战**　钱俊瑞等著　战时出版社　1+73　32 开　战时小丛刊之四十六

全书收录 18 篇文章，有《苏联已开始助我抗战》（《密勒氏评论周报》）、《怎样取得苏联的帮助》（胡愈之）、《中苏关系与日本》（骆耕谟）、《苏联与中日战争》（金泽华）、《中苏关系的展望》（贝叶）等。封面题名为"苏联已开始助我"，书名页题名作"苏联已开始助我抗战"。

**6350. 苏联之成败与中国抗战**　吴克坚、潘梓年等著　创造文粹社　1941 年 10 月再版　64　32 开

本书收 8 篇文章：《苏联的成败与中国抗战》（吴克坚）、《把法西斯侵略者的鹰犬打出去》（潘梓年）、《一个革命的诞生》（剑涯译）、《论经济与政治》（陈驰）、《论数量变化到质量变化的转变及发展中的飞跃》（戈平译）、《日美矛盾发展的研究》（傅大庆译）等。

**6351. 动荡中的中苏关系**　储玉坤著　大公报代办部　1938 年 5 月　汉口　12+192　32 开

本书共 8 章：革命期间的中苏关系、中苏复交的前后、中苏会议、中苏关系恶化、中东路事件、中苏邦交的恢复、苏蒙互助协定与中苏交涉、中苏关系的展望。有作者序。

**6352. 中国抗战与苏联**　羊枣著　一般书店　1938 年 7 月再版　上海　50　32 开　抗战国际知识丛编　5　羊枣主编

本书分 4 章，分别为：世界的安定势力、中苏关系的演变、抗战以后的苏联、天助自助。

**6353. 中国抗战与苏联**（第一辑）　威岭编　中苏文化杂志社　1938年6月初版　3+73　32开
中苏文化杂志社丛书　袁孟超主编

　　本书以《中苏不侵犯条约》为中心，说明《中苏不侵犯条约》的内容、性质和意义，及其对于中国抗战的关系。包括《中苏互不侵犯条约（全文）》、《中苏互不侵犯条约》之法理的分析、保卫太平洋和平的《中苏不侵犯条约》、《中苏不侵犯条约》与中日战争、中国抗战与苏联、苏联新政府与中苏关系。有编者序。

**6354. 中苏关系的变迁**　云白编著　世界书局　1938年5月初版　上海　4+76　32开　有照片、有图表　苏联丛刊　大众知识社主编

　　本书共4章：帝俄时代的侵略账、新的邦交、复交之后、今后的展望。书前有编者小引。

**6355. 中苏合作抗日论**　严继光著　中山文化教育馆　1937年12月再版　南京　4+27　32开　抗战丛刊　第1册

　　通过回顾中、苏关系的发展历史，指出在中、苏1937年12月签订《互不侵犯条约》的基础上，双方应合作抗日，共同抵御日本侵略，消除远东有关诸国今后之无穷祸乱。

**6356. 中苏合作抗日论**　严继光著　中山文化教育馆　1938年1月再版　南京　4+30　32开　抗战丛刊　第1种　中山文化教育馆

　　通过回顾中、苏关系的发展历史，指出在中、苏1937年12月签订《互不侵犯条约》的基础上，双方应合作抗日，共同抵御日本侵略，消除远东有关诸国今后之无穷祸乱。

**6357. 中苏互助论**　沈志远著　上海杂志公司　1938年4月汉初版，1938年4月粤再版　52　32开
大时代丛书之十七　金则人主编

　　本书分3部分：导论、史的回顾、互动的可能与必然。评述中苏关系，中苏互助的可能与必要，展望中苏关系的前途。书后附录收《中苏互助的展望和我们的任务》。

**6358. 中苏问题**　张云伏编著　商务印书馆　1937年2月初版　上海　2+240　32开　有图表　现代问题丛书

　　本书分4章，包括：中苏疆界及中国失地考、中苏外交关系、中苏问题、苏联在远东。

**6359. 中苏轴心与世界和平**　陈复光讲著　云南日报社　1939年8月初版　4+117　32开　云南日报丛书之四

　　本书收录作者在1938年赴苏考察归国后在各地所作的演讲及所著论文。包括《远东局势之分析与我国外交路线之商榷》、《中苏轴心与世界和平》、《抗战期间国人对于中苏关系应有的认识》、《最近国际局势之动向与中国抗战前途》、《苏联今日的地位与中苏亲善的展望》等。有陈玉科序。

**6360. 中国抗战与美国**　宾符著　一般书店［总经销］　1938年2月　1+44　32开　抗战国际知识汇编3　羊枣主编

　　分4章：美国与远东、一九三一——三二年的美国远东政策、全面抗战爆发后美国远东政策的演进、中国抗战与美国。

**6361. 中美之间**　梅碧华著　新知书店　76　32开　有图表　国际现势丛书之一

　　全书分9章，论述美国参加对日作战的目的。

**6362. 美国的对华政策**　汉夫著　黑白丛书社　1937年5月再版　上海　1+73　32开　黑白丛书之十　钱俊瑞主编

本书分 5 节：美国各阶层人民对华的态度、漫谈美国对华政策的基础、美国的国际关系和对华政策、什么是门户开放政策、美国会退出中国么。

**6363. 美国副总统华莱士启程来华前发表之声明** 蒙藏委员会编译室编译 编译者刊 1944 年 2 月 24 32 开 抗战小丛刊之五十二

汉蒙藏文对译本。

**6364. 美国国务卿赫尔陆长史汀生"九一八"十一周年纪念日之声明** 蒙藏委员会编译室编译 编者刊 1942 年 10 月 ［15］ 32 开 抗战小丛刊之三十六

汉蒙文对译本。

**6365. 美国远东政策与中国** 叶心安编著 上海编译社 1940 年 1 月初版 4＋124 32 开

全书内容分为 4 篇 8 章，第 1 篇为总论，包括"美国与太平洋"和"美国与中国"两章内容；第 2 篇为"美国在远东的遭遇"，有"过去美日的对立"和"美国和中日战争"两章内容；第 3 篇"美国最近的作为"，包括"美日废止商约问题的检讨"与"美国修正中立法问题的检讨"两章内容；第 4 篇为"美国的远东政策与中国"，有"现阶段美日间的局势"和"美国的远东政策"两章内容。

**6366. 美国中立与中日战争** 胡铸坊编著 独立出版社 1939 年 7 月初版 2＋66 64 开 战时国际小丛书 陈石孚、张道行、童蒙圣主编

全书分 3 章：美国中立政策之史的发展、美国中立法的检讨、美国与远东。

**6367. 华莱士访华** 李明翰编 沙坪书店 1944 年 8 月初版 重庆 4＋94 32 开

本书共 11 章：华莱士之家世与成就、访华前发表之宣言、迪化一日半之勾留、陪都四日之活动、昆明二日半之盘桓、成都三日之行踪、兰州一日半之停驻、离兰返国前电谢蒋主席、离兰前发表书面谈话、返美后广播访问中苏的观感、尾声——华莱士回到了华府。有编者弁言。

**6368. 蒋夫人游美纪念册** 中央主办美洲国民日报编 编者刊 1943 年 7 月完版 美国 150 大 16 开 精装 有照片、有题词

本书收录宋美龄访美时期的照片、懿略、论评，以及在美京、纽约、波城、芝城、金门、罗省、柯京各地的演讲词等。另收录编制本册的全体职员照片及相关名录。有题赠。中英文对译本。

**6369. 英国外交与远东和平** 孙煦存编著 独立出版社 1939 年 11 月初版、1940 年 4 月 9 版 重庆 4＋50 64 开 抗战建国小丛书 潘公展等主编

本书分析了英国在二战期间的外交政策和对远东局势的影响，特别是九一八后英国外交政策对中国的影响。共 3 章：英国外交之基础、英国外交之基本政策、英国外交与远东局势。有作者序。

**6370. 中国抗战与英国** 邵宗汉著 一般书店［总经售］ 1938 年 2 月 1＋44 32 开 抗战国际知识汇编 2 羊枣主编

本书主要介绍中国全面抗战以后对英国的影响，共 6 章：导言、一段历史的回顾、英国远东政策的转变、英国在华利益的观察、日本向英国挑战、英国的出路在那里。

**6371. 访英简笔** 杭礼武著 中华书局 1944 年 7 月渝初版、1944 年 12 月渝再版 重庆 2＋36 32 开 有插图

本书分 7 部分：英人友情、战时空气、胜利第一、社会情态、战士及战后之英国、三数可记之事、盛会难逢。

**6372. 宋外长子文在英播讲词**　蒙藏委员会编译室编译　编译者刊　1943 年 8 月　22　32 开　抗战小丛刊之四十六

收录宋子文 1943 年 8 月 8 日在英国广播公司的演讲。汉蒙藏维对译本。

**6373. 西班牙与中国**　爱伦堡等著　战时出版社　111　32 开　战时小丛刊之六十四

本书收录了有关西班牙与中国关系的 20 篇文章，包括《西班牙与中国》（狄秋）、《阿国失败与西班牙的胜利》（于苇）、《西班牙抗战的新阶段》（华金）、《西班牙能支持下去吗》（马流）等。

# 对外关系问题

**6374. 为什么要夺取殖民地**　王维积著　浙江省抗日自卫委员会战时教育文化事业委员会　1939 年 6 月初版　20　64 开　有插图　国际问题小丛书之三　杜绍文主编

**6375. 中国门户开放问题**　庄心在编著　中正书局　1939 年 7 月初版　1 + 48　32 开　有图表　时代丛书

本书分 7 个部分：成为日本军阀尾巴的东京政界谬论、门户开放原则的重要涵义、理论上日本政策根本与门户开放原则不能相容、事实上日本正在积极进行关闭中国门户、中国抗战便在于维持门户开放原则、各国在华利益的估计与前途的认识、如何方足以维持门户开放原则。

**6376. 势力范围**　民团周刊社编　编者刊　1939 年 4 月初版　广西　20　32 开　丙种丛刊第五种国难丛刊第一辑之八　钱实甫主编

本书分 4 个部分："势力范围"在中国、势力范围的意义、列强在华的势力范围、"势力范围"与"门户开放"。

**6377. 租界和租借地**　民团周刊社　民团周刊社　1939 年 4 月　广西　36　32 开　丙种丛刊第五种国难丛刊第一辑之五　钱宝甫主编

本分 5 节：租界和租借地的意义、租界、军港租借地、铁道矿山附属地域、北京公使馆区域。

**6378. 租界问题之研究**　葛鸣一编　中央书报发行所［经售］　1940 年 12 月　2 + 38　32 开　有图表　外交部亚洲司研究室丛书

本书共 7 节：引言、租界之性质及分类、租界成立之经过、租界收回时代、租界之行政权、租界之司法权、尾声。

**6379. 收回租界与撤废治外法权**　钱仲华著　大亚洲主义与东亚联盟月刊社　1943 年 6 月　南京　1 + 45　32 开　大亚洲主义与东亚联盟月刊社丛书之三

全书分两部分，我国租界问题之面面观，包括：绪论、我国租界成立的经过及其发展、我国收回租界运动之回顾、各国交还在华租界之经过、结论；各国在华治外法权撤废问题之分析，收录：各国在华治外法权的起点及其内容、我国要求撤废治外法权之经过、现阶段的治外法权撤废问题及各国态度、治外法权撤废后我国应有的努力。书前有序。封面有题赠。

**6380. 各国在华领事裁判权制度**　王德昭编著　独立出版社　1943 年 2 月初版　重庆　6 + 86　32 开

本书共 6 章：领事裁判权界说、领事裁判制度之产生、各国在华领事裁判制度之树立、领事裁判制度加于中国之侵害、各国在华领事裁判制度之撤废、中美中英新约之成立。

**6381. 中国领事裁判权问题**　李治民著　北新书店　1934 年正月初版　昆明　134　32 开　有图表

本书分两编，第 1 编从法理上论述领事裁判权之渊源，共 3 章，包括国家独立权、治外法权、领事裁判权；第 2 编为列国在华之领事裁判权的来历及其现状，共 9 章，包括列国侵蚀中国法权之沿革、领事裁判权之管辖范围、组织、内容、弊害，及其废除领事裁判权的经过、理由和方法步骤。有作者序和凡例。封面印"李定国著"。

**6382. 领事裁判权** 民团周刊社 编者刊 1939 年 3 月初版 南宁 24 32 开 丙种丛刊 第五种 国难丛刊第一辑之六 钱实甫主编

本书分为 5 部分：领事裁判权的起源、领事裁判权的性质、领事裁判权在中国的实况、领事裁判权的扩大、撤发领事裁判权运动。

**6383. 领事裁判权（上）** （日）英修道著，司法行政部编纂室编译 司法行政部编纂室［发行］1941 年 4 月初版 南京 44 32 开

本书为作者著《列强在中华民国条约上之权益》一书的第六、七章。上册对于在华的领事裁判权作广泛的讨论。

**6384. 领事裁判权（下）** （日）英修道著，司法行政部编纂室编译 司法行政部编纂室［发行］1941 年 4 月初版 南京 44 32 开

本书为作者著《列强在中华民国条约上之权益》一书的第六、七章。下册对各国在华的领事裁判权作个别的分析。

**6385. 上海公共租界的国际性** 程巧玲编 求己出版社 1937 年 12 月 上海 20 32 开 小小丛刊第 1 种

全书共分 8 个部分：公共租界的产生、公共租界的面积、公共租界的行政权、公共租界的中立性、日方对公共租界的要求、公共租界当局的态度、各国商讨维护租界的办法、各国报纸舆论一斑。卷首有著者所作前言。

**6386. 上海公共租界工部局年报（中华民国二十六年即西历一九三七年）** 上海公共租界工部局编 编著刊 1937 年 上海 3＋711 16 开 精装 有图表

本年报为上海公共租界工部局 1937 年间的公务报告 26 件、本年收支一览表和 1938 年的收支预算。封面题："华文处译述（第八期）"。

**6387. 上海公共租界工部局年报（中华民国二十七年即西历一九三八年）** 上海公共租界工部局编 编者刊 1938 年 上海 3＋735 16 开 精装 有图表

本年报为上海公共租界工部局 1938 年间的公务报告、本年收支一览表和 1939 年的收支预算。封面题："华文处译述（第九期）"。

**6388. 上海公共租界工部局年报（中华民国二十八年即西历一九三九年）** 上海公共租界工部局编 编者刊 1939 年 上海 3＋623 16 开 精装 有图表

本年报为上海公共租界工部局 1939 年间的公务报告 25 件、本年收支一览表和 1940 年的收支预算。封面题："华文处译述（第十期）"。

**6389. 上海公共租界工部局年报（中华民国二十九年即西历一九四〇年）** ［上海公共租界工部局编］ ［编者刊］ 1940 年 上海 2＋637 16 开 精装 有图表

本年报收上海公共租界工部局 1940 年间的公务报告 24 件、本年收支一览表和 1941 年的收支预算。封面题："华文处译述（第十一期）"。

**6390. 山东省政府日侨管理处工作汇志**　山东省政府日侨管理处工作汇志编辑委员会　山东省政府日侨管理处　1946 年 5 月　12 + 146　16 开　有照片、有题词

　　本书共 17 部分：志首总签、肖像、照片、题词、序言、凡例、组织机构、侨民人数、划区集中、自治编组、管理实务、主副食费、调查统计、财产处理、征用员工、遣送程序以及临行检查。

# 条约协定

**6391. 抗日外交必需参政文件**　现代书局编　编者刊　上海　25　32 开

　　本书包括《国际联盟会章》、《九国公约》和《凯洛格非战公约》等 3 篇文件。

**6392. 中外条约之研究（卷一）**　徐望孚著　著者刊　1938 年 2 月初版　10 + 99　32 开

　　全书共分 3 编：条约的本义、中外条约的史观、外人在华政策的变化。卷首有作者序言"国际侵略和统一外交"。

**6393. 从不平等到平等**　包文同编　青年出版社　1943 年 4 月　488　32 开

　　本书分特载 4 篇：《国民政府三十二年一月十二日国府令》等；论文 16 篇：《收回法权之切要》、《庆祝废除不平等条约》等；重庆各报社评 26 篇：《中美英关系的新时代》、《百年耻辱一笔勾销》等；名人言论 21 篇：《抗战建国与取消不平等条约》（戴传贤）、《新约与新中国前途》（于右任）等。书前有编者代序及凡例。附录收 6 篇文章：《中美新约全文》、《中英新约全文》、《领事裁判权名词解释》等。

**6394. 从不平等条约到平等条约**　丘汉平著　胜利出版社福建分社　1943 年 2 月初版　福建　4 + 50　32 开　时代丛书

　　共 6 部分：引言、条约的意义、不平等条约的成立经过及其种类、不平等条约的流毒、废除在华特权的经过、今后之问题。附录收《中英废除特权条约全文》、《中英废除特权条约换文》、《中美废除特权条约概要》。

**6395. 新条约问题讲述大纲**　张忠绂讲　［中央训练团党政训练班］　1944 年 1 月　14　32 开　中央训练团党政训练班讲演录

　　全书分两部分：不平等条约的历史与内容、新订各约的内容与意义。

**6396. 新约研究**　王铁崖著　青年书店　1943 年 12 月初版　重庆　6 + 160　32 开　中国人文科学社丛刊

　　本书主要讨论 1942 年中美两国签订的《中美新约》问题，分 3 部分：第 1 部分讨论《新约》订立前若干问题；第 2 部分对于《新约》作一般分析；第 3 部分研究《新约》若干特殊问题。有《中国人文科学社丛刊》总序和作者自序。附录收《中英新约》和《中美新约》。

**6397. 平等新约订立后国人应有的努力**　中国国民党中央执行委员会宣传部编　编者刊　1943 年 2 月　2 + 28　64 开

　　全书分 3 部分：国民革命与废除不平等条约、中美中英新约废除些什么特权、新约订立后国人应有的努力。介绍了废除不平等条约的内容、意义及对抗战的影响。

**6398. 签订平等新约文告汇集**　江西省政府秘书处编译室编　编者刊　1944 年 1 月初版　江西　5 + 82　32 开　江西省政府丛刊乙种之一　江西省政府秘书处编译室主编

　　本书分 3 部分内容：国民政府为签订新约励勉全国同胞令、总裁为签订新约告全国军民书、三

民主义青年团中央团部为签订新约告全国青年书。附录收新约全文、新约之检讨等。有编辑例言。

**6399. 中英滇缅南段界务换文** 中华民国国民政府外交部编 编者刊 1941 年 6 月 ［23］
14.6cm×25.1cm 有插图 白皮书 第 61 号

中英文对译本。包括 4 篇照文:《外交部王部长致英大使卡尔爵士照会》、《英大使卡尔爵士复王部长照会》、《英大使卡尔爵士致王部长照会》、《王部长复英大使卡尔爵士照会》。附录收《界图》、《炉房矿区图》。

**6400. 中英关于取消英国在华治外法权及其有关特权条约** 中华民国国民政府外交部编 编者刊
1943 年 11 月 ［41］ 15.6cm×24.6cm 白皮书第 65 号

1943 年 1 月 11 日签订,1943 年 5 月 20 日互换批准书。有换文和附件,中英文对译本。

**6401. 中英、中美签订新约(百年桎梏一旦废除)** ［华北新华书店］编 编者刊 1943 年 12
32 开

本书分 5 部分:"中英、中美签约经过"、"中英条约全文"、"中美新约内之换文"、"中美条约节要"、"中共中央关于庆祝中英"、"中美间废除不平等条约的决定"。

**6402. 中英条约·中美条约** 24 ［环筒叶］ 20cm×28cm 油印、线装

内收《司法院训令》、1943 年宋子文签订的《中英条约》、《中美条约》等。封面页盖有"最高法院民事第四庭"印章。

**6403. 中英中美平等新约** 湖南省立第一民众教育馆 1943 年 2 月 湖南 6 ［环筒叶］ 32 开
油印 民众丛书 新 2 号

本书收录《中英新约》全文、《中美新约》全文。有前言。

**6404. 中英中美平等新约的认识** 中国国民党安徽省执行委员会编 编者刊 1943 年 4 月 ［安徽］ 2+39 32 开 宣传丛书之一

本书共 5 章:中英中美新约签订经过、不平等条约的回顾、中英中美新约的概观、新约签定后国人应有的认识与努力、结论。卷首有弁言。附录收录《宣战指示》与《条约文件》。重要文告部分收录《国民政府一月十二日令》、《蒋委员长告全国军民书》等 4 篇文告。

**6405. 由中美中英不平等条约到平等新约** 何鸿章编著 太平洋月刊社 1943 年 1 月初版 成都
14+36 32 开 太平洋月刊社丛书之一

本书分 8 节,介绍了鸦片战争以来不平等条约签订的历史、原因与影响、废除不平等条约的运动史,以及不平等条约废除与新约签订的过程。书前有王志之所写"从黑暗到光明之路"的代序。

**6406. 中美中英平等新约手册** 实业印务公司编 1943 年 2 月初版 重庆 3+97 32 开

本书分内容一般、舆论一般、国际舆论、历史资料、附录等 6 部分。收录:《蒋委员长告全国军民书》、《中美中英签订平等新约的经过》、《三民主义青年团告全国青年书》等。

**6407. 中美中英新约文献** 现代英语专修学校编纂 天地出版社 1943 年 2 月初版 重庆 6+162
32 开

本书包括 7 部分:中英中美新约、签约情形、中美英三国领袖贺电、国府诏令、领袖文告、政府长官谈话、中英美舆论反应。中英文对译本。英文本名称为: *An Anglo-Chinese Edition of The New Sino-British And Sino-American Treaties And other Printing Materials Concerned Thereto*。有附注。

**6408. 中美关于进行抵抗侵略战争期间适用于互助之原则之协定** 中华民国国民政府外交部编 编

者刊　1948 年 1 月　　[10]　　15.7cm×24.4cm　　白皮书　　第 69 号

中英文对译本。

**6409. 中美关于取消美国在华治外法权及处理有关问题条约**　中华民国国民政府外交部编　编者刊　1943 年 11 月　　[25]　　15.5cm×24.7cm　　白皮书　　第 64 号

1943 年 1 月 11 日由国民政府驻美大使魏道明与美国外交部部长赫尔在华盛顿签署，1943 年 5 月 20 日互换批准书。有换文，中英文对译本。

**6410. 中比为废除在中国治外法权及处理有关事件条约**　中华民国国民政府外交部编　编者刊　1948 年 1 月　　[16]　　15.7cm×24.2cm　　白皮书　　第 72 号

1943 年 10 月 20 日，由中华民国国民政府外交部长宋子文与比利时驻华大使纪佑穆签署，1945 年 6 月 1 日互换批准书，1945 年 6 月 1 日生效。条约分 14 条，中法文对译本。

**6411. 中荷关于放弃在华治外法权及处理有关问题条约**　中华民国国民政府外交部编　编者刊　1948 年 1 月　　[24]　　15.7cm×24.3cm　　白皮书　　第 80 号

1945 年 5 月 29 日，由中华民国政府驻荷兰大使金问泗与荷兰代理外交部长魏尔杜南签署，1945 年 12 月 5 日互换批准书，1945 年 12 月 5 日生效。条约分 9 条，有换文，中英文对译本。

**6412. 中加为废除在中国治外法权及处理有关事件条约**　中华民国国民政府外交部编　编者刊　1948 年 1 月　　[17]　　15.8cm×24.3cm　　白皮书　　第 76 号

1944 年 4 月 14 日，由中华民国国民政府驻加大使刘师舜与加拿大外交部部长金麦坚齐签署，1945 年 4 月 3 日互换批准书，1945 年 4 月 3 日生效。条约包括正文及换文，中英文对译本。

**6413. 中挪为废除在中国治外法权及处理有关事件条约**　中华民国国民政府外交部编　编者刊　1948 年 1 月　　[22]　　15.7cm×24.3cm　　白皮书　　第 73 号

1943 年 11 月 10 日，由中华民国政府外交部长宋子文与挪威国驻中华民国大使赫塞尔签署，1944 年 6 月 13 日互换批准书，1944 年 6 月 13 日生效。条约分 7 条。有换文、附件及会议记录。中英对译本。

**6414. 中瑞关于取消瑞典在华治外法权及其有关特权条约**　中华民国国民政府外交部编　编者刊　1948 年 1 月　　[27]　　15.7cm×24.3cm　　白皮书　　第 79 号

1945 年 4 月 5 日，由中华民国外交部长宋子文与瑞典驻中华民国公使亚勒签署，1945 年 7 月 20 日生效，1946 年 11 月 18 日互换批准书。条约分 8 条，中英文对照本。

**6415. 东北条约研究**　丁宪勋、胡昆编　中华书局　1932 年 4 月　上海　6＋108　32 开　有插图
东北研究丛书

共 10 章：导言、东北条约之史的发展、旅顺大连租借地问题、铁路问题、所谓铁路附属地问题、铁路护路队问题、内地杂居及商租权问题、矿产森林问题、邮电问题、结论——所谓日本在东北之特殊利益。书前有吴学义所作序言。

**6416. 有关东三省之中日条约及章程合同**　中国国民党中央执行委员会宣传部印　1931 年 11 月　2＋366　32 开　有图表

全书收录中日有关东三省的条约、章程、合同及办法等 3 部分：第 1 部分为一般性内容，收《中日讲和条约》、《中日辽南条约》、《中日会议东三省事宜条约》等；第 2 部分为特殊内容，收《中日安奉铁路购地章程》、《中日安奉铁路通车减价章程》、《中日新奉吉长铁路协约》等；第 3 部分为附录，收《国际联合会盟约》、《九国间关于中国事件应适用各原则及政策之条约》等。有弁

言。

**6417. 有关东三省之中日条约及章程合同** 中日条约研究会编 编者刊 1931 年 11 月 2 + 8 + 366 32 开 有图表

全书收录中日有关东三省的条约、章程、合同及办法共 3 部分：第 1 部分为一般性内容，收《中日讲和条约》、《中日辽南条约》、《中日会议东三省事宜条约》等；第 2 部分为特殊内容，收《中日安奉铁路购地章程》、《中日安奉铁路通车减价章程》、《中日新奉吉长铁路协约》等；第 3 部分为附录，收《国际联合会盟约》、《九国间关于中国事件应适用各原则及政策之条约》等。有弁言。

**6418. 苏日中立协定之实质及其价值** 复兴出版社 [翻印] 1941 年 4 月 43 64 开

本书收录了《王外长严正声明》、《英美对苏日协定的态度》、《各报对苏日协定的批评》（《大公报》等）、《苏日中立协定之实质及其价值》（黄铮）。附录《苏倭中立条约全文》。

**6419. 中日关税协定问题** 刘百闵编辑 正中书局 1933 年 5 月 南京 2 + 34 32 开 日本研究会小丛书 第 7 种

本书分 4 个部分：中日关税协定及附件之全文、中日关税协定成立之经过、中日协定之特点、中日协定之失效。

**6420. 中日关系条约汇释** 赵纪彬、刘百闵、秦林舒编 商务印书馆 1940 年 1 月初版 长沙 13 + 1003 + 12 32 开 有图表

收录自 1870 年至 1934 年期间中日签订的条约、合同、章程 119 项：《中日修好条规》、《中日北京专条》、《中日天津条约》、《中日讲和条约》、《中日辽南条约》、《中日通商行船条约》、《杭州日本原议章程》、《中日通商口岸日本租界专条》等。附中外文参考书目。

**6421. 中日条约汇纂** 尹寿松编纂，王卓然校正 东北外交研究委员会 1932 年 2 月 12 + 558 32 开 精装 有图表

本书共 3 编：第 1 编"光绪条约"，收录自光绪二十一年《中日马关新约》至光绪三十四年《中日新奉吉长铁路借款续约》期间中日签订的 27 个条约，附载收录《中俄东省铁路公司合同》等 14 件；第 2 编"宣统条约"，收录宣统元年至三年中日条约 14 件，附载收录《日韩合并宣言》等 3 件；第 3 编"民国条约"，收录民国元年至十九年的中日条约 51 件，附载收录《中日满洲条约秘密议定书》等 7 件。有例言和补遗。精装本有题赠。

**6422. 中日协定** 中华民国国民政府外交部编 编者刊 1930 年 24 15.7cm × 24.3cm 有图表 亚洲第 2 号

1930 年 5 月 6 日，由中华民国政府外交部长王正廷与日本驻华代理公使重光葵签订于南京，5 月 14 日奉国民政府指令批准。包括《中日协定》正文及 4 个附件，附件内容为王正廷与重光葵之间的照会。中英文对译本。

**6423. 中苏友好同盟条约** 海潮出版社 [翻印] 1945 年 10 32 开

全书收录《中苏友好同盟条约》、《中苏关于中国长春铁路协定》、《关于旅顺口协定》、《关于大连协定》、《关于苏军进入东三省后苏军总司令与中国行政当局关系的协定》和《照会》6 篇。

**6424. 中苏友好同盟条约**（*Treaty of Friendship and Alliance*） 国际出版社编 编者刊 1946 年 5 月 再版 上海 [35] 32 开 .

全书收录《中苏友好同盟条约》、《中苏关于中国长春铁路协定》、《关于旅顺口协定》、《关于

大连之协定》、《关于苏此次共同对日作战苏军队进入中国东三省后苏联军总司令与中国行政当局关系之协定》。后附英译本。

**6425. 战争与条约**　王铁崖著　中国文化服务社　1944 年 3 月初版，1944 年 6 月再版　6＋114　32 开　青年文库　朱云影、程希孟、赵纪彬主编

本书着重探讨了战争对于条约的影响问题，共 5 章：战争与宣战布告、宣战布告与条约、战争与领事裁判权条约、战争对于条约的影响——理论、战争对于条约的影响——国家的实施。有著者自序。

# 资料汇编

**6426. 外交部通讯（第六号）**　［外交部机要室编］　［编者刊］　1944 年 8 月　10　32 开
收录有关美国、英国、苏联、法国、土耳其、中东等各国的国际情报。

**6427. 外交部通讯（第七号）**　［外交部机要室编］　［编者刊］　1944 年 9 月　8　32 开
收录有关美国、英国、苏联、法国、土耳其、中东等各国的国际情报。

**6428. 外交部通讯（第八号）**　［外交部机要室编］　［编者刊］　1944 年 10 月　8　32 开
收录有关美国、英国、苏联、法国、土耳其、中东等各国的国际情报。

**6429. 外交部通讯（第九号）**　［外交部机要室编］　［编者刊］　1944 年 12 月　8　32 开
收录有关美国、英国、苏联、法国、土耳其、中东等各国的国际情报。

**6430. 外交部通讯（第十号）**　［外交部机要室编］　［编者刊］　1945 年 1 月　8　32 开
收录有关美国、英国、苏联、法国、土耳其、中东等各国的国际情报。

**6431. 外交部通讯（第十一号）**　［外交部机要室编］　［编者刊］　1945 年 3 月　10　32 开
收录有关美国、英国、苏联、法国、土耳其、中东等各国的国际情报。

**6432. 外交部通讯（第十二号）**　［外交部机要室编］　［编者刊］　1945 年 4 月　10　32 开
收录有关美国、英国、苏联、法国、土耳其、中东等各国的国际情报。

**6433. 外交部通讯（第十四号）**　［外交部机要室编］　［编者刊］　1945 年 5 月　20　32 开
收录有关美国、英国、苏联、法国、土耳其、中东等各国的国际情报。

**6434. 外论通讯稿**　外论编译社编　外论编译社　1934 年 6 月　上海　240　16 开
本书为合订本，收录外论通讯社第 768 至 797 次，以日刊形式刊登各报各社言论，内容侧重于日本侵华活动的报导。

# 伪政权外交

**6435. 日本对华新施策**　（伪）华北政务委员会政务厅情报局编　编者刊　1943 年 8 月　3＋38　32 开　时局丛书之九

本书共 6 部分：从近卫声明谈起、邦交基础奠定、一个新的转折点、可纪念的六月十六日、事实的表现和我们的认识。有凡例。

**6436. 外交**　（伪）国务院总务厅情报处编　编者刊　1934 年 1 月　1＋15　32 开　有图表　满洲

国大系　第 8 辑

本书介绍伪满洲国外交情况。

**6437. 关于中华民国日本国间基本关系条约**　（伪）中华民国国民政府外交部编　编者刊　1940 年 12 月　[9]　14.5cm×23.6cm　白皮书　第 1 号

汪伪政府 1940 年 11 月 30 日订于南京，分 3 部分：《关于中华民国日本国间基本关系条约》、《附属议定书》、《中日两国全权委员间关于附属议定书了解事项》。附属议定书及附属议定书了解事项。

**6438. 国民政府使节团赴日答礼记**　周雨人、（伪）宣传部编　1940 年 10 月　6+172　32 开　有照片　时事丛书

介绍伪国民政府使节团赴日期间的活动，分 8 部分：出发之前、东渡轮中、神户登陆、东京行踪、箱根畅游、京阪访问、福冈讲演、返抵首都。附录收伪政府各报刊有关报道多篇。

**6439. 撤废治外法权之真意**　（日）濑沼三郎编辑　（伪）满洲国通信社　1937 年 12 月　新京　2+57　32 开

本书共 6 部分：何谓撤废治外法权、撤废治外法权与国民应有之认识、中国因何尚未撤废治外法权、满洲国民应如何感谢友邦、满洲国方面之声明、友邦日本方面之声明。

**6440. 关于收回租界及撤废治外法权案**　（伪）中华民国国民政府外交部编　编者刊　1943 年 4 月　[9]　14.3cm×23.5cm　白皮书　第 5 号

收 5 篇：《中华民国日本国间关于交还租界及撤废治外法权之协定》、《意大利政府声明书》、《法国政府声明书》、《中华民国外交部长发表谈话》、《中华民国外交部长致法国驻华大使电》。中日法文对译本。

**6441. 法国返还租界一周年**　（伪）华北政务委员会总务厅情报局编　编者刊　1944 年 6 月　20　32 开　时局丛书之三十四

本书分 6 节：前言、法租界设置经过及其影响、中国参战与盟邦日本实施交还租界、法租界返还的斡旋及签字经过、各地法租界返还详情、法租界返还后华北民众应有的认识。

**6442. 接管津粤英租界行政权实录**　（伪）宣传部编　编者刊　1942 年 5 月　2+68　32 开　大东亚解放丛书

分 4 部分：接管津粤英租界行政权的意义、接管天津英租界行政权经过、接管沙面英租界行政权经过、接收汉口特别第三区经过。附录收《接收上海特区法院经过》。书后有编后语。

**6443. 接收汉口日法租界实录**　（伪）汉口特别市政府秘书处编　编者刊　1943 年 7 月　2+76　32 开　有照片、有图表

本书收录两部分内容：接收汉口日本专管租界经过、接收汉口法国专管租界经过。

**6444. 收回上海公共租界**　（伪）宣传部编　编者刊　1943 年 7 月　2+25　32 开　有插图

全书分 3 部分：前言、经过、中外言论。中外言论部分收录汪精卫、褚民谊、林柏生、东条英机等人的讲话。

**6445. 收回上海租界专辑**　（伪）江苏省宣传处编　庆祝回收上海租界筹备会　68　32 开　有图表　江苏清乡号外

本书收录：收回上海公共租界中日签订条款全文、相关谈话、今后施政计划。附录收《上海公

共租界的成立和收回》、《上海法租界的沿革史略》、《各国在华租界成立及收回日期表》等。

**6446.** 中华民国加入国际防共协定案　　（伪）中华民国国民政府外交部编　编者刊　1942 年 10 月
[29]　　14.4cm×23.8cm　白皮书　第 3 号

　　收录 12 篇，包括《关于延长国际防共协定效力议定书》、《国际防共协定》、《国际防共协定附属议定书》、《日本国、意国及德国间议定书》、《外交部致德国外交部长电》、《外交部致德国外交部长照会》、《外交部致德国驻华大使馆照会》、《德元首希特勒致汪主席电》、《汪主席覆德元首希特勒电》等。中日德文对译本。

**6447.** 中日缔约与大东亚战事　　（伪）宣传部编　编者刊　1942 年 12 月　2+126　32 开　有图表
大东亚解放丛书

　　全书分上、下两编。上编为"中日缔约二周年"，收文 15 篇：《告全国国民书》（汪精卫）、《中日条约三国宣言的新认识》（林柏生）、《发挥条约精神并力兴亚》（林柏生）、《世界大势与东亚轴心》（褚民谊）等；下编为"大东亚战争一周年"，收文 12 篇：《怎样同甘共苦》（汪精卫）、《和平运动与协力大东亚战争》（汪精卫）、《中国国民应当准备参加大东亚解放战争》（陈公博）、《心血与铁血》（林柏生）等。

**6448.** 中日基本条约及其意义　　（伪）宣传部编　编者刊　1941 年 1 月　2+104　32 开　时事丛书

　　收录《关于中华民国日本国间基本关系条约》、《附属议定书》、《中日两国全权委员会间关于附属议定书了解事项》、《中日满共同宣言》及汪精卫、周佛海、陈公博、梅思平等伪政府要员言论。

**6449.** 中日盟约与历史上各种和约之比较　　（伪）宣传部编　编者刊　12　32 开

　　本书将《中日盟约》与中国历史上和其他国家签订的不平等条约进行比较。

**6450.** 中日同盟条约与基本关系条约之比较　　（伪）宣传部编　编者刊　1940 年　8　32 开

**6451.** 中日满共同宣言　　（伪）中华民国国民政府外交部编　编者刊　1940 年 12 月　2　14.1cm×23.7cm　白皮书　第 2 号

　　由伪国民政府、伪满洲政府、日本政府于 1940 年 11 月 30 日签署，三方签字代表分别为（伪）中华民国政府行政院院长汪兆铭、日本全权特命大使阿部信行、伪满洲国参议臧式毅。宣言内容分3 条。

# 各国外交

**6452.** 柏林罗马轴心是怎样　　许士龙著　浙江省抗日自卫委员会战时教育文化事业文员会　1939 年 6 月初版　21　64 开　有插图　国际问题小丛书之二　杜绍文主编

**6453.** 德意日防共集团论　　李毓田著　商务印书馆　1938 年 7 月初版　3+38　32 开　日本知识丛刊

　　本书分 4 个部分：德日过去之关系、三国防共协定之原因、三国防共协定之经过、三国防共协定之前途。有卷首语。

**6454.** 德意日三国同盟　　张忠绂著　国民图书出版社　1940 年 9 月初版　2+46　32 开

　　本书综合分析了《德意日三国盟约》及三国同盟对列国的影响。共 7 部分：盟约原文、盟约原文的分析、盟约综合的讨论、盟约条款的讨论、盟约对列国的影响、盟约秘密条款的问题、结论。

**6455. 国际外交战争**　塔布衣夫人著，Joss 插图　薛遐龄译　新知书店　1938 年 9 月初版，1939 年 2 月再版　4+260　32 开　有插图

本书分 8 章：英法的因循姑息、墨索利尼的野心、法国抛弃传统政策、德国进兵莱茵地带、德意的联合、联盟的目的只是为着战争、德意的外强中干、战争欤？和平欤？。书前有译者弁言及引言。

**6456. 抗战中各国外交动向**　周鲠生、陈钟浩、谢仁钊、曾石虞、北辰执笔　独立出版社　1938 年 7 月初版　汉口　8+58　32 开　战时综合丛书　第 2 辑

全书共 9 章：抗战中之我国外交动向、英国远东政策之检讨、美国远东外交的动向、法国外交的动向、苏联外交政策之变化、德国远东之外交策略、意大利的冒险政策、论日本外交政策、捷克往何处去。书前有作者所写"写在前面"，简要总结英、美、法、德、苏、意各国的外交政策，并就书中部分章节进行了说明。卷首有《战时综合丛书》第 2 辑例言，书后有讨论大纲。

**6457. 列强外交政策**　宋桂煌编译　正中书局　1936 年 10 月初版，1939 年 4 月 3 版　南京，重庆　5+152　32 开　时代丛书

本书分 7 章：法国的外交政策、德国的外交政策、英国的外交政策、意国的外交政策、日本的外交政策、苏俄的外交政策、美国的外交政策。有序及译者弁言。

**6458. 三年来英美苏远东政策的透视**　萧杨著　远东书店　1940 年 9 月初版　7+178　32 开　有图表

本书分 3 章：三年来英国的远东政策、三年来美国的远东政策、三年来苏联的远东政策。卷首有作者所作前记。

**6459. 英美在远东的平行行动**　张忠绂著　国民图书出版社　1940 年 9 月初版　[重庆]　1+42　32 开

全书分 5 部分：引言、自"七七事变"至比京会议、自比京会议闭幕至一九三九年夏、自一九三九年夏至现在、结论。

**6460. 从冻结资金到美日谈判**　乔木等　晦明出版社　1941 年 9 月　上海　[70]　32 开　有插图　时事研究丛书之二

全书收 5 篇：《从大西洋会议到美日谈判》（乔木）、《从美国看美日谈判》（张弼）、《冻结资金与美日谈判》（友渔）、《美日谈判的展望》（铁生）、《我们对于美日谈判的态度》（胡绳）。另收艾登的报告、邱吉尔的广播、郭泰祺谈话、蒋委员长谈话等。

**6461. 二次世界大战中美国外交政策**　谢仁钊著　国民外交协会　1942 年 1 月初版　重庆　8+288　32 开　国民政府外交协会丛书

全书共 3 编：中日战争与美国外交、欧洲战争与美国外交、三国同盟与美国外交。书前有张忠绂所作序言和作者自序。

**6462. 和平与战争**（一九三一至一九四一年间美国之外交政策）　中外出版社　1943 年 6 月初版　重庆　12+211　32 开

本书取材于美国国务院白皮书中文件汇集部分，内容涉及 2091 至 1941 年间美国的外交关系，尤其集中于美国应付日德所采取的政策及行动。全书分重大十年、日本之征服东三省、军缩谈判、日本废弃一九二二年之海军条约和联合国等 15 个部分。封二注"本书中文译本系由美国驻华大使

馆新闻处委托中外出版社印行"。

**6463. 抗战期间美国远东外交文献**　陈子韶编译　国民出版社　1939 年 10 月初版　金华　11 + 44　32
开　国际新知丛书

　　全书收 13 篇。包括《美国外交政策》、《美国在华利益及其所取政策》、《美国减少驻华军队》、《国际公法的真义》、《斥责侵略国轰炸中国与西班牙的平民》、《对日本侵害美国在华权益交涉经过情形》、《日本兵士侮辱美国外交官案》、《对日机袭击商用飞机抗议书》等。有蔡可成代序《美国远东外交之史的演进》。

**6464. 六年来的美国远东政策**　（美）F. V. Field、C. Hull、H. L. Stimson 著　邵宗汉译　生活书店
1939 年 5 月初版　2 + 53　64 开

　　本书选辑 3 篇文章：《六年来的美国远东政策》（F. V. Field）、《论美国外交政策》（C. Hull 演讲）、《告美国国民书》（H. L. Stimson）。

**6465. 论美国扶植日寇政策**　光华书店编　编者刊　1947 年 2 月　2 + 83　32 开　国际时事小丛书
之四

　　本书收录了 31 篇文章：《美国怎样扶植日本财阀》（张上明）、《美帝国主义是这样扶植日本的》（陕北新华社）、《美国扶植日本侵略再起》（苏《真理报》评）、《日本奴役中国的卷土重来》（王宗一）、《日寇阴谋再起》（库多里雅车夫）等。

**6466. 美国白皮书——美国外交内幕**（*American White Paper*）　（美）亚尔索伯、金纳尔著
（J. Alsop & R. Kintner），吴湘渔译　大时代书局　1941 年 8 月初版，1941 年 8 月再版，1941 年 12
月 3 版　重庆　6 + 119　32 开　国际时事丛书　第 2 种　许牲初、罗吟圃主编

　　本书共 7 章，介绍了 1939 年 9 月德国突袭波兰以后美国的外交政策，包括刺激的反应、世界末日的开始、代替品是不够的等。有著者介绍、著者原序和主编者丛书说明和后记。

**6467. 美国国防形势及战略**　中央宣传部国际宣传处编译　文通书局　1942 年 1 月初版　贵阳　4 +
38　32 开　国际时事丛刊第 1 辑第 1 种

　　集录了太平洋战争爆发后英、美方面讨论美国国防与太平洋战略问题的文章 5 篇，包括：《美国国防军略浅说》、《美国在太平洋上的防务》、《如何击败日本》、《论英美舰队联合作战》、《美国的太平洋战略》。

**6468. 美国与欧战**　朱家骅著　1940 年 6 月　16　9cm×12.5cm
　　朱家骅于 1940 年 6 月 15 日在重庆沙磁区各大学学术演讲会上的演讲。

**6469. 美国与太平洋**　李絜非著　中华书局　1945 牟 12 月渝初版　重庆　116　32 开
　　本书共 8 章：美国国势发展的自然趋向、十九世纪的太平洋国际政治、美国与中国日本的关系、美国在太平洋上势力的发展、门户开放政策与华盛顿会议、"九一八"事变后的美国远东政策、珍珠港被袭后的太平洋战争与战后美国的责任、战后美国与太平洋关系的展望。

**6470. 美国与太平洋**　李絜非著　中华书局　1946 年 1 月初版　上海　116　32 开
　　本书共 8 章：美国国势发展的自然趋向、十九世纪的太平洋国际政治、美国与中国日本的关系、美国在太平洋上势力的发展、门户开放政策与华盛顿会议、"九一八"事变后的美国远东政策、珍珠港被袭后的太平洋战争与战后美国的责任、战后美国与太平洋关系的展望。

**6471. 美国与亚洲**（American and Asia）　（美）欧文·拉铁摩尔著，吕一氏译　时代生活出版社

1944 年 6 月初版　重庆　48　32 开　时代生活丛书第 7 种

全书分两部分："太平洋大战事与美国休戚相关"和"太平洋彼岸之和平问题"。书前有译者所作序言及颜露尔所作序言，介绍本书作者及书籍成书背景。

**6472. 美国与战后世界之关系**　中山文化教育馆战后世界建设研究丛书编译委员会编　独立出版社 1943 年 9 月初版　重庆　8＋168　32 开　战后世界建设研究丛书

本书分 3 篇：美国世纪、英美关系、太平洋关系。书前有总序及编者的话。附录为孙科所作《关于战后世界改造之危险思想》一文。

**6473. 美国与中立问题**　（美）Allen W. Dulles、H. F. Armstrong，周新节译　新兴书店　1938 年 3 月初版　上海　5＋97　32 开　时代知识丛书 3

本书分 8 章：包括"中立：政策不是法律"、"美国中立政策最初之试验"、"一九一七年中立的失败"、"一九三五年之中立法"、"罗斯福总统对于中立法之解释"等。书前有著者序。

**6474. 美国远东外交政策**　周继铨著　商务印书馆　1940 年 9 月初版　长沙　3＋108　32 开

本书分 8 部分，包括导言、美国外交政策概观、美国远东外交政策之神髓——门户开放政策、美国远东外交政策与中国、门户开放政策之障疑、现阶段之美国远东外交政策、美中立法案与远东、结论——美国远东政策之前瞻。书后附重要参考资料。

**6475. 美国远东政策**　张道行著　文史丛书编辑部　1939 年 7 月初版　长沙　3＋114　32 开　文史丛书之十八　文史丛书编辑部编

本书分 4 章：概论美国的外交政策、美国远东外交的基本精神、美国中立与中日战争、结论——美国远东外交的将来。卷首有自序。书后有附录及重要参考资料。

**6476. 美国远东政策**（*American Policy in the Far East*：2091－1940）　（美）T. A. BISSON 著，周竞中、董履常合译　时与潮社　1940 年 11 月　重庆　14＋128　32 开　有图表　时与潮译丛　第 3 种

本书共 8 章：绪论、"满洲"危机（2091－1933）、日本对中国复兴的牵制（1933－1937）、海军限制的失败、美日贸易上的摩擦（1933－1936）、菲律宾独立问题、中日战争（1937－1939）、远东危机中的美国权益。有弁言及王芃生、卡脱序。

**6477. 美国在太平洋的任务**（Our Job in The Pacific）　（美）华莱士（Henry A. Wallace）著　美国新闻处　1944 年 6 月，1945 年 1 月再版，1945 年 9 月再版　重庆　30　32 开　有照片

本文主要讨论了美国在战后太平洋的政策。再版本无照片。

**6478. 美国在太平洋上的根据地**　（日）关根郡平著，吕一鸣译　世界编译所　1932 年 11 月初版　30　14.7cm×22.4cm　世界集刊

介绍夏威夷群岛、菲律宾群岛、阿拉斯加及亚里新群岛的地理概况、沿革和军事设施等内容。有译者序言。

**6479. 美国战前的远东外交**　张忠绂著　独立出版社　1944 年 4 月初版　重庆　4＋266　32 开

本书共上、下两部。上部"背景"评述"九一八"事变至"七七"事变时期的国际政局及美国舆论。下部"七七事变后的美国远东外交"，分为 10 节：考虑时期、试探时期、等待时期、初步行动时期、独立行动时期、全面行动时期、对日谈判与封存资金、谈判失败与战争爆发、结论一、结论二。有自序和修正版自序。

**6480. 美国中立与未来战争**　张道行著　商务印书馆　1940 年 5 月初版　长沙　6＋232　32 开　外

交研究会外交丛书

　　分12章，包括：中立之一般的意义、美国对于中立原则的贡献、欧战时美国对于中立的态度、国联盟约与中立的新观念、《非战公约》对于中立主义的影响等。有著者自序。后附重要参考资料。

**6481. 美国驻日大使葛鲁警告日本国民**　　（美）葛鲁讲，文摘旬刊社译　文摘出版社　17　32开

**6482. 美日关系论**　周伊武著　商务印书馆　1939年1月初版　长沙　2+62　32开　有图表　日本知识丛刊

　　本书分5部分：小引、史的回顾、抗战与美国、美日经济关系、美日邦交的前途。介绍了日本、美国对华的政策，以及美国对日本征服中国独霸远东的大陆政策的回应。

**6483. 美日关系论**　蔡可成编著　国民出版社　1940年1月初版　金华　4+102　32开　国际新知丛书

　　本书分8章：明治维新前之美日关系、美国在太平洋方面的突进与日本之崛起、美日对立之主因及其形势之推移、九一八事变与美国的不承认主义、日本外交的新姿势与美国的对策、中国抗战与美日关系、欧战起后美日关系的变化及其前途、菲律宾独立与美日关系。

**6484. 美日和乎？战乎？**　公言作　金门出版社　1941年9月　20　32开

　　本书分4章：柳暗花明又一村的美日关系、美日有没有妥协的可能呢、美日关系是否是个僵局呢、我们怎么办。

**6485. 美日外交秘幕**（*The American Black Chamber*）　　（美）雅得赉著，杨历樵节译　大公报社　1933年3月　天津　8+160　32开　有照片

　　本书主要介绍了华盛顿会议的情况，共7章，包括：黑室的诞生、日本密语研究、华府会议前夕、三强斗法、关系远东的盛会等。有引言。附录收二十一条要求、上海之战。

**6486. 美英挑战的真相**　（日）大东亚战争调查编　（日）每日新闻社　1943年12月　（日）大阪　6+185　32开

　　共分4章：他们是如何来挑战的、暴戾的废弃日美通商条约、他们所采取的种种经济压迫、露骨至极的军事的压迫。书前刊昭和16年（1941年）12月8日日本天皇所颁诏书，并刊有《刊行趣旨》及大东亚战争调查委员会名单。

**6487. 判决美国**　（日）富永谦吾著　朝日新闻上海总局　1943年　上海　3+262　32开　有插图

　　本书分3编：美国之对日谋略、美国公文书集、日本帝国政府发表文书集。书前有作者自序。附录中收《美国侵略东亚小史》。

**6488. 四年来的美国远东外交**　张忠绂著　国民图书出版社　1941年8月初版　重庆　4+218　32开

　　本书分上、下两部。上部介绍了背景，包括"'九一八事变'前、'九一八事变'后、'七七事变'时的美国舆论"、"'七七事变'时的国际政局"；下部为"七七事变"后的美国远东外交，包括：考虑时期、试探时期、等待时期、行动时期和结论。有著者自序。

**6489. 俄罗斯与远东问题**　（苏）YAKHONTOFF著，薛威霆、谢德风译　翻译研究会　1933年3月　上海　20+456+2　32开　有图表

　　本书共两篇：《旧俄在远东势力之历史背景》，介绍中俄、日俄和其他列强与俄国在远东上的利

益关系;《苏俄在远东现在之形势》,论述日俄两国在东三省的争夺,列强在中国利益的冲突和国内党派及军阀的倾轧,以及太平洋上的人口问题、原料问题和文化接触等问题。

**6490. 廿六年来的日苏关系** 张友渔著　国光出版社　1942年12月初版　桂林　2+126　32开二次大战国际问题研究丛刊　第1种

本书分3部分,包括:基本上不可调和的日苏关系、日苏关系的史的发展、日苏关系的发展前途。

**6491. 日俄关系概观** 太平洋书店编　编者刊　1933年3月初版　上海　4+156　32开　现代百科文献2

共收8篇文章:《日俄关系之历史的研究》(高宗武)、《东北外交史中的日俄密约》(蒋廷黻)、《俄国革命以后之日俄协定》(幼雄)、《近年来日俄经济关系的观察》(沈苑明)、《日俄关系之观察》(汤中)、《日俄备战》(季廉)、《日俄战争之可能性》(邝耀坤译)、《第二次日俄战争论》(张孤山译)。有弁言。

**6492. 日俄关系论** 外交评论社主编　正中书局　1936年10月初版　南京　3+125　32开　外交丛书

全书共收录有关日俄关系的文章10篇,包括《日俄关系之历史的研究》(高宗武)、《日俄关系之今昔》(李象林)、《一九零四年日俄战争之回顾》(薛寿卫)、《日俄形势之观察》(吴颂皋)、《日俄关系之观察》(渴中)、《日俄非法买卖中东路的检讨》(梁鋆立)、《日俄关系恶化与中国》(徐公肃)、《日俄战争的分析》(钱振海译)、《日俄和战论》(曾声译)和《日人论苏俄之对日外交》(郎德沛译)。书前有引言。

**6493. 日俄中东路冲突之真相** 刘百闵编辑　正中书局　1933年5月　南京　2+38　32开　日本研究会小丛书　第8种

本书分3个部分:中东路之史的概述、中东路之经济的及政治的意义、日俄中东路之冲突。

**6494. 苏德关系好转经过及其影响** 田鹏编著　航空委员会政治部　1939年12月　30　32开　时事报道丛书之四

本书包括3部分:好转前之苏德关系、苏德关系好转之经过、苏德关系好转后之影响。

**6495. 苏俄之欧洲国际关系** 徐韬知撰述　商务印书馆　1933年3月初版　上海　5+64　32开新时代史地丛书　吴敬恒、蔡元培、王云五主编

全书分两编:德俄关系之今昔、六国同盟与苏俄国防。有代序。

**6496. 苏芬冲突与国际现势** 叶非木、李凝、萧杨合著　新中出版社　1940年1月　5+108　32开

全书分3章:从苏芬冲突谈到国际反苏运动、从苏美关系谈到美日关系、从苏日关系谈到中国抗战。书前有"写在前面",对本书内容加以详细说明。书后附本书讨论大纲。

**6497. 苏联国际生活** Albert Rhys Wiliams著,吴道存译　黎明书局　1938年5月初版　2+102　32开

本书共8章:第三国际与苏联、苏联有否推翻其他政府的企图、苏联以和平为外交政策基础的原因、苏联与世界六十五国的关系、苏联的对外贸易、苏联海陆空军的威力、下次战争苏联有胜利把握的原因、日本会对苏联作战吗。

**6498. 苏联加强波罗的海防务之透视** 田鹏编著　航空委员会政治部　1940年3月　46　32开　时

事报道丛书之七

本书介绍了苏联加强波罗的海防务的情况。全书共分 6 部分：绪言、苏联获得立境驻兵权、苏联获得拉境军事根据地、苏联获得爱境军事根据地、苏联获得芬境军事根据地、结论。

**6499. 苏联外交政策研究**　钱俊瑞著　文化供应社　1940 年 4 月　桂林　2＋63　32 开　世界大战丛刊八

本书分 3 部分：苏联外交政策的理论基础、苏联外交政策的几个阶段、结论——苏联不是鸽子。书前有著者的"写在前面"。

**6500. 苏联外交政策之转变**　吴无吾编著　新生出版社　1940 年 1 月　4＋288　32 开　有插图

本书收录 18 篇论文：《苏联外交政策的变化》（陶希圣）、《阵线论与失败主义》（潘炎）、《英苏谈判的僵局》（陈家琛）、《还期望苏联什么》（余志远）、《史大林的挫败》（吴无吾）等。附录收 11 篇文献：《德苏订约之意义》（《真理报》）、《苏联外交政策》（莫洛托夫）、《十月革命纪念大会演辞》（莫洛托夫）等。书前有作者自序。

**6501. 苏联需要什么**（What Russia Wants）　　（美）J. Jostain，葛一虹译　五十年代出版社　1945 年 6 月初版　8＋210　32 开

本书分 9 章："在胜利的门口"、"苏联需要什么——不需要什么"、"苏联和德国"、"波兰还没有失去"、"波罗的海诸国的恢复"、"芬兰怎样惹怒了俄罗斯熊"、"苏联，巴尔干，和近东"、"苏联在远东的角色"、"我们可以和史达林合作吗"。有题赠。

**6502. 苏日边境纠纷检讨及其展望**　田鹏编著　航空委员会政治部　1940 年 1 月　40　32 开　时事报道丛书之五

本书通过梳理苏日边境扩展的历史，阐明了两国接壤的领土关系，通过对张鼓峰事件、诺蒙坎事件等苏日边境纠纷事件的分析，展望了苏日边境问题的未来及其对两国关系的影响。

**6503. 苏日间会爆发战争么**　钱万镒著　战时教育文化事业委员会　1939 年 6 月初版　浙江　20　64 开　有插图　国际小问题丛书之十二　杜绍文主编

通过甲、乙问答的形式讨论苏、日会不会爆发战争。

**6504. 苏日中立条约成立后的国际形势**　朱家骅著　中央组织部　1941 年 5 月　重庆　16　64 开

本书为作者 1941 年 5 月 5 日在国民党中央组织部就《苏日中立条约》签订后的国际形势问题所作的讲演词。

**6505. 苏日中立条约和远东局势**　翟楚演讲，林炳光笔记　国立湖南大学政治学会　〔2091〕　19　32 开

本书为演讲稿的整理笔记，从这不是多余的话、扑朔迷离的苏联远东外交、自掘坟墓的苏日中立条约 3 个方面来分析《苏日中立条约》签订后的远东局势。

**6506. 准备对日抗战的苏联**　无名编译　怒吼出版社　1938 年 4 月　1＋68　32 开

本书收录了 9 篇文章，包括《准备对日抗战的苏联》、《纽约泰晤士报论苏联政策》、《苏联对外政策》、《苏联对外来危机的当前任务》、《苏联的海军》、《社会主义建设中的苏联》、《准备对日抗战的苏联红军》、《苏联红军的产生及其长成》、《社会主义的保卫者——红军》。

**6507. 英法合作有什么基础**　林光宇著　浙江省抗日自卫委员会战时教育文化事业委员会　1939 年 6 月初版　26　64 开　有插图　国际问题小丛书之六　杜绍文主编

**6508. 英国白皮书论欧战爆发**　世界政治社编辑，曹永扬译　中国国际联盟同志会　1939 年 12 月　重庆　30　32 开　世界政治丛刊第 3 种

全书分 4 篇：英德交涉的经过、汉德森折卫的困难、希特勒的失态、里宾特罗甫咄咄逼人。卷首有校后记。

**6509. 英国的远东政策**　黄书良编著　文化书局　1938 年 5 月初版　上海　4＋164　32 开

全书共 6 章：英国外交政策与远东问题、英日合作与远东局势、十五万磅之英国新国防计划、帝国会议后的英国立场、英国在远东的军事根据地、英国远东政策的检讨。

**6510. 英国苦闷外交**　（英）德里著，刘若村译　海潮社　1939 年 11 月初版　1＋125　32 开

全书共 9 章：序说、凡尔赛和约及罗加诺公约、裁军的失败、德国重整军备、我第一次访德、德国自助、最近之发展、结论、附录。有译者序。

**6511. 英国与远东**　邵鼎勋编著　独立出版社　1939 年 7 月初版　重庆　1＋51　64 开　战时国际小丛书　陈石孚等主编

本书介绍英国自 19 世纪与远东发生关系至日本制造卢沟桥事变以来在这一地区的外交政策，共 8 章：英国与远东发生关系的初期、甲午中日战争中的英国外交、租界地之竞争与英国外交、俄国的南下政策和英日同盟、华盛顿会议中的英国外交、"九一八"事变中的英国外交、英国远东政策的转变、卢沟桥事变后的英国远东外交。

**6512. 日英必战论**　（日）石丸籘太原著，周新节译　新兴书店　1938 年 1 月初版，1938 年 2 月再版　上海　2＋89　32 开　时代知识丛书 1

本书共 5 章，包括：昨日之友今日之仇、英国之对日压迫、日英最后必致冲突吗、一九三六年日本和英国的战斗力、日英作战之对策。

**6513. 英美苏新协定**　时事新闻社辑　编者刊　1942 年 7 月　1＋29　64 开　时事小丛书之二

内容包括 8 个部分：前言、艾登宣布英苏条约成立、开辟欧陆第二战场、美苏续订租借协定、美苏互助协定原文、莫洛托夫报告全文、英苏美新协定鼓舞全世界人民、解放日报论英苏美新协定。

**6514. 英日必战之趋势**　张翼声、王干一编译　一心书店　1938 年 4 月　上海　6＋89＋2　32 开　有图表

收录 9 篇文章：《怎样处理上海租界》（日·米村耿二）、《英国在香港的策划》（日·杉下乔）、《英国的远东政策》（日·今井登志喜）、《太平洋上英帝国的防务》（P. F. Irvine）、《英国在远东的新军略》（M. Y. Ben-Gavriel）、《英国究往何处去》（H. Callender）、《大英帝国向何处去》（日·高田市太郎）、《日本威胁下的香港》（Chicago Tribune）、《英日战斗力的比较》（日·石丸腾太郎）。

**6515. 英日关系论**　赵镜元编著　国民出版社　1939 年 12 月初版　金华　4＋74　32 开　国际新知丛书

本书介绍了英日关系的开端、发展以及当时英日关系的分析。

**6516. 英日同盟**　张忠绂著　新月书店　1931 年 9 月初版　上海　15＋238　32 开

共 8 章："英日同盟的缘起"、"英日同盟的缘起（续）"、"第一次英日同盟"、"第二次英日同盟"、"第三次英日同盟"、"朝鲜、中国，与英日同盟"、"美国与英日同盟"和"总论"。书前有中英文本自序两篇。

**6517. 英日由对立摩擦而将怎样**　章元凤著　战时国际关系研究社　1938 年 2 月初版　2 + 44　32 开　战时国际关系研究丛书之一

分 6 章：英日政治上的冲突无法妥协、英日经济上的斗争无法消减、日本以威胁来酬报英国的慎重、两面兼顾英国布置着外交阵线、内松外紧英国展开了军事准备、英国援华的基调。

**6518. 英日战争预测**　彭启一编　战时读物编译社　1938 年 2 月初版　2 + 48　32 开　战事问题丛书之一

本书分 7 个部分：英日战争会爆发吗、比京会议后的英国政策、英美合作问题、英日战争的爆发点、今日香港的地位、英日战争与香港、英国与上海。

**6519. 英意协定有什么影响?**　杜若君著　生活书店　1938 年 4 月初版　武汉　26　64 开　问题与答案丛刊之二

**6520. 最近英国外交的分析**　胡兰成著　商务印书馆　1938 年 7 月初版　长沙　4 + 97　32 开　有图表　国际时事问题丛书　周鲠生、李圣五等编辑

全书分 3 章，分析英国外交与国际形势，英国外交与其国内政情；介绍英国与意阿战争、英国与莱茵事件、英法军事同盟、英美商务谈判、英美与中日战争等内容。

**6521. 最近之英日外交**　周伊武著　商务印书馆　1938 年 7 月初版　长沙　3 + 63　32 开　日本知识丛刊

本书分 3 部分，包括：英日同盟之始末、九一八事变与英国、中日战争与英国。

**6522. 法兰西的崩溃（一九四○年的国际）**　乔木著　新人出版社　1941 年 6 月　上海　2 + 243　32 开

本书收录：《苏芬战争》、《荷比战争》、《法兰西的崩溃——西线的消逝》、《世界大战的前夜——英美联防和三国同盟》等 10 篇文章。有代序——毁灭与繁荣。附录收《美国的繁荣——德国的春季攻势》。

**6523. 法西斯的政治赌博**　塔布衣著　陈占元译　生活书店　1939 年 5 月初版　5 + 293　32 开

全书分 8 章：渺茫的前途、墨索里尼的罗马帝国的迷梦、一个民主国家的隆盛和衰落、庐山真面目、战争与和平等。有引言。

**6524. "远东中心" 美日关系的观察**　陈玉祥著　中山文化教育馆　1939 年 12 月　重庆　1 + 50　32 开　有图表　抗战丛刊　第 97 种　中山文化教育馆编

全书分 5 部分，从 1899 年以来的美国远东政策、中日战争、太平洋形势以及经济等多个角度对美日关系进行观察，对两国关系的前途进行了展望。

**6525. 德国的远东利益与远东政策**　Kurt Bloch 著　沈锜译　正中书局　1941 年 5 月初版　6 + 88　32 开　有图表　时事丛书

本书为太平洋学会关于远东冲突所引起诸问题的研究报告之一部分，分 9 章：第一次世界大战前的德国中国和日本、世界大战期间及大战以后的德国中国和日本、德国对于中国建军工作的影响、德国在远东的商务关系（一九二三——三一）、从沈阳事变到中日战争、德国与中日战争、德国与亚洲东南部的贸易关系、德国在远东的航业、太平洋上的前德国殖民地。有译者附语、作者原序和卡脱尔弁言。封面有译者题赠。

**6526. 德外长里宾特洛甫于德意日三国公约二周年纪念日（一九四二年九月廿七日）所发表之演词**

全文 ［德国情报处编］ 编者刊 1942 年 上海 15 32 开

**6527. 法国远东外交政策** 周还、王甫编著 独立出版社 1939 年 3 月初版 重庆 2＋72 64 开 战时国际小丛书 陈石孚、张道行、童蒙圣主编

本书分 4 章包括法国社会经济之发展、帝国主义途中之远东积极殖民政策、第二次世界瓜分后二等远东强国之法兰西、现阶段之法国远东外交政策。

# 法　律

**6528. 大众法令知识**　陆维特等编　战时大众知识社　1937年11月再版（汉）　　汉口　3＋98　32开　战时大众知识丛书　白桃主编

本书从政治类、军事类、经济类3方面介绍法令知识。书前有陆维特序言。

**6529. 法治新论**　刘静文著　新评论社　1944年9月　重庆　42　32开

本书分4部分：当前的三种错误见解、什么是法、什么叫做法治、怎么样推行法治。有附注。

**6530. 法治与自由**　楼桐孙著　独立出版社　1939年11月初版　60　64开　抗战建国小丛书　潘公展、叶溯中、杨公远主编

本书共分7章：法、治、自、由、法治、自由、法治与自由。

**6531. 国家法令与社会秩序**　内政部编　国民精神总动员会　2＋27　32开　国民月会讲材丛书之一

本书分5部分：引论——法律与社会、抗战建国期中之法令与民众组织、抗战建国期中之法令与全民动员、抗战建国期中之法令与国民言论、结语。

**6532. 乡村长实用法律常识**　陶勋著　民团周刊社　1938年9月初版　南宁　58　32开　丙种丛刊第二种　基层建设丛刊第二辑之六　亢真化主编

本书分3部分：行政法之应用、刑事法之应用、民事法之应用。卷首有"开头语"。

**6533. 战时法令要点**　乔光鉴著　文化供应社　1940年8月　桂林　49　大64开　青年新知识丛刊

本书分10节：一部抗战建国经典（上）、一部抗战建国经典（下）、实行全国总动员、好汉要当兵、优待抗战军人家属与伤兵、战时人民团体组织纲领、人民怎样自卫、树立宪政基础、怎样做一个战时公务员、精神重于物质。

**6534. 战时法律常识**　阮毅成著　艺文研究会　1938年7月初版　长沙　15＋191　32开　艺文丛书之四　艺文研究会主编

本书从动员人力、财力、物力、智力、纪律赏罚及惩治汉奸等7个方面归纳国内战时的各种法规，并作说明。卷首有"艺文丛书总序"。

**6535. 战时法律概要**　张彝鼎著　国民政府军事委员会政治部　1938年6月　4＋72　32开　抗战建国丛书　军事委员会战时工作干部训练团第一团政治部主编

本书分为4章：战时法律概论、特种法规、战时国际公法、结论。书前有编者引言。

**6536. 战时法律概要**　张彝鼎著　青年书店　1940年1月再版　4＋72　32开　抗战建国丛书

本书分为4章：战时法律概论、特种法规、战时国际公法、结论。

**6537. 战时法律讲义纲要**　军事委员会战时工作干部训练团第一团政治部编　编者刊　46＋2　32开

本书分上、中、下3编：法律概要、我国现行战时法令概要（附刑法概要）、战时国际公法概要。附录为参考书籍目录。

**6538. 战时人民法定行为之析述**　施宏勋编著　正中书局　1940年7月初版　2＋219　32开　有图

表

本书分3章：战时人民之法定义务行为、战时人民之法定禁止行为、战时人民之法定奖励行为。有导言。

**6539. 中国战时法规概述**　阮毅成著　青年书店　1939年2月再版　4+218　32开

本书分6个部分：战时立法最高原则、战时的纪律赏罚、战时的国民义务、战时的金融立法、战时农矿工商及交通的统制、战时的犯罪行为。

# 法规汇编

**6540. 国民政府法规汇编**（第10编　中华民国二十七年份）　国民政府文官处印铸局编　编者刊 1939年　8+394　16开　有照片、有图表

收录1938年国民政府公布的法规，分7类：官制、官规、计政、行政、司法、考试、监制。

**6541. 国民政府法规汇编**（第11编　中华民国二十八年份）　国民政府文官处印铸局编　编者刊 1940年　4+218　16开　有照片、有图表

收录1939年国民政府公布的法规，分6类：官制、官规、行政、司法、监察、勋奖。

**6542. 国民政府法规汇编**（第12编　中华民国二十九年份）　国民政府文官处印铸局编　编者刊 1941年　6+348　16开　有照片、有图表

收录1940年国民政府公布的法规，分6类：官制、官规、行政、司法、考试、国民大会。

**6543. 国民政府法规汇编**（第13编　中华民国三十年份）　国民政府文官处印铸局编　编者刊 1942年　8+408　16开　有照片、有图表

收录1941年国民政府公布的法规，分5类：官制、官规、计政、行政、司法。附以命令定施行日期各法一览表。

**6544. 国民政府法规汇编**（第14编　中华民国三十一年份）　国民政府文官处印铸局编　编者刊 1943年　8+478　16开　有照片、有图表

收录1942年国民政府公布的法规，分6类：官制、官规、行政、司法、考试、动员。附以命令定施行日期及施行区域各条例。

**6545. 国民政府法规汇编**（第16编　中华民国三十三年份）　国民政府文官处印铸局编　编者刊 1945年　6+350　16开　有照片、有图表

收录1944年国民政府公布的法规，分4类：官制、官规、行政、司法。

**6546. 国民政府法规汇编**（第17编　中华民国三十四年份）　国民政府文官处印铸局编　编者刊 1946年　8+336+2　16开　有照片、有图表

收录1945年国民政府公布的法规，分5类：官制、官规、行政、司法、考试。附载国民政府34年度明令废止之法规一览表。

**6547. 晋冀鲁豫边区法令汇编**（第一分册）　晋冀鲁豫边区政府编　韬奋书店　1945年8月初版 39　32开　有图表

收录《晋冀鲁豫边区土地使用暂行条例》、《晋冀鲁豫地区劳工保护暂行条例》、《晋冀鲁豫边区婚姻暂行条例》。附施行细则。

**6548. 晋冀鲁豫边区法令汇编（第二分册）**　晋冀鲁豫边区政府编　韬奋书店　1945年10月初版　34　32开　有图表

收录《晋冀鲁豫边区统一累进税暂行税则》、《晋冀鲁豫边区政府通令》（关于统一新解放区负担办法）、《晋冀鲁豫边区新解放区暂行统累税简易办法》、《太行区人民武装奖励抚恤办法》。

**6549. 法令汇编摘要**　军官训练团　2+48　32开

本书收录1935年至1946年间部分重要军事法律，共8部：陆海空军刑法、修正陆海空军惩罚法、国军连坐法、戒严法、军机防护法、要塞堡垒地带法、绥靖区及东北九省临时紧急军政措施办法、取缔军人赌博暂行办法。

**6550. 国民法典**　徐中齐编　文风书局　1944年5月初版　重庆　8+368　32开　有图表

本书辑1944年3月前公布或经修正公布的部分重要法令。分5篇：基本法令、民政、户政、民刑事及违警和征兵、征夫。

**6551. 抗战法令**　独立出版社　编者刊　1938年6月初版　汉口　5+92　32开　战时综合丛书第2辑　独立出版社编

本书分5部分：军事法令、教育法令、经济法令、组织法令、其他（收录了《行政院非常时期救济难民办法大纲》、《非常时期难民服役纲要》、《修正保甲条例》、《国民工役法》、《国府公布奖励守土官民条例》等）。

**6552. 抗战法令续编**　独立出版社编辑　编者刊　1939年7月初版　重庆　4+78　32开　战时综合丛书　第4辑

本书分5部分介绍了抗战法令，包括：党务、军事、经济、教育、杂类。

**6553. 抗战建国法令大全**　王致和编　大公报西安分馆　1939年5月　西安　17+592+11　32开　有图表

本书收录抗战以来国民政府颁布的战时法令，以及因抗战建国需要而修订的各项法规，包括总类、党务、军事、财政、经济、司法、文化、教育、救济等15类编。有序和勘误表。

**6554. 司法法令汇编（第一册　民事法令）**　司法行政部编　上海法学编译社　1946年1月初版　上海　6+212　32开　有图表

本汇编收录1937月7日至1945年12月31日前公布的司法法令。本册为民事法令。

**6555. 司法法令汇编（第二册　刑事法令）**　司法行政部编　上海法学编译社　1946年1月初版　上海　12+310　32开　有图表

本汇编收录1937月7日至1945年12月31日前公布的司法法令。本册为刑事法令。

**6556. 司法法令汇编（第三册　监狱法令）**　司法行政部编　上海法学编译社　1946年1月初版　上海　4+172　32开　有图表

本汇编收录1937月7日至1945年12月31日前公布的司法法令。本册为监狱法令。

**6557. 司法法令汇编（第四册　律师法令·人事法令）**　司法行政部编　上海法学编译社　1946年1月初版　上海　10+236　32开　有图表

本汇编收录1937月7日至1945年12月31日前公布的司法法令。本册为律师法令和人事法令。

**6558. 司法法令汇编（第五册　行政法令）**　司法行政部编　上海法学编译社　1946年1月初版　上海　6+368　32开　有图表

本汇编收录 1937 月 7 日至 1945 年 12 月 31 日前公布的司法法令。本册为行政法令。

**6559.** **现行法规选辑**（上、下）    中央训练团编    编者刊    1944 年 5 月    25 + ［1292］    32 开 有图表

     本书分 15 部分：根本法、服务法、内政、外交、军事、教育、社会、财政、金融、经济、交通、立法、司法、考试、监察。

**6560.** **现行法规选辑续编**    中央训练团编纂组编    编者刊    1945 年 5 月    6 + 278    32 开

     本书系中央训练团 1944 年 5 月编印的《现行法规选辑》之补充，分 12 部分：根本法、组织法、服务法、内政、外交、教育、社会、财政、金融、经济、交通、司法、考试。附录收《我国第一期经济建设原则》。

**6561.** **现行法令汇编**（第二册）    山西省政府编辑    抗战复兴出版社    1940 年 4 月初版    6 + 328 32 开    有图表

     本册共 5 章：会计、赋税、金融、合理负担、其他。具体收录《非常时期过分利得税条例》、《取缔敌伪钞票办法》、《抗战期内县村合理负担办法》、《修正山西省监督县地方财政办法》等法令。

**6562.** **现行法令汇编**（第四册）    山西省政府编辑    抗战复兴出版社    1939 年 8 月    4 + 136    32 开

     本册分 8 部分：交通、水利、工业、商业、统制贸易、矿业、农业、林牧。具体收录《非常时期工矿业奖助暂行条例》、《限制私运黄金出口及沦陷区域办法》、《战时领办煤矿办法》、《战时粮食管理条例》等法令。书前有阎锡山讲《阎司令长官语》。

**6563.** **现行法令汇编**（第五册）    山西省政府编辑    抗战复兴出版社    1940 年 4 月初版    4 + 124 32 开    有图表

     本册共 4 部分：考绩·奖惩、优恤、司法、视察。具体收录《抗战期内山西省行政人员考绩办法》、《优待出征抗战军人家属条例》、《战区巡回审判办法》等法令。书前有阎锡山讲《阎司令长官语》。

**6564.** **新订国民政府司法例规**（第 1 册）    司法院参事处编    司法院秘书处    1940 年 10 月    ［74 + 593］    16 开    有照片、有图表

     本书辑录自 1925 年 7 月 1 日至 1940 年 4 月国民政府公布的当时有效的有关司法重要法令规章，共 4 册。第 1 册包括党务、国民大会、国民参政会、约法、官制、官规 5 大类。居正作序。有例言。

**6565.** **新订国民政府司法例规**（第 2 册）    司法院参事处编    司法院秘书处    1940 年 10 月    31 + ［621］    16 开    有图表

     本书辑录自 1925 年 7 月 1 日至 1940 年 4 月国民政府公布的当时有效的有关司法重要法令规章，共 4 册。本册包括审判、民事和刑事 3 大类司法例规。

**6566.** **新订国民政府司法例规**（第 4 册）    司法院参事处编    司法院秘书处    1940 年 10 月    24 + ［564］    16 开    有插图、有图表

     本书辑录自 1925 年 7 月 1 日至 1940 年 4 月国民政府公布的当时有效的有关司法重要法令规章，共 4 册。第 4 册包括行政法令、礼俗文书、主计·审计、附载、补录 5 大类。

**6567.** **战时法规汇编**    国民政府军事委员会政治部编    编者刊    1938 年 6 月    10 + 348    32 开

本书收 1938 年 5 月之前颁布施行的战时军事、政治、教育部分重要法规，分 5 部分：党务、军事、政治、民训、经济。

**6568.** **战时法规汇编**　军事委员会政治部编辑　青年书店　1939 年 3 月再版　重庆　8＋378　32 开

本书分 5 部分：党务、军事、政治、民训、杂类。

**6569.** **战时法规述要**　季灏编著　1943 年 8 月初版　8＋312　32 开

本书分 4 章：战时法规概述、战时军人适用法规、战时工商适用法规、战时一般适用法规。附录收 21 种条例法规：《中国国民党抗战建国纲领》、《加强管制物价方案》、《强制储蓄条例草案》等。书前有作者弁言。

**6570.** **战时农民运动法规方案汇编**　浙江省农会编　编者刊　1939 年 1 月　浙江　4＋118　32 开　有图表

本书收法规 37 部，包括《非常时期农工商团体维持现状暂行办法》、《各级农会调整办法》、《浙江省战时乡镇保长经理无人经营田地办法》、《战区赋税征收大纲（节录）》等。书前有中国国民党抗战建国纲领、浙江省战时政治纲领。

**6571.** **战时适用法规概要**　徐百齐、郑竞毅编　商务印书馆　1938 年 5 月再版　〔长沙〕　5＋167　32 开　战时常识丛书　王云五、韦悫主编

本书分为 8 部分，包括：关于戒严者、关于防空者、关于刑事者、关于征用者、关于难民者、关于捕获者、关于奖赏者、关于抚恤者。书前有弁言。

**6572.** **战时重要法令汇编**　沙千里主编　双江书屋　1944 年 4 月初版　10＋534　16 开　有图表

本书收战时重要法令 210 余种，分 12 类：总类、内政、外交、军事、财政、经济、交通、粮食、司法、社会、教育和杂法。

**6573.** **中华民国法规辑要（第一册）**　中央训练团编　编者刊　1941 年 12 月　4＋633　32 开　有图表

辑录截至 1941 年 2 月之前国民政府颁布的重要法规，共分 15 编。本册收录第 1 编至第 5 编，包括：根本法、服务法、内政、外交、军事。书前有凡例。

**6574.** **中华民国法规辑要（第二册）**　中央训练团编　编者刊　1941 年 12 月　659　32 开　有图表

辑录截至 1941 年 2 月之前国民政府颁布的重要法规，共分 15 编。本册收录第 6 编至第 7 编，包括：教育、社会。

**6575.** **中华民国法规辑要（第三册）**　中央训练团编　编者刊　1941 年 12 月　625　32 开　有图表

辑录截至 1941 年 2 月之前国民政府颁布的重要法规，共分 15 编。本册收录第 8 编至第 9 编，包括：财政、金融。

**6576.** **中华民国法规辑要（第四册）**　中央训练团编　编者刊　1941 年 12 月　462　32 开　有图表

辑录截至 1941 年 2 月之前国民政府颁布的重要法规，共分 15 编。本册收录第 10 编至第 11 编，包括：经济、交通。

**6577.** **中华民国法规辑要（第五册）**　中央训练团编　编者刊　1941 年 12 月　652　32 开　有图表

辑录截至 1941 年 2 月之前国民政府颁布的重要法规，共分 15 编。本册收录第 12 编至第 15 编，包括：立法、司法、考试、监察。

**6578.** **中央战时法规汇编（上）**　江西省政府秘书处法制室编　编者刊　1939 年 10 月　江西　37＋

556 18cm×26cm 线装 有插图、有图表

本书辑录战时军事类、民政类、财政类、教育类、建设类法规共计5百余条。书前有《中国国民党抗战建国纲领》、《国防最高委员会组织大纲》、《国防最高委员会秘书厅组织规程》。

# 宪法

**6579.** 从五权宪法到五五宪草的大论战 张九如编述 时代精神社 1944年2月初版 重庆 12+115 32开

本书包括战场巡礼、直捣五权宪法的心脏战、转移阵地论战五五宪草3部分。

**6580.** 大中华民国宪法草案补订案（一称乔订宪法草案） 乔一凡补订 1940年5月 48 32开

本书分7章：总纲、民族、民权、民生、五权制度、地方自治、宪法之施行及修正。附简要说明55条。

**6581.** 法与宪法 韩幽桐编著 峨嵋出版社 1944年6月 重庆 1+90 32开

本书收文章8篇：《揭开法的面幕》（韩幽桐）、《研究法律学需要科举方法》（闵贞健）、《法与法治》（章瑜）、《中国目前需要怎样的宪法》（游雨旸）、《几种宪政国家及其宪法》（邓初民）、《专制主义的日本宪法》（张友渔）、《宪法上关于妇女规定的原则》（张申府）、《从法律与社会观点谈到目前的婚姻问题》（史良）。

**6582.** 各方对于宪草初稿之意见（第十三辑） ［59］［环筒叶］ 20cm×27.5cm 油印、线装

本书为意见书第121号至第130号。

**6583.** 根本法 青年书店编辑 编者刊 1944年6月 1+47 32开

收7篇：中国国民党政纲、国民政府建国大纲、训政纲领、中华民国训政时期约法、中华民国宪法草案、中国国民党抗战建国纲领、国家总动员法。

**6584.** 国民大会代表选举法施行细则 宪政实施委员会秘书处编 编者刊 1940年8月 28 32开 有图表

该法于1937年6月4日经国民政府修正公布，共91条。后附各种选举票规格、式样、投票、代表证式样及说明等图。

**6585.** 立法程序及立法技术（中央训练团党政训练班讲演录） 史尚宽讲 1943年12月 2+32 32开

本书分两个部分：立法程序、立法技术。

**6586.** 立法要旨 中国国民党中央执行委员会训练委员会编 编者刊 1942年10月 12+103+4 32开 训练丛书之二十二

本书分6章：立法机关、立法职权、立法原则、立法程序、立法技术、立法工作。卷首有《十五年来国民政府之立法》一文以及序言。

**6587.** 三民主义宪法研究 江寅著 新中国文化出版社 1940年11月初版 西安 108 32开 新中国文化丛书 第4辑

本书分5章：绪论、三民主义与法学思潮、三民主义宪法之基础理论、三民主义宪法中的几个重要的问题、结论。后附《宪政问题纵横谈》一文及《中华民国宪法草案》。书前有著者自序。

**6588. 我们对于"五五宪草"的意见**　全民抗战社编　生活书店　1940 年 4 月初版　3 + 85　32 开

本书收 9 篇文章：《中国新宪法应根据的几个原则》、《关于总纲》、《关于人民之权利义务》、《关于国民大会》、《关于中央政府》、《关于地方制度》、《关于国民经济》、《关于教育》以及《关于宪法之施行及修正》。有弁言。封面注"参加讨论者：沈钧儒、张友渔、韩幽桐、张申府、韬奋、沙千里、钱俊瑞、柳湜。执笔者：韬奋、韩幽桐、张友渔、沙千里、钱俊瑞、白桃"。

**6589. 五权宪法**　孙乃湛编　江苏省区长训练所　2 + 53　32 开　江苏省区长训练所政治丛书之四

**6590. 五权宪法**　王宠惠讲　中央训练团　1940 年 3 月，1940 年 6 月，1943 年 11 月　重庆　24　32 开　有图表

著者于 1939 年 7 月 1 日在中央训练团宪政训练班所做关于"五权宪法"的演讲稿。

**6591. 五权宪法**　王宠惠讲　国民图书出版社　1944 年 3 月初版　重庆　23　32 开

本书是著者于 1939 年 7 月 1 日在中央训练团宪政训练班所做关于"五权宪法"的演讲稿。

**6592. 五权宪法草案精义**　陈长蘅编著　正中书局　1940 年 12 月初版，1943 年 12 月 5 版正中纸本，1945 年 10 月沪一版　重庆　64　32 开　宪政小丛书

全书分 8 章：总纲、人民之权利义务、国民大会、中央政府、地方制度、国民经济、教育、宪法之施行及修正（宪草）。

**6593. 五五宪草及有关法规汇编**　宪政实施协进会编　中国文化服务社　1944 年 1 月初版　4 + 340　32 开　有题词

本书共 5 部分：宪草原文、根本法、各级政府组织法规、各级民意机关组织法规、其他重要有关法规。其他重要有关法规部分收录《立法程序纲领》、《法规制定标准法》、《提审法》、《弹劾法》、《审计法》、《出版法》、《违警罚法》、《省县公职候选人考试法》、《省县公职候选人检查办法》、《宪政实施协进会组织规则》。附录收《成立县各级民意机关步骤》、《主要民主国家宪法》。

**6594. 五五宪草及有关法规汇编**　宪政实施协进会编　中国文化服务社　1945 年 11 月沪初版　上海　4 + 198　32 开

本书共 5 部分：宪草原文、根本法、各级政府组织法规、各级民意机关组织法规、其他重要有关法规。其他重要有关法规部分收录《法规制定标准法》、《提审法》、《弹劾法》、《审计法》、《出版法》、《违警罚法》、《省县公职候选人考试法》、《省县公职候选人检查办法》、《宪政实施协进会组织规则》。

**6595. 五五宪草建议**　段克昌　2 + 18　16 开

本书为国民大会云南第一区代表段克昌对《五五宪草》各条文的建议。

**6596. 五五宪草释论**　陈盛清著　中国文化服务社　1944 年 3 月初版　8 + 386　32 开

本书分 3 编：前编、本编、后编。前编分 3 章：五五宪草的由来、五五宪草议定经过、五五宪草的渊源；本编分 8 章：总纲、人民之权利与义务、国民经济、教育、宪法之施行及修正等；后编分 3 章：五五宪草的特色、五五宪草的批评、五五宪草与抗战建国。附录收《国民大会组织法》和《国民大会代表选举法》。有弁言。

**6597. 五五宪草修正案草**　1940 年 3 月　46　32 开

本书包括《修正五五宪草说明》和《五五宪草修正草案》两个部分。罗文干作序。

**6598. 县政法令辑要**　1939 年 9 月　2 + 98　大 32 开

本书收 13 部法令:《县组织法》、《县组织法施行法》、《区自治法施行法》、《乡镇自治施行法》、《县参议员选举法》、《县自治法》、《县自治法施行法》、《县政府裁局改科暂行规程》、《各县分区设署暂行规程》、《保甲条例》、《兵役法》、《国民工役法》。封面题名为《县政法规》。

**6599. 宪法的基本认识**　梁栋著　国民图书出版社　1945 年 8 月　7 + 82　32 开

本书共 9 章:宪法的定义及其特性、宪法的种类、宪法的产生、宪法的修改及解释、我国立宪运动史略、五五宪草的性质及内容、三民主义宪法与一般宪法的比较、五五宪草的特点、实施宪政应注意之点。前有弁言。

**6600. 宪法基础读本**　潘念之著　生生出版社　1944 年 3 月 3 版　2 + 80　32 开

共 3 部分:什么是宪法、宪法与宪政、中国的宪法。

**6601. 宪法提要**　萨孟武著　大东书局　1945 年 5 月初版　重庆　8 + 168　32 开　有图表　社会科学提要丛书　梅仲协、林纪东主编

本书共 4 章:宪法的观念、人民的权利和义务、吾国制宪运动略史及政治制度的变迁、政府的组织。

**6602. 宪法与国民会议——参考资料**　上海出版社　1940 年 4 月再版　64　32 开　有图表

本书分 4 部分:中华民国宪法草案、国民大会组织法及代表选举法、北上宣言、国民会议为解决内乱之法。

**6603. 宪法与教育**　程天放编著　正中书局　1944 年 12 月初版,1946 年 2 月沪 1 版　重庆　1 + 108　32 开　宪政丛书　潘公展主编

本书共 10 章:绪论、宪法与教育宗旨、宪法与教育机会平等、宪法与国家教育权、宪法与基本教育、宪法与补习教育、宪法与教育经费、宪法与教师待遇、宪法与教育奖励、结论。

**6604. 宪法与宪政的应有认识**　何炳著　青年书店　1940 年 5 月　2 + 57　32 开

本书分 14 章:小引、宪法是什么、为什么需要宪法、宪法的产生和修改、我国制宪的简史、过去中国宪法的缺陷及应该注意之点等。附录《中华民国宪法草案》。

**6605. 宪政实施委员会宪法草案审查总报告**　1940 年 11 月　14［环筒叶］　16 开　油印

本报告系对 1936 年 5 月 5 日国民政府宣布、1937 年 5 月 18 日修正的宪法草案的审查报告,为新、旧两稿草案的法条对照。

**6606. 宪政实施协进会对五五宪草意见整理及研讨结果**　1945 年 5 月　40　32 开

本书分两部分:宪草意见研讨结果、协进会同人发言记录。附录收《本会第一组委员会委员名单》、《本会常务会员名单》。

**6607. 选举方法举例**　刘志聪著　前驱出版社　1941 年 8 月初版　陕西　5 + 76　32 开　有图表

本书分 7 章:绪论、选举区域之标准、选举之种类、投票之方法、多数代表法、少数代表法、比例代表法。附录收《国民大会代表选举法》。有自序。

**6608. 有关地方自治法规辑要**　柯琴辑　商务印书馆　1944 年 12 月初版　重庆　8 + 148　32 开　有图表　内政丛书　地方自治业务参考丛刊之三　内政部编纂

本书共 6 篇:基本法规、有关组织者、有关选举者、有关考试检核者、有关会议者、有关造产及财政者。书前有前言和地方自治业务参考丛刊目录、例言。

**6609. 怎样研讨"五五宪草"**　中华全国基督教协进会编　编者刊　1 + 48　32 开

本书收 6 篇文章:《写在前面》(耿元学)、《为研讨"五五宪草"告同道书》(罗运炎)、《"五五宪草"的基本精神与要点》(梁寒操)、《从基督教立场研讨"五五宪草"》(盛振为)、《"五五宪草"研讨大纲》(林永俣)、《中华民国宪法草案》(全文)。

**6610.** **中国新宪法论**　刘静文著　独立出版社　1941 年 1 月再版,1944 年 11 月 3 版,1946 年 11 月 5 版　重庆　3 + 131　32 开

本书共 4 章:导论、总统制与内阁制、五权制度、个人对于新宪之建议。

**6611.** **中华民国宪法草案**　中国国民党中央宣传部编　编者刊　1943 年 12 月　20　32 开　宪政小丛书

1936 年 5 月 2 日立法院通过、1936 年 5 月 5 日国民政府宣布的《中华民国宪法草案》。

**6612.** **中华民国宪法草案**　中西书局　1944 年 4 月　26　32 开

**6613.** **中华民国宪法草案审查报告书**　国民大会秘书处　80　16 开　有图表

本书有宪法草案原文、第一审查委员会审查意见、综合审查委员会审查意见、备注 4 栏。

**6614.** **中华民国宪法草案说明书**　立法院中华民国宪法草案宣传委员会编　正中书局　1940 年 12 月初版,1943 年 12 月 8 版正中纸本　上海　20 + 243　32 开

本书共 8 章:总纲、人民之权利义务、国民大会、中央政府、地方制度、国民经济、教育、宪法之施行及修正。附录:总裁关于宪政宪法之言论节抄、孙院长(科)关于宪政宪法之言论节抄、立法院历次所拟宪草各稿条文。孙科作序。

**6615.** **中华民国训政时期约法论释**　刘仁德编著　正中书局　1944 年 8 月初版　4 + 126　32 开

本书分绪论和本论两个部分。绪论共 5 章:约法史实、渊源、意义、特性和功用;本论共 8 章:约法总纲、人民之权利义务、训政纲领、国民生计、国民教育、中央与地方之权限、政府之组织、约法保障。有编辑例言。

**6616.** **中华民国约法宪法草案合编**　拔提书店　1940 年 1 月　53　64 开

**6617.** **中央颁行县各级民意机关法规**　四川省政府　1941 年 9 月　四川　2 + 50　32 开　四川省民政厅民政丛刊　民一之四　四川省政府民政厅主编

本书收条例等 8 部:《县参议会组织暂行条例》、《县参议员选举条例》、《乡镇组织暂行条例》、《乡镇民代表选举条例》等。

# 行政法

**6618.** **惩戒法规解释汇编**　中央公务员惩戒委员会编　编者刊　1944 年 12 月　8 + 112　16 开　有照片、有图表

本书共 5 部分:关于惩戒法规、关于官箴官规、关于与惩戒法规有关之法令、关于惩戒法规之解释。附录收《中华民国国民政府组织法》、《司法院组织法》、《非常时期保护国有电报、电话杆线及惩治盗犯规则》等。书前有覃振作序,后附正误表。

**6619.** **出版法规汇编**　中央出版事业管理委员会编　正中书局　1944 年 4 月初版　6 + 193　32 开　有图表

本书分 3 编:组织规程、出版法规和政纲政策。书前有编辑例言。

**6620. 动员法规汇编** 164 32 开 有图表

本书收《中国国民党临时全国代表大会宣言》、《国民精神总动员纲领》、《总裁驳斥敌相近卫荒谬声明演词》、《战时国民军事组训整备纲领》、《战时民众团体整理补充办法》、《兵役法施行暂行条例条文》等 18 篇法规条例。

**6621. 动员法规汇编** 6 + 164 32 开 有图表

本书分 71 篇文献：《第三战区皖南民众总动员委员会组织简则》、《第三战区皖南民众总动员委员会办事细则》、《第三战区皖南民众总动员委员会组训组初步工作要点》、《第三战区皖南民众总动员委员会宣传组初步工作要点》、《第三战区皖南民众总动员委员会服务组初步工作要点》、《动员通讯半月刊征稿简则》等。附录收《国民公约及誓词》、《节约运动大纲》、《查禁敌货条例》等 34 篇文章。

**6622. 动员纲领与动员法规** 凌绍祖主编，邵父、朱秉国编 1939 年 12 月初版 8 + 280 32 开 有图表

本书分甲、乙两编。甲编为动员纲领，收录《中国国民党抗战建国纲领》、《江苏省国民精神总动员实施事项》等 6 部法规；乙编为动员法令，收录《各省市县动员委员会组织大纲》、《江苏省动员委员会办事规程》、《战时社会军事训练整备纲领》、《战时民众组织训练与服务大纲》等 18 部法规。遗补收《总动员计划大纲》、《修正各省市县动员委员会组织大纲》等。韩德勤作弁言、凌绍祖作编辑例言。

**6623. 抚恤法规**（第二集） 1943 年 8 月初版 10 + 254 32 开 有图表

共收录 29 种抚恤法规。

**6624. 甘肃省施政纲领第二期中心工作法令汇编**（下册） 甘肃省政府秘书处编 编者刊 1944 年 5 月 甘肃 199] [环筒叶] 32 开 有插图、有图表

本书收录了各省市地政程序施行大纲、战时地籍整理条例、战时征补兵员实施办法、甘肃省优待出征抗敌军人家属条例实施、保国民学校设施要则等项法令。

**6625. 各机关法令资料** 73 [环筒叶] 16 开

本书为剪报本，收录《善后救济分署》、《收复区人民团体登记及调整办法》、《中央银行管理外汇暂行办法》、《裁撤机关职员运送办法》等报纸上登载的文章。

**6626. 各省市公务员铨叙部补救案法令汇编** 铨叙部编 编者刊 1938 年 3 月 35 18.6cm × 26.3cm 线装 有图表

本书分 7 个部分：《国民政府第四四一号训令》、《国民政府考试院第三五三号训令》、《国民政府第三七号指令》、《现任公务员甄别审查条例》、《公务员登记条例》、《公务员补行甄别登记实施办法》等。附《广东省工务员甄别登记令》。

**6627. 国家总动员法** 中国国民党中央执行委员会宣传部编 编者刊 1942 年 4 月 1 + 14 32 开

本书分 3 个部分：国民政府令、国家总动员法、加强国家总动员实施纲要。

**6628. 国家总动员法浅释** 中国国民党中央执行委员会宣传部 1942 年 5 月 4 + 26 32 开

本书分 10 个部分：目的、执行主体、统制对象、赔偿和救济、违反的惩罚、实施和停止、物资动员、劳务动员等。书前有引言。

**6629. 海关法规汇编** 海关总税务司公署统计科编 编者刊 1937 年 7 月 3 版 29 + 747 16 开

精装　有图表

本书收录海关各项法规共分33章：通商口岸及其他中外商船商人往来贸易地方、船只进口报关手续、船只卸货手续、进口税、保税货物、出口税、违禁品及禁止或限制运输品、走私漏税罚则及缉私条例等。另收附件35条：管理货船章程、管理拖轮章程、伪造商标报告书、扣留货物凭单等。

**6630. 海关规章概要（第三册：结汇及统销货物）**　海关总税务司署编　编者刊　1942年6月　重庆　70　64开

本书分两章：结汇货物、政府统销货物。

**6631. 海关规章概要（第四册：查缉）**　海关总税务司署编　编者刊　1942年10月　重庆　134　64开

本书分3章：检查货物、查缉规章、处理缉私货物及给奖各办法。

**6632. 海关规章概要（第一册：普通规章）**　海关总税务司署编　编者刊　1942年5月　重庆　192　64开

本书分7章：各地海关暨分卡一览表、船只进出口限制航运办法、报关手续、管理报关行暂行章程、税则章程及其补充修订、免税物品一览表、统税及专卖货物。

**6633. 监察院法令辑要**　监察院秘书处编　编者刊　1945年　122　16开　有图表

**6634. 江苏警务处法规**　1938年　24　16开　精装　有插图、有图表

收江苏省1938年公布的部分警务处法规6种：江苏省省会警察厅组织暂行条例、江苏省各县警察局所组织暂行条例、江苏省警察教练所章程、修正江苏省警察教练所章程、江苏省乡区自卫团组织暂行规程、江苏省联保赏罚暂行章程。

**6635. 经济部物资局法规汇编（第一辑）**　经济部物资局秘书室编　编者刊　1942年3月　64［环筒叶］　18cm×26cm　油印、线装　有图表

本书分4编：一般法规、分类法规、附属机关法规、参考法规。封面有题赠。

**6636. 警察法规汇编（第一期）**　［内政部警政司］编　编者刊　1938年　66［环筒叶］　16开　有插图、有图表

本汇编收法规16部：《各级警察机关暂行编制大纲》、《南京警察厅组织条例》、《警长警士饷给暂行办法》、《警察制服条例》等。出版时间据内容。

**6637. 考铨法规集**　1944年5月　22+264　32开　有图表

**6638. 考试法规集（第二辑）**　考试院参事处　编者刊　1944年5月初版　江西　250　大32开　有图表

本书收录了人事管理、分发及学习、任用、级俸、考绩、勋奖、退休及抚恤、登记9部分。时间根据内容推断。

**6639. 考试院则例**　1943年10月　22+66　32开　有图表

本书为合订本，收录考试院则例两种：铨叙类之二、考选类。

**6640. 考试院则例（铨叙类）（中央训练团党政军人事管理人员训练班讲演录）**　1945年10月　2+90　32开　有图表

本书收录17种则例，包括《通例》、《普通公务员任用事例》、《县长任用事例》、《县行政人员

任用事例》、《司法人员任用事例》等。

**6641. 考选法规辑要**　考选委员会编　编者刊　1940 年 2 月　4 + 150　32 开　有图表

本书收录考选法规 50 种：考试法、修正考试法施行细则、修正监试法、典试法、修正典试规程等。

**6642. 考选法规辑要**　考选委员会编　编者刊　1941 年 5 月　8 + 234　32 开　有图表

本书分一般法规、分类法规两部分。

**6643. 蒙藏边区人员任用条例·修正公务员任用法及施行细则·边远省分公务员任用资格暂行条例**
**合刊**　铨叙部编　编者刊　1938 年 6 月　2 + 29　16 开　有图表

**6644. 蒙藏委员会法规辑要**　1942 年 7 月　4 + 100　16 开

本书收法规 67 部：《蒙藏委员会组织法》、《蒙藏委员会处务规程》、《蒙藏委员会会议规则》、《蒙藏委员会常务委员会办公室办事规则》、《蒙藏委员会设计考核委员会组织规则》、《蒙藏委员会会计室组织规则》、《蒙藏委员会会计室办事细则》等。

**6645. 民政法规汇编**　1945 年　4 + 268　32 开　有图表

本书收录上海地方民政法规 58 部，关于组织法规 12 部、户籍法规 21 部、选举法规 15 部、其他法规 10 部。

**6646. 民政法规汇编（出版及取缔、集会结社、礼俗类）**　湖南省民政厅编　编者刊　1939 年 12 月　湖南　92　16 开　有插图、有图表

本书收录湖南地方出版及取缔类法规 31 条、集会结社类法规 30 条、礼俗类法规 62 条。包括：战时新闻检查办法、战时民众团体整理方案、非常时期保管古物办法等。

**6647. 民政法规汇编（地政类）**　湖南省民政厅编　编者刊　1939 年 12 月　湖南　6 + 220　16 开
有图表

本书收湖南地政类法规 71 部，包括主要土地法规 5 部，土地重划 2 部、土地测量 6 部、土地登记 7 部、土地使用 18 部、土地税 10 部、土地征收 2 部、组织 11 部、经费 3 部、任用及训练 4 部、考核与奖惩 3 部。

**6648. 民政法规汇编（上册）**　湖南省民政厅秘书室统计股编辑　湖南省民政厅　1940 年 1 月　湖南　5 + ［600］　16 开　有图表

本书收录截至 1939 年国民政府现行有效之民政法规，包括总类、自治保甲、仓储、赈济、卫生 5 类法规。

**6649. 民政法规汇编（新县制民政部门）**　湖南省民政厅秘书室统计股编辑　湖南省民政厅　1940 年 12 月　湖南　6 + 98　16 开　有图表

本书收录湖南省 1939 年 9 月至 1940 年 11 月之间有关实施新县制法规 43 部，分总则 11 部、县政府 24 部、乡镇 13 部、保甲 5 部。附参考书目。有编辑例言。

**6650. 民政法规汇编（总类）**　湖南省民政厅编　编者刊　1939 年 12 月　湖南　7 + 123　16 开
有图表

本书收湖南地方法规 84 部，其中有关组织法规 30 部、训练法规 3 部、任免法规 14 部、服务及履任须知 6 部、巡视 6 部、会议 5 部、考核奖惩抚恤法规 6 部、交代 3 部和征解费及解送人犯 8 部。有序言和例言。

**6651. 内政法规汇编（通则类）**　内政部总务司第二科编辑　编者刊　1940 年 8 月　四川　9 + 112　16 开　有图表

　　本书辑录 1918 年至 1940 年的内政法规。本编为通则类，书前有编辑例言。

**6652. 内政法规汇编（地政类）**　内政部总务司第二科编辑　编者刊　1940 年 10 月　四川　6 + 134　16 开　有图表

　　本书辑录 1918 年至 1940 年的内政法规。本编为地政类，书前有编辑例言，书后有勘误表。

**6653. 内政法规汇编（警政类）**　内政部总务司第二科编辑　编者刊　1941 年 11 月　四川　[8 + 341]　16 开　有图表

　　本书辑录 1918 年至 1941 年的内政法规。本编为警政类，书前有编辑例言。

**6654. 内政法规汇编（礼俗类）**　内政部总务司第二科编辑　编者刊　1940 年 11 月　四川　11 + 168　16 开　有图表

　　本书辑录 1918 年至 1940 年的内政法规。本编为礼俗类，书前有编辑例言。

**6655. 内政法规续编**　内政部总务司第二科编辑　编者刊　1944 年 8 月　重庆　2 + 270　16 开　有插图、有图表

　　本书分 8 个部分：通则类、民政类、户政类、警政类、礼俗类、营建类、人事类、禁烟类。书前有编辑例言。

**6656. 铨叙法规汇编**　铨叙部秘书处编　编者刊　1940 年 1 月　8 + 142　16 开　有图表

　　本书分 9 个部分：官等、分发及学习、任用、级俸、考绩、登记、奖励、恤金、委托审查。

**6657. 铨叙法规汇编**　[党政军人事管理人员第二训练班编]　[编者刊]　1942 年 11 月　14 + 257　15cm×24cm　有图表

　　本书分 14 个部分：总纲、组织、人事管理、官等、分发及学习、任用、级俸、考绩、奖励、登记等。

**6658. 铨叙法规汇编**　浙江省政府秘书处第三科编　浙江省政府秘书处　1943 年 7 月初版　10 + 186　32 开　有插图、有图表

　　本书分 6 个部分：分发及学习、任用、官等及待遇、考核、奖惩、人事管理。书前有例言。

**6659. 铨叙法规汇编补遗**　铨叙部编　中央训练团　1943 年 10 月　2 + 78　32 开　有图表

　　本书分 18 部分：《考试分发人员乘座车船优待办法》（附优待证式）、《修正高考分发应用表件》、《高等考试及格人员挑选条例》、《度量衡检定人员任用规程》、《非常时期公务员考绩条例》、《战时雇员公役给恤办法》等。

**6660. 授勋法令例规汇编**　稽勋委员会编　编者刊　1942 年 12 月　[26][环筒叶]　16 开　油印

　　收录授勋法令、规章等共 14 种，包括《勋章条例》、《修正勋章条例施行细则》、《外交部呈请授予友邦人员勋章办法》、《非常时期考绩补充办法第六项》、《公务人员初授勋章分等标准》等。

**6661. 四川省调整县政府机构人事法规辑要（民国廿九年十一月起至三十年五月止）**　四川省政府民政厅第四科编述　四川省政府　1941 年 5 月　成都　6 + 38　32 开　有图表

　　本书共两部分：县政人事法规和调整县政府机构法规。前者包括关于县长者和县佐治人员者两部分。共收法规 12 部，如《四川省甄审合格县长实习办法》、《四川省县长提案办法》等。有前

言。

**6662.** **四川省禁烟善后法令汇编** 四川省政府禁烟善后管理处编 编者刊 1941年12月 4+104+2 32开 有图表

本书分3部分：中央法规及重要电令、本府公布章则及重要电令、组织。附载收录：《军事犯保外服役暂行办法（附表两种)》、《非常时期监犯调服军役条例并附修正第三条条文》、《国民工役法》。

**6663.** **四川省实施新县制乡镇保甲户籍法规解释辑要** 李廷楳编辑 四川省政府 1941年10月初版 四川 20 32开 有图表 四川省民政厅民政丛刊 民三之七 四川省政府民政厅主编

本书为图表形式的法规释义。分8栏：类别、事由、解释机关、解释要点、发文日期、文别及字号、令知机关、附记。

**6664.** **四川省县以下各级民意机关法规汇编（第一辑）** 四川省政府民政厅编 四川省政府 1942年6月 四川 4+84 32开 有图表 四川省民政厅民政丛刊 民总之二十 四川省政府民政厅主编

本书分4部分：关于公民宣誓者、关于县民意机关者、关于乡镇以下各级民意机关、附表。收法规13部：《四川省各级临时参议会组织规程》、《四川省各级临时参议会议事规则》、《四川省各县征购粮食监察委员会结束办法》等。

**6665.** **四川省新县制民政法规汇编（第二辑）** 四川省政府 1940年12月 2+122 32开 有图表 四川省民政厅民政丛刊 民总之十三 四川省政府民政厅主编

本书收法规12部，包括《四川省各县整编保甲清查户口实施办法》、《四川省各县整编保甲清查户口实施程序》、《四川省各县整编保甲户口人员讲习办法》、《四川省各县船户保甲编组办法》、《四川省各县办理联保连坐实施办法》等。

**6666.** **四川省新县制民政法规汇编（第一辑）** 四川省政府民政厅秘书室 四川省政府 1940年10月 成都 6+184 32开 有图表 四川省民政厅民政丛刊 民总之十 四川省政府民政厅主编

本书共5部分：县有关之法规、区有关之法规、乡镇有关之法规、保甲有关之法规、遗补县有关之法规，共收民政法规36部。书前胡次威作弁言。

**6667.** **通行警察法规辑览（上辑）** 中央警官学校编著 编者刊 1940年 12+[80] 18cm×24.5cm 线装 有图表

本书所辑法规起自国民政府成立至1940年2月。上辑包括基本法令和执行法令两类，共收法规21部。有李士珍作序、编辑例言。

**6668.** **外交部法规汇编** 外交部编 编者刊 1944年3月 [177] 32开 有图表

本书分7个部分：组织、处务、人事、会计、护照、礼节、其他。

**6669.** **外交部法规汇编（三十一年暂编本）** 1942年 [122] 16开 油印

本书收录组织法、处务规程、条约委员会暂行组织规程、会计室办事细则、统计室组织规程、驻外使馆等报告规则等67条规章制度。

**6670.** **县区行政法规解释集成（第六册 土地附录）** 姚谷孙编辑 大东书局 1936年5月初版 上海 [170+146] 32开 有插图、有图表

本书收土地法规6部。另附录：《新颁有关县区之重要法规》、《其他有效之法规》。

**6671. 现行交代法令汇编**　陕西省政府财政厅第四科编辑　编者刊　1944 年 5 月　西安　220　32
开　有图表

　　本书收 6 篇文献：《祝主席为整饬交代澄清吏治告各县县长书》、《李厅长为速结县政府交代告
各县从政人员书》、《陕西省交代沿革》（徐志钧）、《县长如何迅速清结交案》（高造都）、《交代法
令诠释》（杨毓璬）、《论自行交代制度与政绩交代制度》（卢中明）。

**6672. 行政院县政计划委员会法规辑览**　58　32 开

　　本书收录《行政院县政计划委员会组织条例》、《行政院县政计划委员会办事细则》、《行政院
县政计划委员会分组研究暂行办法》、《行政院计划委员会会计规则》、《行政院计划委员会读书规
则》等 31 条法规。

**6673. 修订蒙藏委员会法规汇编**　1938 年 6 月　14＋328　16 开　有图表

　　本书收蒙藏委员会法规 112 条：《修正蒙藏委员会组织法》、《修正蒙藏委员会办事细则》、《蒙
藏委员会统计室组织规程》、《安置边疆投效人员暂行办法》、《修正西藏驻京办事处组织大纲》等。
附录另收 111 条：《边疆政教制度研究会简章》、《修正边疆武职人员叙授官衔暂行条例》、《修正旧
都文物整理委员会组织规程》等。

**6674. 战时公务员工保险暂行办法大纲（草案）**　1［环筒叶］　16 开　油印

　　收大纲（草案）共 19 条。

**6675. 政令宣传辑要**　中国国民党中央执行委员会宣传部编　国民图书出版社　1943 年 8 月初版
重庆　8＋118　32 开　有图表

　　包括法令讲习大纲和宣传资料两部分：第 1 部分包括粮食法令、开发西北、修正兵役法等 10
部分；第 2 部分包括《自边疆从政人员奖励条例内容摘要及宣传要点》、《出征抗敌军人婚姻保障条
例内容摘要及宣传要点》等 6 篇文献。附录收政令宣传重要法规 4 项。

**6676. 资源委员会管理事业关系法规辑要**　资源委员会秘书处法制组编　编者刊　1943 年 7 月
176［环筒叶］　18cm×24.5cm　油印、线装

　　本辑要为该会管理法规汇编，分一般管理法规、特种管理事业法规两编。

**6677. 资源委员会规章汇编**　资源委员会秘书处编　编者刊　1939 年 6 月　76［环筒叶］　20cm×
26cm　油印、线装　有图表

　　本书含组织、人事、财务、会计、购运、杂项等 6 大类法律法规条文。

# 民商法

**6678. 商业法规（公司法及有关法令）**　经济部编　编者刊　1943 年 1 月　46　16 开　有图表　经
济部刊物　第 2 种第 1 类

　　包括《公司法》、《公司法施行法》、《公司登记规则》、《特种股份有限公司条例》、《商业登记
法》等。附《公司登记各项书表式样》、《商业登记簿式》。

**6679. 战时民事立法（事情变更原则与货币价值之变动）**　吴学义著　商务印书馆　1944 年 9 月初
版　重庆　12＋186　32 开

　　本书共 5 编：事情变更原则之理论、事情变更原则之适用、货币之强制通用力与金约款问题、
我国之战时民事特别法令、我国战时民事立法私案。有序言。

**6680. 专利法草案** 经济部编 编者刊 1942 年 8 月 4 + 50 大 64 开 有图表

本书分为弁言、说明、专利法草案、发明篇、新型篇、新式样篇、附则 7 部分。其中说明部分包括呈请人之限制、可予专利之发明、发明之新颖性、不予专利之发明、有关军事或公众利益之发明、发明之审查等 12 项。

# 经济法

**6681. 财务法规讲义** 龙玉照编著 四川省训练团 1942 年 9 月 108 32 开 有图表

本书分 7 部分：概论、预算、公库、会计、决算、审计、主计人员。

**6682. 地政法规汇编** 地政署编 1944 年 5 月 重庆 8 + 174 16 开 有图表

内收土地金融法规 12 类 191 种，包括基本法规、组织法规、服务法规、政调任用、地籍整理、地价、垦殖、征收等。卷首有编辑例言。

**6683. 地政法规辑要** 江西省地政局编辑 编者刊 1937 年 1 月 江西 9 + 302 32 开 有照片、有图表

分上、下两编。上编为中央颁行法规，收 30 部；下编为江西省现行法规，收 13 部。附录收《修正南昌市土地等级暂行规则》、《南昌市地价税征收规则》、《南昌市下水道工程特别征费暂行规则》。书前有 "总理遗训" 和 "编辑略例"，后有勘误表。

**6684. 电气事业行政业务法规** 1943 年 1 月 1 + 24 16 开 有图表 经济部刊物 第 2 种第 1 类

收录法规 5 部：《电气事业条例》、《电气事业注册规则》、《电气事业取缔规则》、《电气事业人处理窃电规则》、《取缔军警政机关部队及所属人员强用电流规则》。

**6685. 电气事业注册规则** 经济部编 编者刊 1938 年 7 月 6 16 开 经济部刊物 第 2 种第 1 类

本规则共 8 条，1930 年 6 月建设委员会公布，1933 年 5 月建设委员会第一次修正公布，1937 年 7 月建设委员会第二次修正公布。

**6686. 甘肃省粮政法规汇编** 甘肃省粮政局 1942 年 2 月 247 16 开 有图表

本书收录 1941 年 3 月至 1942 年 2 月间有关粮政的规章制度，分组织类、管制类、调查类、田赋类、军粮类、运输类、仓储类等 14 个部分。书前有例言。封面印有 "机密" 字样。

**6687. 工矿调整法规辑要** 经济部工矿调整处编 编者刊 1938 年 12 月 5 + 71 大 32 开 有图表

本书内容分中央公布条例及办法、工矿调整处组织规程及工作大纲、厂矿之迁移、资金、技术协助、复工之督导、统计、表格等 8 类，收入有关法规 33 种。书前有弁言。

**6688. 工业法规** 经济部编 编者刊 1943 年 1 月 1 + 17 16 开 经济部刊物 第 2 种第 1 类

本书共 11 部分，分别为：《工业奖励法》、《工业奖励审查标准》、《特种工业保息及补助条例》、《非常时期工矿业奖助条例》、《奖励工业技术暂行条例》、《奖励工业技术暂行条例施行细则》、《奖励工业技术补充办法》、《小工业及手工艺奖励规则》、《小工业及手工艺奖励规则给奖细则》、《经济部小工业贷款暂行办法》。

**6689. 广西省现行法规汇编（第 4 编 财政）** 17 + 990 32 开 有图表

本书收录 1928 年 10 月 24 日至 1939 年 6 月广西地方财政法规，共 6 类：粮赋·税捐、官产、金融、公债、会计·审计、地方财政。

**6690. 合作法令解释简编**　中国合作事业协会云南分会研究组编　编者刊　1941 年 9 月　20　32 开

本书分 12 个部分：合作社名称、合作社之登记、社员、社股、职员、业务区域、合作社之免税、联合社等。书前有编辑凡例。

**6691. 湖南省粮政法规汇编（第一辑）**　湖南省粮政局编　编者刊　1941 年 12 月　　［湖南］［169］　32 开　有图表

内收中央、省地颁布的有关粮政的法规，含中央颁行者（粮食部组织法、省粮食局组织大纲、三十年粮食库券条例等）、本省公布者（湘境运粮须知、湖南省公买余粮办法等）、本局呈准公布者（本局办事细则、本局各办事处办事简则等）。

**6692. 湖南省粮政法规汇编（第二辑）**　湖南省粮政局编　编者刊　1941 年 12 月　　［湖南］［248］　32 开　有图表

内收有关粮政的法规，含组织类、购运类、会计类、屯拨类。附载收《第九战区军粮计核委员会暂行办事细则》等。

**6693. 湖南省粮政法规辑要**　1941 年　［40］　16 开　有图表

本书分 7 部分：购买军粮、粮仓、积谷、田赋征收、人民粮食公司、人民粮食等各方面的粮政法规。出版时间据文件时间推断。

**6694. 湖南省土地陈报章则汇编**　财政部湖南省田赋管理处编　编者刊　1942 年 6 月　　［湖南］2+70　大 32 开　有图表

本书分 9 个部分：总则、组织及服务、调查、训练、宣传、外业、内业、督导等。

**6695. 湖南省战时田赋征收实物法令三编**　1942 年 8 月　　［湖南］　8+184　32 开　有图表

本书收各种田赋征收法规（中央法规、本省法规）、命令（委员长令、院令、部令、省令、处令）、特载（国家总动员法、全国财政会议第三次大会宣言等）。

**6696. 建设法规汇编（农林水利类一）**　湖南省建设厅编　编者刊　1939 年 12 月　　［湖南］　4+120　16 开　有图表

农林水利类包括：农会法、农会章程准则、森林法、渔业法等 69 项法规。

**6697. 建设法规汇编（工业类二）**　湖南省建设厅编　编者刊　1939 年 12 月　　［湖南］　4+6816 开　有图表

工业类包括：工会法、工厂法、工业同业工会法、湖南省酒精厂组织章程等 37 项法规。

**6698. 建设法规汇编（商类类三）**　湖南省建设厅编　编者刊　1939 年 12 月　　［湖南］　4+12016 开　有图表

商业类包括：公司法、修正商会法、商业同业公会法、商标法等 48 项法规。

**6699. 建设法规汇编（矿业类四）**　湖南省建设厅编　编者刊　1939 年 12 月　　［湖南］　4+7416 开　有插图、有图表

矿业类包括：矿业法、矿业法实施细则、湖南省建设勘矿细则、非常时期采金暂行办法等 46 项法规。

**6700. 建设法规汇编（交通类五）**　湖南省建设厅编　编者刊　1939 年 12 月　　［湖南］　4+12216 开　有图表

交通类包括：调整交通办法、汽车管理规则、公路保养实施通则、湖南省公路管理局组织章程

等61项法规。

**6701. 建设法规汇编（合作类六、通则类七）**　湖南省建设厅编　编者刊　1939年12月　　［湖南］
4＋［72］　16开　有图表

合作类包括：合作社法、农仓业法、湖南省合作事业委员会组织规程等19项法规；通则类包括：公务员任用法、公务员服务法、技术人员任用条例等23项法规。

**6702. 建设法规续编（交通合作通则类）**　湖南省建设厅编　编者刊　1941年9月　　［湖南］
［12］＋［322］　16开　有图表

本书为《湖南法规汇编》的续编部分，包括交通、合作、通则3大类100余项章程、法规。

**6703. 建设法规续编（农林水利工业矿业商业类）**　湖南省建设厅编　编者刊　1941年9月　　［湖南］　［12］＋［322］　16开　有图表

本书为《湖南省建设法规》的续编部分，包括农林、水利、工业、矿业、商业5大类100余条章程、法规。

**6704. 奖励工业技术暂行条例暨附属法规等合刊**　经济部编　商务印书馆　1942年3月初版，1944年4月赣县第1版　重庆　19　16开

收录《奖励工业技术暂行条例》、《奖励工业技术暂行条例实施细则》、《奖励工业技术审查委员会规则》、《政府机关厂场受雇人发明或创造专利权协议标准》、《奖励工业技术补充办法》、《呈请奖励工业技术须知》、《呈请协助实验须知》、《奖励工业技术暂行条例条文解释》。

**6705. 金融法规续编**　赵瘼编　中央银行经济研究处　1942年初版　重庆　2＋214　16开　有图表
中央银行经济研究处丛刊

前编法规截至到1936年5月，本续编自同年6月起至41年年底止，故为续编。按健全金融、币制、金银、储蓄捐献、银钱业、内汇、外汇、公债等8个类别罗列各项金融法规。卷首有孔祥熙所作序。

**6706. 经济部物资局法规汇编**　经济部物资局秘书局编　编者刊　1942年9月　6＋76　16开　有图表

本辑所刊法规章则以在1942年6月30日以前业经核定者为限，分为3编：一般法规、业务法规、重要参考法规。

**6707. 经济法规汇编（第一集）**　经济部编　编者刊　1938年8月　80　16开　经济部刊物　第2种第1类

包括《经济部组织法》、《修正农本局组织规程》、《经济部中央农业实验所规程》、《经济部矿冶研究所组织条例》等。封二有国民政府令。

**6708. 经济法规汇编（第二集）**　经济部编　编者刊　1938年12月　4＋127　16开　经济部刊物第2种第1类

包括《经济部地质调查所组织条例》、《经济部直辖机关人员任免处理程序》、《经济部会计处办事细则》等。

**6709. 经济法规汇编（第三集）**　经济部编　编者刊　1939年1月　4＋198　16开　有图表　经济部刊物　第2种第1类

包括《农本局办事章程》、《农会法》、《森林法》、《狩猎法实施细则》、《各省市奖励农产通

则》等。

**6710. 经济法规汇编（第四集）**　　经济部编　商务印书馆　1940年12月初版　长沙　4+158　16开　经济部刊物　第2种第1类

包括《经济部会计处组织章程》、《经济部统计室组织规程》、《工业标准委员会简章》、《经济部敌货审查委员会规则》等。附录5份。

**6711. 经济法规汇编（第五集）**　　经济部编　编者刊　1942年3月　4+90　16开　经济部刊物　第2种第1类

包括《经济部组织法》、《经济部物资局组织法》、《经济部平价购销处组织章程》、《经济部燃料管理处组织章程》等。

**6712. 经济法规汇编（第六集）**　　经济部编　编者刊　1943年1月　4+108　16开　经济部刊物　第2种第1类

包括《经济部资源委员会组织法》、《经济部日用必需品管理处规程》、《经济部中央地质调查所西北分所组织条例》等。

**6713. 经济法规汇编（电业类）**　　[经济部编]　[编者刊]　168　16开　有图表

本书收录1935年以前政府历年公布或修正的电业法规20余种。

**6714. 经济法规汇编（工业类）**　　[经济部编]　[编者刊]　134　16开　有图表

本书收录1947年以前政府各部修正公布的工业法规46种。

**6715. 经济法规汇编（官规类）**　　[经济部编]　[编者刊]　38　16开

本书收录1947年以前经济部历年公布或修正的有关该部组织、办事规章等16种官规。

**6716. 经济法规汇编（官制类）**　　[经济部编]　编者刊　56　16开

本书收录1947年以前经济部历年公布或修正的有关该部管制的法规40种。

**6717. 经济法规汇编（国际贸易类）**　　经济部编　编者刊　2+96　16开　有图表

收录历年政府公布或修正的有关进出口、倾销货物税法、商品检验细则等国际贸易法规37种。

**6718. 经济法规汇编（矿业类）**　　[经济部编]　编者刊　1946年　2+66　16开　有插图、有图表

本书收录1946年以前政府公布或修正的矿业法规22种。出版时间根据内容推断。

**6719. 经济法规汇编（商业类）**　　经济部编　经济部　180　16开　有图表

收录历年政府公布或修正的现行商业法规及附件33种。包括公司法、交易所法、保险法、商标法、会计师法、商会法等。

**6720. 矿业法规**　经济部编　编者刊　1938年10月　64　16开　有插图、有图表　经济部刊物　第2种第1类

矿业法规，包括《矿业法》、《矿业法实施细则》、《矿业登记规则》、《矿业登记册式样》、《土石采取规则》等。

**6721. 矿业法规**　立信会计师重庆事务所编　立信会计图书用品社　1943年4月（渝）　重庆　50　64开　有图表　工商业主要法规　第5集

矿业法规，包括《矿业法》、《矿业法实施细则》、《矿业登记规则》、《土石采取规则》、《战时

领办煤矿办法》、《非常时期采金暂行办法》、《矿业警察规程》等。

**6722. 矿业法规（第二集）** 经济部编 编者刊 1939 年 1 月 16 16 开 经济部刊物 第 2 种第 1 类

矿业法规，包括《矿场法》、《国营矿区管理规则》、《矿业警察规程》、《战时领办煤矿办法》、《征收矿区税办法》等。

**6723. 贸易法令章则汇编** 周亮才编辑 福建省贸易特种股份有限公司 1941 年 10 月 福建 9 + 236 + 38 16 开 有图表

本书分 10 章：贸易法令之意义、中央管理贸易机构之变迁、地方贸易机构、贸易重要联系机关、中央及闽省管理进出口贸易之经过、中央统购统销货品、中央查禁敌货条例及禁运资敌物品、平定物价办法、贸易重要法规、附则。

**6724. 农仓业法** 经济部编 经济部 1938 年 8 月 10 16 开 经济部刊物 第 2 种第 1 类

共收录农仓业法规 26 条。附录收施行条例共 20 条。

**6725. 陕西省建设厅单行法规汇集** 1938 年 6 月 41 ［环筒叶］ 16 开 油印 有图表

本书包括《陕西省开垦黄龙山荒区实施法案》、《陕西省非常时期农业生产计划大纲》、《非常时期陕西各县奖进食粮生产暂行办法》等单行法规。

**6726. 陕西省建设厅单行法规四十六种** 1941 年 6 月 115 ［环筒叶］ 16 开 油印

本书收法规 46 部，包括《陕西省管理出入贸易办法大纲草案》、《陕西省黑惠渠灌溉区注册办法》、《陕西省第三行政督察应限制各县来往游商领取营业许可证暂行办法》、《陕西省建设厅取缔机制麦粉囤积居奇标准暨处罚办法》等。

**6727. 四川省现行财政章令汇刊** 四川省政府财政厅秘书室编 四川省政府财政厅 1938 年 5 月 成都 ［596］ 16 开 有图表

内收 1935 年至 1938 年 1 月四川省政府颁布的关于整理财政金融、会计等项工作的章则法令 200 余种。内分 6 章，分别为官制类、官规类、财政类、金融类、会计类、附录。

**6728. 我国战时的劳动法令及其社会影响** 陈达 国立北京大学 1948 年 4 月 28 16 开

作者考察了抗战期间公布的有关劳动的各种办法和法令并分析其施行程度与经济及社会的影响。封面有"社会科学第四卷第二期抽印本"字样。

**6729. 现行工商法规** 四川省政府建设厅 建设厅第一科 1941 年 9 月 4 + 196 大 32 开 有图表

本书共 8 部分，分别为：工厂法规、公司法规、工会法规、商会法规、同业公会法规、人民团体管理法规、统制法规、工商业贷款及奖助法规。书后附：县各级合作社组织大纲、合作社法、中华民国权度标准方法、修正土地测量应用尺度表章程。有勘误表。

**6730. 现行工商法规** 四川省政府建设厅编辑 四川帐表工业社 1941 年 9 月 成都 4 + 196 大 32 开 有图表

本书共 8 部分，分别为工厂法规、公司法规、工会法规、商会法规、同业公会法规、人民团体管理法规、统制法规、工商业贷款及奖助法规。书后附：县各级合作社组织大纲、合作社法、中华民国权度标准方法、修正土地测量应用尺度表章程。有勘误表。

**6731. 修正商会法、商业同业公会法、工业同业公会法、输出业同业公会法汇刊** 社会部 1938 年 1 月 ［47］ 32 开本书为 1938 年 1 月 13 日公布的修正商会法、商业同业公会法、工业同业公会法、输出业同业公会法汇刊。

**6732.** **修正商会法、商业同业公会法、工业同业公会法、输出业同业公会法汇刊**　经济部编　　［编者刊］　　1938 年 1 月　　［南京］　　［56］　　32 开

**6733.** **战时财政金融法规汇编**　财政评论社编　财政评论社　1940 年 6 月　香港　16＋320　32 开　有图表　财政金融丛书

本书收录 1937 年"七七事变"之后到 1940 年前后中央政府及上海市所颁布的财政金融法规，分作 15 类：安定金融类、贴放类、统治金银类、储金捐款类、货币类、银行类、汇划类、外汇类、内汇类、贸易类、关务类、盐务类、税务类、公债类、财务行政类。附录收《运输银币银类请领护照及私运私带处罚办法》、《辅币条例》、《印花税法》及《预算法》。

**6734.** **战时管理进口出口物品条例**　1944 年 10 月　30　16 开　油印　有图表

本《条例》共 7 条，国民政府 1944 年 10 月 14 日修正公布。后附样表若干种及《砖茶运销西北办法纲要》。

**6735.** **浙江省战时物产调整处应用法规（第一册）**　1938 年 4 月　［67］　32 开　有图表

本书收《浙江省战时物产调整处组织规程》、《浙江省战时物产调整处各区分处组织规程》、《浙江省战时物产调整处各县办事处组织规程》、《浙江省战时物产出入口管理规则》、《浙江省物产出入口登记及查验办法》、《浙江省食粮调整暂行办法》、《浙江省仓库实施计划纲要》等 20 条规程办法。封面有题赠。

**6736.** **中国战时经济法规汇编**　沈雷春、盛慕杰、陈禾章编　世界书局　1940 年 10 月初版、1941 年 3 月再版　上海　［654］　32 开　精装　有图表

本书内容分为财政一般、公债、税收、盐务、金融、产业一般、农业、工矿业、商业、合作、贸易、外汇、物价、机关组织、其他等 15 类，辑入 1940 年 6 月前战时经济法规 377 种，其中大多属中央颁布的法规。书前有编辑例言。

**6737.** **中央垦务法规汇编**　农林部垦务总局编　编者刊　1942 年 5 月　2＋108　16 开　有图表　农林部垦务总局垦务法规汇编第 1 号

本书收录：《土地法——荒地使用法》、《垦荒实施方案》、《清理荒地暂行办法》、《国有荒地承垦条例》、《督垦原则》、《内地各省市荒地实施垦殖督促办法》、《中央补助各省难民移垦经费办法》、《非常时期难民移垦条例》等 31 部法规条例。

**6738.** **主计法令汇编**　国民政府主计处编　国民政府主计处　1941 年 2 月增订　重庆　437　16 开　有图表

凡岁计、会计、统计及与主计事务有关系之各项法令称为"主计法令"。本汇编共收入 6 类法令：组织、岁计、会计、统计、服务、主计等，截至时间为 1940 年 1 月底止。

**6739.** **主计法令汇编（二十八年增订）（上册）**　国民政府主计处编　国民政府主计处　1939 年 9 月增订　重庆　［298］　16 开　有图表

凡岁计、会计、统计及与主计事务有关系之各项法令称为"主计法令"。本汇编共收入 6 类法令：组织、岁计、会计、统计、服务、主计等，截至时间为 1940 年 1 月底止。本汇编增订本有上、下二册，本馆藏缺下册。

**6740. 主计法令汇编（上册）** 国民政府主计处编 国民政府主计处 1940年3月 重庆 ［482］ 16开 有图表

　　凡岁计、会计、统计及与主计事务有关系之各项法令称为"主计法令"。本汇编共收入6类法令：组织、岁计、会计、统计、服务、主计等，截至时间为1940年1月底止。

**6741. 主计法令汇编（下册）** 国民政府主计处编 国民政府主计处 1940年3月 重庆 ［446］ 16开 有图表

　　凡岁计、会计、统计及与主计事务有关系之各项法令称为"主计法令"。本汇编共收入6类法令：组织、岁计、会计、统计、服务、主计等，截至时间为1940年1月底止。

**6742. 资源委员会规章汇编重印本** 资源委员会秘书处法制组编 编者刊 1941年9月 92［环筒叶］ 19cm×25cm 油印、线装 有图表

　　本书为1939年《资源委员会规章汇编》及同年《资源委员会规章续编》之合并重印本。

# 刑法

**6743. 惩治汉奸法** 钱清廉编著 正中书局 1941年10月初版 重庆 80 32开 中华民国法学会小丛书

　　本书分11节：惩治汉奸之法律、汉奸行为之法定意义、包庇纵容汉奸罪、窝藏汉奸罪、汉奸诬告罪、汉奸未遂罪、预备或阴谋汉奸罪、汉奸之自首、汉奸之审判、结论。后附《修正惩治汉奸条例》、《汉奸自首条例》等5个条例办法。

**6744. 惩治贪污法规浅说** 钱守伯编著 正中书局 1941年10月初版 重庆 60 32开 中华民国法学会小丛书

　　本书分10章：惩治贪污之法令、贪污罪之主体、贪污之行为、贪污未遂罪、预备或阴谋贪污罪、贪污诬告罪、贪污罪之刑罚、贪污罪之审判、刑法总则刑事诉讼法之适用、结论。书前有编著者小序。

**6745. 惩治贪污条例释义** 孙仁山编著 大东书局 1944年11月初版 重庆 4+66 32开

　　本书分为自序、释义、附录3部分。

**6746. 非常时期维持治安紧急办法及有关法令汇编** 国民政府军事委员会政治部 1941年2月 2+21 32开

　　附录为与本办法有关法令摘要，共附8部法令，包括《惩治汉奸条例第二条全条条文》、《危害民国紧急治罪法》、《中华民国战时军律》、《陆海空军刑法》等。

**6747. 军用刑事法令汇编** ［宪兵学校］ 1942年4月 2+253 32开 有图表

　　本书分14节：中华民国战时军律、惩治汉奸条例、惩治贪污暂行条例、妨害兵役治罪条例等。附录收《陆海空军惩罚法》等5条。首页有"本校学员生、军士刑事法令可依据本编修习之"字样。有批校。

**6748. 陆海空军刑法诠释** 刘淑石编著 战地图书出版社 1941年6月初版 上饶 12+148 32开 有题词、有图表

　　本书分3个部分：前言、诠解、附录。书前有序、叙言及凡例。

**6749. 新颁违警罚法** 1943年 34 64开

本法于 1943 年 9 月 3 日国民政府公布，同年 10 月 1 日起施行。

**6750. 刑事特别法通义**　陈朴生著　商务印书馆　1948 年 11 月初版　3＋420　大 32 开　有题词

本书为大学用书，分绪论和各论两个部分。各论有特别刑法以及特别刑事诉讼法上、下两卷。

**6751. 中国特别刑事法通论**　陈璞生著　中华书局　1939 年 8 月　上海　26＋244　大 32 开　精装　有题词

本书为大学用书，分绪论和各论两个部分。各论分特别刑法以及特别刑事诉讼法上、下两卷。附录为关系法条。有例言、魏大同作序。

# 诉讼法

**6752. 调解为主审判为辅**　陕甘宁边区政府办公厅编　编者刊　1944 年 8 月　37　32 开　边政读物之二

收入 9 篇文献：《关于改善司法工作》（林伯渠）、《陕甘宁边区刑事件调解条例》（1943 年 6 月 10 日颁布）、《边区政府关于普及调解、总结判例、清理监所指示信》、《调解模范——郭维德》、《定边抗联会组织民事调解委员会》、《绥德县政府合理调节争窑讼案》、《马锡五同志的审判方式》、《石静山推事实行马锡五方式》、《奥海清同志的审判特点》。

**6753. 检察官办案实用**　毛家骐编著　交通书局　1942 年 6 月初版　贵阳　30＋586　32 开　有插图、有题词、有图表

本书分上、下两卷：刑法部分、刑事诉讼法部分。书前有 4 篇序言、编辑旨趣、凡例。

**6754. 民事审判实务**　余觉编著　大东书局　1944 年 9 月初版，1947 年 3 月再版　重庆　8＋308　32 开　中央政治学校法官练班法律丛书　谢冠生、王建今主编

本书分 6 章：关于民事诉讼程序之立法主义、诉、上诉、抗告、再审之诉、假扣押及假处分。后附《民事诉讼卷宗格式》、《民事第一第二两审裁判书格式》、《民事第一第二两审裁定例稿》、《最高法院民事裁判书格式》、《各审民事判决书示范》和《司法行政部关于民事审判训令》。

**6755. 行政诉讼法规**　行政法院　1938 年 6 月　2＋18　16 开

本书分 3 部分：行政法院组织法、行政诉讼法、行政诉讼费条例。附录《诉讼法》。

# 国际法

**6756. 奥本海国际法——平时（汉译世界名著）**　（德）L. Oppenheim 著，岑德彰译　商务印书馆　1936 年 8 月初版　上海　11＋651　32 开　精装

本书为上、下两卷，上卷论平时，下卷论战时。此为上卷，分 4 编：导言——国际法之基础及其源流、国际法之主体、国际法之客体、国家之外交机关、国际事务。书前有弁言和编者序。

**6757. 非常时期之国际法**　蔡可成编　中华书局　1937 年 3 月初版、1937 年 8 月再版　上海　6＋104　32 开　非常时期丛书　雷震、马宗荣、徐逸樵、罗鸿诏主编

共 4 部分：导论、国际交涉及其机关、国际纷争及其解决方法和战争及其规则。有总序。

**6758. 国际法之新趋势**　N. Politis 著，但荫荪译　商务印书馆　1933 年 12 月初版　上海　18＋120　32 开

全书共 6 篇：国际法的变迁、个人在国际法上的地位、国际刑法、强制司法、国际司法之编纂、结论。卷首有宝道法文序、译者序、导言。书名页为《国际法之新趋势》。

**6759. 国际公法讲义**　吴英荃编述　1943 年　8 + 273　32 开

全书共分 9 章：国际法的观念、国际法人、国家的领域、人民的国籍、国家的权利、国家的义务、国际交涉机关、国际交涉的方式、国际争议解决方法。

**6760. 国际空战法规论要**　林我将著　商务印书馆　1940 年 5 月初版　长沙　7 + 123　32 开

全书共 10 章：总论、战争法之起源、战争法之来源、空战法规之沿革、欧战中之空战法规、欧战中违犯空战法规实例、欧战中之空炸方针、欧战后空战法规制定运动、海牙空战法规草案制订之经过、海牙空战法规草案之内容。附录中收录《战时海军轰炸条约》和《陆战法规惯例条约》。

**6761. 抗战与国际公法**　汪馥炎著　商务印书馆　1938 年 2 月初版　长沙　4 + 44　32 开　抗战小丛书　中国文化建设协会主编

本书共 5 部分：战争的观念、中立的观念、战争的宣告、战争在法律上的效果、抗战中的几个法律问题。有丛书发刊旨趣。

**6762. 论日机轰炸我国之违法**　郭长禄　中山文化教育馆　1938 年 6 月　重庆　6 + 46　32 开　抗战丛刊　第 35 种　中山文化教育馆编

全书共 5 个部分：引言、国际空战法规立法史的回顾、欧战期间列强轰炸方针以及实例、日机轰炸我国的法律责任问题、结论。

**6763. 美国修改中立法问题**　邵循恪、龙大均、郭长禄、吕怀君、黄荫余执笔　独立出版社　1939 年 10 月初版　重庆　4 + 55　32 开　战时综合丛书　第 5 辑

全书共 5 章：论美国中立法、未能中立的美国、美国中立法与中立问题、进行中的美国中立法修改问题（上、下）。附录收《毕德门于本年三月廿日提出之新中立法全文》。书后有讨论大纲。卷首有《战时综合丛书第五辑例言》，书前有弁言。

**6764. 美国中立法的研究**　谢仁钊著　中山文化教育馆　1939 年 8 月渝版　重庆　2 + 43　32 开　抗战丛刊　第 91 种　中山文化教育馆编

包括 5 部分：引言、美国中立法史的检讨、毕德门新中立法案与我国抗战、美国中立法的评价、本届中立法演进的可能趋势。

**6765. 侵略问题之国际法的研究**　朱建民著　商务印书馆　1940 年 4 月初版　长沙　4 + 378 + 35　32 开　中央政治学校研究部丛书

全书共 5 章：绪论、侵略之实质的意义、侵略之法律的规定、侵略者之确定、结论。书前有自序；书后有译名对照表和参考书目。

**6766. 日本暴行与国际法**　周鲠生、洪兰友、朱建民、黄正铭、周子亚、郭长禄、浦乃钧执笔　独立出版社　1939 年 6 月初版　重庆　6 + 50　32 开　战时综合丛书　第 4 辑

全书分 7 章。包括日本发动"七七"及"八一三"事变之违法、日本发动"七七"及"八一三"事变之违反国际公约、日本对华作战步骤之违法、日机轰炸与国际法、日军使用毒气与国际法、日军残杀俘虏奸淫剽掠与国际法等问题。附讨论大纲。有弁言。

**6767. 苏联使领法之剖视**　徐望孚编译　编者刊　1938 年 1 月初版　3 + 135　32 开　有图表

全书分两编：使节法、领事法。附录收 7 篇文章：《关于外交官员条例》、《苏联取消外交代表

官级及全权代表称呼条例》、《中华民国驻苏联各使馆地址一览表》等。特录收两篇文章：《苏联之行政组织及职权》、《苏联之最近行政区域》。书前有作者自序。

**6768. 外人在华之法律地位** 李光夏编著 国际编译社 1943年10月初版，1944年6月再版 重庆 5+46 32开 外交丛书

本书分3章：不平等条约之废除、外国人之意义、外国人在中国之法律地位。书中有引言、弁言。

**6769. 战时俘虏待遇公约** 72 32开

本书收录了《战时俘虏待遇公约》和《改善战地伤病人员日来佛公约》。

**6770. 战时俘虏问题** 胡永龄讲述，俞鸿筹笔记 上海法政学院 1939年9月初版 上海 6+137 32开 上海法政学院丛书之一

本书分3章：俘虏之沿革及其立法、得为俘虏之人、俘虏待遇问题。

**6771. 战时国际法** 中央陆军军官学校第四分校政训处 1938年4月 8+36 32开

本书是中央陆军军官学校第四分校的国际法教材，分3讲，包括：国际争执及其解决方法、战争、战争法规。附录收《日内瓦公约》、《海牙陆战法规》、《国际联盟盟约》、《潜水艇毒气条约》。有林昌恒序。

**6772. 战时国际法** 吴昆吾著，国民政府军事委员会政治部编 青年书店 1938年7月初版，1939年3月再版，1940年7月再版 重庆 8+100 32开

本书分6章：战争概论、战争法规、中立法规、交战国与中立国之权利义务、中立商务之限制、战争之终止。书前有编辑例言。

**6773. 战时国际法（上册）** 葛慕祥编 商务印书馆 1938年8月初版 长沙 1+33 32开 有照片 小学生战时常识丛书

包括开头的话、交战法和中立法3部分。书后有内容摘要和问题。

**6774. 战时国际法（下册）** 葛慕祥编 商务印书馆 1938年8月初版 长沙 1+32 32开 有照片 小学生战时常识丛书

包括开头的话、交战法和中立法3部分。书后有内容摘要和问题。

**6775. 战时国际法规** 申应试编 上海法治出版社 1936年7月3版 上海 87 64开 有照片 战时国民常识丛书

本书分3编：国际争议、国际战争、战时公约。介绍战时国际法基本知识及法规。附《中华民国红十字会管理条例》和《中国临时特许外国航空器飞航国境暂行办法》。书前有著者自序。

**6776. 战时国际法述要** 季灏编 国民图书出版社 1944年6月初版 重庆 4+52 32开

全书分5讲：战争概论、陆战法规、海战法规、空战法规、中立法规。

**6777. 战时国际公法** 李圣五、郑阮恭著 商务印书馆 1938年1月初版，1938年3月再版 长沙 1+123 32开 战时常识丛书

本书分5部分：战争、陆战法、海战法、空战法和中立法。

**6778. 战时国际公法** 陶百川编著 正中书局 1938年9月初版，1939年5月再版 3+60 32开 战时民众训练小丛书

本书分5部分，分别讲述了战争、陆战法、海战法、空战法和中立法。

**6779. 战争在国际法上之意义** 周子亚编著 正中书局 1939年12月初版 重庆 4+50 32开 战时问题丛刊 中央政治学校研究部主编

本书分11章：介绍了国际战争的性质、国际战争的种类、战争法规的渊源、国际战争的区域、战争如何开始、战争开始后的法律效果、战争开始后及于对方人民之影响、交战团体与敌国性质、取得合法战争的方式及其步骤、交战者中之非战斗关系和国际战争的结束。附录收中日战争与国际公法。

**6780. 中日战争中几个国际法问题** 黄正铭著 独立出版社 1940年4月初版 1+61 32开

本书共8篇：中日绝交和宣战问题的检讨、四行壮士与租界中立问题、空中的战争权利、战时间谍问题、化学战争与国际公法、从国际条约上观察欧局与我国立场、国际盟约上之对日制裁问题、美国新中立法案与中立问题。

**6781. 最近国际法上几个重要问题** 梁鋆立等著 正中书局 1934年10月初版，1939年4月3版 6+218 32开 外交丛书 外交评论社主编

本书收集了《外交评论》刊登的论文10篇，内容涉及战争责任、国联改革、国际和平等。

# 司法

**6782. 抗战与司法** 居正、张知本、张庆桢、萧文哲、章任堪、浦乃钧、毛焕明执笔 独立出版社 1939年11月初版 重庆 2+60 32开 战时综合丛书 第4辑 独立出版社编辑

本书分为7部分，包括：法治与抗战建国、一年来司法之设施、抗战期中司法行政之改革、抗战期中司法制度之改革、抗战期中之立法政策、改进西康司法之检讨。书后附有讨论大纲。

**6783. 司法建设与司法人才** 吴学义著 国民图书出版社 1941年5月初版 重庆 5+68 32开 有图表

本书共两编，前编司法建设分11部分：引言、司法经费改由国库负担、增设法院、战区司法之特殊设施、改进监所等；后编司法人才分6部分：法院与法官、法官之考试、训练、任用、待遇、保障、监督等。前有弁言。

**6784. 战时司法** 李生泼编著 商务印书馆 1939年9月初版 长沙 2+38 32开

本书共8部分：战时司法之意义、设最高法院分庭、战区高等法院巡回审判、战时处理刑事案件办法、战时检察官之职责、战区司法人员之处置、战时监所人犯处置办法、战时诉讼须知。

**6785. 战时司法纪要** ［司法院编］ ［编者刊］ 1948年1月 南京 ［4+692］ 16开 有图表

本书收录自1937年抗战以来至1947年有关司法纪要，包括增设各省法院、特种刑事案件之受理、战争罪犯之处置、汉奸之惩治、公证制度、改良监狱、司法会议、司法复员等26项。附录重要司法法令编目等3件。书前有谢冠生序。

**6786. 调查西康司法报告书** 司法行政部编 编者刊 1940年 2+188 17.5cm×24.5cm 线装 有插图、有图表

本书共13章：绪言、疆域与人口、政治、经济、交通与教育、关于民法部分、关于刑法部分、司法机构、关于民刑诉讼部分、公证制度、宝岛夷民概况、监犯移垦、法律适用问题。谢冠生作序。

**6787. 法部工作概况（中华民国廿七年）**　　［法部编］　　编者刊　1938 年　7＋124　16 开　有图表

　　本书为 1938 年法部工作报告，共 10 部分：设置、任用、编纂、民事、刑事、监狱、律师、文书、统计、经费。

**6788. 法部职员录**　1940 年 1 月　32［环筒叶］　32 开　有图表

　　收法部的秘书处、参事室、技术室、总务局、文书处等部门职员的职别、姓名、别号、年龄、籍贯、住址、电话。

**6789. 贵州兴义地方法院民国廿九年度工作报告**　倪继文著　1940 年　［1＋28］　［环筒叶］　27.2cm×19cm　油印、线装　有图表

　　本书共 8 部分：绪言、修缮及布置情形、内部组织概况、法收之整顿、案件之进行、工作人员之监督训练、看守所概况、今后施政方针。附录收《本院职员一览》、《本院建筑平面图说》等。

**6790. 湖南各级法院暨监所职员录**　湖南高等法院书记室编　编者刊　1941 年 8 月　39［环筒叶］　32 开　油印、线装　有图表

　　本书收录湖南高等法院、湖南高等法院检察院、湖南第一监狱等部门职员录。

**6791. 司法行政部对参政会询问案答复书**　9［环筒叶］　16 开　油印

　　为司法部、行政部对参政会询问案的 19 项答复书，包括检举汉奸应定期限及已检举而未到案之汉奸应缺席判决问题、定期集体执行死刑问题等。

**6792. 四川司法（自民国三十三年度起至三十五年度止）**　1946 年　四川　6＋67　16 开　有插图、有图表

　　本书为四川省 1944 年至 1946 年司法机构工作报告。分 4 篇：行政、民事、刑事和监狱。苏兆祥作序，有例言。书后有勘误表。

**6793. 中华民国二十六七八年度司法统计**　司法行政部统计室编　编者刊　1943 年 1 月　［8＋1027］［环筒叶］　16 开　有图表

　　本书为 1937 年至 1939 年司法工作统计图表汇总，包括行政、民事、刑事、涉外民刑事、监狱 5 大类。谢冠生作序。有勘误表。

**6794. 最高法院刑庭会议记录类编（自民国十七年至卅七年六月止）**　最高法院编辑　上海法学编译社　1948 年 11 月　上海　6＋178　16 开　有图表

　　辑录 1928 年至 1948 年最高院刑庭会议记录，共 4 卷：刑法、刑事诉讼法、特别法、关于第三审裁判格式事项。有例言。

**6795. 抗战期内司法院解释汇编**　马维骥编辑，杨昭元校订　贵阳印刷厂　1939 年 8 月初版　贵阳　［114］　32 开　有图表

　　本书包括序、编辑大意、解释法规顺序、解释分类及条文索引检查表、解释、附录（刑事诉讼审限规则、诉讼费用暂行规则）6 个部分。书前有《蒋委员长之作事条例》。

**6796. 司法院解释汇编（上册）**　司法院编译处编　司法院秘书处　1944 年 10 月　［103＋563］　16 开　有照片、有图表

　　本书包括上、下两册，收录 1929 年 2 月—1941 年 6 月司法院解释法令第 1－1200 号，其中 279、280、281、993 号因属保密未收录。有例言。

**6797. 司法院解释汇编（下册）** 司法院编译处编 司法院秘书处 1944 年 10 月 ［138＋542］ 16 开 有照片、有图表

本书收录 1929 年 2 月——1941 年 6 月司法院解释法令第 1–1200 号，其中 279、280、281、993 号因属保密未收录。有例言。

**6798. 司法院解释要旨类编** 最高法院编 编者刊 1941 年 重庆 ［234］环筒叶 16 开 油印 有图表

辑录司法院解释令院字 2091 号至 2000 号。

**6799. 民国二一年至二九年最高法院判例要旨（全三册）** 最高法院判例编辑委员会编 大东书局 1944 年 3 月初版 重庆 20＋914 16 开

本书收录最高法院 1932 年至 1940 年的判决民、刑事等所依据之重要法令。

**6800. 行政法院判例要旨** 行政法院编纂 大东书局 1945 年 10 月初版，1946 年 1 月再版 重庆 2＋44 16 开

本书收 1933 年 9 月至 1943 年 12 月间的行政法院判例，有实体部分、程序部分两编共 18 类。书前有凡例。

**6801. 最高法院裁判要旨汇编（上册）** 薄铸、吴学鹏编 上海律师公会 1940 年 5 月 上海 10＋494＋81 16 开 有图表

为民事法律规范，包括民法、民事诉讼法、公司法、商标法、土地法等，附录《最高法院民事裁判检查表》。有序言和凡例。

**6802. 最高法院裁判要旨汇编（下册）** 薄铸、吴学鹏编 上海律师公会 1940 年 5 月 上海 3＋278＋44 16 开 有图表

为刑事法律规范，包括刑法、刑事诉讼法、危害民国紧急治罪法、大赦条例、陆海空军审判法等。附录《最高法院刑事裁判检查表》。有序言和凡例。

# 地方法规

**6803. 成都市政府现行法规汇编** 1939 年 9 月 ［319］ 16 开 有图表

本书共 6 部分：组织、社会、教育、战教等。

**6804. 昆明市政府现行法规汇编** 昆明市政府秘书处编 编者刊 1938 年 7 月 昆明 8＋224 16 开 有图表

本书所辑法规截至 1938 年，分 6 类：总务、社会、财政、工务、教育、地政。

**6805. 陕西省现行法规汇编（第一册）** 陕西省政府秘书处法制室编 ［编者刊］ 1942 年 9 月 8＋202 16 开 有图表

收录陕西省 1942 年 6 月底前有效法规。本册为总类、民政、财政类法规汇编。书前有例言。

**6806. 陕西省现行法规汇编（第二册）** 陕西省政府秘书处法制室编 ［编者刊］ 1942 年 9 月 11＋178 16 开 有图表

收录陕西省 1942 年 6 月底前有效法规。本册为教育、建设、合作、社会类法规汇编。书前有例言。

**6807. 陕西省现行法规汇编（第三册）** 陕西省政府秘书处法制室编 ［编者刊］ 1942 年 9 月 7 + 162 16 开 有图表

收录陕西省 1942 年 6 月底前有效法规。本册为卫生、会计、保安、粮政、地政、水利类法规汇编。书前有例言。

**6808. 陕西省现行法规汇编（附编）** 陕西省政府秘书处法制室编 ［编者刊］ 1943 年 1 月 11 + 330 16 开 有图表

收录中央政府 1940 年至 1942 年所颁行的法规。书前有例言。

**6809. 四川省建设法规汇编** 四川省政府建设厅编 编者刊 1937 年 173 ［环筒叶］ 16 开 油印

分工商类、矿业类、电政类、水利类、农业类、畜牧类、林业类、测候类、粮食调整类、成都新村类、交通类、度政类以及其他共计 84 种涉及四川省建设的法规。出版时间根据书内各法规颁布时间推断。

**6810. 四川省现行法规汇编（第一册）** 四川省政府秘书处法制室编 编者刊 1940 年 四川 22 + 494 + 8 大 32 开 有图表

本书辑录 1940 年间四川省颁布现行有效的组织法和服务法。贺国光作序。有例言，有勘误表。

**6811. 四川省现行法规汇编（第二册）** 四川省政府秘书处法制室编 编者刊 1940 年 四川 ［316］ 大 32 开 有图表

本书辑录 1940 年四川省颁布的民政法规。有勘误表。

**6812. 四川省现行法规汇编（第五册）** 四川省政府秘书处法制室编 编者刊 1941 年 9 月 四川 ［8 + 341 + 2］ 32 开 有图表

本书为四川现行法规建设篇，共 12 章：工商、水利、电政、公路、航政、农矿、林业、垦殖、度政、合作、新村建设、杂项。书后有勘误表。

**6813. 西康省单行法规汇编第二辑（上）** 1940 年 26 + ［358］ 23cm×13.9cm 线装 有图表

本辑收自 1939 年 1 月至 1940 年 5 月止西康省现行有效之法规，分 4 部分：官制、官规、民政、财政。

# 伪政权法规

**6814. 北京地方法院民国三十年度工作一览** ［60］ 16 开 有插图、有图表

本书收录了《北京地方法院名称管辖区域及所办事件沿革一览表》、《北京地方法院历任院长职名姓名及在职年月一览表》、《北京地方法院组织系统及人员配置表》等 46 幅表格。

**6815. 华北邮政人寿保险法规** （伪）华北邮政总局 1942 年 7 月 1 + 38 32 开 有图表

本书收录《华北邮政人寿保险暂行办法》及《华北邮政人寿保险规则》。

**6816. 华北政务委员会法规汇编（上、中、下编）** （伪）华北政务委员会政协厅法制局编 编者刊 1941 年 2 月初版 北京 38 + ［1676］ 16 开 有图表

本书辑录 1940 年 12 月前伪华北政务委员会所颁行的各类法规，共 11 类：官制、官规、内务、财务、治安、实业、建设、交通等。

**6817. 满洲国法令辑览（1～10 卷）** （伪）国务院法制处编纂 （伪）满洲行政学会 长春 [15000] 大 32 开 精装 有插图、有图表

**6818. 满洲国弘报关系法规集（满文）** （日）长泽千代造编辑 （伪）满洲新闻协会 1942 年 8 月 新京 2＋36 32 开 有图表

本书辑录《出版法》、《株式会社满洲映画协会法》、《映画法》、《满洲国通信法》、《新闻社法》、《记者法》、《记者考试令》、《关于外国人记者之件》、《电气通信法》等 17 部法规。

**6819. 满洲新六法（满文）** （日）中根不羁雄编辑 （伪）满洲行政学会 1937 年 11 月 9 版 新京 9＋[581] 大 64 开 有图表

含基本法、司法机关、民事手续法、民事法、刑事法、刑事手续法、国际法等。中根不羁雄、田村仙定作序。

**6820. 满洲刑法分则讲义** 程光铭著 胡魁章书店 1937 年 11 月 新京 6＋190 32 开 有图表

本书系第 2 编共 39 章，包括：对帝室罪、危害国交罪、妨碍公务罪、诬告罪、杀人罪、窃盗罪、遗弃罪等。有自序、有作者题赠和编辑例言。附录收《改正罪名表示规程》、《四种刑法分则条文对照表》、《中满日刑法分则章次对照表》和《勘误表》。

**6821. 判词借镜日本大审院判例** （伪）最高法院编译室编，编著译 （伪）最高法院书记厅 1942 年 4 月 [112] 32 开 最高法院丛刊 第 3 种

本书由日本大审院判决书汇编而成，分民事、刑事两类判例。

**6822. 青岛特别市税务关系规则类集** （伪）青岛特别市财政局 1940 年 10 月 5＋303 32 开 有图表

本书分两个部分：青岛特别市税务关系规则、青岛特别市官有财产暨行政手续费其他关系规则。书后有附录。

**6823. 全国司法行政会议实录** （伪）全国司法行政会议秘书处编 （伪）司法行政部总务司 1943 年 4 月 6＋226 16 开 有照片

本书为 1943 年伪政权司法宪政会议记录，包括摄影、特载、宣言、开会词、闭会词、法规、图表、议程、议事录和议案原文 10 个部分。罗君强作序。

**6824. 司法行政法令辑要（上、下册）** （伪）法部编辑室编 法部总务局 1939 年 3 月初版 北京 122＋2386 16 开 精装 有图表

内容包括：官制官规、司法行政、监所、律师会计师、民刑诉讼、非讼事件 6 部分。书前有序言、凡例。

**6825. 司法行政法令辑要补编** （伪）临时政府法部参事室编 编者刊 1940 年 3 月补编初版 北京 10＋366 16 开 精装

本辑要收录 1939 年至 1940 年伪临时政府颁布的司法行政法令，共 7 编：官规、司法行政、监狱、律师会计师、民刑诉讼、非诉讼事件和诉愿。有序言和凡例。附录收（伪）临时政府司法委员会解释法令文件及变更判例文件。

**6826. 司法院解释法律文件汇编** （伪）司法院参事处编 编者刊 1942 年 6 月 南京 24＋78 32 开

本书收录汪伪政府司法院 1940 年至 1942 年间司法院解释法律的文件，共 39 件。有温宗尧序。

**6827. 伪满司法总检讨**　中央设计局东北调查委员会编　编者刊　1945年7月　[64]　[环筒叶]　16开　有图表

　　本书分7章：司法制度、审判及检察制度、民事制度、刑事制度、犯罪预防制度、行刑制度、涉外事件。附录收《伪满法院组织法》等6篇文件。

**6828. 伪组织法规汇编**　军事委员会战地党政委员会机要组编　编者刊　1941年1月　1+17［环筒叶］　16开　油印　有图表　第12辑

　　出版时间据封面推论。

**6829. 伪组织法规汇编（第11辑）**　军事委员会战地党政委员会机要组编　编者刊　1941年1月31日　1+19［环筒叶］　16开　油印　有图表

　　本册收录伪组织经济类、军警类法规。

**6830. 新增中华民国法规大全**　（伪）司法行政部编纂室编　编者刊　1941年1月初版　11+529　32开　有照片、有图表

　　内辑1940年3月30日至9月30日伪国民政府所颁布法规汇编。

**6831. 新增中华民国法规大全（第二集）**　（伪）司法行政部编纂室编　编者刊　1941年7月初版　8+332　32开　有照片、有图表

　　内辑1940年10月1日至1941年3月30日伪国民政府所颁布法规汇编。系1941年1月出版的《新增中华民国法规大全》之续编。

**6832. 修正司法统计年报月报表格汇编**　（伪）司法行政部　编者刊　1941年4月　南京　[700]［环筒叶］　16开　有图表

　　包括行政、民事、刑事和监所4类年报、月报表格118种并附填报说明。

**6833. 暂行民籍法施行细则其他关系法规**　[（伪）治安部]　1940年9月　[207]　32开　有图表　司法部令第31号、治安部令第49号

　　本书为1940年9月30日伪满政权司法部和治安部颁布之法规。中日文对译本。

**6834. 增订宣传部现行法规汇辑**　（伪）宣传部总务司编　编者刊　1942年3月　4+160　大32开　有图表

　　收伪宣传部现行法规45篇。

**6835. 浙江司法一年纪**　（伪）浙江高等法院编　编者刊　1939年2月　杭州　8+170　16开　有图表

　　内容包括：组织、人事、诉讼、会计、监所、律师、赃物、各县司法、其他。附录收《检察官对金林坤伤害杀死一案上诉书》、《一月份监所人犯统计表》等16件。有序言。

**6836. 中华民国法规大全补编**　（伪）最高法院书记厅编纂　编者刊　1940年6月初版　南京　14+784　32开　有插图、有图表

　　本书收录1936年10月至1937年11月的法令，分12类，有根本法、民法、刑法、民事诉讼法、刑事诉讼法、官制官规、行政、立法、司法、考试、监察、党务。书前有张韬序。有例言。

**6837. 中华民国法规汇编三十年辑（一）**　（伪）立法院编译处编　编者刊　1943年4月　南京　30+913　16开　有图表

　　本书收录自1940年至1941年底公布或修正的法令规章，包括1936年1月至1937年11月止的

与汪伪政府政策不相抵触的法令规章。本辑包括第 1 编法源和第 2 编组织法。书前有陈公博、缪斌等 8 人作序、黄曝寰所作《说略》。

**6838.** 中华民国法规汇编三十年辑（二）  （伪）立法院编译处编  编者刊  1943 年 4 月  南京 [16＋1265]  16 开  有图表

本书收录自 1940 年至 1941 年底公布或修正的法令规章，包括 1936 年 1 月至 1937 年 11 月止的与汪伪政府政策不相抵触的法令规章。本辑为第 3 编服务法。

**6839.** 中华民国法规汇编三十年辑（三）  （伪）立法院编译处编  编者刊  1943 年 4 月  南京 [4＋1045]  16 开  有图表

本书收录自 1940 年至 1941 年底公布或修正的法令规章，包括 1936 年 1 月至 1937 年 11 月止的与汪伪政府政策不相抵触的法令规章。本辑为第 4 编内政、第 5 编外交、第 6 编军事、第 7 编财政。

**6840.** 中华民国法规汇编三十年辑（四）  （伪）立法院编译处编  编者刊  1943 年 4 月  南京 [6＋823]  16 开  有图表

本书收录自 1940 年至 1941 年底公布或修正的法令规章，包括 1936 年 1 月至 1937 年 11 月止的与汪伪政府政策不相抵触的法令规章。本辑为第 8 编实业、第 9 编教育。

**6841.** 中华民国法规汇编三十年辑（五）  （伪）立法院编译处编  编者刊  1943 年 4 月  南京 [611]  ＋86  16 开  有图表

为汪伪政府立法院编辑，收录自 1940 年至 1941 年底公布或修正的法令规章，包括 1936 年 1 月至 1937 年 11 月止的与汪伪政府政策不相抵触的法令规章。本编包括第 10 编交通、第 11 编司法、第 12 编杂件，并附索引。

**6842.** 中华民国法令索引目录  1944 年 8 月  11＋140  16 开

辑录 1940 年至 1944 年伪国民政权法令。封面有"在中华民国大日本帝国大使馆"字样。

**6843.** 中华民国卅年度河北高等法院统计刊要  （伪）河北高等法院书记室编辑，王晋校对  1942 年 4 月  [6＋48]  16 开  有图表

本书收录 1941 年伪河北高等法院各类统计表格 40 件。

**6844.** 中日对译现行中华民国法令辑览  （伪）中华法令编印馆编纂  编者刊  1939 年 6 月  北京 [8＋11]  32 开  有题词

本册为基本法篇、官制篇、官规篇相关法规的目录。书前有发行说明、编纂例。

**6845.** 中日对译现行中华民国法令辑览（第一卷）  （伪）中华法令编印馆编纂  编者刊  1939 年 6 月  北京  [9＋612]  32 开  精装  有题词、有图表

本辑分 5 篇：基本法、官制、官规、服制·徽章·褒赏、文书·统计。书前有《编纂例》、《中华民国临时政府宣言》、《追录加除一览表》。

**6846.** 中日对译现行中华民国法令辑览（第二卷）  （伪）中华法令编印馆编纂  编者刊  1939 年 10 月  北京  [9＋563]  32 开  精装  有插图、有图表

本辑分 4 篇：地方制度、社会、学务、寺庙·宗教。书前有编纂例、中华民国临时政府宣言、追录加除一览表。

**6847.** 中日对译现行中华民国法令辑览（第三卷）  （日）在北京大日本大使馆事务所编纂监修 （伪）中华法令编印馆  1943 年 6 月  北京  [1018]  32 开  精装  有图表

本辑分两篇：财务、会计。

**6848.** 中日对译现行中华民国法令辑览（第四卷）　　（伪）中华法令编印馆编纂　编者刊　1939 年 10 月　北京　[9＋912]　32 开　精装　有图表

　　本辑分 3 篇：产业、土地·森林、河川·港湾·土木。书前有《编纂例》、《中华民国临时政府宣言》、《追录加除一览表》。

**6849.** 中日对译现行中华民国法令辑览（第五卷）　　（伪）中华民国临时政府行政委员会监修 （伪）中华法令编印馆　1939 年 8 月　北京　[9＋1426]　32 开　精装　有题词、有图表

　　本辑为法务篇，共 7 章：司法机关、民商事法、监狱、军刑·审判、诉愿·行政诉讼、诉讼卷宗及统计报告。书前有《编纂例》、《中华民国临时政府宣言》、《追录加除一览表》。版权页著者为"中华法令编印馆编译"。

**6850.** 中日对译现行中华民国法令辑览（第六卷）　　（伪）中华法令编印馆编纂　编者刊　1940 年 7 月　北京　[9＋1094]　32 开　精装　有题词、有图表

　　本辑分 3 篇：警察·卫生、军事、交通·通信。书前有《编纂例》、《中华民国临时政府宣言》、《追录加除一览表》。

**6851.** 中日对译中华民国新六法　　（伪）中华法令编印馆编，朱颐年监修，编著译　编者刊　1939 年 3 月　北京　10＋[1133]　大 64 开　精装　有题词、有图表

　　分基本法、官制官规、司法机关、民事实体法、商事法、民事手续法、刑事实体法、刑事手续法、行政诉讼·诉愿法、警察·卫生、诸法。

**6852.** 最高法院年刊（第二编）　　（伪）最高法院年刊编辑委员会编辑　　（伪）最高法院书记厅第三科　1942 年 4 月　南京　[370]　16 开　有照片、有图表

　　本书分 7 个部分：命令、法规、解释、判例、统计、一年来本院大事记、职员录。有例言。所收录内容自 1940 年至 1942 年 3 月。

**6853.** 最高法院年刊（第三编）　　（伪）最高法院年刊编辑委员会编辑　　（伪）最高法院书记厅第三科　1943 年 7 月　南京　[225]　16 开　有照片、有图表

　　本书分 7 个部分：命令、解释、判例、重要公牍、统计、本院大事记、覆审查律师惩戒委员会案牍。有例言。所收录内容自 1942 年 4 月 1 日至 1943 年 6 月。

**6854.** 最高法院年刊（第四编）　　（伪）最高法院年刊编辑处编辑　　（伪）最高法院书记厅第三科 1945 年 1 月　南京　5＋[146]　16 开　有照片、有图表

　　本书分 4 部分：命令、解释、判例、本院大事记。有例言。所收录内容自 1943 年 7 月 1 日至 1944 年 12 月。

**6855.** 最高法院年刊（国府还都一周年纪念）　　（伪）最高法院年刊编辑委员会编辑　　（伪）最高法院书记厅第三科　1941 年 4 月　南京　[464]　16 开　有照片、有图表

　　本书分 11 个部分：插图、命令、法规、一年来该院工作概况、解释、判例、重要公牍、统计、一年来本院大事记、职员录和金载。张韬作序，有例言。所收录内容自 1940 年 4 月 1 日至 1941 年 3 月。

# 社　会

## 社会行政

**6856.** 社会部对参政员询问案之答复（一）　　16〔环筒叶〕　16开　油印

**6857.** 社会部对参政员询问案之答复（二）　　36〔环筒叶〕　16开　油印

**6858.** 社会部各项法规　41〔环筒叶〕　18.5cm×25.7cm　油印、线装　有图表

**6859.** 社会部三十二年度岁出经常门常时部份概览简表附提要　〔1943年〕　10〔环筒叶〕　16开　油印　有图表

**6860.** 社会部三十年度核准备案各地方社会团体统计表　组织训练司第四科调制　1941年　86〔环筒叶〕　18.1cm×25.7cm　油印、线装　有图表

**6861.** 社会部三十年度一月至九月工作报告　〔1941年〕　59〔环筒叶〕　17.8cm×25.5cm　油印、线装　有插图、有图表

**6862.** 社会部三十年度十月份工作报告　〔1941年〕　40〔环筒叶〕　18cm×25.4cm　油印、线装　有图表

**6863.** 社会部三十年九月份工作报告　〔1941年〕　34〔环筒叶〕　18cm×24.5cm　油印、线装　有图表

**6864.** 社会部三十年十一月份工作报告　〔1941年〕　29〔环筒叶〕　17.7cm×25.5cm　油印、线装　有图表

**6865.** 社会部三十年十二月份工作报告　〔1941年〕　〔70〕　17.8cm×25.3cm　油印、线装　有图表

**6866.** 社会部三十年下半年度工作总检阅报告表　〔1941年〕　44〔环筒叶〕　17.9cm×25.6cm　油印、线装　有图表

**6867.** 社会部三十一年度一月份工作进度检讨报告表　28〔环筒叶〕　17.8cm×25.5cm　油印、线装　有图表

**6868.** 社会部三十一年度二月份工作进度检讨报告表　〔1942年〕　29〔环筒叶〕　18cm×25.7cm　油印、线装　有图表

**6869.** 社会部三十一年度五月份工作进度检讨报告表　〔1942年〕　45〔环筒叶〕　17.8cm×25.5cm　油印、线装　有图表

**6870.** 社会部三十一年度六月份工作进度检讨报告表　〔1942〕　44〔环筒叶〕　17.7cm×25.5cm　油印、线装　有图表

**6871.** 社会部三十一年度七月至九月份工作进度检讨报告表　1942年　60〔环筒叶〕　17.4cm×

25.3cm　油印、线装　有图表

**6872. 社会部三十三年度政绩比较表**　1944 年　100 ［环筒叶］　16 开　油印、线装　有图表

**6873. 社会部直辖社会自由职业团体通讯一览**　组织训练司编　编者刊　1944 年　20 ［环筒叶］
16 开　油印　有图表

**6874. 社会部直辖社会自由职业团体通讯一览**　组织训练司编　编者刊　1945 年 1 月　26 ［环筒
叶］　17.1cm×23.9cm　油印、线装　有图表

**6875. 抗战六年来之社政**　中国国民党中央执行委员会宣传部编　编者刊　1943 年 7 月初版　2 +
44　32 开　有图表　抗战建国六周年纪念丛刊

　　本书分 7 章：中国社会行政之特质、各级社政机构之建立、民众组训之发展、社会福利之倡
导、合作事业之推行、人力动员之实施、结语。

# 儿童问题

**6876. 八月来之急救儿童工作**　中国急救战区儿童联合委员会编　编者刊　1945 年 6 月　2 +74
32 开　有图表

　　本书分 8 部分：缘起、本会组织概况、本会经费概况、本会急救工作办法、本会工作概况、反
攻区急救工作之准备、今后工作之展望、附各项办法及表格。

**6877. 民国廿六年儿童年鉴**　胡祖荫主编　1937 年　6 +342 +4　32 开　有照片、有插图、有题词、
有图表

　　本书分 10 部分：党务政治、国防军备、史地常识、名人像传、体育卫生、童子军、儿童科学、
儿童歌曲、儿童艺术、儿童便览。附录收《儿童年鉴测验问题》、《测验问题答案悬赏》。

**6878. 难民儿童的救济与教养**　蒋宋美龄、吕晓道、陈立夫、任培道、陈礼江、钱用和、吴研因、吕
云章、陈鹤琴、陈婉慈、李朴生、徐闿瑞、王志远、唐国桢、沈兹九、胡毅、王平陵、更生执笔　独
立出版社　1938 年 10 月初版　重庆　4 +82　32 开　有图表　战时综合丛书　第 2 辑第 18 种

　　本书集录 18 篇刊载于报章杂志的文章，分 5 个方面：各方人士对难童救济的呼吁、救济及教
养难童的意义、救济及教养难民儿童的宣传、实施救济及教养难童的原则与要点、救济与教养难民
儿童的具体办法。书前有战时综合丛书第 2 辑例言。附录有讨论大纲，并收录《中国战时儿童救济
协会工作计划大纲》、《中国战时儿童救济协会被灾儿童教养办法大纲》等 6 个文件。

**6879. 一年来之急救儿童工作**　中国急救战区儿童联合委员会编　编者刊　1945 年 11 月　［16］　32
开　有图表

　　本书分 8 节：本会组织概况、本会经费概况、本会作风、本会工作原则、本会工作对象、本会
工作办法、本会工作概况、今后工作之展望。附录收《中国急救战区儿童联合委员会一年来各区被
救济儿童统计表》、《中国急救战区儿童联合委员会各分会、区办事处负责人一览表》。中英文对译
本。

**6880. 战时儿童保育**　战时儿童保育会宣传委员会编辑　战时儿童保育会　1938 年 12 月　2 +46
32 开　有照片、有插图、有图表

　　本书分 9 部分：前言、各保育院收容儿童数及负责人名录、保育院工作人员任用条例及聘书格
式、关于捐款的总结、抢救儿童专页、编后记等。

**6881.** 战时儿童保育（年刊） 战时儿童保育会编 编者刊 1939年10月 4+64 16开 有照片

本书分4部分：儿童保育会年报序言（蒋宋美龄）、工作报告、附录、编后记。

**6882.** 战时儿童保育会保管委员会征信录 1944年6月 ［351］ 32开

本征信录自1938年3月10日起至1944年6月30日止，分中文、英文、附录三部分。其中附录分两部分：广东银行代收捐款、理事长蒋夫人访美加时友邦人士之捐款。

**6883.** 战时儿童保育会六周年纪念刊 2+52 16开 有照片、有题词、有图表

本书分8部分：六年来本会工作总报告（熊芷）、六年来本会工作总检讨（总会全体同仁）、论著、浙江分会第二保育院流亡经过、湘分会保育工作、教学经验谈、保育生作品、附录。其中附录收录相关规程、名单、表格共8种。

**6884.** 战时的儿童工作 张宗麟著 黑白丛书社 1938年2月3版（汉） 40 32开 黑白丛书战时特刊7 钱俊瑞主编

本书分5部分：绪言、怎样处置婴孩、儿童可以做些什么工作、怎样指导儿童参加非常时期的工作、敬告父母与教师。

**6885.** 战时儿童救济之理论与实践 马北拱著 中国战时儿童救济协会 1940年5月 10+172 32开 有图表

该书分4章：为什么要救济儿童、怎样抢救战区儿童、怎样教养难童、结论。书前有沈萍作"介绍作者"及作者前言。附录收《凤凰教养院有关规章制度》、统计资料及《二十九年元旦告全体小朋友书》、《院生来函一束》等文献，共36种。

**6886.** 中国妇女慰劳自卫抗战将士总会战时儿童保育会规程 战时儿童保育会编 编者刊 汉口 4+42 32开 有图表

本书分15部分：蒋宋美龄为难童请命、本会缘起、本会简章、本会组织系统表、本会工作计划大纲、常务理事会办事通则、秘书处办事细则等。

# 童子军

**6887.** 初中童子军（第一册） 薛元龙、汪仁侯、蒋翼振、袁宗泽编著 正中书局 1943年5月初版 重庆 8+127 32开 有插图、有图表 新中国教科书

本书为教材，分16周讲述初中童子军课程。书前有编辑大意、训练要点。附录收《中国童子军登记办法》、《中国童子军登记表填写须知》、《中国童子军证书用法》、《中国童子军证书格式》。

**6888.** 初中童子军（第四册） 薛元龙、汪仁侯、蒋翼振、袁宗泽编著 正中书局 1943年9月初版 重庆 4+99 32开 有插图、有图表 新中国教科书

**6889.** 初中童子军（第五册） 薛元龙、汪仁侯、蒋翼振、袁宗泽编著 正中书局 1943年10月初版 重庆 4+91 32开 有插图、有图表 新中国教科书

**6890.** 广西学生军 钟月云辑 民团周刊社 1938年3月初版，1938年5月再版 南宁 34 32开 焦土丛刊第二辑之五 亢真化主编

本书收5篇文章：《广西的学生军》（家尧）、《八桂的女健儿》（易明）、《广西娘子军会见记》（杨慧琳）、《欢迎广西女战士》（乐群）、《出发前后》（严兆芬）。

**6891. 广西学生军**　广西学生军第一队编　生活书店［经售］　1939 年 3 月初版　12 + 185　大 32 开　有照片、有插图、有题词

本书分：目录、论文、工作与生活、诗歌、戏剧 5 部分。收录了广西学生军根据自己的战斗经历写就的文章。书前有李宗仁照片、广西学生军军官生签名、军歌及广西学生军工作线路图等。

**6892. 广西学生军纪实**（1938－1940）　广西学生军编辑委员会编　编者刊　1941 年 2 月　34 + 272　大 32 开　有照片、有插图、有题词

本书主要记叙了广西学生军在抗战时期（1938－1940）的生活和工作情况。收文 59 篇，包括：工作总结、生活纪实、文艺诗歌等。书前有题字、照片、木刻 66 幅及广西学生军军歌。书后附：工作计划、工作方案等 11 种。

**6893. 广西学生军在前线**　广西学生军回桂代表团编　［编者刊］　1938 年　［南宁］　41　32 开

本书收《我们是怎样成长起来的》、《他们在怎样生活着》（学生军特写）、《半年来工作的经验和教训》、《给本省同胞的一封公开信》、《为“八一三”周年纪念致本省同学》、《为“八一三”周年纪念致本省妇女》、《为“八一三”周年纪念慰问将士家属》7 篇。书前有韦永成序，书后有编后的话。

**6894. 抗战建国与童子军**　吴溯初著，中山文化教育馆编　上海杂志公司［总经销］　1938 年 10 月渝版　2 + 62　32 开　有图表　抗战丛刊第 60 种

全书分 4 章：概论、中国童子军新基础的建立、适合现代的童子军组织、关于童子军训练内容的充实。

**6895. 抗战与童军**　中国童子军战时服务第一团团史编辑委员会编辑　大公报代办部　1938 年 1 月　356　16 开　有照片、有插图、有图表

该书包括前奏、专载、论著、报告、生活等部分，收录反映战时童子军状况的文献若干篇。书前有代序《抗战到底服务到底》（潘公展）。书后有《工作人员名录》、出版的话、编后。

**6896. 陪都童子军纪念旬特刊**　中国童子军重庆市理事会编　编者刊　1943 年　26［环筒叶］　16 开　油印　有插图

本书收录 12 篇文章，包括《蒋会长在中国童子军创始三十一周年纪念大会之训词》、《何副会长应钦先生在第十六届中国童子军节纪念大会中之训词》、《陈理事长立夫先生在二二五服务员聚餐会中之讲词》、《培植新国民的基础》（杨公达）、《童子军教育的真谛》（雷啸岑）、《中国童子军创始三十一周年纪念大会盛况》等。书前有序言。

**6897. 三十年的中国童子军**　中国童子军总会编　编者刊　1941 年 11 月　重庆　1 + 46　16 开　有插图、有图表

本书收录 24 篇文章，包括：《中国童子军教育纲领》、《中国童子军在海外》、《十字街头的引路人》、《童子军捐献的飞机》、《中国童子军的中枢工作者》等。书后有编后。

**6898. 十年来的中国童子军总会**　中国童子军总会编　编者刊　1944 年 11 月　32 + 84　32 开　有照片、有图表

本书分 13 部分，包括：绪言、总会筹备及成立之经过、总会成立后之沿革、十年来组织工作之进展、十年来之重要训练工作等。书前有张治中所作序言、《中国童子军教育纲领》、《中国童子军誓词规律》、《中国童子军歌》、《会长副会长暨理事长监事长训词》等。附录收《报章言论之一

斑》。

**6899. 童子军活动指导** 吴耀麟著 商务印书馆 1941 年 3 月初版 6 + 148 32 开 有照片

包括青年总动员、野外活动的前奏、紧急集合、侦缉汉奸、突破封锁等 30 章。附录收《广州市童子军总检阅课程比赛细则》。

**6900. 童子军战时服务常识（下册）** 郑昊樟编著，徐观余校订 商务印书馆 1938 年 7 月初版 长沙 1 + 30 32 开 有照片 小学生战时常识丛书

介绍伤员护理、预防毒气等战时常识。

**6901. 童子军侦察术** 吴耀麟著 1940 年 11 月 4 + 64 32 开

分 5 章，包括导言、观察、侦察、侦探、基本训练。

**6902. 新编女童子军初级课程增订教材** 范晓六主编 二二五童子军书报用品社 34 32 开 有插图、有图表

本书分 4 章：卢沟桥不屈的炮声、抵御外侮与复兴民族、总理与领袖事略、基本训练与战时服务。

**6903. 新编童子军初级课程（战时增订本）** 范晓六主编 美商好华图书公司 1939 年 3 月沪增订本 上海 2 + 260 32 开 有插图、有图表

本书分 9 章：童子军训练总说、抵御外侮的认识、实行誓规训练、团体生活训练、初级童子军基本智识技能、操法训练、战时服务、宣誓、总复习。附录收《中国童子军初级训练合格标准》。书前有编辑大意。

**6904. 战时少年训练教材** ［江西省教育厅童子军巡回教育团编］ ［江西省教育厅］ 1939 年 6 月 ［江西］ 4 + 224 32 开 有照片、有插图、有图表

本书分上、下两篇，各 8 节。上篇包括：国旗党旗、总理事略、誓词规律、国耻小史等；下篇包括：三民主义、绳索结法、方向观测、通讯技术等。书前有胡立人所作例言。著者、出版地、出版者、出版时间据例言推断。

**6905. 中国童子军教育** 刘澄清编著 商务印书馆 33 + 430 大 32 开 有题词、有图表

本书共 4 编：总论、行政论、组织论、训练论。书前有《中国童子军歌》和《野火歌》、隋树森、陈潮中、余景陶序、作者自序，书后附录中国童子军总章、中国童子军各种组织法规、中国童子军课程标准和后记。

**6906. 中国童子军全国干部会议纪实** 1945 年 4 月 14 + 188 32 开 有照片、有图表

本书分 3 章：会议之筹备、会议之经过、决议案。书前有弁言、《戴副会长训词》、《何副会长训词》、《张理事长训词》、《朱监事长训词》。附录收《全国干部会议组织规程》、《全国干部会议秘书处组织细则》、《全国干部会议议事规则》、《贺电》。出版时间据内容推断。

**6907. 中国童子军训练法** 刘澄清著 商务印书馆 1942 年 7 月初版 重庆 4 + 151 32 开

本书分绪论和本论两编，共 42 节。本论分 3 章：中国童子军集体训练法、中国童子军小队的训练法、中国童子军个别训练法。书前有自序，附录收本书主要参考书。

# 妇女问题

**6908. 北岳区各界抗日救国联合会关于妇女工作的指示** 北岳区各界抗日救国联合会编 编者刊

1945 年 8 月 1 日　4　32 开

该文献系颁发给各专区、县抗联及妇女部干部的指示。

**6909. 北岳区抗联妇女部关于妇女工作的指示**　北岳区抗联妇女部编　编者刊　1945 年 9 月 11 日
3　32 开　油印

北岳区抗联妇女部向各专区抗联妇女部颁发的动员宣传材料。

**6910. 边区抗联妇女部为准备纪念"三八节"给各机关团体妇女干部直属小组的一封信**　晋察冀边
区各界抗日救国联合会妇女部编　1943 年 2 月　3　32 开　油印

系写给各妇救直属小组、各机关团体妇女的公开信，要求在纪念"三八节"的同时，克服严重
困难，积极投入大生产运动。

**6911. 当代妇女**　黄寄萍编　申新书店　1936 年 10 初版　上海　6＋180　32 开　有照片、有题词

内收《现代中国妇女之大任》（张默君）、《中国妇女救国之路》（黄宗汉）、《中国妇女应有的
认识与任务》（王孝英）、《中华民国法律与妇女》（钱剑秋）等文章。有蔡元培、柳亚子序言。

**6912. 当前妇女工作中的几个问题**　晋察冀边区北岳区团体联委会编　1942 年 3 月 20 日　5　32 开
油印　业务研究第 7 号

**6913. 非常时期之妇女**　吴成编　中华书局　1937 年 4 月，1937 年 7 月再版　上海　4＋64　32 开
有图表　中国新论社　非常时期丛书　雷震、马宗荣、徐逸樵、罗鸿诏主编

本书分 5 章：妇女在民族中的地位和责任、非常时期之妇女应该怎样组织、非常时期之妇女应
该怎样训练、非常时期之娼妓应该怎样取缔、结论——谈谈非常时期的婚姻问题。附录收《欧洲大
战时英、美、德、法四国的妇女职业状况》。

**6914. 妇女生产的几个问题**　晋察冀边区五专区抗联会编　编者刊　1945 年 7 月 25 日　4　32 开
油印

1945 年 7 月 25 日关于妇女生产问题的宣传单。

**6915. 妇女问题论文集**　华北妇女社辑　太行文化教育出版社　1940 年 4 月　79［环筒叶］　64 开
石印

包括：《目前国际妇女运动的方向》、《1939 年 2 月中共中央书记处关于开展妇女工作的决定》、
《中共中央妇委关于目前妇女运动的方针和任务》、《共产党员与妇女解放运动》、《论妇女解放运
动》等。

**6916. 妇女与抗战**　宋庆龄等著　战时出版社　上海　140　32 开　战时小丛刊之五十三

本书收《全世界的妇女申诉》（宋庆龄）、《纪念三八节》（何香凝）、《抗战中的妇女动员》
（史良）、《妇女反侵略运动》（李德全）、《战时妇女应该怎么样》（刘清扬）、《战时农村妇女动员》
（罗琼）、《战时歌女在汉口》（步溪）等 34 篇文章。附录收《中国妇女团体告知支那妇女书》。

**6917. 妇女运动的理论与实践**　新华日报馆　1939 年 12 月　重庆　244　32 开　新群丛书　第 42
种

分 3 部分：列宁与斯大林论妇女、共产国际及中共中央关于妇女运动的决议和指示、关于妇女
运动的论述。附录收《关于陕甘宁边区妇女运动概况的报告》、《陕甘宁边区各界妇女联合会直属县
妇联主任联席会决议案》、《陕甘宁边区战时儿童保育分会工作概况》。

**6918. 妇女运动的一般问题讲授提纲**　晋察冀边区妇救会编　编者刊　1940 年 5 月　8　32 开　油

印

论述妇女运动的一般问题，分：抗战中妇女工作的重要性、抗战中妇女生活与地位的提高、妇女对抗战事业的贡献、目前妇运的性质与特征、目前妇运的有利条件、困难与缺点、目前妇运的任务、晋察冀边区的妇运共7章。

**6919. 妇女运动论集**　妇女问题研究会　1939年6月　94　32开　妇女问题丛书　第1种

本书收录了16篇文章：《共产国际执委主席团关于目前国际妇女运动的决议》、《中共中央书记处关于开展妇女工作的决定》、《共产党员与妇女解放运动》（陈绍禹）、《抗日民族统一战线中的妇女工作问题》（孟庆树）、《东北妇女英勇抗日的模范》（林平）、《陕甘宁边区妇女》（孟庆树、朱凝）、《晋东南妇女运动的大团结和今后的任务》（康克清、蒲安修）。

**6920. 妇运干部工作讨论会纪要**　中央组织部编　编者刊　1941年8月　2+126　32开　有图表

本书收录宋美龄等在妇运干部工作讨论会上的讲话及参会单位、代表的报告摘要、讨论纪录。封面印有"密"字样。

**6921. 告沦陷区姊妹书**　晋察冀边区妇女抗日救国会第四次代表大会编　编者刊　1939年　1张　27.2cm×23.5cm　油印

此传单为抗日战争三周年之际，晋察冀边区第四次妇女代表大会向沦陷区妇女发出的倡议书。朱墨油印品。

**6922. 给抗属的一封信**　晋察冀边区妇女四次代表大会编　编者刊　1939年　1　16开　油印

这是晋察冀边区妇女四次代表大会给抗属的一封信。传单。

**6923. 关于冬季妇女工作指示**　专区妇女会发布　编者刊　1944年11月4日　4　32开　油印

**6924. 关于妇女生产及家庭问题的目前情况及今后执行意见**　七专区抗联会辑　编者刊　1944年8月　21［环筒叶］　32开　油印

分区妇女部召开定南、安平、晋深及深北四县的妇女部座谈会上的汇报材料及总结。

**6925. 关于纪念"三八"妇女节对今后妇女工作的指示**　晋察冀边区抗联会编　1945年2月　4　32开　油印

此件为晋察冀边区抗联会关于纪念"三八"妇女节对今后妇女工作的指示。

**6926. 贯彻边区抗联妇女部会议决议发动妇女领导生产的工作报告**　晋察冀边区第五区各界抗日救国联合会编　编者刊　1944年3月　2+21［环筒叶］　32开

内容分为两个部分：纪念"三八"节几个主要的问题、五专区今后妇运工作注意的几个问题。复写本。

**6927. 广东女界联合会（战时妇女服务团特刊）**　6+70　32开　有图表

本书收录11篇文章：《发刊词》（上官德贤）、《本团宣言》（马凤岐）、《广东女界联合会战时妇女服务工作概况》（伍智梅）、《献给辅导队几点意见》（吴珣）、《全民抗战与农村妇女》（林苑文）等。附录收《广东女界联合会简章》、《广东女界联合会战时妇女工作委员会组织大纲》、《广东女界联合会战时妇女服务团组织大纲》等。

**6928. 国难期的母亲**　中华各大学公教教授学会编　武昌花园山益华报社　1938年5月初版　武昌　36　32开　有照片　益华丛书之三

收《母亲节献词》（蒋宋美龄）、《母亲节的意义》（于斌主教）、《母亲的伟大》（宗琳）、《抗战中的母亲》（胡卓英）、《献给世界的母亲》（盛成）、《母亲的尊高与责任》（张茂先）、《国难时期的母亲》（宋恩龄）8 篇纪念母亲节的文章。书后有《庆祝母亲节的仪式》。

**6929. 何香凝先生与中国妇女运动**　曹国智等　妇女知识丛书出版社　1941 年 7 月　1＋76＋1　32 开　妇女知识丛书　第 10 辑

本书收录 9 篇文章：《抗战四年来的妇女运动》（沈兹九）、《何香凝先生与中国妇女运动》（曹国智）、《改组国民党的前后回忆》（何香凝）、《新文学与新女性型——对苏联若干名著中的女性之考察》（外峰）、《日本江户时代的女性》（荣英译）等。书后有编者作"本辑介绍"。

**6930. 互助**（二周纪念刊）　中华妇女互助会编　编者刊　1939 年　8＋106　32 开　有照片、有题词、有图表

本书分 8 部分，其中第 1 部分收录 4 篇文章：《发刊词》（田淑君）、《展开家庭妇女互助的组织》（篴一）、《本会工作展望》（方瑜）、《往事漫谈》（文央）；第 2 至 8 部分为：实践与理想、特写镜头、舞界姊妹呼声、文艺、通讯、舆论一斑、征文揭晓。附照片目录。书前有潘仰尧先生题词及妇女互助会相关照片 22 幅。书后有编后语。

**6931. 冀察区抗联关于一九四五年下半年妇女工作指示**　冀察区抗联颁布　编者刊　1945 年 7 月　24 ［环筒叶］　32 开　油印

本书分三部分：半年妇女工作的总任务、各种地区的具体任务、加强妇女部的领导。

**6932. 冀中二分区妇救三个月半工作布置**　冀中二分区妇救会著　编者刊　1944 年 3 月　25 ［环筒叶］　32 开　油印

该书包括 5 部分：基本精神、整理组织与选举工作的具体内容、完成日期与步骤、配备工作、领导问题。

**6933. 冀中妇救工作草案**　冀中妇会印　1940 年 11 月　8　32 开　油印

分两部分：总的方针、各种具体工作草案。

**6934. 冀中妇救会关于冬季工作的指示**　冀中妇救会颁发　编者刊　1940 年 10 月　2　16 开　油印

关于冀中地区妇女工作在冬季应注意的问题和如何开展的指示。

**6935. 解放中的妇女大众**　石孟良编辑　自强出版社　1938 年 5 月　汉口　122　32 开

该书共分为 10 章：十月革命前的俄国妇女和今日的我们、抗战与中国妇女、抗战新形势与救亡妇女运动的新阶段、战时的妇女工作基础、现阶段的妇女文化工作、动员农村妇女的步骤、家庭妇女和救亡工作、怎样为伤兵服务、献给受军事训练的姊妹们、东北抗日联军中的女儿们。书前有《前言》。

**6936. 晋察冀边区各界抗日救国联合会对北岳区妇运形势的分析和当前任务的决定**　晋察冀边区各界抗日救国联合会决定　编者刊　1944 年 1 月　22　32 开　油印

该书分 5 部分："当前北岳区妇运形势与任务"、"动员组织广大妇女热烈的投入大生产运动"、"开展群众性的反右倾斗争，从思想上贯彻政策上组织上进一步发动妇女"、"加强组织领导，提高妇女干部质量"、"纪念'三八节'的具体工作"。

**6937. 抗战以来妇女问题言论集**　陈庭珍编辑　青年出版社　1945 年 10 月初版　5＋177　32 开　女青年丛书

本书共 10 部分：专载、妇女运动概论、妇女运动之理论基础、妇女参政问题、妇女法律问题、

妇女职业问题、妇女教育问题、妇女修养问题、恋爱与婚姻、家庭与儿童。收《妇女同志的革命责任》（蒋中正）、《中国妇女为自由而战》（孙宋庆龄）、《中国妇女抗战的使命》（蒋宋美龄）等文章33篇。书前有张维桢作序。

**6938. 抗战与妇女** 邵森逮、金星、狄乃、白蒂执笔 独立出版社 1938年12月初版 重庆 4 + 46 32开 战时综合丛书 第3辑5

该书6章：抗战与妇女动员、动员妇女应有的认识、怎样动员妇女、战时的妇女工作、抗战周年来妇女工作之检讨、今后的希望。文后附有讨论大纲。

**6939. 六月妇女部扩干会关于进一步贯彻一九四四年妇运方针与任务的决定** 晋察冀边区第二区各界抗日救国联合会编 ［编者刊］ 1944年7月1日 18 32开 油印

包括4个部分：《二月妇女部会议领导检查》、《从生产贯彻政策，加强组织建设中，发动妇女，全面贯彻一九四四年妇运的任务及方针》、《游击区妇女工作的几点意见（供各地研究的参考意见)》、《如何进一步贯彻二月会议》。

**6940. 民族解放战争与妇女** 陈碧云著 亚东图书馆 1938年3月 广州 3 + 37 32开

该书包括4部分：抗日战争之意义、民族解放与妇女、抗战中所表露出来的弱点、妇女在长期抗战中特别应注意的几点。书前有作者的自序。

**6941. 目前妇女工作中几个问题** 晋察冀北岳区各界抗日救国联合会妇女部编 编者刊 1945年5月 7 32开 油印

该书内容涉及到抗战期间妇女工作中几个问题：继承权、婚姻、保障妇女既得利益、反对虐待和压迫、提倡家庭和睦等。从男女平等出发，打击男尊女卑的封建宗法观点。书后附晋察冀边区《关于今年冬学运动中的几点意见》两页。

**6942. 农村妇女干部训练的实例** 林中奇、罗剑魂合著 民团周刊社 1938年5月初版，1938年6月再版 广西 50 32开 有图表 丙种丛刊第二种 基层建设丛刊第二辑之十 亢真化主编

本书分5部分：绪言——动机、设计——实施、筹办过程中所遇问题、环境——效果、心得——结语。

**6943. 三八专号** ［晋察冀边区各界抗日救国联合会、冀晋区第二区各界抗日救国联合会编］ 编者刊 1945年4月 18 32开 油印

书中收录7篇文章：《三八座谈会简记》、《五台劳动英雄刘汉英》、《二分区模范医生温明》、《模范女护士——岳进同志》、《模范教师——檀丽英》、《拥军模范——李换英》、《在三八大会荣获专区奖状的各界妇女英雄模范》。

**6944. 四年来之陪都妇女福利社** ［包德明编］ 中华妇女福利社 1946年11月 南京 2 + 30 16开 有图表

本书分9部分：概述、组织、社员、经费、妇女福利工作、妇女生产工作、辅导工作、其他、余言。附录相关表格、章程、纲要、规则等共25种。书前有包德明所作弁言，著者项据此推断。

**6945. 武化的广西妇女** 西敏辑 民团周刊社 1938年8月初版 广西 36 32开 焦土丛刊第四辑之八 丙种丛刊第三种

本书分3部分：广西的妇女领袖、前线上、在后方。收录了《李宗仁夫人会见》（子岗）、《广西的女战士》（晨风）、《给广西姐妹们一封公开的信》（王贻谋）、《广西妇女救亡运动》（潘朗）、《武化的广西妇女》（曹圣芬）、《我们的女战士》（何乃清）。

**6946. 现代妇女问题丛谈**　陈碧云著　亚东图书馆　1938 年 5 月再版　4 + 172　32 开　生活指导丛书

本书收录 29 篇文章，包括《非常时期的妇运路线》、《中国知识妇女的出路》、《国难期中的妇女教育问题》、《统一阵线与女性文化人》、《民族危机与妇女当前的任务》等。有前言。

**6947. 新妇女论**　A. M. Kollonatay 著，沈兹九、罗琼译　生活书店　1937 年 1 月初版　上海　6 + 332　32 开　妇女生活丛书之二

本书包括历史考察、世界大战与妇女劳动、生活的革命、道德的革命、妇女问题的发展等内容。

**6948. 一九四四年一专区妇运任务与具体工作**　晋察冀边区第一区各界抗日救国联合会编　〔编者刊〕　1944 年 3 月　15　32 开　油印

该书分为 4 个部分："对一专区四三年妇运的认识及四四年的工作任务"、"动员广大妇女投入大生产运动"、"继续开展反右倾斗争，从思想上组织上贯彻政策上进一步发动妇女"、"组织工作及领导问题"。

**6949. 迎接"三八节"的指示（指示第二号）**　晋察冀边区（冀晋区）第二区各界抗日救国联合会编　编者刊　1945 年 2 月 7 日　1 张　8 开　油印

内容包括 4 个部分：今年纪念三八节的意义比以往任何时候都大、几点准备工作、怎样纪念、领导上的几个问题。

**6950. 怎样动员妇女**　罗琼著　新知书店　1938 年 5 月再版　汉口　50　32 开

本书分 6 章："不同的生活、不同的工作"、"个别的组织、普通的联合"、"诚意合作、公开讨论"、"政治教育和工作讨论"、"怎样吸收群众、开展组织"、"我们当前的中心工作"。

**6951. 战地妇女工作**　蒋鸣岐编著　正中书局　1938 年 4 月初版　2 + 49　32 开　有照片、有插图、有图表　战时民众训练小丛书

本书介绍了战地妇女工作的基本情况，包括工作内容、训练方案等。分 4 章：概论、抗战和妇女动员、战地妇女的工作、战地妇女工作训练方案。

**6952. 战时的妇女**　教育部民众读物编审委员会编　正中书局　1938 年 8 月初版　重庆　16　64 开　非常时期民众丛书　第 3 集　第 4 册

本书分 8 章：加紧生产工作、捐输金钱饰物、努力募集捐款、慰劳杀敌将士、学习战时常识、参加军队服务、从事救济事业、其他后方工作。

**6953. 战时纺织女工**　新运妇女指导委员会文化事业组撰述　新运妇女指导委员会　1944 年 6 月〔重庆〕　6 + 54　32 开　妇女新运丛书之一

本书分 5 章：小引、纺织女工生活剪影、怎样为女工服务、从工作中见到的几个关于女工的重要问题、结尾的几句话。主要记述 1939 年至 1944 年间重庆六大纺织厂的女工生活及工厂服务工作情况。书前有《妇女新运丛书序》。

**6954. 战时的妇女工作**　寄洪、姜平、罗琼著　黑白丛书社　1937 年 10 月 3 版（汉），1938 年 4 月 3 版　上海　1 + 52　32 开　黑白丛书战时特刊之五　钱俊瑞主编

本书分 7 章：总论、宣传工作、救护工作、征募工作、慰劳工作、救济工作、间谍工作。

**6955. 战时妇女手册**　妇女生活社编　编者刊　1939 年 3 月初版，1940 年 7 月 3 版　重庆　6 + 220

32 开　精装　有照片、有插图、有图表

本书分 6 编：妇女运动史、战时妇女、妇女战时常识、妇女人物、家庭妇女须知、便览。

**6956. 中国妇女联谊会对时局宣言**　中国妇女联谊会发布　1945 年 8 月　1 张　28.3cm×19.5cm

中国妇女联谊会针对日本无条件投降而发布的宣言。

**6957. 中山战时妇女协会为遵令结束会务告社会人士书**　8　32 开

**6958. 主任委员言论集**（第一集）　谷陈白坚　甘肃省妇女工作委员会　1945 年 1 月出版　甘肃

2+92　32 开　有图表

该书收录《现代妇女正确认识与行动》、《怎样救护抗属》、《怎样做一个建国根据地的女青年》等 27 篇文章。

# 青年问题

**6959. 大学生战时生活**　张毅编　毅社出版部　1939 年 4 月初版　5+101+12　32 开

收录《在庙宇里上的最后一课》（何堃培）、《实施国防教育》（冯炎）、《千里上课记》（保尔冯）、《生活教育》（陶铸）、《军校生活》（高斌）等 16 篇报道。书后附《战时高等教育统计》、《第一次世界大战时欧美大学生生活》两篇文章。

**6960. 第一届青年节各项活动简表**　第一届青年节筹备委员会编　编者刊　19　32 开　有图表

**6961. 东北青年学社概况**　东北青年学社编　1934 年 12 月　北平　2+30　32 开　有照片

本书分 5 章：缘起、沿革、组织、职员、工作。附录收《本社呈请党政机关备案经过》、《本社简章》。

**6962. 告彷徨中的中国青年**　刘群著　当代青年出版社　1936 年 11 月初版　6+121　32 开　当代青年丛书　第一辑之七　金则人主编

本书分上、下两篇，包括引言、思想的苦闷与求知问题、人格修养的重要、经济困难和职业问题、青年的恋爱问题、青年和家庭的冲突、交朋友、运动和娱乐、青年和国家大事、青年和团体生活、谈谈现在的青年运动、青年的训练、结语。书前有引言。

**6963. 告彷徨中的中国青年**　刘群著　上海杂志公司［总经售］　1938 年 5 月 6 版　汉口　18+121　32 开　当代青年丛书

本书分上、下两篇。内容包括引言、思想的苦闷与求知问题、人格修养的重要、经济困难和职业问题、青年的恋爱问题、青年和家庭的冲突、交朋友、运动和娱乐、青年和国家大事、青年和团体生活、谈谈现在的青年运动、青年的训练、结语。书前有《五版致读者》、《三版致读者》。

**6964. 今日青年之出路与成功**　萧剑青、朱绍之编辑　大方书局　1937 年 5 月　上海　10+620　32 开　青年必读书之一

本书分 7 章：非常时期中的诸问题、修养与训练诸问题、关于求学的诸问题、出路与职业诸问题、恋爱结婚性育卫生诸问题、人生观论文、世界名人成功传记。书前有萧剑青所作卷首语。

**6965. 抗战建国与青年责任**　陈诚著　青年书店　1938 年 8 月，1939 年 3 月再版　重庆　4+186　32 开　青年丛书

本书收录了 15 篇文章：《青年对日应有之认识与努力》、《对于青年学生的希望》、《青年学生

军训的意义》、《复兴民族与青年责任》、《答武大学生问》、《中日问题》、《国防问题》、《御侮救国之道》、《解除国难的途径》、《从抗战谈到学生集训》、《第一期抗战检讨与对学生之企望》等。书前有编者序。

**6966. 抗战与青年**　贝叶著　光明书局　1938 年 1 月再版，1938 年 2 月汉版，1938 年 3 月再版　汉口　4 + 63　32 开　民族解放丛书

　　本书分 5 章：青年在抗战中的特殊意义和作用、青年在抗战中的修养、青年与武装、青年和群众工作、抗战的前途与青年的出路。

**6967. 抗战与青年**　王峰著　抗战研究社　1938 年 1 月　汉口　3 + 63　32 开　解放小丛书

　　本书分 5 章：青年在抗战中的特殊意义和作用、青年在抗战中的修养、青年与武装、青年和群众工作及抗战的前途与青年的出路。

**6968. 抗战中的青年出路**　杨晋豪著　战时出版社　1938 年 3 月初版　广州　82　大 64 开　战时小丛书 6

　　本书分 9 节：血斗着的青年的力量、保持青年的先锋姿态、青年的出路摆在眼前、加强青年的正确认识、非常工作的技术的运用、青年自己先组织起来、根据地局面更换方式、为直接杀敌而武装参战、一致起来争取光明前途。书后有后记。

**6969. 抗战中青年怎样自修**　梅思平、谢守恒、邹树文、薛品源、郭奎生、蒋星德、殷芷沅、钟圣、郁向志、陈远、王平陵、贾殿春、余维炯、鲍梦超、李季谷、晏忠承、张幼承、王镜清、颜奚达执笔　独立出版社　1938 年 6 月初版　汉口　8 + 104　32 开　战时综合丛书　第 2 辑

　　该书分 17 章：战时青年自学的重要原则、战时青年自学的基本方法、战时青年自学的经济方法、战时青年怎样看报、战时青年怎样探讨实事等。卷首有该丛书例言。卷末有编后记与讨论大纲。

**6970. 抗战中青年怎样自修**　谢守恒、邹树文、郭奎生、蒋星德、郁向志、王平陵、贾殿春、余维炯、鲍梦超、李季谷、晏忠承执笔　独立出版社　1939 年 2 月 9 版　重庆　7 + 104　32 开　战时综合丛书　第 2 辑

　　该书分 17 章：总论、战时青年自学的重要原则、战时青年的自学基本方法、战时青年自学应注意的几个要点、战时青年的集体自学问题、战时青年自学的经济方法、战时青年怎样看报、战时青年劳作自学指导、战时青年英文自学指导等。书后有"编后记"和"讨论大纲"。

**6971. 青年往何处去**　蒋介石、戴传贤、翁文灏、余家菊、许士恪、胡秋原、谢承平、刘百闵、童蒙圣、王芸生、易君左、徐旭生、章益、秋阳执笔　独立出版社　1938 年 5 月初版，1938 年 12 月 8 版，1939 年 5 月 12 版　重庆　4 + 86　32 开　战时综合丛书　第 1 辑第 17 种

　　本书收录 14 篇文章，分作 3 编：大时代的青年在彷徨中、青年的思想、青年的行动。以蒋介石《中国青年之责任》为代序。书前有《战时综合丛书》第 1 辑例言。书后有编后记以及讨论大纲。

**6972. 青年问题**　56　32 开　有插图

　　本书收录政治、教育、社会、文学等多方面内容，包括《九龙城事件经过》、《纳粹的劲敌——挪威的教会》（康述尧述）、《正确的读书方法》（李连芳译）、《人与人的关系·两性友谊》（云瑞祥）、《名人轶事》等。

**6973. 青年向导**　严明、刘伟森编辑　满地红出版社　1943 年 1 月初版　1 + 99　32 开

本书分上、下两编：学校青年向导、社会青年向导。

**6974. 青年学习指南** 中国青年社编 编者刊 1942年1月 延安 174 32开

书中收入：《论青年学习问题》（列宁）、《关于中国青年运动的方向》（毛泽东）、《论青年的修养》（洛甫）、《论待人接物》（洛甫）、《论共产党员的修养》（刘少奇）、《青年学习问题》（凯丰）、《对于妇女干部的几点希望》（洛甫）、《对于女干部的几点要求》（琴秋）等10篇文章。

**6975. 青年与革命** 丘哲著 中山文化教育馆 1940年2月 重庆 175 32开 抗战特刊 第3种

本书分10章：中国青年与中华民族、中国青年与中华民国、中国青年运动、中华文化与革命、中国青年对于中国文化之认识、中国青年之任务、中国青年之奋斗（捍卫和平）、中国青年之自信、新生活·新文化·革命、现代青年之幸运。

**6976. 青年与抗战** 柳湜等著 战时出版社 1＋92 32开 战时小丛刊之五十四

收录《贡献给伟大时代的青年》（陈铭枢）、《所望于今日青年的两三点》（张申府）、《现阶段的青年运动的性质与任务》（周恩来）、《中国新青年的责任》（王芸生）、《抗战中青年的作用与任务》（潘梓年）、《青年应成为抗战的中坚》（章乃器）、《抗战时期青年应有的努力》（谢澄宇）、《敬告全国有为的青年》（王平陵）、《当今大学生的责任》（竺可桢）、《怎样运用知识青年的力量》（章志让）、《青年干部与乡村工作》（韬奋）等19篇文章。封面页题名：青年与抗战。

**6977. 青年与生活** 金仲华著 开明书店 1933年12月初版 上海 10＋158 32开 开明青年丛书

包括：青年与怀疑、青年与教育、青年与劳动、青年与政治、青年与战争、青年与运动等内容。

**6978. 青年自学论集** 曹伯韩著 华北书店 1943年6月 53 32开

内容包括：谈自学、求学与做人、死读书和活读书、学习鼓励工作、三个原则、论生活经验、论个性、怎样训练思想等17个部分。书前有《出版者的话》、《前记》。

**6979. 青运文献**（第一辑） 中国青年出版社编 延安新华书店 1939年10月 延安 2＋101 64开 青救丛书

收入5篇文章：《青年运动与反法西斯主义和反战争危险的斗争》、《共产国际第七次全世界代表大会的总结》、《青年统一战线的任务》、《世界青年的统一》、《季米特洛夫同志在共产主义青年国际第六次全世界代表大会开幕时之演讲词》。

**6980. 西北青年劳动营全体学生上领袖书** 1941年4月 12＋10 32开

包括：《上领袖书》、《上中国国民党国民政府书》、《告全国青年书》、《告陕北边区青年书》等。后10页有该劳动营全体学生签名手迹（题签）。

**6981. 现代学生的根本问题** 刘群著 上海现代出版社 1936年3月 上海 4＋98 32开 有图表

书中收入8篇文章：《我们的方法论》、《学生救国运动的因素》、《学生运动的新形势》、《学生运动的组织战术与策略》、《女学生在救国运动中的作用和中小学生的组织》、《学生运动与文化运动》、《学生运动的四个根本任务》、《结论：开学以后怎样办？》。后附1935年12月至1936年1月《学生运动统计表》。

**6982. 战时青年常识**　罗伽著　大时代书店　1938 年 4 月初版　汉口　6 + 72　32 开

本书分 5 章：战术简说、怎样防空、怎样防毒、怎样消防、怎样救护。书前有序。

**6983. 战时青年的出路**　罗抚著　统一出版社　1939 年 2 月初版　上海　3 + 85　32 开

包括：战争的本质、发生、现代战争的特性、政略与战略的联系、中国青年对于战争的认识、中国青年在战争中的修养与生活等部分。

**6984. 战时青年社会服务指导**　白动生著　商务印书馆　1940 年 5 月初版　长沙　8 + 169　32 开　有图表

本书分 14 章：绪论、怎样举行通俗讲演、怎样举行戏剧宣传、怎样举行图书宣传、怎样举行歌咏宣传、怎样编写壁报等。书前有著者自序。附录收《二期抗战宣传纲要》、《战地（即游击区）宣传纲要》。

**6985. 中国青年运动的新方向**　冯文彬著　中国青年出版社　1939 年　128　64 开　毛装　青救丛书之一

内容包括 9 个部分：抗战改变了一切、只有青年统一战线是我们的出路、为什么我们能够团结、我们在向着团结前进、对于中国青年统一战线的认识、中国青年统一战线的前途、青年在抗战建国中的任务、用组织的力量来实现我们的任务、结论。

**6986. 中国青年怎样应付非常时期**　罗迦著　教育书店　1937 年 7 月　上海　20 + 730　32 开　青年必读

包括：中国青年对于非常时期应有的认识与态度、途径、训练、实际工作、中国现况的剖析、中国的一篇耻辱清帐、国际现势鸟瞰、第二次世界大战、中日关系的过去与现在等部分内容。附录有梁漱溟、周宪文、叶青、顾颉刚等人物言论。

# 其他

**6987. 春节**　（伪）华北政务委员会总务厅情报局编　编者刊　1945 年 2 月　42　32 开　时局丛书之六十四

本书分 7 章：快乐的春节、北京街头的春节风光、春节的礼俗、日本的新年、春节在满洲、战时下的春节娱乐、明年度春节展望。

**6988. 重庆市烟民劝诫所工作报告**　[1940]　13 [环筒叶]　18.3cm × 25.1cm　油印、线装　有图表

收录 1939 年 9 月至 1940 年 2 月的工作报告。

**6989. 重庆市言论动向报告**　1942 年　6 [环筒叶]　16 开　油印

记录了 1942 年 3 月重庆市的社会舆论情况。

**6990. 调查方法**　史可京编著　正中书局　1944 年 8 月初版　重庆　5 + 215　32 开　有图表

本书分 3 编：总论、调查方法各论、调查结果之整理。书前有例言。附录为参考书目。

**6991. 东北的社会组织**　王正雄编　中华书局　1932 年 4 月　上海　4 + 112　32 开　有插图、有图表　东北研究丛书

介绍东北的外国资本家、土著资本家、商人、工人、地主、农民等。

**6992. 东三省之实况**　王慕宁编译　中华书局　1929 年 10 月　上海　4＋103　32 开　有插图

本书分 5 章：汉民族之发展、关内移民与满蒙民族、朝鲜人问题、日本民族与满洲、环绕铁道之中日俄美。书前有弁言。

**6993. 都市避难法**　大路社专门委员会编辑　国防常识出版社　1937 年 6 月 4 版　上海　2＋94　9.5cm×7cm　有照片　国防常识丛书

本书分 10 个部分：难前的准备、难时的组织、难民收容所的组织、难民的防护、难民的给养、消防工作、防毒工作、防空工作、巷战的练习、最后的处置。

**6994. 非常时期之社会政策**　李剑华著　中华书局　1937 年 4 月初版，1937 年 7 月再版　上海　4＋62　32 开　中国新论社非常时期丛书　雷震、马宗荣、徐逸樵、罗鸿沼主编

全书主要论述非常时期的社会保障问题，分 3 部分：社会政策的意义、贫穷救济政策、失业救济政策。书前有总序。

**6995. 非常时期专门人员总调查名册**（上、中、下）　中央建教合作委员会编纂　1940 年 3 月　[6＋1130]　32 开　有图表

本书为上、中、下 3 册，分理科、工科、农科、商科、医科、法律、文科、教育科、军事科、特职科 10 个部分。卷首有顾毓琇所作引言，有《非常时期专门人员总调查各科人数统计表》、《两门参见姓名表》、《非常时期专门人员服务条例》等 4 篇附录。

**6996. 福建省战时移民之个案分析**　郑林宽、梁良洽著　福建省农业改进处调查室　1946 年 8 月　福建　[32]　16 开　农业经济研究丛刊　第 6 号

本书以邵武垦区为对象，着重分析了福建省战时移民情况。

**6997. 赣县七鲤乡社会调查**　李柳溪编著　江西省地方行政干部训练团　1941 年 5 月初版　22＋162　32 开　有插图、有图表　地方政治丛书之九

本书分 14 章：七鲤乡概况、人口、农业、工业、商业、教育、乡保组织、交通、卫生与健康、农村的金融、农家收入与支出、宗祠与信仰、风俗与娱乐、民间传说与歌谣。书前有序言 4 篇：张含清序、涂开舆序、万钟庆序及编者自序。有题赠。

**6998. 贵州省政府六年禁烟工作总报告**　1940 年　44 [环筒叶]　16 开　油印　有图表

本书分 6 章：总述、禁种、禁运及禁售、肃清及消灭私土、禁吸、结论。出版时间据内容推断。

**6999. 国民生活之敌**（烟赌嫖之毒害）　内政部、国民精神总动员会秘书处合编　国民精神总动员会　4＋48　32 开　有图表　国民月会讲材丛书之一

本书分 3 部分：社会三害及戒除方法、腐败生活与政府禁令、特载。特载收录《蒋委员长民国二十八年禁烟百年纪念日训词》、《蒋委员长民国廿八年令川康黔三省主席查禁私土电》。

**7000. 户籍行政**　[严进编著]　1943 年 1 月　8＋343　32 开　有题词、有图表

该书分两编：户籍要义、户籍实务。附录收《户籍法》、《户籍法施行细则》、《姓名使用限制条例》等相关办法、条例 9 种。书前有严进序。著者、出版时间据序言推断。

**7001. 户籍行政纲要**（中央训练团台湾行政干部训练班讲演录）　1945 年 1 月　2＋46　32 开　有图表

本书分 4 章：绪论、我国现行户政制度、户政实施之程序、今后户政工作之展望。附录收有关

各科法规 9 种。

**7002. 户口编查**　吴汝堂编　浙江省民政厅　1943 年 10 月初版　杭州　　［290］　　32 开　有图表
乡镇自治指导读物　第 3 种　浙江省地方行政学会编

包括保甲户口编查、户口普查、户籍及人事登记等。

**7003. 抗战与帮会**　王晋伯编著　独立出版社　1938 年 11 月初版　重庆　52　大 64 开　抗战建国
小丛书　潘公展等主编

本书分 8 章：前言、从革命斗争中发展起来的帮会、敌寇对于帮会所下工作的例举、帮会纲领
的确定、帮会组织的改造、开展帮会工作的途径、怎样注意帮会固有的特点、结论。主要介绍帮会
的起源，如何发挥帮会的特点，使之成为抗战的辅助力量。

**7004. 抗战与社会问题**　陈端志著　商务印书馆　1937 年 12 月初版，1938 年 2 月 3 版　长沙　5 +
62　32 开　抗战小丛书　中国文化建设协会主编

本书着重研究了抗战期间的各方社会问题，分 5 章：绪言、农民问题、工人问题、妇女问题、
青年问题。书前有"本丛书发刊旨趣"（潘公展）。

**7005. 抗战中社会问题**　罗家伦、孙冶方、陈长蘅、向谦真、关自恕、高绍英、蔡馥生、王敬涛、
钟志鹏执笔　独立出版社　1938 年 12 月初版　重庆　5 + 59　32 开　有图表　战时综合丛书　第 3
辑　第 7 种

全书分 9 章：总论——中国社会的分析、人口问题、农村问题、劳工问题、青年问题、妇女问
题、婚姻问题、家庭问题、宗教问题、结论。书前有弁言以及《战时综合丛书第 3 辑例言》。书后
附讨论大纲。

**7006. 满洲国礼俗调查汇编**　（伪）文教部礼教司编　编者刊　1936 年　3 + 88　大 32 开

分 7 章：一般生活状况、婚姻礼俗、葬礼礼俗、民间信仰、乡村中祝祭状况及事例、俗谣俚
语、兴安省礼俗。

**7007. 民族素质之改造**　张君俊著　商务印书馆　1943 年 3 月初版　重庆　8 + 210　32 开　有图表

本书分 5 个部分：绪论、生物基础篇、营养环境篇、文化环境篇、地理环境篇。书前有作者所
作两篇自序，书后有《中文参考书》与《英文参考书》。

**7008. 目前干部婚姻与群众婚姻问题的研究提纲**　八专区抗联会制订　编者刊　1944 年 6 月　20
32 开

该书系研究抗战时期干部与群众婚姻家庭中存在问题现状及解决措施的大纲要点。

**7009. 弄堂组织**　杨弗根著　黑白丛书社　1937 年 11 月 4 版（粤）　1 + 20　32 开　黑白丛书战时
特刊之二　钱俊瑞主编

本书共 3 章：弄堂组织的必要、弄堂组织的方法和内容、弄堂组织的工作。

**7010. 人口西迁与中国前途**　陈清晨著　亚东图书馆　1939 年 5 月　上海　3 + 96　32 开

全书分流徙之潮、好大的变化、西南民族问题、历史往事、预言者说 5 部分。介绍抗战以来我
国人口西迁的情况及其对西南地区社会和经济发展所产生的影响。

**7011. 陕西社会行政工作报告**　陕西省政府社会处编　编者刊　1942 年 8 月　陕西　5 + 46　16 开　有
图表

本书为第一次全国社会行政会议陕西社会行政工作报告，共 10 部分：本处成立经过、一般行

政、编拟工作计划、编印刊物、组织训练、社会运动、社会福利、社会救济、视察指导、会计业务。有前言和结论。

**7012. 社会调查**（各地乡村实况县村单位调查及人口分析）　李景汉、吴泽霖讲，中央训练团党政高级训练班编　编者刊　1943 年 6 月　2 + 128　32 开　有图表

本书分 6 章：各地乡村实况调查、县单位社会调查、村单位社会调查、讲授及提出问题、人口分析调查、有关人口调查资料。

**7013. 社会调查**（县各级干部人员训练教材）　李景汉编　中国国民党中央执行委员会训练委员会　1944 年 6 月　4 + 75　32 开　有图表

本书分 8 章：绪论、社会调查的程序与困难、推进社会调查的途径、全体调查法、选样调查法、个案调查法、其他调查法、调查表的编制与访问的技术。书前有"编辑大意"及序言。

**7014. 胜利前后之上海工人运动概况**　1945 年　46［环筒叶］　16 开　油印　有插图、有图表

本书分 4 部分：胜利前后之上海工人运动概况、上海工人之武装组织、上海失业工人之救济、职业介绍之筹办。

**7015. 我们的队伍**　中华民族解放先锋队总队部［编］　编者刊　1937 年 3 月　78 + 1　32 开

内容包括 3 个部分：短短的一年、现阶段的民先、中华民族解放先锋队组织法。

**7016. 我们的家乡——福建**（上）　徐君梅编　福建省政府教育厅　1941 年 5 月初版　福建　7 + 37　32 开　有照片、有插图　战时国民读物

本书共 7 部分：临海花园、祖宗产业、四通八达、三个码头、五大城市、自然名胜、模范人物。书前有弁言、福建省全图及保卫福建歌。

**7017. 我们的家乡——福建**（下）　徐君梅编　福建省政府教育厅　1941 年 10 月初版　福建　4 + 32　32 开　战时国民读物

本书共 6 部分：山深树密、水满鱼肥、米盐矿产、大好田园、手工技艺、烟茶纸糖。有弁言。

**7018. 消防**　白动生编著　正中书局　1938 年 9 月初版　1 + 34　64 开　抗战常识讲话应用军事常识

该书包括 8 部分：怎样会起火的、燃烧弹是怎样一种东西、怎样处置燃烧弹、战时的消防组织和设备应该怎样、怎样组织义勇消防队、怎样预防起火、怎样救火、怎样救护受伤的人。

**7019. 消防常识**　教育部民众读物编审委员会编　正中书局　1938 年 8 月初版　重庆　21　64 开　有插图　非常时期民众丛书　第 3 集　第 7 册

本书分 8 章：消防的意义、消防方法的进步、消防上的几个要点、放火的工作、防火的东西、救火的东西、火灾的损失、非常时期的消防。

**7020. 消防训练**　大路社专门委员会编辑　国防常识出版社　1936 年 8 月初版，1937 年 6 月 4 版　上海　2 + 96　9.5cm × 17cm　国防常识丛书

本书分 10 个部分：消防常识、火灾消防法、战时消防、平时消防、消防的组织与设备报警法及救火法、药沫灭火机使用法等。

**7021. 伊盟右翼四旗调查报告**　蒙藏委员会调查室编　编者刊　1941 年 12 月　1 + 120 + 4　32 开　有图表　边疆调查报告之二

本报告系该委员会派驻归绥调查组于 1936 年 5、6、7 三个月派员赴该地调查之所得，系从地

理、行政、军事、宗教、社会礼俗等几方面对伊克昭盟四旗所做调查。后有名为"沃野设治局"的附录和勘误表。

**7022. 伊盟左翼三旗调查报告书**　蒙藏委员会调查室编　编者刊　1941 年 12 月　2＋56　32 开　边疆调查报告之三

本调查报告书共分 5 章：地理概况、政治现状、人口估计等。在最后一章"对外关系"第 2 节中，专题论述了"日本间谍之活动"。

**7023. 战时民众生活**　黄警顽编著　中华编译社　1939 年 12 月　上海　12＋248　32 开

本书分 5 章：战时生活的认识、战时一般流亡的生活、战时青年的生活、战时妇女的生活、战时军政人员的生活。书前有赵肖白、吴志骞、众人、范尧峰及作者所作序言。

**7024. 战时生活**　蒋舜年编著　世界书局　1936 年 12 月初版　上海　4＋88　64 开　有插图

本书介绍了战时生活的基本情况，包括衣食住行、生产工作等。分 9 章：概况、战时的食、战时的衣、战时的住、战时的行、战时的生产工作、战时的小工商业、对于战争行为的认识、结论。

**7025. 战时移垦边疆问题**　王文萱编著　正中书局　1939 年 11 月初版　重庆　2＋56　32 开　战时问题丛刊　中央政治学校研究部主编

本书分两章：战时移垦边疆的认识、战时移垦边疆的问题。附录收非常时期移民移垦规则。

**7026. 中国发展东北之努力**　东北问题研究会　1＋74　15cm×24cm　有图表

本书包括 8 部分：引言、移民垦殖、农林及渔业、工业及矿业、交通、贸易及商业、教育、结论。

**7027. 中国人口问题之统计分析**　国民政府主计处统计局编　正中书局　1944 年 1 月初版，1946 年 2 月沪 1 版　7＋109　32 开　有图表　内国问题统计丛书

本书分 4 章：总述、人口分布、人口组合、人口增减。书前有编辑凡例、陈长蘅序及吴大钧、朱君毅二人所作之序。

**7028. 中支惯行调查参考资料（第一辑）**　满铁上海事务所调查室第八系　1941 年 9 月　7＋349　大 16 开　有图表

本书分 7 部分：一般、地方、无锡、杭州、芜湖、上海、杂。收录《社会运动指导委员会暂行组织条例》、《社会运动指导委员会各省市分会组织规程》、《江苏省重订整顿牙税章程》、《公会商店会员登记办法》等。书前有日文凡例。

**7029. 中支惯行调查参考资料（第二辑）**　（日）宫本通治编　南满洲铁道株式会社　1942 年 4 月　上海　9＋339　32 开　有图表　满铁调查研究资料　第 51 编　上海满铁调查资料　第 54 编　上海事务所调查室编

本书分 12 部分：一般、地方、苏州、盛泽、南通、无锡、镇江、杭州、嘉兴·硖石、芜湖、杂、新闻广告类。书前有凡例。

# 教育与体育

**7030. 大时代的教育**　马宗荣著　商务印书馆　1940 年 2 月初版　长沙　7＋143　32 开

本书分 6 篇：大时代教育的概念、大时代教育的理想、战事教育的目标与设施、今后的高等教育问题、战时教育的目标与战时的社会教育、全面抗战局势中的乡村教育。书前有著者序。

**7031. 敌情研究**　陈博生讲　1940 年 1 月　2＋56　32 开

包括 4 部分：战时教育之意义、规定战时教育方针之意义、战时教育方针之说明、结论。

**7032. 二部制概要**　张汉英编　中华书局　1939 年 1 月　广州　6＋118　32 开　有插图、有图表　义务教育丛书　赵欲仁主编

本书论述了在国难期间学校教育实行二部制的必要性，包括：二部制的训导设施、二部制普遍推行的方法、二部制的儿童自动作业以及实行二部制的实际困难等。

**7033. 非常时期之教师**　吴成编　中华书局　1937 年 4 月，1937 年 7 月再版　上海　8＋102　32 开　有图表　中国新论社非常时期丛书　雷震、马宗荣、徐逸樵、罗鸿诏主编

分 4 部分：教师之任务、非常时期教师之任务、非常时期各科教师之任务、非常时期教师的自身问题。附录收《最近全国大学教师总数》。书前有"编后记"和"讨论大纲"。

**7034. 广西省学生抗日救国联合会第二届代表大会特刊**　广西省学生抗日救国联合会第二届代表大会出版委员会编　编者刊　1936 年 12 月　桂林　39　16 开

本书收录：《广西省学生抗日救国联合会第二届代表大会对时局宣言》、《二届代表大会筹备会及第二届代表大会经过略述》、《抗日问题》（施存统）、《学生联合战线的鸟瞰》（旷观）、《从目前国际和国内的新情势去认识民族联合战线》等 10 篇。书后有编后。

**7035. 郭有守国民教育理论**　郭有守著　商务印书馆　1944 年 1 月渝第 1 版　重庆　3＋124　32 开

本书共分 5 章，包括国民教育的理论、国民教育的经费、国民教育师资、国民教育计划及实施等，并提出了检讨和改进意见。卷首有作者自序。

**7036. 国民教育新论**　何心石著　独立出版社　1943 年 4 月初版　重庆　4＋76　32 开　有图表

本书分上、下篇：国民教育之理论与实际、儿童训练之理论与实际。

**7037. 国民教育之理论与实际（上、下）**　张爱棠编　独立出版社　1944 年 5 月初版　24＋696　32 开　有图表

本书分 3 编概述了新县制下的国民教育制度，包括：新县制下的国民教育制度、国民教育行政、学校设施。附录收《国民教育重要法令》。书前有编辑大意与顾树森序。

**7038. 国难期中之教育言论（熊冲先生讲述）**　熊冲讲，南京三民中学校友会编　编者刊　1936 年 8 月　南京　6＋159＋66　32 开　有照片

该书包括革命青年与三民主义教育、修身做人与转移风气、如何确立教育的国策等。书后附《参观日本教育后》、《南京三民中学 5 周年略史》等。封二有熊冲亲笔题赠。

**7039. 国势概要（国民教育师资训练班教本）**　谢元范编　四川省政府教育厅　1935 年 4 月　成都　6＋90　32 开

本书概述了抗战以来之世界大势与我国的抗战形势，尤其详尽地对日寇做了分析与透视。共分3章：国民革命简史、抗战建国大记及国势之检讨、敌情之透视。

**7040. 建国教育的中心政策** 王镜清编 正中书局 1939年1月初版 4+48 32开 有图表 战时问题丛刊 中央政治学校主编

本书共分4节：教育与建国的主义、教育建国的实例、建国教育的中心政策、结论。在教育建国的实例中以德意志、意大利、苏俄为实例。

**7041. 教学法的进展与战时教学问题** 钟鲁齐著 中山文化教育馆 1938年7月 汉口 4+72 32开 抗战丛刊 第14种 中山文化教育馆编

分5章：教学方法之史的演进、最近教学方法的类别、教学方法的新趋势、战时的教学原则及战时教学问题。附录收《著者论者索引》。

**7042. 教育救国与救国的教育** 蒋介石讲 ［内外通讯社］ 1933年12月 ［南昌］ 19 32开 内外类编 第12册

本册为蒋介石于1933年3月3日在江西教育讨论会的演讲，分两部分：教育救国与救国的教育、纪念国庆要提倡礼义廉耻。

**7043. 教育制度与教材** 王镜清、钱安毅编著 独立出版社 1942年1月初版 重庆 2+92 32开 抗战建国纲领丛书

本书分3章：抗战建国的教育力量、教育制度、抗战建国的教材。书后有参考书目。

**7044. 抗战教育的理论与实践** 李公朴著 读书生活出版社 1938年5月初版 169 32开

本书收录：《抗战教育的理论与实践》、《我们在抗战中怎样教育自己》、《致民大同学的一封公开信》、《西北青年救国联合会怎样办战时青年训练班》。附录收《民众训练大纲拟议》、《儿童教育工作大纲》、《伤兵教育工作大纲》、《工人教育工作大纲》、《难民教育工作大纲》、《战时文化研究室工作计划大纲》、《战区民众教育计划大纲》。前有《新中国教育制度的基础》（代序）。

**7045. 抗战教育论** 张佐华著 生活书店 1938年4月初版（汉），1938年8月初版（粤） 汉口 6+171 32开

本书共分5章：总论、学校抗战教育、社会抗战教育、边疆抗战教育、军队抗战教育。

**7046. 抗战期中之教育**（一名：**教育与壕沟**） 李琯卿讲述，戴廷俊笔记 镇海县抗卫会战时教育文化事业委员会 1939年6月 2+36 32开 战时文化丛书

本书为李琯卿先生在浙江镇海前敬德小学礼堂病床上的演讲。分4部分：战争之种类与革命战争之性质、我国此次抗战之性质、最后胜利必然在于我们、我们教育者对于此次抗战的责任。本书翻口题名：《抗战时期之教育》。

**7047. 抗战与教育** 袁哲著 商务印书馆 1938年2月3版 长沙 3+94 32开 抗战小丛书 中国文化建设协会主编

分7章：绪论、战时教育原理、战时教育行政、战时初等教育、战时中等教育、战时高等教育、战时民众教育。

**7048. 抗战与我国教育之前途** 孙德中著 正中书局 1943年10月初版 杭州 4+152 ［环筒叶］ 32开 东南教育研究出版社教育丛书 第1种

本书收录了6篇论文：《总裁对于教育青年之训示》、《大学训导方针之商榷》、《抗战期中教育

之应变设施》、《教育与抗战建国》等。附录收《论焦土政策》等两篇论文。封面有作者亲笔题签。

**7049. 抗战中的学生** 宋如海编著 世界学生会中国分会 1942 年 7 月初版 重庆 2＋400 32 开

本书收录了《青年的力量》（代序）（陈立夫）、《战时中国学生》（前言）（宋如海）、《抗战前夕之燕京大学》、《武大动态》、《岭南大学概况》、《抗战中的川大》等文章 19 篇。

**7050. 论新民主主义的教育** 苏南出版社 1945 年 8 月 56 32 开

该书收录《开展大规模的群众文教运动》（罗迈）、《毛主席在边区文教大会上指示文化运动的统一战线方针》、《高岗同志在文教大会上的讲话》、《陕甘宁边区新教育方针收获巨大》、《文教大会的意义何在》（《解放日报》社论）、《论国民教育的改造》（《解放日报》社论）、《陕甘宁边区各中学师范课程》、《陕甘宁边区文化建设的具体办法》（中共西北局）、《陕甘宁边区政府关于提倡研究范例试行民办小学的指示信》、《延安西区首创两个新型小学》、《关中淳耀白原行政村三年消灭文盲的计划》、《介绍陈定谷的"分散教学"》（刘健飞）。

**7051. 三民主义的文化建设与我们的责任** 陈诚讲 青年书店 1939 年 8 月 3 版 29 32 开

本文为作者于 1938 年 9 月 9 日对湖北省立联合中学各分校主任及校务委员会谈话。书前陈诚作序。

**7052. 四年来之教育与文化** 中国国民党中央执行委员会宣传部编 编者刊 1941 年 7 月 62 32 开 抗战第四周年纪念小丛书

本书分 7 章：概述、四年来之高等教育、四年来之中等教育、四年来之国民教育、四年来之社会教育、四年来之蒙藏教育、其他。

**7053. 新民主主义文化教育论文集** 毛泽东、张闻天等著 1943 年 5 月 80 32 开 油印 教育生活丛刊之一

该书收录 6 篇文章：《毛泽东论新民主主义文化》、《抗战以来中华民族的新文化运动与今后任务》（洛甫）、《中共中央关于开展抗日民主根据地国民教育的指示》、《关于文化运动的意见》（陈毅）、《新民主主义文化运动》（彭康）、《苏北文化协会的任务》（刘少奇）。书前有《前记》。

**7054. 学校训育问题（中央训练团党政训练班讲演录）** 张伯苓讲 中央训练团党政训练班 1939 年 12 月 16 32 开

包括训育的意义、过去教育的种种缺点和今后教育的新趋势、今后训育的要点。

**7055. 战时的新型教育机关** 顾岳中编著 独立出版社 1939 年 6 月初版 2＋45 64 开 有图表 抗战建国小丛书 潘公展、叶溯中、杨公达、童蒙圣主编

本书论述了抗战时期新型教育机关设立的原则、新型教育机关设施的目标、战区小学教师服务团、社会教育工作团等事宜。书前有序言。

**7056. 战时教育** 黄觉民著 商务印书馆 1938 年 1 月初版 长沙 2＋54 32 开 战时常识丛书

分 3 部分：战时校舍问题、战时课程问题、战时教师问题。

**7057. 战时教育** 张菊生等著 前导书局 1938 年 2 月初版 桂林 2＋48 大 64 开

本书收录了：《我国现在和将来教育的职责》（张菊生）、《我也来谈谈教育》（叶恭绰）、《战时教育问题》（王云五）、《目前大学教育的严重现象》（刚）、《忍不住了》（余仁）、《当今大学生的责任》（竺可桢）6 篇文章。

**7058. 战时教育论** 蒋中正、陈立夫、叶溯中、范寿康、许恪士、常道直、钟道赞、陈礼江、王云

五、陆殿扬、高践四、荆三林、袁哲、长弓　独立出版社　1938 年 5 月初版　汉口，重庆　4 + 110　32 开　战时综合丛书　第 1 辑第 16 种

　　收 13 篇文章：《抗战过程中之教育危机》（叶溯中）、《在抗战历程中所暴露的过去新教的根本缺点》（范寿康）、《长期抗战与长期抗战之教育》（许恪士）、《战时教育与平时教育》（常道直）、《抗战与教育》（钟道赞）、《论战时社会教育》（长弓）、《战时教育行政》（袁哲）等。书前有卷头语《中国教育之回顾与前瞻》（陈立夫），后有"编后记"。

**7059. 战时教育论**　蒋中正、陈立夫、叶溯中、范寿康、许恪士、常道直、钟道赞、陈礼江、王云五、陆殿扬、高践四、荆三林、袁哲、长弓　独立出版社　1938 年 12 月 6 版　汉口，重庆　3 + 82　32 开　战时综合丛书　第 1 辑第 16 种

　　收 13 篇文章：《抗战过程中之教育危机》（叶溯中）、《在抗战历程中所暴露的过去新教的根本缺点》（范寿康）、《长期抗战与长期抗战之教育》（许恪士）、《战时教育与平时教育》（常道直）、《抗战与教育》（钟道赞）、《论战时社会教育》（长弓）、《战时教育行政》（袁哲）等。书前有卷头语《中国教育之回顾与前瞻》（陈立夫），后有"编后记"。

**7060. 战时教育论**　尹衍钧著　中山文化教育馆　1938 年 5 月渝版　南京　8 + 68　大 64 开　抗战丛刊　第 27 种

　　本刊论述了抗战时期的教育问题，包括：全民抗战之认识、教育与民族复兴、战时教育之意义、战时教育之使命、战时民众教育之改进、战时华侨教育之商榷等。

**7061. 战时教育之改造**　邱友铮编著　独立出版社　1939 年 4 月初版　重庆　76　64 开　抗战建国小丛书　潘公展等主编

　　分 4 部分：前言、上编（教育制度论）、下编（教育实施论）、后语。

**7062. 战时学生训练**　蒋建白编著　正中书局　1938 年 4 月初版　2 + 60　32 开　战时民众训练小丛书

　　本书分 3 章：战时学生训练的理论、各国青年训练的动向、我国战时的学生训练。书后有参考大纲。附录收《高中以上学校学生战时后方服务组织与训练办法大纲》。

**7063. 战时与战后教育**　李建勋、许椿生著　陕西城固国立西北师范学院师范研究所　1942 年 6 月　陕西城固　8 + 258 ［环筒叶］　大 32 开　有图表　研究专刊　第 2 种

　　本书论述了战时与战后的教育问题，包括战争与教育、战时与战后教育之性质、过去教育之缺点、今后教育之改进等 14 章。书中附《教育部工作之分析》、《中央教育文化费与各项经费数之比较》等图表 16 张。

**7064. 中国战时教育**　顾岳中编著　正中书局　1940 年 6 月初版　6 + 325 页　32 开　有图表　师范丛书

　　本书共分 3 编，论述了抗战期间的教育方针以及各方面的教育问题。总论编包括战时教育之正名、战时教育方针等；战时中央教育设施编包括军事教育之推进、战区内各级学校之处理等；战时地方教育设施编包括战时初、中、高等教育设施、战时社会教育设施等。

**7065. 中山先生之教育思想**　张志智编著　正中书局　1940 年 3 月初版　10 + 88　32 开　总理学说研究丛书

　　作者概述了孙中山的教育思想，包括：近代中国教育失败的原因、三民主义教育的基本精神、知难行易学说与教育建设等。书前有陈立夫序与作者自序。

**7066. 总裁的教育思想** 张志智、姚欣宜编著 国民图书出版社 1942年8月初版 6+96 32开 党义丛书

本书分5章概述了蒋介石的教育思想，包括：绪论、教育思想之体系、教育本质论、教育方法、结论。书前有作者卷头语。

# 各级教育

**7067. 集美学校最近三年来概况** 集美学校校董办公室编 编者刊 1940年6月 集美 22+128 ［环筒叶］ 18cm×28cm 线装 有照片、有插图、有图表

包括全校组织系统、近三年来大事记、中学概况、小学概况、现任教职员一览、抗战以来捐助款项统计等。

**7068. 普及国民基础教育运动途中之广西中山纪念学校** 广西中山纪念学校编辑 编者刊 1940年夏 桂林 5+136 32开 有题词

本书共分3节：批评与指导、报告与研究、办理要则。在"报告与研究"中概述了普及国民基础教育的几个实际问题：战时儿童生活指导、战时儿童生活教材的编选问题等。卷首有白崇禧等人的8幅题词以及校训、校歌。

**7069. 抗战小学教育** 杭苇、陆静山、唐文粹编著 读书生活出版社［总经销］ 1938年4月初版 汉口 2+117 32开

本书共分8章：国际形势与抗战胜利前途、抗战教育之基本理论、抗战小学教育之任务、抗战小学课程之改造、抗战小学教师之任务等。书前有唐文粹序，书后附录收抗战教育方法、抗战小学课程大纲教育等，并附参考资料。

**7070. 四个民办小学** 陕甘宁边区政府办公厅编 编者刊 1944年9月 69 32开 边区读物之三

该书收集介绍延安四个民办小学在边区取得成绩的4篇文章。

**7071. 小学国防教育** 王念洙、陈厥明编 中华书局有限公司 1938年10月 广州 8+230 32开 有插图、有图表

本书共分4章：为什么要实施小学国防教育、小学国防教育的认识、小学国防教育的实施、小学国防教育下的教师。书前有编者例言及俞子夷序。

**7072. 小学教师须知** 山西省政府教育厅编 民族革命出版社 1940年5月初版 10+148 大32开 有图表

本书包括民族革命教育的理论、战时小学行政、战时小学校舍和设备、粉碎奴化教育的方法等10章。附各种有关小学教育重要法令37条。

**7073. 小学抗敌教育实施法** 四川省立成都实验小学编 四川省政府教育厅 1937年10月 成都 2+126 32开 有照片、有插图、有图表

本书分8章：绪言、抗敌教育的目标、环境布置、各科教学大纲、各科教材细目、各科教学要则、各种抗敌活动的训练、四川省立成都实验小学实施抗敌教育实例。

**7074. 中心学校国民学校公民训练实施法** 裴养泉编 四川省政府教育厅 1940年6月 成都 2+62 32开 有图表 国民教育辅导丛刊——国民教育师资短期训练班教材之十一

本刊分9章，包括：目标、原则、组织、环境、训练方法、家庭联络、成绩考查等。

**7075. 上海震旦大学附中同学录**（No27　1938－1939）　　上海震旦大学附中编　编者刊　1938 年秋季　上海　52　大 32 开　有图表

该书为上海震旦大学附中 1938－1939 年间的同学录。有分初中、高中分列的同学录及教员通信处。全书中法文对照。

**7076. 复旦大学校友节北碚立校纪念特刊**　谢六逸主编　复旦大学　1938 年 5 月　北碚　24　16 开有照片、有插图

抗战期间，复旦曾移至北碚，此为一年一度的校友节纪念北碚立校而刊。刊内收多篇文章及诗歌：《校友节告教职员及同学》（李登辉）、《移川后本校之展望》（吴南轩）、《我们的"茅屋"》（金通尹）、《今年的校友节》（沈子善）、《复旦精神"吟"》（李安）等。刊后有"本校大事年表"及编后。

**7077. 国立北京大学文学院职教员通讯录**　国立北京大学编　编者刊　1939 年 11 月　北京　14大 32 开　有图表

1939 年 11 月编辑的国立北京大学文学院职教员通讯录。

**7078. 国立北京大学重庆同学会同学录**　国立北京大学重庆同学会编　编者刊　1943 年 7 月　28 16 开　有图表

该书收录了 1943 年度北京大学重庆同学会同学录。封二收录《国立北京大学重庆同学会职员录（一）》。

**7079. 国立北京大学重庆同学会同学录**　国立北京大学重庆同学会编　编者刊　1944 年 5 月　56 16 开　有图表

该书收录《国立北京大学重庆同学会章程》、《国立北京大学重庆同学会同学录》、《国立北京大学重庆同学会职员录》以及《京师创立大学堂条议》，并登载有《北大的历史只四十年吗?》（冯友兰）、《北大四十周年的自省》（杨振声）、《纪念国立北京大学四十周年》（罗庸）等文章。书后附建校 40 年大事年表。

**7080. 国立北京师范学院职教员录**　国立北京师范学院编　国立北京师范学院　1940 年 12 月　北京　46［环筒叶］　13cm×20cm　线装　有图表

该书收录了 1940 年度国立北京师范学院职教员录。出版时间根据书末赠送时间推算。

**7081. 国立西北师范学院近况**　国立西北师范学院编　编者刊　1944 年 12 月　14　16 开　有图表

本刊为纪念西北师范学院成立 42 周年而出版，介绍了该院校史、教务、学生、经费、校舍及设备等情况。

**7082. 国立西北师范学院师范研究所一览**　国立西北师范学院师范研究所编　编者刊　1940 年　24［环筒叶］　14cm×26cm　油印　有图表

国立西北师范学院师范研究所创建于 1938 年。本书从筹设经过、目的、组织等方面概述了该所的工作。书末附本所主要负责人一览表。

**7083. 国立西北师范学院院务概况**　国立西北师范学院编　编者刊　1941 年 6 月　97　16 开　有插图、有图表

本刊介绍了该院的沿革、组织系统、主任教员等。封面有该院鼎形校徽。

**7084. 国立西南联合大学各院系教职员录**　国立西南联合大学编　编者刊　23［环筒叶］　19cm×

26cm　油印、线装　有图表

抄本。书中间有批注修改。

**7085. 国立西南联合大学教员名单**　国立西南联合大学编　编者刊　16［环筒叶］　16开　有图表

抄本。书中间有批注修改。

**7086. 国立西南师范学校成立四周年纪念特刊**　国立西南师范学校编　编者刊　1943年7月　云南昭通　4+56　16开　有题词、有图表

本刊分3节：校务概况、论著研究、重要规则。书前有校歌，书后附教职员一览表。

**7087. 抗大动态**　海燕编辑　动员社　1938年　206　32开

本书收录抗大的过去和现在、抗大怎样与困难搏斗过来的、抗大的教育方针、抗大的教育方法、抗大的学习方法、救亡室的活跃、革命竞赛、墙报、戏剧、歌咏、体育、黎明风景线、课堂巡礼、星期日的河岸公园、晚会花絮、生产运动等。书前有："抗大校歌"、"前记"（海燕）、《救国教育的一个新贡献》（艾思奇）、《抗大的精神》（何思敬）、《在一个实行孔夫子主义的学校里》（徐懋庸）。后附录：《抗日军政大学招生简章》、《抗日军政大学校规》。

**7088. 抗大动态**　动员社集体创作　编者刊　1939年8月　武汉　12+230　32开　有图表

本书记叙了延安抗日军政大学的教育方针、教育方法、抗大的过去和未来、抗大的学习方法等，并收录了《救国教育的一个新贡献》（艾思奇）、《抗大的精神》（何思敬）等文章。卷首有抗大校歌。

**7089. 抗大欢迎世界学联代表团特辑**　抗大丛书编辑委员会编辑　抗大政治部出版科　1938年7月初版　68　32开　毛装　抗大丛书之二

本书收录《欢迎世界学联代表团》（艾思奇）、《欢迎会前的准备花絮》（缪正心）、《抗大的四个名誉博士》（黄晴）、《林彪欢迎词》、《柯乐满先生演词》、《雷克雅先生演词》、《傅路德先生演词》、《雅德女士演词》、《罗瑞卿答词》、《座谈会上》、《毛泽东与四代表之谈话》、《参观特写》等。后附录：《抗大同学会民先队致代表团书》、《抗大同学权募委员会致代表团书》、《欢迎歌》。

**7090. 上海震旦大学同学录**（No27　1938-1939）　上海震旦大学编　编者刊　1938年秋季　上海　42　大32开　有图表

该书为上海震旦大学1938年的同学录。有按学院分列的同学录及教员通信处。全书中法文对照。

**7091. 师大卅八周年纪念专刊**　国立西北师范学院编　编者刊　1940年12月　100　16开　有图表

本刊收录《师道论》（李建勋）、《师范教育与中国科学化前途》（吴承裕）、《中等学校国文教学改革案》（黎锦熙）等10篇文章。刊首有李蒸的发刊词。附录收《师范学院与师范大学之比较》等。

**7092. 在巩固和扩大中的陕北公学**　张春桥著，成仿吾校　1938年　78　32开

分3章：争取国防教育的模范、锻炼成抗战的骨干、在巩固和扩大中。书前有成仿吾序。后有附录及作者后记。

**7093. 战时的大学**　梁瓯第著　战时文化出版社　1938年3月初版　122　32开　有图表

本书分3篇：欧洲的大学怎样应战、战时的中国大学、战时大学教育方案。书前有作者自序。

**7094. 中央政治学校高等科第八期同学录**　1945年2月　［85］　32开　精装　有照片、有题词、

有图表

# 各类教育

**7095. 边疆民族问题与战时民族教育**　卫惠林著　中山文化教育馆　1938年3月初版　南京　6+32　32开　抗战丛刊　第15种

本书分9章：边疆民族在此次抗日战争中之严重性、满洲民族问题、蒙古民族问题、新疆民族问题、西藏民族问题、西南民族问题、战时边疆民族教育与国防建设等。

**7096. 非常时期的电影教育**　徐公美编著　正中书局　1937年4月初版　南京　16+154　大32开　有照片、有图表　教与学月刊社丛篇

本书分两篇，上篇"各国电影政策概述"，概述美国、德国、英国、意大利等国家的电影政策；下篇"非常时期电影教育"，概述"电影与国防之关系"、"训练专门人才"等。书前有陈立夫、潘公展序及著者自序等。书后有《教育部电影教育委员会规则》等38条附录。

**7097. 非常时期之社会教育**　杜元载著　中华书局有限公司　1937年4月　上海　8+116　32开　非常时期丛书　雷震、马宗荣、徐逸樵、罗鸿诏主编

本书分5章：非常时期社会教育的意义、非常时期社会教育的目标、非常时期社会教育的实施机关、非常时期社会教育的实施步骤、非常时期中国社会教育实施方案。书前有总序。

**7098. 福建战时民教**　福建省政府编　编者刊　1939年3月　10+84[环筒叶]　32开　有图表　闽政丛刊

本书分9章，概述了抗战时期福建地区民众教育的特质及其重要性、战时民众教育行政组织的演变、战时民众教育干部的训练、战时民众教育经费与校数分配等。出版时间根据引言推断。

**7099. 晋察冀边区冀晋区各界抗日救国联合会关于冬学工作的指示**　晋察冀边区，冀晋区各界抗日救国联合会颁发　冀晋区各界抗日救国联合会　1945年10月　4　32开　油印

**7100. 抗战三年来的江西省立实验民众教育馆**　江西省立实验民众教育馆编　编者刊　1940年　[160][环筒叶]　16开　油印　有图表

本书分12章：前言、南昌撤退后的吉安施教处、赣州施教处一年告别、三年来的电影团、民众公益社在成长中、新生的难童学校等。附《〈大众日报发行一览表〉》。出版时间根据题名推断。

**7101. 民团制度下之成人教育**　卢显能著　民团周刊出版社　1938年11月初版　南宁　26　32开　民团丛刊第二辑之九

该书分3部分：民团制度与成人教育、成人教育的实施、成人教育实施的成果，概述了如何在抗日战争进程中运用民团制度推行成人教育的方法。

**7102. 密合战时教育的青年营**　吴溯初著　上海杂志公司[总经销]　1940年5月渝版　2+31　32开　抗战丛刊第103种

本书共3部分：青年营是教育检讨中的时代产物、中国青年营的发展途径、中国青年营的教育理论与实际。

**7103. 平教事业在抗战建国中的芹献**　晏阳初讲　中华平民教育促进会秘书处　1938年8月　28　9.5cm×16cm

本书为晏阳初1938年8月8日在中华平民教育促进会所作的演讲词，分3部分：关于国民参政

会、推广工作、研究训练。附录收《中国乡村建设学院学术纲领》。

**7104. 一年来之南京市立民众教育馆**　南京市立民众教育馆编　编者刊　1940 年 10 月　南京　10 +
100　32 开　有照片、有题词、有图表

本书概述了南京市立民众教育馆自 1939 年成立一年来的工作规程、概况及计划。卷首有题字、
摄影及发刊词。后附南京市立民众教育馆职员姓名履历表。

**7105. 战时儿童保育运动**　彭毓炯编　中山文化教育馆　1938 年 7 月渝版　重庆　4 + 40　32 开
抗战丛刊　第 46 种　中山文化教育馆编

分 7 章：前言、迫切需要的战时保育、战时保育与妇女动员、目前保育运动的概况、几个重要
问题、如何发展战时保育事业、结论。书前有中山文化教育馆研究部的《抗战丛刊缘起》。

**7106. 战时儿童教育**　黎明、何筹、朱岫玉、白桃著　生活书店　1938 年 8 月初版　汉口　3 + 126
32 开　战时教育丛书之一　抗战教育研究会编

分 4 章：战时儿童教育概论、战时儿童教育内容、战时儿童教育的方法和方式、战时儿童训
练。

**7107. 战时技术人员训练**　杜维涛编著　独立出版社　1941 年 6 月初版　重庆　2 + 110　32 开　抗
战建国纲领丛书

本书分 11 章：抗建与技术、训练问题、战时技术人员训练要领、战时技术人员训练实施办法、
战时农业技术人员的训练、战时工矿技术人员的训练、战时交通技术人员的训练、战时财务经理人
员的训练、战时医药卫生人员的训练、军用技术人员的训练、战时技术人员训练实况。

**7108. 战时各部队机关学校预计算（金钱）简易编报办法**　［军政部会计处编］　编者刊　1945 年
5 月　16　32 开　有图表

本书收录战时各部队机关学校预计算（金钱）简易编报办法共 12 条。

**7109. 战时民众教育实施法**　应占先编　浙江省教育厅附设师资进修通讯研究部［发行］　1938 年
12 月初版　［杭州］　1 + 104　16 开　社教组进修讲义第 1 种

本讲义共分 6 章：战时民众教育的意义、战时民众教育的目标、战时民众教育工作人员、战时
民众教育实施的原则、战时民众教育实施的方法、战时民众教育实施的机构。卷首有"阅读方法"。
附录收《战时民众教育重要法规》、参考书目。书后有编后附言。

**7110. 重庆市战时民众补习教育推行委员会民众学校专任教员手册**　重庆市战时民众补习教育推行
委员会编　编者刊　1939 年 2 月　重庆　2 + 46　32 开

本手册包括《部颁实施失学民众补习教育办法大纲》、《部颁实施失学民众补习教育办法大纲施
行细则》、《重庆市战时失学民众强迫入学办法》、《重庆市战时民众学校学生管理规则》等 20 条规
则、办法、法规、章程及细则。

# 地方教育

**7111. 地方教育行政大纲**　贾书法讲　湖南省教育厅第六国民教育师资假期训练班　1942 年 8 月
湖南　1 + 38 ［环筒叶］　32 开　有图表

该书分 4 章：各级教育行政机构、地方教育行政人员、地方教育行政视导、法令表册。书末附
结论，封面有题赠。

**7112. 广东教育概况**　广东省教育厅编　编者刊　1941 年　［广州］　［493］　16 开　有照片、有插图、有题词、有图表

本书概述了 1940 年度广东教育概况，包括：高等教育、中等教育、职业教育、初等教育、社会教育、国外留学等。卷首有编者识。

**7113. 广东省教育报告书**　广东省教育厅编　编者刊　1943 年 2 月　广州　24　16 开　有图表

本报告介绍了该省教育概况，包括：高等教育概况、中等教育概况、初等教育概况、社会教育概况、学生军训与青年团概况、体育概况、国外留学概况等。

**7114. 广东省政府教育厅三十一年施政报告书**　广东省教育厅编　编者刊　1943 年 1 月　广州　1＋100　32 开　有图表

该报告共分 7 节：三十一年度广东省教育行政工作鸟瞰、国民教育、师范教育、中学及职业教育、高等教育、社会教育、战区教育及边疆教育。

**7115. 广西之特种教育**　吴彦文编著　广西省政府教育厅　1939 年 2 月初版　［桂林］　4＋218 页　大 32 开　有插图、有图表　新编广西丛书之四

本书共分 15 章，包括广西中等教育方针及学校组织、全省中等学校分布概况、现行制度下之五种设施、战时教育设施等。该书封面和版权页题名均为《广西省中等教育述要》。

**7116. 广州市抗战期内教育行政工作概况报告（廿六年度）**　广州市社会局编　编者刊　1938 年 4 月　广州　58　32 开　有图表

该报告分 5 部分概述了 1937 年度广州市抗战期内教育行政工作概况，包括：教育行政方面、初等教育方面、中等教育方面、社会教育方面、教育经费方面。

**7117. 河南省抗战期内教育概况**　河南省政府教育厅编　编者刊　1940 年 10 月　［158］　32 开　有图表

本书记叙了抗战期间河南省的教育概况，包括：高中、初中、国民、社会、特种教育等 8 部分。

**7118. 河南豫北游击区教育概况**　豫北游击区教育专员办事处编　编者刊　1942 年 1 月　［106］　［环筒叶］　32 开　油印　有插图、有图表

本书包括：未沦陷前之情形、沦陷之经过情形、沦陷后敌伪政教设施情况、中共军在豫北活动情况、我方教育概况等。附录收《豫北游击区中共军政人员一览表》、《河南省豫北游击区简图》等。

**7119. 抗战教育在陕北**　田嘉谷编著　明日出版社　1938 年 3 月初版　汉口　108　32 开　明日丛书之三

本书介绍延安的陕公、抗大等学校。包括：《陕北边区的新变化》（徐盈）、《新的教育制度》（徐特立）、《陕公、抗大和党校》（马骏）、《一个抗战的学校》（徐行）、《陕北公学与救亡教育》（吴黎平）、《陕北——中国革命的耶路撒冷》（东平）、《抗日大学巡礼》（岗平）、《思想斗争在抗大》（何松）、《延安的吸引力》（田嘉谷）、《给志到陕北的朋友》、《其他——关于民族革命大学》（韬奋）。书前有嘉谷的序言，后有嘉谷"说完我最后一句话"。

**7120. 抗战时期边区教育建设（上）**　教育阵地社编　新华书店晋察冀分店　1946 年 6 月　张家口　4＋108　32 开　有图表　新教育丛书之五

本书分 4 章：边区教育建设的道路、干部教育——中等专门教育、社会教育、小学教育。

**7121. 廿八年上海教育一览** 现代出版社调查，上海教育社编 大时代书局 1939年1月 上海 [86] 大16开 有题词、有图表

分著述、特载两部分。"著述"中收录了《大学与文化》（查猛济）、《抗战一年的上海教育界》（静）、《战时教员进修问题》（曹文豹）等8篇文章；"特载"中介绍了1939年的上海图书馆、上海博物馆等。

**7122. 三十年云南教育简报** 云南省教育厅编审股编 编者刊 1941年12月 38 14.5cm×25cm 有图表

本简报主要从中等教育、国民教育、教育经费等方面概述了云南省1941年度的教育概况。

**7123. 三十一年云南教育简报** 云南省教育厅秘书室编 编者刊 1942年 68 14.5cm×25cm 有图表

该简报介绍了云南省1942年度的教育概况，包括：教育行政、教育经费、高等教育、中等教育、国民教育、社会教育。开篇介绍了云南省省教育厅的沿革。

**7124. 陕甘宁边区教育方针** 陕甘宁边区行政办公厅编 编者刊 1944年7月 2+60 32开 边政读物之一

书中收入6篇文献：《关于改善教育工作》、《边区政府关于提倡研究范例及试行民办小学的指示信》、《边区政府关于今年冬学的指示信》、《边区政府关于各中等学校今后招生标准的指示信》、《关于中等学校新课程》、《延安大学教育方针暨暂行方案》。附录收《打碎旧的一套》等4篇文献。

**7125. 陕甘宁边区教育方针** 陕甘宁边区政府办公厅编 新华书店 1945年2月 索堡 37 32开

书中收入6篇文献：《关于改善教育工作》、《边区政府关于提倡研究范例及试行民办小学的指示信》、《边区政府关于今年冬学的指示信》、《边区政府关于各中等学校今后招生标准的指示信》、《关于中等学校新课程》、《延安大学教育方针暨暂行方案》。附录收《打碎旧的一套》等4篇文献。

**7126. 陕甘宁边区文教工作·通讯工作** 冀鲁豫日报社编 冀鲁豫书店 1943年 28+19 64开 石印 文教丛书之一、文教丛书之二

本书为合订本。《陕甘宁边区文教工作》内容包括4个部分：陕甘宁边区教育改革收获巨大、陕甘宁边区的大众黑板报、从文教陈列室里看到的边区文教工作的阵容、七八年来边区教育的检讨总结。《通讯工作》内容包括4个部分：新华总社关于通讯工作致各分社电、军事宣传工作的经验、关于工农通讯的经验、加强报纸与群众的联系。

**7127. 陕公生活**（陕北公学集体创作） 陕北公学集体创作，陕公同学会编 读书生活出版社 1939年4月 汉口 5+94+2 32开

内容包括7个部分：我们的家、天南地北大汇合、我们是怎样进行突击的、为保卫我们的祖国而劳动、向不良倾向作斗争、校外生活、今天我们毕业。书后有《后记》。

**7128. 四川省政府三十年度施政计划（教育部分）** 1940年 2+30 16开 有图表

本书收录《四川省政府三十年度教育施政计划述要》、《四川省政府三十年施政计划教育部分》、《四川省政府三十年施政计划分期进度表》、《四川省临时参议会第一次临大会教育组审察意见》。附进度表。封面有题赠。

**7129. 太行区一九四五年教育工作概述** 晋冀鲁豫边区政府太行行署编 编者刊 1946年 38 32开

内容包括3个部分：社会教育、中等教育、小学教育。前有《前言》。

**7130. 太岳四专署文教会议特刊**　太岳四专署办公室编　编者刊　1940 年 4 月　25　16 开　油印

内容包括 9 个部分：教育工作为战争生产服务、金峰小学是怎样和战争生产结合、教学做合一辅导小学的晋城二高、去年垣曲战役教员学生所起的作用、史传品是怎样进行群众思想教育推动了生产、开展纺织运动的赵广业、阳城汉上小学如何动员群众参战、北座陀教员参加用粮、高平一高的宣传工作。

**7131. 吴兴县中心辅导区抗日救国教育成绩展览会报告**　吴兴县教育局编　编者刊　1931 年 12 月　6＋266　32 开　有插图、有图表

本报告分 3 部分：行政、训练和教育方面。从抗日救国教育训练标准、实施大纲、教学活动报告等几方面进行了概述，其中教学活动方面收录了多首抗战歌曲。

**7132. 云南国民教育手册**　云南省教育厅编　编者刊　1940 年 6 月　2＋104　32 开　有图表

本手册分 6 部分：关于实施之计划及要则、关于师资之训练登记及待遇、关于经费之筹备及补助、关于国民教育之基本法规、特载和附录。特载包括《蒋总裁在国民教育会议训词》等文章。

**7133. 浙江省教育统计（中华民国二十六年度抗战期内）**　浙江省教育厅编　编者刊　1937 年　6＋68　横 64 开　有图表

收录了浙江省 1937 年度初等、中等、社会各项教育统计报告表、概况报告表以及历年度浙江省教育统计表等。

**7134. 浙江战时教育文化实施概况**　浙江省抗日自卫委员会战时教育文化事业委员会编　战时教育文化事业委员会书刊发行部　1939 年 5 月初版　　［360］　15cm×25cm　有图表

本书分上编、下编、附编 3 部分，分别为：各项教育实施、一般教育文化活动、法令及调查。记录了浙江省抗战期间的教育文化实施状况。

# 沦陷区教育

**7135. 北京市教育统计（二十七年度第一学期）**　（伪）北京特别市公署教育局编　编者刊　1939 年 6 月　北京　4＋35　16 开　有图表

该书为统计图册，内分：图之部、表之部、总表、中等教育、初等教育、社会教育。

**7136. 北京特别市教育行政报告书**　（伪）北京特别市社会局第三科编　编者刊　1943 年 2 月　22　大 32 开　有图表

分 3 部分：建设事项——量的方面、改进事项——质的方面、统计事项——三十一年度。

**7137. 北京特别市私立各校馆概况统计一览表（三十年度第二学期）**　（伪）北京特别教育局编　编者刊　1941 年　1　32 开　有图表

该表分作中等以上教育、初等教育、社会教育 3 栏。

**7138. 敌伪的奴化教育**　方瀛编著　国民政府军事委员会政治部　1941 年 8 月　2＋40　64 开

该册分 4 节：引言、敌伪奴化教育目标的分析、敌伪奴化教育设施述略、敌伪奴化教育的效果与沦陷区同胞应有的认识。

**7139. 教育论集**　（伪）武汉教员同学会编　汉口大楚报社出版部　1939 年 8 月　汉口　43　32 开　有图表　新生丛书 3　张榆芳主编

本书分 4 节：书前有教育与人生、新中国教育论、怎样指导小学生课外活动、教育论集编后

记。

**7140. 教育论集续** （伪）武汉教员同学会编 汉口大楚报社出版部 1939 年 10 月 汉口 6＋30 32 开 新生丛书 4 张榆芳主编

收 5 篇文章：《新教育与建设新中国之关系论》、《东亚新秩序与新中国教育之关系》、《东亚新秩序之建设与今后》、《论中日宿命关系与东亚新秩序之教育方针》、《怎样建设新东亚》。后有"教育论集编后记"。

**7141. 教育行政会议汇编（中华民国二十八年二月）** （伪）维新政府教育部编 编者刊 1939 年 5 月 南京 ［352］页 横 16 开 精装 有照片、有题词、有图表

伪维新政权 1939 年 2 月召开了第一次教育行政会议，本书收录会议记录、议案全文、各省市县报告汇编、职名录等。前有弁言、训词、演词，后有附录。

**7142. 中华民国二十九年首都高等考试总报告** （伪）考试院秘书处编辑 编者刊 1941 年 7＋228＋2 16 开 有照片、有图表

本书分 4 编：考试筹备、考试进行、考试完成、附录。书前有江亢虎作报告序。

**7143. 民国三十一年首都高等考试总报告目录** （伪）考试院秘书处编 编者刊 1943 年 126 16 开 有照片、有图表

本书分为卷首、上编（筹备经过）、下编（考试经过）3 部分。上编包括呈准经费、报名处之成立等 6 章；下编包括试卷、试题、问卷等 9 章。

**7144. 施政述要** （伪）北京特别市教育局编 编者刊 1939 年 8 月 北京 24＋64 16 开 有照片、有图表

（伪）北京特别市教育局施政述要共有 102 条，包括：考取小学教员、教授中学日语、学年始业告学子、重建四中宿舍、增加高商班级、检查各校书籍、举办东亚新秩序建设运动学艺会等。卷首有伪教育局长王养怡序。

**7145. 时代与教师** （伪）华北政务委员会总务厅情报局编 编者刊 1945 年 5 月 16 32 开 时局丛书 71

分 7 章：教师节之意义与教师应有之反省、现时代之特征与教师应有之信念、教师应养成正确之国家观念与世界观念、时事教学、教师应为时代之中流砥柱、教师应为时代之先锋、结论。

**7146. 新时代的初等教育** （伪）上海市初等教育研究会编 编者刊 1940 年 10 月 上海 4＋62 32 开 上海市初等教育研究会丛书之一

本书收录了《兴建教育的重要性》、《新时代的初等教育》等 4 篇文章，并收录《学业成绩如何考察》、《怎样指导儿童做日记》等 5 篇研究报告。

# 体育

**7147. 非常时期之国民体育** 章辑五著 中华书局 1937 年 3 月，1937 年 8 月再版 上海 4＋86 32 开 有插图 中国新论社非常时期丛书 雷震、马宗荣主编

本书主要论述了抗战时期的国民体育，分 6 部分：序论、纠正对于体育认识不正确的信念、改善并调整现行组织之弱点、确定推行体育的步骤、适应当前急需充实固有的体育内容、结论。卷首有中国新论社总序和著者序。

**7148. 国防训练的小学游戏教材**　姚家栋编纂　商务印书馆　1936 年 2 月初版　上海　4＋131　32 开　有插图

本书收 40 种儿童游戏，作为普及国防训练教育的教材。

**7149. 国防游戏**　邢舜田著　亚东图书馆　1938 年 4 月　广州　4＋66　32 开　有插图

本书介绍了保卫中华、捉拿汉奸、海军战、游击战等 23 种游戏的玩法，包括游戏目的、人数、用具、场所、准备、布置国防、玩法、规则、战术、附注和问题。书前有作者序。

**7150. 抗战游戏**　陈陶子编　黄河出版社　1939 年 8 月　山西　45　32 开　有插图

分 4 部分：集体游戏部分，介绍了拥护领袖、命令如山、武装自卫、保卫大西北、打倒东洋鬼子等 43 种游戏；纪念日游戏部分介绍了教作息、济南血、五四运动、七七事变等 10 种游戏；双人游戏部分介绍中日实力对比、统一战线、驱逐日寇等 7 种游戏；晚会游戏部分介绍军政问答晚会、小组晚会、活动晚会、娱乐晚会等 7 种游戏。后附游戏《惩罚办法》（6 种）。

**7151. 抗战与体育**　黄金鳌著　中山文化教育馆　1938 年 5 月渝版　重庆　6＋48　32 开　抗战丛刊　第 34 种　中山文化教育馆编

分 4 章：总论、抗战时期体育实施法、体育理论与实际之检讨、推进国民体育四大要素。书前有中山文化教育馆研究部的《抗战丛刊缘起》。

**7152. 战时体育补充教材**　程登科著　教育部国民体育委员会　1944 年 10 月初版　重庆　99　16 开　有插图

本书分 8 章：总论、田野运动、障碍运动、球类运动、行军与远足、角力、举重、劈刺。适用于对学生、士兵和公务员进行的体育训练。

# 日本研究

**7153. 暴日独霸世界大阴谋之世界政策**（原名"东亚之将来及其对策"）　　（日）佐藤清胜著，傅无退编译　日本检讨会　1933 年 1 月　上海　4 + 48　32 开　暴日侵华排外之自供录　第 9 册　日本检讨会编译

本书分 19 章：舞台之旋转、世界政局之将来、中国政局之将来、中国政局之指导、日本之世界政策等。书前有作者自序。

**7154. 暴日侵华政策之新阶段**　日本评论社编辑　编者刊　1934 年 6 月　南京　1 + 24　32 开　日本研究会小丛书　第 58 种

本书分 7 个部分：问题的提起、东北事变以来暴日侵华的标的、双管齐下的侵华策略、独占体系与共管体系斗争之经纬、四一七宣言的由来、四一七宣言的内容及意义、暴日能取消此次的宣言吗。

**7155. 暴日侵略东北的研究**　朱剑白编　北新书局　1931 年 11 月　上海　6 + 78　32 开

共 11 章：导言、日本侵略满蒙的必然性、日本侵略满蒙的急进、日本侵略满蒙纵的观察、日本侵略满蒙横的观察、日本侵略计划的实行、日本侵略阴谋的发展、日本鼓吹满蒙独立的阴谋、中日的外交、日本暴行的国际观、我们应有的决心和准备。

**7156. 暴日侵略世界阴谋之大陆政策——包办满洲傀儡国为其开幕剧**（原名"满蒙问题与日本之大陆政策"）　（日）佐藤清胜著，傅无退编译　日本检讨会　1932 年 11 月　上海　28 + 306　32 开　有图表　暴日侵华排外之自供录　第 3 册　日本检讨会编译

本书分 8 章：世界之将来、邻邦之将来、日本之将来、周围之检讨、过去的回顾、大陆政策之标的、迁都之决行、大陆之经营。书前有编者作"全书释言"及原著者自序。

**7157. 暴日之究竟**　宣传科编　中国国民党青岛特别市执行委员会　1931 年 11 月　[67] + 21　32 开　有图表

内收《日本国家制度上军国主义之解析》（沈觐鼎）、《日本军权支配政治之由来与其军事行政制度之关系》、《日本帝国主义侵略中国之关系》（吴贯因）、《日本二重政府之解剖》（坚瓯）、《日本之对华政策与其政治组织》（戴季陶）、《暴日祝胜杯中的毒酒》（天鸥）。附《日本历次内阁一览》。

**7158. 被包围的日本**　（日）石丸藤太著，卜少夫译　光明书局 [总经售]　1938 年 7 月初版　汉口　4 + 143　32 开

本书分 3 章：对日包围阵的展望、日本何故被包围、北进乎南进乎。卷首有前记。

**7159. 此次事变的意义与往后中国应取的文化政策之基调**　（日）熊野正平著，（日）宇治田直义编　东亚同文会　1939 年 3 月　东京　14　大 32 开

收《此次事变的意义与往后中国应取的文化政策之基调》。

**7160. 从广田内阁到林内阁**　李凡夫著　黑白丛书社　1937 年 3 月，1937 年 4 月再版　上海　1 + 68　32 开　黑白丛刊之三　钱俊瑞主编

本书分 5 节："广田内阁崩溃的前夜"、"政党与军部之战"、"宇垣组阁的流产"、"林内阁的成

立及其特质”、“林内阁的政纲、政策及前途”。

**7161. 大东亚共荣圈的彻底毁灭**　晋察冀日报社编　编者刊　1944 年 12 月初版　31　32 开　有图表　时事丛刊之七

本书收录 10 篇文章：《敌国的政变和小矶内阁的出现》（《解放日报》时评）、《敌寇小矶内阁的班子》（庄涛）、《从海上打到日本，从陆上打到东北》（《解放日报》社论）、《英舰队前来远东》（《解放日报》时评）、《美军袭台湾之役》（《解放日报》时评）等。另附有《太平洋战争以来美日双方损失统计》、《美日舰队实力对比》等 4 篇资料。

**7162. 大东亚战争发生史**　黄晓光著　（伪）东亚联盟中国总会广州分会汕头支会　1942 年 7 月初版　汕头　16　32 开　时局协力丛书　第 1 种

全书分 8 个部分：大东亚战争史怎样爆发的、野村使美说明日本维护和平的苦心、美国不断对日挑衅、东条内阁的登台与临战体制的完成、来栖特使再度赴美谈判、日天皇诏书、大东亚战争开始时的动态、东亚诸民族应有的认识和努力。书后有作者后记。

**7163. 大东亚战争与东亚联盟**　（日）石原莞尔著，施学习译　（伪）东亚联盟汕头支会　1942 年 7 月　7　32 开　编译丛书　第 3 种　刘善才主编

本书包括大东亚战争的大胜利、中日民族共通的目的、和平条约的缔结、军事同盟的缔结、经济协议机构的设置等 6 部分。

**7164. 大战下之世界情势**　（日）加藤著　1944 年 3 月　42　32 开

本书为日本华北军报道部长加藤大佐对于世界战局的演讲。

**7165. 敌国的反战运动**　黄寿朋编著　独立出版社　1940 年 1 月初版　2＋51　64 开　抗战建国小丛书　潘公展、叶溯中、杨公达主编

本书分 13 部分：引言、敌人为什么要反战、敌国军民的厌战情绪、敌国官兵的反战行动、敌国海军的反战、敌国空军的反战、敌国反战团体的风起云涌、敌民众反战到处纵火暴动、大学教授青年学生纷起反战。

**7166. 敌国的政治**　郝玲星著　军事委员会政治部　30　64 开　抗敌小丛书　第 3 集

**7167. 敌国言论选译（第一辑）**　浙西民族文化馆编　编者刊　1941 年 3 月　9＋84　32 开　浙西敌伪研究丛刊　第 4 种

本书分上、下两编。上编收录《今后敌人所课于汪逆伪组织的任务》、《敌人口中的〈中日条约〉之意义》、《〈日汪条约〉后的敌人的阴谋》、《敌国学者口中的〈中日文化提携〉》等 13 篇译文；下编收录《本年度华中经济的课题》、《一九四零年敌人对华中沦陷区的经济工作的要点》、《敌伪设立伪中央银行的企图》、《敌人对法币的攻势论》等 10 篇译文。书前有黄绍竑序、贺扬灵序。

**7168. 敌国政治动向**　三民主义青年团中央团部编　编者刊　1943 年 3 月　2＋38　32 开　有图表

本书分 4 个部分：翼赞议员同盟的命运、翼赞政治会的真相、大政翼赞会机能的调整、所谓行政简素化的实施。

**7169. 敌情的透视**　（苏）布布夫、（美）K·布罗和、石青、拉德勤斯基、赵家欣著，冯河清、东闵、龚积芝、沈链之译　改进出版社　1940 年 5 月初版　1＋74　32 开　有图表　改进文库 7

内收文章 6 篇：《日本帝国主义的特殊性》（冯河清）、《日本的财政与战费》（布布夫作，东闵

译）、《日本的恐慌》（布罗和作，龚积芝译）、《敌"兴亚院"解剖》（石青）、《日本农民的不安》（拉德勤斯基作，沈链之译）、《台湾农民的反日斗争》（赵家欣）。

**7170. 敌情研究** 陈博生讲 1940 年 3 月 1 + 41 32 开

全书分 11 部分，介绍日本政治演变的三大时期、日本政治制度的三大弱点、日本左右两派的特征及发展、元老重臣与既成政党的衰落等。封面有题赠。

**7171. 敌人大陆政策之原形** 敬幼如编 中国编译出版社 1940 年 10 月初版 重庆 4 + 284 32 开 祖国丛书

本书收胡秋原《论大陆政策》和编者《日本侵华简史》两篇文章，并按时间顺序收录《二十一条》以来日本侵略中国的代表文件 32 篇，包括《二十一条》、《中日军事协定四种》、《满蒙积极政策奏章》、《塘沽协定》、《中日经济提携计划》等。有编者序。

**7172. 第二期抗战展开后敌人的狂论** 韦弦选译 建国书店 1938 年 4 月 6 + 70 32 开

本书选译 6 篇文章：《中日事变已入第二期》（日·松本重治）、《议会和战局的收拾》（日·马场恒吾）、《长谷川和山本实彦对话》、《现代日本的思想形态》（日·船山信一）、《对华文化政策之明日》（日·上崎孝之助）、《关于中日纷争解决上的示唆》（日·二见甚乡）。有译者序。

**7173. 第三期抗战与日本** 新阵线刊社编 编者刊 1938 年 6 月 48 32 开 第 1 期专号

本书分 6 个部分：第三期抗战与日本、日本军事危机、日本侵华经济之危机、宇垣一成的大陆政策观、中日战争前途的预测、日本国家总动员法案之透视。

**7174. 东京的统治者**（日本现政权研究） 张友渔著 读书出版社［总经售］ 1944 年 3 月初版 重庆 5 + 200 32 开

本书分 6 个部分：日本现政权的本质、日本法西斯政权的萌芽、日本法西斯政权的树立、日本法西斯政权的发展、日本法西斯政权的现阶段、日本法西斯政权的前途。卷首有著者的话。

**7175. 东条倒台与小矶组阁** 三民主义青年团中央团部编 编者刊 1944 年 4 + 58 32 开 敌伪资料选辑 第 7 号

本书收报刊评论 6 篇：《七年来的敌阁》、《东条内阁的总清算》、《小米内阁之本质及其动向》、《敌新阁的阵容》、《各方对敌阁更易的观察与批评》、《我国各报的批评》。

**7176. 对华硬化之军阀干政与法西斯运动**（日本最近政情之演变） 曹重三著 ［翠斌阁］ 1932 年 5 月初版 北平 14 + 92 32 开 有图表

全书包括军阀独裁之由来与文武两派之主张、最近两派势力之消长、所谓"超党内阁"之产生、法西斯团体与其势力圈、法西斯运动与军阀干政、法西斯运动与农村恐慌、法西斯运动与满、蒙积极侵略等 16 部分。书前有卷头语。

**7177. 对日问题研究** 中央大学社会科学研究会编 南京书店 1932 年 8 月初版 上海 4 + 200 32 开 有图表

本书收录：《对日问题总论》（庄心在）、《日本之大陆侵略及其应付方策》（雷震）、《日本果足畏乎》（龚德柏）等 15 篇文章，旨在研究对日问题，呼吁铲除亡国的恐惧心理，挽救垂危国途。龚德柏作序。

**7178. 对于日陆军某要人"对华基础的观念"一文之观感** 2 + 68 32 开

本书分 6 个部分：绪言、对华政策之根本主义、帝国对华态度、国民党部及蒋介石之认识、中国赤化运动、结论。

**7179. 二次大战中的日本政治**　第十八集团军总政治部日本问题研究室编　新华书店　1945 年 11 月　4 + 330　32 开　有图表

　　本书分 4 个部分：日本的统治机构、太平洋战争以来日本统治阶级内部的斗争及其政策的演变、日本人民的生活与斗争、日本政治舞台人名录。书前有引言。附录收《七七以来敌伪大事记》。书后有人名录索引。

**7180. 二十年来的日本**　李执中著　独立出版社　1942 年 1 月初版　重庆　6 + 166　32 开　有插图

　　本书分 10 章：政党政治的完成与原内阁、贵族院内阁与护宪运动、宪政会两内阁、田中内阁与过渡时代、自举国一致内阁到二二六事变、备战时内阁、战时内阁等。书前有自序。

**7181. 法西斯主义日本的完成及其展望**　［政治部文化工作委员会编］　编者刊　40　32 开　鹿地研究室报　第 14 期

　　本书分 3 个部分：在战栗的紧张中找出路、日本法西斯主义机构的完成与国内势力关系的变质、日本的法西斯主义与从来的各种错误见解。

**7182. 反战运动在日本**　陶希圣著，王君若编　自强出版社　1938 年 4 月　汉口　1 + 90　32 开

　　本书收 8 篇：《最近日本内部危机的检视》、《崩溃中的日本经济》、《动摇中的日本社会》、《日本发生反战运动的社会基础》、《近年来的日本工农反战运动》、《发动侵略战争后的日本国内反战运动》、《最近日本国内反战运动的全貌》、《日本共产党的反战纲领》。

**7183. 彷徨没落中之日本**　陶希圣、熊伯蘅、张平君、朱偰、叶秋、刘仰之、黄操良、陈博生、吴尚鹰、沈人镜、尹名揆、陈钟浩著　独立出版社　1938 年 5 月初版，1938 年 12 月 6 版　汉口　8 + 80　32 开　有图表　战时综合丛书　第 1 辑　独立出版社编

　　本书分 9 章：日本的政治、日本的财政、日本的战时经济、日本的资源与需给、日本的农村、日本的国民、日本的外交、日本军事上的危机。卷首有"战时综合丛书例言"和"写在前面"。书后附讨论大纲。

**7184. 冈野进同志告日本国民书**　（日）冈野进著　1943 年 7 月　17　32 开

**7185. 告日本国民书**　［日］荒木贞夫著，叶怀英译　人生研究社　1933 年 9 月初版　上海　2 + 215　32 开　精装　有照片

　　本书包括"现代日本之任务"、"告全国民"、"胜利！否则一死"、"痛苦之赤字与愉快之赤字"、"日本国民！发挥坚强意志"、"空前绝后之好机会"、"皇军之真精神"、"宣扬皇道"、"日本国民之觉悟"、"日本民族之真使命"、"言伟人"、"言名将"等 12 部分。有译者序。附录收《田中内阁"对满蒙积极政策"奏章》。

**7186. 国家总动员法案与日本政局之动向**　宣传部对敌宣传研究委员会著　34　32 开　敌情研究　第 2 辑

　　本书收 3 篇文章：《敌人政局之动向》（陈博生）、《日本国家总动员法案之波纹》（理甫）、《日本国家总动员法案全文》（济悌译）。

**7187. 毁灭中的日本**　郭沫若等著　战时出版社　1 + 72　32 开　战时小丛刊之十一

　　本书收 13 篇文章：《日本的现在过去与未来》（郭沫若）、《战前日本朝野的动态》（锡福）、《日本归来》（莫石）、《战时日本经济状况一瞥》（纯青）、《战时的东京》（晓光）、《动员了日本的

娘儿们》（贝加）等。

**7188. 吉田东祐言论集（第一集）** （日）吉田东祐著 中日文化研究所 1943 年 10 月初版 ［上海］ 6 + 83 32 开

该书收录《中日问题全面解决的可能性》、《日本之对华文化政策与中国知识阶级》、《鸦片战争的新意义》、《国家兴衰之道》、《论物价问题的严重性》、《中国知识阶级的骑墙主义》、《两种亲日派》、《怎样谅解对方心理》、《解决中日事变之曙光》、《对于交还租界的几个意见》等 16 篇论文。书前有陈彬和序和著者序。

**7189. 吉田东祐言论集（第一集）** （日）吉田东祐著 申报社 1944 年 6 月再版 上海 6 + 85 32 开

收录了《中日问题全面解决的可能性》、《日本之对华文化政策与中国知识阶级》、《鸦片战争的新意义》、《国家兴衰之道》、《论物价问题的严重性》、《中国知识阶级的骑墙主义》、《两种亲日派》、《怎样谅解对方心理》、《解决中日事变之曙光》、《对于交还租界的几个意见》等 16 篇论文。书前有陈彬和序和著者序。

**7190. 建设民主的日本** （日）岗野进著 拂晓出版社 1945 年 8 月 2 + 38 32 开

本书分 4 部分：我国的民主势力、建设民主的日本、富强的日本、建立人民政府。

**7191. 建设民主的日本（日本共产党代表冈野进 1945 年 5 月在中国共产党第七次全国大会上的演说）** （日）冈野进著 冀晋日报社 1945 年 51 32 开

内容包括 4 个部分："我国民主的势力"、"建设民主的日本"、"富强的日本（战后的经济问题）"、"结语：建立人民政府"。

**7192. 节译日本对满蒙积极政策** 1931 年 31 32 开

**7193. 节译日本对满蒙积极政策** 平绥铁路机务第七段全体同人印赠 1931 年 31 32 开

**7194. 节译日本对满蒙积极政策** 冯玉祥印赠 1931 年 31 32 开

**7195. 今日的日本** 冷壁著 黑白丛书社 1937 年 4 月 上海 2 + 86 32 开 有图表 黑白丛书之十二 钱俊瑞主编

本书分 12 个部分：非常时下的基本对立、现状革新派、现状维持派、准战时体制的正体、今日日本农村与都市的对立、军需繁荣的诊察、今日日本劳工阶级生活的痛苦、我们应有的新认识等。

**7196. 近卫内阁论** 孔志澄著 商务印书馆 1938 年 7 月初版 长沙 2 + 64 32 开 日本知识丛刊 日本问题研究会编

全书分 4 部分：评述动荡中的日本政治和近卫内阁的本质、主要人物、近卫内阁与日本前途等。

**7197. 近卫往何处去** 陈博生等著 战地图书出版社 1940 年 10 月初版 江西 4 + 66 32 开 敌国研究丛刊之一

本书有 5 章，分别为：三年来日本政治的恶化过程、日本法西斯政治的进路、"新党运动"的兴起与没落、"新政治体制"的透视、近卫内阁的本质及其前途。

**7198. 惊心动魄之日本满蒙积极政策** 2 + 44 32 开

本书收录田中义一上日皇奏章以及田中义一致宫内大臣一木喜德请代奏明积极政策函。卷首有引言。

**7199. 精神讲话题材（第三集第四册："敌情概况"）**　军事委员会政治部编　编者刊　1945 年 2 月
4 + 50　64 开　有插图　部队政训参考资料

　　包括 10 部分：引言、日本的领土和人口、日本的军事地理形势、日本的历史、日本的政治、
日本的军事、日本的经济资源和财政、日本的外交、日本的社会状况和结语。

**7200. 九一八后之日本政治**　林纪东编著　独立出版社　1939 年 1 月初版　重庆　2 + 64　64 开
战时国际小丛书　陈石孚、张道行、童蒙圣主编

　　本书分 8 个部分：序言、九一八前之日本政治、若槻二次内阁时代、犬养内阁时代、斋藤内阁
时代、冈田内阁时代、广田内阁时代、林内阁及近卫内阁时代。

**7201. 抗战六年来之日寇**　中国国民党中央执行委员会宣传部编　编者刊　1943 年 7 月初版　重庆
2 + 22　32 开　抗战建国六周年纪念丛刊

　　本书分 5 个部分：序言、日寇国策与战略的演变、日寇政局与外交的动荡、日寇国力与财政的
消耗、结论。

**7202. 可怕的日本**　（美）达威士著，北平晨报编译处译述　北平晨报书品部　1932 年 10 月 4 版　北
平　10 + 161　32 开　有照片　北晨丛书　日美战争第 1 卷

　　本书共分 14 章，包括难攻之日本——太平洋上之直布罗陀、美国已濒重大之危机、日本之迈
进、美国凝视日本、太平洋不死鸟之日本等。书前有陈渊泉序。

**7203. 论民主共和国**　博古著　上海文粮书店　1938 年 1 月初版　上海　39　32 开　文粮小丛书

　　本书分 3 个部分：日本侵略之发展及其现阶段、国民党的分化和动摇、民主共和国——当前的
战斗口号。

**7204. 论日本的战略**　斯诺著，栖桦译　新中国出版社　1938 年 8 月初版　36　32 开

　　本书分 3 个部分：日本的战略怎样会失败的、日本的近视、日本军阀的判断错误所造成的结
果。附录收《一年来敌军战略之检讨》。

**7205. 满蒙论**　（日）室伏高信著，周威堂译　神州国光社　1932 年 4 月初版　上海　5 + 131　32
开　有图表

　　收《满洲的印象》、《帝国主义打倒帝国主义》、《国论的解剖》、《希望于满蒙的是什么》等若
干文章。有译者序言。

**7206. 满蒙问题**　日本朝日新闻社编，黄伦芳译　1932 年 4 月初版　12 + 214　32 开

　　本书包括满蒙之地位及重大性、在满蒙之日本特殊地位、满蒙之铁路、日本经营满蒙之主体满
铁王国、满铁及满蒙政策之危机等部分。

**7207. 满蒙问题讲话**　蓝孚欧编　南京书店出版社　1932 年 5 月初版　南京　16 + 220　32 开

　　本书包括日本侵略满蒙年表、满蒙地位和日本问题、日人所谓满蒙既得权利之解剖、朝鲜和满
蒙等部分。书内有"新民会禁书"印鉴。

**7208. 满蒙形势之严重化与实力发动**　（日）细野繁胜著，王璧如等译　1931 年　14 + 186　32 开

　　本书分 7 章：序论、国际日本的正视、对华外交的倒退、死活线上的满蒙、中国之对日挑战、
日华交战与美俄两国的态度、结论——开战的波动和效果。卷首有译者弁言。

**7209. 欧战后暴日与世界**　孤山著　三民书店　1932 年　上海　12 + ［384］　32 开　精装

共 4 编：第 1 编绪论，包括日本的经济、政治、人口政策；第 2 编对弱小民族之部，包括对朝鲜、中国、南洋群岛的侵略；第 3 编对列强之部，包括与英、美、苏俄的关系；第 4 编结论，包括暴日阴谋下的全世界被压迫者大联合和帝国主义者的大混战两种反响。

**7210. 徘徊歧途的日本**　（日）尾歧行雄著，武瑞霖译　华通书局　1933 年 9 月初版　上海　13 + 80　32 开

共 7 章：各国所未曾有的经济困难、急于回避第二次的世界大战、时代错误的狂梦醒来吧、由战争自招惨祸是愚之至、善处新世界的新爱国心、军缩所必要的国际裁判条约、歧途上的日本之使命。有作者序和 B 序。

**7211. 贫血的日本**　国民出版社编　编者刊　1940 年 6 月初版　金华　4 + 110　32 开　国民知识丛书

本书辑录各报刊上发表的有关日本国情的文章，分 7 章：综合的考察、军需资源的依赖性、人力的缺乏、粮食恐慌、经济的窘迫、财政的穷途、金融之危机。书前有弁言。

**7212. 侵略者的魔手——日本间谍**　许范译　中苏文化杂志社　1938 年 3 月初版　汉口　3 + 38　32 开　中苏文化杂志社丛书　袁孟超主编

本书共 9 章，介绍日本间谍的招募手段、组织情况及其在中国、内、外蒙古、苏联开展的间谍活动。有译者序言。

**7213. 全体主义的理论和实践**　（日）杉浦武雄著，朱明译　中日文化协会　1940 年　41　32 开　日本文化小丛刊之一

本书 4 部分：引言、全体主义的历史的考察、全体主义国家、全体主义者的生活。出版时间据文末。

**7214. 人类公敌之日本帝国主义**　尹衍钧著　中山文化教育馆　1938 年 6 月渝版　汉口　4 + 42　32 开　抗战丛刊　第 38 种　中山文化教育馆编

本书分 8 个部分：引言、日本侵华之原因、日本侵华之法律观、日本侵华之人道正义观、日本侵华与国际和平运动、我们怎样打倒人类公敌的日本、结语。卷首有中山文化教育馆研究部所写《抗战丛刊缘起》。

**7215. 日本备战论**　王造时编译　开明书店　1937 年 4 月初版　上海　6 + 218　32 开

本书编译自 *When Japan Goes to War*，从日本一年战争的需要、日本国民经济的军事组织、日本军备工业的产量、日本在大战中的经济困难等方面概述了日本的备战情况。附录收《为中日问题敬告日本国民书》。前有编译者序言。

**7216. 日本必败论**　朱云影著　中国文化服务社　1940 年 5 月初版　重庆　10 + 161　32 开　有图表　日本评论社丛刊

本书分 8 章：导言、从日本军事情势观察日本必败、从日本经济情势观察日本必败、从日本政治情势观察日本必败、从日本社会情势观察日本必败、从国际情势观察日本必败、从中国抗战情势观察日本必败、结论。

**7217. 日本便览**　八路军总政敌工部日本问题研究会编　编者刊　1942 年　6 + 185　32 开　有插图、有图表

本书分 6 章：日本怎样侵略中国、日本是怎样的一个国度、日本资本主义怎样发展起来的、日本实行着什么样的政治、日本具有怎样的军备、濒于破绽的日本经济。书前有序言、《日本年号一

览表》、《日本政治社会年表》。

**7218. 日本便览**　八路军总政治部敌工部日本问题研究会编　编者刊　1941 年 1 月　15 + 174　64 开　有插图

全书包括：日本怎样侵略中国、日本是怎样的一个国家、日本资本主义怎样发展起来的、日本实行着什么样的政治、日本具有怎样的军备、濒于破绽的日本经济、悲惨的日本国民生活及其斗争、日本帝国主义铁蹄下的朝鲜和台湾、日本和外国的关系、日本最近的形势"新政治体制"是什么。书前有《序言》。附录《日本指导人物人名录》等。书中有图和地图

**7219. 日本参谋本部满蒙国防计划意见书**　（日）金谷范三著　东北问题研究会　1932 年 8 月　90 32 开　有插图

**7220. 日本大陆政策的真面目**　国难资料编辑社编　生活书店［总经销］　1937 年 7 月，1937 年 11 月再版（汉），1938 年 3 月 3 版（粤），1938 年 7 月 4 版（粤），1939 年 1 月 4 版（S）　上海 2 + 129　32 开　国难资料丛刊之一

本书收录从田中义一"大陆政策"奏折至广田宏毅的对华"三原则"期间的 6 篇重要文献。书前有编者序，介绍本书的编辑宗旨及内容。

**7221. 日本大政翼赞运动概观**　孙铮著　中央书报发行所　1940 年 12 月　南京　2 + 72　32 开　有图表　外交部亚洲司研究室丛书

本书分 8 部分：大政翼赞运动发生之原因、大政翼赞运动之过程、大政翼赞会之机构、大政翼赞运动之性格、大政翼赞运动与明治维新、大政翼赞运动下之议会与选举问题、大政翼赞运动下之新经济体制问题、大政翼赞会之人物。

**7222. 日本的暗杀政治（十年来日本的政治黑幕与秘史）**　休·拜亚士（Hugh Byas）著，张起衡译　文摘出版社　1944 年 5 月初版　重庆　8 +［280］　32 开

本书分 6 编：东方式的革命、陆军、暗杀团体、寻觅偶像、帝国偶像、战后。有著作原序。

**7223. 日本的悲剧**　丁夷编著　中国出版公司　1938 年 1 月　上海　40　大 64 开

收录 7 篇文章：《谢谢日本黩武主义的炮弹——日本大悲剧的序幕》、《预测一下中日战争的后果——占上风的轮不到你日本》、《据说日本是个强国——戳穿日本纸老虎》、《原来是个穷光蛋——硬不起来的日本经济》、《浆糊粘成的撑腰者——日本政治机构上的漏洞》、《肉弹精神今何往——把日本战斗体的脉搏》、《日本的丧钟响了——日本人悲剧的终幕》。

**7224. 日本的财阀军部与政党**　思慕著　黑白丛书社　1937 年 7 月初版　上海　3 + 82　32 开　黑白丛书之十四　钱俊瑞主编

本书分 5 章：问题的提出、非常时中的日本财阀、军部的特殊地位、因缘时会的日本官僚、财阀军部官僚的关系的演变与法西斯化。

**7225. 日本的大悲剧**　丁夷编著　中国出版公司　1937 年 1 月初版　上海　2 + 38　大 64 开

分 7 部分：谢谢日本黩武主义的炮弹——日本大悲剧的序幕、预测一下中日战争的后果——占上风的轮不到你日本、据说日本是个强国——戳穿日本纸老虎、原来是个穷光蛋——硬不起来的日本经济、浆糊粘成的撑腰者——日本政治机构上的漏洞、肉弹精神今何往——把日本战斗体的脉搏、日本丧钟响了——日本人悲剧的终幕。

**7226. 日本的大陆政策**　柳乃夫著　黑白丛书社　1937 年 3 月，1937 年 6 月再版，1938 年 1 月 3 版

上海　3＋90　32开　黑白丛书之五　钱俊瑞主编

全书分5部分：谈往事明治维新、定国策田中上奏、九一八火烧远东、察现状外强中干、估前途凶多吉少。

**7227. 日本的妇女运动**　日本评论社编辑　编者刊　1934年10月　南京　2＋36　32开　日本研究会小丛书　第72种

本书分13个部分：初期的日本妇女运动、新妇女协会之诞生及其解放、东京联合妇女会的诞生、妇女公民权的运动、日本妇女对于东京市政的运动、日本妇女的地位、日本妇女反动的爱国运动等。

**7228. 日本的过去现在和未来**　李凡夫著　上海杂志公司　1937年2月初版，1937年3月再版，1937年9月3版，1938年5月4版，1937年9月广州分店重版本　4＋129　32开　当代青年丛书第一辑之二

该书分7章：原始时代的日本、封建时代的日本、明治维新、日本资本主义的发展过程、日本帝国主义的特殊性、日本的国家机构与最近政治动态、日本帝国主义往哪里去。

**7229. 日本的黑幕**　井东宪著，牛光夫译　中华民国留日同学会　1939年8月初版　14＋336　32开　有图表　日本研究资料丛书　第1种

本书分7章：日本黑幕概观、日本军部的黑幕、日本政党的黑幕、日本财界的黑幕、日本事业家的黑幕、日本新闻界的黑幕、日本宗教界的黑幕。卷首有日本研究资料丛书发行旨趣以及译者序言。

**7230. 日本的机密**　上海编译社主编，哲非译　杂志社　1939年2月初版　7＋98　32开

收录5篇文章：《日本的军事机构》（H. M. Labatt-simon）、《日本的黑龙会》（《密勒氏评论周刊》）、《日本法西斯蒂主义的演进》（T. A. Bisson）、《掌握日本国运的一个人》（Alfred Lusk）、《日本政府的法西斯化》（Fvank H. Hedges）。书前有"译者的话"。

**7231. 日本的军阀**　唐崇慈著　中山文化教育馆　1938年1月初版　南京　2＋26　32开　抗战丛刊　第11种

本书包括6部分：导言、军阀的专制与腐化、军阀对外侵略的策划、军阀派别的复杂、寡头政团的内讧与恐怖团体、军阀的末路。

**7232. 日本的谜底**　吴嘉棠著　上海英文大美晚报馆　上海　26＋29　32开

本书分6部分：揭开谜底、烟幕透视、一张王牌、财阀末日、缓性炸弹、清算日本。中英对译本。

**7233. 日本的命运**　新中国编译社编纂　新中国报社　1945年5月　上海　4＋60页　32开　有照片、有插图　新中国丛书　第22种

本书分7章：现阶段之世界战局展望、日本的命运、谈欧洲联合国军队向太平洋、冲绳决战之特异性、欧洲战后的世界情势等。

**7234. 日本的内幕**　国际编译社撰译　国际出版社　1939年9月初版　3＋228　32开　有图表

本书分3部分：政治的姿态、经济的难题、军事及其他。

**7235. 日本的透视**　（英）欧脱莱著，董之学译　生活书店　1937年4月初版，1937年11月再版（汉），1938年1月3版（汉）　1＋305　32开　世界知识丛书之十四

本书分 10 章：日本的恫吓、原料与对外贸易、日本的工业、农业、国民经济、社会革命、战争试验等。

**7236. 日本的威胁**（*The Menace of Japan*）　　（英）Taid O'Conroy 著，陈炜谟译　正中书局　1940年 5 月初版　重庆　8 + 307　32 开

本书分 12 章：日本历史片段、日本人心性与外国人、日本人民与日本帝国、日本的灵魂、佛教与基督教、教育、日本妇女、从皇室复兴到欧洲大战时代日本爱国思想之发达、战争与战后日本、"九一八事变"琐言、秘密团体的权力、"我控诉"。书前有译者弁言。

**7237. 日本的战时体制**　郑森禹著　光明书局　1938 年 1 月　3 + 66　32 开　民族解放丛书　平心主编

本书分 7 章：战时体制的形成、作为内阁头脑机关的企划院、作为内阁指导机关的内阁参议、太上内阁大本营、酝酿中的现行内阁制度的根本改革、所谓"国民总动员"、经济机构的战时化。书前有作者自序。

**7238. 日本的政略与战略**　李执中著　拔提书店　1942 年 3 月　重庆　2 + 120　32 开

本书分 4 章：日本的政略与战略、近二十五年外交政策的演变、从经济上分析动乱时代的日本、"满蒙问题"与第二次世界大战（附录）。

**7239. 日本的罪状**　（美）惠劳倍著，沈錡译　正中书局　1941 年 6 月初版　重庆　13 + 140　32 开　时事丛书　时事月报社主编

本书分 8 章：日本在中国的行动、日本的辩护、日本的门罗主义、可能的日本敌国主义野心——他的大亚细亚政策、田中奏折、美国远东政策及其与远东和平之关系及远东冲突对于世界之意义。书前有原序、译序和对于本书之推荐。封面页英文名：Japan's Case Examined。

**7240. 日本帝国议会**　（伪）华北政务委员会政务厅情报局编　编者刊　1943 年 7 月　8 + 54　32 开　有图表　时局丛书之三

共 5 部分：日本国会史要、议会的组织、贵族院、众议院、参考资料。有序言和编译例言。

**7241. 日本帝国主义的特性**　姚宝猷著　商务印书馆　1944 年 1 月初版　重庆　2 + 81　32 开　中山文化教育馆研究丛刊

本书分 4 章：神国思想的演进、神国思想的基因、神国思想的影响、结论。书前有前言，书后附本文引用书目。

**7242. 日本帝国主义的危机**　日本问题研究会编　编者刊　1933 年 5 月　4 + 136　32 开　有图表

本书共 9 部分，分别为：前言、日本财政的危机、日本社会经济的危机、日本对华贸易前途的危机、日本军事的危机、日本属地的危机、日本政治的危机、日本思想的危机、尾声。

**7243. 日本帝国主义阴谋下之满蒙**（日本前首相田中义一之密奏）　北平各界扩大宣传联席会议　1931 年 10 月　4 + 58 ［环筒叶］　32 开

本书收录《田中首相致宫内大臣一本喜德请代奏明积极政策函》。书前有弁言。

**7244. 日本帝国主义者对华的侵略阴谋**　民团周刊社编　民团周刊社　1938 年 12 月初版　广西　60　32 开　丙种丛刊　第五种　国难丛刊　第一辑之九

本书分 5 个部分：日本帝国主义者对华的侵略阴谋、田中义一大陆政策奏章、日本吞并满蒙的秘密计划、日本对华的基础观念、松室少将对关东的秘密情报。

**7245. 日本吊在中国的弦上**　诸暨县动员委员会编　编者刊　1939 年 10 月　120　32 开　有插图
政治训练参考资料之四

该书收录：《日本吊在中国的弦上》（允怀译）、《日本命运操在中国》（纯青）、《两年来的泥足》（思慕）、《日本已入绝境》（陈唐克译）、《日本对外政策的穷途》（郑森禹）、《日本怎样结束侵华战争》（羊枣）、《走上败亡阶段的日本》（吴平阳）、《日人所谓长期建设的实际》（砥平）、《日本资本主义要"宫刑"?》（纯青）、《日本战时农业生产的危机》（陈洪流）、《日本战时金融危机的展开》（梁式文）、《日元为什么暴跌？伪币为什么贬价?》》（许涤新）、《替日本人民算账》（郑森禹）、《一年来的日本人民反战运动》（宋斐如）14 篇文章。

**7246. 日本吊在中国的弦上**　国民出版社编　编者刊　1939 年 9 月初版　金华　2 + 48　32 开　国民知识丛书　第 1 辑

本书有 8 章，分别为：导论、日本吊在中国的弦上、日本已陷入绝境、日本政府的没落、日本财政的危机、日本社会的不安、日本外交的支撑、两年来敌国情况的总检讨。

**7247. 日本对华的宣传政策**　任白涛著　商务印书馆　1940 年 1 月初版　长沙　3 + 117　32 开

本书分 5 个部分：起首、对华宣传的动因和计划、从事一般宣传活动的公开机构、做宣传的主要工具的伪华报和通信社、结尾。

**7248. 日本对华侵略战的代价**　黄操良编著　大众出版社　1938 年 6 月初版　汉口　4 + 112　32 开
中苏文化杂志社丛书　袁孟超主编

本书收录了 9 篇文章：《日本对华侵略可能支持的限》、《侵略中国的日本财政》、《日本在侵华战争中的消耗》、《侵略中国后的日本战时经济》、《日本侵华后所引起的国内危机》、《日本统治阶级的内部矛盾》、《日本国内的反战运动》、《日本铁蹄下的殖民地革命运动》、《日本帝国主义崩溃的前夜——七三届议会》。

**7249. 日本对华之阴谋及暴行**　中国国民党上海特别市第三区执行委员会编　编者刊　1931 年 10 月　2 + 130　32 开　有图表

本书分 17 部分：引言、日本两大政党对华外交政策概述、日本对华之作战计划、日本对华经济侵略之方策、田中内阁对满蒙积极侵略政策概要、国人对暴日应有的认识、日军暴行之原因与我们应有之努力等。

**7250. 日本对世界战争之准备**　刘百闵编辑　正中书局　1933 年 11 月　南京　2 + 30　32 开　有图表　日本研究会小丛书　第 31 种

本书分 3 个部分：军事的大众动员之形态、军事的大众组织、法西斯蒂的倾向。附录收《退出国联后之国民动员》一文。

**7251. 日本对我侵略之剖视**　焦山桥编著　正中书局　1939 年 11 月初版　重庆　2 + 54　32 开　有图表　战时问题丛刊　中央政治学校研究部主编

本书分 6 个部分：前言、日本军政概述、日本积极侵华之原因、中国抗战之必然性、日本侵华之结果、结论。

**7252. 日本对于殖民地之警察设施**　胡福相著　中国文化服务社福建分社［总经售］　1945 年 9 月　福建　20 + 100　32 开　有插图、有图表

本书共 5 编：台湾、朝鲜、桦太厅、关东厅、南洋厅。有朱家骅、陈仪、谷正伦、李士珍作序。另有著者自序及前言。

**7253. 日本二二六大政变及中日问题**　统一评论社编辑　编者刊　1936年7月初版　成都　6+122　32开　统一小丛书　第2种

　　本书辑录在《统一评论》发表的有关日本"二二六政变"后政局变化以及对中日关系影响的文章16篇，包括《日本大政变的考察》（邓石士）、《军人政治与日本民族性》（朱显祯）、《二二六事变之里因》（胡恭先）、《九一八后日本各次政变的因果》（郑啸庠）、《中日关系转换关键之史的考察》（翟温稿）、《日本之大陆政策与中国》（龙钟兴）。

**7254. 日本法西斯运动**　（日）座间胜平著，北平晨报编辑处译述　北平晨报书品部　1933年4月初版　北平　8+220　32开　北晨丛书之一

　　本书分5章：日本法西斯运动概观、日本法西斯运动之历史、日本法西斯阵营之展望、法西斯诸团体之政策、日本法西斯运动之中心活跃人物。附录收《国民同盟之成立大会》、《国民同盟之宣言》、《国民同盟之纲领》等6篇文章。书后附《日本法西斯运动目录终》。卷首有陈渊泉所作序言。

**7255. 日本法西斯运动之展望**　刘百闵编辑　正中书局　1933年10月再版　南京　2+48　32开　日本研究会小丛书　第5种

　　本书分4部分：日本法西斯运动的性质、历史发展、现状的展望、日本法西斯运动之前途。

**7256. 日本法西斯主义**　（日）木下半治著，林纪东译述　商务印书馆　1937年5月初版　上海　13+224　32开　新时代史地丛书

　　全书分9个部分：绪论、日本法西斯主义前史、走向法西斯主义、基于九一八事变的社会大转换、由昂扬至沉滞、再起的焦虑、以二二六事件为中心、日本法西斯主义之理论基础、结论。

**7257. 日本废除不平等条约小史**　崔万秋著　商务印书馆　1938年6月初版　长沙　6+83　32开

　　全书共9章：不平等条约缔结的过程、条约内容的不备与缺陷、废除不平等条约的发端、寺岛之改正交涉、井上之改正交涉、大隈之改正交涉、青木之改正交涉、废除不平等条约之实现、小村之条约改正完成。书前有著者小引，介绍本书编译目的。

**7258. 日本概观**　周幼海著　新生命社　1944年6月3版　上海　6+155　32开

　　本书分10个部分：前言、日本宪法之特殊性、日本的文化、日本精神、日本趣味、日本的社会、日本之国民性等。书前有三版序。附录收《再度来日感想》、《寄友人》、《我与日本》等8篇文章。

**7259. 日本革命运动史话**　总政敌伪研究室编　太行军区政治部翻印　1944年　52　32开

　　本书内容为1942~1943年连续发表于《解放日报》的《敌情副刊》，内容包括：从产业革命到十二人的就义、"米骚动"、"革命之父"片山潜、日本共产党的诞生、反"左"右偏向的斗争、渡边政之辅之死、马列主义的流行、日本共产党的法庭斗争等15章。复制本。

**7260. 日本革命运动史话**　总政敌伪研究室编辑　新华书店　1944年1月　1+64　32开

　　本书内容为1942~1943年连续发表于《解放日报》的《敌情副刊》，内容包括：序言、从产业革命到十二人的就义、"米骚动"、"革命之父"片山潜、日本共产党的诞生、反"左"右偏向的斗争、渡边政之辅之死、马列主义的流行、日本共产党的法庭斗争等15个部分。

**7261. 日本革命运动史话**　总政敌伪研究室编　冀鲁豫书店　1945年　52　32开

　　本书内容为1942~1943年连续发表于《解放日报》的《敌情副刊》，书中内容包括：序言、从产业革命到十二人的就义、"米骚动"、"革命之父"片山潜、日本共产党的诞生、反"左"右偏向

的斗争、渡边政之辅之死、马列主义的流行、日本共产党的法庭斗争等 15 个部分。

**7262. 日本革命运动史话**　［总政敌伪研究室编］　山东新华书店　1945 年 4 月　2 + 93　64 开　毛装

本书内容为 1942～1943 年连续发表于《解放日报》的《敌情副刊》，内容包括：序言、从产业革命到十二人的就义、"米骚动"、"革命之父"片山潜、日本共产党的诞生、反"左"右偏向的斗争、渡边政之辅之死、马列主义的流行、日本共产党的法庭斗争等 15 个部分。封面题名为《日本革命史话》。

**7263. 日本各方对于脱盟**　蠡舟著　东北问题研究会　1933 年 10 月初版　2 + 98　32 开

全书分 8 章：引言、日本政府、外务省、军部、枢密院、在野各政党各界、舆论界、结论。

**7264. 日本共产党之发展**　刘百闵编辑　正中书局　1933 年 4 月　南京　3 + 58　32 开　日本研究会小丛书　第 4 种

本书分前篇与续篇两部分，收录《取缔社会运动之各种法令》、《共产党成立过程》、《政府当局之思想善导》、《教员之左倾》、《最近赤化的扩展》等 14 篇文章。

**7265. 日本官制官规之研究**　沈观鼎著　4 + 138　32 开　精装　有图表

本书分 4 篇：中央官制、地方官制、官规撮要、关于行政上各种问题之研究。书后有《日本官制一览表》、《中日考试制度之比较》两篇附录以及附件《日本中央及地方机关刊物若干种》（存本院图书馆从略不登）。

**7266. 日本国防体制的纲领**　日本企划院研究会著，外交部亚洲司研究室编译　宣传部　1943 年 3 月　9 + 182　32 开　有图表

本书分 12 章：总论、基本国策的要纲、新政治体制的构想、经济新体制确立的要纲、财政金融基本方策要纲、中日满经济建设要纲、国土计划设定要纲、确立科学技术新体制要纲、勤劳新体制确立的要纲、人口政策确立的要纲、战时贸易对策、交通政策要纲。

**7267. 日本国家机构略解**　日本政治研究会编，宋斐如译　中华书局　1937 年 12 月　上海　5 + 78　32 开　现代政治丛书

全书分 5 个部分，分别从宪法与议会、官僚机构、选举及政党、内阁、国家机构的法西斯化等方面解析日本的国家机构。书前有译者序言。

**7268. 日本国家主义诸社团**（二）　内外通讯社编　编者刊　1933 年 12 月　［南昌］　60　32 开　内外类编　第 13 册

本书为第 2 部急进的国家主义团体；第 3 部国家主义团体的政党运动。后有补遗参考。

**7269. 日本国家主义诸社团**（一）　内外通讯社编　编者刊　1933 年 12 月　54　32 开　内外类编第 11 册

本书共 4 章：实行团体、修养教化团体、学生团体、军人团体。

**7270. 日本国家总动员计划**　沈中临著　中央政治学校研究部　1939 年 7 月初版　16 + 118　32 开　中央政治学校研究部丛书　刘振东主编

本书分 8 章：日本国防政策之全貌、国家总动员准备之演进、国家总动员机构之体系、国家总动员之基础设施、国家总动员之实施计划、动员法制定之立法方式、军需工业动员法之释评、国家总动员法之分析。书前有自序以及刘振东所作序言，书后有附录。

**7271. 日本国力的再估计**　张友渔著　远方书店［总经销］　1942 年 6 月　桂林　52　32 开　国际问题丛刊

本书包括 10 篇，依次为：如何估计日本的国力、日本国力的基本弱点、从资源估计日本的国力、从工业估计日本的国力、从农业估计日本的国力、从对外贸易估计日本的国力、从财政金融估计日本的国力、从军备估计日本的国力、从阶层关系估计日本的国力、如何促成日本帝国主义崩溃。

**7272. 日本国内的革命怒潮**　王纪元等著　战时出版社　1+157　32 开　战时小丛刊之七一

本书收 26 篇文章：《日本国内的革命怒潮》（王纪元等著）、《现实的正义》（鹿地亘）、《战时日本的悲剧》（徐源善）、《尖锐化下的日本社会问题》（《域外杂志》）、《日本人民愿中国得到最后的胜利》（贺川）、《全面抗战后日本的国内相尅》（黄操良）等。附录收《日本共产党给在华日本士兵的号召》、《日本共产党的反战纲领》、《日本现役将校有志团致在华北日本将士》等 6 篇文章。

**7273. 日本国内的恐慌**　瞿洛琛编　战争丛刊社　1937 年 12 月初版　武昌　2+76　32 开　战争丛刊　第 10 种

本书分 9 部分：经济恐慌、财政危机、国际孤立、社会恐慌、军民反战、军人内讧、资源缺乏、军事失利、后顾堪忧。书前有前言，书后有结论。

**7274. 日本国情讲话**　杨玉清著　独立出版社　1939 年 2 月初版　重庆　2+66　32 开

本书分 4 章：绪言、日本之政治过程、日本之政治现势、日本之经济现势、日本之难关及其将来。

**7275. 日本国势图解**　（日）矢野恒太、白崎享一著，李择一译　商务印书馆　1936 年 11 月初版　上海　28+446　32 开　有插图、有图表

本书一名《日本国力图解》，分 72 章：大和民族之中心、世界各国、领土之增减、人口之增减、思想、政治、财政等。书前有译者弁言、第五改订版序、初版序言摘要、第二版序言摘要、原著例言。书中有 38 幅图以及 408 幅表。

**7276. 日本国势现状**　王善继著　大东书局　1931 年 11 月初版　上海　8+230　32 开

本书分 25 章：绪言、土地与人民的状况、职业别人口的状态、移民与殖民的状况、产业的状态、物质需要与供给的状况、商业及贸易的状况、物价的状况、金融的状况、交通运输的状况、通讯机关的状况、日本最近政治上的重要问题、结论。书前有李长傅所作序言。

**7277. 日本国势之解剖**　（日）矢野恒太著，王骏声、王益滔、余德荪、李文政译　浙江高级中学　1932 年 1 月初版　浙江　30+476　32 开　有图表

本书分 81 章：狭窄的世界、国五十九、日本席次如何、大和民族之中心、粮食之不足、布料之不足、其他之不足、司法、新领土等。有天体之广大、友邦一览、日本人口增加之趋势等 265 幅图表。另收录赤道一周所要之日时、五大洲之面积与人口、日本人出生与死亡等 407 幅统计表。书前有译者序、凡例以及著者在 1929 年所作序文和 1927 年初版序文。书后有正误表。

**7278. 日本果能称霸于太平洋乎**　（英）爱色尔顿（Etherton）、（英）替尔特曼（H. H. Tiltman）著，沈绍薪译　外交月报社　1934 年 9 月初版　北平　2+184　16 开　有插图　外交丛书之一

本书分 11 章：日本侵略政策之基本因素——人口与食料、日本生产之迈进、日本煤铁问题与东北、日本之财力堪一战乎、日本军备之发展、日本侵略外交政策能运用到几时、日本之侵略野心岂仅限于东北等。

**7279. 日本果要进攻华南吗** （德）雷斯曼等著 战时出版社 2+62 32开 战时小丛刊之十九

本书分两个部分。前部分为雷斯曼所作《日本的南进》；另一部分收录11篇文章，有《最近的华南》（旁观者）、《战机日迫的香港》（梁少刚）、《今日的香港》（乃昌）、《敌机寇粤记》（陈乃英）、《敌舰袭陷金门记》（丁易）、《挥泪话金门》（正安）等。

**7280. 日本还能支持多久** （英）诺爱尔·拜勃著，邬侣梅译 良友复兴图书印刷公司 1943年5月初版 桂林 5+220 32开 有插图

本书分8章：日本还能支持多久、日本的海军、日本的陆军、日本的空军、经济战争、日本的工业、幕后的人物、走向战争。附录收录《走向死路的日本财政》（龚柏德）、《倭寇在南洋的统治与掠夺》（安炳武）、《日寇舰队究竟损失了多少》（张友渔）等6篇文章。书前有编者言。

**7281. 日本间谍的自述** 费斯白著 自由出版社 1945年11月初版 1+1+42 32开

本书以第一人称记叙日本在满洲的特务工作。顿比烈作序。

**7282. 日本间谍与汉奸** 海童编 正义社 1939年12月初版 ［金华］ 15+72 32开 有图表

本书共5章：何谓日本间谍与汉奸、日本间谍与汉奸的组织、日本间谍与汉奸的成分、日本间谍与汉奸的活动、怎样侦查日本间谍与汉奸。文前有总裁训示、娄子匡作序。有题赠。

**7283. 日本间谍与汉奸** 海童编 正义社 1940年7月增订版 ［金华］ 15+90 32开 有图表

本书共5章：何谓日本间谍与汉奸、日本间谍与汉奸的组织、日本间谍与汉奸的成分、日本间谍与汉奸的活动、怎样侦查日本间谍与汉奸。文前有总裁训示、娄子匡作序。

**7284. 日本间谍在中国** 黄先明著 国防书店［总经销］ 1942年1月初版 桂林 8+46 32开

全书共分12个部分：惊人的间谍作用、什么是间谍、日本间谍的组织和历史、处在日本间谍网中之中国、敌谍外围之宣抚班、汉奸特工与伪中国复兴党之阴谋、魔王土肥原、女妖川岛芳子、恶鬼喜多诚一、可怕的毒化、抗战中我给予日本间谍之打击、最后呼声。卷首有张明所作序言。书前有自序，介绍本书的成书经过。

**7285. 日本进攻苏联与中国** 凤羽编著 陕西战时论坛社 1938年1月初版 陕西 8+66 32开 战时论坛丛书之一

本书分4部分：日本在满洲种种的设施、环绕"满"苏边境的战略铁路网、在战争前夜日本用什么方式"独占中国"、结论。书前有著者自序。

**7286. 日本进攻中国的近因及其前途** 黎百强著 南华出版社 1938年2月初版 上海 1+43 32开

本书分6个部分：我们对敌人的面孔应该认识得更清楚些、日本为什么要在目前发动大规模的侵略战、侵略中国是不是日本的出路、协助日本军进攻的外交活动、围绕于战争周围的各国态度、中国对于各国态度应取的政策。

**7287. 日本军部的秘密** 邵芙著 上海明明书店 1938年1月 上海 2+96 32开 有图表

本书分4部分，包括：日本军部的秘密、日本陆海军中心人物素描、日本历代的总理大臣、日本新设之内阁参议官。有附表。

**7288. 日本军部与法西斯蒂** 柳仁著 上海杂志公司 1938年1月汉版 上海 6+74 32开 大时代丛书之九 金则人主编

本书共5章：日本政治机构的认识、日本军部、日本法西斯蒂、现阶段日本政治特质、战时的

日本。书前有《大时代丛书刊行缘起》。

**7289. 日本军部与内阁**（第二集）　军事委员会政治部编　编者刊　1942 年 11 月　2＋26　32 开

本书分 7 节，揭示了日本军部与内阁的关系。包括：庞大军部机构的特质、日本型的内阁制度及其权限、军部支配内阁的二重关键、军部干涉内阁施政事实的基因、军部与内阁关系的展望等。封面有"对敌伪宣传参考资料"字样。

**7290. 日本军阀论**　（日）伊藤金次郎著，李春霖、金长衡、陈铁铮、黎民译　时与潮社　1940 年 6 月　重庆　16＋560＋28　32 开　有插图　时与潮译丛书　第 1 种

书中分 19 章，按地区评述日本军阀间在历史上的派系关系、军人干政的实际情形、新旧军阀间的相互倾轧和少壮军人的飞扬跋扈，并介绍日本军阀的代表人物。书前有译者序。内附《中日西纪年对照表》、《日本分县分藩图》、《人名索引》。

**7291. 日本军人暴动的解剖**　中日问题研究会编　编者刊　1936 年　2＋22　32 开

本书分 6 部分，分析 1936 年日本"二二六"军事政变的原因及其对日本、中国和世界的影响以及中国应采取的对策。

**7292. 日本军政界人物评论**　林海涛编著　军事委员会台湾义勇队　1943 年 11 月初版　福建　9＋202　32 开　有题词

本书分为陆军界之人物、海军界之人物、政界之人物等 3 部分。每部分再分在朝者、在野者等 3 种情况，共收 118 人小传。书前收《日本军政界概观》一文。另有《敌国陆军主要人物一览表》、《日本现政府要员一览表》、《日本政界要员一览表》、《日本阁潮（政变）表》、《七十年来中日间大事略志》（中、西、日对照）、《日本人名罗马拼音对照表》等 6 篇附录。

**7293. 日本陆军大臣荒木告全日本国民书**　（日）荒木贞夫著，刘文典译述　天津大公报馆　1933 年 5 月　天津　3＋122　32 开　精装

本书包括"现代日本之任务"、"告全国民"、"胜利！否则一死"、"痛苦之赤字与愉快之赤字"、"日本国民！发挥坚强意志"、"空前绝后之好机会"、"皇军之真精神"、"宣扬皇道"、"日本国民之觉悟"、"日本民族之真使命"、"言伟人"、"言名将"等 12 部分。有译者序。

**7294. 日本论丛**（第一册）　缪凤林编著　中山书局　1933 年 7 月初版　南京　6＋20　32 开　有插图　南京中国史学会丛书

本书收 10 篇文章：《日本史鸟瞰》（缪凤林）、《日本开国五十年史序论》（日·大隈重信）、《开国事历》（日·岛田三郎）、《神道》（日·久米邦武）等。书前有弁言。

**7295. 日本面孔**　卜少夫著　国民出版社　1937 年 11 月初版　上海　2＋154＋2　32 开

本书分 3 部分，辑录 20 篇文章：《对华再认识》、《林内阁的实质》、《近卫内阁之出现及其将来》、《杂谈日本的国民性》、《东京中央电信局参观记》、《军部之狗松冈洋右》、《秋田两雀访问记》等。

**7296. 日本民权运动史**　（日）平野义太郎著，韩幽桐译　政治部文化工作委员会　103　32 开　国际问题研究丛书之五

本书分 3 章：绪论、日本自由民权运动中的自由主义、劳动者农民的布尔乔亚·德谟克拉西运动。有译者弁言。

**7297. 日本民权运动史**　（日）平野义太郎著，韩幽桐译　读书出版社［总经售］　1944 年 9 月初

版　重庆　2+105　32 开

本书分 3 章：绪论、日本自由民权运动中的自由主义、劳动者农民的布尔乔亚·德谟克拉西运动。有译者弁言。

**7298. 日本内阁**　（伪）华北政务委员会总务厅情报局编　编者刊　1944 年 8 月　28　32 开　时局丛书之四十三

介绍了日本内阁的基本情况，包括 4 章：内阁制度、连立内阁、小矶内阁阵容和日本新内阁成立后各方面的反响。

**7299. 日本内幕**（*Japan Defies The World*）　James A. B. Scherer 著，蒋学楷译　商务印书馆　1939 年 1 月初版　长沙　4+197　15cm×21cm　复旦大学文摘社丛书　第 2 种　吴南轩、孙寒冰主编

本书分 16 章：序曲、闪电似的变化、日本军阀的演进、新兴日本的产生、学生之谜、天皇崇拜、自杀、孝顺妓女、四大财阀、八大事变、一九三七年的最高潮、法西斯同盟、陨石等。

**7300. 日本南进论**　〔日〕室伏高信著，龚心印译　湖南育才中学校　1937 年 5 月　长沙　8+210　32 开　湖南育才中学丛书之四

本书作者全面阐述了日本的南进政策，内容包括今日之认识、日本之梦、日本如何服中国、为日本海军进一解、南洋与日本等。有译者序。

**7301. 日本南进与太平洋**　示丹编著　军事委员会政治部　1941 年 3 月　2+38　32 开　有插图　时事问题　第 5 辑

本书分 9 章：南进和北进、荷印情形、日本为什么要南进、南进政策的推行、英美联合制裁、战氛弥漫的太平洋、太平洋中几个军略要地、战争的预测、我们的机会。

**7302. 日本南进与太平洋形势**　黄德禄著　中山文化教育馆　1939 年 4 月渝版　重庆　2+68　32 开　抗战丛刊　第 83 种　中山文化教育馆编

全书共 4 个部分：日本侵略利刃的两边——南进与北进、日本南进与太平洋霸权之争夺、日本威胁下之太平洋形势、结论。

**7303. 日本南进政策的前瞻**　樊蒂棠著　奋斗出版社　1941 年 1 月　2+94　32 开　有图表　奋斗丛书之七

本书共 9 章：绪论、日本的国策、日本南进政策的历史、日本南进政策的目标、日本南进政策的动因、日美军事力量的对比、日美未来战争的战略形势、日本南进的前瞻、我们对日本南进政策应有的认识。

**7304. 日本南进政策之现阶段**　庄心在著　中国国际联盟同志会世界政治社　1941 年 2 月初版　重庆　3+86　32 开　有图表　世界政治社丛书　第 6 种

本书分 8 个部分：现阶段日本南进政策总检讨、菲律宾问题、缅甸论、日本南进与泰国、荷兰东印度问题、日本南进声中之越南现势、新加坡与英美日关系、日本在南洋委任统治地之战略价值。卷首有陈尧圣所作序言。封面题名作"日本南进政策之新阶段"。版权页题名为"日本南进政策之现阶段"。

**7305. 日本能否爆发社会革命**　孙文庭编　战时读物编译社　1938 年 1 月，1938 年 2 月再版　70　32 开

本书收 7 篇文章：《日本的社会革命会不会爆发？》（尤提来著，汪衡译）、《日本社会革命的初步考察》（思慕）、《日本经济的脆弱性》（寇松如）、《日本国民不堪战争的负担与压迫》（刘尊

棋)、《日本国内反战运动》(王渔村)、《日本工农的革命运动》(强)、《日本爆发社会革命是对华作战的结果》(王纪元)。

**7306. 日本能以战养战么**　国民出版社编　编者刊　1940 年 5 月初版　金华　4 + 102　32 开　有图表　国民知识丛书

　　本书分 9 个部分:敌寇能以战养战吗、敌寇一年来以战养战阴谋之总暴露、战地敌人经济掠夺政策之失败、敌寇对占领区域经营的矛盾、敌人在我国北部的经济侵略概况、敌人掠夺我国中部农产物资实况、我国中部敌我物资争夺战等。卷首有弁言。

**7307. 日本泥菩萨**　温锐著　全民出版社　1938 年 5 月初版　汉口　38　大 64 开　民众抗战知识丛书　陆洛主编

　　本书分 4 节:日本的脚是泥做的——经济剖析、日本的身体是草包成的——政治剖析、日本的脸是纸糊粉画的——社会剖析、日本的手是铅做的——军备剖析。封面名"日本政治经济社会剖析"。

**7308. 日本侵华领袖人物**　汪馥泉著　商务印书馆　1938 年 7 月初版,1940 年 5 月再版　长沙　65　大 64 开　国际时事问题丛书　国际编译社编辑

　　本书分 6 部分:绪论、侵略人物在内阁中、军部中侵略人物、侵略策动者的财阀、元老重臣与政策、结论。

**7309. 日本侵华之间谍史**　钟鹤鸣著　华中图书公司　1938 年 6 月再版,1941 年 4 月 3 版　汉口,重庆　14 + 236　32 开

　　全书共 12 章,包括:日本间谍史之鸟瞰、日本在华特务工作发展的经过、使领馆之谍报组织及其动态、日军部参谋部在沪之谍报机构、日本驻华的特务机关、日本侦探之活动及在华之破坏工作等。书前有作者序。补白中收录《韩复榘施妙计玩弄土肥原》、《冯玉祥对付国际大滑头土肥原之手段》、《川岛芳子浪漫史之一页》。

**7310. 日本侵华重要文件(宣传资料第九辑)**　军事委员会政治部编　编者刊　1941 年 9 月　2 + 132　32 开

　　本书共 13 章:《二十一条》、《中日军事协定》四种、田中"满蒙积极政策"奏章、日"满"议定书及其他、天羽"四一七声明"、横竹与崛内"中日经济合作计划"、广田对华三原则、"川樾条件"及日军扰乱华北计划、敌王密约及其他、敌梁密约及其他、近卫"东亚新秩序"声明、敌汪密约及其他、近卫"基本国策要纲"。

**7311. 日本侵略东北的机关**　荣嗣炳、郭超凡编　中华书局　1934 年 7 月　上海　2 + 44　32 开　有图表　东北小丛书

　　本书分 5 章:绪言——侵略机关的机构、南满铁道公司的行政侵略、关东厅及其侵略任务、领事的侵略任务、非法驻扎的军队及其任务、文化侵略机关、结论——积极侵略与拓殖省。

**7312. 日本侵略东北的阴谋**　乐嗣炳编　中华书局　1934 年 7 月　上海　2 + 44　32 开　有插图东北小丛书

　　本书分 6 部分:绪论——帝国主义与阴谋、二十一条与西原借款、田中积极政策的根据及其纲领、商租权亡国的阴谋、铁道亡国的阴谋、结论——日本侵略东北阴谋的体系。

**7313. 日本侵吞满蒙毒计之大披露**　沪粤爱国社　1931 年 1 月　2 + 56 + 2　32 开

　　书中收入《田中首相致宫内大臣一木喜德请代奏明积极政策函》,内容为对我国东三省各个方

面的介绍，说明日本帝国主义图谋我国领土的阴谋由来已久。书前有热血生作的序言。

**7314. 日本全貌**　叶提纾编撰　梅县文萃月报社　1942 年 1 月初版　广东梅县　60　32 开　有照片、有图表

本书分 4 章：日本人事、日本政治、日本军事、日本经济。书前有序。

**7315. 日本铨叙制度调查报告书**　马洪焕著　考试院收发处　1933 年 4 月　14 + 384　32 开　有图表

本书分 7 章：任用、考绩及赏与、抚恤、保障、荣典、俸给、待遇。书前有绪言。

**7316. 日本人（一个外国人的研究）**　蒋百里编著　大公报　一九三八年九一八再版（汉）　［汉口］　6 + 54　32 开

本书分 12 章：几个自然条件、几段历史事迹、明治大帝、欧战、固有的裂痕、军人思想之变迁、政治、财政经济、外交、精神上的弱点、黄金时代过去了等。书后有蒋方震所写《这本书的故事》一文。

**7317. 日本人的反战呼声**　离骚出版社　1938 年 2 月初版　3 + 48　32 开

本书分 8 章：现实的正义、日本国家的致命的弱点、爱正义爱祖国者的呼声、中国的胜利是全亚洲的曙光、一个伟大的日本弟兄、日本共产党给在华日本士兵诸君的号召、从防共的圣战到驱逐白人的圣战。有编者的附言。

**7318. 日本人民的反战运动**　宋斐如著　生活书店　1938 年 6 月初版　汉口　1 + 47　32 开　世界知识战时丛刊之六　金仲华主编

本书分 7 个部分：从对华侵略到反战运动、日俄战争当时的反战运动、日本智识份子的反战运动、左翼阵营在反战中的统一化、日本士兵的反战运动、一般日本人民的反战运动、殖民地民众的反战运动。

**7319. 日本人民对东北事件公论**　沈叔之、吴觉农编译　黎明书局　1932 年 1 月初版　上海　5 + 154　32 开　有图表

本书分 12 个部分：日本帝国主义吞并满洲的阴谋、几个正直的日本人的忠实话、关于满蒙问题的反省、东三省日本帝国主义、列强在满蒙的经济竞争、东北事变与列国的对华政策、满洲事变与国际联盟等。有卷首语。

**7320. 日本人民统一战线的发展**　宋斐如译著　上海杂志公司　1938 年 4 月汉初版　汉口　4 + 86　32 开　大时代丛书之十九　金则人主编

本书分 5 章：一般统一运动的意义、劳动组合统一运动、农民组合与统一运动、政治统一阵线的进展与人民阵线的问题、日本人民战线往哪里去。书前有序言。

**7321. 日本人所见之一九三六年**　内外通讯社编　编者刊　1933 年 11 月　南昌　64　32 开　有图表　内外类编　第 2 册

本册收 6 篇文章：《一九三六年之危机》（日·桥爪明男）、《下届世界大战》（日·平田晋策）、《中美协同对日之空中作战》（日·平田晋策）等。有编者序。

**7322. 日本人之病态心理**　张君俊著　中山文化教育馆　1938 年 2 月渝版　重庆　35　32 开　抗战丛刊　第 18 种　中山文化教育馆

本书分 11 章：绪论、伪诧神权提高身分、盗人发明欺骗世界、残暴不仁好杀伤生、日本人对

于妇女之摧残、日本人之自杀心理、日本人之小气心理、日本人之寻仇抱怨、日本人之一般病态现相、超格之兵力乃病态心理之朕兆、结论。

**7323. 日本声明之经过及其反响** 内外通讯社编 编者刊 1934 年 4 月 南昌 90 32 开 内外类编 第 36、37 册合刊

本书分 6 部分：日本声明经过、中国政府之措置、美国之态度、英国之态度、欧洲之态度、中国舆论检阅。封面题名为"日本发表声明经过及各国反响"。

**7324. 日本是个什么国家** 郭家文著 文化供应社 1940 年 8 月 广西 2 + 54 10cm×16cm 有插图 青年新知识丛刊

本书分 12 个部分：日本地理概述、日本的资源、明治维新、打败了中国和俄国以后、日本帝国主义的特质、日本的农工业、日本的对外贸易、日本的财政与金融、日本的政治机构、日本的社会、日本的外交、日本的殖民政策。

**7325. 日本是什么东西** 张君俊著 中山文化教育馆 1937 年 11 月再版 南京 4 + 32 32 开 有图表 抗战丛刊 第 4 种 中山文化教育馆编

本书分 7 个部分：日本之面积及位置、日本之民族原起之臆说与发展、日本民族性与病态现相、日本男子对于女子之残暴不仁、日本之贪赃枉法贿赂公开、日本政治腐化之一斑、日本资源之缺乏。卷首有《抗战丛刊缘起》一文。

**7326. 日本所谓悬案之事实真相** 56 14.7cm×24.4cm

收日本对国民政府提出的 53 件所谓悬案及国民政府所作的答复。

**7327. 日本特务机关在中国** 谢远达著 新华日报馆 1938 年 5 月初版 汉口 4 + 69 32 开 有图表 新群丛书 第 5 种

本书主要介绍日本在中国的特务机关，包括日本特务机关的起源和发展、在中国的组织和分布、工作纲领、活动方式以及特务机关发达的原因。附录收《日军部对华北的军事侵略计划》。有题签。

**7328. 日本现代政治制度** 钟荣苍编著 正中书局 1935 年 10 月初版，1936 年 10 月再版，1937 年 11 月 3 版 南京 3 + 188 32 开 有图表 时代丛书

分 4 编共 25 章。分述日本政治的演进、中央政府、地方自治制度、日本的政党。附《日本宪法》。

**7329. 日本现舞台之要角** 吴伯明著 青年书店 1940 年 2 月初版 重庆 6 + 318 32 开 有图表

本书以日本战时的军政动态为对象，研究日本现时军阀政客，包括军事制度及编制、陆海军大将的分布、军阀的系统与派别、少壮军人的佼佼者、关东军的过去与现在、兴亚院与少壮军人、特务机关与少壮军人、侵战中的战地部队与军人等 19 方面的内容。附录收《中西日本年代对照表》。有凡例。

**7330. 日本现状论（第一集）** 陈彬龢著 申报 1933 年 5 月初版 上海 12 + 86 32 开 申报丛书 第三种 上海文库主编

本书分 3 编：日本史的研究、国际形势中之日本、日本军事费之膨胀与其财政之危机。书前有作者所作序言。

**7331. 日本向全世界挑战**（*Japan Defies the World*） James A. B. Scherer 著，哲非译 美商华美出版

公司　1938 年 9 月初版　上海　6 + 297 + 12　32 开

　　本书共 16 章，内容包括日本军阀演进史、天皇崇拜、艺妓、自杀憧憬、法西斯同盟、日本的没落等。附录收《日本的墨索里尼——南次郎大将》。

**7332. 日本亚洲独霸战**　宋斐如著　三文出版社　1944 年 3 月初版　11 + 227　32 开　战时日本丛书之一

　　包括绪论、本论两个部分。绪论分析日本独霸亚洲的世界性，本论包括 16 章节内容。卷首有自序。

**7333. 日本研究**　蒋益明著　中央陆军军官学校　1939 年 2 月初版　12 + 188　32 开　有图表　黄埔丛书之二十八　黄埔出版社编辑

　　本书分 6 章：日本概况、日本政治、日本经济、日本军事、日本外交、日本研究结论。卷首有编撰例言。

**7334. 日本研究**　梁克强著　宪兵司令部政治部　1940 年 5 月　　[重庆]　3 + 64　32 开　宪兵政治丛书之一

　　本书分 5 章：日本的政治、日本的经济、日本的军事、日本的外交、日本的文化。书前有自序。

**7335. 日本研究法**　王芃生著　建国出版社　1940 年 7 月　6 + 66　32 开　有图表　建国丛书　第 3 辑第 1 种　建国出版社编

　　本书分两个部分：日本研究法、如何研究日本。附录收《日本侵华年表》、《中西日年代对照表》、《日本历代内阁年表》、《日本要人姓氏发音西译表》4 幅图表。

**7336. 日本与法西斯主义**　傅无退编　商务印书馆　1935 年 1 月再版　上海　7 + 140　32 开　有图表

　　本书分上、下两编，共计 10 章。上编为有关法西斯的理论探讨，下编为日本法西斯现状的概述。有序言。

**7337. 日本与现代世界**　　（英）约翰·普拉特著　英国驻华大使馆新闻处［印行］　1943 年 1 月25　32 开

　　本书包括英国与日本的关系、日本的种族生活、日本脱离闭关生活、1902 年之英日盟约、华盛顿会议、1931 年侵占满洲、日本侵华的程序和英国援华等部分。作者断言日本的侵略战争必败。

**7338. 日本与远东**　刘栋译　前导书局　1937 年 8 月初版　桂林　28　32 开　国际问题小丛书　常书林主编

　　本书从 7 个方面概述了日本国内形势及国际关系。包括：日本、日本与"满洲"、日本与苏联、日本与华北、日本与中国、日本与西方、日本与太平洋。

**7339. 日本在华的赌博**（*Japan's Gamble in China*）　　（英）Freda Utley 著，吴道存、毛起森译　商务印书馆　1939 年 1 月初版，1939 年 9 月再版　长沙　162　32 开　复旦大学文摘社丛书　第 3 种　吴南轩、孙寒冰主编

　　本书共 7 章，"评论中日战争的缘由"、"战争前夜的中国"、"日本人口过剩问题"、"英、日、中、德的远东政策"、"中日战争的前途"等。附录收《介绍 1938 年 5 月日本内阁的政况》等 3 篇。

**7340. 日本在华的间谍活动**　万斯白著，文缘社译　译报图书部　1939 年 4 月　17 + 247　32 开

有照片、有插图

本书共分14章，包括入中国籍的意大利、白奴贩卖者、张作霖是怎样被暗杀的、日本政策的解释等。书前有原著者为中译本引言、田伯烈序、《密勒士评论报》书评、读者的证明。书后有收场白。

**7341. 日本在华的间谍网**　郭洛文等著　战时出版社　54　32开　战时小丛刊之三十四

本书共收录14篇文章，全面介绍了日本在华的间谍活动，包括：《日本在华的间谍网》、《日本在华的间谍活动》、《日本在华的侦探》、《日本松室少将的秘密情报》、《赤色外蒙潜行记》等。

**7342. 日本在华间谍网**　林克多著　上海杂志公司　1937年10月初版，1937年11月汉口再版，1938年1月汉口3版　汉口　5+64　32开　大时代丛书之二　金则人主编

从日本间谍和情报的一般工作、日本在华间谍的主脑人物、日本在华间谍的组织及工作纲要、日本在华间谍的人选及其工作方式等11个方面介绍日本在华的间谍网。卷首有"大时代丛书刊行缘起"。

**7343. 日本在泥淖中**　郭沫若、李支、刘仰之、范式之、王若华、范世勤、刘海邨、（日）川岛厚、刘燕谷、（日）浅井花子、钱逸、张仲实执笔　独立出版社　1938年10月初版　重庆　4+66　32开　有图表　战时综合丛书　第2辑　独立出版社编

全书分9部分，分别为：中日战争的前途、飘荡中的日本政治、捉襟见肘的日本财政、日趋穷途的日本农村、日本侵华的代价、骑虎难下的敌人军事、殖民地及占领地人民的抗日运动、动摇中的敌军、日本社会剪影。书前有"写在前面"，书后附讨论大纲。

**7344. 日本怎样防谍**　汪宇平译　时与潮社　1942年6月　重庆　4+52　32开　有图表　时与潮译丛　第10种

本书分21节：什么是"防谍"、秘密战的攻击手段、间谍的活动状况、可怕的文书谍报、国民是防谍的战士等。此文原载日本《写真周报》。

**7345. 日本战时政治之演变**　何炳著　青年书店　1940年11月初版　桂林　3+58　32开

本书分8个部分：开卷语、内政法西斯化的形成、对外侵略政策的推进、近卫内阁的第一次时代、平沼内阁、阿部的登台及其实体、米内内阁、今后的日本政局。

**7346. 日本战争总动员之准备**　刘百闵编辑　正中书局　1933年8月　南京　1+22　32开　日本研究会小丛书　第24种

本书分12个部分：未来战争的形容与总动员、工业动员、资源局的内容与组织、最初举行的国家总动员、美国参战时的情况、平时产业的培养、日本的战费是否充分、满洲资源等。

**7347. 日本政府**　金长佑著，臧启芳校　商务印书馆　1937年5月初版　上海　12+462　大32开　有图表　大学丛书

共11章，包括现代日本政治制度的由来、日本宪法、日本政府之基础问题、天皇、国务大臣内阁及中央行政组织、"帝国议会"的组织、职权及其工作进行、司法制度、军事制度、地方政府与殖民地政府、政党概况。附录收《日本帝国宪法全文》、《皇室典范全文》及参考书目。书前有陈果夫、张庆泰序及作者序。

**7348. 日本政府**　金长佑著、臧启芳校　商务印书馆　1937年7月初版　上海　12+462　大32开　精装　有图表　大学丛书

共11章，阐述现代日本政治制度的由来、日本宪法、日本政府之基础问题、天皇、国务大臣

内阁及中央行政组织、"帝国议会"的组织、职权及其工作进行、司法制度、军事制度、地方政府与殖民地政府、政党概况等。附录：《日本帝国宪法全文》、《皇室典范全文》及参考书目。书前有陈果夫、张庆泰序及作者序。

**7349. 日本政府**　金长佑著，臧启芳校　商务印书馆　1939 年 3 月再版　长沙　12+462　大 32 开　有图表　大学丛书

共 11 章，阐述现代日本政治制度的由来、日本宪法、日本政府之基础问题、天皇、国务大臣内阁及中央行政组织、"帝国议会"的组织、职权及其工作进行、司法制度、军事制度、地方政府与殖民地政府、政党概况等。附录：《日本帝国宪法全文》、《皇室典范全文》及参考书目。书前有陈果夫、张庆泰序及作者序。

**7350. 日本政府七月五日声明**　（伪）华北政务委员会总务厅情报局编　编者刊　1944 年 8 月　40　32 开　时局丛书之三十九

包括 4 部分内容：序言、日本政府发表声明、日本政府声明发表后的影响和中日友好关系发展史料。

**7351. 日本政府与政治**　（美）赖绍阿（R. K. Reischauer）著，龚礼因译　商务印书馆　1940 年 6 月初版　长沙　12+170　大 32 开　有插图、有图表

分两编共 8 章。第 1 编日本政治思想与政治，介绍日本政治思想、日本政治的发展、现状、组织等；第 2 编日本政治的运用，分元老势力时代、政党政治家势力时代、军人势力时代分别介绍。附录收《图解（一）：日本天皇的地位》、《日本宪法及皇室典范》等 5 篇。书前有译者序、著者夫人序和日本地图。

**7352. 日本政界要人评传**　陈涛著　机杼出版社　1934 年 4 月　上海　6+92　32 开

内收大久保利通、伊藤博文、山县有朋、伊东已代治、板垣退助、大隈重信、西园寺公望、原敬、若槻礼次郎、田中义一、滨口雄幸、犬养毅、宇垣一成、斋藤实、井山准之助等 22 名从明治维新初期至二十世纪三十年代初日本历届内阁首脑人物评传。书后附《国历西历日本历对照表》。书前有序。

**7353. 日本政局与近卫内阁**　毓麟　1938 年 5 月　20　大 32 开　敌情研究　第 3 辑

本书从新闻、问题、情报、分析、综合、判断几方面对日本政局与近卫内阁进行了说明。

**7354. 日本政局之矛盾**　楼兴邦著　正中书局　1937 年 4 月初版　南京　2+99　32 开　有图表　时代丛书

本书分 5 章：概说、解散议会与总选举及永田铁山事件、二二六事件及广田内阁、刷新庶政及戒严令下之特别会议、结论。卷首有序言。

**7355. 日本政治的末路**　欧阳樊编著　国民图书出版社　1944 年 8 月初版　重庆　2+140　32 开　有图表

本书分 4 章：日本政治的本质、战时日本政治体态、日本军阀派系分野与内阁、日本军阀对内对外的攻势及其毒害、结论。

**7356. 日本政治的透视**　王纪元著　文化供应社　1940 年 3 月初版　桂林　2+67　32 开　世界大战丛刊之六

本书分 13 个部分：绪言、近卫内阁产生的内幕、近卫内阁第一次的变质内阁无权制、两大势力的激斗、财阀与军部的恶斗、阿部内阁的真面目、军部的策略与政局的前途等。

**7357. 日本政治机构**　日本政治研究会原作，吴世汉、邢必信译　协社出版部　1936 年正月初版　南京　4+76　32 开

共 5 章：宪法与议会、官僚机构、选举与政党、内阁、国家机关的法西斯化。有译者序。封面有 "军部制霸的基础" 字样。

**7358. 日本政治机构**　朱程、楼兴邦译述　正中书局　1937 年 3 月再版　南京　4+140　32 开　有图表　时代丛书

收两篇文章：《军部制霸之基础》（朱程译）、《天皇机关说问题》（楼兴邦）。

**7359. 日本政治机构**　张道行著　商务印书馆　1937 年 5 月初版　上海　2+171　大 32 开

本书分 17 章：日本政治史、明治维新及其改革、日本宪法、天皇、殖民地政府等。

**7360. 日本政治史大纲**　（日）今中次麿著，孙筱默译　商务印书馆　1939 年 10 月初版　长沙　12+268　32 开　有图表

本书分 4 章：种族国家、帝政国家、封建国家、民族国家。卷首有序、例言、著者汉译序、绪言、本论。书后附年代表。

**7361. 日本政治研究**　王纪元著　生活书店　1937 年 5 月初版，1938 年 1 月再版，1939 年 3 月再版　上海　2+174　32 开　青年自学丛书　第 2 辑

本书分 12 章，介绍现代日本政治特有的形态、初期日本资本主义飞跃的状况与国会开设运动、明治中叶以后新旧势力的抗争、日本法西斯团体的产生与发展、日本法西斯运动的现状、军部的派系及其国家改造观等问题。

**7362. 日本政治之今昔**　刘百闵编辑　正中书局　1933 年 9 月　南京　1+18　32 开　日本研究会小丛书第 27 种

本书分 4 个部分：日本政治之史的背景、日本之国际地位、日本政治之动向、日本政治与我东北问题。

**7363. 日本政治制度**　刘庄著　日本研究会　1932 年 3 月初版　南京　6+210　32 开　有图表　日本研究会丛书之一

本书分 9 章：绪论、天皇、皇室机关、枢密院、政府、帷幄上奏机关、议会、司法机构、地方制度与殖民地制度。书前有序，附录为《日本宪法》。

**7364. 日本之大陆侵略政策**　日本评论社编辑　编者刊　1934 年 5 月　南京　2+83　32 开　有图表　日本研究会小丛书　第 54 种

本书分 12 个部分：日本大陆侵略思想的发动、一九〇五年后日本对满的经营与日俄协调政策、二十一条与大战前后的劫掠、如愿以偿的傀儡国之造成、日本大陆侵略政策之前瞻等。附录收《关于最近日本侵略东北的几件重要文献》。

**7365. 日本之东亚门罗主义**　刘百闵编辑　正中书局　1933 年 11 月　南京　1+33　32 开　日本研究会小丛书　第 35 种

本书分 7 章：绪言、何谓日本东亚门罗主义、东亚门罗主义之史的演进、什么是门罗主义、东亚门罗主义是不是门罗主义、东亚门罗主义是太平洋战争的导火线、结论。

**7366. 日本之军事经济统制**　刘百闵编辑　正中书局　1933 年 8 月　南京　1+22　32 开　日本研究会小丛书　第 23 种

本书分两个部分：资源统制之现状、各种法规中的军事的特权。

**7367. 日本之劳工运动**　刘百闵编辑　正中书局　1933 年 8 月　南京　2+38　32 开　有图表　日本研究会小丛书　第 20 种

本书分 5 个部分：绪论、欧战后日本劳动运动之发达、时代变迁与方向转换、劳动组合之现状、结论。

**7368. 日本之南洋委托治理地**　日本评论社编辑　编者刊　1934 年 8 月　南京　2+46　32 开　日本研究会小丛书　第 65 种

本书分 10 个部分："前言"、"委托治理地制度之由来"、"委托治理地的性质及统治权问题"、"日本受托南洋委托治理地之法律根据"、"日、美为南太平洋诸岛的一段外交斗争"、"南太平洋诸岛之价值"、"日本治理委托治理地的情况"、"我们的批判"、"结论"等。

**7369. 日本之青年团**　日本评论社编辑　编者刊　1934 年 6 月　南京　1+101　32 开　有图表　日本研究会小丛书　第 59 种

本书分 5 个部分：导言、沿革、组织、训练、结论。

**7370. 日本之青年训练所**　日本评论社编辑　编者刊　1934 年 11 月　南京　2+116　32 开　有图表　日本研究会小丛书　第 75 种

本书分 5 个部分：绪论、沿革、组织、训练、结论。

**7371. 日本之实况**　文公直著　民智书局　1932 年 7 月初版　上海　12+244　32 开

本书分 4 个部分：日本帝国主义内容之一般的考察、日本帝国主义国外发展之现势、日本帝国主义之前途和总结论。书前有编辑例言以及作者所作序言。

**7372. 日本之新满蒙政策（日本对华最近野心之暴露）**　（日）山田武吉著，周佩岚译　民智书局　1928 年 4 月初版　上海　10+106　32 开

本书分 10 个部分：满蒙之特殊地位与满蒙政策、满蒙开发之要件、满蒙更新之根本的大策、满蒙政策与东北亚细亚政策、朝鲜第二之满蒙、满蒙问题之重要点、日本之二大问题与满蒙等。书前有译者序。

**7373. 日本之政党**　日本评论社编辑　编者刊　1934 年 6 月　南京　1+54　32 开　日本研究会小丛书　第 57 种

本书分 6 个部分：绪论、明治前期的政党、议会开设后的政党、普选案通过后的政党、五一五事变后的政党、结论。

**7374. 日本之殖民政策**　萧贻待著　北辰报社　1935 年 5 月初版　北平　12+370　32 开　有图表　日本研究丛书之一

本书分 8 章：总论、日本资本主义经济的新动向、日本人口问题的检讨、日本的殖民地与殖民近状、日本海外移民的展望、日本积极政策下的东北殖民、日本拓殖事业之发展、结论——日本往那里去。有刘彦序、王毅序，有叙例。

**7375. 日本殖民地之政治制度**　刘百闵编辑　正中书局　1933 年 11 月　南京　1+46　32 开　有图表　日本研究会小丛书　第 34 种

本书分 5 个部分：朝鲜、台湾、桦太、关东州、南洋群岛。附录收《各种拓殖机关》一文。

**7376. 日本制宪史**　赵南柔、周伊武编辑　日本评论社　1933 年 12 月　南京　1+26　32 开　日本

研究会小丛书　第39种

本书分7个部分：绪论、宪法颁布、政权奉还、国是倾于民政、宪法制度的端绪、宪法制定的准备时代、民间的运动。

**7377. 日本主义的没落**　谢南光著　国民图书出版社　1944年6月初版　重庆　68　32开

全书分6章：日本主义的起源、日本主义的演变、皇室中心义、八纮为宇道义外交、神道与武士道、日本主义的没落等问题。

**7378. 日本主义批判**　李毓田著，日本问题研究会编辑　商务印书馆　1938年7月初版　长沙　2＋59　32开　有图表　日本知识丛刊

本书共4章：日本主义的由来、从大和魂到日本主义、日本主义的骨干、日本主义与现代思潮。

**7379. 日本驻津司令官多田骏少将所发表之日本小册子《日本对华之基础观念》之全译**　2＋22　32开

全书分7个部分：绪言、对华政策之根本主义、帝国之对华态度、对于国民党及蒋介石之认识、中国之赤化运动、华北对策成否之重要性、结论。封面注"密件"。

**7380. 日本最近在满蒙会议之秘密**　克明节译　国际问题研究社　1931年11月初版　上海　8＋56＋2　32开　有题词、有图表

本书收录《用武力造成满蒙为复辟派之天下》、《致东省于死命的五大政策》、《扶助郭松龄炸毙张作霖》、《向支那政府恭送秋波》以及《终于求他为我辈保全饭碗》等14篇文章。卷首有潘仰尧、姚苏凤所作序言。

**7381. 日本最近政情之演变**　曹重三著　北平知彼社　1932年8月再版　北平　32＋186　32开　有照片、有插图、有图表

本书为《对华硬化之军阀干政与法西斯运动——日本最近政情之演变》的再版本，比初版本增加了日本法西斯运动源起与各方面倾向、最近十年来之日本主义、政党分裂与政党政治之末路、犬养毅之一生、血盟团与农民决死队、齐腾内阁危机与将来内阁之观测、新党树立与安达中野等之活跃等8章。书前有卷头语和再版序，书后有正误表。封面有题赠。

**7382. 日帝国主义侵华之阴谋**　全国各界救国联合会　1937年3月　138　32开　国难丛书　第一种

内容包括两个部分：日本驻华总领事会议记录、日本松室少将最近对关东军的秘密情报。

**7383. 日人统制下之朝鲜**　日本评论社编辑　编者刊　1934年9月　南京　2＋66　32开　有图表　日本研究会小丛书　第70种

本书分3个部分：日本统治二十多年的朝鲜、朝鲜问题的症结、朝鲜农民问题。

**7384. 日人之中日经济提携论**　江昌绪编　日本评论社通信部　1935年5月　南京　94　32开　有图表　日本研究会小丛书　第84种

本书分5部分：绪言、日本当局的言论、积极提携论、时机尚早论、所谓提携的前提与条件。

**7385. 三个日本女间谍**　凌度年著　春秋出版社　1941年12月初版　桂林　68　32开

本书以作者在抗战前线工作时经历，揭露日本间谍在中国的活动。书中有钟起森的序。封面有"抗战实录"字样。

**7386. 三年来的日本**　钱若夫著　新中出版社　1940 年 8 月　4 + 133　32 开

本书分政治篇、财政经济篇、外交篇 3 个部分。附录收《战事下的日本妇女》、《物价高涨中的主妇难》、《战时妇女诸团体》等 7 篇文章。临时增补稿中收《近卫的再登台》一文。

**7387. 石原莞尔言论集**　（日）石原莞尔著，（伪）东亚联盟月刊社资料室编译　（伪）东亚联盟月刊社　1943 年 4 月　北京　4 + 224　32 开　东亚联盟丛书 1

收录著者于 1939 年 11 月至 1942 年 12 月发表的言论 7 篇，内容包括《告在满同胞》、《满洲建国与中国事变》、《大东亚战争与东亚联盟》、《世界最终战与大东亚战争》、《关于东亚联盟协会要领》、《告维新期中之同胞》、《教育革新论》。

**7388. 时局文选：日本帝国主义者的阴谋**　1945 年　10　32 开

收录《日本军国主义者的阴谋》、《对日本保持特别的警戒》、《警告日寇放弃注定要失败的复仇想头》、《日寇企图保持军部统治以便再起复仇》、《敌寇准备第三次大战》、《盟国必须接收日本工业》、《必须解散由战争罪犯组织的日本现内阁》、《严防日寇准备报复》、《组织日本民主联盟》等 12 篇文章。

**7389. 司法保护委员会要览**　司法省保护局编　1942 年 4 月　4 + 83　32 开　有图表

本书分两部分：司法保护委员会一览、区司法保护委员会概况。

**7390. 田中奏折**　卡尔克洛辑，谢爱群译　国防部史政局　1947 年 12 月初版　64　32 开　有插图　国防丛刊　第 5 种

**7391. 投降前后的日本政局**　大成出版公司　1948 年 2 月初版　上海　1 + 31　32 开　有图表　日本研究资料　第 8 册　中华学艺社主编

本书分两章：投降前的政局、投降后的政局。附录收《投降前后日本内阁一览》。卷首有发刊旨趣。

**7392. 危机四伏的日本**　吴浩宇编　十日文摘社　1938 年 2 月初版　2 + 128　32 开　有图表　瞭望丛书之二

本书收录：日本是什么东西、外强中干的日本、从财政金融上观察日本失败的必然性、日本征服世界的野心、日本战时的内部动态、外人观察下的日本空军、日本政治舞台的重要人物、日本各党首脑、侵略中国的几个刽子手等 16 部分内容。

**7393. 为日本人民解放斗争告同盟国诸友人**　（日）鹿地亘　政治部文化工作委员会　12　32 开

本书为侵华日军俘虏中反战同盟组织反对法西斯侵略战争的宣传材料，收录鹿地亘所著《一件不容漠视的事实》。

**7394. 委托统治制度与日本南洋统治地**　梅宝昌编译　刘瞱［发行］　1935 年 2 月初版　118　32 开　有图表

全书分 6 部分，阐述委托统治制度的起源、性质、委托统治制度的成立等问题，介绍日本及其南洋统治地、日本退盟后的南洋统治地问题。有顾维钧弁言、刘瞱、蔡维藩、徐敦璋、王志信、胡麟等人序。版权页题名为《委托统治制度与日本南洋统治地问题》。封面有题赠。

**7395. 倭人并吞中国计划书**　（日）川岛浪速著，龚德柏译　28　32 开

本书收录两文：《对华管见》（川岛浪速著，龚德柏译）、《中国之统一与德国之统一》（十一月十九日《日本评论》三日刊所载）。书前有"印赠者说几句话"。封面印"浪人所著《对华管见》，

国人读之当为之晕厥也"。

**7396. 我们的敌人——日本**　社会与教育社编　新生命书局　1931 年 11 月　上海　4 + 172　32 开
有照片、有插图

　　本书共 3 部分：第一部分中日关系论，包括《我们的敌人——日本》（樊仲云）、《东三省与日本帝国主义》、《各国在我东三省之经济斗争》（黄河清）等 5 篇文章；第 2 部分对日外交论，包括《对日绝交论》（胡愈之）和《反对直接交涉》（樊仲云）等 7 篇文章；第 3 部分对日经济绝交论，包括《抵制日货一点也不难》（中暇）和《经济绝交便是战斗行为》（乐嗣炳）两篇文章。

**7397. 我怎样做了日本的间谍**　A. Vespa 著，谢德风译　国民政府军事委员会政治部　1938 年　2 + 42　32 开　文摘战时旬刊　第 43 期附册

　　本书以第一人称记叙日本在满洲的特务工作。顿比烈作序。

**7398. 显微镜下的日本**　刘海生著　华盛顿印刷出版公司　1940 年 3 月　上海　1 + 68　32 开

　　本书共 5 部分：日本经济发展的特点、日本政治结构的发展、日本社会运动之史的分析、中国与日本、世界大战与中日战争。有序言。

**7399. 现代日本论（上册）**　（日）清泽洌著，荆冬青译　译者刊　1936 年 1 月　[广州]　16 + 142　32 开

　　本书为《现代日本论》的上半部，标题为：为什么我要做一个自由主义者。分两章，第 1 章现代日本之姿态，包括东西部之比较，教育之国有化、世界人眼中之日本；第 2 章不合理时代之自己批判，包括老人支配阶级之烦闷、日本重臣论、第三党的出现、封建主义思想复活及自由主义批判之批判等问题。书前有作者序和译者序。

**7400. 现代日本政治外交之指标·遍告东亚同志**　（日）宇治田直义编　东亚同文会　1937 年 2 月　东京　19　大 32 开

　　本书收录近卫文麿所写《现代日本政治外交之指标》以及冈部厂景所写《遍告东亚同志》两篇文章。

**7401. 现阶段的日本南侵政策**　继襄编　国民出版社　1940 年 7 月初版　金华　4 + 76　32 开　有图表　国际新知丛书　第 1 辑

　　本书分 11 章："暴日的'北守南进'"、"日寇南侵与英、美、法、荷"、"日寇南进政策的本质"、"日寇与南洋之经济关系"、"日寇南侵特征与我国应有的警觉"、"日寇对安南的觊觎"等。书前有弁言。

**7402. 新政治论丛（下册）**　政治月刊社编辑　编者刊　1941 年 5 月　上海　[140]　32 开　有图表　政治丛刊　第 3 种

　　本册书收第 3 辑及第 4 辑的内容，有《中国现行政制》、《日本新体制运动的理论与实践》、《日本政治的新体制》、《日本新政治体制的政治形态》、《德国全能政治的成功》、《法西斯一党政治的理论与实践》等 7 篇文章。

**7403. 游击干部训练班日本研究教程**　陈伯康著　[114]　32 开

　　本书分 6 章：日本帝国主义的本质、日本社会经济基础负担战争消耗力量、敌方怎样实行战时经济政策、日本法西斯精神总动员的失败、日本与民主国家及德意的关系、怎样实施对敌反封锁政策。书前有陈伯康所写《关于日本研究的话》一文。有题赠。

**7404. 战后日本与盟国**　中华学艺社主编　大成出版公司　1947年12月初版　上海　1+28　32开
日本研究资料　第1册

　　本书分4章：战争结束前后、日本管理、战争结束后的处理、远东国际军事法庭。书前有编者
的发刊旨趣。

**7405. 战时的日本**　教育部社会教育司编著　正中书局　1938年9月初版　重庆　1+73　32开
有图表　教育部播音小丛书　第13种　抗战讲演集　第4辑

　　本书收5篇文章：《日本内在的矛盾》（周宪文）、《日本社会经济的危机》（陈豹隐）、《日本陆
军的现状》（煌）、《日本空军的现状》（江）、《日军的暴行》（沈文秋）。

**7406. 战时的日本动态**　余仲瑶著　华中图书公司　1937年11月1日初版，1937年11月12日再版，
1938年2月3版　汉口　4+62　32开　有照片、有插图　武汉留日同学会日本问题研究丛书　第1辑

　　本书分6个部分：恐怖政治之暴日对华舆论、日本文化人之苦闷、中日战争与日本之宣传工
具、战时体制下之日本劳动大众、日本物价的暴腾、暴日海军青年将校之中日外交观。书中收插图
6帧，书前有"写在前面"。

**7407. 战时日本**　国民新闻社译述　国民新闻图书印刷公司　1942年8月　上海　2+184　32开
有图表　国民新闻丛书之九

　　本书分26个部分：东条内阁经济政策的进路、日本经济现势、日本战时经济的展望、日本的
战时财政、日本战时的食粮问题、十年来之日本重工业、日本的汽油问题、战时体制下的日本舆论
等。

**7408. 战时日本的政治动向**　丁涛著　全民出版社　1938年5月6版　汉口　2+54　32开

　　本书分6个部分：日本议会政治的消长与末落、动荡的日本政局、战时日本的政治动向、日本
战时经济的动态、日本战时外交的底流、战时日本工农的动态。附录收《日本战斗力的估计》一
文。

**7409. 战时日本问题十讲**　宁一先著　中华民国留日同学会　1940年4月初版　8+152　32开　有
图表　日本研究资料丛书　第2种

　　本书分10讲：日本政治机构的剖视、日本的战时体制、日本的战时政治动态、日本法西斯和
人民阵线的展望、日本的文化在牢狱中、日本的战时外交、日本资源的贫乏、日本经济上的危机、
日本的陆、海、空军、日本统治下的朝鲜。有著者自序。

**7410. 战时日本新设机构述要**　吴学信编译　国民图书出版社［印行］　1941年2月　4+66　32
开　有图表

　　本书分3部分：厚生省、军事保护院、兴亚院。附录收《青年学院》。有作者序。

**7411. 战时之日本政治**　林纪东编著　独立出版社　1938年10月初版，1939年4月5版　重庆　1+
52　64开　抗战建国小丛书　潘公展等主编

　　该书分6章：序言、战争前夕之日本政治、政治机构之改变、反动运动及其弹灭、国家总动员
法之制定、近卫内阁之改组。

**7412. 战争途中的日本**　思慕著　生活书店　1939年4月初版，1940年1月再版　6+456　32开
世界知识丛书之二十一

　　全书分前、后两篇。前篇分3部分：政治上矛盾的尖锐化、国际上的鼓励与挣扎、日满布洛克
经济的现阶段；后篇分7部分：总的检讨、军事法西斯独裁的加强、七十三届议会的风波、从广田

外交到宇垣外交、战时财政经济的难关、战时日本的社会文化、反战与社会革命危机。书前有作者自序。

**7413. 战争中的日本帝国主义**　解放社编辑部编　编者刊　1939 年 7 月　280　32 开　有图表　时事问题丛编（1）

包括 6 编：两年来日本的政治形势、侵略战争中日本的对华政策、侵略战争中日本的军事与战略、侵略战争中日本的财政经济、日本帝国主义的国际关系及外交政策、侵略战争中日本的指导人物。书前有《例言》。附：《敌军师团装备推算表》、《敌军战时编制表》。

**7414. 昭和维新论（最新改订版）**　（日）东亚联盟协会编，施学习译　东亚联盟中国总会广州分会汕头支会　1942 年 8 月初版　汕头　4+42　32 开　有图表　东联翻译丛书　第 1 种

本书共两章：人类的前史将终、昭和为新大纲。书前有译者序。附录收录《战争进行景况一览表》、《东亚联盟协会意见书》。

**7415. 征倭论**　龚德柏著　日本研究会　1941 年 10 月 5 版　南京　11+192　32 开　日本研究会丛书

全书共 9 章，包括倭人历史上大陆侵略政策、此次倭祸之由来、倭人使满蒙独立之阴谋、倭人绝对不能战胜之原因、征倭之必要、征倭之战略、美俄与征倭、征倭与对内和倭平寇。书前有作者自序。附录收《倭人并吞中国计划书》、《倭军扰乱中国之铁证》。

**7416. 支配日本少壮军人思想之日本改造法案**　北一辉著，艾秀峰译　天津大公报社　1932 年 10 月　2+116　32 开　有照片

本书分 8 章：国民之天皇、私有财产限度、土地处分三则、国家统一之大资本、劳动者之权利等。书前有译者序言。附录收《深入民间之日本军阀势力》、《封建式之日本法西斯团体》、《一个有声有色的日本法西斯团体》。

**7417. 中日战云中的日本人物**　国际时事研究会编　编者刊　1937 年 12 月初版　2+60　32 开　国际时事小丛书　第 4 种

共收 21 篇文章。前 5 篇讲述了近卫内阁概观、日本政治上的元老重臣、日本的财阀、日本政党的首脑、日本国际亲善的派别。其它各篇分别介绍了西园寺公望、近卫文、荒木真夫、广田宏毅、松井石根、土肥原贤二郎等 16 个人物。

**7418. 中日战争中的日本政治**　周伊武、张孤山、陈博生、胡秋原、林云谷、黄操良、王曰叟、张国安执笔　独立出版社　1939 年 1 月初版　重庆　4+68　32 开　战时综合丛书　第 3 辑 13

该书分 7 章：日本政治之本质、御前会议与"一一六"对华宣言、七十三届议会期中之政潮、国家总动员法案、敌阁改组的观察、政党政治的没落等。书前有序言。书后有讨论大纲。

**7419. 重臣集团之真相**　（日）村田清太郎著，外交部情报司译　1934 年　2+34　32 开

本书共 9 个部分：重臣集团究为何物、伦敦条约与统率权之干犯、重臣派在满洲事变时如何活动、脱离国联之表里、华北事件与日本外交、重臣阀之排击平治、齐藤内阁之倒坏与重臣会议、"机关说"问题与一木枢相之进退、重臣与萨派财阀——松方幸次郎。

**7420. 自由主义与日本主义之差异**　（日）藤泽亲雄、山田雄、迁善之、喜田贞吉、横尾安夫著　中日文化协会　46　32 开　日本文化小丛刊之二

本书收 5 篇文章：《自由主义与日本主义的差异》（藤泽亲雄）、《假名的意义及其发生》（山田雄）、《大陆文明的蓄藏》（迁善之）、《复成民族》（喜田贞吉）、《何谓人类学》（横尾安夫）。

**7421. 走上绝路的日本** 张仲实等著 战时出版社 1+214 32开 战时小丛刊之四十七

本书收36篇文章：《走上绝路的日本》（潘否尔）、《侵略的代价》（波地列夫）、《日本的国运在孤注一掷中》（张伯伦）、《日本侵华的透视》（蒋益明）、《日本能支持长期战争吗》（使沙恩）、《日本的末运决定了》（王祥生）等。

**7422. 最近日本的实况（日本必败论）** 黄天柱编著 生活书店 1938年9月 3+95 32开 有插图 国际战争丛书

本书分7章，包括：绪言、日本的政治机构、日本军事的设备、日本战时准备实况、日本侵略中国的损失、日本必败的道理、日本战略的检讨及将来。

**7423. 最近日本政治的剖视** 龙象著 商务印书馆 1938年7月初版 3+94 32开 有图表 日本知识丛刊

本书分5章：绪论、日本行政机构改革问题、日本议会制度改革问题、日本政党各派之现势、结论。有卷头语、附录。

**7424. 最近之东北经济与日本** 王雨桐著 新中国建设学会出版科 1933年12月初版 上海 44+206+78 32开 新中国建设学会丛书之十二

本书分9章：沈变之前因后果、沈变前后日本之经济变化、日本人口过剩说之研究、日本对于殖民事业之野心、日本操纵东北财政之计划、日本对于东北整个金融之野心、日本对于东北交通事业之野心、日本与东北产业、东北关系之主要日商事业。书前有新中国建设学会序及钱永铭、吴蕴斋、徐寄顾、徐新六、马寅初、俞寰澄、俞颂华、何德奎、杨荫浦、李权时序、著者自序和《九一八事变志略》。附录收《日方所谓悬案之事实真相》、《伪满洲国政府组织法》等12篇。

# 经济

**7425.（昭和十七年度）上半期决算报告书** 中支那军票交换用物资配给组合编 1942年 172 16开 有图表

报告书分10章节，分别列举日军诸部之决算书，包括综合决算书、总务部决算书、人绢部决算书、棉业部决算书、工业部决算书、染料部决算书、纸部决算书、砂糖部决算书等等。封面有"极秘"戳记。出版年以题名及书中图表内容推断。

**7426. 崩溃中的日本经济** 张显之、陈寿琦、沈默、韩汉藩执笔 独立出版社 1939年11月初版 重庆 2+59 32开 有图表 战时综合丛书 第5辑

本书分析了日本经济，共分6章：现阶段日本财政经济的危机、日本产业构成的大动摇、崩溃中的日本中小商工业、战时日本的农村问题、日本物价问题的剖视、日本经济总崩溃的前夕。卷首有编前记与该丛书例言。卷末有讨论大纲。

**7427. 脆弱的日本** 丞基著 今日出版社 1937年12月再版 上海 2+42 32开 有图表 日本研究丛书之一

本书分8个部分：导言、由日德协定说起、钢铁饥馑和军需工业、为什么要扩充生产力、煤油·棉花·羊毛、日本的贸易景气、日本怎样依存中国、结论。

**7428. 当日本作战的时候** 塔宁、约翰合著，刘尊棋译 生活书店 1937年6月初版，1937年11月再版 上海 16+424 32开 世界知识丛书之十六

本书分6个部分：绪论、日本在一年战争中的必需品、日本国民经济的军事整备、日本工业中军需品的生产能力及主要战略原料的保证、日本在未来大战中经济的拮据、结论。卷首有译者序、作者序。

**7429. 敌国中小商工业的破灭**　韦特孚著　中山文化教育馆　1940年1月渝版　重庆　24　32开　抗战丛刊　第99种

介绍日本中小工商业的地位、破灭原因及结果，同时对其发展趋势进行了展望。

**7430. 第六、七年倭寇经济侵略**　中央调查统计局特种经济调查处编　编者刊　1945年5月　4+108　16开　有图表

本书分4篇：总论、产业、财政金融、交通，记录1943年至1944年日寇对我国经济侵略的事实及其经济体制、侵略政策的变化。有叶秀峰序、李超英序。

**7431. 非常时日本之国防经济**　森武夫著，张白衣译　正中书局　1935年10月初版，1936年11月再版　南京　10+210　32开　有图表　时代丛书

日本国防经济研究资料。分7章：战时经济与金融、战时的农业与食粮政策、列强之国防与资源、日本国防之资源、国防与工业生活、非常时之国防与财政经济、非常时与日本国民生活之再检讨。

**7432. 国际视线下之日本战时经济**　叶甫编　怒吼出版社　1938年4月　上海　1+71　32开　有图表

本书为译文集，共收录8篇文章：《半年来日本的战时经济》（苏·G Boldeirev.）、《走上绝路的日本》（美·N Peffer）、《侵略者的代价》（苏·波地列夫）、《过去的回顾》（日·土屋乔雄）、《日本战时经济的困难》（英·Guenther Stein）、《日本究竟有多少力量》（W. H. Cbamberlin）、《未来与前瞻》（苏·I. Peicv）《上海战争中日人财产损失》（日·川岛）。

**7433. 国家财政概论**　（日）井藤半弥著，王国栋译　大成书局　1937年1月初版　北平　13+238　32开　有图表

本书分12章介绍日本财政概况，分别为：绪论、经费论、收入总论、租税、规费及受益者负担金、纸币之发行、官公业收入、官有财产收入、杂项收入、公债、会计事务、日本之财政统计。书前有译者序，书后附勘误表。

**7434. 国外情报选编**（经济第68号·总第131期）　外交部情报司编　编者刊　1936年4月　1+57　14.7cm×21.8cm

共4部分。包括：南满铁道会社与伪满政治及经济之关系、朝鲜之造纸业、日本最近两年工业生产统计、日本新兴铝工业之调查。

**7435. 经济恐慌下的日本**　陈豹隐等著　战时出版社　1937年　178　32开　有图表　战时小丛书之六三

本书收文章31篇：《日本经济上的危机》（汪慰云）、《日本经济的悲剧》（吕尔金）、《日本侵华必败于财政》（克来恩）、《半年来日本的战时经济》（波地列夫）、《日本对华战费的枯竭》（家麟）等。出版时间据内容推断。

**7436. 日本"军用手票"**　1937年—1945年　34张

该件为日本"军用手票"的合订本，各式军用手票大小不一。

**7437. 日本备战论**　王造时编译　开明书店　1938 年 2 月修订再版　上海　6 + 216　32 开

本书编译自 *When Japan Goes to War* 一书，从日本一年战争的需要、日本国民经济的军事组织、日本军备工业的产量、日本在大战中的经济困难等方面概述了日本的备战情况。附录《为中日问题敬告日本国民书》。前有编译者序言。

**7438. 日本财政史要**　刘百闵编辑　正中书局　1933 年 6 月　南京　2 + 40　32 开　日本研究会小丛书　第 12 种

本书分 5 个部分：改造时期、膨胀时期、整理时期、反常时期、结论。

**7439. 日本财政制度**　刘百闵编辑　正中书局　1933 年 4 月　南京　3 + 46　32 开　有图表　日本研究会小丛书　第 3 种

本书分 6 个部分：日本的预算制度、岁入预算、岁出预算、特别会计、国债、地方财政。

**7440. 日本财政资本论**　Vaintsvaig 著，莫湮译　新知书店　1937 年 5 月　上海　5 + 127　32 开　有图表

本书分为 7 章。主要介绍日本财政资本——帝国主义的经济基础的发展历史，分析日本财政资本的组织特点及其主要弱点与矛盾、日本财政资本对国民经济、国家内外政策的领导作用，从而使我们了解到日本对华侵略政策的决定因素。

**7441. 日本蚕丝业之概况**　日本评论社编辑　编者刊　1934 年 5 月　南京　1 + 20　32 开　有图表　日本研究会小丛书　第 55 种

本书分 4 个部分：政府的设施、社会的努力、蚕丝业的实况、结论。

**7442. 日本蚕丝业之统制**　刘百闵编辑　正中书局　1933 年 6 月　南京　2 + 40　32 开　有图表　日本研究会小丛书　第 13 种

本书分 5 个部分：绪言、日本蚕丝业统制之概况、蚕丝业之大规模化及独占、蚕丝价与需给之统制、蚕丝业的计划化统制。

**7443. 日本产业概论**　陈湜编译　正中书局　1936 年 12 月初版　南京　4 + 181　32 开　有图表　时代丛书

本书分 11 章：绪论、日本之面积及人口、自然资源之贫乏、农林业、水产业、矿业、工业、商业、交通事业、殖民地之产业、结论——近十年来之日本产业。书前有例言、七十年来中西日本纪年对照表及本书主要参考资料。

**7444. 日本产业之现状**　日本评论社编辑　编者刊　1934 年 3 月　南京　2 + 68　32 开　有图表　日本研究会小丛书　第 46 种

本书分 6 个部分：绪论、最近日本经济界的素描、日本产业界变化的实况、日本产业界变化的要因及特质、产业变化与劳动阶级、结论。

**7445. 日本的动力**　日本评论社编辑　编者刊　1934 年 7 月　南京　34 + 1　32 开　有图表　日本研究会小丛书　第 62 种

本书分 5 个部分：开端、石炭、石油、电化、世界经济恐慌与日本的动力。

**7446. 日本的交通事业**　日本评论社编辑　编者刊　1934 年 7 月　南京　2 + 40　32 开　日本研究会小丛书　第 63 种

本书分 3 个部分：日本的铁路、日本的海运、日本小交通机关。

**7447. 日本的军费膨胀与财政危机**　刘百闵编辑　正中书局　1933 年 3 月，1933 年 8 月再版　南京　1 + 40　32 开　有图表　日本研究会小丛书　第 1 种

本书分 6 个部分：日本财政的膨胀、军事费增大的过程、日本行政费的分析、租税加征及其意义、公债之累积、现时日本危殆财政的本质及将来。书前有编辑旨趣。

**7448. 日本的农业恐慌**　（日）稻村隆一、稻村顺三编著，艾秀峰译　天津大公报社出版部　1932 年 9 月　天津　9 + 172　32 开　有图表

本书分 13 章：小农制的发达及土地所有关系、资本主义经济发展和原始的蓄积、小农经营的主要努力方向及其结果、小农经济的市场适应性、农业金融、农业恐慌的原因、农业人口的阶级构成及其分化、农业恐慌的对策等。卷首有序及 "译前的几句话"。

**7449. 日本帝国主义对华经济侵略**　侯厚培、吴觉农著　黎明书局　1931 年 12 月再版　上海　14 + 380　大 16 开　有插图、有图表

本书分 8 章，阐述日本对华经济侵略政策，介绍日本在铁路、航权、农业、矿权、工业、贸易、金融等各方面的侵略事实。

**7450. 日本对沪投资**　中国国民经济研究所编　商务印书馆　1937 年 3 月再版　上海　11 + 145　32 开　有图表

本书分 14 章：日本对沪投资沿革、上海日侨移动概况、金融业、纺织业、杂货制造业、交通运输业、输出入业、地产业、保险业、文化事业、沪日贸易之研究、中国政府对日债务、上海日本居留民团之经济关系、一九三六年日本对沪新增投资。书前有张肖梅序。

**7451. 日本对华商业**　赵兰坪著　商务印书馆　1934 年 1 月初版　上海　85　32 开　有图表　商学小丛书

本书分前、后两篇，分别介绍日本对华商品输出及对华资本输出情况。

**7452. 日本工业和对外贸易**　（英）G. Stein 著，陈克文译　商务印书馆　1939 年 6 月初版　长沙　8 + 160 + 2　32 开　有图表

本书对日本工业发展的经过、成功的原因和将来的趋势作了简要介绍。分析了日本经济和对外贸易的基本状况，内容包括日本的生产方法、工业组成、日本何以成功、日元问题、政治和经济、原料战争、市场战争、日本工业的将来等章节。

**7453. 日本工业资源论**　（日）安田庄司著，牛光夫译　中国文化服务社四川分社　1941 年 3 月初版　23 + 342　32 开　有图表

分 11 章：最近的资源问题及其意义、棉花情况及其自给问题、澳洲羊毛的输入限制及羊毛自给的困难性、人造羊毛工业之抬头及其前途、木浆资源问题、钢铁业及其资源、铝工业之兴起及其资源、石灰矿业及其资源、石油资源及代用燃料问题、硫酸工业及硫化铁矿资源、苏打工业和食盐问题。书前有译者序言。

**7454. 日本国际贸易之分析**　刘百闵编辑　正中书局　1933 年 3 月　南京　2 + 38　32 开　有图表　日本研究会小丛书　第 2 种

本书分 7 个部分：日本在美国的市场、日本在亚洲的市场、中国历次抵货运动纪略、抵货成绩总检讨、中国关税之自主与中日贸易关系、日本其他之可能的市场等。书前有编辑旨趣和译者附言。

**7455. 日本国民发展经济概况**　日本评论社编辑　编者刊　1934 年 4 月　南京　2 + 40　32 开　日

本研究会小丛书 第 51 种

本书分 6 个部分：日本国民经济发展的飞跃、日本经济的发展阶段、资本的集积与集中、日本的托拉斯、战后日本国民经济的合理化、一九二九年的恐慌与日本。

**7456. 日本合作事业考察记** 陈子密著 上海市合作事业促进会 1936 年 10 月初版 上海 110 32 开 有图表

本书分 10 节：日本合作事业之演进、日政府之奖励政策、日本之反动合作运动等。有章元善、潘公展序言及作者自序。

**7457. 日本金融动员之透视** 殷锡琪著 中山文化教育 1938 年 7 月渝版 重庆 4+44 64 开 抗战丛刊 第 47 种

分 4 部分：序论、国际收支之改善、国内资金之运用、结论。

**7458. 日本金融恐慌的新局面** 刘百闵编辑 正中书局 1933 年 7 月 南京 2+36 32 开 日本研究会小丛书 第 17 种

本书分 8 个部分："小小的引子"、"一股劲儿的日汇跌价"、"输出业好像交了红运"、"国家债务却愈压愈重了"、"奈何军阀还在不顾死活"、"只得再来一个饮鸩止渴"、"喘倒了高桥，压死了民众"、"迫来一个大破局"。

**7459. 日本经济** 潘文安编著 正中书局 1938 年 2 月初版 1+27 64 开 有图表 抗战常识讲话 日本国情

本书分 9 部分：引言——日本经济认识的必要、日本的国富——先天不足的患者、财政——预算膨胀速度打破历年的记录、公债——竭泽而渔的滥发、贸易——入超日多国际收支无法平衡、生产力——军需工业的跛行发展、资源——经济上一最大的缺陷、国民经济生活——卧薪尝胆作军费的牺牲、结语——最后胜利是我们的。

**7460. 日本经济地理** 陈湜撰述 商务印书馆 1935 年 7 月初版，1937 年 3 月再版 上海 2+142 32 开 有插图、有图表 新时代史地丛书 吴敬恒、蔡元培、王云五主编

本书包括上、下两编。上编分 3 章：绪说、日本经济地理之特征、日本各地方地理之特征；下编分述日本各地区经济地理情况。附录收《日本重要都市概况》和《日本贸易概况》。

**7461. 日本经济往那里去** （日）乡诚之助、（日）土屋乔雄、U·M·S·Y、C·S、（日）阿部贤一著，华华译 一心书店 1938 年 4 月 上海 89 大 64 开 日本动态之一

本书为译文集，收录《日本经济动向与其指导政策》、《战争与日本资本主义》、《日本的新预算》、《日本国际收支的回顾》、《日本提高赋税的准备》、《日本战争公债的进行方法》6 篇文章。卷首有译者引言。

**7462. 日本经济与经济制裁** K. 波波夫、黄一然著，赵洵、黄一然译著 上海杂志公司［发行］1938 年 4 月汉初版 上海 8+206 32 开 有插图、有图表

本书分两部，第 1 部介绍"日本经济"（K. 波波夫著，赵洵译），主要内容包括：太平洋沿岸与日本、日本在华势力的伸张、日本势力伸张的新范围、日本之委任统治群岛、日本对外贸易及日货倾销、日本人口之赖于世界经济及支付差额、日苏在经济上之相互关系 7 个章节；第 2 部介绍"经济制裁"（黄一然著），包括：引言、经济制裁在国联盟约中的根据、经济制裁之本质的问题、日本军需工业原料的资源地、日本军需工业原料之国外依存性 5 个章节。

**7463. 日本经济状况视察实记** 胡通海著 1940 年 27 32 开 有照片

作者于 1940 年随"东亚经济恳谈会华北本部经济视察团"访问日本，本书收录其访日期间的见闻。

**7464. 日本军备之急进观**　吉明著　拔提书店　1931 年 7 月　南京　4 + 132　32 开　有图表

本书分 4 章：日本在东亚的地位、日本之军需工业、日本之军备、结论。介绍日本军需工业的现状，日本军需品不足之救济，以及从精神到物质为战争所作的准备。

**7465. 日本军事公债论**　赵南柔、周伊武编辑　日本评论社　1933 年 12 月　南京　29　32 开　有图表　日本研究会小丛书　第 37 种

叙述日本军事负债的实况、意义、作用及对当时经济的影响。

**7466. 日本贸易**　陈寿琦编著　正中书局　1942 年 4 月初版　重庆　4 + 124　32 开　有图表　日本国情研究丛书

本书分 5 章：日本对外贸易的重要性、日本对外贸易的分析、日本对外贸易状况、日本贸易政策、日本对外贸易的危机。书前有序。

**7467. 日本农业经济**　赵楷著　中华书局　1937 年 6 月初版，1939 年 7 月再版　上海　10 + 220　32 开　有图表　现代经济丛书

本书共 6 章，分别为：日本农业经济开展的二大基础、农业生产上机器使用的发展及农业生产物、农业经营及农家经济的分析、农业统制的总观、农业经济复兴计划的实施、最近日本农业教育界的新倾向。书前有著者序，书中有注解。

**7468. 日本统制经济概要**　（日）波多野鼎著，舒贻上译　（伪）国立华北编译馆　1943 年 4 月初版　北京　20 + 250　32 开　有图表

本书分前后两篇，共 18 章。包括序论、生产力扩充问题（一）——资金之统制、生产力扩充问题（二）——生产财之统制、生产力扩充问题（三）——劳动之统制、生产力扩充问题（四）——积极的助成、公债推销与红利限制等。书前有序文、新版之序。

**7469. 日本新工业之发展**　（美）奥拆德（John E. Orchard）著，周剑译　商务印书馆　1938 年 6 月初版　长沙　12 + 516 + 5　大 32 开　精装　有照片、有图表　经济丛书

本书详细叙述了日本 80 年来新工业的发展，共 25 章。第 1 章泛论新日本问题、第 2、3 章论人口问题、第 24 章论对外贸易，其余 21 章论述日本新工业的历史背景及其发展的过程。有译者序和作者原序。

**7470. 日本银行制度**　刘百闵编辑　正中书局　1933 年 7 月　南京　2 + 60　32 开　有图表　日本研究会小丛书　第 19 种

本书分 7 个部分：日本银行事业小史、商业银行制度、储蓄银行制度、特种银行制度、银行法分修改、日本现行的银行制度、特种银行。

**7471. 日本在东三省经济势力概要**　实业部工商访问局编　编者刊　1931 年 11 月初版　上海　2 + 58　32 开　有图表

本书分 9 部分：日本在我东北工业经营之一斑、日本经营下之东省矿产及林产、日本经营下之东省农产及畜牧、日本在华之铁路事业、日本在东北之金融状况、中日合办事业、日本在华投资统计、日本在华经营之工厂数及资本额、旅大概观。书前有郭秉文序。

**7472. 日本在太平洋上之经济战**　日本评论社编辑　编者刊　1934 年 4 月　南京　2 + 56　32 开

有图表　日本研究会小丛书　第 49 种

本书分 8 个部分：绪言、日本帝国主义之成长、战后太平洋上的经济阵容、经济恐慌中之日本、九一八以来日本在太平洋上之经济战、英美在太平洋上之经济现势、太平洋上经济争霸中日本的新武器、结论。

**7473. 日本战时财政概况**　中央银行经济研究所编　编者刊　1941 年 3 月　1 + 41　16 开　有图表　经济情报丛刊　第 2 辑

本书分为 6 部分，分别为：前言、战时岁出预算内容及战费之增加、战时增税计划剖视、巨额公债之发行与推销、公债政策之运用与通货膨胀、贸易逆调与黄金输出。书后附 5 个表：《日本 1936 – 37 年度至 2091 – 42 年度普通会计岁出预算》、《日本 1936/37 年度至 1939/40 年度之国税收入表》、《日本 1936/37 – 1939/40 历年收入表》、《1940/41 – 2091/42 日本预算岁入科目比较表》、《日本国债发行额表》。

**7474. 日本战时财政经济的危机**　苏芗雨著　文化供应社　1940 年 4 月初版　桂林　3 + 101　大 64 开　有图表　世界大战丛刊之七

本书以日本战时的财政经济状况为主题，通过其军事费、增税、公债之发行、增发钞票、对外贸易、物资、物价、人民生活、通货膨胀以及欧战对日本经济的影响 10 个方面介绍和反映了日本战时的经济状况。

**7475. 日本战时经济**　罗叔和编译　申报　1933 年 5 月初版　上海　6 + 208　32 开　有图表　申报丛书第 1 种

本书分 5 章：战争与国家总动员计划、日本军需品工业状态、日本官办实业的解剖、战时经济的构成、战时金融政策的动向。附录《日本主要资源的需要供给统计表》。

**7476. 日本战时经济概况**　马垚、杨尔理著　中央银行经济研究处　1943 年 2 月　重庆　14 + 362　16 开　有图表　中央银行经济研究处丛书

本书共 8 章：日本战时经济总论、日本战时财政、日本战时金融、日本战时对外贸易、日本战时工矿、日本战时资源、日本战时劳工、太平洋战事爆发以来日本之战时经济。书前有孔祥熙序及著者序。封面有题赠。

**7477. 日本战时经济与财政**　抗战丛书社编　抗战丛书社　1938 年 7 月出版　成都　2 + 92　32 开　有图表　抗战丛书

本书为论文集，收录了 9 篇文章，分别为：《日本战时经济的"量"与"质"》（艾秀峰）、《日本的战费与公债》（张显之）、《日本工商业之危机》（国民经济研究所）、《日本对外贸易与中日冲突》（宓君伏）、《论日本贸易政策》（《武汉日报》）、《日本的军事经济资源》（包包夫）、《日本增税法案之剖视》（刘燕谷）、《日本财政漏卮》（Eliot Jauweay）、《一九三八—三九年度日本预算全貌》（国际编译社）。书前有张云伏序。

**7478. 日本战时贸易的危机**　吴绍鉴著　中心文化教育版　1938 年 2 月渝版　汉口　4 + 34　大 64 开　抗战丛刊　第 12 种　中山文化教育馆编

本书分 5 部分：绪论、近年日本对外贸易恶化之经过、日本对外贸易危机深刻化的原因、日本对外贸易恶化的现势、日本战时贸易危机发展的透视。书前有"抗战丛刊缘起"。

**7479. 日本之地方财政**　刘百闵编辑　正中书局　1933 年 8 月　南京　2 + 32　32 开　有图表　日本研究会小丛书　第 21 种

本书分 5 个部分：日本的租税是购买战争的、重担落在穷人肩上、各种租税的检讨、工业苦得喘不过气来、有钱人占上风。

**7480. 日本之工业** 刘百闵编辑 正中书局 1933 年 6 月 南京 2+54 32 开 有图表 日本研究会小丛书 第 14 种

本书分 4 个部分：日本工业发达的过程、日本工业发达的特质、日本工业的构成、各种工业发达的状态。

**7481. 日本之关税政策** 刘百闵编辑 正中书局 1933 年 12 月 南京 1+32 32 开 有图表 日本研究会小丛书 第 36 种

本书分 5 个部分：开端、日本关税制度的沿革、日本关税制度的末路、日本关税政策的转形期、日本关税政策的展望。

**7482. 日本之国际贷借关系** 刘百闵编辑 正中书局 1933 年 7 月 南京 2+26 32 开 有图表 日本研究会小丛书 第 16 种

本书分 4 个部分：绪论、贸易上的收支、贸易外的收支、结语。

**7483. 日本之国有产业** 刘百闵编辑 正中书局 1933 年 10 月 南京 1+28 32 开 日本研究会小丛书 第 30 种

本书分 4 个部分：专卖事业、电话电报及无线电、简易生命保险、邮政贮金。

**7484. 日本之合作运动** 刘百闵编辑 正中书局 1933 年 5 月 南京 2+48 32 开 日本研究会小丛书 第 10 种

本书分 4 个部分：总论、消费合作运动之现状、农村的合作团体、其他各种合作社。

**7485. 日本之化学工业** 刘百闵编辑 正中书局 1933 年 9 月 南京 2+70 32 开 有图表 日本研究会小丛书 第 25 种

本书分 12 个部分：日本化学工业资本之概数、硫酸工业、硝酸工业、玻璃工业、涂料工业等。

**7486. 日本之矿业** 日本评论社编辑 编者刊 1934 年 4 月 南京 2+48 32 开 有图表 日本研究会小丛书 第 52 种

本书分 6 个部分：绪论、日本的石炭矿业、日本的石油矿业、日本的铜矿业、日本的铁矿业、其他的矿业。

**7487. 日本之米谷统制** 刘百闵编辑 正中书局 1933 年 10 月 南京 2+31 32 开 日本研究会小丛书 第 28 种

本书分 5 个部分：绪论、日本米谷统制之发展及现状、米谷需给及价格之统制、生产增加及生产制限、米谷之计划化统制。

**7488. 日本之农业** 刘百闵编辑 正中书局 1933 年 7 月 南京 2+38 32 开 有图表 日本研究会小丛书 第 18 种

本书分 4 个部分：最近日本农业生产的状态、耕地面积与分配关系、农家经济的分析、农业恐慌的原因及其现状。

**7489. 日本之水产业** 刘百闵编辑 正中书局 1933 年 10 月 南京 2+82 32 开 有图表 日本研究会小丛书 第 29 种

本书分 7 个部分：引言、日本水产业在世界水产业中之地位、日本水产业在其国内产业中之地位、日本产之鱼类、日本水产业之成份、日本之水产贸易、日本之水产行政与水产教育。附录收《朝鲜之水产业概况》、《台湾之水产业概况》、《日本水产品倾入中国市场概况》、《日本渔船在中国领海侵渔概况》等文。

**7490. 日本之通货膨胀** 日本评论社编辑 编者刊 1934 年 2 月 南京 1＋42 32 开 有图表 日本研究会小丛书 第 44 种

本书分 7 个部分：走向通货膨胀的第一步、岁出增大与财政的通货膨胀、日金惨落与输出增大、生产的状态、通货膨胀与农民、通货膨胀与劳动阶级、军事费的归宿。

**7491. 日本资本主义发展简史** （苏）K. 伯伯夫著，孙亚明译 新知书店 1939 年 11 月初版 桂林 2＋94 32 开 有图表

本书分两章：一般特征、几个基本阶段的特征。

**7492. 日本资本主义发展史** （苏）朴波夫著，成之译 无名出版社 1941 年 6 月初版 上海 4＋98 32 开 有图表

本书分为上、下两篇：日本资本主义发展的一般特征、日本资本主义发展的基本阶段的特征。书前有序。

**7493. 日本最近之经济** （日）神原周平著，潘文安、殷师竹合译 文艺书局［印行］ 1932 年 1 月 上海 9＋96 32 开 有图表

本书分 12 章：世界经济之大势、日本不景气之概观、日本对外之贸易、日本之商业状态、日本之工业状态、日本劳工状态等。书前有潘文安序。

**7494. 日本作战力** ［苏］O. Tanin、E. yohan 著，张肖梅译 商务印书馆 1937 年 10 月初版 1938 年 5 月再版 上海，长沙 10＋252 大 32 开 有图表 中国国民经济研究所丛书

全书分为 5 章：日本作战一年之需要、日本国民经济之军事组织、日本工业之战时生产及其主要战用原料、大战中日本之经济措施。前有"引言"，后有"结论"。

**7495. 日商商标汇编** 经济部商标局编 编者刊 1939 年 1 月初版，1940 年 1 月、1941 年 7 月再版 4＋270 16 开 有照片

本书收集 1938 年前于商标局注册的日商标。书前有新旧商标法细则之商品分类对照表，其中旧商标法商品分 65 类，新商标法商品分 70 项，书内全部按分类之商标列表。1941 年第 2 版收录了历次公布之查禁敌货表。

**7496. 日商商标汇编** 经济部编印 编者刊 1940 年 1 月 8＋140 16 开 有图表

书前有《查禁敌货条例》及《查禁敌货条例施行办法》。附有关法令。

**7497. 战时的日本经济** 彭迪先著 生活书店 1938 年 7 月初版 汉口 151 32 开 有图表

论及日本战时之财政、金融、农业、物价等方面内容。附有统计表若干。

**7498. 战时日本财政** 陈宗经著 商务印书馆 1943 年 4 月初版 重庆 5＋114 32 开 有图表 中法比瑞文化丛书之一 中法比瑞文化协会主编

本书分 4 部分：战前日本财政之回顾、战争中之日本财政、现阶段日本财政之结算、结论。书后附：《五年来日本政府税收百表》、《五年来日本政府岁入表》、《五年来日本政府岁出表》、《日本临时战费开支特别预算表》、《日本一九三七——四零年政府公债发行额表》、《日本一九四零——四一年度岁入岁出一般预算表》。书前有贺序和熊序。

**7499. 战时日本经济之透视**　中央银行经济研究处编　编者刊　1941 年 4 月　1 + 31　16 开　有图表　经济情报丛刊　第 3 辑

本书共 3 部分，分别为：战时日本经济之新动向、日本经济之将来、结论。附录收《日本轻重工业投资对利益平均比率表》、《日本轻重工业工人就业人数比较表》、《日本轻重工业支付工人工资总额比较表》、《最近日本对外贸易停顿状态表》、《最近日本银行纸币发行额比较表》、《日本银行纸币发行额与工业生产指数比较表》、《日本最近中小型工业倒闭数量统计表》。

**7500. 战时石油政策**　F. Fetzer 著，陈允文译　商务印书馆　1938 年 5 月再版　长沙　5 + 110　32 开　战时经济丛书

介绍石油在国防事业中的意义，美、俄、英、日等列强在战时经济中的石油政策，日本对石油的需要及其补充方法。附录《日本石油业法》、伪满石油专卖法等法规 7 种。封面有题赠。

**7501. 中日之战时资源问题**　项江著　今日出版社　1937 年 12 月再版　上海　2 + 52　32 开　有图表　日本研究丛书之二

本书收 13 篇文章：《战争和资源》、《廿二种的战争必要原料》、《吸血虫的日本》、《日本铁之需给和埋藏》、《日本铁的饥馑》、《对华侵略的新纪录》、《石油·石油·石油》、《石炭资源的宝库——华北》等。

# 外交

**7502. 日本的几个外交家**　内外通讯社编　编者刊　1934 年 3 月　[南昌]　28　32 开　内外类编第 26 册

本册分为两编，分别介绍陆奥光宗、小村寿太郎、广田弘毅、市原喜太郎、田中义一、芳泽谦吉、内田康哉等。

**7503. 日本军人眼中之日美危机**　（日）匝胤磋次著，杨敬慈译述　大公报社　1932 年 11 月　天津　6 + 446　大 32 开　有照片、有插图、有图表

共 4 章：日美抗争之史实、英美日与中国之外交关系、军备限制之真相和行将爆发之日美危机。封面著者写作"匝磋胤次"。

**7504. 日本外交**　王干一编译　大中国出版社　1938 年 3 月　上海　85　32 开　青年知识丛书之八

本书分 4 部分，包括外交问题与国民精神动员、陆奥·小村·广田、弊原·田中·广田三外交、国际间谍战。引言部分收录《国家存亡与间谍》、《谍报工作》、《各国的间谍组织》和《反间谍》4 篇文章。

**7505. 日本外交**　小岛宪、王芸生等著　上海三通书局　1939 年 5 月初版　上海　4 + 97　32 开　三通小丛书　三通书局编辑部编

本书分 5 部分，包括：外交问题与国民精神总动员、陆奥·小村·广田、弊原·田中·广田三外交、日本历代内阁年表、日本外交闲话。附录收《中国国民党之外交》、《国际间谍战》两篇。

**7506. 日本外交**　李执中著　商务印书馆　1938 年 7 月初版　长沙　18 + 540　32 开　有图表

本书共 23 章：从锁国到开港、中日战争与远东问题的发端、世界大战与二十一条、战争发动——自占领东北到威胁华北、民族抗战与东亚前途。有作者序。

**7507. 日本外交的当前目标**　（日）直海善三作，静观译　国魂书店　1938 年　17　32 开　国论

国际问题丛刊

　　有译者序。

**7508. 日本战时外交内幕**　宋斐如著　时代书局　1940 年 4 月初版　重庆　12 + 274　32 开　日本问题丛书

　　本书分 4 大部分 18 章：日本外交彷徨紊乱的原因、日本军事政治的破局与外交、汉口战后日寇的对华政策、日本诱和失败后真面目的暴露、日本的国际宣传阴谋等。附录收 4 部分：日本急欲结束战争的言论、日本军部行动派的外交主张、日军部抨击调整英美外交、日本反美言论的代表作。

**7509. 日俄外交之回顾**　日本评论社编辑　编者刊　1934 年 3 月　南京　1 + 28　32 开　日本研究会小丛书　第 45 种

　　本书分 4 个部分：从国际形势说到日俄外交、政治的关系、经济的关系、由日俄冲突说到日俄战争。

**7510. 日美关系的内幕**　（美）瞿伦亚诺著，刘涟译　新人出版社　1940 年 1 月初版　4 + 43　32 开　有插图　新人小丛书之一

　　本书论述了日美关系及其对中国的影响，包括"几十年来，日本都是在腐化中国"、"日本计划控制中国经济的发展"、"日本阻碍美国与中国的贸易"等 26 部分。

**7511. 日美关系概观**　太平洋书店编　编者刊　1933 年 3 月初版　上海　4 + 156　32 开　现代百科文献 1

　　收 7 篇文章：《日美关系之过去与现在》（高宗武）、《中国门户开放与日美之战斗》（王显廷）、《所谓亚洲门罗主义》（徐公肃）、《美国修正排日移民法运动》（育干）、《东北事变后之美国态度》（《北平晨报》）、《日美军备之分析》（哇锡列夫）、《日美战争概观》（俞汝朋）。有弁言。

**7512. 日美关系史略**　张永懋著　中华书局　1937 年 10 月　2 + 192　32 开　有图表　国际丛书

　　本书论述了日美关系的历史，共 19 章，包括：绪论、闭关政策与威逼开放、日美通商、条约所引起之纠纷、皇权恢复、日本之振兴、修改条约、日本与其邻国等。

**7513. 日美外交秘话**（*With Japan's Leaders*）　［美］穆尔著，晓歌译　中外出版社　1944 年 7 月初版　128　32 开

　　本书共 20 章：为日本政府工作、日本的争取美国、宣传战争的疯狂、日本组织战时内阁、作战前的把戏等。书前有译者引言。

**7514. 日苏问题**　吴友三编著　商务印书馆　1938 年 1 月初版　长沙　3 + 185　32 开　有图表　现代问题丛书

　　全书共 6 章：日俄关系之追溯、日苏渔业纠纷、违境纠纷、中东路之纠葛、蒙古之争逐、日苏军备竞争及日苏关系之预测。书前有编者例言。书后附参考书。

**7515. 日苏在远东的争斗**　谢馨河著　南华出版社　1938 年 2 月初版　上海　4 + 90　32 开

　　本书分 4 个部分：苏联对日方策的面面观、现阶段的苏联对日方策、苏"满"国境战略的状势、日苏战争的预测。有后记。

**7516. 日英同盟之始末**　日本评论社编辑　编者刊　1934 年 10 月　南京　2 + 82　32 开　日本研究会小丛书　第 71 种

本书分3个部分：第一次同盟成立的经纬、第二次同盟协约的意义、日英同盟的再改订（第三次协约）。

**7517. 战时日本之外交**　潘昂千著　商务印书馆　1938年7月初版　长沙　1+63　32开　日本知识丛刊　日本问题研究会编辑

本书分7部分：日本外交的基础、戛然中止的中日交涉、英日关系终难圆满、不免一战的苏日、力求献媚的对美外交、法日邦交转趋恶劣、侵略阵营德意日。有卷首语。

# 其他

**7518. 日本现代人名地名表（中西对译）**　李藉编　正中书局　1945年2月初版，1946年2月沪1版　重庆　2+185　32开

分人名之部和地名之部两部分。每一部分包括西文中译表和中文西译表。书末附录收《日本行政区划表》、《日本全国重要港湾表》、《日本大都市表》、《日本军舰表》、《日本广播电台表》5篇。卷首有编者序。

**7519. 敌此次改正国家总动员法全文**　军令部第二厅第一处编　编者刊　1941年3月　30　32开　有图表　敌情参考资料　第19种

本书介绍为日本《国家总动员法》具体条文的修改情况。书后附《敌此次改正国家总动员法目的检讨表》。

**7520. 考察日本司法报告**　（伪）国民政府司法行政部　1942年7月　6+154　大32开　有图表

本书为1942年5月考察日本司法的报告，共6章：司法机构、司法官、民事、刑事、保护、行刑。罗君强作序，汤应煌作引言。

**7521. 日本兵役法纲要**　（日）中井良太郎著，训练总监部军学编译处译　军用图书社　1932年6月　南京　12+426　32开　有图表

本书分4编：总说、服役、征集、召集，讲述日本兵役法的内容。附《关于兵役之刑法规定》。有自序。

**7522. 日本当代人物志（第三辑）**　外交部亚洲司研究室编　编者刊　1937年4月　南京　11+232+8　大32开

本书收录日本军政、实业等界与我国有直接、间接关系的人物。书中人名中英文字对照。书末附录《人名英文索引》。卷首有例言，据此推断出版时间。

**7523. 日本的国家纪念日**　（伪）华北政务委员会政务厅情报局编　编者刊　1943年6月　6+46　32开　时局丛书之一

本书分祝日、祭日、纪念日等6部分。书前有序说。

**7524. 日本的国民性**　长谷川如是闲著　国际观光协会　1943年7月　东京　2+91　32开　日本国态丛书2

本书分9个部分：国民性成立的条件、日本历史性格的一贯性、日本文明一贯的性格、神话与国民性、国体与国民意识、日本人的伦理性格等。书前有国际观光协会所作序言。书后有附言。

**7525. 日本的逆流**　碧泉著　大时代出版社　1937年11月初版　上海　2+48　32开　抗战文库之一　夏衍主编

本书收 10 篇文章：《日本的现实》、《日本的逆流》、《武士道之羞》、《要侵略者屈膝之道》、《从林到近卫》、《"人形"近卫观》、《板垣征四郎》、《寺内寿一》、《松井石根》等。有后记。

**7526.** **日本东北视察记**　王桐龄著　国立北平师范大学　1937 年 1 月　北平　72　16 开　有照片、有图表

本书分 4 个部分：序论、旅程日记、里程决算、决论。

**7527.** **日本国民的信仰生活**　日本评论社编辑　编者刊　1934 年 5 月　南京　2 + 44　32 开　日本研究会小丛书　第 53 种

本书分 6 个部分：引言、神道教、佛教、基督教、民间信仰、结尾。

**7528.** **日本国民性**（*The Nationality of Japan*）　赵南柔、周伊武编辑　日本评论社　1933 年 12 月　南京　2 + 26　32 开　日本研究会小丛书　第 38 种

本书分 14 个部分：东方文化与日本国民性、西方文化与日本国民性、大和魂、爱护子女、爱清洁、迷信心深、善于应酬、爱国心热烈、不善容忍、缺乏公德心、武士道等。

**7529.** **日本厚生法**　（日）后藤清著，薛习恒译述　社会部编译委员会　1941 年 2 月　南京　4 + 70　32 开　社会丛书

本书分两章：第 1 章总论，共 4 节：厚生法之概念与其领域、体系、法源、劳动法之国际化；第 2 章各论，共 5 节：劳动法、社会事业法、安定国民生活之法规、社会保险法、增强国民之保健卫生体力之法规。有作者序。

**7530.** **日本民间的大纪念日**　（伪）华北政务委员会政务厅情报局编　编者刊　1943 年 8 月　8 + 44　32 开　时局丛书之四

本书分 12 章：过年、节分、初午、上巳节、彼岸、灌佛会、端午节、七夕祭等。书前有写在卷首。

**7531.** **日本人的中国观**　余仲瑶著　华中图书公司　1937 年 12 月初版　汉口　10 + 78　32 开　有插图　武汉留日同学会日本问题研究丛书　第 3 辑

收编著者的访问记、译文及评论，均发表于《留东周报》。包括：《室伏高信的访问》、《太田宇之助的谈话》、《吉冈文六的中国再认识》、《盐泽昌贞的所答非所问》等。附录收《日本著述家描写之松岗洋石》、《日本外交与日本舆论》。书前有著者序。

**7532.** **日本人的中国观**　余仲瑶著　华中图书公司　1938 年 1 月再版　汉口　77　32 开　有插图　武汉留日同学会日本问题研究丛书　第 3 辑

收编著者的访问记、译文及评论，均发表于《留东周报》。包括：《室伏高信的访问》、《太田宇之助的谈话》、《吉冈文六的中国再认识》、《盐泽昌贞的所答非所问》等。附录收《日本著述家描写之松岗洋石》、《日本外交与日本舆论》。书前有著者序。

**7533.** **日本人口问题**　W. R. Crocker 著，朱梅儁译　正中书局　1935 年 10 月初版　南京　8 + 204　32 开　有图表　社会科学丛刊

本书包括太平洋之国际关系、日本之背景、日本人口之压迫、未来之人口、粮食问题、振兴实业之途径、移民之救济等部分内容。

**7534.** **日本人口之预测**　日本评论社编辑　编者刊　1934 年月　南京　46　32 开　有图表　日本研究会小丛书　第 47 种

本书分 8 节，预测二、三十年内日本人口的出生率及年龄构成等。

**7535.** 日本人心理的解剖　（日）元田作之进著，管怀琮译　华通书局　1933 年 4 月初版　上海　13 + 214　32 开

本书分 3 章：日本国民性的短长处、日本人的长处和日本人的短处。书前有译者序。

**7536.** 日本社会内幕　王守伟译著　今日出版社　1942 年 4 月再版　重庆　10 + 146　32 开

本书共 13 章：日本的青年团、日本的妇女运动、少年团、少年保护事业、教化运动、生活改善运动、农民运动等。

**7537.** 日本时人辞典　（伪）外交部亚洲司研究室编著　（伪）中央电讯社　1941 年 6 月初版　南京　372　大 32 开　有题词

本书分目次（即人名索引）和新任重要职官录两部分。卷首有褚部长序、周次长序、弁言。书末有《日本时人辞典英文拼音索引》、《中日职官异名对照表》等 6 篇附录以及编后记。褚部长为时任汪伪政府外交部长的褚民谊。周次长为时任汪伪政府外交部次长的周隆庠。

**7538.** 日本委任统治岛的社会组织　［日］矢内原忠雄著，朱伟文译　国立暨南大学海外文化事业部　1936 年 3 月初版　上海　104　32 开　有插图、有图表　海外丛书南洋之部　第 3 种

日本委任统治岛社会组织的介绍研究。

**7539.** 日本文化给中国的影响　（日）实藤惠秀著，张铭三译　新申报　1944 年 5 月初版　上海　8 + 206　32 开　有照片

本书分 4 个部分：由日本到中国、日本留学、日本文化与中国文化、文化工作。书前有译者序以及作者所著中文版序和原序，书后有原跋。

**7540.** 日本文化情形一瞥　（日）嘉治隆一述，国际文化振兴会编　国际文化振兴会　1938 年　东京　110　32 开　有照片

本书分 9 章：东西两洋文化之接触点、东洋精神、天然及人为者、人类文化之熔炉、古代性及近代性、明治维新及欧化、资本主义之发展、东方文化之复兴、现在日本所处阶段。书前有桦山爱辅所作序言以及作者自序，书后有结言。附录收统计表及年表。

**7541.** 日本现代名人中英文姓名对照表　外交部情报司编　外交部情报司　1936 年 7 月　南京　124　32 开　国际丛刊　第 13 种

收录日本现代名人姓名的中英文对照表。卷首有编者序，书末有索引。封面英文书名：　*Vocabulary of Japanese Proper Names in English and Chinese*。

**7542.** 日本现代人物小传（一）　日本评论社编辑　编者刊　1934 年 4 月　南京　2 + 23　32 开　日本研究会小丛书　第 50 种

本书分 3 个部分：序曲、斋藤实、高桥是清。

**7543.** 日本现代人物小传（二）　日本评论社编辑　编者刊　1934 年 12 月　南京　24　32 开　日本研究会小丛书　第 76 种

本书为松冈洋右的传记。

**7544.** 日本之再认识　周作人著　国际文化振兴会　1938 年　2 + 22　32 开　精装　有照片

书前有永井松三所作序文。出版时间以序文推论。

**7545.** 日本专利法规　经济部工业专利办法筹议委员会译　编者刊　1941 年 7 月　6 + 130　16 开

有图表

本书主要介绍日本特许各项法令、实用新案各项法令、代理人各项法令、登记税及续费法令、其它之关系法规、工业所有权法规特别施行之法令。

**7546. 我们所见到的日本** 岭南大学日本文化视察团编 编者刊 1936年1月 广州 2+140 32开 有照片、有题词

本书3个部分：绪言、游程目录、分题报告。附录收团员名录、参观日程、财务报告。

**7547. 英文现代日本名人索引** 刘百闵编辑 正中书局 1933年11月 南京 29 32开 日本研究会小丛书 第33种

中英文对译本。

**7548. 战时日本文坛** 张十方著 前进新闻社 1942年8月 ［湖南］ 4+52 大64开 前进丛书 第2种

介绍日本在发动侵华战争期间文艺界的概况。分11节：从文士从军说起、文坛从军部队、文士从军归来、石川达三的活着的兵队、上田广的建设战记、"归还作家"问题、战争文学的没落、所谓农民文学、文坛无中心时期、大政翼赞会与文坛的末路。

**7549. 战时下日本学生动员** （伪）华北政务委员会总务厅情报局编 编者刊 1945年2月 18 32开 时局丛书61

分6章：学制的改革和教育体制的整顿、学生动员和科学动员、学生勤劳令、停止体育训练大会、国防特技训练的实施、学生军事教育的增强。

# 抗战史、传记资料

## 抗战史

### 抗战概况

**总　论**

**7550. "九一八"以来**　华北新华书店　1946年　4+110　32开

　　本书分为两个部分：《从"九一八"到"七七"》，介绍"九一八"事变至1937年国民党政府的对内对外政策；《抗战以来的投降派》包括3个部分："七七"事变至汪逆发表艳电主和、从汪逆投敌到太平洋战争爆发、从太平洋战争爆发至敌酋谷萩的四次诱降。

**7551. "九一八"以来**　1944年1月　4+121　32开

　　内容包括两个部分：从"九一八"到"七七"、抗战以来的投降派。

**7552. 八年抗战**　高天著　新中出版社　1946年12月初版　上海　1+41　32开　我们的祖国小丛书之一

　　本书分11个部分："抗战的意义"、"抗战的历史背景"、"七七事变到全面抗战"、"抗战初期的高潮"、"妥协投降的危机"、"相持阶段的低潮"、"重庆抗战阵营的动摇"、"反共第一、抗日第二"、"人民抗日武力的成长"、"民主保障了胜利，胜利巩固了民主"。

**7553. 八年抗战史略**　66　32开

　　本书分4章：国难的演变、蒋委员长领导抗战及大业完成、日本投降前后盟邦及我国的措置、中国团结问题。卷首收《八年抗战大事记》、《抗战胜利诗歌六篇》。书后附《敌寇侵华的主脑人物》、《汪伪组织群奸》、《重要都市沦陷日一览》、《惩治汉奸一览》等。

**7554. 从"七七"到"八一五"**　东北大学图书资料室编辑　东北书店　1947年11月2版　佳木斯　69　32开

　　抗战时期大事记。

**7555. 从"七七"到"八一五"**　李石涵编辑　新华书店　1949年7月初版　山东　10+169　32开　有图表

　　按时间顺序记叙了1937年"七七"事变到1945年"八一五"八年抗战期间的重要事件。分两部分，八年抗战史大事纪要和抗战时期各项重要统计资料。有序言和参考书目。

**7556. 从"七七"到"八一五"**　李石涵编辑　苏北新华书店　1949年8月初版　7+121　32开　有图表　八年抗战史料

　　本书分两部分：从"七七"到"八一五"抗战史大事纪要、抗战时期各项重要统计资料。书前有三版增订本前记。后附研究八年抗战史的参考书。

**7557. 从七七到八一五（增订三版）**　李石涵编辑　冀东新华书店　1949年4月　10＋153　32开
有图表

本书分两部分：从"七七"到"八一五"抗战史大事纪要、抗战时期各项重要统计资料。书前有三版增订本前记。后附研究八年抗战史的参考书。

**7558. 大事记**（1932－2091）　65　32开

包括"日寇进图华北，蒋介石与日本直接妥协，卖国者赏，'言抗日者杀勿赦'"、"抗战以来的投降派"两个部分。书名为本馆自拟。

**7559. 大战图解**（第二辑）**击溃日本专号**　克克主编　中央日报社　1945年8月　成都　20　8开
有插图、有图表　成都中央日报图刊　第1种

本书为击溃日本专号图。分5部分：认识日本、中国抗战八年、反攻开始自海洋、反攻战争在大陆、展望。另收录了58幅图，各图均有文字说明。书后附"反日战争大事记"。

**7560. 功罪是非录**（九一八以来国民党对内、对外政策的历史真相）　抗战史料编刊社　98　32开

收录抗战以来日寇诱降及国民党妥协投降活动的具体材料，包括从"九一八"到"七七"、抗战以来的投降派两部分。

**7561. 国民党反动派对日妥协投降总帐**　解放日报编　时论出版社　1946年9月初版　香港　4＋96　32开

本书分3个部分：扉语、从九一八到七七、抗战以来日寇诱降与国民党反动派妥协投降活动的一笔总帐。

**7562. 九一八以来**　华北新华书店　1946年　4＋110　32开

本书分两章：从"九一八"到"七七"、抗战以来的投降派。

**7563. 九一八以来国内政治形势的演变**　时事问题研究会编　1940年　23＋470＋2　32开　抗战的中国丛刊一

本书内容分为3编：从九一八事变到国内和平建立、从七七抗战到武汉失守、从武汉失守到抗战三周年。书后附《例言》和《写在本书要装订的时候》。出版时间据《例言》推断。

**7564. 九一八至双九日寇侵华大事记**　［聂崇岐］编　大中杂志社　1946年1月　北平　79　32开
大中小丛书　第1种

按时间顺序记述1931年"九一八"事变至1945年"九九"日军投降期间的日本侵华大事。

**7565. 抗日战史**（下卷）　248　32开　有插图、有图表

本书内容为第4篇淞沪会战，分两章：上海战场兵要地志、淞沪会战之缘起。书后有附图表31张。

**7566. 抗战八年来之经过从七七到九九**　蒙藏委员会编译室编译　编者刊　1945年　102　32开
抗建丛刊

汉蒙藏维对译本。

**7567. 抗战七年的经验和教训**　赵侗著　1938年12月　1＋32　32开

共11部分：转战东北和华北、七年抗战的收获、抗战的战术战略、军队的政治工作、认识敌人的军队、对于抗战的基本认识、东北人的悲哀、我们的重大牺牲、我的母亲和家园、伪军的反正苦衷和几个重要的战役。另有《对同胞们说的几句话》和引言。

**7568. 抗战史话**（第一辑）　高越天编著　独立出版社　1941 年 8 月初版　重庆　6 + 173　32 开

本书分 3 编：战前、第一期抗战、第二期抗战。书前有序。

**7569. 抗战文选**（第六辑）　向愚编　战时出版社　1938 年 6 月　4 + 152　32 开

本书辑录毛泽东、蒋介石等著名政治人物谈论抗战的文章 41 篇，分为论著、抗战文艺、战地通讯、抗战史料和杂品 5 大类。

**7570. 抗战以来敌寇诱降与国民党反动派妥协投降活动的一笔总帐**　晋绥分局　1944 年　62　32 开

该书收录《抗战以来敌寇诱降与国民党反动派妥协投降活动的一笔总账》、《两年来国民党五十八个叛国将领概观》、《国民党六十二个叛国投敌的党政要员概观》。

**7571. 抗战以来敌寇诱降与国民党反动派妥协投降活动的一笔总账**　晋绥新华书店晋南分店　1 + 81　32 开

收录 3 篇文章：《抗战以来敌寇诱降与国民党反动派妥协投降活动的一笔总账》、《两年来国民党五十八个叛国将领概观》、《国民党六十二个叛国投敌的党政要员概观》。

**7572. 抗战以来敌寇诱降与国民党反动派妥协投降活动的一笔总账**　［1943 年］　16　32 开

收录解放日报社"九一八"十二周年纪念特刊文章。

**7573. 抗战以来敌寇诱降与国民党反动派妥协投降活动的一笔总账**　苏北新华书店　1949 年 8 月初版　2 + 47　32 开

分 3 章："七七"事变至汪逆发表艳电主和、从汪逆投敌到太平洋战争爆发、从太平洋战争爆发到敌酋谷荻的 4 次诱降。

**7574. 抗战以来敌寇诱降与国民党妥协投降活动的一笔总帐**　渤海新华书店　54　32 开　时论选辑之一

本书为解放日报社"九一八"十二周年纪念特刊，共 3 部分："七七"事变汪逆发表艳电主和、从汪逆投敌到太平洋战争爆发、从太平洋战争爆发至敌酋谷狄的 4 次诱降。

**7575. 抗战以来敌寇诱降与国民党妥协投降活动的一笔总账**（国民党祸国殃民史录）　渤海新华书店　［1949 年］　54　32 开　时论选辑之一

本书收录解放日报社"九一八"十二周年纪念特刊，分 3 章："七七"事变至汪逆发表艳电主和、从汪逆投敌到太平洋战争爆发、从太平洋战争爆发到敌酋谷荻的 4 次诱降。

**7576. 抗战志略**　朱子爽编著　国民图书出版社　1947 年 2 月再版　南京　6 + 146　32 开

本书分 6 章：日寇侵略我国政策的由来、国民革命过程与抗战决策、八年战绩概述、日寇投降与盟国受降经过等。书前有弁言。附《日寇侵略中国年表》、《抗战年表》。

**7577. 民族抗战史略**　傅纬平著　商务印书馆　1937 年 11 月初版，1938 年 3 月再版　上海，长沙　3 + 80　32 开　战时常识丛书　王云五、韦悫主编

本书分甲、乙两个部分：我国民族历代抗战史略、各国民族抗战史略。

**7578. 七七抗战纪念特刊**　南京中央日报编　编者刊　1947 年 7 月　16　16 开　有照片

收录《日本侵华五十年》（陶希圣）、《八年抗战的经过》（程淑英）、《七七抗战与张作霖之死》（幼雄）、《胜利后的东北》（任希之）、《为东北的主权而战——纪念卢沟桥事变十周年》（秉直）、《抗战杂记》（明衡）。

**7579. 日本帝国主义侵略中国史**　蒋坚忍著　上海联合书店　1930 年 7 月初版　上海　30 + 412

32 开　有题词、有图表

本书分上、中、下 3 篇共 14 章：侵略中国的原因政策方式和时期、六十年来侵略中国经过的事实、六十年来侵略中国成绩的总统计。书前有何应钦序、周佛海序、陈立夫序、赵观涛序及作者自序。

**7580. 日本帝国主义侵略中国史**　蒋坚忍著　上海现代书局　1931 年 11 月 3 版　上海　34 + 412 32 开　精装　有题词、有图表

本书分上、中、下 3 篇共 14 章：侵略中国的原因政策方式和时期、六十年来侵略中国经过的事实、六十年来侵略中国成绩的总统计。书前有何应钦序、周佛海序、陈立夫序、赵观涛序及作者自序。

**7581. 日本帝国主义侵略中国史**　张觉人著　青年书店　1940 年 7 月再版　重庆　3 + 182　32 开

本书分 5 章：绪论、日本侵华的萌芽时期（2091 - 1893）、日本侵华的奠基时期（1894 - 1913）、日本侵华的扩张时期（1914 - 1930）、日本侵华的急进时期（2091 - 1937）。

**7582. 日本侵华简史**　曹伯韩著　上海杂志公司　1938 年 3 月粤再版，1939 年 2 月 3 版　2 + 76 + 10　32 开　有插图　大时代丛书之十五　金则人主编

本书分 16 个部分：中日两国的历史关系、日本帝国主义的形成、侵略行动的开始、日本侵略的反响、九一八和一二八、制造伪国侵占热河、对华北进攻的初步、中日大战争的爆发等。书后有附录、大事年表、后记。

**7583. 日本侵华重要文件**　军事委员会政治部编　编者刊　1941 年 9 月　2 + 132　32 开　宣传资料第 9 辑

本书收录 13 种文件资料：《二十一条》、《中日军事协定四种》、《田中"满盟积极政策"奏章》、《日"满"协定书及其他》、《川樾条件及日军扰乱华北计划》等。

**7584. 日本侵略中国史画**　梁又铭编　战争图书丛书社　汉口　116　32 开　有插图　战争图书丛书 3

全书包括 73 个小节，每节均配有插图。主要介绍近代至淞沪会战前后日本对中国的侵略历史。

**7585. 日本侵略中国史画（上册）**　梁又铭编　通俗画集编辑社　1933 年 2 月初版　76　32 开　有插图　通俗画集　第 1 种

本书分 4 个部分：中日交通史、日本侵略中国的原因、日本侵略中国的方式、六十年来日本侵略中国的事实。卷首有编者的话。

**7586. 日本侵略中国痛史**（*The Painful History of Japan Invading in China*）　学友互助总社编　编者刊　1931 年 11 月　成都　1 + 57　32 开　有插图

本书分 6 章：绪论、日本对华概略、自中日交通至中日战争（尝试时期）、自中日战争至日俄战争（发端时期）、自日俄战争至欧洲大战（积极时期）、自欧洲大战至现在（横行时期）、结论。书前有刘文辉所作序言。书后有正误表。

**7587. 日本侵略中国小史**　李洁西编著，吕金录校订　商务印书馆　1938 年 5 月初版　长沙　2 + 35　64 开　民众战时常识丛书

本书分 10 个部分：日本为什么要侵略中国、甲午中日战争、转租我们的旅顺和大连、二十一条条件、济南惨案、九一八夺我东三省、一二八进攻上海、占夺我们的热河、侵扰华北、从卢沟桥事变到全面抗战。

**7588. 外人眼中的中日战争** 宾符等译 生活书店 1938 年 4 月初版（汉） 汉口 1 + 66 32 开
世界知识战时丛刊之二 金仲华主编

本书收录 7 篇文章：《中国怎样取得胜利》（M. S. Stewart 著，宾符译）、《中国没有失败，战争刚刚开始》（N. Peffer 著，艾纳译）、《中国须实行游击战》（A. Yakhontoff 著，寒译）、《论日寇在中国战场上的色当战术》（K. Levitsky 著，张仲实译）、《中国的西北战场》（A. Smedley 著，安世祥译）、《半年来日寇对华战争的总结》（B. Shevelev 著，张仲实译）、《半年来日本的侵略战争》（苏联《真理报》，吴明译）。

**7589. 倭寇侵华简史** 广东民众抗日自卫团统率委员会编 编者刊 1938 年 8 月 广东 1 + 32 32 开

本书分 15 个部分，记录从明代倭寇扰边起至抗日战争爆发后，日军进攻武汉的对华侵略史。

**7590. 我们最后的胜利** 2 + 51 32 开

本书分 11 个部分：从"九一八"事变到日本投降、四十八国对最后胜利的贡献、陆、海、空军保证了战争胜利、《租借法案》是击灭日寇有力的武器、运输舰队的伟大克服、原子弹和空中堡垒加速了日寇的屈膝、日寇罪行备忘录、太平洋战争大事记等。

**7591. 一笔血账** 军事委员会政治部编 编者刊 12 64 开 抗战通俗丛书
本书分 15 小节简略梳理了 60 年来日本侵华的历史。

**7592. 一笔总帐** 长城书店 1945 年 10 月 72 32 开 抗日战争历史丛书之一

该书分 3 个部分："七七"事变至汪逆发表艳电主和、从汪逆投敌到太平洋战争爆发、从太平洋战争爆发至敌酋谷获的四次诱降。

**7593. 一笔总账** ［解放日报］编 牡丹江书店 1946 年 62 32 开

即《抗战以来日寇诱降与国民党反动派妥协投降活动的一笔总账》。

**7594. 中国的革命运动** 李鳌著 文化供应社 1940 年 8 月 1 + 54 64 开 青年新知识丛刊

本书分 9 节：中国怎样发生革命的、辛亥革命、五四运动、国民革命的准备、国民革命的开端、国民革命的发展、九一八后的抗日救亡运动、今天的对日抗战、抗战胜利以后怎样。

**7595. 中国的抗战——日本侵华大事记**（第二集） 密勒氏评论报 1938 年 11 月初版 上海 6 + 444 32 开 精装 有照片、有插图

本书以日记形式记录日本侵华大事，时间为 1937 年 1 月至 1937 年 7 月。附录分 10 章：豫北晋南战役、徐海战役、中原战役、大战前夕的华南、沦陷区内的战争、空军战绩、半年来的政治兴革、半年来的经济动向、半年来的国际外交、群丑现形录。书中有白水所作《引论——战事进入第二阶段》。书后有编辑后记。

**7596. 中国共产党抗战一般情况的介绍** 叶剑英著 辽东建国书社 1946 年 7 月 安东 40 32 开
有插图、有图表 抗战文献之三

收文 4 篇：《中国解放区概观》（代序）、《中共抗战一般情况的介绍》（叶剑英）、《敌后战场伟大胜利的一年》（《解放日报》）、《八路军、新四军、华南抗日纵队对民族解放战争伟大贡献》。

**7597. 中国国民党八周年来领导抗战的伟绩** 朱子爽著 国民出版社 1945 年 12 月初版 重庆 2 + 52 32 开

包括抗战的决策和经过、国防建设与军事的策进、外交的运用、内政的改革、财政的措施、粮

食的管制、经济的建设、交通的开辟、民众的组训、教育的设施等10章。有绪言、结语。

**7598. 中国近代简史**　东北军政大学编　东北书店　1948年10月5版　佳木斯　4+220　32开

内容包括："中国旧民主主义革命"、"五四运动开辟了中国革命的新阶段"、"一九二五至一九二七年大革命的胜利与国民党蒋介石的叛变革命"、"空前灾难的九一八事变"、"卖国求荣的法西斯统治镇压不了人民的反抗"、"民族存亡关头，西安事变的和平解决奠定了抗日战争的基础"、"抗日民族解放战争初期的光明面与黑暗面"、"全国人民坚持抗战团结进步反对投降分裂倒退"等12章。封面题名为"中国近代政治简史"。书名页著者题"军大总校政治部编"。版权页题"东北军政大学编"。

**7599. 中国抗战画史**　曹聚仁、舒宗侨编著　联合画报社　1947年6月再版　上海　448　16开　有照片、有插图

本书以时间为线索叙述了整个抗战过程。包括10章：引论、日本侵略战序幕、抗战第一期（上）、抗战第一期（中）、抗战第一期（下）、抗战第二期（一）、抗战第二期（二）、抗战第二期（三）、抗战第二期（四）、胜利之页。每部分均有若干附图，另有60幅作战形势图。书前有"弁语"《我们的献词》。附录收《抗战史料述评》、《各战区将领一览》、《抗战大事记》3篇。

**7600. 中国抗战史**　冯子超著　正气书局　1946年8月再版，1946年10月3版，1947年4月再版　上海　18+340　32开　有题词、有图表

本书分11章：神圣伟大的民族斗争、抗战初期的军事、次期的抗战形势、汪精卫的求和运动、抗战的有利阶段、国共合作与统一战线、日本对华政策的转变、日本在太平洋的失足、敌伪的屈膝投降、胜利的曙光、划时代的胜利到来。书前有钮永建所作《题中国抗战史》一文、作者所作序言、例言。附录收《中国对第二次世界大战的贡献》、《意义深长的一个国庆日》、《台湾重入祖国怀抱》、《胜利后的各地》等19篇文章。

**7601. 中国抗战史**　海外流动宣传团编辑部编　海外流动宣传团驻粤总办事处　1947年8月再版　广州　[240]　16开　有照片、有题词、有图表

本书分6部分：照片、题词、中国抗战史、蒋主席最近言论、时事杂纪、广东军属会之组织。

**7602. 中国抗战史讲话**　朱泽甫著　光华书店　1948年11月哈尔滨再版　2+108　32开　有插图　青年学习丛书

本书分"从九一八到七七"和"从七七到八一五"两个部分，共7讲：国民党做了什么、共产党做了什么、国民党是怎样抗战的（上）、共产党是怎样抗战的（上）、国民党是怎样抗战的（下）、共产党是怎样抗战的（下）、中国抗战的胜利。

**7603. 中国抗战史讲话**　朱泽甫著　韬奋书店　1949年7月　无锡　2+63　32开

内容包括两个部分：从"九一八"到"七七"、从"七七"到"八一五"。

**7604. 中日大战记**（原名中日大战史　第二集下册）　张开编著　重庆出版社　1947年1月　重庆　2+186　32开

本书以章回体形式记录中日战史。本册收录第61回至第80回。

**7605. 中日战争的回顾与前瞻**　国际时事研究会编　编者刊　1938年2月初版　4+92　32开　时事问题小丛书4

全书共分3个部分，第1部分序论，收录《收复失地之史的考察》（梁园东）；第2部分中日战争的回顾，收录《明代倭寇侵略江浙纪略》（郑振铎）、《甲午之战》（黄芝冈）、《九一八事变与东

北义勇军的抗战》（蓝天照）、《一二八淞沪的抗战》（金则人）、《长城各口的抗战》（辛质）、《察北抗战的经过》（辛质）、《丰台抗敌实情》（杨家清）、《绥远的抗战》（张健甫）、《从卢沟桥事件到全面抗战》（蓝天照）；第 3 部分结论，收录《中日战争的前瞻》（E. M. Gull）。

**7606. 中日战争的回忆**　方秋苇著　建国出版社　1938 年 7 月　汉口　2 + 75　32 开　国防研究集卷之一

本书收录了 16 篇文章：《日寇侵我的战略》、《我们的抗日战略》、《淞沪战争之批评》、《保卫我们的南京》、《敌人的第二期侵华战略》、《我们第二期抗战的政略》、《徐州必守论》、《论淮河争夺战》、《论豫北战局》、《晋东南之战》、《山西不是坦能堡》、《鲁南的不断歼灭战》、《台儿庄的大歼灭战》、《敌人作战决心的判断》等。书前有著者自序。

**7607. 中日战争之始末与教训**　陈诚著　国民政府军事委员会政治部　1938 年 5 月　2 + 22　32 开

分 4 章：朝鲜与我国之地理历史及人种的关系、中日战争的爆发及其经过概况、中日议和及三国干涉退还辽东的情形、中日战争所给予我们的教训。书前有陈诚序，据落款时间推定出版时间。

## 全面抗战爆发前

**7608. 暴日侵略中国痛史**　全国长途旅行团编　编者刊　1936 年 1 月　14　32 开

包括 11 部分："日本得了华北以后就满足了吗？"、"中国政府怎样应付国难？"、"'躲'是中国的出路吗？"、"华北学生爱国运动"、"各地为什么都没有宣传国难的标语呢？"、"喂了铁虾蟆！有四种人坑害他们"、"送给他一个日本妻子"、"中国最大的耻辱"、"山下满插太阳旗"、"日本人在唐山开了一家当铺"、"我们的敌人是谁？"。

**7609. 从"九一八"到"七七"**　解放日报社编辑　34　32 开

本文系《解放日报》为纪念"九一八"12 周年而发表的长篇史录广播稿。

**7610. 从"九一八"到"七七"**（**国民党祸国殃民史录**）　渤海新华书店　1943 年　33　32 开　时论选辑之四

本文系《解放日报》为纪念"九一八"12 周年而发表的长篇史录广播稿。

**7611. 从"九一八"到"七七"**（**转载一九四三年九月十八日《解放日报》**）　晋察冀边区学习委员会第七分会翻印　1944 年 4 月　36［环筒叶］　32 开　油印　反法西斯主义宣传参考材料之二

本文系《解放日报》为纪念"九一八"12 周年而发表的长篇史录广播稿，包括 4 个部分："九一八、一二八事变，国民党采取不抵抗主义，依赖国联退让步，集中力量屠杀人民"、"日寇进图华北，蒋介石坚持降日'剿共'的政策：卖国者赏，'言抗日者杀勿赦'"、"华北危急，国民党大唱'中日亲善'、'经济提携'，对于高涨的救亡运动则实行残酷的镇压"、"西安事变后，在全国人民的压力下，蒋介石被迫停止内战，但仍未放弃反共、反人民、消灭异己的政策"。

**7612. 从"九一八"到"七七"**　冀东新华书店　1 + 113　32 开

本书收录《"九一八"以来的国民党》、《抗战以来敌寇诱降与国民党反动派妥协投降活动的一笔总账》。

**7613. 九一八以来的抗日战争**　蓝天照著　光明书局　1937 年 12 月，1938 年 1 月再版，1938 年 3 月汉版　汉口　4 + 68　32 开　民族解放丛书　平心主编

本书分 6 章：马占山抗战与东北义勇军的活跃、一二八淞沪抗战、热河失守与长城抗战、察哈尔民众抗日同盟军的崛起、绥远抗战的伟大胜利、全面抗战的展开与教训。书前有陈乃昌的序。

**7614. 九一八以来的抗日战争**　凡夫著　抗战研究社　1938年1月　汉口　2+68　32开　解放小丛书

　　本书分为6章：马占山抗战与东北义勇军的活跃、一二八淞沪抗战、热河失守与长城抗战、察哈尔民众抗日同盟军的崛起、绥远抗战的伟大胜利、全面抗战的展开与教训。

**7615. 全面抗战的前夜**　厉吾编著　自力出版社　1937年11月　上海　4+78　32开　有照片　抗战小丛书2

　　本书分26章：日本大举侵华的外交先声、卢沟桥日军挑衅、华北中日双方军力对比、重申和平解决之意、平津陷落记痛、全国民众的抗敌后援运动、努力争取最后胜利等。

**7616. 日本侵略中国史纲**　李温民编著　国民外交研究会　1932年8月再版　北平　16+230　32开　有图表

　　本书分3编：绪论、日本侵略中国之事实经过、日本侵略中国之下幕。书前有编辑大意。

**7617. 日本侵略中国史话（下册）**　陈西玲、潘志青、梁中铭、何超、梁又铭绘画　上海文华图书印刷公司　1933年12月　上海　97　32开　有插图　通俗画集　第1种　通俗画社编辑

　　包括21部分：东北失陷之经过、日寇暴行之开始、黑龙江抗日之经过、吉林军民抗日之经过、辽宁义勇军抗日经过、热河失陷之经过、长城血战失守之经过、日寇威胁下的平津、暴日制造伪组织之经过、日寇侵略淞沪国军抗战之经过、日寇在淞沪暴行一斑、我军民抗日的神勇等。书前有苏芹荪序。

**7618. 我为中国人说话**　卡尔·克洛（Carl Crow）著，陈庚孙译　黎明书局　1938年6月初版　8+89　32开

　　全书共23篇：二十一条的提出、日本侵华政策的修正、日本助长中国内乱的手段、日本宣传的阴谋、卢沟桥事变、永无止境的侵略等。书前有著者序和年表。目录页有副题名"三十年来日本侵华实录"。

**7619. 天津总工会反对日本帝国主义与张作霖宣言**　天津总工会编　编者刊　1932年1月24日　天津　1张　21.9cm×23.8cm

　　该件系天津总工会为日本出兵占领东三省而颁发的宣言。传单。复制本。

**7620. 告兵士书**　北平学生抗日救国示威团编　编者刊　1931年12月16日　北平　1张　37cm×29.9cm　油印

　　北平学生抗日救国示威团给全国士兵的一封信。复制本。

**7621. 国联限令撤兵后日军之暴行与阴谋**　1932年1月　32　32开

　　本书分8个方面：继续扩大军事侵略、宰割辽吉政治怂恿独立运动、实行兼并东北各铁路、垄断东北财政金融、勾结土匪扰乱地方、铁蹄下之辽吉黑被占地现状、积极向我内地捣乱挑衅、最近侵略阴谋之急进。

**7622. 国难会议纪录**　1932年4月　10+304　16开　精装　有照片、有插图

　　本书分5部分：关于召集国难会议之决议案命令及各项法规、纪事（附演说词）、会议纪录、提案、姓名录。书前有国难会议会场席次图及相关照片10余幅。出版时间据内容推断。

**7623. 七人之狱**　沙千里著　生活书店［总经售］　1938年3月再版　8+191　32开　有照片

　　记述爱国"七君子"案件经过。书前有著者的"前题"和"七君子"的照片多幅。附录收

《起诉书》、《答辩状》、《政治意见书——第二次答辩状》、《声请调查证据状》、《顾留馨答辩状》5个文件。

**7624. 毛泽东关于停战抗日之谈话**　毛泽东著　1 张　14.4cm×26cm

该件为苏维埃新闻社 1936 年 10 月 15 日发布的新闻稿，报道苏维埃中央政府主席毛泽东就停止内战，一致抗日所发表的谈话。

**7625. 民众特刊（津变一月记）**　天津市立民众教育馆编印股编　编者刊　1933 年　天津　1 + 25 + 1　32 开

本书以日记体形式详细记录了"津变"全过程。书前有编者序，书后有编后记。

**7626. 天津事变**　张拓编　1932 年 2 月　北平　4 + 172　32 开　精装　有图表

本书分 6 章：天津事变与日本大陆政策、天津事变的必然性、天津事变纪实（上）、天津事变纪实（下）、天津事变与地方当局、天津事变国人应有的认识。书前有王幼序。附录收《日军枪炮弹伤毁人命庐舍官厅及警察调查表》（1 – 13）。

**7627. 为拥护红军抗日先遣队北上宣言**　中华海员港务总工会老海员工会著　编者刊　1934 年 8 月 18 日　1 张　27.5cm×36.2cm　油印

本件系中华海员港务总工会老海员工会编发的传单。复制本。

**7628. 五月国耻纪念专号（第四卷　第十九、廿、廿一，三期合刊）**　安徽省立第一民众教育馆编　编者刊　1934 年 6 月　60　16 开

本刊收录 9 篇文章：《本馆五月国耻纪念展览宣言》、《五月国耻小史》、《举行五月国耻纪念展览的经过》、《帝国主义之认识与雪耻救亡之途径》、《纪念国耻中谈谈训练民众》、《演罢"卧薪尝胆"以后》、《汉武帝雪平城之耻》、《抗日失败后流俄的道上》、《献给前线抗日将士的军歌》。

**7629. 中国一年来的政治回顾**　李长春著　新疆日报社　1936 年 1 月初版　新疆　2 + 32　32 开

本书共 12 章：引言、先清内患后御外侮的方针、在不抵抗主义下边所招来的外患和激起来的反帝运动的新高潮、庐山会议和日本军部的蛮横、在贪污政治下边所产生出来的空前未有之大水灾、塘沽协定日寇所要求的条件的内容、华北沦亡与中国前途、日帝国主义占领东北后的政治经济情形和东北义勇军的活动等。

**7630. 中华苏维埃共和国临时中央政府对日宣战通电**　中华苏维埃共和国临时中央政府发布　编者刊　1932 年 4 月 26 日　江西瑞金　1 张　20.7cm×34.3cm　油印

中华苏维埃共和国临时中央政府于 1932 年 4 月 26 日发布的对日宣战通电。复制本。

**7631. 中华苏维埃共和国中央革命军事委员会湘鄂赣军区对两广出师抗日讨蒋宣言**　严园阁、傅秋涛发布　中华苏维埃共和国中央革命军事委员会湘鄂赣军区　1936 年 7 月　1 张　21.5cm×31.3cm　油印

传单。本件是中华苏维埃共和国中央革命军事委员会湘鄂赣军区对两广事件所发布的宣言。复制本。

**7632. 为华北事变告东北同胞宣言**　东北反日总会、东北抗日联军等发布　编者刊　1935 年 6 月　1 张　27.5cm×36.2cm

该件系 1935 年 6 月 30 日由东北反日总会、东北抗日联军共同发表的《为华北事变告东北同胞宣言》。宣言号召东北同胞举起抗日反满讨蒋义旗，收复东北和华北失地，为中华民族的独立而斗

争。复制本。

**7633. 一二·九——划时代的青年史诗（北平学生抗日救国运动史）** 林薮编著 民主周刊社 1945 年 12 月再版 昆明 57 32 开 民主周刊社"一二·九"十周年纪念增刊

该书纪念"一二·九"运动十周年，回顾北平学生抗日救国运动的历史。有吴晗作序。附录收《北平学生联合会宣传大纲》及《平津教育界宣言与通电》。

**7634. 绥远抗战与中华国族之前途** 倪同人著 西北导报社 1937 年 2 月 南京 1＋76 32 开 有图表

本书共分 10 章：引言、沿革、面积及人口、交通、物产、矿产、历代垦殖略史、历代外族侵略及汉族抗战略史、大青山的险要、结论。

**7635. 察哈尔抗日实录** 上海军学社 1933 年 10＋280＋64 16 开 有照片、有插图、有图表 冯焕章先生丛书之六

本书分 3 编：准备时期、抗日时期、结束时期。附录收《民众抗日同盟军收复察东失地战斗详报》、《纪念塔烈士祠烈士墓题字》、《民众抗日同盟军第一次军民代表大会纪事录》等 5 篇文章。卷首有李烈钧、章炳麟、冯玉祥所作序言以及编者弁言。出版时间据序言推断。

## 国联调查

**7636. 报告书发表后国联处理中日问题之经过（上册）** 中国国民党中央执行委员会宣传委员会 1933 年 1 月 2＋176 32 开

本册分 3 个部分：国联行政院会议、国联大会特别会议、国联处理中日问题经过。有前言。

**7637. 报告书发表后国联处理中日问题之经过（下册）** 中国国民党中央执行委员会宣传委员会 1933 年 5 月 6＋284＋2 32 开

本册分 3 个部分：榆关事变前之国联十九国特别委员会会议、榆关事变后之国联十九国特别委员会会议、国联大会会议。有前言及编后。

**7638. 参与国际联合会调查委员会中国代表处说贴** 商务印书馆 1932 年 上海 52＋852 16 开 精装 有插图

本书收 26 份说帖：关于中日纠纷问题之总说贴、关于二十一条及一九一五年五月二十五日中日条约之说贴、关于朝鲜人在东北各省之地位之说贴、关于吉会铁路之说贴、关于南满铁路护路军之说贴、关于万宝山事件之说贴、关于一九三一年七月朝鲜各地仇华暴动之说贴、关于日本破坏中国统一之谋划之说贴等。

**7639. 参与国联东案调查委员会概要（上册）** ［参与国际联合会调查委员会中国代表处］编 编者刊 ［144］ 16 开 有图表

包括 9 个部分：呈国民政府主席文、东北调查报告、对于调查委员会所询沪案损失之答案、东省每年输入中国本部之货物表、对于调查委员会所询东三省农业问题之答案、对于调查委员会所询中国移民东三省之答案、东北铁路各问题等。

**7640. 参与国联东案调查委员会概要（下册）** 参与国际联合会调查委员会中国代表处印 ［602］ 大 16 开 有图表

本书收录《关于中日纠纷问题之总说帖》、《关于平行线问题及所谓一九零五年议定书之说帖》、《关于日本侵占东三省之说帖》、《关于二十一条及一九一五年五月二十五日中日条约之说

帖》、《关于朝鲜人在东北各省之地位之说帖》等 30 篇文章。

**7641. 反国联调查团报告书**　冯玉祥著　1932 年 12 月　28＋256　32 开　有图表

本书共 11 章：中国近年之概况、"满洲"之状况及其与中国其他部分及各国之关系、九一八事变以前日本帝国主义侵略东三省的事实、九月十八日及其事变之叙述、上海事变的检讨、所谓"满洲国"的真相、帝国主义与经济绝交、帝国主义侵略殖民地的口实、报告书的诡辩、报告书的总批评、报告书可能的结果与我们应取的态度。

**7642. 国际联合会调查团报告书**　国联调查团编　中华民国国民政府外交部译　1932 年 10 月　1＋228　14.9cm×24.7cm　白皮书　第 24 号

该书是国联对"九一八"事变进行调查后所撰写的报告书，1932 年 9 月 4 日在北平签字。内容包括 10 章：中国近年变迁之概况、满洲之状况及其与中国其他部分及俄国之关系、九月十八日及其后事变之叙述、上海、满洲国、日本之经济利益与中国人之经济绝交、在满洲之经济利益、解决之原则及条件、考虑及对于行政院之建议等。

**7643. 国际联合会调查团报告书**（*Report of the Commission Enquiry of the League of Nations*）　国民政府外交部　世界书局　1933 年 1 月出版，1933 年 4 月再版　上海　2＋450　32 开

该书是国联对"九一八"事变进行调查后所撰写的报告书，包括：中国近年变迁之概况、满洲之状况及其与中国其他部份及俄国之关系、中国关于满洲之争执、九月十八日及其后事变之叙述、上海、满洲国、日本之经济利益与中国人之经济绝交、在满洲之经济利益、解决之原则及条件、考虑及对于行政院之建议等 10 章。中英文对译本。

**7644. 国际联合会国联调查团报告书**（中英文合刊本）　上海申社编辑　编者刊　1932 年 10 月初版　上海　［351］　16 开　有照片、有插图　神社外交丛书之二

包括东三省形势图、国际联合会调查团报告书、世界各国人士之意见和中日两国之态度。全书为中英文对照本。

**7645. 国际联合会特别大会顾问委员会所通过关于不承认"满洲国"之办法**　中华民国国民政府外交部编　编者刊　1933 年 8 月　［18］　15.7cm×24.3cm　白皮书　第 29 号

内收 1933 年 6 月 7 日由国际联合会特别大会顾问委员会通过的《关于不承认满洲国办法之通告》。中英对译本。

**7646. 国际联合会特别大会关于中日争议之报告书**　中华民国国民政府外交部编　编者刊　1933 年 5 月　［106］　15.7cm×24.3cm　白皮书　第 28 号

分 4 部分：远东之事变——国联调查团报告书首八章之采用——本报告书、中日争议在国联方面之进展、本争议之主要特征、建议之叙述。中英对译本。

**7647. 国际联盟与中日问题**　王造时著　新月书店　1932 年 1 月初版　上海　3＋166　32 开

本书分 3 章：国际联盟的组织、国际联盟与国际争端、国际联盟与东北问题。书前有著者序。附录收《国际联盟盟约》。

**7648. 国际联盟与中日战争**　黄淑贤编著　正中书局　1939 年 1 月初版　重庆　90　32 开　战时国际小丛书　陈石孚、张道行、童蒙圣主编

全书分 4 个部分：国际联盟概况、国际联盟与国际组织、九一八事变以来国联与中日、卢沟桥事件以来国联与中日。附录中收录《国际联盟盟约》。

**7649. 国联报告书及其批评**　李泰初、徐家锡编　　[晨报社]　　1932 年　　广州　　2 + 114　　16 开　　有插图　　晨报言论丛刊

本书分 4 章：关于报告书内容之种种、本报对于报告书及最近国际外交形势之批评、报告书未发表以前本报关于沈案之言论、报告书之英文本原文。

**7650. 国联处理中日事件之经过**　鲍德澄编译　　南京书店　　1932 年 9 月初版　　上海　　8 + 158　　32 开

本书分两篇共 11 章："国联行政院处理中日事件之经过"包括"依据国联盟约第十一条考虑中日争端"、"中国根据盟约第十条、第十一条、第十五条申诉"、"中国根据盟约第十五条请将中日争端移交大会处理"、"关于上海停止对敌行为又恢复和平之提议 4 章"；"国联特别大会处理中日事件之经过"包括"三月三日国联特别大会开幕"，"三月四日大会通过决议案"，"总委员会会议关于中日事件之大辩论"，"三月十一日大会通过决议案并组织特别委员会"，"特别委员会与上海停战谈判"，"四月三十日大会通过决议案"，"上海停战协定之签订" 7 章。书前有楼桐孙序，附录收《国际联合会盟约》。

**7651. 国联调查团报告书**　上海申社编辑　　编者刊　　1932 年 10 月初版　　上海　　1 + 150　　16 开　　申社外交丛书之一

本书共 10 章：绪言、满洲之状况及其与中国其他部分及俄国之关系、一九三一年九月十八日以前关于满洲之争执、九月十八日及其后事变之叙述、上海、"满洲国"、日本之经济利益与中国人之经济绝交、在满洲之经济利益、解决原则及条件、考虑及对于行政院之建议。附《世界各国人士之意见——中日两国之态度》和《世界各国之舆论》，包括美国、英国、俄国、德国、法国、意大利的舆论选辑。

**7652. 国联调查团报告书**　中日问题研究社编辑　　编者刊　　1932 年 11 月 3 版　　2 + 288　　14.5cm × 25cm　　有照片、有图表

正文包括绪言、中国近年变迁之概况、满洲之状况及其与中国其他部分及俄国之关系、九月十八日及其后事变之叙述、解决之原则及条件等 10 章内容。附：《事变后之中国地图》、《世界各国人士之评论》。书前有发刊小序。

**7653. 国联调查团报告书及其批评**　中华民国国难救济会编　　编者刊　　1932 年 11 月　　3 + 220　　16 开

本书分 7 部分：序、九一八后国际对中日事件的态度、报告书原文、我国对报告书的意见、日本对报告书的态度、世界各国对报告书的意见、本会对于报告书的意见。出版时间据内容推断。

**7654. 国联调查团报告书评议**　6 + 118　　32 开

本书分 5 章：对于报告书叙述东北事实之申论、对于报告书批评中国现状之辩正、对于报告书责难经济绝交之辩正、对于报告书解决东案建议之驳议、结论。

**7655. 国联调查团报告书全文**　南京中社　　[1932]　　2 + 310　　32 开

全书共 10 章，包括中国近年变迁之概况、满洲之状况及其与中国其他部分及俄国之关系、一九三一年九月十八日以前关于满洲之争执、九月十八日及其后事变之叙述、上海、满洲国、日本之经济利益与中国人之经济绝交、在满洲之经济利益、解决之原则及条件、考虑及对于行政院之建议。封面有"一九三二年九月四日在北平签字"字样。

**7656. 国联调查团报告书与各方言论**　求实杂志社　　求实杂志社　　1933 年 1 月　　南京　　[711]　　16 开

本书分 7 个部分：导言、调查团报告书、我国朝野对报告书之态度和言论、日本朝野对报告书之态度和言论、国际舆论、编后、附录。

**7657. 国联行政院关于东案之决议**　中华民国国民政府外交部编　编者刊　24　15.7cm×24.3cm

收录《国联行政院十二月十日之决议》、《国联行政院九月三十日之决议》、《国联行政院十二月十日会议时主席白里安之声明》、《国联行政院十二月十日会议时日本代表芳泽之声明》、《国联行政院十二月十日会议时中国代表施肇基之声明》及《国联行政院十月二十四日之决议》。中英文对译本。

**7658. 国联行政院及大会关于中日争议历次所通过之决议案**　中华民国国民政府外交部编　编者刊 1933 年 9 月　［53］　15.7cm×24.3cm　白皮书　第 30 号

收 16 篇文献：《一九三一年九月三十日国联行政院所通过之决议案》、《一九三一年十月二十四日国联行政院之决议案》、《一九三一年十二月十日国联行政院所通过之决议案》、《一九三一年十二月十日国联行政院会议时主席白里安之声明》、《一九三一年十二月十日国联行政院会议时日本代表芳泽声明之一部》、《一九三一年十二月十日国联行政院会议时中国代表施肇基之声明》、《一九三二年一月二十九日颜代表致国联秘书长请适用盟约第十条与第十五条之申请书》、《一九三二年二月十二日颜代表致国联秘书长请将中日争议提交大会函》等。颜代表为国民党政府派往出席国联大会的首席代表颜惠庆。附各项重要声明。中英文对译本。

**7659. 李顿报告书批判**　中日问题研究社编辑　光明书局　1932 年 11 月初版　上海　233　32 开

本书收录《读李顿报告书后的第一个印象——取消"满洲国"是解决东北问题的先决条件》（吴颂皋）、《瓜分乎？共管乎？》（楼桐孙）、《李顿报告书的分析和批评》（胡愈之）、《莱顿报告失败》（马季廉）等。

**7660. 中日纠纷与国联**　（美）W. W. Willoughby 著，吕怀君、薛寿衡、邵挺、金善增、毛如升译述　商务印书馆　1937 年 2 月初版　上海　38+704　32 开　精装

本书分两编，第 1 编专叙国联处理中日争议之经过；第 2 编叙述中日争议中所含国际公法及国联法例方面较重要之问题。书前有顾维钧、郭泰祺作序、译者序、作者序。另有例言、参考书之介绍。

**7661. 中日上海停战及日方撤军协定**　中华民国国民政府外交部编　编者刊　1932 年 6 月　18　14.9cm×24.2cm　有插图　白皮书　第 22 号

中日文对译本。

**7662. 中日问题之真相（参与国联调查团中国代表提出之二十九种说帖）**　中华民国国民政府外交部编　编者刊　1933 年　14+638　32 开　精装　有插图、有图表　白皮书　第 26 号

收 1932 年 4 月至 8 月的 29 篇说帖，包括《关于中日纠纷问题之总说帖》、《关于平行线问题及所谓一九零五年议定书之说帖》、《关于日本占领东三省之说帖》、《关于二十一条及一九一五年五月二十五日中日条约之说帖》、《关于朝鲜人在东北各省之地位之说帖》、《关于吉会铁路之说帖》、《关于南满铁路护路军之说帖》等。

## 西安事变

**7663. 蒋委员长西安半月记蒋夫人西安事变回忆录**　蒋中正、宋美龄著　正中书局　1937 年 6 月初版　南京　1+56+10　32 开　有题词

本书收录《蒋委员长西安半月记》与《蒋夫人西安事变回忆录》，书后附录《蒋委员长离陕前对张杨之训话》。

**7664. 举世申讨张逆檄电集（第二辑）**　6＋138　32 开　有照片、有图表

本书收录了西安事变时国民党各界讨伐张学良的相关资料 37 篇，分 4 部分：讨逆措施、檄电实录、重要社论、舆情一斑。

**7665. 双十二与民族革命**　何镜华编著　时代批评社　1941 年 1 月初版　香港　5＋74　32 开

本书分 4 节：双十二抗日救国事件的背景、张学良将军的抗日主张和活动、双十二在抗战建国中的意义、贯彻双十二救国主张完成抗建大业。书前有作者前言。附录收《如何运用东北力量为当前抗战的严重问题》、《政府应即释放张学良将军使他参加抗战》等 6 篇。

**7666. 西安半月记·西安事变回忆录**　蒋中正、蒋宋美龄著　正中书局　1946 年 10 月沪 1 版　上海　[1＋113＋10]　32 开　有题词

本书收录了《西安半月记》（蒋中正）、《西安事变回忆录》（蒋宋美龄）。附录收《蒋委员长离陕前对张扬之训话》。

**7667. 西安事变纪事诗**　李基鸿　8［环筒叶］　12.6cm×19.6cm　线装

西安事变中作者作为蒋介石随从一同被扣留。本书所收录的纪事诗即作者当时及返回南京后所作。书前有陈诚、蒋鼎文、朱绍良、卫立煌、郭寄峤、蒋作宾、毛庆祥、汪日章题诗。书后附《基鸿致力革命服务党国略历》。

**7668. 张学良的自由问题**　时代批评社　1941 年 9 月初版　香港　2＋118　32 开

本书收 23 篇文章：《张学良被囚是仇者快亲者痛的悲剧》（《时代批评》社论）、《从张学良的自由谈到解决国共纠纷》（周鲸文）、《张学良将军对国事主张与解决当前问题》（何镜华）、《舆论力量与张将军自由》（韬奋）、《万人关怀的张学良将军》（于毅夫）、《驳斥违反民意的谬论》（王达）等。

## "一二八"事变

**7669. 国军抗日写真（第一集）**　中央宣传委员会艺术股编　中央宣传委员会总务科　1932 年　南京　10＋56　16 开　有照片、有插图

收抗日图片百余幅，并配有文字说明。书前有《国军淞沪抗日志》。出版时间根据内容推断。

**7670. 沪战纪实**　韦恳予、王臻郊编著，李尊庸摄影　开明书店　1932 年 9 月初版　上海　4＋106　32 开　精装　有照片、有插图

本书记录了"一二八"事变的经过。分 7 部分：导火线——日僧事件、开战的酝酿、战事经过及其波折、停战问题、损失一斑、国际关系、停战协定。附录收《九一八事变以来的一周年》（王臻郊）。

**7671. 上第二道防线**　罗家模著　军学研究社　1934 年 9 月　南京　2＋120　32 开　一二八淞沪抗日文献

本书纪录民族英雄在淞沪与日寇血战的过程。

**7672. 上海抗日血战史**　何田言编著　现代书局　1932 年 4 月初版　上海　38＋322　32 开　精装　有照片、有插图

本书分 5 编。第 1 编"神勇御暴鏖战记"收 5 章：暴日用武前压迫之危机、暴日用武后我大振

国威、敌军扩大战区猛攻吴淞、停战四小时后敌再总攻、凶寇顽强再下哀的美敦；第 2 编 "国内团结御外侮" 收 4 章：政府迁都洛阳、下关日舰开炮挑衅、一二八诉到九一八、一个月间之大事略；第 3 编 "列强的密切注意" 收 3 章：错综纷纭之国际局势、国联间之和平运动、敌盘踞租界及外兵保侨；第 4 编 "举国同仇敌其忾" 收 5 章：各军将领撰甲陈词、民众群起援助抗日、齐心戮力各尽救亡责、全沪愤慨罢市御侮、炮火声中之商业金融；第 5 编 "名都空前大劫灰" 收 3 章：敌舰机炮之大施破坏、锋镝余生之劫后灾黎、创巨痛深之物资损失。

**7673. 淞沪和战纪事**　5 + 126　32 开

本书分两编：淞沪战役和停战协定。书前有弁言。

**7674. 淞沪御日战史**　徐怡、刘异编　民族教育社　1932 年 3 月，1944 年 11 月再版　上海　8 + 122 + 46　32 开　精装　有照片、有插图

本书分 9 章：淞沪战事之远因——六十年来中日关系的鸟瞰、淞沪战事之近因——所谓万宝山事件与中村事件、淞沪战事之近因——东三省被占、淞沪战事之序幕、淞沪战事之第一声、一致御敌、国际关系、淞沪战记——附战事日记、淞沪战事与中国前途。书前有编者序。附录收《国联发表沪领团报告书》、《沪变后日本国内状况》、《国际联合会盟约》、《九国公约》、《凯洛格非战公约》。

**7675. 淞沪御日战史续编**　徐怡、刘异编　民族教育社　1932 年 11 月　16 + 116 + 16　32 开　有照片、有插图

本书分 6 章：大战之分幕、我军撤防、停战会议、国联与沪案、淞沪事变期中的中国与世界、结论。附录收《淞沪血战日记》、《上海国际调查团第三第四次报告书》等。

**7676. 淞沪御侮记（第一集）**　沃邱仲子编著　国权编辑社　1932 年 3 月初版　上海　14 + 137　32 开　精装　有照片、有插图、有题词　国权丛书之一

本书记录了淞沪抗战的经过。包括：日祸溯源记、战事日记（一二八起二二八止）、杂记类（《义勇卫国记》、《国民劳军记》、《敌军暴行记》、《国君请缨记》）、论著类（《论敌军破坏中立永远危及外侨》、《论我能实行抵抗至半年以上敌方必发生内变》、《否认中立区域论》、《论淞沪战事为变更友邦对我态度之良机》）、战事拾零。书前有杨庶堪、孙科、熊克武、柏烈武、但懋辛题序和著者自序，收录了 18 幅照片、《详细战区图》和《十九路军全体军官表》。书后有后序。

**7677. 一二八抗日纪念册**　漳州各界纪念一二八淞沪抗日周年大会编　编者刊　80　16 开　有照片、有题词

本书分：照片、题词、宣言、纪念词、言论、文艺、附录 7 部分。其中言论中收录 3 篇文章：《抗日声中的经济绝交》（朱乃楫）、《"一二八"抗日战的价值》（未名）、《一年来的对日经济绝交》（杜闲）。文艺中收录了 7 篇文章：《裂痕》（吴履逊）、《幻灭》（吴履逊）、《抗日》（伍荣）等。

**7678. 国难特刊（第一册）**　上海律师公会编　编者刊　1931 年 4 月　上海　2 + 100　32 开

内容包括 6 个部分：小言、日本侵略中国之阴谋、日军暴行之一斑、国人之自卫、国际公法公约之规定、杂录。

**7679. 中国共产党中央为上海事变第二次宣言**　中国共产党中央委员会　1932 年 1 月　1 张　19.6cm × 26.8cm

中共中央就 "一·二八" 事变所发表的宣言。复制本。

## 抗日战争时期

**7680. 抗战文献**　独立出版社编辑　编者刊　1938年5月初版，1938年6月再版　汉口　5＋84　32开　战时综合丛书

本书收录1937年7月8日至1938年4月24日间中日官方文件宣言以及社会人士言论共50篇。卷首有前言。书后有附录及讨论大纲。

**7681. 八年抗战经过概要**　陈诚著　4＋54　16开　有图表

本书分5章：序言、作战总方略及战争经过概要、受降与复员、战争之检讨、结论。书后附《开战之前敌我兵力比较表》、《敌我兵役制度及人力动员概况表》、《战争之前敌我师编制装备比较表》、《抗战第一期空军作战次数及成果表》、《抗战各时期敌我使用兵力及伤亡人数一览表》、《复员军官佐之安置概况表》、《抚恤金旧订数与改善数及新增项目一览表》等17幅图表。

**7682. 八年抗战经过概要（附图）**　陈诚著，国防部史料局编　国防部印制厂［印行］　32张　16开　有插图

本书以图表形式介绍八年抗战历史，共收录《第一期作战经过要图》、《淞沪会战经过要图》、《徐州会战经过要图》、《武汉会战经过要图》、《第二期第一阶段作战经过要图》、《南昌会战经过要图》、《受降前敌我全般态势要图》、《日本投降兵力分布图》、《中国战区受降及日军集结地区要图》等32幅图表。

**7683. 八年抗战之经过**　何应钦编著　1946年　21＋226＋16　大32开　有照片、有插图、有题词、有图表

本书分6篇：战争之起因、开战之前敌我兵力比较、第一期作战经过概要、第二期作战经过概要、日军投降、结论。书前附降书影印件，书后附《日本向联合国降伏之文书》、重要统计等。有重要统计表21张：《抗战期间敌我战斗大小次数统计表》、《作战以来敌军伤亡统计表》等。

**7684. 国民党叛国投敌的党政军要员概况——国民党祸国殃民史录**　新华书店　1944年12月　山东　32　32开　时论选辑之十

本书分6个部分：两年来国民党五十八个叛国将领概观、国民党六十二个叛国投敌的党政要员概况、方逆先觉等叛国投敌的经过、汉奸吴开先叛国投敌回渝活动内幕、一九四三年山东境内、国民党部队投敌将领实录。

**7685. 国际联合会关于一九三七年七月七日卢沟桥事变以后中日争议所通过之决议案及报告书**　中华民国国民政府外交部编　编者刊　1938年7月　［64］　14.6cm×25.4cm　白皮书第56号

包括《大会于一九三七年九月廿八日所通过之决议案》、《大会于一九三七年十月六日所通过之决议案》、《经大会于一九三七年十月六日决议采纳之报告书》、《行政院于一九三八年二月二日所通过之决议案》、《行政院于一九三八年五月十四日所通过之决议案》。中英文对译本。

**7686. 国际联合会一九三八年九月所通过关于中日争议之决议案及报告书**　中华民国国民政府外交部编　编者刊　1938年10月　［8］　15.3cm×25.2cm　白皮书第57号

包括：《行政院于一九三八年九月廿九日所通过之决议案》、《行政院于一九三八年九月卅日所通过之报告书》。

**7687. 中国抗战形势图解**　顾凤城编著，鲁少飞、糜文焕绘图　光明书局　1938年8月初版　汉口　89　32开　有插图、有图表

本书分 3 个部分：中日实力对比图、日本侵略中国图解、中国抗战现势图解。

**7688.** **中共抗战一般情况介绍**　叶剑英著　冀鲁豫书店　1945 年　34　32 开　有插图
附：《八路军新四军抗战形势图》。

**7689.** **抗战期间中外大事日志**（上册）　陈诚辑　正中书局　南京　312　32 开
按日期顺序记叙了 1937 年至 1942 年间的有关抗战的重要事件。

**7690.** **中国共产党之重要主张**（1941 年 6 月—1943 年 5 月）　新华书店　30　32 开
内容分 11 个部分：一切为着希特勒主义之死亡（代序）、关于反法西斯国际统一战线的决定、为抗战四周年纪念宣言、关于邱罗宣言及行将召集的莫斯科会议之声明、为太平洋战争的宣言、关于太平洋反日统一战线的指示、为抗战五周年纪念宣言、告抗日根据地全体党员和八路军、新四军将士书、对国民党十中全会宣言及特种研究委员会之报告的谈话、关于庆祝中英、中美间废除不平等条约的决定、关于共产国际执行委员会主席团提议解散共产国际的决定。附《共产国际执行委员会主席团重要决议》。

**7691.** **海南岛事件面面观**　42　32 开　半月文摘　3 卷 5 期附册
本书收 10 篇文章：《太平洋上之九一八》（蒋介石）、《日寇侵犯海南岛》（郭沫若）、《海南岛问题与整个远东局势》（李蒙）、《日犯海南岛与太平洋形势》（陈钟浩）、《日本何以进攻海南岛》（井上谦吉）、《海南岛的素描》（汤鹤逸）等。

**7692.** **海南岛——太平洋上之九一八**　蒋介石、郭沫若、方秋苇、陈钟浩、杜若君、汤鹤逸、姚承三、陶涤亚、李蒙、井上谦吉执笔　独立出版社　1939 年 7 月初版　重庆　6 + 58　32 开　有图表　战时综合丛书　第 5 辑
本书分 6 章：总论、海南岛的真相、海南岛的战略形势、日寇谋取海南岛的历史及意义、寇犯海南岛的影响、从条约上看海南岛。卷首有《战时综合丛书第五辑例言》及代序。书后有编后记、讨论大纲。

**7693.** **香港和海南岛的危机**　陈玉祥著　编者刊　1938 年 9 月渝版　重庆　4 + 38　32 开　抗战丛刊　第 56 种　中山文化教育馆编
本书分 5 个部分：敌寇想怎样遮断我国的国际路线、敌寇对香港和海南岛的威胁、香港及其英日关系、海南岛及其法日关系、英法应有的认识。书前有抗战丛刊缘起。

**7694.** **东厂实录**　高一轩编，邢德仁校　上海光华书局　上海　47　64 开
内容包括 5 个部分：要求国民党取消在敌后的特务政策、国民党内的反动派破坏敌后抗日根据地的罪行、山东国民党省党部反共计划书、太岳区三青团修正反共工作手册、国民党特务配合敌寇阴谋杀害抗日军民纪实。

**7695.** **我们的胜利**（太平洋战争纪实）　励志出版社　1945 年 11 月　48　32 开
本书分 11 章：从"九一八"事变到日本投降、四十八国对于最后胜利的贡献、陆海空配合行动保证了战争胜利、租借法案是击败日寇的有力武器、运输舰队克服了长距离的供应、原子弹和空中堡垒加速了日本屈膝等。

**7696.** **敌后战场伟大胜利的一年**　解放日报社编　编者刊　1945 年 4 月　延安　27　32 开
包括敌后战场伟大胜利的一年、解放区一月动态等 4 部分。

**7697.** **对日战争**　美国新闻处编辑　49　32 开

本书分46个部分：对日战争、三个敌人、陆战和海战、中国之战、世界战略、日本征服了一个帝国、消失了的战线、瓜岛和威克岛的失陷、新加坡之战、缅甸的陷落、反攻、日本的空战、中国和缅甸的陆战、大事年表。

**7698. 国民政府对日本宣战布告·国民政府对德意宣战布告·蒋委员长告全国军民书**　蒙藏委员会编译室编译　编译者刊　1941年12月　47　32开　抗战小丛刊之二十九

汉蒙藏维对译本。

**7699. 抗日手册**　李天民编　青年人出版社　1938年3月初版　成都　4+288　32开　有图表

本书共7章：一篇血账——四十三年来日本侵华大事记、日本侵华阴谋文书、日本侵华的刽子手、日本国势一般、日本势力在中国、血泪话东北、抗战的号音。附录收《蒋委员长告抗战全军将士书》、《蒋委员长告抗倭全体将士第二书》。书前有编者的话。

**7700. 毛泽东会见记**　（美）史诺、史沫特莱著，思三、汪馥泉译　文化出版社　1937年11月　上海　56　32开

内容包括7部分：小引、1936年7月15日在陕北保安与毛泽东先生关于外交谈话、7月16日在保安与毛先生关于日本帝国主义谈话、7月18日在保安与毛先生关于国内问题谈话、7月19日在保安继续谈话、9月13日在保安与毛先生关于联合战线谈话、毛泽东会见记。附录收《统一战线的抗日救国十大纲领》。封面有毛泽东照片。

**7701. 南浔线慰劳特刊**　1938年　52　16开　有照片、有图表

本书为中国妇女慰劳会香港分会会员北上南浔前线慰劳抗战将士途中所见、所闻、所感。书前有何香凝所作序言。出版时间根据书内会员合影所署时间推断。

**7702. 日本进攻华南**　张剑萍编著　民力书局　1938年6月初版　广州　4+40　32开

本书分10章：日本南进的军事目的、日本南进的战略、香港对于日本南进的处境、华南数省对于中国在抗战上的价值、粤汉路上的几个军事险要、虎门炮台的作战力、日本南进的阻力是英国吗、李济深余汉谋能抵抗日本的南进至如何程度、日本南进后的国际情况、中日战事的结局。附录收保卫华南、日本进攻华南计划、两广准备"予打击者以打击"、香港准备日本进攻。书前有编者作"写在前面"。

## 历年战史

**7703. 五年来之抗战经过**　何应钦著　胜利出版社　1942年5月初版　10+116　32开　抗建丛书第1辑

分4篇：战争之起因、第一期抗战经过概要、第二期抗战经过概要、结论。

**7704. 中日三大血战史**　战时救亡社　1938年3月初版　[72]　32开

本书分3章：中日战争开始在卢沟桥、气壮山河淞沪的肉搏、不畏牺牲的南京血战。

**7705. 抗战建国纪念特刊**　中华民国驻澳洲总领事馆主编　编者刊　1939年7月　[22]　16开　油印

本书分6个部分：我们对于抗战国策应有的认识、同胞共报国仇之方针、抗战建国与精神总动员、抗战建国与民生、抗战两载我敌战略之检讨、澳洲侨胞举行抗战建国纪念大会概况。书前有发刊词。有题赠。

**7706. 抗战建国三周年纪念刊**　东北抗战建国协进会编　1940年7月　1+65　16开

本书收 13 篇文章：《发刊词》（纪清漪）、《七七三周年纪念与我们应有的努力》（孙科）、《抗战三年之侨胞救国工作》（吴铁城）、《庆幸中应有的警惕》（冯玉祥）、《培养民族气节》（陈立夫）、《东北同胞纪念七七抗战》（莫德惠）等。

**7707. 抗战两年大事记**　广西省党部编辑　编者刊　1939 年 8 月　广西　62　32 开　七七抗战建国两周年特刊之二

本书记载从 1937 年 7 月 7 日起至 1939 年 7 月 7 日间的大事。书前有谭辅之所作《编辑经过》一文。

**7708. 抗战两年的回顾与前瞻**　白崇禧著　天文台半周评论社报社　1939 年 7 月　香港　25　32 开七七抗战建国二周年纪念小册之一

本书共 6 部分，从政治、经济、军事、外交、国际等方面分别介绍抗战两年来的情形。

**7709. 抗战史迹专册**　国防部新闻局编辑　编者刊　1946 年 7 月　10　16 开　有照片、有题词

本书分 7 部分：前言、白部长题词、陈总长题词、八年抗战的经过、抗战特殊忠勇军民题名录、抗战伤亡官兵人数统计、图片。白部长为国民政府国防部部长白崇禧，陈总长为参谋总长陈诚。

**7710. 抗战文献**　中国国民党中央执行委员会宣传部编　编者刊　1939 年 2 月　4+81　32 开

本书辑录 1937 年 7 月至 1938 年 4 月抗战以来政府所发表的抗战文献 50 篇，包括《卢沟桥事件向日使提抗议》、《外交部因日军违约声明》、《日本政府侵华宣言》等。附录收《北大全体教授对卢案宣言》等 6 篇文章。

**7711. 抗战文献选集（第一辑）**　罗基谷尼编纂　涛声出版社　1939 年 4 月　上海　4+118　32 开有插图、有题词

本书分 5 个部分：绪言、领袖手订国民精神总动员纲领及实施办法、第二期抗战宣传的伟大任务、理论、外论选辑。卷首有《誓死捍卫我们的国土》、《在敌人后方抗战的民族英雄》、《停止敌人的进攻准备我们的反攻》3 幅插图。附录为《给日本一封公开信》。

**7712. 抗战以来**　韬奋著　韬奋出版社　1941 年 8 月初版，1946 年 10 月再版　上海　8+256　32 开

本书分 76 个部分：开场白、发动全面抗战的基本条件、民主政治的初步开展、参政会的胚胎、共赴国难的党派团结、晴天霹雳的宪政运动、抗日各党派对宪政的一致要求、虚文与实行、与中央党部交涉的经过等。卷首有作者作序言。附录收《我们对于国事的态度和主张》、《我对于民主政治的信念》和《我们需要怎样的民主政治》3 篇文章。

**7713. 抗战以来中国的进步**　江西省保安司令部政治训处编　编者刊　1939 年 5 月　44　32 开　宣传资料之一

本书分军事、政治、经济、文化 4 个部分。书前有徐德瑗所作前言，书后有本书参考资料一览。

**7714. 抗战周年纪念册**　中国国民党中央执行委员会宣传部编　编者刊　1938 年 8 月　2+154　32 开

收《本党为七七抗战建国周年纪念告国民书》、《蒋总裁告沦陷区域民众书》（蒋介石）、《纪念七七要坚定抗战必胜建国必成的信念》（林森）、《抗战一年感想》（于右任）、《把握住胜利的要素》（周佛海）、《抗战一年来妇女界对抗战建国的贡献》（蒋宋美龄）等 26 篇文章。附录收《抗战

一年来大事日志》、《举行抗战周年纪念计划摘要》两篇文献。

**7715. 民国三十年元旦联合特刊** 浙江省动员委员会战时教育文化事业委员会主编 金华刊物联合出版 32 16开 有插图

本书收16篇文章：《元旦献辞》（省教文会）、《浙江政治之动向》（《浙江潮》）、《建国问题种种》（《建国》）、《今后制敌战略的研究》（《东战场》）、《敌后工作检讨》（《战地》）、《现阶段的青年运动》（《新青年》）、《浙江青年的任务》（《浙江青年》）、《略论敌寇的经济和外交》（《台湾先锋》）等。

**7716. 三十年元旦纪念特刊** 东北抗战建国协进会编辑委员会编 东北抗战建国协进会 1941年1月 重庆 2+46 16开 有题词 中华民国成立纪念特刊

收录20篇文章：《抗战军事之检讨》（何应钦）、《最后胜利已在目前》（潘公展）、《民国三十年元旦告我东北同胞书》（万福麟）、《东北三十年》（卞宗孟）、《东北青年与抗战建国》（王剑平）等。

**7717. 民国三拾年元旦特刊** 浙江省动员委员会战时教育文化事业委员会主编 1941年1月 金华 32 16开 有插图

本书收15篇文章：《元旦献词》（省文教会）、《浙江政治之动向》（《浙江潮》）、《建国问题种种》（《建国》）、《今后制敌战略的研究》（《东战场》）、《敌后工作检讨》（《战地》）、《现阶段的青年运动》（《新青年》）、《浙江青年的任务》（《浙江青年》）、《肃清文盲的实践问题》（《教文月刊》）等。本书为《浙江潮》、《建国》、《战地》、《新青年》、《浙江青年》等12个刊物联合出版。有《庆祝元旦》歌词、歌谱。

**7718. 七七纪念日总裁文告汇编** ［蒋介石著］，中国国民党中央执行委员会宣传部编 编者刊 1942年7月 2+146 32开

本书收录"七·七"抗战一至五周年纪念日蒋介石所发表文告、讲词等。

**7719. 七七抗战纪念特刊** 南京中央日报编 编者刊 1946年7月 南京 30 16开 有照片

本书收录《国民政府对日宣战布告》、《民国政府对德意宣战布告》、《促使日本无条件投降中英美三国领袖联合公告》、《日本对中国战区降书》等文告。卷首有大量抗战时期图片。另外收录《八年抗战之教训》（何应钦）等文章。

**7720. 七七抗战纪念中央文告汇辑** 江西省政府秘书处编译室编 编者刊 1944年2月 江西 2+128 32开 江西省政府丛刊 乙种之二 江西省政府秘书处编译室主编

收录各类文告共21篇，包括《国民政府为实行自卫宣言》、《国民政府迁都重庆宣言》、《国民政府对日宣战布告》、《蒋委员长七七周年告友邦书》等。附录《蒋委员长七七事变时答记者问说明政府对日的方针》、《蒋委员长七七事变时答路透社记者问说明中国抗战的目的》等4篇。

**7721. 七七抗战七周年纪念特刊** 1+103 16开 有照片、有插图、有题词

本书分13个部分：序、发刊词、本总会各团体代表、本总会职员表、各埠分会职员表、七七抗战七周年纪念大会纪事、献金先锋队出发前摄影、献金大队出发前摄影、献金奖励玉照及题词、献金芳名及数目、纪念大会进支录、编后语等。

**7722. 七七特刊** 1+12 ［环筒叶］ 32开 油印

内收8篇文章：《七七抗战四周年纪念告官兵书》（冯治安）、《告民众书》（三三特党部）、《七七抗战四周年纪念感言》（黄维纲）、《抗战四周年纪念感言》（李基丰）、《祝七七》（李文田）、

《抗战四周年的感想》（吉星文）、《七七四周年献辞》（翟紫封）、《七七四周年纪念》（张凌云）。

**7723. 七七特刊**　中国国民党山西省党部编　编者刊　1940 年 7 月　4 + 126　16 开　有照片、有插图、有题词

本书分 7 个部分：特刊、专载、短评、论著、文艺、杂俎以及大事纪要。书后有编后记。

**7724. 檀香山华侨七七抗战建国三周年纪念特刊**　檀香山祖国伤兵难民救济总会编　编者刊　1940 年　74　16 开　有照片、有题词、有图表

本书共收录以七七抗战建国三周年纪念为主题的照片 34 幅，文、诗、词共 30 篇。书前有何文炯所作发刊词，书后有"编后话"。出版时间根据书名及内容推断。

**7725. 伟大的念七年双十节**　1938 年　63　16 开　有照片、有插图

本书分图画、文字两大部分。其中图画部分收录照片近 40 幅；文字部分收录文章 27 篇：《蒋委员长夫妇之战事生活》（费许氏）、《马步青将军会见记》（胡茄）、《国旗设计者：陆皓东烈士》（江名）、《战事后上海一周年》（路德）、《西南现状》（顺昌）等。书前有编者所作"卷头语"。

**7726. 元旦纪念册**　中国国民党中央执行委员会宣传部编　编者刊　1940 年　2 + 126　32 开

收《二十九年元旦广播词》（蒋介石）、《战争与进化》（居正）、《抗战形势之展望与我人应有之努力》（李济深）、《一年来之战时财政》（孔祥熙）、《战时法令之检讨》（谢冠生）、《我国抗战前途之展望》（陈诚）等要人言论 28 篇。

**7727. 元旦专刊**　第四战区特别党部政治部编辑　编者刊　1941 年　28　16 开　有照片、有插图、有图表

本书收录 15 篇文章：《元旦致词》（张发奎）、《为纪念中华民国三十年元旦告军民书》、《民国三十年展望》（吴石）、《民国三十年回顾与展望》（梁华盛）、《新的年头和新的胜利》（谢婴白）、《认识与奋斗》（侯志明）、《政治工作当前的任务》（王侯翔）、《纪念民国三十年元旦应有的认识》（郭冠杰）等。

**7728. 粤战七年**　云实诚著　前锋报社　1946 年 1 月初版　广州　6 + 141　32 开　有照片

本书分 11 部分：粤战七年、日本投降经过与广州受降始末、粤北大捷、粤战将领、广州之页、粤北之页、东江之页、西江之页、粤南之页、琼崖之页、俘虏之页。书前有梁寒操序及作者自序。附《日本投降经过与广州受降始末》。封面有题赠。

**7729. 战地二年**　胡兰畦主编　劳动妇女战地服务团　1940 年 2 月 4 版　吉安　8 + 288　32 开　有图表

收"劳动妇女战地服务团"成员数十人写的抗日战地情况 67 篇。卷首有胡兰畦《回顾二年》、《我们的工作环境与工作方法》两篇文章并序。末附《战地二年纪念歌》。

**7730. 战地三年**　胡兰畦主编　劳动妇女战地服务团　1940 年 12 月　吉安　16 + 314　32 开　有图表

收"劳动妇女战地服务团"成员写的抗日战地情况的报道 69 篇：《战地旅程》（胡兰畦）、《战场观察的生活》（秦秋谷）、《沦陷区的故事》（朱辛慧）、《欢送》（杨崎）等。书前有《三年来》（罗卓英）、《三年献词》（代序）、《编辑前记》（胡兰畦）及多人题词。书末附该团的《三年总算》和《工作人员简历表》。

**7731. 战时镇海周刊（七七抗建两周年纪念特刊）**　毛崇芳编辑　镇海县抗日自卫委员会战时教育

文化事业委员会　1939 年 7 月　镇海　36　32 开

本书收录 10 篇文章:《七七献词》、《为七七抗战建国二周年纪念进一言》、《七七抗战二周年纪念感言》、《纪念"双七"二周圣节献给镇海青年》、《抗战二年来本县抗卫工作之检讨》、《关于歌咏运动》、《七七二周年纪念对现阶段戏剧的感想》、《拿出良心来纪念"七七"二周年》、《加强妇运》、《本刊的自我批评》。有编后。

**7732. 中国人民英勇抗战的两周年**　凯丰著　新华日报馆　1939 年 7 月　重庆　39　32 开　新华丛书第二十九种

该书包括 5 个部分:中日战争的特点、日本在两年侵略战争中所受的打击、中国在两年抗战中力量的生长、两年抗战的经验与教训、中国抗战的紧急关头。

**7733. 中国共产党中央委员会为纪念抗战两周年对时局宣言**　中国共产党中央委员会发表　1939 年 7 月　肤施　1 张　21.9cm×36.6cm

复制本。

**7734. 中国共产党中央委员会为抗战六周年纪念宣言**　中国共产党中央委员会发布　编者刊　1943 年 7 月　1 张　26.6cm×67.2cm

**7735. 中国共产党中央委员会为抗战六周年纪念宣言**　毛泽东等著　新华书店　1943 年 7 月　61　32 开

该书分为 8 个部分:中国共产党中央委员会为抗战六周年纪念宣言、毛泽东同志在"七一"节庆祝晚会上讲演纪要、我们有办法坚持到胜利、"七一"志感、我们怎样坚持了华北六年的抗战、新四军在华中、敌后抗战的战术问题、太行区的经济建设。

**7736. 第一期抗战的教训**　白崇禧著　民团周刊社　1938 年 8 月再版　南宁　24　32 开　丙种丛刊第三种　焦土丛刊第一辑之三

本书收录了《卢沟桥事件》、《第一期抗战的教训》两篇文章。

**7737. 第一期抗战的经验与教训**　金则人著　上海杂志公司　1938 年 5 月初版　汉口　2+131　32 开　抗战文存之二

本书分 8 章:全民抗战的展开、用抗战来教育民众、如何使前后方精神一致、哪里能分前方和后方、一切在抗战中加强充实、抗战中的民主问题、文化战线的组织问题、东战场战局突变的检讨。附录收 4 篇:《向民族统一战线迈进》、《民族战线呢还是人民阵线》、《我们又踏进了同盟时代》、《中苏互助论》。

**7738. 抗敌日志(第一年)**　管雪斋编　正中书局　1941 年 5 月初版　重庆　4+322　32 开

本书体例以一年为一册,第一年为第 1 册,记自 1937 年 7 月 7 日卢沟桥事变起至 1938 年 7 月 6 日止的抗战大事。资料收集范围以国内各地日报所载为主,旁及各种杂志刊物的相关战事的报道。

**7739. 抗战的第二阶段**　渤流著　救亡出版社　1938 年 1 月初版　2+47　32 开

全书分 7 部分:抗战进入第二阶段、展开抗战的有利阶段、新的抗战阶段与迫切任务、全民抗战与军政改革、拥护蒋委员长抗战到底、新阶段的国际国内形势、持久抗战中敌人内部矛盾的开展。分析了抗战进入第二阶段后国际国内形势的变化,提出了这一阶段抗战的主要任务以及战略战术的变化。书后附"讨论问题"。

**7740. 抗战建国第一年**　寸喁编著　七七书局　1938 年 8 月初版　重庆　3+230　32 开

本书分 12 个部分：军事、外交、财政、经济、教育、建设、文化、妇女、政治、国际、特载、史料。收录了 34 篇文章：《七七回忆录》（王冷斋）、《抗战一年来之军事》（陈诚）、《抗战一年来之外交》（王宠惠）、《抗战一年来之财政》（孔祥熙）、《抗战一周年大事纪》等。书前有卷首语。

**7741. 抗战建国纪念日**　民团周刊社编　编者刊　1938 年 6 月初版　广西　44　32 开　丙种丛刊第七种　纪念丛刊第一辑之七

本书分 3 个部分：纪念七七的意义、纪念日的仪式、中国国民党临时代表全国大会宣言和抗战建国纲领。

**7742. 抗战一年**（抗战周年纪念特辑）　军事委员会编　编者刊　［157］　16 开　有照片、有插图、有图表

本书分照片、文字、地图、附录 4 部分，辑录抗战一年来中国政治、军事、经济、艺术等各方面相关资料。

**7743. 抗战一周年**　浙江省抗日自卫委员会战时教育文化事业委员会征编组编辑　浙江省抗日自卫委员会战时教育文化事业委员会　1938 年 10 月再版　4 + 340　32 开　有照片　抗战建国丛书　第5 种

本书收录 32 篇文章：《抗战建国周年纪念告全国军民》（蒋介石）、《抗战建国周年纪念中国国民党告同志书》、《抗战建国周年纪念日的感想》（汪精卫）、《愈战愈强的必要条件》（周佛海）、《抗战周年的回顾与前瞻》（李宗仁）、《敌人怎样能屈服我们》（张治中）等。书前有《前言（再版代序）》。再版增补《抗战一年之前因后果》（蒋百里）、《抗战一周年的观察》（胡适）、《抗战以来的交通》（张公权）三篇。

**7744. 抗战一周年**　教育部民众读物编审委员会编著　正中书局　1938 年 12 月初版　重庆　1 + 4364 开　非常时期民众丛书　第 5 集第 1 册

本书分 7 个部分：引言、一年来的军事、一年来的政治、一年来的经济、一年来的教育、一年来的民众动员、总结。

**7745. 抗战一周年**　韬奋等著，全民抗战社编　生活书店　1938 年 7 月　汉口　113　32 开

本书为《全民抗战三日刊》创刊号特辑。辑有：《抗战一周年》（韬奋）、《怎样认识这一年的战争》（方直）、《我们的政治是在改进中》（张仲实）、《一年来抗战军事的教训》（金仲华）、《抗战一年来的国际形势》（张铁生）、《一年来的远东局势》（杜若君）、《一年来的外交》（胡愈之）、《抗战第二年的民运工作该怎么做》（钱俊瑞）、《一年来的文化工作》（柳湜）、《一年来中国教育之特质及其前途》（白桃）、《从敌人的收获谈到我们自己的收获》（王纪元）12 篇文章。书前有编者的导言。

**7746. 抗战一周年**　蒋卉辑　民团周刊社　1938 年 8 月初版　广西　56　32 开　丙种丛刊第三种焦土丛刊第四辑之九

本书收录 6 篇文章：《中国国民党七七抗战建国周年纪念告国民书》、《中国国民党七七抗战建国周年纪念告本党同志书》、《纪念七七要坚定抗战必胜建国必成的信念》（林森）、《抗战周年纪念日告全国军民》（蒋中正）、《抗战周年的回顾与前瞻》（李宗仁）、《卢沟桥事变回忆录》（王冷斋）。

**7747. 卢沟桥**　朱国定编著　正中书局　1938 年 4 月初版　3 + 31　64 开　有照片、有图表　抗战常识讲话　抗敌事迹

本书分5个部分：卢沟桥事变的起因、卢沟桥的地位与日军的企图、卢沟桥事变的爆发、上了和平谈判的当、日军大举进犯与卢沟桥的失陷。卷首有抗战常识讲话的总说明。

**7748. 卢沟桥大事件（日本对华的新进攻）** 江毓麟编 时事新闻刊行社 1937年7月再版 4 + 34 32开 有插图 时事新闻刊行社时事小册子 第7册 张师石主编

分10章：抗日战争爆发前的华北、事变的经纬、和平谈判的经过、我国政府的抗议、日军大动员等。书前有代序《救亡的吼声》。

**7749. 卢沟桥事变回忆录（上集）** 王冷斋原著，区锦汉画 火柴头出版社 ［贵州］ 28 19cm × 21cm 有插图 火柴头漫画丛书之二 抗战历史漫画

以漫画形式再现了卢沟桥事变情景。

**7750. 卢沟桥血战纪录** 东北图存出版社 1937年8月初版 4 + 116 32开

分5部分：卢沟桥之地势、卢沟桥事件怎样发生、全国人民的呼声、从战地上来的通讯。附录收《卢沟桥事变蒋委员长发重要意见》、《冯玉祥发表意见》。

**7751. 中国共产党为日军进攻芦沟桥通电** 中国共产党中央委员会著 编者刊 1937年7月 1张 21.8cm × 18.3cm

复制本。

**7752. 藏本失踪事件之始末** 日本评论社编辑 编者刊 1934年7月 南京 2 + 47 32开 日本研究会小丛书 第61种

本书分26个部分：事件之发生、谣言种种、日使署之声明、广田处置训令、日侨决议全体归国、日本正式向我申谢、藏本返日、中国报纸之论调等。

**7753. 上海不宣之战** （美）勃鲁司著 英文大美晚报 1937年 上海 78 大16开 有照片

本书收录1937年中日战事相关报道及照片。书前有著者自序，出版时间据自序推断。

**7754. 上海抗战全史（第二编）** 憾庐编辑 1937年11月初版 1 + 351 32开 有插图、有图表

本书分7章：沿江沿浦之消耗战、第一道防线之防御战、空军战绩与敌机肆暴录、战时外交与国际关系、关于国际联盟方面、世界舆论与沪报评论、特写（15篇）。书前弁言。

**7755. 抗战一周年** 浙江省抗日自卫委员会战时教育文化事业委员会征编组编辑 浙江省抗日自卫委员会战时教育文化事业委员会 1938年8月初版 4 + 278 32开 抗战建国丛书 第5种

本书收录29篇文章：《抗战建国周年纪念告全国军民》（蒋介石）、《抗战建国周年纪念中国国民党告同志书》、《抗战建国周年纪念日的感想》（汪精卫）、《愈战愈强的必要条件》（周佛海）、《抗战周年的回顾与前瞻》（李宗仁）、《敌人怎样能屈服我们》（张治中）等。

**7756. 继续奋斗** 绳武编 抗战出版社 1938年4月 2 + 110 32开

本书分两部分：第1部分过去抗战的形势检讨，包括《半年来抗战形势及今后任务》（陈绍禹）、《中国抗战的第一个半年》（Hurders，Liang）、《五月来抗战的收获教训及今后前途展望》（博古）、《我们已得到初步胜利》（甘乃光）4篇文章；第2部分目前形势与继续奋斗到底，收《继续奋斗》（蒋介石）、《抗战必胜——只要有奋斗到底的决心》（蒋介石）、《论抗战前途》（毛泽东）等文章13篇。附录收《临全代会宣言》、《中国国民党抗战建国纲领》。

**7757. 第二期抗战** 甘介侯、陈独秀、童蒙圣、萧作霖、罗香林、陈廉贞、周天僇、方秋苇执笔 独立出版社 1938年4月初版，1938年8月再版 汉口 12 + 66 32开 战时综合丛书

本书分9章：重新估计我们抗战的力量、抗战军事的两个阶段、从第一到第二阶段的抗战形势、从国际形势观察中国抗战前途、抗战新形势与我们当前的任务、第二期抗战的中心工作、敌人的第二期侵华战略、即刻全面反攻、第二期抗战的决战时期与争取胜利。书前有《战时综合丛书》例言、《写在前面：第二期战势综述》。附讨论大纲。

**7758. 抗战二年**（抗战二周年纪念特辑）　1939年7月　260　16开　有照片、有插图、有图表

本书分照片、文字、图表、附录4部分，记录抗战两年来之经济、军事、外交、内政、教育等各方面情况。

**7759. 抗战建国二周年纪念册**　［中国国民党中央执行委员会宣传部编］　［编者刊］　1938年7月　2＋246　32开

本书收22篇文章：《抗战第二周年纪念日告全国军民书》（蒋介石）、《抗战与行政》（孔祥熙）、《抗战与司法》（居正）、《抗战二年来之军事》（何应钦）、《抗战二年来之外交》（王宠惠）、《用行动来纪念抗战建国二周年》（潘公展）等。附录为《抗战二年来大事纪要》。

**7760. 抗战建国两周年**　第四战区司令长官司令部政治部　1939年7月　14　64开

**7761. 抗战建国周年纪念册**　福建省抗敌后援会宣传部编辑　编者刊　1938年9月　4＋296　32开　有照片、有插图、有题词、有图表

本书收41篇文章：《中国国民党为七七纪念告国民及同志书》、《要坚定抗战必胜建国必成的信念》（林森）、《告全国军民》（蒋中正）、《告世界友邦》（蒋中正）、《继续牺牲加紧生产》（汪兆铭）、《向着最后胜利的目标前进》（冯玉祥）、《抗战一年来之军事》（陈诚）、《海内外同胞热烈纪念》（记者）等。附录收《中国国民党临时全国代表大会宣言及抗战建国纲领》、《国民参政会宣传》、《蒋委员长电慰阵亡将士家属文》3篇文章。

**7762. 抗战两周年**　蒋介石等著，刘雯编　战时出版社　1939年8月再版　重庆　6＋302　32开

本书分5个部分：领袖书告、论著、通电、讲演、附录。书前有编例。

**7763. 扫荡报抗战二周年纪念特辑**　扫荡报社编辑　编者刊　1939年7月　重庆　2＋118　16开　有照片

内收《抗战二周年纪念日告全国军民书》、《抗战二周年纪念日战地民众》、《抗战第二周年纪念日告友邦书》（蒋介石）、《抗战二年证明我国必能得到最后胜利》（冯玉祥）、《中国战时财政与友邦在华之利益》（孔祥熙）、《抗战两年来之军事》（陈诚）、《不降必胜论》（王芃生）、《日本必败》（罗任一）等37篇文章。有前言。

**7764. 战斗的两年**　美商现代中国周刊社编　编者刊　1939年11月初版　上海　2＋126　32开　现代中国丛书

本书收录13篇文章：《抗战胜利之必然性与我今后应有之努力》（顾祝同）、《两年来之抗战形势》（韩德勤）、《胜利的两年》（冷欣）、《论战之胜败》（王正廷）、《世界新秩序的建设》（郭沫若）、《日本政略之总检讨》（邵毓麟）、《两年来的中国政治》（周绍成）、《两年来军事形势的发展》（卢豫东）、《两年来的中国经济》（魏友棐）、《两年来的中国外交》（储玉坤）、《两年来的国际形势》（李俊龙）、《两年来太平洋上列强的斗争》（王纪元）、《两年来的新闻事业》（长江）。

**7765. 争取第二期抗战的完全胜利**　赵康著　中苏文化杂志社　1938年5月初版　汉口　3＋85　32开　中苏文化杂志社丛书　袁孟超主编

本书分6章：走向胜利之途的第二期抗战、日寇在第二期作战中所增长的困难、台儿庄争夺战

的经验与教训、敌人占领区域内之抗日反汉奸的斗争、风起云涌的游击战、彻底粉碎敌人的第二期作战计划。

**7766. 一九三八年之中国** 吴召宣编 浙江省抗日自卫委员会战时教育文化事业委员会书刊发行部 1939年5月初版 浙江 6+294 32开

本书分全国、本省部两大部分，其中全国部分收录14篇文章：《一年来抗战军事的回顾》（易卓）、《一年来之立法工作》（孙科）、《一年来之行政》（孔祥熙）、《一年来之经济建设》（翁文灏）、《抗战以来教育之概观》（茹春浦）等，另附录收6篇文章；本省部分收录11篇文章：《一年来的浙西游击战》（薛裕生）、《浙江一年来之民政》（黄人望）、《一年来浙江省财政金融之状况》（徐恩培）等。

**7767. 蒋委员长对于第二期抗战之指示** 蒋介石著，国民政府军事委员会政治部编印 编者刊 1938年 2+142+12 32开

本书分6个部分：第二期抗战开端告全国国民书、南岳军事会议开幕训词、南岳军事会议训词（一）、南岳军事会议训词（二）、南岳军事会议训词（三）、为痛斥近卫狂妄声明训词。附录收《委员长手订抗战四要实施纲领》和《委员长手谕第二期抗战之要旨》。

**7768. 六个月来的抗战** 虞念薆编 全民出版社 1938年2月初版 汉口 122 32开 有插图

分7部分：战幕揭开、东战场、北战场与西战场、东战场与北战场的会合、西北战场论、华北战场论、论日寇军事的动向和范围。收各地区战况形势图12幅。

**7769. 第三年度抗战形势** 福建省军管区国民军训处第四科编辑 福建省军管区国民军训处秘书室 1939年8月 4+438 32开 军训丛书之十四

本书收29篇文章：《第三年度抗战形势》（蒋介石）、《抗战两年的回顾与前瞻》（白崇禧）、《祝抗战第三年的第一天》（吴稚晖）、《两年来的政治》（军委会政治部）、《抗战两年来的经济》（翁文灏）、《两年来的经济建设》（军委会政治部）、《日本民众反战运动现状》（李万居）、《加速日本帝国的崩溃》（黄文山）等。

**7770. 光辉胜利的三年** 前线日报社 1940年10月初版 江西 3+268 16开 有照片、有插图、有题词、有图表

本书收45篇文章：《告全国军民书》（蒋介石）、《三年来抗战经过》（何应钦）、《抗战来之财政与金融》（孔祥熙）、《东南文化与抗战前途》（李寿雍）、《抗战三年来的皖南》（黄绍耿）、《三年来的文化战》（郭沫若）、《东战场过去现在与未来》（易金）、《三年来敌对华认识之演变》（秋枫）等。卷首有编者所作前记。封面题名为"胜利的三年"。

**7771. 光辉胜利的三年** 第三战区司令长官司令部政治部 1940年10月初版 3+268 16开 有照片、有插图、有图表

本书收47篇文章：《告全国军民书》（蒋介石）、《三年来之抗战经过》（何应钦）、《抗战三年来之财政与金融》（孔祥熙）、《三年来司法概况》（居正）、《七七三周年纪念告本战区军民同胞》（顾祝同）、《三年来的文化战》（郭沫若）、《空军奋战的第三年》（丁布夫）、《三年来抗战政治的总分析》（蔡之华）、《中国战时财政的回顾与前瞻》（吴兆莘）等。封面题名为"胜利的三年"。

**7772. 抗建三年（中等学校补充教材 公民科之二）** 福建省政府教育厅 1940年11月初版 福建 4+186 32开

本书分20个部分：抗战建国三周年纪念、抗战三周年告全党同志、抗战三周年告友邦书、迎

接胜利的第四年、三年来司法概述、抗战三年来的我国政治、抗战三年来财政与金融、抗战三年之中国空军、抗战后之教育等。卷首有《编辑大意》及《编者谨识》。

**7773. 抗战第三年**　陈孝威编辑及提要　香港天文台半周评论社　1939 年 7 月初版　香港　12 +
343　32 开

　　本书收 46 篇文章：《抗战二周年之感想》（林森）、《告日本民众书》（蒋介石）、《长期抗战与生产建设》（孔祥熙）、《抗战与立法》（孙科）、《抗战二年来之教育》（陈立夫）、《抗战进入第三年以后》（邵力子）、《中英人民站在一条线上》（毛泽东）、《两年来中日货币战》（马寅初）等。书前有张一麐所作序以及自序与弁言。书后附《陈孝威将军提要抗战两年大事纪要》、《抗战必胜建国必成之真理》等 3 篇文章。

**7774. 抗战第三年**　陈孝威编辑及提要　香港天文台半周评论社　1939 年 11 月再版　香港　13 +
374　32 开

　　本书收 46 篇文章：《抗战二周年之感想》（林森）、《告日本民众书》（蒋介石）、《长期抗战与生产建设》（孔祥熙）、《抗战与立法》（孙科）、《抗战二年来之教育》（陈立夫）、《抗战进入第三年以后》（邵力子）、《中英人民站在一条线上》（毛泽东）、《两年来中日货币战》（马寅初）等。书前有张一麐所作序以及自序与弁言。书后附《陈孝威将军提要抗战两年大事纪要》、《抗战必胜建国必成之真理》等 3 篇文章。再版增补两篇：《抗战必胜建国必成之真理》（李宗仁）、《笃信主义与严防贪污》（李宗仁）。封面有题赠。

**7775. 抗战三年**　军事委员会政治部编　编者刊　［418］　16 开　有照片、有插图、有图表

　　本书分图照、论文、统计 3 部分，介绍抗战三年来全国政治、经济、社会、文化等各方面情况。附录收《抗战大事记》、《抗战建国三周年纪念宣传大纲》。

**7776. 抗战三年**　1 + 20　64 开

　　本书分 5 个部分：长期抗战、敌越战越弱我越战越强、抗战三年的经验与教训、今后抗战任务、抗战到底争取最后胜利。

**7777. 抗战三年要览**　中央执行委员会宣传部编　编者刊　1940 年　2 + 206　16 开　有照片、有题词、有图表

　　本书收录 23 篇文章：《告全国军民书》（蒋介石）、《告友邦书》（蒋介石）、《三年来之抗战经过》（何应钦）、《三年来之军训》（白崇禧）、《三年来之中国空军》（周至柔）、《三年来之敌后工作》（李济深）等。附录收《敌情综览》、《三年来大事日志》。

**7778. 抗战三周年**　滇黔绥靖公署政治训练处特别党部　1 + 62　32 开　有图表

　　本书收 7 篇文章：《三年》（裴存藩）、《抗战三年来我敌形势的对比》（青田）、《三年来国内政治检讨》（丹枫）、《三年来中国经济的回顾》（李德）、《三年来敌国经济的穷途》（汪耀三）、《汪干行》（马子华）、《抗战建国三周年纪念宣传大纲》。封底有云龙所写《慰劳前线战士》一文。

**7779. 抗战三周年**　国民出版社编　编者刊　1940 年 8 月初版　金华　6 + 118　32 开　国民知识丛书　第 3 辑

　　本书收 18 篇文章：《蒋委员长告全国军民书》、《蒋总裁告全党同志书》、《七七三周年纪念与我们应有的努力》（孙科）、《庆幸中应有的警惕》（冯玉祥）、《空军奋战的第三年》（丁布夫）、《海军抗战三周年》（陈绍宽）、《抗战三周年的清算》（《扫荡报》）等。卷首有于右任所写代序《迎接抗战胜利的第四年》。

**7780. 抗战三周年** 浙江省动员委员会战时教育文化事业委员会编 编者刊 1940年9月初版 4 + 218 32开

本书收22篇文章：《三年来抗战经过》（何应钦）、《抗战三年之中国空军》（周至柔）、《抗战三年来之经济建设》（翁文灏）、《三年来的日本政治与外交》（刘思慕）、《抗战三年之演进与最后胜利之争取》（吴石）等。有前言。

**7781. 抗战形势论** 张友渔著 民族革命出版社 1940年1月初版 4 + 90 32开 战地文化丛书之七 梦迥主编

本书收录9篇文章：《关于保卫西北》、《目前的抗战形式与我们的态度》、《抗战一年》、《纪念"八·一三"必须巩固抗日民族统一战线》、《纪念九一八要争取抗战最后胜利》、《武汉放弃后的抗战形势》、《以坚持华北游击战纪念"抗战"一周年》、《冀南敌人的"扫荡"和我们的"反扫荡"》、《所谓苏日互不侵犯协定》。书前有卷头言，书后有正误表。

**7782. 扫荡报抗战三周年纪念特辑** 扫荡报社编辑 编者刊 1940年7月 重庆 2 + 114 16开 有照片

内收《抗战三周年纪念日告全国军民书》、《抗战三周年纪念日告全党同志书》、《抗战第三周年纪念日告友邦人士书》（蒋介石）、《庆幸中应有的警惕》（冯玉祥）、《抗战三年来之财政与金融》（孔祥熙）、《从各战区的观感证明抗战必胜的前途》（陈诚）、《抗战与建国》（陈继承）、《论经济建设》（方显廷）等33篇文章。

**7783. 抗战三年**（香港国民日报创刊一周年纪念册） 国民日报社编 编者刊 1940年7月 100 16开 有插图、有题词

本书收文章14篇：《抗战三周年告全国军民书》（蒋介石）、《告友邦书》（蒋介石）、《告本党同志书》（蒋介石）、《抗战三年间之政治建设》（张群）、《三年来之国际形势与我国外交》（王宠惠）、《抗战三周年大事记》（编辑部）等。

**7784. 第四年抗战经过** 何应钦著 国民出版社 1941年8月初版 金华 6 + 46 32开

本书分3章，包括：绪言、作战经过、结论。附录为《四年来的抗战军事》。

**7785. 抗战第四周年纪念手册** 中国国民党中央执行委员会宣传部编 编者刊 1941年7月 2 + 150 32开 有图表

本书分18部分：中国国民党抗战建国纲领、中国国民党党员守则、战时三年建设计划大纲、优待出征军人家属办法、抗战四年来大事日志、非常时期救济难民办法大纲、节约运动大纲等。

**7786. 抗战四年** 军事委员会政治部编 编者刊 1941年8月 ［554］ 16开 有照片、有插图、有题词、有图表

本书分11个部分：委座训示、军事政治、内政外交、经济建设、教育文化、国际社会、政工宣传、战地敌情、青年妇女、戏剧美术、文艺音乐。附录收《抗战四年来国内外大事日志》、《纪念七七四周年宣传大纲》、《抗战以来敌军使用兵力调查表》等11幅统计调查表。有编后记。

**7787. 胜利的四年**（*The Glorious Four Years*） 战地图书出版社编辑 编者刊 1941年9月 上饶 2 + 140 32开

内收《"七七"四周年告全国军民书》（蒋介石）、《"七七"抗战与撤废领事裁判权》（居正）、《抗战四年》（李济琛）、《我们不放松日寇》（冯玉祥）、《发扬战斗精神》（邓文仪）、《抗战以来内政之进展》（周钟岳）等21篇文章。

**7788. 四年来敌我情势之比较**　中国国民党中央执行委员会宣传部编　编者刊　1941 年 7 月　6 + 44　32 开　抗战第四周年纪念小丛书

全书从军事、政治、外交和经济 4 个方面对抗战 4 年来的敌我形势进行了比较和分析。

**7789. 一年来之军事政治与外交**　军事委员会政治部编　编者刊　1941 年 2 月　2 + 58　32 开　宣传资料第 1 辑

收录《一年来施政经过》（孔祥熙）、《一年来之作战经过》（军委会）、《内政工作之回顾与瞻望》（周钟岳）、《最近之外交形势》（王宠惠）、《一年来之交通》、《二十九年大事日记》。

**7790. 一九四一年的世界与中国**　陈联新著　新建设出版社　1942 年 3 月　曲江　4 + 85　32 开　Ⅶ时事小丛书之四　第七战区司令长官司令部编纂委员会编

本书分 19 个部分，记录 1941 年 1 月 1 日至 12 月 20 日间中国与世界的军政大事。

**7791. 抗战第五周年纪念册**　中国国民党中央执行委员会宣传部编　编者刊　1942 年 7 月　4 + 400　32 开　有图表

包括 3 部分：抗战重要文献选辑、抗战英雄题名录、抗战五年来大事日志。有前言。

**7792. 抗战五年**　军事委员会政治部编　编者刊　1941 年 11 月、1942 年 10 月　4 + 188　16 开　有照片、有插图、有题词、有图表

本书分 10 部分：综论、党务团务、军事、内政、国际外交、经济建设、教育文化、社会、敌情、文学艺术。附录收《抗战第五年国内外大事记》。

**7793. 抗战五周年中外纪念文献选辑**（*China's Fifth War Anniversrary*）　中国国民党中央执行委员会宣传部编　编者刊　1942 年 7 月　149　16 开

本书收录了抗日战争五周年之际中国政府发表的纪念文告及外国政府、团体、个人的函电、演说等文告。全书分 4 部分：中国政府方面文告、中外政府当局及社会人士来往函电、各国政府及社会人士演说词、中外各报舆论选录。中英文对译本。

**7794. 三十年度抗战建国工作实绩**　中国国民党中央执行委员会宣传部编　编者刊　1942 年 7 月　2 + 56　32 开

本书分 3 部分：国军第五年作战经过概要、民国三十年度党政工作实绩、政府设施。

**7795. 抗战第六周年纪念册**　中国国民党中央执行委员会宣传部编　编者刊　1943 年 7 月　4 + 439　32 开　有图表

包括 3 部分：抗战六年来重要文献选辑、三十一年度党政事业成绩、抗战六年来大事日志。有序言。

**7796. 七七抗战六周年纪念中外文献汇编**　彭文凯编　国民图书出版社　1943 年 12 月初版　重庆　1 + 189　32 开

本书分 5 章：中国政府方面文告、盟邦领袖及社会人士文告、重庆各国使馆及外侨之文告、盟邦政府及社会人士演说词、中外各报舆论选录。

**7797. 抗战第七周年纪念册**　国民党中央执行委员会宣传部编　国民图书出版社　1944 年 7 月　重庆　2 + 210　32 开

本书分 3 部分：前言、抗战重要文献选辑（自 1943 年 6 月至 1944 年 5 月底止）、抗战大事日志（自 1943 年 6 月至 1944 年 5 月底止）。

**7798.** 抗战第八周年纪念册　中国国民党中央执行委员会宣传部编　国民图书出版社　1945年7月　4+250　32开

本书包括4部分：第1部分为蒋介石1944-1945年抗战重要言论；第2部分为六全大会报告和决议；第3部分为杜鲁门、宋子文演讲词，以及《中阿友好条约》、苏联宣告废弃《苏日中立条约》等；第4部分为国府公布《保障人民身体自由办法》和国府公布《修正律师法》。

## 抗战胜利与接收复员

**7799.** 庆祝国民政府还都纪念册　1946年　31　16开　有照片

内收《国府凯旋献辞》、《抗战八年史》、《蒋主席生活素描》、《南京蒙耻记》、《抗战首都的重庆》（承纪云）等。

**7800. 中国的胜利**　蒋介石著　光复出版社　1945年9月　[南京]　74　32开

收录蒋介石在各种会议上的讲话4篇：《中国的胜利》、《建设现代国家》、《完成民族主义维护国际和平》、《复兴民族》。其中第一篇为蒋介石于日本宣布无条件投降后，8月15日晨，对全国军民及世界人士的广播演词。第二篇为蒋介石在9月3日庆祝抗战胜利典礼时的演说。

**7801. 第六战区受降纪实**　1946年2月　[130]　16开　精装　有照片、有插图、有图表

本书分9个部分：序、纪实绪言、受降经过、接收事项、俘虏管理、伪军整理、肃清奸徒、其他、编后赘言。

**7802. 第三方面军司令部受降工作报告书**　1945年12月　3+68　16开　有图表

本书分21个部分：概述、设立前进指挥部、召见日方代表、接收飞机场、召见松井太久郎、组设受降事务办公处、解除日军武装、组织接收日军军品委员会、武器及军品之接收、饬日方司令部改为善后联络部、成立上海日侨管理处等。

**7803. 第一战区受降纪实**　2+84　16开　有照片、有图表

本书分7个部分：受降经过、接收经过、党政工作之开展及联系、战俘管理、受降接收事务工作概况、伪军整理情形概要、汉奸罪行性质调查统计。书前有《受降前敌我态势图》。

**7804. 广东受降纪述**　军事委员会委员长广州行营参谋处编　编者刊　1946年6月初版　21+137　16开　有照片、有插图、有图表

该书记述了日军广东受降经过。本书分7章：受降前我军反攻形势、受降实施、解除日军武装、接收日军（侨）之军品物资、处理日本官兵、奸伪之处置、处置战争罪犯。

**7805. 还我河山**　傅学仁编著　光复出版社　1945年10月初版　2+69　32开

本书分4章：历史性的两个宣言、中日战略的检讨、日本投降经过、中国光复河山。

**7806. 侵略者的末路（轴心阵营总崩溃）**　上海前进书店编　编者刊　1945年　上海　32　32开

本书分17章：日本投降的经过、停止日方的战斗通告、八月八日日政府致中美英苏通告文、美代表对日政府通告要点、日本投降的根据、日本投降以前的详细经过、日本降书签字时的详情、日投降书之八项要点、日本战败的原因、庆祝胜利日重庆市的盛况等。书前有《日本天皇对其全国官民颁发之大诏》。

**7807. 日本帝国的毁灭**　江肇基编　昆明扫荡报营业部　1945年9月18日初版　昆明　12+76　32开　有题词

本书一名《纪日本投降始末》，分4篇：日本为什么投降、日本乞降经过、盟国受降情形、附

录。附末有《作战以来日本陆、海、空军之损耗及现有数》、《日本投降时在中国战区的兵力设备》等 4 项。书前有于右任作《胜利曲》、杜聿明、李诚毅作序言及编者自白。书后有跋，附《日本侵华年表》。

**7808. 日本是怎样投降的?**　朱培璜著　侨声书店　1945 年 8 月 12 日初版　23 + 1　32 开

本书收《中美英三国菠茨坦宣言》、《使用原子弹——杜总统招降广播》、《原子弹的威力》、《苏联对日宣战全文》、《日本乞降照会》、《四强接受投降复文》、《日本酝酿投降经过》（谢南光）、《陪都盛况记略》、《四周政府正式公布日本接受无条件投降》。

**7809. 日本是怎样投降的?**　朱培璜著　侨声书店　1945 年 8 月 15 日初版　23 + 1　32 开

本书收《中美英三国菠茨坦宣言》、《使用原子弹——杜总统招降广播》、《原子弹的威力》、《苏联对日宣战全文》、《日本乞降照会》、《四强接受投降复文》、《日本酝酿投降经过》（谢南光）、《陪都盛况记略》、《四周政府正式公布日本接受无条件投降》、《接受盟国招降日皇向全国广播》、《日本陆相阿南切腹自杀》。

**7810. 日本投降的经过**　黄文英编著，杨竞华校订　中国复兴文化社　1945 年 10 月初版　12 + 172　32 开

本书分 7 个部分：绪论、日本的命运与屈膝投降、麦帅辖区受降、中国战区受降、东南亚战区受降、苏军之受降、结论。书前有序。有题赠。

**7811. 日本投降记**　胡芦、姚骏编　中国文化供应社　1945 年 10 月上海再版，1946 年 9 月上海 3 版　上海　2 + 100　32 开

本书分 20 章：蒋主席伟大、德国战败以后、日本在围攻中、超级空中堡垒的威力、海尔赛的第三舰队、所谓“神风队”、宋子文防苏、波茨坦会议、三强对日联合公告、东京的最后挣扎等。

**7812. 苏联对日宣战红军攻入伪满日本宣布无条件投降**　大众日报社编　编者刊　1945 年 8 月 11 日　14 开

朱色铅印《大众日报》号外。

**7813. 中国胜利与日本投降**　读者之友社编　编者刊　1945 年 9 月初版　重庆　6 + 107　32 开　有插图　读者之友社时代丛刊之三

本书分 12 章：“序言”、“八年一个月零十天”、“四千浬海洋的正义之剑”、“投降呢？还是毁灭？”、“盟国受降记”、“幸运的马尼剌”、“冈村宁次不再唱高调了!”、“全世界的欢情”、“蒋主席勖勉全国军民”、“六十三年血账一笔讨还!”、“侵略者的下场”、“胜利终属于我”。书前有前言。

**7814. 中国战区中国陆军总司令部处理日本投降文件汇编（上卷）**　中国陆军总司令部编　编者刊　1945 年 10 月　10 + 144　32 开　有照片、有图表

分 8 节：日本投降经过概述、日本投降签字前委员长下达有关之重要命令、日本投降签字前本部对所属各部队下达有关之重要命令、本部致驻华日军最高指挥官冈村宁次之备忘录、驻华日军最高指挥官冈村宁次对于本部备忘录之覆文、日本投降书、下达冈村宁次将军之命令、附录。书前有何应钦所作序言。

**7815. 中国战区中国陆军总司令部处理日本投降文件汇编（下卷）**　中国陆军总司令部编　编者刊　1945 年 10 月　34 + 338　32 开　有照片、有图表

分 6 节：下达冈村宁次将军之命令及训令、党政接收计划委员会组织规程、法令之宣布、肃奸之进行、敌伪及鲜台人之处理、对日俘侨及韩台人遣送回国有关各项规定。

**7816. 中国战区中国陆军总司令部受降报告书** 中国陆军总司令部编 编者刊 1946 年 5 月 [150] 32 开 有图表

本书分 14 章：受降经过概述、受降准备、受降实施经过、人马、交通补给及械弹器材部分、炮兵部分、工兵部分、通信部分、经理部分、卫生部分、军法部分、党政及各部门事业之接收、政治部分、外事部分。书前有编辑大意及绪言。

**7817. 东山县抗战胜利各界庆祝周年纪念** 东山县各界庆祝本县抗战胜利周年纪念筹备委员会编 编者刊 1941 年 2 月 2 + 48 16 开

本书收文章 59 篇：《东山抗战胜利周年感言——代发刊词》（楼胜利）、《踏着先烈的血迹完成历史的伟业》（陈肇英）、《东山克复周年纪念感言》（曹挺光）、《东山县三度抗战胜利周年纪念》（郑贞文）、《东山克复周年纪念》（严家淦）等。

**7818. 东北复员计划** 1945 年 8 月 2 + 83 [环筒叶] 16 开 油印 有图表

本书共 11 章：内政、财政、金融、工矿商业、教育文化、交通、农业、社会、土地等。

**7819. 东北工矿业之复员计划纲要** 42 [环筒叶] 16 开 油印 有图表

本书分 6 个部分：绪言、东北工业现况、东北矿业现况、接管东北工矿业之原则、今后东北工矿业经营之方式、结论。

**7820. 复员法规辑要** 中国国民党中央执行委员会宣传部编 国民图书出版社 1946 年 4 月 重庆 8 + 192 32 开

内收一般复员法规、有关内政、外交、司法、财政、金融、经济、军事、交通、教育文化、农林畜牧等 10 方面复员法规。另收《我国与联合国善后救济总署签订救济基本协定全文》、《战士授田案》等 6 件附录。

**7821. 复员计划纲要** 3 + 23 [环筒叶] 32 开 油印

本书分 16 个部分：内政、外交、军事、财政、金融、工矿商业、教育文化、交通、农业、社会、粮食、司法、侨务、水利、卫生、土地。卷首有说明。

**7822. 关于处理敌国人民与敌产之条例及法令** 1942 年 2 + 36 32 开 有图表

收录关于处理敌国人民与敌产之条例及法令 10 项。包括：《敌国人民处理条例》、《敌产处理条例》、《敌国人民检查办法》、《敌国人民收容所管理章程》、《敌国国籍教士集中及保护监视办法》、《敌国人民移居办法》、《敌产登记办法》、《敌产管理办法》等。

**7823. 国立北平研究院抗战及复员期间工作概况**（1937 年 - 1947 年） 国立北平研究院总办事处编 编者刊 1947 年 北平 52 16 开

主要介绍抗战及复员期间（1937 年 - 1947 年）国立北平研究院总办事处的工作情况。

**7824. 沦陷区收复后之重要问题暨其解决办法** 国民政府军事委员会委员长侍从室第三处编 编者刊 1943 年 8 + 210 32 开 有插图、有图表 中央训练团党政训练班讲毕业学员研究丛书 第 1 种

本书共 5 部分：治安问题、救济问题、经济问题、文化问题、其他问题。附录收《吴雪俦研究报告》、《重庆市第五八通讯小组研究报告》、《王如心研究报告》等 10 篇。书前有委座题词、陈果夫、吴铸人作序。

**7825. 南昌市经济复兴概况** 南昌市政府经济复兴委员会编 [编者刊] 1942 年 3 月 3 + 48

16 开　有图表

本书共 8 部分：绪言、财政、金融、货币、物资、物价、商业、结语。书前有题词。

**7826.** 南京市收复初期工作计划草案　88 ［环筒叶］　25.8cm×18cm　油印、线装　有图表

本书共 3 部分：说明、总纲、计划项目。

**7827.** 人力复员问题　任扶善译述　正中书局　1945 年 10 月初版　重庆　7 + 58　32 开　有图表
社会行政丛书　民众组训类　社会部研究室主编

本书分 3 部分：导言、战争期间发生的变迁、各种变迁对于战后就业计划的意义。书前有社会行政丛书例言、原序和译序。

**7828.** 上海区处理敌伪产业审议委员会、上海区敌伪产业处理局章则汇编（第一辑）　上海区敌伪产业处理局秘书处编　编者刊　1945 年 12 月　6 + 70　32 开

本书分 11 个部分：组织规程、一般处理类、工商企业类、仓库码头类、交通工具类、房屋地产类、易坏品及日用品类、密报案件类、清算类、德义台韩类、其他类。附录收《行政院关于处理敌伪产业之补充指示》、《上海区敌伪产业处理局各项公告》、《惩治汉奸条例》等 4 篇文章。

**7829.** 收复沦陷地区政治设施之准备案意见　63 ［环筒叶］　16 开　油印

本书收录财政部、卫生署、外交部、军政部、水利委员会提交的《对于战后复员事项之准备案意见》，收录重庆、山东、贵州、热河、四川、绥远、湖北、察哈尔、江苏、河北、新疆、山西、广东、湖南、辽宁、河南、西康等省（市）政府提交的《对于战后复员准备事项案之意见》，另外收录西康省政府主席刘文辉的《关于收复地区善后办法之意见》。

**7830.** 收复区特种法令汇编　昌明书屋编　编者刊　1946 年 1 月上海第一版　上海　［131］　32 开

本书辑录日本投降之日至 1945 年底国民政府所颁行的关于收复区特种法令，共 10 章：政治、经济、财政、金融、教育、社会、农林、地政、内政和司法。有例言。

**7831.** 苏浙皖区处理敌伪产业审议委员会苏浙皖区敌伪产业处理局工作报告　苏浙皖区处理敌伪产业审议会苏浙皖区敌伪产业处理局　编者刊　1947 年 1 月　2 + 167　16 开　有图表

本书包括审议委员会概要、处理局组织、处理局人事、处理局经费、接收情形、运用情形、处理概况等 15 个部分。附录收《苏浙皖区处理敌伪产业审议委员会暨中央信托局苏浙皖区敌伪产业清理处三十六年一二月份工作概要》。

**7832.** 苏浙皖区处理敌伪产业审议委员会苏浙皖区敌伪产业处理局工作报告　苏浙皖区处理敌伪产业审议委员会苏浙皖区敌伪产业处理局　编者刊　1946 年 2 月　4 + 68　32 开

收录 1945 年 10 月至 1946 年 2 月该局工作报告，分 6 个部分：组织概要、处理步骤、处理情形、查缉工作、平价工作、价值估计。附件收《各种小组会名单》、《处理工厂名单》、《接收敌伪农林渔牧产业名单》、《接收敌伪教育文化机构名单》。

**7833.** 苏浙皖区处理敌伪产业审议委员会苏浙皖区敌伪产业处理局章则汇编（第二辑）　苏浙皖区敌伪产业处理局秘书处编　编者刊　1946 年 3 月　6 + 72　32 开

本书收录 1945 年 12 月 26 日至 1946 年 3 月 1 日期间颁布的相关规章，分 7 部分：清算类、密报案件类、日侨财产类、出口及托售物资类、平售物品类、其他类。附录收《苏浙皖区敌伪产业处理局各项公告》、《敌产处理条例》、《敌产处理条例施行细则》、《敌产登记办法》等 15 种规章。

**7834. 苏浙皖区处理敌伪产业审议委员会苏浙皖区敌伪产业处理局章则汇编（第四辑）** 苏浙皖区敌伪产业处理局秘书处编 编者刊 1946 年 12 月 6＋74 32 开

本书收录 1946 年 8 月 1 日至 12 月间颁布的相关规章，分 8 个部分：一般处理类、清算类、逆产类、工厂类、房地产类、德韩侨产类、其他类。附录收《收复区光复区合作组织整理办法》、《关于隐匿购买敌伪物资成立刑法上赃物罪之规定》、《过去外人在华地权清理办法原则》等 6 份文件。

**7835. 苏浙皖区处理敌伪产业审议委员会中央信托局苏浙皖区敌伪产业清理处章则汇编（第五辑）** 苏浙皖区处理敌伪产业审议委员会秘书处编 编者刊 1947 年 10 月 6＋88 32 开

本书包括 7 部分：组织规程类、一般规定类、房地产类、清算类、逆产类、德韩侨产业类、其他类。附录收《中央信托局武汉区敌伪产业清理处组织规程》等 7 部规程。

**7836. 台湾省接收委员会日产处理委员会结束总报告** 台湾省接收委员会日产处理委员会编辑 编者刊 1947 年 6 月 ［台湾］ 177 16 开 有照片、有图表

本书分 5 个部分：总论、组织概要、接收经过、处理情形、接收移交情形。附录收《本会历次委员会重要议决案及执行情形录》、《台湾省日产处理重要法令摘录》、《台湾省日产处理委员会暨重要职员录》。

**7837. 行政院河北平津区敌伪产业处理局章则汇编（第二辑）** 行政院河北平津区敌伪产业处理局秘书处编 编者刊 1946 年 10 月 河北 12＋164 32 开

内分组织规程、一般处理类、清算类、工商企业类、物资类、地产房屋类、德奥韩侨等财产类、其他类等 7 类处理章则。附录收《三十五年九月十二日本局天津办公处邀请地方法院、高一分院会谈记录》。补录收《修正河北平津区敌伪产业处理局委托中央信托局办理敌伪房产及土地暂行办法》。

**7838. 资源委员会石景山钢铁厂接收及第一期修理工作总报告** ［资源委员会］编 ［编者刊］ 1946 年 12 月 114 16 开 有插图、有图表

该书为资源委员会接收石景山钢铁厂一周年报告，介绍接收经过、该厂沿革、炼铁炼焦等各厂工作概要等。

**7839. 八年抗日战争中边区人民损失状况及救济工作上的两个重要文件** 中国解放区临时救济委员会晋冀鲁豫边区分会编 编者刊 1946 年 3 月 20 32 开

该书包括 4 个文献：《晋冀鲁豫边区八年抗日战争中人民遭受损失调查统计表》、《一个典型调查——冀鲁豫行政区一专区茌平县敌天灾损失统计》、《联合国救济总署及善后救济总署晋察绥分署与晋冀鲁豫边区政府关于救济工作的协议》、《联合国善后救济总署代表安定远、中国善后救济总署晋察绥分署代表张崇德与中国解放区临时救济委员会晋冀鲁豫边区分署圆桌会议记录》。

**7840. 福建省抗战损失调查团厦门等七市县抗战损失调查报告** 福建省政府 1945 年 12 月 福建 1＋22 32 开 有插图、有图表

本书共 4 部分：一般报告（附图 1）、调查经过及其结果（附录 4）、各地抗战损失数字提要（另见福建省沦陷区抗战损失调查类报）、调查感想与意见。

**7841. 抗战损失调查办法·抗战损失查报须知** 内政部抗战损失调查委员会编 编者刊 1945 年 9 月 重庆 36 32 开 有图表

内容包括抗战损失调查办法及抗战损失查报须知的具体说明。后附各种损失报告单、统计报表的式样。

**7842. 东北四省建设方案及纲领**（附说明书）　国立东北大学草拟　国立东北大学　1942 年 12 月　1 + 56　32 开

本书 7 部分，分别为：东北四省建设方案概略、东北四省收复前预备工作纲领、东北四省收复后整理工作纲领、东北四省建设计划纲领、拟订东北四省建设收复前预备工作纲领之说明、拟订东北四省收复后整理工作纲领之说明、拟订东北四省建设计划纲领之说明。

**7843. 国都问题讨论集**　张君俊等著　天织书店　1944 年 1 月初版　西安　1 + 82　32 开

本书收录 10 篇文章：《战后建都问题平议（代序）》（蒋啸青）、《陕西得失与民族复兴》（张君俊）、《论建都》（丘良任）、《战后首都问题》（张君俊）、《国都位置与地理中心》（陈尔寿）、《武汉与西安孰适于建都》（龚德柏）、《定都之我见》（柯璜）、《战后首都位置的检讨》（荣贞固）、《选都商兑》（谷春帆）、《战后建都问题》（傅孟真）。

**7844. 国民大会代表询问案之答复**　　〔82〕　16 开

本书包括交通部之答复、经济部之答复、资源委员会之答复、赔偿委员会之答复、善后事业委员会之答复、处理美国救济物资委员会之答复 6 个部分。

**7845. 建都问题论集**　独立出版社资料室编　独立出版社　1944 年 10 月初版　重庆　10 + 420　32 开　有图表

本书分 3 个部分：主张建都黄河流域各地之言论、主张建都长江流域各地之言论、主张建都松花江流域之言论。书前有编者序，书后附《历代建都议》一文。

**7846. 胜利与复兴**　大公报馆　1945 年 9 月　重庆　6 + 72　32 开　大公报小丛书　第 12 辑

本书收 5 篇文章：《论中国复兴》（卡尔·克罗）、《对于中国胜利展望的一些感想》（拉斯基）、《解答日本天皇制之谜》（拉铁摩尔）、《苏联复兴运动》（史特朗）、《德国潜力的估量》（贝雅士）。书前有前言。

**7847. 战后都市计划导论**　郑梁著　新建筑社　1942 年 10 月初版　重庆　43　32 开　新市政丛书之一

本书共分 3 章：辙近都市计划的二大主潮、论都市人口的集散、论战后都市计划。书后附录收《三十年来之中国市政工程》、《论陪都建设计划的二大要点》。

**7848. 战后首都之研究**　张君俊著　国都研究会　1944 年 1 月初版　8 + 248　32 开

本书分 14 章：导言、战后首都问题、陕西之军事价值、西安建都与民族复兴、西安建都与西北开发等。书前有葛君曼所作序言以及作者自序。附录收《陕西方舆纪要序》、《评〈对于建都西安的商榷〉》、《参考文献》。有题赠。

**7849. 战后应否迁都西安**（西北建设与民族改造）　张君俊著　西北建设促进会筹备会　1940 年　3 + 76　32 开

本书分 3 章：建都西安为民族复兴之关键、建设西北与民族改造、西安建都为中国富强之先决条件。书前有龚贤明序。封面有著者题赠。

**7850. 中国战后建都问题**　新中华杂志社编辑　中华书局　1944 年 12 月渝初版　重庆　80　32 开　有图表　新中华丛书

本书收 11 篇文章：《定都论》（金祖孟）、《国都论》（王维屏）、《让我们还都南京》（李旭旦）、《论战后新都》（章丹枫）、《建都私议》（金兆梓）等。书前有代序《建都问题综论》。

**7851. 中华民国国民政府联合国善后救济总署基本协定** 1946 年 2 月 ［22］ 32 开

中英对译本。

**7852. 揭举章正绥清查安徽伪合作社之非法行为并驳复其清查意见** 2 + 31 16 开 有图表

本书分 4 个部分：引言、揭举章正绥之非法行为、驳覆章正绥之清查意见、结语。

## 抗战时期各地概况

**7853. 抗战中的粤桂** 陈国柱编著 华南出版社 1938 年 3 月 汉口 2 + 41 32 开 华南丛书之一

本书分 8 个部分：抗战中的苍梧、飞机翼下的广州、广州现状、我们是铁的队伍、广西杂录、救亡运动在广西、梧州战时政训工作团、我们的军容。

**7854. 抗战中看河山** 杨钟健著 独立出版社 1944 年 8 月初版 重庆 10 + 222 32 开 地学丛书

本书分 7 个部分：再见吧北平、湖南七月记、云南初印、西南漫话、川陕旅话、陕南旅踪、新疆再游记。书前有序。

**7855. 沦陷了的几个城市** 萧然编 绍兴抗战建国社 1940 年 7 月初版 绍兴 2 + 54 32 开

共 10 篇。介绍沦陷后的南京、上海、杭州、北平、天津等地日寇法西斯黑暗统治，包括《黑暗的南京城》、《血泪话徐州》、《今日之北平》等。书前有序言。

**7856. 沦陷区敌我现势及其紧要对策** ［10］［环筒叶］ 16 开 油印 有图表

本书共两部分：沦陷区敌我现势、紧要对策。附表《沦陷区敌我设施对比表》、《沦陷区面积人口及资源统计》。

**7857. 沦陷区域的非人生活** 曹乃珉编译 新生书局 1938 年 4 月 广州 74 32 开 大时代丛书

本书收录 18 篇文章：《敌人的兽行》、《苏州的恶梦》、《长江要塞的江阴》、《远东花园的杭州》、《今日的常州》、《逃出了无锡》、《战后的庐山福地》、不堪回首话蚌埠》、《我的故乡芮埭》、《福山的女人》、《暴风雨后之正义》等。著录封面作"可非编"。

**7858. 台湾朝鲜与东北** 中国国民党浙江省党部编 编者刊 1931 年 11 月 2 + 120 32 开 有图表 反日宣传小丛书之二

本书包括引言、日本铁蹄下的台湾、日本铁蹄下的朝鲜、东北与日本、结论 5 部分。书后附录收《日本侵略中国及各惨案年表》。

**7859. 察绥蒙旗分类表解** 1942 年 6 + 82 32 开 有图表

本书共 4 部分：日寇宰割察绥沦陷盟旗之刽子手、伪蒙傀偏政权之措施、察境盟旗的今昔、绥靖盟旗敌我设施概况。陈玉甲作序言。

**7860. 河北归来** 于国桢著 河北战区民众后方徒步访问团 1940 年 9 月初版 河北 6 + 74 32 开

分 10 节。记述抗战初期著者在河北的见闻，包括《写在前面的几句话》、《沿途所看到的敌寇现状》、《河北伪军的概况》、《河北的民众情结》《总结起来的最后忠告》等。卷首有代序《我们为什么要到后方来一趟》。伪政权出版物。

**7861. 河北军民抗战事迹（第一辑）**　史国源编　奋斗月刊社　8 + 64 ［环筒叶］　17.9cm ×
24.5cm　油印、线装

本书分 4 个部分：敌伪暴行、中共暴行、军民抗战纪实、忠勇义烈事绩。卷首有史廷环、王汝
章分别所作序言、作者自序以及例言。

**7862. 献给关心河北问题的朋友**　河北民军总指挥部救亡日报社编辑　河北民军总指挥部秘书室
1939 年 9 月　8 + 134　32 开

本书分 6 个部分：引言、冀中事变真象、邢家湾事变真象、北马庄事变真象、长沙事变真象、
八路军对民军政策之演变。书前有《写在卷首》及《由冀中事变说到北马庄事变》两文。

**7863. 华北——魔手下的地狱**　梁穆著　上海杂志公司 ［经售］　1937 年 10 月再版　上海　2 +
116 + 4　32 开　精装

本书收录了 7 篇文章：《古老的北平城》、《杀人不见血的工具》、《太阳旗和五色旗》、《北平的
怒吼》、《天津的风景线》、《毒品的大本营》、《浮尸和特殊活动》。书后有著者跋。

**7864. 艰苦奋斗的山西**　刘克、沙沱合编　学习社　1944 年 8 月　6 + 156　32 开　学习社丛书之二

本书共收 13 篇文章：《艰苦奋斗的山西》（《大公报》孔昭恺）、《兵农合一》（《大公报》孔昭
恺）、《晋省经济新措施》（《大公报》孙昭恺）、《大家记住克难坡》（《中央日报》张文伯）、《新
经济的范例》（《中央日报》张文伯）、《晋省新政》（《扫荡报》谢爽秋）、《山西省战时经济新设
施》（《商务日报》金东平）、《由陕渡河入晋》（《新民政》赵超构）、《山西新姿》（《新民报》赵
超构）、《战时山西的新政》（《国民公报》周本渊）等。附录包括《军民配合前后配合》等两部
分。有编后语。

**7865. 今日的绥远**　丁君陶编　三江书店　1937 年 9 月出版　上海　9 + 288 + 4　32 开　有照片、
有插图、有题词、有图表

含绥远的剪影、绥远抗战的前后、绥远前线的视察等部分。有傅作义等人题词及傅作义"用鲜
血争取民族复兴"之序言。

**7866. 抗日的蒙古**　德恒山著，中国边疆文化促进会编　编者刊　2 + 124　32 开　边疆研究季刊创
刊号副册

本书分 4 部分：蒙古民族与抗日、蒙古民族的抗日光荣史、暴日的大陆政策与蒙古、蒙古民族
的再起抗日。

**7867. 抗战三周年来敌伪铁蹄蹂躏下之绥远现状记**　乔履汤编著，刘倬云校订　1940 年 12 月
［48］［环筒叶］　32 开

本书分两个部分：绥中现状记、绥东现状记。

**7868. 抗战中的蒙古**　徐咏平编著　独立出版社　1939 年 9 月初版　重庆　1 + 48　64 开　有图表　抗
战建国小丛书　潘公展、叶溯中、杨公达、童蒙圣主编

本书分 7 个部分：地理环境、两度独立、政治制度、经济现状、文化教育、两个问题、一件事
实。

**7869. 抗战中的蒙古**　徐咏平编著　国民出版社　1940 年 1 月初版　金华　2 + 46　32 开　有图表

本书分 6 章：地理环境、两度独立、政治制度、经济现状、教育文化、两个问题。

**7870. 抗战中的西北**　徐盈著　生活书店　1938 年 3 月初版（汉）　汉口　3 + 105　32 开　抗战中

的中国丛刊　长江主编

本书分 7 个部分：西北大势（代序）、西兰风霜、最近的兰州、死亡线上的喘息（祝贺甘肃农贷一百五十万）、踏上甘新公路、宁青消息、回教徒在甘肃。

**7871. 日本侵略下之满蒙**　石明著　大东书局　1931 年 8 月 3 版　上海　4＋69　32 开　有插图、有图表

本书分 9 章：满蒙之地位及其与日本之关系、日本侵略满蒙之历史、日本在满蒙之政治军事势力、日本在满蒙之经济侵略一（铁路侵略与满铁会社）、日本在满蒙之经济侵略二（矿产、工商业、农业、森林、航权、邮电、渔业等之侵略）、日本在满蒙之文化侵略、日本在满蒙之殖民政策、日本最近侵略满蒙之阴谋及事实、结论。书前有胡业崇序。

**7872. 西北角上的神秘区域**　施洛著　上海明明书局　上海　2＋113 页　32 开

本书分 11 节介绍了抗战期间一个外国人眼中的红色中国，包括：什么是红色中国、到神秘的区域去、公审法庭、在被人追逐中、他们不是叛徒、亲爱的同志们、和这里的农民谈话、魔术班子等。

**7873. 抗建中之安徽**　安徽省政府秘书处编　编者刊　1940 年 12 月　安徽　6＋［428］　16 开有图表

收李宗仁、廖磊、李品仙、白崇禧等 40 余人的文章 57 篇。按内容分政治、军事、经济、文化、民众动员等 6 编。有《修正安徽省战时施政纲领》。

**7874. 抗战回忆录**　李先良著　乾坤出版社　1948 年 6 月初版　青岛　4＋90　32 开　有照片、有插图

本书分 16 章：抗日的火种、青岛的"八一四"事件、青岛的焦土、鲁东行署之成立等。书前有作者自序、劳山战地摄影、山东省分县图、青岛市区域全图。

**7875. 抗战中的福建**　徐学禹著　战地图书出版社　1940 年 12 月初版　上饶　36　32 开　有图表　战地文化综合小丛书

本书共分 6 个部分，从党务、政治、保卫、金融、经济和交通 6 个方面介绍战时福建。卷首有引言。封面题名为《战时的福建》。

**7876. 上海抗战全史**　憾庐编　宇宙风社　1937 年 10 月初版　上海　293　32 开

本书记述了上海"八一三"抗战始末，分 8 章：事变发生至战争开始、我国应战及战局之开展、空军战绩、陆军及炮队之战绩、战时经济状况、救护及救济事业、汉奸与日军之暴行、特写（十九篇）。

**7877. 上海内幕**　李绍忠编著　再造出版社　1945 年 5 月初版　南京　2＋112　32 开

本书分 9 章：我与上海（代序）、洋鬼子在上海、白相人·闻人·瘪三、天堂与地狱、色情之都、黑幕种种、疯狂世界、上海的新生、后记。

**7878. 上海内幕**　陈桑榆著　时代生活出版社　1945 年 9 月初版　重庆　4＋107　32 开

本书共 9 章：包括"交还租界"、所谓"新政策"、上海的经济缩影、一般的心理、敌伪之间、魔影幢幢、我的被"传"、上海的衣食住行、断鸿零简。书前有前言，书后有后跋。

**7879. 抗战中的江南**　冷欣著　战地图书出版社　1940 年 11 月初版　上饶　1＋20　32 开　有图表

本书分 4 章：引言、抗战后江南行政机构建立之回溯、江南各部门政治之概况、结论。

**7880. 华南烽火**　哲非·叔衡著　杂志社　1938 年 10 月　上海　30　32 开

收《华南的炮声怒吼了》、《"华北思想派"和"长江思想派"》、《仇人口中的真理》、《进攻华南的主要目的》、《图穷匕首的最后一着》、《现阶段的华南战况》、《华南战事与全面抗战》7 篇文章。

**7881. 怒吼了华南**　李萍编　胜利出版社　1938 年 3 月初版　2 + 41　32 开　华南小丛书之二

本书分 5 个部分：抗战中的苍梧、飞机翼下的广州、广州现状、我们是铁的队伍、广西杂录。

**7882. 烽火中跃进的大东南**　黄绍竑、方青儒、徐学禹、冷欣、马树礼著　战地图书出版社　1941 年 2 月初版　上饶　136　32 开

本书收 6 篇：《战时的浙江政治》（黄绍竑）、《战时的浙江党务》（方青儒）、《战时的福建》（徐学禹）、《战时的江南》（冷欣）、《战时的皖南》（黄绍竑）、《三年来的本战区》（马树礼）。

**7883. 长乐抗敌事迹与敌伪暴行纪录**　13［环筒叶］　16 开　油印　有图表

本书分 6 个部分：绪言、本县沦陷之经过、民众抗敌与游击队之活跃、敌伪暴行与奴化教育、编后、附录。

**7884. 敌后抗日根据地介绍**　新华书店　94　32 开　有插图

内容包括 6 个部分：一二九师与晋冀鲁豫边区、百炼成钢的晋察冀边区、战斗中成长的晋绥边区、新山东的成长、新四军和华中抗日根据地、屹立在南海上的东江与琼崖抗日根据地。附《敌后抗日根据地地图》7 张等。

**7885. 陕北剪影**　原景信著　新中国出版社　1938 年 5 月初版，1938 年 6 月再版，1939 年 1 月 8 版，1939 年 6 月 12 版　桂林　4 + 53　32 开

收录《陕北真相如何?》、《恐怖吗?》、《苦啊陕北》、《一个奇迹》、《一县两县长》等 15 篇对陕北的报道。

**7886. 陕北轮廓画**　崔允常著　新中国出版社　1939 年 10 月初版　桂林　2 + 58　32 开

本书分 17 个部分：楔子、陕北的鸟瞰、陕甘宁边区政府、民主乎恐怖乎、边区的裁判制度、土地革命停止了么、抗战中的×路军、学校教育之一斑、陕北的婚姻问题等。

**7887. 陕北特写**　马季铃等著　中心出版社　1941 年 7 月初版　2 + 62　32 开

收《没有太阳的延安》（马季铃）、《行路难》（丘心源）、《唉，安塞》（丘心源）、《解放社》（丘心源）、《蟠龙点滴》（马湘藩）、《开荒》（黄明灼）、《"抗大"所谓"革命的重工业"》（何茂生）、《女大风光》（杜根）、《荒凉的艺术之宫》（俞谦）、《斗争会上》（周翔舞）10 篇文章。书前有马季铃《陕北鸟瞰》（代序）。书后附作者介绍。

**7888. 中国解放区见闻**　（美）福尔曼著，朱进译　重庆学术社　1946 年 4 月　4 + 157　32 开　有照片

本书分 16 节记述在中国解放区的见闻：重庆的缄默、那是集中营吗、延安、生产运动、日本人民解放同盟、抗日根据地、晋察冀边区、新四军、国民党对共产党、这是共产主义吗等。柳亚子作序。附录收《和平建国纲领草案》。

**7889. 中国解放区见闻**　（美）福尔曼著，朱进译　山东新华书店　1946 年 7 月　临沂　3 + 93　32 开

本书分 16 节记述在中国解放区的见闻：重庆的缄默、那是集中营吗、延安、生产运动、日本

人民解放同盟、抗日根据地、晋察冀边区、新四军、国民党对共产党、这是共产主义吗等。书前有柳亚子序。

**7890. 广西各角落的救亡运动**　枕画辑　民团周刊社　1938年5月初版　南宁　28　32开　丙种丛刊　第三种　焦土丛刊　第二辑之八

　　本书收6篇：《救亡运动的博白》、《抗战宣传在雷平》、《白副参谋总长故里访问》、《阳朔拾零》、《广西抗战歌咏团的第一次火炬合唱大会》、《南宁成人教育妇女队》。

**7891. 抗战后方的新广西**　虞伯舜编著　建国书店　1938年4月　4+116　32开

　　本书分8章：前言、广西的自然环境、广西是怎样建设起来的、从艰难的环境中苦干、民众运动与全面抗战、战时教育在广西、结语、附录。附录部分收录4篇文章：《出发前告全省同志同胞书》（白崇禧、李宗仁）、《焦土抗战第一声》（李宗仁）、《三民主义在广西》（白崇禧）、《广西建设之新阶段》（黄旭初）。

**7892. 抗战期间的岭南**　64　16开　有图表

　　本书收28篇文章：《抗战期间的岭南大学大事记》（庄泽宣）、《本校返港复课经过》（李应林）、《本校广州难民区概况》（杨逸梅、英伟才）、《附中抗战奋斗经过》（陈汝锐）、《复员之回顾与前瞻》（李应林）等。

**7893. 抗战中的广西**　西敏辑　民团周刊社　1938年5月初版　广西　30　32开　丙种丛刊第三种焦土丛刊第二辑之六

　　本书分5个部分：从广西来、广西魂、武装中的广西妇女、广西国民兵的训练、征兵运动在广西。

**7894. 抗战中的湖北形势**　蒋君章著　中山文化教育馆　1938年7月渝版　重庆　6+84　32开　有插图　抗战丛刊　第39种

　　本书分4章：湖北省在全面抗战上的地位、湖北的军略要地、保卫湖北的国防线、保卫湖北的运输网。卷首有《抗战丛刊缘起》一文以及弁言。书后有结论。

**7895. 琼崖抗战特刊**　琼崖旅省抗敌救乡会编　编者刊　1941年2月　广东　2+91　16开　有照片、有插图、有题词

　　本书收42篇文章：《蒋委员长对日寇占领海南岛谈话》、《民国三十年展望》（余汉谋）、《抗战中的琼崖需要些什么》（翁大成）、《关于战时琼崖经济建设的几点意见》（周昆轼）、《难民吟》（竹溪）、《江夜忆故乡》（苏君武）等。卷首有发刊词。附录为《琼崖抗敌之敌我概况》。

**7896. 日本侵占海南各岛之检讨**　田鹏编著　航空委员会政治部　1940年3月　44　32开　有图表时事报导丛书之六

　　本书分7个部分：日本侵占我南海各岛、日所占据南海各岛之重要、日占南海各岛后之反响、日占南海各岛之原因、日本南进之积极、英美法在西南太平洋之戒备、结论。

**7897. 今日的赣南**　蒋经国著　新赣南出版社　1940年　70　32开　新赣南丛书之二

　　本书分两部分：在赣南各县视察、新事业在群山万壑中成长。

**7898. 今日的西南**　大同图书杂志公司　1941年4月　上海　5+138　32开　有图表

　　西南鸟瞰，四川、云南、贵州、广西、西康、西藏等地的各项事业之概况。

**7899. 今日之重庆**（*Ghungking Tod*）　　（美）Randall Gould著，陈澄之译　新中国文化出版社

1941 年 7 月再版，1941 年 8 月 3 版　西安　80　大 64 开

介绍著者访问重庆时的见闻，并谈及香港、菲律宾方面对卷入战争的态度。内收《飞重庆》、《狂妄的轰炸》、《勇敢的重庆》、《战时问题》、《未来的中国如何》、《日本南进》、《马尼剌与美国》等 13 篇评论。并收录著者的《我回到美洲》。书前有译者序《归来辞》。封二有"纪念'七七'四周年"字样。附录《外人眼中的新中国》内收时论 6 篇。

**7900. 外国记者眼中的重庆**　时论选辑　新华书店　1944 年　通化　1 + 30　32 开

共 5 部分：今天与辛亥、外国记者眼中的重庆、国际舆论、大后方舆论、陕甘宁边区与敌后方解放区舆论。

**7901. 西南印象**　赵君豪编　中国旅行社〔总经售〕　1939 年 8 月初版　2 + 236　32 开

本书收 17 篇文章：《西南全貌概述》（记者）、《重庆旅感录》（张恨水）、《筑渝纪行》（林冰）、《贵阳杂写》（君谷）、《湘桂纪行》（帅雨苍）、《山光水色的昆明》（沙鸥）、《云南省之铁路交通》（郭垣）等。

**7902. 大后方的生活相**　太岳新华书店　1944 年 7 月　1 + 56　32 开

本书系大后方报纸的摘录，收录 7 篇文章：《大后方的生活相》、《朱门酒肉臭，路有饿死骨》、《淫靡、黑暗、饥饿、苦闷：大后方生活写照》、《人祸加重了天灾》、《限价种种》、《呜呼！如此大后方之文化教育！》、《大后方舆论一束》。

**7903. 大后方人民的生活（抗战期中）**　伯人编，晋察冀边区行政委员会编辑　晋察冀边区教育阵地社　1945 年 12 月　1 + 20　32 开　群众读物之二　伯人编　时事类

书中收录 7 篇文章：《工人苦力活不了》、《农民的惨象》、《当兵苦》、《学生苦痛多》、《公务员的生活》、《妇婴待救，儿童普遍失学》、《工商业造成严重危机》。

**7904. 大后方生活相**　苏中出版社　186　32 开　时论丛刊　第 3 辑

辑录各报刊发表的反映"大后方"政治、经济、文化等方面状况的报道。分"淫靡、黑暗、饥饿、苦闷"、"大后方动态"、"重庆见闻录"、"在大后方所看到的"、"大后方的军事政策"、"大后方的特务统治与汉奸活动"等 12 部分。

**7905. 战时的后方**　张天翼等著　战时出版社　98　32 开　战时小丛刊之十三

分为上、下两卷，共收录 24 篇文章，反映了抗战时期上海及周边的难民、医院、学校等情况。文章均摘录自《申报》、《大公日报》、《文化战线》、《立报》、《早报》、《辛报》，包括《战时的上海街头》（张天翼）、《慰劳伤兵后记》（沈兹九）、《从上海到南京》（昭恺）、《我们来到浙江的农村》（力群）等。

**7906. 抗战八年重庆花絮**　许晚成编著　龙文书店　1946 年 10 月　上海　2 + 94 + 14　32 开

本书记录抗战期间重庆及川、黔、滇的政治事件、社会生活等内容或摘自报章杂志或为作者所见所闻。书末附录著者《痛论中国各党各派》和《痛论中国农工商学兵官》两篇文章。

**7907. 陪都新运模范区周年纪念特刊**　陪都新运模范区周年纪念特刊筹备会编辑　陪都新运模范区　1942 年 2 月　重庆　3 + 45　16 开　有照片、有题词、有图表

本书包括：会长训词、专论、纪念感言、工作报导、附载、编后记。书前有题词、画刊、照片和前言。

**7908. 国民党统治区各阶层的人民生活**　晋察冀日报社编　编者刊　1944 年　86　64 开

收录《呜呼，如此之大后方文化教育！》、《大后方学生的非人生活》、《大后方的生活相（重庆通讯）》、《黑暗、饥饿、苦闷》、《大后方舆论一束》等多篇文章。

**7909. 彭水概况**　彭水县政府　1940 年 3 月　彭水　9＋134　16 开　有照片、有插图、有图表

本书共 10 部分：地理概况、业务概况、民政概况、司法概况、财政概况、教育概况、建设概况、盐务概况、社会概况、文献概况。书前有序言、凡例、插图、县歌、彭水县全图、二十九年实施新县制拟画区乡镇区域图、彭水县城平面略图。

**7910. 台山"九廿"事变录**　台山民国日报社编　编者刊　1941 年 10 月　4＋48　32 开　有插图

本书分 10 个部分：倭寇再犯台山之经过、陈县长致旅外邑侨报告书、各区乡抗敌经过情形、各地损失情况、陈县长出巡灾区、善后肃奸赈济祝捷其他、余长官李主席告四邑同胞书、王师长致四邑同胞告别书、编后话、附图。书前有序言。

### 台　湾

**7911. 日本统治下的台湾财政金融法规辑要（专卖）**　台湾行政干部训练班编　编者刊　1945 年 1 月　[台湾]　2＋128　32 开　有图表　中央训练团台湾行政干部训练班参考资料

本书收《台湾鸦片令》、《台湾鸦片令实施细则》、《台湾食盐专卖规则》、《食盐取缔规则》、《台湾酒类专卖令》等 16 种法规。

**7912. 日本统治下的台湾财政金融法规辑要（租税上）**　台湾行政干部训练班编　编者刊　1945 年 1 月　[台湾]　2＋114　32 开　中央训练团台湾行政干部训练班参考资料

收录《台湾所得税令》、《台湾所得税令施行规则》、《台湾国税征收规则》、《国税征收法》、《保税工厂法》、《印花税法》、《矿区税处理手续》等 40 种法规。

**7913. 日本统治下的台湾财政金融法规辑要（租税中）**　台湾行政干部训练班编　编者刊　1945 年 1 月　[台湾]　2＋98　32 开　中央训练团台湾行政干部训练班参考资料

收录《台湾所得税令》、《台湾所得税令施行规则》、《台湾国税征收规则》、《国税征收法》、《保税工厂法》、《印花税法》、《矿区税处理手续》等 40 种法规。

**7914. 日本统治下的台湾财政金融法规辑要（租税下）**　台湾行政干部训练班编　编者刊　1945 年 1 月　[台湾]　2＋122　32 开　中央训练团台湾行政干部训练班参考资料

收录《台湾所得税令》、《台湾所得税令施行规则》、《台湾国税征收规则》、《国税征收法》、《保税工厂法》、《印花税法》、《矿区税处理手续》等 40 种法规。

**7915. 日本统治下的台湾工商交通法规辑要（第一辑）**　台湾行政干部训练班编　编者刊　1945 年 2 月　4＋396　32 开　有图表　中央训练团台湾行政干部训练班参考资料

本书分 5 部分，收录《邮政法》、《邮政汇兑法》、《电气事业法》、《船舶法》、《船舶法施行细则》、《航空法》、《电信法》、《无线电信法》等 30 部法规。

**7916. 日本统治下的台湾工商交通法规辑要（第二辑）**　台湾行政干部训练班编　编者刊　1945 年 1 月　2＋182　32 开　有图表　中央训练团台湾行政干部训练班参考资料

本书收 10 部法规：《台湾矿业规则》、《实用新案法》、《意匠法》、《石油业法》、《街路取缔规则》、《台湾总督府管内陆路规程》、《台湾官办铁道建设规程》、《电话事务规程》、《台湾总督府通局运输规程》、《台湾总督府通局运输规程》。

**7917. 日本统治下的台湾工商交通法规辑要（第三辑）**　台湾行政干部训练班编　编者刊　1945 年

2 月　2 + 180　32 开　有图表　中央训练团台湾行政干部训练班参考资料

本书收 17 部法规：《特许法》、《办理士法》、《工业所有权战时法》、《商标法》、《台湾总督府交通局铁道信号规程》、《台湾私设轨道规程》等。

**7918. 日本统治下的台湾工商交通法规辑要（第四辑）**　台湾行政干部训练班编　编者刊　1945 年 2 月　2 + 80　32 开　有图表　中央训练团台湾行政干部训练班参考资料

本书收 10 部法规：《台湾总督府中央研究所委托试验规则》、《台湾米谷检查时限》、《台湾米谷检查手续费》、《台湾凤梨罐头检查规则》等。

**7919. 日本统治下的台湾户政概要（中央训练团台湾行政干部训练班参考资料）**　中央设计局台湾调查委员会编　中央训练团　1944 年 12 月　6 + 52　32 开　有图表

本书分 5 章：沿革、户籍事务之掌理与监督、户口调查簿、户口异动登记之声请、外勤警察官户口调查之勤务。附录调查簿、声请书共 10 种，包括：《本籍户口调查簿》、《寄留户口调查簿》、《除户簿》、《出生声请书》、《死亡声请书》等。

**7920. 日本统治下的台湾警察制度**　中央设计局台湾调查委员会编　中央训练团　1945 年 1 月　4 + 42　32 开　有图表

本书系中央训练团台湾行政干部训练班参考资料。共 11 章：警察制度之沿革、警察组织、警察之教养、警察之任用、警察之勤务、台湾警察监督制度、警察之赏罚、警察之给予、消防、警察经费、警察共济组合。

**7921. 日本统治下的台湾林野法规辑要（上）**　台湾行政干部训练班编　编者刊　1945 年 3 月　4 + 104　32 开　有插图、有图表　中央训练团台湾行政干部训练班参考资料

本书收 39 部法规：台湾森林法、保安林造林事业费补助规则、官有森林原野贷与规则、九州帝国大学演习林区区域等。

**7922. 日本统治下的台湾民政法规辑要——地方机关官制官规**　台湾行政干部训练班编　编者刊　1945 年 3 月　3 + 146　32 开　有图表　中央训练团台湾行政干部训练班参考资料

本书收 43 部法规：《台湾总督府地方官管制》、《台湾厅地方费吏员规则》、《市职员旅费支给规程》、《支援惩戒例》等。

**7923. 日本统治下的台湾民政法规辑要——地方制度**　台湾行政干部训练班编　编者刊　1945 年 1 月　2 + 126　32 开　中央训练团台湾行政干部训练班参考资料

本书收 6 部法规：《台湾州制》、《台湾市制》、《台湾市制施行令》、《台湾街压制》、《台湾街压制施行令》、《台湾地方选举取缔规则》。

**7924. 日本统治下的台湾民政法规辑要——社会事业**　台湾行政干部训练班编　编者刊　1945 年 2 月　2 + 64　32 开　有图表　中央训练团台湾行政干部训练班参考资料

本书收 16 部法规：《关于军事救护法施行之件》、《军事救护法》、《台湾穷民救助规则办理手续》、《厅地方费台湾罹灾救助基金办理手续》、《感化法》等。

**7925. 日本统治下的台湾民政法规辑要——土地·保安·保甲**　台湾行政干部训练班编　编者刊　1945 年 2 月　2 + 86　32 开　有图表　中央训练团台湾行政干部训练班参考资料

本书分 3 部分：土地、保安、保甲，收录 23 部法规。

**7926. 日本统治下的台湾民政法规辑要——总督府官制官规（下）**　台湾行政干部训练班编　编者

刊 1945 年 2 月 4 + 96 32 开 有图表 中央训练团台湾行政干部训练班参考资料

本书收 31 部法规:《台湾总督府文教局附属博物馆规程》、《台湾总督府神经病院官制》、《台湾总督府专卖局官制》、《台湾总督府监狱官制》等。

**7927. 日本统治下的台湾农业法规辑要（上）** 台湾行政干部训练班编 编者刊 1945 年 1 月 [台湾] 4 + 104 32 开 有图表 中央训练团台湾行政干部训练班参考资料

本书共分 4 章:农业、农会农业仓库、茶业糖业、盐田。

**7928. 日本统治下的台湾农业法规辑要（下）** 台湾行政干部训练班编 编者刊 1945 年 1 月 [台湾] 88 32 开 有图表 中央训练团台湾行政干部训练班参考资料

本书共分 4 章:农业、农会农业仓库、茶业糖业、盐田。

**7929. 日本统治下的台湾人事法规（一）（恩给类 疾病死亡津贴类）** 台湾行政干部训练班编 编者刊 1945 年 5 月 台湾 4 + 208 32 开 有图表 中央训练团台湾行政干部训练班参考资料

本书收恩给类法规 19 部、疾病死亡津贴类法规 12 部。

**7930. 日本统治下的台湾人事法规（二）（任用考试讲习类）** 台湾行政干部训练班编 编者刊 1945 年 5 月 台湾 2 + 92 32 开 中央训练团台湾行政干部训练班参考资料

本书收任用、考试、讲习类法规共 23 部。

**7931. 日本统治下的台湾人事法规（三）（官等等级及给与类 诸给旅费类）** 台湾行政干部训练班编 编者刊 1945 年 5 月 台湾 4 + 152 32 开 有图表 中央训练团台湾行政干部训练班参考资料

本书收官等等级及俸给类 29 部、诸给旅费类法规 25 部。

**7932. 日本统治下的台湾商事法规辑要** 台湾行政干部训练班编 编者刊 1945 年 3 月 [台湾] 2 + 48 32 开 中央训练团台湾行政干部训练班参考资料

收录《台湾公司法》。

**7933. 日本统治下的台湾专卖事业** 台湾行政干部训练班编 编者刊 1945 年 4 月 [台湾] 6 + 64 32 开 有图表

本书介绍了日本统治下台湾专卖事业的发展情况,共分 6 章:总说、鸦片、食盐、樟脑、烟草、酒类。

**7934. 日本在台湾之殖民地政策** 李友邦著 台湾义勇队 1941 年 1 月出版 108 32 开 台湾革命丛书之一

分 10 部分:殖民地政策之军国主义的性质、资本主义前夜之台湾、资本角逐与土地没收、残酷立法种种、土地之集中与农民生活、国家独估之专卖制度、帝国主义之保护政策、日本资本在各生产部门之统治、金融资本之独估、社会之分化与民族运动之形成。封面有作者题赠。

**7935. 台湾经济生活** （英）Andrew J. Grajdanzev 著，[大公报馆] 译 大公报馆 1945 年 4 月 重庆 8 + 83 32 开 有插图、有图表 大公报小丛书 第 4 辑

本书收 10 篇文章:《以农为本》、《主要的副业——捕鱼》、《森林,登记等于没收》、《工业化了没有》、《金矿及其他》、《中国人在工矿事业的地位》、《由轿子到飞机》、《银行的魔术——"创造"存款》、《对外贸易》、《日本对台湾的榨取》。书前有台湾经济地图、译者赘言、原序。

**7936. 台湾警备总司令部军事接收总报告** 4 + 476 16 开 精装 有照片、有插图、有图表

本书分 6 部分：台湾军事接收准备、台湾地区降敌之概况、台湾军事接收经过概要、俘虏管理、俘虏之遣送、接收军品之点验及集中处理。

**7937. 台湾省警备总司令部周年工作概况报告**　1946 年　7 + 208　16 开　精装　有插图、有图表

本书共 8 篇：台湾军事接收准备、军事接收概况、战俘及日侨管理与遣送、警备教育、人事及整编、情报、后方勤务、军法。有前言。

**7938. 台湾省人事行政汇报**　台湾省行政长官公署人事室编　编者刊　1946 年 12 月　台湾　2 + 18　横 16 开　有图表

本汇报收报表 11 件：日本统治时期台湾总督府人事行政概况、日本统治台湾五十一年来官公吏人数、日本统治时期本省籍官公吏人数、台湾省行政长官公署人事行政概况等。张国键作前言。

**7939. 台湾省行政长官公署接收详报**　1946 年 2 月　6 + 123　16 开　有图表

本书共分 12 部分：领土、人民、民政、财政金融会计、教育、农林渔牧粮食、工矿、交通、警务、宣传、司法法制、总务。书前有绪言。

**7940. 台湾省行政长官公署三月来工作概要**（三十四年十月二十五日——三十五年一月二十四日）台湾省行政长官公署宣传委员会机要室编　编者刊　1946 年　台湾　5 + 118　16 开　有图表

本书介绍自 1945 年 10 月 25 日至 1946 年 1 月来台湾接收情况和工作概况，共 12 章：总述、民政、财政、教育、农林、工矿、交通、警务、会计、宣传、法制、人事。附录收《台湾省气象局工作报告》。

**7941. 台湾收回后之设计**　黄朝琴著　1944 年 6 月　2 + 52　32 开　有图表

本书共 12 章，讨论台湾收回后，政治、经济、文化等方面的建设方案及若干机构的设置问题。封面有"密件　第 21 号"记。有题赠。

**7942. 台湾问题参考资料**（第九辑）　中国国民党直属台湾党部编　编者刊　1944 年 4 月　[台湾]　14 [环筒叶]　16 开　油印

本书收文章 4 篇：《论台湾复省问题》（林忠）、《台湾革命先烈罗福星绝命词》（罗福星）、《台湾党部成立周年纪念——招待永安各界座谈会纪要》（陈瑞鸿、周召南）、《番俗抚闻》（连雅堂）。

**7943. 台湾问题参考资料**（第十辑）　中国国民党直属台湾党部编　编者刊　1944 年 5 月　[台湾]　11 [环筒叶]　16 开　油印

本书收文章 5 篇：《"四一七"告国内外同胞书》（台湾党部）、《台湾的割让和不灭的民族精神》（丘念台）、《请求恢复台湾省制呈文》（台湾党部）、《请求修正韩台琉侨民登记办法呈文》（台湾党部）、《番俗抚闻（续完）》（连雅堂）。

**7944. 台湾问题言论集**（第一集）　台湾革命同盟会编　国际问题研究所　1943 年 10 月　4 + 176　32 开　有图表　台湾问题小丛书

本书分论文、播讲及演讲、各报社评、宣言、史料 5 部分，辑录台湾光复有关问题的言论 31 篇：《解放已在目前了》（孙科）、《我们要赶紧收复台湾》（冯玉祥）、《台湾必须收复》（陈仪）、《中国必收台湾》（《大公报》）、《收复台湾与远东和平》（李友邦）、《台湾的民族运动》（谢南光）等。书前有蒋介石训词，章力生、谢南光、林啸鲲所作序言。书后有编后语。

**7945. 重建之路**　柯台山著　重建之路发行处 [经售]　1947 年 10 月 2 版　台湾　78　32 开　有题词

本书共 10 部分：总叙、检讨、认识时代的责任、确定地方自治的精神、防止分歧错杂思想的流入、妇女同胞、青年弟兄、劳动大众、总结论、最后希望。有著者献辞、作序、题赠。

# 东北问题

**7946. 东北沦亡血泪记** 吴雪生编 ［郑州抗日救国会］ 1932 年 8 月初版 2 + 14 16 开

本书分 11 节：锦西县惨杀状况、锦县惨杀状况、义县惨杀状况、绥中县惨杀状况、通辽县惨杀状况、现在日寇政治设施状况、现在日寇军事设施状况、现在日寇教育设施状况、日寇对普通民众手段、日寇对商业手段、结论。

**7947. 东北四省抗敌协会工作报告** 2 + 80 64 开 有插图、有图表

本书为东北四省抗敌协会 1942 年 7 月至 1943 年 6 月工作报告。共 4 部分：本会成立经过、本会会务方针与实施、各部门工作概况、一年来工作检讨。

**7948. 东北血痕** 印维廉、管举先编 中国复兴学社 1933 年 8 月增订再版 杭州 ［17 + 222］ 大 32 开 有照片、有插图、有图表 复兴丛书之一

本书共 8 章：东北失陷之原因、东北失陷之经过及其暴行之扩大、暴日铁腕下之东北现状、黑省义军抗日民族战、吉省义军抗日民族战、辽省义军抗日民族战、血战归来之东北抗日诸领袖、结论。书前有题词、序言、编辑例言、再版例言。

**7949. 日本铁蹄下的中国** 中华民国国民革命抗日救国军第四集团军总司令部政训处编 编者刊 1936 年 7 月 34 32 开 抗日言论集之二

本书重点记录了"九一八"事变后五年来日本侵略中国的情况，特别是东北地区遭受侵略的状况。包括：《请看到处笼罩着忧郁和恐怖的沈阳》、《奴化教育的残酷》、《尽管警察组织严密》、《东北伪组织下面日本官吏的贪污》等文章。

**7950. 最近国难纪实** 安西华纂辑 中华印书局 1934 年 11 月初版 北平 16 + 288 32 开

本书分 26 章：中日交涉史略、九一八事变、中国应付事变、国联行政委员会之会议、天津事变、龙江陷落、锦州失守、海上风波、暴日制造伪国、国联调查团莅华等。书前有安西华序。

**7951. 东北四省** ［教育部民众读物编审委员会编］ 编者刊 2 + 27 64 开 有插图 民众文库

本书分 5 章：我国的东北四省、农业富足的东北、矿产富足的东北、铁路四通的东北、哀我东北。

**7952. 东北地理与民族生存之关系** 武尚权著 独立出版社 1944 年 9 月初版 重庆 9 + 149 32 开 东北丛书 第 1 种

包括东北行政区与中央领土之关系、东北居民与中华民族之关系、东北地文与中国自然地形之关系、东北区域与中国本部移民之关系、东北存亡与中国国防安危之关系等。

**7953. 二十年来列强环伺下之东北问题** 范任宇著 民智书局 1932 年 7 月初版 上海 6 + 106 32 开 有图表

本书共 5 章：国际化的东北——现代国际远东问题之焦点、日本与东北——"南满"问题、俄国与东北——"北满"问题、美国与东北、结论。附参考书目。有作者序。

**7954. 近世东北国际关系日记** 杨家骆、杨李慧可合著 东北问题研究社 1941 年 9 月 2 + 130 32 开

本书以日记的形式记录从 1894 年 4 月至 1931 年 9 月 19 日期间发生的与中国东北的国际大事。书前有杨家骆所写自序，介绍本书的成书经过。

**7955. 东北三月纪**　张胆著　平津出版社　1946 年　北京　2＋41　32 开

本书分 9 章：由北平到长春、长春一瞥、我们接收的什么、苏军在东北、长春记者群、正视东北等。书前有著者前言。

**7956. 关于东北问题**　中国国民党河北省党部编　编者刊　2＋74　32 开　河北党务丛刊之十

本书收录了有关东北问题的协议、条约及中美各大报社的相关社论共 23 篇。包括《雅尔达秘密协定全文》、《中苏友好同盟条约全文》、《对于雅尔达秘密协定之评论》（美《纽约时报》社论）、《我们的东北》（北平《益世报》社论）、《中国东北问题》（美《旧金山新闻报》社论）、《东北的阴云》（天津《大公报》社论）、《国际问题应国际解决》（重庆《中央日报》社论）等。

**7957. 研究东北问题参考资料**　辽东建国书社　28　32 开

该书包括 4 部分：东北抗日领袖周保中将军评述东北抗战历史与目前形势、东北问题的历史真相、中国共产党与东北人民的血肉关系、怎样才能实现东北的和平。

**7958. 暴日铁蹄下之东北现状**　俞剑华主编，王晚梅、俞寄凡、俞剑华译　强华书局　1933 年 7 月初版　上海　9＋313＋44　16 开　精装　有题词、有图表

本书分为 15 章：暴日蹂躏东北及本书之使命、暴日包办伪国之概观、暴日制造伪国之重要日志、暴日卵翼下伪国成立之经过、暴日嗾使下之伪国行政、暴日控制下之伪国外交、暴日囊括下之东北财政、暴日吞噬下之东北交通、暴日掠夺下东北工业、暴日垄断下之东北贸易等。书前有作者自序。附录收国际联盟报告书、伪满洲国人名录、表格 82 种。

**7959. 东北回忆录**　陈执中著　战争图画丛书社　武汉　58　32 开　有插图　战争图画丛书 2　战争图画丛书社编辑

以文图结合形式描述东北人民在日寇统治下的悲惨生活。包括锦绣河山、剪影、"九一八"之夜、暴力伸向民间、施以惨刑、宣传日满亲善欺骗愚民、强行征兵拉夫、穷兵黩武横征暴敛、愚民政策等。

**7960. 东北问题**　青年评论社　4＋30　32 开　有图表

全书共 5 章：政治、经济、军事、大连会议、日人阴谋与战略。卷首有郭寿华所作导言。

**7961. 今日的东北**　干彦禾著　天马书店　1937 年 7 月初版　上海　6＋135　32 开　有照片、有图表

本书分 8 章：我们的东北、日本侵占东北的血史、日本在东北的政治压迫、日本在东北的经济榨取、日本在东北的交通措施、日本向东北的积极移民、日本在东北的文化麻醉、东北义勇军的伟大奋斗。书前有念之所作序言。

**7962. 沦陷后之东北（读张其昀先生《沦陷后之东北》）**　张耀光、关守成合作　28　16 开　有图表

本书分 8 部分：新省区之划分、铁道网之完成、实业之统制与垄断、对外贸易、军事、移民、东北惨状之一斑、结论。封面印有"载外交月报十卷二期"字样。

**7963. 东北抗日救国血战史**　云光侠编著　［德胜印刷所］　1933 年 6 月　6＋156　32 开　有照片、有插图、有题词、有图表

本书内容包括：日本妄造我军炸南满铁路起事、日兵占吉林长春之情形、辽宁民众自卫军救国起义详记、呈请国联调查团呼吁书、辽宁救国会通电、清源县战役、第三军团之成立等58节。

**7964. 东北失陷与抵抗** 佘贻泽编 文华美术图书公司 1933年1月 上海 15+278 32开 精装 有照片、有插图

本书记录了"九一八"前后日本侵占东北的经过及政府、民众的奋起抵抗。分上、中、下三编。其中，上编为"九一八前三要案"，分3章：万宝山惨案、朝鲜惨杀华侨案、中村案；中编为"九一八后东北失陷史"，分4章：九一八日强占东北之由来、日人武力暴行述略、日组伪国之阴谋、日组伪国之经过；下编为"抵抗暴行经过"，分两章：外交上之信赖国联、民众武力义勇抗日。书前有程小青序和编者序。

**7965. 东北是我们的** 益智著 军事委员会政治部 1941年2月 25 64开 有插图 抗战小丛书

分8部分：东北是个好地方、"九一八"事变、日寇在东北的暴行、东北义勇军、中国人不打中国人、大家抗日反"满"、九年的教训、东北是我们的。后附《东北四省图》。

**7966. 九年来东北人民英勇奋斗的总结** 于毅夫著 1940年 2+43 32开

本书分6部分：我们奋斗的基础、艰苦卓绝的抗日联军、南北西东的东北健儿、关内的东北民众团体、一枝灿烂的文艺花朵、总结。该书为《反攻》9卷2期附册。

**7967. 东北各省中的国际关系** 严兴著 昆仑书店 1931年10月 上海 55 32开 反日帝国主义丛书之八

评述日本"满蒙特殊利益"的由来和侵略中国东北的过程，并述日本与俄（苏）、美、英等国在东北的利益冲突等。

**7968. 东北国际外交** 方乐天撰述 商务印书馆 1934年1月初版 上海 5+121+2 32开 新时代史地丛书 吴敬恒、蔡元培等主编

全书共6章：俄日战役以前、欧战前后、九一八前后、日本政治兼并时期、"满蒙"计划之完成、亚洲门罗主义之开始五个时期与东北密切相关的国际外交。书前有作者自序。

**7969. 东北问题** 徐淑希著 中国太平洋国际学会 1932年8月出版 18 16开 中国太平洋国际学会丛书

**7970. 东北问题** 方乐天著 商务印书馆 1933年11月初版 上海 6+123 32开 有图表 百科小丛书 王云五主编

全书共7章：概论、东北与关内、所谓日本之"特殊利益"、"特殊利益"下之悬案种种、九一八之前夕、东北之沦陷、结论。作者作序。

**7971. 东北问题** 毛应章著，李蔚枝校 拔提书店 1933年7月初版 南京 20+478 32开 有图表

包括东北之地理与历史、东北之经济、四十年来日本侵略东北之鸟瞰、东北与列强等部分。书内有"新民会禁书"印鉴。

**7972. 东北问题** 张其昀著 国立浙江大学史地教育研究室 1942年4月初版 贵州遵义 2+66 32开 史地教育丛刊 第1辑

辑录作者发表于报刊上有关东北问题的文章8篇，包括《东北是中国的生命线》、《国父对于发展东北之遗教》、《沙上楼阁之日本大陆政策》、《解决东北问题之基本问题》、《沦陷后之东北》、

《十年来东北问题之演变》、《罗邱宣言与东北问题》、《东北与南洋》。有著者自序。

**7973. 东北问题与世界和平**　赵泉天编著　中华书局［总经售］　1944 年 12 月初版　重庆　394
32 开　有插图、有题词

　　本书分 16 章：东北问题大事年表、关于东北及东北问题与世界和平之中外言论、有关东北问题与世界和平之重要国际协定与国际宣言、研究东北问题之参考书目、举世莫忘的九一八、在太平洋大战期中东北同胞应有的努力等。书前有著者序。

**7974. 国人不要忘掉了东北**　汪勋著　上海东北研究社　1934 年 9 月初版　上海　14＋72＋40　32
开　有题词

　　本书共 5 章：东北的历史、东北的地理、东北的天然资源、东北事变的真相和责任、只有收回东北中国才得生存。书前有徐正学"编辑大意"。

**7975. 国人对于东北应有的认识**　徐正学、何新吾编　南京东北研究出版社　1933 年 11 月初版
南京　［270］　32 开　精装　有题词、有图表

　　包括东北的历史、东北的地理、东北的天然资源、东北事变的真相和责任、只有收回东北中国才得生存等 5 部分。

**7976. 论东北问题**　于毅夫著　东北救亡总会宣传部　1940 年初版　重庆　4＋108　32 开　东北救亡总会宣传部丛书之三

　　本书分 8 章：为什么提出这一问题、东北纯粹是本部十八省以外的中国领土、对于"满洲国"和"日满支协同体"的透视、东北不保中国能够偏安么、东北不保中国万难偏安的理论根据、九一八事变的真实原因、我们对于国联调查团报告书的认识、解决东北问题之路。封面有题赠。

**7977. 满洲国际关系**　（美）C. Walter Young 著，蒋景德译　神州国光社　1931 年 11 月　上海
25＋455　32 开

　　本书按时间段分 4 编 61 节：第 1 编第 1 时期（1985－1905）、第 2 编第 2 时期（1905－1915）、第 3 编第 3 时期（1915－2091）、第 4 编第 4 时期（2091－1929）。附录收《1896 年中俄同盟密约》、《所谓 1905 年中日秘密议定书》等 7 件。

**7978. 满洲与蒙古**　华企云著　黎明书局　1932 年 7 月再版　上海　13＋170　32 开

　　本书分为上、下两部。上部为满洲之部，共 6 章：总论、中俄启衅以后之满洲、中日战后之满洲、日俄战后之满洲、大战以后之满洲和最近之满洲；下部为蒙古之部，共 6 章：总论、清朝与内外蒙古之关系、中俄关于蒙古之交涉、外蒙第一次独立、外蒙第二次独立和内外蒙古最近状况。新亚细亚月刊社作序。

**7979. 还我河山**　时敏编辑　中国自强学社　1933 年 12 月初版，1934 年 10 月 3 版　上海　38＋
347　32 开　有照片、有插图、有题词　自强丛书之一

　　本书分 20 章：东北概述、日占东北因由、九一八事变、今朝之东北、日人得寸进尺之阴谋、提线下之伪国、伪国滑稽剧、暴日军事、暴日对于东北之毒辣、日本国内之形形色色等。书前有黄子安序和作者自序、再版赘言、三版赘言、例言。附录收《以子之盾御子之矛》、《回敬日人一国名》、《岳武穆满江红歌词》、《民国廿二年双十节东北选手告全运大会书》、《军歌》（一、二）等。初版为精装。

**7980. 暴日蹂躏东北之真相（上）**　中国国民党中央执行委员会宣传部编　编者刊　1931 年 10 月
4＋64　32 开

本书分两部分：暴劫的起因、暴劫的经过。书前有弁言。

**7981. 东北与日本** 周宪文编 中华书局 1932 年 1 月初版 上海 6 + 118 32 开 有插图、有图表 东北研究丛书

包括东北一瞥、日本帝国主义侵略东北的经过、日本帝国主义侵略东北的现状等部分。书内有"新民会禁书"印鉴。

**7982. 东北与日本之法的关系** 吴瀚涛著 东北问题研究会 1932 年 10 月初版 6 + 162 32 开 东北问题研究会丛书

本书作者为国际联合会调查委员会中国代表处的专门委员。本书由中国代表处所作的讲演稿修改而成，原名《日本在东北之违约侵权的行为》。全书包括关东厅之设置及其官制、南满洲铁道株式会社、日本在东北之司法权、日本在东北之教育等 15 章。书前有自序，介绍本书成书目的与经过。

**7983. 九一八的前后** 焦桐编著 国民图书出版社 1943 年 9 月初版 重庆 2 + 54 64 开 国民常识通俗小丛书

本书分 6 章：日寇的四大恩人、历史上的中日战争、甲午战争的余波、暴风雨的前夜、日本武士吞下炸弹、毁灭了世界和平。

**7984. 日本侵略东三省之实况** 高伯时著 文艺书局 1932 年 1 月 上海 8 + 119 32 开 有图表

共 10 章：日本侵略东三省之历史、日本在东三省之政治机关、日本在东三省之经济侵略、日本在东三省之交通侵略、日本在东三省之文化侵略、日本在东三省之武力侵略、东三省之日本警察、东三省之日鲜移民、东三省之日鲜团体、结论。有作者序。

**7985. 日本在南满** 屠哲隐编 南京书店 1932 年 2 月初版 南京 4 + 64 大 64 开 有图表

包括东三省之土地及人口、东三省之外患史、日本在南满之军备、日本对满蒙之政策等部分。内有"新民会禁书"印鉴。

**7986. 日帝国主义侵略东三省之概况** 童瑜著 昆仑书店 1931 年 11 月 上海 1 + 58 32 开 有图表 反日帝国主义丛书之五

共 9 章：日本帝国主义所扮的角色、东北的价值估计、日本在东北之统治地位、东北在日本经济上的价值、东北是日本的生存线的意义、日美帝国主义在东北的对立、苏联给与东北的重要性、日本的完全殖民地化东北政策和东北问题之重大性。

**7987. 日帝国主义与东三省** 许兴凯编 昆仑书店 1930 年 5 月初版 上海 36 + 584 32 开 有图表

本书分 3 编，共 12 章。其中政治篇 3 章：日本在东三省的殖民政策、日本在东三省的政治势力、日本在东三省的文化掠夺；铁路篇 6 章：满蒙铁路关系概论、中东铁路、南满及安奉铁路、吉敦吉会及天图铁路、日本势力下的中国铁路、纯粹中国的铁路；经济篇 3 章：日本在东北的经济势力、东北的主要海港及贸易状况、日本在东三省的原料夺取。附录收《呼伦贝尔蒙古青年党运动真相》。

**7988. 暴日捏造口实发生东北事变之铁证** （日）秦生原著，日本检讨会编译 中华学艺社 1932 年初版 上海 4 + 28 32 开 暴日侵华排外之自供录卷二

该文揭露日本发动东北事变的真相，共 7 篇：军阀之盲动、事变之责任者、东北军无抵抗纪实、事变时日鲜人之行为、在满洲说流碧血之真意义、武力行使之非法及排日之因果、东亚百年之

大计。附录《日本检讨会之方针与大纲》。本书原名《满洲事变之真相》。有译者引言和作者序。

**7989. 东北的产业**　徐嗣同编　中华书局　1932 年 7 月　上海　6 + 116　32 开　有插图　东北研究丛书

本书分 8 章：绪论、东北的农业、东北的矿业、东北的林业、东北的畜牧、东北的水产、东北的工业、结论。书前有编者自序。封面题名："日本帝国主义侵略下东北的产业"。

**7990. 东北实地调查记**　佘省羞编著　开明书店［总代售］　1933 年 12 月　上海　335　32 开　有照片、有插图、有题词、有图表

本书为"九一八"事变后两年，著者二次赴东北进行调查所作的报告。分 20 章：九一八暴夺之起因、暴夺后东北之无政府混乱状况、促建伪国之运动、傀儡制造之经过、傀儡国之行政概要、日本愚民政策之实施、日满议定书乃吞并东北之判决文、东北实业之断送、日本僭夺东北之金融权、日本对于东北原料之需要等。

**7991. "九一八"十周年纪念特刊**　东北抗战建国协进会编辑委员会编　东北抗战建国协进会　1941 年 9 月　重庆　52　16 开

分 3 部分：论文、青年征文、文艺。其中论文部分收录 14 篇，包括《东北与中国》（吴铁城）、《有西南必有东北》（陈立夫）、《十年来国际形势之演变》（梁寒操）、《九一八十周年书感》（万福麟）等；青年征文部分收录 1 篇：《抗战建国与东北》（杨育良、王守疆、蒋信）；文艺部分收录 3 篇：《在敌机连日轰炸之重庆登楼作》（刘翼云）、《望海潮二阕》（王大任）、《家难、乡思、国仇》（张敬）。

**7992. 东省刮目论**　（日）藤冈启著，汤尔和译　商务印书馆　1930 年 4 月初版，1933 年 3 月国难后一版　上海　12 + 216　32 开　精装　有照片、有题词、有图表

本书分 5 章：从日本所见之东省、从历史上所见之东省、从地理上所见之东省、从富源上所见之东省、开发富源必要之诸政策。书前有罗文干所作序言以及作者所作绪言。书后附录分 5 个部分：满洲财界途穷之真相、内蒙古之现状与未来、东省之列国贸易、在满韩人问题及对策、山东之新形势与日本。

**7993. 各国对日占东北之评论**　中国国民党浙江省党部编　编者刊　1931 年 12 月　浙江　4 + 156　32 开　反日宣传小丛书之四

本书共 7 章：美国、英国、俄国、德国、瑞士、法国、其他各国。书前有弁言。

**7994. 国难记**　国难记出版部总编辑　编者刊　1932 年　4 + 262　15cm × 24.5cm　有照片

本书分两部分：万鲜惨案、中村事件至辽吉被占后。书前有绪言。出版时间据内容推断。

**7995. 杭州会议中的满洲问题**　徐淑希著　1931 年　22　16 开

本书为著者在孙中山先生诞辰纪念会上的报告。

**7996. 蒋委员长对东北抗敌协会训词·东北四省抗敌协会成立宣言**　中国国民党中央执行委员会组织部、宣传部编　编者刊　1942 年 9 月　［28］　32 开

汉维对译本。

**7997. 劫后东北的一斑**　顾青海著　商务印书馆　1934 年 1 月初版　上海　3 + 97　32 开　史地小丛书

本书分 10 个部分：经大连到东北、我的垦务公司、哈尔滨、回到漠北、兴安岭的大水、蒙古

人、塞上的中秋、归来以后。书前有卷头语。

**7998. 九一八后我国之损失** 刘百闵编辑 正中书局 1933年6月 南京 2+30 32开 有图表 日本研究会小丛书 第15种

本书分4个部分：前言、九一八后东北损失统计、一二八沪变损失统计、结语。

**7999. 沦亡后的东北** 海格著 上海现实出版社 1936年11月初版 上海 2+118 32开 有照片、有插图

本书分20章：一页丧心的历史、傀儡戏、练兵场、侵略大本营、出超变为入超、奴隶的心、东北的孩子们、杀人不见血等。

**8000. 沦陷七周年的东北** 胡愈之、杜重远等执笔 生活书店［总经售］ 1938年9月初版 4+166+34 32开 有插图、有图表 国新丛书之一 国新社编

本书系为"九一八"事变七周年而作。共8篇：《东北沦陷七周年与国新社成立一周年》（胡愈之）、《七年来的回顾》（杜重远）、《七年来日寇对东北经济榨取的结算》（思慕）、《日寇统治伪满的机构与政策》（思慕）、《满铁王国——侵略东北的大本营》（宋斐如）、《日寇导演下的伪满对外活动》（张弻）、《七年来东北义勇军的抗日斗争》（金仲华）、《侵略东北的十大寇》（郑森禹）。书后附录收《日伪议定书》、《七年来日寇侵我大事表》等。

**8001. 论重新认识东北** 周鲸文著 1945年3月初版 46 32开

分8部分：愚昧蒙蔽了自己、铁的长城在东北、"北太平洋时代"中的东北、天府之国与工业之国、民主时代的骄子、中国"文艺复兴"的摇篮、人与土地、历史回到北方。

**8002. 盟国对东北问题的舆论** 爱国出版社 1946年5月 2+24 32开

本书收录了有关东北问题的20篇文章，包括《雅尔达密约》、《美报评论雅尔达密约》、《雅尔达密约公布后美舆论界的反映》、《内蒙为中国领土》、《史达林自食其果》、《美政论家李普曼评论》等。

**8003. 形成东北事变之骨子里的原因** 傅无退编译 1932年11月 上海 ［55］ 32开 暴日侵华排外之自供录 第4卷

揭露日本发动"九一八"事变的原因。附录收《东北事变真相之又一证人》、《弹劾日本军部》、《引起东北事变之鸦片问题》。本书原名《中日关系恶化与帝国主义战争酝酿》。

## "九一八"事变

**8004. 东北沦陷真象** 粜直著 中国文化服务社吉林分社 1946年8月 吉林 1+60 32开 有照片、有题词

本书收录了蒋介石历年言论，并配以数十幅东北沦陷之照片。书前有自序。

**8005. 东北事件** 北平燕京大学教职员抗日会编 编者刊 北平 106 32开 抗日丛刊 第6号

本书共两部分内容，分别简述"九一八"事变经过、国际与国内舆论对日本帝国主义的斥责。

**8006. 东北事件** 倪文宙、张梓生合编 上海长城书局 1931年11月初版 上海 2+146 32开 有插图、有图表

本书分8章：东北之地位及其国际形势、东北建设与日本之政治经济背境、日本对我之野心、东北日祸之爆发、日军蹂躏辽吉之一斑及全中国之被胁、中国当局之对日方针及国际联盟与美俄两国对满事之表示、东北事件之外交的关系、对东北事件应有之觉悟及其对策。附录收《如何解决东

北问题》、《中日作战观察》。

**8007. 东北四省旅渝同乡九一八十周年纪念会宣言**　蒙藏委员会编译室编译　编者刊　1941 年 10
月　［33］　32 开　抗战小丛刊之二十五

汉蒙藏维对译本。

**8008. 东北战影**　时事新闻社编　编者刊　上海　24　16 开　有照片

本书为摄影集，收历史图片 80 余幅，分伪满洲国群奸丑照及敌伪活动、马占山率义勇军抗日
战事两部分。

**8009. 国难痛史（第一卷）**　陈觉著　东北问题研究会　1932 年 9 月初版　北平　12＋410　32 开
有图表　东北问题研究会丛书之一

分 11 章：日本侵占东北的分析、日本侵占东北以前的酝酿、日军铁蹄下之东北、日人在各地
之挑衅、日本占领下权益之掠夺、日军侵占东北后的策略、日军强占东北后我政府与地方官之态
度、东北失守后全国民众之愤慨、强占东北后之日本、日本强占东北后之国际、东北失守后之影
响。书前有王卓然序和编者叙言，书后附《啼笑录》。封面和版权页并作“九一八国难通史资料”。

**8010. 国难痛史（第二卷）**　陈觉著　东北问题研究会　1932 年 11 月初版　北平　420　32 开　有
图表　东北问题研究会丛书之一

分 11 章：日本侵占东北的分析、日本侵占东北以前的酝酿、日军铁蹄下之东北、日人在各地
之挑衅、日本占领下权益之掠夺、日军侵占东北后的策略、日军强占东北后我政府与地方官之态
度、东北失守后全国民众之愤慨、强占东北后之日本、日本强占东北后之国际、东北失守后之影
响。书前有王卓然序和编者叙言，书后附《啼笑录》。封面和版权页并作“九一八国难通史资料”。

**8011. 国难痛史（第三卷）**　陈觉著　东北问题研究会　1933 年 1 月初版　北平　578　32 开　有
图表　东北问题研究会丛书之一

分 11 章：日本侵占东北的分析、日本侵占东北以前的酝酿、日军铁蹄下之东北、日人在各地
之挑衅、日本占领下权益之掠夺、日军侵占东北后的策略、日军强占东北后我政府与地方官之态
度、东北失守后全国民众之愤慨、强占东北后之日本、日本强占东北后之国际、东北失守后之影
响。书前有王卓然序和编者叙言，书后附《啼笑录》。封面和版权页并作“九一八国难通史资料”。

**8012. 国难痛史（第四卷）**　陈觉著　东北问题研究会　1933 年 12 月初版　北平　508　32 开　有
图表　东北问题研究会丛书之一

分 11 章：日本侵占东北的分析、日本侵占东北以前的酝酿、日军铁蹄下之东北、日人在各地
之挑衅、日本占领下权益之掠夺、日军侵占东北后的策略、日军强占东北后我政府与地方官之态
度、东北失守后全国民众之愤慨、强占东北后之日本、日本强占东北后之国际、东北失守后之影
响。书前有王卓然序和编者叙言，书后附《啼笑录》。封面和版权页并作“九一八国难通史资料”。

**8013. 国难痛史（第五卷）**　陈觉著　东北问题研究会　北平　554　32 开　有图表　东北问题研
究会丛书之一

分 11 章：日本侵占东北的分析、日本侵占东北以前的酝酿、日军铁蹄下之东北、日人在各地
之挑衅、日本占领下权益之掠夺、日军侵占东北后的策略、日军强占东北后我政府与地方官之态
度、东北失守后全国民众之愤慨、强占东北后之日本、日本强占东北后之国际、东北失守后之影
响。书前有王卓然序和编者叙言，书后附《啼笑录》。封面和版权页并作“九一八国难通史资料”。

**8014. 国难须知**　东北问题研究会编辑　编者刊　1932 年 4 月　北平　10＋298　32 开　精装　有

照片、有插图

本书包括 4 部分：绪论，进化程中之东北；本论一，国难发动之东北；本论二，奇祸突来之东北；结论，中日问题之推测。其中，"绪论"分为两章：东北概论和东北建设；"本论一"包括 6 章：中国受害下之重要史事、日本在中国之非法设施、日本在东北之暴行、日方所谓之中日悬案、日本侵略东北之口实、祸变之前锋；"本论二"包括 6 章："九一八"日本有计划的暴动、"九一八"事变日军在东北之扩大占领、"九一八"事变之延长、"九一八"事变我国所受之损失、日本卵翼下之伪国建设、"九一八"事变与国际联盟；结论包括 1 章：中日问题如何解决。书前有序言。附录收《国联行政院一九三一年九月三十日之决议》等 19 份外交文件。

**8015. 九一八** 王清彬编著 正中书局 1938 年 3 月初版 2 + 31 64 开 有插图 抗战常识讲话 抗敌事迹

本书分 5 个部分：九一八沈阳惨变、吉省的陷落——汉奸熙洽开门揖盗、日军进犯黑省——马占山将军孤军抗战、日军强占锦州——东北军队全部撤退关内、伪组织的造成——一幕卑鄙龌龊的丑剧。

**8016. 九一八国难周年纪念专刊** 中国国民党中央执行委员会西南执行部编 编者刊 1932 年 9 月 4 + 112 32 开 有照片、有题词

本书分 4 部分：题字、图片、史料、纪念文。其中包括：《"九一八"事件之回顾》（万籁等编）、《九一八痛史之责任问题》（萧佛成）、《"九一八"与中华民族的自救》（邹鲁）、《怎样去纪念"九一八"》（白崇禧）、《写在"九一八"一周年的前夜》、《呜呼今日之东北》（区芳浦）等 22 篇文章及诗歌。

**8017. 九一八事变真相** 东北问题研究会编 编者刊 北平 67 16 开 有照片

分 8 章："日本之侵略野心"、"九一八前，日本之布置与挑战行为"、"九一八事变情形"、"九一八事变之责任"、"九一八事变，西人及日人学者之观察"、"九一八事变之西人新闻舆论"、"中国不抵抗之意义"、"九一八，日本之暴行，与树立新政权"。

**8018. 九一八事变之回顾** 日本评论社编辑 编者刊 1934 年 9 月 南京 2 + 32 32 开 日本研究会小丛书 第 69 种

本书分 4 个部分：前言、九一八事变的前夜、从九一八到伪国成立、过去的清算与今后的努力。

**8019. 九一八周年痛史（上卷 东北沦陷纪实）** 曾宗孟编述 九一八学社 1932 年 10 月 北平 38 + 786 + 1 32 开 有照片、有题词

本书为《九一八周年痛史》的第一编，内容分为 10 章：东北三十六年来之日祸、辽吉被占经过、武力威胁下之政治企图、龙江陷落之前后、辽西沦陷之惨痛、三省政权同遭蹂躏、哈尔滨之傀儡局面、暴日统治东北之阴谋、暴日制造伪国之酝酿、伪国傀儡丑剧之实现。扉页写有：谨以此书纪念"九一八"死难之无辜民众忠勇健儿。扉页背面收录岳飞的《满江红》词。书前有戴季陶题字，并附照片多幅及编者《叙例》。

**8020. 日军侵据东北记** 虎口余生编辑 1931 年 11 月 [4 + 240 + 6] 32 开 精装 有照片、有插图

本书分 8 章：辽吉被占前之外交风云、沈阳被占经过、吉长被占痛史、北宁沈海沿线之惨被蹂躏、日军强占南满四洮沿线各县纪实、国难中之哈尔滨与龙江、层出不穷之日本阴谋、日本之外交

策略与国联会议。书前有编者序。

**8021. 为日本帝国主义武装占据满洲宣言** 中国共产党满洲省委员会发布 编者刊 1931 年 10 月 5 日 1 张 19cm×26.9cm

中国共产党满洲省委员会于"九一八"事变发生第二天所发表的宣言。复制本。

# 日军暴行

**8022. 敌寇暴行录** 秋江等编 文艺社 1938 年 4+144 32 开

本书收录 23 篇文章:《今日的上海》(幻瓜)、《陷落后的南京》(袁霭瑞)、《陷落半月的平遥》(秋江)、《敌在皖南兽行》(刘尊棋)、《沦陷后的安阳》(张向远)等。有前言。

**8023. 敌人暴行实录** 福建省抗敌后援会编 编者刊 1937 年 12 月 2+100 32 开 有插图

本书收录 19 篇文章:《横流伪国的王道政策》、《在敌人毒手下的东北三毒》、《安东的大屠杀》、《平津日寇燃犀录》等。书前有编者作卷头语。

**8024. 东省事变日军暴行摄影** (一) 1931 年 11 月 17 19cm×13cm 有照片

收摄影图片 27 幅,分 3 部分:日本飞机十一架大轰炸锦州实迹之一部、日本飞机用机关枪扫射北宁火车实迹之一部、北宁铁路临时使用协定。中英文对译本,英文题名为:*Photographs Showing the Hostile Activities of Japanese Troops in the Northeastern Provinecs of China. No.* 1。

**8025. 皇军的兽行** 范式之等著 战时出版社 [1935] 125 32 开 战时小丛刊之八十五

本书分 4 编:我们的首都变成了强盗的世界、上海的敌军真是卑鄙龌龊、无论南北战区哪有干净土、假如不信可看难民的报告。书前有公报"雪耻复仇"。书后附录《请看三岛活地狱》(《武汉日报》)、《中国难民之友饶神父在香港》(之荣)。

**8026. 九一八以后日本对于中国之暴行** 李宏锟编 64 32 开

本书按时间顺序记录了 1931 年"九一八"事变以后至 1937 年 7 月日本对中国的侵略暴行。

**8027. 控诉敌寇暴行** 第十八集团军政治部编 1945 年 9 月 106 32 开

该书包括 9 部分:"写在前面"、"杀光!烧光!抢光!"、"平原上的血迹"、"虐待战俘"、"火焚医院"、"淫辱妇女"、"虐待盟国侨民"、"人间地狱的敌占区"、附录。

**8028. 两年来倭寇暴行纪实**(民国三十年至三十一年) 军事委员会政治部军务处编 编者刊 1943 年 6 月 4+62 32 开 有图表

本书从 4 个部分:残杀、抢劫、奸淫、焚烧,揭露了 1941 年到 1942 年日军在中国的种种暴行。卷首有前言。

**8029. 民族大仇** 中国国民党中央执行委员会宣传部编 编者刊 1938 年 2 月 104 64 开 抗敌手册之七

记载日军侵华以来在各地的烧、杀、奸、掠罪行,分为 10 章,包括:引言、宣传人员及读者注意、魔手下的东北、水火中之平津、冀南豫北、晋绥惨状、今日之上海、劫后的江南、日寇在京之兽行、铁蹄下之皖南皖北。

**8030. 民族之血** 军事委员会政治部编 编者刊 1938 年 [南京] [14] 32 开 有照片

收抗战期间侵华日军屠杀中国人民的照片 20 幅,并配以文字说明。出版时间根据序言推断。

**8031.** 日本对在华外人的暴行　冯玉祥编　三户图书印刷社　1938 年 11 月再版　桂林　2 + 52　32 开

本书以问答方式记录日本对在华外国人的暴行，共 214 问。书前有序，书后有跋。

**8032.** 日本对在华外人的暴行　冯玉祥编　三户图书社印刷社　1939 年 5 月 3 版　2 + 84　32 开

本书以问答方式记录日本对在华外国人的暴行，共 317 问。书前有冯玉祥所作的序，收后有跋。

**8033.** 日本强盗的法律　凌亢作　东北书店　1946 年 10 月　12　32 开

叙述共产党解放宣化前在日本监狱里的中国同胞的遭遇。

**8034.** 日本强盗的法律　凌亢作　大连大众书店　1946 年 10 月　大连　12　32 开　群众读物之二

叙述共产党解放宣化前在日本监狱里的中国同胞的遭遇。

**8035.** 日本铁蹄下的东北　宋斐如著　战时读物编译社　1938 年 1 月初版　上海　6 + 56　32 开

本书分 7 节：明抢与暗夺、烟毒与梅毒、暴行与奸淫、残杀与酷刑、奴化教育、壮丁的劫运、日常生活的不安。书前有 "代序——日本占领东北六周年"、"绪论——日本残暴的一般情状"。

**8036.** 日军铁蹄蹂躏下之血迹　中国国民党浙江省党部编　编者刊　1932 年 1 月　[浙江]　2 + 210　32 开　反日宣传小丛书之五

本书分 5 章：引言、自 1931 年 9.18？至 11 月底止日军暴行的总账、东北各地日军暴行的实况、东北各铁路被劫经过、附录——"津变"始末记。

**8037.** 日寇暴行目击记　[国民政府军事委员会政治部编]　[编者刊]　1938 年 4 月　38　32 开

本书根据 1938 年 2 月 28 日武昌某战地服务团举行的日寇暴行目击者座谈会内容编辑而成。出席者有日本留学生、南京某部公务员、记者、店员、某部负伤营长、旅日华侨等。内容包括 "日寇在南京的暴行"、"敌军军官的杀人竞赛"、"日寇在吴兴、平津、绥晋蒙边等的暴行"、"日本虐待侨胞的情状" 等。

**8038.** 日寇的残暴　陈正谟编著　中山文化教育馆　1938 年 8 月渝版　重庆　4 + 57　32 开　抗战丛刊　第 51 种

本书分 3 部分：开首的话、日寇在我各处的残暴行为、编辑后语。书前有抗战丛刊的缘起。

**8039.** 日寇决堤纵水下的冀南同胞　1940 年 2 月　1 + 19　32 开　有照片、有插图、有题词、有图表

本书分 7 章：怎样造成了今年河北的大水灾、灾情是如此的严重、灾中同胞是怎样生活着呢、日寇怎样宰割我冀南同胞、冀南各界是怎样救灾、英勇奋斗中的冀南同胞、结论。附《冀南灾区图》、《冀南水灾统计表》。出版时间据题词推断。

**8040.** 日人海盗行为的重演——对敌寇 "以战养战" 毒计的总检讨　杜呈祥编著　独立出版社　1940 年 2 月初版　4 + 72　32 开　有图表

本书分上、下两编，共 9 章。上编：海盗行为的重演、我们的损失数字、敌伪的苛捐杂税、"一石两鸟" 的毒化及嫖赌政策、巧取豪夺的面面观；下编：敌寇为什么实行 "经济开发"、经济侵略的机构、资源的掠夺与市场的独占、敌寇实行经济开发的困难与我们应有的对策。书前有绪言。书后附录日寇在南京的抢劫暴行报告。

**8041. 兽军兽行**　汪馥泉编　救亡日报社　1938 年 4 月　广州　85　32 开　救亡小丛书

　　收录了 12 篇文章,包括:《当南京被虐杀的时候》(汝尚)、《一笔血债》(一战士)、《日军在南京的兽行》(邱振河译)、《在敌人践踏下的女同胞》(梅兰)、《沦陷后的安阳》(张向远)、《敌人在的扬州》(鲍雨)等。

**8042. 外人目睹中之日军暴行**　(英)H. J. Timperley 编著　杨明译　国民出版社　1938 年 7 月初版,1939 年 4 月再版　16 + 292　32 开　有照片、有插图

　　本书分 9 章:"南京的活地域"、"削掠、屠杀、奸淫"、"甜蜜的欺骗和血腥的行动"、"恶魔重重"、"华北的恐怖"、"黑暗笼罩下之城市"、"空袭与死亡"、"恶魔的阴谋"、"结论"。书前有作者原序、郭沫若序、译者附言。书后附录《南京暴行报告》、《国际委员会之书函文件》、《请看日方之报道》等 7 篇文献。

**8043. 倭寇残酷行为写真**　匡幼衡编　战争丛刊社　1937 年 12 月初版　武昌　2 + 48　32 开　有照片　战争丛刊　第 12 种　战争丛刊社编辑

　　本书分 4 个部分:记者的感想、旧恨、新仇、将来的展望。

**8044. 倭寇在东北的暴行记**　东北文协　1937 年 7 月　6 + 104　32 开　有照片、有图表

　　本书分 14 篇,包括:"九一八"以后的东北、东北同胞的亡国奴生活、东北民众被屠杀的惨状纪实、"满洲国"的酷刑详纪、哈尔滨的酷刑、安东的大屠杀等。书前有"代叙"。有题赠。

# 汉　奸

**8045. 驳斥日汪伪约**　重庆邦交讨论会撰　编者刊　1941 年 5 月　12 + 42　32 开

　　本书共 5 章:关于政治方面之事项、关于军事方面之事项、关于经济方面之事项、关于文化事项、所谓特殊状态及各种现实问题之调整。附录收《日汪条约全文》、《〈中日满三国共同宣言〉全文》。有序言。

**8046. 铲除特种汉奸参考资料**　1940 年 12 月　4 + 22 + 2　32 开　有图表　第 1 辑

　　本书分 4 个部分:引言、特种汉奸之阴谋与手段、特种汉奸破坏抗战事实纪要、铲除特种汉奸之办法。附录为关于特种汉奸标语十四则。封面有"机密"二字。

**8047. 斥汪集**　胡卓英著　新意识杂志社　1939 年 9 月　重庆　46　32 开　新意识丛书之一

　　本书内容包括《引言》、《不言和》、《读了"举一个例"之后》、《论现阶段的政治》、《汪逆与"局部停战"》、《还以牙眼》。附录收《张代司令长官告广东同胞》、《粤省党部李主任委员声讨汪逆》。张代司令长官为时任第四战区代司令长官的张发奎。粤省党部李主任委员为李汉魂。

**8048. 锄奸论**　陈剑修、潘菽、毛起鵔、林桂圃、沈逸君执笔　独立出版社　1939 年 7 月初版　重庆　2 + 52　32 开　战时综合丛书第 4 辑

　　本书分 4 章:什么叫做汉奸、汉奸的由来、傀儡现形记、怎样铲除汉奸。书前有序,书后附讨论大纲。

**8049. 敌汪密约真相**(新赣南二月号附册)　新赣南月刊社编　44　32 开

　　本书收 4 篇文件:《蒋委员长为敌汪密约告友邦人士书》、《蒋委员长为敌汪密约告全国军民书》、《高宗武陶希圣为揭破敌汪密约致大公报函》、《陶希圣谈敌汪订约经过》。附录收《敌汪密约》和《全国舆论一斑》两篇文章。

**8050. 东亚新秩序真面目与汪逆卖国铁证**　江西省各界民众抗敌后援会编　编者刊　1940 年 2 月　江西　80　32 开

本书分 6 个部分：前言、敌汪卖国协定全文、汪逆送交敌方之条件内容、敌方覆文、蒋委员长告友邦人士书、蒋委员长告全国军民书。附录收 7 篇文章：《重庆各报对汪逆卖国协定之揭发》、《高逆宗武陶希圣致大公报函及致汪逆等电》等。

**8051. 防谍肃奸须知**　10 + 232　32 开　有图表

全书分 3 篇：防谍、肃奸、防谍肃奸法规辑要。

**8052. 粉碎日寇速和速结的迷梦**　镇海县抗日自卫委员会、战时教育文化事业委员会编　编者刊　1939 年 4 月　45　32 开　战时文化丛刊（时事文献之二）

本书收 3 篇：《蒋委员长斥近卫荒谬声明》、《汪逆响应近卫谈话之通电》、《汪精卫的总清算》。

**8053. 粉碎日汪密约**　何树萍著　编者刊　38　32 开　抗战小丛书　第 6 集　军事委员会政治部编

本书分 4 部分："日汪密约"是什么、"日汪密约"的大要、汪精卫的卑鄙无耻、粉碎"日汪密约"。

**8054. 汉奸**　舒沛泉编辑　前导书局　1937 年 10 月　桂林　5 + 97　大 64 开

本书收录《从三方面入手》（茅盾）、《不要怕死》（郭沫若）、《扫除汉奸》（郑振铎）、《铲除汉奸决不是技术问题》（钱俊瑞）、《如何消灭汉奸》（郑伯奇）、《消灭汉奸的积极办法》（顾仲彝）、《明定国策与组织群众》（夏衍）、《大汉奸殷汝耕之末路》（华译）等 42 篇以肃清汉奸为主题的文章。

**8055. 汉奸的产生和扑灭**　傅于琛著　上海杂志公司　1937 年 10 月初版，1938 年 1 月汉口 3 版　汉口　4 + 78　32 开　大时代丛书之一　金则人主编

本书分 8 个部分：引言、汉奸是什么东西、研究汉奸的观点和方法、中国产生汉奸的原因、汉奸的发展和消灭、除奸是抗敌运动中的紧急任务、汉奸的阴谋和工作、怎样扑灭汉奸。卷首有《大时代丛书刊行缘起》一文。

**8056. 汉奸的认识和防范**　教育部民众读物编审委员会编著　正中书局　1938 年 4 月初版　21　64 开　有插图　非常时期民众丛书　第 2 集　近事　第 7 册

**8057. 汉奸汪精卫**　高良佐著　求是出版社　1939 年 7 月初版　重庆　2 + 58　32 开　时代批判丛书

全书分 5 章，记述汪精卫降敌卖国的事实和各种言论。

**8058. 汉奸汪精卫卖国阴谋总暴露**　侨务委员会华侨动员社编　编者刊　1940 年 2 月　2 + 104　32 开

本书收 18 篇文章：《汪逆卖国密约全文》、《敌汪密约几点解释》、《日汪密约与我国抗战前途》（孔祥熙）、《粉碎汪逆卖国密约》（冯玉祥）、《开除汪逆国籍》（马超俊）、《日汪密约的面面观》（记者）等。书前有引言。

**8059. 汉奸问题**　唐崇懋著　中山文化教育馆　1938 年 7 月渝版　重庆　6 + 42　32 开　抗战丛刊　第 42 种　中山文化教育馆编

全书共 9 个部分，从汉奸的定义、历史上的汉奸和伪组织、敌人对汉奸的利用、汉奸存在的原因、汉奸的阴谋与丑态、消灭和制止汉奸的方法、除奸运动中应有的认识，以及对汉奸的忠告来论

述汉奸问题。卷首有中山文化教育馆研究部所写抗战丛刊缘起，书前有自序。附录中收录《诛汉奸》、《男儿当自强》、《调侃女汉奸》和《讽刺汉奸词二首》4篇文章。

**8060. 蒋委员长斥敌汪灭华阴谋**　凌遇选编辑　青年出版社　1940年2月初版　6+206　32开

本书分10个部分：为敌汪协定告全国军民、为敌汪协定告友邦人士、荒谬绝伦的敌汪灭华协定、卑劣无耻之敌汪换文、敌汪协定的前前后后、中外舆论一致斥责敌汪阴谋、重庆舆论界严厉骂汪等。附录收《新中央政权是什么》。卷首有编辑例言及总裁训词。

**8061. 傀儡集**（全一册）　孟锦华编著　浙江省抗日自卫委员会战时教育文化事业委员会　1938年11月　浙江　10+146　32开　有插图　抗战建国丛书第9种　浙江省抗日自卫委员会战时教育文化事业委员会征编组主编

分为24章，前9章记叙中国历史上依靠外族的势力当上傀儡皇帝的石敬瑭、冯道、张邦昌、刘豫、溥仪以及秦桧、吴三桂、洪承畴等人卖国求荣的可悲下场；后15章介绍伪满洲国、伪蒙政权、冀东政府、华北政务委员会等汉奸组织的情况。卷首有绪言。书后附有《抗战建国丛书》已出版的前8种名录。

**8062. 卖国纪实**　新中国书局　1943年　68　64开

内容包括5个部分：企之县国民党特务的卖国行为、汉奸国民党特务份子王正朝的滔天罪行、公审企之县汉奸特务巨案大会纪实、国民党特务份子王洪慈悔过书、国民党特务份子霍延堂悔过书。

**8063. 女汉奸丑史**　高平青编著　大公出版社　1945年11月　63　32开

本书介绍16名女汉奸：天字第一号女汉奸陈璧君、伪府妖精莫国康、变节求荣的女诗人关露、向敌献媚的李丽华等。

**8064. 千夫集**（一名友邦眼中的汪精卫）　郭民编著　国民出版社　1940年7月　香港　5+86　32开

本书分3个部分：各国政府声明、各国舆论一斑、各国名家专论。有题赠。

**8065. 请出总理遗教来训斥汪精卫并告国人**　张九如著　正论出版社　1939年9月　35　32开

全书分提要及正文两个部分。

**8066. 燃犀集**　46　64开

本书收5篇文章：《蒋委员长告军民书》、《蒋委员长告友邦人士书》、《中国国民党上海特别市党部为汪逆精卫卖国行为败露告全市民众书》、《三民主义青年团上海支团部告上海青年书》、《汪逆卖国密约全文》。封面有题赠。

**8067. 燃犀集**　郭仁编　申萱出版社　1940年3月初版　香港　5+126　大32开

本书分4辑："艳电"发表后、"举一个例"发表后、广州"广播"后、伪"六中全会"后。收《中央决议开除汪逆党籍原文》、《国府严办汉奸令》、《中宣部对外声明》、《蒋总裁声明汪逆离渝系个人行动》、《粤籍中委请严密处置汪逆电》、《上海各团体拥护中央决议电》、《香港各团体拥护中央决议电》等。

**8068. 日汪密约的解剖**　粟显运著　国民图书出版社　1940年9月初版　2+69　32开

本书分6章：绪言、日支新关系调整要纲的解剖、汪逆精卫与敌方的卖国换文、日汪密约与近卫声明、日汪密约与和平谬论、结论。书后附《日汪密约全文》。

**8069. 日汪密约之暴露** 石火出版社编辑 编者刊 1940 年 3 月 桂林 3 + 74 32 开 现代史料小丛刊之一

本书收录 11 篇文章：《蒋委员长语录》（代序）、《亡国灭种的〈汪日密约〉全文》、《汪逆与敌卖国换文》、《高陶的供状》、《冯副委员长讲团结抗敌粉碎日汪协定》、《吴敬恒先生痛斥汪逆卖国协定》等。"高淘"即高宗武和陶希圣。

**8070. 日汪协约十论** 陶希圣著 战地图书出版社 1941 年 2 月初版 4 + 52 32 开 战地文化综合小丛书

本书分 10 个部分：日汪之签约与承认、日汪协定之明文与密件、共同防共与防共驻兵、日汪所谓撤兵就是驻兵、经济之平等即独占、公私事业之合办即独占、赔款文化教育及其他、其他具体事项如何顾问等。附录为《汪逆卖国条约原文》。

**8071. 如此的汪精卫** 戚承先编著 独立出版社 重庆 66 32 开

本书收《谈汪逆的生平》（吴敬恒）、《对汪精卫的"举一个例"进一解》（吴敬恒）、《举国共弃汪精卫》（童蒙圣）、《汪精卫与寒暑表》（王觉源）、《斥汪精卫》（何香凝）、《袁四宝与汪四变》（段麟郊）、《汪精卫自欺欺人》（龚德柏）、《忠节欤？奸诈欤？》（张九如）、《从汪精卫说起》（黛宇）9 篇文章。附录收《汪兆铭发表艳电》、《中央开除汪兆铭党籍》、《中宣部政治部对外声明》等 9 篇文章。

**8072. 杀何瓒** 正中书局 1939 年 2 月 74 64 开

收录《扩大除奸运动》（吴一飞）、《汉奸的机构工作及论调》（曹聚仁）两篇文章，以及汉奸何瓒受戮经过的新闻报道 6 则和有关处置汉奸的通令、条例等 4 种。封底有题赠。

**8073. 谁说汪精卫不是汉奸？** 精忠报国会编 大华书局 1943 年 3 月初版 48 32 开

本书收录《中国国民党开除汪兆铭党籍决议》、《国府严缉汪兆铭等百零五奸逆令》、《国民政府悬赏缉拿国贼汪精卫令》、《国府林主席痛斥汪逆叛国罪行》、《蒋委员长为"日伪密约"告全国军民书》、《军委会政治部长陈诚反汪谈话》、《吴稚晖先生对汪精卫〈举一个例〉的进一解》、《旧阴谋新花样—陈绍禹先生在各界抗日讨汪大会上的演讲》等 14 篇文章。

**8074. 谁说汪精卫不是汉奸？** 精忠报国会编 大华书局 1943 年 3 月初版 48 32 开 油印

本书收录《中国国民党开除汪兆铭党籍决议》、《国府严缉汪兆铭等百零五奸逆令》、《国民政府悬赏缉拿国贼汪精卫令》、《国府林主席痛斥汪逆叛国罪行》、《蒋委员长为"日伪密约"告全国军民书》、《军委会政治部长陈诚反汪谈话》、《吴稚晖先生对汪精卫〈举一个例〉的进一解》、《旧阴谋新花样—陈绍禹先生在各界抗日讨汪大会上的演讲》等 14 篇文章。

**8075. 肃奸与惩贪（时代日报社论第二集）** 胡秋原编著 汉口时代日报社 1938 年 3 月 汉口 3 + 88 32 开 时代日报丛刊

收录了 1938 年 1 月 1 日到 1 月 31 日《时代日报》的社论 32 篇，包括：《民国廿七年奋斗之目标》、《在国际大风暴之前》、《进退维谷的日寇与极有办法的中国》、《复兴国民党》、《清除汉奸》、《严惩贪污》、《再论复兴国民党》、《国际局势的现在与将来》等。书前有胡秋原序。

**8076. 讨汪肃奸运动宣传大纲** 第三战区司令长官司令部政治部制发 1940 年 4 月 22 32 开

本书分 7 个部分：汪逆生平丑行暴露、汪逆叛国真相的揭破、汪逆投降谬论之驳斥、汪逆卖国密约之分析、汪逆穷途末日之来临、讨汪声中应有之努力、标语口号。

**8077. 讨汪特刊（抗到底半月刊号外）** 冯玉祥等著 抗到底半月刊社 1939 年 9 月 重庆 39

32 开

内收 6 篇文章：《挖去腐烂的臭肉增长新生的抗战力量》（冯玉祥）、《展开反汪派汉奸的斗争》（玉生）、《加强敌后工作粉碎敌寇利用汪逆的阴谋》（魏岳）、《讨汪与发动全面的局部反攻》（宋聿修）、《汪精卫是我们全体抗战军人的死敌》（何爱华）、《讨汪与加紧宣传》（洪涣）。有编者后记。

**8078. 通敌祸国的汪兆铭**　中国国民党中央执行委员会宣传部编　编者刊　1939 年 8 月　25　64 开

收《国民政府通缉汪兆铭令》（1939 年 6 月 8 日发表）、吴稚晖的《汪逆生平》（1939 年 7 月 20 日对中央政府记者谈）、罗文干的《和与战》（1939 年 7 月 23 日昆明《益世报》发表）、周钟岳的《汪精卫之末路》（1939 年 7 月 28 日广播）、《通缉汪精卫》（重庆各报联合版社评）5 篇。

**8079. 通敌卖国的汪精卫**　军事委员会政治部编　编者刊　1939 年　28　32 开

收《吴稚晖先生对汪精卫"进一解"》和《汪精卫诬陷我们抗战官兵的罪恶》两篇文章。附录《四月五日大公报载汪精卫通报卖国全文》。

**8080. 汪精卫卖国密约**　新中国文化出版社　1940 年 2 月初版　西安　2 + 48　32 开

本书收两篇文章：《蒋委员长为"日汪协定"告友邦人士书》、《蒋委员长告全国军民书》。附录收两篇文章：《蒋委员长驳斥近卫声明》、《汪逆精卫卖国协定全文》。

**8081. 汪精卫卖国阴谋**　王伟编　民舆出版社　1939 年 5 月初版　1 + 96　32 开　有照片

本书收 16 篇文章：《蒋委员长告全国国民书》、《蒋委员长纪念周训话》、《汪兆铭辱国电原文》、《讨汪通电暨国际论评》、《汪精卫的大阴谋》、《汪精卫诬陷抗战官兵的罪恶》等。卷首有前言。

**8082. 汪精卫卖国阴谋之总暴露**　国民政府军事委员会政治部编　编者刊　1940 年 1 月　2 + 134 32 开

本书分 6 个部分：《总裁为日汪密约告全国军民书》、《总裁为日汪密约告友邦人士书》、《文化界对日汪密约之反响》、《总裁驳斥近卫声明》、《总裁严斥汪逆兆铭》、《吴稚晖先生谈汪逆之生平》。

**8083. 汪精卫叛党降敌之剖析**　中央组织部编　编者刊　1939 年 12 月　2 + 210　64 开　组训小丛书

本书收录 12 篇文章：《总理对汪性质之批评》、《中央处分汪兆铭决议文》、《总裁驳斥敌相近卫荒谬声明演词》、《总裁十月一日严斥汪逆谈话》、《中宣部政治部对外声明》、《中宣部政治部对内指示》、《谈汪逆生平》、《对汪精卫"举一个例"进一解》、《卖国贼是世上最丑恶的毒物》、《认识和实行汉贼不两立》、《斥汪逆污蔑我军民》、《请出总理遗教来训斥汪精卫并告国人》。

**8084. 汪精卫叛国（主和阴谋总暴露）**　大刚报编辑部编辑　大刚报　3 + 216　64 开　大刚丛书之四

本书分上、下部，共收 20 篇文献：《蒋委员长最初声明》、《汪精卫艳电原文》、《开除汪兆铭党籍》、《汪精卫通敌卖国》、《汪精卫想做袁世凯》、《曾仲鸣被刺详情》等。

**8085. 汪精卫诬陷抗战官兵的罪恶**　军事委员会政治部编　编者刊　15　64 开

本书系抗战宣传小册子，揭露了汪精卫投敌叛国，诬陷抗战官兵的丑恶嘴脸。

**8086. 汪精卫怎样出卖中国**　王造时等著　前方文化社　1940 年 3 月初版　［江西］　6 + ［124］

32 开　前方丛书之一

本书包括 4 部分：壁垒只有两个（代序）、卖国协定的分析、卖国协定提要及注解、汪逆为什么做了汉奸。附录收《蒋委员长告全国军民书》、《蒋委员长告友邦书》、《和平乎卖国乎》、《空前绝后的卖国密约》、《汪逆卖国文件》、《陶希圣详述密约商定经过》等 12 篇。

**8087.** **汪逆卖国密约是什么**　第三战区司令长官司令部政治部　24　32 开　有插图

本书以对话形式评论汪伪政权与日本签订的密约。

**8088.** **汪逆卖国求和之前因后果**　国魂书店编译部　国魂书店　1939 年 8 月初版　成都　30　32 开

本书分 3 个部分：汪精卫离渝主和之索隐、汪精卫情见乎词、《大公报》所传之汪氏之阴谋。书后附《汪的毁灭》一文。有题赠。

**8089.** **汪逆卖国条约**　中央秘书处文化驿站总管理处编　编者刊　1940 年 12 月初版　重庆　42　32 开

本书收 7 篇文章：《国民政府通缉汪逆命令》、《外交部发表声明》、《总裁严斥敌阀承认伪组织》、《汪逆卖国条约全文》、《痛斥汪逆舆论》、《友邦不承认汪逆伪组织》、《日汪所谓撤兵就是驻兵》（陶希圣）。

**8090.** **汪逆卖国阴谋之大暴露**　42　32 开

本书共 6 部分：蒋委员长告军民书、蒋委员长告友邦人士书、汪精卫的鞠躬尽瘁、要亡国就调整要救国就抗战、汪逆卖国密约全文、汪逆承认卖国密约全文。有题赠。

**8091.** **汪逆卖国之铁证**　中国国民党中央执行委员会宣传部编　编者刊　1940 年 1 月　1 + 84　32 开　有照片

本书分 5 个部分：绪言、总裁告全国军民书、总裁告世界各友邦书、汪逆卖国密约全文（附影印原文）、声讨汪逆之舆论一斑。

**8092.** **汪逆兆铭卖国铁证**　33　32 开

本书分两部分：卖国协定原文及解释、蒋委员长告国内外书。附录收《高宗武陶希圣函电》。

**8093.** **汪日秘密协定**　郭民编纂　申萱出版社　1940 年 2 月初版，1940 年 3 月再版　香港　1 + 77　32 开　有照片

本书分 6 个部分：蒋委员长二大声明书、舆论斥责、国人声讨、高陶函件及声明、汪日协定全文、汪日往返函件。"高淘"即高宗武和陶段圣。

**8094.** **汪贼卖国密约**　教育部民众读物编写委员会　国民图书出版社　1942 年 1 月初版　重庆　14　64 开　国民常识通俗小丛书

**8095.** **汪兆铭通敌求降案有关文件**　中国国民党中央执行委员会宣传部编　编者刊　2 + 58　32 开

本书收录 6 部分：叙言、总裁驳斥敌相近卫荒谬声明演词、中央处分汪逆兆铭决议文（附汪逆兆铭"艳电"）、汪逆兆铭之"举一个例"、吴敬恒对汪逆兆铭之"举一个例"的进一解（附吴敬恒步汪逆兆铭新词）、军事委员会政治部驳斥汪逆兆铭复华侨某君书（附汪逆兆铭复华侨某君书）。书前有国民政府通缉令。附录《敌相近卫之荒谬声明》。

**8096.** **望全国同胞一致起来声讨卖国叛党之汪精卫**　军事委员会政治部印发，游击干部训练班翻印　45　32 开

本书收 6 篇文献：《中央永远开除汪兆铭党籍之决议案》、《十二月二十二日倭酋近卫之声明》、

《总裁十二月二十六日驳斥近卫声明之训话》、《汪兆铭响应近卫声明之艳电》、《中宣部政治部为汪兆铭艳电声明之要点》、《中宣部政治部对汪兆铭艳电第二次紧要声明》。有题赠。

**8097.** 为汪逆出卖乡邦背党叛国告广东同胞（张代司令官八一三广播演讲）　第四战区政治部　8　32 开

**8098.** 倭汪阴谋总暴露　福建省军管区政治部编　编者刊　1940 年 2 月初版　2＋110　32 开　政训丛书之三

本书收 15 篇文章：《为日汪密约告全国军民书》（蒋介石）、《为日汪密约告友邦人士书》（蒋介石）、《敌寇对汪逆之答覆》、《高宗武陶希圣致大公报函》、《日本对所谓新政权的条件》（陶希圣）、《痛斥倭汪卖国密约》（渝港中外各大报）等。

**8099.** 吴稚晖对汪精卫《举一个例》的进一解　吴敬恒著　桂林展望书店　桂林　24　32 开

**8100.** 照妖镜下的汪精卫　段麟郊、戚承先、王觉源、浦乃钧、姚承三、沈鉴编著　独立出版社　1939 年 9 月　重庆　74　32 开

本书收《汪精卫的一生》（段麟郊）、《汪精卫为什么通敌投降》（段麟郊）、《汪精卫做汉奸的丑行》（戚承先）、《党政当局对汪精卫严厉的处分》（浦乃钧）、《国际舆论唾弃的汪精卫》（浦乃钧）、《国人皆曰可杀的汪精卫》（姚承三）、等 8 篇文章。

**8101.** 照妖镜下之敌汪密约　国民精神总动员会编　编者刊　2＋100　32 开　国民月会讲材丛书

本书分 4 个部分：编者序言、敌汪密约全文（及其解剖）、蒋委员长告中外书全文、敌梁汪密约及合同九种。附录收《二十一条全文》、《日寇田中贡自供侵华计划》两篇文章。

**8102.** 侦查汉奸的方法　蔡力行著　黑白丛书社　1938 年 4 月再版　36　32 开　黑白丛书战时特刊之十七　钱俊瑞主编

本书包括 10 个方面：汉奸是国家心腹的大患、汉奸的成分怎样、汉奸的活动、汉奸的几种戏法、侦查方式及事前准备、侦查汉奸的第一种方式——访问、侦查汉奸的第二种方式——跟踪、侦查汉奸的第三种方式——守候、侦查汉奸的第四种方式——说服、侦查汉奸的要点。

**8103.** 指斥汪精卫叛国之重要舆论（一）　中国国民党中央执行委员会宣传部编　编者刊　1939 年 8 月　2＋160　32 开

本书分 4 个部分：社评、短评、专论、纪载。书前有序言。

**8104.** 中央处分汪兆铭案　中国国民党中央执行委员会宣传部编　编者刊　1939 年 1 月　44　64 开

本书两方面内容：总裁驳斥敌相近卫荒谬声明演词、中央处分汪兆铭决议文。附：汪兆铭艳电原文。

**8105.** 铸奸录　国民出版社　编者刊　1940 年 7 月初版　金华　6＋150　32 开　国民知识丛书　第 3 辑

本书分前、后两编。前编为关于中央政权，分 5 章：包括我们的严正立场、国际的反响、伪政权的拆穿、雪片飞来的讨汪文电、伪组织群丑录；后编为关于日汪密约，分为 3 章：领袖为日汪密约向中外昭告、日汪密约的真相、日汪密约与我国抗战前途。

**8106.** 总裁严斥敌阀承认伪组织讲演词　蒋介石著　中国国民党中央宣传部　1941 年　2＋93　32 开

本书共 7 部分：绪言、总裁严斥敌阀承认伪组织讲演、王外长为"日汪"签约后之声明文、

陶希圣氏之"日汪协定之明文与密件"、各国之态度、国内外之舆论、附件——日汪伪约全文。书前有国民政府重申严稽汪逆前令。

# 传记资料

**8107. 八路军七将领**    刘白羽、白余杞合著    上海杂志公司    1938 年 3 月    上海    94    32 开    战地生活丛刊   第 1 种

     该书收录朱德、任弼时、林彪、彭德怀、彭雪枫、贺龙、萧克 7 位八路军将领的传记。书后附刘白羽作后记。

**8108. 冯在南京第一年**    冯玉祥著、董志成编    三户图书社    1937 年 5 月    ［桂林］    92 + 664    32 开    精装    有照片    冯氏丛书   6    上卷

     本书收录了冯玉祥 1935 年在南京的言行日表、提案、言论、电报、信札、诗歌、杂著、笔记 8 大类资料。书前有冯玉祥自序和编者序、本书要目和细目。

**8109. 冯在南京第二年**    冯玉祥著    三户图书社    1937 年    ［桂林］    38 + 952    32 开    有照片

     本书，分上、下两编。上编为在南京，收 1936 年 11 月至 1937 年 8 月冯玉祥的言行日表、提案、言论、电信、视察要塞笔记、杂著等 8 大类；下编为抗战生活，收录了 1937 年 8 月 15 日后的冯玉祥的抗战主张、实践、军中生活片段等 3 类。书前有编者序。

**8110. 中国名将录**（第一辑   出席第一届国大将领及军队代表访问记）    言首元主编，张今心、李涵平、王键萍、张万熙编，刘子暎、刘盛富校对    新世界出版社    1947 年 1 月初版    南京    10 + 206 + 58    32 开    有照片、有题词

     本书为出席第一届国大名将录，分转载、特载、名将录、附录 4 部分。包括白崇禧、陈诚、程潜、李宗仁、龙云等百余名国民党将领。书前有例言。附：国大筹备经过、代表姓名等。

**8111. 何应钦将军印象记**    鲁平著    民本出版公司    1946 年 5 月    南京    2 + 36    32 开    有照片

**8112. 妇女领袖宋氏三姊妹**    宋霭龄、宋庆龄、宋美龄著    战时出版社    93    32 开    战时小丛刊之一

     收录了《宋氏三姊妹》（布克）、《自传》（宋庆龄）、《两个十月》（宋庆龄）、《中国不亡论》（宋庆龄）、《中国当前的急务》（宋庆龄）、《九国公约会议中的美国》（宋霭龄）、《中国决心自救》（宋美龄）、《中国的进展》（宋美龄）、《中国在空袭下》（宋美龄）等 20 篇文章。附录收《中国的女英雄》（法·L'Oeuvre. H. -B. Knickerbocker）、《国际饭店理想茶会中的中国六女子》（美·The Living Age. Earl H. Leaf）、《宋氏三女杰》（洪流译）3 篇文章。封面书名上为"战时小丛书之四一"。

**8113. 八路军的英雄们**    冀察军区政治部辑    编者刊    2 + 113 + 2    32 开

     本书分为两个部分："模范指挥员"部分收入《冀中回民支队长马本斋同志》等 8 篇文章；"英雄战斗员"部分收入《朱德射击手侯殿经》等 4 篇文章。

**8114. 八路军的英雄与模范**（第一辑）    第十八集团军总政治部宣传部编    编者刊    1944 年    4 + 171    32 开

     内容包括 5 个部分：前言、模范指挥员、他们怎样为战士热爱着、知识分子向他们学习、英雄战斗员。

**8115. 边区地方营兵一等英雄暴文生**　　野鲁著　　新华书店　　1945 年 2 月　　索堡　　26　　64 开

内容包括 15 个部分："格子网里的'暴虎'"、"走了火"、"两个俘虏"、"把枪都扔了上来"、"差一点起了误会"、"'大大的太君'死了"、"你是谁？"、"活捉副官"、"谁敢！"、"哪里跑"、有把握"、"暴队副不叫声"、"真给我王昆山丢人"、"说不完的故事"、"回去加劲干吧"。

**8116. 边区地方营兵一等英雄李得合**　　弓金著　　新华书店　　1945 年 2 月　　索堡　　30　　64 开

内容包括 7 个部分："威震刑东的'九指虎'"、"我是八路军的儿子"、"非换支'三八式'不行"、"在群众中生了根"、"大快人心"、"摆地雷阵点炮楼"、"有敌人，无敌区"。

**8117. 边区腹地民兵一等英雄陈炳昌**　　葛岗著　　新华书店　　1945 年 1 月　　索堡　　14　　64 开

该书介绍了边区民兵一等英雄陈炳昌如何在抗战期间成为太行山人民特等射击手的事迹。

**8118. 边区腹地民兵一等英雄关二如**　　王伯英著　　新华书店　　1945 年 2 月　　14　　64 开

**8119. 边区腹地民兵一等英雄任毛小**　　张立云著　　新华书店　　1945 年 1 月　　索堡　　38　　64 开

内容包括 15 个部分：说故事引出英雄、和西县任毛小露头、装姑娘巧计骗敌、搞"通匪"反被"通匪"搞、烧大车不幸陷敌手、临危不惧夺回步枪、追强敌夺回轻机枪、打"工作队"夺得电话机、堆儿梁救出妇女、毛小再上堆儿梁、红红们大闹马坊、捉汉奸壮士遇险、假毛小巧遇真毛小、毛小建功清水衔恨、群英会金榜题名。

**8120. 边区腹地民兵一等英雄朱银马**　　张立云著　　新华书店　　1945 年 1 月　　索堡　　16　　64 开

该书内容系边区民兵一等英雄朱银马在抗战期间如何带领群众参战取得成绩的报道。

**8121. 边区工人的旗帜赵占魁**　　边区政府建设厅编　　江淮出版社　　1945 年 4 月　　20　　64 开　　陕甘宁
边区生产运动丛书

包括 7 部分："半辈子过着牛马生活"、"42 岁才找到自己的家"、"在农具工厂四年"、"热心教育学徒，发扬友爱精神"、"在工艺实习厂"、"一点一滴，都是革命财产"、"向模范工厂的目标前进"。复制本。

**8122. 边区机关部队一等劳动英雄郭瑾**　　新华书店　　1945 年 1 月　　索堡　　28　　64 开

内容包括 4 个部分：从五万元到一百万元、泰记商店的秘密、改善机关的生活、救苦救难的"活菩萨"。

**8123. 边区基干兵团一等英雄李仕亮**　　冰如、弓金著　　新华书店　　1945 年 1 月　　112　　64 开

本书记述边区李仕亮、张治国、赵亨德、张治国、陈炳昌、庞如林诸位战斗英雄的事迹。

**8124. 边区基干兵团一等英雄王凤才**　　萧翔著　　新华书店　　1945 年 2 月　　22　　64 开

内容包括 4 个部分：从小说起、在战斗中、驻联防、在群英大会上。

**8125. 边区炮兵一等英雄胡胜才**　　钱抵干著　　新华书店　　1945 年 1 月　　22　　64 开

内容包括 6 个部分："太行山上的神炮手"、"夜打起灯山"、"攻心炮弹"、"一门破炮，五发炮弹"、"十一个药包，三千米距离"、"我们的老连长"。

**8126. 边区生产互助一等英雄郝二蛮**　　赵正晶著　　新华书店　　1945 年 1 月　　索堡　　14　　64 开

该书收录 6 篇文章：《过去的磨难日子》、《她翻过了身》、《凭劳动出了名》、《她怎样改造了各种人，吸收参加互助组》、《前晌放下讨吃棍，后晌怎能把穷人恨》、《穿青不忘种蓝人》。

**8127. 边区生产互助一等英雄张喜贵**　　马代民著　　新华书店　　1945 年 1 月　　43　　64 开

该书讲述的是边区干部张喜贵在减租减息中大公无私、作风正派、处处为群众利益打算，克服种种困难，成为大家公认的互助英雄的事迹。

**8128. 边区一等合作英雄老王典**　张荣安著　新华书店　1945年1月　23　64开

该书内容分为5个部分："打不平英雄出世，柴关村成立花房"、"调剂物价大家有利，兴修水渠贫富沾光"、"黑毛计变成好人，割白草灾民得救"、"老王典用心计号召穷纺富织，合作社开会议照顾大家利益"、"组织杂货栈破家值万贯，边区开大会王典中状元"。

**8129. 边区英雄故事**　冀鲁豫报社编辑　冀鲁豫书店　44　32开　边区群英大会丛书之二

收入7篇文章：《妇女劳动英雄永林娘》、《甲等女劳动英雄胡大姐》、《工厂劳动英雄刘杰三》、《腹地斗争一等民兵英雄王思龄》、《勇敢多谋的韩朝举》、《敌人心脏里的石头——袁景林》、《模范工作者徐杰同志》。

**8130. 边区侦察一等英雄赵亨德**　张立云著　新华书店　1945年2月　64　64开

内容包括7个部分：正太路敌人的一笔帐、这个人、黑水河之战、机智果敢的三次战斗、捉俘虏以前、捉俘虏、结尾。

**8131. 川军抗战集**　鹤琴、海燕编　中央图书公司　1938年3月初版　2+98　32开

本书分13个部分：杨森将军在前线、夏斗枢将军会见记、杨汉忠抗战经过、饶国华将军殉国记、血战广德、出师未捷身先死的刘上将、受伤后的郭勋祺、滕县血战的陈静珊师长、潼关民众热烈欢送出征、陈万仞师长在繁昌、川军在山东前线、王铭章师长殉国经过、反攻两下店。

**8132. 大时代人物**　张寒青编译　大时代书局　1938年4月初版　上海　4+142　32开

收毛泽东、朱德、彭德怀、周恩来、徐特立、贺龙、刘伯承等人物传记，共20篇。卷首有著者自序。

**8133. 当代名人特写**　张若谷著　谷峰出版社　1941年8月初版　上海　98　大32开　有照片、有题词

本书分为外国之部与中国之部。中国部分介绍林森、蒋介石、于斌、陆征祥、林语堂、梅兰芳、郎静山等7人特写；外国部分介绍乔治六世、贝当、奎松、罗曼罗兰等7人特写。附录有《雷鸣达神父》、《马君武博士》等3篇。书尾有跋。

**8134. 当代中国人物志**　厂民编著　中流书店　1939年4月初版　上海　10+340　32开

全书分上、下两编，收录了二十世纪初期活跃于中国政治舞台上的军事、政治家的传记。上编为军事之部：收录蒋介石、冯玉祥、何应钦、李宗仁、傅作义、宋哲元等军事要人传略160余篇；下编为政治之部：收录林森、汪精卫、于右任、吴稚晖、蔡元培等政治要人传略180余篇。以国民党人物为主。卷首有前言。

**8135. 第四届群英介绍**　晋绥边区行政公署编　编者刊　1945年　121　32开　晋绥边区第四届群英大会丛书之七

该书收入《敌后劳武结合的创造者张初元一年来的新发展》、《张初元同志怎样发展了劳武结合》、《部队英雄邓朝贵》、《战斗英雄任德胜》、《卓越的民兵指挥员——段兴玉》、《足智多谋的民兵英雄路玉小》、《"军队爸爸"任万生》、《"军队妈妈"王补梅》等16篇模范故事。附录《群英题名录》。

**8136. 丁玲在西北**　L·Lusun、江横著，清华译　新闻研究社　1938年5月初版　64　大64开

本书反映了丁玲在西北的工作情况及日常生活，包括《丁玲在西北》（L·Lusun）、《丁玲访问记》（江横）两篇报道。

**8137. 丁玲在西北** 史天行编 芒种书屋 1938年5月3版 汉口 75 32开

本书分两个部分，前部分收录了关于丁玲在西北工作的4篇报道：《最近的丁玲》（Earl H. Leaf作，明森摘译）、《集体创作和丁玲》（任天马）、《丁玲领导的战地服务团——由延安到太原》（惠漪）、《和丁玲一齐在前线》（靳明）；后部分收录丁玲的4篇著作：《文艺在西北新区》、《七月的延安》、《重逢》、《游击生活》。书前有作者小言。

**8138. 各国民族英雄事略** 中华民国国民党抗日救国军第四集团军总司令部政训处编 编者刊 1936年12月 34 32开

本书分3部分，主要介绍中国、意大利和土耳其的民族英雄事略。中国部分包括张骞、马援、班超、岳飞、文天祥、戚继光、史可法、郑成功、苏元春、刘永福、李秀成、韦昌辉、萧朝贵、石达开、孙中山等16人；意大利部分包括马志尼、加富尔、加里波的3人；土耳其部分介绍凯末尔。

**8139. 回顾录**（第二册） 邹鲁著 独立出版社 1946年7月初版 南京 2+390 大32开 传记丛书

本册回顾了作者办理国立中山大学、团结抗日、参加各地抗战宣传及出席各种活动的经历。

**8140. 蒋介石传** （日）石丸藤太著，施落英译 光华出版社 1937年5月3版 上海 10+167 32开 有照片

分19章：今日的蒋介石、幼年时代、凤农学堂时代、军官学校时代、辛亥革命和二次革命时代、陈炯明的叛变、北伐进军、调整中日国交、西安事件、蒋介石伟大等。卷首有小引、著者原序。

**8141. 蒋介石评传** （日）石丸藤太著，吴世汉、邢必信译 经世半月刊社 1937年3月初版 南京 10+314 32开 有照片

分19章："幼年时代"、"凤农学堂时代"、"军官学校时代"、"第一、第二次革命时代"、"陈炯明之叛变"、"北伐进军"、"调整中日国交"、"西安事件"等。卷首有王文山序及著者自序。

**8142. 蒋介石其生平及其学说** 姚寅仲编 开华书局 1941年4月 上海 1+226 大64开

共15章：幼年时代、求学时代、革命思想的萌芽、追随总理、北伐、国共的摩擦、北伐完成、民族抗战第二期、人格与修养等。卷首有著者序言。版权页题名为《蒋介石其生平及其言论》。

**8143. 蒋委员长——中国青年的模范** 蒋星德著 天地出版社 1943年3月初版 重庆 8+140 32开

本书分10章：蒋委员长的童年生活、初期攻读、东渡前后、光芒之初露、开始掀天动地的伟业等。书前有叙言。

**8144. 蒋中正全集**（第一编年谱） 金成编 国际书局 1945年10月初版 上海 2+99 32开

蒋介石年谱。后附《蒋先生五十生日感言 报国与思亲》、《西安蒙难记》两篇。卷首有例言。

**8145. 蒋主席自传** 1938年 68 大64开

本书以日记体自传的方式记述了"西安事变"的始末，同时收录宋美龄《西安事变回忆录》。附录：《蒋委员长离陕前对张杨之训话》。出版时间以书中内容推断。

**8146. 今日的将领** 拓荒编著 统一出版社 1939年4月 上海 5+450 32开 有照片

本书以报告文学的形式介绍了蒋介石、冯玉祥、李宗仁、白崇禧、阎锡山、张群、朱德、毛泽东、彭德怀、陈诚、张治中、卫立煌、何应钦、林彪、贺龙、叶挺和项英、傅作义、蔡廷楷等56位抗战将领的身世、经历、功绩及将来期望。书前有编者自序。

**8147. 经历**　韬奋著　生活书店　1944年2月　重庆　3+235　32开　有插图

书前有"开头的话"（韬奋）。内容分20年来的经历和在香港的经历两部分，共60节。后有附录"我的母亲"。

**8148. 抗敌将领印象记**　陈文杰编著　战时读物编译社　1938年1月初版　汉口　94　32开

本书收录《蒋委员长访问记》、《推动抗战的冯玉祥》、《毛泽东在陕北》、《铁军的创造者——张发奎将军》、《访问陈诚将军》、《抗敌先驱的傅作义将军》、《朱德的回忆》、《项英的过去》、《叶挺将军印象记》、《徐向前小史》等22篇文章。

**8149. 抗日的第八路军的领袖**　61　32开

该书系两部分，第一部分"抗日第八路军的领袖"收录《毛泽东的过去》、《毛泽东在陕北》、《毛泽东夫人贺志珍女士小史》、《朱德的回忆》、《彭德怀小传》、《朱彭印象记》、《周恩来小传》、《项英的过去》、《刘伯承的奋斗史》、《贺龙的革命史》、《徐向前小史》、《叶剑英小史》；第二部分"牺牲了的革命烈士"收录《恽代英印象记》、《彭湃印象记》、《方志敏印象记》。

**8150. 抗日的模范军人**　冯玉祥编　三户图书社　1938年5月初版　汉口　4+85　32开

本书以问答形式记录东、西、北三个抗日战场上27名抗战英雄的光荣事迹，包括吉星文、佟麟阁、姚子青、胡宗南、刘家祺等人。附有作者序言与跋。

**8151. 抗日的模范军人**　冯玉祥编　三户图书社　1939年5月再版　6+134　32开

本书以问答体形式记录了吉星文、佟麟阁、赵登禹、张自忠、林彪、聂荣臻等将领、宝山三士兵、一个无名英雄、六壮士等46位抗日战争将领、战士的事迹。全书共500个问与答。书前有作者自序。书后附再版后记。

**8152. 抗日英雄特写**　刘一飞编选　汉口大时代书店　1938年5月初版　汉口　6+250　32开

收《抗战中的冯玉祥》、《白健生将军印象记》、《李宗仁将军访问记》、《访问余汉谋将军》、《傅作义将军会见记》、《勇敢的民族母亲会见记》、《平郊抗日游击战的经过》等39篇通讯。卷首有《抗日英雄特写》之楔子。

**8153. 抗战将领访问记**　郭沫若等著　战时出版社　1+86　32开　战时小丛刊之十

本书收入《蒋委员长会见记》（郭沫若）、《青年中将孙元良横颜》（张若谷）、《忆王敬久师长》（陈皞民）、《记王敬久师长》（徐继尧）、《冯圣法师长素描》（曹聚仁）、《张发奎将军》（郭沫若）、《张发奎将军会见记》（夏衍）、《记张发奎将军》（朱朴）等27篇访问抗日将领的文章。

**8154. 抗战将士剪影**（第一集）　熊国霖编著　时代社　1937年12月初版　汉口　38　32开　时代社丛书

介绍蒋介石、毛泽东、朱德、彭德怀、周恩来、刘伯承、李宗仁、白崇禧、张发奎等29位抗战人士的生平、言论、事迹。封面有照片及地图。

**8155. 抗战人物志**　（美）史诺等著　战时出版社　145　32开　战时小丛刊之三十九

收录《蒋介石将军及其夫人》、《播音之前的郭沫若先生》（佚名）、《毛泽东会见记》（马骏）、《朱德将军》（张代士）、《彭德怀印象记》（史诺）、《周恩来》（理初）、《访叶挺将军》（姚潜修）、

《叶剑英将军素描》（李英声）、《冯玉祥访问记》（佚名）、《何基澧师长》（贺兰）、《徐特立先生》（柳湜）、《华北游击队领袖杨博民》（陈斯英）、《张治中将军印象记》（田汉）、《会见李公朴柳湜二先生》（汉君）等40篇人物志。

**8156. 抗战人物志**　史诺等著　战时出版社　1938年　6+144　32开　战时小丛刊之三十七

收录《蒋介石将军及其夫人》（杜衡译）、《毛泽东在陕北公学的讲演》（佚名）、《彭德怀印象记》（史诺）、《周恩来会见记》（佚名）、《叶挺将军访问记》（佚名）、《抗战中的冯玉祥》（蓝天照）、《张治中将军印象记》（田汉）、《徐特立先生》、《史诺会见记》（王放）、《苏联飞行士在汉口的生活情形》（佚名译）等抗日战争时期著名人物传记41篇。

**8157. 抗战英雄传记**　中国国民党中央宣传部编著　国民图书出版社　1943年5月初版　重庆　6+122　32开

收录了张自忠、谢晋元、郝梦龄、陈安宝、冯安邦、饶国华、高志航、阎海文、陈怀民、陈中柱10人传略。

**8158. 抗战中的郭沫若**　丁三编　战时出版社　1+123　32开　战时小丛刊

分4编，介绍抗战中的郭沫若。包括：在广州、在汉口、在长沙、最近言论。附录收《病中的郭沫若》（于立群）、《怀外子郭沫若》（郭佐籐富子）、《关于郭沫若夫人》（阿英）。

**8159. 抗战中的女战士**　沈兹九等著　战时出版社　[上海]　2+116　32开　战时小丛刊之五八

收录了23篇文章，包括：《中国游击队之母》（步溪）、《记华北抗战妇女》（刘清扬）、《毛泽东夫人贺志珍女士》（佚名）、《周恩来夫人邓颖超女士访问记》（莫蓝）、《丁玲小传》（里富）、《在战地服务的谢冰莹》（佚名）等。

**8160. 抗战中的上海女工**　非哲编　言行出版社　1939年3月　[上海]　4+131　32开

本书分6部分：战前生活的一斑、战后生活、参加爱国活动、在前线上、走上新生的路。收录《热死了拖出去（××纱厂）》（珍）、《香烟厂女工生活》（黎维英）、《毛绒纺织厂女工生活》（无名氏）、《在难民收容所做小先生》（励生）、《安徽战区》（维真）、《在战区组织学生》（辉增）等24篇文章。书后附《致外国工友请援助我国抗战》（上海女工）、《写给外国女工朋友们的信》（上海女工）、《欢送劳动妇女战地服务》（《大公报》）3篇文章。

**8161. 抗战忠勇史画**　梁中铭编绘　正气出版社　1946年8月初版，1946年10月再版　上海　[64]　32开　有插图

内收《张自忠尽忠报国》、《郝梦龄夜战殉国》、《王铭章壮烈殉城》、《谢晋元孤军奋战》、《吴勇士生擒敌兵》、《向老农为子复仇》等图画32幅，每幅画均附文字说明。

**8162. 空军忠勇故事集**　周佐治编　青年出版社　1946年8月再版　南京　6+140　32开　青年模范丛书　第3辑　抗战期中军民忠勇故事

收录10篇文章：《忆我壮士阎海文》、《沈崇诲肉弹炸敌舰》、《击落敌机十一架的刘粹刚》、《记周志开》、《记翁心翰》等。书前有"青年模范丛书编辑旨趣"。

**8163. 李鹤龄将军**　豫鄂皖边区战地党政委员会分会编　安徽省文化工作委员会　1941年1月　安徽　40　32开　有插图

本书收录了有关李鹤龄将军的文章10篇：《淮南战场上的李品仙将军》（长江）、《李品仙将军印象记》（友梅）、《李鹤龄将军与鄂北会战》（歌坦）、《一天的生活》（冰炭）、《李将军之革命小史》（吴广略）等。

**8164. 李宗仁将军传**　赵轶琳著　大时代书局　1938年4月　上海　3+77　32开

分为3篇：出师北伐时代、埋头建设时代、对日抗战时代，记述了李宗仁在北伐、退入广西、抗战时代的经历、业绩及其主张等。

**8165. 李宗仁与白崇禧**　珠江日报社丛书部编纂　珠江日报社　1938年6月再版　广东　2+48
32开　有照片　珠江日报丛书之四

收录《我的奋斗小史》（李宗仁）、《李宗仁将军会见记》（冰莹）、《白崇禧将军印象记》（冰莹）、《在前线上的李宗仁将军》（北鸥）、《白崇禧将军访问记》（宁夫）等关于李宗仁、白崇禧的事略11篇。卷首有序。

**8166. 刘鸿泉先生抗战纪念集**　编者刊　1948年7月　4+66　大32开　有照片、有题词

刘鸿泉生前任山东保安独立第二团团长兼夏津县县长，积极抗战，后殉国。本书收录了其生前友好张雪山的《山东保安独立第二团团长兼夏津县长刘公化溥略传》等纪念文章13篇及战役表、烈士题名、悼辞等。附录收《为殉国夏津县县长刘公鸿泉遗族募捐启》、《刘公化溥褒恤捐款册》。

**8167. 留守兵团的英雄和模范（第一集）**　八路军留守兵团政治部编　东北书店印行　55　32开
*战士读物之一*

该书收录《拥政爱民的模范排长门善德》、《模范班长张秉权》、《王福寿和"王福寿运动"》、《七分校的劳动旗帜钱有才》、《大凤川的英雄——李发财》、《青年劳动英雄惠燕琴》、《高文德处处做先锋》、《青年学生劳动英雄丁建民》等文章。书前有八路军留守兵团政治部宣传部之前言。

**8168. 留守兵团的英雄们和模范者（第一集）**　八路军留守兵团政治部编　编者刊　1944年5月
64　32开　战士小丛书之三十七

书中收录《拥政爱民的模范排长门善德》、《模范班长张秉权》、《王福寿和"王福寿运动"》、《七分校的劳动旗帜钱有才》、《大凤川的英雄——李发财》、《青年劳动英雄惠燕琴》、《高文德处处做先锋》、《青年学生劳动英雄丁建民》等18篇文章。

**8169. 六十岁劳动英雄孙万福**　中共西北中央局调查研究室编　江淮出版社　1945年4月　12　64
开　陕甘宁边区生产运动丛书

包括7个部分："旧社会里，当尽田地"、"革命以来，耕一余一"、"积粪细作，陇东少有"、"拥军兴学，组织变工"、"改造二流子，恩威兼施"、"今年计划，更要发展"、"农民诗人，才慧过人"。复制本。

**8170. 毛泽东印象记**　（美）斯诺著，白华编，白华译　上海进步图书馆　1937年12月　上海
88　32开　有照片

分6部分：关于作者、毛泽东印象记、抗日问题、联合战线问题、关于红军、关于特区工业。附录收《斯诺口中的特区和红军》、《与英国记者贝特兰之谈话》。

**8171. 毛泽东印象记**　（美）斯诺著，大华编，大华译　救亡出版社　1937年初版，1938年1月再
版　上海　58　32开

该书内容分为5个部分：关于作者、毛泽东印象记、抗日问题、联合战线问题、关于红军。附录收《斯诺口中的特区和红军》、《与英国记者贝特兰之谈话》。

**8172. 毛泽东自传**　（美）史诺笔录，汪衡译　上海文摘社　1937年11月　上海　90　32开　有
照片　文摘小丛书之一

该书分为4章：一颗红星的幼年、在动乱中成长起来、揭开红史的第一页、英勇忠诚和超人的

忍耐力。附录：毛泽东论中日战争、毛泽东夫人贺子珍小传。有毛泽东等照片多幅。

**8173. 毛泽东自传**　（美）史诺记录，张宗汉译　文明书局　1937年9月初版，1937年10月再版
延安　82　32开

该书分为4章：少年时代、动乱中的中年时代、共党的展开、超人的忠勇和忍耐心。后附朱德、林彪、周恩来等简略传记，并有《译后记——毛泽东到底是个怎样人》。封面有毛泽东照片。

**8174. 毛泽东自传**　（美）斯诺记录，翰青、黄峰译　上海光明书局　1938年1月3版　上海
105　32开　有照片

该书共5部分：前记、少年时代、修学时代、红军怎样产生、从围剿到长征。附录：《毛泽东论中国抗日民族统一战线》、《毛泽东论抗日联合战线》、《毛泽东论抗战必胜》、《毛泽东等呈蒋委员长一致对日抗战电文》。有毛泽东等照片多幅。

**8175. 民国人物志**　梁希文编　北方出版社　1943年6月　1+42　32开

本书收段祺瑞、吴佩孚、蔡元培、章太炎、熊希龄、唐绍仪、胡汉民、黄郛、李烈钧、邵元冲、马君武、宋哲元12人传记，从家世、性格、经历多个角度对人物进行评述。

**8176. 民族女战士丁玲传**　陈彬荫编　战时读物编译社　1938年5月改订再版　125　32开　有照片

内分5章，收录有关丁玲的创作生活、创作经验、1933年被国民党逮捕的经过、在南京的幽禁生活、组织战地服务团赶赴前线途中情况的自述。

**8177. 民族英雄张自忠将军**　国民出版社编　国民出版社　1940年8月初版　金华　52　32开　有照片

收录有关张自忠将军的经历、英勇事迹及殉难情形的介绍、回忆、纪念文章11篇。卷首有代序。

**8178. 模范党员申长林的故事**　穆义著　新华书店　1943年11月　14　32开　大众文艺小丛书之一

内容包括8个部分：申长林是谁、申长林的出身、堕落与受难、申长林参加革命、申长林入党、党员的模范、生产的模范、向申长林学习。

**8179. 模范党员申长林的故事**　穆义编　冀鲁豫书店　1944年12月翻印本　16　32开　大众文艺小丛书之一

内容包括8个部分：申长林是谁、申长林的出身、堕落与受难、申长林参加革命、申长林入党、党员的模范、生产的模范、向申长林学习。

**8180. 女兵冰莹**　张文澜编　独立出版社　1940年2月初版　重庆　2+106　32开

收录了柳亚子、何香凝、田汉、黄炎培、陈铭枢等人给女作家谢冰莹的赠诗5首，以及曾发表于报刊上的关于冰莹抗战活动的特写10余篇，包括：《冰莹女士的经历》（思伊）、《女兵》（沈百英）、《"女兵"冰莹从东战场归来》（汪瑛）等。书后附录冰莹关于妇女参加抗战问题的演讲稿5篇和"编者的话"。

**8181. 诺尔曼·白求恩断片**　周而复著　八路军联防政治部　1945年　39　32开

**8182. 诺尔曼·白求恩纪念册**　国民革命军第十八集团军政治部卫生部编辑　编者刊　1940年
119　32开　有照片、有题词

书中收入 7 篇文章:《学习白求恩》、《追悼白求恩同志》、《纪念白求恩同志》、《哀悼国际友人诺尔曼·白求恩博士》、《接受白求恩同志给我们留下的宝贵遗产》、《慰问白求恩医师家属电》、《白大夫遗稿》。

**8183. 前线抗敌将领访问记**　田汉、冰莹、郭沫若等著　前进出版社　1937 年 12 月再版　上海　1 + 100　32 开　救亡丛书

共收录 11 篇文章:《西战场上的两个人物》(舒群)、《始信人间有铁军》(夏衍)、《北线访两将军》(天纵)、《军中一夕记》(槐青)、《血战三日记》(冰莹)、《到总司令部去》(莫思)、《雨中访前线将帅》(记者)、《战区归来》(胡萍)、《轰炸中的访问》(郭沫若)、《对于持久战应有的认识》(陈诚)。

**8184. 前线抗战将领访问记**　郭沫若等　抗日救国社　1938 年 4 月初版　2 + 86　32 开　有插图

本书收录了《蒋委员长会见记》(郭沫若)、《青年中将孙元良衡颜》(张若谷)、《冯圣法师长素描》(曹聚仁)、《张发奎将军会见记》(夏衍)、《翁照垣印象记》(东平)、《朱德彭德怀访问记》(王少桐) 等人物访问 27 篇。

**8185. 前线上李白两将军访问记**　程山辑　民团周刊社　1938 年 6 月初版　广西　24　32 开　丙种丛刊　第三种　焦土丛刊第二辑之一　亢真化主编

本书收录了采访李宗仁、白崇禧的的文章 4 篇,包括:《李宗仁将军访问记》(逸凡)、《"姜太公" 会见记》(杜重远)、《白崇禧将军访问记》(宁夫) 和《白健生将军印象记》(钟文)。收录《李司令长官对外籍记者谈津浦线战况》和《白副参谋总长畅谈战局》两篇报道。

**8186. 青年战斗员**　堵述初编著　中华平民教育促进会　1938 年 6 月初版　长沙　16　大 64 开　农民抗战丛书

本书介绍了抗战中先进青年的英雄事迹。

**8187. 陕甘宁边区的劳动英雄**　晋绥边区劳动英雄大会编　编者刊　1943 年　37［环筒叶］　32 开　油印

包括:农户计划的经验、模范的白塬村、新正三区二乡别岭村唐将班子、陈德发响应吴满有号召把安塞四区三乡变为模范乡、张治国在生产学习中创造了模范班排、吴满有宣布四四年生产计划、申长林四四年生产计划、刘玉厚四四年生产计划等 10 个部分。

**8188. 水利英雄马海旺**　中共西北中央局调查研究室编　编者刊　1944 年 4 月　15　64 开　陕甘宁边区生产运动丛书

内容包括 4 个部分:马海旺是一位老革命家、学会了打坝修水池、学习种稻子、推动别人修水池。

**8189. 宋氏三姊妹**　爱茉兰·海著,复秦译　万象杂志社　1946 年 12 月再版　上海　126　32 开　有照片　万象丛书之一

全书分 26 章,记叙宋氏三姊妹的家世、在美国的生活、婚姻、在战争期间的生活、在国家社会的功业。卷首有陈蝶衣序。

**8190. 太行区腹地民兵一等英雄陈炳昌**　葛岗著　冀鲁豫书店　1945 年　16　64 开

本书讲述了一个民兵英雄陈炳昌的抗敌故事。

**8191. 太行区一等合作英雄老王典**　张荣安著　冀鲁豫书店　26　64 开

内容包括 5 个部分:《打不平英雄出世,柴关村成立花房》、《调剂物价大家有利,兴修水渠贫富沾光》、《黑毛计变成好人,割白草灾民得救》、《老王典用心计号召穷纺富织,合作社开会议照顾大家利益》、《组织杂货栈破家值万贯,边区开大会王典中状元》。

**8192. 唐淮源、寸性奇二将军事迹集锦(抄自唐府来稿)**　1942 年 7 月　20［环筒叶］　15cm × 24cm

本书记录了陆军第三军陆军上将唐淮源军长、陆军中将寸性奇师长的生平事迹,包括:两位将军及阵亡将士追悼大会的启示、敬悼唐淮源将军、中条山抗日阵亡陆军第十二师师长寸性奇传等。抄本。

**8193. 铁军将领列传**　张国平编著　新中国出版社　1938 年 4 月　广州　85　32 开

收录李宗仁、白崇禧、黄绍竑、李济深、张发奎、陈铭枢、蔡廷锴、蒋光鼐、翁照垣等 10 位国民党将领的传略。

**8194. 卫将军(民族英雄传记)**　明明著　上海杂志公司　1939 年 10 月　重庆　5 + 130 + 3　32 开　有插图

有关卫立煌的传记文学作品,共分 5 章。书前有自序、引言,书后有后记。

**8195. 我的丈夫郭沫若**　佐藤富子著　战时文化出版社　1938 年 5 月初版　汉口　7 + 56　32 开　战时文化丛书　丛书外集之二

记述郭沫若在日本留学及从日本归来参与抗战的经过。封面题诗:"又当投笔请缨时,别妇抛离断藕丝。去过十年余泪血,登舟三宿见旌旗。愿将残骨埋诸夏,哭吐精诚赋此诗。四万万人多蹈厉,同心同德一戎衣。"书前有金重子所作弁言。书中收录《郭沫若小传》、《我的丈夫郭沫若》(佐藤富子)、《由日本回来了》(郭沫若)、《关于郭沫若》(重子、晓华编辑)。

**8196. 我们的领袖**　林肇莆编述　福建省政府教育厅　1940 年 9 月初版　福建　17　32 开　有照片　战时国民读物(模范人物之一)

分 19 节介绍蒋介石,包括委员长诞生、加入同盟会、参加辛亥革命、参加二次革命、国民政府奠都南京、西安事变、七七抗战、就任总裁等。卷首有弁言。

**8197. 我们的战士**　长江等著　战时出版社　1939 年　［广州］　147　32 开　战时小丛刊之七十

收《白健生将军印象记》(钟文)、《李宗仁将军访问记》(逸凡)、《李宗仁将军会见记》(陆诒)、《毛泽东访问记》(洛基)、《阎锡山访问记》(季云)、《朱绍良将军访问记》(秋枫)、《慰勉薛旅长》(冯玉祥)、《周恩来访问记》(汪衡)、《谭锦培会见记》(黄健豪)、《黄排长访问记》(克锋)等 36 篇人物通讯。出版时间参照《民国时期总书目》。

**8198. 吴佩孚**　武德报社编　武德报社　1940 年 2 月初版　北京　4 + 190　32 开　有照片、有插图、有题词

书前有弁言。内收介绍吴佩孚生平、思想、弥留时期及去世后的相关文章多篇及唁电、挽联等。

**8199. 吴奇伟将军印象记**　陈启育主编　战地文化社　1939 年 10 月初版　4 + 96　32 开　有插图　战地文化社抗战丛书之一

书中收录从"八一三"至南浔战役关于吴奇伟将军的文章 16 篇。书前有编者序。

**8200. 西线战场的主将朱德**　张寒青编著　大时代书局　1938 年 4 月初版　上海　7 + 124　32 开

有照片　大时代人物丛书

包括"红色的道德"出于黑暗的时代、军人生活的开始、新生活与新知识的追求、到德国去游学的时代、南昌事变前后、广州公社与坪石起义、"朱毛"会师井冈山、红军总司令的丰功伟绩、长征中的朱德、西安事变前后、在卢沟桥的炮声中、从红军总司令到八路军总指挥、总指挥在前线、关于朱德的若干印象、朱德夫人康克清等 17 章。后有后记。

**8201. 新塞工厂劳动英雄闫吉自述**　闫吉自述　冀鲁豫书店　1945 年 2 月　6　64 开　陕甘宁边区生产运动丛书

该书内容分为 7 个部分："从保德到定边"、"到新塞工厂"、"改进工务，发起赵占魁运动"、"创造了全厂最高的生产记忆"、"帮助工友教育工友"、"全厂工友举为劳动英雄"、"继续努力提高产量"。

**8202. 新英雄**　冀鲁豫书店编　编者刊　53　64 开

收录 6 篇文章：《民兵劳动英雄张初元》、《在北岳游击区斗争的张瑞同志》、《反扫荡中的李勇》、《王凤山的土炮队》、《戎冠秀——子弟兵的母亲》、《炮弹王甄荣典》。

**8203. 学习的青年时代**　邓文仪著　黄埔出版社　1940 年 6 月　重庆　202　32 开　黄埔丛书　第 10 辑

收录文章 11 篇：《学习的青年时代》、《自我的奋斗》、《胜于—成于—》、《政治改造与政治建设》、《黄埔军校之建设》、《发扬黄埔精神》等。书前有"写在卷头"。

**8204. 一个革命的女性**（介绍蔡畅同志的事迹）　（美）宁漠·韦尔斯著　文化出版社　1939 年　28　32 开

本书系作者对蔡畅的采访记录。书中文章题名为《中国革命妇女的导师——蔡畅》。

**8205. 一九四三年的劳动英雄**（第三分册）　1944 年 4 月　257　64 开

本书辑录英雄故事 15 篇：《劳动英雄模范村长田二鸿》、《六十岁劳动英雄孙万福》、《青年农业劳动英雄李长清》、《妇女农业劳动英雄郭凤英》、《植棉英雄郭秉仁》、《农业畜牧英雄贺保元》、《模范党员劳动英雄申长林同志》、《杨朝臣是退伍军人的旗帜》、《刘生海从二流子变成劳动英雄》、《安置移难民与创办合作社英雄田云贵》、《张清益创办义仓》、《难民劳动英雄陈长安》、《冯云鹏怎样安置移难民》、《张庆丰运盐起家》、《机关养猪四英雄养猪经验座谈》。

**8206. 一面光荣的旗帜**　白郎作　光华书店　1947 年 11 月初版　2 +75　32 开　有插图

本书为东北抗日联军女英雄事迹的报道，收录《一面光荣的旗帜》、《八烈士》、《小妹妹》、《民族女英雄李秋岳》、《王勤夫人》、《裴大姐》、《张宗兰和她的嫂嫂》7 篇文章。书前有冯仲云所作"写在一面光荣的旗帜前面"。

**8207. 医药卫生的模范**　陕甘宁边区政府办公厅编　编者刊　1944 年 10 月　125　32 开　边政读物之四

内容包括：《女医生阮雪华与白浪》、《国际友人阿洛夫》、《关中善人任和平》、《牲畜防疫保健者陈凌风》、《延市儒医毕光斗》、《药剂师阮学珂》、《护士李国文》、《保小的卫生工作》等文章 17 篇。

**8208. 英勇抗战故事**（第一辑）　苏中出版社丛书编辑室编　苏中出版社　1945 年 9 月　2 +32　32 开

内容包括 6 篇文章：《前言》、《子弹》、《白区长桐本》、《英雄黄士奇》、《八万民兵的旗帜——

何凤生》、《伤兵母亲李桂英》。

**8209. 战斗在晋西北的英雄们**　八路军留守兵团政治部编　编者刊　1944 年 3 月　54　32 开　有照片　战士小丛书之十六

分几个战斗的故事、战斗英雄们两部分，收录《晋西北的战斗》、《汾阳大营盘之战》、《在"峰子头"上》、《甄家庄战斗》、《骑兵在战斗中》、《战斗英雄吴士正》、《青年战斗英雄郭六有》、《康家会战斗中的英雄》、《模范青年党员贾萱》、《大营盘战斗的勇士》、《两人抗击敌寇二百的勇士赵亮生、尹培风》、《战斗的故事》12 篇。

**8210. 张百川抗战纪实**　著者刊　1946 年 1 月　5 ＋21［环筒叶］　大 64 开　油印　有题词、

张百川别号海如，河南人。战时担任河南舞阳县立高等小学校校长、邓县第五区区长等职务。本书以自传体形式记述了自己在抗战期间不畏艰苦、英勇抗敌的故事。书前有序 3 篇。出版时间根据序言推断。

**8211. 张上将自忠纪念集**　张上将自忠传记编纂委员会编　编者刊　1948 年 9 月　上海　1010　大 32 开　有照片

分 19 卷，收录纪念张自忠上将的褒奖令、传记、遗容、遗墨、挽歌、祭文、诔词、挽诗、挽词、挽联、悼文、舆论、唁电、杂录、生前零拾等。

**8212. 张自忠的故事**　吴组缃撰文，汪刃锋作画　张上将自忠传记编纂委员会　1948 年 5 月　上海　127　32 开　有照片、有插图

收录 121 则小故事，主要介绍抗日战争中的民族英雄张自忠将军的生平事迹。正文前有遗像、遗墨和编者的话。附《张自忠简传》。

**8213. 中国抗战名人图史**　（上、下集）　复兴出版社编辑部编　上海复兴出版社　1947 年 8 月第 1 版　上海　［166］　横 16 开　有照片、有插图

收录了蒋介石、张群、于右任、戴季陶、李宗仁等 350 余名国民党党政要人的简要介绍。书前有编后缀言和 6 幅图片，图片主题分别为"八年惨痛的回忆"和"八年血泪的光辉"，再现了"七七事变"、上海"八一三"事变、"台儿庄血战"等战役的场景，图片附有文字说明。页数参考《民国总书目》。

**8214. 中国历代民族英雄传**　裴小楚编著　大方书局　1939 年 8 月再版　上海　385　32 开　有照片

收录上古时代的轩辕、春秋的曹沫、战国的弦高、唐朝的唐太宗、清代的林则徐至民国年间的孙中山等 66 位为国家民族利益抵抗外侮的历代英雄传记故事。卷首有著者自序。

**8215. 中国最高妇女领袖宋美龄**　欧阳剑萍著　香港中社　1939 年 5 月初版　5 ＋134　32 开　有照片

全书分为 21 节，介绍了宋美龄的家庭环境、美国留学时代生活、与蒋介石结婚的经过以及她在抗战时期的政治、外交活动等。附录为宋美龄言论集，包括《敬告日本妇女》、《告全国女同胞书》、《三八妇女节纪念词》、《新生中国的妇女与家庭》、《论人道正义被抹杀留下的只有剑》5 篇。书前有序。

**8216. 最近的丁玲**　俞士达编　长虹书局　1938 年 3 月初版　86　32 开

本书分两部分。前部分收当时杂志上有关丁玲的文章《最近的丁玲》（Earl H. Lea 著，明森摘译）、《长征中的丁玲》（徐盈）、《集体创作和丁玲》（任天马）、《和丁玲一齐在前线》（靳明）等

6 篇；后部分收丁玲的著作《文艺在西北地区》（论文）、《重逢》（剧本）、《游击生活》（通讯）、《七月的延安》（诗歌）4 篇。

**8217.（干教总队）团宝山阵亡将士纪念专刊** 山西省第十一区各界追悼团宝山阵亡将士大会编 编者刊 1939 年 11 月 山西 116 32 开 有照片、有题词

本书收录悼念文章数篇，以及追悼大会始末、讲演词等。卷首有杨总队长玉铨遗像。封面有题赠。

**8218. 八路军抗战烈士纪念册** 十八集团军政治部宣传部编辑 编者刊 1942 年 5 月 171 32 开 有题词

书中收入《悼周建屏同志》、《悼八路军魏旅长大光光荣殉国》（叶剑英）、《悼丁思林同志》（邓小平）、《悼贺营长云生同志》（王震）等 100 篇悼念八路军抗战烈士的文章。书前有朱德序、《编者的话》。

**8219. 东北抗日烈士传** 王亚编 大众书店 1935 年 12 月 131 32 开

收录抗日烈士吉鸿昌、邓铁梅等人的殉国事迹。书后附录《东北四省四年来的反日游击战争》、《三年来东北义勇军斗争的总检阅》。扉页题署："敬献此书于诸抗日救国烈士之灵前"。

**8220. 河北省党务工作殉难同志追悼大会纪念特刊** 中国国民党河北省执行委员会编著 编者刊 1943 年 4 月 8＋96 16 开 有插图、有图表

本书分 7 部分：弁言、诔词、祭文、挽联、纪念殉难同志论文、殉难同志传略、图表。书后有编后记。

**8221. 湖南团员抗战忠勇事迹** 查广德编著 三民主义青年团湖南支团部 1946 年 8 月初版 长沙 8＋62＋60 32 开 有插图、有题词、有图表 湖南团史资料之一 三民主义青年团湖南支团部团史资料编纂委员会主编

本书共分 4 章：战斗的湖南、战地服务队的产生和发展、战斗经过、胜利归来。书前有胡庶华题词、李树森序、周天贤序。书后附有哀荣录、沉痛的哀思、被俘回忆录等 6 篇。另附编辑后记。

**8222. 抗日先烈记** 独立出版社编 独立出版社 1938 年 5 月初版，1938 年 12 月 6 版 汉口 6＋62 32 开 战时综合丛书

本书记述刘甫澄、郝梦龄、佟麟阁、赵登禹、王铭章、刘震东、阎海文等 25 位抗日战争初期牺牲的将士的事迹，共 19 篇。书前有战时综合丛书例言、献词。书末有编后记。封面所列执笔人包括：刘湘、罗芳桂、郝梦龄、杨绍卿、刘家祺、孙景荣、佟麟阁、姚子青、赵登禹、尹杰、绕国华、王敬谋、王铭章、南口勇士、刘震东、李桂丹、蔡丙炎、吕荃惇、梁镜齐、阎海文、姜玉贞、沈崇海、黄梅兴、陈怀民、徐荣奎。

**8223. 抗日先烈记** 中国国民党中央执行委员会宣传部 编者刊 1939 年 2 月 重庆 61 32 开

本书记述了刘甫澄、郝梦龄、佟麟阁、赵登禹、阎海文等 25 位抗日战争初期牺牲的将士的事迹，共 19 篇。

**8224. 抗战军人忠烈录（第一辑）** 曾国杰编辑 国防部史政局 1948 年 3 月 11＋62 16 开 精装 有照片、有图表 战史丛刊 第 12 种

本书分遗像、事略两个部分。事略一栏收《张故上将自忠忠烈事略》、《李故上将家钰忠烈事略》、《郝故上将梦龄忠烈事略》、《唐故上将淮源忠烈事略》等 162 件抗战军人忠烈事略。卷首有陈诚所作序言。书前有凡例。书内附有勘误表。

**8225. 抗战特殊忠勇军民题名录（第一辑）**　国民政府军事委员会政治部编　编者刊　1941 年 1 月　2 + 378　32 开　有题词、有图表

辑录了抗战时期 400 余名军民的忠勇事迹，分为将士、民众两大部分，按照忠勇军民所属战区及作战年月顺序排列。正文全表包括战区、番号（省县村）、级职（职业）、姓名、作战年月、作战地点、简历和忠勇事迹几部分。书前有编辑例言。

**8226. 抗战特殊忠勇军民题名录（第二辑）**　国民政府军事委员会政治部编　编者刊　1943 年 10 月　18 + 386　32 开　有题词、有图表

辑录了抗战时期 400 余名军民的忠勇事迹，分为将士、民众两大部分，按照忠勇军民所属战区及作战年月顺序排列。正文全表包括战区、番号（省县村）、级职（职业）、姓名、作战年月、作战地点、简历和忠勇事迹等部分。书前有编辑例言。

**8227. 抗战英雄题名录（第一集）**　中国国民党中央执行委员会宣传部编　编者刊　1943 年 7 月初版　重庆　2 + 98　32 开　抗战建国六周年纪念丛刊

本书辑录了在前线作战中牺牲的陆、海、空军战士名录。包括抗战英雄题名录和忠勇传略集要两部分，"题名录"以姓氏笔划为序，"集要"以殉国年月先后为编次标准。书前有编辑例言。

**8228. 抗战中之忠勇义烈**　军事委员会政治部、国民精神总动员秘书处合编　国民精神总动员会　1939 年　6 + 28　32 开　国民月会讲材丛书之一

记录了 54 名将士、民众的英勇抗敌故事。分"关于忠勇之将士"和"关于义烈之人民"两部分。前者包括"在西北战场方面者"、"在东南战场方面者"和"在空军方面者"3 部分，记录了佟麟阁、赵登禹、王铭章、李家骥等人的事迹和牺牲经过；后者包括"在苏皖方面"、"在湘赣方面"、"在晋鲁方面"和"在闽粤方面"4 部分，记录了村民、大学生、儿童等的抗敌殉难经过。

**8229. 烈士传**　辽东建国书社　1936 年　78　32 开

该书收入 11 篇文章：《纪念我们英勇牺牲的先进革命战士》、《李大钊同志抗日斗争史略》（成纲）、《纪念反日战士顾正红同志》（康生）、《悼向警予同志》（李明）、《苏兆征同志传略》（邓中夏）、《澎湃同志传略》（玉德）、《纪念恽代英同志》（伯林）、《纪念蔡和森同志》（李明）、《瞿秋白同志传》（杜静、肖三）、《方志敏同志传》（梁朴）、《悼刘华同志》（康生）。

**8230. 宁死不屈**　中国国民党中央执行委员会宣传部　著者刊　1938 年 4 月　8 + 122　64 开　抗敌手册之八

本书分引言、士绅、学界农界工界商界、银行界新闻界交通界、妇女、童子军、各种族、侨民、将士 9 大部分。引言部分介绍了编写此书的背景、意义及目的，其余部分收录了各地军民英勇壮烈、宁死不屈的 78 篇抗敌故事。

**8231. 四年来抗战英雄事迹**　中国国民党中央执行委员会宣传部编　编者刊　1941 年 7 月　8 + 42　32 开

分为军人、公务员、民众 3 部分，介绍抗战军民事迹。军人部分包括在东南战场、在西北战场、在空军方面，介绍了张自忠、谢晋元、佟麟阁、王铭章等人的事迹；公务员部分介绍了范筑先等人的事迹；民众部分分为在晋鲁方面、在苏皖方面、在湘赣方面、在闽粤方面，介绍了张全甲、孙景灏、谢湘佐等人的事迹。书前有编者引言和前言。

**8232. 四年来绥远抗战忠勇事迹**　绥远各界抗战建国四周年纪念筹备会编　编者刊　1947 年　47

32 开

　　本书收录在绥远抗战中的袁庆荣、石玉山、王子修、安荣昌等十余名将领，及数十名英勇抗战官兵的传记和主要战绩。后附包头、五原等战役抗战阵亡将士英名录。书尾附编后记。

**8233. 团员忠勇故事集**（一）　　包文同编著　青年出版社　1946 年 8 月再版　南京　14 + 142　32 开　青年模范丛书　第 3 辑　抗战期中军民忠勇故事

　　全书分为 4 编，包括：壮烈捐躯、英勇杀贼、冒险犯难和忠义可风，记叙了 270 多位在战区和敌后与敌人英勇作战的团员事迹。书前有青年模范丛书编辑旨趣和凡例。

**8234. 团员忠勇故事集**（二）　　包文同编著　青年出版社　1946 年 8 月再版　南京　24 + 139　32 开　青年模范丛书　第 3 辑　抗战期中军民忠勇故事

　　全书分为 4 编，包括：壮烈捐躯、英勇杀贼、冒险犯难和忠义可风，记叙了 270 多位在战区和敌后与敌人英勇作战的团员事迹。书前有青年模范丛书编辑旨趣和凡例。

**8235. 西安教区追悼阵亡将士纪念**　1938 年 5 月　20　32 开　有照片

　　本书记叙了天主教西安教区为抗战阵亡将士举行祈祷和平大礼弥撒的情形。分 4 部分：记实、追悼典礼愿望、沈思、各界赠送挽联汇集。

**8236. 宪兵忠烈纪要**　1946 年 12 月　147 + 56　16 开　有照片、有题词、有图表

　　本书分 4 篇：忠烈史迹、追悼公祭、恤赠安置、忠烈名录。

**8237. 新升隆轮保卫大武汉殉难同志纪念册**　　新华日报馆编　新华日报馆　1939 年 1 月　重庆　277　32 开　有照片

　　本书包括悼文献词、回忆录、哀荣、后记等。

**8238. 张上将自忠画传**（*The Biography of General Chang Tse-chung*）　　张上将自忠传记编纂委员会编　编者刊　1947 年 5 月初版　上海　80　16 开　有照片、有题词

　　分 17 部分，收录张自忠生前及殉国后的有关照片多幅，均有文字说明。封底有歌曲《国殇》。有英文目录。

**8239. 中国空军英烈全传**　　陈思文编　上海明明书局　1938 年 1 月　上海　84　32 开

　　分 3 编。第 1 编为空战纪实，包括《杭州湾青空的凯歌》、《高资空战敌机毁落目击记》等 5 篇；第 2 编为空军英雄自述，包括：《第一次空袭》、《空之祝福》、《陈其光自述太原血战》等 6 篇；第 3 编为消失在青空的英雄，包括：《最初的殉国者》、《空军勇士黄文模之殇》等 6 篇。

**8240. 中华民国忠烈将士姓名录**　　江西省东乡县联合勤务总司令部抚恤处纂订　编者刊　1947 年 12 月初编　1 + 15　32　有图表

　　收录有抗战期间阵亡将士名单。

**8241. 忠勇事迹**（第一辑）　　何炯编著　青年书店　1940 年 9 月初版　重庆　59　32 开　抗战丛史之一

　　本书收录了《张旅长誓死坚守南市》、《东北女英雄田佐民》、《首都战役郑副官效忠殉难》等 69 篇文章。书前有编著序言。

**8242. 追悼冀热一带战役阵亡将士大会记事录**　　国民政府军事委员会北平分会编　编者刊　1933 年 8 月　［北平］　250　16 开　精装　有照片、有插图

本书收录：九一八以后失地图、各战区战争经过之梗概、冀热一带战役阵亡官佐统系表、冀热一带战役阵亡士兵统系表、会务纪录、匾额、祭文、挽联等。

**8243. 追悼六十军抗敌阵亡将士特刊**　滇黔绥靖公署政治训练处编　云南各界追悼六十军阵亡将士大会　32　16 开　有照片、有题词

本刊收文 20 篇：《诗纪鲁南殉难诸将》（周钟岳）、《六十军抗战周年纪念并追悼阵亡将士》（龚自知）、《鲁南战中的六十军》（罗树青）等。

# 伪政权人物

**8244. 国府汪主席行述**　（伪）华北政务委员会总务厅情报局编　编者刊　1944 年 11 月　78　32开　时局丛书之五十二

分 13 部分，包括谱系家世、苦读经过、献身革命、奔走和平、国府还都直至赴日就医、病逝。附录收《正月的回忆》、《北京庚戌桥记》。

**8245. 寒风集**　陈公博著　地方行政社　1944 年 10 月初版，1944 年 12 月再版，1945 年 2 月 3 版上海　5 + 314 + 69 + 2　大 32 开

本书为作者的作品集，分甲、乙两篇。甲篇收入《少年时代的回忆》、《我的生平一角》等 6篇文章；乙篇收入《我的诗》、《偏见》等 7 篇文章。书前有序，书后有跋。

**8246. 汪精卫先生传**　雷鸣著　政治月刊社　1944 年 12 月出版，1945 年 2 月再版　上海　13 + 43132 开　有照片

全书分 21 章，包括"幼年"、"民报时代与南洋时代的生活"、"庚戌蒙难"、"辛亥革命前后"、"欧洲往来"、"政治生活第一章"、"国民革命"、"抗日战争初期的活动与生活"、"汪、蒋决裂"、"脱离重庆"、"病逝日本"等。书后有著者的《历史与人物》一文作为本书的代序。附录《汪精卫先生年谱》。

**8247. 汪精卫先生复国行实录**　张江裁纂　（伪）中华民国史料编刊会　1943 年 7 月　北京　4 +176　32 开

书中收录了汪精卫 1938 年 12 月—1940 年 4 月间的言行。书前有吴廷燮、李宣倜序两篇。

**8248. 汪精卫先生庚戌蒙难别录**　张江裁编　双肇楼　1941 年 1 月　东莞　9 + 13 + 5 ［环筒叶］大 32 开　有插图、有题词　双肇楼丛书

"庚戌蒙难"系指 1910 年汪精卫因参加暗杀清摄政王载沣被捕一事，本书记述此事的经过。书前有汪精卫、王揖唐、赵尊岳等序言 5 篇。后附《汪精卫先生自述》、《秋庭晨课图记》。

**8249. 往矣集**　周佛海著　平报社　1945 年 2 月第 12 版　上海　9 + 157　32 开　有照片

周佛海回忆录。收录了《汪精卫先生实录序》、《苦学记》、《扶桑笈影溯当年》、《盛衰阅尽话沧桑》、《走火记》、《四游北平杂感》等 12 篇文章。附录收周杨淑慧《我与佛海》、《在日本的小家庭生活》。书前有《〈往矣集〉日译本序》、《〈往矣集〉日译本东京版序》、朱朴序和金雄白序。书后有周跋。

**8250. 我们的领袖汪主席**　（伪）南京特别市政府宣传处编　编者刊　1942 年 6 月　南京　35　大32 开　有照片、有题词

内收《汪主席印象》、《汪主席觐见记》、《当代第一大诗人》3篇文章。书前有《建国歌》、《拥护领袖歌》两首歌词谱。附录收《自传》、《六十政记》、《六旬寿言》。

**8251. 新中国领袖汪精卫先生**　李大立编著　新华书报社　1941年12月初版　上海　67　16开　有照片、有插图

书内有李大立《和平运动之源流》代序及《新中国汪精卫先生》、《我所认识的汪先生》两篇文章。目次后有《汪先生近影》、《汪先生之戎装》、《秋庭晨课图》（附原跋）。附录收汪精卫的自传、年谱。

**8252. 曾仲明先生殉国周年纪念册**　（伪）中央宣传部　南华日报馆　中华日报馆　1940年3月出版　135　16开　线装　有照片

本书收录了汪精卫、褚民谊、林柏生、周化人、汤良礼、朱仆的纪念文章，并收录《南华日报》以及中华通讯社《为河内暴乱事件质问重庆之执政者》、《我们对于河内案件的见解》等7篇文章。书中收录大量图片，包括曾仲明各时期的照片、诗词、书札等手迹。

**8253. 中国国民党和平运动殉难同志追悼大会专刊**　（伪）追悼大会筹备委员会编　编者刊　1940年9月　30　16开　有照片、有题词

本书收录曾仲鸣、曹炳生、季云卿等40余人的事略。书前有汪精卫的《和平运动殉难同志追悼大会献辞》、陈公博的《怎样纪念殉难的同志们》、《由抗战建国到和平建国》讲话稿3篇。卷首有《追悼殉难同志歌》、《发刊词》。书末有编后语。

# 其他

**8254. 保卫武汉**　李力编　三户图书社　汉口　1938年6月　汉口　3+78　32开

书中收入新华日报社论5篇：《疏散武汉人口的问题》、《保卫大武汉》、《总动员保卫武汉》、《目前在河南应该做些什么？》、《争取第三期抗战的胜利》。以及陈绍禹、周恩来、秦博古合著《我们对于保卫武汉与第三期抗战问题底意见》一文。

**8255. 二四八区扩大干部会议总结**　53［环筒叶］　大16开　油印

本书收《大会宣言》、《大会致蒋委员长阎司令长官电》、《大会筹委会的组织及负责同志》、《大会开幕致词》、《政治报告——武汉撤退后抗战形势与我们今后的任务》、《大会决议案》、《大会总结》、《大会闭幕致词》等内容。附录《贺电五件》。

**8256. 国耻史讲话**　沈鉴、王栻合著　独立出版社　1940年8月初版　重庆　4+124　32开　民族复兴丛书

本书分10讲：旧恨新怨（导言）、西方魔王东来（中西通商）、第一次敲门（鸦片战争）、第二次敲门（中法战争）、睡狮惊醒（同光中兴）、麻烦事（妥协外交）、东方魔王张口（中日战争）、东西两魔王铁蹄下的狮子（瓜分运动）、挣扎（再度自强）、怒吼了（中日再战）。

**8257. 轰动全沪的永安事件真相**　［1939］　16　32开

本书分7个部分：小言、事件的真相、永安事件给我们的教训、舆论一斑、慰问信札一瞥、永安职工待遇实情、廿八年度永安公司盈余概算。

**8258. 蒋冯书简**　［蒋介石、冯玉祥］　中国文化信托服务社　1946年11月初版　上海　12+139

16 开　有插图

本书收录蒋介石与冯玉祥之 1935 年至 1945 年间的通信。书前有题赠。

**8259. 抗日图书目录（改订版）**　（伪）中华民国新民会编　编者刊　1943 年 3 月　北京　2 + 292
32 开

伪新民会禁书目录，分军事关系、政治关系等 15 类。书前有凡例。

**8260. 抗战丛刊第一辑**　郑光昭编　商务印书馆　1938 年 5 月 3 版　长沙　7 + 210　32 开

收录《罗店争夺战》、《蔡丙炎将军血战罗店殉国记》、《血战东林寺》、《陈家行血战十日记》、
《闸北孤军》、《一篇血写的小说》、《大战平型关》、《姚子青烈士》、《左昆之》等 37 篇文章。书前
有编者导言。

**8261. 抗战丛刊第五辑**　郑光昭编　商务印书馆　1938 年 7 月初版　长沙　7 + 302　32 开　有图表

收录《游击战中的山西》、《游击生活三个月》、《晋东南的抗战部队》、《恒山的怒吼》、《不能
控制的华北》、《冀察晋抗战回忆》、《记赵老太太》等 36 篇文章。书前有编者导言。

**8262. 抗战丛刊第六辑**　郑光昭编　商务印书馆　长沙　6 + 221　32 开

收录《东北人民的英勇奋斗》、《在奴隶之悲愤中回到沈阳》、《今日的东北》、《伪满逗留记》、
《请看今日之北平》等 33 篇文章。书前有编者导言。

**8263. 孝威选集**　陈孝威著　天文台半周评论社　1939 年 4 月再版　香港　21 + 356　32 开　天文
台半周评论丛书之一

本书分 4 编：卢沟桥事变以前（1937 年 7 月 7 日以前）、抗战第一期第一阶段、抗战第一期第
二阶段、抗战第一期第三阶段（上）。书前有章士钊所作序言以及叶恭绰、张一麐、肖其昌分别所
作的再版序言和自序、例言。有著者题赠。

**8264. 中共中央发言人对皖南事变谈话**　1941 年 1 月 18 日　4 张　16 开

附录收《共产党七参政员致国民参政会公函》（1941 年 2 月 15 日）及《中共中央革命军事委
员会为皖南事变命令与谈话》（1941 年 1 月 20 日）。复制本。

**8265. 中国与日本**　郑学稼著　中国国民党江西省党部　1940 年 4 月　江西　10 + 180　32 开　抗
战建国丛书

本书包括中国下降与日本上升、第一次中日战争与八国联军、日俄战争与中国、由一九零五至
一九一一、加藤外相给与洪宪陛下之政治论文、五四运动、北伐与济南惨案、苏维埃运动与九一
八、统一运动与民族战争等 9 部分。

**8266. 中央党史史料编纂委员会史料征集通则**　编者刊　1940 年 5 月　16　32 开

附《抗战史料征集简则》。

**8267. 驻美大使馆御侮捐款户征信录**　纽约中国银行　1937 年 12 月　3 + 90　16 开

书前有王正廷所作"中国银行国防捐征信录弁言"及引言。出版时间据封面推论。

**8268. 国防文学论战**　新潮出版社　新潮出版社　1936 年 10 月初版　上海　6 + 602 + 10　32 开
救亡文化丛书之一

收录了关于"国防文学"和"民族革命战争的大众文学"两个口号的论争文章 57 篇，作者有
鲁迅、郭沫若、周扬、徐懋庸、茅盾、周立波等人。附录收《中国文艺家协会宣言》、《中国文艺工

作者宣言》和《文艺界人为团结御侮与言论自由宣言》。

**8269.** **近二十年中国文艺思潮论** 李何林编著 生活书店 1939年3月初版 18+576 32开 有 照片 新中国学术丛书之四

分3编：五四前后的文学革命运动、"大革命时代"前后的革命文学问题、从"九一八"到 "八一三"的文艺思潮。书前有著者序和参考书目。

# 文学、艺术、文化事业

# 文学

**8270. 抗战期间的文学**　阿英著　战时出版社　1938年5月初版　［广州］　2+98　大64开　战时小丛书之七

收录了《抗战期间的文学》、《两位抗敌的英雄》、《祝福孩子们》、《略记四十年来日本人屠杀中国儿童事》、《让民众自己组织起来》、《我们的崖应该更坚实一些》、《一束汉奸的报纸》、《没有恩仇的彼岸》、《扑灭此绝灭人道的暴徒》、《文艺工作者真的救亡无路吗》、《也是在锻炼着人类的条件》等15篇文章。

**8271. 抗战诗歌讲话**　蒲风著　诗歌出版社　1938年4月初版　4+74　32开

诗歌理论，分6个部分：现阶段的诗人任务、关于前线上的诗歌写作、现阶段的抒情诗、关于抒情诗写作法的意见、目前的诗歌大众化诸问题、诗歌大众化的再认识。书前有作者前言。

**8272. 抗战文艺论**　胡春冰编　中山日报社　1938年4月　广州　8+108　32开　中山日报社抗战丛书　第1辑第6种　陈淦、陈恩成、肖依明、熊复苏、胡春冰主编

分为5部分，收录了《抗战进展中文艺作家的任务》（胡春冰）、《论当前需要的文艺》（黎觉奔）、《论战争与文艺》（周行）、《论民族战争与反战文学》（洁孺）、《抗战文艺简论》（林焕平）等13篇和《广州文艺座谈会纪录》（一九三七·廿八）。书前有李伯鸣、陈淦总序、《从民族文艺到抗战文艺（前言）》（胡春冰）。

**8273. 抗战文艺论集**　洛蚀文编　文缘出版社　1940年3月初版　6+352　32开

分3辑：第1辑收录《我们需要展开一个抗战文艺运动》（周行）、《我们现实与文学上的新的任务》（周扬）等15篇论文；第2辑收录《关于"艺术大众化"》（冯雪峰）、《文艺大众化问题》（茅盾）等10篇论文；第3辑收录《报告文学的任务》（周钢鸣）、《抗战文学与报告文学》（戴平万）、《谈抗战歌曲》（丰子恺）等11篇论文。书前有序。书后附录收《中华全国文艺界抗敌协会发起趣旨》、《抓住战斗的中国民族这个崭新的形象》（冯乃超）、《关于"艺术和宣传"的问题》（鹿地亘）3篇。

**8274. 抗战文艺评论集**　林焕平著　民革出版社　1939年10月初版　3+165　32开

共5辑：第1辑抗战文艺的基本问题，包括绪论、世界观与创作方法、创作技术的问题等6个部分；第2辑抗战文艺的实际问题，包括作家的基础条件、论新文学与旧形式等8个部分；第3辑1938年的我国文坛，包括1938年的文艺评论界等3个部分；第4辑1938年的日本文坛，包括论1938年的日本文学界、日本文坛暗明面等4个部分；第5辑为书报述评。书后有作者后记。

**8275. 抗战文艺诸问题**　何鹏著　文化供应社　1941年2月　桂林　2+59　32开　青年新知识丛刊

分12节，包括什么是抗战文艺、抗战文艺与战争文艺、抗战文艺的内容、抗战文艺的形式、抗战文艺的创作方法（上、下）、文艺的大众化运动、文艺的通俗化运动等。各节后附习题若干。

**8276.** 实际工作者、模范文教工作者们大家动手，为工农兵的需要而写作！ 华北新华书店编辑部编 编者刊 1945年4月 10 64开

内容包括3个部分："大家动手，为工农兵的需要而写作"、"写哪些东西?"、"义务与权利"。

**8277.** 通俗文艺五讲 老舍、王泽民、老向、何容、纪彬合著 上海杂志公司 1939年10月 重庆 3+86 32开

辑录抗战以来讨论通俗文艺理论的文章。

**8278.** 文学手册 艾芜著 文化供应社 1941年3月 桂林 4+135 32开

抗战时期文学创作参考书。书后有作者后记。

**8279.** 新狂飙时代 王平陵著 商务印书馆 1943年8月初版 重庆 2+189 32开

全书分3辑。第1辑包括《新狂飙时代》、《展望烽火中的文学园地》、《救治革命文学的贫血症》、《战时中国文艺运动》等9篇文章；第2辑包括《为什么没有伟大的作品》、《建立严正的文艺批评》、《文艺创作的新道路》、《战时作品的现实性》等8篇文章；第3辑包括《参观联合国艺展》、《战时小说的创制》、《通俗文学再商兑》、《战时电影编剧论》等11篇文章。

**8280.** 怎样写抗战文艺 杨晋豪著 战时出版社 1938年5月初版 广州 128 10cm×17cm 战时小丛书之九

本书包括优良的射击手、正确的世界观、强烈的正义感、掘发丰富的题材、鼓动的和教育的等9个部分。附有后记。

**8281.** 战时写作诸问题 齐同著 中苏文化协会湖南分会 1938年6月初版 湖南 33 32开 中苏小丛书 第二辑之一 中苏文化协会湖南分会编

本书论述了抗战时期文学创作的题材、手法等问题。

**8282.** 中苏文化（文艺特刊） 中苏文化协会编 编者刊 1941年1月 重庆 172 32开 有插图

收录中苏作家撰写的文章和中国作家翻译的苏联作家的文章，包括《抗战建国的基本认识》（孙科）、《中国作家致苏联人民书》（茅盾等）、《苏联作家致中国作家并郭沫若先生的信》等。有编后记。

**8283.** 哀西湖 杜蘅之著 独立出版社 1942年1月初版 重庆 96 32开 中国诗艺社丛书

叙事诗。"九一八"事变后作者在全民抗战期间的作品。

**8284.** 尘土集 邹荻帆著 文化生活出版社 1942年1月桂1版 重庆 1+72 32开 文学小丛刊 第2集

诗集。收录了《十月的原野》、《江边》、《死之颂》、《江》、《走向北方》、《山道上》、《河水》、《他们将为一些受难的人们去斗争》8首诗歌。

# 文学作品

## 诗 歌

**8285.** 呈在大风沙里奔走的冈卫们 田间著 生活书店 1938年7月初版 汉口 6+142 32开 有照片 西北战地服务团丛书之八 丁玲主编

本书收《史沫特莱和我们在一起》、《我们的管理员朱文三》、《一个祖国的儿子》、《给丁玲同志》、《他弹起了弦子》、《我只有稿纸与血斑》、《儿童节》、《工人节》等25首诗歌。书前有丁玲作的序，书后有后记。

**8286. 春礼劳军歌**　冯玉祥著　军事委员会政治部　21　64开　有插图　抗战小丛书　第12集　军事委员会政治部编

抗战诗歌。

**8287. 从军乐**　李从心著　国民图书出版社　1942年10月初版　18　64开　国民常识通俗小丛书

叙事诗。

**8288. 从军行（抗战诗集）**　臧克家著　生活书店　1938年6月初版　汉口　2+83　32开

收录《我们要抗战》、《从军行》、《从军去》、《伟大的交响》、《换上了戎装》、《抗战到底》、《保卫大徐州》、《过武胜关》、《兵车向前方开》等14首诗。书前有作者自序。

**8289. 大家齐来打日本**　杨昌溪著　国民图书出版社　1942年10月初版　重庆　13　64开　国民常识丛书通俗小丛书

抗日宣传词。

**8290. 反法西斯**　艾青著　读书出版社［总经售］　1946年4月初版　上海　86　32开

分为3部分：中国人民的歌、希特勒主义、敬礼啊——苏维埃联邦，收录了31首作者创作于抗战时期的诗歌。

**8291. 烽火**　万众著　2+64　32开　万众诗集之七

共收录《吊屈原》、《复仇的圣火》、《给露西姬太太》、《怅望的心》等16首。

**8292. 冯玉祥抗战诗歌选**　冯玉祥编　怒吼出版社　1938年3月　上海　1+70　10cm×18cm　抗战小丛书

本书收录19首诗歌：《补袜子》、《马赛工人》、《侵略者》、《抢机器》、《老太太》、《大困难》、《孩子团》、《郭廷辉营长》、《"一二八"六周年》、《上海游击队》等。

**8293. 冯玉祥诗歌近作集**　冯玉祥著　三户图书社　1938年4月初版　汉口　［93］　32开

本书为1925至1926年间所作诗歌的合集。全书分3辑，共100多首诗歌。书前有自序。吴组缃为本书作序。

**8294. 冯玉祥先生抗战诗歌集（第三集）**　冯玉祥　三户图书社　1941年6月初版　14+6+286　32开　有插图

本书为冯玉祥在1939年创作的诗歌集，收录《菜花黄》、《出击》、《起身歌》、《早饭歌》、《豌豆诗》、《春秋阁》、《过屈原墓》、《新的血债》、《敌国火案》等100多首诗歌。王冶秋为其作序。

**8295. 改良三字经**　韩一青编著　大东书局［总经售］　1939年10月　西安　14　32开　抗战小丛书之二十四

本书为改良历史三字经。书前有自序。

**8296. 给战斗者**　田间著　南天出版社　1943年11月初版　桂林　6+264　32开　七月诗丛　胡风主编

分6辑，收《中国的春天在号召着全人类》、《棕红的土地》、《这年代》、《给 V. M. 》、《荣誉战士》、《晚会》、《儿童节》、《那些工人》、《假使全中国不团结》（街头剧）、《保卫战》（街头剧)、《一杆枪和一个张义》(小叙事诗)、《回队》(小叙事诗)、《曲阳营》(小叙事诗) 等 38 首。书前有代序《给我们时代的歌颂》。书后有胡风的《后记》。

**8297. 关中民族英雄抗敌歌(十二个御侮故事)** 以然编 大公报西安分馆 1938 年 11 月初版 西安 33 + 4 32 开

古典诗歌 12 首。书后附《夫妇抗敌记》(秦腔抗战剧本)和《赶走了鬼子好过年》(抗战秧歌)。

**8298. 国难歌史及诗史** 徐佛苏 1938 年 10 月再稿] 118 32 开

分国难歌史、自悲歌史两部分。每两句诗后有注释。书前有歌史诗史总序、国难歌史分序。书末附有诗歌初稿时之序、诗歌初稿时之跋以及王克敏、汤尔和、齐燮元、伍庄等 18 人的贺诗。

**8299. 国难诗稿(五卷)** 章伯寅著 1939 年 11 月增订 3 版 65 [环筒叶] 32 开

全书共分 5 卷,收录了 330 首诗歌。第 4 卷中附作者检讨文 3 篇和移转阵地日期表。卷首有作者的《国难诗稿序》及方克刚、宗子威、钟钟山所作的序。封面有作者题赠。

**8300. 国难吟咏汇编** 履朴编 南京书店 1932 年 10 月初版 上海 16 + 154 32 开

分国难杂吟、醒民歌、催征曲、咏马占山、咏十九路军、吊殉烈等 6 部分,收录了《忧国吟》(胡大原)、《感事诗》(何香凝)、《日占东省有感》(王一申)、《国难歌》(步陶)、《抗日哀吟》(清癯)、《征倭》(高文)、《淞沪捷》(沈恩孚) 等 90 首诗歌。

**8301. 横吹集** 王健先著 烽火社 1938 年 5 月初版 1 + 26 32 开 烽火小丛书 第 3 种

收录了 12 篇:上海战歌(一)、上海战歌(二)、《上海战歌》(三)、《死与生》、《阿里曼的坠落》等。

**8302. 火把** 艾青著 烽火社 1941 年 6 月初版,1942 年 3 月再版,1942 年 12 月蓉 1 版 成都 93 32 开 烽火文丛之三

长篇叙事诗。

**8303. 剑北篇** 老舍著 文艺奖助金管理委员会 1942 年 5 月初版 重庆 243 32 开 抗战文库丛书 第 1 种

长诗。分小引、蓉城——剑阁、剑门——广元、汉中——留侯祠、七七在留侯祠、双石铺——宝鸡、宝鸡车站、榆林——西安、华山等 27 节。书前有序,附录收《致友人函》。

**8304. 将军笑了** 杨伊著 文丛出版社 1942 年 10 月初版 1 + 59 32 开

诗歌集。收录了《将军笑了》、《你们回来了》、《新生的歌颂》、《红十字衣》4 首诗歌。

**8305. 九一八、一二八、七七、八一三、太平洋抗战诗史** 姚伯麟著 改造与医学社 1948 年 3 月初版 上海 22 + 453 16 开 有题词

分九一八之部、一二八之部、七七之部、八一三之部、太平洋之部 5 部分,以近体诗形式描述抗战。内有作者《印抗战诗史一书之困苦惨痛经过》。卷首有序 8 篇。

**8306. 抗敌时令歌谣(上册)** 江救著 大众文化丛书社 1938 年 10 月初版 12 横 32 开 有插图 大众读物之十二

抗战通俗歌谣集。每页附有插图。

**8307. 抗敌时令歌谣(下册)** 江救著 大众文化丛书社 1938 年 10 月初版 12 横 32 开 有插图 大众读物之十三

抗战通俗歌谣集。每页附有插图。

**8308. 抗日歌**　冯玉祥著　军事委员会政治部　17　64开　抗战小丛书　第12集　军事委员会政治部编

**8309. 抗日军官须知歌**　冯玉祥著　军事委员会政治部　1939年　［桂林］　32　32开

共收124首诗歌，介绍抗日军官生活、工作、战斗等方面应遵守的事项。封面题作"抗倭军官须知歌"。书前有冯玉祥题"为'七七'二周年纪念献于全国军人的礼物"。出版时间据此推断。

**8310. 抗日军官须知歌**　冯玉祥著　三户图书社　1940年3月初版　桂林　6＋64　64开

共收124首诗歌，介绍抗日军官生活、工作、战斗等方面应遵守的事项。封面题"为'七七'二周年纪念献给全国军人的礼物"。

**8311. 抗日千字文、四字经**　教育部民众读物编审委员会编著　正中书局　1938年11月初版　重庆　2＋25　64开　非常时期民众丛书　第5集第2册

以三字经、千字文形式宣传抗日。书前有王向辰序。

**8312. 抗日三字经**　老向著　三户图书社　1938年3月初版，1938年5月3版　汉口　22　32开　有插图

初版封面有老舍序。3版书前有老舍、盛成、王平陵、赵清阁序。

**8313. 抗战妇女三字经**　韩一青编　复兴出版社　1939年5月　［西安］　16　32开　抗战小丛书之十三

**8314. 抗战歌谣（第一辑）**　老百姓编刊社编　编者刊　1939年2月第1版　28　大64开　老百姓丛书之十一

本书系抗战内容歌谣，分儿童、妇女、老百姓、捐募、防毒、除奸、鬼子、其他几类。后有李敷仁廿八年二月十日，空袭警报解除后，于西安老百姓编刊社的"编后"。

**8315. 抗战建国三字经（附录抗战建国纲领全文）**　张祖英编著　国民图书出版社　1942年11月初版　重庆　38　64开　民国常识通俗小丛书

正文分为32小节。附录收《抗战建国纲领原文》。

**8316. 抗战诗歌**　魏冰心编　世界书局　1944年2月　重庆　5＋140　32开

收录《盟誓》（傅东华）、《大哉领袖》（唐仲涵）、《拥护领袖》（殷天南）、《要统一》（张元）、《巩固统一》（石林光）、《还我河山》（朱剑珊）、《大好河山返故都》（汪辟疆）、《横吹曲》（马文珍）、《新青年》（老舍）等100位作家作的100首抗战诗歌。封面题名作"抗战名人诗歌"。

**8317. 抗战诗歌集**　冯玉祥著　三户图书印刷社　1938年3月初版　汉口　16＋198　32开

收录《吊佟赵》、《吴淞口大战》、《女军人》、《敌人的末路》、《八百好同胞》、《打飞机》等80首诗歌。书前有何容、吴组缃分别所作序言及作者自序。

**8318. 抗战诗歌集（二辑）**　冯玉祥著　桂林三户图书印刷社　1939年　桂林　8＋130　32开

收录《华北民众抗敌》、《自掘坟墓》、《汉奸》、《德国元首》、《空军炸台北》、《抵制日货》、《烈士刘震东》、《临沂》、《台儿庄》等100首诗歌。书前有老舍作的序。

**8319. 抗战诗歌十九首**　徐君梅作　福建省政府教育厅　1940年10月初版　永安　4＋64　32开　战时国民读物　抗战歌谣之一

收录了《送郎歌》、《合作歌》、《万众一心》、《春光明媚满园香》、《寒衣歌》、《寒衣行》、《柳林外》、《麦怕清明连夜雨》等 19 首诗歌。书前有编者弁言。

**8320. 抗战诗歌选**　魏冰心编　正中书局　1941 年 2 月初版，1942 年 10 月 5 版　重庆　11＋131 32 开　文艺丛书

诗歌集。收录《咱们立下最后的誓言》（高兰）、《决定的答复》（任军）、《保卫古舟》（合侪）、《拥护领袖》（蒋笃生）、《民族至上》（吕庠）、《巩固统一》（吴一庐）、《抗战第一》（戈歌）、《全民抗战》（欧阳予倩）等 100 首诗歌。书前有序《大时代的贡献——题抗战诗歌选》（吴研国）和卷头语。

**8321. 抗战诗选**　教育短波社编辑　编者刊　1938 年 1 月　4＋60　32 开　战时诗歌补充教材　第 2 种

包括旧诗词和新体诗两部分，收录了《检查》（冯玉祥）、《打蜈蚣》（冯玉祥）、《缴械》（冯玉祥）、《女军人》（冯玉祥）、《冰莹女士抗战纪念》（何香凝）、《伤兵难民》（叶圣陶）、《做汉奸的我问你》（柳倩）、《战儿行》（卢焚）、《他们是五百个》（靳以）、《怒吼了，中国》（唐绍华）、《血肉的长城》（郭沫若）、《抗战的火苗》（臧克家）等 59 首抗战诗歌。

**8322. 抗战新诗选辑**　房崇岭选辑　教育部战区中小学教师第七服务团　1940 年 11 月　［天水］5＋96　32 开　进修小丛书　第 2 种

收录了《血的素描》（江村）、《战》（老舍）、《打》（老舍）、《征衣曲》（徐芳）、《播种者》（芮中占）、《煤矿工》（周剑琴）、《你修筑飞机场的工人》（卞之琳）、《均县，你这水光里的山城》（臧克家）、《柳荫下》（臧克家）、《游击队之女》（郭沫若）、《风陵渡》（艾青）、《让抗战胜利后再讲》（任均）等抗战新诗。书前有尹彤墀序。

**8323. 抗战宣传诗**　侯邦伯著　著者刊　1945 年　17［环筒叶］　32 开　油印

收诗 122 首。卷首有《抗战宣传诗序》及作者启示。出版时间根据启示推定。封面有题赠。

**8324. 抗战忠国小言**　韩一青编　复兴出版社　1939 年 5 月　12　32 开　抗战小丛书之十一

本书是抗战忠国的三字句的宣传册。

**8325. 昆仑关**　张泽厚著　新三书店［总经售］　1943 年 11 月初版　岳池　4＋104　32 开　抗战史诗

7 章长诗。

**8326. 黎明的通知**　艾青作　文化供应社　1943 年 5 月　桂林　2＋118　32 开　文学创作丛刊

新诗集。收录《高粱》、《老人》、《篝火》等 32 首诗。

**8327. 两浙正气集**　浙江省抗日自卫委员会战时教育文化事业委员会征编组编　编者刊　1939 年 7 月初版　浙江　17＋120　32 开　薪胆丛书　第 10 种

本书收 168 篇诗歌：《白马篇》（沈约）、《从军行》（前人）、《征夫词》（刘绩）、《避地日本感赋》（朱之瑜）、《黄海舟中感怀》（前人）等。书前有编辑例言。

**8328. 募寒衣**　老向著　教育部民众读物编审委员会　10＋2　64 开　民众文库

本书收录童谣 20 首，主题均为为抗战将士募捐寒衣。包括：《小板凳儿》、《小火炉儿》、《雪花飞》、《小河沟儿》、《一匹布》、《急急令》、《盘脚盘》等。附录收《仿印教育部民众读物及播音小丛书办法》。

**8329. 奴隶的歌**（诗歌创作集） 青鸟著 诗歌出版社 1938年1月 ［广州］ 70 32开

诗歌集分两部分。第1部分收《夜风》、《别离》、《雨声里》、《新的开始》、《血的记忆》等11首。第2部分收《悼无名英雄》、《都市的新年》、《明天，你是杀敌的先锋！》、《游击战颂》、《渔民恨》、《战神之死》等15首。书前有《序》（蒲风）。

**8330. 叛乱的法西斯** 莫洛、唐牧、孙哲文、今虚著 新知书店［经售］ 1939年2月 温州 1+48 32开 海燕诗歌丛书 第1种 海燕诗歌社主编

收录15篇诗歌：《我回来了，我的祖国》（唐牧）、《当列车经过衡阳的时候》（唐牧）、《俘虏》（孙哲文）、《沉默的碉堡》（唐牧）、《沦陷了的故乡》（孙哲文）、《叛乱的法西斯》（长诗）（莫洛）等。

**8331. 群众的队伍**（诗集） 减波著 1940年8月 1+36 64开

本书收录《迎五月》、《晨雾》、《群众的队伍》、《赵老太太》、《他立在我们的掌声中》、《他们》、《神鹰队》等11首诗歌。

**8332. 人民之歌**（诗集） 韩北屏著 前线出版社 1940年4月初版 桂林 77 32开

分3部分，收《健壮的歌唱》、《灾难的记忆》、《囚禁与自由》、《西去的洪流》、《广西腹地》、《警报·岩洞》、《年青的红枪手》、《这一次战斗》等23首诗。书末有作者后记。

**8333. 三年** 秦光银著 星期日周报 1941年10月初版 重庆 64 64开 有插图 星期日丛书 第1种

收《我们莫甘愿作人生的奴隶》、《夜行的逃难者》、《三年》、《给流亡人》、《出征》、《悄悄的安眠罢》、《伟大的结合》、《用血肉拼取第二个国度》、《伟大的骑士》等18首诗歌。书前有序两篇，后有作者的《后记》。

**8334. 杀人交响曲** 影痕著 海星诗社［总经售］ 1941年11月初版 曲江 57 32开 诗长征丛书之一 海星诗社编

收《呵！开垦吧！》、《船舱的角落》、《我们要在东亚建上血的纪念碑》、《我们的队伍开到了九江》、《大夜里的战场》、《坦克车底上的光荣牺牲者》等15首短诗，长诗《杀人交响曲》和《女兵》。书前收"诗长征史料"4篇。

**8335. 生之战争**（绍华诗二集） 唐绍华著 朝霞社 1935年7月初版 42 10.5cm×22.5cm

收录了作者1934至1935年创作的24首诗歌，包括：《生之战争》、《战壕中吟》、《长征》、《进军前》、《奴隶的心》等。

**8336. 胜利史歌** 易民苏著 长江文化事业公司 1946年9月再版 重庆 23 大64开

纪念抗战胜利叙事诗，分15小节。

**8337. 水车** 影痕著 海星诗社 1941年10月初版 曲江 44 32开 诗长征丛书之三 海星诗社编

收《淡墨色的禾场》、《沁河之夜》、《我伏在麦田里》、《水车》、《母亲》、《马灯》、《六月流火》（报告诗）、《窗》、《刑场》、《夜集》10首短诗及长诗《青纱帐里的太阳》。书前有"诗长征史料"4篇。有题赠。

**8338. 天明了**（诗剧三幕） 梅英著 血光周刊社 1938年4月 ［内江］ 70 32开

包括：暴风雨前奏曲、题词、序曲、第一部：血色黄昏、第二部：壮士三十、第三部：成仁之

路、为什么要这样写 7 部分。封面有"纪念滕县抗战殉国的将士们"字样。出版时间及出版地根据作者后记推断。

**8339. 王老五当兵打日本**　军事委员会政治部　14　横 64 开　有插图
抗战题材的通俗歌谣。

**8340. 微波词**　绛燕　独立出版社　1940 年 2 月初版　重庆　［49］　32 开　中国诗艺社丛书　徐仲年主编
全书包括两辑，收录了《空军颂》、《克复开封》、《冲锋》、《忧郁》、《风雨夕》等 30 首诗。书前有徐仲年序。

**8341. 为国出力**　四川省立南充民众教育馆编　编者刊　1941 年 8 月　8　32 开　油印　有插图
图文本抗战民谣。

**8342. 五月的农村**　影痕著　海星诗社　1941 年 10 月初版　曲江　48　32 开　诗长征丛书之二
收《五月的农村》（长诗）和《黄河的激流》（报告诗）。书前有"诗长征史料" 5 篇。

**8343. 武德颂**　国立编译馆编辑　教育部民众读物编审委员会　4 + 42　64 开
诗歌类作品，以"颂"体形式盛赞武德。

**8344. 向日葵**　袁水拍著　美学出版社　1943 年 5 月初版　重庆　2 + 80　32 开　海滨小集之一
收录 14 首诗歌，包括：《不能归他们》、《雨中的送葬》、《悲歌》、《祖国的忧郁》、《怀念》、《寄给顿河上的向日葵》等。

**8345. 小兰花**　蒂克著　莽原出版社　1942 年 10 月初版　成都　2 + 108　32 开　海星诗丛
本书收录了《马拉》、《驼铃》、《池塘边》、《小兰花》、《月夜》等 26 篇诗歌。朱光潜与苏雪林为该书分别作序。

**8346. 新编抗日救国新文（第一集）·打日本上海大战（二集）**　1937 年　9［环筒叶］　10.8cm × 18.2cm　线装
本书用通俗的诗文形式，叙述了日军占领上海的经过以及国民党军队抗击日军的经过。

**8347. 新的旅途**　穆木天著　文座出版社　1942 年 9 月渝初版　重庆　5 + 112　32 开　创作丛书之一　郑伯奇主编
收录了《全民族总动员》、《全民族的生命展开了》、《东方的堡垒》、《民族叙事诗时代》、《武汉礼赞》、《今天我真是喜欢得若狂》、《我们要做真实的诗歌记录者》、《赠高兰》等 19 首诗歌。书前有郑伯奇"创作丛书总序"。

**8348. 新送郎歌**　军委会政治部编　编者刊　6　横 64 开
收送郎当兵 10 首诗。

**8349. 雪与村庄**　邹荻帆著　文化生活出版社　1943 年 4 月蓉 1 版　成都　1 + 90　32 开　呐喊文丛之七
现代叙事诗集。收录了《我打从春天的城池出来》、《工作在原野上》、《雪夜》、《雪与村庄》、《羊》、《木船航行在河流上》（《没有星光的河流》、《现在，春天绚烂在河流上》）、《草原交响曲》（《序曲》、《太阳是从这里滚出来的》、《尾声》）7 首诗歌。

**8350. 燕子**　吕漠野著　正中书局　1939 年 8 月初版　杭州　2 + 56　10cm × 17cm　战时中学生小

丛书　李一飞、郭莽西主编

　　收录诗歌10篇：《燕子》、《我们歌唱》、《绿色的……》、《一个新生命的诞生》、《烽火中的摇篮歌》、《他要我们回答……》、《屠场》、《一个重伤兵的家信》、《樱花时节》、《最后的嘱咐》。

**8351. 战号**　郑振铎著　生活书店　1937年10月初版，1938年4月再版　上海　121　大64开

　　收录著者1925年至1937年7月期间的诗作品。分3辑，有《为中国》、《墙角的创痕》、《我们的中国》、《我们的伤痕永不在背上》、《吴淞口的哨兵》、《"哀兵"咏》、《什么时候是我杀敌的时候呢》、《芦沟桥》、《保卫北平曲》、《回击》、《机关枪手》、《剩在的三个士兵》、《勇士》等20首。书前有著者的献词，书后附著者跋。

**8352. 战时歌谣**　汪继章编著　国民图书出版社　1943年8月初版　重庆　2+24　64开　国民常识通俗小丛书

　　歌谣集。收录《孩子兵》、《中国人》、《小英豪》、《中国兵》、《打东洋》、《鸡冠花》、《军民合作》等56首歌谣。

**8353. 战时诗歌选**　冯玉祥等著　战时出版社　60　32开　战时小丛刊之十八

　　收录了23篇诗歌，包括：《抗战颂》（外三首）（郭沫若）、《给死者》（巴金）、《抗战的火苗》（臧克家）、《卢沟桥歌》（田汉）、《救亡对口曲》（艾芜）、《难民谣》（柳倩）等。

**8354. 张子开全家殉国**　效厂著　军事委员会政治部　16　64开　抗战小丛书　第11集

　　抗战期间的通俗叙事诗。

**8355. 中国兵的画像**　王亚平著　艺文研究会　1938年8月初版　重庆　2+53　32开　抗战文艺丛书　中国文艺社主编

　　本书收录了15篇诗歌，包括：《中国兵的画像》、《他的钢盔》、《出发之前》、《扯碎了钞票》、《战场的夜》、《鲜血》等。书前有序奏。

**8356. 祖国的吼声**　斯因著　西部文艺社　1940年10月初版　4+68　32开　西部文艺丛书之五

　　收录诗歌21首：《他在吼怒了》、《洛垢之夜》、《和平的卫士》、《女英雄》、《民族的积恨》、《夜袭》、《俘虏们》等。书前有作者所作前奏。

**8357. 八百壮士**　郑青士著　中国戏曲编刊社　1941年10月2版　重庆　4　大64开　抗战鼓词第1种　中国戏曲编刊社主编

　　鼓词。记述"八一三"事变中英勇牺牲的八百壮士的事迹。

**8358. 八路军出马打胜仗**　杨晋豪著　生活书店　1939年4月再版　20　32开　有插图　大众读物乙种之三　江陵主编

## 小说、故事

**8359. 八一三的故事**　愚山编著　国民图书出版社　1943年8月初版　重庆　19　64开　国民常识通俗小丛书

　　抗战小故事。

**8360. 百灵庙**　王清彬编著　正中书局　1938年4月初版　南京　2+28　大64开　有照片　抗战常识讲话　抗敌事迹

　　本书为抗战常识讲话，分5节：百灵庙的克复打破了敌人"大元帝国"的迷梦、红格而图一战

匪伪尽皆丧胆、卡车队冲破了百灵庙、在"中国人不打中国人"的口号之下匪伪纷纷反正、日人竟自招认是策动绥乱的主角。

**8361. 保卫山东的英雄们**　八路军联防政治部辑　八路军联防政治部　1944 年 10 月　3＋85　32 开　战士小丛书之二十一

　　内容包括两个部分：英雄们的事迹、模范连队和战斗英雄。

**8362. 卑贱者底灵魂**　吴奚如著　潮锋出版社　1939 年 10 月战时版　上海　6＋199　32 开

　　内收《生与死》、《卑贱者底灵魂》、《彭营长》、《一个含笑的死》、《活摇活动》5 篇小说。书前有作者自序。

**8363. 北方的故事**　张煌著　创作出版社　1940 年 10 月初版　桂林　50　32 开　创作小丛刊　第 1 辑　孙陵主编

　　本书收录了 5 个短篇：《旗的故事》、《武田特务》、《斯蜜司》、《南运河上的风暴》、《皇军十万》。

**8364. 北运河上**　李辉英著　大众出版社　1938 年 5 月初版　汉口　133　32 开　抗战动员丛刊

　　长篇小说。

**8365. 奔赴祖国**　白尔著　长白庐［出版］，独立出版社［印刷］　1944 年 2 月初版　196　32 开

　　长篇小说。分 5 章，有后记。

**8366. 边陲线上**　骆宾基著　文化生活出版社　1939 年 10 月初版，1942 年 4 月桂 1 版　桂林　227　32 开　现代长篇小说丛刊之四　巴金主编

　　长篇小说。书后有作者后记。

**8367. 播种者**　沙汀著　华夏书店　1946 年 8 月再版　上海　2＋144　32 开

　　本书收录《防空——在堪察加的一角》、《联保主任的消遣》、《在其香居茶馆里》、《替身》、《公道》、《模范县长》、《和合乡的第一场电影》、《没有演出的戏》、《小城风波》、《播种者》等 11 篇小说。

**8368. 播种者**（短篇小说集）　骆宾基著　大地图书公司　1943 年 5 月初版　桂林　1＋81　32 开　北雁文丛　孙陵主编

　　本书收 7 篇小说：《红玻璃的故事》、《萧红逝世四月感》、《播种者》、《鸡鸣与狗吠》、《孤独》、《记犀牛岭》、《生与死》。书后有《答读者》。

**8369. 卜式输财救国**　赵作雄编著　中华平民教育促进会　1937 年 11 月初版　长沙　15　12.5cm×15cm　农民抗战丛书

　　讲述汉代牧羊人卜式输财救国的故事。

**8370. 不可征服的人们**　戴夫著　东北书店　1947 年 8 月初版　1＋93　32 开

　　中篇小说。

**8371. 不愿做奴隶的人们**　朱雯著　烽火社　1940 年 7 月初版　重庆　1＋56　32 开　烽火小丛书　第 19 种

　　收录短篇小说 11 篇：《老妪》、《一个英勇的老人》、《两个女性》、《飞将军》、《入伍》等。书后有后记。

**8372.** 侧面　萧军著　海燕书店　1941年4月再版　香港　393　32开　七月文集　4　胡风主编

本书共3篇。第1篇10章：我留在临汾、照常地醒来、第一个会议等；第2篇8章：走出临汾、一辆炮车坐在泥泞里、古城等；第3篇4章：渡河、途中、延长城等。书前有作者前记。

**8373.** 朝鲜义勇队　林洛著　军委会政治部　1941年2月　25　64开　抗战小丛书　军委会政治部编

通俗故事。

**8374.** 陈双太和第四班·边区基干兵团一等英雄李仕亮·模范的革命军人张治国·太行区腹地民兵一等英雄陈炳昌　丁瑞光等著，八路军山东军区政治部宣传部编　编者刊　1945年7月　103　64开　部队通俗读物之四

此书为合订本，第一册收录《陈双太和第四班》（丁瑞光）、《赵保金班新老同志团结好》（郭城）、《我当了劳动模范、战斗英雄！》（战士杨士林口述，田德民整理）；第二册收录《边区基干兵团一等英雄李仕亮》（冰如、弓金作）新华书店，1945年1月；第三册收录《模范的革命军人张治国》冀鲁豫书店；第四册收录《太行区腹地民兵一等英雄陈炳昌》（葛岗作）冀鲁豫书店。

**8375.** 城陵矶　徐君梅作　福建省政府教育厅编辑委员会　1941年9月初版　福建　2+32　32开　战时国民读物　通俗小说之一

章回体抗战小说。分为10回：大好河山万里洞庭收眼底、一轮明月几家欢乐几家愁、烽火漫天拼把头颅报祖国、斜阳残谷大好男儿试锋芒、一门忠贞为道中华多汉子、后园决策千人争赴壶子山、为虎作伥人端臭名留万载、大义灭亲英雄姓氏遍四方、身败名裂几见汉奸下场好和裹伤作战为国捐躯姓名香。有弁言。

**8376.** 从前线到边疆　老马著　启示出版社　1946年10月　上海　77　32开　启示丛刊之二

描写抗日战争故事的中篇小说。包括10章，分别为：会战、被围、军中、留守、海上、赴沪、返沪、逃亡、边疆、伤心。

**8377.** 大家加入游击队　军事委员会政治部编　编者刊　22　64开　抗战小丛书　第11集

抗战除奸小故事，分4回："劫后江南天堂成地狱，乱中小镇土劣变汉奸"、"使狡猾汉奸偷带路，逞暴行百姓活遭殃"、"失踪出布告宣抚班格杀中国人，抗战是生机老百姓驱除日本鬼"、"复仇雪耻响应义勇军，杀敌除汉奸参加游击队"。

**8378.** 大时代的插曲　谷斯范著　珠林书店　1938年8月初版　上海　3+93　大64开　有插图

收录《不宁静的城》、《断了轨道的列车》、《韵子》、《在甘泉宿店》4篇小说。

**8379.** 大时代的插曲（敌后抗战故事）　白刃著　东北书店　1948年9月　佳木斯　2+53　32开

书中收录《大战平型关》、《迎接"皇军"》、《第一个日本俘虏》、《找炮呀！》、《共产党员真是硬骨头》、《"斗牛"》、《列车上的英雄》、《送殡》等19篇文章。书前有作者《前记》。

**8380.** 大时代的小故事　老舍等著　文摘出版社　1940年3月初版　重庆　2+169　32开　文摘文艺丛书

收录《一封家信》（老舍）、《电报》（台静农）、《大时代的小故事》（台静农）、《生活指数表》（端木蕻良）、《找房子》（端木蕻良）、《火腿》（端木蕻良）、《夜景》（舒群）、《朦胧的期待》（萧红）、《逃难》（萧红）、《被煎熬的心》（靳以）等12篇短篇小说。

**8381.** 敌兵投诚记　教育部民众读物编审委员会编　编者刊　16　64开　民众文库

抗战通俗读物。

**8382. 地下** 程造之著 海燕书店 1940 年 5 月 香港 7＋517 32 开 新地文学丛书之一 巴人主编

长篇小说。

**8383. 第三百零三个**（短篇创作） 布德著 上海杂志公司 1940 年 1 月初版 重庆 9＋112 32 开 每月文库 一辑之八 郑伯奇主编

收录短篇小说 10 篇，包括《第三百零三个》、《海水的厌恶》、《四层包围圈内的黑点》、《寂寞的哨兵》、《曹芳华》、《手的故事》、《谁是罗亭》、《第十一及第一》、《政训员》等。卷首有《每月文库总序》（郑伯奇）及陈纪滢序。书后有后记。

**8384. 第五号情报员** 仇章著 正光书局 1943 年 12 月 3 版 曲江 143 32 开 远东间谍战实录

本书为描写抗战期间间谍题材的小说。林薰南作序。

**8385. 第五号情报员** 仇章著 图腾出版社 1943 年 8 月再版 曲江 206 32 开 远东间谍战实录

本书为描写抗战期间间谍题材的小说。林薰南序。

**8386. 第五号情报员** 仇章著 远东图书公司 1944 年 10 月蓉 1 版 成都 2＋138 32 开 远东间谍战实录

本书为描写抗战期间间谍题材的小说。林薰南作序。

**8387. 第五号情报员** 仇章著 远东图书公司 1949 年 4 月沪 4 版 上海 1＋137 32 开 远东间谍战实录之一

本书为描写抗战期间间谍题材的小说。林薰南作序。

**8388. 第五号情报员续集**（第 1 集） 仇章著 大中书店 1949 年 5 月 广州 58 32 开

本书为描写抗战期间间谍题材的小说。有前记。

**8389. 第五号情报员续集**（第 2 集） 仇章著 大中书店 1949 年 广州 54 32 开

本书为描写抗战期间间谍题材的小说。有前记。

**8390. 第五号情报员续集**（第 3 集） 仇章著 大中书店 1949 年 广州 62 32 开

本书为描写抗战期间间谍题材的小说。有前记。

**8391. 第一阶段的故事** 茅盾著 亚洲图书社 1945 年 4 月初版 重庆 2＋365 32 开

长篇小说，附有后记。

**8392. 滇缅公路的故事** （美）赛珍珠著 以正译 新评论社 1942 年 4 月赣州航空版 重庆 34 大 64 开 新评论丛刊之一

短篇小说。原名《泥金菩萨的面孔》。

**8393. 丁郎约三事** 许里著，通俗读物编刊社编辑 生活书店 1940 年 3 月再版 24 32 开 战时通俗读物 乙种之六一

**8394. 东北的烽火** 李辉英著 火线社 1939 年 5 月初版 253 32 开 抗战文艺新刊

长篇小说。

**8395. 东方的坦伦堡** 王平陵著 艺文研究会 1938 年 10 月初版 重庆 1＋84 32 开 抗战文艺

丛书　中国文艺社主编

收录了《委任状》、《东方的坦伦堡》、《国贼的母亲》、《血祭》、《母与子》、《荒野的号哭》6篇小说。

**8396. 动乱一年**　朱雯著　33书店　1933年5月初版　6+302　32开

本书分8章：铁工场、洪水、饥饿线、窃钛者流、Intermezzo、疾风、疾风以后、沪战。书前有著者自序。

**8397. 杜天雷**　周希著　军事委员会政治部　19　64开　抗战小丛书　第11集

**8398. 锻炼**（短篇小说集）　艾芜著　华美书屋　1945年8月初版（渝）　重庆　2+198　32开

短篇小说集，分4辑，共9篇。第1辑：《日本轰炸缅甸的时候》、《锻炼》、《火车上》；第2辑：《女人·女人》；第3辑：《江》、《毛道人》、《丸药》、《医生》；第4辑《友》。书内有题赠。

**8399. 二勇士**　李守珍　教育部民众读物编审委员会　6　64开　民众文库

正文旁附注音字母。

**8400. 反正**　军委会政治部编　1941年2月　28　64开　抗战小丛书

**8401. 飞鹰旗**　马子华著　读书生活出版社　1939年8月　136　32开

短篇小说集。收录《飞鹰旗》、《风》、《福地》、《血染的军旗》、《布鞋》、《边荒》、《九宿桥之晨》、《朝天钉！蛮匪!》、《枕木》、《特务工作》、《铁的支点》、《烟雨录》、《祭灶》13篇。

**8402. 冯营长大战石弓山**　林舒著　生活书店　1938年9月初版，1939年4月再版　18　32开　有插图　通俗读物　乙种第5册　通俗读物编刊社编辑

再版为"大众读物乙种之十九"。

**8403. 父子英雄**　白桃等编　生活书店　1940年3月初版　重庆　49　32开　有插图　大众读物甲种之三十一

故事集。收录《父子英雄》、《八个土炮和八门钢炮》、《汉口的一位小朋友》、《绥远的一个哨兵》、《太湖边上的女英雄》、《一个游击队员的报告》、《打日本鬼子去》、《台儿庄大战的两勇士》、《秦始皇以后的一件事》、《神勇一士兵抵抗大军》10篇故事。

**8404. 复仇的心**　万迪鹤著　国民图书出版社　1944年6月初版　重庆　4+176　32开

短篇小说集。收录了《射手之歌》、《战地夜景》、《阵前》、《路》、《复仇的心》、《夹谷》、《自裁》、《邻居》、《岛国一细民》、《井上宽太郎》、《大和魂的寂寞》11篇小说。

**8405. 给予者**　欧阳山、曹明、东平、邵子南、于逢著，东平执笔　读者生活出版社　1938年1月初版　［汉口］　132　32开

中篇小说集。收《卡车的驾驶者》、《少尉服务员》、《黄伯祥的朋友》、《不幸的事件》、《陈金泉》、《八一三的前夜》、《弟弟》、《高华素》、《四十个》、《决心》、《那灰暗，沈郁的面孔没有变改分毫》11篇。书前有序《抗战的意志》（欧阳山）。

**8406. 郭排长裹伤杀敌记**　军事委员会政治部编　编者刊　13　64开　有插图　抗战小丛书　第14集

通俗故事。书中采用了说唱词的叙述形式。

**8407. 国难的故事**　施瑛著　开明书店　1936年10月初版、1937年11月3版　上海　6+200　32

开 开明少年丛书

本书讲述近代帝国主义侵华的史实。共有 20 讲，包括：一个比喻、他们怎样轰开大门来、外国兵第一次打到京城、可怜的反抗运动、重新在军事局面下挣扎、英勇的抗争、宰割的第一刀等。书前有《给读者的信》（代序），附录收"一个年表"。

**8408. 孩子投军** 方白著 生活书店 1940 年 3 月再版 26 32 开 有插图 大众读物乙种之四十五 通俗读物出版社编

苏联革命故事。

**8409. 韩世忠大战黄天荡** 教育部民众读物编审委员会编著 正中书局 1938 年 8 月初版 重庆 22 64 开 非常时期民众丛书 第 1 集 第 9 册

历史故事。

**8410. 好国民** 教育部民众读物编审委员会编著 正中书局 1938 年 2 月初版 重庆 17 64 开 非常时期民众丛书 第 2 集 近事 第 2 册

民众通俗故事。

**8411. 黑旗将军刘永福** 徐君梅编 福建省政府教育厅 1941 年 3 月初版 福建 2 + 38 32 开

本书为章回体小说，分 6 回。书前有弁言。

**8412. 横渡** 罗烽著 商务印书馆 1940 年 8 月初版，1943 年 10 月蓉 1 版 长沙 161 大 64 开 大时代文艺丛书

短篇小说集。收录《五分钟》、《横渡》、《天灵盖及其他》、《重逢》、《左医生之死》、《三百零七个和一个》、《荒村》、《绝命书》、《梦和外套》、《没有遗嘱的人》、《累犯》、《残废人》、《娄德嘉兄弟》、《横渡》、《万大华》、《一条军裤》15 篇小说。

**8413. 洪流（抗战小说精选）** 以仁编选 中国出版社 1942 年 9 月初版 1 + 194 32 开

本书收录 8 篇小说：《登记》（周而复）、《掘战壕》（庐梦殊）、《到底他叫什么名字》（周正仪）、《张老五》（欧阳健）、《洪流》（寒波）、《湖上恩仇记》（陈瘦竹）、《山城之触》（沙雁）和《黄牛》（陈骏）。

**8414. 后方集** 高植著 正中书局 1943 年 8 月初版 重庆 4 + 112 32 开 现代文艺丛书 张道藩主编

收录了《避空袭》、《倚闾》、《进城》、《江头》、《仇》、《花裕荣的新年》共 6 篇小说。书前有张道藩"现代文艺戏剧丛书总序"。书后有跋。

**8415. 后防集** 沙雁著 建国书店 1942 年 11 月重庆初版 重庆 2 + 224 32 开

本书收录《围歼之夜》、《硝皮厂》、《夜门》、《山城之触》、《盐的列车》、《抽》、《媳妇的运命》、《螺山村》、《剖》 等 11 篇小说。

**8416. 呼兰河传** 萧红著 河山出版社 1943 年 6 月 桂林 260 32 开

长篇小说。

**8417. 呼兰河传** 萧红著 上海杂志公司 1941 年 5 月初版 8 + 326 32 开 每月文库二辑之六 郑伯奇主编

书前有郑伯奇所作"每月文库总序"以及"二辑弁言"。

**8418. 胡阿毛** 教育部民众读物编审委员会编著 正中书局 1938 年 2 月初版 重庆 23 64 开

有插图　非常时期民众丛书　第2集　近事　第10册

民众通俗读物。

**8419. 黄昏**　艾芜著　文献出版社　1942年5月初版　桂林　124　32开　文艺生活丛书　第3种　司马文森主编

短篇小说集。收录《突围后》、《辄下》、《黄昏》、《亭》、《疏散中》、《猎》、《挟阄》、《河边》、《爱》、《收容所内》、《马路上》、《医院中》12篇。

**8420. 活跃在敌人后方**　鲍雨著　正中书局　1943年8月初版　6+172　32开　现代文艺丛书　张道藩主编

长篇小说，分3卷。书前有张道藩《现代文艺戏剧丛书总序》和鲍雨"写在前面"。

**8421. 火车集（短篇创作）**　老舍著　上海杂志公司　1939年8月初版，1943年12月重版　重庆　1+254　32开　每月文库：一辑之三　郑伯奇主编

收短篇小说9篇：《"火"车》、《兔》、《杀狗》、《东西》、《我这一辈子》、《浴奴》、《一块猪肝》、《人同此心》、《一封家信》卷首有郑伯奇的《每月文库总序》）。

**8422. 火车集**　老舍著　上海杂志公司　1943年5月再版　桂林　205　32开

收9篇短篇小说：《"火"车》、《兔》、《杀狗》、《东西》、《我这一辈子》、《浴奴》、《一块猪肝》、《人同此心》、《一封家信》。

**8423. 火车集**　老舍著　文聿出版社　1945年8月初版　重庆　154　32开

收短篇小说8篇：《"火"车》、《兔》、《杀狗》、《东西》、《浴奴》、《一块猪肝》、《人同此心》、《一封家信》

**8424. 火花**　李辉英著　商务印书馆　1940年11月再版　2+256　32开　大时代文艺丛书

小说集。收录了《火花》、《山村之夜》、《傍晚葬歌》、《福地》、《校长先生》、《夜店》、《宿营》、《你记得沈阳？廊房？台儿庄？》、《王老五》等14篇作品。

**8425. 火线上**　林箐著　火线出版社　1939年4月初版　189　32开　抗战文艺新刊

中篇小说。

**8426. 火葬**　老舍著　黄河书局　1945年4月初版　重庆　283　32开　黄河文丛

长篇小说。书前有作者序。

**8427. 劫后拾遗**　茅盾著　学艺出版社　1942年6月初版　桂林　184　32开

短篇小说。

**8428. 劫后拾遗**　茅盾著　学艺出版社　1945年8月再版　重庆　184　32开

短篇小说。

**8429. 惊天动地**　徐君藩著　福建省政府教育厅编辑委员会　1941年8月初版　福建　4+33　32开　战时国民读物　通俗短篇小说之一

收录了两篇短篇小说《救孤》和《死义》。书前有弁言和著者序。

**8430. 军政民一家**　舒潮辑录，新华书店编辑部编　编者刊　1944年　20　32开

拥政拥军爱民故事集。书前有编者"几句前言"。

**8431. 砍不断的头**　第四战区政治部编　编者刊　12　15.5cm×12.5cm　有插图　民族英雄抗战故

事　第2集

**8432. 抗日烈士苗可秀**　石光著　军事委员会政治部　18　64开　抗战小丛书　第6集

抗战故事小册子。

**8433. 抗日小英雄**　白桃等编　生活书店　1939年10月初版　重庆　50　大64开　有插图　大众读物甲种之五十二

收录《飞将军阎海文》、《抗日小英雄》、《义勇军是怎样来的》、《关秀英》、《老头子错引道路》、《大战宝山城》、《大战台儿庄的铁汉们》、《南口一勇士》、《段云清独战三个鬼子》、《一个俘虏的要求》10篇故事。

**8434. 抗战**　含沙著　上海金汤书店　1938年　汉口　2+339　32开

长篇小说。

**8435. 抗战的前奏**　李辉英著　火线出版社　1939年4月初版　[442]　32开

收录中篇小说两篇。

**8436. 抗战姑娘**（短篇创作集）　翁北溟著　青年文学月报社　1941年10月初版　江西　2+152　32开

收录《转过念头的题材》、《游击专家》、《小玲子》、《钱益顺》、《抗战姑娘》、《有办法》、《歇业》、《橡皮先生》8篇小说。书前有作者自序。

**8437. 抗战故事**　魏冰心编　正中书局　1942年10月3版　重庆　2+60　32开

收录《东北抗日领袖苗可秀》、《蔡丙炎血战罗店镇》、《姚子青死守宝山城》、《八百孤军力抗强敌》、《飞将军壮烈殉国》、《老英雄慷慨成仁》、《猛将军盘肠大战》、《小学生反抗倭寇》、《小向导》等20篇抗战故事。

**8438. 抗战故事**　魏冰心编　世界书局　1944年1月湘初版　重庆　4+159　32开

收录作者以抗战爆发后各报章报道为素材编写的故事50则。封面题作"抗战名人故事"。

**8439. 抗战文艺丛选**（一）　李辉英编　中国文化服务社　1942年11月初版　重庆　8+195　32开

本册收录9篇小说，包括《新的一代》（徐盈）、《第七连》（东平）、《差半车麦秸》（姚雪垠）、《春天的原野》（艾芜）、《长子》（欧阳山）、《归来》（李辉英）、《涡河的黄昏》（王西彦）、《防空——在堪察加的一角》（沙汀）、《总的破坏》（刘白羽）。书前有序。

**8440. 抗战小说选**　张天翼、巴金、沈从文、靳以、鲁彦、王西彦、罗洪、艾芜著　文艺书屋　1945年11月初版　上海　146　32开

本书收录了8篇抗战小说，包括：张天翼《新生》、巴金《某夫妇》、沈从文《白魇》、靳以《别人的故事》、鲁彦《千家村》、王西彦《两钱黄金》、罗洪《鬼影》、艾芜《野外》。

**8441. 控诉**　宋之的著　一般书店　1940年7月S版　上海　1+234　32开　有插图

作品集。收录《控诉》、《孩子回来了》、《□□□纪念堂》、《赐儿会》、《罂粟花开的时候》、《一四一七》、《伍秃子的故事》、《抓》、《一九三六年春在太原》9篇文章。书后有作者后记。

**8442. 旷野的呼喊**　萧红著　上海杂志公司　1946年5月1版　1+154　32开

本书收录《朦胧的期待》、《旷野的呼喊》、《逃难》、《山下》、《莲花池》、《孩子的讲演》6篇短篇小说。

**8443. 旷野的呼喊（短篇创作）**　萧红著　上海杂志社　1940年3月初版　上海　4＋187　32开　每月文库　一辑之十　郑伯奇主编

本书收录了《黄河》、《朦胧的期待》、《旷野的呼喊》、《逃难》、《山下》、《莲花池》、《孩子的讲演》7篇短篇小说。书前有郑伯奇"每月文库总序"。

**8444. 困兽记**　沙汀著　新地出版社　1945年5月初版　重庆　6＋420　32开

**8445. 老夫妻**　白郎著　中国文化服务社　1940年4月初版　重庆　116　32开　作家战地访问团丛书

中篇小说。

**8446. 老小英雄**　林洛、石光编著　活页文摘社　1940年5月初版　38　64开　大家看小丛书　第1册

本书收两部短篇小说：《范老英雄》（林洛）、《苗小英雄》（石光）。

**8447. 泪眼模糊中的信念**　丁玲著　未明社　1942年7月初版　33　32开　中篇小说之二

中篇小说。

**8448. 李有才板话**　赵树理著，遵彦习插图，裴三保木刻　新华书店　1943年12月初版，1944年3月再版　77　32开　有插图　大众文艺小丛书之三

卷首有李大章的"介绍《李有才板话》"。

**8449. 李有才板话**　赵树理著，华北新华书店编辑　华北新华书店　1946年5月3版　77　32开

书前有李大章的《介绍＜李有才板话＞》一文。

**8450. 李有才板话**　赵树理著，太岳新华书店编辑　太岳新华书店　1946年9月　62　32开　有插图　大众文艺小丛书之三

**8451. 李有才板话**　赵树理著　新华书店晋察冀分店　1947年6月再版　87　32开

本书收入作者《小二黑结婚》及《李有才板话》两部作品。书后附录周扬的《论赵树理的创作》一文。

**8452. 李有才板话影词（一、二卷）**　胡青、大众读物编刊社编　冀东新华书店　1947年5月　2册（共68页）　32开　石印

本书改编自赵树理的长篇小说《李有才板话》，共分为：聚会、打虎、丈地、驱逐、腐蚀、组织、斗争、总结8场内容。

**8453. 粮食**　罗烽著　中国文化服务社　1940年12月初版　重庆　168　32开　作家战地访问团丛书　中华全国文艺界抗敌协会编

小说集，收中篇小说《粮食》、短篇小说《遇崇汉》、《专员夫人》、《荣誉药箱》、《临危的时候》，共5篇。

**8454. 两个兵**　华扬著　军事委员会政治部　18　64开　抗战小丛书　第13集

抗战小故事。

**8455. 廖宝财大战日本鬼**　桂林行营政治部编　编者刊　桂林　20　32开　有插图　抗战通俗小册

章回体小说。

**8456. 庐山孤军**　程宗宣主编，贡伟基编述，吴志任绘图　江西省立民众教育馆　1939年2月初版

江西 36 32 开 有插图

章回体插图本大众读物，分 8 回，书前有程宗宣前言，书后有编者补白。

**8457. 陆军忠勇故事集** 孔繁霖编著 青年出版社 1946 年 8 月再版 南京 10＋118 32 开 青年模范丛书

本书收录了《淞沪歼敌》、《罗店争夺战》、《汇山码头攻克记》等 43 个小故事。书前有"编者的话"及柳克述所作"青年模范丛书编辑旨趣"。

**8458. 蚂蚁斗蛇（战时儿童初级读物）** 陆洛编、舜田画 新知书店 1940 年 6 月初版 ［桂林］ 16 大 64 开 有插图 战时初级儿童读物丛刊 7

插图版抗战小故事。

**8459. 毛脉厚毁家杀敌** 冯英子著 军事委员会政治部 15 64 开 抗战小丛书 第 11 集

抗敌小故事。

**8460. 茅山下** 邱东平遗著，高斯木刻插图 大众书店 1945 年 10 月 大连 62 32 开

该书为反映新四军在抗战中坚持敌后斗争的一部通俗故事。

**8461. 没有演完的悲剧** 韩北屏著 科学书店 1943 年 7 月初版 桂林 158 32 开

短篇小说集。书前印有："献给在沦陷区受苦的父母和患难相处了五年了的敏祯"。收录《大陆之泥》、《雀与螳螂》、《花素琴》、《邻家》、《魔术的医道》、《没有演完的悲剧》6 篇。

**8462. 没有祖国的孩子** 舒群著 生活书店 1937 年 4 月，1940 年 9 月 3 版 重庆 236 32 开

短篇小说集。收《没有祖国的孩子》、《沙漠的火花》、《蒙古之夜》、《已死的与未死的》、《做人》、《独身汉》、《萧苓》、《邻家》、《誓言》9 篇。

**8463. 萌芽** 艾芜著 烽火社 1939 年 10 月初版 重庆 69 32 开 烽火小丛书 第 12 种

短篇小说集。收录《遥远的后方》、《萌芽》、《反抗》、《两个伤兵》、《八百勇士》5 篇。

**8464. 民富渡上** 巴金等 新光出版社 1939 年 11 月 上海 2＋148 32 开 大时代文库之一

短篇小说集。收录《离散》（姚雪垠）、《前夕》（先艾）、《夫妻》（靳以）、《夜宿二十里铺》（吴蔷）、《湘江上》（林蒲）、《民富渡上》（巴金）、《征尘》（杨朔）、《滁州小住》（洪波）、《仓汉船上》（一文）、《石门阵》（卞之琳）、《黎明前》（司徒宗）、《父与子》（刘白羽）和《红豆的故事》（孙陵）13 篇小说。

**8465. 民间忠勇故事集** 孔繁霖编著 青年出版社 1946 年 8 月再版 南京 10＋74 32 开 青年模范丛书 第 3 辑 抗战期中军民忠勇故事

本书收录 30 篇民众英勇抗日的故事。卷首有《青年模范丛书》编辑旨趣及"编者的话"。

**8466. 民众抗敌故事集** 江西省教育厅特种教育股［印行］ ［30］ 32 开 有插图

通俗故事集，收录《赵老太太》、《红颜白发两英雄》、《张八岭女英雄》、《孙景皓炸弹警敌》、《定远农民不屈杀敌》等 10 个抗敌故事。

**8467. 民众抗敌事迹** 江西省教育厅特种教育股 20 32 开 有插图

本书收 20 篇文章：《赵老太太》、《红颜白发两英雄》、《孙景皓炸弹警敌》、《定远农民不屈杀敌》、《阳明堡乡民半夜杀敌酋》、《我勇士扭抱敌人跳黄埔》等。书后有编绘旨趣。

**8468. 民众文库（第 5 集）** 教育部民众读物编审委员会编 编者刊 ［184］ 64 开 民众文库

《长子》、《苗可秀》、《拆铁道》、《日空军驾机投降》、《战场故事　长白忠魂》、《抗日英雄故事集》6 种抗战故事小册子合订本。

**8469. 民众文库合订本**（第 18 集）　教育部民众读物编审委员会编　编者刊　[167]　64 开　民众文库

《老海客告密》、《两个日本军曹》、《大王庄》、《木兰从军》、《敌兵投贼记》、《一个敌兵自杀的故事》、《投毒案》、《太行烈士》8 种抗战故事小册子合订本。

**8470. 模范国民**　雷丁著　军事委员会政治部　30　64 开　有插图　抗战小丛书　第 6 集

收录 6 篇抗战小故事：《村长巧计杀鬼子》、《小四机智捉汉奸》、《高大个生擒敌机师》、《老太婆火葬鬼子兵》、《赵至善杀身不做汉奸》、《吴荣保至死不吐军情》。

**8471. 莫云与韩尔谟少尉**　罗烽著　上海杂志公司　1938 年 5 月汉初版　汉口　72　32 开　战地生活丛刊　第 8 种

中篇小说。

**8472. 木兰从军**　席征庸著　教育部民众读物编审委员会　[重庆]　22　64 开　民众文库

历史故事。

**8473. 闹东京**　穆木天著　生活书店　1938 年 9 月初版　汉口　8　32 开　通俗读物　甲种第 13 册　通俗读物编刊社编辑

东京兵民暴动故事。

**8474. 你还是死的好**　明凡著　军事委员会政治部　1939 年　[重庆]　18　64 开　抗战小丛书　第 8 集

谴责汉奸卖国的小故事。出版时间根据内容推断。

**8475. 牛大哥报仇**（战时儿童初级读物）　陆洛编，舜田绘　新知书店　1940 年 6 月初版　桂林　16　大 64 开　有插图　战时儿童初级读物丛刊 8

插图版抗战小故事。

**8476. 牛贩子却敌**　教育部民众读物编审委员会编　正中书局　1938 年 5 月初版　重庆　25　64 开　有插图

抗战通俗读物，借用春秋时代的一则故事，教育儿童抗日救国的大道理。

**8477. 女英雄双枪王八妹**　林筱、田鲁著　改进出版社　1941 年 6 月初版　福建永安　51　横 64 开　有插图　木刻连环图画之二

抗战故事。

**8478. 前夕**（第二部）　靳以著　文化生活出版社　1943 年 6 月渝 1 版　[298]　32 开　现代长篇小说丛刊之五　巴金主编

长篇小说。

**8479. 晴天**　王力著　山东新华书店　1945 年 8 月初版，1945 年 8 月修版　4＋52　32 开　通俗文库之二十五

内容包括 9 个部分：太平庄不太平、"变天"、铁骨头一心报父仇、毛老道"背起两面鼓"、四臭肉明减暗不减、成立佃户退租会、前楼院香骚瓜卖嘴、毁皮鞭斗争毛老道、老明白明白了。书前有陈沂的《关于〈晴天〉的出版》。

**8480. 取涿州**　林舒著　生活书店　1938 年 9 月初版　12　32 开　通俗读物　甲种第 12 册　通俗读物编刊社编辑

抗战通俗故事。

**8481. 人民抗战故事**　教育部第一社会教育工作团编　编者刊　20　32 开　民众通俗读物丛刊之三

收录了 3 个抗战小故事：《江晓凤机智诱敌兵》、《一村妇勇敢杀七寇》和《白头翁发怒毁军械》。

**8482. 日本兵反战杀长官**　林舒著，通俗读物编刊社编辑　生活书店　1939 年 4 月再版　16　32 开　有插图　大众读物　乙种之廿一

**8483. 日本军阀（战时儿童初级读物）**　陆洛编，舜田画　新知书店　1940 年 6 月初版　桂林　16　64 开　有插图　战时初级儿童读物丛刊 9

插图版抗战小故事。

**8484. 日本强盗的法律**　凌亢编　晋察冀边区教育阵地社　1946 年 1 月　14　32 开　群众读物之六

本书为通俗故事，共分为 4 个部分。

**8485. 三个兵士（上）**　王一夫著　中国文化服务社　1938 年 6 月初版　汉口　24　32 开　有插图　战时民众读物　第 3 种

讲述 3 个小战士在战壕里的故事。

**8486. 三个兵士（下）**　王一夫著　中国文化服务社　1938 年 6 月初版　汉口　24　32 开　有插图　战时民众读物　第 3 种

讲述 3 个小战士在战壕里的故事。

**8487. 山村**　林珏著　烽火社　1939 年 10 月初版　重庆　1+48　32 开　烽火小丛书　第 11 种

本书收录了 5 篇小说：《山村》、《铡头》、《边城》、《女犯》、《不屈服的孩子》。

**8488. 陕甘宁边区的生产故事**　章东湖著，新华书店编辑部编　新华书店　1944 年　17　32 开　大众文艺小丛书之五

包括 6 篇《种庄稼的状元——吴满有》、《一把镢头起家的杨朝臣》、《吴家枣园》、《马杏儿的故事》、《二流子归正》、《好日子是怎样得来的？》

**8489. 伤兵到处是家庭**　方白著　生活书店　1939 年 4 月再版　16　32 开　有插图　大众读物　乙种之二十四　通俗读物编刊社编

通俗读物图文本。

**8490. 伤兵之友**　佚名著　军事委员会政治部　15　64 开　抗战小丛书　第 12 集　军事委员会政治部编

抗敌故事。

**8491. 深明大义的富翁**　教育部民众读物编审委员会编著　正中书局　1938 年 4 月初版　重庆　30　64 开　有插图　非常时期民众丛书　第 2 集　近事　第 6 册

民众通俗抗战小故事。

**8492. 沈佩兰毁家抗战**　军事委员会政治部编　编者刊　1941 年 2 月　15　64 开　抗战小丛书

通俗故事。

**8493. 生产、拥爱和学习（第一集）**　八路军联防政治部编　编者刊　1944 年 6 月　82　32 开　有插图　战士小丛书之三十八

内容系抗战期间军队后勤生产、拥政爱民、学习文化等方面的小故事。

**8494. 生活在空袭中**　殷作桢著，胡春冰编　中山日报社图书出版委员会　1938 年 2 月　广东　11 + 88　32 开　抗战丛书　第 1 辑第 4 种　陈淦、陈恩成等主编

收录 5 篇小说：《生活在空袭中》、《南京路的群魔乱舞》、《月色下的凯旋》、《夜的遭遇战》、《光荣的牺牲》。书前有胡春冰所作弁言、李伯鸣、陈淦所作总序各一篇。

**8495. 生死场**　萧红著　奴隶社　1936 年 2 月再版　4 + 210 + 6　32 开　奴隶丛书之三

长篇小说。

**8496. 生死场**　萧红著　大连市文化界民主建设协进会　1946 年 5 月再版　大连　4 + 210 + 6　32 开　东北文艺丛书之二

长篇小说。

**8497. 生死线（教育部征选抗战创作剧本选）**　陈启肃编著　正中书局　1942 年 12 月初版　重庆　2 + 112　32 开　教育部征选抗战创作剧本选之五

四幕剧。

**8498. 十三条好汉**　方白著　生活书店　1940 年 3 月再版　24　32 开　有插图　大众读书　乙种之五十一　通俗读物编刊社编

苏联革命故事。

**8499. 石家村**　黄琨著　军事委员会政治部　15　64 开　抗战小丛书　第 9 集

讲述抗战期间发生在河南商城西北石家村军民团结抗战的故事。

**8500. 石家庄岳鹏反正**　林舒著　生活书店　1940 年 3 月再版　16　32 开　有插图　大众读物　乙种之四十　通俗读物编刊社编辑

**8501. 双丝网**　徐仲丰著　独立出版社　1941 年 6 月初版，1945 年 4 月再版　重庆　1 + 186　32 开

本书收 6 篇小说：《春蚕》、《转蓬》、《心丧》、《迴飙》、《双丝网》、《断肠草》。书前有自序。

**8502. 死里求生的故事**　国民政府军事委员会政治部　5　64 开

通俗故事。

**8503. 四义士**　教育部民众读物编审委员会编著　正中书局　1938 年 4 月初版　重庆　40　64 开　有插图　非常时期民众丛书　第 2 集　近事　第 1 册

抗战时期民众通俗故事读本。

**8504. 四月的紫堇花**　陆印泉著　商务印书馆　1944 年 4 月初版　重庆　1 + 112　32 开

短篇小说集。共收录《暴风雨》、《女战士》、《某日之晨》、《内地风的女子》、《记忆的破灭》、《紫琳》、《沉默》、《女看护》、《四月的紫堇花》9 篇。

**8505. 松花江上**　李辉英著　建国书店　1944 年 1 月初版　重庆　340　32 开

**8506. 淞沪血战记**　教育部民众读物编审委员会编著　正中书局　1938 年 5 月初版　重庆　32　64 开　非常时期民众丛书　第 2 集　近事　第 8 册

分为 6 部分：日本人的野心、计划的实施、神圣的抗战、大战开始、战事的演进、最近的战

局。

**8507. 台儿庄**　教育部民众读物编审委员会编著　正中书局　1938 年 8 月初版　重庆　31　64 开　非常时期民众丛书　第 4 集第 9 册

分 6 章介绍了台儿庄战役的经过。包括：前奏曲、台儿庄是徐州的右手、我们摆好了天罗地网、敌人来触霉头、壮烈的故事、最后的凯旋。

**8508. 太行烈士**　席征庸著　教育部民众读物编审委员会　[重庆]　23　64 开　民众文库

革命故事。

**8509. 太行山七勇士**　季凡著　编者刊　1942 年 1 月　军事委员会政治部编　26　64 开　抗战小丛书

革命故事。

**8510. 太行山上**　王蓝著　重庆红蓝出版社　1946 年 3 月平 3 版　重庆　80　32 开　红蓝文艺创作丛书之七　王蓝主编

中篇小说。

**8511. 淘金记**　沙汀著　文化生活出版社　1943 年 5 月渝一版　380　32 开　现代长篇小说丛刊之四　巴金主编

长篇小说。

**8512. 滕县将士殉国记**　教育部民众读物编审委员会编著　正中书局　1938 年 8 月初版　重庆　24　64 开　有插图　非常时期民众丛书　第 4 集第 8 册

讲述了滕县之役中将士的殉国经过，包括 4 部分：不能忘记的滕县、万民爱戴的川军、川军中的一支奇兵、滕县大血战。

**8513. 田单复国**　赵作雄编著　中华平民教育促进会　1937 年 11 月初版　长沙　36　12.5cm×15cm　农民抗战丛书

**8514. 突围**　王行岩著　世界书局　1939 年 7 月初版　上海　160　32 开　大时代文艺丛书　郑振铎、王任叔、孔另境主编

中篇小说。

**8515. 王得标送饭**　钱笃著　军事委员会政治部　19　64 开　抗战小丛书　第 13 集

**8516. 王二爷当兵·投贼营报仇雪耻**　志学、许文祥合编　老百姓编刊社　1939 年 1 月第一版　6　8.8cm×18.5cm　老百姓四分丛书之七

收录《王二爷当兵》和《投贼营报仇雪耻》两篇文章。

**8517. 王老虎**　国立编译馆编辑　教育部民众读物编写委员会　重庆　136　大 64 开　民众文库小说故事类　国立编译馆编辑

讲述了抗日英雄王老虎负伤后的故事。

**8518. 王老太火葬日本兵**　万迪鹤著　军事委员会政治部　32　32 开　有插图　抗战小丛书　第 20 集

**8519. 委屈**　茅盾著　建国书店　1945 年 3 月初版　重庆　1＋102　32 开　星火文丛之一

短篇小说集，包括《委屈》、《报施》、《船上》、《小圈圈里的人物》、《过年》等 5 篇短篇小

说。

**8520. 我军的神勇**　教育部民众读物编审委员会编著　正中书局　1938 年 2 月初版　重庆　27　64
开　有插图　非常时期民众丛书　第 2 集　近事　第 5 册

分个 4 部分：王先生志在杀敌、王先生"寓兵于工"、空军的出战、陆军忠勇，讲述抗战故事。

**8521. 我们怎样轰炸敌人的（飞将军自述）**　凌空等著　自强出版社　1938 年 5 月　汉口　2＋108
32 开

本书记述了空军与敌军英勇抗争的事迹。收录《飞京轰炸记》、《第一次空袭经验》、《八月十
五日的回忆》、《北战场苍茫的上空》、《扫荡吴淞登陆敌军》等 14 篇报道。著者为中国空军的飞行
员。封面题"飞将军自述"。

**8522. 我在霞村的时候**　丁玲著　新知书店　1946 年 10 月再版　大连　1＋155　32 开　七月文丛　胡
风编辑

丁玲短篇小说集。收录了《新的信念》、《县长的家庭》、《入伍》、《我在霞村的时候》、《秋收
的一天》、《压碎的心》、《夜》共 7 篇小说。

**8523. 无名氏**　芦焚著　文化生活出版社　1942 年 3 月桂 1 版　1＋72　32 开　文学小丛刊　第 1
集

本书包括《无言者》、《无名氏》、《春之歌》、《夜哨》、《胡子》5 部短篇小说。

**8524. 无名英雄传（长篇小说）**　马宁著　椰风出版社　1943 年 9 月初版　桂林　5＋209　32 开
抗战长篇小说。

**8525. 五十七壮士**　白桃等编　生活书店　1939 年 3 月初版　重庆　37　32 开　有插图　大众读物
甲种之二十八

抗战故事集。收《五十七壮士》、《大场冲锋》、《装死杀敌》、《八字桥边的勇士》、《高歌就义
的勇士》、《攻打百灵庙的勇士》、《儿童们的示威游行》、《上海别动队》、《自动投军的男女英雄》、
《张连附盘肠大战》10 篇故事。

**8526. 五行山血曲**　萧红等著　文艺突击丛书社　1940 年 1 月初版　2＋166　32 开　文艺突击丛书
之一

本书收录《在第一线上》（臧克家）、《五行山血曲》（魏伯、碧野）、《一个和一群》（刘白
羽）、《我们十五个人》（罗洪）、《黄河》（萧红）、《涡河的黄昏》（王西彦）、《血的短曲》（舒
群）、《吹号手》（司马文森）、《行进的兵队》（一文）等 12 篇小说。

**8527. 武装农村**　徐迟著　明明书店　1939 年　上海　86　32 开
中篇小说。扉页后有"献给沈沫史炎"。出版时间参照《民国时期总书目》。

**8528. 雾都**　李辉英著　怀正文化社　1948 年 10 初版　上海　4＋548　32 开　精装
长篇小说，讲述战时重庆的民众生活。书前有作者"日译本序文"。

**8529. 媳妇的运命**　沙雁著　建国书店　1945 年 4 月初版　重庆　2＋224　32 开　文艺新集之三
本书收录《围歼之夜》、《硝皮厂》、《夜门》、《山城之触》、《盐的列车》、《抽》、《媳妇的运
命》、《螺山村》、《剖》等 11 篇小说。

**8530. 湘北三次大捷**　王冰洋著　国民图书出版社　1942 年 12 月初版　重庆　18　64 开　国民常
识通俗小丛书

抗战故事。

**8531. 萧连长**　吴奚如著　三户图书社　1941年8月初版　桂林　2+124　32开

内收《萧连长》、《殉难者》、《中国的号手》、《献旗》、《夜的洪流》、《一个寻常的故事》6个短篇小说。

**8532. 小白龙大战台儿庄**　老须著　生活书店　1940年1月再版　18　32开　大众读物甲种之十一　通俗读物编刊社编辑

大众通俗读物。

**8533. 小城风波**　沙汀著　东方书社　1944年4月初版　重庆　1+126　32开　东方文艺丛书

本书收录《防空——在堪察加的一角》、《联保主任的消遣》、《在其香居茶馆里》、《公道》、《三斗小麦》、《没有演出的戏》、《小城风波》7篇小说。

**8534. 小飞行师**　王平陵著　建国书店　1944年4月初版　重庆　23　大64开　有插图　建国儿童文艺丛书　徐昌霖主编

儿童短篇小说。

**8535. 小革命家**　白桃等编　生活书店　1939年4月初版　重庆　45　32开　有插图　大众读物甲种之二十四

故事集。收录《小革命家》、《鬼子吃我的锄头吧》、《白发老翁范筑先率兵抗日》、《女哨兵独战倭寇》、《老头儿单身杀敌》、《张家庄村民智取敌兵》、《毛脉厚设计杀敌》、《民族老英雄》、《老头儿和小孩也要杀敌去》、《赤膊壮士》10篇故事。

**8536. 小号兵**　彦夫著　韬奋书店　1+44　32开

分16章：俘虏、跑吧、号母、亲兄弟也不过这样、棒球场里、用不着打骂老百姓、被俘、狱中等，讲述了一个八路军小号兵的从军故事。

**8537. 小牛**　笑频作，林丁画　少年出版社　1940年3月　52　17cm×21cm　有插图

长篇图画故事。

**8538. 新木兰从军**　沈叔羊著　生活书店　1940年2月初版　62　32开　有插图　大众读物甲种之十三

通俗故事。收《新木兰从军》、《两兄弟争先入伍》、《周排长以少击众》、《军人家属受优待》、《日本兵大闹大沽口》、《日本越打越穷》共6个故事。

**8539. 新女英雄**　白桃等编　生活书店　1940年3月初版　重庆　49　32开　有插图　大众读物甲种之廿九

故事集。收录《不做汉奸的小孩》、《胡老头组织自卫队》、《新女英雄》、《民众杀敌的故事》、《二十六个》、《八百壮士》、《大战东林寺》、《千万民众帮助政府打东洋》、《蒲二杀敌记》、《抵抗大军的死机关枪手》10篇故事。

**8540. 杏儿山尽忠**　王冰洋著　国民图书出版社　1942年9月初版　重庆　46　32开　国民常识通俗小丛书

抗战通俗故事。

**8541. 修公路**　欧阳山著　军事委员会政治部　12　64开　抗战小丛书　第12集　军事委员会政治部编

抗日小故事。

**8542. 血的故事**　刘白羽、萧红、艾芜、靳以、万西涯、沙汀、碧野等　新光出版社　1939 年 11 月　上海　1＋138　32 开　大时代文库之二

收录了《五台山下》（刘白羽）、《黄河》（萧红）、《退到后方去的人》（艾芜）、《血的故事》（靳以）、《肖家坪》（万西涯）、《防空——在"堪察加"的一角》（沙汀）、《夜航》（碧野）7 篇小说。

**8543. 血斗**　杜秉正编译　中国的空军出版社　1939 年 12 月初版（蓉）　成都　4＋80　大 64 开　空军文学译丛　第 1 种　丁布夫主编

本书收录《血斗》、《一个被摘下的高帽》、《战鹰》3 个空军的故事。

**8544. 血溅黄鹤楼**　教育部民众读物编审委员会编著　正中书局　1939 年 11 月初版　重庆　13　64 开　非常时期民众丛书　第 5 集第 8 册

抗敌故事集。

**8545. 血里开车**　教育部民众读物编审委员会编著　正中书局　1939 年 11 月初版　重庆　20　64 开　非常时期民众丛书　第 5 集第 7 册

**8546. 血渍的遗编**　乙凡著　青年生活出版社　1941 年 11 月初版　江苏淮安　51　32 开

中篇小说。书名页后印有"谨献给惨死在敌手的朱坚白同志"。有题赠。

**8547. 杨柳青青（长篇抗战言情小说）**　张恨水著　山城出版社　1947 年 4 月　重庆　4＋328　32 开

包括"推食殷勤偏邀贫女忆，入门慷慨别具武夫雄"、"陋室结芳邻暗钦健叟，权家择良伴痛诋贫娃"、"终负解铃心登门铸错，暗怜丫角愿推食分羹""情局复开茶寮倾积愫，年关难读国质库作哀鸣"、"煮茗度长宵怆怀岁暮，题标抗暴日呐喊声高"、"甜苦情场冷观评两面，崎岖世路密约订三年"等共 28 回。书前有作者自序。

**8548. 要塞退出的时候**　沙雁著　艺文研究会　1938 年 10 月初版　重庆　1＋82　32 开　抗战文艺丛书　中国文艺社主编

本书收录《塞上血》、《要塞退出的时候》、《追》、《河塞》、《青纱帐》、《白袖圈》、《征人的哀怨》7 篇小说。

**8549. 要塞退出的时候**　沙雁著　独立出版社　1939 年 3 月 5 版　重庆　1＋82　32 开　抗战文艺丛书　中国文艺社主编

本书收录《塞上血》、《要塞退出的时候》、《追》、《河塞》、《青纱帐》、《白袖圈》、《征人的哀怨》7 篇小说。

**8550. 夜取三义寨**　林舒著　生活书店　1939 年 4 月再版　汉口　16　32 开　有插图　大众读物乙种之二十五

抗敌故事。

**8551. 夜三点（抗战小说集）**　战时出版社编　正中书局　金华　90　32 开

收《慧子》（布德）、《老人曾瑞祥》（苏子涵）、《一块猪肝》（老舍）、《征人的哀怨》（沙雁）、《夜三点》（林适存）、《留守》（鲁彦）、《三个符号》（阜东）7 个短篇小说。

**8552. 一二八**　王文质编著　正中书局　1938 年 3 月初版　1＋28　64 开　有照片、有插图　抗战

常识讲话　抗敌事迹

本书分 7 个部分：淞沪战事的序幕、日军进袭的第一声、四小时停战前后的战况、植田到沪向我致无理通牒后的大战、日军大举增援后的大决战、敌偷袭浏河我军退守第二道防线、中日上海停战会议。

**8553. 一个人的烦恼**　严文井著　当今出版社　1944 年 3 月初版，1944 年 10 月再版　4＋214　32 开　当今文艺丛书

长篇小说。书前有茅盾序。

**8554. 一个顺民**　夏里著　军事委员会政治部　16　32 开　抗战小丛书　第 12 集　军事委员会政治部编

通俗故事。

**8555. 一个英雄的经历**　司马文森著　生活书店　1940 年 7 月初版　重庆　184　32 开

收录《土地》、《大时代中的小人物》、《渣滓》、《狗》、《东江一少年》、《一个英雄的经历》、《马》、《吹号手》8 个反映抗战时期的短篇小说。卷首有代序《悲剧而英雄的时代》。

**8556. 一个中国兵**　黄尧编著　民间出版社　1941 年 1 月（渝）版　重庆　104　32 开　有插图

讲述四川的"牛大哥"投军杀敌的故事。书前有《序"一个中国兵"》（冯玉祥）和作者自序。

**8557. 移孝作忠**（民间杀敌故事之三）　陈幼钦编　福建省政府教育厅　1942 年 3 月　福建　16　32 开　战时国民读物

民间杀敌故事，内收《荣宗耀祖》、《移孝作忠》两篇。书前有"弁言"。

**8558. 银空三骑士**　龚雄著　中国空军出版社　1944 年 3 月初版　成都　118　32 开　空军文艺丛书　第 2 种　陶雄主编

中篇小说。书后有作者后记。

**8559. 英雄**　荃麟著　文化供应社　1942 年 8 月　1＋178　32 开　文学创作丛刊

小说集。包括《客人》、《英雄》、《海塘上》、《欺骗》、《吉甫公》、《多余的人》、《雨天》、《新居》8 篇，书前有作者题记。

**8560. 英雄小好汉**（儿童抗战故事）　范政等著　东北书店　1948 年 9 月初版　54　32 开

本书收 12 个故事：《介绍新安旅行团》、《保全自己就是胜利》、《英雄的小八路》、《袁小鬼》、《我们的小站长》、《王小鬼放机枪》、《小骑兵》等。书前有编者的话。

**8561. 英勇故事**　军事委员会政治部编　编者刊　22　64 开　抗战小丛书　第 6 集

分 15 节。包括张营长巧夺坦克车、一勇士单身破敌、林师长大战平型关、周汉成血战八字桥、刘连长大破"爬山虎"、阎海文声威震敌国、姚营长死守宝山城、胡排长智取敌酋等。

**8562. 英勇抗战的我军**　孙行予编　江西省教育厅特种教育股　1939 年 4 月　江西　20　32 开　有插图

抗战故事集。收录《保卫卢沟桥　吉团长奋勇杀敌》、《南苑抗战　赵佟二将军壮烈牺牲》、《通州反正　张队长痛杀倭寇》、《血染居庸关　一壮士独战倭寇》、《平型关大胜仗　八路军光荣战绩》等 20 篇抗战故事。书后有编绘旨趣，出版时间据此推断。

**8563. 游击队割庄稼**　效厂著　生活书店　1940 年 3 月再版　重庆　12　32 开　有插图　大众读物乙种之三十四　通俗读物编刊社

抗战期间通俗读物。

**8564. 游击队故事**　教育部第一社会教育工作团编　编者刊　19　32 开　民众通俗读物丛刊　2

本书收 4 篇通俗小故事:《大炮轰走快乐日》、《月夜破狱德胜门》、《东冶镇大开洋荤》、《老土枪吓死倭鬼》。

**8565. 渔民自卫队**　洛萍著　军事委员会政治部　1+20　64 开　抗战小丛书　第 11 集

章回体抗战小说,共 5 回。第一回孤岛渔民妻凉劫后;第二回出海捕鱼小琨被杀;第三回青天白日贼舰来犯;第四回秃头阿二孤舟探敌;第五回自卫队夜夺会厝乡。

**8566. 袁专员鲁西抗战**　国立编译馆编辑　教育部民众读物编审委员会　52　64 开

包括袁专员四区上任、歼倭寇大破临清、发号令全面抗战、设伏兵痛击倭军、考军政巡视全区 5 部分。

**8567. 越国复兴**　教育部民众读物编审委员会编　正中书局　1939 年 11 月初版　重庆　30　64 开　非常时期民众丛书　第 5 集　第 9 册

章回体小说,分 5 回讲述越王勾践卧薪尝胆,刻苦图强,复兴越国的故事。书中每回中都有讲唱文,文字简朴易懂。

**8568. 在北线**　碧野著　香港海燕出版社　1939 年 11 月初版　香港　6+101　32 开

收录《是这样失败的》、《红缨枪》、《放监》、《妇人》、《一群劫兵》、《女战士》、《挺进,上火线!》7 篇短篇小说。

**8569. 在火线上**　冰莹著　生活书店　1938 年 2 月初版(汉)　上海　6+70　32 开　有照片　抗战中的中国丛刊　长江主编

收录短篇小说 11 篇:《中秋》、《中国人不打中国人》(阵地巡礼之一)、《往那里逃》(阵地巡礼之二)、《血的故事》、《血战金家宅》、《战地情书》、《绝对不做俘虏》、《伟大的战士》、《地狱中的天堂》、《一个悲惨的印象》、《苏州城的火焰》。书前有"写在前面"。

**8570. 怎样打败日本兵**　王一夫著　教育部民众读物编审委员会　1939 年 3 月　[重庆]　24　18cm×12.5cm　有插图　连环图画

书前有《引言》,文字配图画。

**8571. 怎样待俘虏**　田池著　军事委员会政治部　1939 年　[重庆]　19　64 开　抗战小丛书第 3 辑

抗战小故事。出版时间根据内容推断。

**8572. 战场故事·长白忠魂**　教育部民众读物编审委员会编　编者刊　[重庆]　[38]　64 开民众文库

本书收录《战场故事》和《长白忠魂》两个故事。

**8573. 战地哀鸿录**　国民出版社编　国民出版社　1939 年 10 月 4 版　金华　3+92　32 开　国民知识丛书　第 1 辑

记述抗战初期东南地区敌人奸淫杀戮的罪行及民众奋不顾身、慷慨牺牲的事迹。收《临沂老太婆》(鲲)、《厦门三童》(陈嘉会)、《井屺塔的血》(萧英)、《在死神的黑影下》(曹白)、《避难记》(达祖)、《山寺历险记》(张焕白)、《丐妇》(钟望阳)、《被拯救的灵魂》(草明)、《三十多人的一群》(舒群)、《黄牛》(陈骏)等 14 篇。

**8574. 战斗在太行山上** 联防军政治部宣传部编 编者刊 1944 年 8 月 2 + 94 32 开 战士小丛书之二十

包括 6 部分：围困敌人的故事、几个战例、战斗英雄和模范连队、战斗在太行山上、窑洞阵地战、晋东南民兵的故事。

**8575. 战壕小调·李得胜骂阵·王立山放步哨** 何容、老向著 教育部民众读物编审委员会 15 64 开 民众文库

抗战民众通俗读物。

**8576. 战黄海** 教育部民众读物编审委员会编 正中书局 1938 年 8 月初版 ［重庆］ 21 64 开 非常时期民众丛书 第 1 集 第 4 册

本书分 6 章：邓世昌从军、中日的战端、壮士出征、平壤的失守、黄海大战及壮烈的死难。

**8577. 战袍缘** 王冰洋著 国民图书出版社 1943 年 9 月初版 重庆 24 64 开 国民常识通俗小丛书

历史故事。

**8578. 战时小说选** 巴金等 战时出版社 57 32 开 战时小丛刊之十六

收录《一二八的炮手》（郭沫若）、《摩娜·里莎》（巴金）、《失去爹妈的根子》（靳以）、《一个明朗的故事》（郑伯奇）、《大炮主义者》（王任叔）、《一段速写》（艾芜）、《慰劳》（周文）、《俘虏》（黄源）、《虹口在火烧》（白兮）、《大鹏》（柯灵）、《姚营》（黄大白）共 11 篇短篇小说。

**8579. 张初元的故事（通俗故事）** 马烽著 晋绥边区吕梁文化教育出版社 1944 年 10 月 20 32 开

抗日通俗故事，包括 12 章。封面及书名页有 "'七七七'文艺奖金获奖作品（散文类乙等奖之一)" 字样。

**8580. 赵老太太** 白桃等编 生活书店 1939 年 4 月初版 重庆 52 32 开 有插图 大众读物甲种之二十三

故事集。收录《两位小武装同志》、《一位打倒日本的小英雄》、《赵老太太》、《赵小姐奋勇杀敌》、《奇怪的婚礼》、《一个人杀死五十个鬼子》、《五个人变成几万人》、《为国牺牲的张武》、《十三军大战居庸关》、《八路军大战平型关》10 篇故事。书前有《写在前面的话》。

**8581. 赵至善骂贼成仁** 人臧著 军事委员会政治部 1941 年 3 月 16 64 开

大众通俗读物。

**8582. 知识界的气节** 徐君梅编 福建省政府教育厅 1940 年 11 月初版 永安 4 + 76 32 开 战时国民读物 教育界抗战史迹之一

本书为教育界抗敌事迹集，收录了 22 篇文章：《杨惠敏冒险送旗》、《小朋友杜兴桥》、《战斗中的中华儿女》、《赵友桐》、《张非武小姐》、《八十三个》、《女书记》、《现代木兰》等。书前有弁言。

**8583. 中等活页文选第二辑（乙类）** 郭绳武编 陕甘宁边区新华书店 1949 年 延安 39 32 开

本书收录了 8 个发生在抗战期间陕甘宁边区的小故事：《工人的旗帜赵占魁》、《事务的特点》、《三渡天隐》、《李来成》、《六个什么》等，出版年参照《民国总书目》。

**8584. 中国抗战史演义**（第一集）　杜惜冰编著　东方书店　1946 年 6 月，1946 年 10 月，1947 年 4 月　上海　4 + 186　32 开　有题词

章回体长篇小说，共 100 回。本册收录第 1 回到第 20 回。书前有序。

**8585. 中国抗战史演义**（第二集）　杜惜冰编著　东方书店　1946 年 6 月，1946 年 10 月，1947 年 4 月　上海　2 + 201　32 开　有题词

章回体长篇小说。本册收录第 21 回到第 36 回。

**8586. 中国抗战史演义**（第三集）　杜惜冰编著　东方书店　1946 年 11 月，1947 年 4 月　上海　2 + 220　32 开　有题词

章回体长篇小说。本册收录第 37 回到第 52 回。

**8587. 中国抗战史演义**（第四集）　杜惜冰编著　东方书店　1946 年 10 月，1947 年 4 月　上海　2 + 222　32 开　有题词

章回体长篇小说。本册收录第 53 回到第 68 回。

**8588. 中国抗战史演义**（第五集）　杜惜冰编著　东方书店　1946 年 10 月，1947 年 4 月　上海　2 + 216　32 开　有题词

章回体长篇小说。本册收录第 69 回到第 84 回。

**8589. 中国抗战史演义**（第六集）　杜惜冰编著　东方书店　1946 年 10 月，1947 年 4 月　上海　2 + 244　32 开　有题词

章回体长篇小说。本册收录第 85 回到第 100 回。

**8590. 中华好儿女**　徐君梅编　福建省政府教育厅　1941 年 4 月初版　福建　2 + 42　32 开　战时国民读物　民间杀敌故事之二

收录了 12 个普通民众抗敌故事：《李鸭仔当团长》、《繁昌的妇女们》、《雷元寿》、《虎口鸳鸯》、《老虎胡春台》、《女兵唐桂林》、《三与二之比》、《曹友生》、《两个够本够利的故事》、《义训报国》、《一举两得》和《青年英雄郭长青》。

**8591. 中日春秋第五卷**　金成铁编著　更生旬刊社　1941 年 4 月初版　成都　244　32 开

章回体小说。

**8592. 忠烈故事**　雷丁作，丁正献插图　军事委员会政治部　28　64 开　有插图　抗战小丛书　第 6 集

收录 4 篇抗战小故事：《小海泉大义灭亲》、《老举人骂敌死节》、《郭寿山忠烈成仁》、《郑家玲慷慨就义》。

**8593. 忠勇故事**（第三集）　第三集团军总司令部编　编者刊　1940 年 9 月初版　〔郑州〕　62　大 64 开

收抗战短篇故事 19 篇。卷首有 "写在卷前"。

**8594. 筑路先锋**　方白著　生活书店　1940 年 3 月再版　10　32 开　有插图　大众读物　乙种之五十五　通俗读物编刊社编辑

通俗故事图文本。

**8595. 纵横前后方**　沙汀、郁茹等著　文阵社　1944 年 3 月　150　15cm×22.5cm　文阵新辑之三　茅盾主编

本书收录《封锁线前后》（沙汀）、《歧路》（郁茹）、《一天的工作》（黄贤俊）、《喜事》（柳青）、《上尉什哈伏隆科夫》（苏·V. 考兹夫尼可夫著，茅盾译）、《墙》（法·沙特耳著，荒芜译）6 篇短篇小说。书末有《编后记》。

**8596. 最后的一颗子弹**　教育部民众读物编审委员会编著　正中书局　1938 年 2 月初版　重庆　14　64 开　有插图　非常时期民众读物　第 2 集　近事　第 3 册

抗战时期民众通俗故事读本。

**8597. 八百好汉死守闸北**　赵景深编　大众文化丛书社　1938 年 7 月 5 版　12　32 开　有插图、有题词　大众读物之一

本书图文并茂描述八百好汉守卫闸北的情景。

**8598. 八百条好汉**　高扬著　军事委员会政治部　14　64 开　抗战小丛书　第 6 集

记录了上海"八一三事变"中坚守阵地，英勇抗击日本侵略的中国军队"八百壮士"的事迹。

## 报告文学（含通讯报道）

**8599. 八路军学兵队**　陈克寒著　上海杂志公司　1938 年 6 月汉初版　［汉口］　2+66　32 开　战地生活丛刊　第 8 种

报告文学作品，分 11 章：战争把青年驱逐到刘村、组织·教育·生活、救亡室与刘村老百姓、便衣队到了刘村、过新年、欢送四十壮士到前线等。目录写作"战地生活丛刊之七"。

**8600. 保卫武汉前卫战在江北**　西敏辑　民团周刊社　1938 年 11 月初版　广西　52　32 开　丙种丛刊　第三种　焦土丛刊　第四辑之六　亢真化主编

收录 6 篇文章：《三十一军太湖抗战记》（柳莺）、《第五路军在鄂东》（镇亚）、《黄梅前线》（镇亚）、《反攻黄梅》（镇亚）、《鄂东战局鸟瞰》（卜少长）、《五路军江北大捷》（中央社）。

**8601. 保卫祖国的领空**　中国的空军出版社　1938 年 6 月　95　32 开　有照片、有插图、有图表

本书收 17 篇文章：《毁灭汇山码头》（纪人）、《击落三轮宽》（方明）、《西藏线上空的突击兵团》（纪文）、《"皇军"俘房群像》（姚中言）、《八百呎低空轰炸虹口日本兵营》（大年）、《中国炸弹爆发在台北》（大风）、《"五三一"武汉第三次空战大捷记》（丁布夫）等。

**8602. 报告**　杜青编辑　上海国际书店　1938 年 12 月初版　上海　231　32 开

抗战一年来报告文学作品选集。收录《广安门之夜》（碧野）、《要密》（高凉）、《最近的山西》（魏东明）、《流民》（巴金）、《截击》（东平）、《一个沦陷的城市》（黄源）、《残杀之后》（靳以）、《一九三七年八月十四日》（萧军）、《西北线上》（刘白羽）、《黑夜的游龙》（流金）、《大别荒山的一角》（田涛）等 21 篇报告文学。书前有前记。

**8603. 北平突围血腥录**　陆军独立第二十七旅司令部　1939 年 8 月　2+16+10　32 开

本书收《和日寇清算总的血债》、《树立军人应有的人格》、《警备北平城》、《大战广安门》等 9 篇文章。书前有序《北平突围的意义》。附录为抗日通俗唱本《刘汝珍大战广安门》。

**8604. 北线血战记**　徐盈等著　战时出版社　54　32 开　战时小丛刊之九

分为上、下两卷。上卷收录了《平津前线》、《保定以南》、《平汉线北段》、《平汉线南段》、《平汉线的前线》、《华北战场的新形势》、《漳河县的防御战》和《豫北大势》8 篇；下卷收录了《天津血战》、《津浦前线视察记》、《津浦道上》和《津浦县血战记》4 篇。

**8605. 北线巡回**　詹姆斯·贝特兰著，方琼凤译　生活书店　1939 年 6 月初版　重庆　264　32 开　有照片

本书记述了作者在华北前线上和一部分中国士兵的生活故事。分 5 章：到山西去、第八路军、到北方去、和贺龙在山中、前线、游击队。书前有校阅者序和作者自序。

**8606. 别动队在浦东**　郭兰馨著　大公社出版部　1938 年 3 月　广州　1 + 46　32 开　大公社丛书

本书分 3 个部分：别动队在浦东、东行散记、小东北巡礼。

**8607. 不屈的斗争**　黎洪等著　52　32 开

内容分为 3 个部分：血海深仇、不屈的斗争、血肉相联。附录《模范妇女陈奶奶》等两篇文章。书前有《不屈的斗争》（代序）。

**8608. 侧面**　萧军著　跋涉书店　1938 年 11 月　成都　18 + 156　32 开

分 10 章："我留在临汾"、"照常地醒来"、"第一个会议"、"L 村路上"、"L 村及其他"、"知道吗？这是手榴弹"、"共产主义的错误"、"日本刀"、"第一号教授和东北人"、"这些怎么能背呢"。书前有作者前记。

**8609. 长江战地通讯专集**　长江著，梅英编　开明书店　1938 年 5 月初版　重庆　4 + 216　32 开

收录《卢沟桥畔》、《杂话北方》、《血泪平津》、《陷落前的宛平》、《保定前方》、《走向西战场》、《西线战场》、《察哈尔的陷落》、《怀来回忆》、《察南退出记》、《吊大同》、《我们要以决死的心来保卫山西》等 31 篇通讯稿。书前有"题词"、"作者介绍"、"为什么要编这本书"。书后有梅英"编后赘言"。

**8610. 常沅十八滩**　程晓华著　战时文化出版社　1939 年 5 月初版　桂林　8 + 109　32 开　有插图　战时文化丛书之七

分 31 节：我由武汉退出以后、从轰炸中到常德、要一条辰州船、常德四天、在桃源、第一个滩、用时间缓和争执等。书前有长江、钟期森所作序言各一篇。版权页为"战时文化丛书之一"。

**8611. 川军在前线**　长江、胡兰畦等著　战时出版社　1938 年　[广州]　2 + 40　32 开

本书记录了川军在津浦线及皖南一带的抗战事迹。包括 4 部分：川军之光、从西战场打到北战场、东线血战达成了任务、尾声——川军来了百姓快回。

**8612. 从东北来**　孙陵著　前线出版社　1940 年 7 月　桂林　2 + 137　32 开

书信体报告文学集。书前有"献给争取祖国自由解放的亲爱的朋友们！"之献辞。书后有"边声"后记。

**8613. 从卢沟桥到漳河**　长江、小方等著　生活书店　1938 年 3 月初版（汉），1938 年 9 月再版（汉）　汉口　2 + 96　32 开　"抗战中的中国"丛刊　长江主编

收录《中原杂感》（长江）、《卢沟桥畔》（长江）、《保定前方》（长江）、《保定以北》（小方）、《保定以南》（小方）、《平汉线北段的变化》（小方）、《平汉前线》（士焯）、《保定抗战经过》（无畏）、《漳河安阳的形势》（章雅声）、《漳河县的防御战》（从周）10 篇文章。

**8614. 从前方来**　战时出版社编　今日出版合作社　1937 年 10 月　重庆　125　32 开

抗日战争时期通讯报道。分上海前线、首都上空、华北烽火 3 部分，收《目击的英勇之战》、《吴淞口外观战》、《敌机时袭下的首都》、《空战目击记》、《一个美国记者所见到的二十九军健儿们》、《卢沟桥畔》等 34 篇报道。

**8615. 从伪满归来**　王克道著　独立出版社　1939 年 12 月初版　重庆　6 + 95　32 开

收录 15 篇报告，记述在日本帝国主义侵略下的我国东三省民众的生活。

**8616. 打回老家去**　（美）史沫特莱著　导报馆　1938 年 10 月初版　上海　255　32 开　导报丛书之二

报告文学集，系作者 1937 年 8 月至 1938 年 1 月随八路军赴抗日前线期间所作。分自延安至西安、自西安至前线、在朱德的游击司令部中、林彪军队的作战、随八路军司令部参谋团视察战区、见闻新闻晤谈和轰炸、一个苏息的片刻和旅行、新年开始了 8 部分。卷首有《绪言》和《引言》。

**8617. 大后方通讯·大后方农村经济破坏的惨象·国民党政府黄金提价舞弊案的内幕·国民党役政弊端与部队生活**　冀鲁豫日报社编辑　冀鲁豫书店　1945 年　114　64 开

合订本。《大后方通讯》收录 6 篇文章：《中国民主同盟云南支部对时局宣言》、《昆明文化界三百四十二人联名宣言》、《昆明妇女界三百余人对时局宣言》、《国立浙江大学全体学生〈茂为促进民主宪政宣言〉》、《从军青年入营以后》、《大后方棉织的厄运》。《国民党政府黄金提价舞弊案的内幕》包括两个部分：国民党政府黄金提价舞弊案的内幕、大后方限价种种。

**8618. 大上海的一日**　骆滨基著　烽火社　1938 年 5 月初版　35　32 开　烽火小丛书　第 5 种

收录《救护车里的血》、《我有右胳膊就行》、《在夜的交通线上》、《难民船》、《拿枪去》、《大上海的一日》、《一星期零一天》7 篇报告文学作品。

**8619. 大战岱崮山**　杨星华著　山东新华书店　1946 年 11 月　临沂　1 + 64　32 开　抗战文艺选集

书中收录 6 篇文章：《沭河战斗》、《大战回龙山》、《夜摸上店》、《大战岱崮山》、《计取袁家城子》、《二曹大闹蒙阴城》。

**8620. 敌人的盲肠——上海（一名今日之上海）**　白芜编　独立出版社　1939 年 9 月初版　重庆　1 + 94　32 开　有题词

本书分 3 章：孤岛报道、外人报纸译选、上海通讯。书前有序，书后有跋。

**8621. 第 20 集团军从征记**　冯伯恒著　第二十集团军出版委员会　1939 年 7 月初版　香港　80　32 开　有照片　国立中山大学战地服务团丛书　第 2 种

本书收 13 篇文章，包括：《丛征的序幕》、《武汉之旅》、《井的故事》、《忆南昌》、《几个进步的组织》、《离军之惆怅》等。书前有前记。附录收《关于商震将军》、《商震将军：现阶段抗战的意见》。

**8622. 第七连**　东平著　联华书店　1937 年　150　32 开　七月文丛一　胡风主编

本书辑录作品均为作者作为新四军先遣支队成员，突进敌后前所作。收报告 3 篇：《第七连》、《我们在那里打了败仗》、《我认识了这样的敌人》；小说 2 篇：《暴风雨的一天》、《一个连长的战斗遭遇》；人物特写 3 篇：《叶挺印象记》、《吴履逊和季子夫人》。出版时间根据内容推断。

**8623. 第五路军在前线**　品之辑　民团周刊社　1938 年 3 月初版，1938 年 5 月再版　广西　56　32 开　丙种丛刊　第三种　焦土丛刊　第二辑之四　亢真化主编

收录 6 篇文章：《英勇绝伦的广西战士》（叶浅予）、《夜走宣城》（羽田）、《第五路军在衢州》（侯甸）、《广西人在湖南》（梁学基）、《五路军一位连长的日记》（如川）、《我们后方的军容——广西桂林补充团访问记》（唐晨）。

**8624. 第五战区见闻记**　西敏辑　民团周刊社　1938 年 4 月初版　广西　36　32 开　丙种丛刊　第

三种　焦土丛刊　第三辑之二　亢真化主编

收录4篇文章：《由第五战区的见闻说起》（雷沛鸿）、《无恙到徐州》（长江）、《陇海与徐州》（张志让）、《钢铁铸成的徐州战区》（刘诚）。

**8625. 第五战区皖北战场**　程山辑　民团周刊社　1938年5月初版　广西　32　32开　丙种丛刊第三种　焦土丛刊　第二辑之一　亢真化主编

本书记录了皖北战场的作战情况。收录了《皖中战影》（长江）、《皖北战场》（陆诒）和《淮南战场》（长江）3篇刊载于《大公报》和《新华日报》的文章。

**8626. 东北记痛**　史天行编　新中图书公司　1938年3月初版　汉口　76　32开　抗战丛书　第3辑

叙述东北沦陷后人民遭受血腥镇压的通讯集。收《恐怖的东北》、《东北人民的血祭》、《知识分子在东北》、《日寇在东北之暴行》、《今日之吉林城》、《在营口》、《边声》、《安东的大屠杀》、《伪满州的酷刑》等12篇报道。其中《恐怖的东北》和《知识分子在东北》两篇译自俄文的《中国导报》。

**8627. 东北抗日联军中的女儿们**　张志渊著　生活书店　1939年3月　重庆　96　32开　妇女生活丛书之八　沈兹九主编

该书分为12个部分：用温柔得来的代价、舍了自己求民族的生存、为了民族解放牺牲了自己的儿女、为革命斗争而牺牲的蒲逸民女士、致敌死命的军火是从哪儿来的、威武不能屈的女营长、一个被真理折服的朝鲜女同胞、抗日联军的日本友人——蓬子、我们有着一个共同的敌人、认清个人的爱人与民族敌人的许逸兰女士、一支妇女队怎样成立的、第一道警卫线。书前有作者所作《序》。

**8628. 东方的战斗**　希勃尔等著　战时文化供应社　1945年6月再版　福建　2+60　32开

本书收16篇文章：《随超级堡垒轰炸东京》（希蒲尔）、《日本归来》（辛德）、《东京失踪了》（塞尔莱）、《远征台湾记》（韦德）、《海外猎鲸录》（丁克尔）、《日本人最怕的是什么》（麦克哥芬）、《海外救护奇绩》（乐赛尔）、《硫磺岛登陆目击记》（拉德纳尔）、《琉球风景线》（法弗伦）、《我击沉了"大和"号》（约翰逊）、《昆明之战》（布林克）、《桂林的退却》、《在怒江前线》（李爱德）、《畹町之役》（魏安德）、《挥汗过驼峰》（塞佛里特）、《中国一定强》（汉普逊）。

**8629. 东南行**　杨刚著　文艺出版社　1943年1月初版　桂林　4+141　32开

浙、赣战地通讯集。收《万木无声待雨来》、《大战荷湖圩》、《请看敌人的新秩序》、《浙赣战役中的敌情》、《福州行》、《从闽北到闽南》、《辛苦了！台湾兄弟们》等12篇。附录收《中农在江西的厄运》、《陈诉》。

**8630. 东线的撤退**　胡兰畦等著　生活书店　1938年4月再版　2+102　32开　"抗战中的中国"丛刊　长江主编

收录了《告别上海》、《江行亲感》、《绕行江北》等8篇文章。

**8631. 东线血战记**　曹聚仁等著　战时出版社　62　32开　战时小丛刊之七

本书收录19篇通讯：《八字桥》（曹聚仁）、《伟大的战士》（冰莹）、《两位抗敌的英雄》（阿英）、《浴血战》（何家槐）、《抱尸而进》（包天笑）、《大战东林寺》（胡兰畦）、《保卫狮子林》（佚名）、《陈家行血战十日记》（诚君）等。

**8632. 东战场别动队**　骆宾基著　大路出版公司［总经售］　1940年5月　94　32开　大地文艺丛

刊之一　大地社主编

报告文学。

**8633. 东战场上**　华之国编辑　时代史料保存社　1938 年 2 月初版　上海　2＋100　32 开　抗战报告文学选辑之九

报告文学作品集。收录了《纸上谈兵录》（杨纪）、《沪战前线》（匀秋）、《走向东战场》（焚戈）、《战区杂写》（庚雅）、《忆夜战场》（长江）、《南翔归来》（许华）、《嘉兴六日记》（罗平）、《轰炸后的嘉兴》（刘子润）等 12 篇作品。附录收《屠杀淞沪的刽子手——松井的轮廓》（端泉）。

**8634. 东战场上**　许欣五编　战时文化出版社　1938 年 2 月初版　汉口　6＋180　32 开　战时文化丛书之二

本书收录了 25 篇反映上海等东战场抗战情况的文章，其中包括：匀秋《大上海怒吼了》、《人人是战士》、杨纪《冲进汇山码头》、胡兰畦《大战东林寺》、徐迟《在前方的一夜》等。

**8635. 东战场上的五路军**　枕画辑　民团周刊社　1938 年 4 月初版　广西　32　32 开　丙种丛刊第三辑　焦土丛刊　第三辑之四　元真化主编

抗战通讯报道集。收《南翔刘家行之战》（谭继绩）、《忠勇爱国的将士》（李犹龙）、《从枪声说到第五路军》（卢显能）、《东战场的一角》（如川）、《江行随笔》（李雪坦）5 篇报道。

**8636. 范老英雄**　林洛著　军事委员会政治部　16　64 开　抗战小丛书　第 6 集

报告文学。记叙范筑先与日本侵略者斗争的英雄事迹。

**8637. 飞虎传（美国空军在中国）**　于大千编译　三友书店　1943 年 1 月　衡阳　116　32 开

分"空战纪实"、"人物及其他"、"谈话、文章、信函"、"飞虎与中国"、"战绩"等 5 部分，辑录介绍第二次世界大战中美国空军在中国的文章 27 篇。卷首有 W. 克里门的《飞虎传——陈纳德和他的伙伴们》一文。书末有编译者后记。

**8638. 飞将军抗战记**　郑振铎等著　抗战出版社　80　32 开　抗战小丛刊之一

报告文学。记述抗战初期中国空军战绩。收《我怎样轰炸出云舰》（次霄）、《奇伟的夜袭》（景江）、《我空军炸敌目击记》（郑振铎）、《空军的处女战》（黄源）、《重阳空战记》（庆安）、《十三架飞机加一条潜水艇》（徐迟）、《大鹏》（柯灵）等 17 篇。另外还有冯玉祥、郑振铎、何家槐、艾芜所作 4 首短诗和赵景深所作鼓词。附录收《千机毁灭日本论》（李沿日）、《空军占绝对优势》（金则人）、《中国空军之胜利》（佚名）、《中日空军之异点》（落霞）、《空军战绩》（佚名）5 篇报道。

**8639. 烽火滇西话征程**　王璧岑著　大观出版社　1945 年 1 月初版　昆明　2＋34　大 64 开　大观小丛书之二

本书主要记述慰劳团慰劳在滇西渡江反攻战中取得胜利的中国远征军将士的经过。

**8640. 感慨过金陵**　长江、罗人伟作　大文出版社　1938 年 9 月初版　2＋78　32 开

收录了长江《感慨过金陵》、罗人伟《流离转从中的旅行》两篇报告文学作品。

**8641. 港沪脱险记**　郑瑞梅、宋家修著　胜利出版社福建分社　1942 年 8 月初版　福建永安　58　32 开　故事新编

报告文学，收《香港脱险记》（郑瑞梅）、《上海脱险记》（宋家修）两篇报道。分别记述日军侵占上海、香港沦陷后的情况及两作者逃难脱险的经过。书前有郑瑞梅的《前记》。

**8642. 光荣的记录**　丁布夫、黄震遐著　中国的空军出版社　1939 年 12 月初版　成都　142　32 开　空军文学丛书　第 1 种　丁布夫主编

收录报道文章《光荣的"二一八"——武汉第一次空战大捷记》、《歼灭佐世保第十二次航空队——武汉第二次空战大捷记》、《铁的大武汉之晴空——武汉第三次空中会战纪》、《中国炸弹爆发在台北》等 13 篇及诗《武汉的突击》1 首。

**8643. 光荣的铁军战绩——汾南上市里坞之役**　刘克著　学习社　1944 年 12 月　30　32 开　学习社丛书之五

分 8 节：一封汾南同志的来信、敌三路进犯、瞄准打、死不退、击退八次冲锋、民族灵魂、军保民、民助军、好军队敌人也推崇。附录收《军民本是一家人》（通讯）（沙沱）、《忠勇敌人也敬佩》（通讯）（沙沱）。书名据封面题名。

**8644. 桂兵佳话**　品之辑　民团周刊社　1938 年 5 月初版　广西　24　32 开　丙种丛刊　第三辑　焦土丛刊　第三辑之一　亢真化主编

通讯报道。收《桂兵佳话》（长江）、《模范的伤兵》（莫佩琼）、《五路军荣誉团》（莫佩琼）、《我们是中华民国的军队》（陆诒）4 篇报道。

**8645. 郭沫若归国秘记**　殷尘　言行社　上海　173　32 开　有题词

记述了作者和郭沫若在日本的情况及郭沫若"七七"事变后回国的经过。书前有郭沫若《归国志感》一诗的影印墨迹。

**8646. 国难被囚实录**　刘汉文著　中美日报社　1947 年 3 月初版　4＋86　32 开　有照片、有题词

本书记录了作者在抗战期间被日军监禁两年多（1943 年 4 月至 1945 年 8 月）的狱中生活。分 16 章：引言、许身党国、奉命到沪、在沪工作鳞爪、上海被拘、无锡受鞫、上海判刑、寄押镇江、劫狱、再度被拘、贝当路受鞫、伪看守所敲诈百出、伪检察官贪污枉法、伪上海监狱、再押镇监、出狱。书前有张道藩序，书后附录家书。

**8647. 汉奸现形记**　冰莹等著　战时出版社　42　32 开　战时小丛刊之六

收录了 14 篇报告文学作品，包括《中国肃清汉奸》（贾开基）、《前方的汉奸》（冰莹）、《北平的汉奸》（夏子瑜）、《日本在华之女间谍》（毓君）等。书中所收录作品均摘录自《上海抗战》、《辛报》、《救亡日报》、《大公报》等报刊。

**8648. 航空圈内**　陶雄著　中国的空军出版社　1940 年 1 月初版　成都　108＋14　大 64 开　空军文学丛书　第 2 种　丁布夫主编

报告文学集。收录《当热烈氛围拥抱住中国飞机场的时候》、《"天皇"小史》、《生日》、《囚房之音》、《两年来活跃祖国银空的"铁雨战士"》、《两年来"东海大队"的空中突击》6 篇文章。

**8649. 航空生活**　中国的空军出版社编　编者刊　1946 年 5 月再版　南京　2＋202　32 开　有照片　航空丛书　第 1 种

本书分 3 个部分，收 22 篇文章：《和前线空军相处的日子》（邹若军）、《奋战中的空军志航大队》（邹若军）、《记中国空军军官的培育》（陈榕甫）、《空军参谋教育详记》（陶伟生）、《请随我侦炸汉口南京》（冯克和）、《骑瞎马经验谈》（柳英）等。

**8650. 黑红点**　吴伯箫著　［东北书店］　1947 年 4 月初版　［佳木斯］　98　32 开

本书多为作者在延安《解放日报》上发表过的报道。分两集：第 1 集描写敌后战斗，收《黑红点》、《打娄子》、《游击队员宋二童》、《化装》、《一坛血》、《文件》、《调皮司令部》7 篇；第 2 集

描写生产，收《南泥湾》、《"火焰山"上种树》2篇。书后附录收《边区建设运动》（寄调"打宁夏"）、《新村》、《孔家庄纪事》。书末有"后记"。出版者及出版地参照《民国总书目》。

**8651. 华北敌后——晋察冀**　李公朴著，山西太行文化出版社编　编者刊　1940年9月　山西　168　32开　有插图

本书为作者对边区的观感、认识和了解。前有序，后有后记。附：晋察冀边区形势略图一幅。

**8652. 淮河大战之前后**　长江著　江声书社　1938年7月初版　4+130　32开

本书分13个部分：中原大战之前夕、李宗仁纵谈抗战前途、川军在山东前线、敌人威胁下的鲁南煤矿、淮上观战记、豫南到皖西、桂兵佳话等。书前有作者自序。

**8653. 回到第一次收复的名城**　韦燕章著　文化供应社　1941年3月　桂林　72　32开　有题词

本书又名《劫后还乡记》，记录了作者在日军退败之后赴南宁调查的所见所闻。分9部分：归途巡礼、我的家、街头速写、酒家楼上一席谈、积极抗敌者的片鳞只爪、消极抵抗者的血渍泪痕、我民间的第五纵队、一幕惨痛而又趣致的剪影、敌人入寇桂南所得到的是什么。书前有吕一夔、丘昌渭序及作者自序，另有题诗多首。书后附《还乡即事绝句十四首》。

**8654. 活跃的肤施**　任天马著　上海杂志公司　1938年1月　上海　104　32开　大时代文库第4种

书中收入：《开场白》、《云阳镇上》、《行经古老的黄土高原》、《初到肤施》、《丁玲女士》、《朱德的故事》、《夜谈游击战》、《林伯渠先生》等21篇报道。附录《生活一天一天更快乐》等两篇文章。

**8655. 活跃的西线**　汪铿等著　战时出版社　122　32开　战时小丛刊之八三

本书分4编。分别为战局展、山西战绩、英勇的战士、晋中印象。收录了《论山西战局》（《新华日报》）、《西战场上的浴血抗战》（臧云远）、《西北战士》（史沫特莱）、《初到晋南的印象》（汪铿）等22篇文章。

**8656. 活跃的新西北**　田影编著　自强出版社　1938年3月　汉口　2+106　32开

抗战通讯。收《西安事变后的陕北》（长江）、《陕北的种种》（丽亚）、《陕北的抗战动员》（海客）、《在延安》（骅）、《和平·民主·抗战》（米春）、《西北特区和红军》（史诺）、《陕北的工业》（秦）、《文艺在陕北》（马骏）8篇报道。末附《关于抗日大学》。

**8657. 活跃在农村的读报组**　中共西北中央局宣传部编　编者刊　1944年8月　19　32开

书中收入《马家沟的读报组》、《庆阳三十里铺一乡的读报组》两篇文章。

**8658. 活跃在农村的读报组**　中共西北中央局宣传部编　新华书店晋察冀分店　1946年3月　张家口　2+17　32开

书中收入《马家沟的读报组》、《庆阳三十里铺一乡的读报组》两篇文章。

**8659. 火网里**　丁玲、巴金、刘白羽、姚雪垠、杨朔、王西彦等著　沪江出版社　1939年5月初版　211　32开

报告文学。收录《桂林的微雨》（巴金）、《雨中送出征》（周文）、《战地》（西村）、《行军中》（刘白羽）、《白龙港》（姚雪垠）、《火网里》（天虚）、《仇恨的生长》（王西彦）、《肉的堡垒》（杨朔）、《冀村之夜》（丁玲）、《欢迎重上火线者》（兹九）等17篇文章。

**8660. 火线上的孩子们**　聂志孔著　文化供应社　1943年11月3版　106　32开　有插图

本书收《到前线去》、《新的家庭》、《第一个工作——慰劳负伤大哥哥》、《街头宣传的小故事》、《真糟糕透了》、《两个检讨会》、《重新做好朋友》、《又一次撤退》等19篇文章。书前有《少年文库刊行旨趣》。

**8661. 火线上的五路军**　珠江日报社丛书部　珠江日报社　1938年5月再版　广西　12+196　32开　有照片　珠江日报丛书之二

收录关于第五路军抗击日军战斗情况的报道42篇，包括《李宗仁将军谈津浦战况与政治设施》（陆诒）、《徐州在战时》（杨禹九）、《淮上观战记》（长江）、《今后的战局》（李宗仁）等。书前有王逊志、韦永成所作的两篇序言。

**8662. 冀村之夜**　丁玲等著　新文艺出版社　1939年7月　2+270　32开　报告文学丛书之一

本书收录《跨过横断山脉》（白平阶）、《冀村之夜》（丁玲）、《从广州出来》（巴金）、《晚会》（柏山）、《太行山进军》（碧野）、《三个检查员》（萧乾）、《丹河之流》（魏伯）、《三百零七个和一个》（罗烽）等21篇报告文学。

**8663. 歼敌台儿庄**　陈文杰编著　群力书店　1938年4月初版　汉口　4+96　32开

本书记录了台儿庄战役的经过，收20篇文章：《鲁南胜利的外因》（郭沫若）、《关于全战局的台儿庄鲁南大会战》（曾晓渊）、《火网线上的台儿庄》（周鼎华）、《胜利前夜的台儿庄》（陆诒）等。此外收录诗歌《台儿庄》（冯玉祥）和童谣《台儿庄》（胡绍轩）各一首，并收蒋介石通电一篇。书前有编者前言。

**8664. 间谍·汉奸·俘虏**（三部分）　茅盾著　上海明明书局　上海　2+90　32开

抗日通讯报道文集，分间谍、汉奸、俘虏3个部分。间谍部分收7篇文章：《恐怖的间谍战》、《日本的间谍罗网》、《敌人在华的间谍组织》等；汉奸部分收《汉奸师承记》、《江朝宗丑事》、《汉奸诗人黄秋岳》等9篇文章；俘虏部分收《日本空军俘虏》、《伪国军俘虏》两篇文章。

**8665. 见闻**　萧乾著　烽火社　1939年9月初版　重庆　1+87　32开　烽火小丛书　第10种

本书收录《贵阳书简》、《安南的启示》、《伟大同情的化身》、《由香港到宝安》、《一个"破坏大队长"的独白》、《林炎发的入狱》、《阻力变成主力》、《岭东的黑暗面》、《黑了都市亮了农村》、《教育流进僻乡》10篇文章。

**8666. 江南前线**　朱民威著　艺文研究会　1938年10月初版　2+86　32开　抗战文艺丛书　中国文艺社主编

记述作者1938年春在皖南等地的见闻报道。收录《祁门一瞥》、《皖浙边重镇的屯溪》、《从黄山到九华山》、《青南道上》、《火线下的南陵》、《江边第一线的繁昌县》、《沦陷后的芜湖》、《皖南文化杂话》、《炮火声中话皖南》等13篇文章。

**8667. 劫后的江南**　光人编著　战时出版社　[广州]　61　32开　战时小丛刊之二十九

通讯报道。辑录抗战初期各报刊有关苏南沦陷后情况的报道。收《格隐逃离记》（余生）、《从青浦流亡到上海》（张冰独）、《从上海到川沙记行》（承明）、《劫后松江》（佚名）、《苏州的消息》（浔文）、《劫后之三吴各镇》（绥之）、《劫后江阴》（佚名）、《到浦镇沿途景况》（健帆）、《战后的上海》（佚名）、《劫后的江苏》（佚名）、《劫后的浙江》（佚名）等23篇。

**8668. 劫后的上海**　王芸生等著　战时出版社　69　32开　战时小丛刊之三十六

收录了《孤岛上》（王芸生）、《十一日南市所见》（王水）、《凄怆的南市》（徐迟）、《上海在炸弹微光里》（张若谷）等26篇文章。

**8669. 劫灰集** 草红著 胜利出版社 1941 年 10 月初版 重庆 2 + 52 32 开 故事新编之四

报告文学作品集。收录了《心上的红字消残了》、《我跌进铁瓮城中》、《废址下的红色都市》、《生产者的屠杀》、《凄惨的刑场》、《一个惨绝人寰的秘密》、《红色的原野》、《土地革命的牺牲者》等 11 篇对长汀和瑞金苏区的报道。

**8670. 劫灰集** 草红著 胜利出版社广东分社 1941 年 3 月 重庆 2 + 40 32 开 故事新编之四

报告文学作品集。收录了《心上的红字消残了》、《我跌进铁瓮城中》、《废址下的红色都市》、《生产者的屠杀》、《凄惨的刑场》、《一个惨绝人寰的秘密》、《红色的原野》、《土地革命的牺牲者》等 11 篇对长汀和瑞金苏区的报道。封面有题赠。

**8671. 今日之南京** 白芜著 南京晚报社出版部 1938 年 11 月 南京 ［94］ 32 开

本书记录了作者在南京的见闻，曾发表于《南京晚报》。书前有张友鸾作序及作者前记。

**8672. 津浦北线血战记** 臧克家著 生活书店 1938 年 5 月初版，1938 年 9 月再版 6 + 116 32 开 有照片、有插图、有题词

收录《津浦北线会战的意义》、《徐州现况》、《李白两将军亲赴前方》、《吊台儿庄》、《徒步韩佛寺访池师长》、《屈处长谈台儿庄血战经过》等 15 篇战地报道。附录收《五十九军官长谈临沂歼敌》、《追述临沂大血战》。书前有作者自序。

**8673. 津浦线抗战记** 海萍著 华中图书公司 1938 年 2 月初版 汉口 4 + 76 32 开 抗战丛书 第 1 辑

本书作者曾任美国合众社记者，采访津浦路战况，本书即记述当时的作战情况。收录《平津陷后的最前线》、《良王庄陷落与青纱帐大战》、《静海血战记》、《汇丰桥水淹日军与唐官屯大战》、《四十军姚官屯喋血喙》、《沧州退出记》、《战德州》、《守黄河》等 13 篇文章。书前有弁言。

**8674. 津浦线上** 西敏辑 民团周刊社 1938 年 6 月初版 广西 38 32 开 丙种丛刊 第三种 焦土丛刊 第三辑之五 亢真化主编

收录 4 篇文章：《淮上风雪》（谢康寿）、《光辉世界的我们在鲁南的战绩》（洪雪邨）、《鲁南运动战的经验》（长江）、《津浦侧翼的运动战》（陆诒）。

**8675. 晋北大战与第八路军** 华之国编纂 时代史料保存社 1937 年 12 月 上海 62 32 开 抗战报告文学选辑之八

该书收录 9 篇文章：《西线的战况》、《大战平型关》、《平型关歼敌记》、《平型关胜利之回忆》、《在西战场》、《第八路军之将领》、《在宁武遇八路军》、《今日之朱彭》、《一个典型的战士》。封面印有朱德题词。

**8676. 晋察冀边区印象记** 周立波著 读书生活出版社 ［总经售］ 1938 年 6 月初版，1939 年 6 月再版 汉口 3 + 205 32 开 有照片、有插图

本书记述了著者抗战初期在晋察冀边区的所见所闻。包括：《从河北归来》、《劫后的东冶头》、《娘子关前》、《北冶里夜谈》、《洪子店的劫火余烟》、《徐海东将军》、《聂荣臻先生》、《敌兵的忧郁》等 26 篇。书前有序言。附录收《游击队的母亲》、《师生游击队》、《华北——世界大战的起点》、《山西的游击运动》、《无公可办的临时政府》、《西线所闻》6 篇。

**8677. 经过烈火的洗礼以后** 邵镜三编 青年协会书局 1939 年 1 月初版 香港 108 32 开 非常时丛书 第 2 辑第 8 种

本书收录 9 篇文章：《一千五百里的长征》（蒋翼振）、《主解重围》（余牧人）、《烽火回忆录》

（朱敬一）、《湖上余生》（王鏐东）、《安勿忘危》（查全璧）、《炸弹下所得的经验》（杨光逸）、《遭难所得的经验和教训》（周梅阁夫人）、《生死关头》（编者）、《苦中的甜味》（桂克美）。书前有"编辑旨趣"和编者"引言"，书后有编者的"编后"。

**8678. 军中随笔**　谢冰莹著　抗战出版部　1938 年 1 月再版　66　32 开　有照片　抗战文艺小丛书　阿英编辑

　　记录了作者参加湖南妇女战地服务团的经过，收录《不做俘虏的战士》、《前方为汉奸》、《伟大的战士》、《中国人不打中国人》、《往那里逃》、《血的故事》、《血战三日记》、《战地情书》、《战地之夜》和《晚间的来客》10 篇文章。附录《代表前方受伤将士呼吁》一文。封面印有"三载不相亲　意气还如旧　歼敌早归来　痛饮黄龙酒——送冰莹赴前线"。

**8679. 康昌考察记**　朱偰著　大时代书局　1942 年 9 月初版　4＋124　32　有插图、有图表

　　本书分 14 章：蔗田千顷之内江、川中公路素描、自流井视察记、蜀之胜在嘉州、经济民生考察记、财政金融考察记等。书前有自序。

**8680. 抗日的第八路军**　赵轶琳编著　自力出版社　1937 年 10 月初版　上海　86　32 开　有照片　抗战小丛书　1

　　本书收录 16 篇通讯：《八路军为什么放弃瑞金》、《二万五千里的长征》、《三十个英勇妇女》、《从陕北到山西》、《西安事变野乘》、《八路军中的人物》、《抗日军政大学》、《国共合作与红军改编》、《八路军要人的谈话》、《八路军将领题名录》、《在西战场活跃之八路军》等。

**8681. 抗日战事真实报道（从卢沟桥事变到现在）**　林纪衡编著　上海印书馆　1938 年 2 月初版　上海　2＋74　32 开

　　本书记叙从卢沟桥事变到淞沪陷落的战争经过，包括：卢沟桥事件、事件发生前的华北、事变的成因、和战之间等 51 篇报道。书前有编著序言。

**8682. 抗战丛刊第四辑**　郑光昭编　商务印书馆　1938 年 7 月初版　长沙　6＋223　32 开

　　本书收录了 46 篇文章，包括：《南公益里一队兵》、《中华民族的英雄们》、《王铭章将军殉国记》、《伤兵医院群像》、《杀敌者述》、《在抗战前线的张自忠》、《今日的朱彭》等。书前有编者导言。

**8683. 抗战时代**　黄峰编　光明书局　1938 年 1 月再版　1938 年 2 月，13＋208　32 开　有插图　第八路军行军记　2

　　记述八路军英勇善战抗击日军侵略的通讯。分 14 篇章，包括有《进向新阶段的两年间》、《延安的一日》、《上前线去》、《大战平型关》、《西战场的一角》、《西战场的又一角》、《两度过太原》、《朱彭二将领和第八路军》、《朱德将军在前线》、《在晋北抗战的一群》、《战地服务团在工作中》、《女战士在前方和后方》、《军中生活的一断片》、《全国军民热望着的一个大声胜仗》，共 52 篇报道。书前有《题在"抗战时代"的卷头》（叶舟）一文和《编者小记》。

**8684. 空中搏斗**　中国的空军出版社编　编者刊　1946 年 5 月初版　南京　2＋142　32 开　有照片　航空丛书第 2 种

　　本书收 22 篇文章：《中国战场上天空情势的转变》（邹若军）、《空军威力在中原》（刘毅夫）、《中美两大队长五天轰炸记》（厉歌天）、《空军血卫老河口》（刘毅夫）、《野马机的长征战绩》（廉风）、《空军远征大沽口》（刘毅夫）、《截断了华南敌军的大动脉》（梁道明）、《五面围攻》（邹若军）等。

**8685. 空中英雄（空军战斗员自述）**　孙桐岗等著述　自强出版社　1938年3月　汉口　6＋88　32开

收录《纵横东线上的×大队》、《去轰炸来》、《轰炸出云舰》、《在笕桥》、《月夜轰炸杨树浦》、《月下轰敌阵》、《飞将军孙桐岗脱险记》、《空军英雄陈盛馨血战记》8篇文章。书前有白鲁所作诗歌《飞将军》（代序）。书后附录《我们怎样建立中国空军》（J. H. J. oueff）、《日本空军附录之言》（梅生）。

**8686. 空军战斗实录**　杨凌霄编　群力书店　1938年5月初版　广州　1＋110　32开

本书收录8篇报道：《中国空军的发展》、《中国空军的训练与建立》、《中日空军战略》、《武汉大空战》、《轰炸台湾》、《轰炸东京》、《敌人轰炸南京》、《中国在空袭下》。附录收《西班牙的空战》、《苏联的降落伞中队》。

**8687. 良口之战**　静君编　新军杂志社　1940年10月　144　32开　新军丛书

记述1940年5月对日良口之战的情况。包括《良口战役概述》（陈原）、《良口之战》（赵一肩）、《从化的烽火与民众》（罗雨农）、《如火如荼的士气》（静闻）、《我们怎样在战地展开民联工作》（叶林）等18篇文章。书前有序诗《良口赞》（静闻），书后有《编后小记》（静君）。

**8688. 两个俘虏**　天虚著　上海杂志公司　1938年3月粤初版　5＋62　32开　战地生活丛书　第2种

主要记述两个被八路军俘虏的日本兵受教育而觉悟的过程。

**8689. 六十军在抗战里（第一集）**　彭舜吾、王凤章、罗树清等著　必胜出版社　1938年7月　3＋79　32开

本书介绍六十军抗敌事迹。收录《踏上了征程》（王凤章）、《到了抗敌的战场》（王凤章）、《鲁南会战的六十军》（罗树清）、《血战李庄》（锦琳）、《血战辛庄》（周正坤）等9篇文章。书前有彭舜吾所作卷头语。

**8690. 芦沟桥之战**　田风等著　上海杂志公司　1937年8月初版　上海　115　32开　抗战报告文学之一

收录《芦沟桥畔》、《芦沟桥上》、《在龙王庙受伤的》、《白刃战》、《宛平抗战线上》、《到朝阳门去》、《救亡途上》、《参加战区服务团》、《这几天在北平》、《烽烟中之故都》10篇报告文学。

**8691. 鲁闽风云**　徐盈、列岛、老舍、赵家欣、正安著　生活书店　1938年5月再版（粤）　广州　1＋92　32开　抗战中的中国丛刊　长江主编

收录6篇文章：《今日的山东》、《鲁东风云》、《三个月来的济南》、《金门惨象》、《陷落时的金门》、《金门沦陷的前因后果》。

**8692. 沦亡的平津**　长江、小方等著　生活书店　1938年1月　2＋118　32开　抗战中的中国丛刊之一　长江主编

本书收13篇文章：《血泪平津》（长江）、《前线忆北平》（小方）、《未名湖畔忆离散》（《大公报》）、《流亡记》（燕京人）、《古城剪影》（《字林西报》）、《从北平来》（须旅）等。有题签。

**8693. 沦陷后的上海**　史天行著　华中图书公司　1938年3月初版　汉口　2＋98　32开　抗战丛书　第2辑

记述上海被日军侵占后情况的通讯集。收《大上海的沦陷》（植之）、《天堂惨象》（叶井）、《苏州河北岸一瞥》（春江）、《告别上海》（长江）、《上海沦陷后的新闻界》（祖澄）、《"孤岛"见

闻》（茅盾）、《一点感想》（巴金）、《在上海》（靳以）、《不愁没有工作》（夏衍）等16篇报道。

**8694. 沦陷前后的上海**　张一望编　战时读物编译社　1938年2月初版　汉口　4+115　32开

收录了14篇反映沦陷后上海各方情况的文章，包括《上海三日记》（萧军）、《火光中上海》（黑婴）、《血战中的上海》（戍君）等。书前有编者序，书后附有"友人眼中的上海"，包括《上海活起来吧》（诗）、《"一二八"的上海与"八一三"的上海》两篇；"敌人眼中的上海"，包括《在炮火中的上海散步》和《沪战从军记》两篇。

**8695. 沦陷区的故事**　赵家欣编著　战时中国丛刊社　1943年1月初版　福建永安　2+94　32开　战时中国丛刊之一

收录了《伪军内幕》（赵家欣）、《穿走在敌后》（斯琴）、《伪中央市场内幕》（胡曛岚）、《常熟小教的血泪》（胡成）、《赣北敌后写实》（史尧）、《敌寇统制不了伪军》（执绥）、《血泪话东北》（洪山）等16篇介绍沦陷区生活的报告文学。

**8696. 马子云将军巡防记**　河西日报社编辑　河西日报社　1940年8月　甘肃武威　4+78　32开　有照片、有插图、有题词

收录了《踏上甘新公路》、《进步中的武威》、《古浪沿途所见》、《古浪峡的壮观》、《岛沙岭上的路工》、《永登对骑五师训话》等23篇通讯报道，记载了马子云巡访甘肃的经过。书前有引言。封面有题赠。

**8697. 谜样的山东**　克逊著　汉口大众出版社　1938年6月初版　汉口　2+101　32开　抗战动员丛刊

报告文学。

**8698. 民兵战斗故事**　东北书店　1943年　40　32开

收《不放一枪的胜利》、《地雷的秘密》、《李殿冰的麻雀战》、《民兵英雄路玉小》、《"掷弹筒大王"徐力强》、《盖凡和他的游击队》、《神枪手安全福》、《爆炸大王李勇》、《青年游击小组长贾玉》、《艾固山区的民兵》、《大泽山区的地雷战》11篇纪录晋察冀边区民兵战斗的通讯报道。出版时间根据内容推断。

**8699. 名城要塞陷落记**　长江等著　战时出版社　1939年　广州　95　32开　战时小丛刊之五十

收录了日军侵占我国数座名城要塞的新闻报道，包括《苏州最后的夜》（佚名）、《苏州陷落记》（达文）、《无锡被毁前后》（正明）、《江阴烽火回望记》（方菊影）、《武进城沦陷目击记》（玉行）、《感慨过金陵》（长江）、《从东战场归来》（王平陵）、《南浔浩劫实写》（徐迟）、《退出济南》（逸凡）等23篇。出版时间参照《民国时期总书目》。

**8700. 名城杂记**　陈阵著　1942年　9〔环筒叶〕　16开

本书为剪报。收录1942年3月17日至25日长沙《民国日报》连载的《名城杂记》。

**8701. 南国战士**　刘雯卿著　国防书店　1942年4月初版　桂林　5+150　32开

本书分3个部分：战斗的前奏、前线活跃的女战士、在广大的农村中。书前有黄旭初所作序言以及作者自序。封面画为周令钊所作。

**8702. 怒吼的农村**　霍衣仙著　抗战文学社　1938年4月　90　32开

本书是《动荡中的故都》的姊妹篇，包括《一个狐假虎的武装警士》、《行路难》、《老挑夫的壮语》、《刚到家的一刹那》、《故乡一切都变了》、《我们要组织起来》等21篇文章。记述华北农村

抗战的事迹。卷首有弁言和著者自序。

**8703. 跑狗场突击**　王传本编著　战旗社　1939年3月初版　绍兴　3＋24　32开

本书包括《汉奸血首贺春节》、《西子湖畔诛何瓚》、《血染沁园邨》、《射击手的肉靶子》、《你是汉奸，杀!》、《竹林中的除奸剧》等10篇以铲除汉奸为题材的通讯报道。书前有曹天风的序。书后有著者的代跋《今年是锄奸年》。

**8704. 炮火中的儿童**　海燕编　文缘出版社　1939年4月　8＋86　32开

收录《一个消防队的小队长》（应智）、《从苏州到上海》（唐维善）、《无锡沦陷前后》（张铭华）、《避难回忆》（翟瞿）、《从南京到上海》（人元）、《我也是国民的一份子》（叶中秀）、《不用悲伤》（任东翘）、《我的流亡》（琴光）等22篇文章。卷首有"献给小朋友们"和"编者的话"。

**8705. 平汉前线**　华之国编辑　时代史料保存社　1937年11月初版，1938年1月再版　上海　2＋60＋2　32开　抗战报告文学选辑之六

报告文学作品集。收录了《永定河失守前后》（陈敷）、《保定抗战经历》（无畏）、《从石家庄到沧州》（大公）、《石家庄站上》（东平）、《平汉线上的血战》（铁军）、《北战场的新形势》（从周）、《平汉路前线》（章雅声）等12篇。书后附华之国编后记。

**8706. 平津流亡归来**　黄继厚著　华中图书公司　1938年5月再版　汉口　54　32开　抗战丛书第6辑

收录《告别平津》、《沽河留旅客》、《我流亡在河南山东》、《学生救亡剪影》、《文化救亡在开封》、《一位模范抗敌军官——集体报告》6篇通讯报道。主要记述作者抗日战争初期在华北一带的见闻。

**8707. 七人之狱**　沙千里著　生活书店　1937年10月　191　32开

记述"七君子"入狱经过。封面有"七君子"合影照片。

**8708. 气壮山河之淞沪血战**　刘一叶编　亚东图书馆　1937年12月再版　[上海]　6＋129　32开

记述了"八一三"淞沪抗战中的战斗事迹及各方面的情况。收《围攻日本司令部》、《占领了爱国女校》、《夺回罗店进抵新兴》、《有意义的战争》、《忍痛疗伤准备再上前线》、《敌人完了》、《五小时肉搏》、《再设法歼灭他们》、《一个木匠的抗战》、《胜利属于我们》等35篇报道。书前有编者序。

**8709. 前后方**　徐盈著　建国书店　1943年4月初版　重庆　1＋138　32开　文艺新集　5

收录了《德意日》、《日常生活》、《新事业》、《干部手记》、《当死亡远离的时候》、《烦》和《战长沙》7篇作品。

**8710. 前线归来**　郭沫若等著　华光出版社　1938年1月初版　上海　2＋60　32开　抗战小丛书

抗战通讯报道集。收录了《前线归来》（郭沫若）、《张向华将军会见记》（夏衍）、《孙元良将军访问记》（田汉）、《不做俘虏的战士》（冰莹）、《犒军去》（胡兰畦）、《战区归来》（胡萍）、《战地的一夜》（黎明健）、《战地去来记》（林林）等18篇。

**8711. 前线归来**　郭沫若著　星星出版社　1938年5月初版　上海　70　32开

收录了《在轰炸中来去》、《到浦东去来》和《前线归来》3篇作品。

**8712. 前线消息**　（美）史沫特莱著，哲民编译　言行社　1940年9月　上海　80　32开

包括 4 部分：在游击队中、在北平游击队中、庐山孤军峰歼敌记、从江南到江北。

**8713. 前线巡礼**　陆诒著　大路书店　1938 年 2 月初版　汉口　6＋92　32 开

本书分：走上西战场、陕北之行、宁夏之行共 3 部分，收录了 14 篇文章：《娘子关血战记》、《从寿阳到临汾》、《延安进行曲》、《毛泽东谈抗战前途》、《平凉巡礼》、《国防前线的宁夏》等。

**8714. 前夜**　雷宁著　言行出版社　1939 年 10 月　1＋194　32 开　报告文学丛书之三

收录了 10 篇描写抗日救亡运动的报告文学作品，包括《黑夜》、《一天的旅途》、《河北平原的一夜》、《接见室》、《苦潭》、《写信摊》、《魔术家》、《固安城以北》、《两个异乡妇人》、《下半旗》。

**8715. 全线血战记**（第二辑）　海燕、田体仁编译　中央图书公司　1938 年初版　2＋101　32 开

本书收 25 篇文章：《告别上海》、《一月来的东战场》、《陷落前的无锡》、《一片血腥话皖南》、《八路军晋北血战记》、《陷落半月的平遥》、《游击战的洪流》、《战时的广东》等。

**8716. 全线游击战**　海燕、一平编　中央图书公司　汉口　2＋112　32 开

本书分通讯与特载两个部分。通讯收录《游击线上》（莫青）、《平汉线四游击战》（从周）、《第八路军的模范游击》（西圣）、《晋察冀边的游击洪流》（陆诒）、《北平西山游击队》（通讯）、《北平城外的游击队》（高云晖）、《七亘村的游击胜利战》（刘志坚）、《东北抗日联军第三军》（松五）等 14 篇文章。特载收录《游击战略》（毛泽东）、《游击战术》（朱德）、《游击战争》（彭德怀）、《从华北谈到游击战的前途》（李公朴）、《怎样组织游击队》（白浪）等 7 篇文章。

**8717. 热河从军纪实**　张履贤著　东方书局　1935 年 4 月初版　济南　14＋160　32 开　有照片、有插图、有图表

本文记叙了作者热河抗日从军的亲身经历，包括：初上征途、在北平、平热道上、陷在深谷里的承德、热河军队的特殊生活、作战和战时编制、大帅的英姿、不吉之兆、张四皇帝——碑亭子神话中的创业英雄等。有后语。

**8718. 三捷长沙**　朱振声著　忠文书店　1942 年 4 月初版　长沙　2＋40　32 开　有照片、有题词

抗战通讯报道集。包括三捷长沙战前的'薛伯陵防线'巡礼、再战长沙（上中下）三篇，共收战地通讯 42 篇。这些通讯曾刊载于《中央周刊》、《上海新闻报》、《东南日报》、《湖南国民日报》等报刊。书前有诗《长沙三次大捷》（罗卓英）、《第三次长沙大捷喜赋》（吴逸志）、杜绍文作序《战地通讯的写作原则》和写在卷头的话。

**8719. 沙场喋血记**　黄声远编著　军中文化社　1945 年 9 月再版　吉安　2＋88　32 开

本书记述抗日战争中部分战役的战斗场面。收录编者选编及自创的作品，包括《人天感泣守衡阳》、《衡阳之战》、《血战赤山桥》、《真公精神不死》、《湘水、衡峰、汤队长的英灵》、《铁血忠魂》、《清江空战记》、《青山白水两相辉》、《湖北战场吊古》、《石湾之战》、《文龙兄，你安息吧》等 23 篇通讯报道。书前有前记和再版序。封面有题赠。

**8720. 陕北纪行**　张文伯著　国民出版社　1945 年 3 月初版　福建　2＋52　32 开

记录了作者于 1944 年 5 月随中外记者参观团赴陕北解放区参观的所见所感。分为七十天的行程、供给制度与生产运动、三三制与一揽子会、一元化的领导系统、保卫边区的游击部队、培养干部的党化教育、战斗中的矛盾思想和统一与民主的前途共 8 章。附录收《新经济的实验》一文。

**8721. 陕北印象**　董大道编　华严出版社　1943 年 6 月　8＋102　32 开　盟利通讯社丛刊之一

报道文学，分14个部分：毛泽东的战术、为什么要整风、春风吹不到陕北、群众的呼声、圣地奇葩、延安与南京、互惠协定、关于野百合花、法币与边币、陕北动员实录、夏征、陕北的教育、中共斗争精神、边区散记。书前有作者所作卷首语。

**8722. 陕北之行**　王仲明编辑　求知出版社　1945年11月再版　3+116　32开

收录《弁言》、《延安视察的感想》、《十年来中共几点改变》、《陕甘宁边区人民的负担》、《陕甘宁边区的经济金融与财政》、《三三制与一揽子会》、《保卫边区的游击部队》、《延安观感》等17篇文章。

**8723. 陕行纪实**　楚云著　读书生活出版社　1938年8月　汉口　3+140　32开

内容包括5个部分：延安印象、从苏维埃到普选的民主制度、大众的文化教育、抗战动员种种、民众的组织与活动。

**8724. 上海鏖战侧影**　宋标编　上海明明书局　上海　2+166　32开

本书收录有关上海御倭抗敌方面的文章20篇：《十六世纪上海筑城御倭寇》、《在我们闸北的前线上》、《我有一个在前线杀敌的兄弟》、《淞滨之战》、《今日的小东京》、《日本浪人在虹口》、《战时一童军》、《血战时期的上海景象》等。

**8725. 上海抗战记**　郭沫若、谢冰莹等著　上海抗战出版社　1937年12月　上海　2+86　32开

书中收录《蒋委员长申言中国之态度》、《蒋夫人表示中国绝不畏苦难》、《张治中总司令通电抗敌》、《火中的上海》、《战时的上海街头》、《在我们闸北的前线上》、《目击的英勇战》、《到浦东去来》、《前线归来》、《郭沫若谈军中故事》、《前线将帅》等20篇文章。扉页背为冯玉祥作《女军人》诗一首。

**8726. 上海抗战记**　郭沫若等著　上海杂志公司汉口总店［经售］　1937年12月再版　汉口　2+118　大64开　抗战报告文学选辑之三

收录了报道上海"八一三"抗战的文章18篇：《火中的上海》（景江）、《战时的上海街头》（张天翼）、《在我们闸北的前线上》（秋士）、《目击的英勇战》（郭沫若）、《到浦东来去》（郭沫若）、《前线归来》（郭沫若）、《访问一个受伤的排长》（柳浪）、《军中日记》（曹聚仁）等。

**8727. 上海事变与报告文学**　南强编辑部编　上海南强书局　1932年4月　上海　13+132　32开　有照片

本书从《时事新报》、《大晚报》、《大美晚报》、《烽火》、《太平洋日报》等报刊杂志上选辑了28篇报告文学作品。全书分6辑，包括：几番大战、火线以内、士兵生活、战区印象、十字旗下、新线印象（及其他）。收录：《曹家桥之役》、《江湾血战》、《在吴淞炮火线下》、《到火线里去》、《前线一瞥》、《伤兵慰问记》、《战地纪实》、《自前线归来》、《战场》、《不怕死的同志们》等作品。书前有《从上海事变说到报告文学》（代序一）和《上海事变的经过》（代序二）。

**8728. 上海血战记**（第二月）　抗战汇报社编辑　战时出版社　1937年10月　上海　78　32开　有照片、有插图　抗战丛书　第2种

本书按日期顺序记述"八一三"淞沪抗战的第二月，即1937年9月13日至10月12日上海抗战战事，每篇前均有提要。附《本社举办上海战争预测》、《两月来淞沪抗战回顾》。封面题名上方有"予打击者以打击"。

**8729. 上海一日**　朱作同、梅益主编　美商华美出版公司　1938年3月初版　上海　22+［941］　大32开　精装　有插图

本书为 1937 年上海"八一三"事变一年来反映上海各个方面变化的征文集。全书分 4 部分：火线下、苦难、风火山上、漩涡里。书前有朱作同所作序——"发刊本书动机"和编委会"本书编辑经过"。

**8730. 神秘的陕北**　　石利之笔述，何揆一编辑　　西北出版社　　1940 年 10 月初版　　2＋52　　32 开　　西北散记　第一辑

收录报道陕北根据地的文章 13 篇。

**8731. 生长在战斗中**　　以群著　　中国文化服务社　　1940 年 10 月初版　　重庆　　2＋120　　32 开　　作家战地访问团丛书

报告文学集。记述抗日战争中的英雄事迹及被俘日军士兵情况。收《踏进斗争中》、《红枪会的英雄》、《未成年者的进展》、《横渡浊漳河》、《太行山村的一夜》、《记松井英男》、《补充兵（松井英男）》、《军中生活回想记（松井英男）》、《听日本人自己的告白》等 9 篇文章。

**8732. 生活在延安**　　鲁平编　　新华书社　　1938 年 2 月　　182　　32 开　　青年生活丛刊

内容包括 16 个部分：到延安去、延安进行曲、纪念节在延安、延安的晚会、新年的延安、当王明回到延安时、从两性生活谈到朱德、轰动延安的情杀案、延安的托儿所、延安城中的少年、延安的女学生、延安的四个学校、印刷工人们的生活、农民和春耕运动、一个少年战斗员、延安城外的八路军。附录《陕北边区的新变化》。正文前有编者所作序。

**8733. 胜利的曙光**　　黎列文著　　烽火社　　1940 年 1 月初版　　重庆　　1＋43　　32 开　　烽火小丛书　第 16 种

收录《伟大的抗战》、《胜利的曙光》、《三个伤兵》、《寄东北同胞》、《战时旅况》、《微弱的呼声》、《暴风雨的福州》、《我们只有一个民族》、《闽海风云》、《福清之行》、《关于罗淑》11 篇文章。

**8734. 胜利的退却——徐州突围**　　品之辑　　民团周刊社　　1938 年 7 月初版　　广西　　86　　32 开　　丙种丛刊　第三种　焦土丛刊　第四辑之三　亢真化主编

通讯报道。收《胜利的退却——淮北沧河突过记》（长江）、《退出徐州》（海萍）、《冲出重围》（陆诒）、《在战地里》（李金声）、《离徐记》（高公）、《突围归来》（朱秀金）、《随鲁南大军突围记》（树扬）7 篇文章。

**8735. 十八天的战争（香港沦陷记）**　　唐海著　　远东书局　　1942 年 3 月初版　　桂林　　2＋108　　32 开

本书收录了 20 篇文章，详细记录了 1941 年 12 月香港沦陷的经过。包括：《宁静的星期日》、《夜晚的九龙》、《偷渡》、《慌乱的退却》、《观战东山台》、《劫后风光》等。

**8736. 时事新报评论集（第二集）**　　潘公弼著　　四社出版部　　1934 年 1 月初版　　上海　　14＋430　　32 开　　四社文库　甲部第 1 种 B

本书收录作者在 1931 年间为《时事新报》撰写的评论百余篇，其中有 9 月 19 日所写见证"九·一八"事变的评论，命名为《国难》。

**8737. 受难的人民（桂林疏散记）**　　洛文著　　联益出版社　　1946 年 8 月初版　　2＋92　　32 开

本书分两个部分：桂林疏散记和在桂东南。桂林疏散记收录《文化城的毁灭》、《再见，桂林!》、《在南站和北站》、《军民合作的一幕》等 11 篇；在桂东南收录《山城的故事》、《盐的故事》、《胜利的军队》3 篇报道。书前有代序《正视现实的必要》（千家驹）。

**8738. 淞沪火线上** 胡兰畦等著 生活书店 1938年2月初版 汉口 2＋148 32开 抗战中的中国丛刊之二 长江主编

报道"八一三"上海抗战情况的通讯集。共收录《铁与血的斗争》、《英勇的铁鸟》、《军中三日记》、《钢勇士》、《火线上的双十节》、《大战东林寺》、《战场一角的鏖战》、《前线两昼夜》、《走向东战场》、《在北新泾火线上》10篇。

**8739. 淞沪血战回忆录** 翁照垣述、罗吟圃记 申报月刊社 1933年1月初版 上海 2＋130＋3 32开 有照片、有插图、有图表 申报月刊社丛书 第1种

本书分7章：前言、战事的酝酿、一二八之战、停战和停战以后、吴淞一月、三月一日、以后。书后有史量才跋。题名页有"纪念为国难牺牲之同胞"字样。

**8740. 淞沪血战面面观** 刘子清编 亚东图书馆 1938年2月 ［上海］ 7＋150 32开 有插图

收录了44篇报导淞沪抗战情况的文章。包括9部分：战况一斑、空战第一幕、五百孤军的奋斗、勇哉民族战士、民众的服务、炮火下的上海、难民与汉奸、敌军中的反战宣传、两幅漫画。每个专题下有编者的按语。文章包括《突贯攻击》（杨纪）、《战场一角的鏖战》（胡兰畦）、《血的故事》（冰莹）、《忆夜战场》（长江）等。

**8741. 淞沪战事琐闻** 沈毅编 民族教育社 1932年4月 上海 8＋114 32开 精装

本书收录了散见于报章杂志或著者亲眼目睹所写的文章92篇，记载了淞沪战役的情况。包括：《打过四十八仗》、《浑身炸弹》、《日军爬得高跌得重》、《日兵地雷自轰自飞机自炸自》、《不怕死的机关枪队》、《夺敌铁甲车如探囊取物》、《被难同胞和麻袋》、《日军家属卧辙请愿》等。

**8742. 随军散记** 沙汀著 知识出版社 1940年11月初版，1946年3月3版 上海 158 32开

本书记述贺龙在前线的言谈、行动及有关他的故事。有前记。

**8743. 随军散记** 沙汀著 大众书店 1946年8月初版 大连 2＋158 32开

本书记述贺龙在前线的言谈、行动及有关他的故事。

**8744. 随军生活** 黄源著 汉口大众出版社 1938年3月初版 汉口 2＋92 32开

分4辑，收《赴乍浦前线》、《深夜荒山中访奥六将军》、《一个沦陷了的城市》、《炮声响了》、《炮声中纪念鲁迅先生》、《记"中国的友人"——鹿地亘》、《空军的处女战》、《西站行》等15篇著者在抗战初期的见闻报道。书前有代序《赴火线去——临别给亲友家族》。

**8745. 随枣行** 臧克家著 前线出版社 1939年10月初版 56 32开

抗战通讯报道集。收录7篇文章，包括《在第一线上》、《随枣行》、《十六岁的游击队员》、《在随县前方》、《山村之夜》、《从敌人的后方来》、《郑州在轰炸中》。

**8746. 台儿庄** 枕画辑 民团周刊社 1938年4月初版 广西 58 32开 丙种丛刊 第三种 焦土丛刊 第三辑之六 亢真化主编

抗战初期台儿庄战役报道集。收《胜利前后的台儿庄》（陆诒）、《台儿庄血战经过》（长江）、《台儿庄血战的一幕》（惜梦）、《满怀兴奋上前线》（陆诒）、《慰问台儿庄》（长江）、《踏进台儿庄》（陆诒）、《台儿庄血战座谈会》（陆诒）7篇报道。书后附录收《蒋委员长电勖军民闻胜勿骄》、《中央电慰李司令长官》、《台儿庄胜利后国际批评》3篇。

**8747. 台儿庄歼敌记** 长江等著 战斗书报社 1938年4月 汉口 4＋46 32开

本书分8个部分：台儿庄血战经过、胜利前夜的台儿庄、台儿庄歼敌血战的一幕、火线上的台

儿庄、台儿庄的大歼灭战、台儿庄血战速写、鲁南大会战、踏进台儿庄。书前有前言。

**8748. 台儿庄上的胜利前后**　汪芝仁编著　现代出版社　1938 年 4 月　5 + 43　32 开

　　本书分 7 个部分：好汉发源地的台儿庄雄势、第二期大决战的序幕、可歌可泣的战场、雄壮惨烈的伟绩、两个受伤团长的谈话、在医院中访问了受伤官兵、台儿庄胜利前夜白崇禧将军的谈话。书前有作者小言。

**8749. 台儿庄血战记**　林之英编　中外编译社　1938 年 4 月初版　上海　6 + 146　32 开

　　本书为台儿庄等重大战役的通讯报道摘编。共 4 编，第 1 编津浦南段的血战，包括南段战局鸟瞰、淮战纪详、东北健儿的英勇杀敌等 5 部分；第 2 编津浦北段的烽火，包括皖北与鲁南、无恙到徐州、川军保卫了徐州等 8 部分；第 3 编台儿庄的空前大胜利，包括台儿庄地形、敌我的战略与战术等 7 部分；第 4 编台儿庄的胜利与中国抗战前途，包括鲁南胜利的外因、台儿庄胜利之意义与今后国民努力之目标等 3 部分。书前有胡适《代序——胜利的春天》。

**8750. 太行山边**　碧野著　汉口大众出版社　1938 年 5 月初版　汉口　4 + 84　32 开　抗战动员丛刊

　　长篇报告文学，记述石友三部一八一师在太行山边的抗战经历。分为两部分：太行山边、道清线东。书前有序。

**8751. 铁蹄下的平津**　阿英等著　战时出版社　汉口　108　32 开　战时小丛刊之四

　　记录了抗战时期北平和天津沦陷后的情况。分为上、中、下 3 卷，收录《故都沦陷前后杂记》（李辉英）、《北平沦陷前前后后》（佚名）、《北平通信》（老向）、《动乱中的北平》（鲁悦明）、《故都暂别记》（北向）、《敌人在北平的屠刀》（周为成）、《铁蹄下的天津》（钱锦霞）、《平津陷落后的状况》（罗隆基）等 27 篇文章。

**8752. 潼关之夜**　杨朔著　烽火社　1939 年 4 月初版　重庆　1 + 70　32 开　烽火小丛书　第 7 种

　　收录 8 篇文章，包括《南苑，这儿开过我们的血花》、《王海清》、《秋风吹起了征愁》、《潼关之夜》、《雪花飘在满洲》等。书后有作者附记。

**8753. 为自由而战的中国**　（美）史特朗著，伍友文译　棠棣社　1940 年 2 月 3 版　上海　2 + 324　32 开

　　本书原名为"人类五分之一"（One-fifth of Mankind）。分 18 章：中国为何而战——中美的对比、到东方路、中国的鸟瞰、四千年的传家宝、西方侵入了中国、革命的巨浪、日本对华的侵略政策、中国走向统一的途径等。书前有：介绍本书与著者、蒋介石夫人给本书著者的复函和译文。

**8754. 倭营历险记**　房沧浪著　生活书店　1939 年 3 月初版，1940 年 5 月再版　重庆　107　32 开

　　记述了著者在徐州沦陷时被日军俘虏的情况及脱险的经过。

**8755. 我军英勇抗战事迹（第一辑　上册）**　朱宝铮编　拔提书店　1938 年 6 月　长沙　4 + 124　32 开

　　本书记叙了抗战一年来我军英勇抗战事迹 21 篇，包括：《血战居庸关》、《大战平型关》、《壮哉——空军烈士阎海文》、《血染红了宝山》、《击落三辙宽》、《虎口海战记》、《孤军八百人》、《游击司令刘震东》等。前有编者序。

**8756. 我军英勇抗战事迹（第一辑　下册）**　朱宝铮编　拔提书店　1938 年 6 月　长沙　2 + 100　32 开

本书收录了抗战一年来我军英勇抗战事迹 16 篇，包括：《"二一八"武汉空战大胜记》、《飞将军轰炸台北》、《轰炸出云舰》、《歼灭佐士保第十二航空队》、《反攻雨下店》、《战士的血洒在南国天空》等。

**8757. 我们七个人**　　（日）鹿地亘著，沈起予译　作家书屋　1943 年 6 月初版　重庆　215　32 开　当代文学丛书

日记体裁的报告文学。记述日本反战同盟成员参加我军收复南宁战役的情况。

**8758. 我们在炮火中**　　郭沫若、田汉、巴金、茅盾、夏衍等著　上海明明书局　上海　2 + 56　32 开

收录了茅盾的《写于神圣的炮声中》、《"恐日病"一时不能断根》、《今年的九一八》、《战神在叹息》、郭沫若的《纪念张一麟先生》、田汉的《新战线巡历》、《月夜访大场战线》、巴金的《所谓日本空军的威力》、《一点感想》、《给山川均先生》、《给日本友人》、夏衍的《士无斗志的日本》等 12 篇文章。

**8759. 五路军上窑歼敌记**　　品之辑　民团周刊社　1938 年 4 月初版　广西　32　32 开　丙种丛刊　第三种　焦土丛刊　第三辑之九　亢真化主编

收录两篇文章：《五路军在上窑》（诒公）、《上窑前线散记》（番草）。

**8760. 五路军在前线**　　品之辑　民团周刊社　1938 年 5 月再版　广西　56　32 开　丙种丛刊　第三种　焦土丛刊　第二辑之四　亢真化主编

通讯报道。收《英勇绝伦的广西战士》（叶浅予）、《夜走宣城》（羽田）、《第五路军在衢州》（侯甸）、《广西人在湖南》（梁学基）、《五路军一位连长的日记》（如川）、《我们后方的军容——广西桂林补充团访问记》（唐晨）6 篇。

**8761. 五月的延安**　　艾思奇、柯仲平等主编　陕甘宁边区文化界救亡协会编辑　读书生活出版社　1939 年 5 月　重庆　4 + 184　32 开

内容包括 9 个部分：五月的纪念日、五月的中国抗日军政大学、五月的陕北公学、五月的鲁迅艺术学院、五月的鲁迅小学、五月的工人、五月的女自卫军、五月的人物素描、五月的一般动态。书前有《前记》。

**8762. 西北散记**　　（美）斯诺著，邱瑾译　汉口战时读物编译社　1938 年 2 月初版　汉口　57　32 开

包括：《抗日大学参观记》、《人民抗日剧社的演剧》、《"小鬼"——少年先锋队》、《红军战斗员的生活》、《保安生活散记》、《红军唯一的外国顾问》6 篇。

**8763. 西北特区特写**　　每日译报社编辑部编译　上海每日译报社图书部　1938 年 7 月 25 日再版，1939 年 3 月 3 版　上海　95　32 开　每日译报丛书　第四种

收录《中华苏维埃共和国转变前后》（Nym Wales）、《中国西北新社会》（Edgar Snon）、《西北特区杂写》、《陕北文艺运动的建立》（L. Insun）、《陕北戏剧运动》（L. Insun）5 篇。后有"编辑后记"。

**8764. 西北线**　　长江等著　星星出版社　1937 年 12 月初版，1938 年 1 月再版　［汉口］　1 + 162　32 开　抗战报告丛书之一　星星出版社编

报告文学作品集。收录了《察南退出记》（长江）、《怀来回想》、《退守雁门关》（秋江）、《退出太原城》（秋江）、《南口迂回线上》（秋江）、《娘子关失陷记》（陆诒）、《古城的陷落》（吴世

昌)、《西兰风霜》(徐盈)、《北方前线》(《大公报》一记者)、《三个月来的济南》(老舍)、《从延安到太原》11 篇作品。书后有编后。

**8765. 西北游击战**　大公报社　1939 年 11 月初版，1940 年 1 月再版　2＋201　32 开

本书收录《新的山西》(何其芳)、《一个扎萨克来的人》(刘白羽)、《渔猎》(卞之琳)、《来去》(严文井)、《贺龙将军》(沙汀)、《儿童团》(一帆、林蒲)、《我怀念吕梁山》(黑丁)、《血战中条山》(碧野) 等 11 篇文章。书前有杨刚的"献辞"。

**8766. 西北远征记**　林焕平著　民革出版社　1939 年 10 月初版　香港　3＋148　32 开　民族革命通讯社周年纪念丛书　第 9 种

分为"北征"和"归途"两部分，收录《从香港飞到重庆》、《踏进了战时的新都》、《在旅馆里》、《渝蓉道上》、《成都开始怒吼了》、《敌机狂袭下的西安》、《五四重庆被炸记》、《滇越道上》等 17 篇报告文学。书后有《西北远征的感想》(代后记)。

**8767. 西北战云**　长江等著　大众出版社　1938 年 2 月　162　32 开

本书收 13 篇文章：《走向西战场》(长江)、《从娘子关出雁门关》(小方)、《平绥线上的失败》(王文)、《哭绥远》(溪映)、《血战居庸关》(小方)、《晋北血战的回忆》(季云)、《山西的外战线》(溪映) 等。另有选录收《平型关战斗的经验》(林彪)、《把山西成为北方游击战争的战略支点》(洛甫)、《彭德怀谈前线战况》(陆诒) 3 篇文章。

**8768. 西奔记**　符浩著　大千文化事业社　1948 年 1 月　汉口　94　32 开　有插图

记述抗战中湘桂撤退时的情况。书前有跋《受苦究竟还是生活》。封面有作者题签。

**8769. 西蒙两女杰**　黎圣伦著　独立出版社　1940 年 11 月初版　4＋46　32 开　有照片、有插图

分为上、下两部：奇俊峰之部、巴云英之部。书前有东西公旗略"、奇俊峰蒙汉文题字、巴云英蒙汉文题字及著者序。

**8770. 西线的血战**（第一辑）　长江等著　上海杂志公司［经售］　1937 年 10 月初版　上海　2＋140＋2　32 开　抗战报告文学之二

报告文学作品集。收录了 12 篇，包括：《日军急攻察绥》(沈伯乐)、《西线战场》(长江)、《南口迂回线上》(秋江)、《血战居庸关》(小方)、《张家口失守之前》(秋江)、《怀来回想》(小方)、《商都重光》(陈幼谐)、《察哈尔之陷落》(长江)、《今日之绥东》(溪映)、《退守雁门关》(秋江)、《从娘子关到雁门关》(小方)、《察南退出记》(长江)。书后有华之国编后。

**8771. 西线的血战二辑**　华之国编辑　时代史料保存社　1937 年 12 月初版　上海　130　32 开　抗战报告文学选辑之七

报告文学作品集。收录了《华北国防线》(丹枫)、《吊大同》(长江)、《晋北战线》(溪映)、《吊忻口战场》(秋江)、《晋北血战的回忆》(季云) 等 15 篇。附录收《郝梦龄将军阵中日记》、《刘家祺将军阵中日记》。

**8772. 西线风云**　小方、溪映、秋江、长江著　大公报馆　1937 年 12 月 3 版　上海　6＋242　32 开　有插图

收录了长江《走向西战场》、《西线战场》、《怀来回忆》、《察南退出记》、《察哈尔的陷落》、《吊大同》、小方《由娘子关出雁门关》、《血战居庸关》，溪映《今日的绥东》、《未死了的英雄》、秋江《可痛的张家口》、《南口迂回线上》 等 16 篇反映抗战初期晋察绥战场的通讯报道。书后选录了《从政府抗战到全民抗战》(柳湜)、《西战场之军事地理》(章丹枫)。书前有王芸生序。

**8773. 西线风云**（增订）　长江编　汉口大公报代办部［总经售］　1938 年 1 月初版　汉口　11 +
371　32 开　有插图

收录了长江《走向西战场》、《西线战场》、《怀来回忆》、《察南退出记》、《察哈尔的陷落》、
《吊大同》；小方《由娘子关出雁门关》、《血战居庸关》；溪映《今日的绥东》、《未死了的英雄》；
秋江《可痛的张家口》、《南口迂回线上》；徐盈《朱德将军在前线》、《战地总动员》；陆诒《娘子
关失陷记》等 26 篇反映抗战初期晋察绥战场的通讯报道。书后选录了《从政府抗战到全民抗战》
（柳湜）、《西战场之军事地理》（章丹枫）、《抗日战争的经验》（林彪）、《目前抗战危机与坚持华
北抗战的任务》（周恩来）4 篇。书前有王芸生序和长江"增订版自序"。

**8774. 西线生活**　西北战地服务团集体创作　生活书店［总经售］　1939 年 4 月初版　7 +250　32
开　有照片　西北战地服务团丛书之五

收录《我们的戏剧和杂耍》（戈矛）、《关于抵陕后的公演》（丁玲）、《略谈突击的导演和演
员》（聂绀弩）、《一幅生平的书画》（袁勃）、《学习在西北战地服务团》（巍峙）、《战地服务团出
版前应有之注意》（丁玲）等 34 篇文章。书前有《编者的话》（丁玲）及生活和工作照片 30 幅，
书后附录《西北战地服务团出外十月工作报告》。

**8775. 西线随征记**　舒群著　上海杂志公司　1938 年 6 月（汉）初版　汉口　76　32 开　战地生活
丛刊　第 6 种

作者为八路军战地随军记者，本书收录其战地通讯。包括《我走向了战场》、《新识者与同行
者》、《出发前的月夜》、《初识的一个人》、《剪成一幅的剪影》、《中国的"爱人"》、《踏上征途》、
《祖国在炮火中》、《一颗善良的心》、《哭诉》等 16 篇。

**8776. 西线血战记**　长江等著　战时出版社　66　32 开　战时小丛刊之八

分为上、下两卷。上卷为"平绥线血战"，收录了《西线战地》（秋江）、《南口迂回线上》
（秋江）、《血战居庸关》（小方）、《察哈尔的陷落》（长江）、《平绥线上的失败》（王文）、《哭绥
远》（溪映）；下卷为"同蒲线血战"，收录了《吊大同》（长江）、《从娘子关到雁门关》（小方）、
《第八路军平型关大捷》（佚名）、《青年抗敌决死队》（冯夷）、《在西战场》（徐盈）、《晋东鏖战
记》（秋江）、《离开太原的前夜》（秋江）13 篇文章。

**8777. 西线血战史**　长江等著　上海抗战文学会　1937 年 12 月　上海　102　32 开　抗战丛书

报告文学。收录了《日军急攻察绥》、《西线战场》、《南口迂回线》、《血战居庸关》、《张家口
失守之前》、《怀来回想》、《商都重光》、《察哈尔之陷落》、《今日的绥东》、《退守雁门关》、《从娘
子关到雁门关》、《察南退出记》12 篇文章。

**8778. 西行访问记**　（美）韦尔斯著，华侃译　上海译社独立出版公司　1938 年 4 月 1 日初版，
1938 年 4 月 10 日再版　上海　315　大 32 开　精装　有照片

包括：绪论、七十领袖、朱德的生活史、徐向前、萧克、贺龙、罗炳辉、项英、蔡树藩、中国
共产运动年表 10 章。书前有作者序及译者前言，后有译者后记。本书原名《革命人物传》。

**8779. 西行漫记**　（美）斯诺著，胡仲持、冯宾符等译　上海复社　1938 年 2 月初版，1938 年 11
月 4 版　上海　536　大 32 开　精装　有插图

前有作者 1938 年 1 月于上海写的序及译者附记。附插图 51 幅。

**8780. 西行漫记**（Red Star Over China）　（美）爱特伽·斯诺著，王厂青、吴景崧、邵宗汉、林淡
秋、胡仲持、倪文宙、陈仲逸、许达、梅益、章育武、傅东华、冯宾符译　复社　1938 年 3 月　上

海　536　32 开　精装　有照片、有插图

本书分 12 章：探寻红色的中国、到红色首都去的路上、在保安、一个共产党员的来历、长征、西北的红星、到前线去的路上、在红军中（上）、在红军中（下）、战争与和平、回到保安去、回到白色区域。书前有著者序和译者附记。

**8781. 西战场上**　季云著　战时文化出版社　1938 年 1 月初版，1938 年 1 月再版　汉口　2＋72　32 开　战时文化丛书之一　战时文化出版社编

本书分 13 部分：绥晋纪行、从南口鏖战到退守雁门关、李服膺之死、保障华北必先捍卫陕西、娘子关弃守前后等。

**8782. 西战场上续集**　季云等著，金重子编战时文化出版社　1938 年 5 月初版　汉口　92　32 开　战时文化丛书之六

本书分 13 章，包括：山西战局、阎长官一夕谈、东阳关、保卫晋南、弃守临汾、黄河防御线等。书前有弁言。

**8783. 夏忙**　骆宾基著　烽火社　1939 年 9 月初版　重庆　1＋49　32 开　烽火小丛书　第 9 种

报告文学作品集，内收 8 篇：《失去了巢的人们》、《落伍兵的话》、《夏忙》、《在庙宇里》、《戏台下的风波》、《意外的事情》、《夜与昼》、《诗人的忧郁》。

**8784. 陷落后的平津**　华之国编纂　时代史料保存社　1937 年 11 月初版　上海　2＋118＋2　32 开

报告文学作品集。收录了《沦陷前夜的北平》（老向）、《这会是真的?》（汝龙）、《九月烽火悼边城》（汝龙）、《离开了北平》（姚垠）、《故都暂别记》（老向）等 18 篇。书后有编者编后。

**8785. 香港之战（报告文学）**　华嘉著　文林出版社　1932 年 3 月初版　重庆　131　32 开

记述日军侵占香港始末和著者见闻。包括：香港打了十八天、一个都市的陷落、逃亡的开始、沦陷区见闻、归途什记 5 章。

**8786. 新华通讯集（第一集）**　陆诒等著，新华日报馆编辑　新华日报馆　1938 年 6 月初版　汉口　122　32 开　新群丛书之七

本书分为 3 部分，收录了 26 篇文章，包括：《彭德怀谈前线战况》（陆诒）、《北线动态》（陆诒）、《西线上的敌军俘虏》（焦敏之）、《平汉线上胜利的意义》（陆定一）、《从河北归来》（立波）、《神勇斗士廖宝财》（胡兰畦）、《争取老百姓回家》（柳林）、《上海工人参战追忆》（王家树）等。

**8787. 新四军在江南的战绩**　秉心编述　新知识出版社　1940 年 9 月初版　2＋40　32 开

本书分 15 节："一二七"分配主义、唯物论、定理、有钱出钱、有力出力、新民主论、代拆代行、妙法抓民心等。书前有著者"小序"。

**8788. 行进在西线——从太原到临汾**　天虚著　汉口大众出版社　1938 年 4 月再版　汉口　96　32 开　抗战动员丛刊

记述著者在西北战地服务团的第二时期的生活和工作纪实，包括《在太原》、《一个汉奸》、《慰劳伤兵》、《别了西战场》等 14 篇。书末附诗《西线上别歌》两篇。后记写于 1938 年 2 月。

**8789. 徐州突围**　徐州突围编辑委员会编　生活书店　1938 年 9 月再版（粤）　广州　4＋338　32 开　有照片、有插图

本书收录了 42 篇作品，包括《从火线到后方》（黄薇）、《退出烽火场》（骆德露）、《突围归

来》（朱秀金）、《徐州退却记》（李植人）、《胜利的退却》（长江）、《过河的掩护战》（侯甸）、《我们怎样突围出来的》（钱瘦梅）等。书前有"编委会"序。

**8790. 续西行漫记**　（美）宁谟·韦尔斯著，胡仲持、冯宾符等译　上海复社　1939 年 4 月　上海　593　大 32 开　有照片

该书共 5 章：到苏区去、苏区之夏、妇女与革命、中国苏维埃的过程、中日战争。附录"八十六人略历"。缺封面。

**8791. 血战昆仑关**　萧铁编　民族出版社　1940 年 2 月初版　3 + 100　32 开

本书收录《企沙登陆》、《钦州突围》、《十万大山》、《血染邕江》、《邕宝路遭遇战》、《血战昆仑关（一）》、《血战昆仑关（二）》、《昆仑关上的英雄》、《昆仑关下的俘虏》、《昆仑关三克记》、《光辉的古战场》11 篇通讯报道。附录收《敌人在小董附近》、《夜渡邕江》。

**8792. 烟台烽火**　梅林著　华中图书公司　1938 年 6 月初版　汉口　2 + 148　32 开　抗战丛书　第 7 辑

收录了《胆怯的人们》、《绅士们的活动》、《征收"军警征工代役金"的人们》、《一个经过训练的壮丁》、《便衣人的威力》、《敌机表演飞行术》、《某团长和某专员的故事》等 22 篇报告文学作品。书后有作者后记。

**8793. 延安访问记**　陈学昭著　北极书店　1941 年 4 月再版　2 + 312　32 开

记录了作者访问延安的旅途经历以及到达延安之后的所见、所闻、所感。包括："成渝路中与成都的两周生活"、"由成都至宝鸡，宝鸡至西安"、"延安最初的一瞥"、"几处参观，几次访问，几个谈话"、"继续参观、继续访问"、"工作与技术人员"、"两性与恋爱"、"报告，大会，晚会与小小的聚会"、"絮絮谈延安"10 个章节。书后附正误表。

**8794. 延安归来**　黄炎培著　国讯书店　1945 年 10 月　重庆　58　32 开

内容包括 3 个部分：延安归来答客问、延安五日记、诗。

**8795. 延安归来**　黄炎培著　建国书店　1945 年 7 月　38　32 开

内容包括：延安归来答客问、延安五日记、诗二首。

**8796. 延安一月**　赵超构著　南京新民报社　1944 年 11 月初版，1945 年 1 月再版　南京　252　32 开

作者参加中外记者团参观西北所发的通讯稿。书前有陈铭德《关于〈延安一月〉》及张恨水"序"。

**8797. 扬子前线**　（英）Freda Utley 著，石梅林译，尊闻校　慧星书社　1940 年 3 月初版　上海　3 + 253　32 开　有照片

本书分为 8 章，记录了中国抗战初期的情况。分别为：天堂与炼狱、武汉三镇、初次由汉口到前线、中国红十字军医处、再到扬子前线、陷落之前的汉口、中国会不会战胜、日本侵华的目的。书前有作者自序。

**8798. 阳明堡的火战**　奚如著　上海杂志公司　1938 年 4 月初版　汉口　81　32 开　战地生活丛刊　第 4 种

本书分为 4 部分：前记、阳明堡的火战、新任务、创造。

**8799. 摇班到烽火**　周钢鸣著　离骚出版社　1938 年 3 月初版　广州　5 + 78　32 开

本书分为上、下两部分，收录了《摇班》（上海日商纱厂工人大罢工）、《在火海中死斗的孤军》、《泥泞中往来》、《敌骑的包围线下》、《大上海在抗战的烽火中》、《遥望大上海的废墟》共6篇报告文学作品。书前有作者自序。

**8800. 一年**　丁玲著　华侨书报流通社　1939年7月　2+95　32开

记述著者在西北战地服务团的活动和生活。分出发前后、在山西之点滴、西安杂写3部分，共26篇文章。书末附录《压碎的心》、《七月的延安》、《略谈改良平剧》3篇。

**8801. 英雄的斯大林城**　（苏）爱伦堡著，戈宝权译　印工合作社　1944年5月　延安　2+88　32开　苏德战争报告文艺作品之二

内容包括："爱伦堡致本书译者的信"、"苏联人民的成长"、"要继续反攻下去"、"我们的箴言：'前进'"、"苏联人民的憎恨之火"、"恭贺新禧!"、"新的一年是胜利的一年"等17个篇章。书后有译者后记。

**8802. 粤北战役**（报告文学）　谭宗耀著　169+4　大16开

全书共22章，包括：出发、踏上战场、在新江墟、打下良口、俘虏访问记、神岗大战等。详细记叙了战争的经过。书后附作者后记和《吊陈石经军长》的两篇文章。稿本。

**8803. 粤战场**　云实诚著　大公报曲江分馆　1943年11月初版　曲江　5+152　32开

全书记录了粤北民众将士的抗战经过，分11章：粤战场、粤北大捷、粤战将领、新军骨干、广州之页、粤北之页、东江之页、西江之页、粤南之页、琼崖之页、俘虏之页。书前有梁寒操序及作者自序。

**8804. 在轰炸中来去**　郭沫若著，阿英编辑　抗战出版部　1937年11月初版　64　32开　抗战文艺小丛书

作者在抗战中的经历。后附《中国文化界告国际友人书》。

**8805. 在火线上出入**　辛之选辑　大文出版社　1938年9月初版　3+79　32开　有题词

本书收录了7位作家的8篇文章：《在前方——不朽的一夜》（徐迟）、《犒军去》（胡兰畦）、《审汉奸》（胡兰畦）、《前线归来》（郭沫若）、《前线两昼夜》（吴大琨）、《月夜访大场战线》（田汉）、《阵地巡礼》（冰莹）、《夜过码头镇》（长江）。后附郭沫若《由日本回来了》一文。书前有"卷头小言"。

**8806. 在火线上——东南线**　田丁编　汉口大时代书店　1938年1月初版　汉口　2+120　32开

战地通讯。收《在前方——不朽的一夜》（徐迟）、《在东战线上》（戾天）、《血战三日记》（冰莹）、《火线下》（苦我）、《火线上的军民抗敌联欢大会》（王亚平）、《虎门海战记》（海萍）、《孤军八百人》（徐迟）、《今日之江浙》（薛禹言）、《一片血腥的皖南》（镇东）等20篇报道。

**8807. 在抗战前线**　胡兰畦著　大时代出版社　1937年12月初版　上海　43　32开　抗战文库之一　夏衍主编

抗战战地通讯集，收录《犒军去》、《战场一角的鏖战》、《大战东林寺》、《四川军队上了火线》4篇。

**8808. 在日本狱中**　谢冰莹著　耕耘出版社　1943年11月3版　桂林　1+90　32开

本书记录了作者1936年在日本被捕入狱的经历。分为24节，包括：前奏曲、樱花开的时候、入狱的第一夜、铁窗外的阳光、生于死的挣扎、出狱以后、回到祖国的怀抱来了等。书后有作者后

记。

**8809. 在汤阴火线**　曾克著　上海杂志公司　1938年6月（汉）初版　汉口　1+77　32开　战地报告丛刊之七

收录了《北苏庄》、《这不是故事》、《汉奸》、《他们是这样忙着》、《血中的除夕》、《到敌人后方》、《登记》、《安阳夜光》8篇报告文学作品。

**8810. 在西战场**　张庆泰著　上海杂志公司　1938年6月（汉）初版　汉口　1+75　32开　战地报告丛刊之三

本书记述了作者在西战场参加军队抗战的经过。

**8811. 在徐州**　西敏辑　民团周刊社　1938年5月再版　广西　40　32开　丙种丛刊　第三种　焦土丛刊　第二辑之三　亢真化主编

收录5篇文章：《徐州今日》（奋泉）、《徐州在战时》（杨禹九）、《李宗仁纵谈抗战前途》（长江）、《在前线上的李宗仁将军》（北鸥）、《看了东战场判断北战场》（甘介侯）。

**8812. 在游击队中**　（美）史沫特莱著，吴哲非编译　言行出版社　1939年4月初版　上海　80　32开　有插图　战地报告文学丛书

史沫特莱的战地报告文学。

**8813. 在祖国的原野上**　须旅编　战时青年社　1938年8月初版（粤）　10+140　32开　有插图　战时青年丛书

本书分3个部分：特写、通讯、报告。特写部分收《陕北的恋爱故事》、《苦笑不得的捷报》、《壮丁们这样不逃了》、《在故乡的前哨上》4篇文章；通讯部分收《鲍家寨·木蘭山·七里坪·长轩岭》、《在××军驻防地》、《山东道上》等16篇文章；报告部分收《沦亡后之北平文化》、《孤岛上的年轻人》、《上海青年文化》4篇文章。书前有木刻画《出发》（王寄舟）、《战时青年丛书小引》和著者的《写在前面》。

**8814. 闸北的苦战（中日战争一年间）**　社会与教育社编　新生命书局　1932年9月初版　上海　2+128　32开

本书收《满州地平线一瞥》（下村千秋）、《龙江犒师记》（高葆光）、《迫击炮断了》（戴伯晖）、《沪战实纪》（Randall Gould）、《战区的凭吊》（《大美晚报》）、《闸北的苦战》（张却来）、《炮台湾接管记》（TW）、《日本空闲少佐的自杀》（墨卿）、《前线通信》（白刚）等15篇文章。

**8815. 闸北的血史**　谢冰莹等著，华之国编辑　时代史料保存社　1937年12月　上海　2+104　32开　抗战报告文学选辑之六

收录《弁言》（华之国）、《闸北退却记》（杨纪）、《火中的闸北》（申记者）、《梵皇渡头》（张常人）、《大战东林寺》（胡兰畦）、《军中三日记》（胡兰畦）、《陈家行血战》（诚）、《前线两昼夜》（吴大琨）等16篇纪实报道。

**8816. 闸北的血战**　冰莹等著　时代史料保存社　1937年12月初版　上海　4+104　32开　抗战报告文学选辑之六　华之国编辑

收录了杨纪《闸北退却记》、胡兰畦《大战东林寺》、《军中三日记》、吴大琨《前线两昼夜》、冰莹《血战三日记》、《血的故事》、汤德衡《殉难营长周鉴》等15篇报告文学作品。书前有作者弁言。

**8817. 闸北孤军记**　叶兆洲编　战时读物编译社　1937 年 11 月　上海　59　32 开

收录《由四行想到四川》（郭沫若）、《孤军奋斗始末记》（杨瑞符营长述，问津笔录）《孤军八百人》（徐迟）、《八百勇士》（艾芜）、《八百英雄》（赵景琛）5 篇作品。

**8818. 瞻回东战场**　长江、罗平著　生活书店　1938 年 5 月再版　汉口　2＋161　32 开　"抗战中的中国"丛刊之三　长江主编

收录《忆夜战场》（长江）、《乍浦到浦东》（罗平）、《南翔归来》（许华）、《难民的行列》（林娜）、《沪太路上》（柳岩）、《从上海到苏州》（一）（焚戈）、《从上海到苏州》（二）（王莹）、《嘉兴六日记》（罗平）等 16 篇报告文学作品，记录了东战场的抗战情况。

**8819. 战地通讯录**　铁血出版社　2＋213　32 开　有照片、有插图、有题词

本书收 37 篇文章：《卢沟桥事件经过》、《我们的决心》、《故都暂别记》、《来自北平》、《大战平型关》、《津浦线血战记》等。有题赠。

**8820. 战地行脚**　钱君匋著　烽火社　1939 年 12 月初版　重庆　66　32 开　烽火小丛书　第 40 种

记述抗日战争爆发后，著者一行自上海逃亡至安徽途中的见闻。包括退出虹口、沪杭车中、转上前线去、折向要塞的江阴、轰炸中回故乡、在故乡、离家前后、夜船登湖州、向皖进行、火焰中的广德等 18 节。附录收短篇小说《幸免者》。

**8821. 战地一年**　胡兰畦编著　生活书店　1939 年 3 月初版　5＋215　32 开　有照片

本书收 48 篇文章：《做大事》（罗卓英）、《参加抗战的一年》（江完白）、《我们服务团的过去和现在》（胡兰畦）、《介绍介绍》（胡兰畦）、《由家庭到战地》（张定堡）、《到战地去》（龚秋谷）、《第一次见总司令》（金敏玉）、《杀汉奸》（李亚芬）、《火线上的双十节》（胡兰畦）、《工作回来》（龚琦玮）、《我们的干妈妈们》（胡瑞英）、《在农村里教小孩唱歌》（郑蕙珍）等。书后附录《本团在前线工作报告》。

**8822. 战斗的素绘（报告文学选集）**　以群编选　作家书屋　1943 年 11 月初版　重庆　204　32 开

报告文学集。收《在伤兵医院中》（慧珠）、《杨可中》（曹白）、《第七连》（东平）、《斜交遭遇战》（sm）、《我怎样退出南京的》（倪受乾）、《当南京被虐杀的时候》（汝尚）、《溃退》（于逢）、《开麦拉之前的汪精卫》（黄钢）、《火焰下的一天》（荆有麟）、《生产插曲》（夏蕾）、《通过封锁线》（沙汀）、《塞行小记》（魏伯）。卷首有代序《论抗战以来的报告文学》（以群），书后有《后记》。

**8823. 战斗在冀中平原的英雄们（第二集）**　晋绥军区政治部编　编者刊　1944 年 7 月　1＋52　32 开

分 7 部分：掌史反合击战斗、宋庄之战、神堂战斗、"确保区"一天、攻克张登据点、郭庄战斗中的机枪班、掩护、小牛战斗中的耿旺同志。

**8824. 战斗在冀中平原的英雄们（第三集）**　晋绥军区司令部政治部编　编者刊　1944 年 8 月　41　32 开

分 6 部分：冀中子弟兵的杰作、菊池中队的毁灭、几个伏击战斗、河西村战斗、裴兆福捉汉奸、战斗英雄与模范。

**8825. 战斗在太行山底谷口**　蒋山青编著　正中书局　1941 年 3 月初版　41　32 开　文艺丛书

收录《战斗在太行山底谷口》、《奉安纪念日忆总理陵园》、《赵母》、《危机的坚守》、《流离》、《送李生从军》、《空袭》、《四二九赞》、《木更津航空队之幻灭》9 篇报道。书前有著者"前记"。

**8826. 战斗中的陕北（边区实录）** 舒湮著 文缘出版社 1939年3月初版 汉口 7+57 大64开 有照片

报告文学，记述抗战时期陕甘宁边区的情况。分16节：政制的轮廓、锐进的民政、困难中的财政、国防教育、陕北公学、抗大、经济建设的现况、新经济建设计划、一般文化的建设、朱德与第八路军、夜访毛泽东、洛甫的会见等。书前有作者《序》。书后有附录《延安行》。

**8827. 战火燃烧的缅甸** 谢永炎著 今日新闻社出版部 1942年9月初版 成都 2+92+2 32开 有插图 今日新闻社丛书之二

本书收录了作者为今日新闻社所写的缅甸战地通讯9篇，包括《缅甸会战轮廓画》、《缅甸战局剖析》、《入缅的中国女兵》、《缅甸环境与我军作战》等。书前有《缅甸会战形势图》。

**8828. 战怒江（远征滇西反攻战）** 潘世征著 文江图书文具公司 1945年12月上海初版 上海 11+170 32开 有照片、有插图

报告文学。介绍远征军怒江战役过程，共4辑，分15章：滇西公路进行曲、滇西战场的仓库、关山重重去大塘、随卫长官怒江观战记、在最前线指挥的霍将军、一寸河山一滴血、血战来凤山、西线无名英雄群像、西线上的盟军、国门血战史等。书前有作者前言、李诚毅、费孝通所作序言，并附有战场照片与滇西战役图解。

**8829. 战区通信（第一辑）** 朱民威等著 战时出版社 1+100 32开 战时小丛刊之八十六

本书分3编。第1编"江南已不是人间的天堂"，收《变了地狱的天堂（苏州）》（郭镜秋译）、《天堂变地狱——沦陷后的苏州》（苏民）等9篇通讯；第2编"华北也成了魅魑的世界"，收《魅魑横行的华北》（《天津通讯》）、《敌蹄蹂躏下的北平》（陈超）等7篇通讯；第3编"连华南都受敌寇的劫掠"，收《沦陷四月后之金门》（《申报》）、《敌兵铁蹄下之三灶岛》（《珠江日报》）两篇。书后附《上海市"牧羊会"宣言》。

**8830. 战时世界过眼录** 王季征著 独立出版社 1943年5月初版 重庆 2+142 32开

报告文学。分9章：大西北的一瞥、大战将爆发前的苏联和德国、百日瑞士、伊比里半岛两国、横断大西洋、美国见闻、太平洋上不太平、战时美国、归程——飞航三大洲。封面有题赠。

**8831. 战时西南** 潘世征著 华夏文化事业社 1946年2月初版 8+238 32开

分16章：滇西沦陷之忆、西征行、记史迪威路、滇越道上、滇黔桂边区的旅行、飞抵湖南芷江等。附录为《湘西大捷》、《桂北之战》。书前有作者序言。

**8832. 战时西南** 杨纪著 百新书店 1946年3月初版 上海 2+125 32开

分6部分：行旅篇、人物篇、飞行篇、论战篇、论政篇、抒情篇，辑录著者抗战期间在西南各地所写文章。题名页题"从多方面去窥测抗战时期后方的种种现象"。

**8833. 战士的手** 谢冰莹著 独立出版社 1941年4月初版 重庆 1+59 32开 抗战文学丛刊

收录了《战士的手》、《俘虏》、《三个老太婆》、《忆太仓》、《笔》、《亳州王太婆》、《正阳关的难童》、《永城之一夜》、《流浪儿林小二》、《汉奸的儿子》10篇通讯报道。

**8834. 征途鸿爪** 魏平清著 中国文化服务社陕西分社 1939年12月初版 西安 2+60 32开

报告文学，记述作者于1938年末任国民党六十一军政治部主任后在抗日征途的经历、见闻。

**8835. 中国的新生** （美）勃脱拉著 林淡秋译 文缘出版社 1939年 16+271 32开 有照片

分古都的旗子、一个英雄死了、到西安去、东北的背景画、重赴西安、禹庙里的囚徒、武装的

城市、剿匪时代的张学良等20章。

**8836. 中国空军血战记**　集体创作　光复出版社　1945年11月初版　上海　78　32开

　　报告文学，记述抗战期间中国空军在昆明、兰州、成都战场的作战情况。收录《兰州天空三日战》（崔秉钧）、《血溅衡阳上空》（高猛）、《"九二八"昆明空战》（黎宗彦）、《曹娥江上杀敌机》（孤鹜）、《志航大队》（刘毅夫）等15篇。著者均为中国空军的参战人员。

**8837. 中国新空军的神威**　黄震遐等著　战时出版社　〔广州〕　142　32开　战时小丛刊之八十八

　　抗日战争时期中国空军作战的通迅报道集。分3编：知己知彼百战百胜、我新空军的伟绩、誓死卫国的中国飞将军，共收40余篇。书前有选录《新华日报》上的报道文章《最光荣的空军战史》和《加强和扩大空军》两篇。出版地参照《民国总书目》。

**8838. 中国之战歌（序曲篇）**　（美）史沫德莱著，丘融译　展望出版社　1946年5月初版　74　大64开　有照片

　　报告文学。本书为原著第四篇《统一战线与战争（1936－1937）》的节译本。分西安事变、人物和思想、战士群象、战争4节。

**8839. 中华女儿**　张周著　上海杂志公司　1938年6月（汉）初版　〔汉口〕　2+82　32开　战地报告丛刊之六

　　收录9篇文章：《风雨之夜》、《被当作奇货看待的人物》、《起居注》、《我跨进了一个人家里》、《矿场上》、《硫磺气中》、《冬夜里的故事》、《慰劳篇》、《在乡间》。

**8840. 中印公路是怎样打通的**　大公报馆　1945年3月　重庆　8+230　32开　有插图　大公报小丛书　第3辑

　　本书分15个部分：胡康河谷、孟拱河谷、强渡怒江、奇袭密芝那、加迈孟拱之攻占、密芝那之捷、松山堡垒之战、腾冲之战、滇缅军首次会师、龙陵之战等。书前有前言、《滇北滇西战场地图》和《缅北滇西反攻战之画面》一文。

**8841. 中原归来**　王德昭著　独立出版社　1943年11月初版　重庆　2+72　32开

　　本书分8个部分：鄂西之行、暑旱、中原平野、东边、中原军事、从军一年、洛阳和长安、蜀道。书后附录《归程小纪》、《对于朱兆莘先生的悼念》。

**8842. 转移（报告）**　孟繁彬著　晋绥边区吕梁文化教育出版社　1944年10月　35　32开　毛装

　　内容包括7个部分：第一天的出发前后、执行任务中的樊斌、韩村战斗中的师政委、小牛战斗中的耿旺、郭村战斗中的机枪班、重机枪排和炊事班、会合。

**8843. 沉默集**　余航著　独立出版社　1942年12月初版　重庆　2+92　32开

　　收《沉默集》、《光明篇》、《倔强的城市及其他》、《控诉集》、《沉默之旅》、《窗》、《战地掇拾》、《军旅鳞爪》、《我的生活》、《低唱》等15篇散文。

**8844. 出狱前后**　章乃器著　上海杂志公司　1938年1月粤版　广州　10+137　32开　有照片

　　收录了作者1936年11月入狱时和出狱后3个月内所作的文章共23篇。包括：《反不凡主义》、《中国的前途》、《抗战以后》、《再论战时金融》、《抗战时期的民主问题》等。书前有作者自序、出狱前后的照片和自勉诗一首。

## 散 文

**8845. 从辽宁到日本**   潘仰尧著，陆思红校阅   新声通信社出版部   1931 年 11 月 3 版   上海 [145]    32 开   有照片、有图表

本书分 7 个部分：启程之前、辽行采风、箕封黍离、三岛一瞥、日游感想、途次闲吟、归来答问。卷首有潘公展、陈彬龢、陆思红序及作者自序、出版自序。

**8846. 从辽宁到日本之印象**   潘仰尧著   东北宣传社   1931 年   哈尔滨   8 + 119   32 开

本书分 6 个部分：启程之前、辽行采风、箕封黍离、三岛一瞥、日游感想、途次闲吟。卷首有潘公展、陈彬龢序言以及著者自序。封面印有"日人侵略东北各界必读要书"。出版时间据序言推定。

**8847. 从上海到重庆**   徐蔚南著   独立出版社   1944 年 11 月初版   重庆   2 + 110   32 开   独立文艺丛书   祝秀侠、韩侍桁主编

记述了作者于 1942 年 12 月从上海出发，途经富阳等地到达重庆的经过。附录收《沪屯骖鸾录》、《正论社》、《赠吴开先先生》、《文化战士的归来》、《杜刚同志成仁始末》5 篇。另有跋尾。

**8848. 从上海归来**   徐訏著   新生图书文具公司   1944 年 1 月初版，1944 年 4 月再版   重庆   4 + 122   32 开   作风文艺小丛书   徐訏主编

长篇散文。内容为作者抗战期间从上海流亡到桂林途中的经历。

**8849. 烽火归来**   高语罕著   美商华盛顿印刷出版公司   1939 年 3 月   上海   2 + 134   32 开

本书记叙了作者 1937 年抗战初期从香港取道广州、武汉、南京到上海抗日前线，以及从上海返回南京途中的所见所闻。包括：未动身以前、过广州、粤汉道中、武汉小住、买轮东下、到南京、于右任先生家的一餐饭、陵园访问马相伯先生、抗战与农民问题、到安亭前线、到上海前线、南桥之夜共 12 章。扉页有著者题赠。

**8850. 烽火征尘记**   赵尔谦著   上海人周报社   1938 年 2 月   上海   35   32 开   有插图

本书分 12 节，记述了作者"七七"事变后逃难离开北平，经到广州、香港，后返至上海四十天的流亡经过。包括：莫干山上、安吉脱险、从浙入皖、过河沥溪、宣城一宿、芜湖炸平、法国兵舰、武汉一周、粤汉道中、广州巡礼、三游香港、桴海而归。书名页有作者题赠。封面有"逃难四十日写实"及 12 节名称。

**8851. 讽颂集**   林语堂著，蒋旗译   光大书店   1943 年 10 月再版   上海   232   32 开

本书收录《中英人民之比较》、《美国人》、《我喜欢美国的地方》、《中国人与日本人》、《广田与孩子》、《沦陷了的北平》、《中国的将来》、《失落了的清史》、《真正的危机：不是炸弹，而是思想》等 49 篇杂文。书前有《赛珍珠序》。

**8852. 荷戈集**   陆曼炎著   文信书局   1943 年 1 月初版   重庆   2 + 2 + 80   32 开

散文集。收录《笔征之什》、《樱花和日本的国运》、《生活与艺术》、《欧洲在文明以前》、《朱庆澜先生的追念》、《战时婚姻新论序言》、《中外女杰传序言》、《寄怀吴洁大夫》、《均陵行》、《爱与死》、《重逢》、《洛神颂》共 12 篇。附朱德君的《哭先父子桥公》。书前有"编印小记"。

**8853. 侯圪坦和他们的少年队（童话）**   胡海著   晋绥边区吕梁文化教育出版社   1944 年 10 月 16 + 2   32 开

该书为"七七七"文艺奖金获奖作品，散文类丙等奖之一。内容包括：出操回来、放哨、侯圪

坦又给大家挡回来了、侯圪坦是怎的个孩孩、敌人来了、做了小侦探、到了姑姑家里、回家的路上又吃了一惊等 19 个部份。

**8854.** 怀祖国　吴天著　文艺新潮社　1940 年 1 月初版　上海　2＋122　32 开　文艺新潮社小丛书 3

记录了作者在海外对战时祖国的怀念。分为两部分，收录了《在殖民地》、《怀祖国》、《台湾的女儿》、《汽车上》等 16 篇散文作品。书前有《热带风》（代序）、《怀念》（代跋）。

**8855.** 患难余生记　邹韬奋著　太岳新华书店　1946 年 10 月　76　32 开

回忆录。分为 3 章：流亡、离渝前的政治形势、进步文化的遭难。

**8856.** 患难余生记　邹韬奋著　辽东建国书社　1946 年 6 月　74　32 开

回忆录。分为 3 章：流亡、离渝前的政治形势、进步文化的遭难。

**8857.** 患难余生记　邹韬奋著　韬奋出版社　1946 年 7 月再版　1＋120　32 开　有照片、有插图

回忆录。分为 3 章：流亡、离渝前的政治形势、进步文化的遭难。书后附有《韬奋先生事略》。

**8858.** 患难余生记　邹韬奋著　韬奋书店　1946 年 8 月　1＋120　32 开　有插图

回忆录。分为 3 章：流亡、离渝前的政治形势、进步文化的遭难。书后附有《韬奋先生事略》。

**8859.** 患难余生记　邹韬奋著　韬奋出版社　1946 年 8 月再版　1＋120　32 开

回忆录。分为 3 章：流亡、离渝前的政治形势、进步文化的遭难。

**8860.** 患难余生记　邹韬奋著　晋察冀新华书店　1947 年 11 月再版　1＋94　32 开

回忆录。分为 3 章：流亡、离渝前的政治形势、进步文化的遭难。

**8861.** 火花　靳以著　烽火社　1940 年 4 月初版　重庆　2＋65　32 开　烽火小丛书　第 17 种

收录了《我的话语》、《五月的话》、《关于国旗的话》、《上海书简》、《在轰炸中》、《残杀之后》等 21 篇散文。

**8862.** 见闻杂记　茅盾著　文光书店　1944 年 5 月 3 版、1946 年 7 月沪 5 版　桂林、上海　2＋141 32 开　文光文丛之一

本书收录《兰州杂碎》、《风雪华家岭》、《白杨礼赞》、《西京插曲》、《市场》、《"战时景气"的宠儿——宝鸡》、《"拉拉车"》、《秦岭之夜》、《某镇》、《天府之国的意义》等 18 篇文章。书后有作者后记。

**8863.** 解救（速写）　周元青作　晋绥边区吕梁文化教育出版社　1944 年 12 月　14　32 开

记述了抗战时期我军英勇战斗的事迹及军民鱼水关系。书名页上印有"'七七七'文艺奖金获奖作品（散文类　丙等奖之一）"字样。

**8864.** 鲁迅与抗日战争　巴金等著　战时出版社　1938 年　［广州］　85　32 开　战时小丛刊之三

本书辑录《鲁迅与抗日战争》（景宋）、《鲁迅与民族统一战线》（冯雪峰）、《鲁迅并没有死》（郭沫若）、《深的怀念》（巴金）、《鲁迅先生逝世周年纪念》（邹韬奋）、《促鲁迅先生就医信》（宋庆龄）等 30 篇在报刊上发表的纪念鲁迅先生逝世一周年的文章。

**8865.** 鲁迅与抗日战争　巴金等著　战时出版社　1937 年　85　32 开　战时小丛刊之三

本书辑录鲁迅先生逝世周年纪念论文 30 篇，包括《鲁迅与抗日战争》（景宋）、《鲁迅与民族

统一战线》（冯雪峰）、《鲁迅并没有死》（郭沫若）、《鲁迅逝世周年纪念》（田汉）、《深的怀念》（巴金）、《忆冲锋的老战士鲁迅先生》（郑振铎）、《鲁迅先生逝世周年纪念》（邹韬奋）等。

**8866. 沫若抗战文存**　郭沫若著　上海明明书局　1938年1月　上海　3＋109　32开

收录了《我们为什么抗战》、《告国际友人书》、《理性与兽性之战》、《到浦东来去》、《不要怕死》、《抗战与觉悟》、《前线归来》、《持久抗战的必要条件》等15篇文章。附录收著者《从日本回来了》一文。

**8867. 南行杂记**　胡愈之著　生活书店　1940年1月初版　1＋46　32开

收录《侵略者炮火线上的越南》、《暹罗与越南》、《今日的安南民族》、《中国人在北圻》、《在谅山访百岁老人》和《越南与中国抗战》6篇文章，讲述中国抗战与越南抗战的密切关系。

**8868. 炮火的洗礼**　茅盾著　文化生活出版社　1939年4月初版　桂林　2＋45　32开　烽火小丛书　第6种

本书收录15篇文章，包括：《站上各自的岗位》、《写于神圣的炮声中》、《街头一瞥》、《炮火的洗礼》、《今年的"九一八"》、《光饼》、《内地现状的一鳞一爪》、《三件事》、《"孤岛"见闻》、《还不够"非常"》、《忆钱亦有先生》等。

**8869. 炮火中流亡记**　卢冀野著　独立出版社　1938年9月初版　重庆　66　32开　抗战文艺丛书　中国文艺社主编

分19节，记述"八一三"全面抗战开始后，著者自上海流亡到武汉的经历。

**8870. 圈外**　李广田著　国民图书出版社　1942年3月初版　重庆　8＋188　32开　文艺丛书

本书记述抗战爆发后作者由郧阳到四川沿途的见闻。收录《从黑暗中转开》、《警备》、《路》、《黄龙滩》、《古庙之夜》、《阴森森的》、《威尼斯》、《母与子》等19篇文章。书前有作者序。

**8871. 狮子狩**　布德　烽火社　1940年4月初版　重庆　2＋54　32开　烽火小丛书　第18种

散文集。收录作者1936年6月以来创作的散文20篇。书前有题记。

**8872. 拾荒**　马宗蝠著　光亭出版社　1944年6月　北碚　6＋142　32开　散文丛书　翁达藻主编

散文集。包括3集和补遗，收录了《抗战时期的人》、《如此成都》、《救救纸张》、《应否对日绝交》、《一个军阀时代的外交家》等38篇散文作品。

**8873. 铁血年代**　陈翔凤著　生活书店［总经售］　1938年2月初版　4＋144　32开

收录了《笔当枪用》、《强化铁血主张》、《论时代文学的任务》、《还击》、《民族诗歌与诗人》、《抗战过程中文化人的路》、《伟大的史料》等15篇文章。书前有著者前记。

**8874. 无题**　巴金著　文化生活出版社　1941年6月桂林初版　桂林、成都　2＋63　32开　烽火文丛之一

收录了《无题》、《先死者》、《寂寞的园子》、《狗》、《轰炸中》、《十月十七日》、《在泸县》、《做一个战士》等19篇作品。书前有作者前记。

**8875. 无题**　巴金著　文化生活出版社　1942年7月蓉第1版　桂林、成都　2＋66　32开　烽火文丛之一

收录了《无题》、《先死者》、《寂寞的园子》、《狗》、《轰炸中》、《十月十七日》、《在泸县》、《做一个战士》等19篇作品。书前有作者前记。

**8876. 西南行散记**　翁大草著　光亭出版社　1943年4月　重庆　15＋203　32开

记录了战时大后方的情形。分为 5 辑，收录了《明日的中国文学》、《给大时代的幼小者》、《柳州山水乙天下》、《重庆的炸》等 25 篇散文、游记。

**8877. 西行记**　李广田著　文化工作社　1949 年 6 月初版　上海　2 + 210　32 开

即《圈外》。书后有《改版后记》。

**8878. 西行散记**　白郎著　商务印书馆　1944 年 5 月渝初版　重庆　2 + 105　32 开　大时代文艺丛书

散文集。收录《一封不敢投寄的信》、《流亡曲》、《我迟疑地走下扶梯》、《馈赠》、《弃儿》、《光荣的流血》、《西行散记》、《沦陷前后》、《月夜到黎明》、《祖国正期待着你》、《一条狗的故事》等 15 篇。

**8879. 先夫刘湛恩先生的死**　刘王立明著　著者刊　1939 年　上海　4 + 65　32 开　有照片

本书为死者之妻回忆录，为纪念抗战期间为国殉难的刘湛恩而作。另收死者生前好友多篇悼念文章。

**8880. 延安视察记**　（瑞士）巴斯哈特著，哲民译　言行社　1940 年 9 月　66　48 开

本书系作者由汉口出发，偕同某美国作家一起访问延安时的记录。包括：《延安视察记》（瑞士　巴斯哈特）、《红色的延安》（英国　彼得·弗来敏）、《红色大学》（美国　诺门·裴索思）、《中国共产党特区现状》。书前有"译者的话"。

**8881. 一个日本人的中国观**　（日）内山完造著，尤炳圻译　开明书店　1941 年 3 月 5 版　上海　7 + 161　32 开

本书收录了作者关于中国生活各方面的观感的 33 篇杂文，包括：《文章文化与生活文化》、《帮之一种》、《零买较贱》、《三样根性》、《支那人个人主义乎》、《钟之音》、《不全力倾注必败》、《支那人生活》、《针尖和拳头》等。书前有鲁迅序，书后有译者附记。

**8882. 用熬年月的战法和鬼子打到底**　林洛著　军事委员会政治部　20　64 开　抗战小丛书　第 1 集

收录了《要把这些事情弄明白》、《亡国的说法不对》、《马上打走鬼子办不到》等 6 篇杂文。

**8883. 由统一到抗战**　王芸生著　大公报馆　1937 年 11 月初版　上海　17 + 424　32 开　芸生文存第 2 集

本书收《前进吧中国》、《寄北方青年》、《再寄北方青年》、《三寄北方青年》、《东亚幸福之途径》、《招魂》、《如何建立太平洋的新秩序》等 46 篇文章。附 3 篇游记：《赣行杂记》、《青岛游记》、《蓟门内外》。书前有自序。

**8884. 粤北散记**　司马文森著　大路出版公司（总经售）　1940 年 5 月　5 + 166　32 开　大地文艺丛刊之一　大地社主编

收录《黄花祭》、《仇恨的种子》、《六月的羊城》、《模范者》、《野火》、《夜之谷》等 15 篇文章。书前有题记。

**8885. 在轰炸中来去**　郭沫若著　抗战出版部　1937 年 11 月初版　上海　64　32 开　有插图　抗战文艺小丛书　阿英主编

本书记述了作者往返于上海、南京期间的所见及所想。附录收郭沫若起草的《中国文化界告国际友人书》。

**8886. 在昆明的时候** 沈从文等著 中外书店 1946年3月再版 广州 74 32开 抗战文艺丛书

随笔集，收录《在昆明的时候》（沈从文）、《远乡杂记》（何其芳）、《孩子的从军》（田汉）、《旅行途中》（巴金）、《平居散记》（缪崇群）、《人物印象》（熊佛西）、《主妇生涯》（苏雪林）、《三月书简》（骆宾基）。

**8887. 战地随笔** 王耀辰编 亚东图书馆 1938年5月再版 广州 2+112 32开

本书辑录发表在《大公报》、《宇宙风》、《救亡日报》、《立报》等报刊上的20篇战地杂文，包括：《一个典型的战士》（徐盈）、《在前方——不朽的一夜》（徐迟）、《前线归来》（郭沫若）、《大战东林寺》（冰莹）、《战场小语》（曹聚仁）、《飞炸塘沽记》（老向）等。书前有编者序。

**8888. 战时散文选** 茅盾等著 战时出版社 87 32开 战时小丛刊之十五

收录了24篇文章，包括：《希望不要下雨》（郭沫若）、《北平通信》（周作人）、《四城记》（林语堂）、《我空军炸敌目击记》（郑振铎）、《日兵的信札》（夏衍）、《没有了家乡》（靳以）等。

**8889. 战士的手记** 喻营长等著，王平编辑 自强出版社 1938年2月 汉口 8+130 32开

收录了喻延龄营长《战士的手记》、东平《第七连》、胡兰畦《排长胡玉政》、徐迟《八百个》、碧野《夜行军》、沙雁《青纱帐》、子关《一双手》7篇文章。书前有编者序。

**8890. 重庆私语** 姚苏凤著 熊猫出版社 1944年8月初版 重庆 91 32开 熊猫丛书 2

讽刺小品，分重庆私语、纸鹰两辑。书前有作者自记。

**8891. 小难民自述** 小岵著 商务印书馆 1940年3月初版 长沙 6+74 大64开 有照片、有题词

记述"七七"事变后，"八一三"继起，13岁的小岵与家人从南京逃难到昆明途中生活的写真，共16篇。书前有《小难民自述序》，书后有《作者的话》。

**8892. 被俘百日记** 陶陶然著 生活书店 1939年10月初版 重庆 73 32开

叙述了著者被侵华日军俘虏100天的经历。包括我怎样被敌军抓住的、在镇上、到惠州去、被禁、敌军的生活、从惠州到广州、"安民"与放火、一场惊天动地的搏斗等16部分。

## 书信、日记

**8893. 被日寇囚禁半载记** 王研石著 生活书店 1938年8月初版（汉） 重庆 342 32开

以日记形式记述了作者抗战时期在天津被囚的经历。分前记、本纪、赘语3部分。

**8894. 参战前后日记** 李士珍著 1938年 94 64开 有插图

收录作者1937年9月到1938年1月的日记百余篇，记录了他在上海参战以及撤离南京的经过。书前附有《上海附近形势图》。

**8895. 从荷兰寄来的几封慰劳信** 编在刊 国民政府军事委员会政治部 编者刊 8 32开

收录了4封寄自荷兰的慰问中国抗战兵士的慰问信。

**8896. 敌兵家信集** 林植夫译 新知书店 1940年3月初版 106 64开

本书收录日本侵略者的家书，分敌军的兽行、敌军的伤亡疾病情形、敌国内征召的情形、敌国种种困难情形、敌军士兵经济困难情形、敌人的迷信等9部分。书前有袁国平为本书作的序言。

**8897. 敌兵阵中日记** 夏衍、田汉编，夏衍、田汉译 离骚出版社 1938年3月初版 广州 42 32开

本书辑录东战场缴获的日本士兵松永宇八的日记，包括《东战场敌兵手记》（夏衍译）和《敌兵阵中日记》（田汉译）两篇，后篇作者不详。书末附录夏衍的《士无斗志的日本》1篇。

**8898. 敌军士兵日记**　林植夫等译　新知书店　1940年5月初版　桂林　4+100　32开

本书收录日本兵的从军与生活日记。书前有袁国平所作《序敌兵日记》。书后有林植夫所作的跋。

**8899. 敌军战记**　夏烈编译　新群出版社　1938年5月　广州　4+56　大64开

内收《从军私记》（一个日本兵的日记）、《"皇军"还活着》（日·石川达三的随军记录）、《鲁南遇险》（同盟社记者日·小田善一通讯报道）3篇。附录收《观战杂录》（Jock Belden）。

**8900. 俘虏日记**　陆且编　全民出版社　1938年4月初版　汉口　36　32开

共收录《俘虏日记》（胡雪译）、《日本俘虏访问记》（罗平）、《日本兵与日本马》（舒群）、《"皇军"俘虏群像》（姚中言）、《西线上的敌军俘虏》（焦敏之）5篇。后附录《论俘虏的优待感化和运用》（张志让）。

**8901. 激流中的水花**（全民抗战信箱外集）　全民抗战社编　生活书店　1940年4月初版　181　32开

本书分工作与学习、政治与思想、婚姻与家庭、健康与法律4编，包括《激流中的水花》、《救国的热情时时在燃烧着》、《为人类幸福而奋斗》、《战区文学干部的培养》、《抗战中的国内民族问题》、《抗战期中的大后方》、《青年与三民主义》等53篇本刊编者与读者往来的信件。书前有邹韬奋弁言。

**8902. 寄自火线上的信**　（日）鹿地亘著，张令澳译　五十年代出版社　1943年11月初版　重庆　134　大64开

通讯报道集，收书信5封，为作者在战场所写，记述日本反战同盟在中国抗日前线的活动情况。

**8903. 蒋主席书信集**　蒋中正著　大中华书局　1946年　上海　136　32开　有照片

书信集，收蒋介石书信72篇。出版时间参照《民国时期总书目》。

**8904. 蒋主席书信集**　蒋中正著　风光杂志社　1946年8月　上海　82　32开　有照片

书信集，收蒋介石书信43篇。附录：《蒋主席训子谕示》。

**8905. 蒋总裁致友人书**　蒋介石著，章尔华纂辑　三民书店　1940年11月初版　92　32开

收录蒋介石致友人的书信35封。附录：《蒋总裁训子谕示》。书前有纂辑者的《卷头辞》。

**8906. 蒋总裁致友人书**　蒋介石著，王明达纂辑　天下书店　1942年2月再版　11+174　64开

收录蒋介石致友人的书信35封。附录：《蒋总裁训子谕示》。书前有纂辑者的《卷头辞》。

**8907. 日本兵的自白**　尹若编著　大众出版社　1938年3月初版　汉口　47　32开

本书根据被俘日军口述和捡获的日兵日记、书信等编辑而成，内容包括《两个俘虏的自白》、《日本俘虏访问记》、《两位日本的新朋友》、《敌军班长阵中日记》、《敌兵阵中日记》、《日兵尸体上捡获的信》、《访问两个日本俘虏》和《八路军的俘虏工作》共8篇。

**8908. 山谷野店**　李辉英著　独立出版社　1940年4月初版　重庆　2+112　32开　抗战文学丛刊

以日记形式记录了作者在部队的所见、所闻、所感。

**8909. 生路（全民抗战信箱外集）** 全民抗战社编 生活书店 1940年12月初版 8+279 32开

分为"学习、工作、生活"、"社会、政治、教育"、"健康、婚姻、家庭"3部分。收录了《沸腾的血流在激荡着》、《在彷徨苦闷中》、《在文化战线上》、《宪政运动应当热烈开展》等62篇本刊编者和读者间的往来信件。

**8910. 苏北归鸿** 晴村著 胜利出版社江西分社 1941年6月初版 泰和 96 32开 故事新编

书信集，报道苏北解放区的情况，共21封。书前有作者的《前言》。

**8911. 苏北归鸿** 晴村编著 胜利出版社 1941年8月初版 重庆 96 32开 故事新编

书信集，报道苏北解放区的情况，共21封。书前有作者的《前言》。

**8912. 我们十四个（日记）** 白郎著 上海杂志公司 1940年2月初版 4+213 32开 有照片
每月文库 一辑之九 郑伯奇主编

中华全国文艺界抗敌协会于1939年6月中旬至9月初组织"作者战地访问团"。本书记述该团的访问经历，分3个部分：渡河以前、中条行、回归线上。书前有郑伯奇所作"每月文库总序"和"前记"。

**8913. 现代名人家书** 徐征夫编 上海万有书局 1942年10月初版，1943年6月3版 上海 132 32开

收录了《训子》（蒋介石）、《十件希望及其他》（张宗麟）、《下乡纪事》（陶行知）、《病中的生活花絮》（冰心）、《北雁南归》（鲁迅）等15篇文章。书前有作者"小引"。

**8914. 现实与奋斗（给中华儿女二十八封信）** 裴小楚著 学习社 1943年桂初版 桂林 90 32开

收录《努力吧，请从今天起》、《你不要放弃你自己的责任》、《生路要我们自己去找来吧》、《这是多么危险的时期啊》、《未来是属于我们的》等28封写给青年的信。书前有自序。

**8915. 新兵的家书** 冯英子著 军事委员会政治部 1939年 重庆 18 64开 抗战小丛书 第10集

本书收7篇：《以前的疑心是不对的》、《我们觉得非常高兴》、《在开赴前线的途中》、《杀完了鬼子过太平年》、《家里等着你带着光荣回来》、《集合号在响了》、《时时刻刻想重上前线》。

**8916. 新从军日记** 谢冰莹著 天马书店 1942年9月再版 汉口 8+308 32开

本书为作者1937年9月至11月间的通讯报道集，主要记述抗日东战场情况。收录了《重上征途》、《恐怖的九一八》、《战地中秋》、《战地炮声》、《悲壮的离别》、《战地是我的家》等85篇文章。书前有著者自序和维特的"写在前面"。

**8917. 一二八血战日记** 王功流著 经纬书局 1934年11月9版 上海 2+124 32开

以日记形式记述上海"一二八"炮火中十九路军不畏强暴、抗击日军侵略的事件。著者为十九路军营长。封面有题赠。

**8918. 一个东北孩子寄来的信** 徐亚倩著 少年书局 1933年5月初版，1934年9月再版 上海 82 32开

收录了一个东北孩子"青"给"华"的6封信：《中华民国万岁》、《炸弹终于爆裂了》、《大屠杀》、《死里逃生》、《我不是那样的人》和《未完成的报告书》。

**8919. 一个共产党员的日记** 周文青著 正义出版社 1944年10月初版 西安 2+170 32开

以日记体形式记载了著者 1939 年 6 月 10 日至 1940 年 10 月 10 日的生活。书前有李广平序。

**8920. 战地日记** 立波著 上海杂志公司 1938 年 6 月汉初版 汉口 1+133 32 开 大时代文库第 11 种

包括晋北途中、晋西归程记、信 3 部分。前两部分记录了作者从 1937 年 12 月 26 日到 1938 年 2 月 28 日所写的战地日记。最后是给"起应"的一封信。

**8921. 战地日记（火线上的写实）** 萧向荣、曹聚仁、王景琦著 之初书店 1938 年 4+72 32 开

本书为抗战通讯报道集，分 3 编。第 1 编收萧向荣著《北战场上的日记》，包括《出发去毁灭敌人》、《向白岩台开进》、《冒着雨前进》等 6 篇文章；第 2 编收曹聚仁著《东战场上的日记》，包括《信号灯的牺牲者》、《拉锯般拉了十多天》等 5 篇文章；第 3 编收王景琦著《随军三月杂记》，包括《想到哪里写到哪里》、《躺着想起一切》、《一位折臂军官》等 17 篇文章。

**8922. 战地书简** 姚雪垠著 上海杂志公司 1938 年 6 月（汉）初版 汉口 2+75 32 开 战地报告丛刊

本书收 11 篇。包括：《我们的游击队》、《捉放汉奸》、《进诸城》、《教育篇》、《民进篇》、《民进续篇》、《诸城之战》、《百尺河战斗小记》、《矛盾在增涨着》、《破裂》、《长征》。

**8923. 战时笔记（初集）** 唐济安著 1938 年 36 32 开

作者在参加中山大学战地服务团时曾任该团主办的《前征》、《先锋》两周刊主编，本书是作者在这两本刊物上所发表文章的选辑。收录《对前征队伍的神往》、《忆山西》、《战时文化工作与文章写作问题》等 12 篇文章。书前有作者楔子，书后附《全国经济总动员战时搏节运动纲领草案》。

**8924. 战时模范日记** 陈俊编著 远东书局 1943 年 1 月初版 桂林 110 32 开

共收录日记 104 篇，每篇后附"仿作"练习。封面加题"高小补充读本"。

**8925. 战时一童军** 韩尚义著 上海杂志公司 1938 年 5 月汉初版 汉口 7+56+2 32 开

本书为日记体，记录了自"八一三"战事发生后，作者在前线或后方服务时的生活状况、工作情形、所闻所见等。书前有叶春年序、小言。书后有王应麟跋。

**8926. 重上征途** 谢冰莹著 中社出版社 1941 年 8 月初版 8+308 32 开

本书即谢冰莹《新从军日记》，为作者 1937 年 9 月至 11 月间写的通讯报道集，主要记述抗日东战场情况。收录了《重上征途》、《恐怖的九一八》、《战地中秋》、《战地炮声》、《悲壮的离别》、《战地是我的家》等 85 篇文章。书前有著者自序和维特的"写在前面"。

**8927. 敌国的妇人** 张葆恩等著 上海大光书局 1937 年 5 月初版 上海 6+116 32 开 青年生活丛刊（青年文艺之一）

小说、戏剧、诗歌合集。内收《时代青年》（陈忠榴）、《五月的梦》（杨德坤）、《张太太》（碧梧）、《敌国的妇人》（张葆恩）、《国庆日的狂歌》（宋树人）、《心灵的呐喊》（陈秋萍）等 11 人的作品 13 篇。书前有青年生活丛刊总序，青年文艺序。

**8928. 第一年** 谊社编选 谊社出版部 1938 年 9 月初版 6+468 32 开

抗战第一年（1937 年 7 月至 1938 年 7 月）文艺作品总集。选录了发表于《呐喊》、《烽火》、《光明》、《七月》、《救亡日报》、《战地》、《自由中国》等报刊的小说、报告文学、通讯、独幕剧、

诗歌等体裁的文学作品 75 篇。其中包括：《一星期零一天》（骆宾基）、《八百勇士》（艾芜）、《差半车麦秸》（姚雪垠）、《在烽火中》（沈西苓）、《重逢》（丁玲）、《卢沟桥》（郑振铎）、《全民总动员》（穆木天）、《向太阳》（艾青）等。附录收茅盾《抗战文艺一年的回顾》一文。

## 其他作品

**8929. 东山集**　舒守恂著　中国晨报社　1945 年 8 月　26＋122　32 开　有题词

收录《七七纪念感言》、《粮食统制问题》、《纪念九一八》、《足食足兵》、《对于国民精神总动员之认识》等篇目。有作序和著者自序。封面有题赠。

**8930. 东望集**　丁伯骝著　独立出版社　1943 年 5 月初版　重庆　2＋90　32 开

收《领港者》、《血手》、《庙居有感》、《魔影》、《与尼为邻》、《悼族妹珍卿》、《火》、《古渡头》、《江心劫》等 15 篇短篇小说和散文。

**8931. 国家中心问题**　无咎等著　大众出版社　1941 年 6 月　香港　92　32 开　大众文萃　第 2 辑
韬奋主编

分专论、大众笔谈、特载、青年修养、文艺阵地 5 个部分。"专论"收《论中国战局新形势》（易寒流）、《国家中心问题》（无咎）、《如何卫护国家中心》（韬奋）等；"大众笔谈"收《更热诚深切的呼吁》（任晦）、《陪都空气》（夏衍）、《文化近事有感》（茅盾等）；"特载"刊著《我们对国事的态度和主张》（韬奋、茅盾、长江等）；"青年修养"收《谈伟大》（烟波）一文；"文艺阵地"收《腐蚀》长篇连载（茅盾）、《四种病人》（于伶）等。

**8932. 国难文选**　瞿世镇编　三民图书公司　1937 年 8 月初版　上海　80　32 开

收《我们对日抗而不排》（汪精卫）、《暑假期间对于救国最有效的工作是什么》（蒋中正）、《傅作义将军在清华》（魏东明）、《告全国壮丁书》（薛会友）、《科学救国》（周佛海）、《一个军官的笔记》（翁照垣）、《母亲给爱国儿子的信》（胡嫣红）、剧本《不愿做奴隶的人们》（陈昌扈）等有关抗战的各类文章、剧本等 20 篇。后附《国民革命军歌》。

**8933. 凯歌**　宋之的著　中国文化服务社　1941 年 3 月初版　重庆　1＋195　32 开　作家战地访问团丛书

作品集。收录《新芽》、《墙》、《长子风景线》、《小夫妻》、《小风波》、《空舍清野》、《凯歌》、《新生活》、《论敌后文化工作》9 篇文学作品，其中《小风波》、《空舍清野》、《凯歌》为独幕剧。

**8934. 抗日战争逸话**　周乐山著　北新书局　1932 年 5 月初版　上海　6＋98　32 开

本书收录了《不通的日军布告》、《中日战事起因的传说》、《蔡廷锴的生平》、《四小时取闸北》、《日飞机落下汉奸》、《战壕生活》、《义勇军的骁勇善战》、《神勇的大刀队》、《军中的留声机》、《战事民谣》等 83 篇文章。书前有著者自序。

**8935. 抗战丛刊**（第四辑）　赵可师编　江西省政府教育厅　1937 年 12 月初版，1938 年 3 月再版　84　32 开

本辑专供小学中、高级国语补充教材用。内容包括《我们为什么要抗战》（可师）、《服兵役的是好男儿》（浙江抗敌后援会）、《立国精神》（马君武）、《勇敢》（孙寄叔）、《爱国儿子给母亲的信》（胡嫣红）、《母亲给爱国儿子的回信》（胡嫣红）、《南口的保卫战》（可师）、《平型关的游击战》（王少桐）等 30 余篇。前有"抗战丛刊编辑例言"。封面题：小学国语（再版改订本）

**8936. 抗战格言集**　中山文化教育馆编　编者刊　1938 年 7 月渝版　重庆　6＋42　32 开　抗战丛

刊　第 44 种

本书分 4 个部分：中国古代名人关于御侮抗敌的格言、中国今代名人关于御侮抗敌的格言、外国古代名人关于御侮抗敌的格言、外国今代名人关于御侮抗敌的格言。书前有《抗战丛刊缘起》一文及小序。

**8937. 抗战联语集** 军事委员会政治部　1 + 77　64 开

对联集。按照一般通用、政界、军界、学校、党部、店铺、其他场所、居家 8 类区域进行编排。

**8938. 抗战文选（四）** 向愚编　战时出版社　1938 年 9 月再版　3 + 156　32 开

分论著、抗战文艺、战地通讯、抗战史料、杂品 5 个部分。论著中收录《为何而战》（孙科）、《民族统一战线的成立和影响》（毛泽东）、《日前抗战的危机与任务》（周恩来）等 11 篇文章；抗战文艺中收录《大战平型关日记之一》（萧向荣）、《十月的后半月》（长城）等 6 篇文章；战地通讯中有《平郊抗日游击战的经过》（杨博民）、《平汉线的游击战》（从周）等 4 篇文章；抗战史料中收录《蒋委员长告全国同胞书》（蒋介石）、《日军的强点和弱点》（朱德）等 9 篇文章；杂品中收录《给日本友人》（巴金）、《日本的儿童》（郭沫若）等 6 篇文章。

**8939. 抗战文选（四）** 向愚编　战时出版社　1938 年 1 月 4 版　6 + 152　32 开

分论著、抗战文艺、战地通讯、抗战史料、杂品 5 个部分。论著中收录《我们为什么要抗战》（郭沫若）、《全面战争的开展》（张仲实）、《我们怎样抗日》（毛泽东）等 14 篇文章；抗战文艺中收录《到浦东去》（郭沫若）、《狮子》（徐迟）等 9 篇文章；战地通讯中有《卢沟桥畔》（长江）、《血战居庸关》（小方）等 8 篇文章；抗战史料中收录《中共抗战宣言》（中国共产党）、《对中共宣言谈话》（蒋介石）等 9 篇文章；杂品中收录《给中川均先生》（巴金）、《战神在叹气》（郭沫若）等 9 篇文章。书前有作者所写编例。

**8940. 抗战文选（五）** 向愚编　战时出版社　1938 年 4 月　150　大 64 开

分论著、抗战文艺、战地通讯、抗战史料、杂品 5 部分。论著中收录《八路军半年来抗战的经验与教训》（朱德）、《南方三年游击战争对于当前抗战的教训》（项英）、《我们怎样打退了正太路南进的敌人》（刘伯承）等 11 篇；抗战文艺中收录《夜的洪流》（奚如）、《从前线归来》（吕叟白）等 6 篇；战地通讯中收录《怒吼了的晋西北》（柳林）、《燃烧着的晋东北》（萧向荣）等 5 篇；抗战史料中收录《致全世界反侵略和平大会电》（蒋介石）、《致美国共产党领袖白劳德书》（毛泽东）等 6 篇；杂品中收录《忠告日本政治家》（郭沫若）、《一点感想》（巴金）等 7 篇。

**8941. 抗战文选粹（第一集）** 韩德清编辑　西安大东书局　1941 年 9 月复兴 1 版　西安　8 + 189　32 开

本书共分论著、讲演、谈话、电讯、战绩、纪实、书简、诗歌、鼓词、戏剧、小说、杂录 12 部分。收录程今吾、章炳麟、郭沫若、郁达夫等 20 余人的 36 篇作品。

**8942. 抗战文艺选** 老舍、萧乾、陈白尘、邹荻帆、沙雁、狄迤、天虚、应清、契萌、章文龙、田涛、S·M 执笔　独立出版社　1939 年 1 月初版　重庆　4 + 60　32 开　战时综合丛书　第 3 辑

收录《台儿庄万岁》、《元宵》等 3 首诗歌，《忆清华园》、《在雨中走着》、《后方一角》等 6 篇散文，《一块猪肝》、《慰劳》等 3 篇小说。书前有《战时综合丛书第三辑例言》。

**8943. 抗战文艺选（第一集）** 张厚植、宋念慈编　正中书局　1941 年 1 月初版　杭州　3 + 212　32 开　抗战文艺丛书

收录《在前方——不朽的一夜》（徐迟）、《在火线上》（冰莹）、《吊台儿庄》（臧克家）、《未死的兵》（日·石川达三作，夏衍译）、《刑房》（北斗）等44篇诗歌、报告文学等作品。

**8944. 老百姓怎样抗日**（高小适用教材） 1939年 36 32开 通俗读物

本书分14个部分：日本人怎样侵略中国、中国为什么要抗战、抗战和老百姓的关系、老百姓的出路、老百姓怎样抗战、拥护抗日民族统一战线、拥护三民主义和领袖抗战到底、有钱不出钱怎样办、抗日战争和世界和平等。有题签。

**8945. 鲁迅先生逝世三周年纪念特刊** 鲁迅先生逝世三周年纪念会编 中华全国文艺界抗敌协会云南分会 1939年10月 昆明 46 32开 有照片、有插图 文化岗位丛刊之一

内收：《从生活的不断发展和创造去认识鲁迅》（高寒）、《鲁迅与现阶段的文艺运动》（立明）、《呐喊、彷徨与五四运动》（吕羽）等12篇文章；《你守望到天晓》（屈严）、《火种的盗取者》（罗铁鹰）、《纪念鲁迅》（曾福）3首诗歌；《云风中》、《秋的葬仪》两篇散文。卷首有中华全国文艺界抗敌协会云南分会《鲁迅先生逝世三周年祭》一文。书后附有编辑后记。附录鲁迅先生著译。

**8946. 民众文库**（第7集） 教育部民众读物编审委员会编 编者刊 ［72］ 横32开 有插图

民众文库合订本。收录了《抗战歌谣第一集》、《抗战歌谣第二集》、《抗战歌谣第三集》、《怎样打败日本兵》、《刘玉田弃商入伍》、《老英雄范筑先第一册》、《老英雄范筑先第二册》、《老英雄范筑先第三册》、《老英雄范筑先第四册》。

**8947. 民众文库合订本**（第22集） 教育部民众读物编审委员会编 编者刊 ［262］ 64开 民众文库

本书是《血战卢沟桥》、《从军乐》、《从军运动》、《二勇士》、《追敌认子》、《壮士归来》、《国民优待抗属公约唱词》、《张得功大笑》、《别家出征》、《小黑牛》、《进工厂》、《捉迷藏》、《范筑先一门忠烈》、《女报父仇》、《中华万年》、《从军鞋》、《黄河水》、《王文谦至死不屈》、《农家乐》、《贾家桥》、《入伍兵十二月》21本鼓词、小调、歌词等小册子的合订本。

**8948. 青年远征军士兵创作选** 军事委员会全国知识青年志愿从军编练总监部 1945年6月 6＋146 32开 有插图 青年军人丛书 第11种

收录《山河犹在》、《畅饮倭奴血》、《动员》等7部美术作品，《青年路上》、《大路歌》、《体育活动》、《晚会》等12篇报告文学，《谈友》、《发饷》等8篇随笔杂感，《草原上》、《流浪》、《海》等16篇诗歌小品及3部小说戏剧。书前有编者"青年军人丛书编辑大意"。

**8949. 青年远征军士兵创作选续集** 军事委员会全国知识青年志愿从军编练总监部 1945年6月 6＋70 32开 有插图 青年军人丛书 第12种

收录《青年军与青年中国》、《美式教育之检讨》两篇论著，《流汗比赛》、《集合在午夜》、《军民月光会》等8篇报道，《公开的信》、《人生》、《我从东京回来》等8篇小品文，《军中小唱》、《野营插曲》、《枪》等6首诗歌，小说《阿洛茜亚的哀歌》及10部美术作品。书前有编者"青年军人丛书编辑大意"与"编后"。

**8950. 人间味** 徐仲年著 青年书店 1941年3月初版 6＋148 32开

本书收录了8篇作品，包括5篇小说：《端午锦》、《洪炉》、《疯》、《尩》、《地狱相》；3篇散文：《在警备岗位上》、《龙门厄》、《斩三虫》。书前有卷首语。

**8951. 戎马集** 陈世光著 铁风出版社 1941年1月初版（蓉） 成都 102 32开

散文、政治、军事评论集。收录了《西行日记》、《入峡迁蓉记》、《抗战必胜建国必成的信念

与努力》、《战时军事教育》、《怎样建立革命的人生观》、《阵地选择》、《火网编成》等13篇。书前有范德烈"戎马集序"和著者自序。

**8952. 三四一**　老舍著　独立出版社　1938年8月初版，1939年2月5版　重庆　4+98　32开　抗战文艺丛书　中国文艺社主编

老舍创作的文艺作品集。包括：《王小赶驴》（大鼓书词）、《张忠定计》（大鼓书词）、《打小日本》（大鼓书词）、《新刺虎》（戏）、《忠烈园》（戏）、《王家镇》（戏）、《薛二娘》（戏）、《兄妹从军》（小说）8篇。

**8953. 沙坪集**　徐仲年编著　正中书局　1939年4月初版　8+266　32开　有插图　抗战文钞

本书分3个部分：论著、创作、抗战文学。论著收《当代中国大学教育论》、《长期抗战与国际宣传》；创作包括《中国前进曲》、《流亡》、《大青山》、《剪愁》4篇文章；抗战文学收《一年来中国抗战创作剧本述评》、《古代法国抗战文学〈罗郎歌〉》、《〈马赛曲〉的前前后后》3篇文章。书前有范雪樵所作序和卷首小语。

**8954. 昙花一现的抗战**　马弥之编辑　管东生［发行］　1942年11月　上海　32　32开

收录《昆明的一个镜头》（散文）、《一个无线电通信排职员的日记》（日记）、《学生的见解》（日记）、《一个参谋的收场》（散文）等，对比重庆抗战和日伪统治下南京的景象。

**8955. 湘北逐斜阳**　杜都著　中兴书店　1940年4月初版　［长沙］　2+62　32开　有插图、有题词

本书收录《泽国与山城》、《兵荒马乱之夕》、《一场恶战》、《洞庭吞落日》、《上将军》、《曙光第一线》6篇文章，包括散文、短篇小说和报道。主要记述湘北大会战后的有关情况。

**8956. 扬眉集**　汪子美编著　文献出版社　1942年3月再版　桂林　1+41　32开　有插图

抗战故事与诗歌合集。分"短笛"和"民间之歌"两个部分，"短笛"包括《秋林》、《耕着福地的人们》、《胜利的进军》、《克服了的小河》等6首诗歌；"民间之歌"包括《吴妹》、《复仇的故事》、《菜刀》、《鸠鸠》、《三兄弟》等14篇通俗故事。孟超为本书作序。

**8957. 夜袭**　李辉英著　中国文化服务社　1940年4月初版　重庆　2+180　32开　作家战地访问团丛书　中华全国文艺界抗敌协会编

本书为作者参加文协组织的作家战地访问团后创作的作品集。共收录《夜袭》、《小号兵》、《归来》、《上庄村》、《良民》、《李老头》、《赘瘤》、《王小全》和《张老太太》9篇作品。

**8958. 一颗未出镗的枪弹**　丁玲著　东北书店　1946年　北京　68　32开

收录《到前线去》、《南下军中之一页日记》、《彭德怀速写》、《警卫团生活一斑》4篇报道和《一颗未出镗的枪弹》、《东村事件》两篇短篇小说。书末有跋文《最后一页》。这些作品均创作于抗战期间。

**8959. 银色的迷彩**　刘益之著　中国的空军出版社　1944年3月初版　成都　110　32开　空军文艺丛书第3种　陶雄主编

本书收9篇散文和短篇小说：《空军魂》、《银色的迷彩》、《夜》、《脑袋》、《跛站长》、《徐君》、《白雪天》、《书王天祥君事》、《黄正裕》。

**8960. 遇难记**　苗启平著　1946年　1+16　16开　有题词

诗文集。包括：兴化突围脱险记、记沪上遇难始末、狱中杂咏续、狱中杂咏和后记。出版时期

根据后记推断。

**8961. 杂技** 张可、史轮、醒知合著 生活书店 1938 年 7 月初版（汉） 13＋138 32 开 西北战地服务团丛书之三 丁玲主编

本书收录了多种形式艺术作品，含快板 4 种：《津浦线》、《人民力量有多大》、《东塔镇》、《慰劳伤兵》；大鼓词 6 种，包括铁片大鼓《战士还家》及京音大鼓《拥护蒋委员长》、《大战平型关》、《大战台儿庄》、《难民》、《劝国民抗战》；独幕剧《新化子拾金》；《抗日十字段》；相声。书前有代序两篇：《我们的杂耍》（戈矛）、《提倡街头艺术》（史轮）。

**8962. 杂耍** 张可、醒知、东篱著 生活书店［总经售］ 1938 年 9 月初版（渝） 重庆 1＋88 32 开 西北战地服务团丛书之七 丁玲主编

本书收录：大鼓词 3 篇《抗战建国纲领》、《飞将军阎海文》、《李明仲》；相声 1 段；剧本 3 种《新打城隍》、《双花子拾金》、《联庄御侮》。

**8963. 战斗与血迹** 江南社编 编者刊 1941 年 3 月 67 32 开 东路丛书 二辑

本书分为战斗之部和血迹之部两部分，收录了《一把野火，鬼子太阳旗同归于尽》（周达民）、《我第一次经历了战斗》（辛风）、《我们的战绩》（帆风）、《叛徒的末日》（佘旭）等 26 篇文章。

**8964. 战时儿童（甲编第一集）** 教育部第六服务团编辑组 编者刊 1939 年 6 月初版 ［陕西］ 42 32 开 战时民众知识小丛书 4

本书分两部分：歌谣类和故事类，收《齐集心》、《杀日本人》、《打倒日本》、《小喇叭》、《复仇》及《黄河堤》等 52 首歌谣；收《我下次不说谎了》、《勇敢的胆儿》、《卖报的孩子》、《中华民族的友人（二）》等 8 个故事。

**8965. 战时文艺** 黄炽甫著 中小学读物社 1938 年 6 月初版 重庆 2＋98 32 开

收录《元旦献辞》、《同胞三勇士》、《我们的胜利》、《"一二八"六周年》、《告全国妇女书》、《一颗发光弹》、《十三周年》、《站到战斗的第一线》、《在炮火中成长起来》、《蔡将军血战殉国记》、《给铁蹄下的母亲兄弟》、《向远征日本的勇士致敬》、《台儿庄血战故事一》、《五九飞京谒陵记》、《二一八空战勇士访问记》、《争取光明的前途》等多篇报道和以抗战为题材的其他杂著共 40 篇。

**8966. 战时幽默风** 白云编纂 万象周刊社 1945 年 1 月初版 重庆 103 32 开

笑话集。收录 300 余则幽默笑话。

**8967. 血的经验（第一辑）** 南岳干训班编 编者刊 1939 年 5＋84 32 开 有图表 突击丛书之十一

本书收录诗文共 10 篇：《献诗》（黄剑啸）、《鄂东的边沿被突破》（刘道平）、《转战各战场》（黄伯亮）、《我的抗战经过》（刘登永）、《信阳民众怎样起来奋斗着》（郭濯岸）、《保卫大武汉的鄂东会战》（蒋荣平）、《顶得住，自有办法》（蒋荣平）、《敌军惯用战法与其对策之检讨》（黄济森）、《在东战场的火花中》（吴云）、《浙西吴长安三县武装部队状况》。书前有"突击丛书编例"及"《血的经验》编例"。出版时间根据丛书编例所署时间推断。有题赠。

**8968. 孩子剧团（从上海到武汉）** 孩子剧团编 大路书店 1938 年 4 月初版 汉口 147 大 64 开 有照片、有题词

本书记述孩子剧团从上海到武汉的经过，书中收录孩子剧团及宣言、公约、团歌，团员小记、团员日记、外界对孩子剧团的印象和批评。书前有代序。书后有陈绍禹、茅盾、郭沫若、沈钧儒、

冯玉祥等人题词。

**8969. 抗战剧本批评集**　刘念渠著　华中图书公司　1940 年　汉口　2＋58　32 开

本书收 10 篇文章：《建立抗战的戏剧批评》、《戏剧批评当前的任务》、《谈在汉口演出的几个剧》、《关于〈日出〉》、《关于剧本创作》、《计划的编剧》、《谈抗战历史剧》等。书后有"结集后记"。

# 戏剧

## 戏剧理论与创作方法

**8970. 抗战戏剧概论**　赵清阁著　中山文化教育馆　1939 年 2 月渝版　重庆　48　32 开　抗战丛刊第 79 种

本书分 7 章：什么是戏剧、战时戏剧的功能、战时戏剧的使命、战时戏剧的大众化、战时演剧的方式、战时剧本的作法、战时导演与演员。书前有著者自序。附录：《介绍抗战剧本五十种》。

**8971. 抗战与戏剧**　田汉、洪深、马彦祥、王平陵、宋之的、胡绍轩、刘念渠、凌鹤、胡春冰、周彦、葛一虹、应云卫执笔　独立出版社　1939 年 11 月初版　2＋56　32 开　战时综合丛书　第 5 辑

抗战戏剧理论合集。共 8 章：总论、战时戏剧的特殊任务、抗战剧运的实践、抗战剧本的写作、话剧的新形式、旧剧的运用、儿童剧论、结语"今后戏剧的路向"。书前有编者弁言，书后附"讨论大纲"。

**8972. 抗战中的戏剧**　西线社编　民族革命出版社　1939 年 9 月初版　［山西］　2＋81　32 开西线丛书之二　西线社主编

收录 4 篇文章：《中国戏剧的过去、目前与今后》（袁牧之）、《论推动战时剧运的机构的建立》（周彦）、《抗战剧运中质的提高的课题及其对策》（陈鲤庭）、《战地宣传剧本的创作问题》（胡采）。

**8973. 论抗战戏剧运动**　郑君里著　生活书店　1939 年 3 月初版　重庆　65　32 开

本书分为绪论、战区演剧、敌后演剧、后方演剧 4 章。

**8974. 怎样演出抗战戏剧**　阎哲吾编著　教育部特种教育委员会　1941 年 3 月初版　40　32 开　有插图　特教丛刊　第 19 种

包括导演计划、排演过程、演出事务计划、公演事务处理、公演后的事务管理 5 章。附录包括《戏剧理论丛书二十种》和《世界名剧一百种　中国创作剧本一百种》。

**8975. 战地戏剧理论与实践**　侯枫著　独立出版社　1941 年 11 月初版　重庆　5＋64　32 开　戏剧理论丛书

分为上、下两篇。上篇含 6 章：引言、战地演剧的重要性、战地演剧的中心任务、战地演剧必具的条件、战地演剧的经验和教训、尾语；下篇为两年来战地演剧的实践。书前有编者著"戏剧理论丛书总序"。

**8976. 战时旧型戏剧论**　刘念渠著　独立出版社　1940 年 12 月初版　重庆　7＋58　32 开　戏剧理论丛书

本书分6章：引言、旧型戏剧概观、旧型戏剧的观众、抗战与旧型戏剧、战时旧型戏剧的写作、写作研究、演出及其他诸问题。

**8977. 战时剧团组织与训练**　阎哲吾编著　独立出版社　1941年1月初版　重庆　99　32开　有图表　战时戏剧理论丛书

内收《战时剧队组织基本问题》、《战时巡回剧团的设备》、《论戏剧工作者的工作态度》、《怎样免除剧团人事纠纷》、《战时剧团演出褚方式》、《战时演剧两件事》、《战时移动剧队的对外联络工作》、《怎样编制抗战戏剧》、《战时戏剧辅导工作之实施》等19篇文章。卷首有《戏剧理论丛书总序》。

**8978. 战时戏剧讲座**　国立戏剧学校主编　正中书局　1940年1月初版　重庆　131　3+131　有插图　国立戏剧学校战时戏剧丛书之二

1937年暑期，国立戏剧学校举办战时戏剧讲座。本书辑录余上沅、姜公伟、杨村彬、万家宝、宋之的、贺孟斧、陈治策、吴祖光、陈永倞、阎哲吾、萧崇素、潘子农等人在讲座上所作的报告，共13篇。书前有《开讲辞》，书后有《后记》。附《讲座一览》。

**8979. 战时戏剧教育**　王衍康著　中山文化教育馆　1939年4月渝版　重庆　2+28　32开　抗战丛刊　第85种　中山文化教育馆编

本书分4个部分：戏剧的教育性、在炮火中迈进的戏剧运动、戏剧教育的问题、戏剧教育的实施。

**8980. 战时戏剧论**　胡绍轩著　独立出版社　1940年3月初版　重庆　57　32开　战时戏剧理论丛书

共分3篇。总论，介绍战时戏剧的功效、宣传、题材形式和编制问题；分论，介绍舞台剧、群众剧、街头剧、综合宣传剧、活报剧、象征剧、默剧和歌剧；结论，介绍战时戏剧的检讨和展望。

**8981. 战时戏剧演出论**　田禽著　独立出版社　1940年6月初版　重庆　5+54　32开　有插图　戏剧理论丛书

本书分为10章，介绍了戏剧演出所需要做的各方面准备工作。包括："战时演剧的使命"、"怎样选择剧本？"、"怎样支配演员？"、"怎样排演？"、"怎样做导演？""怎样做演员？""怎样化妆？"、"布景、服装、灯光、道具"、"怎样演出？"、"演技与宣传"。书前有"戏剧理论丛书总序"。

**8982. 战时演剧论**　葛一虹著　新演剧社　1938年12月初版　重庆　2+134　大64开　战时戏剧丛书

收录《确立战时演剧政策》、《现阶段演剧活动的两重意义》、《演剧艺术与政治宣传》、《战地演剧》、《临时演剧》、《活报剧》、《战时戏剧教育》、《演剧与民众》、《剧团组织》、《抗战剧作编目》等20篇文章。附录《十月革命与苏联演剧》。书后有作者后记。

**8983. 战时演剧手册**　唐绍华编著　中国文化服务社　1942年6月初版　重庆　2+66　大64开　有图表

本分9章：导论、剧团组织、编剧、导演、演员、舞台布景、化妆、照明、其他。

**8984. 战时演剧政策**　葛一虹著　上海杂志公司　1939年8月（A），1939年10月（C）　重庆　2+90　32开　新演剧丛书之二　新演剧社主编

包括两部分：论现阶段新演剧运动、战时演剧政策。

**8985. 爱尔兰王**　韩一青著　大东书局　1939 年 10 月　西安　16　32 开　抗战小丛书之十四

说唱剧本。

**8986. 八百壮士**　教育部民众读物编审委员会编著　正中书局　1938 年 8 月初版　重庆　24　64 开
有插图　非常时期民众丛书　第 4 集第 7 册

全书分为 7 部分：三个月的光荣战、八百壮士出现、第一天的奋斗、第二天的奋斗、第三天的
奋斗、第四天的奋斗、奉命退出闸北。讲述了"八一三"事变中壮烈牺牲的八百壮士的事迹。

# 戏剧作品

**8987. 八年苦战**　唐县杨家庵村剧团集体创作，冀晋区编审委员会编　星火出版社　1947 年 2 月
36　32 开　乡艺丛书之十

该书分为 21 个部分：日本下令进攻中国、中央军退却、日本追击、百姓议论国事、中央军抢
掠、八路军北上、特务传达意见、坚壁清野、暗杀八路军、反扫荡、八路军负伤被困、老唐拥军、
政府救灾、毛主席下令反攻、投敌、参军、蒋敌伪合流、特务准备迎接顽军、蒋介石下密令、特务
自找祸、自卫。书前有《〈乡艺丛书〉出版缘起》，后有《关于〈八年苦战〉——简短评介》。

**8988. 把眼光放远点**　冀中火线剧社集体创作　编者刊　1944 年　32　32 开　新华副刊

独幕剧。封面注此剧"得晋察冀鲁迅艺术奖金"。书前有周扬序，出版时间据此推断。

**8989. 百战百胜录（人人应有常识）**　鲍乐乐编　东方食品公司［总经销］　1937 年 11 月初版
上海　1 + 64　32 开　有插图、有图表

本书为宣传抗战知识读本，收录《田中大陆政策奏折》、《国联会条约》、《九国公约》、《淞沪
协定》、《侵华总帐》、《不平等条约》、《抗日救国》（江笑笑唱词）等。书前有卷首语。

**8990. 办兵役**　中国文化建设协会四川分会编辑部编　编者刊　1939 年 5 月初版　四川　5　32 开
通俗抗敌唱词　杨天惠主编

通俗抗敌唱词之一。

**8991. 伴郎从军**　秦光银著　开明书店　1940 年 1 月　重庆　12　64 开　民众小丛书之一

鼓书。

**8992. 包得行（四幕剧）**　洪深著　上海杂志公司　1939 年 10 月初版　上海　7 + 204　32 开　每
月文库　一辑之五　郑伯奇主编

四幕剧。书前有郑伯奇《每月文库总序》，书后有附录。

**8993. 保卫领空（三幕剧）**　董每戡著　中国的空军出版社　1939 年 8 月　8 + 92　32 开　有照片
空军戏剧丛书　第 2 种　丁布夫主编

书前有作者自白，附有董每戡作词、贺绿汀作曲的歌曲《飞将颂》。

**8994. 保卫卢沟桥（三幕剧）**　中国剧作者协会著　戏剧时代出版社　1937 年 7 月，1937 年 9 月再
版　上海　96　32 开

三幕剧：暴风雨的前夕、卢沟桥是我们的坟墓、全民的抗战。

**8995. 北地狼烟（四幕抗战剧）**　刘念渠、宗由著　中央青年剧社　1940 年初版　116　32 开　中
央青年剧社剧本创作选　第 1 种　鲁觉吾主编

四幕剧。封面有题赠。

**8996. 被击落的武士道**　鲍希文、田深、侯枫、田禽、孙达生著　中国的空军出版社　1940 年 1 月
初版　[144]　32 开　有插图　空军戏剧丛书　第 4 种

收录了《被击落的武士道》（鲍希文）、《悔罪男》（田深）、《血祭》（侯枫）、《活捉日本鬼子》
（田禽）、《自作孽》（孙达生）5 部剧作。

**8997. 变工好（秧歌剧）**　庄栋，柯兰等著　华北书店　1944 年 2 月　30　64 开　毛装

记述根据地人民在大生产运动中发生的故事。

**8998. 别妻出征（抗战川剧）**　秦光银著　青年文化促进社　泸县　8　大 64 开

川剧唱词。

**8999. 残雾**　老舍著　商务印书馆　1940 年 4 月初版，1941 年 4 月再版　长沙　129　32 开　大时
代文艺丛书

四幕剧剧本。

**9000. 拆桥（独幕剧）**　谢重开改编　国立戏剧学校　1937 年 12 月初版　长沙　36　64 开　国立
戏剧学校战时戏剧小丛书　第 10 种

独幕剧。

**9001. 陈怀民肉弹击敌**　严恩纹著　国民图书出版社　1942 年 9 月初版　重庆　14　64 开　国民常
识通俗小丛书

诗歌体抗敌故事。包括《发令》、《远征》、《迎敌》、《壮士》和《殉国》5 首。

**9002. 吃地雷**　贾霁著　新华书店　1945 年 6 月　山东　27　32 开　戏剧杂耍丛刊之四　山东省文
协编

独幕话剧。

**9003. 赤子之心（五幕剧）**　萧林著　北平书店　北平　160　32 开　有插图

**9004. 冲出重围**　赵如琳编著　正中书局　1943 年 4 月初版　重庆　56　32 开　教育部征选抗战创
作剧本选之四

三幕剧。

**9005. 除毒与御侮**　丁孟牧编　国民图书出版社　1942 年 8 月初版　重庆　8　64 开　国民常识通
俗小丛书

大鼓词。

**9006. 从军乐**　老向著　教育部民众读物编审委员会　1944 年 11 月　重庆　13　64 开　民众文库

国韵鼓词。

**9007. 从军乐**　老向著　军事委员会政治部　1944 年 7 月　64 开　抗战小丛书　新 1 集第 10 种

国韵鼓词。

**9008. 从军运动**　马立元著　教育部民众读物编审委员会　1944 年 11 月　重庆　14　64 开　民众
文库

鼓词。

**9009. 村女搭救游击队**　林曦著　军事委员会政治部　1941 年 2 月　29　64 开　抗战小丛书

说唱文学。

**9010. 打的好（话剧）**　成荫著　晋绥边区吕梁文化教育出版社　1944年12月　13　32开

**9011. 打鬼子去**　荒煤著　国民政府军事委员会政治部　24　64开　抗战戏剧小册之三
独幕剧。

**9012. 大地龙蛇**　老舍著　国民图书出版社　1941年11月初版　［重庆］　2+128　32开　文艺
丛书
抗战三幕剧。书前有著者序。

**9013. 大闹王家庄**　吴政著　江西省立民众教育馆　1939年1月初版　江西　20　大32开　有插图
说唱文学。讲述抗战时期发生在王家庄的一个悲壮的故事。

**9014. 大时代的插曲**　向培良著　商务印书馆　1941年7月初版　长沙　1+120　32开
收录了4部抗战独幕剧剧作：《征夫行》、《救荒》、《山寨》、《大时代的插曲》。

**9015. 大王庄**　［李守珍］　教育部民众读物编审委员会　［重庆］　12　64开　有插图　民众文
库
唱词。

**9016. 大战东林寺**　胡兰畦著　大众文化丛书社　1938年6月初版　汉口　7　32开　有插图　大
众读物之九　江凌主编
京戏。

**9017. 大战平型关**　张可著　大众文化丛书社　1939年3月初版　桂林　10　大64开　有插图　大
众读物之十四　江凌主编
京韵大鼓鼓词。

**9018. 大战台儿庄**　方白作文，房品章作图　通俗读物编刊社　1938年5月初版　汉口　22　32开
有插图
本书为配图说唱词，再现了台儿庄大战时军民一致抗战的场景。

**9019. 大战午城镇**　王冰洋著　教育部民众读物编审委员会　［重庆］　32　64开　民众文库
唱词。

**9020. 当他们梦醒的时候**　石灵著　世界书局　1939年7月初版　8+146　32开　大时代文艺丛书
郑振铎、王任叔、孔另境主编
五幕悲剧。书前有大时代文艺丛书序、代序。

**9021. 党人魂（又名黄花岗）（民族革命史剧）**　唐绍华著　中国戏曲编刊社　1941年7月初版
重庆　133　32开
五幕剧。包括剧情说明、排演说明、全剧人物性格及服装说明、道具说明、各幕内容等10部
分。书后附七十二烈士姓名表和参考书目。

**9022. 到明天**　左明著　海燕出版社　1938年6月初版　汉口　1+92　32开
本书收录《到明天》（一幕剧）、《六年后的"九一八"》（一幕剧）、《王八蛋才逃》（一幕剧）、
《梦游北平》（儿童剧·一幕二场）4个短剧。书末有后记。

**9023. 敌·孤岛夜曲（三幕国防剧）**　董每戡著　航空委员会政治部　1940年3月　［148］　32

开　有插图　神鹰剧丛之三

　　收录《敌》、《孤岛夜曲》两部国防剧。书前有神鹰剧丛总序，书后有跋。书后附有董每戡作词、张曙作曲《敌》的主题曲《抗战到底》。

**9024. 敌忾同仇**　苏凡著　中外出版社　1938 年 5 月再版　186　32 开
　　国防四幕剧。

**9025. 第二号汉奸**（四幕剧）　陈启肃著　福建省政府教育厅战时国民教育巡回教学团　1939 年 10 月初版　福建　78　32 开　战时国民教育戏剧丛书　第一集第一种　福建省政府教育厅战时国民教育巡回教学团编
　　四幕剧。

**9026. 第七号人头**　胡绍轩著　艺文研究会　1938 年 9 月初版　重庆　57　32 开　抗战戏剧丛书之一
　　本书收录了两个剧本：《我们不做亡国奴》（一幕三场新型剧）、《第七号人头》（三幕舞台剧）。

**9027. 电**（六幕剧）　侯枫著　成都新新新闻报馆　1940 年 7 月　成都　2＋90　32 开　戏剧战线丛书之一
　　剧本。书前有作者前记。

**9028. 电线杆子**　周彦编著　中华平民教育促进会　1937 年 11 月　长沙　29　12.5cm×15cm　农民抗战丛书　抗战戏剧集　第 4 种
　　独幕剧。

**9029. 东条吊倭皇**　王冰洋著　国民图书出版社　1943 年 5 月　重庆　2＋19　64 开　国民常识通俗小丛书
　　收录短篇琴词两篇：《东条吊倭皇》、《祭子》；鼓词两篇：《倭寇爬崖记》、《飞魔落网记》。

**9030. 动员起来**　枣园文艺工作团集体创作　华北书店　1944 年 10 月　53　48 开
　　秧歌剧。

**9031. 二期抗战鼓词**　老舍作　国民政府军事委员会政治部第三厅　1938 年 6 月　[8]　64 开
　　抗战宣传鼓词。

**9032. 反间谍**（三幕剧）　陶熊著　青年出版社　1942 年 10 月初版　168　32 开
　　三幕剧。

**9033. 反抗及游击队**　第四战区政治部编　编者刊　1939 年 4 月　2＋20　32 开　士兵抗战戏剧丛书 1
　　默剧集。收《漫谈默剧》（赵如琳）、一幕两场剧《反抗》（赵如琳）、一幕三场剧《游击队》（陈卓猷）。

**9034. 反正**　冼群著　国立戏剧学校　1937 年 12 月初版　长沙　62　64 开　国立戏剧学校战时戏剧小丛书　第 5 种
　　独幕剧。

**9035. 范小丑参军**（落子调）　·拥政爱民（快板剧）　·一捆柴（唱剧）　·得胜归来（快板剧）
履祥、张仆农、孙慈惠、皇甫束玉、王启宏编　韬奋书店　1945 年 10 月　41　32 开

**9036. 范筑先**（三幕剧）　姚亚影著　上海杂志公司　1943 年 8 月　重庆　58　32 开　振文戏剧丛书

三幕剧剧本。书后附作者所编插曲《舒情曲》。

**9037. 范筑先聊城殉国**　林舒著　通俗读物编刊社　1940 年 3 月再版　重庆　16　32 开　有插图　大众读物　乙种之五十八

说唱文学。

**9038. 贩牛救国**　教育部民众读物编审委员会编　编者刊　[重庆]　16　64 开　民众文库

鼓词。

**9039. 放下你的鞭子**　张国威编　战时读物编印社　1938 年 3 月初版　广州　2＋122　32 开

收录《放下你的鞭子》（佚名）、《我们的打冲锋》（尤兢）、《咱们要反攻》（夏衍）、《再上前线》（凌鹤）、《在烽火中》（沈西苓），《打鬼子去》（荒煤）、《盲哑恨》（李增援）、《东北小景》（沈西苓）8 个独幕剧。

**9040. 飞将军**（独幕剧）　上海话剧界救亡协会战时移动演剧第二队集体创作，洪深执笔　上海杂志公司　1938 年 4 月初版　汉口　8＋100＋8　32 开　有插图　大时代文库　第 1 种

书前收《"飞将军"座谈会》（代序）及作者附白。书后附录收演员表、职员表、《演庄毅贞的感想》及洪深所写的跋。

**9041. 飞将军万里东征**　布丁著　生活书店　1938 年 9 月初版，1940 年 1 月再版　8　32 开　大众读物　甲种之十四

说唱故事。

**9042. 丰收以后**　公孙佳著　华严出版社　1943 年 3 月初版　重庆　30　32 开

独幕街头报告剧。讲述发生在中日战争期间陕北"边区"某乡村中的故事。

**9043. 疯了的母亲**（街头剧）　凌琯如、江蕴鎬创作，骆文宏执笔　国立戏剧学校　1937 年 12 月初版　长沙　38　64 开　有插图　国立戏剧学校战时戏剧小丛书　第 2 种　街头剧　第 2 种

宣传抗日的街头剧。书前有骆文宏序。

**9044. 烽火**　沈西苓著　一般书店　1938 年 1 月初版　88　32 开　国防戏剧丛刊之一　旅冈主编

剧作集。收录独幕剧《烽火》、三幕剧《罗店秋月》、独幕剧《大家去从军》3 部剧作，其中《大家去从军》后附有《义勇军进行曲》、《心头恨》、《苦命人》、《工人救国歌》、《救亡进行曲》、《中华民族不会亡》等歌曲。

**9045. 佛西抗战戏剧集**　熊佛西著　华中图书公司　1944 年　重庆　1＋300　32 开

收独幕剧《囤积》、《搜查》、《人与傀儡》、《无名小卒》及 3 幕剧《中华民族的子孙》。

**9046. 夫与妻**（三幕抗战剧）　蒋雄影著　青年出版社　1942 年 4 月　120　32 开

三幕抗战剧。封面页、书名页、版权页注有"鲁觉吾主编"。

**9047. 俘虏**（独幕讽刺剧）　康民著　中国图书杂志公司 [总经售]　1940 年 1 月初版　102　32 开

收录《俘虏》、《狐尾》、《左右为难》3 部剧作。其中《俘虏》为独幕讽刺剧；《狐尾》为 W. W. Jacobs 原作，康民改编；《左右为难》为独幕趣剧。

**9048. 俘虏**（独幕剧）　王平陵著　国民图书出版社　1942 年 7 月初版　重庆　44　64 开　国民常识通俗小丛书

独幕剧。

**9049. 妇女战歌**　孙企英著　1939 年 1 月　89　32 开

戏曲集。内收《妇女战歌》（三幕剧）、《拱堂里》（独幕剧）、《泡沫》（独幕剧）。书前有"抗战必胜，建国必成！"字样。书后有作者后记。有题赠。

**9050. 复活吧小孩**（儿童剧）　舒强著　重庆北碚草街子育才学校　1941 年 6 月　重庆　100　32 开　有插图　育才丛书　生活教育社晓庄研究所主编

儿童独幕剧。

**9051. 复活的国魂**　侯曜著　大公报社　1933 年 4 月初版　天津　2＋80　32 开

歌剧本。书前有蔡廷锴、黄强、何心冷所作的序及作者自序。

**9052. 干不了亦得干**（独幕喜剧集）　陈治策编著　铁风出版社　1941 年 2 月初版（蓉）　成都　60　32 开　铁风剧丛　第 2 种　范德烈主编

本书收录了 3 部独幕喜剧：《干不了也得干》、《疯了的壮丁》和《东京第一号囚犯》。

**9053. 甘愿做炮灰**　郭沫若作　北新书局　1938 年 1 月初版　上海　2＋173　32 开　文艺新刊

收录了四幕剧《甘愿做炮灰》和历史剧《棠棣之花》。

**9054. 告农民书**（鼓词）　中共淮海第一中心县委宣传科编　编者刊　1944 年 12 月　淮海　30　64 开　石印

内容分为 4 回："地主剥削彻底根绝，封建势力坚决肃清"、"穷人有权当家作主，表扬惩罚严格分明"、"土地果实合理分配，消灭赤贫填平穷坑"、"军民团结灭蒋除害，生产致富幸福无疆"。附：《诉苦》（顺口溜）。

**9055. 共赴国难**　韩一青著　大东书局　1939 年 10 月　西安　16　32 开　抗战小丛书之十六

说唱剧本。

**9056. 狗马春秋**（独幕剧）　军事委员会政治部　51　64 开

讨汪独幕剧。

**9057. 狗马春秋与除奸**　马彦祥、夏野士、周苏著　第三战区司令长官司令部政治部　45　64 开抗敌除奸剧本之一

收录了两部剧作：《狗马春秋》（马彦祥，讨汪独幕剧）和《除奸》（夏野士、周苏）。

**9058. 孤岛三重奏**（不热闹的戏剧）　吴天著　现代戏剧出版社　1939 年 11 月　上海　138　32 开

收录了 3 个独幕剧剧本，包括：《走》、《被迫害的》和《雾晨》。书后有作者后记。

**9059. 孤军魂**　侯枫著　新地出版社　1938 年 5 月初版　6＋84　32 开

收录了《再上前线》、《陈家行之战》、《孤军魂》和《铁蹄下的吼声》4 部独幕剧。书前有著者自序。书后有 4 首歌曲：《中国的呼声》、《伤兵慰劳歌》、《女青年战歌》、《出征别父》。

**9060. 古城的怒吼**　马彦祥编　华中图书公司　1938 年 5 月初版，1940 年 4 月再版　［汉口］　6＋116　32 开　抗战戏剧丛书

五幕抗战剧。书前有马彦祥前言。

**9061. 古城烽火**（三幕剧）　顾一樵编著　正中书局　1942 年 6 月再版国纸本　重庆　78　32 开　国立戏剧学校战时戏剧丛书之一　国立戏剧学校主编

　　抗战剧本。

**9062. 归去来兮**　老舍著　作家书屋　1943 年 2 月初版　重庆　163　32 开　当代文学丛书

　　多幕剧。

**9063. 国防童剧**　李心规著　闽师附一小学　1938 年　[福建]　4+78　32 开　战时教育丛书之一

　　收录了《演剧》、《疯子》、《姑母从东北归来》、《甲乙从军》、《黄家的花园》、《出走》、《三个小英雄》、《卖花女与夏英》8 部儿童剧作。书前有序言。

**9064. 国家至上**　老舍、宋之的合著　南方印书馆　1943 年 7 月　重庆　190　32 开

**9065. 国家至上**（两幕剧）　张仲友著　军事委员会政治部　1941 年 8 月　4+61　64 开　有照片、有插图　抗战小丛书（士兵民众读物）

**9066. 国家至上**（四幕剧）　老舍、宋之的合著　上海杂志公司　1940 年 12 月　重庆　190　32 开　戏剧创作丛书之一

**9067. 国军援缅**　王冰洋著　国民图书出版社　1943 年 9 月初版　重庆　20　32 开　国民常识通俗小丛书

**9068. 国难记**　童振华著　作者自刊　1936 年 4 月　2+50　大 64 开

　　内容包括 5 个部分：序、九一八××进兵、东三省人民遭难、小抵抗华军得胜、大团结民族救亡。附录收《唱平调》、《关于国难记唱腔的几句话》、《扬州调》、《关于扬州调》。

**9069. 国旗飘扬**　罗烽著　战时戏剧丛书社　1938 年 6 月初版　汉口　78　32 开　新演剧社战时戏剧丛书

　　三幕剧。

**9070. 海潮红**　刘静沅著　华中图书公司　1941 年 2 月初版，1943 年 8 月再版　重庆　116　32 开

　　三幕抗战话剧。

**9071. 海上春秋**（独幕剧）　马彦祥编著　申萱出版社　1940 年 1 月初版，1940 年 2 月　香港　13　32 开

　　讨汪独幕剧，揭露了汪伪政府的傀儡实质。

**9072. 海啸**（三幕剧）　贺孟斧著　新生图书文具公司　1942 年 11 月　重庆　144　32 开　新生戏剧丛书　徐昌霖主编

　　三幕剧。

**9073. 汉奸**　陈白尘著　华中图书公司　1938 年 6 月初版　[汉口]、重庆　3+136　32 开　抗战戏剧丛书之六

　　收录两部剧作：《汉奸》（四幕剧）、《卢沟桥之战》（三幕剧）。书前有著者题记。

**9074. 汉奸**　陈白尘著　华中图书公司　1941 年 3 月再版　[汉口]、重庆　76　32 开　抗战戏剧丛书之六

　　收录《汉奸》（四幕剧）。

**9075. 汉奸悔过·周建章独守三山峰**　老向著　教育部民众读物编审委员会　16　64开　民众文库
抗战大鼓词。

**9076. 汉奸像**　老向著　教育部民众读物编审委员会　1940年　［重庆］　12　64开　民众文库
对口词。出版时间及出版地据著者书后脱稿时间和地点推断。

**9077. 汉奸自叹**　佗陵　军事委员会政治部　82　64开　抗战小丛书　第8集
河南坠子曲。

**9078. 和平天使**　万迪鹤著　独立出版社　1941年4月初版　重庆　112　32开　抗战文学丛刊
五幕剧。

**9079. 河内一郎**　丁玲著　生活书店　1938年7月初版　汉口　85　32开
三幕剧，描写日本士兵——河内一郎的觉悟。书末有著者的《写在后边》。附录收（日）泽村利胜的《被召集时的回忆》。

**9080. 黑地狱**　凌鹤著　戏剧时代出版社　1937年8月　上海　4+194　32开　有照片　戏剧时代丛书之三
剧作集。收录四幕剧《黑地狱》、独幕剧《荒漠筚声》、独幕剧《洋白糖》3部剧作。另有田汉《序<黑地狱>》及作者后记，书中4幅照片为马彦祥导演、南京国立戏剧学校演出《黑地狱》的剧照。

**9081. 红缨枪**　葛一虹著　中国文化服务社　1940年4月初版　重庆　154　32开　作家战地访问团丛书
四幕剧。讲述抗战期间民众抗战的事迹。

**9082. 洪波曲（五幕歌剧）**　安娥词，任光曲　育文出版社　1942年12月初版　桂林　109　32开
抗战题材五幕歌剧。

**9083. 洪炉（四幕抗战戏剧）**　丁伯骝著　青年出版社　1941年3月初版　2+136　32开　中央青年剧社剧本创作选　第4种　鲁觉吾主编
四幕话剧。

**9084. 猴子戏（弹词）**　教育部民众读物编审委员会　［重庆］　12　64开　民众文库
讽刺汪精卫的汉奸行为。

**9085. 后方**　刘念渠著　艺文研究会　1938年12月初版　重庆　44　32开　抗战戏剧丛书之三
本书收4部剧作：街头剧《失去自由的人们》、《后方》、一幕舞台剧《马百计》、默剧《活捉》。

**9086. 后防·中华民族的子孙**　熊佛西著　四川省立戏剧教育试验学校编纂委员会　1939年1月　成都　2+142　32开
收3幕剧《后防》及《中华民族的子孙》。

**9087. 湖上曲**　骆文宏著　独立出版社　1941年12月初版　重庆　1+134　32开
描写某沦陷城市的五幕剧。

**9088. 虎符（信陵君与如姬）**　郭沫若著　群益出版社　1942年10月初版　重庆　190　32开
五幕历史剧。书前有写作缘起和后话。封二有题赠。

**9089.** 还我河山　中国文化建设协会四川分会编辑部编　编者刊　［四川］　7　32 开　通俗丛书
抗敌唱词。

**9090.** 黄白丹青　洪深著　文艺奖助金管理委员会出版部　1942 年 12 月初版　5＋179　32 开　抗
战文艺丛书　第 5 种
二幕四场剧。书前有张道藩《抗战文艺丛书序》和作者《＜黄白丹青＞序》。

**9091.** 黄花岗　集体创作　广东戏剧协会　广州　157　32 开　广东戏剧协会创作丛刊
四幕六场革命历史剧。

**9092.** 黄花岗　广东戏剧协会同人集体创作　生活书店　1939 年 9 月再版　5＋151　32 开
四幕六场革命历史剧。

**9093.** 黄花岗　广东戏剧协会同人集体创作　学艺出版社［总经售］　1945 年 3 月　重庆　5＋151
32 开
四幕六场革命历史剧。

**9094.** 黄金梦　（法）Marcel Oagnol 著，吴漱予改编　国民图书出版社　1945 年 5 月初版　重庆
238　32 开
描述抗战大后方的四幕剧。书后有作者后记。

**9095.** 回头岸　老向著　军事委员会政治部　6　64 开　抗战小丛书　第 8 集
说唱文学作品。

**9096.** 毁家纾难（剧本集）　文赛闳著　华中图书公司　1938 年 7 月　汉口　5＋130　32 开　抗战
丛书　第 8 辑
收录了《毁家纾难》、《毒针》、《抗战的交流》和《保卫卢沟桥》4 部剧作。书前有作者《抗
战期中的戏剧》（代序）。书后有跋。

**9097.** 活捉日本鬼　舒强著　生活书店　1940 年 12 月初版　重庆　62　32 开
独幕儿童剧。剧情讲述抗战期间发生在沦陷区某地的事情。

**9098.** 火烧丁家庄　方白作词，杨芒莆绘图　通俗读物编刊社　1938 年 8 月初版（汉）　汉口　16
32 开　有插图　通俗读物　乙种第 2 册　王真、向林冰主编
配画说唱词。

**9099.** 歼倭记（第四种）　和雪轩主人初稿　10［环筒页］　19.3cm×26.3cm　油印
有题赠。

**9100.** 江汉渔歌（新歌剧）　田汉著　上海杂志公司　1940 年 4 月　重庆　127　32 开　每月文库
二辑之一　郑伯奇主编
新编历史歌剧。

**9101.** 江南之春　马彦祥编著　正中书局　1943 年 9 月初版　重庆　11＋222　32 开　现代戏剧丛
书　张道藩主编
多幕剧。

**9102.** 街头剧（第一集）　沈西苓等著　星星出版社　1938 年 5 月再版　汉口　125　32 开　抗战
报告丛书

戏剧合集。收录《在烽火中》（沈西苓）、《扫射》（陈白尘）、《汉奸末路》（姚晓时）、《当兵去》（胡绍轩）、《难民曲》（光未然）、《盲哑恨》（李增授）、《放下你的鞭子》（集体创作）等9部剧作。书中附有《当兵去》、《打倒汉奸》、《新编九一八小调》3首抗日歌曲。

**9103. 街头演剧**　沈西苓等著　国防戏剧研究会　1938年4月初版　6+98　32开

剧作集。收录《生死关头》（卢滨）、《当兵去》（胡绍轩）、《沦亡以后》（光未然）、《在烽火中》（沈西苓）、《省下一粒子弹》（尤竞）、《放下你的鞭子》（集体创作）、《汉奸末路》（姚晓时）、《新的"一致"》（王铁民）9部剧作。书前有李一《一个街头剧的上演计划（代序）》。书中附有《当兵去》、《打倒汉奸》、《新编九一八小调》3首抗日歌曲。

**9104. 截粮船（七字说唱）**　璧明著　教育部民众读物编审委员会　22　64开　民众文库

**9105. 金鸡岭（通俗宣传唱词）**　梦甘编辑　国民出版社　1940年7月初版　金华　4+70　32开

收录：《马秀才训子》（穆木天）、《王得胜骂阵》（何容）、《割爱除奸》（老向）、《金鸡岭》（方白）、《王小赶驴》（老舍）、《新〈拴娃娃〉》（老舍）、《八百壮士守闸北》（赵景深）、《大闹王家庄》（老白）、《王大鼻子闹戏园》（王真）、《梨膏糖》（伊明）10篇唱词。篇前有编者前言。

**9106. 靖康耻（历史三幕剧）**　米叶著　军事委员会政治部　1941年10月　68　64开　抗战小丛书（士兵民众读物）

历史剧。

**9107. 九一八日本攻沈阳**　秦光银著　开明书店　1940年2月　重庆　16　64开　民众小丛书之四

说唱文学。

**9108. 旧关之战**　宋之的著　生活书店　1938年2月汉初版　1+87　32开

本书收录《黄浦江边》（独幕）、《旧关之战》（独幕两场）两部剧作。书前有作者序言。

**9109. 救亡独幕剧选**　林莉编选　前锋出版社　1938年6月初版　1+99　32开

收录《女性的呐喊》（秋影）、《一家人》（增援）、《民族公敌》（舒非）、《一个游击队员》（陈谓）、《杀敌去》（凌鹤）5部剧作。

**9110. 救亡戏剧**　陈文杰编　战时读物编译社　1938年2月初版，1938年5月3版　上海　134　32开

收录了5部剧作，包括：《重逢》（丁玲）、《黄浦月》（宋之的）、《七·二八之夜》（丽尼、荒煤）、《罗店血战》（凌鹤）。

**9111. 救亡戏剧（续集）**　邵振宇编　战时读物编译社　1938年5月初版　汉口　241　32开

收《血洒晴空》（克竞）、三幕剧《芦沟桥之战》（陈白尘）、一幕剧《钢表》（章泯）、《最后一课》（许幸之）、一幕剧《三江好》（吕复等）5个剧本。

**9112. 捐输救国（牧羊人卜式的故事）**　羊驹编著　国民图书出版社　1943年6月初版　重庆　14　32开　国民常识通俗小丛书

说唱文学。

**9113. 觉悟（街头剧）**　李庆华执笔　国立戏剧学校　1937年12月初版　长沙　26　大64开　国立戏剧学校战时戏剧小丛书　第3种

书前有余上沅《小引》及作者《关于演出＜觉悟＞的一点意见》。

**9114. 凯歌归**　陈克成、潘子农、陈白尘、吴祖光、周彦、杨村彬原著，潘子农改编　胜利出版社
四川分社　1944 年 4 月初版　重庆　9 + 112　32 开　现实剧丛一
　　三幕剧。

**9115. 抗敌独幕剧**　刘斐章编著　上海杂志公司　1938 年 5 月粤初版　广州　2 + 177　32 开　有插
图　抗敌戏剧丛刊
　　收录了《血洒卢沟桥》（张季纯）、《咆哮的河北》（王震之）、《城上》（杜渐作）、《古城的怒
吼》（王震之）、《通州城外》（尤兢）、《汉奸末路》（姚时晓）6 篇剧作。前 4 部剧作后还附有舞台
设计。书后有编者编后。

**9116. 抗敌金钱板词**（1 - 6 辑）　周敬承编　军事委员会政治部　1939 年 1 月　45　64 开
　　共 6 辑，收录《揭穿倭奴宣言的黑幕》、《日本侵略中国的历史》、《中华民族的弱点》、《卢沟
桥事变后的战况及惨状》、《后方民众应有的觉悟》、《最后胜利是我们的》、《当义勇壮丁去》、《好
男儿要当兵》等十几篇文章。

**9117. 抗建剧选**　张昌焕编　浙江省教育厅　1941 年 1 月　浙江　2 + 255　大 32 开　有照片　战时
民众教育丛书之七　钟伯庸主编
　　收录《中国男儿》（胡春冰）、《烟苇港》（冼群）、《志愿兵》（叶燕荪）、《两代》（杨枫）、
《火坑》（艾绥）、《伤兵之友》（王光乃）、《卖豆女》（张昌焕）、《绯色网》（陈光）等 13 个剧本。
书前有《戏剧的前途》（陈立夫）、《略论中国戏剧的流变》（钟伯庸）两篇论文。

**9118. 抗日救国戏剧集**　侯曜等著　中国国民党河北省党务整理委员会　1932 年 3 月　230　32 开
　　收录 9 部抗战剧作：《山河泪》（侯曜）、《准备》（贝岳）、《亡国恨》（朴园）、《垂死的军人》
（张维祺）、《上前线去》（鲁思）、《爱国的女儿》（黄天钟）、《拼命》（笠子）、《搏战》、《卧薪尝
胆》。书后有"编后的话"。

**9119. 抗日英雄王德林**　曦之著　军事委员会政治部　26　64 开　抗战小丛书　第 6 集
　　说唱体抗战通俗故事。

**9120. 抗战大鼓词**　穆木天著　新知书店　1938 年 3 月初版　1 + 56　32 开
　　收录《卢沟桥》、《伪国兵王顺反正》、《八百个壮士》、《江北铜匠王阿毛》、《游击队雪地退
兵》5 篇大鼓词。

**9121. 抗战第一阶段**（四幕剧）　欧阳凡海著　石火出版社　1940 年　桂林　8 + 142　32 开　有插
图
　　分逃难、逮捕、会议、战争 4 幕场景。书前有作者题记和附记。出版时间根据封底。

**9122. 抗战独幕剧集**　冼群著　华中图书公司　1938 年 4 月初版，1940 年 1 月再版　1941 年 4 月 3
版　1 + 192　32 开　抗战丛书　第 5 辑
　　收录《菱姑》、《反正》、《中国妇人》、《时候到了》4 部剧作。书后有作者后记。

**9123. 抗战独幕剧甲选**　郭青如编　战时编译社　1937 年 6 月　上海　1 + 129　32 开
　　收录《太阳旗下》（陈谓）、《渔民血》（舒潭）、《复仇》（陈瘦竹）、《上前线去》（宋之）、
《夜之歌》（凌鹤）5 部独幕剧作。书后还附有凌鹤配调的两首歌曲《送出征》、《抗战莲花落》。

**9124. 抗战独幕剧选首辑**　中国戏曲编刊社编　国民图书出版社　1944 年 1 月初版　重庆　4 + 182
32 开　文艺丛书

本书收录4篇戏剧：《孤岛星火》（余师龙）、《连升三级》（李庆华）、《紫金山下》（李庆华）、《宣抚班》（石流）。书前有潘公展所作戏曲丛书序。

**9125. 抗战独幕剧选** 阿英编 抗战读物出版社 1937年11月 4+134 32开 有题词 抗战文艺丛刊

收录《咱们要反攻》（夏衍）、《我们打冲锋》（尤兢）、《到前线去》（凌鹤）、《在烽火中》（沈西苓）、《扫射》（陈白尘）、《汉奸末路》（姚时晓）、《专门造谣》（方岩）、《开里弄会去》（子幽）、《改良拾黄金》（夏蔡）9部剧作。并收录《戏剧在抗战中》（欧阳予倩）、《从民族战争谈到儿童剧》（田汉）、《淞沪战争戏剧初录》（阿英）3篇文章。书前有编辑凡例。

**9126. 抗战独幕剧选** 阿英编 戏剧时代出版社 1938年1月再版，1938年2月3版 汉口 4+134 32开

收录《咱们要反攻》（夏衍）、《我们打冲锋》（尤兢）、《到前线去》（凌鹤）、《在烽火中》（沈西苓）、《扫射》（陈白尘）、《汉奸末路》（姚时晓）、《专门造谣》（方岩）、《开里弄会去》（子幽）、《改良拾黄金》（夏蔡）9部剧作。并收录《戏剧在抗战中》（欧阳予倩）、《从民族战争谈到儿童剧》（田汉）、《淞沪战争戏剧初录》（阿英）3篇文章。书前有编辑凡例。

**9127. 抗战独幕剧选** 阿英编 大众出版社 1938年5月4版 ［汉口］ 4+134 32开

收录《咱们要反攻》（夏衍）、《我们打冲锋》（尤兢）、《到前线去》（凌鹤）、《在烽火中》（沈西苓）、《扫射》（陈白尘）、《汉奸末路》（姚时晓）、《专门造谣》（方岩）、《开里弄会去》（子幽）、《改良拾黄金》（夏蔡）9部剧作。并收录《戏剧在抗战中》（欧阳予倩）、《从民族战争谈到儿童剧》（田汉）、《淞沪战争戏剧初录》（阿英）3篇文章。书前有编辑凡例。

**9128. 抗战独幕剧选（第一辑）** 吴英年编选 第三战区司令长官司令部政治部 1+282 32开

本书收录《火炬化妆游行（火）》（吴英年）、《人约黄昏》（施谊改编）、《最后一个手榴弹》（张客）、《水车转了》（赵明）、《反正》（冼群）、《未婚夫妻》（白尘）、《凯歌》（宋之的）和《炸药》（王思曾）。

**9129. 抗战独幕剧选（二集）** 啸垅编 大众出版社 1938年4月初版 汉口 152 32开

收《重逢》（丁玲）、《民族公敌》（舒非）、《黄浦月》（宋之的）、《再上前线》（凌鹤）、《打鬼子去》（荒煤）、《流亡者之歌》（余上沅等）6个剧本。卷首有编例。

**9130. 抗战独幕喜剧选** 沈蔚德编辑 正中书局 1940年5月初版，1942年10月5版 4+135 32开 有插图 国立戏剧学校战时戏剧丛书之六 国立戏剧学校主编

收录《李仙娘》（钟锄云）、《皇军与美人》（何治安）、《可怜虫》（李庆华）、《炸》（王总会）4部剧作。每篇剧作之后附有该作品的舞台平面图、剧情说明、排演说明、道具说明、服装说明、效果说明、附录等相关内容。书前有余上沅《战时戏剧丛书发刊旨趣》与作者"小引"。

**9131. 抗战独幕新剧选** 战时剧社编 火线出版社 1939年3月初版 259 32开

收《在烽火中》（沈西苓）、《重逢》（丁玲）、《游击队的开始》（张客）、《我们打冲锋》（尤兢）、《汉奸末路》、《荣誉大队》（赵明、吕复）、《夜之歌》（凌鹤）、《我们开放恩怨》（石灵）、《舞女泪》（集体创作）等10个剧本。

**9132. 抗战歌剧选（第一集）** 田汉等著 军事委员会委员长桂林行营政治部 ［广西］ 186 32开

收《新雁门关》（田汉）、《岳飞的母亲》（洪深、朱双云）、《梁红玉》（欧阳予倩）、《联庄御

侮》（张可）、《新打城隍》（醒知）、《新拾金》（东篱）等7个剧本。书前有"编选要旨"和"编选说明"。

**9133. 抗战剧本选集（第1辑）**　军委政治部第三厅编　军委政治部　1939年12月　2+112　32开

剧作集。收录《武装宣传》、《不做顺民》、《何必呢》、《雪地忠魂》、《大风》（又名《老教师》）、《最后一颗手榴弹》6个独幕剧。书前有编者引言，出版时间以编者引言推断。

**9134. 抗战剧集**　李宗江著　中国国民党江西省保安团队特别党部　60　32开

收录6部剧作：《开场白》、《映霞从军》、《失踪》、《计刺沈嵩》、《逃难》、《人僵》。

**9135. 抗战剧选（第一集）**　国民革命军第十八集团军（八路军）政治部编　八路军军政杂志社　1940年3月　104　32开　毛装

话剧、京剧、秦腔的剧本选集。包括话剧：《游击队的母亲》（王震之）、《棋局未终》（时晓）、《良民》（刘慕琨）、《今天》（时晓）；京剧：《傻子打游击》（齐瑞棠）、《摩擦鉴》（齐瑞棠）；秦腔：《查路条》。

**9136. 抗战十件**　中国文化建设协会四川分会编辑部编　编者刊　1939年5月初版　四川　13　32开　通俗抗敌唱词　杨天惠主编

唱词本。

**9137. 抗战戏剧**　湖南省教育厅翻印　1940年10月　2+44　32开　民众文库

收录抗战戏剧5部，包括《贤妻义女》、《张大报仇》、《新探亲家》、《新木兰从军》、《女英雄》。

**9138. 抗战戏剧选（第1辑）**　军事委员会委员长桂林行营政治部编　编者刊〔1938年　桂林　2+201　32开

剧作集。收录《自卫》（维特）、《电线杆子》（平教会）、《我们的国旗》（平教会）、《××之战》（史轮）、《死里求生》（洪深）、《八百壮士》（徐韬）、《渔民血》（舒湮）、《游击队的开始》（张客）8部剧作。书前有"编选要旨"与"编选说明"。出版时间参照《民国总书目》。

**9139. 抗战戏剧选（第二辑）**　军事委员会委员长桂林行营政治部　4+277　32开

收录《大路》（欧阳山尊）、《火》（集体创作）、《赎罪》（夏衍）、《荣誉大队》（赵明、吕复）、《火焰》（陈白尘）、《同心合力打东洋》（赵明）、《反正》（冼群）、《横山镇》（锡金）8个剧本。书前有《编选要旨》和《编选说明》。

**9140. 抗战戏剧选（集体创作）**　胡春冰编　怒吼出版社　1938年2月　上海　4+84　32开

收录独幕剧《边声》、《血钱》、三幕剧《七十七号》3个剧本。

**9141. 抗战戏剧选（学校农村适用）**　胡春冰编　怒吼出版社　1938年4月　上海　78　32开

收录独幕剧《父与子》、《生死关头》、《小英雄》、街头剧《过年》4个剧本。

**9142. 抗战小武经**　韩一青编　复兴出版社　1939年4月　10　32开　抗战小丛书之六

说唱剧本。

**9143. 抗战新青年**　韩一青著　大东书局　1939年10月　西安　12　32开　抗日小丛书之十八

说唱剧本。

**9144. 空军魂** 孙怒潮著 中国的空军出版社 1939 年 11 月 116 32 开 有插图 空军戏剧丛书 3 丁布夫主编

四幕剧。

**9145. 跨海征东三字经** 教育部民众读物编审委员会编 正中书局 1939 年 11 月初版 重庆 17 64 开 非常时期民众丛书 第 5 集 第 6 册

收《跨海征东三字经》和《银锄玉耙记》两篇。用北平现代韵。

**9146. 傀儡春梦（四幕剧）** 周剑尘著 文通书局 1944 年 9 月初版 贵阳 2 + 70 32 开

四幕剧。描写抗战时期上海孤岛的生活。书前有吴力群序和作者自序。

**9147. 蓝蝴蝶（四幕浪漫悲剧）** 陈铨著 青年书店 1943 年 4 月初版 重庆 124 64 开 有插图

描写 1939 年上海的四幕现代剧。封二有题赠。

**9148. 浪淘沙** 姚亚影著 华中图书公司 1941 年 5 月初版 重庆 138 32 开 剧本选辑之五

本书收录了独幕剧《浪淘沙》和四幕剧《归去》。封面有"剧本选集之六"字样。

**9149. 劳动英雄回家** 王炎、刘锡琳等编剧作曲 晋绥边区吕梁文化教育出版社 1944 年 10 月 19 32 开

新型秧歌剧。系"七七七"文艺奖金获奖作品（戏剧类丙等奖之一）。

**9150. 老教师** 萧斧编著 正中书局 1943 年 2 月初版 42 32 开 教育部征选抗战创作剧本选之七

独幕剧。

**9151. 老举人骂贼殉难（鼓词）** 通俗读物编刊社 军事委员会政治部 1941 年 2 月 10 64 开 抗战小丛书 军事委员会政治部编

**9152. 黎明（独幕剧集）** 李辉英著 海燕出版社 1938 年 6 月初版 1 + 156 32 开

收录了《大豆登场的时候》、《黎明》、《北中国之夜》、《流亡》和《秋夜月光曲》5 部剧作。

**9153. 黎明的号角** 齐扬著 独立出版社 1942 年 7 月初版 重庆 2 + 26 32 开 中国诗艺社丛书

收录了 25 首诗歌，包括：《寄北战场上的何其芳》、《黎明的号角》、《日本空军俘虏》、《夜袭占口》等。

**9154. 李长胜重上前线** 刘念渠著 生活书店 1938 年 9 月初版（S），1940 年 1 月再版 12 32 开 大众读物甲种之十八 通俗读物编刊社编辑

通俗唱本。

**9155. 李秀成** 赵作雄编著 中华平民教育促进会 1938 年 1 月初版 长沙 43 12.5cm×15cm 农民抗战丛书

以小调的形式，介绍太平天国将领李秀成抵抗清军的故事。

**9156. 李秀成之死（四幕剧）** 阳翰笙著 华中图书公司 1938 年 1 月初版，1938 年 6 月再版，1945 年 1 月 3 版 汉口 162 32 开 抗战戏剧丛书之三

四幕历史剧。

**9157. 梁镇球助军歼敌**    王冰洋编著    国民图书出版社    1943 年 9 月初版    重庆    12    64 开    国民常识通俗小丛书

湘北大捷插话之一（七字唱），歌颂梁镇球助军歼敌事迹。

**9158. 粮食**    洛汀、张凡、朱星南集体创作    晋察冀军区供给部文工团    1946 年 1 月    26    大 16 开    油印

独幕剧。该剧反映了 1943 年晋察冀抗日根据地军民合作与敌人斗争的状况。

**9159. 两个世界**（拥军剧本）    赵树理著    新华书店    1944 年 1 月    31    32 开    大众文艺小丛书之六

三幕剧。

**9160. 两老翁义卖献金**    桂林行营政治部编    编者刊    桂林    14    32 开    有插图    抗战通俗小册

说唱文学。

**9161. 刘寅生**（抗战金钱板）    秦光银著    青年文化促进社    泸县    14    大 64 开

说唱文学。

**9162. 刘永福**    赵作雄编著    中华平民教育促进会    1937 年 11 月初版    长沙    48    12.5cm×15cm    农民抗战丛书

**9163. 流寇队长**    集体创作，王震之执笔    戏剧书店    1940 年 1 月初版    132    32 开    国防戏剧丛书    第 4 种

三幕剧。

**9164. 流亡者之歌**（街头剧）    谷剑尘执笔    国立戏剧学校    1937 年 12 月初版    长沙    26    大 64 开    国立戏剧学校战时戏剧小丛书    第 7 种

书前有余上沅的"小引"。

**9165. 露雪霏**    刘静沅著    华中图书公司    1944 年 1 月初版    重庆    216    32 开

五幕抗战话剧。

**9166. 卢沟桥抗敌记**    中国文化建设协会四川分会编辑部编    前导旬刊社［代售］    1939 年 5 月初版    成都    5    32 开    通俗抗敌唱词    杨天惠主编

以唱词形式再现了卢沟桥事变的情景及军民一致抗战的决心。

**9167. 绿河桥**（三幕剧）    邹良编    粤汉铁路员工抗敌后援会话剧团    1940 年 1 月初版    2＋44    32 开    有题词

粤汉铁路工人与破坏铁路的敌人斗争的故事。书前有刘钟明《题绿河桥剧本》和剧情说明（代序）。

**9168. 乱世男女**（三幕剧）    陈白尘著    上海杂志公司    1939 年 5 月初版    重庆    3＋168    32 开    精装    每月文库：一辑之一    郑伯奇主编

三幕四场剧。初版前有"每月文库总序"（郑伯奇）。

**9169. 乱世男女**（三幕剧）    陈白尘著    上海杂志公司    1941 年 1 月 4 版    重庆    7＋168    32 开    精装    每月文库：一辑之一    郑伯奇主编

三幕四场剧。初版前有"每月文库总序"（郑伯奇）。书前有作者自序。

**9170. 沦亡以后（抗战戏剧）**　国民政府军事委员会政治部编　编者刊　2+34　64开
书前有《戏剧抗战》（光未然、冼星海作）和山歌《想情郎》（光未然、冼星海作）两首歌曲。

**9171. 骂贼（抗战川剧）**　秦光银著　青年文化促进社　泸县　14　大64开
川剧唱词。

**9172. 骂贼记**　教育部民众读物编审委员会编　编者刊　［重庆］　18　64开　民众文库
十字唱本。

**9173. 卖野药**　军事委员会政治部　1942年1月　34　32开　抗战剧选　2
街头剧。

**9174. 卖艺者（剧本）**　刘江编著　中华北平教育促进会　16　32开　农民抗战丛书
抗日宣传剧。

**9175. 米**　洪深、张季纯著　华中图书公司　1938年2月再版　汉口　112　32开　抗战戏剧丛书
之一
剧作集。收录洪深《米》（一景四幕剧）、张季纯《天津的黑影》（独幕剧）两部剧作。

**9176. 米**　洪深、张季纯著　华中图书公司　1941年4月4版　重庆　112　32开　抗战戏剧丛书
之一
剧作集。收录洪深《米》（一景四幕剧）、张季纯《天津的黑影》（独幕剧）两部剧作。

**9177. 民众对抗战的认识**　中国文化建设协会四川分会编辑部编　编者刊　1939年5月初版　7　32
开　通俗抗敌唱词　杨天惠主编
唱词本。

**9178. 民众文库（合订本第21集）**　教育部民众读物编审委员会编　编者刊　［229］　64开　民
众文库
本书是《活捉天皇》、《保煤矿》、《三民主义鼓儿词》（十）、《三民主义鼓儿词》（十一）、《还
驴记》、《飞将军归来》、《国民公约小唱》、《大重庆》、《新幼女歌》、《朱升源仗义诛奸》、《西团寺
哭庙》、《打游击十二月》、《兵工厂十二月》、《兰州空城》14个鼓词小册子的合订本。

**9179. 民众戏曲集**　马建铃作　读书生活出版社［总经售］　1940年8月初版　［重庆］　146
32开　大众艺术丛书
分为前、后两部。前部收录了《民众剧团团歌》、《序》（代民众剧团简史）、《民众娱乐改进会
宣言》、《介绍〈查路条〉并论创造新的民族歌剧》；后部收录了《一条路》、《好男儿》、《查路条》
等4部剧作。

**9180. 民族公敌（独幕剧集）**　舒非著　新演剧社　1938年7月初版　汉口　186　32开　新演剧
社战时戏剧丛书　新演剧社主编
收录《两兄弟》、《谣言》、《壮丁》、《我们的空军》、《民族公敌》和《高压下》6个剧本。

**9181. 民族火焰**　末明著　抗战新闻社　1940年1月初版　漳州　28　大64开　抗敌独幕剧丛之五
抗战独幕剧。

**9182. 民族怒吼**　孙怒潮编　25　［环筒叶］　大64　油印
6场话剧。

**9183. 民族女杰**（四幕剧）　　沈蔚德编著　正中书局　1941 年 8 月初版，1943 年 10 月 4 版　4 + 91　32 开　教育部征选抗战创作剧本选之一

　　四幕剧。书前有余上沅《关于"民族女杰"》及作者序言《一个女人的面影》。

**9184. 民族万岁**　宋之的、陈白尘改编　上海杂志公司　1938 年 5 月粤再版　广州　122　32 开　有插图　大时代文库　第 6 种

　　抗战 5 幕剧。剧本前附有两张舞台场景设计图。

**9185. 民族战**（抗战戏剧）　　向培良编　华中图书公司　1939 年 4 月　重庆　7 + 121　32 开

　　五幕剧。书前有自序。

**9186. 募寒衣·忍辱报仇·割爱除奸**　老向、王向辰著　教育部民众读物编审委员会　1938 年〔重庆〕　17　64 开　民众文库

　　内收新编鼓词《募寒衣》（老向）、犁桦大鼓词《忍辱报仇》（老向）和鼓唱《割爱除奸》（王向辰）3 个剧本。

**9187. 南进英魂**　陈京华、张盛芳、熊汉翔著　中日文化协会武汉分会　1943 年 3 月　汉口　114　32 开　中日文化协会武汉分会丛书　第 4 种

　　本书收 3 部剧作：《南进英魂》（陈京华）、《和运之光》（张盛芳）、《重归》（熊汉翔）。

**9188. 奴炼**　孙樾著　独立出版社　4 + 79　32 开　抗战文艺丛书

　　描写东北人民受日本侵略者奴役的 4 幕话剧。书前有作者所著前言。

**9189. 怒海余生**　罗海沙、饶沙鸥、晋枫编著　铁风出版社　1941 年 2 月初版（蓉）　成都　72　32 开　有插图　铁风戏剧丛书　第 1 种　范德烈主编

　　独幕剧。

**9190. 女村长劝降伪军**（鼓词）　　军事委员会政治部编　编者刊　1941 年 2 月　12　64 开　抗战小丛书

**9191. 女人女人**　洪深著　华中图书公司　1945 年 3 月初版　重庆　154　32 开　弹花文艺丛书

　　描写抗战大后方的三幕喜剧，又名《多福多寿多男子》。书前有赵清阁"弹花文艺丛书总序"及孙科序。

**9192. 女人女人**　洪深著　华中图书公司　1946 年 1 月改版　重庆　194　32 开　弹花文艺丛书

　　描写抗战大后方的三幕喜剧，又名《多福多寿多男子》。书前有孙科序。

**9193. 炮火升平**　汪巩著　光明书局　1943 年 7 月再版　上海　139　32 开　光明戏剧丛书　舒湮主编

　　四幕剧本。

**9194. 喷火口**　舒谦著　福建省政府教育厅戏剧教育委员会　1942 年 7 月初版　福建　92　大 64 开　戏剧教育丛书　第 2 集第 2 种

　　本书收录作者从事抗战剧运 5 年间陆续写作的独幕剧 5 部，包括《毒》、《喷火口》、《落日》、《好汉子》、《最后一幕》。

**9195. 拼**（剧本）　　贺守文编　中华平民教育促进会编审委员会　1938 年 6 月　长沙　24　大 64 开　农民抗战丛书　抗战戏剧集　第 9 种

独幕剧。

**9196. 扑灭倭寇**　张泽厚著　跋涉书店　1939年2月初版　成都　2+84　32开
朗诵剧。书前有作者的《群众朗诵剧浅释》（代序）。

**9197. 起来了中国**（儿童抗战独幕二场剧）　剑鸣编　中国出版社　1938年7月初版　52　32开
收录《起来了中国》和《游击队》两部剧作。书后附《义勇军进行曲》和《游击队进行曲》。

**9198. 千人针**　朱正著　生活书店　1940年1月再版　重庆　20　32开　大众读物甲种之九
秦腔。

**9199. 前夜**　阳翰笙著　华中图书公司　1941年3月4版　重庆　166　32开　抗战戏剧丛书之二
四幕剧。

**9200. 枪毙李服膺**（新排川剧）　中国文化建设协会四川分会编辑部编　编者刊　1939年4月初版
四川　5　32开　通俗抗敌唱词　杨天惠主编
川剧。

**9201. 枪毙毛圣人**　效厂著　生活书店　1940年3月再版　23　大64开　有插图　大众读物乙种之
五十四
说唱文学。

**9202. 抢救战友**　教育部民众读物编审委员会编著　编者刊　14　64开　民众文库
抗战鼓词。

**9203. 巧计杀敌**（柳莲柳新调）　秦光银著　青年文化促进社　泸县　12　大64开
说唱文学。

**9204. 侵略的毒焰**　王家齐著　艺文研究会　1938年12月初版　重庆　58　32开　抗战剧戏丛书
之二
本书收录3部舞台剧，包括：《国债》（二幕舞台剧）、《侵略的毒焰》（一幕舞台剧）、《四平
街》（一幕舞台剧）。

**9205. 清明前后**　茅盾著　开明书店　1945年10月初版　重庆　191　32开　开明文学新刊
五幕剧。

**9206. 秋塞月**（抗战金钱板）　秦光银著　青年文化促进社　泸县　17　大64开
说唱文学。

**9207. 秋收**（三幕剧）　陈白尘著　上海杂志公司　1941年2月　重庆　175　32开　戏剧创作丛
书之三
三幕喜剧。书前有作者自序。

**9208. 全面抗战**（街头宣传剧）　刘念渠著　战争丛刊社　1938年1月初版　武昌　24　32开　抗
敌戏剧丛书　第1种
街头宣传剧。

**9209. 认清敌人**　长虹戏剧出版社编　编者刊　1940年1月初版　1+245　32开　新时代剧选之二
收录了《山场上》（马若濮）、《弄假成真》（陈啸高）、《翻车》（陈明、张可）、《认清敌人》
（王余杞）、《动员》（欧阳凡海）、《我们放开恩怨》（石灵）、《"九一八"以来》、《梦的毁灭》8部

剧作。

**9210. 日本兵反战杀长官**　林舒著　生活书店　1938 年 9 月初版　16　32 开　有插图　战时通俗读物　乙种　第 7 册
　　说唱文学。

**9211. 日本丑史**　中国文化建设协会四川分会编辑部编　编者刊　1939 年 4 月初版　四川　6　32 开　通俗抗敌唱词　杨天惠主编
　　唱词本。

**9212. 日本的海军**　万众著　三户图书社　1939 年初版　桂林　28　32 开
　　独幕剧。

**9213. 日本的囚犯**　万众著　三户图书社　1939 年初版　桂林　32　32 开
　　独幕剧。

**9214. 日本笑话**　中国文化建设协会四川分会编辑部编　编者刊　1939 年 5 月初版　四川　6　32 开　通俗抗敌唱词　杨天惠主编
　　唱词本。

**9215. 日落（独幕戏剧集）**　唐绍华著　中国戏曲编刊社　1941 年 3 月初版　重庆　2 + 132　32 开
　　分为上辑和下辑，共收录了 8 部独幕剧。上辑收录《一群马鹿》、《无言凯旋》、《日落》和《神明的子孙》；下辑收录《保卫我们的家乡》、《我们不再逃亡》、《再到前线去》和《志士之家》。书后附有作者后记。

**9216. 日酋已走入末路**　中国文化建设协会四川分会编辑部编　前导旬刊社［代售］　1939 年 5 月初版　成都　4　32 开　通俗抗敌唱词　杨天惠主编
　　唱词本。

**9217. 荣誉军人**　军事委员会政治部编　编者刊　1943 年 3 月　128　32 开　有照片　抗战剧选　4
　　四幕剧。描写抗战开始后数年在后方某大城市发生的故事。书前有"主题歌"。

**9218. 如此北平**　赵慧深著　新生图书文具公司　1942 年 4 月　重庆　116　32 开　新生戏剧丛书　徐昌霖主编
　　四幕剧。

**9219. 塞上风云（四幕剧）**　阳翰笙著　华中图书公司　1940 年 1 月再版，1943 年 4 月 4 版　汉口　120　32 开　抗战戏剧丛书之四
　　书前有舞台图。

**9220. 三个方向**　童笠苏著　（伪）中日文化协会武汉分会　1942 年 3 月　汉口　2 + 74　32 开　中日文化协会武汉分会丛书　第 2 种
　　收录童笠苏所著独幕剧剧本《三个方向》。书后附有冯腾的四幕剧《黄雀颂》。书前有中日文化协会武汉分会出版组所作前言。

**9221. 三民主义鼓儿词（二）**　萧从方编　教育部民众读物编审委员会　20　64 开　民众文库

**9222. 三民主义鼓儿词（十）**　萧从方编　教育部民众读物编审委员会　27 + 34　64 开

**9223. 三民主义鼓儿词（十一）**　萧从方编　教育部民众读物编审委员会　34　64 开

**9224. 三民主义青年团——实验戏剧集**　张惠良著　上海杂志公司　1940 年 1 月初版　2＋111　32 开

内收《滩上》、《女人》、《盲者之死》、《小天使》4 个独幕剧。书前有鲁觉吾序。书后有"实验演出的感想"，附实验演出演员表。

**9225. 三兄弟**　（日）鹿地亘著，夏衍译　南方出版社　1940 年 3 月初版　桂林　40　32 开
三幕剧。在华日本人民反战同盟西南支部编演的反对侵略战争的话剧。

**9226. 杀倭寇捉汉奸**　高志琨著　教育部民众读物编审委员会　24　64 开　民众文库
抗战大鼓词。

**9227. 山西一角**　梅子著　抗战新闻社　1940 年 1 月初版　漳州　26　32 开　抗敌独幕剧丛之四
抗敌独幕剧。

**9228. 上海之夜**　左明编著　正中书局　1943 年 2 月初版　38　大 64 开　教育部征选抗战创作剧本选之八
独幕剧。

**9229. 生死关头**（剧本）　周彦编著　中华平民教育促进会　1938 年 6 月初版　长沙　24　64 开　农民抗战丛书

**9230. 生死线上**　梅英编著　兴中书局　1938 年 6 月初版　内江　38　32 开　救亡短句集

收录了舞台剧、街头剧、儿童剧和歌剧 4 类。包括：舞台剧《为了祖国》（李朴园）、《咱们要反攻》（夏衍）、《生死线上》（梅英）、《一起上前线》（赵清阁）；街头剧《当兵去》（胡绍轩）、《鬼子·你烧不掉我们火热的心！》（李冰炉）；儿童剧《祖国的孩子》（阎哲吾）；歌剧《怒吼的国魂》（兰因）、《三只猪》（赵景深）。封面有作者题赠。书前有梅英"前词"，书后有跋。

**9231. 生死鸳鸯**　梅英著　开明书店［经售］　1940 年 2 月　重庆　10　64 开　民众小丛书 5
唱词。本书收录 3 篇《上海大战》、《抱尸冲锋》、《生死鸳鸯》。

**9232. 生与死**（四幕剧）　徐訏著　夜窗书屋　1939 年 12 月初版　2＋147　32 开　三思楼月书之一

**9233. 胜利号**（三幕剧）　陈白尘、吴祖光、周彦、杨村彬合著，陈克成编述　胜利出版社四川分社　1943 年 11 月初版　成都　［4＋80＋2］　32 开
三幕剧。书前有陈克成所作前言。

**9234. 时代剧选**（第三集）　时代剧社编　编者刊　1938 年 10 月初版　宁波　190　32 开　时代剧社丛刊

收独幕剧《为国旗而牺牲》（阿元）、《游击队的母亲》（黑丁、曾克）、《践别》（士心）、《赎罪》（夏衍）、三幕剧《敌人》（集体创作、欧阳山执笔）5 个剧本。书前有时代剧社作的序。

**9235. 时代剧选**（第四集）　时代剧社编　新生书报社　1938 年 12 月初版　宁波　186　32 开　时代剧社丛刊

话剧。收《游击的开始》（张客）、《荣誉大队》（赵明、吕复）、《寡妇院》（钱堃）、街头剧《沦亡以后》（光未然）、街头儿童剧《打日本》（张季纯）、《血洒晴空》（尤兢）6 个剧本。书前有代序《漫谈戏剧运动》（钱堃）。书后附歌曲《给海文》、《离别歌》、《这是极名誉的伤》、《终曲》4 首。

**9236. 时代剧选（第五集）**　　时代剧社编　编者刊　1939 年 4 月再版　宁波　202　32 开　时代剧社丛刊

收《出发之前》（任钧）、《教训》（姜桂农）、《在生死线上挣扎》（沈伟）、《横山镇》（锡金）4 个剧本。书前有代序《中国第二期抗战中剧作者应有的任务》。

**9237. 时代剧选（第六集）**　　时代剧社编　编者刊　1939 年 5 月初版　宁波　162　32 开　时代剧社丛刊

收《中华女儿》（任钧）、独幕剧《阿福的出路》（马翎）、独幕剧《浮尸》（欧阳子至）、《汉奸的子孙》（集体创作）、独幕剧《潮湿的爆竹》（华萼）、二幕剧《再生》（马翎）6 个剧本。书前有序《游击队中的剧运》（石屏）。

**9238. 双拔草**　　老向著　教育部民众读物编审委员会　1942 年　　［重庆］　8　64 开

抗战小调。出版时间及出版地据书后作者落笔时间及地点推断。

**9239. 谁先到了重庆（三幕剧）**　　老舍著　联友出版社　1945 年 2 月初版　重庆　108　32 开　联友剧丛之三　潘子农主编

三幕剧剧本。书前有潘子农"联友剧丛"总序。

**9240. 顺民（抗战剧本）**　　王震之、崔嵬合著　生活书店　1938 年 5 月初版　汉口　98　32 开

独幕剧集。收录《顺民》、《血祭九一八》、《保卫上海》3 个剧本。

**9241. 死里求生（抗战独幕剧）**　　洪深、徐萱著　生活书店　1938 年 5 月初版（汉）　汉口　27　32 开

抗战独幕剧。

**9242. 死守临城**　　陈效胥著　教育部第一巡回戏剧教育队　1941 年 5 月初版　28　64 开　舞台供应剧选第 1 辑

**9243. 死守中条山**　　冷波著　新中国文化出版社　1940 年 7 月初版　西安　163　32 开　新中国文化丛书　第 10 辑

革命剧本。

**9244. 四劝**　　流浪著　生活书店　1939 年 4 月初版　汉口　16　32 开　有插图　大众读物乙种之二十

说唱文学。包括堂上劝亲、樽前劝友、灯下劝夫、阁中劝妻 4 部分。

**9245. 苏大德负伤力战**　　皮求之、李以文合著　军事委员会政治部　1941 年 2 月　27　64 开　抗战小丛书　军事委员会政治部编

说唱文学。记述机枪射手苏大德身负重伤英勇杀敌的故事。

**9246. 岁寒图**　　陈白尘著　群益出版社　1945 年 2 月初版　重庆　208　32 开　群益现代剧丛书之二

三幕悲剧。

**9247. 台儿庄（三幕剧）**　　王莹、舒群、适夷、锡金、罗烽、罗荪集体创作　读者生活出版社　1938 年 6 月初版　汉口　16＋106＋7　32 开

卷首有王莹的《在真理与正义之前》、舒群的代序《英雄曲》、锡金的《我的愉快》、《我们写"台儿庄"的经过》（罗烽）等 6 篇文章。书末附《胜利进行曲》、《我问你》、《偷情汉》、《樱花

调》曲谱4首。

**9248. 台儿庄之战**　王莹、陆知微、金山、刘丹青执笔　生活书店　1939年9月再版　重庆　140　大64开　有照片　中国救亡剧团丛书（1）　王莹主编

　　五幕剧。卷首有王莹的序和李郭德洁的代序《一月十四日晚在桂林首次公演的开幕词》；书末附知微的《〈台儿庄之战〉创作经过》。李郭德洁即李宗仁夫人郭德洁。

**9249. 台湾**（五幕剧）　徐嘉瑞著　文通书局　1943年2月初版　贵阳　58　32开

**9250. 滩上**　况夫著　国民图书出版社　1943年11月初版　重庆　34　64开　国民常识通俗小丛书

　　独幕剧。

**9251. 棠棣之花**　郭沫若著　作家书屋　1942年7月初版，1943年10月再版　重庆　147＋77　32开　当代文学丛书

　　五幕历史剧。书末附有郭沫若《我怎样写〈棠棣之花〉》、《由〈墓地〉走向〈十字街头〉》、凌鹤《〈棠棣之花〉导演的自白》、《〈棠棣之花〉的故事》，另收郭沫若作词的歌曲《别母已三年》、《明月何皎皎》等11首。

**9252. 讨汪**　老向著　军事委员会政治部　8　64开　抗战小丛书　第8集

　　说唱文学。收录了《抗敌除奸》、《汪逆私逃》、《精卫不祥》、《汪逆降敌》和《补拿汉奸》5篇。

**9253. 天国春秋**　阳翰笙著　群益出版社　1944年8月初版　重庆　236　32开

　　六幕历史剧。

**9254. 天将晓**（四幕悲剧）　姚亚影著　朝露文艺社　1945年7月　2＋141　32开　朝露文艺社丛书　刘白滔主编

**9255. 铁路疯**（十字说唱）　王冰洋著　国民图书出版社　1942年10月初版　重庆　24　64开　国民常识通俗小丛书

　　说唱本，讲述了一个破坏铁路的故事。

**9256. 铁血将军**　朱桐仙著　中　书局　1943年6月初版，1944年3月再版　52　32开　新中华丛书

　　三幕话剧。

**9257. 屠刀下**（三幕话剧）　那沙著，中华全国文协山东分会、山东省文化协会编辑　山东新华书店　1946年10月　62　32开　解放文艺丛书

**9258. 万年恨**（七字唱本）　方白著　教育部民众读物编审委员会　26　64开　民众文库

　　描写抗战的七言唱词剧本。

**9259. 汪精卫的新花样**　王宜等作，太行区剧协编辑　华北书店　1943年6月　40　32开　通俗戏曲丛刊之一

　　反对汪精卫的活报剧。有靳典谟的前记。

**9260. 汪精卫卖国丧身**　朱双云著　中国戏曲编刊社　1940年5月初版　重庆　2＋71　32开　戏曲丛书歌剧辑　第2种　吴漱予主编

京剧。书前有《戏曲丛书序》（潘公展），书后有著者的后记。

**9261. 汪精卫现形记**　陈白尘著　中国戏曲编刊社　1940 年 5 月初版　重庆　4＋122　32 开　戏曲丛书话剧辑　第 3 种　吴漱予主编

七场剧。书前有潘公展"戏曲丛书序"。书后附剧情说明和排演说明。

**9262. 汪逆精卫之丑态**　［军委会政治部］编　编者刊　15　横 32 开

连环画。

**9263. 王连长负伤立功**　令玉著　军事委员会政治部　1941 年 3 月　17　64 开

抗战大鼓词。

**9264. 王铭章将军（四幕剧）**　侯枫著　成都新新新闻报馆　成都　99　32 开

再现了 1938 年滕县之役的情景。

**9265. 王铭章血战滕县城**　杨昌溪编著　国民图书出版社　1942 年 7 月初版　重庆　56　64 开　国民常识通俗小丛书

说唱文学。

**9266. 王秀鸾**　傅铎作　大光剧团（翻印）　29　［环筒叶］　15cm×21cm　油印

13 场歌剧。

**9267. 为了大家**　舒强著　文学出版社　1941 年 10 月初版　桂林　81　32 开　有插图

独幕剧。根据发生在安徽省某大城市附近一个真实的故事改编而成。讲述某游击队中的许多无名小英雄的英勇事迹。

**9268. 我们打冲锋（报告剧集）**　尤兢著　大众出版社　1938 年 4 月再版　1＋114　32 开　抗战戏剧丛书之三

本书收录了 6 个剧本，包括：《省一粒子弹》、《我们打冲锋》、《以身许国》、《通州城外》、《雪里红》和《给打击者以打击》。

**9269. 我们的国旗（独幕剧）**　陈豫源编著　中华平民教育促进会　1937 年 11 月　长沙　41　14.9cm×12.2cm　民众抗战丛书　抗战戏剧集　第 5 种

**9270. 我们的游击队**　侯枫编著　独立出版社　1941 年 4 月初版　重庆　2＋72　32 开　抗战文学丛刊

收录作者在战地工作时创作的短剧 5 种，包括《我们的游击队》、《国庆日》、《再上前线》、《陈家行之战》和《打游击去》。

**9271. 我们粉碎了敌人的阴谋诡计**　迅齐著　军事委员会政治部　14　64 开　抗战小丛书　第 1 集

说唱与对白两种叙述形式的剧本。

**9272. 无耻的逃亡者（抗战剧本）**　长虹书店　1938 年　140　32 开

二幕剧。

**9273. 无价宝**　老向著　教育部民众读物编审委员会　［重庆］　8　64 开　民众文库

说唱文学。收《无价宝》、《迷魂阵》、《贩毒品》、《劝乡邻》4 篇。

**9274. 无名小卒**　熊佛西编著　中华平民教育促进会　1938 年 6 月初版　长沙　17　12.5cm×15cm　农民抗战丛书

独幕剧。

**9275. 无情女（三幕剧）**　陈铨著　青年书店　1944 年 8 月再版　重庆　118　64 开

**9276. 武陵花（抗战川剧）**　秦光银著　青年文化促进社　泸县　10　大 64 开
川剧唱词。

**9277. 西北战地服务团戏剧集**　丁玲、奚如编著　上海杂志公司　1938 年 8 月粤初版　广州　4 +
118　32 开　战地生活丛刊　第 10 种
本书收录了西北战地服务团人员创作的 7 篇戏剧。包括：《忻口之战》（史轮）、《脱去伪装》
（袁勃）、《参加游击队》（史轮）、《捉汉奸》（戈矛）、《小英雄》（史轮）、《台儿庄的插曲》（戈
矛、袁勃）、《重逢》（改定稿）（丁玲）。

**9278. 现代名剧辑选**　魏如晦编选　潮锋出版社［总经售］　1941 年 4 月　上海　255　32 开　中
国戏剧历史文献丛刊
收录了《苏武与李陵》（郭沫若）、《汉宫秋》（洪深）、《讨渔税》（马彦祥）、《访雯》（白
薇）、《环琅琳与蔷薇》（田汉）、《国粹》（欧阳予倩）、《老少无欺》（张天翼）、《仆御室》（瞿秋
白）8 部历史剧。书前有编者题记。

**9279. 献金台**　效厂著　生活书店　1940 年 3 月再版　重庆　16　大 64 开　有插图　大众读物乙种
之三十三　通俗读物编刊社编辑
说唱文学。封面页丛书名为"战时通俗读物乙种之三十三"。

**9280. 向吴满有看齐（广场剧）**　晋察冀新华书店　1944 年 9 月　28　32 开
两场广场剧。

**9281. 小三子（抗日三幕剧）**　沈群著　华中图书公司　1940 年 12 月初版　88　32 开
抗日三幕剧。

**9282. 小学生火烧日寇记**　何鹏著，黄海安绘图　通俗读物编刊社溆浦分社　1939 年 2 月　溆浦
6［环筒叶］　32 开　有插图　甲种丛刊新刊　第 1 种　谭丕谟、张天翼主编
说唱文字。书前有谭丕谟所作绪言。

**9283. 小英雄**　许幸之著　光明书局　1939 年 11 月，1940 年 4 月再版　上海　7 + 147　32 开　光
明戏剧丛书　舒湮主编
收录了 4 部抗战时期的儿童剧，分别为《七夕》（又名大板井）、《小英雄》、《最后一课》、《古
庙钟声》。书前有舒湮《〈光明戏剧丛书〉总序》和著者自序，书后附有著者《论抗战中的儿童戏
剧》一文。

**9284. 新生活**　羊驹编　国民图书出版社　1942 年 9 月初版　重庆　16　64 开　国民常识通俗小丛
书
唱本。

**9285. 新小放牛（纪念抗战一周年）**　田野作　1938 年　13［环筒叶］　14cm×16cm　油印　战
动宣传战地动员剧目
抗战新创剧本。

**9286. 新战长沙**　老向著　中国戏曲编刊社　1941 年 10 月 2 版　重庆　4　32 开　抗战鼓词　第 6

种

鼓词。

**9287. 信号** 李健吾著 文化生活出版社 1942年5月再版 ［重庆］ 66 32开 呐喊小丛书第3种

三幕剧。书后附有《稍快板》、《最慢板》、《从容板》等5个曲调。

**9288. 兄妹开荒·比赛**（街头秧歌剧） 王大化、洪荒等作 韬奋书店 1945年4月 河北 49 32开

**9289. 宣传**（独幕剧） 王为一著 生活书店 1939年4月初版 重庆 80 大64开

独幕剧。书末附曲《军民合作歌》和《游击队歌》两首。

**9290. 选举去**（农村秧歌剧） 石毅著 华北新华书店 1943年 34 64开

**9291. 血光集** 梅英编著 兴中书局 1938年8月 内江 40 32开 通俗歌调特辑 内江三一三救亡话剧社丛书之一 第五集

本书收录26部作品：《抗日歌》（陈逸园）、《临沂大胜》（冯玉祥）、《当兵打日本》（周令钊）、《好男儿》（臧克家）、《台儿庄战绩》（适夷）、《王小赶驴》（老舍）、《三勇士》（赵景深）、《劝当兵》（童振华）等。书前有自序。

**9292. 血泪仇** 马健翎著 西北新华书店 1943年9月 ［延安］ 127 32开

34场戏剧剧本。书前有作者序"写在前面"、《〈血泪仇〉各个场面简单说明表》、《〈血泪仇〉登场人物说明表》。书后附作者后记和《〈血泪仇〉的写作经验》一文。原剧用秦腔写就并演出。出版地及出版时间根据作者序言推断。

**9293. 血洒晴空**（飞将军阎海文） 尤兢著 大众出版社 1938年5月初版 60 32开 抗战戏剧丛书之五

两幕剧。书后附有尤兢作词的4首歌曲，分别为《给海文》、《离别歌》、《这是极名誉的伤》和《终曲》。

**9294. 血债** 刘国权编 57 16开

抗日剧本。

**9295. 血债** 赵清阁著 艺文研究会 1938年10月初版 重庆 56 32开 抗战戏剧丛书 4

本书收录独幕舞台剧《血债》、《把枪尖瞄准了敌人》、街头剧《一起上前线》、《最后关头》、《报仇雪耻》共5个剧本。

**9296. 血战聊城** 何鹏著，牛春和绘图 通俗读物编刊社溆浦分社 1939年8月初版 溆浦 11 ［环筒叶］ 32开 有插图 通俗读物 甲种第5册

弹词。封面题名作"范筑先血战聊城"。

**9297. 血战湘阴城** 王冰洋编 国民图书出版社 1943年9月初版 重庆 16 32开 国民常识通俗小丛书

京调鼓词。

**9298. 血战永定河** 梅英著 泸县书店 1940年2月 泸县 10 64开 民众小丛书 3

本书收录《血战永定河》、《南口一奇兵》、《张八岭上女英雄》、《哑巴杀敌》4首鼓词。

**9299. 崖山恨**　赵循伯编著　正中书局　1943 年 4 月初版　重庆　6＋50　32 开　国立戏剧学校战时戏剧丛书之九

五折历史剧，值此抗战期间，征古鉴今，警惕国人。书前有吴祖光序和作者自序。

**9300. 阎海文（二幕剧）**　刘益之著　中国的空军出版社　1938 年　成都　100　32 开　有插图　空军戏剧丛书　第 1 种　丁布夫主编

两幕剧。

**9301. 掩埋队**　方白著　军事委员会政治部　16　32 开　抗战小丛书　第 13 集

鼓词。

**9302. 野玫瑰（四幕剧）**　陈铨著　商务印书馆　1943 年 4 月 3 版　重庆、上海　48　64 开　文史杂志社丛书之一

写于抗战期间的四幕剧。

**9303. 野玫瑰（四幕剧）**　陈铨著　商务印书馆　1946 年 2 月上海 3 版　重庆、上海　95　32 开　文史杂志社丛书之一

写于抗战期间的四幕剧。

**9304. 夜（五幕剧）**　章泯著　大东书局　1941 年 1 月初版　重庆　195　32 开

**9305. 夜猫张（三幕剧）**　金素仁著　正义出版社　1941 年 10 月初版　西安　2＋92　32 开

书前有李朴园序。

**9306. 一百种抗战剧本说明**　唐绍华编述　正中书局　1940 年 3 月初版　重庆　2＋96　32 开

分为甲、乙、丙、丁、戊、己、庚 7 部分，介绍了 100 种抗战剧本的类型、作者、出版情况、剧情介绍等等。其中，甲部为"表扬前方将士之忠勇义烈事迹、发扬中华民族之正气者"，收录了《台儿庄》、《八百壮士》等 10 部著作；乙部为"暴露敌军兽行及激励全国军民为国效忠者"，收录了《凤凰城》、《战斗》等 41 篇；丙部为"阐明抗战意义、激励民众服行兵役工役者"，收录了《中国万岁》等 16 篇；丁部为"扑灭汉奸者"，收录《敌忾同仇》等 11 篇；戊部为"其它"，收录了《米》等 8 篇；己部为"儿童剧"，收录了《铁蹄下的孩子》等 8 篇；庚部为"新歌剧"，收录了《巾帼英雄》等 6 篇。

**9307. 一年来的巡回剧团**　江西省乡村抗战宣传巡回工作团编　编者刊　1938 年 10 月　［江西］　2＋31　大 64 开

介绍该巡回团一年来的工作经过。包括异军的突起、第一次出发、第二次出发、我们在赣东、七十七号与黄鱼讯、卷土重来、生命开始 7 节。书前有序言，书末附剧团团员名单。

**9308. 拥军词及其他**　大众戏剧丛书编辑部编　盐阜出版社　1944 年　盐阜　22　32 开　大众戏剧丛书

书中收入：《拥军词》、《开明三老》、《参军记》3 个剧本。

**9309. 游击队的母亲**　黑丁、曾克著　生活书店　1940 年 6 月初版　重庆　36　64 开　大众抗敌剧丛之十

独幕剧。

**9310. 雨中爬山摸敌营（评词）**　艾群著　军事委员会政治部　1943 年 12 月　22　64 开　抗战小丛书　新 1 集　第 3 种

评词。

**9311. 袁专员守土抗战**　师辛编著　国民图书出版社　1942 年 11 月初版　重庆　18　64 开　国民
常识通俗小丛书

鼓词。

**9312. 月亮上升**　陈治策译　中华平民教育促进会　1938 年 6 月初版　20　12.4cm×14.8cm　农民
抗战丛书　抗战戏剧集　第 5 种

抗战剧本。

**9313. 岳飞**　顾一樵著　商务印书馆　1945 年 12 月渝第 3 版　重庆　2+82　32 开

四幕历史剧。

**9314. 岳州汉奸李老板**　童振华著，胡立夫绘　通俗读物编刊社溆浦分社　1939 年 4 月初版　溆浦
4［环筒叶］　32 开　有插图　通俗读物　甲种第 2 册

通俗唱本。封面有"李老板当汉奸、日本兵不讲理、亲戚朋友逃难"字样。书末附有谭丕谟
"编刊通俗读物的旨趣"。

**9315. 岳州汉奸李老板（唱本）**　童振华著　文化供应社　1940 年 5 月　桂林　9　64 开

长沙土白唱本。

**9316. 在铁蹄下**　末明著　抗战新闻社　1940 年 1 月初版　漳州　26　大 64 开　抗战独幕剧丛之三

独幕剧。

**9317. 甄家庄战斗（话剧）**　严寄洲作　晋绥边区吕梁文化教育出版社　1944 年 12 月　2+54+2
32 开

六幕剧。封面有"'七七七'文艺奖金获奖作品（戏剧类乙等奖之一）"字样。书后附有郑英
《几种效果作法》和严寄洲"写在最后"。

**9318. 战斗的女性（四幕剧）**　凌鹤著　上海杂志公司　1942 年 9 月　桂林　9+204　32 开　每月
文库　二辑之十　郑伯奇主编

四幕剧。

**9319. 战斗与生产结合一等英雄庞如林（大鼓词）**　赵树理著　新华书店　1945 年 1 月　索堡　17
64 开

**9320. 战时大鼓词**　赵景深著　战时出版社　1938 年 1 月初版　41　64 开　战时小丛书之一

本书收录 11 首大鼓词：《黄梅兴》、《阎海文》、《八字桥》、《战浦东》、《姚子青》、《三勇士》、
《断桥却敌》、《八百英雄》、《居庸关》、《战南口》、《平型关》。

**9321. 战时歌剧选**　田汉等著　战时出版社　69　32 开　战时小丛刊之七十二

收录了《岳飞的母亲》（洪深）、《梁红玉》（欧阳予倩）、《杀宫》（田汉）、《土桥之战》（田
汉）4 部历史剧。

**9322. 张阿妹逃难**　朱泽普著　大众文化丛书社　1938 年 10 月初版　汉口　17　32 开　有插图
大众读物之十　江凌主编

抗战鼓词。

**9323. 张翠娥乔装杀敌**　布丁著　生活书店　1939 年 4 月　汉口　16　32 开　大众读物乙种之二十

二

　　大鼓词。

**9324. 张老儿投军**　荣千祥著　大众文化丛书社　1937 年 11 月初版，1938 年 7 月 5 版　汉口　[16]　32 开　有插图　大众读物之二　江陵主编

　　3 场歌剧。

**9325. 张三李四谈"伪约"**　令玉作　军事委员会政治部　1941 年 2 月　22　64 开　抗战小丛书

　　滑稽戏。

**9326. 张自忠**（四幕话剧）　老舍著　华中图书公司　1941 年 1 月初版，1943 年 7 月 3 版　重庆　4＋158　32 开　弹花文艺丛书之一　赵清阁主编

　　四幕剧剧本。书前有赵清阁"弹花文艺丛书总序"和"写给导演者"。

**9327. 赵母买枪打游击**　刘念渠著　生活书店　1940 年 1 月再版　11　32 开　大众读物　甲种之七　通俗读物编刊社编辑

　　抗战小剧本。

**9328. 中国孤儿**　福禄特尔原著，张若谷译　商务印书馆　1942 年 3 月初版　重庆　3＋54　32 开

　　书前有《蒋委员长语录》、《中国孤儿本事》、译者自序。

**9329. 中国男儿**　胡春冰著　光明书局　1940 年 1 月初版　上海　125　32 开　光明戏剧丛书　舒湮主编

　　五幕六场大悲剧。

**9330. 中华民族的子孙**　熊佛西著　中华平民教育促进会抗战剧团　1938 年 3 月　成都　74　32 开　抗战戏剧集　第 1 种

　　3 幕剧。出版时间据序言推定。

**9331. 周县长守滕县**　尚达著　生活书店　1938 年 9 月　[广州]　14　32 开　通俗读物甲种　第 2 册　王真、向林冰、方白、杨荏甫主编

　　通俗读物。鼓词。讲述山东滕县周县长英勇抗敌的故事。

**9332. 周营长收复济南城**　老向著　军事委员会政治部　14　64 开　抗战小丛书　第 6 集

　　说唱文学。包括：率部投诚、调兵遣将、一鼓荡平、再度卷战、开会追悼、管长报告。

**9333. 珠江怒潮**　末明著　抗战新闻社　1940 年 1 月初版　漳州　26　大 64 开　抗战独幕剧丛之二

　　独幕剧。

**9334. 转形期**（短剧集）　宋之的　上海杂志公司　1941 年 8 月　桂林　9＋236　32 开　每月文库　二辑之七　郑伯奇主编

　　收录《烙痕》、《旧关之战》、《壮丁》、《出征》、《转形期》、《凯歌》6 个剧本。书前有郑伯奇"每月文库总序"、"二辑弁言"。

**9335. 自卫队**（民族光荣）（四幕剧）　宋之的著　上海杂志公司　1939 年 6 月初版，1939 年 9 月再版　上海　4＋4＋231　32 开　每月文库　一辑之二　郑伯奇主编

　　四幕剧。书前有郑伯奇所写"每月文库总序"、贺绿汀作曲的歌曲《秧歌》。

**9336. 自由魂**　赵慧深著　上海杂志公司　1938 年 4 月粤初版　汉口　96　32 开

三幕剧。

**9337. 总动员**（四幕剧）　舒群、罗烽、荒煤、宋之的著　上海杂志公司　1938 年 7 月汉初版，1939 年 11 月　汉口　152　32 开　抗战戏剧丛刊

**9338. 走**（现代独幕剧选）　葛一虹选编　新生图书文具公司　1941 年 5 月初版　重庆　282　32 开

收录《走》、《樱花晚宴》、《钢表》、《出征》、《娟妇》、《萧忠义》、《一心堂》、《母与子》8 篇现代独幕剧本。书前有葛一虹文章《我为什么要选这几个剧本？我对他们的感觉是怎样的?》。

**9339. 走私**　老童生著　生活书店　1937 年 7 月再版　上海　61　64 开　国难弹词

本书收录了《走私》、《大义灭亲》两个弹词唱本、《小烈士徐宝桂》、《慈溪寡妇》和《陈桂荣》3 个弹词开篇。

**9340. 祖国在呼唤**（五幕剧）　宋之的著　远方书店　1943 年 2 月初版　252　32 开

**9341. 最后关头**　张道藩著　艺文研究会　1938 年 11 月初版　重庆　9 + 80　32 开　抗战戏剧丛书之五

戏剧集。收录《最后关头》（五幕剧）、《杀敌报国》（独幕剧）。书前有杜寿康序及作者引言。

**9342. 最后胜利**　中国文化建设协会四川分会编辑部编　编者刊　1939 年 4 月初版　四川　5　32 开　通俗抗敌唱词　杨天惠主编

唱词本。

**9343. 最佳独幕剧选**（剧团适用）（一）　马彦祥编著　上海杂志公司　1939 年 9 月，1939 年 10 月 4 版　重庆　6 + 201　32 开

收录了《盲哑恨》（李增援）、《民族公敌》（舒非）、《打鬼子去》（荒煤）、《难民曲》（光未然）、《有力的出力》（王勉之）、《"九一八"以来》（集体创作）6 部。剧作后附有剧情说明、排演说明、道具说明和服装说明、舞台面设计。书前有编者言。

**9344. 最佳抗战戏剧选**　王铁民等著　怒吼出版社　1938 年 4 月　82　32 开

收录独幕剧《杀敌去》（凌鹤）、新平剧《李服膺伏法记》（李朴园）、《新的'一致'》（王铁民）、《烽火》（沈西苓）、《大家去从军》（沈西苓）。

**9345. 回来吧！**（五幕剧）　（伪）苏北行政专员公署情报宣传本部宣传股编著　编者刊　1939 年 12 月初版　江苏　15　32 开　苏北情宣丛书　第 16 种

五幕剧。

**9346. 救命的保甲**（四幕剧）·**流浪的姊妹**（街头话剧）　（伪）苏北行政专员公署情报宣传本部编撰　编者刊　1941 年 3 月　江苏　36 + 8　32 开

收《救命的保甲》和《流浪的姊妹》两个剧本。

**9347. 苏北之花**　（伪）苏北行政专员公署情报宣传本部第二科编撰股编　编者刊　1941 年 9　江苏　28　32 开

话剧。

**9348. 抗战文艺概论**　赵清阁著　中山文化教育馆　1939 年 7 月渝版　重庆　32　32 开　抗战丛刊第 87 种　中山文化教育馆编

本书分 7 章：战时文艺政策、新旧形式问题、通俗文化及其实施、朗诵诗与民众、军歌的创制、报告文学的价值、发展批评和介绍。附录收《战时出版文艺杂志总目》。书前有著者自序。

**9349. 抗战与电影**　姚苏凤著　商务印书馆　1937 年 12 月初版　长沙　4＋44　32 开　抗战小丛书　中国文化建设协会主编

分 11 节。包括为什么电影是抗战宣传中最强的一环、要摄制怎样的影片、利用已成的影片、给战士们看的影片、怎样来实施战时电影教育、战时教育电影设计（八种）等。书后有代跋《献给我们的电影从业员》。书前有潘公展"本书丛书发刊旨趣"。

# 艺术

**9350. 抗战与艺术**　老舍、郁达夫、丰子恺、穆木天、魏孟克、安娥、王家齐、胡考执笔　独立出版社　1939 年 1 月 3 版　重庆　4＋44　32 开　战时综合丛书　第 3 辑

分美术、音乐、电影、文艺 4 章。收《引言——略论战时美术》（黄茅）、《战时的漫画界》（胡考）、《谈抗战歌曲》（丰子恺）、《关于抗战电影》（魏孟克）、《谈通俗文艺》（老舍）、《战时的小说》（郁达夫）、《关于报告文学》（穆木天）、《战时戏剧教育与戏剧运动》（王家齐）等 12 篇文章。书前有卷头语《战时艺术》（李文剑）。书后有《编后记》，并附《讨论大纲》。

**9351. 抗战与艺术宣传**　国立艺术专科学校抗敌宣传工作团编　编者刊　1938 年　44　32 开　有插图

国立艺术专科学校抗敌宣传工作团工作报告。包括：从学校的观点来检讨绘画宣传工作、雕塑、本校音乐宣传之前后、本校戏剧工作的经历与所得、国立艺专抗敌宣传工作团供应股工作的检讨 5 部分。出版时间根据内容推断。

**9352. 抗战与游艺**　周寒梅著　商务印书馆　1937 年 12 月初版，1938 年 2 月再版，1938 年 2 月 3 版，1938 年 3 月 4 版　长沙　42　32 开　抗战小丛书　中国文化建设协会主编

分两章：总论、怎样推进救亡游艺运动。介绍抗战中的电影、话剧、歌舞、地方剧、杂耍等。书前有"本书发刊旨趣"，后有后记。

**9353. 影剧人百态**　江上鸥编著　联友出版社　1942 年 10 月初版　成都　4＋82　32 开　电影纪事报丛书　第 1 种

抗战期间大后方 30 位影剧人的生活实录，包括白杨、黎莉莉、金焰、王人美、王莹、舒绣文、魏鹤龄、吴茵、秦怡、赵丹、陈波儿、张瑞芳、陶金等。

**9354. 百花村活捉东洋兵**　王一影作　民间出版社　1939 年 3 月（渝）版　重庆　26　18.5cm×12.8cm　有插图　新的连环图画之十三　黄尧主编

抗战连环画。

**9355. 版画集（第一集）**　兰州新西北社编辑　编者刊　1941 年 1 月　兰州　16　16 开　高原文艺

收录《待发》（李明就）、《农耕于野》（徐杰民）、《前进的农民》（陆其清）、《走向光明》（犁荒）、《建筑桥梁》（张景德）、《妇女参加修路》（山泉）等 15 幅版画作品。书前有寿昌序。

# 绘画

**9356. 保家乡**　汪漩著　编者刊　军事委员会政治部编　24　18.5cm×13cm　有插图

抗战连环画。

**9357. 从侮虐里起来** 王传本、高岗合编 战旗社 ［1939］ 绍兴龙山 52 18.7cm×16.5cm 有插图

抗战版画。包括《中华民国的创造者——孙总理》、《领导全国抗战的蒋总裁》、《我们不能失去一寸土地》、《青纱帐起正男儿杀敌时》、《冒着敌人炮火前进》、《当风暴来的时候》、《失去了土地的人》等共52幅木刻。出版时间根据编者序言落笔时间推断。

**9358. 大战画集** 大战画集社［发行］ 重庆 ［36］ 16开 有照片、有插图 欧战胜利特辑5

本书主要以照片及漫画形式报导德国投降、旧金山联合国会议、毁灭中的日本二岛及在亚洲大陆上打击日寇等情况。

**9359. 当兵歌** 王霄萍作 中国文化服务社陕西分社 西安 12 18.5cm×12.8cm 有插图 连环画 第6种

抗战 连环画。

**9360. 荡寇图** 王愚作 教育部民众读物编审委员会［印行］ ［重庆］ 23 17.5cm×12.5cm 有插图 民众文库

描写抗战故事的木刻连环画。

**9361. 范筑先一门忠烈** 军委会政治部编 编者刊 22 17cm×12.5cm 有插图 抗战连环图画之十

抗战连环画。

**9362. 风云集** 特伟作 孟夏书店 1941年10月初版 45 19cm×21cm 有插图

漫画集。绘于1941年4月至9月，共收47幅抗战漫画，均配有说明文字。

**9363. 哥耶画册**（GOYA） （西班牙）哥耶 新艺社 1940年10月 香港 43 20.5cm×18.5cm 有插图 新艺社丛书 第2种

辑录西班牙画家哥耶的85幅铜版画《战争的灾难》中的46幅。书前有"谨献给以画笔服务抗战的同志们"字样，并有叶灵凤《哥耶和他的〈战争的灾难〉》一文。

**9364. 国立艺专抗战木刻选**（纪念"八一三"一周年） **第一集** 国立艺专抗敌宣传委员会编 国立艺术专科学校 1938年8月 湖南 36［环筒叶］ 大16开

收录了韩秀石、许铁生、黄守堡、敖纫兰、马基光、夏明、萧远徽、吴藏石、娄连恂的作品37幅。书前有滕固作序。

**9365. 红枪会的故事** 王愚作 跋涉书店 1939年11月 成都 16 32开 有插图

收16幅木刻连环画，每幅均附有文字说明。书前有作者的《刻制前后》和自刻像。

**9366. 画集** 浙江省抗日自卫委员会战时教育文化事业委员会老百姓旬刊社编辑 战时教育文化事业委员会书刊发行部 1939年6月初版 4+47 32开 有插图 老百姓丛书之一

本书分单幅画之部以及连环画之部两个部分。单幅画之部收《抗战的一天来到了》、《送出征》、《军民合作》、《守望》、《行行不忘救国》等24幅图；连环画之部收《王大的血祭》、《车夫勇捕汉奸》、《孝子丧母抗日》、《弓箭队》、《吃瓜失地》等11幅图。卷首有编者的话。

**9367. 混合面**（连环图画） 张晏清编，高云鹏绘图 大有书局 1947年8月 北京 100 64开

有插图

抗战故事连环画。

**9368. 健鹰木刻集**（第一集）　梅健鹰作　1941年1月　14　16开　有插图

收《前方与后方》、《嘉陵江船夫》、《心长嫌线短，聊慰出征人》、《收获在四川》、《救护》、《抗战》、《反攻》、《始祖鸟》等14幅抗战题材木刻作品。封面题名画《以刀代枪》。书后有《自白》并配有木刻《稍息》。

**9369. 劫后余生**（长篇连环画）　汪长熙绘　安徽联申抗敌工作队　1940年1月初版　安徽　20　19.5cm×12.5cm　油印　有插图

抗战连环画。

**9370. 今之秦桧－汪精卫**　军委会政治部　编者刊　12　横64开　有插图

连环画。

**9371. 旧阴谋新花样**　张谔绘作　新光书店　1943年2月初版　桂林　58　大64开　有插图

木刻画。揭露汪精卫叛国投敌的行径。

**9372. 军民合作**　军委会政治部编　编者刊　[16]　横64开　抗战连环图画

抗战连环画。

**9373. 抗敌画展特刊**　重庆市江巴各界五月抗敌宣传大会编　重庆市抗敌后援会［发行］　1938年8月　重庆　[48]　16开　有照片、有插图、有题词

收录国画、油画、水彩、漫画、图案、摄影等作品73幅。书前有《叙言》、《序》和多人题词。

**9374. 抗敌木刻集**　抗敌画报社编著　抗敌画报社　1939年9月初版　陕西城固　46　16开　有插图

收《总理遗像》（段干青刻）、《为国家生存而牺牲为民族解放而奋斗》（段干青刻）、《汉奸的下场》（李桦刻）、《起来不愿做奴隶的人们》（吴君奋刻）、《游击队员的生活》（力群刻）、《最后余生》（张志远刻）、《敌人对我青年之惨行》（周吉仁刻）、《保卫大西北》（赖少其刻）、《炮兵》（朱天马刻）、《寻求光明》（铁华刻）、《弟兄们前进呀!》（段干青刻）等48幅木刻。书前有《序》（南雁），书后有《编者的话》。

**9375. 抗战八年木刻选集**（*Woodcuts of War-time China* 1937－1945）　中华全国木刻协会编　开明书店　1946年9月初版　[28＋136]　16开　精装　有插图

收野夫、陈烟桥、夏风、木桦、王琦、刃锋、古元、王秉国、郭钧、李少言、沙清泉、李桦、计桂生、梁永泰、力群、武石等75人的木刻画100幅。目录和摘要为中英文。书前有《中国新兴木刻的发生与成长》，书末附作者中英文简传。

**9376. 抗战必胜连环画**　廖冰兄作，陈仲纲刻　桂林施家园文化供应社［印行］　1940年2月初版　桂林　31　19cm×16.8cm　有插图

木刻连环画。

**9377. 抗战歌谣二集**（连环图画）　教育部民众读物编审委员会编　编者刊　16　18cm×12.5cm　有插图　民众文库

收《日本飞机到》、《板凳倒》、《墙上有颗草》、《槐树槐》、《月亮光》、《一打铁》、《小葫芦》、

《打草鞋》、《我的儿》、《小板凳》、《小小狗》、《小桃树》、《小油鸡》、《小叭狗》14 首抗战歌谣。

**9378. 抗战画范**　陈尔康编绘　正中书局　1940 年 6 月 3 版　杭州　1 + 64　32 开　有插图

书中包括抗战将领、国际巨头、敌寇首脑、汉奸群像、枪、炮、弹、坦克车、装甲汽车、号兵乐队、游击勇士、敌寇等 37 种图画范式。书前有陈尔康自序。

**9379. 抗战木刻选集**　中华全国木刻抗敌协会湖南分会　文地书店　1940 年 8 月　长沙　22　16 开
有插图

收《保卫卢沟桥》（为纪念"七七"三周年而作）、《爸爸的遗物》、《军民合作》、《战后之奉新城》、《汪记傀儡戏》、《复仇》、《胜利之夜》、《勇敢的士兵》、《和平妥协的末路》、《建立新空军》等 23 幅木刻作品。书前有编者的《前言》和《"七七"三周年纪念木刻流动展览会长沙首次展出简评》（冯白鲁）。

**9380. 抗战木刻选集**（2）　国民政府军事委员会政治部编　编者刊　1938 年　［29］　16 开　有插图

收《战士头像》（罗工柳）、《挣扎》（韩秀石）、《偷渡》（王琦）、《战士》（马达）、《收获》（力群）、《抢救》（沃渣）、《骆驼队》（李桦）、《再到前线去》（马基光）、《活跃于冰天雪地中的我游击队》（王琦）等人的木刻画 29 幅。

**9381. 抗战木刻选集**（3）　军事委员会政治部编　编者刊　3 + 25 + 1　32 开　有插图

本书收《召唤》（李桦）、《突击》（罗清桢）、《丰收》（古元）、《在冬夜里》（陈烟桥）、《战友》（新波）、《收获》（施展）等 26 幅木刻画。书后有编后记。

**9382. 抗战木刻选集**（4）　军事委员会政治部编　编者刊　2 + 21　32 开　有插图

本书收 21 幅木刻作品：《开荒》（王式廓）、《防空》（沃渣）、《袭击》（陈烟桥）、《军渡》（张文元）、《后方建设》（张敏时）、《训儿》（卢鸿基）等。

**9383. 抗战与美术**　朱应鹏著　商务印书馆　1937 年 2 月初版，1938 年 2 月 3 版，1938 年 3 月 5 版　长沙　4 + 35　32 开　抗战小丛书　中国文化建设协会主编

辑录作者致友人书信、演讲稿中的有关绘画、雕刻、建筑以及抗战时期文艺与时代的关系等文章。包括《文艺与宣传》、《战争与民族》、《战争与文艺》、《推动美术宣传》、《美术家当前的责任》、《美术与精神训练》6 篇。

**9384. 狼牙山五壮士**（连环木刻）　华山文，彦涵木刻　东北画报社　1948 年 10 月再版　1 + 32　32 开　有插图　东北画报社丛刊之一

以木刻连环画插图的形式，讲述 1941 年晋察冀边区反日寇扫荡中涌现出的狼牙山五壮士的英勇事迹。

**9385. 老英雄范筑先**（连环图画）第一、二、三、四册　教育部民众读物编审委员会编　编者刊　重庆　16 + 16 + 16 + 16　19cm×13cm　有插图　民众文库

描写抗战故事的 4 册木刻连环画。

**9386. 李四打游击**　军委会政治部编　编者刊　19　横 64 开　有插图　抗战连环图画　8
抗战连环画。

**9387. 燎原集**　李桦、李海流著　木刻流动出版社　1939 年 6 月　23　32 开　抗战木刻丛刊之一

收录了木刻创作 8 幅，包括：《汉奸，杀无赦！》、《谁使我无家？》、《在野战病院手术室里》、

《瞭望》、《报告》、《憩息》、《沦陷之后》、《努力战时生产》。另收集体讨论文章《过去木运之检讨及今后木运发展之途径》。书后有后记。

**9388. 刘玉田弃商入伍（连环图画）**　教育部民众读物编审委员会编　编者刊　重庆　16　19cm×13cm　有插图　民众文库

描写抗战故事的木刻连环画。

**9389. 漫画自选集**　张谔著　读书生活出版社　1941年2月初版　重庆　148　大64开　有插图

本书辑录作者1938年下半年和1939年所作漫画作品。本书分3辑：政治漫画、旧阴谋与新花样、保卫大江南，共收漫画138幅。

**9390. 漫文漫画**　丰子恺著　长流书店　1938年　汉口　101　大64开　有插图

漫画集。收《孙中山先生伟大》、《抗战领袖画像赞》、《只要他能醒来》、《我悔不早点站起来》、《国格的象征》、《全面抗战》、《中日战争的结束》、《日本的空城计》、《法西斯》、《杀人放火的国际强盗》、《我们爱好和平》、《生机》等101幅漫画，每幅均配有短文一篇。书前有作者自序。出版时间根据作者自序时间推断。

**9391. 漫文漫画**　丰子恺编著　集成书局　1943年3月初版　成都　101　大64开　有插图

漫画集。收《孙中山先生伟大》、《抗战领袖画像赞》、《只要他能醒来》、《我悔不早点站起来》、《国格的象征》、《全面抗战》、《中日战争的结束》、《日本的空城计》、《法西斯》、《杀人放火的国际强盗》、《我们爱好和平》、《生机》等101幅漫画，每幅均配有短文一篇。书前有作者自序。

**9392. 鸣冈木刻选**　朱鸣冈著　中华全国木刻界抗敌协会福建分会　1941年11月　福建　[21]　16开　有插图

木刻画集。收《山高林又密，兵强马又壮》、《孩子，你爹给鬼子飞机炸死了！》、《他们为国家而流血，我们为他们而出力》等21幅作品。封面题名"木刻集（1940－2091朱鸣冈作）"。

**9393. 木刻雕法谈**　刘岘、王大化刻制　未名木刻社　1939年7月　重庆　32　32开　有插图

本书以图文并茂的形式，介绍了木刻作品的创作方法及技巧，包括：木刻雕法谈、木板的种类、刀子的种类等。最后附有刘岘、王大化的作品8幅。扉页有"谨献给：在斗争中初从事木刻工作的同志们：拿起我们的木刻刀，对准我们的敌人——法西斯强盗，托匪，汉奸！"字样。书后有王大化"写在后面"。

**9394. 木刻集**　智子、金若、许智、老乡刻　安徽党政军工作人员训练班俱乐部　1940年5月　安徽　[1+15]　16开　油印　有插图

收录智子《李主席肖像》、《流浪三年》、《征》、《救救灾民》、金若《村庄在燃烧中》、《到那里去》、《戍楼》、《会商》、《老乡群》、《壕堑》、《追击》、《自造像》、许智《兽行》等14幅木刻作品。书后有于种的"几句话"。

**9395. 木刻集**　国立四中　国立四中　1941年1月　[1+28]　大32开　油印　有插图

收录《冲锋》、《日寇的最后表情》、《前哨》、《夜袭》、《国家需要你》、《日寇》、《游击队》、《战场上的日寇》、《狂炸之后》、《胜利的微笑》、《烽火》、《最后胜利》等28幅木刻作品。

**9396. 清乡木刻集（参战之辑）**　王迎晓等著　清乡区党务办事处宣传科　1943年6月　苏州　[2+40]　横32开　有插图

创作于抗战期间的木刻作品集。有陆国帧序及著者自序。

**9397. 全国抗战版画（第一辑）**　仇宇主编　原野出版社　1939 年 3 月初版　46　32 开　有插图

本书收录 47 幅版画：《只有战争才能消灭战争》（仇宇）、《有力出力》（沃渣）、《不折不挠再接再厉》（陈九）、《争取最后胜利》（陈烟桥）、《保卫大西北》（马达）、《反战的受难敌人》（陈执中）等。卷首有鹰隼所作叙以及两篇序言。

**9398. 全国总动员（抗战连环图画）**　军委会政治部　11　横 32 开　有插图

**9399. 刃锋木刻集**　汪刃锋刻　开明书店　1947 年 4 月初版，1948 年 11 月 3 版　上海　1 + 33　大 32 开

本书收入作者《女政治员》、《游击队的收获》、《田野风光》、《农民印象》、《枪刺下》、《谁能够救救他们?》、《受难者》、《人肉市场》等 30 幅作品。书后附录茅盾《看了汪刃锋的作品展》及叶圣陶的《刃锋的木刻与绘画》两篇文章及作者后记。

**9400. 舍身报国**　军委会政治部　12　横 64 开　有插图　抗战连环图画　2

抗战连环画。

**9401. 收获（木刻集）**　广西省立艺术馆编辑　编者刊　1941 年 9 月　广西　12　16 开　有插图

收录包括封面在内的 15 幅木刻作品，有《收获》、《进军》、《敌人来了》、《行军小憩》、《我敬爱荣誉军人》等表现抗战期间生活的作品。

**9402. 台儿庄某老太殉国记**　军委会政治部编　编者刊　8　横 64 开　有插图　抗战连环图画　4

抗战连环画。

**9403. 铁笔集（浙江省战时美术工作者协会战时木刻研究社第一期木刻函授班暨暑期绘画专修社结业纪念册）**　浙江省战时美术工作者协会战时木刻研究社编　编者刊　1941 年 1 月　浙江　2 + 86　32 开　有照片、有插图

包括感言（俞乃大）、前言（野夫）、论文、木刻作品、备忘录、弁言、编后 7 部分。

**9404. 铁骑**　浙江省战时美术工作者协会战时木刻研究社研究组编　编者刊　1940 年 6 月　丽水　16　16 开　有插图　木刻丛书　4

收录《牧马》（荒烟）、《瞭望哨》（项荒途）、《枪在肩，犁在手》（马塞）、《敌军的恶行》（罗清桢）、《伤兵，难民，与失业工人》（野夫）、《整理子弹》（沙兵）等 13 幅木刻作品。

**9405. 王家庄**　伍秉乾著　中国文化服务社陕西分社　1940 年 1 月　西安　11　大 64 开　有插图

通俗连环木刻。为配合"政治重于军事"和"宣传重于作战"的口号所创作。前有著者的《开场白》和歌曲《王家庄》。

**9406. 王老五当兵杀敌（连环图画）**　第九战区司令长官司令部政治部编　编者刊　[16]　横 64 开　有插图

抗战连环画小故事。

**9407. 我们是要选择战（木刻画三十三幅）**　X. ZH. 作　生活书店　1937 年 7 月　上海　33　大 64 开　有插图

收《鲁迅先生遗像》、《永远不能遗忘的一幕》、《还我河山》、《最后关头》、《出动的前夜》、《不许敌人越雷池一步》、《战到最末一道壕沟》、《赶紧把敌人赶出我们的国土》、《抗战战绩》、《伟大的阵线》、《孙中山先生的伟大》、《沈钧儒先生像》、《章乃器先生像》、《邹韬奋先生像》、《史良女士像》、《沙千里先生像》、《我们是要选择战》等 33 幅木刻画。封面题为《野火》。扉画

《暴风雨》。

**9408. 献金救国** 军委会政治部编 编者刊 11 横64开 抗战连环图画 5

抗战连环画。

**9409. 小四捉汉奸** 军委会政治部编 编者刊 20 横64开 有插图 抗战连环图画之六

抗战连环画。

**9410. 兄弟投军** 军委会政治部编 编者刊 16 19cm×12cm 有插图 抗战连环图画

抗战连环画。

**9411. 徐靖远将军反正的故事** 军事委员会政治部 〔11〕 横32开 有插图

抗日连环画。

**9412. 战地** 陆田作 战地文化社 1940年2月 吉安 1+18 16开 有插图 战地丛书之二

收录《领导全国抗战的蒋总裁》、《这也是皇军的"文明"?》、《可怜皇军也有今日（湘北战后）》、《农村妇女们迫切的需要我们去教育他们!》、《在前方流血，在后方出钱!》、《鬼子快来了!把东西搬到山上去!》、《女政工人员帮助出征家属采茶子》、《救护伤兵》、《虽然只一条毛巾，却表示无限的诚意!》、《战士们非常需要书报》等木刻作品。书前有胡雨林序，书后有后记。

**9413. 战地漫画** 丰子恺著 英商不列颠图书公司 1939年5月初版 香港 5+〔26〕 32开 有插图 新艺术丛刊之一 吴川村主编

内收26幅漫画。书前有著者所作"活的艺术"（代序）。

**9414. 战鼓**（鲁迅纪念木刻展专号） 浙江省战时美术工作者协会战时木刻研究社研究组编 编者刊 1940年4月 浙江 16 16开 有插图 木刻丛集 3

收录了《农民歌咏班》（李桦）、《准备! 敌人就在前面》（马塞）、《国防前哨》（郝立群）、《战友》（黄新波）、《军事第一》（金逢孙）等13幅木刻作品。书前有编者前言，书后有编后。

**9415. 战时漫画** 吻冰作 江西文化出版社 1943年9月初版 江西 50 32开 有插图、有题词

以漫画形式反映了战时民众生活的方方面面，共收录了46幅漫画。书前有作者原序、再序和丰子恺序。

**9416. 战时美术论丛** 广西省立艺术馆美术部编辑 编者刊 1940年5月 〔广西〕 2+66 大64开

收录《非常时期的美术》（集体意见）、《战时艺术的内容与技巧》（黄显之）、《画家的正义感及其责任》（张安治）、《绘画题材的新发展》（陈晓南）、《如何制作宣传画》（陆其清）、《谈战时工艺美术》（曹佩圻）、《速写的研究》（集体讨论）等15篇论文。

**9417. 战时描集**（第一辑） 广西省立艺术馆美术部编选 编者刊 1940年5月 广西 12 大32开 有插图

素描作品集。收录12幅素描，作者有黄养辉、张安治、夏光、陈晓南、梁中铭、陆其清、徐德华7位。封面《力量集中》（陆其清）。书前有编者序。

**9418. 战时图画手册** 郑川谷绘 上海杂志公司 1939年2月（沪）4版 上海 66 32开 有插图

书前有绘者自序。书中包括人物头像、国旗、手枪、海陆空军、飞机、炮队等。

**9419. 战时相**　丰子恺著　开明书店　1946年7月再版，1947年2月3版　上海　64　大64开
有插图　子恺漫画全集之六

收《战地之春》、《擒贼先擒王》、《腰下防身剑》、《命中》、《战争与音乐》、《傀儡》、《战时的儿童》、《沦陷区》、《落日》、《胜券在望》、《莲花生沸汤》等64幅漫画。书前有作者的《子恺漫画全集序》。

**9420. 战时学生画集**　朱舟枫编绘　霞飞书局　1945年4月　上海　38　横64开　有插图

收38幅学生习画范本。

**9421. 丈夫去当兵**　区剑星著　青年书店　1940年8月初版　27　17.9cm×12.3cm　有插图　中国社会问题研究会战时书刊　罗敦伟主编

战时宣传连环画。

**9422. 阵中画集**　汪子美、刘文杰、刘元、周令钊、梁中铭、特伟、高龙生、张文元、何鼎新、沈同衡、严露明、胡筎著　军委会政治部阵中画报社　1937年1月初版　2+60　32开　有插图　阵中图画丛刊之三

本书收《动员我们整个的力量》、《杀尽倭寇为战死先烈复仇》、《赶走日寇收复失地》、《前方流血后方流汗》、《进退两难》、《引敌深入》等59幅图。

**9423. 保卫祖国**　冼星海著　独立出版社　1938年11月初版，1939年8月8版　2+86　32开　抗战文艺丛书　中国文艺社主编

书中收入：《保卫祖国》、《国防军歌》、《救国军歌》、《救国进行曲》、《战歌》、《青年进行曲》、《黄河之恋》、《流民三千万》等55首抗战歌曲。

**9424. 保卫祖国**　冼星海著　独立出版社　1941年2月再版　重庆　86　32开　抗战文艺丛书

书中收入：《保卫祖国》、《国防军歌》、《救国军歌》、《救国进行曲》、《战歌》、《青年进行曲》、《黄河之恋》、《流民三千万》等55首抗战歌曲。

# 音　乐

**9425. 晨光歌选**（第一集）　阮伯英编选　晨光书局　1944年9月初版　重庆　24　16开

歌曲集。收录《抗战必胜》、《我是童子军》、《九一八》、《国庆祝歌》、《前进》、《思乡曲》、《平等颂》、《远征轰炸歌》、《凯旋曲》、《热血歌》、《励志》等18首。

**9426. 叱吒风云集**（新集）　吴涵真选编　新知书店　1938年8月　广州　52　32开

收《保卫中华》、《救国歌》、《全国总动员》、《全面抗战》、《抗敌先锋》、《大刀杀敌》、《救亡进行曲》、《游击队进行》、《少年前进歌》、《九一八》、《生活教育歌》、《不做亡国奴》等48首歌曲。书前有《编者的话。书末有《值得救亡同志仿效的两种精神》。

**9427. 叱咤风云集**　吴涵真编　儿童书报社　1936年9月3版　广州　80　32开

分大众歌曲、军人歌曲、儿童歌曲3部分。收《救亡进行曲》、《中国青年》、《九一八》、《反侵略战歌》、《打回老家去》、《民族魂》、《士兵救国歌》、《儿童先锋歌》、《谁说我们年纪小》、《同胞快醒》等歌曲。

**9428. 叱咤风云集**　吴涵真选编　生活书店　1938年7月　上海　98　32开

分大众歌曲一、大众歌曲二、大众歌曲三、军人歌曲、儿童歌曲5部分。收《中国新青年》、

《时代进行曲》、《上前线》、《反侵略战歌》、《三一八纪念歌》、《打回老家去》、《民族魂》、《抗敌歌》、《士兵救国歌》、《儿童先锋歌》、《谁说我们年纪小——不做亡国奴》、《同胞快醒》等74首歌曲。

**9429. 穿上了征衣的女郎（苏联最新抗战歌曲）** 灵珠等 河山出版社 1943年5月初版 桂林 1+28 32开

收录最新抗战歌曲，其中包括《中国抗战之歌》、《夜莺曲》等中国抗战歌曲。

**9430. 从军去，中国的青年！** 廖辅叔词、陈田鹤曲 国立礼乐馆 1945年1月初版 4 16开 从军曲选之三

《从军去，中国的青年!》的词、曲。后附《三和弦进行表》。

**9431. 打倒蒋介石** 1张 27.6cm×17.9cm 油印

抗战期间所作歌曲宣传品。

**9432. 大军进行曲** 李纪元编著 求知书店 1943年12月初版 湖南 2+124+22 32开

收录《大军进行曲》、《唱起来，青年们》、《飞虎颂》、《胜利合唱》、《世界民主大联合》、《漂流曲》、《出征》、《雄壮的军号》、《新空军》、《团结起来》等30首歌曲。书后附《音乐技术训练》（李纪元）。

**9433. 大众唱** 马烈编 上海时代出版社 1938年12月初版 [上海] 124 32开

分7部分：军士歌曲、一般歌曲、民众歌曲、纪念歌曲、翻译歌曲、妇女歌曲、儿童歌曲。收录《民族解放进行曲》、《国防军歌》、《抗战》、《军民抗战进行曲》、《大刀进行曲》、《赴战曲》、《我们需要战争》、《上前线》、《全国总动员》、《胜利的飞将》、《最后的胜利是我们的》、《长城谣》、《送出征》、《游击队》、《九一八》、《团结歌》、《战时妇女歌》、《快挖防空壕》、《谁来跟我玩》等107首歌曲。

**9434. 大众歌曲选（第一集）** 歌曲研究社编 编者刊 1942年10月再版 32 32开

本书收录《领袖歌》、《民主颂》、《青年进行曲》、《一个年轻的兵》、《渔民歌》、《一个国家》等24篇歌曲。

**9435. 到敌人的后方去！**（*Forwardmarch of Chinese Guerrillas*） 黄尧编著 民间出版社 1939年5月劳动节版 重庆 29 横64开 有插图 牛鼻子抗战漫画小丛书 1

收歌曲《到敌人后方去!》。书前有《寄亲爱的救亡宣传工作同志》。

**9436. 儿童歌声** 罗耀国、周希南合编 浙东书局 1940年9月初版 浙江 3+101 32开 写读丛书歌曲选集之一 沙蒂主编

本书收录了94首歌曲，其中包括：低级歌声、中级歌声、高级歌声、击乐歌声。扉页有题赠。

**9437. 二期抗战新歌续集** 陈原、余荻等编 新知书店 1939年9月初版 1940年4月2版 桂林 11+236 32开 有插图

分5部分：打到敌人后方去、政治重于军事、抒情曲、军歌·对敌宣传歌、少年儿童歌曲。收《打到敌人后方去》、《北方行》、《在太行山上》、《军民合作》、《开荒》、《爱护伤兵歌》、《假如明天要战争》、《祖国进行曲》、《抗战进行曲》、《洪波曲》、《救国军歌》、《壮丁上前线》、《空军歌》、《少年进行曲》、《少年军歌》、《儿童战歌》等八十余首抗战歌曲。附录收《代表作十首》，包括《奋起救国》、《大路歌》、《义勇军进行曲》等。卷首有序《从本书的编刊说到二期抗战中的音乐运

动》（陈原）。附新音乐教程。

**9438. 二期抗战新歌续集**　陈原、余荻编　亚洲印书馆　1943 年 7 月初版　236　32 开

　　歌曲集。分 5 部分：战斗抒情曲、歌剧选曲和戏剧插曲、叙事曲、大合唱、民谣曲。收《精神总动员歌》、《壮士骑马打仗去了》、《旗正飘飘》、《山歌》、《泰第安娜和奥里基二重唱》、《大雷雨合唱》、《魔王》、《两个挺进兵》、《黄河大合唱》、《生产大合唱》、《卖花词》、《摇篮曲》等 39 首。书前有《新版序》和《原序》，附篇《J·Concone 声乐基本练习曲》。

**9439. 复兴歌曲集**　中央训练团编　编著刊　1945 年 7 月　40　32 开

　　收录《国旗歌》、《团歌》、《复兴中华》、《胜利进行曲》、《远征轰炸》、《热血》、《抗敌歌》、《从军歌》、《挥手从军去》、《游击队歌》、《抗战必胜》、《中华健儿进行曲》等 26 首歌曲。附录收《苏联国歌》、《法国国歌》、《美国国歌》、《英国国歌》、《联合国歌》5 首国歌。

**9440. 歌八百壮士**　夏之秋作曲　商务印书馆　22　大 16 开

　　抗战歌曲集。收《歌八百壮士》、《女青年战歌》、《最后的胜利是我们的》3 首。作曲者均为夏之秋，作词者为光未然、桂涛声。

**9441. 歌林（三集）**　铁铮、素心编　歌林出版社　1942 年 12 月初版　福建永安　148　大 64 开

　　包括《国旗歌》、《新中国》、《还我河山》、《黄河谣》、《反法西斯进行曲》、《反侵略战争》、《中国军人进行曲》、《七七进行曲》、《劳动服务歌》、《八杯酒》、《马赛曲》、《保卫祖国》、《东北之歌》等 86 首歌曲。另收王洛宾的《沙漠之歌》（两幕歌剧）。书后附录《音乐常识》、《简谱和符号》。

**9442. 歌者之歌**　李宝璇编著　建成书店　1945 年 2 月再版　桂林　112　32 开

　　收《五四纪念歌》、《七七进行曲》、《黄花岗纪念歌》、《战斗的春天》、《游击队行进》、《当兵去》、《民主颂》、《向前》、《卡德林》等 100 余首中外歌曲。包括纪念曲、民族战歌、各国民歌、民谣曲、艺术歌、抒情曲、电影、歌剧、舞台曲 7 类。

**9443. 歌者之歌**　李宝璇编著　建成书店　1944 年 2 月初版　桂林　112　32 开

　　收《五四纪念歌》、《七七进行曲》、《黄花岗纪念歌》、《战斗的春天》、《游击队行进》、《当兵去》、《民主颂》、《向前》、《卡德林》等 100 余首中外歌曲。包括纪念曲、民族战歌、各国民歌、民谣曲、艺术歌、抒情曲、电影、歌剧、舞台曲 7 类。

**9444. 国防音乐**　王云阶著，江敉作画　时代书店　1938 年　101　大 64 开　有插图

　　本书分 7 部分："儿童表演歌曲"，收《孩子军》；"儿童一般歌曲"，包括《小英豪》、《矮日本》、《赶走日本鬼子》等 10 首；"妇女歌曲"，包括《好女儿》、《民族女战士挽歌》、《中华的女儿》3 首；"空军歌曲"，包括《空军战歌》、《神鹰三部曲》、《空军歌》、《建设大空军》4 首；"合唱曲"，包括《上战场》、《十三勇士》、《民众自卫队》、《建军歌》4 首；"一般歌曲"，包括《东北我们的家乡》、《中华军人》、《快参军》、《抗战到底》8 首；"论文"，包括《国防音乐的长成及发展》、《简易歌咏指挥法》、《用歌咏把孩子们组织起来》3 篇。序诗《向阿波罗宣誓》。书后有"赘言"。出版时间据内容推断。

**9445. 红军歌声集（抗战歌声）**　映雪选编　热血出版社　1938 年 3 月初版　上海　4＋80　32 开
精装

　　本书收《中央红军远征歌》、《三大纪律八项注意》、《陕北公学校歌》、《义勇军进行曲》等 76首歌曲。书前有作者序和《怎样读简谱？怎样唱？———一些最普通的法则》一文。

**9446. 黄河（新型大合唱）** 光未然作歌，冼星海制谱 生活书店 1940 年 7 月初版，1941 年 2 月 3 版 61 大 64 开

本书收《黄河大合唱》（四部合唱）、《黄河颂》（男生独唱）、《黄河之水天上来》（朗诵歌唱）、《黄水谣》（民歌齐唱）、《河边对口曲》（二重对唱）、《黄河怨》（女生独唱）、《保卫黄河》（三部轮唱）、《怒吼吧黄河》（四部合唱）8 首合唱歌曲。

**9447. 火线下之歌** 火线歌咏团编选 编者刊 1939 年 4 月 86 32 开

歌曲集。收《中华民国国歌》、《保卫大中国》、《保卫中华民族》、《保卫大武汉》、《火线下之歌》、《民族革命战争进行曲》、《义勇军进行曲》、《游击队》、《游击军》、《抗敌歌》、《日本小鬼要打倒》、《难民恨》、《阵亡将士纪念碑奠基典礼颂》、《纪念列宁歌》等 81 首。

**9448. 解放歌声** 上海八一三歌咏队内地宣传队编 新知书店 1938 年 3 月初版 汉口 46 32 开 有题词

歌曲集。内收《义勇军进行曲》、《全国总动员》、《迎春曲（迎 1938 春）》、《大刀进行曲》、《打杀汉奸》、《救亡进行曲》、《战歌》、《保卫祖国》、《长城谣》、《慰劳伤兵歌》、《游击军》、《新中国》等 27 首。书前有上海八一三歌咏队内地宣传队作的"代序"。

**9449. 解放歌声（第二集）** 中华全国音乐界抗敌协会晋察冀分会编 新华书店晋察冀分店 河北张家口 20 32 开

歌曲集。收录了《八路军纪律歌》、《拥军爱民公约歌》、《跟着共产党》、《歌唱东北解放》、《自从来了八路军》、《争取和平》、《黑暗与光明》等 20 首歌曲。

**9450. 解放歌选** 劳舟编选 中华全国音乐界救国协会太行区分会 1946 年 1 月 2＋56＋1 32 开 有插图

选取抗战期间创作的以及太行山区最流行的歌曲共 46 首。包括《毛泽东之歌》、《黄河颂》、《欢送咱八路军》、《黄河怨》、《在太行山上》、《铁的子弟兵》、《参军歌》、《缝棉衣》、《破除迷信》等。

**9451. 巾帼英雄（独唱曲）** 刘雪厂作 中国音乐印书馆 9 16 开 战歌社丛刊（第 3 种）

本书收《巾帼英雄》、《伤兵慰劳歌》、《募寒衣》、《长城谣》4 首歌曲。

**9452. 九一八民众大合唱** 天兰词 鲁艺出版社 32 18 开 油印

该书为《九一八民众大合唱》的合唱曲谱，分为 5 个部分。书前序言由冼星海所作。

**9453. 救亡歌集** 于冰编 西安少年先锋社 1938 年 4 月再版 西安 50 32 开

内收《中华民国国歌》、《国旗歌》、《把敌人赶出领土》、《抗敌先锋歌》、《全国总动员》、《怒吼吧，中国！》、《国难》、《义勇军进行曲》、《九一八》、《一二八》等 45 首歌曲。

**9454. 救亡歌曲集正编** 大公报西安分馆编 大公报西安分馆［总经售］ 1939 年 4 月 4 版 79 32 开

包括：一般歌曲、军人歌曲、妇女儿童歌曲、民谣小调 4 部分，收《新中华进行曲》、《救国军歌》、《不做亡国奴》等 69 首歌曲。末附《救亡歌曲集续编》目录。

**9455. 救亡歌曲集续编** 大公报西安分馆编 大公报西安分馆［总经售］ 1939 年 5 月再版 西安 79 32 开

包括：一般歌曲、军人歌曲、妇女儿童歌曲、民谣小调、国际名歌 5 部分，收《军民合作》、

《保卫陕西》、《步兵歌》、《抗战莲花落》等74首歌曲。

**9456. 救亡曲**　1937年2月　27　32开　牺牲救国丛书之五

本书收《晋绥人民进行曲》（用《救国军进行曲》谱）、《武装民众歌》（用《主张公道歌》）、《十二月》（《绣花灯》谱）等12首歌曲。书后附有《公尺谱》。

**9457. 军歌集**　李树缙编　中国教育音乐促进会　1936年4月初版　北平　7+98　64开

本书收《卫护我中华》、《战士进行曲》、《奋起图强》等62首歌曲。五线谱、简谱标注。书前有商震所作序及作者弁言。

**9458. 军民抗战歌曲**（第二集）　王文度编选　救亡出版社　1938年5月初版　56　大64开

歌曲集。收录《中华民族不会亡》、《青年进行曲》、《抗敌歌》、《救国进行曲》、《保卫祖国》、《抗日先锋队》、《大刀进行曲》、《抗战》、《中国空军战歌》、《义勇军》、《游击队进行曲》、《国难歌》、《民众救国歌》、《打倒汉奸》、《打倒日本》等56首。书前有《怎样发音》、《怎样呼吸》两文。

**9459. 凯歌选**（一）　国立礼乐馆编　1945年8月初版　8　32开　油印

收录了《凯旋歌》、《胜利进行曲》、《国际和平感谢歌》、《胜利轮唱曲》、《胜利进行曲》共5首歌曲。

**9460. 凯歌选**（二）　国立礼乐馆　1945年10月初版　7　32开　油印

本书收录7首歌曲：《全民胜利歌》、《民间胜仗曲》、《民间胜利舞》、《凯歌》、《和平之花》、《胜利歌》、《欢迎战士凯旋》。

**9461. 凯歌选**（三）　国立礼乐馆　1945年9月再版　7　32开　油印

本书收录5首歌曲：《日本法西斯已经投降》、《狂欢》、《联合国凯歌》、《胜利进行曲》、《战士凯歌》。

**9462. 凯歌选**（四）　国立礼乐馆　1945年9月再版　7　32开　油印

本书收录8首歌曲：《哈啦！欢呼啊！》、《凯歌四叠》、《民间太平乐》、《庆祝胜利进行曲》、《顶好！顶好！原子弹》、《游行的队伍》、《举起胜利的光把》、《民主胜利》。

**9463. 凯歌选**（五）　国立礼乐馆　1945年8月初版　7　32开　油印

本书收录6首歌曲：《抗战胜利了》、《起来新中国的主人！》、《祝捷》、《胜利的火焰》、《农家胜利歌》、《复原歌》。

**9464. 凯歌选**（六）　国立礼乐馆　1945年10月再版　7　32开　油印

本书收录7首歌曲：《祝捷》、《胜利欢呼歌》、《顶好的》、《一朵自由解放的花》、《中华万岁乐》、《胜利谣》、《笑呵呵》。

**9465. 凯歌选**（七）　国立礼乐馆　1945年12月初版　7　32开　油印

本书收录4首歌曲：《胜利之花》、《先烈殉难纪念》、《凯歌》、《战士还京曲》。

**9466. 凯歌选**（八）　国立礼乐馆　1945年12月初版　15　32开　油印

本书收录4首歌曲：《凯歌》、《凯歌》、《凯歌》、《军营凯歌》。

**9467. 凯歌选**（九）　国立礼乐馆　1945年12月初版　6　32开　油印

本书收录5首歌曲：《胜利佳音歌》、《凯歌》、《祝我中华》、《凯歌》、《胜利献歌》。

**9468. 凯旋歌** 王秋萍编选 张剑平［发行］ 1945 年 8 月 四川龙潭 12 大 64 开

抗战歌曲集。收录《八一三》、《石榴花顶上的石榴花》、《渡过这冷的冬天》、《在这漫漫的长夜里》、《凯旋歌》、《黎明曲》、《我们向前走》、《总理纪念歌》等 31 首。书前有《代序》（蒋淇泉）。

**9469. 抗敌歌集** 军事委员会政治部编 编者刊 1939 年 2 月 38 32 开

收《中华民国国歌》、《义勇军进行曲》、《抗敌歌》、《战歌》、《奋起救国》、《救国军歌》、《抗战到底》、《军民合作歌》、《洪波曲》、《壮丁上前线》、《奋斗》、《日落西山》、《大同府》、《要打得日本强盗回东京》、《亡国奴当不得》、《驱逐日本强盗滚蛋》等 37 首歌曲。

**9470. 抗日歌** 冯玉祥著 四川省军管区国民军训处 1940 年 1 月 ［四川］ 17 大 64 开

收《抗日歌》一首。

**9471. 抗日救国歌曲集** 中国国民党南京特别市执行委员会编 编者刊 1931 年 84 32 开

歌曲集分 6 部分："弁言"、"歌"、"平调"、"小曲"、"鼓词"、"童谣"。收《满洲血》、《坚持到底》、《抗日歌》、《骂倭奴》、《抗日救国戏词》、《东三省痛史》、《抗日救国歌》、《切莫忘记九一八》等 54 首。出版时间根据弁言推断。

**9472. 抗日先锋歌集（第 20 期）** 一二九师政治部 1942 年 8 月 7 ［环筒叶］ 64 开 石印

内收有：《八路军军歌》、《青年反法西斯进行曲》、《青年共产党员进行曲》、《希特拉必失败 4 首歌曲》。前有"歌曲说明"。

**9473. 抗战长歌** 冯玉祥著 抗战画刊社 1939 年 2 月 重庆 17 64 开 有插图

**9474. 抗战歌集** 王听涛编选 新力周刊社 1938 年 7 月初版 浙江永康派溪 22 32 开 新力丛书之四

本书收《抗敌军歌》、《大刀进行曲》、《游击队歌》、《松花江上》等 21 首歌曲。

**9475. 抗战歌曲（第一集）** 东晋县宣委会翻印 1944 年 9 月 13 ［环筒叶］ 32 开 油印

书中共收入《第二战场开辟了》、《八路军带来了幸福》、《拥军歌》、《谁欺负咱谁保护咱》、《进军曲》等 11 首抗战歌曲。复制本。

**9476. 抗战歌曲集** 冼星海、张曙、塞克、罗蒂塞编 生活书店［总经售］ 1938 年 2 月再版 上海 14＋115 32 开

本书分 4 编：纪念歌、救亡及普通歌曲、儿童歌和翻译歌，收录《义勇军进行曲》、《打回老家去》、《儿童先锋》、《青年战歌》等 91 首歌曲。书前有罗蒂塞前记、《怎样教大众产生自己的歌曲》（石林）、《什么是大众歌曲》（陶行知）、《唱歌的声音与感情》（张曙）。

**9477. 抗战歌声** 上海救亡出版社编 编者刊 1937 年 9 月 上海 60 32 开

本书收录抗战救亡歌曲 54 首。包括：《八一三纪念歌》、《今年是收复失地年》、《保卫大上海》、《大家一条心》、《中国人不打中国人》、《救国军歌》、《义勇军进行曲》、《救亡进行曲》、《五月的鲜花》、《我们不怕流血》、《打回老家去》等。书前有单青 1937 年 9 月 18 日作"抗战歌声的前言"。

**9478. 抗战歌选（第二集）** 萧而化、丰子恺合编 大路书店［印行］ 成都 4＋70 32 开

本书收《全面抗战》、《送出征将士》、《伤病慰劳歌》等 59 首歌曲。书前有编者代序"怎样唱歌"。

**9479. 抗战虎啸歌曲**　韩一青编　复兴出版社　1939 年 5 月　西安　39　32 开　抗战小丛书之十

收《虎啸曲》、《国难当头歌》、《驰赴前线歌》、《踏进营房歌》、《报国歌》、《从军曲》、《齐起破敌歌》、《游击队歌》、《凯歌》、《中华歌》等 32 首歌曲。

**9480. 抗战活页歌曲**（第二集）　乐群编　大路书店　60　32 开

本书收《领袖歌》、《全国总动员》、《我们的队伍千百万》、《新中华进行曲》、《国耻献歌》、《一二八纪念歌》等 47 首歌曲。

**9481. 抗战活页歌曲**（合订本第一集）　徐世麟编著　大路书店　1939 年 2 月　120　32 开

收《长城月》、《工友奋斗歌》、《出征歌》、《青年歌》、《新中国》、《打倒汉奸》、《大家来杀鬼子兵》、《全面抗战》、《鬼子兵》、《流亡三部曲》、《为祖国战争》、《到敌人后方去》、《最后的胜利是我们的》、《打倒日本》、《新女性》、《抗敌歌》、《祖国进行曲》、《联合歌》等 119 首歌曲。

**9482. 抗战建国纲领曲**　李敷仁编　老百姓编刊社　1939 年 1 月再版　西安　8　8.7cm×18.5cm
老百姓四分丛书之二

收录《抗战建国纲领曲》（李敷仁）、《诱敌计》（黄华）。

**9483. 抗战曲选**　教育短波社编辑部编　1938 年 1 月　2+45　32 开　战时补充教材丛书

收录了《居庸关》（赵景深）、《平型关》（赵景深）、《战浦东》（赵景深）、《八百壮士》（穆木天）、《伪国兵王顺反正》（穆木天）、《送郎出征》（宋寒衣）、《倭奴坟》（王亚平）、《难民谣》（柳倩）、《救亡对口曲》（艾芜）、《送出征勇士》（田汉）、《东洋兵出征》（江农）等 36 首鼓词、山歌、歌剧等。书前有序。

**9484. 抗战小调**　秦光银著　重庆新生命书局 ［经售］　1938 年 8 月初版　重庆　4+49　32 开
有照片

本书收《打游击战》（采红菱曲）、《黄河水》（打牙牌曲）、《从军姑娘》（鹳鹳花）、《逃难女子十叹》（俏尼僧）等 15 首歌曲。书前有作者近影、荣县县长曾德威题词、隆昌县县长王学渊序、梅英代序和著者自序。后附《七七抗战纪念歌》、《当兵歌》、《唤醒汉奸进行曲》、《新运救国》、《保卫太原》5 首歌曲。

**9485. 抗战小曲**　羊驹编　民国图书出版社　1942 年 11 月初版　重庆　24　64 开　民国常识通俗小丛书

收录《杨柳叶儿青》（青海民歌调）、《太阳出来照白崖》（仿四川民歌调）、《打东洋》（陕西民歌《摘豆角》调）、《十二月抗战》（长城调）、《送大哥》（陕北民歌调）、《出征谈妹》（仿湖北《单谈妹》调）、《说抗战》（仿凤阳花鼓调）、《劝夫当兵歌》（仿长城调）、《贤女劝夫》（仿《玉美人》北调）9 首唱词。

**9486. 抗战新歌**　良友歌咏社编　编者刊　1937 年 11 月　上海　30　32 开

内收《起来工商农学兵》、《保卫祖国》、《保卫卢沟桥》、《保卫大上海》、《八一三纪念歌》、《全民抗战歌》、《军民抗战歌》、《妇女抗战歌》、《义勇军进行曲》、《大刀进行曲》、《妇女进行曲》等 31 首。

**9487. 抗战与歌曲**　仲子通著　商务印书馆　1938 年 1 月初版，1938 年 2 月 3 版，1938 年 3 月 4 版，1938 年 6 月 5 版　长沙　62　32 开　抗战小丛书　中国文化建设协会主编

内分理论和歌曲两部分。理论部分收《抗战歌》（开卷语）、《抗战与歌曲总论》、《抗战与国家的歌曲》、《抗战与教育的歌曲》、《抗战与民众的歌曲》、《抗战与军人的歌曲》6 篇文章；歌曲部

分收《抗敌歌》、《为国争光》、《国军凯旋》、《义勇军》、《保卫大上海》、《八一三战歌》、《长城谣》、《抗战》、《抗战进行曲》、《打倒汉奸》、《出征别母》等24首，其中6首为五线谱歌曲。

**9488. 快乐应战歌声集**　彭志达著　1940年8月　4+14　32开　有题词

收录了《国歌》、《国旗歌》、《战歌》、《八一三抗战纪念救国运动献金歌》、《上战场》、《壮丁上前线》、《救国军歌》、《抗敌战歌》等22首歌曲；《平定倭寇的戚继光》、《奋勇杀敌的曹顶》、《英国政论家威尔斯预言倭寇侵华的结局》3篇文章。书前有发刊词。封面印有"抗战三周年八一三纪念"字样。

**9489. 老百姓抗战小调集（第一集）**　王宇轮编辑，于松云校阅　西北书店［经售］　1939年5月初版　2+62　32开　有图表

本书分4个部分：一般歌曲、妇女歌曲、儿童歌曲、表情歌曲。卷首有《编者的话》、《简谱之认识》、《工尺谱之认识》、《中华民国国歌》、《青天白日满地红》5篇文章。

**9490. 勉从军**　洪波作词并作曲　国立礼乐馆　1945年2月初版　4　16开　从军曲选之五

收录《勉从军》（混声四部合唱曲谱）。

**9491. 民教歌选**　四川省立南充民教馆　1941年10月　四川　8　32开

收录《民众学校校歌》、《国民公约歌》、《应征入伍歌》、《挖战壕》、《好国民》等12首歌曲。

**9492. 民众歌咏 ABC**　刘良模编　云南省立民众教育馆民众歌咏团　1937年9月初版　云南　24　32开

包括怎样教民众唱歌、怎样获得音乐和时代的常识和怎样组织民众歌咏会3部分。

**9493. 民众抗敌歌谣活页集（第七种）**　国民政府军事委员会政治部　［3］　32开

收录《小朋友救国》、《军民之歌》、《好宝宝》3首歌曲。

**9494. 民众抗敌歌谣活页集（第四种）**　国民政府军事委员会政治部　［3］　32开

收《新儿童》、《小英雄》、《大麦黄》3首歌曲。

**9495. 民主抗战进行曲**　舒模著　教育书店　1944年8月初版　重庆　79　32开

收《大家唱》、《保边疆》、《王老二做顺民》、《持久抗战》、《爱枪歌》、《军民合作》、《慰劳将士歌》、《青年战斗员》、《反法西斯蒂进行曲》等26首歌曲。卷首有《代序》，封面题名"民主抗战进行曲（一名反法西斯进行曲）"。

**9496. 民族救亡歌声（第一部）**　孟晋编选　蛇山书店［经售］　1937年11月　武昌　72　大64开

歌曲集。收《中华民国国歌》、《怒吼吧中国》、《暴风雨前奏曲》、《国难来了》、《牺牲已到最后关头》、《全民抗战》、《打倒倭寇》、《救中国》、《救亡进行曲》、《祖国进行曲》、《抗敌进行曲》、《抗战进行曲》、《救亡之歌》、《八一三纪念歌》、《拥护抗日军》、《到前线去》、《追悼前方阵亡将士》、《中华民族不会亡》、《民族之光》、《最后的胜利是我们的》等69首。

**9497. 南澳抗倭军**　第四战区政治部编　编者刊　8　15.5cm×12.5cm　有插图　抗战歌曲　第1集

收《告同胞》（急口令）、《祈战死》（粤曲）、《南澳抗倭军》（粤曲）、《壮烈牺牲》（粤曲）、《最后胜利》（龙舟）5首歌词。

**9498. 齐唱曲集**　教育部音乐教育委员会编　编者刊　1941年10月初版　重庆　16　32开　民众

乐库

收录《党歌》、《精神总动员》、《我愿》、《巩固统一》、《出征歌》、《军民联歌》（一、二）、《募寒衣》、《出力插秧歌》、《长城谣》、《热血歌》、《大家一条心》、《出发》、《中国空军歌》、《军歌》、《凯旋歌》16首歌曲。

**9499. 青年军歌集**　青年军人丛书编辑委员会编　军事委员会全国知识青年志愿从军编练总监部　1945年6月　65　32开　青年军人丛书　第15种

收《国旗歌》、《大中华》、《美国国歌》、《三民主义青年团团歌》、《军事委员会干部训练团团歌》、《青年远征军第二零一师师歌》、《从军去中国青年》、《新战士进行曲》、《巾帼英雄》、《长征》、《建设新中国》、《胜利中华》、《欢呼歌》、《凯歌》、《国殇》、《骊歌》等40首歌曲。

**9500. 青年军人歌集**　罗海沙编著　南京提拔书店　1936年7月初版　南京　78　横64开　有照片

收录了《党歌》、《国旗歌》、《新生活运动歌》、《劳动服务歌》、《保国卫民歌》、《从军歌》、《革命军人歌》、《到前线去》、《我现在要出征》等45首歌曲。

**9501. 青年之歌**　贾君武、鲍文霁、黄吟语、浦家麟合编　远东出版社　1942年12月初版　成都　73　大32开

包括纪念歌曲、抗战歌曲、抒情歌曲、儿童歌曲、二部合唱、合唱六部分，共收71首歌曲。

**9502. 人人唱**（第1集）　山宛中编选　救亡出版部　1939年10月再版　2+76　32开

本书收录《牺牲已到最后关头》、《抗战到底》、《抗战进行曲》、《全国总动员》、《拥护抗日军》、《全民抗战歌》等69篇歌曲。书后有《特别符号说明》一文。

**9503. 胜利的呼声**　黄友棣作曲，何漂民校订，广东省立艺术院编纂委员会编　编者刊　1942年1月初版　8+96+8　32开　广东省立艺术院丛书之三　音乐教育新歌集

本书收录26首歌曲：《胜利的呼声》（任毕明）、《慈母颂》（黄谷柳）、《月光曲》（任毕明）、《杜鹃花》（芜军）、《补鞋匠》（荷子）、《新生》（任毕明）、《公余服务团歌》（梁寒操）等。

**9504. 胜利歌声**　项城、时敏著　中国自强学社　1940年2月初版　重庆　16　32开

收录《牺牲关头来到了》、《到前线去》、《抗战》、《抗战到底》、《记着八一三》、《庆祝抗战胜利》、《凯旋》、《国民革命》、《我们怎么样》、《我的中华》、《对日作战》、《九一八八周年歌》12首歌曲。书前有"开头篇"和"例言"。

**9505. 十一曲**（四、五队歌选）　军事委员会政治部演剧宣传四、五队编　编者刊　1942年10月初版　桂林　42　32开

内收《要作自由人》、《走私的人》、《邕江水》、《保边疆》、《战斗在敌人后方》、《从军别》、《青年战斗员》、《月亮照四方》、《一条道儿长又长》、《必须扫光》、《五月礼赞》11首抗战歌曲。书前有序《从烽火来的声音》（田汉）。书后有《编者言》。

**9506. 时代之歌**　二二五童子军书报用品社　1943年1月蓉初版　成都　64　大64开

歌曲集。收《国歌》、《国父纪念歌》、《天下为公》、《为自由和平而战》、《反侵略进行曲》、《在太行山上》、《抗战的烈火——火的洗礼主题歌》、《最后胜利是我们的》、《军民合作》、《保卫黄河——二部合唱》、《中华儿女》、《救国军歌》等40首。

**9507. 士兵歌曲选**（第一集）　军事委员会委员长桂林行营政治部　72　32开

内收《新生活运动歌》、《反侵略运动歌》、《我们年青力壮》、《我要当兵去》、《打倒日本帝国

主义》、《新中华进行曲》、《胜利的开始》、《义勇军进行曲》、《游击队歌》、《游击队进行曲》、《到敌人后方去》、《九一八》、《军民抗战歌》、《最后的胜利是我们的》、《胜利进行曲》等59首抗战歌曲。

**9508. 守紧前线（歌曲集）**　夏文焕选辑　战时出版社　［16］　大64开

内收《守紧前线》、《炮口下没有和平》、《杀敌歌》、《战歌》、《游击队进行曲》、《全面抗战》、《全民抗战歌》、《当兵去》等16首抗战歌曲。

**9509. 卫我中华（民族新歌）**　刘雪厂编　中华书局　1936年11月　上海　18　16开

收录了《为我中华》、《提倡国货》、《干干干》、《上前》、《我是军人》、《出征别母》、《先锋歌》、《前线去》、《杀敌歌》、《前进》、《战歌》11首歌曲。

**9510. 我教你唱歌**　夏白著，汪子美绘图　文风书局　1943年10月初版　重庆　3＋52　大64开
有插图、有图表　新少年文库　第1集　王平陵主编

**9511. 乡农唱歌集**　王梅生、李芙生编　山东（乡平）乡村建设研究院　1936年初版　山东乡平
96　大64开

收《中国国民党党歌》、《国旗歌》、《新生活运动歌》、《鲁西试验区歌》、《鲁西少年》、《农夫歌》、《劳动歌》、《亡国恨》、《教我怎样》、《提倡国货》、《上前线去》、《向前进攻》、《从军去》、《国耻》、《九一八》、《胡阿毛》等77首歌曲。

**9512. 项风抗战歌曲**　项风著　著者刊　1939年8月初版　浙江黄岩　20　大64开　有插图

抗战歌曲。包括正谱、简谱两部分，正谱包括《二期抗战歌》、《黄昏》、《黑夜》、《保卫中华》、《实现大同》、《满地通红》、《战地秋月》7首；简谱包括《二期抗战歌》、《黄昏》、《黑夜》、《保卫中华》、《实现大同》、《满地通红》、《战地秋月》、《英勇先锋歌》、《敌人你听》、《流亡叫卖》等15首。书前有著者自序及《关于作曲的话》、《关于歌咏的话》、《歌曲说明》4篇文章，书末有《感谢和希望》一文。

**9513. 小学抗敌音乐集**　黄介贞、赵丽芬、张清尘选编及试用　四川省立成都实验小学　1937年10月初版　成都　72　16开

分低级之部、中级之部和高级之部3部分，标注了歌名和适用年级。收录了55首歌曲，包括：《中国国民党党歌》、《我是一个小兵丁》、《大家要用中国货》、《万众一心》、《从军别母》、《自卫歌》、《战歌》、《抗战到底》、《救亡进行曲》、《上战场》等。书前有序。

**9514. 心弦的歌（洪波歌曲第一集）**　洪波作曲　华一书局　1945年3月渝1版　重庆　2＋53
16开

分抗战篇、抒情篇、其他3部分。收录了《歌颂领袖》、《赴战曲》、《胜利军进行曲》、《走出决斗的战场》、《心弦的歌》、《阵中乐》、《伤兵之友歌》等37首歌曲。书前有作者序。

**9515. 新歌初集**　陈原、黄迪文、余荻、余虹似编著　新歌出版社　1941年11月　桂林　12＋236
32开　有插图

分5部分：打到敌人后方去、政治重于军事、抒情曲、军歌·对敌宣传歌、少年儿童歌曲。收《打到敌人后方去》、《北方行》、《军民合作》、《开荒》、《爱护伤兵歌》、《假如明天要战争》、《祖国进行曲》、《抗战进行曲》、《洪波曲》、《救国军歌》、《壮丁上前线》、《空军歌》、《少年进行曲》、《少年军歌》、《儿童战歌》、《打铁歌》等八十余首抗战歌曲。附录收《代表作十首》，包括《奋起救国》、《大路歌》、《义勇军进行曲》、《救亡进行曲》、《长城谣》等。卷首有序《从本书的编刊说

到二期抗战中的音乐运动》（陈原）。附新音乐教程。

**9516. 新歌剧插曲**　韩悠韩、李嘉著　新中国文化出版社　1940 年 4 月初版　西安　74　32 开　新中国文化丛书　第 10 辑

分 4 部分：《新中国万岁》歌剧插曲部、《丽娜》歌剧插曲部、其他、轮唱部。书前有"写在前面"（韩悠韩）和《付印前的杂感》（李嘉）。

**9517. 新歌曲**　定南县文建会　1941 年 10 月　定南　13　64 开　油印

该书共收录 11 首抗战歌曲：《当兵进行曲》、《快乐的人们》、《秋风起》、《全在今年》、《破击战》、《反扫荡小曲》、《鲁迅纪念歌》、《朱德之歌》、《小木枪》、《红色的旗帜》、《边区好》。

**9518. 新歌手册**　新光音乐研究社编　编者刊　1942 年 2 月初版，1942 年 5 月再版，1942 年 12 月再版　重庆　4＋114　大 64 开

收录新创歌曲，有《军队进行曲》、《保卫黄河》、《饿死鬼子》、《和鬼子们决战去》、《打到敌人后方去》、《歌八百壮士》、《孤岛天堂》等。

**9519. 新歌选集**　鲁艺编译部编　辰光书店　1940 年 4 月再版　上海　10＋86　32 开　鲁艺丛书

本书包括合唱之部、齐唱之部、小调之部 3 编。收录《保卫祖国》、《边区青年进行曲》、《新时代的歌手》、《西北青年进行曲》、《反侵略进行曲》、《延安颂》、《抗战一周年纪念歌》、《大家要齐心》、《参加自卫军》、《抗日点将》、《红缨枪》、《别上当》等 60 首歌曲。书前有《编者的话》及《鲁迅艺术学院院歌》、《鲁艺周年纪念歌》等。

**9520. 新情歌**　曦子编　教育部民众读物编审委员会　18　64 开

抗战情歌。

**9521. 新声**　鲁不敏著　新会县社会服务处［印行］　1944 年 4 月初版　新会　28　大 64 开

本书收抗战救亡歌曲 16 首：《银海之光》、《一齐奋起》、《凯旋》、《难忘的'三·二八'》、《慰劳歌》、《雁来红》等。封面有题赠。

**9522. 油炸卫**　老向著　教育部民众读物编审委员会　［重庆］　10　64 开　民众文库

民歌。

**9523. 远征军歌**　罗家伦词，孟文涛曲，汪东校订　国立礼乐馆　1945 年 4 月初版　2［环筒叶］　16 开　从军曲选之七

五线谱。附钢琴伴奏谱。

**9524. 战地歌声（二集）**　劫夫、田间、史轮合著　生活书店　1940 年 5 月初版　重庆　25　大 64 开　西北战地服务团丛书之六　丁玲主编

内收《五月进行曲》、《放羊歌》、《庆祝胜利歌》、《五台山》、《失地上的哀歌》、《快搭起我们的舞台》、《坚决抵抗》、《民族解放在明天》、《起来铁路工友们》等 23 首歌曲。书前有代序《我对于填小调的意见》（史轮）。

**9525. 战地新歌**　孙慎编　南方出版社　1940 年 2 月初版　桂林　4＋113　32 开　战地工作丛书之二　何家槐主编

本书分 7 个部分：一般歌曲、纪念歌曲、儿童歌曲、创作民歌、民歌配词、附录一、附录二。卷首有张发奎所作序以及《歌曲的抗战化、中国化、通俗化》（孙慎）、《救亡音乐的接受遗产问题》（联抗）、《一年来战地音乐工作的经验与教训》（麦新）、《歌咏工作的新方式——游击演唱》

（黄凛）4 篇文章。

**9526. 战时歌曲大家唱（二集）**　伊兰编纂　上海书店　重庆　95　64 开

歌曲集。收《国歌》、《国旗歌》、《总理纪念歌》、《领袖歌》、《保卫祖国》、《抗战进行曲》、《铁血歌》、《长期抵抗》、《光明歌》、《新中国》、《长城谣》、《当兵去》、《上战场》、《救国进行曲》、《战时的妇女》、《儿童先锋》、《战时催眠曲》、《难民曲》等 52 首。

**9527. 战时后方歌咏**　周刚鸣著　黎明书局　1937 年 12 月　汉口　4 + 88　32 开　有插图　战时民众丛书

本书分 4 个部分：歌咏运动的重要性、怎样扩大救亡歌咏组织、战时的歌咏工作、怎样唱怎样教怎样用材料。卷首有前言。书后附两篇附录及后记。

**9528. 战时中学音乐教材（第二册）**　梅耐寒编　商务印书馆　1939 年 6 月本馆第 1 版　长沙　1 + 15　16 开

本书收录《振兴中华》、《国旗》、《八一三战歌》、《歌八百壮士》、《焦土抗战》、《胜利的合唱》等 20 首歌曲。书前有作者所写编辑大意。

**9529. 招魂（合唱曲集）**　许可经作曲　1942 年 5 月初版　重庆　31　16 开

合唱曲集。收《招魂》、《射击手之歌》、《轰，轰开国难》、《抗战到底》、《保卫我们的天空》、《中华男儿血》6 首。

**9530. 中国的战士（合唱曲）**　刘雪厂作　中国音乐印书馆　13　16 开　战歌社丛刊（第 2 种）

本书收《满江红》、《大家一条心》、《中国的战士》、《上前线》4 首歌。

**9531. 中国军歌集（第一、二集）**　中央训练团编　中央训练委员会［印行］　1942 年 10 月　62　大 64 开

第 1 集包括纪念仪式歌曲和军歌两部分，收《国旗歌》、《复兴歌》、《新生活运动歌》、《九一八》、《骊歌》、《挥手从军去》、《出征》、《战歌》等 29 首歌曲；第 2 集包括爱国歌曲和民歌两部分，收《远征轰炸歌》、《国土歌》、《巩固统一》、《抗敌必胜》、《美哉中华》、《保家乡》、《劳动服务歌》等 33 首。原书有缺页。

**9532. 中国抗战歌选**　亚克编　咏葵乐刊印社　1942 年　16　16 开

歌曲选。内收《救国军歌》、《义勇军进行曲》、《军民合作》、《慰劳伤兵歌》、《在太行山上》、《哥哥上战场》、《长城谣》、《日落西山》8 首。五线曲谱，附钢琴伴奏谱。中英对译本。

**9533. 中国名歌选集**　尹光编　音乐研究社　99　大 64 开

收《洪波曲》、《丈夫去当兵》、《壮丁上前线》、《负伤战士歌》、《赶豺狼》、《日落西山》、《向太阳》、《吕梁大合唱》、《黄河大合唱》等 17 首。

**9534. 中华民族革命歌**　李敷仁著　老百姓编刊社　1938 年 5 月再版　西安　4 + 140　32 开　有照片、有插图　老百姓编刊社丛书

本书分为 5 章，以历史事件发生的时间为线索，收录了 77 首歌词，"可唱秦腔，可歌小曲，可当善书讲"。书前有作者再版自序和开场白。

**9535. 新民歌曲集**　（伪）新民会中央指导部宣传科编　（伪）新民会中央指导部　1939 年 5 月 3 版　北京　9　16 开

收录《国歌》、《新民会会歌》、《新民青年歌》、《新民之歌》、《新民会会旗歌》、《新民妇女

歌》、《新民爱乡歌》、《新民少女歌》、《新民少年歌》、《新民体操伴奏谱》、《大圣孔子赞歌》、《新民劳动歌》12 首歌曲。

**9536. 音乐丛话**　薛丰编著　编者刊　1942 年 1 月　14　32 开

收《国歌与建国歌》、《中、日、满国歌评选》、《漫谈歌咏》、《歌咏运动的新动向》4 篇文章。后附日伪等歌曲 5 首，五线谱。

**9537. 国难与文化**　柳湜著　黑白丛书社　1937 年 3 月初版，1938 年 1 月 3 版　上海　1 + 79　32 开　黑白丛书之四　钱俊瑞主编

本书分 5 节：几月来的感想、什么是思想运动与文化运动、从五四运动到今日、当前文化运动中的病症、中国文化运动新阶段的浅见。

**9538. 抗战建国的文化运动**　侯外庐著　中山文化教育馆　1939 年 8 月渝版　重庆　2 + 26　32 开　抗战丛刊　第 92 种

本书分 8 节："中国现阶段文化运动的号召"、"在落后的欧洲与先进的亚洲时期"，"中国文化运动一般"、"上向运动的中国文化之展开"、"资本主义的文化危机与中国的文化发展"、"人文主义的发展与衰落"、"团结于三民主义文化实践中"、"'精神胜物质'——'知难行易'的文化领导传统继承"、"中山先生文化运动的理想"。

# 文化事业

**9539. 抗战四年来的文化运动（上集）**　中央宣传部文化运动委员会编　编者刊　1941 年 7 月　4 + 118　32 开　中央宣传部文化运动委员会文化运动丛书　第 2 册

上册收录文章 10 篇，包括《抗战四年来之文化动向》（张道藩）、《当前文化运动的伟大任务》（洪兰友）、《展开三民主义的文化运动》（林紫贵）、《抗战四年来之思想界》（胡秋原）、《抗战四年来的中国文艺运动》（王平陵）等。书前有张道藩序言。

**9540. 抗战四年来的文化运动（下集）**　中央宣传部文化运动委员会编　编者刊　1941 年 8 月　4 + 66　32 开　有图表　中央宣传部文化运动委员会文化运动丛书　第 3 册

下册收录文章 8 篇，包括《文化之战》（陈立夫）、《战时我国的文化动向》（王云五）、《抗战四年来的社会科学运动》（陈石孚）、《抗战四年来的社教运动》（王星舟）、《抗战四年来之图书馆事业》（蒋复璁）等。书前有张道藩序言。

**9541. 抗战文化动员**　谭丕模著　中苏文化协会湖南分会　1938 年 6 月初版　长沙　28　32 开　中苏小丛书　第二辑之二

本书分 5 章：文化的意义和任务、文化在民族解放战争中的重要性、抗战文化的消极作用、抗战文化的积极作用、怎样动员抗战文化。

**9542. 抗战文化与文化青年**　林淡秋著　上海杂志公司　1937 年 12 月初版　武汉　6 + 60　32 开　大时代丛书之一

全书分 5 部分，分别为：抗战文化的特点、抗战文化的现状、文化青年与抗战文化、文化青年当前应做的工作、怎样应付当前的工作环境。书前有大时代丛书刊行缘起。

**9543. 抗战以来中华民族的新文化运动与今后的任务**　洛甫著　44　32 开

包括：日寇灭亡中国的奴化活动与奴化政策、抗战以来中华民族的新文化运动及其中心任务、

中华民族新文化的内容与性质、中华民族的新文化与旧文化、中华民族的新文化与外国文化、中华民族的新文化与三民主义、中华民族的新文化与社会主义、关于中华民族的新文化与大众化问题、关于中华民族的新文化形式问题、中华民族的新文化的历史发展等 15 部分。

**9544. 抗战与文化**　许宏烋著　民族文化研究会　1938 年 10 月　广州　67　32 开　民族文化丛书　第 3 种

本书分 3 章：抗战与文化工作、抗战与精神文化、抗战与青年的文化运动。封面有作者题赠。

**9545. 抗战与文化**　罗家伦著　独立出版社　1939 年 12 月初版　重庆　1＋62　32 开　新民族小丛书

本书分两章：抗战的国力与文化的整个性、大学与中学之联系。

**9546. 抗战中的文化问题**　吴大琨著　黎明书局　1938 年 2 月初版　汉口　4＋65　32 开　战时民众丛书　冯和法主编

本书分 5 部分：文化是我们的精神国防、我国现有精神国防的弱点、我们过去的文化运动是怎样的、要怎样才能充实起我们的精神国防、一个简短的结论。书前有本丛书的缘起。附录收《现阶段的文化运动》（从贤）、《文化的抗战与抗战的文化》（沈志远）及《不能放松思想的岗位》（艾思奇）3 篇文章。

**9547. 抗战中的中国教育与文化**　时事问题研究会编　抗战书店　1940 年　413　32 开　抗战的中国丛刊之五

分两编：抗战中的中国教育、抗战中的文化。

**9548. 论中国特殊性及其他**　艾思奇著　辰光书店　1941 年 5 月　274　32 开

内容包括：目前中国文化界的动向、青年与战争、中国目前的文化运动、论民族不自信、论爱国主义、不能放松思想的岗位、文化在抗战中、谈谈边区的文化、社会主义革命与知识份子、论中国特殊性、抗战中的陕甘宁边区文化运动等。

**9549. 四年来之中央文化运动委员会**　1945 年　1＋88　32 开　有插图、有图表

本书分 6 部分：组织、委员会议、各项运动工作、各省市分支机构、附属机构、附件。其中附件部分收录 10 篇，包括：《中央宣传部文化运动委员会组织规程草案》、《中央文化运动委员会组织系统表》、《中央宣传部文化运动委员会办事细则》等。出版时间据内容推断。

**9550. 文化·教育·哲学**　张申府著　生活书店　1938 年 8 月（粤）　汉口　2＋72　32 开　自由中国丛刊之二　北鸥主编

本书分 7 章：关于文化政策、抗战建国文化的建立发端、新启蒙运动的一个应用、新启蒙运动与普及教育运动、普及教育运动与当前文化运动、战时教育与学生运动、战时哲学的必要性。书后有附录《战时文化社旨趣书》、《战时文化半月刊发刊辞》和《致世界学生代表团并请转达全世界同情者的几句话》3 篇。

**9551. 我相信中国**　张申府著　上海杂志公司　1938 年 4 月初版　上海　2＋110＋3　32 开　抗战文存之一

本书收 18 篇文章：《战时教育纲领》、《一二九两周年纪念》、《文化动员的意义》、《精神动员的发端》、《战时文化的推进》、《我相信中国》等。有编后记。

**9552. 现阶段的文化运动**　李仲融、曹伯韩、傅彬然、林山、艾芜、杨荣国、新波、胡愈之著　文

化供应社　1940年5月初版　桂林　1+58　32开　时事问题丛刊之一

本书收《从五四启蒙运动到新启蒙运动》（李仲融）、《抗战三年来的文化动向》（傅彬然）、《三年来文艺的主要倾向》（艾芜）、《三年来木刻漫画的主要倾向》（新波）、《文化的大众化问题》（曹伯韩）、《文艺民族形式》（林山）、《学术中国化问题》（杨荣国）、《文化遗产继承问题》（杨荣国）、《怎样展开目前的文化运动》（胡愈之）等9篇文章。

**9553. 一年来的新文字协会（在第一届年会上的报告）**　吴玉章、张继祖报告　新文字协会秘书处　1942年　40　16开　油印

书中收录两篇文章：《新文字在切实推行中的经验和教训（在新文字协会第一届年会上的报告）》（吴玉章）、《新文字协会一年来的工作情况（在新文字协会第一届年会上的报告）》（张继祖）。汉语拼音与中文对照。

**9554. 战地文化动员论（原名文化作战论）**　许焕章著　新中国文化社　1944年10月　重庆　7+103　32开

本书分6章：绪论、战地文化动员之涵义、战地文化动员的理论基础、战地文化动员之批判、战地文化动员之方案、结论。书前有洪兰友所作序言以及自序。书后有附录以及跋。

**9555. 战区文化工作**　郭沫若、胡秋原、盛克猷、高迈、杨允元、石啸冲、俞颂华、长江、穆欣、高天执笔　独立出版社　1939年11月初版　重庆　6+54　32开　战时综合丛书　第5辑第8种

本书共7章：导言、战区文化教育工作的发端、战区文化工作的实施、战区教育工作的实施、战区宣传工作的实施、战区新闻出版事业的推进、普遍建立战区的"文化兵站"等。另收录12篇刊载于报章杂志的文章。书后附讨论大纲。

**9556. 战时的文化工作**　张帼筹著　黑白丛书社　1937年11月再版（汉）　上海　22　32开　黑白丛书战时特刊　8　钱俊瑞主编

本书分3部分：怎样把握我们的非常时期和文化工作、要提高民众的政治水准、要疏通城市与乡村的文化工作。

**9557. 战时文化建设概论**　杨玉清著　文信书局　1942年4月初版　重庆　2+80　32开　今日青年丛书　第1种　今日青年月刊社主编

本书分上、中、下3编：何谓文化、何谓中国文化、如何建设中国文化。

**9558. 战时文化论**　叶溯中、江鸿、罗敦伟、李杉、范正儒、陈高备、钟志鹏、黄香山、武仙卿、胡稼胎执笔　独立出版社　1939年1月初版　重庆　6+52　32开　战时综合丛书　第3辑第15种

本书集录了11篇刊载于报章杂志的有关战时文化运动、文化建设的文章，分10章：总论——民族生存与民族文化、战时文化建设动向、抗战中之文化建设、建国青年应从事文化建设、抗战建国中之精神动员、民族第一与文化动员、怎样展开广大的抗战文化运动、努力展开内地文化工作、战时的几种特殊文化工作、战时文化人与文化工作、结论——此次抗战为中国文化之试金石。书前有〈战时综合丛书〉第3辑例言》。书后附有讨论大纲及编后记。

**9559. 战时文化论**　叶溯中、江鸿、罗敦伟、李杉、范正儒、陈高佣、钟志鹏、黄香山、武仙卿、胡稼胎执笔　独立出版社　1939年9月5版　重庆　4+52　32开　战时综合丛书　第3辑第15种

本书辑录了11篇刊载于报章杂志的有关战时文化运动、文化建设的文章，分10章：总论——民族生存与民族文化、战时文化建设动向、抗战中之文化建设、建国青年应从事文化建设、抗战建国中之精神动员、民族第一与文化动员、怎样展开广大的抗战文化运动、努力展开内地文化工作、

战时的几种特殊文化工作、战时文化人与文化工作、结论——此次抗战为中国文化之试金石。书后附有讨论大纲和编后记。

**9560. 战时文化人的使命**　曹挺光著　奋进社　17　64开　战时三分小丛书

本书分6章，包括文化人肩负的使命、前提的基点、工作的动向及任务的分配等。

**9561. 战时文化运动**　陈高傭编著　正中书局　1938年11月初版　重庆　2+74　32开　战时民众训练小丛书

本书分8章：全民抗战与文化运动、战时文化运动的主要使命、战时文化界的总动员、到民间去、战时的几种特殊文化工作、战斗的工作与研究的工作、战时文化运动的困难及其辅助方法、战时文化人的态度问题。

**9562. 中国文化精神**　林语堂著，朱澄之译　国风书店　1941年6月初版　上海　3+186　32开　林语堂佳作之一

包括中国文化的精神、怎样了解中国人、什么是自由主义、什么是面子、中国艺术中的生气、艺术上的格言等内容。

**9563. 中华教育文化基金董事会三年来进行概况**　1944年12月　22　32开

本书分5个部分：非常时期委员会之组织、经费、支配款项情况、事业概况、经费。事业概况部分收录有民国三十年至三十三年上半年国内国外研究补助金当选人名单。

**9564. 重论新启蒙运动**　时粹林府社编　启蒙出版社　1941年10月初版　1+118　32开　时粹林府之一

该书收录5篇文章：《重论新启蒙运动》（翼云）、《与张东荪先生论逻辑》（陈垦）、《论史学的党派性》（吴弘远）、《空想社会主义家的史的考察》（刘涟）、《一八四八——马克思在巴黎》（车育文译）。书后有后记。

**9565. 管理中英庚款董事会协助科学工作人员一览表（二十七年）**　1938年　30+3　[环筒叶]　16开　有图表

书后附油印《备取递补名单》（1939年1月）、《各科协助人员撤销原案名单》、《各科协助人员更改工作地点表》3张图表。

**9566. 采访十五年**　赵敏恒著　天地出版社　1944年7月初版，1944年11月再版　重庆　3+104　32开　新闻战线社丛书之一

回忆录，记述了作者从事新闻工作十五年的经历。收录了《踏进了新闻王国》、《"九一八"时的紧张工作》、《长沙观战、鄂西祝捷》等30篇文章。书前有《新闻战线社丛书总序》及马星野、谢兰郁的序。

**9567. 从奋斗到胜利（安徽中央日报创刊周年纪念刊）**　王晋琦、邢琬、李秋生、沈业儒、沈公谦、周家治、胡传厚、胡道静、胡定安、胡道和、梁酉廷、程玉西、潘湛钧编辑　安徽中央日报社　1943年7月初版　安徽　[136]　16开　有插图、有题词

本书收录23篇文章，包括《科学世界与建国前途》（朱家骅）、《如何迎头赶上西洋文化》（朱家骅）、《三民主义的伦理哲学体系》（胡博明）、《总裁教育思想的探讨》（潘湛钧）、《一年来之货物税》（恽宝懿）、《一年来国内外局势的回顾》（胡道和）、《论日本海军》（李秋生）、《抗战第六年大事记》（本社资料室）等。书前有冯有真所作序言。

# 新闻与广播

**9568. 非常时期之报纸**　吴成编　中华书局　1937年8月再版　上海　78　32开　中国新论社非常时期丛书　雷震等主编

本书分3章：报纸之重要及其功用、我国报纸之病态、非常时期之报纸。论述非常时期报纸对舆论的统制、关系及编辑方法等。书前有"总序"和"弁言"。

**9569. 街头壁报**　曹伯韩著　黑白丛书社　1937年11月4版（粤）　广州　1+24　32开　黑白丛书战时特刊之一　钱俊瑞主编

本书分7个部分：民众自己的报纸、只花费一张纸头、不单是报道消息、要谈到日常生活、街头的文化运动、民众的组织者、文摘式的壁报。

**9570. 抗战期间新闻宣传**　任白涛著　新闻研究社　1938年5月初版　广州　102　大64开

分两章，战争与宣传、抗战期间的新闻宣传。书前有"开头的话"。

**9571. 抗战与新闻事业**　王新常著　商务印书馆　1938年1月初版，1938年2月3版　长沙　2+47　32开　抗战小丛书

本书论述抗战期间如何做好新闻事业。分5章：引言、新闻事业者应有的认识、如何造成抗战高于一切的舆论、力求报纸的大众化、结论。

**9572. 抗战知能（蜀版）**　教育部　1938年9月再版　30　64开　战时电播讲演歌咏会教材汇编

介绍战时电播讲演歌咏会的仪式、歌咏、报告、讲演等内容。附录：《本车施教节目表》。目录页书名作"战时电播讲演歌咏会教材"。封面有"教育部民众教育巡回施教车发行"字样。

**9573. 论通讯员及通讯写作诸问题**　晋察冀社集体讨论，孙犁执笔　边区抗敌报社　1940年4月　55　32开

本书分：什么叫通讯、一个优秀通讯员是怎样修养的、怎样写通讯、怎样采访4章。书前有刘平的前记，后有后记。

**9574. 闽声通讯社周年纪念特刊**　张帆主编　闽声通讯社　1942年10月　福建　15+169　16开　有题词、有图表

本书包括双十选论、周年文集、专论之栏、漫天烽火的世界、国防线上的福建现状、苦难中的海外华侨、崩溃中的倭国政局等8个部分。卷首有"发刊词"。

**9575. 去到敌人后方办报**　张友鸾著，中山文化教育馆编　编者刊　1939年8月渝版　重庆　26　32开　抗战丛刊　第90种

分为8个部分：报纸的游击战、自由的比利时、天津油印报纸、印刷设备、新闻的编选、新闻的来源、报纸的发行、一个重大的使命。

**9576. 全国报馆刊社调查录**　许晚成编　龙文书店　1936年6月　上海　279　16开　有插图、有图表

该书分地区（如上海之部、北平之部、福建之部等）介绍了全国各省市报馆、期刊社、刊名、地址、创刊年月、总经理、略历、主笔、重要编辑姓名、每份张数、副刊几种、销数总额、报费及广告费如何规定、宗旨及改进计划等等。卷首有编者所著《编行〈全国报馆刊社调查录〉之旨趣》和《全国报馆刊社调查统计表》。

**9577.** **全国报社通讯社一览**　中央宣传部新闻事业处编　编者刊　1941 年 11 月　102　32 开

分 3 部分：各重要市、各省、其他。介绍重庆市、上海市、其他各省及香港报社、通讯社的名称、负责人、地址等。

**9578.** **全国报社通讯社一览**　中央宣传部新闻事业处编　编者刊　1942 年 6 月　164　32 开

分 3 部分：各重要市、各省、其他。介绍重庆市、上海市、其他各省及香港报社、通讯社的名称、负责人、地址等。

**9579.** **全国报社通讯社一览**　军事委员会战时新闻检查局编　编者刊　1943 年 11 月　85　32 开　有图表

介绍重庆、四川、贵州、云南、广西、广东、湖南、江西等 21 个省市杂志社的名称、刊名、负责人、背景、篇幅、发行份数。书前有各省市报社、通讯社数量统计表、统计图及背景统计图表。

**9580.** **全国报社通讯社一览**　中央宣传部新闻事业处编　编者刊　1944 年 3 月　156　32 开

分 3 部分：各重要市、各省、其他。介绍重庆市、上海市、其他各省及香港报社、通讯社的名称、负责人、地址等。

**9581.** **全国杂志社一览**　中央宣传部宣传指导处征审科编　编者刊　1941 年 3 月　242　32 开

介绍各市、省及军办的杂志社的名称、负责人、刊期、登记号、地址等。

**9582.** **如何创办地方小型报**　敬朋著　联友出版社　1942 年 2 月初版　成都　2 + 58　32 开　有图表　新闻学小丛书

全书包括 4 部分："引言"、"要办一个什么样的地方报纸？"、"创立：一筹备、设备、登记"、"社务组织"。附录收《出版法全文》、《出版法实施细则》、《修正战时新闻禁载标准》。

**9583.** **上海报人的奋斗**　赵君豪著　尔雅书店　1944 年 10 月初版　重庆　4 + 244　32 开

分为 10 章：大时代的来临、十八个月的幽闭、无冕帝王的厄运、我们的奋斗、敌人占了租界以后、展开服务工作、阴影笼罩下的上海、上海的华侨、千山万水赋归来、六千里的路山河。书前有陈布雷和邵力子序，书后有作者后记。

**9584.** **上海报人的奋斗**　赵君豪著　国光印书馆　1946 年 3 月上海 3 版　上海　10 + 220　32 开

分为 10 章：大时代的来临、十八个月的幽闭、无冕帝王的厄运、我们的奋斗、敌人占了租界以后、展开服务工作、阴影笼罩下的上海、上海的华侨、千山万水赋归来、六千里的路山河。书前有陈布雷和邵力子序，书后有作者后记。

**9585.** **我们的壁报**　徐盈著，王子美绘图　文风书局　1943 年 10 月初版　重庆　4 + 36　32 开　有插图　新少年文库　第 1 集　王平陵主编

本书分 7 章：老师的老师、要有自己的报纸、一个壁报的诞生、创造出好风气、幼芽的创伤、跳、战时壁报。书前有萧同兹序。

**9586.** **香港自由日报二周年纪念专刊**　自由日报社编　自由日报社　1941 年 6 月　香港　30　16 开　有照片、有题词

本书分照片、纪念来往电文、题字、本报论文选辑、和平文献等 8 部分，收《争取言论自由》、《完成我们的使命》、《宣传会议的展望》、《西北割据与西南偏安》、《虚伪的宣传》、《重庆的新错觉》等 20 余篇短文。

**9587. 新闻政策**　赵建新编著　国民出版社　1941 年 4 月　金华　8＋172　32 开　有插图、有图表

本书分 10 章：新闻政策的目的认识、言论出版自由、新闻政策的实施、新闻检察制度、新闻政策与新闻法制、新闻事业的奖励与利用、新闻政策与新闻战、战时新闻政策、敌我新闻战的检讨、今后中国的新闻政策。书前有自序。附录收《现行出版法》、《战时新闻检查局组织大纲》、《各省市新闻检查所组织条例》等 5 篇文章。

**9588. 怎样写新闻通讯**　金照著　边区群众报社编　冀南日报社　1944 年 3 月　71　32 开

内容包括 6 个部分：工农同志要学习写稿、写什么、怎样搜集材料、写稿的过程、写的方法、其他。复制本。

**9589. 战时新闻学**　任毕明著　光明书局　1938 年 7 月　汉口　128　大 64 开

分 5 章：基本的认识、过去时代的新闻学、建立我们的新文器、几个要解决的问题、应用讲义14 课。

**9590. 战时中国报业**　程其恒编著，马星野校订　铭真出版社　1944 年 3 月初版　桂林　211　32开　有图表　最新新闻学丛书　第 3 种

介绍抗战以来重庆、上海、江苏等 34 个省市新闻事业情况。另收录《新闻记者法》、《战时新闻违检惩罚办法》、《战时新闻禁载标准》等。封面有编著者题赠。

**9591. 战争新闻读法**　卢豫冬著　无名社　1939 年 8 月初版　2＋74　32 开

分 9 章：反映在新闻纸上的战争活动、战争新闻的来源与新闻政策、现代战争的性质及其形态、战争的时代背景和具体环境、对于战争理论的基本认识、地理环境对于战争的影响、军火与战场以外的军火商活动、间谍活动及情报的反映和作用、把握战争新闻的具体方法。

**9592. 中国国际宣传社经过概况与未来计画**　中国国际宣传社编辑　编者刊　1933 年 5 月　上海46　32 开　有照片、有插图、有题词、有图表

全书分两个部分，第 1 部分介绍中国国际宣传社的经过概况，包括《本社成立之通电》、《本社宣言书》、《本社致汤玉麟电》等 14 篇文章；第 2 部分阐述中国国际宣传社的未来计划，分"筹备国际图书馆"、"扩大出版部组织"、"征求社友"等 7 个方面。附录中收《日本国际联盟协会组织大纲》。

**9593. 最新实验新闻学**　张西林编著　中华文化出版社　1945 年 7 月　福建南平　8＋236　32 开有图表

共分 18 章，结合抗战新形势，讲述新闻学理论。附录为《中国国民党新闻政策》、《新闻记者法》。

**9594. 京津新闻事业之调查**　（伪）中华民国新民会中央指导部调查科　1938 年 8 月　14＋14132 开　调查资料第二号

本书分两部分：北京新闻事业之调查、天津新闻事业之调查。书前有前言。出版时间据书内推论

**9595. 华北新闻记者讲习会讲义录**　（伪）华北新闻记者讲习会编　编者刊　1941 年 1 月　4＋20432 开

收《训辞》（王揖唐）、《新闻记者讲习会训词》（林文龙）、《新闻的两种区分》（管翼贤）、《报纸研究》（林敬尘）、《社会写作》（李春鹰）、《防共与华北特殊性》（冷家骥）、《新闻的标题》（陆少游）、《新闻经营论》（凌抚元）等 40 余篇文章。

**9596. 出版检查制度研究**　陶滌亚著　独立出版社　1939年2月初版　重庆　1+60　32开　有图表

本书分7章：导言、出版检查制度的由来、检查的性质范围和方法、世界各国的检查制度、我国检查制度的沿革和现状、出版检查与思想自由、结论。

**9597. 出版界**（三十年七月至十二月）　13　31cm×25.5cm

剪报本。收录《大公报》、《扫荡报》等报纸刊登的出版消息。

# 出版事业

**9598. 独立出版社图书目录**　独立出版社编　编者刊　1938年12月　114　32开

本书分3部分，第1部包括12类：总类、政治、国际与外交、军事、经济与财政、教育与文化、伦理与社会、民众运动、历史与地理、哲学、文化、其他。书目各附简要说明。第2部分为丛书。第3部分为代售书目，仅列书名。

**9599. 独立出版社图书目录**　独立出版社编　编者刊　1940年4月　重庆　4+130　32开

本书分3部分，第1部包括12类：总类、政治、国际与外交、军事、经济与财政、教育与文化、伦理与社会、民众运动、历史与地理、哲学、文化、其他。书目各附简要说明。第2部分为丛书。第3部分为代售书目，仅列书名。

**9600. 独立出版社图书目录**　独立出版社编　编者刊　1942年7月　重庆　1张　38.5cm×25.8cm

**9601. 国防实用丛书**（样本）　刘百川主编　汗血书店　上海　8　32开

本书为介绍该丛书的宣传册，分3个部分：国防实用丛书刊行旨趣、国防实用丛书发售预约简章、国防实用丛书编辑大纲。

**9602. 抗战读物选目**　赵福来编　1938年10月　［长沙］　47［环筒叶］　16开

本书将出版界出版的抗战读物分为19类：抗战一般读物、抗战纪实、民众组织、民众训练、民众运动、宣传工作、妇女工作、国际关系、战时政治经济、军事、战时教育、卫生救护与防御、战时乡村建设、战时文艺、战时戏剧、战时文化运动、国难历史、日本研究和战时读物选目补编。详细记录了书名、著者、印行者、出版期、版次、页数、定价和主要内容等项。稿本。

**9603. 抗战书目**　广东省立民教馆辅导组编　广东省立民众教育馆　1938年8月初版　广州　133　32开　有图表　广东省立民众教育馆民众教育丛书之四

本书分3部分：导言书籍杂志，书籍部分分10章：抗战理论、抗战史实、国际形势、战时军事、战时政治、战时经济、战时教育、战时社会、战时文艺、其他。

**9604. 民众读物摘要表**（第一册）　国立编译馆社会组编　编者刊　［68］［环筒页］　19cm×27cm　线装　有图表

全书表格形式，包括书名、编著人、通讯处、摘要、类别、文体等项目。其中编写的出版物摘要有《两个日本军官》、《敌兵投诚记》、《人菌战争》、《义勇军女司令》、《回教徒怒打日本兵》、《新木兰从军》、《怎样打败日本兵》等。稿本。

**9605. 民众读物摘要表**（第二册）　国立编译馆社会组编　编者刊　［103］［环筒页］　19cm×27cm　线装　有图表

全书表格形式，包括书名、编著人、通讯处、摘要、类别、文体等项目。其中编写的出版物摘要有《两个日本军官》、《敌兵投诚记》、《人菌战争》、《义勇军女司令》、《回教徒怒打日本兵》、《新木兰从军》、《怎样打败日本兵》等。稿本。

**9606. 审查手册**　　［中央图书杂志审查委员会编］　　［编者刊］　　1941 年 6 月　　8 + 124　　32 开　有图表　中央图书杂志审查委员会指导丛书

本书分上、中、下 3 编。上编为"方略"，收《各省图书杂志审查处工作须知》（附应用表格）；中编为"法规"，收《战时图书杂志原稿审查办法》等；下编"指示"，收关于审查手续等方面的指示。书前有潘公展《书刊审查工作要义》（代序）。

**9607. 战时图书杂志原稿审查办法释义**　中央图书杂志审查委员会编　编者刊　1943 年 2 月　32大 64 开

封面印有"机密"字样。

**9608. 战时新书目录**（第一回）　　上海杂志无限公司编　编者刊　1938 年 1 月　30　64 开

收录抗战读物目录。书后附丛书、杂志目录、上海杂志公司邮市部简章。

**9609. 战时言论出版自由**　张九如、童蒙圣、马星野、华西园、浦乃钧、光虞执笔　独立出版社1939 年 2 月初版，1939 年 2 月再版　重庆　4 + 56　32 开　战时综合丛书　第 4 辑 17

该书分 4 部分：导言、我国战时采行图书杂志原稿审查之意义与经过、参政会第二届大会对于出版自由之讨论、舆论一斑。书后附录收《现行出版法》、《修正战时图书杂志原稿审查办法》。

**9610. 正中书局服务部优待党政军教等机关批购战时书籍杂志简章**　正中书局　重庆　1 张　36cm×27.5cm

**9611. 中央宣传部历年印发各种宣传书刊目录**　　［中央宣传部编］　　［编者刊］　　1946 年　18　32开

本书收 1941 年 10 月至 1946 年 1 月期间印发的书刊目录 300 余种。封面印有"机密"字样。

**9612. 最近登记全国杂志社一览**　中央宣传部宣传指导处征审科编　编者刊　1939 年 3 月　40　32开

收录四川、重庆、江西、陕西、甘肃、云南、贵州、福建、江苏、浙江、湖南、河南、湖北、上海等 17 个省市杂志社的名称、发行人、编辑人、地址等。

**9613. 北平故宫博物院古物馆南迁物品清册**（第一册）　　北平故宫博物院编　编著刊　1933 年 2 月北平　247　16 开　有图表

点查故宫博物院瓷器、玉器、铜器、字画等项南迁物品的装箱数目。有凡例，目录页题书名："北平故宫博物院古物馆南迁物品装箱清册"。

**9614. 非常时期用书**（学校图书馆必备）　　正中书局　12　16 开

例举了抗战非常时期图书馆必备的图书目录，分公民、体育及童子军、国文、军训及军事看护、史地、教育、艺术等 9 部分。

# 图书馆、博物馆事业

**9615. 复旦大学由沪运出之图书目录**　复旦大学编　编者刊　1939 年 6 月　上海　［132］　16 开

本书分中日文书籍、西文书籍、普通参考书籍、装订杂志 4 部分，记录由复旦大学运出的图书目录。抄本。

**9616. 国立北平图书馆、国立西南联合大学合组中日战事史料征辑会工作报告**　13＋17　大 32 开

有图表

本书收录《中日战事史料征辑会工作报告（1939 年 1 月至 4 月）》。附录收《本会职员姓名录》、《入藏西文书籍期刊及日报简目》（英文）。

**9617. 国难杂作**　杜定友编著　1938 年 1 月　91＋78＋93　32 开

本书收 20 篇：《图书与逃命》、《国难与教育》、《对日问题研究书目》、《图书战时组织》、《杜氏图书分类法》等。后附《战时期刊目录》、《战时地名索引》。出版时间根据序言推断。

**9618. 抗战参考书目录暨论文索引（广西省政府图书馆）**　广西省政府图书馆编　编者刊　1938 年 1 月　广西省　［323］　32 开

本书分 4 部分：抗战参考书目录、抗战参考论文索引、抗战参考书目录补编、抗战参考论文索引补编。卷首有《说明》和《抗战参考书分类符号表》。附录包括《广西省政府图书馆组织章程》和《广西省政府图书馆阅览规则》。

**9619. 卢沟桥事变以来中日战事史料搜辑计画书**　姚从吾著　1939　31　32 开

本书分 7 部分：工作目的、保存计画、编辑计画、战区画分一览、搜集史料工作实施计划、搜集史料凡例、附录。

**9620. 卢沟桥事变以来中日战事史料搜辑计画书草稿**　姚从吾著　1938 年 8 月　［重庆］　15［环筒叶］　16 开　油印

本书分 7 部分：工作目的、保存计画、编辑计画、战区画分一览、搜集史料工作实施计划、搜集史料凡例、附录。

**9621. 战时参考资料书目**　何多源编　岭南大学图书馆、南大员生乡村工作服务团［印行］　1938 年 2 月　广州　［48＋4］　16 开　油印

岭南大学图书馆图书目录，分 19 部分：抗日战争（1937－38）、抗日战争（1932 年及以前）、民族英雄传记、国际形势、日本研究、军事常识、民众组织与训练、募捐、防护、间谍与汉奸、战时经济、财政、战时粮食问题、战时法律、战时交通、战时教育、战时政治、战时科学、战时文学、日本侵略中国史。附录收《战时期刊目录》和《战时参考书目》。

**9622. 战时图书馆**　许振东著　浙江省教育厅　1939 年 3 月初版　浙江　76　32 开　战时民众教育丛书　3　姜存松主编

主要论述图书馆在抗战期间的使命。分 9 章：战时图书馆的馆员、战时图书馆的工作、战时图书馆的经费、图书的运用与流通、阵中图书馆的筹设、战时读物陈列书目、文献与典籍的珍藏、宣传的资料与方式、协助抗敌后援工作。有题赠。

**9623. 抗战史料书总目录**　国立中央图书馆［编］　编者刊　1948 年 5 月　南京　77［环筒叶］　19.6cm×28.2cm　线装

内容分为总论、政治史、中国之战时政治、日本战时政治、中国战时外交、日本战时外交、中国抗战与世界、特种问题、结果和解、地方史等多个类别，收入抗战内容的书目 1500 余条。复写本。

**9624. 抗战史书目**　　1939 年 7 月　　［17］［环筒叶］　　32 开　　油印

　　本书分 8 部分：抗战概论书目、抗战政治史书目、抗战外交史书目、抗战地方史书目、抗战军事史书目、抗战社会史书目、抗战文艺书目、抗战史书目补遗。

# 资料汇编

**9625. 参考资料（第1号）** 外交部亚东司编 1939年3月16日 7［环筒叶］ 16开 油印
收录《日人所论扬子江上之各国势力》。

**9626. 参考资料（第2号）** 外交部亚东司编 1939年4月16日 5［环筒叶］ 16开 油印
收录《敌调查英美苏之军备》。

**9627. 参考资料（第3号）** 外交部亚东司编 1939年7月15日 10［环筒叶］ 16开 油印
收录《敌评论界对最近欧洲局势观》。

**9628. 参考资料（第4号）** 外交部亚东司编 1939年8月25日 1+13［环筒叶］ 16开 油印
收录《日本物价统制大纲》。

**9629. 参考资料（第5号）** 外交部亚东司编 1939年11月20日 5［环筒叶］ 16开 油印
收录《日本物价统制实施纲要》。

**9630. 参考资料（第7号）** 外交部亚东司编 1940年4月5日 1+21［环筒叶］ 16开 油印
收录《日英浅间丸事件之交涉经过》。

**9631. 参考资料（第15号）** 外交部亚东司编 编者刊 1940年10月20日 1+13［环筒叶］ 16开 油印
收录《敌中小企业现状》。

**9632. 参考资料（第16号）** 外交部亚东司编 编者刊 1940年11月25日 7［环筒叶］ 16开 油印
收录《敌在"满"生产概况》。

**9633. 参考资料（第17号）** 外交部亚东司编 1940年12月29日 7［环筒叶］ 16开 油印
收录《敌召集之"第二次东亚经济恳谈会"开会情形》。

**9634. 参考资料（第18号）** 外交部亚东司编 1941年1月7日 1+14［环筒叶］ 16开 油印
收录《汪逆卖国条约》。

**9635. 参考资料（第19号）** 外交部亚东司编 1941年2月8日 15［环筒叶］ 16开 油印
收录《朝鲜经济概况》。

**9636. 参考资料（第20号）** 外交部亚东司编 1941年3月4日 1+11［环筒叶］ 16开 油印
收录《敌之经济新体制要纲》。

**9637. 参考资料（第21号）** 外交部亚东司编 1941年3月28日 12［环筒叶］ 16开 油印
收录《敌昭和十六年度预算》。

**9638. 参考资料（第26号）** 外交部亚东司编 1941年8月30日 15［环筒叶］ 16开 油印

收录《敌国修正国家总动员法全文》。

**9639. 参考资料**（第27号） 外交部亚东司编 1941年9月30日 1+12［环筒叶］ 16开 油印

收录《敌"大日本兴亚同盟"之概况》。

**9640. 参考资料**（第28号） 外交部亚东司编 1941年10月28日 1+22［环筒叶］ 16开 油印 有图表

收录《泰国地理》。

**9641. 参考资料**（第30号） 外交部亚东司编 1942年12月30日 1+19［环筒叶］ 16开 油印 有插图

收录《泰国历史》。

**9642. 参考资料**（第31号） 外交部亚东司编 1942年1月30日 2+22［环筒叶］ 16开 油印

收录《敌东亚关系国策公司概况》。

**9643. 参考资料**（第32号） 外交部亚东司编 1942年1月30日 1+8［环筒叶］ 16开 油印

收录《泰国政治机构》。

**9644. 参考资料**（第33号） 外交部亚东司编 1942年2月28日 1+10［环筒叶］ 16开 油印

收录《敌加强粮食之国家管理》、《敌三菱财阀之事业概况》。

**9645. 参考资料**（第34号） 外交部亚东司编 1942年2月28日 1+11［环筒叶］ 16开 油印

收录《泰国排华法令》（上）。

**9646. 参考资料**（第35号） 外交部亚东司编 1942年3月30日 1+10［环筒叶］ 16开 油印 有图表

收录《敌华北开发华、中振兴两股份公司活动概况》、《日寇战时食粮政策》。

**9647. 参考资料**（第36号） 外交部亚东司编 1942年3月30日 1+9［环筒叶］ 16开 油印 有插图

收录《泰国交通》。

**9648. 参考资料**（第37号） 外交部亚东司编 1942年4月28日 1+24［环筒叶］ 16开 油印 有图表

收录《日寇四年来对华经济侵略之展望》。

**9649. 参考资料**（第38号） 外交部亚东司编 1942年4月28日 9［环筒叶］ 16开 油印

收录《泰国华侨人数与华侨问题》。

**9650. 参考资料**（第39号） 外交部亚东司编 1942年5月30日 1+8［环筒叶］ 16开 油印 有图表

收录《日寇之国家资本与经济建设》（上）。

**9651.** **参考资料**（第 40 号） 外交部亚东司编 1942 年 5 月 30 日 6 ［环筒叶］ 16 开 油印

收录《泰国的华侨》。

**9652.** **参考资料**（第 41 号） 外交部亚东司编 1942 年 6 月 30 日 14 ［环筒叶］ 16 开 油印 有图表

收录《日寇之国家资本与经济建设》（下）。

**9653.** **参考资料**（第 42 号） 外交部亚东司编 1942 年 6 月 30 日 1 + 21 ［环筒叶］ 16 开 油印

收录《泰国排华法令》（中）。

**9654.** **参考资料**（第 43 号） 外交部亚东司编 1942 年 7 月 30 日 1 + 10 ［环筒叶］ 16 开 油印 有图表

收录《日寇觊觎下之苏联重要物资》。

**9655.** **参考资料**（第 44 号） 外交部亚东司编 1942 年 7 月 30 日 1 + 13 ［环筒叶］ 16 开 油印

收录《泰国经济概况》。

**9656.** **参考资料**（第 45 号） 外交部亚东司编 1942 年 8 月 30 日 1 + 18 ［环筒叶］ 16 开 油印

收录《泰国排华法令》（下）。

**9657.** **参考资料**（第 46 号） 外交部亚东司编 1942 年 9 月 30 日 1 + 9 ［环筒叶］ 16 开 油印

收录《缅甸战局总检讨》。

**9658.** **参考资料**（第 47 号） 外交部亚东司编 1942 年 9 月 30 日 1 + 5 ［环筒叶］ 16 开 油印

收录《泰国华侨史略》。

**9659.** **参考资料**（第 48 号） 外交部亚东司编 1942 年 10 月 30 日 1 + 14 ［环筒叶］ 16 开 油印

收录《战时下的敌倭国民生活》。

**9660.** **参考资料**（第 49 号） 外交部亚东司编 1942 年 11 月 30 日 1 + 10 ［环筒叶］ 16 开 油印 有图表

收录《敌倭控制地域内之大米需给问题》。

**9661.** **参考资料**（第 50 号） 外交部亚东司编 1942 年 12 月 30 日 1 + 22 ［环筒叶］ 16 开 油印 有图表

收录《泰国教育概况》。

**9662.** **参考资料**（第 51 号） 外交部亚东司编 1943 年 1 月 30 日 1 + 12 ［环筒叶］ 16 开 油印

收录《日寇特殊钢会社之碎铁对策》。

**9663.** **参考资料**（第 52 号） 外交部亚东司编 1943 年 2 月 30 日 1 + 8 ［环筒叶］ 16 开 油

印

收录《敌倭加强生产之意见》。

**9664.** **参考资料**（第 53 号）　外交部亚东司编　1943 年 3 月 30 日　10〔环筒叶〕　16 开　油印

收录《敌倭第八十一届议会质问战摘录》。

**9665.** **参考资料**（第 54 号）　外交部亚东司编　1943 年 4 月 30 日　1 + 7〔环筒叶〕　16 开　油印

收录《来栖讲演所谓美日交涉之经过》。

**9666.** **参考资料**（第 55 号）　外交部亚东司编　1943 年 5 月 30 日　1 + 7〔环筒叶〕　16 开　油印

收录《泰国宪法》。

**9667.** **参考资料**（第 56 号）　外交部亚东司编　1943 年 6 月 30 日　1 + 7〔环筒叶〕　16 开　油印

收录《太平洋战争一年来敌倭政治上之演变》。

**9668.** **参考资料**（第 57 号）　外交部亚东司编　1943 年 6 月 30 日　6〔环筒叶〕　16 开　油印

收录《泰国国王之政治地位》、《泰国王族及人民之阶级尊称》。

**9669.** **参考资料**（第 58 号）　外交部亚东司编　1943 年 7 月 30 日　1 + 9〔环筒叶〕　16 开　油印

收录《太平洋战争一年来敌倭经济上之演变》。

**9670.** **参考资料**（第 59 号）　外交部亚东司编　1943 年 8 月 30　1 + 7〔环筒叶〕　16 开　油印

收录《日寇经济界之转废业问题》。

**9671.** **参考资料**（第 61 号）　外交部亚东司编　1943 年 10 月 30 日　1 + 11〔环筒叶〕　16 开　油印

收录《敌倭昭和十八年度总动员机构》。

**9672.** **参考资料**（第 71 号）　外交部亚东司编　编者刊　1943 年 5 月 30 日　8〔环筒叶〕　16 开油印

收录《敌倭强化国内体制》。

**9673.** **参考资料**（第 72 号）　外交部亚东司编　编者刊　1944 年 6 月 30 日　26〔环筒叶〕　16 开　油印

收录《泰国国际关系大事记》。

**9674.** **参考资料**（第 73 号）　外交部亚东司编　编者刊　1944 年 7 月 30 日　21〔环筒叶〕　16 开　油印

收录《泰国国际关系大事记》。

**9675.** **参考资料**（第 74 号）　外交部亚东司编　编者刊　1944 年 8 月 30 日　14〔环筒叶〕　16 开　油印

收录《敌东亚联盟同志会之改订"昭和维新论"草案》。

**9676.** **参考资料**（第 75 号）　外交部亚东司编　编者刊　1944 年 9 月 30 日　12〔环筒叶〕　16

开　油印

　　收录《敌倭十九年度预算之概况》。

**9677.** 参考资料（第76号）　外交部亚东司编　编者刊　1944年10月30日　8［环筒叶］　16
开　油印

　　收录《敌倭南洋经济建设之基本方针》。

**9678.** 参考资料（第77号）　外交部亚东司编　编者刊　1944年11月30日　7［环筒叶］　16
开　油印

　　收录《日苏渔业及石油煤炭利权移转议定书》。

**9679.** 参考资料（第78号）　外交部亚东司编　编者刊　1944年12月30日　7［环筒叶］　16
开　油印

　　收录《敌倭衣料票制度》。

**9680.** 参考资料（第79号）　外交部亚东司编　编者刊　1945年1月30日　6［环筒叶］　16开
油印

　　收录《泰国国际关系大事记（三十三年度）》。

**9681.** 敌情资料（第92号）　中央宣传部国际宣传处编　编者译　1942年1月8日　10［环筒叶］
16开　油印　有图表

**9682.** 敌情资料（第93号）　中央宣传部国际宣传处编　编者译　1942年1月16日　16［环筒
叶］　16开　油印

**9683.** 敌情资料（第94号）　中央宣传部国际宣传处编　编者译　1942年1月24日　11［环筒
叶］　16开　油印

**9684.** 敌情资料（第95号）　中央宣传部国际宣传处编　编者译　1942年2月6日　16［环筒叶］
16开　油印

**9685.** 敌情资料（第96号）　中央宣传部国际宣传处编　编者译　1942年2月10日　8［环筒叶］
16开　油印

**9686.** 敌情资料（第97号）　中央宣传部国际宣传处编　编者译　1942年2月13日　7［环筒叶］
16开　油印

**9687.** 敌情资料（第98号）　中央宣传部国际宣传处编　编者译　12［环筒叶］　16开　油印

**9688.** 敌情资料（第99号）　中央宣传部国际宣传处编　编者译　1942年2月25日　8［环筒叶］
16开　油印

**9689.** 敌情资料（第100号）　中央宣传部国际宣传处编　编者译　1942年3月1日　12［环筒
叶］　16开　油印

**9690.** 敌情资料（第101号）　中央宣传部国际宣传处编　编者译　1942年3月5日　5［环筒叶］
16开　油印

**9691.** 敌情资料（第102号）　中央宣传部国际宣传处编　编者译　1942年3月12日　7［环筒
叶］　16开　油印

**9692.** 敌情资料（第 103 号）　中央宣传部国际宣传处编　编者译　1942 年 3 月 24 日　14 ［环筒叶］　16 开　油印

**9693.** 敌情资料（第 104 号）　中央宣传部国际宣传处编　编者译　1942 年 3 月 29 日　7 ［环筒叶］　16 开　油印

**9694.** 敌情资料（第 105 号）　中央宣传部国际宣传处编　编者译　1942 年 4 月 1 日　7 ［环筒叶］　16 开　油印

**9695.** 敌情资料（第 106 号）　中央宣传部国际宣传处编　编者译　1942 年 4 月 6 日　13 ［环筒叶］　16 开　油印

**9696.** 敌情资料（第 107 号）　中央宣传部国际宣传处编　编者译　1942 年 4 月 13 日　8 ［环筒叶］　16 开　油印

**9697.** 敌情资料（第 108 号）　中央宣传部国际宣传处编　编者译　1942 年 4 月 18 日　8 ［环筒叶］　16 开　油印

**9698.** 敌情资料（第 109 号）　中央宣传部国际宣传处编　编者译　1942 年 4 月 22 日　7 ［环筒叶］　16 开　油印

**9699.** 敌情资料（第 110 号）　中央宣传部国际宣传处编　编者译　1942 年 4 月 27 日　8 ［环筒叶］　16 开　油印

**9700.** 敌情资料（第 111 号）　中央宣传部国际宣传处编　编者译　1942 年 4 月 27 日　11 ［环筒叶］　16 开　油印

**9701.** 敌情资料（第 112 号）　中央宣传部国际宣传处编　编者译　1942 年 4 月 27 日　10 ［环筒叶］　16 开　油印

**9702.** 敌情资料（第 113 号）　中央宣传部国际宣传处编　编者译　1942 年 6 月 8 日　16 ［环筒叶］　16 开　油印

**9703.** 敌情资料（第 115 号）　中央宣传部国际宣传处编　编者译　1942 年 7 月 25 日　7 ［环筒叶］　16 开　油印

**9704.** 敌情资料（第 116 号）　中央宣传部国际宣传处编　编者译　1942 年 8 月 13 日　5 ［环筒叶］　16 开　油印

**9705.** 敌情研究　陈博生讲　1939 年 3 月　2＋38　32 开

全书分 11 部分，包括日本政治演变的 3 大时期、日本政治制度的 3 大弱点、日本左右两派的特征及发展、元老重臣与既成政党的衰落等。评述日本经济的脆弱性、日本战时经济体制、日本战费来源的穷困、日本国民负担力的薄弱等问题。

**9706.** 敌情研究　邓梅羹著　国民出版社　1940 年 7 月初版　金华　14＋182　32 开　有图表

本书共 7 章：日本概述、明治维新、日本政治、日本经济、日本军事、日本侵略中国史、结论——中日战争之前途及其对策。附录收《各种重要统计表》、《日本侵略中国年表》、《日本历代内阁一览》。有贺扬灵序、作者序、后记。

**9707.** 敌情研究　熊大迈著，江西省地方行政干部训练团附设县教育长特班编　编者刊　1941 年 6

月　4＋84　32 开

全书共 8 章，包括日本的政治机构、战时体制、战时经济、投机主义的日本军部、侵略主义的日本外交、大陆政策与海洋政策的检讨、日本的民族性、最近日本国内概况。

**9708. 敌情研究**（第 2 期）　国民政府军事委员会政治部第三厅第三科编　编者刊　1939 年 3 月 11 日　2＋38　32 开

本书收录《敌国军备的缺陷》、《日苏渔约问题》、《中国第一期抗战与日本政治情势之变化》、《敌首相平沼及其内阁》。另收《敌国大事记（2 月 24 日至 3 月 5 日）》。封面印有"密"字。

**9709. 敌情研究**（第 3 期）　国民政府军事委员会政治部第三厅第三科编　编者刊　1939 年 4 月 1 日　2＋46　32 开

本书收录《敌政府对政党方策的检讨—国民总动员失败之一考察》、《日本国民生活的恶化》、《所谓"东亚新秩序"与敌国外交方针》。另收《敌之"兴亚院"官制》、《敌国大事记（3 月 6 日至 3 月 26 日）》。封面印有"密"字。

**9710. 敌情研究**（第 4 期）　国民政府军事委员会政治部第三厅第三科编　编者刊　1939 年 4 月 11 日　2＋36　32 开

本书收录《敌对我沦陷区的政治工作与我们应取的对策》、《敌企划院及其职能之变迁》、《"总亲和"幕内的诸对立——关于敌国本届议会考察之三》、《抗战以来敌国股票跌落的概况》。另收《敌军事机构表》、《敌国大事记（3 月 26 日至 4 月 4 日）》。封面印有"密"字。

**9711. 敌情研究**（第 5 期）　国民政府军事委员会政治部第三厅第三科编　编者刊　1939 年 4 月 21 日　2＋38　32 开　有图表

本书收录《敌国"物资总动员计划"的过去与现在》、《所谓"大学事件"之经过》、《现阶段的日本法西斯》。另收《敌仓库存货低减表》、《敌"兴亚院"联连部（特务部）官长一览》、《敌国大事记（3 月 5 日至 3 月 14 日）》。封面印有"密"字。

**9712. 敌情研究**（第 6 期）　国民政府军事委员会政治部第三厅第三科编　编者刊　1939 年 5 月　2＋36　32 开

本书收录《敌之伪装法西斯新党运动》、《敌侵华总机关兴亚院》、《再论敌国预算》。书后附录《伪新民会的纲领与章程》、《敌国大事志》。

**9713. 敌情研究**（第 7 期）　国民政府军事委员会政治部第三厅第三科编　编者刊　1939 年 5 月　2＋40　32 开

本书收录《敌方的国民精神总动员运动》、《敌本届陆军的定期异动》、《战时下的敌国工人》、《敌之增税法案全貌》。书后附录《敌国大事志》。

**9714. 敌情研究**（第 8 期）　国民政府军事委员会政治部第三厅第三科编　编者刊　1939 年 6 月　32　32 开

本书收录《倭意德军事同盟的悲喜剧》、《战时下的敌国物价问题》、《俘获文件四则》、《青山研究室敌情简报》。书后附录《敌国大事志》。

**9715. 敌情研究**（第 9 期）　国民政府军事委员会政治部第三厅第三科编　编者刊　1939 年 7 月　2＋62　32 开　有插图

本书为七七二周年纪念特刊，内容为抗战以来敌情的总检讨，分 4 个部分：政治、社会、财政经济、敌人制造之伪组织及其经济侵略机关。书后有附录。

**9716. 敌情研究**（第 10 期）　国民政府军事委员会政治部第三厅第三科编　编者刊　2＋46　32 开

本书分 3 个部分：敌侵扰租界问题、两年来敌人的金融侵略和我们的对策、资料。书后附录《敌国大事志》。

**9717. 敌情研究**（第 11 期）　国民政府军事委员会政治部第三厅第三科编　编者刊　2＋46　32 开

本书分两个部分：敌军各兵种的战斗情形、敌军内部的各种黑幕。书后附录《敌国大事志》。

**9718. 敌情研究**（第 14 期）　国民政府军事委员会政治部第三厅第三科编　编者刊　1939 年 11 月
1 日　1＋64　32 开　有图表

本书包括短评 3 篇：《湘北大捷证明敌军转弱》、《汪逆的苦闷》、《敌外务省的风潮》。文章 4
篇：《欧战与敌国经济》、《斗争展开中的重臣层与军部法西斯》、《日本无产阶级斗争的革命化与支
配阶级统治的破绽》、《日本的棉花恐慌》。资料 4 篇：《记一个日本兄弟的谈话》、《俘虏供词一
节》、《军部干政的危机》、《昏庸乱国的政治家》。另收《敌国大事记（9 月 25 日至 10 月 24 日）》。
封面印有" 密" 字。

**9719. 敌情研究**（第 15 期）　国民政府军事委员会政治部第三厅第三科编　编者刊　1939 年 12 月
1 日　1＋76　32 开　有图表

本刊收录短评 6 篇：《明年度敌国预算》、《日圆改与美元联系》、《政党政治能复活吗》、《危机
四伏的敌国财政金融》等。资料 4 篇：《开封通讯》、《中国的命运和美国的将来》等。补白 3 篇。
另收《敌国大事日志（10 月 13 日至 11 月 14 日）》等。封面印有"密"字样。

**9720. 敌情研究**（第 16 期）　国民政府军事委员会政治部第三厅第三科编　编者刊　70　32 开

本书包括短评 3 篇：《阿部内阁的补充》、《敌国黄金的枯竭》、《汪逆篡改三民主义》。文章 4
篇：《日益严重的敌国食粮问题》、《敌政府的米谷对策》、《敌外务省风潮与贸易省设置问题》、《在
毁灭中的日本农村》。资料 5 篇：《阿部内阁补充阁员略传》、《兽蹄蹂躏下的东北》等。补白 3 篇。
另收《敌国大事记（11 月 15 日至 11 月 30 日）》。封面印有"密"字。

**9721. 敌情研究**（第 17、18 期）　国民政府军事委员会政治部第三厅编　编者刊　1940 年 2 月 1
日　1＋112　32 开

本书包括短评 3 篇：《"浅间丸事件"和敌寇加紧封锁英津租界》、《美日商约进入无条约状
态》、《所谓东亚经济恳谈会》。文章 3 篇：《阿部的下台与米内的上台》、《最近敌国经济概述》、
《敌人的军火力》。另收《蒋委员长为敌汪密约告全国军民书》、《敌国大事记（1939 年 12 月 1 日至
1940 年 1 月 15 日）》。封面印有"密"字。

**9722. 敌情研究**（第 19 期）　国民政府军事委员会政治部第三厅编　编者刊　1940 年 3 月 1 日　1＋
62　32 开

本书包括短评 3 篇：《斋藤隆夫失言事件的意义》、《敌国电力不足的严重化》、《法倭间通商贸
易关系的展望》。文章 3 篇：《从米内内阁的特殊性说到它今后施政的动向》、《米内与议会》、《一
九三九年敌国贸易与贸易政策》。资料 3 篇：《危机未去之苏日关系》、《敌国陆海军扩充计划》、
《敌国第七十五届议会中首相米内及外相有田之演辞》。另收《敌国大事记（1 月 16 日至 2 月 10
日）》。封面印有"密"字。

**9723. 敌情研究**（第 21、22 期）　国民政府军事委员会政治部第三厅编　编者刊　1940 年 4 月 11
日　106　32 开　有图表

本书收录《汪班傀儡戏的出演》、《现阶段敌国经济政策的性格》、《敌国国民生活的恶化——

以工人生活为例》、《敌政党纠纷的暗面》、《走向绝境的日寇对外贸易》、《敌情漫话（续）》等内容。另收《敌国大事记（2月26日至3月15日）》。封面印有"密"字。

**9724. 敌情研究（第23期）**　国民政府军事委员会政治部第三厅编　编者刊　1940年4月26日　3+86　32开

　　本书包括短评3篇：《新伪通货问题》、《敌酋阿部的来华》、《揭破敌人军管理工厂的欺骗》。文章3篇：《从敌寇文件中揭发所谓"扫荡"战的目的与方法》、《敌情漫话（续）》、《敌政府物价对策的考察》。资料2篇：《去年一年中敌人在沦陷区域经济侵略的设施》、《敌军部恫吓政党》。另收《敌国大事记（3月26日至4月10日）》。封面印有"密"字。

**9725. 敌情研究（第24期）**　国民政府军事委员会政治部第三厅编　编者刊　84　32开

　　本书包括短评3篇：《米内内阁的危机》、《危机日深的敌国财政金融》、《军部法西斯的新运动》。文章3篇：《日本的金融恐慌》、《敌人的所谓"东亚新秩序"》、《敌寇在侵略区内的政治阴谋》。资料1篇：《敌人在侵占区中所设立之三大经济侵略机关之概况》。另收《敌国大事记（4月11日至5月25日）》。封面印有"密"字。

**9726. 敌情研究（第25、26期）**　国民政府军事委员会政治部第三厅编　编者刊　1+116　32开

　　本书包括短评3篇：《敌国恶性通货膨胀的危机》、《敌国政党的混乱》、《敌对荷属东印度的野心》。文章4篇：《敌在沦陷区资源掠夺的检讨》、《法币、伪钞、"军票"》、《日本侵华与日本劳动大众》、《欧战扩大与日本经济》。资料1篇：《汪逆伪组织成立经过》。另收《敌国大事记（4月26日至5月25日）》。封面印有"密"字。

**9727. 敌情研究（第28、29期）**　国民政府军事委员会政治部第三厅编　编者刊　1940年7月16日　140　32开　油印　有图表

　　"七七"三周年纪念特刊。收录《三年来敌情述要》。附录收《抗战以来敌军伤亡统计表》、《三年来各战区虏获战利品统计表》、《敌国大事记（6月16日至7月10日）》。

**9728. 敌情研究（第30期）**　国民政府军事委员会政治部第三厅编　编者刊　1940年8月20日　1+78　32开

　　本书包括短评两篇：《近卫'新体制'的前途》、《敌寇的南进与其必要条件》。文章3篇：《近卫登台以后》、《敌国生产力扩充一瞥》、《敌人在满洲经济掠夺的措施》。资料3篇：《近卫内阁阁员一览》、《敌陆军新阵容》、《敌新军管区辖境一览》。另有《敌国大事记（7月11日至8月10日）》。封面印有"密"字。

**9729. 敌情研究（军官政训教材）**　军事委员会政治部编　编者刊　1941年　2+110　32开

　　本书共7篇：东京印象记、谁是日本的统治者、日本陆军、战神与日本资本主义、国运的赌赛、内阁短命与破产外交、日本到何处去。

**9730. 敌情研究（日本之经济·政治·军备·外交的剖视）**　尹树生编著　军训部游击干部训练班　1939年7月　6+188+22　32开　有图表

　　本书为政治部讲义，共6讲：日本之自然及历史的环境、日本资本主义的经济机构、日本的国家机构与政治问题、日本的兵力与军备概况、日本的国际关系与外交、侵华战中日本的姿态。附录各种重要统计表、日本历代内阁一览、日本侵略中国年表和重要参考书目。封面有题赠。

**9731. 敌伪纪要（第1号）**　外交部亚东司编　编者刊　1939年1月1日　2+13［环筒叶］　16开　油印

该纪要为国民政府外交部亚东司所编，每半月印行一期。书前例言称，"本刊宗旨，纯为提供敌伪资料，并非情报性质，凡一般刊物不便登载，或登载而未详，或散见各处之重要事项，纵令时间已过，亦拟择要补充，以备查考"。本册包括《敌政府一月十六日与十一月三日两次狂妄声明》、《有田之外交方针》、《傀儡组织及群丑》等5篇文章。

**9732.** 敌伪纪要（第2号）　外交部亚东司编　编者刊　1939年1月15日　1+22［环筒叶］　16开　油印

包括《十二月廿二日近卫声明所谓调整中日国交之根本方针》、《近卫对于解释十一月三日声明之广播演说》、《十一月三日日政府声明之真意》等7篇文章。

**9733.** 敌伪纪要（第3号）　外交部亚东司编　编者刊　1939年2月1日　1+27［环筒叶］　16开　油印

包括《平沼内阁之特异性》、《所谓东亚文化协议会》、《武汉广州几个傀儡组织》等7篇文章。

**9734.** 敌伪纪要（第4号）　外交部亚东司编　编者刊　1939年2月16日　1+27［环筒叶］　16开　油印　有图表

包括《日本七十四届议会问答录（其一）》、《平沼内阁阁员略历》、《日本现任各省政务官及参兴官略历》、《日苏渔业问题》。

**9735.** 敌伪纪要（第5号）　外交部亚东司编　编者刊　1939年3月1日　1+32［环筒叶］　16开　油印

包括《日本七十四届议会问答录》、《日本国防之新目标》、《平沼内阁性格之检讨》等4篇文章。

**9736.** 敌伪纪要（第6号）　外交部亚东司编　编者刊　1939年3月26日　27［环筒叶］　16开　油印

包括《伪满参加防共协定》、《所谓东亚协同体》、《敌七十四次议会中之答辩（其三）》等。

**9737.** 敌伪纪要（第7号）　外交部亚东司编　编者刊　1939年4月1日　1+29［环筒叶］　16开　油印

包括《苏日渔业问题》、《敌七十四次议会答辩》、《伪协和会伪新民会》等5篇文章。

**9738.** 敌伪纪要（第8号）　外交部亚东司编　编者刊　1939年4月15日　1+25［环筒叶］　16开　油印

包括《苏日渔业问题》、《敌在华设置联络部》、《意日文化协定》、《敌七十四次议会答辩》、《敌伪简闻》。

**9739.** 敌伪纪要（第9号）　外交部亚东司编　编者刊　1939年5月1日　1+14［环筒叶］　16开　油印

包括《敌侵华二大国营公司概况》、《敌七十四词议会答辩（补遗)》、《敌伪简闻》。

**9740.** 敌伪纪要（第10号）　外交部亚东司编　编者刊　1939年6月1日　1+12［环筒叶］　16开　油印

包括《敌第七十四届议会所通过之重要法律概观》、《敌人妄想之支那事变解决要纲》、《敌伪简闻》。

**9741.** 敌伪纪要（第11号）　外交部亚东司编　编者刊　1939年6月16日　1+16［环筒叶］

16 开　油印

包括《敌在我察绥一带之经济设施》、《敌本年度预算概况》、《敌内阁之新调动》等 6 篇文章。

**9742. 敌伪纪要**（第 12 号）　外交部亚东司编　编者刊　1939 年 7 月 16 日　1＋31 ［环筒叶］
16 开　油印

包括《七七事变二周年敌政府当局之狂吠》、《七七两周年敌陆军省发行纪念小册子内容概要》、《敌第七十四届议会所通过之重要法律概观（二）》、《敌伪简闻》。

**9743. 敌伪纪要**（第 13 号）　外交部亚东司编　编者刊　1939 年 8 月 16 日　1＋20 ［环筒叶］
16 开　油印

包括《敌兴亚院兴亚委员会组织大纲》、《敌商工省之机构改革案》、《敌派代表参加德国国社党大会》等 6 篇文章。书后有附录。

**9744. 敌伪纪要**（第 14 号）　外交部亚东司编　编者刊　1939 年 9 月 16 日　1＋34 ［环筒叶］
16 开　油印

包括《阿部上台后第一次讲话》、《阿部谈解决"中国事变"与对外方针》、《敌前外相宇垣最近之谈话》等 7 篇文章。书后有附录。

**9745. 敌伪纪要**（第 15 号）　外交部亚东司编　编者刊　1939 年 10 月 1 日　1＋18 ［环筒叶］
16 开　油印

包括《德苏互不侵犯条约与平沼内阁之崩溃》、《欧局与日本》、《日人观察诺蒙坎事件之真相》等 5 篇文章。

**9746. 敌伪纪要**（第 16 号）　外交部亚东司编　编者刊　1939 年 11 月 1 日　1＋15 ［环筒叶］
16 开　油印

包括《敌阿部内阁之性格》、《敌首相外相谈对外政策》、《英日东京会谈之经过（续）》等 5 篇文章。

**9747. 敌伪纪要**（第 17 号）　外交部亚东司编　编者刊　1939 年 12 月 16 日　1＋23 ［环筒叶］
16 开　油印

包括《英日东京会谈（三）》、《敌米谷供应问题》、《敌外务省为新设贸易省案所引起之纠纷》等 6 篇文章。

**9748. 敌伪纪要**（第 18 号）　外交部亚东司编　编者刊　1940 年 1 月 25 日　1＋18 ［环筒叶］
16 开　油印

包括《敌评论届关于对苏问题之二种对立主张》、《敌明年度预算》、《来年度日本外务省预算内容》等 5 篇文章

**9749. 敌伪纪要**（第 19 号）　外交部亚东司编　编者刊　1940 年 2 月 3 日　1＋19 ［环筒叶］　16
开　油印

包括《敌米内首相初次会见记者问答录》、《敌来年度预算与本年度之比较》、《泰日航空协定》、《东京美日会谈纪要》等 6 篇文章。

**9750. 敌伪纪要**（第 20 号）　外交部亚东司编　编者刊　1940 年 3 月 1 日　1＋22 ［环筒叶］　16
开　油印

包括《敌米内首相在议会中之施政演说要旨》、《敌有田外相在议会中之外交演说要旨》、《敌

樱田藏相在议会中之财政演说要旨》等7篇文章。

**9751. 敌伪纪要**（第21号）　外交部亚东司编　编者刊　1940年4月5日　1+16［环筒叶］　16开　油印

  包括《米内山之反近卫声明论》、《敌论坛界关于开放长江之评论》、《敌伪简闻》等4篇文章。

**9752. 敌伪纪要**（第22号）　外交部亚东司编　编者刊　1940年4月25日　1+15［环筒叶］16开　油印

  包括《敌政府对南京伪中央政府发表声明》、《米内在众议院对南京伪中央政府发表声明》、《敌米内关于伪中央政府问题之谈话》等6篇文章。

**9753. 敌伪纪要**（第23号）　外交部亚东司编　编者刊　1940年5月10日　1+21［环筒叶］16开　油印

  包括《敌之米谷公债军事费与对外贸易》、《敌开放珠江之经过》、《日本外务省通商局之沿革》等5篇文章。

**9754. 敌伪纪要**（第24号）　外交部亚东司编　编者刊　1940年6月15日　1+32［环筒叶］16开　油印

  包括《敌两大侵华公司经营近况》、《敌战时贸易现状与将来》、《南京伪组织之成立经过及其现状》等4篇文章。

**9755. 敌伪纪要**（第25号）　外交部亚东司编　编者刊　1940年7月30日　1+22［环筒叶］16开　油印

  包括《近卫所主张之新政治体制》、《敌对伪满投资及伪满产业开发之实况》、《敌对华之热源侵略》等4篇文章。

**9756. 敌伪纪要**（第26号）　外交部亚东司编　编者刊　1940年8月28日　1+21［环筒叶］16开　油印

  包括《首次近卫内阁之内外政策》、《敌伪协议华北经济对策》、《敌伪简闻》等5篇文章。

**9757. 敌伪纪要**（第28号）　外交部亚东司编　编者刊　1940年10月18日　1+21［环筒叶］16开　油印

  包括《日本新政治体制运动》、《敌近卫首相于三国同盟缔结后对国民发表广播演说》、《敌新外相阐述外交方针》等7篇文章。

**9758. 敌伪纪要**（第29号）　外交部亚东司编　编者刊　1940年11月15日　1+20［环筒叶］16开　油印

  包括《敌近卫首相对地方长官训词要旨》、《敌松冈外相在地方长官会议外交政策演说要旨》、《敌战时体制下之企业动向》等6篇文章。

**9759. 敌伪纪要**（第31号）　外交部亚东司编　编者刊　1941年1月28日　1+25［环筒叶］16开　油印

  包括《敌阁议通过战时贸易紧急对策》、《伪中央储备银行》、《敌近卫内阁历次补充阁员之略历》等5篇文章。

**9760. 敌伪纪要**（第32号）　外交部亚东司编　编者刊　1941年2月28日　［17］［环筒叶］32开　油印

包括《敌近卫首相在七十六届议会关于一般施政方针之演说》、《敌松冈外相在七十六届议会演说要旨》、《敌军人对于中日战事之观感》等4篇文章。

**9761.** 敌伪纪要（第33号）　外交部亚东司编　编者刊　1941年3月28日　［18］［环筒叶］32开　油印

　　包括《松冈阐述对美苏之外交关系》、《尾崎行雄对倭政府提质问书》、《敌粮食问题》等6篇文章。

**9762.** 敌伪纪要（第34号）　外交部亚东司编　编者刊　1941年4月27日　19［环筒叶］32开　油印

　　包括《敌国和平攻势之失败》、《敌近卫内阁最近补充三阁员略历》、《敌伪经济提携之实况》等6篇文章。

**9763.** 敌伪纪要（第35号）　外交部亚东司编　编者刊　1941年5月28日　23［环筒叶］32开　油印

　　包括《敌近卫首相谈内外诸问题》、《敌公债发行额之增大及其及于敌国民经济之影响》、《敌对伪满投资及伪满企业之现状》等6篇文章。

**9764.** 敌伪纪要（第36号）　外交部亚东司编　编者刊　1941年6月30日　1+25［环筒叶］16开　油印

　　包括《伪满金融膨胀之现阶段》、《敌新任参谋总长及军令部总长略历》、《敌确立科学技术新体制要纲》等5篇文章。

**9765.** 敌伪纪要（第37号）　外交部亚东司编　编者刊　1941年7月30日　22［环筒叶］32开　油印

　　包括《敌之财政金融基本方策要纲》、《伪蒙行政机构之改革》、《越日贸易概况》等6篇文章。

**9766.** 敌伪纪要（第38号）　外交部亚东司编　编者刊　1941年8月30日　1+20［环筒叶］16开　油印

　　包括《日汪条约原文》、《华北劳力向伪满移动近况》、《伪蒙经济概况》等7篇文章。

**9767.** 敌伪纪要（第39号）　外交部亚东司编　编者刊　1941年9月30日　1+19［环筒叶］16开　油印

　　包括《汪逆访日及其谬论》、《敌商相左近司之东亚资源掠夺策》、《敌伪简闻》等5篇文章。

**9768.** 敌伪纪要（第40号）　外交部亚东司编　编者刊　1941年10月28日　1+22［环筒叶］16开　油印

　　包括《敌华中振兴公司所属子公司经营近况及其改革对象》、《敌小仓前藏相讲金融之方针》、《苏日通商贸易协定暨其沿革》等6篇文章。

**9769.** 敌伪纪要（第41号）　外交部亚东司编　编者刊　1941年11月30日　1+21［环筒叶］16开　油印

　　包括《敌经营华北概况》、《倭葡航空协定》、《敌东条内阁阁员略历》等6篇文章。

**9770.** 敌伪纪要（第42号）　外交部亚东司编　编者刊　1941年12月30日　1+17［环筒叶］16开　油印

　　包括《敌东条首相在临时议会所讲对外政策三原则》、《敌东乡外相在临时议会之外交演说》、

《敌贺屋藏相在临时议会之演词》等6篇文章。

**9771. 敌伪纪要**（第43号）　外交部亚东司编　编者刊　1942年8月30日　1+15［环筒叶］
16开　油印

包括《敌倭加紧收回铜铁》、《敌南方金融经济对策》、《敌改正海运统制令》等7篇文章。

**9772. 敌伪纪要**（第44号）　外交部亚东司编　编者刊　1942年10月30日　1+14［环筒叶］
16开　油印

包括《日本银行改组后之新性格》、《日寇压迫泰国投降之自白》、《敌伪简闻》等5篇文章。

**9773. 敌伪纪要**（第45号）　外交部亚东司编　编者刊　1942年11月30日　1+16［环筒叶］
16开　油印

包括《敌倭芳泽特使谈南方建设现况》、《敌倭藤山顾问视察南京报告书》、《敌伪简闻》等5篇文章。

**9774. 敌伪纪要**（第46号）　外交部亚东司编　编者刊　1942年12月30日　1+14［环筒叶］
16开　油印

封面题有"倭寇第七十九/八十次议会关于'南洋资源开发问题'之答辩"字样。

**9775. 敌伪纪要**（第47号）　外交部亚东司编　编者刊　1943年1月30日　1+11［环筒叶］
16开　油印

包括《敌驻爪哇军政监谈荷印现状及今后动向》、《敌酋田中总指挥谈菲律宾近况》、《日寇占领下菲岛之产米情形》等6篇文章。

**9776. 敌伪纪要**（第48号）　外交部亚东司编　编者刊　1943年2月28日　1+16［环筒叶］
16开　油印

包括《敌倭大每新闻记者铃木之马来及苏门答腊视察记》、《敌倭军政统治下之缅甸》、《敌倭南洋委任统治地之发展概况》等5篇文章。

**9777. 敌伪纪要**（第49号）　外交部亚东司编　编者刊　1943年3月30日　1+16［环筒叶］
16开　油印

包括《敌倭大每新闻驻曼谷记者星安报告泰缅铁路建设情形》、《敌倭之所谓新菲律宾建设情形》、《敌倭在南洋方面军政施设情形》等5篇文章。

**9778. 敌伪纪要**（第50号）　外交部亚东司编　编者刊　1943年4月30日　1+13［环筒叶］
16开　油印

包括《德意日经济合作协定全文》、《敌倭特殊财产资金特别会计法案》、《敌倭交易营团法律案》等5篇文章。

**9779. 敌伪纪要**（第51号）　外交部亚东司编　编者刊　1943年5月30日　1+13［环筒叶］
16开　油印

包括《日泰文化协定》、《敌倭外务省新设战时临时调查室之概况》、《敌伪简闻》等5篇文章。

**9780. 敌伪纪要**（第52号）　外交部亚东司编　编者刊　1943年6月30日　1+17［环筒叶］
16开　油印

包括《敌倭谷荻大佐对于解决中国问题之观感》、《敌倭食粮营团之概况》、《伪满决定基本国策大纲》等6篇文章。

**9781. 敌伪纪要**（第53号）　外交部亚东司编　编者刊　1943年7月30日　1+18［环筒叶］
16开　油印

　　包括《敌倭加紧征收一般家庭之金属类》、《敌倭军部发表前往南洋日人之指南》、《敌伪简闻》
等5篇文章。

**9782. 敌伪纪要**（第54号）　外交部亚东司编　编者刊　1943年8月30日　1+20［环筒叶］
16开　油印

　　包括《敌倭中央协力会议第四次会议概要》、《敌倭统一征收金属办法》、《敌倭收回华中华南
军票之概况》等5篇文章。

**9783. 敌伪纪要**（第56号）　外交部亚东司编　编者刊　1943年10月30日　1+22［环筒叶］
16开　油印

　　包括《敌倭满铁公司改组之概况》、《敌倭记者所述南方之印象》、《敌倭所谓国际谍报团事件》
等7篇文章。

**9784. 敌伪纪要特号**（第2号）　外交部亚东司编　编者刊　1939年1月22日　8［环筒叶］　16
开　油印

　　收录《敌米内内阁阁员略历》。

**9785. 敌伪简讯**　1943年3月　［158］　横16开　油印
　　出版时间据封面推论。

**9786. 敌伪简讯**　1943年2月　［121］　横16开　油印
　　出版时间据封面推论。

**9787. 国外情报选编**　外交部情报司编　编者刊　［255］　大16开　精装、油印　有图表
　　全书为合订本，收录外交、军事、东北伪组织、侨务等类别的情报资料。包括：《国外情报选
编》（外交第1号）、《国外情报选编》（军事第1号）、《国外情报选编》（军事第3号）、《国外情
报选编》（东北伪组织专号第1号）、《国外情报选编》（东北伪组织专号第2号）、《国外情报选编》
（东北伪组织专号第3号）、《国外情报选编》（东北伪组织专号第4号）、《国外情报选编》（东北伪
组织专号第5号）、《国外情报选编》（侨务第1号）、《国外情报选编》（侨务第2号）、《国外情报
选编》（侨务第3号）、《国外情报选编》（侨务第4号）、《国外情报选编》（密件第1号）、《国外
情报选编》（密件第2号）。

**9788. 情报汇编**　第二战区战地党政委员会分会军务处编　编者刊　1942年6月　2+10［环筒叶］
32开　油印

　　本书收录敌伪动态。

**9789. 情报汇编**　第二战区战地党政委员会分会军务处编　编者刊　1942年7月　1+13［环筒叶］
32开　油印　有插图

　　本书包括敌伪动态、奸叛动态两部分。

**9790. 情报汇编**　第二战区战地党政委员会分会军务处编　编者刊　1942年8月　1+10［环筒叶］
32开　油印

　　本书包括敌伪动态、奸叛动态两部分。

**9791. 情报汇编**　第二战区战地党政委员会分会军务处编　编者刊　1942年9月　1+9［环筒叶］

32 开　油印

　　本书包括敌伪动态、奸叛动态两部分。

**9792.** 情报汇编　第二战区战地党政委员会分会军务处编　编者刊　1942 年 10 月　2＋9 [环筒叶]
32 开　油印

　　本书包括敌伪动态、奸叛动态两部分。

**9793.** 情报汇编（第 3 期）　冀察战区战地党政委员会分会军务处编　编者刊　1942 年 2 月　1＋
16 [环筒叶]　32 开　油印　有图表

　　本书包括敌伪动态、奸叛动态两部分。

**9794.** 情报汇编（第 4 期）　冀察战区战地党政委员会分会军务处编　编者刊　1942 年 3 月　1＋
10 [环筒叶]　32 开　油印　有图表

　　本书包括敌伪动态、奸叛动态两部分。

**9795.** 情报汇编（第 5 期）　冀察战区战地党政委员会分会军务处编　编者刊　1942 年 4 月　2＋
24 [环筒叶]　32 开　油印　有图表

　　本书包括敌伪动态、奸叛动态两部分。

**9796.** 情报汇编（第 8 期）　冀察战区战地党政委员会分会军务处编　编者刊　1942 年 7 月　28
[环筒叶]　32 开　油印　有图表

　　本书包括敌伪动态、奸叛动态两部分。

**9797.** 情报汇编（第 9 期）　冀察战区战地党政委员会分会军务处编　编者刊　1942 年 8 月　17
[环筒叶]　32 开　油印　有插图

　　本书包括敌伪动态、奸叛动态两部分。

**9798.** 情报汇编（第 13 期）　冀察战区战地党政委员会分会军务处编　编者刊　1942 年 12 月　2＋11
[环筒叶]　32 开　油印　有图表

　　本书包括敌伪动态、奸叛动态两部分。

**9799.** 情报汇编（第 14 期）　冀察战区战地党政委员会分会军务处编　编者刊　1943 年 1 月　1＋
13 [环筒叶]　32 开　油印

　　本书包括敌伪动态、奸叛动态两部分。

**9800.** 情报摘要（第 8 期）　战地党政委员会机要组　1942 年 1 月　10 [环筒叶]　16 开　油印

**9801.** 情报摘要（第 9 期）　战地党政委员会机要组　1942 年 2 月　12 [环筒叶]　16 开　油印

**9802.** 情报摘要（第 10 期）　战地党政委员会机要组　1942 年 3 月　11 [环筒叶]　16 开　油印

**9803.** 情报周刊（第 3 期）　第二战区党政总队编　编者刊　1943 年 5 月　5 [环筒叶]　32 开
油印

　　本书分 3 个部分：军事情况、政治情况、经济情况。

**9804.** 四年来的敌情　中国国民党中央执行委员会宣传部编　编者刊　1941 年 7 月　2＋92　32 开　有
图表　抗战第四周年纪念小丛书

　　本书分 4 个部分：政治、经济、外交、军事。

**9805.** 中央通讯社参考消息　中央通讯社编　编者刊　1938 年 3 月　[188]　横 16 开　油印

**9806.** 中央通讯社参考消息　中央通讯社编　编者刊　［1938 年］　［314］　横 16 开　油印

**9807.** 中央通讯社参考消息　1943 年 4 月　［207］　横 16 开　油印

**9808.** 中央通讯社参考消息　1943 年 5 月　［255］　横 16 开　油印

**9809.** 中央通讯社参考消息　1943 年 6 月　［128］　横 16 开　油印

**9810.** 中央通讯社参考消息　1943 年 7 月　［165］　横 16 开　油印

**9811.** 中央通讯社参考消息　中央通讯社编　编者刊　1945 年　16 开　油印

# 索 引

## A

## B

# C

# D

# E

# F

## fa

## fan

## fang

# G

# H

## ha

## hai

## han

# J

## jiu

### luo

# M

### ma

### mai

### man

# N

# O

# P

# Q

## qun

# R

## rong

## ru

# S

## sa

## sai

## san

### shang

### shou

# T

# W

## X

# Y

# Z

**图书在版编目（CIP）数据**

国家图书馆藏民国时期抗战图书书目提要/国家图书馆典藏阅览部编. —北京：国家图书馆出版社，2010.8

ISBN 978－7－5013－3853－5

Ⅰ．①国… Ⅱ．①国… Ⅲ．①抗日战争－图书目录－中国 Ⅳ．Z88：K265

中国版本图书馆 CIP 数据核字（2010）第 176296 号

书　　名　国家图书馆藏民国时期抗战图书书目提要（全二册）
著　　者　国家图书馆典藏阅览部　编
责任编辑　殷梦霞

———————————————————————————————————

出　　版　国家图书馆出版社（100034　北京市西城区文津街7号）
发　　行　（010）66139745，66175620，66126153
　　　　　　　　66174391（传真），66126156（门市部）
E-mail　　btsfxb@nlc.gov.cn（邮购）
Website　　www.nlcpress.com（投稿）
经　　销　新华书店
印　　刷　北京联兴盛业印刷股份有限公司

———————————————————————————————————

开　　本　889×1190 毫米　1/16
字　　数　1500 千字
印　　张　73.75
版　　次　2010 年 8 月第 1 版　　2010 年 8 月第 1 次印刷

———————————————————————————————————

书　　号　ISBN 978－7－5013－3853－5
定　　价　800.00 元